PONS

BASISWÖRTERBUCH

Türkisch

Türkisch – Deutsch

Deutsch – Türkisch

PONS GmbH
Stuttgart

PONS

Basiswörterbuch
Türkisch

Bearbeitet von: Tuba Celiktas, Sezgin Devran,
Gülbeyaz Şengül, Gregor Vetter

Neuausgabe des
PONS Basiswörterbuchs Türkisch,
ISBN 978-3-12-517859-5

Warenzeichen, Marken und gewerbliche Schutzrechte
Wörter, die unseres Wissens eingetragene Warenzeichen oder Marken oder sonstige gewerbliche Schutzrechte darstellen, sind als solche – soweit bekannt – gekennzeichnet. Die jeweiligen Berechtigten sind und bleiben Eigentümer dieser Rechte. Es ist jedoch zu beachten, dass weder das Vorhandensein noch das Fehlen derartiger Kennzeichnungen die Rechtslage hinsichtlich dieser gewerblichen Schutzrechte berührt.

1. Auflage 2020 (1,04 - 2022)

www.pons.com
E-Mail: kundenservice@pons.de

Sprachdatenverarbeitung: Dr. Wolfgang Schindler
Gestaltung: Petra Michel, Essen
Logoentwurf: Erwin Poell, Heidelberg
Logoüberarbeitung: Sabine Redlin, Ludwigsburg
Satz: Olaf Mangold Text & Typo, Stuttgart
Druck: Druckerei C. H. Beck, Nördlingen
Printed in Germany

ISBN 978-3-12-516265-5

Inhalt

İçindekiler

Vorwort
Önsöz

Mit dem *Basiswörterbuch Türkisch* reagiert der Verlag PONS GmbH auf die Veränderungen in der modernen, globalisierten Welt. Die immer stärker werdende Internationalisierung ermöglicht dem Einzelnen ein hohes Maß an Mobilität, Flexibilität und Kontakten; im beruflichen Kontext wird dies – neben Gewandtheit und ausgeprägter Kommunikationsfähigkeit – von ihm sogar gefordert. Viele Menschen sind meist nicht mehr nur ausnahmsweise mit ausländischen Freunden oder Geschäftskollegen in Kontakt, sondern regelmäßig und oft. Reisen ins Ausland sind für sie ebenso eine Selbstverständlichkeit wie Kooperationen mit Firmen in türkischsprachigen Ländern. Zur erfolgreichen Gestaltung ihrer privaten und geschäftlichen Kontakte will das vorliegende Wörterbuch beitragen: Leicht unterzubringen, dabei mit reichhaltigem und anspruchsvollem Wortschatz, ist es ein praktischer Begleiter sowohl auf Reisen als auch bei der geschäftlichen Kommunikation.

Die einzelnen Wörterbucheinträge sind, entsprechend dem handlichen Format, relativ knapp abgefasst. Dank der klaren Eintragsstruktur hat man immer einen guten Überblick über die verschiedenen Bedeutungen des Stichworts und die Kontexte, in denen es typischerweise verwendet wird, und findet rasch die gesuchte Übersetzung.

In dem umfangreichen Mittelteil dagegen finden sich – auf mehr als 50 Seiten – ausführliche Informationen und Hinweise, zum Beispiel interkulturelle Tipps und thematisch geordnete Formulierungshilfen. Sie gehen über das rein Sprachliche hinaus und bieten viele wissenswerte und praktische Informationen zu den türkischsprachigen Ländern.

Die beiden Wörterbuchhälften und der nützliche Mittelteil ergänzen sich gegenseitig im besten Sinn. Zusammen ergeben sie ein praktisches und handliches Wörterbuch, das die wesentlichen Informationen enthält und seinem Benutzer nicht nur in sprachlicher Hinsicht Sicherheit im Kontakt mit dem Ausland und einen souveränen Auftritt auf dem internationalen Parkett ermöglicht.

Stuttgart, im Januar 2020

PONS GmbH
Wörterbuch-Redaktion

PONS GmbH yayınevi globalleşmiş ve modern dünyadaki değişikliklere *Türkçe Temel Sözlük*'üyle yanıt vermektedir. Günümüz dünyasında gittikçe artan uluslararasılık, bireylere büyük oranda hareketlilik ve esneklik sağlamakta, iletişim olanağı sunmaktadır. Aynı zamanda iş yaşamı bağlamında bu özellikler -işin gerektirdiği yeteneklere ve güçlü bir iletişim yeteneğine sahip olmanın yanı sıra- bireylerden talep edilmektedir. Çoğu insan artık arada sırada değil, sık ve düzenli olarak yabancı arkadaşları ya da meslektaşlarıyla iletişime geçmektedir. Türkçe konuşulan ülkelerdeki firmalarla yapılan işbirlikleri çerçevesinde, yurt dışına yapılan seyahatler de bu insanlar için doğal bir hale gelmiştir. Elinizdeki sözlük özel ya da meslek hayatınızdaki ilişkilerinizin başarıyla yürümesine katkıda bulunmayı amaçlamaktadır. Bu sözlük hem seyahatlerde hem de mesleki iletişiminizde zengin ve çok yönlü kelime hazinesiyle size eşlik edecektir.

Her bir sözlük maddesi, kolay bir kullanım gözetilerek büyük bir özenle oluşturuldu. Kolay anlaşılabilir yapısı sayesinde aranan sözlük maddesinin farklı anlamları ve yaygın olarak kullanıldığı bağlamlar rahatlıkla görülebilir ve aranan çeviriye hızla ulaşılır. Elli sayfayı aşkın geniş kapsamlı orta bölümde ise ayrıntılı bilgiler ve faydalı ipuçları bulunmaktadır; örneğin hedef kültüre yönelik tavsiye niteliğinde bilgiler ve konulara göre düzenlenmiş anlatıma yardımcı ipuçları gibi. Bunlar tamamen hedef dilden yola çıkarak Almanca konuşulan ülkelere ait pratik ve önemli bilgileri sunmaktadır.

Sözlüğün her iki yarısı ve kullanıcıların faydalanması amacıyla hazırlanan orta kısım birbirlerini en iyi şekilde tamamlamaktadır. Önemli bilgiler içeren bu bölümler, kullanıcısına sadece dil açısından destek olmakla kalmaz, aynı zamanda yurtdışındaki temaslarında kişiye güven vererek uluslararası arenada kendini başkalarına bağımlı olmaksızın temsil etme imkânı sunan pratik ve kullanışlı bir sözlük ortaya çıkarmaktadır.

Stuttgart, Ocak 2020

PONS GmbH
Sözlük Redaksiyon Bölümü

Aussprache und Betonung des Türkischen

Türkçenin telaffuz ve vurgu yapısı

Die meisten Buchstaben des türkischen Alphabets werden wie im Deutschen ausgesprochen. Abweichungen gibt es jedoch bei folgenden Buchstaben:

c stimmhaftes **dsch** wie in „Dschungel“

ç stimmloses **tsch** wie in „tschüss“, „Klatsch“

e meist sehr offen wie **ä**

ğ 1. kommt nie am Wortanfang vor

2. wird am Wortende oder vor einem Konsonanten nicht ausgesprochen. Stattdessen wird der vorangehende Vokal gedehnt: sağ („gesund“) wird ausgesprochen wie deutsches „sah“, dağlar („Berge“) wird ausgesprochen wie „dahlar“

3. bleibt zwischen zwei dumpfen Vokalen (a, ı, o, u) ebenfalls stumm. Die beiden Vokale werden getrennt artikuliert, ohne dass jedoch die Stimme zwischen ihnen absetzt: dağa („auf den Berg“) wie „daa“

4. wird zwischen zwei hellen Vokalen (e, i, ö, ü) wie deutsches j ausgesprochen: eğer („wenn“) wie „ejär“

h 1. am Silbenanfang wie deutsches **h**

2. am Silbenende wie ein schwaches deutsches **ch**

ı wird etwa so ausgesprochen wie das e in „laufen“

j stimmhaftes **sch** wie in Fremdwörtern, die aus dem Französischen stammen: „Journalist“, „Gage“

r ein gerolltes, mit der Zungenspitze gebildetes R; am Wortende ein stimmloses, mit der Zungenspitze „geriebenes“ R

s immer stimmloses **s** wie in „Fass“

ş wie deutsches **sch** in „Schule“, „lasch“

v wie deutsches **w**

y wie deutsches **j**

z immer stimmhaftes **s** wie in „singen“, „Hase“

Weitere Besonderheiten der türkischen Aussprache:

- Doppelkonsonanten werden – anders als im Deutschen, aber ähnlich wie im Italienischen – *gelängt* ausgesprochen: anne („Mutter").
- Doppelvokale werden nicht als Langvokal ausgesprochen, sondern als zwei separate Vokale, wobei jedoch die Stimme zwischen ihnen nicht absetzt: saat („Stunde"). Dies gilt auch, wenn zwei verschiedene Vokale aufeinanderfolgen. Jeder Vokal wird für sich artikuliert, ohne Unterbrechung der Stimme. Anders als im Deutschen verschmelzen die beiden Vokale aber auch nicht zu einem Diphthong wie „au", „ei" oder „eu". Das „ai" in daire („Kreis") wird also nicht wie das in „Kaiser" ausgesprochen!

Betonung

Im Türkischen ist der Unterschied zwischen betonten und unbetonten Silben geringer als im Deutschen. Die Betonung ist eher durch eine höhere Tonlage als durch größere Schallfülle gekennzeichnet. Die Schallfülle verteilt sich fast gleichmäßig über alle Silben, während einzelne Silben durch eine höhere Tonlage betont sind.

Die meisten türkischen Wörter werden auf der letzten Silbe betont. Der Apostroph steht vor der betonten Silbe: arka'daş („der Freund"). Tritt eine Endung hinzu, so verschiebt sich die Betonung auf die Endung: arkadaş'lar („die Freunde"), arkadaşlar'da („bei den Freunden").

Es gibt allerdings eine Reihe unbetonter Endungen, bei deren Hinzutreten sich die Betonung nicht verlagert. Sie bleibt dann auf der Silbe vor der Endung. Die wichtigsten Fälle sind:

- die Personalendungen bei Nominalsätzen (die Kopula „sein") und die Endung -dir: ev'deyim („ich bin zu Hause"), has'tadır („er/sie ist krank").
- die Negationsendung -me/-ma/-mi: 'gelmiyorum („ich komme nicht"), 'gelme! („komm nicht!").
- die Personalendungen bei Gegenwart, Aorist, Futur, Vergangenheit: geli'yorum („ich komme"), ge'lirim („ich komme gewöhnlich"), gele'ceğim („ich werde kommen"), 'geldim („ich kam"), gel'mişim („ich soll gekommen sein").
- die Endung -le/-la („mit"): ara'bayla („mit dem Auto").
- die Endung -ce/-ca: 'bence („meiner Meinung nach").
- die Gerundiumendung -ken/-kan: gel'irken („während ich/du/er/sie kam").

Ausnahmen bilden auch folgende Wörter:

- viele Fremdwörter, die die urprüngliche Betonung beibehalten haben – 'radyo („Radio"), 'taksi („Taxi").

- Ortsnamen, die auf der ersten oder vorletzten Silbe betont werden: 'Ankara, Al'manya. Diese Wörter behalten die Betonung auch beim Hinzutreten einer Endung unverändert auf derselben Silbe: 'Ankarada („in Ankara").
- viele Adverbien, die auf der ersten Silbe betont werden: 'ancak („nur"), 'şimdi („jetzt"), 'burada („hier").

Neben der Wortbetonung gibt es auch eine Satzbetonung. Eine wichtige Erscheinung ist dabei, dass das Subjekt eines Satzes oft mit steigendem Ton akzentuiert wird.

Abkürzungen und Symbole

Kısaltmalar ve semboller

In den gedruckten Wörterbüchern ist der Platz immer sehr knapp, weil auf einer begrenzten Anzahl von Seiten möglichst viele Stichwörter und Übersetzungen untergebracht werden müssen. Daher stehen in den Einträgen viele Zeichen und abgekürzte Angaben. Diese finden Sie hier erläutert:

=	Kontraktion	kasılma
ALT	alte Schreibung	eski yazım
RR	reformierte Schreibung	yazım reformu, yeni yazılış
®	Warenzeichen	tescilli marka
a.	auch	aynı zamanda
Abk.	Abkürzung	kısaltma
adj	Adjektiv	sıfat
ADMIN	Administration, Verwaltung	yönetim
adv	Adverb	zarf
AGR	Landwirtschaft	tarım
akk	Akkusativ	-i hali
ANAT	Anatomie	anatomi
ARCHÄOL	Archäologie	arkeoloji
art	Artikel	tanımlık
ASTRON	Astronomie	astronomi
AUTO	Auto und Verkehr	otomobil ve trafik
BERGB	Bergbau	mineraloji, madencilik
BIOL	Biologie	biyoloji
BOT	Botanik	botanik
CHEM	Chemie	kimya
COMM	Handel	ticaret
dat	Dativ	-e hali
ECON	Ökonomie, Wirtschaft	ekonomi
ELEK	Elektrizität	elektrik
etw	etwas	bir şey(i)

f	Femininum	dişil
fam	umgangssprachlich	konuşma dili
fig	bildlich	mecazi
FILM	Film, Kino	film, sinema
FIN	Finanzwesen	maliye
geh	gehobener Sprachgebrauch	yüksek ifade tarzı
gen	Genitiv	-in hali
GEOG	Geographie	coğrafya
GEOL	Geologie	jeoloji
HIST	Geschichte	tarih
hist	historisch	tarihi
INET	Internet	internet
INFORM	Informatik	enformatik
interj	Interjektion	ünlem
irr	unregelmäßig	kural dışı
jd	jemand	biri
jdm	jemandem	birine
jdn	jemanden	birini
jds	jemandes	birinin
JUR	Jura	hukuk
konj	Konjunktion	bağlaç
LING	Linguistik	dil bilimi
LIT	Literatur	edebiyat
LUFT	Luftfahrt	havacılık
m	Maskulinum	eril
MATH	Mathematik	matematik
MED	Medizin	tıp
METEO	Meteorologie	meteoroloji
MIL	Militär	asker
MUS	Musik	müzik
NAUT	Seefahrt	denizcilik
nt	Neutrum	cinssiz
num	Zahlwort	sayı
o	oder	veya

pej	abwertend	aşağılayıcı
pers.	Person	kişi
PHILOS	Philosophie	felsefe
PHYS	Physik	fizik
pl	plural	çoğul
POL	Politik	politika
präp	Präposition	ön ilgeç/ilgeç
pron	Pronomen	zamir
PSYCH	Psychologie	psikoloji
RADIO	Rundfunk	radyo
REL	Religion	din
s	Substantiv	isim
s.	siehe	bakınız
sing	Einzahl	tekil
SPORT	Sport	spor
TECH	Technik	teknik
TELEK	Nachrichtentechnik	telekomünikasyon
THEAT	Theater	tiyatro
TV	Fernsehen	televizyon
TYPO	Buchdruck	tipografi
vi	intransitives Verb	geçişsiz fiil
vr	reflexives Verb	dönüşlü fiil
vt	transitives Verb	geçişli fiil
vulg	vulgär	kaba dil, argo

Aa

A, a *s erster Buchstabe des türk. Alphabets*

AB *s Abk von* **Avrupa Birliği** EU *f* (*die Europäische Union*); **~ Adalet Divanı** der Europäische Gerichtshof; **~ Anayasası** EU-Verfassung *f;* **~ bakanı** EU-Minister(in) *m(f);* **~ devleti** EU-Staat *m;* **~ Komisyonu** die Europäische Kommission; **AB'ye üye olma** EU-Beitritt *m;* **~ Konseyi Başkanı** EU-Ratspräsident(in) *m(f);* **~ üyesi (ülke)** EU-Mitgliedsstaat *m;* **~ vatandaşı** [*o* **yurttaşı**] EU-Bürger(in) *m(f);* **~ zirvesi** EU-Gipfeltreffen *nt*

aba *s* grober Wollstoff *m;* **abayı yakmak** (*fam*) verknallt sein (**-e** in jdn)

abanmak *vr* sich lehnen (**-e** an etw)

abanoz *s* Ebenholz *nt*

abartma *s* ① *Verbalsubstantiv zu* **abartmak** ② Übertreibung *f*

abartmak *vt* übertreiben (**-i** etw)

ABD *s Abk von* **Amerika Birleşik Devletleri** USA *pl* (*die Vereinigten Staaten von Amerika*)

abes I. *s* Unsinn *m* **II.** *adj* zwecklos, nutzlos

abi *s* ① älterer Bruder ② *Anrede an eine etwas ältere männliche Person*

abide *s* Denkmal *nt,* Monument *nt*

abiye *s* Abendkleid *nt*

abla *s* ① ältere Schwester *f* ② *Anrede einer jüngeren Person an eine ältere Frau*

abluka *s* Blockade *f;* **~ etmek** blockieren

abone *s* ① Abonnement *nt* ② Abonnent(in) *m(f);* **~ olmak** abonnieren (**-e** etw)

abuk sabuk *adj* (*fam: unvernünftig*) dumm

acaba *adv* (*in Fragen*) etwa, vielleicht, denn

acayip <-bi> *adj* seltsam

acele I. *s* Eile *f,* Hast *f* **II.** *adj* ① dringend, eilig ② überstürzt; **~ etmek** sich beeilen, überstürzt handeln; **acelem var** ich habe es eilig; **acelesi yok** das hat noch Zeit

aceleci *adj* ① ruhelos ② hektisch

acemi I. *s* ① Anfänger(in) *m(f),* Neuling *m* ② (*pej*) Dilettant(in) *m(f)* **II.** *adj* unerfahren; **~ er** Rekrut *m*

acenta *s* Agentur *f;* COMM Vertretung *f*

acı I. *s* Kummer *m,* Leid *nt,* Schmerz *m* **II.** *adj* ① (*fig*) bitter ② (*Essen*) scharf; (*Worte*) hart; **~ ~** heftig, bitterlich; **~ çekmek** [*o* **duymak**] leiden; **~ marul** Zichorie *f;* **~ patlıcanı kırağı çalmaz** Unkraut vergeht nicht; **~ vermek** Schmerzen zufügen, wehtun (**-e** jdm)

acıklı *adj* ① (*Geschichte*) herzzerreißend, rührend ② (*Person*) traurig, betrübt

acıkmak *vi* Hunger bekommen [*o* haben]

acı(laş)mak *vi* ① bitter werden ② (*Fett*) ranzig werden

acıma *s* ① *Verbalsubstantiv zu* **acımak** ② Mitleid *nt,* Erbarmen *nt*

acımak *vi* ① bedauern, bemitleiden (**-e** jdn) ② (*nachtrauern*) bereuen (**-e** etw) ③ (*Augen, Wunde*) brennen, wehtun

acımasız *adj* erbarmungslos, grausam

acısız *adj* schmerzlos

acıtmak *vt* ① *Kausativ zu* **acımak** ② wehtun (**kolunu** jdm am Arm)

acil *adj* ① baldig ② dringend ③ MED akut; **~ durum** Notfall *m;* **~ müdahale gücü** schnelle Eingreiftruppe *f;* **~ yardım** Krisenhilfe *f*

aciz *adj* unfähig, hilflos

acyocu *s* (Börsen)spekulant(in) *m(f)*

aç <-çı> *adj* ① hungrig ② notleidend; ~ **karnına** auf nüchternen Magen

açgözlü *adj* gierig

açgözlülük *s* Gier *f*

açı *s* ① MATH Winkel *m* ② Gesichtswinkel *m*; **dik/dar/geniş** ~ rechter/spitzer/stumpfer Winkel

açık <-ğı> **I.** *s* Defizit *nt*, Fehlbetrag *m* **II.** *adj* ① (*nicht geschlossen*) offen, geöffnet ② (*nackt*) bloß ③ geräumig ④ (*Wetter*) heiter; (*Himmel*) klar ⑤ (*Farbe*) hell ⑥ (*hell, deutlich*) klar ⑦ (*Stelle*) offen ⑧ (*öffentlich*) publik ⑨ (*fig*) deutlich, eindeutig; ~ **bırakmak** (*offen lassen*) auflassen (-**i** etw); ~ **çek** FIN Blankoscheck *m*; ~ **fikirli** aufgeschlossen; ~ **havada** im Freien; ~ **hava tiyatrosu** Freilichttheater *f*; ~ **hava müzesi** Freilichtmuseum *nt*; ~ **saçık** (*fam: Kleidung*) freizügig; (*schamlos*) obszön; **açığa çıkarmak** enthüllen (-**i** etw), entlassen (-**i** jdn)

açıkça *adv* freimütig, unverblümt

açıkgöz *adj* (*fam*) gerissen, pfiffig

açıklama *s* ① *Verbalsubstantiv zu* **açıklamak** ② Erklärung *f*, Erläuterung *f*

açıklamak *vt* ① erläutern (-**i** etw) ② bekannt geben, enthüllen (-**i** etw)

açıklık <-ğı> *s* ① (*Deutlichtkeit*) Klarheit *f* ② (*Aufrichtigkeit*) Offenheit *f* ③ Öffentlichkeit *f* ④ Spalt *m*, Öffnung *f*

açıksözlü *adj* (*freimütig*) offen

açılış *s* (*Geschäfts-*) Eröffnung *f*; ~ **töreni** Eröffnungsfeier *f*; ~ **saatleri** Öffnungszeiten *pl*

açılma *s* ① *Verbalsubstantiv zu* **açılmak** ② Coming-out *nt*, Outing *nt*

açılmak *vi* ① *Passiv zu* **açmak** ② (*Knoten, Naht*) aufgehen, sich auflösen ③ (*Wetter*) sich bessern ④ (*Zimmer, Fenster*) hinausgehen (**denize** aufs Meer) ⑤ (*Farbe*) hell(er) werden ⑥ (*Mensch*) sich vom Ufer entfernen; (*Schiff*) in See stechen ⑦ INFORM (*Fenster*) sich öffnen; (**kendiliğinden**) ~ (*Pop-up-Fenster*) aufpoppen

açlık <-ğı> *s* ① Hunger *m* ② (*fig*) Armut *f*; ~ **çekmek** Hunger leiden; ~ **grevi** Hungerstreik; **açlıktan ölmek** verhungern

açmak <-ar> **I.** *vt* ① öffnen, aufmachen; (*Datei*) öffnen (-**i** etw) ② (*Licht, Radio*) anmachen, anschalten (-**i** etw) ③ (*Wasserhahn*) aufdrehen (-**i** etw) ④ (*Tür*) aufschließen (-**i** etw) ⑤ (*Paket, Koffer*) auspacken (-**i** etw) ⑥ (*Geschäft*) eröffnen (-**i** etw) ⑦ (*Brunnen, Grube*) graben (-**i** etw) **II.** *vi* (*Blüte*) aufgehen

ad *s* ① Name *m* ② Hauptwort *nt*, Substantiv *nt* ③ Ansehen *nt* ④ Ruhm *m*; **adı çıkmış** verrufen; **adı geçen** betreffend; **adını kötüye düşürmek** im Verruf bringen (-**in** jdn); **adım ...** ich heiße ...; **adınız ne?** wie heißen Sie?

ada *s* Insel *f*

adaçayı *s* Salbei *m*

adak <-ğı> *s* Gelübde *nt*

adale *s* Muskel *m*

adaleli *adj* muskulös

adalet <-ti> *s* ① Gerechtigkeit *f* ② Justiz *f*; **Adalet Bakanlığı** Justizministerium *nt*

adaletli *adj* gerecht

adaletsiz *adj* ungerecht

adam *s* ① Mann *m* ② Mensch *m*; ~ **başına** pro Kopf; ~ **olmak** den Kinderschuhen entsteigen; **birini ~ yerine koymak** große Stücke auf jdn halten

adamak *vt* geloben (-**e** -**i** jdm etw); **kendini bir şeye ~** sich einer Sache widmen

adamakıllı *adv* (*fam*) ① (*tüchtig*) gründlich ② (*genau*) sorgfältig

adamcağız *s* (*fam*) der Ärmste

Adana *s Stadt in Südostanatolien*

adaptör *s* TECH Adapter *m*

adaş *s* Namensvetter *m*

adatavşanı <-nı> *s* Kaninchen *nt*

aday *s* Kandidat(in) *m(f)*
adaylık <-ğı> *s* Kandidatur *f;* ~ **statüsü** POL Kandidatenstatus *m*
adet <-di> *s* ① Stück *nt* ② Zahl *f,* Anzahl *f*
adet <-ti> *s* ① Gewohnheit *f,* Angewohnheit *f;* (*Sitte*) Brauch *m* ② (*Menstruation*) Regel *f;* ~ **bezi** Damenbinde *f;* **adetten kesilme** Menopause *nt,* Wechseljahre *pl*
adeta *adv* sozusagen, quasi
adıl *s* Fürwort *nt,* Pronomen *nt*
adım *s* Schritt *m;* ~ ~ Schritt für Schritt; ~ **atmak** einen Schritt machen, die ersten Schritte machen
Adıyaman *s christliche Metropole in Südostanatolien*
adi *adj* ① (*üblich*) gewöhnlich ② (*pej*) gewöhnlich, ordinär
adil *adj* gerecht
adlandırma *s* ① *Verbalsubstantiv zu* **adlandırmak** ② Benennung *f,* Bezeichnung *f*
adlandırmak *vt* benennen, bezeichnen (**-i** jdn/etw)
adli *adj* gerichtlich; ~ **tıp** Gerichtsmedizin *f*
adliye *s* ① Justiz *f* ② Gerichtsgebäude *nt;* **Adliye Sarayı** (*Gebäude*) Gericht *nt*
adres *s* Adresse *f;* ~ **sahibi** Adressat *m*
Adriyatik (**Denizi**) *s* Adria *f*
aerobik <-ği> *s* Aerobic *nt*
aerodinamik <-ği> **I.** *s* Aerodynamik **II.** *adj* aerodynamisch
af <-ffı> *s* ① (*Verzeihung*) Entschuldigung *f* ② JUR Begnadigung *f* ③ POL Amnestie *f;* ~ **dilekçesi** Gnadengesuch *nt*
afacan *s* Schlingel *m,* Schelm *m*
afallamak *vi* (*fam*) aus allen Wolken fallen
aferin *interj* bravo!
afet <-ti> *s* Katastrophe *f*
affetmek <-der> *vt* ① verzeihen (**hatasını** jdm seinen Fehler) ② (*Strafe*) erlassen (**-i** etw); **affedersiniz!** entschuldigen Sie!, Verzeihung!
afiş *s* Plakat *nt*
afiyet <-ti> *s* Wohlbefinden *nt;* ~ **olsun!** guten Appetit!
Afrika I. *s* Afrika *nt* **II.** *adj* (*Art*) afrikanisch
Afrikalı I. *s* Afrikaner(in) *m(f)* **II.** *adj* (*Herkunft*) afrikanisch
afrodizyak <-kı> *s* Aphrodisiakum *nt*
afyon *s* Opium *nt*
agrandisman *s* (*eines Fotos*) Vergrößerung *f*
agulamak *vi* (*Baby*) lallen
ağ *s* ① Netz *nt* ② INFORM Netzwerk *nt,* Netz *nt;* ~ **adaptörü** INFORM Netzadapter *m;* ~ **adresi** INET Webadresse *f;* ~ **bilgisayarı** NC *m* (*Netzwerk-Computer*); ~ **erişimi** INET Netzzugang *m;* ~ **erişim protokolü** INET Netzzugangsprotokoll *nt;* ~ **kartı** INFORM Netzkarte *f;* ~ **yöneticisi** Netzwerkadministrator *m;* **geniş alan ağı** INET WAN *nt* (*wide area network*)
ağa *s* ① Meister *m,* Chef *m* ② Großgrundbesitzer *m*
ağabey *s* ① älterer Bruder ② *Anrede an eine etwas ältere männliche Person*
ağaç <-cı> *s* ① Baum *m* ② Holz *nt;* ~ **gövdesi** Baumstamm *m;* ~ **kesimi** Abholzung *f;* ~ **kurdu** Holzwurm *m*
ağaççileği <-ni> *s* Himbeere *f*
ağaçkakan *s* Specht *m*
ağaçlandırmak *vt* aufforsten (**-i** etw)
ağaçlık <-ğı> **I.** *s* Hain *m* **II.** *adj* baumreich
ağarmak *vi* ① (*Tag*) anbrechen ② (*Haar*) weiß werden ③ (*Farbe, Stoff*) verbleichen
ağda *s* Enthaarungspaste *f*
ağdalı *adj* zähflüssig
ağıl *s* ① Pferch *m* ② (Licht)hof *m*
ağır *adj* ① (*auch fig*) schwer ② (*Worte, Kritik*) scharf ③ langsam ④ (*träge*) schwerfällig ⑤ schwerwiegend, gewichtig ⑥ (*Wetter*) schwül; ~ ~ (*lang-*

sam) bedächtig; ~ **basmak** ins Gewicht fallen; (*Person*) sich durchsetzen; ~ **ceza mahkemesi** Schwurgericht; ~ **hasta/yaralı** schwer krank/verletzt; ~ **iş** Schwerarbeit *f*; ~ **işiten** schwerhörig; ~ **sakat** Schwerbehinderte(r) *f(m)*; ~ **sıklet** Schwergewicht *nt*

ağırbaşlı *adj* besonnen, würdig

ağırbaşlılık <-ğı> *s* Besonnenheit *f*, Würde *f*

ağırlamak *vt* bewirten (**-i** jdn)

ağırlaşmak *vi* ① sich verschlimmern ② (*Gewicht*) zunehmen ③ sich verlangsamen ④ (*Mensch*) reif werden

ağırlaştırmak *vt* ① *Kausativ zu* **ağırlaşmak** ② erschweren (**-i** etw) ③ verlangsamen (**-i** etw) ④ verschlimmern (**-i** etw)

ağırlık <-ğı> *s* ① Gewicht *nt* ② Langsamkeit *f* ③ Trägheit *f*, Schwerfälligkeit *f* ④ Schwere *f* ⑤ Schwierigkeit *f*; **brüt** ~ Bruttogewicht *nt*; **safi** ~ Nettogewicht *nt*; ~ **noktası** [*o* **merkezi**] Schwerpunkt *m*

ağız <-ğzı> *s* ① Mund *m* ② (*bei Tieren*) Maul *nt*, Schnauze *f* ③ (*Mundart*) Dialekt *m* ④ (*von Fluss, Gewehr*) Mündung *f*; ~ **dolusu** Mund *m* voll; ~ **dolusu sövmek** (*fam*) wie ein Rohrspatz schimpfen; ~ **kavgası** (*fam*) Streit *m*; ~ **kokusu** Mundgeruch *m*; **ağızdan nefes verme** Mund-zu-Mund-Beatmung *f*; **ağzı kulaklarına varmak** über das ganze Gesicht strahlen; **ağzı sıkı** (*verschwiegen*) diskret; **ağzım sulanıyor** mir läuft das Wasser im Munde zusammen; **ağzına kadar** bis an den Rand (voll); **birinin ağzını bile açtırmamak** jdn nicht zu Wort kommen lassen; **ağzını havaya açmak** leer ausgehen; **birinin ağzını kapatmak** jdm den Mund zuhalten; **birinin ağzını sulandırmak** jdm den Mund wässrig machen; **ağzını tutmak** sich zurückhalten, verschwiegen sein

ağızlık <-ğı> *s* ① (*von Zigarette*) Mundstück *nt* ② Brunnenrand *m*

Ağlama Duvarı <-nı> *s* Klagemauer *f*

ağlamak *vi* ① weinen ② (*trauriges Ereignis*) beklagen (**-e** etw)

ağlamaklı *adj* weinerlich

ağrı *s* ① Schmerz *m* ② Wehen *pl*; ~ **hapı** Schmerztablette *f*; ~ **kesici** Schmerzmittel *nt*

Ağrı Dağı <-nı> *s* Ararat *m*

ağrılı *adj* schmerzhaft

ağrımak *vi* wehtun

ağrısız *adj* schmerzlos

ağtabaka *s* Netzhaut *f*

ağustos *s* August *m*

ağzı <-nı> *s Possessivform zu* **ağız** sein/ihr Mund *m*

ah I. *interj* ach!, ach so! **II.** *s* Seufzer *m*

ahali *s* Bevölkerung *f*

ahbap <-bı> *s* Freund(in) *m(f)*

ahbaplık <-ğı> *s* (enge) Freundschaft *f*

ahdetmek <-der> *vt* geloben (**-e** etw)

ahenk <-gi> *s* Harmonie *f*

ahenkli I. *adj* harmonisch **II.** *adv* einträchtig

ahenksiz *adj* unharmonisch

ahenksizlik <-ği> *s* Missklang *m*, Disharmonie *f*

ahır *s* Stall *m*

ahize *s* (Telefon)hörer *m*

ahlak <-kı> *s* ① Ethik *f* ② Moral *f* ③ Charakter *m*

ahlakçı *s* Moralist(in) *m(f)*

ahlaki *adj* ① moralisch ② ethisch

ahlaklı *adj* anständig, gut erzogen

ahlaksız *adj* ① unmoralisch ② unanständig ③ schlecht erzogen

ahmak <-ğı> **I.** *adj* (*fam*) dumm, blöd **II.** *s* Dummkopf *m*

ahmaklık <-ğı> *s* (*fam*) Dummheit *f*

ahret <-ti> *s* Jenseits *nt*

ahşap <-bı> *adj* hölzern, Holz-

ahtapot <-tu> *s* Krake *m*

ahududu <-nu> *s* Himbeere *f*

AİDS *s* Aids *nt*; ~ **hastası** aidskrank

AİDS'li *s* Aidskranke(r) *f(m)*

aile *s* ① Familie *f* ② Ehefrau *f*; ~ **doktoru** Hausarzt, Hausärztin *m, f*

ait *adj* zugehörig, betreffend; **bu bana ait** das gehört mir; ~ **olmak** (*Besitz*) gehören (**-e** jdm)

ajan *s* ① Spion(in) *m(f)*, Agent(in) *m(f)* ② COMM Agent(in) *m(f)*

ajans *s* (*Nachrichten, Presse*) Agentur *f*

ak <-kı> *adj* ① weiß ② (*fig*) rein, unbefleckt; ~ **pak** sauber

akademi *s* Akademie *f*, Hochschule *f*

akademik *adj* akademisch

akanyıldız *s* Sternschnuppe *f*

akarsu *s* fließendes Gewässer, Fluss *m*, Bach *m*

akaryakıt <-tı> *s* Brennstoff *m*, Kraftstoff *m*, Treibstoff *m*; ~ **göstergesi** Benzinuhr *f*

akasya *s* Akazie *f*

akbaba *s* Geier *m*

akciğer *s* Lunge *f*; ~ **amfizemi** Lungenemphysem *nt*; ~ **iltihabı** Lungenentzündung *f*; ~ **kanseri** Lungenkrebs *m*

akçaağaç <-cı> *s* Ahorn *m*

Akdeniz *s* Mittelmeer *nt*

akdetmek <-der> *vt* ① (*Sitzung*) abhalten (**-i** etw) ② (*Vertrag, Frieden, Ehe*) schließen (**-i** etw)

akgürgen *s* Buche *f*

akıbet <-ti> *s* ① Ende *nt* ② Schicksal *nt* ③ Resultat *nt*

akıcı *adj* (*a. fig*) flüssig

akıl <-klı> *s* ① Vernunft *f* ② Gedächtnis *nt* ③ (*Intellekt*) Geist *m* ④ (*Verstand*) Intelligenz *f*, Klugheit *f* ⑤ Rat *m*, Ratschlag *m*; ~ **almaz** unvorstellbar; **birine ~ danışmak** jdn um Rat fragen; ~ **erdirecek gibi değil** es ist nicht zu fassen; ~ **ermez** rätselhaft; ~ **hastası** geisteskrank; ~ **hocası** Ratgeber(in) *m(f)*; **birine ~ vermek** jdn beraten, jdm einen Tipp geben; **akla sokmak** sich einprägen (**-i** etw); **akla yakın** sinnvoll; **akıldan** aus dem Gedächtnis; **aklı almamak** nicht begreifen können (**-i** etw); **aklı başında** vernünftig; **aklı başında olmamak** nicht recht bei Sinnen sein; **birinin aklını çelmek** jdn überreden; **aklına dank ediyor** (*fam*) es dämmert ihr/ihm; **aklına gelmek** in den Sinn kommen (**-in** jdm); **aklına koymak** sich etwas in den Kopf setzen; **aklında bir şey olmak** etwas im Sinn haben; **aklında tutmak** (*im Gedächtnis*) behalten (**-i** etw); **aklından çıkmak** (*dem Gedächtnis*) entfallen (**-in** jdm); **birinin aklını başına getirmek** jdn zur Vernunft bringen; **aklını toplamak** Vernunft annehmen; **aklını kaçırmak** [*o* **oynatmak**] den Verstand verlieren, durchdrehen; **aklını yormak** sich den Kopf zerbrechen

akıllanmak *vi* Vernunft annehmen

akıllı *adj* ① klug, intelligent ② vernünftig

akılsız *adj* ① unvernünftig ② unüberlegt

akılsızlık <-ğı> *s* ① Dummheit *f* ② Unvorsichtigkeit *f*

akım *s* ① (*elektrischer*) Strom *m* ② (*fig*) Strömung *f*

akın *s* ① Invasion *f* ② MIL Streifzug *m* ③ (*von Menschen*) Zustrom, Andrang *m*; ~ **etmek** (*Menschen*) strömen

akıntı *s* ① Fließen *nt* ② (*Fluss, Meer*) Strömung *f*

akış *s* ① (*Fließen*) Fluss *m* ② (*Ablauf*) Lauf *m*

akışkan *adj* ① flüssig ② gasförmig

akıtmak *vt* ① *Kausativ zu* **akmak** ② gießen (**-i** etw), ausgießen (**-i** etw), eingießen (**-i** etw), vergießen (**-i** etw)

akide *s* REL Lehre *f*, Dogma *nt*; ~ **şekeri** Bonbon *nt*

akis <-ksi> *s* ① (*Echo*) Widerhall *m* ② Widerschein *m*

aklı <-nı> *s Possessivform zu* **akıl** sein/ihr Verstand *m*

akli *adj* geistig, rational

akmak <-ar> *vi* ❶ (*fig*) fließen ❷ ausströmen ❸ rinnen

akordeon *s* Akkordeon *nt*, Ziehharmonika *f*

akort <-du> *s* MUS Akkord *m;* ~ **çalışmak** im Akkord arbeiten; ~ **etmek** (*Instrument*) stimmen; **akordu bozuk** (*Instrument*) verstimmt

akraba I. *adj* verwandt II. *s* Verwandte(r) *f(m);* **hısım** ~ Verwandtschaft *f;* ~ **kayırıcılığı** Vetternwirtschaft *f*

akrabalık <-ğı> *s* Verwandtschaft *f*

akreditif *s* FIN Kreditbrief *m*

akrep <-bi> *s* ❶ Skorpion *m* ❷ Stundenzeiger *m*

Akrep (burcu) *s* (*Sternzeichen*) Skorpion *m*

akrobat <-tı> *s* Akrobat(in) *m(f)*

aksak <-ğı> *adj* (*hinkend*) lahm

aksamak *vi* hinken

aksan *s* Akzent *m*, Tonfall *m*

aksatmak *vt* ❶ *Kausativ zu* **aksamak** ❷ behindern (-**i** etw)

aksesuar *s* Accessoires *pl*

aksetmek <-der> *vi* ❶ sich spiegeln (-**e** in etw) ❷ widerhallen ❸ (*fig*) bekannt werden (-**e** jdm)

aksırmak *vi* niesen

aksi *adj* ❶ entgegengesetzt, gegensätzlich ❷ unangenehm ❸ barsch, schroff; ~ **gibi** unglücklicherweise; ~ **gitmek** danebengehen; ~ **halde** [*o* **takdirde**] andernfalls

aksi <-ni> *s Possessivform zu* **akis** das Echo von ...

aksilik <-ği> *s* ❶ Missgeschick *nt* ❷ Entgegengesetztsein *nt* ❸ Unfreundlichkeit *f*

aksine *präp* entgegen (-**in** +*dat*)

aksiyon *s* ❶ Aktie *f* ❷ Aktion *f*

akşam I. *s* Abend *m* II. *adv* am Abend; ~ **ezanı** Abendgebetsruf *m;* **dün** ~ gestern Abend; **bir** ~ eines Abends; **bu** ~ heute Abend; ~ **üstü** [*o* **üzeri**] am Abend; ~ **yemeği** Abendessen *nt;* ~ **yemeği yemek** zu Abend essen; **akşama** noch vor Abend; **akşama doğru** gegen Abend; **akşama kavurup sabaha savurmak** (*fam*) von der Hand in den Mund leben

akşamcı *s* ❶ Nachtschwärmer(in) *m(f)* ❷ Nachtarbeiter(in) *m(f)*

akşamki *adj* abendlich

akşamları *adv* abends

akşamleyin *adv* am Abend

aktarım *s* Transfer *m;* ~ **hızı** INET Übertragungsgeschwindigkeit *f*

aktarma *s* ❶ *Verbalsubstantiv zu* **aktarmak** ❷ (*an Zug*) Anschluss *m*, Umsteigen *nt* ❸ Transfer *m* ❹ Übermittlung *f* ❺ COMM Übertrag *m;* ~ **yapmak** umsteigen

aktarmak *vt* ❶ transferieren (-**i** etw) ❷ (*weiterleiten*) übermitteln (-**i** etw) ❸ umladen (-**i** etw) ❹ zitieren (-**i** etw) ❺ (*Organ*) verpflanzen, transplantieren (-**i** etw)

aktif *adj* aktiv, tätig

aktifleştirmek *vt* aktivieren (-**i** etw)

aktör *s* Schauspieler *m*

aktris *s* Schauspielerin *f*

aktüalite *s* Aktualität *f*

aktüel *adj* aktuell

akupunktur *s* Akupunktur *f*

akü *s* Batterie *f*, Akkumulator *m;* ~ **doldurma aleti** Ladegerät *nt*, Ladestation *f*

akümülatör *s s.* **akü**

akvaryum *s* Aquarium *nt*

akyuvar *s* weißes Blutkörperchen *nt*

al *adj* rot

ala *adj* ❶ bunt ❷ (*Augen*) hellbraun ❸ sehr gut, prima

alabalık <-ğı> *s* Forelle *f*

alabildiğine *adv* (*fam*) unentwegt, unbeirrt

alabora *s* (*eines Schiffes*) Kentern *nt;* ~ **etmek** zum Kentern bringen (-**i** etw); ~ **olmak** kentern

alaca *adj* (*fam*) bunt, gescheckt; ~ **bulaca** bunt; (*fig*) zusammengewürfelt; ~ **karanlık** Dämmerung *f*, Halbdunkel *nt*

alacak <-ğı> *s* Guthaben *nt;* ~ **ve verecek** Soll und Haben *nt*

alacaklar *s* COMM Außenstände *pl*

alafranga *adj* nach europäischer Art; ~ **tuvalet** Wasserklosett *nt,* WC *nt*

alaka *s* ① Interesse *nt* ② Beziehung *f* ③ Zusammenhang *m*

alakart *adv* à la carte

alakok *adj* (*Ei*) weich gekocht

alamet <-ti> *s* ① Zeichen *nt* ② Merkmal *nt*

alan *s* ① (*Bereich*) Feld *nt,* Gebiet *nt* ② Fläche *f* ③ (*offener*) Platz *m* ④ INET Domain *f;* ~ **ücreti** (*Golf*) Greenfee *nt*

alarm *s* Alarm *m;* ~ **teçhizatı** Alarmanlage *f*

alaşım *s* CHEM Legierung *f*

alaturka *adj* nach türkischer Art

alay *s* ① (*Spott*) Hohn *m* ② MIL Regiment *nt* ③ (*Festzug*) Umzug *m* ④ (*Menschen-*) Menge *f;* **biriyle ~ etmek** sich über jdn lustig machen; **birini alaya almak** jdn auf den Arm nehmen

alaycı *adj* höhnisch, spöttisch

alaylı *adj* ironisch

alazlamak *vt* (ver)sengen (**-i** etw)

albay *s* Oberst *m*

albeni *s* Anziehungskraft *f*

albenili *adj* charmant

albüm *s* Album *nt*

albümin *s* MED Eiweiß *nt*

alçak <-ğı> *adj* ① niedrig, niedere(r, s) ② (*pej*) niederträchtig ③ leise ④ (*seicht*) flach ⑤ MUS tief ⑥ klein, von kleiner Statur; ~ **basınç** METEO Tief *nt;* ~ **sesle** leise, mit leiser Stimme; ~ **uçuş** Tiefflug *m;* ~ **uçuşla** im Tiefflug

alçakgönüllü *adj* bescheiden

alçakgönüllülük <-ğü> *s* Bescheidenheit *f*

alçaklık <-ğı> *s* ① Niedrigsein *nt* ② Gemeinheit *f,* Niedertracht *f*

alçalmak *vi* ① sich senken, sinken ② (*fig*) sich erniedrigen

alçaltmak *vt* ① *Kausativ zu* **alçalmak** ② (ab)senken (**-i** etw) ③ erniedrigen (**-i** jdn)

alçı *s* Gips *m;* **alçı** (**sargı**) Gipsverband *m;* **alçıya koymak** in Gips legen (**-i** etw)

alçılamak *vt* eingipsen (**-i** etw), vergipsen (**-i** etw)

aldanmak *vi* ① sich irren, sich täuschen ② hereinfallen (**-e** auf etw)

aldatıcı *adj* ① betrügerisch ② trügerisch ③ illusorisch

aldatma *s* ① *Kausativ zu* **aldatmak** ② Betrug *m* ③ Irreführung *f*

aldatmaca *s* Täuschungsmanöver *nt*

aldatmak *vt* ① *Kausativ zu* **aldanmak** ② täuschen, betrügen (**-i** jdn)

aldırış *s* ~ **etmemek** keine Beachtung schenken (**-e** einer Sache)

aldırmak *vt* ① holen lassen (**-i** jdn) ② abtreiben (**çocuğu** das Kind)

aldırmamak *vi* nicht beachten (**-e** etw)

alelacele *adv* hastig

alelade *adj* durchschnittlich, mittelmäßig

alem *s* ① (Welt)all *nt* ② (*fam*) Remmidemmi *nt* ③ alle Welt, jeder ④ (*fam*) die Leute, die anderen

alenen *adv* öffentlich, in aller Öffentlichkeit

aleni *adj* öffentlich

alerji *s* MED Allergie *f*

alet <-ti> *s* ① Gerät *nt,* Instrument *nt* ② Werkzeug *nt;* **birini bir şeye ~ etmek** jdn für etw instrumentalisieren

aletli cimnastik *s* Geräteturnen *nt*

alev *s* Flamme *f;* ~ **almak** Feuer fangen

Alevi *s* Alevit(in) *m(f)*

alevlendirmek *vt* ① *Kausativ zu* **alevlenmek** ② (*Feuer*) schüren (**-i** etw)

alevlenmek *vi* ① in Brand geraten, sich entzünden ② (*fig*) sich verschärfen

aleyhinde *präp* zu Ungunsten (**-in** +*gen*), gegen (**-in** +*akk*)

A

aleyhtar I. *s* Gegner(in) *m(f)* II. *adj* gegen ... eingestellt, ...-feindlich, anti-...; **Batı aleyhtarı** antiwestlich
aleykümselam *interj* Grüß Gott!
alfabe *s* Alphabet *nt;* ~ (**kitabı**) Fibel *f*
alfabetik <-ği> *adj* alphabetisch
algı *s* Empfindung *f,* Wahrnehmung *f*
algılamak *vt* (*wahrnehmen*) erkennen (**-i** etw)
alıcı *s* ① Kunde *m,* Kundin *f* ② (*einer Postsendung*) Empfänger(in) *m(f)* ③ (*Gerät*) Empfänger *m*
alık <-ğı> *adj* (*fam*) dumm, bescheuert
alıkoymak *vt* ① behalten (**-i** etw) ② abhalten (**-i -den** jdn von etw) ③ (*reservieren*) aufheben (**-i** etw)
alım *s* ① Kauf *m* ② Attraktivität *f;* ~ **gücü** Kaufkraft *f*
alımlı *adj* attraktiv, charmant
alımlılık <-ğı> *s* (*Zauber*) Reiz *m*
alın <-lnı> *s* Stirn *f;* ~ **teri** (*fig*) große Mühe; ~ **yazısı** (*fam*) Schicksal *nt*
alındı *s* (*Quittung*) Beleg *m*
alıngan *adj* (*leicht gekränkt*) überempfindlich
alınmak *vi* ① *Passiv zu* **almak** ② übel nehmen (**-e**/**-den** etw)
alış *s* Kaufen *nt;* ~ **fiyatı** Kaufpreis *m*
alışık <-ğı> *adj* gewohnt (**-e** an jdn/etw)
alışılagelmiş *adj* gebräuchlich, üblich
alışılmadık <-ğı> *adj* außergewöhnlich
alışılmamış *adj* ungewöhnlich, ungewohnt
alışılmış *adj* gewohnt
alışkanlık <-ğı> *s* Angewohnheit *f,* Gepflogenheit *f*
alışkın *adj* gewöhnt (**-e** an etw)
alışmak *vt* sich gewöhnen (**-e** an jdn/etw)
alış(tır)ma *s* ① *Verbalsubstantiv zu* **alış(tır)mak** ② Gewöhnung *f* ③ Übung *f*
alıştırmak *vi* ① *Kausativ zu* **alışmak** ② trainieren, schulen (**-i** jdn) ③ (*in eine Tätigkeit*) einführen (**-i** jdn) ④ gewöhnen (**-i -e** jdn an etw)
alışveriş *s* ① (*Geschäft*) Handel *m* ② (*Verhältnis*) Beziehung *f* ③ Einkaufen *nt;* ~ **yapmak** [*o* **etmek**] Besorgungen machen, einkaufen
alim *s* Gelehrte(r) *f(m)*
alkalik sıvı *s* Lauge *f*
alkış *s* Applaus *m,* Beifall *m*
alkışlamak *vt* applaudieren (**-i** jdm)
alkol <-lü> *s* Alkohol *m;* ~ **duvarı** Promillegrenze *f;* ~ **miktarı** Alkoholgehalt *m;* ~ **testi** Alkoholtest *m*
alkolik <-ği> I. *s* Alkoholiker(in) *m(f)* II. *adj* alkoholabhängig
alkollü *adj* alkoholisch; ~ **içkiler** Spirituosen *pl*
alkolsüz *adj* alkoholfrei
Allah I. *s* Gott *m* II. *interj* mein Gott!; ~ **aşkına!** um Gottes willen!; ~ **belasını versin!** verdammt!; ~ **bilir** weiß Gott; ~ **hakkı üçtür** aller guten Dinge sind drei; ~ **kısmet ederse!** so Gott will!; ~ **rahatlık versin!** schlafen Sie gut!; **Allaha ısmarladık** auf Wiedersehen!; **Allaha şükür!** Gott sei Dank!; **Allahtan** zum Glück!
allahlık <-ğı> *adj* harmlos, unbedarft
allahsız *s* Gottlose(r) *f(m)*
allık <-ğı> *s* Rouge *nt*
almak <-ır> *vt* ① nehmen (**-i** etw) ② (*bekommen*) erhalten (**-i** etw) ③ kaufen (**-i** etw) ④ (*Gehalt*) beziehen; (*Gewinn*) erzielen (**-i** etw) ⑤ (*Spiel*) gewinnen (**-i** etw) ⑥ (*auf Tonband*) aufnehmen (**-i** etw) ⑦ (*Platz, Stadt*) einnehmen (**-i** etw) ⑧ heiraten (**-i** jdn) ⑨ (*Mieter, Schüler*) aufnehmen (**-i** jdn) ⑩ (*Nebel*) verhüllen, bedecken (**-i** etw) ⑪ (*verstehen*) erfassen (**-i** etw) ⑫ (*Geruch*) wahrnehmen (**-i** etw) ⑬ (*aufnehmen können*) fassen (**-i** etw) ⑭ (*Zeit*) beanspruchen (**-i** etw) ⑮ (*Maßnahmen*) ergreifen (**-i** etw)
Alman I. *s* Deutsche(r) *f(m)* II. *adj* (*Art*)

deutsch; ~ **Dili ve Edebiyatı**, ~ **Filolojisi** Germanistik *f*

Almanca I. *adj* (*Sprache*) deutsch II. *s* Deutsch *nt*, das Deutsche III. *adv* auf Deutsch

Almancı *s* (*pej*) Deutschtürke, Deutschtürkin *m, f,* Deutschländer(in) *m(f)*

Almanya *s* Deutschland *nt*

Almanyalı I. *s* Deutsche(r) *f(m)* II. *adj* (*Herkunft*) deutsch

alnı <-nı> *s Possessivform zu* **alın** seine/ihre Stirn *f*

alo *interj* (*am Telefon*) hallo!

Alp Dağları <-nı> *npl* Alpen *pl*

alt I. *s* das Untere; (*Boden*) Unterseite *f* II. *adj* untere(r, s); ~ **alta** untereinander; ~ **dizin** INFORM Unterverzeichnis *nt,* Subdirectory *nt;* ~ **etmek** besiegen (-**i** jdn); ~ **kültür** Subkultur *f;* ~ **sınıf** Unterklasse *f;* ~ **taraf** Unterseite *f;* **altını çizmek** unterstreichen (-**in** etw); **altta kalmak** (*besiegt werden*) unterliegen

altbilinç <-ci> *s* Unterbewusstsein *nt*

altçene *s* Unterkiefer *m*

altdudak <-ğı> *s* Unterlippe *f*

alternatif I. *adj* alternativ II. *s* Alternative *f*

altgeçit <-di> *s* Unterführung *f*

altı *num* sechs; ~ **yüz** sechshundert; ~ **bin** sechstausend; ~ **köşeli** sechseckig; **altıda bir** ein Sechstel *nt*

altıgen *s* Sechseck *nt*

altın I. *s* Gold *nt* II. *adj* golden; ~ **anahtar her kapıyı açar** Geld regiert die Welt; ~ **babası** (*fam*) stinkreich; ~ **madalya** Goldmedaille *f;* ~ **madeni** Goldgrube *f*

altına I. *präp* (*Richtung*) unter (-**in** +*akk*) II. *adv* darunter

altıncı *adj* sechste(r, s); ~ **olarak** als Sechste(r, s); **altıncısı** sechstens

altında I. *präp* (*Ort*) unter (-**in** +*dat*) II. *adv* darunter

altından *präp* unter ... hindurch (-**in** +*dat*)

altınlamak *vt* vergolden (-**i** etw)

altışar *num* je sechs; ~ ~ in Sechsergruppen

altızlar *s* Sechslinge *pl*

altlık <-ğı> *s* Unterlage *f,* Untersetzer *m*

altmış *num* sechzig

altmışlı *adj* ~ **yıllar** die sechziger Jahre

alto *s* ① Alt *m* ② Bratsche *f*

altüst etmek *vt* durcheinanderbringen, durcheinanderwerfen; (*Plan*) umwerfen (-**i** etw)

altyapı *s* Infrastruktur *f*

altyazı *s* FILM Untertitel *m*

altyazılı *adj* FILM (*mit Untertiteln*) **Türkçe** ~ mit türkischen Untertiteln

alüminyum *s* Aluminium *nt;* ~ **kâğıt** [*o* **folyo**] Alufolie *f*

alyans *s* Verlobungsring *m*

alyuvar *s* rotes Blutkörperchen *nt*

Alzheimer (**hastalığı**) *s* MED Alzheimer *m*

ama I. *konj* aber II. *s* Blinde(r) *f(m)*

amacıyla *präp* zwecks (**...** +*gen*)

amaç <-cı> *s* (*Ziel*) Zweck *m;* **bu amaçla** dazu, zu diesem Zweck; **amacına ulaşmak** sein Ziel erreichen

amaçlamak *vt* beabsichtigen, bezwecken (-**i** etw)

amaçsız *adj* ziellos

aman I. *s* Gnade *f* II. *interj* Hilfe!; ~ **Allahım!** lieber Gott!; ~ **ne güzel!** das ist aber schön!; ~ **yarabbim!** du meine Güte!

amansız *adj* erbarmungslos

amatör *s* Amateur *m*

ambalaj *s* Verpackung *f;* ~ **kâğıdı** Packpapier *nt;* ~ **talaşı** Holzwolle *f;* ~ **yapmak** einpacken (-**i** etw)

ambalajlamak *vt* verpacken (-**ı** etw)

ambalajsız *adj* unverpackt

ambar *s* Lager *nt*

ambargo *s* Embargo *nt*

amboli *s* MED Embolie *f*

ambülans *s* Krankenwagen *m*

amca *s* ① Onkel *m* (*väterlicherseits*) ② (*fam*) *Anrede für Männer, die älter sind als man selbst*

amele *s* Arbeiter(in) *m(f)*

ameliyat <-tı> *s* MED Operation *f;* ~ **etmek** operieren

ameliyathane *s* Operationssaal *m*

amer *s* Magenbitter *m*

Amerika **I.** *s* Amerika *nt* **II.** *adj* (*Art*) amerikanisch; ~ **Birleşik Devletleri** die Vereinigten Staaten von Amerika

Amerikalı **I.** *s* Amerikaner(in) *m(f)* **II.** *adj* (*Herkunft*) amerikanisch

Amerikan **I.** *s* Amerikaner(in) *m(f)* **II.** *adj* (*Art*) amerikanisch

Amerikanca *adj* (*Sprache*) amerikanisch

amfetamin *s* Amphetamin *nt*

amfi(teatre) *s* Amphitheater *nt*

amfizem *s* MED Emphysem *nt*

amin *interj* Amen!

amino asit <-ti> *s* Aminosäure *f*

amir *s* Chef(in) *m(f),* Vorgesetzte(r) *f(m)*

amiral <-li> *s* NAUT Admiral *m*

amiyane *adj* (*Ausdruck*) deftig

amma *interj* (*Verstärkung*) wirklich, bestimmt; ~ **da küstahlık ha!** (*fam*) so eine Frechheit!

amme *s* Allgemeinheit *f,* Öffentlichkeit *f*

amorti **I.** *s* ❶ Amortisation *f* ❷ kleinster Losgewinn *m* **II.** *adj* amortisiert; ~ **etmek** (*Schuld*) tilgen (**-i** etw)

amortisman *s* FIN Amortisation *f*

amortisör *s* Stoßdämpfer *m*

amortize *adj* amortisiert; ~ **etmek** amortisieren (**-i** etw)

amplifikatör *s* Verstärker *m*

ampul <-lü> *s* Glühbirne *f;* MED Ampulle *f*

amyant *s* Asbest *m*

an *s* Augenblick *m,* Moment *m;* **her** ~ jeden Augenblick

ana **I.** *s* ❶ (*regional*) Mutter *f* ❷ Muttertier *nt* **II.** *adj* (*in Zusammensetzungen*) Haupt-, Grund-, Ur-; ~ **bellek** INFORM RAM *nt* (*random access memory*); ~ **bina** Hauptgebäude *nt;* ~ **cadde** Hauptstraße *f;* ~ **fikir** Grundgedanke *m;* ~ **konuşmacı** Hauptredner(in) *m(f);* ~ **kuzusu** Muttersöhnchen *nt;* ~ **mil** Kurbelwelle *f;* ~ **postane** Hauptpostamt *nt;* ~ **risk** Hauptrisiko *nt;* ~ **sayfa** [*o* **giriş sayfası**] INET Homepage *f;* **anadan doğma** angeboren; (*fig*) splitternackt; **anasının gözü** durchtrieben, schlitzohrig

anababa *s* (*fam*) Eltern *pl;* ~ **günü** Tag *m* der Auferstehung; (*fam*) Tohuwabohu *nt*

anadil *s* ❶ Ursprache *f* ❷ Muttersprache *f*

anadili <-ni> *s* Muttersprache *f*

Anadolu *s* Anatolien *nt*

anaerkil *adj* matriarchalisch

anafor *s* ❶ Gegenströmung *f;* (*Strömungs-*) Wirbel *m* ❷ (*fam*) illegaler Gewinn; ~ **yapmak** (*Wasser*) wirbeln

anahtar *s* Schlüssel *m;* ~ **deliği** Schlüsselloch *nt;* ~ **destesi** Schlüsselbund *m;* ~ **kelime** [*o* **sözcük**] INFORM Kennwort *nt,* Suchwort *nt*

anahtarlık <-ğı> *s* Schlüsselbund *m*

anakara *s* Erdteil *m*

analık <-ğı> *s* ❶ Mutterschaft *f* ❷ Stiefmutter *f*

analist <-ti> *s* COMM Analyst(in) *m(f)*

analiz *s* Analyse *f;* ~ **etmek** analysieren (**-i** etw)

analog **I.** *s* Analogon *nt* **II.** *adj* INFORM analog

analoji *s* Analogie *f*

analojik *adj* analog

anamal *s* Kapital *nt*

ananas *s* Ananas *f*

anane *s* Tradition *f*

ananevi *adj* traditionell

anaokulu <-nu> *s* Kindergarten *m;* ~ **öğretmeni** Kindergärtnerin *f*

anarşi *s* Anarchie *f*

anarşist <-ti> **I.** *s* Anarchist(in) *m(f)* **II.** *adj* anarchistisch

anason *s* Anis *m*

anatomi *s* MED Anatomie *f*

anavatan *s* Heimatland *nt*

anayasa *s* Grundgesetz *nt,* Verfassung *f;* ~ **mahkemesi** Verfassungsgericht *nt*

anayasal *adj* das Grundgesetz betreffend, verfassungsmäßig; ~ **düzen** POL Grundordnung *f* (*eines Staates*)

anayurt <-du> *s* ① Heimatland *nt* ② Urheimat *f*

ancak *adv* (*doch*) dabei; (*bloß*) erst; (*nur wenig*) kaum, lediglich, nur; (*einräumend*) indes(sen)

andırmak *vt* erinnern (**-e -i** jdn an etw/jdn)

android *s* Androide, Androidin *m, f*

anestezi *s* MED Betäubung *f,* Anästhesie *f*

angaje *adj* engagiert; ~ **etmek** engagieren (**-i** jdn)

angajman *s* Engagement *nt*

angarya *s* Zwangsarbeit *f*

anı *s* ① Erinnerung *f* ② Gedächtnis *nt*

anıklık <-ğı> *s* Veranlagung *f*

anırmak *vi* (*fam*) schreien

anıt <-tı> *s* Denkmal *nt,* Ehrenmal *nt*

anıtkabir <-bri> *s* Mausoleum *nt;* **Anıtkabir** das Atatürkmausoleum in Ankara

anıtsal *adj* monumental

ani *adj* plötzlich, schlagartig

aniden *adv* plötzlich, unerwartet

animasyon *s* Animation *f*

anjin *s* Angina *f*

anket <-ti> *s* Umfrage *f*

anlam *s* Bedeutung *f;* (*Sinn*) Zweck *m*

anlamak *vt* verstehen (**-i** jdn/etw); (*Sachverhalt, Fehler*) erkennen, einsehen (**-i** etw)

anlamlı *adj* ausdrucksvoll; (*vielsagend*) bedeutungsvoll

anlamsız *adj* ① bedeutungslos ② sinnlos

anlamsızlık <-ğı> *s* Sinnlosigkeit *f*

anlaşılır *adj* verständlich

anlaşılmak *vi* (*Absichten*) sich zeigen, klar werden

anlaşılmaz *adj* unbegreiflich, unverständlich

anlaşma *s* ① *Verbalsubstantiv zu* **anlaşmak** ② Verständigung *f* ③ (*Übereinkunft*) Abmachung *f* ④ Abkommen *nt*

anlaşmak *vr* ① *Reflexiv zu* **anlamak** ② einig werden, sich einigen (**-de** über etw) ③ sich verstehen (**ile** mit jdm)

anlaşmazlık <-ğı> *s* Unstimmigkeit *f,* Meinungsverschiedenheit *f*

anlatı *s* ① Erklärung *f* ② Erzählung *f*

anlatım *s* ① *Verbalsubstantiv zu* **anlatmak** ② Ausdruck *m,* Stil *m*

anlatmak *vt* ① erzählen (**-e -i** jdm etw) ② erklären (**-e -i** jdm etw)

anlattırmak *vi* ① *Kausativ zu* **anlatmak** ② erzählen lassen (**-e -i** jdn etw) ③ (*Schüler*) abhören ④ (*Lektion*) abfragen (**-i** etw)

anlayış *s* ① Auffassungsgabe *f* ② Verständnis *nt* ③ Mentalität *f;* **bir şeye/birine ~ göstermek** für etw/jdn Verständnis haben

anlayışlı *adj* verständnisvoll

anlayışsız *adj* verständnislos

anma *s* ① *Verbalsubstantiv zu* **anmak** ② Erinnerung *f;* ~ **yeri** Gedenkstätte *f*

anmak <-ar> *vt* ① sich erinnern, denken (**-i** an jdn/etw) ② erwähnen (**-i** jdn/etw)

anne *s* Mutter *f;* ~ **baba** Eltern *pl;* **Anneler Günü** Muttertag *m*

anneanne *s* Großmutter *f* (*mütterlicherseits*)

anneciğim *s* (*Anrede*) Mama *f*

anonim *adj* anonym; ~ **şirket** Aktiengesellschaft *f*

anons *s* Durchsage *f;* TV Ansage *f;* ~ **etmek** ansagen (**-i** etw)

anormal *adj* abnorm, anomal

ansızın *adv* (*plötzlich*) auf einmal

ansiklopedi *s* Enzyklopädie *f*

ant <-dı> *s* Schwur *m,* Eid *m;* ~ **etmek** [*o* **içmek**] einen Eid leisten

Antarktika *s* Antarktis *f*

anten *s* ① Antenne *f* ② (*von Insekten*) Fühler *m*

antepfıstığı <-nı> *s* Pistazie *f*

antibiyotik <-ği> **I.** *s* Antibiotikum *nt* **II.** *adj* antibiotisch

antidemokratik *adj* antidemokratisch

antifaşist <-ti> **I.** *adj* antifaschistisch **II.** *s* Antifaschist(in) *m(f)*

antifriz *s* Frostschutzmittel *nt*

antik *adj* antik

antika **I.** *s* Antiquität *f* **II.** *adj* (*fam*) komisch

antikacı *s* Antiquitätenhändler(in) *m(f)*

antikacılık <-ğı> *s* Antiquitätenhandlung *f*

antikite *s* Antike *f*

antikomünist <-ti> **I.** *adj* antikommunistisch **II.** *s* Antikommunist(in) *m(f)*

antikor *s* MED Antikörper *m*

Antil Adaları <-nı> *s* Antillen *pl*

anti-laik <-ki> *adj* antilaizistisch

antimilitarist <-ti> *adj* antimilitaristisch

antipati *s* Antipathie *f*

antiseptik *adj* antiseptisch *m*

antlaşma *s* ① *Verbalsubstantiv zu* **anlaşmak** ② Abkommen *nt*, Pakt *m*

antlaşmak *vr* sich gegenseitig (eidlich) verpflichten

antre *s* (*Flur*) Eingang *m*

antrenman *s* Training *nt;* ~ **yapmak** trainieren; ~ **yaptırmak** trainieren (-**e** jdn)

antrenör *s* Trainer(in) *m(f)*

apaçık *adv* glasklar

apandis *s* Blinddarm *m*

apandisit *s* Blinddarmentzündung *f*

apansızın *adv* ganz plötzlich, mir nichts, dir nichts

apartman *s* Mietshaus *nt;* ~ **dairesi** Apartment *nt*, Etagenwohnung *f*

apar topar *adv* (*fam*) Hals über Kopf

apaş *s* (*fam*) Rowdy *m*

apayrı **I.** *adj* grundverschieden **II.** *adv* vollkommen voneinander getrennt

aperitif *s* Aperitif *m*

apse *s* Abszess *m*, Geschwür *nt*

aptal *adj* dumm, blöd

aptallaşmak *vi* ① verdummen ② (*fig*) ganz verdattert sein

aptallık <-ğı> *s* Dummheit *f*

aptes *s* ① *rituelle Waschung im Islam* ② Stuhlgang *m;* ~ **almak** die rituelle Waschung vornehmen; ~ **etmek** (*Toilette*) austreten

aptesane *s* Abort *m;* (*fam*) Örtchen *nt*

ar *s* Scham *f*

ara *s* ① Abstand *m*, Zwischenraum *m* ② Mitte *f* zwischen zwei Punkten ③ (*Verhältnis*) Beziehung *f* ④ (Zwischen)zeit *f* ⑤ Unterbrechung *f*, Pause *f;* ~ **bozmak** Unruhe stiften; ~ **bulmak** vermitteln; ~ **güverte** Zwischendeck *nt;* ~ **sokak** Querstraße *f;* ~ **vermek** unterbrechen (-**e** etw); **arada bir** [*o* **sırada**] ab und zu; **aradan çok zaman geçti** es ist schon lange her; **araları açılmak** sich entzweien; **aralarında** untereinander; (*unter vielen*) darunter; **araya eklemek** INFORM einfügen (-**i** etw); **araya girmek** dazwischenkommen, sich einschalten

araba *s* ① Auto *nt* ② Wagen *m*, Karren *m* ③ (Wagen)ladung *f;* ~ **sigortası** Kraftfahrzeugversicherung *f;* ~ **vapuru** (Auto)fähre *f*

arabacı *s* Kutscher *m*

arabirim *s* INFORM Schnittstelle *f*, Interface *nt*

Arabistan *s* Arabien *nt*

arabozucu *s* Unruhestifter(in) *m(f)*

arabulucu *s* (*zwischen Gegnern*) Vermittler(in) *m(f)*

aracı *s* Unterhändler(in) *m(f)*, Vermittler(in) *m(f)*

aracılık <-ğı> *s* (*einer Mittelsperson*) Vermittlung *f*

araç <-cı> *s* Mittel *nt*

Araf *s* Fegefeuer *nt*

aralamak *vt* (*Tür*) anlehnen, halb öffnen (-**i** etw)

aralık <-ğı> **I.** *s* ① Zwischenraum *m*,

Abstand *m* ② (*Öffnung*) Spalt *m* ③ (*Spanne*) Spielraum *m* ④ schmaler Durchgang *m* ⑤ (*fig*) günstige Zeit *f* II. *adj* halb offen

aralık <-ayı> *s* Dezember *m*

ara(lık)sız *adj* (*unablässig*) rastlos

arama *s* ① *Verbalsubstantiv zu* **aramak** ② Durchsuchung *f*; **kurtarma köpekli tim** Rettungshundestaffel *f*; ~ **motoru** INET Suchmaschine *f*; ~ **yapmak** (*im Internet*) suchen, recherchieren

aramak *vt* ① suchen (-**i** jdn/etw) ② durchsuchen (-**i** etw) ③ sich sehnen nach (-**i** etw) ④ fragen nach (-**i** jdm)

aranjman *s* MUS Arrangement *nt*

aranmak *vi* ① *Passiv zu* **aramak** ② alles duchsuchen

Arap <-bı> I. *s* ① Araber(in) *m(f)* ② (*fig*) Schwarze(r) *f(m)* II. *adj* ① arabisch ② (*fig*) dunkelhäutig

Arapça *adj* (*Sprache*) arabisch

arapsabunu <-nu> *s* Schmierseife *f*

arasına I. *präp* (*Richtung*) zwischen (-**in** +*akk*); **evle bahçenin** ~ zwischen das Haus und den Garten II. *adv* dazwischen

arasında I. *präp* ① (*Ort*) zwischen (-**in** +*dat*) ② unter (-**in** +*dat*); **evle bahçenin** ~ zwischen dem Haus und dem Garten; **öğrencilerin** ~ unter den Schülern II. *adv* dazwischen, darunter

arasından *präp* zwischen ... hindurch [*o* hervor]; **evle bahçenin** ~ **geldi** er kam zwischen dem Haus und dem Garten hervor

arasıra *adv* ab und zu, gelegentlich

araştırıcı *s* Forscher(in) *m(f)*

araştırma *s* ① *Verbalsubstantiv zu* **araştırmak** ② Forschung *f* ③ Studie *f* ④ Recherche *f*

araştırmak *vt* ① erforschen, untersuchen (-**i** etw) ② recherchieren (-**i** etw)

arayış *s* ① *Verbalsubstantiv zu* **aramak** ② Suche *f*

arayüz *s* INFORM Schnittstelle *f*, Interface *nt*

arayüzey *s* INFORM Schnittstelle *f*, Interface *nt*

araz *s* Symptom *nt*

arazi *s* ① Gelände *nt* ② Grundstück *nt*; ~ **arabası** Geländewagen *m*; ~ **çöküntüsü** [*o* **çukuru**] GEOG Senke *f*

ardı <-nı> *s* *Possessivform zu* **art** die hintere Seite von ..., der hintere Teil von ...

ardıç <-cı> *s* Wacholder *m*

ardıçkuşu <-nu> *s* Drossel *f*

ardiye *s* ① (*Depot*) Lager *nt* ② Lagergebühr *f*

arena *s* Arena *f*

argo I. *s* Slang *m* II. *adj* (*Stil*) salopp

argüman *s* Argument *nt*

arı I. *s* Biene *f* II. *adj* echt, rein; ~ **balı** Bienenhonig *m*; ~ **kovanı** Bienenstock *m*

arıcı *s* Imker(in) *m(f)*

arıza *s* ① Defekt *m*, Störung *f* ② Gebrechen *nt* ③ (*von Gelände*) Unebenheit *f*

arızalı *adj* defekt

arife *s* Vorabend *m*

aritmi *s* Herzrhythmusstörungen *pl*

Arjantin *s* Argentinien *nt*; **Arjantinli** Argentinier(in) *m(f)*

ark <-kı> *s* Bewässerungsgraben *m*

arka I. *s* ① Rücken *m* ② (*Rückhalt*) Schutz *m* ③ Rückseite *f* ④ Fortsetzung *f* ⑤ (Stuhl)lehne *f* II. *adj* hinter(r, s), Hinter-; ~ **arkaya** hintereinander, nacheinander; ~ **dingil** Hinterachse *f*; ~ **fon** INFORM Hintergrund *m*; ~ **kapı** Hintertür *f*; ~ **koltuk** Rücksitz *m*; ~ **lambası** Rücklicht *nt*; ~ **plan** Hintergrund *m*; ~ **taraf** Rückseite *f*; ~ **tekerlek** Hinterrad *nt*; ~ **üstü düşmek** auf den Rücken fallen; **arkada** hinter, hinten; **arkadan** von hinten, hinterher; **arkasına** hinter (-**in** +*akk*), dahinter; **arkasına ba**[illegible] **mak** sich umschauen; **arkasın**[illegible] **mek** verfolgen (-**in** jdn); [illegible] **yaslanmak** sich zurücklehne[illegible]

A

sında hinter (**-in** +*dat*), dahinter; **arkasından** hinter ... hervor, hinter ... nach (**-in** +*dat*); **arkasından ağlamak** nachweinen (**-in** jdm); **birine arkasını çevirmek** jdm den Rücken kehren; **arkasını dönmek** sich umdrehen; **arkaya** nach hinten

arkadaş *s* Freund(in) *m(f)*, Kamerad(in) *m(f)*; ~ **olmak** befreundet sein (**ile** mit jdm)

arkadaşça *adj* freundschaftlich, kameradschaftlich

arkadaşlık <-ğı> *s* Freundschaft *f*, Kameradschaft *f*; ~ **etmek** befreundet sein (**ile** mit jdm); (*begleiten*) Gesellschaft leisten (**ile** jdm); ~ **sitesi** INET Singlebörse *f*

arkalık <-ğı> *s* ❶ (Rücken)lehne *f* ❷ (*am Fahrrad*) Gepäckträger *m*

arkasız *adj* ❶ ohne Lehne ❷ (*fig*) schutzlos

arkeolog *s* Archäologe, Archäologin *m, f*

arkeoloji *s* Archäologie *f*

arkeolojik *adj* archäologisch

Arktika *s* Arktis *f*

arma *s* ❶ Wappen *nt* ❷ Tafelwerk *nt*

armağan *s* Geschenk *nt*; ~ **etmek** schenken (**-e -i** jdm etw)

armatör *s* Reeder *m*

armonika *s* Mundharmonika *f*

armut <-du> *s* Birne *f*; ~ **ağacı** Birnbaum *m*; ~ **ağacından uzak düşmez** der Apfel fällt nicht weit vom Stamm

Arnavut <-du> **I.** *s* Albaner(in) *m(f)* **II.** *adj* albanisch

Arnavutluk <-ğu> *s* Albanien *nt*

aroma *s* Aroma *nt*

arpa *s* Gerste *f*

arpacık *s* ❶ MED Gerstenkorn *nt* ❷ (*am Gewehr*) Korn *nt*

arpalık <-ğı> *s* Pfründe *f*

arsa *s* (Bau)grundstück *nt*

arsız *adj* ❶ schamlos ❷ unverschämt, frech ❸ (*Kind*) unartig

arsızlık <-ğı> *s* Unverschämtheit *f*, Frechheit *f*

arşiv *s* Archiv *nt*

art <-dı> **I.** *s* ❶ Rücken *m* ❷ Raum *m* hinter etwas ❸ Fortsetzung *f* **II.** *adj* hintere(r, s); ~ **arda** hintereinander; ~ **bölge** Hinterland *nt*; ~ **düşünce** Hintergedanken *pl*

artakalmak *vi* ❶ überleben ❷ übrig bleiben

artalan *s* INFORM Hintergrund *m*; ~ **rengi** Hintergrundfarbe *f*

artı *adv* plus; **iki ~ iki dört eder** zwei plus zwei ist vier

artık <-ğı> **I.** *s* ❶ Überbleibsel *nt* ❷ Übermaß *nt* **II.** *adv* ❶ jetzt ❷ endlich **III.** *adj* übrig geblieben; ~ **değil** nicht mehr; ~ **gaz** Abgas *nt*; ~ **ürün** Abfallprodukt *nt*

artıkyıl *s* Schaltjahr *nt*

artırım *s* Sparen *nt*

artırma *s* ❶ *Verbalsubstantiv zu* **artırmak** ❷ Vermehrung *f* ❸ Versteigerung *f*

artırmak *vt* ❶ *Kausativ zu* **artmak** ❷ (*steigern*) erhöhen, vermehren (**-i** etw) ❸ (*Kenntnisse*) erweitern (**-i** etw) ❹ zu weit treiben (**-i** etw)

artış *s* ❶ (*Zuschlag*) Aufschlag *m* ❷ (*Steigerung*) Erhöhung *f* ❸ (*Zunahme*) Vergrößerung *f* ❹ Zunahme *f*, Zuwachs *m*; ~ **oranı** Zuwachsrate *f*

artist <-ti> *s* ❶ Künstler(in) *m(f)* ❷ Schauspieler(in) *m(f)*

artma *s* ❶ *Verbalsubstantiv zu* **artmak** ❷ Vermehrung *f*, Zuwachs *m*

artmak <-ar> *vi* ❶ sich vermehren; (*zunehmen*) wachsen, sich erhöhen ❷ übrig bleiben

arya *s* Arie *f*

arz *s* ❶ Offerte *f* ❷ GEOG Breite *f*; ~ **ve talep** Angebot und Nachfrage

arzu *s* ❶ Wunsch *m* ❷ Lust *f* ❸ Begierde *f*; ~ **etmek** wünschen; **başka bir arzunuz var mı?** haben Sie noch einen Wunsch?

arzulamak *vt* sich sehnen nach (**-i** jdn/etw)

arzulu *adj* (*begehrend*) begierig
as *s* Ass *nt*
asabi *adj* nervös
asabiyet <-ti> *s* Nervosität *f*
asal *adj* Grund-; ~ **sayı** Primzahl *f*
asalak <-ğı> *s* Schmarotzer *m,* Parasit *m*
asalet <-ti> *s* Adel *m*
asansör *s* Aufzug *m,* Fahrstuhl *m*
asbest <-ti> *s* Asbest *m*
asbestli *adj* asbesthaltig
aseton *s* Nagellackentferner *m*
asfalt <-tı> **I.** *s* Asphalt *m* **II.** *adj* asphaltiert
asgari **I.** *adj* mindester(r, s), Mindest- **II.** *s* Minimum *nt;* ~ **ücret** Mindestlohn *m*
asık <-ğı> *adj* (*Gesicht*) finster; ~ **suratlı** mürrisch
asıl <-slı> **I.** *s* ① Grundlage *f,* Basis *f* ② Abstammung *f,* Herkunft *f* ③ (*Ursprung*) Entstehung *f* ④ (*Kern einer Sache*) Substanz *f* **II.** *adj* ① fundamental, grundlegend ② eigentliche(r, s) ③ ursprünglich **III.** *adv* hauptsächlich; ~ **konu** Hauptthema *nt;* ~ **sayılar** Grundzahlen *pl;* **aslı astarı yok** (*fam*) aus der Luft gegriffen
asılı *adj* ① hängend ② freischwebend; ~ **kalmak** hängen bleiben; ~ **olmak** [*o* **durmak**] hängen
asıllı *adj* aus ... stammend, -stämmig; **Türk** ~ türkischstämmig
asılmak *vi* ① *Passiv o Reflexiv* **asmak** ② aus Leibeskräften ziehen (**-e** an etw) ③ (*fam*) belästigen (**-e** jdn)
asılsız *adj* ① gegenstandslos ② unbegründet
asır <-srı> *s* ① Jahrhundert *nt* ② Zeitalter *nt*
asi **I.** *s* Rebell(in) *m(f)* **II.** *adj* rebellisch
asil *adj* edel
asilzade **I.** *adj* adelig, adlig **II.** *s* Adlige(r) *f(m)*
asimilasyon *s* POL Assimilation *f*
asistan *s* Assistent(in) *m(f)*
asit <-di> *s* CHEM Säure *f;* ~ **yağmuru** saurer Regen
asitli *adj* säurehaltig
asker *s* ① Soldat *m* ② Militär *nt;* ~ **kaçağı** Deserteur *m;* **askerden kaçmak** desertieren
askeri *adj* militärisch; ~ **diktatörlük** Militärdiktatur *f;* ~ **hastane** Lazarett *nt;* ~ **kuvvetler** Streitkräfte *pl;* ~ **polis** Militärpolizei *f;* ~ **rejim** Militärregierung *f*
askerlik <-ği> *s* ① Militärdienst *m* ② Wehrdienst *m*
askersizleştirmek *vt* entmilitarisieren (**-i** etw)
askı *s* ① (*an einem Kleidungsstück*) Träger *m* ② Kleiderbügel *m* ③ (*einer Garderobe*) Haken *m* ④ (*einer Bekanntmachung*) Aushang *m;* **askıda** (*fig*) in der Schwebe
askılı *adj* mit Träger versehen, Hänge-; ~ **çanta** Umhängetasche *f*
asla *adv* überhaupt nicht, keineswegs, niemals
aslan *s* Löwe *m;* ~ **payı** Löwenanteil *m;* **aslanın dişini sökmek** jdm den Wind aus den Segeln nehmen
Aslan *s* (*Sternzeichen*) Löwe *m*
aslanağzı <-nı> *s* (*Pflanze*) Löwenmaul *nt*
aslı <-nı> *s Possessivform zu* **asıl** die Grundlage [*o* Basis] von ...
aslında *adv* (*genau genommen*) eigentlich
asma **I.** *s* ① *Verbalsubstantiv zu* **asmak** ② Weinrebe *f* **II.** *adj* Hänge-; ~ **kilit** Vorhängeschloss *nt;* ~ **köprü** Hängebrücke *f;* ~ **kütüğü** Weinstock *m;* ~ **yaprağı** Weinblatt *nt*
asmak <-ar> *vt* ① anhängen (**-i** etw), aufhängen (**-i** etw) ② (*Arbeit*) liegen lassen (**-i** etw) ③ (*fam*) blaumachen, schwänzen (**okulu** die Schule)
Asor Adaları <-nı> *s* Azoren *pl*
asosyal *adj* asozial
aspirin® *s* Aspirin® *nt*

A

asrı <-nı> *s Possessivform zu* **asır** das Jahrhundert von ...

assubay *s* Unteroffizier *m*

ast *s* Untergebene(r) *f(m)*

astar *s* ① (*Kleider-*) Futter *nt* ② (*Farbe, Verputz*) Grundierung *f*

astarlamak *vt* (*Kleidung*) füttern (**-i** etw)

asteğmen *s* Leutnant *m*

astım *s* Asthma *nt*

astımlı I. *adj* asthmatisch II. *s* Asthmatiker(in) *m(f)*

astroloji *s* Astrologie *f*

astronom *s* Astronom(in) *m(f)*

astronomi *s* Astronomie *f*

astronomik *adj* astronomisch

astronot <-tu> *s* Astronaut(in) *m(f)*

astropikal *adj* subtropisch

Asya *s* Asien *nt*

Asyalı I. *s* Asiat(in) *m(f)* II. *adj* (*Herkunft*) asiatisch

aş *s* Essen *nt*

AŞ *s Abk von* **Anonim Şirket** AG *f* (*Aktiengesellschaft*)

aşağı I. *adv* nach unten, hinunter II. *adj* ① untere(r, s) ② (*Wert*) niedrig ③ gemein; ~ **görmek** unterschätzen (**-i** jdn/etw); **birinden ~ kalmak** hinter jdm zurückstehen; ~ **sınıf** (*sozial*) Unterschicht *f*; ~ **yukarı** ungefähr, etwa; **Aşağı Saksonya** Niedersachsen *nt*

aşağıda *adv* unten

aşağıdaki *adj* ① unten befindlich ② (*in einem Text*) folgende(r, s)

aşağılamak *vt* beleidigen, herabsetzen (**-i** jdn/etw)

aşağılayıcı *adj* beleidigend, entwürdigend

aşağılık <-ğı> I. *s* Minderwertigkeit *f* II. *adj* minderwertig; ~ **kompleksi** Minderwertigkeitskomplex *m*

aşağısı <-nı> *s* Unterseite *f* (*von etw*); **aşağısında** unterhalb (**-in** +*gen*)

aşağıya *adv* nach unten, herunter, hinunter; ~ **doğru** abwärts

aşama *s* ① (*Stadium*) Etappe *f* ② Rang *m*, Grad *m*

aşçı *s* Koch *m*; ~ **kadın** Köchin *f*

aşçıbaşı <-nı> *s* Küchenchef *m*

aşçılık <-ğı> *s* ① Kochkunst *f* ② Beruf *m* eines Kochs

aşevi <-ni> *s* Gaststätte *f*

aşı *s* ① Impfung *f* ② Impfstoff *m*; ~ **kâğıdı** Impfpass *m*

aşıboyası <-nı> I. *s* Ocker *m* II. *adj* ockerfarben

aşık <-ğı> I. *s* ① Liebhaber *m* ② Barde *m*, Volkssänger *m* II. *adj* verliebt; **birine ~ olmak** sich in jdn verlieben

aşılamak *vt* ① einimpfen; MED impfen (**-i** jdn) ② AGR veredeln ③ (*mit einer Krankheit*) anstecken, infizieren (**-e -i** jdn mit etw)

aşın(dır)ma *s* ① *Verbalsubstantiv zu* **aşın(dır)mak** ② Abnutzung *f* ③ Erosion *f*

aşındırmak *vt* ① *Kausativ zu* **aşınmak** ② (*abnutzen*) strapazieren, verschleißen (**-i** etw) ③ (*aushöhlen*) auswaschen (**-i** etw) ④ CHEM ätzen (**-i** etw)

aşınmak *vr* ① sich abnutzen ② sich aushöhlen ③ sich abtragen ④ sich abreiben

aşırı I. *adj* extrem, übermäßig II. *adv* zu viel; ~ **gitmek** zu weit gehen; ~ **sağcılık** Rechtsextremismus *m*

aşırıcılık <-ğı> *s* Extremismus *m*

aşırılık <-ğı> *s* Übermaß *nt*

aşırmak *vt* ① (*fam*) klauen (**-i** etw) ② hinüberbringen (**-i** etw)

aşikar *adj* einleuchtend, offenkundig

aşina *adj* vertraut (**-e** mit etw)

aşiret <-ti> *s* (Volks)stamm *m*

aşk <-kı> *s* ① Liebe *f* ② (*fig*) Eifer *m*; ~ **mektubu** Liebesbrief *m*

aşketmek <-der> *vt* (*Hieb*) verpassen (**-e** jdm, **-i** etw)

aşkın *präp* mehr als, über (**-i** +*akk*); **kırkı ~ bir adam** ein Mann über vierzig

aşkına *präp* um ... willen (**-in** +*gen*), für (**-in** +*akk*)

aşmak <-ar> *vt* ❶ überschreiten (**-i** etw) ❷ (*fig*) übersteigen, übertreffen (**-i** etw) ❸ (*Gebirge, Gewässer*) überqueren (**-i** etw) ❹ (*Hindernis*) überwinden (**-i** etw)

at <-tı> *s* Pferd *nt;* ~ **kılı** Rosshaar *nt;* ~ **kuyruğu** (*auch Frisur*) Pferdeschwanz *m;* ~ **yarışı** Pferderennen *nt;* **ata binmek** reiten; **atla** zu Pferde

ata *s* (Stamm)vater *m*

ataerkil *adj* patriarchalisch

atak <-ğı> **I.** *adj* draufgängerisch **II.** *s* Attacke *f*

ataklık <-ğı> *s* Kühnheit *f*

atalar *s* Ahnen *pl,* Vorfahren *pl*

atama *s* ❶ *Verbalsubstantiv zu* **atamak** ❷ Ernennung *f*

atamak *vt* (*ernennen*) berufen (**-i -e** jdn zu etw)

atardamar *s* Arterie *f,* Schlagader *f*

atasözü <-nü> *s* Sprichwort *nt*

ataşe *s* Attaché *m*

ateist <-ti> **I.** *s* Atheist(in) *m(f)* **II.** *adj* atheistisch

ateizm *s* Atheismus *m*

atelye *s* Atelier *nt,* Werkstatt *f*

ateş *s* ❶ Feuer *nt* ❷ Fieber *nt* ❸ (*fig*) Begeisterung *f;* ~ **almak** in Brand geraten; (*Schuss*) losgehen; ~ **etmek** schießen (**-e** auf jdn); **ateşe dayanıklı** feuerfest; **ateşe vermek** in Brand stecken (**-i** etw)

ateşbalığı <-nı> *s* Sardine *f*

ateşböceği <-ni> *s* Glühwürmchen *nt*

ateşçi *s* Heizer *m*

ateşkes *s* Waffenstillstand *m*

ateşleme *s* ❶ *Verbalsubstantiv zu* **ateşlemek** ❷ AUTO Zündung *f;* ~ **fitili** Lunte *f,* Zündschnur *f*

ateşlemek *vt* ❶ in Brand stecken (**-i** etw) ❷ TECH zünden (**-i** etw) ❸ (*Kessel*) heizen (**-i** etw)

ateşlenmek *vr* ❶ *Passiv zu* **ateşlemek** ❷ in Brand geraten ❸ (*fig*) sich ereifern ❹ Fieber bekommen

ateşli *adj* ❶ mit Feuer ❷ fieberhaft, fiebrig ❸ (*begeistert*) feurig, temperamentvoll; ~ **silah** Schusswaffe *f*

atfetmek <-der> *vt* ❶ zurückführen auf (**-i -e** etw auf etw) ❷ (*Blick*) richten (**-i -e** etw auf jdn)

atık **I.** *adj* verunreinigt, Abfall- **II.** *s* Abfall *m,* Müll *m;* ~ **gaz** Abgas *nt;* ~ **kâğıt** Altpapier *nt;* ~ **su** Abwasser *nt*

atılgan *adj* ❶ impulsiv, aktiv ❷ kontaktfreudig ❸ unternehmungslustig

atılganlık <-ğı> *s* ❶ Kühnheit *f* ❷ Unternehmungslust *f* ❸ Kontaktfreudigkeit *f*

atılım *s* ❶ (*Schwung*) Elan *m* ❷ ungestümer Angriff *m*

atılış *s* (*Elan*) Schwung *m*

atılmak *vi* ❶ *Passiv zu* **atmak** ❷ rasch erwidern ❸ sich stürzen auf (**-e** jdn/etw)

atım *s* Schuss *m*

atış *s* Wurf *m;* ~ **rampası** Abschussrampe *f*

atışma *s* ❶ *Verbalsubstantiv zu* **atışmak** ❷ Streit *m*

atışmak *vi* ❶ sich streiten (**ile** mit jdm) ❷ aufeinander schießen

atıştırmak **I.** *vt* (*Essen*) hinunterschlingen (**-i** etw) **II.** *vi* (*Regen*) nieseln

atik <-ği> *adj* flink, behände

atkı *s* ❶ Halstuch *nt* ❷ (*an Schuhen*) Spange *f*

atlama *s* ❶ *Verbalsubstantiv zu* **atlamak** ❷ Sprung *m;* ~ **tepesi** Sprungschanze *f*

atlamak *vt* ❶ springen (**-e** auf etw, **-den** aus/über etw) ❷ (*auslassen*) übergehen; (*versehentlich*) weglassen (**-i** etw)

Atlantik Okyanusu <-nu> *s* Atlantik *m*

atlas **I.** *s* ❶ Atlas *m* ❷ Atlasseide *f* **II.** *adj* aus Atlasseide

atlatmak *vt* ❶ *Kausativ zu* **atlamak** ❷ (*Gefahr*) überstehen (**-i** etw) ❸ (*lästigen Menschen*) abwimmeln (**-i** jdn)

atlayış *s* Sprung *m*

A

atlet <-ti> *s* ① Leichtathlet(in) *m(f)* ② Unterhemd *nt*

atletik <-ği> *adj* athletisch

atletizm *s* Leichtathletik *f*

atlı *s* Reiter(in) *m(f)*; ~ **araba** Pferdewagen *m*

atlıkarınca *s* Karussell *nt*

atmaca *s* Habicht *m*

atmak <-ar> **I.** *vt* ① werfen (**-i -e** etw in/auf etw) ② wegwerfen (**-i** etw) ③ (*Brief*) einwerfen, verschicken (**-i** etw) ④ (*Salz*) dazugeben (**-i -e** etw zu etw) ⑤ (*Schrei*) ausstoßen (**-i** etw) ⑥ (*Kugel, Pfeil*) abfeuern, (ab)schießen (**-i** etw) ⑦ (*Termin*) verschieben (**-i -e** etw auf etw) ⑧ hinauswerfen (**-i** jdn) ⑨ verbannen (**-i** jdn) ⑩ (*Unterschrift*) daruntersetzen (**-i** etw); (*Datum*) daraufsetzen (**-i** etw); **laf** [*o* **söz**] ~ anquatschen (**-e** jdn); **silah** ~ einen Schuss abgeben; **birine bir tokat/tekme** ~ jdm eine Ohrfeige/einen Fußtritt geben **II.** *vi* ① (*prahlen*) angeben ② (*Stoff, Farben*) ausbleichen ③ (*Morgen*) grauen ④ (*Herz*) pochen

atmasyon *s* (*fam*) Angeberei *f*

atmosfer *s* Atmosphäre *f*

atom *s* Atom *nt*; ~ **bombası** Atombombe *f*; ~ **çekirdeği** Atomkern *m*; ~ **enerjisi** Atomenergie *f*; ~ **gücü** Atommacht *f*; ~ **reaktörü** Kernreaktor *nt*

atomik *adj* atomar

atölye *s* Atelier *nt*, Werkstatt *f*

av *s* ① Jagd *f* ② Jagdbeute *f*; ~ **eti** Wild *nt*; ~ **sahası** Wildbahn *f*; ~ **tüfeği** Jagdgewehr *nt*; ~ **yatağı** Jagdrevier *nt*

avanak <-ğı> *adj* (*fam*) leichtgläubig

avanaklık <-ğı> *s* (*fam*) Leichtgläubigkeit *f*

avans *s* ① Abschlagszahlung *f*, Vorschuss *m* ② SPORT Vorgabe *f*; ~ **vermek** vorgeben, vorauszahlen

avanta *s* (*fam*) Reibach *m*

avantaj *s* Vorteil *m*

avantajlı *adj* vorteilhaft

avare **I.** *s* Landstreicher *m* **II.** *adj* untätig

avaz avaz *adv* aus vollem Hals

avcı *s* Jäger *m*; ~ **uçağı** Jagdflugzeug *nt*

avize *s* Kronleuchter *m*

avlak <-ğı> *s* Jagdrevier *nt*

avlamak *vt* ① jagen (**-i** jdn/etw) ② (*auf der Jagd*) fangen (**-i** etw) ③ übervorteilen (**-i** jdn)

avlu *s* Hof *m*

Avrasya *s* Eurasien *nt*

Avrupa *s* Europa *nt*; ~ **Konseyi** Europarat *m*; ~ **Parlamentosu** das Europaparlament; ~ **Tüneli** Eurotunnel *m*

Avrupai *adj* (*Art*) europäisch

Avrupalaşma *s* Europäisierung *f*

Avrupalı **I.** *s* Europäer(in) *m(f)* **II.** *adj* (*Herkunft*) europäisch

Avrupalılaştırmak *vt* europäisieren (**-i** jdn/etw)

avuç <-cu> *s* Handfläche *f*; **bir ~ ...** eine Hand voll ...; ~ **açmak** betteln; ~ **içi kadar** winzig klein; ~ **dolusu** massenweise; **avucunu yalamak** das Nachsehen haben; **avucunun içi gibi bilmek** wie seine Hosentasche kennen; **birini avucunun içine almak** jdn um den kleinen Finger wickeln

avuçlamak *vt* eine Handvoll nehmen

avukat <-tı> *s* ① Rechtsanwalt, Rechtsanwältin *m, f* ② Verteidiger(in) *m(f)*

avunmak *vr* ① *Passiv zu* **avutmak** ② sich trösten ③ sich ablenken lassen

avuntu *s* ① Trost *m* ② Ablenkung *f*

Avustralya *s* Australien *nt*

Avustralyalı **I.** *s* Australier(in) *m(f)* **II.** *adj* (*Herkunft*) australisch

Avusturya *s* Österreich *nt*

Avusturyaca *adj* (*Sprache*) österreichisch

Avusturyalı **I.** *s* Österreicher(in) *m(f)* **II.** *adj* (*Herkunft*) österreichisch

avutmak *vt* ① *Kausativ zu* **avunmak** ② trösten (**-i** jdn) ③ beschwichtigen (**-i** jdn) ④ (*vertrösten*) hinhalten (**-i** jdn)

avutucu *adj* tröstlich

ay I. *interj* oh!, ach! II. *s* ① Monat *m* ② Mond *m*; ~ **ışığı** Mondschein *m*; ~ **modülü** Mondfähre *f*; ~ **tutulması** Mondfinsternis *f*; ~ **yıldız** (*türkische Fahne*) Halbmond und Stern; **küçülen/büyüyen** ~ abnehmender/zunehmender Mond; (**bugün**) **ayın kaçı?** den Wievielten haben wir (heute)?

ayak <-ğı> *s* ① Fuß *m* ② (*vom Tier*) Pfote *f*, Huf *m* ③ Sockel *m* ④ (*einer Leiter*) Sprosse *f*; (*einer Treppe*) Stufe *f* ⑤ (*Gangart*) Tempo *nt*; ~ ~ **üstüne atmak** die Beine übereinanderschlagen; ~ **bağı** ein Klotz am Bein; ~ **basmak** betreten (**bir yere** einen Ort); ~ **bileği** Fußgelenk *nt*; ~ **freni** Fußbremse *f*; ~ **parmağı** Zehe *f*; ~ **üstü** zwischen Tür und Angel; **ayağa kalkmak** aufstehen; **ayağını burkmak** sich *dat* den Fuß vertreten; **ayağını yorganına göre uzatmak** sich nach der Decke strecken; **ayakta durmak** stehen; **ayakta kalmak** (*a. fig*) sich auf den Beinen halten

ayakkabı <-yı> *s* Schuh *m*; ~ **boyası** Schuhcreme *f*; ~ **fırçası** Schuhbürste *f*; ~ **mağazası** Schuhgeschäft *nt*; ~ **numarası** Schuhgröße *f*

ayakkabıcı *s* Schuhmacher *m*, Schuster *m*

ayaklanma *s* ① *Verbalsubstantiv zu* **ayaklanmak** ② (*Aufstand*) Aufruhr *m*; POL Erhebung *f*

ayaklanmak *vr* ① sich auflehnen; POL rebellieren ② (*Patient*) aufstehen; (*Kleinkind*) laufen können

ayaklı *s* mit Füßen [*o* Beinen]; ~ **kütüphane** wandelndes Lexikon; ~ **lamba** Stehlampe *f*

ayaklık <-ğı> *s* ① Tritt-, Fußbrett *nt* ② Pedal *nt* ③ Stelze *f*

ayaktakımı <-nı> *s* Gesindel *nt*, Pöbel *m*

ayakyolu <-nu> *s* (*fam*) Klo *nt*

ayar *s* ① TECH Einstellung *f* ② (*eines Edelmetalls*) Feingehalt *nt* ③ Ortszeit *f* ④ (*Standard*) Normalgewicht *nt*; ~ **edilebilir** justierbar; ~ **etmek** TECH einstellen; (*Uhr*) stellen (**-i** etw)

ayarlamak *vt* ① einstellen (**-i** etw) ② regeln (**-i** etw); **kendini bir şeye göre** ~ sich auf etw einstellen

Ayasofya *s* Hagia Sophia *f*

ayaz *s* ① trockenes kaltes Winterwetter *nt* ② eisiger Wind *m*

aybaşı <-nı> *s* ① Menstruation *f* ② Monatsanfang *m*

aybı <-nı> *s Possessivform zu* **ayıp** seine/ihre Schande

ayçiçeği <-ni> *s* Sonnenblume *f*

aydın I. *s* Intellektuelle(r) *f(m)* II. *adj* ① hell, klar ② gebildet ③ glücklich, fröhlich

aydınlanma *s* ① *Verbalsubstantiv zu* **aydınlanmak** ② Beleuchtung *f* ③ Aufklärung *f*; **Aydılanma Çağı** (*Zeitalter*) Aufklärung *f*

aydınlanmak *vi* ① *Reflexiv o Passiv zu* **aydınlatmak** ② hell(er) werden ③ (*fig*) klar werden

aydınlatıcı *adj* erhellend, lehrreich

aydınlatma *s* ① *Verbalsubstantiv zu* **aydınlatmak** ② Beleuchtung *f* ③ Aufklärung *f*

aydınlatmak *vt* ① beleuchten (**-i** etw) ② (*fig*) (auf)klären (**-i** jdn/etw)

aydınlık <-ğı> I. *adj* (*hell*) klar II. *s* ① Helligkeit *f* ② (*fig*) Klarheit *f* ③ Lichtschacht *m*

ayet <-ti> *s* Koranvers *m*

aygır *s* Hengst *m*

aygıt <-tı> *s* ① Apparat *m* ② (*Organe*) System *nt*

ayı *s* ① Bär *m* ② (*fig*) Grobian *m*

ayıbalığı <-nı> *s* Robbe *f*, Seehund *m*

ayıgülü <-nü> *s* Pfingstrose *f*

ayık <-ğı> *adj* ① nüchtern ② (*fig*) ruhig und klar denkend

ayıklamak *vt* ① auslesen (**-i** etw) ② (*Tier*) ausnehmen (**-i** etw) ③ (*Ge-

müse) putzen, schälen (**-i** etw)

ayıklık <-ğı> *s* ① Nüchternheit *f* ② (*fig*) klares Bewusstsein *nt*

ayılmak *vi* wieder zur Besinnung kommen

ayıp <-bı> **I.** *s* Schande *f* **II.** *adj* ① ungehörig ② (*empörend*) ungeheuerlich **III.** *interj* pfui; ~ **etmek** Ungehöriges tun; ~ **olmasın!** nichts für ungut!; **ayıbını örtmek** beschönigen (**-in** etw)

ayıplamak *vt* ① tadeln (**-i** etw) ② kritisieren, bemängeln (**-i** etw)

ayıplı *adj* ① mangelhaft ② unanständig

ayıpsız *adj* ① makellos ② anständig

ayırmak *vt* ① trennen (**-i -den** jdn/etw von jdm/etw) ② (*auseinanderhalten*) unterscheiden (**-i -den** etw von etw) ③ (*einteilen*) gliedern (**-i -e** etw in etw) ④ loslösen, abtrennen (**-i -den** etw von etw) ⑤ (*reservieren*) zurücklegen (**-i -e** etw für jdn) ⑥ zuteilen (**-i -e** etw jdm)

ayırt etmek *vt* unterscheiden; (*sondern*) trennen (**-i -den** etw/jdn von etw/jdm)

ayırtı *s* Nuance *f*

ayırtmak *vt* ① *Kausativ zu* **ayırmak** ② (*Zimmer*) bestellen, buchen (**-i** etw)

ayin *s* (religiöse) Zeremonie *f*

aykırı *adj* ① abartig ② widersprechend

aykırılık <-ğı> *s* (*Widerspruch*) Gegensatz *m*

aylak <-ğı> *adj* (*untätig*) müßig

aylarca *adv* monatelang

aylık <-ğı> **I.** *s* (Monats)gehalt *nt* **II.** *adj* monatlich, Monats-; ~ **abonman** Monatskarte *f*; **üç ~ hamile(dir)** sie ist im 3. Monat schwanger

aylıkçı *s* Gehaltsempfänger(in) *m(f)*

ayna *s* Spiegel *m*

aynasız **I.** *adj* ohne Spiegel **II.** *s* (*fam: Polizist*) Bulle *m*

aynen *adv* genauso

aynı *adj* (*identisch*) gleich, der-, die-, dasselbe; ~ **anda** im selben Augenblick; ~ **boyda** gleich groß; ~ **cinsten** gleichartig; ~ **kapıya çıkmak** (*fam*) Jacke wie Hose sein; ~ **şekilde** gleich, gleichermaßen, ebenfalls; ~ **zamanda** (*zugleich*) gleichzeitig; **... değil ~ zamanda ...** nicht nur ..., sondern auch ...

aynıları <-nı> *npl* dieselben *pl*

aynılık <-ğı> *s* Identität *f*

aynısı <-nı> *pron* (*substantivisch*) der-, die-, dasselbe

ayol *interj* ① he! hör mal! ② Mensch! ③ nanu! wieso!

ayraç <-cı> *s* (*Satzzeichen*) Klammer *f*

ayran *s türkisches Joghurtgetränk*

ayrı **I.** *adj* getrennt, separat, einzelne(r, s) **II.** *adv* ① verschieden, anders als ② (*jeder für sich*) getrennt, einzeln; ~ ~ getrennt

ayrıca *adv* ① außerdem ② (*einzeln*) getrennt ③ nebenbei

ayrıcalı *adj* privilegiert

ayrıcalık <-ğı> *s* Vergünstigung *f*, Privileg *nt*

ayrık <-ğı> **I.** *s* ① Ausnahme *f* ② (Haar)scheitel *m* **II.** *adj* ① getrennt ② (*Finger*) gespreizt ③ (*Haar*) gescheitelt

ayrıksı *adj* extravagant

ayrılık <-ğı> *s* ① Trennung *f* ② Spaltung *f* ③ Unterschied *m* ④ Isolierung *f*

ayrılıkçı **I.** *s* Separatist(in) *m(f)* **II.** *adj* separatistisch

ayrılıkçılık <-ğı> *s* Separatismus *m*

ayrılmak *vr* ① *Passiv zu* **ayırmak** sich trennen ② sich unterscheiden (**-den** von etw) ③ weggehen, abreisen (**-den** aus etw) ④ auseinandergehen ⑤ (*aus einer Gemeinschaft*) austreten (**-den** aus etw) ⑥ (*sich gliedern*) sich teilen (**-e** in etw)

ayrım *s* ① Unterschied *m*, Verschiedenheit *f* ② Unterscheidung *f*

ayrımcı *adj* diskriminierend

ayrımcılık <-ğı> *s* Diskriminierung *f*

ayrıntı *s* Detail *nt*

ayrıntılı *adj* ausführlich

ayrışma *s* CHEM Zersetzung *f*

ayrışmak *vi* CHEM sich zersetzen

ayva *s* Quitte *f*; ~ **jölesi** Quittengelee *nt*

ayyaş *s* (*fam*) Säufer(in) *m(f)*, Trinker(in) *m(f)*

az I. *adj* ① gering ② wenig II. *adv* selten; ~ **buz değil** (*lobend*) das ist beachtlich!; ~ **çok** (*einigermaßen*) mehr oder weniger; ~ **gelişmiş** unterentwickelt; ~ **kaldı** [*o* **kalsın**] beinahe, fast; ~ **kalorili** kalorienarm

aza *s* ① Mitglied *nt* ② ANAT Organe *nt*

azalmak *vi* abnehmen, sich vermindern

azaltmak *vt* ① *Kausativ zu* **azalmak** ② vermindern, verringern (**-i** etw)

azamet <-ti> *s* ① (*Pracht*) Größe *f* ② Stolz *m*

azametli *adj* prächtig; (*hochmütig*) stolz

azami I. *s* Maximum *nt* II. *adj* maximal

azap <-bı> *s* (*Pein*) Qual *f*

azar *s* Tadel *m*, Rüge *f*, Schelte *f*

azar azar *adv* nach und nach, allmählich

azarlamak *vt* tadeln (**-i** jdn)

Azerbaycan *s* Aserbaidschan *nt*

Azerbaycanca I. *adj* (*Sprache*) aserbaidschanisch II. *s* (das) Aserbaidschanisch(e)

Azerbaycanlı I. *adj* (*Art*) aserbaidschanisch II. *s* Aserbaidschaner(in) *m(f)*

Azeri I. *adj* (*Art*) aserbaidschanisch II. *s* Aserbaidschaner(in) *m(f)*

azgın *adj* ① (*wütend*) rasend ② zügellos ③ (*Wunde*) schwärend

azgınlık <-ğı> *s* ① (*Wut*) Raserei *f* ② Zügellosigkeit *f*

azıcık *adv* (*fam*) ein bisschen

azıdişi <-ni> *s* Backenzahn *m*

azık <-ğı> *s* Proviant *m*

azılı *adj* aufsässig

azımsamak *vt* unterschätzen (**-i** etw)

azınlık <-ğı> *s* Minderheit *f*, Minorität *f*

azıtmak *vi* (*fam*) zu weit gehen

azim <-zmi> *s* (*Tatkraft*) Entschlossenheit *f*

azimli *adj* energisch, tatkräftig

aziz I. *s* Heilige(r) *f(m)* II. *adj* lieb, teuer

azlık <-ğı> *s* ① (*Mangel*) Knappheit *f* ② Seltenheit *f*

azmak <-ar> *vi* ① (*wütend werden*) toben ② (*Krankheit*) sich verschlimmern ③ (*Pflanzen*) wuchern

azman I. *s* Monstrum *nt* II. *adj* (*riesengroß*) ungeheuer

azmetmek <-der> *vi* fest entschlossen sein (**-e** zu etw)

azmi <-ni> *Possessivform zu* **azim** seine/ihre Entschlossenheit

azot <-tu> *s* Stickstoff *m*

azotlu *adj* stickstoffhaltig

Azrail *s* Todesengel *m*

B

Bb

B, b *s zweiter Buchstabe des türk. Alphabets*
baba *s* Vater *m;* ~ **hindi** Puter *m*
babaanne *s* Großmutter *f* (*väterlicherseits*)
babacan *adj* ① gutmütig ② (*fig*) ungeniert
babacığım *s* (*als Anrede*) Papa *m*
babalık <-ğı> *s* ① Vaterschaft *f* ② Stiefvater *m* ③ (*als Anrede*) Väterchen *nt*
Babıali *s* die Hohe Pforte
baca *s* Schornstein *m,* Kamin *m;* ~ **temizleyicisi** Schornsteinfeger *m*
bacak <-ğı> *s* ① Bein *nt* ② (*von Tier, Möbel*) Fuß *m* ③ (*Kartenspiel*) Bube *m*
bacanak *s* Schwager *m* (*Mann der Schwester der Ehefrau*)
badana *s* Tünche *f;* ~ **etmek** [*o* **yapmak**] anstreichen; ~ **fırçası** (*zum Streichen*) Pinsel *m*
badanalamak *vt* tünchen, anstreichen (**-i** etw)
badem *s* ① Mandel *f* ② *eine kleine Gurkenart;* ~ **ağacı** Mandelbaum *m;* ~ **ezmesi** Marzipan *m;* ~ **şekeri** gebrannte Mandel
bademcik <-ği> *s* ANAT Mandel *f;* ~ **iltihabı** Mandelentzündung *f*
Baden-Württemberg (**Eyaleti**) *s* Baden-Württemberg *nt*
badminton *s* Federball *m*
badya *s* (*Zuber*) Bütte *f*
bagaj *s* Gepäck *nt;* ~ **deposu** Gepäckaufbewahrung *f;* ~ **kuponu** Gepäckschein *m*
bağ *s* ① (*Stoff*) Band *nt* ② (*fig*) Band *nt* ③ Binde *f* ④ Weinberg *m*
bağa *s* Schildpatt *nt;* ~ **gözlük** Hornbrille *f*
bağbozumu <-nu> *s* Weinernte *f,* Weinlese *f*
bağcı *s* Winzer(in) *m(f)*
bağcılık <-ğı> *s* Weinbau *m*
bağdaş *s* Schneidersitz *m;* ~ **kurmak** sich im Schneidersitz hinsetzen
bağdaşık *adj* einheitlich
bağdaşmak *vi* harmonieren (**ile** mit jdm)
bağıl *adj* ① MATH relativ ② (*Gewicht*) spezifisch
bağımlı *adj* abhängig
bağımlılık <-ğı> *s* Abhängigkeit *f*
bağımsız *adj* ① frei, unabhängig ② selbständig
bağımsızlık <-ğı> *s* ① Unabhängigkeit *f* ② Selbständigkeit *f*
bağır <-ğrı> *s* Brust *f*
bağırmak *vi* ① schreien ② rufen ③ brüllen ④ anschreien (**-e** jdn)
ba(ğı)rsak <-ğı> *s* Darm *m;* ~ **solucanı** Bandwurm *m*
ba(ğı)rsaklar *s* Eingeweide *pl*
bağış *s* ① (*Gabe*) Spende *f* ② Vergebung *f*
bağışık <-ğı> *adj* MED immun
bağışıklık <-ğı> *s* Immunität *f;* ~ **sistemi** Immunsystem *nt*
bağışlamak *vt* ① schenken (**-e -i** jdm etw) ② (*Schuld*) erlassen (**-e -i** jdm etw) ③ verzeihen (**-e -i** jdm etw)
bağlam *s* Kontext *m;* (*Text*) Zusammenhang *m*
bağlama *s* ① *Verbalsubstantiv zu* **bağlamak** ② Verbindung *f* ③ *ein lautenartiges türkisches Saiteninstrument*
bağlamak *vt* ① anbinden (**-i -e** etw an etw) ② befestigen, ankuppeln (**-i -e** etw an etw) ③ schnüren (**-i** etw) ④ (*Krawatte, Schürze*) umbinden (**-i** etw) ⑤ verbinden (**-i** etw) ⑥ INFORM eine Verbindung herstellen (**-e** mit etw)

❼ (*Lohn*) aussetzen (**-e** jdm) ❽ (*Kruste, Ruß*) bilden ❾ (*fig*) fesseln (**-i -e** jdn an jdn)

bağlanma *s* ❶ *Verbalsubstantiv zu* **bağlanmak** ❷ Verbindung *f*

bağlanmak *vr* ❶ *Passiv zu* **bağlamak** ❷ lieb gewinnen (**-e** jdn) ❸ (*Arbeit*) beginnen (**-e** mit etw)

bağlantı *s* ❶ (*Gas-, Wasser-, Telefon-*) Anschluss *m* ❷ Beziehung *f* ❸ Kontext *m* ❹ TELEK Verbindung *f* ❺ INET Link *m,* Hyperlink *m;* ~ **noktası** INET (Hyper)link *m;* INFORM Port *m*

bağlantısız *adj* offline

bağlaşık <-ğı> *adj* verbündet

bağlaşmak *vr* sich verbünden (**ile** mit jdm)

bağlı *adj* ❶ (*an-, fest-, zu-*) gebunden ❷ anhänglich ❸ (*abhängig*) bedingt ❹ (*treu*) ergeben ❺ zugetan

bağlılık <-ğı> *s* ❶ Verbundenheit *f* ❷ Treue *f* ❸ Abhängigkeit *f*

bağnaz **I.** *s* Fanatiker(in) *m(f)* **II.** *adj* ❶ fanatisch ❷ borniert

bağnazlık <-ğı> *s* Fanatismus *m*

bağrı <-nı> *s Possessivform zu* **bağır** seine/ihre Brust

bağrışma *s* ❶ *Verbalsubstantiv zu* **bağrışmak** ❷ Geschrei *nt*

bağrışmak *vi* schreien, brüllen

Bahama Adaları <-nı> *s* Bahamas *pl*

bahane *s* Ausrede *f,* Vorwand *m;* ~ **etmek** vorschützen (**-i** etw)

bahar *s* ❶ Frühling *m* ❷ (*fig*) frische Blätter und Blüten; ~ **nezlesi** Heuschnupfen *m;* ~ **yorgunluğu** Frühjahrsmüdigkeit *f*

bahar(at) <-tı> *s* Gewürz *nt*

baharatlı *adj* gewürzt, pikant

bahçe *s* ❶ Garten *m* ❷ Gärtnerei *f*

bahçıvan *s* Gärtner(in) *m(f);* ~ **makası** Gartenschere *f;* ~ **pantalonu** Latzhose *f*

bahis <-hsi> *s* ❶ Erwähnung *f* ❷ Wette *f* ❸ (*Thema*) Punkt *m;* ~ **tutuşmak** wetten; **bahse gir(iş)mek** wetten; **bahse girelim mi?** wetten(, dass)?; **bahse var mısın?** wetten(, dass)?

bahriye *s* Marine *f*

bahriyeli *s* Marinesoldat *m*

bahsetmek <-der> *vi* ❶ sprechen, erzählen (**-den** von jdm/etw) ❷ handeln (**-den** von etw)

bahsi <-ni> *s Possessivform zu* **bahis** die Erwähnung von ...

bahşiş *s* Trinkgeld *nt*

baht <-tı> *s* (*fam*) Schicksal *nt*

bahtsız *adj* unglücklich

bahtsızlık <-ğı> *s* (*fam*) Pech *nt*

bakan *s* Minister(in) *m(f)*

Bakanlar Kurulu <-nu> *s* POL Kabinett *nt,* Ministerrat *m*

bakanlık <-ğı> *s* Ministerium *nt*

bakıcı *s* Pfleger *m*

bakım *s* ❶ Instandhaltung *f* ❷ Pflege *f* ❸ Gesichtspunkt *m* ❹ (*fig*) Standpunkt *m* ❺ (*tech*) Wartung *f;* **bakıma muhtaç** pflegebedürftig

bakımından *präp* hinsichtlich (**-in** +*gen*)

bakımlı *adj* gepflegt

bakımsız *adj* ungepflegt, verwahrlost; (*Garten*) verwildert

bakınmak *vi* sich umschauen (*nach allen Seiten*)

bakır **I.** *s* Kupfer *nt* **II.** *adj* kupfern

bakış *s* ❶ Blick *m* ❷ Betrachtung *f;* ~ **açısı** Blickwinkel *m*

bakışmak *vi* sich anblicken

bakire **I.** *s* Jungfrau *f* **II.** *adj* jungfräulich

bakkal *s* ❶ Lebensmittelgeschäft *nt* ❷ Lebensmittelhändler(in) *m(f),* Krämer *m*

bakla *s* dicke Bohne *f,* Saubohne *f;* **baklayı ağzından çıkarmak** (*fam*) die Katze aus dem Sack lassen

baklagiller *npl* Hülsenfrüchte *pl*

baklava *s eine türkische Blätterteigpastete*

bakmak <-ar> *vi* ❶ zuschauen ❷ schauen (**-e** auf/in etw), anschauen (**-e** jdn/etw) ❸ beaufsichtigen, aufpassen (**-e** auf jdn) ④ MED behandeln (**-e** jdn) ⑤ (*Familie*) ernähren (**-e** jdn) ⑥ (*fam*) gucken (**-e** auf jdn/etw) ⑦ sich kümmern (**-e** um jdn/etw) ⑧ pflegen, versorgen (**-e** jdn/etw); **bakalım** schauen wir mal; (*bei Aufforderung*) mal; (*im Fragesatz*) denn, wohl; **bak hele!** sieh mal an!

bakteri *s* Bakterie *f*

bakteriyolijik *adj* bakteriologisch

Bakü *s* Baku *nt*

bal *s* Honig *m*

balayı <-nı> *s* Flitterwochen *pl;* ~ **seyahati** Hochzeitsreise *f*

balcılık <-ğı> *s* Imkerei *f*, Bienenzucht *f*

balçık <-ğı> *s* ① Lehm *m* ② Schlamm *m*

baldır *s* ① Unterschenkel *m* ② Wade *f;* ~ **kemiği** Schienbein *nt*

baldırıçıplak <-ğı> *s* Rowdy *m*

baldız *s* Schwägerin *f* (*Schwester der Ehefrau*)

balerin *s* Balletttänzerin *f*

bale(t) <-ti> *s* Ballett *nt*

balgam *s* (*Auswurf*) Schleim *m*

balık <-ğı> *s* ① Fisch *m* ② (*Sternzeichen*) Fische *pl;* ~ **avı** Fischfang *m;* ~ **lokantası** Fischrestaurant *nt;* ~ **tutmak** fischen, angeln

balıkçı *s* ① Fischer(in) *m(f)* ② Fischhändler(in) *m(f);* ~ (**dükkanı**) Fischgeschäft *nt;* ~ **limanı** Fischereihafen *m;* ~ **yaka(lı kazak)** Rollkragen(pullover) *m*

balıkçılık <-ğı> *s* Fischerei *f*

balıkyağı <-nı> *s* Lebertran *m*

balina *s* Wal *m*

Balkan *s* ~ **ülkeleri** Balkanländer *nt;* **Balkanlar** der Balkan

balkon *s* Balkon *m*

balmumu <-nu> *s* Wachs *nt;* ~ **heykeller müzesi** Wachsfigurenkabinett *nt*

balo *s* Ball *m*

balon *s* ① Ballon *m* ② Glaskolben *m*

balsam *s* Balsam *m*

balta *s* Axt *f*, Beil *nt*

baltalamak *vt* ① (*Wald*) abholzen (**-i** etw) ② (*Haus*) in Brand stecken (**-i** etw) ③ (*Sache*) lahmlegen, sabotieren (**-i** etw)

Baltık Denizi <-ni> *s* Ostsee *f*

balya *s* (*Stoff-*) Ballen *m*

balyoz *s* schwerer Schmiedehammer *m*

bambu *s* Bambus *m*

bamteli <-ni> *s* ① (*fig*) wunder Punkt *m* ② MUS dicke Basssaite *m*

bamya *s* (*Fisch*) Okra *f*

bana *pron* mir; ~ **kalırsa** meiner Meinung nach

banal *adj* banal

bandaj *s* Verband *m*

bandıra *s* (*Schiffs-*) Flagge *f*

bando *s* MUS Kapelle *f*

bank <-kı> *s* (*Sitz-*) Bank *f*

banka *s* FIN Bank *f;* ~ **hesabı** Bankkonto *nt;* ~ **müdürü** Bankdirektor(in) *m(f);* ~ **soygunu** Bankraub *m*

bankacı *s* Bankangestellte(r) *f(m)*

bankacılık <-ğı> *s* Bankwesen *nt*

bankamatik <-ği> *s* Bankautomat *m*, Bankomat *m*

banker *s* Bankier *m*

banknot <-tu> *s* Banknote *f*, Geldschein *m*

banko *s* (*Spiel-*) Einsatz *m*

bankomat <-tı> *s* Bankomat *m*

banliyö *s* Vorort *m;* ~ **treni** Nahverkehrszug *m*

banmak <-ar> *vt* eintauchen (**-i -e** etw in etw)

bant <-dı> *s* ① Binde *f* ② (*Band*) Streifen *m* ③ Tonband *nt* ④ Klebestreifen *m;* ~ **genişliği** INET Bandbreite *f;* **yara bandı** Pflaster *nt*

banyo *s* ① (*Tätigkeit*) Bad *nt* ② Badezimmer *nt* ③ Badewanne *f;* ~ **etmek** (*Fotos*) entwickeln (**-i** etw); ~ **ettirmek** baden; (*Fotos*) entwickeln lassen (**-i** etw); ~ **teknesi** Badewanne *f;* ~ **yapmak** baden

bar *s* ① Bar *f* ② (*Nachtlokal*) Bar *f* ③ *ein anatolischer Volkstanz;* **çikolatalı** ~ Schokoriegel *m*

baraj *s* Staudamm *m,* Talsperre *f;* **yüzde on barajı** POL Zehnprozenthürde *f*

baraka *s* Baracke *f*

barbar I. *s* Barbar(in) *m(f)* **II.** *adj* barbarisch

barbunya *s* ① Rote Meerbarbe *f* ② *eine rötliche Bohnenart*

bardak <-ğı> *s* ① Becher *m* ② Glas *nt;* **bardaktaki fırtına** Sturm im Wasserglas

barfiks *s* SPORT Reck *nt*

barınak <-ğı> *s* Obdach *nt,* Unterschlupf *m,* Unterkunft *f*

barındırmak *vt* ① *Kausativ zu* **barınmak** ② beherbergen, unterbringen (**-i** jdn)

barınmak *vi* eine Unterkunft finden (**-de** in etw/bei jdm)

barış *s* ① Friede(n) *m* ② Versöhnung *f* ③ JUR Vergleich *m;* ~ **antlaşması** Friedensvertrag *m;* ~ **müzakereleri** Friedensverhandlungen *pl*

barışçı *adj* friedlich; (*Person*) friedliebend

barışmak *vr* sich versöhnen (**ile** mit jdm/etw)

barışsever *adj* (*friedliebend*) friedlich

barış(tır)ma *s* ① *Verbalsubstantiv zu* **barış(tır)mak** ② Aussöhnung *f*

barıştırmak *vt* aussöhnen, versöhnen (**-i** jdn)

bari *adv* ① wenigstens, mindestens ② dann ... wenigstens

barikat <-tı> *s* Barrikade *f*

bariton *s* Bariton *m*

bariyer *s* ① Barriere *f,* Schlagbaum *m* ② Sperre *f*

bariz *adj* klar, offensichtlich

barkod *s* Barcode *m,* Strichcode *m;* ~ **okuyucu** Strichcode-Lesegerät *nt*

barlam *s* Seehecht *m*

barmen *s* Barkeeper *m,* Barmixer *m*

baro *s* Rechtsanwaltskammer *f*

Barok *s* Barock *nt o m*

barometre *s* Barometer *nt*

barparalel *s* SPORT Barren *m*

barut <-tu> *s* Schießpulver *nt*

basamak <-ğı> *s* ① (*einer Leiter*) Sprosse *f* ② (*fig*) Sprungbrett *nt* ③ Stufe *f* ④ Trittbrett *nt* ⑤ MATH Stelle *f*

basbayağı *adj* ① gewöhnlich, normal ② mittelmäßig

başbayan *s* POL First Lady *f*

bası *s* ① TYPO Abdruck *m* ② TYPO Druck *m*

basık <-ğı> *adj* ① flach ② niedere(r, s), niedrig ③ (*Nase*) platt

basım *s* ① TYPO Druck *m* ② Typographie *f*

basımcı *s* Drucker(in) *m(f)*

basımcılık <-ğı> *s* (*Gewerbe*) Buchdruckerei *f*

basımevi <-ni> *s* (*Werkstatt*) Buchdruckerei *f*

basın *s* (*Zeitungswesen*) Presse *f;* ~ **özgürlüğü** Pressefreiheit *f;* ~ **toplantısı** [*o* **konferansı**] Pressekonferenz *f*

basınç <-cı> *s* PHYS, TECH Druck *m*

basınyayın *s* ① Presse *f* und Rundfunk *m* ② Kommunikationswissenschaft *f;* ~ **organları** Massenmedien *pl*

basil *s* Bazillus *m*

basit *adj* ① (*unkompliziert*) einfach ② (*auch Mensch*) primitiv ③ (*einfach*) schlicht

basitleşmek *vr* sich vereinfachen

basitleştirmek *vt* ① *Kausativ zu* **basitleşmek** ② vereinfachen (**-i** etw)

basitlik <-ği> *s* Einfachheit *f*

Bask <-kı> *s* Baske, Baskin *m, f;* ~ **Ülkesi** Baskenland *nt*

basketbol <-lü> *s* Basketball *m*

baskı *s* ① TYPO Auflage *f* ② Zwang *m,* Druck *m* ③ TYPO Druck ④ (*als Werkzeug*) Presse *f* ⑤ (*Druckabzug*) Exemplar *nt;* ~ **aracı** Druckmittel *nt;* ~ **harfleri** Druckbuchstaben *pl;* ~ **hatası** Druckfehler *m*

baskılık <-ğı> *s* Briefbeschwerer *m*

baskın *s* ① Überfall *m* ② Razzia *f* ③ Invasion *f*

basma I. *s* ① *Verbalsubstantiv zu* **basmak** ② bedruckter Baumwollstoff ③ Überflutung *f* II. *adj* gedruckt

basmak <-ar> I. *vt* ① pressen, drücken (**-i -e** etw auf etw) ② (*Buch, Zeitung*) drucken; (*Münzen*) prägen (**-i** etw) ③ überfallen (**-i** jdn) ④ (*Fieber*) befallen (**-i** jdn) ⑤ (*fig*) überfluten (**-i** etw) II. *vi* ① treten (**-e** auf etw) ② drücken (**-e** auf etw) ③ (*Alter*) erreichen (**ellisine** sein fünfzigstes Lebensjahr) ④ (*Dunkelheit*) hereinbrechen

basmakalıp <-bı> *adj* ① trivial ② (*Ausdruck*) abgedroschen ③ schablonenmäßig (hergestellt)

basso *s* ① Bass *m* ② Bassist *m* ③ Basstuba *f*

bastırmak *vt* ① *Kausativ zu* **basmak** ② drücken (**-i** etw) ③ (*Aufstand*) niederschlagen (**-i** etw) ④ überflügeln (**-i** jdn) ⑤ (*Zorn*) überwinden (**-i** etw) ⑥ (*Gefühl*) unterdrücken (**-i** etw) ⑦ (*Durst, Feuer*) löschen (**-i** etw) ⑧ (*Dunkelheit*) hereinbrechen

baston *s* Spazierstock *m*

basur (hastalığı) *s* Hämorrhoiden *pl*

basübadelmevt <-ti> *s* Auferstehung *f*

baş I. *s* ① Kopf *m* ② (*fig*) Haupt *nt* ③ (*Zwiebel-, Knoblauch-*) Knolle *nt* ④ (*Vieh*) Stück *nt* ⑤ (*fig: Führungs-*) Spitze *f* ⑥ (*fig*) Anfang *m*, Beginn *m* ⑦ (*fig*) Gipfel *m* II. *adj* oberste(r, s), Haupt-; ~ **ağrısı** Kopfschmerzen *pl;* ~ **aşağı** kopfüber; ~ **başa** unter vier Augen; ~ **belası** (*fam*) Plage *f;* ~ **döndürücü** schwindelerregend; ~ **dönmesi** MED Schwindel *m;* **bir şeyle ~ edememek** mit etw nicht fertigwerden; ~ **göstermek** sich zeigen, auftreten; ~ **kaldırmak** (*rebellieren*) sich auflehnen (**-e** gegen jdn); ~ **oyuncu** Hauptdarsteller *m;* ~ **yemek** Hauptspeise *f*, Hauptgang *m;* ~ **üstüne!** zu Befehl!; ~ **vurmak** sich wenden (**-e** an jdn); (*auf ein Mittel*) zurückgreifen (**-e** auf etw); ~ **yastığı** Kopfkissen *nt;* **başa çıkılamaz** unüberwindlich; **başa çıkmak** fertigwerden (**ile** mit etw); **başı belada olmak** in der Patsche sitzen; **başı kıçı belli olmamak** weder Hand noch Fuß haben; **başım ağrıyor** ich habe Kopfschmerzen; **başım dönüyor** mir ist schwindlig; **benim de başımdan geçti** davon kann ich ein Lied singen; **başına gelmek** widerfahren (**-in** jdm); **başına vurmak** zu Kopf steigen (**-in** jdm); **başından atmak** sich vom Halse schaffen (**-i** etw); **başından beri** von Anfang an; **başını dinlemek** ausspannen; **başını sallamak** nicken; **başını uçurmak** enthaupten (**-in** jdn); **başta** (*vor den anderen*) voran; **başta gelmek** (*an der Spitze stehen*) führen; **baştaki** (*leitend*) führend; **baştan** von Anfang an, noch einmal (von vorne); **baştan aşağı** von oben bis unten; **baştan çıkarmak** verführen (**-i** jdn); **baştan savmak** (*abwimmeln*) loswerden (**-i** jdn)

başak <-ğı> *s* Ähre *f*

Başak (burcu) <-nu> *s* (*Sternzeichen*) Jungfrau *f*

başarı *s* Erfolg *m*, Gelingen *nt;* **başarılar dilerim!** viel Erfolg!

başarılı *adj* erfolgreich

başarısız *adj* erfolglos

başarısızlık <-ğı> *s* Misserfolg *m;* **başarısızlığa uğramak** missglücken

başarmak *vt* erfolgreich ausführen (**-i** etw); **başardım** ich hab's geschafft

başbakan *s* Ministerpräsident(in) *m(f);* ~ **yardımcısı** Vizekanzler(in) *m(f)*

başçavuş *s* Feldwebel *m*

başdüşman *s* Erzfeind(in) *m(f)*

başhekim *s* Chefarzt, Chefärztin *m, f*

başhemşire *s* Oberschwester *f*

başka I. *adj* andere(r, s), sonstige *pl* II. *adv* (*außerdem*) sonst III. *präp* außer (**-den** +*dat*); **başka?** noch etwas?; ~ **biri(si)** jemand anders; ~ **bir şey** etwas anderes; ~ **bir şey de var**

mı? sonst noch etwas?; ~ **bir yerde** sonstwo; ~ **bir zaman** ein andermal; ~ **çare kalmadı** es bleibt keine Wahl; ~ **çare yoksa** notfalls; ~ **hiç kimse** niemand anders; ~ **türlü** anders

başkaları <-nı> *pron* (*Plural*) andere

başkalaşmak *vr* sich verändern

başkalaştırmak *vt* verändern (**-i** jdn/etw)

başkalık <-ğı> *s* Abweichung *f,* Anderssein *nt*

başkan *s* ① Chef(in) *m(f)* ② Oberhaupt *nt* ③ Präsident(in) *m(f),* Vorsitzende(r) *f(m)*

başkanlık <-ğı> *s* ① (*Leitung*) Führung *f* ② Vorsitz *m* ③ Präsidentschaft *f;* ~ **adayı** Präsidentschaftskandidat(in) *m(f)* ④ Präsidium *nt*

başkası <-nı> *pron* ① ein anderer ② etwas anderes

başkent <-ti> *s* Hauptstadt *f*

başkomutan *s* Oberbefehlshaber *m*

başkomutanlık <-ğı> *s* Oberbefehl *m*

başkonsolos *s* Generalkonsul *m*

başkonsolosluk <-ğu> *s* Generalkonsulat *nt*

başkumandan *s* Oberbefehlshaber *m*

başkumandanlık <-ğı> *s* Oberbefehl *m*

başlamak *vi* anfangen, beginnen (**-e** mit etw)

başlangıç <-cı> *s* Anfang *m,* Beginn *m,* Start *m;* ~ **noktası** Ursprung *m*

başlangıçta *adv* am Anfang

başlıca *adj* hauptsächlich; ~ **sebep** Hauptgrund *m*

başlık <-ğı> *s* ① Kopfbedeckung *f* ② (*Überschrift*) Titel *m* ③ Brautgeld *nt* (*Geldbetrag des Bräutigams für die Brauteltern*) ④ Sprengkopf *m* ⑤ INFORM Header *m*

başmakale *s* Leitartikel *m*

başöğretmen *s* (*Schule*) Rektor(in) *m(f)*

başörtü(sü) <-nü> *s* Kopftuch *nt*

başparmak <-ğı> *s* ① Daumen *m* ② große Zehe *f*

başpiskopos *s* Erzbischof *m*

başrahibe *s* (*eines Klosters*) Oberin *f*

başrol <-lü> *s* (*auch fig*) Hauptrolle *f*

başsağlığı <-nı> *s* Beileid *nt*

başsağlığı dilemek *vi* sein Beileid aussprechen (**-e** jdm)

başşehir <-şehri> *s* Hauptstadt *f*

başucu <-nu> *s* ① Zenit *m* ② oberster Teil von etwas ③ (*eines Bettes*) Kopfende *nt*

başvurmak *vi* ① sich wenden an, aufsuchen (**-e** jdn) ② (*Mittel*) zurückgreifen auf (**-e** etw)

başvuru *s* ① Anfrage *f* ② Bewerbung *f*

başyazar *s* Schriftleiter(in) *m(f)*

başyazı *s* Leitartikel *m*

batak <-ğı> **I.** *s* Moor *nt,* Sumpf *m* **II.** *adj* ① sumpfig, morastig ② (*fig*) verloren

bataklık <-ğı> *s* Sumpf

bateri *s* Schlagzeug *nt*

baterist *s* Schlagzeuger(in) *m(f)*

Batı *s* ① (*politisch*) Westen *m* ② Abendland *nt,* Okzident *m;* ~ **Anadolu** Westanatolien *nt;* ~ **Avrupa** Westeuropa *nt;* ~ **Hint Adaları** Westindische Inseln *pl*

batı **I.** *s* ① Westen *m* ② Westwind *nt* **II.** *adj* westlich, West-

batıcı **I.** *adj* westlich [*o* europäisch] gesinnt **II.** *s Person, die westlich gesinnt ist*

batıl *adj* wertlos; ~ **inanç** Aberglaube *m*

batılı *adj* westlich, West-

Batılı kuvvetler *s* Westmächte *pl*

batılılaşmak *vi* sich verwestlichen, sich europäisieren

batırmak *vt* ① *Kausativ zu* **batmak** ② (*hinein-*) stechen (**-i -e** etw in etw) ③ (*ein-*) tauchen (**-i -e** etw in etw) ④ (*Schiff*) versenken (**-i** etw); (*wirtschaftlich*) ruinieren (**-i** jdn) ⑤ (*Geld*) versickern lassen (**-i** etw)

batış *s* Untergang

batmak <-ar> *vi* ① (*Sonne*) untergehen ❷ (*Schiff*) sinken ❸ versinken ❹ (*Wort*) kränken (-**e** jdn) ❺ wirtschaftlich ruiniert werden ❻ (*Geld*) versickern

battaniye *s* Wolldecke *f*

bavul *s* Koffer *m*

Bavyera **I.** *s* Bayern *nt* **II.** *adj* (*Art*) bay(e)risch

Bavyeraca *adj* (*Sprache*) bay(e)risch

Bavyeralı **I.** *s* Bayer(in) *m(f)* **II.** *adj* (*Herkunft*) bay(e)risch

Bay *s* (*vor dem Nachnamen*) Herr *m*

bayağı **I.** *adj* ❶ (*durchschnittlich*) gewöhnlich ❷ (*pej*) ordinär, vulgär **II.** *adv* beinahe, ziemlich

Bayan *s* (*vor dem Nachnamen*) Frau *f*, Fräulein *nt;* **Bayanlar, Baylar!** meine Damen und Herren

bayat *adj* ❶ faul, verdorben; (*Brot*) altbacken, nicht frisch ❷ (*überholt*) alt

baygın *adj* ❶ bewusstlos, ohnmächtig ❷ (*Duft*) leicht und angenehm

baygınlık <-ğı> *s* Bewusstlosigkeit *f*, Ohnmacht *f*

bayılmak *vi* ❶ das Bewusstsein verlieren, ohnmächtig werden ❷ (*fig*) schwärmen für (-**e** für jdn/etw) ❸ (*fam: Geld*) herausrücken (-**e** -**i** jdm etw)

bayıltmak *vi* betäuben (-**e** jdn)

bayındırlaştırmak *vt* urbanisieren (-**i** etw)

bayır *s* ❶ Hang *m* ❷ Hügel *m*

bayırturpu <-nu> *s* Meerrettich *m*

baykuş *s* Eule *f*

bayrak <-ğı> *s* Fahne *f*, Flagge *f;* ~ **koşusu** Staffellauf *m*

bayram *s* Fest *nt;* ~ **günü** Feiertag *m*, Festtag *m*

bayt *s* Byte *nt*

baytar *s* Tierarzt, Tierärztin *m, f*

baz *s* CHEM Base *f;* ~ **istasyonu** Mobilfunkstation *f*

bazen *adv* ab und zu, gelegentlich, manchmal

bazı *adj* manch, manche(r, s); ~ **defa** manchmal; ~ **insanlar** gewisse Leute

bazıları <-nı> *pron* manche *pl;* **bazısı** manche(r, s)

bazilik(a) *s* Basilika *f*

bazuka *s* Panzerfaust *f*

be *interj* (*vulg*) he! Mensch!

bebek <-ği> *s* ❶ Baby *nt* ❷ Puppe *f;* ~ **arabası** Puppenwagen *m;* ~ **beklemek** ein Kind erwarten; ~ **önlüğü** Lätzchen *nt;* ~ **tulumu** Strampelhose *f*

beceri *s* (*Geschicklichkeit*) Fertigkeit *f*

becerikli *adj* geschickt, gewandt

beceriklilik <-ği> *s* Geschicklichkeit *f*, Gewandtheit *f*

beceriksiz *adj* ungeschickt, unbeholfen, linkisch

beceriksizlik <-ği> *s* Ungeschicklichkeit *f*

becermek *vt* ❶ bewältigen, fertig bringen (-**i** etw) ❷ (*ironisch*) anrichten, sich leisten (-**i** etw)

bedava **I.** *adj* kostenlos **II.** *adv* gratis, umsonst

bedbin **I.** *s* Pessimist(in) *m(f)* **II.** *adj* pessimistisch

bedbinlik <-ği> *s* Pessimismus *m*

beddua *s* Fluch *m;* ~ **etmek** verfluchen (-**e** jdn)

bedel *s* ❶ (*Gegenwert*) Preis *m* ❷ (*Gegenleistung*) Ersatz *m*

bedelli askerlik <-ği> *s in der Türkei: Militärdienst mit Loskaufoption*

beden *s* ❶ Körper *m* ❷ (*Kleidung*) Größe *f* ❸ ANAT Rumpf *m;* ~ **eğitimi** Gymnastik *f*

bedeni *adj s.* **bedensel**

bedensel *adj* körperlich, physisch

beğeni *s* Geschmack *m*

beğenmek *vt* ❶ mögen, gernhaben (-**i** jdn/etw) ❷ (aus)wählen (-**i** jdn/etw)

bej *adj* beige

bek <-ki> *s* SPORT Verteidiger *m*

bekar **I.** *s* Junggeselle *m*, Junggesellin *f* **II.** *adj* unverheiratet, ledig

bekaret <-ti> *s* Jungfräulichkeit *f*, Unschuld *f*

bekçi *s* ❶ Aufseher(in) *m(f),* Wächter(in) *m(f)* ❷ Wärter(in) *m(f);* ~ **köpek** Wachhund *m*
beking *s* Backpulver *nt*
bekleme *s* ❶ *Verbalsubstantiv zu* **beklemek** ❷ Warten *nt;* ~ **kuyruğu** Warteschlange *f;* ~ **odası** Vorzimmer *nt,* Warteraum *m;* ~ **salonu** Wartesaal *m*
beklemek *vt* ❶ warten (-**i** auf jdn/etw) ❷ erwarten (-**i** -**den** etw von jdm) ❸ bewachen (-**i** etw)
beklenmedik *adj* unerwartet
beklenti *s* (*Hoffnung*) Erwartung *f*
bekleyiş *s* Erwartung *f*
Bektaşi *s Mitglied eines Bektaschi-Derwischordens*
bektaşiüzümü <-nü> *s* Stachelbeere *f*
bel *s* ❶ Lende *f* ❷ (*Tier-*) Rücken *m* ❸ Taille *f* ❹ (*Berg*) Sattel *m* ❺ Spaten *m;* ~ **ağrısı** Kreuzschmerzen *pl;* **belden aşağı** (*fig fam: unfair; schlüpfrig*) unter der Gürtellinie; **belden aşağısı felçli** querschnittgelähmt; ~ **suyu** Sperma *nt*
bela *s* ❶ Plage *f,* Pest *f* ❷ Verhängnis *nt;* ~ **okumak** verfluchen (-**e** jdn); **belayı davet etmek** den Teufel an die Wand malen
Belarus *s* Weißrussland *nt,* Belarus *nt*
Belçika **I.** *s* Belgien *nt* **II.** *adj* (*Art*) belgisch
Belçikalı **I.** *s* Belgier(in) *m(f)* **II.** *adj* (*Herkunft*) belgisch
belde *s* Ort *m,* Ortschaft *f*
beledi *adj* städtisch
belediye *s* Gemeinde *f,* Kommune *f,* Stadtverwaltung *f;* ~ **başkanı** Bürgermeister *m;* ~ **dairesi** Gemeindebezirk *m;* (*Gebäude*) Rathaus *nt;* ~ **meclisi** Gemeinderat *m;* ~ **otobüsü** Stadtbus *m;* ~ **reisi** (Ober)bürgermeister *m;* ~ **seçimleri** Kommunalwahlen *pl*
belediyecilik <-ği> *s* Kommunalpolitik *f*
beleş *adj* (*vulg*) gratis, kostenlos
belge *s* ❶ (*Urkunde*) Dokument *nt* ❷ Bescheinigung *f* ❸ Ausweis *m*
belgelemek *vt* bescheinigen, belegen (-**i** etw)
belirgin *adj* genau, bestimmt
belirlemek *vt* ❶ (*festsetzen*) bestimmen (-**i** etw) ❷ definieren (-**i** etw) ❸ präzisieren (-**i** etw)
belirli *adj* ❶ ausdrücklich, bestimmt ❷ (*deutlich*) verständlich
belirmek *vi* ❶ erscheinen, in Erscheinung treten ❷ sich herauskristallisieren ❸ eindeutig werden
belirsiz *adj* ❶ unbestimmt ❷ undeutlich ❸ ungewiss ❹ (*fig*) verschwommen
belirsizlik <-ği> *s* Ungewissheit *f,* Unbestimmtheit *f*
belirteç <-ci> *s* Umstandswort *nt,* Adverb *nt*
belirti *s* ❶ Abzeichen *nt* ❷ Kennzeichen *nt* ❸ (*Zeichen*) Mal *nt* ❹ MED Symptom *nt*
belirtme *s* ❶ *Verbalsubstantiv zu* **belirtmek** ❷ Klarstellung *f;* ~ **durumu** Akkusativ *m*
belirtmek *vt* ❶ (*festsetzen*) bestimmen (-**i** etw) ❷ verdeutlichen (-**i** etw) ❸ zum Ausdruck bringen (-**i** etw)
belkemiği <-ni> *s* ❶ (*a. fig*) Rückgrat *nt* ❷ Wirbelsäule *f*
belki *adv* vielleicht, wahrscheinlich
bellek <-ği> *s* ❶ Gedächtnis *nt* ❷ INFORM (*eines Computers*) Speicher *m;* **ana** [*o* **rasgele erişimli**] ~ INFORM RAM *nt* (*random access memory*); **sadece okunabilen** ~ INFORM ROM *nt* (*read only memory*); ~ **kapasitesi** INFORM Speicherkapazität *f;* ~ **kaybı** [*o* **yitimi**] Gedächtnisschwund *m;* **belleğe geçirmek** (*Daten*) speichern (-**i** etw)
bellemek *vt* ❶ (*im Gedächtnis*) behalten (-**i** etw) ❷ auswendig lernen (-**i** etw) ❸ (*Acker*) umgraben (-**i** etw) ❹ (*meinen*) glauben
belleteç <-ci> *s* Gedächtnisstütze *f*

belli *adj* ① bekannt ② bestimmt ③ deutlich ④ genau; ~ **başlı** hauptsächlich; ~ **etmek** zu erkennen geben; ~ **etmemek** sich nichts anmerken lassen; (*nicht zeigen*) verheimlichen; ~ **olmak** sich zeigen; ~ **olmaz** man kann nie wissen; ~ **oluyor** man merkt es

bellilik <-ği> *s* Deutlichkeit *f*, Gewissheit *f*, Klarheit *f*

bembeyaz *adj* schneeweiß

ben **I.** *pron* ich **II.** *s* Muttermal *nt*

bence *adv* meiner Meinung nach; ~ **hava hoş** von mir aus

bencil **I.** *s* Egoist(in) *m(f)* **II.** *adj* egoistisch

bencillik <-ği> *s* Egoismus *m*, Selbstsucht *f*

benek <-ği> *s* (*Tupfen*) Fleck(en) *m*; (*Tüpfelchen*) Punkt *m*

benekli *adj* gefleckt

beni *pron* mich; ~ **sokmayan yılan bin yıl yaşasın** wer mir nichts tut, soll lange leben

benim **I.** *interj* (*mit Betonung auf der ersten Silbe*) ich bin es! **II.** *pron* mein(e); ~ **bir arkadaşım** ein Freund von mir; ~ **fikrime göre** nach meinem Ermessen; ~ **için** meinetwegen; ~ **için farketmez** das ist mir egal, von mir aus; ~ **tarafımdan** meinerseits; **benimki** der, die, das Meine; **benimle** mit mir

benimsemek *vt* ① sich aneignen (-**i** etw) ② Anspruch erheben (-**i** auf etw)

beniz <-nzi> *s* Gesichtfarbe *f*; **benzi atmak** (*Gesicht*) sich verfärben; **beti benzi uçmak** blass werden, erbleichen

bensiz *adv* ohne mich

bent <-di> *s* Damm *m*, Deich *m*

benzemek *vi* ① (*gleichen*) ähneln (-**e** jdm/einer Sache) ② aussehen (-**e** nach etw); **bir şeye benziyor** das kann sich sehen lassen

benzer **I.** *adj* ähnlich **II.** *s* ① Doppelgänger(in) *m(f)* ② (*Gegenstück*) Pendant *nt*

benzerlik <-ği> *s* Ähnlichkeit *f*

benzersiz *adj* einzigartig

benzeş *adj* ① ähnlich ② gleichartig

benzeti *s* ① Gleichnis *nt* ② (*Nachahmung*) Nachbildung *f*

benzetme **I.** *adj* (*nachgeahmt*) falsch **II.** *s* ① (*Nachahmung*) Fälschung *f* ② (*als Stilmittel*) Vergleich *m* ③ Verwechslung *f* ④ *Verbalsubstantiv zu* **benzetmek**

benzetmek *vt* ① vergleichen (-**i** -**e** jdn/etw mit jdm/etw) ② verwechseln (-**i** -**e** jdn mit jdm) ③ nachahmen (-**i** etw) ④ (*fig*) übel zurichten (-**i** jdn)

benzeyiş *s* Ähnlichkeit *f*

benzi <-ni> *s Possessivform zu* **beniz** seine/ihre Gesichtsfarbe

benzin *s* Benzin *nt*; ~ **almak** tanken; ~ **deposu** Tank *m*; ~ **bidonu** Benzinkanister *m*; ~ **doldurmak** AUTO auftanken; ~ **istasyonu** Tankstelle *f*; ~ **miktarı** Benzinstand *m*; ~ **pompası** Benzinpumpe *f*

benzinci *s* Tankwart(in) *m(f)*

beraat <-tı> *s* Freispruch *m*; ~ **etmek** freigesprochen werden; ~ **ettirmek** freisprechen

beraber *adv* gemeinsam, zusammen, miteinander

berabere *adj* SPORT unentschieden; ~ **kalmak** unentschieden spielen

beraberlik <-ği> *s* ① (*Zusammensein*) Gemeinschaft *f* ② Vereinigung *f* ③ SPORT Unentschieden *nt* ④ Solidarität *f*

berat <-tı> *s* HIST Bestallungsurkunde *f*

Berat Gecesi <-ni> *s die Nacht der Berufung Mohammeds zum Propheten*

berbat *adj* ① miserabel ② schlimm; ~ **etmek** (*fam*) vermasseln (-**i** etw)

berber *s* Friseur *m*; ~ **salonu** Friseursalon *m*

berduş *s* (*fam*) Penner *m*

bere *s* ① Baskenmütze *f* ② Quetschung *f*

bereket <-ti> *s* ① (*vom Boden*) Fruchtbarkeit *f* ② (*fig*) Segen *m* ③ Überfluss *m*; ~ **versin** glücklicherweise

bereketli *adj* ① fruchtbar ② reichhaltig ③ üppig

berelemek *vt* MED quetschen (**-i** etw)

Bergama *s* Pergamon *nt*

beri I. *präp* seit (**-den** +*dat*) II. *adv* hierher III. *adj* diesseitig; **kısa zamandan/uzun zamandan** ~ seit kurzem/seit langem IV. *s die dem Sprecher nächstliegende Seite*

beri(de) *adv* diesseits

berisinde *präp* diesseits (**-den** +*gen*)

beriye *adv* (hier)her

berrak <-kı> *adj* ① (kristall)klar ② durchsichtig ③ hell

besbelli *adj* ① klipp und klar ② offensichtlich

besi *s* ① Ernährung *f* ② AGR Mast *f*; **besiye çekmek** mästen

besin *s* ① Nahrung *f* ② Nahrungsmittel *nt*; ~ **maddeleri** Lebensmittel *pl*; ~ **zehirlenmesi** Lebensmittelvergiftung *f*

besleme *s* ① *Verbalsubstantiv zu* **beslemek** ② TECH Zufuhr *f* ③ (*pej*) Pflegekind *nt*

beslemek *vt* ① ernähren (**-i** jdn) ② (*Kind*) füttern (**-i** jdn) ③ (*Gefühle*) hegen (**-i** etw) ④ (*unterhalten*) versorgen (**-i** jdn) ⑤ (*Tiere*) züchten (**-i** etw) ⑥ mästen (**-i** etw)

beslenme *s* Ernährung *f*

beslenmek *vi* ① *Passiv zu* **beslemek** ② sich ernähren

besleyici *adj* nahrhaft

besleyicilik <-ği> *s* Nährwert *m*

besmele *s Name des Ausspruchs ‚bismillah'*

beste *s* Komposition *f*

besteci *s* Komponist(in) *m(f)*

bestelemek *vt* komponieren (**-i** etw)

beş *num* fünf; ~ **yüz** fünfhundert; **beşte bir** ein Fünftel *nt*; **beşer** je fünf

beşgen *s* Fünfeck *nt*

beşik <-ği> *s* Wiege *f*

beşinci *adj* fünfte(r, s)

beşme *s* (*einer Drehbank*) Bock *m*

beter *adj* schlimmer; ~ **olmak** schlimmer werden

beti benzi uçmak *vi* erblassen

betimsel *adj* beschreibend

beton *s* Beton *m*

betonlamak *vt* betonieren (**-i** etw)

bey *s* ① Herr *m* ② (*Anrede nach dem Vornamen*) Herr *m* ③ (*fig*) Führer *m* einer Gruppe ④ (*Kartenspiel*) Ass *nt*

beyan *s* ① Aussage *f* ② Erklärung *f*; ~ **etmek** angeben, anmelden (**-i** etw)

beyanat <-tı> *s* Äußerung *f*

beyanname *s* ① Bekanntmachung *f* ② Formular *nt*

beyaz *adj* weiß; ~ **altın** Weißgold *nt*; ~ **bira** helles Bier *nt*; ~ **ekmek** Weißbrot *nt*; **Beyaz Rusya** Weißrussland *nt*, Belarus *nt*; ~ **şarap** Weißwein *m*; ~ **zehir** Rauschgift *nt*

beyazımsı *adj* weißlich

beyazlanmak *vi s.* **beyazlaşmak**

beyazlaşmak *vi* weiß werden

beyazperde *s* (Film)leinwand *f*

beyazpeynir *s* Schafskäse *m*

beyefendi *s* (*Anrede ohne Namen*) gnädiger Herr

beygir *s* Gaul *m*

beygirgücü <-nü> *s* TECH Pferdestärke *f*

beyhude *adj, adv* erfolglos, zwecklos, umsonst

beyin <-yni> *s* Gehirn *nt*; ~ **göcü** (*Abwanderung von Wissenschaftlern*) Braindrain *m*; ~ **kanaması** Gehirnblutung *f*; ~ **sarsılması** Gehirnerschütterung *f*; ~ **sektesi** Gehirnschlag *m*; ~ **tavası** (*als Gericht*) Hirn *nt*; ~ **yıkama** Gehirnwäsche *f*; **beynine sokmak** (*fig*) sich einprägen; **beyni sulanmış** (*Mensch*) verkalkt

beylik *adj* (*Worte*) abgedroschen

beyni <-ni> *s Possessivform zu* **beyin** sein/ihr Gehirn *nt*

beysbol <-lü> *s* Baseball *m*

bez *s* ❶ (Baumwoll)stoff *m* ❷ Wischlappen *m* ❸ Drüse *f;* ~ **parçası** (*Lappen*) Fetzen *m*

bezdirmek *vt* ❶ *Kausativ zu* **bezmek** ❷ lästig fallen (-**i** -**den** jdm mit etw)

beze *s* ❶ Baiser *nt* ❷ Drüse *f* ❸ Drüsenschwellung *f*

bezelye *s* Erbse *f*

bezemek *vt* schmücken (-**i** etw)

bezgin *adj* ❶ gedrückt ❷ verdrießlich

bezginlik <-ği> *s* (*Verdruss*) Unmut *m*

bezmek <-er> *vt* satthaben (-**den** etw)

bıçak <-ğı> *s* Messer *nt;* ~ **kesiği** Messerschnitt *m*

bıçaklamak *vt* erstechen (-**i** jdn)

bıçkı *s* Säge *f*

bıkkın *adj* überdrüssig

bıkkınlık <-ğı> *s* Überdruss *m*

bıkmak <-ar> *vi* überdrüssig sein (-**den** einer Sache), satthaben (-**den** etw); **bıktım** ich bin es leid

bıldırcın *s* Wachtel *f*

bırakmak *vt* ❶ lassen (-**i** etw/jdn) ❷ bleiben lassen (-**i** etw) ❸ loslassen (-**i** etw/jdn) ❹ zurücklassen, verlassen (-**i** jdn) ❺ überlassen; (*Aufgabe, Amt*) übergeben (-**e** -**i** jdm etw) ❻ weglassen; (*Thema*) überspringen (-**i** etw) ❼ weggehen (-**i** von jdm) ❽ Schluss machen (-**i** mit etw); (*Gewohnheit*) aufgeben (-**i** etw) ❾ (*Bart*) wachsen lassen (-**i** etw) ❿ (*Schüler*) nicht versetzen (-**i** jdn); **bırakın ben gideyim** lasst mich gehen

bıyık <-ğı> *s* Schnurrbart *m;* ~ **altından gülmek** schmunzeln

biber *s* Pfeffer *m;* **dolmalık** ~ Paprikaschote *f;* **dövülmüş** ~ gemahlener Pfeffer; (**yeşil**) ~ Paprika *m;* ~ **dolması** gefüllte Paprikaschoten *pl*

biberiye *s* Rosmarin *m*

biberlik <-ği> *s* Pfefferstreuer *m*

biberon *s* (*Säuglings-*) Flasche *f*

biçare *adj* bedauernswert, erbärmlich

biçerdöver *s* Mähdrescher *m*

biçim *s* ❶ *Verbalsubstantiv zu* **biçmek** ❷ Art *f,* Weise *f* ❸ Form *f,* Gestalt *f* ❹ Typ *m* ❺ (*von Kleidung*) Schnitt *m* ❻ Mähen *nt*

biçimlendirmek *vt* bilden, formen (-**i** etw)

biçimsel *adj* formal, formell

biçimsiz *adj* ❶ schlecht passend ❷ unfein

biçimsizlik <-ği> *s* ❶ Formlosigkeit *f* ❷ Missbildung *f*

biçmek <-er> *vt* ❶ (*Gras*) mähen (-**i** etw) ❷ (zu)schneiden (-**i** etw) ❸ (*Preis*) festsetzen (-**i** etw)

bidon *s* Kanister *m*

biftek <-ği> *s* Beefsteak *nt*

bigudi *s* Lockenwickler *m*

bikini *s* Bikini *m*

bikir asması <-nı> *s* wilder Wein *m*

bilakis *adv* vielmehr, im Gegenteil

bilanço *s* Bilanz *f*

bilardo *s* Billard *nt*

bildiri *s* ❶ Angabe *f* ❷ (*öffentl.*) Bekanntmachung *f* ❸ (*Ankündigung*) Meldung *f* ❹ Mitteilung *f* ❺ Nachricht *f*

bildirme *s* ❶ *Verbalsubstantiv zu* **bildirmek** ❷ Mitteilung *f* ❸ Verkündigung *f;* ~ **kipi** Aussageform *f*

bildirmek *vt* ❶ *Kausativ zu* **bilmek** ❷ bekannt geben (-**i** etw) ❸ mitteilen (-**e** -**i** jdm etw)

bile *adv* ❶ schon ❷ sogar ❸ (*mit Verneinung*) nicht einmal ❹ selbst wenn; ~ ~ mit voller Absicht, wissentlich

bileği *s* Schleifwerkzeug *nt;* ~ **taşı** Schleifstein *m*

bilek <-ği> *s* Handgelenk *nt*

bilemek *vt* (*schärfen*) schleifen (-**i** etw)

bilerek *adv* wissentlich

bileşik <-ği> **I.** *adj* zusammengesetzt **II.** *s* CHEM Verbindung *f;* ~ **faiz** Zinseszins *m;* ~ **kelime** [*o* **sözcük**] (*Wort-*) Zusammensetzung *f*

bileşim *s* ❶ *Verbalsubstantiv zu* **bileşmek** ❷ CHEM Präparat *nt* ❸ CHEM Verbindung *f* ❹ Zusammensetzung *f*

bileşmek *vi* ① CHEM sich verbinden (**ile** mit) ② zusammengesetzt sein

bilet <-ti> *s* ① Eintrittskarte *f* ② Fahrkarte *f*, Fahrschein *m*; ~ **almak** eine Eintrittskarte kaufen, eine Fahrkarte lösen; ~ **gişesi** Fahrkartenschalter *m*; THEAT Kasse *f*

biletçi *s* Schaffner(in) *m(f)*

bilezik <-ği> *s* Armband *nt*

bilfiil *adv* de facto, faktisch

bilge I. *s* Weise(r) *f(m)* **II.** *adj* weise

bilgelik <-ği> *s* ① Weisheit *f* ② Gelehrsamkeit *f*

bilgi *s* ① (*Anweisung*) Belehrung *f* ② (*Wissen*) Kenntnis *f* ③ Information *f* ④ Benachrichtigung *f*; ~ **alışverişi** INFORM Informationsaustausch *m*; ~ **çağı** Informationszeitalter *nt*; ~ **otoyolu** INET Datenautobahn *f*; ~ **toplama** Recherche *f*; ~ **toplamak** recherchieren; ~ **vermek** informieren, benachrichtigen (**-e** jdn)

bilgiç <-ci> *s* Besserwisser *m*

bilgilendirici *adj* informativ

bilgilendirmek *vt* informieren (**-i** jdn)

bilgili *adj* gelehrt, belesen

bilgin *s* Gelehrte(r) *f(m)*, Wissenschaftler(in) *m(f)*

bilgisayar *s* Computer *m*; ~ **arızası** Computerfehler *m*; ~ **destekli** computergestützt; ~ **merkezi** Rechenzentrum *nt*; ~ **oyunu** Computerspiel *nt*; ~ **programı** Computerprogramm *nt*, Software *f*; ~ **tarafından oluşturulmuş** computergeneriert; ~ **virüsü** Computervirus *m*

bilgisiz *adj* ungebildet

bilgisizlik <-ği> *s* ① Unwissenheit *f* ② Ignoranz *f*

bilhassa *adv* ① besonders, insbesondere ② absichtlich

bilim *s* Wissenschaft *f*; ~ [*o* **ilim**] **adamı** Wissenschaftler(in) *m(f)*

bilimkurgu *s* Science-Fiction *f*; ~ **filmi** Science-Fiction-Film *m*

bilimsel *adj* wissenschaftlich

bilimsellik <-ği> *s* Wissenschaftlichkeit *f*

bilinç <-ci> *s* Bewusstsein *nt*; **bir şeyin bilincinde olmak** sich einer Sache bewusst sein

bilinçaltı <-nı> *s* Unterbewusstsein *nt*

bilinçlendirmek *vt* ① *Kausativ zu* **bilinçlenmek** ② **birini bir şey konusunda** ~ jdm etw bewusst machen

bilinçlenmek *vi* sich bewusst machen (**bir şey konusunda** etw)

bilinçli *adj* bewusst

bilinçsiz *adj* ① unbewusst ② ohnmächtig

bilinen *adj* bekannt, geläufig

bilinmeyen *adj* unbekannt, nicht geläufig

bilinmez *adj* undurchsichtig, unergründlich

bilirkişi *s* ① Kenner(in) *m(f)* ② Sachverständige(r) *f(m)*

bilişimci *s* Informatiker(in) *m(f)*

billur I. *s* Kristall *m* **II.** *adj* aus Kristall

bilmece *s* Rätsel *nt*, Quiz *nt*; ~ **oyunu** Puzzle *nt*

bilmek <-ir> *vt* ① wissen (**-i** etw), kennen (**-i** etw/jdn) ② (*Sprache*) können (**-i** etw) ③ verstehen (**-i** etw) ④ erkennen (**-i** etw); **bildiğim kadarıyla** soviel ich weiß; **bildiğime göre** meines Wissens; **bildiğinden şaşmamak** sich nicht beirren lassen

bilmemezlik *s* **bilmemezlikten gelmek** ignorieren (**-i** etw)

bilmeyerek *adv* unwissentlich

bilmez I. *s* Ignorant(in) *m(f)* **II.** *adj* unwissend, ungebildet

bilmezlik <-ği> *s* Unkenntnis *f*, Ignoranz *f*

bilye *s* ① Murmel *f* ② Billardkugel *f*; **bilyeli yatak** [*o* **rulman**] Kugellager *nt*

bin *num* tausend; ~ **kat** tausendfach; ~ **misli** [*o* **katı**] tausendfach, tausendmal so viel; ~ **defa** [*o* **kere**] tausendmal; ~ **türlü** tausenderlei

bina *s* Gebäude *nt*, Bau *m*; ~ **yönetici-**

B

si Hausverwalter(in) *m(f)*

binaen *präp* aufgrund (**-e** +*gen*), wegen (**-e** +*gen*)

binbaşı <-yı> *s* Major *m*

binde bir **I.** *s* eine Promille, ein Tausendstel **II.** *adv* äußerst selten; **binde iki** zwei Promille, zwei Taudendstel

bindirmek *vt* ❶ *Kausativ zu* **binmek** ❷ verladen (**-i** etw) ❸ prallen (**-e** auf/an etw), fahren (**-e** gegen etw)

binek *s* ~ **arabası** Personen(kraft)wagen *m;* ~ **atı** Reitpferd *nt*

biner *num* je tausend

binici *s* Reiter(in) *m(f)*

binicilik <-ği> *s* (*Reitkunst*) Reiten *nt*

bininci *adj* tausendste(r, s)

binlerce *num* zu Tausenden, Tausende von ...

binmek <-er> *vt* ❶ aufsteigen (**ata** aufs Pferd) ❷ (*Fahrzeug, Flugzeug*) einsteigen (**-e** in etw)

biositler *s* Pestizide *pl*

bir **I.** *num* eins **II.** *art* ein **III.** *adj* ❶ vereint, gemeinsam ❷ einzig, allein ❸ gleich, identisch **IV.** *adv* ❶ einmal ❷ nur, allein, bloß; ~ **buçuk** eineinhalb, anderthalb; ~ **defa** [*o* **kere**] einmal; ~ **türlü** einerlei; (*Verstärkung bei Negation*) überhaupt nicht; ~ **katlı** einstöckig; ~ **ağızdan** einstimmig; ~ **an önce** so bald wie möglich; ~ **araya gelmek** zusammenkommen, sich treffen (**ile** mit jdm); ~ **aşağı** ~ **yukarı dolaşmak** (*fam*) auf und ab gehen; ~ **bu eksikti!** auch das noch!; ~ **çırpıda** (*fam*) im Nu; ~ **daha** noch einmal; ~ **daha asla** nie wieder; ~ **dakika** einen Moment; ~ **de** außerdem; ~ **defada** [*o* **kerede**] (*mit einem Mal*) auf einmal; ~ **hayli** (*ziemlich*) recht; ~ **kere daha** (*nochmals*) noch einmal; ~ **parça** ein Stück, ein wenig; ~ **süre** [*o* **müddet**] eine Zeitlang; ~ **sürü** eine Unmenge von; ~ **şey** etwas; ~ **şey değil** keine Ursache!, nichts zu danken!; ~ **taraftan** einerseits; ~ **varmış** ~ **yokmuş** es war einmal; ~ **yana** abgesehen von

bira *s* Bier *nt;* ~ **fıçısı** Bierfass *nt;* ~ **şişesi** Bierflasche *f*

birader *s* ❶ Bruder *m* ❷ (*Anrede*) mein Lieber

birahane *s* Bierlokal *nt*

biraraya *adv* zusammen; ~ **gelmek** zusammenkommen, sich treffen (**ile** mit jdm)

biraz *adv* ❶ ein bisschen ❷ ein wenig, etwas; ~ **önce** (*soeben*) gerade; ~ **sonra** bald darauf

birazdan *adv* bald

birbiri *pron* einander; ~ **için** füreinander

birbirinden *pron* voneinander

birbirine *pron* zueinander; ~ **geçirmek** zusammenfügen; ~ **girmek** aufeinander losgehen; ~ **karıştırmak** durcheinanderbringen; ~ **uymak** zusammenpassen; ~ **uymayan** unvereinbar, inkompatibel

birbirini *pron* einander

bircinsten *adj* homogen

birçok <-ğu> *adj* mehrere, viele

birden *adv* ❶ auf einmal ❷ zugleich

birdenbire *adv* (*plötzlich*) auf einmal

birer *adj* je ein(e); ~ ~ einzeln

bireşim *s* Synthese *f*

bireşimli *adj* synthetisch

birey *s* Individuum *nt*

bireyci *s* Individualist(in) *m(f)*

bireycilik <-ği> *s* Individualismus *m*

bireysel *adj* individuell

bireysellik <-ği> *s* Individualität *f*

biri <-ni> *pron* (*jemand*) einer

biricik <-ği> *adj* einzig

birikinti *s* ❶ Anhäufung *f* ❷ Pfütze *f;* ~ **gölcüğü** Stausee *m*

birikmek *vi* ❶ sich häufen ❷ (*Leute*) sich versammeln ❸ sich summieren

biriktirmek *vt* ❶ *Kausativ zu* **birikmek** ❷ anhäufen, ansammeln (**-i** etw) ❸ (*aus Liebhaberei*) sammeln (**-i** etw) ❹ (*Geld*) sparen (**-i** etw) ❺ *a.* TECH speichern (**-i** etw) ⑥ (*Wasser*) stauen (**-i** etw)

birim *s* Einheit *f*

birinci *adj* ① erste(r, s) ② primär; **~ devre** [*o* **yarı**] erste Halbzeit; **~ sınıf** erstklassig; **~ olarak** als Erste(r, s); **birincisi** erstens

birisi <-ni> *pron* jemand, eine(r)

birkaç <-çı> *adj* einige, wenige, ein paar

birleşik <-ği> *adj* ① vereinigt ② zusammengesetzt; **Birleşik Arap Emirlikleri** die Vereinigten Arabischen Emirate; **Birleşik Krallık** das Vereinigte Königreich

birleşmek *vi* ① sich verbinden (**ile** mit jdm/etw) ② sich verbünden, sich zusammenschließen (**ile** mit jdm) ③ (*Wege, Meinungen*) zusammentreffen ④ einig werden

Birleşmiş Milletler *s* die Vereinten Nationen *pl*

birleştirme *s* ① *Verbalsubstantiv zu* **birleştirmek** ② Verbindung *f*; **~ çizgisi** Bindestrich *m*

birleştirmek *vt* ① *Kausativ zu* **birleşmek** ② vereinen, vereinigen (**-i** etw) ③ verbinden, zusammenfügen (**-i** etw)

birlik <-ği> *s* ① REL Einheit *f* ② (*Eintracht*) Einigkeit *f* ③ (*Organisation*) Gesellschaft *f* ④ Truppe *f* ⑤ Verein *m*; **~ olarak** einstimmig; **~ olmak** einig sein

birlikte *adv* gemeinsam, miteinander

birliktelik <-ği> *s* Zusammenleben *nt*, Zusammenhalt *m*

birtakım *adj* eine Menge, einige

biseksüalite *s* Bisexualität *f*

biseksüel **I.** *adj* bisexuell **II.** *s* Bisexuelle(r) *f(m)*

biseksüellik <-ği> *s* Bisexualität *f*

bisiklet <-ti> *s* Fahrrad *nt*; **~ yarışçısı** Radrennfahrer(in) *m(f)*; **~ yarışı** Radrennen *nt*; **bisiklete binmek** Rad fahren; **~ sürücüsü** Fahrradfahrer(in) *m(f)*; **~ turu** Radtour *f*

bisikletçi *s* ① Radfahrer(in) *m(f)* ② Fahrradhändler(in) *m(f)*

bisküvi *s* Keks *m*

bisküvit <-ti> *s* Biskuit *m*

bismillah *interj* im Namen Allahs!

bit <-ti> *s* ① Laus *f* ② INFORM Bit *nt*; **~ akımı** INET Bitstream *m*; **~ pazarı** Flohmarkt *m*

bitaraf *adj* unparteiisch

bitek <-ği> *adj* (*Boden*) fruchtbar

bitik <-ği> *adj* ① ganz erschöpft ② erledigt, ruiniert; **işi ~** es ist aus mit ihm

bitirmek *vt* ① *Kausativ zu* **bitmek** ② beenden (**-i** etw) ③ (*Buch*) auslesen (**-i** etw) ④ vervollständigen (**-i** etw) ⑤ verbrauchen (**-i** etw) ⑥ (*fig*) fertigmachen (**-i** jdn)

bitişik <-ği> *adj* (*angrenzend*) anliegend

bitişikte *adv* nebenan

bitişmek *vi* aneinandergrenzen

bitki *s* Pflanze *f*, Gewächs *nt*

bitkibilim *s* Botanik *f*

bitkibilimci *s* Botaniker(in) *m(f)*

bitkibilimsel *adj* botanisch

bitkin *adj* erschöpft, erledigt; (*stärker*) ruiniert

bitkinlik <-ği> *s* Erschöpfung *f*

bitkisel *adj* pflanzlich; **~ yağ** Pflanzenöl *nt*

bitlenmek *vi* Läuse bekommen

bitli *adj* verlaust

bitmek <-er> *vi* ① (*zu Ende gehen*) aufhören ② (*Frist, Vertrag*) ablaufen ③ (*Ware, Geld*) ausgehen ④ (*Haare, Gras*) wachsen ⑤ (*fam*) verrückt sein (**-e** nach jdm) ⑥ (*fam*) geschafft [*o* kaputt] sein

bityeniği *s* (*fig*) Haken *m*

biyografi *s* Biografie *f*

biyoloji *s* Biologie *f*

biyolojik *adj* biologisch; **~ silah** Biowaffe *f*; **~ tarım** [*o* **çiftçilik**] Biolandbau *m*; **~ ürün** Bioprodukt *nt*

biyoteknoloji *s* Biotechnologie *f*

biz *pron* wir

B

bizaka *s* (Nackt)schnecke *f*

Bizans *s* Byzanz *nt*

Bizanslı I. *adj* byzantinisch II. *s* Byzantiner(in) *m(f)*

bizce *adv* unserer Meinung nach

bizden *pron* (*Ablativ*) von uns

bize *pron* (*dat*) uns

bizi *pron* (*akk*) uns

bizim *pron* unser, uns(e)re; ~ **gibiler** unsereiner, unsereins; ~ **için** unsertwegen; ~ **tarafımızdan** unsererseits; **bizimki** der, die, das Unsere

bizzat *adv* persönlich; ~ **kendisi** er/sie höchstpersönlich

blazer *s* Blazer *m*

blog *s* INET Blog *nt o m;* ~ **yazmak** bloggen

blogcu *s* INET Blogger(in) *m(f)*

blok <-ku> *s* Block *m;* ~ **dışı** blockfrei; ~ **dışı ülkeler** blockfreie Länder *pl*

blokaj *s* COMM Sperre *f,* Haushaltssperre *f*

bloke *adj* gesperrt; ~ **etmek** blockieren (**-i** etw)

bloknot <-tu> *s* (*Schreib-, Notiz-*) Block *m*

blöf *s* Bluff *m;* ~ **yapmak** bluffen

blucin *s* Bluejeans *pl*

blues *s* Blues *m*

bluz *s* Bluse *f*

BM *s Abk von* **Birleşmiş Milletler** UN *pl* (*die Vereinten Nationen*)

boa (yılanı) *s* Boa *f*

bobin *s* ① Spule *f* ② (*Draht-*) Rolle *f* ③ Aufspuler *m*

bocalamak *vi* ① (*torkeln*) taumeln ② unsicher werden ③ (*bei Entschluss*) wanken

bocurgat <-tı> *s* Winde *f*

bodrum *s* Keller *m;* ~ [*o* **zemin**] **katı** Untergeschoss *nt*

Bodrum *s türkische Stadt an der Ägäisküste*

bodur *adj* klein und stämmig, untersetzt

boğa *s* Bulle *m,* Stier *m;* ~ **güreşçisi** Stierkämpfer *m;* ~ **güreşi** Stierkampf *m*

Boğa (burcu) <-nu> *s* (*Sternzeichen*) Stier *m*

boğaz *s* ① (*Kehle*) Hals *m* ② Meerenge *f* ③ (*Gebirgs-*) Pass *m* ④ (*fam*) *zu ernährendes Familienmitglied* ⑤ (*fam*) Essen und Trinken; ~ **ağrısı** Halsschmerzen *pl;* ~ **hapı** Halstablette *f;* ~ **iltihabı** Halsentzündung *f;* **boğazım ağrıyor** ich habe Halsschmerzen

Boğaziçi <-ni> *s* Bosporus *m;* ~ **Köprüsü** *die erste, 1973 erbaute Bosporusbrücke*

boğazlamak *vt* (jdm) die Kehle durchschneiden (**-i** jdm)

boğmaca *s* Keuchhusten *m*

boğmak <-ar> *vt* ① erwürgen, erdrosseln (**-i** jdn) ② ersticken (**-i** jdn) ③ ertränken (**-i -e** jdn in etw) ④ (*fig*) überhäufen (**-i -e** jdn mit etw)

boğmak <-ğı> *s* ① Knoten *m* ② Gelenk *nt;* ~ **kemikleri** Fingerglieder

boğucu *adj* erstickend

boğuk <-ğu> *adj* ① (*Stimme*) heiser ② (*Schall*) dumpf

boğukluk <-ğu> *s* Heiserkeit *f*

boğulmak *vi* ① *Passiv zu* **boğmak** ② ersticken ③ ertrinken (**-e** in etw)

boğuşmak *vi* raufen (**ile** mit jdm)

bohça *s* Bündel *nt*

bohçacı *s* Hausiererin *f*

bohçalamak *vt* bündeln (**-i** etw)

bok <-ku> *s* (*vulg*) Scheiße *f;* ~ **soyu** (*pej vulg*) Kotzbrocken *m;* **siktiri boktan** (*vulg*) rattenschlecht

boks *s* Boxen *nt;* ~ **eldiveni** Boxhandschuh *m;* ~ **maçı** Boxkampf *m*

boksör *s* Boxer *m*

boktan *adj* (*vulg*) beschissen; ~ **herif** (*vulg*) Scheißkerl *m*

bol <-lü> *s* Punsch *m*

bol *adj* ① (*weit*) groß ② (*fig*) reichhaltig, reichlich ③ (*Kleidungsstück*) weit; ~ ~ ausgiebig, in Hülle und Fülle;

~ **şanslar!** viel Glück!; ~ **keseden yaşamak!** auf großem Fuß leben

Bolivya *s* Bolivien *nt*

bolluk <-ğu> *s* ① Überfluss *m* ② (*eines Kleidungsstücks*) Weite *f*

bomba *s* ① Bombe *f* ② Granate *f*; **bombalı suikast** Bombenanschlag *m*

bombacı *s* Bombenleger(in) *m(f)*

bombalamak *vt* bombardieren (**-i** etw)

bombardıman *s* Bombardierung *f*; ~ **etmek** bombardieren

bomboş *adj* ganz leer

boncuk <-ğu> *s* Glasperle *f*

bonfile *s* ① Filet *nt* ② Schnitzel *nt*

bonmarşe *s* Kaufhaus *nt*

bono *s* ① Bon *m*, Gutschein *m* ② (*Wertpapier*) Wechsel *m* ③ Versicherungspolice *f*

boot etmek *vt* INFORM booten (**-i -den** etw von etw)

boot sektörü <-nü> *s* Boot-Sektor *m*

bora *s* Orkan *m*, Sturm *m*

borazan *s* Trompete *f*

borç <-cu> *s* ① FIN Schuld *f* ② FIN Darlehen *nt* ③ COMM Soll *nt* ④ Pflicht *f* ⑤ (*moralische*) Verpflichtung *f*; ~ **etmek** Schulden machen; ~ **yemek** (*fam*) auf Pump leben; **borcum ne kadar?** was bin ich Ihnen schuldig?

borçlanma *s* ① *Verbalsubstantiv zu* **borçlanmak** ② Verschuldung *f*

borçlanmak *vi* Schulden machen (**-e** bei jdm)

borçlu **I.** *s* Schuldner(in) *m(f)* **II.** *adj* ① verschuldet ② (*verpflichtet*) schuldig

borçsuz *adj* schuldenfrei

bordo *adj* weinrot, bordeauxrot

bornoz *s* Bademantel *m*

borsa *s* Börse *f*; ~ **endeksi** Börsenindex *m*; ~ **rayici** Börsenkurs *m*

borsacı *s* Börsenmakler(in) *m(f)*

boru *s* ① Rohr *nt* ② Röhre *f* ③ Trompete *f* ④ Horn; ~ **hattı** Pipeline *f*; ~ **kerpeteni** Rohrzange *f*

boruçiçeği <-ni> *s* ① Glockenblume *f* ② Winde *f*

Bosna-Hersek <-ği> *s* Bosnien-Herzegowina *nt*

bostan *s* ① Gemüsegarten *m* ② Gärtnerei *f*; ~ **korkuluğu** Vogelscheuche *f*

boş *adj* ① leer ② (*Platz, Stelle*) frei, offen ③ unbewohnt ④ (*fig*) nichtig ⑤ (*fam*) dumm; ~ **böğür** Lende *f*; ~ **laf** Gerede *nt*; ~ **vermek** sich nichts daraus machen; ~ **yere** vergeblich; ~ **zaman** Freizeit *f*; **boşa çıkarmak** vereiteln (**-i** etw); **boşa çıkmak** scheitern; **boşa gitmek** vergeblich sein

boşalmak *vi* ① sich leeren ② (*Wohnung, Stelle*) frei werden ③ (*Flüssigkeit*) auslaufen ④ ejakulieren

boşaltmak *vt* ① *Kausativ zu* **boşalmak** ② (*aus- ent-*) leeren ③ entladen ④ (aus)räumen

boşamak *vt* sich scheiden lassen (**-i** von jdm)

boşandırmak *vt* (*Ehe*) scheiden (**-i** jdn)

boşanma *s* ① *Verbalsubstantiv zu* **boşanmak** ② (*Ehe-*) Scheidung *f*

boşanmak *vi* ① sich scheiden lassen (**-den** von jdm) ② (*Regen*) strömen

boşlamak *vt* ① (*fam: Motor*) aussetzen ② (*fig*) vernachlässigen (**-i** jdn)

boşluk <-ğu> *s* ① Leere *f* ② Lücke *f* ③ Hohlraum *m*

Boşnak <-ğı> *s* Bosniake, Bosniakin *m, f*, Bosnier(in) *m(f)*

boşuboşuna *adv s.* **boşuna**

boşuna *adv* (*vergeblich*) umsonst

bot <-tu> *s* ① Boot *nt* ② Halbstiefel *m*

botanik <-ği> **I.** *s* Botanik *f* **II.** *adj* botanisch; ~ **bahçesi** botanischer Garten *m*

botanist *s* Botaniker(in) *m(f)*

bowling *s* Bowling *nt*; ~ **oynamak** bowlen

boy *s* ① Körpergröße *f* ② (*Wuchs*) Gestalt *f* ③ (*Format*) Größe *f* ④ Länge *f* ⑤ (*Kleider-*) Größe *f* ⑥ (*Volks-*) Stamm *m* ⑦ (*Ausmaß*) Umfang *m*

boya *s* ① Farbe *f* ② Schuhcreme *f*;

boyası çıkmak abfärben; **boyalı kalem** Farbstift *m;* ~ **kutusu** Malkasten *m*

boyacı *s* ① (*Anstreicher*) Maler *m* ② Schuhputzer *m* ③ Farbenhändler *m*

boyahane *s* Färberei *f*

boyama *s* ① *Verbalsubstantiv zu* **boyamak** ② Färben *nt;* ~ **kitabı** Malbuch *nt*

boyamak *vt* ① (*Stoff, Haare*) färben (**-i** etw) ② (*tünchen*) anstreichen (**-i** etw)

boyarmadde *s* Farbstoff *m*

boykot <-tu> *s* Boykott *m;* ~ **etmek** boykottieren

boylam *s* GEOG Länge *f*

boylu *adj* von einer bestimmten Größe; **kısa** ~ (*Mensch*) klein; **orta** ~ (*Mensch*) mittelgroß

boynu <-nu> *s Possessivform zu* **boyun** sein/ihr Hals *m*

boynuz *s* Horn *nt;* **birine** ~ **takmak** (*fam*) jdm Hörner aufsetzen

boynuzlu *adj* (*a. fig*) gehörnt

boyu *präp* (*zeitlich*) während, ... lang; **yaşam** ~ das ganze Leben lang

boyun <-ynu> *s* ① Hals *m* ② Nacken *m* ③ Flaschenhals *m;* ~ **eğmek** nachgeben; ~ **kökü** Genick *nt;* **boynunu vurmak** enthaupten; **boynunu bükmek** den Kopf hängen lassen

boyuna *adv* ① immerzu, unaufhörlich ② der Länge nach

boyunbağı <-nı> *s* Krawatte *f,* Schlips *m*

boyunca *präp* ① (*zeitlich*) durch ② (*örtlich*) entlang ③ längs

boyunduruk <-ğu> *s* Joch *nt;* ~ **altına almak** unterwerfen

boyut <-tu> *s* ① Format *nt* ② Dimension *f*

boz *adj* ① bräunlich grau ② ungerodet

bozdurmak *vt* ① *Kausativ zu* **bozmak** ② (*Geld in Kleingeld*) wechseln lassen (**-i -e** etw in etw)

bozgun *s* Niederlage *f*

bozkır *s* Steppe *f*

bozmak <-ar> *vt* ① zerstören, vernichten (**-i** etw) ② schaden (**-i** einer Sache) ③ (*in Kleingeld*) wechseln (**-i** etw) ④ blamieren (**-i** jdn) ⑤ (*Wetter*) sich verschlechtern ⑥ (*Eid*) brechen (**-i** etw) ⑦ (*fam*) entjungfern (**-i** jdn); **midesini** ~ sich den Magen verderben

bozuk <-ğu> *adj* ① kaputt ② außer Betrieb, defekt ③ (*verdorben*) schlecht; ~ **çalmak** (*fam*) sauer werden; ~ **para** Kleingeld *nt*

bozukluk <-ğu> *s* ① MED Störung *f* ② (*fam*) Kleingeld *nt*

bozulmak *vi* ① *Passiv zu* **bozmak** ② kaputtgehen ③ (*verderben*) schlecht werden ④ (*fig*) in die Brüche gehen ⑤ (*Mensch*) abmagern ⑥ (*fig*) blamiert dastehen ⑦ (*fam*) sauer sein (**-e** auf jdn); **midesi bozuldu** er hat sich den Magen verdorben

bozuntu *s* Karikatur *f*

bozuşma *s* ① *Verbalsubstantiv zu* **bozuşmak** ② Streit *m,* Zwietracht *f*

bozuşmak *vi* (*fam*) sich verkrachen (**ile** mit jdm)

böbrek <-ği> *s* Niere *f;* ~ **iltihabı** Nierenentzündung *f;* ~ **taşı** Nierenstein *m*

böbürlenmek *vi* (*fam*) protzen

böcek <-ği> *s* ① Insekt *nt* ② Käfer *m;* ~ **ilacı** Insektenmittel *nt*

böcekbilim *s* Insektenkunde *f*

böğrü <-nü> *s Possessivform zu* **böğür** seine/ihre Flanke *f*

böğür <-ğrü> *s* ① Seite *f* ② Flanke *f;* ~ **sancısı** Seitenstechen *nt*

böğürmek *vi* (*Rind*) brüllen, muhen

böğürtlen *s* Brombeere *f*

bölge *s* ① Gebiet *nt* ② (*Zone*) Region *f* ③ Bereich *m;* ~ **temsilcisi** Gebietsvertreter(in) *m(f)*

bölgesel *adj* regional

bölme *s* ① MATH Division *f* ② *abgetrennter, kleiner Raum* ③ Zwischenwand *f*

bölmek <-er> *vt* ① (*zerlegen*) teilen (**-i -e** etw in etw) ② (*einteilen*) gliedern

(**-i -e** etw in etw) ❸ MATH dividieren (**-i** etw) ❹ (*Atomkern*) spalten (**-i** etw) ❺ abtrennen (**-i** etw)

bölü *adv* MATH (geteilt) durch; **dört ~ iki iki eder** vier (geteilt) durch zwei ist zwei

bölük <-ğü> *s* Kompanie *f*, Staffel *f*

bölüm *s* ❶ Gliederung *f* ❷ Kapitel *nt* ❸ Abteilung *f* ❹ MATH Quotient *m*

bölümleme *s* ❶ *Verbalsubstantiv zu* **bölümlemek** ❷ INFORM Partitionierung *m*

bölümlemek *vt* ❶ gliedern, einteilen (**-i** etw) ❷ INFORM partitionieren (**-i** etw)

bölümlenmiş *adj* INFORM partitioniert

bölünmek *vi* geteilt werden (**-e** in etw)

bölünmemiş *adj* (*ungeteilt*) ganz

bölüntü *s* ❶ Clique *f* ❷ Bruchstück *nt*

bölüşmek *vt* sich teilen (**-i ile** etw mit jdm)

bölüştürmek *vi* ❶ *Kausativ zu* **bölüşmek** ❷ (*Land*) aufteilen (**-i** etw)

bön *adj* (*fam*) doof; **~ ~ bakmak** glotzen

börek <-ği> *s* Pastete *f*

böyle I. *adj* (*solch*) derartige(r, s) **II.** *adv* (*auf diese Weise*) so; **işte ~** so ist es; **~ bir şey** so etwas; **~ bir şey olmaz** das gibt es nicht

böylece *adv* derart; (*so*) auf diese Weise

böylelikle *adv* dadurch

böylesi *pron* dergleichen

branda *s* (*auf Kriegsschiffen*) Hängematte *f*; **~ [o yelken] bezi** Segeltuch *nt*

branş *s* ❶ Branche *f* ❷ COMM Zweig *m*

bravo *interj* bravo

Brezilya *s* Brasilien *nt*

brifing *s* Briefing *nt*

briket <-ti> *s* Brikett *nt*

Britanya I. *s* Großbritannien *nt* **II.** *adj* (*Art*) britisch

Britanyalı I. *s* Brite *m*, Britin *f* **II.** *adj* (*Herkunft*) britisch

brokkoli *s* Brokkoli *m*

bronşit <-ti> *s* Bronchitis *f*

bronşlar *npl* Bronchien *pl*

bronz I. *s* Bronze *f* **II.** *adj* bronzen

bronzlaşmak *vi* sich bräunen

broş *s* Brosche *f*

broşür *s* Broschüre *f*

browser *s* INET Browser *m*

Brüksel *s* Brüssel *nt*; **~ lahanası** Rosenkohl *m*

brüt *adj* brutto; **~ ağırlık** Bruttogewicht *nt*; **~ maaş** Bruttogehalt *nt*

bu <-nu> *pron* ❶ (*adjektivisch*) diese(r, -s) ❷ (*substantivisch*) der, die, das (hier); **~ amaçla** (*Zweck*) dafür; **~ anda** in diesem Augenblick, momentan; **~ ara** zurzeit; **~ arada** einstweilen, in der Zwischenzeit; **~ defa** diesmal; **~ gibi** derartig, dergleichen; **~ hususta** diesbezüglich; **~ ne?** was ist das?; **~ ne demek oluyor?** was soll das heißen?; **~ kadar** so viel; **~ sırada** in diesem Augenblick; **~ şartla** insofern, insoweit; **~ şekilde** dadurch; **~ yana** bis jetzt, bis hier; **1990'dan ~ yana** seit 1990; **~ yılki** diesjährig; **~ yüzden** daher

bucak <-ğı> *s* ❶ (*Winkel*) Ecke *f* ❷ Bezirk *m*; **~ ~** kreuz und quer; **~ ~ kaçmak** jdm aus dem Weg gehen

buçuk <-ğu> *adj* halb; **(saat) üç buçukta** um halb vier

budak <-ğı> *s* Zweig *m*

budala I. *adj* (*fam*) dumm **II.** *s* Dummkopf *m*

budalalık <-ğı> *s* Dummheit *f*

budamak *vt* (*Baum, Rechte*) beschneiden (**-i** etw)

budizm *s* Buddhismus *m*

budun *s* Volk *nt*

budunbilim *s* Völkerkunde *f*

bug <-gı> *s* INFORM Bug *m*

bugün *adv* heute; **~ yarın** in der nächsten Zeit

bugünkü *adj* ❶ (*heutig*) jetzige(r, s) ❷ gegenwärtig

buğday *s* Weizen *m*; **~ ambarı** Weizensilo *m*; **~ unu** Weizenmehl *nt*

buğu *s* ① (Wasser)dampf *m* ② Dunst *m;* **buğuda pişirilmiş** (*Speisen*) gedämpft; **buğuda pişirmek** dämpfen (**-i** etw)

buğuhane, buğuevi <-ni> *s* ① chemische Reinigung *f* ② Desinfektionsanstalt *f*

buğulamak *vt* dämpfen, dünsten (**-i** etw)

buğulanmak *vi* ① *Passiv zu* **buğulamak** ② (*Glas*) beschlagen

buğulu *adj* ① (*Glas*) beschlagen ② dunstig

buhar *s* ① Dampf *m* ② Dunst *m;* **~ çık(ar)mak** dampfen; **~ kazanı** Dampfkessel *m;* **~ makinesi** Dampfmaschine *f*

buharlaşmak *vi* verdampfen, verdunsten

buharlı ütü *s* Dampfbügeleisen *nt*

buhran *s* Krise *f*

buhur *s* Weihrauch *m*

buji *s* AUTO Zündkerze *f*

bukalemun *s* Chamäleon *nt*

buket <-ti> *s* (Blumen)strauß *m*

bukle *s* Locke *f*

bukleli *adj* lockig

bulamak *vt* besudeln (**-i -e** etw mit etw)

bulandırmak *vt* ① *Kausativ zu* **bulanmak** ② (*Wasser*) trüben (**-i** etw)

bulanık <-ğı> *adj* ① (*Wetter*) diesig ② (*Flüssigkeit*) trüb(e) ③ (*fig*) verschwommen

bulanmak *vi* ① *Passiv zu* **bulamak** ② (*Wasser*) sich trüben; **midem bulandı** ich habe mir den Magen verdorben

bulantı *s* Brechreiz *m*

bulaşıcı *adj* (*Krankheit*) ansteckend; **~ hastalık** Infektionskrankheit *f*

bulaşık <-ğı> **I.** *s* ① unabgewaschenes Geschirr ② (*Spritzer*) Flecken *m* **II.** *adj* beschmutzt; **~ bezi** Spüllappen *m;* **~ deterjanı** Spülmittel *nt;* **~ kurulama bezi** Geschirrtuch *nt;* **~ yıkama makinesi** Geschirrspülmaschine *f;* **~ yıkamak** (*Geschirr*) abwaschen

bulaşma *s* ① *Verbalsubstantiv zu* **bulaşmak** ② Ansteckung *f*

bulaşmak *vi* ① verschmutzen ② (*Feuer*) übergreifen (**-e** auf etw) ③ belästigen (**-e** jdn) ④ verwickelt werden (**-e** in etw); **çocuğa kızamık bulaştı** das Kind hat sich die Masern geholt

bulaştırmak *vt* ① *Kausativ zu* **bulaşmak** ② verseuchen (**-i** etw)

buldok <-ğu> *s* Bulldogge *f*

buldozer *s* Planierraupe *f*

Bulgar I. *s* Bulgare *m,* Bulgarin *f* **II.** *adj* (*Art, Herkunft*) bulgarisch

Bulgarca *adj* (*Sprache*) bulgarisch

Bulgaristan *s* Bulgarien *nt*

bulgu *s* ① Befund *m* ② Entdeckung *f* ③ Erfindung *f*

bulgur *s* ① Weizengrütze *f* ② Graupeln *pl;* **~ (gibi kar) yağıyor** es graupelt

bulmaca *s* Rätsel *nt*

bulmak <-ur> *vt* ① finden (**-i** jdn/etw) ② erfinden (**-i** etw) ③ entdecken (**-i** etw) ④ (*ausfindig machen*) ermitteln (**-i** etw) ⑤ erraten (**-i** etw) ⑥ (*gelangen zu*) erreichen (**-i** etw) ⑦ (*Summe*) sich belaufen (**-i** auf etw) ⑧ (an)treffen (**-i** jdn)

bulucu *s* Erfinder(in) *m(f),* Entdecker(in) *m(f)*

buluğ *s* Pubertät *f*

bulundurmak *vt* vorrätig haben (**-i** etw)

bulunmak *vi* ① *Passiv zu* **bulmak** ② sich befinden ③ (*sich aufhalten*) bleiben ④ vorrätig sein

bulunmaz *adj* ① unauffindbar ② nicht erhältlich; **~ Bursa kumaşı** weißer Rabe, Rarität *f*

buluş *s* ① Einfall *m,* Idee *f* ② Entdeckung *f* ③ Erfindung *f*

buluşma *s* ① *Verbalsubstantiv zu* **buluşmak** ② (*Verabredung*) Treffen *nt* ③ Zusammentreffen *nt;* **~ [***o* **randevu] yeri** Treffpunkt *m*

buluşmak *vi* sich treffen (**ile** mit jdm)

bulut <-tu> *s* Wolke *f;* ~ **gibi** (*fam*) besoffen

bulutlanma *s* ① *Verbalsubstantiv zu* **bulutlanmak** ② Bewölkung *f*

bulutlanmak *vr* sich bewölken

bulutlu *adj* bewölkt

bulutsuz *adj* (*Himmel*) wolkenlos, heiter

bulvar *s* Boulevard *nt;* ~ **gazetesi** Boulevardzeitung *f*

buna *adv* ① *Dativ von* **bu** diesem, dieser, ihm, ihr ② dazu; ~ **göre** demzufolge; ~ **karşılık** dafür; ~ **karşın** [*o* **rağmen**] dennoch

bunak <-ğı> *adj* (*pej fam*) senil

bunalım *s* ① Krise *f* ② Depression *f*

bunalmak *vi* beinahe ersticken (**-den** vor etw)

bunaltmak *vt* ① *Kausativ zu* **bunalmak** ② (*lasten auf*) bedrücken (**-i** jdn)

bunamak *vi* (*pej fam*) senil werden

bundan *pron* ① *Ablativ von* **bu** von diesem/dieser, von ihm/ihr ② daraus, davon; ~ **başka** außerdem; ~ **böyle** von jetzt an; ~ **dolayı** deshalb; ~ **sonra** danach; ~ **sonrası** alles Weitere

bungalov *s* Bungalow *m*

bunlar *pron Plural von* **bu** diese (hier)

bunu *pron Akkusativ von* **bu** diesen, diese, dieses, ihn, sie, es; ~ **alıyorum** ich nehme es; ~ **hiç bilmiyorum** davon weiß ich nichts; ~ **nereden çıkardın?** (*fam*) wie kommst du darauf?

bunun *pron Genitiv von* **bu** dessen, deren; ~ **için** dafür, deshalb; ~ **ötesinde** darüber hinaus; ~ **üzerine** darauf(hin); ~ **yerine** stattdessen

bununla *adv* damit; ~ **beraber** (*doch*) dabei

bura **I.** *adv* dieser Ort **II.** *adj* hiesig; **buranın** von diesem Ort; **buranın yabancısıyım** ich bin hier fremd

burada *adv* hier; **buradayım** hier bin ich

buradaki *adj* hiesig

buradan *adv* von hier; ~ **geçilmez!** Durchfahrt verboten!

buralı *adj* hiesig

burası *s* diese Gegend, hier; ~ **çekilir gibi değil** hier ist es nicht zum Aushalten

buraya *adv* hierher, hierhin; ~ **gel bakalım** komm doch mal her!

burç <-cu> *s* ① Festungsturm *m* ② Tierkreis *m* ③ Tierkreiszeichen *nt,* Sternzeichen *nt*

burçak *s* Wicke *f*

burgaç <-cı> *s* (*Wirbel*) Strudel *m*

burgu *s* Bohrer *m*

burgulamak *vt* bohren (**-i** etw)

burjuva *s* Großbürger(in) *m(f)*

burjuvazi *s* Großbürgertum *nt*

burkmak <-ar> *vt* (*Arm, Bein*) verdrehen, verstauchen (**-i** etw)

burmak <-ar> *vt* winden (**-i** etw)

burnu <-nu> *s Possessivform zu* **burun** seine/ihre Nase *f*

burs *s* Stipendium *nt*

Bursa *s anatolische Stadt unweit des Marmarameers*

bursiyer *s* Stipendiat(in) *m(f)*

buruk <-ğu> *adj* herb

burun <-rnu> *s* ① Nase *f* ② Kap *nt* ③ (*von Tieren*) Schnauze *f;* (*von Vögeln*) Schnabel *m* ④ (*eines Schuhs*) Spitze *f* ⑤ Bug *m* ⑥ (*Insekten-*) Rüssel *m* ⑦ (*Arroganz*) Stolz *m;* ~ **damlası** MED Nasentropfen *pl;* ~ **kanaması** Nasenbluten *nt;* ~ **maskesi** Maulkorb *m;* **burnu büyük** [*o* **havada**] hochnäsig; **burnunu silmek** sich die Nase putzen; **burnunun dibinde** vor jds Nase, in unmittelbarer Nähe von ...

buruşmak *vi* ① Falten werfen ② runzlig werden ③ (*Apfel*) verschrumpeln

buruşmaz *adj* knitterfrei

buruşturmak *vt* ① *Kausativ zu* **buruşmak** ② zerknittern (**-i** etw) ③ verziehen (**yüzünü** das Gesicht)

buruşuk <-ğu> **I.** *s* ① (*im Gesicht*) Falte *f* ② (*in Papier*) Knick *m* **II.** *adj* ① fal-

tig, runzelig ② zerknittert, zerknüllt
buse *s* Kuss *m*
B
but <-du> *s* ① Keule *f* ② Oberschenkel *m*
butik <-ği> *s* Boutique *f*
buyruk <-ğu> *s* Gebot *nt*
buyurmak *vt* ① befehlen (**-e -i** jdm etw) ② sprechen; **buyurun!** greifen Sie zu!, bedienen Sie sich!
buz *s* Eis *nt;* ~ **bağlamak** zufrieren; ~ **gibi** eisig, eiskalt; ~ **kesiyor** es friert; ~ **kütlesi** (Eis)scholle *f;* ~ **saçağı** Eiszapfen *m*
buzağı *s* Kalb *nt*
buzdağı <-nı> *s* Eisberg *m*
buzdolabı <-nı> *s* Kühlschrank *m,* Eisschrank *m*
buzhane *s* Kühlraum *m*
buzlu *adj* ① eisgekühlt ② vereist ③ (*Glasscheibe*) matt; ~ **çay** Eistee *m*
buzlucam *s* ① Mattscheibe *f* ② Milchglasscheibe *f*
buzluk <-ğu> *s* Gefrierfach *nt*
buzul *s* Gletscher *m;* ~ **çağı** Eiszeit *f;* ~ **yarığı** Gletscherspalte *f*
bücür *adj* (*fam*) schwach auf der Brust
büfe *s* ① (*Anrichte*) Büfett *nt* ② Imbissstube *f* ③ kaltes Büfett *nt*
büklüm *s* Windung *f*
bükmek <-er> *vt* ① beugen; (*krümmen*) biegen (**-i** etw) ② knicken (**-i** etw) ③ spinnen (**-i** etw) ④ (*zusammendrehen*) winden (**-i** etw)
bükük <-ğü> *adj* (*verbogen*) krumm
bükülmek *vi* ① *Passiv zu* **bükmek** ② sich verbiegen
büküm *s* Knick *m*
bülbül *s* Nachtigall *f*
bülten *s* Bulletin *nt*
bünye *s* ① Gliederung *f;* (*Aufbau*) Struktur *f* ② Natur *f,* Konstitution *f*
büro *s* Büro *nt*
bürokrasi *s* Bürokratie *f*
bürokratik *adj* bürokratisch
bürümek *vt* (*umhüllen*) einhüllen (**-i** jdn/etw)
büsbütün *adv* ① ganz und gar ② (*restlos*) vollständig
büst <-tü> *s* Büste *f*
bütçe *s* Budget *nt,* Etat *m*
bütün I. *adj* ① alle(r, s) ② ganz, vollständig ③ gesamt **II.** *s* ① Gesamtheit *f* ② Summe *f;* ~ **ayrıntılarıyla** in allen Einzelheiten; ~ **dünyada** weltweit; ~ **gün** den ganzen Tag
bütüncül *adj* totalitär
bütüncüllük <-ğü> *s* Totalitarismus *m*
bütünleme *s* ① *Verbalsubstantiv zu* **bütünlemek** ② (*in der Schule*) Nachprüfung *f*
bütünlemek *vt* ergänzen, vervollständigen (**-i** etw)
bütünlük <-ğü> *s* ① Einheit *f* ② Gesamtheit *f*
büyü *s* ① Zauber *m* ② Zauberei *f,* Magie *f;* ~ **yapmak** zaubern, hexen
büyücek <-ği> *adj* recht groß
büyücü *s* Zauberer *m;* ~ (**kadın**) Zauberin *f,* Hexe *f*
büyücülük <-ğü> *s* Hexerei *f,* Zauberei *f*
büyük <-ğü> *adj* ① groß ② (*beträchtlich*) bedeutend ③ (*erwachsen*) groß ④ (*geräumig*) weit, breit ⑤ hoch, lang ⑥ (*Persönlichkeit*) hochgestellt, führend ⑦ (*Mensch*) älter(e); ~ **baş hayvan** Vieh *nt;* ~ **devlet** Großmacht *f;* ~ **dilbalığı** Heilbutt *m;* ~ **harf** Großbuchstabe *m;* ~ **ikramiye** Hauptgewinn *m;* ~ **işletme** Großbetrieb *m;* **Büyük Okyanus** Pazifik *m*
büyükanne *s* Großmutter *f*
Büyükayı *s* (*Sternbild*) der Große Bär
büyükbaba *s* Großvater *m*
büyükelçi *s* Botschafter(in) *m(f)*
büyükelçilik <-ği> *s* (*auch Gebäude*) Botschaft *f*
büyüklük <-ğü> *s* ① Größe *f* ② Format *nt* ③ Hochherzigkeit *f* ④ Weite *f* ⑤ Hochmut *m;* ~ **iddiası** Größenwahn *m;* ~ **taslamak** (*fam*) wichtigtun, sich wichtigmachen

büyükşehir <-şehri> *s* Großstadt *f*
büyülemek *vt* ① verhexen, verzaubern (-**i** jdn/etw) ② (*faszinieren*) bezaubern (-**i** jdn)
büyüleyici *adj* bezaubernd, zauberhaft
büyültmek *vt* ① *Kausativ zu* **büyümek** ② vergrößern (-**i** etw)
büyülü *adj* ① verzaubert ② zauberhaft
büyüme *s* ① *Verbalsubstantiv zu* **büyümek** ② Wachstum *nt*
büyümek *vi* ① größer werden ② wachsen ③ heranwachsen ④ (*Pflanzen*) gedeihen ⑤ größere Ausmaße nehmen
büyüsel *adj* magisch
büyüteç <-ci> *s* Lupe *f*, Vergrößerungsglas *nt*
büyütmek *vt* ① *Kausativ zu* **büyümek** ② vergrößern (-**i** etw) ③ (*Kind*) aufziehen (-**i** jdn) ④ übertreiben (-**i** etw)
büzmek <-er> *vt* ① kräuseln (-**i** etw) ② (*Stoff*) zusammenziehen, plissieren (-**i** etw)
büzük <-ğü> I. *adj* ① gekräuselt ② gefaltet ③ eingeschrumpft ④ plissiert II. *s* (*vulg*) Arschloch *nt*
büzülmek *vi* ① *Passiv zu* **büzmek** ② schrumpfen, sich zusammenziehen ③ sich kräuseln ④ Falten bekommen ⑤ (*aus Angst, Scham*) sich verkriechen
by-pass *s* Bypass *m*; **by-pass ameliyatı** Bypass-Operation *f*

Cc

C, c *s dritter Buchstabe des türk. Alphabets*
caba *adv* ① gratis ② obendrein
cacık <-ğı> *s* Zaziki *m o nt* (*Gurkensalat mit Joghurt und Knoblauch*)
cadaloz *s* (*pej fam*) (altes und hässliches) Weib *nt*
cadde *s* Straße *f*; **ana ~** Hauptstraße *f*
cadı *s* Hexe *f*
cafcaf *s* ① (*fam*) leere Aufmachung *f* ② Aufgedonnertsein *nt*; **~ etmek** angeben, prahlen
cafcaflı *adj* ① (*Gerede*) geschwollen ② (*Aussehen*) aufgedonnert
cahil I. *s* Ignorant(in) *m(f)*, Analphabet(in) *m(f)* II. *adj* ungebildet
cahillik <-ği> *s* ① Ignoranz *f*; (*fam*) Dummheit *f* ② Unerfahrenheit *f* ③ Analphabetentum *nt*
caka *s* (*fam*) Angeberei *f*; **~ satmak** angeben
cakacı *s* Angeber(in) *m(f)*
cam I. *s* ① (*Material*) Glas *nt* ② Glasscheibe *f*, (Fenster)scheibe *f* II. *adj* gläsern; **~ gibi** (*Blick*) glasig; **~ kırığı** (Glas)scherbe *f*; **~ silecek** Scheibenwischer *m*
cambaz *s* ① Akrobat(in) *m(f)*, Seiltänzer(in) *m(f)* ② Pferdehändler *m* ③ (*fam*) Betrüger(in) *m(f)*
camcı *s* Glaser(in) *m(f)*
camcılık <-ğı> *s* Glaserei *f*
camcorder *s* Camcorder *m*
camdan *adj* gläsern
camekan *s* Schaufenster *nt*
camgöbeği *adj* flaschengrün
cami <-i/-si> *s* Moschee *f*
camia *s* Gemeinde *f*
camipliği <-ni> *s* Glasfaser *f*
camlı *adj* Glas-, aus Glas; **~ kapı** Glastür *f*
can *s* ① (*Seele*) Geist *m* ② Herz *nt* ③ Leben *nt*; **~ alacak nokta** wunder Punkt; **~ atmak** scharf sein (-**e** auf

etw); ~ **çekişme** Todeskampf *m;* ~ **çekişmek** im Sterben liegen; ~ **düşmanı** Todfeind(in) *m(f);* ~ **sıkıcı** bedrückend; (*Sache*) langweilig, öde; ~ **sıkıntısı** Beklemmung *f,* Langeweile *f;* ~ **simidi** Schwimmring *m;* ~ **ve gönülden** von ganzem Herzen; **cana yakın** liebenswert; **bir şeyi canı çekmek** etwas wünschen; **canı istiyor** er hat Lust (**-i** auf etw); **canı sıkılıyor** er langweilt sich, er ärgert sich (**-den** über etw); **canım** (*Kosewort*) mein Liebling; **canıma yetti** es hängt mir zum Halse heraus; **canına kıymak** umbringen (**-in** jdn), sich das Leben nehmen; **canına yetmek** die Nase voll haben; **canını sıkmak** ärgern (**-in** jdn); **canla başla** mit Leib und Seele

canavar *s* ① Raubtier *nt* ② Unmensch *m,* Scheusal *nt;* ~ **düdüğü** Sirene *f*

canciğer *adj* eng befreundet; ~ **dost** Busenfreund(in) *m(f);* ~ **dost olmak** ein Herz und eine Seele sein

candan *adj* ① herzlich, innig ② (*aufrichtig*) offen

cani *s* (Schwer)verbrecher(in) *m(f)*

canice *adj* verbrecherisch

cankurtaran *s* Lebensretter(in) *m(f);* ~ (**arabası**) Krankenwagen *m;* ~ **filikası** Rettungsboot *nt;* ~ **simidi** Rettungsring *m;* ~ **yeleği** Schwimmweste *f*

canlandırmak *vt* ① *Kausativ zu* **canlanmak** ② beleben (**-i** jdn/etw) ③ (*seelisch*) stärken (**-i** jdn) ④ THEAT darstellen (**-i** jdn/etw)

canlanmak *vi* ① wieder aufleben ② wieder lebendig werden

canlı I. *adj* ① lebend, lebendig ② Live-; ~ **müzik** Livemusik *f;* ~ **yayın** Livesendung *f;* ~ **yayın aracı** Ü-Wagen *m* II. *s* Lebewesen *nt*

canlılık <-ğı> *s* ① Lebendigsein *nt* ② Vitalität *f* ③ (*Rummel*) Betrieb *m*

cansıkıcı *adj* langweilig

cansız *adj* ① (*fig*) tot ② leblos; ~ **doğa** Stillleben *nt*

cappuccino *s* Cappuccino *m*

cari *adj* (*Rechnung*) laufend; ~ **hesap** Girokonto *nt*

casus *s* Spion(in) *m(f),* Agent(in) *m(f)*

casusluk <-ğu> *s* Spionage *f;* ~ **etmek** spionieren

caydırmak *vt* (*vom Vorhaben*) abbringen (**-i -den** jdn von etw)

cayırdamak *vi* (*Fett*) zischen

caymak <-ar> *vi* ① es sich anders besinnen ② verzichten (**-den** auf etw)

caz *s* Jazz *m*

cazibe *s* Anziehung(skraft) *f;* (*Zauber*) Reiz *m*

cazibeli *adj* attraktiv, charmant

cazip <-bi> *adj* ① verlockend ② interessant ③ fesselnd ④ glamourös

CD *s* CD *f;* ~ **çalar** [*o* **player**] CD-Player *m;* ~ **sürücüsü** CD-Laufwerk *nt;* ~ **yazıcı** CD-Brenner *m*

CD-ROM (**diski**) *s* CD-ROM *f*

cebir <-bri> *s* ① Zwang *m* ② Algebra *f*

ceddi <-ni> *s Possessivform zu* **cet** sein/ihr Vorfahre *m*

cefa *s* Qual *f*

cehalet <-ti> *s* Unwissenheit *f*

cehennem *s* Hölle *f;* ~ **ol!** (*fam*) scher dich zum Teufel!

ceket <-ti> *s* Jacke *f*

cellat <-dı> *s* Henker *m*

celp <-bi> *s* ① JUR Vorladung *f* ② MIL Einberufung *f;* ~ **etmek** JUR vorladen; MIL einberufen

celse *s* Gerichtssitzung *f*

cemaat <-ti> *s* REL Gemeinde *f*

cemiyet <-ti> *s* ① (*auch Verein*) Gesellschaft *f* ② Gemeinschaft *f*

cenaze *s* ① sterbliche Hülle *f* ② Begräbnis *nt;* ~ **alayı** Leichenzug *m;* (*Feier*) Begräbnis *nt;* ~ **arabası** Leichenwagen *m;* ~ (**töreni**) Beisetzung *f*

cendere *s* ① Presse *f* ② Wäschemangel *f* ③ Zwickmühle *f;* **birini cendereye sokmak** jdn in die Mangel nehmen

Cenevre *s* Genf *nt;* ~ **Sözleşmesi** Genfer Abkommen *nt*

cengel *s* Dschungel *m*

cenin *s* Fötus *m*

cenk <-gi> *s* Krieg *m*

cenkçi **I.** *s* Krieger *m* **II.** *adj* kriegerisch

cennet <-ti> *s* (*a. fig*) Paradies *nt;* ~ **gibi** paradiesisch

cent <-ti> *s* Cent *m*

centilmen **I.** *adj* fair **II.** *s* Gentleman *m,* feiner Herr

centilmence *adj* fair

cep <-bi> *s* ❶ (*in einem Kleidungsstück*) Tasche *f* ❷ Handy *nt* ❸ ~ **bilgisayarı** Taschencomputer *m;* ~ **feneri** Taschenlampe *f;* ~ **saati** Taschenuhr *f;* ~ **takvimi** Taschenkalender *m;* ~ (**telefonu**) Handy *nt;* **ceple mesaj çekmek** simsen

cephane *s* ❶ Munition *f* ❷ Militärarsenal *nt*

cephe *s* ❶ Front *f* ❷ Vorderseite *f* ❸ Fassade *f;* ~ **gerisi** MIL Etappe *f*

cerahat <-ti> *s* Eiter *m*

cerahatlenmek *vi* eitern

cerahatli *adj* eit(e)rig

cereyan *s* ❶ Strom *m* ❷ (*einer Sache*) Verlauf *m* ❸ (*geistige*) Strömung *f* ❹ Luftzug *m;* ~ **bağlantısı** Stromanschluss *m;* ~ **etmek** sich ereignen, geschehen; ~ **kesilmesi** Stromausfall *m;* ~ **yapıyor** es zieht

cereyanlı *adj* ❶ mit Strom betrieben ❷ zugig

cerrah *s* Chirurg(in) *m(f)*

cerrahi *adj* chirurgisch; ~ **klinik** Chirurgie *f;* ~ **müdahale** chirurgischer Eingriff *m,* Operation *f*

cerrahlık *s* Chirurgie *f*

cesaret <-ti> *s* ❶ Mut *m,* Tapferkeit *f* ❷ Tollkühnheit *f;* **ha ~!** (*fam*) nur Mut!; ~ **etmek** wagen, sich getrauen; **cesaretini kırmak** entmutigen (**-in** jdn)

cesaretlendirmek *vt* ❶ *Kausativ zu* **cesaretlenmek** ❷ ermutigen (**-i** jdn)

cesaretlenmek *vi* Mut fassen

cesaretli *adj* ❶ mutig ❷ verwegen

cesaretsiz *adj* mutlos

cesaretsizlik <-ği> *s* Mutlosigkeit *f*

ceset <-di> *s* Leiche *f*

cesur *adj* ❶ mutig ❷ verwegen

cet <-ddi> *s* Vorfahr *m*

cetvel *s* ❶ Lineal *nt* ❷ Liste *f* ❸ Skala *f*

cevap <-bı> *s* Antwort *f;* ~ **vermek** antworten (**-e** jdm)

cevaplandırmak *vt* beantworten (**-i** etw)

cevher *s* ❶ Substanz *f* ❷ Wesen *nt* ❸ Erz *nt*

ceviz *s* Walnuss *f;* ~ **ağacı** Walnussbaum *m*

ceylan *s* Gazelle *f*

ceza *s* Strafe *f;* ~ **çekmek** eine Strafe verbüßen; ~ **davası** Strafprozess *m;* ~ **hukuku** Strafrecht *nt;* ~ **kanunu** Strafgesetzbuch *nt;* ~ **müzekkeresi** Strafmandat *nt;* ~ **sahası** SPORT Strafraum *m;* **cezanın tecili** Bewährungsfrist *f*

cezaevi <-ni> *s* Gefängnis *nt*

cezalandırmak *vt* bestrafen (**-i** jdn)

cezasız *adj* ungestraft

Cezayir **I.** *s* Algerien *nt* **II.** *adj* (*Art*) algerisch

Cezayir(ce) *adj* (*Sprache*) algerisch

Cezayirli **I.** *s* Algerier(in) *m(f)* **II.** *adj* (*Herkunft*) algerisch

cezve *s* Kaffeekanne *f* (*mit langem Stil, zur Zubereitung von türkischem Kaffee*)

chat <-ti> *s* INET Chat *m;* ~ **odası** INET Chatroom *m;* ~ **yapmak** INET chatten

cıgara *s* (*fam*) Zigarette *f*

cılız *adj* ❶ hager, mager ❷ schwächlich

cılızlaşmak *vi* abmagern

cılk *adj* ❶ (*Ei*) faul ❷ (*Wunde*) eiterig

cımbız *s* Pinzette *f*

cırcırböceği <-ni> *s* Grille *f*

cırıldamak *vi* ❶ schwätzen ❷ zirpen

cırlak <-ğı> **I.** *s* Grille *f* **II.** *adj* (*Stimme*) schrill; ~ **sıçanı** Hamster *m*

cırlamak *vi* zirpen

cırtlak *adj* (*Stimme*) grell

cıva *s* Quecksilber *nt*; ~ **sülfidi** Zinnober *m*

cıvata *s* ① Bolzen *m* ② (*Kopf-, Steck-*) Schraube

cıvık <-ğı> *adj* ① (*albern*) läppisch ② schmierig, klebrig

cıvıldamak *vi* ① (*Maus*) piepsen ② (*Vogel*) zwitschern

cıvımak *vi* ① (*Angelegenheit*) nicht mehr glattgehen ② (*fam*) albern werden

cıyak cıyak *adv* aus vollem Hals

cızbız *adj* gegrillt

cızırdamak *vi* ① knirschen ② brutzeln

cızırtılı *adj* kratzig

cibinlik <-ği> *s* Moskitonetz *nt*

cici *adj* niedlich

cidden *adv* im Ernst

ciddi *adj* ① ernst ② seriös ③ (*Mensch*) solide ④ (*Krankheit*) schlimm ⑤ wirklich, tatsächlich; ~ **olarak** ernstlich; **bir şeyi ciddiye almak** etwas ernst nehmen

ciddileşmek *vi* ① ernst werden ② (*Lage*) sich verschärfen, sich zuspitzen

ciddileştirmek *vt* ① *Kausativ zu* **ciddileşmek** ② (*Lage*) verschärfen (**-i** etw)

ciddilik <-ği> *s* ① Ernst *m* ② Vertrauenswürdigkeit *f*

ciddiyet <-ti> *s* Ernst *m*

ciğer *s* ① Lunge *f* ② Niere *f* ③ (*Kosewort*) Herz *nt*; ~ **ezmesi** Leberpastete *f*

cihan *s* ① Welt *f* ② Weltall *nt*

cik cik etmek *vi* (*fam: Maus, Küken*) piepsen

cila *s* ① Politur *f* ② (*Lack*) Firnis *m* ③ Schuhcreme *f* ④ Bohnerwachs *nt*

cilalamak *vt* ① polieren (**-i** etw) ② bohnern (**-i** etw)

cildiye *s* ① Hautkrankheiten *pl* ② Hautklinik *f*

cildiyeci *s* Hautarzt, Hautärztin *m, f*

cilt <-di> *s* ① Haut *f* ② Einband *m* ③ (Buch)band *m*; ~ **bakımı** Hautpflege *f*; ~ **doktoru** Hautarzt, Hautärztin *m, f*; ~ **dostu** hautfreundlich; ~ **hastalığı** Hautkrankheit *f*; ~ **kanseri** Hautkrebs *m*; ~ **kremi** Hautcreme *f*

ciltçi *s* Buchbinder(in) *m(f)*

ciltlemek *vt* (*Buch*) binden (**-i** etw)

ciltli *adj* (*Buch*) gebunden

ciltsiz *adj* broschiert

cilve *s* ① Grazie *f* ② Koketterie *f* ③ (*des Schicksals*) Ironie *f*

cilvelenmek *vi* kokettieren

cilveleşmek *vi* miteinander flirten

cilveli *adj* ① graziös ② kokett

cimri **I.** *s* Geizhals *m* **II.** *adj* geizig; (*fam*) knauserig

cimrilik <-ği> *s* Geiz *m*

cin *s* ① Branntwein *m* ② Dämon *m* ③ kluger Mensch *m*; ~ **mısırı** Popcorn *nt*

cinayet <-ti> *s* Mord *m*; ~ **işlemek** ein Verbrechen/einen Mord begehen; ~ **romanı** Kriminalroman *m*; ~ **zabıtası** Kriminalpolizei *f*

cingöz *adj* (*fam*) gerissen, schlau

cinnet <-ti> *s* (*fam*) Wahnsinn *m*; ~ **geçiren biri** Wahnsinnige(r) *f(m)*

cins **I.** *s* ① Art *f* ② Gattung *f* ③ Geschlecht *nt* ④ (*Art*) Wesen *nt* **II.** *adj* reinrassig

cinsel *adj* geschlechtlich, sexuell; ~ **ayrımcı** sexistisch; ~ **ayrımcılık** Sexismus *m*; ~ **ilişki** Geschlechtsverkehr *m*; ~ **obje** Sexualobjekt *nt*; ~ **organ** Geschlechtsorgan *nt*; ~ **taciz** sexuelle Belästigung

cinsellik <-ği> *s* Sexualität *f*

cinsi *adj* geschlechtlich, sexuell; ~ **ilişki** Koitus *m*; ~ **münasebet** Geschlechtsverkehr *m*; JUR Beischlaf *m*

cinsiyet <-ti> *s* ① Geschlecht *nt* ② Sexualität *f*

cinsiyetçi *adj* sexistisch

cip <-pi> *s* Jeep *m*

cirit <-di> *s* Speer *m*; ~ **atma** Speerwerfen *nt*

ciro *s* Giro *nt*

cisim <-smi> *s* ① Körper *m* ② Gegenstand *m*
cisimlendirmek *vt* konkretisieren (**-i** etw)
civar *s* ① Umgebung *f* ② Nähe *f*
civarında **I.** *präp* in der Nähe (**-in** +*gen*) **II.** *adv* ungefähr, etwa
civciv *s* Küken *nt*
Cizvit <-ti> *s* Jesuit *m*
coğrafi *adj* geographisch
coğrafya *s* Erdkunde *f*, Geographie *f*
coğrafyacı *s* Geograph(in) *m(f)*
conta *s* TECH Dichtung *f*
contalamak *vi* TECH dichten
cop <-bu> *s* Gummiknüppel *m*
coplamak *vt* (*mit Gummiknüppel*) zusammenknüppeln (**-i** jdn)
coşku *s* ① Erregung *f* ② (*Begeisterung*) Ekstase *f*, Entzücken *nt*
coşkulu *adj* leidenschaftlich
coşkun *adj* ① begeistert, enthusiastisch ② (*See*) bewegt
coşkunluk <-ğu> *s* ① Enthusiasmus *m* ② Heftigkeit *f* ③ (*fig*) Rausch *m*
coşmak <-ar> *vi* ① sich begeistern ② leidenschaftlich werden ③ (*Fluss*) über die Ufer treten ④ (*Wind*) an Heftigkeit zunehmen
coşturmak *vt* ① *Kausativ zu* **coşmak** ② begeistern (**-i** jdn)
cömert <-di> *adj* freigiebig, großzügig
Creutzfeld-Jakob hastalığı <-nı> *s* Creutzfeldt-Jakob-Krankheit *m*
cuma (**günü**) *s* Freitag *m*
cumartesi (**günü**) *s* Samstag *m*, Sonnabend *m*
cumba *s* Erker *m*
cumhurbaşkanı <-nı> *s* Staatspräsident *m*
cumhuriyet <-ti> *s* Republik *f*
cumhuriyetçi **I.** *s* Republikaner(in) *m(f)* **II.** *adj* republikanisch
cunta *s* Junta *f*
curcuna *s* (*fam*) Trubel *m*, Tumult *m*
cübbe *s* Talar *m*
cüce *s* Zwerg *m*
cümbüş *s* ① (*fam*) Remmidemmi *nt* ② *ein gitarrenähnliches Musikinstrument*
cümle **I.** *s* Satz *m* **II.** *adj* ganz, sämtlich
cüppe *s* ① Talar *m* ② (*Richter-, Anwalts-*) Robe *f*
cüret <-ti> *s* ① (*fam*) Frechheit *f* ② Kühnheit *f*
cüretli **I.** *adj* kühn; (*keck*) frech **II.** *s* Draufgänger(in) *m(f)*
cürüm *s* Delikt *nt*
cüsse *s* Wuchs *m*
cüzam *s* Lepra *f*
cüzamlı **I.** *s* Leprakranke(r) *f(m)* **II.** *adj* leprakrank
cüzdan *s* Brieftasche *f*
CV *s Abk von* **curriculum vitae** (*für Bewerbung*) Lebenslauf *m*

Ç ç

Ç

Ç, ç *s vierter Buchstabe des türk. Alphabets*

çaba *s* Bemühung *f*

çabalamak *vi* sich anstrengen, sich bemühen (**-e** um etw)

çabalanmak *vi* zappeln

çabucak *adv* (*fam*) blitzschnell, im Handumdrehen

çabuk <-ğu> *adj* schnell, rasch

çabuklaştırmak *vt* beschleunigen (**-i** etw)

çabukluk <-ğu> *s* Schnelligkeit *f*

çaçabalığı <-nı> *s* Sprotte *f*

çaçaron *adj* (*fam*) geschwätzig

Çad *s* Tschad *m*

çadır *s* Zelt *nt;* ~ **direği** Zeltstange *f;* ~ **kurmak** ein Zelt aufschlagen

çağ *s* ① Epoche *f* ② (*Zeitabschnitt*) Zeit *f*

çağanoz *s* Krabbe *f*

çağdaş **I.** *s* Zeitgenosse, Zeitgenossin *m, f* **II.** *adj* zeitgenössisch

çağdışı *adj* unzeitgemäß

çağıldamak *vi* ① (*herabstürzendes Wasser*) brausen ② (*Bach*) plätschern

çağırmak *vt* ① rufen (**-i** jdn) ② (*Gäste*) einladen (**-i -e** jdn zu etw) ③ (*den Arzt*) holen (**-i** jdn) ④ (*fam*) singen ⑤ einberufen (**-i** jdn)

çağlamak *vi* ① (*herabstürzendes Wasser*) brausen ② (*Wasser*) strömen

çağlayan *s* (kleinerer) Wasserfall *m*

çağrı *s* ① Aufforderung *f* ② Aufruf *m* ③ Vorladung *f* ④ Einberufung *f;* ~ **merkezi** Callcenter *nt;* ~ **yönlendirme** (*Telefon*) Rufumleitung *f*

çağrışım *s* Assoziation *f*

çakal *s* Schakal *m*

çakaleriği <-ni> *s* Schlehe *f*

çakı *s* Taschenmesser *nt,* Klappmesser *nt*

çakıl *s* ① Kies *m* ② Kieselstein *m;* ~ **ocağı** Kiesgrube *f*

çakılmak *vi Passiv zu* **çakmak**

çakır *adj* (*Augen*) bläulich braun

çakırkeyf *adj* (*fam*) angeheitert, beschwipst

çakışmak *vi* ① sich ineinander festhaken ② aufeinanderschlagen

çakmak <-ğı> *s* Feuerzeug *nt;* ~ **taşı** Feuerstein *m*

çakmak <-ar> *vt* ① (*Nagel*) einschlagen (**-i -e** etw in etw) ② annageln (**-i -e** etw an etw) ③ (*Streichholz*) anzünden (**-i** etw) ④ (*Blitz*) aufleuchten ⑤ (*fam: Schüler*) sitzen bleiben ⑥ (*fam*) kapieren (**-i** etw) ⑦ (*fam*) Bescheid wissen (**-den** über etw)

çalar saat <-ti> *s* Wecker *m*

çalçene **I.** *s* Schwätzer(in) *m(f)* **II.** *adj* geschwätzig

çalgı *s* Musikinstrument *nt*

çalgıcı *s* Musikant(in) *m(f)*

çalı *s* Busch *m,* Strauch *m*

çalıkuşu <-nu> *s* Zaunkönig *m*

çalılık <-ğı> **I.** *s* ① Gebüsch *nt;* (*Dickicht*) Gestrüpp *nt* ② Heide *f* **II.** *adj* buschig

çalım *s* ① Angeberei *f* ② Täuschungsmanöver *nt;* ~ **atmak** angeben

çalımcı *s* Angeber(in) *m(f)*

çalışkan *adj* fleißig, eifrig

çalışkanlık <-ğı> *s* Fleiß *m,* Eifer *m*

çalışma *s* ① *Verbalsubstantiv zu* **çalışmak** ② Arbeit *f;* (*Tätigkeit*) Betätigung *f* ③ Studie *f;* ~ **günü** Werktag *m;* ~ **müsaadesi** Arbeitserlaubnis *f;* ~ **odası** Arbeitszimmer *nt*

çalışmak *vi* ① arbeiten ② sich bemühen (**-e** um etw) ③ funktionieren ④ (*Maschine*) laufen ⑤ lernen

çalıştay *s* Workshop *m,* Seminar *nt*

çalıştırılabilir dosya *s* INFORM ausführbare Datei *f*

çalıştırmak *vt* ① *Kausativ zu* **çalışmak** ② (*als Arbeitskraft*) beschäftigen (**-i** jdn)

çalkalamak *vt* ① (*aus-, ab-*) spülen (**-i** etw) ② (*Teig*) rühren (**-i** etw) ③ (*Eier, Sahne*) schlagen (**-i** etw) ④ (*Flasche*) schütteln, schwenken (**-i** etw) ⑤ (*Schiff*) hin und her werfen (**-i** etw)

çalmak <-ar> *vt, vi* ① stehlen (**-i** etw) ② werfen, schmeißen (**-i -e** etw auf/in etw) ③ (*Musikinstrument*) spielen (**-i** etw) ④ (*Glocke, Klingel*) läuten ⑤ (*Uhr*) schlagen ⑥ (*Telefon, Wecker*) klingeln ⑦ (*Farbe*) spielen (**maviye** ins Blaue)

çam *s* ① Kiefer *f*, Föhre *f*, Tanne *f* ② Nadelbaum *m*; ~ **fıstığı** Pinienkern *m*, Piniole *f*; ~ **kozalağı** Tannenzapfen *m*; ~ **ormanı** Nadelwald *m*; ~ **yarması** (*fam*) Riesenkerl *m*, Koloss *m*

çamaşır *s* Wäsche *f*; ~ **değiştirme** Wäschewechsel *m*; ~ **ipi** Wäscheleine *f*; ~ **kurutma makinesi** Wäschetrockner *m*; ~ **makinesi** Waschmaschine *f*; ~ **mandalı** Wäscheklammer *f*; ~ **sepeti** Wäschekorb *m*; ~ **suyu** Flüssigwaschmittel *nt*

çamaşırcı *s* Wäscher(in) *m(f)*

çamaşırhane *s* ① Wäscherei *f* ② Waschküche *f*

çamlık <-ğı> *s* Pinienwald *m*

çamsakızı <-nı> *s* Harz *nt*; ~ **çoban armağanı** ein kleines Geschenk

çamur *s* ① Tonerde *f* ② Schlamm *m* ③ Matsch *m* ④ (*fig*) Dreck *m*; **birine ~ atmak** jdn mit Dreck bewerfen

çamurlu *adj* ① schlammig ② matschig

çamurluk <-ğu> *s* Kotflügel *m*

çanak <-ğı> *s* ① Topf *m* ② Schüssel *f*, Schale *f* ③ TV (Satelliten)schüssel *f* ④ (Blüten)kelch *m*; ~ **anten** (*fam*) Satellitenschüssel *f*; ~ **çömlek** Töpferwaren *pl*; ~ **yalayıcı** (*pej*) Speichellecker *m*

çanakçı *s* Töpfer(in) *m(f)*

Çanakkale Boğazı <-nı> *s* Dardanellen *pl*

çançiçeği <-ni> *s* Glockenblume *f*

çanta *s* ① (*Hand-*) Tasche *f* ② (*Akten-, Schul-*) Mappe *f*

çap <-pı> *s* ① Durchmesser *m* ② Kaliber *nt* ③ (*Ausmaß*) Umfang *m*

çapa *s* ① (*Gartengerät*) Hacke *f* ② Anker *m*

çapaçul *adj* (*fam: unordentlich*) schlampig

çapak <-ğı> *s* Augenschleim *m*

çapalamak *vt* (*den Boden*) umgraben (**-i** etw)

çapkın **I.** *s* Schürzenjäger *m* **II.** *adj* (*Blicke*) begehrlich

çapraşık <-ğı> *adj* kompliziert

çapraz *adj* schräg, quer

çapsız *adj* borniert

çapulcu *s* ① Räuber *m* ② Plünderer *m*

çar *s* Zar *m*

çarçabuk *adv* blitzschnell

çarçur *s* (*fam*) Verschwendung *f*; ~ **etmek** das Geld zum Fenster hinauswerfen

çardak <-ğı> *s* Laube *f*, Laubengang *m*

çare *s* ① Mittel *nt* ② Ausweg *m* ③ Heilmittel *nt*; **bir şeye ~ bulmak** für etw eine Lösung/einen Ausweg finden

çaresiz *adj* ① hilflos, ratlos ② unheilbar ③ unvermeidbar, unvermeidlich

çaresizce *adv* notgedrungen

çaresizlik <-ği> *s* Hilflosigkeit *f*

çariçe *s* Zarin *f*

çark <-kı> *s* ① Rad *nt* ② Räderwerk *nt*

çarmıh *s* (*zur Hinrichtung*) Kreuz *nt*; **birini çarmıha germek** jdn kreuzigen

çarpı **I.** *adv* MATH mal; **iki ~ iki dört eder** zwei mal zwei ist vier **II.** *s* (*Kalk*) Tünche *f*

çarpık <-ğı> *adj* krumm, schief; ~ **bacaklı** x-beinig

çarpılmak *vi* ① *Passiv zu* **çarpmak** ② sich krümmen; (*Holz*) sich werfen

Ç

❸ (*fig*) von einem Dämon besessen sein

çarpım *s* MATH Produkt *nt;* ~ **tablosu** Einmaleins *nt*

çarpıntı *s* starkes Herzklopfen *nt*

çarpışma *s* ❶ *Verbalsubstantiv zu* **çarpışmak** Gefecht *nt,* Kampf *m* ❷ Zusammenprall *m,* Zusammenstoß *m*

çarpışmak *vi* ❶ zusammenstoßen (**ile** mit jdm/etw) ❷ kämpfen (**ile** mit jdm)

çarpıtma *s* ❶ *Verbalsubstantiv zu* **çarpıtmak** ❷ Verdrehung *f*

çarpıtmak *vt* verdrehen (**-i** etw)

çarpma *s* ❶ *Verbalsubstantiv zu* **çarpmak** ❷ Aufprall *m* ❸ Multiplikation *f*

çarpmak <-ar> *vt, vi* ❶ rammen, stoßen ((**-i**) **-e** (etw) gegen jdn/etw) ❷ prallen (**-e** auf jdn/etw); (*Fußgänger*) anfahren (**-e** jdn) ❸ (*Herz*) schlagen, klopfen ❹ multiplizieren (**-i ile** etw mit etw) ❺ (*fam*) klauen (**-i** etw) ❻ krank machen (**-i** jdn)

çarptırılmak *vi* **para/hapis cezasına ~** zu einer Geld-/Gefängnisstrafe verurteilt werden

çarşaf *s* ❶ Betttuch *nt* ❷ *überwurfartiges Straßenkleid streng islamischer Frauen*

çarşamba (günü) *s* Mittwoch *m*

çarşı *s* Basar *m,* Markt *m*

çatal I. *s* ❶ (*Ess-, Heu-, Ast-*) Gabel *f* ❷ Gabelung *f* **II.** *adj* ❶ gabelförmig ❷ (*Wort*) zweideutig; ~ **bıçak** Essbesteck *nt;* ~ **dişi** Zinke *f*

çatallanmak *vi* sich gabeln

çatallaşmak *vi* (*Angelegenheit*) sich komplizieren

çatallık <-ğı> *s* ❶ Gabelung *f* ❷ Kompliziertheit *f*

çatı *s* ❶ Dach *nt* ❷ (*Bau-, Knochen-*) Gerüst *nt* ❸ INET Frame *m;* ~ **altı** Dachboden *m;* ~ **katı** Dachgeschoss *nt;* ~ **oluğu** Dachrinne *f;* ~ **örgütü** Dachverband *m*

çatık <-ğı> *adj* ❶ (*Gesicht*) finster ❷ (*Stirn*) gerunzelt

çatırdamak *vi* ❶ knacken ❷ knattern ❸ krachen ❹ prasseln

çatırtı *s* (*Lärm*) Krach *m*

çatışma *s* ❶ *Verbalsubstantiv zu* **çatışmak** ❷ Konflikt *m* ❸ Kampf *m*

çatışmak *vi* ❶ zusammenstoßen ❷ sich widersprechen ❸ sich streiten (**ile** mit jdm)

çatlak <-ğı> **I.** *s* Riss *m,* Sprung *m* **II.** *adj* ❶ rissig ❷ (*auch Stimme*) brüchig ❸ (*Haut*) spröde ❹ (*fam*) beschränkt

çatlamak *vi* ❶ platzen ❷ (*zerbrechen*) springen ❸ knallen ❹ (*fam*) fast umkommen (**sıkıntıdan** vor Langeweile)

çatmak <-ar> *vt* ❶ (*Stirn*) runzeln (**-i** etw) ❷ (*Dach*) errichten (**-i** etw) ❸ (*Gewehre, Stangen*) mit der Spitze zusammenstellen (**-i** etw) ❹ (*fig*) hart anfahren (**-e** jdn)

çavdar *s* Roggen *m;* ~ **ekmeği** Roggenbrot *nt;* ~ **unu** Roggenmehl *nt*

çavlan *s* Wasserfall *m*

çavuş *s* Unteroffizier *m*

çay *s* ❶ (*Getränk*) Tee *m* ❷ Teestrauch *m* ❸ Bach *m;* ~ **demliği** Teekanne *f;* ~ **ibriği** Teekessel *m;* ~ **kaşığı** Teelöffel *m;* ~ **poşeti** Teebeutel *m;* ~ **takımı** Teeservice *nt*

çaybahçesi <-ni> *s* Teegarten *m*

çaydanlık <-ğı> *s* Teekanne *f*

çayhane *s* Teehaus *nt*

çayır *s* ❶ Gras *nt* ❷ Wiese *f;* ~ **papatyası** Gänseblümchen *nt*

çayırkuşu <-nu> *s* Lerche *f*

çehre *s* ❶ Gesicht *nt* ❷ Aussehen *nt*

Çek <-ki> **I.** *s* Tscheche *m,* Tschechin *f* **II.** *adj* (*Art*) tschechisch; ~ **Cumhuriyeti** Tschechische Republik, Tschechien

çek <-ki> *s* Scheck *m;* ~ **defteri** [*o* **karnesi**] Scheckheft *nt;* ~**-senet mafyası** Scheck- und Aktienmafia *f* (*in der Türkei*)

çekap *s* MED (*fam*) Check-up *nt*

Çekçe *adj* (*Sprache*) tschechisch
çekçek <-ği> *s* Handwagen *m*
çekecek <-ği> *s* Schuhlöffel *m*
çekememek *vt* nicht ertragen [*o* leiden] können (**-i** jdn/etw)
çekici *adj* ① ziehend ② anziehend, attraktiv
çekicilik <-ği> *s* Charme *m*, Reiz *m*
çekiç <-ci> *s* Hammer *m*; ~ **atma** Hammerwerfen *nt*
çekiçlemek *vt* hämmern (**-i** etw)
çekidüzen *s* ① Aufmachung *f* ② Ordnung *f*; ~ **vermek** in Ordnung bringen (**-e** etw); **kendine ~ vermek** sich zurechtmachen
çekiliş *s* (*Lotterie*) Ziehung *f*
çekilme *s* ① *Verbalsubstantiv zu* **çekilmek** ② Ebbe *f* ③ (*vom Amt*) Rücktritt *m* ④ Rückzug *m*
çekilmek *vi* ① *Passiv zu* **çekmek** ② sich zurückziehen ③ (*vom Amt*) zurücktreten (**-den** von etw) ④ (*Muskeln*) sich spannen
çekilmez *adj* unausstehlich
çekim *s* ① Anziehungskraft *f* ② TV Aufzeichnung *f* ③ Beugung *f*, Flexion *f* ④ Verfilmung *f*
çekimlik <-ği> *s* (*Tabak*) Prise *f*
çekimser **I.** *adj* sich enthaltend **II.** *s* jemand, der sich der Stimme enthält; ~ **oy** (Stimm)enthaltung *f*; ~ **oy kullanmak** sich der Stimme enthalten; ~ **kalmak** sich der Stimme enthalten
çekingen *adj* ① zurückhaltend ② befangen, schüchtern
çekingenlik <-ği> *s* ① Zurückhaltung *f* ② Befangenheit *f*, Schüchternheit *f*
çekinmek *vi* ① sich genieren (**-den** vor jdm) ② sich scheuen (**-den** vor etw) ③ zögern ④ sich hüten (**-den** vor etw)
çekirdek <-ği> *s* ① (*von Obst*) Stein *m*, Kern *m* ② (*Zell-, Atom-*) Kern *m* ③ Kaffeebohne *f* ④ essbare Melonenkerne *pl*, Sonnenblumenkerne *pl*
çekirdeksel *adj* nuklear
çekirge *s* Heuschrecke *f*
çekişme *s* ① *Verbalsubstantiv zu* **çekişmek** ② Konflikt *m* ③ (*fig*) Tauziehen *nt*
çekişmek *vt, vi* ① in entgegengesetzte Richtungen ziehen (**-i** etw) ② sich zanken (**ile** mit jdm) ③ debattieren (**ile** mit jdm)
çekişmeli *adj* ① strittig, umstritten ② (*Spiel*) spannend
çekiştirmek *vt* ① *Kausativ zu* **çekişmek** ② herumzerren (**-i** an etw) ③ lästern (**-i** über jdn)
çekmece *s* ① Schublade *f* ② Schmuckkästchen *nt* ③ geschützte Bucht *f*
çekmek <-er> *vt* ① ziehen (**-i** jdn/etw) ② anlocken, anziehen (**-i** jdn) ③ (*Telegramm*) aufgeben (**-i** etw) ④ (*Foto*) aufnehmen (**-i** etw) ⑤ (*Tonband*) aufnehmen (**-i** etw) ⑥ INET herunterladen, downloaden (**-i** etw) ⑦ (*ertragen*) erdulden (**-i** etw) ⑧ (*Stoff*) eingehen, einlaufen ⑨ (*Mauer*) errichten (**-i** etw) ⑩ (*Flagge*) hissen (**-i** etw) ⑪ (*Kaffee, Pfeffer*) mahlen (**-i** etw) ⑫ zurechtrücken (**-i** etw) ⑬ überstehen (**-i** etw) ⑭ wiegen ⑮ (*Wagen*) abschleppen (**-i** etw) ⑯ (*Geld*) abheben (**-i** etw)
Çekoslovakya *s* (*hist*) Tschechoslowakei *f*
çekül *s* (*Senkblei*) Lot *nt*
çelenk <-gi> *s* Kranz *m*
çelik <-ği> *s* ① Stahl *m* ② Steckling *m*; ~ **ciğer** eiserne Lunge; ~ **fabrikası** Stahlwerk *nt*
çelişik <-ği> *adj* widersprüchlich
çelişki *s* Widerspruch *m*
çelişme *s* ① *Verbalsubstantiv zu* **çelişmek** ② Widerspruch *m*
çelişmek *vi* im Widerspruch stehen (**ile** zu etw)
çelme takmak/atmak *vi* (*fig*) jdm ein Bein stellen (**-e** jdm)
çeltik <-ği> *s* ungeschälter Reis *m*; ~ **tarlası** Reisfeld *nt*
çember *s* ① (*Spielzeug-, Fass-*) Reifen *m* ② Umzingelung *f* ③ Peripherie *f*

çemberlemek *vt* ① (*Fass*) mit Reifen versehen (**-i** etw) ② umzingeln (**-i** jdn)
çene *s* ① Kinn *nt* ② (*fig*) Geschwätzigkeit *f*; ~ **çalmak** (*fam*) plaudern; ~ (**kemiği**) Kiefer *m*; ~ **sakalı** Kinnbart *m*; (**boşuna**) ~ **yormak** in den Wind reden; **çeneni tut** halt den Mund!; **çenesini tutmak** den Mund halten

çengel *s* ① Haken *m* ② Paragraphenzeichen *nt*
çengelliiğne *s* Sicherheitsnadel *f*
çentik <-ği> *s* ① Kerbe *f* ② Scharte *f*
çentiyane *s* Enzian *m*
çepeçevre *adv* rings(her)um, rundherum
çerçeve *s* ① (*auch fig*) Rahmen *m* ② (Brillen)gestell *nt*
çerçevelemek *vt* (ein)rahmen (**-i** etw)
çerez *s* ① Vorspeise *f* ② kleiner Imbiss *m*
çeşit <-di> *s* ① Art *f* ② Abart *f* ③ Auswahl *f*; ~ ~ allerhand
çeşitli *adj* ① mannigfaltig ② verschiedene
çeşitlilik <-ği> *s* Verschiedenartigkeit *f*
çeşme *s* Brunnen *m*
çeşni *s* Geschmack *m*
çete *s* ① Partisanengruppe *f* ② (*pej: Verbrecher-*) Bande *f*
çeteci *s* Freischärler *m*, Partisan *m*
çetin *adj* schwierig, schwer
çetrefil *adj* ① verworren ② schwer, schwierig; ~ **dil** Kauderwelsch *nt*
çevik <-ği> *adj* gewandt, flink
çeviklik <-ği> *s* Gewandtheit *f*, Flinkheit *f*
çeviri *s* Übersetzung *f*
çevirmek *vt* ① drehen (**-i** etw) ② umdrehen, umwenden (**-i** etw) ③ (*Film*) drehen (**-i** etw) ④ übersetzen (**-i -e** etw in etw) ⑤ (*Seite*) umschlagen (**-i** etw) ⑥ leiten (**-i** etw) ⑦ (*einfassen*) umgeben (**-i** etw) ⑧ einkreisen (**-i** jdn) ⑨ (*Blick, Waffe*) richten (**-i -e** etw auf etw) ⑩ umwandeln (**-i -e** etw in etw) ⑪ (*Telefonnummer*) wählen (**-i** etw) ⑫ zurückschicken (**-i** etw) ⑬ (*Worte*) verdrehen (**-i** etw) ⑭ (*fam: Poker*) spielen
çevirmen *s* ① Übersetzer(in) *m(f)* ② Dolmetscher(in) *m(f)*
çevre *s* ① Umgebung *f* ② Umfang *m* ③ Umwelt *f* ④ Umriss *m*; **Çevre Bakanlığı** Umweltministerium *nt*; ~ **bilinci** Umweltbewusstsein *nt*; ~ **birimi** INFORM Peripheriegerät *nt*; ~ **dostu** umweltfreundlich; ~ **faciası** Umweltkatastrophe *f*; ~ **fakörleri** Umweltfaktoren *pl*; ~ **kirliliği** Umweltverschmutzung *f*; ~ **koruma** Umweltschutz *m*; ~ **koruyucu** umweltschonend, umweltfreundlich
çevrebilim *s* Ökologie *f*
çevrebilimci *s* Ökologe, Ökologin *m, f*
çevrebilimsel *adj* ökologisch
çevreci I. *s* Umweltschützer(in) *m(f)* II. *adj* ① umweltbewusst ② ökologisch
çevrelemek *vt* ① umgeben (**-i** etw) ② einkreisen (**-i** jdn)
çeyiz *s* Aussteuer *f*
çeyrek <-ği> *s* Viertel *nt*; ~ **final** (**maçı**) SPORT Viertelfinale *nt*; ~ **litre** Viertelliter *nt*; ~ **saat** Viertelstunde *f*
çıban *s* Geschwür *nt*
çığ *s* Lawine *f*; ~ **tehlikesi** Lawinengefahr *f*
çığır *s* ① Lawinenbahn *f* ② (*Richtung*) Bahn *f*; ~ **açmak** bahnbrechend sein
çığlık <-ğı> *s* ① Geschrei *nt* ② Schrei *m*; ~ **atmak** einen Schrei ausstoßen
çıkagelmek *vi* (plötzlich) auftauchen
çıkar *s* ① Gewinn *m* ② Ausweg *m*
çıkarcı I. *s* Opportunist(in) *m(f)* II. *adj* opportunistisch
çıkarma *s* ① *Verbalsubstantiv zu* **çıkarmak** ② Subtraktion *f* ③ Truppenausladung *f*
çıkarmak *vt* ① herausziehen, herausbringen, herausnehmen (**-i -den** etw

aus etw) ② (*aus einer Gemeinschaft*) ausschließen (**-i -den** jdn aus etw); (*Angestellten*) entlassen (**-i** jdn) ③ (*Kleider*) ausziehen; (*Hut*) abnehmen (**-i** etw) ④ wegmachen; (*Fleck*) entfernen (**-i** etw) ⑤ schlussfolgern (**-i -den** etw aus etw) ⑥ erraten (**-i** etw) ⑦ (*Schrift*) entziffern (**-i** etw) ⑧ erfinden (**-i** etw) ⑨ (*Befehl*) erlassen (**-i** etw) ⑩ (*Erz*) gewinnen (**-i** etw) ⑪ (*Buch*) herausbringen (**-i** etw) ⑫ subtrahieren (**-i** etw) ⑬ weglassen (**-i** etw) ⑭ (*Pass*) ausstellen lassen (**-i** etw) ⑮ (*Frage*) aufwerfen (**-i** etw) ⑯ (*Folgen*) entstehen lassen (**-i** etw) ⑰ (*Zahn*) ziehen (**-i** etw) ⑱ (*Tote*) bergen (**-i** jdn) ⑲ (*Feuer*) legen (**-i** etw) ⑳ (*Stimme*) ertönen lassen (**-i** etw); **bunu da nereden çıkardın?** wie kommst du darauf?

çıkarsama *s* Schluss *m,* Schlussfolgerung *f*

çıkartma *s* Abziehbild *nt,* Aufkleber *m*

çıkın *s* Bündel *nt,* Pack *m*

çıkınlamak *vt* (*in ein Tuch*) einschlagen (**-i** etw)

çıkıntı *s* ① Beule *f* ② (*Vorsprung*) Erhebung *f*

çıkıntılı *adj* (*hervortretend*) vorspringend

çıkış *s* ① (*eines Gebäudes*) Ausgang *m* ② (*Tor*) Ausfahrt *f* ③ (*von der Schule*) Abgang *m* ④ Ausreise *f* ⑤ (*im Theater*) Auftritt *m* ⑥ Aufstieg *m* ⑦ Rüffel *m,* Tadel *m;* ~ **noktası** Ausgangspunkt *m*

çıkışma *s* ① *Verbalsubstantiv zu* **çıkışmak** ② (*Rüffel*) Tadel *m*

çıkışmak *vi* ① (*tadeln*) zurechtweisen (**-e** jdn) ② (*Geld*) ausreichen (**-e** für etw)

çıkma *s* ① *Verbalsubstantiv zu* **çıkmak** ② (*aus einer Gemeinschaft*) Austritt *m* ③ Nachtrag *m*

çıkmak <-ar> *vt* ① (*Haus, Zimmer*) verlassen (**-den** etw), (heraus)kommen (**-den** aus etw) ② ausströmen (**-den** aus etw) ③ (*Schule, Klasse*) absolvieren, abschließen (**-den** etw) ④ (*Dienst*) ausscheiden (**-den** aus etw) ⑤ (heraus)fließen (**-den** aus etw) ⑥ entstehen (**-den** aus etw) ⑦ (*hinauf-*) steigen (**-e** auf etw) ⑧ (*Berg, Thron*) besteigen (**-e** etw) ⑨ (*Weg*) hinführen (**-e** nach) ⑩ kosten (**bin liraya** 1000 Lira) ⑪ THEAT (*Rolle*) spielen (**-e** etw) ⑫ (*aus dem Haus*) ausgehen ⑬ auf die Toilette gehen, austreten ⑭ auftauchen ⑮ (*Gewitter*) aufziehen ⑯ (*Feuer, Krieg*) ausbrechen ⑰ vorspringen ⑱ (*Augen*) heraustreten ⑲ (*Obst, Gemüse*) auf den Markt kommen ⑳ (*Buch*) erscheinen ㉑ (*Haare, Gras*) wachsen ㉒ (*Preise, Fieber*) steigen ㉓ (*Stimme*) ertönen ㉔ (*Arm, Bein*) sich verrenken ㉕ sich herausstellen als ㉖ (*fam: Geld*) herausrücken (**-i** etw); **çık dışarı!** hinaus!

çıkmaz I. *adj* (*Weg*) ausweglos II. *s* (*fig*) Sackgasse *f;* ~ **sokak** Sackgasse *f*

çıkrık <-ğı> *s* ① Winde *f* ② Spulrad *nt* ③ Spinnrad *nt*

çıldırmak *vi* ① (*fam*) wahnsinnig werden (**-den** vor etw) ② (*fig*) ganz verrückt sein (**birisi için** nach jdm)

çılgın I. *adj* ① wahnsinnig ② wütend, rasend II. *s* Verrückte(r) *f(m)*

çılgınlık <-ğı> *s* ① Wahnsinn *m* ② (*Wut*) Raserei *f*

çınar (**ağacı**) *s* Platane *f*

çıngırak <-ğı> *s* ① Glocke *f* ② Klingel *f*

çıngıraklıyılan *s* Klapperschlange *f*

çıngırdamak *vi* (*Glocke*) läuten

çınlamak *vi* ① hallen ② klingen

çıplak <-ğı> *adj* ① nackt ② (*a. fig*) leer, kahl; **çıplaklar kampı** FKK-Strand *m;* ~ **kira** Kaltmiete *f*

çıplaklık <-ğı> *s* ① Nacktheit *f* ② Kahlheit *f*

çırak <-ğı> *s* Lehrling *m,* Auszubildende(r) *f(m)*

çır(ıl)çıplak <-ğı> *adj* (*fam*) splitternackt

Ç

çırpınmak *vi* ① zappeln ② sehr erregt und besorgt sein ③ (*Meer*) bewegt sein

çırpmak <-ar> *vt* ① (aus)schütteln (-**i** etw) ② (*Flügel*) schlagen (-**i** etw) ③ (*Eier*) verquirlen (-**i** etw) ④ (aus)spülen (-**i** etw) ⑤ (*Zweige*) abschneiden (-**i** etw); **el** ~ in die Hände klatschen

çıta *s* Latte *f*

çıtçıt <-tı> *s* Druckknopf *m*

çıtı pıtı *adj* (*fam*) niedlich

çıtır çıtır yanmak *vi* (*Feuer*) knistern

çıtırdamak *vi* knistern, prasseln

çıtkırıldım *adj* (*verzärtelt*) weichlich

çıtlamak *vi* knacken

çıtlatmak *vt* ① *Kausativ zu* **çıtlamak** ② knacken (-**i** mit etw) ③ (*ein Geheimnis*) durchblicken lassen (-**e** -**i** jdn etw)

çiçek <-ği> *s* ① Blume *f* ② Blüte *f* ③ Blattern *pl;* ~ **açmak** blühen; ~ **aşısı** Pockenimpfung *f;* ~ **demeti** Blumenstrauß *m;* ~ **hastalığı** Pocken *pl;* ~ **tozu** Blütenstaub *m,* Pollen *m;* **çiçeği burnunda** frisch, neueste(r)

çiçekçi *s* Blumenhändler(in) *m(f);* ~ (**dükkanı**) Blumengeschäft *nt*

çiçeklenmek *vi* blühen

çiçekli *adj* ① (*Bäume*) blühend ② (*Muster*) geblümt

çiçeklik <-ği> *s* ① (große) Blumenvase *f* ② Blumengarten *m*

çift <-ti> **I.** *s* ① Paar *nt* ② Ehepaar *nt* ③ (*vor dem Pflug*) Ochsengespann *nt* ④ (*auch Tennis*) Doppel *nt* ⑤ Gespann *nt* **II.** *adj* ① doppelt ② (*Zahl*) gerade; ~ **anlamlı** zweideutig; ~ **cinsellik** Bisexualität *f;* **çift cinsiyetli** Bisexuelle(r) *f(m),* bisexuell; ~ **girişli muhasebe** doppelte Buchführung; ~ **koşum** Gespann *nt;* ~ **tıklama** Doppelklick *m;* ~ **tıklamak** doppelklicken

çiftçi *s* Bauer *m,* Bäu(e)rin *f,* Landwirt(in) *m(f)*

çifte I. *adj* doppelt **II.** *s* ① (*Huf-*) Tritt *m* ② Doppelflinte *f;* ~ **dürbün** Feldstecher *m;* THEAT Opernglas *nt;* ~ **vatandaşlık** doppelte Staatsbürgerschaft *f*

çifter çifter *adv* paarweise

çiftleşmek *vi* ① sich verdoppeln ② (*Tiere*) sich paaren

çiftlik <-ği> *s* ① Bauernhof *m* ② Landgut *nt*

çiftsayı *s* gerade Zahl

çiğ *adj* ① (*ungekocht*) roh ② (*auch fig*) unreif ③ (*Farbe*) grell

çiğdem *s* ① Krokus *m* ② Herbstzeitlose *f*

çiğnemek *vt* ① kauen (-**i** etw) ② (*mit Füßen*) treten (-**i** jdn/auf etw) ③ überfahren (-**i** jdn) ④ verstoßen (-**i** gegen etw)

çiklet <-ti> *s* Kaugummi *m*

çikolata *s* Schokolade *f;* (**sıcak**) ~ (*Getränk*) heiße Schokolade *f*

çikolatalı *adj* mit Schokolade; ~ **bar** Schokoriegel *m*

çil *s* ① Sommersprossen *pl* ② Haselhuhn *nt*

çile *s* ① (*bei Garn, Wolle*) Strang *m* ② Trübsal *f;* **birini çileden çıkarmak** jdn auf die Palme bringen

çilek <-ği> *s* Erdbeere *f*

çilingir *s* (*Bau-*) Schlosser *m;* ~ **atölyesi** Schlosserei *f*

çim *s* Rasen *m*

çimdik <-ği> *s* ① (*Kneifen*) Kniff *m* ② Stichelei *f*

çimdiklemek *vt* kneifen, zwicken (-**i** jdn)

çimen *s* Gras *nt,* Rasen *m*

çimenlik <-ği> *s* Grünanlage *f*

çimento *s* Zement *m*

çimentolamak *vt* zementieren (-**i** etw)

çimlenmek *vi* ① (*keimen*) treiben ② mit Gras überwachsen

Çin I. *s* ① China *nt* ② Chinese *m,* Chinesin *f* **II.** *adj* (*Art*) chinesisch; ~ **Halk Cumhuriyeti** Volksrepublik *f* China

Çince *adj* (*Sprache*) chinesisch
Çingene I. *s* Zigeuner(in) *m(f)* (*pej*) II. *adj* (*fam*) geldgierig
Çin Hindi(stanı) *s* Indochina *nt*
çini *s* ① (*Ton-*) Fliese *f*, Kachel *f* ② Keramik *f*; ~ **mürekkebi** Tusche *f*; ~ **soba** Kachelofen *m*
çinicilik <-ği> *s* (*Kunst*) Keramik *f*
çinili *adj* gekachelt
çinko *s* Zink *nt*
Çinli I. *s* Chinese *m*, Chinesin *f* II. *adj* (*Herkunft*) chinesisch
çip <-pi> *s* INFORM Chip *m*; ~ **kartı** Chipkarte *f*
çips *s* (*Kartoffel-, Mais-*) Chips *pl*
çiriş *s* Kleister *m*
çirkef I. *s* ① Schmutzwasser *nt* ② (*a. fig*) Gosse *f* II. *adj* widerwärtig
çirkin *adj* ① hässlich ② schmutzig ③ (*fig*) gemein
çirkinleşmek *vi* hässlich werden
çirkinleştirmek *vt* ① *Kausativ zu* **çirkinleşmek** ② hässlich machen (**-i** jdn/etw)
çirkinlik <-ği> *s* Hässlichkeit *f*
çiroz I. *s* (getrocknete) Sprotte *f* II. *adj* spindeldürr
çise *s* Nieselregen *m*
çiselemek *vi* nieseln
çisinti *s* Nieselregen *m*
çiş *s* (*Kindersprache*) Pipi *nt*; ~ **etmek** [*o* **yapmak**] Pipi machen
çit <-ti> *s* ① Hecke *f* ② Zaun *m*
çivi *s* ① Nagel *m* ② Dübel *m*
çivilemek *vt* nageln, dübeln (**-i -e** etw an etw)
çiy *s* Tau *m*
çizburger *s* Cheeseburger *m*
çizelge *s* Tabelle *f*
çizgi *s* ① (*Strich*) Linie *f* ② (*Stoffmuster*) Streifen *m* ③ (*Gesichts-*) Zug *m* ④ Kratzer *m*; ~ **film** Zeichentrickfilm *m*; ~ **roman** Comic *m*
çizgili *adj* ① gestreift ② liniert
çizim *s* Zeichnung *f*
çizme *s* ① *Verbalsubstantiv zu* **çizmek** ② Zeichnung *f* ③ Stiefel *m*
çizmek <-er> *vt* ① zeichnen (**-i** etw) ② (*Linie*) ziehen (**-i** etw) ③ (*Plan*) entwerfen (**-i** etw) ④ (*aus-, durch-*) streichen (**-i** etw) ⑤ schrammen (**-i** etw)

çoban *s* Hirt *m*, Schäfer *m*; ~ **köpeği** Schäferhund *m*
çocuk <-ğu> *s* Kind *nt*; ~ **aldırmak** abtreiben; ~ **arabası** Kinderwagen *m*; ~ **bahçesi** Kinderspielplatz *m*; ~ **bakıcısı** Babysitter(in) *m(f)*; ~ **bakım izni** (*in Deutschland: Elternurlaub*) Elternzeit *f*; ~ **beklemek** ein Kind erwarten; ~ **doktoru** Kinderarzt *m*; ~ **düşürme** Fehlgeburt *f*; ~ **felci** Kinderlähmung *f*; ~ **gibi** kindlich; (*albern*) kindisch; ~ **giysisi** Kinderkleidung *f*; ~ **hastalığı** Kinderkrankheit *f*; ~ **hırsızı** Kidnapper(in) *m(f)*; ~ **indirimi** Kinderermäßigung *f*; ~ **kaçırmak** kidnappen; ~ **kitabı** Kinderbuch *nt*; ~ **mahkemesi** Jugendgericht *m*; ~ **odası** Kinderzimmer *nt*; ~ **oyuncağı** Kinderspielzeug *nt*; ~ **oyuncağı gibi kolay** das ist ein Kinderspiel; ~ **parası** Kindergeld *nt*; ~ **tabağı** Kinderteller *m*; ~ **yapmak** Kinder zeugen; ~ **yuvası** (Kinder)hort *m*
çocukça *adj* ① kindlich ② (*albern*) kindisch
çocukluk <-ğu> *s* ① Kindheit *f* ② Kinderei *f*; **çocukluktan beri** von Kind auf
çocuksu *adj* ① kindlich ② (*albern*) kindisch
çocuksuz *adj* kinderlos
çoğalma *s* ① *Verbalsubstantiv zu* **çoğalmak** ② Zunahme *f*, Zuwachs *m*
çoğalmak *vi* sich vermehren, zunehmen
çoğaltım *s* Vervielfältigung *f*
çoğaltmak *vt* ① *Kausativ zu* **çoğalmak** ② (*steigern*) erhöhen (**-i** etw) ③ vermehren (**-i** etw) ④ vervielfältigen (**-i** etw)

çoğu kez/zaman *adv* ① häufig ② meistens

çoğul *s* Mehrzahl *f*, Plural *m*

çoğunluk <-ğu> *s* Mehrheit *f*, Mehrzahl *f*

çoğunlukla *adv* meistens

çok <-ğu> *adv* ① viel ② sehr ③ oft, häufig ④ zu viel, zu sehr; ~ **acele!** eilt (sehr)!; ~ **az** ein (ganz) klein wenig, zu wenig; ~ **daha iyi** wesentlich besser; ~ **defa** häufig, oft; ~ **fazla** zu viel; ~ **fonksiyonlu** multifunktional; ~ **görevlilik** Multitasking *nt*; **bir şeyi birine** ~ **görmek** jdm etw missgönnen; **bir şeyi birine** ~ **görmemek** (*fam*) jdm etw gönnen; ~ **kültürlü** multikulturell; ~ **olmak** (*fig*) zu weit gehen; ~ **şükür!** Gott sei Dank!, erfreulicherweise; ~ **taraflı** vielseitig; POL multilateral; ~ **teşekkürler!** vielen Dank!; ~ **uzak**(**ta**) weit entfernt; ~ **yaşa**(**yın**)! (*beim Niesen*) Gesundheit!; ~ **yönlü** vielseitig

çokça *adv* (*ziemlich*) recht

çokçu *adj* pluralistisch

çokçuluk <-ğu> *s* Pluralismus *m*

çok ırklı *adj* multiethnisch

çok ırklılık *s* Multiethnizität *f*

çokkarılı *adj* polygam

çokkarılılık <-ğı> *s* Polygamie *f*

çokluk <-ğu> *s* ① Fülle *f* ② Häufigkeit *f* ③ Überfluss *m*

çoklu ortam *s* Multimedia *nt*

çoktan *adv* schon, längst; ~ **beri** seit Jahr und Tag

çoktan(**dır**) *adv* seit langem

çolak <-ğı> *adj* ① einarmig ② einhändig

çoluk çocuk *s* Kind und Kegel

çomak <-ğı> *s* ① (*Knüppel*) Keule *f* ② (*von Netzhaut*) Stäbchen *nt*

çorak <-ğı> *adj* (*Boden*) unfruchtbar

çoraklık <-ğı> *s* (*Boden*) Unfruchtbarkeit *f*

çorap <-bı> *s* ① Strumpf *m* ② Socke *f* ③ Intrige *f*; ~ **örmek** Strümpfe (Socken) stricken; (*fig*) Intrigen spinnen

çorba *s* ① Suppe *f* ② Durcheinander *nt*; ~ **kasesi** Suppenschüssel *f*, Suppenterrine *f*; ~ **kaşığı** Suppenlöffel *m*

çökelmek *vi* (*Bodensatz*) sich setzen

çökertmek *vt* INFORM (*System*) abstürzen lassen (-**i** etw)

çökkün *adj* ① zusammengefallen, eingesunken ② (*Mensch*) depressiv

çökme *s* ① *Verbalsubstantiv zu* **çökmek** ② Zerfall *m* ③ (*fig*) Untergang *m* ④ (*körperlicher*) Verfall *m*

çökmek <-er> *vi* ① (*einsinken*) sich senken ② (*fig*) untergehen ③ (*körperlich*) verfallen ④ (*Bauwerk*) einstürzen ⑤ INFORM (*System*) abstürzen ⑥ (*Dunkelheit*) hereinbrechen ⑦ (*Wangen*) einfallen ⑧ (*auf Stuhl*) sich setzen (-**e** auf etw) ⑨ (*Bodensatz*) sich setzen

çöküş *s* (*a. fig*) Zusammenbruch *m*

çöl *s* Wüste *f*

çölleşme *s* ① *Verbalsubstantiv zu* **çölleşmek** ② Desertifikation *f*, Wüstenbildung *f*

çölleşmek *vi* zur Wüste werden

çömelmek *vi* sich hinhocken (-**e** auf etw)

çömlek <-ği> *s* (*Ton-*) Topf; ~ **hesabı** Milchmädchenrechnung *f*

çömlekçi *s* Töpfer(in) *m(f)*

çömlekçilik <-ği> *s* Töpfern *nt*

çöp <-pü> *s* ① Abfall *m*, Müll *m* ② (*Holz-*) Splitter *m*; ~ **arabası** Müllwagen *m*; ~ **bidonu** Mülltonne *f*, Müllcontainer *m*; ~ **deposu** Mülldeponie *f*; ~ **tenekesi** Abfalleimer *m*, Mülleimer *m*; ~ **torbası** Müllbeutel *m*; **çöpe atmak** wegwerfen (-**i** etw); **çöplerin ayrılması** Mülltrennung *f*

çöpçatan *s* (*fam*) Heiratsvermittler(in) *m(f)*

çöpçü *s* ① Müllmann *m* ② Straßenfeger *m*

çöplük <-ğü> *s* Müllhaufen *m*

çörek <-ği> *s* (Teig)teilchen *nt,* (Gebäck)stückchen *nt*

çöre(k)otu <-nu> *s* Schwarzkümmel *m*

çözelti *s* CHEM Lösung *f*

çözmek <-er> *vt* ① losbinden (**-i** etw) ② lösen (**-i** etw) ③ (*Knoten*) aufmachen (**-i** etw) ④ (*Rätsel*) raten (**-i** etw) ⑤ (*Geheimschrift*) entziffern (**-i** etw) ⑥ herausbringen (**-i** etw) ⑦ entfesseln (**-i** etw)

çözük <-ğü> *adj* ① (*losgelöst*) lose ② (*Eis*) aufgetaut, geschmolzen

çözülme *s* ① *Verbalsubstantiv zu* **çözmek** ② Tauwetter *nt* ③ (*fig*) Zerfall *m*

çözülmek *vi* ① *Passiv zu* **çözmek** ② sich auflösen ③ (*schmelzen*) tauen

çözülüm *s* Auflösung *f*

çözüm *s* ① Auflösung *f* ② (*Problem*) Lösung *f*

çözünürlük <-ğü> *s* INFORM (Bildschirm)auflösung *f*

çubuk <-ğu> *s* ① (*kleine*) Röhre *f* ② (*auch Ess-*) Stäbchen *nt* ③ (*dünne*) Stange *f* ④ Rebe *f* ⑤ Tschibuk *m* (*lange, dünne, türkische Tabakspfeife*) ⑥ (*in Stoffen*) Streifen *m*

çubuklu I. *adv* mit Stäbchen II. *adj* (*Stoff*) gestreift; ~ **şekerleme** Lutscher *m*

çuha *s* Wollstoff *m*

çuhaçiçeği <-ni> *s* Primel *f,* Schlüsselblume *f*

çukur I. *s* ① Grube *f,* Loch *nt* ② Mulde *f* ③ Grübchen *nt* II. *adj* ausgehöhlt, hohl; ~ **tabak** Suppenteller *m;* ~ **vadi** Talkessel *m*

çul *s* ① grober Haarstoff *m* ② Kleid *nt* ③ Pferdedecke *f*

çullanmak *vt* ① (*fam*) sich stürzen (**-in üstüne** auf jdn) ② sich aufdrängen (**-e** jdm)

çulluk <-ğu> *s* Schnepfe *f*

çuval *s* Sack *m;* ~ **yarışı** Sackhüpfen *nt*

çük <-kü> *s* (*Kindersprache*) Zipfelchen *nt,* Pipimännchen *nt*

çünkü *konj* denn

çürük <-ğü> I. *s* blauer Fleck *m* II. *adj* ① (*organische Substanz*) faul; (*Holz*) morsch; (*Zahn*) hohl ② (*Beweis*) schwach ③ MIL untauglich; ~ **gaz** Abgas *nt*

çürümek *vi* ① verfaulen ② morsch werden ③ (*These*) widerlegt werden ④ (*Zahn*) kariös werden ⑤ (*durch Schläge*) blaue Flecken bekommen

çürütmek *vi* ① *Kausativ zu* **çürümek** ② (*Argumente*) entkräften, widerlegen (**-i** etw)

çüş *interj* ① (*für Pferde ‚Halt!'*) brr! ② (*Ausruf bei grober Zurechtweisung*) pfui!

Dd

D, d *s fünfter Buchstabe des türk. Alphabets*

da *konj* ① auch, ebenfalls ② aber, indessen ③ und ④ damit, dass ⑤ selbst wenn; **kadınlar da erkekler de** sowohl die Frauen als auch die Männer

dadanmak *vi* ① (*meistens pej*) immer wieder kommen (**-e** zu jdm) ② versessen sein (**-e** auf etw)

dağ *s* ① Berg *m* ② Brandmal *nt;* ~ **ayısı** (*fam*) Flegel *m;* ~ **bisikleti** Mountainbike *nt;* ~ **geçidi** Gebirgspass *m;* ~ **sıçanı** Murmeltier *nt;* ~ **taş** überall

dağarcık <-ğı> *s* ① Lederbeutel *m* ② Kenntnisse *pl*

dağcı *s* Bergsteiger(in) *m(f)*

dağcılık <-ğı> *s* Bergsteigen *nt*

dağılmak *vi* ① (*Versammlung*) auseinandergehen, sich auflösen ② (*Haare*) sich lösen ③ (*Zimmer*) in Unordnung geraten ④ aus den Fugen gehen ⑤ sich verbreiten ⑥ sich verteilen

dağınık <-ğı> *adj* ① (*zerstreut*) vereinzelt ② (*fig*) zerstreut ③ (*Person, Zimmer*) unordentlich ④ (*Haare*) wirr

dağınıklık <-ğı> *s* ① Unordnung *f* ② Zerstreutheit *f*

dağıtım *s* ① Verteilung *f* ② Vertrieb *m;* ~ **müdürü** Vertriebsleiter(in) *m(f)*

dağıtımcı *s* Filmverleih *m*

dağıtmak *vt* ① austeilen, verteilen (**-i -e** auf/an jdn) ② (*Parlament*) auflösen (**-i** etw) ③ (*Zimmer*) aufräumen (**-i** etw) ④ verstreuen (**-i** etw) ⑤ zertrümmern (**-i** etw) ⑥ verrücktspielen

dağkeçisi <-ni> *s* Gämse *f*

dağlamak *vt* ① brandmarken (**-i** etw) ② (*ätzen*) verbrennen (**-i** etw)

dağlık <-ğı> *adj* gebirgig

daha *adv* ① (*Komparativpartikel*) noch ② (*zeitlich*) bis jetzt, noch; ~ **az** (noch) weniger; ~ **çok** (noch) mehr; ~ **doğrusu** (*genauer gesagt*) beziehungsweise; ~ **dün** erst gestern; ~ **iyi** (noch) besser; ~ **iyi/kötü ya** umso besser/schlimmer; ~ **iyiyim** es geht mir besser; ~ **önce** früher, eher; ~ **şimdi** bereits jetzt; ~ **ziyade** vielmehr

dahi I. *konj* ① auch ② selbst wenn **II.** *s* Genie *nt*

dahil I. *s* innerer Teil *m* **II.** *adv* einschließlich; **bir şeye ~ olmak** zu etwas dazugehören; **... ~ olmak üzere** inklusive ...; **her sey ~ kampanyası** All-Inclusive-Angebot *nt*

dahili I. *s* inner-, Innen-; GEOG Binnen- **II.** *adj* inländisch; ~ **anten** Zimmerantenne *f*

dahiliye *s* ① innere Krankheiten *pl* ② Abteilung *f* für innere Medizin

dahiliyeci *s* Internist(in) *m(f)*

daima *adv* immer, fortwährend

daimi *adj* ständig, dauernd; (*Stellung*) unkündbar; ~ **temsilci** POL ständiger Vertreter *m*

dair *präp* hinsichtlich (**-e** *+gen*), über (**-e** *+akk*)

daire *s* ① MATH Kreis *m* ② Behörde *f* ③ Abteilung *f* ④ (Etagen)wohnung *f;* ~ **çevresi** Kreisumfang *m;* ~ **şeklinde** kreisförmig; ~ **şubesi** (*Abteilung*) Referat *nt;* ~ **şubesi şefi** Sachbearbeiter(in) *m(f)*

dairevi *adj* kreisförmig

dakik <-kı> *adj* pünktlich; (*präzise*) genau

dakika *s* Minute *f*

dakiklik <-ği> *s* Pünktlichkeit *f*

daktilo *s* ① Maschinenschreiben *nt* ② Schreibmaschine *f* ③ Schreibkraft *f;* ~ **etmek** tippen, Schreibmaschine schreiben; ~ **şeridi** Farbband *nt;*

~ **yanlışı** Tippfehler *m;* **daktiloyla yazmak** mit der Maschine schreiben

dal *s* ❶ (*Ast*) Zweig *m* ❷ Branche *f* ❸ (*Lehrfach*) Disziplin *f*

dalak <-ğı> *s* Milz *f*

dalamak *vt* (*Dorn, Insekt*) stechen; (*Wolle*) kratzen (**-i** jdn)

dalaşmak *vi* sich streiten, sich zanken

dalavere *s* (*fam*) Schwindel *m*

daldırma *s* ❶ *Verbalsubstantiv zu* **daldırmak** ❷ (*einer Pflanze*) Ableger *m*

daldırmak *vt* ❶ *Kausativ zu* **dalmak** ❷ (unter)tauchen (**-i -e** etw in etw) ❸ versenken (**-i -e** etw in etw) ❹ (*Pflanzen*) durch Stecklinge vermehren (**-i** etw)

dalga *s* ❶ Welle *f* ❷ Woge *f* ❸ Betrug *m*, Schwindel *m* ❹ (*fam*) Rausch *m;* ~ **boyu** [*o* **uzunluğu**] Wellenlänge *f;* ~ **geçmek** (*fam*) faulenzen; **biriyle** ~ **geçmek** sich über jdn lustig machen

dalgacı *s* ❶ (*fam*) Faulenzer(in) *m(f)* ❷ Schwindler(in) *m(f)*

dalgakıran *s* Mole *f*, Wellenbrecher *m*

dalgalanma *s* ❶ *Verbalsubstantiv zu* **dalgalanmak** ❷ Schwankung *f*

dalgalanmak *vi* ❶ (*Fahne*) flattern ❷ (*Meer*) wogen ❸ wabern

dalgalı *adj* ❶ (*See*) bewegt ❷ wellenförmig, wellig; ~ **akım** Wechselstrom *m;* ~ **deniz** Seegang *m*

dalgıç <-cı> *s* Taucher(in) *m(f);* ~ **elbisesi** Taucheranzug *m;* ~ **gözlüğü** Taucherbrille *f;* ~ **takımı** Taucherausrüstung *f*

dalgın *adj* ❶ in Gedanken versunken ❷ zerstreut

dalgınlık <-ğı> *s* Zerstreutheit *f*

dalkavuk <-ğu> **I.** *s* Schleimer(in) *m(f)*, Speichellecker(in) *m(f)* **II.** *adj* speichelleckerisch, schleimig

dalkavukluk <-ğu> *s* Schleimerei *f*, Speichelleckerei *f;* ~ **etmek** schleimen

Dalmaçyalı *s* Dalmatiner *m*

dalmak <-ar> *vi* ❶ tauchen, untertauchen (**-e** in etw) ❷ (*in Gedanken*) sich vertiefen (**-e** in etw) ❸ einnicken

dalya çiçeği <-ni> *s* Dahlie *f*

dalyan *s* großes Fischernetz *nt*

dam *s* ❶ Dach *nt* ❷ Stall *m* ❸ (*beim Tanz, Kartenspiel*) Dame *f* ❹ (*fam*) Kittchen *nt*

dama *s* Damespiel *f*

damak <-ğı> *s* Gaumen *m*

damar *s* ❶ Ader *f* ❷ Veranlagung *f* ❸ Jähzorn *m;* ~ **sertleşmesi** Arterienverkalkung *f*

damat <-dı> *s* ❶ Schwiegersohn *m* ❷ (*am Hochzeitstag*) Bräutigam *m*

damga *s* Siegel *nt;* (*a. fig*) Stempel *m*

damgalamak *vt* ❶ (*auch fig*) abstempeln (**-i** etw) ❷ (*Fahrschein*) entwerten (**-i** etw)

damıtmak *vt* destillieren (**-i** etw)

damla *s* Tropfen *m;* ~ ~ tropfenweise; ~ **hastalığı** Gicht *f*

damlamak *vi* ❶ tropfen (**-e** in/auf etw) ❷ triefen ❸ (*Eimer*) lecken ❹ (*fam*) aufkreuzen (**-e** bei jdm)

damlataş *s* Tropfstein *m;* ~ **mağarası** Tropfsteinhöhle *f*

damping *s* Dumping *nt;* ~ **yapmak** verschleudern

dana *s* Kalb *nt;* ~ **eti** Kalbfleisch *nt;* ~ **kızartması** [*o* **rostosu**] Kalbsbraten *m;* ~ **bonfilesi** Kalbsschnitzel *nt*

dangalak <-ğı> **I.** *adj* (*fam*) blöd **II.** *s* (*fam*) Blödmann *m*

danış *s* Beratung *f*, Unterredung *f*

danışma *s* ❶ *Verbalsubstantiv zu* **danışmak** ❷ Information *f*, Auskunft *f* ❸ Telefonauskunft *f*

danışmak *vt* ❶ um Rat fragen (**-e -i** jdn wegen etw), konsultieren (**-e** jdn) ❷ (*beratschlagen*) verhandeln (**-i** etw)

danışman *s* Berater(in) *m(f)*

danışmanlık <-ğı> *s* Beratung *f*

Danimarka **I.** *s* Dänemark *nt* **II.** *adj* (*Art*) dänisch

Danimarkaca *adj* (*Sprache*) dänisch

D

D

Danimarkalı I. *s* Däne *m,* Dänin *f* II. *adj* (*Herkunft*) dänisch

dans *s* Tanz *m;* ~ **dersi** Tanzstunde *f;* ~ **edelim** lasst uns tanzen; ~ **etmek** tanzen; ~ **müziği** Tanzmusik *f;* ~ **okulu** Tanzschule *f;* ~ **salonu** Tanzlokal *nt*

dansa kaldırmak *vt* zum Tanz auffordern (-**i** jdn)

dansör *s* Tänzer *m*

dansöz *s* Tänzerin *f*

dantel(a) *s* (*Gewebe*) Spitze *f;* ~ **işlemek** klöppeln

dar I. *adj* ① eng, schmal ② knapp ③ (*Winkel*) spitz II. *adv* kaum, gerade noch III. *s* Enge *f;* ~ **boğaz** Engpass *m;* ~ **gelirli** einkommensschwach; ~ **gelmek** (*Kleidung*) zu eng sein; ~ **kafalı** engstirnig, borniert; ~ **kafalılık** Spießigkeit *f*

darağacı *s* Galgen *m*

daralma *s* ① *Verbalsubstantiv zu* **daralmak** ② Verengung *f*

daralmak *vi* ① eng(er) werden ② (*Stoff*) eingehen, einlaufen ③ (*Zeit*) drängen, knapp werden

daraltma *s* ① *Verbalsubstantiv zu* **daraltmak** ② Verengung *f*

daraltmak *vt* ① *Kausativ zu* **daralmak** ② enger machen, verenge(r)n (-**i** etw) ③ (*fig*) einschränken (-**i** etw)

darbe *s* ① (*Schlag*) Hieb *m* ② Impuls *m* ③ (Schicksals)schlag *m* ④ MIL Stoß *m* ⑤ Putsch *m*

darbeci *s* Putschist *m*

dargın *adj* ärgerlich; (*verärgert*) ungehalten

dargörüşlü *adj* engstirnig

darı *s* Hirse *f;* **darısı başın(ız)a** möge dir (Ihnen) das gleiche Glück beschieden sein!

darılmak *vi* böse sein, sauer sein (-**e** auf jdm)

darkafalı I. *adj* engstirnig, spießbürgerlich II. *s* Spießbürger(in) *m(f)*

darlaşma *s* ① *Verbalsubstantiv zu* **darlaşmak** ② Verengung *f*

darlaşmak *vr* sich verengen

darlaştırma *s* ① *Verbalsubstantiv zu* **darlaştırmak** ② Verengung *f*

darlaştırmak *vt* ① *Kausativ zu* **darlaşmak** ② enger machen, verenge(r)n (-**i** etw)

darlık <-ğı> *s* ① Enge *f* ② (*Mangel*) Knappheit *f* ③ (*Bedrängnis*) Not *f*

darmadağın *adj* ① (*Mensch*) unordentlich ② durcheinander ③ verworren

darp etmek *vt* ① (*Münzen*) prägen (-**i** etw) ② multiplizieren (-**i** etw)

dava *s* ① Prozess *m* ② (Gerichts)verhandlung *f* ③ Problem *nt,* Frage *f;* ~ **açmak** [*o* **etmek**] einen Prozess anstrengen, verklagen (-**e** jdn); ~ **vekili** Verteidiger(in) *m(f)*

davacı *s* Kläger(in) *m(f)*

davar *s* Kleinvieh *nt, Ziegen, Schafe*

davet <-ti> *s* ① Einladung *f* ② Aufforderung *f;* ~ **etmek** einladen, auffordern (-**i** -**e** jdn zu etw)

davetiye *s* (schriftliche) Einladung *f*

davetli *s* Gast *m*

davetsiz *s* ohne Einladung; ~ **misafir** [*o* **konuk**] ungebetener Gast *m*

davlumbaz *s* Rauchfang *m*

davranış *s* ① Benehmen *nt,* Betragen *nt* ② Verhalten *nt* ③ Behandlung *f*

davranmak *vi* ① (*handeln*) vorgehen ② sich verhalten ③ sich rühren ④ umgehen (-**e** mit jdm/etw) ⑤ greifen (-**e** nach etw) ⑥ sich anschicken (-**meye** etw zu tun); **birine iyi/kötü** ~ jdn gut/schlecht behandeln

davul *s* Pauke *f,* große Trommel *f;* ~ **çalmak** trommeln; (*fig*) ausposaunen

davulcu *s* Trommler(in) *m(f)*

dayak <-ğı> *s* Prügel *pl;* ~ **atmak** verprügeln (-**e** jdn)

dayamak *vt* ① (an)lehnen (-**i** -**e** etw an etw) ② stützen (-**i** -**e** etw auf etw)

dayanak <-ğı> *s* (*a. fig*) Stütze *f;* ~ (**noktası**) Stützpunkt *m*

dayanıklı *adj* ① (*dauerhaft*) haltbar ② solide, widerstandsfähig ③ (*fig*) standhaft

dayanıklılık <-ğı> *s* ① Beharrlichkeit *f* ② Zähigkeit *f* ③ Beständigkeit *f* ④ Festigkeit *f* ⑤ Haltbarkeit *f*

dayanıksız *adj* ① nicht haltbar ② (*Person*) nicht widerstandsfähig, labil

dayanılır *adj* erträglich

dayanılmaz *adj* ① unausstehlich ② unerträglich ③ unwiderstehlich

dayanışık <-ğı> *adj* solidarisch

dayanışma *s* ① *Verbalsubstantiv zu* **dayanışmak** ② Solidarität *f*; ~ **vergisi** Solidaritätszuschlag *m*

dayanışmak *vr* sich solidarisieren (**ile** mit jdm)

dayanmak *vi* ① sich anlehnen (**-e** an jdn/etw) ② standhalten, aushalten (**-e** etw) ③ vertrauen (**-e** jdm) ④ sich stützen (**-e** auf etw) ⑤ sich beziehen (**-e** auf etw) ⑥ (*Kleider, Essen*) halten

dayatmak *vt* ① *Kausativ zu* **dayamak** ② bestehen, beharren (**-e** auf etw)

dayı *s* Onkel *m* (*mütterlicherseits*)

dazlak <-ğı> **I.** *adj* glatzköpfig **II.** *s* POL Skinhead *m*

de *konj s.* **da**

debdebe *s* Pomp *m*, Pracht *f*, Prunk *m*

debdebeli *adj* pompös, prachtvoll, prunkvoll

dede *s* ① (*fam*) Großvater *m* ② Vorfahr *m*

dedektif *s* Detektiv(in) *m(f)*

dedikodu *s* ① Gerede *nt*, Geschwätz *nt* ② üble Nachrede *f*; ~ **yapmak** (*schwatzen*) klatschen

dedikoducu **I.** *adj* geschwätzig **II.** *s* Schwätzer(in) *m(f)*, Klatschbase *f*

defa *s* Mal *nt*, -mal; **bir/dört** ~ ein-/viermal; **bu** ~ diesmal

defalarca *adv* x-mal, zigmal

defetmek <-der> *vt* ① verdrängen (**-i** etw) ② verjagen, vertreiben (**-i** jdn)

defile *s* Mode(n)schau *f*

defin <-fni> *s* Beerdigung *f*

define *s* Hort *m*, Schatz *m*

defne *s* Lorbeer *m*

defnetmek <-der> *vt* beerdigen, bestatten (**-i** jdn)

defolmak *vi* (*fam*) abhauen

defrişman (**açım**) *s* Rodung *f*

defter *s* ① (*Schreib-*) Heft *nt* ② Liste *f*; ~ **tutmak** Buch führen

değer **I.** *s* ① Wert *m* ② (*Achtung*) Geltung *f* **II.** *adj* würdig; **bir şeye ~ vermek** auf etwas Wert legen; ~ **yargısı** Werturteil *nt*; **değeri olmak** (*wert sein*) gelten

değerlendirme *s* ① *Verbalsubstantiv zu* **değerlendirmek** ② (*Statistik*) Auswertung *f* ③ Wertung *f*

değerlendirmek *vt* ① (*Angaben*) auswerten, bewerten (**-i** etw) ② verwerten (**-i** etw)

değerlenmek *vi* im Wert steigen

değerli *adj* ① wertvoll, kostbar ② (*Anrede, auch im Brief*) verehrte(r), sehr geehrte(r) ③ (*Person*) verdienstvoll; ~ **taş** Edelstein *m*

değersiz *adj* ① wertlos ② (*unbedeutend*) gering

değil *adv* nicht; **değil mi?** nicht wahr?

değin *präp* bis (zu) (**-e** +*dat*)

değinmek *vi* (*Thema*) anschneiden, erwähnen (**-e** etw)

değirmen *s* Mühle *f*; ~ **çarkı** Mühlrad *nt*

değiş *s* Tausch *m*; ~ **etmek** (*ein-, aus-, um-*) tauschen (**-i ile** etw gegen etw); ~ **tokuş** Tausch *m*; ~ **tokuş etmek** tauschen

değişik <-ği> *adj* ① verschieden, unterschiedlich ② neu

değişiklik <-ği> *s* ① Änderung *f* ② Verschiedenheit *f* ③ Abwechslung *f*; ~ **olarak** zur Abwechslung

değişim *s* ① Wandel *m* ② Wandlung *f* ③ Variation *f*

değişken *adj* ① (*auch Wetter*) unbeständig ② MATH veränderlich

değişkenlik <-ği> *s* Unbeständigkeit *f*

değişme *s Verbalsubstantiv zu* **değişmek**

değişmek I. *vi* ① sich (ver)ändern ② BIOL mutieren II. *vt* ① (*aus-, ein-*) tauschen (**-i ile** etw gegen etw) ② (*Wäsche*) wechseln (**-i** etw)

değiştirilebilir *adj* austauschbar

değiştirmek *vt* ① *Kausativ zu* **değişmek** ② (*ver-, ab-*) ändern (**-i** jdn/etw) ③ auswechseln (**-i ile** etw mit etw) ④ (*ein-, um-, ver-*) tauschen (**-i ile** etw gegen etw) ⑤ (*Wäsche*) wechseln (**-i** etw) ⑥ (*Geld*) umwechseln (**-i** etw) ⑦ (*Flugticket*) umbuchen (**-i** etw)

değmek <-er> *vi* ① berühren (**-e** etw/jdn) ② (*wert sein*) lohnen (**-e** etw) ③ kommen (**-e** nach/zu etw)

değnek <-ği> *s* ① Rute *f* ② Stange *f*, Stock *m* ③ Prügel *m*

deha *s* ① Genialität *f* ② Genie *nt*

dehşet <-ti> *s* ① (*Schrecken*) Entsetzen *nt* ② Terror *m*; **dehşete kapılmak** sich entsetzen

dehşetli *adj* ① entsetzlich, grauenhaft, grauenvoll ② sehr viel(e)

dejenere olmak *vi* degenerieren

dek *präp* bis zu (**-e** + *dat*)

dekan *s* (*an Universität*) Dekan *m*

dekatlon *s* Zehnkampf *m*

deklanşör *s* (*bei Kamera*) Auslöser *m*

dekolte I. *s* Dekolleté *nt* II. *adj* (*Kleid*) ausgeschnitten; (*Dame*) dekolletiert

dekor *s* Dekor *m*

dekorasyon *s* Dekoration *f*

dekoratif *adj* dekorativ

dekoratör *s* Dekorateur(in) *m(f)*

dekore etmek *vt* dekorieren (**-i** etw)

delegasyon *s* Abordnung *f*, Delegation *f*

delege *s* Delegierte(r) *f(m)*

deli I. *s* Verrückter(r) *f(m)* II. *adj* verrückt, wahnsinnig; ~ **dana hastalığı** Rinderwahnsinn *m*

delibaş *s* Rinderwahnsinn *m*

delice *adv* ① wie wahnsinnig ② (*fig*) rasend, wild

delik <-ği> I. *s* ① Loch *nt* ② (*fam*) Kittchen *nt* II. *adj* löch(e)rig

delikanlı *s* junger Mann *m*

delikanlılık *s* ① (*Jünglingsalter*) Jugend *f* ② Verhalten *nt* eines jungen Mannes

deliksiz I. *adj* ① (*Schlaf*) fest ② ohne Löcher II. *adv* ununterbrochen

delil *s* ① Beweis *m* ② Beweismittel *nt* ③ Anzeichen *nt*; ~ **yetersizliği** JUR Beweismangel *m*

delilik <-ği> *s* ① Verrücktheit *f* ② Wahnsinn *m*

delinmek *vi* ① *Passiv zu* **delmek** ② Löcher bekommen

delirmek *vi* (*fam*) verrückt werden

delişmen *adj* extravagant, überspannt

delmek <-er> *vt* ① (durch)löchern, durchbohren (**-i** etw) ② (*Blockade*) durchbrechen (**-i** etw)

demagog *s* Demagoge, Demagogin *m, f*

demagojik <-ği> *adj* demagogisch

demeç <-ci> *s* POL Erklärung *f*

demek <der, diyor> *vt* ① sagen (**-i** etw) ② nennen (**-i** etw) ③ (*bedeuten*) heißen (**-i** etw); **demek istediğim şu ...** ich wollte Folgendes sagen: ...; **demek öyle!** soso!; **... ne demek?** was bedeutet ...?

demek (ki) *adv* ① dementsprechend, demnach ② das heißt

demet <-ti> *s* ① Bündel *nt* ② Garbe *f* ③ (Blumen)strauß *m*

demin *adv* eben, soeben

demin(cek) *adv* (*eben noch*) vorhin

demir I. *s* ① Eisen *nt* ② Anker *m* II. *adj* eisern; ~ **atmak** vor Anker gehen, ankern; ~ **cevheri** Eisenerz *nt*; ~ **leblebi** ein harter Brocken; ~ **sanayii** Eisenindustrie *f*

demirbaş (eşya) *s* Inventar *nt*

demirci *s* Schmied *m*; ~ **(dükkanı)** Eisenwarenhandlung *f*

demirden *adj* eisern

demirhane *s* ① Eisenhütte *f* ② Schmiede *f*

demirlemek *vt* ① (*Tür*) verriegeln (**-i** etw) ② ankern

demiryolu <-nu> *s* ❶ Eisenbahn *f* ❷ Eisenbahnlinie *f,* Gleis *nt;* ~ **bekçisi** Bahnwärter *m;* ~ **geçidi** Bahnübergang *m;* ~ **memuru** Eisenbahner *m*
demlemek *vt* (*Tee*) ziehen lassen (**-i** etw)
demlenmek *vi* ❶ *Passiv zu* **demlemek** ❷ (*Tee*) ziehen ❸ (*fam*) einen heben
demli *adj* (*Tee*) stark
demo *s* INFORM Demo *nt,* Demonstrationsprogramm *nt*
demokrasi *s* Demokratie *f*
demokrat <-tı> **I.** *s* Demokrat(in) *m(f)* **II.** *adj* demokratisch
demokratik *adj* demokratisch
demokratikleşme *s* Demokratisierung *f,* Demokratisierungsprozess *m*
demokratikleştirmek *vt* demokratisieren (**-i** etw)
demonte *adj* abmontiert, demontiert, zerlegt; ~ **etmek** abmontieren, demontieren, zerlegen
denek <-ği> *s* Versuchsperson *f*
deneme *s* ❶ *Verbalsubstantiv zu* **denemek** ❷ (*Versuch*) Probe *f;* ~ **tahtası** Versuchsobjekt *nt*
denemedik *adj* ~ **yol** [*o* **yöntem**] **bırakmamak** nichts unversucht lassen (**-mek için** etw zu tun)
denemek *vt* versuchen, probieren (**-i** etw)
denenmiş *adj* erprobt, bewährt
denet(im) *s* Kontrolle *f*
denetçi *s* Kontrolleur(in) *m(f)*
denetlemek *vt* kontrollieren, prüfen (**-i** etw)
denetmen *s* Inspektor(in) *m(f)*
deney *s* Experiment *nt;* (*wissenschaftlicher*) Versuch *m;* ~ **hayvanı** Versuchstier *nt;* ~ **yapmak** experimentieren
deneyim *s* ❶ Experimentieren *nt* ❷ Erfahrung *f*
denge *s* ❶ Gleichgewicht *nt* ❷ Ausgeglichenheit *f;* ~ **bozukluğu** Gleichgewichtsstörung *f;* ~ **kalası** Schwebebalken *m*
dengelemek *vt* ❶ ins Gleichgewicht bringen (**-i** etw) ❷ ausgleichen (**-i** etw)
dengeli *adj* ausgeglichen
dengesiz *adj* ❶ unausgeglichen, sprunghaft ❷ labil
dengesizlik <-ği> *s* Missverhältnis *nt*
deniz *s* ❶ Meer *nt,* See *f* ❷ Seegang *m;* ~ **anası** Qualle *f;* ~ **aslanı** Seelöwe *m;* ~ **banyosu** Seebad *nt;* ~ **buzulu** Packeis *nt;* ~ **gülü** Wasserrose *f;* ~ **kazası** Schiffbruch *m;* ~ **kenarı** Küste *f;* ~ **kestanesi** Seeigel *m;* ~ **kulübü** Jachtklub *m;* ~ **kuvvetleri** Kriegsmarine *f;* ~ **tutması** Seekrankheit *f;* ~ **limanı** Seehafen *m;* ~ **mili** Seemeile *f;* ~ **seviyesi** Meeresspiegel *m;* ~ **tutmuş** seekrank; **beni** ~ **tuttu** ich bin seekrank; ~ **uçağı** Wasserflugzeug *nt;* ~ **yarışı** Regatta *f;* ~ **yolculuğu** Kreuzfahrt *f;* ~ **yoluyla** auf dem Seeweg; **denize girmek** (*im Meer*) baden; **denizin dibi** Meeresboden *m*
denizaltı <-nı> **I.** *s* U-Boot *nt* **II.** *adj* unterseeisch
denizaşırı *adj* transatlantisch, überseeisch; ~ **ülkeler** Übersee *f*
denizatı <-nı> *s* Seepferdchen *nt*
denizci *s* Seemann *m*
denizcilik <-ği> *s* Schifffahrt *f,* Seefahrt *f*
denizyıldızı <-nı> *s* Seestern *m*
denk <-gi> **I.** *s* ❶ (*Bündel*) Ballen *nt* ❷ Gegengewicht *nt* ❸ Gleichgewicht *nt* ❹ (*Gegenstück*) Entsprechung *f* **II.** *adj* ❶ entsprechend ❷ gleichwertig; ~ **gelmek** entsprechen (**-e** einer Sache)
denklem *s* MATH Gleichung *f*
denkleştirmek *vt* ❶ ins Gleichgewicht bringen (**-i** etw) ❷ (*Budget*) ausgleichen (**-i** etw)
denksiz *adj* unausgeglichen
denksizlik <-ği> *s* Missverhältnis *nt*
denli **I.** *adj* (*Person*) taktvoll, diskret

D

D

II. *adv* dermaßen
densiz *adj* indiskret, taktlos
densizlik <-ği> *s* Indiskretion *f,* Taktlosigkeit *f*
deodoran *s* Deodorant *nt*
depar *s* ❶ (*Ski*) Abfahrtslauf *m* ❷ Start *m*
deplasman maçı <-nı> *s* SPORT Auswärtsspiel *nt*
depo *s* ❶ Depot *nt,* Lager *nt* ❷ Ablage *f* ❸ Lagerraum *m,* Speicher *m* ❹ Tank *m;* ~ **etmek** (*Ware*) lagern (-**i** etw); **depoya koymak** deponieren, bunkern (-**i** etw)
depolamak *vt* lagern, deponieren (-**i** etw)
depozito *s* ❶ Kaution *f* ❷ Flaschenpfand *nt*
deprem *s* Erdbeben *nt;* ~ **bölgesi** Erdbebengebiet *nt;* **depreme dayanıklı** erdbebensicher; ~ **merkezi** Erdbebenherd *m;* ~ **olasılığı** Erdbebenwahrscheinlichkeit *f*
depremzede *s* Erdbebenopfer *nt*
depresif *adj* depressiv
depresyon *s* MED Depression *f*
derbeder I. *s* Herumtreiber(in) *m(f)* **II.** *adj* ❶ unordentlich ❷ schlampig, nachlässig
derbederlik <-ği> *s* (*fam*) Schlamperei *f*
dere *s* Bach *m*
derebeyi <-ni> *s* HIST Feudalherr *m*
derebeylik <-ği> *s* HIST Feudalismus *m*
derece *s* ❶ Grad *m,* Stufe *f* ❷ Ausmaß *nt,* Umfang *m* ❸ Thermometer *nt;* ~ ~ stufenweise; **birinci dereceden akraba** Verwandte(r) *f(m)* ersten Grades
derecelendirmek *vt* ❶ abstufen (-**i** etw) ❷ einstufen (-**i** etw) ❸ (*bei Preisverteilung*) bewerten (-**i** etw)
deregülasyon *s* COMM Deregulierung *f*
dereotu <-nu> *s* Dill *m*
dergi *s* Zeitschrift *f,* Magazin *nt*
derhal I. *adv* gleich, sofort **II.** *adj* sofortig; ~**!** gleich!
deri I. *s* ❶ Haut *f* ❷ Fell *nt* ❸ Leder *nt;* **bir ~ bir kemik olmak** nur noch Haut und Knochen sein; ~ **kanseri** Hautkrebs *m* **II.** *adj* aus Leder, Leder-; ~ **ceket** Lederjacke *f;* ~ **eşya** Lederwaren *pl;* ~ **eşya mağazası** Lederwarengeschäft *nt;* ~ **manto** [*o* **palto**] Ledermantel *m*
derin *adj* ❶ (*a. fig*) tief ❷ (*Schlaf*) fest ❸ (*Untersuchung*) eingehend, genau; ~ **dondurucu** Tiefkühltruhe *f;* ~ **saygılarla** hochachtungsvoll
derinleşmek *vi* (*tiefer werden*) sich vertiefen
derinleştirmek *vt* ❶ *Kausativ zu* **derinleşmek** ❷ vertiefen (-**i** etw)
derinlik <-ği> *s* ❶ Tiefe *f* ❷ Vertiefung *f*
derleme *s* ❶ *Verbalsubstantiv zu* **derlemek** ❷ Zusammenstellung *f*
derlemek *vt* ❶ sammeln (-**i** etw) ❷ (*aus Einzelteilen*) zusammenstellen (-**i** etw); **derleyip toplamak** aufräumen, in Ordnung bringen
derleyici *s* INFORM Compiler *m*
derli toplu *adj* (*fam*) ordentlich
derman *s* ❶ Mittel *nt* ❷ Kraft *f*
dermansız *adj* ❶ erschöpft, matt ❷ (*Krankheit*) unheilbar
dermansızlık <-ğı> *s* ❶ Erschöpfung *f* ❷ Unheilbarkeit *f*
dernek <-ği> *s* Gesellschaft *f,* Organisation *f,* Verein *m*
ders *s* ❶ Unterricht *m* ❷ Unterrichtsstunde *f* ❸ Lehre *f,* Lektion *f,* Denkzettel *m* ❹ (*im Lehrbuch*) Lektion *f* ❺ Lehrfach *nt* ❻ (*an Universität*) Vorlesung *f* ❼ Schulaufgaben *pl;* ~ **kitabı** Lehrbuch *nt,* Schulbuch *nt;* ~ **odası** (*an Universität*) Hörsaal *m;* ~ **planı** Stundenplan *m;* ~ **programı** Lehrplan *m;* **birine ~ vermek** jdn unterrichten; (*fig*) jdm eine Lektion erteilen
dert <-di> *s* Sorge *f,* Kummer *m;* ~ **çekmek** (seelisch) leiden
dertleşmek *vi* sich einander sein Leid

klagen, sich aussprechen (**ile** bei jdm)

dertli *adj* ❶ (*Person*) traurig ❷ kränklich

dertsiz *adj* unbekümmert, sorglos

derviş *s* Derwisch *m*

derya *s* ❶ (*Welt-*) Meer *nt* ❷ erfahrener Mensch *m*

desantralizasyon *s* Dezentralisierung *f*

desantralize etmek *vt* dezentralisieren (**-i** etw)

desen *s* (*auf Stoffen*) Muster *nt*

desenli *adj* gemustert

despot <-tu> **I.** *s* Despot(in) *m(f)*, Tyrann(in) *m(f)* **II.** *adj* despotisch, tyrannisch

despotluk <-ğu> *s* Tyrannei *f*

destan *s* Heldenepos *nt*

deste *s* (*Bündel*) Bund *nt*

destek <-ği> *s* ❶ (*a. fig*) Stütze *f* ❷ (*Balken*) Träger *m* ❸ Pfeiler *m* ❹ Unterstützung *f*; ~ **olmak** unter die Arme greifen (**-e** jdm)

desteklemek *vt* ❶ (*mit Stütze*) (ab)stützen (**-i** etw) ❷ unterstützen (**-i** jdn) ❸ bestärken (**-i** jdn) ❹ INFORM (*Format*) unterstützen (**-i** etw)

desteksiz *adj* ❶ ohne Stütze ❷ schutzlos

destelemek *vt* bündeln (**-i** etw)

deşelemek *vt* aufwühlen (**-i** etw)

deşifre *adj* dechiffriert; ~ **etmek** dechiffrieren

deşmek <-er> *vt* ❶ (*aufschlitzen*) aufstechen (**-i** etw) ❷ (*Frage*) aufwerfen (**-i** etw)

detant <-tı> *s* POL Entspannung *f*

detay *s* Detail *nt*, Einzelheit *f*

detaylı *adj* (*ausführlich*) detailliert; ~ **arama** INET detaillierte Suche *f*

deterjan *s* Reinigungsmittel *nt*

dev **I.** *s* ❶ Riese *m* ❷ Ungetüm *nt* **II.** *adj* gigantisch, riesig; ~ **gibi** riesig, gigantisch; **dünya devi** (*fam: Konzern*) Multi *m*; **medya devi** (*fam*) Medienzar *m*

deva *s* Heilmittel *nt*

devalorize *adj* (*Geld*) abgewertet; ~ **etmek** abwerten

devalüasyon *s* Abwertung *f*, Geldentwertung *f*

devam **I.** *s* ❶ Dauer *f*, Bestand *m* ❷ Fortsetzung *f*, Folge *f* ❸ Kontinuität *f* ❹ regelmäßiger Besuch (des Unterrichts) **II.** *interj* weiter; ~ **etmek** (fort)bestehen, andauern; (*weitermachen*) fortfahren (**-e**/**-de** mit etw); (*Schule*) besuchen (**-e** etw)

devamlı *adj* ❶ dauernd, stetig ❷ (*immerwährend*) ewig ❸ (*Schüler, Gast*) regelmäßig ❹ (*ununterbrochen*) fortwährend; ~ **müşteri** Stammgast *m*, Stammkunde *m*

devamsız *adj* (*unregelmäßig*) unbeständig

devasa *adj* gigantisch

deve *s* Kamel *nt*

devedikeni <-ni> *s* Distel *f*

devekuşu <-nu> *s* (*Vogel*) Strauß *m*

devingen *adj* dynamisch

devingenlik <-ği> *s* Dynamik *f*

devinim *s* Bewegung *f*

devir <-vri> *s* ❶ Zeitalter *f*, Epoche *f*, Ära *f* ❷ TECH Umdrehung *f* ❸ Zeit *f*, Periode *f* ❹ Stadium *nt*, Phase *f* ❺ Zyklus *m* ❻ JUR Übertragung *f*

devirli *adj* periodisch, zyklisch

devirmek *vt* ❶ (um)kippen, umstoßen, umwerfen (**-i** etw) ❷ (*Gegner*) stürzen (**-i** jdn) ❸ (*Glas*) leeren (**-i** etw)

devlet <-ti> *s* ❶ Staat *m* ❷ Reich *nt* ❸ Glück *nt*; ~ **adamı** Staatsmann *m*; ~ **baba** Vater *m* Staat; ~ **başkanı** Staatsoberhaupt *nt*; ~ **borcu** Staatsverschuldung *f*; ~ **bütçesi** Staatshaushalt *m*; ~ **iktidarı** Staatsmacht *f*; ~ **kuşu** Paradiesvogel *m*; (*fig*) großes (unerwartetes) Glück; ~ **lise imtihanı** Abitur *nt*; ~ **memuru** Beamter *m*, Beamtin *f*; ~ **televizyonu** Staatsfernsehen *nt*

devletçik <-ği> *s* Kleinstaat *m*

devletlerarası hukuku *s* Völkerrecht *nt*

D

devletleştirme *s* ❶ *Verbalsubstantiv zu* **devletleştirmek** ❷ Verstaatlichung *f*
devletleştirmek *vt* verstaatlichen (-**i** etw)
devre *s* ❶ (*Zeitabschnitt*) Zeit *f,* Periode *f* ❷ Stadium *nt,* Phase *f* ❸ Zyklus *m* ❹ TECH Umdrehung *f* ❺ SPORT Halbzeit *f* ❻ (*Boxen*) Runde *f;* **birinci/ikinci ~** erste/zweite Halbzeit; **~ anahtarı** Schalter *m;* **~ dışı kalmak** (*Elektrogerät*) außer Betrieb sein
devredilebilir *adj* JUR übertragbar
devredilmez *adj* nicht übertragbar
devretme *s* ❶ *Verbalsubstantiv zu* **devretmek** ❷ Übertrag *m* ❸ JUR Übertragung *f*
devretmek <-der> *vt* ❶ (*Aufgabe, Amt*) übergeben (**-e -i** jdm etw) ❷ JUR übertragen (**-e -i** jdm etw) ❸ TECH rotieren
devri <-ni> *s Possessivform zu* **devir** das Zeitalter von …
devrik <-ği> *adj* ❶ umgestoßen, umgeworfen ❷ (*Regierung*) gestürzt; **~ cümle** Satz mit unregelmäßiger Wortstellung; **~ yaka** Revers *nt*
devrilmek *vi* ❶ *Passiv zu* **devirmek** ❷ umkippen ❸ (*auch politisch*) stürzen
devrim *s* ❶ Revolution *f* ❷ Reform *f* ❸ POL Umsturz *m*
devrimci *s* Revolutionär(in) *m(f)*
devriye *s* Patrouille *f,* Streife *f;* **~ gezmek** patrouillieren
devşirmek *vt* ❶ (*Obst*) einsammeln (**-i** etw) ❷ (*falten*) zusammenlegen (**-i** etw)
deyim *s* ❶ Bezeichnung *f* ❷ Redensart *f,* Redewendung *f*
deyiş *s* (*Wort*) Ausdruck *m*
dezavantaj *s* Nachteil *m*
dezavantajlı *adj* nachteilig
dezenfekte **I.** *s* Desinfektion *f* **II.** *adj* desinfiziert; **~ etmek** desinfizieren (**-i** etw); **~ ilacı** Desinfektionsmittel *nt*
DGM *s Abk von* **Devlet Güvenlik Mahkemesi** Staatssicherheitsgericht *nt*
dırdır *s* ❶ (*fam*) Schwätzen *nt* ❷ (*fam*) Meckern *nt,* Nörgeln *nt;* **~ etmek** (*fam*) meckern
dırdırcı *s* ❶ (*fam*) Schwätzer(in) *m(f)* ❷ (*fam*) Nörgler(in) *m(f)*
dış **I.** *s* äußerer Teil, das Äußere **II.** *adj* äußere(r, s), äußerlich; **~ borçlanma** Auslandsverschuldung *f;* **~ görev** Außendienst *m;* **~ görünüş** Äußere(s) *nt;* **~ işleri bakanı** Außenminister(in) *m(f);* **~ ilişkiler bölümü** Auslandsabteilung *f;* **~ kaynak kullanımı** FIN, COMM Outsourcing *nt;* **~ modem** INET externes Modem *nt;* **~ politika** Außenpolitik *f;* **~ ticaret** Außenhandel *m;* **~ ülkeye uçuş** Auslandsflug *m;* **~ yüz** Außenseite *f*
dışa dönük <-ğü> *adj* extrovertiert
dışalım *s* Import *m,* Einfuhr *f*
dışalımcı *s* Importeur(in) *m(f)*
dışarı **I.** *s* ❶ Außenseite *f* ❷ Ausland *nt* **II.** *interj* raus! **III.** *adv* draußen, hinaus; **~ atmak** (*aus einer Gemeinschaft*) ausstoßen, hinauswerfen (**-i** jdn); **~ çıkmak** hinausgehen; (*auf Toilette*) austreten; (*Dampf*) entweichen, herauskommen; **~ sarkmak** sich hinauslehnen
dışarıda *adv* ❶ draußen ❷ im Ausland
dışarıdan *adv* ❶ von draußen ❷ aus dem Ausland
dışarıya *adv* ❶ nach außen ❷ heraus, hinaus ❸ ins Ausland
dışavurumculuk <-ğu> *s* Expressionismus *m*
dışı <-nı> *adj* außer-, un-; **dünya ~** außerirdisch; **normal ~** unnormal, abnormal
dışında *präp* ❶ außerhalb (**-in** +*gen*) ❷ abgesehen von (**-in** +*dat*), bis auf (**-in** +*akk*)
dışişleri <-ni> *npl* auswärtige Angelegenheiten *pl*
Dışişleri Bakanlığı <-nı> *s* Außenministerium *nt*

dışkenar *s* Peripherie *f*
dışkı *s* Kot *m*
dışlama *s* ① *Verbalsubstantiv zu* **dışlamak** ② POL (*das Ausgrenzen*) Ausgrenzung *f*
dışlamak *vt* ausschließen (**-i -den** jdn/etw aus etw)
dışlanma *s* POL Ausgrenzung *f*
dışsatım *s* Export *m*, Ausfuhr *f*
diaspora *s* POL Diaspora *f*
dibi <-ni> *s Possessivform zu* **dip** der Boden von ...
dibinde I. *präp* ganz unten an ..., hinten in ... (**-in** +*dat*) **II.** *adv* unten
dibinden *präp* vom unteren [*o* hinteren] Ende von ..., aus der Tiefe von ... (**-in** +*dat*)
dibine *präp* nach unten an ..., ans untere Ende von ... (**-in** +*dat*)
Dicle *s* Tigris *m*
didik didik etmek *vt* ① zerfetzen (**-i** etw) ② zerstückeln (**-i** etw) ③ genau durchsuchen (**-i** etw)
didiklemek *vt* zerstückeln, zerfetzen (**-i** etw)
didinmek *vi* sich abmühen
difteri *s* Diphtherie *f*
diğer *adj* ① andere(r, s) ② weitere(r, s); **~ ikisi** die beiden anderen; **~ taraftan** andererseits; **diğerleri** die Übrigen
dijital *adj* digital; **~ çağ** Digitalzeitalter *nt;* **~ gösterge** Digitalanzeige *f;* **~ kamera** Digitalkamera *f*
dijitalize *adj* digitalisiert
dijitalleşme *s* Digitalisierung *f*
dijitalleşmiş *adj* digitalisiert
dik <-ki> *adj* ① (*gerade*) aufrecht ② steil; (*Abhang*) schroff ③ (*Winkel*) rechte(r); **~ alası** (*fig*) Gipfel *m;* **~ başlı** [*o* **kafalı**] unnachgiebig; (*dickköpfig*) eigensinnig; **~ başlılık** [*o* **kafalılık**] (*Eigensinn*) Trotz *m;* **~ ~ bakmak** glotzen, starren; **~ dörtgen** Rechteck *nt;* **~ durmak** gerade stehen
diken *s* ① Dorn *m* ② Stachel *m;* **~ ~ olmak** (*Haare*) sich sträuben, zu Berge stehen
dikenli *adj* dornig; **~ tel** Stacheldraht *m*
dikey *adj* senkrecht
dikili *adj* ① angepflanzt ② genäht ③ aufgestellt
dikilitaş *s* Obelisk *m*
dikilmek *vi* ① *Passiv zu* **dikmek** ② sich aufstellen
dikiş *s* ① *Verbalsubstantiv zu* **dikmek** ② Nähen *nt* ③ Naht *f;* **~ dikmek** nähen; **~ iğnesi** Nähnadel *f;* **~ kutusu** Nähkasten *m;* **~ makinesi** Nähmaschine *f;* **~ takımı** Nähzeug *nt;* **~ tiresi** Nähgarn *nt*
dikişçi (**kadın**) *s* Näherin *f*
dikişsiz *adj* nahtlos
dikiz *s* (*fam*) Zugucken *nt;* **~ aynası** Rückspiegel *m;* **~ etmek** [*o* **bakmak**] zugucken
dikizci *s* (*pej fam*) Spanner *m*, Voyeur *m*
dikkat <-ti> *s* ① Aufmerksamkeit *f* ② Sorgfalt *f*, Genauigkeit *f* ③ Vorsicht *f;* **~ etmek** vorsichtig sein, aufpassen; **~ !** Achtung!; **~ et!** pass (mal) auf!; **dikkate almak** beachten; (*Plan*) ins Auge fassen (**-i** etw); **dikkate almamak** unberücksichtigt lassen (**-i** etw); **dikkate değer** beachtenswert; (*beträchtlich*) bedeutend; **dikkati kendi üstüne çekmek** sich bemerkbar machen; **birinin dikkatini dağıtmak** jdn ablenken; **dikkatini toplamak** sich konzentrieren
dikkatle *adv* ① bedächtig ② aufmerksam ③ behutsam
dikkatli *adj* ① aufmerksam ② bedächtig, vorsichtig ③ behutsam
dikkatsiz *adj* ① fahrlässig ② unachtsam ③ unvorsichtig ④ unaufmerksam
dikkatsizce *adv* leichtsinnig
dikkatsizlik <-ği> *s* ① Fahrlässigkeit *f* ② Unaufmerksamkeit *f*
dikmek <-er> *vt* ① hinstellen, aufrichten (**-i** etw) ② (*an-, zusammen-*) nähen (**-i** etw) ③ (*fam: Glas*) leeren (**-i**

etw) ④ (*an-, ein-, be-*) pflanzen (**-i -e** etw in etw) ⑤ (*Blick*) richten (**-e** auf jdn/etw)

diktafon *s* Diktiergerät *nt,* Diktaphon *nt*

diktatör *s* Diktator *m*

diktatörce *adj* diktatorisch

diktatörlük <-ğü> *s* Diktatur *f*

dikte *s* Diktat *nt;* ~ **etmek** (*a. fig*) diktieren (**-e -i** jdm etw)

dil *s* ① Zunge *f* ② Sprache *f* ③ Ausdrucksweise *f* ④ Landzunge *f* ⑤ Worte *pl;* ~ **çıkarmak** die Zunge herausstrecken; ~ **kursu** Sprachkurs *m;* ~ **okulu** Sprachschule *f;* ~ **rehberi** Sprachführer *m;* ~ **sorunu** Sprachschwierigkeit *f;* **dile getirmek** zur Sprache bringen (**-i** etw); **dile vermek** verraten (**-i** etw/jdn); **dili dolaşmak** lallen; **dili tutuldu** es verschlug ihm/ihr die Sprache; **dilimin ucunda** es liegt mir auf der Zunge

dilbalığı <-nı> *s* Seezunge *f*

dilbilgisi <-ni> *s* Grammatik *f*

dilbilim *s* Sprachwissenschaft *f*

dilek <-ği> *s* Bitte *f,* Wunsch *m*

dilekçe *s* Antrag *m,* Gesuch *nt*

dilek-şart kipi <-ni> *s* Konjunktiv *m*

dilemek *vt* ① wünschen (**-i -den** etw von jdm) ② wollen (**-i** etw)

dilenci *s* Bettler(in) *m(f)*

dilenmek *vi* betteln (**-i** um etw)

dilim *s* (*Brot, Fleisch*) Scheibe *f*

dilsiz *adj* ① stumm ② sprachlos; ~ **kaval** türkische Flöte (*die beim Blasen schräg gehalten wird*)

dimdik *adj* (*kerzengerade*) stramm

din *s* ① Religion *f* ② (*Bekenntnis*) Glaube *m;* ~ **değiştirmek** (zu einem anderen Glauben) übertreten; ~ **özgürlüğü** Religionsfreiheit *f;* ~ **savaşı** Glaubenskrieg *m;* **birinin dinini değiştirmek** jdn bekehren

dinamik <-ği> **I.** *s* Dynamik *f* **II.** *adj* dynamisch

dinamit <-ti> *s* Dynamit *nt*

dinamizm *s* Dynamik *f*

dinamo (**makinesi**) *s* Dynamo *m;* AUTO Lichtmaschine *f*

dinbilimci *s* Religionswissenschaftler(in) *m(f)*

dinç <-ci> *adj* robust, kräftig, gesund

dindar *adj* fromm, religiös

dindarlık <-ğı> *s* Frömmigkeit *f,* Religiosität *f*

dindaş *s* Glaubensgenosse *m,* Glaubensgenossin *f*

dindirmek *vt* ① (*Schmerz*) lindern (**-i** etw) ② (*Blut*) stillen (**-i** etw)

dingil **I.** *s* Achse *f* **II.** *adj* (*fam*) dumm, idiotisch

dini *adj* religiös, geistlich; ~ **alay** Prozession *f;* ~ **ayin** Gottesdienst *m*

dinlemek *vt* ① hören (**-i** jdn/etw) ② (*gehorchen*) hören (**-i** auf jdn)

dinlendirici *adj* erholsam

dinlenme *s* ① *Verbalsubstantiv zu* **dinlenmek** ② (*Erholung*) Entspannung *f;* ~ **günü** Ruhetag *m*

dinlenmek *vr* ① *Passiv zu* **dinlemek** ② sich ausruhen, sich erholen

dinletmek *vt* ① *Kausativ zu* **dinlemek** ② (*Platte*) (ab)spielen (**-i** etw)

dinleyici *s* Hörer(in) *m(f),* Zuhörer(in) *m(f)*

dinleyiciler *s* Publikum *nt*

dinmek <-er> *vi* aufhören, nachlassen

dinozor *s* ① Dinosaurier *m* ② (*fig fam*) altmodischer Mensch *m,* Ewiggestrige(r) *f(m)*

dinozorluk <-ğu> *s* (*fam*) Anachronismus *m,* Antiquiertheit *f,* alter Zopf *fam*

dinsel *adj* religiös, geistlich

dinsiz **I.** *s* Ungläubige(r) *f(m),* Atheist(in) *m(f)* **II.** *adj* atheistisch, ungläubig

dinsizlik <-ği> *s* Atheismus *m,* Gottlosigkeit *f*

dip <-bi> *s* ① (*tiefe Stelle*) Grund *m* ② (*Gefäß-*) Boden *m* ③ Meeresgrund *m* ④ hinterster Teil *m*

dipçik <-ği> *s* (*vom Gewehr*) Kolben *m*

diploma *s* Diplom *nt;* ~ **çalışması** Diplomarbeit *f*

diplomalı *adj* diplomiert, staatlich geprüft

diplomasi *s* Diplomatie *f*

diplomat <-tı> *s* Diplomat(in) *m(f)*

diplomatik <-ği> *adj* diplomatisch

dipnot <-tu> *s* Fußnote *f*, Anmerkung *f*

dipsiz *adj* ① bodenlos ② nicht fundiert

dipsizlik <-ği> *s* ① Bodenlosigkeit *f* ② (*fig*) Abgrund *m*

direk <-ği> *s* ① Balken *m* ② Mast *m* ③ Pfeiler *m* ④ Pfosten *m* ⑤ Fahnenschaft ⑥ Stange *f*

direk *adj* direkt, unmittelbar

direksiyon *s* ① Lenkrad *nt*; AUTO Steuer *nt* ② Führung *f*, Leitung *f*

direkt *adj* direkt, unmittelbar

direktif *s* Anweisung *f*, Instruktion *f*

direktör *s* Direktor(in) *m(f)*

direnç <-ci> *s* ① MED Resistenz *f* ② Widerstand *m*

direnek <-ği> *s* Bollwerk *nt*

direnmek *vi* ① widerstehen (**-e** jdm/einer Sache) ② beharren auf (**-de** auf etw)

diretmek *vi* darauf bestehen (**-mesi için** dass)

diri *adj* ① lebendig ② (*Gemüse*) frisch

dirilmek *vi* ① wieder lebendig werden ② genesen, gesunden

diriltme *s* ① *Verbalsubstantiv zu* **diriltmek** ② Wiederbelebung *f*

diriltmek *vt* ① *Kausativ zu* **dirilmek** ② wieder beleben (**-i** jdn/etw)

dirim *s* Leben *nt*

dirimbilim *s* Biologie *f*

dirimbilimsel *adj* biologisch

dirsek <-ği> *s* ① Ellbogen *m* ② Krümmung *f* ③ (*Rohr*) Knie *nt*; **birine ~ çevirmek** jdm den Rücken kehren

dirseklik <-ği> *s* Armlehne *f*

disiplin *s* Disziplin *f*; **~ cezası** Ordnungsstrafe *f*

disiplinlerarası *adj* interdisziplinär

disiplinli *adj* diszipliniert

disiplinsiz *adj* undiszipliniert

disk <-ki> *s* ① Diskus *m* ② Scheibe *f* ③ ANAT Bandscheibe *f*

diskalifikasyon *s* Disqualifikation *f*

diskalifiye *adj* disqualifiziert; **~ etmek** disqualifizieren

disket <-ti> *s* Diskette *f*; **~ sürücü(sü)** Diskettenlaufwerk *nt*

diskjokey *s* Diskjockey *m*, DJ *m*

disko *s* (*fam*) Disko *f*

diskotek <-ği> *s* Diskothek *f*

dispanser *s* Krankenhaus *nt* für ambulante Behandlung

distribütör *s* AUTO Verteiler *m*

diş *s* ① Zahn *m* ② Zacke *f* ③ (*von Knoblauch*) Zehe *f*; **~ ağrısı** Zahnschmerzen *pl*; **~ çekmek** einen Zahn ziehen; **~ çıkarmak** (*Kind*) Zähne bekommen; **~ çürüklüğü** MED Karies *f*; **~ doktoru** [*o* **hekimi**] Zahnarzt *m*, Zahnärztin *f*; **~ fırçası** Zahnbürste *f*; **birine ~ geçirmek** (*fig*) sich gegenüber jdm behaupten; **~ macunu** Zahnpasta *f*; **~ minesi** Zahnschmelz *m*; **dişini fırçalamak** sich die Zähne putzen; **dişini sıkmak** die Zähne zusammenbeißen; **dişler dizisi** Gebiss *nt*; **diş(ler)im ağrıyor** ich habe Zahnschmerzen; **dişlerini gıcırdatmak** mit den Zähnen knirschen

dişbudak <-ğı> *s* Esche *f*

dişçi *s* Zahnarzt *m*, Zahnärztin *f*

dişeti <-ni> *s* Zahnfleisch *nt*; **~ iltihabı** Zahnfleischentzündung *f*; **~ çekilmesi** Parodontose *f*

dişi **I.** *s* ① (*von Tieren*) Weibchen *nt* ② Höhlung *f* **II.** *adj* (*Tier, Pflanze*) weiblich; **~ kopça** Öse *f*

dişil *adj* ① LING weiblich ② das weibliche Geschlecht betreffend

dişlemek *vt* anbeißen (**-i** etw), beißen (**-i** in etw)

dişli *adj* ① gezahnt ② gezackt ③ (*Gegner*) zäh, hartnäckig

dişli (**çark**) *s* Zahnrad *nt*

divan *s* ① HIST öffentliche Ratssitzung *f* ② Gedichtsammlung (eines Autors) *f*

③ Couch *f*, Liege *f* ④ JUR (*nur in Zusammensetzungen*) Gericht *nt*

diyabet <-ti> *s* Diabetes *m*

diyafram *s* ① Blende *f* ② Zwerchfell *nt*

diyagnoz *s* Diagnose *f*

diyagonal *adj* diagonal

diyakoz *s* Diakon *m*

diyalekt *s* Dialekt *m*, Mundart *f*

diyaliz *s* Dialyse *f*

diyalog *s* Dialog *m*

diyapozitif *s* Dia(positiv) *nt*

diye I. *adv schließt wörtliche Rede ab; wird nicht übersetzt* II. *konj* weil, da; (*um zu*) damit III. *adv* namens; **...** ~ **biri** ein gewisser ..., eine gewisse ...

diz *s* Knie *nt;* ~ **çökmek** niederknien; ~ **kapağı** Kniescheibe *f*

dizanteri *s* MED Ruhr *f*

dizayn *s* Design *nt;* ~ **etmek** (*Produkt*) entwerfen (**-i** etw)

dize *s* Vers *m*

dizel motoru <-nu> *s* Dieselmotor *m*

dizge *s* System *nt*

dizgin *s* (*a. fig*) Zügel *m;* **dizginler elinde olmak** (*fam*) die Hosen anhaben

dizi *s* ① (*Aufstellung*) Reihe *f* ② (Reihen)folge *f* ③ MATH Progression *f* ④ Tonleiter *m* ⑤ (*TV*) Serie *f*

dizici *s* Schriftsetzer(in) *m(f)*

dizilmek *vr* ① *Passiv zu* **dizmek** ② sich in einer Reihe aufstellen

dizin *s* ① Liste *f* ② INFORM (*von Dateien*) Verzeichnis *nt*

dizmek <-er> *vt* ① (*in einer Reihe*) aufstellen (**-i -e** etw auf etw) ② (*Perlen*) auffädeln (**-i** etw) ③ (*Text*) setzen (**-i** etw)

dizüstü <-nü> *s* Laptop *m*

DNA *s* DNS *f*, DNA *f;* ~ **testi** DNA-Test *m*, DNS-Test *m*

dobra dobra *adv* (*fam*) unverblümt

Doç. *s Abk von* **doçent**

doçent <-ti> *s* Dozent(in) *m(f)*

dogma *s* Dogma *nt*

dogmatik <-ği> *adj* dogmatisch

doğa *s* Natur *f;* ~ **kanunu** Naturgesetz *nt*

doğacılık <-ğı> *s* Naturalismus *m*

doğaçlama I. *adj* (*Musik, Kunst*) improvisiert II. *s* Improvisation *f*

doğal *adj* natürlich; **doğala özdeş** naturidentisch; ~ **ürün** Bioprodukt *nt;* ~ **ürünler dükkanı** Bioladen *m*

doğallık <-ğı> *s* Natürlichkeit *f*

doğan *s* ① Falke *m* ② Weihe *f*

doğaüstü *adj* ① übernatürlich ② übersinnlich

doğmak <-ar> *vi* ① geboren werden ② (*Sonne*) aufgehen ③ entstehen ④ (*folgen*) sich ergeben (**-den** aus etw)

doğrama *s* ① *Verbalsubstantiv zu* **doğramak** ② (*in einem Haus*) Zimmerwerk *nt*

doğramacı *s* (Bau)schreiner *m*, Zimmermann *m*

doğramak *vt* (zer)schneiden (**-i** etw)

doğru I. *adv* direkt, gerade, geradeaus II. *adj* ① richtig, wahr ② (*aufrichtig*) ehrlich ③ passend, zutreffend III. *präp* (*örtlich*) in Richtung auf, gegen (**-e** +*akk*); (*zeitlich*) gegen (**-e** +*akk*) IV. *s* ① wirklicher Sachverhalt *m* ② MATH Gerade *f;* ~ **çizgi** Gerade *f;* ~ **gitmek** (*Uhr*) richtig gehen

doğruca *adv* geradewegs

doğrudan doğruya *adv* direkt, geradezu; (*rundweg*) glatt

doğrulama *s* ① *Verbalsubstantiv zu* **doğrulamak** ② (*einer Aussage*) Bestätigung *f*

doğrulamak *vt* (*Aussage*) bestätigen (**-i** etw)

doğrulmak *vi* ① sich aufrichten ② (wieder) gerade werden ③ sich begeben (**-e** nach/zu etw)

doğrultmak *vt* ① *Kausativ zu* **doğrulmak** ② aufrichten (**-i** etw) ③ (*Fehler*) korrigieren (**-i** etw)

doğruluk <-ğu> *s* ① gerade Richtung *f* ② Richtigkeit *f;* (*einer Aussage*) Wahrheit *f* ③ Ehrlichkeit *f* ④ Genauigkeit *f* ⑤ Angebrachtsein *nt*

doğrusu *adv* genau genommen, eigentlich

doğu *adj* östlich, Ost-

Doğu *s* ① Osten *m* ② Morgenland *nt,* Orient *m;* ~ **Almanya** Ostdeutschland *nt;* ~ **Anadolu** Ostanatolien *nt;* ~ **Avrupa** Osteuropa *nt*

doğum *s* ① Geburt *f* ② MED Entbindung *f* ③ Geburtsjahr *nt;* ~ **günü** Geburtstag *m;* ~ **günü partisi** Geburtstagsparty *f;* ~ **günün(üz) kutlu olsun!** alles Gute zum Geburtstag!; ~ **ilanı** Geburtsanzeige *f;* ~ **kontrolü** Geburtenregelung *f;* ~ **sancıları** Wehen *pl;* ~ **tarihi** Geburtsdatum *nt;* ~ **yeri** Geburtsort *m;* ~ **yılı** Geburtsjahr *nt*

doğumhane *s* Kreißsaal *m*

doğurmak *vt* ① gebären, zur Welt bringen (**-i** jdn) ② (*fig*) zur Folge haben, auslösen (**-i** etw)

doğusal *adj* orientalisch

doğuş *s* ① Geburt *f* ② (*der Sonne*) Aufgang *m*

doğuştan I. *adj* angeboren II. *adv* von Geburt aus

dok <-ku> *s* Dock *nt;* ~ **amelesi** Hafenarbeiter *m*

doksan *num* neunzig

doksanlı *adj* ~ **yıllar** die neunziger Jahre *pl*

doktor *s* ① Arzt *m,* Ärztin *f,* Doktor *m* ② (*als akademischer Grad*) Doktor *m;* ~ **öğrencisi** Doktorand(in) *m(f);* **doktora başvurmak** einen Arzt aufsuchen

doktora *s* Promotion *f;* ~ **yapmak** promovieren

doku *s* MED Gewebe *nt*

dokuma *s* ① *Verbalsubstantiv zu* **dokumak** ② (*Textil*) Gewebe *nt;* ~ **fabrikası** Weberei *f;* ~ **sanayii** Textilindustrie *f;* ~ **tezgahı** Webstuhl *m*

dokumacı *s* Weber(in) *m(f)*

dokumacılık <-ğı> *s* ① (*Webkunst*) Weberei *f* ② Textilindustrie *f*

dokumak *vt* weben (**-i** etw)

dokunaklı *adj* ① ergreifend ② beleidigend

dokunmak *vi* ① *Passiv zu* **dokumak** ② anfassen, berühren (**-e** etw) ③ (*psychisch*) ergreifen, rühren (**-e** jdn) ④ (*Essen, Rauchen*) nicht bekommen (**-e** jdm) ⑤ stören (**-e** jdn) ⑥ schlagen, stoßen (**-e** an etw) ⑦ betreffen (**-e** etw)

dokunmatik ekran *s* Touchscreen *m*

dokunulmazlık <-ğı> *s* ① (politische) Immunität *f* ② Unantastbarkeit *f*

dokunum *s* Tastsinn *m*

dokuz *num* neun; ~ **yüz** neunhundert; ~ **bin** neuntausend; ~ **buçuk** neuneinhalb; ~ **kat** neunfach; ~ **misli** [*o* **katı**] neunfach, neunmal so viel; (*Menge*) das Neunfache; ~ **defa** [*o* **kere**] neunmal; ~ **türlü** neunerlei; ~ **katlı** neunstöckig; **dokuzar** je neun; **dokuzda bir** ein Neuntel *nt*

dokuzuncu *adj* neunte(r, s)

doküman *s* Dokument *nt*

dokümanter *adj* dokumentarisch; ~ **film** Dokumentarfilm *m;* ~ **pembe dizi** Doku-Soap *f*

dolamak *vt* wickeln, binden (**-i -e** etw um etw)

dolambaç <-cı> *s* ① (*Krümmung*) Windung *f* ② (*fig*) Umweg *m*

dolambaçlı *adj* ① (*verwinkelt*) wink(e)lig ② (*fig*) verworren; ~ **yollardan** auf Umwegen

dolambaçsız *s* ohne Umschweife

dolandırıcı I. *s* (*fam*) ① Gauner(in) *m(f),* Ganove *m,* Ganovin *f* ② (*Hochstapler*) Schwindler(in) *m(f)* II. *adj* betrügerisch

dolandırıcılık <-ğı> *s* Betrug *m,* Schwindel *m;* ~ **etmek** betrügen

dolandırmak *vt* betrügen (**-i** jdn)

dolanmak *vt* ① *Passiv zu* **dolamak** ② sich wickeln (**-e** um etw) ③ sich schlängeln ❹ bummeln, schlendern ❺ (*Gerücht*) umgehen

dolap <-bı> *s* ❶ Schrank *m* ❷ (*Uhr-, Radio-*) Gehäuse *nt* ❸ (*fig*) Kniff *m* ❹ (*fig*) List *f*

dolar *s* Dollar *m;* ~ **kuru** Dollarkurs *m*

dolaşık <-ğı> *adj* ❶ kompliziert ❷ gewunden

dolaşım *s* ❶ *Verbalsubstantiv zu* **dolaşmak** ❷ Kreislauf *m*

dolaşmak *vi, vt* ❶ spazieren gehen ❷ (*Stadt, Land*) besichtigen, bereisen (**-i** etw) ❸ (*zirkulieren*) kreisen ❹ (*Gerücht*) umgehen ❺ sich verwickeln

dolaştırmak *vt* ❶ *Kausativ zu* **dolaşmak** ❷ (*Fremde*) herumführen (**-i** jdn) ❸ verwickeln (**-i** etw) ❹ zirkulieren lassen (**-i** etw)

dolayı **I.** *s* Umgebung *f* **II.** *präp* wegen, infolge (**-den** +*gen*)

dolayısıyla **I.** *präp* anlässlich (**...** +*gen*) **II.** *adv* in diesem Zusammenhang

dolaylı *adj* indirekt

dolaysız *adj* direkt, unmittelbar

doldurmak *vt* ❶ *Kausativ zu* **dolmak** ❷ ein-, aus-, erfüllen (**-i** etw) ❸ (*Scheck*) ausschreiben (**-i** etw) ❹ (*Gewehr, Batterie*) laden (**-i** etw) ❺ (*Zahn*) plombieren (**-i** etw) ❻ (*Pfeife*) stopfen (**-i** etw) ❼ vollstopfen (**-i** etw)

dolgu *s* (*Zahn-*) Plombe *f*

dolgun *adj* ❶ (*Mensch*) rundlich ❷ (*Gehalt*) hoch ❸ (*Pflanzenwuchs*) üppig ❹ (*fig*) geladen

dolma **I.** *s* ❶ *Verbalsubstantiv zu* **dolmak** ❷ *Gericht mit einer Füllung* ❸ (*vulg*) Beschiss *m* **II.** *adj* gefüllt; **biber dolması** gefüllte Paprikaschoten *pl*

dolmak <-ar> *vi* ❶ sich füllen (**ile** mit etw) ❷ (*Frist, Vertrag*) ablaufen ❸ hineinströmen (**-e** in etw)

dolmakalem *s* Füller *m,* Füllfederhalter *m*

dolmalık biber *s* Paprikaschote *f*

dolmuş **I.** *adj* voll (besetzt) **II.** *s* (*in der Türkei*) Sammeltaxi *nt*

dolu **I.** *s* Hagel *m;* ~ **fırtınası** Hagelschauer *m;* ~ **yağıyor** es hagelt **II.** *adj* ❶ gefüllt, voll ❷ (*Platz, Fahrzeug*) besetzt ❸ (*Pistole*) geladen

dolunay *s* Vollmond *m*

domain *s* INET Domain *f;* ~ **ismi** Domainname *m*

domates *s* Tomate *f;* ~ **çorbası** Tomatensuppe *f;* ~ **salçası** Tomatenmark *nt;* ~ **sosu** Tomatensauce *f;* ~ **suyu** Tomatensaft *m*

dominant *adj* dominant

domino *s* Domino *nt;* ~ **taşı** Dominostein *m*

domuz **I.** *s* Schwein *nt* **II.** *adj* ❶ widerlich ❷ hartnäckig ❸ grausam; ~ **ahırı** Saustall *m,* Schweinestall *m;* ~ **eti** Schweinefleisch *nt;* ~ **kılı** Schweinsborste *f;* ~ **yavrusu** Ferkel *nt*

don *s* ❶ Frost *m* ❷ (*fam*) Unterhose *f*

donakalmak *vi* wie angewurzelt dastehen

donanım *s* INFORM Hardware *f*

donanma *s* ❶ Flotte *f* ❷ Illumination *f*

donatım *s* Ausstattung *f*

donatmak *vt* ❶ versehen, ausstatten (**-i ile** etw mit etw) ❷ schmücken, illuminieren (**-i ile** etw mit etw)

dondurma *s* ❶ *Verbalsubstantiv zu* **dondurmak** ❷ Speiseeis *nt;* ~ **dolabı** Gefrierfach *nt;* ~ **külahı** Eisbecher *m;* ~ **salonu** Eisdiele *f;* **dondurmalı pasta** Eistorte *f*

dondurmak *vt* ❶ *Kausativ zu* **donmak** ❷ einfrieren (**-i** etw)

donjuan *s* Frauenheld *m*

donmak <-ar> *vi* ❶ einfrieren, gefrieren, zufrieren ❷ erfrieren ❸ (*sehr*) frieren

donma noktası <-nı> *s* Gefrierpunkt *m*

donuk <-ğu> *adj* ❶ gefroren ❷ (*Licht*) fahl ❸ (*glanzlos*) matt

donyağı <-nı> *s* ❶ Talg *m* ❷ (*fig*) kalter, liebloser Mensch

doping *s* Doping *nt;* ~ **yapmak** sich dopen

doruk <-ğu> *s* ① (*Berg-*) Gipfel *m* ② (*Baum-*) Wipfel *m* ③ (*fig*) Höhepunkt *m*

dosdoğru I. *adv* ① sofort, direkt ② geradeaus ③ kerzengerade ④ korrekt II. *adj* ① direkt ② kerzengerade ③ korrekt

dost <-tu> I. *s* ① Freund(in) *m(f)* ② Geliebte(r) *f(m)* ③ (*Liebhaber*) Hausfreund *m* II. *adj* befreundet

dostça *adj* freundschaftlich, kameradschaftlich

dostluk <-ğu> *s* Freundschaft *f,* Kameradschaft *f*

dosya *s* ① Akte *f* ② Dossier *nt* ③ (*Büro-*) Ordner *m* ④ INFORM Datei *f* ⑤ INFORM Ordner *m;* ~ **adı** INFORM Dateiname *m;* ~ **aktarması** INET Datenübertragung *f;* ~ **eki** INFORM Dateierweiterung *f;* ~ **kurtarma** INFORM (*von Dateien*) Wiederherstellung *m;* ~ **transferi** INET Datentransfer *m;* ~ **yönetimi** INFORM Datenverwaltung *f;* **dosyaya geçirmek** zu den Akten legen (**-i** etw)

doygun *adj* ① gesättigt ② genügsam

doygunluk <-ğu> *s* ① Befriedigung *f* ② Genügsamkeit *f*

doymak <-ar> *vi* ① satt werden ② genug haben (**-e** von etw); **doydum** ich bin satt; **karnım doydu** ich bin satt

doymuş *adj* satt

doyum *s* Sättigung *f*

doyurmak *vt* ① *Kausativ zu* **doymak** ② sättigen (**-i** jdn/etw) ③ (*fig*) befriedigen (**-i** jdn)

doyurucu *adj* ① sättigend ② (*fig*) befriedigend

doz *s* Dosis *f;* **dozunu tayin etmek** dosieren (**-in** etw)

dökme *s* ① *Verbalsubstantiv zu* **dökmek** ② TECH Guss *m;* ~ **demir** Gusseisen *nt*

dökmek <-er> *vt* ① aus-, eingießen (**-i -e** etw in etw) ② aus-, verschütten (**-i** etw) ③ ausleeren (**-i** etw) ④ INFORM (*Daten*) ausgeben (**-i** etw) ⑤ (*Haare, Federn, Blätter*) verlieren (**-i** etw) ⑥ (*Minen*) legen (**-i** etw) ⑦ (*fam: bei Prüfung*) durchsausen lassen (**-i** jdn)

dökülmek *vi* ① *Passiv von* **dökmek** ② abfallen ③ (*Haar*) ausfallen ④ (*Fluss*) münden (**-e** in etw) ⑤ (*Verputz*) abbröckeln ⑥ (*Körperglied*) sehr schmerzen ⑦ (*fam: Menschen*) strömen (**-e** in etw)

döküm *s* ① Abfallen *nt* ② TECH Guss *m*

dökümhane *s* Eisenhütte *f*

döküntü *s* ① Unrat *m* ② (*fig*) Rest *m* ③ (*pej*) Abschaum *m*

döl *s* ① Sperma *nt* ② Embryo *m* ③ (*fig*) Nachkommenschaft *f*

dölyatağı <-nı> *s* ANAT Gebärmutter *f*

dölyolu <-nu> *s* ANAT Scheide *f*

döndürmek *vt* ① *Kausativ zu* **dönmek** ② drehen (**-i** etw) ③ umdrehen, umwenden (**-i** etw) ④ zur Umkehr veranlassen (**-i** jdn) ⑤ verwandeln (**-i -e** jdn in etw) ⑥ (*fig: verwalten*) leiten (**-i** etw)

dönek <-ği> *adj* unbeständig, wankelmütig

döneklik <-ği> *s* Wankelmut *m*

dönem *s* ① Phase *f;* (*Zeitabschnitt*) Zeit *f* ② Zyklus *m*

dönemeç <-ci> *s* ① (*einer Straße*) Kurve *f* ② Wende *f,* Wendepunkt *m*

dönemsel *adj* periodisch, zyklisch

dönence *s* Wendekreis *m*

döner *adj* sich drehend, Dreh-; ~ **kapı** Drehtür *f;* ~ **kebap** Döner(kebap) *m;* ~ **koltuk** Drehstuhl *m*

dönme *s* ① *Verbalsubstantiv zu* **dönmek** ② Umdrehung *f* ③ REL Konvertit(in) *m(f);* ~ **dolap** Karussell *nt*

dönmek <-er> *vi* ① sich drehen, rotieren, zirkulieren ② sich umdrehen, sich wenden ③ umkehren ④ wiederkehren ⑤ zurückkommen, zurückkehren (**-den** aus etw/von jdm) ⑥ zurückgehen, zurückfahren (**-e** nach etw/zu jdm) ⑦ werden zu, sich verwandeln (**-e** in etw) ⑧ REL übertreten (**-e** zu etw)

dönük <-ğü> *adj* ausgerichtet (**-e** auf jdn/etw)

dönüm *s* ① *türkisches Flächenmaß: etwa 1.000 qm* ② Wende *f*; ~ **noktası** Wendepunkt *m*

dönüş *s* ① Rückfahrt *f* ② Rückkehr *f* ③ Umkehr *f* ④ Heimkehr *f*; ~ **bileti** Rückfahrkarte *f*

dönüşlü *adj* (*Verb*) reflexiv

dönüşmek *vr* sich verwandeln (**-e** in etw)

dönüştürmek *vt* ① *Kausativ zu* **dönüşmek** ② (*umformen*) umwandeln (**-i -e** etw in etw) ③ INFORM konvertieren (**-i** etw)

döpiyes *s* (Damen)kostüm *nt*

dörder *num* je vier; ~ ~ in Vierergruppen

dördüncü *adj* vierte(r, s); ~ **olarak** als Vierte(r, s)

dördüzler *npl* Vierlinge *pl*

dört <-dü> *num* vier; ~ **köşeli** viereckig; ~ **yüz** vierhundert; ~ **bin** viertausend; ~ **buçuk** viereinhalb; ~ **kat** vierfach; ~ **misli** [*o* **katı**] vierfach, viermal so viel; ~ **defa** [*o* **kere**] viermal; ~ **türlü** viererlei; ~ **katlı** vierstöckig; ~ **köşeli** viereckig; ~ **şeritli** vierspurig

dörtgen *s* Viereck *nt*

dörtkenar *s* Viereck *nt*

dörtlük <-ğü> *s* ① Strophe *f* ② Viertelnote *f*

dörtnal *s* Galopp *m*

dörtnala *adj* galoppierend, rasend schnell; ~ **enflasyon** Hyperinflation *f*; **dörtnala gitmek** [*o* **koşmak**] galoppieren

dörtyol ağzı <-nı> *s* ① (Straßen)kreuzung *f* ② Scheideweg *m*

döşek <-ği> *s* ① Matratze *f* ② (*Ruhe-*) Lager *nt*

döşeme *s* ① *Verbalsubstantiv zu* **döşemek** ② Fußboden *m* ③ (*Möbel*) Einrichtung *f*

döşemek *vt* ① (*mit Teppichboden*) auslegen (**-i** etw) ② (*Wohnung*) einrichten (**-i** etw) ③ (*Leitung*) verlegen (**-i** etw) ④ (*eine Straße*) pflastern (**-i** etw) ⑤ (*Minen, Schienen*) legen (**-i** etw)

döviz *s* Devisen *pl*; ~ **tevdiat hesabı** Devisenkonto *nt*; ~ **ticareti** Devisenhandel *m*

dövme I. *s* ① *Verbalsubstantiv zu* **dövmek** ② Tätowierung *f* II. *adj* geschmiedet; ~ **demir** Schmiedeeisen *nt*; ~ **yapmak** tätowieren; ~ **yaptırmak** sich tätowieren lassen

dövmek <-er> *vt* ① verprügeln, schlagen (**-i** jdn) ② (*Kaffee, Pfeffer*) mahlen (**-i** etw) ③ (*Teppich*) klopfen (**-i** etw) ④ schmieden (**-i** etw) ⑤ zerstampfen, zerstoßen (**-i** etw)

dövmeli *adj* tätowiert

dövülmüş biber *s* gemahlener Pfeffer

dövüş *s* ① Schlägerei *f* ② (*fig*) Kampf *m*; ~ **horozu** Kampfhahn *m*

dövüşken I. *s* Raufbold *m* II. *adj* gut kämpfend

dövüşme *s* ① *Verbalsubstantiv zu* **dövüşmek** ② Prügelei *f*, Schlägerei *f*

dövüşmek *vi* sich schlagen (**ile** mit jdm)

dragon *s* Drache *m*

drahoma *s* Mitgift *f*

draje *s* Dragée *nt*

dram *s* Drama *nt*

dramatik <-ği> *adj* dramatisch

dramatize *adj* dramatisiert; ~ **etmek** dramatisieren; (*fig*) übertreiben (**-i** etw)

dribling yapmak *vi* dribbeln

dua *s* ① Gebet *nt* ② Wunschformel *f*; ~ **etmek** beten; ~ **kitabı** Gebetbuch *nt*

duba *s* ① Boje *f* ② Schlepp-, Lastkahn *m*

dubl *s* (*Tennis*) Doppel *nt*

dublaj *s* (*Film*) Synchronisierung *f*; ~ **yapmak** synchronisieren

dudak <-ğı> *s* Lippe *f*

dul I. *s* Witwe(r) *f(m)* **II.** *adj* ① verwitwet ② geschieden

duman *s* ① Rauch *m,* Qualm *m* ② Dunst *m,* Dampf *m;* **birine ~ attırmak** (*fam*) jdm tüchtig einheizen; **~ bulutu** Rauchwolke *f*

dumanlı *adj* ① dunstig ② rauchig ③ (*Glas*) beschlagen ④ (*fam*) beschwipst

dumur *s* Verkümmerung *f;* **dumura uğramak** verkümmern

durağan *adj* beständig, konstant

durak <-ğı> *s* ① Haltestelle *f,* Station *f* ② (*beim Lesen*) Pause *f*

duraklama *s* ① *Verbalsubstantiv zu* **duraklamak** ② Stillstand *m*

duraklamak *vi* stocken

duraksama *s* ① *Verbalsubstantiv zu* **duraksamak** ② Zögern *nt*

duraksamak *vi* zögern

durdurmak *vt* ① *Kausativ zu* **durmak** ② stoppen, anhalten (**-i** jdn/etw) ③ (*Maschine*) abstellen (**-i** etw) ④ (*Verfahren*) einstellen (**-i** etw) ⑤ (*Verkehr*) blockieren, lahmlegen (**-i** etw) ⑥ (*Blut*) stillen (**-i** etw)

durdurulamaz *adj* unaufhaltsam

durgun *adj* ① (*bewegungslos*) ruhig ② (*Blick*) starr ③ stagnierend ④ windstill; **~ su** stehendes Gewässer

durgunlaşmak *vi* ① (*Person*) still (und nachdenklich) werden ② stagnieren, zum Stillstand kommen

durgunluk <-ğu> *s* ① (*Stille*) Ruhe *f* ② Stagnation *f* ③ Stillstand *m* ④ Windstille *f*

durma *s* ① *Verbalsubstantiv zu* **durmak** ② (*Anhalten*) Halt *m* ③ Stillstand *m;* **~ yasağı** Halteverbot *nt*

durmadan *adv* ständig, unaufhörlich, unentwegt

durmak <-ur> *vi* ① (an)halten, stehen bleiben ② sich legen, aufhören ③ (*Arbeit*) ruhen ④ stagnieren, stocken ⑤ (*Uhr*) stehen bleiben ⑥ verdutzt sein ⑦ (*Sachen*) sich befinden ⑧ (*kurz*) sich aufhalten ⑨ sich gedulden ⑩ (noch) vorhanden sein; **~ yasaktır!** Halten verboten!; **ayakta ~** stehen; **dur!** halt!, stopp!

durmaksızın *adv* ununterbrochen, unaufhörlich

duru *adj* kristallklar

durulamak *vt* spülen, auswaschen (**-i** etw)

durulmak *vi* ① *Passiv zu* **durmak** ② (*Lage*) sich klären

duruluk *s* Klarheit *f*

durum *s* ① (*Zustand*) Lage *f,* Situation *f* ② Position *f* ③ Sachverhalt *m,* Sachlage *f;* **duruma göre** den Umständen entsprechend

duruş *s* ① *Verbalsubstantiv zu* **durmak** ② (*Körperhaltung*) Stellung *f*

duruşma *s* Hauptverhandlung *f;* **~ salonu** Gerichtssaal *m*

duş *s* Dusche *f;* **duş jölesi** Duschgel *nt;* **~ kabini** Duschkabine *f;* **~ yapmak** sich duschen

dut <-du/-tu> *s* Maulbeere *f;* **~ ağacı** Maulbeerbaum *m*

duvak <-ğı> *s* (Braut)schleier *m*

duvar *s* Mauer *f,* Wand *f;* **~ gazetesi** Wandzeitung *f;* **~ halısı** Wandteppich *m;* **~ kâğıdı** Tapete *f;* **~ saati** Wanduhr *f;* **~ sarmaşığı** Efeu *m*

duvarcı *s* Maurer(in) *m(f)*

duyarga *s* (*von Insekt*) Fühler *m*

duyarlı *adj* sensibel

duyarlık <-ğı> *s* ① Sensibilität *f* ② Einfühlungsvermögen *nt,* Verständnis *nt* ③ Fingerspitzengefühl *nt*

duygu *s* ① Empfindung *f,* Gefühl *nt* ② Sinn *m* ③ Eindruck *m* ④ Verständnis *nt*

duygudaş *adj* mitfühlend

duygudaşlık <-ğı> *s* Mitgefühl *nt,* Anteilnahme *f*

duygulandırıcı *adj* ① eindrucksvoll ② packend

duygulandırmak *vt* beeindrucken, ergreifen (**-i** jdn)

duygulu *adj* empfindsam, gefühlvoll, sensibel

duyguluk <-ğu> *s* Empfindsamkeit *f*, Sensibilität *f*

duygusal *adj* sentimental

duygusallık <-ğı> *s* ① Sentimentalität *f* ② Emotionalität *f*

duygusuz *adj* gefühllos, unempfindlich

duygusuzluk <-ğu> *s* Gefühllosigkeit *f*, Unempfindlichkeit *f*

duymak <-ar> *vt* ① hören (**-i** etw/jdn) ② empfinden, fühlen (**-i** etw) ③ erfahren, hören (**-i** etw) ④ merken (**-i** etw) ⑤ riechen (**-i** etw) ⑥ (*mit den Sinnen*) wahrnehmen (**-i** etw); **duymamazlıktan gelmek** sich taub stellen

duyu *s* Sinnesempfindung *f*, Sinn *m*; ~ **organı** Sinnesorgan *nt*

duyulabilen *adj* hörbar

duyulmadık <-ğı> *adj* unglaublich, unerhört

duyulmak *vr* ① *Passiv zu* **duymak** ② sich herumsprechen

duyum *s* Empfindung *f*

duyumsal *adj* (*die Sinne betreffend*) sinnlich

duyurmak *vt* ① *Kausativ zu* **duymak** ② bekannt machen, verlauten lassen (**-i** etw)

duyuru *s* Bekanntmachung *f*, Mitteilung *f*

düdük <-ğü> *s* ① (Triller)pfeife *f* ② Nebelhorn *nt* ③ (Auto)hupe *f* ④ (*fam*) Döskopf *m*; ~ **çalmak** [*o* **öttürmek**] (ab)pfeifen; (*Autofahrer*) hupen; (*Sirenen*) heulen; ~ **makarnası** Makkaroni *pl*; ~ **sesi** Pfiff *m*

düdüklü tencere *s* Schnellkochtopf *m*

düello *s* Duell *nt*, Zweikampf *m*

düet <-ti> *s* Duett *nt*

düğme *s* ① Knopf *m* ② INFORM Button *m*; ~ **iliği** Knopfloch *nt*

düğmelemek *vt* (zu)knöpfen (**-i** etw)

düğüm *s* ① Knoten *m* ② Schlinge *f* ③ (*fig*) Schwierigkeit *f*; ~ **noktası** Knotenpunkt *m*

düğümlemek *vt* (zusammen)knoten (**-i** etw)

düğün *s* Hochzeit *f*; ~ **salonu** Hochzeitshalle *f*

düğünçiçeği <-ni> *s* Butterblume *f*

dük <-kü> *s* Herzog *m*

dükkan *s* Laden *m*, Geschäft *nt*

dülger *s* Zimmermann *m*, Bauschreiner *m*

dümbelek <-ği> *s* (kleine türkische) Trommel *f*

dümen *s* ① Lenkrad *nt* ② Ruder *nt* ③ (*fam*) Schwindel *m*; ~ **dolabı** Steuerrad *nt*; ~ **neferi** (*fam*) Schlusslicht *nt*

dümenci *s* ① Steuermann *m* ② (*fam*) Schwindler(in) *m(f)*

dün **I.** *adv* gestern **II.** *s* Vergangenheit *f*; ~ **akşam** gestern Abend; ~ **sabah** gestern Morgen

dünkü *adj* gestrig; ~ **çocuk değilim ki** ich bin doch nicht von gestern

dünür *s* ① Eltern *pl* der Brautleute ② (*fam*) Freier *m*

dünya *s* ① (*Planet*) Erde *f* ② Welt *f* ③ Weltall *nt*; ~ **bir araya gelse** nicht um alles in der Welt; ~ **çapında** weltweit; ~ **devi** (*fam*) COMM Multi *m*; ~ **görüşü** Weltanschauung *f*; ~ **harikası** Weltwunder *nt*; ~ **haritası** Weltkarte *f*; ~ **kadar** eine Unmenge; ~ **rekoru** Weltrekord *m*; ~ **savaşı** Weltkrieg *m*; ~ **şampiyonluğu** Weltmeisterschaft *f*; ~ **şampiyonu** Weltmeister(in) *m(f)*; ~ **tarihi** Weltgeschichte *f*; **Dünya Ticaret Örgütü** Welthandelsorganisation *f*; ~ **turu** Weltreise *f*; **dünyaca tanınmış** weltbekannt, weltberühmt; **dünyadan el çekmek** zurückgezogen leben; **dünyadan haberi olmayan** weltfremd; **dünyaya gelmek** geboren werden; **dünyaya getirmek** zur Welt bringen (**-i** jdn); **dünyayı gezmek** in der Welt herumkommen

dünyasal *adj* ① (*die Erde betreffend*) irdisch ② (*der Welt zugewandt*) weltlich

dünyevi *adj* (*der Welt zugewandt*) weltlich

düo *s* Duo *nt*

dürbün *s* Fernrohr *nt,* Fernglas *nt*

dürmek <-er> *vt* (zusammen)rollen (**-i** etw)

dürtmek <-er> *vt* leicht stoßen, stupsen (**-i** etw/jdn)

dürtü *s* ① Drang *m* ② Trieb *m*

dürüst *adj* (*aufrichtig*) ehrlich, rechtschaffen

dürüstlük <-ğü> *s* Aufrichtigkeit *f,* Ehrlichkeit *f,* Rechtschaffenheit *f*

düstur *s* Grundsatz *m*

düş *s* (*auch fig*) Traum *m;* ~ **görmek** träumen

düşes *s* Herzogin *f*

düşkün I. *adj* ① (*Mensch*) verkommen ② verarmt ③ süchtig (**-e** nach etw) II. *s* ① (*Amateur*) Liebhaber(in) *m(f)* ② Süchtige(r) *f(m);* **düşkünler evi** [*o* **yurdu**] Hospiz *nt* für arme Leute

düşkünleşmek *vi* ① herunterkommen ② (*moralisch*) verkommen ③ süchtig werden (**-e** nach etw) ④ sich begeistern (**-e** für etw/jdn)

düşkünlük <-ğü> *s* ① Schwäche *f* ② Sucht *f* ③ Verarmung *f* ④ (große) Anhänglichkeit *f*

düşlem *s* Idee *f,* Vorstellung *f*

düşman I. *s* Feind(in) *m(f)* II. *adj* feindlich

düşmanca *adj* feindselig

düşmanlık <-ğı> *s* ① Feindschaft *f* ② Feindseligkeit *f*

düşme *s* ① *Verbalsubstantiv zu* **düşmek** ② Sturz *m* ③ (*eines Rechtes*) Verfallen *nt*

düşmek <-er> I. *vi* ① fallen (**-den -e** von etw auf etw), abfallen (**-den -e** von etw auf etw), herab-/hinunterfallen (**-den -e** von etw auf etw) ② stürzen ③ (*Temperatur, Preise*) fallen, sinken ④ (*Flugzeug*) abstürzen ⑤ (*Blitz, Geschoss*) einschlagen (**-e** in etw) ⑥ (*Gelegenheit*) sich bieten ⑦ (*fam*) landen (**-e** in etw) ⑧ (*sozial*) herunterkommen ⑨ verarmen ⑩ (*Pflicht, Aufgabe*) zukommen (**-e** auf jdn) ⑪ angebracht sein, passen (**-e** zu etw) ⑫ (*sehr lieben*) verfallen sein (**-e**/**-in üstüne** jdm); **hasta/yorgun** ~ krank/müde werden; **birinin arkasına** ~ hinter jdm her sein II. *vi* (*subtrahieren*) abziehen (**-i -den** etw von etw)

düşsel *adj* unwirklich, fantastisch

düşük <-ğü> I. *adj* ① (*Preis*) niedrig ② (*Wert*) gering ③ gesunken, gefallen ④ niedrig ⑤ (*Rock*) heruntergerutscht II. *s* Fehlgeburt *f*

düşünce *s* ① Gedanke *m* ② Überlegung *f,* Betrachtung *f* ③ Vorstellung *f,* Bild *nt* ④ Meinung *f,* Stellungnahme *f* ⑤ Nachdenken *nt* ⑥ Unruhe *f*

düşünceli *adj* ① nachdenklich ② umsichtig ③ besorgt

düşüncesiz *adj* ① gedankenlos, unachtsam ② leichtfertig, unbekümmert ③ sorglos

düşüncesizlik <-ği> *s* ① Gedankenlosigkeit *f* ② Leichtfertigkeit *f* ③ Sorglosigkeit *f*

düşünme *s* ① *Verbalsubstantiv zu* **düşünmek** ② ~ **mühleti** [*o* **süresi**] Bedenkzeit *f*

düşünmek *vt* ① bedenken, überlegen (**-i** etw) ② denken (**-i** an etw/jdn) ③ sich ausdenken (**-i** etw) ④ sich vorstellen (**-i** etw) ⑤ in Betracht ziehen (**-i** etw) ⑥ planen (**-i** etw) ⑦ sich Gedanken machen; **düşünüp taşınmak** reiflich überlegen

düşünsel *adj* geistig, gedanklich

düşünülebilir *adj* denkbar, vorstellbar

düşünür *s* Denker(in) *m(f)*

düşürmek *vt* ① *Kausativ zu* **düşmek** ② fallen lassen (**-i** etw) ③ umstoßen, umwerfen (**-i** etw) ④ (*Preis*) herabsetzen (**-i** etw) ⑤ zu Fall bringen (**-i** jdn) ⑥ (*Flugzeug*) abschießen (**-i** etw)

D

düşüş *s* ① (Flugzeug)absturz *m* ② Sturz *m,* Fall *m*

düz *adj* ① flach, eben ② gerade ③ glatt; ~ **tabak** flacher Teller; ~ **ekran** Flachbildschirm *m;* ~ **ekran televizyon** Flachbildfernseher *m*

düzelmek *vi* ① sich bessern, besser werden ② eben [*o* glatt, flach] werden ③ (*Defekt*) behoben werden

düzelmez *adj* unverbesserlich

düzeltme *s* ① *Verbalsubstantiv zu* **düzeltmek** ② Berichtigung *f,* Korrektur *f,* Verbesserung *f*

düzeltmek *vt* ① *Kausativ zu* **düzelmek** ② glätten (-**i** etw) ③ verbessern, korrigieren (-**i** etw) ④ aufräumen, ordnen (-**i** etw) ⑤ in Ordnung bringen, regeln (-**i** etw) ⑥ (*Fehler*) wiedergutmachen (-**i** etw)

düzen *s* ① Ordnung *f* ② Regelmäßigkeit *f* ③ Harmonie *f* ④ (*pej*) Schwindel *m,* Trick *m*

düzenbaz *s* Gauner(in) *m(f)*

düzenleme *s* ① *Verbalsubstantiv zu* **düzenlemek** ② Veranstaltung *f*

düzenlemek *vt* ① in Ordnung bringen, regeln (-**i** etw) ② ordnen, sortieren (-**i** etw) ③ veranstalten, organisieren (-**i** etw)

düzenleyici *s* Veranstalter(in) *m(f)*

düzenli *adj* ① ordentlich ② regelmäßig

düzenlilik <-ği> *s* ① Ordentlichkeit *f* ② Regelmäßigkeit *f*

düzensiz *adj* ① unordentlich ② unregelmäßig ③ unharmonisch

düzensizlik <-ği> *s* ① Unordentlichkeit *f* ② Unordnung *f* ③ Unregelmäßigkeit *f* ④ Disharmonie *f*

düzey *s* ① Stufe *f* ② Niveau *nt*

düzgün *adj* ① glatt ② gleichmäßig ③ ordentlich

düzgünlük <-ğü> *s* ① Regelmäßigkeit *f* ② Glätte *f*

düzine *s* Dutzend *nt;* ~ ~ dutzendweise

düzlemek *vt* ① glätten (-**i** etw) ② (*fam*) k.o. schlagen (-**i** jdn)

düzleştirmek *vt* glätten, ebnen (-**i** etw)

düzlük <-ğü> *s* ① Glätte *f* ② ebene Fläche

düzme **I.** *s Verbalsubstantiv zu* **düzmek** **II.** *adj* ① nachgemacht, unecht ② erlogen

düzmeci *s* Fälscher(in) *m(f)*

düzmek <-er> *vt* ① ordnen (-**i** etw) ② erdichten, erfinden (-**i** etw) ③ (*vulg*) vergewaltigen (-**i** jdn)

düztaban **I.** *s* MED Plattfuß *m* **II.** *adj* plattfüßig

düzülmek *vi Passiv zu* **düzmek**: **yola ~** sich auf den Weg machen

düzyazı *s* Prosa *f*

DVD çalar *s* DVD-Player *m*

Ee

E, e *s sechster Buchstabe des türk. Alphabets*
ebe *s* Hebamme *f*
ebebulguru <-nu> *s* Graupeln *pl*
ebedi *adj* ewig, unvergänglich
ebedileştirmek *vt* verewigen (**-i** etw)
ebediyen *adv* ewig, auf immer
ebediyet <-ti> *s* Ewigkeit *f*
ebegümeci <-ni> *s* Malve *f*
ebe(m)kuşağı <-nı> *s* Regenbogen *m*
ebeveyn *s* Eltern *pl*; ~ **izni** (*in Deutschland: Elternurlaub*) Elternzeit *f*; ~ **parası** (*in Deutschland*) Elterngeld *nt*
ebleh **I.** *s* Schwachsinnige(r) *f(m)* **II.** *adj* schwachsinnig
eblehlik <-ği> *s* MED Idiotie *f*
ecdat <-dı> *s* Vorfahren *pl*
ecel *s* ① Tod *m* ② Frist *f*
ecnebi **I.** *s* Ausländer(in) *m(f)*, Fremde(r) *f(m)* **II.** *adj* ausländisch, fremd
ecza <-aı> *s* Arznei *f*, Arzneimittel *nt*
ecza *adj* pharmazeutisch
eczacı *s* Apotheker(in) *m(f)*
ecza(ha)ne *s* Apotheke *f*
eczasal *adj* pharmazeutisch
eda *s* ① Grazie *f* ② (*Zauber*) Reiz *m*
edalı *adj* graziös
edat <-tı> *s* (*unflektierbares Wort*) Partikel *f*
edebi *adj* literarisch
edebiyat <-tı> *s* ① Literatur *f* ② Literaturwissenschaft *f* ③ Fachliteratur *f*
edep <-bi> *s* Anstand *m*
edepli *adj* anständig
edepsiz *adj* ① ungezogen ② unverschämt
edepsizlik <-ği> *s* ① Ungezogenheit *f* ② Unverschämtheit *f*
eder *s* (*Geldwert*) Preis *m*
edilgen **I.** *s* Passiv *nt* **II.** *adj* passivisch
edim *s* Tat *f*
edinmek *vt* anschaffen, erwerben (**-i** etw)
Edirne *s Stadt in der europäischen Türkei*
edisyon *s* Ausgabe *f* (eines Buches)
editör *s* ① Herausgeber(in) *m(f)* ② INFORM (*Schreibprogramm*) Editor *m*
ee *interj* (*fam*) na und?
EEG *s* MED EEG *nt*, Elektroenzephalogramm *nt*
efe *s* ① mutiger Kerl *m* ② *ägäischer Volkstanz* ③ *Tänzer(in) dieses Tanzes*
efekt <-ti> *s* Effekt *m*
efektif *adj* effektiv
efemine *adj* (*pej*) weibisch
efendi **I.** *s* Herr *m* **II.** *adj* vornehm
efendim *interj* ① wie bitte? ② (*am Telefon*) hallo? ③ (*höfliche Anrede*) mein Herr, liebe Frau
Efes *s* Ephesus *nt*
eflatun *adj* lila
efsane *s* Mythos *m*, Sage *f*; **dini** ~ Legende *f*
efsanevi *adj* mythisch
Ege *s* Ägäis *f*; ~ **Denizi** Ägäisches Meer
egemen **I.** *adj* beherrschend, dominierend **II.** *s* Herrscher *m*
egemenlik <-ği> *s* ① Herrschaft *f* ② Souveränität *f*
egoist <-ti> **I.** *s* Egoist(in) *m(f)* **II.** *adj* egoistisch
egoizm *s* Egoismus *m*
egzama *s* Ekzem *nt*
egzantem *s* Ausschlag *m*
egzersiz *s* Übung *f*; ~ **yapmak** üben
egzotik <-ği> *adj* exotisch
egzotizm *s* Vorliebe *f* für Exotisches
egzoz *s* Auspuff *m*
eğe *s* TECH Feile *f*
eğelemek *vt* TECH feilen (**-i** etw)
eğer *konj* falls, sofern, wenn; ~ **gerek-**

liyse wenn es sein muss; ~ **size uygunsa** wenn es Ihnen recht ist; ~ **yanılmıyorsam** wenn ich mich nicht irre

eğik <-ği> *adj* (*auch math*) schief, geneigt

eğiklik <-ği> *s* (*geneigte Lage*) Neigung *f*

eğilim *s* ① Bereitschaft *f* ② Hang *m* ③ (*Tendenz*) Richtung *f* ④ Zuneigung *f*; ~ **göstermek** neigen (**-e** zu etw)

eğilimli *adj* geneigt

eğilmek *vi* ① *Passiv zu* **eğmek** ② sich bücken ③ sich verbeugen

eğilmez *adj* starr, unbeugsam

eğim *s* ① *a.* MATH Neigung *f* ② Abhang *m*, Böschung *f* ③ Steigung *f*

eğirmek *vt* (*Gewebe*) spinnen (**-i** etw)

eğitbilim *s* Pädagogik *f*

eğitici **I.** *adj* erziehend **II.** *s* Erzieher(in) *m(f)*

eğitim *s* Ausbildung *f*, Erziehung *f*

eğitimci *s* Erzieher(in) *m(f)*, Pädagoge, Pädagogin *m, f*

eğitmek *vt* (*beruflich*) ausbilden, schulen (**-i** jdn)

eğitsel *adj* pädagogisch

eğlence *s* ① Unterhaltung *f* ② (*Spaß*) Vergnügen *nt*; ~ **parkı** Freizeitpark *m*

eğlenceli *adj* ① amüsant, lustig ② unterhaltend, unterhaltsam

eğlendirici *adj* amüsant, lustig

eğlendirmek *vt* ① *Kausativ zu* **eğlenmek** ② amüsieren, belustigen (**-i** jdn) ③ aufhalten, zurückhalten (**-i** jdn)

eğlenmek *vi* ① sich amüsieren, sich unterhalten, sich vergnügen ② sich ablenken lassen, sich die Zeit vertreiben ③ sich lustig machen (**ile** über jdn)

eğlenti *s* Vergnügen *nt*

eğmek <-er> *vt* ① ab-, um-, verbiegen (**-i** etw) ② krümmen (**-i** etw) ③ (*Kopf, Blick*) senken (**-i** etw)

eğreltiotu <-nu> *s* Farn *m*

eğreti *adj* ① provisorisch ② geliehen ③ unecht, falsch ④ nicht richtig angebracht; ~ **diş** Zahnprothese *f*

eğri **I.** *s* MATH Kurve *f* **II.** *adj* krumm, schief, schräg; ~ **büğrü** (*fam*) holp(e)rig, krumm und schief; ~ **çizgi** Kurve *f*

eğrilik <-ği> *s* ① Biegung *f* ② Krümmung *f* ③ Schräge *f*

eğrilmek *vr* ① sich beugen, sich neigen ② (*Holz*) sich werfen

eğriltmek *vt* ① *Kausativ zu* **eğrilmek** ② beugen, biegen (**-i** etw)

eh *interj* (*fam*) na ja!

ehemmiyet <-ti> *s* Wichtigkeit *f*

ehemmiyetli *adj* wichtig

ehemmiyetsiz *adj* unwichtig

ehemmiyetsizlik <-ği> *s* Belanglosigkeit *f*

ehlileştirmek *vt* zähmen (**-i** etw)

ehliyet <-ti> *s* ① Führerschein *m* ② Kompetenz *f*, Fähigkeit *f*

ehven *adj* ① billig, preiswert ② leichter, besser

ehvenişer *s* das kleinere Übel

e-iş *s* E-Business *nt*

ejder(ha) *s* ① *Fabeltier in türkischen Sagen* ② Drachen *m*, Ungeheuer *nt*

ek <-ki> **I.** *s* ① Anhang *m* ② Zusatz *m* ③ (*zu Brief*) Anlage *f* ④ (*zu Zeitung*) Beilage *f* ⑤ LING Endung *f* ⑥ Ergänzung *f*, Nachtrag *m* ⑦ TECH Verlängerung *f*, Verlängerungsstück *nt* **II.** *adj* zusätzlich, Zusatz-; ~ **kanun** JUR Novelle *f*; ~ **olarak** zusätzlich, als Beilage; ~ **ücret** (*zu einer Gebühr*) Zuschlag *m*

ekilebilir *adj* (*Land*) urbar

ekim *s* ① Anbau *m* ② (Aus)saat *f*; ~ (**ayı**) Oktober *m*

ekip <-bi> *s* ① Mannschaft *f* ② Team *nt* ③ (*Arbeiter-*) Trupp *m*

ekipman *s* technische Ausstattung *f*

eklem *s* Gelenk *nt*

eklemek *vt* ① hinzufügen, anhängen (**-i** **-e** etw an etw) ② (*auch im Brief*) beifügen (**-i** **-e** etw einer Sache) ③ (*durch*

Ansatzstück) verlängern (**-i** etw)

eklenti *s* Nachtrag *m;* **eklentiler** Zubehör *nt*

ekmek <-ği> *s* Brot *nt;* ~ **kabuğu** Brotrinde *f*

ekmek <-er> *vt* ① (*Land*) bestellen (**-i** etw) ② säen (**-i -e** etw auf etw) ③ (*Salz, Pfeffer*) streuen (**-i -e** etw auf/in etw) ④ (*fam*) im Stich lassen (**-i** jdn)

ekmekçi *s* Bäcker(in) *m(f)*

ekolog *s* Ökologe, Ökologin *m, f*

ekoloji *s* Ökologie *f*

ekolojik <-ği> *adj* ökologisch; ~ **gıda** Biokost *f*

ekonomi *s* ① Ökonomie *f,* Wirtschaftswissenschaft *f* ② Sparsamkeit *f*

ekonomik <-ği> *adj* ① ökonomisch, wirtschaftlich ② sparsam; ~ **kriz** Wirtschaftskrise *f*

ekose *adj* schottisch kariert

ekran *s* ① Bildschirm *m* ② TV Mattscheibe *f* ③ Filter *m;* ~ **koruyucu(su)** Bildschirmschoner *m*

eksen *s* Achse *f*

ekseriyet <-ti> *s* Mehrheit *f*

ekseriyetle *adv* meistens

eksi *adv* minus; ~ **işareti** Minuszeichen *nt;* ~ **kutpu** Minuspol *m;* **altı ~ iki dört eder** sechs minus zwei ist vier

eksik <-ği> **I.** *adj* ① (*nicht vorhanden*) fehlend ② ungenügend, dürftig, mangelhaft ③ unvollkommen, unzureichend **II.** *s* Fehlen *nt;* ~ **kalmak** ausbleiben

eksik(lik) <-ği> *s* Mangel *m*

eksiksiz *adj* ① vollständig ② tadellos

eksilmek *vi* weniger werden, sich vermindern

eksiltmek *vt* ① *Kausativ zu* **eksilmek** ② reduzieren, verringern (**-i** etw)

ekskavatör *s* Bagger *m*

ekskürsiyon *s* Exkursion *f*

Ekslaşapel *s* Aachen *nt*

ekspozan *s* Aussteller(in) *m(f)*

ekspres *s* Schnellzug *m;* ~ **mektup** Eilbrief *m*

ekstasi *s* (*Droge*) Ecstasy *nt*

ekstra *adj* erstklassig

ekstre *s* Extrakt *m*

ekşi *adj* sauer

ekşilik <-ği> *s* ① (*Geschmack*) Säure *f* ② (*aus dem Magen*) saures Aufstoßen ③ Unfreundlichkeit *f*

ekşimek *vi* sauer werden

ekşimsi *adj* säuerlich

ekşimtırak <-ğı> *adj* säuerlich

Ekvator *s* Ecuador *nt*

ekvator *s* Äquator *m*

el **I.** *adj* fremd **II.** *s* ① Hand *f* ② (*eines Tieres*) Vorderfuß *m* ③ Hand *f* voll ④ (*beim Kartenspiel*) Vorhand *f* ⑤ Land *nt* ⑥ Leute *pl* ⑦ fremde Leute; ~ **bombası** Handgranate *f;* ~ **çabukluğu** Fingerfertigkeit *f;* ~ **çantası** Handtasche *f;* ~ **çekmek** verzichten (**-den** auf etw); ~ **değmemiş** unberührt; ~ **emeği** Handarbeit *f;* ~ **eşyası** Handgepäck *nt;* ~ **freni** Handbremse *f;* ~ **hareketi** Handbewegung *f;* ~ **ilanı** Flugblatt *nt;* ~ **işi** handgearbeitet; ~ **kaldırmak** sich melden; (*schlagen*) die Hand erheben (**-e** gegen jdn); ~ **kitabı** Handbuch *nt;* **bir şeye ~ koymak** sich einer Sache annehmen, etw beschlagnahmen; ~ **kremi** Handcreme *f;* ~ **sallamak** winken; ~ **sanatları** Kunsthandwerk *nt;* ~ **sıkışma** Händedruck *m;* ~ **sıkmak** jdm die Hand drücken; ~ **süpürgesi** Handbesen *m;* ~ **sürmek** anfassen, berühren (**-e** jdn/etw); ~ **sürmemek** nicht anrühren, liegen lassen (**-e** etw); ~ **ulağı** Handlanger *m;* ~ **uzatmak** die Hand ausstrecken; (*schlagen*) sich vergreifen (**-e** an jdm), unter die Arme greifen (**-e** jdm); ~ **yatkınlığı** Handgriff *m;* ~ **yazısı** Handschrift *f;* (*Unterschrift*) Autogramm *nt;* ~ **yıkama** Handwäsche *f;* **elde bulunan** vorrätig; **elde etmek** erlangen, erreichen (**-i** etw);

elden düşme Gelegenheitskauf *m,* gebraucht, aus zweiter Hand; **ele almak** (*Arbeit*) in Angriff nehmen (**-i** etw); **ele geçirmek** sich bemächtigen; (*schnappen*) erwischen; (*endlich bekommen*) erlangen, erreichen (**-i** etw); **ele vermek** verraten, ausliefern (**-i** jdn); **eli açık** freigiebig, großzügig; **eli ayağı tutmayan** gebrechlich; **elinde bulunmak** haben; **elinden almak** wegnehmen (**-in -i** jdm etw); **elinden geleni yapmak** sein Bestes tun; (*fig*) alle Hebel in Bewegung setzen; **eline vermek** aushändigen (**-in -i** jdm etw); **elini çek!** Hände weg!; **elini vicdanına koy!** Hand aufs Herz!; **eller yukarı!** Hände hoch!

ela *adj* (*Augenfarbe*) gelblich hellbraun

elalem *s* fremde Leute *pl*

elastik(i) *adj* elastisch

elastikiyet <-ti> *s* Elastizität *f*

Elb(e) Nehri <-ni> *s* Elbe *f*

elbette *adv* natürlich, selbstverständlich

elbise *s* ① (Damen)kleid *nt* ② Anzug *m* ③ Kleidung *f;* ~ **askısı** Kleiderbügel *m;* ~ **dolabı** Kleiderschrank *m;* ~ **fırçası** Kleiderbürste *f;* ~ **parçası** Kleidungsstück *nt*

elçi *s* ① Gesandte(r) *f(m)* ② Abgesandte(r) *f(m)*

elçilik <-ği> *s* Gesandtschaft *f*

eldiven *s* Handschuh *m*

elebaşı <-nı> *s* Rädelsführer *m,* Anführer *m*

elek <-ği> *s* Sieb *nt*

elektrik <-ği> **I.** *s* ① Elektrizität *f* ② (elektrisches) Licht *nt* **II.** *adj* elektrisch; ~ **çarpması** (elektrischer) Schlag *m;* ~ **düğmesi** Lichtschalter *m;* TECH Druckknopf *m;* ~ **kesildi** der Strom ist ausgefallen; ~ **kısıntısı** (Strom)sperre *f;* ~ **malzemecisi** Elektrohandlung *f;* ~ **sanayii** Elektroindustrie *f;* ~ **santrali** Elektrizitätswerk *nt;* ~ **ocağı** Heizplatte *f;* ~ **tüketimi** Stromverbrauch *m;* ~ **süpürgesi** Staubsauger *m;* ~ **üretimi** Stromerzeugung *f*

elektrikçi *s* Elektriker(in) *m(f)*

elektrikle(ndir)mek *vt* (*a. fig*) elektrisieren (**-i** etw/jdn)

elektrikli *adj* ① elektrisch ② mit Elektrizität ausgestattet; ~ **fırın** Elektroherd *m;* ~ **süpürge** Staubsauger *m*

elektrokardiyogram *s* Elektrokardiogramm *nt*

elektrolit <-ti> *s* Elektrolyt *m*

elektromanyetik <-ği> *adj* elektromagnetisch; ~ **kirlilik** Elektrosmog *m*

elektromobil *s* Elektroauto *nt*

elektromotor *s* Elektromotor *m*

elektron *s* Elektron *nt*

elektronik <-ği> **I.** *s* Elektronik *f* **II.** *adj* elektronisch; ~ **alet** Elektrogerät *nt;* ~ **beyin** Computer *m;* ~ **kirlilik** Elektrosmog *m;* ~ **posta programı** INET E-Mail-Programm *nt;* ~ **tekniği** Elektrotechnik *f;* ~ **ticaret** E-Commerce *m*

elektron mikroskopu <-nu> *s* Elektronenmikroskop *nt*

elektrostatik <-ği> *s* Elektrostatik *f*

elektrot <-du> *s* Elektrode *f*

elem *s* (*Kummer*) Leid *nt*

eleman *s* ① Element *nt* ② (*Person*) Kraft *f,* Mitarbeiter(in) *m(f)*

elemek *vt* ① sieben (**-i** etw) ② (*fig*) sichten (**-i** etw)

elemli *adj* ① betrübt ② betrüblich

eleştirel *adj* kritisch

eleştiri *s* Rezension *f,* Besprechung *f,* Kritik *f*

eleştirmeci *s* Kritiker(in) *m(f),* Rezensent(in) *m(f)*

eleştirmek *vt* ① kritisieren (**-i** jdn/etw) ② rezensieren (**-i** etw)

eleştirmen *s* Rezensent(in) *m(f)*

elhamdülillah *interj* Gott sei Dank!

elimine *adj* SPORT ausgeschieden; ~ **etmek** eliminieren; ~ **olmak** ausscheiden

elit <-ti> **I.** *s* Elite *f* **II.** *adj* Elite-

ellemek *vt* (*fam*) anfassen (**-i** etw/jdn)
elli *num* fünfzig
elma *s* Apfel *m;* ~ **ağacı** Apfelbaum *m;* ~ **ezmesi** Apfelmus *nt;* ~ **suyu** Apfelsaft *m;* ~ **şarabı** Apfelwein *m*
elmacık (**kemiği**) *s* ❶ Backenknochen *m* ❷ Jochbein *nt*
elmalı *adj* mit Äpfeln zubereitet; ~ **pasta** Apfelkuchen *m*
elmas I. *s* Diamant *m* II. *adj* diamanten
elti *s* Schwägerin *f* (*Frau vom Bruder des Ehemannes*)
eltopu <-nu> *s* Handball *m*
elveda I. *s* Lebewohl *nt* II. *interj* leb(t) wohl!
elverişli *adj* ❶ günstig, passend, geeignet (**-e** für etw) ❷ (*angemessen*) zweckmäßig
elverişlilik *s* Eignung *f,* Tauglichkeit *f*
elverişsiz *adj* ❶ ungünstig ❷ untauglich
e-mail *s* E-Mail *f*
emanet *s* ❶ anvertrautes Geld ❷ (Gepäck)aufbewahrung *f;* ~ **etmek** anvertrauen (**-e -i** jdm etw)
emare *s* Indiz *nt,* Anzeichen *nt*
emay *s* Email *nt*
emaye I. *s* (Email)glasur *f* II. *adj* emailliert
emayelemek *vt* emaillieren (**-i** etw)
embriyon *s* Embryo *m*
emek <-ği> *s* ❶ Mühe *f* ❷ Arbeitslohn *m;* ~ **istemek** Mühe kosten
emekçi *s* ❶ Handwerker(in) *m(f)* ❷ Tagelöhner(in) *m(f)*
emeklemek *vi* ❶ auf allen vieren gehen ❷ (*fam*) sich mühsam hinschleppen
emekli I. *adj* pensioniert, im Ruhestand II. *s* Rentner(in) *m(f);* ~ **aylığı** Altersrente *f;* ~ **olmak** in den Ruhestand treten; **emekliye ayırmak** in den Ruhestand versetzen (**-i** jdn)
emeklilik <-ği> *s* Pensionierung *f,* Ruhestand *m;* ~ **sigortası** Rentenversicherung *f;* ~ **yaşı** Rentenalter *nt*
emektar *adj* (alt)bewährt
emel *s* Wunsch *m*
emin *adj* sicher; ~ **olmak** vertrauen auf (**-den** auf jdn/etw)
emir <-mri> *s* ❶ Befehl *m* ❷ Emir *m;* ~ **kipi** [*o* **sıygası**] Befehlsform *f,* Imperativ *m;* **birine** ~ **vermek** jdm einen Befehl erteilen; **emri altına almak** sich bemächtigen (**-i** einer Sache); **birinin emrinde olmak** jdm zur Verfügung stehen; **bir şeyi birinin emrine vermek** jdm zur Verfügung stellen
emirlik <-ği> *s* Emirat *nt*
emisyon *s* ❶ (*Schadstoff-*) Emission *f* ❷ (*von Aktien*) Emission *f*
emlak <-kı> *s* Grundbesitz *m,* Immobilien *pl*
emmek <-er> *vt* ❶ saugen (**-i** an etw) ❷ lutschen (**-i** etw)
emniyet <-ti> *s* ❶ Sicherheit *f* ❷ Vertrauen *nt* ❸ (*Polizeiwesen*) Polizei *f* ❹ TECH Sicherung *f;* ~ **amirliği** Polizeipräsidium *nt;* ~ **altına almak** sicherstellen (**-i** etw); ~ **halatı** (*Bergsteigen*) Sicherungsseil *nt;* ~ **kemeri** Sicherheitsgurt *m;* ~ **kilidi** Sicherheitsschloss *nt;* ~ **kontrolü** Sicherheitskontrolle *f;* ~ **sandığı** Sparkasse *f;* **Emniyet Sarayı** Polizeipräsidium *nt;* ~ **supabı** Sicherheitsventil *nt;* ~ **tedbiri** Sicherheitsmaßnahme *f;* **emniyete almak** in Sicherheit bringen; (*Schusswaffe*) sichern (**-i** etw)
emniyetle *adv* getrost
emniyetli *adj* ❶ sicher ❷ vertrauenswürdig, zuverlässig
emniyetsiz *adj* ❶ unsicher ❷ unzuverlässig
emniyetsizlik <-ği> *s* ❶ Unsicherheit *f* ❷ Unzuverlässigkeit *f*
emperyalist <-ti> I. *s* Imperialist(in) *m(f)* II. *adj* imperialistisch
emperyalizm *s* Imperialismus *m*
empozan *adj* imposant
emprovize I. *adj* MUS improvisiert II. *s* Improvisation *f*
emretmek <-der> *vt* befehlen, verfügen, anordnen (**-e -i** jdm etw); **emre-**

dersiniz! wie es Ihnen beliebt!

emri <-ni> *s Possessivform zu* **emir** sein/ihr Befehl *m*

emrivaki <-ii> *s* vollendete Tatsache *f*

emsal <-li> **I.** *s* ① Präzedenzfall *m* ② (*Vorbild*) Beispiel *nt* ③ Altersgenosse, Altersgenossin *m, f* **II.** *adj* ähnlich

emzik <-ği> *s* ① Schnuller *m* ② Brustwarze *f* ③ Milchflasche *f*

emzirmek *vt* (*Baby*) stillen; (*Junges*) säugen (**-i** jdn)

en **I.** *s* Breite *f* **II.** *adj* (*Partikel zur Bildung des Superlativs*) ~ **ala** erstklassig; ~ **aşağı** mindestens; ~ **az** am wenigsten, mindestens; ~ **çok** am meisten, höchstens; ~ **erken** frühestens; ~ **fazla** am meisten, höchstens; ~ **geç** spätestens; ~ **iyi** beste(r, s); ~ **iyisi** am besten; ~ **önce** [*o* **sonra**] zuallererst; ~ **son** äußerste(r, s), letzte(r, s); ~ **uzak** äußerste(r, s), fernste(r, s); ~ **yakın** nächstliegende(r, s); ~ **yüksek** oberste(r, s), höchste(r, s)

enayi *adj* (*fam*) dumm, blöd; ~ (**dümbeleği**) (*fam*) Rindvieh *nt*

enayilik <-ği> *s* (*fam*) Blödsinn *m*

encümen *s* Kommission *f*, Ausschuss *m*

endam *s* Körperbau *m*

ender *adj* selten

endirek(t) *adj* indirekt

endişe *s* ① Zweifel *m*, Bedenken *nt* ② Besorgnis *f*, Beunruhigung *f* ③ Sorge *f*, Kummer *m*; ~ **etmek** sich Sorgen machen, befürchten (**-den** etw); ~ **verici** beängstigend, beunruhigend

endişelendirici *adj* besorgniserregend

endişelendirmek *vt* ① *Kausativ zu* **endişelenmek** ② beunruhigen (**-i** jdn)

endişelenmek *vr* sich Sorgen machen

endişeli *adj* besorgt

Endonezya *s* Indonesien *nt*

endorfin *s* Endorphin *nt*

endüstri *s* Industrie *f*; ~ **bölgesi** Industriegebiet *nt*; ~ **ülkesi** Industrieland *nt*

endüstrileş(tir)me *s* ① *Verbalsubstantiv zu* **endüstrileş(tir)mek** ② Industrialisierung *f*

endüstrileştirmek *vt* industrialisieren (**-i** etw)

endüstriyel *adj* industriell

enerji *s* Energie *f*; ~ **darlığı** Energieknappheit *f*; ~ **kaynağı** Energiequelle *f*; ~ **santrali** Kraftwerk *nt*; ~ **sorunu** Energieproblem *nt*; ~ **tüketimi** Energieverbrauch *m*; ~ **yüklü** energiegeladen

enerjik <-ği> *adj* tatkräftig

enfarktüs *s* MED Infarkt *m*

enfeksiyon *s* Infektion *f*

enfekte *adj* infiziert; ~ **etmek** infizieren (**-i** jdn/etw); ~ **olmak** sich infizieren

enfes *adj* großartig, herrlich, hervorragend

enfeslik <-ği> *s* Köstlichkeit *f*

enfiye *s* Schnupftabak *m*; ~ **çekmek** (*Tabak*) schnupfen

enflasyon *s* Inflation *f*; ~ **oranı** Inflationsrate *f*

enformasyon *s* Information *f*, Auskunft *f*

enformatik <-ği> *s* Informatik *f*

engebe *s* Unebenheit *f*

engebeli *adj* uneben, hügelig

engebesiz *adj* (*Boden*) eben

engel *s* ① Behinderung *f*, Hindernis *nt* ② SPORT Hürde *f*; ~ **olmak** behindern (**-e** etw/jdn)

engellemek *vt* behindern (**-i** etw/jdn)

engelli *s* mit Hindernissen; ~ **koşu** Hindernislauf *m*, Hindernisrennen *nt*

engelsiz *adj* ungehindert

engerek yılanı <-nı> *s* Natter *f*

engin *adj* ① (*Horizont*) endlos ② (*ausgedehnt*) weit

enginar *s* Artischocke *f*

eninde sonunda *adv* letzten Endes, letztlich

enine *adv* quer; ~ **boyuna** eingehend; ~ **kesit** Querschnitt *m*

enişte *s* ① (angeheirateter) Onkel *m* ② Schwager *m* (*Gatte der Schwester*)

enjeksiyon *s* Injektion *f*
enjekte *adj* injiziert; ~ **etmek** MED spritzen
enkaz *s* Trümmer *pl*
enkübasyon zamanı *s* Inkubationszeit *f*
enlem *s* Breitengrad *m*
enli *adj* breit
ense *s* Nacken *m;* ~ (**kökü**) Genick *nt*
enselik <-ği> *s* Nackenstütze *f*
ensiz *adj* schmal
enstantane *s* ① Momentaufnahme *f* ② kurzer Überblick
enstitü *s* Institut *nt*
enstrüman *s* Instrument *nt*
ensülin *s* Insulin *nt*
entari *s langes, loses Gewand*
entegrasyon *s* POL Integration *f*
entel *s* (*pej*) Intelligenzler(in) *m(f)*
entellektüel **I.** *adj* intellektuell **II.** *s* Intellektuelle(r) *f(m)*
enteresan *adj* interessant
enternasyonal *adj* international
entrika *s* Intrige *f,* Machenschaften *pl*
envanter *s* Inventur *f*
enzim *s* Enzym *nt*
epey *adj* beträchtlich
epey(ce) *adv* ziemlich, recht
Epifani Yortusu <-nu> *s* Dreikönigsfest *nt*
epilatör *s* Enthaarungsgerät *nt*
epizot <-du> *s* Episode *f*
epope *s* Epos *nt*
e-posta *s* E-Mail *f;* ~ **adresi** E-Mail-Adresse *f*
er **I.** *adj* früh **II.** *s* ① Mann *m* ② MIL einfacher Soldat; ~ **veya geç** früher oder später
Erciyes Dağı <-nı> *s Vulkan in Anatolien*
erdem *s* Tugend *f*
erdemli *adj* tugendhaft
erdişi *s* Zwitter *m*
erek <-ği> *s* Zweck *m,* Ziel *nt*
ereklik <-ği> *s* Endziel *nt*
ereksiyon *s* Erektion *f*
ergeç *adv* früher oder später
ergenlik <-ği> *s* ① Geschlechtsreife *f* ② Akne *f*
ergin *adj* ① reif ② volljährig, mündig
erginlik <-ği> *s* ① Reife *f* ② Volljährigkeit *f*
ergonomik <-ği> *adj* ergonomisch
erguvan *s* Judasbaum *m;* ~ **rengi** Purpur *m;* ~ **renkli** purpurfarben, purpurn
erik <-ği> *s* Pflaume *f;* ~ **ağacı** Pflaumenbaum *m*
eril *adj* LING männlich
erim *s* Reichweite *f*
erimek *vi* ① sich auflösen ② auftauen ③ schmelzen ④ (*Eis*) tauen ⑤ (*Stoff*) sich abnutzen ⑥ (*fig*) abmagern
erime noktası *s* Schmelzpunkt *m*
erinlik <-ği> *s* Pubertät *f*
erişim *s* ① INFORM Zugang *m* ② INFORM Zugriff *m*
erişkin *adj* erwachsen
erişmek *vi* ① (*Ziel*) erreichen (-**e** etw) ② gelangen (-**e** zu etw) ③ (*sich erstrecken*) reichen (-**e** bis zu etw) ④ reifen
erişte *s* Nudeln *pl*
eritmek *vt* ① *Kausativ zu* **erimek** ② (*Kühlschrank*) abtauen (-**i** etw) ③ auftauen (-**i** etw) ④ schmelzen (lassen) (-**i** etw)
Erivan *s* Eriwan *nt,* Jerewan *nt*
eriyik *s* CHEM Lösung *f*
erk <-ki> *s* ① Macht *f* ② Einfluss *m*
erkeç <-ci> *s* Ziegenbock *m*
erkek <-ği> **I.** *s* ① Mann *m* ② (*bei Tieren*) Männchen *nt* **II.** *adj* männlich; ~ **ceketi** Sakko *m o nt;* ~ **çocuk** Junge *m;* ~ **domuz** Eber *m;* ~ **elbisesi** Herrenanzug *m;* ~ **evlat** Sohn *m;* ~ **kardeş** Bruder *m;* ~ **kopça** (*für Ösen*) Haken *m;* ~ **modası** Herrenmode *f*
erkekçe *adv* männlich
erkeklik <-ği> *s* Männlichkeit *f;* ~ **organı** Penis *m*
erken *adj* ① früh ② vorzeitig ③ am frühen Morgen, ganz früh; ~ **doğum** Frühgeburt *f*

erkenci *s* ❶ Morgenmensch *m* ❷ Frühaufsteher(in) *m(f)*

erkenden *adv* am frühen Morgen, ganz früh

erkin *adj* frei, unabhängig

erkinci **I.** *adj* liberal **II.** *s* Liberale(r) *f(m)*

erkincilik <-ği> *s* Liberalismus *m*

ermek <-er> *vi* ❶ erreichen, gelangen zu (**-e** zu etw) ❷ reichen (**-e** bis zu etw) ❸ reif werden ❹ heilig werden (*einen hohen Grad der Heiligkeit erreichen*)

Ermeni **I.** *s* Armenier(in) *m(f)* **II.** *adj* (*Art*) armenisch

Ermenistan *s* Armenien *nt*

eroin *s* Heroin *nt*

erozyon *s* Erosion *f*

erpes *s* Herpes *m*

erselik <-ği> *s* Zwitter *m*

ertelemek *vt* ❶ (*zeitlich*) verschieben (**-i -e** etw auf etw) ❷ (*verzögern*) hinausziehen (**-i** etw) ❸ vertagen (**-i** etw)

ertesi *adj* (*nächst, darauffolgend*) folgend, nächste(r, s); ~ **gün** am nächsten Tag, am Tag darauf

erzak <-kı> *s* Proviant *m*, Verpflegung *f*

esans *s* ❶ Parfüm *nt* ❷ Essenz *f*

esaret <-ti> *s* ❶ Gefangenschaft *f* ❷ Sklaverei *f*

esas **I.** *s* ❶ Fundament *nt* ❷ Grund *m* ❸ Hauptsache *f*, Substanz *f* ❹ Quelle *f* ❺ Ursache *f* **II.** *adj* eigentlich; ~ **itibariyle** prinzipiell, im Wesentlichen

esasen *adv* ❶ ursprünglich ❷ (*eigentlich*) an sich

esaslı *adj* ❶ fundamental, grundlegend ❷ gründlich, eingehend ❸ hauptsächlich, wesentlich ❹ eigentlich, wirklich ❺ begründet

esassız *adj* ❶ ohne Grundlage ❷ grundlos, unbegründet

esen *adj* wohlbehalten; ~ **kalın!** bleiben Sie gesund! alles Gute!

esenlik <-ği> *s* Wohl(befinden) *nt*

eser *s* ❶ (*Schöpfung*) Werk *nt* ❷ Spur *f*

esin *s* ❶ Inspiration *f* ❷ Morgenwind *m*

esinti *s* sanfter Wind

esir **I.** *adj* (*im Krieg*) gefangen **II.** *s* ❶ (Kriegs)gefangene(r) *f(m)* ❷ Sklave *m*, Sklavin *f*; ~ **almak** [*o* **etmek**] gefangen nehmen (**-i** jdn)

esirci *s* Sklavenhändler *m*

esirgemek *vt* ❶ behüten, beschützen (**-i -den** jdn vor etw) ❷ missgönnen (**-i -den** etw jdm)

esirlik <-ği> *s* (Kriegs)gefangenschaft *f*

eski *adj* ❶ (*Sache*) alt ❷ (*überholt*) veraltet ❸ (*Person*) ehemalige(r), frühere(r), Ex-; ~ **asker** Veteran *m*; ~ **püskü** (*fam*) alt, ausgedient; **eskisi gibi** nach wie vor, wie früher

eskici *s* ❶ Trödler *m* ❷ Schuhflicker *m*

Eskiçağ *s* Altertum *nt*, Antike *f*

eskiden *adv* ehemals, einst, früher

eskimek *vi* ❶ (*Sachen*) alt werden ❷ alt werden (und Erfahrungen sammeln) ❸ veralten

eskimiş *adj* (*Kleidung*) abgetragen; (*veraltet*) überholt

Eskimo *s* Eskimo *m*

eskitmek *vt* ❶ *Kausativ zu* **eskimek** ❷ (*Kleidung*) abtragen (**-i** etw) ❸ (*Schuhe, Treppe*) austreten (**-i** etw)

eskiz *s* Skizze *f*

eskrim *s* Fechten *nt*; ~ **meçi** Florett *nt*; ~ **yapmak** fechten

esmek <-er> *vi* ❶ (*Wind*) wehen ❷ (*in den Sinn kommen*) einfallen (**-e** jdm)

esmer *adj* ❶ (*Haut*) braun ❷ (*Haar*) brünett ❸ (*Teint*) dunkel ❹ (*Menschentyp*) dunkel

esmerleşmek *vi* braun werden

esmerleştirmek *vt* ❶ *Kausativ zu* **esmerleşmek** ❷ bräunen (**-i** jdn)

esna *s* (Zwischen)zeit *f*

esnaf *s* ❶ Handwerker(in) *m(f)* ❷ Kleinhändler(in) *m(f)*; ~ **birliği** HIST Gilde *f*; ~ **loncası** Zunft *f*; ~ **odası** Handwerkskammer *f*

esnasında *präp* während

esnek <-ği> *adj* biegsam, elastisch; ~ **sargı** Elastikbinde *f*

esneklik <-ği> *s* ① Elastizität *f* ② Flexibilität *f*

esnemek *vi* ① gähnen ② nachgeben ③ federn

espresso *s* Espresso *m*

espri *s* ① Scharfsinn *m* ② Witz *m*

esprili *adj* humorvoll, witzig

esprisiz *adj* humorlos, witzlos

esrar *s* ① Geheimnis *nt* ② Haschisch *nt*

esrarengiz *adj* geheimnisvoll, mysteriös

esrarkeş *s* Haschischraucher(in) *m(f)*

esrarlı *adj* ① geheimnisvoll, mysteriös ② Haschisch enthaltend

esrime *s* Ekstase *f*

estağfurullah *interj* ① keine Ursache! ② (*nach einem Lob*) aber nicht doch!

estetik <-ği> **I.** *s* Ästhetik *f* **II.** *adj* ästhetisch

Estonya *s* Estland *nt*

eş *s* ① Teil *m* (eines Paares); (*Gegenstück*) Pendant *nt* ② Ehepartner(in) *m(f)*; (*Gattin*) Ehefrau *f*; (*Gatte*) Ehemann *m* ③ Partner(in) *m(f)*; ~ **dost** (*fam*) gute Bekannte *pl*; ~ **değerli** gleichwertig

eşanlamlı *adj* synonym; ~ **sözcük** Synonym *nt*

eşantiyon *s* ① (*fig*) Kostprobe *f* ② Warenprobe *f*

eşcinsel *adj* homosexuell

eşek <-ği> *s* ① Esel *m* ② (*fam*) Dummkopf *m*; ~ **gibi çalışmak** (*fam*) schuften

eşekarısı <-nı> *s* ① Hornisse *f* ② Wespe *f*

eşeklik <-ği> *s* ① Dummheit *f* ② Grobheit *f*

eşelemek *vt* ① scharren (**-i** etw) ② (*Problem*) aufrühren (**-i** etw)

eşelenmek *vi* ① *Passiv zu* **eşelemek** ② (*Schwein*) wühlen

eşik <-ği> *s* (Tür)schwelle *f*

eş(in)mek *vi* (*Tier*) mit dem Maul die Erde aufwühlen

eşit <-ti> *adj* identisch, gleich; ~ **kılmak** ausgleichen (**-i** etw); ~ **olmayan** ungleich

eşitlemek *vt* ① ausgleichen (**-i** etw) ② MATH auf den gleichen Nenner bringen (**-i** etw)

eşitlik <-ği> *s* Gleichheit *f*

eşkenar *adj* MATH gleichseitig; ~ **dörtgen** Raute *f*

eşkıya *s* Bandit *m*, Räuber *m*

eşlik <-ği> *s* ① MUS Begleitung *f* ② Partnerschaft *f* ③ Ähnlichkeit *f*

eşofman *s* Trainingsanzug *m*; ~ **altı** Trainingshose *f*

eşsiz *adj* ① einzigartig, einmalig ② unvergleichlich ③ (*großartig*) phänomenal ④ (*ohne Partner*) alleinstehend

eşya *s* ① Sache *f* ② (*Ware*) Artikel *m* ③ Gepäckstück *nt* ④ Hausgerät *nt* ⑤ Zeug *nt*; ~ **filesi** Gepäcknetz *nt*

et <-ti> *s* Fleisch *nt*; ~ **beni** Warze *f*; ~ **suyu** (Fleisch)brühe *f*

etajer *s* Regal *nt*

etap <-bı> *s* Etappe *f*

etek <-ği> *s* ① Rock *m* ② (*an Kleidung*) Saum *m* ③ (*eines Gebirges*) Fuß *m*; **eteği belinde** (*Frau*) tüchtig

eteklik <-ği> *s* Rock *m*

eter *s* CHEM Äther *m*

e-ticaret <-ti> *s* E-Commerce *m*

etiket <-ti> *s* ① Etikett *nt*, Preisschild *nt* ② Etikette *f*

etiketlemek *vt* mit Etikett versehen, auszeichnen (**-i** etw)

etken **I.** *s* Faktor *m* **II.** *adj* aktiv

etki *s* ① Auswirkung *f* ② Effekt *m* ③ Eindruck *m* ④ Einfluss *m*

etkilemek *vt* ① sich auswirken (**-i** auf etw) ② beeindrucken (**-i** jdn) ③ beeinflussen (**-i** jdn/etw)

etkileşim *s* Wechselwirkung *f*

etkileşimli *adj* interaktiv

etkileyici *adj* ① eindrucksvoll, beeindruckend ② (*Person*) beeindruckend, faszinierend

etkili *adj* ① eindrucksvoll ② wirksam

E

etkin *adj* ① aktiv, tätig ② wirkungsvoll
etkinlik <-ği> *s* Aktivität *f*, Tätigkeit *f*
etkisiz *adj* ① wirkungslos ② ungültig
etli *adj* fleischig
etmek <-der> *vt* ① machen, tun ② (*kosten*) wert sein ③ (*Rechnung*) ergeben ④ (*sich belaufen auf*) betragen ⑤ (*zeitlich*) erreichen (-**i** etw) ⑥ jdn um etw bringen (-**i** -**den** jdn um etw) ⑦ etwas Böses antun (-**e** jdm); **bu ne kadar ediyor?** wie viel macht das?
etmen *s* Faktor *m*
etnik *adj* ethnisch; ~ **çatışmalar** Rassenunruhen *pl*
etnoloji *s* Völkerkunde *f*
etoburlar *npl* Raubtiere *pl*
etraf *s* Umgebung *f*; **etrafını almak** [*o* **çevirmek**] umstellen, umringen (-**in** jdn/etw)
etrafına I. *adv* (*mit Bewegung*) umher; ~ **bakınmak** sich nach allen Seiten umsehen II. *präp* (*Richtung*) um (-**in** +*akk*)
etrafında I. *adv* um, herum, umher II. *präp* ① (*Ort*) um, um ... herum (-**in** +*akk*) ② hinsichtlich (-**in** +*gen*); ~ **dönmek** umkreisen (-**in** jdn/etw)
etraflıca *adv* eingehend
etrafta *adv* herum, in der näheren Umgebung
etsiz *adj* fleischlos
ettirgen *adj* kausativ
etüt <-dü> *s* ① Etüde *f* ② (*nach Unterricht*) Übungszeit *f* ③ Studie *f*
euro *s* Euro *m*; ~ **bölgesi** Eurozone *f*; ~ **çek** Euroscheck *m*
ev *s* ① Haus *nt* ② Heim *nt* ③ Wohnung *f* ④ Familie *f*; ~ **bankacılığı** Homebanking *nt*; ~ **bark** Heim *nt*; ~ **eşyası** Hausrat *m*; ~ **hayvanı** Haustier *nt*; ~ **idaresi** Haushalt *m*; ~ **işi** Hausarbeit *f*; ~ **kadını** Hausfrau *f*; ~ **ödevi** Hausaufgabe *f*; ~ **sahibi** Gastgeber(in) *m(f)*, Hauseigentümer(in) *m(f)*, Vermieter(in) *m(f)*; ~ **ziyareti** Hausbesuch *m*; **evde** zu Hause; **evde kalmak** zu Hause bleiben; (*keinen Mann finden*) sitzen bleiben; **evde kalmış kız** alte Jungfer; **evden çıkarmak** (*Mieter*) kündigen; **evden çıkmak** ausziehen; **evden eve** von Haus zu Haus; **evde yok** er (sie) ist nicht zu Hause; **eve** nach Hause; **eve dönerken** auf dem Heimweg; **eve dönmek** heimkommen; **eve gitmek** heimgehen; **evsiz barksız** obdachlos; (*Person*) Obdachlose(r) *f(m)*; **evinizdeymiş gibi hareket edin!** fühlen Sie sich wie zu Hause!
evcil *adj* (*Haustier*) zahm; ~ **hayvan** Haustier *nt*
evcilleştirmek *vt* zähmen (-**i** etw)
evcimen *adj* häuslich
evermek *vt* (*fam*) verheiraten (-**i** jdn)
evet *interj* ja; **'evet' oyu** Jastimme *f*
evham *s* (grundlose) Verdächtigungen *pl*, Misstrauen *nt*
evhamlı I. *adj* unter einer Wahnvorstellung leidend II. *s Mensch, der sich unnötige Sorgen macht*
Evharistiya *s* (*Bibel*) Abendmahl *nt*
evirip çevirmek *vt* hin- und herdrehen (-**i** etw)
evirmek *vt* umändern, umwandeln (-**i** etw); **evire çevire** (*fam*) tüchtig, ordentlich
evladiyelik <-ği> *adj so haltbar, dass es an die nächste Generation vererbt werden kann*
evlat <-dı> *s* Kind *nt*; ~ **edinme** Adoption *f*; ~ **edinmek** adoptieren (-**i** jdn)
evlatlık <-ğı> *s* ① Pflegekind *nt* ② Adoptivkind *nt*
evlek <-ği> *s* ① (*Acker-*) Furche *f* ② (*auf einem Feld*) Wassergraben *m* ③ *türkisches Flächenmaß: ein viertel ‚dönüm' (etwa 230 qm)*
evlendirme *s* ① *Verbalsubstantiv zu* **evlendirmek** ② Vermählung *f*
evlendirmek *vt* ① *Kausativ zu* **evlenmek** ② verheiraten (-**i** jdn)

evlenme *s* ① *Verbalsubstantiv zu* **evlenmek** ② Heirat *f;* ~ **akdi** Eheschließung *f;* ~ **cüzdanı** Heiratsurkunde *f;* ~ **dairesi** Standesamt *nt;* ~ **ilanı** Heiratsanzeige *f;* ~ **kâğıdı** Trauschein *m;* ~ **teklifi** Heiratsantrag *m;* ~ **yıldönümü** (*Jahrestag*) Hochzeitstag *m*

evlenmek *vi* heiraten (**ile** jdn)

evli *adj* verheiratet

evlilik <-ği> *s* Ehe *f;* ~ **dışı** außerehelich; ~ **halkası** Ehering *m;* ~ **ilanı** Heiratsanzeige *f*

evliya *s* Heilige(r) *f(m)*, Schutzheilige(r) *f(m)*

evrak <-kı> *npl* ① Unterlagen *pl* ② Dokumente *pl;* ~ **çantası** Aktenkoffer *m,* Aktentasche *f*

evren *s* Weltall *nt,* Kosmos *m,* Universum *nt*

evrensel *adj* ① universal, kosmisch ② ökumenisch ③ global, weltweit

evrim *s* Evolution *f*

evvel I. *adv* früher, vorher II. *präp* (*zeitlich*) vor (**-den** +*dat*)

evvela *adv* zunächst, zuerst

evvelce *adv* zuvor, erst

evveliyat <-tı> *s* Vorgeschichte *f*

evvelki *adj* (*fam*) ehemalig, vorherig; ~ **gün** vorgestern

evvelsi *adj s.* **evvelki**

eyalet <-ti> *s* ① Bundesland *nt* ② (*hist*) *osmanische Provinz mit eigener Verwaltung;* ~ **hükümeti** Senat *m* (*in Berlin, Hamburg, Bremen*); ~ **meclisi** Landtag *m*

eyer *s* Sattel *m*

eylem *s* ① Aktion *f* ② Verb *nt,* Zeitwort *nt* ③ (systematisches) Arbeiten *nt*

eylemci *s* Aktivist(in) *m(f)*

eylemek *vt* machen, tun

eylül (**ayı**) *s* September *m*

eyvah *interj* o weh!

eyvallah *interj* ① danke! ② (*fam*) tschüss! ③ klar!, natürlich!

eza *s* Qual *f*

ezan *s* Gebetsruf *m*

ezber I. *s* ① Auswendigkönnen *nt* ② auswendig zu lernender Stoff II. *adv* auswendig

ezberci I. *adj* stumpfsinnig auswendig lernend II. *s* Büffler(in) *m(f)*

ezberden *adv* auswendig

ezbere *adv* auswendig, aus dem Gedächtnis

ezberlemek *vt* ① auswendig lernen (**-i** etw) ② sich einprägen (**-i** etw)

ezel *s* Ewigkeit *f*

ezgi *s* Melodie *f*

ezgisel *adj* melodisch

ezik <-ği> *adj* ① (*Banane*) zerdrückt ② (*Person*) unterdrückt

eziklik <-ği> *s* Depression *f,* Niedergeschlagenheit *f*

eziyet <-ti> *s* Mühe *f;* **birine ~ etmek** jdn quälen, jdn schikanieren

eziyetli *adj* mühsam, mühselig

ezme *s* ① *Verbalsubstantiv zu* **ezmek** ② Mus *nt*

ezmek <-er> *vt* ① zerdrücken (**-i** etw) ② (mit Füßen) treten (**-i** etw) ③ (*Menschen*) überfahren (**-i** jdn) ④ unterdrücken (**-i** jdn) ⑤ (*Gegner*) überwältigen (**-i** jdn) ⑥ (*Kartoffel*) stampfen (**-i** etw)

F, f *s siebter Buchstabe des türk. Alphabets*

faal <-li> *adj* aktiv, tätig

faaliyet <-ti> *s* ❶ Aktivität *f*, Tätigkeit *f* ❷ Aktion *f*; **faaliyete geçmek** in Aktion treten

fabl *s* Fabel *f*

fabrika *s* Fabrik *f*; ~ **işçisi** Fabrikarbeiter(in) *m(f)*

fabrikatör *s* Fabrikant(in) *m(f)*

facia *s* Katastrophe *f*; (*Unglück*) Tragödie *f*

fagot <-tu> *s* Fagott *nt*

fahiş *adj* ❶ übermäßig ❷ (*Preis*) unerschwinglich; ~ **fiyat** Wucherpreis *m*

fahişe *s* Prostituierte *f*; (*pej*) Hure *f*; (*männlich*) Stricher *m*

fahişelik <-ği> *s* Prostitution *f*

fahri *adj* ehrenamtlich; ~ **görev** Ehrenamt *nt*; ~ **hemşehri** Ehrenbürger(in) *m(f)*; ~ **olarak** ehrenamtlich

fail *s* ❶ Täter(in) *m(f)* ❷ Urheber(in) *m(f)*; **faili meçhul** (*Verbrechen*) unaufgeklärt

fair-play *s* Fairplay *nt*

faiz *s* Zins *m*; ~ **fiyatı** [*o* **oranı**] Zinssatz *m*; ~ **miktarı** Verzinsung *f*; **faizin faizi** Zinseszins *m*

faizsiz *adj* zinslos

fak <-kı> *s* Falle *f*; **faka basmak** hereinfallen; **faka bastırmak** hereinlegen (**-i** jdn)

fakat *konj* aber, jedoch

fakir *adj* arm, mittellos; ~ **düşmüş** verarmt; ~ **fukara** (*fam*) die Armen *pl*

fakirane *adj* ❶ arm, ärmlich ❷ (*Mahlzeit*) karg ❸ bescheiden, schlicht

fakirlik <-ği> *s* Armut *f*

faks *s* Fax *nt*; ~ **çekmek** faxen (**-e** jdm); ~ **numarası** Faxnummer *f*

fakslamak *vt* faxen (**-e -i** jdm etw)

faktör *s* Faktor *m*

fakülte *s* Fakultät *f*

fal *s* Wahrsagen *nt*; **fal**(**a**) **bakmak** wahrsagen

falan *s* (*fam*) ❶ Dings *m o f o nt*, Herr Soundso, Frau Soundso *m, f* ❷ der und der, dies und jenes ❸ *nachgestellt* und so weiter, und so

falcı *s* Wahrsager(in) *m(f)*

falcılık <-ğı> *s* Voraussage *f*, Weissagung *f*

falso *s* ❶ Fehlgriff *m*, Missgriff *m* ❷ Misston *m*

familya *s* (*Tier- und Pflanzenreich*) Familie *f*

fanfar *s* Fanfare *f*

fani *adj* vergänglich, sterblich

fanila *s* ❶ Flanell *m* ❷ Unterhemd *nt*

fantezi *s* ❶ Fantasie *f* ❷ Fantasieprodukt *nt*

far *s* ❶ Scheinwerfer *m* ❷ Lidschatten *m*

faraş *s* (Müll)schaufel *f*

faraza *konj* gesetzt den Fall, angenommen

farazi *adj* hypothetisch

faraziye *s* Hypothese *f*

fare *s* Maus *f*; ~ **deliği** Mauseloch *nt*; ~ **kapanı** Mausefalle *f*; ~ **zehri** Rattengift *nt*

fark <-kı> *s* ❶ Differenz *f*, Unterschied *m* ❷ Wahrnehmen *nt* ❸ (*fig*) Gefälle *nt* ❹ (Unterscheidungs)merkmal *nt*; ~ **etmek** unterscheiden; (*wahrnehmen*) merken; (*trennen*) unterscheiden (**-i** etw); ~ **gözetmemek** alles in einen Topf werfen; ~ **etmez** das ist egal, das macht nichts; **benim için** ~ **etmez** das macht (mir) nichts (aus); **farkına varmak** bemerken (**-in** jdn/etw)

farklı *adj* ① unterschiedlich, verschieden ② differenziert ③ abweichend
farklılaştırmak *vt* unterscheiden, differenzieren (**-i** etw)
farklılık <-ğı> *s* Unterschied *m*
fars *s* Schwank *m*
Fars I. *s* Perser(in) *m(f)* II. *adj* (*Art*) persisch
Farsça *adj* (*Sprache*) persisch
farz *s* ① Mutmaßung *f* ② (*islamisch*) kanonische Vorschrift; ~ **edelim ki** gesetzt den Fall, dass; ~ **etmek** annehmen (**-i** etw)
Fas I. *s* Marokko *nt* II. *adj* (*Art*) marokkanisch
fasıl <-slı> *s* ① (*Kapitel*) Abschnitt *nt* ② *orientalische Musikart*
fasıla *s* ① Zeitabstand *m* ② Pause *f* ③ Intervall *nt*
Faslı I. *s* Marokkaner(in) *m(f)* II. *adj* (*Herkunft*) marokkanisch
fasulye *s* Bohne *f*; ~ **pilaki** Bohnen *pl* in Öl
faşist <-ti> I. *s* Faschist(in) *m(f)* II. *adj* faschistisch
faşistlik <-ği> *s* Faschismus *m*
faşizm *s* Faschismus *m*
fatih *s* Eroberer *m*; **Fatih Köprüsü** *die zweite, 1987 erbaute Bosporusbrücke*
fatiha *s* Fatiha *f* (*erste Sure des Korans*)
fatura *s* Rechnung *f*
faul *s* Foul(spiel) *nt*
fauna *s* Fauna *f*
favori *s* ① Favorit(in) *m(f)* ② (*Backenbart*) Koteletten *pl*
fay *s* (*geologische*) Verschiebung *f*, Verwerfung *f*; ~ **hattı** Verwerfungslinie *f*
fayans *s* Fliese *f*, (glasierte) Kachel *f*
fayanslı *adj* gekachelt
fayda *s* ① Nutzen *m* ② Vorteil *m*, Gewinn *m*
faydalanmak *vi* ① nutzen (**-den** etw) ② ausnutzen (**-den** etw) ③ profitieren (**-den** von etw)
faydalı *adj* nützlich, vorteilhaft
faydasız *adj* ① nutzlos, unnütz ② zwecklos
faydasızlık <-ğı> *s* Nutzlosigkeit *f*
fayton *s* Kutsche *f*
faytoncu *s* Kutscher *m*
fazilet <-ti> *s* ① Tugend *f* ② Begabung *f*
fazla I. *adj* ① viel ② zu viel ③ überflüssig II. *adv* ① viel ② zu sehr ③ mehr (als) III. *s* Rest *m*, Überbleibsel *nt*; ~ **basınç** [*o* **tazyik**] Überdruck *m*; ~ **olarak** noch dazu, überdies; ~ **olmak** sich erübrigen; (*fig*) zu weit gehen
fazlalaşmak *vr* sich vermehren
fazlalık <-ğı> *s* Überschuss *m*, Überzahl *f*
fazlasıyla *adv* allzu, allzu sehr, allzu viel
feci *adj* katastrophal, tragisch
feda *s* Opfer *nt*; ~ **etmek** opfern (**-i** etw)
fedai *s* ① *Mensch, der sein Leben für ein hohes Ziel opfert* ② Leibwächter *m*
fedakar *adj* ① opferbereit ② selbstlos
fedakarlık <-ğı> *s* ① Opferbereitschaft *f* ② Selbstlosigkeit *f*; ~ **etmek** [*o* **göstermek**] Opfer bringen, verzichten
federal *adj* ① bundesstaatlich, Bundes- ② (*in der Schweiz*) eidgenössisch; **Federal Almanya Cumhuriyeti** Bundesrepublik Deutschland *f*; ~ **başbakan** Bundeskanzler(in) *m(f)*; ~ **cumhurbaşkan** Bundespräsident(in) *m(f)*; ~ **cumhuriyet** Bundesrepublik *f*; ~ **devlet** Bundesstaat *m*; ~ **hükümet** Bundesregierung *f*; **Federal Konsey** Bundesrat *m*; **Federal Parlamento** Bundestag *m*
federalizm *s* Föderalismus *m*
felaket <-ti> *s* ① Katastrophe *f* ② Schicksalsschlag *m*; ~ **bölgesi** Katastrophengebiet *nt*
felaketli *adj* unheilvoll
felç <-ci> *s* ① Schlaganfall *m* ② Lähmung *f*; ~ **etmek** lähmen (**-i** etw); ~ **olmak** (*Verkehr*) zusammenbre-

chen; **yarım** ~ halbseitige Lähmung *f;* **felce uğratmak** lahmlegen (**-i** etw)

felek <-ği> *s* ① Himmel *m,* Himmelsgewölbe *nt* ② *(fam)* Schicksal *nt;* **feleğin çemberinden geçmiş olmak** mit allen Wassern gewaschen sein

felsefe *s* Philosophie *f*

felsefi *adj* philosophisch

feminist <-ti> **I.** *s* Feminist(in) *m(f)* **II.** *adj* feministisch

feminizm *s* Feminismus *m*

fen <-nni> *s* ① Naturwissenschaft *f* ② Technik *f;* ~ **bilimleri** Naturwissenschaften *pl*

fena *adj, adv* schlecht, schlimm, böse; ~ **değil** nicht übel; ~ **halde** sehr, arg

fenalaşmak *vi* ① sich verschlechtern ② Übelkeit empfinden ③ ernstlich erkranken ④ in Ohnmacht fallen

fenalık <-ğı> *s* ① schlechter Zustand ② Bosheit *f* ③ Übelkeit *f*

fener *s* ① Lampe *f,* Leuchte *f* ② Leuchtturm *m;* ~ **alayı** Fackelzug *m;* ~ **kulesi** Leuchtturm *m*

fenik <-ği> *s* Pfennig *m*

fenni *adj* ① naturwissenschaftlich ② technisch ③ fachmännisch ④ *(fig)* modern

fenni <-ni> *s Possessivform zu* **fen** die Wissenschaft von ...

feodal <-li> *adj* feudal, feudalistisch

feragat <-ti> *s* ① Selbstlosigkeit *f* ② Verzicht *m;* ~ **etmek** verzichten (**-den** auf etw)

ferah *adj* ① erleichtert ② *(geräumig)* weit

ferahlamak *vi* ① aufatmen, erleichtert sein ② *(Zimmer)* geräumiger werden ③ bequemer leben können

ferahlatıcı *adj* wohltuend

ferahlık <-ğı> *s* ① Geräumigkeit *f* ② Erleichterung *f*

ferdi *adj* individuell

ferdiyet <-ti> *s* Individualität *f*

feribot <-tu> *s* Fähre *f*

fermuar *s* Reißverschluss *m*

fert <-di> *s* Individuum *nt*

feryat <-dı> *s* ① Jammer *m* ② Hilferuf *m,* Schrei *m;* ~ **etmek** jammern, um Hilfe rufen

fesat <-dı> **I.** *s* ① Gebrechen *nt,* Beschwerde *f* ② Unruhen *pl,* Aufruhr *m* **II.** *adj* heimtückisch

feshetmek <-der> *vt* ① JUR auflösen; *(Vertrag)* kündigen (**-i** etw) ② *(Bestimmungen)* aufheben (**-i** etw)

fesih <-shi> *s* ① Aufhebung *f,* Kündigung *f* ② Auflösung *f;* **feshi ihbar** Kündigung *f;* **feshi ihbar olunamaz** *(Vertrag)* unkündbar; **feshi kabil olan** kündbar; **feshini ihbar etmek** kündigen (**-in** etw)

fesleğen *s* Basilikum *nt*

festival <-li> *s* ① Festival *nt,* Festspiele *pl* ② Festwochen *pl*

fethetmek <-der> *vt* *(Stadt)* einnehmen, erobern (**-i** etw)

fetih <-thi> *s* Einnahme *f,* Eroberung *f*

fetiş *s* Fetisch *m*

fevkalade **I.** *adj* ① außergewöhnlich, außerordentlich ② großartig; *(fam)* toll **II.** *adv* sehr

fevkaledelik <-ği> *s* Außergewöhnlichkeit *f,* Besonderheit *f*

feza *s* Weltraum *m*

fıçı *s* Fass *nt;* ~ **birası** Bier *nt* vom Fass; ~ **gibi** *(Person)* klein und dick; ~ **tapası** Zapfen *m*

fıkra *s* ① Anekdote *f* ② JUR Paragraph *m*

fındık <-ğı> *s* Haselnuss *f;* ~ **ağacı** Haselstrauch *m*

fındıkkıran *s* Nussknacker *m*

Fırat <-tı> *s* Euphrat *m*

fırça *s* ① Bürste *f* ② Pinsel *m* ③ *(fam: Tadel)* Anschiss *m*

fırçalamak *vt* ① ab-, ausbürsten (**-i** etw) ② schrubben (**-i** etw) ③ *(fam)* runterputzen (**-i** jdn)

fırçalanmak *vi* ① *Passiv zu* **fırçalamak** ② beschimpft werden

fırdolayı *adv* rings, rings(her)um

fırıldak <-ğı> *s* ① Wetterhahn *m*, Windfahne *f* ② Kreisel *m* ③ Füllungsklappe *f*

fırın *s* ① Bäckerei *f* ② Backofen *m* ③ (Küchen)herd *m*

fırıncı *s* Bäcker(in) *m(f)*

fırlamak *vi* ① springen, aufspringen ② auffliegen ③ vorspringen, herausragen ④ sich stürzen (**-e** auf/in etw) ⑤ (*Preise*) steigen, in die Höhe gehen

fırlamış *adj* herausragend

fırlatmak *vt* ① *Kausativ zu* **fırlamak** ② werfen, schleudern (**-i** etw/jdn)

fırsat <-tı> *s* Gelegenheit *f*, Chance *f*; **~ olursa** bei Gelegenheit; **~ vermek** Anlass geben, Gelegenheit geben; **fırsatı kaçırmak** die Gelegenheit verpassen; **fırsatı kaçırmamak** sich *dat* etwas nicht entgehen lassen, die Gelegenheit ergreifen, zugreifen; **fırsattan yararlanmak** die Gelegenheit wahrnehmen

fırtına *s* ① Sturm *m*, Gewitter *nt*, Unwetter *nt* ② heftiger Streit

fırtınalı *adj* stürmisch

fısıldamak *vi* flüstern

fısıltı *s* Geflüster *nt*

fıskiye *s* Springbrunnen *m*

fıstık <-ğı> *s* ① Pistazie *f* ② Erdnuss *f* ③ Pinienkern *m*; **~ çamı** Pinie *f*

fışırdamak *vi* ① (*Papier*) knistern ② (*Wasser*) plätschern

fışkı *s* Dünger *m*; (*Pferde-, Esel-*) Mist *m*

fışkırmak *vi* ① ausströmen ② (heraus)sprudeln, (heraus)spritzen ③ (*Pflanze*) gedeihen ④ (*Licht*) herausdringen

fıtık <-ğı> *s* Leistenbruch *m*

fidan *s* (*junge Pflanze*) Spross *m*, Sprössling *m*

fidanlık <-ğı> *s* neu bepflanztes Beet *nt*

fidye *s* Lösegeld *nt*

figür *s* ① (*bei Tanz*) Figur *f* ② (*Person*) Gestalt *f* ③ Abbild *nt*

figüran *s* Statist(in) *m(f)*

fihrist <-ti> *s* Inhaltsverzeichnis *nt*

fiil *s* ① Verb *nt*, Zeitwort *nt* ② Tat *f*; **~ çekimi** Konjugation *f*

fiilen *adv* praktisch, wirklich

fikir <-kri> *s* ① Gedanke *m*, Idee *f*, Überlegung *f* ② Meinung *f* ③ (*Idee*) Vorstellung *f* ④ (*Auffassung*) Anschauung *f* ⑤ Gedächtnis *nt*; **~ adamı** Denker *m*; **~ alışverişi** Meinungsaustausch *m*; **~ annesi** Initiatorin *f*; **~ ayrılığı** Meinungsverschiedenheit *f*; **~ babası** (*einer Idee*) geistiger Vater *m*; (*eines Projekts*) Initiator *m*; **~ edinmek** sich ein Bild machen (**-in hakkında** von etw/jdm); **~ özgürlüğü** Meinungsfreiheit *f*; **~ yürütmek** sich zu etwas äußern; **fikrini değiştirmek** seine Meinung ändern, es sich anders überlegen

fikri *adj* geistig, gedanklich; **~ ve sınai mülkiyet** intellektuelles [*o* geistiges] Eigentum

fikri <-ni> *s Possessivform zu* **fikir** seine/ihre Meinung *f*

fil *s* ① Elefant *m* ② (*Schach*) Läufer *m*

filan *pron* ① der/die Soundso ② der und der, dies und jenes ③ und so weiter

filanca *s* Dingsbums *m o f o nt*

filatelist <-ti> *s* Briefmarkensammler(in) *m(f)*

fildişi <-ni> **I.** *s* ① (*des Elefanten*) Stoßzahn *m* ② Elfenbein *nt* ③ Zahnbein *nt* **II.** *adj* aus Elfenbein; **Fildişi Sahili** Elfenbeinküste *f*

file *s* (*Haar-, Einkaufs-*) Netz *nt*

fileto *s* Filet *nt*

filika *s* Schaluppe *f*; (*Rettungsboot*) Beiboot *nt*

Filipinler, Filipin Adaları <-nı> *s* die Philippinen *pl*

Filipinli *s* Filipino *m*, Filipina *f*

Filistin *s* Palästina *nt*

Filistinli *s* Palästinenser(in) *m(f)*

filiz *s* Spross *m*, Sprössling *m*, Trieb *m*; **~ sürmek** sprießen

filizlenmek *vi* ① Triebe ansetzen ② sich zu entwickeln beginnen

film *s* Film *m;* ~ **çekmek** filmen; ~ **çevirmek** einen Film drehen; ~ **festivali** Filmfestival *nt;* ~ **kamerası** [*o* **makinesi**] Filmkamera *f;* ~ **müziği** Filmmusik *f;* ~ **yapımcısı** Filmemacher(in) *m(f);* ~ **yıldızı** Filmstar *m;* **filme almak** verfilmen (-**i** etw)

filo *s* Flotte *f,* Geschwader *nt*

F

filolog *s* Philologe, Philologin *m, f*

filoloji *s* Philologie *f*

filozof *s* Philosoph(in) *m(f)*

filozofi *s* Philosophie *f*

filtre *s* Filter *m;* ~ **kahve** Filterkaffee *m;* ~ **kâğıdı** Filterpapier *nt*

filtrelemek *vt* filtern (-**i** etw)

filtreli *adj* mit Filter; ~ **sigara** Filterzigarette *f*

Fin **I.** *s* Finne *m,* Finnin *f* **II.** *adj* (*Art*) finnisch

final <-li> *s* Finale *nt,* Endkampf *m;* ~ **maçı** Endspiel *nt*

finalist <-ti> *s* SPORT Finalteilnehmer(in) *m(f),* Finalist(in) *m(f)*

finansal *adj* finanziell, Finanz-; ~ **hizmet** Finanzdienstleistung *f;* ~ **kiralama** Leasing *nt*

finanse etmek *vt* finanzieren (-**i** etw/jdn)

finansiyel *adj* finanziell

finansman *s* Finanzierung *f*

fincan *s* Tasse *f;* ~ **tabağı** Untertasse *f*

Fince *adj* (*Sprache*) finnisch

fingirdek <-ği> *adj* (*fam*) kokett

fingirdemek *vi* (*fam*) kokettieren

finiş *s* Endspurt *m*

Finlandiya **I.** *s* Finnland *nt* **II.** *adj* (*Art*) finnisch

Finlandiyalı **I.** *s* Finne *m,* Finnin *f* **II.** *adj* (*Herkunft*) finnisch

firar *s* ① (*aus dem Gefängnis*) Ausbruch *m* ② Flucht *f;* ~ **etmek** ausbrechen, (ent)fliehen

firkete *s* Haarnadel *f*

firma *s* Firma *f,* Betrieb *m*

firuze *s* Türkis *m*

fistül *s* Fistel *f*

fiş *s* ① Stecker *m* ② Bon *m,* Gutschein *m* ③ Karteikarte *f* ④ Spielmarke *f* ⑤ Kassenzettel *m*

fişek <-ği> *s* ① Patrone *f* ② (*Feuerwerk*) Rakete *f;* ~ **eğlenceleri** Feuerwerk *nt;* ~ **yatağı** (*an Waffe*) Magazin *nt*

fitil *s* ① Docht *m* ② Zündschnur *f* ③ Tampon *m* ④ Zäpfchen *nt*

fitnes kulübü <-nü> *s* Fitnesscenter *nt*

fitre *s* (*islamisch*) *im Ramadan vorgeschriebene Almosen*

fiyaka *s* (*fam*) Angeberei *f*

fiyasko *s* (*fam*) Misserfolg *m,* Pleite *f*

fiyat <-tı> *s* Preis *m;* ~ **etiketi** [*o* **fişi**] Preisschild *nt;* ~ **indirme** Preisnachlass *m;* ~ **listesi** Preisliste *f,* Tarif *m;* ~ **zammı** Preisaufschlag *m*

fizik <-ği> *s* ① Physik *f* ② Körperbau *m*

fizikçi *s* Physiker(in) *m(f)*

fiziki *adj* ① physikalisch ② (*körperlich*) physisch

fizikötesi <-ni> **I.** *s* Metaphysik *f* **II.** *adj* übersinnlich, metaphysisch

fiziksel *adj* ① physikalisch ② (*körperlich*) physisch

fizyoloji *s* Physiologie *f*

fizyonomi *s* Physiognomie *f*

flamankuşu <-nu> *s* Flamingo *m*

flamingo *s* Flamingo *m*

flanel **I.** *s* Flanell *m* **II.** *adj* aus Flanell

flaş *s* Blitzlicht(gerät) *nt*

floresan lamba *s* Neonröhre *f*

flört <-tü> *s* Flirt *m;* ~ **etmek** flirten

flüt <-tü> *s* Querflöte *f*

fok <-ku> *s* Seehund *m,* Robbe *f*

folklor *s* Folklore *f,* Volkskunde *f*

folyo *s* Folie *f*

fon *s* ① Hintergrund *m* ② FIN Fonds *m*

fondan *s* gefüllte Praline *f*

fonetik <-ği> **I.** *s* Phonetik *f* **II.** *adj* phonetisch; ~ **yazı** Lautschrift *f*

fonksiyon *s* Funktion *f*

font <-tu> *s* Schriftart *f*, Font *m*
fora *interj* hinaus!; ~ **etmek** (*Segel*) aufziehen; (*Fenster*) weit öffnen
forklift <-ti> *s* Gabelstapler *m*
form *s* ① Form *f* ② SPORT (gute) Form *f* ③ Formular *nt;* **formdan düşmek** aus der Übung kommen; **formunda olmak** fit sein
forma *s* ① Format *nt* ② Uniform *f* ③ Schulkleidung *f*
formalite *s* Formalität *f*
format <-tı> *s* INFORM Format *nt*
formül *s* ① Formel *f* ② Formular *nt*
formüla 1 *s* Formel 1 *f;* ~ **arabası** Formel-1-Wagen *m;* ~ **yarışı** Formel-1-Rennen *nt*
formüle etmek *vt* formulieren (**-i** etw)
formüler *s* Formular *nt*, Vordruck *m*
fors *s* ① Flagge *f* ② (*Einfluss*) Macht *f*
forseps *s* (Geburts)zange *f*
forslu *adj* einflussreich, angesehen
forvet <-ti> *s* SPORT Stürmer *m*
fosfat <-tı> *s* Phosphat *nt*
fosfor *s* Phosphor *m*
fosforlu *adj* ① phosphorhaltig ② (*Zifferblatt*) leuchtend; ~ **kalem** (*Stift*) Marker *m*
fosil *s* Fossil *nt*
fosur fosur *adv* (*pej fam*) paffend, qualmend; ~ **sigara içmek** (*fam*) qualmen
foto *s* Foto *nt;* ~ **albümü** Fotoalbum *nt;* ~ **makineli cep (telefonu)** TELEK Fotohandy *nt;* ~ **model** Fotomodell *nt*
fotoğraf *s* Fotografie *f*, Foto *nt;* ~ [*o* **resim**] **çekmek** fotografieren; ~ **makinesi** Fotoapparat *m*, Kamera *f*
fotoğrafçı *s* Fotograf(in) *m(f)*
fotojenik <-ği> *adj* fotogen
fotokopi *s* Fotokopie *f;* ~ **makinesi** Fotokopierer *m;* ~ **yapmak** fotokopieren (**-i** etw)
fotomontaj *s* Fotomontage *f*
foya *s* ① Metallfolie *f* ② (*fam*) falscher Schein; **foyası meydana çıkmak** entlarvt werden
föyton *s* Feuilleton *nt*
frak <-kı> *s* Frack *m*
fraksiyon *s* Fraktion *f*
francala *s* Baguette *nt*
frank <-gı> *s* (*in der Schweiz*) Franken *m;* (*hist: in Frankreich*) Franc *m*
Fransa **I.** *s* Frankreich *nt* **II.** *adj* (*Art*) französisch
Fransız **I.** *s* Franzose *m*, Französin *f* **II.** *adj* (*Art*) französisch
Fransızca *adj* (*Sprache*) französisch
frekans *s* Frequenz *f;* ~ **tahsisi** RADIO, INFORM Frequenzzuweisung *f*
fren *s* Bremse *f;* ~ **pedalı** Bremspedal *nt;* ~ **tabanı** Bremsbelag *m;* ~ **yapmak** bremsen
frengi *s* Syphilis *f*
frenkgömleği <-ni> *s* Oberhemd *nt*
frenküzümü <-nü> *s* Johannisbeere *f*
frenlemek *vt* ① bremsen (**-i** etw) ② zügeln (**-i** etw)
fresk <-ki> *s* Fresko *nt*
frijider *s* Kühlschrank *m*
frikik <-ki> *s* Freistoß *m*
fuar *s* Ausstellung *f*, Messe *f;* ~ **alanı** Messegelände *nt*
fuaye *s* Foyer *nt*
fuhuş *s* Prostitution *f*
fukara **I.** *npl* die Armen **II.** *adj* arm, mittellos
fukaralık <-ğı> *s* Armut *f*
fulya *s* Narzisse *f*
funda *s* Heidekraut *nt*
fundalık <-ğı> *s* ① Gebüsch *nt*, Gestrüpp *nt* ② Heide *f*
fundamentalist <-ti> *s* Fundamentalist(in) *m(f)*
fundamentalizm *s* Fundamentalismus *m*
furş *s* Fahrradgabel *f*
furya *s* (*fam*) Wahn *m;* **seks furyası** Sexwahn *m*
futbol *s* ① Fußball *m* ② Fußballspiel *nt;* ~ **maçı** Fußballspiel *nt;* ~ **oynamak** Fußball spielen; ~ **sahası** Fußball-

F

platz *m;* ~ **takımı** Fußballmannschaft *f;* ~ **topu** Fußball *m*
futbolcu *s* Fußballspieler(in) *m(f)*
füme *adj* geräuchert; ~ **et** Rauchfleisch *nt*
füze *s* Rakete *f*

Gg

G

G, g *s achter Buchstabe des türk. Alphabets*
gaddar *adj* ❶ grausam, erbarmungslos ❷ unmenschlich
gaddarlık <-ğı> *s* Grausamkeit *f*
gaf *s* Missgriff *m;* ~ **yapmak** ins Fettnäpfchen treten
gafil *adj* unachtsam; ~ **avlamak** überrumpeln (**-i** jdn)
gaga *s* Schnabel *m*
gagalamak *vt* (auf)picken (**-i** etw)
Gal *s* Wales *nt*
gala *s* ❶ Bankett *nt* ❷ Galavorstellung *f* ❸ Premiere *f*
galaksi *s* Galaxie *f*
galeri *s* ❶ THEAT Galerie *f* ❷ BERGB Stollen *m* ❸ Gemäldegalerie *f*
galiba *adv* vermutlich, wahrscheinlich
galip <-bi> **I.** *s* Sieger(in) *m(f)* **II.** *adj* ❶ siegreich ❷ überlegen
gam *s* ❶ Tonleiter *m* ❷ Oktav(e) *f*
gam <-mmı> *s* Kummer *m,* Sorge *f*
gamalı haç <-çı> *s* Hakenkreuz *nt*
gamlı *adj* betrübt
gammaz *s* (*fam*) Petzer(in) *m(f)*
gammazlamak *vt* (*fam*) verpetzen (**-i -e** jdn bei jdm)
gamsız *adj* sorglos
gamze *s* ❶ Zuzwinkern *nt* ❷ (*in der Wange*) Grübchen *nt*
gangster *s* Gangster *m*
ganimet <-ti> *s* ❶ (Kriegs)beute *f* ❷ Gottesgeschenk *nt*
gar *s* Bahnhof *m*
garaj *s* ❶ Garage *f* ❷ Busbahnhof *m*
garanti I. *s* Garantie *f,* Gewähr *f* **II.** *adv* garantiert; ~ **etmek** verbürgen, garantieren (**-i** etw)
garantilemek *vt* garantieren (**-i** etw)
gardırop <-bu> *s* Garderobe *f*
gardiyan *s* (*im Gefängnis*) Aufseher(in) *m(f),* Wärter(in) *m(f)*
gargara *s* ❶ Gurgeln *nt* ❷ Mundwasser *nt;* ~ **etmek** gurgeln
gargara (**ilacı**) *s* Gurgelwasser *nt*
garip <-bi> *adj* ❶ seltsam, sonderbar, merkwürdig ❷ fremd ❸ arm, bedauernswert
gariplik <-ği> *s* ❶ Merkwürdigkeit *f* ❷ Einsamkeit *f,* Verlassenheit *f* ❸ bedauernswerter Zustand
gark <-kı> *s* Versinken *nt;* ~ **etmek** versenken; (*fam*) überhäufen, überschütten (**-i -e** jdn mit etw)
garnitür *s* ❶ Beilage *f* ❷ Garnierung *f* ❸ Garnitur *f*
garnizon *s* ❶ Garnison *f* ❷ MIL Standort *m*
Garp <-bı> *s* Abendland *nt*
garson *s* Kellner *m;* ~**!** Herr Ober!
garsoniye *s* Bedienungsgeld *nt*
gavur I. *s* (*pej: Nichtmoslem*) Ungläubige(r) *f(m)* **II.** *adj* ❶ (*pej*) ungläubig ❷ unbarmherzig, erbarmungslos
gay <-yi> *s* Schwuler *m,* Homosexueller *m*
gaye *s* Ziel *nt,* Zweck *m*
gayret <-ti> *s* ❶ (Wett)eifer *m* ❷ Fleiß *m* ❸ Anstrengung *f,* Mühe *f;*

~ **etmek** (*sich anstrengen*) sich bemühen
gayretli *adj* fleißig, strebsam
gayri *adj* ~ **menkul** unbewegliches Gut; ~ **meşru** (*Kind*) unehelich; (*allgemein*) illegal; ~ **safi** brutto; ~ **safi hasılat** Bruttoeinkommen *nt;* ~ **safi milli hasıla** Bruttosozialprodukt *nt*
gaz *s* ① Gas *nt* ② Blähung *f* ③ Petroleum *nt;* ~ **bezi** Mullbinde *f;* ~ **hartucu** Gaskartusche *f;* ~ **maskesi** Gasmaske *f;* ~ **ocağı** Gaskocher *m;* ~ **pedalı** Gaspedal *nt;* ~ **sobası** Gasofen *m;* ~ **şişesi** Gasflasche *f;* **gaza basmak** Gas geben
gazap <-bı> *s* Zorn *m*
gazete *s* Zeitung *f;* ~ **bayii** Zeitungskiosk *m;* ~ **ilanı** Annonce *f;* ~ **satıcısı** Zeitungsverkäufer(in) *m(f);* ~ **yazarı** (Zeitungs)redakteur(in) *m(f)*
gazeteci *s* ① Journalist(in) *m(f)* ② Zeitungsverkäufer(in) *m(f)* ③ *Inhaber(in) eines Zeitungsverlags*
gazetecilik <-ği> *s* ① Journalismus *m* ② Publizistik *f* ③ Zeitungswesen *nt*
gazi *s* ① Kriegsveteran *m* ② Glaubenskämpfer *m* ③ *Ehrentitel für Feldherren*
Gaziantep *s Stadt im östlichen Taurusvorland*
gazino *s großes vornehmes Restaurant* (*mit Musikprogramm*)
gazlı *adj* ① Gas enthaltend, Gas- ② ~ **bez** Gaze *f,* Verbandsmull *m*
gazoz *s* (Brause)limonade *f*
gazyağı <-nı> *s* Petroleum *nt;* ~ **lambası** Petroleumlampe *f*
Gazze Şeridi <-ni> *s* Gazastreifen *m*
gebe *adj* ① schwanger ② (*Tier*) trächtig; ~ **kalma** Empfängnis *f;* ~ **kalmak** schwanger werden
gebelik <-ği> *s* Schwangerschaft *f;* **gebeliği önleyici araç** Verhütungsmittel *nt;* **gebeliği önleyici hap** Antibabypille *f*
gebermek *vi* (*vulg*) verrecken, krepieren
gebre *s* Kaper *f*
gece I. *s* Nacht *f* II. *adv* ① bei Nacht, in der Nacht ② über Nacht III. *adj* nächtlich; **bu** ~ heute Nacht; ~ **bekçisi** Nachtwächter *m;* ~ **elbisesi** Abendkleid *nt;* ~ **gündüz** Tag und Nacht; ~ **hayatı** Nachtleben *nt;* ~ **hemşiresi** Nachtschwester *f;* ~ **işi** Nachtarbeit *f,* Nachtschicht *f;* ~ **kulübü** Nachtlokal *nt,* Bar *f;* ~ **oluyor** es wird Nacht; ~ **yarısı** Mitternacht *f,* um Mitternacht; **geceleri** nachts, jede Nacht
gecekondu *s* über Nacht gebautes Haus (*ohne behördliche Genehmigung*); ~ **mahallesi** [*o* **semti**] (*illegal erbaute*) Barackensiedlung *f*
geceleme *s* ① *Verbalsubstantiv zu* **gecelemek** ② Übernachtung *f*
gecelemek *vi* übernachten
geceleyin *adv* bei Nacht, in der Nacht, nachts
gecelik <-ği> I. *s* Nachthemd *nt,* Schlafanzug *m* II. *adj* ① für die Nacht, Nacht- ② (*mit Zahlangabe*) für ... Nacht/Nächte
gecikme *s* ① *Verbalsubstantiv zu* **gecikmek** ② Verspätung *f* ③ Verzögerung *f*
gecikmek *vi* ① sich verspäten ② sich verzögern ③ im Rückstand sein
geciktirmek *vt* ① *Kausativ zu* **gecikmek** ② verzögern (**-i** etw) ③ verschieben (**-i -e** etw auf etw) ④ auf sich warten lassen (**-i** mit etw)
geç I. *adj* spät II. *adv* spät, zu spät; ~ **kalmak** sich verspäten; ~ **oluyor** es wird spät
geçe *präp* (*Uhrzeit*) nach; **beşi on** ~ zehn nach fünf
geçen *adj* (*vorig*) letzte(r, s); ~ **defa** das letzte Mal; ~ **gün** neulich; ~ **hafta** letzte Woche; ~ **yıl** [*o* **sene**] voriges Jahr
geçenek <-ği> *s* Flur *m,* Gang *m,* Korridor *m*
geçenlerde *adv* neulich, unlängst, vor kurzem

geçer *adj* ① gültig ② gängig, gebräuchlich

geçerli *adj* gültig

geçer(li)lik <-ği> *s* Gültigkeit *f*

geçersiz *adj* ungültig

geçgeçlemek *vi* (*beim Fernsehen*) zappen

geçici *adj* ① vorübergehend ② vergänglich ③ vorläufig ④ provisorisch ⑤ (*Krankheit*) ansteckend; ~ **müşteriler** Laufkundschaft *f*

geçim *s* ① (Lebens)unterhalt *m* ② (harmonisches) Zusammenleben *nt* ③ Auskommen *nt;* ~ **masrafları** Lebenshaltungskosten *pl*

geçimli *adj* umgänglich, verträglich

geçimsiz *adj* unverträglich, nicht umgänglich

geçimsizlik <-ği> *s* Streit *m*

geçindirmek *vt* ① *Kausativ zu* **geçinmek** ② für jds Lebensunterhalt sorgen, ernähren (**-i** jdn)

geçinmek *vi* ① sich ernähren, leben (**ile** von etw) ② gut auskommen (**ile** mit jdm) ③ sich aufspielen (als ...)

geçirmek *vt* ① *Kausativ zu* **geçmek** ② durchlassen, passieren lassen (**-i** jdn/etw) ③ (*Krise*) durchmachen (**-i** etw) ④ erleben, erfahren (**-i** etw) ⑤ (*Zeit*) verbringen (**-i** etw) ⑥ (*einen Abreisenden*) begleiten (**-i** jdn) ⑦ (*Garn*) einfädeln (**-i** etw) ⑧ (*Scheibe*) einsetzen (**-i -e** etw in etw) ⑨ (*Auto über Fluss/Brücke*) übersetzen (**-i -den** etw über etw) ⑩ (*Schmerzen*) stillen (**-i** etw) ⑪ (*Termin*) verstreichen lassen (**-i** etw) ⑫ (*Schüler*) versetzen (**-i** jdn) ⑬ (*in eine Liste*) eintragen (**-i -e** etw/jdn in etw) ⑭ (*Krankheit auf jdn*) übertragen (**-i -e** etw auf jdn)

geçiş *s* ① Durchreise *f* ② (*fig*) Übergang *m;* ~ **devresi** Übergangszeit *f;* ~ **hakkı** Vorfahrt *f,* Vorfahrtsrecht *nt;* ~ **hakkı işareti** Vorfahrtszeichen *nt;* ~ **vizesi** Durchreisevisum *nt*

geçişli *adj* (*Verb*) transitiv

geçişsiz *adj* (*Verb*) intransitiv

geçit <-di> *s* ① (*Orts-*) Durchfahrt *m* ② (*Gebirgs-*) Pass *m* ③ (*Durchgang*) Passage *f* ④ (Bahn)übergang *m* ⑤ Fahrwasser *nt* ⑥ Furt *f;* ~ **töreni** Militärparade *f*

geçkin *adj* ① (*Obst*) überreif ② *eine bestimmte Altersgrenze überschritten habend;* **elliyi ~ bir adam** ein Mann über fünfzig

geçmek <-er> **I.** *vi* ① (*Handlung*) sich abspielen, verlaufen ② (*Zeit*) vergehen ③ (*Schmerz*) aufhören ④ (*Wolken, Gewitter*) sich verziehen ⑤ gültig sein, gelten ⑥ (*Geld*) im Umlauf sein ⑦ (*Schüler*) versetzt werden ⑧ (*Name, Wort*) erwähnt werden ⑨ vorbeigehen, vorbeifahren (**-den** an etw) ⑩ (*passieren*) gehen, fahren (**-den** über/durch etw) ⑪ hindurchgehen (**-den** durch etw) ⑫ (*Fluss durch ein Gebiet*) fließen (**-den** durch etw) ⑬ (*Examen*) bestehen (**-den** etw) ⑭ verzichten (**-den** auf etw) ⑮ (*Krankheit*) übertragen werden (**-den -e** von jdm auf jdn) ⑯ (*zu einem Thema*) übergehen (**-e** zu etw) ⑰ (*Feuer*) übergreifen (**-e** auf etw) ⑱ (*sich setzen*) Platz nehmen (**-e** auf etw) ⑲ (*Wasser, Geruch*) eindringen (**-e** in etw) ⑳ (*Staatsangehörigkeit*) annehmen (**-e** etw) ㉑ vererbt werden (**-e** an jdn) **II.** *vt* ① übertreffen (**-i** jdn/etw), überflügeln (**-i** jdn) ② (*Auto*) überholen (**-i** etw) ③ (*Zahl*) überschreiten (**-i** etw) ④ (*Thema*) fallen lassen (**-i** etw) ⑤ (*Person*) ausschließen (**-i** jdn); **geçip gitmek** vorbeifahren, vorbeigehen; (*Zeit*) vergehen

geçmiş **I.** *adj* frühere(r, s), vergangen **II.** *s* Vergangenheit *f;* ~ **olsun!** gute Besserung!; ~ **zaman** LING Vergangenheitsform *f*

geğirmek *vi* aufstoßen

Geiger sayacı <-sı> *s* Geigerzähler *m*

gelecek <-ği> I. *s* Zukunft *f* II. *adj* ① zukünftig ② nächste(r, s); ~ **program** TV Vorschau *f;* ~ **yıl** [*o* **sene**] nächstes Jahr; ~ **zaman** Futur *nt,* Zukunft *f;* **gelecekte** in Zukunft

gelenek <-ği> *s* Tradition *f,* Überlieferung *f*

gelenekçi I. *adj* traditionalistisch II. *s* Traditionalist(in) *m(f)*

geleneksel *adj* traditionell, überliefert

gelgit <-ti> *s* ① Gezeiten *pl* ② Hin- und Herlauferei *f,* Hin und Her *nt*

Gelibolu *s Stadt an den Dardanellen*

gelin *s* ① (*am Hochzeitstag*) Braut *f* ② Schwiegertochter *f;* ~ **güvey** Brautleute *pl,* Brautpaar *nt;* ~ **yatağı** Ehebett *nt*

gelincik <-ği> *s* ① (Klatsch)mohn *m* ② Wiesel *nt*

gelinlik <-ği> *s* Brautkleid *nt*

gelir *s* Einkommen *nt,* Einkünfte *pl;* ~ **dağılımı** Einkommensverteilung *f;* ~ **düzeyi** Einkommensniveau *nt;* ~ **kaynağı** Einnahmequelle *f;* ~ **vergisi** Einkommensteuer *f*

gelişigüzel I. *adv* aufs Geratewohl, auf gut Glück II. *adj* ① irgendein ② wahllos, ziellos

gelişim *s* Entwicklung *f*

gelişme *s* ① *Verbalsubstantiv zu* **gelişmek** ② Entwicklung *f,* Gang *m,* Verlauf *m* ③ Wachstum *nt;* ~ **oranı** Wachstumsrate *f*

gelişmek *vi* ① gedeihen, (heran)wachsen ② sich entwickeln

geliştirici *s* INFORM Entwickler(in) *m(f)*

geliştirmek *vt* ① *Kausativ zu* **gelişmek** ② entwickeln (**-i** etw) ③ ausbauen (**-i** etw)

gelmek <-ir> *vi* ① kommen (**-den -e** von/aus etw zu/nach/in etw) ② (*ankommen*) eintreffen (**-e** in etw/bei jdm) ③ (*jdm vorkommen*) erscheinen (**-e** jdm) ④ (*Zeitpunkt*) eintreten ⑤ reichen (**-e** bis zu etw) ⑥ kosten (**bin liraya** tausend Lira) ⑦ (*Wasser*) herausfließen, herauskommen (**-den** aus etw) ⑧ aushalten können (**-e** etw) ⑨ (*als Gewinn*) zufließen (**-e** jdm) ⑩ entstehen (**-den** aus etw) ⑪ (ab)stammen (**-den** von jdm) ⑫ sich ableiten (**-den** von etw)

gem *s* ① Zaum *m* ② Zungenbändchen *nt;* ~ **vurmak** (*dem Pferd*) die Kandare anlegen; (*fig*) zügeln (**-e** jdn); **gemi azıya almak** (*Pferd*) durchgehen; (*Person*) durchdrehen

gemi *s* Schiff *nt;* ~ **ehliyeti** Bootsführerschein *m;* ~ **enkazı** Wrack *nt;* ~ **kılavuzu** Lotse *m;* ~ **pervanesi** Schiffsschraube *f;* ~ **trafiği** Schiffsverkehr *m;* **gemide** an Bord

gemici *s* Seemann *m*

gemicilik <-ği> *s* Schifffahrt *f*

gemlemek *vt* bändigen, zähmen (**-i** jdn)

gen *s* Gen *nt;* ~ **tedavisi** [*o* **terapisi**] Gentherapie *f;* ~ **teknolojisi** Gentechnologie *f;* **genleri değiştirilmiş** (**olan**) genmanipuliert

genç <-ci> I. *adj* jung, jugendlich II. *s* Jugendliche(r) *f(m);* ~ **adam** junger Mann; ~ **hanım** [*o* **bayan**] junge Frau; ~ **kız** junges Mädchen

gençleşmek *vi* wieder jung werden

gençleştirmek *vt* ① *Kausativ zu* **gençleşmek** ② verjüngen, erneuern (**-i** jdn/etw)

gençlik <-ği> *s* Jugend *f;* ~ **yurdu** Jugendhaus *nt,* Jugendheim *nt*

gene *adv* wieder(um); ~ **de** dennoch, trotzdem; ~ **mi?** schon wieder?

genel *adj* ① allgemein, generell ② öffentlich; ~ **bakış** Gesamtübersicht *f;* ~ **grev** Generalstreik *m;* ~ **görünüş** [*o* **manzara**] Panorama *nt;* ~ **izlenim** Gesamteindruck *m;* ~ **karargah** Hauptquartier *nt;* ~ **kurul** Generalversammlung *f;* ~ **kurul toplantısı** Vollversammlung *f;* ~ **kültür** Allgemeinbildung *f;* ~ **müdür** Geschäftsleiter(in) *m(f);* ~ **olarak** im Allgemeinen;

~ **sekreter** Generalsekretär(in) *m(f)*
genelev *s* Bordell *nt*
genelge *s* Erlass *m,* Rundschreiben *nt*
genelkurmay *s* großer Generalstab
genelleşmek *vi* allgemein üblich werden
genelleştirmek *vt* ① *Kausativ zu* **genelleşmek** ② allgemein üblich werden lassen (**-i** etw) ③ verallgemeinern (**-i** etw)
genellik <-ği> *s* ① (*Gesamtheit*) Allgemeinheit *f* ② Öffentlichkeit *f,* Publizität *f;* **genellikle** im Allgemeinen, in der Regel, gewöhnlich

general <-li> *s* General *m*
generasyon *s* Generation *f*
genetik <-ği> **I.** *s* Genetik *f* **II.** *adj* genetisch; ~ **mühendis**(**i**) Gentechniker(in) *m(f);* ~ **mühendislik** Gentechnologie *f*
geniş *adj* ① breit, ausgedehnt ② geräumig, groß ③ umfangreich, umfassend ④ (*Kleid, Anzug*) weit ⑤ reichlich ⑥ (*Winkel*) stumpf ⑦ (*Mensch*) unbekümmert; ~ **açılı objektif** Weitwinkelobjektiv *nt;* ~ **alan ağı** INET (*wide area network*) WAN *nt;* ~ **bant internet bağlantısı** INET Breitbandverbindung *f;* ~ **bant internet erişim hattı** INET Breitbandanschluss *m;* ~ **ekran tv** Breitband-Fernseher *m;* ~ **hatlı** breitspurig; ~ **şeritli** großspurig; ~ **zaman** Aorist *m*
genişleme *s* Expansion *f;* **AB'nin doğu genişlemesi** EU-Osterweiterung *f*
genişlemek *vi* ① sich weiten ② breiter werden ③ sich erweitern ④ sich ausdehnen
genişletmek *vt* ① *Kausativ zu* **genişlemek** ② verbreitern (**-i** etw) ③ erweitern (**-i** etw) ④ ausdehnen (**-i** etw) ⑤ ausbauen (**-i** etw)
genişlik <-ği> *s* ① Breite *f* ② Umfang *m* ③ Sorglosigkeit *f*
geniz <-nzi> *s* Nasenhöhle *f;* **genzine kaçırmak** sich verschlucken
genleşme *s* Dehnung *f*
geometri *s* Geometrie *f*
geometrik <-ği> *adj* geometrisch
gepar *s* Gepard *m*
gerçek <-ği> **I.** *s* ① Wirklichkeit *f,* Realität *f* ② Wahrheit *f* ③ Tatsache *f* **II.** *adj* ① echt, richtig ② wirklich, tatsächlich ③ wahr; ~ **dışı** realitätsfern, unrealistisch, irreal; ~ **dışılık** Irrealität *f;* ~ **zaman** INET Echtzeit *f;* **gerçeği söylemek gerekirse** um die Wahrheit zu sagen
gerçekçi **I.** *s* Realist(in) *m(f)* **II.** *adj* realistisch
gerçekçilik <-ği> *s* Realismus *m*
gerçekleşmek *vi* ① sich verwirklichen, wahr werden ② (*Wunsch*) sich erfüllen, in Erfüllung gehen ③ sich bewahrheiten
gerçekleştirmek *vt* ① *Kausativ zu* **gerçekleşmek** ② realisieren, verwirklichen, wahr machen (**-i** etw) ③ (*Wunsch*) erfüllen (**-i** etw)
gerçeklik <-ği> *s* ① Wirklichkeit *f;* ~ **kaybı** PSYCH Realitätsverlust *m* ② Echtheit *f* ③ Richtigkeit *f* ④ Tatsache *f*
gerçekten *adv* tatsächlich, wirklich
gerçi *adv* zwar
gerdan *s* ① vordere Kehlpartie *f* ② Doppelkinn *nt*
gerdanlık <-ğı> *s* (*Schmuck*) Halsband *nt*
gerdek <-ği> *s* Brautgemach *nt*
gereç <-ci> *s* ① Material *nt* ② Zubehör *nt*
gereğince **I.** *präp* gemäß, zufolge (... +*dat*) **II.** *adv* gegebenenfalls, je nachdem
gerek <-ği> **I.** *s* Notwendigkeit *f* **II.** *adj* nötig, notwendig, erforderlich; **gereği gibi** gebührend **III.** *konj* ~ ... ~ ... sowohl ... als auch ..., ob ... oder ...
gerekçe *s* ① Begründung *f* ② Beweggrund *m,* Motiv *nt*
gerekçesiyle *konj* mit der Begründung (**-diği** dass)

gerekli *adj* erforderlich, notwendig

gerek(li)lik <-ği> *s* Notwendigkeit *f*

gerekmek *vi* notwendig sein; **gitmem gerekiyor** ich muss fort; **gerekirse** notfalls, unter Umständen; **gerektiği takdirde** bei Bedarf

gereksemek *vt* nötig haben, brauchen (**-i** etw)

gereksinim *s* Bedürfnis *nt* (**-e** nach etw), Bedarf *m* (**-e** an etw)

gereksinmek *vt* brauchen (**-i** etw)

gereksiz *adj* unnötig; ~ **olarak** unnötigerweise

gerektirmek *vi* ① *Kausativ zu* **gerekmek** ② erfordern (**-i** etw)

gergedan *s* Nashorn *nt*

gergin *adj* (*auch fig*) gespannt; ~ **hava** [*o* **durum**] gespannte Atmosphäre

gerginleşmek *vi* ① sich spannen ② (*Lage*) ernst werden, sich zuspitzen

gerginlik <-ği> *s* Spannung *f*, gespannte Lage *f*

geri I. *adv* zurück II. *s* ① rückwärtiger Raum ② Ende *nt* ③ Hinterteil *nt* ④ Rest *m* ⑤ Fortsetzung *f* III. *adj* ① unmodern, rückständig ② (*auch fig*) zurückgeblieben ③ (*Uhr*) nachgehend; ~ **almak** (*Wort, Klage*) zurücknehmen; (*Antrag*) zurückziehen; (*Bestimmung*) widerrufen; (*Uhr*) zurückstellen (**-i** etw); ~ **çekilin, lütfen!** bitte zurücktreten!; ~ **çekilmek** zurücktreten, sich zurückziehen; ~ **çekmek** zurückziehen (**-i** etw); ~ **çevirmek** (*ablehnen*) zurückweisen; (*Person*) zurückschicken (**-i** jdn); ~ **dönmek** zurückkommen, zurückkehren; ~ **eğim işareti** INFORM Backslash *m;* ~ **getirmek** zurückbringen (**-i** etw); ~ **gitmek** zurückgehen; ~ **göndermek** zurückschicken (**-i** etw); ~ **götürmek** zurückbringen (**-i** etw); ~ **kafalı** (*fortschrittsfeindlich*) rückständig; ~ **kalmak** (*auch fig*) zurückbleiben; (*Uhr*) nachgehen; ~ **kalmış** zurückgeblieben; (*Land*) unterentwickelt; ~ **kalmışlık** Zurückgebliebenheit *f;* ~ **kazanım** Wiederaufarbeitung *f;* ~ **vermek** zurückgeben (**-e -i** jdm etw); ~ **vites** Rückwärtsgang *m;* ~ **zekalı** schwachsinnig, Schwachkopf *m*

gerici I. *adj* fortschrittsfeindlich, reaktionär II. *s* Reaktionär(in) *m(f)*

gericilik <-ği> *s* Fortschrittsfeindlichkeit

geride *adv* hinten; ~ **bırakmak** (*räumlich*) hinter sich lassen; (*fig*) übertreffen (**-i** jdn/etw); ~ **kalanlar** Hinterbliebene *pl*

geriden *adv* von hinten

gerileme *s* ① *Verbalsubstantiv zu* **gerilemek** ② Niedergang *m* ③ Rückschritt *m* ④ Rückgang *m*

gerilemek *vi* ① zurücktreten, zurückweichen ② (*in der Entwicklung*) zurückgehen

gerilik <-ği> *s* Rückständigkeit *f*

gerilim *s* (*auch fig*) Spannung *f;* ~ **dolu** spannungsreich, spannungsgeladen; ~ **filmi** (*Film*) Thriller *m*, Reißer *m;* ~ **romanı** (*Buch*) Thriller *m*, Reißer *m*

gerilla(cı) *s* Guerillakämpfer(in) *m(f)*, Partisan(in) *m(f)*

gerilmek *vi* ① *Passiv zu* **germek** ② sich spannen

gerinmek *vi* (*beim Aufwachen*) sich recken, sich strecken

geriye *adv* rückwärts; ~ **almak** (*Uhr*) zurückstellen (**-i** etw); ~ **bırakmak** zurücklassen; (*aufschieben*) verschieben (**-i** etw); ~ **sayma** Countdown *m;* **gerisin geriye** schnurstracks zurück

germek <-er> *vt* ① dehnen (**-i** etw) ② straffen, spannen (**-i** etw) ③ (aus)strecken (**-i** etw)

getirmek *vt* ① bringen (**-e -i** jdm etw) ② (*Gewinn*) einbringen (**-i** etw) ③ (*Beispiel*) anführen (**-i** etw); **nihayet yazı getirdik** jetzt haben wir endlich Sommer

getirtmek *vt* ❶ *Kausativ zu* **getirmek** ❷ holen lassen, kommen lassen (**-i** etw/jdn) ❸ (*Waren*) beziehen (**-i -den** etw aus etw)

getto *s* Ghetto *nt*

gevelemek *vt* ❶ wiederkäuen ❷ (*fig*) um den heißen Brei herumreden

geveze I. *adj* (*fam*) geschwätzig II. *s* Schwätzer(in) *m(f)*

gevezelik <-ği> *s* (*fam*) Gerede *nt*, Geschwätz *nt*; ~ **etmek** schwatzen, schwätzen, ausplaudern

gevişgetirenler *npl* Wiederkäuer *m*

geviş getirmek *vi* wiederkäuen

gevrek <-ği> *adj* ❶ knusprig ❷ leicht zerbröckelnd ❸ (*Metall*) spröde

gevşek <-ği> *adj* ❶ (*schlaff*) locker ❷ (*schwerfällig*) träge; ~ **kontak** Wackelkontakt *m*

gevşemek *vi* ❶ sich lockern ❷ TECH nachgeben ❸ träge werden

gevşetmek *vt* ❶ *Kausativ zu* **gevşemek** ❷ lockern (**-i** etw) ❸ (*Schraube*) aufdrehen (**-i** etw) ❹ (*Muskeln*) entspannen (**-i** etw)

geyik <-ği> *s* Hirsch *m*; ~ **boynuzu** Geweih *nt*

gezdirmek *vt* ❶ *Kausativ zu* **gezmek** ❷ (*Fremde*) herumführen (**birine şehri** jdn in der Stadt) ❸ (*Hand*) gleiten lassen (**-i -de** etw über etw) ❹ (*Blicke*) wandern lassen (**-i -de** etw über etw) ❺ (*Öl auf Salat*) tropfen lassen (**-i -e** etw auf etw)

gezegen *s* Planet *m*

gezgin I. *adj* ❶ ambulant ❷ umherziehend ❸ weitgereist II. *s* INET Browser *m*

gezi *s* ❶ Ausflug *m* ❷ Spaziergang *m* ❸ (Rund)reise *f* ❹ Promenade *f*

gezici *adj* ❶ mobil ❷ umherziehend

gezinmek *vi* ❶ *Reflexiv zu* **gezmek** ❷ spazieren gehen ❸ hin und her gehen; **internette** ~ im Internet surfen

gezinti *s* ❶ Spaziergang *m*, Bummel *m* ❷ Wanderung *f*; ~ **yeri** Promenade *f*; ~ **yapmak** eine Wanderung machen; (*schlendern*) bummeln

gezmek <-er> *vi, vt* ❶ herumgehen, herumlaufen ❷ spazieren gehen ❸ (*Stadt*) besichtigen (**-i** etw) ❹ (*Land*) bereisen (**-i** etw) ❺ (*pej*) sich herumtreiben; **internette** ~ im Internet surfen

gıcık <-ğı> *s* Hustenreiz *m*

gıcırdamak *vi* ❶ (*Zähne*) knirschen ❷ (*Holz*) knarren ❸ (*Tür*) quietschen ❹ (*Fußboden*) spiegelblank sein

gıcır gıcır *adj* ❶ (*fam*) funkelnagelneu ❷ knirschend ❸ (*Fußboden*) spiegelblank

gıda *s* Nahrung *f*, Nahrungsmittel *nt*; ~ **zehirlenmesi** Lebensmittelvergiftung *f*

gıdaklamak *vi* (*Huhn*) gackern

gıdalı *adj* nahrhaft

gıdasız *adj* ❶ vitaminarm ❷ unterernährt

gıdasızlık <-ğı> *s* Unterernährung *f*

gıdıklamak *vt* kitzeln (**ayağını** jdn am Fuß)

gıdıklanmak *vi* ❶ *Passiv zu* **gıdıklamak** ❷ kitzlig sein

gına *s* ❶ Verdrossenheit *f* ❷ Überdruss *m*; **birine** ~ **getirmek** jdm auf den Wecker gehen

gıpta *s* ❶ Neid *m* ❷ Nacheifern *nt*; ~ **etmek** beneiden, nacheifern (**-e** jdn)

gırtlak <-ğı> *s* ❶ Kehlkopf *m* ❷ Kehle *f*; ~ **kanseri** Kehlkopfkrebs *m*; **gırtlağa kadar borç içinde olmak** bis über beide Ohren verschuldet sein

gıyaben *adv* ❶ in Abwesenheit ❷ dem Namen nach ❸ unbekannterweise

gibi I. *präp* wie II. *konj* ❶ wie ❷ sowie, sobald ❸ als ob; ~ **yapmak** so tun, als ob

gider *s* ❶ (Un)kosten *pl* ❷ Spesen *pl*

gidermek *vt* ❶ (*Schaden*) beheben (**-i** etw) ❷ (*Durst*) löschen (**-i** etw) ❸ (*Bedenken*) zerstreuen (**-i** etw) ❹ (*Hunger*) stillen (**-i** etw)

gidiş *s* ❶ Abreise *f* ❷ (*Verlauf*) Entwicklung *f* ❸ Hinfahrt *f*, Hinreise *f* ❹ Gangart *f*; ~ **dönüş** hin und zurück; ~ (**yolu**) Hinweg *m*; ~ **yönü** Fahrtrichtung *f*

gidişat <-tı> *s* ❶ Verlauf *m* ❷ Zustand *m*, Situation *f*

gidon *s* (*des Fahrrads*) Lenkstange *f*

gigabayt <-tı> *s* Gigabyte *nt*

girdap <-bı> *s* Strudel *m*, Wasserwirbel *m*

girdi *s* INFORM Input *m*, Eingabe *f*

girgin *adj* kontaktfreudig

girinti *s* Einbuchtung *f*

giriş *s* ❶ Einfahrt *f* ❷ (*Ort*) Eingang *m* ❸ Zutritt *m*, Eintritt *m* ❹ Einreise *f* ❺ INFORM Zugang *m* ❻ (*Buch*) Einführung *f*; ~ **bedava!** Eintritt frei!; ~ **bileti** Eintrittskarte *f*; ~ **izni** Einreisegenehmigung *f*; INFORM Zugangserlaubnis *f*; ~ **kapısı** Eingangstür *f*; ~ **sınavı** Aufnahmeprüfung *f*; ~ **ücreti** Eintrittspreis *m*; ~ **vizesi** Einreisevisum *nt*

girişim *s* ❶ Initiative *f* ❷ (*Versuch*) Unternehmen *nt* ❸ Interferenz *f*

girişimci I. *adj* unternehmungslustig II. *s* Unternehmer(in) *m(f)*

girişimcilik <-ği> *s* Unternehmertum *nt*

girişken *adj* ❶ unternehmungslustig ❷ tatkräftig

girişkenlik <-ği> *s* ❶ Unternehmungslust *f* ❷ Tatkraft *f*

girişmek *vt* ❶ (*in Angriff nehmen*) unternehmen (**-e** etw) ❷ (*Kampf, Verbindung*) aufnehmen (**-e** etw) ❸ sich beteiligen (**-e** an etw)

Girit Adası <-nı> *s* Kreta *nt*

girme *s* ❶ *Verbalsubstantiv zu* **girmek** ❷ INFORM (*Daten-*) Eingabe *f*

girmek <-er> I. *vi* ❶ hineingehen (**-e** in etw) ❷ hereinkommen, eintreten (**-e** in etw) ❸ (*Schiff*) einlaufen (**-e** in etw) ❹ (*in Partei, Verein*) eintreten (**-e** in etw) ❺ (*in Land*) einreisen (**-e** in etw) ❻ (*Dieb*) einbrechen (**-e** in etw) ❼ hineinpassen (**-e** in etw) ❽ (*zu einer Gruppe*) sich anschließen (**-e** jdm/einer Sache) II. *vt* INFORM (*Daten*) eingeben (**-i** etw); ~ **yasaktır!** Betreten verboten! Eintritt verboten!

gişe *s* (*Bahn-, Bank-*) Schalter *m*

gitar *s* Gitarre *f*

gitgide *adv* (*fam*) allmählich, mit der Zeit

gitmek <-der> *vt* ❶ gehen (**-den -e** aus etw nach etw/zu jdm) ❷ fahren (**-den -e** aus etw nach etw/zu jdm) ❸ (*mit dem Flugzeug*) fliegen (**-e** nach etw) ❹ weggehen (**-den** aus etw/von jdm) ❺ abfahren, abreisen ❻ (*eine Strecke*) zurücklegen ❼ (*Geld, Lebensmittel*) verbraucht werden ❽ (*Kleidung, Lebensmittel*) halten ❾ (*Nachricht, Brief*) abgehen ❿ (*Geschäft*) gehen ⓫ (*Angelegenheit*) sich entwickeln ⓬ (*Kleid*) stehen ⓭ (*Weg*) führen nach (**-e** nach etw)

gittikçe *adv* allmählich, mit der Zeit

giydirmek *vt* ❶ *Kausativ zu* **giymek** ❷ ankleiden (**-i** jdn) ❸ einkleiden (**-i** jdn)

giyecek <-ği> *s* Bekleidung *f*

giyim *s* Kleidung *f*, Bekleidung *f*; ~ (**kuşam**) Kleider *pl*, Sonntagskleider *pl*

giyimevi <-ni> *s* Bekleidungsgeschäft *nt*

giyinik <-ği> *adj* angezogen

giyinmek *vr* ❶ *Reflexiv zu* **giymek** ❷ sich anziehen

giymek <-er> *vt* ❶ (*Kleidung*) anziehen (**-i** etw) ❷ (*Hut*) aufsetzen (**-i** etw)

giysi *s* Kleidung *f*

gizem *s* ❶ Geheimnis *nt* ❷ Mysterium *nt*

gizemci *s* REL Mystiker(in) *m(f)*

gizemcilik <-ği> *s* REL Mystik *f*

gizemli *adj* ❶ geheimnisvoll ❷ mysteriös

gizlemek *vt* ❶ verstecken (**-i -den** etw/jdn vor jdm) ❷ tarnen (**-i** etw) ❸ verheimlichen, geheim halten (**-i -den** etw vor jdm)

G

gizlenmek *vr* ① *Passiv zu* **gizlemek** ② sich verstecken

gizli *adj* ① geheim, heimlich ② verborgen ③ versteckt ④ (*vertraulich*) diskret ⑤ geheimnisvoll; ~ **çekmece** Geheimfach *nt;* ~ **numara** Geheimzahl *f;* ~ **örgüt** Untergrund *m,* Untergrundorganisation *f;* ~ **tutmak** geheim halten (**-i** etw)

gizlice *adv* ① heimlich, insgeheim ② unbemerkt, unerkannt

gizlilik <-ği> *s* ① Heimlichkeit *f* ② (*Mitteilung*) Vertraulichkeit *f*

glayöl *s* Gladiole *f*

glikoz *s* Traubenzucker *m*

global *adj* global; ~ **ısınma** globale Erwärmung *f*

globalleşme *s* Globalisierung *f;* ~ **eleştiricisi** Globalisierungskritiker(in) *m(f)*

goblen *s* Gobelin *m*

gofret <-ti> *s* Waffel *f*

gol <-lü> *s* (*Fußball*) Tor *nt;* ~ **atmak** ein Tor schießen

golf *s* Golf *nt;* ~ **sopası** Golfschläger *m;* ~ **sahası** Golfplatz *m;* ~ **turnuvası** Golfturnier *nt*

golfcu *s* Golfspieler(in) *m(f)*

golsüz *adj* SPORT torlos

gonca *s* Knospe *f*

gondol <-lü> *s* Gondel *f*

gonk <-gu> *s* Gong *m*

goril *s* Gorilla *m*

Gotik <-ği> **I.** *adj* gotisch **II.** *s* Gotik *f*

göbek <-ği> *s* ① (*a. fig*) Nabel *m* ② (dicker) Bauch *m* ③ (*bei Salatköpfen*) Herz *nt* ④ Generation *f* ⑤ rundes Blumenbeet; ~ **atmak** einen Bauchtanz vorführen; (*fam*) vor Freude ganz außer sich sein; ~ **kordonu** Nabelschnur *f;* ~ **salatası** Kopfsalat *m;* **göbeği beraber kesilmiş** (*Freunde*) unzertrennlich

göbekli *adj* ① (*Person*) korpulent ② (*Vase*) bauchig

göç <-çü> *s* ① Auswanderung *f,* Emigration *f* ② Einwanderung *f,* Immigration *f* ③ (*Wohnung*) Umzug *m* ④ Vogelzug *m;* ~ **etmek** auswandern, umziehen, übersiedeln (**-e** nach etw); (*Vögel*) wegziehen; ~ **ülkesi** Einwanderungsland *nt;* **iç** ~ Binnenmigration *f*

göçebe *s* Nomade, Nomadin *m, f*

göçmek <-er> *vi* ① auswandern ② einwandern (**-e** in etw) ③ einstürzen ④ (*einsinken*) sich senken ⑤ ausziehen, umziehen, einziehen (**-e** in etw) ⑥ (*Vögel*) ziehen (**-e** nach etw) ⑦ (*fig: sterben*) verscheiden, entschlafen

göçmen *s* ① Emigrant(in) *m(f),* Auswanderer, Auswanderin *m, f* ② Einwanderer, Einwanderin *m, f,* Migrant(in) *m(f);* ~ **kuş** Zugvogel *m*

göğüs <-ğsü> *s* ① Brust *f,* Busen *m* ② Mutterbrust *f;* ~ **geçirmek** seufzen, stöhnen; ~ **germek** widerstehen (**-e** jdm); ~ **göğüse savaş** Nahkampf *m;* ~ **kafesi** Brustkorb *m;* ~ **kanseri** Brustkrebs *m;* ~ **kemiği** [*o* **tahtası**] Brustbein *nt;* ~ **nezlesi** Bronchialkatarrh *m*

göğüslük <-ğü> *s* ① Latz *m* ② (*Kinder-*) Lätzchen *nt* ③ Schuluniform *f*

gök <-ği> **I.** *s* Himmel *m* **II.** *adj* himmelblau; ~ **balina** Blauwal *m;* ~ **gürlüyor** es donnert; ~ **gürültüsü** Donner *m;* ~ **mavisi** himmelblau; ~ **yakut** Saphir *m;* **göklere çıkarmak** (*fam*) in den Himmel heben (**-i** jdn)

gökbilim *s* Astronomie *f*

gökcismi <-ni> *s* Himmelskörper *m*

gökdelen *s* Wolkenkratzer *m,* Hochhaus *nt*

gökkuşağı <-nı> *s* Regenbogen *m*

gökküresi <-ni> *s* Himmelssphäre *f*

göktaşı <-nı> *s* Meteor *m*

gökyüzü <-nü> *s* Himmel *m;* **gökyüzünde** am Himmel

göl *s* ① See *m* ② Teich *m*

gölge *s* ① Schatten *m* ② Silhouette *f;* **birine/bir şeye** ~ **düşürmek** auf jdn/etw einen Schatten werfen;

~ **ekonomi** Schattenwirtschaft *f;* **birine ~ etmek** jdm im Licht stehen; ~ **oyunu** Schattentheater *nt;* ~ **vermek** Schatten spenden; **gölgede** im Schatten; **birini gölgede bırakmak** jdn in den Schatten stellen

gölgeli *adj* schattig

gömlek <-ği> *s* ❶ Hemd *nt* ❷ Überzug *m* ❸ Generation *f* ❹ (*Stufe*) Grad *m* ❺ Schlangenhaut *f* (*nach der Häutung*)

gömme **I.** *s* ❶ *Verbalsubstantiv zu* **gömmek** ❷ Einbau *m* **II.** *adj* Einbau-, eingebaut; ~ **dolap** Einbauschrank *m,* Schrankwand *f*

gömmek <-er> *vt* ❶ begraben, beerdigen (**-i** jdn) ❷ (*eingraben*) vergraben (**-i -e** etw in etw) ❸ hineinstecken (**-i -e** etw in etw) ❹ (*fig*) begraben (**-i** etw)

gömü *s* (vergrabener) Schatz *m*

gömüt <-tü> *s* Grab *nt*

gömütlük <-ğü> *s* Friedhof *m*

gönderen *s* Absender(in) *m(f)*

gönderici *s* Absender(in) *m(f)*

göndermek *vt* schicken, senden (**-i -e** jdn/etw an jdn/nach etw)

gönül <-nlü> *s* ❶ Herz *nt* ❷ Zuneigung *f* ❸ Verlangen *nt,* Wunsch *m* ❹ (*Einverständnis*) Zustimmung *f* ❺ Mut *m;* ~ **acısı** Liebeskummer *m;* ~ **açan** wohltuend; ~ **alma** Gefälligkeit *f;* ~ **okşamak** jdm schmeicheln; ~ **tokluğu** Genügsamkeit *f;* **gönlü tok** genügsam; **gönlünü yapmak** jdm eine Freude bereiten (**-in** jdm)

gönüllü **I.** *adj* freiwillig **II.** *s* Freiwillige(r) *f(m)*

gönülsüz *adj* ❶ unfreiwillig ❷ bescheiden; ~ **olarak** unfreiwillig

gönye *s* Anschlagswinkel *m*

göre *präp* ❶ gemäß, zufolge (**-e** +*dat*) ❷ im Hinblick auf (**-e** +*akk*) ❸ im Vergleich zu (**-e** +*dat*); **buna ~** demzufolge; **birine ~ olmak** genau richtig für jdn sein

görecelik <-ği> *s* Relativität *f*

göreli *adj* relativ

görelilik <-ği> *s* Relativität *f*

görenek <-ği> *s* Brauch *m;* ~ **töresi** Gewohnheitsrecht *nt*

göreneksel *adj* traditionell

görev *s* ❶ Funktion *f* ❷ Mission *f* ❸ Aufgabe *f,* Pflicht *f* ❹ (*Anstellung*) Posten *m;* (*Beruf*) Stellung *f* ❺ (*moralische*) Verpflichtung *f;* **görevine bağlı** pflichtbewusst; **görevini kötüye kullanma** Amtsmissbrauch *m*

görevlendirmek *vt* beauftragen (**-i ile** jdn mit etw), verpflichten (**-i bir şey için** jdn zu etw)

görevli **I.** *adj* beauftragt **II.** *s* ❶ Beamter, Beamtin *m, f* ❷ Bevollmächtigte(r) *f(m),* Ordner(in) *m(f),* Aufseher(in) *m(f)* (*allgemein jd, der mit einer bestimmten Funktion beauftragt ist*)

görgü *s* ❶ (*Benehmen*) Anstand *m* ❷ Erfahrung *f* ❸ Welterfahrenheit *f* ❹ Bildung *f;* ~ (**kuralları**) Manieren *pl;* ~ **tanığı** Augenzeuge *m*

görgülü *adj* ❶ (*von gutem Benehmen*) anständig ❷ (*gewandt*) gebildet ❸ (welt)erfahren

görgüsüz *adj* ❶ (*fam*) unerfahren ❷ ungebildet ❸ schlecht erzogen

görkem *s* Pracht *f,* Prunk *m,* Pomp *m*

görkemli *adj* prachtvoll, prunkvoll, pompös

görme *s* ❶ *Verbalsubstantiv zu* **görmek** ❷ Sehkraft *f;* ~ **özürlü** Sehgeschädigte(r) *f(m),* sehgeschädigt

görmek <-ür> *vt* ❶ sehen (**-i** jdn/etw) ❷ erblicken (**-i** jdn/etw) ❸ erleben, erfahren (**-i** etw) ❹ Zeuge sein (**-i** von etw) ❺ (*Zeit*) verleben (**-i** etw) ❻ empfinden (**-i** etw) ❼ unterrichtet werden; (*Ausbildung*) genießen (**-i** etw) ❽ (*Aufgabe*) verrichten, ausführen (**-i** etw) ❾ (*eine Person*) besuchen (**-i** jdn) ❿ (*Fenster*) liegen nach (**-i** nach etw); **ne görürsen onu alırsın** INFORM WYSIWYG

görmemezlik <-ği> *s* (*auch absichtlich*) Übersehen *nt;* **görmemezlikten gelmek** (*absichtlich*) so tun, als würde man jdn/etw nicht bemerken/sehen

görmüş geçirmiş *adj* (1) erfahren (2) weltgewandt

görsel *adj* visuell; ~ **özürlü** sehbehindert

görücü *s jemand, der für einen Mann eine Braut sucht*

G

görülecek yer *s* Sehenswürdigkeit *f*

görülmedik *adj* unglaublich, unerhört

görülmeğe değer *adj* sehenswert

görülmek *vi* (1) *Passiv zu* **görmek** (2) **göründüğü gibi** wie man sieht

görümce *s* Schwägerin *f* (*Schwester des Ehemannes*)

görüngü *s* Phänomen *nt*

görünmek *vi* (1) ausschauen, aussehen (2) (*sich zeigen*) erscheinen, in Erscheinung treten (3) (*den Anschein haben*) scheinen (4) (*erscheinen*) vorkommen (**-e** jdm) (5) sich blicken lassen (6) (*fam*) schimpfen, beschimpfen (**-e** jdn); **bana öyle görünüyor** es scheint mir so

görüntü *s* (1) Erscheinung *f* (2) INFORM Anzeige *f,* Display *nt* (3) INFORM (*eines Dokuments*) Ansicht *f*

görüntülemek *vt* INFORM (*Dokument*) anzeigen (**-i** etw)

görünüm *s* (1) Aussicht *f* (2) Aussehen *nt*

görünüş *s* (1) Aussehen *nt* (2) Anschein *m* (3) Aussicht *f,* Blick *m* (4) Erscheinen *nt;* **görünüşe aldanmamalı** der Schein trügt; **görünüşe bakılırsa** offenbar, offensichtlich; **görünüşe göre** anscheinend, dem Anschein nach

görüş *s* (1) Sehen *nt* (2) Anschauung *f* (3) Ansicht *f,* Meinung *f;* ~ **açısı** Blickwinkel *m;* (*Standpunkt*) Gesichtspunkt *m*

görüşme *s* (1) *Verbalsubstantiv zu* **görüşmek** (2) Aussprache *f* (3) Besprechung *f,* Gespräch *nt* (4) Diskussion *f* (5) Rücksprache *f* (6) Unterredung *f* (7) Verhandlung *f*

görüşmek *vi, vt* (1) sich sehen (2) sprechen (**ile** mit jdm) (3) sich aussprechen (**ile** bei jdm) (4) befreundet sein (**ile** mit jdm) (5) besprechen, verhandeln (**-i** etw)

gösterge *s* (1) Zeichen *nt* (2) Indikator *m*

gösteri *s* (1) Kundgebung *f* (2) Darbietung *f,* Vorführung *f*

gösteriş *s* (1) Zeigen *nt* (2) (*fam*) Aufmachung *f* (3) (*Reiz*) Charme *m* (4) Blendwerk *nt*

gösterişçi *s* Angeber(in) *m(f),* Wichtigtuer(in) *m(f)*

gösterişli *adj* (1) auffallend, auffällig (2) stattlich

gösterişsiz *adj* (1) anspruchslos, bescheiden (2) unauffällig (3) unattraktiv

göstermek *vt* (1) zeigen (**-e, -i** jdm etw) (2) deuten (**-i** auf etw) (3) (*Stück*) aufführen (**-i** etw) (4) erkennen lassen (**-i** etw) (5) lehren, beibringen (**-e -i** jdm etw) (6) darlegen, darstellen (**-i** etw) (7) beweisen (**-e -i** jdm etw); **ben sana gösteririm!** dir werde ich es (aber) zeigen!

göstermelik <-ği> *s* Probe *f,* Muster *nt*

göt <-tü> *s* (1) (*vulg*) Arsch *m* (2) (*fam*) Mumm *m;* ~ **kadar** (*vulg*) rattenschlecht

götürmek *vt* (1) bringen (**-e -i** jdm etw) (2) (*Menschen, Last*) fahren (**-i -e** etw/jdn nach etw/zu jdm) (3) (hin)führen (**-i -e** jdn nach etw/zu jdm) (4) wegtragen (**-i** etw) (5) mitnehmen (**-i** jdn) (6) aushalten können (**-i** etw) (7) fertigmachen (**-i** jdn) (8) erinnern (**-i -e** jdn an etw); **alıp** ~ mitnehmen (**-i** etw)

götürü **I.** *s* Pauschale *f* **II.** *adv* pauschal

gövde *s* (1) Körper *m,* Leib *m* (2) Rumpf *m* (3) (Baum)stamm *m* (4) Hauptbestandteil *m*

gövdeli *adj* stämmig

göz *s* (1) Auge *nt* (2) Schublade *f,* Fach *nt*

③ Öse *f* ④ Zimmer *nt,* Raum *m* ⑤ Regalbrett *nt* ⑥ Zuneigung *f* ⑦ böser Blick; **bir şeye ~ atmak** einen Blick auf etwas werfen; **~ alıcı** glamourös; **~ ardı etmek** außer Acht lassen (**-i** jdn/etw); **~ boyama** (*pej*) Hokuspokus *m;* **~ boyası** Lidschatten *m;* **~ boyası kalemi** Kajalstift *m;* **~ damlası** Augentropfen *pl;* **~ doktoru** Augenarzt *m,* -ärztin *f;* **~ gezdirmek** überprüfen, durchsehen; (*Text*) überfliegen (**-e** etw); **~ kamaştırıcı** (*a. fig*) blendend; **~ kararıyla** nach Augenmaß; **~ kırpmak** mit den Augen zwinkern; **~ koymak** es abgesehen haben auf, ein Auge werfen auf (**-e** auf etw/jdn); **~ önünde** in aller Öffentlichkeit; **~ önünde bulundurmak** beachten, im Auge behalten; (*berücksichtigen*) in Rechnung stellen (**-i** etw); **~ önüne almak** ins Auge fassen (**-i** etw); **~ önüne getirmek** sich vorstellen (**-i** etw); **~ süzmek** verliebt schauen; **~ yummak** ein Auge zudrücken, hinwegsehen über (**-e** über etw); **~ yuvarlağı** Augapfel *nt;* **~ ziyafeti** Augenweide *f;* **gözden düşmek** (*fam*) unten durch sein; **gözden geçirmek** überprüfen, durchsehen; (*Text*) überfliegen (**-i** etw); **gözden ırak, gönülden ırak** aus den Augen, aus dem Sinn; **gözden kaçırmak** übersehen (**-i** etw); **gözden kaçırmamak** im Auge behalten (**-i** etw); **gözden kaybetmek** aus den Augen verlieren (**-i** etw); **göze almak** wagen, riskieren (**-i** etw); **göze çarpan** auffallend, auffällig; **göze çarpmak** ins Auge fallen, hervortreten; **gözler önüne sermek** vor aller Augen sichtbar machen (**-i** etw); **gözlerini faltaşı gibi açmak** große Augen machen; **gözü açılmak** wach werden; **gözü kapalı** blindlings; **gözü korkmak** eingeschüchtert werden; **gözü korkmuş** verängstigt; **gözü tok** genügsam; **gözü yükseklerde olmak** zu hoch hinaus wollen; **gözüne çarpmak** auffallen; **gözünü bağlamak** verblenden (**-in** jdn); **gözünü bile kırpmadan** ohne mit der Wimper zu zucken; **gözünü boyamak** jdn hinters Licht führen (**-in** jdn); **gözünü kan bürümek** rotsehen; **gözünü kırpmamak** kein Auge zutun

gözaltı <-nı> *s* Haft *f,* Festnahme *f,* Polizeigewahrsam *m*

gözatıcı *s* INET Browser *m*

gözbebeği <-ni> *s* ① Pupille *f* ② (*fig*) Liebling *m;* **~ gibi korumak** wie seinen Augapfel hüten

gözcü *s* ① Aufseher(in) *m(f)* ② (*fam*) Augenarzt *m,* -ärztin *f*

gözdağı <-nı> *s* Drohung *f;* **~ vermek** bedrohen (**-e** jdn)

gözde *s* Günstling *m*

göze *s* ① BIOL Zelle *f* ② Pore *f*

gözenekli *adj* mit Poren

gözetim *s* Überwachung *f;* **~ altında bulundurmak** überwachen (**-i** jdn)

gözetleme *s* ① *Verbalsubstantiv zu* **gözetlemek** ② Beobachten *nt;* **~ deliği** Guckloch *nt*

gözetlemek *vt* beobachten; (*heimlich*) nachspionieren (**-i** jdm); **Biri Bizi Gözetliyor (programı)** (*TV-Sendung*) Big Brother *m*

gözetmek *vt* ① beaufsichtigen (**-i** jdn) ② berücksichtigen (**-i** etw) ③ beschützen (**-i** jdn) ④ (*Zeit, Gelegenheit*) abwarten (**-i** etw) ⑤ lauern (**-i** auf jdn)

gözkapağı <-nı> *s* (Augen)lid *nt*

gözlem *s* Betrachtung *f*

gözlemci *s* Beobachter(in) *m(f)*

gözlemek *vt* ① beobachten (**-i** etw/jdn) ② (*Zeit, Gelegenheit*) warten auf, abwarten (**-i** etw)

gözlemevi <-ni> *s* ① Observatorium *nt,* Sternwarte *f* ② Wetterwarte *f*

gözlük <-ğü> *s* ① Brille *f* ② (*für Pferd*) Scheuklappe *f;* **~ çerçevesi** Brillenfassung *f,* Brillengestell *nt*

G

gözlükçü *s* Optiker(in) *m(f)*
gözlüksüz *adj* mit bloßem Auge
gözükmek *vi* erscheinen, sich zeigen
gözüpek *adj* ① verwegen, keck ② mutig, kühn
gözyaşartıcı *adj* ~ **bomba** Tränengasbombe *f*, Tränengasgranate *f*; ~ **gaz** Tränengas *nt*
gözyaşı <-nı> *s* Träne *f*
grafik <-ği> **I.** *s* ① Grafik *f* ② grafische Darstellung **II.** *adj* grafisch; ~ **çözümü** INFORM Grafiklösung *f*
grafikçi *s* Grafiker(in) *m(f)*
grafit <-ti> *s* Graphit *nt*
grafoloji *s* Graphologie *f*
gram *s* Gramm *nt*
gramer *s* Grammatik *f*
granit <-ti> *s* Granit *m*
gravür *s* Kupferstich *m*
grev *s* Streik *m*; ~ **bozan** Streikbrecher *m*; ~ **nöbetçisi** Streikposten *m*; ~ **yapmak** streiken
grevci **I.** *s* Streikende(r) *f(m)* **II.** *adj* streikend
greyfrut, **greyfurt** <-tu> *s* Grapefruit *f*
gri *adj* grau
grip <-bi> *s* Grippe *f*; ~ **aşısı** Grippeimpfung *f*
Grönland *s* Grönland *nt*
grup <-bu> *s* Gruppe *f*; ~ **çalışması** Teamarbeit *f*; ~ ~ gruppenweise; ~ **oyunu** Gesellschaftsspiel *nt*
gruplandırmak *vt* gruppieren (**-i** jdn/etw)
Guatemala *s* Guatemala *nt*
guatr *s* Kropf *m*
gudde *s* Drüse *f*
gudubet <-ti> *adj* (*fam*) widerlich, ekelhaft, scheußlich
guguk <-ğu> *s* Kuckuck *m*; **guguklu saat** Kuckucksuhr *f*
gulaş *s* Gulasch *nt*
gulden *s* Gulden *m*
gulfe *s* Vorhaut *f*
gulyabani *s ein menschenfressender Dämon*
gurbet <-ti> *s* Fremde *f*; **gurbette** in der Fremde
gurbetçi **I.** *adj* im Ausland lebend **II.** *s jd, der im Ausland lebt*
guru *s* Guru *m*
guruldamak *vi* (*Magen*) knurren
gurup <-bu> *s* Sonnenuntergang *m*
gurur *s* Stolz *m*
gururlanmak *vi* hochmütig sein
gururlu *adj* ① stolz ② (*pej*) hochmütig
gusül <-slü> *s* REL rituelle Ganzwaschung (*z.B. nach Geschlechtsverkehr, nach Menstruation*)
gut <-tu> *s* Gicht *f*
gübre *s* ① Düngemittel *nt*, Dünger *m* ② Mist *m*
gübrelemek *vt* düngen (**-i** etw)
gücendirmek *vt* ① *Kausativ zu* **gücenmek** ② kränken, beleidigen (**-i** jdn)
gücenik *adj* gekränkt, beleidigt
gücenmek *vi* gekränkt sein, böse sein (**-e** auf jdn)
güç <-cü> **I.** *s* ① Kraft *f* ② Gewalt *f* ③ Stärke *f*, Größe *f* ④ Gewalttätigkeit *f* ⑤ (*von Maschine*) Leistung *f* ⑥ (*von Motor*) Stärke *f* ⑦ Schwierigkeit *f* **II.** *adj* schwierig, schwer; ~ **dengesi** POL Kräftegleichgewicht; **gücü yetmek** imstande sein (**-e** zu etw); **gücünü tüketmek** sich verausgaben
güçbela *adv* (*fam*) kaum, mit Ach und Krach
güçlendirmek *vt* kräftigen, stärken (**-i** jdn/etw)
güçleşmek *vi* ① schwerer werden ② sich verschlimmern, schlimmer werden
güçleştirmek *vt* ① *Kausativ zu* **güçleşmek** ② erschweren, komplizieren (**-i** etw)
güçlü *adj* ① kräftig, stark ② (*Motor*) leistungsfähig ③ mächtig
güçlük <-ğü> *s* ① (*Mühe*) Schwierigkeit *f* ② Problematik *f*; **birine ~ çıkarmak** jdm einen Stein in den Weg legen

güçlülük <-ğü> *s* ① Kraft *f* ② (*von Motor*) Leistungsfähigkeit *f*

güçsüz *adj* ① schwach ② hilflos ③ machtlos

güçsüzlük <-ğü> *s* ① Schwäche *f* ② Machtlosigkeit *f*, Ohnmacht *f* ③ Unfähigkeit *f*

güderi I. *s* Wildleder *nt* II. *adj* aus Wildleder

güdü *s* ① (*fam*) Impuls *m* ② Trieb *m* ③ (*Beweggrund*) Motiv *nt*

güdük <-ğü> *adj* ① (*fam*) gestutzt ② (*Tier*) schwanzlos, kupiert

güdüm *s* ① Hüten *nt* von Schafen ② Lenkung *f*

güdümlü *adj* ① ferngesteuert ② lenkbar

güfte *s* Text *m* (eines Liedes)

güğüm *s* Kanne *f*

güherçile *s* Salpeter *m*

gül *s* Rose *f*; ~ **ağacı** Rosenstock *m*, Rosenstrauch *m*; ~ **bahçesi** Rosengarten *m*; ~ **gibi** (*Gesichtsfarbe*) rosig; (*Mädchen*) hübsch

güldürmek *vt* ① *Kausativ zu* **gülmek** ② zum Lachen bringen (**-i** jdn)

güldürmen *s* komischer Mensch, Spaßvogel *m*

güldürü *s* Lustspiel *nt*

güldürücü *adj* witzig, komisch

güleç <-ci> *adj* immer lächelnd

güle güle *interj* auf Wiedersehen! (*als Gegengruß*)

gülle *s* ① (*zum Stoßen*) Kugel *f* ② Artilleriegeschoss ③ Stemmgewicht *nt*; ~ **atma** Kugelstoßen *nt*

güllük <-ğü> *s* Rosengarten *m*; ~ **gülistanlık** das reinste Paradies

gülmek <-er> *vi* ① lachen (**-e** über jdn/etw) ② auslachen (**-e** jdn); **gülmekten katılmak** sich totlachen; **gülmekten kırılmak** sich vor Lachen biegen; **gülmekten patlamak** sich kaputtlachen; **buna gülmem lazım** ich muss darüber lachen; **bu gülünecek bir şey değil** das ist nicht zum Lachen

gülümseme *s* ① *Verbalsubstantiv zu* **gülümsemek** ② Lächeln *nt*

gülümsemek *vi* ① lächeln (**-e** über jdn/etw) ② anlächeln (**-e** jdn)

gülünç <-cü> *adj* ① lächerlich ② drollig, lustig

gülüş *s* ① Lachen *nt* ② Gelächter *nt*

gümbürdemek *vi* ① donnern ② poltern, krachen

gümbürtü *s* Getöse *nt*, Gepolter *nt*

gümeç <-ci> *s* Wabe *f*; ~ **balı** Wabenhonig *m*

gümrah *adj* üppig

gümrük <-ğü> *s* Zoll *m*; ~ **beyannamesi** Zollerklärung *f*; **Gümrük Birliği** Zollunion *f*; ~ **dairesi** Zollamt *nt*; ~ **işlemleri** [*o* **muamelesi**] Zollabfertigung *f*; ~ **memuru** Zollbeamte(r) *m*; ~ **muayenesi** [*o* **kontrolü**] Zollkontrolle *f*; ~ **resmi** [*o* **vergisi**] Zollgebühren *pl*; **gümrüğe tabi** zollpflichtig; **gümrüğe tabi eşyanız var mı?** haben Sie etwas zu verzollen?; **gümrükten muaf** zollfrei; **gümrüğünü ödemek** verzollen (**-in** etw)

gümrüksüz *adj* ① zollfrei ② unverzollt

gümüş I. *s* Silber *nt* II. *adj* silbern; ~ **kaplama**(**lı**) versilbert

gümüşlü *adj* versilbert, silberhaltig

gümüşten *adj* silbern, aus Silber

gün *s* ① Tag *m* ② Sonne *f* ③ (*fig*) Wohlstand *m*; ~ **ağarması** Morgendämmerung *f*; ~ **aşırı** jeden zweiten Tag; ~ **doğarken** bei Tagesanbruch; ~ **doğmadan neler doğar** kommt Zeit, kommt Rat; ~ **doğması** Tagesanbruch *m*; ~ **doğuyor** es wird Tag; **ona** ~ **doğdu** das kam ihr wie gerufen; ~ **ışığı** Tageslicht *nt*; **günden güne** von Tag zu Tag; **güne bakış** (**haberleri**) TV Tagesschau *f*; **günlerden bir gün** eines (schönen) Tages; **günü gününe yaşamak** in den Tag hinein leben; **günün birinde** eines Tages

günah *s* ① Sünde *f* ② Vergehen *nt*; ~ **çıkartma** Beichte *f*; ~ **çıkartmak** beichten; ~ **işlemek** eine Sünde begehen, sündigen

günahkar **I.** *s* Sünder(in) *m(f)* **II.** *adj* sündig

günaşırı *adv* jeden zweiten Tag

günaydın *interj* guten Morgen!

günbegün *adv* Tag für Tag

günce *s* Tagebuch *nt*

güncel *adj* aktuell

güncelleme *s* ❶ *Verbalsubstantiv zu* **güncellemek** ❷ Aktualisierung *f*

G

güncellemek *vt s.* **güncelleştirmek**

güncelleş(tir)me *s* Aktualisierung *f*

güncelleştirmek *vt* aktualisieren (**-i** etw)

güncellik <-ği> *s* Aktualität *f*

gündelik <-ği> **I.** *s* Tagelohn *m* **II.** *adj* (all)täglich; ~ **iş** Lohnarbeit *f*

gündelikçi *s* Tagelöhner(in) *m(f)*

gündem *s* Tagesordnung *f*

gündoğusu <-nu> *s* Osten *m*

gündoğusu (rüzgarı) *s* Ostwind *m*

gündüz **I.** *s* (*Gegensatz zu Nacht*) Tag *m* **II.** *adv* tagsüber

gündüzün *adv* bei Tag, tagsüber

güneş *s* ❶ Sonne *f* ❷ Sonnenschein *m;* ~ **banyosu** Sonnenbad *nt;* ~ **banyosu yapmak** sich sonnen; ~ **batması** [*o* **batışı**] Sonnenuntergang *m;* ~ **çarpması** Hitzschlag *m,* Sonnenstich *m;* ~ **doğması** [*o* **doğuşu**] Sonnenaufgang *m;* ~ **elektriği** Solarstrom *m;* ~ **enerjisi** Sonnenenergie *f;* ~ **gözlüğü** Sonnenbrille *f;* ~ **ışığı** Sonnenschein *m;* ~ **ışını** Sonnenstrahl *m;* ~ **parlıyor** die Sonne scheint; ~ **saati** Sonnenuhr *f;* ~ **santrali** Sonnenkraftwerk *nt;* ~ **şapkası** Sonnenhut *m;* ~ **tarafı** Sonnenseite *f;* ~ **tutulması** Sonnenfinsternis *f;* ~ **yanığı** Sonnenbrand *m;* **güneşte** in der Sonne

güneşlenme *s* ❶ *Verbalsubstantiv zu* **güneşlenmek** ❷ Sonnenbaden *nt;* ~ **güvertesi** Sonnendeck *nt*

güneşlenmek *vi* sich sonnen

güneşli *adj* sonnig

güneşlik <-ği> *s* Sonnendach *nt*

güney **I.** *s* Süden *m* **II.** *adj* südlich, Süd-; ~ **rüzgarı** Südwind *m;* **Güney Afrika** Südafrika *nt;* **Güney Almanya** Süddeutschland *nt;* **Güney Amerika** Südamerika *nt;* (*Art*) südamerikanisch; **Güney Amerikalı** Südamerikaner(in) *m(f);* (*Herkunft*) südamerikanisch; **Güney Anadolu** Südanatolien *nt;* **Güney Avrupa** Südeuropa *nt;* **Güney Kıbrıs** Südzypern *nt*

güneybatı **I.** *s* Südwesten *m* **II.** *adj* südwestlich

güneydoğu **I.** *s* Südosten *m* **II.** *adj* südöstlich; **Güneydoğu Asya** Südostasien *nt*

günlerce *adv* tagelang

günlük <-gü> **I.** *adj* ❶ vom gleichen Tag ❷ für einen Tag ❸ (*mit Zahlangabe*) für ... Tage, -tägig ❹ gewöhnlich, alltäglich ❺ täglich **II.** *s* ❶ Tagebuch *nt* ❷ Weihrauch *m;* ~ **bilet** Tageskarte *f;* ~ **gazete** Tageszeitung *f;* ~ **gezi** Tagesausflug *m;* ~ **hayat** Alltag *m;* ~ **güneşlik** (*Wetter*) strahlend; ~ **tutmak** Tagebuch führen

güpegündüz *adv* (*fam*) am helllichten Tage

gür *adj* ❶ (*Haar, Gewebe*) dicht ❷ (*Stimme*) laut ❸ (*üppig*) reichlich; ~ **kaşlı** mit buschigen Augenbrauen

gürbüz *adj* kräftig, gut entwickelt

güreş *s* Ringkampf *m*

güreşçi *s* Ringer(in) *m(f)*

güreşmek *vi* ringen

gürgen ağacı <-nı> *s* Erle *f*

gürlemek *vi* ❶ donnern ❷ (*fam*) toben ❸ (*fig*) am Boden zerstört sein

güruh *s* Bande *f,* Horde *f*

gürültü *s* ❶ (lautes) Geräusch *nt* ❷ Krach *m,* Lärm *m;* ~ **koparmak** [*o* **etmek**] Lärm machen, lärmen; (*fig*) Unruhe hervorrufen; ~ **patırtı** Rummel *m*

gürültülü *adj* laut

gürz *s* Keule *f*

gütmek <-der> *vt* ① (*Tiere*) hüten (**-i** etw) ② (*Ziel*) verfolgen (**-i** etw) ③ (*Groll*) hegen (**-i** etw) ④ (*leiten*) führen (**-i** etw)
güve *s* Motte *f*
güveç <-ci> *s* ① Schmortopf *m* ② Schmorgemüse *nt*
güven *s* ① Vertrauen *nt* ② Selbstvertrauen *nt* ③ Zuversicht *f;* ~ **oyu** Vertrauensvotum *nt;* **ona ~ olmaz** auf ihn/sie ist kein Verlass
güvence *s* Garantie *f*
güvenilir *adj* ① zuverlässig, gewissenhaft ② glaubwürdig, seriös
güvenilirlik <-ği> *s* ① Zuverlässigkeit *f* ② Glaubwürdigkeit *f*
güvenilmez *adj* ① unglaubwürdig ② unzuverlässig
güvenilmezlik <-ği> *s* Unzuverlässigkeit *f*
güvenli *adj* zuversichtlich
güvenlik <-ği> *s* Sicherheit *f;* **güvenlik güçleri** [*o* **kuvvetleri**] Sicherheitskräfte *pl;* **Güvenlik Konseyi** (*UNO*) Sicherheitsrat *m*
güvenmek *vi* Glauben schenken, vertrauen (**-e** jdm/einer Sache)
güvensiz *adj* ① ohne Vertrauen ② unsicher ③ misstrauisch
güvensizlik <-ği> *s* ① Misstrauen *nt* ② Unsicherheit *f* ③ Unzuverlässigkeit *f* ④ Unglaubwürdigkeit *f;* ~ **oyu** Misstrauensvotum *nt*
güvercin *s* Taube *f*
güvercinlik <-ği> *s* ① Taubenschlag *m* ② Taubenzucht *f*
güverte *s* Deck *nt*
güvey *s* (*am Hochzeitstag*) Bräutigam *m*
güya I. *konj* als ob, als wenn II. *adv* angeblich
güz *s* Herbst *m*
güzel I. *adj* ① schön, hübsch ② gut II. *interj* schön! III. *s* (*Frau*) Schönheit *f;* ~ **koku** Aroma *nt,* Duft *m;* ~ **kokulu** aromatisch; ~ **sanatlar** die bildenden Künste; ~ **sanatlar akademisi** Kunstakademie *f*
güzelim *s* (*Kosewort*) mein Schöner, meine Schöne
güzelleşmek *vi* schön(er) werden
güzelleştirmek *vt* ① *Kausativ zu* **güzelleşmek** ② verschönern (**-i** etw)
güzellik <-ği> *s* ① Schönheit *f* ② befriedigender Zustand; ~ **kraliçesi** Schönheitskönigin *f;* ~ **salonu** Kosmetiksalon *m*
güzergah *s* ① (*einer Straße*) Verlauf *m* ② (*Route*) Strecke *f* ③ Rastplatz *m*
güzün *adv* im Herbst

Ğ, ğ *s der neunte Buchstabe des türk. Alphabets. Er wird „yumuşak g" („das weiche g") genannt und kommt nie im Anlaut eines Worts vor.*

Hh

H, h *s zehnter Buchstabe des türk. Alphabets*

ha *interj* ❶ auf!, los! ❷ (*fam: wie bitte?*) was? ❸ ach ja! ❹ ach so!; ~ **Ali Hoca,** ~ **Hoca Ali** das ist gehupft wie gesprungen; ~ **...** ~ **...** ob ... oder ...

haber *s* ❶ Nachricht *f* ❷ Benachrichtigung *f* ❸ Kenntnis *f* ❹ Neuigkeit *f;* ~ **ajansı** Nachrichtenagentur *f;* ~ **almak** hören, Nachricht erhalten (**-diğini** dass); ~ **bırakabilir miyim?** kann ich etwas ausrichten?; ~ **bırakmak** eine Nachricht hinterlassen; ~ **grubu** INET Newsgroup *f;* ~ **vermek** melden, mitteilen (**-e** jdm); **haberi bile olmamak** keine Ahnung haben (**-den** von etw); **haberi olmak** im Bilde sein (**-den** über etw); **haberim olmadan** ohne mein Wissen; **haberler** TV, RADIO Nachrichten *pl*

haberci *s* ❶ Bote *m,* Botin *f* ❷ Berichterstatter(in) *m(f)* ❸ Korrespondent(in) *m(f)* ❹ (*Anzeichen*) Vorbote *m*

haberdar *adj* informiert, benachrichtigt; ~ **etmek** benachrichtigen (**-i -den** jdn über etw)

haberleşme *s* ❶ *Verbalsubstantiv zu* **haberleşmek** ❷ Nachrichtenaustausch *m* ❸ Kommunikation *f* ❹ Korrespondenz *f;* ~ **tekniği** Nachrichtentechnik *f*

haberleşmek *vr* ❶ sich gegenseitig informieren ❷ korrespondieren (**ile** mit jdm)

haberli *adj* informiert

habersiz *adj* ❶ ohne Nachricht ❷ ahnungslos ❸ (*Besuch*) unangemeldet

habire *adv* unaufhörlich, dauernd

habis *adj* ❶ (*Geschwür*) bösartig ❷ (*Mensch*) böse

hac <-ccı> *s* ❶ Pilgerfahrt *f* nach Mekka ❷ Pilgerfahrt *f;* ~ **yeri** Pilgerstätte *f,* Pilgerort *m;* **hacca gitmek** nach Mekka pilgern

hacet <-ti> *s* ❶ Bedarf *m* ❷ Notwendigkeit *f* ❸ (Bitt)gebet *nt;* ~ **kilisesi** Wallfahrtskirche *f*

hacı *s* (Mekka)pilger(in) *m(f)*

hacim <-cmi> *s* ❶ Volumen *nt,* Rauminhalt *m* ❷ Ausmaß *nt,* Umfang *m*

haciz <-czi> *s* ❶ Beschlagnahme *f,* Sicherstellung *f* ❷ Pfändung *f*

hacker <-rı> *s* INFORM Hacker(in) *m(f)*

haczetmek <-der> *vt* ❶ beschlagnahmen, sicherstellen (**-i** etw) ❷ pfänden (**-i** etw)

haç <-çı> *s* Kreuz *nt;* ~ **çıkarmak** sich bekreuzigen, das Kreuz schlagen; **gamalı** ~ Hakenkreuz *nt*

haçlı *s* HIST Kreuzfahrer *m;* **Haçlı Seferi** Kreuzzug *m*

had <-ddi> *s* Grenze *f;* **haddini bildirmek** zurechtweisen, in seine Schranken verweisen (**-in** jdn); **haddini bilmez** taktlos, rücksichtslos; **haddini bilmezlik** Taktlosigkeit *f*

hademe *s* (*bei Behörden*) Hausmeister(in) *m(f)*

hadım *s* Eunuch *m*

hadi *interj s.* **haydi**

hadise *s* ❶ Ereignis *nt* ❷ Zwischenfall *m* ❸ Phänomen *nt*

hafız *s* ❶ *jemand, der den Koran auswendig rezitieren kann* ❷ Büffler(in) *m(f)*

hafıza *s* ❶ Gedächtnis *nt* ❷ Erinnerungsvermögen *nt*

hafızlamak *vi* (*fam*) pauken (**-i** etw)

hafif *adj* ❶ leicht ❷ (*Kleidung, Nebel*) dünn ❸ (*Strafe, Ausdruck*) mild ❹ (*Frau*) leicht, mit lockerem Lebenswandel; ~ **metal** Leichtmetall *nt;* ~ **müzik** Unterhaltungsmusik *f*

hafiflemek *vi* ① leichter werden ② sich erleichtern ③ (*Sturm, Lärm, Schmerz*) nachlassen

hafifletici *adj* mildernd, abschwächend; ~ **sebepler** mildernde Umstände

hafifletmek *vt* ① *Kausativ zu* **hafiflemek** ② leichter machen, erleichtern (**-i** etw) ③ mildern, abschwächen (**-i** etw)

hafifmeşrep <-bi> *adj* (*Mädchen*) leicht, mit lockerem Lebenswandel

hafifmeşreplik <-ği> *s* Leichtfertigkeit *f*

hafifsemek *vt* gering schätzen (**-i** jdn/etw)

hafiye *s* Geheimagent(in) *m(f)*

hafretmek <-der> *vt* Ausgrabungen machen, ausgraben (**-i** etw)

hafriyat <-tı> *s* Ausgrabung *f*

hafta *s* Woche *f;* ~ **sonu** Wochenende *nt;* **haftalarca** wochenlang; **haftaya bugün** heute in einer Woche

haftalık <-ğı> **I.** *adj* ① wöchentlich ② (*mit Zahlangabe*) -wöchig **II.** *s* Wochenlohn *m;* ~ **gazete** Wochenzeitung *f;* ~ **kart** Wochenkarte *f*

haftaym *s* (*Fußball*) Halbzeit *f*

haham *s* Rabbiner *m*

hain I. *s* Verräter(in) *m(f)* **II.** *adj* ① verräterisch ② niederträchtig, boshaft

hainlik <-ği> *s* ① Boshaftigkeit *f,* Niedertracht *f* ② Verrat *m*

Hak <-kkı> *s* Gott *m*

hak <-kkı> *s* ① Recht *nt* ② Gerechtigkeit *f* ③ Anteil *m* ④ Hinsicht *f* ⑤ Anspruch *m;* ~ **etmek** wert sein, verdienen (**-i** etw); ~ **vermek** Recht geben (**-e** jdm); **hakkından gelmek** mit jdm abrechnen (**-in** mit jdm), fertigwerden (**-in** mit etw), gewachsen sein (**-in** einer Sache)

hakaret <-ti> *s* ① Beleidigung *f* ② Beschimpfung *f* ③ Verachtung *f;* ~ **etmek** beleidigen, beschimpfen, verachten (**-e** jdn)

hakem *s* Schiedsrichter(in) *m(f)*

haki *adj* khakifarben

hakikat <-ti> *s* ① Wahrheit *f* ② Realität *f,* Wirklichkeit *f* ③ Treue *f*

hakikaten *adv* tatsächlich, wirklich

hakiki *adj* wirklich, wahr

hakim I. *s* ① Weise(r) *f(m),* Allwissende(r) *f(m)* ② Philosoph(in) *m(f)* ③ Richter(in) *m(f)* ④ (*fig*) Herr(in) *m(f),* Herrscher(in) *m(f)* **II.** *adj* ① souverän ② überlegen ③ dominierend; ~ **olmak** beherrschen (**-e** jdn)

hakimiyet <-ti> *s* ① Souveränität *f,* Herrschaft *f* ② Überlegenheit *f*

hakir *adj* verächtlich; ~ **görmek** verachten, gering schätzen (**-i** jdn)

hakkı <-nı> *s Possessivform zu* **hak** sein/ihr Recht *nt*

hakkında *präp* bezüglich, betreffend, über (**-in** +*akk*)

haklamak *vt* ① besiegen (**-i** jdn) ② (*fam*) kaputtmachen (**-i** etw) ③ (*fam*) aufessen (**-i** etw)

haklı I. *s jemand, der Recht hat* **II.** *adj* ① (*Sache*) berechtigt ② (*Strafe*) gerecht ③ (*Wort*) wahr; ~ **çıkarmak** rechtfertigen (**-i** etw); ~ **olarak** mit vollem Recht; ~ **olmak** Recht haben

haksız I. *s jemand, der Unrecht hat* **II.** *adj* ungerecht, ungerechtfertigt; ~ **olarak** zu Unrecht; ~ **olmak** Unrecht haben; ~ **yere** unberechtigterweise; **haksızca** zu Unrecht

haksızlık <-ğı> *s* ① Ungerechtigkeit *f* ② Unrecht *nt;* **birine ~ etmek** jdm Unrecht tun

hal <-li> *s* ① Lage *f,* Zustand *m* ② Verhalten *nt* ③ Fall *m,* Kasus *m* ④ Kraft *f;* ~ **ve gidiş** Betragen *nt;* **hali vakti yerinde** wohlhabend; **haline gelmek** sich verwandeln in (**-in** in etw); **haline getirmek** verwandeln in, machen zu (**-i -in** etw zu etw)

hala I. *adv* noch immer **II.** *s* Tante *f* (*Schwester des Vaters*)

halat <-tı> *s* Tau *nt;* ~ **çek(iş)me** Tauziehen *nt*

halay *s traditioneller Tanz in der Osttürkei*

halbuki *adv* jedoch

halde *konj* obwohl; **geciktiği** ~ obwohl sie sich verspätet hatte

hale *s* ① Hof *m* (*um den Mond*) ② Heiligenschein *m*

halen *adv* gegenwärtig

halet <-ti> *s* Zustand *m*

haleti ruhiye *s* Gemütszustand *m*

halhal <-li> *s* Fußkette *f*

halı *s* Teppich *m*

halıcılık <-ğı> *s* Teppichweberei *f*

haliç <-ci> *s* Meerbusen *m*

Haliç <-ci> *s* das Goldene Horn

halife *s* ① Nachfolger *m,* Stellvertreter *m* ② Kalif *m*

halifelik <-ği> *s* Kalifat *nt*

halihazırda *adv* im Augenblick

halis *adj* rein, echt, pur; ~ **kahve** Bohnenkaffee *m;* ~ **muhlis** (*fam*) waschecht

halita *s* Legierung *f*

halk <-kı> *s* ① Volk *nt* ② Allgemeinheit *f* ③ Bewohner *pl,* Einwohner *pl* ④ Publikum *nt,* Leute *pl* ⑤ einfaches Volk; ~ **cephesi** Volksfront *f;* ~ **cumhuriyeti** Volksrepublik *f;* ~ **dansı** Volkstanz *m;* ~ **dili** [*o* **ağzı**] Volkssprache *f;* **halk eğitim merkezi** Volkshochschule *f;* ~ **müziği** Volksmusik *f;* ~ **oyu** Volksentscheid *m;* ~ **şarkısı** [*o* **türküsü**] Volkslied *nt*

halka *s* ① (Ketten)glied *nt* ② Kreis *m* ③ Ring *m* ④ (Salz)kringel *m*

halkalanmak *vi* sich ringeln

halkbilgisi <-ni> *s* Volkskunde *f*

halkoylaması <-nı> *s* Volksabstimmung *f,* Referendum *nt*

halletmek <-der> *vt* ① erledigen (**-i** etw) ② (*Schwierigkeiten*) beseitigen (**-i** etw)

halsiz *adj* kraftlos, schwach

halt <-tı> *s* Dummheit *f;* ~ **yemek** etwas anstellen, etwas ausfressen

halter *s* ① Hantel *f* ② Gewichtheben *nt*

halterci *s* Gewichtheber(in) *m(f)*

haltercilik <-ği> *s* Gewichtheben *nt*

halüsinasyon *s* Halluzination *f*

ham *adj* ① unbearbeitet, roh ② (*Obst*) unreif ③ (*untrainiert*) aus der Übung gekommen; ~ **yağ** Rohöl *nt*

hamak <-ğı> *s* Hängematte *f*

hamal *s* (*Person*) Gepäckträger *m*

hamam *s* ① Hamam *m* (*türkisches Dampfbad*) ② Badehaus *nt;* ~ **havlusu** Badetuch *nt*

hamamböceği <-ni> *s* Kakerlak *m*

hamarat <-tı> *adj* betriebsam, tüchtig

hamaratlık <-ğı> *s* Betriebsamkeit *f,* Tüchtigkeit *f*

hamdetmek <-der> *vt* Gott danken

hamdolsun *interj* Gott sei Dank!

hamil *s* Inhaber *m* (*einer Urkunde, eines Wertpapiers*)

hamile *adj* schwanger

hamilelik <-ği> *s* Schwangerschaft *f*

hamla(ş)mak *vi* aus der Übung kommen

hamle *s* ① Elan *m,* Schwung *m* ② Sprung *m* ③ Angriff *m*

hammadde *s* Rohstoff *m*

hamsi (balığı) *s* Sardelle *f*

hamur *s* ① Teig *m* ② (*bei Papier*) Qualität *f* ③ (*fig*) Charakter *m* (eines Menschen); ~ **işi** Teigwaren *pl;* ~ **köftesi** Knödel *m*

hamursuz *adj* ① (*Brot*) ungesäuert ② ohne Teig

han *s* ① *großes Geschäftshaus mit vielen Läden* ② HIST Herberge *f* ③ HIST Khan *m*

hançer *s* (zweischneidiger) Dolch *m*

hançere *s* Kehlkopf *m*

handikap <-pı> *s* Handicap *nt*

hane *s* ① Haus *nt* ② Rubrik *f* ③ (*auf einem Brett*) Feld *nt* ④ MATH Stelle *f*

hanedan *s* Dynastie *f*

hangar *s* ① Schuppen *m* ② (Flugzeug)halle *f,* Hangar *m*

hangi *pron* welche(r, s); ~ **maksatla?** zu welchem Zweck?, wozu?

hanım I. *s* ① Dame *f* ② Ehefrau *f* ③ (*Anrede nach dem Vornamen*) Frau *f* II. *adj alle weiblichen Vorzüge in sich vereinigend;* **küçük ~** (*Anrede für Mädchen*) Fräulein *nt;* **~ evladı** Muttersöhnchen *nt*

hanımböceği <-ni> *s* Marienkäfer *m*

hanımefendi *s* Dame *f;* **~!** gnädige Frau!

hani I. *adv* ① wo (ist denn)? ② (*erinnernd*) doch II. *konj* aber, jedoch

hantal *adj* ① (*Person*) ungeschickt, unbeholfen ② (*Gegenstand*) unförmig, unhandlich

hap <-pı> *s* Pille *f;* **hapı yutmak** in Teufels Küche kommen

hapis <-psi> I. *s* ① Gefängnis *nt* ② Haft *f* ③ Gefangene(r) *f(m)* II. *adj* eingesperrt; **~ cezası** Freiheitsstrafe *f,* Gefängnisstrafe *f;* **~ yatmak** (im Gefängnis) sitzen; **hapse atmak** (ins Gefängnis) einsperren (**-i** jdn)

hapishane *s* Gefängnis *nt*

hapsetmek <-der> *vt* (ins Gefängnis) einsperren (**-i** jdn)

hapşırmak *vi* niesen

harabe *s* Ruinen *pl,* Trümmer *pl*

haraç <-cı> *s* Tribut *m*

haram *adj* (*im Islam*) verboten

harap <-bı> *adj* ① zerstört ② (*fig*) ruiniert ③ (*Garten*) verwildert ④ (*Lage*) schrecklich; **~ etmek** zerstören, ruinieren (**-i** jdn/etw); **~ olmak** zerstört werden

hararet <-ti> *s* ① Temperatur *f* ② Wärme *f* ③ Fieber *nt* ④ brennender Durst ⑤ Eifer *m,* Begeisterung *f*

harbi *adj, adv* (*fam*) direkt, ehrlich

harcamak *vt* ① (*Geld*) ausgeben (**-i** etw) ② verbrauchen (**-i** etw) ③ (*Zeit, Mühe*) verwenden (**-i** etw) ④ ruinieren (**-i** jdn)

harcırah *s* Tagegeld *nt*

harç <-cı> *s* ① (*amtlich*) Gebühr *f* ② Gewürze *pl,* Gewürzmischung *f* ③ Mörtel *m*

harçlık <-ğı> *s* Taschengeld *nt*

hardal *s* Senf *m*

harekat <-tı> *s* (militärische) Operation *f*

hareket <-ti> *s* ① Bewegung *f* ② Abfahrt *f,* Abreise *f* ③ Abflug *m* ④ Aktion *f* ⑤ Verhalten *nt,* Benehmen *nt* ⑥ geistige Strömung; **~ etmek** sich bewegen, sich benehmen, sich verhalten, handeln, vorgehen, abfahren, abreisen, abfliegen; (*Maschine*) laufen; (*Motor*) anspringen, starten; **~ ettirmek** in Bewegung setzen, bewegen (**-i** etw); **harekete geçirmek** in Gang bringen; (*Motor*) anlassen (**-i** etw); **harekete geçmek** sich in Bewegung setzen, in Aktion treten; **harekete hazır** startbereit

H

hareketli *adj* ① beweglich ② (*fig: rege*) lebhaft

hareketlilik <-ği> *s* ① Beweglichkeit *f* ② (*lebhaftes Treiben*) Lebendigkeit *f* ③ (*Lebhaftigkeit*) Temperament *nt*

hareketsiz *adj* ① reglos, regungslos, starr ② ruhig

hareketsizlik <-ği> *s* Unbeweglichkeit *f*

harem *s* Harem *m*

harem-selamlık <-ği> *s* REL (räumliche) Geschlechtertrennung *f* (*bei strenggläubigen Muslimen*)

harf <-fi> *s* ① Buchstabe *m,* Schriftzeichen *nt* ② Drucktype *f;* **harfi harfine** genauestens, haargenau

harfitarif *s* Artikel *m,* Geschlechtswort *nt*

harfiyen *adv* buchstäblich

harfli *adv* mit Buchstaben; **~ telgraf** Fernschreiber *m*

harici *adj* äußere(r, s), Außen-

hariciye *s* ① auswärtige Angelegenheiten *pl* ② äußere Erkrankungen *pl* ③ Station für äußere Erkrankungen

hariciyeci *s* Facharzt/-ärztin *m, f* für äußere Erkrankungen

hariç <-ci> I. *s* Außenseite *f* II. *präp* abgesehen von (... +*dat*); ... ~ **olmak üzere** mit Ausnahme von ...

harik <-kı> *s* Brand *m,* Feuer *nt*

harika I. *s* Wunder *nt* II. *adj* herrlich, wunderbar III. *interj* toll!, spitze!

harikalık <-ğı> *s* Herrlichkeit *f*

harikulade *adj* ① außergewöhnlich ② herrlich, wunderbar

haris *adj* ① (hab)gierig ② ehrgeizig ③ leidenschaftlich

harita *s* Landkarte *f*

harman *s* ① Dreschen *nt* ② Dreschplatz *m* ③ Tee-, Tabakmischung *f;* ~ **dövmek** dreschen; ~ **makinesi** Dreschmaschine *f;* ~ **sıçanı** Hamster *m;* ~ **yeri** Tenne *f*

harmoni *s* Harmonie *f*

harp <-bı> *s* Krieg *m;* ~ **divanı** Standgericht *nt;* ~ **esiri** Kriegsgefangene(r) *f(m);* ~ **malulü** Kriegsbeschädigte(r) *f(m);* ~ **sanayii** Rüstungsindustrie *f*

harp <-pı> *s* Harfe *f*

has <-ssı> *adj* ① eigentümlich ② echt, rein

hasar *s* Beschädigung *f,* Schaden *m,* Verlust *m*

hasat <-dı> *s* Ernte *f;* ~ **etmek** ernten (**-i** etw)

haset <-di> *s* (*fam*) Neid *m*

hasılat <-tı> *s* Ertrag *m*

hasır *s* ① Stroh *nt* ② Strohmatte *f;* ~ **koltuk** Korbsessel *m;* ~ **şapka** Strohhut *m*

hasis I. *s* (*fam*) Geizhals *m* II. *adj* ① geizig ② niedrig, gemein

hasislik <-ği> *s* Geiz *m*

hasret <-ti> *s* Sehnsucht *f*

hasretli *adj* sehnsüchtig

hassas *adj* ① empfindlich ② empfindsam, gefühlvoll

hassaslık <-ğı> *s* ① Empfindlichkeit *f* ② Empfindsamkeit *f*

hasta I. *adj* krank II. *s* Patient(in) *m(f);* ~ **olmak** krank sein, krank werden

hastabakıcı *s* Krankenpfleger *m,* Krankenschwester *f*

hastalanma *s* ① *Verbalsubstantiv zu* **hastalanmak** ② Erkrankung *f*

hastalanmak *vi* erkranken, krank werden

hastalık <-ğı> *s* Krankheit *f,* Leiden *nt;* ~ **parası** Krankengeld *nt*

hastalıklı *adj* kränklich, leidend; ~ **olmak** kränkeln

hastane *s* Krankenhaus *nt;* **hastaneye yatırmak** ins Krankenhaus einliefern (**-i** jdn)

hastanelik <-ği> *adj* krankenhausreif; **birini** ~ **etmek** jdn krankenhausreif schlagen; **birini** ~ **edinceye kadar dövmek** jdn krankenhausreif schlagen

haşarat <-tı> *npl* ① Ungeziefer *nt* ② Insekten *pl;* ~ **ilacı** Schädlingsbekämpfungsmittel *nt*

haşhaş *s* Mohn *m*

haşin *adj* ① barsch; (*stärker*) derb ② streng

haşiş *s* Haschisch *nt*

haşlamak *vt* ① kochen (**-i** etw) ② verbrühen (**-i** etw) ③ (*fam*) ausschimpfen (**-i** jdn)

haşlanmak *vi* ① *Passiv zu* **haşlamak** ② sieden ③ (*fam*) sich verbrühen

haşmet <-ti> *s* Majestät *f*

haşmetli *adj* majestätisch

hat <-ttı> *s* ① Leitung *f* ② (*Verkehr*) Linie *f* ③ Gleis *nt* ④ Gesichtszug *m;* ~ **meşgul** die Leitung ist besetzt

hata *s* ① Fehler *m* ② Fehlgriff *m* ③ Irrtum *m* ④ Versehen *nt* ⑤ Verschulden *nt,* Schuld *f;* ~ **etmek** [*o* **yapmak**] einen Fehler machen, sich versehen; ~ **yönetimi** INFORM Fehlerbehandlung *f*

hatalı *adj* ① fehlerhaft ② irrtümlich ③ (*Mensch*) sich irrend; ~ **konstrüksiyon** Fehlkonstruktion *f*

hatasız *adj* fehlerlos

hatır *s* ① Gedächtnis *nt* ② Gefälligkeit *f,* Gefallen *m* ③ Ansehen *nt,* Achtung *f* ④ Befinden *nt;* ~ **için** aus Gefälligkeit;

... hatırı için aus Liebe zu ...; **hatırı sayılır** angesehen; (*nennenswert*) beachtlich; **hatırına gelmek** jdm in den Sinn kommen; **hatırına getirmek** vergegenwärtigen, ins Gedächtnis rufen (**-i** etw); **hatırın(ız) için** dir (Ihnen) zuliebe

hatıra *s* ① Erinnerung *f* ② Andenken *nt* ③ Gedächtnis *nt;* ~ **defteri** Tagebuch *nt;* **... hatırasına** zum Gedächtnis an ...

hatırlamak *vt* ① sich erinnern (**-i** an etw/jdn) ② gedenken (**-i** einer Person/Sache)

hatırlatmak *vt* ① *Kausativ zu* **hatırlamak** ② erinnern (**-e -i** jdn an etw/jdn)

hatip <-bi> *s* ① Prediger *m* ② Redner *m*

hatta *adv* ① sogar ② (*mit Verneinung*) nicht einmal ③ darüber hinaus

hattı <-nı> *s Possessivform zu* **hat** die Linie von ...

hav *s* (*von Stoff*) Flor *m;* **havı dökülmüş** abgeschabt, abgewetzt; (*Kleidung*) abgetragen

hava *s* ① Luft *f* ② Wetter *nt* ③ Himmel *m* ④ Klima *nt* ⑤ Wind *m* ⑥ Melodie *f* ⑦ Lust *f,* Laune *f* ⑧ Stimmung *f,* Atmosphäre *f* ⑨ (*fam*) das gewisse Etwas; ~ **alanı** Flughafen *m;* ~ **alayı** Geschwader *nt;* ~ **almak** Luft holen; (*fig*) leer ausgehen; ~ **basıncı** Luftdruck *m;* ~ **cereyanı** Luftzug *m;* ~ **değişikliği** Luftveränderung *f;* ~ **direnci** Luftwiderstand *m;* ~ **durumu** Wetterlage *f;* ~ **güzel/kötü** das Wetter ist schön/schlecht; ~ **hücumu** [*o* **akını**] Luftangriff *m;* ~ **kabarcığı** Luftblase *f;* ~ **kaçırmaz** [*o* **geçirmez**] luftdicht; ~ **kararıyor** es wird dunkel; ~ **kirliliği** Luftverschmutzung *f;* ~ **korsanı** Luftpirat *m;* ~ **kuvvetleri** Luftwaffe *f;* ~ **nasıl?** wie ist das Wetter?; ~ **nemi** Luftfeuchtigkeit *f;* ~ **raporu** Wetterbericht *m;* ~ **rüzgarlı** es ist windig; ~ **saldırısı** Luftschlag *m;* ~ **serin** es ist kühl; ~ **sıcak** es ist warm; ~ **sisli** es ist neblig; ~ **soğuk** es ist kalt; ~ **soğuyor** es wird kalt; ~ **tahmini** Wettervorhersage *f;* ~ **trafiği** Luftverkehr *m;* ~ **üssü** Luftstützpunkt *m;* ~ **yastığı** Airbag *m;* ~ **yatağı** Luftmatratze *f;* **havaya uçmak** in die Luft fliegen; **havaya uçurmak** in die Luft jagen (**-i** etw)

havaalanı <-nı> *s* Flugplatz *m*

havacı *s* Flieger *m*

havacılık <-ğı> *s* Luftfahrt *f*

havacıva **I.** *s* Alkanna *f* **II.** *adj* wertlos, nichtig

havadar *adj* luftig

havadis *s* ① Nachricht *f* ② Nachrichten *pl*

havagazı <-nı> *s* Gas *nt;* ~ **memesi** Brenner *m;* ~ **musluğu** Gashahn *m;* ~ **ocağı** Gasherd *m*

havai *adj* ① Luft- ② leichtsinnig, unbekümmert; ~ **fişek** Feuerwerk *nt;* ~ **mavi** himmelblau

havaküre *s* Atmosphäre *f*

havalandırmak *vt* ① *Kausativ zu* **havalanmak** ② lüften (**-i** etw)

havalanma *s* ① *Verbalsubstantiv zu* **havalanmak** ② Start *m* (eines Flugzeugs)

havalanmak *vi* ① gelüftet werden ② abfliegen, starten ③ (*Flugzeug, Drachen*) steigen ④ (*fig*) leichtsinnig werden

havale *s* ① Überweisung *f* ② Zahlungsanweisung *f* ③ Übertragung *f* ④ MED Tetanie *f;* ~ **etmek** überweisen (**-e -i** jdm etw)

havalı **I.** *adj* ① luftig ② (*fam. Person*) leichtsinnig ③ mit einem bestimmten Klima **II.** *s* (*fam*) *jemand mit dem gewissen Etwas*

havalimanı <-nı> *s* Flughafen *m*

havan *s* Mörser *m*

Havana *s* Havanna *f*

havaneli <-ni> *s* Mörserstößel *m*

havaölçer *s* Barometer *nt*

havari *s* ① Apostel *m,* Jünger *m* ② Helfer *m*

H

havasız *adj* ① luftleer ② stickig, dumpf

havayolu <-nu> *s* ① Fluglinie *f* ② Luftweg *m*, Luftlinie *f* ③ Fluggesellschaft *f*

havlamak *vi* (*Hund*) bellen

havlu *s* Handtuch *nt*

havluluk <-ğu> *s* Handtuchhalter *m*

havra *s* Synagoge *f*

havuç <-cu> *s* Möhre *f*, Karotte *f*

havuz *s* ① Wasserbecken *nt* ② Schwimmbad *nt* ③ Ausbesserungsdock *nt*; ~ **sorumlusu** Bademeister(in) *m(f)*

havyar *s* Kaviar *m*

havza *s* GEOG Becken *nt*

haya *s* ① Hoden *m*; ~ **torbası** Hodensack *m* ② Scham *f*, Schamgefühl *nt*

hayal <-li> *s* ① (irreale) Erscheinung *f* ② Illusion *f* ③ Fantasie *f*, Fantasiegebilde *nt*, Fantasievorstellung *f* ④ Phantom *nt* ⑤ (*fig*) (Wunsch)traum *m* ⑥ Wahn *m*, Wahnvorstellung *f* ⑦ Einbildung *f* ⑧ Traumgebilde *nt* ⑨ Spiegelbild *nt*; ~ **etmek** sich vorstellen (**-i** etw); ~ **gücü** Einbildungskraft *f*, Fantasie *f*; ~ **kırıklığı** Enttäuschung *f*; ~ **kırıklığına uğramak** eine Enttäuschung erleben; ~ **kırıklığına uğratmak** enttäuschen (**-i** jdn); ~ **kurmak** Luftschlösser bauen; ~ **meyal** dunkel, verschwommen

hayalci *s* ① Träumer(in) *m(f)* ② Schattenspieler(in) *m(f)*

hayalet <-ti> *s* Geist *m*, Phantom *nt*; ~ **gibi** geisterhaft

hayali I. *adj* ① unwirklich, fantastisch ② illusorisch II. *s* Schattenspieler(in) *m(f)*

hayalperest *s* Fantast *m*

hayat <-tı> *s* ① Leben *nt* ② Lebensdauer *f* ③ Lebensweise *f* ④ (*fig*) Leben *nt*; ~ **arkadaşı** Lebensgefährte *m*, Lebensgefährtin *f*; ~ **kalitesi** Lebensqualität *f*; ~ **sahası** Lebensraum *m*; ~ **sigortası** Lebensversicherung *f*; ~ **standardı** Lebensstandard *m*; ~ **tarzı** Lebensweise *m*; ~ **vermek** beleben (**-e** etw); **hayatım** (*Kosewort*) mein Leben; **hayatını zehir etmek** das Leben schwer machen (**-in** jdm); **hayatta olmak** am Leben sein, leben

hayati *adj* lebenswichtig

haydi *interj* ① los!, voran!, nur zu! ② was soll man dazu sagen!; ~ **bakalım!** na na!; ~ **çıkar baklayı ağzından!** raus damit!, raus mit der Sprache!; ~ **gidelim!** auf, gehen wir!; ~ ~ höchstens

haydut <-du> *s* Räuber *m*, Bandit *m*

haydutluk <-ğu> *s* Raub *m*

hayhay *interj* (*fam*) aber natürlich! aber sicher!

hayhuy *s* ① Trubel *m* ② (*fig*) vergebliche Mühe

hayır *interj* nein; ~ **demek** nein sagen, verneinen (**-e** etw); **'hayır' oyu** Neinstimme *f*

hayır <-yrı> *s* ① Wohltat *f* ② Nutzen *m*; ~ **sahibi** Wohltäter(in) *m(f)*

hayırdua *s* Segen *m*, Segenswunsch *m*

hayırlı *adj* ① gesegnet ② gut, nützlich ③ karitativ ④ (*Kind*) gut geraten ⑤ (*Freund*) treu; ~ **iş** Wohltat *f*; ~ **geceler!** schlafen Sie gut!; ~ **olsun!** alles Gute!; ~ **yalan** Notlüge *f*

hayırsever *adj* (*Person*) wohltätig

hayırseverlik <-ği> *s* Nächstenliebe *f*, Wohltätigkeit *f*

hayırsız *adj* ① zu nichts gut, nichtsnutzig ② (*Freund*) untreu

haykırış *s* ① *Verbalsubstantiv zu* **haykırmak** ② (Auf)schrei *m*

haykırmak *vi* ① schreien ② brüllen ③ laut klagen

haylaz I. *s* ① Faulenzer(in) *m(f)* ② Taugenichts *m*, Nichtsnutz *m* II. *adj* (*Kind*) unartig

hayli *adj* ziemlich viel(e); **hayliden hayli** ganz besonders viel, fruchtbar viel

hayran I. *adj* entzückt II. *s* Fan *m*, Verehrer(in) *m(f)*; ~ **bırakmak** begeistern, entzücken, faszinieren (**-i** jdn);

~ **olmak** bewundern (**-e** jdn/etw)

hayranlık <-ğı> *s* Bewunderung *f*, Schwärmerei *f*

hayrat <-tı> *s* (fromme) Stiftung *f*

hayret <-ti> I. *s* Erstaunen *nt*, Staunen *nt*, Verwunderung *f* II. *interj* erstaunlich!; ~ **etmek** sich wundern, staunen, bewundern (**-e** jdn/etw); **hayrete düşürmek** in Erstaunen versetzen (**-i** jdn); **hayrette bırakmak** verblüffen (**-i** jdn)

hayrı <-nı> *s Possessivform zu* **hayır** die Wohltat von ...

hayrola *interj* (*fam*) nanu!

haysiyet <-ti> *s* Ehre *f*, Würde *f*

hayvan *s* ① Tier *nt* ② (*pej*) Vieh *nt* ③ (*fam*) Lümmel *m*, grober Kerl; ~ **deneyi** Tierversuch *m*; **hayvanlar alemi** Tierwelt *f*; **hayvanları koruma derneği** Tierschutzverein *m*; **hayvanoğlu** ~ (*vulg*) Primitivling *m*, Proll *m*

hayvanat <-tı> *s* Tiere *pl*; ~ **bahçesi** Tierpark *m*, Zoo *m*

hayvanca *adj* brutal, bestialisch

hayvancı *s* Viehzüchter(in) *m(f)*

hayvancılık <-ğı> *s* Viehzucht *f*

hayvani *adj* tierisch

hayvanlık <-ğı> *s* (*fig*) Brutalität *f*

hayvansal *adj* tierisch

hayvansever *s* ① Tierfreund(in) *m(f)* ② Tierschützer(in) *m(f)*

haz <-zzı> *s* Lust *f*

Hazar Denizi <-ni> *s* das Kaspische Meer

hazım <-zmı> *s* ① Verdauung *f* ② (*fig*) Großzügigkeit *f*; **hazmı güç** [*o* **zor**] (*Essen*) schwer verdaulich

hazımlı *adj* dickfellig

hazımsızlık <-ğı> *s* Verdauungsstörungen *pl*

hazır I. *adj* ① bereit, fertig ② anwesend ③ gegenwärtig II. *konj* da ... nun einmal, wenn ... schon; ~ **etmek** bereithalten, bereitmachen, bereitstellen (**-i** etw); ~ **bulunmak** fertig sein, verfügbar sein; ~ **elbise** Anzug *m* von der Stange; ~ **giyim** Konfektion *f*; ~ **kahve** Pulverkaffee *m*, Instantkaffee *m*; ~ **mısın?** bist du so weit?; ~ **ol!** stillgestanden!; ~ **olmak** fertig sein, bereit sein (**-e** zu etw); ~ **para** Bargeld *nt*; ~ **yemek** Fertiggericht *nt*; **hazırım** ich bin so weit

hazırcevap <-bı> *adj* schlagfertig

hazırcevaplık <-ğı> *s* Schlagfertigkeit *f*

hazırlamak *vt* ① vorbereiten, fertig machen (**-i** etw) ② bereitstellen (**-i** etw) ③ (*Gesetz*) entwerfen (**-i** etw) ④ präparieren (**-i** etw) ⑤ (*Koffer*) packen (**-i** etw)

hazırlanmak *vi* ① *Passiv zu* **hazırlamak** ② sich vorbereiten (**-e** auf etw) ③ sich fertig machen (**-e** für etw) ④ sich einstellen (**-e** auf etw)

hazırlayıcı *adj* vorbereitend

hazırlık <-ğı> *s* ① Vorbereitung *f* ② Bereitschaft *f*; **hazırlık okulu** Vorschule *f*

hazırlıklı *adj* gerüstet, vorbereitet

hazırlıksız *adj* unvorbereitet

hazırlop *adj* (*Ei*) hart gekocht

hazin *adj* betrüblich

hazine *s* ① Schatz *m* ② Schatzkammer *f* ③ Staatskasse *f* ④ Speicher *m* ⑤ Wissensschatz *m*

haz(i)nedar *s* Schatzmeister *m*

haziran (ayı) *s* Juni *m*

hazmetmek <-der> *vt* ① verdauen (**-i** etw) ② sich gefallen lassen, hinnehmen (**-i** etw)

hazmı <-nı> *s Possessivform zu* **hazım** die Verdauung von ...

hazret <-ti> *s* ① *Ehrentitel für Heilige* ② (*fam*) mein Lieber (*Anrede für Freunde*); **Hazreti İsa** Jesus Christus; **Hazreti Meryem** die Heilige Jungfrau; **Hazreti Muhammed** Mohammed

hazzetmek <-der> *vt* Gefallen finden (**-den** an jdn/etw)

hazzı <-nı> *s Possessivform zu* **haz** seine/ihre Lust *f*

hece *s* Silbe *f*

hecelemek *vt* ① buchstabieren (-**i** etw) ② Silbe für Silbe lesen (-**i** etw)

hecin *s* Dromedar *nt*

hedef *s* ① Ziel *nt* ② Zweck *m* ③ Zielscheibe *f;* ~ **adres** Zieladresse *f;* ~ **edinmek** anstreben (-**i** etw); ~ **kitle** Zielgruppe *f;* ~ **levhası** Zielscheibe *f;* ~ **tutmak** zum Ziel haben (-**i** etw)

hedeflemek *vt* sich zum Ziel setzen (-**i** etw), abzielen (-**i** auf etw)

hedefsiz *adj* ziellos

hediye *s* Geschenk *nt;* ~ **etmek** verschenken, schenken (-**e** -**i** jdm etw)

hediyelik *adj* als Geschenk geeignet; ~ **eşya** Geschenkartikel *pl*

hekim *s* Arzt *m,* Ärztin *f*

hektar *s* Hektar *nt*

hela *s* (*fam*) Klo *nt;* ~ (**temizleme**) **fırçası** Klobürste *f*

helal <-li> *adj* ① (*im Islam*) erlaubt ② ehrlich erworben

hele I. *adv* (*fam*) ① besonders ② erst recht ③ ausgerechnet ④ doch noch II. *konj* wenn ... erst [*o* nur]; ~ **bir dinle** hör mal; ~ **çünkü** zumal da; ~ **şimdi hiç olmaz** nun erst recht nicht!

helezon *s* ① Spirale *f* ② Schneckenhaus *nt*

helezonlu *s* mit Spirale; ~ **merdiven** Wendeltreppe *f*

helikopter *s* Hubschrauber *m*

helva *s* türkischer Honig *m,* Halwa *nt* (*Süßigkeit aus Sesampaste*)

helyum *s* Helium *nt*

hem *adv* ① und, außerdem ② jedoch ③ übrigens ④ und zwar; ~ **de** sowie; ~ **de nasıl!** und wie!, aber wie!; ~ **...** ~ **de ...** sowohl ... als auch ...

hemen *adv* ① sofort, gleich ② ungefähr; ~ **arkasından** kurz darauf; ~ **bugün** noch heute; ~ **geliyorum!** ich komme gleich!; ~ ~ beinah(e), fast

hemencecik *adv* (*fam*) blitzschnell

hemfikir <-kri> *s* Gleichgesinnte(r) *f(m);* ~ **olmak** sich einig sein

hemoroit <-di> *s* Hämorrhoiden *pl*

hemşeri *s* ① Landsmann *m,* Landsmännin *f* ② (*fam*) *Anrede für eine unbekannte Person*

hemşire *s* ① Krankenschwester *f* ② Schwester *f*

hendek <-ği> *s* Graben *m*

hentbol *s* Handball *m*

henüz *adv* ① gerade, eben ② bloß, erst ③ bis jetzt, noch ④ (*bei Verneinung*) noch nicht ⑤ schon, bereits; ~ **işi bitti** er (sie) ist eben fertig geworden

hep I. *pron* alle(s) II. *adv* ① immer, stets ② in einem fort; ~ **aynı** es ist immer das Gleiche; ~ **birden** alle zusammen

hepatit <-ti> *s* Hepatitis *f*

hepsi *pron* ① (*Plural*) alle (zusammen) ② alles; ~ **beraber** alle zusammen, alles zusammen; ~ **bir arada** alles in allem; ~ **birden** im Ganzen, insgesamt, zusammen; ~ **bir** [*o* **aynı**] das ist egal

her *pron* jede(r, s); ~ **Allah'ın günü** Tag für Tag; ~ **an** jeden Augenblick; ~ **ayda bir** monatlich; ~ **bakımdan** in jeder Hinsicht; ~ **biri** jeder von ihnen; ~ **birimiz** jeder von uns; ~ **çareye başvurmak** alles Mögliche versuchen; ~ **defa** jedesmal; ~ **defa**(**sında**) jedesmal; ~ **gün** jeden Tag, täglich; ~ **halde** wahrscheinlich; ~ **ihtimale karşı** auf alle Fälle; ~ **iki** beide; ~ **iki türlü** beiderlei; ~ **ikisi** (**de**) (alle) beide; ~ **kim** (**olursa olsun**) wer auch immer; ~ **ne ise** was auch immer; ~ **ne kadar** (**ise de**) so sehr auch; ~ **ne pahasına olursa olsun** um jeden Preis; ~ **şey** alles; ~ **şeyden önce** vor allen Dingen; ~ **şeye kadir** allmächtig; ~ **tarafa** in alle Richtungen; ~ **yerde** [*o* **tarafta**] überall; ~ **yıl** jedes Jahr, jährlich; ~ **zaman** immer, stets, jederzeit

hercai (**gönüllü**) *adj* wankelmütig, unbeständig

hercaimenekşe *s* Stiefmütterchen *nt*
hergele *s* ① wildes Pferd ② (*fam*) Spitzbube *m,* Gauner *m*
herhangi *pron* irgendwelche; ~ **bir** irgendein(e); ~ **biri/bir şey** irgendjemand/irgendetwas; ~ **bir kimse** [*o* **birisi**] irgendeine(r); ~ **bir şekilde** irgendwie; ~ **bir yerde** irgendwo; ~ **bir yerden** irgendwoher; ~ **bir yere** irgendwohin; ~ **bir zaman**(**da**) irgendwann
herif *s* Kerl *m*
herkes *pron* jeder
Herkül *s* Herkules *m*
hertz *s* Hertz *nt*
hesap <-bı> *s* ① Rechnen *nt* ② Rechnung *f* ③ Konto *nt* ④ (*im Restaurant*) Rechnung *f* ⑤ Plan *m* ⑥ Schätzung *f* ⑦ Kalkulation *f* ⑧ Rechenschaft *f;* ~ **bakiyesi** Saldo *m;* ~ **cüzdanı** Sparbuch *nt;* ~ **etmek** rechnen, kalkulieren, rechnen mit, planen (-**i** etw); ~ **kitap** nach reiflicher Überlegung; ~ **makinesi** Rechenmaschine *f;* ~ **meydanda** das liegt auf der Hand; ~ **sahibi** Kontoinhaber(in) *m(f);* ~ **sormak** zur Rechenschaft ziehen (-**den** jdn); ~ **vermek** Rechenschaft ablegen; **hesaba geçirmek** buchen, anrechnen (-**i** etw); **hesaba katmak** in Rechnung stellen, berücksichtigen (-**i** etw); **hesaba katmamak** unberücksichtigt lassen (-**i** etw); **hesabı, lütfen!** bitte zahlen!, die Rechnung bitte!; **hesaplar benden** das geht auf meine Rechnung; **hesaptan indirmek** abbuchen (-**i** etw)
hesaplamak *vt* ① rechnen, kalkulieren (-**i** etw) ② rechnen (-**i** mit etw) ③ planen (-**i** etw)
hesaplaşma *s* ① *Verbalsubstantiv zu* **hesaplaşmak** ② Abrechnung *f*
hesaplaşmak *vi* abrechnen (**ile** mit jdm)
hesaplı *adj* ① einkalkuliert, berechnet ② genau überlegt ③ sparsam wirtschaftend ④ (*Person*) berechnend
Hessen (**Eyaleti**) *s* Hessen *nt*
heteroseksüel *adj* heterosexuell
heteroseksüellik <-ği> *s* Heterosexualität *f*
hevenk <-gi> *s zum Trocknen aufgehängtes Obst oder Gemüse*
heves *s* Lust *f;* **hevesim kaçtı** die Lust ist mir vergangen
heveslendirmek *vt* anregen (-**i** jdn)
hevesli I. *s* ① Liebhaber(in) *m(f)* ② Interessent(in) *m(f)* **II.** *adj* neigend (-**e** zu etw)
hevessiz *adj* lustlos
hevessizlik <-ği> *s* ① Unlust *f* ② Unwille *m*
hey *interj* (*fam*) he!
heybe *s* (*für Reittiere*) Satteltasche *f*
heybet <-ti> *s* Würde *f*
heybetli *adj* würdevoll, erhaben
heyecan *s* ① Aufregung *f* ② Begeisterung *f,* Enthusiasmus *m* ③ (*im Film*) Spannung *f*
heyecanlandırmak *vt* ① *Kausativ zu* **heyecanlanmak** ② aufregen (-**i** jdn) ③ begeistern (-**i** jdn)
heyecanlanmak *vi* ① sich aufregen ② in Erregung geraten ③ sich begeistern ④ (*Film, Geschichte*) spannend werden
heyecanlı *adj* ① aufgeregt ② aufregend, spannend ③ (*Leben*) bewegt ④ begeistert, enthusiastisch
heyet <-ti> *s* ① Kommission *f,* Ausschuss *m* ② Komitee *nt* ③ Gefolge *nt* ④ Ensemble *nt*
heykel *s* (*Skulptur*) Statue *f*
heykeltıraş *s* Bildhauer(in) *m(f)*
heykeltıraşlık <-ğı> *s* Bildhauerei *f*
hıçkırık <-ğı> *s* ① Schluckauf *m* ② Schluchzen *nt;* ~ **tutmak** den Schluckauf haben
hıçkırmak *vi* schluchzen
hık *interj* (*Geräusch*) hick; ~ **demiş annesinin burnundan düşmüş** sie ist ihrer Mutter wie aus dem Ge-

sicht geschnitten
hımbıl *adj* (*fam*) lahm
hınç <-cı> *s* ❶ Hass *m* ❷ Rachsucht *f* ❸ Wut *f*
hınzır *s* (*pej: Person*) Ekel *nt*
hırçın *adj* ❶ reizbar ❷ widerspenstig ❸ (*Meer*) tosend
hırdavat <-tı> *s* ❶ Eisenwaren *pl* ❷ Krimskrams *m*
hırdavatçı *s* (*fam*) Eisenwarenhändler *m*
hırıldamak *vi* ❶ röcheln ❷ (*Hund*) knurren
Hıristiyan *s* Christ(in) *m(f)*
Hıristiyanlık <-ğı> *s* Christentum *nt*
hırka *s* Strickjacke *f*, Wolljacke *f*
hırlamak *vi* ❶ (*Hund*) knurren ❷ (*Mensch*) murren
hırpalamak *vt* ❶ fertigmachen (**-i** jdn) ❷ (*Sache*) beschädigen (**-i** etw)
hırpani *adj* ❶ (*Aussehen*) schäbig ❷ (*Person*) zerlumpt
hırs *s* ❶ Ehrgeiz *m* ❷ Gier *f*, Habgier *f* ❸ Leidenschaft *f* ❹ Zorn *m*, Wut *f*; **hırsı geçmek** sich abregen
hırsız *s* ❶ Dieb(in) *m(f)* ❷ Einbrecher(in) *m(f)*; ~ **polis oynamak** Räuber und Gendarm spielen
hırsızlık <-ğı> *s* ❶ Diebstahl *m* ❷ Einbruch *m* ❸ Unterschlagung *f*
hırslandırmak *vt* ❶ *Kausativ zu* **hırslanmak** ❷ wütend machen (**-i** jdn) ❸ gierig machen (**-i** jdn)
hırslanmak *vi* ❶ in Wut geraten ❷ gierig werden
hırslı **I.** *adj* ❶ ehrgeizig ❷ gierig ❸ leidenschaftlich ❹ strebsam ❺ zornig **II.** *s* (*pej*) Streber(in) *m(f)*
hırtlamba *adj* (*zerlumpte Kleider tragend*) abgerissen
hırtlambası çıkmış **I.** *s* (*Person*) Wrack *nt* **II.** *adj* (*Kleidungsstück*) in Fetzen
Hırvat <-tı> *s* Kroate *m*; ~ **kadını** Kroatin *f*
Hırvatistan *s* Kroatien *nt*
hısım **I.** *adj* verwandt **II.** *s* Verwandte(r) *f(m)*; ~ **akraba** Verwandtschaft *f*
hışım <-şmı> *s* Wut *f*
hışımlı *adj* zornig, wütend
hışırdamak *vi* ❶ rascheln ❷ (*Bäume*) rauschen
hıyanet <-ti> *s* Verrat *m*
hıyar *s* ❶ Gurke *f* ❷ (*fam*) Blödmann *m*, Idiot *m*; ~ **salatası** Gurkensalat *m*; ~ **turşusu** saure Gurken *pl*
hız *s* ❶ Geschwindigkeit *f*, Schnelligkeit *f* ❷ Heftigkeit *f* ❸ Eifer *m*
Hızır *s Bezeichnung für einen helfenden, rettenden Heiligen*
hızla *adv* schnell, rasch
hızlandırmak *vt* ❶ *Kausativ zu* **hızlanmak** ❷ beschleunigen (**-i** etw)
hızlanmak *vi* schneller werden, an Geschwindigkeit zunehmen
hızlı **I.** *adj* schnell, rasch **II.** *adv* ❶ schnell ❷ (*sprechen*) laut ❸ heftig
hiciv <-cvi> *s* Satire *f*
hicivli *adj* satirisch
hicret <-ti> *s* Hedschra *f* (*Übersiedlung Mohammeds nach Medina im Jahre 622; Beginn der islamischen Zeitrechnung*)
hicviye *s* Satire *f*
hiç <-çi> **I.** *adv* ❶ (*in Fragesätzen*) je, jemals ❷ (*bei Verneinung*) gar nicht, überhaupt nicht ❸ keinesfalls, keineswegs **II.** *s* Nichts *nt*; ~ **bir** gar kein; ~ **biri** niemand; ~ **bir suretle** auf keinen Fall; ~ **bir şekilde** in keiner Weise, nicht im Mindesten, bei weitem nicht; ~ **bir şey** gar nichts; ~ **bir yerde** nirgends, nirgendwo; ~ **bir zaman** nie, niemals, nie und nimmer; ~ **durmadan** immerzu, unaufhörlich; ~ **kimse** niemand, keiner; ~ **kuşkusuz** ohne jeden Zweifel; ~ **olmazsa** mindestens, wenigstens; **hiçe saymak** missachten (**-i** jdn/etw)
hiçlik <-ği> *s* Nichts *nt*
hiddet <-ti> *s* ❶ Wut *f* ❷ Jähzorn *m*
hiddetlenmek *vi* in Wut geraten

hiddetli *adj* ① wütend ② jähzornig

hidroelektrik <-ği> *s* Wasserkraft *f*; ~ **santrali** Wasserkraftwerk *nt*

hidrojen *s* Wasserstoff *m*; ~ **bombası** Wasserstoffbombe *f*; ~ **peroksit** Wasserstoffsuperoxid *nt*

hidrokarbür *s* Kohlenwasserstoff *m*

hidroklorik asit *s* Salzsäure *f*

hidrolik <-ği> **I.** *adj* hydraulisch **II.** *s* Hydraulik *f*

hidrosefal *s* Wasserkopf *m*

hij(i)yen *s* Hygiene *f*

hij(i)yenik *adj* hygienisch

hikaye *s* ① Erzählung *f*, Geschichte *f* ② Novelle *f*

hikaye (zamanı) *s* Imperfekt *nt*

hikmet <-ti> *s* ① Weisheit *f* ② eigentlicher Sinn

hilal <-li> *s* ① Halbmond *m* ② Neumond *m*

hile *s* List *f*, Trick *m*; ~ **yapmak** einen Trick anwenden, schwindeln

hileci **I.** *adj* betrügerisch, listig **II.** *s* Betrüger(in) *m(f)*

hilekar **I.** *s* Betrüger(in) *m(f)* **II.** *adj* hinterlistig

hilekarlık <-ğı> *s* Betrügerei *f*

hileli *adj* ① (*Sache*) betrügerisch ② (*Person*) listig ③ (*Ware*) verfälscht

himaye *s* Schutz *m*

himayecilik <-ği> *s* Protektionismus *m*

hindi *s* Puter *m*, Truthahn *m*

hindiba *s* ① (*Endivie*) Zichorie *f* ② Löwenzahn *m*

Hindistan **I.** *s* Indien *nt* **II.** *adj* (*Art*) indisch

hindistancevizi <-ni> *s* Kokosnuss *f*; **küçük** ~ Muskatnuss *f*

Hindistanlı **I.** *s* Inder(in) *m(f)* **II.** *adj* (*Herkunft*) indisch

Hinduizm *s* Hinduismus *m*

Hint <-di> **I.** *adj* (*Art*) indisch **II.** *s* Inder(in) *m(f)*; ~ **Okyanusu** der Indische Ozean

Hintli **I.** *s* Inder(in) *m(f)* **II.** *adj* (*Herkunft*) indisch

hiper doküman *s* Hypertext *m*

hiperenflasyon *s* Hyperinflation *f*

hipermetrop *adj* (*Augen*) weitsichtig

hipnotize *adj* hypnotisiert; ~ **etmek** hypnotisieren (**-i** jdn)

hipnoz *s* Hypnose *f*

hipodrom *s* (Pferde)rennbahn *f*

hipopotam *s* Nilpferd *nt*

hippi *s* Hippie *m*

his <-ssi> *s* ① Gefühl *nt* ② Sinn *m* ③ Sinnesempfindung *f*

hisar *s* Burg *f*

hisli *adj* ① sensibel, empfindsam ② gefühlsreich

hisse *s* ① Anteil *m* ② (*Quote*) Rate *f*; ~ **senedi** Wertpapier *nt*, Aktie *f*; ~ **senetleri endeksi** Aktienindex *m*; ~ **senetleri piyasası** Aktienmarkt *m*; ~ **senetleri piyasası endeksi** Aktienmarktindex *m*

hissedar *s* ① Aktionär(in) *m(f)* ② Beteiligte(r) *f(m)*

hissetmek <-der> *vi* ① empfinden, fühlen (**-i** etw) ② merken (**-i** etw) ③ wahrnehmen (**-i** etw); **kendini nasıl hissediyorsun?** wie fühlst du dich?; **kendimi iyi hissetmiyorum** ich fühle mich nicht wohl

hissi *adj* sentimental

hissi <-ni> *s Possessivform zu* **his** das Gefühl von ...

hissiz *adj* ① gefühllos ② unempfindlich

hissizlik <-ği> *s* ① Gefühllosigkeit *f* ② Unempfindlichkeit *f*

histeri *s* Hysterie *f*

histerik *adj* hysterisch

hişşt *interj* he!, du da!

hitap <-bı> *s* Anrede *f*; ~ **etmek** anreden, ansprechen (**-e** jdn)

Hititler *npl* Hethiter *pl*

hiyerarşi *s* Hierarchie *f*

hiyerarşik *adj* hierarchisch

hizmet <-ti> *s* ① Service *m*, Bedienung *f* ② Dienst *m*, Dienstleistung *f* ③ Stellung *f*, Amt *nt* ④ Tätigkeit *f*

❺ Verdienst *nt;* ~ **etmek** dienen, bedienen (**-e** jdn)
hizmetçi *s* Hausangestellte(r) *f(m),* Bedienstete(r) *f(m),* Dienstmädchen *nt*
hobi *s* Hobby *nt*
hoca *s* ❶ Lehrer(in) *m(f)* ❷ Geistlicher *m*
hohlamak *vt* anhauchen (**-i** etw/jdn)
hokey *s* Hockey *nt*
hokka *s* (kleiner) Behälter *m,* Dose *f*
hokkabaz *s* ❶ Jongleur(in) *m(f),* Zauberkünstler(in) *m(f)* ❷ *(fig)* Gauner(in) *m(f),* Schwindler(in) *m(f)*
hol <-lü> *s* ❶ Flur *m,* Diele *f* ❷ Hotelhalle *f*

H

holding *s* Konzern *m*
holigan *s* Hooligan *m*
Hollanda I. *s* Niederlande *pl,* Holland *nt* **II.** *adj (Art)* niederländisch, holländisch
Hollandaca *adj (Sprache)* niederländisch
Hollandalı I. *s* Holländer(in) *m(f)* **II.** *adj (Herkunft)* holländisch
hologram *s* Hologramm *nt*
homeopat <-tı> *s* Homöopath(in) *m(f)*
homeopatik *adj* homöopathisch
homojenizasyon *s* Homogenisierung *f*
homojenize *adj* homogenisiert; ~ **etmek** homogenisieren (**-i** etw)
homoseksüalite *s* Homosexualität *f*
homoseksüel I. *adj* homosexuell **II.** *s* Homosexuelle(r) *m*
homurdanmak *vi* ❶ *(Bär, Mensch)* brummen ❷ *(Schwein)* grunzen
hoparlör *s* Lautsprecher *m*
hoplamak *vi* ❶ (hoch)hüpfen ❷ *(Herz)* heftig schlagen, pochen
hoppa *adj* leichtfertig, leichtsinnig
hoppalık <-ğı> *s* Leichtfertigkeit *f,* Leichtsinn *m*
hor *adj (fam)* mies; ~ **bakmak** verachten (**-e** jdn/etw); ~ **görmek** verachten (**-i** jdn/etw)
hora *s türkischer Rundtanz*
horlamak *vi, vt* ❶ schnarchen ❷ schikanieren (**-i** jdn)
hormon *s* Hormon *nt*
hormonal *adj* hormonell
horoz *s* Hahn *m;* ~ **kızartması** (gebratenes) Hähnchen *nt*
horozibiği <-ni> *s* ❶ *(von Hahn)* Kamm *m* ❷ *(Blume)* Hahnenkamm *m* ❸ Amarant *m*
horozmantarı <-nı> *s* Pfifferling *m*
hortlak <-ğı> *s* Grabgespenst *nt,* Untote(r) *f(m)*
hortum *s* ❶ (Elefanten)rüssel *m* ❷ Schlauch *m*
hortumcu *s* Abzocker(in) *m(f)*
host <-tu> *s* INFORM Host *m*
hostel *s* Jugendherberge *f*
hostes *s* Stewardess *f*
hoş I. *adj* ❶ angenehm, erfreulich ❷ hübsch ❸ eigenartig, sonderbar **II.** *konj* jedoch; ~ **geldiniz** herzlich willkommen; **hoşuna gitmek** gefallen (**-in** jdm)
hoşaf *s* Kaltschale *f;* **hoşafına gitmek** *(fam)* gefallen (**-in** jdm)
hoşça *adv* recht angenehm; ~ **kal!** mach's gut!
hoşgörmek *vt, vi* ❶ tolerieren (**-i** jdn/etw) ❷ verzeihen (**-i** etw) ❸ ein Auge zudrücken
hoşgörmezlik <-ği> *s* Intoleranz *f*
hoşgörü *s* Nachsicht *f,* Toleranz *f*
hoşgörücü *adj* duldsam, nachsichtig, tolerant
hoşgörülü *adj* nachsichtig, tolerant
hoşgörüsüz *adj* intolerant
hoşlanma *s* ❶ *Verbalsubstantiv zu* **hoşlanmak** ❷ Gefallen *m*
hoşlanmak *vi* ❶ mögen, Gefallen finden (**-den** an etw/jdn) ❷ gernhaben (**-den** etw/jdn)
hoşluk <-ğu> *s* ❶ Annehmlichkeit *f* ❷ Anmut *f*
hoşnut <-tu> *adj* ❶ befriedigt, zufrieden(gestellt) ❷ erfreut; ~ **etmek** zufriedenstellen, befriedigen, erfreuen (**-i** jdn)
hoşnutluk <-ğu> *s* Zufriedenheit *f,* Befriedigung *f*

hoşnutsuz *adj* unzufrieden
hoşnutsuzluk <-ğu> *s* Unzufriedenheit *f*
hoşsohbet <-ti> *adj* gesellig
hoşsohbetlik <-ği> *s* Geselligkeit *f*
hovarda **I.** *s* Lebemann *m* **II.** *adj* vergnügungssüchtig
hoyrat <-tı> **I.** *s* Grobian *m* **II.** *adj* ❶ (*Mensch*) grob ❷ ungeschickt, plump **III.** *adv* unachtsam
hödük <-ğü> **I.** *adj* dämlich **II.** *s* Rüpel *m*, Flegel *m*
höpürdetmek *vt* (*fam*) schlürfen (**-i** etw)
hörgüç <-cü> *s* (*von Kamel*) Höcker *m*
hörgüçlü deve *s* Dromedar *nt*
hububat <-tı> *s* Getreide *nt*
hudut <-du> *s* (*auch fig*) Grenze *f*; ~ **aşırı** grenzüberschreitend
hukuk <-ku> *s* ❶ Recht *nt*, Rechtswesen *nt* ❷ Rechtswissenschaft *f* ❸ Zivilrecht *nt*; ~ **davası** Zivilprozess *m*; ~ **devleti** Rechtsstaat *m*; ~ **mahkemeleri düzeni** Zivilprozessordnung *f*; ~ **okumak** Jura studieren
hukukçu *s* Jurist(in) *m(f)*
hukuki *adj* juristisch; ~ **eşitlik** Rechtsgleichheit *f*; ~ **himaye** Rechtsschutz *m*
hulya *s* Einbildung *f*, Illusion *f*
hummalı *adj* ❶ MED fiebrig ❷ (*Arbeit*) fieberhaft
humus *s* Humus *m*
huni *s* Trichter *m*
hurda **I.** *s* ❶ Alteisen *nt* ❷ Abfälle *pl* **II.** *adj* schrottreif
hurdacı *s* Altwarenhändler(in) *m(f)*, Trödler(in) *m(f)*
hurma *s* Dattel *f*; ~ **ağacı** Dattelpalme *f*
husus *s* Angelegenheit *f*
hususi *adj* ❶ persönlich, privat ❷ speziell
hususunda *präp* in Bezug auf (**...** +*akk*)
huşu <-uu> *s* ❶ Demut *f* ❷ REL Verbeugung *f* (*in Ehrfurcht und Liebe*); ~ **içinde** andächtig
huy *s* ❶ (*fam*) Charakter *m*, Gemüt *nt* ❷ (*pej*) schlechte Angewohnheit
huysuz *adj* (*fam*) mürrisch, unleidlich
huzur *s* ❶ (innere) Ruhe *f* ❷ (persönliche) Anwesenheit *f*; ~ **içinde** in aller Ruhe; **huzura kabul** Audienz *f*; **... huzurunda** im Beisein von ...
huzurevi <-ni> *s* Altersheim *nt*
huzurlu *adj* ruhig
huzursuz *adj* beunruhigt; ~ **etmek** beunruhigen (**-i** jdn); ~ **olmak** sich beunruhigen
huzursuzluk <-ğu> *s* ❶ Beunruhigung *f*, Unbehagen *nt* ❷ Unruhe *f*
hücre *s* ❶ Zelle *f* ❷ Einzelhaft *f*
hücum *s* ❶ Offensive *f* ❷ Vorstoß *m* ❸ (Sturm)angriff *m* ❹ Losstürmen *nt*; ~ **etmek** angreifen (**-e** jdn)
hükmetmek <-der> *vi* herrschen (**-e** über jdn)
hüküm <-kmü> *s* ❶ Urteil *nt* ❷ Vorschrift *f* ❸ Herrschaft *f* ❹ Gültigkeit *f*; ~ **giydirmek** verurteilen; ~ **sürmek** herrschen; ~ **vermek** urteilen, der Meinung sein
hükümdar *s* Herrscher(in) *m(f)*, Monarch(in) *m(f)*
hükümet <-ti> *s* ❶ Regierung *f* ❷ Herrschaft *f*; ~ **başkanı** Regierungschef(in) *m(f)*; ~ **darbesi** Putsch *m*; ~ **merkezi** Residenz *f*, Regierungssitz *m*; ~ **sözcüsü** Regierungssprecher(in) *m(f)*
hükümlü **I.** *adj* verurteilt **II.** *s* Strafgefangene(r) *f(m)*
hükümran *adj* souverän
hükümranlık <-ğı> *s* Souveränität *f*
hükümsüz *adj* ungültig
hümanist **I.** *adj* humanistisch **II.** *s* Humanist(in) *m(f)*
hümanizm *s* ❶ Humanismus *m* ❷ Humanität *f*
hüner *s* Kunstfertigkeit *f*

hüngür hüngür *adv* laut schluchzend; ~ **ağlamak** in Tränen ausbrechen

hür *adj* frei, unabhängig; ~ **demokrat** Freidemokrat *m;* ~ **fikirli** liberal

hürmet <-ti> *s* (*fam*) Respekt *m;* ~ **etmek** respektieren

hürriyet <-ti> *s* Freiheit *f*

hüsran *s* ❶ Schaden *m* ❷ schmerzliche Enttäuschung

hüsün <-snü> *s* Schönheit *f*

hüviyet <-ti> *s* ❶ Identität *f* ❷ Personalausweis *m*

hüzün <-znü> *s* Traurigkeit *f,* Schwermut *f*

hüzünlenmek *vi* traurig werden

hüzünlü *adj* melancholisch, schwermütig, traurig

I ı

I, ı *s elfter Buchstabe des türk. Alphabets*

ıhlamur *s* Linde *f*

ıhlamur çayı <-nı> *s* Lindenblütentee *m*

ılıca *s* ❶ Heilbad *nt* ❷ Thermalquelle *f*

ılık *adj* lauwarm

ılım *s* Ausgeglichenheit *f*

ılıman *adj* (*Klima*) mild

ılımlı *adj* maßvoll, gemäßigt

ırak *adj, adv* (*fam*) weit, fern

Irak <-kı> **I.** *s* (der) Irak **II.** *adj* (*Art*) irakisch

Iraklı **I.** *s* Iraker(in) *m(f)* **II.** *adj* (*Herkunft*) irakisch

ırk <-kı> *s* Rasse *f;* ~ **ayrımı** Rassentrennung *f*

ırkçı **I.** *s* Rassist(in) *m(f)* **II.** *adj* rassistisch

ırkçılık <-ğı> *s* Rassismus *m*

ırksal *adj* rassisch

ırmak <-ğı> *s* Fluss *m,* Strom *m*

ırz *s* Ehre *f,* Unbescholtenheit *f;* **ırzına geçmek** sexuell missbrauchen, vergewaltigen (-**in** jdn)

ısı *s* Temperatur *f,* Wärme *f;* ~ **beş derece** wir haben fünf Grad (über null); **ısıya dayanıklı** hitzebeständig

ısınma *s* ❶ *Verbalsubstantiv zu* **ısınmak** ❷ Erwärmung *f*

ısınmak *vi* ❶ sich erhitzen ❷ warm werden ❸ (*fig*) sich erwärmen (-**e** für jdn)

ısırgan **I.** *s* Brennnessel *f* **II.** *adj* brennend, beißend

ısırık <-ğı> *s* Bisswunde *f*

ısırma *s* ❶ *Verbalsubstantiv zu* **ısırmak** ❷ Biss *m* ❸ (Insekten)stich *m*

ısırmak *vt* beißen (-**i** jdn)

ısıtılabilen *adj* beheizbar

ısıtılabilir *adj* heizbar

ısıtma *s* ❶ *Verbalsubstantiv zu* **ısıtmak** ❷ Heizung *f*

ısıtmak *vt* ❶ *Kausativ zu* **ısınmak** ❷ warm machen, aufwärmen (-**i** jdn/etw) ❸ heizen (-**i** etw) ❹ erhitzen (-**i** etw)

ıskonto *s* ❶ Diskontierung *f* ❷ Diskont *m* ❸ Abzug *m,* (Preis)nachlass *m* ❹ Rabatt *m;* ~ **etmek** abziehen, diskontieren (-**i** etw); ~ **fiyatı** Diskontsatz *m*

ıslak *adj* ❶ nass ❷ feucht

ıslaklık <-ğı> *s* ❶ Nässe *f* ❷ Feuchtigkeit *f*

ıslanmak *vi* nass [*o* feucht] werden

ıslatmak *vt* ❶ *Kausativ zu* **ıslanmak** ❷ nass machen (-**i** etw/jdn) ❸ (*Wä-*

sche) einweichen (**-i** etw) ④ (*fam*) verprügeln (**-i** jdn)

ıslık <-ğı> *s* Pfiff *m;* ~ **çalmak** pfeifen; (*Schlange*) zischen

ıslıklamak *vt* auspfeifen (**-i** jdn)

ısmarlama *s* ① *Verbalsubstantiv zu* **ısmarlamak** ② Bestellung *f;* ~ **iş** Maßarbeit *f*

ısmarlamak *vt* bestellen (**-e -i** bei/für jdn etw)

ıspanak <-ğı> *s* Spinat *m*

ısrar *s* Beharrlichkeit *f;* ~ **etmek** bestehen, beharren (**-de** auf etw)

ısrarla *adv* hartnäckig, beharrlich

ısrarlı *adj* hartnäckig

ıssız *adj* einsam, unbewohnt

ıssızlık <-ğı> *s* ① Einsamkeit *f* ② Einöde *f*

ıstakoz *s* Hummer *m*

ıstavroz *s* Kreuz *nt;* ~ **çıkarmak** sich bekreuzigen

ıstırap <-bı> *s* ① (*seelisch*) Leiden *nt* ② Schmerz *nt,* Qual *f;* ~ **çekmek** (sehr) leiden

ıstıraplı *adj* leidvoll, schmerzhaft

ışık <-ğı> *s* ① Licht *nt* ② Lichtschein *m* ③ Lampe *f,* Licht *nt* ④ Beleuchtung *f;* ~ **hızı** Lichtgeschwindigkeit *f;* ~ **işareti** Lichtsignal *nt;* ~ **saçmak** leuchten; ~ **siperi** Lichtschutz *m;* ~ **vermek** scheinen; (*Licht spenden*) beleuchten; ~ **yılı** Lichtjahr *nt*

ışıklama *s* ① *Verbalsubstantiv zu* **ışıklamak** ② Belichtung *f;* ~ **süresi** Belichtungszeit *f*

ışıklamak *vt* belichten (**-i** etw)

ışıklandırma *s* ① *Verbalsubstantiv zu* **ışıklandırmak** ② Beleuchtung *f*

ışıklandırmak *vt* beleuchten (**-i** etw)

ışıklı *adj* ① hell ② leuchtend, licht; ~ **boya** Leuchtfarbe *f;* ~ **reklam** Lichtreklame *f*

ışıkölçer *s* Belichtungsmesser *m*

ışıldak <-ğı> *s* Scheinwerfer *m*

ışıldamak *vi* ① leuchten, glänzen ② funkeln

ışıl ışıl *adv* ① strahlend, glänzend, leuchtend ② funkelnd

ışımak *vi* (*Licht*) strahlen

ışın *s* Lichtstrahl *m*

ıvır zıvır *s* (*fam*) Kram *m,* (wertloses) Zeug *nt*

ızgara **I.** *s* ① Grill *m,* Bratrost *m* ② Gitter *nt,* Rost *m;* ~ **kavı** Grillanzünder *m* **II.** *adj* gegrillt, vom Rost

İ i

İ, i *s zwölfter Buchstabe des türk. Alphabets*

iade *s* ❶ Rückgabe *f* ❷ Rücksendung *f* (an den Absender) ❸ Auslieferung *f* (von Verbrechern); ~ **etmek** zurückerstatten, zurückgeben (**-i** etw); (*Verbrecher*) ausliefern (**-i** jdn); ~ **ücreti** Rückporto *nt*

iane *s* Spende *f;* ~ **toplama** (*in der Kirche*) Kollekte *f*

ibadet <-ti> *s* ❶ Gottesdienst *m* ❷ Andachtsübung *f;* ~ **etmek** Gott anbeten, Andacht halten

ibadethane *s* Gotteshaus *nt*

ibaret olmak *vi* bestehen aus (**-den** aus etw)

ibik <-ği> *s* (Hahnen)kamm *m*

iblis *s* Satan *m,* Teufel *m*

ibne **I.** *adj* (*vulg*) schwul **II.** *s* (*vulg*) Schwule(r) *m* (*beleidigendes Schimpfwort*)

İbrani **I.** *s* Hebräer(in) *m(f)* **II.** *adj* (*Art*) hebräisch

İbranice *adj* (*Sprache*) hebräisch

ibre *s* ❶ Magnetnadel *f* ❷ TECH Zeiger *m*

ibret <-ti> *s* Warnung *f,* Lehre *f*

ibrik <-ği> *s* Kanne *f*

icap <-bı> *s* Notwendigkeit *f,* Erfordernis *f;* ~ **etmek** nötig sein; **icabına göre** je nachdem; **icabında** bei Bedarf, gegebenenfalls

icat <-dı> *s* ❶ Erfindung *f* ❷ Erdichtung *f;* ~ **etmek** erfinden, erdichten (**-i** etw)

icatçı **I.** *adj* erfinderisch **II.** *s* Erfinder(in) *m(f)*

icra *s* ❶ Durchführung *f* ❷ Ausübung *f* ❸ Vollstreckung *f* ❹ MUS Interpretation *f;* ~ **etmek** ausüben; (*durchführen*) ausführen; JUR vollstrecken; MUS interpretieren (**-i** etw); ~ **memuru** Gerichtsvollzieher *m*

iç <-çi> **I.** *s* ❶ (*Innenteil*) das Innere ❷ Seele *f* ❸ Füllung *f* **II.** *adj* ❶ innere(r, s) ❷ innerlich ❸ intern ❹ inländisch; ~ **açıcı** aufheiternd; **İç Anadolu** Mittelanatolien *nt;* ~ **avlu** Innenhof *m;* ~ **çamaşırı** Unterwäsche *f;* ~ **deniz** Binnenmeer *nt;* ~ **göç** Binnenmigration *f;* ~ **hastalıkları** innere Krankheiten *pl;* ~ **içe** ineinandergehend; ~ **kanama** Bluterguss *m;* ~ **lastik** (*Fahrrad-, Auto-*) Schlauch *m;* ~ **piyasa** Binnenmarkt *m;* ~ **politika** Innenpolitik *f;* ~ **savaş** Bürgerkrieg *m;* ~ **sıkıntısı** (innere) Unruhe *f;* ~ **ticaret** Binnenhandel *m;* **içi rahat olmak** ein gutes [*o* ruhiges] Gewissen haben; **içini çekmek** seufzen; **birine içini dökmek** jdm sein Herz ausschütten

içecek <-ği> **I.** *s* Getränk *nt* **II.** *adj* trinkbar

içedönük *adj* introvertiert

içeri <-yi, -si> **I.** *s* das Innere **II.** *adj* innere(r, s) **III.** *adv* nach innen; ~ **almak** eintreten lassen, einlassen (**-i** jdn); ~ **gelmek** hereinkommen; ~ **girmek** hineingehen

içer(i)de *adv* drinnen

içeriden *adv* von innen

içerik <-ği> *s* Gehalt *m*

içerisinde **I.** *adv* drinnen **II.** *präp* in (**-in** +*dat*)

içerisine **I.** *adv* hinein **II.** *präp* in, in ... hinein (**-in** +*akk*)

içeriye *adv* herein; (*fam*) rein; ~ **almak** hereinlassen (**-i** jdn); ~ **dalmak** hereinstürzen

içermek *vt* beinhalten (**-i** etw)

içgüdü <-nü> *s* Instinkt *m*

içgüdüsel *adj* instinktiv

içi <-ni> *adj* inner-; **parti** ~ innerparteilich

içil(ebil)ir *adj* trinkbar

için I. *präp* ❶ für ❷ über, betreffend ❸ (*beim Schwören*) bei, auf ❹ wegen; ~ ~ innerlich; **benim/senin** ~ für mich/dich; **bunun** ~ deswegen II. *konj* ❶ da, weil ❷ damit, um zu; **bana yardım ettiği** ~ weil er mir geholfen hat; **yaşamak** ~ **çalışıyoruz** wir arbeiten, um zu leben; **beni gör(me)mesi için** damit er mich (nicht) sieht

içinde I. *präp* ❶ (*örtlich*) in (**-in** +*dat*) ❷ innerhalb (**-in** +*gen*) ❸ zwischen, unter (**-in** +*dat*) II. *adv* innen, drinnen

içindekiler *s* Inhaltsverzeichnis *nt*

içinden *präp* aus, aus ... hervor, aus ... heraus (**-in** +*dat*); ~ **almak** herausnehmen (**-i -in** etw aus etw)

içine I. *präp* (*Richtung*) in, in ... hinein (**-in** +*akk*); ~ **çekmek** hineinziehen, inhalieren (**-i** etw); ~ **işlemek** zutiefst rühren (**-in** jdn); (*Regen*) durchdringen (**-in** etw) II. *adv* hinein

içip bitirmek *vt* austrinken (**-i** etw)

içirmek *vt* ❶ *Kausativ zu* **içmek** ❷ zu trinken geben (**-e -i** jdm etw)

içişleri <-ni> *npl* innere Angelegenheiten *pl*

İçişleri Bakanlığı *s* Innenministerium *nt*

içitim *s* Injektion *f*

içki *s* ❶ (alkoholisches) Getränk *nt* ❷ Alkoholkonsum *m;* ~ **fabrikası** Brennerei *f;* ~ **içmek** (etwas Alkoholisches) trinken

içkili I. *s* Restaurant *nt* mit Alkoholausschank II. *adj* (*Mensch*) angetrunken

içli *adj* ❶ (*Nüsse, Pistazien*) innen voll ❷ empfindlich

içlidışlı *adj* ❶ (*fam*) vertraut, familiär ❷ intim

içme *s* ❶ *Verbalsubstantiv zu* **içmek** ❷ ~ **suyu** Trinkwasser *nt*

içmek <-er> *vt* ❶ trinken (**-i** etw) ❷ (*Zigaretten*) rauchen (**-i** etw) ❸ zechen ❹ (*Suppe*) essen (**-i** etw) ❺ einsaugen (**-i** etw); **ne içmek istiyorsunuz?** was möchten Sie trinken?

içmeler *npl* Heilbad *nt,* Kurort *m*

içmimar *s* Innenarchitekt(in) *m(f)*

içmimarlık <-ğı> *s* Innenarchitektur *f*

içten *adj* ❶ herzlich, innig ❷ offen, aufrichtig; ~ **selamlar** freundliche Grüße

içtenlik <-ği> *s* ❶ Herzlichkeit *f* ❷ Offenheit *f,* Aufrichtigkeit *f;* **bütün içtenlikle** von ganzem Herzen

içtepi *s* Impuls *m*

içtüzük *s* Hausordnung *f*

içyağı <-nı> *s* Talg *m*

içyüz *s* tiefere Bedeutung, wirkliche Ursache; **içyüzünü anlamak** die tiefere Bedeutung verstehen; (*fig*) durchschauen (**-in** etw)

idam *s* Hinrichtung *f;* ~ **cezası** Todesstrafe *f;* ~ **etmek** hinrichten (**-i** jdn); ~ **kararı** [*o* **hükmü**] Todesurteil *nt*

idare *s* ❶ Leitung *f,* Führung *f* ❷ Verwaltung *f* ❸ (*eines Autos*) Lenkung *f* ❹ Haushalten *nt;* **idare etmek** leiten, führen; MUS dirigieren; TECH bedienen; (*Auto*) steuern (**-i** etw); (*genügen*) reichen; (*rationell wirtschaften*) haushalten, vorsichtig behandeln (**-i** etw)

idareci *s* Leiter(in) *m(f),* Verwalter(in) *m(f)*

idareli *adj* ❶ (*beim Essen und Trinken*) genügsam ❷ (*Mensch*) sparsam ❸ mit Verwaltung

idaresiz *adj* ❶ ohne Verwaltung ❷ unwirtschaftlich

iddia *s* ❶ Behauptung *f* ❷ Trotz *m* ❸ Anklage *f;* ~ **etmek** behaupten (**-i** etw); **iddiaya var mısın?** wetten (, dass)?

iddialı *adj* ❶ anspruchsvoll ❷ strittig

iddiasız *adj* anspruchslos

ideal <-li> I. *adj* ideal II. *s* Ideal *nt;* ~ **kilo** Idealgewicht *nt*

idealist <-ti> I. *s* Idealist(in) *m(f)* II. *adj* idealistisch

idealizm *s* Idealismus *m*

ideoloji *s* Ideologie *f*
ideolojik <-ğı> *adj* ideologisch
idman *s* ❶ Training *nt* ❷ Turnen *nt*
idrak <-ki> *s* ❶ Wahrnehmung *f* ❷ Verständnis *nt;* ~ **etmek** wahrnehmen, verstehen, begreifen (**-i** etw)
idrar *s* Urin *m,* Harn *m*
ifade *s* ❶ Ausdruck *m,* Ausdrucksweise *f* ❷ Aussage *f,* Äußerung *f* ❸ Stil *m;* ~ **etmek** zum Ausdruck bringen, ausdrücken; (*Meinung*) äußern; (*erklären*) aussagen (**-i** etw); ~ **vermek** eine Aussage machen; **ifadesini almak** (*Zeugen*) vernehmen (**-in** jdn)
ifadeli *adj* ausdrucksvoll
iffet <-ti> *s* Keuschheit *f,* Reinheit *f*
iffetli *adj* keusch
iflas *s* ❶ Bankrott *m,* Konkurs *m,* Pleite *f* ❷ (*fig*) Zusammenbruch *m;* ~ **etmek** Bankrott machen; (*fig*) zusammenbrechen
ifrat <-tı> *s* Übermaß *nt;* ~ **derecede** im Übermaß; **bir şeyi ifrata vardırmak** etwas auf die Spitze treiben
ifrazat <-tı> *s* Ausscheidung *f*
ifrit <-ti> *s* Dämon *m*
ifşa *s* Verraten *nt;* ~ **etmek** verraten (**-i** etw)
iftar *s* ❶ Ende *nt* eines Fastentages ❷ Abendessen *nt* im Ramadan
iftihar *s* Stolz *m;* ~ **etmek** stolz sein (**ile** auf jdn/etw)
iftira *s* ❶ Verleumdung *f* ❷ Unterstellung *f;* ~ **atmak** [*o* **etmek**] verleumden (**-e** jdn)
iğfal <-li> *s* ❶ Verführung *f* ❷ Täuschung *f;* ~ **etmek** verführen; (*betrügen*) täuschen (**-i** jdn)
iğne *s* ❶ (Näh)nadel *f* ❷ Brosche *f* ❸ Spritze *f* ❹ Stachel *m* ❺ Zeiger *m* ❻ Angelhaken *m;* ~ **deliği** Nadelöhr *nt;* (*beim Nähen*) Stich *m;* ~ **kazısı** Radierung *f;* ~ **yapmak** [*o* **vurmak**] eine Spritze geben (**-e** jdm); ~ **yapraklı** (**ağaç**) Nadelbaum *m*
iğneleme *s* ❶ *Verbalsubstantiv zu* **iğnelemek** ❷ (*fig*) Stichelei *f*
iğnelemek *vt* ❶ (*mit Nadel*) anheften (**-i -e** etw an etw) ❷ (*fam*) sticheln (**-i** jdn)
iğrenç <-ci> *adj* ❶ abscheulich, ekelhaft ❷ unappetitlich
iğrendirmek *vt* ❶ *Kausativ zu* **iğrenmek** ❷ anekeln (**-i** jdn)
iğrenmek *vr* sich ekeln (**-den** vor etw/jdn)
iğrenti *s* Ekel *m*
iğreti *adj* ❶ provisorisch ❷ falsch, künstlich ❸ nicht richtig befestigt
ihale *s* ❶ (*bei Ausschreibungen*) Zuschlag *m* ❷ Auftragsvergabe *f;* ~ **etmek** (*bei Auftrag*) zuschlagen; (*Aufgabe*) übertragen (**-i -e** etw jdm)
ihanet <-ti> *s* ❶ Verrat *m* ❷ (*in der Ehe*) Untreue *f;* ~ **etmek** verraten; (*auch in der Ehe*) betrügen (**-e** jdn)
ihbar *s* ❶ JUR Anzeige *f* ❷ Benachrichtigung *f;* ~ **etmek** anzeigen (**-i -e** jdn bei jdm); (*mitteilen*) melden (**-e -i** jdm etw); **ihbarda bulunmak** Anzeige erstatten
ihlil *s* Harnröhre *f*
ihmal <-li> *s* ❶ Vernachlässigung *f* ❷ Fahrlässigkeit, f ❸ Nachlässigkeit *f;* ~ **etmek** vernachlässigen; (*versäumen*) unterlassen (**-i** etw)
ihmalci *adj* fahrlässig
ihmalcilik <-ği> *s* Fahrlässigkeit *f*
ihracat <-tı> *s* Export *m,* Ausfuhr *f*
ihracatçı *s* Exporteur(in) *m(f)*
ihraç <-cı> *s* ❶ Export *m* ❷ (*aus einer Gemeinschaft*) Ausschluss *m;* ~ **etmek** exportieren, ausführen (**-i** etw); (*aus einer Gemeinschaft*) ausschließen (**-i** jdn)
ihtar *s* ❶ Mahnung *f,* Warnung *f* ❷ Verwarnung *f;* ~ **etmek** erinnern (**-e -i** jdn an etw), verwarnen (**-e/-i** jdn); ~ **grevi** Warnstreik *m*
ihtilaf *s* ❶ Streitfall *m* ❷ Meinungsverschiedenheit *f*
ihtilal <-li> *s* Revolte *f,* Aufstand *m*

ihtimal <-li> *s* ① Wahrscheinlichkeit *f* ② Aussicht *f*

ihtimam *s* ① Sorgfalt *f* ② Fürsorge *f*

ihtiras *s* ① Leidenschaft *f* ② Begeisterung *f* ③ Ehrgeiz *m* ④ (*pej*) Begierde *f*

ihtisas *s* ① Sachkenntnis *f* ② fachwissenschaftliche Ausbildung; ~ **alanı** Fachgebiet *nt;* ~ **literatürü** Fachliteratur *f*

ihtişam *s* Prunk *m*

ihtiyaç <-cı> *s* ① Bedarf *m* ② Notwendigkeit *f,* Bedürfnis *nt* ③ Bedürftigkeit *f;* **yardıma ihtiyacım var** ich brauche Hilfe

ihtiyar I. *adj* alt II. *s* alter Mann, alte Frau

ihtiyarlamak *vi* ① alt werden ② altersschwach werden

ihtiyarlık <-ğı> *s* ① (Greisen)alter *nt* ② Altersschwäche *f*

ihtiyat <-tı> *s* ① Behutsamkeit *f,* Vorsicht *f* ② Reserve *f*

ihtiyatlı *adj* vorsichtig, behutsam

ikamet <-ti> *s* Aufenthalt *m;* ~ **beyannamesi** (polizeiliche) Anmeldung *f;* ~ **etmek** wohnen (**-de** in etw)

ikaz *s* Mahnung *f;* ~ **etmek** mahnen, warnen (**-i** jdn); ~ **üçgeni** Warndreieck *nt*

iki *num* zwei; ~ **yüz** zweihundert; ~ **bin** zweitausend; ~ **buçuk** zweieinhalb; ~ **defa** [*o* **kere**] zweimal; ~ **dilli** (*Person*) zweisprachig; ~ **dillilik** Zweisprachigkeit *f;* ~ **günde bir** alle zwei Tage; ~ **hafta sonra bugün** heute in vierzehn Tagen; ~ **kat** zweifach, doppelt; ~ **katı** das Doppelte; ~ **katına çıkarmak** verdoppeln (**-i** etw); ~ **katlı** zweistöckig; ~ **katlı yatak** Etagenbett *nt;* ~ **kişilik yatak** Doppelbett *nt;* ~ **misli** [*o* **katı**] zweifach, doppelt so viel; ~ **nokta** (**üstüste**) Doppelpunkt *m;* ~ **tabanlı sayı** Binärzahl *f;* ~ **taraflı** beiderseits, zweiseitig; (*Messer*) zweischneidig; (*Abkommen*) bilateral; ~ **türlü** zweierlei; ~ **ucunu bir araya getirmek** (*fam*) unter einen Hut bringen, wirtschaftlich auskommen; ~ **yataklı oda** Doppelzimmer *nt;* ~ **yüz** zweihundert; **ikimiz** wir beide; **ikiye ayırmak** (in zwei Teile) zerlegen (**-i** etw); **ikiye bölmek** halbieren, (in zwei Teile) zerlegen (**-i** etw)

ikilem *s* Dilemma *nt*

ikili *adj* ① Zweier- ② MATH binär; ~ **ilişki** Zweierbeziehung *f;* ~ **sayı sistemi** Zweiersystem *nt,* Binärsystem *nt;* ~ **tabandaki sayı** Binärzahl *m*

ikinci *adj* zweite(r, s); ~ **olarak** als Zweite(r); **ikincisi** zweitens

İkinci Dünya Savaşı <-nı> *s* der Zweite Weltkrieg

ikincil *adj* sekundär

ikindi *s* ① *Zeit des Nachmittagsgebets* ② Nachmittagsgebet *nt* ③ (*fam*) Nachmittag *m*

ikişer *adv* je zwei; ~ ~ in Zweiergruppen

ikiyüzlü I. *adj* ① (*Messer*) zweischneidig ② (*Stoff*) zweiseitig ③ (*fam*) heuchlerisch II. *s* Heuchler(in) *m(f)*

ikiyüzlülük <-ğü> *s* ① Zweischneidigkeit *f* ② Zweiseitigkeit *f* ③ (*fam*) Heuchelei *f;* ~ **etmek** heucheln

ikiz *s* Zwilling *m,* Zwillinge *pl*

İkizler (**burcu**) *npl* (*Sternzeichen*) Zwillinge *pl*

iklim *s* Klima *nt;* ~ **değişikliği** Klimaveränderung *f,* Klimawandel *m;* ~ **koruma** Klimaschutz *m;* ~ **koruma konferansı** Klimaschutzkonferenz *f;* ~ **politikası** Klimapolitik *f*

iklimsel *adj* klimatisch

ikmal <-li> *s* ① Vollendung *f* ② Nachschub *m;* ~ **sınavı** [*o* **imtihanı**] (*Schule*) Nachprüfung *f*

ikna *s* ① Überreden *nt* ② Überzeugen *nt;* ~ **etmek** überreden, überzeugen (**-i -e** jdn von etw)

ikon *s* Ikone *f*

ikram *s* ① (reichliche) Bewirtung *f*

② (Preis)nachlass *m;* ~ **etmek** bewirten (-**e** jdn); (*dem Gast etw*) anbieten; (*dem Käufer*) einen Nachlass gewähren; (*ausgeben*) spendieren (-**e** -**i** jdm etw)

ikramiye *s* ① Gratifikation *f* ② Lotteriegewinn *m*

iksir *s* Elixier *nt*

iktidar *s* ① Macht *f* ② Staatsführung *f* ③ (sexuelle) Potenz *f;* ~ **kavgası** Machtkampf *m;* **iktidara geçmek** die Macht ergreifen; **iktidara gelmek** an die Macht kommen; **iktidarda olmak** an der Macht sein

iktidarsız *adj* ① impotent ② machtlos

iktidarsızlık <-ğı> *s* ① Impotenz *f* ② Machtlosigkeit *f*

iktisadi *adj* ① wirtschaftlich, Wirschafts- ② ökonomisch, sparsam; ~ **durum** Wirtschaftslage *f*

iktisat <-dı> *s* ① Wirtschaft *f,* Ökonomie *f* ② Wirtschaftswissenschaft *f* ③ Sparsamkeit *f;* **İktisat Bakanlığı** Wirtschaftsministerium *nt;* ~ **danışmanı** Wirtschaftsberater *m;* ~ **politikası** Wirtschaftspolitik *f*

iktisatçı *s* ① Volkswirt(in) *m(f)* ② Wirtschaftswissenschaftler(in) *m(f)*

il *s* ① (*Verwaltungsbezirk*) Provinz *f* ② Regierungsbezirk *m*

ilaç <-cı> *s* Medikament *nt,* Medizin *f*

ilah *s* Gott *m*

ilahe *s* Göttin *f*

ilahi **I.** *s* Gebetshymne *f* **II.** *adj* göttlich **III.** *interj* oh Gott!

ilahiyat <-tı> *s* Theologie *f*

ilahiyatçı *s* Theologe, Theologin *m, f*

ilan *s* ① Bekanntgabe *f* ② Ansage *f* ③ Inserat *nt,* Anzeige *f* ④ (öffentlicher) Aufruf *m* ⑤ Proklamierung *f,* Ausrufung *f* ⑥ Erklärung *f;* ~ **etmek** bekannt geben, bekannt machen; (*Stelle, Projekt*) ausschreiben, inserieren; (*proklamieren*) ausrufen; (*Krieg*) erklären (-**i** etw)

ilave *s* ① Hinzufügung *f* ② Zusatz *m* ③ Anhang *m* ④ Anbau *m* ⑤ Beilage *f;* ~ **etmek** hinzufügen, beilegen; (*an Haus*) anbauen (-**i** -**e** etw an etw)

ilçe *s* Landkreis *m*

ile **I.** *präp* mit +*dat* **II.** *konj* (*bei Personen*) und

ilenç <-ci> *s* Fluch *m*

ilenmek *vi* verfluchen (-**e** jdn)

ileri **I.** *adv* nach vorne **II.** *interj* vorwärts! **III.** *adj* ① vordere(r, s) ② spätere(r, s) ③ (*Uhr*) vorgehend ④ fortschrittlich **IV.** *s* ① weiterer Verlauf ② (*fig*) Zukunft *f;* ~ **gelen** angesehen; ~ **gelmek** herrühren (-**den** von etw); ~ **gitmek** Fortschritte machen; (*fig*) zu weit gehen; (*Uhr*) vorgehen; ~ **sürmek** nach vorne schieben; (*Idee*) zur Sprache bringen (-**i** etw)

ilerici *adj* fortschrittlich

ileride *adv* ① in Zukunft, künftig ② vorn(e)

ileriye *adv* ① nach vorn(e) ② vorwärts

ilerleme *s* ① *Verbalsubstantiv zu* **ilerlemek** ② Fortschritt *m*

ilerlemek *vi* ① vorwärtsgehen ② Fortschritte machen ③ vorankommen ④ vordringen ⑤ vorgehen ⑥ vorrücken ⑦ an Intensität zunehmen ⑧ weitergehen

ileti *s* Botschaft *f,* Meldung *f*

iletim *s* INET Forwarden *nt*

iletişim *s* Kommunikation *f;* ~ **olmayan alan** TELEK Funkloch *nt;* ~ **yuvası** INFORM COM-Port *m*

iletken *s* (*Material*) leitend

iletki *s* Winkelmesser *nt*

iletmek *vt* ① (*Nachricht*) (weiter)leiten (-**i** -**e** etw an jdn) ② (*Strom, Wärme*) leiten (-**i** etw)

ilgeç <-ci> *s* Partikel *f*

ilgi *s* ① Interesse *nt* ② Beziehung *f* ③ (*in Briefen*) Betreff *m*

ilgilendirmek *vt* ① *Kausativ zu* **ilgilenmek** ② jds Interesse wecken für (-**i** **ile** jds für etw) ③ betreffen, angehen, kümmern (-**i** jdn)

ilgilenmek *vr* ① sich interessieren (**ile** für etw/jdn) ② sich kümmern (**ile** um etw/jdn)

ilgili *adj* ① interessiert (**ile** an etw/jdn) ② betreffend (**ile** etw/jdn) ③ zuständig (**ile** für etw) ④ zusammenhängend (mit) (**ile** mit etw)

ilginç <-ci> *adj* interessant

ilgisiz *adj* ① teilnahmslos, ohne Interesse ② gleichgültig, unbeteiligt ③ ohne Zusammenhang (**ile** mit etw)

ilgisizlik <-ği> *s* ① Interesselosigkeit *f* ② Gleichgültigkeit *f*, Desinteresse *nt* ③ Zusammenhanglosigkeit *f*

ilhak <-kı> *s* ① Eingliederung *f* ② Annexion *f*; ~ **etmek** eingliedern; POL annektieren (**-i** etw)

ilham *s* Inspiration *f*; ~ **perisi** Muse *f*

ilik <-ği> *s* ① Knochenmark *nt* ② Knopfloch *nt*

iliklemek *vt* (zu)knöpfen (**-i** etw)

ilim <-lmi> *s* ① Wissenschaft *f* ② Wissen *nt*; ~ **adamı** Wissenschaftler(in) *m(f)*

ilinti *s* ① Verhältnis *nt* ② Zusammenhang *m*

ilişik *adj* ① beiliegend, beigefügt (**-e** einer Sache) ② betreffend (**-e** etw/jdn); ~ **olarak** anbei

ilişki *s* ① Kontakt *m* ② (intimes) Verhältnis *nt* ③ Zusammenhang *m* ④ (zwischenmenschliche) Beziehung *f*; ~ **problemleri** PSYCH Beziehungsprobleme *ntpl*

ilişkin *adj* betreffend (**-e** etw/jdn)

ilişkisel *adj* ~ **veritabanı** INFORM relationale Datenbank *f*

ilişmek *vt* ① hängen bleiben (**-e** an etw) ② berühren (**-e** etw) ③ (*fam*) belästigen (**-e** jdn) ④ sich (vorübergehend) setzen

iliştirmek *vt* ① *Kausativ zu* **ilişmek** ② anheften (**-i -e** etw an etw) ③ (*Datei*) anfügen (**-i -e** etw an etw)

ilk <-ki> *adj* ① anfänglich ② erste(r, s) ③ nächste(r, s) ④ primär; ~ **baştan** von vornherein; ~ **defa(da)**, ~ **defa (olarak)** zum ersten Mal; ~ **elden** aus erster Hand; ~ **önce** zuerst, zunächst; ~ **yardım** Erste Hilfe

ilkbahar *s* Frühling *m*, Frühjahr *nt*

ilkçağ *s* ① Altertum *nt* ② Urzeit *f*

ilke *s* ① Element *nt* ② Prinzip *nt*

ilkel *adj* ① ursprünglich ② primitiv

ilkin *adv* anfangs, zuerst

ilkokul *s* Grundschule *f*; ~ **öğretmeni** Grundschullehrer(in) *m(f)*

ilmi *adj* wissenschaftlich

ilmi <-ni> *s Possessivform zu* **ilim** die Wissenschaft von ...

ilmik <-ği> *s* Knoten *m*, Schlinge *f*

iltica *s* Zuflucht *f*, Asyl *nt*; ~ **etmek** Zuflucht suchen; POL um Asyl bitten (**-e** bei jdm); ~ **hakkı** Asylrecht *nt*

iltifat <-tı> *s* ① Liebenswürdigkeit *f* ② Kompliment *nt*

iltihap <-bı> *s* Entzündung *f*

iltimas *s* Protektion *f*

ima *s* (versteckte) Andeutung *f*, Anspielung *f*; ~ **etmek** andeuten (**-e** etw)

imaj *s* ① Image *nt* ② Vorstellung *f* ③ Bild *nt*

imal <-li> *s* Herstellung *f*, Fertigung *f*; ~ **etmek** herstellen (**-i** etw)

imalat <-tı> *s* Produktion *f*; ~ **fiyatı** Herstellungskosten *pl*; ~ **sanayii** verarbeitende Industrie *f*

imalatçı *s* Hersteller(in) *m(f)*

imalathane *s* Werk *nt*, Fabrik *f*

imam *s* Imam *m*, Vorbeter *m*; ~ **hatip okulu** *Schule zur Ausbildung islamischer Geistlicher*

imambayıldı *s ein kaltes Auberginengericht*

iman *s* Glaube *m* (**-e** an etw)

imansız *adj* ① gottlos ② erbarmungslos

imansızlık <-ğı> *s* Gottlosigkeit *f*

imar *s* Bebauung *f*; ~ **etmek** bebauen (**-i** etw)

imdat <-dı> **I.** *s* Hilfe *f* **II.** *interj* Hilfe!; ~ **kapısı** Notausgang *m*; ~ **kızağı** Notrutsche *f*; ~ **freni** Notbremse *f*

imge *s* ① Trugbild *nt* ② Wunschtraum *m*

imgelem *s* Vorstellungskraft *f*, Vorstellungsvermögen *nt*

imha *s* Zerstörung *f*, Vernichtung *f*; ~ **etmek** zerstören, vernichten (**-i** etw/jdn)

imitasyon *s* Imitation *f*

imkan *s* Möglichkeit *f*; ~ **vermek** ermöglichen

imkansız *adj* unmöglich

imkansızlık <-ğı> *s* Unmöglichkeit *f*

imla *s* Orthographie *f*, Rechtschreibung *f*; ~ **hatası** Rechtschreibfehler *m*

imleç <-ci> *s* INFORM Cursor *m*

imparator *s* Kaiser *m*

imparatoriçe *s* Kaiserin *f*

imparatorluk <-ğu> *s* Kaiserreich *nt*

imrenmek *vi* ① Appetit haben (**-e** auf etw) ② beneiden (**-e** jdn)

imsak <-ki> *s täglicher Fastenbeginn im Ramadan*

imsakiye *s* Ramadankalender *m*

imtihan *s* Prüfung *f*, Examen *nt*; ~ **etmek** prüfen (**-i** jdn); ~ **komisyonu** Prüfungskommission *f*

imtiyaz *s* ① Privileg *nt*, Vorrecht *nt* ② Konzession *f*

imtiyazlı *adj* ① privilegiert ② konzessioniert

imza *s* Unterschrift *f*; ~ **etmek** unterzeichnen, unterschreiben (**-i** etw)

imzalamak *vt* unterschreiben, unterzeichnen (**-i** etw)

in *s* Höhle *f* (*eines Tieres*)

inal *s* Vertrauensperson *f*

inan *s* Glaube *m* (**-e** an etw)

inanca *s* Bürgschaft *f*, Garantie *f*

inanç <-cı> *s* Glaube *m*

inançlı *adj* gläubig

inandırıcı *adj* glaubhaft, überzeugend

inandırmak *vt* ① *Kausativ zu* **inanmak** ② überreden (**-i -e** jdn zu etw) ③ überzeugen (**-i -e** jdn von etw)

inanılır *adj* ① glaubhaft, glaubwürdig ② zuverlässig

inanılmaz *adj* ① unglaublich ② unglaubwürdig

inanmak *vi* ① glauben (**-e** an etw) ② Glauben schenken (**-e** jdm)

inat <-dı> **I.** *s* (*fam*) ① Hartnäckigkeit *f* ② Starrköpfigkeit *f*; ~ **etmek** trotzig sein, bestehen (auf) (**-de** auf etw) **II.** *präp* zum Trotz (**-e** +*dat*)

inatçı **I.** *adj* (*fam*) eigensinnig, dickköpfig **II.** *s* Dickkopf *m*

inatçılık <-ğı> *s* (*fam*) Hartnäckigkeit *f*, Dickköpfigkeit *f*, Eigensinn *m*

ince *adj* ① dünn, schlank ② (*Sand*) fein ③ höflich, freundlich ④ (*Stimme*) hell ⑤ (*sanft*) leise ⑥ zierlich, zart ⑦ (*Mensch*) feinfühlig ⑧ (*Schmerz*) stechend ⑨ (*Vokal*) hell; ~ **bağırsak** Dünndarm *m*; ~ **duygulu** einfühlsam; ~ **ruhlu** feinfühlig; **inceden inceye** gründlich

inceleme *s* ① *Verbalsubstantiv zu* **incelemek** ② Erforschung *f* ③ Untersuchung *f*, Prüfung *f* ④ Studie *f*

incelemek *vt* ① erforschen (**-i** etw) ② untersuchen, prüfen (**-i** etw) ③ (*Unterlagen*) studieren (**-i** etw) ④ (*Thema*) abhandeln (**-i** etw) ⑤ (*Thema, Fall*) bearbeiten (**-i** etw)

incelik <-ği> *s* ① Schlankheit *nt* ② Höflichkeit *f*, Freundlichkeit *f* ③ Feinheit *f* ④ Feingefühl *nt*, Takt *m*

incelmek *vi* ① dünn werden ② schlank(er) werden ③ (*Säule*) sich verjüngen ④ (*Ton*) in die Höhe gehen ⑤ sich verfeinern

inceltmek *vt* ① *Kausativ zu* **incelmek** ② verfeinern (**-i** etw)

inci **I.** *s* Perle *f* **II.** *adj* aus Perlen bestehend

inciçiçeği <-ni> *s* Maiglöckchen *nt*

incil *s* Evangelium *nt*, das Neue Testament

incinmek *vi* ① gekränkt sein (**-den** wegen etw/jdm) ② sich verstauchen

incir *s* Feige *f*; ~ **ağacı** Feigenbaum *m*

incitmek *vt* ① *Kausativ zu* **incinmek**

② kränken, beleidigen (**-i** jdn) ③ verstauchen, prellen (**ayağını** sich/jdm den Fuß)

inç <-çi> *s* (*Maß*) Zoll *m*

indifa *s* (Vulkan)ausbruch *m*

indirgemek *vt* vereinfachen, reduzieren (**-i -e** etw auf etw)

indirim *s* Ermäßigung *f*

indirme *s* ① *Verbalsubstantiv zu* **indirmek** ② INET Herunterladen *nt*, Download *m*

indirmek *vt* ① *Kausativ zu* **inmek** ② (*Mitfahrenden*) absetzen (**-i** jdn) ③ abstellen (**-i -e** etw auf etw) ④ ermäßigen, senken (**-i** etw) ⑤ herunterholen (**-i -den** etw von etw) ⑥ INET herunterladen, downloaden (**-i** etw); **yüzüne bir tokat ~** jdm eine Ohrfeige verpassen

inek <-ği> *s* ① Kuh *f* ② (*fam*) Streber(in) *m(f)*; **~ ahırı** Kuhstall *m*; **~ gübresi** Kuhfladen *m*

ineklemek *vi* (*fam*) pauken, büffeln

infaz *s* ① Ausführung *f* ② (*eines Urteils*) Vollstreckung *f*; **~ etmek** ausführen; (*Urteil*) vollstrecken (**-i** etw)

infilak <-ki> *s* Explosion *f*; **~ etmek** explodieren

infüzyon *s* Infusion *f*

İngiliz I. *s* Engländer(in) *m(f)* II. *adj* (*Art, Herkunft*) englisch; **~ anahtarı** (*Werkzeug*) Engländer *m*

İngilizce *adj* (*Sprache*) englisch

İngiltere I. *s* England *nt* II. *adj* (*Art*) englisch

İngiltereli I. *s* Engländer(in) *m(f)* II. *adj* (*Herkunft*) englisch

inilti *s* Seufzer *m*

iniş *s* ① Abstieg *m* ② Ausstieg *m* ③ Böschung *f* ④ (Ab)hang *m* ⑤ Landung *f*

inişli *adj* abfallend; **~ yokuşlu** hügelig

inkar *s* Leugnen *nt*; **~ edilemez** unbestreitbar; **~ etmek** abstreiten, (ver)leugnen; JUR anfechten (**-i** etw)

inkisar *s* Verfluchung *f*; **~ etmek** verfluchen (**-e** jdn)

inlemek *vi* ① seufzen, stöhnen ② dröhnen

inletmek *vt* ① *Kausativ zu* **inlemek** ② (*fig*) quälen (**-i** jdn)

inline pateni *s* Inlineskating *nt*; **~ yapmak** inlineskaten

inliner *s* Inliner *m*

inme *s* ① *Verbalsubstantiv zu* **inmek** ② Lähmung *f* ③ Schlaganfall *m*

inmek <-er> *vt* ① herunterkommen, heruntergehen (**-den** von etw) ② (*aus Fahrzeug*) aussteigen (**-den** aus etw) ③ (*Flugzeug*) landen ④ (*Temperatur, Preise*) fallen, sinken (**-e** auf etw) ⑤ (*im Hotel*) absteigen (**-e** in etw) ⑥ (*Mauer*) einstürzen

innin *adj* zeugungsunfähig

insaf *s* ① Gerechtigkeit *f* ② Gnade *f* ③ Mitleid *nt*

insaflı *adj* ① gerecht ② gnädig ③ mitleidig

insafsız *adj* ① gewissenlos ② erbarmungslos, grausam

insan I. *s* Mensch *m* II. *pron* man; **~ hakları** Menschenrechte *pl*; **~ haklarının çiğnenmesi** Menschenrechtsverletzung *f*; **~ hakları savunucusu** Menschenrechtsaktivist(in) *m(f)*; **~ kaçakçılığı** Menschenschmuggel *m*; **~ kaynakları** Human Resources *pl*; **~ sarraflığı** Menschenkenntnis *f*

insanca *adj, adv* menschlich

insancı *adj* ① humanistisch ② humanitär

insancılık <-ğı> *s* Humanismus *m*

insani *adj* ① menschlich ② humanitär

insaniyet <-ti> *s s.* **insanlık**

insanlık <-ğı> *s* ① Menschheit *f* ② Menschlichkeit *f* ③ Humanität *f*; **~ dışı** unmenschlich

insansı maymun *s* Menschenaffe *m*

insansız *s* (*Flugzeug*) unbemannt

insiyak <-kı> *s* Instinkt *m*

insiyaki *adj, adv* instinktiv

instant kahve *s* Instantkaffee *m*

inşa *s* ❶ Bau *m* ❷ Bauen *nt* ❸ Konstruktion *f;* ~ **etmek** bauen (-**i** etw)

inşaat <-tı> *s* ❶ *s.* **inşa** ❷ Bauarbeiten *pl;* **inşaat işçisi** Bauarbeiter(in) *m(f);* ~ **kepçesi** Bagger *m;* ~ **malzemesi** Baustoff *m;* ~ **mühendisi** Bauingenieur(in) *m(f);* ~ **ruhsatı** Baugenehmigung *f;* ~ **sahibi** Bauherr(in) *m(f);* ~ **yeri** Baustelle *f*

inşallah **I.** *interj* so Gott will!; ~ **gelir!** hoffentlich kommt er/sie! **II.** *adv* vielleicht

interaktif *adj* interaktiv

internet <-ti> *s* Internet *nt;* ~ **bağımlısı** Internetsüchtige(r) *f(m);* ~ **bankacılığı** Internetbanking *nt;* ~ **bankası** Onlinebank *f;* ~ **erişimi** Internetzugang *m;* ~ **forumu** Internetforum *nt;* ~ **kullanımı** Internetnutzung *f;* ~ **mağazası** Onlineshop *m;* ~ **servis sağlayıcısı** Provider *m;* ~ **sitesi** Website *f*

intiba *s* ❶ Eindruck *m* ❷ Wirkung *f*

intibak <-kı> *s* Umstellung *f,* Anpassung *f;* ~ **etmek** sich umstellen, sich anpassen (-**e** an etw); ~ **ettirmek** anpassen (-**i** -**e** jdn an etw)

intihar *s* Selbstmord *m;* ~ **etmek** Selbstmord begehen; ~ **teşebbüsü** Selbstmordversuch *m*

intikal <-li> *s* ❶ Übergang *m* ❷ JUR Übertragen *nt* ❸ Verstehen *nt;* ~ **etmek** übertragen werden (-**den** -**e** von jdm auf jdn), verstehen (-**e** etw)

intikam *s* Rache *f,* Vergeltung *f;* ~ **almak** sich rächen (-**den** an jdm)

intikamcı **I.** *s* Rächer(in) *m(f)* **II.** *adj* rachsüchtig

intizam *s* ❶ Ordnung *f* ❷ Regelmäßigkeit *f*

intranet <-ti> *s* INFORM Intranet *nt*

inzibat <-tı> *s* ❶ Ordnung *f,* Disziplin *f* ❷ Militärpolizist *m*

inziva *s* Zurückgezogenheit *f,* Einsiedlerleben *nt;* **inzivaya çekilmek** sich (von der Welt) absondern, ein Einsiedlerleben führen

İ

ip <-pi> *s* Seil *nt,* Leine *f,* Strick *m;* ~ **cambazı** Seiltänzer(in) *m(f);* ~ **kaçkını** Galgenvogel *m;* **ipe çekmek** an den Galgen hängen (-**i** jdn)

ipek <-ği> **I.** *s* Seide *f* **II.** *adj* ❶ aus Seide, Seiden- ❷ seidenweich

ipekböceği <-ni> *s* Seidenraupe *f*

ipekyolu <-nu> *s* HIST Seidenstraße *f*

iplik <-ği> *s* (Näh)faden *m,* Garn *nt;* ~ **fabrikası** Spinnerei *f;* ~ **makarası** Garnrolle *f*

ipotek <-ği> *s* Hypothek *f*

ipotekli *adj* mit einer Hypothek belastet

iptal <-li> *s* ❶ Annullierung *f* ❷ Abschaffung *f,* Aufhebung *f* ❸ Abbestellung *f* ❹ Entwertung *f* ❺ Widerruf *m* ❻ INFORM (*eines Programms*) Abbruch *m;* ~ **etmek** abbestellen; (*Bestellung*) zurücknehmen; (*Urteil*) anfechten; (*Computerprogramm*) abbrechen (-**i** etw); ~ **ettirmek** stornieren (-**i** etw)

ipucu <-nu> *s* Anhaltspunkt *m*

irade *s* Wille *m,* Willenskraft *f*

iradedışı *adj* unwillkürlich

iradeli *adj* ❶ willensstark ❷ vorsätzlich, willentlich

iradesiz *adj* ❶ willenlos ❷ unbeabsichtigt, unwillkürlich

İran **I.** *s* (der) Iran **II.** *adj* (*Art*) iranisch

İranlı **I.** *s* Iraner(in) *m(f)* **II.** *adj* (*Herkunft*) iranisch

iri *adj* ❶ groß ❷ (*Sand*) grob; **irili ufaklı** große und kleine

irilik <-ği> *s* Größe *f*

irin *s* Eiter *m*

irinlenmek *vi* eitern

irinli *adj* eit(e)rig

iriyarı *adj* (*fam*) groß und stark, robust

irkilmek *vi* ❶ (*vor Schrecken*) zusammenzucken ❷ eine Pfütze bilden ❸ MED anschwellen, sich entzünden

İrlanda **I.** *s* Irland *nt* **II.** *adj* (*Art*) irisch

İrlandaca *adj* (*Sprache*) irisch

İrlandalı **I.** *s* Ire *m,* Irin *f* **II.** *adj* (*Herkunft*) irisch

irmik <-ği> *s* Grieß *m*

ironik <-ği> *adj* ironisch

irsi hastalık <-ğı> *s* Erbkrankheit *f*

irtibat <-tı> *s* ❶ Zusammenhang *m* ❷ Beziehung *f*, Verbindung *f* ❸ (*eines Geräts, Telefons*) Anschluss *m;* ~ **kurmak** Beziehungen anknüpfen (**ile** mit jdm); ~ **tesis etmek** (*Gerät, Telefon*) anschließen

irtica *s* POL Reaktion *f* (*islamische Reaktion in der Türkei*)

is *s* Ruß *m*

İsa *s* Jesus *m*

isabet <-ti> **I.** *s* ❶ Treffen *nt* ❷ Entfallen *nt* ❸ (*beim Schießen*) Treffer *m* **II.** *interj* trifft sich gut!; **tam** ~ Volltreffer *m;* ~ **etmek** (*ein Ziel*) treffen; (*Gewinn*) entfallen (**-e** auf jdn)

isabetli *adj* ❶ angebracht ❷ zutreffend

ise **I.** *adv* hingegen **II.** *konj* falls, wenn

ishal <-li> *s* Durchfall *m;* ~ **ilacı** Abführmittel *nt;* ~ **olmak** Durchfall haben

isim <-smi> *s* ❶ Bezeichnung *f*, Name *m* ❷ Substantiv *nt*, Hauptwort *nt;* ~ **sunucusu** INET Nameserver *m;* ~ **vermek** (*benennen*) einen Namen geben; **ismin hali** LING Fall *m*, Kasus *m*

isimlendirmek *vt* (be)nennen (**-i** jdn/etw)

isimsiz *adj* anonym, namenlos

iskambil *s* Kartenspiel *nt;* ~ **kâğıdı** Spielkarte *f;* ~ **oynamak** Karten spielen

İskandinav **I.** *s* Skandinavier(in) *m(f)* **II.** *adj* (*Art*) skandinavisch

İskandinavca *adj* (*Sprache*) skandinavisch

İskandinavya *s* Skandinavien *nt*

İskandinavyalı **I.** *s* Skandinavier(in) *m(f)* **II.** *adj* (*Herkunft*) skandinavisch

iskarpin *s* Halbschuh *m*

iskele *s* ❶ Anlegeplatz *m*, Anlegestelle *f* ❷ Landungsbrücke *f* ❸ (Bau)gerüst *nt*

iskelet <-ti> *s* ❶ Skelett *nt*, Gerippe *nt* ❷ (*eines Flugzeugs*) Rumpf *m*

iskemle *s* Hocker *m*, Schemel *m*

iskete (**kuşu**) *s* Meise *f*

İskoç <-cu> **I.** *s* Schotte *m*, Schottin *f* **II.** *adj* (*Art*) schottisch

İskoçya *s* Schottland *nt*

İskoçyaca *adj* (*Akzent*) schottisch

İskoçyalı **I.** *s* Schotte *m*, Schottin *f* **II.** *adj* (*Herkunft*) schottisch

İslam *s* Islam *m*

islamcı **I.** *adj* islamistisch **II.** *s* Islamist(in) *m(f)*

İslav **I.** *s* Slawe *m*, Slawin *f* **II.** *adj* slawisch

ismen *adv* namentlich

ismi <-ni> *s* *Possessivform zu* **isim** sein/ihr Name *m*

isnat <-dı> *s* ❶ Zuschreiben *nt* ❷ Verdächtigung *f;* **bir şeyi birine** ~ **etmek** jdm etwas zuschreiben, jdn einer Sache verdächtigen

ispalya *s* Spalier *nt*

İspanya **I.** *s* Spanien *nt* **II.** *adj* (*Art*) spanisch

İspanyalı **I.** *s* Spanier(in) *m(f)* **II.** *adj* (*Herkunft*) spanisch

İspanyol **I.** *s* Spanier(in) *m(f)* **II.** *adj* (*Art*) spanisch

İspanyolca *adj* (*Sprache*) spanisch

ispat <-tı> *s* Beweis *m*, Nachweis *m;* ~ **etmek** beweisen, nachweisen (**-i** etw)

ispatlamak *vt* nachweisen, beweisen (**-i** etw)

ispirto *s* ❶ (Brenn)spiritus *m* ❷ Alkohol *m;* ~ **ocağı** Spirituskocher *m*

ispiyon *s* Spitzel *m*

ispritizma *s* Spiritismus *m*

israf *s* Verschwendung *f*, Vergeudung *f;* ~ **etmek** verschwenden, vergeuden (**-i -e** etw für etw)

İsrail **I.** *s* Israel *nt* **II.** *adj* (*Art*) israelisch

İsrailce *adj* (*Sprache*) hebräisch

İsrailli **I.** *s* Israeli, Israelin *m, f* **II.** *adj* (*Herkunft*) israelisch

İstanbul *s* Istanbul *nt*

istasyon *s* ① Haltestelle *f*, Station *f* ② Bahnhof *m* ③ (*Radio-, Radar-*) Station *f*

istatistik <-ği> *s* Statistik *f*

istatistiksel *adj* statistisch

istek <-ği> *s* ① Wunsch *m* ② Forderung *f* ③ Verlangen *nt*, Lust *f*; ~ **üzerine** auf Wunsch; **isteğe göre** nach Wunsch; **başka bir isteğiniz var mı?** haben Sie noch einen Wunsch?

isteka *s* Billardstock *m*

istekli I. *s* ① Bewerber(in) *m(f)* ② Interessent(in) *m(f)* II. *adj* ① bereit, gewillt ② begierig

isteklilik <-ği> *s* Bereitschaft *f*

isteksiz I. *adj* ① unwillig ② lustlos ③ unfreiwillig II. *adv* ungern

isteksizlik <-ği> *s* ① Unwille *m* ② Unlust *f* ③ Abneigung *f*

istem *s* ① Wunsch *m*, Verlangen *nt* ② Wille *m*

istemci *s* INFORM (*Gegenstück zum Server*) Client *m*

isteme *s* *Verbalsubstantiv zu* **istemek**: ~ **adresi** Bestelladresse *f*

istemek *vt* ① wünschen, wollen (**-i -den** etw von jdm) ② bitten, ersuchen (**-den -i** jdn um etw) ③ begehren (**-i** etw) ④ fordern, verlangen (**-i -den** etw von jdm) ⑤ (*Zeit*) brauchen (**-i** etw) ⑥ fragen (**-i** nach jdm); **istemeyerek** ungern; (*unbeabsichtigt*) unabsichtlich; **ister istemez** wohl oder übel, sowieso; **ister ... ister ...** (egal) ob ... oder ...; **isteyerek** gern; (*wissentlich*) absichtlich

istemli *adj* ① fakultativ ② willentlich

istemsiz *adj* ① unfreiwillig ② unbeabsichtigt

istida *s* Antrag *m*, Gesuch *nt*

istidat <-dı> *s* ① Veranlagung *f* ② Begabung *f*, Talent *nt* ③ (*für Krankheiten*) Anfälligkeit *f*

istidatlı *adj* ① talentiert ② (*für Krankheiten*) anfällig

istif *s* ① Stapel *m* ② Aufstapelung *f*; ~ **etmek** aufschichten, aufstapeln (**-i** etw)

istifa *s* ① Rücktritt *m* ② Rücktrittsgesuch *nt*; ~ **etmek** sein Amt niederlegen, zurücktreten (**-den** von etw)

istifade *s* Nutzen *m*, Gewinn *m*; ~ **etmek** profitieren, Nutzen ziehen (**-den** aus etw)

istifçi *s* ① Packer(in) *m(f)* ② Hamsterer *m*

istifçilik <-ği> *s* ① Stapeln *nt* ② Hamstern *nt*; ~ **etmek** horten

istihbarat <-tı> *s* ① Nachricht *f* ② Einholung *f* von Auskünften; ~ **servisi** Nachrichtendienst *m*, Geheimdienst *m*

istihza *s* Hohn *m*, Spott *m*

istihzalı *adj* höhnisch, spöttisch

istikbal <-li> *s* Zukunft *f*

istiklal <-li> *s* Unabhängigkeit *f*; **İstiklal Marşı** *die türkische Nationalhymne*

istikrar *s* POL, COMM Stabilität *f*

istikrarlı *adj* stabil

istikrarsız *adj* instabil

istikrarsızlık <-ğı> *s* POL, COMM Instabilität *f*

istila *s* ① Invasion *f* ② Flut *f*; ~ **etmek** besetzen (**-i** etw)

istilacı I. *adj* eindringend II. *s* Eindringling *m*

istim *s* Dampf *m*

istimlak <-kı> *s* Enteignung *f*; ~ **etmek** enteignen (**-i** jdn)

istirahat <-tı> *s* Erholung *f*

istiridye *s* Auster *f*

istismar *s* ① Ausnutzung *f* ② Ausbeutung *f*; ~ **etmek** ausnutzen, ausbeuten (**-i** jdn/etw)

istismarcı *s* Ausbeuter(in) *m(f)*

istisna *s* Ausnahme *f*

istisnasız *adv* ausnahmslos, ohne Ausnahme

istişare bürosu *s* Beratungsstelle *f*

istor *s* Rollo *nt*

İsveç <-ci> I. *s* Schweden *nt* II. *adj* (*Art*) schwedisch

İsveççe *adj* (*Sprache*) schwedisch

İsveçli **I.** *s* Schwede *m,* Schwedin *f* **II.** *adj* (*Herkunft*) schwedisch

İsviçre **I.** *s* die Schweiz **II.** *adj* (*Art*) schweizerisch; ~ **Almancası** Schweizerdeutsch *nt*

İsviçrece *adj* (*Sprache*) schweizerdeutsch

İsviçreli **I.** *s* Schweizer(in) *m(f)* **II.** *adj* (*Herkunft*) schweizerisch

isyan *s* Aufruhr *m,* Aufstand *m,* Rebellion *f,* Revolte *f;* ~ **etmek** rebellieren

isyancı **I.** *s* Rebell(in) *m(f)* **II.** *adj* rebellisch

iş *s* ① Arbeit *f* ② Tätigkeit *f* ③ Handel *m,* Geschäft *nt* ④ Beruf *m,* Stellung *f* ⑤ Angelegenheit *f,* Sache *f* ⑥ Tat *f* ⑦ Nutzen *m* ⑧ Arbeit *f,* Werk *nt;* ~ **arkadaşı** Kollege *m,* Kollegin *f;* ~ **dünyası** Geschäftswelt *f;* ~ **görmek** eine Arbeit verrichten; (*Geschäft*) zuwege bringen; (*sich eignen*) taugen; ~ **güç** (regelmäßige) Arbeit *f;* ~ **günü** Arbeitstag *m;* ~ **ilanı** Stellenangebot *nt;* (*einer Stelle*) Stellenanzeige *f;* ~ **istasyonu** INFORM Workstation *f;* ~ **iştir** Geschäft ist Geschäft; ~ **kazası** Arbeitsunfall *m;* ~ **oldu** es hat geklappt; ~ **piyasası** Arbeitsmarkt *m;* ~ **saatleri** Geschäftszeiten *pl;* ~ **seyahati** Dienstreise *f;* ~ **sözleşmesi** Arbeitsvertrag *m;* **İş ve İşçi Bulma Kurumu** Arbeitsamt *nt;* **bunda bir ~ var** da steckt etwas dahinter; **işe almak** (*Arbeitskraft*) einstellen (**-i** jdn); **işe girişmek** [*o* **koyulmak**] sich an die Arbeit machen; **işe yaramak** brauchbar sein, taugen; **işe yaramaz** unbrauchbar, untauglich; **işe yarar** brauchbar, tauglich; **işi bitik** es ist aus mit ihm; **işi olmak** eine Arbeit haben, (viel) zu tun haben; (*jds Sache*) klappen; **işi sermek** (*Arbeit*) liegen lassen; **işin doğrusu** auf gut Deutsch; **işine gelmek** jdm in den Kram passen; **bu işte ben yokum** dafür bin ich nicht zu haben

işadamı <-nı> *s* Geschäftsmann *m*

işalan *s* ① Arbeitnehmer(in) *m(f)* ② Arbeiter(in) *m(f)*

işaret <-ti> *s* ① Zeichen *nt* ② Andeutung *f* ③ Kennzeichen *nt,* Merkmal *nt* ④ Signal *nt* ⑤ Verweis *m* ⑥ INET Bookmark *f,* Lesezeichen *nt;* ~ **dili** Zeichensprache *f;* ~ **etmek** zeigen, verweisen, anspielen (**-e** auf etw)

işaretlemek *vt* kennzeichnen (**-i** etw)

işaretparmağı <-nı> *s* Zeigefinger *m*

işbirliği <-ni> *s* ① Mitarbeit *f,* Zusammenarbeit *f* ② Arbeitsgemeinschaft *f;* ~ **yapmak** mitarbeiten; COMM sich zusammenschließen; (*pej*) gemeinsame Sachen machen (**ile** mit jdm)

işçi *s* Arbeiter(in) *m(f);* ~ **temsilciliği** Betriebsrat *m;* ~ **temsilcisi** (*Person*) Betriebsrat *m,* Betriebsrätin *f*

işemek *vi* (*fam*) pinkeln

işgal <-li> *s* ① Besetzung *f* ② Beschäftigung *f* ③ Störung *f* ④ JUR Aneignung *f;* ~ **etmek** belegen; (*Platz*) besetzen (**-i** etw); (*stören*) abhalten (**-i** jdn); ~ **kuvveti** Besatzungsmacht *f;* ~ **ordusu** Besatzungstruppen *pl*

işgücü <-nü> *s* Arbeitskraft *f;* ~ **piyasası** Arbeitsmarkt *m*

işgünleri *adv* wochentags

işitim *s* Gehör *nt*

işitme *s* ① *Verbalsubstantiv zu* **işitmek** ② Gehör *nt;* ~ **özürlüsü** hörgeschädigt

işitmek *vt* ① hören (**-i** etw/jdn) ② erfahren (**-i** etw)

işitmemezlik <-gı> *s* Nichthören *nt;* **işitmemezlikten gelmek** sich taub stellen

işitsel *adj* Hör-, Gehör-; ~ **görsel** audiovisuell

işkembe *s* ① Kutteln *pl* ② (*bei Schlachtvieh*) Eingeweide *pl;* ~ **çorbası** Kuttelsuppe *f*

işkence *s* Folter *f;* ~ **aleti** Folterwerkzeug *nt;* ~ **etmek** foltern (**-e** jdn); ~ **görmek** gefoltert werden

işlek *adj* ① (*Straße*) belebt; (*Geschäft*) rege ② LING produktiv

işleklik <-ği> *s* ① Hochbetrieb *m* ② LING Produktivität *f*

işlem *s* ① (*am Schalter*) Abfertigung *f* ② Dienstweg *m* ③ Prozedur *f* ④ Rechnung *f*, Rechnungsart *f* ⑤ Verfahren *nt*, Vorgehen *nt* ⑥ Formalität *f* ⑦ FIN Transaktion *f*; ~ **harcı** Bearbeitungsgebühr *f*; ~ **yapmak** (*am Schalter: Bearbeiter*) abfertigen; (*Passagier*) einchecken

işleme *s* ① *Verbalsubstantiv zu* **işlemek** ② Funktionieren *nt* ③ (*Handarbeit*) Stickerei *f*

işlemek *vi, vt* ① funktionieren ② (*Maschine, Betrieb*) laufen, gehen ③ (*Verkehrsmittel*) verkehren ④ (*Ort*) belebt sein ⑤ (*Vertrag*) in Kraft treten ⑥ (*Wunde*) eitern ⑦ (*Wasser, Rauch*) eindringen (-**e** in etw) ⑧ stark beeindrucken (-**e** jdn) ⑨ bearbeiten, verarbeiten (-**i** etw) ⑩ (*Land*) bestellen (-**i** etw) ⑪ (*als Schüler*) durchnehmen (-**i** etw) ⑫ (*Fehler, Sünde*) begehen (-**i** etw) ⑬ sticken, besticken (-**i** etw)

işlenmemiş *adj* unbearbeitet, naturbelassen

işletici *s* Betreiber(in) *m(f)*

işletim sistemi *s* INFORM Betriebssystem *nt*

işletme *s* ① *Verbalsubstantiv zu* **işletmek** ② (*einer Anlage*) Betrieb *m*, Betriebsleitung *f* ③ (*Unternehmen*) Betrieb *m* ④ BERGB Abbau *m*; ~ **masrafları** Betriebskosten *pl*; ~ **müdürlüğü** Betriebsleitung *f*; ~ **müdürü** Geschäftsführer(in) *m(f)*

işletmeci *s* ① Betriebsleiter(in) *m(f)*, Manager(in) *m(f)* ② Betriebswirt(in) *m(f)*

işletmecilik <-ği> *s* ① Management *nt* ② Betriebswirtschaft(slehre) *f*

işletmek *vt* ① *Kausativ zu* **işlemek** ② in Betrieb setzen (-**i** etw) ③ bewirtschaften, betreiben (-**i** etw) ④ in Bewegung setzen, in Gang bringen (-**i** etw) ⑤ (*Gerät*) bedienen (-**i** etw) ⑥ (*Motor*) anlassen (-**i** etw) ⑦ (*fam*) auf den Arm nehmen (-**i** jdn)

işlev *s* Funktion *f*

işlevsel *adj* funktionell

işpazarı <-nı> *s* Arbeitsmarkt *m*

işporta *s* Traggestell *nt*

işportacı *s* Straßenhändler(in) *m(f)*

işsiz I. *adj* arbeitslos; ~ **güçsüz** arbeitslos, erwerbslos II. *s* Arbeitslose(r) *f(m)*; ~ **sayısı** Arbeitslosenzahl *f*

işsizlik <-ği> *s* Arbeitslosigkeit *f*; ~ **oranı** Arbeitslosenquote *f*

iştah *s* ① Appetit *m* ② starkes Verlangen; ~ **açmak** den Appetit anregen; ~ **çekici** appetitlich; ~ **giderici** Appetitzügler *m*

iştahlı I. *adj* ① mit Appetit ② mit Lust und Liebe II. *s* jemand, der Appetit hat

iştahsız *adj* ① ohne Appetit, appetitlos ② lustlos

iştahsızlık <-ğı> *s* Appetitlosigkeit, f

işte *interj* ① nimm!, da!, hier! ② nun, also; ~ **bu kadar!** und damit basta!; ~ **geldi!** da ist er/sie/es ja!; ~ **geldim!** da bin ich wieder!

iştirak <-ki> *s* ① Teilhaberschaft *f* ② Teilnahme *f*; ~ **etmek** teilhaben an; (*mitwirken*) teilnehmen an (-**e** an etw)

işve *s* ① Anmut *f*, Liebreiz *f* ② Koketterie *f*

işveli *adj* ① anmutig, graziös ② kokett

işveren *s* Arbeitgeber(in) *m(f)*; ~ **birliği** Arbeitgeberverband *m*

işyeri <-ni> *s* Arbeitsplatz *m*

it <-ti> *s* ① (*fam*) Köter *m* ② Schuft *m*

itaat <-ti> *s* Gehorsam *m*; ~ **etmek** gehorchen, folgen (-**e** jdm)

itaatli *adj* gehorsam

itaatsiz *adj* ungehorsam, aufsässig

itaatsizlik <-ği> *s* Ungehorsam *m*

italik <-ği> *adj* kursiv; ~ **harfleri** [*o* **yazısı**] Kursivschrift *f*

İtalya I. *s* Italien *nt* II. *adj* (*Art*) italienisch

İtalyan I. *s* Italiener(in) *m(f)* II. *adj* (*Herkunft*) italienisch

İtalyanca *adj* (*Sprache*) italienisch

itfaiye *s* Feuerwehr *f;* ~ **karakolu** Feuerwache *f*

itfaiyeci *s* Feuerwehrmann *m*

ithaf *s* Widmung *f;* ~ **etmek** (*Buch*) widmen (**-i -e** etw jdm)

ithal <-li> I. *s* Import *m,* Einfuhr *f;* ~ **etmek** einführen, importieren (**-i** etw); ~ **gümrüğü** Einfuhrzoll *m;* ~ **izni** Einfuhrerlaubnis *f;* ~ **malı** Importware *f;* ~ **yasağı** Einfuhrverbot *nt* II. *adj* importiert

ithalat <-tı> *s* Einfuhr *f*

itham *s* Beschuldigung *f;* ~ **etmek** anklagen, beschuldigen (**-i ile** jdn einer Sache)

itibar *s* Ansehen *nt,* Ehre *f;* ~ **etmek** ehren, achten (**-e** jdn); **itibardan düşmek** an Ansehen verlieren; **itibardan düşürmek** in Misskredit bringen (**-i** jdn/etw)

itibaren *präp* (*zeitlich*) ab, von ... an (**-den** +*dat*)

itibarlı *adj* angesehen, geachtet

itici *adj* ① abstoßend ② (an)treibend; ~ **güç** Triebkraft *f*

itikat <-dı> *s* fester Glaube

itimat <-dı> *s* Vertrauen *nt;* ~ **etmek** vertrauen (**-e** jdm); ~ **mektubu** Akkreditiv *nt*

itimatname *s* Akkreditiv *nt*

itina *s* Sorgfalt *f;* ~ **etmek** sich annehmen (**-e** jds)

itinalı *adj* (*Person*) sorgfältig

itiraf *s* ① Bekenntnis *f,* Eingeständnis *nt* ② JUR Geständnis *nt;* ~ **etmek** eingestehen, bekennen; (*zugeben*) gestehen (**-i** etw)

itirafçı *s* Aussteiger(in) *m(f)* (*aus einer Terrorgruppe*)

itiraz *s* Einspruch *m,* Einwand *m,* Protest *m;* ~ **etmek** Einspruch erheben, einwenden, protestieren (**-e karşı** gegen etw)

itirazsız I. *adv* widerspruchslos, ohne Widerrede II. *adj* unbestritten

itiş *s* ~ **kakış** Rempelei *f*

itişme *s* ① *Verbalsubstantiv zu* **itişmek** ② Rempelei *f*

itişmek *vi* ① sich gegenseitig stoßen ② sich balgen (**ile** mit jdm); **itişip kakışmak** (*fam*) sich drängen und schubsen

itiyat <-dı> *s* (An)gewohnheit *f*

itmek <-er> *vt* ① schieben (**-i** etw) ② rücken (**-i** etw) ③ stoßen (**-i** etw/jdn); **itip kakmak** (*fam*) schubsen (**-i** jdn)

itoğlu it *s* (*vulg*) Schweinehund *m*

ittifak <-kı> *s* ① Bündnis *nt,* Allianz *f,* Bund *m* ② Eintracht *f* ③ Übereinstimmung *f* ④ Abkommen *nt*

ivedi I. *adj* dringend II. *s* Eile *f,* Dringlichkeit *f*

iyelik <-ği> *s* Besitzrecht *nt;* ~ **zamiri** Possessivpronomen *nt,* besitzanzeigendes Fürwort

iyi I. *adj* ① gut ② gesund ③ gutmütig ④ (*Anzeichen*) günstig ⑤ (*Zeit*) schön ⑥ (*Zurechtweisung*) ordentlich ⑦ (*Schulnote*) gut ⑧ (*Ernte*) reichlich II. *adv* ① gut ② recht, schön ③ angebracht, richtig; ~ **akşamlar!** guten Abend!; ~ **bulmak** für gut befinden (**-i** etw); ~ **etmek** heilen (**-i** jdn), gut daran tun (**bir şey yapmakla** etw zu tun); ~ **geceler!** gute Nacht!; ~ **gelmek** gut bekommen, wohltun (**-e** jdm); ~ **günler!** guten Tag!; (*Abschiedsgruß*) schönen Tag noch!; ~ **hal kâğıdı** (polizeiliches) Führungszeugnis *nt;* ~ **kalpli** gutmütig; ~ **kalplilik** Gutmütigkeit *f;* ~ **ki** erfreulicherweise; ~ **niyetle** in gutem Glauben; ~ **niyetli** wohlwollend; ~ **yolculuklar!** gute Fahrt!

iyice *adv* ① gründlich ② ziemlich gut

iyileşme *s* ① *Verbalsubstantiv zu* **iyileşmek** ② Genesung *f,* Heilung *f* ③ Besserung *f*

iyileşmek *vi* ❶ sich bessern, besser werden ❷ wieder gesund werden, sich erholen ❸ heilen

iyileştirmek *vt* ❶ *Kausativ zu* **iyileşmek** ❷ verbessern (**-i** etw) ❸ heilen (**-i** jdn)

iyilik <-ği> *s* ❶ Güte *f* ❷ Gefälligkeit *f*, Gefallen *m* ❸ Wohltat *f* ❹ (*von Ware*) Qualität *f* ❺ Wohlbefinden *nt;* ~ **bilir** dankbar; ~ **bilmez** undankbar; ~ **bilmezlik** Undankbarkeit *f*

iyimser I. *s* Optimist(in) *m(f)* II. *adj* optimistisch

iyimserlik <-ği> *s* Optimismus *m*

iyon *s* Ion *nt*

iyot <-du> *s* Jod *nt*

iyotlu *adj* jodhaltig; ~ **tuz** Jodsalz *nt*

iz *s* ❶ Fährte *f*, Spur *f* ❷ (*fig: Anzeichen*) Spur *f;* ~ **topu** INFORM Trackball *m*

izaç <-cı> *s* Belästigung *f*, Störung *f*

izah *s* Erläuterung *f*, Erklärung *f;* ~ **etmek** erläutern, erklären (**-i** etw)

izam *s* Übertreibung *f;* ~ **etmek** übertreiben (**-i** etw)

izan *s* Verständnis *nt*, Toleranz *f;* ~ **etmek** Verständnis zeigen, tolerant sein

izbe *s* Bruchbude *f*

izdiham *s* Andrang *m*

izdüşüm *s* Projektion *f*

izdüşürmek *vi* projizieren

izin <-zni> *s* ❶ Erlaubnis *f*, Genehmigung *f* ❷ Urlaub *m;* ~ **almak** um Erlaubnis bitten, die Erlaubnis bekommen, Urlaub bekommen; ~ **vermek** die Erlaubnis erteilen (**-e** jdm), beurlauben (**-e** jdn); **izninizle!** gestatten Sie!; ~ **yapmak** (*fam*) urlauben

izinli *adj* beurlaubt

izinsiz *adj* unerlaubt

İzlanda I. *s* Island *nt* II. *adj* (*Art*) isländisch

İzlandaca *adj* (*Sprache*) isländisch

İzlandalı I. *s* Isländer(in) *m(f)* II. *adj* (*Herkunft*) isländisch

izlemek *vt* ❶ (ver)folgen (**-i** jdn/etw) ❷ (*Mode*) mitmachen (**-i** etw) ❸ (*Veranstaltung*) verfolgen (**-i** etw)

izlenim *s* Eindruck *m*

izleyici *s* (*Fernsehen*) Zuschauer(in) *m(f)*

izmarit <-ti> *s* ❶ Zigarettenstummel *m* ❷ Schnauzenbrasse *f*

İzmir *s* Izmir (*türkische Millionenstadt an der Ägäis*)

izni <-ni> *s* *Possessivform zu* **izin** die Erlaubnis zu ...

izolasyon *s* ❶ Isolation *f* ❷ Isolierung *f*

izole *adj* isoliert; ~ **etmek** isolieren; ~ **bant** Isolierband *nt*

izzetinefis <-fsi> *s* Selbstachtung *f*

izzetli *adj* würdevoll

J j

J, j *s 13. Buchstabe des türk. Alphabets*
jaguar *s* Jaguar *m*
Jakob-Creutzfeld hastalığı <-nı> *s* Creutzfeldt-Jakob-Krankheit *f*
jakuzi *s* Whirlpool *m*
jaluzi *s* Rollladen *m*
Jamayik Adası <-nı> *s* Jamaika *nt*
jambon *s* Schinken *m*
jandarma *s* ① Gendarm *m* ② Gendarmerie *f*
jant <-tı> *s* (*Rad-*) Felge *f*
Japon I. *s* Japaner(in) *m(f)* II. *adj* (*Art*) japanisch
Japonca *adj* (*Sprache*) japanisch
Japonya *s* Japan *nt*
Japonyalı I. *s* Japaner(in) *m(f)* II. *adj* (*Herkunft*) japanisch
jartiyer *s* Strumpfband *nt,* Strumpfhalter *m*
jel *s* Gel *nt*
jelatin *s* Gelatine *f*
jele *s* Gelee *nt*
jeneratör *s* Generator *m*
jenerik <-ği> *s* FILM Vorspann *m*
jenozid *s* Genozid *m*
jeolog *s* Geologe, Geologin *m, f*
jeoloji *s* Geologie *f*
jest <-ti> *s* ① Gebärde *f,* Geste *f* ② (unverbindliche) Höflichkeit *f,* Geste *f;* ~ **yapmak** gestikulieren, (jdm) eine unverbindliche Höflichkeit erweisen
jet <-ti> *s* ① Düse *f* ② Düsenflugzeug *nt;* ~ **sosyete** Jetset *m;* ~ **uçağı** Düsenflugzeug *nt*
jeton *s* ① (*Automaten-*) Münze *f* ② Spielmarke *f,* Jeton *m*
jilet <-ti> *s* Rasierklinge *f*
jimnastik <-ği> I. *s* Gymnastik *f,* Turnen *nt* II. *adj* gymnastisch; ~ **aleti** Turngerät *nt;* ~ **öğretmeni** Turnlehrer(in) *m(f);* ~ **pabuçları** Turnschuhe *pl;* ~ **salonu** Turnhalle *f;* ~ **yapmak** turnen
jimnastikçi *s* Turner(in) *m(f)*
jinekolog *s* Gynäkologe, Gynäkologin *m, f*
jogging *s* Jogging *nt;* ~ **takımı** Jogginganzug; ~ **yapmak** joggen
jonglör *s* Jongleur *m*
jöle *s* ① (Frucht)gelee *nt* ② Sülze *f* ③ Haargel *nt*
judo *s* Judo *nt*
jübile *s* Jubiläum *nt*
jüpon *s* Unterrock *m*
jüri *s* ① Jury *f* ② Geschworenenversammlung *f;* ~ **üyesi** Geschworene(r) *f(m),* Jurymitglied *nt*
jüt <-tü> *s* Jute *f*

K, k *s 14. Buchstabe des türk. Alphabets*

kaba *adj* ❶ grob ❷ (*Arbeit*) oberflächlich ❸ (*Wolle*) locker ❹ (*Person*) grob ❺ (*Worte*) unhöflich; ~ **çuha** Loden *m;* ~ **et** Gesäß *nt,* Hintern *m;* ~ **saba** plump; (*Arbeit*) oberflächlich gemacht; (*Mensch*) roh und ungebildet

kabadayı **I.** *s* ❶ Prahlhans *m* ❷ Lümmel *m* ❸ Raufbold *m* **II.** *adj* furchtlos

kabahat <-ti> *s* Schuld *f*

kabak <-ğı> **I.** *s* ❶ Kürbis *m* ❷ Zucchini *pl* **II.** *adj* ❶ (*Melone*) unreif ❷ (*ohne Geschmack*) fade ❸ kahl, haarlos ❹ (*fig*) ungehobelt

kabakulak <-ğı> *s* Mumps *m*

kabalık <-ğı> *s* ❶ Grobheit *f,* Rohheit *f* ❷ Rücksichtslosigkeit *f,* Unhöflichkeit *f* ❸ Grobkörnigkeit *f*

kabarcık <-ğı> *s* ❶ Blase *f* ❷ (kleine) Schwellung *f*

kabarcıklı düzeç <-ci> *s* Wasserwaage *f*

kabare *s* Kabarett *nt*

kabarık <-ğı> **I.** *adj* ❶ geschwollen ❷ (*Menge, Anzahl*) hoch **II.** *s* Schwellung *f*

kabarma *s* ❶ *Verbalsubstantiv zu* **kabarmak** ❷ (*Gezeiten*) Flut *f;* ~ **alçalma** Gezeiten *pl*

kabarmak *vi* ❶ (an)schwellen ❷ (*Teig*) aufgehen ❸ (*Milch*) hochkommen ❹ sich blähen ❺ (*Truthahn*) sich aufblähen ❻ (*Haare*) sich sträuben ❼ (*Anzahl*) sich beträchtlich steigern

kabartı *s* ❶ Beule *f* ❷ Erhebung *f*

kabartma *s* ❶ *Verbalsubstantiv zu* **kabartmak** ❷ Relief *nt;* ~ **tozu** Backpulver *nt*

kabartmak *vt* ❶ *Kausativ zu* **kabarmak** ❷ (auf)blähen (**-i** etw) ❸ (*Haar*) toupieren (**-i** etw) ❹ auflockern, aufschütteln (**-i** etw) ❺ (*Ohren*) spitzen (**-i** etw)

Kâbe *s* REL die Kaaba

kabız <-bzı> *s* (*fam*) Verstopfung *f;* ~ **oldum** ich habe eine Verstopfung

Kâbil *s* Kabul *nt*

kabile *s* (Nomaden)stamm *m;* ~ **reisi** Häuptling *m*

kabiliyet <-ti> *s* ❶ Fähigkeit *f* ❷ Begabung *f,* Talent *nt*

kabiliyetli *adj* talentiert

kabin *s* Kabine *f*

kabine *s* ❶ Ministerrat *m,* Kabinett *nt* ❷ Kabine *f;* ~ **revizyonu** Kabinettsumbildung *f*

kabir <-bri> *s* Grab *nt,* Grabstätte *f*

kablo *s* Kabel *nt*

kablosuz *adj* ELEK kabellos; ~ **LAN** INET WLAN *nt*

kabuk <-ğu> *s* ❶ (*Obst-, Eier-*) Schale *f* ❷ (*Baum-*) Rinde *f* ❸ Schneckenhaus *nt* ❹ Hülse *f* ❺ Kruste *f* ❻ Schorf *m*

kabul <-lü> *s* ❶ Annahme *f* ❷ Empfang *m,* Aufnahme *f* ❸ Eingeständnis *nt* ❹ Einverständnis *nt* ❺ Zustimmung *f,* Einwilligung *f;* ~**!** einverstanden!; ~ **edilemez** inakzeptabel; ~ **etmek** akzeptieren, annehmen; (*Gast*) aufnehmen, empfangen (**-i** jdn); (*zugeben*) eingestehen (**-i** etw); (*beipflichten*) zustimmen; ~ **saati** Sprechstunde *f;* ~ **salonu** (*im Hotel*) Empfangshalle *f*

kaburga *s* ❶ Rippe *f* ❷ Brustkorb *m* ❸ TECH Gerippe *nt*

kabus *s* Albtraum *m*

kabza *s* ❶ (*Messer-*) Griff *m* ❷ (*am Gewehr*) Kolbenhals *m*

kabzı <-nı> *s Possessivform zu* **kabız** die Verstopfung von ...

kaç <-çı> *adv* ❶ wie viel ❷ so viel; **~ kişi?** wie viele Personen?; **~ tane?** wie viel?; **~ yaşındasınız?** wie alt sind Sie?; **bu gömlek kaça?** was kostet dieses Hemd?; **kaçın kurrası** (*fam*) ein alter Hase

kaçak <-ğı> **I.** *s* ❶ Flüchtige(r) *f(m)* ❷ (*Kind*) Ausreißer(in) *m(f)* ❸ (*von Gas, Wasser*) Ausfließen *nt,* Austritt *m* **II.** *adj* ❶ flüchtig ❷ geschmuggelt, Schmuggel- ❸ illegal, Schwarz- **III.** *adv* ❶ ohne behördliche Genehmigung ❷ (*fahren, arbeiten*) schwarz; **~ iş** Schwarzarbeit *f;* **~ yolcu** blinder Passagier

kaçakçı *s* Schmuggler(in) *m(f)*

kaçakçılık <-ğı> *s* ❶ Schmuggel *m* ❷ Hinterziehung *f*

kaçamak <-ğı> **I.** *s* ❶ Pflichtversäumnis *nt* ❷ Ausflucht *f* **II.** *adj* ❶ (*Antwort*) ausweichend ❷ (*Blick*) verstohlen

kaçık <-ğı> **I.** *adj* ❶ (*fam*) verrückt, überspannt ❷ (*Strumpf*) mit Laufmasche **II.** *s* ❶ Laufmasche *f* ❷ (*fam*) Spinner(in) *m(f)*

kaçıklık <-ğı> *s* Verrücktheit *f,* Überspanntheit *f*

kaçıncı *adj* wievielte(r, s)

kaçıngan **I.** *adj* zurückhaltend, reserviert **II.** *s* Einzelgänger(in) *m(f)*

kaçınılmaz *adj* unausweichlich

kaçınmak *vi* ❶ (ver)meiden (**-den** jdn/etw) ❷ sich drücken (**-den** vor etw) ❸ sich (der Stimme) enthalten

kaçırma *s* ❶ *Verbalsubstantiv zu* **kaçırmak** ❷ Entführung *f*

kaçırmak *vt* ❶ *Kausativ zu* **kaçmak** ❷ entführen (**-i** jdn) ❸ zur Flucht verhelfen (**-i** jdm) ❹ (*Gelegenheit, Zug*) verpassen (**-i** etw) ❺ vertreiben (**-i** jdn) ❻ (*Schlaf*) rauben (**-i** etw) ❼ verstecken, verbergen (**-i** etw) ❽ (durch)schmuggeln (**-i** etw) ❾ (*Luft, Wasser*) entweichen lassen (**-i** etw) ❿ (*fam*) verrückt werden

kaçış *s* ❶ Flucht *f* ❷ (*aus einem Gefängnis*) Ausbruch *m*

kaçkın **I.** *s* Flüchtige(r) *f(m)* **II.** *adj* flüchtig

kaçma *s* ❶ *Verbalsubstantiv zu* **kaçmak** ❷ Flucht *f*

kaçmak <-ar> *vi* ❶ fliehen, die Flucht ergreifen ❷ (*Gefangene*) ausbrechen (**-den** aus etw) ❸ meiden (**-den** jdn/etw) ❹ sich drücken (**-den** vor etw) ❺ (*Luft*) entweichen (**-den** aus etw) ❻ (*Strumpf*) eine Laufmasche bekommen ❼ (*Schlaf, Freude*) dahin sein ❽ (*fam*) sich davonschleichen

kadar **I.** *präp* ❶ wie, so ... wie, so groß wie, so viel wie ❷ ungefähr ❸ bis, bis zu (**-e** +*dat*) **II.** *konj* (*vergleichend*) **-diği ~** so viel ..., so weit ..., so lange ... **III.** *adv* etwa, ungefähr

kadavra *s* Kadaver *m*

kadeh *s* (kleines) Trinkglas *nt;* **~ tokuşturmak** anstoßen

kadem *s* ❶ (*Längenmaß*) Fuß *m* ❷ Vorbedeutung *f*

kademe *s* Stufe *f*

kader *s* Schicksal *nt*

kaderci **I.** *s* Fatalist(in) *m(f)* **II.** *adj* fatalistisch

kadercilik <-ği> *s* Fatalismus *m*

kadı *s* HIST *islamischer Richter*

kadın *s* Frau *f;* **~ avcısı** Frauenheld *m;* **~ doktoru** Frauenarzt *m,* Frauenärztin *f,* Gynäkologe, Gynäkologin *m, f;* **~ mecmuası** Frauenzeitschrift *f*

kadınlık <-ğı> *s* ❶ Frausein *nt* ❷ Frauenwürde *f* ❸ haushälterische Kenntnisse *pl;* **~ organı** Vagina *f,* Scheide *f*

kadınsı *adj* weiblich; (*pej*) weibisch

kadife **I.** *s* Samt *m* **II.** *adj* Samt-

kadmiyum *s* Kadmium *nt*

kadran *s* ❶ Zifferblatt *nt* ❷ Skala *f*

kadro *s* ❶ POL Kader *m* ❷ Personal *nt*

kafa *s* ❶ Kopf *m* ❷ (*fig*) Ansicht *f* ❸ Verstand *nt;* **~ başına** pro Kopf; **~ çekmek** (*fam*) sich volllaufen lassen, einen heben; **~ patlatmak** [*o* **yor-**

K

mak] sich den Kopf zerbrechen; **kafadan** aus dem Gedächtnis; **kafadan kontak** (*fam*) übergeschnappt; **kafadan kontak olmak** nicht alle Tassen im Schrank haben; **kafasına dank ediyor** (*fam*) es dämmert ihr

kafalı *adj* ① mit Kopf ② (*fam*) schlau, intelligent

kafasız *adj* ① kopflos ② (*fam*) dumm, blöd

kafatası <-nı> *s* Schädel *m*

kafein *s* Koffein *nt*

kafeinsiz *adj* koffeinfrei

kafes *s* ① Käfig *m* ② Gitterfenster *nt* ③ Gitterwerk *nt* ④ (*fam*) Knast *m;* **kafese koymak** (*fam*) hereinlegen (**-i** jdn)

kafi **I.** *adj* ausreichend, genügend **II.** *adv* genug; ~ **gelmek** genügen

kafile *s* ① MIL Geleit *nt* ② Kolonne *f* ③ Schar *f* ④ Teil *m* (einer Sendung)

kafir **I.** *s* REL Ungläubige(r) *f(m)* **II.** *adj* ungläubig

kafirlik <-ği> *s* ① Ungläubigkeit *f* ② (*fig*) Grausamkeit *f*

kafiye *s* Reim *m*

kâğıt <-dı> **I.** *s* ① Papier *nt* ② (*Bescheinigung*) Schein *m* ③ Blatt *nt,* Zettel *m* ④ Spielkarte *f* **II.** *adj* aus Papier, Papier-; ~ **fener** Lampion *m;* ~ **mendil** Papiertaschentuch *nt;* ~ **para** Geldschein *m;* ~ **sepeti** Papierkorb *m;* ~ **uçak** Papierflieger *m*

kâğıtçı *s* Schreibwarenhändler(in) *m(f);* ~ (**dükkanı**) Papiergeschäft *nt*

kâğıthelvası <-nı> *s eine Art dünne Waffel*

kâh *adv* gelegentlich, manchmal; ~ **...** ~ **...** teils ... teils ...

kahır <-hrı> *s* (großer) Kummer *m*

kahin *s* Hellseher(in) *m(f),* Wahrsager(in) *m(f)*

Kahire *s* Kairo *nt*

kahkaha *s* Gelächter *nt*

kahkahaçiçeği <-ni> *s* (*Acker-*) Winde *f*

kahpe **I.** *adj* niederträchtig **II.** *s* Hure *f*

kahpelik <-ği> *s* ① Niedertracht *f* ② Prostitution *f*

kahraman **I.** *s* Held *m* **II.** *adj* heldenhaft

kahraman(ca) *adj* heldenhaft

kahramanlık <-ğı> *s* ① Heldentat *f* ② Heldentum *nt*

kahretmek <-der> *vt* ① seelisch sehr quälen (**-i** jdn) ② (*fig*) zugrunde richten (**-i** jdn)

kahrı <-nı> *s Possessivform zu* **kahır** sein/ihr Kummer *m*

kahrolmak *vi* ① sich sehr grämen ② (*fig*) zugrunde gehen

kahrolsun *interj* nieder mit ...!

kahvaltı *s* Frühstück *nt;* ~ **büfesi** Frühstücksbüfett *nt;* ~ **etmek** frühstücken; **kahvaltıda** zum Frühstück

kahve *s* ① Kaffee *m* ② Café *nt;* ~ **değirmeni** Kaffeemühle *f;* ~ **filtresi** Kaffeefilter *m;* ~ **fincanı** Kaffeetasse *f;* ~ **ibriği** Kaffeekanne *f;* ~ **kaşığı** Kaffeelöffel *m;* ~ **takımı** Kaffeeservice *nt;* ~ **telvesi** Kaffeesatz *m;* ~ (**yapma**) **makinesi** Kaffeemaschine *f;* **sütlü** ~ Kaffee mit Milch

kahveci *s* Kaffeehausbesitzer(in) *m(f)*

kahverengi *adj* braun

kahya *s* ① (Guts)verwalter *m* ② Vorsteher *m* (*eines größeren Haushalts*)

kaide *s* ① Grundlage *f,* Basis *f* ② (*Sockel*) Fuß *m* ③ Regel *f*

kainat <-tı> *s* ① Universum *nt* ② (*fig*) alle Leute

kaka **I.** *s* (*Kindersprache*) Aa *nt* **II.** *adj* böse

kakım *s* Hermelin *nt*

kakmak <-ar> *vt* ① stoßen (**-i** jdn/etw) ② ziselieren (**-i** etw)

kaktüs *s* Kaktus *m*

kakül *s* (*Stirnfransen*) Pony *m*

kala *adv* (*Uhrzeit*) vor; (**saat**) **üçe beş** ~ fünf Minuten vor drei

kalabalık <-ğı> **I.** *s* ① Gedränge *nt,* Andrang *m* ② Menschenmenge *f* ③ (*auf* *der Straße*) Treiben *nt* **II.** *adj* ① zahlreich ② überfüllt

kalas *s* ① Balken *m* ② Bohle *f*

Kalaşnikof *s* Kalaschnikow *f*

kalay *s* ① Zinn *nt* ② Aufmachung *f* ③ (*vulg*) Fluchen *nt;* ~ **yaprak** Silberpapier *nt,* Stanniol *nt*

kalben *adv* von Herzen, aufrichtig, herzlich

kalbur *s* (grobes) Sieb *nt*

kalburüstü <-nü> *adj* (*fam*) ① prominent ② Prominente(r) *f(m),* Promi *m fam;* ~ (**sınıf**) Prominenz *f*

kalça *s* Becken *nt,* Hüfte *f;* ~ **kemiği** Beckenknochen *m;* ~ **mafsalı** Hüftgelenk *nt*

kaldıraç <-cı> *s* Brechstange *f,* Hebel *m*

kaldırım *s* ① (Straßen)pflaster *nt* ② Gehsteig *m;* ~ **taşı** Pflasterstein *m*

kaldırmak *vt* ① *Kausativ zu* **kalkmak** ② heben (**-i** etw) ③ aufrichten (**-i** etw) ④ aufbewahren, aufheben (**-i** etw) ⑤ abschaffen, beseitigen (**-i** etw) ⑥ abnehmen (**-i** etw) ⑦ wegmachen, entfernen (**-i** etw) ⑧ wegbringen (**-i** etw) ⑨ (*Zelt*) abbrechen (**-i** etw) ⑩ (*Tisch*) abräumen (**-i** etw) ⑪ (*Staub*) aufwirbeln (**-i** etw) ⑫ (*Fahrzeug*) abfahren lassen (**-i** etw) ⑬ wecken (**-i** jdn) ⑭ (*Schüler*) aufrufen (**-i** jdn) ⑮ (*Alkohol*) vertragen (**-i** etw)

kale *s* ① Burg *f* ② (*Fußball*) Tor *nt* ③ Bollwerk *nt* ④ (*beim Schachspiel*) Turm *m*

kaleci *s* Torwart(in) *m(f)*

kalem *s* ① Bleistift *m,* Kuli *m,* Füller *m* ② (Schreib)stil *m;* ~ **keski** Meißel *m;* ~ **odası** Kanzlei *f;* **kaleme almak** schreiben, verfassen (**-i** etw)

kalemtıraş *s* Bleistiftspitzer *m*

kalfa *s* ① Geselle *m* ② Polier *m*

kalıcı *adj* bleibend

kalım *s* Dauer *f,* Fortbestand *f*

kalın *adj* ① dick ② (*Stimme*) tief ③ dickflüssig ④ (*Vokal*) dunkel; ~ **kafalı** (*fam*) beschränkt, schwer von Begriff

kalınba(ğı)rsak <-ğı> *s* Dickdarm *m*

kalınlık <-ğı> *s* Stärke *f,* Dicke *f*

kalıntı *s* Rest *m,* Überbleibsel *nt*

kalıp <-bı> *s* ① Form *f* ② Schablone *f* ③ Schusterleisten *m* ④ (stattliches) Äußere(s) *nt*

kalıt <-tı> *s* Erbschaft *f,* Erbe *nt*

kalıtım *s* Vererbung *f*

kalıtsal *adj* erblich

kalibre *s* Kaliber *nt*

kalifiye *adj* (*Arbeiter*) gelernt; ~ **işçi** Facharbeiter(in) *m(f)*

kalitatif *adj* qualitativ

kalite *s* Qualität *f;* ~ **düşüklüğü** Qualitätsverlust *m*

kalitesiz *adj* minderwertig

kalkan *s* Schild *m;* ~ (**balığı**) Steinbutt *m*

kalkanbezi <-ni> *s* Schilddrüse

kalkındırmak *vt* ① *Kausativ zu* **kalkınmak** ② POL aufbauen, entwickeln (**-i** etw)

kalkınma *s* ① *Verbalsubstantiv zu* **kalkınmak** ② (*fig*) Aufstieg *m* ③ (*wirtschaftliche*) Entwicklung *f;* ~ **yardımı** Entwicklungshilfe *f*

kalkınmak *vi* (*wirtschaftlich*) sich entwickeln

kalkış *s* ① *Verbalsubstantiv zu* **kalkmak** ② Abfahrt *f* ③ Abflug *m;* ~ **saati** Abfahrtszeit *f*

kalkışmak *vr* sich wagen (an) (**-e** an etw)

kalkmak <-ar> *vi* ① abfahren ② (*Flugzeug*) abfliegen ③ (*Schiff*) ablegen ④ aufstehen ⑤ (*sich abschälen*) abgehen ⑥ abgeschafft werden ⑦ sich wagen (an) (**-e** an etw)

kalkülasyon *s* Kalkulation *f;* ~ **yapmak** kalkulieren

kalleş **I.** *s* (*fam*) Verräter(in) *m(f)* **II.** *adj* verräterisch

kalleşlik <-ği> *s* (*fam*) ① Verrat *m* ② Gemeinheit *f*

kalmak <-ır> *vi* ① bleiben ② verbleiben

③ wohnen ④ stecken bleiben, liegen bleiben ⑤ verschoben werden (**yarına** auf morgen); **nerede kaldı?** wo steckt er/sie/es denn?; **ona kalırsa** seiner/ihrer Meinung nach; **kahve kalmadı** der Kaffee ist alle; **sınıfta ~** (*Schule*) sitzen bleiben

kalori *s* Kalorie *f*

kalorifer *s* ① Zentralheizung *f* ② Heizkörper *m*

kalp *adj* (*Geld*) falsch; **~ para basmak** (*Geld*) fälschen

kalp <-bi> *s* ① Herz *nt* ② (*fam*) Herzkrankheit *f*; **~ amaliyatı** Herzoperation *f*; **~ enfarktüsü** Herzinfarkt *m*; **~ hastalığı** Herzfehler *m*; **~ hastalıkları uzmanı** Herzspezialist(in) *m(f)*; **~ kapakçığı** Herzklappe *f*; **~ krizi** Herzanfall *m*; **~ nakli** Herztransplantation *f*; **~ pili** Herzschrittmacher *m*; **~ sektesi** Herzschlag *m*

kalpazan *s* Geldfälscher(in) *m(f)*

kalpsiz *adj* herzlos

kalsiyum *s* Kalzium *nt*

kama *s* ① Dolch *m* ② Keil *m*

kamara *s* ① Kabine *f*, Kajüte *f* ② (parlamentarische) Vertretung *f*

kamarot <-tu> *s* Steward *m*

kamaşmak *vi* ① geblendet werden ② (*Zähne durch Saures*) stumpf werden

kambiyo *s* ① Devisen *pl* ② (Geld)wechsel *m* ③ Devisenstelle *f*; **~ rayici** [*o* **kuru**] Wechselkurs *m*

Kamboç(ya) *s* Kambodscha *nt*

kambur I. *s* ① Buckel *m* ② (*Erhöhung*) Wölbung *f* **II.** *adj* buck(e)lig

kamçı *s* Geißel *f*, Peitsche *f*

kamçılamak *vt* ① peitschen (**-i** jdn/etw) ② (*Körper*) anregen (**-i** etw)

kamera *s* (Film)kamera *f*

kameraman *s* Kameramann *m*

kameriye *s* (Garten)laube *f*

Kamerun *s* Kamerun *nt*

kamış *s* ① Schilf(rohr) *nt* ② Zuckerrohr *nt* ③ Angelrute *f* ④ (*fam*) Penis *m* ⑤ Strohhalm *m*; **~ şekeri** Rohrzucker *m*

kamp <-pı> *s* (*Arbeits-, Ferien-*) Lager *nt*; **~ kurmak** kampieren

kampanya *s* Kampagne *f*

kamping *s* Campingplatz *m*

kamu I. *pron* alle **II.** *adj* öffentlich **III.** *s* Öffentlichkeit *f*; **~ hakları** öffentliches Recht; **~ yararı** Gemeinwohl *nt*

kamuflaj *s* Tarnung *f*

kamufle *adj* getarnt; **~ etmek** tarnen (**-i** etw)

kamulaştırmak *vt* verstaatlichen, kollektivieren (**-i** etw)

kamuoyu <-nu> *s* ① öffentliche Meinung *f* ② Öffentlichkeit *f*; **~ yoklaması** Meinungsumfrage *f*

kamusal *adj* öffentlich

kamyon *s* ① Last(kraft)wagen *m* ② Lastwagenladung *f*

kamyonet <-ti> *s* Lieferwagen *m*

kan *s* ① Blut *nt* ② (*Familie*) Abstammung *f*; **~ bağışı** Blutspende *f*; **~ bankası** Blutbank *f*; **~ çıbanı** Furunkel *nt*; **~ davası** Blutrache *f*; **~ dolaşımı** MED Kreislauf *m*; **~ grubu** Blutgruppe *f*; **~ kanseri** Blutkrebs *m*; **~ kaybı** Blutverlust *m*; **~ konservesi** Blutkonserve *f*; **~ küreciği** Blutkörperchen *nt*; **~ nakli** Bluttransfusion *f*; **~ örneği** Blutprobe *f*; **~ şekeri** Blutzucker *m*; **kan şekeri seviyesi** Blutzuckerspiegel *m*; **~ tahlili** Blutprobe *f*; **~ zehirlenmesi** Blutvergiftung *f*; **kanı kaynamak** (*fam*) lieb gewinnen (**-e** jdn); (*Jugendliche*) toben

kanaat <-ti> *s* ① Genügsamkeit *f* ② (*Ansicht*) Meinung *f* ③ Überzeugung *f*

Kanada I. *s* Kanada *nt* **II.** *adj* (*Art*) kanadisch

Kanadalı I. *s* Kanadier(in) *m(f)* **II.** *adj* (*Herkunft*) kanadisch

kanaktarım *s* Bluttransfusion *f*

kanal <-lı> *s* Kanal *m*

kanalizasyon *s* ❶ Kanalisation *f* ❷ Kanalisierung *f*
kanama *s* ❶ *Verbalsubstantiv zu* **kanamak** ❷ Blutung *f*
kanamak *vi* bluten
Kanarya Adaları <-nı> *npl* die Kanarischen Inseln
kanarya kuşu <-nu> *s* Kanarienvogel *m*
kanat <-dı> *s* ❶ Flügel *m;* (*von Fisch*) Flosse *f* ❷ (Tür)flügel *m*
kanca *s* Haken *m*
kancalı *adj* mit Haken; ~ **uç** Widerhaken *m*
kancık <-ğı> I. *s* ❶ (*fam*) Verräter(in) *m(f)* ❷ (*vulg*) Weib *nt* ❸ (*von Tieren*) Weibchen *nt* II. *adj* ❶ verräterisch ❷ (*Tier*) weiblich
kancıklık <-ğı> *s* (*fam*) Verrat *m*
kandırmak *vt* ❶ *Kausativ zu* **kanmak** ❷ täuschen (-**i** jdn) ❸ überreden (-**i** jdn) ❹ verführen (-**i** jdn) ❺ (*Bedürfnis*) stillen (-**i** etw)
kandil *s* Öllampe *f*
Kandil Gecesi <-ni> *s islamisches Fest, an dem nachts die Minarette beleuchtet werden*
kanepe *s* ❶ Sofa *nt* ❷ (Park)bank *f* ❸ Kanapee *nt*
kangal *s* ❶ (Draht)rolle *f* ❷ Wurstkringel *m*
kanguru *s* Känguru *nt*
kanı *s* ❶ Meinung *f*, Ansicht *f* ❷ Überzeugung *f*
kanıksamak *vt* ❶ nicht mehr beeindruckt sein (-**i** von etw) ❷ überdrüssig werden (-**i** einer Sache)
kanıt <-tı> *s* Beweis *m*, Beweisstück *nt*
kanıtlamak *vt* beweisen (-**i** etw)
kani olmak *vi* überzeugt sein (-**e** von etw)
kanlı *adj* blutig
kanmak <-ar> *vt* ❶ glauben (-**e** jdm/etw) ❷ betrogen werden (-**e** von jdm) ❸ sich begnügen (-**e** mit etw) ❹ genug haben (-**e** von etw)
kano *s* Kanu *nt*
kanser *s* MED Krebs *m;* ~ **hastası** krebskrank; ~ **yapıcı** krebserregend
kanserli I. *adj* krebskrank II. *s* Krebskranke(r) *f(m)*
kanserojen *s* Krebserreger *m*
kansız *adj* ❶ blutleer, blutlos ❷ blutarm ❸ (*fam*) gemein
kansızlık <-ğı> *s* ❶ Blutarmut *f* ❷ (*fam*) Gemeinheit *f*
kantar *s* Waage *f*
kantin *s* Kantine *f*
kanton *s* (*der Schweiz*) Kanton *m*
kanun *s* ❶ Gesetz *nt*, Recht *nt* ❷ Gesetzbuch *nt* ❸ *ein Saiteninstrument;* ~ **tasarısı** Gesetzentwurf *m;* ~ **yolu** Rechtsweg *m;* **kanuna aykırı** rechtswidrig
kanunen *adv* gesetzlich
kanuni I. *adj* gesetzlich, legal II. *s* Kanunspieler(in) *m(f)*
kanunname *s* Gesetzbuch *nt*
kanunsuz *adj* ❶ gesetzlos ❷ illegal, ungesetzlich
kanyak <-ğı> *s* ❶ Kognak *m* ❷ Weinbrand *m*
kanyon *s* Cañon *m;* ~ **geçişi** Canyoning *nt*
kaos *s* Chaos *nt*
kap <-bı> *s* ❶ Behälter *m* ❷ Buchdeckel *m*, Einband *m* ❸ (*Speisenfolge*) Gang *m* ❹ Schüssel *f*, Topf *m;* ~ **kacak** Geschirr *nt*
kapak <-ğı> *s* ❶ Deckel *m* ❷ Verschluss *m*, Kappe *f* ❸ Klappe *f* ❹ (*eines Buches*) Umschlag *m*
kapaklanmak *vi* stolpern
kapaklı *adj* mit Deckel; ~ **su bendi** Schleuse *f*
kapalı *adj* ❶ geschlossen ❷ (*Weg, Konto*) gesperrt ❸ bewölkt, bedeckt ❹ (*Licht, Gerät*) ausgeschaltet; ~ **bırakmak** (*Tür*) zulassen (-**i** etw)
kapalıyer korkusu <-nu> *s* Klaustrophobie *f*
kapamak *vt* ❶ zumachen, schließen (-**i** etw) ❷ (*Hahn*) abdrehen (-**i** etw)

K

③ (*Straße*) (ab)sperren (-**i** etw) ④ bedecken (-**i** etw) ⑤ einsperren, einschließen (-**i** -**e** jdn in etw) ⑥ (*Sitzung*) schließen (-**i** etw) ⑦ (*Weg*) verschütten (-**i** etw) ⑧ (*Loch*) zustopfen (-**i** etw) ⑨ (*Gerät*) ab-, ausschalten (-**i** etw) ⑩ (*Gas, Wasser*) abstellen (-**i** etw) ⑪ (*Thema*) beenden (-**i** etw) ⑫ (*Appetit*) verschlagen (-**i** etw) ⑬ (*Telefonhörer*) auflegen (-**i** etw)

kapan *s* Falle *f*

kapanık *adj* ① geschlossen, verschlossen ② (*Ort*) finster, düster; **içe** ~ PSYCH introvertiert

kapanmak *vi* ① *Passiv zu* **kapamak** ② zugehen, sich schließen ③ (*Himmel*) sich trüben ④ zuklappen ⑤ sich zurückziehen (**evine** zu Hause) ⑥ (*Wunde*) verheilen ⑦ zu Boden stürzen

kapari *s* Kaper *f*

kaparo *s* Anzahlung *f*; ~ **vermek** eine Anzahlung machen

kapasite *s* ① Fassungsvermögen *nt*, Kapazität *f* ② Fähigkeit *f*, Befähigung *f*

kapatmak *vt* ① *Kausativ zu* **kapamak** ② stilllegen (-**i** etw) ③ (*Ware*) billig bekommen (-**i** etw) ④ (*Verluste*) gutmachen (-**i** etw) ⑤ (*Erscheinen einer Zeitung*) einstellen (-**i** etw) ⑥ (*fam: Mätresse*) aushalten (-**i** jdn)

kapı *s* ① Tür *f*, Pforte *f* ② Portal *nt*, Tor *nt* ③ (Dienst)stelle *f* ④ Hintertürchen *nt*; ~ **çalı(nı)yor** es läutet, es klingelt; **birini ~ dışarı etmek** (*fam*) jdn vor die Tür setzen; ~ **eşiği** Türschwelle *f*; ~ **kodu** Türcode *m*; ~ **kolu** Türgriff *m*; ~ **mandalı** Türklinke *f*; ~ **otomatiği** elektrischer Türöffner; ~ **sövesi** Türrahmen *m*; ~ **tokmağı** (Tür)klinke *f*; ~ **yapmadan** ohne Umschweife; **kapıya dayanmak** vor der Tür stehen; **kapıya vuruluyor** es klopft; **kapıyı çalmak** an der Tür klingeln; **kapıyı kapa!** mach die Tür zu!; **kapıya vurmak** anklopfen

kapıcı *s* ① Hauswart(in) *m(f)*, Hausmeister(in) *m(f)* ② Pförtner(in) *m(f)*

kapılmak *vi* ① *Passiv von* **kapmak** ② ergriffen werden (-**e** von etw) ③ hereinfallen (-**e** auf etw/jdn)

kapışmak *vt* ① sich reißen um (-**i** um etw) ② sich heftig streiten, aufeinander losgehen

kapital <-li> *s* Kapital *nt*

kapitalist **I.** *s* Kapitalist(in) *m(f)* **II.** *adj* kapitalistisch

kapitalizm *s* Kapitalismus *m*

kapkaç <-cı> *s* Diebstahl (*auf offener Straße*)

kapkaççı *s* Dieb(in) *m(f)* (*der auf offener Straße jdm die Handtasche entreißt und flieht*)

kapkaranlık <-ğı> *adj* stockdunkel

kaplam *s* Umfang *m*

kaplama *s* ① *Verbalsubstantiv zu* **kaplamak** ② Deckschicht *f*; ~ **tahta** Sperrholz *nt*; ~ **tahtaları** Edelhölzer *pl*

kaplamak *vt* ① (*Buch*) einbinden (-**i** -**e**/**ile** etw in etw) ② (*mit Stoff*) überziehen (-**i** -**e**/**ile** etw mit etw) ③ belegen (-**i** -**e**/**ile** etw mit etw) ④ (*Lärm, Ruhe*) erfüllen, sich ausbreiten (-**i** in etw)

kaplan *s* Tiger *m*

kaplıca *s* ① Kurort *m*, Heilbad *nt* ② Mineralquelle *f* ③ Thermalquelle *f*

kaplumbağa *s* Schildkröte *f*; ~ **gibi** im Schneckentempo

kapmak <-ar> *vt* ① packen, greifen (-**i** etw) ② wegnehmen, entreißen (-**i** etw) ③ fangen (-**i** etw) ④ schnell lernen, begreifen (-**i** etw) ⑤ (*Krankheit*) sich zuziehen (-**i** etw) ⑥ (*Schlechtes*) sich angewöhnen (-**i** etw)

kapris *s* Laune *f*

kaprisli *adj* launisch

kapsam *s* ① (*Inhalt*) Gehalt *m* ② (*Ausmaß*) Umfang *m*

kapsamak *vt* ① (*umfassen*) beinhalten, enthalten (-**i** etw) ② (*aufnehmen können*) fassen (-**i** etw)

kapsamlı *adj* umfangreich, umfassend
kapsül *s* Kapsel *f*
kaptan *s* Kapitän *m*
kapüşon *s* Kapuze *f*
kar *s* ① Schnee *m* ② Gewinn *m*, Profit *m*; ~ **etmek** gewinnen, profitieren; ~ **getirmek** Gewinn bringen; ~ **gibi** schneeweiß; ~ **marjı** COMM Gewinnmarge *f*; ~ **payı** Gewinnanteil *m*; ~ **tanesi** Schneeflocke *f*; ~ **topu** Schneeball *m*; ~ **yağıyor** es schneit; ~ **zinciri** Schneekette *f*
kara **I.** *s* Land *nt*, Kontinent *m*, Festland *nt*; ~ **ordusu** Bodentruppen *pl*; ~ **suları** Hoheitsgewässer *nt*; **karada** zu Lande; **karaya çıkmak** an Land gehen; **karaya oturmak** stranden **II.** *adj* ① (*a. fig*) schwarz ② dunkel ③ finster ④ (*Omen*) böse; ~ **çalmak** anschwärzen, verleumden (**-e** jdn); ~ **delik** ASTRON schwarzes Loch *nt*; ~ **gözlü** mit schwarzen Augen, schwarzäugig; ~ **gün dostu** bewährter Freund; ~ **iskorçina** Schwarzwurzel *f*; ~ **kabuk midyesi** Miesmuschel *f*; ~ ~ **düşünmek** trübsinnig werden, grübeln; ~ **kurbağa** Kröte *f*; ~ **kutu** Flugschreiber *m*, Blackbox *f*; ~ **para** Schwarzgeld *nt*
karaağaç <-cı> *s* Ulme *f*
karabasan *s* ① Albtraum *m* ② innere Unruhe
karabaş *s* Lavendel *m*; ~ **yağı** Lavendelöl *nt*
karabatak <-ğı> *s* Kormoran *m*
karabiber *s* (schwarzer) Pfeffer *m*
karabina *s* Karabiner *m*
karaborsa *s* Schwarzmarkt *m*
karaborsacı *s* Schwarzhändler(in) *m(f)*
karaca **I.** *adj* schwärzlich **II.** *s* ① Reh *nt* ② Oberarm *m*
karaciğer *s* Leber *f*
karaçam *s* Schwarzkiefer *f*
Karadağ *s* Montenegro *nt*
Karadeniz *s* das Schwarze Meer; ~ **Dağları** Pontisches Gebirge *nt*
karahindiba *s* Löwenzahn *m*
Karaipler (**Denizi**) *s* Karibik *f*
karakol *s* ① Polizeiwache *f* ② (bewaffnete) Streife *f* ③ Wache *f*
karakter *s* Charakter *m*
karakteristik <-ği> **I.** *s* Charakteristik *f* **II.** *adj* charakteristisch, kennzeichnend
karakterize etmek *vt* charakterisieren (**-i** etw/jdn)
karaktersiz *adj* charakterlos
karalama *s* ① *Verbalsubstantiv zu* **karalamak** ② Entwurf *m* ③ (*pej*) Gekritzel *nt* ④ (*pej*) Verleumdung *f*; ~ **kâğıdı** Schmierzettel *m*; ~ **kampanyası** Schmutzkampagne *f*
karalamak *vt* ① schwärzen (**-i** etw) ② ausstreichen, durchstreichen (**-i** etw) ③ kritzeln (**-i** etw) ④ hinschmieren (**-i** etw) ⑤ (grob) skizzieren ⑥ (*pej*) verleumden, schlechtmachen (**-i** jdn)
karambolaj *s* Karambolage *f*
karamela *s* Karamell *m*
karamsar **I.** *s* Pessimist(in) *m(f)* **II.** *adj* pessimistisch
karamsarlık <-ğı> *s* Pessimismus *m*
karanfil *s* Nelke *f*
karanlık <-ğı> **I.** *s* ① Dunkelheit *f* ② Unklarheit *f* **II.** *adj* ① (*a. fig*) dunkel ② unklar ③ illegal, schwarz; ~ **basınca** bei Einbruch der Dunkelheit; ~ **oda** Dunkelkammer *f*; **karanlıkta** im Dunkeln
karantina *s* Quarantäne *f*
Karaorman *s* Schwarzwald *m*
karar *s* ① Entscheidung *f* ② Urteil *nt* ③ Schätzung *f* ④ Ausgewogenheit *f* ⑤ das richtige Maß; **bir şeyde/birinde ~ kılmak** sich für etw/jdn entscheiden; ~ **vermek** eine Entscheidung treffen, sich entscheiden, ein Urteil fällen
karargah *s* Lager *nt*; (*Stabs-*) Quartier *nt*

kararlamak *vt* (ab)schätzen (**-i** etw)
kararlaştırmak *vt* ① (gemeinsam) beschließen (**-i** etw) ② entscheiden (**-i** etw) ③ (*Datum*) festlegen (**-i** etw) ④ festsetzen, vereinbaren (**-i** etw)
kararlı *adj* entschlossen, entschieden
kararlılık <-ğı> *s* Entschlossenheit *f*
kararmak *vi* ① (*Raum*) dunkel werden ② (*Sache*) schwarz werden ③ (*Haut*) braun werden; **ortalık** [*o* **hava**] **kararıyor** es dämmert
kararname *s* Erlass *m*
kararsız *adj* ① unentschlossen, unschlüssig ② unbeständig, veränderlich ③ wankelmütig ④ zögernd
kararsızlık <-ğı> *s* ① Unentschlossenheit *f*, Unschlüssigkeit *f* ② Zögern *nt*, Bedenken *nt* ③ Unbeständigkeit *f* ④ Wankelmut *m*
karartmak *vt* ① *Kausativ zu* **kararmak** ② schwärzen (**-i** etw) ③ dunkel machen, verdunkeln (**-i** etw) ④ (*Haut*) bräunen (**-i** etw)
karasaban *s* Pflug *m*
karasal *adj* kontinental
karasuları <-nı> *npl* Territorialgewässer *pl*
karatahta *s* ① schwarzes Brett ② (*Schul-*) Tafel *f*
karatavuk <-ğu> *s* Amsel *f*
karate *s* Karate *nt*
karavan *s* Wohnwagen *m*; ~ **turizmi** Wohnwagentourismus *m*
karavana *s* (große) Essschüssel *f*
karayılan *s* Natter *f*
karayolu <-nu> *s* ① Fernstraße *f* ② Landweg *m*
karbon *s* Kohlenstoff *m*; ~ **diyoksit** Kohlendioxid *nt*; ~ **kâğıt** Kohlepapier *nt*, Durchschlagpapier *nt*
karbonat <-tı> *s* Karbonat *nt*
karbonhidrat <-tı> *s* Kohlenhydrat *nt*
karbüratör *s* Vergaser *m*
kardan adam *s* Schneemann *m*
kardeş *s* Bruder *m*, Schwester *f*; **kardeşler** Geschwister *pl*
kardeşçe *adj, adv* brüderlich
kardeşlik <-ği> *s* ① Brüderlichkeit *f* ② Brüderschaft *f*
kardinal <-li> *s* Kardinal *m*
kare *s* ① Karo *nt* ② Quadrat *nt*; ~ **şeklinde** quadratisch
karekök <-kü> *s* (Quadrat)wurzel *f*; **karekökünü almak** die Wurzel ziehen (**-in** von etw)
kareli *adj* kariert
karga *s* ① Krähe *f* ② Rabe *m*
kargaşa(lık) <-ğı> *s* ① Durcheinander *nt*, Chaos *nt* ② Unordnung *f* ③ Unruhe *f*
kargı *s* ① Lanze *f* ② Spieß *m*
kargo *s* ① Fracht *f* ② Frachtschiff *nt*
karı *s* ① (*fam*) (Ehe)frau *f* ② (*pej*) Weib *nt*
karıkoca *npl* (*fam*) Eheleute *pl*, Ehepaar *nt*
karın <-rnı> *s* Bauch *m*; ~ **ağrısı** Bauchschmerzen *pl*; (*lästig*) nervtötend; **karnı aç** hungrig; **karnım acıktı** ich habe Hunger; **karnım ağrıyor** ich habe Bauchschmerzen; **karnım doydu** ich bin satt
karınca *s* Ameise *f*; ~ **yuvası** Ameisenhaufen *m*
karıncalanmak *vi* ① (*Bein, Arm*) einschlafen ② von Ameisen wimmeln
karınlı *adj* mit Bauch; (*Vase*) bauchig
karınzarı <-nı> *s* Bauchfell *nt*; ~ **iltihabı** Bauchfellentzündung *f*
karış *s* (*Hand-*) Spanne *f*
karışık <-ğı> *adj* ① gemischt ② kompliziert ③ undeutlich ④ (*Zimmer*) unordentlich ⑤ (*Geist*) verwirrt ⑥ (*Haare*) zerzaust ⑦ (*Lage*) unklar; ~ **ızgara** Grillplatte *f*; ~ **içki** Mixgetränk *nt*
karışıklık <-ğı> *s* ① Durcheinander *nt* ② Unordnung *f* ③ (*einer Lage*) Unklarheit *f* ④ Aufruhr *f*, Unruhe *f*
karışım *s* Gemisch *nt*, Mischung *f*
karışmak *vi* ① sich mischen ② durcheinandergeraten ③ (*Wasser*) trübe werden ④ eingreifen, sich einmischen (**-e**

in etw) ❺ sich verwickeln, sich verwirren ❻ (*Sache*) unklar werden ❼ verwechselt werden ❽ sich kümmern (**-e** um etw) ❾ (*Fluss*) münden (**-e** in etw) ❿ untergehen (**-e** in etw)

karıştırıcı *s* ❶ Störsender *m* ❷ (*gegen Radios, Handys*) Störgerät *nt*

karıştırmak *vt* ❶ *Kausativ zu* **karışmak** ❷ (ver)mischen (**-i -e** etw mit etw) ❸ verkomplizieren (**-i** etw) ❹ (*Karten*) mischen (**-i** etw) ❺ durcheinanderbringen (**-i** etw/jdn) ❻ verwechseln (**-i** etw) ❼ durchblättern (**-i** etw) ❽ durchwühlen (**-i** etw) ❾ (*Radiosender*) stören (**-i** etw)

karides *s* ❶ Garnele *f* ❷ Krabbe *f*

karikatür *s* Karikatur *f*

karikatürize etmek *vt* karikieren (**-i** etw/jdn)

karikatürleştirmek *vt* karikieren (**-i** etw/jdn)

kariyer *s* Karriere *f*, Laufbahn *f*; **~ merdiveni** Karriereleiter *f*

kariyerist <-ti> *s* Karrieremacher *m*

karlı *adj* ❶ verschneit ❷ gewinnbringend, rentabel ❸ nützlich, vorteilhaft; **bir işten ~ çıkmak/çıkmamak** bei einer Sache gut/schlecht wegkommen

karlılık <-ğı> *s* Rentabilität *f*

karmakarışık <-ğı> *adj* ❶ durcheinander ❷ (*Lage*) vollkommen unklar ❸ ganz unverständlich

karmakarışıklık <-ğı> *s* ❶ Durcheinander *nt* ❷ Unklarheit *f* ❸ Unverständlichkeit *f*

karmaşık <-ğı> *n, adj* kompliziert

karmaşıklık <-ğı> *s* Verwicklung *f*, Komplikation *f*

karnabahar *s* Blumenkohl *m*

karnaval *s* Karneval *m*, Fasching *m*

karne *s* ❶ Zeugnis *nt* ❷ Lebensmittelkarte *f*

karnı <-nı> *s Possessivform zu* **karın** sein/ihr Bauch *m*

karnıyarık <-ğı> *s ein Gericht mit gefüllten Auberginen*

karni *s* Retorte *f*

karoseri *s* (*eines Autos*) Karosserie *f*

karpuz *s* Wassermelone *f*

karşı I. *präp* ❶ gegen (**-e** *+akk*) ❷ (*räumlich*) gegenüber (**-e** *+dat*); (*sich bewegend*) auf ... zu (**-e** *+akk*); **buna ~** dagegen II. *s* Gegenüber *nt* III. *adv* ❶ gegenüber ❷ entgegen IV. *adj* ❶ gegnerisch ❷ entgegengesetzt ❸ gegenüberliegend; **~ çıkmak** [*o* **gelmek**] widersprechen (**-e** jdm); **~ hücum** Gegenangriff *m*; **~ karşıya** einander gegenüber, entgegengesetzt; **~ koymak** Widerstand leisten (**-e** jdm/etw); **birine/bir şeye ~ olmak** gegen jdn/etw sein; **~ önlem** [*o* **tedbir**] Gegenmaßnahme *f*; **~ taraf** gegenüberliegende Seite; JUR Gegenpartei *f*; **~ teklif** Gegenvorschlag *m*; **karşıda** gegenüber, auf dem anderen Ufer; **karşıdaki** gegenüberliegend; **karşısına** auf ... zu (**-in** jdn/etw); **karşısında** gegenüber, angesichts (**-in** einer Sache)

karşıcılık <-ğı> *s* Opposition *f*, Gegnerschaft *f*

karşıcinsel *adj* heterosexuell

karşıcinsellik <-ği> *s* Heterosexualität *f*

karşılamak *vt* ❶ (*zum Empfang*) entgegengehen (**-i** jdm), abholen (**-i** jdn) ❷ empfangen, begrüßen (**-i** jdn) ❸ (*Kosten*) bestreiten (**-i** etw) ❹ (*Bedarf*) decken (**-i** etw) ❺ (*Verluste*) gutmachen (**-i** etw) ❻ (*Krankheit*) entgegenwirken (**-i** einer Sache) ❼ aufnehmen (**-i** etw)

karşılaşma *s* ❶ *Verbalsubstantiv zu* **karşılaşmak** ❷ (zufällige) Begegnung *f* ❸ Wettkampf *m*

karşılaşmak *vi* ❶ sich begegnen ❷ begegnen (**ile** jdn), treffen (**ile** jdn) ❸ stoßen auf (**ile** auf etw) ❹ einen Wettkampf austragen

karşılaştırma *s* ❶ *Verbalsubstantiv zu* **karşılaştırmak** ❷ Vergleich *m*

karşılaştırmak *vt* ① *Kausativ zu* **karşılaşmak** ② vergleichen (**-i ile** etw/jdn mit etw/jdm) ③ gegenüberstellen, konfrontieren (**-i ile** jdn mit etw/jdm)

karşılık <-ğı> **I.** *s* ① Entgegnung *f* ② Entgelt *nt* ③ Ersatz *m* ④ Gegenstück *nt*, Pendant *nt* ⑤ Aufnahme *f* ⑥ (*Gegenwert*) Preis *m*; ~ **vermek** antworten, entgegnen; (*pej*) eine freche Antwort geben (**-e** jdm); **karşılıkta bulunmak** sich revanchieren **II.** *präp* ① im Gegensatz zu (**-e** *+dat*) ② (als Ersatz) für (**-e** *+akk*); **buna ~** demgegenüber; **karşılığında** (*als Gegenleistung, Ersatz*) gegen, für (**-in** etw); **100 euro karşılığında Türk lirası istiyorum** ich möchte 100 Euro in türkische Lira wechseln

karşılıklı **I.** *adj* ① gegenseitig ② gegenüberliegend **II.** *adj* (*sitzen*) gegenüber

karşılıksız *adj* (*Scheck*) ungedeckt

karşın *präp* trotz (**-e** *+gen*)

karşıt <-tı> **I.** *adj* ① entgegengesetzt ② (*mit Possessivendung*) gegen ... eingestellt, ...-feindlich, anti-; ~ **oy** Gegenstimme *f*; **kadın karşıtı** frauenfeindlich; **insan karşıtı** menschenverachtend **II.** *s* ① Gegenteil *nt* ② Gegensatz *m*, Kontrast *m* ③ (*mit Possessivendung*) -gegner(in) *m(f)*; **savaş karşıtı** Kriegsgegner(in) *m(f)*

kart <-tı> **I.** *adj* ① (*Person*) nicht mehr jung ② (*Obst*) nicht mehr frisch **II.** *s* (*Post-, Visiten-*) Karte *f*

kartal *s* Adler *m*; ~ **yuvası** Adlerhorst *m*

kartlı telefon *s* Kartentelefon *nt*

karton **I.** *s* ① Karton *m*, Pappe *f* ② (*Zigaretten-*) Stange *f* **II.** *adj* aus Pappe, Papp-; ~ **kutu** Pappkarton *m*, Schachtel *f*

kartotek <-ği> *s* Kartei *f*

kartpostal *s* Postkarte *f*

kartvizit <-ti> *s* Visitenkarte *f*

karyola *s* Bettgestell *nt*

kas *s* Muskel *m*; ~ **tutukluğu** Muskelkater *m*

kasa *s* ① Kasse *f* ② SPORT Kasten *m* ③ (*Bier-*) Kasten *m* ④ Safe *m*, Tresor *m*

kasaba *s* Kleinstadt *f*, Provinzstadt *f*

kasalı telefon *s* Münzfernsprecher *m*

kasap <-bı> *s* Metzger *m*, Fleischer *m*; ~ **dükkanı** Metzgerei *f*

kasaplık hayvan *s* Schlachtvieh *nt*

kase *s* Schale *f*, Schüssel *f*

kaset <-ti> *s* Kassette *f*

kasetçalar *s* Kassettenrecorder *m*

kasetli *adj* mit Kassette(n); ~ **radyo** Radiorecorder *m*; ~ **teyp** Kassettenrekorder *m*

kasık <-ğı> *s* Leiste *f*

kasıkçatlağı <-nı> *s* Leistenbruch *m*

kasılmak *vi* ① *Passiv zu* **kasmak** ② sich zusammenziehen ③ (*fam*) wichtigtun

kasıl sarsılma *s* (Muskel)zuckung *f*

kasım *s* November *m*

kasınç <-cı> *s* Krampf *m*

kasınçlı *adj* verkrampft

kasır <-srı> *s* (*Lustschloss*) Schlösschen *nt*

kasırga *s* Orkan *m*, Wirbelsturm *m*, Wirbelwind *m*

kasıt <-stı> *s* ① Vorsatz *m*, Absicht *f* ② Zweck *m*

kasıtlı *adj* vorsätzlich

kasiyer *s* Kassierer(in) *m(f)*

kaskatı *adj* stocksteif, steinhart

kasket <-ti> *s* Schirmmütze *f*

kasko *s* Kasko *m*; ~ **sigortası** Kaskoversicherung *f*

kaslı *adj* muskulös

kasmak <-ar> *vt* ① kürzer machen, schmäler machen (**-i** etw) ② (*Gürtel*) enger schnallen (**-i** etw) ③ (*fig*) unter Druck setzen (**-i** jdn) ④ (*Muskeln*) anspannen (**-i** etw); **kasıp kavurmak** tyrannisieren (**-i** jdn)

kasnak <-ğı> *s* ① Reifen *m* ② Riemenscheibe *f* ③ (*Holz-, Stick-*) Rahmen; **kasnaklı fren** Scheibenbremse *f*

kasrı <-nı> *s* *Possessivform zu* **kasır** sein/ihr Schlösschen *nt*

kast <-tı> *s* Kaste *f*

kastanyet <-ti> *s* Kastagnetten *pl*

kasten *adv* ① absichtlich, mit Vorbedacht ② JUR vorsätzlich

kastetmek <-der> *vt* ① beabsichtigen (**-i** etw) ② meinen, sagen wollen (**-i ile** etw mit etw) ③ es abgesehen haben (**-e** auf jdn)

kastı <-nı> *s Possessivform zu* **kasıt** die Absicht zu ...

kasti *adj* vorsätzlich

Kastil(ya) *s* Kastilien *nt*

kasvet <-ti> *s* bedrückendes Gefühl

kasvetli *adj* ① (*Ort*) düster ② öde, trostlos ③ (*Stimmung*) verdrießlich

kaş *s* ① Augenbraue *f* ② (*von Juwel*) Fassung *f*; ~ **çatmak** die Stirn runzeln; ~ **kalemi** Augenbrauenstift *m;* **kaşla göz arasında** (*fam*) im Handumdrehen, in null Komma nichts

kaşar *s* türkischer Hartkäse

kaşık <-ğı> *s* Löffel *m;* ~ **çatal bıçak** Besteck *nt;* ~ **dolusu** ein Löffel voll

kaşımak *vt* kratzen (**-i** an etw)

kaşındırmak *vt* ① *Kausativ zu* **kaşınmak** ② jucken (**-i** jdn)

kaşınmak *vi* ① *Reflexiv zu* **kaşımak** ② jucken ③ sich kratzen

kaşıntı *s* Juckreiz *m*

kaşıntılı *s* kratzig *m*

kaşif *s* Entdecker(in) *m(f)*

kaşlamak *vt* (*Edelstein*) fassen (**-i** etw)

kat <-tı> *s* ① Schicht *f* ② Stockwerk *nt*, Stock *m* ③ Vielfaches *nt* ④ (*mit Zahl*) Mal *nt*, -mal, -fach; ~ ~ **kesim** (*Haarschnitt*) Stufenschnitt *m;* ~ **mülkiyeti** *Eigentumsrecht an einer Etagenwohnung;* **bin** ~ tausendfach; **bin katı** tausendmal so viel

katafot <-tu> *s* Rückstrahler *m*

katakomp <-pu> *s* Katakomben *pl*

katalizatör *s* (*Auto*) Katalysator *m*

katalog <-ğu> *s* Katalog *m*

Katalonya *s* Katalonien *nt*

katarakt <-tı> *s* MED grauer Star

katedral <-li> *s* Dom *m*, Kathedrale *f*

kategori *s* Kategorie *f*

katetmek <-der> *vt* ① (*eine Strecke*) zurücklegen (**-i** etw) ② überqueren (**-i** etw) ③ (zer)teilen, (zer)schneiden (**-i** etw)

katı *adj* ① (*nicht flüssig*) fest ② (*nicht weich*) hart ③ (*steif*) starr ④ (*hart*) streng ⑤ (*Fleisch*) zäh ⑥ (*fig*) gefühllos; ~ **kalpli** [*o* **yürekli**] hartherzig

katılaşmak *vi* ① hart werden ② erstarren ③ sich verhärten ④ strenger werden ⑤ gefühllos werden

katılık <-ğı> *s* ① Härte *f* ② Strenge *f* ③ (*fig*) Gefühllosigkeit *f*

katılım *s* Teilnahme *f*, Beitritt *m;* ~ **görüşmeleri** POL Beitrittsgespräche *pl;* ~ **ücreti** Teilnahmegebühr *f*

katılımcı *s* Teilnehmer(in) *m(f)*

katılma *s* ① *Verbalsubstantiv zu* **katılmak** ② Beitritt *m* ③ Teilnahme *f;* ~ **şartları** Teilnahmebedingungen *pl*

katılmak *vi* ① *Passiv zu* **katmak** ② sich anschließen (**-e** jdm) ③ (*einem Verein*) beitreten (**-e** einer Sache) ④ sich beteiligen (**-e** an etw) ⑤ teilnehmen, teilhaben (**-e** an etw) ⑥ sich (ver)mischen (**-e** mit etw) ⑦ sich nicht mehr halten können (**gülmekten** vor Lachen)

katım *s* Hinzufügung *f*

katır *s* Maultier *nt*

katırtırnağı <-nı> *s* Ginster *m*

katıştırmak *vt* beigeben (**-i -e** etw einer Sache)

kati *adj* ① endgültig, unwiderruflich ② unanfechtbar

katil *s* Mörder(in) *m(f)*

katil <-tli> *s* Mord *m;* **katle teşebbüs** Mordversuch *m*

katip <-bi> *s* Schreiber(in) *m(f)*

katiyen *adv* ① definitiv ② (*bei Verneinung*) keinesfalls, keineswegs

katiyet <-ti> *s* ① Endgültigkeit *f*, Unwiderruflichkeit *f* ② Unanfechtbarkeit *f*

katkı *s* ① Beitrag *m* ② Zugabe *f*, Zusatz *m;* **katkıda bulunmak** einen Beitrag leisten (-**e** zu etw); ~ (**maddesi**) Zusatzstoff *m*

katlamak *vt* ① zusammenlegen, falten (-**i** etw) ② falzen (-**i** etw) ③ zusammenklappen (-**i** etw) ④ (*um ein Vielfaches*) erhöhen, vermehren (-**i** etw)

katlanmak *vi* ① *Passiv zu* **katlamak** ② sich abfinden (-**e** mit etw) ③ ertragen, erdulden (-**e** jdn/etw) ④ durchmachen (-**e** etw) ⑤ sich um ein Vielfaches erhöhen, sich vermehren; **ikiye/üçe** ~ sich verdoppeln/verdreifachen

katletmek <-der> *vt* ermorden (-**i** jdn)

katlı *adj* -stöckig; **dokuz** ~ neunstöckig

katli <-ni> *s Possessivform zu* **katil** der Mord an …

katliam *s* Gemetzel *nt*

katma **I.** *s Verbalsubstantiv zu* **katmak** **II.** *adj* zusätzlich, Zusatz-; ~ **değer** Mehrwert *m;* ~ **değer vergisi** Mehrwertsteuer *f*

katmak <-ar> *vt* ① beigeben, hinzufügen, dazutun (-**i** -**e** etw zu etw) ② (*jdn an etwas*) beteiligen (-**i** -**e** jdn an etw) ③ als Begleitung mitgeben (-**i** -**e** jdn jdm); **birbirlerine** ~ gegeneinander aufhetzen (-**i** jdn)

Katolik <-ği> **I.** *s* Katholik(in) *m(f)* **II.** *adj* katholisch

Katolisizm *s* Katholizismus *m*

katran *s* Teer *m;* ~ **ağacı** Zeder *f*

katranlı *adj* ① geteert ② teerhaltig

katrilyon *s* Billiarde *f*

katyuvarı <-nı> *s* Stratosphäre *f*

kauçuk <-ğu> *s* Gummi *m o nt;* ~ **ağacı** Gummibaum *m*

kav *s* ① Spieleinsatz *m* ② Zunder *m*

kavak <-ğı> *s* Pappel *f*

kaval *s* Hirtenflöte *f*

kavalye *s* ① Kavalier *m* ② Tanzpartner *m*

kavanoz *s* ① (größeres) Glasgefäß *nt* ② Einmachglas *nt*

kavga *s* ① Streit *m,* Zank *m* ② Kampf *m;* **biriyle** ~ **çıkarmak** mit jdm Streit anfangen; ~ **etmek** sich streiten, sich zanken

kavgacı **I.** *s* (*fam*) Raufbold *m,* Schläger *m* **II.** *adj* streitsüchtig

kavgalı *adj* ① strittig, umstritten ② verfeindet

kavim <-vmi> *s* Volksstamm *m*

Kavimler Göçü <-nü> *s* Völkerwanderung *f*

kavis <-vsi> *s* Bogen *m*

kavram *s* Begriff *m*

kavramak *vt* ① fassen, ergreifen, packen (-**i** etw/jdn) ② (*geistig*) begreifen, erfassen (-**i** etw) ③ sich ausdehnen (-**i** auf etw)

kavrayış *s* ① Begriffsbildung *f* ② Fassungsvermögen *nt*

kavrulmak *vi* ① *Passiv zu* **kavurmak** ② im Wachstum zurückbleiben ③ (*Pflanzen*) verkümmern

kavrulmuş *adj* (*Kaffee*) geröstet

kavşak <-ğı> *s* ① (Straßen)kreuzung *f* ② (*zweier Flüsse*) Zusammenfluss *m*

kavuk <-ğu> *s* ① Turban *m* ② Harnblase *f*

kavun *s* Honigmelone *f*

kavuniçi *adj* orange(farben)

kavurmak *vt* ① (*Speise, Kaffee*) rösten (-**i** etw) ② ausdörren (-**i** etw)

kavuşma *s* ① *Verbalsubstantiv zu* **kavuşmak** ② Wiedersehen *nt*

kavuşmak *vi* ① (*Ziel*) erreichen (-**e** etw) ② (*Fluss, Straße*) münden (-**e** in etw) ③ (*nach langer Trennung*) wiedersehen (-**e** jdn) ④ (endlich) erlangen (-**e** etw) ⑤ (*Kleidungsstück*) sich schließen

kavuşturmak *vt* ① *Kausativ zu* **kavuşmak** ② (*Arme*) kreuzen, verschränken; (*Hände*) falten (-**i** etw) ③ (wieder)vereinigen (-**i** -**e** jdn mit jdm)

kaya *s* Fels *m;* ~ **gibi** felsenfest

kayak <-ğı> *s* Ski *m;* ~ **değneği** Skistock *m;* ~ **elbisesi** Skianzug *m;* ~ **gözlüğü** Skibrille *f;* ~ **kundurası** Skistiefel *m;* ~ **kursu** Skikurs *m;* ~ **öğretmeni** Skilehrer(in) *m(f);*

~ **parkuru** [*o* **yolu**] Loipe *f;* ~ **pisti** Skipiste *f;* ~ **sporu** Skisport *m;* ~ **takımı** Skiausrüstung *f;* ~ **yapmak** [*o* **kaymak**] Ski fahren [*o* laufen]

kayakçı *s* Skifahrer(in) *m(f)*

kayakçılık <-ğı> *s* Skisport *m*

kayalık <-ğı> **I.** *s* ① felsige Gegend ② Felsenriff *nt* **II.** *adj* felsig

kaybetmek <-der> *vt* verlieren (**-i** etw/jdn)

kaybı <-nı> *s Possessivform zu* **kayıp** der Verlust von ...

kaybolmak *vi* ① verloren gehen ② verschwinden

kaydedilebilir *adj* (*Kassette*) bespielbar; (*Diskette, CD*) beschreibbar

kaydetmek <-der> *vt* ① eintragen (**-i -e** etw/jdn in etw) ② (*Sendung*) aufzeichnen (**-i** etw) ③ (*Verluste*) verzeichnen (**-i** etw) ④ bemerken (**-i** etw) ⑤ INFORM (*Daten*) speichern (**-i** etw)

kaydı <-nı> *s Possessivform zu* **kayıt** der Eintrag von ...

kaydırmak *vt* ① *Kausativ zu* **kaymak** ② wegschieben, wegrücken (**-i** etw); **birini başka bir göreve** ~ (*Beamter*) jdn versetzen

kaydiye *s* Anmeldegebühr *f*

kaydolmak *vt* ① *Passiv zu* **kaydetmek** ② (*in einer Schule*) sich anmelden; (*an einer Universität*) sich einschreiben (**-e** in etw) ③ (*Vorlesung*) belegen (**-e** etw)

kaygan *adj* glatt, glitschig

kaygı *s* ① Kummer *m* ② Unruhe *f* ③ Zweifel *m*

kaygılanmak *vi* sich Sorgen machen

kaygılı *adj* ① besorgt ② unruhig

kaygısız *adj* sorglos, unbesorgt

kayık <-ğı> **I.** *s* Boot *nt,* Kahn *m* **II.** *adj* nach einer Seite gerutscht

kayın *s* ① Buche *f* ② Schwager *m* (*Bruder des Ehepartners*)

kayınbirader *s* Schwager *m* (*Bruder des Ehepartners*)

kayınpeder *s* Schwiegervater *m*

kayınvalide *s* Schwiegermutter *f*

kayıp <-ybı> **I.** *s* ① Verlust *m* ② Vermisste(r) *f(m)* **II.** *adj* ① verloren ② verschwunden ③ vermisst ④ verschollen; ~ **eşya bürosu** Fundbüro *nt*

kayırıcı *s* ① Fürsprecher(in) *m(f)* ② Gönner(in) *m(f)*

kayırış *s* Fürsprache *f*

kayırmak *vt* sich einsetzen (für), fördern (**-i** jdn)

kayısı *s* Aprikose *f;* ~ **ağacı** Aprikosenbaum *m*

kayış *s* ① (*Trag-*) Gurt *m,* Riemen *m* ② Gürtel *m* ③ Uhrarmband *nt;* ~ **gibi** zäh wie Leder; (*Haut*) schwarzbraun

kayıt <-ydı> *s* ① (*Tonband-*) Aufnahme *f* ② TV Aufzeichnung *f* ③ Buchung *f* ④ Einschreibung *f* ⑤ Klausel *f* ⑥ (*im Buch*) Register *nt* ⑦ Vermerk *m,* Eintragung *f* ⑧ Einschränkung *f;* ~ **cihazı** Aufnahmegerät *nt;* ~ **dışı ekonomi** Schattenwirtschaft *f;* ~ **süresi** Meldefrist *f;* **kayda değer** bemerkenswert; **kayda geçirmek** registrieren (**-i** etw)

kayıtlı **I.** *adj* ① registriert, eingetragen ② gebucht ③ (*Schüler, Studenten*) eingeschrieben **II.** *adv* mit Vorbehalt

kayıtsız *adj* ① gleichgültig ② sorglos, unbekümmert ③ fahrlässig ④ nicht eingetragen ⑤ unangemeldet; ~ **şartsız** bedingungslos

kayıtsızlık <-ğı> *s* ① Fahrlässigkeit *f* ② Gleichgültigkeit *f* ③ Sorglosigkeit *f,* Unbekümmertheit *f*

kaymak <-ar> *vi* ① gleiten ② rutschen ③ (*zur Seite*) weichen ④ (*Schlittschuh oder Ski*) laufen

kaymak <-ğı> *s* Sahne *f,* Rahm *m*

kaymakam *s* Landrat *m*

kaymaklı *adj* mit Sahne; ~ **dondurma** Sahneeis *nt*

kaynak <-ğı> *s* ① (*a. fig*) Quelle *f* ② Ressource *f* ③ Schweißung *f,* Schweißstelle *f;* ~ **kodu** INFORM Quellcode *m;* ~ **yapmak** schweißen; **emin kaynaktan** aus zuverlässiger Quelle

kaynakçı *s* Schweißer *m*

kaynamak *vi* ❶ kochen, sieden ❷ (hervor)quellen, sprudeln ❸ (*Most*) gären ❹ (*Magen*) rumoren ❺ (*massenhaft vorhanden sein*) wimmeln (von) ❻ (*fig*) ins Wasser fallen

kaynama noktası <-nı> *s* Siedepunkt *m*

kaynana *s* Schwiegermutter *f;* ~ **zırıltısı** (*fam*) Klapper *f,* Rassel *f*

kaynar *adj* kochend, siedend

kaynarca *s* (warme) Mineralquelle *f*

kaynaşma *s* ❶ *Verbalsubstantiv zu* **kaynaşmak** ❷ Unruhe *f*

kaynaşmak *vi* ❶ (*Stoffe*) sich verbinden (**ile** mit etw) ❷ wimmeln (von) ❸ miteinander warmwerden

kaynata *s* Schwiegervater *m*

kaynatmak *vt* ❶ *Kausativ zu* **kaynamak** ❷ kochen, sieden (**-i** etw) ❸ schweißen (**-i** etw) ❹ (*fam*) tratschen

kayra *s* Freundlichkeit *f,* Gunst *f*

kayrak <-ğı> *s* ❶ Skigelände *nt* ❷ Schiefer *m*

Kayseri *s anatolische Stadt östlich des Tuzgölü*

kayyum *s* Moscheediener *m,* Küster *m*

kaz *s* Gans *f;* ~ **kafalı** (*fam*) beschränkt, dumm; ~ **kızartması** Gänsebraten *m*

kaza *s* ❶ Unfall *m* ❷ Urteil *nt* ❸ Gerichtsbarkeit *f* ❹ Landkreis *m* ❺ *Nachholen einer religiösen Pflicht;* ~ **geçirmek** verunglücken, einen Unfall haben; ~ **halinde** bei Unfall; ~ **sigortası** Unfallversicherung *f;* **kazaya kurban gitmek** tödlich verunglücken; **kazaya uğramak** einen Unfall haben; (*tragischer*) von einem Unglück getroffen werden

kazai *adj* richterlich

Kazak <-ğı> *s* Kasache, Kasachin *m, f*

kazak <-ğı> *s* ❶ Pullover *m,* Pulli *m* ❷ (*fam*) Haustyrann *m*

Kazakistan *s* Kasachstan *nt*

kazan *s* Kessel *m*

kazanç <-cı> *s* ❶ Erwerb *m* ❷ Gewinn *m;* ~ **getirmek** Gewinn bringen

kazançlı *adj* ❶ einträglich, rentabel ❷ nützlich, vorteilhaft

kazanım *s* Gewinn *m;* **yeniden** [*o* **geri**] ~ Recycling *nt*

kazanmak *vt* ❶ gewinnen (**-i** etw) ❷ (*Zeit*) sparen (**-i** etw) ❸ (*Geld*) verdienen (**-i** etw) ❹ (*Examen*) bestehen (**-i** etw) ❺ siegen ❻ (*Eigenschaft*) annehmen (**-i** etw)

kazara *adv* ❶ ohne Absicht, ohne zu wollen ❷ unglücklicherweise

kazazede **I.** *adj* verunglückt **II.** *s* Verunglückte(r) *f(m)*

kazı *s* (archäologische) Ausgrabung *f;* ~ **kazan kartı** Rubbellos *nt*

kazık <-ğı> **I.** *s* ❶ Stange *f* ❷ Brückenpfeiler *m* ❸ (*fam*) Nepp *m* **II.** *adj* (*fam*) zu teuer; **birine** ~ **atmak** (*fam*) jdn ausnehmen; ~ **yemek** (*fam*) ausgenommen werden

kazıklamak *vt* ❶ mit Pfählen abstecken (**-i** etw) ❷ (*fam*) ausnehmen, übers Ohr hauen (**-i** jdn)

kazıklanmak *vi* ❶ *Passiv zu* **kazıklamak** ❷ (*fam*) ausgenommen werden

kazımak *vt* ❶ abkratzen, abschaben (**-i** etw) ❷ rasieren (**-i** etw) ❸ ausrotten (**-i** etw) ❹ eingravieren (**-i** etw)

kazmak (**ar**) *vt* (*auch Grab*) ausgraben, graben (**-i** etw)

kazurat <-tı> *s* Kot *m*

KDV *s Abk von* **katma değer vergisi** MwSt. *f* (*Mehrwertsteuer*)

kebap <-bı> **I.** *s* ❶ *allgemeine Bezeichnung für geröstete orientalische Gerichte* ❷ Röstfleisch *nt* **II.** *adj* geröstet; ~ **etmek** rösten (**-i** etw); **şiş** ~ Fleisch *nt* am Spieß; ~ **şişi** Bratspieß *m*

kebere *s* Kaper *f*

keçe *s* ❶ Filz *m* ❷ dünner Teppich

keçeli *adj* aus Filz, Filz-; ~ **kalem** Filzstift *m*

keçi *s* Ziege *f;* ~ **derisi** Ziegenleder *nt;* ~ **yavrusu** Zicklein *nt;* **keçileri kaçırmak** (*fam*) nicht alle Tassen im Schrank haben; **keçileri mi kaçırdın?** (*fam*) spinnst du?

keçiboynuzu <-nu> *s* Johannisbrot *nt;* ~ **ağacı** Johannisbrotbaum *m*

keçisakal *s* (*fam*) Spitzbart *m*

keçiyolu <-nu> *s* Fußpfad *m*

keder *s* ① Sorge *f* ② Traurigkeit *f*

kederli *adj* ① betrübt, traurig ② betrüblich

kedersiz *adj* unbeschwert

kedi *s* Katze *f*

kedicik <-ği> *s* Kätzchen *nt*

kediotu <-nu> *s* Baldrian *m*

kefalet <-ti> *s* Bürgschaft *f*

kefe *s* Waagschale *f*

kefil *s* Bürge *m;* ~ **olmak** bürgen (**-e** für jdn)

kefillik <-ği> *s* Bürgschaft *f*

kehanet <-ti> *s* Orakel *nt,* Prophezeiung *f,* Weissagung *f;* **kehanet etmek** wahrsagen, prophezeien (**-i** etw)

kehribar I. *s* Bernstein *m* II. *adj* aus Bernstein

kek <-ki> *s* Sandkuchen *m*

kekelemek *vi* (*fam*) ① (*als Sprachfehler*) stottern ② (*vor Aufregung*) stammeln, stottern

kekeme *s* (*fam*) Stotterer *m,* Stott(r)erin *f*

kekik <-ği> *s* wilder Thymian *m*

keklik <-ği> *s* Rebhuhn *nt*

keko *s* (*fam*) Trottel *m*

kekremsi *adj* ① herb ② (*Gesicht*) mürrisch

kel I. *adj* ① (*Kopf*) kahl ② grindköpfig II. *s* ① Grind *m* ② Grindkopf *m* ③ Glatze *f*

kelebek <-ği> *s* Schmetterling *m*

kelepçe *s* ① Handschellen *pl* ② TECH Schelle *f*

kelepir I. *s* (*fam*) Schnäppchen *nt,* Gelegenheitskauf *m* II. *adj* sehr preiswert

keler *s* Echse *f*

kelime *s* Wort *nt;* ~ **haz(i)nesi** Wortschatz *m;* ~ **işlemci program** Textverarbeitungsprogramm *nt;* ~ ~ Wort für Wort; ~ **oyunu** Wortspiel *nt;* **kelimesi kelimesine** wortwörtlich

kelimei şahadet <-ti> *s islamisches Glaubensbekenntnis*

kelle *s* (*pej: Kopf*) Birne *f,* Rübe *f*

Kemalist <-ti> I. *s* Kemalist(in) *m(f)* II. *adj* kemalistisch

keman *s* Geige *f*

kemancı *s* ① Geiger(in) *m(f)* ② Geigenbauer(in) *m(f)*

kemer *s* ① Gürtel *m* ② Gewölbe *nt,* Bogen *m* ③ Aquädukt *nt;* ~ **köprü** Viadukt *nt;* **kemer(ini) bağlamak** sich anschnallen; **kemerini sıkmak** den Gürtel enger schnallen

kemerli *adj* ① mit Gürtel ② mit Bogen ③ mit Aquädukt ④ (*Nase*) Haken-; ~ **hayvangiller** Gürteltiere *pl*

kemik <-ği> I. *s* Knochen *m* II. *adj* knöchern, Knochen-; ~ **kırılması** Knochenbruch *m*

kemikler *npl* Gebeine *pl*

kemikli *adj* knochig

kemirgenler *npl* Nagetiere *pl*

kemirmek *vt* nagen (**-i** an etw); **içini** ~ nagen (**-in** an jdm)

kemoterapi *s* Chemotherapie *f*

kenar I. *s* ① Kante *f* ② Rand *m* ③ TYPO Rand *m* ④ (*von Dreieck*) Seite *f* ⑤ (*von Winkel*) Schenkel *m* ⑥ Ufer *nt* ⑦ Ecke *f* II. *adj* (*Ort*) abgelegen; ~ **mahalleler** (*pl*) Außenbezirke *pl;* (*pej*) Armenviertel *nt;* **kenara** beiseite; **kenara çekil!** geh zur Seite!; **kenara çekilmek** beiseitegehen; (*fig*) sich zurückziehen

kendi I. *adj* eigen II. *pron* ① selber, selbst ② (*reflexiv*) sich; ~ **başına** auf eigene Faust, ganz allein; ~ **eliyle** eigenhändig; ~ **kendine** ganz allein, ohne fremde Hilfe; (*automatisch*) von

K

selbst; **kendim** ich selbst; **kendinden emin** selbstsicher; **kendinden geçmek** bewusstlos werden, das Bewusstsein verlieren; (*fam*) ausrasten; **kendinden geçmiş** bewusstlos; (*fam*) außer sich; **kendine gelmek** (wieder) zu sich kommen, vernünftig werden; **kendine güvenen** selbstsicher; **kendine hakim olmak** sich beherrschen; **kendine yedirmek** (*fam*) sich etw gefallen lassen; **kendini asmak** sich erhängen; **kendini beğenmiş** eingebildet, von sich eingenommen; **kendini beğenmişlik** Eitelkeit *f*; **kendini bilen** selbstbewusst; **kendini göstermek** Aufmerksamkeit auf sich lenken, sich bemerkbar machen; **kendini hissettirmek** sich bemerkbar machen; **kendini kapıp koyuvermek** (*fam*) sich gehen lassen; **kendini tanıtmak** sich zu erkennen geben; **kendini tehlikeye atmak** sich in Gefahr begeben; **kendini temize çıkarmak** sich reinwaschen; **kendini toplamak** (*von einer Krankheit*) sich erholen; (*sich zusammennehmen*) sich fassen

kendiliğinden *adv* ① von selbst, spontan ② automatisch

kendir *s* Hanf *m*

kendi(si) <-ni> **I.** *pron* (*selbst*) er/sie/es **II.** *adv* selber, selber

kene *s* Zecke *f*

kenef *s* (*vulg*) Scheißhaus *nt*

kenet <-di> *s* ① Eisenklammer *f* ② Niete *f*

kenetlemek *vt* ① verankern (**-i** etw) ② nieten (**-i** etw)

kenevir *s* Hanf *m*

kent <-ti> *s* Stadt *f*

kentet <-ti> *s* Quintett *nt*

kentli *s* Stadtbewohner(in) *m(f)*, Bürger(in) *m(f)*

kentsel *adj* städtisch

Kenya *s* Kenia *nt*

kepaze *adj* würdelos

kepazelik <-ği> *s* (*fam*) ① Schandtat *f* ② Skandal *m*

kepçe *s* Schöpflöffel *m*, Kelle *f*

kepek <-ği> *s* ① (*auf dem Kopf*) Schuppe *f* ② Kleie *f*

kepekli *adj* mit Kleie; ~ **ekmek** Vollkornbrot *nt*, Graubrot *nt*

kepenk <-gi> *s* Fensterladen *m*; (*für Geschäfte*) Rollladen *m*

keramet <-ti> *s* ① Wunder *nt* ② (eingetroffene) Prophezeiung *f*

kere I. *adv* MATH mal; **iki ~ iki dört eder** zwei mal zwei ist vier **II.** *s* (*nur in adverbialen Bestimmungen*) Mal *nt*; (*mit Zahlangabe*) -mal; **iki/üç ~** zwei-/dreimal

kereste *s* ① Bauholz *nt* ② (*fam*) Bauernlümmel *m*

kerevit <-di> *s* Flusskrebs *m*

kereviz *s* Sellerie *m*

kerhane *s* (*fam*) Bordell *nt*

kermes *s* Jahrmarkt *m*, Kirmes *f*

kerpeten *s* Zange *f*

kerpiç <-ci> **I.** *s* (*zum Hausbau*) Lehm *m*, Luftziegel *m* **II.** *adj* aus Luftziegeln, Lehm-

kertenkele *s* Eidechse *f*

kertik <-ği> **I.** *s* ① Kerbe *f* ② Scharte *f* **II.** *adj* ① (ein)gekerbt ② schartig

kervan *s* Karawane *f*

kesat <-dı> *s* Stagnation *f*; ~ **gitmek** stagnieren

kesatlık <-ğı> *s* ① Flaute *f* ② Stagnation *f*

kese *s* ① Beutel *m* ② Frottierhandschuh *m* ③ Geldbeutel *m*

kesek <-ği> *s* (Erd)scholle *f*

kesekâğıdı <-nı> *s* Papiertüte *f*

keser *s* Beil *nt*

kesicidiş *s* Schneidezahn *m*

kesik <-ği> **I.** *s* ① Einschnitt *m* ② Schnittwunde *f* **II.** *adj* ① geschnitten ② unterbrochen ③ (*Strom, Gas*) abgestellt ④ (*Milch*) sauer

kesiksiz *adj* ununterbrochen

kesilmek *vi* ① *Passiv zu* **kesmek**

② (*Wind, Regen*) sich legen, aufhören ③ (*Milch*) sauer werden ④ (*Wasser, Gas*) abgestellt werden ⑤ (*Strom*) ausfallen ⑥ (*Lärm*) verstummen ⑦ (*Knie*) weich werden ⑧ (*sich verwandeln in*) werden (zu) ⑨ (*fam*) ganz vernarrt sein (**-e** in jdn)

kesim *s* ① *Verbalsubstantiv zu* **kesmek** ② (*am Kleid*) Ausschnitt *m* ③ Ende *nt* ④ Abschnitt *m*

kesin *adj* ① endgültig, definitiv, unwiderruflich ② unanfechtbar ③ (*Maßnahmen*) einschneidend

kesinlik <-ği> *s* Bestimmtheit *f*, Sicherheit *f*

kesinlikle *adv* ① entschieden ② streng ③ nie und nimmer; ~ **yasak!** streng verboten!

kesinti *s* ① (*von Geldern*) Kürzung *f* ② Unterbrechung *f*

kesintisiz *adj* ununterbrochen; ~ **güç kaynağı** INFORM unterbrechungsfreie Stromversorgung *f*

kesir *s* MATH Bruch *m*

kesirli sayı *s* Bruchzahl *f*

kesişmek *vi* ① (*Wege*) sich kreuzen (**ile** mit etw) ② (*Linien*) sich schneiden (**ile** mit etw) ③ handelseinig werden (**ile** mit jdm)

keski *s* ① Meißel *m* ② Kneifzange *f*

keskin *adj* ① (*a. fig*) scharf ② schneidend ③ (*Kälte*) schneidend ④ (*Geruch*) beißend ⑤ schrill ⑥ (*Schmerz*) stechend ⑦ (*Tabak, Alkohol*) stark ⑧ (*Medikament*) wirksam; ~ **hatlı** (*Gesichtszüge*) markant; ~ **nişancı** Scharfschütze *m;* ~ **taraf** Schneide *f;* ~ **zekalı** scharfsinnig

keskinlik <-ği> *s* ① Schärfe *f* ② Strenge *f* ③ Wirksamkeit *f*

kesme I. *s* ① *Verbalsubstantiv zu* **kesmek** ② Schnitt *m* II. *adj* geschnitten; ~ **fiyatlarla** zu festen Preisen

kesmek <-er> *vt* ① (ab)schneiden, (ab)mähen (**-i** etw) ② sich schneiden (**elini** in den Finger) ③ (*Baum*) fällen (**-i** etw) ④ (*Holz*) hacken (**-i** etw) ⑤ (*Tier*) schlachten (**-i** etw) ⑥ abtrennen (**-i -den** etw von etw) ⑦ (*Wasser, Strom*) abstellen (**-i** etw) ⑧ (*Zahlung, Verhandlungen*) einstellen (**-i** etw) ⑨ unterbrechen (**-i** etw) ⑩ (*Medikament*) absetzen (**-i** etw) ⑪ (*Preis*) festsetzen (**-i** etw) ⑫ (*Banknoten*) drucken (**-i** etw) ⑬ (*Geschwindigkeit*) drosseln (**-i** etw) ⑭ (*Geldbetrag*) abziehen (**-i -den** etw von etw) ⑮ (*fam*) aufschneiden, angeben

kesmeşeker *s* Würfelzucker *m*

kesmez *adj* (*nicht spitz*) stumpf

kestane *s* ① Kastanie *f* ② Marone *f;* ~ **ağacı** Kastanienbaum *m;* ~ **rengi** kastanienbraun

kestanefişeği <-ni> *s* Knallkörper *m,* Böller *m*

kestirme I. *s Verbalsubstantiv zu* **kestirmek** II. *adv* kurz und knapp; ~ (**yol**) Abkürzung *f;* **kestirmeden giderek** kurzerhand, mir nichts, dir nichts, ohne Umschweife

kestirmek *vt* ① *Kausativ zu* **kesmek** ② (ab)schätzen (**-i** etw) ③ voraussehen (**-i** etw) ④ (*fam*) ein Nickerchen machen

keşfetmek <-der> *vt* ① entdecken (**-i** etw) ② (*fig*) herausbekommen (**-i** etw) ③ enthüllen (**-i** etw)

keşif <-şfi> *s* ① Entdeckung *f* ② Enthüllung *f*

keşiş *s* ① Mönch *m* ② Pope *m*

keşke *konj* (*bei Wunschsätzen*) wenn doch ...; ~ **gitmeseydik** wenn wir doch nur nicht weggegangen wären!

keşmekeş *s* ① Wirrwarr *m* ② Ungewissheit *f*

Keşmir *s* Kaschmir *m*

ketçap <-bı> *s* Ketchup *nt*

keten I. *s* ① Flachs *m* ② Leinen *nt* II. *adj* Leinen-, aus Leinen

ketentohumu <-nu> *s* Leinsamen *m*

ket vurmak *vt* (*fam*) hemmen (**-e** etw)

keyfi *adj, adv* ❶ willkürlich ❷ eigenmächtig

keyfi <-ni> *s Possessivform zu* **keyif** seine/ihre gute Laune *f*

keyif <-yfi> *s* ❶ gute Laune *f* ❷ Vergnügen *nt,* Lust *f* ❸ Willkür *f* ❹ Ausgelassenheit *f* ❺ Rausch *f;* ~ **verici** berauschend *m;* **keyfi yerinde** gut aufgelegt; **keyfi yerinde olmak** es sich gutgehen lassen; **keyfin bilir** (*fam*) mach, was du willst; **keyfine bakmak** es sich gemütlich machen; **keyfini bozmak** [*o* **kaçırmak**] die Laune verderben (**-in** jdm)

keyifli *adj* ❶ gut gelaunt ❷ vergnügt, lustig

keyifsiz *adj* ❶ unwohl ❷ schlecht gelaunt

keyifsizlik <-ği> *s* ❶ Unwohlsein *nt* ❷ schlechte Laune

kez *s* (*nur in adverbialen Bestimmungen*) Mal *nt;* (*mit Zahlangabe*) -mal; **üç** ~ dreimal

keza *adv* ebenfalls, gleichfalls

KGK *s Abk von* **kesintisiz güç kaynağı** INFORM UPS *f* (*unterbrechungsfreie Stromversorgung*)

kıble *s* ❶ (*beim Gebet*) Richtung *f* nach Mekka ❷ Südwind *m*

Kıbrıs *s* Zypern *nt*

kıç <-çı> *s* ❶ (*fam*) Po(po) *m* ❷ (*von Schiff*) Heck *nt*

kıdem *s* Dienstalter *nt*

kıkırdak <-ğı> *s* Knorpel *m*

kıkırdamak *vi* kichern

kıl **I.** *s* ❶ (Körper)haar *nt* ❷ Borste *f* ❸ Ziegenhaar *nt* **II.** *adj* aus Ziegenfell

kılavuz *s* ❶ (Reise)führer(in) *m(f)* ❷ Lotse *m,* Lotsin *f* ❸ Heiratsvermittler(in) *m(f)* ❹ Gewindeschneider *m*

kılcal *adj* haarfein, Haar-

kılçık <-ğı> *s* (Fisch)gräte *f*

kılıbık <-ğı> *s* Pantoffelheld *m*

kılıç <-cı> *s* Degen *m,* Säbel *m,* Schwert *nt;* ~ **namlusu** Klinge *f*

kılıçbalığı <-nı> *s* Schwertfisch *m*

kılıf *s* ❶ Bezug *m* ❷ Futteral *nt,* Etui *nt* ❸ (Schutz)hülle *f*

kılık <-ğı> *s* (*fam*) Kleidung *f*

kılıksız *adj* (*fam: Aussehen*) schäbig

kıllı *adj* behaart, haarig

kımılda(n)mak *vi* sich bewegen, sich rühren

kımıldatmak *vt* ❶ *Kausativ zu* **kımıldamak** ❷ bewegen, wegrücken (**-i** etw)

kın *s* (*von Degen*) Scheide *f*

kına *s* Henna *f*

kınagecesi <-ni> *s gemeinsamer Abend der Frauen im Haus der Braut am Tag vor der Hochzeit*

kınamak *vt* missbilligen (**-i** etw)

kıpkırmızı *adj* feuerrot, leuchtend rot

kır **I.** *adj* grau; ~ **saçlı** grauhaarig **II.** *s* ❶ (freies) Feld *nt* (*unbesiedeltes Gelände*) ❷ Weide *f*

kırağı *s* (Rau)reif *m;* ~ **düşmüş** es hat (Rau)reif

kırat <-tı> *s* ❶ Karat *nt* ❷ Qualität *f*

kırbaç <-cı> *s* Peitsche *f;* ~ **darbesi** Peitschenhieb *m*

kırbaçlamak *vt* peitschen (**-i** jdn/etw)

kırç <-cı> *s* Raureif *m*

kırçıl *adj* (*Haar*) grau meliert

kırgın *adj* gekränkt, beleidigt

kırgınlık <-ğı> *s* Verärgerung *f*

Kırgızistan *s* Kirgisien *nt*

kırıcı *adj* beleidigend, kränkend

kırık <-ğı> **I.** *s* ❶ Bruch *m,* Bruchstelle *f* ❷ (Knochen)bruch *m* ❸ Bruchstück *nt* **II.** *adj* ❶ gebrochen ❷ zerbrochen, kaputt ❸ (*Schulnote*) ungenügend; ~ **tahtası** (*bei Fraktur*) Schiene *f*

kırıklık <-ğı> *s* Unwohlsein *nt*

kırılacak *adj* zerbrechlich

kırılgan *adj* (*Charakter*) empfindlich

kırılmak *vi* ❶ *Passiv zu* **kırmak** ❷ (*fam*) brechen, kaputtgehen ❸ (*Licht*) gebrochen werden ❹ (*fam*) sich ärgern (**-e** über etw/jdn)

kırılmaz *adj* unzerbrechlich

Kırım *s* Krim *f*

kırım *s* Massaker *nt,* Blutbad *nt*

kırıntı *s* ① Brocken *m*, Bruchstück *nt* ② Krümel *m*

kırışık <-ğı> **I.** *s* Falte *f*, Runzel *f* **II.** *adj* runz(e)lig, faltig

kırışmak *vi* faltig [*o* runzelig] werden

kırıtkan *adj* (*fam*) kokett

kırıtmak *vi* (*fam*) kokettieren

kırk <-kı> *num* vierzig

kırkayak <-ğı> *s* ① Tausendfüßler *m* ② Filzlaus *f*

kırkmak <-ar> *vt* ① stutzen (**-i** etw) ② (*Schafe*) scheren (**-i** etw)

kırlangıç <-cı> *s* Schwalbe *f*

kırma **I.** *s* ① *Verbalsubstantiv zu* **kırmak** ② Plisseestreifen *m* ③ BIOL Kreuzung *f* **II.** *adj* ① gebrochen ② gefaltet ③ geknickt

kırmak <-ar> *vt* ① (zer)brechen (**-i** etw) ② zertrümmern, kaputtmachen (**-i** etw) ③ (*Tür, Schloss*) sprengen (**-i** etw) ④ (*Holz*) hacken (**-i** etw) ⑤ (*Nüsse*) knacken (**-i** etw) ⑥ (*Papier*) falten (**-i** etw) ⑦ kränken, beleidigen (**-i** jdn) ⑧ (*die Lust*) verderben (**-i** etw) ⑨ (*Preis*) drücken (**-i** etw) ⑩ (*Steuer*) umwerfen (**-i** etw) ⑪ (*fam: Arbeit, Schule*) schwänzen (**-i** etw) ⑫ (*fam*) verduften, abhauen

kırmızı *adj* rot; ~ **başlıklı kız** Rotkäppchen *nt;* ~ **kalem** Rotstift *m;* ~ **lahana** Rotkohl *m;* ~ **süs balığı** Goldfisch *m;* ~ **şarap** Rotwein *m;* ~ **turp** Radieschen *nt;* ~ **yaban mersini** Preiselbeere *f*

kırmızıbiber *s* (*Gewürz*) Paprika *m*

kırmızılık <-ğı> *s* Röte *f*

kırpmak <-ar> *vt* ① stutzen (**-i** etw) ② (*Schafe*) scheren (**-i** etw); **göz** ~ mit den Augen zwinkern

kırsal *adj* ländlich; ~ **kesim** Land *nt* (*im Gegensatz zur Stadt*)

kırtasiye *s* Schreibwaren *pl;* ~ **mağazası** Schreibwarenhandlung *f*

kırtasiyeci *s* ① Schreibwarenhändler(in) *m(f)* ② (*pej*) Bürokrat(in) *m(f)*

kırtasiyecilik <-ği> *s* ① Schreibwarenhandel *m* ② (*pej*) Bürokratismus *f*, Papierkrieg *m*

kısa *adj* kurz; ~ **boylu** (*Wuchs*) klein; ~ **çizgi** Bindestrich *m;* ~ **çorap** Socke *f;* ~ **dalga** Kurzwelle *f;* ~ **devre** Kurzschluss *m;* ~ **kesmek** (*fam*) sich kurzfassen, zur Sache kommen, kurzen Prozess machen; ~ **kollu** kurzärmelig; ~ **metrajlı film** Kurzfilm *m;* ~ **ömürlü** kurzlebig; ~ **tatil** Kurzurlaub *m;* ~ **vadeli** auf kurze Sicht, kurzfristig; ~ **zamanda** in Kürze; ~ **zamandan beri** seit kurzem

kısacası *adv* kurz und gut

kısaçalar *s* (*Schallplatte*) Single *f*

kısalık <-ğı> *s* Kürze *f*

kısalmak *vi* ① kürzer werden ② (*Stoff*) eingehen, einlaufen

kısaltma *s* ① *Verbalsubstantiv zu* **kısaltmak** ② Abkürzung *f*

kısaltmak *vt* ① *Kausativ zu* **kısalmak** ② (ver)kürzen (**-i** etw) ③ (*Weg, Wort*) abkürzen (**-i** etw) ④ (*Bart*) stutzen (**-i** etw)

kısas *s* Vergeltung *f;* **kısasa** ~ Auge um Auge, Zahn um Zahn

kısık <-ğı> *adj* ① (*Stimme*) heiser, rau ② verkürzt

kısıklık <-ğı> *s* ① Heiserkeit *f;* (*der Stimme*) Rauheit *f* ② Vermindertsein *nt*

kısılmak *vi* ① *Passiv zu* **kısmak** ② sich verringern ③ (*Stimme*) heiser werden

kısım <-smı> *s* ① Teil *m* ② Gruppe *f*

kısıntı *s* Einschränkung *f*

kısır *adj* unfruchtbar; ~ **döngü** (*fam*) Teufelskreis *m*

kısırlaştırmak *vt* sterilisieren (**-i** etw/jdn)

kısıt <-tı> *s* Entmündigung *f*

kısıtlama *s* Beschränkung *f*

kısıtlamak *vt* ① entmündigen (**-i** jdn) ② beschränken (**-i** etw)

kıskaç <-cı> *s* ① Klemme *f* ② (Kneif)zange *f* ③ (*vom Krebs*) Scheren *pl*

kıskanç <-cı> *adj* ❶ eifersüchtig ❷ neidisch

kıskançlık <-ğı> *s* ❶ Eifersucht *f* ❷ Neid *m*

kıskanmak *vt* ❶ beneiden (**-i** jdn) ❷ (*Dinge*) neiden, missgönnen (**-den -i** jdm etw) ❸ eifersüchtig sein (**-i** auf etw/jdn)

kısmak <-ar> *vt* ❶ vermindern (**-i** etw) ❷ (*Stimme*) dämpfen (**-i** etw) ❸ (*Zufuhr*) drosseln (**-i** etw) ❹ (*Radio*) leise(r) stellen (**-i** etw) ❺ (*Scheinwerfer*) abblenden (**-i** etw)

kısmen *adv* zum Teil, teils

kısmet <-ti> **I.** *s* (*fam*) ❶ Glücksfall *m* ❷ Schicksal *nt* ❸ (*fam*) gute Partie *f* **II.** *interj* hoffentlich!

kısmetli *adj* glücklich

kısmetsiz *s* Pechvogel *m*

kısmı <-nı> *s Possessivform zu* **kısım** der Teil von ...

kısmi *adj* teilweise, Teil-; **~ kasko** (**sigortası**) Teilkasko *nt*

kısrak <-ğı> *s* Stute *f*

kıstak <-ğı> *s* Landenge *f*

kıstas *s* Kriterium *nt*

kıstırmak *vt* ❶ *Kausativ zu* **kısmak** ❷ quetschen (**-i -e** etw in etw) ❸ in die Enge treiben (**-i** jdn)

kış *s* Winter *m;* **~ gibi** winterlich; **~ ortasında** mitten im Winter; **~ sonu satışı** Winterschlussverkauf *m;* **~ sporları** Wintersport *m;* **~ tarifesi** Winterfahrplan *m;* **~ uykusu** Winterschlaf *m;* **kışı geçirmek** überwintern; **Kış Olimpiyatları** die Olympischen Winterspiele

kışın *adv* im Winter

kışkırtıcı I. *adj* provozierend **II.** *s* Unruhestifter(in) *m(f)*

kışkırtma *s* ❶ *Verbalsubstantiv zu* **kışkırtmak** ❷ Aufwiegelung *f*, Hetze *f*, Provokation *f*

kışkırtmak *vt* ❶ aufhetzen, provozieren (**-i** jdn) ❷ (*Hühner*) aufscheuchen (**-i** jdn)

kışla *s* ❶ Kaserne *f* ❷ Garnison *f;* **~ polisi** Bereitschaftspolizei *f*

kışlık <-ğı> **I.** *adj* für den Winter (geeignet), Winter- **II.** *s* ❶ Winterwohnung *f* ❷ Winterkleidung *f*

kıt <-tı> *adj* ❶ beschränkt ❷ knapp ❸ nicht genügend, unzureichend; **~ kanaat gezinmek** sich über Wasser halten

kıta *s* ❶ Festland *nt*, Kontinent *m* ❷ Strophe *f* ❸ Truppe *f*

kıtalararası *adj* interkontinental; **~ füze** Interkontinentalrakete *f*

kıtasal *adj* kontinental

kıtır kıtır I. *adj* knusp(e)rig **II.** *adv* knabbernd; **~ ~ yemek** knabbern

kıtlaşma *s* ❶ *Verbalsubstantiv zu* **kıtlaşmak** ❷ Verknappung *f*

kıtlaşmak *vi* sich verknappen

kıtlık <-ğı> *s* ❶ Knappheit *f* ❷ Hungersnot *f*

kıvanç <-cı> *s* (berechtigter) Stolz *m*

kıvılcım *s* Funke *m*

kıvırcık <-ğı> *adj* ❶ lockig ❷ gekräuselt

kıvırmak *vt* ❶ kräuseln, krümmen (**-i** etw) ❷ (*Ärmel*) aufkrempeln (**-i** etw) ❸ (*Haar*) aufwickeln, eindrehen (**-i** etw) ❹ (*Stoff*) einsäumen, umsäumen (**-i -den** etw an etw) ❺ (*eine schwierige Sache*) fertig bringen (**-i** etw)

kıvır zıvır I. *s* Kleinkram *m* **II.** *adj* ❶ wertlos ❷ sinnlos

kıvranmak *vi* ❶ (*Person*) sich winden (**sancıdan** vor Schmerzen) ❷ sich große Sorgen machen

kıvrılmak *vi* ❶ *Passiv zu* **kıvırmak** ❷ sich kräuseln ❸ sich schlängeln ❹ unbequem liegen

kıvrım *s* ❶ Knick *m* ❷ (*eines Flusses*) Windung *f* ❸ Falte *f* ❹ (*Haar-*) Krause *f*

kıvrıntı *s* ❶ (*einer Straße*) Biegung *f* ❷ Knick *m*

kıyafet <-ti> *s* Kleidung *f*

kıyamet <-ti> *s* ❶ der Jüngste Tag ❷ (lärmendes) Durcheinander *nt*

kıyas *s* ① Vergleich *m* ② Gleichsetzung *f* ③ Analogie *f*; ~ **yolu ile** analog
kıyasla *präp* (*im Vergleich zu*) gegenüber (-**e** +*dat*)
kıyaslamak *vt* vergleichen (-**i ile** etw mit etw)
kıyı *s* ① Küste *f* ② Ufer *nt* ③ (äußerer) Rand *m*
kıyıcı *adj* erbarmungslos, unmenschlich
kıyıcılık <-ğı> *s* Grausamkeit *f*
kıyma *s* ① *Verbalsubstantiv zu* **kıymak** ② Hackfleisch *nt*, Gehackte(s) *nt*; ~ **makinesi** Fleischwolf *m*
kıymak <-ar> *vt* ① (*Fleisch*) hacken (-**i** etw) ② zerhacken (-**i** etw) ③ nicht sparsam sein (-**e** mit etw) ④ nicht schonen (-**e** jdn) ⑤ abschlachten (-**e** jdn)
kıymet <-ti> *s* ① Wert *m* ② Achtung *f* ③ Wertigkeit *f*; ~ **beyanı** Wertangabe *f*
kıymetli *adj* ① wertvoll, kostbar ② schätzenswert ③ (*Anrede*) geschätzt; ~ **taş** Edelstein *m*
kıymetsiz *adj* wertlos
kıymık <-ğı> *s* (*Holz-, Knochen-*) Splitter *m*
kız *s* ① Mädchen *nt* ② Fräulein *nt* ③ Tochter *f* ④ Jungfrau *f*; ~ **arkadaş** Freundin *f*; ~ **evlat** Tochter *f*; ~ **gibi** mädchenhaft; ~ **kardeş** Schwester *f*
kızak <-ğı> *s* ① Rodel *m* ② Schlitten *m*; ~ **kaymak** Schlitten fahren
kızamık <-ğı> *npl* Masern *pl*
kızamıkçık <-ğı> *npl* Röteln *pl*
kızarmak *vi* ① erröten ② glühen ③ braten
kızartılmış *adj* ① (im Ofen) gebacken ② (*Fleisch*) geröstet
kızartma *s* ① *Verbalsubstantiv zu* **kızartmak** ② Braten *m*
kızartmak *vt* ① *Kausativ zu* **kızarmak** ② braten, rösten (-**i** etw) ③ rot werden lassen (-**i** etw)
kızböceği <-ni> *s* Libelle *f*
kızdırmak *vt* ① *Kausativ zu* **kızmak** ② (ver)ärgern (-**i** jdn) ③ anheizen (-**i** etw)
kızgın *adj* ① (*Person*) verärgert, zornig ② glühend, heiß ③ überhitzt ④ (*Tier*) läufig ⑤ (*fam*) geil
kızgınlık <-ğı> *s* ① Zorn *m* ② (*fam*) Geilheit *f*; **kızgınlıktan patlamak** vor Ärger platzen
kızıl *adj* ① (blut)rot ② (*fam*) rot; ~ **derili** Indianer(in) *m(f)*, indianisch; ~ **gerdan** (**kuşu**) Rotkehlchen *nt*; ~ (**hastalığı**) Scharlach *m*; ~ **saçlı** rothaarig
kızılağaç <-cı> *s* (Schwarz)erle *f*
Kızılay *s* (*Entsprechung zum Roten Kreuz*) der Rote Halbmond
Kızıldeniz *s* das Rote Meer
Kızılhaç <-çı> *s* das Rote Kreuz
kızılkantaron *s* Enzian *m*
kızıllık <-ğı> *s* ① Röte *f* ② Morgenrot *nt* ③ Abendrot *nt*
kızılötesi *adj* infrarot
kızlık <-ğı> *s* ① Jungfräulichkeit *f* ② Mädchensein *nt*; ~ **adı** Mädchenname *m*; ~ **adı Öztürk** geborene Öztürk
kızmak <-ar> *vi* ① sich ärgern (-**e** über jdn/etw) ② sich erhitzen ③ glühen ④ (*fam*) geil werden
ki **I.** *konj* ① dass ② damit ③ (*entspricht Relativpronomen im Deutschen*) der, die, das, welche(r, s) ④ *Partikel zur Einleitung einer direkten Rede* **II.** *adv* (*am Satzende*) doch, ja
kibar *adj* vornehm
kibarlık <-ğı> *s* vornehmes Benehmen
kibir <-bri> *s* ① Anmaßung *f* ② Arroganz *f*, Hochmut *m*
kibirli *adj* ① anmaßend ② arrogant, hochmütig
kibrit <-ti> *s* Zündholz *nt*, Streichholz *nt*; ~ (**çöpü**) Streichholz *nt*; ~ **kutusu** Streichholzschachtel *f*
kiklon *s* Zyklon *m*
kil *s* Ton *m*
kiler *s* (Vorrats)keller *m*, Speisekammer *f*
kilim *s* Kelim *m*

kilise *s* Kirche *f;* ~ **kulesi** Kirchturm *m*

kilit <-di> *s* Schloss *nt;* ~ **noktası** Schlüsselstellung *f;* ~ **rol** Schlüsselrolle *f*

kilitlemek *vt* ❶ schließen, zusperren (**-i** etw) ❷ ineinanderfügen (**-i** etw) ❸ einsperren (**-i -e** jdn/etw in etw) ❹ (*Zähne*) zusammenpressen (**-i** etw)

kilitlenmek *vi Passiv o Reflexiv zu* **kilitlemek**

kilitli *adj* ❶ (*Tür*) mit Schloss ❷ abgeschlossen

kilo *s* ❶ Kilo *nt* ❷ (*fam*) Körpergewicht *nt;* ~ **almak** zunehmen; ~ **vermek** abnehmen

kilobayt *s* Kilobyte *nt*

kilogram *s* Kilogramm *nt*

kilohertz *s* Kilohertz *nt*

kilokalori *s* Kilokalorie *f*

kilometre *s* Kilometer *m;* ~ **kare** Quadratkilometer *m*

kilovat <-tı> *s* Kilowatt *nt;* ~ **saat** Kilowattstunde *f*

kim *pron* wer; ~ **o?** wer ist da?; ~ **olursa olsun** wer auch immer

kimde *pron* bei wem?

kimden *pron* von wem?

kime *pron* wem, an wen, zu wem

kimi *pron* ❶ wen ❷ manche; ~ **arıyorsunuz?** zu wem wollen Sie?; ~ **vakit** [*o* **zaman**] manchmal

kimileri *pron* manche

kimin *pron* wessen; **bu kimin kitabı?** wessen Buch ist das?

kimisi *pron* manche(r, s)

kimlik <-ği> *s* ❶ Identität *f* ❷ Personalien *pl;* ~ **gelişimi** Persönlichkeitsentwicklung *f;* ~ (**kâğıdı**) Personalausweis *m;* ~ **tespiti** (*von Personen*) Identifikation *f*

kimse *pron* ❶ jemand ❷ (*bei Verneinung*) niemand

kimsecik <-ği> *pron* (*fam*) keine Menschenseele, gar niemand; **kimsecikler yok** es ist gar niemand da

kimsesiz *adj* alleinstehend

kimya *s* ❶ Chemie *f* ❷ Seltenheit *f*, Rarität *f*

kimyacı *s* ❶ Chemiker(in) *m(f)* ❷ (*fam*) Chemielehrer(in) *m(f)*

kimyager *s* Chemiker(in) *m(f)*

kimyasal *adj* chemisch; ~ **madde** Chemikalie *f;* ~ **temizleme** chemische Reinigung

kimyevi *adj* chemisch

kimyon *s* Kümmel *m*

kin *s* ❶ Hass *m* ❷ Rachsucht *f;* ~ **beslemek** [*o* **gütmek**] hassen (**-e** jdn/etw)

kinaye *s* (versteckte) Andeutung *f*

kinci *adj* ❶ gehässig ❷ nachtragend

kinik <-ği> **I.** *s* Zyniker(in) *m(f)* **II.** *adj* zynisch

kinizm *s* Zynismus *m*

kip <-pi> *s* Modus *m*

kir *s* ❶ Schmutz *m*, Dreck *m* ❷ Schande *f*

kira *s* Miete *f;* ~ **bedeli** Leihgebühr *f;* ~ **ile tutmak** pachten (**-i** etw); ~ **kontratı** Mietvertrag *m;* ~ **yasası** Mietgesetz *nt;* **kiraya vermek** vermieten, verpachten (**-i** etw)

kiracı *s* Mieter(in) *m(f)*, Pächter(in) *m(f)*

kiralamak *vt* ❶ mieten, pachten (**-i -den** etw von jdm) ❷ vermieten, verpachten (**-i -e** etw an jdn)

kiralanan *adj* vermietet, verpachtet

kiralık <-ğı> *adj* Miet-, zu vermieten(d); ~ **anne** Leihmutter *f;* ~ **daire** Mietwohnung *f;* ~ **katil** gedungener Killer *m;* ~ **otomobil** Mietwagen *m*

kiraz *s* Kirsche *f;* ~ **ağacı** Kirschbaum *m;* ~ **rakısı** Kirschwasser *nt*

kireç <-ci> *s* Kalk *m*

kireçli *adj* kalkhaltig

kireçtaşı <-nı> *s* Kalkstein *m*

kiremit <-di> *s* (Dach)ziegel *m;* ~ **ocağı** Ziegelei *f*

kiriş *s* ❶ Querbalken *m* ❷ Saite *f* ❸ (*Bogen-*) Sehne *f*

kirişlemek *vt* (*Bogen*) spannen (**-i** etw)

kirlenmek *vi* ❶ schmutzig werden

❷ (*Ehre*) besudelt werden ❸ (*fam*) menstruieren

kirletmek *vt* ❶ *Kausativ zu* **kirlenmek** ❷ beschmutzen, schmutzig machen (**-i** etw) ❸ (*Ehre*) beflecken, beschmutzen (**-i** etw) ❹ (*Frau*) vergewaltigen (**-i** jdn)

kirli I. *adj* ❶ dreckig, schmutzig ❷ (*Luft*) schlecht ❸ (*pej*) menstruierend II. *s* schmutzige Wäsche

kirpi *s* Igel *m*

kirpik <-ği> *s* Wimper *f*

kist <-ti> *s* Zyste *f*

kişi I. *s* Person *f* II. *pron* jemand; ~ **başına** pro Person; ~ **başına gelir** Pro-Kopf-Einkommen *nt*

kişilik <-ği> I. *s* Persönlichkeit *f* II. *adj* ❶ (*mit vorgesetzter Zahl*) für ... Personen ❷ aus ... Personen bestehend

kişisel *adj* persönlich, privat; ~ **bilgisayar** PC *m,* Personal Computer *m;* ~ **dokunulmazlık** Privatsphäre *f;* ~ **ihtiyaç** Eigenbedarf *m*

kişnemek *vi* (*Pferd*) wiehern

kitabe *s* Inschrift *f*

kitabevi <-ni> *s* Buchhandlung *f*

kitap <-bı> *s* ❶ Buch *nt* ❷ heiliges Buch; ~ **dolabı** Bücherschrank *m;* ~ **fuarı** Buchmesse *f;* ~ **kabı** Buchdeckel *m;* ~ **kurdu** (*fam*) Bücherwurm *m;* ~ **rafı** Bücherregal *nt*

kitapçı *s* Buchhändler(in) *m(f)*

kitapçı (dükkanı) *s* Buchhandlung *f*

kitaplaşmak *vi* als Buch erscheinen [*o* veröffentlicht werden]

kitaplaştırmak *vt* als Buch veröffentlichen (**-i** etw)

kitaplık <-ğı> *s* ❶ Bibliothek *f* ❷ Bücherei *f* ❸ Bücherregal *nt*

kitle *s* Masse *f,* Menge *f;* ~ **imha silahı** Massenvernichtungswaffe *f*

kitlesel *adj* Massen-; ~ **katliam** Massenmord *m*

kivi *s* Kiwi *f*

kiy *s* Kegel *m;* ~ **oynamak** kegeln

KKTC *s Abk von* **Kuzey Kıbrıs Türk Cumhuriyeti** die Türkische Republik Nordzypern (*nur von der Türkei und Bangladesch anerkannt*)

klakson *s* Hupe *f*

klasik <-ği> I. *adj* klassisch II. *s* (*klassisches Werk*) Klassiker *m*

klasisizm *s* Klassik *f*

klasman *s* ❶ Wertung *f* ❷ Rangliste *f*

klasör *s* Aktenordner *m,* Ordner *m*

klavuz değer *s* Richtwert *m*

klavye *s* Tastatur *f*

klik <-ki> *s* Clique *f*

klima (tesisatı) *s* Klimaanlage *f*

klimalı *adj* klimatisiert

klinik <-ği> I. *s* Klinik *f* II. *adj* klinisch

klip <-pi> *s* Videoclip *m*

klişe *s* Klischee *nt*

klon *s* Klon *m*

klonlamak *vt* klonen (**-i** etw)

klonlanan *adj* Klon-, geklont

klonlanmış *adj* geklont

klor *s* Chlor *nt*

kloroform *s* Chloroform *nt*

klozet <-ti> *s* Toilette *f;* ~ **kapağı** Klobrille *f*

koalisyon *s* Koalition *f;* ~ **ortağı** Koalitionspartner *m,* Koalitionär *m*

kobay *s* ❶ Meerschweinchen *nt* ❷ (*fig fam*) Versuchskaninchen *nt*

koca I. *s* Ehemann *m* II. *adj* ❶ (riesen)groß ❷ alt (und weise)

kocakarı *s* altes Weib; ~ **ilacı** Hausmittel *nt*

kocaman *adj* (*fam*) kolossal, riesig

koç <-çu> *s* ❶ Schafbock *m* ❷ Widder *m* ❸ jünger kräftiger Mann; **Koç (burcu)** (*Sternzeichen*) Widder *m*

koçan *s* ❶ Maiskolben *m* ❷ (*bei Kohl, Salat*) Strunk *m* ❸ Stammleiste *f*

kod *s* Kode *m,* Code *m*

kodes *s* (*fam: Gefängnis*) Loch *nt*

kodlamak *vt* kodieren (**-i** etw)

kof *adj* ❶ (*Nuss*) taub, leer ❷ leer, wertlos

koğuş *s* ❶ (*im Krankenhaus*) Station *f* ❷ (*in Kasernen*) Schlafraum *m*

kokain *s* Kokain *nt*

kokarca *s* Iltis *m*

kok kömürü <-nü> *s* (*Brennstoff*) Koks *m*

koklam *s* Geruchsinn *m*

koklamak *vt* ① riechen (**-i** an etw) ② (*Hund*) schnuppern

kokmak <-ar> *vi* ① (nach etwas) riechen ② duften ③ stinken

kokmuş *adj* muffig

kokteyl *s* Cocktail *m;* **kokteyl barı** Cocktailbar *f*

koku *s* ① Geruch *m* ② Duft *m* ③ Gestank *m* ④ Parfüm *nt;* **kokusunu almak** schnüffeln; (*fig*) wittern (**-in** etw), Lunte riechen

kokulu *adj* ① riechend ② duftend ③ stinkend ④ parfümiert

kokusuz *adj* geruchlos

kokuşuk <-ğu> *adj* (*fam*) muffig

kol *s* ① Arm *m* ② Ärmel *m* ③ Griff *m,* Hebel *m,* Kurbel *f* ④ Branche *f,* Zweig *f* ⑤ Patrouille *f* ⑥ MIL Flügel *m* ⑦ Seite *f;* ~ **düğmesi** Manschettenknopf *m;* ~ **kola gitmek** Arm in Arm gehen; ~ **saati** Armbanduhr *f;* **kollarını açmak** die Arme ausbreiten; **birine kollarını açmak** jdn mit offenen Armen empfangen; **kolunu burkmak** sich/jdm den Arm verrenken ⑧ Abteilung *f,* Unterorganisation *f;* **kadın(lar)/gençler kolu** Frauen-/Jugendabteilung *f,* Frauen-/Jugendorganisation *f* (*in einem Verein/einer Partei*)

kola *s* ① Kleister *m* ② (Wäsche)stärke *f* ③ (*Getränk*) Cola *f*

kolalamak *vt* (*Wäsche*) stärken (**-i** etw)

kolay *adj* leicht, einfach; ~ **anlaşılır** leicht verständlich; ~ **gelsin!** frohes Schaffen!; **söylemesi** ~ das ist leichter gesagt als getan

kolayca *adv* leicht, einfach

kolaylaşmak *vi* einfacher werden

kolaylaştırmak *vt* ① *Kausativ zu* **kolaylaşmak** ② vereinfachen, erleichtern (**-i** etw)

kolaylık <-ğı> *s* ① Leichtigkeit *f* ② Erleichterung *f* ③ Mittel *nt;* ~ **göstermek** behilflich sein (**-e** jdm)

kolaylıkla *adv* leicht, mühelos

kolej *s privates Gymnasium*

koleksiyon *s* Sammlung *f;* ~ **yapmak** (*aus Liebhaberei*) sammeln

koleksiyoncu *s* Sammler(in) *m(f)*

kolektif **I.** *adj* kollektiv **II.** *s* Kollektiv *nt*

kolera *s* Cholera *f*

kolesterin *s* Cholesterin *nt*

koli *s* ① Päckchen *nt* ② Frachtstück *nt*

kolik <-ği> *s* Kolik *f*

kollamak *vt* ① beschützen (**-i** jdn) ② (*Zeit, Gelegenheit*) warten (**-i** auf etw) ③ Umschau halten (**-i** nach etw)

kolluk <-ğu> *s* ① Manschette *f* ② Ärmelschoner *m*

Kolombiya *s* Kolumbien *nt*

Kolomp *s* Kolumbus

kolon *s* ① (*Zeitungs-*) Rubrik *f* ② Spalte *f*

koloni *s* Kolonie *f*

kolonya *s* Kölnischwasser *nt*

Kolonya *s* Köln *nt*

koltuk <-ğu> *s* ① Sessel *m* ② Achsel *f* ③ Schmeichelei *f;* ~ **altı** Achselhöhle *f;* (*fig*) Protektion *f;* ~ **değneği** Krücke *f;* ~ **takımı** Polstergarnitur *f*

kolye *s* ① (*Schmuck*) Anhänger *m* ② Halskette *f,* Collier *nt*

kolza *s* Raps *m*

koma *s* Koma *nt;* **birini komaya sokmak** jdn ins Koma versetzen

komandit şirketi <-ni> *s* Kommanditgesellschaft *f*

komando *s* ① Kommando *nt* ② Soldat *m* in einer Kommandoabteilung

komedi *s* (*a. fig*) Komödie *f,* Lustspiel *nt*

komedon *s* Mitesser *m*

komedyen *s* Komiker(in) *m(f)*

komik <-ği> *adj* ① komisch ② (*Preis*) lächerlich

komiklik <-ği> *s* ① Komik *f* ② Komische(s) *nt;* **bir şeyi komikliğe vurmak** etwas ins Lächerliche ziehen

komiser *s* Kommissar *m*

komiserlik <-ği> *s* Kommissariat *nt*

komisyon *s* ① Ausschuss *m,* Kommission *f* ② Provision *f*

komisyoncu *s* Makler(in) *m(f)*

komita *s* POL Untergrundorganisation *f*

komite *s* Komitee *nt*

komodin *s* Nachttisch *m*

kompakt <-tı> *adj* kompakt

kompartıman *s* (Zug)abteil *nt*

komple *adj* komplett

kompleks *s* Komplex *m*

kompliman *s* Kompliment *nt*

komplo *s* Verschwörung *f,* Komplott *m;* ~ **yapmak** sich verschwören

komplocu *s* Verschwörer(in) *m(f)*

komposto *s* Kompott *nt*

kompozisyon *s* ① (*Schul-*) Aufsatz *m* ② Komposition *f*

kompres *s* Kompresse *f*

komşu **I.** *s* Nachbar(in) *m(f)* **II.** *adj* angrenzend, benachbart

komşuluk <-ğu> *s* ① Nachbarschaft *f* ② Nähe *f*

komut <-tu> *s* ① Kommando *nt* ② INFORM Befehl *m*

komuta *s* Führung *f*

komutan *s* Kommandant *m,* Kommandeur *m*

komutanlık <-ğı> *s* ① Kommando *nt* ② Führung *f* ③ Kommandantenberuf *m*

komünist <-tı> **I.** *s* Kommunist(in) *m(f)* **II.** *adj* kommunistisch

komünizm *s* Kommunismus *m*

komünyon *s* Kommunion *f*

konak <-ğı> *s* ① Herberge *f* ② (kleiner) Palast *m* ③ Quartier *nt* ④ Rast *f* ⑤ Tagereise *f* ⑥ Regierungsgebäude *nt*

konaklama *s* ① *Verbalsubstantiv zu* **konaklamak** ② (*im Hotel*) Unterkunft *f*

konaklamak *vi* (*in einem Hotel*) absteigen

konca *s* Knospe *f*

konçerto *s* (*als Musikwerk*) Konzert *nt*

kondansatör *s* Kondensator *m*

kondanse *adj* kondensiert; ~ **süt** Kondensmilch *f*

kondüktör *s* Schaffner(in) *m(f)*

koneksiyon *s* Anschluss *m*

konfeksiyon *s* Konfektion *f*

konferans *s* ① Vortrag *m* ② Konferenz *f;* ~ **odası** Konferenzraum *m;* ~ **salonu** Hörsaal *m;* ~ **vermek** einen Vortrag halten

konfitür *s* Konfitüre *f*

konfor *s* Komfort *m*

konforlu *adj* komfortabel

konformist <-ti> *adj* konformistisch

kongre *s* ① Kongress *m* ② Parteitag *m*

koni *s* Kegel *m*

konjonktivit <-ti> *s* Bindehautentzündung *f*

konjonktür *s* Konjunktur *f*

konmak <-ar> *vt* ① *Passiv zu* **koymak** ② (*Vogel*) sich setzen (**-e** auf etw) ③ (*fam*) ohne Mühe zu etwas kommen (**-e** zu etw) ④ (*unbeabsichtigt hinkommen*) landen (**bir yere** an einem Ort)

konsantrasyon *s* Konzentration *f*

konsantre *adj* konzentriert; ~ **olmak** sich konzentrieren (**-e** auf etw)

konsensüs *s* Konsens *m*

konser *s* (*Veranstaltung*) Konzert *nt*

konservatuvar *s* Konservatorium *nt,* Musikhochschule *f*

konserve *s* Konserve *f;* ~ **açacağı** Büchsenöffner *m,* Dosenöffner *m;* ~ **kutusu** Konservendose *f;* ~ **yapmak** konservieren (**-den** etw)

konsey *s* (*Kollegium*) Rat *m*

konsol *s* Kommode *f*

konsolos *s* Konsul *m*

konsolosluk <-ğu> *s* Konsulat *nt*

konsomatris *s* Animierdame *f*

Konstanz Gölü <-nü> *s* Bodensee *m*

kont <-tu> *s* Graf *m*

kontak <-ğı> *s* ① Kontakt *m* ② Kurzschluss *m* ③ AUTO Zündung *f;* ~ **anah-**

tarı Zündschlüssel *m;* ~ **kilidi** Zündschloss *nt;* **biriyle** ~ **kurmak** mit jdm Kontakt aufnehmen

kontes *s* Gräfin *f*

kontrat <-tı> *s* Vertrag *m*

kontrbas *s* Kontrabass *m*

kontrjur *s* Gegenlicht *nt*

kontrol <-lü> *s* ① Kontrolle *f* ② Nachprüfung *f* ③ Kontrolleur(in) *m(f);* ~ **altına almak** etw kontrollieren (-**i** etw); ~ **etmek** kontrollieren; (*überprüfen*) nachprüfen (-**i** etw); ~ **saati** Stechuhr *f;* **kontrolden çıkmak** außer Kontrolle geraten

kontrolcü *s* Kontrolleur(in) *m(f)*

kontrplak <-kı> *s* Furnier *nt*

kontuar *s* LUFT Check-in-Schalter *m*

konu *s* ① (*Gegenstand*) Thema *nt* ② (*Gesprächsgegenstand*) Punkt *m* ③ (*in Briefen*) Betreff *m;* ~ **açmak** ein Thema anschneiden; ~ **edilmek** zur Sprache kommen; **konudan ayrılmak** vom Thema abkommen; **konuya gelmek** zur Sache kommen

konuk <-ğu> *s* Gast *m,* Besucher(in) *m(f);* ~ **işçi** Gastarbeiter(in) *m(f)*

konuksever *adj* gastfreundlich

konukseverlik <-ği> *s* Gastfreundschaft *f*

konum *s* Lage *f*

konusunda *präp* bezüglich, betreffend, hinsichtlich (**...** *+gen*)

konuşkan *adj* gesprächig, redselig

konuşma *s* ① *Verbalsubstantiv zu* **konuşmak** ② Aussprache *f* ③ Besprechung *f* ④ (*Unterhaltung*) Gespräch *nt* ⑤ (*Ansprache*) Rede *f;* ~ **balonu** Sprechblase *f;* ~ **dili** Umgangssprache *f;* ~ **yapmak** eine Rede halten

konuşmacı *s* Redner(in) *m(f)*

konuşmak *vi* ① sprechen, reden (**ile -den** mit jdm über etw) ② (*plaudern*) sich unterhalten ③ besprechen (-**i** etw)

konut <-tu> *s* ① Wohnsitz *m,* Wohnort *m* ② Wohnung *f*

konvoy *s* ① Geleit *nt,* Geleitzug *m* ② Kolonne *f*

Konya *s Stadt in Mittelanatolien*

konyak <-ğı> *s* Kognak *m*

kooperatif **I.** *s* Genossenschaft *f* **II.** *adj* genossenschaftlich

koparmak *vt* ① *Kausativ zu* **kopmak** ② abbrechen (-**i** etw) ③ pflücken (-**i** etw) ④ abreißen, wegreißen (-**i -den** etw von etw) ⑤ (*Alarm*) schlagen; (*Geschrei*) erheben (-**i** etw) ⑥ (*mit Mühe und Not*) bekommen (-**i -den** etw von jdm)

kopça *s* ① Öse *f* ② Haken *m*

kopkolay *adj* (*fam*) kinderleicht

kopmak <-ar> *vt* ① (ab)brechen ② (zer)reißen ③ (*Knopf*) abspringen ④ (*Krieg*) ausbrechen ⑤ (*Lärm*) sich erheben ⑥ (*Körperglied*) sehr schmerzen

kopya *s* ① Kopie *f* ② Abzug *m* ③ Exemplar *nt* ④ Abbild *nt* ⑤ (*in der Schule*) Spicken *nt;* ~ **çekmek** abschreiben; (*in der Schule*) spicken; ~ **çıkarmak** (*Bild*) abziehen; ~ **etmek** kopieren, nachbilden, nachahmen (-**i** etw/jdn); ~ **kâğıdı** Durchschlagpapier *nt;* ~ **vermek** (*in der Schule*) vorsagen (-**e** jdm)

kopyalamak *vt* ① kopieren (-**i** etw) ② klonen (-**i** etw)

kopyalanamaz *adj* INFORM kopiergeschützt

kopyalanmak *vi* ① *Passiv zu* **kopyalamak** ② kopiert werden ③ geklont werden

kor *s* Glut *f;* ~ **halinde** glühend; ~ **halinde yanmak** glimmen

koramiral <-li> *s* Vizeadmiral *m*

kordon *s* ① (*an Möbeln*) Zierleiste *f* ② dicke Seidenschnur ③ Nabelschnur *f* ④ Absperrkette *f* ⑤ Uhrkette *f* ⑥ Kaistraße *f*

Kore *s* Korea *nt*

koreograf *s* Choreograf(in) *m(f)*

koreografi *s* Choreografie *f*

koridor *s* Korridor *m*

korkak <-ğı> I. *adj* ① ängstlich, furchtsam ② feige II. *s* Feigling *m*

korkaklık <-ğı> *s* ① Ängstlichkeit *f* ② Feigheit *f*

korkmak <-ar> *vi* ① Angst haben, sich fürchten (**-den** vor jdm/etw) ② befürchten (**-den** etw) ③ erschrecken

korku *s* ① Angst *f* ② Schreck *m* ③ Befürchtung *f* ④ Gefahr *f*; ~ **bilmez** furchtlos; ~ **filmi** Horrorfilm *f*; ~ **vermek** Angst einjagen (**-e** jdm)

korkudan *adv* aus Angst, vor (lauter) Angst; ~ **sıçramak** zusammenzucken

korkulu *adj* ① beängstigend ② gefährlich; ~ **rüya** Albtraum *m*

korkuluk <-ğu> *s* ① Geländer *nt*, Brüstung *f* ② Vogelscheuche *f*

korkunç <-cu> *adj* furchtbar, schrecklich, entsetzlich

korkusuz *adj* furchtlos

korkutmak *vt* ① *Kausativ zu* **korkmak** ② Angst machen (**-i** jdm) ③ erschrecken (**-i** jdn) ④ einschüchtern, terrorisieren (**-i** jdn)

korkutucu *adj* erschreckend

korna *s* Hupe *f*; ~ **çalmak** hupen

korner *s* Eckball *m*

korniş *s* ① Gardinenleiste *f* ② Vorhangstange *f*

kornişon *s* Essiggurke *f*, Gewürzgurke *f*

koro *s* ① Chor *m* ② Chorgesang *m*

korsan *s* Pirat *m*; ~ **kitap** (*Buch*) Raubdruck *m*; ~ **kopya** Raubkopie *f*

korse *s* Korsett *nt*

Korsika *s* Korsika *nt*

kort <-tu> *s* Tennisplatz *m*

kortej *s* ① Umzug *m* ② Trauerzug *m*

koru *s* Wäldchen *nt*

koruma *s* ① *Verbalsubstantiv zu* **korumak** ② Schutz *m* ③ Leibwächter *m*, Bodyguard *m*; ~ **aşısı** Schutzimpfung *f*

korumak *vt* ① (be)hüten, beschützen (**-i -den** etw/jdn vor etw/jdn) ② aufbewahren (**-i** etw) ③ aufrechterhalten, bewahren (**-i** etw)

korunmak *vi* ① *Passiv zu* **korumak** ② sich schützen (**-den** vor etw)

korunmasız *adj* wehrlos

koruyucu I. *s* ① Beschützer(in) *m(f)* ② Konservierungsstoff *m* II. *adj* ① schützend ② vorbeugend, verhütend; ~ **maddesi** Konservierungsstoff *m*; ~ **melek** Schutzengel *m*

koskoca *adj* gewaltig, gigantisch, kolossal

Kosova *s* Kosovo *nt*

Kosovalı I. *adj* (*Art*) kosovarisch II. *s* Kosovare, Kosovarin *m, f*; ~ **Arnavut** Kosovo-Albaner(in) *m(f)*

kostüm *s* Kostüm *nt*

koşmak <-ar> *vi* laufen, rennen; **şart** ~ zur Bedingung machen (**-i** etw); **koşar adım** Laufschritt *m*

koşu *s* Wettrennen *nt*

koşucu *s* Läufer(in) *m(f)*

koşul *s* Voraussetzung *f*

koşum *s* (*von Pferd*) Geschirr *nt*

koşuş *s* Lauf *m*

koşut I. *adj* parallel II. *s* Parallele *f*

kot <-du> *s* Code *m*

kota *s* Quote *f*

kote *s* (Börsen)notierung *f*; ~ **etmek** notieren (**-i** etw); (**borsaya**) ~ **ettirilmiş** börsennotiert; (**borsada**) ~ **olmuş** börsennotiert

kot pantalon *s* Jeans *pl*

kotra *s* Kutter *m*

kova *s* Eimer *m*, Kübel *m*; **Kova** (**burcu**) (*Sternzeichen*) Wassermann *m*

kovalamak *vt* ① (*Flüchtenden*) nachjagen (**-i** jdm) ② (*eine Sache*) verfolgen (**-i** etw)

kovan *s* ① Bienenstock *m* ② Patronenhülse *f* ③ (*Rad-*) Buchse *f*

kovboy *s* Cowboy *m*; ~ **filmi** Western *m*

kovmak <-ar> *vt* vertreiben, verjagen, fortjagen (**-i** jdn/etw)

kovuşturma *s* ① *Verbalsubstantiv zu* **kovuşturmak** ② Fahndung *f*

kovuşturmak *vt* (*strafrechtlich verfol-*

gen) fahnden (**-i** nach jdm)
koy *s* Meeresbucht *f*
koymak <-ar> *vt* ① legen, setzen, (auf)stellen (**-i -e** etw auf/in etw) ② (*Salz, Zucker*) dazutun (**-i -e** etw zu etw) ③ (*Tee, Kaffee*) einschenken (**-i -e** etw in etw) ④ (*fig*) nahegehen (**-e** jdm)
koynu <-nu> *s Possessivform zu* **koyun** seine/ihre Brust *f*
koyu *adj* ① (*Flüssigkeit*) dick ② (*Farbe*) dunkel ③ eingefleischt ④ fanatisch ⑤ (*Tee*) stark; ~ **mavi** dunkelblau
koyulaşmak *vi* ① dickflüssig werden ② (*Farbe*) dunkel [*o* dunkler] werden
koyulmak *vi* ① *s.* **koyulaşmak** ② (*Problem*) anpacken (**-e** etw)
koyun *s* ① Schaf *nt*, Hammel *m* ② (*pej vulg*) Prolet *m*; ~ **budu** Hammelkeule *f*; ~ **kızartması** Hammelbraten *m*; ~ **postu** Schaf(s)pelz *m*; ~ **sürüsü** Schafherde *f*

koyun <-ynu> *s* Brust *f*
koyuvermek *vt* ① freilassen (**-i** jdn) ② (*Gelächter*) loslassen (**-i** etw)
koz *s* Trumpf *m*
koza *s* ① Samenkapsel *f* ② Kokon *m*
kozalak <-ğı> *s* (Tannen)zapfen *m*
kozmetik <-ği> **I.** *s* ① Kosmetik *f* ② Kosmetikum *nt*, Kosmetikartikel *m* **II.** *adj* kosmetisch; ~ **eşyalar** Kosmetikartikel *pl*
kozmetikçi *s* Kosmetiker(in) *m(f)*
kozmik *adj* kosmisch
kozmonot <-tu> *s* Kosmonaut(in) *m(f)*
kozmopolit <-ti> **I.** *s* Kosmopolit(in) *m(f)* **II.** *adj* kosmopolitisch
kozmos *s* Kosmos *m*
köfte *s* Fleischklößchen *nt*
kök <-kü> *s* ① Wurzel *f* ② unterster Teil ③ (*fig*) Kern *m* ④ CHEM Radikal *nt* ⑤ Herkunft *f*; ~ **hücre** Stammzelle *f*; ~ **salmak** Wurzeln schlagen; **kökünden sökmek** entwurzeln (**-i** jdn); **kökünü kurutmak** ausrotten (**-in** jdn/etw)
köken *s* ① Herkunft *f* ② LING Wurzel *f*
kökenli *adj* aus ... stammend, -stämmig; **Türk** ~ türkischstämmig
köklü *adj* ① mit Wurzeln ② gründlich
köknar *s* Tanne *f*
kökten *adj* von Grund auf, grundlegend, radikal
köktenci *s* Radikale(r) *f(m)*
köktencilik <-ği> *s* Radikalismus *m*
köktendinci **I.** *adj* REL fanatisch, fundamentalistisch **II.** *s* REL Fanatiker(in) *m(f)*, Fundamentalist(in) *m(f)*
köktendincilik <-ği> *s* religiöser Fanatismus *m*, religiöser Fundamentalismus *m*
köle *s* Sklave *m*, Sklavin *f*
kölelik <-ği> *s* Sklaverei *f*
kömür **I.** *s* Kohle *f* **II.** *adj* kohlschwarz; ~ **havzası** Kohlegebiet *nt*; ~ **madeni** Kohlenbergwerk *nt*; ~ **ocağı** Kohlengrube *f*; ~ **santrali** Kohlekraftwerk *nt*
kömürlük <-ğü> *s* (*Kohlen-*) Keller *m*; (*Kohlen-*) Schuppen *m*
köpek <-ği> *s* Hund *m*; ~ **kulübesi** Hundehütte *f*; ~ **maması** Hundefutter *nt*; ~ **sürüsü** Meute *f*; ~ **vergisi** Hundesteuer *f*; **kedi** ~ **gibi hırlaşmak** wie Hund und Katze sein
köpekbalığı <-nı> *s* Hai *m*
köpekdişi <-ni> *s* Eckzahn *m*
köpoğlu (**köpek**) *s* (*vulg*) Schweinehund *m*
köprü *s* (*a. fig*) Brücke *f*
köprücük kemiği <-ni> *s* Schlüsselbein *nt*
köprüleme *s* MED Bypass *m*
köpük <-ğü> *s* Schaum *m*
köpüklü *adj* schaumig; ~ **şarap** Schaumwein *m*, Sekt *m*
köpürmek *vi* ① Schaum bilden ② (*Wasser*) brausen ③ vor Wut schäumen
kör *adj* ① (*a. fig*) blind ② stumpf ③ (*Licht*) schwach ④ (*Brunnen*) ausgetrocknet; **bir gözü** ~ auf einem Auge blind; ~ **aşık** blind vor Liebe; ~ **et-**

mek blenden; (*fig*) verblenden (**-i** jdn); ~ **olmak** erblinden; **körü körüne** blindlings

körbarsak <-ğı> *s* Blinddarm *m*

körebe *s* Blindekuh

körelmek *vi* ① verkümmern ② (*Licht, Feuer*) schwach werden ③ (*Messer*) stumpf werden

körfez *s* (*Meerbusen*) Golf *m*

körlenmek, körleşmek *vi* ① (allmählich) blind werden ② (*Messer*) stumpf werden ③ (*Brunnen*) austrocknen ④ (*Licht, Feuer*) erlöschen ⑤ (*Gedächtnis*) nachlassen ⑥ (*geistig*) verkümmern

körler alfabesi <-ni> *s* Blindenschrift *f*

körlük <-ğü> *s* ① Blindheit *f* ② (*eines Messers*) Stumpfsein *nt*

Köroğlu Dağı <-nı> *s* *Bergkette nördlich von Ankara*

körpe *adj* frisch

körük <-ğü> *s* ① Blasebalg *m* ② (*Auto*) Verdeck *nt*

köse *adj* mit spärlichem Bartwuchs

kösele *s* (Sohlen)leder *nt*

kösnü *s* Wollust *f*

kösnük <-ğü> *adj* (*Tier*) läufig

kösnül *adj* sinnlich, erotisch

köstebek <-ği> *s* Maulwurf *m*

kösteklemek *vt* ① Fußfesseln anlegen (**-i** einem Tier) ② hemmen (**-i** etw)

köşe *s* ① Ecke *f* ② Winkel *m* ③ abgelegener Ort; ~ **bucak** in allen Ecken und Winkeln; ~ **meyhanesi** Ausschank *m;* **köşeyi dönmek** um die Ecke biegen; (*fam*) die Treppe hochfallen

köşegen *s* Diagonale *f*

köşeli *adj* eckig, wink(e)lig

köşk <-kü> *s* ① (größere) Villa *f* ② Aussichtstürmchen *nt*

kötek <-ği> *s* Prügel *pl*

kötü I. *adj, adv* schlecht, übel, schlimm II. *adj* minderwertig III. *s* Böse(s) *nt;* ~ **davranma** Misshandlung *f;* ~ **davranmak** misshandeln (**-e** jdn); ~ **niyetli** böswillig; **kötüye kullanım** Missbrauch *m;* **kötüye kullanmak** missbrauchen (**-i** etw/jdn)

kötülemek *vt* ① schlechtmachen (**-i** jdn) ② abmagern ③ (*Wetter*) sich verschlechtern

kötüleşme *s* ① *Verbalsubstantiv zu* **kötüleşmek** ② Verschlechterung *f*

kötüleşmek *vr* ① *Reflexiv zu* **kötülemek** ② sich verschlechtern, sich verschlimmern

kötüleştirmek *vt* ① *Kausativ zu* **kötüleşmek** ② verschlechtern, verderben (**-i** etw/jdn)

kötülük <-ğü> *s* ① schlechte(r) Zustand *m* ② Bosheit *f* ③ Böse(s) *nt;* ~ **yapmak** etwas Böses antun (**-e** jdm)

kötümser I. *s* Pessimist(in) *m(f)* II. *adj* pessimistisch

kötümserlik <-ği> *s* Pessimismus *m*

kötürüm I. *adj* ① (*an den Beinen gelähmt*) lahm ② (*Bein*) verkrüppelt, lahm II. *s* Krüppel *m*

köy *s* ① Dorf *nt* ② (*Gegensatz zur Stadt*) Land *nt;* **köyde** im Dorf, auf dem Land

köylü I. *s* (*Dorfbewohner*) Bauer *m,* Bäuerin *f* II. *adj* ① bäuerlich, ländlich ② (*pej*) bäurisch

kral *s* König *m*

kraliçe *s* Königin *f*

kraliyet <-ti> *s* Königreich *nt*

krallık <-ğı> *s* ① Königreich *nt* ② Königswürde *f*

kramp <-pı> *s* Krampf *m*

krank mili <-ni> *s* Kurbelwelle *f*

krater *s* Krater *m*

kravat <-tı> *s* Krawatte *f,* Schlips *m;* ~ **iğnesi** Krawattennadel *f*

kreasyon *s* (*Mode*) Kreation *f*

kredi *s* Kredit *m;* ~ **kartı** Kreditkarte *f;* ~ **mektubu** Kreditbrief *m;* ~ **veren** Kreditgeber(in) *m(f)*

kredibilite *s* Kreditwürdigkeit *f*

krem *s* Creme *f;* ~ **karamel** Karamellpudding *m;* ~ **rengi** cremefarben

krema *s* ① Sahne *f*, Rahm *m* ② Vanillecreme *f*
kremalı *adj* mit Sahne; ~ **pasta** Sahnetorte *f*
krematoryum *s* Krematorium *nt*
Kremlin *s* der Kreml
kremşanti *s* Schlagsahne *f*
krep <-pi> *s* ① Eierpfannkuchen *m* ② Krepppapier *nt*
kreş *s* Kinderkrippe *nt*
kriko *s* ① Hebebock *m* ② Wagenheber *m*
kristal <-li> **I.** *s* Kristall *nt* **II.** *adj* Kristall-, aus Kristall; ~ **cam** Kristallglas *nt*
kriter *s* Kriterium *nt*
kritik <-ği> **I.** *s* Kritik *f* **II.** *adj* kritisch
kriz *s* ① Anfall *m* ② Krise *f*; ~ **bölgesi** Krisengebiet *nt*, Krisenprovinz *f*; ~ **yardımı** Krisenhilfe *f*
kroket <-ti> *s* Krokette *f*
krom *s* Chrom *nt*
kromlu *adj* ① mit Chrom ② verchromt
kromozom *s* Chromosom *nt*
kron *s* (*dän. Währung*) Krone *f*
kronik <-ği> **I.** *s* Chronik *f* **II.** *adj* (*Krankheit*) chronisch
kronoloji *s* Chronologie *f*
kronolojik *adj* chronologisch
kronometre *s* Chronometer *nt*, Stoppuhr *f*
kruvasan *s* Hörnchen *nt*
kruvaze dikiş *s* Kreuzstich *m*
ksilofon *s* Xylophon *nt*
kuaför *s* (Damen)friseur *m*
kuaföz *s* Friseuse *f*
kuartet <-ti> *s* Quartett *nt*
kubbe *s* ① Gewölbe *nt* ② Kuppel *f*
kubbelenmek *vi* sich wölben
kucak <-ğı> *s* ① Arm *m* voll ② Umarmung *f* ③ Schoß *m*, Brust *f*
kucaklama *s* ① *Verbalsubstantiv zu* **kucaklamak** ② Umarmung *f*
kucaklamak *vt* in die Arme schließen, umarmen (-**i** jdn)
kuddas *s* REL Abendmahl *nt*; ~ **ayini** Messe *f*
kudret <-ti> *s* ① Allmacht *f* (Gottes) ② Macht *f*, Kraft *f*
kudretli *adj* mächtig, kräftig
kudretsiz *adj* ① machtlos, ohnmächtig ② schwächlich, kraftlos
kudretsizlik <-ği> *s* Machtlosigkeit *f*, Ohnmacht *f*
kudurmak *vi* ① tollwütig werden ② (*vor Wut*) rasen, toben
kudurmuş *adj* ① tollwütig ② wütend, rasend
kuduz **I.** *s* Tollwut *f* **II.** *adj* tollwütig
Kudüs *s* Jerusalem *nt*
kuğu *s* Schwan *m*
kuintet <-ti> *s* Quintett *nt*
kukla *s* (*a. fig*) Puppe *f*, Marionette *f*; ~ **tiyatrosu** Marionettentheater *nt*, Puppentheater *nt*; ~ **oyunu** Puppenspiel *nt*
kukuleta *s* Kapuze *f*
kul *s* ① Sklave *m*, Sklavin *f* ② REL (*im Gegensatz zu Gott*) Mensch *m*
kulaç <-cı> *s* ① Klafter *f* ② NAUT Faden *m*
kulak <-ğı> *s* ① Ohr *nt* ② (musikalisches) Gehör *nt*; ~ **çubuğu** Wattestäbchen *nt*; ~ **damlası** Ohrentropfen *pl*; ~ **kabartmak** die Ohren spitzen; ~ **kesilmek** ganz Ohr sein; ~ **memesi** Ohrläppchen *nt*; ~ **misafiri olmak** mithören; ~ **uzmanı** Hals-Nasen-Ohren-Arzt *m*, -Ärztin *f*; ~ **vermek** gut zuhören (-**e** jdm); **kulağa çok basit geliyor** das hört sich sehr einfach an; **kulağı delik** Schlitzohr *nt*; (*Person*) hellhörig; **birinin kulağına fısıldamak** jdm etwas ins Ohr flüstern
kulaklık <-ğı> *s* ① Ohrenschützer *m* ② Kopfhörer *m* ③ Hörgerät *nt* ④ (*vom Telefonhörer*) Hörmuschel *f*; **mikrofonlu** ~ INET, TELEK Headset *nt*
kulakzarı <-nı> *s* Trommelfell *nt*
kule *s* Turm *m*
kulis *s* Kulisse *f*; ~ **arkasında** (*a. fig*) hinter den Kulissen
kullanıcı *s* Benutzer(in) *m(f)*; INFORM

User *m*, Anwender(in) *m(f)*; ~ **bilgileri** INET Account *m*; ~ **dostu** benutzerfreundlich; ~ **kodu** [*o* **adı**] INET Benutzername *m*

kullanılmak *vi* ① *Passiv zu* **kullanmak** ② im Umlauf sein

kullanılmayan *adj* ungebräuchlich

kullanılmaz *adj* unbrauchbar

kullanılmış *adj* ① gebraucht ② verbraucht ③ (*Kleidung*) getragen; ~ **araba** Gebrauchtwagen *m*

kullanım *s* Verwendung *f*; (*Computerprogramm*) Anwendung *f*; **kullanımı kolay** anwenderfreundlich; **herkesin kullanımına açık yazılım** INET Public-Domain-Software *f*

kullanış *s* ① Gebrauch *m*, Anwendung *f* ② Handhabung *f*

kullanışlı *adj* ① handlich ② praktisch

kullanışsız *adj* ① (*Sache*) unpraktisch ② (*Wohnung*) unbequem ③ (*Möbelstück*) sperrig

kullanma *s* ① Verwendung *f* ② (*einer Maschine*) Bedienung *f*; ~ **talimatı** Bedienungsanleitung *f*

kullanmak *vt* ① verwenden, gebrauchen, benutzen (**-i** etw) ② (*Maschine*) bedienen, betätigen (**-i** etw) ③ (*Fahrzeug*) fahren, lenken, steuern (**-i** etw) ④ (*Zigaretten*) rauchen; (*Alkohol*) trinken; (*Genussmittel, Tabletten*) nehmen (**-i** etw) ⑤ (*Arbeiter*) beschäftigen (**-i** jdn) ⑥ (*Kleidung*) tragen (**-i** etw)

kulp <-pu> *s* ① Henkel *m*, Griff *m* ② (*fig*) Vorwand *m*, Ausrede *f*

kulplu *adj* mit Griff; ~ **beygir** Seitpferd *nt*

kuluçka *s* ① Glucke *f* ② Brut *f* ③ Inkubation *f*; ~ **çıkarmak** (*Ei*) ausbrüten; ~ **süresi** [*o* **devri**] Inkubationszeit *f*; **kuluçkaya yatmak** (*Vogel*) brüten

kulübe *s* ① Häuschen *nt*, Hütte *f* ② Wärterhäuschen *nt*

kulüp <-bü> *s* Club *m*

kulvar *s* (*beim Kegeln, Bowling*) Bahn *f*

kum *s* ① Sand *m* ② MED (*Harn-, Nieren-*) Grieß *m*; ~ **saati** Sanduhr *f*; ~ **sandığı** Sandkasten *m*; ~ **torbası** Sandsack *m*

kumanda *s* Befehl *m*, Kommando *nt*; (**uzaktan**) ~ Fernbedienung *f*; ~ **elektroniği** Steuerungselektronik *f*; ~ **etmek** kommandieren; ~ **kolu** Steuerknüppel *m*

kumandan *s* Kommandant *m*, Kommandeur *m*

kumandanlık <-ğı> *s* ① (*hohe Befehlsstelle*) Kommando *nt* ② Kommandantentätigkeit *f*

kumar *s* Glücksspiel *nt*

kumarhane *s* Kasino *nt*, Spielbank *f*

kumaş *s* Stoff *m*, Gewebe *nt*

kumbara *s* ① Sparbüchse *f* ② Granate *f*

kumlu *adj* sandig

kumral *adj* dunkelblond

kumru *s* (Turtel)taube *f*

kumsal *s* ① Sandstrand *m* ② Sandbank *f*

kumul *s* Düne *f*

kundak <-ğı> *s* ① Windel *f* ② Gewehrschaft *m* ③ Fackel *f*

kundakçı *s* ① Brandstifter(in) *m(f)* ② Saboteur(in) *m(f)*

kundakçılık <-ğı> *s* ① Brandstiftung *f* ② Sabotage *f*

kundaklamak *vt* ① (*Säugling*) wickeln (**-i** jdn) ② in Brand stecken (**-i** etw)

kundura *s* Schuh *m*; ~ **kalıbı** Leisten *m*

kunduracı *s* Schuhmacher *m*, Schuster *m*

kunduz *s* Biber *m*

kupa *s* ① Becher *m* ② SPORT Pokal *m* ③ (*Farbe im Kartenspiel*) Herz *nt*; ~ **maçı** Pokalspiel *nt*

kupon *s* Kupon *m*

kupür *s* Zeitungsausschnitt *m*

kur *s* ① Kurs *m* ② Flirten *nt*; ~ **yapmak** flirten (**-e** mit jdm); **kurlar** Umrechnungskurse *pl*; **dolar kuru** Dollarkurs *m*

kura *s* Losziehung *f*; ~ **çekmek** ein Los ziehen

kurabiye *s* Plätzchen *nt,* Keks *m*

kurak <-ğı> *adj* ① (*Boden*) trocken ② wasserarm

kuraklık <-ğı> *s* Dürre *f,* Trockenheit *f*

kural *s* Regel *f;* **kurala aykırı** regelwidrig; **kurala uygun** regelmäßig

kurallı *adj* ① mit Regel(n) ② regelmäßig ③ regelrecht

kurallılık <-ğı> *s* Regelmäßigkeit *f*

kuralsız *adj* ① unregelmäßig ② ungeregelt

kuralsızlık <-ğı> *s* Unregelmäßigkeit *f*

kuram *s* Theorie *f*

kuramsal *adj* theoretisch

Kuran *s* Koran *m*

kurander *s* Zugluft *f*

kurbağa *s* ① Frosch *m* ② Kröte *f*

kurbağalama (yüzme) *s* Brustschwimmen *nt*

kurban *s* Opfer *nt;* **Kurban Bayramı** (*Islam*) Opferfest; ~ **etmek** opfern (**-e -i** jdm etw); ~ **kesmek** (*als Opfer*) schlachten (**-i** ein Tier)

kurbanlık *adj* zum Opfer bestimmt, Opfer-; ~ **hayvan** Opfertier *nt*

kurcalamak *vt* ① (*fam*) herumhantieren, herumfummeln (**-i** an etw) ② (*Thema*) erneut zur Sprache bringen (**-i** etw) ③ (herum)kratzen (**-i** an etw)

kurdele *s* ① Kordel *f* ② (Haar)schleife *f*

kurgubilim *s* Science-Fiction *f*

kurmak <-ar> *vt* ① aufbauen, bauen, errichten (**-i** etw) ② (*Zelt*) aufschlagen (**-i** etw) ③ (*Uhr*) aufziehen (**-i** etw) ④ (*Beziehungen*) anknüpfen (**-i** etw) ⑤ installieren (**-i** etw) ⑥ (*Pläne*) schmieden (**-i** etw) ⑦ (*Feder*) spannen (**-i** etw) ⑧ (*Uhr, Falle*) stellen (**-i** etw) ⑨ (*Tisch*) decken (**-i** etw) ⑩ (*Markt*) abhalten (**-i** etw) ⑪ (*Regierung*) bilden (**-i** etw) ⑫ (*Obst, Gemüse*) einmachen, einlegen (**-i** etw) ⑬ nachgrübeln

kurmay *s* Generalstab *m*

kurna *s* Becken *nt* (im türkischen Bad)

kurnaz *adj* schlau

kurnazlık <-ğı> *s* Schlauheit *f*

kuron *s* (Zahn)krone *f*

kurs *s* Kurs *m,* Lehrgang *m*

kursak <-ğı> *s* ① (*bei Vögeln*) Kropf *m* ② (*fam*) Magen *m* ③ (*vom Dudelsack*) Windsack *m*

kurşun I. *s* ① Blei *nt* ② (*Gewehr-*) Kugel *f* ③ Bleimantel *m* **II.** *adj* aus Blei, bleiern; ~ **damga** Plombe *f;* ~ **damga vurmak** plombieren; ~ **işlemez** [*o* **geçmez**] kugelsicher; **kurşuna dizmek** (standrechtlich) erschießen (**-i** jdn)

kurşunkalem *s* Bleistift *m*

kurşunsuz *adj* bleifrei

kurt <-du> *s* ① Wolf *m* ② Wurm *m,* Made *f* ③ (*fam*) Kenner(in) *m(f);* **kurtlarını dökmek** (*fam*) sich (nach Herzenslust) austoben

kurtarmak *vt* ① retten (**-i -den** jdn vor jdm/etw) ② (*Land, Stadt, Mensch*) befreien (**-i -den** jdn/etw von etw) ③ (*Verwundete*) bergen (**-i** jdn) ④ erlösen (**-i** jdn) ⑤ INFORM (*Datei*) wiederherstellen (**-i** etw)

kurtçuk <-ğu> *s* ① Made *f,* Raupe *f* ② kleiner Wurm

kurtlanmak *vi* wurmstichig werden

kurtulmak *vi* ① gerettet [*o* befreit] werden (**-den** von etw/jdm) ② sich befreien, sich retten (**-den** vor etw/jdm) ③ loswerden (**-den** jdn) ④ (*Unfall*) überleben (**-den** etw) ⑤ fallen (**-den** aus etw)

kurtuluş *s* ① Befreiung *f* ② Erlösung *f* ③ Heil *nt;* ~ **savaşı** Befreiungskrieg *m*

kuru *adj* ① (*auch fig*) trocken ② getrocknet ③ (*Boden*) karg ④ (*Worte*) leer ⑤ (*Person*) mager ⑥ nüchtern, sachlich; ~ **fasulye** weiße Bohnen *pl;* ~ **gürültü** viel Lärm um nichts; ~ **kahve** Kaffeebohnen *pl;* ~ **kibarlık** Großtuerei *f;* ~ **ot** Heu *nt;* ~ **sıkı** blinder Schuss, bloße Drohung; ~ **temizleme** Trockenreinigung *f;* ~ **üzüm** Rosine *f*

kurucu I. *s* Gründer(in) *m(f)* **II.** *adj*

konstruktiv, aufbauend

kurukafa *s* ① Schädel *m*, Totenkopf *m* ② (*fam*) Dummkopf *m*

kurul *s* Ausschuss *m*

kurulamak *vt* (ab)trocknen (**-i** etw)

kurulanmak *vi* ① *Passiv zu* **kurulamak** ② sich (ab)trocknen

kurulmak *vi* ① *Passiv zu* **kurmak** ② (*fam*) sich aufblasen ③ (*fam*) es sich bequem machen (**-e** in/auf etw)

kurultay *s* Kongress *m*

kuruluk <-ğu> *s* ① Trockenheit *f* ② Magerkeit *f*

kurulum *s* INFORM Installation *f*; **kurulumunu yapmak** INFORM installieren (**-in** etw)

kuruluş *s* ① Gründung *f* ② Konstruktion *f* ③ Firma *f*, Unternehmen *nt*

kurum *s* ① Stolz *m*, Hochmut *m* ② Verein *m*, Gesellschaft *f* ③ Institut *nt* ④ (dicker) Ruß *m*

kurumak *vi* ① trocknen ② (*Pflanze*) eingehen ③ abmagern

kurumlanmak *vi* ① sich brüsten ② mit Ruß bedeckt werden

kurumlu *adj* ① eingebildet, überheblich ② mit Ruß bedeckt

kurumluluk <-ğu> *s* Eitelkeit *f*, Überheblichkeit *f*

kurumsal *adj* institutionell

kurumsallaş(tır)ma *s* ① *Verbalsubstantiv zu* **kurumsallaş(tır)mak** ② Institutionalisierung *f*

kurumsallaştırmak *vt* institutionalisieren (**-i** etw)

kuruntu *s* ① Einbildung *f*, Hirngespinst *nt*, Illusion *f* ② Wahn *m*, Wahnvorstellung *f* ③ Argwohn *m*; **kuruntuya dalmak** (*fam*) brüten

kuruş *s* Kurusch *m* (*türkische Währungseinheit: hundertster Teil einer Lira*)

kurutma *s* ① *Verbalsubstantiv zu* **kurumak** ② ~ **kâğıdı** Löschblatt *nt*

kurutmak *vt* ① *Kausativ zu* **kurumak** ② trocknen (**-i** etw) ③ (*Sumpf*) trockenlegen (**-i** etw)

kurutucu *s* Trockner *m*

kusmak <-ar> *vi* brechen, sich übergeben

kusur *s* ① Fehler *m* ② Makel *m* ③ Schuld *f*; ~ **bende** ich bin schuld daran; **kusura bakmamak** nachsichtig sein; **kusura bakma(yın)**! Entschuldigung!

kusurlu I. *adj* ① fehlerhaft ② mangelhaft **II.** *s* jemand, der einen Fehler begangen hat; ~ **bulmak** beanstanden, bemängeln (**-i** etw); ~ **olmak** einen Fehler haben

kusursuz *adj* ① fehlerfrei, ohne Mängel ② ausgezeichnet, vollkommen, perfekt

kusursuzluk <-ğu> *s* Vollkommenheit *f*

kuş *s* Vogel *m*; ~ **cenneti** Vogelschutzgebiet *nt*; ~ **gribi** Vogelgrippe *f*; ~ **kafesi** Vogelkäfig *m*; ~ **tüyü yatak** [*o* **yorgan**] Federbett *nt*

kuşak <-ğı> *s* ① Gurt *m* ② Gürtel *m* ③ Generation *f* ④ Zone *f*

kuşatma *s* ① *Verbalsubstantiv zu* **kuşatmak** ② Belagerung *f*

kuşatmak *vt* ① belagern (**-i** etw) ② einkreisen (**-i** jdn/etw) ③ umbinden (**-i** etw)

kuşburnu <-nu> *s* ① Hagebutte *f* ② Hundsrose *f*

kuşet <-ti> *s* Bett *nt* (*auf Schiffen oder in Zügen*)

kuşetli vagon *s* Liegewagen *m*

kuş(h)ane *s* ① Vogelhaus *nt* ② (kleinerer) Kochtopf *m*

kuşkonmaz *s* Spargel *m*; ~ **çorbası** Spargelsuppe *f*

kuşku *s* ① Unruhe *f* ② Zweifel *m* ③ Verdacht *m*

kuşkulandırmak *vt* ① *Kausativ zu* **kuşkulanmak** ② unruhig machen (**-i** jdn) ③ argwöhnisch machen (**-i** jdn)

kuşkulanmak *vi* ① Angst bekommen ② sich Sorgen machen ③ Verdacht schöpfen ④ Zweifel haben (**-den** an etw/jdm)

kuşkulu *adj* ① misstrauisch ② besorgt ③ ungewiss, unsicher ④ verdächtig

kuşkusuz I. *adj* ohne Argwohn II. *adv* zweifellos; **hiç** ~ ohne jeden Zweifel

kuşpalazı <-nı> *s* Diphtherie *f*

kuştüyü <-nü> I. *s* Daune *f* II. *adj* Daunen-; ~ **yatak** Daunenbett *nt;* ~ **yorgan** Daunendecke *f*

kuşüzümü <-nü> *s* Korinthen *pl*

kutbu <-nu> *s Possessivform zu* **kutup** der (Gegen)pol von ...

kutlama *s* ① *Verbalsubstantiv zu* **kutlamak** ② Glückwunsch *m* ③ Feier *f*

kutlamak *vt* ① gratulieren, beglückwünschen (**-i -den** jdn zu etw) ② feiern (**-i** etw); **kutlarım!** herzlichen Glückwunsch!

kutlu *adj* glücklich; **bayramın(ız)** ~ **olsun!** frohes Fest!

kutsal *adj* heilig; ~ **emanet** Reliquie *f*

kutu *s* ① Schachtel *f* ② Dose *f* ③ Päckchen *nt;* ~ **bira** Dosenbier *nt;* ~ **sardalyesi** Ölsardine *f*

kutup <-tbu> *s* ① Pol *m* ② Gegenpol *m;* ~ **ayısı** Eisbär *m*

kutuplar dairesi <-ni> *s* Polarkreis *m*

kutuplaşmak *vi* sich polarisieren

kutuplaş(tır)ma *s* ① *Verbalsubstantiv zu* **kutuplaştırmak** ② Polarisierung *f*

kutuplaştırmak *vt* ① *Kausativ zu* **kutuplaşmak** ② polarisieren (**-i** jdn)

kutupsal *adj* Polar-

kuvars *s* Quarz *m*

Kuveyt <-ti> *s* Kuwait *nt*

kuvvet <-ti> *s* ① Kraft *f* ② Gewalt *f* ③ Streitkraft *f* ④ Potenz *f;* ~ **denemesi** Kraftprobe *f;* ~ **ilacı** Stärkungsmittel *nt;* **kuvvetler ayrılığı** POL Gewaltentrennung *f,* Gewaltenteilung *f*

kuvvetlendirmek *vt* ① *Kausativ zu* **kuvvetlenmek** ② kräftigen, stärken (**-i** jdn/etw)

kuvvetlenmek *vi* stärker werden, sich verstärken

kuvvetli *adj* ① kräftig, stark ② mächtig, gewaltig ③ heftig

kuvvetsiz *adj* ① schwach, kraftlos ② machtlos

kuyruk <-ğu> *s* ① Schwanz *m* ② (*Menschenreihe*) Schlange *f* ③ (*eines Flugzeugs*) Heck *nt* ④ (*eines Kleids*) Schleppe *f* ⑤ (*fam*) ständiger Begleiter, Anhängsel *nt;* ~ **olmak** Schlange stehen; ~ **kemiği** Steißbein *nt;* **kuyruğa girmek** (*fam*) sich anstellen, Schlange stehen; **kuyruğunu sallamak** mit dem Schwanz wedeln

kuyruklu I. *adj* mit Schwanz II. *s* Skorpion *m;* ~ **piyano** Flügel *m*

kuyrukluyıldız *s* Komet *m*

kuyu *s* (Zieh)brunnen *m;* ~ **ağızlığı** Brunnenrand *m;* ~ **kovası** Schöpfeimer *m*

kuyum *s* Schmuck *m*

kuyumcu *s* ① Goldschmied(in) *m(f)* ② Juwelier(in) *m(f);* **kuyumcu (dükkanı)** Juweliergeschäft *nt,* Schmuckgeschäft *nt*

kuzen *s* Cousin *m*

kuzey I. *s* Norden *m* II. *adj* nördlich; **Kuzey Almanya** Norddeutschland *nt;* **Kuzey Avrupa** Nordeuropa *nt;* **Kuzey Amerika** Nordamerika *nt;* (*Art*) nordamerikanisch; **Kuzey Amerikalı** Nordamerikaner(in) *m(f);* (*Herkunft*) nordamerikanisch; **Kuzey Anadolu** Nordanatolien *nt;* **Kuzey Denizi** Nordsee *f;* ~ **ışığı** Nordlicht *nt;* **Kuzey İrlanda** Nordirland *nt;* **Kuzey Kıbrıs** Nordzypern *nt;* **Kuzey Kore** Nordkorea *nt;* ~ **kutbu** Nordpol *m;* **Kuzey Ren-Vestfalya** Nordrhein-Westfalen *nt;* ~ **rüzgarı** Nordwind *m*

kuzeybatı I. *s* Nordwesten *m* II. *adj* nordwestlich

kuzeydoğu I. *s* Nordosten *m* II. *adj* nordöstlich

kuzgun *s* (Kolk)rabe *m*

kuzin *s* Cousine *f,* Kusine *f*

kuzu *s* ① Lamm *nt* ② (*Gerät*) Bock *m;* ~ **eti** Lammfleisch *nt*

Küba *s* Kuba *nt*

küçücük <-ğü> *adj* winzig

küçük <-ğü> **I.** *adj* ① klein ② gering ③ (*Bruder, Schwester*) jünger ④ (*in niedrigem Rang*) niedrig **II.** *s* Kleine(s) *nt,* kleine(s) Kind *nt;* ~ **çayırgüzeli** Zittergras *nt;* ~ **çocuk** Kleinkind *nt;* ~ **düşürmek** erniedrigen (**-i** jdn/etw); ~ **esnaf** Handwerker(in) *m(f);* ~ **ilan** Kleinanzeige *f;* ~ **görmek** unterschätzen (**-i** jdn/etw), von oben herab sehen (**-i** auf jdn); ~ **hanım!** gnädiges Fräulein!; ~ **harf** kleiner Buchstabe; TYPO Kleinbuchstabe *m;* ~ **hindistancevizi** Muskatnuss *f;* ~ **inciçiçeği** Waldmeister *m;* ~ **isim** Vorname *m*

küçükdil *s* (*im Rachen*) Zäpfchen *nt*

küçüklük <-ğü> *s* ① Kleinheit *f* ② Kindheit *f* ③ Unwichtigkeit *f* ④ Kleinlichkeit *f* ⑤ Gemeinheit *f;* **küçüklükten beri** von Kindesbeinen an

küçülmek *vi* ① klein(er) werden ② sich verringern ③ (*Mond*) abnehmen ④ sich erniedrigen

küçültmek *vt* ① *Kausativ zu* **küçülmek** ② kleiner machen, verkleinern (**-i** etw) ③ verringern (**-i** etw) ④ untertreiben (**-i** etw) ⑤ erniedrigen (**-i** jdn)

küçümseme *s* ① *Verbalsubstantiv zu* **küçümsemek** ② Geringschätzung *f* ③ Unterschätzung *f* ④ Verachtung *f*

küçümsemek *vt* ① gering schätzen (**-i** etw/jdn) ② unterschätzen (**-i** etw/jdn) ③ verachten (**-i** jdn) ④ bagatellisieren (**-i** etw)

küf *s* Schimmel(pilz) *m;* ~ **tutmak** verschimmeln

küfe *s* Bütte *f,* (großer) Tragkorb *m*

küflenmek *vi* ① verschimmeln ② (*Ansicht*) unmodern werden, veralten

küflü *adj* ① schimm(e)lig ② (*Luft*) muffig ③ (*fam*) unmodern, veraltet

küfretmek <-der> *vi* (*fam*) fluchen, schimpfen (**-e** auf jdn)

küfür <-frü> *s* (*fam*) ① Fluch *m* ② Schimpfwort *nt*

kükremek *vi* ① (*Löwe*) brüllen ② (*fam*) laut schreien

kükürt <-dü> *s* Schwefel *m*

kükürtdioksit <-di> *s* Schwefeldioxid *nt*

kül *s* Asche *f;* ~ **etmek** niederbrennen (**-i** etw); ~ **kedisi** Aschenbrödel *nt;* ~ **olmak** niederbrennen; ~ **tablası** Aschenbecher *m*

külah *s* ① Spitztüte *f* ② spitzer, hoher Hut ③ (*fam*) Schwindel *m*

külçe *s* Barren *m;* ~ **altın** Goldbarren *m*

külfet <-ti> *s* Anstrengung *f,* Mühe *f*

külfetli *adj* anstrengend, mühevoll

külfetsiz *adj* mühelos

külfetsizlik <-ği> *s* Mühelosigkeit *f,* Leichtigkeit *f*

külhanbeyi <-ni> *s* (*fam*) Rowdy *m,* Lümmel *m*

külot <-tu> *s* Schlüpfer *m,* Slip *m*

külotlu çorap <-bı> *s* Strumpfhose *f*

külrengi <-ni> *adj* aschgrau

külte *s* ① Gestein *nt* ② (*Metallklumpen*) Barren *m* ③ Garbe *f*

kültür *s* ① Bildung *f,* Kultur *f* ② (*Anbau*) Kultur *f;* ~ **fizik** Leibesübungen *pl;* ~ **mirası** Kulturerbe *nt,* kulturelles Erbe *nt*

kültürel *adj* kulturell

kültürlü *adj* gebildet, kultiviert

kültürsüz *adj* ungebildet, kulturlos

kültürsüzlük <-ğü> *s* Kulturlosigkeit *f,* Unkultur *f*

küllüstür *adj* (*fam*) minderwertig; ~ **mal** Ladenhüter *m*

kümbet <-ti> *s* ① Kuppel *f* ② Kuppelgrab *nt* ③ (kuppelförmige) Erhebung *f*

küme *s* ① Haufen *m* ② Schar *f* ③ SPORT Mannschaft *f*

kümes *s* Hühnerstall *m;* ~ **hayvanları** Geflügel *nt*

künk <-gü> *s* (großes) Abflussrohr *nt*

küp <-pü> *s* (großes, bauchiges) Tongefäß *nt;* **küpünü doldurmak** sein Schäfchen ins Trockene bringen; **küp-**

lere binmek vor Wut in die Luft gehen

küp <-bü> **I.** *s* (*Form*) Würfel *m* **II.** *adj* würfelförmig

küpe *s* Ohrring *m*

küpeşte *s* Reling *f*

kürdan *s* Zahnstocher *m*

Kürdistan *s* Kurdistan *nt*

küre *s* ① Globus *m* ② Kugel *f* ③ Sphäre *f*

kürek <-ği> *s* ① Schaufel *f* ② Spaten *m* ③ Ruder *nt;* ~ **çekmek** rudern; ~ **kemiği** Schulterblatt *nt*

küresel *adj* ① kugelförmig ② global; **Küresel Konumlandırma Sistemi** GPS *nt* (*Global Positioning System*); ~ **ısınma** Globalerwärmung *f*

küreselleşme *s* Globalisierung *f;* ~ **karşıtı** Globalisierungsgegner(in) *m(f)*

küreselleştirilmiş *adj* globalisiert

küreselleştirme *s* ① *Verbalsubstantiv zu* **küreselleştirmek** ② Globalisierung *f*

küreselleştirmek *vt* globalisieren (**-i** etw)

kürk <-kü> **I.** *s* ① Fell *nt* ② (*auch Kleidung*) Pelz *m* **II.** *adj* Fell-, Pelz-; ~ **manto** Pelzmantel *m*

kürkçü *s* Kürschner(in) *m(f);* ~ (**dükkanı**) Pelzgeschäft *nt*

kürsü *s* ① Lehrstuhl *m* ② Pult *nt* ③ Kanzel *f*

Kürt <-dü> *s* Kurde *m,* Kurdin *f*

kürtaj *s* ① Abtreibung *f* ② Ausschabung *f*

Kürtçe *adj* (*Sprache*) kurdisch

küskün *adj* ① verärgert, böse ② frustriert, enttäuscht ③ verkümmert

küskünlük <-ğü> *s* ① Schmollen *nt* ② Enttäuschung *f* ③ Verkümmerung *f*

küsmek <-er> *vi* ① böse sein (**-e** auf jdn) ② schmollen ③ (*Pflanze*) verkümmern

küstah *adj* (*fam*) frech

küstahlık <-ğı> *s* (*fam*) Frechheit *f*

küt <-tü> *adj* ① (*nicht scharf*) stumpf ② (*Finger*) kurz und dick

kütle *s* ① Masse *f,* Menge *f* ② Block *m* ③ CHEM Masse *f*

kütük <-ğü> *s* ① Register *nt* ② Baumstumpf *m* ③ Holzklotz *m* ④ Weinstock *m*

kütüphane *s* ① Bibliothek *f,* Bücherei *f* ② Bibliothekszimmer *nt*

kütüphaneci *s* Bibliothekar(in) *m(f)*

kütürdemek *vi* ① (*Zähne*) knirschen ② (*Holz*) knarren

küvet <-ti> *s* ① Badewanne *f* ② Waschschüssel *f* ③ Instrumentenschale *f* ④ Entwicklerschale *f*

L

L, l *s 15. Buchstabe des türk. Alphabets*
labirent <-ti> *s* Labyrinth *nt*
laboratuvar *s* Labor *nt*
lacivert <-di> *adj* dunkelblau
laçka **I.** *adj* locker **II.** *s* (*eines Schifftaues*) Lockern *nt;* ~ **olmak** sich lockern
ladin(ağacı) <-nı> *s* Fichte *f*
laf *s* (*fam*) ① Wort *nt* ② Plauderei *f* ③ (*pej*) leere Worte; ~ **aramızda** unter uns gesagt; **lafı çevirmek** die Worte verdrehen; **bunun lafı bile olmaz** das ist nicht der Rede wert; **lafını sözünü bilen** redegewandt
lağım *s* ① Kloake *f* ② Abwasserkanal *m* ③ unterirdischer Gang; ~ **suyu** Abwasser *nt*
lahana *s* Weißkohl *m,* Weißkraut *nt;* ~ **turşusu** *sauer eingelegter Weißkohl*
Lahey *s* Den Haag
lahit (lahdi) *s* Sarkophag *m*
lahmacun *s eine Art türkische Pizza mit Hackfleisch*
laik <-ği> *s* laizistisch
laiklik <-ği> *s* Laizismus *m*
lakap <-bı> *s* (*fam*) Spitzname *m*
lakayt <-dı> *adj* ① (*fam*) gleichgültig, teilnahmslos ② unbekümmert, sorglos
lakırdı *s* (*fam*) ① Wort *nt* ② Plauderei *f* ③ (*pej*) (leeres) Gerede *nt*
lakin *konj* aber, jedoch
lal <-li> *s* ① Granat *m* ② Rubin *m*
lale *s* Tulpe *f*
lama *s* Lama *nt*
lamba *s* ① Lampe *f* ② Laterne *f* ③ Leuchte *f* ④ RADIO Röhre *f*
lanet <-ti> **I.** *s* (*fam*) Fluch *m* **II.** *adj* verflucht, verdammt; ~ **etmek** verfluchen, verwünschen (**-e** jdn)
lanetlemek *vt s.* **lanet etmek**
lanetli *adj* (*fam*) verflucht, verdammt
langır lungur *adv* ① (*fam: Sprechen, Lesen*) holp(e)rig ② (*Wagen auf einer schlechten Straße*) holpernd ③ tollpatschig, unbeholfen
langırt *s* Tischfußball *m,* Kicker *m fam;* ~ **masası** Kickertisch *m*
lansman *s* Markteinführung *f*
Laos *s* Laos *nt*
lapa *s* ① Brei *m* ② dicke Suppe; ~ ~ **kar yağıyor** es schneit in dicken Flocken
laptop <-pu> *s* Laptop *m*
lastik <-ği> **I.** *s* ① Gummi *m o nt* ② Radiergummi *m* ③ (Auto)reifen *m* **II.** *adj* aus Gummi, Gummi-; ~ **başlık** Badekappe *f;* ~ **bot** Schlauchboot *nt;* ~ **çizme** Gummistiefel *m;* ~ **değiştirme** Reifenwechsel *m;* ~ **eldiven** Gummihandschuh *m;* ~ **havası** Reifendruck *m;* ~ **patlaması** Reifenpanne *f;* ~ **sünger** Schaumgummi *m;* ~ **şerit** Gummiband *nt*
lata *s* Latte *f*
latarna, laterna *s* Drehorgel *f,* Leierkasten *m*
Latin *adj* ① lateinisch ② romanisch; ~ **Amerika** Lateinamerika *nt;* ~ **Amerikalı** Lateinamerikaner(in) *m(f)*
Latince **I.** *s* Latein *nt* **II.** *adj* (*Sprache*) lateinisch
laubali *adj* ① (*fam*) zwanglos, salopp ② (*pej*) ungeniert ③ unbekümmert
lav *s* ① Lava *f* ② Tuff *m*
lavabo *s* ① Waschbecken *nt* ② Waschraum *m;* ~ **açıcı** Abflussreiniger *m*
lavanta *s* Lavendelwasser *nt;* ~ **(çiçeği)** Lavendel *m*
layık <-ğı> *adj* ① geeignet (**-e** für etw) ② würdig (**-e** einer Sache); **birini bir şeye ~ görmek** jdn für etw geeignet halten; ~ **olmak** wert sein, verdienen (**-e** etw)
layik <-ği> *adj* laizistisch

laym hastalığı *s* MED Borreliose *f*

laytmotif *s* Leitmotiv *nt*

Laz **I.** *s* Lase *m*, Lasin *f* **II.** *adj* (*Art*) lasisch

lazer *s* Laser *m*; ~ **ışını** Laserstrahl *m*; ~ **yazıcısı** Laserdrucker *m*

lazım *adj* nötig, erforderlich; **ona para** ~ er/sie braucht Geld; **doktora gitmen** ~ du musst zum Arzt gehen

lazımlık <-ğı> *s* (*fam*) Nachttopf *m*

LCD ekranı <-nı> *s* LCD-Bildschirm *m*

leblebi *s* (geröstete) Kichererbse *f*

Lefkoşe *s* Nikosia *nt*

legalize etmek *vt* legalisieren (**-i** etw)

legastenik <-ği> *s* Legastheniker(in) *m(f)*

leğen *s* ① Waschschüssel *f* ② Becken *nt*, Beckenknochen *m*

lehçe *s* Dialekt *m*, Mundart *f*

lehim *s* Lötmetall *nt*

lehimci *s* Klempner *m*, Installateur *m*

lehimlemek *vt* löten (**-i** etw)

lehinde *präp* zugunsten (**-in** +*gen*), für (**-in** +*akk*)

lehine *präp* zugunsten (**-in** +*gen*), für (**-in** +*akk*); **bir şeyin** ~ **olmak** für etw sein

lejyon *s* HIST Legion *f*

lejyoner *s* Legionär *m*

leke *s* ① Fleck(en) *m* ② Hautfleck *m* ③ Schandfleck *m*; ~ **etmek** beklecken (**-i** etw); ~ **ilacı** Fleckenmittel *nt*

lekelemek *vt* ① schmutzig machen (**-i** etw) ② (*fig*) beschmutzen, besudeln, schänden (**-i** etw)

lekeli *adj* ① fleckig ② (*mit Dreck am Stecken*) blamiert

lekesiz *adj* ① ohne Flecken ② unbefleckt, untadelig

lektör *s* (*Universitäts-*) Lektor(in) *m(f)*

lenf *s* Lymphe *f*; ~ **boğumları** Lymphdrüsen *pl*

lens *s* ① TECH Linse *f* ② MED Kontaktlinse *f*

leopar *s* Leopard *m*

leş *s* Aas *nt*, Kadaver *m*; ~ **gibi** zum Kotzen

letarji *s* Lethargie *f*

Letonya *s* Lettland *nt*

levazım *s* Bedarfsartikel *pl*

levha *s* ① Plakat *nt* ② Platte *f* ③ Ladenschild *nt* ④ Schrifttafel *f*

levrek <-ği> *s* Barsch *m*

levye *s* Steuerknüppel *m*

leylak <-ğı> *s* Flieder *m*

leylek <-ği> *s* Storch *m*

lezbiyen *s* Lesbe *f*

leziz *adj* delikat, lecker

lezzet <-ti> *s* (*Wohl-*) Geschmack *m*

lezzetli *adj* delikat, köstlich

liberal <-li> **I.** *adj* liberal **II.** *s* Liberale(r) *f(m)*

liberalizm *s* Liberalismus *m*

liberalleştirmek *vt* liberalisieren (**-i** etw)

liberallik <-ği> *s* Liberalismus *m*

Liberya *s* Liberia *nt*

Libya **I.** *s* Libyen *nt* **II.** *adj* (*Art*) libysch

Libyalı **I.** *s* Libyer(in) *m(f)* **II.** *adj* (*Herkunft*) libysch

lider *s* Führer(in) *m(f)*

Liechtenstein *s* Liechtenstein *nt*

lif *s* Faser *f*; ~ **kopması** Bänderriss *m*

lifli *adj* faserig

lig *s* Liga *f*; ~ **lider** Spitzenreiter *m*

likidite *s* Liquidität *f*

likit <-di> **I.** *adj* flüssig, liquide **II.** *s* Liquidität *f*

likör *s* Likör *m*

liman *s* Hafen *m*; ~ **şehri** [*o* **kenti**] Hafenstadt *f*

lime lime *adj* (*Kleidung*) zerlumpt

limitet (şirket) *s* Gesellschaft *f* mit beschränkter Haftung

limon *s* Zitrone *f*; ~ **ağacı** Zitronenbaum *m*; ~ **kabuğu** Zitronenschale *f*; ~ **suyu** Zitronensaft *m*

limonata *s* Limonade *f*

limonlu *adj* mit Zitrone; ~ **çay** Tee *m* mit Zitrone

limonluk <-ğu> *s* ① Gewächshaus *nt*, Treibhaus *nt* ② Zitronenpresse *f* ③ Zitronenplantage *f*

limuzin *s* Limousine *f*

linç <-çi> *s* Lynchen *nt;* ~ **adaleti** [*o* **usulü**] Lynchjustiz *f;* ~ **etmek** lynchen (**-i** jdn)

link <-ki> *s* INET Link *m*

linyit <-ti> *s* Braunkohle *f*

lir *s* Leier *f*

lira *s* Lira *f*

lirik <-ği> *adj* lyrisch; ~ **şiir** Lyrik *f*

lisan *s* Sprache *f;* ~ **bilgisi** Sprachkenntnisse *pl*

lisans *s* ① Lizenz *f* ② Berechtigungsschein *m* ③ Staatsexamen *nt*

lise *s* Gymnasium *nt;* ~ **bitirme sınavı** Abitur *nt;* ~ **mezunu** Abiturient(in) *m(f);* ~ **öğrencisi** Gymnasiast(in) *m(f);* ~ **öğretmeni** Gymnasiallehrer(in) *m(f)*

liseli *s* Gymnasiast(in) *m(f)*

liste *s* Liste *f,* Tabelle *f,* Verzeichnis *nt*

litografya *s* Lithografie *f*

litre *s* Liter *m*

liturya *s* Liturgie *f*

Litvanya *s* Litauen *nt*

liyezon *s* Liaison *f*

Lizbon *s* Lissabon *nt*

lobut <-tu> *s* Keule *f;* **hedef** ~ SPORT Kegel *m*

loca *s* Loge *f*

lodos *s* ① Südwestwind *m* ② Südwesten *m*

logaritma *s* Logarithmus *m*

logo *s* Logo *m o nt*

loğusa *s* Wöchnerin *f*

lojistik <-ği> *s* Logistik *f*

lojman *s* Dienstwohnung *f*

lokal <-li> **I.** *s* ① Aufenthaltsraum *m* ② Lokal *nt* **II.** *adj a.* MED örtlich, lokal

lokanta *s* Gaststätte *f,* Restaurant *nt*

lokantacı *s* Gastwirt(in) *m(f)*

lokavt <-tı> *s* (*im Arbeitskampf*) Aussperrung *f;* ~ **etmek** (*Arbeiter*) aussperren (**-i** jdn)

lokma *s* ① (*fam*) Bissen *m,* Happen *m* ② (türkischer) Krapfen *m* ③ Bolzen *m*

lokomotif *s* Lokomotive *f*

lolipop <-pu> *s* Lutscher *m*

lombar *s* Luke *f*

lomboz *s* Bullauge *nt*

lonca *s* HIST Gilde *f,* Zunft *f*

Londra *s* London *nt*

longpley *s* Langspielplatte *f*

lop <-pu> **I.** *adj* weich, rundlich und ziemlich groß **II.** *interj* platsch!; ~ **yumurta** hart gekochtes Ei

Loren *s* Lothringen *nt*

losyon *s* ① Haarwasser *nt* ② Kölnischwasser *nt*

loş *adj* halbdunkel

loşluk <-ğu> *s* Halbdunkel *nt*

lotto *s* Lotto(spiel) *nt*

lösemi *s* Leukämie *f*

lugat <-ti> *s* Wörterbuch *nt*

lumbago *s* Hexenschuss *m*

lunapark <-kı> *s* Rummelplatz *m,* Vergnügungspark *m*

luping *s* Looping *m*

Lübnan **I.** *s* (der) Libanon **II.** *adj* (*Art*) libanesisch

Lübnanlı **I.** *s* Libanese *m,* Libanesin *f* **II.** *adj* (*Herkunft*) libanesisch

lüfer *s* Blaubarsch *m*

lüks **I.** *s* Luxus *m* **II.** *adj* luxuriös; ~ **eşya** Luxusartikel *m;* ~ **oto**(**mobil**) Luxuskarosse *f;* ~ **vergisi** Luxussteuer *f*

Lüksemburg **I.** *s* Luxemburg *nt* **II.** *adj* luxemburgisch

Lüksemburglu *s* (*Art*) luxemburgisch

lüle *s* (*Haar-*) Locke *f*

lüleci *s* Pfeifenmacher *m;* ~ **çamuru** Lehm *m*

lületaşı <-nı> *s* Meerschaum *m*

lütfen *adv* bitte

lütuf <-tfu> *s* ① Gnade *f* ② Freundlichkeit *f*

lütufkar *adj* gnädig

lüzum *s* Notwendigkeit *f*

lüzumlu *adj* erforderlich, notwendig, nötig

lüzumsuz *adj* unnötig

Lyme hastalığı *s* MED Borreliose *f*

Mm

M, m *s 16. Buchstabe des türk. Alphabets*
maalesef *adv* leider, bedauerlicherweise
maaş *s* (*Monats-*) Gehalt *nt;* ~ **zammı** Gehaltserhöhung *f*
mabet <-di> *s* Tempel *m*
mablak <-ğı> *s* (*des Malers*) Spachtel *m o f*
Macar I. *s* Ungar(in) *m(f)* **II.** *adj* (*Art*) ungarisch
Macarca *adj* (*Sprache*) ungarisch
Macaristan I. *s* Ungarn *nt* **II.** *adj* (*Art*) ungarisch
Macaristanlı I. *s* Ungar(in) *m(f)* **II.** *adj* (*Herkunft*) ungarisch
macera *s* Abenteuer *nt;* ~ **turizmi** Erlebnistourismus *m*
maceracı *s* Abenteurer *m,* Abenteurerin *f*
maceralı *adj* abenteuerlich
macun *s* ❶ Kitt *m* ❷ Paste *f*
maç <-çı> *s* Spiel *nt,* Match *nt*
maçuna *s* ❶ Winde *f* ❷ Hebeschiff *nt*
Madagaskar *s* Madagaskar *nt*
madalya *s* ❶ Medaille *f* ❷ Auszeichnung *f,* Orden *m;* **madalyanın ters tarafı** Kehrseite *f* der Medaille
madde *s* ❶ Materie *f* ❷ JUR Artikel *m* ❸ Stoff *m,* Material *nt* ❹ (*Vertrags-*) Punkt *m;* ~ ~ Punkt für Punkt
maddeci I. *s* Materialist(in) *m(f)* **II.** *adj* materialistisch
maddecilik <-ği> *s* Materialismus *m*
maddi *adj* ❶ materiell ❷ finanziell; ~ **hasar** [*o* **zarar**] Sachschaden *m*
madem *konj* da ja, da nun einmal
maden I. *s* ❶ Metall *nt* ❷ Mineral *nt* ❸ Erz *nt* ❹ Mine *f* ❺ Fundgrube *f* **II.** *adj* aus Metall, Metall-; ~ **filizi** Erz *nt;* ~ **işçisi** Bergarbeiter *m;* ~ **işletmeciliği** Bergbau *m;* ~ **ocağı** Bergwerk *nt,* Grube *f;* ~ **sanayii** Metallindustrie *f*
madenci *s* ❶ Bergmann *m* ❷ Bergingenieur *m* ❸ Grubenbesitzer *m*
madencilik <-ği> *s* ❶ Mineralogie *f* ❷ Bergbau *m* ❸ Metallurgie *f*
madeni *adj* ❶ mineralisch ❷ metallisch; ~ **para** Geldstück *nt,* Münze *f*
madenkömürü <-nü> *s* Steinkohle *f*
madensuyu <-nu> *s* Mineralwasser *nt,* Sprudel *m*
mafsal *s* Gelenk *nt;* ~ **oyuğu** Gelenkpfanne *f*
mafya *s* Mafia *f*
magazin *s* Zeitschrift *f,* Illustrierte *f,* Magazin *nt*
magnezyum *s* Magnesium *nt*
mağara *s* Höhle *f;* ~ **insanı** Höhlenmensch *m*
mağaza *s* (größeres) Geschäft *nt,* (größerer) Laden *m;* ~ **hırsızlığı** Ladendiebstahl *m*
mağlubiyet <-ti> *s* Niederlage *f*
mağlup <-bu> *adj* besiegt, geschlagen; ~ **edilemez** unbesiegbar; ~ **etmek** besiegen (**-i** jdn/etw); ~ **olmak** besiegt werden
Mağribi *s* Nordafrikaner(in) *m(f)*
mağrur *adj* stolz
mahalle *s* Stadtviertel *nt*
mahallebi *s* Reismehlpudding *m*
mahalli *adj* lokal, örtlich
mahcubiyet <-ti> *s* ❶ Schüchternheit *f* ❷ Verlegenheit *f* ❸ Blamage *f*
mahcup <-bu> *adj* schüchtern, verlegen; ~ **etmek** in Verlegenheit bringen, blamieren (**-i** jdn); ~ **olmak** [*o* **kalmak**] sich blamieren, in Verlegenheit kommen
mahcupluk <-ğu> *s* Verlegenheit *f*

mahfaza *s* ① Behälter *m* ② Schmuckkästchen *nt*

mahkeme *s* Gericht *nt*, Gerichtshof *m*; ~ **derecesi** Instanz *f*; ~ **kararı** Urteilsspruch *m*; ~ **masrafları** Gerichtskosten *pl*; ~ **usulü** Prozess *m*

mahkum I. *s* Strafgefangene(r) *f(m)* II. *adj* (*a. fig*) verurteilt; ~ **etmek** verurteilen (**-i -e** jdn zu etw)

mahlas *s* Deckname *m*, Pseudonym *nt*

mahluk <-ku> *s* Kreatur *f*, Geschöpf *nt*

mahmur *adj* ① schlaftrunken, verschlafen ② übernächtigt ③ verkatert

mahmurluk <-ğu> *s* ① Schlaftrunkenheit *f* ② (*nach Alkoholgenuss*) Kater *m*

mahmuz *s* Sporn *m*

mahpus I. *s* Häftling *m*, Strafgefangene(r) *f(m)* II. *adj* gefangen

mahpusluk <-ğu> *s* (Straf)gefangenschaft *f*

mahremiyet <-ti> *s* Privatsphäre *f*

mahrum *adj* entbehrend (**-den** etw); ~ **bırakmak** [*o* **etmek**] berauben (**-i -den** jdn einer Sache); JUR aberkennen (**-i -den** jdm etw); ~ **olmak** entbehren (**-den** etw)

mahrumiyet <-ti> *s* Not *f*, Entbehrung *f*

mahsul <-lü> *s* ① Ernte *f* ② Produkt *nt*, Erzeugnis *nt* ③ Ertrag *m*

mahsus I. *adv* ① eigens, extra ② zum Scherz II. *adj* ① charakteristisch, eigentümlich (**-e** für jdn) ② bestimmt (**-e** für jdn)

mahşer *s* ① (*am Jüngsten Tag*) Versammlungsort *m* der Auferstandenen ② der Jüngste Tag

mahun I. *s* Mahagoni *nt* II. *adj* aus Mahagoni(holz), Mahagoni-

mahvetmek <-der> *vt* ① zerstören, vernichten (**-i** etw) ② zugrunde richten (**-i** jdn)

mahvolmak *vi* zugrunde gehen

mahzen I. *s* Keller *m* II. *adj* dunkel, stickig; ~ **kapağı** Falltür *f*

mahzun *adj* traurig, betrübt

mahzur *s* ① Einwand *m* ② Hindernis *nt*

mahzurlu *adj* nachteilig

mail *s* INET Mail *f*, E-Mail *f*; ~ **atmak** eine E-Mail verschicken (**-e** an jdn); ~ **kutusu** INET Mailbox *f*

maillemek *vt* INET mailen, per E-Mail schicken (**-e -i** jdm etw)

maiyet <-ti> *s* Gefolge *nt*

Majeste *s* (*Anrede*) Majestät *f*

majör *s* Dur *nt*

majüskül *s* Großbuchstabe *m*

makale *s* Artikel *m*, Essay *m o nt*

makam *s* ① Behörde *f*, Amt *nt* ② Dienststelle *f*, Posten *m* ③ (*Regierungs-, Bischofs-*) Sitz *m* ④ Tonfolge *f*; ~ **arabası** [*o* **aracı**] Dienstwagen *m*

makara *s* ① Rolle *f*, Spule *f* ② Garnwinde *f* ③ Riemenscheibe *f*; **makaraya sarmak** aufspulen (**-i** etw)

makarna *s* Nudeln *pl*

makas *s* ① Schere *f* ② Weiche *f* ③ (*fam*) Kniff *m* in die Wange

makasçı *s* Weichensteller(in) *m(f)*, Weichenwärter(in) *m(f)*

makaslama I. *s* *Verbalsubstantiv zu* **makaslamak** II. *adv* kreuzweise III. *adj* gekreuzt

makaslamak *vt* ① (*mit Schere*) schneiden (**-i** etw) ② (*Zeitungsartikel*) übernehmen (**-i** etw) ③ (*fam*) in die Wange kneifen (**-i** jdm)

makassız *adj* ohne Schere; ~ **ıstakoz** Languste *f*

makat <-dı> *s* (*fam*) Hinterteil *nt*, Hintern *m*

makbuz *s* Quittung *f*

Makedonya *s* Mazedonien *nt*

maket <-ti> *s* Skizze *f*, Modell *nt*

maki *s* Buschwald *m*

makina, **makine** *s* ① Maschine *f* ② Apparat *m* ③ (*fam*) Foto(apparat) *m*; ~ **dili** INFORM Maschinensprache *f*; ~ **fabrikası** Maschinenfabrik *f*; ~ **mühendisi** Maschinenbauingenieur *m*; ~ **mühendisliği** Maschinenbau *m*; ~ **tesviyecisi** Maschinenschlosser *m*; ~ **yağı** Maschinenöl *nt*

makineci *s* ❶ Mechaniker *m* ❷ Maschinenbauer *m*

makineleşmek *vi* ❶ mechanisiert werden ❷ (*fig*) zur Maschine werden

makineleştirme *s* ❶ *Verbalsubstantiv zu* **makineleştirmek** ❷ Mechanisierung *f*

makineleştirmek *vt* mechanisieren (**-i** etw)

makineli *adj* ❶ mit Maschine(n) ❷ maschinell; ~ **tabanca** Maschinenpistole *f*; ~ **tüfek** Maschinengewehr *nt*

makinist <-ti> *s* ❶ Lokomotivführer *m* ❷ Maschinist *m* ❸ Mechaniker *m*

makro *s* INFORM Makro *nt*; ~ **virüsü** INFORM Makrovirus *m*

makrobiyotik <-ği> *adj* makrobiotisch

maksat <-dı> *s* ❶ Absicht *f*, Vorsatz *m* ❷ Ziel *nt*, Zweck *m*; **-mek maksadıyla** um zu

maksimum *s* Maximum *nt*

makul <-lü> *adj* ❶ rational ❷ verständig, vernünftig

makyaj *s* Schminke *f*, Make-up *nt*; ~ **etmek** schminken (**-e** jdn/etw), sich schminken

mal *s* ❶ Besitz *m*, Eigentum *nt* ❷ Erzeugnis *nt*, Produkt *nt* ❸ Ware *f* ❹ (*Kühe*) Vieh *nt* ❺ (*fam*) gemeiner Kerl ❻ (*fam*) schönes und leichtes Mädchen; ~ **ayrılığı** Gütertrennung *f*; ~ **etmek** erwerben, erstehen; (*pej*) sich (unrechtmäßig) aneignen (**-i** etw); ~ **mülk** (*fam*) Hab und Gut *nt*; ~ **mülk sahibi** (*fam*) Wohlhabende(r) *f(m)*, begütert, wohlhabend; ~ **olmak** kosten (**-e -e** jdm etw); ~ **ortaklığı** Gütergemeinschaft *f*; ~ **sahibi** Eigentümer(in) *m(f)*; ~ **sayımı** Inventur *f*; **malın gözü** (*fam: raffiniert*) durchtrieben

mala *s* (Maurer)kelle *f*

Malezya *s* Malaysia *nt*

mali *adj* finanziell; ~ **piyasa** Finanzmarkt *m*; ~ **yardım** Finanzhilfe *f*; ~ **yıl** Geschäftsjahr *nt*

malik <-ki> **I.** *adj* besitzend **II.** *s* Inhaber(in) *m(f)*; ~ **olmak** besitzen (**-e** etw)

malikane *s* großes Gut (oder Schloss)

maliye *s* ❶ Finanzen *pl* ❷ Finanzwesen *nt*; ~ **bakanı** Finanzminister(in) *m(f)*; ~ **memuru** Finanzbeamte, Finanzbeamtin *m, f*

maliyeci *s* Finanzmann *m*

maliyet <-ti> *s* ❶ Herstellungskosten *pl* ❷ Einkaufspreis *m*

malolmak *vi* kosten (**-e -e** jdm etw)

malt <-tı> *s* Malz *nt*; ~ **birası** Malzbier *nt*

Malta (**Adası**) *s* Malta *nt*

malul <-lü> **I.** *adj* gebrechlich **II.** *s* Invalide, Invalidin *m, f*; ~ **gazi** Kriegsversehrter *m*

malum *adj* ❶ bekannt ❷ klar

malumat <-tı> *s* ❶ Auskunft *f* ❷ Kenntnisse *pl*

malzeme *s* ❶ Material *nt* ❷ Zutaten *pl*

mama *s* Babynahrung *f*

mana *s* Sinn *m*

manalı *adj* ❶ bedeutungsvoll ❷ ausdrucksvoll ❸ sinnvoll ❹ bedeutsam, vielsagend

manasız *adj* ❶ ausdruckslos ❷ bedeutungslos ❸ sinnlos, unsinnig ❹ unangebracht

manastır *s* (christliches) Kloster *nt*, Stift *nt*

manav *s* Obst- und Gemüsehändler(in) *m(f)*; **manav** (**dükkanı**) Obst- und Gemüsegeschäft *nt*

manda *s* ❶ (*Völkerbunds-*) Mandat *nt* ❷ Büffel *m*

mandagöz mercan balığı *s* See-, Meerbrassen *m*

mandal *s* ❶ Wäscheklammer *f* ❷ (*Fenster-, Tür-*) Riegel *m* ❸ Türklinke *f*

mandalina *s* Mandarine *f*

mandıra *s* ❶ (*für Schafe*) Pferch *m* ❷ Molkereibetrieb *m*

manej *s* ❶ Manege *f* ❷ Reitbahn *f* ❸ Pferdedressur *f*

manen *adv* seelisch, psychisch
manevi *adj* seelisch, geistig; ~ **evlat** Pflegekind *nt,* Adoptivkind *nt*
manevra *s* ① Manöver *nt* ② Rangieren *nt* ③ Betrug *m,* Schwindel *m;* ~ **yapmak** manövrieren; (*fig*) geschickt manipulieren
mangal *s* Kohlenbecken *nt*
mangır *s* ① HIST kleine Kupfermünze *f* ② (*fam*) Moneten *pl*
mani *s* ① Manie *f* ② *volkstümliches Gedicht in Vierzeilern*
mani <-ii/-iyi> *s* Hindernis *nt;* ~ **olmak** verhindern (**-e** etw)
mania *s* Hindernis *nt*
manifesto *s* Manifest *nt*
manikür *s* Maniküre *f*
manikürcü *s* (*Person*) Maniküre *f*
manivela *s* ① Hebel *m* ② Kurbel *f* ③ Brechstange *f* ④ Hebebaum *m*
mankafa I. *adj* (*fam*) beschränkt **II.** *s* Dummkopf *m,* Einfaltspinsel *m*
manken *s* ① (*weibl.*) Mannequin *nt;* (*männl.*) Dressman *m* ② Schaufensterpuppe *f* ③ Schneiderpuppe *f*
mankenlik <-ği> *s* Beruf *m* eines Mannequins; ~ **yapmak** modeln (*als Mannequin/Dressman arbeiten*)
manolya *s* Magnolie *f*
Manş Denizi <-ni> *s* Ärmelkanal *m*
manşet <-di> *s* ① Manschette *f* ② Schlagzeile *f* ③ Bildunterschrift *f*
mantar *s* ① Kork *m* ② Pilz *m* ③ (*einer Flasche*) Verschluss *m,* Korken *m* ④ (*fam*) Lüge *f;* ~ **ağacı** [*o* **meşesi**] Korkeiche *f;* ~ **taban** (*für Schuhe*) Einlage *f;* ~ **zehirlenmesi** Pilzvergiftung *f*
mantı *s türk. Ravioli in Joghurtsoße*
mantık <-ğı> *s* Logik *f*
mantıki *adj* logisch
mantıklı *adj* logisch
mantıksız *adj* unlogisch
manto *s* (Damen)mantel *m*
manyak <-ğı> *adj* ① manisch ② (*fam*) verrückt
manyetik *adj* magnetisch; ~ **alan** Magnetfeld *nt*
manyetize *adj* magnetisiert; ~ **etmek** magnetisieren (**-i** etw)
manzara *s* ① Anblick *m* ② Aussicht *f* ③ Landschaft *f* ④ (*fig*) Schauspiel *nt;* ~ **kartı** Ansichtskarte *f*
manzaralı yer *s* Aussichtspunkt *m*
marangoz *s* Schreiner *m,* Tischler *m*
marangozhane *s* Schreinerei *f,* Tischlerei *f*
Maraton koşusu <-nu> *s* Marathonlauf *m*
marazi *adj* pathologisch, krankhaft
mareşal <-li> *s* Marschall *m*
margarin *s* Margarine *f*
marifet <-ti> *s* ① Kunststück *nt* ② Geschicklichkeit *f* ③ (*pej*) Unfug *m*
mariz *adj* kränklich, krank; ~ **atmak** (*fam*) vermöbeln (**-i** jdn)
mark <-kı> *s* Mark *f*
marka *s* ① Fabrikat *nt,* Marke *f* ② Warenzeichen *nt* ③ (*Zigaretten*) Sorte ④ Spielmarke *f* ⑤ Wertmarke *f;* **Mercedes** ~ **araba** ein Wagen der Marke Mercedes; **müseccel** ~ eingetragenes Warenzeichen *nt;* ~ **mal** Markenartikel *m*
markalamak *vt* mit Warenzeichen versehen (**-i** etw)
markalı *adj* mit Warenzeichen, Marken-
market <-ti> *s* Supermarkt *m*
marketing *s* Marketing *nt*
markör *s* (*Stift*) Marker *m*
Marmara Denizi <-ni> *s* Marmarameer *nt*
marmelat <-dı> *s* Marmelade *f*
Mars *s* Mars *m*
marsık <-ğı> *s* Holzkohle *f*
marş I. *s* ① Anlasser *m* ② (*Musikstück*) Marsch *m* **II.** *interj* Marsch!; **milli** ~ Nationalhymne *f;* ~ **düğmesi** Starter *m*
marşandiz *s* Güterzug *m*
marşpiye *s* Trittleiter *f*

mart <-tı> *s* März *m*
martaval *adj* (*fam*) ❶ (faustdicke) Lüge *f* ❷ Lügengeschichte *f*, Märchen *nt*
martı *s* Möwe *f*
maruf *adj* (allgemein) bekannt
marul *s* (*Gartensalat*) Lattich *m*
maruz *adv* ausgesetzt; **birini bir şeye ~ bırakmak** jdn einer Sache aussetzen
masa *s* ❶ Tisch *m* ❷ (*bei Behörden*) Abfertigungsstelle *f*; **~ ayağı** Tischbein *nt*; **~ lambası** Tischlampe *f*; **~ örtüsü** Tischtuch *nt*, Tischdecke *f*
masaj *s* Massage *f*; **~ yapmak** massieren
masajcı *s* Masseur(in) *m(f)*
masal *s* Märchen *nt*; **~ gibi** märchenhaft; **~ ülkesi** Märchenland *nt*
masatenisi <-ni> *s* Tischtennis *nt*
masaüstü <-nü> *s* INFORM Desktop *m*
masif **I.** *s* Massiv *nt* **II.** *adj* massiv
maskara **I.** *s* ❶ Narr *m* ❷ (*pej*) Verrückte(r) *f(m)* ❸ Karnevalsmaske *f* ❹ Karnevalsnarr *m* ❺ Wimperntusche *f* **II.** *adj* drollig, putzig; **maskaraya çevirmek** lächerlich machen (**-i** jdn)
maskaralık <-ğı> *s* ❶ (*fam*) Narretei *f* ❷ Possenreißen *f* ❸ (*pej*) Schande *f*
maske *s* Maske *f*; **~ takmak** (*a. fig*) sich maskieren; **maskesini düşürmek** entlarven (**-in** jdn)
maskelemek *vt* ❶ maskieren (**-i** jdn) ❷ tarnen (**-i** etw)
maskelenmek *vr* ❶ *Passiv und Reflexiv zu* **maskelemek** ❷ sich maskieren
maskeli *adj* maskiert; **~ balo** Maskenball *m*
maskot <-tu> *s* Maskottchen *nt*
mason *s* Freimaurer *m*
masör *s* Masseur *m*
masöz *s* Masseuse *f*
masraf *s* ❶ (*Geld*) Ausgabe *f* ❷ Spesen *pl*, Kosten *pl*; **~ tahmini** Kostenvoranschlag *m*; **masrafını çıkarmak** auf seine Kosten kommen
masraflı *adj* kostspielig
massetmek <-der> *vt* ❶ (auf)saugen (**-i** etw) ❷ neutralisieren, dämpfen (**-i** etw)
mastar *s* ❶ Infinitiv *m* ❷ Richtscheit *nt*
mastela *s* Bütte *f*
master *s* Magister *m*
mastürbasyon *s* Onanie *f*, Masturbation *f*; **~ yapmak** onanieren, masturbieren
masum **I.** *adj* unschuldig, rein **II.** *s* (*fam*) kleines Kind
masumiyet <-ti> *s* Unschuld *f*
maşa *s* ❶ Feuerzange *f* ❷ Klammer *f* ❸ Pinzette *f* ❹ Strohmann *m*
maşallah **I.** *interj* ❶ großartig! ❷ toi toi toi! **II.** *s* Amulett *nt* (*mit ‚maşallah' beschriftetes Amulett oder Schild, das gegen den bösen Blick schützen soll*)
mat <-tı> **I.** *s* (*beim Schachspiel*) Matt *nt* **II.** *adj* glanzlos, matt; **~ (durumu)** (*beim Schach*) matt
matara *s* Feldflasche *f*
matbaa *s* Druckerei *f*
matbaacı *s* Drucker(in) *m(f)*
matem *s* (*um einen Toten*) Trauer *f*; **~ elbisesi** Trauerkleid *nt*; **~ tutmak** Trauer tragen, trauern
matematik <-ği> **I.** *s* Mathematik *f* **II.** *adj* mathematisch; **~ ödevi** Rechenaufgabe *f*
matematikçi *s* Mathematiker(in) *m(f)*
materyal <-li> **I.** *s* Material *nt* **II.** *adj* materiell
materyalist <-ti> **I.** *s* Materialist(in) *m(f)* **II.** *adj* materialistisch
materyalizm *s* Materialismus *m*
matine *s* Vormittagsvorstellung *f*, Matinee *f*
matkap <-bı> *s* Bohrer *m*, Bohrmaschine *f*
maval *adv* (*fam*) faustdicke Lüge
mavi *adj* blau; **~ zambak** Schwertlilie *f*
mavimsi *adj* bläulich
mavimtırak *adj* bläulich
mavna *s* Lastkahn *m*, Schleppkahn *m*

mavzer s Pistole *f*, Revolver *m*
maya s ① Hefe *f*, Sauerteig *m* ② Treibmittel *nt* ③ Wesen *nt*, Charakter *m*
mayalamak *vt* zum Gären bringen (**-i** etw)
mayalanma s Gärung *f*
mayalanmak *vi* ① *Passiv zu* **mayalamak** ② gären
mayasız *adj* ① (*Brot*) ungesäuert ② charakterlos
maydanoz s Petersilie *f*
mayestro s ① Dirigent(in) *m(f)* ② Komponist(in) *m(f)*
mayhoş *adj* süßsauer
mayın s Mine *f*
mayıs s Mai *m*
mayısböceği <-ni> s Maikäfer *m*
maymun s Affe *m;* ~ **iştahlı** (*fam*) launenhaft, wankelmütig
maymuncuk <-ğu> s Dietrich *m*
mayo s ① Badeanzug *m* ② Badehose *f*
mayolu *adj* ① mit Badeanzug ② mit Badehose
mayonez s Mayonnaise *f;* ~ **sosu** Remouladensoße *f*
mayosuz *adj* ① ohne Badeanzug ② ohne Badehose
maytap <-bı> s Feuerwerkskörper *m*
mazarrat <-tı> s Schaden *m*
mazbata s ① Zeugnis *nt* ② *mit vielen Unterschriften versehenes Schriftstück*
mazbut <-tu> *adj* ① ordentlich ② wind- und kältegeschützt ③ festgelegt ④ aufgeschrieben, protokolliert
mazeret <-ti> s Entschuldigung *f;* **gülünç** ~ faule Ausrede
mazeretli *adj* entschuldigt
mazeretsiz *adj* unentschuldigt
mazgal s ① Schießscharte *f* ② Sehschlitz *m;* ~ **dişi** (*Mauer-*) Zinne *f*
mazı s Thuja *f*, Lebensbaum *m*
mazi s Vergangenheit *f*
mazlum *adj* ① unterdrückt ② ungerecht behandelt ③ bescheiden, zurückhaltend
maznun *adj* ① verdächtig ② beschuldigt, angeklagt
mazoşist <-ti> s Masochist(in) *m(f)*
mazoşizm s Masochismus *m*
mazot <-tu> s Dieselöl *nt*
mazotlu *adj* mit Dieselöl (betrieben); ~ **kalorifer** Öl(zentral)heizung *f*
mazur *adj* entschuldigt; ~ **görmek** verzeihen (**-in bir şeyini** jdm etw)
mebus s Parlamentarier(in) *m(f)*
mecaz s Metapher *f*
mecazi *adj* bildlich, metaphorisch, übertragen; ~ **anlamda** in übertragener Bedeutung
mecbur *adj* gezwungen, genötigt; ~ **etmek** nötigen, zwingen (**-i -e** jdn zu etw); ~ **olmak** gezwungen sein (**-e** zu etw)
mecburen *adv* gezwungenermaßen
mecburi *adj* ① gezwungen ② obligatorisch; ~ **iniş** Notlandung *f;* ~ **iniş yapmak** notlanden; ~ **istikamet** vorgeschriebene Fahrtrichtung *f*
mecburiyet s ① Notwendigkeit *f* ② Verpflichtung *f* ③ Zwang *m*
meclis s ① Parlament *nt* ② (*Kollegium*) Rat *m* ③ Gesellschaft *f*
mecmua s Zeitschrift *f*
meç <-çi> s ① Florett *nt* ② (getönte) Strähne *f*, Strähnchen *nt*
meçhul <-lü> *adv* ① unbekannt ② unsicher ③ LING passiv
medeni *adj* zivilisiert; ~ **cesaret** Zivilcourage *f;* ~ **hal** Familienstand *m;* ~ **hukuk** Zivilrecht *nt;* **Medeni Kanun** das Bürgerliche Gesetzbuch; ~ **nikah** standesamtliche Trauung
medenileştirmek *vt* zivilisieren (**-i** jdn/etw)
medeniyet <-ti> s Zivilisation *f*
meditasyon s Meditation *f;* ~ **yapmak** meditieren
medrese s HIST (*islamisch*) theologische Hochschule
medya s ① (*Zeitung, Fernsehen*) Medium *nt* ② die Medien *pl;* ~ **imparatoru** Medienmogul *m*

M

medyum *s* (*spiritistisch*) Medium *nt*

medyun *s* (*fam*) Schuldner(in) *m(f)*

megabayt *s* INFORM Megabyte *nt*

megafon *s* Megaphon *nt*

megahertz *s* Megahertz *nt*

megaloman *adj* größenwahnsinnig

megalomani *s* Größenwahn *m*

megaton *s* Megatonne *f*

megavat *s* Megawatt *nt*

meğer *konj* (*fam*) aber, jedoch

meğerki *konj* es sei denn, dass

mehabet <-ti> *s* Größe *f*, Erhabenheit *f*

mehabetli *adj* erhaben

mehil *s* Frist *f*

Mehmetçik <-ği> *s* (*fam*) *umgangssprachliche Bezeichnung für den einfachen türkischen Soldaten*

mehtap <-bı> *s* Mondschein *m*

mekan *s* ① Ort *m* ② Wohnort *m* ③ (Welt)all *nt*

mekanik <-ği> **I.** *s* Mechanik *f* **II.** *adj* ① maschinell ② mechanisch

mekanizm(a) *s* Mechanismus *m*

mekik <-ği> *s* (Weber)schiffchen *nt*; **Mekik** Spaceshuttle *m*; ~ **dokumak** (*fam*) hin und her gehen, auf und ab gehen

Meksika **I.** *s* (*Land*) Mexiko *nt* **II.** *adj* (*Art*) mexikanisch

Meksikalı **I.** *s* Mexikaner(in) *m(f)* **II.** *adj* (*Herkunft*) mexikanisch

Meksiko *s* (*Stadt*) Mexiko *nt*

mektup <-bu> *s* Brief *m*, Schreiben *nt*; ~ **açacağı** Brieföffner *m*; ~ **arkadaşı** Brieffreund(in) *m(f)*; ~ **başlığı** Briefkopf *m*; ~ **kâğıdı** Briefpapier *nt*, Briefbogen *m*

mektupla *adv* brieflich; ~ **öğretim** [*o* **öğrenim**] Fernstudium *nt*

mektuplaşma *s* ① *Verbalsubstantiv zu* **mektuplaşmak** ② Briefwechsel *m*, Korrespondenz *f*

mektuplaşmak *vi* korrespondieren (**ile** mit jdm)

melankoli *s* Melancholie *f*, Schwermut *f*

melankolik <-ği> **I.** *adj* melancholisch, schwermütig **II.** *s* Melancholiker(in) *m(f)*

melek <-ği> *s* Engel *m*

melemek *vi* ① (*Ziege*) meckern ② (*Schaf*) blöken

melez *s* ① Mischling *m* ② Kreuzung *f*

melezleştirme *s* ① *Verbalsubstantiv zu* **melezleştirmek** ② Kreuzung *f*

melezleştirmek *vt* (*Rassen*) kreuzen (**-i ile** etw mit etw)

melhem *s* ① Salbe *f* ② (*a. fig*) Balsam *m*; ~ **sürmek** einsalben (**-e** etw)

melodi *s* Melodie *f*, Weise *f*

melodik *adj* melodisch

melon *s* (*Hut*) Melone *f*

meltem *s* Brise *f*, sanfter Wind

meme *s* ① (*weibliche*) Brust *f* ② Mutterbrust *f* ③ Euter *nt* ④ Düse *f* ⑤ Geschwulst *f*; ~ **çocuğu** Säugling *m*; ~ **vermek** die Brust geben, stillen (**-e** jdn)

memeli hayvan *s* Säugetier *nt*

memleket <-ti> *s* ① Land *nt* ② Heimat *f*

memnun *adj* ① zufrieden ② erfreut ③ befriedigt; ~ **edici** befriedigend, erfreulich; ~ **etmek** zufriedenstellen, erfreuen (**-i** jdn); ~ **oldum!** sehr angenehm!, sehr erfreut!; ~ **olmak** zufrieden sein, sich freuen (**-den** über etw)

memnuniyet <-ti> *s* ① Zufriedenheit *f* ② Freude *f*

memnuniyetle *adv* gern, mit Vergnügen

memnuniyetsizlik <-ği> *s* Unzufriedenheit *f*

memur **I.** *s* Angestellte(r) *f(m)*, Beamte(r) *m*, Beamtin *f* **II.** *adj* beauftragt (**-e** mit etw)

memuriyet <-ti> *s* Amt *nt*, Posten *m*, Stelle *f*

memurluk <-ğu> *s* Beamtentum *nt*

mendil *s* Taschentuch *nt*; ~ **sallamak** mit dem Taschentuch winken

menecer *s* Manager(in) *m(f)*

menecerlik <-ği> *s* Management *nt*

menekşe *s* Veilchen *nt*; ~ **rengi(nde)** violett

menenjit <-ti> *s* Hirnhautentzündung *f*, Meningitis *f*
menfaat <-ti> *s* (*fam*) Vorteil *m*, Nutzen *m*; ~ **birliği** Interessengemeinschaft *f*
menfi *adj, adv* negativ
mengene *s* ① Kelter *f* ② Schraubstock *m* ③ Wäschemangel *f*
meni *s* Samen *m*, Sperma *nt*
menisk(üs) *s* ① Meniskus *m* ② Meniskusverletzung *f*
menopoz *s* Menopause *f*
mensucat <-tı> *s* Textilwaren *pl*
mensup <-bu> I. *adj* zugehörig, angehörend II. *s* Angehörige(r) *f(m)*; ~ **olmak** dazugehören (**-e** zu etw)
menşe <-ei> *s* ① Ursprungsort *m* ② Quelle *f*
menteşe *s* Scharnier *nt*, Türangel *f*
mentol <-lü> *s* Menthol *nt*
mentollü *adj* mentholhaltig, Menthol-
menzil *s* ① Reichweite *f* ② Bestimmungsort *m* ③ Reisestation *f*
mera *s* Weide *f*
merak <-kı> *s* ① Besorgnis *f* ② Interesse *nt*, Liebhaberei *f* ③ Neugier *f* ④ Spannung *f*; ~ **etmek** sich interessieren (**-e** für etw/jdn), sich Sorgen machen, neugierig sein (**-i** auf etw/jdn); ~ **etmeyiniz!** seien Sie unbesorgt!; ~ **sarmak** sich stark interessieren (**-e** für etw); ~ **uyandırmak** die Neugier wecken
meraklandırmak *vt* ① *Kausativ zu* **meraklanmak** ② neugierig machen (**-i** jdn) ③ Sorgen bereiten (**-i** jdm)
meraklanmak *vi* ① gespannt sein (**-e** auf etw) ② neugierig sein (**-e** auf etw/jdn) ③ sich Sorgen machen (**-e** um etw/jdn)
meraklı I. *adj* ① neugierig ② interessiert ③ spannend ④ beunruhigt II. *s* Amateur(in) *m(f)*, Liebhaber(in) *m(f)*
meraksız *adj* ① sorglos ② desinteressiert, nicht interessiert
meram *s* ① (*fam*) Zweck *m* ② Wunsch *m* ③ Aussage *f*, Punkt *m*; **meramını anlatmak** sich verständlich machen (**-e** jdm)
merasim *s* ① Feier *f*, Zeremonie *f* ② Protokoll *nt*
mercan *s* Koralle *f*
mercan balığı <-nı> *s* See-, Meerbrasse *f*
mercanköşk <-kü> *s* Majoran *m*
mercek <-ği> *s* TECH Linse *f*
merci *s* Instanz *f*
mercimek <-ği> *s* BOT Linse *f*; ~ **çorbası** Linsensuppe *f*
merdane *s* Walze *f*
merdiven *s* ① Treppe *f* ② Leiter *f*; ~ **başı** [*o* **sahanlığı**] Treppenabsatz *m*; ~ **boşluğu** Treppenhaus *nt*; ~ **tırabzanı** [*o* **korkuluğu**] Treppengeländer *nt*
meret <-ti> *adv* (*fam*) verflucht, verdammt
merhaba *interj* guten Tag!
merhale *s* (Reise)station *f*
merhamet <-ti> *s* Erbarmen *nt*
merhametli *adj* barmherzig, gnädig
merhametsiz *adj* erbarmungslos
merhametsizlik <-ği> *s* Erbarmungslosigkeit *f*
merhem *s* ① Salbe *f* ② Balsam *m*
merhum *adj* verstorben, selig
meridyen (dairesi) *s* Längenkreis *m*
Merih *s* Mars *m*
Merihli *s* Marsmensch *m*
merkep <-bi> *s* Esel *m*
merkez *s* ① Mittelpunkt *m* ② Zentrale *f* ③ Hauptstadt *f* ④ (*fam*) Polizeipräsidium *nt*; ~ **bankası** Zentralbank *f*
merkezci I. *adj* zentralistisch II. *s* Zentralist(in) *m(f)*
merkezcilik <-ği> *s* Zentralismus *m*
merkezi *adj* mittlere(r, s), zentral; ~ **işlem birimi** INFORM CPU *f*
merkezileşmek *vi* ① sich zentralisieren ② sich konzentrieren
merkezileştirmek *vt* ① *Kausativ zu* **merkezileşmek** ② zentralisieren (**-i** etw) ③ konzentrieren (**-i** etw)

mermer **I.** *s* Marmor *m* **II.** *adj* aus Marmor, Marmor-; ~ **sıva** Stuck *m*
mermi *s* Geschoss *nt,* Granate *f,* Kugel *f;* ~ **parçası** Granatsplitter *m;* ~ **yolu** Flugbahn *f*
mersin *s* Myrte *f*
mert <-di> *adj* ① mutig, tapfer ② ehrlich, wacker
mertçe *adj, adv* ① (*fig*) männlich ② tapfer, heldenhaft ③ ehrlich
mertebe *s* ① Rangordnung *f* ② Grad *m,* Rang *m*
mertek <-ği> *s* (großer) Balken *m*
mertlik <-ği> *s* Tapferkeit *f*
Meryem Ana *s* die heilige Maria
mesafe *s* ① Strecke *f* ② Abstand *m*
mesaj *s* Nachricht *f,* Botschaft *f;* (**kısa**) ~ (*Handy*) Kurznachricht *f,* SMS *f;* **birine kısa ~ göndermek** [*o* **yollamak**] jdm eine Kurznachricht [*o* SMS] schicken
mesane *s* Harnblase *f*
mescit <-di> *s* kleinere Moschee
mesela *adv* zum Beispiel, beispielsweise

mesele *s* ① Problem *nt* ② Angelegenheit *f,* Sache *f* ③ Streitfrage *f* ④ Affäre *f*
mesen *s* Mäzen(in) *m(f)*
meshetmek <-der> *vi* (*bei der rituellen Waschung*) sich mit der feuchten Hand über den Kopf streichen
Mesih *s* Heiland *m,* Messias *m*
mesken *s* ① Wohnung *f* ② Wohnsitz *m;* **meskene taarruz** Hausfriedensbruch *m*
meslek <-ği> *s* ① Beruf *m* ② Gewerbe *nt;* ~ **bilgisi** Fachkenntnisse *pl;* ~ **dalı** Berufszweig *m,* Fach *nt;* ~ **dili** Fachsprache *f;* ~ **eğitimi** Berufsausbildung *f;* ~ **hastalığı** Berufskrankheit *f;* ~ **hayatı** Berufsleben *nt;* ~ **okulu** Fachschule *f;* ~ **sahibi** erwerbstätig; ~ **sahibi olmak** berufstätig sein; ~ **tecrübesi** Berufserfahrung *f;* ~ **yüksek okulu** Fachhochschule *f;* **mesleğiniz ne(dir)?** was sind Sie von Beruf?
mesleki *adj* beruflich
meslektaş *s* Kollege *m,* Kollegin *f*
mest <-ti> *adj* berauscht; ~ **etmek** berauschen (**-i** jdn)
mesul <-lü> **I.** *adj* verantwortlich **II.** *s* Verantwortliche(r) *f(m)*
mesuliyet <-ti> *s* ① Verantwortung *f* ② Verantwortlichkeit *f;* ~ **sigortası** Haftpflichtversicherung *f*
mesuliyetli *adj* ① verantwortlich ② verantwortungsvoll
mesuliyetsiz *adj* ① unverantwortlich ② verantwortungslos
mesut <-du> *adj* glücklich
meşale *s* Fackel *f*
meşe *s* Eiche *f*
meşgale *s* Beschäftigung *f*
meşgul <-lü> *adj* ① beschäftigt ② besetzt, belegt; ~ **etmek** beschäftigen; (*durch leere Versprechungen*) hinhalten; (*stören*) abhalten (**-i** jdn); ~ **işareti** Besetztzeichen *nt;* **bir şeyle ~ olmak** sich mit etwas beschäftigen [*o* befassen]
meşhur *adj* berühmt, bekannt
meşin *s* (mit Lohe gegerbtes) Leder *nt*
meşru <-uu> *adj* ① gesetzlich, legal ② (*Kind*) ehelich; ~ **müdafaa** Notwehr *f*
meşrutiyet <-ti> *s* HIST konstitutionelle Monarchie
meta <-aı> *s* Ware *f*
metafizik <-ği> **I.** *s* Metaphysik *f* **II.** *adj* metaphysisch
metafoni *s* Umlaut *m*
metastaz *s* Metastase *f*
metelik <-ği> *s* ① HIST Nickelmünze *f* ② (*fam*) Pfennig *m;* **meteliğe kurşun atmak** blank sein, pleite sein
meteor *s* Meteor *m*
meteorolog *s* Meteorologe, Meteorologin *m, f*
meteoroloji *s* Meteorologie *f*
meteorolojik *adj* meteorologisch; ~ **harita** Wetterkarte *f*

methetmek <-der> *vt* (*fam*) loben (**-i** jdn/etw)

metin <-tni> *s* ❶ Text *m* ❷ Originaltext *m*, Wortlaut *m*; ~ **dosyası** INFORM Textdatei *f*

metin *adj* widerstandsfähig, zäh

metodik *adj* methodisch

metot <-du> *s* Methode *f*

metre *s* Meter *m o nt*; ~ **kare** Quadratmeter *m o nt*; ~ **küp** Kubikmeter *m o nt*

metres *s* Geliebte *f*

metro *s* U-Bahn *f*, Untergrundbahn *f*; ~ **durağı** U-Bahn-Station *f*

metronom *s* Metronom *nt*

mevcudiyet <-ti> *s* Existenz *f*

mevcut <-du> **I.** *s* Bestand *m* **II.** *adj* ❶ bestehend ❷ anwesend

mevduat <-tı> *s* ❶ Depositen *pl* ❷ Bankeinlagen *pl*

mevki <-ii> *s* ❶ (*im Zug*) Klasse *f* ❷ Ort *m* ❸ (berufliche, soziale) Position *f*

Mevla *s* Herrgott *m*

mevsim *s* Jahreszeit *f*, Saison *f*; ~ **öncesi** Vorsaison *f*; ~ **sonu** Nachsaison *f*; ~ **sonu satışı** Schlussverkauf *m*

mevzi <-ii> *s* ❶ Stellung *f* ❷ Ort *m*, Lage *f*

mevzu <-uu> *s* Thema *nt*

mevzuat <-tı> *s* Bestimmungen *pl*

meyankökü <-nü> *s* Lakritze *f*, Süßholz *nt*

meydan *s* (*in einer Stadt*) Platz *m*; ~ **okuma** Herausforderung *f*; ~ **okumak** herausfordern (**-i** jdn); ~ **savaşı** Endkampf *m*; **meydana çıkarmak** aufdecken; (*fig*) enthüllen, an den Tag bringen (**-i** etw); **meydana çıkmak** sich herausstellen, zutage kommen, auftauchen; **meydana gelmek** entstehen, geschehen; **meydana getirmek** schaffen, zustande bringen; (*bewirken*) verursachen (**-i** etw)

meyhane *s* Kneipe *f*

meyhaneci *s* Kneipenwirt(in) *m(f)*

meyil <-yli> *s* ❶ Neigung *f*, Steigung *f* ❷ (*fig*) Neigung *f*, Hang *m* ❸ Zuneigung *f*

meyilli *adj* ❶ geneigt, schief ❷ (*fig*) (zu)geneigt

meymenet <-ti> *s* (*fam*) Glück *nt*, Schwein *nt*

meymenetsiz *adj* (*fam*) ungut, mit schlechtem Einfluss

meyus *adj* (*fam*) ❶ (*Lage*) hoffnungslos ❷ (*Mensch*) pessimistisch

meyve, **meyva** *s* Frucht *f*, Obst *nt*; ~ **ağacı** Obstbaum *m*; ~ **bıçağı** Obstmesser *nt*; ~ **salatası** Obstsalat *m*; ~ **suyu** Fruchtsaft *m*; ~ **şekerlemesi** kandierte Früchte; ~ **vermek** Früchte tragen

meyveci *s* Obsthändler(in) *m(f)*

meyveli *adj* mit Früchten; ~ **pasta** Obstkuchen *m*

meyvelik <-ği> *s* Obstschale *f*

mezar *s* Grab *nt*, Grabstätte *f*; ~ **taşı** Grabstein *m*

mezarcı *s* ❶ Totengräber *m* ❷ Friedhofswärter *m*

mezarlık <-ğı> *s* Friedhof *m*

mezat <-dı> *s* Auktion *f*, Versteigerung *f*

mezbaha *s* Schlachthof *m*

meze *s* kleiner Imbiss (*besonders mit alkoholischen Getränken zu genießen*)

mezeci (**dükkanı**) *s* Delikatessengeschäft *nt*, Feinkostgeschäft *nt*

mezhep <-bi> *s* ❶ Bekenntnis *nt*, Konfession *f* ❷ Sekte *f*

meziyet <-ti> *s* Vorzug *m*

mezun **I.** *adj* berechtigt (**-e** zu etw) **II.** *s* Absolvent(in) *m(f)*

mezuniyet <-ti> *s* ❶ Beurlaubung *f* ❷ Erlaubnis *f* ❸ (*Schul-*, *Hochschul-*) Abschluss *f*

mezura *s* Metermaß *nt*, Maßband *nt*

MGK *s Abk von* **Milli Güvenlik Konseyi** der Nationale Sicherheitsrat (*in der Türkei*)

mıh *s* (großer) Nagel *m*

mıknatıs *s* Magnet *m*

mıknatıslamak *vt* magnetisieren (**-i** etw)

mıknatıslı *adj* ① magnetisch ② magnetisiert

mıntıka *s* Zone *f*

mırıldanmak *vi* ① murmeln ② (*ein Lied*) summen ③ (*Katze*) schnurren

mırıltı *s* (*fam*) Gemurmel *nt*

mısır *s* Mais *m;* ~ **koçanı** Maiskolben *m*

Mısır **I.** *s* Ägypten *nt* **II.** *adj* (*Art*) ägyptisch

Mısır inciri <-ni> *s* Kaktusfeige *f*

Mısırlı **I.** *s* Ägypter(in) *m(f)* **II.** *adj* (*Herkunft*) ägyptisch

mısra *s* Vers *m*

mıymıntı **I.** *s* (*fam: Person*) Schlafmütze *f* **II.** *adj* (*fam*) lahm

mızıka *s* ① Militärkapelle *f* ② Mundharmonika *f*

mızıkçı *s* (*fam*) Spielverderber(in) *m(f)*

mızmız **I.** *adj* ① (*fam*) brummig ② träge, lahm **II.** *s* Nörgler(in) *m(f)*

mızmızlanmak *vi* (*fam*) meckern, nörgeln

mızmızlık <-ğı> *s* ① Schwerfälligkeit *f*, Trägheit *f* ② Nörgelei *f*

mızrak <-ğı> *s* Lanze *f*, Spieß *m*

mide *s* Magen *m;* ~ **ağrısı** Magenschmerzen *pl;* ~ **bulantısı** Brechreiz *m*, Übelkeit *f;* ~ **damlası** Magentropfen *pl;* ~ **kapısı** (*Schließmuskel*) Pförtner *m;* ~ **ülseri** Magengeschwür *nt;* ~ **yanması** [*o* **ekşimesi**] Sodbrennen *nt;* **midem bulanıyor** mir ist [*o* wird] übel; **midem bozuldu** ich habe mir den Magen verdorben

midilli *s* Pony *nt*

Midilli *s* Lesbos *nt*

midye *s* Muschel *f*

migren *s* Migräne *f*

miğfer *s* (Schutz)helm *m*

mihrap <-bı> *s* Gebetsnische *f*

mikro *adj* Mikro-; ~ **dalga** Mikrowelle *f;* ~ **elektronik** Mikroelektronik *f*

mikroçip <-pi> *s* Mikrochip *m*

mikrodalga *s* Mikrowelle *f;* ~ **fırını** Mikrowellenofen *m*

mikrofilm *s* Mikrofilm *m*

mikrofon *s* Mikrofon *nt*

mikroişlemci *s* Mikroprozessor *m*

mikrop <-bu> *s* ① Mikrobe *f* ② Krankheitskeim *m* ③ (*pej vulg*) miese Ratte *f*

mikroskobik *adj* mikroskopisch

mikroskop <-bu> *s* Mikroskop *nt*

mikroyonga *s* Mikrochip *m*

mikser *s* (*Gerät*) Mixer *m*

miktar *s* (*bestimmtes Quantum*) Menge *f;* ~ **olarak** mengenmäßig

mil *s* ① Meile *f* ② Lehm *m* ③ Spindel *f*

milat <-dı> *s* Christi Geburt *f;* **Milattan önce/sonra** vor/nach Christus

milenyum *s* Millennium *nt*

miligram *s* Milligramm *nt*

milimetre *s* Millimeter *m o nt*

militan **I.** *adj* militant **II.** *s* bewaffneter Kämpfer *m*

millet <-ti> *s* ① Nation *f* ② (*fam*) Leute *pl;* **Milletler Cemiyeti** HIST Völkerbund *m*

milletlerarası *adj* international

milletvekili <-ni> *s* Abgeordnete(r) *f(m)*, Parlamentarier(in) *m(f)*

milli *adj* national; ~ **dil** Landessprache *f;* **Milli Eğitim Bakanı** Kultusminister(in) *m(f);* **Milli Eğitim Bakanlığı** Kultusministerium *nt;* **Milli Güvenlik Konseyi** Nationaler Sicherheitsrat *m* (*in der Türkei*)*;* ~ **marş** Nationalhymne *f;* ~ **oyun** Volkstanz *m;* ~ **park** Nationalpark *m;* ~ **plaka** (*am Auto*) Nationalitätskennzeichen *nt;* ~ **renkler** Landesfarben *pl;* ~ **takım** (*Fußball*) Nationalelf *f*

millileştirmek *vt* nationalisieren (**-i** etw)

milliyet <-ti> *s* ① Nationalität *f* ② Nationalbewusstsein *nt*

milliyetçi **I.** *adj* ① nationalistisch ② nationalbewusst **II.** *s* Nationalist(in) *m(f)*

milliyetçilik <-ği> *s* Nationalbewusstsein *nt*

milyar *s* Milliarde *f*
milyarder *s* Milliardär(in) *m(f)*
milyon *s* Million *f*
milyoner *s* Millionär(in) *m(f)*
mimar *s* ❶ Architekt(in) *m(f)* ❷ Baumeister *m*
mimari **I.** *s* Architektur *f* **II.** *adj* architektonisch
mimarlık <-ğı> *s* ❶ Architektenberuf *m* ❷ Architektur *f*
mimber *s* Kanzel *f*
mimik <-ği> **I.** *s* Mimik *f* **II.** *adj* mimisch
minare *s* Minarett *nt*
minder *s* ❶ Matte *f* ❷ Sitzkissen *nt* ❸ Matratze *f;* ~ **çürütmek** (*fam*) sich auf die faule Haut legen
mine **I.** *s* ❶ Email *nt* ❷ Zahnschmelz *m* ❸ (*einer Uhr*) Zifferblatt *nt* **II.** *adj* emailliert
minelemek *vt* emaillieren (**-i** etw)
mineral <-li> **I.** *s* Mineral *nt* **II.** *adj* mineralisch, mineralhaltig
mineraloji *s* Mineralogie *f*
minibar *s* Minibar *f*
minibüs *s* Kleinbus *m*
minicik *adj* winzig
minietek <-ği> *s* Minirock *m*
minik *adj* klein und niedlich
minimum *s* Minimum *nt*
minkale *s* Winkelmesser *nt*
minnet <-ti> *s* Dankesschuld *f*
minnettar *adj* dankbar (**-e** jdm)
minnettarlık <-ğı> *s* Dankbarkeit *f*
minüskül *s* Kleinbuchstabe *m*
minval <-li> *s* Art und Weise *f*
minyatür **I.** *s* Miniatur *f* **II.** *adj* klein, winzig
minyon *adj* niedlich
miraç <-cı> *s* Mohammeds Himmelfahrt *f*
miras *s* Erbe *nt,* Erbschaft *f,* Nachlass *m;* **bu ev ona dedesinden ~ kaldı** er hat dieses Haus von seinem Großvater geerbt; **~ bırakmak** vermachen (**-e -i** jdm etw); **mirastan mahrum etmek** [*o* **çıkarmak**] enterben (**-i** jdn)
mirasçı *s* Erbe *m,* Erbin *f*
misafir *s* Gast *m;* ~ [*o* **konuk**] **odası** Gästezimmer *nt*
misafirperver *adj* gastfreundlich
misafirperverlik <-ği> *s* Gastfreundschaft *f*
misal <-li> *s* Beispiel *nt*
misil <-sli> *s* ❶ Gleiche(s) *nt* ❷ Mehrfache(s) *nt;* **üç misli** dreimal so viel
misina *s* Angelschnur *f*
misket <-ti> *s* ❶ Murmel *f* ❷ Sprengladung *f;* ~ **şarabı** Muskatellerwein *m;* ~ **üzümü** Muskatellertraube *f*
miskin **I.** *s* (*fam: Person*) Schlafmütze *f* **II.** *adj* ❶ (*fam*) faul, träge ❷ dickfellig
misli <-ni> *s Possessivform zu* **misil** ein Mehrfaches von ...; **üç** ~ dreimal so viel
mistisizm *s* Mystik *f*
misyon *s* Auftrag *m,* Mission *f*
misyoner *s* Missionar(in) *m(f)*
mit <-ti> *s* Mythos *m*
miting *s* ❶ Kundgebung *f* ❷ Demonstration *f;* ~ **yapmak** demonstrieren
mitingci *s* Demonstrant(in) *m(f)*
mitoloji *s* Mythologie *f*
mitolojik *adj* mythologisch
miyavlamak *vi* (*Katze*) miauen
miyop <-bu> *adj* kurzsichtig
miyopluk <-ğu> *s* Kurzsichtigkeit *f*
mizaç <-cı> *s* Natur *f,* Naturell *nt,* Temperament *nt*
mizah *s* Humor *m*
mizahçı *s* Humorist(in) *m(f)*
mizahi *adj* humoristisch
mizanpli *s* (*Frisur*) Wasserwelle *f*
mobil telefon *s* Mobiltelefon *nt*
mobilya *s* Möbel *pl,* Mobiliar *nt;* ~ **mağazası** Möbelgeschäft *nt*
mobilyalı *adj* möbliert; ~ **daire** möblierte Wohnung
moda **I.** *s* Mode *f* **II.** *adj* modisch; ~ **fuarı** Modemesse *f;* ~ **kitabı** Modebuch *nt;* ~ **mağazası** Modegeschäft;

~ **olmak** in Mode sein; **modası geçmek** aus der Mode kommen; **modası geçmiş** altmodisch; (*fig*) veraltet, überholt; (**son**) **modaya göre** nach der (neuesten) Mode; **modaya uygun** modisch, modern

modacı *s* Modeschöpfer(in) *m(f)*

model *s* ① Modell *nt* ② Schema *nt* ③ Modejournal *nt* ④ Ebenbild *nt*

modellik <-ği> *s* Modellstehen *nt,* Modeln *nt;* ~ **yapmak** (*für Maler*) Modell stehen; (*für Fotograf*) modeln

modem *s* Modem *nt;* **dış** ~ externes Modem

modern *adj* modern

modernize *adj* modernisiert; ~ **etmek** modernisieren (**-i** etw)

modernleştirme *s* ① *Verbalsubstantiv zu* **modernleştirmek** ② Modernisierung *f*

modernleştirmek *vt* modernisieren (**-i** etw)

Moğol **I.** *s* Mongole *m,* Mongolin *f* **II.** *adj* (*Art*) mongolisch

Moğolistan **I.** *s* die Mongolei **II.** *adj* mongolisch

mola *s* Rast *f;* ~ **vermek** rasten; ~ **yeri** Rastplatz *m*

molasız *adj, adv* rastlos

molekül *s* Molekül *nt*

moloz *s* ① Bauschutt *m* ② Schotter *m*

Monako *s* Monaco *nt*

monarşi *s* Monarchie *f*

monarşist <-ti> **I.** *s* Monarchist(in) *m(f)* **II.** *adj* monarchistisch

monitör *s* INFORM Monitor *m*

monogami *s* Monogamie *f*

monolog *s* Monolog *m*

monoton *adj* eintönig, monoton

mont <-tu> *s* Freizeitjacke *f,* Blouson *nt,* Windjacke *f*

montaj *s* ① Montage *f* ② (*Film*) Schnitt *m;* ~ **yapmak** montieren (**-i** etw)

montajcı *s* Monteur *m*

monte *adj* montiert; ~ **etmek** (*Maschine*) aufstellen, montieren (**-i** etw)

mor *adj* ① (dunkel)violett ② (*Körperteil*) blau (gefroren)

moral <-li> **I.** *s* ① Moral *f* ② (seelische) Verfassung *f* **II.** *adj* moralisch; **morali bozuk** demoralisiert

morarmak *vi* ① violett werden ② (*Körperteil*) blau anlaufen ③ (*fam*) (vor Zorn) rot werden

moratoryum *s* Stillhalteabkommen *nt,* Moratorium *nt*

Moravya *s* Mähren *nt*

morfin *s* Morphium *nt;* ~ **düşkünü** Morphinist(in) *m(f)*

morg *s* Leichenschauhaus *nt*

morina *s* ① Dorsch *m* ② Kabeljau *m* ③ Schellfisch *m;* **kurutulmuş** ~ Stockfisch *m*

Moritanya *s* Mauretanien *nt*

morötesi <-ni> *adj* ultraviolett

mors *s* ① Morsesystem *nt* ② Morsealphabet *nt* ③ Walross *nt;* ~ **alfabesi** Morsealphabet *nt*

moruk <-ğu> *s* (*fam*) alter Knacker

Moskova *s* Moskau *nt*

motel *s* Motel *nt*

motif *s* Motiv *nt*

motivasyon *s* Motivation *f*

motor *s* ① Motor *m* ② Motorboot *nt* ③ (*fam*) Motorrad *nt;* ~ **kayışı** Keilriemen *m;* ~ **kılıfı** Motorhaube *f*

motorize *adj* motorisiert; ~ **etmek** motorisieren (**-i** etw)

motorlaştırma *s* ① *Verbalsubstantiv zu* **motorlaştırmak** ② Motorisierung *f*

motorlaştırmak *vt* motorisieren (**-i** etw)

motorlu *adj* ① mit Motor, Motor- ② (*mit vorgesetzter Zahl*) -motorig ③ motorisiert; ~ **bisiklet** Mofa *nt;* ~ **taşıt** Kraftfahrzeug *nt;* ~ **taşıt vergisi** Kraftfahrzeugsteuer *f*

motorşip *s* Motorschiff *nt*

motosiklet <-ti> *s* Motorrad *nt*

motosikletçi *s* Motorradfahrer(in) *m(f)*

mozaik <-ği> *s* Mosaik *nt*

Mozambik <-ği> *s* Mosambik *nt*

Mozel *s* Mosel *f*
mozole *s* Mausoleum *nt*
MÖ. *s Abk von* **Milattan önce** v.Chr. (*vor Christus*)
möble *s* Möbelstück *nt*
mönü *s* Gedeck *nt,* Menü *nt*
MS. *s Abk von* **Milattan sonra** n.Chr. (*nach Christus*)
muadelet <-ti> *s* Gleichwertigkeit *f*
muadil *adj* gleichbedeutend
muaf *adj* ❶ frei ❷ immun; ~ **tutmak** (von einer Pflicht) befreien (**-i -den** jdn von etw)
muafiyet <-ti> *s* ❶ Freistellung *f* ❷ Immunität *f*
muamele *s* ❶ (*am Schalter*) Abfertigung *f* ❷ Dienstweg *m* ❸ Handel *m* ❹ (*eines Menschen*) Behandlung *f* ❺ Verhalten *nt;* ~ **etmek** behandeln (**-e** jdn/etw); ~ **vergisi** Umsatzsteuer *f*
muamma *s* Rätsel *nt*
muammalı *adj* rätselhaft
muammer *adj* langlebig
muasır *adj* zeitgenössisch, modern
muasırlaşmak *vi* modern werden, sich modernisieren
muasırlaştırmak *vt* modernisieren (**-i** etw)
muavin *s* Helfer(in) *m(f)*
muayene *s* ❶ Untersuchung *f* ❷ Überprüfung *f;* ~ **etmek** untersuchen, überprüfen (**-i** etw/jdn); ~ **saati** Sprechstunde *f* (beim Arzt)
muayeneci *s* Zollbeamte(r) *m,* Zollbeamtin *f*
muayenehane *s* ❶ (Arzt)praxis *f* ❷ (*von Arzt*) Sprechzimmer *nt*
muazzam *adj* enorm, riesig
mubah *adj* (*islamisch*) zulässig
mucit <-di> *s* Erfinder(in) *m(f)*
mucize *s* Wunder *nt*
mucizeli *adj* wunderbar
mucur *s* Abfall *m*
mudi <-ii> *s* Einzahler(in) *m(f)*
muhabbet <-ti> *s* ❶ Liebe *f* ❷ Freundschaft *f* ❸ Unterhaltung *f*
muhabbetkuşu <-nu> *s* Wellensittich *m*
muhabir *s* Korrespondent(in) *m(f)*
muhafaza *s* ❶ Aufbewahrung *f* ❷ Schutz *m* ❸ Beibehaltung *f;* ~ **etmek** aufbewahren, (be)schützen, beibehalten (**-i** etw)
muhafazakar *adj* konservativ
muhafız *s* Wärter *m,* Wächter *m;* ~ **kıtası** Leibwache *f*
muhakeme *s* ❶ Überlegung *f* ❷ Gerichtsverhandlung *f*
muhakkak *adv* ❶ bestimmt, auf jeden Fall, sicher ❷ unbedingt
muhalefet <-ti> *s* ❶ Opposition *f* ❷ ungünstiges Wetter; ~ **lideri** Oppositionsführer(in) *m(f)*
muhalif **I.** *s* Gegner(in) *m(f)* **II.** *adj* gegnerisch, oppositionell
muhallebi *s* Reismehlpudding *m*
muhallebici *s Lokal, in dem türkische Mehl- und Puddingspeisen angeboten werden*
Muhammedi *s* Mohammedaner(in) *m(f)*
Muhammet <-di> *s* (*Prophet*) Mohammed
muharebe *s* Schlacht *f,* Gefecht *nt;* ~ **etmek** kämpfen
muhasebe *s* Buchhaltung *f;* ~ **yapmak** Buch führen
muhasebeci *s* Buchhalter(in) *m(f)*
muhbir *s* Berichterstatter(in) *m(f)*
muhit <-ti> *s* Umgebung *f*
muhrip <-bi> *s* (*Schiff*) Zerstörer *m*
muhtaç <-cı> *adj* bedürftig; ~ **olmak** benötigen, brauchen (**-e** etw)
muhtar **I.** *s* Bürgermeister *m* (eines Dorfes) **II.** *adj* autonom
muhtariyet <-ti> *s* Autonomie *f,* Selbstverwaltung *f*
muhtelif *adj* ❶ verschieden, verschiedenartig ❷ mehrere
muhtemelen *adv* wahrscheinlich
muhterem *adj* geehrt, verehrt

M

muhteşem *adj* prächtig, prunkvoll

muhteva *s* Inhalt *m*

muhtevi *adj* enthaltend

muhteviyat <-tı> *s* Inhalt *m*

muhtıra *s* ① Memorandum *nt* ② Notizzettel *m*

mukabele *s* Antwort *f*

mukabeleci *s* Koranrezitator *m*

mukabil I. *adj* ① entgegengesetzt ② entsprechend **II.** *s* Gegensatz *m* **III.** *präp* ① im Gegensatz zu (**-e** +*dat*) ② (als Ersatz) für (**-e** +*akk*)

mukadder *adj* (*Schicksal*) vorherbestimmt

mukadderat <-tı> *s* Schicksal *nt*

mukaddes *adj* heilig

mukaddesat <-tı> *s* Heiligtümer *pl*

mukavele *s* Vertrag *m,* Abkommen *nt*

mukaveleli *adj* vertragsgemäß, laut Vertrag

mukavelename *s* Vertrag *m,* Vertragsurkunde *f*

mukavemet <-ti> *s* Widerstand *m;* ~ **koşusu** Dauerlauf *m;* ~ **yürüyüşü** Langlauf *m*

mukavemetçi *s* Widerstandskämpfer(in) *m(f)*

mukavim *adj* widerstandsfähig

mukavva *s* Karton *m,* Pappe *f*

mukayese *s* Vergleich *m;* ~ **etmek** vergleichen (**-i** etw); ~ **ölçüsü** Größenordnung *f*

muktedir *adj* fähig; ~ **olmak** fähig [*o* imstande] sein zu (**-e** zu etw)

multidisipliner *adj* interdisziplinär

multimedya *s* Multimedia *nt;* ~ **dosyaları** Multimediadateien *pl*

multinasyonal *adj* multinational

multivitaminli *adj* Multivitamin-

mum *s* ① Kerze *f* ② Wachs *nt;* ~ **ışığı** Kerzenlicht *nt*

mumlamak *vt* ① wachsen (**-i** etw) ② (ver)siegeln (**-i** etw)

mumluk <-ğu> **I.** *s* Kerzenhalter *m,* Kerzenleuchter *m* **II.** *adj* (*Glühbirne*) mit einer Beleuchtungsstärke

mumya *s* Mumie *f;* ~ **gibi** (*fam*) nur noch Haut und Knochen

mumyağı <-nı> *s* Talg *m*

mumyalaşmak *vi* zur Mumie werden

mumyalaştırmak *vt* ① *Kausativ zu* **mumyalaşmak** ② mumifizieren (**-i** jdn/etw)

munafık <-ğı> *s* ① Heuchler(in) *m(f)* ② Intrigant(in) *m(f)*

munafıklık <-ğı> *s* ① Heuchelei *f* ② Intrige *f*

munis *adj* ① herzlich ② liebenswert ③ vertraut

muntazam *adj* ordentlich, geregelt

murat <-dı> *s* Wunsch *m;* **muradına ermek** sein Ziel erreichen

musakka *s ein Gemüseauflauf mit Hackfleisch*

musallat olmak *vi* belästigen (**-e** jdn)

Musevi I. *s* Hebräer(in) *m(f),* Jude *m,* Jüdin *f* **II.** *adj* (*Herkunft*) jüdisch

Musevice *adj* (*Sprache*) (neu)hebräisch

Musevilik <-ği> *s* Judentum *nt*

muska *s* ① (*Talisman*) Amulett *nt* ② *islamischer Glücksbringer* ③ *aufgeschriebener Zauberspruch*

musluk <-ğu> *s* (*Gas-, Wasser-*) Hahn *m;* ~ **suyu** Leitungswasser *nt*

muslukçu *s* Installateur *m*

muşamba *s* ① Wachstuch *nt* ② Linoleum *nt* ③ (wasserdichter) Regenmantel *m*

muşmula *s* Mispel *f*

mutant <-tı> **I.** *adj* mutiert **II.** *s* Mutant *m*

mutasavvıf *s* Sufi *m*

mutasyon *s* Mutation *f;* ~ **geçirmek** BIOL mutieren; ~ **geçirmiş** mutiert

mutemet <-di> *s* (*im Betrieb*) Vertrauensperson *f*

mutfak <-ğı> *s* Küche *f;* ~ **ocağı** Küchenherd *m*

mutlak <-kı> *adj* absolut, unbeschränkt

mutlaka *adv* auf jeden Fall, unbedingt

mutlu *adj* glücklich; ~ **kılmak** (*fam*) beglücken (**-i** jdn); **ne ~ Türküm**

diyene welch ein Glück, sagen zu können: ‚ich bin ein Türke' (*berühmter Ausspruch Atatürks*)

mutluluk <-ğu> *s* Glück *nt*

muvafakatname *s* Einverständniserklärung *f*

muvaffak <-ğı> *adj* erfolgreich

muz *s* Banane *f;* ~ **ağacı** Bananenbaum *m*

muzip <-bi> *s* Witzbold *m,* Spaßvogel *m*

muziplik <-ği> *s* (grober) Scherz *m*

mübalağa *s* Übertreibung *f;* ~ **etmek** übertreiben (**-i** etw)

mübarek <-ği> *adj* ① heilig ② gesegnet

mücadele *s* ① Kampf *m* ② Streit *m;* ~ **etmek** kämpfen, streiten

mücadeleci *s* Kämpfer(in) *m(f)*

mücevher *s* ① (*a. fig*) Juwel *nt,* Kleinod *nt* ② Schmuckstück *nt;* ~ **kutusu** Schmuckschatulle *f,* Schmuckkästchen *nt*

mücrim *s* Schuldige(r) *f(m)*

müdafaa *s* Verteidigung *f;* ~ **etmek** verteidigen (**-i** jdn/etw)

müdahale *s* ① Einmischung *f* ② (chirurgischer) Eingriff *m;* ~ **etmek** sich einmischen; POL eingreifen (**-e** in etw)

müddei *s* Ankläger(in) *m(f)*

müddet <-ti> *s* ① Dauer *f* ② Frist *f,* Zeitraum *m*

müddetçe *konj* solange; **üniversitede okuduğu** ~ solange er studierte

müdür *s* ① Direktor(in) *m(f)* ② Intendant(in) *m(f)* ③ (*in einer Schule*) Rektor(in) *m(f)*

müdürlük <-ğü> *s* ① Direktion *f* ② Stellung *f* eines Direktors

müebbet *adj* lebenslänglich; ~ **ağır hapis** (**cezası**) lebenslängliches Zuchthaus

müessese *s* Einrichtung *f,* Institution *f*

müezzin *s* Muezzin *m*

müfettiş *s* Inspektor(in) *m(f)*

müfettişlik <-ği> *s* (*Amt*) Inspektion *f*

mühendis *s* Ingenieur(in) *m(f)*

mühim <-mmi> *adj* ① wichtig ② (*Krankheit*) gefährlich

mühlet <-ti> *s* ① Aufschub *m* ② Termin *m,* Frist *f;* ~ **vermek** eine Frist setzen

mühür <-hrü> *s* ① Siegel *nt* ② Stempel *m;* ~ **basmak** stempeln; ~ **mumu** Siegellack *m*

mühürlemek *vt* ① (ver)siegeln (**-i** etw) ② (ab)stempeln (**-i** etw)

müjde *s* ① gute Nachricht ② Geschenk *nt* (*für den Überbringer einer guten Nachricht*)

mükafat <-tı> *s* ① Belohnung *f* ② Auszeichnung *f,* Preis *m*

mükafatlandırmak *vt* ① belohnen (**-i** jdn) ② auszeichnen (**-i** jdn)

mükellef *adv* verpflichtet (**ile** zu etw)

mükemmel *adj* ausgezeichnet, unübertrefflich, vollendet

mükemmellik <-ği> *s* Vollkommenheit *f*

mülakat <-tı> *s* ① Besprechung *f* ② Interview *nt*

mülk <-kü> *s* ① Grundbesitz *m,* Eigentum *nt* ② Staatsgebiet *nt*

mülkiyet <-ti> *s* Eigentum *nt*

mülteci *s* (politischer) Flüchtling *m;* **mülteciler kampı** Flüchtlingslager *nt*

mültipl skleroz *s* multiple Sklerose *f*

mümessil *s* Stellvertreter(in) *m(f)*

mümin **I.** *s* ① Gläubige(r) *f(m)* ② Muslim(in) *m(f)* **II.** *adj* gläubig

mümkün *adj* möglich; ~ **kılmak** ermöglichen (**-i** etw); ~ **olduğu kadar çabuk** möglichst bald; ~ **olduğu kadar iyi/çok** so gut/viel wie möglich

mümkünse *adv* wenn möglich

münakaşa *s* ① Diskussion *f* ② Streit *m;* ~ **etmek** heftig diskutieren (**-i** über etw)

münasebet <-ti> *s* ① Beziehung *f,* Verhältnis *nt* ② Verbindung *f* ③ Schicklichkeit *f*

münasebetli *adj* ① passend, geeignet ② angebracht ③ respektvoll

M

münasebetsiz *adj* ❶ unpassend, ungeeignet ❷ unangebracht ❸ respektlos

münasip <-bi> *adj* passend (**-e** zu etw/jdm)

müneccim *s* ❶ Astronom(in) *m(f)* ❷ Astrologe, Astrologin *m, f*

münevver **I.** *adj* ❶ intelligent ❷ gebildet **II.** *s* Intellektuelle(r) *f(m)*

münferit <-di> *adj* Einzel-, Sonder-; **~ hapis** Einzelhaft *f;* **~ hücre** Einzelzelle *f*

münhasır *adj* begrenzt, beschränkt; **~ mümessillik** Alleinvertretung *f*

Münih *s* München *nt*

münzevi **I.** *s* Einsiedler(in) *m(f)* **II.** *adj* zurückgezogen

müphem *adj* unklar, unbestimmt

müphemlik <-ği> *s* Unklarheit *f,* Undeutlichkeit *f*

müracaat <-tı> *s* ❶ Anmeldung *f* ❷ Anfrage *f* ❸ Bewerbung *f;* **~ etmek** sich wenden an (**-e** an jdn); (*Nachschlagewerk*) nachschlagen (**-e** in etw)

mürdümeriği <-ni> *s* Damaszenerpflaume *f*

mürebbiye *s* ❶ Kindermädchen *nt* ❷ Gouvernante *f*

mürekkep <-bi> **I.** *s* Tinte *f* **II.** *adj* zusammengesetzt (**-den** aus etw); **~ hokkası** Tintenfass *nt;* **~ lekesi** Tintenklecks *m;* **~ silgisi** Tintenkiller *m*

mürekkepbalığı <-nı> *s* Tintenfisch *m*

mürettebat <-tı> *s* Besatzung *f*

mürşit <-di> *s* geistiger Führer *m,* Guru *m*

mürteci *adj* rückschrittlich

mürver *s* Holunder *m*

müsaade *s* Erlaubnis *f;* **~ etmek** erlauben, genehmigen (**-e** jdm); **müsaadenizle** wenn Sie gestatten!

müsait <-di> *adj* günstig, passend

müshil *s* Abführmittel *nt*

Müslim *s* Muslim(in) *m(f)*

Müslüman **I.** *s* Muslim(in) *m(f)* **II.** *adj* moslemisch, islamisch

Müslümanlık <-ğı> *s* Islam *m*

müspet <-ti> *adj, adv* ❶ positiv ❷ bewiesen, bestätigt; **~ ilimler** Naturwissenschaften *pl*

müsrif **I.** *s* Verschwender(in) *m(f)* **II.** *adj, adv* verschwenderisch

müstahdem *s* Angestellte(r) *f(m)*

müstakbel *adj* zukünftig

müstehcen *adj* obszön, unanständig

müstesna **I.** *s* Ausnahme *f* **II.** *adj* außergewöhnlich; **~ durum** Sonderfall *m;* **~ olarak** ausnahmsweise

müsteşar *s* ❶ (*im Ministerium*) Staatssekretär(in) *m(f)* ❷ Botschafter(in) *m(f)*

müsvedde *s* Konzept *nt,* Entwurf *m*

müşavir *s* Ratgeber(in) *m(f)*

müşkül **I.** *adj* ❶ schwer, schwierig ❷ heikel **II.** *s* Schwierigkeit *f*

müşkülpesent <-di> *adj* wählerisch, anspruchsvoll

müşterek <-ki> *adj, adv* gemeinsam

müşteri *s* ❶ (*Käufer*) Kunde *m,* Kundin *f* ❷ (*im Restaurant, Hotel*) Gast *m* ❸ Klient(in) *m(f);* **~ danışma hattı** Kundenhotline *f;* **~ servisi** Kundendienst *m*

mütemadiyen *adv* fortwährend

müteşebbis **I.** *s* Unternehmer(in) *m(f)* **II.** *adj* unternehmungslustig

müteşekkir *adj* dankbar

müthiş **I.** *adj* entsetzlich, furchtbar **II.** *adv* (*zur Verstärkung der Adjektive*) überaus, sehr

müttefik <-ki> **I.** *adj* alliiert **II.** *s* Verbündete(r) *f(m),* Alliierte(r) *f(m)*

müvekkil *s* (*eines Rechtsanwalts*) Mandant(in) *m(f)*

müzayede *s* Auktion *f,* Versteigerung *f*

müze *s* Museum *nt*

müzelik <-ği> *adj* museumsreif

müzik <-ği> *s* Musik *f;* **~ aleti** Musikinstrument *nt;* **~ aletleri mağazası** Musikgeschäft *nt;* **~ dolabı** Musikbox *f;* **~ öğretmeni** Musiklehrer(in) *m(f)*

müzikal <-li> **I.** *adj* musikalisch **II.** *s* Musical *nt*

müzikli *adj* mit Musik; ~ **saat** Spieluhr *f*
müzisyen *s* Musiker(in) *m(f)*
müzmin *adj* ① chronisch ② (*fig*) eingefleischt ③ dauernd; ~ **bekar** eingefleischter Junggeselle

Nn

N, n *s 17. Buchstabe des türk. Alphabets*
nabız <-bzı> *s* Puls *m*, Pulsschlag *m*; **nabzına bakmak** den Puls fühlen (-**in** jdm)
nadas *s* ① Umpflügen *nt* ② (umgepflügter) Acker *m*; ~ **terkedilmiş** brach
nadir *adj* rar, selten; ~ **olarak** selten
nadiren *adv* selten
nafaka *s* ① Lebensunterhalt *m* ② Alimente *pl*
nafile *adv* vergeblich, umsonst, vergebens
nağme *s* ① Klang *m* ② Melodie *f*
nahoş *adj* misslich, peinlich
nakarat <-tı> *s* ① Refrain *m* ② die alte Leier
nakavt <-tı> *s* Knock-out *m*; ~ **etmek** k.o. schlagen (-**i** jdn)
nakdi <-ni> *s Possessivform zu* **nakit** sein/ihr Bargeld *nt*
nakış <-kşı> *s* ① Stickerei *f* ② Wandmalerei *f*
nakil <-kli> *s* ① Transport *m*, Beförderung, f ② Überweisung *f* ③ (*eines Beamten*) Versetzung *f* ④ Umzug *m* ⑤ (*Elektrizität*) Leitung *f* ⑥ Erzählung *f* ⑦ Übertragung *f*, Übersetzung *f* ⑧ Transplantation *f*
nakit <-kdi> *s* (Bar)geld *nt*
naklen *adv* ① in Übertragung ② TV, RADIO live
nakletmek <-der> *vt* ① transportieren (-**i** etw) ② (*elektrischen Strom*) leiten (-**i** etw) ③ erzählen (-**i** etw) ④ versetzen (-**i** jdn) ⑤ übertragen, übersetzen (-**i** -**den** -**e** etw aus etw in etw) ⑥ transplantieren, verpflanzen (-**i** etw) ⑦ umziehen (-**e** nach/in etw)
nakli <-ni> *s Possessivform zu* **nakil** der Transport von ...
nakliyat <-tı> *s* Transport *m*; ~ **firması** Speditionsfirma *f*; ~ **şirketi** Transportunternehmen *nt*
nakliye *s* Transport *m*; ~ **uçağı** Transportflugzeug *nt*; ~ **ücreti** Frachtkosten *pl*
nakliyeci *s* Spediteur(in) *m(f)*
nakşı <-nı> *s Possessivform zu* **nakış** die Stickerei von ...
nal *s* Hufeisen *nt*; **nalları dikmek** (*fam: sterben*) abkratzen
nalbant <-dı> *s* (Huf)schmied *m*
nalbur *s* ① Eisenwarenhandlung *f* ② Eisenwarenhändler *m*
nalın *s* (türkischer) Holzschuh *m*
nallamak *vt* ① (*Pferd*) beschlagen (-**i** etw) ② (*fam*) umbringen, kaltmachen (-**i** jdn)
nam *s* ① Name *m* ② Ruf *m*, Leumund *m* ③ Ruhm *m*; **namına** im Namen von, im Auftrag von, zugunsten von
namaz *s* islamische Gebetsübung; ~ **kılmak** das rituelle Gebet verrichten
Namibya *s* Namibia *nt*
namlu *s* (*von Schusswaffe*) Lauf *m*
namus *s* Ehre *f*; ~ **konusu** Ehrensache *f*; ~ **sözü** Ehrenwort *nt*; **namusunu lekelemek** entehren (-**in** jdn)

namuslu *adj* ❶ ehrenhaft ❷ ehrlich, anständig ❸ rechtschaffen ❹ redlich

namusluluk <-ğu> *s* ❶ Ehrenhaftigkeit *f* ❷ Ehrlichkeit *f*, Redlichkeit *f*

namussuz *adj* ❶ unehrenhaft ❷ unehrlich, unredlich

namussuzluk <-ğu> *s* Ehrlosigkeit *f*

namzet <-di> *s* Kandidat(in) *m(f)*

nane *s* Pfefferminze *f*; ~ **çayı** Pfefferminztee *m*; ~ **likörü** Pfefferminzlikör *m*

naneli *adj* mit Pfefferminz(e); ~ **çay** Pfefferminztee *m*

nankör *adj* (*fam*) undankbar

nankörlük <-ğü> *s* (*fam*) Undankbarkeit *f*

nar *s* Granatapfel *m*

nara *s* Geschrei *nt*, Gebrüll *nt*

nargile *s* Wasserpfeife *f*

narin *adj* ❶ fein ❷ schlank, zart

narkoz *s* Narkose *f*, Betäubung *f*

nasıl *pron* ❶ wie ❷ was für ein, welche(r, s); ~**?** (wie) bitte?; ~ (**bir**)? was für (ein)?; ~ **biri** was für einer?; ~ **isterseniz** (ganz) wie Sie wollen; ~ **olsa** sowieso, ohnehin; **nasılsın**(**ız**)? wie geht es dir (Ihnen)?; **nasılsa** wie dem auch sei; (*machen*) auf irgendeine Weise

nasır *s* ❶ Hornhaut *f*, Schwiele *f* ❷ Hühnerauge *nt*

nasihat <-tı> *s* Rat *m*, Ratschlag *m*

nasip <-bi> *s* ❶ (*fam*) Geschick *nt*, Los *nt* ❷ Anteil *m*

nasyonalsosyalist <-ti> **I.** *s* Nationalsozialist(in) *m(f)* **II.** *adj* nationalsozialistisch

nasyonalsosyalizm *s* Nationalsozialismus *m*

natır *s* (*im türkischen Bad*) Bademeisterin *f*

NATO *s* Nato *f*

natüralizm *s* Naturalismus *m*

natürmort <-tu> *s* Stillleben *nt*

navigasyon *s* AUTO, LUFT Navigation *f*; ~ **cihazı** Navigationsgerät *nt*, Navi *nt o m fam*; ~ **sistemi** Navigationssystem *nt*, Navisystem *nt fam*

naylon **I.** *s* Nylon *nt* **II.** *adj* aus Nylon hergestellt

naz *s* Ziererei *f*; ~ **etmek** [*o* **yapmak**] sich bitten lassen, sich zieren

nazar *s* ❶ Blick *m* ❷ böser Blick ❸ Ansicht *f*, Meinung *f*

nazaran **I.** *präp* gemäß, zufolge (-**e** +*dat*) **II.** *adv* im Hinblick auf (-**e** +*akk*)

nazarlık <-ğı> *s* Talisman *m*, Amulett *nt* (*gegen den bösen Blick*)

nazenin *adj* ❶ zart, fein ❷ (*pej*) zimperlich

nazi *s* Nazi *m*

nazik <-ki> *adj* ❶ zart, fein ❷ freundlich, liebenswürdig ❸ kritisch, heikel; **çok naziksiniz** das ist sehr freundlich von Ihnen

nazikleşmek *vi* ❶ höflich(er) werden ❷ (*Lage*) ernst werden, sich zuspitzen

nazikleştirmek *vt* ❶ *Kausativ zu* **nazikleşmek** ❷ höflich(er) machen (-**i** jdn) ❸ (*Lage*) verschärfen (-**i** etw)

naziklik <-ği> *s* ❶ Höflichkeit *f*, Liebenswürdigkeit *f* ❷ (*der Lage*) Ernst *m*

nazilik <-ği> *s* Nazismus *m*

nazist *adj* nazistisch

Nazizm *s* Nazismus *m*

nazlanmak *vi* sich zieren, sich bitten lassen; **nazlanma!** stell dich nicht so an!, hab dich nicht so!

nazlı *adj* ❶ kokett ❷ verwöhnt; ~ **alıştırmak** verwöhnen (-**i** jdn)

ne **I.** *pron* ❶ was ❷ welche(r, s) **II.** *konj* ~ **...** ~ (**de**) ... weder ... noch ...; ~ **amaçla?** zu welchem Zweck?; ~ **biri** ~ **diğeri** keine(r, s) von beiden; ~ **de olsa** immerhin; ~ **diye** wozu; ~ **gezer!** ach wo!; ~ **gibi** was für ein(e); ~ **için** wofür; ~ **ile** womit; ~ **istersen yap** mach, was du willst; ~ **kadar?** wie viel?, wie lange?, was kostet ...?; ~ **kadar iyi!** wie gut das ist!;

~ **kadar ... o kadar** je ... desto ...; **-e ~ kadar uzak?** wie weit ist es bis ...?; **~ mutlu!** was für ein Glück!; **~ oldu?** was ist los?; **~ olmuş yani!** na und!, na, wenn schon!; **~ olur ~ olmaz** vorsichtshalber; **~ olursa olsun** was auch immer geschieht; **~ var?** was gibt's?, was ist los?; **~ var ~ yok?** was gibt's Neues?; **~ yapacağını bilememek** nicht ein noch aus wissen; **~ yapalım yani?** na und?; **~ yazık** (**ki**) bedauerlicherweise, leider; **~ zaman?** wann?; **~ zamandan beri?** seit wann?; **neyi var?** was hat er/sie?; **neyiniz** [*o* **neniz**] **var?** was fehlt Ihnen?, was haben Sie?

nebze *s* (*kleine Menge*) Spur *f*

neceftaşı <-nı> *s* Bergkristall *m*

neden I. *s* Ursache *f*, Grund *m* **II.** *adv* ① warum ② wovon, woraus ③ wovor; **~ dolayı** weshalb, weswegen; **~ göstermek** (*Behauptung*) begründen; **~ olmak** veranlassen (**-e** etw)

nedeniyle *präp* aufgrund (**...** *+gen*)

nedensel *adj* kausal

nedensellik <-ği> *s* Kausalität *f*

nedensiz *adj* ① unbegründet ② ungerechtfertigt

nefes *s* ① Atem *m*, Hauch *m* ② (*beim Rauchen*) Zug *m*; **~ aldırmamak** nicht zu Atem kommen lassen (**-e** jdn); **~ almak** Atem holen, einatmen, aufatmen, etwas ausruhen können; **~ borucu** Luftröhre *f*; **~ darlığı** Atembeschwerden *pl*; **~ nefese** außer Atem; **~ vermek** ausatmen; **~ yolları** Atemwege *pl*

nefesli *adj* jemand mit viel Puste; **~ çalgı** Blasinstrument *nt*

nefessiz *adj* atemlos

nefis <-fsi> *s* Ich *nt*, Ego *nt*; **nefsine yenilmek** einer Versuchung erliegen; **nefsini kırmak** sich überwinden

nefis *adj* ① (*Dinge*) entzückend ② (*Essen*) lecker ③ (*schön*) fein

nefret <-ti> *s* ① Abscheu *m*, Ekel *m* ② Hass *m*; **~ etmek** sich ekeln; (*verabscheuen*) hassen (**-den** etw/jdn)

negatif I. *adj* negativ **II.** *s* Negativ *nt*

nehir <-hri> *s* Fluss *m*; **~ ağzı** Flussmündung *f*; **~ kenarı** [*o* **kıyısı**] Flussufer *nt*; **~ kolu** Nebenfluss *m*; **~ yatağı** Flussbett *nt*; **Fırat/Ren nehri** der Euphrat/der Rhein

nekes I. *s* Geizhals *m* **II.** *adj* geizig

nekeslik <-ği> *s* Geiz *m*

nem *s* ① Feuchtigkeit *f* ② Nässe *f*

nemlendirici krem *s* Feuchtigkeitscreme *f*

nemli *adj* feucht

neofaşizm *s* Neofaschismus *m*

neon *s* Neon *nt*; **~ lambası** [*o* **tübü**] Neonröhre *f*

neonazi *s* Neonazi *m*

Nepal *s* Nepal *nt*

nere *pron* welcher Ort?

nerede *adv* wo; **~ kaldı ki** geschweige denn, wo steckt er/sie denn?; **~ olursa olsun** wo auch immer

nereden *adv* ① woher ② woraus; **~ olursa olsun** irgendwoher, woher auch immer

neredeyse *adv* ① beinah(e), fast ② jeden Augenblick; **~ gelir** sie/er wird schon kommen

nereli *pron* woher stammend?; **nereliSiniz?** woher kommen Sie?

neresi *pron* welcher Ort?

nereye *adv* wohin; **~ olursa olsun** irgendwohin, wohin auch immer

nergis *s* Narzisse *f*; **~ zambağı** Amaryllis *f*

nesil <-sli> *s* ① Generation *f* ② Nachkommenschaft *f*; **nesli tükenmek** (*Tiere*) aussterben; **nesli tükenmiş** ausgestorben

nesir <-sri> *s* Prosa *f*

neskafe *s* Instantkaffee *m*, Pulverkaffee *m*

nesne *s* Ding *nt*

nesnel *adj* objektiv, sachlich

N

nesnellik <-ği> *s* Objektivität *f,* Sachlichkeit *f*
neşe *s* Fröhlichkeit *f,* Heiterkeit *f,* gute Laune; **neşesi yerinde olmak** gut gelaunt sein; **neşesi yerinde olmamak** schlecht gelaunt sein
neşelendirmek *vt* ① *Kausativ zu* **neşelenmek** ② aufheitern, erheitern (**-i** jdn)
neşelenmek *vi* fröhlich werden
neşeli *adj* fröhlich, heiter
neşesiz *adj* missmutig, verstimmt
neşesizlik <-ği> *s* Verstimmung *f,* schlechte Laune
neşter *s* Skalpell *nt*
net <-ti> *adj* ① (*Gewinn*) netto ② (*Foto*) scharf; ~ **aylık** Nettogehalt *nt;* ~ **gelir** Nettoeinkommen *nt;* ~ **temettü** FIN Nettodividende *f*
netice *s* ① Ergebnis *nt,* Resultat *nt* ② Folgerung *f*
netlik <-ği> *s* (*eines Fotos*) Schärfe *f*
network <-ku> *s* INFORM Network *nt*
nevralji *s* Neuralgie *f*
nevraljik *adj* neuralgisch
nevrasteni *s* Neurasthenie *f*
nevrolog *s* Neurologe, Neurologin *m, f*
nevroloji *s* Neurologie *f*
nevroz *s* Neurose *f*
ney *s* (orientalische) Rohrflöte *f*
neye *adv* wozu
nezaket <-ti> *s* ① Freundlichkeit *f,* Liebenswürdigkeit *f* ② Zartheit *f,* Feinheit *f* ③ Schwierigkeit *f*
nezaketen *adv* aus Höflichkeit
nezaketli *adj* höflich, liebenswürdig
nezaketsiz *adj* unfreundlich, unhöflich
nezaketsizlik <-ği> *s* Unfreundlichkeit *f,* Unhöflichkeit *f*
nezle *s* Schnupfen *m*
nezleli *adj* verschnupft
nıkris *s* Gicht *f*
nışadır *s* Salmiak *m*
nicel *adj* quantitativ
nicelik <-ği> *s* Quantität *f*
niçin *adv* warum, weshalb
nihai *s* endgültig, End-; ~ **kullanıcı** Endverbraucher(in) *m(f);* ~ **ürün** Endprodukt *nt*
nihayet <-ti> **I.** *adv* endlich, schließlich **II.** *s* Schluss *m,* Ende *nt*
Nijer *s* Niger *m*
Nijerya *s* Nigeria *nt*
nikah *s* Eheschließung *f,* Heirat *f,* Trauung *f;* ~ **kıydırmak** sich trauen lassen; ~ **kıymak** die Trauung vollziehen; ~ **memurluğu** [*o* **dairesi**] Standesamt *nt;* ~ **şahidi** Trauzeuge *m,* Trauzeugin *f*
nikahlamak *vt* verheiraten, trauen (**-i** jdn)
nikahlanmak *vi* ① *Passiv zu* **nikahlamak** ② sich trauen lassen
Nikaragua *s* Nicaragua *nt*
nikbin **I.** *s* Optimist(in) *m(f)* **II.** *s* optimistisch
nikel *s* Nickel *nt*
nikotin *s* Nikotin *nt*
nikotinli *adj* mit Nikotin
nikotinsiz *adj* nikotinfrei
Nil (**Nehri**) *s* Nil *m*
nilüfer *s* Seerose *f*
nimet <-ti> *s* ① Gottesgabe *f* ② das tägliche Brot
nine *s* (*fam*) Oma *f*
ninni *s* Schlaflied *nt,* Wiegenlied *nt*
nisan *s* April *m*
nisanbalığı <-nı> *s* Aprilscherz *m*
nispet <-ti> *s* ① Verhältnis *nt,* Proportion *f* ② Umfang *m,* Ausmaß *nt* ③ Beziehung *f*
nispeten **I.** *adv* verhältnismäßig **II.** *präp* im Vergleich zu (**-e** +*dat*)
nispetle *präp* im Vergleich zu, gegenüber (**-e** +*dat*)
nispi *adj* ① relativ ② verhältnismäßig ③ proportional; ~ **seçim** Verhältniswahl *f*
niş *s* Nische *f*
nişan *s* ① Zeichen *nt,* Mal *nt* ② Orden *m* ③ Verlobung(sfeier) *f* ④ Ziel *nt,* Zielscheibe *f;* ~ **almak** einen Orden bekommen; (*beim Schießen*) zielen;

~ **vermek** (*mit einem Orden*) auszeichnen (-**e** jdn)

nişancı *s* Schütze *m*, Schützin *f*

nişanlanma *s* ① *Verbalsubstantiv zu* **nişanlanmak** ② Verlobung *f*

nişanlanmak *vi* sich verloben

nişanlı I. *s* Verlobte(r) *f(m)* II. *adj* verlobt

nişanlılık <-ğı> *s* Verlobung *f*

nişasta *s* Stärkemehl *nt;* ~ **şekeri** Traubenzucker *m*

nitekim *konj* wie ... ja auch

nitel *adj* qualitativ

nitelemek *vt* bezeichnen (-**i** etw/jdn)

nitelendirmek *vt s.* **nitelemek**

nitelik <-ği> *s* Qualität *f*, Eigenschaft *f*

nitrat <-tı> *s* Nitrat *nt*

nitrojen *s* Stickstoff *m*

niye *adv* warum, wozu

niyet <-ti> *s* ① Absicht *f*, Vorsatz *m*, Zweck *m* ② Wahrsagebriefchen *nt;* ~ **etmek** beabsichtigen (-**meye** etw zu tun)

niyetli *adj* ① gewillt ② REL fastend

nizam *s* ① Disziplin *f*, Ordnung *f* ② Regelung *f* ③ Vorschriften *pl*

Nobel Barış Ödülü *s* Friedensnobelpreis *m*

Nobel Ödülü *s* Nobelpreis *m*

Noel *s* Weihnachten *nt*, Weihnachtsfest *nt;* ~ **ağacı** Weihnachtsbaum *m;* ~ **Baba** Weihnachtsmann *m;* ~ **Bayramı** [*o* **Yortusu**] Weihnachtsfest *nt;* ~ **Gecesi** Heiligabend *m;* ~ **ikramiyesi** Weihnachtsgeld *nt;* ~ **tatili** Weihnachtsferien *pl;* **Noeliniz kutlu olsun!** fröhliche Weihnachten!

nohut <-du> *s* Kichererbse *f*

noksan I. *s* ① Mangel *m* ② Mangelhaftigkeit *f* II. *adj* ① mangelhaft, unvollkommen ② fehlend

noksansız *adj* fehlerfrei, vollkommen

nokta *s* ① Punkt *m* ② Fleck(en) *m*, Tupfen *m* ③ Stelle *f*, Ort *m* ④ Hinsicht *f;* **noktası noktasına** Punkt für Punkt, haargenau

noktalama *s* ① *Verbalsubstantiv zu* **noktalamak** ② Punktierung *f* ③ Interpunktion *f;* ~ **işareti** Interpunktionszeichen *nt*, Satzzeichen *nt*

noktalamak *vt* ① tüpfeln (-**i** etw) ② interpunktieren (-**i** etw) ③ beenden (-**e** etw)

noktalı *adj* gepunktet, getüpfelt; ~ **virgül** Semikolon *nt*, Strichpunkt *m*

nolu *adj* mit der Nummer ..., Nummer ...; **14 ~ otobüs** Bus Nummer 14

nominatif *s* Nominativ *m*

normal <-li> *adj* normal; ~ **olarak** normalerweise; **normale dönmek** zur Normalität zurückkehren

normalleşmek *vi* sich normalisieren

normalleştirme *s* ① *Verbalsubstantiv zu* **normalleştirmek** ② Normalisierung *f*

normalleştirmek *vt* normalisieren (-**i** etw)

normallik <-ği> *s* Normalität *f*

Norveç <-ci> I. *s* Norwegen *nt* II. *adj* (*Art*) norwegisch

Norveççe *adj* (*Sprache*) norwegisch

Norveçli I. *s* Norweger(in) *m(f)* II. *adj* (*Herkunft*) norwegisch

nostalji *s* Nostalgie *f*

not <-tu> *s* ① (*Aufzeichnung*) Notiz *f* ② (*Zensur*) Note *f* ③ (*Fußnote*) Anmerkung *f* ④ (kritische) Beurteilung *f;* ~ **almak** sich Notizen machen; (*in der Schule*) eine Note bekommen; ~ **defteri** Notizbuch *nt;* ~ **etmek** notieren, vermerken (-**i** etw); ~ **vermek** beurteilen (-**e** etw)

nota *s* Note *f;* ~ **anahtarı** Notenschlüssel *m;* ~ **sehpası** Notenständer *m*

notebook *s* Notebook *nt*

noter *s* Notar(in) *m(f);* ~ **huzurunda** unter notarieller Aufsicht, in Gegenwart eines Notars

notlandırmak *vt* zensieren, benoten, bewerten (-**i** etw)

nöbet <-ti> *s* ① (*Fieber-*) Anfall *m* ② (*Dienst*) Wache *f* ③ Ablösung *f;*

~ **beklemek** [*o* **tutmak**] Wache halten; ~ **değiştirmek** (*die Wache*) ablösen; ~ **şekeri** Kandiszucker *m;* ~ **titremesi** Schüttelfrost

nöbetçi **I.** *s* Wache *f,* Posten *m* **II.** *adj* diensthabend; ~ **hemşire** Nachtschwester *f;* ~ **kulesi** Wachtturm *m*

nöbetçilik <-ği> *s* ① (*einer Apotheke*) Bereitschaftsdienst *m* ② Wachdienst *m*

nöbetleşe *adv* abwechselnd

nöbetleşmek *vi* sich abwechseln, sich ablösen (**-ile** mit jdm)

nötron *s* Neutron *nt;* ~ **bombası** Neutronenbombe *f*

nöt(ü)r *adj* neutral

nöt(ü)rlemek *vt* neutralisieren (**-i** etw)

Nuh *s* Noah; **Nuh Nebiden kalma** vorsintflutlich

numara *s* ① Nummer *f* ② (*von Bekleidung, Schuhen*) Größe *f* ③ (*fig*) Theater *f* ④ (*Zensur*) Note *f;* ~ **kuponu** Platzkarte *f;* **numarayı çevirmek** (*Nummer*) wählen

numaralama *s* ① *Verbalsubstantiv zu* **numaralamak** ② Nummerierung *f*

numaralamak *vt* nummerieren (**-i** etw)

numaralı *adj* mit der Nummer ..., Nummer ...; **üç** ~ **ev** Haus Nummer drei

numune *s* ① Warenprobe *f,* Muster *nt* ② Vorbild *nt,* Muster *nt*

nur *s* ① (*ursprüngliche Bedeutung*) heiliges Licht ② Licht *nt,* Glanz *m;* ~ **aylası** Heiligenschein *m*

nutuk <-tku> *s* Rede *f;* ~ **atmak** eine Rede halten

nü *s* Akt *m,* Aktbild *nt*

nüans *s* Nuance *f,* Abstufung *f*

nüanslamak *vt* nuancieren (**-i** etw)

nüdist <-ti> *s* Nudist(in) *m(f)*

nüdizm *s* Freikörperkultur *f*

nüfus *s* ① Bevölkerung *f* ② Einwohnerzahl *m;* ~ **cüzdanı** Personalausweis *m;* ~ **dairesi** Einwohnermeldeamt *nt;* ~ **patlaması** Bevölkerungsexplosion *f*

nüfuz *s* ① Eindringen *nt* ② Einfluss *m,* Macht *f*

nüfuzlu *adj* einflussreich, mächtig

nükleer *adj* atomar, nuklear; ~ **atık** Atommüll *m;* ~ **denizaltı** Atom-U-Boot *nt;* ~ **enerji** Kernenergie *f,* Atomenergie *f;* ~ **program** Nuklearprogramm *nt;* ~ **reaktör** Kernreaktor *m;* ~ **silah** Atomwaffe *f;* ~ **silahlanma** Nuklearaufrüstung *f*

nüksetme *s* ① *Verbalsubstantiv zu* **nüksetmek** ② Rückfall *m*

nüksetmek <-der> *vi* (*Krankheit*) wieder auftreten

nükte *s* ① Witz *m* ② Pointe *f*

nükteci *adj* (*Person*) humorvoll

nüsha *s* ① Exemplar *nt* ② (*einer Zeitschrift*) Nummer *f,* Ausgabe *f* ③ (*Foto*) Abzug *m*

nüzul <-lü> *s* Schlaganfall *m;* ~ **inmek** einen Schlaganfall bekommen

O, **o** *s 18. Buchstabe des türk. Alphabets*

o <-nu> *pron* ① er/sie/es ② jene(r, s) ③ der/die/das dort; ~ **derece** dermaßen, desto; ~ **halde** in diesem Fall, also, folglich; ~ **kadar** dermaßen, so sehr, so viel; ~ **sırada** in diesem Augenblick, währenddessen; ~ **zaman** damals; (*wenn es so ist*) in diesem Fall; ~ **zamandan beri** seitdem, seither; ~ **zamandan itibaren** von da an; ~ **zamanki** damalig; ~ **zamanlar** damals

oba *s* ① Nomadenzelt *nt* ② Nomadenfamilie *f*

objektif **I.** *adj* objektiv, unparteiisch **II.** *s* Objektiv *nt*

obua *s* Oboe *f*

obur **I.** *adj* gefräßig **II.** *s* Vielfraß *m*

ocak <-ğı> *s* ① (*a. fig*) Herd *m* ② Kocher *m* ③ Bergwerk *nt* ④ Steinbruch *m* ⑤ Zentrum *nt* ⑥ (*fam: Familie*) Heim *nt;* **ocağı sönmek** (*fig*) aussterben

ocak (**ayı**) *s* Januar *m*

oda *s* ① Zimmer *nt,* Raum *m* ② Berufskammer *f;* ~ **müziği** Kammermusik *f;* ~ **rezervasyonu** Zimmerreservierung *f*

odacı *s* ① Hotelbote *m* ② Zimmermädchen *nt* ③ Bürodiener *m*

odak <-ğı> *s* ① Brennpunkt *m* ② Zentrum *nt*

odaklanmak *vi* **bir şeye** ~ sich auf etw konzentrieren

Odise *s* Odysee *f*

odun *s* (Brenn)holz *nt;* ~ **kesmek** [*o* **kırmak**] Holz hacken; ~ **istifi** Holzstapel *m;* ~ **kütüğü** Holzklotz *m;* ~ **kömürü** Holzkohle *f*

oduncu *s* ① Holzfäller *m* ② Brennholzhändler *m*

odunluk <-ğu> *s* Holzschuppen *m*

oferta *s* Angebot *nt*

ofis *s* Büro *nt*

ofsayt <-tı> *s* Abseits *nt*

oğlak <-ğı> *s* Zicklein *nt;* **Oğlak burcu** (*Sternzeichen*) Steinbock *m*

oğlan *s* ① Junge *m* ② (*beim Kartenspiel*) Bube *m*

oğlancı *s* Päderast *m*

oğlancılık <-ğı> *s* Pädophilie *f*

oğul <-ğlu> *s* ① Sohn *m* ② Bienenschwarm *m*

oh *interj* ach!; ~ **olsun** das geschieht dir/euch recht

oje *s* Nagellack *m*

ok <-ku> *s* ① Pfeil *m* ② (*von Tier*) Stachel *m*

okaliptüs *s* Eukalyptusbaum *m*

okçuluk <-ğu> *s* Bogenschießen *nt*

okey *interj* okay

oklava *s* Nudelholz *nt*

oklukirpi *s* Stachelschwein *nt*

oksijen *s* Sauerstoff *m;* ~ **tüpü** Sauerstoffflasche *f*

oksit <-di> *s* Oxid *nt*

oksitlemek *vt* oxidieren (**-i** etw)

oksitlenmek *vi* oxidieren

okşama *s* ① *Verbalsubstantiv zu* **okşamak** ② Liebkosung *f*

okşamak *vt* ① liebkosen, streicheln (**-i** jdn/etw) ② (*fam*) verprügeln (**-i** jdn)

oktan sayısı <-nı> *s* Oktanzahl *f*

okul *s* Schule *f;* ~ **arkadaşı** Schulkamerad(in) *m(f);* ~ **avlusu** Schulhof *m;* ~ **çantası** Schultasche *f;* ~ **çocuğu** Schulkind *nt;* ~ **müdürü** Schulleiter(in) *m(f);* ~ **tatili** Schulferien *pl;* **okula gitmek** in die Schule gehen

okuldaş *s* Schulfreund(in) *m(f)*

okulsal *adj* schulisch

O

okuma *s* ① *Verbalsubstantiv zu* **okumak** ② Lektüre *f* ③ Lesung *f;* ~ **kitabı** Lesebuch *nt;* ~ **yazma** Lesen und Schreiben *nt;* ~ **yazma bilmeyen** Analphabet(in) *m(f)*

okumak *vt* ① lesen (-**i** etw) ② vorlesen; (*Gedicht*) vortragen, rezitieren (-**e** -**i** jdm etw) ③ (*Zähler*) ablesen (-**i** etw) ④ lernen, studieren; (*in der Schule*) durchnehmen (-**i** etw) ⑤ (*fam: Lied*) singen (-**i** etw)

okumuş *adj* belesen, gebildet

okumuşluk <-ğu> *s* Schulbildung *f*

okunabilen *adj* INFORM lesbar

okunaklı *adj* leserlich

okunaksız *adj* unleserlich

okur *s* Leser(in) *m(f)*

okuryazar *adj* jemand, der lesen und schreiben kann

okutmak *vt* ① *Kausativ zu* **okumak** ② (*als Lehrer*) unterrichten, durchnehmen (-**i** etw) ③ lesen lassen, vortragen lassen (-**e** -**i** jdn etw) ④ ausbilden lassen (-**i** jdn) ⑤ (*fam*) verscherbeln (-**i** etw)

okutman *s* (*an der Universität*) Lektor(in) *m(f)*

okuyucu *s* ① Leser(in) *m(f)* ② (*fam*) Sänger(in) *m(f)*

okyanus *s* Ozean *m*

okyanusal *adj* ozeanisch

Okyanusya *s* Ozeanien *nt*

olabilir *adj* möglich

olağan *adj* gewöhnlich, alltäglich

olağanüstü *adj* außergewöhnlich, außerordentlich

olanak <-ğı> *s* Möglichkeit *f;* ~ **tanımak** die Möglichkeit bieten (-**e** zu etw), ermöglichen (-**e** etw)

olanaklı *adj* möglich

olanaksız *adj* unmöglich

olanaksızlık <-ğı> *s* Unmöglichkeit *f*

olanca *adj* gesamt, alle(s); ~ **kuvvetiyle** mit aller Kraft

olarak *präp* (*in der Eigenschaft*) als; **politikacı** ~ als Politiker

olası *adj* ① eventuell, wahrscheinlich ② möglich

olasılık <-ğı> *s* ① Wahrscheinlichkeit *f* ② Möglichkeit *f*

olay *s* ① Ereignis *nt* ② Vorfall *m,* Zwischenfall *m* ③ Phänomen *nt;* ~ **yeri** Tatort *m*

olaysal *adj* phänomenal

oldubitti *s* vollendete Tatsache

oldukça *adv* ① ziemlich, einigermaßen ② recht gut

oldurgan *adj* transitiv

olgu *s* ① Tatsache *f* ② Ereignis *nt*

olgun *adj* (*auch fig*) reif

olgunlaşmak *vi* reif werden

olgunluk <-ğu> *s* Reife *f*

Olimpiyat <-tı> *s* Olympiade *f;* ~ **Oyunları** die Olympischen Spiele

olmak <-ur> *vi* ① werden (zu) ② sein ③ (*geschehen*) passieren, sich ereignen, stattfinden ④ (*Zeitpunkt*) eintreten ⑤ (*Zeitraum*) vergehen ⑥ (*Obst*) reif werden ⑦ (*Krankheit*) bekommen, haben ⑧ angebracht sein, gehen ⑨ (*Kleidung*) passen, stehen (-**e** jdm) ⑩ um (etwas) kommen, verlieren (-**den** etw) ⑪ zustoßen, passieren (-**e** jdm) ⑫ (*Kind*) geboren werden ⑬ (*im Perfekt, Futur und in Nebensätzen*) haben, bekommen; **olacağı buydu** es musste so kommen; **oldu!** fertig!, in Ordnung!; **oldu olacak kırıldı nacak** wenn schon, denn schon; **onun da malı mülkü oldu** auch er kam zu einem Vermögen; **oldum olası** seit jeher; **nezle oldum** ich habe einen Schnupfen; **olmaz** es geht nicht; **olmazsa** wenn nicht; **olsa olsa** höchstens, bestenfalls, schlimmstenfalls; **olur** in Ordnung, es geht; **olur olmaz** alles Mögliche, irgendein(e); **oluruna bırakmak** freien Lauf lassen

olmuş *adj* ① geschehen ② authentisch ③ (*Obst*) reif

olta *s* Angel *f;* ~ **iğnesi** Angelhaken *m;* ~ **yemi** Köder *m;* **oltaya ta-**

kılmak (*a. fig*) anbeißen

oluk <-ğu> *s* ① Rille *f* ② Dachrinne *f* ③ Zuleitung *f*

oluklu *adj* ① mit Dachrinne ② gerillt; ~ **teneke** [*o* **saç**] Wellblech *nt*

olumlu *adj* positiv, bejahend

olumsuz *adj* negativ, verneinend

olumsuzluk <-ğu> *s* Verneinung *f*

oluş *s* ① Geschehnis *nt* ② Entstehung *f*

oluş(ma) *s* ① *Verbalsubstantiv zu* **oluşmak** ② Entstehung *f*

oluşmak *vi* ① werden, sich bilden, entstehen (**-den** aus etw) ② bestehen, sich zusammensetzen (**-den** aus etw)

oluşturmak *vt* ① *Kausativ zu* **oluşmak** ② bilden, schaffen (**-i** etw) ③ darstellen (**-i** etw)

oluşuk <-ğu> *s* Gebilde *nt*

oluşum *s* Entstehung *f*

omlet <-ti> *s* Omelett *nt*

omur *s* (*der Wirbelsäule*) Wirbel *m*

omurga *s* ① Wirbelsäule *f*, Rückgrat *nt* ② Kiel *m* ③ INFORM Backbone *m*

omurgalılar *npl* Wirbeltiere *pl*

omurilik <-ği> *s* Rückenmark *nt*

omuz *s* ① Schulter *f* ② Achsel *f*; ~ **silkmek** mit den Achseln zucken

on *num* zehn; ~ **bin** zehntausend; ~ **binlerce** Zehntausende, zigtausend; ~ **buçuk** zehneinhalb; ~ **kat** zehnfach; ~ **misli** [*o* **katı**] zehnfach, zehnmal so viel, das Zehnfache; ~ **defa** [*o* **kere**] zehnmal; ~ **tabanlı** dezimal; ~ **tabanlı sayı sistemi** Dezimalsystem *nt*; ~ **türlü** zehnerlei; ~ **katlı** zehnstöckig

ona *pron Dativ von* **o** jenem, jener, ihm, ihr

onamak *vt* ① billigen (**-i** etw) ② bestätigen (**-i** etw)

onar *num* je zehn

onarılmaz *adj* irreparabel

onarım *s* ① *Verbalsubstantiv zu* **onarmak** ② Reparatur *f*; **onarıma muhtaç** (*Gebäude*) sanierungsbedürftig

onarmak *vt* ausbessern, reparieren (**-i** etw)

onay *s* ① Bestätigung *f* ② Bewilligung *f*, Genehmigung *f* ③ Einverständnis *nt*, Einwilligung *f*, Zustimmung *f*

onaylamak *vt* ① gutheißen (**-i** etw) ② bewilligen, genehmigen (**-i** etw) ③ (*behördlich*) bestätigen, beglaubigen (**-i** etw)

onbaşı *s* Gefreite(r) *m*

onca I. *adv* seiner/ihrer Meinung nach II. *pron* so viel(e)

onda I. *pron Lokativ von* **o** bei jenem/jener, bei ihm/ihr II. *num Lokativ von* **on**: ~ **bir/iki** ein/zwei Zehntel *nt*

ondalık <-ğı> I. *s* der zehnte Teil *m* II. *adj* Dezimal-; ~ **sayı sistemi** Dezimalsystem *nt*, Zehnersystem *nt*

ondan I. *pron Ablativ von* **o** von jenem/jener, von ihm/ihr II. *adv* davon, daraus III. *konj* deshalb; ~ **sonra** dann; ~ **sonraki** folgend

ondüle *adj* (*Haar*) gewellt; ~ **etmek** ondulieren (**-i** etw)

onikiparmak ba(ğı)rsağı <-nı> *s* Zwölffingerdarm *m*

onlar *pron Plural von* **o** jene, sie

onlara *pron Dativ Plural von* **o** jenen, ihnen

onlarca I. *adv* (*Plural*) ihrer Meinung nach II. *num* zig

onlarda *pron Lokativ Plural von* **o** bei jenen, bei ihnen

onlardan *pron* von ihnen

onları <-nı> *pron Akkusativ Plural von* **o** jene, sie

onların *pron Genitiv Plural von* **o** ihr(e); **onlarınki** der, die, das Ihre [*o* Ihrige]

onlarla *pron* mit ihnen

online *adv* online

onmak <-ar> *vi* wieder gesund werden, genesen

ontolojik <-ği> *adj* ontologisch

onu *pron Akkusativ von* **o** jenen, jene, jenes, ihn, sie, es

onun *pron Genitiv von* **o** ihr(e), sein(e); ~ **gibileri** seinesgleichen/ihresgleichen; ~ **için** seinetwegen/ihretwegen; ~ **tarafından** seinerseits/ihrerseits; ~ **yüzünden** seinetwegen/ihretwegen

onuncu *adj* zehnte(r, s); ~ **olarak** als Zehnte(r, s); **onuncusu** zehntens

onunki *s* der, die das Seine/Ihre

onunla **I.** *pron* mit ihm/ihr **II.** *adv* damit

onur *s* ❶ Ehre *f* ❷ Stolz *m*

onurlu *adj* stolz

onursuz *adj* ohne Ehrgefühl, würdelos

opera *s* Oper *f;* ~ **binası** (*Haus*) Oper *f;* ~ **şarkıcısı** Opernsänger(in) *m(f)*

operasyon *s* Operation *f*

operatör *s* Chirurg(in) *m(f)*

operet <-ti> *s* Operette *f*

optik <-ği> **I.** *s* Optik *f* **II.** *adj* optisch; ~ **karakter tanıma** INFORM OCR *f* (*optical character recognition*)

optimal *adj* optimal

optimist <-ti> **I.** *s* Optimist(in) *m(f)* **II.** *adj* optimistisch

ora *s* jener Ort, jene Stelle

orada *adv* dort, da; ~ **burada** hier und da

oradaki *adj* dortig

oradan *adv* (*örtlich*) von dort

orak <-ğı> *s* Sichel *f;* ~ **makinesi** Mähmaschine *f*

orakçı *s* (*Person*) Schnitter(in) *m(f)*

oraklamak *vt* (*Getreide*) mähen (**-i** etw)

oralı *adv* von jener Gegend (stammend); ~ **olmamak** kein Interesse zeigen

oran *s* ❶ Proportion *f* ❷ Ausmaß *nt*

oranla *präp* im Verhältnis zu (**-e** +*dat*)

oranlı *adj* proportional

oransız *adj* unverhältnismäßig

oransızlık <-ğı> *s* Missverhältnis *nt*

orantı *s* Proportion *f*

orantılı *adj* proportional

orası *s* ❶ jener Ort ❷ jene Angelegenheit

oraya *adv* dahin, dorthin; ~ **kadar** bis dahin

ordinaryüs (**profesör**) *s* ordentlicher Professor

ordu *s* Armee *f,* Heer *nt;* ~ **donatım işleri** Truppenversorgung *f*

orduevi <-ni> *s* Offizierskasino *nt*

ordugah *s* Lager *nt,* Quartier *nt*

org *s* Orgel *f;* ~ **düdüğü** Orgelregister *nt*

organ *s* ❶ Organ *nt* ❷ (*Institution*) Organ *nt;* ~ **aktarımı** [*o* **nakli**] Transplantation *f;* ~ **bağışı** Organspende *f*

organik *adj* organisch; ~ **gıda** Biokost *f*

organiser *s* Organizer *m*

organist <-ti> *s* Organist(in) *m(f)*

organizasyon *s* Organisation *f*

organizatör *s* Organisator(in) *m(f)*

organize *adj* organisiert; ~ **suç** organisierte Kriminalität

organizm(**a**) *s* Organismus *m*

orgazm *s* Orgasmus *m*

orgcu *s* Organist(in) *m(f)*

orijinal <-li> **I.** *adj* ❶ original ❷ originell ❸ (*pej*) seltsam, eigenartig; ~ **metne sadakat** Texttreue *f* **II.** *s* Original *nt*

orijinallik <-ği> *s* Originalität *f*

orkestra *s* Orchester *nt;* ~ **şefi** Dirigent(in) *m(f)*

orkid *s* Slipeinlage *f*

orkide *s* Orchidee *f*

orkinos *s* Tunfisch *m*

orman *s* Wald *m;* ~ **memuru** Förster(in) *m(f);* ~ **yangını** Waldbrand *m*

ormancı *s* ❶ Förster(in) *m(f)* ❷ Forstwissenschaftler(in) *m(f)*

ormancılık <-ğı> *s* Forstwirtschaft *f*

ormanlı *adj* bewaldet

orospu *s* (*fam*) Hure *f,* Nutte *f*

orospuluk <-ğu> *s* (*pej*) Prostitution *f,* Hurerei *f;* ~ **etmek** [*o* **yapmak**] (*fam*) auf den Strich gehen; (*fig*) unzuverlässig sein

orta **I.** *s* ❶ Mitte *f,* Mittelpunkt *m* ❷ Ort *m* des Geschehens **II.** *adj* ❶ Mittel-, zentral ❷ durchschnittlich, mittelmäßig ❸ (*Schulnote*) befriedigend ④ (*türk. Kaffee*) mittelsüß; **Orta Amerika** Mittelamerika *nt;* **Orta Anadolu** Mittelanatolien *nt;* **Orta Avrupa** Mitteleuropa *nt;* **~ boylu** mittelgroß; **~ büyüklükte** mittelgroß; **~ dalga** Mittelwelle *f;* **Orta Doğu** der Mittlere Osten; **~ halli** mittelständisch; **~ ölçekli girişim** mittelständischer Betrieb *m;* **~ saha** Mittelfeld *nt;* **~ tabaka** Mittelstand *m;* **~ vadeli** mittelfristig; **ortadan kaldırmak** wegräumen, fortschaffen, aus der Welt schaffen (**-i** etw); **ortadan kaybolmak** (von der Bildfläche) verschwinden, untertauchen; **ortamızda** in unserer Mitte; **ortasına** mitten in (**-in** +*akk*); **ortasında** (*in der Mitte von*) mitten in (**-in** +*dat*); **ortasından** durch ... hindurch (**-in** +*akk*); **ortaya atmak** (*Frage*) anschneiden; (*Problem*) aufwerfen; (*Gerücht*) aufbringen; (*Theorie*) aufstellen (**-i** etw); **ortaya çıkarmak** ans Licht bringen; (*Problem*) aufwerfen (**-i** etw); **ortaya çıkmak** in Erscheinung treten, auftreten

ortaç <-cı> *s* Partizip *nt,* Mittelwort *nt*

Ortaçağ *s* Mittelalter *nt*

ortak <-ğı> **I.** *s* (Geschäfts)partner(in) *m(f),* Teilhaber(in) *m(f)* **II.** *adj* gemeinsam; **~ etmek** beteiligen (**-i** jdn); **~ olmak** Partner werden, sich beteiligen (**-e** an etw); **~ payda** gemeinsamer Nenner; **Ortak Pazar** HIST Europäische Gemeinschaft

ortaklaşa *adj* gemeinsam, kollektiv

ortaklık <-ğı> *s* ① Gemeinsamkeit *f* ② Partnerschaft *f* ③ Beteiligung *f* ④ (Handels)gesellschaft *f*

ortakulak <-ğı> *s* Mittelohr *nt;* **~ iltihabı** Mittelohrentzündung *f*

ortalama I. *s* ① *Verbalsubstantiv zu* **ortalamak** ② Durchschnitt *m* **II.** *adj* durchschnittlich **III.** *adv* (*schneiden*) mitten durch; **~ hız** Durchschnittsgeschwindigkeit *f;* **~ olarak** im Durchschnitt; **~ sıcaklık derecesi** Durchschnittstemperatur *f;* **ortalamanın üstünde/altında** über/unter dem Durchschnitt

ortalamak *vt* ① bis zur Mitte/zur Hälfte gelangen (**-i** von etw) ② (*Ball*) zur Mitte flanken (**-i** etw)

ortalık <-ğı> *s* Umgebung *f,* Raum *m;* **~ aydınlanıyor** es wird hell; **~ kararıyor** es wird dunkel

ortam *s* Milieu *nt*

ortanca I. *s* Hortensie *f* **II.** *adj* (*bei Geschwistern*) mittlere(r, s)

ortaokul *s* (*in der Türkei*) Mittelschule *f*

ortaparmak <-ğı> *s* Mittelfinger *m*

Ortodoks *adj* (*christlich*) orthodox

ortopedi *s* Orthopädie *f*

ortopedik *adj* orthopädisch

ortopedist <-ti> *s* Orthopäde *m,* Orthopädin *f*

oruç <-cu> *s* REL Fasten *nt;* **~ tutmak** fasten; **~ zamanı** Fastenzeit *f*

oryantal <-li> *adj* orientalisch

Oskar *s* (*Filmpreis*) Oscar *m*

Osmanlı I. *adj* HIST osmanisch **II.** *s* HIST Osmane *m,* Osmanin *f;* **~ İmparatorluğu** das Osmanische Reich

Osmanlıca *adj* HIST (*Sprache*) osmanisch

osurmak *vi* (*fam*) furzen

osuruk <-ğu> *s* (*fam*) Furz *m*

ot <-tu> *s* ① Gras *nt* ② Kraut *nt* ③ Unkraut *nt;* **~ biçmek** Gras mähen

otantik <-ği> *adj* authentisch

otel *s* Hotel *nt;* **~ odası** Hotelzimmer *nt*

otelci *s* ① Hotelier *m* ② Hotelbesitzer(in) *m(f)*

otelcilik <-ği> *s* Gastronomie *f;* **~ okulu** Hotelfachschule *f*

otlak <-ğı> *s* Weide *f,* Weideland *nt*

otlakçı *s* (*fam*) Schmarotzer(in) *m(f);* **otlakçılık etmek** (*Tier*) schmarotzen; (*Mensch*) schnorren

otlamak *vi* ① weiden, grasen ② (*fam*) sich durchschmarotzen

otlanmak *vi s.* **otlamak**

otlatmak *vt* ① *Kausativ zu* **otlamak**

O

② (*Tiere*) weiden lassen (**-i** etw)

oto *s* Auto *nt;* ~ **atlası** Autokarte *f;* ~ **tamircisi** Kraftfahrzeugmechaniker *m*

otoban *s* Autobahn *f*, Schnellstraße *f*

otobüs *s* Autobus *m*, Bus *m;* ~ **durağı** Bushaltestelle *f;* ~ **garajı** Busbahnhof *m;* ~ **sürücüsü** Busfahrer(in) *m(f)*

otogar *s* Busbahnhof *m*

otomasyon *s* Automatisation *f*

otomat <-tı> *s* (*Verkaufs-*) Automat *m*

otomatik <-ği> **I.** *s* ① Automatik *f* ② (*Verkaufs-*) Automat *m* ③ automatischer Türöffner ④ automatische Waffe **II.** *adj* ① automatisch ② unbewusst; ~ **deklanşör** Selbstauslöser *m;* ~ **koltuk** Schleudersitz *m*

otomatikman *adv* automatisch

otomatize *adj* automatisiert; ~ **etmek** automatisieren (**-i** etw)

otomobil *s* Auto *nt;* ~ **kazası** Autounfall *m;* ~ **kiralama** Autoverleih *m;* ~ **kuyruğu** Autoschlange *f;* ~ **lastiği** Autoreifen *m;* ~ **plakası** Autokennzeichen *nt;* ~ **radyosu** Autoradio *nt;* ~ **sporu** Autosport *m;* ~ **tamirhanesi** Autowerkstatt *f;* ~ **yarışı** Autorennen *nt;* ~ **yıkama tesisi** Autowaschanlage *f*

otonomi *s* Autonomie *f*

otopark <-kı> *s* ① Parkhaus *nt* ② (öffentlicher) Parkplatz *m*

otopsi *s* Autopsie *f*, Obduktion *f;* ~ **yapmak** obduzieren

otorite *s* ① (*a. fig*) Autorität *f* ② Ansehen *nt* ③ Obrigkeit *f*

otoriteli *adj* ① mit Autorität ② autoritär

otoriter *adj* autoritär

otoritesiz *adj* ohne Autorität, antiautoritär

otostop *s* Autostopp *m;* ~ **yapmak** per Anhalter fahren

otostopçu *s* Anhalter(in) *m(f)*, Tramper(in) *m(f)*

otoyol *s* Autobahn *f;* ~ **çıkışı** Autobahnausfahrt *f;* ~ **girişi** Autobahnauffahrt *f;* ~ **ücreti** Autobahngebühr *f;* ~ **üçgeni** Autobahndreieck *nt*

oturacak <-ğı> *s* Sitzgelegenheit *f*

oturak <-ğı> *s* ① Basis *f* ② Sitzplatz *m* ③ Schemel *m* ④ Nachttopf *m*

oturma *s* ① *Verbalsubstantiv zu* **oturmak** ② ~ **izni** Aufenthaltsgenehmigung *f;* ~ **müsaadesi** Aufenthaltserlaubnis *f;* ~ **odası** Wohnzimmer *nt*

oturmak *vi* ① sich setzen, Platz nehmen (**-e** auf/in etw) ② sitzen (**-in üzerinde** auf etw) ③ wohnen (**-de** in etw) ④ passen (**-e** zu/auf/in etw) ⑤ faulenzen; (**birine**) **pahalıya** ~ (jdm) teuer zu stehen kommen

oturtma *s* ① *Verbalsubstantiv zu* **oturtmak** ② *türkisches Gemüsegericht mit Hackfleisch*

oturtmak *vt* ① *Kausativ zu* **oturmak** ② setzen, stellen (**-i -e** etw in/auf etw) ③ zum Sitzen auffordern (**-i** jdn)

oturum *s* Sitzung *f*, Tagung *f*

oturuş *s* Sitz *m*

otuz *num* dreißig

ova *s* Ebene *f*

oval <-li> *adj* oval

ovalamak *vt* (mit den Händen) zerreiben (**-i** etw)

ovmak <-ar> *vt* ① massieren (**-i** etw) ② scheuern (**-i** etw) ③ reiben (**-i** etw)

ovuşturmak *vt* ① (aneinander)reiben (**-i** etw) ② einreiben (**-i** etw)

oy *s* ① Wahl *f*, Abstimmung *f* ② Beurteilung *f* ③ Stimme *f;* ~ **pusulası** Wahlzettel *m*, Stimmzettel *m;* ~ **sandığı** Wahlurne *f;* ~ **vermek** abstimmen; (*pol*) wählen

oya *s* Häkelspitze *f*

oyalamak *vt* ① aufhalten (**-i** jdn) ② ablenken, beschäftigen (**-i** jdn) ③ zerstreuen, unterhalten (**-i** jdn) ④ (*pej*) vertrösten, hinhalten (**-i** jdn) ⑤ mit Spitzen besticken (**-i** etw)

oyalanma *s* ① *Verbalsubstantiv zu* **oyalanmak** ② Zerstreuung *f*, Zeitvertreib *m*

oyalanmak *vi* ① *Reflexiv zu* **oyalamak**

② herumtrödeln ③ sich ablenken, sich zerstreuen

oybirliği <-ni> *s* Einstimmigkeit *f;* ~ **ile** POL einstimmig

oylaşım *s* ① Erörterung *f,* Besprechung *f* ② Erwägung *f*

oylaşmak *vt* erörtern, besprechen (**-i** etw)

oyma *s* ① *Verbalsubstantiv zu* **oymak** ② Schnitzarbeit *f* ③ Gravierung *f*

oymacı *s* (*Person*) Holzschnitzer *m*

oymacılık <-ğı> *s* Schnitzerei *f*

oymak <-ar> *vt* ① ausstechen, aushöhlen (**-i** etw) ② schnitzen (**-i** etw) ③ gravieren (**-i** etw) ④ (*Steine*) hauen (**-i** etw)

oymak <-ğı> *s* ① Volksstamm *m* ② Pfadfindergruppe *f*

oynak <-ğı> *adj* ① kokett ② launenhaft, launisch ③ locker, wackelig ④ unbeständig ⑤ zappelig ⑥ ~ **merdiven sistemi** gleitende Arbeitszeit; ADMIN gleitende Lohnskala

oynamak *vi* ① spielen (**-i** etw) ② tanzen ③ wackeln, locker sein ④ herumspielen (**ile** mit etw) ⑤ (*Film*) gezeigt werden

oynatmak *vt* ① *Kausativ zu* **oynamak** (*Theater*) vorführen (**-i** etw) ② bewegen, verrücken (**-i** etw) ③ an der Nase herumführen (**-i** jdn)

oysa(ki) *adv* dagegen, jedoch

oyuk <-ğu> **I.** *s* ① Hohlraum *m,* Loch *nt* ② Rille *f* **II.** *adj* ① ausgehöhlt, hohl ② (*Augen*) ausgestochen

oyun *s* ① Spiel *nt* ② (*Schach*) Partie *f* ③ Schauspiel *nt* ④ Spieltechnik *f* ⑤ Volkstanz *m* ⑥ Betrug *m,* Schwindel *m* ⑦ (böser) Streich *m;* ~ **arkadaşı** Spielkamerad(in) *m(f),* Mitspieler(in) *m(f);* ~ **kâğıdı** Spielkarte *f;* ~ **konsolu** Spielkonsole *f;* ~ **kuralı** Spielregel *f;* ~ **otomatı** Spielautomat *m;* **birine ~ oynamak** [*o* **etmek**] jdm einen Streich spielen; ~ **sahası** Spielfeld *nt;* **oyuna gelmek** hereinfallen; **oyuna getirmek** drankriegen (**-i** jdn); **oyuna katılmak** mitspielen

oyunbozan *s* ① Spielverderber(in) *m(f)* ② Störenfried *m*

oyunbozanlık <-ğı> *s* Spielverderben *nt;* ~ **etmek** das Spiel verderben

oyuncak <-ğı> *s* ① Spielzeug *nt* ② (*fig*) Kinderspiel *nt;* ~ **ayı** Teddybär *m*

oyuncakçı *s* Spielwarenhändler(in) *m(f);* ~ **dükkanı** Spielwarengeschäft *nt*

oyuncu **I.** *s* ① Spieler(in) *m(f)* ② Darsteller(in) *m(f),* Schauspieler(in) *m(f)* ③ (*fam*) Tänzer(in) *m(f)* **II.** *adj* (*Katze*) verspielt

ozan *s* Dichter(in) *m(f),* Poet(in) *m(f)*

ozon *s* Ozon *nt;* ~ **deliği** Ozonloch *nt;* ~ **tabakası** Ozonschicht *f*

Ö ö

Ö, **ö** *s 19. Buchstabe des türk. Alphabets*

öbek <-ği> *s* (*fam*) Gruppe *f*, Schar *f*

öbür *adj* ❶ (*von zweien*) andere(r, s) ❷ (*Tag, Woche*) übernächste(r, s); ~ **dünya** Jenseits *nt*; ~ **gün** übermorgen; ~ **tarafta** (*auf der anderen Seite*) drüben; ~ **taraftan** von drüben, andererseits

öç <-cü> *s* Rache *f*; ~ **almak** sich rächen (**-den** an jdm)

öd *s* Galle *f*; **ödü kopmak** zu Tode erschrecken; **ödünü koparmak** jdn zu Tode erschrecken (**-i** jdn)

ödeme *s* ❶ *Verbalsubstantiv zu* **ödemek** ❷ (Be)zahlung *f*; ~ **bilançosu** Zahlungsbilanz *f*; ~ **emri** Zahlungsbefehl *m*; ~ **kabiliyeti** COMM Zahlungsfähigkeit *f*

ödemek *vt* ❶ (be)zahlen (**-i** etw) ❷ (*Rechnung, Schuld*) begleichen (**-i** etw) ❸ (*Kosten*) bestreiten (**-i** etw)

ödemeli *adj* gegen Nachnahme; ~ **konuşma** R-Gespräch *nt*

ödenebilir *adj* zahlbar

ödenek <-ği> *s* (bereitgestellte) Geldmittel *pl*

ödenti *s* Mitgliedsbeitrag *m*

ödeşmek *vi* ❶ abrechnen (**ile** mit jdm) ❷ quitt sein (**ile** mit jdm)

ödev *s* Pflicht *f*; **ev ödevi** (*für Schule*) Hausaufgabe *f*

ödlek <-ği> **I.** *adj* (*fam*) feige **II.** *s* Feigling *m*, Angsthase *m*

ödül *s* ❶ (*Auszeichnung*) Preis *m* ❷ Belohnung *f*, Prämie *f*

ödüllendirmek *vt* ❶ belohnen (**-i** jdn) ❷ auszeichnen, prämieren (**-i** jdn)

ödün *s* Zugeständnis *nt*

ödünç <-cü> **I.** *s* Darlehen *nt* **II.** *adj* geliehen; ~ **almak** sich *dat* ausleihen (**-i -den** etw von jdm); ~ **vermek** verleihen (**-e -i** jdm etw)

öfke *s* Wut *f*, Zorn *m*

öfkelendirmek *vt* ❶ *Kausativ zu* **öfkelenmek** ❷ wütend machen (**-i** jdn)

öfkelenmek *vi* ❶ in Wut geraten ❷ sich ärgern (**-den** über jdn/etw)

öfkeli *adj* wütend, zornig

öğe *s* ❶ Bestandteil *m* ❷ Element *nt*

öğle(n) *s* Mittag *m*; ~ **paydosu** Mittagspause *f*; ~ **sularında** gegen Mittag; ~ **uykusu** Mittagsschlaf *m*; ~ **uykusuna yatmak** Mittagsschlaf halten; ~ **yemeği** Mittagessen *nt*; ~ **yemeği yemek** zu Mittag essen; **öğleden önce** Vormittag *m*; (*am Vormittag*) vormittags; ~ **sonra** Nachmittag *m*; (*am Nachmittag*) nachmittags; ~ **sonraları** (*jeden Nachmittag*) nachmittags; **öğlene doğru** gegen Mittag

öğle(n)leri *adv* mittags

öğleyin *adv* mittags, zu Mittag

öğrenci *s* ❶ Schüler(in) *m(f)* ❷ Student(in) *m(f)*; ~ **yemekhanesi** Mensa *f*; ~ **yurdu** Studentenwohnheim *nt*

öğrenilebilen *adj* erlernbar

öğrenim *s* Ausbildung *f*, Studium *nt*; ~ **dalı** Studienfach *nt*; ~ **yapmak** studieren

öğrenme *s* ❶ *Verbalsubstantiv zu* **öğrenmek** ❷ Lernen *nt*; ~ **yetisi** Lernfähigkeit *f*

öğrenmek *vt* ❶ (er)lernen (**-i** etw) ❷ erfahren (**-i -den** etw von jdm)

öğretici *adj* lehrreich, Lehr-

öğretim *s* ❶ Unterricht *m* ❷ Schulung *f*; ~ **yılı** Schuljahr *nt*

öğretmek *vt* ❶ *Kausativ zu* **öğrenmek** ❷ lehren, unterrichten (**-i** jdn)

öğretmen *s* Lehrer(in) *m(f)*; ~ **okulu** Lehrerseminar *nt*

öğürmek *vi* (*fam*) würgen

öğüt <-tü> *s* Rat *m*, Ratschlag *m;* **birine ~ vermek** jemandem einen Rat geben

öğütlemek *vt* empfehlen (**-e -i** jdm etw)

öğütmek *vt* (*Getreide*) mahlen (**-i** etw)

ökçe *s* (*vom Schuh*) Absatz *m*

ökolojik sistem *s* Ökosystem *nt*

ökse *s* Vogelleim *m;* **ökseye basmak** (*fam*) hereinfallen; **ökseye bastırmak** (*fam*) hereinlegen (**-i** jdn)

öksürmek *vi* husten, sich räuspern

öksürük <-ğü> *s* Husten *m;* **~ pastili** Hustenbonbon *nt;* **~ şurubu** Hustensaft *m;* **öksürüğüm var** ich habe Husten

öksüz **I.** *s* Waise *f*, Waisenkind *nt* **II.** *adj* verwaist; **öksüzler yurdu** Waisenhaus *nt*

öküz *s* ① Ochse *m* ② Dummkopf *m*

ölçek <-ği> *s* ① Kornmaß *nt* (*früheres türkisches Maß*) ② Maßstab *m*

ölçmek <-er> *vt* ① messen (**-i** etw) ② (*Worte*) genau abwägen (**-i** etw); **ölçüp biçmek** (*Worte*) abwägen, reiflich überlegen (**-i** etw)

ölçü *s* ① Maß *nt* ② Ausmaß *nt* ③ MUS Takt *m* ④ Versmaß *nt;* **~ aleti** Messgerät *nt;* **~ almak** Maß nehmen; **ölçüyü aşmamak** sich mäßigen

ölçülebilir *adj* messbar

ölçülü *adj* ① (aus)gemessen ② mäßig, maßvoll ③ gefasst, beherrscht

ölçülülük <-ğü> *s* ① Augenmaß *nt* ② Gefasstheit *f*

ölçüsüz **I.** *adj* ① ohne Maß ② unermesslich ③ maßlos **II.** *adv* ohne Überlegung

ölçüsüzlük <-ğü> *s* ① Unermesslichkeit *f* ② Maßlosigkeit *f*, Zügellosigkeit *f*

ölçüt <-tü> *s* Kriterium *nt*

öldürmek *vt* ① *Kausativ zu* **ölmek** ② töten (**-i** jdn/etw) ③ ermorden (**-i** jdn) ④ sehr quälen (**-i** jdn)

öldürücü *adj* ① tödlich ② mörderisch

ölmek <-ür> *vi* ① sterben, umkommen, ums Leben kommen ② (*vor Durst, Hitze*) beinahe umkommen (**-den** vor etw)

ölmez *adj* unsterblich

ölmezlik <-ği> *s* Unsterblichkeit *f*

ölmüş **I.** *s* Tote(r) *f(m)*, Verstorbene(r) *f(m)* **II.** *adj* tot, verstorben

ölü **I.** *s* ① Tote(r) *f(m)* ② Leiche *f* **II.** *adj* ① tot ② (*Licht*) matt ③ regungslos; **~ benizli** totenblass; **~ doğmuş** tot geboren; **~ gibi uyumak** wie ein Murmeltier schlafen; **~ nokta** toter Punkt; **ölüler diyarı** Totenreich *nt*

ölüm *s* ① Tod *m* ② Todesfall *m;* **~ ilanı** Todesanzeige *f;* **~ ilmühaberi** Sterbeurkunde *f*, Totenschein *m;* **~ nedeni** Todesursache *f;* **~ oranı** Sterberate *f;* **~ orucu** Todesfasten *nt;* **~ tehlikesi** Lebensgefahr *f*

ölümlü *adj* sterblich

ölümsüz *adj* unsterblich

ölümsüzlük <-ğü> *s* Unsterblichkeit *f*

ömür <-mrü> **I.** *s* ① Leben *nt* ② Lebensdauer *f* **II.** *adj* ① großartig ② eigenartig

ön **I.** *adj* ① vordere(r, s), Vorder- ② bevorstehend **II.** *s* Vorderseite *f;* **~ ad** Vorname *m;* **~ bacak** Vorderbein *nt;* **~ bahçe** Vorgarten *m;* **~ bilgi** Grundwissen *nt;* **~ dingil** Vorderachse *f;* **~ plan** Vordergrund *m;* **~ taraf** Vorderseite *f;* **~ tarafta** vorn(e); **~ tekerlek** Vorderrad *nt;* **~ yüz** Vorderseite *f;* **önde** vorn(e); (*vor den anderen*) voran; **önden** von vorn(e); **önden gitmek** vorangehen, vorgehen; **öne** nach vorne; **öne almak** voranstellen; (*Termin*) vorverlegen (**-i** etw); **öne çıkmak** vortreten; **öne düşmek** vorangehen; **öne sürmek** meinen, behaupten, erklären (**-i** etw); **önünü almak** verhindern, verhüten, eindämmen (**-in** etw)

önbilgi *s* ① Vorkenntnisse *pl* ② Vorinformation *f*

önce **I.** *präp* (*Zeit*) vor; **iki gün ~** vor

zwei Tagen; **yarından önce** vor morgen II. *adv* ❶ vorher ❷ zuerst; ~ **davranmak** jdm zuvorkommen; ~ **gelmek** zuerst kommen; (*Sache*) vorausgehen III. *konj* bevor; **evime gitmeden** ~ bevor ich nach Hause ging IV. *s* Vorgeschichte *f*

önceden *adv* ❶ zuvor ❷ im Voraus ❸ vorweg

önceki *adj* ❶ ehemalige(r, s), frühere(r, s) ❷ vorhergehende(r, s), vorherige(r, s), vorige(r, s)

öncel *s* Vorgänger(in) *m(f)*

önceleri *adv* ❶ anfangs ❷ früher

öncelik <-ği> *s* Priorität *f*, Vorrang *m*; ~ **tanımak** Prioritäten setzen

öncelikli *adj* vorrangig

öncü I. *s* ❶ Pionier *m* ❷ Vorkämpfer(in) *m(f)*, Wegbereiter(in) *m(f)* ❸ Vorläufer(in) *m(f)* II. *adj* COMM, POL führend

öndelik <-ği> *s* Vorschuss *m*

önder *s* Führer(in) *m(f)*

önek <-ki> *s* Vorsilbe *f*

önel *s* Frist *f*

önem *s* Bedeutung *f*; ~ **vermek** Bedeutung beimessen, Wert legen (**-e** auf etw)

önemli *adj* wichtig, bedeutend; ~ **bir şey değil** nichts Besonderes

Ö

önemsemek *vt* Bedeutung beimessen (**-i** jdm/einer Sache)

önemsemezlik <-ği> *s* Geringschätzung *f*

önemsiz *adj* unwichtig, unbedeutend

önemsizlik <-ği> *s* Unwichtigkeit *f*

önerge *s* Antrag *m*

öneri *s* Vorschlag *m*

önermek *vt* vorschlagen (**-i** etw)

öngörmek *vt* vorsehen, ins Auge fassen (**-i** etw)

öngörü *s* Voraussicht *f*, Vorausschau *f*; **akıllı/bilgece bir** ~ **ile** in kluger/weiser Vorausschau

öngörülü *adj* vorausschauend; ~ **olmak** vorausschauen; **uzun süreli projelerde** ~ **planlar yapılmak zorunda** bei langfristigen Projekten muss vorausschauend geplant werden

önkol *s* Unterarm *m*

önkoşul *s* Vorbedingung *f*

önlem *s* Maßnahme *f*; ~ **almak** Maßnahmen ergreifen

önlemek *vt* ❶ verhindern, verhüten (**-i** etw) ❷ eindämmen (**-i** etw)

önleyici *adj* ❶ verhindernd, verhütend ❷ vorbeugend; ~ **tedbir** Verhütungsmaßnahme *f*, Vorbeugungsmaßnahme *f*

önlük <-ğü> *s* ❶ Schürze *f* ❷ Latz *m*

önsezi *s* Vorahnung *f*

önsöz *s* ❶ Einleitung *f* ❷ Vorwort *nt*

öntakı *s* Präposition *f*

önünde I. *präp* vor (**-in** +*dat*) II. *adv* davor

önünden *präp* (vorn) an ... vorbei (**-in** +*dat*)

önüne *präp* vor (**-in** +*akk*)

önyargı *s* Vorurteil *nt*

önyargılı *adj* voreingenommen

önyargısız *adj* vorurteilslos

öpmek <-er> *vt* küssen (**-i** jdn/etw); **öp babanın elini!** eine schöne Bescherung!

öpücük <-ğü> *s* Küsschen *nt*

öpüşmek *vi* sich küssen

ördek <-ği> *s* Ente *f*

örf *s* Brauch *m*, Sitte *f*

örgen *s* Organ *nt*

örgü *s* ❶ Geflecht *nt* ❷ Strickarbeit *f* ❸ Zopf *m*; ~ **örmek** stricken

örgüt <-tü> *s* Organisation *f*

örgütle(ndir)mek *vt* organisieren (**-i** etw)

örme I. *s* *Verbalsubstantiv zu* **örmek** II. *adj* ❶ geflochten ❷ gestrickt; ~ **iğnesi** Stopfnadel *f*; ~ **ipliği** Stopfgarn *nt*

örmek <-er> *vt* ❶ flechten (**-i** etw) ❷ stricken (**-i** etw) ❸ (*Kleidungsstück*) stopfen (**-i** etw) ❹ (*Spinne*) weben (**-i** etw) ❺ (*Mauer*) errichten (**-i** etw)

örneğin *adv* zum Beispiel, beispielsweise
örnek <-ği> I. *s* ① Beispiel *nt* ② Musterstück *nt,* Exemplar *nt* ③ Vorbild *nt* ④ Modell *nt* ⑤ Abschrift *f;* **birini ~ almak** sich an jdm ein Beispiel nehmen II. *adj* beispielhaft, musterhaft
örneksel *adj* INFORM analog
örs *s* Amboss *m*
örtbas etmek *vt* vertuschen (**-i** etw)
örtmek <-er> *vt* ① (be)decken (**-i** etw) ② (*Gesicht*) verschleiern (**-i** etw) ③ (*Tür*) zumachen, schließen; (*Vorhang*) zuziehen (**-i** etw) ④ vertuschen (**-i** etw)
örtü *s* ① Decke *f* ② (*a. fig*) Schleier *m*
örtük <-ğü> *adj* verdeckt
örtülü *adj* ① verdeckt, verschleiert ② geheim; **~ ödenek** POL schwarze Kasse *f*
örtünmek *vi* ① *Reflexiv zu* **örtmek** ② sich zudecken ③ sich bedecken ④ sich verschleiern
örümcek <-ği> *s* Spinne *f;* **~ ağı** Spinnennetz *nt*
öt <-dü> *s* Galle *f*
öte I. *s* ① jenseits liegende Seite, abgewandte Seite ② das Weitere II. *adj* jenseitig
öteberi *s* dies und das; **~ almak** Besorgungen machen
ötede *adv* drüben
öteki *s* (*von zweien*) der/die/das andere
ötesinde *präp* ① jenseits, abseits von (**-ın** *+dat*) ② über ... hinaus (**-in** *+akk*) ③ außer (**-in** *+dat*)
ötmek <-er> *vi* ① (*Vögel*) singen, zwitschern; (*Hahn*) krähen ② blasen ③ (*Sirenen*) heulen ④ prahlen ⑤ (*fam*) dummes Zeug reden
öttürmek *vt* ① *Kausativ zu* **ötmek** ② (*Blasinstrument*) blasen; (*Pfeife*) pfeifen (**-i** etw)
ötürü *präp* wegen (**-den** *+gen*)
övgü *s* ① Lob *nt* ② Laudatio *f;* **övgüye değer** lobenswert
övmek <-er> *vt* loben, preisen, rühmen (**-i** jdn/etw); **birini överek göklere çıkarmak** jdn über den grünen Klee loben
övünmek *vr* ① *Reflexiv zu* **övmek** ② sich rühmen ③ sich brüsten (**ile** mit etw) ④ stolz sein (**ile** auf etw/jdn)
övütmek *vt* (*Getreide*) mahlen (**-i** etw)
öykü *s* ① Geschichte *f,* Erzählung *f* ② Novelle *f*
öyle I. *adj* so ein(e), derartige(r, s), solche(r, s) II. *adv* ① derart, dermaßen ② so; **~ değilse** wenn nicht; **~ ... ki** so ..., dass; **~ mi?** so?
öylece *adv* auf diese Weise
öylelikle *adv* auf diese Weise
öylesine *adv* dermaßen
öyleyse *adv* wenn es so ist
öz I. *s* ① Selbst *nt* ② Wesen *nt* ③ Substanz *f* ④ (*das Innere*) Mark *nt;* **bir işin özü** das Wesentliche einer Sache II. *adj* ① eigen ② echt, rein
özdek *s* Körper *m,* Stoff *m,* Materie *f*
özdenetim *s* Selbstkontrolle *f*
özdeş *adj* identisch
özdeşlemek *vt* identifizieren (**-i** etw)
özdeşleşmek *vr* sich identifizieren mit (**ile** mit jdm/etw)
özdeşlik *s* Identität *f*
özdeyiş *s* Spruch *m,* geflügeltes Wort
özel *adj* ① besondere(r, s) ② eigen, privat, persönlich; **~ ders** Privatunterricht *m;* **~ fiyat** Sonderpreis *m;* **~ hayat** Privatleben *nt;* **~ hüküm** Klausel *f;* **~ isim** Eigenname *m,* **~ okul** Privatschule *f;* **~ pul** Sondermarke *f*
özeleştiri *s* Selbstkritik *f*
özelleştirme *s* Privatisierung *f*
özelleştirmek *vt* ① privatisieren (**-i** etw) ② INFORM personalisieren (**-i** etw)
özellik *s* ① Eigenschaft *f* ② Eigenart *f* ③ Spezialität *f*
özellikle *adv* besonders, insbesondere
özen *s* ① Sorgfalt *f* ② Pflege *f* ③ Präzision *f*

özendirmek *vt* ① *Kausativ zu* **özenmek** ② aufmuntern, motivieren (-**i** -**e** jdn zu etw)
özenli *adj* präzise, sorgfältig
özenmek *vi* ① sich Mühe geben (-**e** mit etw) ② nachahmen, nacheifern (-**e** jdm)
özensiz *adj* nachlässig
özensizlik *s* Nachlässigkeit *f*
özerk *adj* autonom
özerklik *s* Autonomie *f*, Selbstbestimmung *f*
özet <-ti> *s* ① Inhaltsangabe *f*, Übersicht *f*, Zusammenfassung *f* ② Buchauszug *m* ③ (*in Briefen*) Betreff *m*
özetlemek *vt* (kurz) zusammenfassen (-**i** etw)
özgecil *adj* selbstlos
özgecilik *s* Selbstlosigkeit *f*
özgeçmiş *s* Lebenslauf *m*
özgül *adj* spezifisch
özgün *adj* ① original ② originell
özgünlük *s* Originalität *f*
özgür *adj* frei, unabhängig
özgürlük *s* Freiheit *f*, Unabhängigkeit *f*
özlem *s* Sehnsucht *f*; **bir şey/birisi için ~ çekmek** sich nach etw/jdm (zurück)sehnen
özlemek *vt* sich sehnen (nach) (-**i** nach etw/jdn)
özlemle *adv* sehnlichst
özlemli *adj* sehnsüchtig
özne *s* Subjekt *nt*
öznel *adj* subjektiv
öznellik *s* Subjektivität *f*
özsermaye *s* COMM Eigenkapital *nt*
özsu *s* (*von Pflanzen*) Saft *m*
özünlü *adj* wesentlich
özür *s* ① Entschuldigung *f* ② Mangel *m*; **~ dilemek** sich entschuldigen; **birinden ~ dilemek** jdn um Entschuldigung bitten
özürlü I. *s* Behinderte(r) *f(m)*; **Özürlüler Olimpiyatı** SPORT Paralympics *pl* **II.** *adj* ① entschuldigt ② behindert
özürlülük <-ğü> *s* MED Behinderung *f*
özveri *s* ① Opferbereitschaft *f* ② Selbstlosigkeit *f*
özyaşam *s* Privatleben *nt*

Pp

P, p *s 20. Buchstabe des türk. Alphabets*

pabuç <-cu> *s* Schuh *m;* ~ **bağı** Schnürsenkel *m*

paça *s* ① Hosenbein *nt* ② *Gericht aus Hammel- oder Kalbshachsen*

paçavra *s* ① Fetzen *m* ② wertloses Zeug

padılbot <-tu> *s* Paddelboot *nt*

padişah *s* (*orientalischer*) Herrscher *m;* (*im Osmanischen Reich*) Sultan *m*

paha *s* Wert *m;* ~ **biçilmez** unbezahlbar; ~ **biçmek** bewerten, schätzen (**-e** etw); **her ne pahasına olursa olsun** um jeden Preis

pahalanmak *vi* teurer werden, sich verteuern

pahalı *adj* teuer; (**birine**) **pahalıya mal olmak** [*o* **oturmak**] (jdm) teuer zu stehen kommen

pahalılaşmak *vi* teurer werden, sich verteuern

pahalılaştırmak *vt* ① *Kausativ zu* **pahalılaşmak** ② verteuern (**-i** etw)

pahalılık <-ğı> *s* ① Teuerung *f* ② hohe Preise *pl*

pak <-ki> *adj* sauber, rein

paket <-ti> *s* ① Paket *nt* ② Päckchen *nt* ③ (*vulg*) Hintern *m;* ~ **kâğıdı** Packpapier *nt;* ~ **kartı** Paketkarte *f;* ~ (**olsun**), **lütfen!** zum Mitnehmen, bitte!

paketlemek *vt* einpacken, verpacken (**-i** etw)

Pakistan I. *s* Pakistan *nt* **II.** *adj* (*Art*) pakistanisch

Pakistanca *adj* (*Sprache*) pakistanisch

Pakistanlı I. *s* Pakistani *m o f* **II.** *adj* (*Herkunft*) pakistanisch

paklamak *vt* reinigen, sauber machen (**-i** etw)

pakt <-tı> *s* ① Bündnis *nt* ② Abkommen *nt,* Pakt *m*

palamut <-du> *s* ① Eichel *f* ② (*Speisefisch*) Bonito *m*

palas *s* ① Luxushotel *nt* ② großes Wohn- oder Mietshaus

palas pandıras *adv* Hals über Kopf

Palatina *s* Pfalz *f*

palavra *s* ① (dummes) Gerede *nt* ② Angeberei *f;* ~ **sıkmak** angeben

palavracı *s* Angeber(in) *m(f)*

palet <-ti> *s* ① Palette *f* ② Taucherflosse *f*

palm bilgisayar *s* Palm *m*

palmiye *s* Palme *f*

palto *s* (dicker) Mantel *m*

palyaço *s* Clown *m*

pamuk <-ğu> *s* ① Baumwolle *f* ② Watte *f;* ~ **gibi** wachsweich; **Pamuk Prenses** Schneewittchen *nt;* ~ **şeker** Zuckerwatte *f;* ~ **uçlu çubuk** Wattestäbchen *nt*

Pamukkale *s* Hierapolis *nt*

pamuklu *adj* ① wattiert ② Baumwoll-

Panama I. *s* Panama *nt;* (*Hut*) Panamahut *m* **II.** *adj* (*Art*) panamaisch

Panamalı I. *s* Panamaer(in) *m(f)* **II.** *adj* (*Herkunft*) panamaisch

panama şapkası *s* Panamahut *m*

panayır *s* ① Jahrmarkt *m* ② Messe *f,* Ausstellung *f*

pancar *s* ① Rote Beete *f* ② Zuckerrübe *f*

pancur *s* (Fenster)laden *m*

pandantif *s* (Schmuck)anhänger *m*

pandemi *s* MED Pandemie *f*

pandemik *adj* pandemisch

pandispanya gazetesi *s* Klatschblatt *nt*

pandomim *s* Pantomime *f*

pane *adj* paniert; ~ **etmek** panieren (**-i** etw)

panel *s* Podiumsdiskussion *f*

panik <-ği> *s* Panik *f;* **paniğe kapılmak** in Panik geraten; **paniğe kapılmayın!** keine Panik!

panjur *s* (Fenster)laden *m*

pankreas *s* Bauchspeicheldrüse *f*

pano *s* INFORM Zwischenablage *f*

panorama *s* ① Panorama *nt,* Rundblick *m* ② Überblick *m*

pansıman, pansuman *s* MED Verband *m,* Packung *f,* Umschlag *m*

pansiyon *s* Pension *f;* ~ **odası** Fremdenzimmer *nt*

pantalon *s* Hose *f;* ~ **askısı** Hosenträger *pl;* ~ **cebi** Hosentasche *f;* ~ **kıçı** Hosenboden *m*

panter *s* Panther *m*

Pantkot Yortusu <-nu> *s* Pfingsten *nt*

panzehir <-hri> *s* Gegengift *nt*

Papa *s* Papst *m*

papağan *s* Papagei *m*

paparazzi *s* Paparazzo *m*

papatya *s* ① Kamille *f* ② Gänseblümchen *nt* ③ Margerite *f;* ~ **çayı** Kamillentee *m*

papaz *s* ① (christlicher) Geistliche(r) *m,* Pfarrer *m,* Priester *m* ② (*beim Kartenspiel*) König *m;* ~ **okulu** Priesterseminar *nt*

para *s* ① Geld *nt* ② Geldwert *m* ③ Währung *f;* ~ **babası olmak** (*fam*) Geld wie Heu haben, vor Geld stinken; ~ **basmak** (*Münzen*) prägen; (*Papiergeld*) drucken; ~ **biriktirmek** sparen; ~ **birimi** Währung *f;* ~ **cezası** Geldstrafe *f,* Bußgeld *nt;* ~ **çantası** Geldtasche *f;* ~ **havalesi** Geldanweisung *f;* ~ **kasası** Tresor *m*

parabol <-lü> *s* Parabel *f*

paradigma *s* PHILOS Paradigma *nt*

paradoks *s* Paradoxie *f*

paraf *s* (*als Unterschrift*) Zeichen *nt,* Initialen *pl*

paragraf *s* ① Absatz *m* ② Paragraph *m* ③ Textstelle *f*

Paraguay I. *s* Paraguay *nt* II. *adj* (*Art*) paraguayisch

Paraguaylı I. *s* Paraguayer(in) *m(f)* II. *adj* (*Herkunft*) paraguayisch

parakartı <-nı> *s* Geldkarte *f*

paralamak *vt* ① zerfleischen (**-i** etw) ② (*Papier*) zerreißen (**-i** etw)

paralanmak *vi* ① *Passiv zu* **paralamak** ② zu Geld kommen ③ sich abplagen

paralel I. *adj* parallel (**-e** zu etw) II. *s* ① Parallele *f* ② Breitengrad *m*

paralı *adj* ① wohlhabend ② kostenpflichtig

Paralimpik Oyunları *s* Paralympics *pl*

paramatik <-ği> *s* Geldautomat *m*

parametre *s* Parameter *m*

paramiliter *adj* paramilitärisch

paramparça *adj* ① ganz zerfetzt ② zerschlagen; ~ **etmek** zertrümmern, zerschlagen; (*Papier, Stoff*) zerfetzen (**-i** etw), zusammenschlagen (**-i** jdn)

parantez *s* Klammer *f;* ~ **içinde** in Klammern

parasal *adj* finanziell, Geld-

parasız *adj* ① mittellos ② kostenlos

parasoley *s* Sonnenblende *f*

paraşüt <-tü> *s* Fallschirm *m*

paraşütçü *s* Fallschirmspringer(in) *m(f)*

paratoner *s* Blitzableiter *m*

paravana *s* spanische Wand, Paravent *m*

parazit <-ti> *s* ① Parasit *m,* Schmarotzer *m* ② (Funk)störung *f*

parça *s* ① Stück *nt* ② Bestandteil *m* ③ Bruchstück *nt* ④ (*Theater-, Musik-*) Stück *nt* ⑤ Splitter *m* ⑥ Stoffrest *m;* ~ ~ stückweise; ~ **tesirli bomba** Splitterbombe *f*

parçalamak *vt* ① zerfetzen, zerstückeln (**-i** etw) ② zerfleischen (**-i** etw) ③ (*Geschirr*) zerschlagen (**-i** etw)

parçalanmak *vi* ① *Passiv zu* **parçalamak** ② (in Stücke) brechen ③ splittern ④ zerbröckeln ⑤ sich abplagen

pardesü *s* (leichter) Mantel *m*

parfüm *s* Parfüm *nt;* ~ **sürmek** parfümieren (**-e** etw)

parfümeri *s* Parfümerie *f*

parıldamak *vi* ① glänzen ② funkeln ③ flimmern

parıltı *s* Glanz *m*

park <-kı> *s* ① Park *m*, Parkanlage *f* ② (*eines Autos*) Parken *nt*; ~ **etmek** [*o* **yapmak**] parken; ~ **yapılmaz!** Parken verboten!; ~ (**etme**) **yasağı** Parkverbot *nt*; ~ **saati** Parkuhr *f*; ~ **ücreti** Parkgebühr *f*

parke *s* ① Parkett *nt* ② (Straßen)pflaster *nt*; ~ **kaldırım** Kopfsteinpflaster *nt*; ~ **taşı** Pflasterstein *m*

Parkinson hastalığı <-nı> *s* parkinsonsche Krankheit *f*

parkur *s* ① Rennstrecke *f* ② (*Golf*) Parcours *m*

parlak <-ğı> *adj* ① glänzend, strahlend ② hervorragend; ~ **başarı** Bombenerfolg *m*, Riesenerfolg *m*; ~ **dönem** Blütezeit *f*

parlaklık <-ğı> *s* Glanz *m*

parlamak *vi* ① leuchten, glänzen ② (*Sonne*) scheinen ③ Feuer fangen ④ berühmt werden ⑤ (*Mensch*) aufbrausen

parlamento *s* Parlament *nt*

parlatıcı *s* (*Mittel*) Politur *f*

parlatmak *vt* ① *Kausativ zu* **parlamak** ② polieren (-**i** etw)

parmak <-ğı> *s* ① Finger *m* ② Zeh *m*, Zehe *f* ③ Fingerbreit *m*; ~ **izleri** Fingerabdrücke *pl*; ~ **ucu** Fingerspitze *f*; **bir işte parmağı olmak** die Finger bei etwas im Spiel haben

parmaklık <-ğı> *s* ① Balustrade *f* ② Gitter *nt* ③ Zaun *m*

parodi *s* Parodie *f*

parola *s* ① Kennwort *nt*, Parole *f* ② Motto *nt* ③ INFORM Passwort *nt*

pars *s* Leopard *m*

parsel *s* (vermessenes) Baugelände *nt*

parşömen *s* Pergament *nt*

parter *s* (*im Theater*) Parkett *nt*

parti *s* ① Partei *f* ② (*Schach*) Partie *f* ③ Party *f* ④ Ware *f*, Posten *m* ⑤ eine gute Partie; ~ **içi** innerparteilich; **partiler üstü** überparteilich

partizan *s* Partisan(in) *m(f)*

partner *s* Partner(in) *m(f)*; ~ **arama** Partnersuche *f*

pas *s* ① Rost *m* ② Zungenbelag *m* ③ SPORT Zuspielen *nt*, Pass *m*; ~ **tutmak** (ver)rosten; ~ **tutmaz** nichtrostend, rostfrei; ~ **vermek** (*Ball*) zuspielen (-**e** jdm)

pasaj *s* ① Ladenpassage *f* ② (*in einem Buch*) Stelle *f*

pasak <-ğı> *s* Schmutz *m*

pasaklı *adj* ① schlampig, unordentlich, nachlässig ② schmutzig

pasaklılık <-ğı> *s* Schlamperei *f*, Unordentlichkeit *f*

pasaport <-tu> *s* (Reise)pass *m*; ~ **kontrolü** Passkontrolle *f*; **pasaportunu** (**eline**) **vermek** jdm den Laufpass geben

pasif *adj* passiv, untätig; ~ **içici** Passivraucher(in) *m(f)*; ~ **içicilik** Passivrauchen *nt*

pasif (**bilanço**) *s* Passiva *pl*

Pasifik (**Okyanusu**) *s* Pazifik *m*, der Stille Ozean

pasifist <-ti> **I.** *s* Pazifist(in) *m(f)* **II.** *adj* pazifistisch

pasifizm *s* Pazifismus *m*

pasiflik <-ği> *s* Passivität *f*

Paskalya *s* Ostern *nt*; **paskalya yumurtası** Osterei *nt*

paslanmak *vi* (ver)rosten

paslanmaz *adj* rostfrei

paslı *adj* ① verrostet ② (*Zunge*) belegt

paso **I.** *s* Ermäßigungsausweis *m*, (*für Schüler*) Schülerausweis *m* **II.** *interj* **benden** ~ ohne mich!, ich passe!

paspas *s* Fußmatte *f*

pasta *s* ① Kuchen *m*, Torte *f* ② Rüsche *f*; ~ **çatalı** Kuchengabel *f*; ~ **kalıbı** Backform *f*; ~ **tabağı** Kuchenteller *m*

pastacı *s* Konditor(in) *m(f)*

pastane *s* Konditorei *f*

pastel renk *s* Pastellfarbe *f*

pastırma *s mit viel Knoblauch gewürztes Dörrfleisch*

pastör *s* protestantische(r) Geistliche(r) *f(m)*, Pastor(in) *m(f)*

pastörizasyon *s* Pasteurisierung *f*

pastörize *adj* pasteurisiert; ~ **etmek** pasteurisieren (**-i** etw)

pasyans *s* Patience *f*

paşa *s* HIST General *m*

patak <-ğı> *s* (*fam*) Schläge *pl*

pataklamak *vt* (*fam*) verprügeln (**-i** jdn)

patates *s* Kartoffel *f*; ~ **ezmesi** Kartoffelbrei *m*; ~ **kızartması** Bratkartoffeln *pl*; ~ **püresi** Kartoffelpüree *nt*; ~ **salatası** Kartoffelsalat *m*

patavatsız *adj* (*fam*) taktlos

patavatsızlık <-ğı> *s* (*fam*) Taktlosigkeit *f*

paten *s* ① Schlittschuh *m* ② Rollschuh *m*; ~ **kaymak** eislaufen, Rollschuh laufen

patenci *s* Schlittschuhläufer(in) *m(f)*

patent <-ti> *s* Patent *nt*; ~ **dairesi** Patentamt *nt*

patırtı *s* (*fam*) (lautes) Geräusch *nt*

pati *s* Katzenpfote *f*

patik <-ği> *s* Babyschuh *m*

patika *s* Pfad *m*

patinaj *s* ① Eiskunstlauf *m* ② Rollschuhlaufen *nt* ③ (*Auto*) Rutschen *nt*; ~ **yapmak** Schlittschuh [*o* Rollschuh] laufen; (*Auto*) rutschen

P

patlak <-ğı> **I.** *adj* ① geplatzt ② (*Reifen*) platt **II.** *s* Riss *m*; ~ **vermek** (*Krise*) ausbrechen

patlama *s* ① *Verbalsubstantiv zu* **patlamak** ② Detonation *f*, Explosion *f* ③ Knall *m*; ~ **gücü** Sprengkraft *f*

patlamak *vi* ① detonieren, explodieren ② knallen ③ (*Schuss*) losgehen ④ (*Krieg*) ausbrechen ⑤ (*fam*) (vor Langeweile) umkommen ⑥ (*fam*) teuer zu stehen kommen (**-e** jdm)

patlayıcı **I.** *adj* explosiv **II.** *s* Verschlusslaut *m*; ~ **madde** Sprengstoff *m*

patlıcan *s* Aubergine *f*

patoliji *s* Pathologie *f*

patolog *s* Pathologe, Pathologin *m, f*

patolojik *adj* pathologisch

patriarkal *adj* patriarchalisch

patrik <-ği> *s* Patriarch *m*

patron *s* ① Chef(in) *m(f)* ② Schnittmuster *nt*

pavurya *s* Einsiedlerkrebs *m*

pavyon *s* ① Ausstellungshalle *f* ② Pavillon *m* ③ Lokal *nt* mit Alkoholausschank

pay *s* ① Teil *m*, Anteil *m* ② Beitrag *m* ③ Rate *f* ④ MATH Zähler *m* ⑤ Schelte *f*; ~ **etmek** (ver)teilen (**-i** etw)

payda *s* MATH Nenner *m*

paydos **I.** *s* ① Feierabend *m* ② Pause *f* **II.** *interj* Feierabend!; ~ **etmek** die Arbeit einstellen, Feierabend machen

paylamak *vt* zusammenstauchen, zurechtweisen (**-i** jdn)

paylaşım *s* ~ **savaşı** Verteilungskampf *m*

paylaşmak *vt* ① unter sich verteilen (**-i** etw) ② (*Schmerz*) teilen (**-i** etw)

paylaştırmak *vt* ① *Kausativ zu* **paylaşmak** ② verteilen (**-i** etw)

pazar *s* ① Sonntag *m* ② Markt *m* ③ Marktplatz *m*, Basar *m*, Markthalle *f* ④ Wochenmarkt *m*; ~ **günleri** sonntags

pazarlama *s* ① *Verbalsubstantiv zu* **pazarlamak** ② Vermarktung *f*

pazarlamak *vt* vermarkten (**-i** etw)

pazarlık <-ğı> *s* Handeln *nt*, Feilschen *nt*; ~ **etmek** feilschen

pazartesi *s* Montag *m*

pazı *s* ① Mangold *m* ② Bizeps *f*

PC *s* PC *m*

peçe *s* (orientalischer, schwarzer) Schleier *m*

peçete *s* Serviette *f*

peçetelik <-ği> *s* ① Serviettenring *m* ② Serviettenständer *m*

ped *s* Damenbinde *f*, Slipeinlage *f*

pedagog *s* Pädagoge *m*, Pädagogin *f*

pedagoji *s* Pädagogik *f*
pedagojik *adj* pädagogisch
pedal *s* ❶ Pedal *nt* ❷ Setzmaschine *f* (*mit Fußbetrieb*)
pedikür *s* Fußpflege *f*, Pediküre *f*
pehlivan *s* Ringer *m*, Ringkämpfer *m*
pehriz *s* Schonkost *f*, Diät *f*; ~ **yapmak** Diät halten
pejmürde *adj* ❶ zerfetzt, zerlumpt ❷ (*Aussehen*) jämmerlich, erbärmlich
pek <-ki> **I.** *adv* sehr, recht **II.** *adj* fest, stabil, solide; ~ **az** kaum; ~ **çok** sehr viel, zahlreich
pekala **I.** *adj, adv* sehr schön, sehr gut **II.** *interj* ❶ schon gut! ❷ sehr wohl! ❸ in Ordnung! **III.** *interj* (*Füllwort vor einem Einwand*) nun, denn, ja
peki *interj* ❶ in Ordnung! ❷ schon gut! ❸ jawohl! ❹ nun, denn, ja
pekişmek *vi* ❶ sich verhärten ❷ (*Materie*) sich verdichten
pekiştirmek *vt* ❶ *Kausativ zu* **pekişmek** ❷ befestigen (**-i** etw) ❸ (*a. fig*) verstärken (**-i** etw)
pekiyi **I.** *s* (*im Zeugnis*) Eins *f* **II.** *adv* sehr gut
peksimet <-ti> *s* Zwieback *m*
pelerin *s* Umhang *m*
pelesenk <-gi> *s* Balsam *m*; ~ **ağacı** Palisanderholz *nt*, Balsambaum *m*
pelikan *s* Pelikan *m*
peltek <-ği> *adj* lispelnd; ~ **konuşmak** lispeln; (*Betrunkener*) lallen
pelür, **pelüş** *s* Plüsch *m*
pembe *adj* rosa(rot); ~ **şarap** Rosé(wein) *m*; ~ **dizi** Seifenoper *f*, Soap *f*
penaltı *s* Elfmeter *m*, Strafstoß *m*
pencere *s* Fenster *nt*; **pencereden dışarı** zum Fenster hinaus; **pencereden bakmak** aus dem Fenster schauen
pençe *s* ❶ (*von Raubvogel*) Klaue *f* ❷ (*von Raubtier*) Tatze *f*; (*von Hund, Katze*) Pfote *f* ❸ Schuhsohle *f* ❹ Gewalt *f*, Macht *f*; ~ **takmak** besohlen (**-e** etw)
penguen *s* Pinguin *m*
penis *s* Penis *m*
penisilin *s* Penizillin *nt*
pens(e) *s* ❶ Pinzette *f* ❷ Flachzange *f*
pepe *s* Stotterer *m*, Stott(r)erin *f*
pepelemek *vi* (*fam*) stottern, stammeln
perakende *s* im Einzelverkauf; ~ **satış** Einzelhandel *m*
perakendeci *s* Einzelhändler(in) *m(f)*
perakendecilik <-ği> *s* Einzelhandel *m*
perçem *s* ❶ (Haar)büschel *nt* ❷ Stirnfransen *pl*, Pony *m*
perde *s* ❶ (*auch im Theater*) Vorhang *m* ❷ (*eines Theaterstücks*) Akt *m* ❸ Filmleinwand *f* ❹ Tonlage *f* ❺ MED Star *m* ❻ (*fig*) Deckmantel *m*; **tül** ~ Gardine *f*; ~ **arası** (*im Theater*) Pause *f*
perende *s* ❶ Purzelbaum *m* ❷ Salto *m*; ~ **atmak** einen Purzelbaum schlagen
performans *s* Leistung *f*
pergel *s* (*Gerät*) Zirkel *m*
perhiz *s* Diät *f*, Schonkost *f*; ~ **yapmak** Diät halten
peri *s* Fee *f*
perişan *adj* ❶ zerstreut ❷ verstört; ~ **etmek** vernichten, zerstören, in Unordnung bringen (**-i** etw), verwirren (**-i** jdn)
perişanlık <-ğı> *s* ❶ Jammer *m* ❷ Unordnung *f* ❸ Niedergeschlagenheit *f*
permanant <-tı> *s* Dauerwelle *f*
permi *s* Genehmigung *f*
peron *s* Bahnsteig *m*, Gleis *nt*
personel *s* Personal *nt*; ~ **bürosu** Personalbüro *nt*; ~ **servisi** Personalabteilung *f*; ~ **şefi** Personalchef(in) *m(f)*
perspektif *s* Perspektive *f*
perşembe *s* Donnerstag *m*
Peru **I.** *s* Peru *nt* **II.** *adj* (*Art*) peruanisch
peruk(a) *s* Perücke *f*
Perulu **I.** *s* Peruaner(in) *m(f)* **II.** *adj* (*Herkunft*) peruanisch
pervane *s* ❶ Propeller *m* ❷ Nachtfalter *m* ❸ Schiffsschraube *f*
pervaz *s* ❶ Holzleiste *f* ❷ Sims *m*

pesek <-ği> *s* ❶ Zahnbelag *m* ❷ Zahnstein *m*

pestil *s dünne Fladen aus getrockneten Früchten*

peş *s* Hinterseite *f*; ~ **peşe** hintereinander; **peşinde, peşinden, peşine** hinter; **bir şeyin peşinden koşmak** hinter etw her sein; **peşinden gitmek** hinterhergehen (**-in** jdm)

peşin *adv* ❶ gegen bar, in bar ❷ im Voraus; ~ **ödeme** Barzahlung *f*, Vorauszahlung *f*; ~ **ödemek** bar bezahlen, vorauszahlen (**-i** etw)

peşinen *adv s.* **peşin**

petek <-ği> *s* Bienenwabe *f*

petrol <-lü> *s* ❶ Erdöl *nt* ❷ Petroleum *nt*; ~ **borusu** Erdölleitung *f*; ~ **doları** Petrodollar *m*; ~ **krizi** Ölkrise *f*; ~ **limanı** Ölhafen *m*

peygamber *s* Prophet *m*

peygamberçiçeği <-ni> *s* Maiglöckchen *nt*; **mavi** ~ Kornblume *f*

peyk <-ki> *s* Satellit *m*, Trabant *m*

peynir *s* Käse *m*

peynirli *adj* mit Käse; ~ **burger** Cheeseburger *m*

pezevenk <-gi> *s* (*vulg*) ❶ Zuhälter *m* ❷ Schuft *m*

pezevenklik <-ği> *s* ❶ (*vulg*) Zuhälterei *f* ❷ (*vulg*) Schweinerei *f*

pıhtı *s* Blutgerinnsel *nt*

P

pıhtılaşmak *vi* gerinnen

pılı pırtı *s* ❶ Gerümpel *nt* ❷ alte Klamotten ❸ (*pej*) Siebensachen *pl*, Kram *m*

pınar *s* ❶ (größere) Quelle *f* ❷ Brunnen *m*

pırasa *s* Lauch *m*, Porree *m*

pırıldamak *vi* ❶ (*Edelstein*) funkeln ❷ (*Glas*) glänzen ❸ (*Perlen*) schimmern ❹ (*Fernseher, Luft*) flimmern

pırıltı *s* Schimmer *m*, Glanz *m*

pırlanta **I.** *s* Brillant *m* **II.** *adj* aus Brillanten, Brillant-

pısırık <-ğı> *adj* (*fam*) ❶ schüchtern ❷ unfähig

piç <-çi> **I.** *adj* ❶ (*vulg: Kind*) unehelich ❷ versaut **II.** *s* ❶ Bastard *m* ❷ (*Kind*) Flegel *m*

pide *s* Fladenbrot *nt*

pijama *s* Pyjama *m*, Schlafanzug *m*

pikap <-bı> *s* ❶ Plattenspieler *m* ❷ (kleinerer) Lieferwagen *m*

piknik <-ği> *s* Picknick *nt*

piksel *s* INFORM Pixel *nt*

pil *s* Batterie *f*

pilav *s* Reisgericht *nt*; **bulgur pilavı** Weizengrützengericht *nt*

piliç <-ci> *s* ❶ (junges) Huhn *nt* ❷ (*fam*) junges, hübsches Mädchen

piling *s* Peeling *nt*; ~ **yapmak** peelen

pilot <-tu> *s* ❶ Pilot *m*, Kapitän *m* ❷ Lotse *m*; ~ **projesi** Pilotprojekt *nt*

pingpong *s* Tischtennis *nt*

pinti **I.** *s* Geizhals *m* **II.** *adj* geizig, knauserig

pintilik <-ği> *s* Geiz *m*

pipo *s* Pfeife *f*; ~ **içmek** Pfeife rauchen; ~ **fırçası** Pfeifenreiniger *m*; ~ **tütünü** Pfeifentabak *m*

piramit <-di> *s* Pyramide *f*

pire *s* Floh *m*

Pireneler, Pirene Dağları <-nı> *npl* Pyrenäen *pl*

pirinç <-ci> *s* ❶ Messing *nt* ❷ Reis *m*

pirzola *s* Kotelett *nt*, Rippchen *nt*

pis *adj* ❶ schmutzig, dreckig ❷ ekelhaft ❸ (*Worte*) unanständig ❹ (*Angelegenheit*) schwierig; ~ **bıyık** (*pej*) Kotzbrocken *m*; ~ **hava** (*fam*) Dreckwetter *nt*; ~ **koku** Gestank *m*

pisboğaz **I.** *adj* gefräßig **II.** *s* Vielfraß *m*

pisi *s* (*Kindersprache*) Miezekatze *f*

piskopos *s* Bischof *m*

pislenmek *vi* ❶ schmutzig werden ❷ sich beschmutzen

pisletmek *vt* ❶ *Kausativ zu* **pislenmek** ❷ besudeln, beschmieren, beschmutzen (**-i** etw)

pislik <-ği> *s* ❶ Schmutz *m*, Dreck *m* ❷ (*fam*) Schweinerei *f* ❸ Kot *m*

pist <-ti> *s* ❶ SPORT Bahn *f* ❷ Piste *f* ❸ Rollbahn *f* ❹ Tanzfläche *f*

piston *s* Kolben *m*

pişirmek *vt* ❶ *Kausativ zu* **pişmek** ❷ (*Essen, Kaffee*) kochen (**-i** etw) ❸ (*in der Pfanne*) braten; (*im Ofen*) backen (**-i** etw) ❹ (*Ziegel*) brennen (**-i** etw) ❺ (*lernen*) pauken (**-i** etw) ❻ (*Angelegenheit*) in Ordnung bringen (**-i** etw) ❼ (*Haut*) wund werden lassen (**-i** etw)

pişkin *adj* ❶ gar (gekocht) ❷ (*fig*) abgebrüht, ausgekocht ❸ (*fam*) unverfroren ❹ (*fam*) eingearbeitet, erfahren

pişman *adj* reuig, reumütig; ~ **olmak** bereuen (**-e** etw)

pişmanlık <-ğı> *s* Reue *f*

pişmek <-er> *vi* ❶ kochen ❷ (*ohne Fett*) rösten; (*im Ofen*) backen ❸ Erfahrungen machen ❹ (*Haut*) wund werden ❺ (*Angelegenheit*) in Ordnung gebracht werden

piyade *s* ❶ Infanterie *f* ❷ Infanterist *m* ❸ (*beim Schachspiel*) Bauer *m*

piyango *s* Lotterie *f*; ~ **bileti** Lotterielos *nt*

piyanist <-ti> *s* Pianist(in) *m(f)*

piyano *s* Klavier *nt*; ~ **çalmak** Klavier spielen; ~ **konçertosu** (*Komposition*) Klavierkonzert *nt*; ~ **konseri** (*Veranstaltung*) Klavierkonzert *nt*

piyasa *s* ❶ Markt *m* ❷ Geschäftsviertel *nt* ❸ Marktpreise *pl* ❹ (*Spaziergang*) Bummel *m*; **serbest** ~ freie Marktwirtschaft; ~ **değeri** Marktwert *m*; ~ **düzeni** Marktordnung *f*; **piyasaya çıkarmak** (*Ware*) auf den Markt bringen; (*Geld*) in Umlauf setzen (**-i** etw); **piyasaya çıkmak** auf den Markt kommen

piyes *s* ❶ Hörspiel *nt* ❷ Schauspiel *nt*, Theaterstück *nt*

piyon *s* (*Schach*) Bauer *m*

pizza *s* Pizza *f*

plaj *s* Badestrand *m*; ~ **sorumlusu** (*am Strand*) Bademeister(in) *m(f)*; ~ **voleybolü** Beachvolleyball *m*

plak <-ğı> *s* Schallplatte *f*

plaka *s* Nummernschild *nt*; ~ **numarası** amtliches Kennzeichen

plakçı (**dükkanı**) *s* Schallplattengeschäft *nt*

plaket <-ti> *s* Plakette *f*

plan *s* ❶ Absicht *f*, Plan *m* ❷ Skizze *f*, Entwurf *m* ❸ Grundriss *m*, Plan *m*; ~ **kurmak** Pläne schmieden

planetaryum *s* Planetarium *nt*

plankin *s* Wellenreiten *nt*

planlama *s* ❶ *Verbalsubstantiv zu* **planlamak** ❷ Planung *f*

planla(ştır)mak *vt* planen (**-i** etw)

planlı *adj* ❶ planmäßig ❷ mit Plan; ~ **ekonomi** Planwirtschaft *f*

planör *s* Segelflugzeug *nt*

planörcü *s* Segelflieger(in) *m(f)*

planörcülük <-ğü> *s* ❶ Drachenfliegen *nt* ❷ Segelfliegen *nt*

plansız *adj* planlos

plantasyon *s* Plantage *f*

plaster *s* Heftpflaster *nt*

plastik <-ği> **I.** *s* Plastik *nt* **II.** *adj* aus Plastik, Plastik-; ~ **torba** Plastiktüte *f*

platform *s* ❶ Plattform *f* ❷ POL Ebene *f*

platin **I.** *s* Platin *nt* **II.** *adj* aus Platin, Platin-

plato *s* Hochebene *f*

platonik *adj* platonisch

play-off *s* SPORT Play-off *nt*; ~ **grubu** Play-off-Gruppe *f*

pleksiglas *s* Plexiglas *nt*

pli *s* Falte *f*

plili *adj* mit Falten; ~ **etek** Faltenrock *m*

plutonyum *s* Plutonium *nt*

plüralist <-ti> **I.** *adj* pluralistisch **II.** *s* Pluralist(in) *m(f)*

plüralizm *s* Pluralismus *m*

podyum *s* Podest *nt*, Podium *nt*

poğaça *s* Mürbeteigpastete *f*

pohpohlamak *vt* schmeicheln (**-i** jdm), verhätscheln (**-i** jdn)

poker *s* Poker *m*

polaroid makine *s* Sofortbildkamera *f*, Polaroidkamera *f*

polemik <-ği> **I.** *s* Polemik *f* **II.** *adj* polemisch

poliçe *s* (gezogener) Wechsel *m*

poligam *adj* polygam

poligami *s* Polygamie *f*

poligon *s* ① Vieleck *nt* ② Schießplatz *m*

poliklinik <-ği> *s* Poliklinik *f*

polip <-pi> *s* Polyp *m*

polis *s* ① Polizei *f* ② Polizist(in) *m(f)*; ~ **arabası** Streifenwagen *m*; ~ **devleti** Polizeistaat *m*; ~ **memuru** Polizist *m*, Schutzmann *m*

polisiye film *s* Krimi *m*, Kriminalfilm *m*

politik *adj* politisch

politika *s* Politik *f*

politikacı *s* Politiker(in) *m(f)*

poliyester *s* Polyester *nt*

Polonya **I.** *s* Polen *nt* **II.** *adj* (*Art*) polnisch

Polonyaca *adj* (*Sprache*) polnisch

Polonyalı **I.** *s* Pole *m*, Polin *f* **II.** *adj* (*Herkunft*) polnisch

pompa *s* ① Pumpe *f* ② Luftpumpe *f*

pompalamak *vt* ① pumpen ② aufpumpen (**-i** etw) ③ auspumpen (**-i** etw)

pompalı *adj* mit einer Pumpe ausgestattet; ~ **tüfek** Pumpgun *f*

pop müzik <-ği> *s* Popmusik *f*

popo *s* (*fam*) Po(po) *m*

popülarite *s* Popularität *f*

popüler *adj* populär

popülerleşmek *vi* populär werden

popülist <-ti> *s* populistisch *m*

porno *s* Porno *m*; ~ **film** Pornofilm *m*; ~ **şebekesi** Pornoring *m*

pornografi *s* Pornografie *f*

pornografik *adj* pornografisch

porselen **I.** *s* Porzellan *nt* **II.** *adj* aus Porzellan, Porzellan-

porsiyon *s* Portion *f*

porsuk <-ğu> *s* Dachs *m*

port *s* INET Port *nt*

portakal *s* Orange *f*; ~ **ağacı** Orangenbaum *m*; ~ **çiçeği** Orangenblüte *f*; ~ **rengi** orange(farben); ~ **suyu** Orangensaft *m*

portal *s* INET Portal *nt*

portatif *adj* ① tragbar ② zerlegbar; ~ **radyo** Kofferradio *nt*

portbebe *s* Babytragetasche *f*

Portekiz **I.** *s* Portugal *nt* **II.** *adj* (*Art*) portugiesisch

Portekizce *adj* (*Sprache*) portugiesisch

Portekizli **I.** *s* Portugiese *m*, Portugiesin *f* **II.** *adj* (*Herkunft*) portugiesisch

portmanto *s* Garderobenständer *m*

porto *s* Portwein *m*

portre *s* Bildnis *nt*, Porträt *nt*

posa *s* Kelterrückstand *m*; **posasını çıkarmak** auspressen (**-in** etw)

post <-tu> *s* Fell *nt*

posta *s* ① (*Einrichtung*) Post *f* ② (*Briefe*) Post *f* ③ Arbeitertrupp *m*; ~ **adresi** Postanschrift *f*; ~ **çeki hesabı** Postscheckkonto *nt*; ~ **damgası** Poststempel *m*; ~ **güvercini** Brieftaube *f*; ~ **havalesi** Postanweisung *f*; ~ **kartı** Postkarte *f*; ~ **kutusu** Briefkasten *m*, Postfach *nt*; ~ **listesi** INET Mailingliste *f*; ~ **pulu** Briefmarke *f*; ~ **sunucusu** INET Mailserver *m*; ~ **ücreti** Porto *nt*

postacı *s* Briefträger(in) *m(f)*

postalamak *vt* ① (*Brief*) einwerfen (**-i** etw) ② (*per Post*) verschicken (**-i -e** etw an jdn)

postalama listesi *s* INET Mailingliste *f*

postane *s* Post *f*, Postamt *nt*

postayla *adv* mit der Post

postendüstriyel *adj* postindustriell

poster *s* Poster *nt o m*

postmodern *adj* postmodern

postrestan(t) *adv* postlagernd

poşet <-ti> *s* ① Teebeutel *m* ② Plastiktasche *f*

pot <-tu> *s* Falte *f*; ~ **kırmak** ins Fettnäpfchen treten

pota *s* Schmelztiegel *m*

potansiyel **I.** *adj* potentiell **II.** *s* Potential *nt*

potpuri *s* (*Musik*) Potpourri *nt*

poyraz *s* ① Nordostwind *m* ② Nordosten *m*

poz *s* ① Pose *f* ② (*von Bildern*) Auf-

nahme *f* ③ Belichtung *f*
pozisyon *s* Lage *f*, Position *f*, Stellung *f*
pozitif I. *adj* positiv II. *s* Positiv *nt*
pozometre *s* Belichtungsmesser *m*
pörsük <-ğü> *adj s.* **pörsümüş**
pörsümek *vi* ① (*Haut*) zusammenschrumpfen ② (*Blumen*) welken
pörsümüş *adj* ① zusammengeschrumpft ② welk
pösteki *s* (*Schaf-, Ziegen-*) Fell *nt*
Prag *s* Prag *nt*
pragmacı I. *s* Pragmatiker(in) *m(f)* II. *adj* pragmatisch
pragmacılık <-ğı> *s* Pragmatismus *m*
pragmatik *adj* pragmatisch
pragmatist <-ti> *s* Pragmatiker(in) *m(f)*
pragmatizm *s* Pragmatismus *m*
pratik <-ği> I. *adj* (*im Gegensatz zu theoretisch*) praktisch II. *s* Praxis *f*
pratisyen doktor *s* praktischer Arzt, praktische Ärztin
prens *s* ① Prinz *m* ② Fürst *m*
prenses *s* ① Prinzessin *f* ② Fürstin *f*
prensip <-bi> *s* Grundsatz *m*, Prinzip *nt*; ~ **olarak** im/aus Prinzip, prinzipiell
prenslik <-ği> *s* Fürstentum *nt*
prestij *s* Prestige *nt*
prestijli *adj* prestigeträchtig
prevantoryum *s* Heilanstalt *f*
prezervatif *s* Präservativ *nt*
prim *s* ① Prämie *f* ② Belohnung *f*
priz *s* Steckdose *f*
prizma *s* Prisma *nt*
problem *s* ① Rechenaufgabe *f* ② Problem *nt*
problemli *adj* problematisch
problemsiz *adj* problemlos
prodüktör *s* (Film)produzent(in) *m(f)*
profesör *s* Professor(in) *m(f)*
profesörlük <-ğü> *s* Professur *f*
profesyonel I. *s* Profi *m* II. *adj, adv* berufsmäßig
profil *s* Profil *nt*
proforma *s* Pro-forma-Rechnung *f*
program *s* ① Programm *nt* ② TV Sendung *f*
programlama *s* ① *Verbalsubstantiv zu* **programlamak** ② Programmierung *f*; ~ **dili** Programmiersprache *f*
programla(ştır)mak *vt* programmieren (**-i** etw)
programlayıcı *s* Programmierer(in) *m(f)*
proje *s* Projekt *nt*
projeksiyon *s* Projektion *f*
projektör *s* ① Projektor *m* ② Scheinwerfer *m*
proleter I. *s* Proletarier(in) *m(f)* II. *adj* proletarisch
proleterya *s* Proletariat *nt*
promil *s* (*Blutalkohol*) Promille *f*
propaganda *s* Propaganda *f*
propan (gazı) *s* Propan(gas) *nt*
prosedür *s* Prozedur *f*
prosesor *s* Prozessor *m*
prospektüs *s* Packungsbeilage *f*
prostat <-tı> *s* Prostata *f*; ~ **kanseri** Prostatakrebs *m*
protein *s* Protein *nt*
Protestan I. *s* Protestant(in) *m(f)* II. *adj* protestantisch, evangelisch
Protestanlık <-ğı> *s* Protestantismus *m*
protesto *s* Protest *m*, Einspruch *m*; ~ **etmek** protestieren (**-i** gegen etw); ~ **gösterisi** Protestkundgebung *f*
protez *s* Prothese *f*
protokol <-lü> *s* Protokoll *nt*
proton *s* Proton *nt*
prova *s* ① Probe *f* ② Theaterprobe *f* ③ Korrekturbogen *m* ④ (*von Kleidung*) Anprobe *f*; ~ **etmek** probieren, anprobieren; (*Stück*) proben (**-i** etw); ~ **yapmak** proben
prömiyer *s* Premiere *f*, Uraufführung *f*
Prusya I. *s* Preußen *nt* II. *adj* (*Art*) preußisch
Prusyalı I. *s* Preuße(in) *m(f)* II. *adj* (*Herkunft*) preußisch
pruva *s* Bug *m*
psikanaliz *s* Psychoanalyse *f*

psikiyatr *s* Psychiater(in) *m(f)*
psikiyatri *s* Psychiatrie *f*
psikiyatrik <-ği> *adj* psychiatrisch
psikiyatrist *s* Psychiater(in) *m(f)*
psikolog *s* Psychologe, Psychologin *m, f*
psikoloji *s* Psychologie *f*
psikolojik *adj* psychologisch
psikopat <-tı> *s* Psychopath(in) *m(f)*
psikosomatik *adj* psychosomatisch
psikoterapi *s* Psychotherapie *f*
psikoz *s* Psychose *f*
puan *s* ① (*Bewertungs-*) Punkt *m* ② (*bei Muster*) Punkt *m*
puantaj *s* Punktbewertung *f*
puding *s* Pudding *m*
pudra *s* Puder *m*
pudralamak *vt* pudern (**-i** etw)
pudralanmak *vi* ① *Passiv zu* **pudralamak** ② sich pudern
pudralık <-ğı> *s* Puderdose *f*
puf *s* Puff *m*, Hocker *m*
puhu kuşu <-nu> *s* Uhu *m*
pul *s* ① (Brief)marke *f* ② (*vom Fisch*) Schuppe *f* ③ Paillette *f* ④ (*bei Brettspielen*) Stein *m*; ~ **koleksiyoncusu** Briefmarkensammler(in) *m(f)*; ~ **koleksiyonu** Briefmarkensammlung *f*; ~ ~ **olmak** sich lösen, abgehen
pullamak *vt* ① (*Postsendung*) frankieren, freimachen (**-i** etw) ② mit Pailletten versehen (**-i** etw)
pulluk <-ğu> *s* Pflug *m*
puma *s* Puma *m*
pupa *s* Heck *nt*
puro *s* Zigarre *f*; ~ **keseceği** Zigarrenabschneider *m*; ~ **kutusu** Zigarrenkiste *f*
pus *s* Nebel *m*
puslu *adj* (*Himmel*) diesig, trüb(e)
pusu *s* Lauer *f*; ~ **kurmak** auflauern (**-e** jdm); **pusuda** auf der Lauer; ~ **beklemek** lauern
pusula *s* ① Kompass *m* ② (Notiz)zettel *m* ③ Rechnung *f*
put <-tu> *s* ① Götze *m* ② Götzenbild *nt*; (*pej*) Kruzifix *nt*
putperest <-ti> *s* Götzendiener(in) *m(f)*, Götzenanbeter(in) *m(f)*
putperestlik <-ği> *s* Götzendienst *m*
püf *interj* (*Geräusch beim Pusten*) pff; ~ **noktası** springender Punkt *m*, Knackpunkt *m*; ~ **noktasını bilmek** etwas im Griff haben
püre *s* Püree *nt*
pürüz *s* ① raue Stelle ② Schwierigkeit *f* ③ (kleinerer) Fehler *m*
pürüzlü *adj* ① rau, uneben ② (*Angelegenheit*) schwierig ③ (*Sache*) mit kleinen Fehlern; ~ **nokta** (*fig*) Haken *m*
pürüzsüz *adj* ① glatt, eben ② fehlerfrei
püskül *s* Quaste *f*
püskürmek *vt* ① (*Wasser*) (heraus)spritzen (**-i** etw) ② (*Vulkan*) ausbrechen ③ ausspeien (**-i** etw)
püskürteç <-ci> *s* Zerstäuber *m*
püskürtmek *vt* ① *Kausativ zu* **püskürmek** ② (*Gas, Wasser*) ablassen, ausspritzen (**-i** etw) ③ (*Gegner*) zurückdrängen (**-i** jdn)

Rr

R, r *s 21. Buchstabe des türk. Alphabets*

Rab <-bbi> *s* Herrgott *m*

radar *s* ① Radar *nt* ② Radargerät *nt;* ~ **ekranı** Radarschirm *m;* ~ **istasyonu** Radarstation *f*

radikal <-li> *adj* radikal

radikalizm *s* Radikalismus *m*

radyasyon *s* ① Strahlung *f* ② Strahlwirkung *f*

radyatör *s* ① Heizkörper *m* ② AUTO Kühler *m;* ~ **suyu** Kühlwasser *nt*

radyo *s* ① Radio *nt* ② Radioapparat *m;* ~ **dalga kuşağı** Bandbreite *f;* ~ **istasyonu** Sender *m;* ~ **tiyatrosu** Hörspiel *nt;* ~ **yayını** Rundfunkübertragung *f;* **radyoyu açmak** das Radio einschalten

radyoaktif *adj* radioaktiv

radyoaktivite *s* Radioaktivität *f*

radyoevi <-ni> *s* Funkhaus *nt*

radyografi *s* Röntgenaufnahme *f*

radyoterapi *s* Strahlenbehandlung *f*

raf *s* ① Gestell *nt,* Regal *nt* ② Wandbrett *nt*

rafadan *adj* (*Ei*) weich gekocht; ~ **yumurta** weich gekochtes Ei

rafine *s* CHEM raffiniert

rafineri *s* Raffinerie *f*

rağbet <-ti> *s* ① Beliebtheit *f* ② Nachfrage *f;* ~ **görmek** großen Zulauf haben, viel Zuspruch haben

rağmen I. *präp* trotz (**-e** +*gen*); **buna** ~ trotzdem II. *konj* obgleich, obwohl; **hasta olmasına** ~ obwohl er krank war/ist

rahat <-tı> I. *s* ① Ruhe *f* ② Gemütlichkeit *f* II. *adj* ① behaglich, bequem ② ruhig ③ (*Ort*) gemütlich III. *interj* rührt euch!; ~ **bırakmak** in Ruhe lassen, zufriedenlassen (**-i** jdn); ~ **bir köşe** eine gemütliche Ecke; ~ **dur!** sei ruhig!; ~ **etmek** seine Ruhe haben; ~ ~ in aller Ruhe; ~ **vermemek** nicht in Ruhe lassen (**-e** jdn); **rahatına bakmak** es sich bequem machen

rahatlamak *vi* ① sich beruhigen ② sich erleichtert fühlen

rahatlatıcı *adj* beruhigend

rahatlatmak *vt* ① *Kausativ zu* **rahatlamak** ② beruhigen (**-i** jdn/etw) ③ erleichtern (**-i** jdn)

rahatlık <-ğı> *s* ① Ruhe *f* ② Bequemlichkeit *f* ③ Gemütlichkeit *f* ④ Annehmlichkeit *f*

rahatsız *adj* ① ruhelos ② unbequem, ungemütlich ③ unwohl; ~ **etmek** stören, belästigen (**-i** jdn); ~ **olmayın!** lassen Sie sich nicht stören!

rahatsızlanmak *vi* ① gestört werden ② sich nicht wohl fühlen ③ erkranken

rahatsızlık <-ğı> *s* ① Unbehagen *nt,* Unruhe *f* ② Unwohlsein *nt* ③ (*Leiden*) Beschwerde *f*

rahibe *s* Nonne *f,* Ordensschwester *f*

rahim <-hmi> *s* Gebärmutter *f*

rahip <-bi> *s* Mönch *m*

rahmet <-ti> *s* ① (göttliche) Gnade *f* ② (*fig*) Regen *m*

rahmetli *adj* verstorben, selig

rahmi <-ni> *s Possessivform zu* **rahim** ihre Gebärmutter

rakam *s* Zahl *f,* Ziffer *f*

raket <-ti> *s* Tennisschläger *m*

rakı *s* Raki *m,* Anisbranntwein *m*

rakım *s* (*über Meeresspiegel*) Höhe *f*

rakibe *s* ① Rivalin *f* ② Gegnerin *f* ③ Konkurrentin *f*

rakip <-bi> I. *s* ① Nebenbuhler *m,* Rivale *m* ② Gegner *m* ③ Konkurrent *m* II. *adj* gegnerisch; ~ **oyuncu** Gegenspieler(in) *m(f)*

rakiplik <-ği> *s* Rivalität *f*

ralantisör *s* Zeitlupe *f*
Ramazan *s* Ramadan *m* (*islamischer Fastenmonat*); ~ **Bayramı** Ramadanfest *nt*
rampa *s* ❶ Rampe *f* ❷ (*eines Schiffes*) Anlegen *nt*
randevu *s* ❶ Rendezvous *nt* ❷ Verabredung *f*, Treffen *nt*; ~ **almak** sich anmelden; ~ **evi** Freudenhaus *nt*; **randevusu olmak** einen Termin haben, verabredet sein
randevucu *s* Kuppler(in) *m(f)*
randıman *s* ❶ Ertrag *m* ❷ Leistungsfähigkeit *f*
randımanlı *adj* ❶ ertragreich ❷ leistungsfähig
rant <-tı> *s* (*arbeitsfreies Einkommen*) Rente *f*
rap <-pi> *s* Rap *m*; ~ **söylemek** rappen
rapçi *s* MUS Rapper(in) *m(f)*
rapor *s* ❶ Bericht *m* ❷ Gutachten *nt* ❸ Attest *nt*; ~ **vermek** Bericht erstatten, ein Gutachten erstellen; (*Arzt*) ein Attest ausstellen
raptiye *s* ❶ (*Büro-, Heft-*) Klammer *f* ❷ Reißnagel *m*, Reißzwecke *f*
rasathane *s* ❶ Observatorium *nt*, Sternwarte *f* ❷ Wetterwarte *f* ❸ Erdbebenwarte *f*
rasgele I. *adv* aufs Geratewohl, auf gut Glück II. *adj* irgendein(e) III. *interj* viel Erfolg!; ~ **birisi** der Erstbeste
rast gelmek *vt* ❶ glücken (**-e** jdm) ❷ (*zufällig*) begegnen (**-e** jdm) ❸ (*Ziel*) treffen (**-e** etw) ❹ (*Anteil*) zufallen (**-e** jdm) ❺ (*Termin*) zusammenfallen mit (**-e** mit etw)
rastlamak *vt s.* **rast gelmek**
rastlantı *s* ❶ (zufällige) Begegnung *f* ❷ Zufall *m*
rasyonalizasyon *s* Rationalisierung *f*
rasyonalize *adj* rationalisiert; ~ **etmek** rationalisieren (**-i** etw)
rasyonel *adj* rational
rasyonelleştirmek *vt* rationalisieren (**-i** etw)
raunt <-du> *s* (*Boxen*) Runde *f*
ravent <-di> *s* Rhabarber *m*
ray *s* Gleis *nt*, Schiene *f*; **raydan çıkma** Entgleisung *f*; **raydan çıkmak** entgleisen
rayiç <-ci> *s* Kurs(wert) *m*
razı *adj* ❶ einverstanden ❷ befriedigt; ~ **olmak** [*o* **gelmek**] einverstanden sein, sich begnügen (**-e** mit etw)
reaksiyon *s* Reaktion *f*; ~ **göstermek** reagieren
reaktör *s* Reaktor *m*
realist <-ti> I. *s* Realist(in) *m(f)* II. *adj* realistisch
realite *s* Realität *f*; ~ **kaybı** PSYCH Realitätsverlust *m*
realpolitik <-ği> *s* Realpolitik *f*
reçel *s* Marmelade *f*
reçete *s* Rezept *nt*; ~ **yazmak** ein Rezept ausstellen
reçine *s* (*von Bäumen*) Harz *nt*
redaksiyon *s* Verlagsredaktion *f*
redaktör *s* Verlagsredakteur(in) *m(f)*
reddetmek <-der> *vt* ablehnen, abschlagen; (*Bitte*) zurückweisen, verweigern (**-i** etw)
reddi <-ni> *s Possessivform zu* **ret** die Ablehnung von ...
refah *s* Wohlstand *m*; ~ **toplumu** Wohlstandsgesellschaft *f*
refakat <-ti> *s* ❶ Begleitung *f* ❷ Geleit *nt*; ~ **etmek** begleiten, geleiten (**-e** jdn); **...-in refakatinde** in Begleitung von ...
refakatçi *s* Begleiter(in) *m(f)*
referandum *s* Referendum *nt*
referans *s* Empfehlung *f*, Referenzen *pl*
refleks *s* Reflex *m*
reform *s* Reform *f*
Reformasyon *s* HIST Reformation *f*
reformcu *s* Reformanhänger(in) *m(f)*
reggi *s* Reggae *m*
rehber *s* ❶ Führer(in) *m(f)* ❷ (*Person*) Reiseführer(in) *m(f)*, Reiseleiter(in) *m(f)* ❸ Nachschlagewerk *nt*
rehberlik <-ği> *s* Führung *f*

rehin <-hni> *s* ① Unterpfand *nt* ② Verpfändung *f*; ~ **etmek** verpfänden (-**i** etw); ~ **vermek** versetzen (-**i** etw)
rehine *s* Geisel *f*; ~ **alma** Geiselnahme *f*
reis *s* ① Präsident(in) *m(f)*, Vorsitzende(r) *f(m)*, Vorstand *m* ② Oberhaupt *nt* ③ (*fam*) Kapitän *m*
reji *s* ① Regie *f* ② Monopolverwaltung *f*
rejim *s* ① Regime *nt* ② Diät *f*; ~ **muhalifi** Regimegegner(in) *m(f)*; ~ **yapmak** Diät halten
rejisör *s* Regisseur(in) *m(f)*
rekabet <-ti> *s* ① Konkurrenz *f*, Rivalität *f* ② Wettkampf *m*; ~ **etmek** rivalisieren, konkurrieren (**ile** mit jdm)
rekabetçi *adj* konkurrenzfähig
reklam *s* Reklame *f*, Werbung *f*; ~ **spotu** Werbespot *m*; ~ **yapmak** werben, Reklame machen (**için** für etw/jdn)
rekor *s* Rekord *m*; ~ **kırmak** einen Rekord brechen
rekortmen *s* Rekordhalter(in) *m(f)*
rektör *s* (*einer Universität*) Rektor *m*
Ren (**nehri**) *s* Rhein *m*; ~ **bölgesi** Rheinland *nt*
rencide *adj* gekränkt, beleidigt; ~ **etmek** kränken, beleidigen (-**i** jdn)
rençper *s* ① Tagelöhner *m* ② Bauer *m*
rende *s* ① Hobel *m* ② Reibe *f* ③ Reibsel *nt*
rendelemek *vt* ① hobeln (-**i** etw) ② (*Kartoffeln*) reiben (-**i** etw)
rengarenk *adj* ① mehrfarbig, bunt ② kunterbunt
rengeyiği <-ni> *s* Ren(tier) *nt*
renk <-gi> *s* ① Farbe *f* ② Wesen *nt*, Charakter *m*; ~ **tonu** Farbton *m*; ~ **vermek** färben (-**e** etw); (*fig*) Farbe verleihen (-**e** einer Sache); **rengi değişmek** sich verfärben; **rengini belli etmek** Farbe bekennen
renkkörlüğü <-nü> *s* Farbenblindheit *f*
renkkörü <-nü> *adj* farbenblind
renklendirici *s* Farbstoff *m*
renkli *adj* bunt, farbig; ~ **basın** Regenbogenpresse *f*; ~ **çamaşır** Buntwäsche *f*; ~ **film** Farbfilm *m*; ~ **fotoğraf** Farbfoto *nt*; ~ **kalem** Farbstift *m*; ~ **televizyon** Farbfernseher *m*
renksiz *adj* ① (*a. fig*) farblos ② blass
repertuvar *s* ① (*von Theater*) Spielplan *m* ② Repertoire *nt*
reprodüksiyon *s* Reproduktion *f*
resepsiyon *s* ① (*im Hotel*) Empfang *m*, Rezeption *f* ② (*Einladung*) Empfang *m*
resepsiyoncu *s* Empfangschef(in) *m(f)*
resesyon *s* COMM Rezession *f*
resim <-smi> *s* ① Bild *nt* ② Abbildung *f* ③ Zeichnung *f* ④ Illustration *f* ⑤ Bildnis *nt* ⑥ Foto *nt*, Fotografie *f* ⑦ Aufnahme *f* ⑧ Gemälde *nt* ⑨ Malerei *f* ⑩ (*Unterrichtsfach*) Zeichnen *nt* ⑪ Abgabe *f*, Steuer *f*; ~ **çekmek** fotografieren; ~ **çerçevesi** Fotorahmen *m*; ~ **çizmek** zeichnen; ~ **kâğıdı** Zeichenpapier *nt*; ~ **sergisi** Kunstausstellung *f*; ~ **yapmak** malen, zeichnen
resimli *adj* mit Bildern, illustriert; ~ **dergi** Illustrierte *f*; ~ **kitap** Bilderbuch *nt*
resital *s* Konzert *nt*
resmen *adv* offiziell
resmi *adj* ① offiziell ② formell, förmlich; ~ **daire** Behörde *f*; ~ **gazete** Amtsblatt *nt*; ~ **merci** Behörde *f*
resmi <-ni> *s Possessivform zu* **resim** das Bild von ...
resmigeçit <-di> *s* Defilee *nt*
resmilik <-ği> *s* Förmlichkeit *f*
resmiyet <-ti> *s s.* **resmilik**
ressam *s* ① (*Kunst-*) Maler(in) *m(f)* ② Zeichner(in) *m(f)*; ~ **sehpası** Staffelei *f*
ressamlık <-ğı> *s* ① Malerei *f* ② Malerberuf *m*
restoran *s* Restaurant *nt*
restorasyon *s* ① Restaurierung *f* ② HIST Restauration *f*
restore *adj* restauriert; ~ **etmek** renovieren, restaurieren (-**i** etw)
resus faktörü <-nü> *s* Rhesusfaktor *m*
reşit <-di> *adj* ① reif ② mündig, volljährig

reşitlik <-ği> *s* ❶ Reife *f* ❷ Volljährigkeit *f*
ret <-ddi> *s* Ablehnung *f*, Absage *f*, Weigerung *f*
revaç <-cı> *s* Nachfrage *f*; **revaçta olan** gefragt
revalüasyon *s* (*Geld-*) Aufwertung *f*
reverans *s* Verbeugung *f*; ~ **yapmak** sich verbeugen
revizyon *s* ❶ Revision *f* ❷ (*Buch*) Überarbeitung *f* ❸ TECH Überholung *f*
revolver *s* Revolver *m*
revü *s* Revue *f*
rey *s* ❶ (*bei einer Wahl*) Stimme *f* ❷ Stimmabgabe *f*
reyhan *s* Basilikum *nt*
reyon *s* ❶ (Rad)speiche *f* ❷ (*im Kaufhaus*) Abteilung *f*
reyting *s* TV Einschaltquote *f*
rezalet <-ti> *s* ❶ Schandtat *f* ❷ Schmach *f* ❸ Skandal *m*
rezaletli *adj* skandalös
reze *s* Türangel *f*
rezene *s* Fenchel *m*
rezerv *s* (*Geld-*) Reserve *f*
rezervasyon *s* (*eines Zimmers, Tisches*) Reservierung *f*
rezerve *adj* (*Platz*) reserviert, vorbestellt; ~ **ettirmek** reservieren (**-i** etw)
rezil *adj* ❶ niederträchtig ❷ bloßgestellt; ~ **etmek** blamieren, bloßstellen, in Verruf bringen (**-i** jdn); ~ **olmak** sich blamieren, bloßgestellt werden
rıhtım *s* ❶ Kai *m* ❷ Mole *f*
rıza *s* Einverständnis *nt*; ~ **beyanı** Einverständniserklärung *f*; ~ **göstermek** zustimmen, einwilligen (**-e** in etw); **... rızasıyla** im Einverständnis mit ...
riayet <-ti> *s* ❶ Achtung *f*, Respekt *m* ❷ Rücksichtnahme *f*; ~ **etmek** Rücksicht nehmen auf; (*Vorschriften*) befolgen; (*Vertrag, Frist*) einhalten (**-e** etw)
rica *s* ❶ (*Ersuchen*) Bitte *f* ❷ (*Wunsch*) Anliegen *nt*; **sizden ... ~ edebilir miyim?** darf ich Sie um ... bitten?; ~ **ederim!** bitte!; (*als höfliche Antwort auf ein Lob*) aber ich bitte Sie!; ~ **etmek** bitten (**-den -i** jdn um etw); **sizden bir ricam var** ich habe eine Bitte an Sie; **birinden bir şey için ricada bulunmak** jdn ersuchen, etwas zu tun
Richter ölçeği *s* Richterskala *f*
rimel *s* Wimperntusche *f*
ring *s* (*Box-*) Ring *m*
ringa (balığı) *s* Hering *m*; **küçük ~** Matjeshering *m*
risk <-ki> *s* Risiko *nt*; ~ **etmek** riskieren (**-i** etw); **riske girmek** ein Risiko eingehen; **riske hazır** risikobereit
ritim <-tmi> *s* Rhythmus *m*
ritmik *adj* rhythmisch
rivayet <-ti> *s* ❶ Überlieferung *f* ❷ Gerücht *nt*
riya *s* Heuchelei *f*
riyakar *adj* heuchlerisch
riziko *s* Risiko *nt*, Wagnis *nt*
rizikolu *adj* riskant, gewagt
robot <-tu> *s* Roboter *m*; ~ **resim** Phantombild *nt*
rock (müziği) *s* Rockmusik *f*
Rodos *s* Rhodos *nt*
roket <-ti> *s* Rakete *f*
rokoko *s* HIST Rokoko *nt*
rol <-lü> *s* Rolle *f*; ~ **oynamak** eine Rolle spielen
rom *s* Rum *m*
Roman *adj* (*Kunst*) romanisch
roman *s* Roman *m*
Romanca *adj* (*Sprache*) romanisch
romans *s* Romanze *f*
romantik <-ği> **I.** *adj* romantisch **II.** *s* Romantiker(in) *m(f)*
romantiklik <-ği> *s* Romantik *f*
romantizm *s* Romantik *f*
Romanya I. *s* Rumänien *nt* **II.** *adj* (*Art*) rumänisch
Romanyaca *adj* (*Sprache*) rumänisch
Romanyalı I. *adj* (*Herkunft*) rumänisch **II.** *s* Rumäne *m*, Rumänin *f*

romatizma *s* Rheuma *nt,* Rheumatismus *m*

Romen I. *s* HIST Römer(in) *m(f)* II. *adj* HIST römisch

romstek *s* Rumpsteak *nt*

rontken *s s.* **röntgen**

rota *s* Kurs *m,* Route *f*

rozbif *s* Roastbeef *nt*

rozet <-ti> *s* Rosette *f*

römork <-ku> *s* ① Autoanhänger *m* ② (*am Motorrad*) Beiwagen *m*

Rönesans *s* HIST Renaissance *f*

röntgen *s* ① Röntgenuntersuchung *f* ② Röntgenbestrahlung *f;* ~ (**filmi**) Röntgenaufnahme *f;* ~ **ışınları** Röntgenstrahlen *pl;* **röntgenini çekmek** röntgen (-**in** etw/jdn)

röntgenci *s* (*pej fam*) Voyeur *m,* Spanner *m*

röportaj *s* Reportage *f*

röportajcı *s* Berichterstatter(in) *m(f),* Reporter(in) *m(f)*

röprodüksiyon *s* Reproduktion *f*

rötar *s* Verspätung *f*

rövanş *s* Revanche *f;* ~ **maçı** Rückspiel *nt*

ruble *s* Rubel *m*

rugan *s* Lack *m;* ~ **pabuç** Lackschuh *m*

rugbi *s* Rugby *nt*

ruh *s* ① Seele *f* ② (*Gesinnung*) Geist *m* ③ Kernpunkt *m* ④ Essenz *f* ⑤ Gespenst *nt,* Geist *m* ⑥ Psyche *f;* ~ **çağırmak** Geister beschwören; ~ **doktoru** Psychiater(in) *m(f);* ~ **haleti** [*o* **hali**] Geisteszustand *m*

ruhani *adj* ① geistlich ② geistig; ~ **meclis** Synode *f;* **ruhaniler meclisi** Konzil *nt*

ruhbilim *s* Psychologie *f*

ruhbilimci *s* Psychologe, Psychologin *m, f*

ruhbilimsel *adj* psychologisch

ruhçözüm *s* Psychoanalyse *f*

ruhi *adj* seelisch, psychisch; ~ **denge** (seelische) Ausgeglichenheit *f*

Ruhr *s* Ruhr *f;* ~ **Havzası** Ruhrgebiet *nt*

ruhsal *adj* ① seelisch ② psychologisch; ~ **rahatsızlık** psychische Störung *f*

ruhsat <-tı> *s* ① Genehmigung *f,* Lizenz *f* ② Zulassung *f*

ruhsatsız *adj* ohne behördliche Genehmigung, nicht genehmigt; ~ **av avlamak** wildern; ~ **avcı** Wilderer *m;* ~ **silah taşıma** unerlaubter Waffenbesitz

ruhsuz *adj* geistlos, leblos

Ruhülkudüs *s* der Heilige Geist

ruj *s* Lippenstift *m*

rulet <-ti> *s* Roulett *nt*

rulo *s* Rolle *f*

Rum *s* in der Türkei lebende(r) Grieche *m,* Griechin *f*

Rumen I. *s* Rumäne *m,* Rumänin *f* II. *adj* (*Art*) rumänisch

rumuz *s* ① Kennwort *nt* ② Formel *f*

Rus I. *s* Russe *m,* Russin *f* II. *adj* (*Art*) russisch

Rusça *adj* (*Sprache*) russisch

rusdağı *s* Achterbahn *f*

Rusya I. *s* Russland *nt* II. *adj* (*Art*) russisch

rutin *s* Routine *f*

rutubet <-ti> *s* Feuchtigkeit *f*

rutubetli *adj* feucht

rüçhan hakkı <-nı> *s* FIN Vorzugsrecht *nt* (*auf Aktien*)

rüşt <-tü> *s* ① Reife *f* ② Volljährigkeit *f*

rüşvet <-ti> *s* ① Bestechung *f* ② Bestechungsgeld *nt;* ~ **vermek** [*o* **yedirmek**] bestechen (-**e** jdn)

rüşvetçi *adj* bestechlich

rüşvetçilik <-ği> *s* Bestechlichkeit *f*

rütbe *s* ① Dienstgrad *m* ② Rang *m*

rüya I. *s* Traum *m;* ~ **gibi** wie im Traum II. *adj, adv* traumhaft; ~ **görmek** träumen

rüzgar *s* Wind *m;* ~ **çiçeği** Osterglocke *f;* ~ **hızı** Windstärke *f;* ~ **şartları** Windverhältnisse *pl;* ~ **santrali** Windkraftwerk *nt*

rüzgarlı *adj* windig; **hava** ~ es ist windig

rüzgarsız *adj* windstill

rüzgarsızlık <-ğı> *s* Windstille *f*

Ss

S, s *s 22. Buchstabe des türk. Alphabets*

saadet <-ti> *s* Glück *nt*

saat <-ti> *s* ① Stunde *f* ② Uhr *f* ③ Zeit *f* ④ Zeitpunkt *m* ⑤ (*Gas-*) Zähler *m;* ~ **ayarı** Zeitansage *f;* ~ **iki** es ist zwei Uhr; **iki** ~ zwei Stunden; ~ **ibresi** Uhrzeiger *m;* ~ **kaç** wie spät ist es? wie viel Uhr ist es?; ~ **kaçta?** um wie viel Uhr?; ~ **mekanizması** Uhrwerk *nt;* ~ **tutmak** die Zeit stoppen; ~ **ücreti** Stundenlohn *m*

saatçi *s* Uhrmacher(in) *m(f)*

saatlerce *adv* stundenlang

saatli *adj* mit einem Uhrwerk ausgestattet; ~ **bomba** Zeitbombe *f*

sabah I. *s* Morgen *m* **II.** *adj* morgendlich; ~ **akşam** zu jeder Tageszeit; ~ **erkenden** frühmorgens; ~ **kızıllığı** Morgenröte *f;* ~ **oldu** es ist Tag geworden; ~ **yıldızı** Morgenstern *m;* **bu** ~ heute Morgen; **ertesi** ~ am anderen [*o* nächsten] Morgen

sabahki *adj* morgendlich

sabahlamak *vi* die Nacht über aufbleiben

sabahları *adv* (*jeden Morgen*) morgens

sabahleyin *adv* (*am Morgen*) morgens

sabahlık <-ğı> *s* Morgenrock *m*

saban *s* (*Holz-*) Pflug *m*

sabık <-kı> *adj* ehemalig

sabıka *s* Vorstrafe *f*

sabıkalı *adj* vorbestraft

sabır <-brı> *s* Geduld *f*

sabırlı *adj* geduldig

sabırsız *adj* ungeduldig

sabırsızlanmak *vi* ungeduldig werden

sabırsızlık <-ğı> *s* Ungeduld *f*

sabit <-ti> *adj* beständig, konstant, unveränderlich; ~ **disk** INFORM Festplatte *f;* ~ **fikir** fixe Idee; ~ **telefon hattı** TELEK Festnetzanschluss *m*

sabit fiyat *s* INET Flatrate *f*

sabotaj *s* Sabotage *f*

sabotajcı *s* Saboteur(in) *m(f)*

sabote *adj* sabotiert; ~ **etmek** sabotieren (**-i** etw)

sabretmek <-der> *vi* ① sich gedulden ② ertragen können (**-e** etw)

sabrı <-nı> *s Possessivform zu* **sabır** seine/ihre Geduld *f*

sabun *s* Seife *f;* ~ **köpüğü** Seifenschaum *m;* ~ **tozu** Seifenpulver *nt*

sabunlamak *vt* einseifen (**-i** etw)

sabunluk <-ğu> *s* Seifendose *f*

saç <-cı> **I.** *s* Blech *nt* **II.** *adj* aus Blech

saç <-çı> *s* Haar *nt;* ~ **ayrığı** Scheitel *m;* ~ **bakımı** Haarpflege *f;* ~ **fırçası** Haarbürste *f;* ~ **kurutma makinesi** Föhn *m,* Trockenhaube *f;* ~ **biçimi** Frisur *f;* ~ **örgüsü** Zopf *m;* ~ **tokası** Haarklammer *f,* Haarspange *f;* **saçını kestirmek** sich die Haare schneiden lassen; **saçını taramak** sich kämmen; **birini saçlarından sürüklemek** jdn an den Haaren ziehen

saçak <-ğı> *s* ① Franse *f* ② Vordach *nt*

saçkıran *s* Haarausfall *m*

saçlı *adj* haarig; (*mit näherer Angabe*) -haarig; **kızıl** ~ rothaarig

saçma I. *s* ① *Verbalsubstantiv zu* **saçmak** ② Schrot *m* ③ Unsinn *m* **II.** *adj* blödsinnig, unsinnig; **ne ~ şey!** so ein Quatsch!; ~ **sapan** (*fam*) blödsinnig

saçmak <-ar> *vt* ① verstreuen, zerstreuen (**-i** etw) ② (*Duft*) ausströmen (**-i** etw) ③ (*Schrecken*) verbreiten (**-i** etw)

saçmalamak *vi* (*fam*) dummes Zeug reden, spinnen

saçmalık <-ğı> *s* Blödsinn *m*

sada *s* ① Schall *m* ② Echo *m*

sadaka *s* Almosen *nt*, Spende *f*
sadakat <-ti> *s* Ergebenheit *f*, Loyalität *f*, Treue *f*
sade **I.** *adj* ① einfach, schlicht ② pur, rein **II.** *adv* nur, bloß; ~ **kahve** schwarzer Kaffee
sadece *adv* lediglich, nur, bloß; ~ **... değil, aynı zamanda** nicht nur ..., sondern auch
sadeleşmek *vi* sich vereinfachen
sadeleştirmek *vt* ① *Kausativ zu* **sadeleşmek** ② vereinfachen (**-i** etw) ③ MATH kürzen (**-i** etw)
sadelik <-ği> *s* Einfachheit *f*
sadet <-di> *s* Thema *nt*, Hauptfrage *f*
sadık <-ğı> *adj* treu
sadist <-ti> **I.** *s* Sadist(in) *m(f)* **II.** *adj* sadistisch
sadizm *s* Sadismus *m*
saf <-ffı> *s* Reihe *f*; **saffa dizilmek** Spalier stehen
saf *adj* ① echt ② rein, pur ③ naiv, leichtgläubig
safdışı *adv* **birini ~ bırakmak** [*o* **kılmak**] (*Rivalen*) jdn abhängen, jdn aus dem Rennen schlagen; ~ **kalmak** aus dem Rennen sein
safdil *adj* einfältig, naiv, leichtgläubig
safdillik <-ği> *s* Leichtgläubigkeit *f*, Naivität *f*
saffı <-nı> *s* *Possessivform zu* **saf** die Reihe von ...
safha *s* ① (*Stadium*) Phase *f* ② Seite *f*
safi **I.** *adj* ① unverfälscht, rein ② Netto- **II.** *adv* lediglich, nur; ~ **ağırlık** Nettogewicht *nt*; ~ **gelir** Nettoeinkommen *nt*; ~ **hasılat** Reinertrag *m*
safkan *adj* reinrassig
saflık <-ğı> *s* ① Reinheit *f* ② Naivität *f*
safra *s* ① Ballast *m* ② Galle *f*; ~ **kesesi** Gallenblase *f*; ~ **kesesi taşı** Gallenstein *m*
safran *s* ① Safrankrokus *m* ② Safran *m*
sağ **I.** *adj* ① lebend, lebendig ② gesund ③ rechte(r, s) **II.** *s* die rechte Seite; ~ **kalmak** am Leben bleiben, überleben; ~ **ol(un)** danke schön; ~ **salim** (*Person*) wohlbehalten, unversehrt; ~ **el** die rechte Hand; ~ **tarafta** rechts; **sağa** nach rechts; **sağda** rechts; **sağdan** von rechts; **sağını solunu bilmemek** die Fassung verlieren
sağaçık <-ğı> *s* Rechtsaußen *m*
sağanak <-ğı> *s* Regenschauer *m*, Wolkenbruch *m*
sağcı **I.** *s* POL Rechte(r) *f(m)* **II.** *adj* rechte(r, s)
sağdıç <-cı> *s* ① Brautführer *m* ② *Helfer bei der Beschneidung*
sağduyu *s* gesunder Menschenverstand
sağgörü *s* Scharfblick *m*, Umsicht *f*
sağgörülü *adj* umsichtig, scharfsinnig
sağır *adj* taub, gehörlos; ~ **dilsiz** taubstumm, Taubstumme(r) *f(m)*; **sağırlar dili** Zeichensprache *f*
sağlam *adj* ① fest, stabil, solide ② dauerhaft, beständig ③ unversehrt, ganz ④ zuverlässig, sicher ⑤ gesund; **sağlama bağlamak** absichern (**-i** etw)
sağlamak *vt* ① beschaffen, besorgen (**-e -i** jdm etw) ② sichern (**-i** etw) ③ nach rechts gehen [*o* fahren]
sağlamlaştırmak *vt* ① festigen (**-i** etw) ② verstärken, bekräftigen (**-i** etw) ③ sichern, sicherstellen (**-i** etw)
sağlamlık <-ğı> *s* ① Haltbarkeit *f*, Stabilität *f* ② Unversehrtheit *f* ③ Zuverlässigkeit *f* ④ Gesundheit *f*
sağlıcakla *interj* **kalın ~!** leben Sie wohl!
sağlık <-ğı> *s* ① Gesundheit *f* ② Leben *nt*; **Sağlık Bakanlığı** Gesundheitsministerium *nt*; ~ **durumu** Gesundheitszustand *m*; ~ **sigortası** Krankenversicherung *f*; **sağlığa zararlı** gesundheitsschädlich; **sağlığınıza!** auf Ihr Wohl!
sağlıklı *adj* gesund
sağlıksal *adj* gesundheitlich
sağmak <-ar> *vt* ① melken (**-i** etw) ② aufwickeln (**-i** etw)
sağrı *s* Pferderücken *m*, Kruppe *f*; ~ **kemiği** Kreuz *nt*

saha *s* ① Bereich *m* ② MATH Fläche *f* ③ Spielfeld *nt* ④ PHYS Feld *nt*

sahaf *s* Antiquar(in) *m(f)*

sahan *s* Pfanne *f*; **sahanda yumurta** Spiegelei *nt*

sahi *adj* wirklich; ~ **mi?** wirklich?

sahibe *s* ① Herrin *f* ② Besitzerin *f*, Inhaberin *f*

sahici *adj* wirklich, echt

sahiden *adv* ① echt ② tatsächlich, wahrhaftig

sahil *s* (*am Meer*) Küste *f*, Ufer *nt*

sahip <-bi> *s* Besitzer(in) *m(f)*, Inhaber(in) *m(f)*; ~ **olmak** besitzen (**-e** etw)

sahiplenmek *vt* für sich vereinnahmen (**-i** etw)

sahne *s* ① Bühne *f* ② Schauplatz *m* ③ Szene *f*; **sahneye çıkış** Auftritt *m*; **sahneye çıkmak** auftreten; **sahneye koyma** Inszenierung *f*; **sahneye koymak** inszenieren (**-i** etw)

sahte *adj* falsch, unecht; ~ **para** Falschgeld *nt*

sahtekar *s* Fälscher(in) *m(f)*

sahtelik <-ği> *s* Fälschung *f*

sahur *s Essen vor Tagesanbruch im Fastenmonat*

saka *s* Wasserträger(in) *m(f)*; ~ **kuşu** Stieglitz *m*, Distelfink *m*

sakal *s* (Voll)bart *m*

sakallı *adj* bärtig

sakar **I.** *s* ① Blesse *f* ② Tollpatsch *m* **II.** *adj* tollpatschig, ungeschickt

sakarin *s* Sacharin *m*

sakarlık <-ğı> *s* Tollpatschigkeit *f*, Ungeschicklichkeit *f*

sakat <-tı> **I.** *s* ① Behinderte(r) *f(m)* ② Fehler *m* **II.** *adj* ① (*körperlich*) behindert ② (*Körperteil*) verkrüppelt ③ (*Spieler*) verletzt ④ (*Sache*) faul ⑤ (*Ware*) fehlerhaft

sakatat <-tı> *npl* Innereien *pl*

sakın *adv* ja nicht; ~ **ha!** bloß nicht!

sakınca *s* ① Nachteil *m* ② Vorbehalt *m*

sakıncalı *adj* ① heikel, bedenklich ② nachteilig

sakıngan *adj* zurückhaltend, vorsichtig

sakınganlık <-ğı> *s* Zurückhaltung *f*, Vorsicht *f*

sakınmak **I.** *vt* behüten (**-i** etw/jdn) **II.** *vi* ① sich hüten (**-den** vor etw/jdm), meiden (**-den** etw/jdn) ② vermeiden (**-den** etw) ③ sich in Acht nehmen (**-den** vor etw)

sakırga *s* Zecke *f*

sakız *s* ① Harz *nt* ② (*fam*) Kaugummi *m o nt*

sakin **I.** *s* Bewohner(in) *m(f)*, Einwohner(in) *m(f)* **II.** *adj* ① friedlich, gelassen, ruhig ② still, regungslos

sakinleşmek *vi* ① sich beruhigen ② aufhören, sich legen

sakinleştirici *adj* beruhigend

sakinleştirmek *vt* ① *Kausativ zu* **sakinleşmek** ② beruhigen (**-i** jdn/etw)

sakinlik <-ği> *s* ① Gelassenheit *f* ② Stille *f*

saklama *s* ① *Verbalsubstantiv zu* **saklamak** ② Aufbewahrung *f*; ~ **sıvısı** (*für Kontaktlinsen*) Aufbewahrungslösung *f*

saklamak *vt* ① aufbewahren, aufheben (**-i** etw) ② verstecken (**-i** etw/jdn) ③ verbergen (**-i** etw) ④ (*Daten*) speichern (**-i** etw)

saklambaç <-cı> *s* Versteckspiel *nt*; ~ **oynamak** Versteck spielen

saklanan *adj* INFORM (*Daten*) gespeichert

saklanmak *vi* ① *Passiv o Reflexiv zu* **saklamak** ② sich verstecken ③ versteckt werden ④ (*Daten*) gespeichert werden

saklı *adj* ① geheim ② heimlich ③ verborgen ④ versteckt

saksağan *s* Elster *f*

saksı *s* Blumentopf *m*

saksofon *s* Saxofon *nt*

Saksonya *s* Sachsen *nt*; **Aşağı** ~ Niedersachsen *nt*

Saksonyalı *s* Sachse *m*, Sächsin *f*
sal *s* Floß *nt*
salak <-ğı> **I.** *s* Trottel *m* **II.** *adj* trottelig
salaklık <-ğı> *s* (*fam*) Dummheit *f*; ~ **etmek** sich dumm anstellen
salam *s* Salami *f*
salamura I. *s* Salzlake *f* **II.** *adj* in Salzlake eingelegt; ~ **yapmak** einlegen (**-i** etw); **salamuraya yatırmak** einsalzen, marinieren (**-i** etw)
salata *s* Salat *m*; **karışık** ~ gemischter Salat; ~ **sosu** Salatsoße *f*, Dressing *nt*
salatalık <-ğı> **I.** *s* Gurke *f* **II.** *adj* zur Salatzubereitung geeignet
salça *s* ① Soße *f*, Sauce *f* ② Tunke *f* ③ Tomatenmark *nt*
saldırgan *adj* aggressiv
saldırganlık <-ğı> *s* ① Aggressivität *f* ② Aggression *f* (**-e** gegen jdn/etw)
saldırı *s* ① (*a. fig*) Angriff *m*, Offensive *f* ② Vorstoß *m*
saldırmak *vt* ① losgehen auf, überfallen, angreifen (**-e** jdn/etw) ② (*Tiere*) anfallen (**-e** jdn/etw) ③ hetzen (**köpeği -e** Hund auf jdn)
saldırmazlık <-ğı> *s* Zurückhaltung *f*; ~ **paktı** Nichtangriffspakt *m*
salgın I. *adj* epidemisch **II.** *s* Seuche *f*, Epidemie *f*
salı *s* Dienstag *m*
salık vermek *vt* (*weiter-*) empfehlen (**-e -i** jdm etw)
salıncak <-ğı> *s* Schaukel *f*
salıncaklı *adj* Schaukel-; ~ **at** Schaukelpferd *nt*; ~ **koltuk** Schaukelstuhl *m*
salınmak *vi* ① *Passiv zu* **salmak** ② (*Pendel*) schwingen ③ sich in den Hüften wiegen
salıvermek *vt* ① (*Gefangene*) entlassen, freilassen (**-i** jdn) ② loslassen (**-i** jdn)
salkım *s* (*Blütenstand*) Traube *f*
salkımsöğüt <-dü> *s* Trauerweide *f*
sallamak *vt* ① (hin und her) schaukeln (**-i** etw) ② schütteln, rütteln (**-i** etw) ③ schwenken (**-i** etw) ④ schwingen (**-i** etw) ⑤ (*fam*) hinauszögern (**-i** etw); **el** ~ (*mit der Hand*) winken; **başını** ~ den Kopf schütteln; **mendil** ~ mit einem Taschentuch winken
sallanmak *vi* ① *Passiv zu* **sallamak** ② schaukeln ③ schwanken ④ (*Pendel*) schwingen ⑤ wackeln ⑥ wanken ⑦ (*fam*) trödeln
salmak <-ar> *vt* ① loslassen, losmachen (**-i** etw) ② (*Licht, Wärme*) ausstrahlen (**-i** etw) ③ (*Gefangene*) freilassen (**-i** jdn) ④ (*Licht*) werfen (**-i -e** etw auf etw) ⑤ (*Geruch*) verbreiten, verströmen (**-i** etw) ⑥ (*Seil*) hinunterlassen (**-i -e** etw in etw) ⑦ (*Nachricht*) (ab)schicken (**-i** etw) ⑧ hetzen (**köpeği -e** Hund auf jdn)
salon *s* ① Saal *m* ② Salon *m*
salt <-tı> **I.** *adv* lediglich, nur **II.** *adj* rein, echt
salta *s* ~ **durmak** Männchen machen
saltanat <-tı> *s* ① Herrschaft *f* ② Prunk *m*; ~ **sürmek** herrschen, regieren
Salvador *s* Salvador *nt*
salya *s* Speichel *m*
salyangoz *s* Schnecke *f*
saman *s* Stroh *nt*; ~ **altından su yürütmek** intrigieren; ~ **çiçeği** Strohblume *f*; ~ **çöpü** Strohhalm *m*
samanlık <-ğı> *s* ① Scheune *f* ② Heuhaufen *m*; **samanlıkta iğne aramak** die Stecknadel im Heuhaufen suchen
samanyolu <-nu> *s* Milchstraße *f*
Sami I. *s* Semit(in) *m(f)* **II.** *adj* semitisch
samimi *adj* ① herzlich, innig ② (*Freund*) gut ③ aufrichtig, offen ④ (*Umgang*) vertraulich ⑤ (*Freundschaft*) eng
samimiyet <-ti> *s* ① Herzlichkeit *f* ② Aufrichtigkeit *f*, Offenheit *f* ③ Vertraulichkeit *f*
samur I. *s* Zobel *m* **II.** *adj* aus Zobelfell, Zobel-
san *s* ① (*Leumund*) Ruf *m* ② Ruhm *m*

sana *pron* dir; ~ **kalırsa** deiner Meinung nach; ~ **ne** das geht dich nichts an; ~ **ne oluyor!** was fällt dir ein!

sanal *adj* INFORM virtuell; ~ **gerçeklik** virtuelle Realität *f*

sanat <-tı> *s* ① Kunst *f* ② Gewerbe *nt;* ~ **eseri** Kunstwerk *nt;* ~ **okulu** Berufsschule *f;* ~ **tarihi** Kunstgeschichte *f;* ~ **tezkeresi** Gewerbeschein *m*

sanatçı *s* Künstler(in) *m(f)*

sanatkar *s* Künstler(in) *m(f)*

sanatlı *adj* kunstvoll

sanatoryum *s* Sanatorium *nt*

sanayi *s* ① Gewerbe *nt* ② Industrie *f;* ~ **bölgesi** Gewerbegebiet *nt;* **Sanayi ve Ticaret Odası** Industrie- und Handelskammer *f;* ~ **vergisi** Gewerbesteuer *f*

sanayici **I.** *s* Industrielle(r) *f(m)* **II.** *adj* industriell

sanayileşmek *vi* industrialisiert werden

sanayileştirmek *vt* ① *Kausativ zu* **sanayileşmek** ② industrialisieren (**-i** etw)

sancak <-ğı> *s* ① Fahne *f,* Flagge *f* ② Steuerbord *nt* ③ HIST (osmanischer) Regierungsbezirk *m*

sancı *s* ① (stechender) Schmerz *m* ② (*Geburts-*) Wehen *pl*

sancımak *vi* schmerzen

sancısız *adj* schmerzlos

sandal *s* ① Boot *nt,* Kahn *m* ② Sandelholz *nt*

sandalet <-ti> *s* Sandale *f*

sandalye *s* ① Stuhl *m* ② Amt *nt,* Posten *m*

sandık <-ğı> *s* ① Kasten *m,* Kiste *f,* Truhe *f* ② Wahlurne *f;* ~ **odası** Abstellraum *m,* Rumpelkammer *f*

sanduka *s* Sarkophag *m*

sandviç <-ci> *s* belegtes Brötchen, Sandwich *nt*

sanı *s* Mutmaßung *f,* Vermutung *f*

sanık <-ğı> **I.** *s* Angeklagte(r) *f(m)* **II.** *adj* mutmaßlich

saniye *s* Sekunde *f;* ~ **gösterici** Sekundenzeiger *m;* **saniyedeki bit sayısı** BPS (*Bits pro Sekunde*)

saniyeli tapa *s* Zeitzünder *m*

saniyelik *adj* **beş/otuz** ~ fünf/dreißig Sekunden lang; ~ **uyku** Sekundenschlaf *m*

sanki *adv* ① als ob ② geradezu; ~ **... gibi** ebenso gut wie ..., es ist, als ob ...

sanksyon *s* ① Gegenmaßnahme *f* ② Sanktionierung *f* ③ Repressalien *pl*

sanmak <-ır> *vt* ① denken (**-i** etw) ② vermuten (**-i** etw) ③ glauben, meinen (**-i** etw); **sanmıyorum** ich glaube nein

sanrı *s* Halluzination *f*

sansar *s* Marder *m*

sansasyon *s* Sensation *f*

sansür *s* Zensur *f;* ~ **etmek** zensieren (**-i** etw)

sansürcü *s* Zensor(in) *m(f)*

santim *s* ① Zentimeter *m* ② Zentimetermaß *nt* ③ (*Geld*) Centime *m,* Rappen *m*

santimetre *s* ① Zentimeter *m* ② Zentimetermaß *nt*

santral *s* ① Telefonzentrale *f* ② Zentrale *f* ③ Kraftwerk *nt*

santrfor *s* Mittelstürmer *m*

santrfüj **I.** *s* ① Zentrifuge *f* ② Wäscheschleuder *f* **II.** *adj* zentrifugal

sap <-pı> *s* ① Griff *m,* Henkel *m* ② (*von Pflanze*) Halm *m,* Stängel *m*

sapa *adj* entlegen, abgelegen

sapan *s* (*Stein-*) Schleuder *f*

sapasağlam *adj* ① kerngesund ② völlig unversehrt

sapık <-ğı> *adj* ① unnatürlich ② pervers ③ (*fam*) verrückt

sapıklık <-ğı> *s* ① Anomalie *f* ② Perversität *f* ③ (*fam*) Verrücktheit *f*

sapıtmak *vi* ① sich danebenbenehmen ② (*fam*) verrückt werden

saplamak *vt* (hinein)stechen, (hinein)stoßen (**-i -e** etw in etw)

saplanmak *vt* ① *Passiv zu* **saplamak** ② (ein)dringen (**-e** in etw) ③ stecken bleiben (**-e** in etw) ④ sich versteifen (**-e** auf etw)

saplantı *s* fixe Idee

sapma *s* ① *Verbalsubstantiv zu* **sapmak** ② Abweichung *f;* ~ **şeridi** Abbiegespur *f;* **100 metrelik bir sapmayla** mit einer Abweichung von 100 Metern

sapmak <-ar> *vi* ① abbiegen (**-den** von etw) ② einbiegen (**-e** in etw) ③ abweichen (**-den** von etw)

sapsarı *adj* ① kreidebleich, totenbleich ② ganz gelb

saptamak *vt* ① feststellen (**-i** etw) ② festsetzen, bestimmen (**-i** etw) ③ (*Datum*) festlegen, festsetzen (**-i** etw)

saptırmak *vt* ① *Kausativ zu* **sapmak** ② ablenken (**-i** jdn/etw)

sara *s* Epilepsie *f*

saralı **I.** *adj* epileptisch **II.** *s* Epileptiker(in) *m(f)*

sararmak *vi* ① vergilben ② blass werden ③ verwelken

saray *s* ① (*Fürsten-*) Hof *m* ② Schloss *nt;* **Beyaz Saray** (*in USA*) das Weiße Haus

sardalye *s* Sardine *f;* ~ **kutusu** Sardinenbüchse *f*

Sardenya (Adası) *s* Sardinien *nt*

sardunya *s* Geranie *f*

sarf *s* ① Ausgabe *f* ② Verbrauch *m;* ~ **etmek** (*Geld*) aufwenden; (*Wasser*) verbrauchen; (*Worte*) sagen (**-i** etw)

sargı *s* Bandage *f,* Binde *f,* Verband *m;* ~ **malzemesi** Verband(s)zeug *nt*

Sar Havzası <-nı> *s* Saarland *nt*

sarhoş **I.** *adj* ① betrunken ② berauscht **II.** *s* Betrunkene(r) *f(m);* ~ **etmek** betrunken machen (**-i** jdn); ~ **olmak** sich betrinken

sarhoşluk <-ğu> *s* ① Trunkenheit *f* ② Rausch *m*

sarı **I.** *adj* ① gelb ② (*Haar*) blond ③ blass, bleich **II.** *s* ① Gelb *nt* ② Eigelb *nt,* Eidotter *m;* ~ **humma** Gelbfieber *nt;* ~ **saçlı** blond

sarıca *adj* gelblich

sarık <-ğı> *s* Turban *m*

sarılgan *adj* kletternd, Kletter-; ~ **bitki** Kletterpflanze *f,* Schlingpflanze *f*

sarılık <-ğı> *s* ① Gelbsucht *f* ② Gelb *nt* ③ blonde Farbe

sarılmak *vi* ① *Passiv zu* **sarmak** ② umarmen (**-e** jdn) ③ umschlingen, umklammern (**-e** jdn/etw) ④ sich klammern (**-e** an etw/jdn) ⑤ (*Waffe*) ergreifen (**-e** etw)

sarımsak <-ğı> *s* Knoblauch *m*

sarımsı *adj* gelblich

sarıp sarmalamak *vt* (fest) einwickeln (**-i** etw)

sarışın **I.** *adj* blond, hell **II.** *s* Blondine *f*

sarkaç <-cı> *s* Pendel *nt*

sarkık <-ğı> *adj* ① schlaff ② herabhängend; ~ **buz** Eiszapfen *m*

sarkıntılık <-ğı> *s* ① (*gegenüber einer Frau*) Belästigung *f* ② Aufdringlichkeit *f;* ~ **etmek** (*Frau*) belästigen (**-e** jdn)

sarkıtmak *vt* ① *Kausativ zu* **sarkmak** ② hängen lassen (**-i** etw) ③ (*vulg*) aufhängen (**-i** jdn)

sarkmak <-ar> *vi* (herab)hängen (**-den** aus/von etw), (heraus)hängen (**-den** aus/von etw); **dışarı** ~ sich hinauslehnen (**-den** aus etw)

sarma *s* ① *Verbalsubstantiv zu* **sarmak** ② Roulade *f,* gefüllte Weinblätter *pl*

sarmak <-ar> *vt* ① einwickeln (**-i** **-e** etw in etw) ② umgeben (**-i** etw/jdn) ③ belagern (**-i** etw) ④ umhüllen, einhüllen (**-i** etw) ⑤ umbinden (**-i** etw) ⑥ (*Zigarette*) drehen (**-i** etw) ⑦ umzingeln, einkreisen (**-i** jdn/etw) ⑧ (*fig*) einschließen (**-i** etw) ⑨ umarmen (**-i** jdn) ⑩ aufspulen (**-i** etw) ⑪ (*Wunde*) verbinden (**-i** etw) ⑫ sich ausbreiten (**-i** in etw) ⑬ fesseln, begeistern (**-i** jdn)

sarmaşık <-ğı> *s* Efeu *m*

sarmısak <-ğı> *s* Knoblauch *m;* ~ **dişi** Knoblauchzehe *f*

S

Sar nehri *s* (*Fluss*) Saar *f*

sarnıç <-cı> *s* ❶ Tank *m* ❷ Zisterne *f*

sarp <-pı> *adj* ❶ (*Hang*) steil ❷ schwierig, schwer

sarsılmak *vi* ❶ *Passiv zu* **sarsmak** ❷ (stark) beben ❸ (*Boden*) wanken

sarsılmaz *adj* unerschütterlich, standhaft

sarsılmazlık <-ğı> *s* Standhaftigkeit *f*

sarsıntı *s* ❶ Rütteln *nt* ❷ Erschütterung *f*

sarsmak <-ar> *vt* ❶ (*auch fig*) erschüttern (**-i** etw/jdn) ❷ mitnehmen (**-i** jdn), sehr nahegehen (**-i** jdm) ❸ rütteln (**-i** etw/jdn)

sataşmak *vt* ❶ anpöbeln (**-e** jdn) ❷ stören (**-e** jdn)

saten *s* Satin *m*

sathı <-nı> *s Possessivform zu* **satıh** die Oberfläche von ...

sathi *adj* oberflächlich

satıcı *s* ❶ Händler(in) *m(f)* ❷ Verkäufer(in) *m(f)*

satıh <-thı> *s* Oberfläche *f*

satılık <-ğı> *adj* verkäuflich, zu verkaufen

satılmak *vi* ❶ *Passiv zu* **satmak** ❷ (*Ware*) verkauft werden (**-e** an jdn)

satılmış *adj* ❶ verkauft ❷ bestechlich

satın alınabilir *adj* käuflich

satın alma *s* ❶ *Verbalsubstantiv zu* **satın almak** ❷ Kauf *m;* ~ **gücü** Kaufkraft *f*

satın almak *vt* kaufen (**-i** etw)

satır *s* ❶ Zeile *f* ❷ Hackmesser *nt* ❸ Kurzschwert *nt*

satış *s* ❶ *Verbalsubstantiv zu* **satmak** ❷ Verkauf *m;* ~ **bedeli** Verkaufserlös *m*

satmak <-ar> *vt* ❶ verkaufen (**-i -e** etw jdm) ❷ verraten (**-i** jdn/etw)

satranç <-cı> *s* Schachspiel *nt;* ~ **tahtası** Schachbrett *nt;* ~ **taşı** Schachfigur *f*

sauna *s* Sauna *f*

sav *s* Behauptung *f*

savan(a) *s* Savanne *f*

savaş *s* ❶ Krieg *m* ❷ Kampf *m;* ~ **gemisi** Kriegsschiff *nt;* ~ **ilanı** Kriegserklärung *f;* ~ **karşıtları hareketi** Antikriegsbewegung *f;* ~ **meydanı** Schlachtfeld *nt;* ~ **suçlusu** Kriegsverbrecher *m;* ~ **suçu** Kriegsverbrechen *nt;* ~ **uçağı** Kampfflugzeug *nt*

savaşçı **I.** *s* Kämpfer *m,* Krieger *m* **II.** *adj* kriegerisch, kämpferisch

savaşmak *vi* kämpfen

savcı *s* Staatsanwalt *m,* Staatsanwältin *f*

savmak <-ar> *vt* ❶ (*Gefahr*) überstehen; (*Krankheit*) loswerden (**-i** etw) ❷ (*fam*) abwimmeln (**-i** jdn) ❸ (*fam*) rausschmeißen (**-i** jdn)

savruk <-ğu> *adj* (*Person*) unkonzentriert

savsaklamak *vt* hinauszögern (**-i** etw)

savulmak *vi* Platz machen

savunma *s* ❶ *Verbalsubstantiv zu* **savunmak** ❷ Defensive *f,* Abwehr *f* ❸ Verteidigung *f;* **Savunma Bakanı** Verteidigungsminister(in) *m(f)*

savunmak *vt* ❶ verteidigen (**-i** jdn/etw) ❷ plädieren (**-i** für etw/jdn)

savunu *s* (*Schutz*) Verteidigung *f*

savunucu **I.** *s* Verteidiger(in) *m(f)* **II.** *adj* verteidigend

savunusuz *adj* schutzlos

savurgan **I.** *s* Verschwender(in) *m(f)* **II.** *adj* verschwenderisch

savurganlık <-ğı> *s* Verschwendung *f,* Vergeudung *f*

savurmak *vt* ❶ (in die Höhe) schleudern (**-i** etw) ❷ schmeißen, werfen (**-i** etw) ❸ (*Fluch*) ausstoßen (**-i** etw) ❹ (*Geld*) hinausschmeißen (**-i** etw)

savuşmak *vi* ❶ sich wegstehlen ❷ (*Gefahr*) vorübergehen

savuşturmak *vt* ❶ *Kausativ zu* **savuşmak** ❷ erleben, durchmachen (**-i** etw)

sayaç <-cı> *s* TECH Zähler *m*

saydam *adj* durchsichtig, transparent; ~ **kat** [*o* **tabaka**] (*am Auge*) Hornhaut *f*

saydamlık <-ğı> *s* Durchsichtigkeit *f*

sayesinde *präp* (*gen*) dank (**-in** +*gen/dat*), durch (**-in** +*akk*)

sayfa *s* ❶ (*Buch, Zeitung*) Seite *f* ❷ (*Internet*) (Internet)seite *f*; **sayfayı çevirin!** bitte wenden!; **sayfayı çevirmek** umblättern; **sayfayı kapatalım!** lasst uns das Thema wechseln!

sayfiye *s* Sommerhaus *nt*

saygı *s* ❶ Achtung *f*, Respekt *m* (**-e** gegenüber jdm) ❷ Rücksicht *f*; ~ **göstermek** achten, respektieren, Rücksicht nehmen (**-e** auf jdn/etw)

saygıdeğer *adj* ❶ achtbar, ehrbar ❷ (*als Anrede*) geehrt, verehrt

saygılı *adj* ❶ respektvoll ❷ rücksichtsvoll

saygın *adj* angesehen

saygısız *adj* ❶ respektlos ❷ rücksichtslos

saygısızca *adv* ❶ rücksichtslos ❷ respektlos

saygısızlık <-ğı> *s* ❶ Respektlosigkeit *f* ❷ Rücksichtslosigkeit *f*

sayı *s* ❶ Zahl *f* ❷ (*Zeitung*) Nummer *f* ❸ SPORT Punkt *m*; ~ **sıfatı** Zahlwort *nt*

sayıca *adj, adv* zahlenmäßig

sayıklamak *vi* ❶ im Schlaf reden ❷ phantasieren ❸ schwärmen (**-i** von etw)

sayılmak *vi* ❶ *Passiv zu* **saymak** ❷ gelten als, zählen zu (**-den** zu etw)

sayım *s* ❶ *Verbalsubstantiv zu* **saymak** ❷ Zählung *f*

sayımsal *adj* statistisch

sayın *adj* (*als Anrede*) geehrte(r), verehrte(r)

sayısal *adj* ❶ zahlenmäßig ❷ digital; ~ **adres** INET IP-Nummer *f*; ~ **imza** INFORM digitale Signatur *f*; ~ **lotto** Zahlenlotto *nt*; ~ **ses bandı** DAT *nt* (*digital audio tape*)

sayısız *adj* unzählig, zahllos

saymak <-ar> *vt* ❶ zählen (**-i** etw) ❷ schätzen, respektieren, achten (**-i** etw/jdn) ❸ berücksichtigen, beachten (**-i** etw) ❹ halten für (**-i -e/-den** jdn für jdn)

saz *s* ❶ Schilf(rohr) *nt* ❷ türkische Laute

sazan *s* Karpfen *m*

seans *s* ❶ Vorführung *f* ❷ Sitzung *f*, Séance *f*

sebat <-tı> *s* Ausdauer *f*, Beharrlichkeit *f*; ~ **etmek** Ausdauer zeigen

sebatlı *adj* ausdauernd, beharrlich, zäh

sebebiyle *präp* aufgrund (**...** +*gen*)

sebep <-bi> *s* ❶ Ursache *f*, Grund *m* ❷ Anlass *m*; ~ **olmak** [*o* **vermek**] den Anstoß geben (**-e** für etw), veranlassen; (*Schaden*) anrichten (**-e** etw); **bu sebepten** aus diesem Grunde

sebepli *adj* begründet, gerechtfertigt

sebepsiz *adj* ohne Grund, grundlos

sebze *s* Gemüse *nt*; ~ **çorbası** Gemüsesuppe *f*

sebzeci *s* Gemüsehändler(in) *m(f)*

seccade *s* Gebetsteppich *m*

seçenek <-ği> *s* Alternative *f*

seçilme *s* ❶ *Verbalsubstantiv zu* **seçilmek** ❷ ~ **hakkı** (passives) Wahlrecht *nt*

seçilmek *vi* ❶ *Passiv zu* **seçmek** ❷ gewählt werden

seçim *s* ❶ *Verbalsubstantiv zu* **seçmek** ❷ Wahl *f*; ~ **bölgesi** Wahlkreis *m*; ~ **hakkı** Wahlrecht *nt*; ~ **hezimeti** [*o* **yenilgisi**] Wahlniederlage *f*; ~ **kabini** Wahlkabine *f*; ~ **sırrı** Wahlgeheimnis *nt*; ~ **sonucu** Wahlergebnis *nt*; **seçime göre** nach Wahl; **seçime katılma** Wahlbeteiligung *f*

seçkin *adj* ❶ ausgesucht, ausgewählt ❷ auserlesen ❸ hervorragend ❹ (*Publikum*) prominent; ~ **kimse** (*fam*) Prominente(r) *f(m)*, Promi *m fam*

seçkinci *adj* elitär

seçme *s* ❶ *Verbalsubstantiv zu* **seçmek** ❷ Wählen *nt*; ~ **hakkı** (aktives) Wahlrecht *nt*

seçmek <-er> *vt* ❶ auswählen, aussuchen (**-i** etw/jdn) ❷ identifizieren (**-i**

S

etw) ❸ wählen (**-i** etw/jdn) ❹ wählerisch sein

seçmeli *adj* wahlfrei; ~ **ders** Wahlfach *nt*

seçmen *s* Wähler(in) *m(f)*

sed <-ddi> *s* ❶ Wall *m* ❷ Damm *m*, Deich *m* ❸ Sperre *f*

sedef **I.** *s* Perlmutt *nt* **II.** *adj* aus Perlmutt hergestellt

sedefotu <-nu> *s* (Garten)raute *f*

sedir *s* (türkische) Polsterbank *f*; ~ (**ağacı**) Zeder *f*

sedye *s* Tragbahre *f*

sefalet <-ti> *s* Elend *nt*, Not *f*; **sefalete düşmek** verelenden; (*sozial*) herunterkommen

sefer *s* ❶ Reise *f*, Fahrt *f* ❷ Feldzug *m* ❸ (*nur in adverbialen Bestimmungen*) Mal *nt*; (*mir Zahlangabe*) -mal; **bu** ~ dieses Mal; **dört** ~ viermal

seferber *adj* mobilisiert; ~ **etmek** mobilisieren (**-i** jdn/etw)

seferberlik <-ği> *s* Mobilmachung *f*

sefil **I.** *adj* ❶ verarmt ❷ (sittlich) verkommen **II.** *s* (*Person*) Lump *m*

seğirmek *vi* zucken

sehpa *s* ❶ Ständer *m*, Gestell *nt* ❷ Stativ *nt* ❸ Couchtisch *m* ❹ Staffelei *f* ❺ Galgen *m*

sek <-ki> *adj* (*Wein*) trocken, herb

sekans *s* (*beim Kartenspiel*) Sequenz *f*

seki *s* ❶ GEOL Terrasse *f* ❷ (*Fußgestell*) Sockel *m* ❸ Steinbank *f*

sekiz *num* acht; ~ **yüz** achthundert; ~ **bin** achttausend; ~ **buçuk** achteinhalb; ~ **kat** achtfach; ~ **misli** [*o* **katı**] achtfach, achtmal so viel, das Achtfache; ~ **defa** [*o* **kere**] achtmal; ~ **türlü** achterlei; ~ **katlı** achtstöckig; ~ **köşeli** achteckig; **sekizde bir** ein Achtel *nt*

sekizer *num* je acht

sekizinci *adj* achte(r, s); ~ **olarak** als Achte(r, s); **sekizincisi** achtens

sekmek <-er> *vi* ❶ hüpfen ❷ (*Ball*) zurückprallen

sekreter *s* Sekretär(in) *m(f)*

sekreterlik <-ği> *s* Sekretariat *nt*

seks *s* Sex *m*; ~ **hayatı** Liebesleben *f*; ~ **sembolü** Sexsymbol *nt*

seksek <-ği> *s* (*Kinderspiel*) Himmel und Hölle

seksen *num* achtzig

seksenli yıllar *s* die achtziger Jahre *pl*

seksi *adj* sexy

sekte *s* ❶ Schlaganfall *m* ❷ Beeinträchtigung *f*, Behinderung *f*; ~ **vurmak** beeinträchtigen, behindern (**-e** etw)

sektelemek *vt* beeinträchtigen, behindern (**-i** etw)

sektör *s* Sektor *m*

sel *s* Sturzbach *m*

selam **I.** *s* ❶ Begrüßung *f* ❷ Gruß *m* ❸ Salutieren *nt* **II.** *interj* guten Tag!, grüß Gott!; ~ **söylemek** [*o* **yollamak**] Grüße ausrichten (**-e -den** jdm von jdm); ~ **vermek** (be)grüßen (**-e** jdn); **benden çok selamlar** viele Grüße von mir; **candan** [*o* **içten**] **selamlar** freundliche Grüße; **candan** [*o* **içten**] **selamlarla** mit herzlichen Grüßen

selamet <-ti> *s* Heil *nt*, Gesundheit *f*

selamlamak *vt* (be)grüßen (**-i** jdn)

selamlaşmak *vr* sich begrüßen

selamünaleyküm *interj* Grüß Gott!

Selçuk <-ğu> *s* Seldschuke, Seldschukin *m, f*

Selçuklu *adj* HIST seldschukisch

sele *s* Fahrradsattel *m*

selim *adj* ❶ (*Geschwulst*) gutartig ❷ (*fehlerfrei*) gut

selofan *s* Frischhaltefolie *f*

seloteyp <-bi> *s* Klebeband *nt*

selülit <-ti> *s* Zellulitis *f*

selüloz *s* Zellulose *f*

selülozsuz *adj* (*Papier*) holzfrei

selvi (**ağacı**) *s* Zypresse *f*

selzede *s* Flutopfer *nt*; **selzedelere yardım** Fluthilfe *f*

sembol <-lü> *s* ❶ Symbol *nt* ❷ Wahrzeichen *nt* ❸ Formel *f*

sembolik *adj* symbolisch

semender *s* Salamander *m*

semer *s* Packsattel *m*
semere *s* Frucht *f;* **semeresini görmek** ernten; (*fig*) die Kosten tragen (**-in** von etw)
seminer *s* ① (*Universitäts-*) Seminar *nt* ② (wissenschaftliche) Tagung *f*
semirmek *vi* dick werden
semirtmek *vt* ① *Kausativ zu* **semirmek** ② (*Tier*) mästen (**-i** etw)
semiz *adj* (*Tier*) gemästet
sempati *s* ① Sympathie *f* ② Mitgefühl *nt;* ~ **duymak** sympathisieren (**-e** (**karşı**) mit jdm/etw)
sempatik <-ği> *adj* sympathisch
sempatizan *s* Sympathisant(in) *m(f)*
sempozyum *s* Symposium *nt*
semptom *s* Symptom *nt*
semt <-ti> *s* Stadtteil *m*
sen *pron* du
senarist <-ti> *s* Drehbuchautor(in) *m(f)*
senaryo *s* Drehbuch *nt*
senato *s* Senat *m*
senatör *s* Senator(in) *m(f)*
Sen Bernar köpeği <-ni> *s* Bernhardiner *m*
sence *adv* deiner Meinung nach
sende *pron* bei dir
sendelemek *vi* ① taumeln, schwanken ② stolpern
senden *pron* von dir
sendika *s* Gewerkschaft *f*
sendikacı I. *s* Gewerkschaftler(in) *m(f)* II. *adj* gewerkschaftlich
sendikalı *adj* gewerkschaftlich organisiert
sendrom *s* Syndrom *nt*
sene *s* Jahr *nt;* **her** ~ jedes Jahr; **seneden seneye** von Jahr zu Jahr
Senegal *s* Senegal *m*
senelerce *adv* jahrelang
senelik <-ği> *adj* ① jährlich ② (*mit vorangestellter Zahl*) für ... Jahre, ... Jahre alt, -jährig
senet <-di> *s* ① (notarielle) Urkunde *f* ② Wechsel *m*
senfoni *s* Symphonie *f;* ~ **orkestrası** Symphonieorchester *nt*
seni *pron* dich
senin *pron* dein(e); ~ **için** deinetwegen; ~ **tarafından** deinerseits; ~ **yüzünden** [*o* **uğruna**] deinetwegen
seninki <-ni> *s* der, die, das Deine
seninle *pron* mit dir
senkron *adj* synchron
senlibenli *adj* ① (*Verhältnis*) innig, herzlich; (*Freundschaft*) eng ② zwanglos, ungezwungen
sent <-ti> *s* Cent *m*
sentaks *s* Syntax *f*
sentetik *adj* synthetisch; ~ **lif** Kunstfaser *f*
sentez *s* Synthese *f*
sepet <-ti> *s* Korb *m*
sepetlemek *vt* ① in einen Korb tun (**-i** etw) ② abwimmeln (**-i** jdn)
ser *s* ① Gewächshaus *nt,* Treibhaus *nt* ② Kopf *m*
sera *s* Gewächshaus *nt,* Treibhaus *nt;* ~ **etkisi** Treibhauseffekt *m;* ~ **gazı** Treibhausgas *nt;* ~ **iklimi** Treibhausklima *nt*
seramik <-ği> I. *s* Keramik *f* II. *adj* keramisch
serap <-bı> *s* Fata Morgana *f*
serbest <-ti> *adj* ① frei ② ungeniert, ungezwungen; ~ **bırakmak** freilassen (**-i** jdn); ~ **dolaşım** Freizügigkeit *f;* ~ **liman** Freihafen *m;* **... serbest mi?** darf man ...?, ist ... (noch) frei?; ~ **piyasa** freie Marktwirtschaft; ~ **tırmanış** Freeclimbing *nt;* ~ **ticaret bölgesi** Freihandelszone *f*
serbestleştirme *s* ① *Verbalsubstantiv zu* **serbestleştirmek** ② COMM Liberalisierung *f*
serbestleştirmek *vt* COMM liberalisieren (**-i** etw)
serbestlik <-ği> *s* ① Freiheit *f* ② Ungeniertheit *f*
serçe *s* Spatz *m,* Sperling *m*
serçeparmak <-ğı> *s* kleine(r) Finger *m*

S

serenat <-dı> *s* Serenade *f,* Ständchen *nt*

sergi *s* ① Ausstellung *f* ② (offener) Verkaufsstand *m*

sergilemek *vt* ① (*Waren*) ausstellen (-**i** etw) ② vorführen (-**i** etw)

seri *s* Reihe *f,* Serie *f;* ~ **arabirim** INFORM serielle Schnittstelle *f;* ~ **halde üretmek** in Serie produzieren (-**i** etw); ~ **halinde** serienmäßig; ~ **imalat** Serienproduktion *f;* ~ **katili** Serienmörder *m;* ~ **üretimi** Serienproduktion *f*

serin *adj* kühl, frisch

serinkanlı *adj* (*Mensch*) kaltblütig

serinlemek *vi* ① kühl(er) werden ② abkühlen ③ sich erfrischen

serinleşmek *vr* ① *Reflexiv zu* **serinlemek** ② kühl(er) werden

serinletici I. *adj* erfrischend II. *s* Entlüfter *m*

serinletmek *vt* ① *Kausativ zu* **serinlemek** ② kühlen (-**i** etw)

serinlik <-ği> *s* Kühle *f,* Frische *f*

serkeş *adj* ① dickköpfig, eigensinnig ② ungehorsam

sermaye *s* ① Kapital *nt* ② (*fam*) Prostituierte *f;* ~ **yatırımcısı** Kapitalanleger(in) *m(f);* ~ **yatırımı** Kapitalanlage *f*

sermek <-er> *vt* ① ausbreiten (-**i** -**e** etw auf etw) ② (*Gegner*) niederschlagen (-**i** jdn) ③ (*Arbeit*) liegen lassen (-**i** etw) ④ (*Tisch*) decken (-**i** etw) ⑤ (*Wäsche*) aufhängen (-**i** etw)

serpilmek *vi* ① *Passiv zu* **serpmek** ② (*körperlich*) sich entwickeln

serpiştirmek *vi* ① (*Regen*) nieseln ② (*Schnee*) in kleinen Flocken fallen ③ streuen (-**i** -**e** etw auf etw) ④ spritzen (-**i** -**e** etw auf etw/jdn)

serpmek <-er> *vt* ① spritzen (-**i** -**e** etw auf etw/jdn) ② streuen (-**i** -**e** etw auf etw)

sersem *adj* ① benommen ② beschränkt, dumm

serseri I. *s* (*fam*) Landstreicher(in) *m(f),* Penner(in) *m(f)* II. *adj* ① herumstrolchend ② (*fig*) verirrt

sert <-ti> *adj* ① hart ② (*Person*) streng, unnachgiebig ③ (*Fleisch*) zäh ④ (*Worte*) scharf ⑤ steif, starr ⑥ (*Klima*) rau ⑦ (*Tabak, Alkohol*) stark ⑧ (*Buchstabe*) stimmlos; ~ **içki** Schnaps *m;* ~ **kalpli** hartherzig

sertifika *s* Zertifikat *nt*

sertleşmek *vi* ① hart werden, sich verhärten ② (*Person*) streng(er) werden

sertleştirmek *vt* verschärfen (-**i** etw)

sertlik <-ği> *s* ① Härte *f* ② Strenge *f*

serum *s* Impfstoff *m,* Serum *nt*

serüven *s* Abenteuer *nt*

servet <-ti> *s* (großer) Reichtum *m,* Vermögen *nt*

servis *s* ① (*beim Tennis*) Aufschlag *m* ② (*Tätigkeit*) Bedienung *f* ③ Dienst *m* ④ (*bei einem Amt*) Abteilung *f;* ~ **dışı** (*Automat*) außer Betrieb; ~ **otobüsü** Transferbus *m;* ~ **sağlayıcı(sı)** INET Provider *m;* ~ **takımı** Service *nt,* Besteck *nt;* ~ **yapmak** bedienen, servieren; SPORT Aufschlag geben

servo direksiyon *s* Servolenkung *f*

ses *s* ① Stimme *f* ② Ton *m,* Klang *m* ③ Geräusch *nt;* ~ **bandı** Tonband *nt;* ~ **çıkarmadan** stillschweigend; ~ **çıkarmak** ein Geräusch von sich geben; ~ **duvarı** Schallmauer *f;* ~ **geçirmez** schalldicht; ~ **hızı** Schallgeschwindigkeit *f;* ~ **kartı** INFORM Tonkarte *f,* Soundkarte *f;* ~ **telleri** Stimmbänder *pl;* **sesini kesmek** den Mund halten

sesbilim *s* Phonetik *f*

sesbilimsel *adj* phonetisch

sesleniş *s* Zuruf *m*

seslenmek *vi* ① schreien, (zu)rufen (-**e** jdm) ② appellieren (-**e** an jdn)

sesli *adj* ① laut ② (*mit näherer Bestimmung*) mit einer ... Stimme ③ mit Ton; ~ **film** Tonfilm *m;* ~ **harf** Selbstlaut *m,* Vokal *m*

sessiz *adj* ① lautlos, still ② ruhig, friedlich ③ leise ④ wortkarg, schweigsam ⑤ stumm; ~ **film** Stummfilm *m;* ~ **harf** Mitlaut *m,* Konsonant *m;* ~ **olun lütfen!** bitte leise!; ~ **sedasız** mucksmäuschenstill; (*fig*) sang- und klanglos

sessizlik <-ği> *s* ① Stummheit *f* ② Ruhe *f,* Stille *f* ③ Friedlichkeit *f* ④ Schweigsamkeit *f* ⑤ Schweigen *nt*

set <-ti> *s* ① (*Tennis*) Satz *m* ② Szenenaufbau *m* ③ Stereoanlage *f*

set <-ddi> *s* ① Damm *m,* Deich *m* ② Erdaufschüttung *f* ③ Sperre *f*

sevap <-bı> *s* gute Tat

sevda *s* ① (große) Liebe *f* ② Leidenschaft *f*

sevecen *adj* gefühlvoll, zärtlich

sevecenlik <-ği> *s* Zärtlichkeit *f*

seve seve *adv* gern, mit Vergnügen

sevgi *s* Liebe *f*

sevgili I. *s* ① Geliebte(r) *f(m)* ② Liebling *m* II. *adj* lieb; ~ **Hans!** lieber Hans!

sevgilim *s* (*Kosewort*) mein Schatz, mein Liebling

sevgisiz *adj* lieblos

sevici *s* Lesbe *f*

sevicilik <-ği> *s* lesbische Liebe *f*

sevilen *adj* beliebt

sevilme *s* Beliebtheit *f*

sevilmek *vt* ① *Passiv zu* **sevmek** ② geliebt werden ③ beliebt sein

sevilmeyen *adj* unbeliebt

sevimli *adj* freundlich, liebenswürdig, sympathisch

sevimsiz *adj* ① unfreundlich ② unsympathisch

sevinç <-ci> *s* Freude *f;* **sevinçten** vor Freude

sevinçli *adj* ① freudig, froh ② fröhlich

sevindirmek *vt* ① *Kausativ zu* **sevinmek** ② Freude bereiten, erfreuen (-i jdm)

sevinmek *vr* ① *Reflexiv zu* **sevmek** ② sich freuen (**-e** über/auf jdn/etw)

sevişmek *vi* ① sich lieben ② schlafen (**ile** mit jdm)

seviye *s* Niveau *nt*

sevk <-kı> *s* ① Versand *m* ② Bringen *nt* ③ Absenden *nt;* ~ **etmek** absenden, wegbringen (**-i** jdn)

sevmek <-er> *vt* ① gernhaben, lieben (**-i** jdn/etw) ② liebkosen, streicheln (**-i** jdn) ③ lieb gewinnen (**-i** jdn/etw) ④ gerne tun (**-i** etw)

seyahat <-ti> *s* Reise *f;* ~ **acentası** Reisebüro *nt;* ~ **çantası** Reisetasche *f;* ~ **çeki** Reisescheck *m;* ~ **etmek** reisen; **seyahate çıkmak** eine Reise antreten, verreisen

seyirci *s* Zuschauer(in) *m(f);* ~ **kalmak** untätig zusehen

seyrek <-ği> *adj* ① weit auseinanderstehend ② (*Wald, Haar*) licht ③ rar, selten

seyreklik <-ği> *s* ① Seltenheit *f* ② Spärlichkeit *f*

seyretmek <-der> *vt* ① zuschauen (**-i** jdm), betrachten (**-i** jdn/etw) ② (*Wasserfahrzeug*) abfahren

seyyar *adj* ① ambulant ② beweglich; ~ **satıcı** Straßenhändler(in) *m(f)*

sezaryen (ameliyatı) *s* Kaiserschnitt *m*

sezdirmek *vt* ① *Kausativ zu* **sezmek** ② durchblicken lassen, zu verstehen geben (**-e -i** jdm etw)

sezgi *s* ① Vorgefühl *nt,* Ahnung *f* ② Spürsinn *m* ③ Intuition *f*

sezgili *adj* intuitiv

sezgisel *adj* intuitiv

sezi *s* ① Gefühl *nt,* Ahnung *f* ② Intuition *f*

sezilir *adj* spürbar

sezinlemek *vt* spüren, merken (**-i** etw)

seziş *s* Scharfblick *m*

sezmek <-er> *vt* ① ahnen (**-i** etw) ② spüren, wahrnehmen (**-i** etw)

sezon *s* Saison *f;* ~ **işçisi** Saisonarbeiter(in) *m(f)*

sfenks *s* Sphinx *f*

sıcak <-ğı> I. *s* ① Wärme *f* ② Hitze *f* II. *adj* ① (*a. fig*) warm ② heiß; ~ **bak-**

mak wohlwollend eingestellt sein (**-e** gegenüber jdm); ~ **dalgası** Hitzewelle *f;* **hava** ~ es ist warm; ~ **kanlı** warmherzig

sıcaklık <-ğı> *s* ① Wärme *f* ② Hitze *f* ③ Wärmegrad *m*

sıçan *s* ① Maus *f* ② Ratte *f*

sıçmak <-ar> *vi* ① (*vulg*) scheißen ② (*vulg*) Scheiße bauen

sıçramak *vi* ① hüpfen, springen (**-e** auf/in etw) ② (*Wasser*) spritzen ③ erschrecken, zusammenfahren ④ sich ausdehnen auf (**-e** auf etw)

sıçratmak *vt* ① *Kausativ zu* **sıçramak** ② (*mit Schmutz*) bespritzen (**-e -i** jdn/etw mit etw)

sıçrayış *s* Satz *m,* Sprung *m*

sıfat <-tı> *s* ① Eigenschaftswort *nt,* Adjektiv *nt* ② Eigenschaft *f*

sıfatfiil *s* Mittelwort *nt,* Partizip *nt*

sıfır **I.** *num* null **II.** *s* (*auch fig*) Null *f;* ~ **numara** (*fam*) kahl geschoren, waschecht; **saçlarını ~ numara tıraş etmek** (*fam*) jdm die Haare ratzekahl abschneiden; ~ ~ null zu null; **sıfırın altında/üstünde** unter/über null

sığ *adj* seicht

sığa *s* Fassungsvermögen *nt,* Kapazität *f*

sığdırmak *vt* ① *Kausativ zu* **sığmak** ② hineinzwängen (**-i -e** etw/jdn in etw)

sığınak <-ğı> *s* ① Unterschlupf *m;* (*Ort*) Zuflucht *f* ② Luftschutzkeller *m* ③ Bunker *m*

sığınma *s* ① *Verbalsubstantiv zu* **sığınmak** ② Asyl *nt;* ~ **hakkı** Asylrecht *nt*

sığınmacı *s* Asylant(in) *m(f);* ~ **yurdu** Asylantenwohnheim *nt*

sığınmak *vi* ① Zuflucht [*o* Schutz] suchen (**-e** in etw/bei jdm) ② um Asyl ersuchen (**-e** in etw)

sığınmaya başvuran *s* Asylbewerber(in) *m(f)*

sığır *s* Rind *nt;* ~ **eti** Rindfleisch *nt;* ~ **kızartması** Rinderbraten *m;* ~ **sineği** (*Insekt*) Bremse *f;* ~ **yürekli olmak** ein dickes Fell haben

sığırcık <-ğı> *s* (*Vogel*) Star *m*

sığmak <-ar> *vi* hineinpassen, hineingehen (**-e** in etw)

sıhhat <-ti> *s* ① Gesundheit *f* ② Richtigkeit *f;* **sıhhatinize!** auf Ihr Wohl!

sıhhatli *adj* ① gesund ② richtig

sıhhi *adj* ① gesundheitlich ② hygienisch, sanitär ③ sanitär

sık **I.** *adj* ① dicht ② eng zusammenstehend ③ häufig **II.** *adv* oft, häufig; ~ ~ häufig, oft

sıkı **I.** *adj* ① (*nicht lose*) fest ② hart, fest ③ streng, hart ④ (*Arbeit*) schwierig **II.** *s* ① Bedrängnis *f* ② Disziplin *f;* ~ **fıkı** intim, vertraut; ~ **fıkı dostlar** dicke Freunde; ~ **tutmak** festhalten; (*Angelegenheit*) streng handhaben (**-i** etw); **sıkı yönetim** Ausnahmezustand *m*

sıkıcı *adj* ① langweilig ② bedrückend ③ lästig ④ unangenehm

sıkılgan *adj* schüchtern, verlegen

sıkılganlık <-ğı> *s* Schüchternheit *f*

sıkılmak *vi* ① *Passiv zu* **sıkmak** ② sich langweilen ③ sich genieren ④ in finanziellen Schwierigkeiten sein

sıkıntı *s* ① Unbehagen *nt* ② Mühe *f,* Strapaze *f* ③ finanzielle Schwierigkeiten *pl* ④ Langeweile *f* ⑤ Mangel *m* ⑥ Bedrängnis *f,* Klemme *f;* ~ **çekmek** Not leiden, in Not sein

sıkıntılı *adj* ① bedrückend, beklemmend ② (*Wetter*) drückend, schwül ③ anstrengend, mühsam ④ langweilig

sıkışık <-ğı> *adj* ① eng ② knapp ③ dringend

sıkışmak *vi* ① (*Tür*) klemmen ② zusammenrücken ③ in Schwierigkeiten geraten ④ in Not sein ⑤ austreten müssen ⑥ gequetscht werden; **el** ~ sich die Hand drücken

sıkıştırma *s* ① *Verbalsubstantiv zu* **sıkıştırmak** ② INFORM (*von Dateien*) Komprimierung *f*

sıkıştırmak *vt* ① *Kausativ zu* **sıkışmak** ② zusammenpressen, zusammendrücken (**-i** etw/jdn) ❸ fest zumachen (**-i** etw) ❹ drängen, nötigen (**-i** jdn) ❺ bedrängen (**-i** jdn) ❻ einklemmen (**-i** etw) ❼ in die Enge treiben (**-i** jdn) ❽ zur Eile drängen (**-i** jdn) ❾ zwicken, kneifen (**-i** etw) ❿ INFORM (*Dateien*) komprimieren, zippen (**-i** etw); **eline bir şeyi ~** jdm etw in die Hand drücken

sıklet <-ti> *s* SPORT Gewicht *nt;* **ağır ~** Schwergewicht *nt;* **sinek ~** Fliegengewicht *nt;* **tüy ~** Federgewicht *nt*

sıklık <-ğı> *s* ❶ Dichte *f* ❷ Häufigkeit *f*

sıkmak <-ar> *vt* ❶ (*Orangen*) auspressen (**-i** etw) ❷ drücken, pressen, quetschen (**-i** etw) ❸ (*Wäsche*) wringen (**-i** etw) ❹ langweilen (**-i** jdn) ❺ zwicken, kneifen (**-i** etw) ❻ drangsalieren (**-i** jdn) ❼ ärgern (**-i** jdn) ❽ (*Schusswaffe*) schießen; **dişini ~** die Zähne zusammenbeißen; **el ~** die Hand schütteln; **kemerini ~** den Gürtel enger schnallen; **su ~** bespritzen; **kurşun ~** einen Schuss abfeuern

sıla *s* ❶ Rückkehr *f* in die Heimat ❷ Heimat *f;* **~ hasreti** [*o* **özlemi**] Heimweh *nt*

sınai *adj* industriell

sınamak *vt* ❶ testen, prüfen (**-i** jdn/etw) ❷ probieren (**-i** etw)

sınav *s* Examen *nt,* Prüfung *f;* **~ vermek** eine Prüfung ablegen; **sınavdan kaldım** ich bin durchgefallen

sınıf *s* ❶ Klasse *f* ❷ Klassenzimmer *nt* ❸ Kategorie *f;* **~ arkadaşı** Klassenkamerad(in) *m(f);* **~ atlamak** (*Schule*) eine Klasse überspringen; **~ mücadelesi** Klassenkampf *m;* **~ (odası)** Klassenzimmer *nt;* **~ öğretmeni** Klassenlehrer(in) *m(f);* **sınıfta bırakmak** (*Schüler*) nicht versetzen (**-i** jdn); **sınıfta kalmak** (*in der Schule*) sitzen bleiben

sınıfla(ndır)mak *vt* einteilen, klassifizieren (**-i** etw)

sınır *s* ❶ Grenze *f* ❷ Rand *m;* **~ bölgesi** Grenzgebiet *nt;* **~ dışı edilme** Ausweisung *f;* **~ dışı etme** Abschiebung *f;* **~ dışı etmek** ins Ausland abschieben, ausweisen

sınırdaş **I.** *adj* angrenzend **II.** *s* Anrainer *m*

sınırla(ndır)mak *vt* ❶ abgrenzen, eingrenzen (**-i** etw) ❷ begrenzen, beschränken, einschränken (**-i** etw)

sınırlanmak *vi* ❶ *Passiv zu* **sınırlamak** ❷ sich beschränken

sınırlı *adj* begrenzt, beschränkt (**ile** auf etw)

sınırsız *adj* ❶ unbegrenzt ❷ grenzenlos, unendlich ❸ unermesslich

sır <-rrı> *s* ❶ Geheimnis *nt* ❷ Mysterium *nt* ❸ (*Glasur*) Email *nt* ❹ Spiegelbelag *m;* **~ açmak** ein Geheimnis anvertrauen (**-e** jdm); **~ saklama** Diskretion *f;* **~ saklamaz** indiskret

sıra *s* ❶ Reihe *f* ❷ (Menschen)schlange *f,* Reihe *f* ❸ Sitzbank *f* ❹ Reihenfolge *f* ❺ Aufstellung *f,* Ordnung *f* ❻ Gelegenheit *f,* günstiger Augenblick; **~ beklemek** Schlange stehen, anstehen; **~ bende** ich bin dran, ich bin an der Reihe; **~ kimde?** wer ist dran? wer ist der Nächste?; **~ sayılar** Ordnungszahlen *pl;* **sırasında** während, gegebenenfalls; **sırasını savmak** seine Schuldigkeit tun; **sıraya girmek** sich (an eine Schlange) anstellen, auf der Warteliste stehen; **sırayla** der Reihe nach, hintereinander

sıradağ *s* Gebirge *nt*

sıradan *adj* gewöhnlich, mittelmäßig

sıralamak *vt* ❶ (reihenweise) aufstellen (**-i** etw/jdn) ❷ ordnen (**-i** etw) ❸ aufzählen (**-i** etw) ❹ (*Kleinkind*) Gehversuche machen

Sırbistan **I.** *s* Serbien *nt* **II.** *adj* (*Art*) serbisch

sırdaş **I.** *adj* eingeweiht **II.** *s* Eingeweihte(r) *f(m),* Vertraute(r) *f(m)*

sırf **I.** *adj* ❶ rein, pur ❷ vollkommen, ganz **II.** *adv* lediglich, nur, bloß

sırık <-ğı> *s* ❶ Stab *m* ❷ Holzstange *f*; **sırıkla yüksek atlama** Stabhochsprung *m*
sır(ıl)sıklam *adj* durchnässt, tropfnass
sırıtmak *vi* ❶ grinsen ❷ (*Mängel*) sich zeigen
sırlamak *vt* emaillieren
sırma **I.** *s* Gold-/Silberfaden *m* **II.** *adj* gold-/silbergestickt
sırnaşık <-ğı> *adj* lästig, aufdringlich
sırnaşıklık <-ğı> *s* Aufdringlichkeit *f*
Sırp <-bı> **I.** *s* Serbe *m*, Serbin *f* **II.** *adj* (*Art*) serbisch; ~ **kadını** Serbin *f*
Sırpça *adj* (*Sprache*) serbisch
Sırplı **I.** *adj* (*Herkunft*) serbisch **II.** *s* Serbe *m*, Serbin *f*
sırrı <-nı> *s* *Possessivform zu* **sır** das Geheimnis von ...
sırt <-tı> *s* ❶ Rücken *m* ❷ (*eines Berges*) Hang *m* ❸ (*eines Kleidungsstückes*) Rückenteil *nt* ❹ (*eines Messers*) Rücken *m*; ~ **ağrısı** Rückenschmerzen *pl*; ~ **çantası** Rucksack *m*; **birine ~ çevirmek** jdm den Rücken kehren
sırtlan *s* Hyäne *f*
sırtüstü yüzme *s* Rückenschwimmen *nt*
sıska *adj* ❶ dürr, hager, mager ❷ schwächlich ❸ wassersüchtig
sıtma *s* Malaria *f*
sıva *s* Verputz *m*
sıvalamak *vt* (*Wand*) verputzen (-**i** etw)
sıvamak *vt* ❶ (*Ärmel*) aufkrempeln, hochkrempeln (-**i** etw) ❷ (*Wand*) verputzen (-**i** etw) ❸ schmieren (-**i** -**e** etw auf etw)
sıvazlamak *vt* (*mit der Hand*) streichen (-**i** über etw)
sıvı **I.** *adj* flüssig **II.** *s* Flüssigkeit *f*; ~ **kristal ekranı** Flüssigkristallbildschirm *m*
sıvışmak *vi* (*fam*) abhauen, verduften
sıyga *s* Modus *m*, Aussageweise *f*
sıyırmak *vt* ❶ (*Haut*) abschürfen (-**i** etw) ❷ (leicht) streifen (-**i** etw) ❸ (*Essen*) verputzen (-**i** etw) ❹ (*Dolch*) zücken (-**i** etw) ❺ (*retten*) herausholen (-**i** -**den** jdn aus etw)
sıyrık <-ğı> **I.** *s* ❶ Schramme *f*, Kratzer *m* ❷ (Haut)abschürfung *f* **II.** *adj* (*Haut*) abgeschürft
sızdırmak *vt* ❶ *Kausativ zu* **sızmak** ❷ undicht sein, lecken ❸ (*Alkohol*) einschläfern (-**i** jdn) ❹ Geld abknöpfen (-**i** jdm)
sızı *s* (ziehender, stechender) Schmerz *m*
sızılı *adj* schmerzhaft
sızlamak *vi* ❶ wehtun ❷ klagen
sızlanmak *vi* ❶ *Reflexiv zu* **sızlamak** ❷ sich beklagen, sich beschweren
sızmak <-ar> *vi* ❶ (*Nachricht*) durchsickern ❷ lecken ❸ (*Flüssigkeit*) rinnen ❹ (*Licht*) hindurchdringen ❺ (*Gas*) ausströmen ❻ betrunken einschlafen
sia *s* Kapazität *f*; ~ **hacmi** Hubraum *m*
siber kafe *s* Cybercafé *nt*
siberuzay *s* Cyberspace *m*
Sibirya **I.** *s* Sibirien *nt* **II.** *adj* (*Art*) sibirisch
Sibiryalı **I.** *s* Sibirier(in) *m(f)* **II.** *adj* (*Herkunft*) sibirisch
sicil *s* ❶ (*eines Buches*) Register *nt* ❷ (*eines Beamten*) Personalakte *f*
Sicilya *s* Sizilien *nt*
sicim *s* Bindfaden *m*, Schnur *f*
sidik <-ği> *s* Harn *m*, Urin *m*; ~ **borusu** Harnleiter *m*; ~ **torbası** Harnblase *f*
sigara *s* Zigarette *f*; ~ **içmek/sarmak** eine Zigarette rauchen/drehen; ~ **içmek yasaktır** Rauchen verboten!; ~ **kâğıdı** Zigarettenpapier *nt*; ~ **paketi** Zigarettenschachtel *f*; ~ **tabakası** Zigarettenetui *nt*; **sigarayı bırakmak** sich das Rauchen abgewöhnen
sigaralık <-ğı> *s* ❶ Zigarettenspitze *f* ❷ Zigarettendose *f*
sigorta *s* ❶ Sicherung *f* ❷ Versicherung *f*; ~ **etmek** versichern (-**i** -**e karşı** jdn gegen etw); ~ **poliçesi** Versi-

S

cherungspolice *f;* ~ **primi** Versicherungsprämie *f;* ~ **şirketi** Versicherungsgesellschaft *f*

sigortalı **I.** *s* Versicherte(r) *f(m)* **II.** *adj* versichert

siğil *s* Warze *f*

sihir <-hri> *s* ❶ Magie *f* ❷ Reiz *m,* Zauber *m*

sihirbaz *s* ❶ Zauberer *m,* Zaub(r)erin *f* ❷ Hexenmeister *m*

sihirbazlık <-ğı> *s* Hexerei *f,* Zauberei *f;* ~ **etmek** zaubern, hexen

sihirli *adj* ❶ magisch, Zauber- ❷ verzaubert, verhext ❸ bezaubernd, zauberhaft; ~ **değnek** Zauberstab *m*

sihri <-ni> *s Possessivform zu* **sihir** der Zauber von …

sik <-ki> *s* (*vulg: Penis*) Schwanz *m*

siklon *s* Zyklon *m*

silah *s* Waffe *f;* ~ **başı** Alarm *m;* ~ **başı borusu çalmak** Alarm schlagen; ~ **müfettişi** Waffeninspektor(in) *m(f);* ~ **satıcısı** Waffenhändler(in) *m(f);* ~ **sesi** Schuss *m;* ~ **taşıma ruhsatı** Waffenschein *m;* ~ **zoruyla** mit Waffengewalt

silahçı *s* Waffenschmied *m;* ~ (**dükkanı**) Waffenhandlung *f*

silahlandırma *s* ❶ *Verbalsubstantiv zu* **silahlandırmak** ❷ Aufrüstung *f*

silahlandırmak *vt* ❶ *Kausativ zu* **silahlanmak** ❷ bewaffnen (**-i** jdn) ❸ aufrüsten (**-i** etw)

silahlanma *s* ❶ *Verbalsubstantiv zu* **silahlanmak** ❷ Bewaffnung *f* ❸ Rüstung *f;* ~ **yarışı** Wettrüsten *nt*

silahlanmak *vi* ❶ sich bewaffnen ❷ aufrüsten

silahlı *adj* bewaffnet; ~ **çatışma** Schießerei *f;* ~ **kuvvetler** Streitkräfte *pl*

silahsız *adj* ❶ unbewaffnet ❷ abgerüstet ❸ entwaffnet

silahsızlandırmak *vt* ❶ entwaffnen (**-i** jdn) ❷ abrüsten (**-i** etw)

silecek <-ği> *s* ❶ Scheibenwischer *m* ❷ Badetuch *nt* ❸ Fußmatte *f*

silgi *s* Radiergummi *m*

silik <-ği> *adj* ❶ unauffällig ❷ verwischt

silikon *s* Silikon *nt;* **Silikon Vadisi** Silicon Valley *nt*

silindir *s* ❶ Zylinder *m* ❷ Walze *f;* ~ **başı** Zylinderkopf *m;* ~ **şapka** (*Hut*) Zylinder *m*

silkelemek *vt* ausschütteln (**-i** etw)

silkinmek *vi* ❶ *Reflexiv zu* **silkmek** ❷ sich schütteln ❸ aufschrecken

silkmek <-er> *vt* ❶ ausschütteln (**-i** etw) ❷ (*Zigarettenasche*) abstreifen (**-i** etw); **omuz** ~ mit den Achseln zucken

sille *s* ❶ Ohrfeige *f* ❷ Schlag *m*

silmek <-er> *vt* ❶ wegwischen (**-i** etw) ❷ ausradieren (**-i** etw) ❸ (*Daten*) löschen (**-i** etw); (*Programm*) deinstallieren (**-i** etw) ❹ (*Boden*) scheuern (**-i** etw) ❺ (durch)streichen (**-i** etw); **burnunu** ~ sich die Nase putzen; **silip süpürmek** gründlich putzen; (*fam: ganz aufessen*) verputzen (**-i** etw)

silo *s* Silo *m o nt*

siluet <-ti> *s* Silhouette *f*

simetrik *adj* symmetrisch

simge *s* ❶ Sinnbild *nt,* Symbol *nt* ❷ Wahrzeichen *nt* ❸ Formel *f*

simgesel *adj* symbolisch

simit <-di> *s* ❶ Sesamkringel *m* ❷ Rettungsring *m*

simsar *s* Makler(in) *m(f)*

simülasyon *s* INFORM Simulation *f*

sinagog *s* Synagoge *f*

sincap <-bı> *s* Eichhörnchen *nt*

sindirim *s* Verdauung *f;* ~ **bozukluğu** Verdauungsstörungen *pl*

sindirmek *vt* ❶ *Kausativ zu* **sinmek** ❷ verdauen (**-i** etw) ❸ einschüchtern (**-i** jdn)

sine *s* Brust *f;* **sineye çekmek** (*Beleidigung*) einstecken; (*Niederlage*) wegstecken, verkraften (**-i** etw)

sinek <-ği> *s* ❶ Fliege *f* ❷ (*beim Kartenspiel*) Kreuz *nt;* ~ **kâğıdı** Fliegenfänger *m;* ~ **sıklet** (*Boxen*) Fliegengewicht *nt*

sineklik <-ği> *s* ❶ Fliegenwedel *m* ❷ Mückennetz *nt;* ~ **teli** Fliegengitter *nt*

sinema *s* Kino *nt;* ~ **artisti** Filmschauspieler(in) *m(f);* ~ **bileti** Kinokarte *f*

sinemacı *s* Filmschaffende(r) *f(m),* Cineast(in) *m(f)*

sinemasever *s* Kinofreund *m,* Cineast(in) *m(f)*

Singapur *s* Singapur *nt*

singl *s* (*Tennis*) Einzel *nt*

sinik <-ği> I. *adj* ❶ geduckt ❷ zynisch II. *s* Zyniker(in) *m(f)*

sinir I. *s* Nerv *m* II. *adj* (*fam*) nervtötend, nervend; ~ **ağrısı** Neuralgie *f;* ~ **bozukluğu** Nervenzusammenbruch *m;* ~ **buhranı** Nervenkrise *f;* ~ **doktoru** Nervenarzt *m,* Nervenärztin *f;* ~ **harbi** Nervenkrieg *m;* ~ **hastalığı** Nervenkrankheit *f;* ~ **hastalıkları kliniği** Nervenheilanstalt *f;* ~ **hastası** nervenkrank; ~ **ilacı** Beruhigungsmittel *nt;* ~ **iltihabı** Nervenentzündung *f;* ~ **krizi** Nervenzusammenbruch *m;* ~ **küpü** Nervenbündel *nt;* ~ **sistemi** Nervensystem *nt;* ~ **yorgunluğu** [*o* **zayıflığı**] Neurasthenie *f;* **birinin sinirine dokunmak** jdm auf die Nerven gehen

sinirbilim *s* Neurologie *f*

sinirce *s* Neurose *f*

sinirlendirmek *vt* ❶ *Kausativ zu* **sinirlenmek** ❷ nervös machen (**-i** jdn) ❸ nerven (**-i** jdn)

sinirlenmek *vi* nervös werden

sinirli *adj* ❶ nervös, gereizt ❷ (*Fleisch*) sehnig

sinirlilik <-ği> *s* Nervosität *f,* Gereiztheit *f*

sinirsel *adj* die Nerven betreffend; ~ **sistem** Nervensystem *nt*

sinizm *s* Zynismus *m*

sinmek <-er> *vi* ❶ sich verstecken, sich verkriechen (**-e** in etw) ❷ (*aus Angst*) ganz klein werden ❸ (*Geruch*) eindringen (**-e** in etw)

sinsi *adj* (*fam*) heimtückisch, hinterhältig, hinterlistig

sinsilik <-ği> *s* Tücke *f*

sinüs *s* Sinus *m*

sinüzit <-ti> *s* Stirnhöhlenentzündung *f*

sinyal <-li> *s* ❶ Signal *nt* ❷ Signalanlage *f* ❸ (*beim Boxen*) Gong *m;* ~ **ışığı** Blinklicht *nt*

sipariş *s* ❶ Auftrag *m,* Bestellung *f* ❷ Bestellte(s) *nt;* ~ **etmek** (*Ware*) bestellen (**-i** etw); ~ **mektubu** Bestellschein *m;* ~ **numarası** Bestellnummer *f;* ~ **pusulası** Bestellzettel *m;* **sipariş vermek** eine Bestellung aufgeben

siper I. *s* ❶ Deckung *f* ❷ Schützengraben *m* ❸ (*einer Mütze*) Schirm *m* II. *adj* (*Ort*) geschützt

sirk <-ki> *s* Zirkus *m;* ~ **artisti** Artist(in) *m(f)*

sirke *s* ❶ Essig *m* ❷ Eier *pl* von Ungeziefer

sis *s* Nebel *m;* ~ **farı** Nebelscheinwerfer *m*

sistem *s* ❶ System *nt* ❷ Methode *f,* Verfahren *nt* ❸ Lehre *f;* **sistemden çıkmak** INFORM sich ausloggen; **sisteme girmek** INFORM sich einloggen

sistematik *adj* systematisch

sistemli *adj* systematisch

site *s* ❶ HIST Stadtstaat *m* ❷ Siedlung *f* ❸ Viertel *nt* ❹ INET Website *f*

sitem *s* (leichter) Vorwurf *m;* ~ **etmek** Vorwürfe machen (**-e** jdm)

sitemkar *adj* vorwurfsvoll

sitemli *adj* vorwurfsvoll

sivil I. *adj* ❶ zivil ❷ bürgerlich II. *s* ❶ Zivilist(in) *m(f)* ❷ Zivilbekleidung *f;* ~ **halk** Zivilbevölkerung *f;* ~ **havacılık** Zivilluftfahrt *f;* ~ **olarak** in Zivil; ~ **polis** Geheimpolizei *f,* Geheimpolizist *m,* Kriminalbeamte(r) *f(m)*

sivilce *s* Pickel *m*

sivri *adj* spitz

sivrilmek *vi* ❶ spitz(er) werden, sich verjüngen ❷ herausragen, sich hervortun

sivriltmek *vt* ❶ *Kausativ zu* **sivrilmek** ❷ spitzen (-**i** etw)

sivrisakal *s* Spitzbart *m*

sivrisinek <-ği> *s* Moskito *m*, Stechmücke *f*; ~ **sokması** Mückenstich *m*

siyah I. *adj* ❶ schwarz ❷ (*Bier*) dunkel ❸ (*Schrift*) fett; ~ **beyaz** schwarzweiß; ~ **beyaz film** Schwarzweißfilm *m*; ~ **ekmek** Schwarzbrot *nt* II. *s* (*Mensch*) Schwarze(r) *f(m)*, Farbige(r) *f(m)*

siyahlatmak *vt* schwärzen (-**i** etw)

siyasal *adj* politisch; ~ **bilgiler** Politologie *f*

siyasallaştırmak *vt* politisieren (-**i** jdn/etw)

siyaset <-ti> *s* Politik *f*

siyaseten *adv* politisch; ~ **doğru** politisch korrekt; ~ **doğruluk** Political Correctness *f*

siyasetçi *s* Politiker(in) *m(f)*

siyasi *adj* politisch

siyatik <-ği> *s* Ischias *m*

siyek <-ği> *s* Harnröhre *f*

siyonist <-ti> I. *s* Zionist(in) *m(f)* II. *adj* zionistisch

siyonizm *s* Zionismus *m*

siz *pron* ❶ (*2. Pers. Pl.*) ihr ❷ (*Höflichkeitsform*) Sie; ~ **bilirsiniz** wie Sie wollen, wie ihr wollt

sizce *adv* ❶ eurer Meinung nach ❷ (*Höflichkeitsform*) Ihrer Meinung nach

sizde *pron* ❶ bei euch ❷ (*Höflichkeitsform*) bei Ihnen

sizden *pron* ❶ von euch ❷ (*Höflichkeitsform*) von Ihnen

size *pron akk* ❶ euch ❷ (*Höflichkeitsform*) Ihnen; ~ **nasıl yardımım dokunabilir?** womit kann ich dienen?

sizi *pron akk* ❶ euch ❷ (*Höflichkeitsform*) Sie

sizin *pron* ❶ euer, eu(e)re ❷ (*Höflichkeitsform*) Ihr(e); ~ **için** für euch, für Sie; ~ **gibiler** euresgleichen; ~ **tarafınızdan** eurerseits, Ihrerseits; ~ **yüzünüzden** euretwegen, Ihretwegen

sizinki *pron* ❶ (*2. Person Plural*) der, die, das Eure [*o* Eurige] ❷ (*Höflichkeitsform*) der, die, das Ihre [*o* Ihrige]

sizinle *pron* ❶ mit euch ❷ (*Höflichkeitsform*) mit Ihnen

skandal *s* Skandal *m*

skandallı *adj* skandalös

skateboard *s* Skateboard *nt*; **skateboarda binmek** Skateboard fahren

skeç <-çi> *s* Sketch *m*

skleroz *s* Sklerose *f*

skor *s* (*sport*) Spielstand *m*

skoş *s* Squash *nt*

skuter *s* ❶ Motorroller *m* ❷ (*für Kinder*) Roller *m*

slalom *s* Slalom *m*

Slav I. *s* Slawe *m*, Slawin *f* II. *adj* (*Art*) slawisch

slayt <-dı> *s* Dia *nt*; ~ **gösterisi** Diashow *f*; ~ **projektörü** Diaprojektor *m*

slogan *s* Schlagwort *nt*, Parole *f*

Slovak <-kı> I. *adj* slowakisch II. *s* Slowake, Slowakin *m, f*

Slovakya *s* die Slowakei

Slovenya *s* Slowenien *nt*

smokin *s* Smoking *m*

SMS *s* TELEK SMS *f*, Kurznachricht *f*

soba *s* Ofen *m*

soda *s* ❶ Mineralwasser *nt* ❷ Soda *f*

sodalı *adj* mit Soda

sodyum *s* Natrium *nt*

sofa *s* Flur *m*, Diele *f*

sofi *s* Sufi *m*

sofilik <-ği> *s* Sufismus *m*

sofra *s* Tisch *m*, Tafel *f*; ~ **başında** bei Tisch; ~ **takımı** Tafelgeschirr *nt*, Service *nt*; **sofra(yı) kurmak** den Tisch decken; ~ **toplamak** [*o* **kaldırmak**] den Tisch abräumen

sofralık *adj* (*zum Verzehr bestimmt*) Tafel-, Speise-; ~ **tuz** Tafelsalz *nt*, Speisesalz *nt*

softa I. *s* ① HIST Student *m* der theologischen Hochschule ② Fanatiker(in) *m(f)* II. *adj* fanatisch

softalık <-ğı> *s* (*pej*) Fanatismus *m*

sofu *adj* strenggläubig, fromm

sofuluk <-ğu> *s* Strenggläubigkeit *f*, Frömmigkeit *f*

soğan *s* Zwiebel *f*

soğancık <-ğı> *s* Schnittlauch *m*

soğuk <-ğu> I. *s* Kälte *f* II. *adj* kalt; **hava ~** es ist kalt; **~ algınlığı** Erkältung *f*; **~ almak** sich erkälten; **~ büfe** kaltes Büfett; **~ dalgası** Kältewelle *f*; **~ içecek** Erfrischungsgetränk *nt*; **~ neva** unsympathisch; **soğuktan titremek** vor Kälte zittern

soğukkanlı *adj* ① (*Mensch*) kaltblütig ② ruhig, gelassen

soğukkanlılık <-ğı> *s* Kaltblütigkeit *f*, Gelassenheit *f*

soğukluk <-ğu> *s* ① Kälte *f* ② (*einer Beziehung*) Abkühlung *f* ③ Nachtisch *m*, Nachspeise *f*

soğumak *vi* ① kalt werden ② sich abkühlen ③ das Interesse verlieren (**-den** an jdm/etw)

soğurmak *vt* ① aufsaugen (**-i** etw) ② neutralisieren, dämpfen (**-i** etw)

soğutmak *vt* ① *Kausativ zu* **soğumak** ② kühlen (**-i** etw)

sohbet <-ti> *s* ① Unterhaltung *f*, Gespräch *nt* ② INET Chat *m*; **~ etmek** sich unterhalten (**ile** mit jdm); **~ odası** INET Chatroom *m*

S

sokak <-ğı> *s* ① Straße *f* ② Gasse *f*; **~ çocuğu** Straßenjunge *m*; **~ kapısı** Haustür *f*; **~ kızı** [*o* **kadını**] (*Prostituierte*) Straßenmädchen *nt*; **~ lambası** Straßenlaterne *f*; **~ ortasında** auf offener Straße; **~ satıcısı** Straßenhändler *m*; **sokağa çıkma yasağı** Ausgangssperre *f*; **sokakta** auf der Straße

sokmak <-ar> *vt* ① hineinstecken, hineinstopfen, hineinlegen (**-i -e** etw in etw) ② (*Insekt*) stechen; (*Schlange*) beißen (**-i** jdn) ③ (*Messer*) hineinstoßen (**-i -e** etw in etw) ④ (*in eine Flüssigkeit*) eintauchen (**-i -e** etw in etw) ⑤ hineinlassen, hereinlassen (**-i** jdn) ⑥ (*in eine Angelegenheit*) hineinziehen (**-i -e** jdn in etw) ⑦ (jdm etw) andrehen (**-i** etw); **bir türlü kafama sokamıyorum** das will mir nicht in den Kopf gehen

sokulgan *adj* zutraulich

sokulmak *vt* ① *Passiv zu* **sokmak** ② eindringen (**-e** in etw) ③ sich anschmiegen (**-e** an jdn)

sol I. *adj* linke(r, s) II. *s* linke Seite; **sola** nach links; **solda** links; **soldan** von links; **benim solumda** links von mir

solaçık <-ğı> *s* Linksaußen *m*

solak <-ğı> I. *s* Linkshänder(in) *m(f)* II. *adj* linkshändig

solaryum (**tesisatı**) *s* Solarium *nt*

solcu I. *s* POL Linke(r) *f(m)* II. *adj* links eingestellt, linke(r, s)

solgun *adj* ① blass, bleich ② welk ③ (*Stoff, Farbe*) verschossen

solgunluk <-ğu> *s* ① Blässe *f* ② Welkheit *f*

solist <-ti> *s* Solist(in) *m(f)*

sollamak *vt* (*Verkehr*) überholen (**-i** jdn); **~ yasaktır!** Überholen verboten!

sollama şeridi <-ni> *s* Überholspur *f*

solmak <-ar> *vi* ① (*Gesicht*) blass werden ② verwelken ③ (*Stoff, Farbe*) ausbleichen

solmuş *adj* welk

solo *s* Solo *nt*

solucan *s* Wurm *m*

soluk <-ğu> I. *adj* ① blass, bleich ② glanzlos, matt ③ welk ④ (*Farbe, Stoff*) verblichen II. *s* ① Atem *m* ② Puste *f*; **~ almak** einatmen; **~ vermek** ausatmen

solukluk <-ğu> *s* Blässe *f*

solumak *vi* keuchen, schnaufen

solungaç <-cı> *s* Kiemen *pl*

solunum *s* Atmung *f*

solvent <-ti> *s* Lösungsmittel *nt*

som *adj* ① massiv ② unverfälscht

som (balığı) *s* Lachs *m*
Somali *s* Somalia *nt*
somun *s* ❶ (*Brot*) Laib *m* ❷ Schraubenmutter *f*
somurtkan *adj* (*fam*) brummig, griesgrämig
somurtmak *vi* (*fam*) schmollen
somut <-tu> *adj* konkret, greifbar
somutlaştırmak *vt* konkretisieren (**-i** etw)
somya *s* (Sprungfeder)matratze *f*
son I. *s* ❶ Ende *nt*, Schluss *m* ❷ Endpunkt *m* II. *adj* letzte(r, s); ~ **bulmak** enden; ~ **dakika haberi** Eilmeldung *f*; ~ **defa** zuletzt; ~ **derece** äußerst; ~ **durak** Endstation *f*; ~ **kullanım tarihi** (*Lebensmittel*) Verfallsdatum *nt*; ~ **söz** Schlusswort *nt*, letztes Angebot; ~ **vermek** beenden (**-e** etw); ~ **zamanlarda** in letzter Zeit; **sona erdirmek** zu Ende bringen (**-i** etw); **sona ermek** aufhören, enden; **sonuncu** letzte(r, s); **sonunda** schließlich, endlich, zuletzt
sonat <-tı> *s* Sonate *f*
sonbahar *s* Herbst *m*
sonda *s* Katheter *m*
sondaj *s* ❶ Sondierung *f* ❷ Versuchsbohrung *f*; ~ **yapmak** bohren
sondakika tatil *s* Last-Minute-Urlaub *m*
sone *s* Sonett *nt*
sonek <-ki> *s* (*Wort-*) Endung *f*
sonlu *adj* endlich
sonra I. *adv* dann, danach, später II. *präp* (*zeitlich*) nach (**-den** +*dat*) III. *konj* nachdem; **depoyu doldurduktan** ~ **yolumuza devam ettik** nachdem wir vollgetankt hatten, fuhren wir weiter IV. *s* Folge *f*; **sonraya bırakmak** verschieben, hinauszögern (**-i** etw)
sonradan *adv* ❶ hinterher ❷ nachträglich; ~ **görme** Emporkömmling *m*
sonraki *adj* spätere(r, s)
sonsuz *adj* ❶ unendlich ❷ unermesslich ❸ endlos, ewig
sonsuzlaştırmak *vt* verewigen (**-i** etw)
sonsuzluk <-ğu> *s* ❶ Unendlichkeit *f* ❷ Ewigkeit *f*
sonucu *präp* infolge +*gen*
sonuç <-cu> *s* ❶ Ergebnis *nt*, Folge *f* ❷ Resultat *nt* ❸ Schlussfolgerung *f*; **sonunçlar çıkarmak** Schlüsse ziehen (**-den** aus etw)
sonuçlanmak *vi* ❶ enden ❷ beendet werden
sonuçsuz *adj* ergebnislos
sopa *s* ❶ Stock *m* ❷ Prügel *pl*; ~ **çekmek** (*fam*) verprügeln (**-e** jdn)
soprano *s* ❶ Sopran *m* ❷ Sopranistin *f*
sorgu *s* ❶ Verhör *nt* ❷ (*eines Angeklagten*) Vernehmung *f*; ~ **hakimi** [*o* **yargıcı**] Untersuchungsrichter(in) *m(f)*; **sorguya çekmek** verhören, vernehmen (**-i** jdn)
sormak <-ar> *vt* ❶ fragen (**-e -i** jdn etw) ❷ fragen nach (**-i** nach etw) ❸ verantwortlich machen (**-den -i** jdn für etw)
soru *s* ❶ Frage *f* ❷ Anfrage *f*; ~ **işareti** Fragezeichen *nt*; ~ **sormak** eine Frage stellen
sorumlu *adj* ❶ haftend ❷ verantwortlich
sorumluluk <-ğu> *s* ❶ Verantwortung *f* ❷ Haftpflicht *f* ❸ Haftung *f*
sorumsuz *adj* ❶ unverantwortlich ❷ (*Mensch*) verantwortungslos
sorun *s* Problem *nt*
soruşturma *s* ❶ *Verbalsubstantiv zu* **soruşturmak** ❷ Befragung *f* ❸ Erhebung *f* ❹ Ermittlung *f*, Untersuchung *f*
soruşturmak *vt* ❶ ausfragen, befragen (**-e -i** jdn über etw) ❷ Erkundigungen einziehen (**-i** über etw) ❸ ermitteln (**-i -e** etw bei jdm)
sos *s* ❶ Soße *f* ❷ Tunke *f*
sosis *s* Wurst *f*, Würstchen *nt*
sosyal *adj* gesellschaftlich, sozial; ~ **bilimler** Geisteswissenschaften *pl*; ~ **hizmetler** Sozialleistungen *pl*; ~ **konut** Sozialwohnung *f*; ~ **ortaklar** So-

S

zialpartner *pl;* ~ **politika** Sozialpolitik *f;* ~ **sigorta** Sozialversicherung *f;* ~ **yardım** Sozialfürsorge *f*

sosyaldemokrat <-tı> **I.** *s* Sozialdemokrat(in) *m(f)* **II.** *adj* sozialdemokratisch

sosyalist <-ti> **I.** *s* Sozialist(in) *m(f)* **II.** *adj* sozialistisch

sosyalizm *s* Sozialismus *m*

sosyete *s* Schickeria *f,* High Society *f;* ~ (**haberleri**) **sayfası** (*in einer Zeitung*) Klatschspalte *f*

sosyoekonomik <-ği> *adj* sozioökonomisch

sosyolog *s* Soziologe, Soziologin *m, f*

sosyoloji *s* Soziologie *f*

sosyolojik *adj* soziologisch

Sovyet <-ti> *adj* (*hist*) sowjetisch

Sovyetler Birliği <-ni> *s* (*hist*) Sowjetunion *f*

soy *s* ① Familie *f* ② Abstammung *f,* Herkunft *f* ③ (*Geschlecht*) Stamm *m* ④ Familienangehörige *pl* ⑤ Vorfahren *pl* ⑥ Nachkommenschaft *f*

soya (**fasulyesi**) *s* Sojabohne *f*

soyadı <-nı> *s* Familienname *m,* Nachname *m*

soyağacı <-nı> *s* Stammbaum *m*

soygun *s* Raubüberfall *m,* Raub *m*

soyguncu *s* Räuber *m*

soygunculuk <-ğu> *s* Raubüberfall *m*

soykırım *s* Genozid *m*

soylu *adj* ① edel ② adlig

soyluluk <-ğu> *s* Adel *m*

soymak <-ar> *vt* ① ausziehen, entkleiden (-**i** jdn) ② schälen (-**i** etw) ③ ausrauben, berauben (-**i** jdn)

soysuz *adj* ① von niedriger Abstammung ② (*Person*) gemein ③ entartet

soysuzlaşma *s* ① *Verbalsubstantiv zu* **soysuzlaşmak** ② (Sitten)verfall *m*

soysuzlaşmak *vi* degenerieren, entarten

soytarı *s* ① Narr *m* ② Spaßmacher *m,* Clown *m*

soyunma *s* ① *Verbalsubstantiv zu* **soyunmak** ② ~ **odası** Umkleideraum *m*

soyunmak *vi* ① *Reflexiv zu* **soymak** ② sich ausziehen, sich entkleiden

soyut <-tu> *adj* abstrakt

söğüt <-dü> *s* (*Baum*) Weide *f*

sökmek <-er> *vt* ① herausreißen, herausziehen (-**i** etw) ② abmontieren, demontieren; (*Zelt*) abbrechen (-**i** etw) ③ (*Maschine*) zerlegen (-**i** etw) ④ (*Naht*) auftrennen (-**i** etw) ⑤ (*Handschrift*) entziffern (-**i** etw) ⑥ (*fam*) dahinterkommen, herauskriegen (-**i** etw) ⑦ (*fam*) schaffen, fertig bringen (-**i** etw) ⑧ (*Schleim*) sich lösen ⑨ (*Morgen*) anbrechen

sökük <-ğü> **I.** *s* (kleiner) Riss *m* **II.** *adj* leicht aufgeplatzt

sökülmek *vi* ① *Passiv zu* **sökmek** ② ausreißen ③ sich loslösen ④ (*Naht*) aufgehen ⑤ (*fam: Geld*) herausrücken (-**i** etw)

sökün etmek *vi* (*fam*) auftauchen, auf der Bildfläche erscheinen

sömestr *s* Halbjahr *nt,* Semester *nt*

sömürge *s* Kolonie *f*

sömürgeci **I.** *s* Kolonialist(in) *m(f)* **II.** *adj* kolonialistisch

sömürgecilik <-ği> *s* Kolonialismus *m*

sömürgeleşmek *vi* zur Kolonie werden

sömürgeleştirme *s* ① *Verbalsubstantiv zu* **sömürgeleştirmek** ② Kolonisierung *f*

sömürgeleştirmek *vt* ① *Kausativ zu* **sömürgeleşmek** ② kolonisieren (-**i** etw/jdn)

sömürmek *vt* ① ausnutzen, ausbeuten (-**i** etw/jdn) ② (*Tee*) schlürfen (-**i** etw) ③ aufessen (-**i** etw)

sömürü *s* Ausbeutung *f*

söndürmek *vt* ① *Kausativ zu* **sönmek** ② (*Feuer*) löschen (-**i** etw) ③ (*Licht, Radio*) ausmachen; (*Gashahn*) abdrehen (-**i** etw) ④ (*Zigarette*) ausdrücken (-**i** etw) ⑤ (*Luft*) herauslassen (-**i** etw) ⑥ (*Gefühle*) abkühlen, besänftigen (-**i** etw)

sönmek <-er> *vi* ① (*Licht, Feuer*) ausgehen ② erlöschen ③ (*Ballon*) schlaff werden ④ den Glanz verlieren

sönük <-ğü> *adj* ① (*Licht*) erloschen ② glanzlos, matt ③ (*Gesicht*) nichtssagend ④ (*Person*) unauffällig ⑤ (*Ballon*) schlaff geworden

sörf *s* Surfen *nt;* ~ **tahtası** Surfbrett *nt;* ~ **yapmak** (*Sport und Internet*) surfen

sövgü *s* Fluch *m*

sövmek <-er> *vt* ① schimpfen, fluchen ② beschimpfen, verfluchen (-**e** jdn)

sövüp saymak *vi* (*fam*) wie ein Rohrspatz schimpfen

söylem *s* ① Aussage *f* ② Spruch *m,* Ausspruch *m*

söylemek *vt* ① reden, sprechen ② sagen (-**e** -**i** jdm etw) ③ jdm befehlen, jdm auftragen, jdn bitten (-**mesini** etw zu tun) ④ (*im Restaurant*) bestellen (-**i** etw); **şarkı** ~ singen; **söyle bakalım** sag mal; **söylemesi kolay** das ist leichter gesagt als getan

söyleniş *s* Aussprache *f*

söylenmek *vi* ① *Passiv zu* **söylemek** ② vor sich hin murren

söylenti *s* Gerücht *nt*

söyleşi *s* Gespräch *nt,* Unterhaltung *f;* ~ **programı** Talkshow *f*

söyleşmek *vi* ① sich unterhalten (**ile** mit jdm) ② diskutieren (**ile** mit jdm)

söylev *s* Ansprache *f,* Rede *f*

söz *s* ① Wort *nt* ② Ausspruch *m,* Spruch *m* ③ Versprechen *nt* ④ Gerücht *nt* ⑤ (üble) Nachrede *f;* ~ **aramızda** unter uns gesagt; ~ **arasında** beiläufig, nebenbei; ~ **dalaşı** Wortgefecht *nt;* ~ **dinlemek** gehorchen, folgen, einen Rat befolgen; ~ **konusu bile olmaz!** kommt nicht in Frage!; ~ **konusu olmak** in Frage kommen; ~ **vermek** sein Wort geben (-**e** jdm); **söze katılmak** mitreden; **sözün kısası** kurz gesagt, kurzum; **sözünde durmak** sein Wort halten; **sözünde durmamak** sein Wort brechen; **sözünden dönmek** wortbrüchig werden; **sözünü bitirmek** zu Ende reden, aussprechen; **sözünü esirgememek** kein Blatt vor den Mund nehmen; **sözünü etmek** erwähnen (-**in** jdn/etw); **sözünü geçirmek** sich durchsetzen; **sözünü kesmek** unterbrechen; **sözünü tutmak** sein Wort halten; (*Ratschläge*) befolgen; **sözünü tutmamak** [*o* **bozmak**] sein Wort brechen

sözcü *s* Sprecher(in) *m(f),* Wortführer(in) *m(f)*

sözcük <-ğü> *s* Wort *nt*

sözde *adv* angeblich

sözdizim *s* Satzlehre *f,* Syntax *f*

sözleşme *s* ① *Verbalsubstantiv zu* **sözleşmek** ② Abmachung *f,* Absprache *f,* Vereinbarung *f* ③ Vertrag *m*

sözleşmek *vi* ① einen Vertrag abschließen (**ile** mit jdm) ② übereinkommen (**ile** mit jdm) ③ sich verabreden (**ile** mit jdm)

sözleşmeli *adj* vertraglich

sözlü *adj* ① mündlich ② (*jdm für die Ehe*) versprochen

sözlük <-ğü> *s* Wörterbuch *nt*

spageti *s* Spag(h)etti *pl*

spam posta *s* INET Spam-Mail *nt,* Spammail *nt*

spekülasyon *s* Spekulation *f;* ~ **yapmak** spekulieren

spekülasyoncu, spekülatör *s* Spekulant(in) *m(f)*

sperma *s* Samen *m,* Sperma *nt*

spesiyalist <-ti> *s* ① Spezialist(in) *m(f)* ② Facharzt *m,* Fachärztin *f*

spiker *s* Ansager(in) *m(f),* Sprecher(in) *m(f)*

sponsor *s* Sponsor(in) *m(f)*

sponsorluk <-ğu> *s* Sponsoring *nt*

spor *s* Sport *m;* ~ **eşyası** Sportartikel *pl;* ~ **gömleği** Sporthemd *nt;* ~ **kulübü** Sportverein *m;* ~ **otomobili** [*o* **arabası**] Sportwagen *m;* ~ **öğretmeni**

Sportlehrer(in) *m(f)*; ~ **sahası** Sportplatz *m*; ~ **salonu** Sporthalle *f*; ~ **tesisi** Sportanlage *f*; ~ **uçağı** Sportflugzeug *nt*

sporcu *s* Sportler(in) *m(f)*

sportif *adj* (*Angelegenheit*) sportlich

sportmen **I.** *adj* (*Person*) sportlich **II.** *s* Sportler(in) *m(f)*

sportoto *s* (*Fußball*) Toto *nt*

sprey *s* ❶ Spray *nt* ❷ Spraydose *f*, Zerstäuber *m*

Sri Lanka *s* Sri Lanka *nt*

stad(yum) *s* Stadion *nt*

staj *s* Praktikum *nt*

stajyer *s* Praktikant(in) *m(f)*; ~ **öğretmen** (*in einer Schule*) Referendar(in) *m(f)*

standart <-dı> *s* Standard *m*, Norm *f*

standartlaştırmak *vt* standardisieren, normen (**-i** etw)

stant <-dı> *s* (Messe-, Verkaufs)stand *m*

statü *s* ❶ Status *m* ❷ Satzung *f*, Statut *nt*

stenodaktilo *s* Stenotypistin *f*

stenografi *s* Kurzschrift *f*, Stenografie *f*; ~ **yazmak** stenografieren

step *s* Steppe *f*

stereo *s* Stereo *nt*; ~ **müzik seti** Stereoanlage *f*

stereofonik <-ği> *adj* stereo

steril *adj* steril, keimfrei

sterilize *adj* sterilisiert; ~ **etmek** sterilisieren, keimfrei machen (**-i** etw)

sterlin(g) *s* (britisches) Pfund *nt*

stil *s* Stil *m*

stilistik <-ği> **I.** *adj* stilistisch **II.** *s* Stilistik *f*

stimüle *adj* stimuliert; ~ **etmek** anregen (**-i** jdn/etw)

stok <-ku> *s* Vorrat *m*; ~ **etmek** lagern, speichern

stop *interj* stopp!; **stop etmek** plötzlich stoppen; ~ **feneri** Bremslicht *nt*

strateji *s* Strategie *f*

stratejik <-ği> *adj* strategisch

stratosfer *s* Stratosphäre *f*

streç film *s* Klarsichtfolie *f*, Frischhaltefolie *f*

stres *s* Stress *m*; ~ **faktörü** Stressfaktor *m*

stresli *adj* ❶ stressig ❷ gestresst

striptiz *s* Striptease *m o nt*

stüdyo *s* ❶ Studio *nt* ❷ Maleratelier *nt*

su *s* ❶ Wasser *nt* ❷ Gewässer *nt* ❸ (kleinerer) Fluss *m* ❹ Saft *m* ❺ Soße *f* ❻ Randverzierung *f* ❼ Essenz *f* ❽ (*von Eisen*) Härte *f*; ~ **almak** Wasser holen; (*Boot*) lecken; ~ **arkı** Bewässerungsgraben *m*; ~ **bardağı** Wasserglas *nt*; ~ **baskını** Hochwasser *nt*; ~ **basmak** überschwemmen, überfluten; ~ **bidonu** Wasserkanister *m*; ~ **birikintisi** Pfütze *f*; ~ **bitkisi** Wasserpflanze *f*; ~ **çekmek** (aus dem Brunnen) Wasser schöpfen; ~ **deposu** Wasserbehälter *m*; ~ **dökmek** Wasser ausgießen, Wasser verschütten; (*fam*) pinkeln; ~ **geçirmek** leck sein; ~ **geçirmez** wasserdicht; ~ **kayağı** Wasserski *m*; ~ **kayağı yapmak** Wasserski fahren; ~ **kelebeği** Libelle *f*; ~ **kemeri** Aquädukt *nt*; ~ **kuşu** Wasservogel *m*; ~ **nergisi** Sumpfdotterblume *f*; ~ **perisi** Nixe *f*; ~ **seviyesi** Wasserspiegel *m*; ~ **sporu** Wassersport *m*; ~ **topu** Wasserball *m*; ~ **yılanı** Ringelnatter *f*; ~ **zambağı** Wasserrose *f*; **suya düşmek** (*a. fig*) ins Wasser fallen; **sudan bahane** (*fam*) faule Ausrede; **sudan ucuz** spottbillig; **sular kesildi** [*o* **kesik**] es gibt kein fließendes Wasser

sual <-li> *s* Frage *f*

suaygırı <-nı> *s* Nilpferd *nt*

subay *s* Offizier *m*

sucuk <-ğu> *s* ❶ Wurst *f* ❷ (*türkische Spezialität*) Knoblauchwurst *f*; ~ **gibi** patschnass

suç <-çu> *s* ❶ Schuld *f* ❷ Fehler *m* ❸ Delikt *nt*; ~ **işlemek** sich strafbar machen, ein Verbrechen begehen; ~ **ortağı** Komplize *m*, Komplizin *f*;

~ **ortaklığı** Komplizenschaft *f,* Mitschuld *f;* **suçu birinin üstüne atmak** jdm etwas in die Schuhe schieben; **suçunu itiraf etmek** geständig sein

suçiçeği <-ni> *s* Windpocken *pl*

suçlama *s* ① *Verbalsubstantiv zu* **suçlamak** ② Beschuldigung *f* ③ Verdächtigung *f* ④ Anklage *f*

suçlamak *vt* ① beschuldigen (**-i ile** jdn einer Sache) ② verdächtigen (**-i ile** jdn einer Sache) ③ anklagen (**-i ile** jdn einer Sache)

suçlandırmak *vt* ① beschuldigen (**-i** jdn) ② schuldigsprechen (**-i** jdn)

suçlu **I.** *adj* schuldig **II.** *s* Übeltäter(in) *m(f),* Verbrecher(in) *m(f);* ~ **bulmak** für schuldig befinden (**-i** jdn)

suçluluk <-ğu> *s* Schuld *f;* ~ **duygusu** Schuldgefühl *nt*

suçsuz *adj* schuldlos, unschuldig

suçsuzluk <-ğu> *s* Unschuld *f*

suçüstü *adv* auf frischer Tat; ~ **yakalamak** auf frischer Tat ertappen (**-i** jdn)

sudak <-ğı> *s* Zander *m*

Sudan *s* Sudan *m*

sufle *s* Soufflee *nt,* Auflauf *m*

suflör *s* Souffleur *m,* Souffleuse *f*

suflörlük <-ğü> *s* Soufflieren *f;* ~ **yapmak** soufflieren

suiistimal *s* Missbrauch *m;* ~ **etmek** ausnützen, missbrauchen (**-i** etw)

suikast <-tı> *s* Attentat *nt,* Anschlag *m*

suikastçı *s* Attentäter(in) *m(f)*

sulak <-ğı> **I.** *s* Wassertrog *m* **II.** *adj* wasserreich

sulama *s* ① *Verbalsubstantiv zu* **sulamak** ② Bewässerung *f*

sulamak *vt* ① bewässern, sprengen; (*Blumen*) gießen (**-i** etw) ② (*Tiere*) tränken (**-i** etw) ③ (*Stahl*) härten (**-i** etw)

sulandırmak *vt* ① *Kausativ zu* **sulamak** ② (*Flüssigkeit*) verdünnen (**-i** etw); **birinin ağzını** ~ jdm den Mund wässerig machen

sulanmak *vi* ① *Passiv zu* **sulamak** ② wässerig werden ③ (*fam: anbändeln*) anmachen (**-e** jdn); **ağzım sulanıyor** mir läuft das Wasser im Munde zusammen

sularında *präp* (*Zeitangabe*) ungefähr, gegen

sulh *s* ① Frieden *m* ② Vergleich *m;* **Sulh Mahkemesi** Friedensgericht *nt*

sultan *s* Sultan *m*

sulu *adj* ① wässerig ② verdünnt ③ (*fam*) albern, läppisch ④ (*Fleisch*) saftig

suluboya *s* Wasserfarbe *f;* ~ **resim** Aquarell *nt*

sumermeri <-ni> *s* Alabaster *m*

suni *adj* künstlich, unecht; ~ **madde** Kunststoff *m*

sunmak <-ar> *vt* ① anbieten (**-e -i** jdm etw) ② darbieten (**-i** etw) ③ einreichen (**-i -e** etw bei jdm) ④ übersenden (**-e -i** jdm etw) ⑤ überreichen (**-e -i** jdm etw) ⑥ (*Gesuch*) unterbreiten (**-e -i** jdm etw)

sunu *s* ① Widmung *f* ② Angebot *nt*

sunucu *s* ① Talkmaster *m* ② INET Server *m*

supap <-bı> *s* Ventil *nt*

sur *s* ① Stadtmauer *f* ② Festungsmauer *f*

surat <-tı> *s* ① Gesicht *nt* ② (*pej*) Fratze *f* ③ mürrisches Gesicht *nt*

suratsız *adj* (*fam*) brummig, mürrisch

sure *s* (*des Korans*) Sure *f*

suret <-ti> *s* ① Gestalt *f,* Figur *f* ② Abbild *nt* ③ Abzug *m* ④ Kopie *f* ⑤ Art und Weise *f*

Suriye **I.** *s* Syrien *nt* **II.** *adj* (*Art*) syrisch

Suriyece *adj* (*Sprache*) syrisch

Suriyeli **I.** *s* Syr(i)er(in) *m(f)* **II.** *adj* (*Herkunft*) syrisch

sus *interj* Ruhe!, still!

susam *s* Sesam *m*

susamak *vi* ① Durst bekommen ② dürsten (**-e** nach etw)

susamış *adj* durstig

suskun *adj* schweigsam, wortkarg

susmak <-ar> *vi* ① schweigen, ver-

stummen ② den Mund halten
susturmak *vt* ① *Kausativ zu* **susmak** ② zum Schweigen bringen (-**i** jdn)
susturucu *s* (*an Waffe*) Schalldämpfer *m*
susun *interj* Ruhe!, still!
susuz *adj* ① wasserlos ② (*Gebiet*) wasserarm
susuzluk <-ğu> *s* ① Durst *m* ② Wassermangel *m;* **susuzluğu(nu) gidermek** den Durst löschen; **susuzluktan ölmek** verdursten
sutyen *s* Büstenhalter *m*
Suudi Arabistan *s* Saudi-Arabien *nt*
suvenir *s* Souvenir *nt*
suyosunu <-nu> *s* Alge *f*
sübjektif *adj* subjektiv
sübvansiyon *s* Subvention *f*
sübyancı *s* Pädophile(r) *f(m)*
sübyancılık <-ğı> *s* Pädophilie *f*
süet <-ti> **I.** *s* Wildleder *nt* **II.** *adj* aus Wildleder hergestellt, Wildleder-
süfli *adj* ① (*Aussehen*) schäbig ② niedrig
sükun *s* Stille *f,* Ruhe *f*
sükûnet <-ti> *s* ① Gelassenheit *f,* Ruhe *f* ② Stille *f,* Ruhe *f*
sükût <-tu> *s* Schweigen *nt*
sülfür *s* Schwefel *m;* **sülfürik asit** Schwefelsäure *f*
sülük <-ğü> *s* ① Blutegel *m* ② Ranke *f* ③ Ausbeuter *m*
sülün *s* Fasan *m*
sümbül *s* Hyazinthe *f*
Sümerli *s* HIST Sumerer *m*
sümkürmek *vi* sich schnäuzen
sümsük <-ğü> **I.** *s* Trottel *m* **II.** *adj* trottelig
sümük <-ğü> *s* (*Nasen-*) Schleim *m*
sümükdoku *s* Schleimhaut *f*
sümüklü **I.** *adj* (*fam*) schleimig **II.** *s* (*fam*) Rotznase *f*
sümüklüböcek <-ği> *s* Schnecke *f;* ~ **kabuğu** Schneckenhaus *nt*
sümüksel *adj* schleimig; ~ **zar** Schleimhaut *f*
sünger *s* Schwamm *m;* ~ **bez** Schwammtuch *nt;* ~ **gibi** schwammig
süngü *s* Seitengewehr *nt*
sünnet <-ti> *s* ① (*islamisch*) Sunna *f* ② Beschneidung *f;* ~ **düğünü** Beschneidungsfeier; ~ **etmek** beschneiden (-**i** jdn); ~ **kliniği** Beschneidungsklinik *m*
sünnetçi *s* Beschneider *m*
Sünni **I.** *adj* sunnitisch **II.** *s* Sunnit(in) *m(f)*
Sünnilik <-ği> *s* Sunnitentum *nt*
süper *adj* super
süpermarket <-ti> *s* Supermarkt *m*
süprüntü *s* Abfall *m,* Müll *m*
süpürge *s* ① Besen *m* ② Handfeger *m;* ~ **sapı** Besenstiel *m;* **elektrikli** ~ Staubsauger *m*
süpürgeotu <-nu> *s* Heidekraut *nt*
süpürmek *vt* ① fegen, kehren (-**i** etw) ② (bis auf den letzten Rest) verbrauchen (-**i** etw); **silip** ~ (*a. fig*) wegfegen (-**i** etw)
sürahi *s* Karaffe *f*
sürat <-ti> *s* Geschwindigkeit *f,* Schnelligkeit *f;* ~ **katarı** Schnellzug *m*
süratli *adj* ① schnell ② stark
sürdozaj *s* Überdosis *f*
sürdürebilirlik <-ği> *s* COMM Nachhaltigkeit *f*
sürdürmek *vt* ① *Kausativ zu* **sürmek** ② weitermachen (-**i** etw) ③ fortsetzen, fortführen (-**i** etw)
sürdürülebilir *adj* COMM (*Wachstum*) nachhaltig
süre *s* (*Dauer*) Zeit *f;* **bir** ~ eine Zeitlang; **süresi dolmak** (*Vertrag*) auslaufen; (*Frist*) verstreichen
sürece *konj* solange, während; **yurtdışında kaldığı** ~ solange er im Ausland lebte
süreç <-ci> *s* Gang *m,* Prozess *m,* Verlauf *m*
süreğen *adj* chronisch
sürek <-ği> *s* ① Dauer *f,* Bestand *m* ② (große) Tierherde *f*
sürekli **I.** *adj* ① andauernd ② bestän-

dig, dauerhaft **II.** *adv* ununterbrochen, fortwährend, anhaltend; ~ **iş bandı** Fließband *nt*

süreklilik <-ği> *s* Kontinuität *f*

süreölçer *s* Chronometer *nt*

süresince *präp* (*zeitlich*) innerhalb

süresiz *adj, adv* unbefristet

sürgü *s* ① Riegel *m* ② Ackerwalze *f* ③ (große) Maurerkelle *f* ④ Bettpfanne *f*

sürgülemek *vt* ① verriegeln (**-i** etw) ② (*Feld*) walzen (**-i** etw)

sürgün *s* ① Spross *m,* Trieb *m* ② Verbannung *f,* Exil *nt* ③ Verbannte(r) *f(m)* ④ Durchfall *m;* **sürgüne göndermek/gitmek** ins Exil schicken/gehen, verbannen/verbannt werden

sürme *s* ① *Verbalsubstantiv zu* **sürmek** ② (Fort)dauer *f* ③ Riegel *m* ④ Augenschminke *f* ⑤ Schublade *f;* ~ **kapı** Schiebetür *f*

sürmek <-er> *vt* ① (*Fahrzeug*) fahren (**-i** etw) ② schieben (**-i** etw) ③ (*Butter*) aufstreichen; (*Farbe, Salbe*) auftragen (**-i -e** etw auf etw) ④ (*Tiere*) vor sich her treiben (**-i** etw) ⑤ verbannen (**-i -den** jdn aus etw) ⑥ (*Waren*) vertreiben (**-i** etw) ⑦ (*Falschgeld*) in Umlauf bringen (**-i** etw) ⑧ (*schlechte Ware*) andrehen (**-e -i** jdm etw) ⑨ (*Feld*) pflügen (**-i** etw) ⑩ (*Leben*) führen (**-i** etw) ⑪ (*Spielfigur*) rücken, ziehen (**-i** etw) ⑫ andauern ⑬ (*junge Pflanzen*) herauskommen; **bir şeye elini** ~ etw anfassen, etw berühren, **sürüp gitmek** fortdauern

sürmenaj *s* Überarbeitung *f*

sürpriz *s* Überraschung *f;* ~ **yapmak** überraschen (**-i** jdn)

sürtmek <-er> *vt* ① reiben (**-i -e** etw an etw) ② (*fam*) sich herumtreiben

sürtük <-ğü> *s* (*fam*) Herumtreiber(in) *m(f)*

sürtünme *s* ① *Verbalsubstantiv zu* **sürtünmek** ② Reibung *f*

sürtünmek *vi* ① *Reflexiv zu* **sürtmek** ② streifen, berühren (**-e** etw) ③ (*fam*) Streit suchen

sürtüşme *s* ① *Verbalsubstantiv zu* **sürtüşmek** ② Reibereien *pl*

sürtüşmek *vi* sich aneinander reiben

sürtüşmesiz *adj* reibungslos

sürü *s* ① Viehherde *f* ② (*Vögel*) Schar *f* ③ (*Bienen*) Schwarm *m* ④ große Menge, Masse *f;* **bir** ~ eine große Menge (von)

sürücü **I.** *s* ① Fahrer(in) *m(f)* ② (*von Lasttieren*) Treiber(in) *m(f)* ③ INFORM Laufwerk *nt* **II.** *adj* treibend

sürüklemek *vt* ① schleppen, schleifen (**-i** etw) ② mit sich fortreißen (**-i** etw) ③ hineinziehen (**-i -e** jdn in etw) ④ begeistern, mitreißen (**-i** jdn)

sürüklenmek *vi* ① *Passiv zu* **sürüklemek** ② (auf dem Wasser) treiben ③ (*a. fig*) sich hinschleppen

sürüm *s* ① Absatz *m,* Umsatz *m* ② Umlauf *m*

sürünceme *s* Verschleppung *f;* **sürüncemede bırakmak** verschleppen, verzögern (**-i** etw); **sürüncemede kalmak** liegen bleiben, sich verzögern

sürüngen *s* Reptil *nt,* Kriechtier *nt*

sürünmek *vi* ① kriechen ② (*auf dem Boden*) schleifen ③ (*fam*) auf den Hund gekommen sein, ein elendes Leben führen ④ berühren, streifen (**-e** etw) ⑤ (*Parfüm, Salbe*) auftragen (**-i** etw)

süs *s* Schmuck *m,* Ornament *nt,* Verzierung *f;* ~ **bitkisi** Zierpflanze *f*

süsen *s* Schwertlilie *f*

süslemek *vt* ① (aus)schmücken, verzieren (**-i** etw/jdn) ② (*Essen*) garnieren (**-i** etw)

süslenmek *vi* ① *Passiv und Reflexiv zu* **süslemek** ② sich schmücken

süslü *adj* verziert, geschmückt

süspansiyon *s* Federung *f*

süssüz *adj* schmucklos

süt <-tü> *s* Milch *f;* ~ **şişesi** Milchflasche *f;* ~ **tozu** Milchpulver *nt;* ~ **ürün-**

leri [*o* **mamulleri**] Milcherzeugnisse *pl*
sütana, **sütanne** *s* Amme *f*
sütçü *s* Milchmann *m;* ~ (**dükkanı**) Milchgeschäft *nt*
sütdişi <-ni> *s* Milchzahn *m*
süthane *s* Molkerei *f*
sütlaç <-cı> *s* Milchreis *m*
sütlü *adj* ① Milch enthaltend, Milch- ② (*Kuh*) Milch gebend, Milch-; ~ **kahve** Kaffee mit Milch
sütun *s* ① Säule *f* ② (Zeitungs)spalte *f;* ~ **başlığı** Kapitell *nt*
süvari *s* ① Reiter(in) *m(f)* ② Kavallerist *m* ③ Schiffskapitän *m;* ~ **çizmesi** Reitstiefel *m;* ~ **pantalonu** Reithose *f*
süzgeç <-ci> *s* ① Filter *m* ② (feines) Sieb *nt*
süzmek <-er> *vt* ① filtern, sieben (**-i** etw) ② neugierig mustern (**-i** jdn) ③ (*Honig*) schleudern (**-i** etw)
süzülmek *vi* ① *Passiv zu* **süzmek** ② gleiten, schweben ③ (*Tränen*) fließen ④ schmachtend blicken ⑤ (*Person*) abmagern

Şş

Ş, **ş** *s 23. Buchstabe des türk. Alphabets*
şablon *s* Schablone *f*
şadırvan *s* Moscheebrunnen *m*
şafak <-ğı> *s* Morgendämmerung *f,* Tagesanbruch *m;* ~ **sökmek** Tag werden, dämmern; **şafakla** (**beraber**) bei Tagesanbruch
şah *s* ① Schah *m* ② (*beim Schachspiel*) König *m;* **şah!** Schach!
şahadet <-ti> *s* ① Zeugenschaft *f* ② Heldentod *m;* ~ **getirmek** (*islamisch*) das Glaubensbekenntnis ablegen
şahane *adj* großartig, herrlich, prächtig
Ş **şahdamarı** <-nı> *s* ① Aorta *f* ② Halsschlagader *f*
şaheser **I.** *s* Meisterwerk *nt* **II.** *adj* großartig, herrlich, prächtig
şahıs <-hsı> *s* Person *f*
şahin *s* ① Falke *m* ② Mäusebussard *m*
şahit <-di> *s* ① Zeuge *m,* Zeugin *f* ② Beweis *m,* Beleg *m;* ~ **etmek** bezeugen (**-e** etw)
şahitlik <-ği> *s* ① Zeugenschaft *f* ② Zeugenaussage *f*
şahsen *adv* persönlich
şahsı <-nı> *s Possessivform zu* **şahıs** seine/ihre Person *f*
şahsî *adj* ① persönlich, privat, eigen ② individuell; ~ **mülkiyet** Privateigentum *nt*
şahsiyet <-ti> *s* ① Persönlichkeit *f* ② Individualität *f*
şair *s* Dichter(in) *m(f),* Poet(in) *m(f)*
şairane *adj, adv* dichterisch, poetisch
şaka *s* Scherz *m,* Spaß *m;* ~ **bir yana** [*o* **tarafa**]**!** Spaß beiseite!; ~ **etmek** [*o* **yapmak**] spaßen, scherzen; ~ **kaldırmak** Spaß verstehen
şakacı **I.** *s* Spaßvogel *m,* Witzbold *m* **II.** *adj* (*Person*) witzig
şakadan *adv* zum Spaß, spaßeshalber
şakak <-ğı> *s* Schläfe *f*
şakalaşmak *vi* scherzen
şakayık <-ğı> *s* Pfingstrose *f*
şakımak *vi* ① (*Vögel*) zwitschern, singen ② (*fam: Mensch*) lustig erzählen
şakırdamak *vi* ① (*Regen*) prasseln ② rasseln, klappern
şakır şakır *adv* ① (*Regen*) prasselnd

❷ rasselnd, klappernd; ~ ~ **yağmur yağıyor** es gießt

şaklaban I. *adj* drollig, putzig II. *s* ❶ Hanswurst *m* ❷ (*pej*) Schleimer(in) *m(f)*

şaklama *s* ❶ *Verbalsubstantiv zu* **şaklamak** ❷ (*von Peitsche*) Knall *m*

şaklamak *vi* ❶ (*Peitsche*) knallen ❷ (*fam: Ohrfeige*) schallen

şal *s* ❶ (*Damen-*) Schal *m* ❷ Kaschmirstoff *m*

şalgam *s* Rote Bete *f*; ~ **lahanası** Kohlrübe *f*

şalter *s* Schalter *m*

şalvar *s* (türkische) Pumphose *f*

Şam *s* Damaskus *nt*

şamandıra *s* Boje *f*

şamar *s* Ohrfeige *f*; ~ **oğlanı** Sündenbock *m*

şamata *s* Lärm *m*, Tumult *m*

şamdan *s* Kerzenhalter *m*, Kerzenständer *m*

şamfıstığı <-nı> *s* Pistazie *f*

şampanya *s* ❶ Champagner *m* ❷ Sekt *m*; ~ **kadehi** Sektglas *nt*

şampiyon *s* Meister(in) *m(f)*, Champion *m*; **Şampiyonlar Ligi** Champions League *f*

şampiyona *s* s. **şampiyonluk**

şampiyonluk <-ğu> *s* Meisterschaft *f*

şampuan *s* Shampoo *nt*

şan *s* ❶ Ruhm *m*, Ehre *f* ❷ Ruf *m* ❸ (leere) Aufmachung *f* ❹ Gesang *m*

şangırdamak *vi* klappern, klirren

şanjanlı *adj* (*Farbe*) schillernd

şanjman *s* Kupplung *f*

şanlı *adj* ruhmreich, ruhmvoll

şans *s* ❶ Chance *f* ❷ Glück *nt*; **birine ~ dilemek** jdm Glück wünschen, jdm die Daumen drücken; ~ **eseri olarak** glücklicherweise; ~ **eşitliği** Chancengleichheit *f*; ~ **getirmek** Glück bringen; **şansa kalmak** dem Zufall überlassen bleiben; **şansı olmak** Glück haben; **şansına küs!** (da hast du eben) Pech gehabt!; **bol şanslar!** viel Glück!

şanslı *adj* (*vom Glück gesegnet*) glücklich

şanssız *adj* ohne Glück

şanssızlık <-ğı> *s* Unglück *nt*, Pech *nt*

şantaj *s* Erpressung *f*; ~ **yapmak** erpressen (**-e** jdn)

şantajcı I. *s* Erpresser(in) *m(f)* II. *adj* erpresserisch

şantiye *s* ❶ Baustelle *f* ❷ Schiffswerft *f*

şap hastalığı <-nı> *s* Maul- und Klauenseuche *f*

şapka *s* ❶ Hut *m* ❷ Lampenschirm *m*; **şapkayı giymek/çıkarmak** den Hut aufsetzen/abnehmen

şapşal *adj* ❶ albern, dumm ❷ (*fam*) schlampig angezogen

şarap <-bı> *s* Wein *m*; ~ **fıçısı** Weinfass *nt*; ~ **kadehi** Weinglas *nt*; ~ **listesi** Weinkarte *f*; ~ **mahzeni** Weinkeller *m*

şarapçı *s* ❶ Weinbauer *m* ❷ (leidenschaftlicher) Weintrinker *m*; ~ (**dükkanı**) Weinhandlung *f*

şarbon *s* Milzbrand *m*

şarıldamak *vi* (*Wasser*) plätschern, rauschen

şarj *s* (*elektrische*) Ladung *f*; ~ **etmek** laden (**-i** etw); ~ **kablosu** ELEK Ladekabel *nt*

Şark <-kı> I. *s* ❶ Osten *m* ❷ Orient *m*, Morgenland *nt* II. *adj* orientalisch

şarkı *s* ❶ Lied *nt* ❷ Schlager *m*; ~ **söylemek** singen

şarkıcı *s* Sänger(in) *m(f)*

şarküteri *s* Delikatessengeschäft *nt*, Feinkostgeschäft *nt*

şarlatan *s* Scharlatan *m*, Kurpfuscher *m*

şart <-tı> *s* ❶ Voraussetzung *f*, Bedingung *f* ❷ Klausel *f*; ~ **değil** nicht unbedingt; ~ **koşmak** eine Bedingung stellen; **bu şartlar altında** unter diesen Umständen

şartlı *adj* eingeschränkt, bedingt

şartsız *adj* bedingungslos

şasi *s* ❶ Fahrgestell *nt* ❷ Kassette *f* ❸ Schieberahmen

şaşakalmak *vi* aus allen Wolken fallen, ganz verblüfft sein (**-e** über etw)

şaşı *adj* schielend; ~ **bakmak** schielen

şaşılacak *adj* erstaunlich; **bunda şaşılacak bir şey yok** das ist kein Wunder

şaşırmak *vt* ① staunen, sich wundern (**-i** über etw) ② sich irren (**-i** in etw) ③ den Faden verlieren; **yolunu** ~ sich verirren, sich verlaufen, sich verfahren

şaşırtıcı *adj* ① überraschend ② verblüffend ③ verwirrend

şaşırtmak *vt* ① *Kausativ zu* **şaşırmak** ② erstaunen (**-i** jdn) ③ verwirren, irritieren (**-i** jdn) ④ verblüffen, stutzig machen (**-i** jdn) ⑤ täuschen (**-i** jdn) ⑥ (*Stecklinge*) umpflanzen (**-i** etw); **bu beni şaşırtmaz** das wundert mich nicht

şaşkın *adj* ① (*fam*) verblüfft, verdutzt ② verwirrt ③ fassungslos; **şaşkına çevirmek** [*o* **döndürmek**] aus der Fassung bringen (**-i** jdn); **şaşkına dönmek** völlig den Kopf verlieren

şaşkınlık <-ğı> *s* ① Staunen *nt*, Verwunderung *f* ② (*Handlung*) Dummheit *f*

şaşmak <-ar> *vt* ① sich wundern, staunen (**-e** über jdn/etw) ② abweichen (**-den** von etw)

şaşmaz *adj* unfehlbar, untrüglich

şatafat <-tı> *s* ① Prunk *m* ② (leere) Aufmachung *f*

şato *s* Palast *m*, Schloss *nt*

şayet *konj* falls, wenn

şayia *s* Gerücht *nt*

şebeke *s* ① Netz *nt* ② Studenten-/Schülerausweis *m* ③ (*Kriminelle*) Bande *f*

şebnem *s* Tau *m*

şecere *s* Stammbaum *m*

şef *s* Chef(in) *m(f)*, Vorgesetzte(r) *f(m)*

şeffaf *adj* durchsichtig

şeffaflık <-ğı> *s* Durchsichtigkeit *f*

şefgarson *s* Oberkellner *m*

şefkat <-ti> *s* Zärtlichkeit *f*

şefkatli *adj* liebevoll, zärtlich

şeftali *s* Pfirsich *m*; ~ **ağacı** Pfirsichbaum *m*

şehir <-hri> *s* Stadt *f*; ~ **merkezi** Innenstadt *f*, Stadtmitte *f*; ~ **numarası** [*o* **kodu**] TELEK Vorwahl *f*; ~ **planı** Stadtplan *m*; ~ **turu** Stadtrundfahrt *f*

şehircilik <-ği> *s* Städtebau *m*

şehiriçi <-ni> *s* Innenstadt *f*

şehirli *s* Städter(in) *m(f)*

şehit <-di> *s* ① Gefallene(r) *f(m)* ② Märtyrer(in) *m(f)*; ~ **olmak** [*o* **düşmek**] (*Soldat*) fallen

şehri <-ni> *s Possessivform zu* **şehir** seine/ihre Stadt *f*

şehriye *s* Nudeln *pl*; ~ **çorbası** Nudelsuppe *f*

şehvet <-ti> *s* Wollust *f*

şehvetli *adj* wollüstig, geil

şehzade *s* Prinz *m*

şeker I. *s* ① Zucker *m* ② Süßigkeit *f* ③ Bonbon *nt* II. *adj* süß, lieb, nett; **Şeker Bayramı** (*islamisch*) Zuckerfest *nt*; ~ **hastalığı** Zuckerkrankheit *f*; ~ **hastası** zuckerkrank; (*Person*) Zuckerkranke(r) *f(m)*; ~ **kamışı** Zuckerrohr *nt*; ~ **koymak** zuckern (**-e** etw); ~ **maşası** Zuckerzange *f*; ~ **pancarı** Zuckerrübe *f*

şekerci *s* ① Zuckerwarenhersteller(in) *m(f)* ② Süßwarenverkäufer(in) *m(f)*; ~ (**dükkanı**) Süßwarengeschäft *nt*

şekerleme *s* ① *Verbalsubstantiv zu* **şekerlemek** ② Zuckerware *f* ③ Bonbon *nt* ④ Konfekt *nt* ⑤ kandierte Früchte ⑥ (*fam*) Nickerchen *nt*

şekerlemek *vt* ① zuckern, mit Zucker bestreuen (**-i** etw) ② (*Früchte*) kandieren (**-i** etw)

şekerli *adj* ① mit Zucker, gezuckert ② zuckerkrank

şekerlik <-ği> *s* ① Zuckerstreuer *m* ② Zuckerdose *f*

şekil <-kli> *s* ① Abbildung *f* ② Gestalt *f*, Form *f* ③ Art und Weise *f*; ~ **vermek**

gestalten, bilden; (*a. fig*) formen (**-e** etw)
şekillendirmek *vt* formen, gestalten (**-i** etw)
şekilsiz *adj* formlos, ohne Form
şekli *adj* ① formal ② formell
şekli <-ni> *s Possessivform zu* **şekil** die Form von ...
şelale *s* Wasserfall *m*
şema *s* ① Schema *nt* ② Plan *m*
şematik *adj* schematisch
şempanze *s* Schimpanse *m*
şemsiye *s* ① Schirm *m* ② Dolde *f*
şemsiyelik <-ği> *s* Schirmständer *m*
şen *adj* fröhlich, munter
şenlendirmek *vt* ① *Kausativ zu* **şenlenmek** ② aufmuntern (**-i** jdn) ③ (*eine Stadt*) beleben (**-i** etw)
şenlenmek *vi* ① fröhlich werden ② aufleben
şenlik <-ği> *s* ① Fröhlichkeit *f* ② Illumination *f* ③ Festival *nt*, Festspiele *pl* ④ Volksfest *nt*
şerbet <-ti> *s* Sorbet *nt*
şerbetçiotu <-nu> *s* Hopfen *m*
şeref *s* ① Ehre *f* ② Ehrenhaftigkeit *f* ③ Ansehen *nt*; ~ **misafiri** [*o* **konuğu**] Ehrengast *m*; **şerefe!** prost!; **-in şerefine** zu Ehren von ...; **şerefinize!** auf Ihr Wohl!
şerefe *s* (*am Minarett*) Umlauf *m*
şerefli *adj* ehrenhaft, ehrbar
şeri *s* Sherry *m*
Şeria (nehri) *s* (*Fluss*) Jordan *m*
şeriat <-tı> *s* Scharia *f* (*islamisches Religionsgesetz*)
şeriatçı **I.** *adj* islamistisch **II.** *s* Islamist(in) *m(f)*
şerit <-di> *s* ① Streifen *m* ② Bandwurm *m* ③ Besatz *m*, Borte *f* ④ (*markierte Fahrbahn*) Spur *f* ⑤ Schreibmaschinenband *nt* ⑥ Gebietsstreifen *m*
şevk <-ki> *s* Eifer *m*
şevkle *adv* mit Lust und Liebe
şevkli *adj* eifrig
şey *s* ① Ding *nt* ② Gegenstand *m*, Sache *f* ③ Objekt *nt* ④ Angelegenheit *f*, Sache *f* ⑤ (*fam*) Dingsbums *nt*
şeyh *s* ① Scheich *m* ② (*islamisch*) Oberhaupt *nt* eines geistlichen Ordens
şeytan *s* ① Teufel *m*, Satan *m* ② gerissener Kerl; ~ **gibi** raffiniert, schlau; **şeytana uyma** Versuchung *f*; **şeytana uymak** sich verführen lassen
şeytanca *adv* teuflisch, satanisch
şeytani *adj* teuflisch, satanisch
şezlong *s* Liegestuhl *m*
şık <-kı> *adj* schick, elegant
şık <-kkı> *s* Möglichkeit *f*, Alternative *f*
şıklık <-ğı> *s* Eleganz *f*, Schick *m*
şımarık <-ğı> *adj* ① verwöhnt ② (*Kind*) verzogen ③ frech, ungezogen
şımarmak *vi* ① verwöhnt werden ② anmaßend auftreten ③ frech werden
şımartmak *vt* ① *Kausativ zu* **şımarmak** ② verwöhnen (**-i** jdn) ③ (*Kind*) verziehen, verhätscheln (**-i** jdn)
şıpşak <-ğı> **I.** *s* Schnappschuss *m* **II.** *adv* sofort, blitzschnell
şıra *s* Traubensaft *m*
şırıldamak *vi* (*Wasser*) plätschern
şırınga *s* Spritze *f*; ~ **etmek** spritzen, injizieren (**-i** etw)
şiddet <-ti> *s* ① Heftigkeit *f* ② Gewalt *f* ③ Stärke *f* ④ Zwang *m*; ~ **eylemi** Gewalttat *f*
şiddetlendirmek *vt* ① *Kausativ zu* **şiddetlenmek** ② intensivieren, verstärken, verschärfen (**-i** etw)
şiddetlenmek *vi* ① heftiger werden, stärker werden ② sich verschlimmern
şiddetli *adj* ① heftig ② intensiv ③ (*Wunsch*) brennend ④ (*Kampf*) erbittert; ~ **geçimsizlik** Zerrüttung *f* der Ehe
şiddetsiz *adj* gewaltlos
şiddetsizlik <-ği> *s* Gewaltlosigkeit *f*
şifa *s* Heilung *f*, Genesung *f*; ~ **bulmak** gesund werden, geheilt werden
şifalı *adj* ① heilsam ② bekömmlich, zuträglich

şifre *s* ① Chiffre *f,* Geheimzahl *f* ② INFORM Passwort *nt;* ~ **kırıcı** INFORM Hacker *m*

şifreli *adj* verschlüsselt, chiffriert

Şii **I.** *adj* schiitisch **II.** *s* Schiit(in) *m(f)*

şiir *s* ① Gedicht *nt* ② Dichtung *f;* ~ **yazmak** dichten

şikayet <-ti> *s* ① Beschwerde *f,* Klage *f* ② Reklamation *f,* Beanstandung *f;* ~ **etmek** klagen, sich beklagen, sich beschweren (**-e -den** bei jdm über etw/jdn); **şikayetiniz ne?** was fehlt Ihnen?

şikayetçi **I.** *s* Kläger(in) *m(f)* **II.** *adj* ① Klage führend ② sich beschwerend; ~ **olmak** sich beklagen, sich beschweren (**-den** über etw/jdn)

şilep <-bi> *s* ① Schlepper *m* ② Frachtdampfer *m*

Şili **I.** *s* Chile *nt* **II.** *adj* (*Art*) chilenisch

Şilili **I.** *s* Chilene *m,* Chilenin *f* **II.** *adj* (*Herkunft*) chilenisch

şilin(g) *s* Schilling *m*

şilte *s* Matratze *f*

şimdi *adv* ① jetzt, nun ② sofort, gleich ③ gerade eben; **şimdiden** bereits; **şimdiden sonra** von jetzt an; **şimdiye kadar** bisher, bislang

şimdiki *adj* jetzige(r, s); ~ **zaman** Gegenwart *f,* Präsens *nt*

şimdilik *adv* ① im Augenblick, momentan ② einstweilen, vorläufig

şimşek <-ği> *s* ① Blitz *m* ② Glanz *m,* Blitzen *nt;* ~ **çakıyor** es blitzt; ~ **gibi** blitzschnell; ~ **hızıyla** blitzschnell

Ş

şinitsel *s* Schnitzel *nt*

şirin *adj* ① anmutig ② nett, hübsch ③ süß, reizend, niedlich

şirinlik <-ği> *s* ① Anmut *f* ② Freundlichkeit *f*

şirket <-ti> *s* Gesellschaft *f;* ~ **izdivacı** [*o* **birleşmesi**] Firmenhochzeit *f*

şirret <-ti> *adj* zänkisch, streitsüchtig

şist <-ti> *s* Schiefer *m*

şiş **I.** *s* ① Spieß *m* ② Bratspieß *m* ③ Stricknadel *f* ④ Degen *m* ⑤ Schwellung *f* **II.** *adj* geschwollen; ~ **kebap** Kebap *m* (*am Spieß gegrillte kleine Hammelfleischstücke*)

şişe *s* ① Flasche *f* ② Lampenzylinder *m;* ~ **açacağı** Flaschenöffner *m;* (*für Weinflaschen*) Korkenzieher *m;* ~ **birası** Flaschenbier *nt;* ~ **depozitosu** Flaschenpfand *nt*

şişer *adj* aufblasbar

şişirmek *vt* ① *Kausativ zu* **şişmek** ② anschwellen lassen (**-i** etw) ③ aufblasen, aufpumpen (**-i** etw) ④ aufblähen (**-i** etw) ⑤ übertreiben (**-i** etw) ⑥ hinpfuschen (**-i** etw) ⑦ (*fam*) aufhetzen (**-i -e karşı** jdn gegen jdn)

şişirme yatak <-ğı> *s* Luftmatratze *f*

şişkin *adj* geschwollen

şişkinlik <-ği> *s* ① Beule *f* ② MED Schwellung *f* ③ (*im Magen*) Druck *m*

şişlemek *vt* aufspießen (**-i** etw)

şişman *adj* dick, fett

şişmanlamak *vi* dick werden, zunehmen

şişme *s* ① *Verbalsubstantiv zu* **şişmek** ② Schwellung *f*

şişmek <-er> *vi* ① anschwellen ② (*Person*) dick werden ③ Magendruck bekommen ④ (*fam*) blamiert dastehen

şive *s* ① Akzent *m* ② Dialekt *m,* Mundart *f* ③ (*Redeweise*) Ton *m* ④ Tonfall *m* ⑤ Anmut *f*

şizofren *adj* schizophren

şizofreni *s* Schizophrenie *f*

şnorkel *s* (*beim Tauchen*) Schnorchel *m*

şofben *s* ① Boiler *m* ② Gasbadeofen *m*

şoför *s* Chauffeur *m,* Fahrer(in) *m(f);* ~ **ehliyeti** Führerschein *m*

şoförlük <-ğü> *s* Beruf *m* eines Fahrers; ~ **okulu** Fahrschule *f*

şok <-ku> *s* Schock *m*

şoke *adj* schockiert; ~ **etmek** schockieren (**-i** jdn)

şort <-tu> *s* kurze Hose

şos *s* Abfahrtslauf *m*

şose *s* Landstraße *f*

şoset <-ti> *s* (Herren)socke *f*

şov *s* Show *f*

şovenist <-ti> I. *s* Chauvinist(in) *m(f)* II. *adj* chauvinistisch

şovenizm *s* Chauvinismus *m*

şovenlik <-ği> *s* Chauvinismus *m*

şöhret <-ti> *s* Berühmtheit *f,* Ruhm *m*

şöhretli *adj* berühmt

şölen *s* Bankett *nt,* Festessen *nt*

şömine *s* Kamin *m*

şövalye *s* Ritter *m*

şöyle *adv* ① so, derart ② folgendermaßen; ~ **bir** oberflächlich; ~ **böyle** nicht besonders; (*etwa*) ungefähr; (*Befinden*) es geht, mittelmäßig

şöylece *adv* so, derart, auf diese Weise

şöylelikle *adv* so, auf diese Weise

şu <-nu> *pron* ① (*adjektivisch*) diese(r, s), jene(r, s) ② (*substantivisch*) der, die, das da [*o* dort]; ~ **anda** in diesem Augenblick, momentan; ~ **halde** also, folglich; ~ **şartla** insofern, insoweit, unter der Bedingung; ~ **şekilde** folgendermaßen

şubat <-tı> *s* Februar *m*

şube *s* ① Branche *f* ② Niederlassung *f,* Zweigstelle *f* ③ Abteilung *f* ④ Sektion *f*

şunlar *pron Plural von* **şu** (*substantivisch*) diese (da)

şununla *adv* mit diesem (da), damit

şura *s* Rat *m*

şura *adv* diese Stelle da; **şuram acıyor** hier tut es mir weh

şurada *adv* ① da, dort ② hier

şuradan *adv* von da, von dort

şuralı *adj* aus dieser Gegend (stammend)

şurası *adv* ① diese Gegend da ② (*thematisch*) dieser Punkt; ~ **güzel** hier [*o* dort] ist es schön

şuraya *adv* dahin, dorthin

şurayı *adv* (*substantivisch*) diesen Ort

şurup <-bu> *s* Sirup *m*

şut <-tu> *s* (*Ball*) Schuss *m*

şuur *s* ① Bewusstsein *nt* ② Verstand *m*

şuuraltı <-nı> *s* Unterbewusstsein *nt*

şuurlu *adj* bewusst

şuursuz *adj* ① unbewusst ② bewusstlos ③ unüberlegt

şükran *s* ① Dankbarkeit *f* ② Dank *m*

şükretmek <-der> *vi* danken (**Allaha** Gott)

şükür <-krü> *s* Dank *m*

şüphe *s* ① Verdacht *m* ② Zweifel *m* ③ Skepsis *f;* ~ **dışı** außer Zweifel; ~ **etmek** Verdacht schöpfen, zweifeln (an), bezweifeln (**-e**/**-den** etw); ~ **götürmez** unanfechtbar

şüpheci I. *s* Skeptiker(in) *m(f)* II. *adj* ① skeptisch ② argwöhnisch, misstrauisch

şüphelenmek *vi* ① zweifeln (**-den** an etw) ② bezweifeln (**-den** etw) ③ Verdacht schöpfen ④ misstrauen (**-den** jdm)

şüpheli *adj* ① verdächtig ② zweifelhaft ③ argwöhnisch, misstrauisch; ~ **durumda** im Zweifelsfall; ~ **görmek** in Frage stellen (**-i** etw)

şüphesiz *adv* zweifellos

Tt

T, t *s 24. Buchstabe des türk. Alphabets*

taahhüt <-dü> *s* Verpflichtung *f*

taahhütlü *adj* (*Brief*) eingeschrieben; ~ **mektup** Einschreibebrief *m*, Einschreiben *nt*

taarruz *s* Angriff *m;* ~ **etmek** angreifen (-**e** jdn)

tabak <-ğı> *s* ❶ Gerber(in) *m(f)* ❷ Teller *m* ❸ Teller *m* voll

tabaka *s* ❶ Schicht *f* ❷ (*Papier*) Bogen *m* ❸ Zigarettenetui *nt*

tabaklamak *vt* gerben (-**i** etw)

taban *s* ❶ Grund *m*, Grundlage *f* ❷ Boden *m* ❸ Fußboden *m* ❹ Sohle *f* ❺ Sockel *m* ❻ Basis *f*

tabanca *s* ❶ Pistole *f*, Revolver *m* ❷ Spritpistole *f*

tabanlı *adj* ❶ mutig ❷ auf der Basis von ...; **10** ~ dezimal; **10** ~ **sayı sistemi** Zehnersystem *nt*, Dezimalsystem *nt;* **16** ~ hexadezimal; **16** ~ **sayı sistemi** Hexadezimalsystem *nt;* **iki tabanlı sayı** MATH Binärzahl *f;* **web** ~ INET webbasiert

tabela *s* ❶ Ladenschild *nt*, Firmenschild *nt* ❷ Essensliste *f* ❸ Aufstellung *f*, Liste *f*

tabi <-ii> *adj* ❶ abhängig ❷ untergeordnet; ~ **kılmak** unterwerfen (-**i** jdn); ~ **olmak** abhängig sein von, sich unterwerfen (-**e** jdm)

tabiat <-tı> *s* ❶ Natur *f* ❷ Charakter *m*, Wesen *nt* ❸ Gewohnheit *f;* ~ **bilgisi** Naturkunde *f;* ~ **olayı** Naturereignis *nt;* **tabiatı koruma alanı** Naturschutzgebiet *nt*

tabii **I.** *adj, adv* natürlich, selbstverständlich **II.** *interj* klar!, natürlich!; ~ **afetler** Naturkatastrophen *pl;* ~ **gaz** Erdgas *nt;* ~ **ilimler** Naturwissenschaften *pl*

tabiilik <-ği> *s* ❶ Naturzustand *m* ❷ Natürlichkeit *f* ❸ Normalität *f*

tabir *s* ❶ Ausdruck *m* ❷ Redensart *f* ❸ (*eines Traumes*) Deutung *f*

tabla *s* ❶ Platte *f* ❷ (*eines Straßenhändlers*) Tablett *nt* ❸ Aschenbecher *m*

tablet <-ti> *s* ❶ Tablette *f* ❷ (*Schokolade*) Tafel *f*

tablo *s* ❶ Bild *nt*, Gemälde *nt* ❷ (*fig*) Anblick *m*, Ansicht *f* ❸ Übersicht *f* ❹ Bühnenbild *nt*

tabu **I.** *adj* tabu **II.** *s* Tabu *nt*

tabur *s* Bataillon *nt*

taburcu etmek *vt* (*aus einer Klinik*) entlassen (-**i** jdn)

tabure *s* ❶ Schemel *m* ❷ Hocker *m*

tabut <-tu> *s* ❶ Sarg *m* ❷ Totenbahre *f*

Tacikistan *s* Tadschikistan *nt*

taciz *s* Störung *f*, Belästigung *f;* ~ **etmek** stören, belästigen (-**i** jdn)

taç <-cı> *s* ❶ Krone *f* ❷ Kopfschmuck *m* ❸ Blüte *f* ❹ (*von Ball*) Einwurf *m;* ~ **giydirmek** krönen (-**e** jdn); ~ **giyme töreni** (*Feier*) Krönung *f*

taçlandırmak *vt* krönen (-**i** jdn)

tadım *s* Geschmack(ssinn) *m*

tadımlık <-ğı> *s* (*Essen*) Kostprobe *f*

tadil *s* Abänderung *f;* ~ **etmek** abändern (-**i** etw)

tafra *s* (*fam*) Anmaßung *f*, Arroganz *f*

tafsilat <-tı> *s* Einzelheiten *pl*, Details *pl*

tag <-gi> *s* INFORM Tag *nt*

tahammül *s* ❶ Erdulden *nt* ❷ Ausdauer *f;* ~ **etmek** dulden, ertragen (-**e** etw/jdn)

tahıl *s* Getreide *nt*, Korn *nt*

tahkik <-ki> *s* ❶ Nachforschung *f* ❷ Ermittlung *f*, Untersuchung *f;* ~ **etmek** nachforschen; (*ermitteln*) untersuchen (-**i** etw)

tahkikat <-tı> *s* Ermittlungen *pl,* Untersuchungen *pl*

tahlil *s* Analyse *f;* ~ **etmek** analysieren (-**i** etw)

tahliye *s* ① Räumen *nt* ② Freilassung *f;* ~ **etmek** evakuieren, räumen; (*Gefangene*) freilassen (-**i** jdn)

tahmin *s* ① Annahme *f,* Mutmaßung *f* ② Schätzung *f* ③ Voraussage *f;* ~ **etmek** vermuten, annehmen, raten, schätzen; (*Voraussagen machen*) voraussagen, vorhersehen (-**i** etw)

tahminen *adv* circa, rund

tahmini *adj* ① mutmaßlich ② geschätzt

tahnit <-ti> *s* ① Einbalsamierung *f* ② (*von Tieren*) Ausstopfen *nt;* ~ **etmek** einbalsamieren; (*Tiere*) ausstopfen (-**i** etw)

tahribat <-tı> *s* Zerstörung *f;* ~ **yapmak** Verwüstungen anrichten

tahrik <-ki> *s* ① Aufwiegelung *f,* Hetze *f* ② Anreiz *m;* ~ **etmek** (*aufwiegeln*) aufhetzen; (*erregen*) reizen (-**i** jdn)

tahrip <-bi> *s* Vernichtung *f,* Zerstörung *f,* Verwüstung *f;* ~ **etmek** vernichten, zerstören, verwüsten (-**i** etw)

tahripçi, tahripkar *adj* ① zerstörend ② destruktiv

tahrir *s* ① Schreiben *nt* ② (*Schul-*) Aufsatz *m*

tahsil *s* ① (*an einer Hochschule*) Studium *nt* ② Einkassierung *f;* ~ **etmek** (*Geld*) einnehmen, kassieren; (*an einer Hochschule*) studieren (-**i** etw)

tahsildar *s* Steuereinnehmer *m*

tahsis *s* ① Zuweisung *f* ② (*eines Gehalts*) Ansetzen *nt* ③ (*von Personen*) Einsetzen *nt;* ~ **etmek** (*zuweisen*) zuteilen; (*Gehalt*) ansetzen; (*Personen, Mittel*) zur Verfügung stellen (-**e** -**i** jdm etw/jdn)

taht <-tı> *s* Thron *m*

tahta I. *s* ① Brett *nt* ② Holz *nt* ③ (*Wand-*) Tafel *f* ④ Planke *f* II. *adj* hölzern; ~ **kaplama** Holztäfelung *f,* Holzverkleidung *f;* ~ **mantarı** (*Haus-*) Schwamm *m;* ~ **oymacısı** Holzschnitzer(in) *m(f);* **tahtası eksik olmak** (*fam*) einen Dachschaden haben, einen Vogel haben

tahtakurusu <-nu> *s* Wanze *f*

tahtaperde *s* Bretterwand *f*

tahterevalli *s* Wippe *f*

tahvil *s* ① Umwandeln *nt* ② Konversion *f* ③ Obligation *f;* ~ **etmek** umwandeln in; FIN wechseln, umtauschen (-**i** -**e** etw in etw)

tahvilat <-tı> *s* Wertpapiere *pl;* ~ **çıkarması** FIN Emission *f*

tak <-kı> *s* Bogen *m;* ~ **çalıştır** Plug-and-Play *nt*

takas *s* Verrechnung *f,* Clearing *nt;* ~ **ve mahsup çeki** Verrechnungsscheck *m*

takaslamak *vt* (gegenseitig) verrechnen (-**i** etw)

takat <-tı> *s* Kraft *f;* **takattan düşmek** übermüdet sein

takdim *s* ① Überreichung *f* ② Vorstellung *f;* ~ **etmek** überreichen (-**e** -**i** jdm etw); (*bekannt machen*) vorstellen (-**e** -**i** jdm jdn)

takdir *s* ① Anerkennung *f* ② Ermessen *nt* ③ Vorsehung *f* ④ Bewertung *f* ⑤ Fall *m;* ~ **etmek** anerkennen, bewerten (-**i** etw); **o takdirde** in diesem Fall

takdis *s* Segnung *f;* ~ **etmek** segnen (-**i** jdn)

takı *s* ① Schmuckstück *nt* ② Endung *f*

takılmak *vi* ① *Passiv zu* **takmak** ② (*fam*) hänseln, aufziehen (-**e** jdn) ③ (*Augen*) sich heften an (-**e** an jdn/etw) ④ (*an einem Thema*) hängen bleiben (-**e** an etw) ⑤ (*unterwegs*) aufgehalten werden ⑥ (*Mädchen, Frau*) belästigen, ansprechen (-**e** jdn) ⑦ bestehen auf, sich versteifen auf (-**e** auf etw) ⑧ festsitzen

takım *s* ① (*von Leuten, Dingen*) Gruppe *f* ② Handwerkszeug *nt* ③ (Möbel)garnitur *f* ④ (*Tee-*) Service *nt* ⑤ Ausrüstung *f* ⑥ Mannschaft *f* ⑦ Bande *f* ⑧ Team *nt* ⑨ (*Arbeiter*) Trupp *m* ⑩ (*Theater-*) Truppe *f*; **milli ~** (*Fußball*) Nationalelf *f*; **~ arkadaşı** Mitspieler(in) *m(f)*; **~ elbise** Anzug *m*; **~ sporu** Mannschaftssport *m*; **~ taklavat** (*fam*) mit allen Schikanen, alle miteinander

takımada *s* Inselgruppe *f*

takımhane *s* Werkzeughalle *f*

takımyıldız *s* Sternbild *nt*

takınmak *vi* ① *Reflexiv zu* **takmak** ② (*Schmuck*) sich anstecken (**-i** etw) ③ (*Haltung*) annehmen

takırdamak *vi* klappern, rasseln, rattern

takip <-bi> *s* ① Verfolgung *f* ② Strafverfolgung *f*; **~ etmek** folgen; (*feindlich*) verfolgen, jagen (**-i** jdn); (*Bericht*) verfolgen; (*Straße, Richtung*) entlanggehen; (*Kurs*) besuchen (**-i** etw)

takipçi *s* Verfolger(in) *m(f)*

takke *s* (*islamisch*) Käppchen *nt*

takla *s* Purzelbaum *m*; **~ atmak** einen Purzelbaum schlagen; (*Auto*) sich überschlagen

taklit <-di> **I.** *s* ① Nachahmung *f* ② Imitation *f* ③ Fälschung *f* ④ Nacheiferung *f* **II.** *adj* nachgemacht, unecht; **~ etmek** nachmachen, imitieren, nachahmen (**-i** etw/jdn)

takma I. *s Verbalsubstantiv zu* **takmak** **II.** *adj* ① künstlich, unecht, falsch ② angesteckt, angehängt; **~ ad** Beiname *m*, Deckname *m*, Pseudonym *nt*; **~ diş** falscher Zahn; **~ dişler** (künstliches) Gebiss *nt*; **~ motor** Außenbordmotor *m*; **~ saç** Perücke *f*

takmak <-ar> *vt* ① befestigen, anbringen, anmachen (**-i -e** etw an etw) ② anhängen, aufhängen, einhängen (**-i** etw) ③ (*Fenster*) einsetzen (**-i** etw) ④ montieren (**-i -e** etw an etw) ⑤ (*Gerät*) anschließen (**-i -e** etw an etw) ⑥ (*Schmuck*) anstecken, anlegen (**-i -e** etw an etw) ⑦ (*Brille*) aufsetzen (**-i** etw) ⑧ (*Spitznamen*) beilegen, geben (**-e -i** jdm etw); **takmamak** nicht ernst nehmen (**-i** etw)

takometre *s* Tacho(meter) *m*

takoz *s* ① Dübel *m* ② Holzkeil *m*

takriben *adv* ungefähr, etwa

takribi *adj* ungefähr, annähernd

taksi *s* Taxi *nt*; **~ durağı** Taxistand *m*; **~ şoförü** Taxifahrer(in) *m(f)*

taksim *s* ① Teilung *f* ② *türkische Musikart*; **~ işareti** Querstrich *m*; **tersine ~ işareti** Backslash *m*

taksit <-ti> *s* Teilzahlung *f*, Rate *f*; **taksitle** in Raten

takt <-tı> *s* Takt *m*, Feingefühl *nt*

taktik <-ği> **I.** *s* Taktik *f* **II.** *adj* taktisch

takunya *s* (türkischer) Holzschuh *m*

takvim *s* Kalender *m*

takviye *s* Verstärkung *f*; **~ etmek** verstärken, festigen (**-i** etw)

talaş *s* Späne *pl*

talebe *s* ① Schüler(in) *m(f)* ② Student(in) *m(f)*

talep <-bi> *s* ① Forderung *f* ② Nachfrage *f*; **~ etmek** fordern (**-i** etw)

talih *s* ① Schicksal *nt*, Geschick *nt* ② Glück *nt*, Glücksfall *m*

talihli *adj* (*vom Glück gesegnet*) glücklich

talihsiz I. *s* Pechvogel *m*, Unglücksrabe *m* **II.** *adj* glücklos, vom Pech verfolgt

talihsizlik <-ği> *s* (*fam*) Unglück *nt*, Pech *nt*

talimat <-tı> *s* Anordnung *f*, Anweisung *f*

talimatname *s* amtliche Bestimmungen *pl*

talip <-bi> *s* ① Bewerber(in) *m(f)* ② Freier *m*; **~ olmak** sich bewerben (um); (*um ein Mädchen*) werben (**-e** um jdn)

tam <-mmı> **I.** *adj* ① ganz, vollständig, komplett ② exakt, genau ③ tadellos **II.** *adv* ① genau ② (*auch zeitlich*) gerade; **~ hızla** mit Vollgas; **~ isabet**

Volltreffer *m;* ~ **pansiyon** Vollpension *f;* ~ **tersi** (ganz) im Gegenteil; ~ **üyelik** Vollmitgliedschaft *f;* ~ **vaktinde** [*o* **zamanında**] gerade zur rechten Zeit; ~ **yetki** Vollmacht *f*

tamam **I.** *adj* ① fertig ② ganz, vollständig, total ③ (*Pass, Papiere*) in Ordnung **II.** *s* ① Gesamtheit *f* ② Vollständigkeit *f* **III.** *interj* ① fertig! ② in Ordnung! ③ es ist so weit!

tamamen *adv* ganz und gar, völlig, vollständig

tamamıyla *adv* genau, völlig, vollständig, vollkommen

tamamlamak *vt* ① ergänzen, vervollständigen (**-i** etw) ② vollenden, abschließen (**-i** etw)

tamir *s* Reparatur *f;* ~ **etmek** reparieren, ausbessern (**-i** etw)

tamirci *s* Reparateur(in) *m(f)*

tamlama *s* Fügung *f,* Wendung *f*

tampon *s* ① Stoßstange *f* ② Tampon *m;* ~ **bölge** POL Pufferzone *f*

tan *s* Morgendämmerung *f*

tandem *s* Tandem *nt*

tane *s* ① (*als Zählbegriff*) Stück *nt* ② Beere *f* ③ (*Sand-*) Korn *nt* ④ Schneeflocke *f*

tanecik <-ği> *s* Elementarteilchen *nt*

tanıdık <-ğı> **I.** *s* Bekannte(r) *f(m)* **II.** *adj* bekannt; **benim iyi bir tanıdığım** ein guter Bekannter von mir

tanık <-ğı> *s* ① Zeuge *m,* Zeugin *f* ② Beweismittel *nt;* ~ **ifadesi** Zeugenaussage *f*

tanıklık <-ğı> *s* Zeugnis *nt;* ~ **etmek** JUR als Zeuge auftreten

tanım *s* ① Definition *f* ② Beschreibung *f*

tanımak *vt* ① kennen (**-i** etw/jdn) ② anerkennen (**-i** etw) ③ kennen lernen (**-i** jdn) ④ zugeben, einräumen (**-i** etw) ⑤ (wieder)erkennen (**-i** jdn/etw)

tanımlamak *vt* ① beschreiben, darstellen (**-i** etw) ② definieren (**-i** etw)

tanınmak *vi* ① *Passiv zu* **tanımak** ② bekannt sein

tanınmış *adj* ① berühmt, bekannt ② anerkannt

tanışıklık <-ğı> *s* Bekanntschaft *f*

tanışma *s* ① *Verbalsubstantiv zu* **tanışmak** ② Bekanntschaft *f*

tanışmak *vi* ① sich kennen lernen ② sich kennen

tanıştırmak *vt* ① *Kausativ zu* **tanışmak** ② bekannt machen (**-i ile** jdn mit jdm); **sizi arkadaşımla tanıştırabilir miyim?** darf ich Sie mit meinem Freund bekannt machen?

tanıtmak *vt* ① *Kausativ zu* **tanımak** ② bekannt machen, vorstellen (**-i -e** jdn jdm)

tanıtmalık <-ğı> *s* Prospekt *m*

tank <-kı> *s* ① Panzer *m* ② Tank *m*

tanker *s* Tanker *m*

Tanrı *s* Gott *m*

tanrı *s* ① (*heidnisch*) Gott *m* ② Gottheit *f*

tanrıbilim *s* Theologie *f*

tanrıça *s* Göttin *f*

tanrısal *adj* göttlich

tanrısız **I.** *s* Atheist(in) *m(f)* **II.** *adj* atheistisch

tansık <-ğı> *s* Wunder *nt*

tansiyon *s* Blutdruck *m*

tantana *s* Pomp *m,* Pracht *f,* Prunk *m*

tantanalı *adj* pompös, prächtig, prunkvoll

Tanzanya *s* Tansania *nt*

tanzim *s* Ordnung *f;* ~ **etmek** regeln, ordnen (**-i** etw)

tapa *s* ① Dübel *m* ② Stöpsel *m;* (*einer Flasche*) Verschluss *m* ③ (*einer Granate*) Zünder *m*

tapınak <-ğı> *s* Tempel *m*

tapınmak *vi* ① *Reflexiv zu* **tapmak** ② anbeten (**-e** jdn/etw)

tapmak <-ar> *vi* anbeten (**-e** jdn/etw)

tapon mal *s* Billigware *nt*

tapu senedi <-ni> *s* Grundbuchauszug *m*

tapu sicili <-ni> *s* Grundbuch *nt*

T

taraça *s* ① Terrasse *f* ② Erdstufe *f*

taraf *s* ① Seite *f* ② Region *f*, Gegend *f* ③ Richtung *f* ④ (*in Verwandtschaft*) Linie *f* ⑤ JUR Partei *f*; ~ **tutmak** Partei ergreifen

tarafgir *adj* parteiisch

tarafgirlik <-ği> *s* Parteinahme *f*

tarafından *präp* (*beim Passiv*) von (... +*dat*), seitens (... +*gen*)

tarafsız *adj* ① objektiv ② unparteiisch

tarafsızlaşmak *vi* neutral(er) werden

tarafsızlaştırmak *vt* ① *Kausativ zu* **tarafsızlaşmak** ② neutralisieren (**-i** jdn/etw)

tarafsızlık <-ğı> *s* ① Neutralität *f* ② Unparteilichkeit *f*

taraftar *s* ① Anhänger(in) *m(f)* ② Parteigänger(in) *m(f)*; ~ **olmak** befürworten (**-e** etw)

taraftarlık <-ğı> *s* ① Parteilichkeit *f* ② Befürwortung *f*

tarak <-ğı> *s* ① Kamm *m* ② Rechen *m*, Egge *f* ③ (*bei manchen Vögeln*) Kamm *m* ④ Mittelfuß *m* ⑤ (*bei Fischen*) Kieme *f*

taramak *vt* ① (*Haar, Wolle*) kämmen (**-i** etw) ② durchsuchen, durchkämmen (**-i** etw) ③ (*Beet*) harken, eggen (**-i** etw) ④ schraffieren (**-i** etw) ⑤ scannen (**-i** etw)

taranmak *vi* ① *Passiv und Reflexiv zu* **taramak** ② sich kämmen ③ gekämmt werden

tarayıcı *s* Scanner *m*

tarçın *s* Zimt *m*

tarh *s* ① (*von Steuern*) Auferlegung *f* ② (Blumen)beet *nt*

tarım *s* ① Ackerbau *m* ② Anbau *m*, Kultur *f*; ~ **politakası** Agrarpolitik *f*; ~ **reformu** Agrarreform *f*; ~ **ülkesi** Agrarstaat *m*

tarımcı *s* ① Landwirt(in) *m(f)* ② Agronom(in) *m(f)*

tarif *s* ① Erklärung *f* ② (*eines Weges*) Beschreibung *f* ③ Definition *f*; ~ **etmek** erklären, beschreiben (**-i** etw/jdn)

tarife *s* ① Tarif *m* ② Fahrplan *m* ③ Gebrauchsanweisung *f* ④ Zollbestimmung *f*; ~ **ücreti** Tariflohn *m*

tarih *s* ① Datum *nt* ② Geschichte *f*, Historie *f*; ~ **öncesi** vorgeschichtlich; ~ **öncesinden kalma** prähistorisch

tarihçi *s* ① Historiker(in) *m(f)* ② (*fam*) Geschichtslehrer(in) *m(f)*

tarihi *adj* geschichtlich, historisch; ~ **eserleri koruma** Denkmalschutz *m*; ~ **eserler kaçakçılığı** Antiquitätenschmuggel *m*

tarihsel *adj* geschichtlich, historisch

tarikat <-tı> *s* Derwischbruderschaft *f*

tarla *s* Acker *m*, Feld *nt*

tarlakuşu <-nu> *s* Lerche *f*

tartaklamak *vt* ① durchschütteln (**-i** etw) ② (*fam*) vermöbeln (**-i** jdn)

tartı *s* ① Waage *f* ② Wiegen *nt* ③ Erwägung *f*

tartışma *s* ① *Verbalsubstantiv zu* **tartışmak** ② Debatte *f*, Diskussion *f* ③ Streit *m*

tartışmak *vi* ① debattieren, diskutieren (**ile** mit jdm) ② streiten (**ile** mit jdm)

tartmak <-ar> *vt* ① (*auf der Waage*) wiegen (**-i** etw) ② (*Worte*) abwägen (**-i** etw)

tarz *s* ① Art *f*, Weise *f* ② Stil *m*

tarziye *s* Entschuldigung *f*

tas *s* Metallschale *f*

tasa *s* Besorgnis *f*, Sorge *f*

tasalanmak *vi* bekümmert sein, sich sorgen (**-e** um etw)

tasalı *adj* bekümmert, besorgt

tasarı *s* ① Gesetzentwurf *m* ② Entwurf *m* ③ Projekt *nt*

tasarım *s* ① Vorstellung *f* ② Design *nt*

tasarlamak *vt* ① sich vorstellen (**-i** etw) ② beabsichtigen, planen (**-i** etw)

tasarruf *s* ① Sparen *nt* ② Ersparnis *f* ③ Sparsamkeit *f* ④ Nutznießung *f*; ~ **akdi** Sparvertrag *m*; ~ **etmek** sparen (**-i** etw); ~ **hesabı** Sparkonto *nt*; ~ **tedbiri** [*o* **önlemi**] Sparmaßnahme *f*

tasarruflu *adj* sparsam

tasavvuf *s* (*islamische*) Mystik *f,* Sufismus *m*

tasavvur *s* ① Vorstellung *f* ② Plan *m;* ~ **etmek** sich vorstellen (**-i** etw)

tasdik <-ki> *s* ① Bestätigung *f* ② Beglaubigung *f* ③ Ratifizierung *f;* ~ **belgesi** Bestätigung *f;* ~ **etmek** bestätigen, bescheinigen, beglaubigen; (*Gesetz*) ratifizieren (**-i** etw)

tasfiye *s* ① Reinigung *f* ② Liquidation ③ Personalabbau *m;* ~ **etmek** reinigen; COMM liquidieren; (*Personal*) abbauen (**-i** etw); ~ **satışı** Ausverkauf *m,* Räumungsverkauf *m*

taslak <-ğı> *s* Entwurf *m,* Skizze *f;* ~ **yapmak** skizzieren, umreißen (**-i** etw)

taslamak *vt* sich aufspielen (als), vortäuschen (**-i** etw)

tasma *s* (*für Tiere*) Halsband *nt*

tasnif *s* Klassifizierung *f;* ~ **etmek** einteilen, klassifizieren (**-i** etw)

tastamam *adj* ① fix und fertig ② genau entsprechend

tasvip <-bi> *s* ① Bewilligung *f,* Genehmigung *f* ② Zustimmung *f,* Einwilligung *f;* ~ **etmek** billigen, bewilligen, genehmigen (**-i** etw)

tasvir *s* ① Beschreibung *f,* Darstellung *f* ② (*fam*) Bild *nt;* ~ **etmek** beschreiben, darstellen (**-i** etw)

taş **I.** *s* ① Stein *m* ② (*Nieren-*) Stein *m* ③ Edelstein *m* ④ boshafte Bemerkung **II.** *adj* steinern, aus Stein; ~ **baskısı** Lithografie *f;* ~ **devri** Steinzeit *f;* ~ **gibi** steinhart; ~ **ocağı** Steinbruch *m;* **taşı gediğine koymak** (*fam*) den Nagel auf den Kopf treffen

taşak <-ğı> *s* Hoden *pl*

taşıl *s* Versteinerung *f*

taşıma *s* ① *Verbalsubstantiv zu* **taşımak** ② Beförderung *f,* Transport *m;* ~ **ücreti** Transportkosten *pl*

taşımacı *s* Spediteur(in) *m(f)*

taşımak *vt* ① tragen (**-i -e** etw in/nach etw) ② befördern, transportieren (**-i -e** etw nach etw) ③ (*Namen*) führen (**-i** etw)

taşınır *adj* tragbar

taşınma *s* ① *Verbalsubstantiv zu* **taşınmak** ② (*aus einer Wohnung*) Auszug *m* ③ (*ins Haus*) Einzug *m* ④ Umzug *m*

taşınmak *vi* ① *Passiv zu* **taşımak** ② umziehen, übersiedeln (**-e** nach etw) ③ (*in eine Wohnung*) einziehen (**-e** in etw) ④ (*aus einer Wohnung/Stadt*) ausziehen (**-den** aus etw) ⑤ (*fig: zu einem bestimmten Ort*) immer wieder hingehen (müssen) (**-e** zu/nach/in etw)

taşınmaz *adj* nicht tragbar; ~ **mal** Grundbesitz *m,* Immobilien *pl*

taşıt <-tı> *s* Fahrzeug *nt,* Verkehrsmittel *nt*

taşıyıcı **I.** *s* ① (*Person*) Gepäckträger *m* ② Träger *m* ③ Spediteur *m* **II.** *adj* tragend; ~ **anne** Leihmutter *f*

taşkın **I.** *adj* ① (*Fluss*) über die Ufer tretend ② (*fig*) zu weit gehend ③ sehr erregt ④ übermütig **II.** *s* Überschwemmung *f*

taşkınlık <-ğı> *s* ① Überströmen *nt* ② Übermaß *nt* ③ Erregung *f* ④ Übermut *m*

taşkömürü <-nü> *s* Steinkohle *f*

taşlama *s* ① *Verbalsubstantiv zu* **taşlamak** ② Satire *f*

taşlamak *vt* ① mit Steinen bewerfen (**-i** etw/jdn) ② steinigen (**-i** jdn) ③ (*fam*) bissige Bemerkungen machen (**-i** über jdn/etw)

taşmak *vi* ① (*Fluss*) über die Ufer treten ② (*Flüssigkeit*) überlaufen; (*Milch*) überkochen ③ überstehen, hervorstehen ④ (*Geduld*) reißen ⑤ (*Person*) aufbrausen

taşra *s* (*pej*) Provinz *f*

taşrada *adv* (*pej*) auf dem Lande

taşralı **I.** *adj* (*pej*) ländlich, provinziell **II.** *s* Provinzler(in) *m(f)*

T

tat <-dı> *s* ① Geschmack *m* ② Wohlgeschmack *m;* **tadına bakmak** probieren, kosten (**-in** etw)

tatarcık <-ğı> *s* kleine Stechmücke *f*

tatbik <-ki> *s* (praktische) Anwendung *f;* ~ **etmek** praktisch anwenden (**-i** etw)

tatbiki *adj* angewandt; ~ **sanat** Kunstgewerbe *nt*

tatil *s* ① Ferien *pl,* Urlaub *m* ② (*einer Tätigkeit*) Einstellung *f;* ~ **etmek** (*Schulen*) schließen; (*Arbeit*) einstellen; (*Fabrik*) stilllegen (**-i** etw); ~ **günü** Feiertag *m;* ~ **evi** Ferienhaus *nt;* ~ **kampı** Ferienlager *nt;* ~ **kursu** Ferienkurs *m;* ~ **parkı** Ferienpark *m;* ~ **tesisi** Ferienanlage *f;* ~ **yapmak** Urlaub machen

tatlandırıcı (**madde**) *s* Geschmacksstoff *m*

tatlı **I.** *adj* ① süß ② niedlich, süß **II.** *s* ① Süßigkeit *f* ② Süßspeise *f;* ~ **dilli** (*Person*) unterhaltsam; ~ **su** Süßwasser *nt;* **bir işi tatlıya bağlamak** etw (doch noch) zu einem guten Ende bringen

tatlıcı *s* ① Süßwarenverkäufer(in) *m(f)* ② Naschkatze *f,* Schleckermaul *nt*

tatlılaşmak *vi* süß werden

tatlılaştırmak *vt* ① *Kausativ zu* **tatlılaşmak** ② süßen (**-i** etw)

tatlılık <-ğı> *s* ① Süße *f* ② Lieblichkeit *f*

tatlım *adv* (*Kosewort*) mein Süßer, meine Süße

tatlımsı *adj* süßlich

tatmak <-dar> *vt* ① probieren, kosten (**-i** etw) ② erleben (**-i** etw)

tatmin *s* Befriedigung *f;* ~ **etmek** zufriedenstellen, befriedigen (**-i** jdn)

tatminkar *adj* befriedigend, zufriedenstellend

tatsız *adj* ① geschmacklos, fad ② unangenehm, heikel; ~ **tuzsuz** fade, ungenießbar

tatsızlık <-ğı> *s* ① Fadheit *f* ② (*fam*) Unannehmlichkeit *f*

tav *s* ① (*bei Metallen*) Härte *f* ② (*von Tieren*) Feistheit *f*

tava *s* ① (Brat)pfanne *f* ② Pfannengericht *nt* ③ Schmelztiegel *m*

tavan *s* ① (Zimmer)decke *f* ② Scheitelpunkt *m*

tavanarası <-nı> *s* Dachboden *m*

taverna *s* Schenke *f,* Taverne *f*

tavır <-vrı> *s* ① Haltung *f,* Verhalten *f* ② Arroganz *f*

taviz *s* ① Ersatzleistung *f* ② Konzession *f,* Zugeständnis *nt*

tavla *s* ① Pferdestall *m* ② (*Brettspiel*) Backgammon *nt*

tavlamak *vt* ① (*fam*) verführen (**-i** jdn) ② (*fam*) betrügen (**-i** jdn)

tavrı <-nı> *s* *Possessivform zu* **tavır** sein/ihr Verhalten *nt*

tavsiye *s* Empfehlung *f,* Rat *m;* ~ **etmek** empfehlen, raten (**-e -i** jdm etw); ~ **mektubu** Empfehlungsschreiben *nt;* **tavsiyeye değer** ratsam, empfehlenswert

tavşan *s* Hase *m;* ~ **yürekli** (*fam*) Angsthase *m;* **'~ kaç, tazı tut' oyunu** Katz-und-Maus-Spiel *nt*

tavşandudağı <-nı> *s* Hasenscharte *f*

tavuk <-ğu> *s* Huhn *nt,* Henne *f;* ~ **çiftliği** Hühnerhof *m;* ~ **kızartması** Brathähnchen *nt;* ~ **kümesi** Hühnerstall *m;* ~ **suyu** Hühnerbrühe *f*

tavukgöğsü <-nü> *s* ① Hühnerbrust *f* ② *türkische Süßspeise aus Hühnerbrustfleisch*

tavus *s* Pfau *m*

tay *s* Fohlen *nt*

tayfa *s* ① Matrose *m* ② Besatzung *f* ③ (*pej*) Gauner *pl*

tayfun *s* Wirbelsturm *m,* Taifun *m*

tayın *s* Ration *f;* ~ **ekmeği** Kommissbrot *nt*

tayınlama *s* ① *Verbalsubstantiv zu* **tayınlamak** ② Rationierung *f*

tayınlamak *vt* rationieren (**-i** etw)

tayin *s* ① Festsetzung *f* ② Ernennung *f;* ~ **etmek** ernennen (**-i -e** jdn zu etw);

(*bestimmen*) festsetzen (-**i** etw)

Taylant <-dı> *s* Thailand *nt*

tayt <-tı> *s* Leggings *pl*

tayyare *s* Flugzeug *nt*

tayyör *s* (Damen)kostüm *nt*

taze **I.** *adj* ① frisch ② grün ③ neu ④ jung **II.** *s* (*fam*) junge Frau; ~ **bezelye** Schoten *pl;* ~ **fasulye** grüne Bohne

tazelemek *vt* ① erneuern (-**i** etw) ② (*Kenntnisse*) auffrischen (-**i** etw) ③ (*Essen*) aufwärmen (-**i** etw) ④ (*Getränk*) neu einschenken (-**i** etw) ⑤ (*Thema*) wieder aufnehmen (-**i** etw) ⑥ (*Erinnerung, Schmerz*) zurückrufen (-**i** etw)

tazelik <-ği> *s* Frische *f*

tazı *s* Windhund *m*

taziye *s* Beileid *nt,* Beileidsbezeugung *f*

tazminat <-tı> *s* ① Entschädigung *f* ② Kostenersatz *m* ③ Schmerzensgeld *nt*

tazyik <-ki> *s* Druck *m*

TBMM *s Abk von* **Türkiye Büyük Millet Meclisi** die Große Nationalversammlung der Türkei

tebessüm *s* Lächeln *nt;* ~ **etmek** lächeln

tebeşir *s* Kreide *f*

tebliğ *s* (amtliche) Bekanntgabe *f;* ~ **etmek** amtlich bekannt geben (-**i** etw)

tebrik <-ki> *s* Glückwunsch *m;* ~ **ederim!** herzlichen Glückwunsch!; **birinin bir şeyini** ~ **etmek** jdn zu etw beglückwünschen

tecavüz *s* ① Ausschreitung *f* ② Angriff *m* ③ Überfall *m,* Anschlag *m* ④ Vergewaltigung *f;* ~ **etmek** verstoßen (-**i** gegen etw); (*überfallen*) angreifen; (*Frau*) vergewaltigen (-**e** jdn)

tecessüm *s* Verkörperung *f*

tecil *s* Aufschub *m;* ~ **etmek** aufschieben (-**i** etw)

tecrübe *s* ① Probe *f* ② Experiment *nt,* Versuch *m* ③ Erfahrung *f;* ~ **etmek** versuchen, probieren (-**i** etw)

tecrübeli *adj* erfahren

tecrübesiz *adj* unerfahren

teçhizat <-tı> *s* ① Ausrüstung *f,* Ausstattung *f* ② Zubehör *nt;* ~ **tablası** Armaturenbrett *nt*

teçhiz etmek *vt* ausrüsten (-**i** etw/jdn)

tedarik <-ki> *s* Anschaffung *f;* ~ **etmek** beschaffen (-**i** etw)

tedavi *s* ① Behandlung *f,* Therapie *f* ② Heilung *f;* ~ **etmek** behandeln, heilen (-**i** etw)

tedbir *s* ① Maßnahme *f* ② Vorsicht *f;* ~ **almak** Maßnahmen ergreifen

tedbirli *adj* umsichtig, vorsichtig

tedbirlilik <-ği> *s* Vorsicht *f*

tedbirsiz *adj* unvorsichtig

tedbirsizlik <-ği> *s* Unvorsichtigkeit *f*

tedirgin *adj* unruhig; ~ **etmek** beunruhigen (-**i** jdn)

tediye *s* Bezahlung *f;* ~ **etmek** (be)zahlen (-**i** etw)

tef *s* Tamburin *nt*

tefeci *s* (*Zins-*) Wucherer *m*

tefecilik <-ği> *s* (*Zins-*) Wucher *m*

teferruat <-tı> *s* ① Details *pl,* Einzelheiten *pl* ② Einzelteile *pl*

tefsir *s* ① Auslegung *f* ② (Koran)kommentar *m;* ~ **etmek** auslegen, deuten, kommentieren (-**i** etw)

teftiş *s* Inspektion *f;* ~ **etmek** inspizieren (-**i** etw)

teğmen *s* Leutnant *m*

tehdit <-di> *s* Drohung *f;* ~ **etmek** drohen; (*Strafe*) androhen (-**i ile** jdm etw); (*Person*) bedrohen (-**i** jdn)

tehir *s* ① Aufschub *m* ② Verspätung *f;* ~ **etmek** aufschieben, verschieben (-**i** etw)

tehlike *s* Gefahr *f;* ~ **çıkış kapısı** Notausgang *m;* ~ **dışı** außer Gefahr; ~ **içinde bulunmak** in Gefahr schweben; ~ **iniş kapısı** Notausstieg *m;* ~ **işareti** Warnsignal *nt,* Notsignal *nt;* ~ **işareti vermek** alarmieren, Alarm schlagen; **tehlikede** in Gefahr; **tehlikede olmak** in Gefahr sein, auf dem

Spiel stehen; **tehlikeye düşmek** in Gefahr geraten; **tehlikeye düşürmek** gefährden (**-i** jdn/etw); **tehlikeye sokmak** [*o* **koymak**] gefährden, aufs Spiel setzen (**-i** etw)

tehlikeli *adj* gefährlich

tehlikesiz *adj* ungefährlich

tek <-ki> **I.** *adj* ① einzeln ② einzig ③ einzigartig ④ (*Zahl*) ungerade **II.** *adv* bloß, nur **III.** *s* Einzelstück *nt* (eines Paares); ~ **başına** (*Mensch*) einsam; (*ohne fremde Hilfe*) allein; ~ **ciltli** einbändig; ~ **çocuk** Einzelkind *nt;* ~ **elli** einhändig; ~ **fiyat** Einheitspreis *m;* ~ **gözlü** einäugig; ~ **gözlük** Monokel *nt;* ~ **hatlı** einspurig; ~ **heceli** (*Wort*) einsilbig; ~ **katlı** einstöckig; ~ **kelimeyle** mit einem Wort; ~ **kollu** einarmig; ~ **para** Einheitswährung *f;* ~ **renkli** einfarbig; ~ **sesli** einstimmig; ~ **taraflı** einseitig; ~ **taraflılık** Einseitigkeit *f;* ~ **tük** spärlich, vereinzelt; **Almancayı ~ tük biliyor** er/sie spricht nur ein paar Brocken Deutsch; ~ **yataklı oda** Einzelzimmer *nt;* ~ **yönlü yol** Einbahnstraße *f*

tekdir *s* (*fam*) Anpfiff *m*

tekdüze *adj* eintönig, monoton

tekdüzelik <-ği> *s* Monotonie *f*

teke *s* Ziegenbock *m,* Geißbock *m*

tekel *s* Monopol *nt*

teker *s* Rad *nt*

tekerlek <-ği> **I.** *s* Rad *nt* **II.** *adj* radförmig

tekerlekli *adj* mit Rad/Rädern; ~ **sandalye** Rollstuhl *m*

teker teker *adv* gesondert, einzeln

teketek <-ki> *s* (*Tennis*) Einzel *nt*

tekevlilik <-ği> *s* Monogamie *f*

tekil *s* Singular *m,* Einzahl *f*

tekin *adj* unbewohnt; ~ **değil** (*Ort*) nicht geheuer, unheimlich

tekke *s* ① Versammlungshaus *nt* der Derwische ② (*fam*) Opiumhöhle *f*

teklif *s* ① Angebot *nt* ② Vorschlag *m* ③ Antrag *m* ④ Vorlage *f* ⑤ Offerte *f* ⑥ Förmlichkeiten *pl;* ~ **etmek** vorschlagen, offerieren (**-e -i** jdm etw)

teklifli *adj* (*Person*) förmlich

teklifsiz *adj* ① ungezwungen, familiär ② ungeniert

teklifsizce *adv* zwanglos

tekme *s* Fußtritt *m;* ~ **atmak** einen Fußtritt verpassen, treten (**-e** jdn)

tekmelemek *vt* treten (**-i** jdn)

tekne *s* ① Trog *m,* Kübel *m* ② Schiffsrumpf *m* ③ Schiff *nt,* Boot *nt*

teknik <-ği> **I.** *s* Technik *f* **II.** *adj* technisch; ~ **ressam** technische(r) Zeichner(in) *m(f);* ~ **terim** Fachausdruck *m;* ~ **terim sözlüğü** Fachwörterbuch *nt*

teknikçi *s* Techniker(in) *m(f)*

tekniker *s* Techniker(in) *m(f)*

teknisyen *s* Techniker(in) *m(f);* ~ **dişçi** Zahntechniker(in) *m(f)*

tekno *s* Techno *m*

teknokrasi *s* Technokratie *f*

teknokrat <-tı> *s* Technokrat(in) *m(f)*

teknoloji *s* Technologie *f;* ~ **transferi** Technologietransfer *m*

tekrar **I.** *adv* wieder, wiederum **II.** *s* Wiederholung *f;* ~ **etmek** wiederholen (**-i** etw); ~ **olmak** sich wiederholen; ~ ~ immer wieder

tekrarlamak *vt* wiederholen (**-i** etw)

tekrarlanmak *vi* ① *Passiv zu* **tekrarlamak** ② sich wiederholen

teksir *s* (*eines Textes*) Vervielfältigung *f;* ~ **etmek** vervielfältigen (**-i** etw); ~ **makinesi** Vervielfältigungsapparat *m*

tekstil *s* ① Textilien *pl* ② Textilindustrie *f*

tektanrıcılık <-ğı> *s* Monotheismus *m*

tekzip <-bi> *s* Dementi *nt;* ~ **etmek** dementieren (**-i** etw)

tel *s* ① Draht *m* ② Saite *f* ③ Faser *f* ④ Metallfaden *m* ⑤ (*fam*) Telegramm *nt;* ~ **kafes** Drahtgitter *nt;* ~ **halat** Drahtseil *nt;* ~ **örgü** Drahtzaun *m;* ~ **şehriye** Fadennudeln *pl*

telaffuz *s* Aussprache *f;* ~ **etmek** aussprechen (**-i** etw)

telafi *s* ❶ Wiedergutmachung *f* ❷ Kompensation *f;* ~ **etmek** (*Zeit*) aufholen; (*Versäumtes*) nachholen; (*Verluste*) wiedergutmachen (**-i** etw)

telaş *s* ❶ Hast *f* ❷ Beunruhigung *f,* Aufregung *f* ❸ Hektik *f;* **telaşa vermek** beunruhigen, in Aufregung versetzen, alarmieren (**-i** jdn)

telaşlandırmak *vt* ❶ *Kausativ zu* **telaşlanmak** ❷ *see* **telaşa vermek**

telaşlanmak *vi* ❶ sich beunruhigen ❷ in Aufregung geraten

telaşlı *adj* ❶ aufgeregt ❷ hektisch ❸ beunruhigt

telebank <-kı> *s* Telebanking *nt*

telef *s* (*fam*) ❶ Verschwendung *f* ❷ Vernichtung *f;* ~ **etmek** vernichten, zerstören (**-i** etw/jdn); ~ **olmak** zugrunde gehen

telefaks *s* Telefax *nt*

teleferik <-ği> *s* (*Draht-*) Seilbahn *f;* **çeken** ~ (*Wintersport*) Schlepplift *m*

telefon *s* ❶ Telefon *nt,* Fernsprecher *m* ❷ (*Telefon-*) Anruf *m;* ~ **etmek** telefonieren, anrufen (**-e** jdn); ~ **kabinesi** [*o* **kulübesi**] Telefonzelle *f;* ~ **kartı** Telefonkarte *f;* ~ **konuşması** Telefongespräch *nt;* ~ **numarası** Telefonnummer *f;* ~ **rehberi** Telefonbuch *nt;* ~ **santrali** Fernsprechzentrale *f;* ~ **sesi** Klingelton *m;* **telefonla** telefonisch; **telefona cevap vermek** sich melden; **telefondan ayrılmayın!** bleiben Sie am Apparat!; **telefonu kapamak** (*Hörer*) auflegen

telefoncu *s* Telefonist(in) *m(f)*

telefonlaşmak *vi* (miteinander) telefonieren (**ile** mit jdm)

telekomünikasyon *s* Telekommunikation *f*

telekonferans *s* Videokonferenz *f*

teleks *s* Telex *nt*

telekulak <-ğı> *s* POL Lauschangriff *m*

teleobjektif *s* Teleobjektiv *nt*

telepati *s* Telepathie *f*

telesekreter *s* Anrufbeantworter *m*

telesiyej *s* Sessellift *m*

teleski *s* Skilift *m*

teleskop <-pu> *s* Fernrohr *nt,* Teleskop *nt*

televizyon *s* ❶ Fernsehapparat *m,* Fernseher *m* ❷ Fernsehen *nt;* ~ **filmi** Fernsehfilm *m;* ~ **seyircisi** [*o* **izleyici**] Fernsehzuschauer(in) *m(f);* ~ **seyretmek** fernsehen; ~ **spikeri** Fernsehansager(in) *m(f)*

telgraf *s* ❶ Telegramm *nt* ❷ Telegraf *m;* ~ **çekmek** telegrafieren (**-e** jdm)

telgrafla *adv* telegrafisch

telgraflı *adj* telegrafisch

telif *s* Abfassung *f;* ~ **hakkı** Urheberrecht *nt*

telkin *s* ❶ Einreden *nt* ❷ Suggestion *f;* ~ **etmek** einreden, suggerieren (**-e -i** jdm etw)

tellak <-ğı> *s* (*im türkischen Bad*) Bademeister *m*

telli *adj* ❶ faserig ❷ Draht-, Saiten-; ~ **çalgı** [*o* **saz**] Saiteninstrument *nt*

telsiz **I.** *adj* drahtlos, Funk- **II.** *s* ❶ Funk *m* ❷ Funkgerät *nt* ❸ Funkmeldung *f;* ~ **telgraf** Funk *m;* **telsizle bildirmek** funken (**-e -i** jdm etw); **telsizli polis arabası** Funkstreife *f,* Funkstreifenwagen *m*

telsizci *s* Funker(in) *m(f)*

telsizlemek *vt* funken (**-e -i** jdm etw)

telve *s* Kaffeesatz *m*

tem(a) *s* ❶ Motiv *nt* ❷ Thema *nt*

temas *s* ❶ Berührung *f* ❷ Kontakt *m,* Beziehung *f* ❸ Besprechung *f* ❹ (*eines Themas*) Anschneiden *nt;* ~ **etmek** berühren; (*ein Thema*) anschneiden (**-e** etw); **biriyle temasa geçmek** mit jdm Kontakt aufnehmen, sich mit jdm in Verbindung setzen

tembel **I.** *adj* träge, faul **II.** *s* Faulenzer(in) *m(f)*

tembellik <-ği> *s* Trägheit *f,* Faulheit *f;* ~ **etmek** faulenzen

tembih *s* ① Ermahnung *f* ② Reiz *m;* ~ **etmek** einschärfen (-**e** -**i** jdm etw); (*stimulieren*) anregen (-**i** etw/jdn)

temel I. *s* ① Fundament *nt* ② Grund *m* **II.** *adj* Grund-; ~ **dizin** INFORM Wurzelverzeichnis *nt;* ~ **gıda malzemeleri** Grundnahrungsmittel *nt;* ~ **kavram** Grundbegriff *m;* ~ **kural** Grundregel *f*

temelli I. *adj* fundiert **II.** *adv* für immer

temelsiz *adj* ① ohne Fundament ② unbegründet, nicht fundiert

temettü *s* FIN Dividende *f*

temin *s* ① Beteuerung *f* ② Beschaffung *f;* ~ **etmek** beteuern; (*beschaffen*) besorgen (-**i** etw)

teminat <-tı> *s* ① Garantie *f,* Sicherstellung *f* ② Garantiesumme *f*

temiz *adj* ① sauber, rein ② rein ③ (*Wäsche*) frisch ④ (*Mensch*) anständig, korrekt; **bir** ~ tüchtig, ordentlich; ~ **çamaşır** frische Wäsche; ~ **kalpli** (*Mensch*) anständig; ~ **pak** sehr sauber; **temize çekmek** ins Reine schreiben (-**i** etw); **temize çıkma** Entlastung *f*

temizleme *s* ① *Verbalsubstantiv zu* **temizlemek** ② Reinigung *f;* ~ **suyu** (*für Kontaktlinsen*) Reinigungslösung *f*

temizlemek *vt* ① putzen, sauber machen (-**i** etw) ② (*Angelegenheit*) bereinigen, erledigen (-**i** etw) ③ aufessen (-**i** etw) ④ (*fam*) beseitigen, kaltmachen (-**i** jdn)

temizleyici *s* Reinigungsmittel *nt,* Reiniger *m*

temizlik <-ği> *s* ① Sauberkeit *f* ② Anständigkeit *f* ③ Reinemachen *nt;* ~ **malzemesi** Putzmittel *nt*

temizlikçi (kadın) *s* Putzfrau *f,* Reinemachefrau *f*

temkin *s* Besonnenheit *f*

temkinli *adj* besonnen

temmuz *s* Juli *m*

tempo *s* Tempo *nt,* Geschwindigkeit *f*

temsil *s* ① Repräsentation *f* ② Aufführung *f* ③ Theaterstück *nt* ④ Hörspiel *nt;* ~ **etmek** repräsentieren, vertreten (-**i** jdn/etw); (*vorführen*) aufführen (-**i** etw)

temsilci *s* Vertreter(in) *m(f),* Repräsentant(in) *m(f)*

temsilcilik <-ği> *s* Vertretung *f*

temsilen *adv* in Vertretung

temyiz *s* Berufung *f,* Revision *f*

ten *s* Haut *f*

tencere *s* Kochtopf *m*

teneffüs *s* ① Atmung *f* ② (*in der Schule*) Pause *f*

teneke I. *s* ① Blech *nt* ② Blechkanister *m* **II.** *adj* aus Blech, Blech-; ~ **kutu** Dose *f,* Büchse *f*

tenekeci *s* Klempner *m*

Tenerif *s* Teneriffa *nt*

tenezzül *s* Herablassung *f;* ~ **etmek** sich herablassen (-**meye** etw zu tun)

tenha *adj* (*Ort*) einsam, verlassen

tenhalık <-ğı> *s* ① (*Ort*) Einsamkeit *f* ② geringer Betrieb

tenis *s* SPORT Tennis *nt;* ~ **maçı** Tennisspiel *nt;* ~ **raketi** Tennisschläger *m;* ~ **sahası** Tennisplatz *m;* ~ **topu** Tennisball *m*

tenisçi *s* Tennisspieler(in) *m(f)*

tenkit <-di> *s* ① Kritik *f* ② Rezension *f;* ~ **etmek** kritisieren, rezensieren (-**i** etw)

tenkitçi *s* ① Kritiker(in) *m(f)* ② Rezensent(in) *m(f)*

tenor *s* Tenor *m*

tente *s* Sonnendach *nt,* Markise *f*

tentürdiyot <-du> *s* Jodtinktur *f*

tenzilat <-tı> *s* ① (Preis)nachlass *m* ② Rabatt *m* ③ Ermäßigung *f*

teoloji *s* Theologie *f*

teori *s* Theorie *f*

teorik <-ği> *adj* theoretisch

tepe *s* ① Gipfel *m* ② Anhöhe *f,* Hügel *m* ③ Spitze *f* ④ (*eines Baumes*) Wipfel *m* ⑤ Scheitelpunkt *m* ⑥ (*bei Vögeln*) Haube *f;* ~ **aşağı** kopfüber; **birine tepeden bakmak** jdn von oben herab ansehen; **tepeden tırnağa (kadar)**

von Kopf bis Fuß, von oben bis unten
tepegöz *s* ① Mensch *m* mit niedriger Stirn ② (*Fisch*) Himmelsgucker *m* ③ Overheadprojektor *m*
tepeleme *adv* bis an den Rand
tepeli *adj* hügelig
tepinmek *vi* ① *Reflexiv zu* **tepmek** ② (*mit den Füßen*) stampfen
tepki *s* ① Reaktion *f* ② Rückwirkung *f* ③ Gegendruck *m;* ~ **göstermek** reagieren
tepmek <-er> *vt* ① treten (**-i** etw/jdn) ② (*Feuerwaffe*) einen Rückstoß geben ③ (*Krankheit*) wieder auftreten ④ (*Glück*) mit Füßen treten (**-i** etw)
tepsi *s* ① Tablett *nt* ② Metallplatte *f*
ter *s* Schweiß *m;* ~ **basması** Schweißausbruch *m;* ~ **içinde** schweißbedeckt
terakota *s* Terrakotta *f*
terapi *s* Therapie *f*
terapötik <-ği> *adj* therapeutisch
teras *s* Terrasse *f*
terazi *s* Waage *f;* **Terazi** (**burcu**) (*Sternzeichen*) Waage *f*
terbiye *s* ① Erziehung *f* ② Ausbildung *f* ③ Anstand *m* ④ Züchtigung *f* ⑤ Dressur *f* ⑥ *eine türkische Sauce;* ~ **etmek** erziehen, ausbilden, dressieren, züchtigen (**-i** jdn); **terbiyesini vermek** zurechtweisen (**-in** jdn)
terbiyeci *s* Erzieher(in) *m(f)*
terbiyeli *adj* ① anständig ② (*Kind*) artig ③ mit Terbiye-Sauce zubereitet; **terbiyeli ol!** sei anständig!
terbiyesiz I. *adj* ① ungezogen ② unanständig II. *s* Lümmel *m*
terbiyesizlik <-ği> *s* ① Ungezogenheit *f* ② Unanständigkeit *f*
tercih *s* Vorzug *m;* ~ **etmek** vorziehen, bevorzugen, lieber haben, lieber mögen (**-i** etw/jdn); ~ **olarak** lieber, vorzugsweise
tercihen *adv* lieber, vorzugsweise
tercüman *s* ① Dolmetscher(in) *m(f)* ② Übersetzer(in) *m(f)* ③ Sprachrohr *nt*
tercüme *s* Übersetzung *f;* ~ **etmek** übersetzen (**-i** etw)
tere *s* Kresse *f*
terebantin *s* Terpentin *nt*
tereddüt <-dü> *s* ① Bedenken *nt* ② Unentschlossenheit *f;* ~ **etmek** zögern, zaudern
terementi *s* Terpentin *nt*
tereotu <-nu> *s* Dill *m*
tereyağı <-nı> *s* Butter *f;* **tereyağından kıl çeker gibi** (*fam*) es ist kinderleicht
tereyağlı *adj* mit Butter; ~ **ekmek** Butterbrot *nt*
terfi *s* ① (*eines Beamten*) Beförderung *f* ② (*in einer Liga*) Aufstieg *m;* ~ **etmek** (*Beamter*) befördert werden; ~ **ettirmek** (*im Rang*) befördern (**-i** jdn)
terhis *s* (*aus der Armee*) Entlassung *f;* ~ **etmek** entlassen (**-i** jdn)
terim *s* Fachausdruck *m*
terk <-ki> *s* ① Verlassen *nt* ② Überlassen *nt* ③ Hinterlassen *nt;* ~ **etmek** verlassen (**-i** jdn/etw), im Stich lassen (**-i** jdn); (*abtreten*) überlassen, hinterlassen (**-e -i** jdm etw)
terkip <-bi> *s* ① Synthese *f* ② Zusammensetzung *f*
terlemek *vi* ① schwitzen ② (*Schnurrbart*) sprießen
terli *adj* ① verschwitzt ② schweißgebadet
terlik <-ği> *s* Hausschuh *m,* Pantoffel *m*
termik *adj* thermisch; ~ **santral** Wärmekraftwerk *nt*
terminal <-li> *s* Terminal *nt*
termofor *s* Wärmflasche *f*
termometre *s* Thermometer *nt*
termos *s* Thermosflasche *f*
termostat <-tı> *s* Thermostat *m*
terör *s* Terror *m;* ~ **kurbanı** Terroropfer *nt;* **terörle mücadele** Terrorbekämpfung *f*
terörist <-ti> I. *s* Terrorist(in) *m(f)*

T

II. *adj* terroristisch

terörizm *s* Terrorismus *m*

ters I. *adj* ① gegensätzlich ② umgekehrt ③ (*Person*) unwirsch, abweisend ④ ungünstig **II.** *s* ① Gegenteil *nt* ② Messerrücken *m* ③ Rückseite *f* ④ Kot *m;* ~ **gitmek** schiefgehen; ~ **taraf** Rückseite *f;* (*fig*) Kehrseite *f;* ~ **yüz etmek** (*Kleid*) wenden (-**i** etw)

tersane *s* Werft *f*

tersine *adv* vielmehr, im Gegenteil

terslemek *vt* (*fam*) zusammenstauchen (-**i** jdn)

terslik <-ği> *s* ① Widerspruch *m,* Gegensätzlichkeit *f* ② Unfreundlichkeit *f* ③ ungünstiger Verlauf

tertibat <-tı> *s* ① Maßnahmen *pl* ② Vorrichtung *f*

tertip <-bi> *s* ① Anordnung *f* ② Organisation *f* ③ Machenschaft *f* ④ (*eines Textes*) Setzen *nt* ⑤ Zusammenstellung *f* ⑥ Dosis *f;* ~ **etmek** ordnen; (*organisieren*) veranstalten; (*fig*) einfädeln; (*Text*) setzen; (*Medikament*) dosieren (-**i** etw)

tertiplemek *vt* ① ordnen (-**i** etw) ② organisieren, veranstalten (-**i** etw) ③ einfädeln (-**i** etw)

tertipli *adj* ① ordentlich ② organisiert ③ abgekartet

terzi *s* Schneider(in) *m(f)*

tesadüf *s* ① Zufall *m* ② (zufällige) Begegnung *f;* ~ **etmek** begegnen (-**e** jdm); (*auf einen bestimmten Tag*) fallen (-**e** auf etw)

tesadüfen *adv* zufällig

tesadüfi *adj* zufällig

tescil *s* Registrierung *f,* Eintragung *f;* ~ **etmek** registrieren, eintragen (-**i** etw)

tescilli *adj* registriert; ~ **marka** eingetragenes Warenzeichen *nt*

teselli *s* Trost *m;* ~ **edici** tröstlich; ~ **etmek** trösten (-**i** jdn); ~ **ödülü** Trostpreis *m*

tesellisiz *adj* untröstlich, trostlos

tesettür *s die körperverdeckende Bekleidung streng islamischer Frauen*

tesir *s* ① Einfluss *m* ② Effekt *m,* Wirkung *f* ③ Eindruck *m;* ~ **etmek** beeinflussen, wirken (auf), beeindrucken (-**e** jdn)

tesirli *adj* ① eindrucksvoll ② wirksam, wirkungsvoll ③ rührend, ergreifend

tesis *s* ① Gründung *f* ② Anlage *f* ③ Unternehmen *nt,* Betrieb *m* ④ Installation *f;* ~ **etmek** gründen; (*Gerät*) installieren; (*Rekord*) aufstellen (-**i** etw)

tesisat <-tı> *s* ① Einrichtung *f,* Anlage *f* ② Vorrichtung *f*

tesisatçı *s* Installateur *m*

teslim *s* ① Abgabe *f,* Ablieferung *f* ② Eingeständnis *nt* ③ Lieferung *f* ④ Übergabe *f* ⑤ Kapitulation *f,* Übergabe *f* ⑥ Anvertrauen *nt;* ~ **almak** in Empfang nehmen, übernehmen (-**i** etw); ~ **etmek** abgeben, abliefern; (*Waren*) ausliefern (-**i** etw); ~ **kâğıdı** Lieferschein *m;* ~ **olmak** kapitulieren, sich ergeben; (*zur Festnahme*) sich stellen; (*Frau*) sich hingeben; ~ **süresi** Lieferfrist *f;* ~ **şartları** Lieferbedingungen *pl*

tespih *s* Gebetskette *f*

tespit <-ti> *s* ① Feststellung *f* ② Festlegung *f* ③ Befestigen *nt;* ~ **etmek** erkennen, feststellen; (*Zeitpunkt*) festlegen; (*Zelt*) befestigen (-**i** etw)

test <-ti> *s* Test *m*

testere *s* Säge *f;* ~ **talaşı** [*o* **tozu**] Sägemehl *nt*

testi *s* Krug *m*

testosteron *s* Testosteron *nt*

tesviye *s* ① Nivellierung *f* ② Bereinigung *f* ③ Feilen *nt;* ~ **etmek** nivellieren, bereinigen, feilen (-**i** etw)

tesviyeci *s* Maschinenschlosser *m*

teşbih *s* Gleichnis *nt*

teşebbüs *s* ① Initiative *f* ② Unternehmung *f* ③ Versuch *m;* ~ **etmek** in Angriff nehmen, unternehmen, versuchen (-**e** etw)

teşekkür *s* Dank *m;* (**çok**) ~ **ederim** danke (sehr)!; ~ **etmek** sich bedanken, danken (**-e -den** jdm für etw); (**çok**) **teşekkürler** vielen Dank!, danke vielmals!

teşhir *s* ① Zeigen *nt* ② (*von Waren*) Auslegen *nt* ③ Ausstellung *f* ④ Anprangerung *f;* ~ **etmek** (*Ware*) auslegen, ausstellen (**-i** etw)

teşhirci *s* Exhibitionist(in) *m(f)*

teşhircilik <-ği> *s* Exhibitionismus *m*

teşhis *s* ① Diagnose *f* ② Identifizierung *f;* ~ **etmek** diagnostizieren, identifizieren (**-i** etw)

teşkil *s* ① Aufbau *m* ② Formen *nt* ③ Bildung *f;* ~ **etmek** bilden, organisieren (**-i** etw)

teşkilat <-tı> *s* ① Organisation *f* ② Struktur *f,* Aufbau *m*

teşvik <-ki> *s* ① Antrieb *m* ② Ermutigung *f* ③ Förderung *f* ④ Veranlassung *f* ⑤ Aufhetzen *nt;* ~ **etmek** aufmuntern, ermutigen (**-i** jdn), fördern (**-i** etw); (*pej*) aufhetzen (**-i** jdn)

tetanos *s* Tetanus *m,* Wundstarrkrampf *m*

tetik <-ği> **I.** *s* (*bei Feuerwaffen*) Abzug *m* **II.** *adj* schnell reagierend; **tetiği çekmek** (*Gewehr*) abdrücken; **tetikte olmak** auf der Hut sein

tetiklemek *vt* (*fig: Krise*) auslösen (**-i** etw)

tetkik <-ki> *s* ① (genaues) Prüfen *nt* ② Studie *f;* ~ **etmek** (aufmerksam) ansehen, (genau) prüfen (**-i** etw)

tevdi <-ii> *s* ① Abgabe *f* ② Anvertrauen *nt* ③ Übertragung *f;* ~ **etmek** (*zur Aufbewahrung*) übergeben, anvertrauen; (*Amt*) betrauen (mit), übertragen (**-e -i** jdm etw)

tevekkül *s* Gottvertrauen *nt*

tevkif *s* Festnahme *f,* Verhaftung *f;* ~ **etmek** festnehmen, verhaften (**-i** jdn)

Tevrat <-tı> *s* ① das Alte Testament ② die Thora

Tevrat ve İncil *s* Bibel *f*

teyel *s* Heftnaht *f*

teyellemek *vt* heften, reihen (**-i** etw)

teyp <-bi> *s* Kassettenrecorder *m*

teyze *s* Tante *f* (*Schwester der Mutter*)

tez *adj* schnell, rasch; ~ **canlı** impulsiv, lebhaft; ~ **elden** sofort, auf der Stelle, unverzüglich

tez *s* ① These *f* ② (wissenschaftliche) Abschlussarbeit *f*

tezat <-dı> *s* Kontrast *m,* Gegensatz *m*

tezgah *s* ① Werkbank *m* ② Verkaufsstand *m* ③ Werft *f* ④ Theke *f,* Ladentisch *m*

tezgahtar *s* Verkäufer(in) *m(f)*

tezkere *s* ① Entlassungsschein *m* ② (amtliche) Bescheinigung *f*

tezlik <-ği> *s* ① Eile *f* ② Schnelligkeit *f* ③ Dringlichkeit *f*

tıbbı <-nı> *s Possessivform zu* **tıp** die Medizin von ...

tıbbi *adj* ärztlich, medizinisch; ~ **hata** Kunstfehler *m*

tığ *s* ① Häkelnadel *f* ② Stricknadel *f* ③ Ahle *f* ④ Hobeleisen *nt*

tıka basa dolu *adj* (*fam*) überfüllt, proppenvoll

tıkaç <-cı> *s* ① (*einer Flasche*) Stöpsel *m,* Verschluss *m* ② Pfropfen *m* ③ Embolie *f* ④ Zapfen *m* ⑤ Dübel *m* ⑥ Knebel *m*

tıkalı *adj* verstopft

tıkamak *vt* ① versperren (**-i** etw) ② (*Verkehr*) blockieren (**-i** etw) ③ zustöpseln (**-i** etw) ④ (*Loch*) zustopfen (**-i** etw) ⑤ verstopfen (**-i** etw)

tıkanıklık <-ğı> *s* ① Atembeschwerden *pl* ② (Verkehrs)stau *m* ③ Verstopfung *f*

tıkanmak *vi* ① *Passiv zu* **tıkamak** ② verstopfen ③ (*Verkehr*) sich stauen ④ an Atemnot leiden ⑤ (*fam*) nichts mehr essen können

tıkınmak *vi* (*fam*) sich vollstopfen

tıkır *s* (*fam: Geld*) Pinke *f,* Piepen *pl;* **tıkırında gitmek** (*fam*) glattlaufen, klappen

tıkırdamak *vi* leise klappern

tıkıştırmak *vt* ① hineinzwängen (**-i -e**

etw/jdn in etw) ② (*fam: Essen*) hinunterschlingen (**-i** etw)

tıklama *s* ① *Verbalsubstantiv zu* **tıklamak** ② INFORM Mausklick *m*, Klick *m*; **çift ~** Doppelklick *m*

tıklamak *vi* (*mit Computermaus*) klicken, anklicken (**-e** etw)

tıkmak <-ar> *vt* ① hineinstopfen (**-i -e** etw in etw) ② (*fam*) einlochen, einbuchten (**-i -e** etw in etw)

tıknaz *adj* (*Gestalt*) gedrungen; (*untersetzt*) stämmig

tıknefes *adj* asthmatisch

tılsım *s* ① Talisman *m* ② Zauber *m*

tılsımlı *adj* ① mit Talisman ② mysteriös, geheimnisvoll

tımarhane *s* (*fam*) Irrenhaus *nt*

tınlamak *vi* ① hallen ② klingen, tönen

tıp <-bbı> *s* Medizin *f*

tıpa *s* Pfropfen *m*

tıpatıp *adv* haargenau

tıpış tıpış yürümek *vi* trippeln

tıpkı *adv* genauso

tıpkıbasım *s* Nachdruck *m*

tır *s* Lastzug *m*

tırabzan *s* ① Balustrade *f* ② Treppengeländer *nt*

tıraş *s* ① Rasur *f* ② Behauen *nt* ③ (*fam*) Gelaber *nt*; **~ bıçağı** Rasierklinge *f*; **~ etmek** rasieren; (*Diamant, Glas*) schleifen; (*Holz*) behauen (**-i** etw); **~ fırçası** Rasierpinsel *m*; **~ köpüğü** Rasierschaum *m*; **~ kremi** Rasiercreme *f*; **~ losyonu** Rasierwasser *nt*; **~ makinesi** Rasierapparat *m*; **~ olmak** sich rasieren, rasiert werden; **~ sabunu** Rasierseife *f*

tırıs *s* Trab *m*; **~ gitmek** (*Pferd*) traben

tırmalamak *vt* kratzen, zerkratzen (**-i** etw)

tırmanmak *vi* ① klettern, steigen (**-e** auf etw) ② hinaufsteigen (**-e** etw)

tırmık <-ğı> *s* ① Egge *f*, Rechen *m* ② Kratzer *m*, Kratzwunde *f*

tırmıklamak *vt* ① kratzen, zerkratzen (**-i** etw) ② (*eggen*) harken (**-i** etw)

tırnak <-ğı> *s* ① (*Finger- oder Zehen-*) Nagel *m* ② Kralle *f*; (*beim Pferd*) Huf *m*; **~ boyası** [*o* **cilası**] Nagellack *m*; **~ fırçası** Nagelbürste *f*; **~ işareti** Anführungszeichen *nt*, Gänsefüßchen *nt*; **~ makası** Nagelschere *f*; **~ törpüsü** Nagelfeile *f*

tırnaklamak *vt* sich krallen (**-i** in etw)

tırpan *s* Sense *f*

tırpancı *s* ① (*Person*) Mäher *m* ② Sensenhersteller *m*

tırpanlamak *vt* (*Getreide*) mähen (**-i** etw)

tırtıl *s* ① Raupe *f* ② (*an Reifen*) Profil *nt* ③ Borte *f* ④ (*bei Münzen*) Rändelung *f* ⑤ (*bei Briefmarken*) Zähnung *f*

tıslamak *vi* ① (*Gans*) zischen ② (*Katze*) fauchen

ticaret <-ti> *s* ① Handel *m*, Geschäft *nt* ② Kommerz *m* ③ Gewinn *m*, Profit *m*; **~ anlaşması** Handelsabkommen *nt*; **~ birlikleri** Kartell *nt*; **~ filosu** Handelsmarine *f*; **~ odası** Handelskammer *f*; **~ okulu** Handelsschule *f*; **~ yapmak** handeln, ein Geschäft abschließen

ticarethane *s* Geschäft *nt*, Firma *f*

ticari *adj* ① geschäftlich ② den Handel betreffend ③ kaufmännisch; **~ anlaşma** Wirtschaftsabkommen *nt*; **~ eşya** Handelsware *f*; **~ ilişkiler** Handelsbeziehungen *pl*; **~ mektup** Geschäftsbrief *m*; **~ temsil** Prokura *f*; **~ temsilci** Handelsvertreter(in) *m(f)*

tifo *s* Typhus *m*

tifüs *s* (*Fleck-*) Typhus *m*

tik <-ki> *s* Tick *m*

tiksindirici *adj* ekelerregend, ekelhaft

tiksindirmek *vt* ① *Kausativ zu* **tiksinmek** ② anekeln (**-i** jdn)

tiksinmek *vi* sich ekeln (vor), verabscheuen (**-den** etw)

tiksinti *s* ① *Verbalsubstantiv zu* **tiksinmek** ② Ekel *m*

tiktak etmek *vi* (*Uhr*) ticken

tilki *s* ① Fuchs *m* ② schlauer Fuchs

timsah *s* Krokodil *nt*
timsal <-li> *s* ① Inbegriff *m* ② Sinnbild *nt*, Symbol *nt*
tinsel *adj* geistig
tip <-pi> *s* ① Typ *m* ② (*pej*) Kerl *m*
tipi *s* Schneesturm *m*
tipik <-ği> *adj* typisch
tipleme *s* ① *Verbalsubstantiv zu* **tiplemek** ② FILM (*Charakter*) Darstellung *f*
tiplemek *vt* FILM (*Charakter*) darstellen (**-i** jdn)
tiraj *s* Auflage *f*, Auflagenhöhe *f*
tirbuşon *s* Korkenzieher *m*
tire *s* ① Faden *m*, Garn *nt* ② Gedankenstrich *m*
tiroit <-di> *s* Schilddrüse *f*
tiryaki I. *s* ① starker Raucher ② leidenschaftlicher Kaffeetrinker II. *adj* (*nikotin-, kaffee-*) süchtig
tişört <-tü> *s* T-Shirt *nt*
titiz I. *adj* ① anspruchsvoll, wählerisch ② sorgfältig ③ pedantisch II. *s* Pedant(in) *m(f)*
titizlik <-ği> *s* ① Sorgfalt *f* ② (*pej*) Pedanterie *f*
titrek <-ği> *adj* zitt(e)rig, zitternd
titremek *vi* ① beben, zittern ② vibrieren, schwingen ③ sich fürchten (**-den** vor etw/jdm)
titreşim *s* Vibration *f*, Schwingung *f*
titreşmek *vi* ① schwingen ② (*vor Angst, Kälte*) zittern
tiyatro *s* ① Theater *nt* ② Schauspielkunst *f*; ~ **bileti** Theaterkarte *f*; ~ **dürbünü** Opernglas *nt*
tiz *adj* (*Stimme, Ton*) hell, hoch
tizleşmek *vi* (*Stimme*) sich überschlagen
Togo *s* Togo *nt*
tohum *s* ① Keim *m* ② Same *m*, Samenkorn *nt* ③ Sperma *nt* ④ Insekteneier *pl*; ~ **atmak** [*o* **ekmek**] säen; **tohumluk tahıl** Saatgut *nt*
tok <-ku> *adj* ① (*auch fig*) satt ② (*Stimme*) voll, kräftig
toka *s* ① Schnalle *f*, Spange *f* ② Händedruck *m*
tokalamak *vt* anschnallen (**-i** etw)
tokalaşmak *vi* die Hand schütteln (**ile** jdm)
tokat <-dı> *s* Ohrfeige *f*; ~ **atmak** ohrfeigen (**-e** jdn); **yüzüne bir ~ indirmek** jdm eine Ohrfeige verpassen; **birine ~ yapıştırmak** (*fam*) jdm eine kleben
tokatlamak *vt* ohrfeigen (**-i** jdn)
tokgözlü *adj* genügsam
tokgözlülük <-ğü> *s* Genügsamkeit *f*
tokmak <-ğı> *s* ① Holzhammer *m* ② Türklopfer *m*
tokmaklamak *vt* hämmern, pochen (**-i** an etw)
toksik *adj* toxisch
tokyolar *s* Badeschuhe *pl*
tolerans *s* Toleranz *f*; ~ **göstermek** tolerant sein
toleranslı *adj* tolerant
tolkşov *s* Talkshow *f*
tomar *s* ① Bündel *nt* ② (*Papier-*) Rolle *f*
tombala *s* Tombola *f*
tombul *adj* (*fam*) mollig, rundlich
tomurcuk <-ğu> *s* Knospe *f*
ton *s* ① Klang *m*, Ton *m* ② (*bei Farben*) Tönung *f* ③ (*1000 kg*) Tonne *f*
tonbalığı <-nı> *s* Tunfisch *m*
tonilato *s* Registertonne *f*
top <-pu> I. *s* ① (*Spiel-*) Ball *m* ② Kugel *f* ③ Geschütz *nt* ④ Artillerie *f* ⑤ Ballen *m* ⑥ Gesamtheit *f* II. *adj* rundlich; ~ **oynamak** Ball spielen; ~ **sakal** Vollbart *m*; **topu diktim** (*fam: Prüfung*) ich bin durchgefallen; **topu topu** (*alles in allem*) insgesamt
topaç <-cı> *s* Kreisel *m*
topak <-ğı> I. *s* ① Kloß *m* ② Klumpen *m* II. *adj* (*Finger*) kurz und dick
topal *adj* ① hinkend ② gehbehindert
topallamak *vi* hinken
toparlacık <-ğı> *adj* (*Person*) rundlich
toparlak <-ğı> *adj* ① rund, kugelförmig ② (*Zahl*) rund
toparlamak *vt* ① aufräumen (**-i** etw)

② zusammenraffen (-**i** etw)

toparlanmak *vi* ① *Passiv zu* **toparlamak** ② sich zusammennehmen ③ wieder auf die Beine kommen

topçu **I.** *s* ① Artillerist *m* ② Artillerie *f* **II.** *adj* (*fam: Prüfling*) durchgefallen; (*Schüler*) sitzen geblieben

toplam *s* Gesamtbetrag *m,* Summe *f;* ~ **olarak** alles in allem; ~ **yekun** Gesamtbetrag *m*

toplama *s* ① *Verbalsubstantiv zu* **toplamak** ② Addition *f* ③ Konzentration *f* ④ Sammlung *f;* ~ **kampı** Konzentrationslager *nt*

toplamak *vt* ① addieren, zusammenzählen (-**i** etw) ② (ein)sammeln (-**i** etw) ③ (*Zimmer*) aufräumen (-**i** etw) ④ (*Blumen*) pflücken (-**i** etw) ⑤ (*Tisch*) abräumen (-**i** etw) ⑥ (*Betten*) machen (-**i** etw) ⑦ (*Koffer*) packen (-**i** etw) ⑧ (*Zelt*) abbrechen (-**i** etw) ⑨ (*Rock*) zusammenraffen (-**i** etw) ⑩ (*Leute*) zusammenrufen, versammeln (-**i** jdn) ⑪ (*Person*) zunehmen

toplanmak *vi* ① *Passiv zu* **toplamak** ② sich häufen ③ sich konzentrieren ④ sich anhäufen, sich sammeln ⑤ sich summieren ⑥ (*Person*) zunehmen ⑦ sich versammeln ⑧ sich aufraffen, sich zusammennehmen

toplantı *s* ① Versammlung *f* ② Sitzung *f* ③ Zusammenkunft *f;* ~ **salonu** Sitzungssaal *m;* (*in einer Schule*) Aula *f*

toplardamar *s* Vene *f*

toplu *adj* ① vereinigt ② Massen- ③ (*Zimmer*) aufgeräumt ④ (*Backen, Gesicht*) voll ⑤ (*fam*) dick; ~ **bakış** Übersicht *f;* ~ **mezar** Massengrab *nt*

topluiğne *s* Stecknadel *f*

topluluk <-ğu> *s* ① Gesamtheit *f* ② Gemeinschaft *f* ③ Gesellschaft *f* ④ Ensemble *nt*

toplum *s* Gesellschaft *f*

toplumbilim *s* Soziologie *f*

toplumbilimci *s* Soziologe, Soziologin *m, f*

toplumbilimsel *adj* soziologisch

toplumsal *adj* gesellschaftlich, sozial

toprak <-ğı> **I.** *s* ① Erde *f* ② Grund *m,* Boden *m* ③ Boden *m* ④ Territorium *nt,* Gebiet *nt* **II.** *adj* irden; ~ **ağası** (türkischer) Großgrundbesitzer *m;* ~ **kayması** Erdrutsch *m;* ~ **reformu** Bodenreform *f;* ~ **tabya** Bollwerk *nt;* ~ **ürünleri** landwirtschaftliche Erzeugnisse *pl;* **toprağa vermek** begraben, beerdigen (-**i** jdn)

toprakaltı <-nı> *adj* unterirdisch; ~ **servetleri** Bodenschätze *pl*

toptan *adv* pauschal; ~ **fiyat** Pauschale *f*

toptancı *s* Großhändler(in) *m(f)*

toptancılık <-ğı> *s* Großhandel *m*

topuk <-ğu> *s* ① Ferse *f* ② (*von Schuh*) Absatz *m*

topuz *s* ① Keule *f* ② Haarknoten *m* ③ Türklopfer *m*

torba *s* Sack *m,* Beutel *m*

torbacı *s* (*fam: Drogen*) Dealer *m*

torna *s* Drehbank *f*

tornacı *s* ① Dreher *m* ② Drechsler *m*

tornavida *s* Schraubenzieher *m*

Toros(lar) *npl* Taurusgebirge *nt*

torpido *s* ① Torpedo *m* ② Torpedoboot *nt;* ~ **gözü** Handschuhfach *nt*

torpil *s* ① Mine *f* ② Torpedo *m* ③ (*fam*) Vitamin B *nt,* Beziehungen *pl*

torpillemek *vt* ① torpedieren (-**i** etw) ② (*fam: in der Schule*) sitzen bleiben

tortu *s* ① Bodensatz *m* ② Ablagerung *f*

torun *s* Enkel(in) *m(f);* **torunlar** Nachkommen *pl*

tos *s* (*von Tieren*) Stoß *m;* ~ **vurmak** (*mit den Hörnern*) stoßen (-**e** etw/jdn)

tosbağa *s* Schildkröte *f*

toslamak *vt* ① (*mit den Hörnern*) stoßen (-**i** etw/jdn) ② (*Schiff, Auto*) stoßen (-**e** gegen etw) ③ (*fam: Geld*) herausrücken (-**e** -**i** jdm etw) ④ (*fam: in der Schule*) sitzen bleiben

tost <-tu> *s* Toast *m;* ~ **ekmeği** Toastbrot *nt;* ~ **makinesi** Toaster *m*

totalitarizm *s* Totalitarismus *m*

totaliter *adj* totalitär

toy *adj* jung und unerfahren, grün

toynak <-ğı> *s* Huf *m*

toz I. *s* ❶ Pulver *nt* ❷ Staub *m* II. *adj* feingemahlen, Pulver-; ~ **almak** Staub wischen; ~ **bezi** Staublappen *m,* Staubtuch *nt;* ~ **bulutu** Staubwolke *f;* ~ **kaldırmak** Staub aufwirbeln; **tozunu almak** abstauben (**-in** etw)

tozlu *adj* verstaubt, staubig

tökezlemek *vi* stolpern

tömbeki *s* Tabak *m* (*für Wasserpfeifen*)

töre *s* Sitte *f,* Brauch *m*

törebilim *s* Ethik *f*

töre cinayeti *s* Ehrenmord *m*

törel *adj* ethisch, sittlich

tören *s* ❶ Feier *f* ❷ Zeremonie *f;* ~ **alayı** Festzug *m*

törensel *adj* feierlich, zeremoniell

törpü *s* Feile *f*

törpülemek *vt* feilen (**-i** etw)

tövbe *s* Reue *f;* ~ **etmek** bereuen (**-e** etw), abschwören (**-e** einer Sache)

töz *s* Substanz *f*

trafik <-ği> *s* Verkehr *m;* ~ **canavarı** Verkehrsrowdy *m,* Raser *m;* ~ **işareti** Verkehrszeichen *nt;* ~ **kâğıdı** Kfz-Schein *m;* ~ **kazası** Verkehrsunfall *m;* ~ **kuralları** Verkehrsregeln *pl;* ~ **ışığı** Ampel *f;* ~ **levhası** Verkehrsschild *nt;* ~ **polisi** Verkehrspolizist(in) *m(f);* ~ **ruhsatı** Kfz-Zulassung *f;* ~ **tıkanıklığı** Verkehrsstau *m*

trajedi *s* ❶ Tragödie *f,* Trauerspiel *nt* ❷ Tragik *f*

trajik <-ği> *adj* tragisch

trajikomedi *s* Tragikkomödie *f*

trajikomik <-ği> *adj* tragikomisch

traktör *s* Traktor *m*

Trakya *s* Thrakien *nt*

trampet <-ti> *s* Trommel *f*

trampetçi *s* Trommler(in) *m(f)*

tramplen *s* Sprungbrett *nt*

tramvay *s* Straßenbahn *f*

transfer *s* Transfer *m;* ~ **etmek** transferieren (**-i** etw)

transformatör *s* Transformator *m*

transistor *s* Transistor *m*

transit <-ti> *s* Transit *m;* ~ **geçmek** (ohne Halt) durchfahren; ~ **trafiği** Transitverkehr *m*

transparan *adj* transparent

trapez *s* Trapez *nt*

trapezci *s* Trapezkünstler(in) *m(f)*

travers *s* Schwelle *f*

travesti *s* Transvestit *m*

travma *s* Trauma *nt*

travmalı *adj* (*Erlebnis*) traumatisch; (*Person*) traumatisiert

tren *s* Zug *m,* Bahn *f,* Eisenbahn *f;* ~ **yolu** Eisenbahnlinie *f;* **trenle** mit dem Zug

trent <-di> *s* Trend *m*

treyler *s* (*für Traktor, LKW*) Anhänger *m*

tribün *s* Tribüne *f*

triko *s* Trikot *nt*

trikotaj *s* Woll- und Strickwaren *pl*

trilyon *num* Billion *f*

trimestr *s* Trimester *nt*

trişin *s* Trichine *f*

triyangel *s* Triangel *m*

triyo *s* Trio *nt*

troleybüs *s* Oberleitungsomnibus *m*

trombon *s* Posaune *f*

tromboz *s* Thrombose *f*

trompet <-ti> *s* Trompete *f;* ~ **çalmak** trompeten

tropikal <-li> *adj* tropisch; ~ **bölge** Tropen *pl*

Truva *s* Troja *nt*

TSİ *s Abk von* **Türkiye saati ile** (nach) türkischer Zeit

tsunami *s* Tsunami *m*

T-şört <-tü> *s* T-Shirt *nt*

tufan *s* ❶ Sintflut *f* ❷ wolkenbruchartiger Regen *m*

tuğla *s* Backstein *m,* Ziegelstein *m*

tuğra *s* HIST *Namenszug des Sultans*

tuhaf *adj* eigenartig, seltsam, merkwürdig

tuhafiye *npl* Kurzwaren *pl*

tuhaflık <-ğı> *s* Merkwürdigkeit *f*

tulum *s* ❶ Schlauch *m* (*aus Tierfell*) ❷ Strampelhose *f*; ~ **düdük** [*o* **zurna**] Dudelsack *m*

tulumba *s* ❶ Wasserpumpe *f* ❷ Feuerspritze *f*

tumturak <-ğı> *s* (*geschraubte Rede*) Schwulst *m*

tumturaklı *adj* schwulstig, hochtrabend

Tuna *s* Donau *f*

tunç <-cu> **I.** *s* Bronze *f* **II.** *adj* bronzen

Tunus **I.** *adj* (*Art*) tunesisch **II.** *s* Tunesien *nt*

Tunuslu **I.** *s* Tunesier(in) *m(f)* **II.** *adj* (*Herkunft*) tunesisch

tupe *s* Toupet *nt*

tur *s* ❶ Rundreise *f* ❷ Rundgang *m*, Runde *f* ❸ SPORT Runde *f*; ~ **atmak** eine Runde drehen

tura *s* (*einer Mütze*) Kopf *m*

turba *s* Torf *m*

turist <-ti> *s* Tourist(in) *m(f)*; ~ **kafilesi** Reisegesellschaft *f*; ~ **rehberi** Fremdenführer(in) *m(f)*; ~ **vizesi** Touristenvisum *nt*

turistik <-ği> *adj* touristisch; ~ **mevki** Touristenklasse *f*

turizm *s* Fremdenverkehr *m*, Tourismus *m*

turna *s* Kranich *m*; **turnayı gözünden vurmak** ins Schwarze treffen

turnabalığı <-nı> *s* Hecht *m*

turne *s* Tournee *f*

turnuva *s* Turnier *nt*

turp <-pu> *s* ❶ Radieschen *nt* ❷ Rettich *m*; ~ **gibi** (*fig*) wie ein Fisch im Wasser

turşu *s* eingemachtes Essiggemüse; ~ **gibi** todmüde; ~ **yapmak** [*o* **kurmak**] in Essig einlegen

turta *s* Torte *f*

turuncu *adj* orange(farben)

turunç <-cu> *s* Pomeranze *f*

turunçgiller *npl* Zitrusfrüchte *pl*

tuş *s* ❶ Taste *f* ❷ (*beim Ringkampf*) Niederwurf *m* auf beide Schultern

tutacak <-ğı> *s* Griff *m*

tutak <-ğı> *s* Geisel *f*

tutam *s* ❶ Prise *f* ❷ Büschel *nt* (Haare)

tutamaç <-cı> *s* Griff *m*, Stiel *m*

tutamak <-ğı> *s* ❶ Griff *m*, Stiel *m* ❷ Handhabe *f*

tutanak <-ğı> *s* Protokoll *nt*

tutar *s* Betrag *m*, Höhe *f*, Summe *f*

tutarlı *adj* folgerichtig, konsequent

tutarlılık <-ğı> *s* Konsequenz *f*

tutarsız *adj* inkonsequent, widersprüchlich

tutarsızlık <-ğı> *s* Inkonsequenz *f*, Widersprüchlichkeit *f*

tutkal *s* Leim *m*

tutkallamak *vt* (zusammen)leimen (**-i** etw)

tutku *s* ❶ Entzücken *nt* ❷ Leidenschaft *f* ❸ Sucht *f*

tutkun **I.** *adj* ❶ entzückt (**-e** von etw/jdm) ❷ süchtig (**-e** nach etw) ❸ verliebt (**-e** in jdn) ❹ gefangen **II.** *s* Süchtige(r) *f(m)*

tutkunluk <-ğu> *s* ❶ Begeisterung *f* ❷ Sucht *f* ❸ Verliebtheit *f*

tutmak <-ar> **I.** *vt* ❶ (an)fassen, (an)packen, (er)greifen (**-i** etw/jdn) ❷ (*in der Hand*) halten (**-i** etw) ❸ behalten, (auf)bewahren (**-i** etw) ❹ (zurück)halten (**-i** jdn) ❺ festhalten, festnehmen, gefangen nehmen (**-i** jdn) ❻ fangen (**-i** jdn/etw) ❼ (*Atem*) anhalten (**-i** etw) ❽ (*fam*) mieten (**-i** etw) ❾ (*Vertrag, Frist*) einhalten, befolgen; (*Versprechen*) halten (**-i** etw) ❿ unterstützen (**-i** jdn) ⓫ (*Amt, Stellung*) innehaben (**-i** etw) ⓬ (*Schmerzen, Krankheit*) befallen (**-i** jdn) ⓭ (*Rauch, Geschrei*) erfüllen (**-i** etw) ⓮ (*Summe*) sich belaufen (**-i** auf etw) ⓯ (*Laufbahn, Weg*) einschlagen (**-i** etw) ⓰ (*Reiseziel*) erreichen (**-i** etw) ⓱ (*jdn*) achten, schätzen (**-i** jdn) ⓲ übereinstimmen (**-i** mit etw) **II.** *vi* ❶ (*Farbe, Nagel*) halten ② (*Rechnung*) stimmen; **matem** [*o* **yas**] ~ Trauer tragen; **pas** ~ rosten; **küf** ~ verschimmeln; **sözünü** ~ sein Wort halten; **taraf** ~ Partei ergreifen; **yer** ~ einen Platz reservieren, einen wichtigen Platz einnehmen; **tutalım ki ...** gesetzt den Fall ...; **tuttuğunu koparmamak** nicht lockerlassen

tutsak <-ğı> I. *adj* (kriegs)gefangen II. *s* Kriegsgefangene(r) *m*

tutsaklık <-ğı> *s* Kriegsgefangenschaft *f*

tutturmak *vt* ① *Kausativ zu* **tutmak** ② anfangen; (*Lied*) anstimmen (**-i** etw) ③ befestigen (**-i -e** etw an etw) ④ (*Weg*) einschlagen (**-i** etw) ⑤ beharren (**-i** auf etw)

tutucu *adj* konservativ

tutuk <-ğu> *adj* ① gehemmt ② (*Körperglied*) steif

tutuklama *s* ① *Verbalsubstantiv zu* **tutuklamak** ② Festnahme *f*, Verhaftung *f*; ~ **emri** Haftbefehl *m*

tutuklamak *vt* festnehmen, verhaften (**-i** jdn)

tutuklu I. *s* Häftling *m* II. *adj* verhaftet

tutukluk <-ğu> *s* ① Hemmung *f* ② (*eines Körperglieds*) Steifsein *nt*, Lähmung *f* ③ (*Motor*) Störung *f*

tutukluluk <-ğu> *s* Untersuchungshaft *f*

tutulmak *vi* ① *Passiv zu* **tutmak** ② (*Körperglied*) steif [*o* gelähmt] sein ③ (*Sonne, Mond*) sich verfinstern ④ sich verlieben (**-e** in jdn/etw) ⑤ (*Krankheit*) sich zuziehen (**-e** etw) ⑥ (*fam*) sich ärgern (**-e** über jdn)

tutum *s* ① Haltung *f* ② Sparsamkeit *f*

tutumlu *adj* ökonomisch, sparsam

tutumsuz I. *s* Verschwender(in) *m(f)* II. *adj* verschwenderisch

tutunmak *vi* ① *Reflexiv zu* **tutmak** ② sich festhalten (**-e** an etw) ③ Beliebtheit genießen

tutuşmak *vi* ① in Brand geraten, sich entzünden ② (*a. fig*) Feuer fangen ③ aneinandergeraten; **el ele** ~ sich an der Hand halten

tutuşturmak *vt Kausativ zu* **tutuşmak** anzünden, in Brand stecken (**-i** etw); **eline bir şey** ~ jdm etwas in die Hand drücken

tu(v)al *s* (*in der Malerei*) Leinwand *f*

tuvalet <-ti> *s* ① (*Körperpflege*) Toilette *f* ② Abendkleid *nt* ③ (*WC*) Toilette *f*; ~ **eşyası** Toilettenartikel *pl*; ~ **kâğıdı** Klo(sett)papier *nt*, Toilettenpapier *nt*; ~ **masası** Toilettentisch *m*; **tuvalete gitmek** austreten, auf die Toilette gehen

tuz *s* Salz *nt*; **tuzu kuru olmak** es gut haben

tuzak <-ğı> *s* (*a. fig*) Falle *f*; **birine ~ kurmak** jdm eine Falle stellen

tuzlamak *vt* (ein)salzen (**-i** etw)

tuzlu *adj* ① salzig ② (*Speise*) versalzen ③ (*Preise*) gesalzen

tuzluk <-ğu> *s* Salzstreuer *m*

tüberküloz *s* Tuberkulose *f*

tüccar *s* Kaufmann *m*, Händler *m*

tüfek <-ği> *s* Gewehr *nt*, Flinte *f*

tüh *interj* pfui!

tükenmek *vi* ① (*Ware, Geld*) ausgehen ② (*Mensch*) erschöpft sein ③ aufhören

tükenmez I. *adj* ① unaufhörlich ② unerschöpflich II. *s* *hausgemachter Fruchtsaft*

tükenmez(kalem) *s* Kugelschreiber *m*

tüketici *s* Verbraucher(in) *m(f)*, Konsument(in) *m(f)*; ~ **danışma hattı** Hotline *f*; ~ **fiaytı** Verbraucherpreis *m*

tüketim *s* ① *Verbalsubstantiv zu* **tüketmek** ② Konsum *m*, Vorbrauch *m*; ~ **malları** Konsumgüter *pl*; ~ **toplumu** Konsumgesellschaft *f*

tüketmek *vt* verbrauchen, aufbrauchen (**-i** etw)

tükürmek *vi* spucken

tükürük <-ğü> *s* Spucke *f*

tül *s* Tüll *m*; ~ **perde** Gardine *f*

tüm I. *adj* gesamt, vollständig, ganz II. *s* Gesamtheit *f*

tümce *s* Satz *m*

tümen *s* Division *f*

tümleç <-ci> *s* Satzergänzung *f*

tümör *s* Tumor *m*

tümsek <-ği> *s* Bodenerhebung *f*, kleinerer Hügel *m*

tümsekli *adj* hervortretend, erhaben

tünel *s* Tunnel *m*

tünemek *vi* (*Vogel*) sich setzen, sitzen (**-e** auf etw)

tüp <-pü> *s* ① kleine Röhre *f* ② Reagenzglas *nt* ③ Tube *f* ④ (*für Gas*) Stahlflasche, Kartusche *f* ⑤ Retorte *f*; ~ **bebek** Retortenbaby *nt*

tür *s* ① Art *f* ② Gattung *f* ③ Sorte *f* ④ Wesen *nt*, Schlag *m*

türban *s* Kopftuch *nt*

türbe *s* Grabmal *nt*

türbin *s* Turbine *f*

türemek *vi* ① entstehen ② plötzlich auftauchen ③ (*Wort*) abgeleitet werden (**-den** von etw)

türetmek *vt* ① *Kausativ zu* **türemek** ② (*Wort*) ableiten (**-i -den** etw von etw) ③ (*fam*) erzeugen (**-i** etw)

Türk <-kü> **I.** *s* Türke *m*, Türkin *f* **II.** *adj* (*Art*) türkisch; ~**-Alman ilişkileri** türkisch-deutsche Beziehungen *pl*; ~ **usulüne göre** nach türkischer Art

Türkçe I. *adj* (*Sprache*) türkisch **II.** *s* (das) Türkisch(e) **III.** *adv* auf Türkisch

Türkiye I. *s* die Türkei **II.** *adj* (*Art*) türkisch; ~ **saati ile** (nach) türkischer Zeit

Türkiyeli I. *s* Türke *m*, Türkin *f* **II.** *adj* (*Herkunft*) türkisch

Türkmen *s* Turkmene *m*, Turkmenin *f*

Türkolog *s* Turkologe, Turkologin *m*, *f*

Türkoloji *s* Turkologie *f*

türkuvaz *adj* türkis(farben)

türkü *s* Volkslied *nt*

türlü I. *adj* verschieden, verschiedenartig **II.** *s* ① Art *f* ② Eintopf *m*; ~ ~ allerlei, mancherlei; **bir** ~ in keiner Weise, überhaupt nicht; **iki/dört** ~ zweier-/viererlei

tütmek <-er> *vi* ① qualmen; (*Ofen*) rauchen ② dampfen

tütsü *s* ① Inhalation *f* ② Räuchern *nt* ③ Räucherwerk *nt*

tütsülemek *vt* räuchern (**-i** etw)

tüttürmek *vt* ① *Kausativ zu* **tütmek** ② (*Zigarette*) schmauchen (**-i** etw)

tütün *s* Tabak *m*; ~ **kesesi** Tabaksbeutel *m*

tütüncü *s* ① Tabakpflanzer(in) *m(f)* ② Tabakhändler(in) *m(f)*; ~ **dükkanı** Tabakladen *m*

tüy *s* ① Feder *f* ② Fell *nt* ③ Flaum *m*, Haar *nt* (*feines Haar auf Armen, Beinen*); ~ **dökücü krem** Enthaarungscreme *f*; ~ **gibi** federleicht; ~ **sıklet** Federgewicht *nt*; **tüyler ürpertici** haarsträubend, entsetzlich; **tüyleri ürpermek** eine Gänsehaut bekommen; **tüylerim diken diken oldu** mir standen die Haare zu Berge

tüylü *adj* ① gefiedert ② flaumig

tüymek <-er> *vi* (*fam*) abhauen, verduften

tüysüz I. *adj* federlos, ohne Federn **II.** *s* (*fam*) Milchbart *m*

tüzelkişi *s* JUR juristische Person *f*

tüzük <-ğü> *s* ① Vorschrift *f*, Bestimmung *f* ② Satzung *f*

TV anteni <-ni> *s* Fernsehantenne *f*

TV kanalı <-nı> *s* Fernsehkanal *m*

Uu

U, u *s 25. Buchstabe des türk. Alphabets*

ucuz *adj* ❶ billig, preiswert; ~ **havayolu** LUFT Billiglinie *f* ❷ mühelos; ~ **kurtulmak** *(fam)* mit einem blauen Auge davonkommen

ucuzlamak *vi* ❶ billiger werden ❷ *(Preise)* heruntergehen ❸ leicht erreichbar sein

ucuzlatmak *vt* ❶ *Kausativ zu* **ucuzlamak** ❷ *(Preis)* herabsetzen (**-i** etw) ❸ erleichtern (**-i** etw) ❹ *(Ware)* verbilligen (**-i** etw)

ucuzluk <-ğu> *s* Sonderangebote *pl;* ~ **mağazası** Discounter *m,* Billigladen *m*

uç <-cu> *s* Spitze *f,* Rand *m,* äußerstes Ende *nt;* **uçsuz bucaksız** endlos

uçak <-ğı> *s* Flugzeug *nt;* ~ **bileti** Flugticket *nt;* ~ **düşmesi** Flugzeugabsturz *m;* ~ **gemisi** Flugzeugträger *m;* ~ **kaçırma** Flugzeugentführung *f;* ~ **kılavuzu** Fluglotse *m;* ~ **postası** Luftpost *f;* ~ **tarifesi** Flugplan *m;* ~ **yolcusu** Fluggast *m;* **uçakla** mit dem Flugzeug, mit Luftpost; **uçakta** an Bord (eines Flugzeugs)

uçan *adj* fliegend; ~ **daire** fliegende Untertasse; ~ **kuşa borcu olmak** bis über beide Ohren verschuldet sein

uçmak <-ar> *vi* ❶ fliegen (**-e** nach etw) ❷ fortfliegen, wegfliegen ❸ *(Alkohol, Duft)* verfliegen ❹ *(Farbe)* verblassen ❺ *(fam)* verduften; **havaya** ~ *(explodieren)* in die Luft fliegen

uçuk <-ğu> **I.** *adj (Farbe)* verblasst **II.** *s* Fieberbläschen *nt*

uçurmak *vt* ❶ *Kausativ zu* **uçmak** ❷ *(Drachen)* steigen lassen (**-i** etw) ❸ *(Körperglied)* wegfetzen (**-i** etw) ❹ *(Auto)* in einem Affenzahn fahren (**-i** etw); **havaya** ~ (in die Luft) sprengen

uçurtma *s (Papier-)* Drachen *m*

uçurum *s* ❶ Abgrund *m* ❷ Kluft *f*

uçuş *s* ❶ Flug *m* ❷ Abflug *m;* ~ **pisti** Rollfeld *nt,* Startbahn *f;* ~ **saati** Abflugzeit *f*

uçuşmak *vi* ❶ flattern ❷ herumfliegen

ud *s* Laute *f*

UEFA Kupası <-nı> *s* UEFA-Pokal *m*

ufacık <-ğı> *adj (fam)* winzig; ~ **tefecik** *(Wuchs)* sehr klein

ufak <-ğı> *adj* ❶ klein, gering ❷ geringfügig; ~ **para** Kleingeld *nt;* ~ **tefek** unwichtig; *(Wuchs)* klein

ufaklık <-ğı> *s* ❶ Kleinheit *f* ❷ *(fam)* Kleingeld *nt*

ufalamak *vt* zerkleinern, zerbröckeln (**-i** etw)

ufalanmak *vi* ❶ *Passiv zu* **ufalamak** ❷ zerbröckeln

ufalmak *vi* kleiner werden

ufaltmak *vt* ❶ *Kausativ zu* **ufalmak** ❷ verkleinern (**-i** etw)

ufo *s* Ufo *nt*

ufuk <-fku> *s* Horizont *m*

Uganda *s* Uganda *nt*

uğramak *vt* ❶ vorbeikommen, vorbeischauen (**-e** bei jdm) ❷ *(Verkehrsmittel)* halten (**-e** in etw) ❸ *(Schiff)* anlegen (**-e** in etw) ❹ betroffen werden (**-e** von etw); **dışarı** ~ *(Person)* hinausstürzen

uğraş *s* ❶ Beschäftigung *f* ❷ Kampf *m*

uğraşmak *vi* ❶ sich anstrengen, sich bemühen (**-meye** etw zu tun) ❷ sich beschäftigen (**ile** mit etw) ❸ nicht in Ruhe lassen (**ile** jdn)

uğraştırmak *vt* ❶ *Kausativ zu* **uğraşmak** ❷ beschäftigen (**-i ile** jdn mit etw) ❸ zu schaffen machen (**-i** jdm)

uğratmak *vt* ❶ *Kausativ zu* **uğramak** ❷ zufügen (**-i -e** jdm etw)

uğrun(d)a *präp* um ... willen (**...** *+gen*), für (**...** *+akk*)

uğuldamak *vi* ❶ (*Wind*) heulen ❷ (*Kreisel*) brummen ❸ (*Biene*) summen

uğultu *s* ❶ (*vom Wind*) Heulen *nt* ❷ (*vom Kreisel*) Brummen *nt* ❸ (*von Bienen*) Summen *nt*

uğur *s* ❶ Glücksbringer *m* ❷ gutes Vorzeichen *nt;* **uğurlar olsun!** kommen Sie gut nach Hause!

uğurböceği <-ni> *s* Marienkäfer *m*

uğurlamak *vt* (*einen Abreisenden*) begleiten (**-i -e kadar** jdn bis zu etw)

uğurlu *adj* ❶ Glück bringend ❷ von guter Vorbedeutung

uğursuz *adj* verhängnisvoll, unheilvoll, unselig

uğursuzluk <-ğu> *s* ❶ böses Vorzeichen *nt* ❷ *die Eigenschaft, Unglück zu bringen*

Ukrayna *s* Ukraine *f*

ulaşım *s* ❶ *Verbalsubstantiv zu* **ulaşmak** ❷ Verkehr *m;* ~ **aracı** Verkehrsmittel *nt;* ~ **merkezi** Verkehrsknotenpunkt *m*

ulaşmak *vi* ❶ gelangen (**-e** zu etw) ❷ (*Straße*) einmünden (**-e** in etw) ❸ (*Ziel*) erreichen (**-e** etw)

ulaştırma *s* ❶ *Verbalsubstantiv zu* **ulaştırmak** ❷ Verkehr *m,* Verkehrswesen *nt;* **Ulaştırma Bakanlığı** Verkehrsministerium *nt*

ulaştırmak *vt* ❶ *Kausativ zu* **ulaşmak** ❷ liefern (**-i** etw) ❸ übermitteln (**-e -i** jdm etw)

U

ulu *adj* erhaben

ululama *s* ❶ *Verbalsubstantiv zu* **ululamak** ❷ Huldigung *f*

ululamak *vt* ❶ (ver)ehren (**-i** jdn) ❷ willkommen heißen (**-i** jdn)

ululuk <-ğu> *s* Erhabenheit *f,* Größe *f*

ulumak *vi* heulen

ulus *s* ❶ Volk *nt* ❷ Nation *f;* ~ **devleti** Nationalstaat *m;* ~ **kırımı** Völkermord *m*

ulusal *adj* national

uluslararası <-nı> *adj* international; **Uluslararası Af Örgütü** Amnesty International *f;* **Uluslararası Para Fonu** der Internationale Währungsfonds; **Uluslararası Uzay İstasyonu** die Internationale Raumstation

uluslaştırmak *vt* zu einer Nation machen (**-i** jdn/etw)

umarsız *adj* verzweifelt

ummadık *adj* unerwartet, unverhofft, unvermutet

ummak <-ar> *vt* ❶ rechnen mit, erwarten (**-i** etw) ❷ erhoffen (**-i** etw); **umarım** ich hoffe, hoffentlich

umum **I.** *adj* allgemein, gesamt, generell **II.** *s* Öffentlichkeit *f*

umumi *adj* ❶ allgemein ❷ öffentlich

umut <-du> *s* Hoffnung *f,* Zuversicht *f*

umutla *adv* voller Hoffnung

umutlandırmak *vt* ❶ *Kausativ zu* **umutlanmak** ❷ Hoffnung machen (**-i** jdm)

umutlanmak *vi* Hoffnung fassen, sich Hoffnungen machen

umutlu *adj* hoffnungsvoll; zuversichtlich

umutsuz *adj* hoffnungslos, verzweifelt

umutsuzluk <-ğu> *s* Hoffnungslosigkeit *f,* Verzweiflung *f*

un *s* Mehl *nt*

unlu *adj* ❶ mehlig ❷ Mehl enthaltend

unsur *s* ❶ Bestandteil *m* ❷ Element *nt*

unutkan *adj* vergesslich

unutmabeni *s* Vergissmeinnicht *nt*

unutmak *vt* ❶ vergessen (**-i** etw/jdn) ❷ verlernen (**-i** etw)

unutulmak *vi* ❶ *Passiv zu* **unutmak** ❷ in Vergessenheit geraten

unutulmaz *adj* unvergesslich

unvan *s* Titel *m*

ur *s* Geschwulst *f,* Tumor *m*

uranyum *s* Uran *nt*

urgan *s* Tau *nt,* starkes Seil

URL adresi <-ni> *s* INET URL *f*

Uruguay I. *s* Uruguay *nt* II. *adj* (*Art*) uruguayisch

Uruguaylı I. *s* Uruguayer(in) *m(f)* II. *adj* (*Herkunft*) uruguayisch

us *s* Vernunft *f*

usanç <-cı> *s* Verdrossenheit *f*

usandırıcı *adj* ❶ verdrießlich ❷ aufdringlich, lästig

usanmak *vi* satthaben, genug haben (**-den** von etw)

uskumru *s* Makrele *f*

uskur *s* Schiffsschraube *f*

uslu *adj* ❶ artig, brav ❷ verständig, vernünftig

usta I. *s* ❶ Meister *m* ❷ Vorarbeiter *m* II. *adj* kunstfertig

ustabaşı <-nı> *s* Werkmeister *m*

ustalık <-ğı> *s* ❶ Meisterschaft *f* ❷ Kunst *f*, Kunstfertigkeit *f*

ustalıklı *adj* kunstvoll, meisterhaft

ustura *s* Rasiermesser *nt*

usul <-lü> *s* ❶ Art *f*, Weise *f* ❷ Takt *m* ❸ Methode *f*, Verfahren *nt*

usulca(cık) *adv* ❶ unauffällig ❷ behutsam, vorsichtig ❸ still und leise ❹ heimlich

usulen *adv* ordnungsgemäß

uşak <-ğı> *s* ❶ Diener *m*, Knecht *m* ❷ Bursche *f*

ut <-du> *s* ❶ Laute *f* ❷ Schamgefühl *nt*; ~ **yeri** Geschlechtsteile *pl*

utanç <-cı> *s* Scham *f*, Scheu *f*; ~ **duygusu** Schamgefühl *nt*

utangaç <-cı> *adj* ❶ schüchtern ❷ befangen, verlegen

utangaçlık <-ğı> *s* ❶ Schüchternheit *f* ❷ Befangenheit *f*, Verlegenheit *f*

utanmak *vt* ❶ sich schämen (**-den** vor jdm) ❷ sich genieren (**-meye** etw zu tun)

utanmaz *adj* ❶ schamlos ❷ unverschämt, frech

utanmazlık <-ğı> *s* ❶ Schamlosigkeit *f* ❷ Unverschämtheit *f*, Frechheit *f*

UUİ *s Abk von* **Uluslararası Uzay İstasyonu** die Internationale Weltraumstation

uyak <-ğı> *s* Reim *m*

uyandırmak *vt* ❶ *Kausativ zu* **uyanmak** ❷ (auf)wecken (**-i** jdn) ❸ erwecken (**-i** etw)

uyanık <-ğı> *adj* ❶ wach ❷ (*fig*) aufgeweckt ❸ wachsam ❹ gewieft

uyanıklık <-ğı> *s* ❶ Wachsein *nt* ❷ Achtsamkeit *f*, Umsicht *f* ❸ Schlauheit *f*

uyanmak *vi* ❶ aufwachen, wach werden ❷ vernünftig werden ❸ (*Gefühle*) erweckt werden

uyarı *s* Ermahnung *f*, Mahnung *f*; **uyarıda bulunmak** verwarnen (**-i** jdn)

uyarıcı I. *s* Aufputschmittel *nt* II. *adj* ❶ stimulierend ❷ warnend

uyarlamak *vt* ❶ bearbeiten (**-i** etw) ❷ anpassen (**-i -e** etw an etw)

uyarma *s* ❶ *Verbalsubstantiv zu* **uyarmak** ❷ Ermahnung *f*, Mahnung *f* ❸ Reiz *m*, Stimulus *m*

uyarmak *vt* ❶ mahnen, warnen (**-i** jdn) ❷ stimulieren, anregen (**-i** etw)

uydu *s* ❶ Satellit *m* ❷ Trabant *m*

uydurma I. *s* ❶ *Verbalsubstantiv zu* **uydurmak** ❷ Erfindung *f*, Lüge *f* II. *adj* ❶ erdichtet ❷ (*Arbeit*) oberflächlich gemacht

uydurmak *vt* ❶ (*aufeinander*) abstimmen (**-i** etw) ❷ angleichen, anpassen (**-i -e** etw an etw) ❸ (*fam*) erdichten, erfinden (**-i** etw) ❹ (*fam*) auftreiben (**-i** etw) ❺ (*fam: Angelegenheit*) über die Bühne bringen (**-i** etw)

uydurmasyon I. *s* (*pej*) Hirngespinst *nt* II. *adj* erfunden

uyduruk <-ğu> *adj* ❶ ausgedacht, erfunden ❷ gefälscht

uygar *adj* zivilisiert, kultiviert

uygarlaşmak *vi* zivilisiert werden

uygarlaştırmak *vt* ❶ *Kausativ zu* **uygarlaşmak** ❷ zivilisieren (**-i** jdn/etw)

uygarlık <-ğı> *s* Zivilisation *f*; ~ **tarihi** Kulturgeschichte *f*

uygulama *s* ❶ *Verbalsubstantiv zu* **uy-**

U

gulamak ② praktische Anwendung *f*, Durchführung *f* ③ (*im Gegensatz zu Theorie*) Praxis *f* ④ INFORM Anwendung *f*

uygulamak *vt* (praktisch) anwenden, durchführen (**-i** etw)

uygun *adj* ① entsprechend ② angemessen (**-e** einer Sache) ③ passend (**-e** zu etw) ④ geeignet (**-e** für etw) ⑤ gelegen ⑥ gleichartig ⑦ günstig ⑧ übereinstimmend; ~ **bir fırsatta** bei passender Gelegenheit; ~ **düşmek** angebracht sein; ~ **düşmemek** fehl am Platz sein; ~ **gelmek** recht sein, zusagen (**-e** jdm); ~ **görmek** [*o* **bulmak**] gut finden, begrüßen (**-i** etw)

uygunluk <-ğu> *s* ① Eignung *f* ② Übereinstimmung *f*, Gleichartigkeit *f* ③ Entsprechung *f* ④ Verhältnismäßigkeit *f*

uygunsuz *adj* ① unangebracht ② unanständig ③ ungeeignet ④ ungelegen, ungünstig; ~ **zamanda** zur Unzeit

uyku *s* Schlaf *m;* ~ **hapı** Schlaftablette *f;* ~ **hastalığı** Schlafkrankheit *f;* ~ **ilacı** Schlafmittel *nt;* ~ **tulumu** Schlafsack *m;* ~ **tutmamak** nicht einschlafen können; **uykuda gezer gibi** traumwandlerisch; **uykusu gelmek** müde werden; **uykusunu almak** ausschlafen; **uykuya dalmak** einschlafen; **uykuya yatmak** sich schlafen legen

uykucu I. *s* Langschläfer(in) *m(f)* II. *adj* verschlafen

uykulu *adj* (*Augen, Stimme*) schläfrig; (*Mensch*) schlaftrunken

uykusuz *adj* ① (*Nacht*) schlaflos ② (*Mensch*) unausgeschlafen, übernächtig

uykusuzluk <-ğu> *s* Schlaflosigkeit *f*

uyluk <-ğu> *s* Oberschenkel *m;* ~ **kemiği** Oberschenkelknochen *m*

uymak <-ar> *vi* ① entsprechen (**-e** einer Sache) ② sich anpassen (**-e** an etw) ③ (*Vorschrift*) beachten (**-e** etw) ④ sich eignen (**-e** für etw) ⑤ sich einfügen (**-e** in etw) ⑥ sich einstellen (**-e** auf etw) ⑦ harmonieren (**-e** mit etw) ⑧ übereinstimmen (**-e** mit etw) ⑨ (*Kleider*) passen (**-e** jdm); **birbirine** ~ zueinander passen, zusammenpassen

uyruk <-ğu> *s* Staatsangehörige(r) *f(m)*

uyruksuz *adj* staatenlos

uysal *adj* ① friedlich, ruhig ② nachgiebig ③ gehorsam ④ sanftmütig

uysallık <-ğı> *s* ① Sanftmut *f* ② Nachgiebigkeit *f* ③ Fügsamkeit *f*

uyuklamak *vi* (*fam*) ① dösen ② einnicken

uyuklatmak *vt* ① *Kausativ zu* **uyuklamak** ② einschläfern (**-i** jdn)

uyum *s* ① Harmonie *f*, Einklang *m* ② Anpassung *f* (**-e** an etw); ~ **sağlamak** sich anpassen (**-e** an etw); ~ **sağlatmak** in Einklang bringen (**-i -e** etw mit etw) ③ POL Integration *f;* ~ **politikası** Integrationspolitik *f*

uyumak *vi* ① schlafen ② einschlafen

uyumlu *adj* ① harmonisch ② anpassungsfähig ③ INFORM kompatibel (**ile** mit etw)

uyuntu I. *s* (*fam: Person*) Schlafmütze *f* II. *adj* faul, träge

uyurgezer *s* Schlafwandler(in) *m(f)*

uyuşkan *adj* anpassungsfähig

uyuşmak *vi* ① einig werden, sich einigen (**-e** auf etw) ② (*Körperglied*) einschlafen, steif werden ③ harmonieren (**ile** mit etw/jdm) ④ zusammenpassen

uyuşturmak *vt* ① *Kausativ zu* **uyuşmak** ② betäuben (**-i** jdn/etw) ③ (*Körperglied*) gefühllos machen, steif werden lassen (**-i** etw)

uyuşturucu I. *s* ① Rauschgift, Droge ② (stärkeres) Beruhigungsmittel *nt* II. *adj* betäubend; ~ **bağımlısı** drogenabhängig; ~ **madde** Droge *f*, Rauschgift *nt;* (*Medikament*) Betäubungsmittel *nt*

uyuşuk <-ğu> *adj* ① (*Körperglied*) eingeschlafen, steif ② (*fam*) schlafmützig, träge

uyutmak *vt* ① *Kausativ zu* **uyumak** ② einschläfern (**-i** jdn) ③ (*Kind*) ins Bett bringen, schlafen legen (**-i** jdn) ④ langweilen (**-i** jdn) ⑤ hinhalten, vertrösten (**-i** jdn)

uyuyakalmak *vi* ① einschlafen ② verschlafen

uyuz **I.** *s* ① (*bei Menschen*) Krätze *f* ② (*bei Tieren*) Räude *f* **II.** *adj* ① krätzig ② räudig

uz *adj* ① geeignet, brauchbar ② geschickt, gewandt

uzaduyum *s* Telepathie *f*

uzak <-ğı> **I.** *adj* ① entfernt, fern ② (*Ort*) entlegen, abgelegen ③ fernstehend, fremd (**-den** einer Sache) ④ (*Möglichkeit*) unwahrscheinlich **II.** *s* Ferne *f;* ~ **akrabalar** entfernte Verwandte *pl;* **Uzak Doğu** der Ferne Osten; ~ **durmak** fernstehen (**-den** einer Sache); **o, her türlü riyadan ~ bir insandır** er ist ein Mensch, dem jede Heuchelei fremd ist; ~ **farı** Fernlicht *nt;* ~ **kalmak** fernbleiben, sich distanzieren (**-den** jdm/einer Sache); **uzakta** in der Ferne; **uzaktan** aus der Ferne, von weitem, von weither

uzaklaşmak *vt* ① sich entfernen (**-den** von etw/jdm) ② Abstand nehmen (**-den** von etw) ③ (*Wolken, Gewitter*) sich verziehen

uzaklaştırmak *vt* ① *Kausativ zu* **uzaklaşmak** ② entfernen (**-i -den** etw aus etw) ③ (*aus dem Dienst*) entlassen; (*von der Schule*) verweisen (**-i -den** jdn von etw) ④ (*Gefahr*) abwenden (**-i -den** etw von etw/jdm)

uzaklık <-ğı> *s* ① Entfernung *f* ② Abstand *m* ③ Ferne *f* ④ Strecke *f* ⑤ Abgelegenheit *f*

uzamak *vi* ① länger werden ② sich in die Länge ziehen ③ sich erstrecken ④ (*in die Länge*) wachsen ⑤ sich verzögern

uzanmak *vr* ① *Reflexiv zu* **uzamak** ② (*räumlich*) sich erstrecken, sich ausdehnen (**-e kadar** bis zu etw) ③ sich hinlegen (**yatağa** aufs Bett) ④ greifen, langen (**-e** nach etw) ⑤ (*irgendwohin*) gehen (**-e doğru** bis nach etw)

uzantı *s* ① Verlängerung *f,* Verlängerungsstück *nt* ② Ausläufer *m* ③ INFORM Erweiterung *f*

uzatma *s* ① *Verbalsubstantiv zu* **uzatmak** ② (*Pass-, Frist-*) Verlängerung *f;* **uzatma işareti** Zirkumflex *m*

uzatmak *vt* ① *Kausativ zu* **uzamak** ② (*Pass, Frist*) verlängern (**-i** etw) ③ länger machen (**-i** etw) ④ (*weiten*) dehnen (**-i** etw) ⑤ (*Hand*) ausstrecken (**-i** etw) ⑥ überreichen (**-e -i** jdm etw) ⑦ (*Haare, Bart*) wachsen lassen (**-i** etw) ⑧ (*Angelegenheit*) verzögern (**-i** etw)

uzay *s* Weltraum *m,* All *nt;* ~ **adamı** Raumfahrer(in) *m(f);* ~ **çağı** Raumzeitalter *nt;* ~ **gemisi** Raumfähre *f,* Raumschiff *nt;* ~ **istasyonu** (Welt)raumstation *f;* **Uzay Mekiği** Spaceshuttle *m*

uzaylı **I.** *adj* außerirdisch **II.** *s* Außerirdische(r) *f(m)*

uzlaşmak *vi* ① sich einigen, einig werden (**ile** mit jdm) ② sich versöhnen (**ile** mit jdm)

uzlaşmaz *adj* unversöhnlich

uzlaştırmak *vt* ① *Kausativ zu* **uzlaşmak** ② (*Streit*) schlichten ③ versöhnen (**-i** jdn)

uzman **I.** *s* Experte *m,* Expertin *f,* Sachverständige(r) *f(m),* Spezialist(in) *m(f)* **II.** *adj* sachkundig, fachkundig

uzmanca *adj* fachmännisch

uzmanlaşmak *vi* sich spezialisieren (**-de** auf etw)

uzun *adj* ① lang ② groß ③ (*Weg, Reise*) weit ④ weitschweifig; ~ **atlama** Weitsprung *m;* ~ **boylu** (*Mensch*) groß; (*eingehend*) ausführlich; ~ **dalga** Langwelle *f;* ~ **dönemli** [*o* **vadeli**] langfristig; ~ **kollu** langärmelig; ~ **menzilli füze** Langstreckenrakete *f;* ~ **metrajlı film** Spielfilm *m;* ~ **saçlı** langhaarig; ~ **sözün kısası** kurz und gut; ~ **süre** [*o* **müddet**] auf die Dauer, lange Zeit, lange; ~ **süredir** seit langem; ~ **uzadıya** ausführlich, eingehend; ~ **zaman** [*o* **süre**] lange Zeit, auf die Dauer; ~ **zaman önce** vor langer Zeit; ~ **zamandan beri** seit langer Zeit, schon lange, seit langem

uzunçalar *s* Langspielplatte *f*

uzunluk <-ğu> *s* ❶ Länge *f* ❷ (*Körper-*) Größe *f* ❸ (*pej*) Weitschweifigkeit *f;* ~ **ölçüsü** Längenmaß *nt*

uzuv <-zvu> *s* ❶ (*Körper-*) Glied *nt* ❷ Organ *nt* ❸ Mitglied *nt*

Ü, ü *s 26. Buchstabe des türk. Alphabets*

ücret <-ti> *s* ❶ Lohn *m* ❷ Honorar *nt* ❸ Gage *f* ❹ Gebühr *f;* ~ **anlaşması** Tarifvertrag *m;* ~ **artışı** Lohnerhöhung *f;* ~ **cetveli** Tarif *m;* ~ **farkı** Zuschlag *m;* **ücrete tabi** gebührenpflichtig

ücretli I. *s* Lohnempfänger(in) *m(f)* **II.** *adj* gebührenpflichtig

ücretsiz *adj* gebührenfrei, kostenlos; ~ **tarife** Nulltarif *m*

üç <-çü> *num* drei; ~ **bin** dreitausend; ~ **boyutlu** dreidimensional; ~ **boyutlu grafik** 3-D-Grafik *f;* ~ **buçuk** dreieinhalb; ~ **aylık** vierteljährlich; ~ **çeyrek** drei viertel; ~ **katı** [*o* **misli**] dreifach; ~ **köşeli** dreieckig; ~ **tekerlekli bisiklet** Dreirad *nt;* ~ **türlü** dreierlei; ~ **yüz** dreihundert; **üçer** je drei; **üçer üçer** in Dreiergruppen; **üçte bir** ein Drittel *nt*

üçgen I. *s* Dreieck *nt* **II.** *adj* dreieckig

üçkâğıtçı *s* (*fam*) Betrüger(in) *m(f)*

üçkâğıtçılık <-ğı> *s* Betrug *m*

üçleme *s* Trilogie *f*

üçlü I. *s* Trio *nt* **II.** *adj* dreiteilig

üçüncü *adj* dritte(r, s); **Üçüncü Dünya** die Dritte Welt; ~ **olarak** als Dritte(r, s); ~ **sınıf** drittklassig; ~ **ülke** Drittland *nt;* **üçüncüsü** drittens

üçüz *s* Drilling *m*

üfleç <-ci> *s* Düse *f*

üflemek *vt* ❶ blasen, pusten (**-e** auf etw) ❷ (*Luftballon*) aufblasen (**-i** etw) ❸ ausblasen, auspusten (**-i** etw) ❹ (*Staub*) wegblasen (**-i** etw) ❺ (*Flöte*) spielen (**-i** etw)

üfürükçü *s* Wunderdoktor *m*

Ülis *s* Odysseus *m*

ülke *s* Land *nt,* Staat *m;* **ülkeler arası telefon görüşmesi** Auslandsgespräch *nt*

ülkü *s* Ideal *nt*

ülkücü I. *s* Idealist(in) *m(f)* **II.** *adj* idealistisch

ülkücülük <-ğü> *s* Idealismus *m*

ülküsel *adj* idealistisch

ülser *s* Geschwür *nt*

ültrason *s* Ultraschall *m;* ~ **muayenesi** Ultraschalluntersuchung *f*

ültraviyole I. *adj* ultraviolett **II.** *s* ultraviolette Strahlen *pl;* ~ **ışını** UV-Strahlung

ümit <-di> *s* ❶ Hoffnung *f* ❷ Erwartung *f;* ~ **ederim** (**ki**) hoffentlich; ~ **etmek** hoffen (**-i** etw); ~ **ışığı** Lichtblick *m;* **ümidini kesmek** [*o* **kırmak**] die Hoffnung aufgeben

ümitlendirmek *vt* ① *Kausativ zu* **ümitlenmek** ② Hoffnung machen (**-i** jdm)

ümitlenmek *vi* Hoffnung fassen, sich Hoffnungen machen

ümitli *adj* hoffnungsvoll, zuversichtlich

ümitsiz *adj* ① hoffnungslos ② aussichtslos, verzweifelt

ümitsizlik <-ği> *s* Verzweiflung *f*, Hoffnungslosigkeit *f*; **ümitsizliğe düşmek** verzweifeln; **ümitsizliğe düşürmek** zur Verzweiflung bringen (**-i** jdn); **ümitsizliğe kapılmak** ganz verzweifelt sein

ümitvar *adj* hoffnungsvoll; **~ olmak** guter Hoffnung sein

ün *s* ① Ruhm *m* ② Ruf *m* ③ Stimme *f*

üniforma *s* Uniform *f*

üniformalı *adj* uniformiert

üniversite *s* Universität *f*; **~ arkadaşı** Kommilitone *m*, Kommilitonin *f*; **~ kliniği** Universitätsklinik *f*; **~ mezunu** Akademiker(in) *m(f)*; **~ öğrencisi** Student(in) *m(f)*; **üniversiteye kayıt** Immatrikulation *f*

üniversiteli *s* Student(in) *m(f)*

ünlem *s* Interjektion *f*; **~ işareti** Ausrufezeichen *nt*

ünlü I. *adj* berühmt, bekannt II. *s* ① Selbstlaut *m*, Vokal *m* ② (*Person*) Berühmtheit *f*

ünsüz I. *adj* ruhmlos II. *s* Mitlaut *m*, Konsonant *m*

ünvan *s* Titel *m*

Ürdün *s* Jordanien *nt*

üreme *s* ① *Verbalsubstantiv zu* **üremek** ② Fortpflanzung *f*; **~ organları** Genitalien *pl*

üremek *vi* sich fortpflanzen

üretici *s* Hersteller(in) *m(f)*, Produzent(in) *m(f)*

üretim *s* Herstellung *f*, Produktion *f*; **~ tarihi** Herstellungsdatum *nt*

üretmek *vt* ① *Kausativ zu* **üremek** ② herstellen, erzeugen, produzieren (**-i** etw) ③ (*Pflanzen, Perlen*) züchten (**-i** etw)

ürkek <-ği> *adj* ① scheu ② schüchtern

ürkeklik <-ği> *s* ① Scheu *f* ② Schüchternheit *f*

ürkmek <-er> *vi* ① (*vor Schreck*) zurückweichen ② erschrecken (**-den** über etw/jdn) ③ (*Pferd*) scheuen

ürküntü *s* (plötzlicher) Schreck *m*

ürkütmek *vt* ① *Kausativ zu* **ürkmek** ② erschrecken (**-i** jdn)

ürkütücü *adj* erschreckend

ürolog *s* Urologe, Urologin *m, f*

ürpermek *vi* schaudern, zittern

ürün *s* ① Produkt *nt*, Erzeugnis *nt* ② Ernte *f*; **~ yelpazesi** Produktpalette *f*

üs <-ssü> *s* ① Stützpunkt *m* ② Exponent *nt*; **iki üssü üç** zwei hoch drei

üslemek *vt* stationieren (**-i** jdn)

üst <-tü> I. *s* ① das Obere ② Oberseite *f* ③ Außenseite *f* ④ Kleidung *f* ⑤ Vorgesetzte(r) *f(m)* ⑥ Rest *m* II. *adj* ① obere(r, s), Ober- ② weiter folgend ③ restlich; **~ aranması** Leibesvisitation *f*; **~ baş** Kleidung *f*; **~ dudak** Oberlippe *f*; **~ gövde** Oberkörper *m*; **~ kol** Oberarm *m*; **~ kısım** obere(r) Teil *m*; **~ sınıf** Oberklasse *f*; **~ tabaka** Oberschicht *f*; **~ taraf** obere(r) Teil *m*; **~ üste** aufeinander, übereinander, nacheinander; **üstte** oben; **üstünü aramak** (*Leibesvisitation*) durchsuchen (**-in** jdn); **üstünü değiş(tir)mek** sich umziehen

üstat <-dı> *s* Meister *m*

üstçene *s* Oberkiefer *m*

üsteğmen *s* Oberleutnant *m*

üstelemek *vi* ① hinzukommen (**-e** zu etw) ② (*Krankheit*) erneut auftreten ③ hartnäckig sein

üstelik <-ği> I. *adv* obendrein II. *s* Zugabe *f*

üstgeçit <-di> *s* (Verkehrs)überführung *f*

üstinsan *s* überragende Persönlichkeit, Genie *nt*

üstlenmek *vt* (*Rolle, Verantwortung*) übernehmen (**-i** etw)

üstsüz *adv* oben ohne
üstün *adj* ❶ überlegen, überragend ❷ unübertrefflich; ~ **gelmek** übertreffen (-**e** jdn/etw), die Oberhand gewinnen; ~ **kuvvet** Übermacht *f;* ~ **tutmak** vorziehen (-**i** -**den** etw einer Sache)
üstünde I. *präp* (*Ort*) auf, über (-**in** +*dat*) II. *adv* ❶ (*örtlich*) darauf ❷ oben; ~ **durmak** sich konzentrieren (-**in** auf etw)
üstüne *präp* ❶ (*Richtung*) über, auf (-**in** +*akk*) ❷ (*betreffs*) über (... +*akk*) ❸ (*zeitlich*) nach ❹ (*schwören*) auf, bei; ~ **almak** etwas auf sich nehmen; (*als Aufgabe übernehmen*) sich zu etwas verpflichten; (*etwas auf sich beziehen*) sich getroffen fühlen; (*Decke, Mantel*) über sich legen (-**i** etw); **birinin/bir şeyin** ~ **atılmak** sich auf jdn/etwas stürzen; ~ **atlamak** herfallen (-**in** über etw); **bir şeyi birinin** ~ **atmak** jdm etwas in die Schuhe schieben; ~ **üstlük** obendrein; **birinin** ~ **yürümek** auf jdn losgehen; ~ **yazmak** (*Datei*) überschreiben (-**in** etw)
üstünkörü *adj* (*fam*) schlampig, oberflächlich
üstünlük <-ğü> *s* ❶ Überlegenheit *f* ❷ Oberhand *f* ❸ Priorität *f*
üşengeç <-ci> *adj* faul, träge
üşengeçlik <-ği> *s s.* **üşeniklik**
üşenik <-ği> *adj s.* **üşengeç**
üşeniklik <-ği> *s* Faulheit *f,* Trägheit *f*
üşenmek *vi* zu faul sein (-**meye** etw zu tun)
üşümek *vi* frieren; **üşüyorum** mir ist kalt, ich friere
üşüşme *s* ❶ *Verbalsubstantiv zu* **üşüşmek** ❷ Zulauf *m,* Zustrom *m*
üşüşmek *vi* (*Menschen*) zusammenströmen (-**e** in etw)
üşütme *s* ❶ *Verbalsubstantiv zu* **üşütmek** ❷ Erkältung *f*
üşütmek *vt* ❶ *Kausativ zu* **üşümek** ❷ sich erkälten; **üşütmüş** er/sie ist erkältet
ütopi *s* Utopie *f*
ütopik <-ği> *adj* utopisch
ütü *s* ❶ Bügeleisen *nt* ❷ Bügeln *nt* ❸ Bügelwäsche *f;* ~ **cenderesi** (Wäsche)mangel *f;* ~ **çizgisi** Bügelfalte *f;* ~ **istemeyen** bügelfrei; ~ **tahtası** Bügelbrett *nt;* ~ **yapmak** bügeln
ütülemek *vt* bügeln (-**i** etw)
üvey *adj* Stief-; ~ **ana** [*o* **anne**] Stiefmutter *f;* ~ **baba** Stiefvater *m;* ~ **çocuk** Stiefkind *nt;* ~ (**erkek**) **kardeş** Stiefbruder *m;* ~ (**kız**) **kardeş** Stiefschwester *f;* ~ **kız** Stieftochter *f;* ~ **oğul** Stiefsohn *m*
üye *s* Mitglied *nt;* ~ **olmak** Mitglied werden (-**e** von etw)
üyelik <-ği> *s* Mitgliedschaft *f;* ~ **kartı** Mitgliedskarte *f*
üzengi *s* Steigbügel *m*
üzere *konj* ❶ (*nach Infinitiv*) um zu ❷ (*nach Infinitiv*) unter der Bedingung, dass ... ❸ wie; **evden çıkmak üzereydi** er war gerade im Begriff, das Haus zu verlassen; **daha önce söylendiği** ~ wie schon vorher gesagt; **eve gitmek** ~ **yola çıktı** er machte sich auf, um nach Hause zu gehen
üzerinde I. *präp* ❶ (*Ort*) auf, über (-**in** +*dat*) ❷ (*betreffs*) über (... +*akk*); **bir şeyin** ~ **durmak** etw hervorheben, auf etw bestehen; **birinin** ~ (**iyi**) **etki bırakmak** auf jdn Eindruck machen II. *adv* darauf, darüber
üzerinden *präp* ❶ von ... weg, über ... weg ❷ (*Route*) über (... +*akk*); **Münih** ~ **geldi** sie ist über München gekommen
üzerine I. *präp* ❶ (*Richtung*) über, auf (-**in** +*akk*) ❷ (*betreffs*) über (... +*akk*) II. *adv* darauf, darüber; ~ **almak** etwas auf sich beziehen; (*Decke, Mantel*) über sich legen (-**i** etw), sich annehmen (-**i** jds/einer Sache)
üzgün *adj* traurig, betrübt, unglücklich;

(**çok**) **üzgünüm** ich bin (sehr) traurig
üzmek <-er> *vt* ① traurig machen (**-i** jdn) ② (*seelisch*) wehtun (**-i** jdm)
üzücü *adj* ① bedauerlich ② verdrießlich
üzülmek *vi* ① *Passiv zu* **üzmek** ② traurig sein ③ beklagen (**-e** etw) ④ bedauern (**-e** etw) ⑤ sich Sorgen machen (**-e** über etw/jdn)
üzüm *s* Weintraube *f;* ~ **salkımı** Traubenbüschel *nt;* ~ **suyu** Traubensaft *m;* ~ **tanesi** einzelne Weintraube *f*
üzüntü *s* ① Sorge *f* ② Traurigkeit *f* ③ Bedauern *nt* ④ Ärger *m;* ~ **vermek** Sorge bereiten (**-e** jdm); **üzüntüsünü dile getirmek** sein Bedauern zum Ausdruck bringen
üzüntülü *adj* ① betrübt, traurig, unglücklich ② (*Sache*) beunruhigend ③ (*Person*) verärgert
üzüntüsüz *adj* sorgenlos

V v

V, v *s 27. Buchstabe des türk. Alphabets*
vaat <-di> *s* ① Versprechen *nt* ② Gelöbnis *nt;* ~ **etmek** versprechen, geloben (**-i** etw)
vaaz *s* Predigt *f;* ~ **etmek** predigen
vade *s* ① Frist *f* ② Laufzeit *f* ③ Zahlungstermin *m*
vadeli *adj* befristet; **kısa** ~ kurzfristig; **uzun** ~ langfristig; **kısa/uzun** ~ auf kurze/lange Sicht
vadetmek <-der> *vt* versprechen (**-i** etw)
vadi *s* Tal *nt*
vaftiz *s* (*christlich*) Taufe *f;* ~ **adı** Taufname *m;* ~ **anası** Taufpatin *f;* ~ **babası** Taufpate *m;* ~ **çanağı** Taufbecken *nt;* ~ **etmek** taufen (**-i** jdn); ~ **evladı** Patenkind *nt*
vagina *s* Vagina *f*
vagon *s* (*Eisenbahn-*) Wagen *m,* Waggon *m;* ~ **restoran** Speisewagen *m*
vaha *s* Oase *f*
vahiy <-hyi> *s* (göttliche) Offenbarung *f*
vahşi **I.** *adj* ① wild ② grausam, brutal ③ ungehobelt, unzivilisiert **II.** *s* Wilde(r) *f(m);* ~ **orman** Urwald *m*
vahşilik <-ği> *s* ① Wildheit *f* ② Brutalität *f*
vahyetmek <-der> *vi* offenbaren (**-e -i** jdm etw)
vaiz *s* Prediger *m*
vaka *s* Geschehnis *nt,* Ereignis *nt*
vakfetmek <-der> *vt* ① vermachen, stiften (**-e -i** jdm etw) ② widmen (**-e -i** jdm etw)
vakıf <-kfı> *s* Stiftung *f*
vakit <-kti> *s* Zeit *f;* ~ **daraldı** es ist (höchste) Zeit; ~ **darlığı çekmek** unter Zeitdruck sein; ~ **geçirmek** sich die Zeit vertreiben, die Zeit verbringen (**bir şey yaparak** mit etw); ~ **harcamak** Zeit verschwenden; ~ **kaybetmek** Zeit verlieren; ~ **öldürmek** die Zeit totschlagen
vakitli *adv* ① pünktlich, rechtzeitig ② zur passenden Zeit
vakitsiz *adj* ① vorzeitig ② unpünktlich ③ ungelegen
vakti <-ni> *s Possessivform zu* **vakit** die Zeit von ...
vaktinde *adv* ① rechtzeitig ② pünktlich
vaktiyle *adv* ① früher, damals ② rechtzeitig
vakum *s* Vakuum *nt*
vakvak etmek *vi* ① (*Frosch, Ente*) quaken ② (*Gans*) schnattern

valeryan *s* Baldrian *m*
valf *s* ① Ventil *nt* ② Röhre *f*
valiz *s* (Hand)koffer *m*
valla(h), vallahi *interj* (*Schwurformel*) bei Gott!
vals *s* (*Tanz*) Walzer *m*
vampir *s* Vampir *m*
vana *s* Ventil *nt*
Van Gölü *s* Vansee *m* (*großer See in Ostanatolien*)
vanilya *s* Vanille *f*
vanilyalı *adj* mit Vanille; ~ **dondurma** Vanilleeis *nt*
vantilatör *s* Ventilator *m*
vantrlok <-ku> *s* Bauchredner(in) *m(f)*
vapur *s* ① Dampfer *m* ② Schiff *nt;* ~ **şirketi** Reederei *f*
var I. *adv* ① es gibt ... ② ... ist/sind da ③ haben, besitzen; **arabamız** ~ wir haben ein Auto; **sizde ... var mı?** haben Sie ...?; **ne** ~ **ki** jedoch II. *adj* ① bestehend, vorhanden ② anwesend; ~ **etmek** hervorbringen, erschaffen (**-i** etw) III. *s* Besitztum *nt,* Habe *f*
vardiya *s* ① Deckwache *f* ② Arbeitsschicht *f*
vargı *s* Schlussfolgerung *f*
varış *s* Ankunft *f*
varil *s* Fass *nt,* Tonne *f*
varis *s* ① Krampfader *f* ② Erbe *m,* Erbin *f*
varlık <-ğı> *s* ① Dasein *nt* ② Geschöpf *nt* ③ Reichtum *m,* Vermögen *nt;* ~ **vergisi** Vermögenssteuer *f*
varlıklı *adj* vermögend, reich, wohlhabend
varlıksız I. *adj* besitzlos, mittellos II. *s* Habenichts *m*
varmak <-ır> *vi* ① ankommen (**-e** in etw) ② erreichen (**-e** etw) ③ führen (zu), enden (mit) (**-e** mit etw) ④ (*fam*) heiraten (**-e** jdn)
varolma *s* Existenz *f*
varoluşçuluk <-ğu> *s* Existenzialismus *m*
varoluşsal *adj* ontologisch
varsayılan değer *s* INFORM Default(wert) *m*
varsayım *s* ① Hypothese *f* ② Unterstellung *f*
varsayımlı *adj* hypothetisch
varsaymak *vt* ① annehmen (**-i** etw) ② voraussetzen (**-i** etw)
Varşova *s* Warschau *nt*
varyant <-tı> *s* ① Variante *f* ② (*Verkehr*) Umleitung *f*
varyete *s* Varieté *nt*
vasat <-tı> I. *s* ① Mitte *f* ② Durchschnitt *m* II. *adj* durchschnittlich, mittelmäßig
vasati *adj* ① mittlere(r, s) ② durchschnittlich
vasıf <-sfı> *s* ① Eigenschaft *f* ② Charakterzug *m,* Merkmal *nt*
vasıta *s* ① Fahrzeug *nt* ② Mittel *nt* ③ Vermittler(in) *m(f)* ④ Vermittlung *f;* **vasıtasıyla** anhand, mittels (**...** +*gen*), durch (**...** +*akk*)
vasi *s* ① Vormund *m* ② Erblasser(in) *m(f)* ③ Treuhänder(in) *m(f)* ④ Testamentsvollstrecker(in) *m(f)*
vasilik <-ği> *s* Vormundschaft *f*
vasiyet <-ti> *s* ① letzter Wille, Vermächtnis *nt* ② Testament *nt*
vasiyetname *s* Testament *nt*
vaşak <-ğı> *s* Luchs *m*
vat <-tı> *s* Watt *nt*
vatan *s* ① Heimat *f,* Heimatland *nt,* Vaterland *nt* ② Ursprungsland *nt;* ~ **haini** Vaterlandsverräter(in) *m(f)*
vatandaş *s* ① (*aus demselben Land*) Landsmann *m,* Landsmännin *f* ② Staatsangehörige(r) *f(m)* ③ Mitbürger(in) *m(f)*
vatandaşlık <-ğı> *s* ① Staatsangehörigkeit *f* ② Volksgemeinschaft *f;* **vatandaşlıktan çıkarmak** ausbürgern (**-i** jdn)
vatanperver I. *s* Patriot(in) *m(f)* II. *adj* patriotisch
vatansız *adj* ① heimatlos ② staatenlos

Vatikan *s* Vatikan *m*
vay *interj* ① Mensch! ② nanu!; ~ **canına!** Donnerwetter!; ~ **haline!** wehe dir!
vazgeçilemez *adj* unentbehrlich
vazgeçmek *vi* ① verzichten (**-den** auf etw) ② ablassen (von), aufgeben (**-den** etw) ③ es sich anders überlegen
vazife *s* ① Pflicht *f* ② Funktion *f* ③ Amt *nt* ④ Auftrag *m*
vaziyet <-ti> *s* ① Zustand *m* ② Haltung *f*, Stellung *f*
vazo *s* (Blumen)vase *f*
ve *konj* und; ~ **başkaları** und andere(s); ~ **bu da** und zwar; ~ **saire** und so weiter
veba *s* Pest *f*
vecize *s* ① Motto *nt*, Maxime *f* ② geflügeltes Wort
veda *s* Abschied *m*; ~ **etmek** Abschied nehmen, sich verabschieden (**-e** von jdm/etw)
vedalaşmak *vi* Abschied nehmen von, sich verabschieden (**ile** von jdm)
vefa *s* Treue *f*, Loyalität *f*
vefalı *adj* treu, loyal (**-e** jdm)
vefasız *adj* treulos, untreu
vefasızlık <-ğı> *s* Untreue *f*
vefat <-tı> *s* Ableben *nt*, Tod *m*; ~ **etmek** sterben, verscheiden
vegan *s* Veganer(in) *m(f)*
vejetaryen **I.** *s* Vegetarier(in) *m(f)* **II.** *adj* vegetarisch
vekalet <-ti> *s* ① (Stell)vertretung *f* ② Vollmacht *f* ③ Prozessvertretung *f* ④ Ministerium *nt*
vekaletname *s* (*Dokument*) Vollmacht *f*
vekil *s* ① Stellvertreter(in) *m(f)* ② Minister(in) *m(f)*
vekillik <-ği> *s* (*im Amt*) Vertretung *f*
veli *s* ① Vormund *m* ② Erziehungsberechtigte(r) *f(m)*
veliaht <-dı> *s* Kronprinz *m*
velodrom *s* Radrennbahn *f*
Venezüela *s* Venezuela *nt*
veranda *s* Veranda *f*
veraset <-ti> *s* ① Erbschaft *f* ② Vererbung *f*; ~ **vergisi** Erbschaftssteuer *f*
verecek <-ği> *s* Schuld *f*
verecekli *s* Schuldner(in) *m(f)*
verem *s* Tuberkulose *f*, Schwindsucht *f*
veremli *adj* schwindsüchtig
veresiye *adv* auf Kredit; ~ **almak** anschreiben lassen (**-i** etw)
verev *adj, adv* schräg
vergi *s* ① Steuer *f* ② Veranlagung *f* ③ Gabe *f*; ~ **adaleti** Steuergerechtigkeit *f*; ~ **beyanı** Steuererklärung *f*; ~ **dairesi** Finanzamt *nt*; ~ **danışmanı** [*o* **uzmanı**] Steuerberater(in) *m(f)*; ~ **derecesi** Steuerklasse *f*; ~ **iadesi** Steuerrückerstattung *f*; ~ **indirimi** Steuersenkung *f*; ~ **kaçakçılığı** Steuerhinterziehung *f*; ~ **kaçırmak** Steuern hinterziehen; ~ **mükellefi** Steuerzahler(in) *m(f)*; ~ **muafiyeti** Steuerfreiheit *f*; ~ **reformu** Steuerreform *f*; **vergiden muaf** steuerfrei; **vergiye tabi** steuerpflichtig
vergisiz *adj* steuerfrei
veri *s* ① Angaben *pl* ② Daten *pl*; ~ **akışı** Datenfluss *m*; ~ **aktarımı** Datenübertragung *f*; ~ **alışverişi** [*o* **değiş tokuşu**] Datenaustausch *m*; ~ **bankası** Datenbank *f*; ~ **girişi** Dateneingabe *f*; ~ **hızı** Übertragungsrate *f* (*von Daten*); ~ **paketi** Datenpaket *nt*; ~ **portu** Datenschnittstelle *f*; ~ **transferi** Datentransfer *m*
verici *s* Sender *m*
verim *s* ① Ertrag *m* ② Leistung *f* ③ Produktivität *f*
verimli *adj* ① einträglich, ergiebig, ertragreich ② fruchtbar ③ leistungsfähig ④ produktiv ⑤ rentabel
verimlilik <-ği> *s* ① Fruchtbarkeit *f* ② Einträglichkeit *f* ③ Leistungsfähigkeit *f* ④ Produktivität *f* ⑤ Rentabilität *f*
verimsiz *adj* ① unfruchtbar ② nicht einträglich ③ nicht leistungsfähig ④ unproduktiv ⑤ unrentabel

verit <-di> *s* Vene *f*; ~ **iltihabı** Venenentzündung *f*

veritabanı <-nı> *s* INFORM Datenbasis *f*

vermek <-ir> *vt* ① geben (-**e** -**i** jdm etw) ② hergeben (-**i** etw) ③ schenken (-**e** -**i** jdm etw) ④ abgeben, aushändigen (-**e** -**i** jdm etw) ⑤ (*Annonce, Hausaufgabe*) aufgeben (-**e** -**i** jdm etw) ⑥ (*Pass, Scheck*) ausstellen (-**e** -**i** jdm etw) ⑦ einreichen (-**i** -**e** etw bei jdm) ⑧ (*Titel, Orden, Preis*) verleihen (-**e** -**i** jdm etw) ⑨ (*Licht, Bild*) werfen (-**i** etw) ⑩ (*Schaden, Schmerz*) zufügen (-**e** -**i** jdm etw) ⑪ (*Früchte*) tragen, hervorbringen (-**i** etw) ⑫ (*Werk*) schaffen (-**i** etw) ⑬ (*Party*) geben, veranstalten (-**i** etw) ⑭ (*Zeit*) widmen (-**i** -**e** etw einer Sache) ⑮ (*Prüfung*) ablegen (-**i** etw)

vermut <-tu> *s* Wermut *m*

vernik <-ği> *s* ① Firnis *m*, Lack *m* ② Politur *f* ③ Lackierung *f*

verniklemek *vt* lackieren (-**i** etw)

versiyon *s* FILM Fassung *f*, Version *f*

vesika *s* ① Dokument *nt* ② Ausweis *m* ③ Lebensmittelkarte *f*

vesikalık *adj* dokumententauglich, für ein Dokument geeignet; ~ **fotoğraf** Passbild *nt*

vesile *s* ① Anlass *m*, Grund *m* ② günstiger Umstand

Vestfalya *s* Westfalen *nt*

vestiyer *s* (*Kleider-*) Ablage *f*, Garderobe *f*

veter *s* Sehne *f*

veteriner *s* Tierarzt *m*, Tierärztin *f*

veto *s* Veto *nt*; ~ **etmek** ein Veto einlegen (-**i** gegen etw); ~ **hakkı** Vetorecht *nt*

vetolamak *vi* sein Veto einlegen

veya(hut) *konj* oder, beziehungsweise

vezir *s* ① HIST Wesir *m* ② (*beim Schach*) Dame *f*

vezne *s* ① Kasse *f* ② Kassenschalter *m*, Kasse *f*

veznedar *s* (*auf einer Bank*) Kassierer(in) *m(f)*

vınlamak *vi* ① (*Geschoss*) sausen ② summen, surren

vırvırcı *s* Nörgler(in) *m(f)*

vır vır etmek *vi* (*fam*) ① meckern, nörgeln ② quatschen

vız *adv* summ (*Lautmalerei des Summens*); **bana ~ gelir** (*fam*) ich pfeife darauf, das ist mir schnuppe

vızılda(n)mak *vi* ① schwirren ② (*Insekt*) summen ③ nörgeln

vızıltı *s* ① Summen *nt* ② Nörgelei *f*

vızlamak *vi s.* **vızıldamak**

viagra® *s* Viagra® *nt*

vicdan *s* Gewissen *nt*; ~ **azabı** Gewissensbisse *pl*; ~ **azabı duymak** [*o* **çekmek**] ein schlechtes Gewissen haben; **vicdanı rahat olmak** ein gutes Gewissen haben; **elini vicdanına koy!** Hand aufs Herz!

vicdanen *adv* nach bestem Wissen und Gewissen

vicdanlı *adj* ① gewissenhaft ② menschlich, human ③ gerecht

vicdansız *adj* ① gewissenlos ② brutal, unmenschlich ③ gemein, ungerecht

vida *s* ① Schraube *f* ② Schraubengewinde *nt*; ~ **anahtarı** Schraubenschlüssel *m*; ~ **dişi** Gewinde *nt*; ~ **somunu** Schraubenmutter *f*

vidalamak *vt* anschrauben (-**i** etw)

video *s* Video *m*; ~ **aleti** Videorecorder *m*; ~ **dükkanı** Videothek *f*; ~ **filmi** Videofilm *m*; ~ **kamerası** Videokamera *f*; ~ **kartı** Videokarte *f*; ~ **kaseti** Videokassette *f*; ~ **oyunu** Videospiel *nt*

videofon *s* Bildtelefon *nt*

Vietnam *s* Vietnam *nt*

vilayet <-ti> *s* ① Provinz *f* ② (türkischer) Regierungsbezirk *m* ③ Regierungspräsidium *nt*

villa *s* Villa *f*

vinç <-ci> *s* (Hebe)kran *m*

viraj *s* Kurve *f*

virajlı *adj* kurvenreich

viral *adj* MED viral

V

virgül *s* Komma *nt*
virtüoz *s* Virtuose, Virtuosin *m, f*
virüs *s* Virus *nt o m;* ~ **bulaşmış olan** INFORM virenverseucht; ~ **enfeksiyonu** Virusinfektion *f;* ~ **programı** (Anti)virenprogramm *nt;* ~ **tarama programı** INFORM Virenscanprogramm *nt*
viski *s* Whisky *m*
viskoz *s* Viskose *f*
vişne *s* Sauerkirsche *f*
vitamin *s* Vitamin *nt;* ~ **eksikliği** Vitaminmangel *m*
vitaminli *adj* vitaminreich
vitaminsiz *adj* vitaminarm
vitaminsizlik <-ği> *s* Vitaminmangel *m*
vites *s* AUTO Gang *m;* ~ **değiştirmek** schalten; ~ **kolu** Schalthebel *m*
vitrin *s* ① Schaufenster *nt* ② Glasschrank *m,* Vitrine *f*
viyaklamak *vi* (*Baby*) plärren
Viyana *s* Wien *nt*
viyola *s* Viola *f,* Bratsche *f*
viyolensel *s* Violoncello *nt,* Cello *nt*
vize *s* ① Visum *nt* ② Gegenzeichnung *f,* Abzeichnung *f*
vizite *s* ① Visite *f* ② Arzthonorar *nt*
vizon *s* (*auch Pelz*) Nerz *m*
vizyon *s* Vision *f;* ~ **sahibi** Visionär(in) *m(f)*
volan *s* ① Federball *m* ② Schwungrad *nt* ③ Volant *m* ④ (*im Auto*) Lenkrad *nt;* (*im Flugzeug*) Steuerknüppel *m*
voleybol *s* Volleyball *m*
volkan *s* Vulkan *m*
volkanik *adj* vulkanisch
volt <-tu> *s* Volt *nt*
voltaj *s* (elektrische) Spannung *f*
votka *s* Wodka *m*
vs. *adv Abk von* **ve saire** usw., etc.
vuku <-uu> *s* Geschehen *nt;* ~ **bulmak** geschehen, stattfinden
vurdumduymaz *adj* ① gleichgültig ② (*fam*) dumm, beschränkt; ~ **olmak** (*fam*) ein dickes Fell haben
vurgu *s* ① Betonung *f,* Akzent *m* ② Nachdruck *m*
vurgulamak *vt* (*a. fig*) akzentuieren, betonen (**-i** etw)
vurgulu *adj* betont
vurgun **I.** *s* ① Spekulationsgewinn *m* ② (*Ernte-*) Schaden *m* **II.** *adj* verliebt (**-e** in jdn)
vurguncu *s* Spekulant(in) *m(f),* Abzocker(in) *m(f)*
vurgunculuk <-ğu> *s* Spekulation *f*
vurgusuz *adj* unbetont
vurma *s* ① *Verbalsubstantiv zu* **vurmak** ② ~ **çalgı** Schlaginstrument *nt*
vurmak <-ur> *vt* ① schlagen (**-e** auf/gegen etw) ② abschlagen (**-i** etw) ③ (*Nagel*) einschlagen (**-i -e** etw in etw) ④ klopfen (**-e** an/gegen etw) ⑤ (*Herz, Puls*) pochen, schlagen ⑥ erschießen (**-i** etw/jdn) ⑦ sich stoßen (**kolunu -e** den Arm an etw) ⑧ (*Uhr*) schlagen (**beşi** fünf) ⑨ (*in eine bestimmte Richtung*) gehen (**sola** nach links) ⑩ (*Licht*) dringen (**-e** in etw) ⑪ (*Ziel*) treffen (**-i** etw) ⑫ (*Lotto*) gewinnen ⑬ (*fam: Geld*) herausschlagen (**-i** etw) ⑭ (*jdm gesundheitlich*) nicht bekommen (**-i** jdm) ⑮ (*Farbe*) auftragen (**-i -e** etw auf etw) ⑯ (*Handschellen*) anlegen (**-e -i** jdm etw) ⑰ (*fam: trinken*) einen heben
vurulmak *vi* ① *Passiv zu* **vurmak** ② sich verlieben (**-e** in jdn)
vuruş *s* ① Schlag *m* ② (*Fußball*) Schuss *m*
vuruşmak *vi* ① *Reflexiv zu* **vurmak** ② sich schlagen (**ile** mit jdm) ③ miteinander kämpfen
vücut <-du> *s* ① Körper *m,* Leib *m* ② Dasein *nt,* Existenz *f;* ~ **ağırlığı** Körpergewicht *nt;* ~ **bakımı** Körperpflege *f;* ~ **geliştirme** Bodybuilding *nt*

Ww

W, w *s eigentlich kein Buchstabe des türkischen Alphabets; kommt nur in einigen Fremdwörtern vor*

walkman® *s* Walkman® *m*

Web *s* INET Web *nt;* ~ **sayfası** Webseite *f;* ~ **server** Server *m;* ~ **sitesi** Website *f;* ~ **tabanlı** webbasiert; ~ **tasarımı** Webdesign *nt*

Y, y *s 28. Buchstabe des türk. Alphabets*

ya **I.** *adv* ❶ (*in der Gegenfrage*) und ❷ (*bei einer entgegengesetzten Meinung*) und wenn ... doch, und wenn ... nicht ❸ (*bei Verstärkung*) ganz besonders, und erst ❹ (*Bejahung*) ja ❺ (*bei Bedauern oder Verwunderung*) so ist es also ❻ *nachgestellt* doch, gewiss ❼ na also, endlich **II.** *interj* ~ **Rabbim!** mein Gott! **III.** *konj, interj* ~ **...** ~ (**da**) ... entweder ... oder ...

yaban **I.** *s* ❶ Wildnis *f* ❷ (*fam*) Fremde(r) *f(m)* ❸ (*fam*) fremde Leute *pl* **II.** *adj* ❶ (*fam*) fremd ❷ (*bei Pflanzen und Tieren*) wild, Wild-

yabanarısı <-nı> *s* ❶ Hummel *f* ❷ Wespe *f*

yabancı **I.** *s* ❶ Ausländer(in) *m(f)* ❷ Fremde(r) *f(m)* **II.** *adj* ❶ ausländisch ❷ fremd ❸ fremdartig, nicht vertraut; ~ **dil** Fremdsprache *f;* ~ **düşmanı** ausländerfeindlich; ~ **düşmanlığı** Ausländerfeindlichkeit *f;* ~ **işçi** Gastarbeiter(in) *m(f);* ~ **madde** Fremdkörper *m;* ~ **sözcük** [*o* **kelime**] Fremdwort *nt;* **buranın yabancısıyım** ich bin hier fremd; **yabancılar dairesi** Ausländeramt *nt*

yabancılaşmak *vi* ❶ sich entfremden ❷ fremd werden

yabancılaştırmak *vt* ❶ *Kausativ zu* **yabancılaşmak** ❷ entfremden (**-i** jdn/etw)

yabandomuzu <-nu> *s* Wildschwein *nt*

yabangülü <-nü> *s* ❶ Heckenrose *f* ❷ Hundsrose *f*

yabani *adj* ❶ (*Tier, Pflanze*) wild ❷ menschenscheu ❸ (*Mensch*) grob; ~ **ot** Unkraut *nt*

yabankeçisi <-ni> *s* Steinbock *m*

yabanmersini <-ni> *s* ❶ Blaubeere *f* ❷ Heidelbeere *f*

yadırgamak *vt* als fremd empfinden (**-i** jdn/etw)

yadsımak *vt* bestreiten, abstreiten, leugnen (**-i** etw)

yağ *s* ❶ Fett *nt* ❷ Öl *nt* ❸ Tran *m* ❹ Schmiermittel *nt* ❺ (*aus Blumen*) Essenz *f;* ~ **bağlamak** eine Fettschicht bilden; (*dick werden*) Fett ansetzen; **birine** ~ **çekmek** (*fam*) jdm Honig ums Maul schmieren; ~ **değiştirme** Ölwechsel *m;* ~ **deposu** Öltank *m;* ~ **lekesi** Fettfleck *m;* ~ **seviyesi** Ölstand *m*

yağcı *s* ❶ Ölproduzent(in) *m(f)* ❷ Schmeichler(in) *m(f)*

yağdırmak *vt* ① *Kausativ zu* **yağmak** ② regnen lassen, niederprasseln lassen (**-i** etw) ③ überschütten, überhäufen (**-e -i** jdn/etw mit etw)

yağış *s* ① Niederschlag *m* ② Niederschlagsmenge *f*

yağışlı *adj* regnerisch

yağışsız *adj* niederschlagsfrei

yağlamak *vt* ① einfetten (**-i** etw) ② schmieren (**-i** etw) ③ (*mit Fett oder Öl*) beschmieren (**-i** etw) ④ (*pej*) schleimen, in den Arsch kriechen (**-i** jdm)

yağlanmak *vi* ① *Passiv zu* **yağlamak** ② Fett ansetzen ③ fettig [*o* ölig] werden

yağlı *adj* ① fettig, ölig ② schmierig ③ fetthaltig, ölhaltig ④ (*fam: Gewinn*) fett; **az ~** fettarm

yağlıboya *s* ① Ölgemälde *nt* ② Ölfarbe *f*

yağma *s* ① *Verbalsubstantiv zu* **yağmak** ② Plünderung *f*; **~ etmek** (aus)plündern (**-i** jdn/etw)

yağmak <-ar> *vi* ① regnen; **yağmur yağıyor** es regnet; **kar yağıyor** es schneit; **dolu yağıyor** es hagelt ② (*fig*) massenweise kommen, hageln; **mermi yağıyor** es hagelt Kugeln

yağmur *s* ① Regen *m* ② (*fig*) Flut *f*; **~ damlası** Regentropfen *m;* **~ mevsimi** Regenzeit *f;* **~ ormanları** Regenwald *m;* **~ serpintisi** Sprühregen *m;* **~ suyu** Regenwasser *nt;* **~ yağıyor** es regnet; **yağmurda** im Regen

yağmurlu *adj* regnerisch; **~ hava** Regenwetter *nt*

yağmurluk <-ğu> *s* Regenmantel *m*

yağsız *adj* mager, ohne Fett

yahni *s* Ragout *nt*

yahu *interj* ① he!, hallo! ② Mensch!, Mann!; **ne diyorsun ~!** ja, was du nicht sagst!

Yahudi **I.** *s* Jude *m*, Jüdin *f* **II.** *adj* (*Art*) jüdisch

Yahudice *adj* (*Sprache*) (neu)hebräisch

Yahudilik <-ği> *s* Judentum *nt*

yahut *konj* oder

yaka *s* ① Kragen *m* ② (*Fluss-, See-*) Ufer *nt* ③ (gegenüberliegende) Seite *f*; **~ yakaya gelmek** handgreiflich werden; **yakasını kurtarmak** [*o* **sıyırmak**] mit heiler Haut davonkommen

yakacak <-ğı> *s* Brennstoff *m*

yakalamak *vt* ① ergreifen, fassen, packen (**-i** jdn/etw) ② fangen (**-i** jdn/etw) ③ ertappen (**-i** jdn/etw) ④ erwischen (**-i** jdn)

yakalanmak *vi Passiv zu* **yakalamak**

yakarışlı *adj* inständig, flehentlich

yakarmak *vi* anflehen (**-e** jdn)

yakı *s* ① Ätzmittel *nt* ② (*Zieh-*) Pflaster *nt;* **yapışıcı ~** Heftpflaster *nt*

yakıcı *adj* ① brennend, beißend, scharf ② ätzend

yakın **I.** *s* ① Nähe *f* ② Angehörige(r) *f(m)* **II.** *adj* ① nah(e) (**-e** an etw) ② nahestehend (**-e** jdm) ③ (*ganz ähnlich*) verwandt ④ (*Gedanke*) naheliegend; **~ arkadaş** enger Freund, enge Freundin; **~ çekim** Nahaufnahme *f;* **Yakın Doğu** der Nahe Osten

yakında *adv* ① in der Nähe ② bald ③ vor kurzem; **pek ~** demnächst; **~ görüşmek üzere!** bis bald!

yakından *adv* aus der Nähe; **~ tanımak** näher kennen (**-i** jdn)

yakınında *präp* bei (**-in** +*dat*), in der Nähe (**-in** +*gen*)

yakınlaşmak *vi* ① sich nähern (**-e** jdm/einer Sache) ② (*fig*) näherkommen (**-e** jdm)

yakınlık <-ğı> *s* ① (*a. fig*) Nähe *f* ② Verwandtschaft *f*; **~ göstermek** Interesse zeigen (für), freundlich behandeln (**-e** jdn)

yakınmak *vi* ① klagen ② sich beklagen, sich beschweren (**-den** über etw/jdn)

yakışık <-ğı> *s* Schicklichkeit *f*; **~ almak** sich gehören, sich schicken

yakışıklı *adj* (*nur für Männer*) gut aussehend

yakışıksız *adj* ① unangebracht, ungehörig, unpassend ② (*Mann*) hässlich

yakışmak *vi* ① sich gehören ② passen (**-e** zu etw/jdm) ③ (*Kleidung*) stehen (**-e** jdm)

yakıştırmak *vt* ① *Kausativ zu* **yakışmak** ② passend finden (**-i** etw)

yakıt <-tı> *s* ① Brennstoff *m* ② Treibstoff *m;* ~ **yağı** Heizöl *nt*

yaklaşık *adj* ungefähr; ~ **olarak** annähernd, etwa

yaklaşmak *vi* ① sich nähern, näher kommen (**-e** jdm/einer Sache) ② nahen ③ herankommen, herantreten

yaklaştırmak *vt* ① *Kausativ zu* **yaklaşmak** ② heranrücken (**-i -e** etw an etw) ③ (*fig*) näherbringen (**-e -i** jdm etw)

yakmak <-ar> *vt* ① *Kausativ zu* **yanmak** ② verbrennen (**-i** etw) ③ (*Sonne*) brennen ④ anzünden, in Brand stecken (**-i** etw) ⑤ (*Feuer*) anmachen; (*Zigarette*) anzünden (**-i** etw) ⑥ versengen (**-i** etw) ⑦ ätzen, beizen; (*Säure einen Stoff*) zerfressen (**-i** etw) ⑧ (*Essen*) anbrennen lassen (**-i** etw) ⑨ (*Pfeffer*) beißen, verbrennen (**ağzını** den Mund) ⑩ (*Haut*) bräunen (**-i** etw) ⑪ (*Licht, Heizung*) anschalten (**-i** etw) ⑫ (*ungünstige Witterung die Saat*) vernichten (**-i** etw) ⑬ (*fam*) verliebt machen (**-i** jdn) ⑭ schießen ⑮ (*fam*) hereinlegen (**-i** jdn) ⑯ wehtun ⑰ (*Henna*) auftragen (**-i** etw) ⑱ (*Lied*) improvisieren (**-i** etw); **yakıp yıkmak** vernichten, verwüsten (**-i** etw)

yakut <-tu> *s* Rubin *m;* **gök** ~ Saphir *m*

yalak <-ğı> *s* ① Tränke *f* ② (*für Hunde*) Napf *m*

yalamak *vt* ① ablecken (**-i** etw) ② streifen (**-i** etw)

yalan **I.** *s* Lüge *f* **II.** *adj* gelogen, nicht wahr; ~ **dolan** Lug und Trug; ~ **makinesi** Lügendetektor *m;* ~ **söylemek** lügen; ~ **yere yemin** Meineid *m;* ~ **yere yemin etmek** einen Meineid schwören; **birisine** ~ **yutturmak** jdm einen Bären aufbinden; **birinin yalanını çıkarmak** jdn Lügen strafen

yalancı **I.** *s* Lügner(in) *m(f)* **II.** *adj* ① lügnerisch, verlogen ② unecht, falsch

yalancıktan *adv* ① zum Schein ② zum Spaß

yalandan *adv* ① vorgetäuscht ② zum Schein ③ oberflächlich

yalanlamak *vt* dementieren (**-i** etw)

yalçın *adj* ① (*Abhang*) schroff ② (*Felsen*) steil ③ unbewachsen, kahl

yaldız *s* ① Goldstaub *m* ② Vergoldung *f* ③ (*Maske*) Schein *m*

yaldızlı *adj* ① vergoldet ② trügerisch

yalgın *s* (*fam*) Fata Morgana *f*

yalı *s* ① Strand *m* ② Strandhaus *nt*

yalın *adj* ① bloß, nackt ② einfach, rein

yalınayak <-ğı> **I.** *adj* barfüßig **II.** *adv* barfuß

yalıyar **I.** *adj* (*Küste*) steil **II.** *s* Steilküste *f*

yalnız **I.** *adj* ① allein ② (*Mensch*) einsam ③ einzeln **II.** *adv* nur, lediglich, bloß **III.** *konj* aber, jedoch; ~ **başına** (*einsam*) ganz allein; (*ohne fremde Hilfe*) allein; **yalnız ... değil, aynı zamanda** nicht nur ..., sondern auch...

yalnızlaşmak *vi* vereinsamen

yalnızlık <-ğı> *s* ① Alleinsein *nt* ② Einsamkeit *f*

yaltakçı **I.** *adj* (*fam*) kriecherisch, schleimig **II.** *s* Kriecher(in) *m(f),* Schleimer(in) *m(f)*

yaltaklanmak *vi* kriechen, schleimen

yalvarmak *vi* anflehen (**-e** jdn); **yalvarıp yakarmak** betteln, flehen

yama *s* ① Flicken *m* ② Hautflecken *m;* ~ **malzemesi** Flickzeug *nt*

yamaç <-cı> *s* ① Abhang *m* ② Seite *f*

yamak <-ğı> *s* Gehilfe *m,* Gehilfin *f*

yamalamak *vt* flicken (**-i** etw)

yamamak *vt* ① flicken; (*Wäsche*) ausbessern (**-i** etw) ② (*fam*) andrehen, aufschwatzen (**-e -i** jdm etw)

yaman *adj* ① (*Winter*) streng ② fabelhaft, wunderbar ③ raffiniert

yamru yumru *adj* ① krumm und schief ② verbeult

yamuk <-ğu> I. *adj* geneigt II. *s* (*Form*) Trapez *nt*

yamyam *s* Menschenfresser(in) *m(f)*, Kannibale *m*, Kannibalin *f*

yamyamlık <-ğı> *s* Kannibalismus *m*

yamyaş *adj* klatschnass

yan I. *s* ① Seite *f* ② Flanke *f* ③ Richtung *f* ④ Gegend *f* ⑤ Stelle *f*, Ort *m*, Platz *m* II. *adj* ① seitlich ② Neben-; ~ **bakmak** schief ansehen; ~ **cümle** Nebensatz *m;* ~ **çizmek** sich drücken; ~ **etki** [*o* **tesir**] Nebenwirkung *f;* ~ **hakemi** Linienrichter(in) *m(f);* ~ **masraflar** Nebenkosten *pl;* ~ **oda** Nebenzimmer *nt;* ~ **sokak** Nebenstraße *f;* ~ **ürün** Nebenprodukt *nt;* ~ **yana** nebeneinander; **yana doğru** seitwärts; **yandaki** nebenstehend; **yandan** von der Seite (her), im Profil; **yanı sıra** zusammen mit, neben, außer (**-in** +*dat*)

yana *adj* für ... seiend; **barıştan yanayım** ich bin für den Frieden

yanak <-ğı> *s* Backe *f*, Wange *f*

yanar *adj* brennbar

yanardağ *s* Vulkan *m*

yanaşma *s* ① *Verbalsubstantiv zu* **yanaşmak** ② Diener(in) *m(f)*

yanaşmak *vt* ① (*näher kommen*) sich nähern (**-e** jdm/einer Sache) ② (*Schiff*) anlegen (**-e** an etw) ③ sich heranmachen (**-e** an jdn) ④ sich einlassen (**-e** auf etw)

yandaş *s* Anhänger(in) *m(f)*

yandaşlık <-ğı> *s* Parteilichkeit *f*

yangı *s* Entzündung *f*

yangın *s* Brand *m*, Feuer *nt;* ~ **çıkarmak** Feuer legen; ~ **merdiveni** Feuerleiter *f;* ~ **musluğu** Hydrant *m;* ~ **söndürücü** [*o* **tüpü**] Feuerlöscher *m;* ~ **tehlikesi** Brandgefahr *f*, Feuergefahr *f;* ~ **var!** es brennt!

yanık <-ğı> I. *adj* ① verbrannt ② angebrannt ③ sonnengebräunt, braun ④ (*fam*) verliebt ⑤ (*Lied, Stimme*) traurig II. *s* Verbrennung *f;* ~ **merhemi** Brandsalbe *f*

yanılgı *s* Irrtum *m*, Fehler *m*, Versehen *nt*

yanılma *s* ① *Verbalsubstantiv zu* **yanılmak** ② Fehler *m*, Irrtum *m* ③ Täuschung *f*

yanılmak *vi* ① sich irren ② sich täuschen ③ sich versehen, einen Fehler machen; **eğer yanılmıyorsam** wenn ich mich nicht irre

yanılmaz *adj* unfehlbar

yanılmazlık <-ğı> *s* Unfehlbarkeit *f*

yanılsama *s* Sinnestäuschung *f*

yanıltı *s* Fehler *m*, Irrtum *m*

yanıltıcı *adj* trügerisch

yanıltma *s* ① *Verbalsubstantiv zu* **yanıltmak** ② Irreführung *f*

yanıltmaç <-cı> *s* Zungenbrecher *m*

yanıltmak *vt* ① *Kausativ zu* **yanılmak** ② irreführen, täuschen (**-i** jdn)

yanına I. *präp* (*Richtung*) neben (**-in** +*akk*) II. *adv* (*Richtung*) daneben; ~ **almak** mitnehmen (**-i** jdn)

yanında I. *präp* (*Ort*) neben (**-in** +*dat*) II. *adv* dabei, daneben

yanısıra *präp* ① zusammen mit (**-in** +*dat*) ② neben, außer (**-in** +*dat*)

yanıt <-tı> *s* Antwort *f;* ~ **vermek** antworten (**-e** jdm)

yanıtlamak *vt* antworten, beantworten (**-i** etw)

yani *adv* ① nämlich ② mit anderen Worten ③ das heißt, und zwar

yankesici *s* Taschendieb(in) *m(f)*

yankı *s* Echo *nt*, Widerhall *m;* ~ **yapmak** widerhallen

yankılanmak *vi* widerhallen

yanlış I. *s* Fehler *m* II. *adj* ① falsch ② unrichtig, unwahr; ~ **alarm** Fehlalarm *m;* ~ **anlamak** missverstehen (**-i** jdn/etw); ~ **anlaşılmaz** unmissverständlich; ~ **yorum** Fehlinterpretation *f;* **bu saat yanlış** diese Uhr geht falsch

yanlışlık <-ğı> *s* Irrtum *m,* Fehler *m*

yanlışlıkla *adv* irrtümlich, aus Versehen, versehentlich

yanmak <-ar> *vi* ❶ abbrennen ❷ (*Feuer, Licht*) brennen ❸ (*Augen, Wunde*) brennen ❹ (*Licht*) angehen ❺ verbrennen ❻ (*Essen*) anbrennen ❼ sich verbrennen ❽ (*von der Sonne*) braun werden ❾ (*Fahrschein*) ungültig werden ❿ (*Ernte*) vernichtet werden ⓫ (*durch eine Säure*) zerfressen werden ⓬ großen Schaden erleiden ⓭ sehr durstig sein ⓮ (aus dem Spiel) ausscheiden müssen ⓯ bedauern (**-e** etw) ⓰ bereuen (**-e** etw) ⓱ (*fam*) verliebt sein (**-e** in jdn); **yanıp tutuşmak** verknallt sein (**-e** in jdn)

yansıma *s* ❶ *Verbalsubstantiv zu* **yansımak** ❷ Reflexion *f*

yansımak *vi* ❶ reflektiert werden, sich widerspiegeln ❷ widerhallen

yansıtıcı **I.** *adj* reflektierend **II.** *s* Reflektor *m;* ~ **teleskop** Spiegelteleskop *nt*

yansıtmak *vt* ❶ *Kausativ zu* **yansımak** ❷ widerspiegeln (**-i** etw) ❸ widerhallen lassen (**-i** etw) ❹ zur Kenntnis bringen (**-i** etw)

yansız *adj* neutral

yansızlık <-ğı> *s* Neutralität *f*

yantümce *s* Nebensatz *m*

yapağı *s* Schurwolle *f*

yapay *adj* künstlich, unecht; ~ **zeka** künstliche Intelligenz *f*

yapı *s* ❶ Gebäude *nt,* Bau *m* ❷ Aufbau *m* ❸ Bauweise *f,* Konstruktion *f* ❹ Körperbau *m* ❺ Bauarbeit *f* ❻ (*eines Satzes*) Bildung *f,* Konstruktion *f;* ~ **harcı** Mörtel *m;* ~ **müteahhidi** Bauunternehmer(in) *m(f);* ~ **planı** Bauplan *m*

yapıcı **I.** *s* ❶ Hersteller(in) *m(f)* ❷ Erbauer(in) *m(f)* **II.** *adj* konstruktiv

yapılış *s* ❶ Machart *f* ❷ Konstruktion *f* ❸ Struktur *f*

yapım *s* ❶ Anfertigung *f,* Herstellung *f,* Produktion *f* ❷ Wortbildung *f*

yapımcı *s* FILM, TV Produzent(in) *m(f)*

yapısal *adj* strukturell; ~ **reform** POL Strukturreform *f*

yapışıcı *adj* heftend, klebend; ~ **yakı** Heftpflaster *nt*

yapışık <-ğı> *adj* ❶ angeklebt ❷ heftend, klebend ❸ zusammengewachsen; ~ **ikizler** siamesische Zwillinge *pl*

yapışkan **I.** *adj* ❶ klebrig ❷ (*Person*) lästig **II.** *s* Klebstoff *m*

yapışmak *vi* ❶ haften, kleben (**-e** an etw) ❷ (*fam*) sich klammern (**-e** an etw) ❸ (*fam*) sich hängen (**-e** an jdn) ❹ (*Werkzeug*) packen, ergreifen (**-e** etw)

yapıştırıcı *adj* klebend, Klebe-, Kleb-; ~ **bant** Klebeband *nt*

yapıştırma *s* ❶ *Verbalsubstantiv zu* **yapıştırmak** ❷ ~ **bantı** Klebestreifen *m*

yapıştırmak *vt* ❶ *Kausativ zu* **yapışmak** ❷ ankleben (**-i -e** etw auf etw) ❸ (*fam: Ohrfeige*) versetzen, geben (**-e -i** jdm etw) ❹ (*fam*) schlagfertig antworten (**-e -i** jdm etw)

yapıt <-tı> *s* Schöpfung *f,* Werk *nt*

yapma **I.** *s Verbalsubstantiv zu* **yapmak** **II.** *adj* ❶ künstlich, unecht, nachgemacht ❷ gekünstelt

yapmacık <-ğı> **I.** *adj* gekünstelt **II.** *s* Getue *nt*

yapmak <-ar> *vt* ❶ machen, tun (**-i** etw) ❷ erzeugen, herstellen (**-i** etw) ❸ konstruieren, aufbauen (**-i** etw) ❹ errichten, (auf)bauen (**-i** etw) ❺ ausbessern, reparieren (**-i** etw) ❻ (*Sitzung*) abhalten (**-i** etw) ❼ (*Vertrag*) abschließen (**-i** etw) ❽ (*Tätigkeit*) ausüben (**-i** etw) ❾ zustande bringen, leisten (**-i** etw) ❿ (*Geschäft*) betreiben (**-i** etw) ⓫ verursachen (**-i** etw) ⓬ zuwege bringen (**-i** etw) ⓭ (*Party*) veranstalten (**-i** etw) ⓮ (*mit Streckenangabe*) zurücklegen ⓯ machen zu (**-i** etw/

jdn); **istediğini** ~ tun und lassen, was man will; **yapma!** lass das!, hör auf!

yaprak <-ğı> *s* ❶ (*Pflanze/Papier*) Blatt *nt* ❷ Weinblatt *nt* ❸ Blätterteigschicht *f*; ~ **sigarası** Zigarre *f*

yapraksız *adj* (*Baum*) blattlos, kahl

yar *s* ❶ Abgrund *m*, Schlund *m* ❷ Steilküste *f*

yar <-ri> *s* Geliebte(r) *f(m)*

yara *s* ❶ Verletzung *f* ❷ (*a. fig*) Wunde *f*; ~ **çengeli** Klammer *f*; ~ **izi** Narbe *f*

Yaradan *s* (*Gott*) Schöpfer *m*

yaradılıştan *adj* von Natur aus

yaralamak *vt* (*a. fig*) verletzen, verwunden (**-i -den** jdn an etw)

yaralanmak *vi* ❶ *Passiv und Reflexiv zu* **yaralamak** ❷ verletzt werden

yaralı **I.** *adj* ❶ verletzt, verwundet ❷ (*Stelle*) wund ❸ gekränkt **II.** *s* Verletzte(r) *f(m)*, Verwundete(r) *f(m)*; **ağır** ~ schwer verletzt

yaramak *vi* ❶ gut bekommen (**-e** jdm) ❷ sich eignen (**-e** für etw); **işe** ~ taugen

yaramaz **I.** *s* Taugenichts *m* **II.** *adj* ❶ (*Kind*) unartig, ungezogen ❷ untauglich, ungeeignet

yaramazlık <-ğı> *s* ❶ Unartigkeit *f*, Ungezogenheit *f* ❷ Untauglichkeit *f*, Unbrauchbarkeit *f*

yarar **I.** *s* ❶ Nutzen *m* ❷ Vorteil *m* **II.** *adj* geeignet (**-e** für etw)

yararlanma *s* ❶ *Verbalsubstantiv zu* **yararlanmak** ❷ Nutzung *f*; ~ **hakkı** JUR Nutzungsrecht *nt*

yararlanmak *vi* ❶ Nutzen ziehen (**-den** aus etw) ❷ profitieren (**-den** von etw); **fırsattan** ~ die Gelegenheit wahrnehmen

yararlı *adj* nützlich, vorteilhaft, zweckdienlich

yararlık <-ğı> *s* ❶ Nutzen *m* ❷ Verdienst *nt* ❸ Vorteil *m*, Vorzug *m*

yararsız *adj* nutzlos, unnütz

yararsızlık <-ğı> *s* Nutzlosigkeit *f*

yarasa *s* Fledermaus *f*

yaraşık <-ğı> *s* Schicklichkeit *f*; ~ **almak** sich gehören

yaraşmak *vi* ❶ sich gehören ❷ (*Kleidung*) stehen (**-e** jdm)

yaratıcı **I.** *adj* produktiv, kreativ **II.** *s* Schöpfer(in) *m(f)*

yaratıcılık <-ğı> *s* Kreativität *f*, (schöpferische) Produktivität *f*

yaratık <-ğı> *s* Geschöpf *nt*, Kreatur *f*

yaratım *s* ❶ *Verbalsubstantiv zu* **yaratmak** ❷ Schöpfung *f*

yaratmak *vt* ❶ (er)schaffen (**-i** etw) ❷ hervorrufen (**-i** etw)

yardak <-ğı> *s* ❶ Helfer(in) *m(f)* ❷ (*pej*) Handlanger(in) *m(f)*

yardakçı *s* Helfershelfer(in) *m(f)*

yardım *s* ❶ Hilfe *f*, Hilfeleistung *f* ❷ Unterstützung *f* ❸ Mitwirkung *f*, Mithilfe *f*; ~ **aksiyonu** Hilfsaktion *f*; ~ **etmek** helfen, beistehen (**-e** jdm); (*fördern*) unterstützen; (*mitwirken*) mithelfen; **birinden** ~ **istemek** jdn um Hilfe bitten; ~ **kablosu** Starthilfekabel *nt*; **yardıma çağırmak** um Hilfe rufen (**-i** jdn); **yardıma koşmak** herbeieilen; **yardıma muhtaç** hilfsbedürftig

yardımcı **I.** *s* ❶ Helfer(in) *m(f)* ❷ Assistent(in) *m(f)*, Gehilfe *m*, Gehilfin *f* **II.** *adj* ❶ (*Mensch*) behilflich ❷ (*Sache*) hilfreich; ~ **ders** Nebenfach *nt*; ~ **eleman** Hilfskraft *f*; ~ **işçi** Hilfsarbeiter(in) *m(f)*; ~ **olmak** behilflich sein (**-e** jdm); ~ **pilot** Kopilot(in) *m(f)*; ~ **yazılım** INFORM Utility *f*

yardımcı fiil *s* Hilfsverb *nt*

yardımıyla *präp* durch, mit Hilfe von

yardımlaşma *s* ❶ *Verbalsubstantiv zu* **yardımlaşmak** ❷ (gegenseitige) Hilfe *f*, Hilfeleistung *f*

yardımlaşmak *vi* sich (gegenseitig) helfen

yardımsever *adj* hilfsbereit

yardımseverlik <-ği> *s* Hilfsbereitschaft *f*

yarga *s* junges Huhn *nt*
yargı *s* ① Urteil *nt* ② Gerichtsbarkeit *f*; ~ **yeteneği** Urteilskraft *f*; **yargıya varmak** eine Entscheidung treffen, ein Urteil fällen
yargıç <-cı> *s* Richter(in) *m(f)*
yargılama *s* ① *Verbalsubstantiv zu* **yargılamak** ② Gerichtsverhandlung *f*, Prozess *m*
yargılamak *vt* ① vor Gericht stellen (**-i** jdn) ② verurteilen (**-i** jdn)
yargısal *adj* richterlich, gerichtlich
Yargıtay *s* der Oberste Gerichtshof *m* (*in der Türkei*)
yarı I. *adj* halb II. *s* ① Hälfte *f* ② Halbzeit *f* III. *adv* zur Hälfte; ~ **açık** halb offen; ~ **çıplak** halb nackt; ~ **dolu** halb voll; ~ **final** Halbfinale *nt*; ~ **fiyatına** zum halben Preis; ~ **iletken** Halbleiter *m*; ~ **otomatik** halb automatisch; ~ **yarıya** zur Hälfte; (*in zwei Hälften*) halb und halb; ~ **yolda** auf halbem Wege; ~ **yolda bırakmak** abbrechen (**-i** etw); **gece yarıya** Mitternacht, f
yarıçap <-pı> *s* Halbmesser *m*, Radius *m*
yarık <-ğı> I. *s* ① Spalt *m*, Spalte *f* ② Riss *m* II. *adj* ① gespalten ② aufgerissen
yarıküre *s* (*Halbkugel*) Hemisphäre *f*
yarılamak *vt* ① (*Arbeit*) zur Hälfte fertig machen (**-i** etw) ② (*Weg*) zur Hälfte zurücklegen (**-i** etw)
yarılama müddeti <-ni> *s* Halbwertszeit *f*
yarılmak *vi* ① *Passiv zu* **yarmak** ② durchbrechen ③ einreißen ④ zersplittern ⑤ sich spalten
yarım I. *adj* ① halb ② unvollständig ③ kränklich, gebrechlich II. *adv* (*Uhrzeit*) halb eins; ~ **baş ağrısı** Migräne *f*; ~ **daire** Halbkreis *m*; ~ **felç** halbseitige Lähmung *f*, Hemiparese *f*; **yarım günlük** halbtags; ~ **günlük iş gücü** Halbtagskraft *f*; ~ **kilo** Pfund *nt*; ~ **pansiyon** Halbpension *f*; ~ **porsiyon** (*a. fig*) eine halbe Portion; **saat** ~ es ist halb eins; ~ **saat** eine halbe Stunde; ~ **saatlik** halbstündig; ~ **yamalak** (*Plan*) unausgereift
yarımada *s* Halbinsel *f*
yarımay *s* Halbmond *m*
yarımlamak *vt* halbieren (**-i** etw)
yarımşar *adj* je ein(e) halbe(r, s)
yarın I. *adv* morgen II. *s* Morgen *nt*, Zukunft *f*; ~ **sabah** morgen früh; ~ **bana gel** komm morgen zu mir; ~ **öğleyin/akşam** morgen Mittag/Abend
yarınki *adj* morgig
yarıresmi *adj* halbamtlich, offiziös
yarış *s* ① Wettbewerb *m* ② Wettkampf *m* ③ Rivalität *f*; ~ **atı** Rennpferd *nt*; ~ **bisikleti** Rennrad *nt*; ~ **otomobili** Rennwagen *m*
yarışçı *s* ① Wettkampfteilnehmer(in) *m(f)* ② Rennfahrer(in) *m(f)* ③ Konkurrent(in) *m(f)*
yarışçılık <-ğı> *s* ① Rennsport *m* ② Konkurrenz *f*, Konkurrenzkampf *m*
yarışma *s* ① *Verbalsubstantiv zu* **yarışmak** ② Konkurrenz *f*, Rivalität *f* ③ Wettkampf *m* ④ Wettbewerb *m*
yarışmacı *s* ① Wettbewerbsteilnehmer(in) *m(f)* ② (*bei Quiz*) Kandidat(in) *m(f)* ③ Wettkampfteilnehmer(in) *m(f)*
yarışmak *vi* ① einen Wettkampf austragen ② um die Wette rennen (**ile** mit jdm) ③ konkurrieren, rivalisieren (**ile** mit jdm)
yarıyıl *s* Halbjahr *nt*, Semester *nt*
yarmak <-ar> *vt* ① (auf)spalten, zerhacken (**-i** etw) ② (*Holz*) hacken; (*Bäume*) hauen (**-i** etw) ③ (*Blockade*) durchbrechen (**-i** etw) ④ durchdringen (**-i** etw) ⑤ (*Korn*) mahlen (**-i** etw)
yas *s* (*um einen Toten*) Trauer *f*; ~ **tutmak** Trauer tragen, trauern (**birisi için** um jdn)
yasa *s* ① Gesetz *nt* ② Gesetzbuch *nt*; ~ **dışı** illegal, ungesetzlich

yasak <-ğı> **I.** *s* Verbot *nt* **II.** *adj* verboten; ~ **bölge** Sperrgebiet *nt;* ~ **etmek** verbieten, untersagen (**-i** etw); **durmak yasaktır!** Halten verboten!; **girmek/sigara içmek yasaktır** Eintritt/Rauchen verboten

yasaklamak *vt* verbieten, untersagen (**-i** etw)

yasal *adj* gesetzlich, legal

yasalı *adj* legitim, legal

yasallık <-ğı> *s* Legalität *f,* Rechtmäßigkeit *f*

yasama *s* ① *Verbalsubstantiv zu* **yasamak** ② Gesetzgebung *f;* ~ **dönemi** Legislaturperiode *f;* ~/**yürütme erki** gesetzgebende/ausübende Gewalt

yasamak *vt* ① ordnen (**-i** etw) ② Gesetze geben

yasamalı *adj* gesetzgebend

yasaman *s* Gesetzgeber *m*

yasemin *s* Jasmin *m*

yaslamak *vt* lehnen (an), stützen (**-i -e** etw an etw)

yaslanmak *vi* ① *Reflexiv zu* **yaslamak** ② sich lehnen (**-e** an etw) ③ sich stemmen (**-e** gegen etw) ④ sich stützen (**-e** auf etw)

yassı *adj* flach, platt

yassıltmak *vt* plätten (**-i** etw)

yastık <-ğı> *s* ① Kissen *nt,* Polster *nt* ② (*Saat-, Pflanz-*) Beet *nt* ③ TECH Lager *nt;* ~ **kılıfı** Kissenbezug *m*

yaş **I.** *adj* ① nass ② (*Obst, Gemüse*) frisch ③ (*fam*) nicht lohnend **II.** *s* ① Träne *f* ② (*Lebens-*) Alter *nt* ③ Lebensjahr *nt;* **kaç yaşındasınız?** wie alt sind Sie?; **otuz yaşındayım** ich bin dreißig Jahre alt; (*üç yaşında bir çocuk*) ein dreijähriges Kind

yaşa *interj* ① bravo! ② hurra!; ~ **sesleri** Jubel *m*

yaşam *s* ① Leben *nt* ② Lebenszeit *f;* ~ **biçimi** Lebensweise *f;* ~ **kavgası** Existenzkampf *m;* ~ **mücadelesi** Überlebenskampf *m;* ~ **mücadelesi vermek** ums Überleben kämpfen; ~ **öyküsü** Biografie *f;* ~ **süresi** Lebensdauer *f;* ~ **tecrübesi** Lebenserfahrung *f*

yaşama *s* ① *Verbalsubstantiv zu* **yaşamak** ② Leben *nt* ③ Lebensweise *f;* ~ **belirtisi** Lebenszeichen *nt;* ~ **içgüdüsü** Selbsterhaltungstrieb *m;* **yaşama isteği** Lebenswille *m;* ~ **sevinci** Lebensfreude *f;* ~ **tarzı** Lebensart *f*

yaşamak *vi* ① leben ② weiterleben ③ (*Zeuge sein von*) erleben (**-i** etw) ④ den Lebensunterhalt bestreiten (**ile** mit etw) ⑤ es sich gutgehen lassen; **yaşasın!** er/sie lebe hoch!, hurra!; **yaşasın kral!** es lebe der König!

yaşantı *s* ① Leben *nt* ② Erlebnis *nt*

yaşarmak *vi* ① feucht werden ② Tränen bekommen

yaşatmak *vt* ① *Kausativ zu* **yaşamak** ② (gut) leben lassen (**-i** jdn)

yaşayış *s* Lebensweise *f*

yaşıt <-dı> **I.** *adj* gleichaltrig **II.** *s* Altersgenosse *m,* Altersgenossin *f*

yaşlanmak *vi* alt werden

yaşlı *adj* ① alt, betagt ② (*Augen*) voller Tränen; **yaşlılar** Senioren *pl,* alte Leute *pl;* **yaşlılar köskü** Seniorenresidenz *f;* **yaşlılara uygun** seniorengerecht

yaşlıca *adj* älter(r, s); ~ **bir hanım** eine ältere Dame

yaşlık <-ğı> *s* ① Nässe *f* ② Feuchtigkeit *f*

yaşlılık <-ğı> *s* Alter *nt,* Lebensabend *m*

yaşmak <-ğı> *s weißer orientalischer Schleier*

yat <-tı> *s* Jacht *f;* **yelkenli** ~ Segeljacht *f*

yatak <-ğı> *s* ① Bett *nt* ② Flussbett *nt* ③ Schicht *f* ④ Hehler *m* ⑤ Lager *nt* ⑥ Jagdgebiet *nt* ⑦ (*als geheimes Versteck*) Unterschlupf *m;* ~ **çarşafı** Bettlaken *nt,* Betttuch *nt;* ~ **odası** Schlafzimmer *nt;* ~ **takımı** Bettbezug *m,* Bettwäsche *f*

yataklı *adj* ① mit Bett(en) ② ~ **vagon** Schlafwagen *m*

yataklık <-ğı> **I.** *s* Beihilfe *f*, Hehlerei *f* **II.** *adv* mit ... Betten

yatalak <-ğı> *adj* bettlägerig

yatay **I.** *adj* horizontal, waagrecht **II.** *s* Waagerechte *f*, Horizontale *f*; ~ **parmaklık** Sprossenwand *f*

yatı *s* Übernachten *nt*

yatılı okul *s* Internat *nt*

yatırım *s* ❶ Geldanlage *f* ❷ Investition *f* ❸ Einzahlung *f*; ~ **danışmanlığı** Anlageberatung *f*; ~ **fonu** Anlagefonds *m*; ~ **yapmak** (*Geld*) anlegen, investieren (-**i** etw)

yatırımcı *s* Investor(in) *m(f)*, Anleger(in) *m(f)*

yatırmak *vt* ❶ *Kausativ zu* **yatmak** ❷ (*Geld*) einzahlen (-**i** etw) ❸ anlegen, investieren (-**i** -**e** etw in etw) ❹ (seitlich) legen (-**i** -**e** etw in/auf etw) ❺ zu Bett bringen (-**i** jdn) ❻ eine Übernachtungsmöglichkeit geben (-**i** jdm); **hastaneye** ~ (*in eine Klinik*) einweisen (-**i** jdn)

yatışmak *vi* ❶ sich beruhigen ❷ nachlassen, sich legen

yatıştırıcı *adj* beruhigend, besänftigend

yatıştırma *s* ❶ *Verbalsubstantiv zu* **yatıştırmak** ❷ Beruhigung *f*

yatıştırmak *vt* ❶ *Kausativ zu* **yatışmak** ❷ beruhigen, besänftigen, beschwichtigen (-**i** jdn/etw) ❸ (*Hunger*) stillen; (*Schmerzen*) lindern (-**i** etw)

yatkın *adj* ❶ geneigt ❷ (*Hand*) geschickt, gewandt

yatkınlık <-ğı> *s* ❶ Schräge *f*, Neigung *f* ❷ (manuelle) Geschicklichkeit *f* ❸ Veranlagung *f*

yatmak <-ar> *vi* ❶ sich legen ❷ zu Bett gehen ❸ liegen ❹ schlafen ❺ (*Ware*) lagern ❻ (*Schiff*) vor Anker liegen ❼ (*fam*) im Gefängnis sitzen ❽ sich nach einer Seite neigen ❾ geschickt sein

yatsı *s* ❶ *Zeit nach Sonnenuntergang* ❷ (*islamische*) *Gebetsübung um diese Zeit*

yavan *adj* ❶ (*Essen*) fade, ohne Geschmack ❷ (*fig*) fade, trocken

yavanlık <-ğı> *s* ❶ (*Essen*) Geschmacklosigkeit *nt* ❷ (*fig*) Fadheit *f*

yavaş **I.** *adj* ❶ langsam ❷ (*Stimme, Ton*) leise, schwach ❸ (*Person*) ruhig, sanft **II.** *adv* langsam **III.** *interj* Vorsicht!; ~ ~ ganz langsam, allmählich, immer mit der Ruhe

yavaşça *adv* ❶ mit leiser Stimme ❷ recht langsam ❸ behutsam, vorsichtig

yavaşlamak *vi* ❶ sich verlangsamen, langsamer werden ❷ (*an Heftigkeit*) nachlassen ❸ (*Stimme*) leiser werden

yavaşlatmak *vt* ❶ *Kausativ zu* **yavaşlamak** ❷ verlangsamen (-**i** etw) ❸ (*Ton*) dämpfen; (*Stimme*) senken (-**i** etw)

yavaşlık <-ğı> *s* ❶ Langsamkeit *f* ❷ (*der Stimme*) Leisesein *nt* ❸ Sanftmut *f* ❹ Behutsamkeit *f*, Vorsicht *f* ❺ geringe Intensität

yavru *s* ❶ kleines Kind *nt* ❷ (*Tier-*) Junge(s) *nt*

yavrulamak *vi* Junge werfen

yay *s* ❶ (*Waffe*) Bogen *m* ❷ (Geigen)bogen *m* ❸ (Sprung)feder *f*; **Yay** (**burcu**) (*Sternzeichen*) Schütze *m*

yaya **I.** *s* Fußgänger(in) *m(f)* **II.** *adv* zu Fuß; ~ **alt geçidi** Fußgängerunterführung *f*; ~ **geçidi** Fußgängerüberweg *m*; ~ **gitmek** zu Fuß gehen; ~ **yolu** Fußweg *m*, Gehweg *m*

yayan *adv* zu Fuß

yaygara *s* (*fam*) Geschrei *nt*

yaygı *s* kleiner Teppich, Läufer *m*

yaygın *adj* ❶ geläufig, verbreitet ❷ ausgedehnt

yaygınlaşmak *vi* (*Sitte, Erscheinung*) allgemein üblich werden, sich ausbreiten

yaygınlaştırmak *vt* ❶ *Kausativ zu* **yaygınlaşmak** ❷ verbreiten (-**i** etw)

yayılmak *vi* ❶ *Passiv zu* **yaymak** ❷ sich verbreiten ❸ sich ausdehnen

❹ (*Nachricht*) sich herumsprechen ❺ (*Schafe*) weiden ❻ (*Menschenmenge*) auseinanderlaufen

yayımcı *s* ❶ Verleger(in) *m(f)* ❷ Herausgeber(in) *m(f)*

yayımlamak *vt* verlegen, herausgeben (**-i** etw)

yayın *s* ❶ Veröffentlichung *f,* Publikation *f* ❷ Sendung *f,* Übertragung *f;* ~ **yapmak** (*publizieren*) veröffentlichen; (*Programm*) senden, ausstrahlen (**-i** etw)

yayınevi <-ni> *s* Verlag *m,* Verlagshaus *nt*

yayınlamak *vt* ❶ (*Buch*) herausbringen, herausgeben (**-i** etw) ❷ (*Artikel*) veröffentlichen, publizieren (**-i** etw) ❸ (*Programm*) senden, übertragen (**-i** etw)

yayla *s* Hochebene *f*

yaymak <-ar> *vt* ❶ (*Tuch*) ausbreiten (**-i -e** etw auf etw) ❷ weiten, ausdehnen (**-i** etw) ❸ (*Gerücht, Krankheit*) verbreiten (**-i** etw) ❹ (*Strahlen*) aussenden (**-i** etw) ❺ (*Schafe*) weiden (lassen) (**-i** etw)

yayvan *adj* (*Teller*) flach

yaz *s* Sommer *m;* ~ **gibi** sommerlich; ~ **kursu** Sommerkurs *m;* ~ **mevsimi** Sommerzeit *f;* ~ **ortasında** mitten im Sommer; ~ **saati** (*Uhrzeit*) Sommerzeit *f;* ~ **sonu satışı** Sommerschlussverkauf *m;* ~ **tarifesi** Sommerfahrplan *m;* ~ **tatili** Sommerferien *pl*

yazar *s* ❶ Autor(in) *m(f)* ❷ Schriftsteller(in) *m(f)* ❸ Redakteur(in) *m(f)*

yazdırım *s* Diktat *nt*

yazgı *s* Schicksal *nt,* Geschick *nt,* Los *nt*

yazgıcı **I.** *s* Fatalist(in) *m(f)* **II.** *adj* fatalistisch

yazgıcılık <-ğı> *s* Fatalismus(in) *m(f)*

yazgısal *adj* schicksalhaft

yazı *s* ❶ Schreiben *nt* ❷ Schreibarbeit *f* ❸ Schrift *f* ❹ Schönschrift *f* ❺ Handschrift *f* ❻ Schriftstück *nt* ❼ (*für Zeitung*) Beitrag *m* ❽ Brief *m,* Schreiben *nt* ❾ Essay *nt o m* ❿ Text *m* ⓫ (*Ausdrucksweise*) Stil *m* ⓬ Manuskript *nt* ⓭ literarisches Werk; ~ **dili** Schriftsprache *f;* ~ **hatası** Schreibfehler *m;* ~ **ile** brieflich, schriftlich; (*Zahl*) in Buchstaben; ~ **işleri** schriftliche Arbeiten *pl;* (*Zeitungs-*) Redaktion *f;* ~ **kâğıdı** Schreibpapier *nt;* ~ **karakteri seti** Schriftart *f,* Font *m;* ~ **makinesi** Schreibmaschine *f;* ~ **masası** Schreibtisch *nt;* ~ **tura atmak** (*durch Münzwurf*) losen; **alın yazısı** (*fam*) Schicksal *nt*

yazıbilim *s* Graphologie *f*

yazıbilimcisi *s* Graphologe, Graphologin *m, f*

yazıcı *s* ❶ Schreiber(in) *m(f)* ❷ INFORM Drucker *m*

yazıhane *s* ❶ Büro *nt* ❷ Kanzlei *f* ❸ Schreibtisch *m*

yazık <-ğı> **I.** *s* Schuld *f* **II.** *interj* ❶ schade! ❷ pfui!; **ne yazık ki** leider, bedauerlicherweise

yazılı **I.** *adj* ❶ geschrieben ❷ schriftlich ❸ beschriftet ❹ (*vom Schicksal*) vorbestimmt ❺ (*an einer Universität*) eingeschrieben ❻ (*an einer Schule*) angemeldet **II.** *s* (*Schülersprache*) schriftliche Prüfung; ~ **olarak** schriftlich

yazılım *s* ❶ Software *f* ❷ (Computer)programm *nt;* ~ **geliştiricisi** Softwareentwickler(in) *m(f);* ~ **korsanlığı** Softwarepiraterie *f*

yazılma *s* ❶ *Verbalsubstantiv zu* **yazılmak** ❷ (*an einer Universität*) Einschreibung *f* ❸ (*an einer Schule*) Anmeldung *f*

yazılmak *vi* ❶ *Passiv zu* **yazmak** ❷ (*Schüler*) angemeldet werden ❸ (*Studenten*) sich einschreiben ❹ (*in eine Liste*) sich eintragen

yazım *s* Orthographie *f,* Rechtschreibung *f*

yazın **I.** *adv* im Sommer **II.** *s* Literatur *f*

yazınsal *adj* literarisch

yazışma *s* ❶ *Verbalsubstantiv zu* **yazış-**

mak ❷ Briefwechsel *m*, Korrespondenz *f*
yazışmak *vi* ❶ *Reflexiv zu* **yazmak** ❷ korrespondieren (**ile** mit jdm)
yazıt <-tı> *s* Inschrift *f*
yazıtipi <-ni> *s* Schriftart *f*, Font *m*
yazlık <-ğı> **I.** *adj* ❶ für den Sommer bestimmt [*o* geeignet] ❷ sommerlich **II.** *s* ❶ Sommerwohnung *f* ❷ Sommerkleidung *f*; ~ **elbise** Sommerkleid *nt*
yazmak <-ar> *vt* ❶ schreiben (**-i -e** etw auf/in etw) ❷ (*Wort*) aufschreiben (**-i** etw) ❸ eintragen (**-i** etw) ❹ einschreiben, immatrikulieren (**-i** jdn) ❺ (geschrieben) stehen
yedek <-ği> **I.** *s* ❶ Reserve *f*, Ersatz *m* ❷ Ersatzteil *nt* ❸ (*eines Autos*) Abschleppen *nt* **II.** *adj* Ersatz-; ~ **bidon** Reservekanister *m*; ~ **halatı** Schlepptau *nt*; ~ **lastik** Ersatzreifen *m*; ~ **liste** Warteliste *f*; ~ **parça** Ersatzteil *nt*; ~ **tekerlek** Reserverad *nt*
yedekleme *s* INFORM Back-up *nt*
yedi *num* sieben; ~ **yüz** siebenhundert; ~ **bin** siebentausend; ~ **buçuk** siebeneinhalb; ~ **kat** siebenfach; ~ **misli** [*o* **katı**] siebenfach, siebenmal so viel, das Siebenfache; ~ **defa** [*o* **kere**] siebenmal; ~ **türlü** siebenerlei; ~ **katlı** siebenstöckig; **yedide bir** ein Siebtel *nt*
yediemin *s* Vertrauensperson *f*
yedinci *adj* siebte(r, s); ~ **olarak** als Siebte(r, s); **yedincisi** siebtens
yedirmek *vt* ❶ *Kausativ zu* **yemek** ❷ zu essen geben (**-i** jdm) ❸ (*ein Tier*) füttern (**-i** etw) ❹ sich gefallen lassen (**-i** etw); **yedirip içirmek** bewirten, verpflegen (**-i** jdn)
yegane *adv* einzig
yeğen *s* Neffe *m*, Nichte *f*
yeğlemek *vt* bevorzugen, vorziehen (**-i -e** etw einer Sache)
yeknesak <-ğı> *adj* eintönig, monoton
yekun *s* ❶ Betrag *m* ❷ Gesamtbetrag *m*, Summe *f*
yel *s* ❶ Wind *m* ❷ (*fam: Blähung*) Pup(ser) *m*; ~ **değirmeni** Windmühle *f*; ~ **tüfeği** Luftgewehr *nt*
yele *s* Mähne *f*
yelek <-ği> *s* Weste *f*
yelken *s* Segel *nt*; **yelkenleri suya indirmek** klein beigeben, die Segel streichen
yelkenli **I.** *adj* mit Segeln ausgestattet **II.** *s* Segelschiff *nt*, Segelboot *nt*; ~ **gezisi** Segeltörn *m*
yelkovan *s* ❶ Minutenzeiger *m* ❷ Wetterfahne *f*
yellenmek *vi* (*fam*) furzen, pupen
yelpaze *s* ❶ Fächer *m* ❷ (*fig: Vielfalt*) Bandbreite *f*, Palette *f*
yeltenmek *vi* sich wagen (**-e** an etw)
yem *s* ❶ (*Tier-*) Futter *nt* ❷ Köder *m*, Lockvogel *m* ❸ Opfer *nt*; ~ **vermek** füttern (**-e** ein Tier)
yemek <-ği> *s* Essen; ~ **almak** (*bei Tisch*) sich bedienen, zugreifen; ~ **borusu** Speiseröhre *f*; ~ **kitabı** Kochbuch *nt*; ~ **listesi** Speisekarte *f*; ~ **masası** Esstisch *m*; ~ **tuzu** Kochsalz *nt*; ~ **odası** Esszimmer *nt*; ~ **pişirmek** (*Essen*) kochen; ~ **saatleri** Essenszeiten *pl*; ~ **tarifi** (*Koch-*) Rezept *nt*; ~ **tuzu** Kochsalz *nt*; ~ **yemek** essen; (*Tiere*) fressen; **yemekte** beim Essen
yemek <yer, yiyor> *vt* ❶ essen (**-i** etw) ❷ (*Tiere*) fressen (**-i** etw) ❸ (*Säure*) zerfressen (**-i** etw) ❹ (*Geld*) verschwenderisch ausgeben, zum Fenster rauswerfen (**-i** etw) ❺ (*Bestechung*) annehmen (**-i** etw); **yiyip bitirmek** (alles) aufessen; (*fig*) (sehr) mitnehmen; (*zerstören*) ruinieren (**-i** jdn)
yemekhane *s* Speisesaal *m*
Yemen *s* (der) Jemen
yemin *s* Eid *m*, Schwur *m*; ~ **etmek** einen Eid leisten, schwören; ~ **ettirmek** schwören lassen (**-i** jdn)
yemiş *s* ❶ Frucht *f* ❷ Obst *nt* ❸ (*in der ägäischen Region*) Feige *f*
yemlik <-ği> **I.** *adj* als Futter geeignet, Futter- **II.** *s* Futterkrippe *f*, Futtertrog *m*

yenge *s* ① Schwägerin *f* (*Frau des Bruders*) ② (angeheiratete) Tante *f*

yengeç <-ci> *s* Krebs *m*; **Yengeç (burcu)** (*Sternzeichen*) Krebs *m*

yengi *s* Sieg *m*

yeni **I.** *adj* neu **II.** *adv* ① erst eben, gerade erst ② erst vor kurzem; ~ **başlayan** Anfänger(in) *m(f)*; ~ **bir şey yok** es liegt nichts vor; ~ **yıl** Neujahr *nt*; ~ **yılın(ız) kutlu olsun!** ein gutes neues Jahr!; **Yeni Zelanda** Neuseeland *nt*; ~ **zengin** Neureiche(r) *f(m)*

yeniay *s* Neumond *m*

Yeniçağ *s* Neuzeit *f*

yeniçeri *s* HIST Janitschar *m*

yeniden *adv* ① aufs Neue, von neuem ② neuerdings; ~ **başlamak** neu anfangen, wieder anfangen (**-e** mit etw); ~ **inşa etmek** wieder aufbauen (**-i** etw); ~ **kazanım** Wiederaufarbeitung *f*, Wiederaufbereitung *f*

Yenidünya *s* ① (*Amerika*) die Neue Welt ② Mispel *f*

yenik <-ği> *adj* ① unterlegen ② abgenutzt

yenilebilir *adj* essbar

yenileme *s* ① *Verbalsubstantiv zu* **yenilemek** ② Neuerung *f*

yenilemek *vt* ① erneuern (**-i** etw) ② restaurieren, wiederherstellen (**-i** etw) ③ wiederholen (**-i** etw)

yenileşmek *vi* sich erneuern

yenileştirmek *vt* ① *Kausativ zu* **yenileşmek** ② erneuern (**-i** etw)

yenilgi *s* Niederlage *f*

yenilik <-ği> *s* ① Erneuerung *f* ② Neuheit *f* ③ Neuigkeit *f* ④ Innovation *f*

yenilikçi **I.** *s* Neuerer *m* **II.** *adj* innovativ

yenilmek *vi* ① *Passiv zu* **ye(n)mek** ② unterliegen, besiegt werden (**-e** von jdm) ③ gegessen werden

yenir *adj* essbar

yenmek <-er> *vt* ① besiegen (**-i** jdn/etw) ② siegen

yer *s* ① Ort *m*, Stelle *f* ② Platz *m*, Raum *m* ③ Boden *m*, Erdboden *m* ④ Region *f*, Gegend *f* ⑤ Standort *m*, Lage *f* ⑥ Posten *m*, Stelle *f* ⑦ Erde *f* ⑧ Position *f*, Lage *f* ⑨ Grundstück *nt* ⑩ Rolle *f*, Bedeutung *f*; ~ **açmak** Platz machen; ~ **almak** Raum einnehmen, ein Grundstück kaufen; (*fig*) eine Rolle spielen; ~ **bulmak** Platz finden; (*Arbeit*) eine Anstellung finden; ~ **cimnastiği** Bodenturnen *nt*; ~ **gösterici** Platzanweiser(in) *m(f)*; ~ **sarsıntısı** Erdbeben *nt*; ~ **solucanı** Regenwurm *m*; ~ **tutmak** einen Platz besetzen; (*fig*) eine Rolle spielen; ~ **yarılıp içine girmiş** spurlos verschwunden; ~ ~ stellenweise; **yerde** auf der Erde, auf dem Boden; **yere çakılmak** (am Boden) zerschellen; **yere sermek** auf dem Boden ausbreiten; (*Gegner*) niederschlagen (**-i** jdn); **yerinde** am rechten Platz, angebracht, an Ort und Stelle; **yerinde saymak** auf der Stelle treten; **yerinden oynatmak** von der Stelle bewegen; **yerine geçmek** ersetzen, an die Stelle treten (**-in** von jdm); **yerine gelmek** an die richtige Stelle kommen; (*Wunsch*) sich erfüllen; (*Befehl*) ausgeführt werden; **yerine getirmek** an die richtige Stelle bringen; (*Pflicht, Versprechen*) erfüllen; (*Wunsch*) verwirklichen; (*Befehl*) befolgen; (*Auftrag*) erledigen; (*vollbringen*) ausführen; (*Urteil*) vollstrecken (**-i** etw); **yerine koymak** an seinen Platz (zurück)stellen, (etwas mit etwas) ersetzen, halten für (**-i in** jdn für jdn); **yerini almak** seinen [*o* ihren] Platz einnehmen; **yerini değiştirmek** verlegen, an eine andere Stelle legen; (*Möbel*) umstellen; **yerini doldurmak** [*o* **tutmak**] ersetzen (**-in** etw/jdn); **yerle bir etmek** zerstören, dem Erdboden gleich machen (**-i** etw)

yeraltı <-nı> **I.** *s* Untergrund *m* **II.** *adj* unterirdisch; ~ **dünyası** (*Kriminelle*) Unterwelt *f*; ~ **ekonomi** Schattenwirtschaft *f*; ~ **suç örgütü** kriminelle Untergrundorganisation *f*; ~ **treni** U-Bahn *f*, Untergrundbahn *f*

yerbilim *s* Geologie *f*

yerçekimi <-ni> *s* Schwerkraft *f*, Erdanziehungskraft *f*

yerel *adj* ❶ lokal, örtlich ❷ regional; ~ **alan ağı** lokales Netzwerk *nt*, LAN *nt*; ~ **kablolu TV** Kabelfernsehen *nt*; ~ **saat** (**ayarı**) Ortszeit *f*

yerfıstığı <-nı> *s* Erdnuss *f*

yergi *s* Satire *f*

yerinmek *vi* ❶ bedauern (**-e** etw) ❷ beklagen (**-e** etw) ❸ bereuen (**-e** etw)

yerküre *s* Erdball *m*, Erdkugel *f*, Globus *m*

yerleşik <-ği> *adj* ❶ fest verwurzelt ❷ sesshaft ❸ (*Zimmer*) eingerichtet ❹ aufgeräumt

yerleşim *s* Siedeln *nt*; ~ **bölgesi** (*Ort*) Siedlung *f*

yerleşmek *vi* ❶ Fuß fassen ❷ ansässig werden, sich niederlassen ❸ sich einrichten ❹ gut unterkommen ❺ sich setzen

yerleşmiş *adj* ❶ sesshaft ❷ fest verwurzelt ❸ (*Zimmer*) eingerichtet ❹ aufgeräumt

yerleştirmek *vt* ❶ *Kausativ zu* **yerleşmek** ❷ befestigen, anbringen (**-i -e** etw an etw) ❸ ansiedeln (**-i -e** jdn in etw) ❹ montieren, einbauen, einsetzen (**-i -e** etw in etw) ❺ (*in einer Dienststellung*) unterbringen (**-i -e** jdn in etw) ❻ unterbringen, einquartieren (**-i -e** jdn in etw) ❼ (*Wohnung*) einrichten; (*Zimmer*) aufräumen (**-i** etw) ❽ an seinen Platz bringen, aufstellen (**-i** etw) ❾ (*fam: Antwort*) geben (**-i** etw)

yerli **I.** *adj* ❶ einheimisch, hiesig ❷ inländisch ❸ alteingesessen ❹ stationär **II.** *s* ❶ Eingeborene(r) *f(m)*, Ureinwohner(in) *m(f)* ❷ Einheimische(r) *f(m)* ❸ Inländer(in) *m(f)*

yermantarı <-nı> *s* (*Pilz*) Trüffel *f*

yermek <-er> *vt* (*fam*) ❶ kritisieren (**-i** etw/jdn) ❷ schlechtmachen (**-i** etw/jdn)

yersarsıntısı <-nı> *s* Erdbeben *nt*

yersiz *adj* ❶ eingeengt ❷ ungelegen, unpassend; ~ **yurtsuz** Obdachlose(r) *f(m)*, obdachlos

yeryüzü <-nü> *s* ❶ Erdoberfläche *f* ❷ Welt *f*, Erde *f*

yeşermek *vi* ❶ grün werden ❷ (*Pflanze*) Blätter bekommen

yeşil **I.** *adj* ❶ grün ❷ (*Obst*) unreif; ~ **lahana** Grünkohl *m* **II.** *s* **Yeşiller** (**Partisi**) POL die Grünen *pl*

yeşilimsi *adj* grünlich

yeşilimtırak *adj* grünlich

yeşillik <-ğı> *s* ❶ Grünsein *nt* ❷ Grünanlage *f* ❸ Gras *nt* ❹ Salatbeilagen *pl*

yetenek <-ği> *s* ❶ Talent *nt*, Begabung *f* ❷ Fähigkeit *f* ❸ Eignung *f*, Tauglichkeit *f*

yetenekli *adj* ❶ begabt ❷ kompetent, fähig ❸ geeignet, tauglich

yeteneksiz *adj* unbegabt, unfähig

yeter **I.** *adj* genügend, ausreichend **II.** *interj* halt!, genug!, es reicht! Schluss!; ~ **artık!** und damit basta!

yeterli *adj* ❶ genügend, ausreichend ❷ befähigt, kompetent

yeterlik <-ği> *s* ❶ Fähigkeit *f* ❷ Befähigung *f*, Qualifikation *f* ❸ Zuständigkeit *f*; ~ **kazanmak** sich qualifizieren

yetersiz *adj* ❶ unfähig ❷ unzulänglich, unzureichend; ~ **beslenme** Unterernährung *f*

yetersizlik <-ği> *s* Unfähigkeit *f*

yeti *s* Fähigkeit *f*, Vermögen *nt*

yetim **I.** *adj* verwaist **II.** *s* ❶ Waise *f* ❷ Waisenkind *nt*

yetimhane *s* Waisenhaus *nt*

yetingen *adj* genügsam

yetingenlik <-ği> *s* Genügsamkeit *f*

yetinmek *vi* ❶ *Reflexiv zu* **yetmek** ❷ sich begnügen, sich zufriedengeben (**ile** mit etw)

yetişkin **I.** *adj* erwachsen **II.** *s* Erwachsene(r) *f(m)*

yetişmek *vi* ❶ einholen (**-e** jdn/etw) ❷ (*Zug, Ort*) erreichen (**-e** etw) ❸ genügen, ausreichen ❹ aufwachsen ❺ (*bis zu einem bestimmten Zeitpunkt*) fertig werden (**yarına** bis morgen) ❻ erleben (**-e** etw/jdn) ❼ zur Hilfe eilen ❽ (*in einer Schule*) ausgebildet werden; **hızır gibi yetişti** das kommt wie gerufen

yetiştirim *s* ❶ Dressur *f* ❷ Zucht *f*

yetiştirme *s* ❶ *Verbalsubstantiv zu* **yetiştirmek** ❷ Ausbildung *f*, Erziehung *f* ❸ Zucht *f* ❹ Zögling *m*

yetiştirmek *vt* ❶ *Kausativ zu* **yetişmek** ❷ (*Kind*) aufziehen, großziehen (**-i** jdn) ❸ (*beruflich*) ausbilden (**-i** jdn) ❹ herstellen, erzeugen (**-i** etw) ❺ (*Pflanzen*) anbauen; (*Pflanzen, Tiere*) züchten (**-i** etw) ❻ (*Tiere*) dressieren (**-i** etw)

yetki *s* ❶ Berechtigung *f* ❷ Kompetenz *f* ❸ Zuständigkeit *f* ❹ Vollmacht *f*; ~ **vermek** berechtigen, ermächtigen (**-e** jdn)

yetkile(ndir)mek *vt* berechtigen (**-i -e** jdn zu etw)

yetkili **I.** *s* Bevollmächtigte(r) *f(m)* **II.** *adj* ❶ kompetent ❷ zuständig ❸ berechtigt

yetkin *adj* vollkommen

yetkinlik <-ği> *s* Vollkommenheit *f*

yetmek <-er> *vi* genügen, ausreichen (**-e** für etw)

yetmiş *num* siebzig

yetmişli yıllar *s* die siebziger Jahre *pl*

yığılmak *vi* ❶ *Passiv zu* **yığmak** ❷ sich häufen ❸ sich stauen ❹ (*Person*) zusammenbrechen

yığın *s* ❶ Haufen *m* ❷ (*Sachen*) Masse *f*, Menge *f* ❸ Stoß *m*, Stapel *m*

yığmak <-ar> *vt* ❶ anhäufen (**-i** etw) ❷ stapeln (**-i** etw) ❸ speichern (**-i** etw)

yıkamak *vt* ❶ abwaschen, abspülen (**-i** etw) ❷ (*Kind*) baden (**-i** jdn)

yıkama tesisi <-ni> *s* Waschanlage *f*

yıkanabilir *adj* waschbar

yıkanmak *vi* ❶ *Passiv und Reflexiv zu* **yıkamak** ❷ sich waschen ❸ baden, ein Bad nehmen

yıkayış *s* Waschen *nt*

yıkıcı *adj* ❶ zerstörend ❷ destruktiv

yıkık <-ğı> *adj* ❶ (*Haus*) zerfallen ❷ (*Mauer*) eingestürzt

yıkılış *s* ❶ Einsturz *m*, Einbruch *m* ❷ Zusammenbruch *m*, Untergang *m*

yıkılma *s* ❶ *Verbalsubstantiv zu* **yıkılmak** ❷ (*eines Gebäudes*) Abriss *m* ❸ Untergang *m*, Niedergang *m* ❹ Sturz *m* ❺ Zerfall *m*

yıkılmak *s* ❶ *Passiv zu* **yıkmak** ❷ einstürzen ❸ stürzen ❹ (*Reich*) untergehen ❺ (*Bau*) zerfallen ❻ (*a. fig*) zusammenbrechen ❼ (*beim Gehen*) schwanken ❽ (*fig fam*) verduften, abhauen

yıkım *s* ❶ *Verbalsubstantiv zu* **yıkmak** ❷ (*a. fig*) Zusammenbruch *m* ❸ Ruin *m*

yıkıntı *s* Trümmer *pl*, Ruinen *pl*

yıkmak <-ar> *vt* ❶ (*Gebäude*) abreißen (**-i** etw) ❷ umwerfen (**-i** etw/jdn) ❸ POL stürzen (**-i** jdn) ❹ (*Hut*) schräg aufsetzen (**-i** etw) ❺ zerstören, vernichten, ruinieren (**-i** etw/jdn)

yıl *s* ❶ Jahr *nt* ❷ (*einer Zeitschrift*) Jahrgang *m*; **geçen** ~ voriges Jahr; **gelecek** ~ nächstes Jahr

yılan *s* Schlange *f*

yılanbalığı <-nı> *s* Aal *m*

yılbaşı <-nı> *s* (*Neujahrstag*) Neujahr *nt*; ~ **gecesi** Silvesterabend *m*

yıldırıcı *adj* ❶ frustrierend ❷ entmutigend

yıldırım *s* ❶ (*einschlagender*) Blitz *m* ❷ Blitzschlag *m*; ~ **çarpması** Blitzschlag *m*; ~ **düşmesi** (*vom Blitz*) Einschlag *m*

yıldırımkıran *s* Blitzableiter *m*

yıldırmak *vt* ❶ *Kausativ zu* **yılmak** ❷ einschüchtern (**-i** jdn) ❸ terrorisieren (**-i** jdn) ❹ erschrecken (**-i** jdn)

yıldız *s* ❶ Stern *m* ❷ Glücksstern *m* ❸ Norden *m* ❹ Nordwind *m* ❺ (Film)star *m;* ~ **falı** Horoskop *nt;* **Yıldız Savaşları** Star Wars *pl*

yıldızlı *adj* ❶ mit einem Stern, mit Sternen ❷ (*Nacht*) sternenklar; **üç** ~ **otel** Dreisternehotel *nt*

yıldönümü <-nü> *s* Jahrestag *m*

yılgı *s* Entsetzen *nt*

yılgın *adj* eingeschüchtert

yıllarca *adv* jahrelang

yıllık <-ğı> **I.** *adj* ❶ jährlich, Jahres- ❷ (*mit vorangesetzter Zahl*) -jährig **II.** *adv* für ... Jahre **III.** *s* ❶ Jahrbuch *nt* ❷ Jahresmiete *f* ❸ Jahresgehalt *nt;* ~ **gelir** Jahreseinkommen *nt*

yılmak <-ar> *vi* ❶ zurückschrecken (**-den** vor etw) ❷ satthaben (**-den** etw)

yılmaz *adj* furchtlos, unerschrocken

yıpranmak *vi* ❶ sich abnutzen ❷ (*Kleidung*) sich abtragen ❸ (*Energie*) sich verbrauchen

yıpranmış *adj* abgenutzt; (*Reifen*) abgefahren

yıpratıcı *adj* aufreibend, zermürbend

yıpratmak *vt* ❶ *Kausativ zu* **yıpranmak** ❷ abnutzen; (*Kleidung*) abtragen (**-i** etw) ❸ (*Energie*) verbrauchen, aufzehren (**-i** etw) ❹ zermürben (**-i** jdn)

yırtıcı *adj* (*Tier*) wild, Raub-; ~ **hayvan** Raubtier *nt;* ~ **kuş** Raubvogel *m*

yırtık <-ğı> **I.** *s* (*im Stoff*) Loch *nt,* Riss *m* **II.** *adj* ❶ zerrissen ❷ (*fam*) schamlos; ~ **pırtık** (*Kleidung*) schäbig, zerlumpt

yırtılmak *vi* ❶ *Passiv zu* **yırtmak** ❷ Risse bekommen, platzen ❸ (*Stoff*) reißen ❹ (*fam*) seine Scheu verlieren

yırtınmak *vi* (*vor Eifer*) sich zerreißen

yırtmaç <-cı> *s* (*an einem Kleidungsstück*) Schlitz *m*

yırtmak <-ar> *vt* ❶ zerreißen, zerfetzen (**-i** etw) ❷ zerkratzen (**-i** etw); **kendini** ~ sich zerreißen

yiğit <-di> **I.** *s* ❶ Held *m* ❷ Bursche *m* **II.** *adj* tapfer

yiğitçe *adj* heldenhaft

yiğitlik <-ği> *s* ❶ Heldentat *f* ❷ Tapferkeit *f*

yine *adv* wieder, noch einmal; ~ **de** trotzdem, dennoch

yinelemek *vt* wiederholen (**-i** etw)

yinelenmek *vi* ❶ *Passiv zu* **yinelemek** ❷ sich wiederholen

yirmi *num* zwanzig

yirmilik diş *s* Weisheitszahn *m*

yitik <-ği> *adj* (*abhandengekommen*) verloren

yitirmek *vt* verlieren (**-i** etw/jdn)

yitmek <-er> *vi* verloren gehen, abhandenkommen

yiv *s* ❶ Rille *f* ❷ Gewinde *f*

yiyecek <-ği> *s* ❶ Essbare(s) *nt* ❷ Nahrung *f* ❸ Lebensmittel *pl* ❹ Proviant *m*

yiyici *adj* bestechlich, korrupt

yiyicilik <-ği> *s* Bestechlichkeit *f*

yobaz *s* REL Fanatiker(in) *m(f)*

yoga *s* Yoga *m o nt*

yoğun *adj* ❶ dicht ❷ intensiv

yoğunbakım servisi <-ni> *s* Intensivstation *f*

yoğunlaşmak *vi* ❶ sich verdichten; (*Gas*) kondensieren ❷ sich intensivieren

yoğunlaştırmak *vt* ❶ *Kausativ zu* **yoğunlaşmak** ❷ verdichten; kondensieren (**-i** etw) ❸ intensivieren (**-i** etw)

yoğunluk <-ğu> *s* ❶ Dichte *f* ❷ Intensität *f*

yoğurmak *vt* (*Teig*) kneten (**-i** etw)

yoğurt <-du> *s* Jog(h)urt *m o nt*

yoğurtçu *s* ❶ Jog(h)urthersteller *m* ❷ Jog(h)urthändler(in) *m(f)*

yok <-ku/-ğu> **I.** *adj* ❶ nicht vorhanden, nicht existierend ❷ nicht da, nicht anwesend; ~ **etmek** zugrunde richten; (*wegschaffen*) verschwinden lassen (**-i** etw/jdn); ~ **olmak** fehlen, nicht anwesend sein, nicht existieren, verschwinden, zugrunde gehen; ~ **yere** für nichts und wieder nichts **II.** *adv*

① es gibt kein(e) ... ② ... ist/sind nicht da ③ nicht haben ④ (*fam*) nein; **babam evde** ~ mein Vater ist nicht zu Hause; **param** ~ ich habe kein Geld; ~ **canım!** ach was!, aber nein! **III.** *s* Nichts *nt*

yoklama *s* ① *Verbalsubstantiv zu* **yoklamak** ② Anwesenheitskontrolle *f* ③ Musterung *f* ④ Prüfung *f*

yoklamak *vt* ① abtasten (**-i** etw) ② untersuchen (**-i** etw) ③ überprüfen (**-i** etw) ④ auf den Zahn fühlen (**-i** jdm) ⑤ kurz besuchen (**-i** jdn)

yokluk <-ğu> *s* ① Fehlen *nt*, Nichtvorhandensein *nt* ② Abwesenheit *f* ③ Mangel *m* ④ Nichts *nt* ⑤ Armut *f*, Not *f*; **yokluğunu hissetmek** vermissen (**-in** jdn); **yokluğunu çok hissettim** du hast mir sehr gefehlt

yoksa **I.** *adv* ① sonst, andernfalls ② (*in Fragesätzen*) oder, etwa **II.** *konj* aber, jedoch, indessen

yoksul *adj* arm, bedürftig

yoksulluk <-ğu> *s* Armut *f*, Elend *nt*

yoksun *adj* entbehrend

yoksunluk <-ğu> *s* (harte) Entbehrung *f*

yokuş *s* ① Steigung *f* ② steile Straße; ~ **aşağı** bergab; ~ **yukarı** bergauf

yol *s* ① (*a. fig*) Weg *m* ② Straße *f* ③ Strecke *f* ④ Linie *f*, Bahn *f* ⑤ Ausweg *m* ⑥ Art und Weise *f* ⑦ Methode *f* ⑧ Reise *f* ⑨ INFORM Pfad *m* ⑩ (*in einem Stoff*) Streifen *m*; ~ **açmak** Hindernisse beseitigen; (*fig*) bahnbrechend sein (**-e** für etw); ~ **almak** eine Strecke zurücklegen; ~ **arkadaşı** Mitreisende(r) *f(m)*, Reisegefährte *m*, Reisegefährtin *f*; ~ **göstermek** Mittel und Wege zeigen; (*geleiten*) führen (**-e** jdn); ~ **işareti** Wegweiser *m*; ~ **parası** Fahrgeld *nt*; ~ **vermek** verursachen (**-e** etw); (*den Weg frei machen*) ausweichen; (*von der Arbeit*) entlassen (**-e** jdn); **yola çıkmak** [*o* **koyulmak**] sich auf den Weg machen; **yola gelmek** Vernunft annehmen; (*Angelegenheit*) in Ordnung kommen; **yola getirmek** (*Angelegenheit*) in Ordnung bringen; (*fam*) zur Vernunft bringen (**-i** jdn); **yolda** unterwegs; **yolda kalmak** stecken bleiben; **yoldan çıkmak** entgleisen; (*fig*) auf die schiefe Bahn kommen; **yolu düşmek** geraten (**-e** nach/in etw); **yolu göstermek** den Weg zeigen, hinausbegleiten (**-e** jdn); **yoluna girmek** in Ordnung kommen; **yoluna koymak** regeln, in Ordnung bringen (**-i** etw); **yolunda olmak** auf dem richtigen Weg sein; (*gut laufen*) in Ordnung sein; **yolundan çevirmek** vom Weg abbringen (**-i** jdn); **yolundan şaşmak** irren; **bir şeyin yolunu açmak** auf etw hinwirken; **yolunu bulmak** Mittel und Wege finden, sich zurechtfinden; **yolunu gözlemek** (sehnsüchtig) entgegensehen; **yolunu kaybetmek** sich verirren, sich verlaufen; **yolunu şaşırmak** sich verlaufen, nicht ein noch aus wissen; **yolun(uz) açık olsun!** gute Reise!

yolcu *s* ① Reisende(r) *f(m)* ② Passagier *m* ③ Todkranke(r) *f(m)*; ~ **gemisi** Passagierschiff *nt*; ~ **treni** Personenzug *m*

yolculuk <-ğu> *s* Reise *f*; **iyi yolculuklar!** gute Reise!

yoldaş *s* ① Kamerad(in) *m(f)*, Gefährte *m*, Gefährtin *f* ② Genosse *m*, Genossin *f* ③ Mitreisende(r) *f(m)*, Reisegefährte *m*, Reisegefährtin *f*

yollamak *vt* (ver)schicken, (ab)senden (**-i -e** etw jdm)

yollanmak *vi* ① *Passiv zu* **yollamak** ② (*fam*) aufbrechen, sich auf die Socken machen

yollu **I.** *adj* ① mit Straßen, mit Wegen ② (*Stoff*) gestreift **II.** *adv* in einer bestimmten Art und Weise; ~ **kadife** Kordsamt *m*

yolluk <-ğu> *s* ① (*Reise-*) Proviant *m*,

Verpflegung *f* ❷ Reisegeld *nt* ❸ dünner Teppich ❹ (*für den Abreisenden*) Gastgeschenk *nt*

yolmak <-ar> *vt* ❶ (*a. fig*) rupfen (**-i** etw) ❷ (*Haare*) ausraufen (**-i** etw) ❸ (*Unkraut*) jäten (**-i** etw) ❹ neppen, ausnehmen (**-i** jdn)

yolsuz *adj* ❶ ohne Straßen ❷ inkorrekt

yolsuzluk <-ğu> *s* ❶ Fehlen *nt* von (ordentlichen) Straßen ❷ Amtsmissbrauch *m*, Verstoß *m* gegen Dienstvorschriften ❸ Inkorrektheit *f* ❹ Unterschlagung *f*

yonca *s* Klee *m*

yonga *s* ❶ Span *m* ❷ INFORM Chip *m*

yontmak <-ar> *vt* ❶ (*Steine*) hauen; (*Diamant, Glas*) schleifen; (*Holz*) schnitzen (**-i** etw) ❷ (*Bleistift*) spitzen (**-i** etw) ❸ (*Bäume*) beschneiden (**-i** etw)

yontulmak *vi* ❶ *Passiv zu* **yontmak** ❷ gute Manieren lernen

yontulmamış *adj* ❶ (*a. fig*) ungeschliffen ❷ (*fam*) ungehobelt; ~ **herif** Rüpel *m*, Flegel *m*

yorgan *s* Bettdecke *f*

yorgun *adj* müde, abgespannt; ~ **argın** erschöpft, todmüde

yorgunluk <-ğu> *s* ❶ Müdigkeit *f*, Ermüdung *f* ❷ Erschöpfung *f*

yormak <-ar> *vt* ❶ ermüden (**-i** jdn/etw) ❷ anstrengen, erschöpfen (**-i** jdn/etw) ❸ interpretieren, deuten (**-i** etw)

yortu *s* christlicher Feiertag

yorucu *adj* anstrengend, ermüdend

yorulmak *vi* ❶ *Passiv zu* **yormak** ❷ ermüden

yorulmaz *adj* unermüdlich

yorum *s* ❶ Kommentar *m* ❷ Interpretation *f* ❸ Auslegung *f*, Deutung *f*

yorumcu *s* ❶ Interpret(in) *m(f)* ❷ Kommentator(in) *m(f)*

yorumlamak *vt* ❶ deuten, interpretieren (**-i** etw) ❷ kommentieren (**-i** etw)

yosun *s* ❶ Moos *nt* ❷ Alge *f*

yozlaşma *s* ❶ *Verbalsubstantiv zu* **yozlaşmak** ❷ Entartung *f* ❸ Sittenverfall *m*

yozlaşmak *vi* ❶ degenerieren ❷ verfallen

yön *s* ❶ Richtung *f* ❷ Seite *f* ❸ Hinsicht *f*, Beziehung *f*

yönelik *adj* gerichtet, ausgerichtet (**-e** auf/gegen etw)

yönelim *s* ❶ *Verbalsubstantiv zu* **yönelmek** ❷ Orientierung *f*

yönelme *s* ❶ *Verbalsubstantiv zu* **yönelmek** ❷ Orientierung *f*; ~ **durumu** Dativ *m*

yönelmek *vi* ❶ (*Blick*) sich zuwenden (**-e** jdm/einer Sache) ❷ sich begeben (**-e** nach etw)

yöneltmek *vt* ❶ *Kausativ zu* **yönelmek** ❷ (*Frage, Brief*) richten (**-i -e** etw an jdn) ❸ in eine bestimmte Richtung leiten (**-i** etw)

yönerge *s* ❶ Vorschrift *f*, Bestimmung *f* ❷ Richtlinien *pl*

yönetici *s* ❶ Leiter(in) *m(f)*, Verwalter(in) *m(f)* ❷ Manager(in) *m(f)*

yönetim *s* ❶ Leitung *f*, Führung *f* ❷ Management *nt*, Verwaltung *f*; ~ **kurulu** Verwaltung *f*, Verwaltungsrat *m*

yönetmek *vt* ❶ führen, lenken (**-i** etw) ❷ verwalten (**-i** etw) ❸ (*Betrieb*) bewirtschaften (**-i** etw) ❹ (*Orchester*) dirigieren (**-i** etw) ❺ (*Angelegenheit*) betreuen (**-i** etw)

yönetmelik <-ği> *s* ❶ Satzung *f*, Verordnung *f* ❷ Vorschrift *f*

yönetmen *s* ❶ Direktor(in) *m(f)* ❷ Regisseur(in) *m(f)*

yönlendirmek *vt* (*Telefongespräch*) umleiten (**-i** etw)

yöntem *s* Methode *f*, Verfahren *nt*

yöntemli *adj* methodisch

yöre *s* ❶ Ortschaft *f* ❷ Umkreis *m*, Umgebung *f* ❸ Region *f*

yörekent <-ti> *s* Vorort *m*

yöresel *adj* regional

yörünge *s* ① Umlaufbahn *f* ② Flugbahn *f*

yudum *s* Schluck *m;* **bir yudumda** (*austrinken*) in einem Zug

yufka **I.** *s* Blätterteig *m* **II.** *adj* (*a. fig*) leicht zerbrechlich; ~ **yürekli** weichherzig

Yugoslav *adj* jugoslawisch

Yugoslavya *s* Jugoslawien *nt*

yuh *interj* (*fam*) pfui Teufel!

yuhalamak *vt* ausbuhen (**-i** jdn)

yukarda *adv s.* **yukarıda**

yukardan *adv s.* **yukarıdan**

yukarı **I.** *adj* obere(r, s), Ober- **II.** *adv* hoch, nach oben **III.** *s* obere(r) Teil *m;* ~ **çekmek** hinaufziehen, heraufziehen (**-i** etw); ~ **çıkmak** heraufkommen, hinauffahren, hinaufgehen, hinaufsteigen; ~ **getirmek** hinaufbringen, heraufbringen (**-i** etw); ~ **taşımak** hinauftragen, herauftragen (**-i** etw)

yukarıda *adv* oben; **daha** ~ weiter oben; ~ **adı geçen** oben genannte(r, s)

yukarıdaki *adj* obige(r, s)

yukarıdan *adv* von oben; ~ **aşağı** von oben bis unten; ~ **bakmak** von oben herab behandeln (**-e** jdn)

yukarısı <-nı> *s* obere(r) Teil *m*

yukarısında *präp* oberhalb (**-in** +*gen*)

yukarıya *adv* ① herauf, rauf ② hinauf, nach oben; ~ **bak** siehe oben; ~ **doğru** aufwärts, empor

yulaf *s* Hafer *m;* ~ **ezmesi** Haferflocken *pl*

yular *s* Halfter *nt*

yumak <-ğı> *s* Knäuel *nt o m*

yummak <-ar> *vt* (*Auge*) schließen (**-i** etw); **göz** ~ ein Auge zudrücken (**-e** bei etw)

yumru *s* ① Beule *f* ② (*Wurzel-*) Knolle *f*

yumruk <-ğu> *s* ① (geballte) Faust *f* ② Faustschlag *m* ③ Druck *m*

yumulmak *vi* ① *Passiv o Reflexiv zu* **yummak** ② sich hermachen (über) (**-e** über etw)

yumurcak <-ğı> *s* ① (*fam*) Bengel *m* ② Pestbeule *f*

yumurta *s* ① Ei *nt* ② Stopfei *nt* ③ Rogen *m* ④ Hoden *m;* ~ **akı** Eiweiß *nt;* ~ **biçiminde** eiförmig; ~ **kabuğu** Eierschale *f;* ~ **kaşığı** Eierlöffel *m;* ~ **sarısı** Eidotter *m,* Eigelb *nt;* (*Farbe*) dottergelb

yumurtalık <-ğı> *s* ① Eierstock *m* ② Eierbecher *m*

yumurtlamak *vt* ① Eier legen ② (*fig*) sich ausdenken (**-i** etw) ③ (*fam*) ausplaudern (**-i** etw)

yumuşacık *adj* mollig, weich

yumuşak <-ğı> *adj* ① weich ② mild ③ (*Teig, Kuchen*) locker ④ zart, mürbe ⑤ (*Mensch*) nachgiebig, sanftmütig ⑥ (*Stimme*) sanft ⑦ (*Buchstabe*) stimmhaft ⑧ (*Worte*) angenehm ⑨ (*Haut*) zart

yumuşaklık <-ğı> *s* ① Milde *f* ② Weichheit *f* ③ Nachgiebigkeit *f* ④ (*der Haut*) Zartheit *f*

yumuşamak *vi* ① weich werden ② sich beruhigen ③ nachgiebig werden

yumuşatıcı **I.** *s* (*für Wäsche*) Weichspüler *m* **II.** *adj* mildernd

yumuşatmak *vt* ① *Kausativ zu* **yumuşamak** ② weich machen (**-i** etw) ③ mildern, lindern (**-i** etw)

Yunan **I.** *s* Grieche *m,* Griechin *f* **II.** *adj* (*Art*) griechisch

Yunanca *adj* (*Sprache*) griechisch

Yunanistan **I.** *s* Griechenland *nt* **II.** *adj* (*Art*) griechisch

Yunanlı **I.** *s* Grieche *m,* Griechin *f* **II.** *adj* (*Herkunft*) griechisch

yunus (balığı) *s* Delfin, Delphin *m*

yurt <-du> *s* ① Heimat *f,* Vaterland *nt* ② (*soziale Einrichtung*) Heim *nt;* ~ **çapında** landesweit; ~ **dışı** Ausland *nt,* das Ausland betreffend, Auslands-; ~ **içi** Inland *nt,* inländisch; ~ **içi uçuş** Inlandsflug *m*

yurtsal *adj* (*die Heimat betreffend*) heimatlich

yurtsever **I.** *s* Patriot(in) *m(f)* **II.** *adj* patriotisch

yurtsuz *adj* heimatlos

yurttaş *s* ❶ Staatsangehörige(r) *f(m)* ❷ Mitbürger(in) *m(f)* ❸ (*aus demselben Land*) Landsmann *m*, Landsmännin *f*

Yurttaşlar Yasası <-nı> *s* das Bürgerliche Gesetzbuch

yurttaşlık <-ğı> *s* ❶ Staatsangehörigkeit *f* ❷ Volksgemeinschaft *f*; ~ **bilgisi** Gemeinschaftskunde *f*

yusufçuk <-ğu> *s* Libelle *f*

yutmak <-ar> *vt* ❶ (hinunter)schlucken, verschlingen (-**i** etw) ❷ (*Beleidigung*) einstecken, schlucken (-**i** etw) ❸ hereinfallen (-**i** auf etw)

yutturmak *vt* ❶ *Kausativ zu* **yutmak** ❷ (*fam*) weismachen, aufbinden (-**e** -**i** jdm etw)

yuva *s* ❶ Nest *nt* ❷ (*Haus, Familie*) Heim *nt* ❸ (*Pflegestätte*) Hort *m* ❹ Höhlung *f* ❺ (*pej*) Brutstätte *f*; ~ **yapmak** nisten

yuvalamak *vi* nisten

yuvar *s* Blutkörperchen *nt*

yuvarlacık <-ğı> *adj* (*fam*) rundlich, mollig

yuvarlak <-ğı> **I.** *adj* ❶ rund, kreisförmig ❷ (*Zahl*) rund, abgerundet **II.** *s* Kugel *f*

yuvarlaklaşmak *vi* rund werden

yuvarlaklaştırmak *vt* ❶ *Kausativ zu* **yuvarlaklaşmak** ❷ rund machen (-**i** etw) ❸ (auf-, ab)runden (-**i** etw)

yuvarlamak *vt* ❶ (auf)rollen (-**i** etw) ❷ rollen, wälzen (-**i** etw) ❸ rund machen (-**i** etw) ❹ zu Boden werfen (-**i** jdn/etw) ❺ (*fam: Essen*) hinunterschlingen; (*Getränk*) hinuntergießen (-**i** etw)

yuvarlanmak *vi* ❶ *Passiv und Reflexiv zu* **yuvarlamak** ❷ sich (herum)wälzen ❸ (herunter)rollen

yüce *adj* ❶ hoch ❷ edel, erhaben; ~ **ruhlu** großherzig; ~ **ruhluluk** Großmut *f*

yücelik <-ği> *s* ❶ Höhe *f* ❷ Erhabenheit *f*

yük <-kü> *s* ❶ (*Trag-*) Last *f* ❷ (*a. fig*) Bürde *f* ❸ Ladung *f*, Fracht *f* ❹ (*elektrische*) Ladung *f* ❺ Belastung *f* ❻ Schrank *m* (*zur Aufbewahrung des Bettzeugs*); ~ **asansörü** Lastenaufzug *m*; ~ **istasyonu** Güterbahnhof *m*; ~ **katarı** Güterzug *m*; ~ **vagonu** Güterwagen *m*

yüklem *s* Prädikat *nt*

yükleme *s* ❶ *Verbalsubstantiv zu* **yüklemek** ❷ Laden *nt*, Verladen *nt*; ~ **terminali** Ladeterminal *nt*

yüklemek *vt* ❶ (ver)laden (-**i** -**e** etw auf/in etw) ❷ beladen (-**i** etw) ❸ aufbürden, auferlegen (-**e** -**i** jdm etw) ❹ zuschreiben (-**e** -**i** jdm etw) ❺ (*Schuld*) in die Schuhe schieben (-**e** -**i** jdm etw) ❻ INFORM laden (-**i** etw) ❼ INFORM abspeichern (-**i** -**e** etw auf etw)

yüklenmek *vt* ❶ *Passiv und Reflexiv zu* **yüklemek** ❷ sich aufladen (-**i** etw) ❸ (*Verantwortung*) übernehmen (-**i** etw) ❹ bedrängen (-**e** jdn) ❺ sich stemmen (-**e** gegen etw)

yüklük <-ğü> *s* Wäscheschrank *m*

yüksek <-ği> **I.** *adj* ❶ hoch ❷ laut ❸ obere(r, s) ❹ hochgelegen ❺ hochgestellt ❻ edelmütig **II.** *s* Anhöhe *f*; ~ **Almanca** Hochdeutsch *nt*; ~ **atlama** Hochsprung *m*; ~ **basınç** (*Hochdruck*) Hoch *nt*; ~ **çözünürlükteki** INFORM hochauflösend; ~ **fırın** Hochofen *m*; ~ **gerilim** Hochspannung *f*; ~ **gerilim hattı** Hochspannungsleitung *f*; ~ **kaliteli** hochwertig; ~ **konjonktür** Boom *m*; ~ **okul** Hochschule *f*; ~ **öğrenim** Hochschulstudium *nt*; ~ **ökçeli ayakkabı** Stöckelschuh *m*; ~ **öğretmen okulu** pädagogische Hochschule; ~ **sesle** laut; ~ **sezon** Hauptsaison *f*; ~ **tahsil** Hochschulstudium *nt*; ~ **tansiyon** Bluthochdruck *m*; ~ **teknoloji** Hightech *nt*;

~ **yoğunluklu disket** INFORM HDD *f* (*high density disk*)

yükseklik <-ği> *s* ① Höhe *f* ② Anhöhe *f* ③ (*von Bäumen, Gebäuden*) Größe *f* ④ MATH Höhe *f*

yükseliş *s* ① (*auch fig*) Aufstieg *m* ② Erhöhung *f*

yükselme *s* ① *Verbalsubstantiv zu* **yükselmek** ② Aufstieg *m*

yükselmek *vi* ① sich erheben ② (*Flugzeug*) aufsteigen ③ ansteigen ④ (*fig*) aufsteigen ⑤ (*Ertrag, Leistung*) besser werden ⑥ emporragen ⑦ sich erhöhen ⑧ (*Fieber, Preise*) steigen ⑨ (*einen Aufschwung erleben*) emporkommen ⑩ (*Stimme*) lauter werden

yükselti *s* (*über dem Meeresspiegel*) Höhe *f*

yükseltmek *vt* ① *Kausativ zu* **yükselmek** ② erhöhen (**-i** etw) ③ (*Stimme*) erheben (**-i** etw) ④ (*Ertrag*) verbessern (**-i** etw) ⑤ INFORM aufrüsten (**-i** etw)

yüksük <-ğü> *s* ① Fingerhut *m* ② Wurzelhaube *f*

yüksükotu <-nu> *s* ① Roter Fingerhut *m* ② Wiesenfuchsschwanz *m*

yüksünmek *vt* als Last empfinden (**-den** etw)

yüküm *s* ① Verpflichtung *f* ② Notwendigkeit *f*, Zwang *m*

yükümlendirmek *vt* verpflichten (**-i** jdn)

yükümlü *adj* ① obligatorisch ② verpflichtet (**ile** zu etw)

yükümlülük <-ğü> *s* Verpflichtung *f*

yün *s* (*Schaf-*) Wolle *f*

yünden *adj* aus Wolle

yünlü **I.** *adj* Woll-, mit Wolle **II.** *s* Wollstoff *m*

yürek <-ği> *s* ① Herz *nt* ② Mut *m*, Mumm *m* ③ Mitleid *nt*; ~ **çarpıntısı** Herzklopfen *nt*; ~ **yakıcı** herzzerreißend; **yüreği sızlayarak** schweren Herzens; **yüreğime su serpildi** mir fällt ein Stein vom Herzen; **yüreğini dağlamak** zutiefst rühren (**-in** jdn)

yüreklendirici *adj* ermutigend

yüreklendirmek *vt* ① *Kausativ zu* **yüreklenmek** ② ermutigen (**-i** jdn)

yüreklenmek *vi* Mut fassen

yürekli *adj* beherzt, tapfer

yüreklilik <-ği> *s* Mut *m*, Tapferkeit *f*

yüreksiz *adj* ① mutlos ② feige, furchtsam

yüreksizlik <-ği> *s* ① Feigheit *f* ② Mutlosigkeit *f*

yürekten **I.** *adj* innig, herzlich **II.** *adv* nach bestem Wissen und Gewissen

yürümek *vi* ① (zu Fuß) gehen ② marschieren ③ wandern ④ (*Fahrzeug*) fahren ⑤ (*Kleinkind*) laufen können ⑥ (*Angelegenheit*) gut vorangehen ⑦ schneller gehen; **yürüyen merdiven** Rolltreppe *f*; **yürüyen şerit** Förderband *nt*; **yürüyerek** zu Fuß

yürürlük <-ğü> *s* Gültigkeit *f*; ~ **süresi** Gültigkeitsdauer *f*; **yürürlüğe girme** Inkrafttreten *nt*; **yürürlüğe girmek** in Kraft treten; **yürürlüğe sokma** Inkraftsetzung *f*; **yürürlüğe sokmak** in Kraft setzen (**-i** etw); **yürürlükte olmak** gelten, in Kraft sein

yürüteç <-ci> *s* Gehhilfe *f*

yürütmek *vt* ① *Kausativ zu* **yürümek** ② durchführen, ausführen (**-i** etw) ③ (*Fahrzeug*) fahren (**-i** etw) ④ (*lenken*) führen (**-i** etw) ⑤ in Gang bringen (**-i** etw) ⑥ (*Angelegenheit*) betreuen (**-i** etw) ⑦ (*Motor*) anlassen (**-i** etw) ⑧ (*Meinung*) äußern, vorbringen (**-i** etw) ⑨ (*Urteil*) vollstrecken (**-i** etw) ⑩ (*fam*) klauen, mitgehen lassen (**-i** etw)

yürütüm *s* Durchführung *f*

yürüyüş *s* ① Gang *m* ② Marsch *m*, Demonstrationsmarsch *m* ③ Wanderung *f* ④ Entwicklung *f*

yüz **I.** *num* hundert; ~ **bin** hunderttausend; ~ **misli** [*o* **katı**] hundertfach, hundertmal so viel, das Hundertfache; ~ **defa** [*o* **kere**] hundertmal; ~ **türlü** hunderterlei; **yüzde** Prozent *nt*, Hundertstel *nt*; **yüzde** ~ hundertprozentig

II. *s* ❶ Gesicht *nt* ❷ (*von Stoff, Kleidungsstück*) Außenseite *f*, rechte Seite *f* ❸ Vorderseite *f* ❹ Oberfläche *f* ❺ Seite *f* ❻ Frechheit *f*, Dreistigkeit *f*; **~ çizgisi** [*o* **hattı**] Gesichtszug *m*; **~ germe** Facelifting *nt*; **~ ifadesi** Gesichtsausdruck *m*; **~ vermek** verwöhnen (**-e** jdn); **yüzüne gülmek** jdm ins Gesicht lachen; **yüzüne karşı söylemek** jdm etwas ins Gesicht sagen; **birinin yüzünü güldürmek** jdm Anlass zur Freude geben; **yüzünü gözünü oynatmak** Fratzen schneiden

yüzbaşı <-nı> *s* MIL Hauptmann *m*

yüzde *s* Prozent *nt*; **~ on** zehn Prozent; **~ yüz** hundert Prozent, hundertprozentig

yüzdelik <-ği> *s* ❶ Prozentsatz *m* ❷ COMM Provision *f*

yüzdürmek *vt* ❶ *Kausativ zu* **yüzmek** ❷ (wieder)flottmachen (**-i** etw)

yüzer *num* je hundert

yüzey *s* Oberfläche *f*; **~ ölçüsü** Flächenmaß *nt*

yüzeysel *adj* ❶ Oberflächen- ❷ flüchtig, oberflächlich

yüzeysellik <-ği> *s* (*a. fig*) Oberflächlichkeit *f*

yüzgeç <-ci> *s* ❶ Flosse *f* ❷ (*fam*) guter Schwimmer

yüzkarası <-nı> *s* (*fam*) Schande *f*

yüzlerce *num* zu Hunderten, Hunderte von ...

yüzleşmek *vi* ❶ zusammentreffen (**ile** mit jdm) ❷ konfrontiert werden (**ile** mit jdm)

yüzleştirmek *vt* ❶ *Kausativ zu* **yüzleşmek** ❷ zusammenbringen (**-i ile** jdn mit jdm) ❸ konfrontieren (**-i ile** jdn mit jdm)

yüzme *s* ❶ *Verbalsubstantiv zu* **yüzmek** ❷ Schwimmen *nt*; **~ bilmeyen** Nichtschwimmer(in) *m(f)*; **yüzme havuzu** Schwimmbad *nt*, Schwimmbecken *nt*; **~ sporu** Schwimmsport *m*

yüzmek <-er> *vt, vi* ❶ (*Tier*) abhäuten (**-i** etw) ❷ schwimmen ❸ im Überfluss haben, schwimmen (in) (**bir şey içinde** in etw); **yüzmeye gitmek** schwimmen gehen

yüznumara *s* (*fam*) Klo *nt*

yüzölçümü <-nü> *s* ❶ Flächeninhalt *m* ❷ Flächenmaß *nt*

yüzsüz *adj* (*fam*) unverschämt, frech

yüzsüzlük <-ğü> *s* (*fam*) Unverschämtheit *f*, Frechheit *f*

yüzücü I. *s* Schwimmer(in) *m(f)* **II.** *adj* schwimmend

yüzük <-ğü> *s* Ring *m*

yüzükparmağı <-nı> *s* Ringfinger *m*

yüzüncü *adj* hundertste(r, s)

yüzünden *präp* wegen (**...** +*gen*); **senin yüzünden** deinetwegen; **benim yüzümden** meinetwegen

yüzyıl *s* Jahrhundert *nt*

Zz

Z, z *s 29. Buchstabe des türk. Alphabets*

zabıt <-ptı> *s* Protokoll *nt*

zabıta *s* (*besonders städtische*) Polizei *f*

zafer *s* Sieg *m,* Triumph *m;* **Zafer Bayramı** Siegesfest *nt;* **~ kazanmak** siegen; **~ takı** Triumphbogen *m*

zafiyet <-ti> *s* ① Schwächeanfall *m* ② Schwäche *f* ③ Magersucht *f*

zahire *s* ① Lebensmittel *pl* ② Getreide *nt;* **~ ambarı** Kornkammer *f*

zahmet <-ti> *s* ① Bemühung *f,* Mühe *f* ② Schwierigkeit *f* ③ Mühe *f,* Umstände *pl;* **~ çekmek** sich plagen; **~ etmek** sich bemühen; **~ etmeyin!** machen Sie sich keine Umstände!, bemühen Sie sich nicht!, machen Sie sich keine Mühe!; **bu, zahmete değmez** das ist nicht der Mühe wert

zahmetli *adj* mühsam, mühselig, umständlich

zahmetsiz *adj* mühelos, leicht, bequem

zahmetsizlik <-ği> *s* Leichtigkeit *f,* Mühelosigkeit *f*

Zaire *s* Zaire *nt*

zakkum *s* Oleander *m*

zalim *adj* erbarmungslos, grausam, tyrannisch

zam <-mmı> *s* ① Zulage *f* ② Erhöhung *f* ③ (*zu einer Gebühr*) Zuschlag *m* ④ Verteuerung *f*

zaman *s* ① Zeit *f* ② Zeitpunkt *m* ③ Zeitalter *nt* ④ Tempus *nt* ⑤ Formation *f;* **~ ~** von Zeit zu Zeit; **~ ayırmak** sich Zeit lassen; **~ kaybı** Zeitverlust *m;* **bu, ~ meselesi** es ist eine Frage der Zeit; **uyku zamanı** Schlafenszeit *f;* **iş zamanı** Arbeitszeit *f;* **zamanında** zur rechten Zeit, rechtzeitig, seinerzeit; **tam zamanında** im richtigen Augenblick; **zamanla** im Laufe der Zeit, mit der Zeit; **zamanla yarışma** Wettlauf *m* gegen die Uhr

zamanaşımı <-nı> *s* Verjährung *f;* **zamanaşımına uğramak** verjähren

zamanlı *adv* pünktlich, rechtzeitig

zamansız *adj, adv* unerwartet

zambak <-ğı> *s* Lilie *f*

Zambia *s* Sambia *nt*

zamir *s* Fürwort *nt,* Pronomen *nt*

zamk <-kı> *s* ① Klebstoff *m,* Leim *m* ② Gummiharz *nt*

zamklamak *vt* (mit Klebstoff) kleben (**-i** etw)

zamklı şerit <-di> *s* Klebeband *nt*

zammı <-nı> *s Possessivform zu* **zam** die Erhöhung von ...

zampara *s* Schürzenjäger *m*

zan <-nnı> *s* ① Vermutung *f* ② Verdacht *m* ③ Anschuldigung *f;* **~ altında bulundurmak** verdächtigen (**-i** jdn)

zangoç <-cu> *s* ① Küster *m* ② Glöckner *m*

zanlı *adj* ① mutmaßlich ② verdächtigt ③ angeklagt

zannetmek <-der> *vt* meinen, vermuten (**-i** etw)

zannı <-nı> *s Possessivform zu* **zan** seine/ihre Vermutung

zaplamak *vi* (*beim Fernsehen*) zappen

zapping yapmak *vi* (*beim Fernsehen*) *see* **zaplamak**

zapt *s* ① gewaltsame Wegnahme ② Beherrschung *f* ③ Protokollierung *f;* **zapta geçirilmiş** protokolliert

zaptetmek <-der> *vt* ① (*auch gewaltsam*) besetzen (**-i** etw) ② beherrschen, bezähmen (**-i** etw) ③ protokollieren (**-i** etw)

zar *s* ① Häutchen *nt* ② Pelle *f* ③ (*Spiel-*) Würfel *m;* **~ atmak** würfeln; **~ oyunu** Würfelspiel *nt;* **~ tutmak** (*beim Wür-*

feln) mogeln; (*vulg*) Taschenbillard spielen; ~ **gibi** sehr fein, hauchdünn

zarafet <-ti> *s* ① Eleganz *f,* Schick *m* ② Vornehmheit *f*

zarar *s* ① Schaden *m,* Verlust *m* ② Nachteil *m;* ~ **ödeneği** Entschädigung *f;* ~ **vermek** schaden (**-e** jdm/einer Sache); **zarara sokmak** schädigen, benachteiligen (**-i** jdn); **zararı dokunmak** schaden, Schaden zufügen (**-e** jdm); **zararı yok** das macht nichts; **zararına** zu Ungunsten (**-in** +*gen*); **zararını çıkarmak** sich bezahlt machen

zararlı *adj* ① schädlich (**-e** für jdn/etw) ② nachteilig (**-e** für jdn/etw); ~ **böcekler** Ungeziefer *nt;* ~ **madde** Schadstoff *m*

zararsız *adj* ① unschädlich, harmlos ② (*a. fig*) nicht übel; ~ **hale sokmak** entschärfen (**-i** etw)

zararsızlık <-ğı> *s* Harmlosigkeit *f*

zarf *s* ① (*Brief-*) Umschlag *m* ② Futteral *nt,* Hülle *f* ③ Umstandswort *nt,* Adverb *nt* ④ *Untersetzer für Mokkatässchen*

zarfında *präp* innerhalb, binnen (... +*gen*)

zarif *adj* ① schick, elegant ② vornehm, fein ③ schön

zaruret <-ti> *s* ① Zwang *m,* Zwangslage *f* ② Elend *nt,* Not *f*

zar zor *adv* mit Mühe und Not

zaten *adv* ohnehin, sowieso

zatülcenp <-bi> *s* ① Brustfellentzündung *f* ② Rippenfellentzündung *f*

zatürre *s* Lungenentzündung *f*

zavallı *adj* ① (*bedauernswert*) arm ② (*hilflos*) schwach; ~ **ben!** ich Arme(r)!

zayıf *adj* ① mager, dürr ② schmächtig, schmal ③ schwach, schwächlich ④ (*fig*) schwach ⑤ (*Schulnote*) ungenügend; ~ **akıllı** schwachsinnig, Schwachsinnige(r) *f(m);* ~ **düşmek** schwach werden; ~/**güçlü yön** [*o* **taraf**] schwache/starke Seite; ~ **nokta** Schwachstelle *f*

zayıflamak *vi* ① (*an Gewicht*) abnehmen ② abmagern ③ schlanker werden ④ schwach werden ⑤ (*Gedächtnis*) nachlassen

zayıflatmak *vt* ① *Kausativ zu* **zayıflamak** ② entkräften, schwächen (**-i** jdn/etw)

zayıflık <-ğı> *s* ① (*a. fig*) Schwäche ② Schlankheit *f* ③ Magerkeit *f*

zebra *s* Zebra *nt*

zedelemek *vt* ① schaden, beeinträchtigen (**-i** etw) ② (*beschädigen*) ramponieren (**-i** etw) ③ quetschen (**-i** etw)

zehir <-hri> *s* Gift *nt*

zehirleme *s* ① *Verbalsubstantiv zu* **zehirlemek** ② Vergiftung *f*

zehirlemek *vt* ① vergiften (**-i** jdn/etw) ② (*Laune*) verderben (**-i** etw)

zehirlenme *s* ① *Verbalsubstantiv zu* **zehirlenmek** ② Vergiftung *f*

zehirlenmek *vi* vergiftet werden

zehirli *adj* giftig, Gift-; ~ **çöp** Giftmüll *m;* ~ **gaz** Giftgas *nt;* ~ **yılan** Giftschlange *f*

zehretmek <-der> *vt* ① *Kausativ zu* **zehrolmak** ② vergiften, vergällen (**-e -i** jdm etw) ③ (*Liebe*) ersticken; (*Gefühle*) abtöten (**-i** etw)

zehri <-ni> *s Possessivform zu* **zehir** das Gift von ...

zehrolmak *vi* vergällt werden (**-e** jdm)

zeka *s* ① Intelligenz *f,* Klugheit *f* ② Verstand *m;* ~ **oranı** Intelligenzquotient *m*

zekat <-tı> *s* (*islamisch*) Almosen *nt*

zeki *adj* intelligent, klug

zelzele *s* (*fam*) Erdbeben *nt*

zemberek <-ği> *s* (*von Uhr*) Feder *f;* **zehir** ~ sehr bitter

zembil *s* (*Einkaufs-*) Korb *m*

zemin *s* ① Grund *m,* Boden *m* ② Basis *f,* Grundlage *f* ③ Grundton *m;* ~ **katı** Erdgeschoss *nt,* Parterre *nt*

zencefil *s* Ingwer *m*

zengin I. *adj* ❶ reich ❷ reichhaltig II. *s* Reiche(r) *f(m)*; ~ **kaynak** Fundgrube *f*

zenginleşmek *vi* ❶ reich(er) werden ❷ sich bereichern

zenginleştirmek *vt* ❶ *Kausativ zu* **zenginleşmek** ❷ reich(er) machen (**-i** jdn) ❸ bereichern (**-i** jdn)

zenginlik <-ği> *s* Reichtum *m*, Wohlstand *m*

zerre *s* ❶ Teilchen *nt*, Partikel *nt o f* ❷ Staubkörnchen *nt* ❸ Molekül *nt* ❹ Spur *f*

zerrin I. *s* Narzisse *f* II. *adj* golden, aus Gold

zeval <-li> *s* Ende *nt*, Untergang *m*

zevk <-ki> *s* ❶ Genuss *m*, Vergnügen *nt*, Lust *f* ❷ (*Freude*) Spaß *m* ❸ Geschmack *m*; ~ **almak** [*o* **duymak**] Spaß haben (**-den** an etw); ~ **meselesi** Geschmack(s)sache *f*; ~ **sahibi olmak** Geschmack haben; ~ **vermek** Spaß machen (**-e** jdm); **zevkini çıkarmak** genießen (**-in** etw)

zevkli *adj* ❶ geschmackvoll ❷ vergnüglich

zevksiz *adj* ❶ geschmacklos ❷ langweilig, reizlos

zevksizlik <-ği> *s* Geschmacklosigkeit *f*

zeytin *s* Olive *f*; ~ **ağacı** Ölbaum *m*; ~ **dalı** Ölzweig *m*; ~ **yeşili** olivgrün

zeytinlik <-ği> *s* Olivenhain *m*

zeytinyağı <-nı> *s* Olivenöl *nt*

zeytuni *adj* olivgrün

zıbarmak *vi* ❶ verenden ❷ (*vulg*) krepieren, verrecken ❸ (*pej. Betrunkener*) schlafen wie ein Sack

zıddı <-nı> *s Possessivform zu* **zıt** das Gegenteil von ...

zılgıt <-dı> *s* (*fam*) Anpfiff *m*

zımba *s* ❶ (*Papier-*) Locher *m* ❷ Stanze *f* ❸ Perforierung *f*

zımbalamak *vt* lochen, (aus)stanzen, perforieren (**-i** etw)

zımpara *s* Schmirgel *m*; ~ **kâğıdı** Schmirgelpapier *nt*

zındık <-ğı> *s* (*fam*) Ketzer(in) *m(f)*

zıp *interj* zack; **sevinçten ~ ~ hoplamak** einen Freudentanz aufführen

zıpçıktı *s* (*fam*) Emporkömmling *m*

zıpır *adj* ❶ (*fam*) bescheuert ❷ (*fam*) überspannt, skurril

zıpkın *s* Harpune *f*

zıplamak *vi* ❶ hüpfen ❷ in die Höhe springen ❸ zurückprallen

zıpzıp <-pı> *s* Murmel *f*

zırdeli *adj* (*fam*) ballaballa

zırh *s* ❶ Panzer *m* ❷ Panzerung *f*

zırhlı *adj* gepanzert, Panzer-

zırlamak *vi* (*fam*) ❶ (*Kind*) plärren ❷ viel labern

zırva *s* (*fam*) Quatsch *m*

zırvalamak *vi* (*fam*) dummes Zeug reden

zıt <-ddı> I. *adj* entgegengesetzt II. *s* Gegenteil *nt*, Gegensatz *m* III. *adv* zuwider

zıvana *s* ❶ Hülse *f*, Röhrchen *nt* ❷ Keilnute *f* ❸ Mundstück *nt*; ~ **yuvası** Fuge *f*; **birini zıvanadan çıkarmak** jdn aus dem Häuschen bringen; **zıvanadan çıkmak** außer Rand und Band sein, aus der Haut fahren; **zıvanadan çıkmış** fuchsteufelswild

zifaf *s* erstes eheliches Zusammensein; ~ **gecesi** Hochzeitsnacht *f*

zifiri *adj* stockfinster; ~ **karanlık** Finsternis *f*, stockfinster

zift <-ti> *s* Pech *nt*

zihin <-hni> *s* ❶ Intellekt *m*, Geist *m* ❷ Gedächtnis *nt* ❸ Verstand *m*; **zihnini kurcalamak** seinen Kopf anstrengen

zihinsel *adj* geistig, intellektuell; ~ **özürlü** geistig behindert

zihni *adj* ❶ intellektuell ❷ geistig, Kopf-

zihni <-ni> *s Possessivform zu* **zihin** sein/ihr Intellekt *m*

zihniyet <-ti> *s* Mentalität *f*

zikzak <-ğı> I. *s* Zickzack *m* II. *adv* im Zickzack; ~ **gitmek** im Zickzack gehen

zil *s* ❶ Klingel *f* ❷ (*am Tamburin*) Schelle *f* ❸ Kastagnette *f* ❹ Zimbel *nt;* ~ **çalıyor** es läutet [*o* klingelt]; ~ **düğmesi** Klingelknopf *m*

Zimbabve *s* Simbabwe *nt*

zimmet <-ti> *s* ❶ Obliegenheit *f* ❷ Schuld *f* ❸ Soll *nt* ❹ Passiva *pl;* **zimmetine geçirmek** hinterziehen, unterschlagen, jds Konto belasten

zina *s* ❶ Ehebruch *m* ❷ wilde Ehe; ~ **işlemek** Ehebruch begehen

zincifre *s* Zinnober *m;* ~ **kırmızısı** (*Farbe*) Zinnober *m*

zincir *s* Kette *f;* **zincire vurmak** fesseln, in Ketten legen (-**i** jdn)

zincirleme I. *s Verbalsubstantiv zu* **zincirlemek** II. *adj* kettenartig; ~ **reaksiyon** Kettenreaktion *f;* ~ **usulü** (**çalışma**) Fließbandarbeit *f*

zincirlemek *vt* ❶ anketten (-**i** etw) ❷ aneinanderreihen (-**i** etw) ❸ in Ketten legen (-**i** jdn)

zindan *s* Kerker *m;* ~ **gibi** stockfinster

zinde *adj* munter, frisch

ziraat <-tı> *s* ❶ Landwirtschaft *f* ❷ Anbau *m*

zirai *adj* landwirtschaftlich

zirve *s* ❶ (*Berg-*) Gipfel *m* ❷ (*Baum-*) Wipfel *m* ❸ Höhe *f* ❹ Höhepunkt *m;* ~ **toplantısı** Gipfelkonferenz *f,* Gipfeltreffen *nt*

zırzop <-pu> I. *s* (*fam*) Verrückte(r) *f(m)* II. *adj* verrückt, übergeschnappt

ziyade I. *s* Mehr *nt* II. *adj* ❶ (zu) viel ❷ äußerste(r, s) III. *adv* ❶ mehr (-**den** als) ❷ vielmehr

ziyafet <-ti> *s* Festessen *nt*

ziyan *s* ❶ Verlust *m* ❷ Schaden *m* ❸ Beschädigung *f*

ziyaret <-ti> *s* Besuch *m;* ~ **etmek** besuchen (-**i** jdn); ~ **saatleri** Besuchszeit *f;* ~ **yeri** Pilgerstätte *f*

ziyaretçi *s* Besucher(in) *m(f);* ~ **defteri** Gästebuch *nt*

ziyaretgah *s* Pilgerstätte *f,* Pilgerort *m*

zom *adj* (*fam*) besoffen

zona *s* Gürtelrose *f*

zonklamak *vi* schmerzen

zooloji *s* Zoologie *f*

zoolojik *adj* zoologisch

zor I. *adj* schwierig, schwer II. *s* ❶ Zwang *m* ❷ Gewalt *f* ❸ Schwierigkeit *f* III. *adv* knapp, gerade noch; ~ **bulunur** schwer erhältlich; ~ **kullanma** Gewaltanwendung *f;* ~ **kullanmak** Zwang anwenden

zoraki *adj* gezwungen, ungewollt

zorba I. *adj* ❶ gewalttätig, brutal ❷ despotisch II. *s* Despot(in) *m(f)*

zorbalık <-ğı> *s* Gewalttätigkeit *f,* Brutalität *f*

zorla *adv* ❶ mit Gewalt ❷ schwer ❸ gezwungenermaßen

zorlama *s* ❶ *Verbalsubstantiv zu* **zorlamak** ❷ Nötigung *f;* ~ **tedbirleri** Sanktionen *pl,* Repressalien *pl*

zorlamak *vt* ❶ zwingen, nötigen, drängen (-**i** -**e** jdn zu etw) ❷ erzwingen (-**i** etw) ❸ mit Gewalt öffnen (-**i** etw)

zorlaşmak *vi* schwierig(er) werden

zorlaştırmak *vt* ❶ *Kausativ zu* **zorlaşmak** ❷ erschweren (-**i** etw)

zorlu *adj* ❶ (*Wind, Regen*) heftig ❷ (*Gegner*) gewaltsam ❸ tatkräftig, entschlossen

zorluk <-ğu> *s* Schwierigkeit *f*

zorunda *adj* genötigt, gezwungen; ~ **olmak** [*o* **kalmak**] gezwungen sein (-**mek** etw zu tun)

zorunlu *adj* ❶ notwendig, unentbehrlich, unerlässlich ❷ obligatorisch ❸ zwangsläufig ❹ unvermeidlich; ~ **durum** Notlage *f,* Zwangslage *f;* ~ **kılmak** erfordern (-**i** etw)

zorunluluk <-ğu> *s* ❶ Notwendigkeit *f,* Unentbehrlichkeit *f* ❷ Zwangsläufigkeit *f* ❸ Unvermeidbarkeit *f*

zulmetmek <-der> *vi* misshandeln, tyrannisieren (-**e** jdn)

zulüm <-lmü> *s* ❶ Grausamkeit *f,* Gräueltat *f* ❷ Tyrannei *f,* Unterdrückung *f*

zumlamak *vi* zoomen

zurna *s* türkische Oboe *f*
zücaciye *s* Glas-/Porzellanwaren *pl*
züğürt <-dü> *adj* pleite
zührevi hastalık <-ğı> *s* Geschlechtskrankheit *f*
zümre *s* Klasse *f*
zümrüt <-dü> **I.** *s* Smaragd *m* **II.** *adj* smaragden, Smaragd-
züppe **I.** *s* Modenarr *m*, Snob *m*, Dandy *m* **II.** *adj* snobistisch, dandyhaft
zürafa *s* ❶ Giraffe *f* ❷ (*fam*) Lesbe *f*

Grundlegende Informationen auf einen Blick

Temel bilgiler

Auf diesen vier Seiten finden Sie die allerwichtigsten Daten und Fakten, die Sie bei Ihren Kontakten in die Türkei und auf Reisen in dieses Land sicher gut gebrauchen können. Sie werden Ihnen bei vielen Gelegenheiten helfen, sich in der Türkei gut und rasch zurechtzufinden, und so zum Gelingen Ihrer Urlaubs- und Geschäftreisen beitragen.

Landesvorwahl Uluslararası telefon kodu	+90
Notruf İmdat telefonu	Polizei: 155 Feuerwehr: 110 Rettungsdienst/Erste Hilfe: 112
Touristeninformationen Turist enformasyon	www.kultur.gov.tr/DE/
Währung Para birimi	Türk Lirası – TL (1 Lira = 100 Kurusch)
Gesetzliche Feiertage in der Türkei Türkiye'deki millî bayramlar	Yılbaşı/Neujahrstag: 1. Januar Ulusal Egemenlik ve Çocuk Bayramı/„Tag der Nationalen Souveränität und der Kinder“: 23. April Atatürk'ü Anma, Gençlik ve Spor Bayramı/„Tag der Jugend und des Sports und Atatürk-Gedenktag“: 19. Mai Zafer Bayramı/„Tag des Sieges“: 30. August Cumhuriyet Bayramı/„Tag der Republik“: 29. Oktober

Öffnungszeiten Açılış-kapanış saatleri	Banken: 08:30–12:00, 13:30–17:30 Montag–Freitag; private Wechselstuben (dövis bürosu) sind länger geöffnet Geschäfte: 9:00–19:00, in Städten auch länger; Gedeckter Basar und Gewürzbasar in Istanbul: 08:00–19:00 Montag–Samstag Behörden und kleine Postämter: 08:30–12:30, 13:30–17:30 Montag–Freitag Hauptpostämter (Aufschrift PTT): 8:00–24:00 Montag–Samstag, 9:00–19:00 Sonntag
Strom Elektrik	Standardnetzspannung: 230 V, 50 Hz Steckersystem wie in Deutschland
Diplomatische Vertretungen Konsolosluklar	Deutsches Generalkonsulat Hauptanschrift: İnönü Cad. 10 34437 Gümüşsuyu - İstanbul, Türkei Postanschrift: PK 355, 34431 Beyoğlu - İstanbul, Türkei Tel: +90 212 3346100 Fax: +90 212 2499920 www.istanbul.diplo.de
	Österreichische Botschaft Hauptanschrift: Atatürk Bulvarı 189 06680 Ankara, Türkei Postanschrift: P.K. 131 TR-06661 Ankara-Kücükesat, Türkei Tel: +90 312 405 51 90, +90 312 405 51 91 Fax: +90 312 418 94 54 www.aussenministerium.at/ankara

	Schweizer Generalkonsulat Hauptanschrift: 1.Levent Plaza, A-Blok Kat:3 Büyükdere Cad. No. 173 34394 Levent Istanbul Türkei Postanschrift: P.K. 90 34330 Levent Istanbul Türkei Tel: +90 212 283 12 82 Fax: +90 212 283 12 98 www.eda.admin.ch/istanbul

Reisen

Flugzeug

Türkische Flughäfen Türk havalimanları	Istanbul: www.ataturkairport.com/de +90 212 465 5555
	Izmir: www.adnanmenderesairport.com/izmiren (Auslandsflüge) +90 232 455 0000, (Inlandsflüge) +90 232 274 2626
	Antalya: www.aytport.com +90 242 3303600
	Bodrum: www.bodrum-airport.com/en/ +90 252 5230080
	Dalaman: www.atmairport.aero/Dalaman_al +90 252 792 5555
	Ankara: www.esenbogaairport.com/esben +90 312 590 4000

Auto

Geschwindigkeits-begrenzungen Azami hız sınırları	Autobahn/Otoyol: 120 km/h Landstraßen: 90 km/h Innerorts: 50 km/h
Promillegrenze Alkol sınırı	0,5 Promille (Gilt nur für Fahrer von Pkw ohne Anhänger. Für alle anderen Fahrzeuge gilt absolutes Alkoholverbot.)
Autobahn- und Brückenmaut Otoyol ve köprü geçiş ücretleri	Auf Autobahnen wird eine entfernungsabhängige Mautgebühr berechnet. Bei der Benutzung der beiden Bosporusbrücken in Istanbul ist eine Brückenmaut von derzeit 4,25 TL zu entrichten. Alle anderen Verkehrswege sind gebührenfrei.

Landeskundliche Tipps für die Türkei

Türk kültürüne yönelik yararlı bilgiler

Allgemeine Tipps

Genel bilgiler

Für die Verständigung mit Menschen aus anderen Ländern sind Fremdsprachenkenntnisse unentbehrlich – aber sie allein reichen noch nicht aus. Damit die Kommunikation wirklich gelingen kann, ist es notwendig, auch etwas über die „Alltagskultur" des betreffenden Landes und die Mentalität seiner Bewohner zu wissen. Nur wer über Sprach- <u>und</u> Landeskenntnisse verfügt, kann verstehen, sich verständlich machen, sich angemessen verhalten und sicher auftreten.

Die folgenden hilfreichen Hinweise wollen Sie mit einigen Besonderheiten in der Türkei vertraut machen. Sie sind nach Themen geordnet, damit Sie sich rasch orientieren können.

Anrede, Begrüßung und Abschied

Anrede

In Städten überwiegt unter Leuten, die nicht miteinander verwandt oder befreundet sind, die Anrede mit „Sie" (***siz***). Gleichaltrige und Gleichgestellte wechseln zum „Du" (***sen***), wenn sie spüren, dass sich ein freundschaftliches Verhältnis entwickelt. Ältere Personen reden Jüngere oft mit „Du" an, was jedoch keinen arroganten Unterton beinhaltet, sondern die fürsorgliche Liebe des Älteren gegenüber dem Jüngeren zum Ausdruck bringt. Auf dem Lande schließlich gibt es Gebiete, in denen die Sie-Form völlig ungebräuchlich ist; dort redet man sich generell mit „Du" an.

Titel und Verwandtschaftsbezeichnungen

Die Anrede mit Nachnamen ist nur in sehr formellen Situationen, wie z. B. im amtlichen Briefverkehr, üblich. Dabei wird dem Nachnamen der Anredetitel ***Bay*** (Herr) bzw. ***Bayan*** (Frau) vorangestellt: ***Bay/ Bayan Yılmaz*** (Herr/Frau Yılmaz). Ansonsten verwendet man zur Anrede den Vornamen. Wenn man sich siezt, stellt man dabei dem Vornamen den Anredetitel ***Bey*** (Herr) bzw. ***Hanım*** (Frau) nach: ***Mehmet Bey*** (Herr Mehmet), ***Ayşe Hanım*** (Frau Ayşe). Möchte man eine unbekannte Person anreden, so gebraucht man die höfliche Anrede ***efendim***, die für beide Geschlechter verwendet wird (mein Herr/meine Dame). Noch eine Spur höflicher ist die Anrede ***beyefendi*** für einen Herrn und ***hanımefendi*** für eine Dame.

Anstelle des Vornamens benutzen Türken zur Anrede auch oft Verwandtschaftsbezeichnungen – auch gegenüber Unbekannten. Mit dieser Anredeform wird eine quasiverwandtschaftliche Beziehung zwischen den Gesprächspartnern hergestellt, um eine warmherzige Atmosphäre zu schaffen. Bei der Wahl der Anredeform ist dann der Altersunterschied zwischen den Gesprächspartnern ausschlaggebend. Personen derselben Generation, die älter sind als man selbst, redet man dann mit ***abi*** (älterer Bruder) bzw. ***abla*** (ältere Schwester) an; Personen der nächstälteren Generation mit ***amca*** (Onkel) bzw. ***teyze*** (Tante) und Personen, welche die Großeltern von einem selbst sein könnten, mit ***dede*** (Großvater) bzw. ***nine*** (Großmutter). Umgekehrt spricht man Personen derselben Generation, die gleich alt oder jünger sind als man selbst, mit ***kardeş*** ((kleiner) Bruder/(kleine) Schwester) an; Personen, die mindestens eine Generation jünger sind, sowie Kinder mit ***oğlum*** (mein Sohn) bzw. ***kızım*** (meine Tochter) und kleine Kinder mit ***yavrum*** (mein Kleines/mein Kleiner).

Ärzte, Amtspersonen und andere Berufsgruppen

Ärzte und Amtspersonen werden im Dienst gewöhnlich mit ihrem Titel bzw. ihrer Amtsbezeichnung mit nachgestelltem Anredetitel ***Bey*** bzw. ***Hanım*** angesprochen: der Arzt und die Ärztin mit ***Doktor Bey/Hanım*** (Herr/Frau Doktor), der Direktor/die Direktorin mit ***Müdür Bey/Hanım*** (Herr/Frau Direktor) und Polizisten und andere Beamte mit ***Memur Bey/Hanım*** (Herr/Frau Beamte(r)). Diese Anredeform ist auch bei anderen Berufstätigen gebräuchlich: z. B. ***Avukat Bey/Hanım*** (Herr/Frau Rechtsanwalt), ***Mühendis Bey/Hanım*** (Herr/Frau Ingenieur). Den Taxi- oder Busfahrer spricht man mit ***şoför bey*** (Herr Fahrer) und den Kellner mit ***garson bey*** an.

Begrüßung

Die Begrüßung lautet zu jeder Tageszeit ***Merhaba*** (Guten Tag/Grüß Gott) oder – je nach Tageszeit – ***Günaydın*** (Guten Morgen), ***İyi günler*** (Guten Tag) und ***İyi akşamlar*** (Guten Abend). Eine traditionelle Grußformel, die besonders auf dem Land und von religiös eingestellten Türken verwendet wird, lautet ***Selamünaleyküm*** (Friede sei mit dir/euch); darauf antwortet man mit dem Gegengruß ***Aleykümselam*** (Auch mit dir/euch sei Friede).

Der Gastgeber empfängt seinen Besuch mit den Worten ***Hoş geldin/geldiniz*** (ungefähr: „Schön, dass du/ihr/Sie gekommen bist/

seid/sind“), worauf der Besuch mit den Worten ***Hoş bulduk*** (ungefähr: „Schön, dass wir zu dir/euch/Ihnen gefunden haben“) antwortet.

Wenn man Bekannte trifft, fragt man nach der eigentlichen Begrüßung immer auch nach dem Befinden: ***Nasılsın/Nasılsınız?*** (Wie geht es dir/Ihnen?). Darauf antwortet man mit ***Teşekkür ederim, iyim. Sen nasılsın/Siz nasılsınız?*** (Danke, es geht mir gut. Und wie geht es dir/Ihnen?) Und die Antwort darauf lautet dann ***Ben de iyiyim, teşekkür ederim*** (Auch mir geht es gut, danke). Dieses Ritual ist also nicht wirklich ein Fragen nach dem Befinden, sondern gehört noch zum Begrüßungsritual. Es dient dazu, eine positive Gesprächsatmosphäre einzuleiten. Wenn es einem nicht gut geht und man dies auch mitteilen will, hebt man sich dies für das spätere Gespräch auf.

Wenn jemand sich oder eine andere Person mit Namen vorstellt, bedankt man sich mit den Worten ***(Tanıştığımıza) memnun oldum*** (Es freut mich, Sie kennenzulernen).

Neben dem Händeschütteln ist in der Türkei unter Verwandten, Freunden und Bekannten auch der Wangenkuss als Begrüßungsgeste verbreitet, bei dem man sich mit den Wangen leicht berührt. Bei Bekannten, mit denen man nicht innig befreundet ist, und bei nichtverwandten Personen anderen Geschlechts wird dabei der Kuss nur angedeutet. Der Wangenkuss bringt gegenseitiges Vertrauen zum Ausdruck und hat keine erotische Bedeutung.

Darüber hinaus gibt es unter den Türken mit dem Handkuss eine Begrüßungsgeste, mit der man einer Respektperson seine Ehrerbietung bekunden kann. Mit dem Handkuss kann so ein Jüngerer einen Älteren, ein Schüler seinen Lehrer oder ein Untergebener seinen Vorgesetzten oder Chef begrüßen. Dabei ergreift er die Rechte des anderen, deutet einen Handkuss an und führt sie sich dann an seine Stirn.

Händeschütteln

Wie in den deutschsprachigen Ländern ist es auch in der Türkei üblich, sich bei der Begrüßung und beim Abschied die Hand zu geben. Allerdings gibt es dabei eine Einschränkung, auf die Sie achten sollten: Streng religiöse türkische Frauen und Männer nämlich vermeiden jede Berührung – und daher auch das Händeschütteln – mit nichtverwandten Personen anderen Geschlechts. Daher wartet man in Begrüßungssituationen mit Personen anderen Geschlechts, deren religiöse Einstellung man nicht kennt oder nicht an Äußerlichkeiten (wie etwa dem Kopftuch bei streng religiösen Frauen) erkennen kann, am besten ab, ob der/die andere die Hand ausstreckt. Streng religiöse Frauen begrüßt man als Mann mit einer leichten Verneigung des Kopfes. Streng religiöse türkische Männer begrüßen nichtverwandte Frauen ebenso, wobei sie sich gleichzeitig die Hand auf die Brust legen.

Unter Männern kommt es nicht selten vor, dass der Händedruck bei der Begrüßung bedeutend länger gehalten wird, als dies in den deutschsprachigen Ländern üblich ist. Dies ist ein Zeichen der besonderen Wertschätzung.

Abschied

Zum Abschied werden – je nach Tageszeit – dieselben Formeln verwendet wie zur Begrüßung: tagsüber ***İyi günler*** und abends ***İyi akşamlar***. Besonders herzlich ist der Abschiedsgruß ***Allahaısmarladık*** (ungefähr: „Ich empfehle dich/euch/Sie dem Schutze Gottes“; die Aussprache lautet *al'lasmarladık*), den der Weggehende ausspricht; der Bleibende antwortet darauf mit ***Güle güle*** (ungefähr: „(Gehe) mit lachendem Herzen“). Dieser Abschiedsgruß wird besonders dann verwendet, wenn man sich längere Zeit nicht mehr sehen wird.

Der lockere, informelle Abschiedsgruß, wie er unter Freunden gebraucht wird, lautet ***Hoşça kal/kalın*** (Mach's/macht's gut/Tschüss) oder ***Görüşürüz*** (Wir sehen uns).

Höfliche Umgangsformen

Sich entschuldigen

Man entschuldigt sich für eine Störung, ein Versehen oder wenn man jemanden unwillentlich berührt hat, mit ***Affedersiniz*** (Entschuldigen Sie bitte). Mit derselben Formel werden auch gerne Fragen oder Bitten eingeleitet, besonders dann, wenn man jemand Fremden anspricht: ***„Affedersiniz, bana yardım edebilir misiniz lütfen?“*** („Entschuldigen Sie bitte, könnten Sie mir vielleicht behilflich sein?“)

Möchte man sich für ein Missgeschick, einen Fehler oder Unannehmlichkeiten entschuldigen, die man jemandem bereitet hat, sagt man ***Özür dilerim*** (Ich bitte um Verzeihung) oder ***Kusura bakma/bakmayın*** (Bitte nimm/nehmen Sie mir es nicht übel). Darauf antwortet man mit ***Önemi yok*** (ungefähr: „Das ist nicht schlimm“), ***Mühim değil*** (Das ist nicht so wichtig) oder ***Fark etmez*** (Macht nichts).

Um etwas bitten

Höfliche Bitten werden als Fragesätze formuliert, in denen das Verb in der Möglichkeitsform und im Aorist steht (***-ebilir misin/misiniz***): ***Bana yardım edebilir misiniz?*** – Könnten Sie mir behilflich sein?

Anlamadım. Bunu tekrarlayabilir misiniz? – Ich habe es nicht verstanden, könnten Sie es wiederholen?

Wenn man das Wörtchen ***lütfen*** (bitte) dazu sagt - man kann es an den Anfang oder ans Ende des Satzes stellen -, wird die Bitte noch einen Deut höflicher. Es schadet nichts, das Wörtchen ***lütfen*** häufig zu verwenden: ***Lütfen bana yardım edebilir misiniz? -*** Könnten Sie mir bitte behilflich sein? ***Anlamadım. Bunu tekrarlayabilir misiniz lütfen? -*** Ich habe es nicht verstanden, könnten Sie es bitte wiederholen?

Man bekundet seine Bereitschaft, der Bitte Folge zu leisten, mit ***Memnuniyetle*** (Aber gerne/Mit Vergnügen).

Wenn man jemanden bittet, zuzugreifen, einzutreten, Platz zu nehmen u. Ä., sagt man ***Buyurun*** (Bitte, bedienen Sie sich/treten Sie ein/nehmen Sie Platz).

Sich bedanken

Man bedankt sich mit den Worten ***Teşekkür ederim*** (Ich bedanke mich) oder kurz ***Teşekkürler*** (Danke schön). Eine besonders herzliche Dankesformel lautet ***Sağ ol/olun*** (wörtlich: „Bleibe/Bleiben Sie gesund").

Einen Dank erwidert man mit ***Rica ederim*** (Bitte schön), ***Bir şey değil*** (Keine Ursache) oder, besonders nachdrücklich, mit ***Estağfurullah*** (ungefähr: „Aber nicht doch!").

Höflichkeit

Türken legen größten Wert auf Höflichkeit. Diese beinhaltet nicht nur freundliches und zuvorkommendes Benehmen, sondern auch die Achtung der sozialen Stellung des anderen. So zeigen Türken älteren und sozial höhergestellten Personen den ihnen gebührenden Respekt. Jüngere rauchen daher z. B. nicht in Gegenwart älterer männlicher Verwandter. Weiter gehört zum höflichen Benehmen in der Türkei auch die Wahrung der Distanz zu nichtverwandten Personen des anderen Geschlechts.

Das Türkische kennt eine Fülle von Höflichkeitsformeln für die verschiedensten Situationen. Wenn Sie diese Formeln als Ausländer in der Türkei benutzen, werden Ihnen schnell die Herzen zufliegen. Im Folgenden sind einige der wichtigsten Höflichkeits- und Aufmerksamkeitsformeln aufgelistet:

Wenn jemand sich etwas Neues gekauft hat, sagt man zu ihm ***Güle güle kullan*** (Benutze es lachenden Herzens), ist es ein neues Kleidungsstück, sagt man ***Güle güle giy*** (Trage es lachenden Herzens). Wenn jemand eine neue Wohnung bezogen hat, sagt man ***Güle güle otur*** (Wohne mit lachendem Herzen). Ist jemand krank oder fühlt er sich nicht wohl, wünscht man ihm ***Geçmiş olsun*** (Möge es vorüber sein). Wenn jemand geniest hat, sagt man ***Çok yaşa*** (Gesundheit!). Wenn jemandem etwas Trauriges widerfahren ist oder wenn man ein Angebot ablehnen muss, drückt man sein Bedauern mit ***Üzgünüm***

(Das/Es tut mir leid) aus. Trifft man jemanden bei einer Arbeit an, wünscht man ihm ***Kolay gelsin*** (Möge es dir/Ihnen leicht fallen). Wenn man sich von einem Händler verabschiedet, bei dem man etwas gekauft hat, wünscht man ihm ***Hayırlı işler*** (Gute Geschäfte!). ***Afiyet olsun*** (Möge es wohl bekommen) entspricht unserem „Guten Appetit"; man sagt es aber meist, wenn jemand fertig gegessen hat. Wenn man privat zum Essen eingeladen ist, lobt man nach dem Mahl die Hausfrau, die das Essen zubereitet hat, mit den Worten ***Elinize sağlık*** (Heil Ihren Händen). Wenn man gelobt wird, schwächt man das Lob bescheiden mit der Formel ***Estağfurullah*** (ungefähr: „Ich bitte Sie!") ab.

In der Türkei gilt das Nasenschneuzen vor anderen als unhöflich, es wirkt auf Türken ähnlich unangenehm wie das Rülpsen. Wenn man sich die Nase putzen muss, geht man dazu daher ein wenig abseits und tut dies möglichst diskret; bei Tisch sucht man dazu am besten die Toilette auf.

Diplomatisches Verhalten

Türken sind weniger direkt als Deutsche, Österreicher oder Schweizer, da sie bei jedem Gespräch vor allem daran interessiert sind, eine möglichst harmonische Atmosphäre herbeizuführen. Um den Gesprächspartner nicht vor den Kopf zu stoßen, ihn vielleicht zu beschämen oder versehentlich zu kränken, bringt man Unangenehmes „durch die Blume" zur Sprache – und das auch erst, nachdem man ein möglichst erfreuliches Gesprächsklima geschaffen hat. So bewertet man auch etwas, das man nicht gut findet, lieber mit ***Fena değil*** (Nicht schlecht), als dass man direkt seine Meinung sagt. Als Ausländer sollten Sie im Gespräch mit Türken auch besser ganz auf innertürkische politische oder gesellschaftliche Streitfragen verzichten, da dies Ihren Gesprächspartner in seinem Nationalstolz kränken könnte. Es wird auch als unhöfliche Einmischung in fremde Angelegenheiten empfunden. Nur wenn Sie ein sehr vertrautes Verhältnis zu Ihrem Gesprächspartner aufgebaut haben, sind solche Diskussionen möglich, ohne eine Abkühlung der Beziehung zu riskieren.

Essen und Trinken

Mahlzeiten

Das ***kahvaltı*** (Frühstück) besteht aus ***ekmek*** (Weißbrot) oder ***pide*** (Fladenbrot), ***beyaz peynir*** (Käse, meist Weichkäse aus Schafs- oder Kuhmilch), Oliven, Tomaten und Gurken; es gibt auch die süße Variante mit Brot, Butter, Marmelade oder Honig. Dazu wird meist Tee getrunken.

Mittags wird nur eine kleine Mahlzeit oder ein Imbiss eingenommen.

Die Hauptmahlzeit ist das ***akşam yemeği*** (Abendessen). Eine vollständige Hauptmahlzeit besteht aus mehreren Gängen: Zuerst gibt es eine Suppe und eine oder mehrere ***mezeler*** (Vorspeisen). Zum Hauptgang gibt es ein Fleisch-, Fisch- oder Gemüsegericht, oft zusammen mit einem ***pilav*** (einer Beilage aus Reis, Hafergrütze oder reisförmigen Nudeln). Es wird zum Essen auch immer reichlich Brot gereicht. Schließlich wird das Mahl mit ***tatlılar*** (süßen Nachspeisen) abgerundet.

Im Restaurant

In der Türkei unterscheidet man zwischen dem ***restoran***, dem gehobenen Restaurant europäischen Stils, und dem ***lokanta***, der einfachen Speisegaststätte. Im ***restoran*** wird man in der Regel von einem Restaurantangestellten an einen freien Tisch geführt. Man ruft den Kellner mit ***garson bey*** (Herr Ober) herbei, und wenn man zahlen möchte, sagt man ***Lütfen hesabı getirin*** (Bringen Sie bitte die Rechnung). Das Trinkgeld, etwa 5 bis 10 % des Rechnungsbetrags, legt man diskret in das Lederetui oder Ähnliches, das der Kellner dann zusammen mit der Rechnung bringt.

In der Türkei ist es normal, dass eine Person die Rechnung für den ganzen Tisch bezahlt und damit die Rolle des Gastgebers für die Mitspeisenden übernimmt. Getrenntes Bezahlen ist verpönt und wird verächtlich ***„Alman usulü“*** („deutsche Methode“) genannt.

Wenn Sie als Ausländer zusammen mit einem türkischen Bekannten eine Gaststätte besuchen, wird dieser immer darauf bestehen, die Rechnung zu übernehmen. Sie können dagegen leicht protestieren, sollten ihm aber dann doch die Rolle des Gastgebers überlassen, da man es in der Türkei als eine Ehrensache erachtet, Fremden Gastfreundschaft zu erweisen. Darauf zu bestehen, die Rechnung zu zahlen, käme einer Schmähung der Gastfreundschaft Ihres Bekannten gleich. Dafür erwartet Ihr türkischer Bekannter von Ihnen, dass Sie ihn ebenso zuvorkommend bewirten, wenn Sie sich später einmal in Ihrer Heimat treffen sollten.

In den ***lokantalar*** sind die Speisen oft ebenso köstlich wie in den vornehmen, teureren ***restoranlar***. Es gibt in der Regel keine Speisekarte; man wählt am Büfett, wo die verschiedenen Speisen in Metallbehältern warm gehalten werden, sein Menü aus.

Es gibt außerdem noch eine Fülle weiterer spezialisierter Speiselokale, wie das ***kebap salonu***, ein auf Fleischspeisen spezialisiertes Lokal, der ***işkembeci***, eine Gaststätte, in der nur Suppen angeboten werden, das ***kahvaltı salonu*** (Frühstücksstube), das ***pastahane*** (Konditorei) oder der ***muhallebici***, eine Art Konditorei mit Puddingspezialitäten, und viele andere mehr.

Beachten Sie, dass seit dem Jahre 2009 das Rauchen in allen Gaststätten und öffentlichen Gebäuden, auch in den überdachten Außenbereichen, gesetzlich verboten ist.

Private Einladungen

Der Gastgeber empfängt den Gast mit dem Willkommensgruß ***Hoş geldin/geldiniz*** (Schön, dass du gekommen bist/ihr gekommen seid/Sie gekommen sind). Darauf entgegnet der Gast ***Hoş bulduk*** (Schön, dass wir (zu euch) gefunden haben).

Wie auch beim Besuch von Moscheen ist es beim Betreten von Privatwohnungen üblich, an der Haustüre die Schuhe auszuziehen.

Gerade beim Besuch ausländischer Gäste gibt man sich in der Türkei besondere Mühe, die Gäste wohl zu versorgen, und bereitet ein besonders reiches Mahl.

Man wünscht einen guten Appetit mit ***Afiyet olsun*** (Möge es wohl bekommen). Meist wird diese Formel jedoch ausgesprochen, wenn man fertig gegessen hat. Beim Essen werden die Gäste immer wieder aufgefordert, doch weiter zuzugreifen; ein Gast, der zu wenig isst, würde den Anschein erwecken, dass ihm das Essen nicht schmeckt. Wenn Sie sich wirklich satt gegessen haben, können Sie das mit ***Doydum*** oder ***Karnım doydu*** (Ich bin satt) zu verstehen geben, wobei Sie sich die Hand zur Brust führen. Man wird Sie dann nicht weiter drängen.

Nach dem Essen lobt der Gast die Kochkünste der Hausfrau mit den Worten ***Elinize sağlık*** (Gesundheit Ihren Händen).

Vermeiden Sie es, Einrichtungsgegenstände Ihres Gastgebers zu bewundern, da er sich sonst dazu verpflichtet fühlen könnte, sie Ihnen zu schenken.

Besonders auf dem Lande, abseits der Touristenströme, nehmen die Menschen die traditionelle türkische Gastfreundschaft – gerade gegenüber Ausländern – noch sehr ernst. Dort kann es Ihnen passieren, dass Sie von einem freundlichen Türken geradezu genötigt werden, sich mit einem Gastmahl bewirten zu lassen, selbst wenn er viel zu arm ist, um es sich leisten zu können. Wenn man eine solche Situation erkennt, sollte man sich mit Bedauern entschuldigen und mit einem *glaubhaften* Vorwand das Angebot ablehnen. Den wahren Grund sollte man nicht zu erkennen geben, um ihn nicht zu beschämen oder zu kränken.

Telefonieren

Sich melden

Der Angerufene meldet sich oft nicht mit Namen, sondern mit einem einfachen *Alo* (Hallo) oder *Alo, buyuru kimsiniz?* Auf Deutsch wäre das etwa: „Ja, bitte (, wer ist am Apparat)?" Darauf stellt sich der Anrufer vor - *Ben X* (Ich bin X) - und begrüßt den Angerufenen. Der Angerufene grüßt zurück, und das Telefongespräch beginnt.

Sich verabschieden

Es gibt keinen speziellen Abschiedsgruß für Telefonate wie das deutsche „Auf Wiederhören"; man gebraucht einen der im Alltag üblichen Abschiedsgrüße wie *İyi günler*, *İyi akşamlar* oder - salopp - *Görüşürüz*. Beim Abschied kann sich der Angerufene zusätzlich für das Telefonat bedanken: *Aradığınız için teşekkür ederim* (Vielen Dank für Ihren Anruf).

Weitere Hinweise zu den Besonderheiten und kulturspezifischen Umgangsformen in der Türkei

Typisch türkische Getränke

Çay, der im Samowar zubereitete türkische Tee, ist das Nationalgetränk Nummer eins der Türken. Er wird zu jeder Tageszeit und zu jeder Gelegenheit getrunken. Teetrinken ist eine gesprächsbegleitende Zeremonie und eine einfache Gelegenheit, sich einem anderen als zuvorkommender Gastgeber zu erweisen. Ob man nun ein Teppichgeschäft betritt, jemanden kennenlernt oder als Ausländer nur jemanden nach dem Weg fragt - stets kann man zu einem Glas Tee eingeladen werden. Entsprechend dicht ist das Netz der *cay bahceleri* (Teegärten), *cayevleri* (Teestuben) und der Teeküchen, von wo aus die *çaycılar* (Teeverkäufer) mit ihren Tabletts voller Teegläser auf die Straße schwärmen.

Seltener als Tee wird heutzutage das historische türkische Nationalgetränk, der türkische Mokka (*Türk kahvesi*), getrunken. Da der Zucker, wenn man ihn süß trinken möchte, immer im *cezve*, einem kleinen langsstieligen Metallkännchen, mitgekocht wird, muss man seinen Mokka entsprechend bestellen, nämlich *çok/orta/az şekerli* (sehr süß/mittelsüß/mit wenig Zucker) oder *sade* (pur/ ohne Zucker). Nachdem man den Kaffee getrunken hat, wird gerne aus dem Kaffeesatz die Zukunft gelesen (*fal bakmak*), eine Sitte, die freilich weniger mit Magie als mit Unterhaltung zu tun hat, weshalb auch meist nur angenehme Zukunftsperspektiven im Kaffeesatz erkannt werden.

Erwähnung verdient auch das elementarste und für viele Türken köstlichste Getränk, nämlich ***maden suyu***, Mineral- oder Quellwasser. Leitungswasser wird in der Türkei nicht getrunken und auch nicht zum Kochen verwendet, da es dazu wegen seines hohen Chlorgehalts nicht geeignet ist.

Obwohl ***aslan sütü*** („Löwenmilch“), mit Wasser gemischter Raki, als heimliches Nationalgetränk der Türken gilt, ist in der Türkei der Genuss alkoholischer Getränke wegen des islamischen Alkoholverbotes ein wenig problematisch. Alkohol wird außerhalb der touristisch oder westlich geprägten Gebiete und Stadtviertel nur in ***içkili restoranlar*** (speziellen Restaurants mit Alkoholausschank) oder in ***birahaneler*** (Bierkneipen) ausgeschenkt. In den ***lokantalar*** und erst recht in den Teegärten und -häusern gibt es keinen Alkoholausschank. In der Provinz gibt es zudem Städte, wo kaum eine Gaststätte mit Alkoholausschank zu finden ist.

Männer und Frauen

Auch wenn die Türkei sich längst westlichen Standards geöffnet hat, wirkt sich die islamische Kultur des Landes weiterhin auf das Verhältnis zwischen den Geschlechtern aus. Das traditionelle türkische Gesellschaftsmodell sieht eine weitgehende Trennung der weiblichen und männlichen Sphäre vor: Der Bereich des Mannes ist die Öffentlichkeit und die Straße; der Bereich der Frau ist das Haus und die Familie. Je traditioneller das Leben in einer Stadt oder einem Stadtviertel ausgeprägt ist, desto mehr macht sich die Trennung der Geschlechter bemerkbar: Frauen bewegen sich dann seltener alleine in der Öffentlichkeit, sondern meist in Begleitung männlicher Verwandter oder anderer Frauen. In westlich geprägten Gegenden und Städten ist diese räumliche Geschlechtertrennung nicht oder kaum zu beobachten. Doch auch hier verhält man sich in der Öffentlichkeit zu Personen des anderen Geschlechts distanzierter, als es in den deutschsprachigen Ländern üblich ist.

Ausländische Frauen sollten es daher vermeiden, sich alleine außerhalb westlich oder touristisch geprägter Gegenden zu bewegen. Das gilt vor allem auch beim Besuch von Gaststätten. Gaststätten gehören zum Außenbereich und sind daher traditionell Domäne der Männer. Dies gilt besonders für Teegärten und Teestuben, in denen die Männer unter sich sein wollen. Allerdings ist es heute kein Problem mehr, wenn Sie als Frau mit männlicher Begleitung ein Speiselokal aufsuchen. In westlich geprägten Gebieten und Stadtvierteln können Sie auch als Frau viele Gaststätten, Cafés oder Teegärten alleine oder in einer Frauengruppe besuchen. In eher traditionell geprägten Gebieten und Stadtvierteln gibt es dafür den ***aile çay bahçesi*** (Familienteegarten), der Frauen, Familien und (Ehe)paaren offensteht und in dem Männer ohne weibliche Begleitung unerwünscht sind, sowie das ***aile lokantası*** (Familiengaststätte) oder das ***aile salonu***, ein spezieller für Familien und Frauen reservierter Raum in Speisegaststätten.

Sie sollten möglichst keine unbekannte Person des anderen Geschlechts ansprechen oder länger andauernden Augenkontakt mit ihr halten, außer natürlich in geregelten Situationen wie beim Einkauf, wenn Sie von einer Person des anderen Geschlechts bedient werden. Vermeiden Sie in der Öffentlichkeit den Austausch erotischer Zärtlichkeiten (Küssen, Schmusen) mit Ihrem (Ehe)partner.

Kleidung

Türken legen großen Wert auf ordentliche Kleidung. Nachlässige Kleidung gilt als Zeichen dafür, dass ihr Träger keinen großen Wert auf seine eigene Achtung legt. Auf jeden Fall sollte man es als Mann vermeiden, außerhalb der Touristikzentren kurze Hosen und schulterfreie T-Shirts zu tragen. Gerade kurze Hosen sind in der Türkei völlig unüblich.

Frauen sollten darauf achten, sich nicht aufreizend zu kleiden, also möglichst wenig Haut zu zeigen. Einen knielangen Rock, kurze Hosen und schulter- oder bauchfreie Tops sollte man außerhalb der Touristikzentren daher nicht tragen.

Beim Besuch einer Moschee wird auch von ausländischen Frauen erwartet, dass sie ihre Haare mit einem Kopftuch verdecken.

Straßenverkehr

Zwar gelten in der Türkei im Großen und Ganzen dieselben Verkehrsregeln wie in den deutschsprachigen Ländern, jedoch halten sich die Türken nicht gerade strikt daran. So werden Ampelsignale oft ignoriert, es wird vor dem Abbiegen nicht immer geblinkt, man überholt im Gedränge gelegentlich auch mal rechts, und an Zebrastreifen halten Autos kaum an, wenn ein Fußgänger gerade die Straße überqueren möchte. Dafür wird umso mehr von der Hupe als Kommunikationsmittel Gebrauch gemacht. Türkische Autofahrer hupen in allen nur denkbaren Situationen, so z. B. bevor sie überholen oder vor unübersichtlichen Kurven. Trotz des scheinbaren Verkehrschaos passieren in der Türkei jedoch nicht mehr Unfälle als in den deutschsprachigen Ländern. Die Türken vertrauen mehr der Kommunikation und Rücksichtnahme der Verkehrsteilnehmer untereinander als darauf, dass die anderen die Verkehrsregeln blind einhalten. Darauf sollte man sich als Autofahrer, aber auch als Fußgänger in verkehrsreichen Städten einstellen. Halten Sie als Fußgänger beim Überqueren stark befahrener Straßen immer Augenkontakt mit den vorbeifahrenden Autofahrern.

Überlandbus und Dolmuş

Da das türkische Eisenbahnnetz sehr lückenhaft ist und die meisten Züge auch sehr langsam und oft unpünktlich sind, benutzt man in der Türkei für Reisen innerhalb des Landes bevorzugt den ***şehirlerarası otobüs*** (Überlandbus). Es gibt in jeder Stadt einen ***otobüs terminali*** oder ***otogar*** genannten Busbahnhof, wo die Überlandbusse abfahren und ankommen. Dort befinden sind auch die Büros der verschiedenen Busunternehmen, wo man Fahrten buchen und Tickets kaufen kann. Das Netz der Überlandbusstrecken ist sehr dicht, und die Preise sind recht günstig. Der Komfort ist gehoben: Klimaanlagen sind eine Selbstverständlichkeit, das Gepäck wird in Ladeflächen unter dem Fahrgastraum verstaut, ein Steward kümmert sich um das Wohl der Fahrgäste und teilt regelmäßig Becher mit Trinkwasser aus. Alle vier Stunden gibt es einen Stopp an einer Raststätte. Die Überlandbusse gelten zudem mit den Flugzeugen als die einzigen Massenverkehrsmittel, die wirklich nach Fahrplan fahren.

Das Rauchen in Bussen ist, wie auch in allen anderen Massenverkehrsmitteln, gesetzlich verboten.

Innerhalb der Städte und im Nahverkehr gibt es neben den staatlichen Buslinien auch den ***dolmuş*** (Sammeltaxi). Dies sind meist Kleinbusse, die in festen Routen zwischen zwei Endstationen hin- und herpendeln, zwischen denen es keine festen Haltestellen gibt; die Fahrgäste können aussteigen, wo es ihnen beliebt. Die Sammeltaxis haben keine festen Abfahrtszeiten, sondern fahren immer dann ab, wenn genügend Leute zugestiegen sind. Die günstigen Fahrpreise sind fest, und man bezahlt nach der Abfahrt. Wenn man aussteigen möchte, sagt man dem Fahrer einfach ***Burada inmek istiyorum*** (Ich möchte hier aussteigen). Ebenso kann man jedem vorbeifahrenden Sammeltaxi ein Handzeichen geben: Wenn noch genügend Platz frei ist, wird man immer mitgenommen.

Den Fahrer spricht man mit ***şoför bey*** (Herr Fahrer) an.

Gestik

Zwei häufig von Türken gebrauchte Gesten wirken auf Deutsche fremd: So besteht eine häufige Geste der Verneinung, die unserem Kopfschütteln entspricht, aus einem leichten Zurückwerfen des Kopfes, oft begleitet mit einem Zungenschnalzen („tz“). Diese Geste kann auch nur aus einem Aufreißen der Augen und Heben der Augenbrauen bestehen.

Die andere Geste wird angewandt, wenn man etwas nicht verstanden hat: Sie besteht aus einem leichten, raschen Schütteln des Kopfes.

Spezielle Tipps für das Geschäftsleben
İş hayatına yönelik özel bilgiler

In Ergänzung zu den allgemeinen landesspezifischen Hinweisen finden Sie hier noch einige Tipps für das Geschäftsleben. Gerade auf diesem Gebiet ist es wichtig, die Vorgehensweise der Gesprächspartner richtig zu deuten und sich selbst angemessen zu verhalten. Wenn Sie um die kulturellen Unterschiede wissen, können Sie die Entwicklung und den Verlauf Ihrer Geschäftskontakte besser verstehen und Ihre geschäftlichen Beziehungen erfolgreicher gestalten. Nicht zuletzt wird es Ihnen möglich sein, die „Fettnäpfchen", die es in der Geschäftswelt gibt, spielend zu umgehen und sich sicher zu bewegen.

Anrede und Namen

Bei geschäftlichen Treffen redet man sich mit „Sie" (***siz***) an. Wie im Alltagsleben ist allerdings die Anrede mit Nachnamen auch im Geschäftsleben nicht üblich. Man redet sich mit Vornamen und nachfolgendem ***Bey*** (Herr) bzw. ***Hanım*** (Frau) an: Eine Frau Ayşe Yılmaz z. B. redet man also mit ***Ayşe Hanım*** (Frau Ayşe), einen Herrn Mehmet Yılmaz mit ***Mehmet Bey*** (Herr Mehmet) an.

Titel und Berufsbezeichnungen

Es ist üblich, Träger akademischer Titel mit ihren Titeln und nachgestelltem ***Bey*** bzw. ***Hanım*** anzureden – das gilt selbstverständlich auch für den Briefverkehr und für schriftliche Einladungen. Einen Doktor Mehmet Yılmaz redet man z. B. mit ***Doktor Mehmet Bey*** oder auch kurz mit ***Doktor Bey***, eine Professorin Ayşe Yılmaz mit ***Profesör Ayşe Hanım*** oder kurz mit ***Profesör Hanım*** an. Dasselbe gilt auch für Träger angesehener Berufe, die dann mit ihren Berufsbezeichnungen angesprochen werden: Einen Rechtsanwalt namens Turgut Özkan z. B. redet man mit ***Avukat Turgut Bey*** oder ***Avukat Bey***, eine Ingenieurin namens Gülnur Özkan mit ***Mühendis Gülnur Hanım*** oder ***Mühendis Hanım*** an.

Körperkontakt

Man gibt sich zur Begrüßung und zum Abschied die Hand, wobei auch bei geschäftlichen Treffen darauf zu achten ist, dass streng religiös eingestellte Türken Personen anderen Geschlechts nicht mit Handschlag begrüßen. Als Mann begrüßt man eine streng religiös eingestellte Frau mit einem leichten Senken des Kopfes. Streng religiöse Türken begrüßen Frauen ebenfalls mit einem leichten Senken des Kopfes, wobei sie sich zugleich die Hand an die Brust führen. Gerade als Frau ist es nicht leicht, zu erkennen, ob ein Mann streng religiös eingestellt ist, da dies durch äußerliche Kennzeichen nicht ohne weiteres wie bei Frauen (Kopftuch) zu erkennen ist. So wartet man am besten ab, ob der Gesprächspartner die Hand ausstreckt oder nicht.

Wenn man eine Gruppe von Leuten begrüßt, beginnt man mit der ältesten bzw. der höchstgestellten Person.

Der Respektabstand zwischen Gesprächspartnern ist in der Türkei geringer als in deutschsprachigen Ländern (in Deutschland beträgt er 1,20 Meter, in der Türkei 1 Meter). Man berührt sich auch beim Gespräch häufiger. Dies gilt allerdings nur für Gesprächspartner desselben Geschlechts.

Man erwartet vom Gesprächspartner, dass er während des Gesprächs Blickkontakt hält. Auch wenn man angesprochen wird, während man gerade mit etwas beschäftigt ist, wird erwartet, dass man seine Tätigkeit sofort unterbricht, seine Aufmerksamkeit auf den Anfragenden richtet und Blickkontakt herstellt.

Höflichkeit

Türken legen größten Wert auf Höflichkeit: das gilt ganz besonders auch im Geschäftsleben. Man ist um ein freundliches, zuvorkommendes und einfühlsames Verhalten gegenüber den ausländischen Geschäftspartnern bemüht und erwartet dasselbe auch von ihnen.

Meist beherrschen türkische Geschäftsleute eine Fremdsprache, vor allem Englisch, oft auch Deutsch. Dennoch empfiehlt es sich, auch wenn Sie nur wenig Türkisch beherrschen, einige Sätze auf Türkisch zu sagen. Türken wissen Ihre Bemühung, ihre Sprache zu lernen, als Anerkennung ihrer Kultur sehr zu schätzen und werten dies daher als einen Akt der Höflichkeit. Es ist sehr sinnvoll, wenigstens die wichtigsten Höflichkeitsformeln zu beherrschen (Grußformeln, Fragen nach dem Befinden, sich bedanken, sich entschuldigen etc.).

Eine Einladung abzulehnen gilt als unhöflich. Wenn Sie dazu gezwungen sind, sollten Sie sich mit Bedauern entschuldigen und eine plausible Begründung anführen.

Geschäftliches Verhandeln

Handeln Sie zunächst weniger problematische Fragen ab, bevor Sie strittige Themen ansprechen.

Bei Verhandlungen sind türkische Geschäftsleute oft sehr gewieft und versuchen mitunter, Verhandlungen in die Länge zu ziehen, indem sie z. B. allerlei Anekdoten aus ihrem geschäftlichen Leben ins Gespräch einflechten. Es gilt hier mehr Zeit einzuplanen und sich nicht irre machen zu lassen.

Weiter sollten Sie darauf gefasst sein, dass Türken bei Preisverhandlungen gerne mit nicht ernst gemeinten, extrem hohen Angeboten beginnen. Lassen Sie sich davon nicht allzu sehr beeindrucken. Behalten Sie Ihre Preisvorstellung im Auge und machen Sie an anderen Stellen Zugeständnisse, so können Sie sich langsam dem Preis annähern, mit dem beide Seiten zufrieden sein können.

Wenn Sie ein Angebot Ihres Verhandlungspartners am Ende doch ablehnen müssen, sollten Sie dabei Ihr Bedauern ausdrücken und Ihre Entscheidung plausibel begründen. Eine direkte, schroffe Ablehnung stößt auf Unverständnis.

Türkische Unternehmenskultur

Im Vergleich zu Unternehmen in den deutschsprachigen Ländern herrscht in türkischen Unternehmen eine höhere hierarchische Strukturierung, und die Machtverteilung wird von den Mitarbeitern weniger in Frage gestellt, als dies in unseren Ländern üblich ist. Mitarbeiter erwarten von ihren Vorgesetzten klare Anweisungen, die dann in der Regel nicht hinterfragt werden. Es gibt auch die Tendenz, dem Chef keine Fragen über Unklarheiten zu stellen, da ein solches Nachfragen als eine Anzweiflung seiner Machtposition interpretiert werden könnte. Man versucht stattdessen, Unklarheiten eher im Gespräch mit Gleichgestellten zu lösen. Mitarbeiter erweisen ihren Vorgesetzten auch förmlich Achtung und Respekt. So ist es üblich, dass Mitarbeiter aufstehen, wenn ein Vorgesetzter den Raum betritt, und sich erst wieder hinsetzen, wenn er Platz genommen hat. Auch die Begrüßung eines Vorgesetzten mit Handkuss, der traditionellen Begrüßungsgeste gegenüber älteren Männern und Respektpersonen, kann durchaus üblich sein.

Vorgesetzte nehmen in türkischen Unternehmen ihren Untergebenen gegenüber eine väterliche Rolle ein, was auch in dem türkischen umgangssprachlichen Wort für „Chef" (***patron***) deutlich wird. Vorgesetzte sprechen ihre Untergebenen häufig mit den Verwandtschaftsbezeichnungen ***oğlum*** (mein Sohn) und ***kızım*** (meine Tochter) an. Sie fühlen sich nicht nur für die Organisation der Arbeitsabläufe, sondern auch für ihre Mitarbeiter als Personen verantwortlich. Dasselbe gilt auch für die Mitarbeiter untereinander. Der Mensch steht im Vordergrund, nicht die Funktion, die er erfüllt. Ein großer Teil der Gespräche, die im Arbeits- und Geschäftsleben geführt werden, sind daher persönlicher Natur. Sie dienen dazu, eine warmherzige und harmonische Arbeitsatmosphäre zu schaffen. Konfrontationen werden möglichst vermieden. Türkische Unternehmen sind also eher kollektivistisch und weniger individualistisch geprägt.

Dieser kulturelle Hintergrund macht sich auch im Verhalten türkischer Unternehmer und Geschäftsleute gegenüber ausländischen Geschäftspartnern bemerkbar.

Gestik

Vermeiden Sie hektisches und ausladendes Gestikulieren; dies wird von Türken als Bedrohung und Aggression empfunden. Bemühen Sie sich um eine entspannte und gelassene Körpersprache.

Männer und Frauen

Das Distanzverhalten zwischen Männern und Frauen wirkt sich auf das Geschäftsleben natürlich bei weitem nicht so strikt aus, wie im türkischen Alltag traditioneller Gegenden. Bei Ihren Geschäftstreffen werden Ihnen selbstverständlich auch Frauen, auch sehr religiös eingestellte, begegnen. Bedenken Sie, dass sich trotz der sozialen Gleichberechtigung der Frau auch im Geschäftsleben Männer und Frauen distanzierter zueinander verhalten, als dies in den deutschsprachigen Ländern üblich ist.

Pünktlichkeit

Türkische Geschäftsleute sind um Pünktlichkeit bemüht; dennoch sind Verspätungen bei Geschäftsterminen infolge der durch Staus und unpünktliche Nahverkehrsmittel geprägten Verkehrssituation in türkischen Großstädten nicht selten und daher meist nicht als Nachlässigkeit zu werten. Für Unpünktlichkeit bringt man deshalb in der Türkei mehr Toleranz auf als in deutschsprachigen Ländern. Sie sollten dennoch etwaige Verzögerungen durch den Verkehr einkalkulieren und entsprechend früh zu Geschäftsterminen aufbrechen, gerade auch deshalb, weil türkische Geschäftsleute die deutsche Pünktlichkeit sehr bewundern und schätzen. Verübeln Sie es Ihrem Geschäftspartner nicht, wenn er wegen der Verkehrsverhältnisse verspätet zu einem Treffen kommt.

Zeitempfinden

Auch unterscheidet sich generell das Zeitempfinden in der Türkei deutlich von dem in deutschsprachigen Ländern, so dass auch Geschäftsverhandlungen in der Türkei meist länger dauern als in unseren Ländern. Auf Deutsche kann dies leicht chaotisch und unprofessionell wirken, während umgekehrt die Zielstrebigkeit und Durchorganisiertheit deutscher Geschäftsleute Türken oft als Gehetztheit und mangelnde Flexibilität erscheint. Sie sollten daher für geschäftliche Treffen in der Türkei mehr Zeit mitbringen, als Sie das zu Hause gewohnt sind.

Small Talk

Türkische Geschäftsleute legen sehr großen Wert auf einleitende persönliche Gespräche, als dies im sogenannten „Small Talk“ in den deutschsprachigen Ländern üblich ist, und verwenden viel Zeit darauf. Diese Gespräche dienen dazu, den Gesprächspartner kennenzulernen, ihn richtig einzuschätzen und eine möglichst positive, angenehme Atmosphäre für die geschäftlichen Verhandlungen zu schaffen. Dieses Gespräch wird mit vielen Tassen Tee oder Kaffee geführt, oft besucht man dazu auch Restaurants oder Bars oder lädt den Geschäftspartner zu sich nach Hause ein, um sich in einem möglichst angenehmen, ungezwungenen Umfeld kennenzulernen. Dabei werden Themen wie der kulturelle Hintergrund, Ausbildung, Familie, Hobbys etc. angesprochen. Sie sollten nicht versuchen, solche Gespräche zu verkürzen, da dies nur Misstrauen erwecken würde und den Geschäftsabschluss gefährden könnte. Erst wenn über das persönliche Gespräch eine Vertrauensbasis zustande gekommen ist, geht man langsam zum geschäftlichen Teil des Treffens über.

Im Restaurant

Türkische Geschäftsleute verbinden gerne geschäftliche Gespräche mit einem Restaurantbesuch. Dies dient zum einen zur Schaffung einer positiven, angenehmen Gesprächsatmosphäre, ist zum anderen aber auch ein Ausdruck der Gastfreundschaft, die in der Türkei einen sehr hohen moralischen Stellenwert hat. Ihr türkischer Geschäftspartner wird es sich daher nicht nehmen lassen, die Rechnung für das Essen zu zahlen. Sie sollten nicht darauf bestehen, die Rechnung für den Tisch zu übernehmen, da man Sie als Gast betrachtet und Ihr Geschäftspartner es als eine Ehrensache ansieht, sich Ihnen gegenüber als Gastgeber zu verhalten. Sie können sich jedoch revanchieren und Ihren Geschäftspartner später Ihrerseits einladen. Selbst dann kann es aber sein, dass er Sie nach dem Essen dann doch nicht zahlen lassen möchte. Dafür aber erwartet man, dass Sie sich, wenn Sie und Ihr Geschäftspartner sich zu einem späteren Zeitpunkt zu einem Geschäftstreffen – oder auch privat – in Ihrem Land wiedersehen sollten, als Gastgeber revanchieren.

Als Ihr Gastgeber empfiehlt Ihr Geschäftspartner auch üblicherweise das Menü. Sie sollten seiner Empfehlung folgen und nur wenn es nicht anders geht (Lebensmittelunverträglichkeit, Vegetarier etc.) mit einer Entschuldigung ablehnen und um eine andere Empfehlung bitten.

Private Einladungen

Es ist üblich, dass der Gast ein Gastgeschenk mitbringt. Als solches eignen sich Süßigkeiten, Gebäck sowie Porzellan- oder Glaswaren. Blumen als Geschenk sind eher unüblich. Wein oder Likör kann nur in Frage kommen, wenn Sie wissen, dass Ihr Gastgeber Alkohol trinkt. Achten Sie auf eine schöne Verpackung. Wenn außer Ihnen noch weitere Gäste eingeladen sind, wird der Gastgeber das Geschenk ungeöffnet beiseitelegen.

Allgemeine landeskundliche Tipps für die deutschsprachigen Länder (Deutschland, Österreich und Schweiz)

Almanca konuşulan ülkelere (Almanya, Avusturya, İsviçre) yönelik genel kültürler arası bilgiler

Başka ülkelerden insanlarla anlaşmak için yabancı dil bilgisi kaçınılmazdır ama yabancı dil bilgisi tek başına yeterli değildir. İletişimin gerçekten hedefine ulaşması için bir ülkenin günlük yaşam kültürü ve insanlarının yaşam felsefesi hakkında bilgi sahibi olmak gereklidir. Yalnızca o ülke ve konuşulan dili hakkında yeterli bilgiye sahip olan kişiler, o ülkede yaşadıklarını anlayabilir, kendini anlatabilir ve günlük yaşam koşullarına uygun bir biçimde, öz güvenli davranabilir.

Aşağıda yer alan faydalı bilgiler, Almanca konuşulan ülkelerde karşılaşabileceğiniz bazı özel durumlarda kendinizden emin olarak hareket etmenizi sağlayacaktır.

Tebrik etme ve vedalaşma

Hitap biçimleri

Almanca konuşulan ülkelerde, yakından tanımadığınız sürece insanlara **"Sie"** *'Siz'* diye hitap etmeniz beklenir. İlk karşılaşmada karşıdaki kişiyle el sıkışıp soyadınızı söylemek adettir. Karşınızdaki kişiyi yakından tanıyıp karşılıklı olarak isimlerinizi kullanmaya başladıktan sonra ona **"du"** *'Sen'* diye hitap edebilirsiniz. Bununla birlikte, çocuklar ve gençler kendi aralarında birbirlerine **"du"** *'Sen'* diye hitap ederler. Ayrıca, biriyle görüşüldüğünde kısaca tokalaşılır, gençler de çoğunlukla tek yanaktan bir kez öperler. Avusturya'da çalışma arkadaşları ve aynı yaştaki kişiler kendi aralarında birbirlerine **"du"** *'Sen'* diye hitap eder. Özellikle kırsal kesimlerde **"du"** *'Sen'* bırbırini tanımayan insanlar arasında bile ara sıra kullanılır. **"Fräulein"** *'Küçük Hanım'* Almanya'da artık kullanılmayan bir hitap biçimiyken Avusturya'da oldukça yaygındır. Viyana'da kadınlara genellikle, *'Hanımefendi'* anlamına gelen ve **"Gnä' Frau"** olarak kısaltılan, **"Gnädige Frau"** biçiminde hitap edilmesi beklenir.

Selamlaşma

Almanca konuşulan ülkelerde en yaygın selamlaşma şekli **"Guten Tag"** *'İyi günler'* ya da bu kullanım kadar resmi olmayan **"Hallo"** *'Merhaba'*dır. Bunun yanı sıra, sabahları **"Guten Morgen"** *'Günaydın'*, öğleden sonraları **"Guten Tag"** *'İyi günler'* ('İyi öğleden sonraları' şeklinde bir selamlama yoktur) ve akşamları **"Guten Abend"** *'İyi akşamlar'* diyebilirsiniz. Güney Almanya'da ve Avusturya'da **"Grüß Gott"** Kuzey Almanya'da ise **"Moin, Moin"** çok yaygın kullanılan selamlama biçimidir ve her ikisinin de anlamı *'Merhaba'*dır.

Yakından tanıdığınız birini **"Grüß dich!"** *'Selam'* diyerek selamlayabilir, arkasından *'Nasılsın, her şey yolunda mı?'* anlamına gelen **"Wie geht's?"** i kullanabilirsiniz. Bu sorunun daha resmi şekli ise *'Nasılsın/ız'* anlamında kullanılan **"Wie geht es Ihnen/dir?"**dir. Nasıl olduğunuz sorulduğunda **"Danke, gut. Und Ihnen/dir?"** *'Teşekkürler, iyiyim. Ya siz/sen?'* biçiminde cevap verebilirsiniz.

İsviçreliler birbirlerini **"Grüezi"** diyerek selamlar. Ayrıca, bu kullanımın daha resmi şekli olan **"Hoi"** ya da **"Salü"** de yaygın bir biçimde kullanılır. Avusturya'da ise **"Servus"** ya da nadiren **"Habe die Ehre"** kullanılır.

Tokalaşma

Pekçok ülkede olduğu gibi, karşıdakinin elini sıkıca tutmak, göz teması kurmak ve rahat bir duruş olumlu bir izlenim yaratır. Nezaket gereği, uzatılan her elle tokalaşılır. Almanya'da yetişkinler ve gençler, ilk kez biriyle tanıştıklarında ya da tanıştırıldıklarında ortam resmi olsun ya da olmasın her zaman el sıkışırlar. Sonraki buluşmalarda, bu kısa süreli olsa bile, el sıkışılır. Tokalaşmanın çok resmi bir nezaket kuralı olduğu düşünülse de insanlar -iyi arkadaşlar bile- samimiyet ifadesi olarak hâlâ yaygın bir biçimde tokalaşırlar.

Vedalaşma

Hoşça kal demenin en yaygın kullanılan şekli **"Auf Wiedersehen!"** dir. Bununla birlikte, **"Tschüs(s)"**, **"Mach's gut!"** *'Görüşürüz'* ya da **"Bis morgen"** *'Yarın görüşürüz'* daha samimi kullanım biçimleridir. Arkadaş grubu içinde İtalyanca *'Hoşça kal'* anlamına gelen **"Ciao"** kullanılabilir ve gece geç saatlerde ayrılırken de **"Gute Nacht!"** *'İyi geceler'* denebilir. Avusturya'da ve Bavyera'nın bazı kısımlarında **"Tschüs(s)"** yerine **"Pfiat' di"** (Kabaca,'Tanrı seninle olsun')nin kullanıldığını duyabilirsiniz. İsviçre'de ise hoşça kalın karşılığı olarak **"Auf Wiederluege"** ya da **"Adieu"** denir.

Nezaket kuralları

Özür dileme

Almanca konuşulan ülkelerde, sebep olunan her tür küçük aksilik ve kötü davranış için özür dilenir. Bunu ifade etmenin en yaygın biçimi ise "**Entschuldigung!**" *'Afedersiniz'*dir. Affetme ifadesi olarak da **"(Das) macht nichts"** *'Önemli değil'* denir.

Rica ya da teşekkür etme

Almanya'da 'Lütfen', 'Teşekkür ederim' gibi ifadeler yaygın bir şekilde kullanılır ve size teşekkür eden birine teşekkürünün karşılığını vermek adettir. **"Vielen Dank"** ya da **"Danke schön"** denildiğinde buna **"Gern geschehen"** *'Rica ederim'* ya da *'Bir şey değil'* diyerek karşılık verebilirsiniz. Ayrıca **"Keine Ursache"** yani *'Bir şey değil'* de denilebilir. Bu, Avusturya'da kısaca **"Gerne"** biçiminde ifade edilir. İsveçre'de **"Danke"** den daha yaygın olarak **"Merci"** ya da **"Merci vielmals"** kullanılır.

Nezaket

Almanların büyük bir kısmı, özellikle yaşlı insanlar genel nezaket kurallarına büyük önem verir ve en ufak bir kural ihlaline bile sert tepki verebilirler. Örneğin birisi hapşırdıktan hemen sonra **"Gesundheit!"** *'Çok yaşa'*, cevap olarak da **"Danke!"** *'Teşekkür ederim'* denilmesi beklenir. Bunun yanı sıra, alışveriş, banka vs. kuyruğunda beklerken çok uzun zaman alsa bile herkes saygıyla sırasını bekler; insanlar yürürken ya da trafikte memnuniyetle birbirlerine yol verirler. Bulunulan her ortamda sesli bir şekilde mendille burun silmek, Türk kültürel yapısında karşılandığının aksine çok normal bir davranış olarak görülür.

Diplomatik tutumlar

Almanca konuşulan ülkelerde istekler, öneriler ve yorumlar doğrudan ifade edilir ve bu nezaketsizlik sayılmaz. Örneğin kafelerde bira ısmarlarken **"Könnte ich bitte ein Bier haben?"** yerine bunun daha direkt şekli olan **"Ich hätte gern ein Bier."** ya da **"Ich bekomme ein Bier."** denir.

Yiyecek ve içecekler

Yemek Vakitleri

Yemeğe başlarken **"Guten Appetit!"** ya da **"Mahlzeit!"** ve buna cevap olarak **"Danke, gleichfalls!"** *'Teşekkürler, size de!'* kullanılır. İçki içildiğinde kadeh tokuşturulurken *'Şerefe'* anlamında kullanılan birçok ifade vardır. En yaygın olanı **"Prost!"** ya da daha resmi olanı **"Zum Wohl! "** dur. İsviçre'de ise **"Guten Appetit"** veya **"En Guete"** denir. Almanya'daki üç ana öğün **"Frühstück"** *'Kahvaltı'*, **"Mittagessen"** *'Öğle yemeği'*, **"Abendessen"** *'Akşam yemeği'* dir. Bununla birlikte dışarıda yapılan **"Brunch"** *'branç'* popüler hale gelmiştir. Kahvaltı genellikle mısır gevreği, kücük ekmekler, beyaz ya da siyah ekmek dilimleri, peynir, salam çeşitleri, reçel ve en önemlisi taze çekilmiş kahveden oluşur. Öğle yemeği günün sıcak yemek yenilen tek öğünüdür ve çoğu zaman pilav, makarna veya patatesten oluşur. İsviçre'de kahvaltıya **"Morgenessen"** veya **"Zmorge"**, öğle yemeğine **"Zmittag"** akşam yemeğine ise **"Nachtessen"** ya da **"Znacht"** denir.

Bar/Lokanta

Almanya'da içki ısmarlandığında içkiler doğrudan masanıza getirilir ve ne kadar içki içtiginiz bardak altlığınıza işaretlenir. Gecenin sonunda ise işaretler toplanıp hesaplanır ve **"zusammen"** *'beraber' veya* **"getrennt"** *'ayrı ayrı'* mi ödeyeceğiniz sorulur. Bahşiş bırakılması beklenir bu da genelde hesabın yüzde 10 %'una karşılık gelir. Ancak servis beklentilerin üzerindeyse daha fazla bahşiş verilir. Avusturya'nın şarap üzümünün yetiştigi bölgelerinde **"Jause"** *'aperatif'* ve **"Hausmannskost"** *'geleneksel yemekler'* eşliğinde yerel şarap satan bir tür han olan **"Heuriger"**e rastlamanız mümkündür. İsviçre'de birahaneye **"Beiz"**, garson kızlara ise **"Serviertochter"** denir. Bu birahanelerde de **"Panaschee"** *'zencefilli bira'*, **"Stange"** *'küçük bira'* ya da bir **"Jus"** *'meyve suyu'* ısmarlayabilirsiniz. Menüdeki **"à discrétion"** ifadesi tek bir fiyat ödeyerek istediğiniz kadar yiyebilirsiniz anlamında kullanılır.

Telefon

Telefona cevap verirken

Almanya'da telefonu açan kişi *'Alo'* demek yerine, genellikle soyadını söyler. Buna karşılık çocuklar ise telefonu isimlerini söyleyerek açarlar.

Vedalaşma

Telefonda vedalaşırken **"(Auf) Wiedersehen"** yerine **"(Auf) Wiederhören"** kullanılır. **"Tschüs(s)"** ise arkadaşlar arasında daha yaygındır.

Almanca konuşulan ülkelerde (Almanya, Avusturya, İsviçre) iletişimi kolaylaştirabilecek kültüre yönelik genel bilgiler

Genel bilgiler

Almanca sadece Almanya'da değil, Avusturya ve İsviçre'de de konuşulur. Ancak aralarında büyük farklılıklar vardır. Avusturya'da ve İsviçre'de insanlar genelde daha yavaş konuşurlar; tonlamaları daha yumuşaktır, bu yüzden **"b"** ve **"p"** harflerini ayırt etmek bazen zordur. Kelimeler bu durumda sadece sözün bağlamından anlaşılır.

Alman ve Avusturya lehçelerinin aksine, İsviçre Almancası ayrı bir dil olarak kabul edilir. Bunun göstergesi olarak da televizyonda, radyoda ve okullarda konuşulur. Bazı kelimeler Fransızca' dan geçmiştir, ancak vurgular daha çok ilk hecededir. İngilizce'nin de bircok kelimesi kullanılır. Buna örnek olarak spor alanında **"Tor"** yerine **"goal"** *'gol'* ya da **"Eckball"** yerine **"corner"** *'köşe'* kullanılması gösterilebilir.

İsviçre Almancasında **"ß"** harfi yoktur; **"ß"** ile yazılan bütün kelimelerde **"ss" kullanılır. "Grüße"** yerine **"Grüsse"** ya da **"Füße"** yerine **"Füsse"** kullanımında olduğu gibi. Bazı kelimelerin artikelleri ise farklıdır. Bu yüzden İsviçre'de **"der Dessert"**, **"der Butter"** ve **"das Tram"** denir.

Sayılar

Almanca'da ondalık sayılar virgül ile ayrılır: 3,14 gibi. Sayıları telaffuz ederken önce küçük sayı sonra büyük sayı söylenir. Örneğin 54 sayısı: **"vier und fünfzig"** yani *'dört ve elli'*. Avro işareti ile fiyat arasında bir boşluk bırakılır € 98,90 (achtundneunzig Euro, neunzig).

Mektuplaşma

Resmi bir mektup yazarken **"Sehr geehrte Frau/ Herr ..."** ifade şekli kullanılır. Arkadaşlara veya tanıdık kişilere ise **"Liebe ..."** hitabıyla başlanır. Tarihin önüne mutlaka şehrin adı yazılır: mesela **"Stuttgart, den 31. Dezember 2006"**. Resmi bir mektubu bitirirken **"Mit freundlichen Grüßen"**, ifadesi kullanmak oldukça yaygındır.

Saatler

Almanca'da saatleri ifade ederken dikkat edilmesi gereken bazı noktalar vardır. İlki, **"Halb zwei"** iki buçuk anlamına gelmez; bununla saatin *'bir buçuk'* olduğu kastedilir. Ayrıca Almanya'nın güneyinde **"viertel zwei"** = *'biri çeyrek geçiyor'* ya da **"drei viertel zwei"** = *'ikiye çeyrek var'* anlamına gelen ifade şekilleri çok sık kullanılmaktadır.

Okul

Almanya'daki okullarda üniforma giyme zorunluluğu yoktur. Okul sistemi de farklıdır: ilkokul 4. sınıfa kadar sürer. Bu eğitim yılının sonunda sınıf öğretmeninin kararıyla öğrencinin hangi okula devam edeceği belirlenir. **"Hauptschule"** ve **"Realschule"** meslek eğitimi vermeye yönelik öğrenciyi hazırlarken **"Gymnasium"** üniversite eğitimine yönelik öğrenim verir.

Çevre kuralları

Süpermarketlerde plastik poşetler ve bez çantalar ücretlidir. Bazı bira ve alkolsüz içecek şişeleri için depozit ödenir. Evdeki çöpler tek bir çöp kutusuna atılmaz. Her çöp türü için ayrı çöp bidonu vardır. Mesela cam, kağıt, plastik cöpler, ambalajlar ve organik atıklar için, ki bunlar gübre olarak kullanılır, ayrı ayrı bidonlara atılır.

Kullanılmayan eşyaların yol kenarına bırakılması oldukca yaygın bir uygulamadır. İhtiyacı olan insanların bu eşyaları rahatlıkla alıp götürmesi olumsuz karşılanmaz.

Bisiklet şeridi

Yollarda bisiklet sürücüleri için ayrı bir şerit vardır. Bu şerit zaman zaman yaya kaldırımında da olabilir. Dolayısıyla, yaya kaldırımında yürürken dikkatli olmakta fayda vardır. Bazı bisiklet sürücüleri yollarında yürüyen yayaları ya da arabaları sert ikaz edebilirler.

Zahlwörter

Sayılar

Grundzahlen

Asıl Sayılar

Die Zahlwörter sind eine spezielle Wortgattung; sie weisen in vielen Sprachen Besonderheiten auf. Im Deutschen beispielsweise beginnen die meisten Wörter für zweistellige Zahlen mit den Einern: *fünfundzwanzig* (und nicht „zwanzig-und-fünf"). Im Türkischen wiederum werden die meisten Zahlwörter nicht in einem Wort geschrieben, sondern getrennt: *otuz iki* („dreißig zwei").

null	0	sıfır
eins	1	bir
zwei	2	iki
drei	3	üç
vier	4	dört
fünf	5	beş
sechs	6	altı
sieben	7	yedi
acht	8	sekiz
neun	9	dokuz
zehn	10	on
elf	11	on bir
zwölf	12	on iki
dreizehn	13	on üç
vierzehn	14	on dört
fünfzehn	15	on beş
sechzehn	16	on altı
siebzehn	17	on yedi
achtzehn	18	on sekiz
neunzehn	19	on dokuz
zwanzig	20	yirmi
einundzwanzig	21	yirmi bir

zweiundzwanzig	22	yirmi iki
dreiundzwanzig	23	yirmi üç
dreißig	30	otuz
einunddreißig	31	otuz bir
zweiunddreißig	32	otuz iki
dreiunddreißig	33	otuz üç
vierzig	40	kırk
einundvierzig	41	kırk bir
fünfzig	50	elli
einundfünfzig	51	elli bir
sechzig	60	altmış
einundsechzig	61	altmış bir
siebzig	70	yetmiş
einundsiebzig	71	yetmiş bir
achtzig	80	seksen
einundachtzig	81	seksen bir
neunzig	90	doksan
einundneunzig	91	doksan bir
hundert	100	yüz
hundert(und)eins	101	yüz bir
hundert(und)zwei	102	yüz iki
hundert(und)zehn	110	yüz on
zweihundert	200	iki yüz
dreihundert	300	üç yüz
vierhundert(und)ein-undfünfzig	451	dört yüz elli bir
tausend	1000	bin
zweitausend	2000	iki bin
zehntausend	10000	on bin
eine Million	1000000	bir milyon
zwei Millionen	2000000	iki milyon
eine Milliarde	1000000000	bir milyar
eine Billion	1000000000000	bir trilyon

Ordnungszahlen

Sıra Sayıları

erste	1.	birinci, ilk
zweite	2.	ikinci
dritte	3.	üçüncü
vierte	4.	dördüncü
fünfte	5.	beşinci
sechste	6.	altıncı
sieb(en)te	7.	yedinci
achte	8.	sekizinci
neunte	9.	dokuzuncu
zehnte	10.	onuncu
elfte	11.	on birinci
zwölfte	12.	on ikinci
dreizehnte	13.	on üçüncü
vierzehnte	14.	on dördüncü
fünfzehnte	15.	on beşinci
sechzehnte	16.	on altıncı
siebzehnte	17.	on yedinci
achtzehnte	18.	on sekizinci
neunzehnte	19.	on dokuzuncu
zwanzigste	20.	yirminci
einundzwanzigste	21.	yirmibirinci
zweiundzwanzigste	22.	yirmiikinci
dreiundzwanzigste	23.	yirmiüçüncü
dreißigste	30.	otuzuncu
einunddreißigste	31.	otuz birinci
vierzigste	40.	kırkıncı
einundvierzigste	41.	kırk birinci
fünfzigste	50.	ellinci
einundfünfzigste	51.	elli birinci
sechzigste	60.	altmışıncı
einundsechzigste	61.	altmış birinci

siebzigste	70.	yetmişinci
einundsiebzigste	71.	yetmiş birinci
achtzigste	80.	sekseninci
einundachtzigste	81.	seksen birinci
neunzigste	90.	doksanıncı
hundertste	100.	yüzüncü
hundertunderste	101.	yüz birinci
zweihundertste	200.	iki yüzüncü
dreihundertste	300.	üç yüzüncü
vierhundert(und)einund-fünfzigste	451.	dört yüz elli birinci
tausendste	1000.	bininci
tausend(und)einhun-dertste	1100.	bin yüzüncü
zweitausendste	2000.	iki bininci
einhunderttausendste	100 000.	yüz bininci
millionste	1 000 000.	milyonuncu
zehnmillionste	10 000 000.	on milyonuncu

Bruchzahlen
Kesirli Sayılar

ein(e) halbe(r, s)	$^1/_2$	yarım
ein Drittel	$^1/_3$	üçte bir
zwei Drittel	$^2/_3$	üçte iki
ein Viertel	$^1/_4$	dörtte bir/bir çeyrek
drei Viertel	$^3/_4$	dörtte üç
ein Fünftel	$^1/_5$	beşte bir
zwei Fünftel	$^2/_5$	beşte iki
ein Zehntel	$^1/_{10}$	onda bir
drei Zehntel	$^3/_{10}$	onda üç
ein Zwanzigstel	$^1/_{20}$	yirmide bir
anderthalb	$1^1/_2$	bir buçuk

zwei(und)einhalb	$2^1/_2$	iki buçuk
zwei ein drittel	$2^1/_3$	iki tam üçte bir
fünf drei achtel	$5^3/_8$	beş tam üç bölü sekiz
ein Hundertstel	$^1/_{100}$	yüzde bir
ein Tausendstel	$^1/_{1000}$	binde bir
ein Millionstel	$^1/_{1000000}$	(bir) milyonda bir
null Komma vier	0,4	sıfır virgül dört
eins Komma eins	1,1	bir virgül bir
sieben Komma acht	7,8	yedi virgül sekiz
zwei Komma fünfunddreißig	2,35	iki virgül otuz beş
drei Komma null null drei	3,003	üç virgül sıfır sıfır üç

ein Prozent	1%	yüzde bir (%1)
drei Komma fünf Prozent	3,5%	yüzde üç bucuk (% 3,5)
fünfzehn Prozent	15%	yüsde on beş (%15)
hundert Prozent	100%	yüzde yüz (%100)
ein Promille	1‰	binde bir (‰1)

siebenundzwanzig Grad (Celsius)	27 °C	yirmi yedi derece
minus 5 Grad (Celsius)	-5 °C	eksi beş derece

Vervielfältigungszahlen
Çoğaltma Sıfatları

einfach	tek
zweifach	iki misli, iki kat(ı)
dreifach	üç misli, üç kat(ı)
vierfach	dört misli, dört kat(ı)
fünffach	beş misli, beş kat(ı)
hundertfach	yüz misli, yüz kat(ı)

Maße und Gewichte
Ölçüler ve ağırlık birimleri

Dezimalsystem
Desimal sistemi

Mega-	1000 000	M	Mega-
Hektokilo-	100 000	hk	Hektokilo-
Kilo-	1000	K	Kilo-
Hekto-	100	H	Hekto-
Deka-	10	da	Deka-
Dezi-	0,1	d	Desi-
Zenti-	0,01	c	Santi-
Milli-	0,001	m	Mili-
Dezimilli-	0,0001	dm	Desimili-
Zentimilli-	0,000 01	cm	Santimili-
Mikro-	0,000 001	µ	Mikro-

Längenmaße
Uzunluk ölçüleri

Seemeile	1852 m	–	Deniz mili
Kilometer	1000 m	km	Kilometre
Hektometer	100 m	hm	Hektometre
Dekameter	10 m	dam	Dekametre
Meter	1 m	m	Metre
Dezimeter	0,1 m	dm	Desimetre
Zentimeter	0,01 m	cm	Santimetre
Millimeter	0,001 m	mm	Milimetre
Mikron, My	0,000 001 m	µ	Mikron
Millimikron, -my	0,000 000 001 m	mµ	Milimikron
Ångströmeinheit	0,000 000 000 1 m	Å	Angström

Flächenmaße

Alan ölçüleri

Quadratkilometer	1000000 m^2	km^2	Kilometre kare
Quadrathektometer Hektar	10000 m^2	hm^2 ha	Hektometre kare Hektar
Quadratdekameter Ar	100 m^2	dam^2 a	Dekametre kare Ar
Quadratmeter	1 m^2	m^2	Metre kare
Quadratdezimeter	0,01 m^2	dm^2	Desimetre kare
Quadratzentimeter	0,0001 m^2	cm^2	Santimetre kare
Quadratmillimeter	0,000001 m^2	mm^2	Milimetre kare

Kubik- und Hohlmaße

Hacim ölçüleri

Kubikkilometer	1000000000 m^3	km^3	Kilometreküp
Kubikmeter	1 m^3	m^3	Metreküp
Hektoliter	0,1 m^3	hl	Hektolitre
Dekaliter	0,01 m^3	dal	Dekalitre
Kubikdezimeter	0,001 m^3	dm^3	Desimetreküp
Liter	1 l	l	Litre
Deziliter	0,0001 m^3	dl	Desilitre
Zentiliter	0,00001 m^3	cl	Santilitre
Kubikzentimeter	0,000001 m^3	cm^3	Santimetreküp
Milliliter	0,000001 m^3	ml	Mililitre
Kubikmillimeter	0,000000001 m^3	mm^3	Mililitreküp

Gewichte

Ağırlıklar

Tonne	1000 kg	t	Ton
Doppelzentner	100 kg	q	Kentar
Kilogramm	1000 g	kg	Kilogram
Hektogramm	100 g	hg	Hektogram
Dekagramm	10 g	dag	Dekagram
Gramm	1 g	g	Gram
Karat	0,2 g	–	Karat/Ayar
Dezigramm	0,1 g	dg	Desigram
Zentigramm	0,01 g	cg	Santigram
Milligramm	0,001 g	mg	Miligram
Mikrogramm	0,000001 g	µg, g	Mikrogram

Nützliche Redewendungen für unterwegs

Günlük yaşama yönelik yararlı konuşma kalıpları

Unterwegs im Ausland kann man viel erleben, Alltägliches ebenso wie echte Überraschungen. Für die typischen Gesprächsanlässe - die leichter vorhersehbar sind - finden Sie hier eine Auswahl an fertig formulierten Sätzen. Sie sind nach Themen geordnet und münden in ein Extrakapitel, das Ihnen auf Geschäftsreisen von Nutzen sein wird, wenn es z. B. um Terminvereinbarungen und Präsentationen geht.

Uhrzeit

Saatler

Wie viel Uhr ist es?	Saat kaç?
Können Sie mir bitte sagen, wie spät es ist?	Saatin kaç olduğunu söyleyebilir misiniz lütfen?
Es ist genau ein Uhr.	Saat tam bir.
Es ist (fast) ...	Saat yaklaşık ...
drei Uhr.	Saat üç.
fünf nach drei.	Üçü beş geçiyor.
Viertel nach drei.	Üçü çeyrek geçiyor.
fünf vor halb vier.	Üçü yirmi beş geçiyor.
halb vier.	Üç buçuk.
fünf nach halb vier.	Dörde yirmi beş var.
Viertel vor vier.	Dörde çeyrek var.
zwölf Uhr Mittag/nachts.	Öğlen/Gece on iki.
Es ist schon nach vier.	Saat çoktan dördü geçti.
Komm so zwischen vier und halb fünf.	Saat dört ile dört buçuk arası gel.

Begrüßung, Vorstellung, Verabschiedung
Selamlama, tanıtma, vedalaşma

Guten Morgen!	Günaydın!
Guten Tag!	İyi günler!/Merhaba!
Grüß Gott!	Selamünaleykum!
Guten Abend!	İyi akşamlar!
Hallo!	Merhaba!
Grüß dich!	Selam!
Mein Name ist ...	Benim ismim ...
Wie geht es Ihnen/dir?	Nasılsınız?/Nasılsın?
Wie geht's?	Nasılsın?/Ne var ne yok?
Danke, mit geht's gut. Und Ihnen/dir?	Teşekkür ederim. İyiyim. Siz nasılsınız?/Sen nasılsın?
Auf Wiedersehen!	Görüşmek üzere!
Tschüs(s)!	Hoşçakal!
Bis morgen!	Yarın görüşmek üzere!
Bis später!	Görüşmek üzere!
Viel Vergnügen!	İyi eğlenceler!
Gute Nacht!	İyi geceler!
Grüßen Sie/Grüß(e) mir ...	... -(y)a/-(y)e benden selam iletin.

Verabredung
Sözleşme/Buluşma

Darf ich Sie/dich zum Essen einladen? *(nach Hause)*	Sizin/senin icin de uygunsa, sizi/seni eve yemeğe davet etmek istiyorum.
Haben Sie/Hast du für morgen schon etwas vor?	Yarın bir planınız/planın var mı?
Wann treffen wir uns?	Ne zaman buluşuyoruz?
Darf ich Sie/dich abholen?	Sizi/seni (evden) alabilir miyim?
Treffen wir uns um neun Uhr vor dem Kino?	Saat dokuzda sinemanın önünde buluşuyor muyuz?

Bitte und danke
Rica ve teşekkür

Ja, bitte.	Evet, lütfen.
Nein, danke.	Hayır, teşekkür ederim.
Danke, sehr gern!	Teşekkür ederim, memnuniyetle.
Danke, gleichfalls!	Sağol/teşekkür ederim, aynı şekilde!
Könnten Sie mir bitte helfen?	Bana yardım edebilir misiniz?
Bitte sehr!/Gern geschehen!	Rica ederim/Bir şey değil.
Vielen Dank!	Teşekkür ederim.
Das ist doch nicht der Rede wert.	Sözünü etmeye değmez.

Entschuldigung, Bedauern
Özür dileme, üzüntü bildirme

Entschuldigung!	Affedersiniz!/Özür dilerim!
Ich muss mich entschuldigen.	Özür dilemem lâzım.
Das tut mir (sehr) leid.	(Çok) üzüldüm.
Es war nicht so gemeint.	Öyle demek istemedim.
Schade!	Yazık!
Das ist traurig.	Bu üzücü.

Glückwünsche zu verschiedenen Anlässen
Tebrik etme, kutlama

Herzlichen Glückwunsch!	Çok tebrik ederim!
Viel Erfolg!	Başarılar!
Viel Glück!	Bol şans!
Gute Besserung!	Geçmis olsun!
Schöne Ferien!	İyi tatiller!
Frohe Ostern!	Mutlu Paskalya tatilleri!

Frohe Weihnachten und ein gutes neues Jahr!	Mutlu Noeller ve iyi yıllar!
Alles Gute zum Geburtstag!	Doğum günün kutlu olsun!
Meine besten Wünsche zum Geburtstag!	Doğum gününü için en içten dileklerimle kutlarım!
Ich drücke dir die Daumen.	Sana bol şans diliyorum!

Nach dem Weg fragen

Yol sorma

Entschuldigung, wie komme ich bitte nach ...?	Affedersiniz, ... -(y)a/-(y)e nasıl gidebilirim?
Können Sie mir sagen, wie ich zur Post komme?	Postaneye nasıl gideceğimi bana söyleyebilir misiniz?
Immer geradeaus bis zu ...	...-(y)a/-(y)e kadar doğru gidin.
Dann bei der Ampel rechts abbiegen.	Sonra trafik lambasından sağa dönün.
Folgen Sie den Schildern.	Tabelaları takip edin.
Sie können es nicht verfehlen.	Onu kaçırmazsınız.
Welcher Bus fährt nach ...?	Hangi otobüs ...-'(y)a/-'(y)e gidiyor?
Ist dies der richtige Bus nach ...?	...-'(y)a/-'(y)e giden otobüs bu mu?
Wie weit ist das?	... buraya ne kadar uzaklıkta?
Sie sind hier falsch.	Yanlış yerdesiniz.

Im Restaurant

Lokantada, restoranda

Ich möchte einen Tisch für vier Personen reservieren.	Dört kişi için bir masa ayırtmak istiyorum.
Einen Tisch für zwei Personen, bitte.	İki kişilik bir masa lütfen!
Ist dieser Tisch/Platz noch frei?	Bu masa/yer boş mu?
Ich nehme ...	Ben ... alayım.
Könnten wir noch etwas Brot bekommen?	Biraz daha ekmek alabilir miyiz?
Bezahlen, bitte.	Hesap, lütfen.
Bitte alles zusammen.	Hesap beraber lütfen.
Getrennte Rechnungen, bitte.	Hesapları ayrı getirin, lütfen.

Einkaufen

Alışverişte

Wo finde ich ...?	Nerede ... bulabilirim?
Können Sie mir ein Feinkost-/Lebensmittelgeschäft empfehlen?	Bana bir şarküteri/bakkal önerebilir misiniz?
Werden Sie schon bedient?	Sizinle birisi ilgilendi mi?
Danke, ich sehe mich nur um.	Teşekkürler, sadece bakınıyorum.
Was darf es sein?	Ne alırsınız?
Geben Sie mir bitte ...	... alacaktım.
Ich möchte ...	... istiyorum.
Darf es sonst noch etwas sein?	Başka bir arzunuz var mı?
Nehmen Sie Kreditkarten?	Kredi kartı kabul ediyor musunuz?
Können Sie es mir einpacken?	Bana bunu paket yapabilir misiniz?

Auf der Bank

Bankada

Ich möchte 100 Euro in Dollars wechseln.	100 Avroyu dolara çevirmek istiyorum.
Ich möchte diesen Reisescheck einlösen.	Bu seyahat çekini paraya cevirmek istiyorum.
Auf welchen Betrag kann ich den Scheck maximal ausstellen?	Çeki en fazla ne miktarda yazabilirim?
Ich möchte 1.000 Euro von meinem Konto abheben.	Hesabımdan 1000 Avro çekmek istiyorum.
Darf ich bitte Ihren Ausweis sehen?	Kimliğinizi görebilir miyim?
Ihre Unterschrift, bitte.	İmzanız lütfen.

Auf der Post

Postanede

Wo ist der nächste Briefkasten/das nächste Postamt?	En yakın mektup kutusu/postane nerede?
Was kostet ein Brief nach Deutschland?	Almanya'ya mektup kaç lira?
Drei Briefmarken zu einem Euro, bitte.	Birer Avroluk üç posta pulu, lütfen.
Ich möchte eine Telefonkarte.	Telefon kartı istiyorum.
Kann ich von hier aus ein Fax nach Heidelberg schicken?	Buradan Heidelberg'e faks gönderebilir miyim?

Telefonieren

Telefon görüşmeleri

Wo ist die nächste Telefonzelle?	En yakın telefon kulübesi nerede?
Wie ist die Vorwahl von der Schweiz?	İsviçre'nin telefon kodu kaç?
Ich möchte ein R-Gespräch anmelden.	Ödemeli bir arama yapmak istiyorum.
Hallo, mit wem spreche ich?	Alo, kimle görüşüyorum?
Kann ich bitte Herrn/Frau ... sprechen?	Sayın ... 'la/'le görüşebilir miyim?
Bleiben Sie bitte am Apparat.	Hatta kalın lütfen.
Tut mir leid, er/sie ist nicht da.	Maalesef burada değil.
Möchten Sie eine Nachricht hinterlassen?	Not bırakmak ister miydiniz?
Ich rufe später noch mal an.	Sonra tekrar ararım.
Kein Anschluss unter dieser Nummer.	Böyle bir numara bulunmamaktadır.

Internet und E-Mail

İnternet ve e-posta

Im Internet surfen

İnternette sörf yapmak

Internetadresse	İnternet adresi
einen Internetzugang beantragen	İnternet bağlantısı için başvurmak
[im Internet] surfen	İnternette sörf yapmak
Internetbenutzer/in	İnternet kullanıcısı
eine Verbindung ins Internet herstellen	İnternet bağlantısı kurmak
die Verbindung zum Internet trennen	İnternet bağlantısını kesmek
sich anmelden, sich einloggen	Sisteme girmek, oturumu açmak
sich abmelden	Oturumu kapamak
Besuchen Sie unsere Webseite www. ...!	İnternet adresimiz www....(y)ı, (y)i, (y)u, (y)ü ziyaret edin!
jdn spammen (*jdn mit E-Mail-Werbung überhäufen*)	Birini istenmeyen e-posta yağmuruna tutmak (e-posta reklamına boğmak)

Kommunizieren per E-Mail

E-posta ile haberleşmek

E-Mail-Adresse	E-posta adresi
Eine Nachricht/Mail empfangen/ senden/weiterleiten	Bir ileti/e-posta almak/ göndermek/ yöneltmek
eine Nachricht/Mail beantworten	Bir iletiye/e-postaya cevap vermek
Falls Sie weitere Informationen wünschen, zögern Sie nicht, uns eine E-Mail zu schreiben.	Daha fazla bilgiye ihtiyacınız olursa, bize bir e-posta yazmaktan çekinmeyiniz.
das wäre es im Moment	Şimdilik bu kadar.
danke im Voraus	Şimdiden teşekkürler.
übrigens	ayrıca
häufig gestellte Fragen	Sıkça sorulan sorular.

E-Mail- und Internetadressen angeben

E-posta ve internet adresini bildirmek

Meine E-Mail-Adresse ist: tobias.mustermann@t-online.de *(sprich: tobias punkt mustermann at t (binde)strich/minus online punkt d e)*	Benim e-posta adresim: tobias.mustermann@t-online.de *(söylerken: tobias nokta musterman et t kısa çizgi/eksi online nokta d e)*
Meine Homepage-Adresse ist: http://www.t-online.de/ ~mustermann *(sprich: h t t p doppelpunkt doppelslash w w w punkt t (binde)strich/minus online punkt d e slash tilde mustermann)*	Kişisel web sayfası adresim: http://www.t-online.de/ ~mustermann *(söylerken: h t t p ıkı noktu üst üste çift bölü çizgisi w w w nokta kısa çizgi/ eksi online nokta d e bölü çizgisi yaklasik isareti mustermann)*

Im Internetcafé
İnternet kafede

Wo gibt es in der Nähe ein Internetcafé?	Yakında nerede internet kafe var?
Wieviel kostet eine Stunde?/ Viertelstunde?	Bir saati/çeyrek saati kaç lira?
Ich möchte eine E-Mail senden.	E-posta göndermek istiyorum.
Kann ich einen Speicherstick/ einen Laptop anschließen?	Dizüstü bilgisayar bağlayabilir miyim?/USB kart takabilir miyim?
Bei mir klappt die Verbindung nicht.	Bende bağlantı sağlanamıyor.
Ich habe Probleme mit dem Computer.	Bilgisayarla ilgili sorunlarım var.
Es gibt Probleme mit der Maus/ mit dem Browser/Monitor.	Fare/Web tarayıcısı/Ekran ile ilgili sorunlar var.

Stil und Gestaltung einer geschäftlichen E-Mail
İş e-postasının tarzı ve biçimi

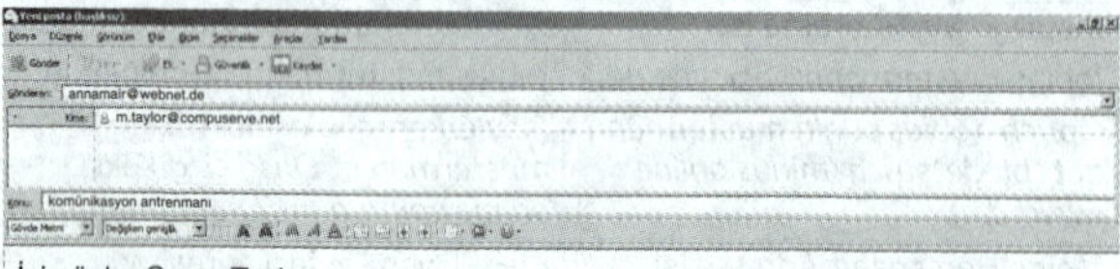

İyi günler Sayın Taylor,

Telefon konuşmamız üzerine, "İletişim Eğitimi Semineri"ne katılacağımı yazılı olarak doğruluyorum.

Ne yazık ki, mesleki yükümlülüklerim nedeniyle seminerin ilk gününe katılamayacağım. Bu nedenle, seminer dökümanlarını ve tanıtım toplantısının tutanağını kişisel adresime gönderirseniz çok sevinirim.

Çok teşekkürler!

Saygılarımla,

Anna Mair

Forststr. 20
89089 München
Telefon: 089 203044–44
Fax: 089 203044–43

Stil und Gestaltung einer privaten E-Mail

Kişisel bir e-postanın tarzı ve biçimi

Merhaba Julia,

Cumartesi için bir planın var mı? Ben Michael'la konuştum. Hafta sonu Berlin'e gelecek. Diyorum ki, zamanın varsa beraber dışarı çıkabiliriz. Hava güzel olursa, birlikte Tayland yemeği yemeye sonra da bira içmeye ne dersin?

Senin için uygun olup olmadığını bana haber ver. Bana cep telefonumdan her zaman ulaşabilirsin.

Cumartesi görüşene kadar hoşçakal!

Sevgi ve selamlar

Susanne

Allgemeine Geschäftssituationen
Iş ortamında kullanılan genel kalıplar

Firmenbesuche
Şirket ziyaretleri

Einen Termin vereinbaren
Randevu ayarlama

Ich möchte einen Termin mit Herrn/Frau ... vereinbaren.	Sayın ... ile bir randevu ayarlamak istiyorum.
Wann würde es Ihnen passen?	Sizin için ne zaman uygun olur?
Wie wäre es mit Kalenderwoche 28?	Takvimin yirmi sekizinci haftası uygun mu?
Ich könnte am kommenden Dienstag.	Gelecek salı benim için uygun.
Sagen wir um 10 Uhr?	Saat onda diyelim mi?
Könnten wir uns nach dem Mittagessen treffen?	Öğle yemeğinden sonra buluşabilir miyiz?
Ich muss gerade einmal in meinem Kalender nachsehen.	Ajandama bakmak zorundayım.
Das ginge in Ordnung.	Olur.
Ich schicke Ihnen einen Plan.	Size bir plan gönderiyorum.
Dann treffen/sehen wir uns also am 14.	Öyleyse ayın on dördünde buluşuruz/görüşürüz.

Einen Termin verschieben
Randevu erteleme

Leider kann ich nun doch den Donnerstag nicht einhalten.	Perşembe günü maalesef gelemiyorum.
Könnten wir das auf Montag vorziehen/verschieben?	Önümüzdeki pazartesi uygun mu? Pazartesiye erteleyebilir miyiz?
Leider bin ich dann außer Haus/im Urlaub.	Maalesef evde olmayacağım. Maalesef tatilde olacağım.
Ich habe zu der Zeit schon einen anderen Termin.	O tarihte/saatte başka bir randevum var.

Einen Besuch bestätigen

Ziyareti onaylama

Ich rufe an, um meinen Besuch am ... zu bestätigen.	... yapacağım ziyareti onaylamak için arıyorum.
Wie komme ich am besten vom Flughafen zu Ihnen?	Havaalanından size en uygun şekilde nasıl gelebilirim?
Sie nehmen am besten ein Taxi.	En iyisi bir taksiye binin.
Wir holen Sie ab.	Biz sizi alırız.
Sollen wir für Sie ein Zimmer reservieren?	Sizin için bir oda ayırtalım mı?
Wie lange werden Sie bleiben?	Ne kadar kalacaksınız?
Wir haben für Sie ein Zimmer im Hotel ... reserviert.	... Oteli'nde sizin için bir oda ayırttık.
Herr/Frau ... wird Sie um 8.30 Uhr vom Hotel abholen.	Sayın ... sizi saat sekiz buçukta otelden alacak.

Willkommen heißen und betreuen

Karşılama ve yol gösterme

Herzlich willkommen bei ...	...-(y)a/-(y)e hoş geldiniz.
Sagen Sie bitte Sandra zu mir.	Bana Sandra deyin lütfen.
Haben Sie gut hergefunden?	Burayı kolay bulabildiniz mi?
Hatten Sie eine angenehme Reise?	Yolculuğunuz rahat gecti mi?
Wo übernachten Sie?	Nerede kalıyorsunuz?
Ist das Hotel in Ordnung?	Otelden memnun musunuz?
Wir tagen in einem anderen Gebäude.	Başka bir binada toplanıyoruz.
Wenn Sie mir bitte folgen würden ...	Beni takip edin lütfen.

Im Büro
Ofiste

Da wären wir. Möchten Sie ablegen?	İşte geldik. Üstünüzdekini çıkarmak ister misiniz?
Nehmen Sie doch Platz.	Oturun lütfen.
Darf ich Ihnen etwas zu trinken anbieten?	İçecek bir şey alır mıydınız?
Danke, im Augenblick nicht.	Teşekkürler. Şimdi değil.
Ein Kaffee/Glas Wasser wäre schön.	Bir fincan kahve/bir bardak su alabilirim.

Um etwas bitten
Rıcada bulunma

Könnte ich bitte schnell (ein)mal telefonieren?	Kısa bir telefon görüşmesi yapabilir miyim?
Könnte ich ein paar Fotokopien machen?	Birkaç fotokopi çekebilir miyim?
Könnte ich meine (Akten)Tasche bitte irgendwo unterstellen?	(Evrak)çantamı nereye koyabilirim?
Wo ist die Toilette, bitte?	Tuvalet nerede acaba?

Das Programm vorstellen
Hazırlanan programı sunma

Wir haben Folgendes arrangiert.	Şunları hazırladık.
Für heute Morgen habe ich ... vorbereitet/organisiert.	Bu sabah için ... hazırladım/düzenledim.
Wir werden in der Kantine zu Mittag essen.	Kantinde öğle yemeği yiyeceğiz.
Dann werden wir ..., so dass Sie ... sehen können.	Daha sonra, ...-(y)ı, -(y)i, -(y)u, -(y)ü görebilmeniz için ...-ecegiz, -acağız, yapacağız, edeceğiz.
Ich weiß, dass Sie nicht deswegen hier sind, aber ...	Bu nedenle burada olmadığınızı biliyorum, ama ...
Und wir könnten dann mit ... abschließen.	Ve sonra ... ile kapanışı yapabiliriz.
Ist das so weit in Ihrem Sinne?	Bu sizin düşünmüş olduğunuz şekilde mi?

Eine Führung leiten
Oryantasyon

Hier sehen Sie ...	Burada ...-(y)ı, -(y)i, -(y)u, -(y)ü görüyorsunuz.
Hier fertigen/produzieren wir ...	Burada ... imal ediyoruz/üretiyoruz.
Das Gebäude da drüben ist ...	Şu taraftaki bina ...
Vor uns sehen Sie ...	Önümüzde ...-(y)ı, -(y)i, -(y)u, -(y)ü görüyorsunuz.
Dahinter kann man (gerade noch) ... sehen.	Onun arkasında (kısmen) ...-(y)ı, -(y)i, -(y)u, -(y)ü görüyorsunuz.

Vorschriften
Kurallar

Leider ...	Maalesef ...
... dürfen wir da nicht rein.	... içeri giremeyiz.
... darf man hier keine Fotos machen.	... burada fotoğraf çekilemez.
... sind Handys in diesem Gebäude nicht erlaubt.	... bu binada cep telefonu kullanımı yasak.
... darf man hier nicht rauchen.	... burada sigara içilemez.
... müssen wir hier die (Schutz)Helme tragen.	... burada kask takmak zorundayız.

Den Besuch beenden
Ziyareti sonlandırmak

Ich denke, ich sollte mich langsam auf den Weg machen.	Sanırım, yavaş yavaş yola çıkmam gerekiyor.
Ich bringe Sie zum Parkplatz.	Ben sizi otoparka götüreyim.
Wie kommen Sie zum Flughafen?	Hava alanına nasıl gideceksiniz?
Grüßen Sie bitte Herrn/Frau ...	Sayın ...'-(y)a/'(y)-e lütfen selam söyleyin.
Ich halte Sie auf dem Laufenden.	Sizi sürekli haberdar edeceğim.
Ich werde mich melden. Kommen Sie gut nach Hause.	Sizi arayacağım. Güle güle gidin.
Nochmals vielen Dank.	Tekrar çok teşekkürler.

Zusammenarbeiten
İşbirliği yapma

Pläne erklären
Plan açıklama

Was können wir für Sie tun?	Size nasıl yardımcı olabiliriz?
So wie ich das sehe, suchen Sie nach ...	Anladığım kadarıyla ... arıyorsunuz.
Im Augenblick überprüfen wir ...	Halihazırda ...-(y)ı, -(y)i, -(y)u, -(y)ü denetliyoruz.
Wie Sie wissen, ziehen wir in Betracht ...	Bildiğiniz gibi, ...-(y)ı, -(y)i, -(y)u, -(y)ü gözönünde bulunduruyoruz.
Wir planen/ haben beschlossen/ sind dabei ...	... planlıyoruz. ... karar verdik. ... yapmaktayız.

Verständigungsschwierigkeiten
Anlamama/anlaşılamama durumları

Mein Englisch ist leider nicht so gut/etwas eingerostet.	İngilizcem maalesef çok iyi degil.
Würden Sie das bitte wiederholen?	Tekrarlayabilir misiniz lütfen?
Ich habe das leider nicht verstanden.	Bunu maalesef anlamadım.
Das habe ich akustisch nicht verstanden.	Duyamadım.
Könnten Sie bitte etwas lauter sprechen?	Biraz daha sesli konuşabilir misiniz lütfen?
Könnten Sie bitte etwas langsamer sprechen?	Biraz daha yavaş konuşabilir misiniz lütfen?
Könnten Sie das noch einmal erklären?	Tekrar açıklayabilir misiniz?

Abklären

Açıklık getirme

Könnten Sie das bitte genauer beschreiben?	Daha ayrıntılı tarif eder misiniz lütfen?
Was genau haben Sie sich vorgestellt?	Siz tam olarak nasıl bir şey düşünmüştünüz?
Um was für eine Art von Produkt handelt es sich?	Ne tür bir ürün söz konusu?
Könnten Sie uns bitte mehr Informationen über ... geben?	Bize ... hakkında daha fazla bilgi verebilir misiniz?

Reagieren

Tepki vermek

Das ist ein sehr interessanter Vorschlag.	Bu çok ilginç bir öneri.
Das könnte für uns von Interesse sein.	Bu bizim için ilginç olabilir.
Wir haben dort leider schon eine Vertretung.	Maalesef orada bir temsilciliğimiz var.
Leider fällt das nicht in unseren Bereich.	Bu maalesef bizim alanımıza girmiyor.
Zurzeit ist bei uns nichts dergleichen geplant.	Şu an için buna benzer bir planımız yok.

Probleme besprechen

Sorunlar üzerine konuşmak

Um ehrlich zu sein, ...	Doğruyu söylemek gerekirse ...
Wir haben ein Problem mit ...	... ile ilgili bir sorunumuz var.
Wir sind eigentlich nicht zufrieden mit ...	...-(d)an/-(d)en aslında memnun değiliz.
Mit ... scheint es Missverständnisse zu geben.	... ile ilgili yanlış anlaşılmalar var gibi görünüyor.
Wir hatten uns das etwas anders vorgestellt.	Biz bunu daha farklı düşünmüştük.
Laut Vertrag/Vertragsbedingungen ...	Anlaşmaya/anlaşma şartlarına göre ...

Sie sind verpflichtet ... zu .../ Sie haben sich verpflichtet ... zu ...	... yapmanız lazım/... yapmanız gerekiyor/ ... yapmanız lazımdı/ ... yapmanız gerekiyordu.
Wir sind nicht dazu verpflichtet, zu ...	... yapmamız gerekmiyor.
Unsere Haftung beschränkt sich auf ...	Sorumluluğumuz ... ile sınırlıdır.
Vielleicht sollten wir ... neu überdenken.	Belki de ...-(y)ı, -(y)i, -(y)u, -(y)ü yeniden gözden geçirmeliyiz.
Wir müssen ... neu verhandeln.	...-(y)ı, -(y)i, -(y)u, -(y)ü yeniden görüşmeliyiz.

Besprechungen
Kısa sohbetler

Begrüßen, Small Talk
Selamlamak, Kısa sohbet

Peter! Lange nicht gesehen! Wie läuft das Geschäft?	Peter! Görüşmeyeli uzun zaman oldu! İşler nasıl gidiyor?
Sehr gut./Nicht schlecht./ Ich kann nicht klagen!	Çok iyi./ Fena değil./ Şikâyetçi değilim.
Und wie geht's der/Ihrer Familie?	Peki ailen/aileniz nasıl?
Danke, bestens. Und wie steht's bei Ihnen?	Teşekkürler, çok iyiler. Peki ya siz?

Sich und andere vorstellen
Kendini ve başkasını tanıtmak

Ich bin Peter Ross von der Firma ...	Ben, ... şirketi'nden Peter Ross'um.
Peter, das ist meine Kollegin Gill Hill. Gill, das ist Peter Ross.	Peter, bu benim iş arkadaşım Gill Hill. Gill, bu da Peter Ross.
Herr Ross, ich möchte Ihnen Frau Hill, unsere Verkaufsleiterin, vorstellen. Frau Hill, das ist Herr Ross.	Sayın Ross, sizi satış müdürümüz Sayın Hill'le tanıştırmak istiyorum. Sayın Hill, bu da Sayın Ross.

Die Besprechung eröffnen
Toplantıyı başlatmak

Also, sind wir so weit? Dann können wir ja anfangen.	Hazır mıyız? Öyleyse başlayabiliriz.
Wer führt das Protokoll?	Toplantı tutanağını kim tutacak?
Bevor wir richtig beginnen, möchte ich gerne Herrn/Frau ... vorstellen.	Başlamadan önce size Sayın ...'(y)ı/'(y)i tanıtmak istiyorum.
Ich glaube, Sie kennen alle Herrn/Frau ...	Sanırım Sayın ...'(y)ı/'(y)i hepiniz tanıyorsunuz.

Die Tagesordnung
Gündem

Wir haben heute drei Punkte auf der Tagesordnung.	Bugünkü gündemimizin üç ana konusu var.
Es ist allen bekannt, worum es geht.	Neyle ilgili olduğunu hepiniz biliyorsunuz.
Heute müssen wir über ... entscheiden.	Bugün ... ile ilgili karar vermek zorundayız.
Würden Sie bitte anfangen?	Başlayabilir misiniz lütfen?

Meinungen einholen und äußern
Görüş alma ve bildirme

Möchten Sie dazu Stellung nehmen?	Bu konuda görüş bildirmek ister misiniz?
Noch irgendwelche Anmerkungen?	Yorum/Görüş bildirmek isteyen?
Meiner Ansicht/Erfahrung/Meinung nach ...	Benim görüşüme/tecrübeme/fikrime göre ...
Ich bin davon überzeugt, dass ...	Şundan kesinlikle eminim ki ...
Ich bin der gleichen Ansicht.	Aynı fikirdeyim.
Dabei bin ich mir nicht so sicher.	Tam emin değilim.
Ja, aber haben Sie bedacht, dass ...	Evet ama siz şunu göz önünde bulundurdunuz: ...
Dem kann ich leider nicht zustimmen.	Bunu onaylamam maalesef mümkün değil.
Es hängt davon ab, wie man es betrachtet.	Bakışaçısına bağlı.

Bündeln und abklären

Toplarlama ve açıklık getirme

Ich möchte gerne zwei Anmerkungen machen. Erstens, ..., zweitens ...	İki görüş bildirmek istiyorum. Birincisi ..., ikincisi ...
Es gibt hier verschiedene Gesichtspunkte: ...	Bununla ilgili çok farklı bakışaçıları var.
Tatsache ist .../Das Hauptproblem ist ...	Gerçek şu ki ... /Asıl sorun ...
Wir müssen akzeptieren, dass ...	Kabul etmek zorundayız ki ...
Können Sie das bitte erläutern?	Bunu açıklayabilir misiniz lütfen?
Was verstehen Sie genau unter ...?	... ile tam olarak neyi kastediyorsun?/...-den, -dan tam olarak ne anlıyorsun?
Ich wollte (nur) sagen, dass ...	Söylemek istediğim şey ...
Lassen Sie es mich folgendermaßen ausdrücken ...	Bunu şöyle açıklamama izin verin ...

Unterbrechen

Birinin sözünü kesmek

Entschuldigen Sie bitte, aber ...	Affedersiniz, ama ...
Kann ich hierzu kurz etwas anmerken?	Kısaca bir şey belirtebilir miyim?
Wenn Sie sich noch einen Moment gedulden würden, ...	Bir dakika bekleyebilirseniz, ...
Könnte ich das bitte zu Ende ausführen?	Sözümü bitirebilir miyim?
Einen Augenblick noch, Herr/Frau ...	Sayın ..., bir saniye lütfen.
Herr/Frau ..., ich glaube, Sie wollten dazu noch etwas anmerken.	Sayın ..., sanırım bir görüş bildirmek istiyordunuz.
Könnten wir jetzt auf das Thema zurückkommen?	Konumuza geri dönebilir miyiz?
Können wir uns bitte an die Tagesordnung halten?	Gündemi dağıtmayalım lütfen.

Überleiten, zusammenfassen und schließen
Konuyu bir yere taşıma, toparlama ve kapatma

Kommen wir nun zu Punkt zwei.	Şimdi ikinci noktaya geliyoruz.
Ich gebe jetzt an Herrn/Frau ... weiter.	Sözü şimdi Sayın ...'(y)ı/'(y)i bırakıyorum.
Ich fasse noch einmal zusammen: ...	Tekrar özetliyorum: ...
Wer ist dafür? Dagegen? Irgendwelche Enthaltungen?	Aynı görüştekiler? Karşı olanlar? Çekimser kalanlar?
Nun, weiter kommen wir im Augenblick wohl nicht.	Anlaşılan şu anda tıkanmış durumdayız.
Wir brauchen dann nur noch das Datum für unsere nächste Besprechung festzusetzen.	Sadece gelecek görüşmenin tarihini kararlaştırmamız gerekiyor.
Also, das wär's dann.	Hepsi bu kadar.
Gut, Ihnen allen vielen Dank.	Güzel. Herkese çok teşekkürler.

Verhandeln
Pazarlık yapma

Vorschläge und Angebote besprechen
Önerileri ve teklifleri tartışma

Wir wären in der Lage Ihnen ... anzubieten.	Size ...-(y)ı, -(y)i, -(y)u, -(y)ü sunabilecek durumdayız.
... so etwa um die ...	Yaklaşık ...
Wir dachten eher an ...	Biz aslında ... düşünmüştük.
Ist das Ihr äußerstes Angebot?	Bu son teklifiniz mi?
Weiter können wir nicht gehen.	Verebileceğimiz son teklif bu.
Das steht nicht zur Verhandlung.	Bu pazarlığa dahil değil.
Ich fürchte, dass unser Vorstand damit nicht einverstanden sein wird.	Sanırım, yönetim kurulumuz buna katılmayacaktır.
Wir werden sicherlich eine gemeinsame Lösung finden.	Ortak bir çözüm bulacağımızdan eminim.

Betrachten wir die Sache doch einmal aus einem anderen Blickwinkel ...	Konuyu başka bir bakış açısından tekrar ele alalım.
Konzentrieren wir uns doch zunächst auf das Wesentliche ...	Öncelikle en önemli konulara konsantre olalım.
Das Wichtigste für uns ist ...	Bizim için en önemli olan ...
Wenn Sie ..., könnten wir eventuell ...	Eğer siz ...-sanız, -seniz, biz de sonuç olarak ...-ebiliriz, -abiliriz.
Wäre ... eher akzeptabel?	... kabul edilebilir mi?

Um Zeit bitten

Zaman isteme

Könnten wir eine halbe Stunde Pause machen?	Yarım saatlik bir mola verebilir miyiz?
Ich brauche etwas Zeit, um das auszuarbeiten.	Üzerinde çalışabilmek için biraz zamana ihtiyacım var.
Könnten wir eine Pause machen, wir bräuchten etwas Bedenkzeit.	Mola verebilir miyiz? Düşünmek için zamana ihtiyacımız var.
Ich muss das mit meiner Firma abklären.	Bunu şirketimle konusmam gerekiyor.
Ich überprüfe das und komme dann wieder auf Sie zu.	Bunu gözden geçireceğim ve sizi tekrar arayacağım.

Das Geschäft abschließen

Bir işi bağlama

Das entspricht eher unseren Vorstellungen.	Bu düşüncelerimize daha uygun.
Damit könnten wir leben.	Bunu tolere edebiliriz.
Also, dann hätten wir's, oder?	Öyleyse anlaştık, değil mi?
Fassen wir noch einmal zusammen. Sie werden ...	Tekrar özetleyelim. Siz ...
Auf eine erfolgreiche Zusammenarbeit!	Başarılı bir iş birliğine!

Messen
Ölçme

Einen Stand reservieren
Stand ayırtma

Wir möchten einen Stand für die ... Messe reservieren.	Biz ... Fuarı'nda bir stand ayırtmak istiyoruz.
Wann ist Anmeldeschluss?	Son başvuru tarihi ne zaman?
Würden Sie uns bitte ein Anmeldeformular per Fax schicken?	Bize başvuru formunu faksla gönderebilir misiniz?
Wir brauchen einen Stand mit einer Fläche von ungefähr ... Quadratmetern.	Yaklaşık ... metre karelik bir standa ihtiyacımız var.
Ab wann steht er uns zur Verfügung?	Ne zamandan itibaren kullanabiliriz?
Ich nehme an, dass Telefon- und Internetanschluss dabei sind.	Tahminimce telefon ve internet bağlantısı dahil.
Wir werden unser eigenes Mobiliar mitbringen.	Kendi mobilyalarımızı getireceğiz.
Könnten Sie uns bei der Zollabfertigung helfen?	Bize gümrük işlemlerinde yardım eder misiniz?
Organisieren Sie auch Dolmetscher/innen?	Tercüman da organize ediyor musunuz?
Können Sie uns mit Erfrischungen versorgen?	Bize soğuk içecekler temin edebilir misiniz?

Kunden ansprechen
Müşterilerle doğrudan iletişime geçme

Kann ich Ihnen behilflich sein?	Size yardımcı olabilir miyim?
Wie haben Sie von uns(erer Firma) erfahren?	Şirketimizden nasıl haberdar oldunuz?
Ich hätte gern einige Informationen über ...	...hakkında bazı bilgiler istiyorum.
Das finden Sie in unserer Broschüre auf Seite ...	Bunu broşürümüzün ... sayfasında bulabilirsiniz.
Ich führe es Ihnen vor.	Size göstererek açıklayım/demo yapayım.

Und wie schneidet es im Vergleich mit ... ab?	... ile karşılaştırılırsa nasıl bir sonuç çıkıyor?
Ab wann ist es lieferbar?	Ne zamandan itibaren teslim edilebilir?
Könnten Sie uns ausführliches Material über ... zusenden?	Bize ... ile ilgili ayrıntılı malzeme gönderebilir misiniz?
Wir können Ihnen gerne Informationsmaterial zusenden.	Memnuniyetle bilgi broşürleri gönderebiliriz.
Haben Sie eine Visitenkarte?	Kartvizitiniz var mı?
Könnten Sie uns ein Angebot zukommen lassen?	Bize uygun bir teklif gönderebilir misiz?
Haben Sie eine Vertretung/eine Geschäftsstelle/ein Werk/einen Vertrieb in ...?	...-(d)a, -(d)e bir temsilciliğiniz/ bayiiniz/fabrikanız/satış noktanız var mı?

Produkte beschreiben

Ürünleri tarif etmek

Darf ich Ihnen ... zeigen?	Size ...-(y)ı, -(y)i, -(y)u, -(y)ü gösterebilir miyim?
Haben Sie unser neustes Modell gesehen?	En yeni modelimizi gördünüz mü?
Dies ist unser Flaggschiff-/ Spitzenmodell.	İşte en başarılı modelimiz.
... ist bestimmt etwas für Sie.	... size/sizin için uygun.
Wir haben eine Reihe von verschiedenen Modellen für unterschiedliche User entwickelt.	Farklı kullanıcılar için değişik modeller geliştirdik.
Dieses Modell ist für den Geschäftsreisenden gedacht.	Bu model iş gezileri yapanlar için düşünülmüştür.
Wir verkaufen es bereits seit zwei Jahren erfolgreich im asiatischen Markt.	İki yıldır Asya Pazarı'nda başarıyla satmaktayız.
Es gab schon viele Anfragen aus/von .../In ... besteht großes Interesse daran.	...-(d)an/-(d)en çok talep var. ...-(d)an/-(d)en çok büyük ilgi var.
Es entspricht den höchsten technischen Standards.	En yüksek teknoloji standartlarına uygundur.

Kunden weitervermitteln

Müşteriyi yönlendirme

Ansprechpartner für ... ist eigentlich Herr/Frau ...	... için yetkili kişi aslında Sayın ...
Er/Sie ist gerade in einer Besprechung.	Şu anda bir görüşmede.
Er/Sie ist bald wieder da.	Birazdan burada olacak.

In Verbindung bleiben

İletişimde kalma

Könnten Sie heute um 14 Uhr noch einmal kommen?	Bugün saat ikide tekrar gelebilir misiniz?
Wir würden Sie gerne zu einem Besuch in unser Werk einladen.	Sizi fabrikamıza davet etmek istiyoruz.
Ich bin im nächsten Monat in ... Ich könnte Sie dann besuchen.	Gelecek ay ...-(d)ayım/-(d)eyim. Sizi o zaman ziyaret edebilirim.
Hier ist meine Karte.	İşte kartım.
Wann sind Sie wieder im Büro?	Tekrar ne zaman ofiste olacaksınız?
Ich rufe Sie gleich nach der Messe an.	Sizi fuardan sonra hemen arayacağım.

Small Talk

Kısa sohbet

Ein Gespräch einleiten

Bir konuşmaya giriş yapma

Schönes Wetter heute, nicht wahr?	Bugün hava güzel, değil mi?
Ja, sehr schön.	Evet, çok güzel.
Tut mir leid, dass ich mich verspätet habe, aber ich bin im Stau stecken geblieben.	Geç kaldığım için üzgünüm, ama trafiğe takıldım.

Ist das wieder ein Verkehr heute Morgen!	Sabah sabah ne berbat bir trafik!
Stimmt. Ist das immer so schlimm?	Doğru. Hep böyle kötü mü?
Haben Sie die Zeitung heute schon gelesen?	Bugün gazeteyi okudunuz mu?
Nein, noch nicht. Gibt's irgendwas Neues?	Hayır, henüz değil. Bir gelişme mi var?
Haben Sie gestern das Spiel gesehen?	Dün maçı izlediniz mi?
Aber sicher. Wie fanden Sie es denn?	Tabi ki. Nasıl buldunuz?
Stimmt es, dass ...?	... doğru mu?
Bei uns ist der Eindruck entstanden, dass ... Sind Sie auch der Meinung?	Bizde ... etkisi uyandırdı. Siz de aynı fikirde misiniz?
Laut unseren Medien ... Was meinen Sie dazu?	Medyamızın dediğine göre ... Sizin fikriniz ne?

Geschäft

İş

Sind Sie geschäftlich hier?	İş gereği mi buradasınız?
In welcher Branche sind Sie tätig?	Hangi branşta çalışıyorsunuz?
Wie viele Mitarbeiter hat Ihre Firma?	Şirketinizin kaç çalışanı var?
Wo ist Ihr Firmensitz?	Şirketinizin yeri nerede?
Sind Sie schon lange bei der Firma?	Uzun süredir mi bu şirkettesiniz?
Darf ich Ihnen meine Visitenkarte geben?	Size kartvizitimi verebilir miyim?

Tätigkeiten

Meslekler

Was sind Sie von Beruf?	Mesleğiniz nedir?
Ich bin Sachbearbeiter(in).	Yetkili memurum.
Ich bin im Personalbereich tätig.	Personel bölümünde görevliyim.

Ich bin Leiter(in) der Werbeabteilung.	Yöneticiyim./Reklam bölümünde yöneticiyim.
Ich bin für das Lager zuständig.	Depodan sorumluyum.

Geschäftsbereiche

İş alanları

Wir sind im Einzelhandel/ Großhandel tätig.	Perakendecilik'le/Toptancılık'la uğraşıyoruz.
Unser Schwerpunkt liegt im Dienstleistungsbereich.	Uzmanlık alanımız hizmet sektörü.
Wir stellen Einzelteile für die Autobranche her.	Araba endüstrisi için parça üretiyoruz.
Wir konzipieren/entwickeln Software.	Bilgisayar programları tasarlıyoruz.
Wir handeln mit Baustoffen.	İnşaat malzemeleri pazarlıyoruz.
Wir importieren/exportieren Lederwaren.	Deriden ürünler ithal/ihraç ediyoruz.
Wir geben unter anderem technische Handbücher heraus.	Ayrıca teknik konularda el kitapları yayımlıyoruz.
Wir sind Unternehmensberater.	Şirket danışmanı olarak çalışıyoruz.

Familie

Aile

Ich habe vor zwei Monaten geheiratet.	İki ay önce evlendim.
Haben Sie Kinder?	Çocuğunuz var mı?
Sie gehen noch in den Kindergarten./Sie studieren schon.	Daha anaokuluna gidiyorlar./ Üniversitede okuyorlar.
Wir erwarten unser erstes Kind.	İlk çocuğumuzu bekliyoruz.
Wie geht es Ihrer Frau/Ihrem Mann/Ihren Kindern?	Karınız/ Kocanız nasıl?/ Çocuklarınız nasıl?

Länder und Städte
Ülkeler ve şehirler

Sind Sie zum ersten Mal in ...?	...-'(y)a/-'(y)e ilk kez mi geliyorsunuz?
Und woher kommen Sie?	Peki nerelisiniz?
Ich komme aus einer Kleinstadt/ Großstadt.	Küçük/Büyük bir şehirde doğup büyüdüm.
Es liegt an der Küste/im Landesinneren.	Deniz kıyısında/ denizden uzakta.
Es hat ungefähr ... Einwohner.	Nüfusu yaklaşık ...
Der Hauptwirtschaftszweig ist ...	En önde gelen endüstri sektörü ...
Viele Leute pendeln nach ...	Bir çok insan ...-'(y)a/-'(y)e gidip geliyor.

Sehenswürdigkeiten und Andenken
Tarihi/turistik yerler ve süvenir

Was ist besonders sehenswert hier?	Burada görülmeye değer tarihi/ turistik yerler hangileri?
Sie müssen unbedingt ... besichtigen/besuchen.	...-'(y)ı, -'(y)i, -'(y)u, -'(y)ü mutlaka görmelisiniz.
Wie komme ich am besten dorthin?	Oraya en çabuk nasıl ulaşabilirim?
Der Bus Nr. 7 fährt direkt dorthin.	Yedi numaralı otobüs doğrudan oraya gidiyor.
Ich würde meiner Familie gern etwas mitbringen. Was ist typisch für diese Gegend?	Aileme bir hediye almak istiyorum. Bu yöreye özgü ne var?
Diese Gegend ist sehr bekannt für Wein/Töpferei/Glas.	Bu yörenin şarapçılığı/çömlekçiliği/camcılığı meşhur.

Hobbys

Hobiler

Ich spiele Saxophon/singe in einem Chor.	Saksofon çalıyorum./Bir koroda şarkı söylüyorum.
Meine Frau und ich sind Mitglieder eines Tanzvereins.	Karım ve ben bir dans okuluna üyeyiz.
Ich lese viel/male ein wenig.	Çok okuyorum./Çok resim yapmıyorum.
Ich bastele ein wenig/arbeite gerne im Garten.	El sanatlarıyla çok uğraşmıyorum./ Bahçede çalışmayı seviyorum.
Ich sammele Antiquitäten/ Briefmarken/alte Bücher.	Antik eşya topluyorum./ Pul koleksyonu yapıyorum./ Eski kitaplar topluyorum.
Ich interessiere mich für ...	...-(y)a/-(y)e ilgi duyuyorum.
Ich bin bei ... aktiv.	Aktif olarak ... yapıyorum.

Präsentationen

Sunumlar

Sich und andere vorstellen

Kendini ve başkasını tanıtma

Guten Morgen. Ich möchte mich zunächst kurz vorstellen. Mein Name ist ...	Günaydın. Önce kendimi kısaca tanıtmak istiyorum. Adım ...
Ich glaube, Sie kennen alle Herrn Weber, unseren Marketingleiter.	Sanırım hepiniz pazarlama müdürümüz, Sayın Weber'i tanıyorsunuz.
Ich möchte Ihnen gerne Frau Yoshi vorstellen, Geschäftsführerin der Sumo Bank in Tokyo.	Size Tokyo Sumo Bankası'nın müdürü Sayın Yoshi'yi tanıtmak istiyorum.
Entschuldigen Sie bitte, mein Englisch ist leider nicht mehr so flüssig.	Afedersiniz, İngilizcem maalesef eskisi kadar akıcı değil.
Es freut mich sehr, Sie heute Morgen hier begrüßen zu dürfen.	Bu sabah karşınızda olmaktan ve sizi selamlayabilmekten dolayı çok mutluyum.
Ich möchte Sie heute über ... informieren/den neuesten Stand der/des ... in Kenntnis setzen.	Sizi bugün ... konusunda bilgilendirmek/...-ın, -in, -un, -ün yeni durumunu bilginize sunmak istiyorum.
Vielen Dank, dass Sie mich zum Thema ... eingeladen haben.	Beni ... konulu toplantıya davet ettiğiniz için çok teşekkür ederim.
Ziel dieser Präsentation ist, ... darzustellen/zu erläutern.	Bu sunumun amacı ... ortaya koymak/açıklamaktır.
Ich werde drei Hauptbereiche behandeln.	Üç ana alanı ele alacağım.

Einleitung zur Präsentation

Sunuma giriş

Ich habe den Vortrag in vier Abschnitte gegliedert.	Sunumu üç kısıma ayırdım.
Ich werde ... erklären/behandeln.	Ben ...-(y)ı, (y)i, -(y)u, -(y)ü açıklayacağım/ele alacağım.
Wir sollten ... betrachten.	...-(y)ı, -(y)i, -(y)u, -(y)ü göz önünde bulundurmalıyız.
Alles in allem wird das ungefähr ... Minuten in Anspruch nehmen.	Kısacası, bu yaklaşık ... dakika sürecek.
Ich versuche, mich so kurz wie möglich zu fassen!	Olabildiğince kısa zaman içinde toparlamaya çalışacağım.
Bitte unterbrechen Sie mich, falls irgendetwas nicht klar sein sollte.	Anlaşılmayan noktalar olursa, araya girebilirsiniz.
Ich stehe Ihnen dann nach dem Vortrag gern für Fragen zur Verfügung.	Sorularınızı sunumdan sonra cevaplayacağım.

Die Botschaft

Listeleme sinyalleri

Also, ich werde zunächst mit ... beginnen.	O halde öncelikle ... ile başlayacağım.
Wie Sie wissen, ...	Bildiğiniz gibi, ...
Hinzukommt, dass ...	Buna ek olarak, ...
Im Gegensatz dazu	Buna karşılık, ...
Vier Hauptaspekte sollten dabei in Betracht gezogen werden: ...	Burada dört ana bakış açısı göz önünde bulundurulmalı: ...
Erstens ... Zweitens ... Drittens ... Und letztlich ...	İlk olarak ... ikinci olarak ... üçüncü olarak ... ve son olarak ...
Einerseits .../Andererseits ...	Bir yandan .../Diğer yandan ...
Daraus resultiert, .../ Das hat zur Folge, ...	Buradan çıkan sonuç: .../ Bunun sonucu olarak ...

Bevor ich fortfahre, wollen wir noch einmal ... betrachten.	Devam etmeden önce, bir kez daha ...-(y)ı, -(y)i, -(y)u, -(y)ü gözden geçirelim.
Was bedeutet das also für uns? Nun, ...	Bu bizim için ne ifade ediyor? Şimdi, ...
Es gibt verschiedene Möglichkeiten: Erstens, ...	Çok farklı olasılıklar var: Birincisi, ...
Wir haben zwei Möglichkeiten zur Auswahl: ...	İki seçeneğimiz var: ...
Eine Möglichkeit wäre ...	Bir olasılık ... olabilir.
Aus unserer Sicht wäre es am besten ...	Bizim açımızdan en iyisi ... olabilir.
Was schlagen Sie vor?	Ne öneriyorsunuz?

Brücken schlagen

Bağlantı kurma

Gut. Kommen wir nun zu den Verkaufszahlen.	Peki/ Pekala. Şimdi satış sayılarına gecelim.
So weit also zu (den Kosten) ... Was (den Gewinn) angeht ...	... (Giderler) buraya kadar. (Kazanç)a gelince...
Dies bringt mich zu meinem nächsten Punkt.	Bu beni bir sonraki noktaya getiriyor.
Ich möchte mich nun gerne dem/ der ... widmen	Artık...-(y)a, -(y)e yönelmek istiyorum.

Auf einen vorhergehenden Punkt verweisen

Bir önceki noktaya değinme

Wie ich vorhin bereits sagte/ erwähnte, ...	Daha önce belirttiğim/değindiğim gibi, ...
Wie ich zu Beginn meiner Präsentation sagte, ...	Sunumun başında söylediğim gibi, ...
Um nochmals auf ... zurückzukommen, ...	Tekrar ...-(y)a, -(y)e geri dönmek gerekirse, ...

Diagramme erklären und kommentieren

Diyagram açıklama ve yorumlama

Das Diagramm zeigt ...	Bu diyagram ...-(y)ı, -(y)i, -(y)u, -(y)ü gösteriyor.
Schauen Sie sich einmal ... an.	Simdi ...-(y)a, -(y)e bakınız.
Hier sehen Sie ...	Burada ...-(y)ı, -(y)i, -(y)u, -(y)ü görüyorsunuz.
Das Interessante/Ermutigende/Besorgniserregende ist hier zu sehen: ...	Bu asamada burada ilginç/cesaret verici/endişe verici şey/ler görülmektedir: ...
Was können wir daraus erkennen?	Bundan neyi anlayabiliriz?
Wenn wir diese beiden Punkte vergleichen, dann ...	Bu iki noktayı karşılaştıracak olursak, ...
Was können wir daraus folgern?	Bundan hangi sonucu çıkarabiliriz?
Nun, Tatsache ist, dass ...	Bu durumda, gerçek şudur ki ...
Es gibt hierfür nur eine mögliche Erklärung: ...	Bu nokta için mümkün olan yalnızca bir açıklama var: ...

Zusammenfassen und beenden

Özetleme ve bitirme

Ich fasse dann noch einmal zusammen: ...	O halde bir kez daha özetliyorum: ...
Mit anderen Worten ...	Başka bir deyişle ...
Abschließend möchte ich ...	Bunu takiben, ... istiyorum.
Schließlich ...	Sonuç olarak ...
Vielen Dank für Ihre Aufmerksamkeit.	İlginiz için çok teşekkürler.
Falls jetzt noch Fragen offen sind ...	Hâlâ konuya yönelik sorularınız varsa ...

Fragen zur Präsentation
Sunuma yönelik sorular

Dann fange ich einfach (ein)mal an. Ich hätte eine Frage zu ...	Bu durumda ben başlıyorum. Bir sorum olacak ...
Wenn ich Sie richtig verstanden habe, ...	Yanlış anlamadıysam, ...
Als Sie ... erwähnten, meinten Sie damit ...?	...-(y)a, -(y)e değindiğinizde, ... -mı, -mi, -mu, -mü demek istediniz ...?
Das ist eine interessante Frage.	Bu ilginç bir soru.
Gut, dass Sie das ansprechen.	Bunu dile getirmeniz iyi.
Was ich damit sagen will, ist ...	Bununla demek istediğim ...
Ich meine damit ...	Bununla ...-(y)ı, -(y)i -(y)u, -(y)ü kastediyorum.
Ich kann dem eigentlich nichts mehr hinzufügen.	Aslında buna ekleyecek başka bir şeyim yok.
Leider gibt es darauf bis jetzt noch keine Antwort.	Maalesef şimdiye kadar buna verilmiş bir cevap yok.
Ich glaube, Herr/Frau ... könnte das am besten beantworten.	Sanırım bunu Sayın ... en iyi şekilde cevaplayacaktır.
Kommen wir nun zur nächsten Frage.	Şimdi sıradaki soruya geliyoruz.
Leider haben wir nur noch für eine Frage Zeit.	Maalesef sadece bir soru için zamanımız var.
Gut, das wär's. Vielen Dank.	Konuşmanın sonuna gelmiş bulunuyoruz. Çok teşekkürler
Vielen Dank für Ihre Aufmerksamkeit.	İlginiz için çok teşekkürler.
Ich möchte mich nur noch bei Ihnen bedanken, dass Sie heute gekommen sind.	Bugün buraya geldiğiniz için size tekrar çok teşekkür ediyorum.

A

Aa

Aal *m* yılanbalığı

Aas *nt* ❶ leş ❷ (*als Schimpfwort*) pis herif; (*für Frauen*) pis kadın

ab I. *adv* ~ **und zu** arasıra, bazen II. *adj* (*abgetrennt*) ayrılmış, kopmuş III. *präp* -den/-dan itibaren; ~ **Hamburg** Hamburg'tan sonra; ~ **München** (*ab Werk*) Münih'ten itibaren; **von heute** ~ bugünden itibaren; ~ **15. Mai** 15 Mayıs'tan; ~ **7 Euro** 7 eurodan itibaren

abändern *vt* değiştirmek; (*Gesetz*) tadil etmek (**etw** -i)

Abänderung *f* tadil, değişiklik

abartig *adj* ❶ (*abnormal*) anormal ❷ (*pervers*) sapık

abballern *vt* (*fam*) silahla vurup düşürmek (**jdn** -i)

Abbau *m* ❶ (*Kohle-*) işletilme ❷ (*Personal-*) tasfiye

abbauen I. *vt* ❶ (*Kohle, Erz*) işletmek (**etw** -i) ❷ (*Arbeitskräfte*) azaltmak (**etw** -i) ❸ TECH demonte etmek, sökmek (**etw** -i) ❹ (*Vorurteile*) (önyargıları) bırakmak II. *vi* (*erlahmen*) zayıf düşmek

abbeißen *irr vt* (bir parçasını) ısırarak koparmak

abbekommen *irr vt* ❶ (*abkriegen*) (bir şeyden) payını almak ❷ (*loslösen*) çözmek, sökmek (**etw** -i)

abbestellen *vt* (*Abonnement*) (aboneyi) kesmek

abbezahlen *vt* ❶ (*völlig bezahlen*) tamamıyla ödemek (**etw** -i) ❷ (*in Raten zahlen*) taksitle ödemek (**etw** -i)

abbiegen *irr* I. *vt* bükmek, eğmek (**etw** -i) II. *vi sein* sapmak; **links ~ verboten!** sola sapmak yasaktır!

Abbiegespur *f* sapma şeridi

abbilden *vt* resmini yapmak (**etw** -in)

Abbildung *f* resim; (*Figur*) şekil

abblenden *vt* (*Scheinwerfer*) farları kısmak

Abblendlicht *nt* kısa huzmeli far

abbrechen *irr* I. *vt* ❶ kırmak, koparmak (**etw** -i) ❷ (*Gebäude*) yıkmak (**etw** -i) ❸ (*Zelt*) toplamak, kaldırmak (**etw** -i) ❹ (*Reise*) yarıda bırakmak (**etw** -i) ❺ INFORM (*Programm*) iptal etmek (**etw** -i) II. *vi* kırılmak, kopmak

abbremsen *vi* frenlemek, yavaşlatmak

abbrennen *irr* I. *vt* yakarak yok etmek (**etw** -i) II. *vi* tamamıyla yanmak, kül olmak

abbringen *irr vt* ❶ (*vom Weg*) yolundan çevirmek (**jdn** -i) ❷ (*fig: vom Thema*) konudan uzaklaştırmak (**jdn** -i) ❸ (*vom Vorhaben*) maksadından vazgeçirmek, caydırmak (**jdn** -i)

Abbruch *m* ❶ (*Gebäude*) yıkılma ❷ (*Kampf*) kesilme ❸ (*Verhandlungen*) durdurulma ❹ (*Programm*) iptal

abbuchen *vt* hesaptan indirmek [*o* kesmek] (**etw** -i)

abbürsten *vt* (*a. fig*) fırçalamak (**etw** -i)

abdanken *vi* istifa etmek, görevden çekilmek

Abdankung *f* istifa

abdecken *vt* (*Tisch*) sofrayı toplamak [*o* kaldırmak]

abdichten *vt* TECH contalamak (**etw** -i)

abdrehen *vt* ❶ (*Hahn*) kapamak (**etw** -i) ❷ (*Licht*) söndürmek (**etw** -i)

Abdruck *m* ❶ (*Spur*) iz ❷ (*Druck*) bası

abdrucken *vt* (yeniden) basmak (**etw** -i)

abdrücken *vi* (*Gewehr*) tetiği çekmek

Abend *m* ❶ (*Spätnachmittag*) akşam ❷ (*nach dem Dunkelwerden*) gece; **heute** ~ bu akşam; **gestern** ~ dün akşam; **eines ~s** bir akşam; **gegen** ~ akşama doğru; **zu ~ essen** akşam yeme-

A

ği yemek
Abendbrot *nt* akşam yemeği
Abenddämmerung *f* akşam alaca karanlığı
Abendessen *nt* akşam yemeği
Abendkleid *nt* tuvalet, abiye
Abendkurs *m* akşam kursu
Abendland *nt* Batı, Garp
Abendmahl *nt* (*christlich*) Evharistiya
abends *adv* akşamları
Abenteuer *nt* macera, serüven
abenteuerlich *adj* maceralı
Abenteurer(in) *m(f)* maceracı
aber *konj* fakat, ama; ~ **natürlich!**, ~ **sicher!** hay hay!, elbette!
Aberglaube *m* batıl inanç
abergläubisch *adj* batıl inançları olan
aberkennen *irr vt* (*gerichtlich*) (mahkeme kararıyla) mahrum etmek (**jdm etw** -i -den)
abfahren *irr vi sein* hareket etmek, kalkmak
Abfahrt *f* gidiş, hareket, kalkış
Abfahrtslauf *m* (*Ski-*) depar, şos
Abfahrtszeit *f* kalkış saati, hareket zamanı
Abfall *m* ❶ (*Haushalt*) çöp; (*Industrie*) atık ❷ (*Unbrauchbares*) döküntü
Abfalleimer *m* çöp tenekesi
abfallen *irr vi sein* düşmek, dökülmek
abfallend *adj* inişli
Abfallprodukt *nt* artık ürün, ikinci sınıf ürün
abfärben *vi* boyası çıkmak
abfertigen *vt* ❶ (*Zoll*) işlemini yapmak (**etw** -in) ❷ (*Kunden*) hizmet etmek (**jdn** -e) ❸ (*pej*) savmak (**jdn** -i)
Abfertigung *f* ❶ (*von Waren*) yollama ❷ (*am Schalter*) muamele, işlem
abfinden *irr* **I.** *vt* ❶ (*entschädigen*) tazminat vermek (**jdn** -e) ❷ (*zufriedenstellen*) memnun etmek (**jdn** -i), gönlünü etmek (**jdn** -in) **II.** *vr* **sich mit etw** ~ bir şeye katlanmak
Abfindung *f* (*Entschädigung*) tazminat
abfliegen *irr vi* ❶ (*Passagier*) (uçakla) hareket etmek ❷ (*Flugzeug*) havalanmak, kalkmak, hareket etmek
Abflug *m* uçakla hareket, kalkış
Abflugzeit *f* (uçağın) kalkış saati
Abfluss[RR] *m*, **Abfluß**[ALT] *m* ❶ dışarı akma ❷ (*Kanal*) lağım
Abflussreiniger[RR] *m* lavabo açıcı
abfragen *vt* ❶ soruşturmak (**jdn etw** -e -i) ❷ (*Lektion*) anlattırmak, söyletmek (**jdn etw** -e -i)
Abfuhr *f* ❶ taşıma, götürme, nakil ❷ (*fig*) atlatılma, baştan savulma
abführen *vt* sevk etmek (**etw** -i)
Abführmittel *nt* müshil, ishal ilacı
Abgabe *f* ❶ teslim, tevdi ❷ (*Stimm-*) oy verme; **soziale ~n** vergi
Abgang *m* ❶ (*Abfahrt*) gidiş, kalkış ❷ (*von der Schule*) çıkış
Abgas *nt* artık [*o* atık] gaz
abgeben *irr* **I.** *vt* ❶ teslim etmek, vermek (**jdm etw** -e -i) ❷ (*abtreten*) terketmek, bırakmak (**jdm etw** -e -i) **II.** *vr* **sich mit etw** ~ bir şeyle uğraşmak; **sich mit jdm** ~ biriyle meşgul olmak
abgebrüht *adj* (*fig*) pişkin
abgedroschen *adj* (*Worte*) basmakalıp, beylik
abgefahren *adj* (*Reifen*) yıpranmış
abgehen *irr vi sein* ❶ (*Zug*) kalkmak, hareket etmek ❷ (*Schüler*) çıkmak ❸ (*sich lösen*) çözülmek, pul pul olmak; **sich** *dat* **nichts ~ lassen** hiç bir eksiği olmamak
abgekämpft *adj* (*allgemein*) bitkin
abgelaufen *adj* ❶ (*Pass*) süresi dolmuş ❷ (*Frist*) sona ermiş
abgelegen *adj* sapa
abgemacht *adj* kararlaştırılmış; **~!** tamam!
abgeneigt *adj* **einer Sache ~ sein** bir şeye karşı olmak
Abgeordnete(r) *f(m)* milletvekili
Abgeordnetenkammer *f* parlamento
abgeschlossen *adj* (*Arbeit*) bitmiş, bitirilmiş

abgesehen *adv* ~ **von ... ...** bir yana, -in dışında
abgespannt *adj* bitkin
abgestumpft *adj* vurdumduymaz, kayıtsız
abgetragen *adj* (*Kleidung*) eskimiş, yıpranmış
abgewöhnen *vt* **sich** *dat* **das Rauchen** ~ sigarayı bırakmak
abgrenzen *vt* sınırla(ndır)mak (**etw** -i)
Abgrund *m* uçurum, yar
abhacken *vt* kesmek (**etw** -i)
abhalten *irr vt* ① (*fernhalten*) uzak tutmak (**jdn von etw** -i -den) ② (*etw zu tun*) mani olmak (**jdn** -e) ③ (*Sitzung*) yapmak, akdetmek (**etw** -i); **jdn von der Arbeit** ~ birini işinden alıkoymak
abhandeln *vt* (*Thema*) (bir konuyu) incelemek, açıklamak (**etw** -i)
abhandenkommen *irr vi* kaybolmak, yitmek
Abhang *m* yamaç
abhängen I. *vt* ① yerinden indirmek, çengelinden çıkarmak (**etw** -i) ② (*loswerden*) atlatmak (**jdn** -i) ③ (*Rivalen*) safdışı bırakmak [*o* etmek] (**jdn** -i) II. *vi* **von etw** ~ bir şeye bağlı [*o* tabi] olmak
abhängig *adj* bağımlı (**von etw/jdm** -e)
Abhängigkeit *f* bağımlılık (**von etw/jdm** -e)
abhärten *vt* (*Körper*) alıştırmak, dayanıklı yapmak (**etw** -i)
Abhärtung *f* dayanıklı yapma
abhauen *vi sein* (*fam*) tüymek, sıvışmak, kaçmak; **hau ab!** çık!
abheben *irr* I. *vt* ① (*Deckel*) kaldırmak, açmak (**etw** -i) ② (*Geld*) çekmek (**etw von etw** -i -den) ③ (*Karten*) kesmek (**etw** -i) II. *vr* **sich** ~ iyice belirmek, kontrast teşkil etmek, çok farklı olmak; **die Farben heben sich gut voneinander ab** renkler birbirinden iyi ayrılıyor
abholen *vt* alıp getirmek (**etw** -i), karşılamak (**jdn** -i); **jdn ~ lassen** birini karşılatmak; **ich hole dich ab** seni karşılarım
Abholzung *f* ağaç kesimi
abhorchen *vt* (*Herz*) kulaklık ile muayene etmek (**etw** -i)
abhören *vt* ① (*heimlich*) gizlice dinlemek (**etw** -i) ② (*Schüler*) bilgisini yoklamak (**jdn** -in)
Abitur *nt* lise bitirme sınavı
Abiturient(in) *m(f)* lise mezunu
abkaufen *vt* **jdm etw** ~ birinden bir şeyi satın almak; (*glauben*) birinin söylediğine inanmak [*o* aldanmak]
abklingen *irr vi* (*Schmerz*) hafiflemek
Abkomme *m* evlat
abkommen *irr vi sein* ① (*vom Weg*) yolunu şaşırmak ② (*vom Thema*) konudan ayrılmak
Abkommen *nt* an(t)laşma, mukavele
abkömmlich *adj* bulunması zorunlu olmayan
abkratzen I. *vt* kazıyarak çıkarmak (**etw** -i) II. *vi* (*vulg: sterben*) nalları dikmek
abkühlen I. *vi* soğumak, serinlemek II. *vt* soğutmak, serinletmek (**etw** -i)
Abkühlung *f* soğuma, serinleme
abkürzen *vt* (*Weg, Wort*) kısaltmak (**etw** -i)
Abkürzung *f* ① (*Wort*) kısaltma ② (*Weg*) kestirme yol
abladen *irr vt* (*Last*) boşaltmak (**etw** -i); (*Lastwagen*) yükünü indirmek (**etw** -in)
Ablage *f* ① depo, ambar ② (*Kleider-*) gardırop, vestiyer ③ (*Akten-*) *dosyalara geçirilen veya geçirilecek olan evrak*
ablassen *irr* I. *vt* (*Flüssigkeit*) akıtmak (**etw** -i) II. *vi* vazgeçmek, el çekmek (**von etw** -den)
Ablativ *m* çıkma durumu, -den hali
Ablauf *m* ① (*eines Ereignisses*) gidiş ② (*von Frist, Vertrag*) bitme, bitiş; **nach ~ eines Jahres** bir yıl geçtikten

A

sonra

ablaufen *irr vi* ❶ (*Wasser*) akıp gitmek ❷ (*Frist, Vertrag*) bitmek, (süresi) dolmak

ablecken *vt* yalamak (**etw** -i)

ablegen I. *vt* ❶ bırakmak (**etw** -i) ❷ (*Kleider*) çıkarmak (**etw** -i) ❸ (*Akten*) (dosyaya) kaldırmak (**etw** -i); **eine Prüfung** ~ sınav vermek; **Rechenschaft** ~ hesap vermek II. *vi* (*Schiff*) kalkmak

Ableger *m* (*von Pflanze*) daldırma

ablehnen *vt* reddetmek (**etw** -i)

ablehnend *adj* menfi, olumsuz

Ablehnung *f* ret

ablenken *vt* dikkatini dağıtmak (**jdn** -in), oyalamak (**jdn** -i)

Ablenkung *f* ❶ oyalanma ❷ (*Vergnügen*) eğlenme

ablesen *irr vt* okumak (**etw** -i)

abliefern *vt* teslim etmek (**etw bei jdm** -i -e)

Ablieferung *f* teslim

ablösen *vt* ❶ ayırmak, çözmek (**etw** -i) ❷ (*Wachdienst*) nöbet değiştirmek

Ablösung *f* ❶ ayırma, çözme ❷ (*Wach-*) nöbet değiştirme

abmachen *vt* ❶ çözmek, çıkarmak (**etw** -i) ❷ (*vereinbaren*) kararlaştırmak (**etw** -i), sözleşmek (**etw zu tun** -mek üzere)

Abmachung *f* sözleşme

abmagern *vi sein* zayıflamak, kilo kaybetmek

Abmagerung *f* zayıflama, cılızlaşma

Abmarsch *m* yürüyüş(e başlama)

abmelden *vr* **sich** ~ (*von Schule, Verein*) kaydını sildirmek; (*seinen Weggang ankündigen*) ayrılacağını bildirmek

Abmeldung *f* kayıt sildirme

abmontieren *vt* demonte etmek, sökmek (**etw** -i)

abmühen *vr* **sich** ~ didinmek, emek çekmek

Abnahme *f* ❶ (*Kauf*) satın alma, alım ❷ (*Verringerung*) azalma, eksilme ❸ (*Gewicht*) kilo verme

abnehmen I. *vt* ❶ kaldırmak (**etw** -i) ❷ (*Hut*) çıkarmak (**etw** -i) ❸ (*Hörer*) ahizeyi kaldırmak; **ich nehme es ihm ab** bu söylediğine inanıyorum II. *vi* ❶ (*sich verringern*) azalmak ❷ (*an Gewicht*) kilo vermek ❸ (*Tage*) kısalmak; **ich habe (drei Kilo) abgenommen** (üç) kilo verdim

abnehmend *adj* (*Mond*) küçülen

Abnehmer *m* alıcı, müşteri

abnorm *adj* anormal, düzgünsüz

abnutzen I. *vt* yıpratmak, aşındırmak (**etw** -i) II. *vr* **sich** ~ yıpranmak, aşınmak

Abnutzung *f* yıpranma, aşın(dır)ma

Abonnement *nt* abone

Abonnent(in) *m(f)* abone (olan)

abonnieren *vt* abone olmak (**etw** -e)

Abordnung *f* heyet, delegasyon

Abort *m* hela, aptesane, yüznumara

abraten *vi* **jdm (von) etw** ~ birine bir şeyi yapmamasını tavsiye etmek

abräumen *vt* (*Tisch*) sofrayı toplamak [*o* kaldırmak]

abreagieren *vt* (*Wut*) çıkarmak (**etw** -i)

abrechnen I. *vt* hesaptan indirmek (**etw** -i) II. *vi* **mit jdm** ~ biriyle hesaplaşmak; (*sich rächen*) birinden intikam almak

Abrechnung *f* hesaplaşma; (*Rache*) intikam

Abreise *f* hareket, gidiş

abreisen *vi sein* yola çıkmak

abreißen *irr* I. *vt* koparmak; (*Gebäude*) yıkmak (**etw** -i) II. *vi* kopmak

Abriss[RR] *m* ❶ (*eines Gebäudes*) yıkılma ❷ (*kurze Darstellung*) özet

Abruf *m* **auf** ~ *olabilecek talep üzerine*

abrunden *vt* (*rund machen*) yuvarlamak; (*Zahl*) aşağıya yuvarlamak (**etw** -i)

abrüsten I. *vi* silahsızlanmak II. *vt* silahsızlandırmak (**etw** -i)

Abrüstung *f* silahsızlanma

A

ABS *nt Abk von* **Antiblockiersystem** anti blokaj sistemi
Absage *f* ret, olumsuz cevap
absagen I. *vi* ret cevabı vermek (**jdm** -e) II. *vt* ① (*Veranstaltung*) olmayacağını bildirmek (**etw** -in) ② (*Einladung*) (sonradan) geri çevirmek (**etw** -i)
Absatz *m* ① (*von Schuh*) ökçe, topuk ② (*im Text*) paragraf ③ (*Umsatz*) sürüm
abschaffen *vt* kaldırmak (**etw** -i)
Abschaffung *f* kaldırılma
abschalten I. *vt* (*Gerät*) kesmek; (*Maschine*) kapatmak (**etw** -i) II. *vi* ① (*nicht zuhören*) artık dinlememek ② (*sich erholen*) dinlenmek
abschätzen *vt* tahmin etmek (**etw** -i)
Abschaum *m* (*pej*) döküntü, ayaktakımı
abscheulich *adj* iğrenç
abschicken *vt* yollamak, göndermek (**etw** -i)
abschieben *irr vt* **ins Ausland** ~ sınır dışı etmek (**jdn** -i)
Abschiebung *f* sınır dışı etme
Abschied *m* veda; **von jdm ~ nehmen** birine veda etmek, biriyle vedalaşmak
abschießen *irr vt* ① (*Waffe*) ateş etmek (**etw** -i) ② (*Flugzeug*) düşürmek (**etw** -i) ③ (*erschießen*) vurmak (**jdn/etw** -i)
abschlagen *irr vt* ① (*Angriff*) püskürtmek (**etw** -i) ② (*Bitte*) reddetmek (**etw** -i)
abschlägig *adj* olumsuz
Abschlagszahlung *f* ① (*Rate*) taksit ② (*Vorschuss*) avans
abschleppen *vt* (*Auto*) çekmek (**etw** -i)
Abschleppseil *nt* çekme halatı
Abschleppwagen *m* çekici
abschließen *irr vt* ① (*Tür*) kilitlemek (**etw** -i) ② (*beenden*) bitirmek (**etw** -i) ③ (*Vertrag*) yapmak, akdetmek (**etw** -i)
abschließend *adv* (bir şeyi) bitirirken
Abschluss[RR] *m*, **Abschluß**[ALT] *m* (*Ende*) bit(ir)me, son
Abschlussprüfung[RR] *f* bitirme sınavı
Abschlusszeugnis[RR] *nt* diploma
abschmecken *vt* tadına bakmak (**etw** -in)
abschmieren *vt* yağlamak (**etw** -i)
abschneiden *irr* I. *vt* kesip koparmak (**etw** -i) II. *vi* **gut/schlecht** ~ iyi/kötü sonuca ulaşmak
Abschnitt *m* (*in Buch*) bölüm
abschrauben *vt* vidalarını [*o* vidasını] sökmek (**etw** -in); (*Deckel*) (çevirip) kaldırmak (**etw** -i)
abschrecken *vt* ① yıldırmak (**jdn von etw** -i -den), gözdağı vermek (**jdn** -e) ② (*Eier*) üstüne soğuk su dökmek
abschreckend *adj* korkutucu
abschreiben *irr vt* kopya etmek (**etw** -i)
Abschrift *f* kopya
absehbar *adj* (*Folgen*) sonu görülebilen; **in ~er Zeit** az çok yakın zamanda
absehen *irr* I. *vt* **die Folgen von etw** ~ bir şeyin sonunu görmek II. *vi* **von etw** ~ bir şeyi hesaba katmamak; **es auf etw abgesehen haben** bir şeye göz koymak; **es auf jdn abgesehen haben** (*böse Absicht*) birinin canına kastetmek
abseits I. *präp +gen* -in ötesinde, -in dışında II. *adv* uzakta
Abseits *nt* ① SPORT ofsayt ② (*fig*) **ins ~ stellen/gedrängt werden** gölgede bırakmak/bırakılmak
absenden *irr vt* yollamak, göndermek (**etw** -i)
Absender *m* gönderen; INET gönderici
absetzen I. *vt* ① (*hinstellen*) indirmek (**etw** -i) ② (*Mitfahrenden*) indirmek (**jdn** -i) ③ (*Beamten*) işinden çıkarmak (**jdn** -i) ④ (*von Steuern*) kesmek (**etw** -i) ⑤ (*verkaufen*) (piyasaya) sürmek, satmak (**etw** -i) ⑥ (*Medikament*) kesmek (**etw** -i) II. *vr* **sich** ~ CHEM çökelmek; (*sich abheben*) iyice belirmek
Absicht *f* niyet, maksat; **mit voller** ~ bile bile

A

absichtlich I. *adj* kasıtlı II. *adv* kasten, bilerek
absitzen *irr vt* **eine Strafe** ~ cezaevinde yatarak süresini doldurmak
absolut I. *adj* mutlak, kesin II. *adv* mutlaka; ~ **nicht** asla, hiç
abspeichern *vt* INFORM yüklemek (**etw auf etw** -i -e), kaydetmek (**etw** -i)
absperren *vt* ❶ kilitlemek (**etw** -i) ❷ (*Straße*) kapamak (**etw** -i) ❸ (*Wasser, Strom*) kesmek (**etw** -i)
Absperrung *f* (*einer Straße*) kapama
abspielen I. *vt* (*Platte*) çalmak (**etw** -i) II. *vr* **sich** ~ cereyan etmek, geçmek
Absprache *f* sözleşme
absprechen *irr* I. *vt* kararlaştırmak (**etw** -i) II. *vr* **sich mit jdm (über etw)** ~ biriyle (bir şey üzerine) sözleşmek
abspringen *irr vi sein* ❶ (*herunterspringen*) (aşağı) sıçramak [*o* atlamak] ❷ (*fig: sich lossagen*) ayrılmak
abspülen *vt* yıkamak, çalkalamak (**etw** -i)
abstammen *vi* soyundan gelmek (**von jdm/etw** -in)
Abstammung *f* soy, asıl
Abstand *m* mesafe; **von etw** ~ **nehmen** bir şeyden vazgeçmek [*o* el çekmek]
abstatten *vt* **jdm einen Besuch** ~ birini ziyaret etmek
abstauben *vt* tozunu almak (**etw** -in)
Abstecher *m* **einen** ~ **machen nach ...** *bir yere* (*seyahat esnasında*) *kısa gezinti yapmak*
absteigen *irr vi sein* ❶ (*in einem Hotel*) konaklamak (**in etw** -de) ❷ (*vom Fahrrad, Berg*) inmek (**von etw** -den)
abstellen *vt* ❶ yere koymak, indirmek (**etw** -i) ❷ (*Maschine*) durdurmak (**etw** -i)
Abstellraum *m* sandık odası
abstempeln *vt* ❶ (*Briefmarke*) damgalamak (**etw** -i) ❷ (*Urkunden*) damgalamak, mühürlemek (**etw** -i)
Abstieg *m* iniş
abstimmen I. *vt* **aufeinander** ~ birbir(ler)ine uydurmak (**etw** -i) II. *vi* oy vermek (**über etw** ... üzerine)
Abstimmung *f* (*Wahl*) oylama
Abstinenzler(in) *m(f)* *alkol kullanmayan*
abstoßen *irr vt* ❶ iterek uzaklaştırmak (**etw** -i) ❷ (*anekeln*) tiksindirmek (**jdn** -i)
abstoßend *adj* itici
abstottern *vt* (*fam*) taksitle ödemek (**etw** -i)
abstrakt *adj* soyut
abstreiten *irr vt* inkar etmek (**etw** -i)
abstufen *vt* derecelendirmek (**etw** -i)
Abstufung *f* (*geringer Unterschied*) ince fark
Absturz *m* ❶ (*Flugzeug-*) düşüş ❷ (*Abhang*) sarp bayır
abstürzen *vi sein* ❶ düşmek ❷ (*Abhang*) sarp inişli olmak ❸ INFORM çökmek; ~ **lassen** çökertmek (**etw** -i)
absurd *adj* anlamsız, saçma
Abszess[RR] *m*, **Abszeß**[ALT] *m* apse
abtauen *vt* (*Kühlschrank*) eritmek (**etw** -i)
Abteil *nt* (*Zug-*) kompartıman
Abteilung *f* bölüm, kısım, şube
abtragen *irr vt* ❶ (*Speisen*) sofra kaldırmak ❷ (*Kleidung*) eskitmek (**etw** -i)
abträglich *adj* zararlı
abtreiben *irr vi* (çocuğu) aldırmak
Abtreibung *f* çocuk aldırma
abtrennen *vt* ayırmak (**etw von etw** -i -den)
abtreten *irr* I. *vt* (*Schmutz von Schuhen*) çamurunu silmek II. *vi sein* çekilmek
abtrocknen *vt* kurutmak, kurulamak (**etw** -i)
abwandern *vi sein* göç etmek (**nach etw** -e)
Abwanderung *f* göç
abwarten *vt* sonunu beklemek (**etw** -in)

abwärts *adv* aşağı(ya doğru)
abwaschbar *adj* yıkanabilir
abwaschen *irr vt* ❶ (yıkayarak) temizlemek (**etw** -i) ❷ (*Geschirr*) bulaşık yıkamak
Abwasser *nt* atık su
abwechseln *vr, vi* (**sich**) **mit etw ~** bir şeyle değişmek; **sich mit jdm ~** biriyle nöbetleşmek
abwechselnd *adv* nöbetleşe, sırayla
Abwechslung *f* değişiklik; **zur ~** değişiklik olarak
abwechslungsreich *adj* çeşitli, çok değişik
Abwehrstoff *m* koruyucu madde
abweichen *irr vi sein* ❶ ayrılmak, sapmak (**von etw** -den) ❷ (*verschieden sein*) değişik olmak
abweichend *adj* farklı
Abweichung *f* farklılık, başkalık, ayrılık; **mit einer ~ von 100 Metern** 100 metrelik bir sapmayla
abweisen *irr vt* reddetmek (**etw** -i)
abwerten *vt* ❶ değerden düşürmek (**etw** -i) ❷ (*Währung*) devalorize etmek (**etw** -i)
Abwertung *f* ❶ değerden düşürme ❷ (*einer Währung*) devalüasyon
abwesend *adj* ❶ hazır bulunmayan ❷ (*geistesabwesend*) dalgın
Abwesenheit *f* yokluk (*bulunmayış*)
abwickeln I. *vt* yaymak (**etw** -i) **II.** *vr* **sich ~** cereyan etmek
abwischen *vt* silmek (**etw** -i)
abwürgen *vt* (*Motor*) boğmak (**etw** -i)
abzahlen *vt* (azar azar) ödemek (**etw** -i)
Abzahlung *f* (taksitle) ödeme
Abzeichen *nt* işaret, belirti
Abziehbild *nt* çıkartma
abziehen *irr vt* ❶ çıkarmak (**etw von etw** -i -den) ❷ (*Bilder*) kopya etmek (**etw** -i) ❸ MATH çıkarmak (**etw von etw** -i -den) ❹ COMM ıskonto etmek (**etw** -i)
abzielen *vi* hedeflemek, amaçlamak, hedef tutmak (**auf etw** -i)
Abzocke *f* ütme
abzocken *vt* (*fam*) yolmak, yontmak (**jdn** -i)
Abzocker(in) *m(f)* hortumcu, vurguncu
Abzug *m* ❶ (*Kopie*) kopya ❷ (*Rabatt*) ıskonto
abzüglich *präp +gen* çıkarılmak üzere
abzweigen *vi sein* (*Weg*) ayrılmak
Abzweigung *f* yol ayrımı
Accessoires *pl* aksesuarlar
Account *m* INFORM kullanıcı bilgileri
ach *interj* ah!; **~ so!** ha, öyle mi!; **~ was!** yok canım!; **~ wo!** ne gezer!; **mit Ach und Krach** güç bela
Achse *f* ❶ TECH dingil ❷ MATH eksen
Achsel *f* omuz; **mit den ~n zucken** omuz silkmek
Achselhöhle *f* koltuk altı
acht *num* sekiz
Acht *f* **außer ~ lassen** dikkat etmemek (**etw** -e), ihmal etmek (**etw** -i); **sich in ~ nehmen** dikkatli davranmak; **~ geben** dikkat etmek (**auf etw** -e)
achtbar *adj* saygıdeğer
achte(r, s) *adj* sekizinci
achteckig *adj* sekiz köşeli
Achtel *nt* sekizde bir
achten I. *vt* saygı göstermek (**jdn/etw** -e), saymak (**jdn/etw** -i) **II.** *vi* **auf etw ~** bir şeye dikkat etmek
Achterbahn *f lunaparkta bir eğlence treni*
achtgeben[ALT] *vt s.* **Acht**
achthundert *num* sekiz yüz
Achtung *f* ❶ (*Respekt*) saygı ❷ (*Aufmerksamkeit*) dikkat; **~!** dikkat!
achtzehn *num* on sekiz
achtzig *num* seksen
achtziger *adj* **die ~ Jahre** seksenli yıllar
Acker *m* tarla
Ackerbau *m* tarım
ackern *vi* (*fam*) ağır çalışmak
ADAC *m Abk von* **Allgemeiner Deutscher Automobil-Club** Genel Alman Otomobil Kulübü
Adapter *m* TECH adaptör

A

addieren *vt* toplamak (**etw** -i)
Addition *f* toplama
Adel *m* asalet, soyluluk
Ader *f* ❶ damar ❷ (*Begabung*) yatkınlık, yetenek
Adjektiv *nt* sıfat
Adler *m* kartal
adlig *adj* soylu, asil, asilzade
Admiral *m* amiral
adoptieren *vt* evlat edinmek (**jdn** -i)
Adoption *f* evlat edinme
Adoptiveltern *pl* manevi anababa
Adoptivkind *nt* evlatlık, manevi evlat
Adrenalin *nt* adrenalin
Adressat *m* alıcı, adres sahibi
Adresse *f* adres
adressieren *vt* **einen Brief an jemanden** ~ bir mektubun üstüne birinin adresini yazmak
Adria *f* Adriyatik (Denizi)
Advent *m* küçük perhiz (*Noel'den önceki dört pazar*)
Adverb *nt* zarf
Aerobic *nt* aerobik
aerodynamisch *adj* aerodinamik
Affäre *f* olay, mesele
Affe *m* maymun
affektiert *adj* yapmacık
Affenhitze *f* (*fam*) cehennem sıcağı
Afghanistan *nt* Afganistan
Afrika *nt* Afrika
Afrikaner(in) *m(f)* Afrikalı
afrikanisch *adj* Afrikalı
After *m* makat
AG *f Abk von* **Aktiengesellschaft** AŞ (Anonim Şirket)
Ägäis *f* Ege Denizi
Agentur *f* acenta
Aggression *f* saldırganlık (**gegen jdn/etw** -e)
aggressiv *adj* saldırgan
Aggressivität *f* saldırganlık
Agrarpolitik *f* tarım politikası
Agrarreform *f* tarım reformu
Agrarstaat *m* tarım ülkesi
Ägypten *nt* Mısır
Ägypter(in) *m(f)* Mısırlı
ägyptisch *adj* Mısırlı
ähneln *vi* benzemek (**jdm/einer Sache** -e)
ahnen *vt* sez(inle)mek (**etw** -i)
ähnlich *adj* benzer, benzeş
Ähnlichkeit *f* benzerlik, benzeyiş
Ahnung *f* sezgi, seziş, his; **ich hatte keine ~ davon** hiç haberim yoktu
Ahorn *m* akçaağaç
Ähre *f* başak
Aids *nt* AİDS
aidskrank *adj* AİDS'li, AİDS hastası
Aidskranke(r) *f(m)* AİDS'li, AİDS hastası
Aidstest *m* AİDS testi
Airbag *m* hava yastığı
Airbus *m kısa uçuşlar için kullanılan uçak*
Ajatollah *m* ayatullah
Akademie *f* akademi
Akademiker(in) *m(f)* üniversite mezunu
akademisch *adj* akademik, akademisel
Akazie *f* akasya
Akkord *m* akort; **im ~ arbeiten** akort çalışmak
Akkordeon *nt* akordeon
Akkreditiv *nt* itimatname, itimat mektubu
Akku *m Abk von* **Akkumulator**
Akkumulator *m* akümülatör
Akkusativ *m* belirtme durumu, -i hali
Akquisition *f* ❶ (*Vorgang*) edinme, elde etme ❷ (*Ergebnis*) elde edilen şey
Akrobat(in) *m(f)* akrobat, cambaz
Akt *m* ❶ (*Tat*) edim ❷ THEAT perde ❸ (*Malerei*) nü
Akte *f* dosya; **etw zu den ~n legen** bir şeyi dosyaya geçirmek; (*fig*) bir meseleye kapanmış gözüyle bakmak
Aktenkoffer *m*, **Aktentasche** *f* evrak çantası
Aktie *f* hisse senedi
Aktiengesellschaft *f* anonim şirket
Aktienindex *m* hisse senetleri endeksi
Aktienmarkt *m* hisse senetleri piyasası

A

Aktienmarktindex *m* hisse senetleri piyasası endeksi
Aktion *f* hareket, faaliyet, eylem
Aktionär(in) *m(f)* hissedar
aktiv *adj* faal, aktif, etkin
aktivieren *vt* aktifleştirmek (**etw** -i)
Aktivist(in) *m(f)* eylemci
Aktivität *f* faaliyet, etkinlik
aktualisieren *vt* güncellemek, güncelleştirmek (**etw** -i)
Aktualisierung *f* güncelleme, güncelleş(tir)me
Aktualität *f* aktüalite, güncellik
aktuell *adj* aktüel, güncel
Akupunktur *f* akupunktur
akut *adj* acil
Akzent *m* ❶ (*für Betonung*) vurgu ❷ (*Aussprache*) şive, aksan
akzeptabel *adj* kabul edilebilir
akzeptieren *vt* kabul etmek (**etw/jdn** -i)
Alabaster *m* sumermeri, kaymaktaşı
Alarm *m* alarm; ~ **schlagen** alarm vermek
Alarmanlage *f* alarm teçhizatı
alarmieren *vt* ❶ (*beunruhigen*) telaşlandırmak (**jdn** -i) ❷ (*Polizei, Feuerwehr*) çağırmak (**jdn** -i)
albern *adj* ❶ ahmak, şapşal ❷ (*kindisch*) çocukça
Albernheit *f* ahmaklık
Albtraum[RR] *m* kabus, korkulu rüya, karabasan
Album *nt* albüm
Alge *f* (su) yosun(u)
Algerien *nt* Cezayir
Algerier(in) *m(f)* Cezayirli
algerisch *adj* Cezayir(ce)
Alibi *nt* (cinayet yerinde) bulunmama(yı ispat)
Alimente *pl* nafaka
Alkohol *m* alkol
alkoholfrei *adj* alkolsüz
Alkoholgehalt *m* alkol miktarı
Alkoholiker(in) *m(f)* alkolik
alkoholisch *adj* alkollü
alkoholsüchtig *adj* alkolik
Alkoholtest *m* alkol testi
All *nt* alem, evren
alle(r, s) I. *adj* bütün, tüm; ~ **beide** her ikisi; ~ **zwei Tage** iki günde bir; ~ **Leute** herkes; **... ist alle** ... bitti [*o* kalmadı] II. *pron* ❶ hepsi ❷ (*substantivisch*) **alles** her şey; **alles in allem** hepsi bir arada
Allee *f iki tarafı ağaçlı yol*
allein I. *adj* yalnız II. *adv* yalnız [*o* tek] başına
Alleinerzieher(in) *m(f)* tek başına çocuk büyüten (kimse)
alleinstehend *adj* (*ohne Angehörige*) kimsesiz; (*ledig*) bekar
Alleinvertretung *f* münhasır mümessillik, tek temsilcilik
allerbeste(r, s) *adj* en iyi
allerdings *adv* doğrusu; (*einschränkend*) fakat
Allergie *f* alerji
allerhand *adj* çeşit çeşit; **das ist ~!** (*tadelnd*) amma da küstahlık ha!; (*lobend*) az buz değil!
Allerheiligen *nt* Azizler Yortusu
allerlei *adj* türlü türlü
Allerseelen *nt* Ölüler Günü
allgemein *adj* genel; **im Allgemeinen** genel olarak, genellikle
Allgemeinbefinden *nt* genel sağlık durumu
Allgemeinbildung *f* genel kültür
Allgemeinheit *f* genellik; (*Öffentlichkeit*) halk
Allianz *f* ittifak, birleşme, bağlaşma
alliiert *adj* müttefik, bağlaşık
All-Inclusive-Angebot *nt* her şey dahil kampanyası
allmählich I. *adj* azar azar (olan) II. *adv* gitgide, gittikçe, yavaş yavaş
Alltag *m* günlük hayat
alltäglich *adj* gündelik, olağan
allzu *adv* fazla; ~ **sehr** fazlasıyla; ~ **viel** çok fazla
Almosen *nt* sadaka

A

Alpen *pl* Alp Dağları
Alphabet *nt* alfabe
alphabetisch *adj* alfabe sırasıyla, alfabetik
Alptraum *m* kabus, korkulu rüya, karabasan
als I. *konj* (*zur Zeit als*) -diği zaman; (*während*) -rken II. *präp* ❶ (*in der Eigenschaft als*) olarak ❷ (*nach dem Komparativ*) -den (daha); ~ **ob/wenn** sanki, güya; **weniger ~ ich glaubte** sandığımdan daha az; **nichts ~ ...** -den başka bir şey değil; **nicht mehr ~ ...** -den daha fazla değil
also *adv* (*in diesem Fall*) şu [*o* o] halde; (*demnach*) demek (ki)
alt <älter, am ältesten> *adj* (*Sachen*) eski; (*Lebewesen*) yaşlı, ihtiyar; **wie ~ sind Sie?** kaç yaşındasınız?; **sie ist 25 Jahre ~** o, 25 yaşında; **wir sind gleich ~** biz aynı yaştayız; **~ werden** yaşlanmak, ihtiyarlamak; (*Sachen*) eskimek
Alt *m* alto
Altar *m* sunak; **zum ~ führen** dini nikahla evlenmek (**jdn** ile)
Alteisen *nt* hurda
Alter *nt* ❶ yaş ❷ (*hohes ~*) yaşlılık; **im ~ von 50 Jahren** 50 yaşında
älter *adj* (*in fortgeschrittenem Alter*) yaşlıca; **der ~e Bruder** ağabey, abi; **sie ist 20 Jahre ~ als ich** o, benden 20 yaş büyük; **eine ~e Dame** yaşlıca bir hanım
alternativ *adj* alternatif
Alternative *f* alternatif, seçenek
Altersgenosse, Altersgenossin *m, f* yaşıt
Altersheim *nt* huzur evi
Altersrente *f* emekli aylığı
Altertum *nt* eskiçağ, ilkçağ
altertümlich *adj* eski (*eski çağa ait*)
altmodisch *adj* modası geçmiş
Altpapier *nt* atık kâğıt
Altstadt *f* eski şehir
Alu *nt s.* **Aluminium**
Alufolie *f* alüminyum kâğıt
Aluminium *nt* alüminyum
Alzheimer *m* MED Alzheimer (hastalığı)
am *präp* = **an dem** *s.* **an**
Amaryllis *f* nergis zambağı
Amateur(in) *m(f)* amatör
Amboss[RR] *m*, **Amboß**[ALT] *m* örs
ambulant *adj* ayakta tedavi edilen
Ambulanz *f* ambülans
Ameise *f* karınca
Ameisenhaufen *m* karınca yuvası
Ameisenköder *m* karınca yemi
amen *interj* amin
Amen *nt* **so sicher wie das ~ in der Kirche** hiç şüphe götürmez
Amerika *nt* Amerika
Amerikaner(in) *m(f)* Amerikalı
amerikanisch *adj* Amerikan
Amethyst *m* (*Edelstein*) ametist (*mor renkte bir çeşit kuvars*)
Aminosäure *f* amino asit
Amnestie *f* af
Amnesty International *nt* Uluslararası Af Örgütü
Amokläufer(in) *m(f)* cinnet geçiren biri
amortisieren *vr* **sich ~** kendini amorti etmek
Ampel *f* (*Verkehrsampel*) trafik ışığı
Amphetamin *nt* amfetamin
Amphitheater *nt* amfiteatr
Amputation *f* bir uzvun kesilmesi
amputieren *vt* (ameliyatla bir uzvu) kesmek
Amsel *f* karatavuk
Amt *nt* ❶ (*Stellung*) memuriyet, vazife ❷ (*Behörde*) makam ❸ (*Telefon-*) santral; **von ~s wegen** resmen
amtlich *adj* resmi
Amtsblatt *nt* resmi gazete
Amtsgericht *nt* sulh mahkemesi
Amtsmissbrauch *m* yolsuzluk, görevi kötüye kullanma
Amtsschimmel *m* (*fam*) kırtasiyecilik
Amulett *nt* muska
amüsant *adj* eğlendirici, eğlenceli
amüsieren I. *vt* eğlendirmek (**jdn** -i)

II. *vr* **sich** ~ eğlenmek

an I. *präp +akk* (*Richtung*) -e, -in yanına II. *präp +dat* (*Ort*) -de, -in yanında; **am See** deniz kenarında; ~ **einem Ort** bir yerde; **am 4. Juni** 4 Haziranda; **am Abend** akşamleyin; **am nächsten Tag** ertesi gün; **bis ~ den Rand** ağzına kadar; **Turgut ist am Arbeiten** Turgut çalışmakta III. *adv* **von ...** ~ -den itibaren

Anachronismus *m* dinozorluk *fam*

analog I. *adj* analojik; INFORM analog, örneksel II. *adv* kıyas yolu ile

Analogie *f* analoji, kıyas

Analogon *nt* analog

Analphabet(in) *m(f)* okuma yazma bilmeyen

Analyse *f* analiz, tahlil

analysieren *vt* tahlil etmek, analiz etmek (**etw** -i)

Analyst(in) *m(f)* FIN analist

Ananas *f* ananas

Anarchie *f* anarşi

Anarchist(in) *m(f)* anarşist

Anästhesie *f* anestezi

Anatolien *nt* Anadolu

Anatomie *f* anatomi

anbandeln *vi* (*fam*) kur yapmak (**mit jdm** -e)

Anbau *m* ① (*Getreide-*) tarım, ekim ② (*Haus-*) ek yapı

anbauen *vt* (*Getreide*) ekmek (**etw** -i)

Anbaumöbel *ntpl eklenerek monte edilen mobilya*

anbei *adv* ilişik olarak

anbeißen *irr* I. *vt* dişlemek (**etw** -i) II. *vi* (*a. fig: Fisch*) oltaya takılmak

anbeten *vt* tapmak (**jdn/etw** -e)

Anbetracht *m* **in** ~ *gen* ... dolayısıyla

anbieten *irr* I. *vt* sunmak, teklif etmek (**jdm etw** -e -i) II. *vr* **sich** ~ hizmetini sunmak (**jdm** -e)

anbinden *irr vt* bağlamak (**etw an etw** -i -e)

Anblick *m* ① (*Blick*) görüş, bakış ② (*Aussehen*) görünüş

anblicken *vt* bakmak (**jdn/etw** -e)

anbrechen *irr* I. *vt* kırmak, koparmak (**etw** -i) II. *vi* ① (*beginnen*) başlamak ② (*Tag*) ağarmak ③ (*Nacht*) gece olmak

anbringen *irr vt* (*befestigen*) takmak, yerleştirmek (**etw an etw** -i -e)

Anbruch *m* başlangıç; **bei ~ der Nacht/des Tages** gecenin/günün başlamasıyla

Andacht *f* ① içsel dalgınlık ② (*Gottesdienst*) ibadet

andauern *vi* sürmek

andauernd *adj* sürekli

Andenken *nt* ① (*Gedenken*) hatır(a) ② (*Erinnerungsstück*) hatıra

andere(r, s) I. *adj* başka, diğer; **am ~n Tag** ertesi gün II. *pron* **ein anderer** bir başkası; **etwas anderes** başka bir şey; **nichts anderes** başka bir şey değil; **alles andere** başka her şey; **unter anderem** bunların arasında

andererseits *adv* diğer taraftan

andermal *adv* **ein** ~ başka bir zaman

ändern I. *vt* değiştirmek (**etw** -i) II. *vr* **sich** ~ değişmek

andernfalls *adv* yoksa, aksi takdirde [*o* halde]

anders *adv* başka türlü; **jemand** ~ bir başkası; **niemand** ~ başka hiç kimse

anderswo *adv* başka yerde

anderthalb *num* bir buçuk

Änderung *f* değişiklik

andeuten *vt* (*zu verstehen geben*) ima etmek (**etw** -i)

Andeutung *f* ① (*Hinweis*) gösterme, işaret ② (*Anspielung*) ima, kinaye

Andrang *m* kalabalık, izdiham

andrehen *vt* ① çevirmek, döndürmek (**etw** -i) ② (*Licht*) yakmak; (*Gas, Wasserhahn*) açmak (**etw** -i) ③ (*fam*) yamamak (**jdm etw** -e -i)

androhen *vt* tehdit etmek (**jdm etw** -i bir şey ile)

Androide *m* android

aneinander *adv* biribirine yakın; ~ **den-**

A

ken birbir(ler)ini düşünmek
Anekdote *f* fıkra, latife
anekeln *vt* tiksindirmek (**jdn** -i)
anerkennen *irr vt* tanımak (**etw** -i)
Anerkennung *f* takdir; (*lobende*) övgü
anfahren *irr* **I.** *vt* ❶ (*Fußgänger*) çarpmak (**jdn** -e) ❷ (*beschimpfen*) paylamak (**jdn** -i), çıkışmak (**jdn** -e) **II.** *vi sein* ❶ (*heranfahren*) yanaşmak ❷ (*losfahren*) hareket etmek
Anfahrt *f* yanaşma (yolu)
Anfall *m* nöbet, kriz
anfallen *irr vt* saldırmak (**jdn** -e)
anfällig *adj* kolay hastalanan
Anfang *m* başlangıç; **am ~** başlangıçta; **von ~ an** başından beri; **~ März** martın başında
anfangen *irr* **I.** *vi* başlamak **II.** *vt* başlamak (**mit etw** -e)
Anfänger(in) *m(f)* acemi, tecrübesiz (*yeni başlayan*)
anfänglich **I.** *adj* ilk **II.** *adv* başlangıçta
anfangs *adv* başlangıçta, ilkin
anfassen *vt* dokunmak (**etw** -e), ellemek (**etw** -i)
anfechten *irr vt* (*Urteil*) itirazda bulunmak (**etw** -e), reddetmek (**etw** -i)
anfertigen *vt* yapmak, imal etmek (**etw** -i)
anfeuern *vt* (*fig*) cesaret vermek (**jdn** -e)
anflehen *vt* yalvarmak, yakarmak (**jdn** -e)
anfliegen *vt* uçarak yanaşmak (**etw** -e)
anfordern *vt* talep etmek (**etw** -i)
Anforderung *f* talep; **hohe ~en stellen** çok şey istemek
Anfrage *f* soru, başvuru
anfragen *vi* **bei jdm ~** birine baş vurmak, birine müracaat etmek
anfreunden *vr* **sich mit jdm ~** biriyle arkadaş olmak
anfügen *vt* ❶ eklemek (**etw an etw** -i -e) ❷ (*Dateien*) iliştirmek (**etw** -i)
anführen *vt* ❶ idare etmek, yönetmek (**jdn/etw** -i) ❷ (*täuschen*) aldatmak (**jdn** -i) ❸ (*als Grund*) sebep göstermek
Anführungszeichen *ntpl* tırnak işaretleri
Angabe *f* ❶ bildiri ❷ (*Weisung*) talimat, veriler
angeben *irr* **I.** *vt* (*erklären*) bildirmek (**etw** -i) **II.** *vi* (*prahlen*) palavra sıkmak, çalım atmak
Angeber(in) *m(f)* (*Prahler*) gösterişçi, çalımcı
Angeberei *f* çalım, atmasyon *fam*
angeblich **I.** *adj* sözde ... olan **II.** *adv* sözde
angeboren *adj* doğuştan
Angebot *nt* ❶ teklif ❷ COMM oferta; **~ und Nachfrage** arz ve talep
angehen *irr* **I.** *vt* (*betreffen*) ilgilendirmek (**jdn** -i); **das geht dich nichts an** seni ilgilendirmez; **was geht dich das an!** sana ne!; **was uns angeht ...** bizi ilgilendiren ... **II.** *vi* başlamak; (*Feuer*) yanmak
angehören *vi* ait olmak (**jdm** -e)
Angehörige(r) *f(m)* (*Mitglied*) üye; **meine ~n** yakınlarım
Angeklagte(r) *f(m)* sanık
Angel *f* olta
Angelegenheit *f* iş, mesele
Angelhaken *m* olta iğnesi
angeln **I.** *vi* olta ile balık tutmak **II.** *vt* tutmak (**etw** -i)
Angelrute *f* olta kamışı
Angelschein *m* balık tutma izni
Angelschnur *f* misina
angemessen *adj* uygun
angenehm *adj* hoş; **sehr ~!** (*bei Vorstellung*) memnun oldum!
angenommen *konj* (*gesetzt den Fall*) faraza
angesehen *adj* (*geachtet*) itibarlı
angesichts *präp +gen* ... karşısında
Angestellte(r) *f(m)* sözleşmeli görevli, memur *fam*
angetrunken *adj* çakırkeyf
angewiesen *adj* **auf jdn/etw ~ sein**

birine/bir şeye bağlı olmak
angewöhnen *vt* **sich** *dat* **etw** ~ bir şeye alışmak
Angewohnheit *f* alışkanlık, adet
Angina *f* anjin
Angler(in) *m(f) olta ile balık tutan*
angreifen *irr vt* ❶ saldırmak (**jdn** -e) ❷ CHEM bozmak, aşındırmak (**etw** -i)
Angreifer(in) *m(f)* saldırgan
angrenzen *vi* sınırdaş [*o* hemhudut] olmak (**an etw** -e)
angrenzend *adj* bitişik, sınırdaş
Angriff *m* (*a. fig*) saldırı; **etw in ~ nehmen** (*Arbeit*) bir şeyi ele almak
Angst *f* korku
Angsthase *m* korkak; (*fam*) tavşan yürekli, ödlek
ängstlich *adj* korkak
anhaben *irr vt* (*Kleider*) üzerinde olmak
Anhalt *m* (*Hinweis*) ipucu
anhalten *irr* I. *vt* ❶ (*stoppen*) durdurmak (**jdn/etw** -i) ❷ (*Atem*) tutmak (**etw** -i) II. *vi* ❶ durmak ❷ (*dauern*) sürmek
anhaltend *adj* sürekli
Anhalter(in) *m(f)* otostopçu; **per ~ fahren** otostop yapmak
Anhaltspunkt *m* ipucu
anhand *präp +gen* ... vasıtasıyla
Anhang *m* ek
anhängen *vt* ❶ (*Wagen*) bağlamak (**etw an etw** -i -e) ❷ (*hinzufügen*) eklemek (**etw an etw** -i -e); **jdm etw ~** birine bir şeyi yamamak
Anhänger *m* ❶ (*Schmuck*) kolye ❷ (*Wagen*) römork
Anhänger(in) *m(f)* taraftar
anhänglich *adj* sadık, bağlı
anhäufen *vt* yığmak, biriktirmek (**etw** -i)
Anhäufung *f* yığılış, birikinti
Anhieb *m* **auf ~** ilk hamlede
anhimmeln *vt* perestiş etmek, taparcasına sevmek (**jdn** -i)
Anhöhe *f* yükseklik; (*Hügel*) tepecik, tümsek
anhören *vt* dinlemek (**jdn/etw** -i); **das hört sich sehr einfach an** kulağa çok basit geliyor
Animation *f* INFORM animasyon
Animierdame *f* konsomatris
Anis *m* anason
Ankauf *m* satın alma
ankaufen *vt* satın almak (**etw** -i)
Anker *m* çapa, (gemi) demir(i)
ankern *vi* demir atmak
Anklage *f* şikayet, suç isnadı
anklagen *vt* suçlandırmak (**jdn wegen etw** -i bir şey ile)
ankleiden *vt* giydirmek (**jdn** -i)
anklicken *vt* (*mit Computermaus*) tıklamak (**etw** -e)
anklopfen *vi* kapıyı vurmak [*o* çalmak]
anknipsen *vt* (*Licht*) açmak (**etw** -i)
ankommen *irr vi sein* varmak, gelmek (**in etw** -e); **gut/schlecht ~** iyi/kötü karşılanmak; **das kommt darauf an** duruma göre
ankündigen *vt* bildirmek (**etw** -i)
Ankündigung *f* bildiri, haber
Ankunft *f* varış; **gleich bei der ~** gelir gelmez
anlächeln *vt* gülümsemek (**jdn** -e)
anlachen *vt* yüzüne gülmek (**jdn** -in), gülerek bakmak (**jdn** -e); **sich** *dat* **jdn ~** (*fam*) biriyle flört etmek
Anlage *f* ❶ TECH tesis ❷ (*Park*) yeşillik ❸ (*Geld-*) yatırım ❹ (*zu Brief*) ek
Anlageberatung *f* yatırım danışmanlığı
Anlagefonds *m* yatırım fonu
Anlass[RR] *m*, **Anlaß**[ALT] *m* vesile; (*Grund*) sebep, neden; **zu etw ~ geben** bir şeye fırsat vermek; **aus diesem ~** bu vesile ile
anlassen *irr vt* ❶ (*Kleider*) üstünden çıkarmamak (**etw** -i) ❷ (*Motor*) harekete getirmek, işletmek (**etw** -i)
Anlasser *m* hareket tertibatı, marş
anlässlich[RR] *präp*, **anläßlich**[ALT] *präp +gen* ... dolayısıyla
anlegen I. *vt* ❶ (*planen*) tertip etmek,

A

hazırlamak (**etw** -i) ❷ (*Geld*) yatırmak (**etw** -i) **II.** *vi* (*Schiff*) yanaşmak (**an etw** -e)
Anlegeplatz *m* iskele
Anleger(in) *m(f)* FIN yatırımcı
Anlegestelle *f* iskele
anlehnen **I.** *vt* ❶ dayamak (**etw an etw** -i -e) ❷ (*Tür*) aralamak (**etw** -i) **II.** *vr* **sich** ~ dayanmak (**an etw** -e)
Anleihe *f* borç alma
anleiten *vt* idare etmek, yönetmek (**jdn/etw** -i)
Anleitung *f* talimat
anlernen *vt* öğretmek (**jdn** -i)
anliegend *adj* bitişik
Anlieger *m* komşu (*aynı ulaşım yolu kenarında oturan*)
anmachen *vt* ❶ (*befestigen*) bağlamak (**etw an etw** -i -e) ❷ (*Radio*) açmak (**etw** -i) ❸ (*Feuer*) yakmak (**etw** -i) ❹ (*Salat*) hazırlamak (**etw** -i)
anmaßen *vt* **sich** *dat* ~ kendi için talep etmek (**etw** -i)
anmaßend *adj* kibirli
Anmeldefrist *f* bildirme süresi, müracaat [*o* kayıt] süresi
Anmeldegebühr *f* kaydiye
anmelden **I.** *vt* **jdn in der Schule** ~ birini okula yazdırmak **II.** *vr* **sich** ~ (*beim Arzt*) randevu almak; (*für einem Kurs*) kaydolmak (**für etw** -e); (*polizeilich*) polise beyanname vermek
Anmeldung *f* ❶ (*Stelle*) danışma, müracaat ❷ (*von Schüler*) kaydolma, yazılma ❸ (*polizeiliche*) ikamet beyannamesi
anmerken *vt* **sich** *dat* **nichts ~ lassen** halini belli etmemek; **man merkt es dir an** belli oluyor
Anmerkung *f* not, dipnotu
anmutig *adj* zarif, şirin
annähen *vt* dikmek (**etw an etw** -i -e)
annähernd *adv* yaklaşık olarak; (*ungefähr*) takriben
Annäherung *f* (*a. fig*) yanaşma, yak(ın)laşma
Annäherungsversuch *m* yakınlaşma teşebbüsü
Annahme *f* ❶ kabul, tasvip ❷ (*Vermutung*) tahmin; **in der ~, dass ...** tahmin ederek
annehmbar *adj* kabul edilebilir
annehmen *irr* **I.** *vt* kabul etmek; (*Geschmack*) almak; (*vermuten*) tahmin etmek (**etw** -i) **II.** *vr* **sich einer Sache** ~ bir şeyi üzerine almak
annektieren *vt* (*Land*) ilhak etmek (**etw** -i)
annerven *vt* (*fam*) sinirlendirmek (**jdn** -i)
Annexion *f* ilhak
Annonce *f* gazete ilanı
anomal *adj* atipik
anonym *adj* isimsiz, anonim
Anorak *m* anorak
anordnen *vt* ❶ sıralamak (**etw** -i) ❷ (*befehlen*) emretmek (**etw** -i)
Anordnung *f* ❶ sıra, tasnif ❷ (*Befehl*) emir, talimat
anpacken *vt* ❶ tutmak, yakalamak (**etw/jdn** -i) ❷ (*Problem*) koyulmak, başlamak (**etw** -e)
anpassen **I.** *vt* uyarlamak, intibak ettirmek (**etw an etw** -i -e) **II.** *vr* **sich** ~ uymak (**an etw** -e)
Anpassung *f* uyma, intibak
anpassungsfähig *adj* uyuşkan; (*flexibel*) esnek
Anprobe *f* prova
anprobieren *vt* prova etmek, denemek (**etw** -i)
anquatschen *vt* (*fam*) laf atmak (**jdn** -e)
anrechnen *vt* hesaba geçirmek, hesaplamak (**etw** -i)
Anrede *f* hitap
anreden *vt* hitap etmek (**jdn** -e); **jdn mit du/Sie** ~ birine sen/siz diye hitap etmek
anregen *vt* ❶ teşvik etmek (**jdn zu etw** -i -e) ❷ (*Appetit*) iştah açmak ❸ (*vor-*

schlagen) teklif etmek (**etw** -i)
Anregung *f* ① heyecan, coşku ② (*Vorschlag*) teklif
Anreiz *m* tahrik, teşvik
Anrichte *f* (*Möbel*) büfe
anrichten *vt* ① (*Speisen*) sofraya koymak (**etw** -i) ② (*Schaden*) sebep olmak (**etw** -e)
Anruf *m* telefon (etme)
Anrufbeantworter *m* telesekreter
anrufen *irr vt* telefon etmek (**jdn** -e)
ans *präp* = **an das** *s.* **an**
Ansage *f* ilan, tebliğ, anons
ansagen *vt* ① (*bekannt machen*) ilan etmek (**etw** -i) ② (*Durchsage*) anons etmek (**etw** -i)
Ansager(in) *m(f)* spiker
ansammeln *vt* toplamak, biriktirmek (**etw** -i)
Ansammlung *f* ① yığın(tı) ② (*Menschen-*) kalabalık, izdiham
anschaffen *vt* satın almak, tedarik etmek (**etw** -i)
Anschaffung *f* tedarik
anschalten *vt* (*Radio, Fernseher*) açmak (**etw** -i)
anschauen *vt* (dikkatle) bakmak (**etw/jdn** -e)
anschaulich *adj* ① (*deutlich*) açık ② (*konkret*) somut
Anschauung *f* (*Vorstellung*) görüş
Anschein *m* görünüş
anscheinend *adv* görünüşe göre
Anschlag *m* ① ilan, afiş ② (*Schreibmaschinen-*) tuşlara dokunma ③ (*Mord-*) suikast
Anschlagbrett *nt* ilan tahtası
anschlagen *irr vt* (*Plakat*) asmak (**etw** -i)
anschließen *irr* I. *vt* (*Gerät, Telefon*) bağlamak (**etw an etw** -i -e) II. *vr* **sich ~** katılmak (**jdm** -e)
anschließend *adv* bundan sonra
Anschluss[RR] *m*, **Anschluß**[ALT] *m* ① (*von Gerät*) koneksiyon ② (*Zug-*) aktarma ③ (*Gas-, Wasser-, Telefon-*) bağlantı; **~ haben an ...** -e bağlantısı olmak; **den ~ an etw verpassen** (*a. fig*) bir şeyi kaçırmak
anschnallen I. *vt* takmak (**etw an etw** -i -e) II. *vr* **sich ~** kemer(ini) bağlamak
anschneiden *irr vt* ① kesmek (**etw** -i) ② (*Thema*) açmak (**etw** -i); (*Frage*) ortaya atmak (**etw** -i)
anschreiben *irr vt* ① (*auf eine Tafel*) üzerine yazmak (**etw** -i) ② (*Brief schreiben*) yazı yazmak (**jdn** -e) ③ (*notieren*) not etmek (**etw** -i) ④ (*Schulden*) borcu hesaba yazmak
anschreien *irr vt* bağırmak (**jdn** -e)
Anschrift *f* adres
anschwellen *irr vi sein* şişmek
ansehen *irr vt* bakmak (**jdn/etw** -e); (*aufmerksam*) tetkik etmek, incelemek (**etw** -i); **man sieht es dir an** belli oluyor
ansetzen *vt* ① (*anstückeln*) eklemek (**etw an etw** -i -e) ② (*Zeitpunkt*) tespit etmek, kararlaştırmak (**etw** -i); **Fett ~** şişmanlamak, yağ bağlamak; **Triebe ~** filizlenmek
Ansicht *f* ① (*Bild*) manzara ② (*Meinung*) görüş; **zur ~** örnek olarak ③ INFORM (*eines Dokuments*) görüntü; **meiner/deiner/seiner ~ nach** bence/sence/onca
Ansichtskarte *f* (resimli) kartpostal
Ansichtssache *f* görüş meselesi
anspielen *vi* (*fig*) ima etmek (**auf etw** -i)
Anspielung *f* ima
anspornen *vt* (*fig*) teşvik etmek (**jdn** -i)
Ansprache *f* nutuk, söylev
ansprechen *irr vt* hitap etmek (**jdn** -e)
anspringen *irr vi sein* (*Auto*) harekete geçmek, işlemek
Anspruch *m* (*Recht*) hak; **hohe Ansprüche stellen** aşırı titiz olmak, müşkülpesent olmak
anspruchslos *adj* ① (*schlicht*) gösterişsiz ② (*bescheiden*) alçakgönüllü
anspruchsvoll *adj* iddialı, titiz

A

Anstalt *f* müessese, kurum
Anstand *m* (*Benehmen*) görgü, edep
anständig I. *adj* görgülü, terbiyeli; **sei ~!** terbiyeli ol!; **ein ~er Mensch** namuslu bir insan II. *adv* **jdn ~ behandeln** birine iyi davranmak
anstandslos *adj* kolaylıkla
anstarren *vt* (dik dik) bakmak (**jdn** -e)
anstatt *präp +gen* -in yerine
anstecken *vt* ❶ iğnelemek, iliştirmek (**etw an etw** -i -e) ❷ (*Ring*) takmak (**etw an etw** -i -e) ❸ (*Zigarette*) yakmak (**etw** -i) ❹ (*in Brand stecken*) tutuşturmak (**etw** -i) ❺ (*mit einer Krankheit*) bulaştırmak (**jdn mit etw** -e -i)
ansteckend *adj* (*Krankheit*) bulaşıcı
Ansteckung *f* bulaşma, enfeksiyon
anstehen *irr vi* (*Schlange stehen*) kuyrukta beklemek
ansteigen *irr vi sein* ❶ yükselmek ❷ (*zunehmen*) artmak, çoğalmak
anstelle *präp +gen* yerine
anstellen I. *vt* ❶ (*Radio*) açmak (**etw** -i) ❷ TECH harekete getirmek, işletmek (**etw** -i) ❸ (*in Arbeit nehmen*) işe koymak (**jdn** -i) II. *vr* **sich ~** davranmak; (*an eine Schlange*) kuyruğa girmek; **sich dumm ~** salaklık etmek; **stell dich nicht so an!** (*fam*) nazlanma!
Anstoß *m* (*Anlass*) sebep; **den ~ zu etw geben** bir şeye sebep olmak; **~ erregen** dargınlığa sebep olmak; **an etw ~ nehmen** bir şeyden alınmak; **Stein des ~es** kırgınlığa sebep olma
anstoßen I. *vt* itmek (**etw/jdn** -i) II. *vi* çarpmak (**an etw** -e); (*angrenzen*) bitişmek; (*mit den Gläsern*) kadehleri tokuşturmak
anstößig *adj* yakışıksız
anstreben *vt* amaçlamak (**etw** -i)
anstrengen I. *vt* yormak (**jdn** -i) II. *vr* **sich ~** uğraşmak, çabalamak
anstrengend *adj* yorucu
Anstrengung *f* yorgunluk, zahmet
Antarktis *f* Antarktika
Anteil *m* pay; **sie nahm an seinem Kummer ~** acısını paylaştı
anteilmäßig *adv* **~ zahlen** paya göre (ödemek)
Anteilnahme *f* ❶ (*Interesse*) ilgi ❷ (*Beileid*) acıma; **seine ~ ausdrücken** başsağlığı dilemek
Antenne *f* anten
antiautoritär *adj* otoriteye karşı, otoritesiz
Antibabypille *f* doğum kontrol hapı
Antibiotikum *nt* anibiyotik
Antiblockiersystem *nt* anti blokaj sistemi
antidemokratisch *adj* antidemokrat
antifaschistisch *adj* antifaşist
antik *adj* antika
Antike *f* antikite, eskiçağ
antikommunistisch *adj* antikomünist, komünizme karşı olan
Antikörper *m* MED antikor
Antikriegsbewegung *f* savaş karşıtları hareketi
antilaizistisch *adj* anti-laik
antimilitaristisch *adj* antimilitarist, militarizme karşı olan
Antiquar(in) *m(f)* sahaf
Antiquariat *nt* sahaf dükkanı
Antiquitäten *fpl* antika eserler
Antiquitätenschmuggel *m* tarihi eserler kaçakçılığı
Antisemit(in) *m(f)* antisemit
antisemitisch *adj* antisemitik
antiseptisch *adj* antiseptik
Antivirenprogramm *nt* virüs programı
antiwestlich *adj* Batı aleyhtarı, Batı'ya karşı olan, Batı karşıtı
antörnen *vt* (*fam*) canlandırmak, sevindirmek, neşelendimek (**jdn** -i)
Antrag *m* dilekçe
antreiben *irr vt* harekete geçirmek (**jdn/etw** -i)
antreten *irr vt* **ein Amt ~** göreve başlamak; **den Rückzug ~** çekilmek; **eine Reise ~** seyahate çıkmak
Antrieb *m* (*a. fig*) harekete geçirme
anturnen *vt* (*fam*) canlandırmak, sevin-

dirmek, neşelendimek (**jdn/etw** -i)
Antwort *f* cevap, yanıt
antworten *vi* cevap vermek (**jdm** -e), yanıt vermek (**auf etw** -e), yanıtlamak (**auf etw** -i)
anvertrauen *vt* emanet etmek (**jdm etw** -e -i); **jdm ein Geheimnis ~** birine bir sır açmak
Anwalt *m* avukat
Anwältin *f* (bayan) avukat
anweisen *irr vt* ❶ (*belehren*) öğretmek (**jdn** -i) ❷ (*Platz*) göstermek (**jdm etw** -e -i) ❸ (*Geld*) havale etmek (**jdm etw** -e -i); **jdn anweisen, etw zu tun** birine bir şey yapmak için direktif vermek
Anweisung *f* talimat, direktif
anwenden *irr vt* uygulamak; (*gebrauchen*) kullanmak (**etw** -i)
Anwender(in) *m(f)* kullanıcı
anwenderfreundlich *adj* kullanımı kolay
Anwendung *f* uygulama; (*Gebrauch*) kullanış
anwesend *adj* mevcut, hazır
Anwesenheit *f* hazır bulunuş, mevcudiyet
Anzahl *f* miktar, adet
anzahlen *vt* kaparo vermek (**etw für etw** -i ... için)
Anzahlung *f* kaparo
Anzeichen *nt* işaret, belirti
Anzeige *f* ❶ (*Inserat*) ilan ❷ JUR ihbar; **~ erstatten** ihbarda bulunmak (**wegen etw** ... hakkında)
anzeigen *vt* ❶ (*bezeichnen*) göstermek (**etw** -i) ❷ (*Vergehen*) ihbar etmek (**jdn bei jdm** -i -e) ❸ INFORM (*Datei*) görüntülemek (**etw** -i)
anziehen **I.** *vt* ❶ (*a. fig*) çekmek (**jdn/etw** -i) ❷ (*Kleidung, Schuhe*) giy(dir)mek (**etw** -i) **II.** *vr* **sich ~** giyinmek
anziehend *adj* çekici
Anziehung *f*, **Anziehungskraft** *f* ❶ çekme kuvveti ❷ (*fig*) cazibe, alım, albeni
Anzug *m* takım elbise
anzünden *vt* tutuşturmak, yakmak; (*Haus*) ateşe vermek (**etw** -i)
apart *adj* (*interessant*) orijinal, enteresan
Aperitif *m* aperitif
Apfel *m* elma; **der ~ fällt nicht weit vom Stamm** armut dalının dibine düşer
Apfelbaum *m* elma ağacı
Apfelkuchen *m* elmalı pasta
Apfelmus *nt* elma ezmesi
Apfelsaft *m* elma suyu
Apfelsine *f* portakal
Apfelwein *m* elma şarabı
Aphrodisiakum *nt* afrodizyak
Apostel *m* (*von Jesu*) havari
Apotheke *f* eczane
Apotheker(in) *m(f)* eczacı
Apparat *m* ❶ alet, aygıt ❷ (*Foto-*) fotoğraf makinesi ❸ (*Telefon-*) telefon; **bleiben Sie am ~!** telefondan ayrılmayın!
Appartement *nt* apartman dairesi
Appetit *m* iştah; **guten ~!** afiyet olsun!
appetitlich *adj* iştah çekici
Appetitlosigkeit *f* iştahsızlık
Appetitzügler *m* iştah giderici
applaudieren *vi* alkışlamak (**jdm** -i)
Applaus *m* alkış
Aprikose *f* kayısı
Aprikosenbaum *m* kayısı ağacı
April *m* nisan
Aprilscherz *m* nisan şakası, nisanbalığı
Aquädukt *nt* su kemeri
Aquakultur *f* su ürünleri işleme ve değerlendirme, akuakültürü
Aquarell *nt* akvarel (*suluboya resim*)
Aquarium *nt* akvaryum
Äquator *m* ekvator
Araber(in) *m(f)* Arap
arabisch *adj* Arap
Arabisch *nt* (*Sprache*) Arapça
Ararat *m* Ağrı Dağı
Arbeit *f* ❶ iş, çalışma ❷ (*Werk*) eser, yapıt
arbeiten *vi* çalışmak

A

Arbeiter(in) *m(f)* işçi
Arbeitgeber(in) *m(f)* işveren
Arbeitgeberverband *m* işveren birliği
Arbeitnehmer(in) *m(f)* işalan, işçi
arbeitsam *adj* çalışkan
Arbeitsamt *nt* iş ve işçi bulma kurumu
Arbeitserlaubnis *f* çalışma müsaadesi
Arbeitskampf *m* çalışma savaşı
Arbeitskräfte *fpl* elemanlar
arbeitslos *adj* işsiz
Arbeitslosengeld *nt* işsizlik parası
Arbeitslosenquote *f* işsizlik oranı
Arbeitslosenunterstützung *f* işsizlik parası
Arbeitslosenversicherung *f* işsizlik sigortası
Arbeitslosenzahl *f* işsiz sayısı
Arbeitslosigkeit *f* işsizlik
Arbeitsmarkt *m* işgücü [*o* iş] piyasası
Arbeitsplatz *m* işyeri; (*Stelle*) iş
Arbeitstag *m* iş günü
Arbeitsunfall *m* iş kazası
Arbeitsvertrag *m* iş sözleşmesi
Arbeitszeit *f* çalışma saati, iş müddeti
Arbeitszimmer *nt* çalışma odası
Archäologe, Archäologin *m, f* arkeolog
Archäologie *f* arkeoloji
archäologisch *adj* arkeolojik
Archipel *m* takımada
Architekt(in) *m(f)* mimar
Architektur *f* mimari, mimarlık
Archiv *nt* arşiv
arg <ärger, am ärgsten> **I.** *adj* fena, kötü **II.** *adv* pek, çok
Argentinien *nt* Arjantin
Argentinier(in) *m(f)* Arjantinli
argentinisch *adj* Arjantin(li)
Ärger *m* ❶ kızgınlık ❷ (*Unannehmlichkeit*) dert, baş belası
ärgerlich *adj* ❶ (*Sache*) aksi, can sıkıcı ❷ (*Person*) dargın, kızgın
ärgern **I.** *vt* kızdırmak (**jdn** -i) **II.** *vr* **sich ~** kızmak (**über jdn/etw** -e)
Ärgernis *nt* (*Skandal*) rezalet
Argument *nt* delil, argüman
Arktis *f* Arktika
arm <ärmer, am ärmsten> *adj* ❶ (*finanziell*) fakir, yoksul ❷ (*bedauernswert*) zavallı
Arm *m* kol; **~ in ~** kol kola; **jdn auf den ~ nehmen** (*fig*) birini alaya almak, biriyle dalga geçmek
Armaturenbrett *nt* teçhizat tablası
Armband *nt* bilezik
Armbanduhr *f* kol saati
Armee *f* ordu
Ärmel *m* (elbise) kol(u)
Ärmelkanal *m* Manş Denizi
Armenien *nt* Ermenistan
Armenier(in) *m(f)* Ermeni
Armlehne *f* dirseklik, dirsek yastığı
Armsessel *m* koltuk
Armut *f* fakirlik, yoksulluk
Aroma *nt* güzel koku, aroma
aromatisch *adj* güzel kokulu, aromatik
Arrangement *nt* MUS aranjman
arrogant *adj* kibirli, küstah
Arsch *m* (*vulg*) kıç, göt
Arschloch *nt* (*vulg*) herifçioğlu
Art *f* ❶ (*Sorte*) çeşit, cins ❷ (*Weise*) tarz, usul ❸ BIOL tür; **nach türkischer ~** Türk usulüne göre
Arterie *f* atardamar
Arterienverkalkung *f* damar sertleşmesi
artig *adj* (*Kind*) uslu, terbiyeli
Artikel *m* ❶ (*Ware*) mal, eşya ❷ LING tanımlık ❸ (*Aufsatz*) makale ❹ JUR madde
Artillerie *f* topçu (sınıfı)
Artischocke *f* enginar
Arznei *f* ilaç
Arzt *m* doktor, hekim
Arztbrief *m* doktor raporu
Ärztin *f* bayan doktor
ärztlich *adj* tıbbi; **in ~er Behandlung sein** tıbbi tedavi görmek
As[ALT] *nt s.* **ass**
Asbest *m* asbest
asbesthaltig *adj* asbestli, içinde asbest olan
Asche *f* kül
Aschenbecher *m* kül tablası

Aschermittwoch *m karnavaldan sonraki ilk çarşamba*
ASEAN-Staaten *pl* ASEAN ülkeleri
Aserbaidschan *nt* Azerbaycan
Aserbaidschaner(in) *m(f)* Azerbaycanlı, Azeri
aserbaidschanisch *adj* ❶ (*Art*) Azeri ❷ (*Sprache*) Azerice
Asiat(in) *m(f)* Asyalı
asiatisch *adj* (*Art*) Asya(lı)
Asien *nt* Asya
asozial *adj* asosyal
Asphalt *m* asfalt
Aspirin *nt* aspirin
aß *vi, vt s.* **essen**
Ass[RR] *nt* (*karten*) as; (*fig*) as
Assimilation *f* POL asimilasyon
Assistent(in) *m(f)* asistan
Ast *m* (büyük) ağaç dalı
AStA *m Abk von* **Allgemeiner Studentenausschuss** Yüksek Okul Öğrencileri Genel Kurulu
Ästhetik *f* estetik
ästhetisch *adj* estetik
Asthma *nt* nefes darlığı, astım
asthmatisch *adj* astımlı, tıknefes
Astrologie *f* astroloji
Astronaut(in) *m(f)* astronot
Astronom(in) *m(f)* astronom
Astronomie *f* gökbilim, astronomi
astronomisch *adj* (*a. fig*) astronomik
Asyl *nt* sığınma, iltica
Asylant(in) *m(f)* sığınmacı
Asylantenwohnheim *nt* sığınmacı yurdu
Asylbewerber(in) *m(f)* sığınmaya başvuran
Asylrecht *nt* sığınma hakkı, iltica hakkı
Atelier *nt* atölye
Atem *m* nefes, soluk; **außer** ~ nefes nefese; ~ **holen** nefes almak
Atembeschwerden *fpl* nefes darlığı, tıkanıklık
atemlos *adj* nefessiz
Atemwege *mpl* nefes yolları
Atemzug *m* soluk, nefes
Atheismus *m* tanrısızlık, ateizm, zındıklık
Atheist(in) *m(f)* tanrısız, ateist
atheistisch *adj* tanrısız, ateist
Äther *m* eter
Athlet(in) *m(f)* atlet
athletisch *adj* atletik
Atlantik *m* Atlantik (Denizi [*o* Okyanusu])
Atlas *m* atlas
atmen *vi* nefes almak, soluk almak
Atmosphäre *f* (*a. fig*) atmosfer
Atmung *f* solunum, teneffüs
Atom *nt* atom
atomar *adj* atomik, nükleer
Atombombe *f* atom bombası
Atomenergie *f* nükleer enerji
Atomkern *m* atom çekirdeği
Atomkraftwerk *nt* nükleer santral
Atomkrieg *m* nükleer savaş, atom savaşı
Atommacht *f* nükleer güç
Atommüll *m* nükleer atık
Atomphysik *f* atom fiziği
Atomreaktor *m* nükleer reaktör
Atomsperrvertrag *m nükleer silahların kaldırılması anlaşması*
Atomsprengkopf *m* atom başlıklı bomba [*o* patlayıcı]
Atom-U-Boot *nt* nükleer denizaltı
Atomwaffe *f* nükleer silah
Attentat *nt* suikast
Attentäter(in) *m(f)* suikastçı
Attest *nt* (doktor) rapor(u)
attraktiv *adj* çekici, cazibeli
au *interj* ay!
Aubergine *f* patlıcan
auch *konj* de/da, dahi; **er weiß es auch** o da biliyor; ~ **wenn** -se/-sa bile; **wer/was** ~ **immer** kim/ne olursa olsun; **wie dem** ~ **sei** ne olursa olsun; ~ **das noch!** bir bu eksikti!
audiovisuell *adj* işitsel-görsel
auf I. *präp* +*dat* (*Ort*) -in üstünde, -in üzerinde, -de/-da; ~ **der Straße** sokakta; ~ **dieser Seite** bu tarafta; ~ **diese Weise** böylece, bu şekilde

A

II. *präp +akk* (*Richtung*) -in üstüne, -in üzerine, -e/-a; ~ **die Post** postaneye; ~ **Deutsch** Almanca III. *adj* ❶ (*aufgestanden*) kalkmış ❷ (*offen*) açık; ~ **und ab gehen** bir yukarı bir aşağı dolaşmak

aufatmen *vi* (*a. fig*) ferahlamak, (geniş) nefes almak

Aufbau *m* yapı; (*Gefüge*) teşkil, kuruluş

aufbauen *vt* ❶ yapmak, inşa etmek (**etw** -i) ❷ (*fig*) kurmak, yaratmak (**etw** -i) ❸ (*wirtschaftlich*) kalkındırmak (**etw** -i)

aufbereiten *vt* hazırlamak, işlemek (**etw** -i)

aufbewahren *vt* saklamak, korumak, muhafaza etmek (**etw** -i)

Aufbewahrung *f* ❶ saklama, koruma, muhafaza ❷ (*Gepäck-*) emanet

Aufbewahrungslösung *f* (*für Kontaktlinsen*) saklama sıvısı

aufblasbar *adj* şişer

aufblasen *irr vt* şişirmek (**etw** -i)

aufbrechen *irr* I. *vt* kırmak (**etw** -i) II. *vi sein* (*weggehen*) yollanmak

aufbringen *irr vt* (*Geld*) temin etmek, sağlamak (**etw** -i)

aufdecken *vt* ❶ açmak (**etw** -i), kapağını kaldırmak (**etw** -in) ❷ (*enthüllen*) meydana çıkarmak (**etw** -i)

aufdrängen I. *vt* (zorla) kabul ettirmek (**jdm etw** -e -i) II. *vr* **sich** ~ musallat olmak (**jdm** -e)

aufdrehen *vt* ❶ (*Wasserhahn*) açmak (**etw** -i) ❷ (*Schraube*) gevşetmek (**etw** -i)

aufdringlich *adj* usandırıcı

aufeinander *adv* ❶ (*räumlich*) üst üste ❷ (*zeitlich*) arka arkaya ❸ (*gegeneinander*) ~ **abstimmen** birbir(ler)ine uydurmak (**etw** -i); ~ **losgehen** birbirine girmek, kapışmak

aufeinanderfolgen *vi* birbirini izlemek

aufeinanderhetzen *vi* birbirlerine katmak (**jdn** -i)

aufeinanderprallen *vi* çarpışmak

aufeinanderstoßen *irr vi* çarpışmak

Aufenthalt *m* (bir yerde) kalma

Aufenthaltserlaubnis *f* oturma müsaadesi

Aufenthaltsgenehmigung *f* oturma izni

Aufenthaltsort *m* oturma yeri, yerleşme yeri

Aufenthaltsraum *m* salon

auferlegen *vt* yüklemek (**jdm etw** -e -i)

aufessen *irr vt* yiyip bitirmek, silip süpürmek (**etw** -i)

auffahren *irr vi sein* ❶ (*vor Schreck*) (yerinden) sıçramak ❷ (*mit dem Auto*) çarpmak (**auf etw** -e)

Auffahrt *f* ❶ (*an einem Gebäude*) giriş yolu ❷ (*am Kai*) rıhtım iskelesi

Auffahrunfall *m* arkadan çarpma

auffallen *irr vi sein* gözüne çarpmak, dikkat çekmek

auffallend *adj*, **auffällig** *adj* göze çarpan, gösterişli

auffassen *vt* anlamak, kavramak (**etw** -i)

Auffassung *f* anlayış, kavram

auffinden *vt* arayıp bulmak (**etw** -i)

auffordern *vt* davet etmek (**jdn zu etw** -i -e); **jdn zum Tanz** ~ birini dansa kaldırmak

Aufforderung *f* davet, çağrı, talep

aufforsten *vi* ağaçlandırmak, yeniden ormanlaştırmak (**etw** -i)

aufführen I. *vt* ❶ (*aufzählen*) saymak (**etw** -i) ❷ (*Stück*) temsil etmek, oynamak, göstermek (**etw** -i) II. *vr* **sich** ~ davranmak

Aufführung *f* temsil, oyun

Aufgabe *f* ❶ ödev, görev ❷ (*Zweck*) amaç ❸ (*Haus-*) ev ödevi ❹ MATH problem ❺ (*Gepäck-*) gönderme; (*Geschäfts-*) teslim

Aufgabenbereich *m* görev sahası

Aufgang *m* ❶ yükseliş ❷ (*von Sonne, Mond*) doğuş

aufgeben *irr* I. *vt* ❶ (*Telegramm*) çekmek, göndermek; (*Annonce*) vermek; (*Gepäck*) yollamak (**etw** -i) ❷ (*Rätsel*) sormak; (*Hausaufgabe*) vermek (**jdm etw** -e -i) ③ (*Gewohnheit*) vazgeçmek (**etw** -den); **die Hoffnung auf etw ~** bir şeyden ümidini kesmek **II.** *vi* ümidini kesmek

Aufgebot *nt* ① seferberlik, bir araya toplanma ② (*von Verlobten*) resmi ilan, askıya alma

aufgedreht *adj* (*fig*) şen, neşeli

aufgehen *irr vi sein* ① açılmak ② (*Blüte*) açmak ③ (*Mond, Sonne*) doğmak ④ (*Knoten, Naht*) açılmak

aufgehoben *adj* **gut ~ sein** durumu iyi olmak

aufgeklärt *adj* aydınlanmış; (*ohne Vorurteile*) aydın fikirli

aufgekratzt *adj* (*fig*) neşeli, şen

aufgelegt *adj* **gut ~** keyfi yerinde; **zu etw ~ sein** bir şey yapmayı canı istemek

aufgeregt *adj* heyecanlı

aufgeschlossen *adj* açık fikirli

aufgeweckt *adj* (*a. fig*) uyanık

aufgrund *präp +gen* nedeniyle

aufhalten *irr* **I.** *vt* (*stoppen*) durdurmak (**etw/jdn** -i) **II.** *vr* **sich ~** kalmak, oturmak

aufhängen *vt* asmak (**etw an etw** -i -e)

aufheben *irr vt* ① (*vom Boden*) (yerden) kaldırmak (**etw** -i) ② (*aufbewahren*) saklamak (**etw** -i) ③ (*Sitzung*) tatil etmek (**etw** -i) ④ (*abschaffen*) kaldırmak (**etw** -i)

aufhetzen *vt* kışkırtmak (**jdn** -i)

aufholen *vt* (*Zeit*) telafi etmek, kapatmak (**etw** -i)

aufhören *vi* bitmek; (*Schmerz, Regen*) dinmek, geçmek

aufklappbar *adj* yukarı kaldırılabilir

aufklären *vt* aydınlatmak (**jdn** -i)

Aufklärung *f* aydınlatma, aydınlanma; LIT, HIST Aydınlanma çağı

Aufkleber *m* çıkartma

aufkommen *irr vi sein* (*entstehen*) meydana çıkmak, ortaya çıkmak; **für jdn/etw ~** birinin/bir şeyin sorumluluğunu üstüne almak

aufkrempeln *vt* (*Ärmel*) sıvamak (**etw** -i)

aufkreuzen *vi sein* (*fam*) **an einem Ort ~** bir yere çıkagelmek

aufladen *irr vt* yüklemek (**jdm etw** -e -i)

Auflage *f* ① (*eines Buchs*) baskı ② (*Pflicht*) yüküm

auflassen *irr vt* (*offen lassen*) açık bırakmak; (*Hut*) başında tutmak (**etw** -i)

auflauern *vi* pusu kurmak (**jdm** -e)

Auflauf *m* ① (*Menschenauflauf*) kalabalık ② (*Speise*) sufle

auflegen *vi* (*Hörer*) telefonu kapamak

auflehnen *vr* **sich ~** (*fig*) ayaklanmak (**gegen jdn/etw** -e karşı)

Auflehnung *f* isyan, ayaklanma

auflesen *irr vt* derlemek, toplamak (**etw** -i)

aufleuchten *vi* ışıldamak, parıldamak

auflösen **I.** *vt* ① açmak, çözmek, ayırmak (**etw** -i) ② (*Verein*) feshetmek (**etw** -i) ③ CHEM inhilal ettirmek (**etw** -i) ④ (*Parlament*) dağıtmak (**etw** -i) **II.** *vr* **sich ~** açılmak, çözülmek, erimek

Auflösung *f* ① çözülüm, çözülme, dağılma ② INFORM (*Bildschirm~*) çözünürlük

aufmachen *vt* açmak; (*Knoten*) çözmek (**etw** -i)

Aufmachung *f* süs, gösteriş

aufmerksam *adj* (*a. fig*) dikkatli; **jdn auf etw ~ machen** birinin dikkatini bir şeye çekmek

Aufmerksamkeit *f* ① dikkat ② (*Geste*) nezaket

aufmuntern *vt* ① (*beleben*) canlandırmak (**jdn** -i) ② (*erheitern*) şenlendirmek (**jdn** -i) ③ (*ermutigen*) teşvik etmek (**jdn zu etw** -i -e)

Aufnahme *f* ① (*Empfang*) kabul ② (*Schule, Krankenhaus*) kayıt (ve kabul), yazılma ③ (*Foto*) resim, film, poz ④ (*Tonband-*) kayıt

A

Aufnahmefähigkeit *f* kavrama kabiliyeti, alırlık kabiliyeti
Aufnahmegerät *nt* kayıt cihazı
Aufnahmeland *nt sığınma arayanları kabul eden ülke*
Aufnahmeprüfung *f* giriş sınavı
aufnehmen *irr vt* ❶ (*Gast*) kabul etmek (**jdn** -i) ❷ (*in Verein*) almak (**jdn** -i) ❸ (*Foto*) çekmek (**etw** -i) ❹ (*auf Tonband*) teybe almak (**etw** -i) ❺ (*Kampf, Verbindung*) girişmek (**etw** -e)
aufopfern *vr* **sich** ~ kendini feda etmek
aufpassen *vi* ❶ (*auf Kinder*) bakmak (**auf jdn** -e) ❷ (*vorsichtig sein*) dikkat etmek; **pass** (**mal**) **auf!** dikkat et!
aufpoppen *vi* INFORM (*Fenster*) kendiliğinden açılmak
Aufprall *m* çarpma
Aufpreis *m* zam
aufpumpen *vt* şişirmek (**etw** -i)
Aufputschmittel *nt* uyarıcı
aufräumen *vt* (*Zimmer*) toplamak (**etw** -i)
aufrecht *adj* dik; (*fig*) sadık
aufrechterhalten *irr vt* korumak (**etw** -i)
aufregen I. *vt* heyecanlandırmak (**jdn** -i) II. *vr* **sich** ~ heyecanlanmak, sinirlenmek (**über etw** -e)
aufregend *adj* heyecanlı
Aufregung *f* heyecan, telaş
aufreibend *adj* yorucu, yıpratıcı
aufrichten I. *vt* doğrultmak, dikmek (**etw** -i) II. *vr* **sich** ~ doğrulmak
aufrichtig *adj* samimi, içten, dürüst
Aufrichtigkeit *f* içtenlik, samimiyet, dürüstlük
Aufruf *m* çağrı
aufrufen *irr vt* ❶ çağırmak, davet etmek (**jdn zu etw** -i -e) ❷ (*namentlich*) adını söylemek (**jdn** -in)
Aufruhr *m* (*Aufstand*) isyan, ayaklanma
aufrunden *vt* yukarıya yuvarlamak (**etw** -i)
aufrüsten I. *vt* ❶ MIL (yeniden) silahlandırmak (**etw** -i) ❷ INFORM yükseltmek (**etw** -i) II. *vi* (yeniden) silahlanmak
Aufrüstung *f* (yeniden) silahlanma
aufsässig *adj* itaatsız, dik kafalı, serkeş
Aufsatz *m* (*Schul-*) tahrir, kompozisyon
aufschieben *irr vt* (*fig*) ertelemek (**etw** -i)
Aufschlag *m* ❶ (*Ärmel-*) kol devriği ❷ (*Tennis*) servis ❸ (*Zuschlag*) artış, yükseliş
aufschlagen *irr vt* ❶ (*Bett, Zelt*) kurmak (**etw** -i) ❷ (*Augen, Buch*) açmak (**etw** -i)
aufschließen *irr vt* açmak (**etw** -i)
Aufschnitt *m* **kalter** ~ soğuk et dilimleri
aufschreiben *irr vt* yazmak, not etmek (**etw** -i)
Aufschrift *f* (*Schild*) tabela; (*Inschrift*) yazıt
Aufschub *m* ❶ (*gewährter*) mühlet ❷ (*Verzögerung*) erteleme
Aufschwung *m* (*fig*) kalkınma
Aufsehen *nt* sansasyon; ~ **erregen** heyecan [*o* şaşkınlık] uyandırmak
aufsehenerregend *adj* heyecan [*o* şaşkınlık] uyandıran, sansasyon uyandıran
Aufseher(in) *m(f)* gözcü, bekçi; (*Gefängnis*) gardiyan
aufsetzen I. *vt* ❶ yerine koymak (**etw** -i) ❷ (*Hut*) giymek (**etw** -i) ❸ (*Brille*) takmak (**etw** -i) ❹ (*Text*) kaleme almak (**etw** -i) II. *vi* (*Flugzeug*) yere inmek
Aufsicht *f* (*Kontrolle*) kontrol, denetim; (*Aufseher*) gözcü
Aufsichtsrat *m* denetleme meclisi
aufspießen *vt* saplamak, şişlemek (**etw** -i)
aufspringen *irr vi sein* fırlamak, fırlayıp ayağa kalkmak
Aufstand *m* ayaklanma, isyan
aufstehen *irr vi sein* (*a. fig*) ayağa kalkmak
aufsteigen *irr vi sein* (*a. fig*) yükselmek
aufstellen I. *vt* koymak, yerleştirmek, sıralamak; (*Maschine*) monte etmek,

takmak; (*Rekord*) tesis etmek (**etw** -i) II. *vr* **sich** ~ dikilmek

Aufstellung *f* yerleştirme, sıralama; (*Liste*) liste, dizin

Aufstieg *m* ❶ yukarı çıkma ❷ (*a. fig: Beruf*) kalkınma, yükselme

Aufstiegschance *f* yükselme şansı

aufstoßen *irr* I. *vt* iterek açmak (**etw** -i) II. *vi* (*rülpsen*) geğirmek

aufsuchen *vt* başvurmak (**jdn** -e); **einen Arzt** ~ doktora başvurmak

auftanken *vt* benzin deposunu doldurmak

auftauchen *vi sein* meydana çıkmak; (*fig*) sökün etmek

auftauen I. *vt* eritmek (**etw** -i) II. *vi sein* erimek

aufteilen *vt* bölmek, parçalamak, parçalara ayırmak (**etw** -i)

Aufteilung *f* bölme, ayırma

Auftrag *m* ❶ emir, vazife, misyon ❷ ECON sipariş; **im ~ von** namına

auftragen *irr vt* (*Speisen*) sofraya koymak (**etw** -i); **jdm etw** ~ birine bir iş havale etmek

auftreiben *irr vt* (*beschaffen*) temin etmek, sağlamak, tedarik etmek; (*finden*) (arayıp) bulmak (**etw** -i)

auftreten *irr vi sein* ❶ (*im Theater*) sahneye çıkmak ❷ (*in Erscheinung treten*) ortaya çıkmak

Auftritt *m* (*im Theater*) sahneye çıkış

aufwachen *vi sein* uyanmak

aufwachsen *irr vi sein* büyümek, yetişmek

Aufwand *m* (*Kosten*) masraf; (*Prunk*) lüks

aufwändig[RR] *adj* çok masraflı

aufwärmen I. *vt* ısıtmak (**etw** -i) II. *vr* **sich** ~ ısınmak

aufwärts *adv* yukarıya doğru

aufwecken *vt* uyandırmak (**jdn** -i)

aufweisen *irr vt* göstermek (**etw** -i)

aufwenden *irr vt* (*Geld*) sarf etmek, harcamak (**etw** -i)

aufwendig *adj* çok masraflı

aufwerfen *irr vt* (*Frage*) ortaya çıkarmak, deşmek

aufwerten *vt* (*Währung*) değerini artırmak (**etw** -in)

Aufwertung *f* (*Geld~*) revalüasyon

aufwickeln *vt* ❶ sarmak, dolamak; (*Garn*) makaraya sarmak (**etw** -i) ❷ (*auseinanderwickeln*) çözmek (**etw** -i)

aufwischen *vt* silmek (**etw** -i)

aufzählen *vt* (birer birer) saymak (**etw** -i)

aufzeichnen *vt* ❶ (*bildlich*) resmini çizmek (**etw** -in) ❷ (*notieren*) not etmek (**etw** -i)

Aufzeichnung *f* ❶ (*Notiz*) not ❷ (*Sendung*) çekim, kayıt

aufziehen *irr* I. *vt* ❶ (*hochziehen*) yukarı çekmek (**etw** -i) ❷ (*Vorhang*) açmak (**etw** -i) ❸ (*Uhr*) kurmak (**etw** -i) ❹ (*Kind*) büyütmek, yetiştirmek (**jdn** -i) ❺ (*fam: necken*) alaya almak (**jdn** -i), takılmak (**jdn** -e) II. *vi sein* (*Gewitter*) çıkmak; **Wache** ~ nöbete çıkmak

Aufzug *m* ❶ (*Personen-*) asansör; (*Lasten-*) vinç ❷ (*Aufmarsch*) alay, geçiş

aufzwingen *irr vt* zorla kabul ettirmek (**jdm etw** -e -i)

Augapfel *m* göz yuvarlağı; **etw wie seinen ~ hüten** bir şeyi gözbebeği gibi korumak

Auge *nt* göz; **mit bloßem** ~ gözlüksüz; **unter vier ~n** baş başa; **ins ~ fallen** göze çarpmak; **etw ins ~ fassen** bir şeyi göz önüne almak; **gute/schlechte ~n haben** gözleri iyi görmek/görmemek; **große ~n machen** gözlerini faltaşı gibi açmak; **etw aus den ~n verlieren** bir şeyi gözden kaybetmek; **die ~n vor etw verschließen** bir şeye göz yummak; **kein ~ zutun** gözünü kırpmamak

Augenarzt, **Augenärztin** *m, f* göz doktoru

Augenblick *m* an; **jeden** ~ her an; **im** ~

A

şimdilik, halihazırda

augenblicklich *adv* (*sofort*) hemen, derhal

Augenbraue *f* kaş

Augenbrauenstift *m* rastık

Augenlid *nt* gözkapağı

Augenmaß *nt* **nach ~** göz kararıyla

augenscheinlich *adv* görünüşe göre

Augentropfen *mpl* göz damlası

Augenweide *f* göz ziyafeti

Augenwimper *f* kirpik

Augenzeuge, Augenzeugin *m, f* görgü tanığı

August *m* (*Monat*) ağustos

Auktion *f* açık artırma (ile satış)

Aula *f* (*Schule*) toplanı salonu; (*Universität*) konferans salonu

aus I. *präp +dat* ❶ (*Ort*) -den/-dan; **~ Ankara** Ankara'dan; **~ dem Fenster** pencereden; **~ einem Glas trinken** bir bardaktan içmek ❷ (*Grund*) -den/-dan (dolayı); **~ Angst** korkudan; **~ diesem Grunde** bu sebepten II. *adv* bitti, kalmadı; (*Licht*) kapalı; **es ist ~ mit ihm** işi bitik

ausarbeiten *vt* hazırlamak (**etw** -i)

ausarten *vi sein* yozlaşmak

ausatmen *vi* nefes vermek

ausbaden *vt* **etw ~** *başına geleni çekmek, kabak başına patlamak*

Ausbau *m* (*a. fig*) genişlet(il)me, geliş(tiril)me

ausbauen *vt* genişletmek, geliştirmek (**etw** -i)

ausbessern *vt* tamir etmek, onarmak; (*Wäsche*) yamamak (**etw** -i)

ausbeulen *vt* (*Beule beseitigen*) (çekiçle) düzeltmek (**etw** -i)

Ausbeute *f* ❶ (*Ertrag*) mahsul, ürün ❷ (*Gewinn*) kar, kazanç ❸ (*Nutzen*) fayda

ausbeuten *vt* ❶ (*Grube*) işletmek (**etw** -i) ❷ (*fig*) sömürmek (**jdn/etw** -i)

Ausbeuter(in) *m(f)* sömüren, sömürücü, istismarcı

Ausbeutung *f* işlet(il)me; (*fig*) sömürü, istismar

ausbilden *vt* (*beruflich*) yetiştirmek, eğitmek (**jdn** -i)

Ausbildung *f* eğitim, öğrenim

ausbleiben *irr vi sein* eksik kalmak, gelmemek; (*lange*) (uzun zaman) görünmemek

Ausblick *m* manzara

ausbrechen I. *vt* koparmak, sökmek (**etw** -i) II. *vi sein* ❶ (*Gefangene*) kaçmak (**aus etw** -den) ❷ (*Krieg*) başlamak; (*Krise*) patlak vermek ❸ (*Krankheit*) baş göstermek ❹ (*Feuer*) çıkmak; **in Tränen ~** hüngür hüngür ağlamak

ausbreiten I. *vt* ❶ yaymak, sermek (**etw** -i) ❷ (*fig*) genişletmek, büyütmek (**etw** -i) ❸ (*Ware*) teşhir etmek (**etw** -i) ❹ (*Arme*) kollarını açmak II. *vr* **sich ~** (*Erscheinung*) yaygınlaşmak

Ausbruch *m* ❶ (*von Vulkan*) indifa, püskürme ❷ (*von Gefangenen*) kaçış, firar ❸ (*Kriegs-*) başlama

ausbrüten *vt* ❶ (*Vogel*) yavru çıkarmak ❷ (*aushecken*) kurmak (**etw** -i)

ausbuhen *vt* yuhalamak (**jdn** -i)

ausbürgern *vt* vatandaşlıktan çıkarmak (**jdn** -i)

Ausdauer *f* sabır ve sebat, dayanıklılık

ausdehnen *vt* genişletmek; (*weiten*) yaymak, uzatmak (**etw** -i)

Ausdehnung *f* genişleme, yayılma

ausdenken *irr vr* **sich** *dat* **etw ~** tasarlamak; (*Lüge*) uydurmak (**etw** -i); **nicht auszudenken** tasavvur edilemez

Ausdruck *m* ifade, anlatım; (*Wendung*) deyim; **zum ~ bringen** ifade etmek (**etw** -i)

ausdrucken *vt* (*Datei*) yazdırmak (**etw** -i)

ausdrücken *vt* ❶ (*Zigarette*) söndürmek (**etw** -i) ❷ (*fig*) ifade etmek (**etw** -i)

ausdrücklich I. *adj* belli, belirli II. *adv* bilhassa

Ausdrucksweise *f* anlatım tarzı

auseinander *adv* birbirinden ayrı

auseinanderbrechen *irr* **I.** *vi* parçalanmak **II.** *vt* parçalamak (**etw** -i)

auseinandergehen *irr vi* birbirinden ayrılmak; (*Meinungen*) fikirlerde ihtilaf var

auseinanderhalten *irr vi* farklı tutmak, ayırmak (**etw** -i)

auseinandernehmen *irr vt* parçalara ayırmak (**etw** -i)

auseinandersetzen **I.** *vt* ❶ (*Schüler*) ayrı yerlere oturtmak (**jdn** -i) ❷ (*erklären*) açıklamak (**jdm etw** -e -i) **II.** *vr* **sich ~** (*untersuchen*) incelemek (**mit etw** -i); (*diskutieren*) tartışmak (**mit jdm** ile)

Auseinandersetzung *f* (*Streit*) (şiddetli) tartışma, münakaşa

Ausfahrt *f* (*Tor*) çıkış; **~ frei lassen!** oto çıkışını serbest bırakın!

Ausfall *m* açık, noksan, eksiklik

ausfallen *irr vi sein* ❶ (*Haar*) dökülmek ❷ (*Vorstellung*) yapılmamak; **gut/schlecht ~** iyi/kötü sonuca ulaşmak

ausfallend *adj*, **ausfällig** *adj* saldırgan

Ausfertigung *f* (*Vertrag*) tanzim; (*Schriftstück*) suret; **in doppelter ~** iki nüsha olarak

ausfindig *adj* **~ machen** arayıp bulmak (**etw** -i)

Ausflucht *f* kaçamak; (*Ausrede*) bahane

Ausflug *m* gezinti, gezi

ausfragen *vt* soruşturmak (**jdn über etw** -e -i); **jemanden** birini sorguya çekmek

ausfressen *vt* ❶ (*Tier*) yiyip bitirmek, silip süpürmek (**etw** -i) ❷ (*fig*) bir kabahat işlemek

Ausfuhr *f* ihracat, dışsatım

ausführbar *adj* **~e Datei** INFORM çalıştırılabilir dosya

ausführen *vt* ❶ (*Plan*) gerçekleştirmek (**etw** -i) ❷ (*Waren*) ihraç etmek (**etw** -i)

ausführlich **I.** *adj* ayrıntılı **II.** *adv* uzun uzadıya

Ausführung *f* gerçekleştirme

ausfüllen *vt* doldurmak (**etw** -i)

Ausgabe *f* ❶ (*Verteilung*) dağıtım ❷ (*Geld-*) masraf ❸ (*Buch-*) yayın, edisyon

Ausgang *m* ❶ çıkış ❷ (*Ergebnis*) sonuç; **~ haben** izinli olmak

Ausgangspunkt *m* çıkış noktası, başlangıç

Ausgangssperre *f* sokağa çıkma yasağı

ausgeben *irr* **I.** *vt* ❶ (*verteilen*) dağıtmak (**etw** -i) ❷ (*Geld*) harcamak (**etw** -i) ❸ INFORM (*Daten*) dökmek (**etw** -i) **II.** *vr* **sich ~ für ...** kendini ... diye tanıtmak

ausgedehnt *adj* geniş

ausgefallen *adj* tuhaf, acayip

ausgeglichen *adj* (*a. fig*) dengeli

Ausgeglichenheit *f* uyum, denge; (*seelische*) ruhi denge

ausgehen *irr vi sein* ❶ (*außer Haus gehen*) (dışarı) çıkmak ❷ (*Licht, Feuer*) sönmek ❸ (*Ware, Geld*) bitmek, tükenmek

ausgehungert *adj* (çok) aç

ausgenommen *präp +akk* -den başka

ausgerechnet *adv* tam aksi şekilde

ausgerichtet *adj* **auf etw ~** bir şeye yönelik

ausgeschlossen *adj* imkansız; **das ist ~!** bu söz konusu olamaz!

ausgeschnitten *adj* (*Kleid*) dekolte

ausgesprochen *adv* tastamam

ausgestorben *adj* nesli tükenmiş, soyu bitmiş, ocağı sönmüş

ausgesucht *adj* seçkin

ausgewogen *adj* ahenkli

ausgezeichnet *adj* mükemmel, kusursuz; **~!** harika!

ausgiebig **I.** *adj* verimli **II.** *adv* bol bol

ausgleichen *irr vt* ❶ (*gleichmachen*) eşit kılmak (**etw** -i) ❷ (*Rechnung*) ödemek (**etw** -i)

ausgraben *irr vt* ❶ (*Grube*) kazmak (**etw** -i) ❷ (*bei Ausgrabung*) kazarak

A

çıkarmak (**etw** -i)
Ausgrabung *f* kazı, hafriyat
ausgrenzen *vt* dışlamak (**jdn** -i)
Ausgrenzung *f* ❶ (*das Ausgrenzen*) dışlama ❷ (*das Ausgegrenztsein*) dışlanma
aushalten *irr vt* (*ertragen*) dayanmak, tahammül etmek (**etw** -e); **es ist nicht auszuhalten** dayanılacak gibi değil
aushändigen *vt* eline vermek, teslim etmek (**etw** -i)
aushelfen *irr vi* (müşkül durumdaki birine) yardım etmek
Aushilfe *f* yardımcı işçi (*bir başkasının yerine geçici olarak çalışan*)
aushöhlen *vt* oymak, kazmak, çukurlaştırmak (**etw** -i)
auskennen *irr vr* **sich in etw ~** bir şey hakkında tam bilgiye sahip olmak
auskommen *irr vi sein* **mit jdm/etw ~** biriyle/bir şeyle geçinmek
Auskunft *f* bilgi, malumat
auslachen *vt* **jdn ~** birine gülmek
ausladen *irr vt* boşaltmak (**etw** -i)
Auslage *f* ❶ (*Laden-*) vitrin ❷ (*Geld*) masraf(lar)
Ausland *nt* yurt dışı; **im ~** yurt dışında; **ins ~** yurt dışına
Ausländer(in) *m(f)* yabancı
Ausländeramt *nt* yabancılar dairesi
ausländerfeindlich *adj* yabancı düşmanı
Ausländerfeindlichkeit *f* yabancı düşmanlığı
ausländisch *adj* yabancı
Auslandsabteilung *f* dış ilişkiler bölümü
Auslandsflug *m* dış ülkeye uçuş
Auslandsgespräch *nt* ülkeler arası telefon görüşmesi
Auslandskorrespondent(in) *m(f)* (*einer Zeitung*) yurt dışı muhabir
Auslandsverschuldung *f* dış borçlanma
auslassen *irr* **I.** *vt* (*weglassen*) bırakmak (**etw** -i) **II.** *vr* **sich ~** fikrini beyan etmek (**über etw** ... hakkında)
auslaufen *irr vi sein* ❶ (*Flüssigkeit*) akmak, taşmak ❷ (*Schiff*) hareket etmek ❸ (*Vertrag*) süresi dolmak
ausleeren *vt* boşaltmak (**etw** -i)
auslegen *vt* ❶ (*Geld*) biri için para vermek ❷ (*deuten*) yorumlamak (**etw** -i) ❸ (*Waren*) teşhir etmek, ser(gile)mek (**etw** -i) ❹ (*mit Teppichboden*) döşemek (**etw** -i)
ausleihen *irr vt* ödünç vermek (**jdm etw** -e -i); **sich** *dat* **etw ~** ödünç almak (**etw von jdm** -i -den)
Auslese *f* seçme; (*Elite*) seçkin tabaka
auslesen *irr vt* ❶ ayıklamak, seçmek (**etw** -i) ❷ (*Buch*) okuyup bitirmek (**etw** -i)
ausliefern *vt* ❶ (*Waren*) ele vermek (**etw** -i) ❷ (*Verbrecher*) iade etmek, teslim etmek (**jdn** -i)
Auslieferung *f* ❶ (*von Verbrecher*) suçlunun geri verilmesi ❷ (*Waren-*) mal teslimi
ausloggen *vr* **sich ~** INFORM sistemden çıkmak
auslösen *vt* (*fig: Ereignis, Reaktion*) doğurmak, yaratmak, tetiklemek (**etw** -i)
Auslöser *m* ❶ sebep, neden ❷ (*an Fotoapparat*) deklanşör
ausmachen *vt* ❶ (*Licht, Radio*) kapa(t)mak, söndürmek (**etw** -i) ❷ (*Feuer*) söndürmek (**etw** -i) ❸ (*vereinbaren*) kararlaştırmak (**etw** -i) ❹ (*betragen*) tutmak, etmek (**etw** -i)
Ausmaß *nt* ölçü; (*Umfang*) oran; (*Ausdehnung*) genişlik
ausmessen *irr vt* ölçmek (**etw** -i)
Ausnahme *f* istisna, ayrık; **mit ~ von** hariç olmak üzere
Ausnahmefall *m* istisnai durum
Ausnahmezustand *m* olağanüstü hal, istisnai durum; (*Kriegsrecht*) sıkı yönetim
ausnahmslos *adv* istisnasız, ayrıksız
ausnahmsweise *adv* müstesna olarak
ausnehmen *irr vt* ❶ çıkarmak (**etw** -i)

② (*ausschließen*) ayrı tutmak (**etw** -i) ③ (*Tier*) ayıklamak (**etw** -i)

ausnutzen *vt* ① yararlanmak (**etw** -den) ② (*ausbeuten*) sömürmek (**jdn/etw** -i)

auspacken I. *vt* (*Paket, Koffer*) açmak (**etw** -i) II. *vi* (*fam*) ifşa etmek

auspressen *vt* ① sıkmak (**etw** -i) ② (*Person*) sıkıştırmak (**jdn** -i), posasını çıkarmak (**jdn** -in)

ausprobieren *vt* denemek, tecrübe etmek (**etw** -i)

Auspuff *m*, **Auspuffrohr** *nt* egzoz

ausradieren *vt* ① (*mit Gummi*) (silgiyle) silmek (**etw** -i) ② (*zerstören*) yerle bir etmek (**etw** -i)

ausrauben *vt* soymak (**jdn** -i)

ausrechnen *vt* hesaplamak (**etw** -i)

Ausrede *f* bahane, kaçamak; **faule ~** gülünç mazeret

ausreden I. *vi* sözünü bitirmek II. *vt* **jdm etw ~** birini bir şeyden caydırmak [*o* vazgeçirmek]

ausreichen *vi* yet(iş)mek (**für etw** -e)

ausreichend *adj* kafi, yeterli

Ausreise *f* gidiş, çıkış

ausreisen *vi sein* yurt dışına çıkmak, ayrılmak

ausreißen *irr* I. *vt* sökmek (**etw** -i) II. *vi sein* ① yırtılmak, sökülmek ② (*fam: flüchten*) sıvışmak, tüymek

ausrichten *vt* **einen Gruß ~** selam söylemek (**jdm von jdm** -e -den); **kann ich etw ~?** haber bırakabilir miyim?

ausrotten *vt* yok etmek, imha etmek (**etw** -i)

ausrufen *irr vt* haykırmak, bağırmak; (*feierlich*) ilan etmek (**etw** -i)

Ausrufezeichen *nt* ünlem işareti

ausruhen I. *vi* dinlenmek II. *vr* **sich ~** dinlenmek

ausrüsten *vt* teçhiz etmek, donatmak (**jdn** -i)

Ausrüstung *f* teçhizat, donanma

ausrutschen *vi sein* kayarak düşmek

Ausrutscher *m* küçük hata

Aussage *f* ifade, beyan

aussagen *vi* JUR ifade vermek

Ausschabung *f* kürtaj

ausschalten *vt* (*Licht, Radio*) kapa(t)mak; (*Strom*) kesmek (**etw** -i)

Ausschau *f* bakışlarla arama; **nach jdn ~ halten** bir kimsenin yolunu gözlemek

ausschauen *vi* (*aussehen*) görünmek

ausscheiden *vi* ① ayrılmak, çekilmek ② SPORT elimine olmak

Ausscheidung *f* (*Absonderung*) ifrazat

ausschlafen *irr vi* uykusunu almak

Ausschlag *m* MED egzama; **den ~ geben** ağır basmak, kesin sonuca etkili olmak

ausschlaggebend *adj* ağır basan, kesin sonuca etkisi olan

ausschließen *irr vt* ① kabul etmemek (**etw** -i) ② (*aus einer Gemeinschaft*) çıkarmak, dışlamak (**jdn aus etw** -i -den)

ausschließlich I. *adj* hariç olan II. *adv* hariç olmak üzere

ausschmücken *vt* süslemek, dekore etmek (**etw** -i)

ausschneiden *irr vt* kesmek, kesip çıkarmak; (*Baum*) budamak (**etw** -i)

Ausschnitt *m* ① (*von Kleid*) biçim, kesim ② (*Zeitungs-*) kupür ③ (*aus einem Gemälde*) bölüm, parça

ausschreiben *irr vt* ① (*Wort*) yazmak (**etw** -i) ② (*Scheck*) doldurmak (**etw** -i) ③ (*Stelle, Projekt*) ilan etmek (**etw** -i); **einen Wettbewerb ~** yarışma açmak; **eine Belohnung ~** ödül ilan etmek

Ausschreibung *f* (*Stelle*) iş ilanı

Ausschreitung *f meist pl* taşkınlık, zorbalık

Ausschuss[RR] *m*, **Ausschuß**[ALT] *m* (*Kommission*) heyet, kurul, komisyon

ausschütten *vt* dökmek (**etw** -i); **eine Dividende ~** kazanç dağıtmak; **jdm sein Herz ~** birine içini dökmek

aussehen *irr vi* görünmek; **gut/**

A

schlecht ~ (*gesundheitlich*) iyi/kötü görünmek

Aussehen *nt* görünüş

außen *adv* dışarıda; **von ~** dışarıdan; **nach ~** dışarıya

Außenbezirke *mpl* (*einer Stadt*) kenar mahalleler

Außenbordmotor *m* takma motor

Außendienst *m* dış hizmet, dış görev

Außenhandel *m* dış ticaret

Außenminister(in) *m(f)* dışişleri bakanı

Außenministerium *nt* Dışişleri Bakanlığı

Außenpolitik *f* dış politika

Außenseite *f* dış yüz, üst

Außenspiegel *m* (*eines Autos*) oto aynası

Außenstände *pl* alacaklar

außer *präp +dat* -den başka; **~ wenn** meğerki; **~ sich** kendinden geçmiş; **~ Betrieb** bozuk, çalışmaz halde; **~ Gefahr** tehlikeden kurtulmuş

außerdem *adv* bundan başka

äußere(r, s) *adj* dış

Äußere *nt* (*Erscheinungsbild*) dış görünüş

außerehelich *adj* evlilik dışı

außergewöhnlich *adj* olağanüstü, alışılmadık, fevkalade

außerhalb *präp +gen* -in dışında

außerirdisch *adj* ❶ (*nicht von dieser Welt*) dünyadan olmayan ❷ (*aus dem All*) uzaylı

Außerirdische(r) *f(m)* uzaylı

äußerlich *adj* dış; **zur ~en Anwendung** MED hariçten kullanılmak üzere

äußern I. *vt* (*sagen*) söylemek; (*Meinung*) ifade etmek (**etw** -i) II. *vr* **sich zu etw ~** bir şey hakkında fikir yürütmek

außerordentlich *adj* fevkalade, olağanüstü

außerparlamentarisch *adj* parlamento dışı, parlamentoda olmayan

außerplanmäßig *adj* plan dışı

äußerst *adv* (*überaus*) son derece

äußerste(r, s) *adj* (*fern*) en uzak; (*letzter*) en son

Äußerste *nt* **sein ~s tun** elinden geleni yapmak

Äußerung *f* ifade, beyanat

aussetzen I. *vt* (*Belohnung*) ortaya koymak; (*unterbrechen*) ara vermek (**etw** -i); **etw auszusetzen haben** itiraz etmek (**an etw** -e) II. *vi* (*Motor*) boşlamak III. *vr* **sich einer Sache ~** kendini bir şeye maruz bırakmak

Aussicht *f* manzara; (*fig*) ihtimal

aussichtslos *adj* ümitsiz

Aussichtspunkt *m* manzaralı yer

aussichtsreich *adj* ümit verici

Aussöhnung *f* barış(tır)ma

ausspannen I. *vt* sermek, yaymak, germek (**etw** -i) II. *vi* (*entspannen*) başını dinlendirmek

aussperren *vt* üstüne kapıyı kilitlemek (**jdn** -in); (*Arbeiter*) lokavt etmek (**jdn** -i)

Aussperrung *f* (*Arbeitskampf*) lokavt

Aussprache *f* ❶ telaffuz, ağız ❷ (*zwischen Menschen*) konuşma, görüşme

aussprechen *irr* I. *vt* ❶ telaffuz etmek, söylemek (**etw** -i) ❷ (*Beileid, Glückwunsch*) dilemek (**jdm etw** -e -i) II. *vi* (*zu Ende reden*) sözünü bitirmek III. *vr* **sich ~** (*seine Meinung sagen*) fikir yürütmek; (*sein Herz ausschütten*) dertleşmek; **sich mit jdm ~** biriyle görüşmek [*o* konuşmak]

ausspucken *vt* tükürmek (**etw** -i)

Ausstand *m* (*Streik*) grev

ausstatten *vt* teçhiz etmek, donatmak (**jdn/etw** -i)

Ausstattung *f* teçhizat, donatım

ausstehen *irr* I. *vt* (*ertragen*) tahammül etmek, dayanmak (**jdn/etw** -e); **jdn nicht ~ können** birine hiç tahammül edememek II. *vi* (*noch erwartet werden*) daha beklenmek

aussteigen *irr vi sein* ❶ inmek (**aus etw** -den) ❷ (*aus Gesellschaft, Job*) terketmek, bırakmak (**aus etw** -i)

Aussteiger(in) *m(f)* (*aus Terrorgruppe*) itirafçı
ausstellen *vt* (*zur Schau*) sergilemek (**etw** -i); (*Pass, Scheck*) vermek (**jdm etw** -e -i)
Aussteller(in) *m(f)* ekspozan
Ausstellung *f* sergi
Ausstellungsgelände *nt* sergi alanı
aussterben *irr vi sein* nesli tükenmek; (*fig*) ocağı sönmek
Aussteuer *f* çeyiz
Ausstieg *m* (*in Bus*) iniş (yeri)
ausstopfen *vt* doldurmak (**etw** -i)
Ausstoß *m* dışarıya atış
ausstoßen *irr vt* dışarıya atmak (**etw** -i); (*aus einer Gemeinschaft*) dışarı atmak (**jdn aus etw** -i -den); **einen Schrei ~** çığlık atmak
ausstrahlen *vt* (*Programm*) yaymak (**etw** -i); **Licht/Wärme ~** ışık/sıcaklık yaymak
ausstrecken *vt* uzatmak (**etw** -i)
ausstreichen *irr vt* çizmek, karalamak (**etw** -i)
ausströmen I. *vt* (*Duft*) saçmak (**etw** -i) **II.** *vi sein* akmak, fışkırmak, çıkmak
aussuchen *vt* seçmek (**etw** -i)
Austausch *m* ❶ değiş tokuş ❷ TECH (bir alet) değiştirme
austauschbar *adj* değiştirilebilir
austauschen *vt* değiş tokuş etmek (**etw** -i)
austeilen *vt* dağıtmak (**etw** -i)
Auster *f* istiridye
austoben *vr* **sich ~** kırtlarını dökmek; (*Ärger*) öfkesini [*o* almak] çıkarmak
Australien *nt* Avustralya
Australier(in) *m(f)* Avustralyalı
australisch *adj* Avusturalya
austreiben *irr vt* kovmak (**jdn/etw aus etw** -i -den)
austreten *irr* **I.** *vt* (*Treppe*) eskitmek (**etw** -i) **II.** *vi* (*aus einer Gemeinschaft*) ayrılmak, çıkmak (**aus etw** -den); (*auf Toilette*) tuvalete gitmek
austrinken *irr vt* içip bitirmek; (*Glas*) içip boşaltmak (**etw** -i)
Austritt *m* (*aus einer Gemeinschaft*) çıkma, ayrılma
ausüben *vt* icra etmek, yapmak (**etw** -i); **einen Beruf ~** meslekte çalışmak
Ausverkauf *m* tasfiye satışı
ausverkauft *adj* hepsi satılmış
Auswahl *f* seçme, ayırma, beğenme
auswählen *vt* seçmek, ayırmak (**etw** -i)
Auswanderer, Auswanderin *m, f* göçmen
auswandern *vi sein* göç etmek, göçmek (**aus/nach etw** -den/-e)
Auswanderung *f* göç
auswärts *adv* dışarıda
Auswärtsspiel *nt* SPORT deplasman maçı
auswechseln *vt* değiştirmek (**etw** -i)
Ausweg *m* çıkar yol, çare; **einen/keinen ~ finden** bir yolunu bulmak/bulmamak
ausweglos *adj* çaresiz, ümitsiz
ausweichen *irr vi sein* yol vermek (**jdm** -e); (*jdn meiden*) rastlamamaya bakmak (**jdm** -e)
ausweichend *adj* (*Antwort*) kaçamaklı
Ausweis *m* kimlik (kâğıdı)
ausweisen *irr* **I.** *vt* (*aus einem Land*) sınır dışı etmek (**jdn** -i) **II.** *vr* **sich ~** kimliğini ispat etmek
Ausweispapiere *ntpl* kimlik belgeleri
Ausweisung *f* (*aus einem Land*) sınır dışı etme
auswendig *adv* ezbere, ezberden
auswerten *vt* ❶ (*ausnützen*) faydalanmak (**etw** -den) ❷ (*Angaben*) değerlendirmek (**etw** -i)
Auswertung *f* ❶ faydalanma ❷ (*Statistik*) değerlendirme
auswirken *vr* **sich auf etw ~** bir şeyi etkilemek; **sich positiv/negativ ~** olumlu/olumsuz sonuç vermek
Auswirkung *f* etki; (*gute, schlechte*) sonuç
auswischen *vt* silmek (**etw** -i); **jemandem eins ~** (*fam*) birine tokat atmak
auswuchten *vt* dengelemek (**etw** -i)

A

auszahlen *vt* ödemek (**etw** -i)
Auszahlung *f* ödeme
auszeichnen I. *vt* ❶ (*Waren*) etiketlemek (**etw** -i) ❷ (*mit einem Orden*) nişan vermek (**jdn** -e) II. *vr* **sich** ~ kendini göstermek
Auszeichnung *f* ❶ (*von Waren*) etiketleme ❷ (*Belohnung*) ödül
ausziehen *irr* I. *vt* ❶ (*Kleider*) çıkarmak (**etw** -i) ❷ (*Kind*) soymak (**jdn** -i) ❸ (*Tisch*) uzatmak (**etw** -i) II. *vi sein* taşınmak III. *vr* **sich** ~ soyunmak
Auszubildende(r) *f(m)* çırak, eğitim gören
Auszug *m* ❶ (*aus einer Wohnung*) taşınma ❷ (*aus einem Buch*) özet
authentisch *adj* otantik
Auto *nt* otomobil, araba; ~ **fahren** araba kullanmak
Autobahn *f* otoyol, otoban; **gebührenpflichtige** ~ ücrete tabi otoyol
Autobahnauffahrt *f* otoyol girişi
Autobahnausfahrt *f* otoyol çıkışı
Autobahndreieck *nt* otoyol üçgeni
Autobahngebühr *f* otoyol ücreti
Autobus *m* otobüs
Autofähre *f* araba vapuru, arabalı vapur
Autofahrer(in) *m(f)* oto sürücüsü
Autokarte *f* oto atlası
Autokino *nt* oto sineması
Autokolonne *f* otomobil kolu
Automat *m* otomat
Automatik *f* otomatik
automatisch I. *adj* otomatik II. *adv* otomatikman
automatisieren *vt* otomatize etmek (**etw** -i)
automatisiert *adj* otomatize
Automatisierung *f* otomasyon
Automechaniker(in) *m(f)* oto tamircisi
autonom *adj* özerk
Autonomie *f* özerklik
Autonomiegebiet *nt* özerk bölge
Autonummer *f* plaka numarası
Autor(in) *m(f)* yazar
Autoradio *nt* otomobil radyosu
Autoreifen *m* otomobil lastiği
Autoreisezug *m* oto nakleden tren
Autorennen *nt* otomobil yarışı
autoritär *adj* otoriter
Autorität *f* otorite
Autoritätsperson *f* otorite
Autoschalter *m* (*von Banken*) dış gişe
Autoschlange *f* otomobil kuyruğu
Autosport *m* otomobil sporu
Autostopp *m* otostop
Autostopper(in) *m(f)* otostopçu
Autounfall *m* araba [*o* otomobil] kazası
Autoverleih *m* araba [*o* otomobil] kiralama yeri, rent a car
Autovermietung *f* otomobil kiralama
Autowaschanlage *f* araba yıkama tesisi
Autowaschstraße *f* oto yıkama tesisi
Autowerkstatt *f* araba [*o* otomobil] tamirhanesi
Autozubehör *nt* oto eşyası
Avocado *f* Amerika armudu
Axt *f* balta

Bb

Baby *nt* bebek
Babynahrung *f* (bebek) mama(sı)
Babysitter(in) *m(f)* çocuk bakıcısı
Bach *m* dere, çay
Backbone *m* INFORM omurga
Backbord *nt* iskele (*geminin sol tarafı*)
Backe *f* yanak
backen <bäckt *o* backt, backte, gebacken> *vt* (fırında) pişirmek, yapmak (**etw** -i); **einen Kuchen ~** pasta yapmak
Backenknochen *m* elmacık kemiği
Backenzahn *m* azı dişi
Bäcker(in) *m(f)* ekmekçi, fırıncı
Bäckerei *f* fırın
Backform *f* pasta kalıbı
Backofen *m* fırın
Backpulver *nt* kabartma tozu
Backslash *m* tersine taksim işareti, geri eğim işareti
Backstein *m* tuğla
Backup *m* INFORM yedekleme
Bad *nt* ① (*Badezimmer*) banyo ② (*Tätigkeit*) yıkanma, banyo ③ (*Heilbad*) kaplıca, ılıca; (*türkisches Bad*) hamam
Badeanzug *m* mayo
Badehose *f* mayo
Badekappe *f* (*lastik*) *başlık*
Badekur *f* banyo kürü
Bademantel *m* bornoz
Bademeister(in) *m(f)* ① (*Schwimmbad*) havuz sorumlusu; (*Strand*) plaj sorumlusu ② (*im türkischen Bad: männlich*) tellak; (*weiblich*) natır
baden I. *vt* banyo ettirmek, yıkamak (**jdn** -i) II. *vi* banyo yapmak; (*im Meer*) denize girmek
Baden-Württemberg *nt* Baden-Württemberg (Eyaleti)
Badeofen *m* hamam [*o* banyo] sobası, şofben
Badeort *m* kaplıca, ılıca; (*Strandbad*) plaj
Badeschuhe *pl* tokyolar *pl*
Badetuch *nt* hamam [*o* banyo] havlusu
Badewanne *f* küvet, banyo
Badezimmer *nt* banyo
Bafög *nt dar gelirli ailelerin öğrencilerine verilen kredi*
Bagatelle *f* kolay iş
Bagger *m* ekskavatör
Bahamas *pl* Bahama adaları
Bahn *f* ① (*Eisenbahn*) demiryolu; (*Zug*) tren ② (*Weg*) yol, hat ③ SPORT pist; (*beim Kegeln u. Bowling*) kulvar
bahnbrechend *adj* çığır açıcı
Bahnhof *m* istasyon
Bahnsteig *m* peron
Bahnübergang *m* demiryolu geçidi
Bahnwärter *m* demiryolu bekçisi
Bahre *f* (*Kranken-*) sedye; (*Toten-*) tabut
Baiser *nt* beze
Bakterie *f* bakteri
Baku *nt* Bakü
balancieren I. *vt* dengede tutmak (**etw** -i) II. *vi sein* kendini dengede tutmak
bald *adv* (*in Kürze*) yakında; (*binnen kurzem*) birazdan; (*beinahe*) az kalsın; **bis ~!** (yakında) görüşmek üzere!; **er wird ~ kommen** birazdan gelecek; **möglichst ~, so ~ wie möglich** mümkün olduğu kadar çabuk, bir an önce; **~ darauf** biraz sonra
baldige(r, s) *adj* (*in naher Zukunft*) yakın; (*sofortig*) acil
Baldrian *m* kediotu, valeryan
Balkan *m* Balkan(lar)
Balkanländer *ntpl* Balkan Ülkeleri, Balkanlar
Balken *m* direk, mertek
Balkon *m* balkon

B

Ball *m* ❶ top; ~ **spielen** top oynamak ❷ (*Tanz*) balo
Ballast *m* safra
Ballett *nt* bale
Balletttänzer(in)[RR] *m(f)* balerin, bale dansözü
Ballon *m* balon
Ballungsgebiet *nt*, **Ballungsraum** *m* yüksek nüfuslu bölge
Balustrade *f* parmaklık, korkuluk, tırabzan
Bambus *m* bambu
banal *adj* adi, bayağı, banal
Banane *f* muz
Bananenstaude *f* muz ağacı
band *vt s.* **binden**
Band[1] *nt* ❶ (*Stoff-*) bant, şerit ❷ (*Ton-*) teyp
Band[2] *nt* (*fig: Bindung*) bağ, bağlılık
Band[3] *m* (*Buch*) cilt
Band[4] *f* müzik grubu
Bandage *f* sargı
bandagieren *vt* sarmak, sargılamak (**etw** -i)
Bandbreite *f* ❶ RADIO dalga kuşağı ❷ INET bant genişliği ❸ (*fig: Vielfalt*) yelpaze
Bande *f* (*Gruppe*) güruh, takım, sürü; (*Verbrecher-*) çete
Bänderriss[RR] *m* lif kopması
bändigen *vt* (*Tier*) alıştırmak (**etw** -i); (*Mensch*) gemlemek (**jdn** -i); (*Wut*) zaptetmek (**etw** -i)
Bandit *m* haydut, eşkıya
Bandmaß *nt* mezura
Bandscheibe *f* disk
Bandscheibenvorfall *m* disk kayması
Bandwurm *m* şerit, ba(ğı)rsak solucanı
Bank[1] *f* ❶ (*Sitz-*) bank ❷ (*Schul-*) sıra; **auf die lange ~ schieben** sürüncemede [*o* sonraya] bırakmak (**etw** -i)
Bank[2] *f* (*Kreditanstalt*) banka
Bankautomat *m* bankamatik
Bankett *nt* ziyafet, gala, şölen
Bankgeheimnis *nt* banka sırrı
Bankier *m* banker
Bankkonto *nt* banka hesabı
Bankleitzahl *f* banka kod numarası
Banknote *f* banknot
Bankomat *m* bankamatik
Bankraub *m* banka soygunu
bankrott *adj* iflas etmiş, batmış
Bankrott *m* iflas; ~ **machen** iflas etmek
Bankwesen *nt* bankacılık
bar *adv* **gegen ~, in ~** peşin; ~ **bezahlen** peşin ödemek (**etw** -i)
Bar *f* ❶ (*Ausschank*) köşe meyhanesi, bar ❷ (*Nachtlokal*) gece kulübü, bar
Bär *m* ayı; **der Große/Kleine ~** Büyükayı/Küçükayı
Baracke *f* baraka
Barcode *m* barkod
Bardame *f* *barda servis yapan bayan*
Bärenhunger *m* şiddetli açlık
barfuß *adv* yalınayak
barg *vt s.* **bergen**
Bargeld *nt* nakit para, hazır para
bargeldlos *adv* çekle
Bariton *m* bariton
Barkauf *m* peşin alım
Barkeeper *m* barmen
barmherzig *adj* merhametli
barock *adj* Barok
Barock *nt o m* Barok (sanatı)
Barometer *nt* barometre
Barren *m* ❶ (*Gold-*) külçe (altın) ❷ SPORT paralel
Barriere *f* bariyer
Barrikade *f* barikat
barsch *adj* haşin, ters, aksi
Barsch *m* levrek (balığı)
Bart *m* sakal; (*Schnurrbart*) bıyık
bärtig *adj* sakallı; (*mit Schnurrbart*) bıyıklı
Barzahlung *f* peşin ödeme
Basar *m* pazar (yeri), çarşı
Base *f* ❶ CHEM baz ❷ (*Kusine*) amca (dayı, teyze, hala) kızı, kuzin
Baseball *m* beyzbol
Basilika *f* bazilik(a)
Basilikum *nt* fesleğen, reyhan
Baske, Baskin *m, f* Bask

Baskenland *nt* Bask ülkesi
Baskenmütze *f* bere
Basketball *m* basketbol
Bass[RR] *m*, **Baß**[ALT] *m* basso
Bassgeige[RR] *f* kontrbas
basta *interj* **und damit ~!** yeter artık!, işte bu kadar!
Bastelarbeit *f*, **Basteln** *nt* el işi
basteln *vi* (*amatör olarak*) el işleri yapmak
Bastler(in) *m(f)* (*amatör olarak*) *el işleri yapan*
bat *vi, vt s.* **bitten**
Batterie *f* pil; (*Auto-*) akü(mülatör)
Bau *m* ❶ (*Gebäude*) bina, yapı ❷ (*Form*) yapı (tarzı), bünye, kuruluş
Bauarbeiten *fpl* inşaat
Bauarbeiter *m* inşaat işçisi, amele, ırgat
Bauch *m* karın; (*Magen*) mide
Bauchfellentzündung *f* karınzarı iltihabı
Bauchgefühl *nt birinin içindeki his;* **mein Bauchgefühl sagt mir, ...** içimdeki his diyor ki, ...
Bauchschmerzen *mpl* karın ağrısı *sing;* **ich habe ~** karnım ağrıyor
Bauchspeicheldrüse *f* pankreas
Bauchtanz *m* göbek dansı; **einen ~ aufführen** göbek atmak
Bauchweh *nt* karın ağrısı
bauen *vt* yapmak, kurmak, inşa etmek (**etw** -i)
Bauer[1] *m* ❶ çiftçi, köylü ❷ (*Schach*) piyon ❸ (*kulturloser Mensch*) kaba adam
Bauer[2] *nt o m* (*Vogelkäfig*) kafes
Bäuerin *f* köylü kadın
bäuerlich *adj* köylü
Bauernhof *m* çiftlik
Bauernmöbel *ntpl çiftlik evi türünde mobilya*
baufällig *adj* harap, yıkkın
Baugelände *nt* arsa, parsel
Baugenehmigung *f* inşaat ruhsatı
Bauherr *m* inşaat sahibi
Bauingenieur(in) *m(f)* inşaat mühendisi
Baukasten *m* oyuncak, *inşaat kutusu*
Baum *m* ağaç
Baumeister *m* mimar
Baumkrone *f* ağaç tepesi
Baumrinde *f* ağaç kabuğu
Baumschule *f* fidanlık
Baumstamm *m* ağaç gövdesi
Baumwolle *f* pamuk
Bauplan *m* yapı planı, inşaat planı
Bauplatz *m* arsa, parsel
Bausparkasse *f* yapı tasarruf sandığı
Bausparvertrag *m* yapı tasarruf sözleşmesi
Baustein *m* (*a. fig*) yapıtaşı
Baustelle *f* şaniye, inşaat [*o* yapı] yeri
Baustoff *m* inşaat malzemesi
Bauunternehmer(in) *m(f)* yapı müteahhidi
Bayer(in) *m(f)* Bavyeralı
bay(e)risch *adj* (*Art*) Bavyera; (*Herkunft*) Bavyeralı; (*Sprache*) Bavyeraca
Bayern *nt* Bavyera
Bazillus *m* basil
beabsichtigen *vt* niyet etmek (**etw zu tun** -meye), tasarlamak, amaçlamak (**etw** -i)
beachten *vt* ❶ göz önünde bulundurmak, dikkate almak, hesaba katmak (**etw** -i) ❷ (*Gesetz, Regel*) uymak (**etw** -e), riayet etmek (**etw** -i)
beachtenswert *adj* dikkate değer; (*bedeutend*) önemli
beachtlich *adj* önemli
Beachtung *f* dikkate alma; (*Berücksichtigung*) hesaba katma; (*Befolgung*) uyma, riayet
Beachvolleyball *nt* plaj voleybolü
Beamter, **Beamtin** *m, f* (*Staats-*) devlet memuru; (*sonstige*) memur
beängstigend *adj* korkutucu, endişe verici
beanspruchen *vt* (*Zeit*) istemek, almak (**etw** -i)
beanstanden *vt* itiraz etmek (**etw** -e karşı), kusurlu bulmak (**etw** -i)
Beanstandung *f* şikayet

B

B

beantragen *vt* (dilekçe ile) istemek; POL önermek (**etw** -i)
beantworten *vt* cevaplandırmak, yanıtlamak (**etw** -i)
bearbeiten *vt* ❶ işlemek (**etw** -i) ❷ (*Stück*) uyarlamak (**etw** -i); **den Boden ~** toprağı sürmek
Bearbeitung *f* ❶ işleme ❷ (*eines Stücks*) uyarlama
Bearbeitungsgebühr *f* işlem harçı
beaufsichtigen *vt* (*aufpassen auf*) bakmak (**jdn** -e), gözetmek; (*überwachen*) kontrol etmek (**jdn** -i)
beauftragen *vt* görevlendirmek (**jdn mit etw** -i ile)
bebauen *vt* (*mit Häusern*) imar etmek, bayındırmak (**etw** -i); **den Boden ~** toprağı sürmek
beben *vi* sarsılmak
Becher *m* bardak, kadeh
Becken *nt* ❶ (*Schwimm-*) yüzme havuzu; (*Wasch-*) lavabo; (*im türk. Bad*) kurna ❷ (*Knochen*) kalça ❸ GEOG havza
Beckenknochen *m* kalça kemiği
bedanken *vr* **sich bei jdm (für etw) ~** birine bir (şey için) teşekkür etmek
Bedarf *m* ihtiyaç, gereksinme, gerekseme; **bei ~** gerektiği takdirde, icabında
bedauerlich *adj* (*beklagenswert*) acınacak; (*unerfreulich*) üzücü; **das ist ~** yazık
bedauerlicherweise *adv* maalesef, ne yazık ki
bedauern *vt* (*Sache*) üzülmek, yerinmek (**etw** -e); (*Menschen*) acımak (**jdn** -e)
Bedauern *nt* üzüntü; **sein ~ zum Ausdruck bringen** üzüntüsünü dile getirmek; **zu meinem (großen) ~** maalesef ki
bedauernswert *adj* (*Person*) acınacak (halde), zavallı, biçare; (*Sache*) üzülünecek
bedecken *vt* örtmek, kapamak (**etw** -i)
bedeckt *adj* (*Himmel*) kapalı, bulutlu
bedenken *irr vt* (*überlegen*) düşünmek; (*beachten*) hesaba katmak (**etw** -i)
Bedenken *nt* (*Zweifel*) şüphe, kaygı, endişe; (*Zögern*) duraksama, tereddüt, kararsızlık
bedenkenlos *adv* (*sorglos*) düşüncesizce; (*rücksichtslos*) saygısızca
bedenklich *adj* (*heikel*) müşkül, sakıncalı; (*zweifelhaft*) şüpheli
Bedenkzeit *f* düşünme mühleti [*o* süresi]
bedeuten *vt* anlamına gelmek; **was soll denn das ~?** bu ne demek oluyor?; **das hat nichts zu ~** hiç önemi yok
bedeutend *adj* ❶ (*wichtig*) önemli ❷ (*beträchtlich*) büyük, dikkate değer
Bedeutung *f* ❶ (*Sinn*) anlam ❷ (*Wichtigkeit*) önem
bedeutungslos *adj* ❶ (*ohne Sinn*) anlamsız ❷ (*unwichtig*) önemsiz
bedienen I. *vi, vt* ❶ hizmet etmek; (*im Restaurant*) servis yapmak (**jdn** -e) ❷ (*Maschine*) idare etmek, kullanmak (**etw** -i); **werden Sie schon bedient?** Size bakılıyor mu? II. *vr* **sich ~** (*bei Tisch*) yemek almak; (*fig: benutzen*) kullanmak (**einer Sache** -i); **~ Sie sich!** buyurun! lütfen alın!
Bedienung *f* ❶ (*Tätigkeit*) hizmet, servis ❷ TECH kullanma, idare etme ❸ (*Kellner(in)*) garson (kadın)
Bedienungsanleitung *f* kullanma kılavuzu [*o* talimatı]
Bedienungsgeld *nt* garsoniye, bahşiş
bedingt *adj* ❶ (*eingeschränkt*) şartlı ❷ (*abhängig*) bağlı, tabi
Bedingung *f* şart, koşul; **unter der ~, dass** şu şartla ki; **~en stellen** şartlar koşmak
bedingungslos I. *adj* (kayıtsız) şartsız II. *adv* kayıtsız şartsız
bedrängen *vt* ❶ (*nicht in Ruhe lassen*) rahat vermemek (**jdn** -e) ❷ (*gewaltsam vorgehen*) zulmetmek (**jdn** -e) ❸ (*bedrücken*) sıkıntı vermek (**jdn** -e)

bedrohen *vt* tehdit etmek (**jdn** -i), gözdağı vermek (**jdn** -e)

bedrohlich *adj* tehlikeli

Bedrohung *f* tehdit, gözdağı

bedrücken *vt* ① (*traurig stimmen*) üzmek (**jdn** -i) ② (*lasten auf*) bunaltmak (**jdn** -i)

bedrückend *adj* (can) sıkıcı, sıkıntılı, kasvetli

Bedürfnis *nt* ihtiyaç, gereksinme

bedürftig *adj* (*arm*) fakir, yoksul

Beefsteak *nt* biftek

beeilen *vr* **sich ~** acele etmek

beeindrucken *vt* etkilemek, duygulandırmak (**jdn** -i), izlenim bırakmak (**jdn** -de)

beeinflussen *vt* etkilemek (**jdn/etw** -i)

beeinträchtigen *vt* (*schaden*) zarar vermek (**etw** -e), zedelemek (**etw** -i)

Beeinträchtigung *f* zarar verme, zedeleme

beenden *vt* bitirmek (**etw** -i), son vermek (**etw** -e); **schnell ~** (kısa) kesmek (**etw** -i)

Beendigung *f* bitir(il)me, son, son ver(il)me

beerdigen *vt* gömmek, defnetmek, toprağa vermek (**jdn** -i)

Beerdigung *f* (*das Beerdigen*) gömme, defin; (*Zeremonie*) cenaze (töreni)

Beere *f* tane (*çilek, dut, böğürtlen, üzüm gibi meyvelerin tanesi*)

Beet *nt* (*Saat-*) yastık; (*Blumen-*) (çiçek) tarh(ı)

befahl *vt s.* **befehlen**

befahrbar *adj* trafiğe elverişli

befahren *irr vt* (*Straße*) *üzerinden taşıt ile geçmek*

befallen *irr vt* tutmak (**jdn/etw** -i), başına gelmek (**jdn** -in)

befangen *adj* ① (*scheu*) utangaç, çekingen, sıkılgan ② (*voreingenommen*) taraf tutan, taraflı

Befangenheit *f* ① (*Schüchternheit*) utangaçlık, çekingenlik ② (*Parteiischsein*) tarafgirlik

befassen *vr* **sich mit etw ~** bir şey ile meşgul olmak [*o* uğraşmak]; (*handeln von*) bir şeyi bahsetmek, bir şey hakkında [*o* konusunda] olmak

Befehl *m* ① emir, buyruk; (*Kommando*) kumanda ② INFORM komut; **auf ~** *gen* -in emriyle; **zu ~!** emredersiniz!, baş üştüne!

befehlen <befiehlt, befahl, befohlen> *vt* emretmek (**etw** -i); **jdm ~, etw zu tun** birine bir şeyi yapmasını emretmek

befehligen *vt* kumanda etmek (**jdn** -e)

Befehlsform *f* emir kipi [*o* sıygası]

befestigen *vt* ① (*verstärken*) sağlamlaştırmak, pekiştirmek (**etw** -i) ② (*fest anmachen*) (sıkıca) bağlamak (**etw an etw** -i -e)

befiehlt *vt s.* **befehlen**

befinden *irr* **I.** *vr* **sich ~** (*örtlich*) bulunmak **II.** *vi* **für gut ~** iyi bulmak, uygun görmek (**etw** -i); **für schuldig ~** suçlu bulmak (**jdn** -i)

Befinden *nt* sağlık durumu

befohlen *vt s.* **befehlen**

befolgen *vt* (*Rat*) dinlemek (**etw** -i); (*Vorschriften*) uymak, riayet etmek (**etw** -e); (*Befehl*) yerine getirmek (**etw** -i); **ein Beispiel ~** örneğe uymak

befördern *vt* ① (*im Rang*) terfi ettirmek (**jdn** -i) ② (*transportieren*) nakletmek, yollamak (**etw** -i)

Beförderung *f* ① (*Rang*) terfi ② (*Transport*) taşıma, nakil

befragen *vt* sormak, soruşturmak (**jdn über etw** -e -i)

Befragung *f* (*Umfrage*) soruşturma, anket

befreien **I.** *vt* kurtarmak (**jdn von etw/jdm** -i -den); (*von einer Pflicht*) muaf tutmak (**jdn von etw** -i -den) **II.** *vr* **sich ~** kurtulmak (**von etw/jdm** -den)

Befreiung *f* kurtuluş, kurtarış

befreundet *adj* **~ sein** dost olmak; (*eng*) içli dışlı olmak (**mit jdm** ile)

befriedigen *vt* memnun etmek, tatmin etmek, doyurmak (**jdn** -i)

befriedigend *adj* ❶ memnun edici, doyurucu, tatminkar ❷ (*Schulnote*) orta

befriedigt *adj* hoşnut, memnun

Befriedigung *f* ❶ (*Zufriedenheit*) memnuniyet, hoşnutluk ❷ (*Zufriedenstellung*) tatmin, doygunluk

befristet *adj* (*Vertrag*) vadeli

Befugnis *f* ❶ (*Recht*) hak, izin ❷ (*Amts-*) yetki

Befund *m* ❶ (*Zustand*) durum, hal ❷ MED bulgu, rapor; **ohne ~** bulgusuz

befürchten *vt* korkmak, endişe etmek (**etw** -den)

Befürchtung *f* korku, endişe

befürworten *vt* tavsiye etmek (**etw** -i)

begabt *adj* yetenekli

Begabung *f* yetenek

begann *vt s.* **beginnen**

begeben *irr vr* **sich ~** (*gehen*) gitmek, yönelmek (**nach/zu** -e); **sich in Gefahr ~** kendini tehlikeye atmak

begegnen I. *vi sein* rastlamak (**jdn/etw** -e) II. *vr sein* **sich ~** karşılaşmak

Begegnung *f* rastlantı, karşılaşma

begehen *irr vt* işlemek, yapmak (**etw** -i); **eine Sünde/ein Verbrechen ~** günah/cinayet işlemek

begehrenswert *adj* istenmeğe değer

begeistern I. *vt* coşturmak, heyecana getirmek; (*Film, Buch*) sürüklemek (**jdn** -i) II. *vr* **sich ~** coşmak, heyecana gelmek

begeistert *adj* coşkun, ateşli

Begeisterung *f* coşku(nluk), tutkunluk, heyecan

Beginn *m* başlangıç

beginnen <begann, begonnen> I. *vi* başlamak; **mit etw** *dat* **~** bir şeye başlamak II. *vt* başlamak (**etw** -e)

beglaubigen *vt* tasdik etmek (**etw** -i)

Beglaubigung *f* tasdik

begleichen *irr vt* (*Rechnung, Schuld*) ödemek (**etw** -i)

begleiten *vt* refakat [*o* eşlik] etmek (**jdn** -e); (*einen Abreisenden*) geçirmek, uğurlamak (**jdn** -i)

Begleiter(in) *m(f)* refakatçi

Begleitung *f* refakat, eşlik; **in ~ von ...** refakatinde, ... eşliğinde

beglückwünschen *vt* kutlamak, tebrik etmek (**jdn zu etw** -i -den dolayı)

begnadigen *vt* suçunu bağışlamak, cezasını affetmek (**jdn** -in)

Begnadigung *f* (suçunu) bağışlama, af

begnügen *vr* **sich ~** yetinmek (**mit etw** ile)

begonnen *vt s.* **beginnen**

begraben *irr vt* gömmek, defnetmek (**jdn** -i); (*fig*) gömmek (**etw** -i)

Begräbnis *nt* (*Tätigkeit*) gömme, toprağa verme; (*Feier*) cenaze (töreni), cenaze alayı

begrapschen *vt* ellemek (**jdn/etw** -i)

begreifen *irr vt* kavramak, anlamak (**etw** -i)

begreiflich *adj* (kolayca) anlaşılır; **jdm etw ~ machen** birine bir şeyi açıklamak, bir şeyi birinin kafasına sokmak

begreiflicherweise *adv* kolayca anlaşabileceği gibi

begrenzen *vt* sınırla(ndır)mak (**etw** -i)

Begrenzung *f* sınırla(ndır)ma

Begriff *m* ❶ terim ❷ (*Ahnung*) düşünce, fikir ❸ (*Auffassung*) kavram; **ich war gerade im ~, das Haus zu verlassen** evden çıkmak üzereydim

begründen *vt* (*Behauptung*) nedenini göstermek (**etw** -in)

begründet *adj* (*Anspruch*) haklı, sebepli, gerekçeli

Begründung *f* gerekçe; (*Beweisführung*) kanıt, ispat; **mit der Begründung, dass** -diği gerekçesiyle

begrüßen *vt* ❶ selamlamak; (*willkommen heißen*) karşılamak (**jdn** -i), hoş geldin(iz) demek (**jdn** -e) ❷ (*gutheißen*) uygun görmek, onaylamak (**etw** -i)

Begrüßung *f* ❶ (*Gruß*) selam ❷ (*Will-

kommenheißen) karşılama
begünstigen *vt* kayırmak (**jdn** -i)
Begünstigung *f* kayırma
begutachten *vt* rapor vermek (**etw** hakkında)
begütert *adj* mal mülk sahibi
behaart *adj* saçlı, tüylü, kıllı
behalten *irr vt* korumak, saklamak, tutmak; (*Ware*) alıkoymak; (*im Gedächtnis*) aklında tutmak, bellemek (**etw** -i); **etw im Auge ~** bir şeyi gözden kaçırmamak
Behälter *m* kap, mahfaza
behandeln *vt* ① davranmak (**jdn** -e) ② MED tedavi etmek (**jdn** -i), bakmak (**jdn** -e) ③ (*im Unterricht*) oku(t)mak (**etw** -i)
Behandlung *f* tedavi
beharren *vi* (*auf seiner Ansicht*) ısrar etmek (**auf etw** -de)
beharrlich *adj* ① (*ausdauernd*) sebatlı, dayanıklı ② (*hartnäckig*) inatçı
Beharrlichkeit *f* ① (*Ausdauer*) sebat, dayanıklılık ② (*Bestehen auf*) ısrar
behaupten *vt* iddia etmek, ileri sürmek (**etw** -i)
Behauptung *f* iddia, tez, ileri sürme
beheben *irr vt* (*Schaden*) gidermek, (ortadan) kaldırmak (**etw** -i)
beheizbar *adj* ısıtılabilen, yakılabilen
Behelf *m* geçici çare
behelfen *irr vr* **sich mit etw ~** bir şeye baş vurmak
beherbergen *vt* barındırmak (**jdn** -i)
beherrschen I. *vt* (*a. fig*) hükmetmek, hakim olmak (**jdn/etw** -e) **II.** *vr* **sich ~** kendine hakim olmak
beherrschend *adj* hakim, egemen
Beherrschung *f* hakim [*o* egemen] olma; (*von Wissensstoff*) biliş, iyi bilme
behilflich *adj* **jdm ~ sein** birine yardım etmek, birine kolaylık göstermek
behindern *vt* engel olmak (**etw** -e), engellemek, aksatmak (**etw** -i)
behindert *adj* özürlü, sakat; **geistig/körperlich behindert** zihinsel/bedensel özürlü
Behinderte(r) *f(m)* özürlü, engelli, sakat
Behinderung *f* ① engel, mani ② MED özürlülük
Behörde *f* makam, resmi merci, resmi daire
behutsam I. *adj* dikkatli, ihtiyatlı, sakıngan **II.** *adv* usulcacık, dikkatle
bei *präp +dat* ① (*örtlich*) -de; (*in der Nähe von*) -in yakınında; **~ Peter** Peter'de; **~ Izmir** İzmir'in yakınında [*o* civarında]; **~ Tisch** sofrada, sofra başında; **~m Blumenhändler** çiçekçide; **er hatte das Geld ~ sich** para yanındaydı ② (*zeitlich*) **~ seiner Ankunft/Abfahrt** varışında/hareketinde; **~m Essen** yemekte; **~ Gelegenheit** fırsat olursa; **~ Tag/Nacht** gündüz/gece(leyin); **~ Tagesanbruch** gün doğmasıyla ③ (*Umstände*) **~ der Arbeit sein** işte olmak; **~ ihrem Charakter** onun karakterinde; **~ Gott!** vallahi!; **~ diesem Wetter** bu havada; **~ weitem** epey; **~ weitem nicht** uzaktan yakından ilgisi yok
beibehalten *irr vt* alıkoymak, korumak, saklamak, bırakmamak (**etw** -i)
beibringen *irr vt* ① (*beschaffen*) bulmak, sağlamak (**etw** -i) ② (*lehren*) öğretmek (**jdm etw** -e -i)
Beichte *f* ① REL günah çıkartma ② (*fig: Geständnis*) itiraf
beichten I. *vi* REL günahlarını çıkartmak **II.** *vt* (*gestehen*) itiraf etmek (**etw** -i)
beide *pron* (her) iki; (*substantivisch*) (her) ikisi; **einer/keiner von ~n** ikisinden biri/hiçbiri; **wir ~** ikimiz
beiderlei *adj* her iki türlü
beieinander *adv* yan yana, beraber, birlikte
Beifahrer(in) *m(f)* *şoför yanında oturan kimse*
Beifahrerairbag *m* yolcu hava yastığı
Beifall *m* alkış
beifügen *vt* (*auch im Brief*) eklemek (**etw einer Sache** -i -e)

B

B

Beigabe *f* ek, ilave
beige *adj* bej
beigeben I. *vt* eklemek, katmak, ilave etmek (**etw einer Sache** -i -e) II. *vi* **klein** ~ pes demek, yelkenleri suya indirmek
Beigeschmack *m* (asıl tadın yanındaki) çeşni
Beihilfe *f* JUR yataklık
Beil *nt* balta, keser
Beilage *f* ❶ (*Zeitungs-*) ek ❷ (*zu Fleisch*) katık, garnitür
beiläufig I. *adj* (*nebensächlich*) önemsiz II. *adv* (*nebenbei*) yanı sıra
beilegen *vt* (*auch zu Brief*) eklemek (**etw zu etw** -i -e); (*schlichten*) yatıştırmak (**etw** -i)
Beileid *nt* taziye, başsağlığı (dileği); **sein ~ aussprechen** başsağlığı dilemek
beiliegen *irr vi* ilişik olmak
beiliegend *adj* ilişik olarak
beim *präp* = **bei dem** *s.* **bei**
beimessen *irr vt* **einer Sache Bedeutung** ~ bir şeye önem vermek, bir şeyi önemsemek
Bein *nt* ❶ (*auch von Tier*) bacak ❷ (*Tisch-*) ayak ❸ (*Knochen*) kemik; **jemandem ein ~ stellen** birine çelme takmak; **sich auf den ~en halten** (*a. fig*) ayakta kalmak
beinah(e) *adv* neredeyse, hemen hemen, az kalsın
Beiname *m* (*Spitzname*) lakap, takma ad
beinhalten *vt* içermek, kapsamak (**etw** -i)
beisammen *adv* birlikte, beraber
Beischlaf *m* JUR cinsi münasebet
Beisein *nt* **im ~ von** -in huzurunda [*o* önünde]
beiseite *adv* kenara; **Spaß ~!** şaka bir yana [*o* tarafa]!
beiseitegehen[RR] *irr vi* kenara çekilmek
beiseitelegen[RR] *irr vt* bir tarafa koymak; (*Geld*) biriktirmek (**etw** -i)
beisetzen *vt* gömmek, defnetmek, toprağa vermek (**jdn** -i)
Beisetzung *f* (*Tätigkeit*) defnetme, toprağa verme; (*Feier*) cenaze (töreni)
Beispiel *nt* örnek, misal; **zum ~** mesela, örneğin; **sich an jdm ein ~ nehmen** birini örnek almak
beispielhaft *adj* örnek(lik)
beispielsweise *adv* mesela, örneğin
beißen <biss, gebissen> I. *vt* ısırmak; (*Insekten*) sokmak (**jdn** -i) II. *vi* (*brennen*) yakmak
beißend *adj* (*fig: brennend*) yakan, yakıcı; (*Geruch*) keskin
Beißzange *f* kerpeten, kıskaç
Beistand *m* yardım
beistehen *irr vi* yardım etmek (**jdm** -e)
Beitrag *m* ❶ (*Mitwirkung*) katkı ❷ (*Mitglieds-*) aidat ❸ (*Zeitung*) makale, yazı
beitragen *irr vi* katkıda bulunmak (**zu etw** -e)
beitreten *irr vi sein* (*Verein*) girmek, katılmak (**einer Sache** -e)
Beitritt *m* girme, katılma
Beitrittsgespräche *pl* POL katılım görüşmeleri
Beiwagen *m* (*Motorrad-*) yan arabası; (*Anhänger*) römork
beiwohnen *vi* hazır bulunmak (**einer Sache** -de)
beizeiten *adv* (*rechtzeitig*) vaktinde; (*früh*) erken
bejahen *vi, vt* evet demek (**etw** -e); (*befürworten*) onaylamak, tasvip etmek (**etw** -i)
bejahrt *adj* yaşlı, yaşı ilerlemiş, ihtiyar
bekämpfen *vt* savaşmak, mücadele etmek (**jdn/etw** ile)
Bekämpfung *f* savaşma, mücadele
bekannt *adj* ❶ tanınmış, bilinen, belli ❷ (*berühmt*) meşhur, ünlü; **~ geben** ilan etmek, bildirmek; (*Verborgenes*) açıklamak, açığa çıkarmak (**etw** -i); **~ machen** ilan etmek, bildirmek (**etw** -i); **jdn mit jdm ~ machen** birini bi-

riyle tanıştırmak; **darf ich Sie mit meinem Freund ~ machen?** sizi arkadaşımla tanıştırabilir miyim?; **jdn mit etw ~ machen** birine bir şeyi tanıtmak [*o* öğretmek]

Bekannte(r) *f(m)* tanıdık, ahbap, dost; **ein guter ~r von mir** benim iyi bir tanıdığım

Bekanntenkreis *m* **mein ~** benim dost çevrem

Bekanntgabe *f* ilan

bekanntgeben *vt s.* **bekannt**

bekanntlich *adv* bilindiği üzere

bekanntmachen *vt s.* **bekannt**

Bekanntmachung *f* (*Mitteilung*) bildir(il)me; (*öffentliche*) (resmi) duyuru, ilan

Bekanntschaft *f* ① (*Kennenlernen*) tanışma ② (*Bekanntenkreis*) dost çevresi, tanıdıklar

bekennen *irr vt* itiraf etmek (**etw** -i)

Bekenntnis *nt* ① (*Glaubens-*) din ② (*Konfession*) mezhep ③ (*Geständnis*) itiraf

beklagen **I.** *vt* acı(n)mak, yerinmek; (*trauriges Ereignis*) üzülmek, ağlamak (**etw** -e) **II.** *vr* **sich bei jdm über etw ~** birine bir şeyden şikayet etmek [*o* yakınmak]

beklagenswert *adj* acınacak

bekleiden *vt* giydirmek (**jdn** -i); **ein Amt ~** makam işgal etmek

Bekleidung *f* giyecek, giyim

beklemmend *adj* can sıkıcı, sıkıntılı; (*fig*) boğucu

Beklemmungen *fpl* sıkıntı, can [*o* iç] sıkıntısı; (*Angst*) korku, kaygı, endişe

bekloppt *adj* (*fam: beschränkt*) aptal, budala; **du bist ja ~!** sen kaçıksın!

bekommen *irr* **I.** *vt* almak (*verilen bir şeyi*); (*erlangen*) elde etmek (**etw** -i); **sie bekommt ein Kind** çocuğu olacak; **was ~ Sie?** ne arzu etmiştiniz?; **wie viel ~ Sie?** ne kadar alıyorsunuz? **II.** *vi* (*jdm guttun*) iyi gelmek, yaramak (**jdm** -e); **jdm schlecht** [*o* **nicht**] **~** birine dokunmak; **wohl bekomms!** afiyet olsun!

bekömmlich *adj* şifalı

bekräftigen *vt* kuvvetlendirmek, sağlamlaştırmak (**etw** -i)

bekreuzigen *vr* **sich ~** haç çıkarmak

beladen *irr vt* yüklemek (**etw/jdn mit etw** -e -i)

belagern *vt* kuşatmak, muhasara etmek (**etw** -i); (*fig*) etrafını sarmak (**jdn/etw** -in)

Belagerung *f* kuşatma

Belang *m* **nicht von ~** kayda değer bir şey değil; **ohne ~** önemli değil

belanglos *adj* önemsiz

Belanglosigkeit *f* ehemmiyetsizlik

Belarus *nt* Beyaz Rusya, Belarus

belasten *vt* ① yüklemek (**jdn/etw mit etw** -e -i) ② (*seelisch*) sıkıntı vermek (**jdn** -e) ③ JUR suçlu göstermek; **jds Konto ~** bir hesabı birinin zimmetine geçirmek

belastend *adj* JUR suçlu gösteren

belästigen *vt* rahatsız etmek (**jdn** -i); (*sexuell*) taciz etmek (**jdn** -i), sarkıntılık etmek (**jdn** -e)

Belästigung *f* rahatsız etme, izaç; (*sexuelle*) sarkıntılık

Belastung *f* yük, ağırlık

belaufen *irr vr* (*Summe*) **sich ~ auf** tutmak, etmek (**etw** -i)

belebt *adj* canlı, hareketli; (*Ort*) işlek

Beleg *m* ① (*Beweis*) ispat, kanıt; (*Beweismittel*) delil ② (*Quittung*) makbuz, alındı

belegen *vt* ① (*bedecken*) örtmek, kaplamak (**etw** -i) ② (*mit Teppich*) döşemek (**etw** -i) ③ (*Platz*) işgal etmek (**etw** -i) ④ (*Vorlesung*) (derse) kaydolmak [*o* yazılmak] (**etw** -e) ⑤ (*beweisen*) kanıtlamak, ispat etmek (**etw** -i)

Belegschaft *f* personel

belegt *adj* ① (*Platz*) meşgul, tutulmuş ② (*Zunge*) paslı ③ (*Stimme*) kısık, boğuk ④ (*Telefon*) meşgul; **~es Brötchen** sandviç

B

belehren *vt* bilgi vermek (**jdn** -e); **jdn eines Besseren ~** birinin aklını başına getirmek

beleidigen *vt* (*erniedrigen*) hakaret etmek (**jdn** -e), aşağılamak (**jdn** -i); (*kränken*) incitmek, kırmak, gücendirmek (**jdn** -i)

beleidigend *adj* aşağılayıcı

Beleidigung *f* hakaret, aşağılama

belesen *adj* okumuş, bilgili

beleuchten *vt* aydınlatmak, ışıklandırmak (**etw** -i), ışık vermek (**etw** -e)

Beleuchtung *f* aydınlatma, ışık(landırma)

Belgien *nt* Belçika

Belgier(in) *m(f)* Belçikalı

belgisch *adj* (*Art*) Belçika; (*Herkunft*) Belçikalı

belichten *vt* ışıklamak (**etw** -i)

Belichtung *f* ışıklama

Belichtungsmesser *m* fotometre, ışıkölçer

Belichtungszeit *f* ışıklama süresi

Belieben *nt* **nach ~** isteğe göre

beliebig I. *adj* herhangi bir **II.** *adv* istenildiği kadar

beliebt *adj* sevilen

Beliebtheit *f* sevilme, rağbet

bellen *vi* (*Hund*) havlamak

Belletristik *f* edebiyat

belohnen *vt* ödüllendirmek (**jdn** -i)

Belohnung *f* ödül

belügen *irr vt* yalan söylemek (**jdn** -e)

bemächtigen *vr* **sich einer Sache ~** bir şeyi emri altına almak, bir şeyi ele geçirmek

bemängeln *vt* yermek, kusurlu bulmak, ayıplamak (**etw** -i)

bemerkbar *adj* göze çarpan, hissedilir; **sich ~ machen** kendini hissettirmek; (*Aufmerksamkeit auf sich lenken*) dikkati kendi üstüne çekmek, kendini göstermek

bemerken *vt* ❶ (*wahrnehmen*) farkına varmak (**etw** -in), farketmek (**etw** -i) ❷ (*äußern*) söylemek (**etw** -i)

bemerkenswert *adj* dikkate değer, hatırı sayılır; (*bedeutend*) önemli

Bemerkung *f* söz, demeç

bemitleiden *vt* acımak (**jdn** -e)

bemühen I. *vt* zahmete sokmak, yormak (**jdn** -i) **II.** *vr* **sich ~** zahmet etmek; (*sich anstrengen*) çabalamak, uğraşmak, çalışmak; **~ Sie sich nicht!** zahmet etmeyin!

Bemühung *f* zahmet, külfet; (*Anstrengung*) gayret, çaba

benachrichtigen *vt* haber vermek, bilgi vermek (**jdn über etw** -e hakkında), bildirmek (**jdn über etw** -e -i)

Benachrichtigung *f* haber, bilgi; JUR ihbar

benachteiligen *vt* zarara sokmak (**jdn** -i), zarar vermek (**jdn** -e)

Benachteiligung *f* zarara sokma, haksızlık; (*Nachteil*) dezavantaj

benehmen *irr vr* **sich ~** davranmak, hareket etmek (**jdm gegenüber** -e)

Benehmen *nt* davranış, tutum, hareket

beneiden *vt* imrenmek (**jdn/etw** -e); (*mit Missgunst*) kıskanmak (**jdn/etw** -i); **jdn um etw beneiden** birinin bir şeyini kıskanmak

beneidenswert *adj* imrenilecek

Beneluxstaaten *pl* Benelux devletleri (*Belçika, Hollanda ve Lüksemburg*)

Bengel *m* afacan, yumurcak

benommen *adj* uyuşuk, sersem

benötigen *vt* ihtiyacı olmak (**etw** -e); **wir ~ Geld** paraya ihtiyacımız var

benutzen *vt* (*auch Verkehrsmittel*) kullanmak (**etw** -i)

Benutzer(in) *m(f)* kullanan, kullanıcı

benutzerfreundlich *adj* kullanıcı dostu, kullanımı kolay

Benutzername *m* INET kullanıcı kodu [*o* adı]

Benutzung *f* kullan(ıl)ış

Benutzungsgebühr *f* (*Straßen-*) geçme ücreti

Benzin *nt* benzin

Benzinkanister *m* benzin bidonu

Benzinpumpe *f* benzin pompası
Benzinstand *m* benzin miktarı
Benzinuhr *f* akaryakıt göstergesi
Benzinverbrauch *m* benzin harca(n)ması
beobachten *vt* (*heimlich*) gözetlemek; (*prüfend zusehen*) gözlemek (**jdn/etw** -i)
Beobachter(in) *m(f)* gözlemci
Beobachtung *f* gözlem
bepflanzen *vt* (bitki) dikmek, ekmek (**etw mit etw** -e -i)
bequem *adj* ① (*behaglich*) rahat ② (*einfach*) kolay, zahmetsiz; **es sich ~ machen** rahatına bakmak
Bequemlichkeit *f* (*Trägheit*) üşengeçlik
beraten *irr vt* akıl [*o* öğüt] vermek; (*fachlich*) bilgi vermek (**jdn** -e)
Berater(in) *m(f)* akıl hocası; (*Fach-*) danışman
Beratung *f* ① (*Rat*) öğüt ② (*Auskunft*) danışma ③ (*Besprechung*) görüşme, danış
Beratungsstelle *f* danışma merkezi
berauschend *adj* keyif verici
berechnen *vt* hesap etmek, hesaplamak; (*in Rechnung stellen*) hesaba katmak (**etw** -i)
berechnend *adj* çıkarcı
berechtigen *vt* yetki(lendir)mek (**jdn zu etw** -i -e); (*ermächtigen*) yetki vermek (**jdn** -e)
berechtigt *adj* (*Sache*) haklı, yerinde olan; (*Person*) yetkili (**zu etw** -e)
Berechtigung *f* (*Recht*) hak; (*Befugnis*) yetki
Bereich *m* çevre; (*fig*) saha
bereichern *vr* **sich ~** zenginleşmek
bereinigen *vt* (*Angelegenheit*) temizlemek (**etw** -i)
Bereinigung *f* temizle(n)me
bereit *adj* ① (*willig*) hazır (**zu etw** -e) ② (*fertig*) hazır, tamam; **sich ~ erklären, etw zu tun** bir işi yapmaya hazır olduğunu bildirmek
bereiten *vt* hazırlamak (**etw** -i); **jdm eine Freude ~** birini sevindirmek
bereithalten *irr vt* hazır bulundurmak (**etw** -i)
bereitmachen *vt, vr* **sich ~** hazırlanmak
bereits *adv* ① (*früher*) önceden ② (*gerade eben*) daha şimdi, henüz ③ (*schon jetzt*) (daha) şimdiden
Bereitschaft *f* ① hazırlık ② (*Gewilltheit*) eğilim, isteklilik
Bereitschaftsdienst *m* (*Apotheken-*) nöbetçilik
Bereitschaftspolizei *f* kışla polisi
bereitstellen *vt* hazır bulundurmak (**etw** -i)
bereitwillig *adv* isteyerek, seve seve
bereuen *vt* pişman olmak; (*bedauern*) acımak (**etw** -e)
Berg *m* dağ; (*Hügel*) tepe
bergab *adv* yokuş [*o* tepe] aşağı
Bergarbeiter *m* maden işçisi
bergauf *adv* yokuş yukarı
Bergbau *m* madencilik, maden işletmeciliği
bergen <birgt, barg, geborgen> *vt* ① (*retten*) kurtarmak (**etw/jdn** -i) ② (*aus Schutt*) çıkarmak (**etw/jdn** -i)
Bergführer(in) *m(f)* dağ kılavuzu
bergig *adj* dağlı(k)
Bergkette *f* sıradağ, dağ silsilesi
Bergkristall *m* neceftaşı
Bergmann *m* madenci
Bergpredigt *f Hazreti İsa'nın Dağ Vaazı*
Bergsteigen *nt* dağcılık
Bergsteiger(in) *m(f)* dağcı
Bergung *f* kurtarma
Bergwerk *nt* maden ocağı
Bericht *m* rapor; (*amtlicher*) tebliğ, bildiri; (*Zeitungs-*) haber; (*Erzählung*) anlatı
berichten *vi, vt* (*mitteilen*) bildirmek (**jdm etw** -e -i), haber vermek (**jdm etw** -e ... hakkında); (*erzählen*) anlatmak (**jdm etw** -e -i)
Berichterstatter(in) *m(f)* (*Zeitungs-*) röportajcı, haberci; (*im Ausland*) yurt dışı habercisi

B

Berichterstattung *f* röportajcılık
berichtigen *vt* düzeltmek (**etw** -i)
Berichtigung *f* düzeltme
Bernhardiner *m* Sen Bernar köpeği
Bernstein *m* kehribar
berüchtigt *adj* kötü şöhretli
berücksichtigen *vt* göz önünde bulundurmak, gözetmek, hesaba katmak (**etw** -i)
Berücksichtigung *f* hesaba katış; **unter ~** *gen* -i hesaba katarak
Beruf *m* meslek; (*Stellung*) iş
berufen I. *vt* (*ernennen*) atamak, tayin etmek (**jdn zu etw** -i -e) II. *vr* **sich auf etw ~** bir şeye dayanmak III. *adj* yetkili (**zu etw** -e); **zu etw ~ sein** doğuştan bir şeye yetenekli olmak
beruflich *adj* mesleki; **was machen Sie ~?** mesleğiniz nedir?
Berufsausbildung *f* meslek eğitimi
Berufsberatung *f* meslek danışmanlığı
Berufserfahrung *f* meslek tecrübesi
Berufskrankheit *f* meslek hastalığı
Berufsleben *nt* meslek hayatı
Berufspendler(in) *m(f) iş yerine ancak bir taşıt ile varabilen kimse*
Berufsschule *f* sanat okulu
Berufsspieler(in) *m(f)* profesyonel oyuncu
berufstätig *adj* **~ sein** meslek sahibi olmak
Berufung *f* ❶ (*innere*) içten eğilim ❷ (*Ernennung*) atanma, tayin (edilme) ❸ JUR temyiz
beruhen *vi* ❶ (*sich stützen auf*) dayanmak (**auf etw** -e) ❷ (*seine Ursache haben in*) ileri gelmek (**auf etw** -den)
beruhigen I. *vt* sakinleştirmek, rahatlatmak, yatıştırmak (**jdn/etw** -i) II. *vr* **sich ~** sakinleşmek, rahatlamak, yatışmak
beruhigend *adj* sakinleştirici, rahatlatıcı, yatıştırıcı
Beruhigung *f* sakinleş(tir)me, yatıştırma
Beruhigungsmittel *nt* sinir ilacı; (*stärkeres*) uyuşturucu
berühmt *adj* meşhur, ünlü
Berühmtheit *f* ❶ (*Zustand*) şöhret, şan ❷ (*Person*) ünlü, şöhret sahibi
berühren *vt* dokunmak, değmek, el sürmek (**jdn/etw** -e); (*Thema*) değinmek (**etw** -e); (*innerlich*) etkilemek (**jdn** -i)
Berührung *f* ❶ (*Anfassen*) dokunma, değme ❷ (*Kontakt*) temas ❸ (*Erwähnung*) değinme
Besatzung *f* (*Schiffs-, Flugzeug-*) mürettebat
Besatzungsmacht *f* işgal kuvveti, işgal eden devlet
Besatzungstruppen *fpl* işgal ordusu
besaufen *irr vr* (*fam*) **sich ~** kafayı çekmek
beschädigen *vt* zarara sokmak, zedelemek, hırpalamak (**etw** -i)
Beschädigung *f* zarar, ziyan, hasar
beschaffen[1] *vt* temin etmek, sağlamak (**etw** -i)
beschaffen[2] *adj* niteliği böyle olan
beschäftigen I. *vt* ❶ meşgul etmek, uğraştırmak (**jdn** -i) ❷ (*als Arbeitskraft*) çalıştırmak (**jdn** -i) ❸ (*ablenken*) oyalamak (**jdn** -i) II. *vr* **sich ~** uğraşmak, meşgul olmak; (*als Zeitvertreib*) oyalanmak, vakit geçirmek (**mit etw** ile)
beschäftigt *adj* meşgul; **~ bei ...** -de çalışan; **~ mit** ile uğraşan
Beschäftigung *f* ❶ iş güç, uğraş ❷ (*von Arbeitskräften*) çalıştırma
beschatten *vt* (*fig*) (adım adım) takip etmek, gözetlemek (**jdn** -i)
Bescheid *m* ❶ (*Auskunft*) haber, bilgi ❷ (*Antwort*) cevap, karşılık; **jdm über etw ~ geben** [*o* **sagen**] birine bir şey hakkında bilgi vermek; **über etw ~ wissen** bir şeyi (iyi) bilmek; (*alle Kniffe kennen*) bir şeyi avucunun içi gibi bilmek
bescheiden *adj* alçak gönüllü; (*anspruchslos*) gösterişsiz
Bescheidenheit *f* alçak gönüllülük
bescheinigen *vt* belgelemek, (yazı ile)

tasdik etmek (**etw** -i)

Bescheinigung *f* (tasdik) belge(si), resmi kâğıt

bescheißen *irr vt* (*fam*) aldatmak (**jdn** -i)

Bescherung *f* hediye, bağış; (*an Weihnachten*) Noel armağanları; **eine schöne ~!** öp babanın elini!

bescheuert *adj* (*fam*) salak, aptal, ahmak

Beschilderung *f* yol işaretleri *pl*

beschimpfen *vt* sövmek, sövüp saymak, küfretmek (**jdn** -e)

Beschimpfung *f* sövme, küfretme, hakaret

BeschissRR *m* (*fam*) üçkâğıtçılık

Beschlag *m* (*Hauch*) buğu(lanma); (*Beschlagnahme*) haciz

beschlagen I. *vt* (*Pferd*) nallamak (**etw** -i) II. *vi* (*Glas*) buğulanmak III. *adj* (*Glas*) buğulu; (*Pferd*) nallanmış; **in etw ~ sein** bir şeyi iyi bilmek

Beschlagnahme *f* haciz, el koyma

beschlagnahmen *vt* haczetmek (**etw** -i), el koymak (**etw** -e)

beschleunigen *vt* hızlandırmak, çabuklaştırmak (**etw** -i)

Beschleunigung *f* hızlan(dır)ma, çabuklaş(tır)ma

beschließen *irr vt* ❶ (*beenden*) bitirmek, kesmek (**etw** -i), son vermek (**etw** -e) ❷ (*entscheiden*) karar vermek (**etw zu tun** -meye); **gemeinsam ~** kararlaştırmak (**etw** -i)

BeschlussRR *m*, **Beschluß**ALT *m* karar

beschmieren *vt* ❶ (*besudeln*) kirletmek, pisletmek; (*mit Fett*) yağlamak (**etw** -i) ❷ (*etw auftragen*) sürmek (**etw mit etw** -e -i)

beschneiden *irr vt* ❶ (kenarını) kesmek, yontmak (**etw** -i) ❷ REL sünnet etmek (**jdn** -i) ❸ (*Baum*) budamak (**etw** -i)

Beschneider *m* (*beim islam. Beschneidungsritus*) sünnetçi

Beschneidung *f* REL sünnet

Beschneidungsklinik *f* sünnet kliniği

beschönigen *vt* ayıbını örtmek (**etw** -in)

beschränken I. *vt* kısıtlamak (**etw** -i) II. *vr* **sich ~** (*sich begnügen mit*) yetinmek (**auf etw** ile)

beschränkt *adj* ❶ (*gering*) sınırlı, dar, kıt ❷ (*dumm*) ahmak, mankafa

Beschränkung *f* kısıtla(n)ma

beschreibbar *adj* INFORM (*Diskette, CD*) kaydedilebilir, üzerine kayıt yapılabilir

beschreiben *irr vt* ❶ (*schildern*) tanımlamak, tasvir etmek (**etw** -i) ❷ (*Weg*) tarif etmek (**etw** -i)

Beschreibung *f* ❶ (*Schilderung*) tanımlama, tasvir ❷ (*eines Weges*) tarif

beschuldigen *vt* suçlamak (**jdn einer Sache** -i ile)

Beschuldigung *f* suçlama

beschummeln *vi* (*fam*) aldatmak (**jdn** -i)

beschützen *vt* korumak, esirgemek (**jdn vor jdm/etw** -i -den)

Beschützer(in) *m(f)* koruyucu

Beschwerde *f* şikayet

beschweren I. *vt* ağırlık vermek (**etw** -e) II. *vr* **sich bei jdm über etw ~** birine bir şeyden şikayet etmek [*o* yakınmak]

beschwerlich *adj* (*mühsam*) zahmetli

beschwichtigen *vt* yatıştırmak, avutmak (**jdn** -i)

beschwipst *adj* (*fam*) çakırkeyf

beschwören *irr vt* ❶ (*behaupten*) yeminle tasdik etmek (**etw** -i) ❷ (*anflehen*) yalvarmak (**jdn** -e) ❸ (*Geister*) çağırmak (**jdn** -i)

beseitigen *vt* (ortadan) kaldırmak, gidermek (**etw** -i)

Beseitigung *f* (ortadan) kaldır(ıl)ma, gider(il)me

Besen *m* süpürge

Besenstiel *m* süpürge sapı

besetzen *vt* ❶ (*Sitzplatz*) tutmak (**etw** -i) ❷ MIL işgal etmek (**etw** -i)

besetzt *adj* ❶ (*Platz, Fahrzeug*) tutulmuş, dolu; (*Toilette auch*) meşgul ② (*Leitung*) meşgul

B

Besetztzeichen *nt* meşgul işareti

besichtigen *vt* (*Stadt*) gezmek, dolaşmak (**etw** -i)

Besichtigung *f* gezme, dolaşma

besiedeln *vt* (*sich ansiedeln*) yerleşmek (**etw** -e); **dicht/dünn besiedelt** kalabalık/tenha yerleşimli

besiegen *vt* yenmek, alt etmek (**jdn** -i)

besinnen *vr* **sich ~** düşünmek, düşünüp taşınmak (**auf etw** -i); **sich anders ~** fikrini değiştirmek, caymak

Besinnung *f* **die ~ verlieren** bayılmak; **wieder zur ~ kommen** ayılmak

besinnungslos *adj* baygın

Besitz *m* mal, mülk

besitzen *irr vt* sahip olmak (**etw** -e)

Besitzer(in) *m(f)* sahip

besoffen *adj* (*fam*) sarhoş, zom, bulut gibi

besohlen *vt* taban geçirmek, pençe takmak (**etw** -e)

besondere(r, s) *adj* özel, kendine özgü; (*außergewöhnlich*) olağanüstü, fevkalade; **etwas Besonderes** olağanüstü [*o* fevkalade] bir şey; **nichts Besonderes** önemli bir şey değil

Besonderheit *f* ① (*Eigenschaft*) özellik ② (*Außergewöhnlichkeit*) fevkaladelik

besonders *adv* özellikle, bilhassa, hele; **nicht ~** (*nicht so sehr*) pek o kadar değil; (*so lala*) şöyle böyle

besonnen *adj* ağır başlı

Besonnenheit *f* ağır başlılık

besorgen *vt* ① (*beschaffen*) sağlamak, temin etmek (**etw** -i) ② (*einkaufen*) (satın) almak (**etw** -i) ③ (*erledigen*) yapmak, halletmek (**etw** -i)

Besorgnis *f* endişe

besorgniserregend *adj* endişelendirici

besorgt *adj* (*unruhig*) endişeli, huzursuz; (*bekümmert*) kaygılı, tasalı

Besorgung *f* ① (*Beschaffung*) yap(ıl)ma ② (*Erledigung*) temin, temin ed(il)me; **~en machen** alışveriş yapmak, öteberi almak

bespielbar *adj* (*Kassette*) kaydedilebilir, üzerine kayıt yapılabilir

besprechen *irr vt* görüşmek, konuşmak (**etw** -i)

Besprechung *f* ① (*Gespräch*) görüşme, konuşma, danış ② (*Rezension*) eleştiri, tenkit

bespritzen *vt* üzerine serpmek (**mit etw** -i); (*mit Schmutz*) sıçratmak (**jdn mit etw** -e -i)

besser *adj, adv* daha iyi; **umso ~!** daha iyi ya!; **~ werden** iyileşmek, düzelmek; (*Ertrag, Leistung*) yükselmek; **es ist ~** böylesi daha iyi; **es geht mir ~** daha iyiyim

bessern **I.** *vt* iyileştirmek, düzeltmek (**etw** -i) **II.** *vr* **sich ~** düzelmek; (*Wetter*) açılmak; (*Gesundheit*) iyileşmek

Besserung *f* (*Sache*) düzelme; (*Gesundheit*) iyileşme; **gute ~!** geçmiş olsun!

Besserwisser(in) *m(f)* bilgiç

Bestand *m* ① (*Dauer*) devam, sürme, sürek ② ECON mevcut, (elde) bulunan

beständig *adj* ① (*unveränderlich*) değişmez, sabit, durağan; (*Wetter*) değişmeyen, değişmez ② (*dauerhaft*) dayanıklı

Beständigkeit *f* (*Dauerhaftigkeit*) dayanıklılık

Bestandteil *m* parça, öğe, unsur

bestärken *vt* desteklemek (**jdn in etw** -i -de)

bestätigen *vt* ① (*behördlich*) tasdik etmek, ona(yla)mak (**etw** -i) ② (*Aussage*) doğrulamak (**etw** -i); **den Empfang ~** alındığını bildirmek

Bestätigung *f* ① (*behördlich*) tasdik, onay ② (*einer Aussage*) doğrulama ③ (*Bescheinigung*) (tasdik) belge(si)

bestatten *vt* gömmek, defnetmek, toprağa vermek (**jdn** -i)

Bestattung *f* ① (*Tätigkeit*) gömme, defnetme ② (*Feier*) cenaze (töreni)

beste(r, s) *adj* en iyi; **am ~n** en iyi(si); **der erste Beste** rastgele birisi; **sein Bestes tun** elinden geleni yapmak
bestechen *irr vt* rüşvet vermek [*o* yedirmek], para yedirmek (**jdn** -e)
bestechlich *adj* rüşvetçi, yiyici
Bestechlichkeit *f* yiyicilik
Bestechung *f* rüşvet
Besteck *nt* kaşık çatal bıçak
bestehen *irr* I. *vt* (*Examen*) geçmek, kazanmak (**etw** -i) II. *vi* ❶ (*existieren*) var olmak ❷ (*fort-*) sürmek, devam etmek; **auf etw ~** bir şeyde ısrar [*o* inat] etmek; **~ in ...** -den ibaret olmak; **~ aus ...** -den oluşmak; **es besteht kein Zweifel** hiç kuşkusuz
bestehend *adj* (*jetzig*) şimdiki; (*vorhanden*) elde bulunan, mevcut
besteigen *irr vt* (*Fahrzeug, Pferd*) binmek; (*Berg, Thron*) çıkmak (**etw** -e)
Bestelladresse *f* isteme adresi
bestellen *vt* ❶ (*Land*) işlemek, sürmek, ekmek (**etw** -i) ❷ (*Ware*) sipariş etmek, ısmarlamak (**etw** -i); (*Zeitung*) abone olmak (**etw** -e); (*Zimmer*) rezerve ettirmek, ayırtmak; (*Taxi*) çağırmak (**etw** -i); **jdm Grüße ~** birine selam söylemek [*o* yollamak]; (*jdn kommen lassen*) birini ısmarlamak [*o* getirtmek]
Bestellnummer *f* sipariş numarası
Bestellschein *m* sipariş mektubu
Bestellung *f* sipariş
Bestellzettel *m* sipariş pusulası
bestenfalls *adv* olsa olsa
besteuern *vt* vergilendirmek (**etw** -i)
Bestie *f* canavar
bestimmen *vt* ❶ (*festsetzen*) belirlemek, belirtmek, saptamak (**etw** -i) ❷ (*definieren*) tanımlamak (**etw** -i)
bestimmt I. *adj* ❶ (*festgelegt*) belirli ❷ (*deutlich*) belli ❸ (*sicher*) kesin II. *adv* muhakkak; **ganz ~** şüphesiz
Bestimmung *f* ❶ (*Schicksal*) yazgı, kader ❷ (*Vorschrift*) yönerge, tüzük
bestrafen *vt* cezalandırmak (**jdn** -i)
Bestrafung *f* ceza, cezalandır(ıl)ma
bestrahlen *vt* ❶ (*beleuchten*) aydınlatmak (**etw** -i) ❷ MED radyoterapi uygulamak (**etw** -e)
Bestrahlung *f* ışın salma; MED radyoterapi, ışın tedavisi
Bestrebungen *fpl* ❶ (*Bemühung*) çaba, gayret ❷ (*Versuch*) deneyim, girişim
bestreiten *irr vt* inkar etmek, yadsımak; (*Kosten*) karşılamak, ödemek (**etw** -i)
bestürzt *adj* şaşkın, telaşlı
Bestürzung *f* şaşkınlık, telaş
Besuch *m* ❶ (*Tätigkeit*) ziyaret ❷ (*Gast, Gäste*) konuk(lar), misafir(ler); **zu ~** konuk [*o* misafir] olarak
besuchen *vt* ❶ ziyaret etmek (**jdn/etw** -i); (*vorbeikommen*) uğramak (**jdn/etw** -e) ❷ (*Veranstaltung*) izlemek (**etw** -i); **die Schule ~** okula gitmek, okulda okumak
Besucher(in) *m(f)* ziyaretçi, konuk, misafir; (*einer Veranstaltung*) seyirci
Besuchszeit *f* ziyaret saatleri *pl*
betätigen I. *vt* (*Maschine*) kullanmak, işletmek (**etw** -i) II. *vr* **sich ~** çalışmak
Betätigung *f* (*Tätigkeit*) iş, çalışma; (*eines Apparats*) kullanma, işletme
betäuben *vt* bayıltmak; (*mit Betäubungsmittel*) uyuşturmak (**jdn/etw** -i)
Betäubung *f* MED anestezi
Betäubungsmittel *nt* uyuşturucu (madde)
Bete *f* **Rote ~** pancar
beteiligen I. *vt* katmak, iştirak ettirmek; ECON ortak etmek (**jdn an etw** -i -e) II. *vr* **sich ~** katılmak, iştirak etmek; ECON ortak olmak (**an etw** -e)
Beteiligung *f* ❶ katılma, iştirak ❷ ECON ortaklık
beten *vi* dua etmek; (*rituelles Gebet im Islam*) namaz kılmak
beteuern *vt* temin etmek (**dass** -diğini)
Bethlehem *nt* Beytüllahim
Beton *m* beton
betonen *vt* (*a. fig*) vurgulamak (**etw** -i)

B

Betonung *f* vurgu(lama); (*in der Aussprache*) aksan
Betracht *m* **in ~ ziehen** hesaba katmak, gözetmek (**etw** -i)
betrachten *vt* (*Bild*) bakmak (**etw** -e); **er betrachtet mich als einen Dummkopf** beni enayi yerine koyuyor
beträchtlich *adj* büyük, önemli, dikkate değer, epey
Betrag *m* tutar, yekun
betragen *irr* **I.** *vt* (*Summe*) tutmak, etmek (**etw** -i) **II.** *vr* **sich ~** davranmak, hareket etmek
Betragen *nt* davranış; (*in der Schule*) hal ve gidiş
Betreff *m* (*in Briefen*) konu, özet
betreffen *irr vt* (*angehen*) ilgilendirmek (**jdn** -i); **was ... betrifft** -e gelince
betreffend *adj* ❶ (*angehend*) ilgisi olan, ilgili ❷ (*erwähnt*) adı geçen
betreiben *irr vt* işletmek (**etw** -i)
Betreiber(in) *m(f)* işletici
betreten *irr vt* girmek, ayak basmak, adım atmak (**etw** -e)
Betreten *nt* **~ verboten!** girmek yasaktır!
betreuen *vt* (*Personen*) bakmak (**jdn** -e); (*Sachen*) yürütmek, yönetmek (**etw** -i)
Betreuung *f* (*von Personen*) bakım; (*von Sachen*) yürütme, yönetim
Betrieb *m* ❶ (*einer Anlage*) işletme, yönetme ❷ (*Unternehmen*) firma, tesis, işletme ❸ (*Leben, Rummel*) canlılık, hareket; **in ~ sein** çalışmak, işlemek; **in ~ setzen** işletmek (**etw** -i); **außer ~ sein** çalışmamak, işlememek; (*Automat*) servis dışı olmak; (*elektrisches Gerät*) devre dışı kalmak
betriebsam *adj* çalışkan, girişken, hamarat
Betriebsamkeit *f* çalışkanlık, girişkenlik, hamaratlık
Betriebsferien *pl* firma tatili
Betriebsleitung *f* işletme müdürlüğü
Betriebsrat *m* ❶ (*Person*) işçi temsilcisi ❷ (*Institution*) işçi temsilciliği
Betriebssystem *nt* INFORM işletim sistemi
Betriebswirt(in) *m(f)* işletmeci
Betriebswirtschaft *f*, **Betriebswirtschaftslehre** *f* işletmecilik
betrinken *irr vr* **sich ~** sarhoş olmak, içki içmek
betroffen *adj* (*fassungslos*) şaşkın
Betroffenheit *f* şaşkınlık
Betrug *m* aldatma, hile, dolandırıcılık
betrügen *irr vt* aldatmak; JUR dolandırmak (**jdn** -i)
Betrüger(in) *m(f)* hilekar; JUR dolandırıcı
Betrügerei *f* hilekarlık, dolandırıcılık
betrügerisch *adj* aldatıcı, dolandırıcı, hileci
betrunken *adj* sarhoş; **leicht ~** hafif sarhoş, çakırkeyf
Bett *nt* yatak; (*Fluss-*) nehir yatağı; **zu ~ bringen/gehen** yatırmak/yatmak
Bettbezug *m* yatak takımı
Bettcouch *f* çekyat
Bettdecke *f* yorgan; (*Tagesdecke*) yatak örtüsü; (*aus Wolle*) battaniye
betteln *vi* dilenmek, dilencilik etmek, avuç açmak
Bettgestell *nt* karyola
Bettlaken *nt* yatak çarşafı
Bettler(in) *m(f)* dilenci
Bettruhe *f* istirahat (*iyileşmek için yataktan çıkmama*)
Betttuch[RR], **Bettuch**[ALT] *nt* yatak çarşafı
Bettwäsche *f* yatak takımı
beugen **I.** *vt* eğmek, bükmek, eğriltmek (**etw** -i) **II.** *vr* **sich ~** eğilmek, bükülmek, eğrilmek; (*sich unterwerfen*) boyun eğmek (**jdm/einer Sache** -e)
Beugung *f* ❶ (*Beugen*) eğilme, bükülme ❷ (*Deklination*) çekim
Beule *f* ❶ çıkıntı ❷ MED kabartı, şiş(kinlik), yumru
beunruhigen **I.** *vt* huzursuz etmek, endişelendirmek, telaşa vermek (**jdn** -i)

II. *vr* **sich ~** huzursuz olmak, endişelenmek, telaşlanmak

beunruhigend *adj* huzursuz edici, endişe verici

beurlauben *vt* ① izin vermek (**jdn** -e) ② (*entlassen*) (görevden) çıkarmak (**jdn** -i)

beurlaubt *adj* izinli

beurteilen *vt* karar vermek (**etw** ... hakkında); **scharf ~** tenkit etmek (**etw** -i)

Beurteilung *f* karar (verme)

Beute *f* ganimet

Beutel *m* kese, (küçük) torba

bevölkert *adj* **dicht/schwach ~** kalabalık/tenha yerleşimli

Bevölkerung *f* ① (*Volk*) halk ② (*Einwohnerzahl*) nüfus

Bevollmächtigte(r) *f(m)* yetkili, temsilci, yediemin

bevor *konj* -meden önce; **~ ich ins Bett gegangen bin, hatte ich noch ferngesehen** yatmadan önce televizyon seyrettim

bevormunden *vt* **jdn ~** birinin başına kahya kesilmek

bevorzugen *vt* ① (*vorziehen*) tercih etmek, yeğlemek (**jdn/etw** -i) ② (*begünstigen*) kayırmak (**jdn** -i)

bewachen *vt* gözetmek, beklemek (**jdn/etw** -i)

Bewacher(in) *m(f)* nöbetçi, bekçi

Bewachung *f* gözetme, bekçilik etme

bewaffnen *vt* silahlandırmak (**jdn** -i)

bewaffnet *adj* silahlı; **~er Kämpfer** militan

Bewaffnung *f* silahlanma

bewahren *vt* korumak (**etw** -i)

bewähren *vr* **sich ~** değerini göstermek

bewährt *adj* (*erprobt*) denenmiş; **~er Freund** karagün dostu

Bewährungsfrist *f* cezanın tecili [*o* ertelenmesi]

bewältigen *vt* (*Schwierigkeit*) hakkından gelmek (**etw** -in); (*Arbeit*) becermek (**etw** -i)

bewässern *vt* sulamak (**etw** -i)

Bewässerung *f* sulama

Bewässerungsgraben *m* su arkı

Bewässerungsland *nt* sulama toprağı

bewegen[1] **I.** *vt* ① hareket ettirmek; (*leicht bewegen*) kımıldatmak (**etw** -i) ② (*seelisch*) duygulandırmak, heyecanlandırmak (**jdn** -i) **II.** *vr* **sich ~** hareket etmek

bewegen[2] <bewog, bewogen> *vt* (*veranlassen*) neden olmak (**etw** -e)

beweglich *adj* oynak, hareketli, devingen; (*flink*) atik, canlı, çevik

Beweglichkeit *f* hareketlilik

bewegt *adj* ① (*See*) dalgalı, coşkun ② (*Leben*) hareketli, heyecanlı, canlı

Bewegung *f* ① hareket; (*leichte Bewegung*) kımıldanma ② (*Gefühls~*) duygulanma; **in ~ setzen** harekete geçirmek (**etw** -i); **sich in ~ setzen** harekete geçmek

Beweis *m* ispat, kanıt, delil

beweisen *irr vt* ispat etmek, kanıtlamak (**etw** -i)

Beweismangel *m* JUR delil yetersizliği

bewerben *irr vr* **sich um etw ~** bir şeye talip olmak

Bewerber(in) *m(f)* talip, istekli

Bewerbung *f* başvuru, talep

bewerten *vt* değerlendirmek; (*bei Preisverteilung*) derecelendirmek (**etw** -i)

bewilligen *vt* izin vermek (**etw** -e), onaylamak, tasvip etmek (**etw** -i)

Bewilligung *f* izin, onay, tasvip

bewirken *vt* neden olmak (**etw** -e)

bewirtschaften *vt* (*Betrieb*) işletmek, yönetmek (**etw** -i)

bewog(en) *vt s.* **bewegen[2]**

bewohnbar *adj* oturulabilir, yaşanabilir

bewohnen *vt* oturmak (**etw** -de)

Bewohner(in) *m(f)* ① oturan, sakin ② (*Bevölkerung*) halk

bewölken *vr* **sich ~** bulutlanmak, kapanmak

bewölkt *adj* bulutlu, kapalı

Bewölkung *f* ① (*Sichbewölken*) bulutlanma ② (*Wolken*) bulutlar

Bewunderer(in) *m(f)* hayran
bewundern *vt* hayran olmak; (*anstaunen*) hayret etmek (**etw/jdn** -e)
bewundernswert *adj* hayran olmaya değer
Bewunderung *f* hayranlık; (*Anstaunen*) hayret
bewusst[RR], **bewußt**[ALT] **I.** *adj* bilinçli; **sich einer Sache ~ sein** bir şeyin bilincinde olmak; **jdm etw ~ machen** birini bir şey konusunda bilinçlendirmek; **sich etw ~ machen** bir şeyden bilinçlenmek **II.** *adv* bilerek, kasıtlı
bewusstlos[RR], **bewußtlos**[ALT] *adj* baygın, kendinden geçmiş; **~ werden** bayılmak, kendinden geçmek
Bewusstlosigkeit[RR] *f*, **Bewußtlosigkeit**[ALT] *f* baygınlık
Bewusstsein[RR] *nt*, **Bewußtsein**[ALT] *nt* bilinç; **das ~ verlieren** şuurunu kaybetmek, bayılmak
bezahlen *vt* ödemek (**etw** -i); **sich bezahlt machen** zararını çıkarmak; (*fig*) değmek
Bezahlung *f* ödeme
bezaubernd *adj* büyüleyici
bezeichnen *vt* ① (*zeigen*) göstermek (**etw** -i) ② (*beschreiben*) tanımlamak (**etw** -i) ③ (*benennen*) adlandırmak (**jdn/etw als jdn/etw** -i ... olarak)
bezeichnend *adj* tipik, karakteristik
Bezeichnung *f* ① (*Name*) ad, isim ② (*Ausdruck*) deyim, tabir
bezeugen *vt* tanıklık [*o* şahitlik] etmek; (*bestätigen*) doğrulamak (**etw** -i)
beziehen *irr* **I.** *vt* ① (*überziehen*) (kılıf) geçirmek (**etw** -e) ② (*Wohnung*) taşınmak (**etw** -e) ③ (*Gehalt*) almak; (*Waren*) getirtmek (**etw** -i); **das Bett ~** çarşaf örtmek **II.** *vr* **sich ~ auf** dayanmak (**auf etw** -e); (*als Beweis anführen*) delil olarak göstermek (**auf etw** -i)
Beziehung *f* ① (*Verbindung*) ilişki, ilgi, ilinti ② (*Kontakt*) temas ③ (*Hinsicht*) yön, bakım; **diplomatische ~en** diplomatik ilişkiler; (**gute**) **~en haben** (iyi) ilişkileri olmak; **in jeder ~** her bakımdan
Beziehungsprobleme *pl* ilişki problemleri
beziehungsweise *adv* veya, yahut; (*genauer gesagt*) daha doğrusu
Bezirk *m* ① (*Gemeinde-*) bucak ② (*Regierungs-*) il ③ (*Stadt-*) semt
Bezug *m* (*Überzug*) kılıf, zarf; **in ~ auf** ... hakkında [*o* konusunda]; **auf etw ~ nehmen** bir şeye dayanmak
bezüglich *präp +gen* hakkında, -e ilişkin, -e dair
bezwecken *vt* amaçlamak (**etw** -i)
bezweifeln *vt* şüphe etmek, şüphelenmek (**etw** -den)
BGB *nt Abk von* **Bürgerliches Gesetzbuch** Medeni Kanun
BH *m Abk von* **Büstenhalter** sutyen
Bhf. *m Abk von* **Bahnhof** istasyon
Bibel *f* (*Altes Testament*) Tevrat; (*Neues Testament*) İncil
Biber *m* kunduz
Bibliothek *f* kütüphane, kitaplık
Bibliothekar(in) *m(f)* kütüphaneci
biegen <bog, gebogen> **I.** *vt* eğmek, bükmek, eğriltmek (**etw** -i) **II.** *vi sein* **um die Ecke ~** köşeden dönmek
biegsam *adj* esnek
Biegung *f* (*einer Straße*) dönemeç, kıvrıntı
Biene *f* arı
Bienenkorb *m*, **Bienenstock** *m* arı kovanı
Bier *nt* bira; **helles/dunkles ~** beyaz/siyah bira
Bierbrauerei *f* bira fabrikası
Bierdeckel *m* bira altlığı
Bierlokal *nt* birahane
Biest *nt* canavar
bieten <bot, geboten> **I.** *vt* vermek (**jdm etw** -e -i); **das lasse ich mir nicht ~** buna izin veremem **II.** *vr* **sich ~** (*Gelegenheit*) (fırsat) çıkmak
Big Brother *m* (*TV-Sendung*) Biri Bizi

Gözetliyor (programı)

Bikini *m* bikini

Bilanz *f* bilanço

bilateral *adj* iki taraflı

Bild *nt* ❶ (*Foto, Zeichnung*) resim ❷ (*Gemälde*) tablo ❸ (*Bildnis*) portre ❹ (*fig: Erscheinung*) görüntü, hayal; (*Erinnerung*) anı; (*Vorstellung*) fikir, düşünce; **über etw im ~e sein** bir şey hakkında bilgisi olmak

bilden I. *vt* ❶ (*gestalten*) biçimlendirmek (**etw** -i), şekil vermek (**etw** -e) ❷ (*darstellen, sein*) oluşturmak (**etw** -i) ❸ (*belehren*) bilgi vermek (**jdn** -e) II. *vr* **sich ~** (*entstehen*) oluşmak; (*lernen*) bilgi edinmek

bildend *adj* eğitici, öğretici; **die ~en Künste** güzel sanatlar

Bilderbuch *nt* resimli kitap

bildhaft *adj* tasviri, betimsel

Bildhauer(in) *m(f)* heykeltıraş

Bildhauerei *f* heykeltıraşlık

Bildschirm *m* ekran

Bildschirmschoner *m* ekran koruyucu(su)

Bildtelefon *nt* videofon

Bildung *f* ❶ (*Entstehung*) oluşma, kuruluş ❷ (*Schaffung*) oluşturma, yaratma, kurma ❸ (*Wissen*) bilgi, görgü, kültür; **~ einer kriminellen Vereinigung** JUR suç işlemek amacıyla örgüt kurma

Billard *nt* bilardo

Billardkugel *f* bilya

Billardstock *m* istaka

Billiarde *f* (*10 hoch 15*) katrilyon

billig *adj* ❶ (*preiswert*) ucuz ❷ (*pej*) bayağı, adi

billigen *vt* ❶ (*gutheißen*) ona(yla)mak, uygun görmek, tasvip etmek (**etw** -i) ❷ (*genehmigen*) izin vermek (**etw** -e)

Billiglinie *f* LUFT ucuz havayolu

Billigware *f* tapon mal

Billion *f* (*10 hoch 12*) trilyon

binär *adj* MATH ikili

Binärsystem *nt* MATH ikili sayı sistemi

Binärzahl *f* MATH iki tabanlı sayı, ikili tabandaki sayı

Binde *f* ❶ (*Band*) bağ, bant ❷ (*Verband*) sargı

Bindehautentzündung *f* konjonktivit

binden <band, gebunden> I. *vt* bağlamak (**etw an etw** -i -e), sarmak (**etw um etw** -i -e); (*Buch*) ciltlemek (**etw** -i) II. *vr* **sich ~** bağlanmak (**an etw** -e)

bindend *adj* (*fig*) bağlayıcı

Bindestrich *m* birleştirme çizgisi, kısa çizgi

Bindfaden *m* sicim

Bindung *f* (*fig*) ❶ (*Verbundenheit*) bağlılık ❷ (*Ski-*) bağlama tertibatı

binnen *präp +gen* ... içinde, ... zarfında

Binnenhafen *m* iç liman

Binnenland *nt* (denizin arkasında kalan) iç topraklar

Binnenmigration *f* iç göç

Binnenschifffahrt[RR] *f* iç sularda ulaşım

Binnensee *m* iç deniz

Biographie *f* biyografi, yaşam öyküsü

Biokost *f* ekolojik gıda, organik gıda

Bioladen *m* doğal ürünler dükkanı

Biolandbau *m* biyolojik tarım [*o* çiftçilik]

Biologie *f* biyoloji, dirimbilim

biologisch *adj* biyolojik, dirimbilimsel

Bioprodukt *nt* biyolojik ürün

Biotechnologie *f* biyoteknoloji

Biotreibstoff *m* biyolojik yakıt

Biowaffe *f* biyolojik silah

birgt *vt s.* **bergen**

Birke *f* kayın ağacı

Birnbaum *m* armut ağacı

Birne *f* ❶ (*Obst*) armut ❷ (*Glüh-*) ampul

bis I. *präp* (*zeitlich u. örtlich: nach*) -e kadar, -e dek; **von ... ~ ...** -den -e kadar; **zwei ~ drei Tage** üç dört gün; **~ auf ...** -in dışında II. *konj* (*zeitlich*) -inceye [*o* -ene] kadar

Bischof *m* piskopos

Bisexualität *f* çift cinsellik, biseksüellik, biseksüalite

bisexuell *adj* çift cinsiyetli, biseksüel

Bisexuelle(r) *f(m)* çift cinsiyetli, biseksüel

bisher *adv* şimdiye kadar

Biskuit *m* bisküvit

bislang *adv* şimdiye kadar

biss[RR], **biß**[ALT] *vt s.* **beißen**

Biss[RR] *m*, **Biß**[ALT] *m* ısırma; (*von Insekten*) sokma

bisschen[RR], **bißchen**[ALT] *pron* **ein ~** biraz, bir parça

Bissen *m* lokma

bissig *adj* ❶ (*Hund*) ısır(g)an ❷ (*sarkastisch*) iğneleyici, acı

bisweilen *adv* arasıra, bazen

Bit *nt* INFORM bit; **~s pro Sekunde** saniyedeki bit sayısı

bitte *interj* (*bei Aufforderung*) lütfen; (*als Antwort*) rica ederim!; (*nach Dank*) bir şey değil; **wie ~?** efendim?

Bitte *f* ❶ (*Ersuchen*) rica ❷ (*Wunsch*) dilek; **ich habe eine ~ an Sie** sizden bir ricam var

bitten <bat, gebeten> *vt* ❶ (*Bitte aussprechen*) rica etmek (**jdn um etw** -den -i) ❷ (*wünschen*) dilemek (**jdn um etw** -den -i); **darf ich Sie um die Milch ~?** sizden sütü rica edebilir miyim?

bitter *adj* (*a. fig*) acı

Bitterkeit *f* (*a. fig*) acı(lık)

bizarr *adj* garip, tuhaf

Blackbox *f* (*in Flugzeug*) kara kutu

Blähung *f* (barsaklarda) gaz (toplanması)

Blamage *f* rezil [*o* bozum] olma

blamieren **I.** *vt* rezil [*o* kepaze] etmek (**jdn** -i) **II.** *vr* **sich ~** mahcup olmak [*o* kalmak]

blank *adj* (*sauber*) temiz, ak pak; **~ sein** (*fig fam*) meteliğe kurşun atmak

Blankoscheck *m* açık çek

Blankovollmacht *f* tam yetki

Blase *f* (*Wasser-, Haut-*) kabarcık; (*Harn-*) mesane, sidik torbası

Blasebalg *m* körük

blasen <bläst, blies, geblasen> **I.** *vt* ❶ üflemek (**etw** -i) ❷ (*Instrument*) çalmak, öttürmek (**etw** -i) **II.** *vi* (*Wind*) esmek

Blasinstrument *nt* nefesli çalgı

blass[RR], **blaß**[ALT] *adj* solgun, soluk; **~ werden** sararmak

bläst *vi s.* **blasen**

Blatt *nt* ❶ (*von Pflanze*) yaprak ❷ (*Papier*) kâğıt, yaprak ❸ (*Zeitung*) gazete; **kein ~ vor den Mund nehmen** sözünü esirgememek

Blätterteig *m* yufka

blau *adj* ❶ (*Farbe*) mavi ❷ (*fig fam: betrunken*) sarhoş, zom, bulut gibi; **~er Fleck** çürük; **Fahrt ins Blaue** hedefi belli olmayan seyahat

blauäugig *adj* ❶ mavi gözlü ❷ (*naiv*) budala

Blaubeere *f* yabanmersini

bläulich *adj* mavimsi, mavimtırak

blaumachen *vi* (*fam*) asmak, çalışmamak

Blauwal *m* gök balina

Blazer *m* blazer, spor ceketi

Blech *nt* ❶ (*Blechplatte*) madeni levha ❷ (*Eisen-*) saç; (*Weiß-*) teneke

Blechdose *f* teneke kutu

Blei *nt* kurşun

bleiben <blieb, geblieben> *vi sein* kalmak; (*sich aufhalten*) bulunmak, kalmak, oturmak; (*andauern*) sürmek, devam etmek; **~ lassen** yapmamak, bırakmak (**etw** -i), el sürmemek (**etw** -e); **es bleibt dabei** dediğim(iz) gibi; **bei jdm ~** birinin yanında kalmak [*o* oturmak]; **~ Sie am Apparat!** telefondan ayrılmayın!

bleibend *adj* sürekli, kalıcı, devamlı

bleich *adj* solgun, soluk

bleifrei *adj* (*Benzin*) kurşunsuz

Bleistift *m* kurşunkalem

Bleistiftspitzer *m* kalemtıraş

Blende *f* (*Foto*) diyafram

blenden *vt* ❶ (*des Augenlichts berauben*) kör etmek (**jdn** -i) ❷ (*durch

Licht) gözlerini kamaştırmak (**jdn** -in) ③ (*stark beeindrucken*) büyülemek (**jdn** -i)
blendend *adj* (*a. fig*) göz kamaştırıcı
Blick *m* ① bakış ② (*Ausblick*) görünüş, manzara; **einen ~ werfen auf** bir şeye göz atmak; **Liebe auf den ersten ~** ilk bakışta aşık olma
blicken *vi* bakmak (**auf etw/jdn** -e)
Blickfeld *nt* göz alanı
Blickwinkel *m* bakış açısı
blieb *vi s.* **bleiben**
blind *adj* kör; (*glanzlos*) donuk; **auf einem Auge ~** bir gözü kör; **~ vor Liebe** kör aşık; **~er Passagier** kaçak yolcu
Blinddarm *m* körbarsak, apandis
Blinddarmentzündung *f* apandisit
Blinde(r) *f(m)* ama, kör
Blindenschrift *f* körler alfabesi
Blindheit *f* (*a. fig*) körlük
blindlings *adv* gözü kapalı, körü körüne
blinken *vi* ① parlamak, parıldamak, pırıldamak ② (*Auto*) sinyal ışığı vermek
Blinker *m* sinyal ışığı, yön göstergesi
Blinklicht *nt* sinyal ışığı
blinzeln *vi* göz kırpmak
Blitz *m* şimşek; (*einschlagender*) yıldırım
Blitzableiter *m* paratoner, yıldırımkıran
blitzen *vi* (*funkeln*) parlamak, parıldamak, pırıldamak; **es blitzt** şimşek çakıyor
Blitzlicht(gerät) *nt* flaş
Blitzschlag *m* yıldırım çarpması
blitzschnell I. *adj* şimşek gibi II. *adv* şimşek hızıyla, çabucak, hemencecik
Block *m* yığın, küme; (*Häuser-*) blok, ada; (*Schreib-*) bloknot
Blockflöte *f* flüt
blockfrei *adj* blok dışı; **~e Länder** blok dışı ülkeler
blockieren *vt* abluka etmek; (*Verkehr*) durdurmak, tıkamak (**etw** -i)
blöde *adj* ahmak, aptal, budala
Blödsinn *m* saçmalık, saçmasapan şey
blödsinnig *adj* saçma(sapan)
Blog *nt o m* INET blog, web günlüğü
bloggen *vi* INET blog yazmak
Blogger(in) *m(f)* INFORM blogcu (*web günlüğü olan kişi*)
blond *adj* sarı(şın), sarı saçlı
blondieren *vt* (saçları) sarıya boyamak
Blondine *f* sarışın (kız [*o* kadın])
bloß I. *adj* ① (*nackt*) çıplak, yalın, açık ② (*Worte*) kuru; **mit ~en Füßen** yalınayak; **mit ~em Auge** gözlüksüz II. *adv* (*nur*) yalnız, sade(ce), sırf; **~ nicht!** sakın ha!; **sei ~ ruhig!** sakin ol hele!
bloßstellen *vt* (*fig*) rezil [*o* kepaze] etmek (**jdn** -i)
Bluejeans *pl* blucin
Blues *m* blues
Bluff *m* blöf
bluffen *vi* blöf yapmak
blühen *vi* ① (*Pflanze*) çiçek açmak, çiçeklenmek ② (*Wirtschaft*) gelişmek, ilerlemek
blühend *adj* çiçek açmış, çiçekli
Blume *f* ① çiçek ② (*Schaum auf Bierglas*) bira köpüğü
Blumengeschäft *nt* çiçekçi (dükkanı)
Blumenkohl *m* karnabahar
Blumenstrauß *m* çiçek demeti, buket
Blumentopf *m* saksı
Blumenvase *f* çiçek vazosu; (*große*) çiçeklik
Bluse *f* bluz
Blut *nt* kan
Blutarmut *f* kansızlık
Blutbad *nt* kan deryası, (can) kırım(ı)
Blutbild *nt* kan tahlili göstergesi
Blutdruck *m* tansiyon
Blüte *f* (*einzelne*) çiçek; (*Blütezeit*) ağaçların çiçeklenme mevsimi; (*fig*) parlak dönem
bluten *vi* kanamak
Blütenstaub *m* çiçek tozu
Bluterguss[RR] *m*, **Bluterguß**[ALT] *m* iç kanama
Blütezeit *f* parlak dönem

B

B

Blutgruppe *f* kan grubu
Bluthochdruck *m* yüksek tansiyon
blutig *adj* (*a. fig*) kanlı
Blutkonserve *f* kan konservesi
Blutkörperchen *nt* kan küreciği; **rotes** ~ alyuvar; **weißes** ~ akyuvar
Blutkrebs *f* kan kanseri
Blutkreislauf *m* kan dolaşımı
Blutprobe *f* kan örneği
Blutrache *f* kan davası
Blutspende *f* kan bağışı
Blutspender(in) *m(f)* kan verici
blutstillend *adj* kan kesici
Bluttransfusion *f* kan nakli
Blutung *f* kanama; (*Menstruation*) aybaşı
Blutvergiftung *f* kan zehirlenmesi
Blutverlust *m* kan kaybı
Blutwurst *f* kan sucuğu
Blutzucker *m* kan şekeri
Blutzuckerspiegel *m* kan şekeri seviyesi, kandaki şeker düzeyi
Bock *m* ❶ (*Ziegen-*) teke, erkek keçi; (*Widder*) koç ❷ (*Hebe-*) vinç; (*einer Drehbank*) beşme ❸ SPORT kuzu
bockig *adj* hırçın, inatçı
Boden *m* ❶ (*Grund*) yer, toprak; (*Fuß-*) taban, döşeme; (*Gefäß-*) dip; (*Dach-*) tavanarası ❷ (*fig: Grundlage*) temel, taban, esas, zemin
Bodenreform *f* toprak reformu
Bodenschätze *mpl* toprakaltı servetleri *pl*
Bodensee *m* Konstanz Gölü
Bodentruppen *pl* kara ordusu, ordu
Bodenturnen *nt* yer cimnastiği
Bodybuilding *nt* vücut geliştirme
Bodyguard *m* koruma
bog *vt s.* **biegen**
Bogen *m* ❶ MATH eğri ❷ ARCHÄOL kemer ❸ (*Waffe*) yay, okyayı ❹ (*Biegung*) eğiliş, eğrilik, kavis ❺ (*Papier*) kâğıt, yaprak, tabaka
Bohne *f* fasulye; **grüne** ~ taze fasulye; **weiße** ~ kuru fasulye; **dicke** ~ bakla
Bohnenkaffee *m* halis kahve
bohnern *vt* cilalamak (**etw** -i)
bohren **I.** *vt* burgulamak, delmek (**etw** -i) **II.** *vi* delmek; (*fig*) sondaj yapmak
Bohrer *m* matkap, burgu
Bohrinsel *f petrol sondajı yapılan yapma ada*
Bohrmaschine *f* matkap
Bohrung *f* sondaj
Boiler *m* şofben
Boje *f* şamandıra, duba
Bolivien *nt* Bolivya
Böller *m* kestanefişeği
Bollwerk *nt* (*fig*) kale
Bolzen *m* cıvata
bombardieren *vt* bombalamak, bombardıman etmek (**etw** -i)
Bombe *f* bomba
Bombenangriff *m* bombardıman
Bombenanschlag *m* bombalı suikast
Bombenerfolg *m* (*fig*) parlak başarı
Bombengehalt *nt* (*fig*) yüksek maaş
Bombengeschäft *nt* (*fig*) bomba (gibi) iş
Bombenleger(in) *m(f)* bombacı
bombensicher *adj* bombaya dayanıklı; (*fig*) şüphe götürmez
Bon *m* bono, fiş
Bonbon *nt* bonbon, şeker(leme)
Bookmark *f* INET işaret
Boom *m* yüksek konjonktür
Boot *nt* kayık, sandal
booten *vt* INFORM boot etmek (**etw von etw** -i -den)
Bootsektor *m* INFORM boot sektörü
Bootsführerschein *m* gemi ehliyeti
Bord[1] *nt* (*Regal*) raf
Bord[2] *m* gemi bordası; **an** ~ (*Schiff*) gemide; (*Flugzeug*) uçakta; **an** ~ **gehen** (*Schiff*) gemiye binmek; (*Flugzeug*) uçağa binmek
bordeauxrot *adj* bordo
Bordell *nt* genelev
Bordkarte *f* uçağa biniş kartı
Bordstein *m yaya kaldırımın kenar taşı*
borgen *vi, vt* (*ausleihen*) ödünç vermek (**jdm etw** -e -i); (*entleihen*) ödünç al-

mak (**etw von jdm** -i -den)
borniert *adj* çapsız, dar kafalı, bağnaz
Borreliose *f* Lyme hastalığı, laym hastalığı
Börse *f* ① borsa ② (*Geldbeutel*) para çantası
Börsenindex *m* borsa endeksi
Börsenkurs *m* borsa rayici
Börsenmakler(in) *m(f)* borsacı, borsa simsarı
börsennotiert *adj* (borsaya) kote ettirilmiş, (borsada) kote olmuş
Börsenspekulant(in) *m(f)* acyocu
Borste *f* kalın kıl
Borte *f* şerit
bösartig *adj* ① kötü (niyetli), fena, sinsi ② (*Geschwulst*) habis
Böschung *f* eğim, iniş
böse *adj* fena, kötü; (*verärgert*) kızgın, dargın, gücenik; **jemandem ~ sein** birine darılmak [*o* gücenmek]; **es war nicht ~ gemeint** kötü niyetle söylememiştim; **auf jdn ~ sein** birine kızmak [*o* öfkelenmek]; **das Böse** fenalık, kötülük
boshaft *adj* hain, sinsi
Bosnien-Herzegowina *nt* Bosna-Hersek
Bosnier(in) *m(f)* Boşnak
Bosporus *m* Boğaz, Boğaziçi
Boss[RR] *m*, **Boß**[ALT] *m* (*fam*) patron, şef, amir
böswillig *adj* kötü niyetli
bot *vt s.* **bieten**
Botanik *f* botanik, bitkibilim
Botaniker(in) *m(f)* botanist, bitkibilimci
botanisch *adj* botanik, bitkibilimsel; **~er Garten** botanik bahçesi
Bote *m* haberci; (*Hotel-*) odacı
Botschaft *f* ① (*Nachricht*) haber ② (*auch Gebäude*) büyükelçilik
Botschafter(in) *m(f)* büyükelçi
Bottich *m* (küçük) tekne
Bouillon *f* et suyu
Boulevardzeitung *f* bulvar gazetesi
Boutique *f* butik
Bowle *f* bol
bowlen *vi* SPORT bowling oynamak
Bowling *nt* bowling
Box *f* (*Lautsprecher*) hoparlör
boxen *vi* boks yapmak
Boxen *nt* boks
Boxengasse *f* süper hızla tamirat yeri
Boxenluder *nt süper hızla tamirat yerinde dolaşan güzel kiz*
Boxer *m* ① boksör ② (*Hund*) *bir köpek cinsi*
Boxhandschuh *m* boks eldiveni
Boxkampf *m* boks maçı
Boxsport *m* boks sporu
Boykott *m* boykot
boykottieren *vt* boykot etmek (**jdn/etw** -i)
BPS *pl Abk von* **Bits pro Sekunde** saniyedeki bit sayısı
brach[1] *vi, vt s.* **brechen**
brach[2] *adj* (*Feld*) nadasa terkedilmiş, sürülmemiş, dinlendirilen
brachte *vt s.* **bringen**
Braindrain *m* beyin göcü
Branche *f* branş, kol, dal
Brand *m* yangın; **in ~ geraten** ateş almak, ateşlenmek, alevlenmek; **in ~ stecken** ateşe vermek, ateşlemek, tutuşturmak (**etw** -i)
Brandgefahr *f* yangın tehlikesi
Brandsalbe *f* yanık merhemi
Brandstifter(in) *m(f)* kundakçı
Brandstiftung *f* kundakçılık
brannte *vi, vt s.* **brennen**
Branntwein *m* kanyak; (*Anis-*) rakı
Brasilien *nt* Brezilya
brät *vi, vt s.* **braten**
braten <brät, briet, gebraten> *vi, vt* kızartmak; (*braun*) kavurmak (**etw** -i); (*in der Pfanne*) tavasını yapmak (**etw** -in)
Braten *m* kızartma
Brathähnchen *nt* tavuk [*o* piliç] kızartması
Bratkartoffeln *fpl* patates kızartması
Bratpfanne *f* tava

B

Bratrost *m* ızgara
Bratsche *f* alto, viyola
Bratspieß *m* kebap şişi
Bratwurst *f* *kızartılıp yenen sosis*
Brauch *m* töre, örf, adet
brauchbar *adj* (*Sachen*) işe yarar; (*Person*) yetenekli
brauchen *vt* ihtiyacı olmak (**etw** -e), gereksinmek; (*Zeit*) istemek, almak (**etw** -i); **ich brauche Geld** paraya ihtiyacım var, bana para lazım; **das braucht viel Zeit** bu çok zaman ister [*o* alır]; **du brauchst nicht zu kommen** gelmeyebilirsin
Braue *f* kaş
Brauerei *f* bira fabrikası
braun *adj* kahverengi; (*Haut*) esmer; (*sonnengebräunt*) (güneşten) yanık; (*Haar*) kestane rengi; **~er Zucker** kahverengi şeker
bräunen *vr* **sich ~** bronzlaşmak
Braunkohle *f* linyit (kömürü)
Brause *f* ❶ (*Dusche*) duş ❷ (*Getränk*) gazoz
brausen *vi* (*Wind*) uğuldamak; (*Wasser*) köpürmek, kaynamak; (*herabstürzendes Wasser*) çağlamak, çağıldamak
Braut *f* ❶ (*am Hochzeitstag*) gelin ❷ (*Verlobte*) nişanlı
Brautführer *m* sağdıç
Bräutigam *m* ❶ (*am Hochzeitstag*) damat ❷ (*Verlobter*) nişanlı
Brautkleid *nt* gelinlik
Brautleute *pl*, **Brautpaar** *nt* ❶ (*am Hochzeitstag*) gelin ile güvey ❷ (*jungverheiratetes Paar*) yeni evliler
brav *adj* (*artig*) uslu, terbiyeli
bravo *interj* bravo, aferin, yaşa
BRD *f Abk von* **Bundesrepublik Deutschland** Federal Almanya Cumhuriyeti
brechen <bricht, brach, gebrochen> **I.** *vt* kırmak (**etw** -i); (*Gesetz*) uymamak (**etw** -e), saymamak (**etw** -i); **den Widerstand ~** direnci kırmak; **sein Wort ~** sözünü tutmamak [*o* bozmak]; **die Ehe ~** zina işlemek, eşini aldatmak **II.** *vi* ❶ *sein* kırılmak; (*in Stücke*) parçalanmak ❷ *haben* (*sich übergeben*) kusmak
Brechreiz *m* mide bulantısı
Brechstange *f* kaldıraç
Brei *m* lapa
breit *adj* geniş, enli; **fünf Meter ~** beş metre genişliğinde; **wie ~ ist ...?** ... ne kadar geniş?
Breitbandanschluss *m* geniş bant internet erişim hattı
Breitbandverbindung *f* INFORM geniş bant internet bağlantısı
Breite *f* ❶ en, genişlik ❷ (*geografische*) enlem
Breitengrad *m* enlem
Bremsbelag *m* fren tabanı
Bremse *f* ❶ (*Auto, Rad*) fren ❷ (*Insekt*) sığır sineği
bremsen **I.** *vt* frenlemek (**etw** -i) **II.** *vi* fren yapmak
Bremsflüssigkeit *f* *fren tesisatı için gerekli yağ*
Bremskeil *m* takoz
Bremslicht *nt* stop feneri
Bremspedal *nt* fren pedalı
Bremsspur *f* fren [*o* tekerlek] izi
Bremsstrecke *f*, **Bremsweg** *m* frenleme mesafesi
brennbar *adj* yanabilen, yanar, yanan
brennen <brannte, gebrannt> **I.** *vt* (*Kaffee*) kavurmak; (*Ziegel*) pişirmek; (*Alkohol*) damıtmak (**etw** -i) **II.** *vi* (*Feuer, Licht*) yanmak; (*Sonne*) parlamak; (*Augen, Wunde*) acımak, yanmak
brennend *adj* yakıcı; (*fig: Wunsch*) şiddetli
Brenner *m* (*Gas-*) havagazı memesi
Brennerei *f* (*Alkohol~*) içki fabrikası; (*Ziegel~*) kiremit ocağı
Brennessel[ALT] *f* *s.* **Brennnessel**
Brennholz *nt* (yakacak) odun
Brennmaterial *nt* yakacak malzeme

Brennnessel[RR] *f* ısırgan
Brennpunkt *m* odak (noktası)
Brennspiritus *m* yakılacak ispirto
Brennstoff *m* yakacak, yakıt; (*flüssiger*) akaryakıt
Brennstoffzelle *f hidrojen ve oksijenden elektrik akımı veren cihaz*
Brett *nt* ① (*Holzstück*) tahta; (*dickes*) kalas ② (*Schach-*) satranç tahtası ③ (*Regal*) raf; **schwarzes ~** ilan tahtası, karatahta
Brezel *f* tuzlu simit (*Bavyera usulü simit*)
bricht *vi, vt s.* **brechen**
Brief *m* mektup; (*Schreiben*) yazı
Briefbeschwerer *m* baskılık
Briefbogen *m* mektup kâğıdı
Briefbombe *f* bombalı mektup
Brieffreund(in) *m(f)* mektub arkadaşı
Briefing *nt* brifing
Briefkasten *m* posta kutusu
Briefkopf *m* mektup başlığı
brieflich *adv* mektupla, yazı ile
Briefmarke *f* posta pulu
Briefmarkenautomat *m* posta pulu otomatı
Briefmarkensammler *m* pul koleksiyoncusu, filatelist
Brieföffner *m* mektup açacağı
Briefpapier *nt* mektup kâğıdı
Brieftasche *f* cüzdan, para çantası
Brieftaube *f* posta güvercini
Brieftelegramm *nt telgrafla gönderilen fakat normal posta ile teslim edilen telgraf*
Briefträger(in) *m(f)* postacı
Briefumschlag *m* mektup zarfı
Briefwaage *f* mektup [*o* kâğıt] terazisi
Briefwahl *f* mektupla seçim
Briefwechsel *m* mektuplaşma, yazışma
briet *vi, vt s.* **braten**
Brikett *nt* briket
Brillant *m* pırlanta
Brille *f* gözlük
Brillenfassung *f*, **Brillengestell** *nt* gözlük çerçevesi
bringen <brachte, gebracht> *vt* ① (*her-*) getirmek (**etw** -i) ② (*hin-*) götürmek (**etw** -i); **Gewinn ~** kazanç getirmek; **jdn auf etw ~** birine fikir vermek; **etw mit sich ~** (*zur Folge haben*) bir şeye neden olmak; **jdn um etw ~** birini bir şeyden etmek; **unter die Leute ~** (*Gerücht*) yaymak (**etw** -i); **es weit ~** (hayatta) yükselmek; **zur Welt ~** dünyaya getirmek (**jdn** -i)
Brise *f* meltem, hafif rüzgar
Brite, Britin *m, f* Britanyalı
britisch *adj* Britanya
Brocken *m* kırıntı; **ein paar ~** (*fig*) bir parça, tektük; **ein harter ~** (*fig*) demir leblebi
Brokkoli *m* brokkoli
Brombeere *f* böğürtlen
Bronchialkatarrh *m* göğüs nezlesi
Bronchien *fpl* bronşlar
Bronchitis *f* bronşit
Bronze *f* tunç, bronz
Brosche *f* broş, iğne
broschiert *adj* ciltsiz
Broschüre *f* broşür
Brot *nt* ekmek
Brötchen *nt* küçük ekmek; **belegtes ~** sandviç
Brotrinde *f* ekmek kabuğu
Browser *m* INET tarayıcı, gezgin, gözatıcı, browser
Bruch *m* ① (*das Brechen*) kır(ıl)ma, kopma; (*Bruchstelle*) kırık; (*fig*) boz(ul)ma ② (*Knochen-*) kırık; (*Leisten-*) fıtık ③ MATH kesir; **in die Brüche gehen** kırılmak, bozulmak; (*fig*) boşa çıkmak
Bruchbude *f* (*fam*) harap ev, izbe
brüchig *adj* çabuk kırılır; (*Stimme*) çatlak
Bruchstück *nt* parça, kırıntı
Bruchteil *m* bölüm, kısım
Bruchzahl *f* kesirli sayı
Brücke *f* ① (*Bauwerk, Zahn-*) köprü ② (*kleiner Teppich*) küçük halı

B

Bruder *m* (erkek) kardeş; (*älterer* ~) ağabey, abi
brüderlich *adj* kardeşçe
Brüderlichkeit *f* kardeşlik
Brüderschaft *f* kardeşlik
Brühe *f* et suyu
brüllen *vi* (*Rind*) böğürmek; (*Löwe*) kükremek; (*Menschen*) haykırmak, bağırmak
brummen *vi* (*Bär, Mensch*) homurdanmak
Brummi *m* (*fam: großer LKW*) tır
brummig *adj* huysuz, mızmız, somurtkan
Brunch *nt kahvaltı ve öğle yemeği karışımı yemek*
brünett *adj* esmer
Brunnen *m* (*Zieh-*) kuyu; (*Spring-*) fıskiye(li havuz)
Brunnenrand *m* kuyu ağızlığı
Brüssel *nt* Brüksel
Brust *f* göğüs, bağır; (*weiblich*) meme; **die ~ geben** emzirmek (**jdm** -i)
Brustbein *nt* göğüs kemiği [*o* tahtası]
Brustfellentzündung *f* zatülcenp
Brustkorb *m* göğüs kafesi
Brustkrebs *m* göğüs kanseri
Brustschwimmen *nt* kurbağalama
Brut *f* ❶ (*Küken*) civcivler ❷ (*Brüten*) kuluçka
brutal *adj* zorba, hayvanca, vahşi
Brutalität *f* zorbalık, hayvanlık, vahşilik
brüten *vi* ❶ kuluçkaya yatmak ❷ (*nachdenken*) düşünüp durmak (**über etw** -i)
brutto *adj, adv* brüt, gayri safi
Bruttoeinkommen *nt* brüt gelir
Bruttogehalt *nt* brüt maaş
Bruttogewicht *nt* brüt ağırlık
Bruttosozialprodukt *nt* gayri safi milli hasıla
Bub(e) *m* erkek çocuk, oğlan
Buch *nt* kitap; **~ führen** defter tutmak; ECON muhasebe yapmak
Buchbinder *m* ciltçi
Buchbinderei *f* cilt evi
Buchdeckel *m* kitap kabı
Buchdrucker *m* basımcı
Buchdruckerei *f* ❶ (*Werkstatt*) basımevi ❷ (*Gewerbe*) basımcılık
Buche *f* kayın (ağacı), akgürgen
buchen *vt* ❶ ECON hesaba geçirmek (**etw** -i) ❷ (*Zimmer*) rezerve ettirmek, ayırtmak (**etw** -i)
Bücherbrett *nt* kitap rafı, kitaplık
Bücherei *f* kütüphane, kitaplık
Bücherregal *nt* kitaplık, kitap rafı
Bücherschrank *m* kitap dolabı, kitaplık
Bücherwand *f* kitap raflı dolap
Buchführung *f* defter tutma, muhasebe; **doppelte ~** çift girişli muhasebe
Buchgemeinschaft *f* okuyucu birliği
Buchhalter(in) *m(f)* muhasebeci
Buchhaltung *f* muhasebe
Buchhandel *m* kitapçılık
Buchhändler(in) *m(f)* kitapçı
Buchhandlung *f* kitapçı (dükkanı), kitabevi
Buchmesse *f* kitap fuarı
Büchse *f* ❶ (*Dose*) teneke kutu ❷ (*Gewehr*) tüfek
Büchsenmilch *f* konserve süt
Büchsenöffner *m* konserve açacağı
Buchstabe *m* harf; **großer ~** büyük harf, majüskül; **kleiner ~** küçük harf, minüskül; **in ~n** (*Zahl*) yazı ile
buchstabieren *vt* hecelemek (**etw** -i) (*bir sözcüğün harflerini ayrı ayrı söylemek*)
Buchstütze *f* kitab dayanağı
Bucht *f* körfez, koy
Buchung *f* ❶ ECON kayıt, tescil, hesaba geçirme ❷ (*Zimmer*) rezervasyon, ayırtım
Buckel *m* kambur; (*fam: Rücken*) sırt, arka; **du kannst mir den ~ runterrutschen** (*fam*) senin dediklerin bana vız gelir
buck(e)lig *adj* ❶ (*Mensch*) kambur ❷ (*Oberfläche*) engebeli
bücken *vr* **sich ~** eğilmek, bükülmek

Bückling *m* reverans
Buddhismus *m* budizm
Bude *f* ① (*Markt*) (küçük) dükkan ② (*fam: Zimmer*) oda
Budget *nt* bütçe
Büfett *nt* (*Anrichte*) büfe; **kaltes ~** soğuk büfe
Büffel *m* manda
büffeln *vi* (*fam*) ineklemek
Bug[1] *m* pruva, baştaraf
Bug[2] *m* INFORM hata, bug
Bügelbrett *nt* ütü tahtası
Bügeleisen *nt* ütü
Bügelfalte *f* ütü çizgisi
bügelfrei *adj* ütü istemeyen
bügeln *vt* ütülemek (**etw** -i)
Bühne *f* sahne
Bulgare, **Bulgarin** *m, f* Bulgar
Bulgarien *nt* Bulgaristan
bulgarisch *adj* (*Art, Herkunft*) Bulgar; (*Sprache*) Bulgarca
Bullauge *nt* lomboz
Bulldogge *f* buldok (köpeği)
Bulle *m* ① (*Stier*) boğa ② (*fam: Polizist*) aynasız, kaldırım kargası
Bulletin *nt* bülten
Bummel *m* (*Spaziergang*) gezinti, dolaşma
bummeln *vi* ① *sein* (*schlendern*) gezinti yapmak, gezmek, dolaşmak ② *haben* (*trödeln*) sallanmak
Bummelstreik *m aşırı yavaş çalışma*
Bund[1] *m* (*Bündnis*) anlaşma, birlik, ittifak
Bund[2] *nt* (*Bündel*) demet, deste
Bündel *nt* bohça, çıkı(n); (*Holz, Stroh*) deste, demet; (*Strahlen*) demet; (*Geldscheine*) tomar, deste
bündeln *vt* destelemek (**etw** -i)
Bundesbank *f* Merkez Bankası
Bundeskanzler(in) *m(f)* (*BRD*) Federal Almanya Başbakanı; (*Österreich*) Avusturya Başbakanı
Bundesland *nt* eyalet
Bundesliga *f* Federal Almanya ligi
Bundespräsident(in) *m(f)* Almanya [*o* Avusturya] Cumhurbaşkanı
Bundesrat *m* Federal Konsey
Bundesregierung *f* (*BRD*) Federal Almanya hükümeti; (*Österreich*) Avusturya hükümeti
Bundesrepublik *f* federal cumhuriyet; **~ Deutschland** Federal Almanya Cumhuriyeti
Bundesstaat *m* federal devlet; (*Gliedstaat*) eyalet
Bundesstraße *f* federal karayolu
Bundestag *m* Federal Almanya Parlamentosu
Bundestagsabgeordnete(r) *f(m)* milletvekili
Bundestagswahl *f* Federal Parlemanto seçimi
Bundesverfassungsgericht *nt* Federal Anayasa Mahkemesi
Bundeswehr *f Federal Almanya Cumhuriyeti'nin kara ordusu*
Bündnis *nt* pakt, anlaşma, ittifak
Bündnispartner(in) *m(f)* müttefik, ortak
Bungalow *m* bungalov
Bunker *m* (*Luftschutz*) sığınak
bunkern *vt* saklamak, depoya koymak, depolamak (**etw** -i)
bunt *adj* (*mehrfarbig*) karışık renkli; (*farbig*) renkli; (*scheckig*) aklı karalı, alaca bulaca; (*fig: gemischt*) (karma) karışık
Buntstift *m* renkli (kurşun) kalem
Buntwäsche *f* renkli çamaşır
Burg *f* kale
bürgen *vi* kefil olmak (**für jdn** -e), garanti etmek (**für etw** -i)
Bürger(in) *m(f)* ① (*Staats-*) yurttaş, vatandaş; (*Stadtbewohner*) şehirli, kentli ② (*Klasse*) burjuva
Bürgerkrieg *m* iç savaş
bürgerlich *adj* (*soziologisch*) sivil; **~e Küche** *geleneksel ve lezzetli yemekleri içeren mutfak;* **Bürgerliches Gesetzbuch** Medeni Kanun, Yurttaşlar Yasası

B

Bürgermeister *m* (*Stadt*) belediye reisi [*o* başkanı]; (*Dorf*) muhtar
Bürgersteig *m* (yaya) kaldırım(ı)
Bürgertum *nt* burjuvazi
Bürgschaft *f* kefillik
Büro *nt* büro, yazıhane
Büroangestellte(r) *f(m)* katip, yazıcı
Büroklammer *f* raptiye, bağlaç
Bürokratie *f* bürokrasi
bürokratisch *adj* bürokratik
Bursche *m* oğlan, delikanlı, herif
Bürste *f* fırça
bürsten *vt* fırçalamak (**etw** -i)
Bus *m* otobüs
Busbahnhof *m* otogar, otobüs garajı
Busch *m* ❶ (*Strauch*) çalı ❷ (*Dickicht*) çalılık
Büschel *nt* demet, deste; (*Haare*) tutam, perçem
Busen *m* (*allgemein*) koyun; (*weiblich*) göğüs
Busfahrer(in) *m(f)* otobüs sürücüsü [*o* şoförü]
Bushaltestelle *f* otobüs durağı
Bussard *m* şahin
Buße *f* tövbe; (*Geld-*) para cezası
büßen *vi, vt* ❶ cezasını çekmek (**etw** -in) ❷ REL tövbe etmek (**etw** -e)
Bußgeld *nt* para cezası
Büste *f* ❶ büst ❷ (*weibliche Brust*) (kadın) meme(si)
Büstenhalter *m* sutyen
Bütte *f* ❶ (*Zuber*) mastela, badya ❷ (*Trag-*) küfe
Butter *f* tereyağı; **alles ist in ~** (*fig*) güllük gülistanlık
Butterblume *f* ❶ (*Hahnenfuß*) düğünçiçeği ❷ (*Sumpfdotterblume*) su nergisi
Butterbrot *nt* tereyağlı ekmek
Buttermilch *f tereyağı alındıktan sonra geri kalan süt*
Button *m* INFORM düğme
Bypass *m* by-pass
Bypassoperation *f* by-pass ameliyatı
Byte *nt* INFORM bayt
byzantinisch *adj* HIST Bizanslı
Byzanz *nt* HIST Bizans

Cc

C *Abk von* **Celsius** santigrat
ca. *adv Abk von* **circa** aşağı yukarı
Café *nt* kahve(hane)
Callcenter *nt* çağrı merkezi
Camcorder *m* camcorder
campen *vi* kamp yapmak
Camping *nt* kamping
Campingbus *m* karavan
Campingplatz *m* kamp (yeri)
Canyoning *nt* SPORT kanyon geçişi
Cappuccino *m* cappuccino
Cartoon *m o nt* karikatür
Cassette *f s.* **Kassette**
casten *vt* rol taksimi yapmak
CD *f* CD (*Aussprache: sidi*)
CD-Brenner *m* CD yazıcı
CD-Laufwerk *nt* CD sürücüsü
CD-Player *m* CD çalar
CD-ROM *f* CD-ROM (diski)
CD-Spieler *m* CD çalar
CDU *f Abk von* **Christlich-Demokratische Union** Hıristiyan Demokrat Partisi
Cellist(in) *m(f)* çellist, viyolenselci, viyolenselist
Cello *nt* viyolonsel, çello
Celsius *m* **10 Grad ~** 10 derece
Cent *m* sent, cent
Champagner *m* şampanya
Champignon *m* mantar (*bir çeşit yenilebilen mantar*)
Champion *m* şampiyon
Champions League *f* SPORT Şampiyonlar Ligi
Chance *f* şans, fırsat
Chancengleichheit *f* şans eşitliği
Chaos *nt* kargaşa, kaos
chaotisch *adj* karmakarışık
Charakter *m* karakter; (*Natur*) huy, tabiat; (*Eigenart*) özellik
charakterisieren *vt* karakterize etmek, özgünleştirmek; (*schildern*) tanımlamak (**etw** -i)
charakteristisch *adj* karakteristik, tipik, özgü, ayırtkan
charakterlos *adj* karaktersiz
Charakterzug *m* vasıf, nitelik
charmant *adj* alımlı, cazibeli, albenili
Charme *m* cazibe, çekicilik
Charterflug *m* çarter uçuşu (*kiralık uçakla uçuş*)
Chassis *nt* şasi
Chat *m* INET chat, sohbet
Chatroom *m* INET chat odası, sohbet odası
chatten *vi* INET chat yapmak
Chauffeur *m* şoför
Chauvinismus *m* şovenizm, şovenlik
Chauvinist *m* şovenist
chauvinistisch *adj* şoven, şovenist
checken *vt* (*fam*) anlamak (**etw** -i)
Check-up *m* MED çekap
Cheeseburger *m* çizburger, peynirli burger
Chef(in) *m(f)* şef, başkan, patron, amir
Chefarzt, Chefärztin *m, f* başhekim, baştabip
Chefsekretär(in) *m(f)* başsekreter
Chemie *f* kimya
Chemikalien *fpl* kimyasal maddeler
Chemiker(in) *m(f)* kimyager, kimyacı
chemisch *adj* kimyevi, kimyasal; **~e Reinigung** kimyasal temizleme; (*Ort*) buğuevi
Chemotherapie *f* kemoterapi
Chile *nt* Şili
Chilene, Chilenin *m, f* Şilili
chilenisch *adj* (*Art*) Şili; (*Herkunft*) Şilili
China *nt* Çin; **Volksrepublik ~** Çin Halk Cumhuriyeti
Chinese, Chinesin *m, f* Çinli
chinesisch *adj* ❶ (*Sprache*) Çince

C

❷ (*Art*) Çin ❸ (*Herkunft*) Çinli
Chip *m* (*Computer~*) yonga, çip, chip
Chipkarte *f* çip kartı
Chips *pl* (*Kartoffel~, Mais~*) cips
Chirurg(in) *m(f)* operatör, cerrah
Chirurgie *f* ❶ (*Heilkunst*) cerrahlık ❷ (*Abteilung*) cerrahi klinik
Chlor *nt* klor
Chloroform *nt* kloroform
Cholera *f* kolera
Cholesterin *nt* kolesterin, kolesterol
Chor *m* koro
Choreograph(in) *m(f)* koreograf (*dans düzenleyici*)
Choreographie *f* koreografi, dans düzeni
Christ(in) *m(f)* Hıristiyan
Christbaum *m* Noel ağacı
Christentum *nt* Hıristiyanlık
Christkind *nt* yeni doğan İsa
christlich *adj* Hıristiyan
Christmette *f Noel Gecesi dini ayini*
Christus *m* (Hazreti) İsa; **im Jahre 1000 vor/nach ~** Milattan önce/sonra 1000 yılında
Chrom *nt* krom
Chromosom *nt* kromozom
Chronik *f* kronik
chronisch *adj* müzmin, kronik, süreğen
chronologisch *adj* kronolojik
Chronometer *nt* kronometre, süreölçer
Cineast(in) *m(f)* ❶ (*Filmschaffender*) sinemacı ❷ (*Kinofreund*) sinemasever
circa *adv* aşağı yukarı, takriben, tahminen
Client *m* INFORM (*Gegenstück zum Server*) istemci
Client/Server-Modell *nt* INFORM istemci/sunucu modeli
Clip *m* (*Video-*) klip
Clique *f* klik, grup
Clown *m* palyaço, soytarı
Club *m* kulüp
cm *Abk von* **Zentimeter** santimetre
Co. *m Abk von* **Kompanie** şirket
Cocktail *m* kokteyl
Cocktailbar *f* kokteyl barı
Code *m* kod
Cognac *m* konyak, kanyak
Collier *nt* kolye
Comedy *f* (*TV-Sendung*) komedi programı
Comic *m* çizgi roman
Coming-out *nt* açılma, coming out
Compiler *m* INFORM derleyici
COM-Port *nt* INFORM iletişim yuvası
Computer *m* bilgisayar
Computeranimation *f* bilgisayar animasyonu
Computerfehler *m* bilgisayar arızası
computergeneriert *adj* bilgisayar tarafından oluşturulmuş
computergestützt *adj* bilgisayar destekli
Computerprogramm *nt* bilgisayar programı
Computerspiel *nt* bilgisayar oyunu
Computervirus *nt* bilgisayar virüsü
Connections *pl* (*fam*) ilişkiler
Container *m* konteyner, büyük koyacak
Copyright *nt* telif hakkı
Cordhose *f* kot pantalon
Couch *f* divan, kanape
Count-down *nt* geriye sayma
Coupon *m* kupon
Cousin *m* amca (dayı, teyze, hala) oğlu, kuzen
Cousine *f* amca (dayı, teyze, hala) kızı, kuzin
Cowboy *m* kovboy
Cowboyfilm *m* kovboy filmi
CPU *f* INFORM merkezi işlem birimi
Creme *f* ❶ (*Haut-*) krem ❷ (*Süßspeise*) krema
Cremespeise *f* krema
Creutzfeldt-Jakob-Krankheit *f* Jakob-Creutzfeld hastalığı, Creutzfeld-Jakob hastalığı
CSU *f Abk von* **Christlich-Soziale Union** Hıristiyan Sosyal Partisi
Cursor *m* INFORM imleç
Cybercafé *nt* siber kafe
Cyberspace *m* siberuzay

Dd

D *pl Abk von* **Damen** Bayanlar

da I. *adv* ❶ (*dort*) orada, şurada; (*hier*) burada ❷ (*zeitlich*) o sırada; ~ **sein** var olmak, bulunmak; ~ **bin ich** işte geldim; **wer ~?** kim o?; **~!** işte!; **von ~ an** o zamandan itibaren II. *konj* ❶ (*als*) -diği zaman ❷ (*weil*) çünkü, -diği için

dabei *adv* ❶ (*örtlich*) yanında, yakınında ❷ (*doch*) ancak, bununla beraber, buna karşın ❸ (*außerdem*) ayrıca, bundan başka, bir de ❹ (*währenddessen*) bu arada; **ich war ~** ben de oradaydım; **ich bin ~** (*einverstanden*) kabul ediyorum; **wir waren ~ wegzugehen** gitmek üzereydik

dableiben *irr vi sein* ayrılmamak, kalmak

Dach *nt* dam, çatı; **unter ~ und Fach** (*fig*) sona erdirilmiş

Dachboden *m* tavanarası, çatı altı

Dachgarten *m bahçe şeklinde düzenlenmiş düz dam*

Dachgepäckträger *m* (*am Auto*) *üst bagaj yeri*

Dachgeschoss[RR] *nt* çatı katı

Dachkammer *f* tavanarası (odası), damaltı

Dachrinne *f* çatı oluğu

Dachs *m* porsuk

Dachschaden *m* **er hat einen ~** (*fig*) (bir) tahtası eksik, kafadan kontak

dachte *vi, vt s.* **denken**

Dachverband *m* çatı örgütü

Dackel *m* base (*bir köpek cinsi*)

dadurch *adv* (*auf diese Weise*) bu şekilde, böylelikle

dafür *adv* ❶ (*deshalb*) bunun [*o* onun] için ❷ (*als Ersatz*) buna [*o* ona] karşılık ❸ (*stattdessen*) bunun [*o* onun] yerine ❹ (*Zweck*) bu amaçla; **ich kann nichts ~** suç bende değil, elimden bir şey gelmez; ~ **sein** kabul etmek

dagegen *adv* ❶ (*gegen das*) buna karşı ❷ (*Vergleich*) buna oranla, bunun karşısında ❸ (*hingegen, indessen*) ama, fakat, oysa(ki) ❹ (*andererseits*) diğer taraftan; **ich habe nichts ~** buna karşı değilim; ~ **sein** karşı olmak, karşı çıkmak

daheim *adv* ❶ (*zu Hause*) evde ❷ (*in der Heimat*) yurtta, vatanda

daher I. *konj* (*deshalb*) bundan [*o* ondan] dolayı II. *adv* ❶ (*örtlich*) oradan, o taraftan ❷ (*Ursache*) bu [*o* o] yüzden, bu [*o* o] nedenle

dahin *adv* oraya; **bis ~** (*örtlich*) oraya kadar; (*zeitlich*) o zamana kadar

dahinten *adv* şurada arkada

dahinter *adv* arkasında, gerisinde

dahinterkommen *irr vi* farketmek, sezinlemek, bir sırrı anlamak [*o* keşfetmek]

dahinterstecken *vi* **da steckt etw dahinter** bunda bir iş var

Dahlie *f* dalya çiçeği

damals *adv* o zaman(lar), o vakit(ler)

Damaskus *nt* Şam

Dame *f* ❶ (*Frau*) hanım, bayan, hanımefendi; **junge ~** genç hanım [*o* bayan]; **meine ~n und Herren!** Bayanlar, Baylar! ❷ (*Spiel*) dama (oyunu), ~ **spielen** dama oynamak ❸ (*beim Schach*) vezir

Damenbinde *f* adet bezi, ped

Damespiel *nt* dama oyunu

damit I. *adv* bununla, şununla, onunla; **was meinen Sie ~?** bununla ne demek istiyorsunuz? II. *konj* -mek için, -mesi için, -sin diye

dämlich *adj* ahmak, hödük

Damm *m* set, bent; (*Stau-*) baraj

dämmern *vi* (*morgens*) (şafak) sökmek, (gün) ağarmak; (*abends*) (ortalık [*o* hava]) kararmak; **es dämmert ihr** (*fam*) aklına/kafasına dank ediyor
Dämmerung *f* (*Abend-*) alaca karanlık, akşam karanlığı; (*Morgen-*) şafak, tan

D

Damoklesschwert *nt* (*fig*) Damokles'in kılıcı
Dämon *m* cin, ifrit
Dampf *m* buhar, buğu, istim
Dampfbügeleisen *nt* buharlı ütü
dampfen *vi* buhar çık(ar)mak
dämpfen *vt* ❶ (*abschwächen*) bastırmak, azaltmak (**etw** -i) ❷ (*Stimme*) kısmak, yavaşlatmak (**etw** -i)
Dampfer *m* vapur
Dampfkessel *m* buhar kazanı
Dampfmaschine *f* buhar makinesi
danach *adv* ❶ (*zeitlich*) bundan [*o* ondan] sonra, sonra(dan); **gleich ~** hemen sonra ❷ (*demzufolge*) buna [*o* ona] göre
Dandy *m* züppe
Däne, Dänin *m, f* Danimarkalı
daneben *adv* ❶ (*örtlich*) yanında ❷ (*außerdem*) bundan başka
danebengehen *irr vi sein* (*fig*) aksi gitmek
Dänemark *nt* Danimarka
dänisch *adj* ❶ (*Sprache*) Danimarkaca ❷ (*Art*) Danimarka ❸ (*Herkunft*) Danimarkalı
dank *präp +gen, dat* ... sayesinde
Dank *m* teşekkür; (*Dankbarkeit*) minnettarlık; **zum ~ für ...** -e teşekkür olarak; **vielen ~!** çok teşekkürler!; **Gott sei ~!** Allah'a şükür!
dankbar *adj* müteşekkir, minnettar, iyilikbilir
Dankbarkeit *f* minnettarlık
danke *interj* **~ (sehr)!** (çok) teşekkür ederim, (çok) teşekkürler
danken *vi* teşekkür etmek (**jdm für etw** -e ... için); **nichts zu ~!** bir şey değil!
Dankeschön *nt* teşekkür
dann *adv* ❶ (*darauf*) bunun üzerine ❷ (*nachher*) sonra(dan), ondan sonra ❸ (*in diesem Fall*) öyleyse, o halde, o zaman; **selbst ~** o halde [*o* zaman] bile ❹ (*außerdem*) bundan başka, bir de
daran *adv* (= *an diesem/dieses*) onda, ondan; **ich glaube ~** buna inanıyorum
daranmachen *vr* **sich ~, etw zu tun** bir şey yapmaya koyulmak
darauf *adv* ❶ (*örtlich*) üzerinde, üstünde ❷ (*danach*) bundan sonra; (*daraufhin*) bunun üzerine; **bald ~** hemen arkasından; **am Tag ~** ertesi gün; **wie kommst du ~?** bunu nereden çıkardın?
daraufhin *adv* bunun üzerine
daraus *adv* bundan, ondan; **~ wird nichts** bu [*o* o] iş olmaz, bundan bir şey çıkmayacak; **was ist ~ geworden?** bu [*o* o] iş ne oldu?; **ich mache mir nichts ~** buna boş veriyorum, buna hiç aldırış etmiyorum
Dardanellen *pl* Çanakkale Boğazı *sing*
darf *vi s.* **dürfen**
darin *adv* içinde
darlegen *vt* ❶ (*zeigen*) göstermek, ortaya koymak (**etw** -i) ❷ (*erklären*) açıklamak, anlatmak (**etw** -i)
Darlehen *nt* ödünç, borç
Darm *m* ba(ğır)sak
darstellen *vt* ❶ (*Schauspieler*) canlandırmak; (*Maler auch*) tasvir etmek (**etw/jdn** -i) ❷ (*beschreiben*) anlatmak, tasvir etmek (**etw/jdn** -i) ❸ (*zeigen*) göstermek (**etw** -i) ❹ (*sein*) oluşturmak (**etw** -i), olmak
Darsteller(in) *m(f)* THEAT oyuncu, artist
Darstellung *f* ❶ (*Beschreibung*) anlatma, tanımlama, tasvir ❷ FILM (*eines Charakters*) tipleme
darüber *adj* ❶ (*Ort*) (bunun) üzerinde; (*Richtung*) (bunun) üzerine ❷ (*Thema*) bunun üzerin(d)e, bu konuda ❸ (*währenddessen*) bu arada; **~ hinaus** bunun ötesinde; (*mehr*) daha

fazla

darum *adv* ❶ (*Ort*) etrafında ❷ (*deswegen*) bundan [*o* ondan] dolayı

darunter *adv* ❶ (*Ort*) (bunun) altında; (*Richtung*) (bunun) altına ❷ (*unter dieser Anzahl*) arasında, aralarında, içinde

das I. *art wird nicht übersetzt* **II.** *pron* bu; ~ **da** şu; ~ **ist Frau X** bu, Bayan X

dasein[ALT] *vi s.* **da**

Dasein *nt* ❶ (*Existenz*) var olma, varlık ❷ (*Leben*) hayat, yaşam

dass[RR], **daß**[ALT] *konj* ki, -diğini/-diğine, -eceğini/-eceğine; **so ~** öyle ki

dasselbe *pron* (*adjektivisch*) aynı; (*substantivisch*) aynı şey

DAT *nt s.* **Digital Audio Tape** sayısal ses bandı

Datei *f* INFORM dosya

Dateiendung *f* INFORM dosya eki

Dateiname *m* INFORM dosya adı

Dateiverwaltung *f* INFORM dosya yönetimi

Daten *ntpl* ❶ *Plural zu* **Datum** ❷ (*Angaben*) veriler *pl*

Datenaustausch *m* INFORM veri alışverişi, veri değiş tokuşu

Datenautobahn *f* INET bilgi otoyolu

Datenbank *f* veri bankası

Datenbasis *f* veri tabanı

Dateneingabe *f* INFORM veri girişi

Datenfluss[RR] *m* INFORM veri akışı

Datenpaket *nt* INFORM veri paketi

Datenschutz *m* veri koruma

Datentransfer *m* INET veri transferi

Datenübertragung *f* INET dosya aktarması

Datenverarbeitung *f* bilgi işlem

datieren *vt* tarih koymak [*o* atmak] (**etw** -e)

Dativ *m* yönelme durumu, -e hali

Dattel *f* hurma

Dattelpalme *f* hurma ağacı

Datum *nt* tarih

Dauer *f* süre, müddet; (*Fort-*) devam, sürme, sürek; **auf die ~** uzun süre [*o* müddet]

Dauerauftrag *m* sürekli ödeme talimatı

dauerhaft *adj* (*beständig*) dayanıklı, sağlam

Dauerkarte *f* abone kartı

Dauerlauf *m* mukavemet koşusu

dauern *vi* sürmek, devam etmek; **seine Krankheit dauerte drei Monate** hastalığı üç ay sürdü

dauernd *adj* sürekli, devamlı, daimi

Dauerwelle *f* perma(nant)

Daumen *m* başparmak; **jemandem die ~ drücken** birine şans dilemek

Daunen *fpl* kuştüyü *sing*

Daunenbett *nt* kuştüyü yatak

Daunendecke *f* kuştüyü yorgan

davon *adv* ondan, bundan; **er ist auf und ~** (*fam*) sıvıştı; **~ weiß ich nichts** bunu hiç bilmiyorum

davonkommen *irr vi sein* yakasını [*o* paçasını] kurtarmak; (*bei einem Unfall*) kazayı atlatmak; **wir sind noch einmal davongekommen** bir kere daha paçamızı kurtardık

davor *adv* (*Ort*) (bunun) önünde; (*Richtung*) (bunun) önüne

dazu *adv* ❶ (*zu dieser Sache*) buna, ona ❷ (*Zweck*) bunun [*o* onun] için, bu [*o* o] amaçla; **noch ~** üstelik, fazla olarak

dazugehören *vi* dahil olmak, ait olmak; (*Person auch*) mensup olmak (**zu etw** -e)

dazwischen *adv* (*Ort*) arasında; (*Richtung*) arasına

dazwischenkommen *irr vi sein* (*Sache*) araya girmek; **wenn nichts dazwischenkommt** bir aksilik olmazsa

DB *f Abk von* **Deutsche Bahn** Alman Demiryolları

Dealer(in) *m(f)* (*fam: Drogen-*) torbacı (*uyuşturucu madde satıcısı*)

Debatte *f* tartışma

debattieren *vi* tartışmak, görüşmek; (*heftig*) çekişmek

Deck *nt* güverte

D

Decke *f* ❶ örtü; (*wollene*) battaniye ❷ (*Bett-*) yorgan ❸ (*Zimmer-*) tavan
Deckel *m* kapak; (*Buch auch*) kap
decken *vt* ❶ (*Dach*) aktarmak (**etw** -i) ❷ (*Bedarf*) karşılamak (**etw** -i); **den Tisch ~** sofra(yı) kurmak
Deckung *f* **in ~ gehen** siper altına girmek
de facto *adv* bilfiil, fiilen, de facto
Default *m* INFORM (*~ wert*) varsayılan değer
defekt *adj* bozuk, arızalı
Defekt *m* arıza, bozukluk
defensiv *adj* savunmalı
Defilee *nt* geçit töreni, resmigeçit
definieren *vt* tanımlamak, belirlemek, tarif etmek (**etw** -i)
Definition *f* tanım(lama), tarif
definitiv *adj* kesin, kati
Defizit *nt* açık, noksan
Degen *m* kılıç
degenerieren *vi* dejenere olmak, dejenerleşmek, soysuzlaşmak
dehnbar *adj* esnek, genişleyebilir, uzanabilir
dehnen *vt* uzatmak, genişletmek, germek (**etw** -i)
Dehnung *f* genişleşme
Deich *m* set, bent
dein(e) *pron* senin; **der, die, das Dein(ig)e** seninki
deinerseits *adv* senin tarafından, sence
deinetwegen *adv* senin için; (*negativ*) senin yüzünden [*o* uğruna]
deinstallieren *vt* INFORM **ein Programm ~** bir program silmek
Dekan *m* ❶ (*von Universität*) dekan ❷ (*von Kirche*) başpapaz
Deklination *f* isim [*o* ad] çekim(i)
deklinieren *vt* isim, çekmek (**etw** -i)
Dekorateur(in) *m(f)* dekoratör, dekorcu
Dekoration *f* dekorasyon, süs, tezyinat
dekorativ *adj* dekoratif
dekorieren *vt* süslemek, dekore etmek (**etw** -i)
Delegation *f* delegasyon, kurul, yetkili heyet
Delegierte(r) *f(m)* delege
DelfinRR *m* yunus (balığı)
Delikatesse *f* lezzetli yemek
Delikatessengeschäft *nt* mezeci (dükkanı), şarküteri
Delikt *nt* suç, cürüm, haksız fiil
Delphin *m* yunus (balığı)
demagogisch *adj* demagojik
dementieren *vt* yalanlamak, tekzip etmek (**etw** -i)
dementsprechend *adv*, **demgemäß** *adv*, **demnach** *adv* buna göre, demek ki, öyleyse
demnächst *adv* (pek) yakında
Demo[1] *f* (*fam: Demonstration*) gösteri
Demo[2] *nt* INFORM (*Demonstrationsprogramm*) demo
Demokrat *m* demokrat
Demokratie *f* demokrasi
demokratisch *adj* demokrat(ik)
demokratisieren *vt* demokratikleştirmek (**etw** -i)
Demokratisierung *f* demokratikleşme
Demonstrant(in) *m(f)* gösterici
Demonstration *f* gösteri
demonstrieren **I.** *vi* gösteri yapmak **II.** *vt* (*zeigen*) göstermek (**jdm etw** -e -i)
demontieren *vt* sökmek, demonte etmek (**etw** -i)
demoralisieren *vt* (*entmutigen*) cesaretini kırmak (**jdn** -in)
demütigen *vt* aşağılamak (**jdn** -i), gururunu kırmak (**jdn** -in)
Demütigung *f* aşağılama, gurur kırma
denkbar *adj* düşünülebilir
denken <dachte, gedacht> *irr vi, vt* ❶ düşünmek (**dass** -diğini) ❷ (*vermuten*) sanmak, tahmin etmek (**dass** -diğini) ❸ (*sich erinnern*) hatırlamak (**an etw/jdn** -i); **ja, ich denke schon** evet, sanırım; **ich denke nicht daran!** aklımın kenarından bile geçmez
Denker(in) *m(f)* düşünür, fikir adamı
Denkmal *nt* anıt, abide

Denkmalschutz *m* tarihi eserleri koruma

Denkzettel *m* ders, ibret

denn I. *konj* çünkü II. *adv* **es sei ~, dass** meğerki; **mehr ~ je** her zamankiden daha çok; **was heißt ~ das?** bu ne demek oluyor?

dennoch *adv* yine de, buna karşın

denunzieren *vt* gammazlamak, ihbar etmek (**jdn** -i)

Deodorant *nt* deodorant

deponieren *vt* depolamak (**etw** -i)

Deportation *f* sürgün, sürme, ülkeden çıkarma

deportieren *vt* sürmek, sürgüne göndermek (**jdn** -i)

Depot *nt* depo, ambar, ardiye

Depression *f* MED eziklik, depresyon

depressiv *adj* çökkün, karamsar, depresif

deprimiert *adj* karamsar, üzgün, morali bozuk

der I. *art wird nicht übersetzt* II. *pron* **~ da** şu

derart *adv* ❶ (*so*) böylece, böylelikle ❷ (*so sehr*) öyle, o [*o* bu] kadar

derartige(r, s) *adj* böyle, şöyle, öyle

derb *adj* (*grob*) kaba; (*stärker*) haşin

Deregulation *f* deregülasyon

dergleichen *pron* (*adjektivisch*) buna benzer, bu gibi; (*subjektivistisch*) buna benzer şeyler

derjenige *pron* **~, der** o ki

dermaßen *adv* öyle, o kadar, o derece

derselbe *pron* aynı

Derwisch *m* derviş

Deserteur *m* asker kaçağı

desertieren *vi sein* askerden kaçmak

Desertifikation *f* çölleşme

deshalb *adv* bundan [*o* ondan] dolayı, bu [*o* o] yüzden, bunun [*o* onun] için

Design *nt* dizayn, tasarım

Desinfektion *f* dezinfeksiyon

Desinfektionsmittel *nt* dezinfektan, dezinfekte ilacı

desinfizieren *vt* dezenfekte etmek (**etw** -i)

Desinteresse *nt* ilgisizlik

Desktop *m* INFORM masaüstü

Despot *m* despot, zorba

despotisch *adj* despot, zorba

dessen *pron* **der Krieg und ~ Folgen** harp ve sonuçları; **~ sind wir sicher** bundan eminiz

Dessert *nt* tatlı; (*Obst*) meyve

destillieren *vt* damıtmak (**etw** -i)

desto *konj* **je ... ~ ...** ne kadar ... o kadar ...; **je weniger er nachdenkt, desto mehr redet er** ne kadar az düşünürse, o kadar fazla konuşur; **~ besser!** daha iyi ya!

destruktiv *adj* yıkıcı

deswegen *adv* bunun için, bundan dolayı, bu [*o* o] yüzden

Detail *nt* ayrıntı, detay

detailliert *adj* ayrıntılı, detaylı; **~e Suche** INET detaylı arama

Detektiv *m* detektif

Detonation *f* patlama

detonieren *vi sein* patlamak

deuten I. *vt* yor(umla)mak (**etw** -i) II. *vi* (*zeigen*) işaret etmek (**auf etw** -e)

deutlich *adj, adv* belli, açık

Deutlichkeit *f* açıklık, bellilik

deutsch *adj* ❶ (*Sprache*) Almanca; **~ sprechen** Almanca konuşmak ❷ (*Art, Herkunft*) Alman; **die ~e Schweiz** *İsviçre'nin Almanca konuşulan bölgesi*

Deutsch *nt* (*Sprache*) Almanca; **auf ~** Almanca (olarak); **~ lernen** Almanca öğrenmek; **ins ~e übersetzen** Almanca'ya tercüme etmek

Deutsche(r) *f(m)* Alman (yurttaşı); **wir ~n** biz Almanlar

Deutschland *nt* Almanya; **die Bundesrepublik ~** Federal Almanya Cumhuriyeti

Deutschländer(in) *m(f)* (*Deutschtürke*) Almancı

deutschstämmig *adj* Alman kökenli

Deutschtürke, Deutschtürkin *m, f* Al-

D

D

manya'da yaşayan Türk
Devisen *fpl* döviz, kambiyo
Devisenkonto *nt* döviz tevdiat hesabı
Dezember *m* aralık (ayı)
dezent *adj* ❶ (*anständig*) terbiyeli ❷ (*Farbe, Kleid*) zarif
dezentralisieren *vt* desantralize etmek (**etw** -i)
Dezentralisierung *f* desantralizasyon
dezimal *adj* ondalık
Dezimalsystem *nt* MATH 10 tabanlı sayı sistemi, ondalık sayı sistemi
DGB *m Abk von* **Deutscher Gewerkschaftsbund** Alman Sendikalar Konfederasyonu
Dia *nt* slayt, diyapozitif
Diabetes *f* diyabet, şeker hastalığı
Diabetiker(in) *m(f)* şeker hastası, diyabetik, şekerli
Diadem *nt* alın çemberi, alınlık diyadem
Diagnose *f* teşhis
diagonal I. *adj* diyagonal, çapraz **II.** *adv* çaprazlama
Diagonale *f* köşegen
Diakon *m* diyakoz
Dialekt *m* lehçe, ağız, şive, diyalekt
Dialog *m* diyalog, (karşılıklı) söyleşme
Diamant *m* elmas
Diapositiv *nt* diyapozitif, slayt
Diaprojektor *m* slayt projektörü [*o* makinesi]
Diashow *f* slayt gösterisi
Diaspora *f* diaspora (*içinde* (*dini*) *bir azınlık yaşayan bölge*)
Diät *f* pehriz, perhiz, rejim; ~ **halten** perhiz [*o* rejim] yapmak
dich *pron* seni
dicht I. *adj* sık; (*Gebüsch, Haar, Gewebe*) gür **II.** *adv* ~ **bei** -in çok yakınında
Dichte *f* ❶ sıklık ❷ PHYS yoğunluk
dichten[1] I. *vi* şiir yazmak **II.** *vt* yazmak (**etw** -i)
dichten[2] *vt* TECH sıkıştırmak, contalamak (**etw** -i)
Dichter(in) *m(f)* (*Lyrik*) şair, ozan; (*Prosa*) yazar
Dichtung[1] *f* (*Gedicht*) şiir; (*Prosa*) edebi eser [*o* yapıt]
Dichtung[2] *f* TECH sıkıştırma, conta
dick *adj* ❶ (*nicht dünn*) kalın; **zwei Meter** ~ iki metre kalınlığında; ~**e Luft** (*fig*) gergin hava [*o* durum]; ~**e Freunde** (*fig*) sıkı fıkı dostlar ❷ (*beleibt*) şişman; ~ **werden** (*Person*) şişmanlamak ❸ (*geschwollen*) şiş(kin), kabarık ❹ (*Flüssigkeit*) koyu
Dickdarm *m* kalınba(ğı)rsak
Dicke *f* kalınlık
Dickicht *nt* (*Wald*) çalılık
Dickkopf *m* dik başlı [*o* kafalı]
dickköpfig *adj* dik başlı [*o* kafalı]
Dickmilch *f* koyulaşmış süt
die I. *art wird nicht übersetzt* **II.** *pron* ~ **da** şu
Dieb(in) *m(f)* hırsız
Diebstahl *m* hırsızlık
diejenige *pron* ~, **die** o ki
Diele *f* (*Flur*) hol, sofa; (*beim Eingang*) antre
dienen *vi* hizmet etmek (**jdm** -e); **womit kann ich** ~**?** ne arzu etmiştiniz?
Diener(in) *m(f)* ❶ (*Person*) uşak ❷ (*Verbeugung*) reverans
Dienst *m* ❶ hizmet, servis ❷ (*Arbeit*) iş, görev; **außer** ~ (*im Ruhestand*) emekli; ~ **habend** (*Arzt*) nöbetçi
Dienstag *m* salı (günü)
Dienstalter *nt* kıdem, hizmet süresi
Dienstgrad *m* rütbe
diensthabend *adj* nöbetçi
Dienstleistung *f* hizmet
dienstlich *adj* resmi
Dienstmädchen *nt* hizmetçi (kız)
Dienstreise *f* iş seyahati
Dienststelle *f* makam, daire
Dienstwagen *m* makam arabası, makam aracı
Dienstweg *m* resmi yol
Dienstzimmer *nt* makam odası
diesbezüglich *adj* bu hususta, buna dair
diese(r, s) *pron* (*hier*) bu; (*dort*) şu, o;

diese (*substantivisch*) bunlar, şunlar, onlar
Diesel *m s.* **Dieselöl**
dieselbe *pron* aynı
Dieselmotor *m* dizel motoru
Dieselöl *nt* mazot
diesig *adj* bulanık, puslu, (hafif) sisli
diesjährig *adj* bu yılki
diesmal *adv* bu sefer, bu defa, bu kez
diesseits **I.** *adv* beri(de), beri tarafta **II.** *präp +gen* -in berisinde
Dietrich *m* maymuncuk
diffamieren *vt* iftira etmek, çamur atmak (**jdn** -e), yermek (**jdn** -i)
Differenz *f* fark, ayrım
digital *adj* dijital, sayısal; **~e Signatur** INET sayısal imza; **~es Fernsehen** dijital televizyon
Digitalanzeige *f* dijital gösterge
digitalisiert *adj* dijitalize, dijitalleşmiş
Digitalisierung *f* dijitalleşme
Digitalkamera *f* dijital kamera
Digitaluhr *f* dijital saat
Diktaphon *nt* diktafon
Diktat *nt* dikte, yazdırım, yazdırma
Diktator *m* diktatör
diktatorisch *adj* diktatörce
Diktatur *f* diktatörlük
diktieren *vt* (*a. fig*) dikte etmek (**jdm etw** -e -i)
Diktiergerät *nt* diktafon
Dilemma *nt* sıkıntılı durum, zorluk
Dill *m* dereotu
Dimension *f* boyut, buut, dimensiyon
DIN *f Abk von* **Deutsche Industrie-Norm** Alman Normlar Enstitüsü
Ding *nt* şey; (*Objekt*) nesne; **vor allen ~en** her şeyden önce; **aller guten ~e sind drei** Allah hakkı üçtür
Dingsbums *nt* (*fam: Person*) falan(ca); (*Sache*) şey
Dinosaurier *m* dinozor
Diözese *f* REL piskoposluk dairesi
Diphtherie *f* kuşpalazı, difteri
Diphthong *m* ikili ünlü, diftong
Diplom *nt* diploma
Diplomarbeit *f* diploma çalışması
Diplomat(in) *m(f)* diplomat
Diplomatie *f* diplomasi
diplomatisch *adj* diplomatik
diplomiert *adj* diplomalı
dir *pron* sana
direkt **I.** *adj* ❶ (*ohne Umweg*) doğru, direkt ❷ (*unmittelbar*) dolaysız **II.** *adv* doğrudan doğruya
Direktion *f* müdürlük, yönetim, idare
Direktor(in) *m(f)* müdür, yönetmen
Direktübertragung *f* canlı yayın
Dirigent(in) *m(f)* orkestra şefi
dirigieren *vt* idare etmek, yönetmek (**jdn/etw** -i)
Dirndl *nt* (*Kleid*) *Bavyera ve Avusturya köylü kızlarının milli kıyafeti*
Dirne *f* (*Prostituierte*) fahişe, orospu *vulg*
Discounter *m* (*Billigladen*) ucuzluk mağazası, indirim mağazası
Diskette *f* disket
Diskettenlaufwerk *nt* disket süsücü(sü)
Diskjockey *m* diskcokey, DJ
Disko *f* (*fam*) disko
Diskont *m* ıskonto
Diskontsatz *m* ıskonto fiyatı
Diskothek *f* diskotek
diskret *adj* (*verschwiegen*) ağzı sıkı; (*vertraulich*) gizli
Diskretion *f* sır saklama
diskriminieren *vt* haklarını çiğnemek (**jdn** -in)
diskriminierend *adj* ayrımcı
Diskriminierung *f* ayrımcılık
Diskus *m* disk
Diskussion *f* ❶ (*Erörterung*) görüşme ❷ (*Debatte*) tartışma
diskutieren *vi, vt* görüşmek, tartışmak ((**über**) **etw** -i)
Display *nt* INFORM görüntü
Disqualifikation *f* diskalifikasyon
disqualifizieren *vt* diskalifiye etmek (**jdn** -i)
Dissident(in) *m(f)* rejim eleştiricisi
distanzieren *vr* **sich von etw ~** bir şey-

D

den uzak kalmak, bir şeye karışmamak
Distanzierung *f* uzak kalma, karışmama
Distel *f* devedikeni
Disziplin *f* ❶ (*Ordnung*) disiplin, sıkıdüzen ❷ (*Lehrfach*) disiplin, dal
disziplinarisch *adj* sert, sıkı
diszipliniert *adj* disiplinli
divers *adj* çeşitli, türlü türlü
Dividende *f* FIN temettü
dividieren *vt* bölmek (**etw durch etw** -i -e)
Division *f* ❶ MATH bölme ❷ MIL tümen
DJ *m Abk von* **Diskjockey** diskcokey, DJ
DLRG *f Abk von* **Deutsche Lebensrettungsgesellschaft** Alman Cankurtarma Derneği
DM *f Abk von* **Deutsche Mark** Alman markı
D-Mark *f* Alman markı
DNS *f* DNA
DNS-Test *f* DNA testi
Dobermann *m* doberman (*bir köpek cinsi*)
doch **I.** *konj* ancak, bununla beraber **II.** *adv* (*Bejahung*) tabii, elbette; **komm ~ mal her!** buraya gel bakalım
Docht *m* fitil
Dogma *nt* dogma, inak
dogmatisch *adj* dogmatik
Doktor *m* doktor
Doktorand(in) *m(f)* doktora öğrencisi
Doktorarbeit *f* doktora tezi
Dokument *nt* belge, vesika; INFORM doküman
Dokumentarfilm *m* dokümanter film
dokumentarisch *adj* dokümanter, belgelere dayanan
dokumentieren *vt* (*belegen*) belgelemek (**etw** -i)
Doku-Soap *f* dokümanter pembe dizi
Dolch *m* hançer, kama
Dollar *m* dolar
Dollarkurs *m* dolar kuru
dolmetschen *vt, vi* tercüme etmek, çevirmek (**etw** -i)
Dolmetscher(in) *m(f)* tercüman, çevirmen
Dom *m* katedral, başkilise
Domain *f* INET alan, domain
Domainname *m* INET domain ismi
dominant *adj* üstün, dominant
Domino *nt* domino
Dominostein *m* domino taşı
Donau *f* Tuna (nehri)
Donner *m* gök gürültüsü
donnern *vi* gümbürdemek, gürlemek; **es donnert** gök gürlüyor
Donnerstag *m* perşembe (günü)
Donnerwetter *interj* vay canına!
doof *adj* (*fam*) aptal, bön
dopen *vr* **sich ~** doping yapmak
Doping *nt* doping
Doppel *nt* (*auch Tennis*) çift, dubl
Doppelbett *nt* çift yatak
Doppelgänger(in) *m(f)* benzer, (ikiz kardeş gibi) benzeyen
Doppelklick *m* çift tıklama
doppelklicken *vi* çift tıklamak
Doppelkopf *m Alman iskambil oyunu*
Doppelpunkt *m* iki nokta (üstüste)
doppelt *adj* çift, çifte; **das Doppelte** iki katı; **~ so viel (wie ...)** (-in) iki misli [*o* katı]; **~e Staatsbürgerschaft** çifte vatandaşlık; **das Doppelte** iki katı; **~ so viel (wie ...)** (-in) iki misli [*o* katı]
Doppelzentner *m* yüz kilogram
Doppelzimmer *nt* iki kişilik [*o* yataklı] oda
Dorf *nt* köy
Dorn *m* diken
Dorsch *m* morina balığı
dort *adv* orada
dorther *adv* oradan
dorthin *adv* oraya
DOS-Betriebssystem *nt* DOS işletim sistemi
Dose *f* kutu
dösen *vi* uyuklamak
Dosenbier *nt* teneke bira, kutu bira
Dosenöffner *m* konserve açacağı
dosieren *vt* dozunu tayin etmek (**etw**

-in)
Dosis *f* doz
Dossier *nt* dosya
Dotter *m* yumurta sarısı
Download *m* indirme
downloaden *vt* indirmek, çekmek (**etw** -i)
Dozent(in) *m(f)* doçent
dpa *f Abk von* **Deutsche Presseagentur** Alman Basın Acentası
Dr. *m Abk von* **Doktor** Dr.
Drachen *m* ① ejder(ha) ② (*Papier-*) uçurtma ③ (*Flugsportgerät*) delta kanat ④ (*pej: zänkische Frau*) cadaloz
Drachenfliegen *nt* planörcülük
Dragee *nt* draje
Draht *m* tel; **heißer ~** (*fig*) direkt telefon bağlantısı
Drahtgitter *nt* tel kafes
drahtlos *adj, adv* telsiz
Drahtseil *nt* tel halat
Drahtseilbahn *f* teleferik
Drahtzaun *m* tel örgü
Drama *nt* dram
dramatisch *adj* dramatik
dramatisieren *vt* dramatize etmek (**etw** -i)
dran *adv* (*fam*) ① *s.* **daran** ② **wer ist ~?** sıra kimde?; **ich bin ~** sıra bende
drang *vi s.* **dringen**
Drang *m* ① (*Eile*) acele ② (*Antrieb*) teşvik, dürtü, güdü ③ (*Hang*) eğilim, heves
drängen I. *vt* ① (*schieben, stoßen*) itmek (**jdn/etw** -i) ② (*zwingen*) sıkıştırmak (**jdn etw zu tun** -i -mek için), zorlamak (**jdn zu etw** -i -e); (*stärker*) sıkboğaz etmek (**jdn** -i) **II.** *vr* **sich ~** itişip kakışmak **III.** *vi* **die Zeit drängt** vakit darlaşıyor; (**auf etw**) **~** (bir şeyde) ısrar etmek
drastisch *adj* ① (*derb*) kaba ② (*stark*) büyük ③ (*Wirkung*) (çok) etkili
drauf *adv* (*fam*) *s.* **darauf**
Draufgänger(in) *m(f)* atılgan, cüretli, fütursuz
draufmachen *vt* **einen ~** (*fam*) demlenmek
draus *adv* (*fam*) *s.* **daraus**
draußen *adv* dışarıda
Dreck *m* ① (*Schlamm*) çamur ② (*Schmutz*) pislik, kir ③ (*Müll*) çöp
dreckig *adj* pis, kirli
Dreharbeiten *pl* film çevirme
Drehbank *f* tornacı tezgahı
Drehbuch *nt* senaryo
Drehbuchautor(in) *m(f)* senarist
drehen I. *vt* ① döndürmek, çevirmek (**etw** -i) ② (*Zigarette*) sarmak (**etw** -i) ③ (*Film*) çevirmek (**etw** -i) **II.** *vr* **sich ~** dönmek
Drehorgel *f* laterna, latarna
Drehstuhl *m* döner koltuk
Drehtür *f* döner kapı
Drehung *f* dönme
Drehzahlmesser *m* takometre
drei *num* üç; **~ viertel** üç çeyrek
dreidimensional *adj* üç boyutlu
Dreieck *nt* üçgen
dreieckig *adj* üçgen, üç köşeli
dreierlei *adj* üç türlü
dreifach *adj* üç katı [*o* misli]
Dreifaltigkeit *f* REL teslis, üçlük
dreihundert *num* üç yüz
Dreikönigstag *m* Epifani Yortusu
Dreirad *nt* üç tekerlekli bisiklet
dreißig *num* otuz
Dreisternehotel *nt* üç yıldızlı otel
dreizehn *num* on üç
dreschen <drischt, drosch, gedroschen> *vt* (*Korn*) harman dövmek
Dreschmaschine *f* harman makinesi
dressieren *vt* (*Tiere*) terbiye etmek, yetiştirmek (**etw** -i)
Dressing *nt* salata sosu
Dressur *f* (*von Tieren*) terbiye, yetiştirim
dribbeln *vi* dribling yapmak
Drillinge *mpl* üçüzler
drin *adv* (*fam*) *s.* **darin**
dringen <drang, gedrungen> *vi* (*in*

D

etw hinein) içine girmek [*o* geçmek] (**in etw** -in); (*durch etw hindurch*) yarmak (**durch etw** -i), delip geçmek (**durch etw** -den)

dringend *adj* acele, acil, ivedi; **in ~en Fällen** acil [*o* sıkışık] durumlarda

Dringlichkeit *f* sıkışık durum, ivedi(lik)

drinnen *adv* içinde, içer(i)de

drischt *vt s.* **dreschen**

dritte(r, s) *adj* üçüncü; **die Dritte Welt** Üçüncü Dünya; **das Dritte Reich** Hitler rejimi (1933-1945)

Drittel *nt* üçte bir

drittens *adv* üçüncü olarak

Dritte-Welt-Land *nt* Üçüncü Dünya ülkesi

drittklassig *adj* üçüncü sınıf

Drittland *nt* üçüncü ülke

DRK *nt Abk von* **Deutsches Rotes Kreuz** Alman Kızılhaçı

Droge *f* ❶ (*Rauschgift*) uyuşturucu (madde) ❷ (*Arznei*) ilaç

drogenabhängig *adj* uyuşturucu bağımlısı

Drogenabhängige(r) *f(m)* uyuşturucu bağımlısı

Drogenabhängigkeit *f* uyuşturucu madde bağımlılığı

Drogendealer(in) *m(f)* (*fam*) torbacı

Drogenschmuggel *m* uyuşturucu madde kaçakçılığı

Drogerie *f* eczane

Drogist(in) *m(f)* eczacı

drohen *vi* tehdit etmek (**jdm** -i), gözdağı vermek (**jdm** -e)

drohend *adj* tehdit edici, korkutucu; (*gefährlich*) tehlikeli

dröhnen *vi* gürlemek, uğuldamak, çınlamak

Drohung *f* tehdit, gözdağı

drollig *adj* ❶ (*komisch*) komik ❷ (*seltsam*) tuhaf, garip

Dromedar *nt* hecin devesi, tek hörgüçlü deve

drosch *vt s.* **dreschen**

Drossel *f* ardıçkuşu

drosseln *vt* kısmak (**etw** -i)

drüben *adv* öbür tarafta, ötede, karşıda

drüber *adv* (*fam*) *s.* **darüber**

Druck *m* ❶ TECH basınç ❷ (*Zwang*) baskı ❸ (*Buch*) baskı, basım ❹ (*Bedrückung*) sıkıntı; **jdn unter ~ setzen** birine baskı yapmak, birini sıkıştırmak

Druckbuchstaben *mpl* baskı harfleri

drucken *vt* ❶ (*Buch*) basmak (**etw** -i) ❷ (*Datei ausdrucken*) yazdırmak (**etw** -i)

drücken **I.** *vt* sıkıştırmak, sıkmak, bas(tır)mak (**etw** -i); **jdm die Hand ~** birinin elini sıkmak; **Drücken!** Basınız!; **jdm die Daumen ~** birine şans dilemek **II.** *vi* (*Lasten*) sıkıntı vermek **III.** *vr* **sich ~** (*fig*) kaç(ın)mak (**vor etw** -den), yan çizmek

drückend *adj* (*fig*) sıkıntılı; (*Wetter*) ağır, sıkıntılı; (*Hitze*) boğucu, bunaltıcı

Drucker(in)[1] *m(f)* (*Beruf*) basımcı

Drucker[2] *m* INFORM (*Gerät*) yazıcı

Druckerei *f* basımevi

Druckfehler *m* baskı hatası

Druckknopf *m* elektrik düğmesi; (*Kleid*) çıtçıt

Druckmittel *nt* (*fig*) baskı aracı

Drucksache *f* matbua

drum *adv* (*fam*) *s.* **darum**

drunter *adv* (*fam*) ❶ *s.* **darunter** ❷ **~ und drüber gehen** tamamen karmakarışık olmak

Drüse *f* beze, gudde

Dschungel *m* cengel

du *pron* sen

Dübel *m* tıkaç, takoz, tapa

Dudelsack *m* tulum düdük [*o* zurna]

Duell *nt* düello

Duett *nt* düet

Duft *m* güzel koku

dufte *adv* (*fam*) harika

duften *vi* güzel kokmak

dulden **I.** *vt* ❶ (*tolerieren*) hoş görmek (**jdn/etw** -i) ❷ (*ertragen*) sabretmek, dayanmak, katlanmak (**jdn/etw** -e) **II.** *vi* (*leiden*) (dert) çekmek

dumm <dümmer, am dümmsten> *adj* aptal, budala, ahmak; (*Sache*) saçma; **sich ~ stellen** anlamamazlıktan [*o* bilmemezlikten] gelmek
Dummheit *f* aptallık, ahmaklık, eşeklik
Dummkopf *m* ahmak (herif), mankafa
Dumping *nt* damping
Düne *f* kumul
Düngemittel *nt* gübre, fışkı
düngen *vt* gübrelemek, fışkılamak (**etw** -i)
Dünger *m* gübre, fışkı
dunkel *adj* (*a. fig*) karanlık; (*Farbe*) koyu; (*Teint*) esmer; (*fig: Gefühl, Erinnerung*) karanlık; (*Bier*) siyah; **es wird ~** hava kararıyor; **im Dunkeln** karanlıkta
dunkelblau *adj* koyu mavi
dunkelblond *adj* kumral
Dunkelheit *f* karanlık
Dunkelkammer *f* karanlık oda
dünn *adj* (*auch Stimme*) ince; (*Kleidung*) hafif; (*Kaffee*) sulu; ~(**er**) **werden** incelmek
Dünndarm *m* ince ba(ğı)rsak
Dunst *m* buğu, hafif sis, buhar
dunstig *adj* buğulu, dumanlı, (hafif) sisli
Duo *nt* düo
Duplikat *nt* kopya, ikinci nüsha
Dur *nt* majör
durch I. *präp +akk* ① (*örtlich*) -den/-dan, -in arasından, -in içinden; (*quer durch*) -in ortasından ② (*Mittel*) yardımıyla, aracılığıyla, sayesinde ③ (*zeitlich*) boyunca, süresince ④ MATH bölü; **vier** (**geteilt**) **~ zwei ist zwei** dört bölü iki iki eder II. *adv* (*ganz*) tamamen; **es ist sieben Uhr ~** saat yediyi geçti; **~ und ~** bütünüyle
durchaus *adv* tamamıyla, büsbütün; **~ nicht** asla, hiç bir türlü
durchblättern *vt* sayfaları (birer birer) çevirmek; (*flüchtig*) şöyle bir göz atmak (**etw** -e)
durchblicken *vi* ① arasından bakmak (**durch etw** -in) ② (*kapieren*) çakmak, sezinlemek; **etw ~ lassen** bir şeyi sezdirmek [*o* ima etmek]
Durchblutung *f* kan dolaşımı
durchbohren *vt* (tamamen) delmek, delip geçmek (**etw** -i)
durchbrechen[1] *irr* I. *vt* (*Stock*) kırmak (**etw** -i) II. *vi sein* ① yarılmak ② (*zu Tage treten*) görünmek, ortaya çıkmak
durchbrechen[2] *irr vt* (*Blockade*) yarmak, delmek (**etw** -i); **die Schallmauer ~** ses duvarını geçmek [*o* aşmak]
durchdenken *irr vt* (iyice) düşünüp taşınmak (**etw** -i)
durchdrehen *vi* (*fam*) aklını kaçırmak, sinirleri altüst olmak
durcheinander *adv* ① (*in Unordnung*) karmakarışık ② (*Person: verwirrt*) şaşkın
Durcheinander *nt* karışıklık, kargaşalık
durcheinanderbringen *vt* ① (*in Unordnung bringen*) birbirine karıştırmak, altüst etmek (**etw** -i) ② (*verwirren*) şaşırtmak (**jdn** -i)
durcheinanderwerfen *vt* birbirine karıştırmak (**etw** -i)
durchfahren[1] *irr vi sein* geçmek
durchfahren[2] *irr vt* (*Gegend*) geçmek (**etw** -i)
Durchfahrt *f* ① (*Tätigkeit*) transit geçme ② (*Ort*) geçit; **~ verboten!** buradan geçilmez!
Durchfall *m* sürgün, ishal; **~ haben** ishal olmak
durchfallen *irr vi sein* aralıktan düşmek; **ich bin durchgefallen** (*Prüfung*) sınıfta kaldım
durchführbar *adj* yapılması mümkün
durchführen *vt* yürütmek, uygulamak (**etw** -i)
Durchführung *f* uygulama, yürütüm, icra
Durchgang *m* ① (*Tätigkeit*) geçme, geçiş ② (*Ort*) geçit yeri; **kein ~!** geçilmez!
durchgebraten *adj* iyice kızar(tıl)mış
durchgehen *irr sein* I. *vt* (*Text*) gözden

D

geçirmek (**etw** -i) II. *vi* (*Pferd*) gemi azıya almak

durchgreifen *irr vi* (*fig*) kesin tedbir almak

durchhalten *irr vi* sonuna kadar dayanmak

durchkommen *irr vi sein* ❶ (*überstehen*) atlatmak; (*Examen*) geçmek, kazanmak ❷ (*auskommen*) geçinmek, idare etmek

durchlassen *irr vt* geçirmek (**jdn/etw** -i)

durchlesen *irr vt* baştan başa [*o* sonuna kadar] okumak; **flüchtig ~** (üstünkörü) gözden geçirmek (**etw** -i)

durchleuchten *vt* röntgenini almak (**jdn/etw** -in)

durchlöchern *vt* delmek (**etw** -i)

durchmachen *vt* ❶ (*überstehen*) geçirmek (**etw** -i) ❷ (*erleiden*) çekmek (**etw** -i), katlanmak, dayanmak (**etw** -e)

Durchmesser *m* çap

durchnässt[RR] *adj* sırılsıklam

durchnehmen *irr vt* (*als Lehrer*) okutmak, işlemek; (*als Schüler*) okumak, işlemek (**etw** -i)

durchqueren *vt* (*Stadt, Platz*) geçmek; (*Meer, Wüste*) aşmak (**etw** -i)

Durchreise *f* geçme, geçiş; **auf der ~ durch ...** -den geçerken

Durchreisevisum *nt* geçiş vizesi

Durchsage *f* anons, duyuru

durchschauen *vt* (*fig*) içyüzünü anlamak (**etw** -in)

durchscheinend *adj* saydam

durchschlafen *irr vi* deliksiz uyumak

Durchschlag *m* (*eines Schriftstücks*) kopya

Durchschlagpapier *nt* kopya kâğıdı; (*Kohlepapier*) karbon kâğıt

durchschneiden *irr vt* ortasından kesmek (**etw** -in)

Durchschnitt *m* ortalama; **im ~** ortalama olarak; **über/unter dem ~** ortalamanın üstünde/altında

durchschnittlich *adj* ❶ orta(lama) ❷ (*pej: gewöhnlich*) alelade, bayağı

Durchschnittsbürger *m* ortalama bir vatandaş

Durchschnittsgeschwindigkeit *f* ortalama hız

Durchschnittstemperatur *f* ortalama sıcaklık derecesi

durchsehen *irr vt* gözden geçirmek, yoklamak (**etw** -i)

durchsetzen[1] I. *vt* geçirmek (**etw** -i); **seinen Willen ~** istediğini yaptırmak II. *vr* **sich ~** sözünü geçirmek

durchsetzen[2] *vt* (*mit etw*) arasına katmak, içine karıştırmak (**etw mit etw** -in -i)

Durchsicht *f* (*fig*) gözden geçirme, yoklama

durchsichtig *adj* saydam; (*fig*) berrak, açık

durchsickern *vi sein* (arasından) sızmak; (*a. fig: Nachricht*) sızmak, yavaş yavaş açığa [*o* meydana] çıkmak

durchsprechen *irr vt* görüşmek, tartışmak (**etw** -i)

durchstreichen *irr vt* çizmek, karalamak, silmek (**etw** -i)

durchsuchen *vt* (*Sache*) aramak, taramak (**etw** -i); (*Person*) üstünü [*o* üzerini] aramak (**jdn** -in)

Durchsuchung *f* (*eines Ortes*) arama, tarama; (*einer Person*) üstünü arama

durchwählen *vt* (telefon numarasını doğrudan doğruya) çevirmek

durchweg *adv* genellikle

dürfen <darf, durfte, gedurft/dürfen> *vi* -ebilmek; (*Erlaubnis haben*) -mek için izni olmak; **man darf nicht ...** -mek serbest değil; (*Verbot*) -mek yasak; (*moralisch*) yapılamaz; **darf man ...?** -mek serbest mi?; **darf ich Sie um ... bitten?** sizden ... rica edebilir miyim?; **darf ich Sie etw fragen?** size bir şey sorabilir miyim?; **es dürfte fast Mitternacht sein** herhalde hemen hemen geceyarısı olmalıydı

durfte *vi s.* **dürfen**
dürftig *adj* ① (*ärmlich*) yoksul, fakir ② (*erbärmlich*) acınacak, biçare ③ (*ungenügend*) eksik, yetersiz, noksan
dürr *adj* (*Boden*) kurak, çorak; (*Holz*) kuru; (*Personen*) sıska, cılız, kuru
Dürre *f* kuraklık
Durst *m* susuzluk, susama; ~ **haben** susamak; **den ~ löschen** susuzluğu(nu) gidermek
durstig *adj* susamış
Dusche *f* duş
duschen I. *vi* duş yapmak II. *vr* **sich ~** duş yapmak
Duschgel *nt* duş jölesi
Duschkabine *f* duş kabini
Düse *f* meme, üfleç
Düsenflugzeug *nt* jet uçağı
düster *adj* karanlık; (*fig*) kasvetli
Dutzend *nt* düzine
dutzendweise *adv* düzine düzine
duzen *vt* sen diye hitap etmek (**jdn** -e)
DVD-Player *m* DVD çalar
Dynamik *f* dinamik
dynamisch *adj* dinamik, devingen
Dynamit *nt* dinamit
Dynamo *m* dinamo (makinesi)
Dynastie *f* hanedan, sülale
D-Zug *m* ekspres

Ebbe *f* cezir
eben I. *adj* ① (*flach*) düz, yassı ② (*glatt*) pürüzsüz; (*Boden*) düz, düzgün, engebesiz II. *adv* (*vor kurzem*) biraz önce, demin; **~!** tam üstüne bastınız!; ~ **erst** daha demin; **er ist ~ fertig geworden** henüz işi bitti; **dann lass es ~!** bırak o halde!
Ebene *f* ova; (*fig*) alan, saha
ebenfalls *adv* aynı şekilde, aynen, keza
ebenso *adv* aynen, aynı şekilde; ~ ... **wie** hem ... ve hem de; ~ **gut wie** sanki ... gibi; ~ **viele wie** ... gibi çok; ~ **sehr,** ~ **viel** aynı derecede çok; ~ **wenig** aynı derecede az
Eber *m* erkek domuz
ebnen *vt* düzle(ştir)mek (**etw** -i); **jdm den Weg ~** (*fig*) birinin yolunu açmak, birinin işini kolaylaştırmak
E-Business *nt* e-iş
Echo *nt* yankı; (*fig: Anklang*) rağbet, beğeni
Echse *f* keler
echt I. *adj* ① (*wirklich*) gerçek, sahici ② (*rein*) halis, saf, arı II. *adv* sahiden
Echtzeit *f* gerçek zaman
Eckball *m* korner
Ecke *f* (*innen*) köşe; (*außen*) kenar; **gleich um die ~** hemen köşede
eckig *adj* köşeli
Eckzahn *m* köpekdişi
E-Commerce *m* e-ticaret, elektronik ticaret
Ecstasy *f* (*Droge*) ekstasi
Ecuador *nt* Ekvator
edel *adj* (*edelmütig*) asil, (*wertvoll*) değerli
Edelmetall *nt* asil [*o* soy] maden
Edelstein *m* değerli [*o* kıymetli] taş, mücevher
Edelweiß *nt* (Alpler'de yetişen) aslanpençesi
Editor *m* (*Schreibprogramm*) editör, editor, metin editörü
EDV *f Abk von* **Elektronische Datenverarbeitung** elektronik bilgi işlem

E

EEG *nt Abk von* **Elektroenzephalogramm** EEG
Efeu *m* sarmaşık
Effekt *m* etki; (*Film*) efekt
effektiv *adj* efektif
egal *adj* ❶ (*gleich*) aynı ❷ (*einerlei*) hep(si) aynı [*o* bir]; **das ist mir ~** benim için farketmez; (**das ist**) **mir doch ~!** bana ne!
Egoismus *m* bencillik, egoizm
Egoist(in) *m(f)* bencil, egoist
egoistisch *adj* bencil, egoist
egozentrisch *adj* hodperest, hodpesent
ehe *konj* -meden önce [*o* evvel]
Ehe *f* evlilik; **in zweiter ~** ikinci evlilikte; **wilde ~** nikahsız karıkoca hayatı
Ehebett *nt* gelin yatağı
Ehebruch *m* zina
Ehefrau *f* (*Gattin*) eş, karı; (*verheiratete Frau*) evli kadın
Ehegatte, Ehegattin *m, f* eş
Eheleute *pl* karıkoca
ehelich *adj* evliliğe ait; (*Kind*) meşru
ehemalige(r, s) *adj* eski, önceki
Ehemann *m* (*Gatte*) koca, eş; (*verheirateter Mann*) evli erkek
Ehepaar *nt* karıkoca, (evli) çift
Ehepartner(in) *m(f)* eş
eher *adv* ❶ (*früher*) daha önce ❷ (*lieber*) tercihan
Ehering *m* nikah yüzüğü
Eheschließung *f* evlenme; JUR nikah [*o* evlenme] akdi
Ehre *f* ❶ (*Unbescholtenheit*) namus ❷ (*Wertschätzung*) şeref ❸ (*Achtung*) saygı ❹ (*als Selbstgefühl*) onur; **zu ~n von ...** -in şerefine
ehren *vt* saygı göstermek (**jdn** -e)
Ehrenamt *nt* fahri görev
ehrenamtlich I. *adj* fahri II. *adj* fahri olarak
Ehrenbürger(in) *m(f)* fahri hemşehri
Ehrengast *m* şeref misafiri [*o* konuğu]
ehrenhaft *adj* (*Person*) namuslu
Ehrenmord *m* töre cinayeti
ehrenrührig *adj* (onur) kırıcı
Ehrenrunde *f* şeref turu
Ehrensache *f* namus konusu
Ehrenwort *nt* (şeref) söz(ü)
Ehrfurcht *f* (derin) saygı (**vor jdm** -e)
Ehrgeiz *m* hırs, yükselme tutkusu
ehrgeizig *adj* hırslı
ehrlich I. *adj* (*aufrichtig*) dürüst, doğru II. *adv* **~ gesagt** doğrusu
Ehrlichkeit *f* dürüstlük, doğruluk
Ehrung *f* saygı göster(il)me
Ei *nt* yumurta; **hart/weich gekochtes ~** hazırlop/rafadan yumurta
Eiche *f* meşe
Eichel *f* ❶ (*von Eiche*) palamut ❷ ANAT başçık, haşefe
Eichelhäher *m* alakarga
Eichhörnchen *nt* sincap
Eid *m* yemin; **unter ~** yemin ederek [*o* ettirerek]
Eidechse *f* kertenkele
eidesstattlich *adj* yemin yerine kaim olmak üzere (verilen)
Eidotter *m* yumurta sarısı
Eierbecher *m* yumurtalık
Eierlöffel *m* yumurta kaşığı
Eierschale *f* yumurta kabuğu
Eierspeise *f* yumurtalı yemek
Eierstock *m* yumurtalık
Eifer *m* gayret, çaba, canlılık
Eifersucht *f* kıskançlık
eifersüchtig *adj* kıskanç; **auf jdn ~ sein** birini kıskanmak
eiförmig *adj* yumurta biçiminde, oval
eifrig *adj* gayretli, hevesli, şevkli
Eigelb *nt* yumurta sarısı
eigen *adj* ❶ (*zugehörig*) kendi ❷ (*eigentümlich*) kendine özgü ❸ (*penibel*) titiz
Eigenart *f* özellik
eigenartig *adj* ❶ (*eigen*) kendine özgü ❷ (*sonderbar*) garip, tuhaf, acayip
Eigenbedarf *m* şahsi ihtiyaç, kişisel ihtiyaç
eigenhändig *adv* kendi eliyle
Eigenheim *nt* kendi evi
Eigenkapital *nt* özsermaye

eigenmächtig *adj, adv* keyfi
Eigenname *m* özel isim
Eigenschaft *f* özellik, nitelik
Eigensinn *m* inat(çılık), dik kafalılık [*o* başlılık]
eigensinnig *adj* inatçı, dik kafalı [*o* başlı], serkeş
eigentlich *adv* ❶ (*tatsächlich*) gerçekten ❷ (*genau genommen*) doğrusu, aslında; **was willst du ~?** ne istiyorsun be?
eigentliche(r, s) *adj* asıl, gerçek
Eigentum *nt* mal, mülk, mülkiyet
Eigentümer(in) *m(f)* mal sahibi
eigentümlich *adj* özel; (*sonderbar*) tuhaf, garip, acayip
Eigentumswohnung *f* kat mülkiyeti
Eigenverbrauch *m* kendi tüketimi
eigenwillig *adj* inatçı, dik başlı [*o* kafalı]
eignen *vr* **sich ~** yaramak, uymak, elverişli olmak; (*beruflich*) yetenekli olmak (**zu/für etw** -e)
Eignung *f* uygunluk, elverişlilik; (*beruflich*) yetenek(lilik)
Eilbote *m* **durch ~n** sürat postasıyla
Eilbrief *m* ekspres (mektup)
Eile *f* acele, tezlik, ivedi; **in aller ~** (büyük) telaşla, ayak üstü; **ich bin in ~** acelem var; **es hat keine ~** acelesi yok
eilen I. *vi* ❶ *sein* (*schnell gehen*) koşmak ❷ *haben* (*dringend sein*) acelesi olmak; **es eilt!** aceledir! II. *vr* **sich ~** acele etmek
Eilfracht *f*, **Eilgut** *nt* ekspresle gönderilen eşya
eilig I. *adj* (*dringend*) acele, ivedi(li), acil; **es ~ haben** acele etmek II. *adv* acele ederek, aceleyle
Eilmeldung *f* son dakika haberi
Eilzug *m* ekspres
Eimer *m* kova
ein I. *art* bir II. *pron* biri; **was für ~er?** nasıl biri; **~er von beiden** ikisinden biri; **~er nach dem anderen** birbiri arkasından, önce biri sonra öteki, sırayla III. *num* bir; **es ist ~ Uhr** saat bir; **hundert~(s)** yüz bir IV. *adv* **~ für alle Mal** ilk ve son defa; **nicht ~ noch aus wissen** ne yapacağını bilememek
einander *pron* birbir(ler)ini, birbir(ler)ine
einarbeiten I. *vt* ❶ (*Person*) birini bir işe alıştırmak ❷ (*Einzelheiten*) eklemek, katmak (**etw in etw** -i -e) II. *vr* **sich in etw ~** çalışarak bir işe alışmak
Einarbeitungszeit *f* (*yeni*) *bir işe alışma dönemi*
einarmig *adj* tek kollu, çolak
einäschern *vt* kül haline getirmek; (*Leichnam*) yakmak (**etw** -i)
Einäscherung *f ölünün yakılması*
einatmen *vi, vt* nefes almak
Einbahnstraße *f* tek yönlü yol
einbalsamieren *vt* tahnit etmek, mumyalaştırmak (**etw/jdn** -i)
Einband *m* cilt, kap; (*Decke*) cilt kapağı
einbändig *adj* tek ciltli
Einbau *m* iç düzen; (*Montage*) montaj
einbauen *vt* monte etmek, yerleştirmek; (*in die Wand*) içine inşa etmek; (*fig*) içine katmak [*o* yerleştirmek] (**etw** -i)
Einbauküche *f* gömme mutfak
Einbaumöbel *ntpl* gömme mobilyalar
Einbauschrank *m* gömme dolap
einbegriffen *adj* dahil [*o* içinde] olan
einbehalten *irr vt* alıkoymak (**etw** -i)
Einberufung *f* askere çağrı
Einbettzimmer *nt* tek yataklı [*o* kişilik] oda
einbiegen *irr vi sein* sapmak (**nach/in** -e)
einbilden *vt* **sich** *dat* **etw ~** bir şeyi hayal etmek
Einbildung *f* ❶ (*Fantasie*) hulya, hayal, düş ❷ (*Trugbild*) kuruntu ❸ (*Anmaßung*) kibir, kurum
Einbildungskraft *f* hayal gücü
einbinden *irr vt* (*Buch*) ciltlemek, kaplamak (**etw** -i)

Einblick *m* bilme, tanıma, anlama
einbrechen *irr vi sein* ❶ çökmek, yıkılmak ❷ (*in ein Haus*) zorla girmek; (*Einbrecher*) (hırsızlık için) girmek (**in etw** -e); (*in ein Land*) istila etmek (**in etw** -i)
Einbrecher(in) *m(f)* hırsız

E

einbringen *irr vt* (*Ernte*) kaldırmak; (*Nutzen*) getirmek (**etw** -i)
Einbruch *m* ❶ (*in ein Haus*) zorla giriş, hırsızlık ❷ (*Einsturz*) yıkılış; **bei ~ der Dunkelheit** karanlık basınca
einbürgern I. *vt* vatandaşlığa kabul etmek (**jdn** -i) II. *vr* **sich ~** (*fig*) yaygınlaşmak, genelleşmek
Einbürgerung *f* vatandaşlığa kabul
Einbuße *f* hasar, zarar, ziyan
einbüßen *vt* kaybetmek, yitirmek (**etw** -i)
einchecken *vi* check-in yapmak
eincremen *vt* krem sürmek (**etw** -e)
eindecken *vr* **sich mit etw ~** bir şeyi tedarik etmek
eindeutig *adj* açık, belli
eindringen *irr vi sein* girmek (**in etw** -e)
eindringlich *adj* ❶ (*nachdrücklich*) enerjik, etkili ❷ (*ergreifend*) dokunaklı
Eindruck *m* ❶ (*Empfindung*) izlenim, duygu ❷ (*Wirkung*) etki; **auf jdn ~ machen** biri üzerinde (iyi) etki bırakmak
eindrucksvoll *adj* etkili, etkileyici, duygulandırıcı
einengen *vt* (*begrenzen*) sınırlamak (**etw** -i)
einerlei *adj* (*gleichartig*) aynı cinsten; (*eintönig*) monoton, tekdüze; **das ist ~** hepsi bir [*o* aynı]
einerseits *adv* bir yandan [*o* tarafdan]
einfach I. *adj* ❶ (*unkompliziert*) basit ❷ (*leicht zu tun*) kolay ❸ (*schlicht*) sade; **~e Fahrt** (yalnız) gidiş II. *adv* tam anlamıyla; **lass es ~ sein!** yapma!
Einfachheit *f* ❶ (*Unkompliziertheit*) basitlik ❷ (*Leichtigkeit*) kolaylık ❸ (*Schlichtheit*) sadelik
einfahren *irr* I. *vt* ❶ (*Ernte*) mahsulü kaldırıp ambara almak ❷ (*neues Auto*) motoru alıştırmak II. *vi sein* (istasyona) girmek
Einfahrt *f* giriş; **~ verboten!** giriş yasak!; **~ freihalten!** girişi serbest bırakın!
Einfall *m* (*Idee*) (ani) fikir, buluş
einfallen *irr vi sein* ❶ (*einstürzen*) çökmek ❷ (*in ein Land*) istila etmek (**in etw** -i) ❸ (*fig*) **mir fällt nichts ein** aklıma bir şey gelmiyor; **was fällt dir ein!** sana ne oluyor!
Einfamilienhaus *nt* bir ailelik ev
einfarbig *adj* tek renkli
einfassen *vt* çerçevelemek (**etw** -i)
Einfluss[RR] *m*, **Einfluß**[ALT] *m* ❶ (*Wirkung*) etki, tesir; (**auf jdn**) **~ ausüben** (birinin üzerinde) etkisi olmak ❷ (*Geltung*) nüfuz, fors
einflussreich[RR] *adj* nüfuzlu, forslu
einfrieren *irr* I. *vt* dondurmak (**etw** -i) II. *vi sein* donmak
einfügen I. *vt* ❶ katmak, eklemek (**etw in etw** -i -e) ❷ INFORM araya eklemek (**etw** -i) II. *vr* **sich ~** uymak (**in etw** -e)
einfühlsam *adj* duyarlı, ince duygulu
Einfühlungsvermögen *nt* duyarlılık
Einfuhr *f* ithal, dışalım
einführen *vt* ❶ (*hineinstecken*) yavaşça içine sokmak, ithal etmek (**etw in etw** -i -e) ❷ (*Sitten*) yürütmek (**etw** -i) ❸ (*in Tätigkeit*) alıştırmak (**jdn in etw** -i -e)
Einfuhrerlaubnis *f* ithal izni
Einführung *f* (*Buch*) giriş, önsöz
Einfuhrverbot *nt* ithal yasağı
Einfuhrzoll *m* ithal gümrüğü
einfüllen *vt* içine doldurmak (**etw in etw** -i -in)
Eingabe *f* (*Daten~*) girme
Eingang *m* ❶ (*Ort*) giriş ❷ (*Flur*) antre ❸ (*Anfang*) başlangıç ❹ (*Waren, Post*) gelen, alınan
Eingangstür *f* giriş kapısı

eingebaut *adj* gömme
eingeben *vt* (*Daten*) girmek (**etw** -i)
eingebildet *adj* ❶ (*vorgestellt*) hayali ❷ (*eitel*) kibirli, kurumlu, kendini beğenmiş
Eingeborene(r) *f(m)* yerli
eingehen *irr sein* I. *vi* ❶ (*Brief, Ware*) gelmek ❷ (*Stoff*) küçülmek, kısalmak, daralmak ❸ (*Tier*) gebermek; (*Pflanze*) kurumak, çürümek; **auf etw ~** (*einwilligen*) bir şeye razı olmak; (*Problem*) bir şeyle ilgilenmek [*o* uğraşmak] II. *vt* **eine Wette ~** bahse girmek; **ein Risiko ~** bir rizikoyu göze almak
eingehend I. *adj* ayrıntılı, esaslı II. *adv* etraflıca, uzun uzadıya, enine boyuna
eingenommen I. *vt s.* **einnehmen** II. *adj* **von sich ~** kendini beğenmiş
eingeschrieben *adj* (*Brief*) taahhütlü
Eingeständnis *nt* itiraf, kabul, teslim
eingestehen *irr vt* itiraf etmek, kabul etmek (**etw** -i)
eingetragen *adj* kayıtlı
Eingeweide *pl* ba(ğı)rsaklar; (*bei Schlachtvieh*) işkembe
eingewöhnen *vr* **sich ~** (yeni bir duruma) alışmak (**in etw** -e)
eingießen *irr vt* boşaltmak, dökmek (**etw in etw** -i -e)
eingliedern *vt* birleştirmek, katmak (**jdn/etw in etw** -i -e)
eingreifen *irr vi* karışmak (**in etw** -e)
Eingriff *m* ❶ (*chirurgisch*) cerrahi müdahele ❷ (*Einmischung*) karışma ❸ (*militärischer*) saldırı
einhalten *irr vt* (*Vertrag, Frist*) riayet etmek (**etw** -e), tutmak (**etw** -i)
einheimisch *adj* yerli
Einheimische(r) *f(m)* yerli
Einheit *f* ❶ birlik, bütün(lük) ❷ (*Maß-*) birim
einheitlich *adj* bircinsten, bağdaşık
Einheitspreis *m* tek fiyat
Einheitswährung *f* tek para
einheizen *vi* yakmak, ısıtmak (**etw** -i); **jdm tüchtig ~** (*fig*) birine duman attırmak
einholen *vt* ❶ (*erreichen*) yetişmek (**jdn/etw** -e) ❷ (*Zeit*) telafi etmek (**etw** -i)
einhundert *num* yüz
einig *adj* hemfikir; **sich über etw ~ sein** ... hakkında aynı fikirde olmak; (**mit jdm über etw**) **~ werden** (biriyle bir şeyde) anlaşmak [*o* uzlaşmak]
einige *pron* (*adjektivisch*) birkaç; (*substantivisch*) bazıları
einigen I. *vt* aralarını bulmak (**jdn** -in), uzlaştırmak (**jdn** -i) II. *vr* **sich ~** anlaşmak, uyuşmak, uzlaşmak
einigermaßen *adv* ❶ (*weder gut noch schlecht*) şöyle böyle ❷ (*ziemlich*) oldukça
einiges *pron* birkaç şey
Einigkeit *f* ❶ (*Übereinkunft*) anlaşma, uyuşma, uzlaşma ❷ (*Eintracht*) birlik
Einigung *f* ❶ (*Vereinigung*) birleş(tiril)me ❷ (*Übereinkunft*) anlaşma, uyuşma, uzlaşma
einkalkulieren *vt* (*fig*) hesaba katmak (**etw** -i)
Einkauf *m* ❶ (*Tätigkeit*) satın alma, alışveriş ❷ (*Gegenstand*) satın alınan şey
einkaufen I. *vt* satın almak (**etw** -i) II. *vi* alışveriş yapmak [*o* etmek]
Einkaufskorb *m* zembil
Einkaufsnetz *nt* file
Einkaufspreis *m* alım fiyatı
Einkaufstasche *f* alışveriş çantası, zembil
Einkaufszentrum *nt* alışveriş merkezi
Einklang *m* **in ~ bringen** uydurmak (**jdn/etw mit jdm/etw** -i -e)
Einkommen *nt* gelir; **Pro-Kopf-~** adam başına gelir
Einkommensniveau *nt* gelir düzeyi
Einkommensquellen *pl* gelir kaynakları
einkommensschwach *adj* dar gelirli
Einkommensteuer *f* gelir vergisi
Einkommensverteilung *f* gelir dağılımı
Einkünfte *pl* gelir

einladen *irr vt* ① (*Güter*) yüklemek (**etw in etw** -i -e) ② (*Gäste*) davet etmek, çağırmak (**jdn zu etw** -i -e)
einladend *adj* çekici, alımlı
Einladung *f* davet, çağrı
Einlage *f* ① (*Einzahlung*) yatırılan para ② (*Schuh-*) mantar taban
E
einlassen *irr vr* **sich auf etw ~** bir şeye yanaşmak [*o* kalkışmak]; **sich mit jdm ~** (*Beziehung*) ilişkiye girişmek; (*Kontroverse*) biriyle tartışmak
einlaufen *irr vi sein* ① (*Stoff*) daralmak, çekmek, kısalmak ② (*Schiff*) girmek
einleben *vr* **sich ~** bir yere alışmak
einlegen *vt* ① içine koymak, yerleştirmek (**etw in etw** -i -e) ② (*in Salzwasser*) salamura yapmak (**etw** -i); **Berufung ~** davayı istinaf etmek; **ein gutes Wort für jdn ~** birinin lehinde konuşarak aracılık etmek
Einlegesohle *f* mantar taban
einleiten *vt* hazırlamak (**etw** -i)
Einleitung *f* giriş; (*Buch*) önsöz
einlenken *vi* bir tarafa sapmak; (*fig*) başka perdeden konuşmak
einleuchten *vi* **das leuchtet mir (nicht) ein** buna aklım er(m)iyor
einleuchtend *adj* ① (*ganz klar*) belli, aşikar ② (*vernünftig*) akla yakın
einliefern *vt* teslim etmek (**jdn in etw** -i -e); **ins Krankenhaus ~** hastaneye yatırmak [*o* bırakmak] (**jdn** -i)
einloggen *vr* **sich ~** INFORM sisteme girmek
einlösen *vt* (*Scheck*) tediye et(tir)mek (**etw** -i)
einmachen *vt* (*in Dosen*) konserve yapmak; (*in Essig*) turşu yapmak (**etw** -i)
einmal *adv* ① (*ein einziges Mal*) bir defa, bir kez, bir kere ② (*künftig*) iler(i)de, günün birinde ③ (*früher*) vaktiyle, eskiden; **auf ~** (*mit einem Mal*) birden, bir defada [*o* kerede]; (*plötzlich*) birdenbire, ansızın; **es war ~** bir varmış bir yokmuş; **nicht ~ ...** ... bile [*o* hatta] değil; **noch ~** bir kere daha; **das ist nun ~ so** bu böyle işte
Einmaleins *nt* çarpım tablosu
einmalig *adj* ① (*nur ein Mal*) bir defalık [*o* kerelik] ② (*einzigartig*) eşsiz, tek
einmischen *vr* **sich in etw ~** bir şeye karışmak
Einmischung *f* karışma, müdahele
einmünden *vi sein* (*Straße*) birleşmek (**in etw** ile), ulaşmak (**in etw** -e)
Einnahme *f* ① (*Eroberung*) fetih, işgal, ele geçirme ② (*Geld*) gelir
Einnahmequelle *f* gelir kaynağı
einnehmen *irr vt* ① (*Mahlzeit*) yemek; (*Arznei*) almak (**etw** -i) ② (*Platz, Stadt*) almak, fethetmek (**etw** -i) ③ (*einkassieren*) tahsil etmek; (*verdienen*) kazanmak (**etw** -i) ④ (*Raum*) almak (**etw** -i)
einnicken *vi* uyuklamak
Einöde *f* (*Wüste*) çöl; (*abgelegener Ort*) ıssız yer
einordnen **I.** *vt* sıralamak, dizmek (**etw** -i) **II.** *vr* **sich rechts/links ~** sağdan/soldan sıraya girmek
einpacken *vt* paketlemek, ambalaj yapmak (**etw** -i)
einprägen **I.** *vt* (*eindrücken*) basmak (**etw in etw** -i -e); (*fig*) (bir şeyde) iz [*o* damga] bırakmak; **jdm etw ~** birinin aklına bir şeyi koymak; **sich** *dat* **etw ~** bir şeyi ezberlemek [*o* hatırına yerleştirmek] **II.** *vr* **sich ~** (*ins Gedächtnis*) akla sokmak
einquartieren *vt* yerleştirmek (**jdn in etw** -i -e)
einrahmen *vt* çerçevelemek (**etw** -i)
einräumen *vt* ① (*Sachen*) yerli yerine koymak, toplamak, düzeltmek (**etw** -i) ② (*zugeben*) tanımak, kabul etmek (**etw** -i)
einreiben *irr* **I.** *vt* (*etw*) ovmak (**etw mit etw** -i ile) **II.** *vr* **sich ~** sürünmek (**mit etw** ile)
einreichen *vt* sunmak, vermek (**etw** -i)
Einreise *f* (bir ülkeye) giriş

Einreisegenehmigung *f* giriş izni
einreisen *vi sein* (bir ülkeye) girmek (**in etw** -e)
Einreisevisum *nt* giriş vizesi
einrenken *vt* (*Glied*) yerine koymak; (*fig*) yoluna koymak, düzeltmek (**etw** -i)
einrichten **I.** *vt* ❶ (*Wohnung*) döşemek (**etw** -i) ❷ (*errichten*) kurmak (**etw** -i) **II.** *vr* **sich ~** yerleşmek (**in etw** -de); **sich auf etw ~** kendini bir şeye göre ayarlamak
Einrichtung *f* ❶ (*Wohnung*) döşe(n)me ❷ (*öffentliche*) kurum, kuruluş
eins *num* bir
Eins *f* bir; (*im Zeugnis*) pekiyi
einsalzen *vt* tuzlamak; (*in Salzlake*) salamuraya yatırmak (**etw** -i)
einsam *adj* ❶ (*Mensch*) yalnız, kimsesiz ❷ (*Ort*) ıssız, tenha
einsammeln *vt* toplamak (**etw** -i)
Einsatz *m* ❶ (*Spiel*) banko, kav ❷ (*Verwendung*) kullan(ıl)ma
einschalten **I.** *vt* (*Gerät*) açmak; (*Licht, Ofen*) yakmak (**etw** -i) **II.** *vr* **sich ~** araya girmek, karışmak (**in etw** -e)
Einschaltquote *f* reyting
einschätzen *vt* tahmin etmek, kestirmek (**etw** -i); **den Wert von etw ~** değerini takdir etmek
einschenken *vt* (bardağa) koymak [*o* boşaltmak] (**etw** -i); **jdm Raki ~** birinin bardağını rakı ile doldurmak
einschiffen *vr* **sich ~** gemiye binmek
einschlafen *irr vi sein* uykuya dalmak; (*Körperglied*) uyuşmak, karıncalanmak; **nicht ~ können** uyku tutmamak
einschläfern *vt* ❶ (*in Schlaf versetzen*) uyutmak, uyuklatmak (**jdn** -i) ❷ (*betäuben*) uyuşturmak (**jdn** -i)
Einschlag *m* (*Blitz*) yıldırım düşmesi
einschlagen *irr* **I.** *vt* ❶ (*Nagel*) çakmak (**etw in etw** -i -e) ❷ (*Fenster, Zähne*) kırmak (**etw** -i) ❸ (*Laufbahn, Weg*) başlamak (**etw** -e), tutmak (**etw** -i) ❹ (*in ein Tuch*) çıkınlamak (**etw** -i) **II.** *vi* ❶ (*Blitz*) düşmek, isabet etmek; (*Geschoss*) düşmek, vurmak ❷ (*fig: Erfolg haben*) başarılı olmak
einschlägig *adj* ilgili, ait olan
einschleichen *irr vr* **sich ~** gizlice girmek [*o* sokulmak] (**in etw** -e); **es hat sich ein Fehler eingeschlichen** bir yanlışlık oldu
einschleppen *vt* (*Krankheit*) ülkeye getirmek (**etw** -i)
einschließen *irr vt* ❶ kilitlemek, kapatmak (**etw/jdn** -i) ❷ (*umzingeln*) kuşatmak (**etw/jdn** -i)
einschließlich *präp +gen* ... dahil olmak üzere
einschmuggeln *vt* (*Zoll*) kaçırmak; (*fig*) gizlice sokmak (**etw** -i)
einschneidend *adj* (*fig*) kesin, esaslı
Einschnitt *m* ❶ (*Schnitt*) yarık, kesik ❷ (*fig: Wende*) dönüm noktası
einschränken **I.** *vt* sınırla(ndır)mak; (*Ausgaben*) azaltmak, kısmak; (*Umfang*) daraltmak (**etw** -i) **II.** *vr* **sich ~** masraflarını azaltmak, idareli yaşamak
Einschränkung *f* azaltma, kısma; (*Begrenzung*) sınırlama
Einschreibebrief *m* taahhütlü mektup
einschreiben *irr* **I.** *vt* (*Brief*) (bir mektubu) taahhütlü göndermek **II.** *vr* **sich ~** (*Universität*) yazılmak, kaydolmak
Einschreiben *nt* taahhütlü mektup
Einschreibung *f* kayıt, yazılma
einschreiten *irr vi sein* karışmak (**gegen etw** -e); (*amtlich*) harekete geçmek
einschüchtern *vt* gözünü korkutmak (**jdn** -in), korkutmak, yıldırmak (**jdn** -i)
einsehen *irr vt* ❶ (*Akten*) gözden geçirmek (**etw** -i) ❷ (*Sachverhalt, Fehler*) anlamak (**etw** -i)
einseifen *vt* sabunlamak (**etw** -i)
einseitig *adj* tek taraflı
Einseitigkeit *f* tek taraflılık
einsenden *irr vt* göndermek, sunmak (**etw** -i)

E

einsetzen I. *vt* ❶ (*in etw setzen*) içine koymak, geçirmek (**etw in etw** -i -e) ❷ (*Spiel*) para koymak; **das Leben ~** hayatını tehlikeye koymak [*o* atmak]; **all seine Kräfte ~** (bütün) kuvvetini vermek II. *vi* başlamak III. *vr* **sich für jdn/etw ~** birini/bir şeyi desteklemek

Einsicht *f* ❶ (*Akten-*) gözden geçirme ❷ (*Verständnis*) anlayış

einsichtig *adj* anlayışlı, aklı başında

einsilbig *adj* (*wortkarg*) az konuşan; **~es Wort** tek heceli kelime

einsparen *vt* tasarruf etmek (**etw** -den)

Einsparung *f* biriktirme, tasarruf

einsperren *vt* kilitlemek, kapatmak (**jdn/etw in etw** -i -e); (**ins Gefängnis**) **~** hapse atmak (**jdn** -i)

einspringen *irr vi sein* **für jdn ~** *birinin yerine* (*yardım amacıyla*) *iş görmek*

Einspruch *m* itiraz, protesto; **~ erheben** itiraz etmek (**gegen etw** -e karşı)

einspurig *adj* tek hatlı

einst *adv* ❶ (*ehemals*) eskiden ❷ (*künftig*) ileride, günün birinde

einstecken *vt* ❶ (*in die Tasche stecken*) cebine koymak (**etw** -i) ❷ (*fig: Beleidigung*) yutmak, hazmetmek, sineye çekmek (**etw** -i)

einstehen *irr vi sein* **für jdn ~** birisi için kefil olmak

einsteigen *irr vi sein* ❶ (*Fahrzeug*) binmek (**in etw** -e) ❷ (*teilnehmen*) katılmak (**in etw** -e)

einstellen I. *vt* ❶ TECH ayarlamak, ayar etmek (**etw** -i) ❷ (*Arbeitskraft*) işe almak (**jdn** -i) ❸ JUR (*Verfahren*) durdurmak (**etw** -i) ❹ (*beenden*) bitirmek, kaldırmak, bırakmak (**etw** -i) ❺ (*Zahlung, Verhandlungen*) kesmek, tatil etmek (**etw** -i) ❻ (*Auto*) garaja koymak (**etw** -i) II. *vr* **sich auf etw ~** bir şeye hazırlanmak [*o* uymak]

Einstellung *f* ❶ TECH ayar ❷ (*eines Verfahrens*) bitirme, bırakma, kesme ❸ (*Ansichten*) görüş

einstimmig I. *adj* (*Gesang*) tek sesli II. *adv* birlikte, bir ağızdan; (*bei Abstimmung*) oybirliği ile

Einstimmigkeit *f* (*bei Abstimmung*) oybirliği

einstöckig *adj* (*Haus*) tek katlı

einstufen *vt* derecelendirmek (**etw** -i)

Einstufung *f* derecelendirme

Einsturz *m* çökme

einstürzen *vi sein* yıkılmak, göçmek, çökmek

einstweilen *adv* şimdilik; (*in der Zwischenzeit*) bu arada

einteilen *vt* ❶ bölmek, ayırmak (**etw in etw** -i -e) ❷ (*klassifizieren*) sınıfla(ndır)mak, bölümlemek (**etw** -i)

Einteilung *f* ❶ (*Gliederung*) bölüm ❷ (*Klassifizierung*) sınıfla(ndır)ma

eintönig *adj* monoton, tekdüze

Eintopf *m* türlü (yemeği)

einträchtig *adv* geçimli, ahenkli, uyumlu

eintragen *irr* I. *vt* (*in ein Buch, eine Liste*) kaydetmek, kayda geçirmek (**etw** -i) II. *vr* **sich ~** kendini kaydetmek, (bir listeye vs) adını yazmak

einträglich *adj* verimli, karlı, kazançlı

Eintragung *f* kayıt, yaz(ıl)ma

eintreffen *irr vi sein* ❶ (*ankommen*) varmak, gelmek (**in etw** -e) ❷ (*geschehen*) olmak, gerçekleşmek

eintreten *irr vi sein* ❶ (*hineingehen*) girmek (**in etw** -e) ❷ (*in Partei, Verein*) girmek, katılmak (**in etw** -e) ❸ (*geschehen*) olmak; **für jdn ~** birini savunmak [*o* desteklemek]

Eintritt *m* ❶ (*Zutritt*) giriş ❷ (*Eintrittsgeld*) giriş ücreti ❸ (*Einlass*) içeri alma; **~ frei!** giriş bedava!; **~ verboten!** girmek yasaktır!

Eintrittskarte *f* giriş bileti; **eine ~ lösen** giriş bileti almak

einüben *vt* (*Stück*) iyice öğrenmek (**etw** -i)

Einvernehmen *nt* **in gegenseitigem ~** iyi anlaşma halinde, dostlukla

einverstanden *adj* **mit etw ~ sein** bir şeye razı olmak, bir şeyi kabul etmek; **~!** kabul!
Einverständnis *nt* rıza, kabul, onay; **im ~ mit ...** -in rızasıyla, -in onayıyla; **in gegenseitigem ~** karşılıklı uygun görerek
Einverständniserklärung *f* rıza beyanı, muvafakatname
Einwand *m* itiraz
Einwanderer, Einwanderin *m, f* göçmen (*bir ülkeye giren*)
einwandern *vi sein* göçmek (**in/nach etw** -e)
Einwanderung *f* göç
einwandfrei *adj* itiraz kabul etmez, şüphe götürmez, kusursuz
Einwegflasche *f* depozitosuz şişe
Einwegkamera *f* tek kullanımlık kamera
einweichen *vt* (*Wäsche*) ıslatmak (**etw** -i)
einweihen *vt* ❶ REL (dini törenle) takdis etmek (**etw** -i) ❷ (*feierlich eröffnen*) törenle açmak (**etw** -i); **jdn in etw ~** birini bir şeye sırdaş etmek
Einweihung *f* (*Feier*) açılış töreni
einweisen *irr vt* (*Personal*) bir göreve yerleştirmek (**jdn** -i); **jdn ins Krankenhaus ~** birini hastaneye yatırmak
Einweisung *f* (*in Klinik*) hastaneye yatır(ıl)ma
einwenden *irr vt* itiraz etmek (**etw gegen etw** -i -e); **dagegen ist nichts einzuwenden** buna karşı söyleyecek bir şey yok
einwerfen *irr vt* ❶ (*Brief*) atmak, postalamak; (*Geldstück*) atmak (**etw** -i) ❷ (*Fensterscheibe*) (bir şey atarak) kırmak (**etw** -i)
einwickeln *vt* ❶ sarmak, sarmalamak (**etw in etw** -i -e) ❷ (*betrügen*) aldatmak, kafese koymak (**jdn** -i)
einwilligen *vi* razı olmak (**in etw** -e), uygun görmek, tasvip etmek (**in etw** -i)
Einwilligung *f* ❶ (*Einverständnis*) kabul, onay, tasvip ❷ (*Genehmigung*) izin
Einwohner *m* ❶ sakin ❷ (*Einwohnerzahl*) nüfus ❸ (*Bevölkerung*) halk
Einwohnermeldeamt *nt* nüfus dairesi
Einzahl *f* tekil
einzahlen *vt* (*Geld*) ödemek, yatırmak (**etw** -i)
Einzahlung *f* ödeme
Einzel *nt* (*Tennis*) teketek, singl
Einzelfahrschein *m* tek gidiş bileti
Einzelfall *m* hususi vaka
Einzelgänger(in) *m(f)* kaçıngan, münferit
Einzelhaft *f* hücre hapsi
Einzelhandel *m* perakendecilik, perakende satış
Einzelhändler *m* perakendeci
Einzelheit *f* ayrıntı, detay; **in allen ~en** bütün ayrıntılarıyla
Einzelkind *nt* tek çocuk
einzeln *adv* tek başına, birer birer
einzelne(r, s) *adj* tek, yalnız; (*gesondert*) ayrı; (*Schuh*) tek; **im Einzelnen** ayrıntılarıyla; **jeder Einzelne (von ihnen)** (onların) her biri
Einzelzimmer *nt* tek yataklı [*o* kişilik] oda
einziehen *irr* **I.** *vt* (*Geld*) tahsil etmek (**etw** -i); **Erkundigungen über etw ~** bir şeyi soruşturmak **II.** *vi sein* ❶ (*Flüssigkeit*) girmek, içine geçmek ❷ (*in eine Wohnung*) (bir eve) taşınmak
einzig **I.** *adj* tek **II.** *adv* **~ und allein** yalnız, sırf
einzigartig *adj* eşsiz, benzersiz, tek
Einzug *m* (*ins Haus*) taşınma
Eis *nt* buz; (*Speise-*) dondurma
Eisbahn *f* patinuvar
Eisbecher *m* dondurma külahı
Eisbein *nt tuzlanmış ve pişmiş domuz paçası*
Eisdiele *f* dondurma salonu
Eisen *nt* demir

E

E

Eisenbahn *f* demiryolu; (*Zug*) tren; **mit der ~ fahren** trenle gitmek
Eisenbahner *m* demiryolu memuru
Eisenbahnknotenpunkt *m* demiryolu düğüm noktası
Eisenbahnlinie *f* tren yolu [*o* istikameti]
Eisenbahnnetz *nt* demiryolu şebekesi
Eisenerz *nt* demir cevheri
Eisenhütte *f* demirhane, dökümhane
Eisenindustrie *f* demir sanayii
Eisenwaren *fpl* demir hırdavat, demir ürünleri
Eisenwarenhandlung *f* demirci (dükkanı), nalbur
eisern *adj* demir(den); (*fig*) sert, sarsılmaz; **~e Lunge** çelik ciğer
Eisfach *nt* buzluk
eisgekühlt *adj* buzlu
Eishockey *nt* hokey
eisig *adj* buz gibi (soğuk)
Eiskaffee *m* kafe glase
eiskalt *adj* buz gibi (soğuk)
Eiskunstlauf *m* artistik patinaj
Eislauf *m* patinaj
eislaufen *vi* patinaj yapmak
Eisläufer(in) *m(f)* patinajcı
Eisschrank *m* buzdolabı
Eistee *m* buzlu çay
Eistorte *f* dondurmalı pasta
Eiszapfen *m* buz saçağı
Eiszeit *f* buzul çağı
eitel *adj* (*Person*) kurumlu, kendini beğenmiş
Eitelkeit *f* kurum, kendini beğenmişlik
Eiter *m* irin, cerahat
eit(e)rig *adj* cerahatli, irinli
eitern *vi* cerahatlenmek, irinlenmek
Eiweiß *nt* ① yumurta akı ② CHEM albümin
Ejakulation *f* boşalma
ejakulieren *vi* boşalmak
Ekel *m* ① (*Brechreiz*) bulantı ② (*Widerwille*) tiksinti, nefret, iğrenti
ekelerregend *adj* iğrenç, tiksindirici
ekelhaft *adj* iğrenç, tiksindirici
ekeln *vr* **sich ~** tiksinmek, iğrenmek, nefret etmek (**vor etw/jdm** -den)
EKG *nt Abk von* **Elektrokardiogramm** elektrokardiyogram
eklig *adj* iğrenç, tiksindirici
Ekzem *nt* egzama
Elastikbinde *f* esnek sargı
elastisch *adj* esnek, elastiki
Elastizität *f* esneklik, elastikiyet
Elbe *f* Elb(e) nehri
Elefant *m* fil
elegant *adj* şık, zarif
Eleganz *f* şıklık, zarafet
Elektriker *m* elektrikçi
elektrisch *adj* elektrik(li)
elektrisieren *vt* (*a. fig*) elektrikle(ndir)mek (**etw/jdn** -i)
Elektrizität *f* elektrik
Elektrizitätswerk *nt* elektrik santrali
Elektroauto *nt* elektromobil
Elektrode *f* elektrot
Elektrogerät *nt* elektronik alet
Elektrohandlung *f* elektrik malzemecisi
Elektroherd *m* elektrikli fırın
Elektroindustrie *f* elektrik sanayii
Elektrokardiogramm *nt* elektrokardiyogram
elektromagnetisch *adj* elektromanyetik
Elektromotor *m* elektromotor, elektrik motoru
Elektron *nt* elektron
Elektronenmikroskop *nt* elektron mikroskopu
Elektronik *f* elektronik
Elektronikschrott *m* elektronik hurda(sı)
elektronisch *adj* elektronik; **~e Datenverarbeitung** elektronik bilgi işlem
Elektrosmog *m* elektromanyetik kirlilik
Elektrotechnik *f* elektronik tekniği
Elektrotechniker *m* elektrik teknisyeni
Element *nt* ① öğe, unsur ② (*Grundsatz*) ilke
elementar *adj* esaslı
Elementarteilchen *nt* tanecik
elend *adj* ① (*erbärmlich*) sefil ② (*krank*) zayıf ③ (*gemein*) bayağı
Elend *nt* sefalet, yoksulluk

Elendsviertel *nt* sefalet mahallesi
elf *num* on bir
Elf *f* futbol takımı
Elfenbein *nt* fildişi
Elfenbeinküste *f* Fildişi Sahili
Elfmeter *m* penaltı
elfte(r, s) *adj* on birinci
elitär *adj* seçkinci, elit
Elite *f* elit
Elixier *nt* iksir
Ellbogen *m* dirsek; **die ~ gebrauchen** dirsekleyerek kendine yol açmak
Elsass[RR] *nt*, **Elsaß**[ALT] *nt* Alsas
Elsässer(in) *m(f)* Alsaslı
elsässisch *adj* ① (*Art*) Alsas ② (*Sprache*) Alsasça ③ (*Herkunft*) Alsaslı
Elster *f* saksağan
Eltern *pl* anne baba, ebeveyn
Elterngeld *nt* ebeveyn parası
Elternhaus *nt* aile ocağı
Elternzeit *f* ebeveyn izni, çocuk bakım izni
Email *nt* emay, mine, sır
E-Mail *f* elektronik posta, e-posta, (e-)mail; **jdm eine ~ schicken** birine mail atmak
E-Mail-Adresse *f* e-posta adresi, e-mail adresi
emaillieren *vt* emayelemek, minelemek, sırlamak (**etw** -i)
E-Mail-Programm *nt* elektronik posta programı
Emanzipation *f* özgürleşme
emanzipieren I. *vt* özür kılmak (**jdn** -i) II. *vr* **sich ~** özgürleşmek
Embargo *nt* ambargo
Embolie *f* amboli, tıkaç
Embryo *m* embriyon
Emigrant(in) *m(f)* göçmen
Emigration *f* (dış ülkeye) göç
emigrieren *vi* göçmek (**in/nach etw** -e)
Emission *f* ① (*Schadstoff~*) emisyon ② (*von Wertpapieren*) emisyon, tahvilat çıkarması
Emotion *f* duygu, his
emotional *adj* duygusal, hissi
Emotionalität *f* duygusallık
empfahl *vt, vr s.* **empfehlen**
empfand *vt s.* **empfinden**
Empfang *m* ① (*Entgegennehmen*) al(ın)ma; COMM teslim alma; **den ~ einer Sache bestätigen** bir şeyi aldığını bildirmek ② (*Hotel*) resepsiyon ③ (*einer Person*) kabul, karşıla(n)ma; **in ~ nehmen** teslim almak (**etw** -i)
empfangen <empfängt, empfing, empfangen> I. *vt* ① (*entgegennehmen*) almak; COMM teslim almak (**etw** -i) ② (*Person*) karşılamak (**jdn** -i) II. *vi* gebe kalmak
Empfänger *m* TECH alıcı
Empfänger(in) *m(f)* (*einer Postsendung*) alıcı, alacak olan; **Porto bezahlt ~** posta ücretini alıcı ödeyecek
Empfängnis *f* gebe kalma
Empfängnisverhütung *f* doğum kontrolü
Empfängnisverhütungsmittel *nt* doğum kontrol ilacı [*o* aracı]
Empfangsbescheinigung *f* alındı belgesi
Empfangschef(in) *m(f)* resepsiyoncu
Empfangshalle *f* kabul salonu
empfehlen <empfiehlt, empfahl, empfohlen> I. *vt* tavsiye etmek, öğütlemek (**jdm etw** -e -i) II. *vr* **sich ~** (*sich verabschieden*) veda etmek, ayrılmak, ayrılıp gitmek
empfehlenswert *adj* tavsiye etmeye değer
Empfehlung *f* ① (*Rat*) tavsiye, öğüt ② (*Zeugnisse*) referans ③ (*Grüße*) selam
Empfehlungsschreiben *nt* tavsiye mektubu, referans
empfiehlt *vt, vr s.* **empfehlen**
empfinden <empfand, empfunden> *vt* ① (*fühlen*) duymak, hissetmek (**etw** -i) ② (*auffassen*) görmek, (öyle) bulmak (**etw** -i)
empfindlich *adj* ① hassas, duygulu ② (*anfällig*) kırılgan, alıngan

empfindsam *adj* duygulu, hassas
Empfindung *f* ❶ (*Sinne*) algı, duyum, izlenim ❷ (*Gemüt*) duygu(lanım), duyma, his
empfing *vi, vt s.* **empfangen**
empfohlen *vt, vr s.* **empfehlen**
empfunden *vt s.* **empfinden**

E

Emphysem *nt* MED amfizem
empor *adv* yukarı(ya doğru)
empören *vr* **sich** ~ kızmak, öfkelenmek (**über jdn/etw** -e)
empörend *adj* rezil, kepaze, ayıp
Emporkömmling *m* sonradan görme
Empörung *f* (*Entrüstung*) heyecanlanma, kızma, öfkelenme
Ende *nt* (*örtlich u. zeitlich*) son; **am** ~ sonunda; **am** ~ **des Monats** ay sonunda; **letzten** ~**s** eninde sonunda; **es** (**doch noch**) **zu einem guten** ~ **bringen** işi tatlıya bağlamak; **ein schlimmes** ~ **nehmen** kötü sonuca ulaşmak, sonu kötü bitmek
enden *vi* bitmek, son bulmak, sona ermek
Endergebnis *nt* kesin sonuç
endgültig *adj* kesin, kati
Endhaltestelle *f* son durak
Endivie *f* hindiba, yaban marulu
Endkampf *m* final
endlich **I.** *adj* sonlu, bitimli **II.** *adv* sonunda, nihayet
endlos *adj* sonsuz; (*Meer, Horizont*) engin
Endorphin *nt* endorfin
Endprodukt *nt* son ürün, nihai ürün
Endspiel *nt* final maçı
Endspurt *m* finiş
Endstation *f* son durak
Endsumme *f* genel toplam
Endung *f* ❶ (*eines Wortes*) ek, sonek ❷ INFORM (*bei Dateiname, Webadresse*) uzantı
Endverbraucher(in) *m(f)* nihai kullanıcı
Endziel *nt* son hedef, asıl maksat, erek-lik
Energie *f* enerji
energiegeladen *adj* enerji yüklü
Energieproblem *nt* enerji sorunu
Energiequelle *f* enerji kaynağı
Energieverbrauch *m* enerji tüketimi
Energieverknappung *f* enerji darlığı
Energieversorgung *f* enerji sağlanması
energisch *adj* enerjik; (*fig*) enerjik, azimli, iradeli
eng **I.** *adj* dar; (*zusammengedrängt*) sıkışık; (*Freundschaft*) sıkı fıkı, samimi; ~**er machen** daraltmak, darlaştırmak (**etw** -i) **II.** *adv* **mit jdm** ~ **befreundet sein** birinin yakın arkadaşı olmak
Engagement *nt* angajman
engagiert *adj* angaje, tutkun
Enge *f* darlık; **jdn in die** ~ **treiben** birini sıkıştırmak [*o* kıstırmak]
Engel *m* melek
engherzig *adj* dargörüşlü, darkafalı; (*ohne Toleranz*) hoşgörüsüz
England *nt* İngiltere
Engländer *m* TECH İngiliz anahtarı
Engländer(in) *m(f)* (*Einwohner*) İngiliz
englisch *adj* ❶ (*Art, Herkunft*) İngiliz ❷ (*Sprache*) İngilizce
Englisch *nt* (*Sprache*) İngilizce
Engpass[RR] *m*, **Engpaß**[ALT] *m* dar geçit; (*fig*) darboğaz, darlık, güçlük
engstirnig *adj* dar görüşlü, dar kafalı
Enkel(in) *m(f)* torun
Enkelkinder *ntpl* torunlar
enorm *adj* ❶ (*sehr groß*) muazzam, kocaman ❷ (*fam: großartig*) olağanüstü, fevkalade
entarten *vi sein* soysuzlaşmak, yozlaşmak
entbehren *vt* (*nicht haben*) mahrum olmak (**etw** -den); **etw** ~ **können** bir şeyden (kolayca) vazgeçebilmek
entbehrlich *adj* zorunlu olmayan, gereksiz, lüzumsuz
Entbehrung *f* ❶ (*Verzicht*) vazgeçme, feragat etme ❷ (*Not*) yoksunluk, mahrumiyet
entbinden *irr vt* (*von einer Verpflichtung*) (bir yükümlülükten) muaf tut-

mak (**jdn** -i); **entbunden werden** bir çocuk doğurmak
Entbindung *f* doğum
entdecken *vt* bulmak, keşfetmek (**etw** -i)
Entdecker(in) *m(f)* kaşif, bulucu
Entdeckung *f* keşif, buluş, bulgu
Ente *f* ördek; (*fig: Zeitungs-*) gazete uydurması, uydurma haber
entehren *vt* ❶ (*der Ehre berauben*) namusunu lekelemek (**jdn** -in) ❷ (*vergewaltigen*) ırzına geçmek (**jdn** -in)
enteignen *vt* mülkiyetini elinden almak (**jdn** -in)
Enteignung *f* mülkiyetin elden alınması
enterben *vt* mirastan mahrum etmek [*o* çıkarmak] (**jdn** -i)
entfallen *irr vi sein* ❶ (*dem Gedächtnis*) aklından çıkmak ❷ (*Anteil*) payına düşmek (**auf jdn** -in) ❸ (*nicht stattfinden*) olmamak
entfalten I. *vt* yaymak, sermek (**etw** -i) II. *vr* **sich** ~ açmak; (*sich entwickeln*) gelişmek
entfärben *vt* rengini çıkarmak (**etw** -in)
entfernen I. *vt* uzaklaştırmak; (*Fleck*) çıkarmak (**etw** -i) II. *vr* **sich** ~ uzaklaşmak
entfernt I. *adj* uzak; **~e Verwandte** uzak akrabalar II. *adv* **zwei km** ~ iki km uzakta
Entfernung *f* uzaklık, mesafe
entfremden I. *vt* yabancılaştırmak (**jdn/etw** -i) II. *vr* **sich** (**einander**) ~ araları açılmak, soğumak
entführen *vt* kaçırmak (**jdn** -i)
Entführer(in) *m(f)* kaçıran
Entführung *f* kaçırma
entgegen *präp +dat* -in aksine, -e aykırı, -e zıt olarak
entgegengehen *irr vi sein* karşılamak, karşılamaya gitmek (**jdm** -i)
entgegengesetzt *adj* zıt, karşıt, aksi; (*widersprechend*) çelişik
entgegenkommen *irr vi sein* (*Person*) karşısına çıkmak (**jdm** -in); (*zum Empfang*) karşılamaya gitmek (**jdm** -i); (*helfen*) (birine) kolaylık göstermek (**jdm** -e)
entgegennehmen *irr vt* almak, kabul etmek (**etw** -i)
entgegensehen *irr vi* beklemek (**einer Sache** -i)
entgegensetzen *vt* (*erwidern*) karşılık vermek (**jdm** -e); **Widerstand** ~ karşı koymak
entgegenstehen *irr vi* **dem steht nichts** ~ onun yolu açık
entgegenstellen *vt* ❶ (*vergleichen*) karşılaştırmak (**etw einer Sache** -i ile) ❷ (*einwenden*) karşılık [*o* cevap] vermek
entgegnen *vi* karşılık vermek (**jdm** -e)
entgehen *irr vi sein* (*entkommen*) kaçmak, kurtulmak (**einer Sache** -den); **sich** *dat* **etw nicht ~ lassen** fırsatı kaçırmamak
Entgelt *nt* karşılık, bedel, ücret
entgleisen *vi sein* raydan [*o* yoldan] çıkmak
Entgleisung *f* raydan çıkma
Enthaarungscreme *f* tüy dökücü krem, ağda
Enthaarungsgerät *nt* epilatör
enthalten *irr* I. *vt* (*beinhalten*) içermek, kapsamak (**etw** -i) II. *vr* **sich** ~ kaçınmak (**einer Sache** -den); **sich der Stimme** ~ çekimser oy kullanmak
enthaltsam *adj dünya nimetlerinden gönüllü olarak vazgeçen*
Enthaltsamkeit *f* (dünya nimetlerinden gönüllü olarak) vazgeçme
Enthaltung *f* (*Stimm-*) çekimser oy
enthaupten *vt* başını uçurmak, boynunu vurmak (**jdn** -in)
enthüllen *vt* (*fig*) meydana [*o* açığa] çıkarmak (**etw** -i)
Enthusiasmus *m* coşkunluk, heyecan
enthusiastisch *adj* coşkun, heyecanlı
Entkolonialisierung *f sömürge durumundan çıkarma*
entkommen *irr vi sein* kaçıp kurtulmak

(**jdm/einer Sache** -den)

entkorken *vt* (*şişenin*) *mantarını çıkarmak*

entkräften *vt* ❶ (*schwächen*) kuvvetten düşürmek, zayıflatmak (**etw/jdn** -i) ❷ (*Argumente*) zayıflatmak, çürütmek (**etw** -i)

E

entladen *irr vt* boşaltmak (**etw** -i), yükünü indirmek (**etw** -in)

entlang *präp +akk* boyunca

entlarven *vt* (*fig*) maskesini düşürmek, foyasını meydana çıkarmak (**jdn/etw** -in)

entlassen *irr vt* ❶ (*aus einer Stelle*) işten çıkarmak (**jdn** -i) ❷ (*Gefangene*) serbest bırakmak, salıvermek (**jdn** -i) ❸ (*aus Krankenhaus*) taburcu etmek (**jdn** -i)

Entlassung *f* ❶ (*aus der Arbeit*) işten çıkarılma ❷ (*aus Krankenhaus*) taburcu etme [*o* edilme]

entlasten *vt* üzerinden yükünü almak (**jdn** -in), zahmetten kurtarmak (**jdn** -i)

Entlastung *f* ❶ (*Arbeitsminderung*) yükünü hafifletme ❷ (*von einem Verdacht*) aklanma, temize çıkma

entlaufen *irr vi sein* kaçmak (**jdm** -den)

entleihen *irr vt* ödünç almak (**etw von jdm** -i -den)

Entlüftung *f* havalandırma

entmilitarisieren *vt* askersizleştirmek (**etw** -i)

entmündigen *vt* JUR kısıtlamak (**jdn** -i)

entmutigend *adj* yıldırıcı

entnehmen *irr vt* ❶ (*herausnehmen*) almak, çıkarmak (**etw einer Sache** -i -den) ❷ (*Text*) alıntı yapmak ❸ (*folgern*) sonuç çıkarmak

entpuppen *vr* **sich ~ als ...** (*fig*) ... olarak meydana çıkmak; (*pej*) ... olarak foyası meydana çıkmak

entrahmen *vt* sütün yağını çıkarmak, kaymağını almak

entreißen *irr vt* zorla almak, kapmak (**jdm etw** -in elinden -i)

entrüsten *vr* **sich ~** kızmak, öfkelenmek (**über jdn/etw** -e)

Entrüstung *f* (haklı) öfke, kızgınlık

entschädigen *vt* tazminat vermek (**jdn** -e), zararını ödemek (**jdn** -in)

Entschädigung *f* tazminat, zarar ödeneği

entschärfen *vt* zararsız hale sokmak (**etw** -i)

entscheiden *irr* **I.** *vt* kararlaştırmak, karara bağlamak (**etw** -i) **II.** *vr* **sich ~** (*Person*) karar vermek (**etw zu tun** -meye); (*Sache*) belli olmak

entscheidend *adj* önemli, kesin

Entscheidung *f* ❶ (*Entschluss*) karar ❷ (*Urteil*) yargı; **eine ~ treffen** (*Entschluss fassen*) karar vermek; (*Urteil fällen*) yargıya varmak

entschieden **I.** *adj* (*sicher, fest*) kesin; (*entschlossen*) kararlı **II.** *adv* şüphesiz, mutlaka, kesinlikle

entschließen *irr vr* **sich ~** karar vermek (**etw zu tun** -meye)

entschlossen **I.** *vi s.* **entschließen** **II.** *adj* (kesin) kararlı, azimli

Entschlossenheit *f* (kesin) kararlılık, azim

Entschluss[RR] *m*, **Entschluß**[ALT] *m* (kesin) karar

entschuldigen **I.** *vt* affetmek (**etw** -i); **~ Sie!** affedersiniz! **II.** *vr* **sich ~** özür dilemek (**bei jdm** -den)

Entschuldigung *f* özür; **jdn um ~ bitten** birinden özür dilemek; **~!** özür dilerim!, affedersiniz!

entsetzen **I.** *vt* ürpertmek, şok etmek (**jdn** -i) **II.** *vr* **sich ~** dehşete kapılmak (**über jdn/etw** -in karşısında)

Entsetzen *nt* dehşet, yılgı

entsetzlich *adj* korkunç, müthiş, dehşetli

entsichern *vt* (*Waffe*) emniyet tetiğini açmak

entsinnen *irr vr* **sich ~** hatırlamak (**jds/einer Sache** -i)

entspannen *vr* **sich ~** (*Person*) dinlen-

mek; (*Lage*) gerginliğini kaybetmek

Entspannung *f* ① (*Erholung*) dinlenme ② POL detant

entsprechen *irr vi* uymak, denk gelmek (**einer Sache** -e); (*Wunsch*) yerine getirmek (**einer Sache** -i)

entsprechend I. *adj* uygun, denk II. *präp +dat* (*gemäß*) -e göre; **den Umständen ~** duruma göre

entstehen *irr vi sein* doğmak, çıkmak, oluşmak

Entstehung *f* oluş(ma), oluşum

entstellen *vt* ① (*deformieren*) biçimini bozmak (**etw** -in) ② (*hässlich machen*) çirkinleştirmek (**etw/jdn** -i)

enttäuscht *adj* ümitsiz, üzgün, bezgin

Enttäuschung *f* hayal kırıklığı; **eine ~ erleben** hayal kırıklığına uğramak

entwaffnen *vt* silahsızla(ndır)mak; (*fig*) ram etmek (**jdn** -i)

Entwarnung *f* alarmı sona erdirme

entweder *konj* **~ ... oder ...** ya ... (ve)ya ...

entweichen *irr vi sein* kaçmak, kaçıp kurtulmak (**aus etw** -den); (*Dampf*) dışarı çıkmak

entwerfen *irr vt* ① (*Konzept*) taslağını yapmak (**etw** -in); (*Plan*) çizmek (**etw** -i) ② (*Gesetz*) hazırlamak (**etw** -i) ③ (*Produkt*) dizayn etmek (**etw** -i)

entwerten *vt* değerden düşürmek; (*Briefmarke, Fahrschein*) damgalamak (**etw** -i)

Entwertung *f* değerden düşürme; (*Briefmarken*) damgala(n)ma

entwickeln I. *vt* ① (*entstehen lassen*) geliştirmek (**etw** -i) ② (*wirtschaftlich*) kalkındırmak (**etw** -i) ③ (*Fotos*) banyo etmek (**etw** -i) II. *vr* **sich ~** gelişmek; (*Fortschritte machen*) ilerlemek; (*wirtschaftlich*) kalkınmak

Entwickler(in) *m(f)* INFORM geliştirici

Entwicklung *f* ① (*Entstehung*) gelişme, gelişim ② (*Fortschritt*) ilerleme ③ (*Verlauf*) gidiş ④ (*von Fotos*) banyo etme

Entwicklungshilfe *f* kalkınma yardımı

Entwicklungsländer *ntpl* gelişmekte [*o* kalkınmakta] olan ülkeler

entwürdigend *adj* aşağılatıcı, alçaltıcı

Entwurf *m* ① (*Konzept*) taslak, karalama; (*Skizze*) plan, proje, tasarı ② (*Gesetz-*) tasarı

entwurzeln *vt* (*a. fig*) kökünden sökmek (**etw/jdn** -i)

entziehen *irr vt* elinden almak (**jdm etw** -in -i), mahrum bırakmak (**jdm etw** -i -den); **jdm das Wort ~** birinin sözünü kesip konuşturmamak

Entziehungskur *f* alkol veya uyuşturucu bağımlıları için tedavi

entziffern *vt* (*Geheimschrift*) çözmek, deşifre etmek; (*Handschrift*) sökmek, çıkarmak, okuyabilmek (**etw** -i)

entzückend *adj* ① (*charmant*) alımlı, çok sevimli ② (*Sachen*) enfes, nefis

entzückt *adj* tutkun, hayran

entzünden I. *vt* yakmak, tutuşturmak (**etw** -i) II. *vr* **sich ~** (*Feuer fangen*) tutuşmak, alevlenmek; MED yangılanmak

Entzündung *f* ① (*Brand*) tutuştur(ul)ma ② MED iltihap, yangı

Enzian *m* centiyane, kızıl kantaron

Enzyklopädie *f* ansiklopedi

Enzym *nt* enzim

Ephesus *nt* Efes

Epidemie *f* salgın (hastalık)

epidemisch *adj* salgın

Epilepsie *f* sara, epilepsi

Epileptiker(in) *m(f)* saralı

epileptisch *adj* saralı

Episode *f* olay

Epoche *f* çağ, devir

Epos *nt* destan, epope

er *pron* o; (*er selbst*) kendi(si)

Erachten *nt* **meines ~s** bence, bana kalırsa, (benim) fikrime göre

erarbeiten *vt* çalışarak elde etmek (**etw** -i)

Erbarmen *nt* acıma, merhamet, şefkat

erbärmlich *adj* ① (*erbarmenswert*)

E

acınacak ② (*gemein*) alçak, adi ③ (*elend*) sefil
erbarmungslos *adj* acımasız, amansız, kıyıcı
Erbe, Erbin *m, f* mirasçı
Erbe *nt* miras, kalıt
erben *vt* miras kalmak; **er hat dieses Haus von seinem Großvater geerbt** bu ev ona dedesinden miras kaldı
erbeuten *vt* ganimet olarak ele geçirmek (**etw** -i)
Erbgut *nt* kalıtsal malzeme
Erbin *f* mirasçı
erbittert *adj* kızmış, öfkelenmiş; (*Gegner*) amansız; (*Kampf*) şiddetli
Erbkrankheit *f* irsi hastalık
erblich *adj* kalıtsal
erblicken *vt* görmek (**etw/jdn** -i)
erblinden *vi sein* kör olmak
erbrechen *irr* I. *vt* zorla açmak (**etw** -i) II. *vr* **sich** ~ kusmak
Erbschaft *f* miras
Erbschaftssteuer *f* veraset [*o* intikal] vergisi
Erbse *f* bezelye
Erbstück *nt* evladiyelik
Erdball *m* yerküre
Erdbeben *nt* deprem, zelzele, yersarsıntısı
Erdbebengebiet *nt* deprem bölgesi
Erdbebenherd *m* deprem merkezi
Erdbebenopfer *nt* depremzede
erdbebensicher *adj* depreme dayanıklı
Erdbebenwahrscheinlichkeit *f* deprem olasılığı
Erdbeere *f* çilek
Erdboden *m* yer, yeryüzü, toprak
Erde *f* ① (*Welt*) dünya ② (*Boden*) yer ③ (*Erdreich*) toprak
erden *vt* toprağa bağlamak (**etw** -i)
Erdgas *nt* tabii gaz
Erdgeschoss[RR] *nt* zemin katı, alt kat
Erdkugel *f* yerküre
Erdkunde *f* coğrafya
Erdnuss[RR] *f* yerfıstığı
Erdoberfläche *f* yeryüzü
Erdöl *nt* petrol
Erdölleitung *f* petrol borusu
erdrosseln *vt* (boğazını sıkarak) boğmak (**jdn** -i)
erdrücken *vt* ezerek çiğnemek; (*fig*) bunaltmak (**jdn** -i), nefes aldırmamak (**jdn** -e)
Erdrutsch *m* toprak kayması
Erdteil *m* anakara, kıta
ereifern *vr* **sich** ~ heyecanlanmak, ateşlenmek
ereignen *vr* **sich** ~ olmak, cereyan etmek
Ereignis *nt* olay
Erektion *f* ereksiyon
erfahren[1] *irr vt* ① (*hören*) duymak, işitmek, öğrenmek (**etw** -i) ② (*erleben*) geçirmek, görmek (**etw** -i)
erfahren[2] *adj* tecrübeli, görmüş geçirmiş
Erfahrung *f* tecrübe
erfahrungsgemäß *adv* yapılan tecrübelere göre
erfassen *vt* ① (*anpacken*) yakalamak, tutmak, almak (**etw/jdn** -i) ② (*verstehen*) kavramak, anlamak (**etw** -i) ③ (*registrieren*) kaydetmek (**etw** -i)
erfinden *irr vt* bulmak, icat etmek; (*pej*) uydurmak (**etw** -i); **frei erfunden** uydurulmuş
Erfinder(in) *m(f)* bulucu
erfinderisch *adj* icatcı, yaratıcı
Erfindung *f* ① (*Erfundenes*) buluş, icat ② (*Lüge*) uydurma
Erfolg *m* başarı; (*Ergebnis*) sonuç; **viel ~!** başarılar dilerim!; **~ versprechend** başarı vadeden
erfolgen *vi sein* olmak
erfolglos I. *adj* başarısız; (*ergebnislos*) sonuçsuz II. *adv* boşuna, beyhude, nafile
erfolgreich *adj* başarılı
Erfolgserlebnis *nt* başarı
erfolgversprechend *adj s.* **Erfolg**
erforderlich *adj* gerekli
erfordern *vt* gerektirmek, istemek

(**etw** -i)

erforschen *vt* ❶ araştırmak, incelemek, yoklamak (**etw** -i) ❷ (*Land*) keşfine gitmek (**etw** -in)

Erforscher(in) *m(f)* araştıran

erfreuen I. *vt* sevindirmek, hoşlandırmak, memnun [*o* hoşnut] etmek (**jdn** -i) II. *vr* **sich einer Sache ~** bir şeyden hoşlanmak [*o* zevk duymak]

erfreulich *adj* sevindiren, sevindirici, memnun edici

erfreulicherweise *adv* çok şükür, bereket versin, iyi ki

erfreut *adj* memnun, hoşnut; **sehr ~!** memnun oldum

erfrieren *irr vi sein* soğuktan ölmek

erfrischend *adj* serinletici

Erfrischung *f* ❶ (*Abkühlung*) serinle(t)me ❷ (*Getränk*) soğuk içecek

erfüllen I. *vt* (*fig: Pflicht, Versprechen*) yerine getirmek (**etw** -i) II. *vr* **sich ~** yerine gelmek, gerçekleşmek

Erfüllung *f* gerçekleşme; **in ~ gehen** gerçekleşmek

erfunden *adj* (*erlogen*) uyduruk

ergänzen *vt* tamamlamak, bütünlemek (**etw** -i)

ergänzend *adj* tamamlayıcı, bütünleyici

Ergänzung *f* ❶ (*Vervollständigung*) tamamla(n)ma, bütünle(n)me ❷ (*Beifügung*) ek, ilave

ergeben[1] *irr* I. *vt* ❶ (*Gewinn*) vermek, getirmek (**etw** -i) ❷ (*Betrag*) etmek, tutmak (**etw** -i) ❸ (*beweisen*) kanıtlamak, göstermek (**etw** -i) II. *vr* **sich ~** (*kapitulieren*) teslim olmak (**jdm** -e); (*folgen*) meydana [*o* ortaya] çıkmak, anlaşılmak (**aus etw** -den)

ergeben[2] *adj* bağlı, sadık (**jdm** -e)

Ergebenheit *f* bağlılık, sadakat

Ergebnis *nt* sonuç

ergebnislos *adj* sonuçsuz, neticesiz

ergehen *irr vi sein* olmak; **etw über sich ~ lassen** bir şeye katlanmak [*o* boyun eğmek], bir şeyi sineye çekmek

ergiebig *adj* verimli, yararlı, faydalı

ergonomisch *adj* ergonomik

ergreifen *irr vt* ❶ (*packen*) kapmak, tutmak, yakalamak (**jdn/etw** -i) ❷ (*rühren*) dokunmak (**jdn** -e), duygulandırmak (**jdn** -i); **die Macht ~** iktidara geçmek; **Maßnahmen ~** önlem [*o* tedbir] almak; **Partei ~** taraf tutmak; **die Gelegenheit ~** fırsattan yararlanmak

ergreifend *adj* dokunaklı, acıklı

ergriffen *adj* (*fig*) duygulanmış

erhaben *adj* ❶ (*hervortretend*) çıkıntılı, tümsekli ❷ (*edel*) yüce, ulu

erhalten *irr* I. *vt* ❶ (*bewahren*) korumak, saklamak (**etw** -i); **~ bleiben** (bozulmadan) kalmak ❷ (*bekommen*) almak (**etw** -i) II. *adj* **gut ~** bozulmamış

erhältlich *adj* **~ bei ...** -de bulunur; **nicht ~** bulunmaz; **schwer ~** zor bulunur

Erhaltung *f* koruma, saklama

erhängen I. *vt* asmak (**jdn** -i) II. *vr* **sich ~** kendini asmak, kendini asarak intihar etmek

erheben *irr* I. *vt* (*Hand*) kaldırmak; (*Stimme*) yükseltmek (**etw** -i) II. *vr* **sich ~** (*aufstehen*) (ayağa) kalkmak; (*rebellieren*) ayaklanmak, isyan etmek, baş kaldırmak

erheblich *adj* (*beträchtlich*) büyük

Erhebung *f* ❶ (*Boden-*) tümsek, engebe, çıkıntı; (*höhere*) tepe ❷ (*Aufstand*) ayaklanma, isyan ❸ (*Umfrage*) soruşturma, anket

erhitzen I. *vt* ısıtmak (**etw** -i) II. *vr* **sich ~** ısınmak; (*fig*) kaynamak, coşmak

erhöhen I. *vt* ❶ (*höher machen*) yükseltmek (**etw** -i) ❷ (*steigern*) artırmak, çoğaltmak, çıkarmak (**etw** -i) II. *vr* **sich ~** yükselmek, artmak

Erhöhung *f* (*Steigerung*) artış, yükseliş

erholen *vr* **sich ~** dinlenmek; (*von ei-*

E

ner Krankheit) iyileşmek, kendini toplamak

erholsam *adj* dinlendirici, istirahate yarar

Erholung *f* ❶ dinlenme ❷ (*Genesung*) iyileşme

erholungsbedürftig *adj* istirahate muhtaç

E

Erholungsgebiet *nt* istirahat bölgesi, dinlenme alanı

erinnern I. *vt* hatırlatmak (**jdn an etw** -e -i) II. *vr* **sich an etw ~** bir şeyi hatırlamak [*o* anmak]; **ich erinnere mich, dass ...** -diğini hatırlıyorum

Erinnerung *f* ❶ (*das Sicherinnern*) hatıra, anı ❷ (*Gedächtnis*) hafıza, bellek

Eriwan *nt* Erivan

erkälten *vr* **sich ~** üşütmek, soğuk almak

erkältet *adj* **sie ist ~** üşütmüş

Erkältung *f* üşütme, soğuk algınlığı

erkennbar *adj* ❶ (*wahrnehmbar*) tanınabilir ❷ görülebilir, farkedilebilir

erkennen *irr vt* ❶ (*identifizieren*) tanımak (**jdn/etw** -i) ❷ (*wahrnehmen*) algılamak (**etw** -i) ❸ (*begreifen*) anlamak (**etw** -i); **sich zu ~ geben** kendini tanıtmak

erkenntlich *adj* **sich jdm ~ zeigen** birine minnetini göstermek

Erkenntnis *f* ❶ (*wissenschaftliche*) bilgi ❷ (*Einsicht*) anlama

Erkennungszeichen *nt* tanıma işareti

Erker *m* çıkma; (*türkischer*) cumba

erklärbar *adj* açıklanabilir, anlatılabilir

erklären I. *vt* ❶ (*verdeutlichen*) açıklamak (**etw** -i) ❷ (*erläutern*) anlatmak, göstermek (**jdm etw** -e -i) ❸ (*mitteilen*) bildirmek (**etw** -i) II. *vr* **sich ~** (*Meinung, Absicht*) anlaşılmak

erklärlich *adj* açıklanabilir, anlatılabilir

Erklärung *f* ❶ (*Erläuterung*) açıklama ❷ (*Äußerung*) bildiri

erkranken *vi sein* hastalanmak, rahatsızlanmak

Erkrankung *f* hastalanma

erkundigen *vr* **sich** (**bei jdm**) **nach etw ~** (birinden) bir şey hakkında bilgi almak

Erkundigung *f* (*Frage*) soruşturma, araştırma

erlangen *vt* erişmek, ulaşmak, kavuşmak (**etw** -e)

Erlass[RR] *m*, **Erlaß**[ALT] *m* kararname

erlassen *irr vt* (*Gesetz*) çıkarmak (**etw** -i); **jdm eine Strafe ~** birinin cezasını bağışlamak

erlauben I. *vt* izin vermek (**jdm etw zu tun** -in -mesine) II. *vr* **sich ~, etw zu tun** bir şey yapmaya kalkışmak

Erlaubnis *f* izin

erläutern *vt* açıklamak, aydınlatmak (**etw** -i)

Erläuterung *f* açıklama, aydınlatma

Erle *f* kızılağaç

erleben *vt* ❶ görmek, yaşamak (**etw** -i) ❷ (*erfahren*) uğramak (**etw** -e), geçirmek (**etw** -i)

Erlebnis *nt* ❶ (baştan geçen) olay, yaşantı ❷ (*Abenteuer*) macera ❸ (*Erfahrung*) tecrübe, deney

Erlebnistourismus *m* macera turizmi

erledigen *vt* ❶ (*zu Ende bringen*) tamamlamak, bitirmek, sona erdirmek; (*Auftrag*) yapmak, yerine getirmek (**etw** -i) ❷ (*lösen*) halletmek (**etw** -i)

erledigt *adj* ❶ (*Problem*) halledilmiş ❷ (*Auftrag*) yerine getirilmiş ❸ (*fig: ruiniert*) bitkin, harap, (işi) bitik

Erledigung *f* ❶ (*eines Problems*) halletme, halledilme ❷ (*eines Auftrags*) yerine getir(il)me

erleichtern *vt* ❶ (*lindern*) hafifletmek (**etw** -i) ❷ (*Person*) ferahlandırmak (**jdn** -i)

Erleichterung *f* ❶ (*Linderung*) hafiflik ❷ (*Gefühl*) ferahlık

erlernbar *adj* öğrenilebilen

erlernen *vt* öğrenmek (**etw** -i)

erliegen *irr vi sein* ❶ (*einer Krankheit*) ölmek (**einer Sache** -den) ❷ (*scheitern*) yenik düşmek (**jdm/einer Sa-**

che -e)
Erlös *m* kazanç (*bir satıştan ele geçen para*)
erlöschen *irr vi sein* ❶ (*Feuer, Lächeln*) sönmek ❷ (*ungültig werden*) hükümden düşmek; (*Frist*) süresi dolmak
erlösen *vt* kurtarmak (**jdn von etw** -i -den)
Erlöser(in) *m(f)* kurtarıcı
Erlösung *f* kurtuluş; REL acılar ve günahtan kurtarılış
ermächtigen *vt* yetki vermek (**jdn zu etw** -e ... için)
Ermächtigung *f* ❶ (*Befugnis*) yetki ❷ (*Erteilung der Befugnis*) yetkili kılma
ermahnen *vt* uyarmak (**jdn** -i)
Ermahnung *f* uyarma; (*Warnung*) uyarı
ermäßigen *vt* indirmek (**etw** -i)
Ermäßigung *f* indirim
ermessen *irr vt* ❶ (*abschätzen*) kestirmek, kararlamak (**etw** -i) ❷ (*geistig erfassen*) anlamak, kavramak, değerlendirmek (**etw** -i)
Ermessen *nt* **nach meinem ~** benim fikrime göre
ermitteln *vt* (*ausfindig machen*) bulmak, meydana çıkarmak (**etw** -i)
Ermittlung *f* soruşturma
ermöglichen *vt* mümkün kılmak (**etw** -i), imkan vermek (**etw** -e)
ermorden *vt* öldürmek (**jdn** -i)
Ermordung *f* öldür(ül)me
ermüden I. *vt* yormak (**jdn/etw** -i) II. *vi* yorulmak
ermüdend *adj* yorucu
Ermüdung *f* yor(ul)ma, yorgunluk
ermuntern *vt* teşvik etmek, özendirmek (**jdn zu etw** -i -e)
ermutigen *vt* yüreklendirmek (**jdn** -i)
ermutigend *adj* yüreklendirici, cesaret verici
Ermutigung *f* yüreklendirme
ernähren *vt* beslemek (*Familie*) geçindirmek (**jdn/etw** -i), bakmak (**jdn** -e)
Ernährung *f* besle(n)me
Ernährungswissenschaft *f* gıda ve beslenme bilimi
ernennen *irr vt* atamak, tayin etmek (**jdn zu etw** -i -e)
Ernennung *f* atama, tayin
erneuern *vt* yenile(ştir)mek (**etw** -i)
Erneuerung *f* yenile(n)me
ernst *adj* ❶ (*nicht lachend*) ciddi ❷ (*würdig*) ağırbaşlı ❸ (*gefährlich*) tehlikeli; **etw ~ nehmen/meinen** bir şeyi ciddiye almak/ciddi söylemek
Ernst *m* ciddilik, ciddiyet; (*Würde*) ağırbaşlılık; **im ~, allen ~es** gerçekten, sahiden, cidden
Ernstfall *m* **im ~** iş ciddileşirse
ernsthaft *adj* ciddi
ernstlich *adv* cidden, ciddi olarak
Ernte *f* ❶ hasat ❷ (*Ertrag*) ürün, mahsul
ernten *vi, vt* hasat etmek, toplamak (**etw** -i)
Eroberer *m* fatih, zapteden
erobern *vt* fethetmek (**etw** -i)
Eroberung *f* fetih
eröffnen *vt* ❶ açmak (**etw** -i) ❷ (*mitteilen*) bildirmek (**jdm etw** -e -i)
Eröffnung *f* (*eines Geschäfts*) açılış
Eröffnungsfeier *f* açılış töreni
erörtern *vt* görüşmek, oylaşmak (**etw** -i)
Erörterung *f* görüşme, oylaşım
Erosion *f* erozyon
Erotik *f* ❶ (*Sexualität*) cinsellik ❷ (*Sinnlichkeit*) erotizm ❸ (*Liebesleben*) seks hayatı
erotisch *adj* erotik
erpressen *vt* şantaj yapmak (**jdn** -e)
Erpresser(in) *m(f)* şantajcı
Erpressung *f* şantaj
erproben *vt* denemek, sınamak (**etw** -i)
Erprobung *f* deneme, sınama
erraten *irr vt* bulmak, çıkarmak, tahmin etmek (**etw** -i)
errechnen *vt* hesap ederek bulmak (**etw** -i)
erregen *vt* (*aufregen*) heyecanlandırmak (**jdn** -i)
erregt *adj* heyecanlı, coşkun, taşkın

E

Erregung *f* heyecan, coşku, telaş
erreichbar *adj* erişilebilen
erreichen *vt* (*Ziel*) ulaşmak, erişmek, kavuşmak; (*Zug*) yetişmek (**etw** -e); **wo kann ich Sie telefonisch ~?** size telefonla nerede erişebilirim?
errichten *vt* ① (*bauen*) yapmak; (*Mauer*) örmek, çekmek (**etw** -i) ② (*gründen*) kurmak (**etw** -i)
Errungenschaft *f* kazanım
Ersatz *m* ① (*Ersetzen*) yerini doldurma ② (*Reserve*) yedek ③ (*Gegenleistung*) karşılık, bedel ④ (*Entschädigung*) tazminat, zarar ödeneği; **als ~** karşılık olarak
Ersatzdienst *m askerlik yerine geçen sivil hizmet*
Ersatzrad *nt* yedek tekerlek
Ersatzreifen *m* yedek lastik
Ersatzteil *nt* yedek parça
erschaffen *vt* yaratmak (**etw** -i)
Erschaffung *f* yaratma
erscheinen *irr vi sein* ① (*kommen*) gelmek ② (*sich zeigen*) görünmek, gözükmek, belirmek ③ (*jemandem vorkommen*) gelmek, gözükmek (**jdm** -e) ④ (*Buch*) yayınlanmak, çıkmak; **vor Gericht ~** mahkeme huzuruna çıkmak
Erscheinung *f* ① (*äußere*) (dış) görünüş ② (*Phänomen*) görüngü ③ (*irreale*) görüntü, hayal ④ (*Persönlichkeit*) kişilik; **in ~ treten** belirmek, görünmek, gözükmek
erschießen *irr vt* (üzerine ateş ederek) öldürmek, vurmak; (*standrechtlich*) kurşuna dizmek (**jdn** -i)
erschlagen *irr vt* vurarak öldürmek (**jdn** -i)
erschließen *irr vt* ① (*zugänglich machen*) açmak; (*Gelände*) işlenecek hale getirmek, bayındırmak (**etw** -i) ② (*schlussfolgern*) çıkarmak (**etw** -i)
erschöpfend **I.** *adj* ① (*ermüdend*) yorucu ② (*ausführlich*) ayrıntılı **II.** *adv* inceden inceye
erschöpft *adj* bitkin, yorgun, dermansız
Erschöpfung *f* yorgunluk, bitkinlik, dermansızlık
erschrecken <erschrickt, erschrak, erschrocken> **I.** *vt* korkutmak, ürkütmek (**jdn** -i) **II.** *vi sein* korkmak, ürkmek (**vor jdm/über etw** -den)
erschreckend *adj* ürkütücü, korkutucu, korkunç
erschrocken **I.** *vt s.* **erschrecken** **II.** *adj* korkmuş, ürkmüş
erschüttern *vt* sarsmak (**etw** -i); (*fig*) sarsmak, çok üzmek (**jdn** -i)
erschütternd *adj* çok acıklı, son derece üzen
Erschütterung *f* sarsıntı, sarsılış, sarsım
erschweren *vt* ağırlaştırmak, zorlaştırmak (**etw** -i)
erschwinglich *adj* (*Preis*) alınabilir, her keseye elverişli
ersehen *irr vt* görmek, anlamak, çıkarmak (**etw aus etw** -i -den)
ersetzen *vt* (*auswechseln*) değiştirmek (**etw** -i); **etw durch etw ~** bir şeyin yerine bir şeyi koymak; **einen Schaden ~** bir zararı ödemek
ersichtlich *adj* anlaşılır, belli
Ersparnisse *pl* ① (*Einsparung*) tasarruf, artırım ② (*Geld*) biriktirilen para
erst *adv* ① (*zuerst*) önce, ilk önce ② (*nicht früher als*) ancak, henüz, daha; **~ als** ancak ...-dikten sonra; **~ gestern** daha dün; **sie kommt ~ morgen** ancak yarın gelecek; **~ recht** haydi haydi
erstatten *vt* (*Kosten*) geri vermek (**jdm etw** -e -i); **Anzeige ~** ihbarda bulunmak (**wegen etw** ... hakkında); **Bericht ~** rapor vermek
Erstaufführung *f* prömiyer, ilk oynanım
erstaunen **I.** *vt* şaşırtmak, hayrete düşürmek (**jdn** -i) **II.** *vi sein* şaş(ır)mak, hayret etmek
Erstaunen *nt* ① (*Erstauntsein*) şaşkınlık, hayret ② (*Überraschung*) sürpriz
erstaunlich *adj* şaşılacak, hayret verici

erstaunt *adj* **über etw ~ sein** bir şeye hayret etmek

erste(r, s) *adj* birinci, ilk; **Karl der Erste** Birinci Karl; **Erste Hilfe** ilk yardım; **der ~ Beste** olur olmaz biri; **zum ~n Mal** ilk defa (olarak)

erstechen *irr vt* bıçaklamak (**jdn** -i)

erstens *adv* ilk önce, ilk olarak, ilkin

erstere(r, s) *adj* birinci

erstgeboren *adj* ilk doğan

ersticken **I.** *vt* boğmak (**jdn** -i); (*Feuer*) söndürmek (**etw** -i) **II.** *vi sein* boğulmak

erstklassig *adj* birinci sınıf, mükemmel, en ala

erstrebenswert *adj* elde etmeye değer

erstrecken *vr* ① **sich ~** (*räumlich*) uzanmak (**bis zu/nach** -e) ② (*zeitlich*) **der Prozess erstreckte sich über zwei Jahre** dava iki yıl sürdü

ersuchen *vt* **jdn ~, etw zu tun** birinden bir şey için ricada bulunmak

Ersuchen *nt* **auf jds ~** birinin isteği üzerine

ertappen *vt* yakalamak (**jdn** -i)

erteilen *vt* **jdm einen Befehl ~** birine emir vermek; **jdm Unterricht ~** birine ders vermek; **jdm die Erlaubnis ~** birine izin vermek

Ertrag *m* ürün, verim; (*Gewinn*) gelir, kazanç

ertragen *irr vt* dayanmak, katlanmak (**etw/jdn** -e), çekmek (**etw** -i); **nicht zu ~** dayanılacak gibi değil

erträglich *adj* katlanılır, dayanılır, çekilir; (*mittelmäßig*) oldukça iyi

ertragreich *adj* verimli

ertränken *vt* (suda) boğmak (**jdn** -i)

ertrinken *irr vi sein* (suda) boğulmak

erübrigen *vr* **sich ~** gerek kalmamak

erwachen *vi sein* uyanmak

erwachsen *adj* yetişkin, erişkin

Erwachsene(r) *f(m)* yetişkin

Erwägung *f* mülahaza, fikir, oylaşım; **etw in ~ ziehen** bir şeyi göz önünde tutmak

erwähnen *vt* anmak (**jdn/etw** -i), bahsetmek, söz etmek (**jdn/etw** -den)

erwähnenswert *adj* sözünü etmeye değer

Erwähnung *f* anma, sözünü etme, bahsetme

erwärmen **I.** *vt* ısıtmak (**etw** -i) **II.** *vr* **sich ~** ısınmak; (*Interesse finden*) ilgi duymak (**für etw** -e karşı)

Erwärmung *f* ısınma

erwarten *vt* ① (*warten auf*) beklemek (**jdn/etw** -i) ② (*rechnen mit*) ummak, beklemek (**etw** -i); **ein Kind ~** çocuk beklemek

Erwartung *f* ① (*das Erwarten*) bekleyiş ② (*Erwartetes*) beklenti ③ (*Hoffnung*) ümit, umut

erweisen *irr* **I.** *vt* (*beweisen*) kanıtlamak, ispat etmek (**etw** -i) **II.** *vr* **sich als ... ~** ... çıkmak

erweitern *vt* genişletmek, büyütmek; (*Kenntnisse*) artırmak, çoğaltmak (**etw** -i)

Erwerb *m* kazan(ıl)ma, alım, edinme; (*Unterhalt*) geçim; (*Verdienst*) kazanç

erwerben *irr vt* kazanmak, ele geçirmek, edinmek (**etw** -i)

erwerbslos *adj* işsiz

erwerbstätig *adj* çalışan

Erwerbstätigkeit *f* meslek, iş

erwerbsunfähig *adj* geçimini sağlayamayan

erwidern *vt* ① (*antworten*) cevap vermek (**auf etw** -e) ② (*Gegenleistung*) karşılık vermek (**etw** -e); **einen Besuch ~** ziyarete karşılık vermek

erwischen *vt* yakalamak, tutmak, ele geçirmek (**jdn** -i)

erwünscht *adj* istenilen, hoşlanılan

erwürgen *vt* boğmak (**jdn** -i)

Erz *nt* ① (*Mineral*) maden filizi ② (*geh: Bronze*) bronz, tunç

erzählen *vt* anlatmak (**jdm etw** -e -i)

Erzählung *f* ① (*Bericht*) anlatı ② (*Werk*) öykü, hikaye

Erzbischof *m* başpiskopos

erzeugen *vt* ❶ (*schaffen*) yaratmak, meydana getirmek (**etw** -i) ❷ (*herstellen*) imal etmek, üretmek, yetiştirmek (**etw** -i)
Erzeuger(in) *m(f)* üretici
Erzeugnis *nt* ürün, mahsul
Erzeugung *f* üretim
E
erziehen *irr vt* eğitmek, terbiye etmek (**jdn** -i)
Erzieher *m* eğitimci, pedagog
Erzieherin *f* (bayan) eğitimci, pedagog; (*Kindergärtnerin*) anaokulu öğretmeni
Erziehung *f* eğitim, terbiye, yetiştirme
Erziehungsberechtigte(r) *f(m)* veli
erzwingen *irr vt* zorla elde etmek (**etw** -i)
es *pron nom* o; *akk* onu; **ich nehme ~** (*das Kleid, das Buch*) bunu [*o* onu] alıyorum; **~ ist schön** (*das Haus, das Buch*) güzel(dir); **~ regnet** yağmur yağıyor; **~ schneit** kar yağıyor; **~ klopft** kapı çalı(nı)yor; **~ gibt ...** ... var; **sie ist schnell; wir sind ~ auch** o hızlı, biz de öyleyiz
Esche *f* dişbudak
Esel *m* eşek, merkep
Eselei *f* eşeklik
Eskalation *f* tırmanma, artış, yükseliş
Eskimo *m* Eskimo
Espresso *m* espresso
Essay *m o nt* yazı, makale
essbar[RR] *adj*, **eßbar**[ALT] *adj* yenilebilir, yenilir
essen <isst, aß, gegessen> **I.** *vi* yemek **II.** *vt* yemek (**etw** -i); **zu Mittag/Abend ~** öğle/akşam yemeği yemek
Essen *nt* yemek
Essenszeiten *fpl* yemek saatleri
Essenz *f* esans
Essig *m* sirke
Essigflasche *f* sirke şişesi
Essiggurke *f* kornişon
Esslöffel[RR] *m* çorba kaşığı
Esstisch[RR] *m* sofra, yemek masası
Esszimmer[RR] *nt* yemek odası
Estland *nt* Estonya
Etage *f* (bina) kat(ı)
Etagenbett *nt* iki katlı yatak
Etagenwohnung *nt* apartman dairesi
Etappe *f* ❶ (*Stadium*) aşama, evre, safha ❷ MIL cephe gerisi
Etat *m* bütçe
Ethik *f* (*Moral*) ahlak; (*Morallehre*) törebilim
ethisch *adj* ahlaki, törel
ethnisch *adj* etnik
Etikett *nt* etiket
Etikette *f* protokol, teşrifat; **gegen die ~ verstoßen** teşrifata uymayan bir harekette bulunmak
etliche *pron* bazı, birkaç
Etui *nt* kılıf
etwa *adv* ❶ (*ungefähr*) aşağı yukarı, takriben, yaklaşık olarak ❷ (*vielleicht*) acaba
etwas *pron* ❶ bir şey; **~ anderes** başka bir şey; **~ Gutes** iyi bir şey; **so ~** böyle bir şey ❷ (*ein wenig*) biraz, bir parça; **~ Geld** biraz para; **es geht mir ~ besser** biraz daha iyiyim
Etwas *nt* **ein gewisses ~** *tanımlanamayan fakat varolan bir şey*
EU *f Abk von* **Europäische Union** AB (*Avrupa Birliği*)
EU-Beitritt *m* AB'ye üye olma
EU-Bürger(in) *m(f)* AB vatandaşı [*o* yurttaşı]
euch *pron akk von ihr* sizi; *dat von ihr* size
euer *pron*, **eu(e)re** *pron* sizin
EU-Gipfeltreffen *nt* AB zirvesi
Eukalyptus *m* okaliptüs
Eule *f* baykuş
EU-Minister(in) *m(f)* AB Bakanı
EU-Mitgliedstaat *m* AB üyesi (ülke)
EU-Osterweiterung *f* AB'nin Doğu genişlemesi
EU-Ratspräsident(in) *m(f)* AB Konsey Başkanı
EU-Verfassung *f* AB Anayasası

Euphrat *m* Fırat (nehri)
Eurasien *nt* Avrasya
eurerseits *adv* sizin tarafınızdan
euresgleichen *adj* sizin gibiler
euretwegen *adv* sizin hatırınız için; (*negativ*) sizin yüzünüzden
Euro *m* euro
Eurofighter *m* Eurofighter
Europa *nt* Avrupa
Europäer(in) *m(f)* Avrupalı
europäisch *adj* ❶ (*Art*) Avrupa ❷ (*Herkunft*) Avrupalı; **der Europäische Gerichtshof** AB Adalet Divanı; **die Europäische Kommission** AB Komisyonu, Avrupa Komisyonu
europäisieren *vt* Avrupalılaştırmak (**jdn/etw** -i)
Europäisierung *f* Avrupalaşma
Europaparlament *nt* Avrupa Parlamentosu
Europarat *m* Avrupa Konseyi
Euroscheck *m* euro çek
Eurovision *f* Örovizyon
Eurozone *f* euro bölgesi
EU-Staat *m* AB devleti
Euter *nt* (hayvan) meme(si)
Euthanasie *f* ötenasi (*can çekişmenin ilaç sayesinde kısaltılması*)
e. V. *m Abk von* **eingetragener Verein** tescilli dernek
evakuieren *vt* boşaltmak, tahliye etmek (**etw** -i)
evangelisch *adj* Protestan
Evangelium *nt* İncil
eventuell I. *adj* mümkün, olası II. *adv* ❶ (*gegebenenfalls*) gerekirse ❷ (*vielleicht*) belki
Evolution *f* evrim, evolüsyon
ewig *adj* ❶ (*endlos, zeitlos*) sonsuz, ebedi ❷ (*immerwährend*) sürekli, devamlı
Ewiggestrige(r) *f(m)* (*fam*) dinozor
Ewigkeit *f* sonsuzluk, ebediyet
exakt I. *adj* (*sorgfältig*) özenli, itinalı II. *adv* ❶ (*genau*) tam ❷ (*pünktlich*) dakik
Examen *nt* sınav
Exemplar *nt* nüsha; (*Musterstück*) örnek; (*Ausfertigung*) kopya
Exhibitionismus *m* teşhircilik
Exhibitionist(in) *m(f)* teşhirci
Exil *nt* sürgün(lük); **ins ~ schicken/gehen** sürgüne göndermek/gitmek
Existenz *f* ❶ (*Dasein*) varlık, varolma ❷ (*Auskommen*) geçim
Existenzkampf *m* yaşam kavgası, hayat mücadelesi
Existenzminimum *nt* asgari geçinme geliri (*en aşağı geçim düzeyi*)
existieren *vi* var olmak
exklusiv *adj* müstesna
Exkursion *f* gezi
exotisch *adj* egzotik
expandieren *vi* genişlemek
Expansion *f* genişleme
Experiment *nt* deney
experimentieren *vi* deney yapmak
Experte, Expertin *m, f* uzman
explodieren *vi sein* patlamak
Explosion *f* patlama, infilak
explosiv *adj* patlayıcı
Export *m* dışsatım, ihracat
Exporteur *m* ihracatçı
exportieren *vt* ihraç etmek (**etw** -i)
express[RR] *adj*, **expreß**[ALT] *adj* ekspres
Expressgut *nt* ekspres ile yollanan eşya
Expressionismus *m* ekspresyonizm, dışavurumculuk
extern *adj* dış
extra *adv* ❶ (*gesondert*) ayrıca, ayrı olarak ❷ (*absichtlich*) isteyerek, bilerek
Extrakt *m* esans, ekstre
extravagant *adj* ayrıksı, olağan dışı
extrem *adj* aşırı, kökten
Extrem *nt* ❶ (*Übertreibung*) abartma ❷ (*höchster Grad*) aşırılık
Extremismus *m* aşırıcılık
Extremist(in) *m(f)* köktenci
extremistisch *adj* aşırı
extrovertiert *adj* dışa dönük
exzentrisch *adj* ❶ (*ungewöhnlich*) eksantrik ❷ TECH dışmerkezli

E

F

Fa. *f Abk von* **Firma** firma
fabelhaft *adj* (*fam*) harika, görülmedik
Fabrik *f* fabrika
Fabrikant(in) *m(f)* fabrikatör
Fabrikarbeiter(in) *m(f)* fabrika işçisi
Fabrikat *nt* mal, fabrika ürünü
Fabrikation *f* (fabrikada) yapım
fabrizieren *vt* (fabrikada) yapmak, üretmek, çıkarmak (**etw** -i)
Facelifting *nt* yüz germe
Fach *nt* ❶ (*Schublade*) çekmece; (*Schrank-*) bölme ❷ (*fig: Berufszweig*) meslek (dalı) ❸ (*Lehr-*) ders
Facharbeit *f* kalifiye iş
Facharbeiter(in) *m(f)* kalifiye işçi
Facharzt, Fachärztin *m, f* uzman doktor, spesiyalist
Fachausdruck *m* teknik terim
Fächer *m* yelpaze
Fachgebiet *nt* ihtisas alanı
Fachgeschäft *nt* özel dükkan
Fachhochschule *f* meslek yüksek okulu
Fachkenntnisse *pl* meslek bilgisi
Fachkräfte *fpl* kalifiye elemanlar
fachkundig *adj* uzman
Fachliteratur *f* ihtisas literatürü
Fachmann *m* uzman
fachmännisch *adj* mesleki, uzmanca
Fachschule *f* meslek okulu
Fachsprache *f* meslek dili
Fachwerkhaus *nt* bağdadi ev (*ahşap ve taş karışımı yapı tarzında bina*)
Fachwörterbuch *nt* teknik terim sözlüğü
Fachzeitschrift *f* ihtisas dergisi (*belli bir bilim dergisi*)
Fackel *f* meşale
fade *adj* tatsız (tuzsuz); (*fig*) yavan, kuru
Faden *m* (*a. fig*) iplik, tire
Fagott *nt* fagot
fähig *adj* (*begabt*) yetenekli, yarar(lı); **zu etw ~ sein** bir şeye muktedir olmak
Fähigkeit *f* yetenek, yararlık
fahnden *vi* aramak (**nach jdn** -i)
Fahndung *f* arama
Fahne *f* bayrak, sancak
Fahrausweis *m* bilet
Fahrbahn *f* araba yolu, şose; **schlechte ~** bozuk yol
Fähre *f* araba vapuru, feribot
fahren <fährt, fuhr, gefahren> **I.** *vt* ❶ (*Menschen, Last*) götürmek, taşımak (**jdn/etw nach etw** -i -e) ❷ (*Fahrzeug*) sürmek, kullanmak, yürütmek (**etw** -i) **II.** *vi sein* (taşıtla) gitmek; **mit der Bahn/dem Auto ~** trenle/otomobille gitmek; **rechts ~!** sağdan gidin!
Fahrer(in) *m(f)* şoför, sürücü
Fahrerairbag *m* sürücü hava yastığı
Fahrerflucht *f* (bir kazadan sonra) şoförün kaçması
Fahrgast *m* yolcu
Fahrgeld *nt* yol parası
Fahrgelegenheit *f taşıtla gitme imkanı*
Fahrgestell *nt* şasi
Fahrkarte *f* bilet; **eine ~ lösen** bilet almak
Fahrkartenautomat *m* bilet otomatı
Fahrkartenschalter *m* bilet gişesi
fahrlässig *adj* kayıtsız, dikkatsiz, ihmalci; **~e Tötung** taksirle (adam) öldürme
Fahrlässigkeit *f* kayıtsızlık, dikkatsizlik, ihmal
Fahrlehrer(in) *m(f)* sürücü kursu öğretmeni
Fahrplan *m* hereket cetveli, tarife
fahrplanmäßig *adj, adv* tarifeye göre
Fahrpreis *m* bilet ücreti

Fahrrad *nt* bisiklet
Fahrradfahrer(in) *m(f)* bisikletçi
Fahrradhelm *m* bisiklet miğferi
Fahrschein *m* bilet
Fahrschule *f* sürücü kursu
Fahrstuhl *m* asansör
Fahrt *f* (*Reise*) yolculuk, seyahat; (*Ausflug*) gezi(nti); **gute ~!** iyi yolculuklar!; **auf der ~ nach Rom** Roma'ya giderken
fährt *vi, vt s.* **fahren**
Fährte *f* iz, yol
Fahrtkosten *pl* taşıma ücreti
Fahrtrichtung *f* gidiş yönü
Fahrwerk *nt* (*eines Flugzeugs*) alt düzen
Fahrzeug *nt* taşıt
fair *adj* dürüst
Fairplay *nt* fair-play
Faktor *m* faktör, etmen
Fakultät *f* fakülte
fakultativ *adj* istemli
Falke *m* ❶ doğan, şahin ❷ POL (*Hardliner*) şahin
Fall *m* ❶ (*Sturz*) düşüş, düşme ❷ (*Ereignis*) olay ❸ (*Angelegenheit*) iş, mesele ❹ JUR dava ❺ LING ismin hali, ad durumu ❻ **auf jeden ~** mutlaka, her ne olursa olsun, muhakkak; **auf keinen ~** asla, hiç bir suretle; **im besten/schlimmsten ~** en iyi/en kötü durumda; **gesetzt den ~(, dass)** farz edelim ki, tutalım ki, diyelim ki
Falle *f* kapan; (*fig*) tuzak; **jdm eine ~ stellen** birine tuzak kurmak
fallen <fällt, fiel, gefallen> *vi sein* ❶ (*hinab-, stürzen*) düşmek; (*Soldat*) şehit olmak [*o* düşmek]; (*Temperatur, Preise, Flut*) düşmek, inmek ❷ (*nachlassen*) hafiflemek, yatışmak; **aus allen Wolken ~** şaşakalmak, afallamak; **er ist nicht auf den Kopf gefallen** kafalı bir insandır; **es fällt mir schwer** bana zor geliyor; **~ lassen** düşürmek (**etw** -i); (*fig: Plan*) vazgeçmek (**etw** -den)
fällen *vt* (*Baum*) kesmek (**etw** -i)
fällig *adj* (*Zinsen*) vadesi gelen
Fälligkeit *f* zaman aşımı, vade (*ödeme gününün gelmesi*)
falls *konj* şayet, eğer
Fallschirm *m* paraşüt
Fallschirmspringer(in) *m(f)* paraşütçü
fällt *vi s.* **fallen**
falsch **I.** *adj* ❶ (*nicht echt*) yanlış; (*Geld*) sahte, kalp ❷ (*künstlich*) sahte, yapma(cık); (*Haar, Zähne*) takma ❸ (*nachgeahmt*) taklit, benzetme ❹ (*unaufrichtig*) ikiyüzlü ❺ (*heimtückisch*) hain **II.** *adv* **diese Uhr geht ~** bu saat yanlış; **~ aussprechen** yanlış telaffuz etmek (**etw** -i); **~ singen** şarkıyı yanlış okumak; **~ verbunden!** numara yanlış!
fälschen *vt* sahtesini yapmak (**etw** -in); **Geld ~** kalp para basmak
Fälscher(in) *m(f)* düzmeci, sahtekar; (*Geld-*) kalpazan
Falschgeld *nt* sahte para
fälschlich *adv* yanlışlıkla
Fälschung *f* ❶ (*Gefälschtes*) sahtelik ❷ (*Nachahmung*) taklit, benzetme
Falte *f* ❶ (*in Stoff, Papier*) kıvrım, büküm ❷ (*in Haut*) buruşuk, kırışık
falten *vt* katlamak; (*Wäsche*) devşirmek (**etw** -i); **die Hände ~** ellerini kavuşturmak
Faltenrock *m* pliseli etek
Fam. *f Abk von* **Familie** aile
familiär *adj* ❶ (*die Familie betreffend*) ailevi ❷ (*vertraut*) samimi, içli dışlı ❸ (*ungezwungen*) teklifsiz, senli benli
Familie *f* aile; (*Sippe*) soy
Familienbetrieb *m* aile işletmesi
Familienname *m* soyadı
Familienplanung *f* aile planlaması
Familienstand *m* medeni hal
Familienvater *m* aile babası
Fan *m* hayran
Fanatiker(in) *m(f)* fanatik, bağnaz; REL yobaz
fanatisch *adj* bağnaz, softa

Fanatismus *m* fanatiklik, bağnazlık, softalık
fand *vt s.* **finden**
Fanfare *f* fanfar
Fang *m* yakala(n)ma, tut(ul)ma
Fangarm *m* ahtapot kolu
fangen <fängt, fing, gefangen> *vt* tutmak, kapmak; (*auf der Jagd*) avlamak; (*Verbrecher*) yakalamak (**jdn** -i); **Feuer ~** tutuşmak
Fangfrage *f* tuzak
fängt *vt s.* **fangen**
Fantasie *f* ❶ (*Einbildungskraft*) hayal gücü ❷ (*Trugbild*) hayal, görüntü
fantasieren *vi* ❶ (*im Fieber*) sayıklamak ❷ (*in Gedanken ausmalen*) hayal kurmak
fantastisch *adj* ❶ (*unwirklich*) hayali, düşsel ❷ (*großartig*) harika
FAQ *pl* INET *Abk von* **frequently asked questions** sıkça sorulan sorular, FAQ bölümü
Farbband *nt* daktilo şeridi
Farbe *f* ❶ (*rot, grün*) renk ❷ (*Material*) boya; **~ bekennen** gerçeği söylemek
farbecht *adj* has [*o* kök] boyalı
färben *vt* renk vermek (**etw** -e); (*Stoff, Haare*) boyamak (**etw** -i)
farbenblind *adj* renkkörü
Farbenblindheit *f* renkkörlüğü
Färberei *f* boyahane
Farbfernseher *m* renkli televizyon
Farbfilm *m* renkli film
Farbfoto *nt*, **Farbfotografie** *f* renkli fotoğraf
farbig *adj* renkli; (*Menschen*) zenci
Farbige(r) *f(m)* siyahi, zenci
Farbkasten *m* boya kutusu
farblos *adj* renksiz; (*fig*) sönük
Farbstift *m* renkli kalem, boya kalemi
Farbstoff *m* boyarmadde; (*in Lebensmittel*) (gıda) renklendirici
Färbung *f* ❶ (*Färben*) boyama ❷ (*Farbgebung*) renk verme
Farm *f* çiftlik
Farn *m*, **Farnkraut** *nt* eğreltiotu
Fasan *m* sülün
Fasching *m* karnaval
Faschismus *m* faşizm, faşistlik
Faschist(in) *m(f)* faşist
faschistisch *adj* faşist
Faser *f* lif
faserig *adj* lifli, elyaflı, telsel
Fass[RR] *nt*, **Faß**[ALT] *nt* fıçı, varil; **Bier vom ~** fıçı birası
Fassade *f* binanın ön tarafı, bina cephesi
Fassbier[RR] *nt* fıçı birası
fassen I. *vt* ❶ (*ergreifen*) almak, kapmak, tutmak (**etw/jdn** -i) ❷ (*Edelstein*) kaşlamak, yerleştirmek (**etw** -i) ❸ (*Verbrecher*) yakalamak (**jdn** -i) ❹ (*aufnehmen können*) kapsamak, içermek (**etw** -i) ❺ (*fig: verstehen*) anlamak, aklı almak (**etw** -i); **es ist nicht zu ~** akıl erdirecek gibi değil II. *vr* **sich ~** (*fig*) kendini toparlamak; **sich kurz ~** kısa kesmek
Fassung *f* ❶ (*Brille*) çerçeve; (*Juwel*) kaş ❷ (*fig: Wortlaut*) söz ❸ (*Gemütsruhe*) soğuk kanlılık ❹ (*Version*) versiyon; **jdn aus der ~ bringen** birini şaşkına çevirmek; **die ~ verlieren** aptallaşmak, sağını solunu bilmemek
fassungslos *adj* şaşkın, aptallaşmış
Fassungsvermögen *nt* ❶ kapasite, sığa ❷ (*fig: geistig*) kavrama gücü, kavrayış
fast *adv* hemen hemen, neredeyse, az kalsın
fasten *vi* oruç tutmak
Fastenzeit *f* oruç zamanı; (*im Islam*) Ramazan; (*bei Katholiken*) büyük perhiz
Fastfood(essen) *nt* fast-food yiyecek
Fastnacht *f* karnaval
faszinieren *vt* büyülemek, hayran bırakmak (**jdn** -i)
fatal *adj* (*verhängnisvoll*) uğursuz
Fatalismus *m* kadercilik
Fatalist(in) *m(f)* kaderci, yazgıcı
fatalistisch *adj* kaderci, yazgıcı

Fata Morgana *f* serap

faul *adj* ❶ (*verfault*) çürük ❷ (*träge*) tembel; (*stärker*) miskin, uyuşuk ❸ (*fig: fragwürdig*) şüpheli, sakat; **~e Ausrede** sudan bahane

faulen *vi sein* çürümek

faulenzen *vi* tembellik [*o* haylazlık] etmek

Faulenzer *m* tembel, haylaz

Faulheit *f* tembellik

Faulpelz *m* tembel, haylaz

Fauna *f* fauna

Faust *f* yumruk; **auf eigene ~** kendi başına

Faustregel *f* pratik kural

Faustschlag *m* yumruk (darbesi)

Fax *nt* faks

faxen *vt* faks çekmek, fakslamak (**jdm etw** -e -i)

Faxnummer *f* faks numarası

Fazit *nt* sonuç, nihai netice

FCKW *m Abk von* **Fluorchlorkohlenwasserstoff** FCKW

FDP *f Abk von* **Freie Demokratische Partei** Hür Demokrat Partisi

Feature *nt* (*Merkmal*) karakteristik

Februar *m* şubat

fechten <ficht, focht, gefochten> *vi* ❶ (*mit Säbel*) eskrim yapmak ❷ (*kämpfen*) mücadele etmek, savaşmak

Fechten *nt* eskrim

Feder *f* ❶ (*Vogel-*) tüy ❷ (*Schreib-*) yazı kalemi ❸ (*Sprung-*) yay, zemberek

Federball *m* (*Spiel*) badminton; (*Ball*) tüylü top

Federbett *nt* kuş tüyü yatak [*o* yorgan]

Federgewicht *nt* (*Boxen*) tüy siklet

federleicht *adj* tüy gibi hafif

Federung *f* yay tertibatı, süspansiyon, amortisör

Fee *f* peri

Fegefeuer *nt* REL Araf

fegen *vt* süpürmek (**etw** -i)

fehl *adv* **~ am Platz sein** yerinde olmamak, uygun düşmemek

Fehlalarm *f* yanlış alarm

Fehlbetrag *m* açık

fehlen *vi* ❶ (*nicht da sein*) bulunmamak, yok olmak ❷ (*mangeln*) eksik [*o* noksan] olmak; **fehlt Ihnen etwas?** bir eksiklik mi var?; (*sind Sie krank?*) şikayetiniz ne?; **du hast mir sehr gefehlt** yokluğunu çok hissettim

Fehler *m* ❶ (*Defekt*) bozukluk ❷ (*Schuld*) suç, hata ❸ (*Irrtum*) yanlış(lık), yanıltı, hata; **einen ~ haben** kusurlu [*o* hatalı] olmak; **einen ~ machen** hata yapmak

Fehlerbehandlung *f* INFORM hata yönetimi

fehlerfrei *adj* kusursuz, pürüzsüz, noksansız

fehlerhaft *adj* ❶ (*mit Fehlern*) kusurlu, hatalı ❷ (*falsch*) yanlış

Fehlgeburt *f* çocuk düşürme

Fehlgriff *m* yanılma, hata

Fehlinformation *f* yanlış enformasyon

Fehlinterpretation *f* yanlış yorum

Fehlkonstruktion *f* hatalı konstrüksiyon

fehlleiten *vt* yanıltmak (**jdn** -i), yanlış yol göstermek (**jdn** -e)

Fehlschlag *m* başarısızlık

fehlschlagen *irr vi sein* başarısızlığa uğramak, boşa gitmek [*o* çıkmak]

Fehltritt *m* kusur, kabahat

Fehlzündung *f* yanlış tutuşma

Feier *f* ❶ (*Handlung*) kutla(n)ma ❷ (*Fest*) tören

Feierabend *m* paydos; **~ machen** paydos etmek

feierlich *adj* törensel, resmi

feiern I. *vt* ❶ (*Fest*) kutlamak (**etw** -i) ❷ (*ehren*) övmek (**jdn** -i) II. *vi* eğlenmek

Feiertag *m* tatil günü; (*Festtag*) bayram günü

feige *adj* korkak, ödlek, yüreksiz

Feige *f* incir

Feigenbaum *m* incir ağacı

Feigheit *f* korkaklık, yüreksizlik

Feigling *m* korkak, ödlek

Feile *f* eğe, törpü
feilen *vt* eğelemek, törpülemek (**etw** -i)
feilschen *vi* pazarlık etmek (**um etw** için)
fein *adj* ❶ (*elegant*) zarif, şık ❷ (*dünn*) ince, narin ❸ (*vornehm*) kibar, nazik ❹ (*schön*) nefis, enfes
Feind(in) *m(f)* düşman
feindlich *adj* düşman
F
Feindschaft *f* düşmanlık
feindselig *adj* düşmanca
Feindseligkeit *f* düşmanlık
feinfühlig *adj* ince (ruhlu), duygulu
Feinkostgeschäft *nt* mezeci (dükkanı), şarküteri
Feinmechanik *f* ince el sanatı
Feinschmecker(in) *m(f) lezzetli yemeklere düşkün*
Feld *nt* ❶ (*Acker*) tarla ❷ SPORT saha ❸ (*fig*) alan, saha
Feldwebel *m* başçavuş
Feldweg *m* tarla yolu (*tarlalar arasından geçen asfaltlanmamış yol*)
Feldzug *m* sefer, harp
Felge *f* jant
Fell *nt* post, deri, kürk; (*von Schaf oder Ziege*) pösteki; **ein dickes ~ haben** vurdumduymaz olmak
Fels *m* kaya
felsenfest *adj* (*fig*) sarsılmaz
Feminismus *m* feminizm
Feministin *f* feminist
Fenchel *m* rezene
Fenster *nt* pencere; (*Schau-*) vitrin, camekan; **aus dem ~ sehen** pencereden bakmak; **das Geld zum ~ hinauswerfen** parasını har vurup harman savurmak
Fensterbank *f*, **Fensterbrett** *nt* pencere eşiği
Fensterladen *m* kepenk
Fensterscheibe *f* pencere camı
Ferien *pl* tatil
Ferienanlage *f* tatil tesisi
Ferienhaus *nt* tatil evi
Ferienkurs *m* tatil kursu
Ferienlager *nt* tatil kampı
Ferienpark *m* tatil parkı
Ferkel *nt* ❶ domuz yavrusu ❷ (*fam: schmutziger Mensch*) pis herif [*o* kadın]
fern *adj, adv* uzak; **der Ferne Osten** Uzak Doğu
Fernbedienung *f* (uzaktan) kumanda
Ferne *f* uzak(lık); **in der ~** uzakta; **aus der ~** uzaktan
ferner *adv* (*außerdem*) ayrıca, bundan başka, bir de
Fernfahrer *m* tırcı
ferngelenkt *adj* güdümlü
Ferngespräch *nt* (*ins Ausland*) ülkeler arası telefon görüşmesi; (*im Inland*) şehirler arası telefon görüşmesi
ferngesteuert *adj* uzaktan kumandalı
Fernglas *nt* dürbün
fernhalten *vt* uzak tutmak (**jdn von etw/jdm** -i -den)
Fernlicht *nt* uzak farı
Fernost Uzak Doğu
Fernrohr *nt* teleskop, dürbün
Fernschreiben *nt* harfli telgraf
Fernschreiber *m* harfli telgraf
Fernsehansager(in) *m(f)* televizyon spikeri
Fernsehantenne *f* televizyon anteni
Fernsehapparat *m* televizyon
fernsehen *irr vi* televizyon seyretmek
Fernsehen *nt* televizyon; **im ~ übertragen** televizyonda göstermek (**etw** -i)
Fernseher *m* (*Gerät*) televizyon
Fernsehfilm *m* televizyon filmi
Fernsehkanal *m* TV kanalı
Fernsehzuschauer(in) *m(f)* televizyon seyircisi [*o* izleyici]
Fernsicht *f* ❶ perspektif, manzara ❷ (*Ausblick*) geniş manzara
Fernsprecher *m* telefon
Fernsprechzelle *f* telefon kulübesi
Fernsprechzentrale *f* telefon santrali
Fernsteuerung *f* uzaktan kumanda
Fernstudium *nt* mektupla öğretim

[*o* öğrenim]

Fernverkehr *m* şehirler arası trafik

Ferse *f* topuk

fertig *adj* ❶ (*bereit*) hazır (**zu/für etw** -e) ❷ (*vollendet*) tamam; **~!** tamam!, bitti!; **ich bin ~** hazırım; **ich bin (fix und) ~** bittim tükendim; **mit etw ~ werden** bir şeyle başa çıkmak, bir şeyin hakkından gelmek; **etw ~ bringen** bir şeyi becermek, bir şeyin hakkından gelmek; **~ machen** (*beenden*) bitirmek; (*vorbereiten*) hazırlamak (**etw** -i); **sich ~ machen** hazırlanmak (**zu/für etw** -e)

Fertiggericht *nt* hazır yemek

Fertighaus *nt* prefabrik ev

Fertigkeit *f* ❶ (*Geschicklichkeit*) beceri ❷ (*Gewandtheit*) çeviklik

fertigmachen *vt* (*herunterputzen*) haşlamak (**jdn** -i), terbiyesini vermek (**jdn** -in)

Fertigung *f* yapım, imal

fesseln *vt* ❶ bağlamak (**jdn** -i) ❷ (*begeistern*) sarmak, büyülemek (**jdn** -i)

fest *adj* ❶ (*nicht flüssig*) katı ❷ (*hart*) sert, katı ❸ (*nicht lose*) sıkı ❹ (*konstant*) sabit, durağan ❺ (*unerschütterlich*) sarsılmaz, kesin ❻ (*dauerhaft*) sağlam, dayanıklı ❼ (*Schlaf*) derin, deliksiz; **zu ~en Preisen** kesme fiyatlarla; **ich bin dazu ~ entschlossen** buna kesin kararlıyım; **~ glauben** iyice inanmak (**an etw/jdn** -e); **~ schlafen** derin uyumak

Fest *nt* ❶ (*Festtag*) bayram; (*christlich*) yortu ❷ (*Festival*) şenlik ❸ (*Party*) parti

Festessen *nt* ziyafet, şölen

festhalten *irr* **I.** *vt* (sıkı) tutmak; (*zurückhalten*) alıkoymak (**etw** -i) **II.** *vr* **sich ~** (sıkı) tutunmak (**an jdn/etw** -e)

Festival *nt* şenlik, festival

Festland *nt* kara

festlegen **I.** *vt* (*Datum*) kararlaştırmak, saptamak (**etw** -i) **II.** *vr* **sich ~** kendini bağlamak

festlich **I.** *adj* (*in Feststimmung*) neşeli; (*feierlich*) törensel **II.** *adv* bayram gibi

festmachen *vt* sıkıca bağlamak; (*fig: Termin*) kararlaştırmak (**etw** -i)

Festnahme *f* tutuklama

festnehmen *irr vt* tutuklamak (**jdn** -i)

Festnetzanschluss *m* TELEK sabit telefon hattı

Festplatte *f* sabit disk

Festpreis *m* kesme [*o* belli] fiyat

festsetzen *vt* (*bestimmen*) kararlaştırmak, saptamak (**etw** -i)

Festspiele *pl* şenlik, festival

feststehen *irr vi* **es steht fest, dass ...** ... kesin

feststellen *vt* (*fig: erkennen*) saptamak, tespit etmek (**etw** -i); **jds Personalien ~** birinin kimliğini tespit etmek

Feststellung *f* saptama, tespit

Festtag *m* bayram günü

Festung *f* kale

Festwochen *pl* şenlik, festival

Festzug *m* tören alayı, kortej

Fetisch *m* fetiş

fett *adj* yağlı; (*Person*) şişman

Fett *nt* yağ

fettarm *adj* az yağlı

Fettfleck *m* yağ lekesi

fettig *adj* yağlı

Fettnäpfchen *nt* **ins ~ treten** pot kırmak

Fetzen *m* (*Lumpen*) paçavra; (*Lappen*) bez parçası

feucht *adj* nemli

Feuchtigkeit *f* nem

Feuchtigkeitscreme *f* nemlendirici krem

feudal *adj* ❶ feodal ❷ HIST derebeylik

Feuer *nt* ❶ (*Flammen*) ateş ❷ (*Brand*) yangın ❸ (*Eifer*) coşkunluk; **~ legen** yangın çıkarmak; **für jdn durchs ~ gehen** birisi için kendini ateşe atmaya hazır olmak

Feuerbestattung *f* ölülerin yakılması

feuerfest *adj* ateşe dayanıklı

F

Feuergefahr *f* yangın tehlikesi
feuergefährlich *adj* çabuk ateş alıcı
Feuerleiter *f* yangın merdiveni
Feuerlöscher *m* yangın söndürücü [*o* tüpü]
Feuermelder *m* yangın haber verme telefonu
feuern *vt* (*fam: entlassen*) yol vermek (**jdn** -e)

F

Feuerwache *f* itfaiye karakolu
Feuerwaffe *f* ateşli silah
Feuerwehr *f* itfaiye
Feuerwehrmann *m* itfaiyeci, itfaiye eri
Feuerwerk *nt* fişek eğlenceleri
Feuerzeug *nt* çakmak
Feuilleton *nt* (bir gazetenin) kültür ve sanat sayfaları
feurig *adj* ❶ (*mit Feuer*) ateşli ❷ (*stürmisch*) coşkun, heyecanlı, ateşli
ff. *pl Abk von* **und folgende Seiten** ve devamı
Fiasko *nt* fiyasko
Fibel *f* alfabe (kitabı)
ficht *vi s.* **fechten**
Fichte *f* çam ağacı, ladin ağacı
Fieber *nt* (*a. fig*) ateş; **sie hat ~** ateşi var
fieberhaft *adj*, **fieb(e)rig** *adj* ateşli
Fieberthermometer *nt* termometre
fiel *vi s.* **fallen**
Figur *f* ❶ (*Form*) biçim, şekil ❷ (*Wuchs*) boy, endam ❸ (*Tanz-, Kunstwerk*) figür
File Extension *f* INFORM dosya eki
Filet *nt* ❶ (*Netzarbeit*) file ❷ (*Lendenbraten*) bonfile
Filiale *f* şube
Film *m* film
Filmaufnahmen *fpl* film çekimleri
Filmemacher(in) *m(f)* film yapımcısı
filmen **I.** *vi* film çekmek **II.** *vt* filmini çekmek (**etw** -in)
Filmfestival *nt* film festivali
Filmkamera *f* film kamerası
Filmmusik *f* film müziği
Filmschauspieler(in) *m(f)* sinema artisti [*o* oyuncusu]
Filmstar *m* film yıldızı, sinema yıldızı
Filmverleih *m* dağıtımcı
Filter *m* ❶ (*Sieb*) süzgeç, filtre ❷ (*Zigarette*) filtre
Filterkaffee *m* filtre kahve
filtern *vt* ❶ süzmek, süzgeçten [*o* filtreden] geçirmek (**etw** -i) ❷ TECH filtrelemek (**etw** -i)
Filterpapier *nt* filtre kâğıdı
Filterzigarette *f* filtreli sigara
Filz *m* keçe
Filzstift *m* keçeli kalem
Finale *nt* final
Finalist(in) *m(f)* SPORT finalist
Finanzamt *nt* vergi dairesi
Finanzbeamte, **Finanzbeamtin** *m*, *f* maliye memuru
Finanzdienstleistung *f* finansal hizmet
Finanzen *fpl* ❶ (*Finanzwesen*) maliye *sing* ❷ (*fam: Geld*) para *sing*
Finanzhilfe *f* mali yardım
finanziell *adj* mali, para(sal), finansiyel
finanzieren *vt* finanse etmek (**etw** -i)
Finanzierung *f* finansman
Finanzmarkt *m* mali piyasa
Finanzminister(in) *m(f)* maliye bakanı
finden <fand, gefunden> *vt* bulmak (**etw/jdn** -i)
Finder *m* bulan
Finderlohn *m* bulana verilen ödül
fing *vt s.* **fangen**
Finger *m* parmak; **der kleine ~** serçe parmak, küçük parmak; **jdn um den kleinen ~ wickeln** birini avucunun içine almak; **bei etw die ~ im Spiel haben** bir işte parmağı olmak; **die ~ von etw lassen** bir işten vazgeçmek; **jdm auf die ~ klopfen** birine haddini bildirmek; **jdm auf die ~ sehen** birini gözlemlemek; **an den ~n abzählen** parmakla saymak
Fingerabdruck *m* parmak izi
Fingerfertigkeit *f* el çabukluğu, çeviklik
Fingerglied *nt* parmak kemiği
Fingerhut *m* ❶ yüksük ❷ (*Pflanze*) yük-

sükotu
Fingernagel *m* tırnak
Fingerspitze *f* parmak ucu
Fingerspitzengefühl *nt* (*a. fig*) duyarlık
Finne, Finnin *m, f* Finlandiyalı
finnisch *adj* ❶ (*Sprache*) Fince ❷ (*Art*) Fin ❸ (*Herkunft*) Fin(li)
Finnland *nt* Finlandiya
finster *adj* ❶ karanlık ❷ (*fig: Gesicht*) asık, çatık
Finsternis *f* (zifiri) karanlık
Firma *f* (*Geschäft*) firma
firmen *vt kilise cemaatine törenle kabul etmek*
Firmenhochzeit *f* şirket izdivacı [*o* birleşmesi]
Firmung *f kilise cemaatine törenle kabul etme*
Firnis *m* vernik, cila
First Lady *f* first lady
Fisch *m* balık; **~e** (*Sternzeichen*) Balık (burcu); **wie ein ~ im Wasser** (*fig*) turp gibi
fischen I. *vi* balık tutmak **II.** *vt* tutmak (**etw** -i)
Fischer *m* balıkçı
Fischerei *f* balıkçılık
Fischereihafen *m* balıkçı limanı
Fischfang *m* balık avı
Fischgeschäft *nt* balıkçı (dükkanı)
Fischgräte *f* balık kılçığı
Fischhändler(in) *m(f)* balıkçı
Fischrestaurant *nt* balık lokantası
Fischvergiftung *f* balıktan zehirlenme
Fiskus *m* Hazine
Fistel *f* fistül
fit *adj* formunda
Fitnesscenter[RR] *nt* fitnes kulübü
fix *adj* ❶ (*fest*) sabit, durağan ❷ (*fam: flink*) çevik; **~ und fertig** tastamam; **ich bin ~ und fertig** bittim tükendim; **~e Idee** sabit fikir, saplantı
fixieren *vt* ❶ sabitleştirmek (**etw** -i) ❷ (*Foto*) tespit etmek (**etw** -i) ❸ (*anstarren*) gözlerini dikmek (**jdn** -e)
FKK *f Abk von* **Freikörperkultur** nüdizm
FKK-Strand *m* çıplaklar kampı
flach *adj* ❶ (*eben*) düz, yassı ❷ (*niedrig*) alçak, basık ❸ (*seicht*) alçak, sığ; (*Teller*) yayvan; (*fig*) adi, bayağı; **mit der ~en Hand** el ayasıyla
Flachbildfernseher *m* TV düz ekran televizyon
Flachdach *nt* düz dam
Fläche *f* ❶ (*Feld*) alan ❷ (*Ebene*) düzlük ❸ (*Ober-*) yüzey
Flächeninhalt *m* yüzölçümü, alan
Flächenmaß *nt* yüzey ölçüsü
Flagge *f* sancak, bayrak; (*Schiffs-*) bandıra
Flame, Flämin *m, f* Flaman
Flamingo *m* flamingo
flämisch *adj* ❶ (*Sprache*) Flamanca ❷ (*Art, Herkunft*) Flaman
Flamme *f* alev; **Feuer und ~ sein** can atmak (**für etw** -e)
Flanell *m* fanila, flanel
Flasche *f* ❶ (*Gegenstand*) şişe; (*Säuglings-*) biberon ❷ (*pej*) beceriksiz adam
Flaschenbier *nt* şişe birası
Flaschenöffner *m* şişe açacağı
Flaschenpfand *nt* şişe depozitosu
Flatrate *f* INET, TELEK sabit fiyat
flatterhaft *adj* (*fam*) maymun iştahlı
flattern *vi* ❶ *sein* uçuşmak ❷ *haben* (*Fahne*) dalgalanmak
Flaute *f* ❶ NAUT rüzgarın kesilmesi ❷ ECON durgunluk
flechten <flicht, flocht, geflochten> *vt* örmek (**etw** -i)
Fleck *m* (*Stelle*) yer, nokta; **blauer ~** çürük, bere
Fleck(en) *m* ❶ (*Tupfen*) nokta, benek ❷ (*Schmutz*) leke
Fleckenentferner *m* leke çıkarıcı, leke silici
Fleckenmittel *nt* leke suyu
fleckig *adj* (*schmutzig*) lekeli
Fledermaus *f* yarasa
Flegel *m* (*Rüpel*) hödük, yontulmamış

F

herif, terbiyesiz
flegelhaft *adj* kaba, terbiyesiz
flehen *vi* yalvarmak, yalvarıp yakarmak
Fleisch *nt* et
Fleischbrühe *f* et suyu
Fleischer(in) *m(f)* kasap
Fleischerei *f* kasap dükkanı
fleischig *adj* etli
Fleischklößchen *nt* köfte
F **fleischlos** *adj* etsiz
Fleischwolf *m* kıyma makinesi
Fleiß *m* çalışkanlık, gayret
fleißig *adj* çalışkan, gayretli
flexibel *adj* (*anpassungsfähig*) esnek
Flexibilität *f* esneklik
flicht *vt s.* **flechten**
flicken *vt* 1 (*Loch*) yama(la)mak (**etw** -i) 2 (*reparieren*) onarmak (**etw** -i)
Flicken *m* yama
Flickzeug *nt* yama malzemesi
Flieder *m* leylak
Fliege *f* sinek; **zwei ~n mit einer Klappe schlagen** bir taşla iki kuş vurmak
fliegen <flog, geflogen> **I.** *vi sein* 1 uçmak 2 (*fam*) **aus der Schule ~** okuldan, atılmak **II.** *vt haben* (*Flugzeug*) sürmek (**etw** -i)
Fliegenfänger *m* sinek kâğıdı
Fliegengewicht *nt* (*Boxen*) sinek sıklet
Fliegengitter *nt* sineklik tel
fliehen <floh, geflohen> *vi sein* kaçmak (**vor jdm/etw** -den)
Fliese *f* çini, fayans
Fließband *nt* sürekli iş bandı
Fließbandarbeit *f* zincirleme usulü (çalışma)
fließen <floss, geflossen> *vi sein* (*a. fig*) akmak
fließend **I.** *adj* **~es Wasser** akarsu **II.** *adv* **sie spricht ~ Deutsch** düzgün bir Almanca konuşuyor
flimmern *vi* parıldamak
flink *adj* çevik, atik
Flinte *f* tüfek
Flirt *m* flört
flirten *vi* flört etmek (**mit jdm** ile)
Flitterwochen *fpl* balayı *sing*
flocht *vt s.* **flechten**
Flocke *f* (*Schnee-*) kar tanesi
flog *vi s.* **fliegen**
floh *vi s.* **fliehen**
Floh *m* pire
Flohmarkt *m* bit pazarı
Flop *m* (*fam*) fiyasko
Florett *nt* eskrim meçi, flöre
florieren *vi* (*Geschäft*) tıkırında gitmek
floss[RR], **floß**[ALT] *vi s.* **fließen**
Flosse *f* 1 (*Fisch-*) yüzgeç 2 (*Taucher-*) palet
Flöte *f* flüt; (*orientalisch*) ney
flott *adj* 1 (*flink*) çevik 2 (*schick*) şık
Flotte *f* donanma, filo
flottmachen *vt* 1 yeniden harekete geçirmek (**etw** -i) 2 (*Schiff*) yüzdürmek (**etw** -i)
Fluch *m* 1 (*Verwünschung*) lanet, beddua, ilenç 2 (*Kraftwort*) küfür, sövgü
fluchen *vi* küfretmek, sövmek
Flucht *f* kaçış, kaçma; (*Gefangene*) kaçma; **die ~ ergreifen** kaçmak (**vor etw/jdm** -den)
flüchten **I.** *vi sein* kaçmak (**vor etw/jdn** -den) **II.** *vr* **sich ~** sığınmak (**in etw** -e)
flüchtig **I.** *adj* 1 (*geflüchtet*) kaçak, kaçkın 2 (*fig: schnell vergehend*) geçici 3 (*oberflächlich*) yüzeysel **II.** *adv* (*oberflächlich*) üstünkörü
Flüchtigkeitsfehler *m* dikkatsizlik yanlışı [*o* hatası]
Flüchtling *m* 1 kaçak, kaçkın 2 (*politischer*) mülteci, sığınmacı
Flüchtlingslager *nt* mülteciler kampı
Flug *m* uçuş
Flugbahn *f* 1 yörünge 2 (*eines Geschosses*) mermi yolu
Flugblatt *nt* el ilanı
Flügel *m* 1 kanat 2 (*Klavier*) kuyruklu piyano
Fluggast *m* uçak yolcusu
Fluggesellschaft *f* havayolu şirketi

Flughafen *m* havaalanı, havalimanı
Flughafenbus *m* hava alanı otobüsü
Flugkapitän *m* pilot
Fluglinie *f* havayolu
Fluglotse *m* uçak kılavuzu
Flugplan *m* uçak tarifesi
Flugplatz *m* havaalanı
Flugschreiber *m* kara kutu
Flugticket *nt* uçak bileti
Flugverkehr *m* hava trafiği
Flugzeug *nt* uçak
Flugzeugabsturz *m* uçak düşmesi [*o* kazası]
Flugzeugentführung *f* uçak kaçırma
Flugzeugträger *m* uçak gemisi
Flur[1] *m* ❶ (*Haus-*) hol; (*beim Eingang*) antre ❷ (*Gang*) koridor, geçenek
Flur[2] *f* (*Land*) kırlar, tarlalar, köy arazisi
Flurbereinigung *f* dağınık tarlaların birleştirilmesi
Fluss[RR] *m*, **Fluß**[ALT] *m* ❶ (*Strom*) nehir, ırmak ❷ (*Fließen*) akış, cereyan
flussabwärts[RR] *adv* akış aşağı
flussaufwärts[RR] *adv* akış yukarı
Flussbett[RR] *nt* nehir yatağı
flüssig *adj* ❶ (*nicht fest*) sıvı, akıcı, akışkan ❷ (*fig: Stil*) akıcı ❸ (*Geld*) hazır, likit
Flüssigkeit *f* ❶ (*Zustand, Stoff*) sıvı ❷ FIN likidite
Flüssigkristallbildschirm *m* sıvı kristal ekranı
Flüssigwaschmittel *nt* çamaşır suyu
Flusskrebs[RR] *m* kerevit
Flussmündung[RR] *f* nehir ağzı
flüstern *vi* fısıldamak
Flut *f* ❶ (*strömendes Wasser*) sel ❷ (*Gezeiten*) kabarma ❸ (*fig*) bolluk, çokluk
Fluthilfe *f* selzedelere yardım
Flutopfer *nt* selzede
focht *vi s.* **fechten**
Föderalismus *m* federalizm
Fohlen *nt* tay
Föhn *m* ❶ (*warmer Wind*) (Avrupa'daki) lodos ❷ (*Haar-*) fön
föhnen[RR] *vt* saçını fönle kurutmak, saçını fönlemek
Folge *f* ❶ (*Ergebnis*) sonuç ❷ (*Reihenfolge*) sıra, dizi, seri ❸ (*Fortsetzung*) devam
folgen *vi sein* ❶ (*hinterhergehen*) arkasından gitmek (**jdm** -in); (*verfolgen*) takip etmek (**jdm** -i) ❷ (*gehorchen*) itaat etmek, uymak (**jdm** -e), dinlemek (**jdm** -i) ❸ (*befolgen*) uymak (**einer Sache** -e) ❹ (*nachfolgen*) yerine geçmek (**jdm** -in) ❺ (*logisch*) anlaşılmak (**aus etw** -den)
folgend *adj* (*nächst*) ertesi; (*später*) ondan sonraki; **ich muss Ihnen Folgendes sagen ...** size şunu söylemeliyim ki, ...
folgendermaßen *adv* şu şekilde
folgenschwer *adj* ağır, tehlikeli
folgern *vi* çıkarmak (**etw aus etw** -i -den)
Folgerung *f* sonuç çıkarma
folglich *adv* (*daher*) bu nedenle, bundan dolayı; (*also*) şu [*o* o] halde, demek ki
Folie *f* folyo
Folklore *f* folklor
Folter *f* işkence; (*Qual*) azap
foltern *vt* işkence etmek; (*fig*) azap vermek (**jdn** -e); **gefoltert werden** işkence görmek
Folterwerkzeug *nt* işkence aleti
Fön® *m* fön
Fonds *m* FIN fon
fönen[ALT] *vt s.* **föhnen**
Font *m* (*Schriftart*) yazıtipi, yazı karakteri seti, font
Förderband *nt* döner bant
förderlich *adj* yararlı, elverişli
fordern *vt* ❶ (*verlangen*) istemek, talep etmek (**etw** -i) ❷ (*er-*) gerektirmek (**etw** -i)
fördern *vt* ❶ (*anreizen*) teşvik etmek (**etw** -i) ❷ (*unterstützen*) desteklemek (**jdn** -i) ❸ (*protegieren*) kayırmak (**jdn** -i) ❹ (*Kohle*) çıkarmak (**etw** -i)

F

Forderung *f* talep, istek
Förderung *f* ❶ (*einer Sache*) teşvik, özendirme ❷ (*Unterstützung*) destekleme ❸ (*Protektion*) kayırma ❹ (*Kohle-*) (maden) çıkarma
Forelle *f* alabalık
Form *f* ❶ biçim ❷ TECH kalıp; **in ~ sein** formunda olmak
formal *adj* biçimsel, şekli
F
Formalität *f* ❶ formalite ❷ ADMIN gerekli işlemler *pl*
Format *nt* ❶ boy, boyut; (*eines Buches*) boyut ❷ INFORM format; **ein Mann von ~** üstün kişilik
Formel *f* formül
Formel 1 *f* formüla 1
Formel-1-Rennen *nt* formüla 1 yarışı
Formel-1-Wagen *m* formüla 1 arabası
formell *adj* biçimsel, şekli; (*feierlich*) resmi
formen *vt* (*a. fig*) biçimlendirmek (**etw** -i), şekil vermek (**etw** -e)
förmlich *adj* resmi
Förmlichkeit *f* resmiyet
formlos *adj* (*zwanglos*) teklifsiz
Formular *nt* formüler
formulieren *vt* formüle etmek (**etw** -i)
forsch *adj* ❶ (*mutig*) yiğit, cesur ❷ (*frech*) cüretli, atılgan
forschen *vi* araştırmak (**nach etw** -i)
Forscher(in) *m(f)* araştırmacı
Forschung *f* araştırma, inceleme
Forst *m* orman
Förster(in) *m(f)* ormancı, orman memuru
Forstwirtschaft *f* ormancılık
fort *adv* ❶ (*nicht da*) gitmiş; **sie ist ~** (o) gitmiş ❷ (*verschwunden*) kaybolmuş; **und so ~** ve saire
Fortbestand *m* kalım
fortbestehen *irr vi* sürüp gitmek
fortbewegen I. *vt* hareket ettirmek (**etw** -i) II. *vr* **sich ~** hareket etmek
fortbilden *vr* **sich ~** bilgisini genişletmek
Fortbildung *f* bilgi geliştirme, eğitim devamı
Fortbildungskurs *m* eğitim devamı kursu
Fortdauer *f* devam, sürme, sürüp gitme
fortdauern *vi* devam etmek, sürmek, sürüp gitmek
fortfahren *irr vi sein* ❶ (*wegfahren*) ayrılıp gitmek ❷ (*weitermachen*) devam etmek (**mit etw** -e), sürdürmek (**mit etw** -i)
fortführen *vt* (*fortsetzen*) devam ettirmek, sürdürmek (**etw** -i)
Fortführung *f* devam et(tir)me, sürdürme
fortgehen *irr vi sein* ayrılıp gitmek
fortgeschritten *adj* (*fig*) ilerlemiş
fortlaufend *adj* sürekli, devamlı
fortpflanzen *vr* **sich ~** üremek
Fortpflanzung *f* üreme
fortschaffen *vt* (*entfernen*) ortadan kaldırmak, götürmek (**etw** -i)
Fortschritt *m* ilerleme; **~e machen** ilerlemek
fortschrittlich *adj* ilerici
fortschrittsfeindlich *adj* gerici
fortsetzen *vt* devam etmek (**etw** -e)
Fortsetzung *f* devam; **~ folgt** devamı [*o* arkası] var
forttragen *irr vt* (uzağa) götürmek (**etw** -i)
fortwährend I. *adj* devamlı, sürekli II. *adv* daima, durmadan, durmaksızın
Fossil *nt* fosil
Foto *nt* fotoğraf, resim
Fotoalbum *nt* foto albümü
Fotoapparat *m* fotoğraf makinesi
fotogen *adj* fotojenik
Fotograf(in) *m(f)* fotoğrafçı
Fotografie *f* fotoğraf, resim
fotografieren I. *vi* fotoğraf [*o* resim] çekmek II. *vt* fotoğrafını [*o* resmini] çekmek (**jdn/etw** -in)
Fotohandy *nt* TELEK foto makineli cep (telefonu)
Fotokopie *f* fotokopi
fotokopieren *vt* fotokopisini çekmek

(**etw** -in)

Fotokopierer *m* fotokopi makinesi

Fotomodell *nt* fotomodel

Fotomontage *f* fotomontaj

Fotorahmen *m* resim çerçevesi

Foul *nt* faul

Foyer *nt* fuaye

Fr. *f Abk von* **Frau** Bayan

Fracht *f* ❶ (*Ladung*) yük ❷ NAUT, LUFT kargo

Frachtgut *nt* **als ~** nakil eşyası olarak

Frachtkosten *pl* nakliye ücreti

Frachtstück *nt* koli

Frack *m* frak

Frage *f* ❶ soru, sual ❷ (*Problem*) sorun, problem; **das ist eine ~ der Zeit** bu, zaman meselesi; **ohne ~** hiç kuşkusuz; **das kommt nicht in ~!** bu, söz konusu bile olamaz!; **etw in ~ stellen** (*anzweifeln*) bir şeyden şüphelenmek; (*gefährden*) bir şeyi tehlikeye düşürmek

Fragebogen *m* soru kâğıdı

fragen I. *vt* sormak (**jdn nach jdm/etw** -e -i) II. *vr* **ich frage mich, warum** nedenini merak ediyorum

Fragezeichen *nt* soru işareti

fraglich *adj* ❶ (*zweifelhaft*) şüpheli ❷ (*betreffend*) söz konusu olan

fragwürdig *adj* şüpheli

Fraktion *f* fraksyon

Frame *m* INET çatı, frame

Franc *m* (*französische Währung*) frank

Franken[1] *nt* (*Gebiet*) Frankonya

Franken[2] *m* (*Währung*) frank

frankieren *vt* pullamak (**etw** -i)

franko *adv* bedava

Frankreich *nt* Fransa

Franse *f* püskül, saçak

Franzose, Französin *m, f* Fransız

französisch *adj* ❶ (*Art, Herkunft*) Fransız ❷ (*Sprache*) Fransızca

Französisch *nt* (*Sprache*) Fransızca

fraß *vi, vt s.* **fressen**

Frau *f* ❶ (*Person*) kadın ❷ (*Ehe-*) karı, eş ❸ (*Anrede: vor dem Nachnamen*) bayan; (*Anrede: hinter dem Vornamen*) hanım; **gnädige ~!** hanımefendi!

Frauenarzt, Frauenärztin *m, f* kadın doktoru

Frauenbewegung *f* feminizm

frauenfeindlich *adj* kadın karşıtı

Frauenheld *m* kadın düşkünü

Frauenzeitschrift *f* kadın mecmuası

Fräulein *nt* ❶ (*junges Mädchen*) genç kız ❷ (*unverheiratete Frau*) evlenmemiş kadın ❸ (*Anrede für Mädchen*) küçük hanım

frech *adj* ❶ (*unverschämt*) küstah, utanmaz ❷ (*keck*) cüretli, gözüpek

Frechheit *f* ❶ (*Unverschämtheit*) küstahlık, utanmazlık ❷ (*Keckheit*) cüret

Freeclimbing *nt* serbest tırmanış

Freeware *f* freeware, ücretsiz yazılım

frei I. *adj* ❶ (*nicht gebunden*) hür, özgür, serbest ❷ (*unabhängig*) bağımsız ❸ (*befreit*) muaf (**von etw** -den) ❹ (*Platz, Stelle*) boş ❺ (*gratis*) parasız, bedava; **im Freien** açık havada; **~ machen** (*Körperteil*) açmak; **sich** (**von etw**) **~ machen** kendini (bir şeyden) kurtarmak; (*sich ausziehen*) soyunmak II. *adv* **~ Haus** evde teslim olmak üzere; **wir haben ~** boşuz, tatildeyiz

Freibad *nt* açık yüzme havuzu

freibleibend *adj* (*unverbindlich, nicht bindend*) bağlayıcı olmayan, bağımsız, boş kalan

Freidemokrat(in) *m(f)* hür demokrat

Freigepäck *nt* ücretsiz bagaj

Freihafen *m* serbest liman

freihalten *irr vt* (*Platz*) açık tutmak (**etw** -i); **Ausfahrt ~!** çıkışı serbest bırakın!

Freihandelszone *f* serbest ticaret bölgesi

Freiheit *f* özgürlük, hürriyet, serbestlik

freiheitlich *adj* özgürlüğü seven

Freiheitsberaubung *f kişisel özgurlükten haksız olarak mahrum etme*

F

Freiheitsstrafe *f* hapis cezası
Freikörperkultur *f* nüdizm
freilassen *irr vt* ① (*Gefangene*) serbest bırakmak, salmak (**jdn** -i) ② (*Platz*) boş bırakmak (**etw** -i)
Freilassung *f* serbest bırak(ıl)ma
freilich *adv* elbette, tabii
Freilichtbühne *f* açık hava tiyatrosu
Freilichtkino *nt* açık hava sineması
Freilichtmuseum *nt* açık hava müzesi
freimachen *vt* (*Postsendung*) pullamak (**etw** -i), pul yapıştırmak (**etw** -e)
Freimaurer *m* (far)mason
freimütig **I.** *adj* açıksözlü **II.** *adv* açıkça
Freischärler *m* çeteci
freisprechen *irr vt* beraat ettirmek (**jdn** -i)
Freispruch *m* beraat
freistehen *irr vi* **es steht Ihnen frei, zu ...** -mekte serbestsiniz
freistellen *vt* ① (*von Verpflichtungen*) muaf tutmak (**jdn von etw** -i -den) ② (*überlassen*) takdirine bırakmak (**jdm etw** -in -i)
Freistoß *m* (*Fußball*) frikik
Freitag *m* cuma (günü)
Freitod *m* intihar
freiwillig **I.** *adj* gönüllü, istemli **II.** *adv* gönüllü olarak
Freizeit *f* boş zaman
Freizeitpark *m* eğlence parkı
Freizügigkeit *f* ECON serbest dolaşım
fremd *adj* ① yabancı; **ich bin hier ~** buranın yabancısıyım ② (*unbekannt*) bilinmeyen, tanınmayan
fremdartig *adj* yabancı
Fremde *f* gurbet
Fremde(r) *f(m)* ① (*Ausländer*) yabancı, ecnebi ② (*Orts-*) yabancı
Fremdenführer(in) *m(f)* turist rehberi
Fremdenlegion *f* yabancı lejyonu
Fremdenverkehr *m* turizm
Fremdenzimmer *nt* pansiyon odası
Fremdsprache *f* yabancı dil
Fremdwort *nt* yabancı sözcük [*o* kelime]
Frequenz *f* frekans
Frequenzenzuweisung *f* RADIO, INFORM frekans tahsisi
Fresko *nt* fresk
Freskomalerei *f* *duvara yapılan resim*
fressen <frisst, fraß, gefressen> **I.** *vi* (*Tier*) yem yemek **II.** *vt* ① (*Tier*) yemek (**etw** -i) ② (*pej: Mensch*) (oburca) yemek (**etw** -i)
Freude *f* ① (*das Frohsein*) sevinç, neşe ② (*Vergnügen*) zevk, eğlence; **mit ~n** seve seve, memnuniyetle; **vor ~** sevinçten; **jdm eine ~ bereiten** birini sevindirmek
Freudentanz *m* **einen ~ aufführen** sevinçten zıp zıp hoplamak, sevincinden deliye dönmek
freudestrahlend *adv* büyük sevinç içinde
freudig *adj* sevinçli, sevindirici
freuen **I.** *vt* sevindirmek (**jdn** -i); **das freut mich** buna sevindim [*o* memnun oldum] **II.** *vr* **sich ~** sevinmek (**auf/über etw** -e)
Freund *m* arkadaş, dost; **dicke ~e** sıkı fıkı [*o* canciğer] dostlar; **ein ~ von mir** benim bir arkadaşım
Freundin *f* kız arkadaş
freundlich *adj* ① (*freundschaftlich*) dostça ② (*liebenswürdig*) sevimli ③ (*höflich*) nazik, ince; **~e Grüße** içten [*o* candan] selamlar; **wären Sie so ~, das Fenster zu öffnen** rica etsem lütfen pencereyi açar mısınız; **das ist sehr ~ von Ihnen** çok naziksiniz
Freundlichkeit *f* (*Höflichkeit*) nezaket, incelik
Freundschaft *f* dostluk, arkadaşlık, ahbaplık; **mit jdm ~ schließen** birine arkadaş [*o* dost] olmak
freundschaftlich *adj* dostça, arkadaşça
Friede(n) *m* barış; (*fig: innerer*) huzur, rahat; **~ schließen** barışmak (**mit jdm** ile)
Friedensbewegung *f* barış hareketi, pasifizm

Friedensnobelpreis *m* Nobel Barış Ödülü
Friedensverhandlungen *pl* barış müzakereleri
Friedensvertrag *m* barış antlaşması
Friedhof *m* mezarlık, gömütlük
friedlich *adj* ❶ (*friedliebend*) barışçı, barışsever ❷ (*ruhig*) sakin, uysal
frieren <fror, gefroren> *vi* (*gefrieren*) donmak; (*Personen*) üşümek; **es friert** buz kesiyor
Friesland *nt* Frizya
frisch I. *adj* taze; (*Wäsche*) temiz; **es ist ~** (*kühl*) hava serin II. *adv* (*eben erst*) yeni; **~ gestrichen!** yeni boyanmış!
Frische *f* (*Kühle*) serinlik
frischgebacken *adj* (*fam: Ehepaar*) çiçeği burnunda
Frischhaltefolie *f* selofan, streç film
Frischling *m* ❶ (*Wildschwein*) yabandomuzu yavrusu ❷ (*Anfänger*) acemi
Friseur *m* berber, kuaför
Friseursalon *m* berber [*o* kuaför] salonu
Friseuse *f* berber, kuaföz
frisieren *vt* saçını tarayıp düzeltmek (**jdn** -in)
frisst[RR] *vi, vt s.* **fressen**
Frist *f* ❶ (*Zeitraum*) süre, müddet ❷ (*Termin*) vade, önel
fristlos *adv* derhal, hemen; (*Kündigung*) derhal
Frisur *f* saç biçimi
Frl. *nt Abk von* **Fräulein** Bayan (*bekar*)
froh *adj* ❶ (*fröhlich*) sevinçli, neşeli ❷ (*erfreut*) memnun (**über etw** -e)
fröhlich *adj* sevinçli, neşeli, şen; **Fröhliche Weihnachten!** Noeliniz kutlu olsun!
fromm *adj* dindar; (*strenggläubig*) sofu
Frömmigkeit *f* dindarlık; (*Strenggläubigkeit*) sofuluk
Fronleichnam *m*, **Fronleichnamsfest** *nt* *katoliklerde esas yortu*
Front *f* ❶ MIL, METEO cephe ❷ (*Häuser-*) ön taraf
frontal *adj* cepheden
fror *vi s.* **frieren**
Frosch *m* kurbağa
Frost *m* don, şiddetli soğuk
Frostbeule *f* soğuk şişkinliği
frösteln *vi* (*Mensch*) soğuktan titremek
frostig *adj* (*a. fig*) (aşırı) soğuk
Frostschutzmittel *nt* antifriz
Frottee *m o nt* havlu kumaşı
Frucht *f* meyve, yemiş; (*fig*) verim, semere, randıman
fruchtbar *adj* verimli; (*Boden auch*) bitek, bereketli
Fruchtbarkeit *f* verimlilik; (*Boden*) bereket
Fruchtsaft *m* meyve suyu
früh I. *adj* erken; **am ~en Morgen** sabahın erken saatleri II. *adv* erken(den); **~ am Morgen** sabah erkenden; **heute ~** bu sabah; **morgen/gestern ~** yarın/dün sabah; **von ~ bis spät** sabahtan akşama kadar
Frühaufsteher(in) *m(f)* sabahçı
früher *adv* ❶ (*eher*) daha önce [*o* erken] ❷ (*einst*) eskiden, önceleri; **~ oder später** er veya geç
frühere(r, s) *adj* önceki, geçmiş; (*ehemaliger*) eski
frühestens *adv* en erken
Frühgeburt *f* erken doğum
Frühjahr *nt* (ilk)bahar
Frühjahrsmüdigkeit *f* bahar yorgunluğu
Frühling *m* (ilk)bahar
frühreif *adj* erken gelişmiş
Frühreife *f* erken gelişme
Frühstück *nt* kahvaltı; **zum ~** kahvaltıda
frühstücken *vi* kahvaltı etmek
Frühstücksbüfett *nt* kahvaltı büfesi
frühzeitig *adv* ❶ (*früh*) erken ❷ (*rechtzeitig*) vaktinde
Frust *f* hayal kırıklığı
frustrieren *vt* hayal kırıklığına uğratmak (**jdn** -i)
frustrierend *adj* yıldırıcı
frustriert *adj* hayal kırıklığına uğramış,

F

küskün
Fuchs *m* tilki; **schlauer ~** (*fig*) kurnaz tilki
fuchsteufelswild *adj* köpürmüş, zıvanadan çıkmış
Fuge *f* kertik; **aus den ~n geraten** bozulmak, dağılmak
fügen *vr* **sich ~** (*sich unterwerfen*) boyun eğmek; (*sich anpassen*) uymak (**jdm/einer Sache** -e)

F

fühlbar *adj* ❶ (*wahrnehmend*) duyulabilir, hissedilir, farkedilir ❷ (*fig: deutlich*) belli
fühlen I. *vi* (*tasten*) dokunmak, el değdirmek (**an etw** -e) II. *vt* (*empfinden*) duymak, hissetmek, sezmek (**etw** -i); **jdm den Puls ~** birinin nabzına bakmak III. *vr* **wie fühlst du dich?** kendini nasıl hissediyorsun?; **ich fühle mich nicht wohl** kendimi iyi hissetmiyorum, rahatsızım
Fühler *m* (*bei Insekten, Schnecken*) duyarga, anten
fuhr *vi, vt s.* **fahren**
führen I. *vt* ❶ (*hin-*) götürmek (**jdn zu/nach** -i -e) ❷ (*her-*) getirmek (**jdn zu/nach** -i -e) ❸ (*leiten*) yönetmek, idare etmek (**etw** -i) ❹ (*Weg führen*) rehberlik etmek, yol göstermek (**jdn** -e) ❺ (*lenken*) yürütmek, sürmek (**etw** -i) ❻ COMM (*Waren*) satmak (**etw** -i) ❼ (*Name*) taşımak (**etw** -i); **Buch ~** defter tutmak II. *vi* (*an der Spitze stehen*) başta gelmek; **zu etw ~** (*zur Folge haben*) bir şeye yol açmak III. *vr* **sich gut/schlecht ~** iyi/kötü davranmak
führend *adj* ileri gelen; (*leitend*) baştaki; (*richtungsweisend*) öncü
Führer *m* ❶ (*Weg-*) kılavuz, rehber ❷ (*Oberhaupt*) baş(kan) ❸ (*Fremden-*) (turist) rehber(i) ❹ (*Buch*) muhasebeci ❺ (*Partei-*) önder, lider
Führerschein *m* (şoför) ehliyet(i)
Führung *f* ❶ (*Leitung*) yönetim; ADMIN başkanlık; MIL komuta(nlık) ❷ (*Benehmen*) hal ve gidiş ❸ (*Besichtigung*) dolaştırma, gezdirme ❹ (*Geleit*) rehberlik
Führungszeugnis *nt* (*polizeiliches*) iyi hal kâğıdı
Fülle *f* (*Menge*) bolluk, çokluk
füllen *vt* doldurmak (**etw** -i); (*Zahn*) dolgu takmak (**etw** -e); **gefüllte Paprikaschoten** biber dolması
Füller *m*, **Füllfederhalter** *m* dolmakalem
Füllung *f* ❶ dolma, doldurma ❷ (*Zahn-*) dolgu
fummeln *vi* (*fam*) kurcalamak (**an etw** -i)
Fund *m* bulunan şey, buluş
Fundament *nt* temel; (*fig*) temel, esas
fundamental *adj* asıl, esaslı
Fundamentalismus *m* fundamentalizm; REL kökten dincilik, yobazlık
Fundamentalist(in) *m(f)* fundamentalist; (*religöser*) kökten dinci, yobaz
fundamentalistisch *adj* (*religiös*) kökten dinci
Fundbüro *nt* kayıp eşya bürosu
Fundgrube *f* (*fig*) zengin kaynak
fünf *num* beş
Fünfeck *nt* beşgen
fünffach I. *adj* beş kat(lı) II. *adv* beş misli
fünfhundert *num* beş yüz
fünfmal *adv* beş kere [*o* defa]
Fünfprozenthürde *f* yüzde beş barajı
fünfte(r, s) *adj* beşinci
Fünftel *nt* beşte bir
fünftens *adv* beşinci olarak
fünfzehn *num* on beş
fünfzig *num* elli
Funk *m* ❶ telsiz (telgraf) ❷ (*Rund-*) radyo
Funke *m* kıvılcım
funkeln *vi* pırıldamak, parlamak, ışıldamak
funkelnagelneu *adj* yepyeni
funken *vt* telsizlemek, telsizle bildirmek (**etw** -i)
Funker(in) *m(f)* telsizci

Funkhaus *nt* radyo evi
Funkloch *nt* TELEK kapsama alanı dışı
Funkstreife *f*, **Funkstreifenwagen** *m* telsizli polis arabası
Funktion *f* işlev, görev, fonksiyon
Funktionär *m* görevli
funktionell *adj* işlevsel
funktionieren *vi* işlemek
für *präp +akk* ❶ (*Zweck, Bestimmung*) için ❷ (*um ... willen*) aşkına, uğrun(d)a ❸ (*anstelle*) -in yerine ❹ (*im Verhältnis zu*) -e oranla ❺ (*Partei ergreifend für*) -den yana; **ich bin ~ den Frieden** barıştan yanayım; **ich habe Arbeit ~ drei Monate** üç aylık işim var; **Tag ~ Tag** her Allah'ın günü; **was ~ eine Bank?** nasıl bir banka?; **das Für und Wider** lehte ve aleyhte görüşler
Furche *f* ❶ (*Acker*) saban izi, evlek ❷ (*Falte*) buruşuk
Furcht *f* korku
furchtbar *adj* ❶ (*schrecklich*) korkunç ❷ (*entsetzlich*) müthiş, dehşetli
fürchten I. *vt* korkmak (**etw/jdn** -den) II. *vr* **sich ~** korkmak (**vor etw/jdm** -den)
fürchterlich I. *adj* korkunç II. *adv* (*übertreibend*) son derece, gayet
furchtlos *adj* korkusuz, cesaretli
füreinander *adv* birbiri için
Furnier *nt* kaplama
fürs *präp* = **für das** *s.* **für**
Fürsorge *f* ❶ (*Hilfe*) yardım ❷ (*Pflege*) bakım; (*soziale*) sosyal yardım
Fürst *m* prens; (*orientalisch*) emir
Fürstentum *nt* prenslik; (*orientalisch*) emirlik
Fürstin *f* prenses
fürstlich *adj* prens gibi
Furunkel *m* kan çıbanı
Fürwort *nt* zamir, adıl
Furz *m* (*vulg*) osuruk, yel
furzen *vi* (*vulg*) osurmak, yellenmek
Fusion *f* birleşme, füzyon
fusionieren *vi* birleşmek (**mit etw** ile)
Fuß *m* ❶ (*a. fig*) ayak ❷ (*von Tier, Möbel-*) bacak ❸ (*Längenmaß*) ayak, kadem; **zu ~** yaya, yürüyerek; **auf großem ~ leben** bol keseden yaşamak
Fußball *m* ❶ (*Ball*) futbol topu ❷ (*Spiel*) futbol; **~ spielen** futbol oynamak
Fußballer(in) *m(f)* futbolcu
Fußballmannschaft *f* futbol takımı
Fußballplatz *m* futbol sahası
Fußballspiel *nt* futbol maçı
Fußballspieler(in) *m(f)* futbolcu
Fußboden *m* taban, döşeme
Fußbremse *f* ayak freni
Fußgänger(in) *m(f)* yaya
Fußgängerübergang *m* yaya geçidi
Fußgängerunterführung *f* yaya alt geçidi
Fußgängerzone *f* yaya bölgesi
Fußnote *f* dipnot
Fußpflege *f* pedikür
Fußsohle *f* ayak tabanı
Fußspitze *f* ayak burnu
Fußspur *f* ayak izi
Fußtritt *m* tekme
Fußweg *m* yaya yolu
Futter *nt* ❶ (*Tier-*) yem ❷ (*Kleider-*) astar
füttern *vt* ❶ (*Kind*) beslemek (**jdn** -i); (*Tier*) yem vermek (**etw** -e) ❷ (*Kleidung*) astarlamak (**etw** -i)
Fütterung *f* (*Vieh-*) yem verme
Futur *nt* LING gelecek zaman

Gg

g *nt Abk von* **Gramm** gram
gab *vt s.* **geben**
Gabe *f* ❶ (*Spende*) bağış ❷ (*Almosen*) sadaka ❸ (*Begabung*) yetenek
Gabel *f* ❶ (*Ess-, Heu-, Ast-*) çatal ❷ (*am Fahrrad*) furş
gabeln *vr* **sich ~** çatallanmak
Gabelstapler *m* forklift
Gabelung *f* çatallık
gackern *vi* (*Huhn*) gıdaklamak
gähnen *vi* esnemek
Galaxie *f* galaksi
Galerie *f* galeri
Galgen *m* darağacı
Galgenfrist *f* son mühlet
Galgenhumor *m* yapmacık neşe
Galle *f* safra, öt
Gallenblase *f* safra kesesi
Gallenstein *m* safra kesesi taşı
Gallipoli *nt* Gelibolu
Galopp *m* dörtnal
galoppieren *vi sein/haben* dörtnala gitmek [*o* koşmak]
galt *vi s.* **gelten**
Gämse[RR] *f* dağkeçisi
gang *adj* **das ist ~ und gäbe** bu alışılagelmiş bir şey
Gang *m* ❶ (*Gangart*) gidiş, yürüyüş ❷ (*Bewegung*) hareket, işleme ❸ (*Verlauf*) süreç, cereyan ❹ (*Spazier-*) gezinti ❺ AUTO vites ❻ (*Flur*) koridor ❼ (*Menüfolge*) kap; **in vollem ~** tam hızıyla; **in ~ bringen** harekete geçirmek, işletmek, yürütmek (**etw** -i)
Gangart *f* gidiş [*o* yürüyüş] (tarzı)
gängig *adj* (*gebräuchlich*) kullanılır, geçer
Gangster *m* gangster
Ganove *m* (*Gauner*) dolandırıcı
Gans *f* kaz
Gänseblümchen *nt* çayır papatyası
Gänsebraten *m* kaz kızartması
Gänsefüßchen *ntpl* (*fam*) tırnak işareti
Gänsehaut *f* **eine ~ bekommen** tüyleri ürpermek [*o* diken diken olmak]
Gänsemarsch *m* **im ~ gehen** sıra sıra yürümek
ganz I. *adj* ❶ (*gesamt*) bütün, tüm ❷ (*vollständig*) tam ❸ (*ungeteilt*) bölünmemiş ❹ (*unversehrt*) sağlam; **den ~en Tag** bütün gün; **ein ~es Jahr** bütün bir yıl; **von ~em Herzen** can ve gönülden; **im Ganzen** toptan II. *adv* ❶ (*vollständig*) tamamen, tamamıyla, büsbütün ❷ (*ziemlich*) oldukça; **~ gut** oldukça iyi; **~ und gar** tamamen; **~ und gar nicht** asla, hiç bir şekilde; **nicht ~** tamamen (öyle) değil
gänzlich *adv* büsbütün, tamamen
gar I. *adj* (*Speise*) pişkin, pişmiş II. *adv* **~ nicht** hiç; **~ nichts** hiç bir şey
Garage *f* garaj
Garantie *f* garanti, inanca, güvence
garantieren *vt* garanti etmek, garantilemek (**für etw** -i)
garantiert *adv* garanti, muhakkak
Garantieschein *m* garanti belgesi
Garbe *f* demet
Garderobe *f* ❶ (*Raum*) gardırop, vestiyer ❷ (*zu Hause*) portmanto ❸ (*Umkleideraum*) soyunma odası ❹ (*Kleidung*) elbiseler, giyim
Gardine *f* tül perde
gären <gor, gegoren> *vi* mayalanmak
Garn *nt* iplik, tire
Garnele *f* karides
garnieren *vt* süslemek (**etw** -i)
Garnierung *f* garnitür
Garnison *f* garnizon
Garnitur *f* ❶ (*Verzierung*) garnitür, süs ❷ (*Satz zusammengehöriger Dinge*)

takım
Garnrolle *f* iplik makarası
Garten *m* bahçe; (*Obst-, Gemüse-*) bostan
Gartengrill *m* piknik ızgarası
Gartenschere *f* bahçıvan makası
Gartenzwerg *m* bahçe heykelçiği (*masallardaki cüceler biçiminde*)
Gärtner(in) *m(f)* bahçıvan
Gärtnerei *f* bahçe, bostan
Gärung *f* mayalanma, ekşime
Gas *nt* gaz; ~ **geben** (*Fahrzeug*) gaza basmak; ~ **wegnehmen** (*Fahrzeug*) gazı kesmek
Gasflasche *f* gaz tüpü
Gashahn *m* havagazı musluğu
Gasheizung *f* gazlı kalorifer
Gasherd *m* gazlı ocak
Gaskartusche *f* gaz hartucu
Gaskocher *m* gaz ocağı
Gasmaske *f* gaz maskesi
Gasofen *m* gaz sobası
Gaspedal *nt* (*Fahrzeug*) gaz pedalı
Gasse *f* (dar) sokak
Gast *m* konuk, misafir; (*geladener*) davetli; (*Restaurant, Hotel*) müşteri
Gastarbeiter(in) *m(f)* konuk işçi, yabancı işçi
Gästebuch *nt* ziyaretçi defteri
Gästeverzeichnis *nt* (*Hotel*) müşteri listesi
Gästezimmer *nt* misafir [*o* konuk] odası
gastfreundlich *adj* konuksever, misafirperver
Gastfreundschaft *f* konukseverlik, misafirperverlik
Gastgeber(in) *m(f)* ev sahibi
Gasthaus *nt*, **Gasthof** *m* lokanta; (*mit Unterkunft*) küçük otel
Gastronomie *f* ❶ (*Gewerbe*) otelcilik ❷ (*Kochkunst*) yemek pişirme sanatı
Gaststätte *f* lokanta
Gastwirt *m* lokantacı
Gastwirtschaft *f* lokanta
Gatte *m* koca, eş
Gattin *f* karı, eş
Gattung *f* cins, tür
Gaul *m* beygir; (*pej*) cılız beygir, kötü at
Gaumen *m* damak
Gauner *m* ❶ (*Betrüger*) dolandırıcı ❷ (*Spitzbube*) hergele
Gazastreifen *m* Gazze Şeridi
Gaze *f* ince tül, gaz bezi
Gazelle *f* ceylan
geb. *adj Abk von* **geborene** kızlık adı
Gebäck *nt* çörek, kek; (*Kekse*) bisküvi
gebacken I. *vi, vt s.* **backen** II. *adj* pişirilmiş; **frisch** ~ taze pişirilmiş; (*fig: taufrisch*) çiçeği burnunda
gebar *vi, vt s.* **gebären**
Gebärde *f* jest, el kol hareketi
gebären <gebiert, gebar, geboren> *vt* doğurmak (**jdn** -i)
Gebärmutter *f* rahim, dölyatağı
Gebäude *nt* bina, yapı
Gebeine *pl* kemikler *pl*
Gebell *nt* havlama
geben <gibt, gab, gegeben> I. *vt* ❶ (*über-, überreichen*) vermek (**jdm etw** -e -i) ❷ (*reichen*) uzatmak (**jdm etw** -e -i) ❸ (*aushändigen*) teslim etmek (**jdm etw** -e -i), eline vermek (**jdm etw** -in -i) ❹ (*hervorbringen*) var etmek, meydana çıkarmak (**etw** -i); **es gibt ...** ... var; **das gibt es nicht** böyle bir şey olmaz; **was gibt's?** ne var?; **was gibt's Neues?** ne var ne yok?; **es wird Krach/Gewitter** ~ kavga/fırtına olacak; **das gibt zu denken** bu, insanı düşündürüyor II. *vr* **sich** ~ (*nachlassen*) hafiflemek; (*sich bessern*) düzelmek
Gebet *nt* dua
Gebetbuch *nt* dua kitabı
gebeten *vt s.* **bitten**
Gebetsnische *f* (*islamisch*) mihrap
gebiert *vi, vt s.* **gebären**
Gebiet *nt* ❶ (*Landschaft*) bölge, çevre ❷ (*Bereich*) alan, saha
Gebilde *nt* oluşma, oluşuk
gebildet *adj* kültürlü, aydın
Gebinde *nt* (*Blumen*) demet

Gebirge *nt* dağlar *pl;* (*Gebirgskette*) sıradağ
gebirgig *adj* dağlık
Gebirgskette *f* sıradağ
Gebirgspass[RR] *m* dağ geçidi
Gebiss[RR] *nt,* **Gebiß**[ALT] *nt* ❶ dişler dizisi ❷ (*künstliches*) takma diş(ler) ❸ (*Pferde-*) gem (ağızlığı)
gebissen *vi, vt s.* **beißen**
geblieben *vi s.* **bleiben**
gebogen *vi, vt s.* **biegen**

G

geboren I. *vi, vt s.* **gebären II.** *adj* doğmuş; **in Ankara ~** Ankara doğumlu; **~ werden** doğmak, dünyaya gelmek; **wann/wo sind Sie ~?** ne zaman/nerede doğdunuz?; **~e Schmidt** kızlık adı Schmidt
geborgen I. *vt s.* **bergen II.** *adj* emniyetli, korunmuş
Geborgenheit *f* emniyet, korunma
Gebot *nt* ❶ (*Befehl*) emir, buyruk ❷ (*Angebot*) teklif, öneri; **die Zehn ~e** On Emir
geboten *vt s.* **bieten**
Gebr. *pl Abk von* **Gebrüder** kardeşler
gebracht *vt s.* **bringen**
gebrannt *vi, vt s.* **brennen**
gebraten I. *vi, vt s.* **braten II.** *adj* yağda kızarmış; (*in der Pfanne*) tavada kızarmış
Gebrauch *m* (*Anwendung*) kullan(ıl)ış; **in ~** kullanılmakta (olan); **außer ~** artık kullanılmayan; **von etw ~ machen** bir şeyi kullanmak, bir şeyden yararlanmak
gebrauchen *vt* kullanmak (**etw** -i), yararlanmak (**etw** -den)
gebräuchlich *adj* ❶ (*gängig*) kullanılır, geçer ❷ (*üblich*) alışılmış, yaygın
Gebrauchsanweisung *f* kullanma kılavuzu [*o* talimatı]
gebraucht I. *adj* kullanılmış **II.** *adv* kullanılmış olarak, ikinci elden
Gebrauchtwagen *m* kullanılmış araba
gebrechlich *adj* eli ayağı tutmayan; (*krank*) hastalıklı
gebrochen I. *vi, vt s.* **brechen II.** *adj* kırık **III.** *adv* **~ Deutsch sprechen** bozuk [*o* çat pat] Almanca konuşmak
Gebrüder *pl* kardeşler *pl*
Gebühr *f* ücret; **~ bezahlt** ücret ödendi; **über ~** haddinden fazla, ifrat derecede
gebührend I. *adj* ❶ (*geziemend*) yakışık alır ❷ (*verdient*) layık **II.** *adv* gereği gibi
gebührenfrei *adj* ücretsiz
gebührenpflichtig *adj* ücrete tabi; **~e Autobahn** ücretli otoyol
gebunden I. *vt s.* **binden II.** *adj* ❶ (*Buch*) ciltli ❷ (*fig: Mensch*) bağlı
Geburt *f* ❶ (*Geborenwerden*) doğum ❷ (*Gebären*) doğurma; **von ~ Deutsche(r)** doğuştan Alman
Geburtenkontrolle *f* doğum kontrolü
Geburtenregelung *f* doğum kontrolü
Geburtenrückgang *m* doğum nispetinin azalışı
gebürtig *adj* doğumlu
Geburtsanzeige *f* doğum ilanı
Geburtsdatum *nt* doğum tarihi
Geburtsjahr *nt* doğum yılı
Geburtsort *m* doğum yeri
Geburtstag *m* doğum günü; **alles Gute zum ~!** doğum gününüz kutlu olsun!
Geburtsurkunde *f* doğum belgesi
Gebüsch *nt* çalılık
gedacht *vi s.* **denken**
Gedächtnis *nt* ❶ (*Vermögen*) hafıza, bellek ❷ (*Erinnerung*) akıl, zihin, hatır; **aus dem ~** kafadan, akıldan, ezbere; **zum ~ an** -in hatırasına
Gedächtnisschwund *m* bellek kaybı, bellek yitimi
Gedächtnisstütze *f* belleteç
gedämpft *adj* ❶ (*Speise*) buğuda pişirilmiş ❷ (*Schall, Licht*) kısılmış
Gedanke *m* ❶ düşünce ❷ (*Idee*) fikir; **in ~n** (*im Geiste*) hayalde; **in ~n versunken** düşüncelere dalmış; (*geistesabwesend*) dalgın; **sich über etw ~n machen** bir şeye kafa yormak; (*be-*

sorgt sein) (bir şeyden dolayı) kaygılanmak [*o* endişelenmek]

Gedankenstrich *m* tire

Gedankenübertragung *f* telepati

gedanklich *adj* düşünsel

Gedeck *nt* ❶ (*Geschirr*) sofra takımı ❷ (*Menü*) mönü

gedeihen <gedieh, gediehen> *vi sein* ❶ (*Pflanzen*) büyümek; (*Lebewesen*) gelişmek ❷ (*fig*) ilerlemek

Gedenkfeier *f* anma töreni

Gedenkstätte *f* anma yeri

Gedenktafel *f* hatıra levhası

Gedicht *nt* şiir

gedieh, gediehen *vi s.* **gedeihen**

Gedränge *nt* sıkıntı; (*Menschen-*) kalabalık

gedroschen *vt s.* **dreschen**

gedrückt *adj* (*fig*) bezgin, neşesiz

gedrungen I. *vi s.* **dringen** II. *adj* (*Gestalt*) bodur, tıknaz

Geduld *f* sabır

gedulden *vr* **sich** ~ sabretmek

geduldig *adj* sabırlı

gedungen *adj* **~er Mörder** kiralık katil

gedurft *vi s.* **dürfen**

geehrt *adj* **Sehr ~er Herr!** Sayın Bay!

geeignet *adj* uygun, elverişli; (*Person*) yetenekli, (işe) yarar

Gefahr *f* tehlike; **in** ~ tehlikede; **außer** ~ tehlike dışı; ~ **laufen zu** -me tehlikesine uğramak; **sich in** ~ **begeben** kendini tehlikeye atmak

gefährden *vt* tehlikeye koymak [*o* sokmak] (**jdn/etw** -i)

gefährlich *adj* tehlikeli

Gefährlichkeit *f* tehlikeli durum

Gefährte, Gefährtin *m, f* arkadaş; (*Reise-*) yoldaş

Gefälle *nt* ❶ eğim, iniş, meyil ❷ (*Unterschied*) fark; **starkes** ~ dik iniş

gefallen[1] *irr vi* hoşuna gitmek (**jdm** -in); **wie gefällt Ihnen das?** bunu beğeniyor musunuz?, bu hoşunuza gidiyor mu?; **es gefällt mir (sehr)** (çok) hoşuma gidiyor, (çok) beğeniyorum

gefallen[2] I. *vi s.* **fallen; gefallen** II. *adj* (*im Krieg*) şehit (olmuş, düşmüş)

Gefallen[1] *m* iyilik, hatır; **kannst du mir einen ~ tun?** bana bir iyilik yapar mısın?; **darf ich Sie um einen ~ bitten?** sizden bir ricada bulunabilir miyim?

Gefallen[2] *nt* hoşlanma, beğenme, zevk duyma; **an etw ~ finden** bir şeyden hoşlanmak, bir şeyi beğenmek

Gefallene(r) *f(m)* şehit

gefällig *adj* (*liebenswürdig*) hatırsayan

Gefälligkeit *f* (küçük) iyilik; **aus** ~ hatır için

gefälligst *adv* (*mit Imperativ*) lütfen

gefälscht *adj* sahte

gefangen I. *vi s.* **fangen** II. *adj* (*im Krieg*) esir, tutsak; ~ **nehmen** esir almak (**jdn** -i)

Gefangene(r) *f(m)* (*im Krieg*) esir, tutsak; (*im Gefängnis*) mahpus; JUR tutuklu

gefangennehmen[ALT] *vt s.* **gefangen**

Gefangenschaft *f* esirlik, tutsaklık

Gefängnis *nt* hapishane, cezaevi

Gefängnisstrafe *f* hapis cezası

Gefäß *nt* ❶ (*Behälter*) kap ❷ (*Blut-*) damar

gefasst[RR], **gefaßt**[ALT] *adj* (*ruhig*) sakin; **sich auf etw ~ machen** bir şeye hazırlıklı olmak

Gefieder *nt* (*Vogel*) kuşların tüyleri

gefleckt *adj* benekli

geflochten *vt s.* **flechten**

geflogen *vi s.* **fliegen**

geflohen *vi s.* **fliehen**

geflossen *vi s.* **fließen**

Geflügel *nt* kümes hayvanları

gefochten *vi s.* **fechten**

gefragt *adj* (*fig*) beğenilen, aranan, sorulan

gefräßig *adj* obur, pisboğaz

Gefreiter *m* (*Militär*) onbaşı

gefrieren *irr vi* donmak

Gefrierfach *nt* buzluk

gefriergetrocknet *adj* dondurarak kuru-

G

tulmuş
Gefrierpunkt *m* donma noktası
Gefrierschrank *m*, **Gefriertruhe** *f* derin dondurucu
gefroren *vi s.* **frieren**
gefügig *adj* uysal
Gefühl *nt* ❶ (*Tastsinn*) dokunum ❷ (*Empfindung*) duygu, his ❸ (*Eindruck*) izlenim, duyma, duyuş ❹ (*Empfindsamkeit*) duygululuk ❺ (*Ahnung*) his, sezgi, sezi ❻ (*fig: Sinn, Verständnis*) duygu, anlayış

G

gefühllos *adj* hissiz, duygusuz
Gefühlsduselei *f* santimantalizm
gefühlvoll *adj* ❶ (*empfindsam*) duygulu, hassas ❷ (*liebevoll*) sevecen, şefkatli
gefunden *vt s.* **finden**
gegangen *vi s.* **gehen**
gegärt *vi s.* **gären**
gegeben I. *vt s.* **geben** II. *adj* **zu ~er Zeit** gerektiği zamanda
gegebenenfalls *adv* gereğince, icabında, sırasında
gegen *präp +akk* ❶ (*feindlich*) -e karşı ❷ (*auf jdn/etw zu*) -e doğru, -e karşı ❸ (*ungefähr*) takriben, aşağı yukarı ❹ (*zeitlich*) -e doğru, sularında ❺ (*Tausch*) karşılığında; **~ Mittag** öğlene doğru, öğle sularında; **(gut) ~ Kopfweh** baş ağrısına karşı iyi
Gegenangriff *m* (*im Krieg*) karşı hücum
Gegenbeweis *m* karşı kanıt
Gegend *f* ❶ (*Region*) bölge, taraf, yer ❷ (*Stadtviertel*) semt
gegeneinander *adv* birbirine karşı
Gegengewicht *nt* denk; (*fig*) denge
Gegengift *nt* (*a. fig*) panzehir
Gegenleistung *f* karşılık
Gegenlicht *nt* (*Foto*) karşı ışık
Gegenmaßnahme *f* ❶ (*Maßnahme*) karşı tedbir [*o* önlem] ❷ (*Vergeltung*) sanksyon, zorlayıcı tedbir
Gegensatz *m* ❶ (*Verschiedenheit*) karşıtlık, tezat, zıt ❷ (*Widerspruch*) tutmazlık, aykırılık; **im ~ zu** *dat* -in aksine
gegensätzlich *adj* çelişkili, tezatlı, aksi
Gegenseite *f* ❶ ters taraf ❷ JUR karşı taraf
gegenseitig *adj* karşılıklı
Gegenseitigkeit *f* karşılılık, karşılıklı durum
Gegenspieler(in) *m(f)* rakip
Gegenstand *m* ❶ (*Körper*) şey, eşya ❷ (*Thema*) konu
gegenstandslos *adj* ❶ (*ohne Grundlage*) asılsız ❷ (*abstrakt*) soyut
Gegenstimme *f* karşıt oy
Gegenströmung *f* anafor
Gegenstück *nt* ❶ (*Pendant*) karşılık, denk, eş ❷ (*Gegensatz*) karşıt, tezat, zıt
Gegenteil *nt* ters, karşıt
gegenüber I. *adv* karşı II. *präp +dat* ❶ (*räumlich*) -in karşısında ❷ (*fig: im Vergleich zu*) -e oranla, -e nispetle, -e kıyasla; **mir ~** (*im Umgang mit mir*) bana karşı, benimle ilişkide
Gegenüber *nt* karşı taraf
gegenüberliegend *adj* karşı(daki)
gegenüberstehen *irr vi* karşısında durmak [*o* bulunmak] (**jdm/einer Sache** -in); **sich** *dat* **~** karşı karşıya durmak
gegenüberstellen *vt* ❶ (*konfrontieren*) karşısına koymak (**jdn jdm** -i -in); (*vor Gericht*) yüzleştirmek (**jdn jdm** -i ile) ❷ (*vergleichen*) karşılaştırmak (**etw einer Sache** -i ile)
Gegenverkehr *m* karşı (yöndeki) trafik
Gegenvorschlag *m* karşı teklif
Gegenwart *f* ❶ (*Jetztzeit*) şimdiki zaman ❷ (*Anwesenheit*) bulunma; **in ~ eines Notars** noter huzurunda
gegenwärtig I. *adj* ❶ (*jetzig*) şimdiki ❷ (*anwesend*) hazır (bulunan), mevcut II. *adv* şimdi, halen
Gegenwehr *f* savunma, karşı koyma
Gegenwert *m* bedel, karşı değer
Gegenwind *m* ters rüzgar
gegessen *vi, vt s.* **essen**
geglichen *vi s.* **gleichen**

geglimmt *vi s.* **glimmen**

geglitten *vi s.* **gleiten**

geglommen *vi s.* **glimmen**

Gegner(in) *m(f)* ❶ (*Opponent*) karşıt, muhalif ❷ SPORT rakip ❸ (*Feind*) düşman

gegnerisch *adj* karşıt, muhalif; SPORT rakip; (*feindlich*) düşman

gegolten *vi s.* **gelten**

gegoren *vi s.* **gären**

gegossen *vi, vt s.* **gießen**

gegraben *vi, vt s.* **graben**

gegriffen *vi, vt s.* **greifen**

gegrillt *adj* ızgara(da)

gehabt *vt s.* **haben**

Gehackte(s) *nt* (*Fleisch*) kıyma

Gehalt[1] *m* (*Inhalt*) içerik, kapsam

Gehalt[2] *nt* (*Einkommen*) maaş; (*Monats-*) aylık

Gehaltsempfänger *m* aylık alan, aylıkçı

Gehaltserhöhung *f* maaş zammı

gehangen *vi, vt s.* **hängen**

gehässig *adj* kinci

Gehässigkeit *f* kin(cilik)

Gehäuse *nt* ❶ (*Etui*) kılıf, zarf ❷ (*Büchse, Uhr-, Radio*) dolap ❸ (*Schnecke*) kabuk

gehbehindert *adj* topal

geheim *adj* gizli, saklı; **im Geheimen** gizli olarak; ~ **halten** gizli tutmak, gizlemek, saklamak (**etw vor jdm** -i -den)

Geheimdienst *m* gizli servis, istihbarat (servisi)

Geheimfach *nt* gizli çekmece

geheimhalten[ALT] *vt s.* **geheim**

Geheimnis *nt* sır, gizem, esrar; **ein offenes** ~ herkesçe bilinen sır

geheimnisvoll *adj* esrarlı, gizemli, esrarengiz

Geheimpolizei *f* sivil polis

Geheimzahl *f* gizli numara, şifre

gehemmt *adj* tutuk

gehen <ging, gegangen> *vi sein* ❶ (*allgemein*) gitmek ❷ (*wandern*) yürümek ❸ (*funktionieren*) işlemek, çalışmak; **wie geht's?** nasılsın(ız)?; **es geht mir gut** iyiyim; **es geht** (*Befinden*) şöyle böyle; **das geht nicht** olmaz; **das wird schon** ~ bu iş olur; **an die Arbeit** ~ işe koyulmak; **es geht um ...** konu şu ...; **sich** ~ **lassen** kendini kapıp koyuvermek

geheuer *adj* **nicht** ~ tekin değil

Gehhilfe *f* yürüteç

Gehilfe, Gehilfin *m, f* yardımcı

Gehirn *nt* beyin

Gehirnblutung *f* beyin kanaması

Gehirnerschütterung *f* beyin sarsılması

Gehirnschlag *m* beyin sektesi

Gehirnwäsche *f* beyin yıkama

gehoben *vt s.* **heben**

geholfen *vi s.* **helfen**

Gehör *nt* işitim

gehorchen *vi* itaat etmek (**jdm** -e), dinlemek (**jdm** -i)

gehören I. *vi* (*Besitz*) ait olmak (**jdm** -e); (*als Teil*) dahil olmak (**zu etw** -e); **das gehört mir** bu bana ait, bu benim II. *vr* **sich** ~ yakışık almak; **das gehört sich** (**nicht**) bu yakışık alır (almaz)

gehörlos *adj* sağır

gehorsam *adj* söz dinleyen; (*fügsam*) uysal, uyan

Gehorsam *m* itaat, söz dinleme

gehupft *adj* **das ist ~ wie gesprungen** ha Ali Hoca, ha Hoca Ali

Gehweg *m* yaya yolu

Geier *m* akbaba

Geige *f* keman; **die erste ~ spielen** sözü geçmek

Geiger(in) *m(f)* kemancı

Geigerzähler *m* Geiger sayacı (*radyoaktivite ölçme aracı*)

geil *adj* ❶ (*fam: toll*) enfes ❷ (*wollüstig*) şehvetli, kösnül

Geisel *f* rehine, tutak

Geiselnahme *f* rehine alma

Geiß *f* dişi keçi

Geißbock *m* erkek keçi, teke

Geißel *f* ❶ (*Peitsche*) kırbaç, kamçı

❷ (*Plage*) afet, bela
Geist *m* ❶ (*Seele*) can, ruh ❷ (*Intellekt*) zihin, akıl, zeka ❸ (*Gespenst*) hayalet; **der Heilige ~** Ruhülkudüs
geistesabwesend *adj* dalgın
Geistesblitz *m birdenbire akla esen fikir*
Geistesgegenwart *f* uyanıklık
geistesgestört *adj*, **geisteskrank** *adj* akıl hastası
Geisteskranke(r) *f(m)* akıl hastası, deli
Geisteswissenschaften *fpl* kültür bilimleri *pl*

G

Geisteszustand *m* ruh haleti
geistig *adj* ❶ (*gedanklich*) düşünsel ❷ (*den Intellekt betreffend*) akli, zihinsel ❸ (*immateriell*) manevi, tinsel; **~ behindert** zihinsel özürlü; **~es Eigentum** fikri ve sınai mülkiyet; **~er Vater** fikir babası
geistlich *adj* dini; (*kirchlich*) ruhani
Geistliche(r) *m* ❶ (*christlich*) papaz, rahip ❷ (*islamisch*) imam
geistlos *adj* aptal
geistreich *adj*, **geistvoll** *adj* akıllı
Geiz *m* cimrilik, hasislik, pintilik
geizen *vi* kısırganmak (**mit etw** -i)
Geizhals *m* pinti, cimri, hasis
geizig *adj* pinti, cimri, hasis
Geizkragen *m* cimri, eli sıkı, pinti
gekachelt *adj* fayanslı, çinili
gekannt *vt s.* **kennen**
geklommen *vi s.* **klimmen**
geklont *adj* klonlanan, kopyalanan, kopyalanmış
geklungen *vi s.* **klingen**
gekniffen *vi, vt s.* **kneifen**
gekocht *adj* pişmiş
gekonnt I. *vi, vt s.* **können II.** *adj* **das war sehr ~** bu çok iyiydi
gekränkt *adj* **~ sein** incinmek (**über etw/jdn** -den), gücenmek, alınmak (**über etw/jdn** -e)
Gekritzel *nt* karalama
gekrochen *vi s.* **kriechen**
gekünstelt *adj* yapmacık
Gel *nt* jöle
Gelächter *nt* gülme, gülüş; (*lautes*) kahkaha
geladen *vt s.* **laden**
gelähmt *adj* kötürüm
Gelände *nt* arazi
Geländer *nt* ❶ (*Treppen-*) tırabzan ❷ (*Schutzgitter*) korkuluk
Geländewagen *m* arazi arabası, jip
gelang *vi s.* **gelingen**
gelangen *vi sein* (*a. fig*) varmak, ulaşmak, erişmek (**zu etw** -e)
gelassen I. *vt s.* **lassen II.** *adj* (*ruhig*) sakin, soğukkanlı
Gelassenheit *f* sakinlik, soğukkanlılık
Gelatine *f* jelatin
gelaufen *vi s.* **laufen**
geläufig *adj* ❶ (*bekannt*) bilinen ❷ (*allgemein üblich*) yaygın
gelaunt *adj* **gut/schlecht ~** keyifli/keyifsiz, neşeli/neşesiz
gelb *adj* sarı
Gelbfieber *nt* sarı humma
gelblich *adj* sarımtırak, sarımsı, sarıca
Gelbsucht *f* sarılık
Geld *nt* para; **~ regiert die Welt** altın anahtar her kapıyı açar; **das ~ zum Fenster hinauswerfen** parayı sokağa atmak
Geldanlage *f* yatırım
Geldanweisung *f* para havalesi
Geldaufwertung *f* revalorizasyon
Geldautomat *m* paramatik
Geldbetrag *m* para miktarı
Geldbeutel *m* cüzdan
Geldbuße *f* para cezası
Geldentwertung *f* devalüasyon
Geldkarte *f* parakartı, kredi kartı
Geldpolitik *f* para politikası
Geldschein *m* banknot
Geldschrank *m* kasa
Geldstrafe *f* para cezası
Geldstück *nt* madeni para
Geldtasche *f* para çantası
Geldwechsel *m* para değiştirme
Gelee *nt* jöle
gelegen I. *vi s.* **liegen II.** *adj* bulunan;

(*passend*) uygun

Gelegenheit *f* fırsat; **bei passender ~** uygun bir fırsatta; **die ~ ergreifen** [*o* **nutzen**] fırsattan yararlanmak; **die ~ verpassen** fırsatı kaçırmak

Gelegenheitsarbeit *f* geçici iş

Gelegenheitskauf *m* kelepir

gelegentlich *adv* arasıra, bazen, kimi zaman [*o* vakit]

gelehrt *adj* bilgili

Gelehrte(r) *f(m)* bilgin, alim

Gelenk *nt* mafsal, eklem

gelenkig *adj* (*elastisch*) esnek

gelernt *adj* (*Arbeiter*) kalifiye

gelesen *vt s.* **lesen**

Geliebte(r) *f(m)* sevgili, dost; (*Mätresse*) metres

geliehen *vt s.* **leihen**

gelingen <gelang, gelungen> *vi sein* başarıyla sonuçlanmak; **es ist mir endlich gelungen, das Auto zu reparieren** en sonunda arabayı tamir etmeyi başardım

gelitten *vi, vt s.* **leiden**

geloben *vt* andetmek, ahdetmek (**etw zu tun** -meye); **das Gelobte Land** Arzı Mevut

gelogen *vi s.* **lügen**

gelten <gilt, galt, gegolten> *vi* ① (*gültig sein*) geçerli olmak, geçmek ② (*Gesetz*) yürürlükte olmak ③ (*sich beziehen auf*) yönelik olmak (**jdm/einer Sache** -e) ④ (*wert sein*) değerli olmak; **für** [*o* **als**] **etw ~** ... olarak [*o* diye] sayılmak; **~ für** ... için geçerli olmak; **~ lassen** tanımak, kabul etmek, hoş görmek (**etw** -i); **das gilt nicht** bu sayılmaz; **jetzt gilt es, durchzuhalten** şimdi dayanmak gerek

Geltung *f* ① (*Wert*) değer ② (*Ansehen*) sayılma, itibar ③ (*Gültigkeit*) geçerlik

Gelübde *nt* adak

gelungen I. *vi s.* **gelingen** II. *adj* başarılı

gemahlen *vt s.* **mahlen**

Gemälde *nt* resim, tablo

gemäß *präp +dat* -e göre, -e nazaran, ... gereğince

gemäßigt *adj* ılımlı, ölçülü

gemein *adj* (*unfein*) bayağı; **er hat mit seinem Bruder vieles ~** onun kardeşi ile birçok ortak yanları var

Gemeinde *f* ① (*Ort*) belde ② (*Verwaltung*) belediye ③ REL cemaat

Gemeindebezirk *m* belde arazisi

Gemeinderat *m* ① (*Körperschaft*) belediye meclisi ② (*Person*) belediye meclisi üyesi

Gemeindewahl *f* belediye seçimi

gemeingefährlich *adj* kamu düzeni için tehlikeli; (*fig*) son derece tehlikeli

Gemeinheit *f* alçaklık, bayağılık

gemeinnützig *adj* kamuya yararlı

gemeinsam I. *adj* ortak II. *adv* birlikte, beraber, ortaklaşa

Gemeinsamkeit *f* ① (*gemeinsame Eigenschaft*) ortaklık ② (*Zusammenhalt*) ortaklık

Gemeinschaft *f* ① (*Zusammensein*) beraberlik ② (*Gruppe*) topluluk

Gemeinschaftskunde *f* (*in Deutschland*) sosyal bilgiler; (*in Türkei*) yurttaşlık bilgileri

Gemeinwohl *nt* kamu yararı

gemessen *vt s.* **messen**

Gemetzel *nt* katliam, kırım

gemieden *vt s.* **meiden**

Gemisch *nt* karışım

gemischt *adj* karışık

gemocht *vt s.* **mögen**

gemolken *vt s.* **melken**

Gemse[ALT] *f s.* **Gämse**

Gemüse *nt* sebze

Gemüsegarten *m* bostan

Gemüsehändler(in) *m(f)* sebzeci, manav

Gemüsesuppe *f* sebze çorbası

gemusst[RR] *vi s.* **müssen**

gemustert *adj* desenli

gemütlich *adj* ① (*Ort*) rahat ② (*Zusammensein*) samini ③ (*Person*) iyi kalpli;

hier ist es ~ burası rahat; **es sich** ~ **machen** keyfine [*o* rahatına] bakmak; **eine** ~**e Ecke** rahat bir köşe

Gemütlichkeit *f* rahat, huzur

Gen *nt* gen

genannt *vt s.* **nennen**

genas *vi s.* **genesen**

genau **I.** *adj* ❶ (*exakt*) tam ❷ (*richtig*) doğru ❸ (*sorgfältig*) özenli; (*aufmerksam*) dikkatli ❹ (*penibel*) titiz **II.** *adv* tam, tıpkı; ~ **um 7 Uhr** tam saat 7'de; ~ **kennen** iyi tanımak (**jdn/etw** -i); **etw** ~ **nehmen** bir şeyi eksiksiz yapmak; ~ **genommen** doğrusu, aslında

G

Genauigkeit *f* ❶ (*Bestimmtheit*) kesinlik ❷ (*Richtigkeit*) doğruluk ❸ (*Sorgfalt*) özen, dikkat

genauso *adv* aynen, aynı şekilde; ~ **viel** aynı derecede çok; ~ **wenig** aynı derecede az

genehm *adj* hoş

genehmigen *vt* ❶ (*erlauben*) izin vermek (**etw** -e) ❷ (*billigen*) ona(yla)mak, tasvip etmek (**etw** -i)

Genehmigung *f* ❶ (*Erlaubnis*) izin ❷ (*Billigung*) onay, tasvip ❸ ADMIN ruhsat

General *m* general

Generalprobe *f* genel [*o* son] prova

Generalsekretär(in) *m(f)* genel sekreter

Generalstreik *m* genel grev

Generalüberholung *f* (*Fahrzeug*) genel revizyon

Generaluntersuchung *f* genel muayene

Generalversammlung *f* ❶ (*Ausschuss*) genel kurul ❷ (*Tagung*) genel toplantı

Generation *f* nesil, kuşak

Generationenkonflikt *m* kuşaklar çatışması

Generator *m* jeneratör

generell *adj* genel

genesen <genas, genesen> *vi sein* (*geh*) şifa bulmak, iyileşmek

Genesung *f* iyileşme, şifa (bulma)

Genetik *f* genetik

Genf *nt* Cenevre; ~**er Abkommen** Cenevre Sözleşmesi

genial *adj* dahi

Genick *nt* (*Nacken*) ense (kökü); (*Hals*) boyun (kökü)

Genie *nt* deha, dahi

genieren *vr* **sich** ~ utanmak (**etw zu tun** -meye), çekinmek (**vor jdm** -den), sıkılmak

genießen <genoss, genossen> *vt* (*mit Genuss verzehren*) zevkle yemek (**etw** -i); (*Freude empfinden an*) zevkini çıkarmak (**etw** -in); **nicht zu** ~ (*fig*) yenir yutulur şey değil

Genitalien *pl* üreme organları

Genitiv *m* tamlayan durumu, -in hali

Genmanipulation *f* gen manipülasyonu

genmanipuliert *adj* genleri değiştirilmiş (olan)

genommen *vt s.* **nehmen**

genoss[RR], **genoß**[ALT] *s.* **genießen**

Genosse, Genossin *m, f* yoldaş

genossen *vt s.* **genießen**

Genossenschaft *f* kooperatif

Genozid *m* soykırım, jenozid

Gentechniker(in) *m(f)* genetik mühendis(i)

Gentechnologie *f* gen teknolojisi, genetik mühendislik

Gentherapie *f* gen tedavisi [*o* terapisi]

genug *adv* yeter, kafi

genügen *vi* yetmek (**jdm** -e), kafi gelmek (**für etw** ... için)

genügend *adj* yeterli, kafi

Genuss[RR] *m*, **Genuß**[ALT] *m* ❶ (*Vergnügen*) zevk ❷ (*guter Geschmack*) lezzet ❸ (*von Lebensmitteln*) yeme, içme ❹ (*von Vorteilen*) yararlanma

geöffnet *adj* açık, açılmış

Geograf(in)[RR] *m(f)* coğrafyacı

Geografie[RR] *f*, **Geographie** *f* coğrafya

geografisch[RR] *adj*, **geographisch** *adj* coğrafi

Geologe, Geologin *m, f* jeolog, yer bilimcisi

Geologie *f* jeoloji, yerbilim

Geometrie *f* geometri

geometrisch *adj* geometrik
Gepäck *nt* bagaj
Gepäckabfertigung *f* bagaj işlemleri [*o* muamelesi]
Gepäckannahme *f* bagaj yeri
Gepäckaufbewahrung *f* bagaj deposu, emanet
Gepäckausgabe *f* bagaj yeri
Gepäcknetz *nt* eşya filesi
Gepäckschein *m* bagaj kuponu
Gepäckschließfach *nt* kilitli bagaj kutusu
Gepäckstück *nt* eşya
Gepäckträger *m* ① (*Person*) hamal ② (*am Auto, Fahrrad*) bagaj koyma yeri, portbagaj
Gepäckwagen *m* (*Waggon*) bagaj vagonu; (*am Flughafen*) bagaj arabası
gepanzert *adj* zırhlı
Gepard *m* gepar
gepfiffen *vi, vt s.* **pfeifen**
gepflegt I. *vi, vt s.* **pflegen** II. *adj* bakımlı; (*Kleidung*) temiz
Gepflogenheit *f* alışkanlık, adet
gepriesen *vt s.* **preisen**
geprüft *adj* **~er Elektrotechniker** diplomalı elektrik teknisyeni
gequollen *vi s.* **quellen**
gerade I. *adj* ① (*nicht krumm*) doğru, düz ② (*Zahl*) çift II. *adv* ① (*genau*) tam ② (*soeben*) biraz önce; **~ umgekehrt** tam tersi; **~ gegenüber** tam karşıda; **nun ~!** inadına!; **ich bin ~ gekommen** daha şimdi [*o* yeni] geldim; **wir waren ~ dabei, zu frühstücken** kahvaltı etmek üzereydik; **~ stehen** dik durmak
Gerade *f* doğru çizgi
geradeaus *adv* doğru, dosdoğru, doğruca
geradestehen *vi* **für etw ~** bir şey için sorumluluk üstlenmek
geradezu *adv* (*sozusagen*) adeta, sanki
gerammelt *adv* **~ voll** tıka basa dolu
Geranie *f* sardunya
gerannt *vi s.* **rennen**
Gerät *nt* (*Werkzeug*) alet; (*Apparat*) cihaz
geraten[1] *irr vi sein* (*zufällig kommen*) yolu düşmek (**in etw** -e); **gut/schlecht ~** başarıyla/başarısızlıkla sonuçlanmak; **außer sich ~** kendinden geçmek
geraten[2] I. *vi, vt s.* **raten; geraten**[1] II. *adj* (*ratsam*) tavsiyeye değer
Geräteturnen *nt* aletli cimnastik
Geratewohl *nt* **aufs ~** gelişigüzel, rasgele
geräuchert *adj* tütsülenmiş, füme
geräumig *adj* geniş, açık, ferah
Geräusch *nt* ses; (*lautes*) gürültü, patırtı
geräuschlos *adj* sessiz, gürültüsüz
gerben *vt* tabaklamak (**etw** -i)
Gerber *m* tabak
gerecht *adj* adil, adaletli; (*Strafe*) haklı, yerinde
Gerechtigkeit *f* adalet
Gerede *nt* ① (*Klatsch*) dedikodu ② (*Geschwätz*) gevezelik, boş laf
gereizt *adj* öfkeli, sinirli
Gereiztheit *f* sinirlilik
Gericht *nt* ① (*Speise*) yemek ② (*Institution*) mahkeme ③ (*Gebäude*) adliye sarayı
gerichtet *adj* yönelik (**auf etw/jdn** -e, **gegen etw/jdn** -e)
gerichtlich *adj* adli
Gerichtshof *m* mahkeme, yargı yeri
Gerichtskosten *pl* mahkeme masrafları
Gerichtsmedizin *f* adli tıb
Gerichtssaal *m* mahkeme salonu
Gerichtsverhandlung *f* yargılama; (*Hauptverhandlung*) duruşma
Gerichtsvollzieher(in) *m(f)* icra memuru
gerieben I. *vt s.* **reiben** II. *adj* (*Apfel*) rende(lenmiş)
gering *adj* ① (*Menge*) küçük, ufak ② (*unbedeutend*) önemsiz, değersiz ③ (*Preis*) düşük; **nicht im Geringsten** hiç bir surette, asla; **nicht das**

Geringste izi bile yok

geringfügig *adj* ufak, önemsiz

geringschätzig *adj* aşağılayıcı, küçümseyici

gerinnen *irr vi sein* pıhtılaşmak; (*Milch*) kesilmek

Gerinnsel *nt* (*Blut-*) kan pıhtısı

gerissen I. *vi, vt s.* **reißen** II. *adj* (*durchtrieben*) cingöz, açıkgöz, pişkin

geritten *vi s.* **reiten**

Germane, Germanin *m, f* Cermen

Germanistik *f* Alman Dili ve Edebiyatı, Alman Filolojisi

gern <lieber, am liebsten> *adv* memnuniyetle, seve seve; **sehr** [*o* **herzlich**] **~!** baş üstüne!; **~ geschehen!** bir şey değil!; **~ mögen** sevmek (**jdn/etw** -i); **sie isst ~ Schokolade** çikolata beğeniyor; **ich möchte/hätte ~ ein Kilo Äpfel** bir kilo elma isterdim

gernhaben *irr vt* **jdn ~** birinden hoşlanmak; (*lieben*) birini sevmek

gerochen *vi, vt s.* **riechen**

geronnen *vi s.* **rinnen**

geröstet *adj* (*Kaffee, Zwiebel*) kavrulmuş; (*Fleisch*) kızartılmış, kebap edilmiş

Gerste *f* arpa

Gerstenkorn *nt* (*im Auge*) arpacık

Geruch *m* ❶ koku ❷ (*Sinn*) koklam

geruchlos *adj* kokusuz

Gerücht *nt* söylenti

gerufen I. *vi, vt s.* **rufen** II. *adj* **das kommt wie ~** hızır gibi yetişti

gerührt *adj* duygulanmış

Gerümpel *nt* pılı pırtı, eski [*o* kırık dökük] eşya

gerungen *vi s.* **ringen**

Gerüst *nt* iskele, çatı

gesamt *adj* bütün, tüm

Gesamtbetrag *m* toplam, yekun

Gesamteindruck *m* genel izlenim [*o* intiba]

Gesamtheit *f* bütün, tüm, tamam

Gesamtübersicht *f* genel bakış

Gesamtvolumen *nt* toplam hacim

gesandt *vt s.* **senden**

Gesandte(r) *f(m)* elçi

Gesandtschaft *f* elçilik

Gesang *m* (*Lied*) şarkı; (*der Vögel*) ötüş, ötme

Gesäß *nt* makat, kıç, kaba et

Gesäßtasche *f* pantalonun arka cebi

geschaffen *vi, vt s.* **schaffen**

Geschäft *nt* ❶ (*Laden*) dükkan, mağaza ❷ (*Firma*) firma ❸ (*Vorgang*) iş ❹ (*Handel*) ticaret; **ein ~ abschließen** iş [*o* ticaret] yapmak; **~ ist ~** iş iştir; **großes ~** (*fam: Stuhlgang*) büyük aptes; **sein ~ verrichten** (*fam*) aptes etmek

geschäftlich I. *adj* ticari II. *adv* iş için

Geschäftsbrief *m* ticari mektup

Geschäftsführer(in) *m(f)* müdür, yönetici

Geschäftsjahr *nt* iş yılı, mali yıl

Geschäftsleitung *f* işletme yönetimi

Geschäftsmann *m* iş adamı

Geschäftsreise *f* iş yolculuğu

Geschäftsviertel *nt* piyasa

Geschäftswelt *f* iş dünyası

Geschäftszeiten *fpl* iş saatleri *pl*

geschah *vi s.* **geschehen**

geschehen <geschieht, geschah, geschehen> *vi sein* olmak, cereyan etmek; **das geschieht dir (ganz) recht** oh olsun; **gern ~!** bir şey değil!

Geschehen *nt* olay

gescheit *adj* akıllı, zeki

Geschenk *nt* hediye, armağan

Geschenkartikel *mpl* hediyelik eşya *sing*

Geschichte *f* ❶ (*Historie*) tarih ❷ (*Erzählung*) hikaye, öykü ❸ (*Angelegenheit*) mesele; **mach keine ~n!** (*Umstände*) zahmet etme!

geschichtlich *adj* tarihi, tarihsel

geschichtsträchtig *adj* tarihi

Geschick[1] *nt* (*Schicksal*) talih, kader, yazgı

Geschick[2] *nt* (*Eignung*) yetenek, beceri

Geschicklichkeit *f* beceri, beceriklilik

Geschicklichkeitsspiel *nt* beceri oyunu

geschickt *adj* becerikli; (*behände*) çevik, atik

geschieden I. *vi, vt s.* **scheiden II.** *adj* boşanmış

geschieht *vi s.* **geschehen**

geschienen *vi s.* **scheinen**

Geschirr *nt* ❶ (*Küche*) kap kacak ❷ (*Pferd*) koşum

Geschirrspülmaschine *f* bulaşık makinası

Geschirrtuch *nt* bulaşık kurulama bezi

geschissen *vi s.* **scheißen**

geschlafen *vi s.* **schlafen**

geschlagen *vi, vt s.* **schlagen**

Geschlecht *nt* ❶ BIOL cins(iyet) ❷ (*Abstammung*) soy, asıl ❸ (*Generation*) kuşak, nesil ❹ LING cins

geschlechtlich *adj* cinsi, cinsel

Geschlechtsakt *m* cinsel birleşme

Geschlechtskrankheit *f* zührevi hastalık

Geschlechtsorgan *nt* cinsel organ

Geschlechtsteile *pl* ut yeri *pl*

Geschlechtsverkehr *m* sevişme

Geschlechtswort *nt* tanımlık

geschlichen *vi s.* **schleichen**

geschliffen *vi, vt s.* **schleifen**

geschlossen I. *vi, vt s.* **schließen II.** *adj* kapalı; (*fig: Gesellschaft*) özel, dışarıdan kimseyi kabul etmeyen **III.** *adv* (*gemeinsam*) birlikte

Geschmack *m* tat, lezzet; (*fig*) zevk; **an etw ~ finden** bir şeyden hoşlanmak; **nach jds ~** birinin zevkine göre

geschmacklos *adj* tatsız (tuzsuz), yavan; (*fig*) zevksiz

Geschmacklosigkeit *f* (*fig*) zevksizlik

Geschmack(s)sache *f* zevk meselesi

Geschmackssinn *m* tadım, tatma duyusu

Geschmacksstoff *m* tatlandırıcı (madde)

geschmackvoll *adj* (*fig*) zevkli

geschmissen *vt s.* **schmeißen**

geschmolzen *vi s.* **schmelzen**

geschnitten *vt s.* **schneiden**

geschoben *vt s.* **schieben**

gescholten *vt s.* **schelten**

Geschöpf *nt* yaratık, varlık, mahluk

geschoren *vt s.* **scheren**

Geschoss[RR] *nt*, **Geschoß**[ALT] *nt* ❶ mermi, kurşun ❷ (*Stockwerk*) (bina) kat(ı)

geschossen *vi, vt s.* **schießen**

geschreckt *vt s.* **schrecken**

Geschrei *nt* bağrışma, çığlık, haykırış

geschrieben *vt s.* **schreiben**

geschrie(e)n *vi s.* **schreien**

geschritten *vi s.* **schreiten**

Geschwätz *nt* (*Klatsch*) dedikodu

geschwätzig *adj* ❶ (*schwatzhaft*) geveze ❷ (*klatschsüchtig*) dedikoducu

geschweige *adv* ~ **denn** nerede kaldı ki, ... bile değil

geschwiegen *vi s.* **schweigen**

geschwind *adv* çabuk, tez, hızlı

Geschwindigkeit *f* hız, sürat

Geschwindigkeitsbegrenzung *f* hız sınırlaması

Geschwister *pl* kardeş(ler *pl*)

geschwollen I. *vi s.* **schwellen II.** *adj* şiş(miş), kabarık, kabarmış; (*Sprache*) cafcaflı

geschwommen *vi s.* **schwimmen**

geschworen *vi, vt s.* **schwören**

Geschworene(r) *f(m)* jüri üyesi

Geschwulst *f* ur, tümör

geschwungen *vi, vt s.* **schwingen**

Geschwür *nt* çıban, ülser

gesehen *vi, vt s.* **sehen**

Geselle *m* ❶ (*Handwerks-*) kalfa ❷ (*Freund*) arkadaş

gesellig *adj* ❶ (*unterhaltsam*) hoşsohbet ❷ (*sozial*) sosyal

Geselligkeit *f* hoşsohbetlik; (*Vergnügen*) eğlenti

Gesellschaft *f* ❶ (*soziologisch*) toplum, topluluk ❷ (*Versammlung*) toplantı ❸ (*Organisation*) birlik, kurum, dernek ❹ (*Handels-*) şirket, ortaklık ❺ (*vornehme ~*) sosyete; **jdm ~ leisten** birine arkadaşlık etmek; **~ mit beschränkter Haftung** limited şirket

G

Gesellschafter *m* ❶ (*allgemein*) musahip ❷ ECON ortak
gesellschaftlich *adj* sosyal, toplumsal
Gesellschaftsanzug *m* bayram giysisi
Gesellschaftsreise *f* topluluk halinde seyahat
Gesellschaftsspiel *nt* grup oyunu
gesendet *vt s.* **senden**
gesessen *vi s.* **sitzen**
Gesetz *nt* yasa, kanun
Gesetzbuch *nt* kanun(name)

G

Gesetzentwurf *m* kanun tasarısı
Gesetzesvorlage *f* kanun tasarısı
gesetzgebend *adj* yasamalı
Gesetzgeber *m* yasa koyucu
Gesetzgebung *f* yasama
gesetzlich *adj* yasal, kanuni, meşru
gesetzmäßig *adj* meşru, kanuni, yasalı
gesetzt *adj* ❶ (*reif*) olgun, ağırbaşlı ❷ (*ruhig*) sakin ❸ ~ **den Fall** farzedelim ki, tutalım ki
gesetzwidrig *adj* yasa dışı, kanuna aykırı
Gesicht *nt* ❶ (*Antlitz*) yüz, çehre ❷ (*Anblick, Äußeres*) çehre, (dış) görünüş; **wir haben es ihm ins ~ gesagt** onun yüzüne karşı söyledik; **sie ist ihrer Mutter wie aus dem ~ geschnitten** hık demiş annesinin burnundan düşmüş; **~er schneiden** yüzünü gözünü oynatmak; **das ~ verlieren** (*fig*) itibardan düşmek; **sein wahres ~ zeigen** gerçek yüzünü göstermek
Gesichtsausdruck *m* yüz ifadesi
Gesichtspunkt *m* bakım, görüş
Gesichtszug *m* yüz çizgisi
gesiedet *vi s.* **sieden**
Gesinnung *f* düşünüş tarzı, görüş
Gesöff *nt* (*pej*) salamura [*o* bulaşık] suyu
gesoffen *vi, vt s.* **saufen**
gesogen *vi, vt s.* **saugen**
gesollt *vi s.* **sollen**
gesondert *adj* ayrı(lmış)
gesonnen *vi s.* **sinnen**
gespalten, gespaltet *vt s.* **spalten**
Gespann *nt* (*Zugtiere*) çift koşum; (*fig*) çift
gespannt *adj* gergin; **auf etw ~ sein** bir şeyi merakla [*o* sabırsızlıkla] beklemek
gespeichert *adj* INFORM (*Daten*) saklanan
Gespenst *nt* hayalet; **~er sehen** kuşkuya düşmek
gesperrt *adj* (*Weg, Konto*) kapalı
gespien *vi, vt s.* **speien**
gesponnen *vi, vt s.* **spinnen**
Gespräch *nt* ❶ (*Besprechung*) konuşma, görüşme ❷ (*Unterhaltung*) sohbet, söyleşi
gesprächig *adj* konuşkan
gesprochen *vi, vt s.* **sprechen**
gesprossen *vi s.* **sprießen**
gesprungen *vi s.* **springen**
gestaffelt *adj* derecelere ayrılmış
Gestalt *f* ❶ (*Figur*) biçim, şekil ❷ (*Wuchs*) boy, endam ❸ (*Person*) kişi, figür
gestalten *vt* biçimlendirmek (**etw** -i), şekil vermek (**etw** -e)
Gestaltung *f* biçimlendirme, şekil verme
gestanden **I.** *vi s.* **stehen** **II.** *adj* **ein ~er Mann** yetişkin bir adam
geständig *adj* **~ sein** suçunu itiraf etmek
Geständnis *nt* itiraf
Gestank *m* pis koku
gestatten *vt* izin vermek (**jdm etw** -e ... için), müsaade etmek (**jdm etw** -e -i); **~ Sie!** müsaadenizle!, izninizle!
Geste *f* jest
gesteckt *vi, vt s.* **stecken**
gestehen *irr vt* itiraf etmek (**etw** -i); **offen gestanden** açıkçası
Gestein *nt* külte
Gestell *nt* ❶ sehpa ❷ (*Brillen-*) çerçeve
gestern *adv* dün; **~ früh** [*o* **Morgen**]/**Abend** dün sabah/akşam; **ich bin nicht von ~** dünkü çocuk değilim ki

gestiegen *vi s.* **steigen**
gestikulieren *vi* jest yapmak, el kol hareketi yapmak
Gestirn *nt* takımyıldız
gestochen *vi, vt s.* **stechen**
gestohlen *vi, vt s.* **stehlen**
gestorben *vi s.* **sterben**
gestoßen *vi, vt s.* **stoßen**
gestreift *adj* çizgili
gestresst[RR] *adj* stresli
gestrichen I. *vt s.* **streichen** II. *adj* **frisch ~!** yeni boyanmış!
gestrig *adj* dünkü
gestritten *vi s.* **streiten**
Gestrüpp *nt* (*Dickicht*) çalılık, fundalık
gestunken *vi s.* **stinken**
Gesuch *nt* dilekçe
gesund *adj* sağlıklı, sıhhatli, sağ(lam); (*Gegensatz zu krank*) iyi; (*a. fig: heilsam*) şifalı, yararlı; **wieder ~ werden** iyileşmek; **bleiben Sie ~!** esen kalın!; **~er Menschenverstand** sağduyu
Gesundheit *f* sağlık, sıhhat; **~!** (*beim Niesen*) çok yaşa(yın)!
gesundheitlich *adj* sıhhi, sağlıksal
Gesundheitsamt *nt* sağlık dairesi
Gesundheitsminister(in) *m(f)* sağlık bakanı
gesundheitsschädlich *adj* sağlığa zararlı
Gesundheitszustand *m* sağlık durumu
gesundschreiben[RR] *vt* sağlam diye bildirmek
gesungen *vi s.* **singen**
gesunken *vi s.* **sinken**
getan *vt s.* **tun**
geteert *adj* katranlı
getragen I. *vt s.* **tragen** II. *adj* (*Kleidung*) kullanılmış
Getränk *nt* içecek; (*alkoholisches*) içki
getrauen *vr* **sich ~** cesaret etmek (**etw zu tun** -meye)
Getreide *nt* tahıl
getrennt I. *adj* ayrı II. *adv* ayrı ayrı
getreten *vi, vt s.* **treten**
Getriebe *nt* ❶ (*lebhaftes Treiben*) canlılık ❷ TECH şanjman
getrieben *vi, vt s.* **treiben**
getrieft *vi s.* **triefen**
getroffen *vi, vt s.* **treffen**
getrogen *vt s.* **trügen**
getrunken *vt s.* **trinken**
Getue *nt* yapmacık; (*Ziererei*) cilveleşme
Gewächs *nt* (*Pflanze*) bitki
gewachsen I. *vi s.* **wachsen** II. *adj* **jdm/einer Sache ~ sein** birinin/bir şeyin hakkından gelmek; **gut ~ sein** boyu bosu yerinde olmak
Gewächshaus *nt* ser(a), limonluk
gewagt *adj* tehlikeli, rizikolu
Gewähr *f* garanti, inanca; **ohne ~** garanti verilmez
gewähren *vt* (*geben*) vermek, bağışlamak (**jdm etw** -e -i)
gewährleisten *vt* garanti etmek (**etw** -i)
Gewalt *f* ❶ (*Macht, Kraft*) kuvvet, güç ❷ (*Zwang*) zor, şiddet; **gesetzgebende/ausübende ~** yasama/yürütme kuvveti; **höhere ~** zorlayıcı nedenler; **mit ~** zorla, şiddetle; **mit aller ~** (*fig*) ne olursa olsun, hangi şartlar altında olursa olsun
Gewaltanwendung *f* kaba kuvvet, zor kullanma
Gewaltenteilung *f* POL kuvvetler ayrılığı
Gewaltherrschaft *f* despotluk, zorbalık
gewaltig *adj* ❶ (*mächtig*) kuvvetli ❷ (*sehr groß*) koskoca ❸ (*heftig*) şiddetli
gewaltlos *adj* şiddetsiz
Gewaltlosigkeit *f* şiddetsizlik
gewaltsam *adj, adv* zorlu
Gewalttat *f* şiddet eylemi
gewalttätig *adj* zorba
Gewaltverzicht *m*, **Gewaltverzichtsvertrag** *m* zor kullanmama anlaşması
gewandt I. *vi, vt s.* **wenden** II. *adj* (*geschickt*) becerikli
Gewandtheit *f* beceri, beceriklilik
gewann *vt s.* **gewinnen**
gewaschen *vt s.* **waschen**
Gewässer *nt* su (*ırmaklar, göller, deniz-*

G

ler)
Gewebe *nt* ① (*Textil*) dokuma ② BIOL doku
gewebt *vt s.* **weben**
geweckt *adj* uyanık
Gewehr *nt* tüfek
Geweih *nt* geyik boynuzu
gewendet *vi, vt s.* **wenden**
Gewerbe *nt* ① (*Handwerk*) sanat ② ECON endüstri, sanayi ③ (*Beruf*) meslek
Gewerbegebiet *nt* sanayi bölgesi
Gewerbeschein *m* sanat tezkeresi
Gewerbeschule *f* sanat okulu
Gewerbesteuer *f* sanayi vergisi
gewerblich *adj* sınai, mesleki
Gewerkschaft *f* sendika
Gewerkschaft(l)er(in) *m(f)* sendikacı
gewerkschaftlich *adj* sendikal, sendikacı
gewesen *vi s.* **sein**
gewichen *vt s.* **weichen**
Gewicht *nt* ağırlık; (*bei Personen auch*) kilo; (*fig*) ağırlık, önem; **nach ~** tartı ile; **ins ~ fallen** önemli olmak, ağır basmak
Gewichtheben *nt* haltercilik
Gewichtheber(in) *m(f)* halterci
gewichtig *adj* (*fig*) önemli
gewieft *adj* uyanık, pişkin
gewiesen *vt s.* **weisen**
gewillt *adj* **~ sein, etw zu tun** -mek niyetinde olmak
Gewimmel *nt* (*Durcheinander*) kargaşalık; (*Gedränge*) kalabalık
Gewinde *nt* ① vida dişi ② (*Blumen-*) çelenk
gewinkt *vi s.* **winken**
Gewinn *m* ① ECON kazanç, kar ② (*Nutzen*) yarar ③ (*Vorteil*) çıkar ④ (*Lotterie*) kazanma; **~ bringen** kar getirmek; **~ bringend** (*Geschäft*) karlı, kazançlı; (*nützlich*) yararlı
Gewinnanteil *m* kar payı
Gewinnbeteiligung *f* kara katılma
gewinnbringend *adj s.* **Gewinn**
gewinnen <gewann, gewonnen> **I.** *vi* (*siegen*) zafer kazanmak **II.** *vt* ① (*erlangen*) kazanmak, kar etmek (**etw** -i) ② (*jds Interesse*) bağlamak (**jdn für etw/jdn** -i -e) ③ CHEM çıkarmak (**etw** -i)
Gewinner(in) *m(f)* kazanan
Gewinnmarge *f* ECON kar marjı
Gewinnpotential *nt* kazanç potensiyeli
gewiss[RR], **gewiß**[ALT] **I.** *adj* belli; **gewisse Leute** bazı insanlar; **ein gewisser ...** ... diye biri **II.** *adv* şüphesiz, elbette; **ganz ~!** muhakkak!; **aber ~!** elbette!
Gewissen *nt* vicdan; **mit gutem ~** iç [*o* gönül] rahatlığı ile; **nach bestem Wissen und ~** vicdanen; **ein gutes** [*o* **ruhiges**] **~ haben** içi [*o* vicdanı] rahat olmak; **ein schlechtes ~ haben** vicdan azabı duymak [*o* çekmek]
gewissenhaft *adj* özenli
gewissenlos *adj* vicdansız, insafsız
Gewissensbisse *mpl* vicdan azabı *sing*
Gewissensfrage *f* vicdan meselesi
Gewissensfreiheit *f* vicdan özgürlüğü [*o* hürriyeti]
Gewissenskonflikt *m* vicdanıyla çatışma (durumu)
gewissermaßen *adv* adeta, sanki
Gewissheit[RR], **Gewißheit**[ALT] *f* kesinlik
Gewitter *nt* fırtına
gewoben *vt s.* **weben**
gewogen *vi, vt s.* **wiegen**
gewöhnen **I.** *vt* **jdn an etw ~** birini bir şeye alıştırmak **II.** *vr* **sich an etw ~** bir şeye alışmak
Gewohnheit *f* ① (*Angewohnheit*) alışkanlık ② (*Sitte*) adet; **aus ~** alışkanlıktan
Gewohnheitsrecht *nt* görenek töresi
gewöhnlich **I.** *adj* ① (*üblich*) olağan ② (*alltäglich*) günlük ③ (*mittelmäßig*) sıradan, orta ④ (*unfein, gemein*) kaba, bayağı, adi **II.** *adv* (*im Allgemeinen*) genellikle; **wie ~** alışıldığı gibi
gewohnt *adj* (*Sache*) alışılmış; (*Person*) alışık, alışkın; **etw ~ sein** bir şeye alı-

şık olmak

Gewöhnung *f* alış(tır)ma

Gewölbe *nt* kubbe

gewollt *vi, vt s.* **wollen**

gewonnen *vt s.* **gewinnen**

geworben *vi s.* **werben**

geworden *vi s.* **werden**

geworfen *vi, vt s.* **werfen**

gewrungen *vi, vt s.* **wringen**

Gewühl *nt* (*Durcheinander*) karışıklık; (*Menschen-*) kalabalık

gewunden *vt s.* **winden**

Gewürz *nt* bahar(at)

Gewürzgurke *f* kornişon

Gewürzmischung *f* harç, bahar

gewürzt *adj* baharatlı

gewusst[RR], **gewußt**[ALT] *vi, vt s.* **wissen**

Gezeiten *pl* gelgit, kabarma-alçalma

geziert *adj* (*gekünstelt*) yapmacık

gezogen *vi, vt s.* **ziehen**

Gezwitscher *nt* (*Vögel*) ötüşme

gezwungen I. *vt s.* **zwingen** II. *adj* zoraki

Ghetto *nt* getto

gibt *vt s.* **geben**

Gicht *f* gut, damla hastalığı, nıkris

Giebel *m* alınlık

gierig *adj* hırslı, haris

gießen <goss, gegossen> I. *vt* dökmek (**etw in/auf etw** -i -e); (*Blumen*) sulamak (**etw** -i) II. *vi* **es gießt** şakır şakır [*o* bardaklardan boşanırcasına] yağmur yağıyor

Gießkanne *f* ibrik

Gift *nt* zehir

Giftgas *nt* zehirli gaz

giftig *adj* ① zehirli ② (*gehässig*) kinci

Giftmüll *m* zehirli atık

Giftmülldeponie *f* zehirli atıklar deposu

Giftschlange *f* zehirli yılan

Gigabyte *nt* gigabayt

Gigant *m* dev

gigantisch *adj* dev, devasa

gilt *vi s.* **gelten**

Gin *m* cin

ging *vi s.* **gehen**

Ginster *m* katırtırnağı

Gipfel *m* ① (*eines Berges*) tepe, zirve, doruk ② (*fig: Höhepunkt*) en yüksek nokta; **das ist doch der ~!** bu kadarı da fazla!

Gipfelkonferenz *f*, **Gipfeltreffen** *nt* zirve konferansı

Gips *m* alçı; **in ~ legen** MED alçıya koymak (**etw** -i)

Gipsverband *m* alçı (sargı)

Giraffe *f* zürafa

Girlande *f* (*Frucht-*) hevenk; (*Blumen-*) çiçek dizisi

Giro *nt* ciro

Girokonto *nt* cari hesap, ciro hesabı

Gischt *f* dalga serpintisi

Gitarre *f* gitar

Gitter *nt* parmaklık, kafes

Gitterfenster *nt* kafesli pencere

Gladiole *f* glayöl

glamourös *adj* göz alıcı, cazip

Glanz *m* ① (*das Glänzen*) parıltı, parlaklık, pırıltı ② (*Politur*) cila ③ (*fig: Pracht*) görkem, debdebe

glänzen *vi* parlamak, parıldamak

glänzend *adj* ① parlak ② (*hervorragend*) enfes, kusursuz

Glas *nt* ① (*Material*) cam ② (*Trink-*) bardak; **ein ~ Wein** bir bardak şarap

Glaser *m* camcı

Glaserei *f* camcılık

Glasfaser *f* camipliği

Glasmalerei *f* cam resim sanatı

Glasscheibe *f* cam

Glasscherbe *f* cam kırığı

Glassplitter *m* (kırık) cam parçası

Glastür *f* camlı kapı

Glasur *f* ① (*Keramik*) sır, mine ② (*Email*) emaye ③ (*Kuchen-*) parlaklık veren madde

glatt I. *adj* ① (*ohne Unebenheiten*) pürüzsüz ② (*eben*) düz, düzgün, engebesiz ③ (*rutschig*) kaygan ④ (*einfach*) kolay II. *adv* ① (*rundweg*) doğrudan doğruya ② (*offen*) açıktan açığa

Glatteis *nt* donmuş kırağı

glätten *vt* düzeltmek, düzlemek (**etw** -i)

Glatze *f* dazlak kafa

glatzköpfig *adj* dazlak kafalı

Glaube *m* ① (*das Glauben*) inanç, iman ② (*religiöser* ~) iman, din ③ (*Vertrauen*) güven; **jdm ~n schenken** birine inanmak [*o* güvenmek]; **in gutem ~n** iyi niyetle

glauben I. *vt* ① (*für wahr halten*) inanmak (**dass** -diğine) ② (*meinen*) sanmak, zannetmek (**dass** -diğini) ③ (*vermuten*) tahmin etmek (**dass** -diğini); **ich glaube es Ihnen** size inanıyorum II. *vi* inanmak; **jdm/an jdn** ~ birine inanmak; **an etw** ~ bir şeye inanmak; **ich glaube ja** öyle sanıyorum

Glaubensbekenntnis *nt* (*christlich*) dini dogmaların özeti; (*islamisch*) kelime-i şahadet

Glaubenskrieg *m* din savaşı

glaubhaft *adj* inandırıcı, inanılır

gläubig *adj* dindar, inançlı

Gläubige(r) *f(m)* REL mümin, inanan

Gläubiger *m* ECON alacaklı

glaubwürdig *adj* güvenilir, inanılır

Glaubwürdigkeit *f* güvenilirlik

gleich I. *adj* aynı; **er ist immer der Gleiche** hep aynı; **es ist** ~ aynı II. *adv* ① (*ebenso*) aynı şekilde; ~ **groß/breit** aynı büyüklükte/genişlikte ② (*sofort*) derhal, hemen ③ (*recht bald*) biraz sonra; **~!** derhal!; **ich komme ~!** hemen geliyorum!; ~ **darauf** hemen sonra; **bis ~!** biraz sonra görüşmek üzere!; **sie wird ~ kommen** biraz sonra gelecek

gleichaltrig *adj* yaşıt, aynı yaşta

gleichartig *adj* bircinsten, birtürden

gleichberechtigt *adj* eşit haklara sahip

Gleichberechtigung *f* haklarda eşitlik

gleichen <glich, geglichen> *vi* benzemek (**jdm/einer Sache** -e), andırmak (**jdm/einer Sache** -i)

gleichermaßen *adv* aynı şekilde

gleichfalls *adv* keza; **danke,** ~ ben de teşekkür ederim

Gleichgewicht *nt* denge; **ins ~ bringen** dengelemek, denkleştirmek (**etw** -i)

Gleichgewichtsstörung *f* denge bozukluğu

gleichgültig *adj* ① (*teilnahmslos*) ilgisiz, kayıtsız ② (*belanglos*) önemsiz

Gleichgültigkeit *f* ilgisizlik, kayıtsızlık

Gleichheit *f* eşitlik

gleichkommen *vi* **jdm in etw** ~ birine bir şeyde eşit olmak

gleichmäßig *adj* düzgün

gleichschalten *vt* ① (*fig*) *aynı yaşam biçime uydurmak* ② TECH aynı cereyana bağlamak

gleichsetzen *vt*, **gleichstellen** *vt* (*rechtlich*) eşit haklar vermek (**jdn** -e)

Gleichung *f* denklem

gleichwertig *adj* eş değerli

gleichzeitig I. *adj* eşzamanlı II. *adv* aynı zamanda

Gleis *nt* ray

gleiten <glitt, geglitten> *vi sein* kaymak; (*Flugzeug*) süzülmek

Gleitzeit *f* esnek çalışma saatleri *pl*

Gletscher *m* buzul

Gletscherspalte *f* buzul yarığı

glich *vi s.* **gleichen**

Glied *nt* ① (*Körper-*) organ; (*Finger-*) boğmak kemiği ② (*Penis*) erkeklik organı ③ (*Teil*) parça; (*Ketten-*) halka

gliedern *vt* bölümlemek (**etw in etw** -i -e)

Gliederung *f* ① (*Aufbau*) yapı(lış), bünye ② (*Einteilung*) bölümleme

glimmen <glomm, geglommen> *vi* kor halinde yanmak

glimpflich *adv* ~ **davonkommen** ucuz kurtulmak, yakasını kurtarmak [*o* sıyırmak]

glitschig *adj* kaygan

glitt *vi s.* **gleiten**

global *adj* (*weltweit*) evrensel; COMM, POL küresel, global; **~e Erwärmung** global ısınma

globalisieren *vt* küreselleştirmek (**etw**

-i)

globalisiert *adj* küreselleştirilmiş

Globalisierung *f* 1 (*das Globalisieren*) küreselleştirme 2 (*das Globalisiert-werden*) küreselleşme, globalleşme

Globalisierungsgegner(in) *m(f)* küreselleşme karşıtı

Globalisierungskritiker(in) *m(f)* globalleşme eleştiricisi

Globus *m* yerküre

Glocke *f* 1 (*in Kirchen*) çan; (*Vieh*) çıngırak 2 (*Klingel*) zil; **etw an die große ~ hängen** bir şeyi herkese duyurmak

Glockenblume *f* çançiçeği, boruçiçeği

Glockenspiel *nt* tınlak

Glockenturm *m* çan kulesi

glomm *vi s.* **glimmen**

Glossar *nt* sözcük listesi, sözlük

glotzen *vi* dik dik bakmak (**auf jdn/etw** -e)

Glück *nt* 1 (*Glücklichsein*) mutluluk 2 (*Glücksfall*) şans, talih, kısmet 3 (*Erfolg*) başarı; **auf gut ~** rasgele, gelişigüzel; **zum ~** Allah'tan; **viel ~!** bol şanslar!; **~ bringen** şans [*o* uğur] getirmek

glücken *vi sein* başarıyla sonuçlanmak

glücklich *adj* mutlu; (*vom Glück gesegnet*) şanslı, talihli, kısmetli

glücklicherweise *adv* bereket versin, şans eseri olarak

Glücksbringer *m* uğur; (*Amulett*) tılsım; (*islamisch*) muska

Glücksfall *m* şans, talih, kısmet

Glückssache *f* şans meselesi

Glücksspiel *nt* kumar

Glückwunsch *m* kutlama, tebrik; **herzlichen ~!** kutlarım!, tebrik ederim!

Glühbirne *f* ampul

glühen *vi* 1 kız(ar)mak 2 (*vor Begeisterung*) yanıp tutuşmak, heyecan içinde olmak

glühend *adj* 1 kızgın; (*Kohlen*) kor halinde 2 (*Gesicht*) kıpkırmızı 3 (*begeistert*) ateşli

Glühwein *m baharatlı ve şekerli sıcak kırmızı şarap*

Glühwürmchen *nt* ateş böceği

Glut *f* 1 (*a. fig: Hitze*) şiddetli sıcak 2 (*Feuer*) kor

GmbH *f Abk von* **Gesellschaft mit beschränkter Haftung** Ltd.Şti. (*Limited Şirketi*)

Gnade *f* 1 (*Schonung*) acıma, merhamet, aman 2 (*von Gott*) rahmet

Gnadenfrist *f* son mühlet

Gnadengesuch *nt* af dilekçesi

gnädig *adj* 1 (*nachsichtig*) hoşgörücü, hoşgörülü 2 (*barmherzig*) merhametli; **~e Frau!** hanımefendi!; **~es Fräulein!** küçük hanım!

Gobelin *m* goblen

Gold *nt* altın

Goldbarren *m* külçe altın

golden *adj* altın; **~e Hochzeit** ellinci evlilik yıldönümü; **das Goldene Horn** Haliç

Goldfisch *m* kırmızı süs balığı

Goldgrube *f* altın madeni

goldig *adj* (*fig*) tatlı, şirin

Goldmedaille *f* altın madalya

Goldschmied *m* kuyumcu

Golf[1] *m* GEOG körfez

Golf[2] *nt* SPORT golf (oyunu)

Golfplatz *m* golf sahası

Golfschläger *m* golf sopası

Golfspieler(in) *m(f)* golf oyuncusu, golfcu

Golfturnier *nt* golf turnuvası

Gondel *f* gondol

Gong *m* gonk

gönnen *vt* çok görmemek (**jdm etw** -e -i), kıskanmamak (**jdm etw** -in bir şeyini); **ich gönne es ihm** bunu ona çok görmüyorum; **sich** *dat* **etw ~** kendine bir şey için izin vermek

googeln *vi* INET Google ile aramak/bulmak

gor *vi s.* **gären**

goss[RR], **goß**[ALT] *s.* **gießen**

Gotik *f* Gotik (sanatı)

G

gotisch *adj* Gotik dönemi
Gott *m* ❶ (*ein einzelner*) tanrı ❷ (*der einzige*) Tanrı, Allah; **du lieber ~!** aman Allahım!; **~ sei Dank!** Allah'a şükür!; **um ~es willen!** Allah aşkına!; **weiß Gott** Allah bilir
Gottesdienst *m* ibadet, dini ayin
Gotteshaus *nt* ibadethane
Gotteslästerung *f* Tanrı'ya küfretme
Gottheit *f* tanrı, ilah
Göttin *f* tanrıça, ilahe
Gottlosigkeit *f* dinsizlik, imansızlık, kafirlik
Götze *m* put
Götzendiener(in) *m(f)* putperest
Götzendienst *m* putperestlik
GPS *nt Abk von* **Global Positioning System** küresel konumlandırma sistemi
Grab *nt* mezar, kabir, gömüt
graben <gräbt, grub, gegraben> *vi, vt* kazmak; (*Brunnen*) açmak (**etw** -i)
Graben *m* ❶ hendek ❷ (*Schützen-*) siper
Grabmal *nt* türbe
Grabstätte *f* mezar, kabir, gömüt
Grabstein *m* mezar taşı
gräbt *vi, vt s.* **graben**
Grabung *f* (*archäologische*) kazı
Grad *m* ❶ (*Temperatur*) derece ❷ (*Rang*) rütbe; (**bei**) **10 ~ Wärme/Kälte** 10 derece sıcakta/soğukta; **Verwandte(r) ersten ~es** birinci dereceden akraba
Graf *m* kont
Grafik *f* grafik
Grafiker(in) *m(f)* grafikçi
Grafiklösung *f* INFORM grafik çözümü
Gräfin *f* kontes
grafisch *adj* grafik
Grafit[RR] *nt* grafit
Grafologe[RR], **Grafologin** *m, f* grafolog, yazıbilimcisi
Grafologie[RR] *f* grafoloji, yazıbilim
Gramm *nt* gram
Grammatik *f* gramer, dilbilgisi
grammatisch *adj* gramere ait
Granatapfel *m* nar
Granate *f* obüs
Granit *m* granit
Grapefruit *f* greyfrut, greyfurt
Graphik *f s.* **Grafik**
Graphiker(in) *m(f) s.* **Grafiker**
graphisch *adj s.* **grafisch**
Graphit *nt s.* **Grafit**
Graphologe *m s.* **Grafologe**
Graphologie *f s.* **Grafologie**
Gras *nt* ❶ ot ❷ (*Rasen*) çim(en); **über etw ~ wachsen lassen** (*fig*) bir şeyi unut(tur)maya çalışmak
grasen *vi* otla(n)mak
Grashalm *m* ot sapı
Grashüpfer *m* çekirge
grassieren *vi* hüküm sürmek
grässlich[RR], **gräßlich**[ALT] *adj* ❶ (*schrecklich*) müthiş, feci ❷ (*scheußlich*) iğrenç
Gräte *f* kılçık
Gratifikation *f* ikramiye; (*Zulage*) zam
gratis *adv* bedava, parasız, caba
Gratulation *f* kutlama, tebrik
gratulieren *vi* **jdm zu etw ~** birini bir şeyden dolayı kutlamak [*o* tebrik etmek]
grau *adj* gri, kurşuni, külrengi; **~ meliert** (*Haar*) kırçıl, kır karışmış
Graubrot *nt* kepekli ekmek
Gräuel[RR] *m* ❶ (*Abscheu*) nefret ❷ (*Tat*) zulüm, kıyıcılık
grauenhaft *adj*, **grauenvoll** *adj* dehşetli, korkunç
grauhaarig *adj* kır saçlı
gräulich[RR] *adj* korkunç, tüyler ürpertici
graumeliert *adj s.* **grau**
graupeln *vi* **es graupelt** bulgur (gibi kar) yağıyor
Graupeln *fpl* ebe bulguru *sing*
grausam *adj* acımasız, zalim, gaddar
Grausamkeit *f* zulüm, gaddarlık
gravieren *vt* oymak (**etw** -i)
gravierend *adj* ağırlaştıran
Gravierung *f* oyma

Greenfee *nt* (*Golf*) alan ücreti
greifbar *adj* (*fig*) somut
greifen <griff, gegriffen> **I.** *vt* tutmak, yakalamak, kapmak (**etw** -i) **II.** *vi* el uzatmak (**nach etw** -e); **jdm unter die Arme ~** birine destek olmak, birine el uzatmak
Greis(in) *m(f)* ihtiyar
grell *adj* (*Licht*) göz kamaştırıcı; (*Farbe*) göze batan, çok parlak; (*Stimme*) cırtlak
Gremium *nt* heyet, encümen, kurul, meclis
Grenzbahnhof *m* sınır istasyonu
Grenze *f* (*a. fig*) sınır
grenzen *vi* ❶ (*Land*) sınırdaş olmak (**an etw** -e) ❷ (*gleichen*) yaklaşmak, yakın olmak (**an etw** -e)
grenzenlos *adj* sınırsız, sonsuz, ölçüsüz
Grenzfall *m olağanüstü bir durum veya olay*
Grenzgänger(in) *m(f) çalışmak için sınır geçen*
Grenzgebiet *nt* sınır bölgesi
Grenzpolizei *f* sınır polisi
Grenzübergang *m* sınır geçme yeri
grenzüberschreitend *adj* hudut aşırı
Grenzverkehr *m* sınır trafiği
GreuelALT *m s.* **Gräuel**
greulichALT *adj s.* **gräulich**
Grieche, Griechin *m, f* Yunanlı; (*in der Türkei*) Rum
Griechenland *nt* Yunanistan
griechisch *adj* ❶ (*Sprache*) Yunanca ❷ (*Art*) Yunan ❸ (*Herkunft*) Yunan(lı)
griesgrämig *adj* somurtkan
Grieß *m* irmik
griff *vi, vt s.* **greifen**
Griff *m* ❶ (*zum Festhalten*) tutamaç, tutamak ❷ (*Tür-*) kol ❸ (*Messer-*) kabza ❹ (*Stiel*) sap ❺ (*Henkel*) kulp ❻ (*Judo, Ringen*) tutma; **etw im ~ haben** bir şeyinin püf noktasını bilmek
griffig *adj* ele yatkın; (*Autoreifen*) tırmanmaya elverişli
Grill *m* ızgara
Grillanzünder *m* ızgara kavı
Grille *f* cırcırböceği
grillen **I.** *vi* ızgara yapmak **II.** *vt* ızgarasını yapmak (**etw** -i)
Grillplatte *f* (*Gericht*) karışık ızgara
Grimasse *f* yüz göz oynatma; **~n schneiden** yüzünü gözünü oynatmak
grinsen *vi* sırıtmak
Grippe *f* grip
Grippeimpfung *f* grip aşısı
grob *adj* ❶ (*Sache*) iri ❷ (*Person*) kaba ❸ (*fig: schwerwiegend*) ağır; **~er Fehler** ağır yanlış; **~e Fahrlässigkeit** ağır ihmalcilik
Grobheit *f* kabalık
Grönland *nt* Grönland
Groschen *m* ❶ *Avusturya şilinginin yüzde biri* ❷ (*fam*) *F. Almanya'da on feniklik madeni para* ❸ (*fig*) metelik
groß <größer, am größten> *adj* ❶ büyük, iri ❷ (*Mensch: Körpergröße*) uzun boylu; (*Mensch: bedeutend*) büyük ❸ (*wichtig*) önemli; **~er Bruder** ağabey; **~e Schwester** abla; **~er Buchstabe** büyük harf; **~e Hitze/Kälte** korkunç sıcak/soğuk; **Groß und Klein** genci(yle) yaşlısı(yla); **gleich ~** aynı boyda; **wie ~ ist sie?** boyu ne kadar?; **größer werden** büyümek
großartig *adj* harika, enfes, şahane
Großbetrieb *m* büyük işletme
Großbritannien *nt* Büyük Britanya
Großbuchstabe *m* büyük harf
Größe *f* ❶ (*a. fig*) büyüklük, irilik ❷ (*Format*) boy, boyut ❸ (*Ausdehnung*) genişlik ❹ (*Stärke*) kuvvet, güç ❺ (*Körper-*) boy; (*von Bäumen, Gebäuden*) yükseklik; (*Hemd-, Schuh-*) numara; (*Kleider-*) beden ❻ (*Rauminhalt*) hacim ❼ (*fig: Bedeutung*) önem; **welche ~ haben Sie?** bedeniniz ne kadar?
Großeltern *pl* büyük anne-baba
Großenkel(in) *m(f)* torun oğlu
Größenordnung *f* çap; (*Dimension*)

G

boyut
Größenwahn *m* büyüklük tutkusu, megalomani
größenwahnsinnig *adj* megaloman
Großgrundbesitz *m* geniş toprak mülkü
Großgrundbesitzer(in) *m(f)* geniş arazi sahibi; (*türk.*) toprak ağası
Großhandel *m* toptancılık
Großhändler *m* toptancı
großherzig *adj* yüce ruhlu
großjährig *adj* ergin, reşit
G
Großmacht *f* büyük devlet
Großmaul *nt* palavracı
Großmut *f* yüce gönüllülük [*o* ruhluluk]; (*Großzügigkeit*) cömertlik
großmütig *adj* yüce gönüllü [*o* ruhlu]; (*großzügig*) cömert
Großmutter *f* nine, büyükanne; (*mütterlicherseits*) anne; (*väterlicherseits*) babaanne
Großonkel *m* büyük amca [*o* dayı]
großspurig *adj* cakalı, kibirli
Großstadt *f* büyük şehir
Großtante *f* büyük teyze [*o* hala]
größtenteils *adv* en büyük; (*meistens*) çoğunlukla
Großtuerei *f* kuru kibarlık
Großvater *m* dede, büyükbaba
großziehen *irr vt* büyütmek, yetiştirmek (**jdn** -i)
großzügig *adj* ❶ (*freigiebig*) eli açık, cömert ❷ (*tolerant*) hoşgörülü
Großzügigkeit *f* ❶ (*Freigiebigkeit*) cömertlik ❷ (*Toleranz*) hoşgörü
grotesk *adj* tuhaf, garip
Grotte *f* mağara
grub *vi, vt s.* **graben**
Grube *f* ❶ (*Loch*) çukur ❷ (*Bergwerk*) ocak
Gruft *f* ❶ (*Grabgewölbe*) kubbeli türbe ❷ (*Familiengrab*) aile kabri
grün I. *adj* yeşil; (*frisch*) taze; (*fig: unerfahren*) tecrübesiz, toy; ~ **werden** yeşermek; **sie sind sich nicht** ~ (*fam*) araları şekerrenk; **auf keinen ~en Zweig kommen** başarıya ulaşmamak; **jdn über den ~en Klee loben** birini överek göklere çıkarmak **II.** *pl* **die Grünen** POL Yeşiller (Partisi)
Grünanlage *f* yeşil alan; (*nur Rasen*) çimenlik
Grund *m* ❶ (*Ursache*) neden, sebep ❷ (*Beweg-*) gerekçe ❸ (*Erdboden*) yer, zemin; (*Erdreich*) toprak ❹ (*eines Gewässers, Gefäßes*) dip ❺ (*Grundstück*) arsa ❻ (*Hintergrund*) fon, dip yüzey; **auf ~ des kalten Wetters** soğuk hava nedeniyle; **im ~e genommen** aslında, esasen; **von ~ auf** kökten, temelden; **einer Sache auf den ~ gehen** bir işin sırrına varmak; (**allen**) ~ **haben, etw zu tun** bir şeyi yapmak için yeteri kadar sebep bulunmak
Grundbegriff *m* temel kavram
Grundbesitz *m* mülk, emlak, taşınmaz mal
Grundbuch *nt* tapu sicili
gründen I. *vt* kurmak (**etw** -i) **II.** *vr* **sich auf etw** ~ (*fig*) bir şeye dayanmak
Gründer(in) *m(f)* kurucu
Grundgedanke *m* ana fikir
Grundgesetz *nt* anayasa
Grundlage *f* (*a. fig*) temel, esas, zemin
grundlegend *adj* köklü, esaslı; (*radikal*) kökten
gründlich I. *adj* (*sorgfältig*) özenli, dikkatli **II.** *adv* ❶ (*sorgfältig*) özenle ❷ (*ordentlich*) iyice, adamakıllı
Gründlichkeit *f* özen, dikkat
grundlos *adj* sebepsiz
Grundnahrungsmittel *nt* temel gıda malzemeleri
Gründonnerstag *m* *Paskalya'dan önceki perşembe günü*
Grundordnung *f* (*eines Staates*) anayasal düzen
Grundrecht *nt* temel hak
Grundregel *f* temel kural, düstur
Grundriss[RR] *m* ❶ yatay kesit ❷ (*Abhandlung*) özet

Grundsatz *m* ilke, prensip; (*Norm, Regel*) düstur
grundsätzlich I. *adj* ilkesel II. *adv* esas itibariyle, prensip olarak
Grundschule *f* ilkokul
Grundstück *nt* arsa
Gründung *f* kuruluş
grundverschieden *adj* çok farklı, apayrı
Grundwasser *nt* yeraltı [*o* taban] suyu
Grundwissen *nt* ön bilgi
Grundzahl *f* asıl sayı
Grundzüge *mpl* ana hatlar *pl*
Grünfläche *f* yeşil alan
Grünkohl *m* yeşil lahana
grünlich *adj* yeşilimtırak, yeşilimsi
grunzen *vi* (*Schwein*) homurdanmak
Gruppe *f* grup
Gruppenbild *nt grup halinde alınmış resim*
gruppenweise *adv* grup grup
gruppieren *vt* gruplandırmak (**jdn/etw** -i)
Gruß *m* selam; **einen ~ ausrichten** selam söylemek (**jdm von jdm** -e -den); **mit freundlichen Grüßen** (*im Brief*) (en) içten selamlarla
grüßen *vt* selamlamak (**jdn** -i), selam vermek (**jdn** -e); **~ Sie Paul von mir!** Paul'a benden selam söyleyin!
Guatemala *nt* Guatemala
gucken *vi* (*fam*) bakmak (**auf jdn/etw** -e)
Guckloch *nt* gözetleme deliği
Guerillakämpfer(in) *m(f)* gerillacı
Gulasch *nt* gulaş
gültig *adj* ❶ geçer, geçerli ❷ JUR yürürlükte olan
Gültigkeit *f* ❶ geçerlik ❷ ADMIN, JUR yürürlük
Gültigkeitsdauer *f* ❶ geçerlik süresi ❷ ADMIN, JUR yürürlük süresi
Gummi *m o nt* ❶ (*Material*) lastik ❷ (*Kautschuk*) kauçuk ❸ (*Radier-*) silgi, lastik
Gummiband *nt* lastik şerit
Gummibaum *m* kauçuk ağacı; (*blauer*) okaliptüs
Gummihandschuh *m* lastik eldiven
Gummiknüppel *m* cop
Gummistiefel *m* lastik çizme
günstig *adj* uygun; (*passend*) elverişli
Gurgel *f* gırtlak, boğaz
gurgeln *vi* gargara etmek
Gurgelwasser *nt* gargara (ilacı)
Gurke *f* salatalık, hıyar; **saure ~** hıyar turşusu
Gurkensalat *m* hıyar salatası
Gurt *m* ❶ (*Band*) kuşak, kemer ❷ (*Trag-*) kayış
Gürtel *m* kuşak, kemer, kayış; **den ~ enger schnallen** (*fig*) kemerini sıkmak
Gürtellinie *f* **unter der ~** (*unfair, schlüpfrig*) belden aşağı
Gürtelreifen *m* radyal lastik
Gürtelrose *f* zona (hastalığı)
Guru *m* guru
Guss[RR] *m*, **Guß**[ALT] *m* ❶ (*Wasser*) dök(ül)me ❷ (*Regen*) sağanak ❸ (*für Kuchen*) *pasta üzerine dökülerek dondurulan tatlı* ❹ TECH döküm, dökme
Gusseisen[RR] *nt* dökme demir
gut <besser, am besten> I. *adj* iyi; (*Leben, Wetter*) güzel; **eine ~e Stunde** bir saatten biraz fazla; **~en Mutes sein** cesaretli olmak; **seien Sie so ~ und ...** lütfen bana şu iyiliği yapın; **im Guten** iyilikle; **alles Gute!** esen kal(ın)!; **es ist ganz ~** oldukça iyi II. *adv* iyi; **kurz und ~** kısacası; **auf ~ Deutsch** işin doğrusu; **~ gelaunt** keyifli; **sie lässt es sich ~ gehen** keyfi yerinde; **es ~ haben** tuzu kuru olmak; **mach's ~!** hoşça kal!; **~ gehend** dört başı mamur
Gut *nt* ❶ (*Besitz*) mal, mülk, eşya ❷ (*Land-*) çiftlik
Gutachten *nt* rapor
Gutachter(in) *m(f)* bilirkişi, uzman
gutartig *adj* (*Geschwulst*) selim

Gutdünken *nt* **nach ~** keyfine göre, nasıl işine gelirse

Güte *f* ① (*das Gütigsein*) iyilik ② (*Ware*) kalite; **du meine ~!** aman Allahım!

Güterabfertigung *f* eşya sevki

Güterbahnhof *m* yük istasyonu

Gütergemeinschaft *f* mal ortaklığı

Gütertrennung *f* mal ayrılığı

Güterwagen *m* yük vagonu

Güterzug *m* yük katarı, marşandiz

gutgehend *adj s.* **gut**

gutgelaunt *adj* keyifli

Guthaben *nt* alacak

gutheißen *vt* tasvip etmek (**etw** -i)

gutherzig *adj* iyi kalpli

gütig *adj* iyi, iyi niyetli, iyi kalpli

gutmachen *vt* (*Verluste*) kapatmak, karşılamak; (*Unrecht*) düzeltmek (**etw** -i)

gutmütig *adj* iyi, iyi kalpli

Gutmütigkeit *f* iyi kalplilik

Gutsbesitzer(in) *m(f)* çiftlik sahibi

Gutschein *m* bono, fiş

gutschreiben *irr vt* **jdm etw ~** birinin alacağına geçirmek

Gutschrift *f* alacak yaz(ıl)ma

guttun *vi* iyi gelmek (**jdm** -e); **das tut Ihnen gut** bu size iyi gelir, bu size yarar

Gymnasiast(in) *m(f)* lise öğrencisi, liseli

Gymnasium *nt* lise

Gymnastik *f* jimnastik, beden eğitimi

gymnastisch *adj* jimnastik

Gynäkologe, Gynäkologin *m, f* kadın doktoru, jinekolog

H *pl Abk von* **Herren** Baylar

ha *Abk von* **Hektar** hektar

Haar *nt* ① (*Kopf-*) saç ② (*Körper-*) kıl; (*feine Härchen*) tüy; **um ein ~** hemen hemen, neredeyse; **sich die ~e schneiden lassen** saçını kestirmek; **mir standen die ~e zu Berge** tüylerim diken diken oldu

Haarausfall *m* saç dokülmesi

Haarbürste *f* saç fırçası

Haarentfernungsmittel *nt* tüy dökücü ilaç

Haarfestiger *m* saç sertleştirici

Haargel *nt* jöle

haargenau *adv* tıpatıp, noktası noktasına

Haargummi *m* saç lastiği

haarig *adj* ① (*behaart*) tüylü, kıllı ② (*fig: schwierig*) çetin; (*schlimm*) kötü, berbat

Haarklammer *f* saç tokası

Haarnadel *f* firkete

Haarpflege *f* saç bakımı

Haarschneiden *nt* **~, bitte!** saçımı kesin, lütfen

Haarschnitt *m* saç kesme

Haarsieb *nt* kıl süzgeç

Haarspalterei *f* (*fig*) kılı kırk yarma

Haarspange *f* saç tokası

Haarspray *nt* saç spreyi

haarsträubend *adj* tüyler ürpertici

Haarteil *nt* takma saç parçası

Haartrockner *m* saç kurutma aleti

Haarwaschmittel *nt* şampuan

Haarwasser *nt* losyon

haben <hat, hatte, gehabt> *vt* sahip olmak (**etw** -e), var; **ich habe ein/kein Auto** arabam var/yok; **ich habe Geld/kein Geld dabei** yanımda para var/yok; **ich hätte gern ...** ... isterdim; **lieber ~** (*bevorzugen*) tercih etmek (**etw/jdn** -i); **was hat sie?** neyi var?; **wir ~ nichts zu tun** işimiz yok; **was ~ wir davon?** bundan ne elimize geçer ki?; **zu ~ sein** elde edilebilir olmak; **diese Arbeit hat es in sich** bu çalışma kendini gösteriyor; **dafür bin ich nicht zu ~** bu işte ben yokum; **da ~ wir's!** işte gördün mü şimdi!; **hab dich nicht so!** nazlanma!

habgierig *adj* hırslı, açgözlü

Habicht *m* atmaca

Hackbraten *m* köfte

Hacke *f* 1 (*Gartengerät*) çapa 2 (*Ferse*) topuk 3 (*Absatz*) ökçe

hacken *vt* 1 (*Fleisch*) kıymak (**etw** -i) 2 (*Holz*) yarmak, kesmek (**etw** -i) 3 (*den Boden*) çapalamak (**etw** -i)

Hacker *m* INFORM hacker, şifre kırıcı

Hackfleisch *nt* kıyma (et)

Hafen *m* liman

Hafenarbeiter *m* dok amelesi

Hafenstadt *f* liman şehri [*o* kenti]

Hafer *m* yulaf

Haferflocken *fpl* yulaf ezmesi *sing*

Haft *f* tutukluluk, (hafif) hapis

Haftanstalt *f* cezaevi

haftbar *adj* sorumlu

Haftbefehl *m* tutuklama emri

haften *vi* (*kleben*) yapışmak (**an etw** -e); **für etw ~** JUR bir şeyden sorumlu olmak

Haftentlassung *f* (tutukluluktan) serbest bırakılma

Häftling *m* mahpus, tutuklu

Haftpflicht *f* mali sorumluluk

Haftpflichtversicherung *f* mali sorumluluk sigortası, mali mesuliyet sigortası

Haftschale *f* (*Kontaktlinse*) (göze takılan) mercek, kontakt lens

Haftung *f* JUR sorumluluk

Hagebutte *f* (yabangülü meyvası olan) kuşburnu

Hagel *m* dolu

hageln *vi* **es hagelt** dolu yağıyor

Hagelschauer *m* dolu fırtınası

Hahn *m* 1 (*Tier*) horoz 2 (*Wasserhahn*) musluk

Hähnchen *nt* piliç

häkeln *vi, vt* tığla örmek (**etw** -i)

Häkelnadel *f* tığ

Haken *m* 1 (*zum Anhaken*) çengel, kanca 2 (*für Ösen*) erkek kopça 3 (*Kleider-*) elbise askısı 4 (*fig: Schwierigkeit*) pürüzlü nokta

Hakenkreuz *nt* gamalı haç

halb I. *adj* yarım, yarı; (*bei Uhrzeiten*) buçuk; **~ offen/voll** yarı açık/dolu; **eine ~e Stunde** yarım saat; **um ~ eins** saat yarımda; **um ~ zwei/drei** (saat) bir/iki buçukta; **5 vor/nach ~ 10** dokuz buçuğa beş var/dokuz buçuğu beş geçiyor; **das ~e Leben** hayatın yarısı; **zum ~en Preis** yarı fiyatına II. *adv* yarı yarıya; **~ nackt** yarı çıplak; **~ öffnen** aralamak (**etw** -i); **es ist ~ so schlimm** o kadar kötü değil; **nicht ~ so groß** yarısı kadar bile değil; **~ und ~** yarı yarıya

halbamtlich *adj* yarı resmi

halbautomatisch *adj* yarı otomatik

Halbbruder *m* üvey kardeş

halber *präp +gen* (*wegen*) -den dolayı; (*um ... willen*) uğrun(d)a; **der Gesundheit ~** sağlık uğruna

Halbfinale *nt* yarı final

halbieren *vt* yarımlamak, ikiye bölmek (**etw** -i)

Halbinsel *f* yarımada

Halbjahr *nt* yarıyıl

Halbkreis *m* yarım daire

Halbkugel *f* yarımküre; (*der Erde a.*) yarıküre

Halbleiter *m* yarı iletken

halbmast *adv* **die Fahne wurde auf ~ gesetzt** bayrak yarıya indirildi

Halbmond *m* yarım ay, hilal

halboffen *adj s.* **halb**

Halbpension *f* yarım pansiyon

Halbschuh *m* iskarpin

Halbschwester *f* üvey kardeş

Halbstarker *m* terbiyesiz genç

halbstündig *adj* yarım saatlik

halbtags *adv* yarım gün

Halbtagsarbeit *f* yarım günlük iş

Halbtagskraft *f* yarım gün çalışan eleman

halbvoll *adj s.* **halb**

halbwegs *adv* (*einigermaßen*) oldukça, bir dereceye kadar

Halbwertszeit *f* yarılanma müddeti

Halbzeit *f* (*beim Fußball*) devre; **erste/zweite ~** birinci/ikinci devre

half *vi s.* **helfen**

Hälfte *f* yarı; **zur ~** yarı yarıya; **meine bessere ~** (*fam*) karım, eşim

Hall *m* çınlama

Halle *f* ① (*Aufenthaltsraum*) hol, büyük salon; (*Eingangs-*) giriş salonu; (*in einem Hotel*) otel salonu ② (*Ausstellungs-*) pavyon

hallen *vi* çınlamak, tınlamak

Hallenbad *nt* kapalı yüzme havuzu

hallo *interj* ① (*Gruß*) selam, merhaba ② (*zum Kellner*) bakar mısınız ③ (*am Telefon*) alo

Halluzination *f* halüsinasyon, sanrı

halluzinogen *adj* halüsinojen

Halm *m* ① (*Pflanze*) sap ② (*Stroh-*) saman çöpü

Hals *m* ① (*Körperteil*) boyun ② (*Kehle*) boğaz, gırtlak; **~ über Kopf** palas pandıras, apar topar; **aus vollem ~** cıyak cıyak, avaz avaz; **etw in den falschen ~ bekommen** bir şeyi yanlış anlamak; **jdm um den ~ fallen** birinin boynuna atlamak; **es hängt mir zum ~ heraus** canıma yetti; **sich jdn/etw vom ~e schaffen** birini/bir şeyi başından atmak; **~- und Beinbruch!** bol şanslar!

Halsband *nt* ① (*Schmuck*) gerdanlık ② (*Hunde-*) tasma

Halsentzündung *f* boğaz iltihabı

Halskette *f* kolye

Hals-Nasen-Ohren-Arzt, -Ärztin *m, f* burun, boğaz, kulak doktoru

Halsschlagader *f* şahdamarı

Halsschmerzen *mpl* boğaz ağrısı *sing;* **ich habe ~** boğazım ağrıyor

halsstarrig *adj* inatçı, dik başlı [*o* kafalı]

Halstablette *f* boğaz hapı

Halstuch *nt* (boyun) atkı(sı), şal, kaşkol

halt[1] *interj* (*genug*) yeter!; (*bleib stehen*) dur!; **~, wer da?** hey, kim var orada?

halt[2] *adv* **sie will ~ nicht** istemiyor işte

Halt *m* ① (*das Halten*) mola ② (*Pause*) mola ③ (*Stütze*) dayanak, destek ④ (*Festigkeit*) dayanıklılık

hält *vt s.* **halten**

haltbar *adj* ① (*stabil*) sağlam, dayanıklı ② (*Obst*) çürümez

Haltbarkeit *f* dayanıklılık, sağlamlık

halten <hält, hielt, gehalten> **I.** *vt* ① tutmak (**etw/jdn** -i) ② (*zurück-*) alıkoymak, tutmak (**jdn** -i) ③ (*Tiere*) beslemek (**etw** -i); **den Mund ~** ağzını tutmak; **eine Rede halten** bir konuşma yapmak; **sein Wort ~** sözünü tutmak; **viel/wenig ~ von ...** -e çok/az değer vermek; **nichts ~ von ...** -i hiçe saymak; **ich halte ihn für einen Lügner** onu yalancı olarak görüyorum; **für etw gehalten werden** bir şey sanılmak **II.** *vi* ① (*Halt machen*) durmak ② (*Farbe, Nagel*) tutmak ③ (*Wetter*) sürmek, devam etmek ④ (*haltbar sein*) dayanmak; **Halten verboten!** durmak yasaktır! **III.** *vr* **sich ~** (*Zustand*) sürmek, devam etmek

Haltestelle *f* durak (yeri); (*Bahnhof*) istasyon

Halteverbot *nt* durma yasağı

Haltung *f* ① (*Körper-*) duruş ② (*Einstellung*) düşünce ③ (*Benehmen*) tutum, davranış

Hammel *m* (iğdiş) koyun

Hammelbraten *m* koyun kızartması

Hammelfleisch *nt* koyun eti

Hammelkeule *f* koyun budu

Hammer *m* çekiç

hämmern *vi* çekiçlemek, çekiçle

dövmek
Hammerwerfen *nt* çekiç atma
Hämorriden[RR] *fpl,* **Hämorrhoiden** *fpl* basur (hastalığı), (h)emoroit
Hampelmann *m* 1 kukla 2 (*pej*) insan bozuntusu
Hamster *m* harman sıçanı, cırlak sıçan
hamstern *vi, vt* istifçilik etmek (**etw** -i)
Hand *f* 1 el 2 (*Handfläche*) avuç; **an ~** *gen* ... vasıtasıyla, ... sayesinde; **aus erster ~** ilk elden; **aus zweiter ~** ikinci elden; (*beim Kaufen*) elden düşme; **bei der ~, zur ~** hazır; **unter der ~** el altından; **zu Händen von Herrn X** Bay X'in kendisine verilecektir; **Hände hoch!** eller yukarı!; **Hände weg!** elini çek!; **~ in ~ gehen** el ele gitmek; **jdm die ~ drücken** birinin elini sıkmak; **freie ~ haben** hareket serbestliği olmak; **weder ~ noch Fuß haben** başı kıçı belli olmamak; **von der ~ in den Mund leben** günlük rızkla yaşamak; **die ~ auf etw legen** bir şeye el koymak; **~ an sich legen** (kendi) canına kıymak, intihar etmek; **das liegt auf der ~** hesap meydanda; **eine ~ voll** avuç dolusu
Handarbeit *f* 1 (*Arbeit*) el ile görülen iş, el emeği 2 (*Produkt*) el işi
Handball *m* el topu, hentbol
Handbesen *m* el süpürgesi
Handbewegung *f* el hareketi
Handbremse *f* el freni
Handbuch *nt* el kitabı
Handcreme *f* el kremi
Händedruck *m* el sık(ış)ma, toka
Handel *m* 1 (*mit Waren*) ticaret 2 (*Geschäft*) iş, muamele
handeln I. *vi* 1 (*etw tun*) davranmak, hareket etmek 2 (*Handel treiben*) ticaret yapmak, ticaretini yapmak (**mit etw** -in) 3 (*feilschen*) pazarlık etmek (**um etw** için); **das Buch handelt von der Liebe** kitabın konusu aşk II. *vr* **es handelt sich um ...** konu şudur ...
Handelsabkommen *nt* ticaret anlaşması
Handelsbeziehungen *fpl* ticari ilişkiler *pl*
Handelskammer *f* ticaret odası
Handelsmarine *f* ticaret filosu
Handelsschule *f* ticaret okulu
Handelsvertrag *m* ticaret anlaşması
Handelsvertreter(in) *m(f)* acenta, ticari temsilci
Handelsware *f* ticari eşya
Handfläche *f* avuç
Handgelenk *nt* bilek
Handgelenktasche *f* (*für Herren*) el çantası (*baylar için*)
handgemacht *adj* elle yapılmış
Handgemenge *nt* boğuşma
Handgepäck *nt* el eşyası
Handgranate *f* el bombası
handgreiflich *adj* **~ werden** yaka yakaya gelmek, dövüşe başlamak
handhaben *vt* 1 (*Angelegenheit*) idare etmek (**etw** -i) 2 (*Gerät*) kullanmak (**etw** -i)
Handhabung *f* kullanış
Handicap *nt* handikap
Händler(in) *m(f)* satıcı, tüccar
handlich *adj* kullanışlı
Handlung *f* 1 (*Tat*) hareket, eylem 2 (*Roman, Film*) olay 3 (*Geschäft*) dükkan
Handschellen *fpl* kelepçe *sing*
Handschlag *m* el sıkma, toka
Handschrift *f* 1 (el) yazı(sı) 2 (*Manuskript*) el yazması
handschriftlich *adj, adv* elle yazılı
Handschuh *m* eldiven
Handschuhfach *nt* (*Auto*) torpido gözü
Handtasche *f* el çantası
Handtuch *nt* havlu
Handtuchhalter *m* havluluk
Handvoll *f* avuç dolusu
Handwäsche *f* el yıkama
Handwerk *nt* zanaat, sanat
Handwerker(in) *m(f)* esnaf, emekçi
Handwerkskammer *f* esnaf odası

Handy *nt* (*fam*) cep telefonu

Hanf *m* kenevir, kendir

Hang *m* ❶ (*Ab-*) bayır, iniş ❷ (*Vorliebe*) eğilim (**zu etw** -e)

Hängebrücke *f* asma köprü

Hängematte *f* hamak

hängen <hing, gehangen> **I.** *vi* ❶ (*aufgehängt sein*) asılı olmak [*o* durmak] (**an etw** -de) ❷ (*herab~*) sarkmak ❸ (*Verbundenheit, Sucht*) bağlı [*o* düşkün] olmak (**an etw/jdm** -e); **den Kopf ~ lassen** boynunu bükmek **II.** *vt* asmak (**etw an etw** -i -e); **an den Galgen ~** ipe çekmek, asmak (**jdn** -i); **~ bleiben** asılı [*o* takılı] kalmak (**an etw** -e); (*Schule*) sınıfta kalmak

hantieren *vi* kullanmak (**mit etw** -i)

Happen *m* lokma

happig *adj* (*fam: Preis*) fahiş, yüksek

Hardliner *m* POL şahin

Hardware *f* INFORM donanım

Harem *m* harem (dairesi)

Harfe *f* harp

Harke *f* tırmık

harmlos *adj* zararsız

Harmonie *f* (*a. fig*) uyum, ahenk, uygunluk, düzen

harmonieren *vi* ❶ uymak (**mit etw/jdm** -e) ❷ (*miteinander auskommen*) uyuşmak

harmonisch *adj* ahenkli, uyumlu

Harn *m* idrar, sidik

Harnblase *f* mesane, sidik torbası

Harnleiter *m* sidik borusu

Harnröhre *f* siyek, ihlil

Harpune *f* zıpkın

hart I. *adj* ❶ (*nicht weich*) sert, katı ❷ (*heftig*) şiddetli, keskin ❸ (*schwierig*) zor, güç, ağır; **ein ~er Winter** koyu bir kış; **~ werden** sertleşmek, katılaşmak **II.** *adv* **wenn es ~ auf ~ geht** durum zorlaşırsa; **~ gekochtes Ei** (hazır)lop yumurta

Härte *f* sertlik, katılık; (*bei Metallen*) tav

härten *vt* sertleştirmek (**etw** -i)

hartgekocht *adj s.* **hart**

hartherzig *adj* sert kalpli

Hartkäse *m* kaşar

hartnäckig *adj* inatçı, dik kafalı

Hartnäckigkeit *f* inat, inatçılık, dik kafalılık

Harz[1] *nt* reçine, çamsakızı

Harz[2] *m* (*Gebiet*) Harz Yöresi

Haschisch *nt* haşiş, esrar

Hase *m* tavşan; **ein alter ~** (*fig*) kaçın kurası, eski kurt

Haselnuss[RR] *f* fındık

Haselstrauch *m* fındık ağacı

Hasenscharte *f* tavşan dudağı

Hass[RR] *m*, **Haß**[ALT] *m* ❶ (*Abscheu*) nefret ❷ (*Gehässigkeit*) kin, hınç

hassen *vi, vt* ❶ (*verabscheuen*) nefret etmek (**jdn/etw** -den) ❷ (*Groll hegen*) kin beslemek [*o* gütmek] (**jdn/etw** -e)

hässlich[RR], **häßlich**[ALT] *adj* çirkin

Hässlichkeit[RR], **Häßlichkeit**[ALT] *f* çirkinlik

hast *vt s.* **haben**

Hast *f* acele, telaş

hastig I. *adj* aceleci, hızlı **II.** *adv* alelacele

hat *vt s.* **haben**

hatte *vt s.* **haben**

Hauch *m* nefes, soluk

hauchen *vi* hohlamak, üflemek

hauen <hieb, gehauen> *vt* ❶ (*schlagen*) vurmak (**etw auf etw** -i -e) ❷ (*verprügeln*) dövmek (**jdn** -i) ❸ (*Holz*) yarmak, kesmek (**etw** -i) ❹ (*Steine*) oymak, yontmak (**etw** -i)

Haufen *m* yığın, küme, öbek; **ein ~** (*fam: eine Menge*) bir alay, bir yığın

häufen I. *vt* yığmak, istif etmek (**etw** -i) **II.** *vr* **sich ~** yığılmak, birikmek, toplanmak

häufig I. *adj* sık **II.** *adv* sık sık, çoğu kez, çok defa

Häufigkeit *f* sıklık, çokluk

Haupt *nt* ❶ (*geh*) baş ❷ (*Oberhaupt*) baş, reis

Hauptbahnhof *m* merkez istasyonu, gar

Hauptdarsteller(in) *m(f)* baş oyuncu

Haupteingang *m* büyük kapı, ana giriş

Hauptgang *m* baş yemek

Hauptgebäude *nt* ana bina

Hauptgericht *nt* baş yemek

Hauptgewinn *m* büyük ikramiye

Hauptgrund *m* başlıca sebep

Häuptling *m* kabile reisi

Hauptmann *m* MIL yüzbaşı

Hauptperson *f* en önemli kişi

Hauptpostamt *nt* ana postane

Hauptquartier *nt* genel karargah

Hauptredner *m* ana konuşmacı

Hauptrisiko *nt* ana risk

Hauptrolle *f* (*a. fig*) başrol

Hauptsache *f* asıl konu, en önemli şey

hauptsächlich **I.** *adj* başlıca, belli başlı, esaslı **II.** *adv* esasen, özellikle, bilhassa

Hauptsaison *f* yüksek sezon

Hauptschule *f* ortaokul

Hauptspeise *f* baş yemek

Hauptstadt *f* başkent, başşehir

Hauptstraße *f* (*in einer Stadt*) ana cadde

Hauptthema *nt* ana tema

Hauptverhandlung *f* duruşma

Hauptverkehrszeit *f* trafiğin kalabalık saatleri

Hauptwort *nt* isim, ad

Haus *nt* ① (*Heim*) ev ② (*Gebäude*) bina ③ (*Familie*) yuva ④ (*Firma*) firma, ticarethane ⑤ (*Schnecken-*) kabuk; **außer ~** dışar(ı)da; **nach ~e** eve; **von ~ zu ~** evden eve; **zu ~e** evde; **wo sind Sie zu ~e?** yurdunuz neresi?; **tun Sie, als ob Sie zu ~e wären!** evinizdeymiş gibi hareket edin!

Hausangestellte(r) *f(m)* hizmetçi

Hausarbeit *f* ① ev işi ② (*eines Schülers*) ev ödevi

Hausarzt, **Hausärztin** *m, f* aile doktoru

Hausaufgabe *f* ev ödevi, ders

Hausbesitzer(in) *m(f)* ev sahibi

Häuschen *nt* küçük ev, kulübe; **jdn aus dem ~ bringen** birini zıvanadan çıkarmak

Häuserblock *m* evler bloku

Hausfrau *f* ev kadını

Hausfreund *m* ① (*Freund der Familie*) aile dostu ② (*Liebhaber*) dost, sevgili, aşık

Hausfriedensbruch *m* meskene tecavüz

Haushalt *m* ① (*Hausarbeiten*) ev işleri *pl* ② (*Wirtschaftsführung*) ev idaresi ③ (*Etat*) bütçe

Haushälterin *f* ev işlerine bakan hanım

Haushaltsgeld *nt* ev idaresi parası

Haushaltssperre *f* ECON blokaj

Hausherr(in) *m(f)* ev sahibi

hausieren *vi* seyyar satıcılık etmek

häuslich *adj* ① (*zu Hause bleibend*) evcimen ② (*im Haus*) eve ait

Hausmädchen *nt* hizmetçi kız

Hausmannskost *f basit, fakat lezzetli ve kuvvetli yemek*

Hausmeister(in) *m(f)* kapıcı; (*bei Behörden*) hademe

Hausmittel *nt* kocakarı ilacı

Hausnummer *f* ev numarası

Hausordnung *f* (*einer Anstalt*) iç tüzük; (*einer Wohnanlage*) bina yönetim düzeni

Hausrat *m* ev eşyası

Hausschuh *m* terlik

Haustier *nt* evcil hayvan, ev hayvanı

Haustür *f* sokak kapısı

Haut *f* ① (*eines Menschen*) deri, cilt; (*Gesichts-*) cilt, ten ② (*Fell*) post ③ (*Obst*) kabuk; **aus der ~ fahren** zıvanadan [*o* çileden] çıkmak; **er ist nur ~ und Knochen** bir deri bir kemik; **mit heiler ~ davonkommen** ucuz kurtulmak; **sich auf die faule ~ legen** minder çürütmek

Hautarzt, **Hautärztin** *m, f* cildiyeci, cilt doktoru

Hautcreme *f* cilt kremi

Hautkrebs *m* cilt kanseri

Hbf. *m Abk von* **Hauptbahnhof** merkez istasyonu

h.c. *adv* (*ehrenhalber*) *Abk von* **honoris causa** fahri
HDD *f Abk von* **high density disk** INFORM yüksek yoğunluklu disket
Header *m* INFORM başlık
Headset *nt* INET, TELEK mikrofonlu kulaklık
Hebamme *f* ebe
Hebebock *m* kriko
Hebel *m* kaldıraç, kol, manivela
heben <hob, gehoben> *vt* kaldırmak, yükseltmek; (*an-*) yukarı kaldırmak (**etw** -i); **einen ~** (*fam*) demlenmek, kafa çekmek
hebräisch *adj* (*Sprache*) İbranice
Hecht *m* turna balığı
Hechtsprung *m* **einen ~ machen** kaplan atlaması yapmak
Heck *nt* ① (*Schiffs-*) kıç, pupa ② (*Flugzeug-*) kuyruk ③ (*von Auto*) (otomobilin) arka kısmı
Hecke *f* çit
Heckenrose *f* yabangülü
Heckscheibe *f* (*Fahrzeug*) (otomobilin) arka penceresi
Hedschra *f* REL hicret
Heer *nt* ordu
Hefe *f* maya
Heft *nt* ① (*Schreib-*) defter ② (*Zeitschriften-*) sayı ③ (*Broschüre*) broşür ④ (*Messergriff*) sap
heften *vt* ① tutturmak, iliştirmek; (*mit Nadel*) iğnelemek (**etw an etw** -i -e) ② (*vornähen*) teyellemek (**etw** -i) ③ (*Buch*) dikmek (**etw** -i)
Hefter *m* ① (*Ordner*) dosya ② (*Heftmaschine*) tel raptiye makinesi
heftig *adj* ① (*intensiv*) şiddetli, sert ② (*leidenschaftlich*) coşkulu ③ (*stark*) kuvvetli
Heftklammer *f* tel raptiye
Heftpflaster *nt* plaster
Heftzwecke *f* raptiye
Hehler *m çalıntı mal alıp satan*
Hehlerei *f çalıntı mal ticareti*
Heide, **Heidin** *m, f* pagan (*çok tanrıya tapan kimse*)
Heide *f* GEOG çalılık, fundalık
Heidekraut *nt* funda, süpürge otu
Heidelbeere *f* yaban mersini
heidnisch *adj* pagan, çok tanrılı
heikel *adj* ① (*schwierig*) müşkül, çetin ② (*unangenehm*) tatsız, sakıncalı
heil *adj* ① (*unbeschädigt*) sağlam, bozulmamış ② (*unverwundet*) yaralanmamış ③ (*gesund*) sağ (salim) ④ (*geheilt*) iyileşmiş
Heil *nt* ① (*Wohlbefinden*) sağlık; (*Wohltat*) hayır ② (*Gottes-*) kurtuluş
Heiland *m* Mesih
Heilanstalt *f* sanatoryum, prevantoryum
Heilbad *nt* kaplıca, ılıca, içmeler
heilbar *adj* iyileştirilebilen
Heilbutt *m* büyük dilbalığı
heilen **I.** *vt* iyileştirmek (**etw** -i), tedavi etmek (**etw/jdn** -i) **II.** *vi* iyileşmek
heilig *adj* kutsal; (*Person*) aziz
Heiligabend *m* Noel Gecesi
Heilige(r) *f(m)* evliya
Heiligtum *nt* ① (*Ort*) kutsal yer ② (*Gegenstand*) kutsal şey
Heilkraut *nt* şifalı bitki
Heilmittel *nt* ilaç, deva
Heilpraktiker(in) *m(f)* diplomasız pratik doktor
heilsam *adj* iyileştirici, şifalı; (*fig: nützlich*) yararlı
Heilsarmee *f* Selamet Ordusu
Heilung *f* iyileşme, şifa
heim *adv* (*nach Hause*) eve
Heim *nt* ① (*Haus*) ev, aile ocağı, yuva ② (*Zuflucht*) barınak ③ (*soziale Einrichtung*) yurt
Heimarbeit *f evde yapılmak üzere verilen iş*
Heimat *f* yurt, vatan
Heimatland *nt* anayurt, anavatan
heimatlich *adj* ① (*die Heimat betreffend*) yurtsal ② (*vertraut*) yurdu andıran
heimatlos *adj* yurtsuz, vatansız

H

heimbegleiten *vt* evine götürmek (**jdn** -i)
heimbringen *irr vt* (*Personen*) ev(in)e götürmek (**jdn** -i); (*Sachen*) eve getirmek (**etw** -i)
Heimfahrt *f* ❶ (*nach Hause*) eve dönüş ❷ (*in die Heimat*) yurda dönüş
heimgehen *irr vi sein* eve gitmek
heimisch *adj* yerli; **sich ~ fühlen** kendini evinde hissetmek
heimkommen *irr vi sein* eve dönmek
heimlich I. *adj* gizli, saklı II. *adv* gizlice
Heimreise *f* dönüş yolculuğu
heimtückisch *adj* ❶ sinsi ❷ JUR kötü niyetli
Heimweg *m* dönüş (yolu); **auf dem ~** eve dönerken
Heimweh *nt* sıla hasreti [*o* özlemi]
heimzahlen *vt* **jdm etw ~** birinden bir şeyin acısını çıkarmak
Heirat *f* evlenme, nikah
heiraten *vt* evlenmek (**jdn** ile)
Heiratsantrag *m* evlenme teklifi; (*bei den Eltern*) kız isteme
Heiratsanzeige *f* evlenme ilanı
Heiratsurkunde *f* evlenme belgisi
heiser *adj* boğuk, kısık
Heiserkeit *f* boğukluk, kısıklık
heiß *adj* (çok) sıcak; (*brennend*) kızgın, yakıcı; (*Wetter*) şiddetli sıcak; **kochend ~** kaynar; **es ist ~** hava çok sıcak; **mir ist ~** çok sıcak
heißen <hieß, geheißen> I. *vt* (*nennen*) adlandırmak (**jdn** -i); **jdn willkommen ~** birine hoş geldin demek II. *vi* ❶ (*sich nennen*) adı ... olmak ❷ (*bedeuten*) ... anlamına gelmek; **das heißt** demek (ki), yani; **es heißt, dass** yani şu demek; **wie heißt das auf Türkisch?** bunun Türkçesi ne?; **was soll das ~?** bu ne demek oluyor?
Heißluft *f* sıcak hava
heiter *adj* ❶ (*fröhlich*) şen, neşeli ❷ (*Himmel*) açık, bulutsuz
heizbar *adj* ısıtılabilir
Heizdecke *m* elektrikli battaniye
heizen *vi, vt* ısıtmak (**etw** -i)
Heizkörper *m* radyatör
Heizöl *nt* kalorifer yakıtı
Heizung *f* ısıtma; (*Zentral-*) kalorifer
Hektar *nt* hektar
Hektik *f* acele, telaş
hektisch *adj* telaşlı
Held *m* kahraman, yiğit
Heldentat *f* kahramanlık, yiğitlik
Heldin *f* kadın kahraman
helfen <hilft, half, geholfen> *vi* ❶ (*unterstützen*) yardım etmek (**jdm** -e) ❷ (*nützen*) yaramak (**jdm** -e); **sich zu ~ wissen** işini bilmek; **ihm ist nicht zu ~** o artık kurtarılmaz
Helfer(in) *m(f)* yardımcı
Helikopter *m* helikopter
Helium *nt* helyum
hell *adj* ❶ (*Himmel, Farbe*) açık ❷ (*erleuchtet*) aydın(lık), ışıklı ❸ (*Stimme*) tiz, ince ❹ (*fig: aufgeweckt*) uyanık, açıkgöz; **es wird ~** ortalık [*o* hava] aydınlanıyor; **am ~en Tage** güpegündüz; **~es Bier** beyaz bira
hellhörig *adj* (*Person*) iyi işiten; (*fig*) kulağı delik; **die Wohnung ist sehr ~** ev çok ses aksettiriyor
Hellseher(in) *m(f)* kahin
Helm *m* miğfer
Hemd *nt* gömlek
hemdsärmelig *adj* (*ungezwungen*) laubali
Hemisphäre *f* yarıküre
hemmen *vt* ❶ (*aufhalten*) durdurmak, alıkoymak (**etw** -i) ❷ (*verlangsamen*) yavaşlatmak (**etw** -i) ❸ (*verhindern*) engel olmak, ket vurmak (**etw** -e), kösteklemek (**etw** -i)
Hemmnis *nt* engel, mani
Hemmung *f* ❶ (*Verhinderung*) köstekle(n)me ❷ (*Gehemmtheit*) tutukluk, (aşırı) çekingenlik; (**keine**) **~en haben** çekin(me)mek
hemmungslos *adj* kendini tutamayan, frensiz
Hengst *m* aygır

H

Henkel *m* kulp, sap
Henker *m* cellat
Henne *f* (dişi) tavuk
Hepatitis *f* hepatit
her *adv* (*örtlich*) buraya, bu tarafa, beri(ye); **von** *dat* **...** ~ -den; **es ist lange ~, dass** -diğinden beri çok zaman geçti
herab *adv* aşağı(ya); **von oben** ~ yukarıdan aşağıya; (*behandeln*) yukarıdan [*o* tepeden] bakarak, hor bakarak
herabfallen *irr vi* (yukarıdan aşağıya) düşmek
H
herablassen *irr vr* **sich zu etw** ~ (*fig*) bir şeyi yapmaya tenezzül etmek
herabsehen *irr vt* **auf jdn** ~ birine tepeden bakmak
herabsetzen *vt* ❶ (*Preis*) indirmek (**etw** -i) ❷ (*herabwürdigen*) aşağılamak (**jdn** -i)
herabwürdigen *vt* aşağılamak (**jdn** -i)
heran *adv* buraya, yanına
herankommen *irr vi sein* yaklaşmak (**an jdn/etw** -e)
heranreichen *vi* yetişmek (**an jdn/etw** -e)
herantreten *irr vi sein* yaklaşmak (**an jdn/etw** -e)
heranwachsen *irr vi sein* gelişmek, büyümek, serpilmek
heranziehen *irr vt* ❶ (*Tiere, Pflanzen*) büyütmek, yetiştirmek (**etw** -i) ❷ (*um Rat fragen*) baş vurmak (**jdn** -e)
herauf *adv* yukarı(ya)
heraufbeschwören *irr vt* (*fig: verursachen*) neden olmak, yol açmak (**etw** -e)
heraufholen *vt* yukarı(ya) getirmek (**etw/jdn** -i)
heraufkommen *irr vi sein* yukarı çıkmak
heraufsetzen *vt* (*Preis*) yükseltmek, artırmak (**etw** -i)
heraus *adv* dışarı(ya); **von innen** ~ içeriden dışarıya; ~ **damit!** [*o* ~ **mit der Sprache!**] haydi çıkar baklayı ağzından!
herausbekommen *irr vt* ❶ (*Gegenstand*) sökmek, söküp çıkarmak (**etw** -i) ❷ (*Aufgabe*) halletmek (**etw** -i) ❸ (*entdecken*) bulmak, keşfetmek (**etw** -i) ❹ (*Rätsel*) çözmek (**etw** -i); **drei Euro** ~ üç euro geri almak
herausbringen *irr vt* ❶ (*Buch*) yayımlamak, çıkarmak (**etw** -i) ❷ (*auf den Markt bringen*) piyasaya çıkarmak (**etw** -i) ❸ (*finden*) bulmak, çözmek (**etw** -i)
herausfinden *irr vt* bulup çıkarmak, fark etmek (**etw** -i)
herausfordern *vt* meydan okumak (**jdn** -e)
herausfordernd *adj* meydan okuyan
Herausforderung *f* meydan okuma
herausgeben *irr vt* ❶ (*zurückerstatten*) teslim etmek, geri vermek (**jdm etw** -e -i); **Geld** ~ paranın üstünü vermek ❷ (*Buch*) yayınlamak, çıkarmak (**etw** -i)
Herausgeber(in) *m(f)* yayımcı, editör
heraushalten *irr vr* **sich aus etw** ~ bir şeye karışmamak
herausholen *vt* çıkarmak (**etw aus etw** -i -den)
herauskommen *irr vi sein* ❶ (*nach draußen kommen*) (dışarı) çıkmak (**aus etw** -den) ❷ (*Geheimnis*) ortaya [*o* meydana] çıkmak ❸ (*Buch*) çıkmak, yayımlanmak
herausnehmen *irr vt* çıkarmak (**etw aus etw** -i -den), içinden almak (**etw aus etw** -i -in)
herausragen *vi* ❶ dışarı çıkmak [*o* fırlamak], çıkıntılı olmak ❷ (*hervorstechen*) sivrilmek, kendini göstermek
herausreden *vr* **sich** ~ bahane [*o* kaçamak] bulmak
herausreißen *irr vt* çekip koparmak, sökmek (**etw** -i)
herausstellen **I.** *vt* (*fig: hervorheben*) vurgulamak (**etw** -i) **II.** *vr* **sich** ~ (*sich zeigen*) meydana çıkmak, anlaşılmak

herausstrecken *vt* çıkarmak (**etw** -i)
heraustreten *irr vt sein* ① (*herauskommen*) çıkmak (**aus etw** -den) ② (*hervortreten*) gözükmek
herausziehen *irr vt* çekip çıkarmak (**etw aus etw** -i -den), sökmek (**etw** -i)
herb *adj* buruk, kekremsi; (*Wein*) sek
herbei *adv* buraya (doğru), bu tarafa
herbeiführen *vt* (*fig: verursachen*) neden olmak, sebep vermek [*o* olmak] (**etw** -e)
Herbst *m* sonbahar, güz
Herd *m* ocak
Herde *f* sürü
herein *adv* içeri(ye); **~!** giriniz!
hereinbitten *irr vt* buy(u)run demek (**jdn** -e)
hereinbrechen *irr vi sein* **die Nacht bricht herein** gece oluyor
hereinfallen *irr vt sein* (*sich täuschen lassen*) faka basmak, oyuna gelmek, kazıklanmak
hereinkommen *irr vi sein* içeri gelmek, girmek (**in etw** -e)
hereinlassen *irr vt* içeri(ye) almak (**jdn** -e)
hereinlegen *vt* ① içine yerleştirmek (**etw in etw** -e -in) ② (*täuschen*) kafese koymak, faka bastırmak, kazıklamak (**jdn** -i)
hereinstürzen *vi sein* içeri(ye) atılmak
herfallen *irr vi sein* **über jdn ~** birinin üzerine atılmak
hergeben *irr vt* (*weggeben*) vermek (**etw** -i)
hergebracht *adj* (*herkömmlich*) geleneksel
Hering *m* ① (*Fisch*) ringa balığı ② (*Camping*) kazık
herkommen *irr vi sein* ① (*hierher kommen*) buraya [*o* beri] gelmek ② (*herrühren*) ileri gelmek, çıkmak (**von etw** -den)
herkömmlich *adj* geleneksel
Herkunft *f* köken, asıl; (*aus Familie*) soy
Heroin *nt* eroin
Herpes *m* herpes, uçuk
Herr *m* ① (*nach dem Vornamen*) bey; (*vor dem Nachnamen*) bay ② (*Besitzer*) sahip ③ (*der Lage*) hakim; **der ~** (*Gott*) Allah; **sehr geehrter ~!** Sayın Bay!; **~ und Frau X** Bay ve Bayan X; **sein eigener ~ sein** kendi kendinin efendisi olmak; **einer Sache ~ werden** bir şeyin hakkından gelmek
herreichen *vt* vermek, uzatmak (**etw** -i)
Herrenanzug *m* erkek elbisesi
Herrenmode *f* erkek modası
herrichten *vt* (*in Ordnung bringen*) derlemek, düzenlemek (**etw** -i)
Herrin *f* hanımefendi; (*Besitzerin*) sahibe
herrisch *adj* baskıcı, sert
herrlich *adj* enfes, harika, kusursuz
Herrlichkeit *f* görkem, heybet, harikalık
Herrschaft *f* egemenlik, hakimiyet, saltanat; **die ~en** bayanlar baylar
herrschen *vi* hüküm [*o* saltanat] sürmek, egemen [*o* hakim] olmak (**über jdn/etw** -e)
herrschend *adj* egemen
Herrscher(in) *m(f)* hükümdar
herrühren *vi* ileri gelmek (**von etw** -den)
hersagen *vt* (*auswendig*) ezberden söylemek (**etw** -i)
herstammen *vi* (*aus Familie*) ... soyundan gelmek; (*aus Ort*) -li olmak
herstellen *vt* ① (*örtlich*) buraya koymak (**etw** -i) ② (*erzeugen*) yapmak, üretmek (**etw** -i); **eine Verbindung ~** bağlantı kurmak ③ (*wieder-*) eski haline getirmek (**etw** -i)
Hersteller(in) *m(f)* üret
Herstellung *f* yapım, üretim, imal
Herstellungsdatum *nt* üretim tarihi
Herstellungskosten *pl* imalat fiyatı
Hertz *nt* TECH hertz
herüber *adv* beri(ye), bu tarafa
herum *adv* etrafta; **um** *akk* **... ~** -in etrafın(d)a; (*ungefähr*) aşağı yukarı

herumdrehen I. *vt* çevirmek (**etw** -i) II. *vr* **sich** ~ dönmek
herumführen *vt* (*Fremde*) dolaştırmak, gezdirmek (**jdn in etw** -i -de)
herumfummeln *vi* (*fam*) kurcalamak (**an etw** -i)
herumgehen *irr vi sein* gezmek, dolaşmak, dolanmak
herumirren *vi sein* şaşkın gibi dolaşmak
herumkommen *irr vi sein* **in der Welt** ~ dünyayı gezmek
herumlaufen *irr vi sein* gezmek, dolaşmak

H

herumliegen *irr vi* (*unordentlich*) yerlerde sürünmek
herumreisen *vi sein* dolaşmak
herumsprechen *irr vr* **sich** ~ yayılmak, duyulmak
herumstehen *irr vi sein* dikilip durmak
herumtreiben *irr vr* **sich** ~ (*pej*) sürtmek, avare dolaşmak
herunter *adv* aşağı(ya)
herunterfallen *irr vi sein* aşağı(ya) düşmek, dökülmek
heruntergehen *irr vi sein* ❶ (*nach unten gehen*) aşağı(ya) inmek ❷ (*Preis*) inmek, alçalmak, düşmek
herunterholen *vt* indirmek (**etw** -i); **sich** *dat* **einen** ~ (*vulg*) otuz bir çekmek
herunterkommen *irr vi* ❶ (*nach unten kommen*) aşağı(ya) inmek ❷ *sein* (*fig: körperlich*) takattan düşmek; (*sozial*) sefalete düşmek, düşkünleşmek
herunterladen *vt* INET indirmek, çekmek (**etw** -i)
herunterspielen *vt* önemsiz göstermek (**etw** -i)
hervor *adv* dışarı(ya); (*heraus*) içinden
hervorbringen *irr vt* var etmek, yaratmak, meydana çıkarmak; (*Ton, Wort*) güç bela söylemek (**etw** -i)
hervorgehen *irr vi sein* (*sich ergeben, folgen*) doğmak, anlaşılmak (**aus etw** -den)
hervorheben *irr vt* (*fig: betonen*) vurgulamak (**etw** -i)
hervorragend *adj* (*fig*) olağanüstü; (*Note*) parlak
hervorrufen *irr vt* (*verursachen*) neden [*o* sebep] olmak (**etw** -e), yaratmak (**etw** -i)
hervortreten *irr vi sein* ❶ (*nach vorne treten*) çıkmak (**aus etw** -den) ❷ (*in Erscheinung treten*) kendini göstermek, göze çarpmak
hervortun *irr vr* **sich** ~ kendini göstermek, sivrilmek
Herz *nt* ❶ (*Organ*) kalp, yürek ❷ (*Seele*) gönül, ruh, can ❸ (*Mut*) yürek, cesaret ❹ (*Mittelpunkt*) merkez; **von (ganzem) ~en** (bütün) içtenlikle; **schweren ~ens** yüreği sızlayarak; **Hand aufs ~!** elini vicdanına koy!; **jdm etw ans ~ legen** birine bir şeyi hararetle tavsiye etmek; **sich etw zu ~en nehmen** bir şeyi ciddiye almak; **ein ~ und eine Seele sein** canciğer dost olmak
Herzanfall *m* kalp krizi
Herzfehler *m* kalp hastalığı
Herzinfarkt *m* kalp enfarktüsü
Herzklappe *f* kalp kapakçığı
Herzklopfen *nt* yürek [*o* kalp] çarpıntısı
herzlich I. *adj* içten, samimi, candan; **mit ~en Grüßen** içten [*o* candan] selamlar(la) II. *adv* ~ **gerne** büyük bir sevinçle
Herzlichkeit *f* içtenlik, samimiyet
herzlos *adj* kalpsiz, duygusuz, katı yürekli
Herzoperation *f* kalp operasyonu, kalp amaliyatı
Herzrhythmusstörungen *fpl* aritmi *sing*
Herzschlag *m* ❶ (*Anfall*) kalp sektesi [*o* krizi] ❷ (*Schlagen*) kalbin çarpması
Herzschrittmacher *m* kalp pili
Herzspezialist(in) *m(f)* kalp hastalıkları uzmanı
Herztransplantation *f* kalp nakli
herzzerreißend *adj* acıklı, yürek yakıcı
Hessen *nt* Hessen (Eyaleti)

Heterosexualität *f* heteroseksüellik, karşıcinsellik
heterosexuell *adj* heteroseksüel, karşıcinsel
Hetze *f* ① (*Eile*) acele, telaş ② (*Aufwiegelung*) kışkırtma, tahrik
hetzen I. *vt* ① (*jagen*) kovalamak (**jdn** -i) ② (*anstacheln*) saldırtmak (**jdn auf jdn** -i -in üzerine) II. *vi* (*Streit schüren*) ara bozmak
Heu *nt* kuru ot; **Geld wie ~ haben** para babası olmak
Heuchelei *f* ikiyüzlülük
heucheln I. *vt* taslamak, yalandan göstermek (**etw** -i) II. *vi* ikiyüzlülük etmek
Heuchler(in) *m(f)* ikiyüzlü
heuchlerisch *adj* ikiyüzlü
Heuhaufen *m* samanlık; **die Stecknadel im ~ suchen** (*fig*) samanlıkta iğne aramak
heulen *vi* ① (*Tiere*) ulumak ② (*Wind*) uğuldamak ③ (*weinen*) ağlamak
Heuschnupfen *m* bahar [*o* saman] nezlesi
Heuschrecke *f* çekirge
heute *adv* bugün; **~ Morgen/Abend/Nacht** bu sabah/akşam/gece; **~ Vormittag** bugün öğleden önce; **~ Mittag** bugün öğleyin; **~ Nachmittag** bugün öğleden sonra; **~ vor 8 Tagen** bir hafta önce; **~ in 14 Tagen** iki hafta sonra; **noch ~** hemen bugün; (*noch immer*) hala
heutig *adj* bugünkü; (*gegenwärtig*) şimdiki
heutzutage *adv* bu zamanlarda
hexadezimal *adj* 16 tabanlı
Hexadezimalsystem *nt* 16 tabanlı sayı sistemi
Hexe *f* ① (*in Märchen*) cadı, büyücü (kadın) ② (*böses Weib*) cadaloz
Hexenjagd *f* (*fig*) cadı avı
Hexenschuss[RR] *m* lumbago
Hexerei *f* büyü(cülük), sihir(bazlık)
hieb *vt s.* **hauen**
hielt *vi, vt s.* **halten**
hier *adv* burada; **~!** (*Aufruf*) burada, mevcut; (*nimm!*) işte!; **~ ist/sind ...** ... burada; **~ bin ich** buradayım; **~ und da** (*örtlich*) orada burada; (*zeitlich*) arasıra, bazen
Hierarchie *f* hiyerarşi
hierarchisch *adj* hiyerarşik
hierauf *adv* bunun üzerine
hierher *adv*, **hierhin** *adv* buraya, bu tarafa, beri(ye)
hiermit *adv* bununla beraber
hiesige(r, s) *adj* buralı, buradaki
hieß *vi, vt s.* **heißen**
Hi-Fi-Anlage *f* stereo müzik seti
High Society *f* sosyete
Hightech[RR], **High-Tech**[ALT] *nt* yüksek teknoloji
Hilfe *f* yardım; (*gegenseitige*) yardımlaşma; **~!** imdat!; **Erste ~** ilk yardım; **jdn um ~ bitten** birinden yardım istemek; **jdm ~ leisten** birine yardım etmek; **um ~ rufen** yardıma çağırmak
Hilfeleistung *f* yardım; (*gegenseitige*) yardımlaşma
hilflos *adj* çaresiz, güçsüz
Hilflosigkeit *f* çaresizlik
hilfreich *adj* yardımcı
Hilfsaktion *f* yardım aksiyonu
Hilfsarbeiter(in) *m(f)* yardımcı işçi
hilfsbedürftig *adj* yardıma muhtaç
hilfsbereit *adj* yardımsever, yardıma hazır
Hilfskraft *f* yardımcı eleman
Hilfsmittel *nt* araç, çare
Hilfsverb *nt* yardımcı fiil
hilft *vi s.* **helfen**
Himbeere *f* ahududu, ağaç çileği
Himmel *m* gök; (*sichtbarer Himmel*) gökyüzü; **am ~** gökyüzünde; **unter freiem ~** açık havada; **in den ~ heben** göklere çıkarmak (**jdn/etw** -i); **im siebenten ~ sein** sevinçten göklere uçmak
himmelblau *adj* gök mavisi, havai mavi
Himmelfahrt *f* (**Christi**) ~ Urucu İsa;

Mariä ~ Urucu Meryem; **Mohammeds** ~ Miracı Nebi
Himmelskörper *m* gök cismi
Himmelsrichtung *f* yön
himmlisch *adj* ❶ (*göttlich*) ilahi ❷ (*großartig*) harika, çok güzel
hin *adv* (*örtlich*) oraya, o tarafa, şuraya; ~ **und zurück** gidiş dönüş; ~ **und wieder** arasıra; ~ **und her** bir aşağı bir yukarı, oraya buraya; **das Hin und Her** gidip gelme; **... ist** ~ (*kaputt*) ... bozulmuş [*o* kırılmış]
hinab *adv* aşağı(ya)

H

hinauf *adv* yukarı(ya); **die Treppe/den Hang** ~ merdivenden/bayırdan yukarı
hinaufbringen *irr vt* yukarı getirmek (**etw** -i)
hinauffahren *irr vi sein* yukarı çıkmak
hinaufgehen *irr vi sein* yukarı çıkmak; (*Preis*) yükselmek
hinaufsteigen *irr vi sein* yukarı çıkmak
hinauftragen *irr vt* yukarı taşımak (**etw** -i)
hinaus *adv* dışarı(ya); ~**!** çık dışarı!; **da** ~ oradan dışarı; **zum Fenster/zur Tür** ~ pencereden/kapıdan dışarı; **über ...** ~ (*örtlich*) -den yukarı; **darüber** ~ (*fig*) bundan başka, bunun ötesinde; **worauf will sie** ~**?** neyi kastediyor?
hinausbegleiten *vt* yolu göstermek (**jdn** -e)
hinausgehen *irr vi sein* (dışarı) çıkmak (**aus etw** -den); (*Zimmer, Fenster*) açılmak, bakmak (**auf etw** -e); **über etw** ~ bir şeyi aşmak
hinauslaufen *irr vi sein* ❶ dışarı koşmak (**aus etw** -den) ❷ (*enden*) sonuçlanmak (**auf etw** ile)
hinauslehnen *vr* **sich** ~ dışarı sarkmak
hinausragen *vi sein* ❶ (*überstehen*) dışarı çıkmak ❷ (*bedeutend sein*) kendini göstermek
hinauswerfen *irr vt* dışarı atmak (**etw/jdn** -i)
hinausziehen *irr vt* (*fig: verzögern*) geciktirmek, ertelemek (**etw** -i)
Hinblick *m* **im** ~ **auf** *akk* -e göre, -e nazaran
hinderlich *adj* engel olan
hindern *vt* engel olmak (**jdn/etw** -e)
Hindernis *nt* ❶ (*Behinderung, Hürde*) engel, mani ❷ (*Schwierigkeit*) güçlük, zorluk
Hindernislauf *m*, **Hindernisrennen** *nt* engelli koşu
Hinduismus *m* Hinduizm
hindurch *adv* ❶ **durch** *akk* **...** ~ -in arasından, -in içinden, -in ortasından (geçerek) ❷ (*zeitlich*) **das ganze Jahr** ~ bütün yıl boyunca
hinein *adv* **in** *akk* **...** ~ -in içine, -in içerisine; **bis tief in die Nacht** ~ gece yarılarına kadar
hineingehen *irr vi sein* ❶ (*in etw gehen*) içeri girmek ❷ (*hineinpassen*) içine sığmak (**in etw** -in)
hineinlegen *vt* içine koymak (**etw in etw** -i -in), yerleştirmek (**in etw** -i -e)
hineinstecken *vt* (içine) sokmak, koymak, daldırmak (**etw in etw** -i -e)
hineinziehen *irr vt* içine çekmek (**etw** -i); **jdn in etw** ~ (*fig*) birini bir şeye karıştırmak [*o* sürüklemek]
Hinfahrt *f* gidiş
hinfallen *irr vi sein* (yere) düşmek
hinfällig *adj* (*ungültig*) hükümsüz
Hinflug *m* (bir yere) uçuş
hinführen *vt* götürmek, sevk etmek (**jdn zu etw/jdm** -i -e); (*Weg*) çıkmak (**zu etw** -e)
hing *vi, vt s.* **hängen**
Hingabe *f*, **Hingebung** *f* fedakarlık, özveri
hingegen *adv* ise, diğer taraftan
hingehen *irr vi sein* (bir yere) gitmek
hinken *vi* topallamak; (*a. fig*) aksamak
hinkend *adj* aksak, topal
hinlegen I. *vt* koymak, yatırmak (**etw** -i) **II.** *vr* **sich** ~ yatmak, uzanmak
hinnehmen *irr vt* ❶ (*akzeptieren*) kabul

etmek (**etw** -i) ❷ (*sich gefallen lassen*) hazmetmek, kendine yedirmek (**etw** -i)
hinreichend *adv* yeterli, kafi
Hinreise *f* gidiş
hinreißen *irr vt* **sich von etw ~ lassen** bir şeye kapılmak
hinreißend *adj* coşturucu; (*anziehend*) çekici, etkileyici
hinrichten *vt* idam etmek (**jdn** -i)
Hinrichtung *f* idam
hinsehen *irr vi* (bir yere) bakmak
hinsetzen *vr* **sich ~** (bir yere) oturmak
Hinsicht *f* **in dieser ~** bu bakımdan; **in ~ auf** *akk* ... bakımından
hinsichtlich *präp +gen* ... bakımından, ... konusunda, -e dair
hinstellen *vt* (bir yere) koymak, dikmek (**etw** -i)
hinten *adv* geri(de), gerisinde, arka(da); (*im Hintergrund*) arka planda; **nach ~** arkaya; **von ~** arkadan
hinter I. *präp +dat* (*Ort*) -in arkasında; **~ jds Rücken** birinin arkasından, birinden gizlice; **etw ~ sich lassen** bir şeyi arkasında bırakmak; **~ etw her sein** bir şeyin peşinde koşmak; **~ jdm her sein** birinin peşinden koşmak II. *präp +akk* (*Richtung*) -in arkasına; **~ etw kommen** bir sırrı meydana çıkarmak
Hinterachse *f* arka dingil
Hinterbein *nt* arka bacak
Hinterbliebenen *pl* hayatta kalanlar *pl*
hintereinander *adv* arka arkaya, art arda, sırayla
Hintergedanke *m* art düşünce; (*negativ*) art niyet
hintergehen *irr vt* (*betrügen*) aldatmak (**jdn** -i), ihanet etmek (**jdn** -e)
Hintergrund *m* ❶ arka plan ❷ (*verborgener Zusammenhang*) içyüz ❸ INFORM arka fon, artalan
Hintergrundfarbe *f* INFORM artalan rengi
Hinterhalt *m* pusu
hinterhältig *adj* sinsi, ikiyüzlü
Hinterhaus *nt* evin arka kısmı
hinterher *adv* (*örtlich*) arka(sın)dan; (*zeitlich*) sonradan
Hinterkopf *m* arka kafa
Hinterland *nt* art bölge
hinterlassen *irr vt* ❶ (geriye) bırakmak, terketmek (**etw** -i) ❷ (*als Erbe*) miras olarak bırakmak (**jdm etw** -e -i); **eine Nachricht ~** haber bırakmak (**jdm** -e)
hinterlegen *vt* (*als Pfand*) emaneten bırakmak (**etw** -i); **jdm etw ~** (*zum Abholen*) bir şeyi birisinin alması üzere bırakmak
hinterlistig *adj* hilekar, sinsi, ikiyüzlü
Hintern *m* (*fam*) kıç, kaba et, makat
Hinterrad *nt* arka tekerlek
Hinterradantrieb *m* arkadan çekiş
Hinterteil *nt* (*Gesäß*) kıç, kaba et, makat
Hintertür *f* arka kapı
hinterziehen *vt* **Steuern ~** vergi kaçırmak
Hinterziehung *f* (*Steuer-*) zimmetine geçirme
hinüber *adv* ❶ öbür [*o* karşı] tarafa, öteye ❷ (*fam: tot*) ölmüş; (*kaputt*) bozmuş
hinübergehen *irr vi sein* ❶ öteye geçmek ❷ (*fig: sterben*) ölmek, vefat etmek
hinunter *adv* aşağı(ya)
hinunterbringen *irr vt* aşağı indirmek [*o* getirmek] (**etw** -i)
hinuntergehen *irr vi sein* aşağı inmek [*o* gitmek]
hinunterlaufen *irr vi sein* aşağı(ya) koşmak
hinunterschlucken *vt* (*a. fig*) yutmak (**etw** -i)
hinweg *adv* **ich bin darüber ~** bu üzüntüyü (acıyı vs.) unuttum artık
Hinweg *m* gidiş (yolu); **auf dem ~** gidiş yolunda
hinweggehen *irr vi sein* **über etw ~** (*fig*) bir şeyi dikkate almamak; (*Nachsicht üben*) bir şeye göz yummak

H

hinwegkommen *irr vi sein* **er kommt nicht darüber hinweg** acısını unutamıyor

hinwegsehen *irr vi* (*fig*) görmemezlikten gelmek (**über etw** -i), göz yummak (**über etw** -e)

hinwegsetzen *vr* (*fig*) **sich über etw ~** bir şeye aldırmamak [*o* aldırış etmemek]; (*mit Füßen treten*) bir şeyi çiğnemek

Hinweis *m* ❶ (*Anhaltspunkt*) işaret ❷ (*Anspielung*) ima

hinweisen *irr vi* göstermek (**auf etw** -i), işaret etmek (**auf etw** -e)

hinwerfen *irr vt* (yere) atmak, fırlatmak (**etw** -i)

hinwirken *vi* **auf etw ~** bir şeyin yolunu açmak

hinzufügen *vt* eklemek, katmak (**etw einer Sache** -i -e)

hinzukommen *irr vi sein* (*Sache*) eklenmek (**zu etw** -e); (*Person*) katılmak (**zu jdm/etw** -e)

hinzuziehen *irr vt* (*Arzt*) baş vurmak (**jdn** -e)

Hippie *m* hippi

Hirn *nt* beyin

Hirngespinst *nt* kuruntu, uydurmasyon

Hirnhautentzündung *f* menenjit

hirnverbrannt *adj* (*fam*) zırdeli

Hirsch *m* geyik

Hirse *f* darı

Hirte *m* çoban

hissen *vt* (*Flagge*) çekmek (**etw** -i); **die Segel ~** yelken açmak

Historiker(in) *m(f)* tarihçi

historisch *adj* tarihi, tarihsel

Hitze *f* ❶ şiddetli sıcak ❷ (*starke Emotion*) heyecan, taşkınlık

hitzebeständig *adj* ısıya dayanıklı

hitzeempfindlich *adj* sıcağa karşı hassas

Hitzewelle *f* sıcak dalgası

hitzig *adj* taşkın, ateşli; (*Debatte*) şiddetli, sert

Hitzschlag *m* güneş çarpması

Hj. *nt Abk von* **Halbjahr** yarı yıl

hl. *adj Abk von* **heilig** aziz

hob *vt s.* **heben**

Hobby *nt* merak, hobi

Hobel *m* rende

hobeln *vi, vt* rendelemek (**etw** -i)

hoch <höher, am höchsten> **I.** *adj* yüksek; (*Zahl*) kabarık; (*Gehalt*) dolgun; **50 Meter ~ sein** 50 metre yüksekliğinde olmak; **auf hoher See** açık denizde **II.** *adv* **zwei ~ drei** iki üssü üç; **~ entwickelt** çok gelişkin; **~ spielen** büyük oynamak; (**er lebe**) **~!** yaşasın!; **wenn es ~ kommt** olsa olsa; **~ und heilig versprechen** büyük yeminler etmek; **zu ~ hinaus wollen** gözü yükseklerde olmak

Hoch *nt* ❶ (*Wetter*) yüksek basınç ❷ (*Hochruf*) yaşasın diye bağırma

Hochachtung *f* saygı

hochachtungsvoll *adv* derin saygılarımla

hochauflösend *adj* INFORM yüksek çözünürlükteki

Hochbetrieb *m* (aşırı) işleklik

Hochburg *f* merkez

Hochdeutsch *nt* Alman yazı dili

Hochdruck *m* yüksek basınç

Hochebene *f* yayla, plato

Hochgebirge *nt* yüksek dağlar *pl*

Hochhaus *nt* yüksek bina, gökdelen

hochleben *vi* **jdn ~ lassen** *birini yaşa sesleriyle alkışlamak*

Hochmut *m* kibir, gurur, kurum

hochmütig *adj* kibirli, gururlu, kurumlu

hochnäsig *adj* burnu büyük

Hochofen *m* yüksek fırın

Hochsaison *f* yüksek sezon

Hochschule *f* yüksek okul, akademi

Hochschullehrer(in) *m(f)* profesör

Hochschulstudium *nt* yüksek tahsil

Hochsommer *m* yaz ortası

Hochspannung *f* yüksek gerilim

Hochspannungsleitung *f* yüksek gerilim hattı

Hochsprung *m* yüksek atlama

höchst *adv* son derece

Hochstapler *m* (*Betrüger*) dolandırıcı
Höchstbelastung *f* en fazla yük derecesi
höchste(r, s) *adj Superlativ von* **hoch** en yüksek; **es ist ~ Zeit** vakit daraldı
höchstens *adv* en fazla, olsa olsa, haydi haydi
Höchstgeschwindigkeit *f* azami hız
höchstpersönlich *adv* bizzat kendisi
höchstwahrscheinlich *adv* pek muhtemel olarak
Hochverrat *m* vatana ihanet
Hochwasser *nt* su baskını
hochwertig *adj* yüksek kaliteli
Hochzeit *f* düğün; **silberne/goldene/diamantene ~** evlenmenin gümüş/ellinci/altmışıncı yıldönümü
Hochzeitsreise *f* balayı seyahati
Hochzeitstag *m* (*jährlich*) evlenme yıldönümü
hocken I. *vi* oturmak **II.** *vr* **sich ~** çömelmek (**auf etw** -e)
Hocker *m* iskemle, tabure
Höcker *m* (*Kamel*) hörgüç
Hockey *nt* hokey (oyunu)
Hoden *m* haya
Hodensack *m* haya torbası
Hof *m* ❶ (*eines Gebäudes*) avlu ❷ (*Bauern-*) çiftlik ❸ (*Fürsten-*) saray; **jdm den ~ machen** birine kur yapmak
hoffen *vi* ümit etmek, ummak; **auf etw ~** bir şeyi beklemek
hoffentlich *adv* inşallah, umarım, ümit ederim (ki); **~ kommt er** umarım gelir
Hoffnung *f* ❶ (*das Hoffen*) umut, ümit ❷ (*Traum*) hayal; **guter ~ sein** (*zuversichtlich*) ümitvar olmak; (*schwanger*) hamile olmak
hoffnungslos *adj* umutsuz, ümitsiz
Hoffnungslosigkeit *f* umutsuzluk, ümitsizlik
hoffnungsvoll *adj* (*Hoffnung habend*) umutlu, ümitli; (*Hoffnung machend*) umut verici
höflich *adj* nazik, ince
Höflichkeit *f* nezaket, naziklik, incelik
Höhe *f* ❶ (*Hochsein*) yükseklik ❷ (*An-*) tepe ❸ (*Erhebung*) tümsek ❹ (*Höhepunkt*) zirve, doruk ❺ (*über Meeresspiegel*) rakım, yükselti ❻ (*einer Summe*) tutar, miktar; **das ist die ~!** bu kadarı da fazla!
Hoheitsgewässer *nt* kara suları
Höhepunkt *m* en yüksek nokta; (*fig*) zirve, doruk
hohl *adj* ❶ (*ausgehöhlt*) oyuk ❷ (*innen leer*) (içi) boş; **die ~e Hand** avuç içi
Höhle *f* mağara; (*Tier-*) in
Höhlenmensch *m* mağara insanı
Hohlraum *m* boşluk, oyuk
höhnisch *adj* alaycı, alaylı
Hokuspokus *m* (*pej*) göz boyama
Holding *f*, **Holdinggesellschaft** *f* holding
holen *vt* almak, (gidip) getirmek (**etw** -i); (*den Arzt*) çağırmak (**jdn** -i); **~ lassen** getirtmek (**etw** -i)
Holland *nt* Hollanda
Holländer(in) *m(f)* Hollandalı
holländisch *adj* ❶ (*Art*) Hollanda ❷ (*Herkunft*) Hollandalı
Hölle *f* cehennem
höllisch *adj* cehennem gibi
Hologramm *nt* hologram
holp(e)rig *adj* ❶ (*uneben*) eğri büğrü ❷ (*Sprechen, Lesen*) langır lungur
Holunder *m* mürver (ağacı)
Holz *nt* ❶ (*Nutz-*) tahta ❷ (*Brenn-*) odun
holzen *vi* (*roh oder regelwidrig spielen*) sert oynamak
Holzfäller *m* oduncu
holzfrei *adj* (*Papier*) selülozsuz
Holzkohle *f* odun [*o* mangal] kömürü; (*schwelende*) marsık
Holzschnitt *m* tahta oyması
Holzschnitzer(in) *m(f)* tahta oymacısı
Holzschuh *m* tahta pabuç; (*türkischer*) nalın, takunya
Holzsplitter *m* kıymık

Holzstapel *m* odun istifi
Holztäfelung *f*, **Holzverkleidung** *f* tahta kaplama
Holzweg *m* (*fig*) **auf dem ~ sein** yanlış yolda olmak
Holzwolle *f* ambalaj talaşı
Holzwurm *m* ağaç kurdu
Homebanking *nt* ev bankacılığı
Homepage *f* INET ana sayfa, ev sayfası
homogen *adj* homogen, homojen, bircinsten
homogenisieren *vt* homojenize etmek (**etw** -i)

H

homogenisiert *adj* homojenize
Homogenisierung *f* homojenizasyon
Homöopath(in) *m(f)* homeopat
Homöopathie *f* homeopati
homöopathisch *adj* homeopatik
Homosexualität *f* eşcinsellik, homoseksüalite
homosexuell *adj* eşcinsel, homoseksüel
Honig *m* bal
Honigkuchen *m* ballı çörek
Honigmelone *f* kavun
Honorar *nt* ücret
Honoratioren *pl* ileri gelenler *pl*
honorieren *vt* ❶ ücret vermek (**jdn** -e) ❷ (*würdigen*) takdir etmek (**etw** -i)
Hooligan *m* holigan
Hopfen *m* şerbetçiotu
hörbar *adj* duyulabilen, işitilebilen
Hörbrille *f aynı zamanda işitme olanağını sağlayan gözlük*
horchen *vi* dinlemek
Horde *f* sürü, güruh
hören I. *vt* ❶ (*wahrnehmen*) duymak, işitmek (**etw** -i) ❷ (*erfahren*) duymak (**dass** -diğini), haber almak (**von jdm/etw** -den) **II.** *vi* (*zu-*) dinlemek; **auf jdn ~** birinin sözünü dinlemek; **hör mal!** dur bakalım!; (**nichts**) **von sich ~ lassen** kendinden işittir(me)mek
Hörensagen *nt* **vom ~** söylenti olarak
Hörer *m* (*Telefon-*) ahize
Hörer(in) *m(f)* (*Person*) dinleyici
Hörfehler *m* ❶ (*Irrtum*) yanlış duyma ❷ (*Gehörfehler*) işitme rahatsızlığı
Hörfunk *m* radyo
Hörgerät *nt* kulaklık
hörgeschädigt *adj* işitme özürlüsü
hörig *adj* **jdm ~ sein** birine bağımlı olmak
Horizont *m* ufuk
horizontal *adj* yatay
Hormon *nt* hormon
hormonell *adj* hormonal
Horn *nt* ❶ (*eines Tieres*) boynuz; **jdm Hörner aufsetzen** (*fam*) birine boynuz takmak ❷ (*Musikinstrument*) boru
Hornbrille *f* bağa gözlük
Hörnchen *nt* (*Gebäck*) kruvasan
Hornhaut *f* ❶ (*Schwiele*) nasır ❷ (*Auge*) saydam tabaka
Hornisse *f* (büyük) eşekarısı
Horoskop *nt* horoskop; (*Tierkreiszeichen*) burç; (*nach einer Konstellation bestimmtes Schicksal*) yıldız falı
Horrorfilm *m* korku filmi
Hörsaal *m* konferans salonu; (*in der Universität*) amfi, ders odası
Hörspiel *nt* piyes, radyo tiyatrosu
Hort *m* ❶ (*Zufluchtsort*) sığınak ❷ (*Schatz*) hazine, define, gömü ❸ (*Kinder-*) çocuk yuvası, kreş
Hörverständnis *nt* söyleneni anlama
Hörweite *f* **in/außer ~** sesi işittire(meye)cek kadar uzaklıkta
Hose *f* pantalon; **die ~n anhaben** (*fig*) evde hakim olmak, dizginler elinde olmak
Hosenanzug *m bayanlar için pantalon ceket takım giysi*
Hosenboden *m* pantalon kıçı
Hosenschlitz *m* pantalonun ön yırtmacı
Hosentasche *f* pantalon cebi
Hosenträger *mpl* pantalon askısı *sing*
Hospital *nt* hastane
Hospitant(in) *m(f)* (*Gasthörer*) misafir öğrenci
hospitieren *vi* misafir olarak birinin

derslerine devam etmek
Host *m* INET host
Hostess *f* hostes
Hotdog *f* hot dog
Hotel *nt* otel
Hotelboy *m* otel boy
Hotelfachschule *f* otelcilik okulu
Hotelführer *m* (*Buch*) otel rehberi
Hotelier *m* otelci
Hotelzimmer *nt* otel odası
Hotline *f* tüketici danışma hattı
Hrsg. *m Abk von* **Herausgeber** yayınlayan
Hubraum *m* silindir hacmi
hübsch *adj* güzel, şirin; (*reizend*) alımlı, çekici
Hubschrauber *m* helikopter
huckepack *adv* ~ **tragen** sırtında taşımak (**jdn** -i)
Hufeisen *nt* nal
Hüfte *f* kalça
Hüftgelenk *nt* kalça mafsalı
Hüfthalter *m* (*Mieder*) korsaj
Hügel *m* tepe; (*kleinerer*) tümsek
hügelig *adj* ❶ (*mit Hügeln*) tepeli(k) ❷ (*uneben*) engebeli, inişli yokuşlu
Huhn *nt* tavuk; (*junges*) piliç, yarga
Hühnerauge *nt* nasır
Hühneraugenpflaster *nt* nasır plasteri
Hühnerbrühe *f* tavuk suyu
Hühnerbrust *f* tavuk göğsü
Hühnerhof *m* tavuk çiftliği
Hühnerstall *m* kümes
Hülle *f* ❶ (*Verpackung*) ambalaj ❷ (*Umschlag*) zarf ❸ (*Schutz-*) kılıf; **in ~ und Fülle** bol bol
Hülse *f* ❶ (*Samenkapsel*) koza ❷ (*Schale*) kabuk ❸ (*Patronen-*) kovan
Hülsenfrüchte *fpl* baklagiller *pl*
human *adj* insanca, insani
Humanismus *m* insancıllık, hümanizm
humanistisch *adj* insancıl, hümanist
humanitär *adj* insancıl, insani
Humanität *f* insanlık, insaniyet
Human Resources *pl* insan kaynakları
Hummel *f* yabanarısı
Hummer *m* ıstakoz
Humor *m* mizah
Humorist(in) *m(f)* mizahçı
humoristisch *adj* mizahi
humorlos *adj* esprisiz
humorvoll *adj* (*Person*) şakacı, nükteci; (*Erzählung auch*) esprili
humpeln *vi sein/haben* topallayarak yürümek
Humus *m* humus
Hund *m* köpek; **bekannt wie ein bunter ~** herkes tarafından tanınan; **vor die ~e gehen** mahvolmak, telef olmak; **auf den ~ kommen** (*gesundheitlich*) kuvvetten düşmek; (*herunterkommen*) mahvolmak; **wie ~ und Katze sein** kedi köpek gibi hırlaşmak
Hundefutter *nt* köpek maması
Hundeheim *nt* köpek yuvası
Hundehütte *f* köpek kulübesi
Hundeleben *nt* (*fig*) sefil hayat
hundemüde *adj* (*fam*) bitkin, (yorgun) argın
hundert *num* yüz
Hundert *nt* yüz; **zu ~en** yüzlerce
hundertfach *adj* yüz misli [*o* katı]
hundertjährig *adj* yüzyıllık
hundertmal *adv* yüz kere
hundertprozentig *adj* yüzde yüz
hundertste(r, s) *adj* yüzüncü
Hundertstel *nt* yüzde (bir)
Hundestaffel *f* arama kurtarma köpekli tim
Hundesteuer *f* köpek vergisi
Hündin *f* dişi köpek
Hunger *m* açlık; **ich habe ~** karnım acıktı; **~ leiden** açlık çekmek
hungern *vi* acıkmak; (*Diät halten*) perhiz yapmak
Hungersnot *f* açlık sıkıntısı; (*Knappheit*) kıtlık
Hungerstreik *m* açlık grevi
hungrig *adj* aç, karnı aç, acıkmış; **ich bin ~** ben açım
Hupe *f* korna, klakson
hupen *vi* korna [*o* klakson] çalmak

H

hüpfen *vi sein* sıçramak, hoplamak, zıplamak
Hürde *f* ❶ (*Hecke*) çit ❷ SPORT engel
Hürdenlauf *m* engelli koşu
Hure *f* (*pej*) fahişe, orospu
hurra *interj* yaşa(sın)
husten *vi* öksürmek
Husten *m* öksürük; **ich habe ~** öksürüğüm var
Hustenbonbon *nt* öksürük pastili [*o* şekeri]
Hustensaft *m* öksürük şurubu
Hut[1] *m* şapka; **den ~ aufsetzen/abnehmen** şapkayı giymek/çıkarmak; **unter einen ~ bringen** birleştirmek, iki ucunu bir araya getirmek (**etw** -i)
Hut[2] *f* **vor etw auf der ~ sein** bir şeyden sakınmak
hüten I. *vt* korumak, esirgemek; (*Tiere*) gütmek, otlatmak (**etw** -i) **II.** *vr* **sich vor etw ~** bir şeyden sakınmak; **ich werde mich ~!** sakınmasını bilirim!
Hütte *f* ❶ (*Haus*) kulübe ❷ (*Hüttenwerk*) demirhane
Hyäne *f* sırtlan
Hyazinthe *f* sümbül
Hydrant *m* yangın musluğu
hydraulisch *adj* hidrolik
Hygiene *f* sağlık bilgisi [*o* bakımı], hijyen
hygienisch *adj* sağlığa uygun, sıhhi, hijyenik
Hymne *f* (*Preisen*) övgü
Hyperinflation *f* hiperenflasyon, dörtnala enflasyon
Hyperlink *m* INET bağlantı noktası
hypermodern *adj* son derece modern
Hypertext *m* INET hiper doküman
Hypnose *f* hipnoz, hipnotizma
hypnotisieren *vt* hipnotize etmek (**jdn** -i)
Hypothek *f* ipotek; **mit einer ~ belastet** ipotekli
Hypothese *f* varsayım
hypothetisch *adj* varsayımlı
Hysterie *f* isteri
hysterisch *adj* isterik

I i

i. A. *m Abk von* **im Auftrag** adına

iberisch *adj* **Iberische Halbinsel** İberik Yarımadası

IC *m Abk von* **Intercityzug** Mavi Tren, Fatih Expres

ICE *m Abk von* **Intercityexpresszug** *es gibt keine Züge dieser Art in der Türkei*

ich *pron* ben; ~ **selbst** kendim; ~ **bin es** ben'im; **hier bin** ~ buradayım; ~ **Armer!** zavallı ben!

ideal *adj* (*ausgezeichnet*) mükemmel, ideal; (*rein gedanklich*) ideal, ülküsel

Ideal *nt* ideal, ülkü

Idealgewicht *nt* ideal kilo

Idealismus *m* idealizm, ülkücülük

Idealist(in) *m(f)* idealist, ülkücü

idealistisch *adj* idealist, ülkücü

Idee *f* ❶ (*Einfall*) (ani) fikir, buluş ❷ (*Gedanke, Meinung*) düşünce, fikir; **fixe** ~ sabit fikir, saplantı; **jdn auf eine** ~ **bringen** birinin aklına bir fikir getirmek

Identifikation *f* (*einer Person*) kimlik tespiti

identifizieren I. *vt* teşhis etmek, seçmek (**jdn** -i) **II.** *vr* **sich mit jdm** ~ biriyle özdeşleşmek

Identifizierung *f* ❶ (*Identifikation*) teşhis ❷ (*Gleichsetzung*) özdeşleş(tir)me

identisch *adj* aynı, eşit, özdeş

Identität *f* özdeşlik; (*bei Personen*) kimlik

Ideologie *f* ideoloji

ideologisch *adj* ideolojik

Idiot *m* ❶ deli, çılgın ❷ MED ebleh

Idiotie *f* ❶ eşeklik, enayilik ❷ MED eblehlik

idiotisch *adj* ❶ (*dumm*) aptal, ahmak, enayi ❷ MED ebleh

idyllisch *adj* ❶ (*ländlich*) kırsal ❷ (*friedlich und beglückend*) sakin, cennet gibi

IG *f Abk von* **Industriegewerkschaft** Sanayi Sendikası

Igel *m* kirpi

ignorieren *vt* ❶ (*bewusst übersehen*) bilmemezlikten [*o* görmemezlikten] gelmek (**etw/jdn** -i) ❷ (*nicht beachten*) aldırış etmemek (**etw/jdn** -e)

IHK *f Abk von* **Industrie- und Handelskammer** Sanayi ve Ticaret Odası

ihm *pron* ona

ihn *pron* onu

ihnen *pron* onlara

Ihnen *pron* size

ihr *pron* ❶ (*Einzahl*) ona ❷ (*Mehrzahl*) siz

ihr(e) *pron* ❶ (*Einzahl*) onun ❷ (*Mehrzahl*) onların; **der, die, das Ihr(ig)e** onunki

Ihr(e) *pron* sizin

ihrerseits *adv* onun tarafından

Ihrerseits *adv* sizin tarafınızdan

ihrethalben *adv*, **ihretwegen** *adv* ❶ (*Einzahl*) onun için, onun yüzünden ❷ (*Mehrzahl*) onların yüzünden

illegal *adj* yasa [*o* kanun] dışı, kanuna aykırı

illegitim *adj* gayri meşru

Illusion *f* hayal, hulya, kuruntu

Illustration *f* resim

illustriert *adj* resimli

Illustrierte *f* magazin, resimli dergi

im *präp* = **in dem** *s.* **in**

Image *nt* imaj

Imam *m* imam

ImbissRR *m*, **Imbiß**ALT *m* hafif bir yemek

ImbissstubeRR *f* büfe, sinekbar

Imitation *f* taklit, benzetme, imitasyon

imitieren *vt* taklit etmek (**jdn/etw** -i)

Imker(in) *m(f)* arı yetiştirici, arıcı

Immatrikulation *f* üniversiteye kayıt
immatrikulieren *vr* **sich ~** üniversiteye kayıt olmak
immer *adv* daima, hep, her zaman; **auf** [*o* **für**] ~ temelli; ~ **mehr** gittikçe fazla; ~ **weniger** gittikçe daha az; ~ **noch** hala; ~ **wieder** tekrar tekrar; ~ **wenn** -dikçe; **wer/wo/was auch** ~ kim/nerede/ne olursa olsun
immerhin *adv* ❶ (*trotzdem*) buna rağmen [*o* karşın] ❷ (*wenigstens*) hiç olmazsa ❸ (*schließlich*) ne de olsa
immerzu *adv* boyuna, hiç durmadan
Immobilien *pl* emlak *sing*, taşınmaz mal *sing*

I

immun *adj* ❶ (*a. fig*) bağışık ❷ POL dokunulmaz
Immunität *f* ❶ (*a. fig*) bağışıklık ❷ POL dokunulmazlık
Immunsystem *nt* bağışıklık sistemi
Imperativ *m* emir kipi [*o* sıygası]
Imperfekt *nt* LING hikaye (zamanı)
Imperialismus *m* ❶ emperyalizm ❷ (*Kolonisierung*) sömürgecilik
Imperialist *m* ❶ emperyalist ❷ (*Kolonist*) sömürgeci
imperialistisch *adj* ❶ emperyalist ❷ (*kolonialistisch*) sömürgeci
impfen *vt* aşılamak (**jdn** -i)
Impfpass[RR] *m* aşı kâğıdı
Impfstoff *m* aşı (maddesi), serum
Impfung *f* aşı
imponieren *vi* **jdm ~** birini etkilemek
Import *m* COMM ithal, dışalım
Importeur *m* COMM ithalatçı, dışalımcı
importieren *vt* COMM ithal etmek (**etw** -i)
importiert *adj* ithal
imposant *adj* empozan, heybetli
impotent *adj* iktidarsız
Impotenz *f* iktidarsızlık
Improvisation *f* ❶ hazırlıksız yaratma, uydurma ❷ MUS doğaçlama, emprovize
improvisieren *vt* ❶ hazırlıksız yaratmak, uydurmak (**etw** -i) ❷ (*Lied*) doğaçtan şarkı söylemek; (*Musik*) doğaçtan çalmak
improvisiert *adj* MUS doğaçlama, emprovize
Impuls *m* ❶ (*Antrieb*) içtepi ❷ ELEK darbe
impulsiv *adj* tezcanlı, atılgan
imstande *adv*, **im Stande**[RR] *adv* **~ sein, etw zu tun** bir şeyi yapabilecek durumda olmak
in I. *präp* +*dat* (*Ort*) -de/-da, -in içinde; **im Garten** bahçede; ~ **der Ferne** uzakta; ~ **eurer Mitte** ortanızda; ~ **2 Jahren** iki yıl içinde; ~ **der Nacht** geceleyin; ~ **diesem Jahr** bu yıl; **im März** martta **II.** *präp* +*akk* (*Richtung*) -e/-a, içine; ~ **die Schule gehen** okula gitmek
inakzeptabel *adj* kabul edilemez
inbegriffen *adj* dahil olmak üzere
indem *konj* ❶ (*dadurch dass*) -erek/-arak; ~ **er das sagte** bunu söyleyerek ❷ (*während*) -irken
Inder(in) *m(f)* Hintli
Indianer(in) *m(f)* kızılderili
indianisch *adj* kızılderili
Indien *nt* Hindistan
Indikativ *m* bildirme kipi
Indikator *m* gösterge
indirekt *adj* dolaylı, endirek(t)
indisch *adj* ❶ (*Sprache*) Hintçe ❷ (*Art*) Hint ❸ (*Herkunft*) Hintli; **der Indische Ozean** Hint Okyanusu
indiskret *adj* ❶ (*nicht verschwiegen*) sır saklamaz ❷ (*taktlos*) densiz
Individualismus *m* bireycilik
Individualist(in) *m(f)* bireyci
Individualität *f* bireysellik, ferdiyet
individuell *adj* ❶ (*des Individuums*) bireysel, ferdi ❷ (*persönlich*) kişisel
Individuum *nt* birey, fert
Indiz *nt* belirti, emare
Indochina *nt* Çin Hindi(stanı)
Indonesien *nt* Endonezya
industrialisieren *vt* sanayileştirmek, endüstrileştirmek (**etw** -i)

Industrialisierung *f* sanayileş(tir)me, endüstrileş(tir)me
Industrie *f* sanayi, endüstri; **~- und Handelskammer** Sanayi ve Ticaret Odası; **verarbeitende ~** imalat sanayii
Industriegebiet *nt* endüstri bölgesi
Industrieland *nt* endüstri ülkesi
industriell *adj* sınai, endüstriyel
Industrielle(r) *f(m)* sanayici
ineinander *adv* iç içe, birbiri içine
ineinanderpassen *vi* iç içe sığmak
ineinanderschieben *vt* içine itmek [*o* kaydırmak] (**etw** -i)
Infanterie *f* piyade
infantil *adj* ① (*pej*) çocukça ② (*dümmlich*) budala(ca)
Infarkt *m* enfarktüs
Infektion *f* enfeksiyon, bulaşma
Infektionskrankheit *f* bulaşıcı hastalık
Infinitiv *m* mastar
infizieren I. *vt* bulaştırmak (**jdn/etw mit etw** -e -i) II. *vr* **sich ~** enfekte olmak
infiziert *adj* enfekte
Inflation *f* enflasyon
Inflationsniveau *nt* enflasyon seviyesi
Inflationsrate *f* enflasyon oranı
infolge *präp +gen* ... sonucu (olarak), ... nedeniyle, -den dolayı
infolgedessen *adv* bundan dolayı, bu yüzden
Informatik *f* bilişim
Informatiker(in) *m(f)* bilişimci
Information *f* ① (*Auskunft*) bilgi, haber ② (*Informationsbüro*) danışma (bürosu)
Informationsaustausch *m* INET bilgi alışverişi
Informationstechnik *f* enformasyon teknolojisi
Informationszeitalter *nt* bilgi çağı
informativ *adj* bilgi verici, bilgilendirici
informell *adj* şekilsiz
informieren *vt* bilgi [*o* haber] vermek (**jdn** -e), bilgilendirmek (**jdn** -i)
infrarot *adj* kızılötesi
Infrastruktur *f* altyapı
Infusion *f* infüzyon
Ing. *m Abk von* **Ingenieur**
Ingenieur(in) *m(f)* mühendis
Ingwer *m* zencefil
Inhaber *m* sahip; (*einer Urkunde*) hamil
inhaftieren *vt* hapsetmek (**jdn** -i)
Inhaftierung *f* hapsetme
Inhalation *f* (nefesle beraber) içeri çekme
inhalieren *vt* (nefesle beraber) içeri çekmek (**etw** -i)
Inhalt *m* ① (*Gehalt*) içerik, kapsam ② (*Raum-*) hacim
Inhaltsangabe *f* özet
Inhaltsverzeichnis *nt* içindekiler listesi, fihrist
Initiative *f* girişim, teşebbüs
Initiator *m* fikir babası
Initiatorin *f* fikir annesi
Injektion *f* enjeksiyon, içitim
injizieren *vt* enjekte etmek (**jdm etw** -e -i)
inkl. *adv Abk von* **inklusive**
inklusive *adv* dahil olmak üzere
inkompatibel *adj* birbirine uymayan
inkonsequent *adj* tutarsız
Inkonsequenz *f* tutarsızlık
Inkraftsetzung *f* yürürlüğe koyma
Inkrafttreten *nt* yürürlüğe girme
Inkubationszeit *f* kuluçka süresi
Inland *nt* yurt içi
Inländer(in) *m(f)* yerli
inländisch *adj* yerli, iç
Inlandsflug *m* yurt içi uçuş
Inliner *m* inliner, tek sıra tekerlekli paten
inlineskaten *vi* inline pateni yapmak
Inlineskating *nt* inline pateni
inmitten *präp +gen* -in ortasında, -in arasında
innehaben *irr vt* (*Amt, Stellung*) tutmak (**etw** -i)
innen *adv* içinde, içerisinde; **nach ~** içeri(ye); **von ~** içeriden

Innenarchitekt(in) *m(f)* iç mimar, dekoratör
Inneneinrichtung *f* iç döşeme
Innenhof *m* iç avlu
Innenminister(in) *m(f)* içişleri bakanı
Innenpolitik *f* iç politika
Innenstadt *f* şehir merkezi
Innere *nt* iç
innere(r, s) *adj* iç; (*Gefühl*) içten, özünlü
Innereien *pl* sakatat *sing*
innerhalb *präp +gen* (*örtlich*) içinde; (*zeitlich*) içinde, zarfında
innerlich I. *adj* iç; (*Gefühl*) içten, özünlü **II.** *adv* içten(likle)
innerparteilich *adv* parti içi
innig *adj* içten, candan, samimi
Innovation *f* yenilik
innovativ *adj* yenilikçi
Innung *f* esnaf birliği, lonca
inoffiziell *adj* resmi olmayan
Input *m* (*Daten~*) girdi
ins *präp* = **in das** *s.* **in**
Insasse *m* ❶ (*Bewohner*) içinde oturan ❷ (*Fahrgast*) yolcu ❸ (*Gefängnis*) mahpus
insbesondere *adv* özellikle, bilhassa
Inschrift *f* yazıt
Insekt *nt* böcek
Insektenmittel *nt* böcek ilacı
Insel *f* ada
Inselgruppe *f* takımada
Inserat *nt* ilan
inserieren *vt* (gazetede) ilan etmek (**etw** -i)
insgeheim *adv* gizlice
insgesamt *adv* hepsi birden, topu topu
insofern *adv*, **insoweit** *adv* ❶ (*was dies betrifft*) o noktaya kadar ❷ (*unter der Bedingung*) şu şartla
Inspektion *f* ❶ (*Kontrolle*) teftiş, denetim ❷ (*Amt*) müfettişlik ❸ (*Auto*) kontrol
Inspektor(in) *m(f)* müfettiş
Instabilität *f* COMM, POL istikrarsızlık
Installateur(in) *m(f)* ❶ (*Klempner*) muslukçu, lehimci, tenekeci ❷ (*Elektro-*) elektrikçi, tesisatçı
Installation *f* tesisat; (*eines Computerprogramms*) kurulum
installieren *vt* ❶ kurmak, tesis etmek, yerleştirmek (**etw** -i) ❷ (*Computerprogramm*) kurulumunu yapmak (**etw** -in)
instand *adj*, **in Stand**[RR] *adj* ~ **halten** bakımını yapmak (**etw** -in), korumak (**etw** -i), bakmak (**etw** -e)
Instandhaltung *f* bakım, koruma
Instantkaffee *m* hazır kahve, neskafe, instant kahve
Instanz *f* mahkeme derecesi
Instinkt *m* içgüdü
instinktiv I. *adj* içgüdüsel **II.** *adv* içgüdüsel olarak
Institut *nt* enstitü; (*Einrichtung*) kuruluş, kurum
Institution *f* enstitü, müessese, kuruluş
institutionalisieren *vt* kurumsallaştırmak (**etw** -i)
Institutionalisierung *f* ❶ (*das Institutionalisieren*) kurumsallaştırma ❷ (*das Institutionalisiertwerden*) kurumsallaşma
institutionell *adj* kurumsal
Instruktion *f* direktif, yönerge
Instrument *nt* ❶ alet ❷ (*Musik-*) çalgı, enstrüman; **ein ~ spielen** bir çalgı [*o* enstrüman] çalmak
instrumentalisieren *vt* alet etmek (**jdn/etw für etw** -i -e)
Insulin *nt* ensülin
inszenieren *vt* (*Stück*) sahneye koymak (**etw** -i)
Inszenierung *f* sahneye koyma, oyun düzeni
intakt *adj* işler durumda, sağlam
Integration *f* ❶ (*Eingliederung*) entegrasyon, kaynaşma ❷ (*Vervollständigung*) bütünleştirme, tamamlama
Integrationspolitik *f* POL uyum politikası
integrieren I. *vt* (*ergänzen*) bütünleştirmek (**etw in etw** -i ile) **II.** *vr* **sich ~**

entegre olmak (**in etw** -e)
Intellekt *m* akıl
intellektuell *adj* zihni, akli, entellektüel
Intellektuelle(r) *f(m)* aydın, entellektüel
intelligent *adj* zeki, akıllı
Intelligenz *f* zeka, akıl, anlayış; **künstliche ~** yapay zeka
Intelligenzler(in) *m(f)* (*pej*) entel
Intelligenzquotient *m* zeka oranı
Intendant(in) *m(f)* (radyo, televizyon) müdürü
Intensität *f* yoğunluk, şiddet
intensiv *adj* yoğun, şiddetli
intensivieren *vt* yoğunlaştırmak, pekiştirmek, şiddetlendirmek (**etw** -i)
Intensivmedizin *f* yoğun tıb
Intensivstation *f* yoğun bakım (koğuşu)
interaktiv *adj* etkileşimli, interaktif
interdisziplinär *adj* disiplinerarası, multidisipliner
interessant *adj* enteresan, ilginç
Interesse *nt* ❶ (*an einer Sache*) ilgi, alaka ❷ (*Hobby*) merak
Interesselosigkeit *f* ilgisizlik
Interessengemeinschaft *f* menfaat birliği
Interessent(in) *m(f)* ilgili, istekli
interessieren I. *vt* ilgilendirmek (**jdn** -i) II. *vr* **sich ~** ilgilenmek (**für etw/jdn** ile)
Interface *nt* INFORM arabirim, arayüz, arayüzey
interkontinental *adj* kıtalararası
Interkontinentalrakete *f* kıtalararası füze
intern *adj* iç
Internat *nt* yatılı okul
international *adj* uluslararası, milletlerarası, enternasyonal; **die Internationale Raumstation** Uluslararası Uzay İstasyonu, UUİ; **der Internationale Währungsfonds** Uluslararası Para Fonu, IMF
Internet *nt* internet
Internetanschluss[RR] *m* internet bağlantısı
Internetbanking *nt* internet bankacılığı
Internetforum *nt* internet forumu
Internetnutzung *f* internet kullanımı
Internet-Service-Provider *m* INET internet servis sağlayıcı
Internetsucht *f* internet bağımlılığı
internetsüchtig *adj* internet bağımlısı
Internetsüchtige(r) *f(m)* internet bağımlısı
Internetzugang *m* internet erişimi
Internist(in) *m(f)* iç hastalıkları uzmanı
Interpol *f* İnterpol
Interpret(in) *m(f)* yorumcu
Interpretation *f* yorum
interpretieren *vt* yorumlamak (**etw** -i)
Interpunktion *f* noktalama
Interpunktionszeichen *nt* noktalama işareti
Intervention *f* müdahale
Interview *nt* görüşme, konuşma
interviewen *vt* görüşme yapmak (**jdn** ile)
intim *adj* ❶ (*eng befreundet*) içli dışlı, sıkı fıkı ❷ (*sexuell*) cinsi ❸ (*privat*) gizli, mahrem
Intimbereich *m*, **Intimsphäre** *f* mahrem alan
intolerant *adj* hoşgörüsüz
Intoleranz *f* hoşgörmezlik
Intonation *f* vurgu
Intranet *nt* intranet
intransitiv *adj* geçişsiz
introvertiert *adj* içe dönük
Intuition *f* sezgi
intuitiv I. *adj* sezgili, sezgisel II. *adv* sezerek
Invalide *m* sakat, malul
Invasion *f* baskın, akın
Inventar *nt* demirbaş (eşya)
Inventur *f* mal sayımı, envanter
investieren *vi, vt* para yatırmak (**in etw** -e)
Investition *f* yatırım
Investor(in) *m(f)* yatırımcı
inwiefern *adv*, **inwieweit** *adv* ne dereceye kadar; (*wieso*) ne yönden

Inzucht *f* akraba evliliği
inzwischen *adv* bu [*o* o] arada
Ion *nt* iyon
IP-Nummer *f* INET sayısal adres
i. R. *m Abk von* **im Ruhestand** emekli
Irak *m* Irak
Iran *m* İran
irdisch *adj* ❶ (*die Erde betreffend*) dünyasal ❷ (*vergänglich*) geçici
Ire, Irin *m, f* İrlandalı
irgend *adv* ~ **so etwas** şöyle bir şey
irgendein *pron* (*adjektivisch*) herhangi bir; (*x-beliebiger*) rasgele, gelişigüzel
irgendeine(r) *pron* (*substantivisch*) herhangi birisi

I

irgendetwas[RR], **irgend etwas**[ALT] *pron* herhangi bir şey
irgendjemand[RR] *pron*, **irgend jemand**[ALT] *pron* herhangi biri
irgendwann *adv* herhangi bir zaman(da)
irgendwas *pron* (*fam*) herhangi bir şey
irgendwelche *pron* herhangi
irgendwer *pron* herhangi biri
irgendwie *adv* herhangi bir şekilde
irgendwo *adv* herhangi bir yerde
irgendwoher *adv* herhangi bir yerden
irgendwohin *adv* herhangi bir yere
irisch *adj* ❶ (*Sprache*) İrlandaca ❷ (*Art*) İrlanda ❸ (*Herkunft*) İrlandalı
Irland *nt* İrlanda
Ironie *f* (ince) alay, istihza
ironisch *adj* alaylı, ironik
irr(e) *adj* ❶ (*verwirrt*) şaşkın ❷ (*verrückt*) deli, çılgın; **das ist ~!** (*fam*) harika!
Irre(r) *f(m)* deli, çılgın
irreal *adj* gerçek dışı
Irrealität *f* gerçek dışılık
irreführen *vt* yolunu şaşırtmak (**jdn** -in); (*betrügen*) aldatmak, yanıltmak (**jdn** -i)
irregulär *adj* kurallara aykırı
irremachen *vt* şaşırtmak (**jdn** -i)
irren I. *vi sein* ❶ (*vom Weg abweichen*) yolundan şaşmak ❷ (*umherschweifen*) serserice dolaşmak ❸ (*sich* ~) yanılmak, aldanmak **II.** *vr* **sich ~** yanılmak, aldanmak; **sich in etw ~** bir şeyi şaşırmak; **wenn ich (mich) nicht irre** eğer yanılmıyorsam
Irrenanstalt *f* (*pej*) tımarhane
irreparabel *adj* onarılmaz, tamir edilemez
irrewerden[RR] *vi* şaşırmak; **an etw ~** bir şeyden şüphelenmek
irritieren *vt* şaşırtmak (**jdn** -i), aklını karıştırmak (**jdn** -in)
Irrsinn *m* delilik, kaçıklık, çılgınlık
irrsinnig *adj* deli, kaçık, çılgın
Irrtum *m* yanlış(lık), yanıltı, hata
irrtümlich I. *adj* yanlış, hatalı **II.** *adv* yanlışlıkla
Ischias *m o nt* siyatik
Islam *m* İslam, Müslümanlık
islamisch *adj* Müslüman
Islamist(in) *m(f)* şeriatçı, islamcı
islamistisch *adj* şeriatçı, islamcı
Island *nt* İslanda
Isländer(in) *m(f)* İslandalı
Isolation *f* izolasyon
Isolierband *nt* izole bant
isolieren *vt* ❶ (*a. fig*) izole etmek (**etw** -i) ❷ (*Häftling, Kranken*) ayırmak (**jdn** -i)
Isolierung *f* izolasyon
ISP *m Abk von* **Internet Service Provider** internet servis sağlayıcısı
Israel *nt* İsrail
Israeli *f(m)* İsrailli
israelisch *adj* ❶ (*Art*) İsrail ❷ (*Herkunft*) İsrailli
ISS *f Abk von* **International Space Station** UUİ, Uluslararası Uzay İstasyonu
isst[RR] *vi, vt s.* **essen**
ist *vt s.* **sein**
Italien *nt* İtalya
Italiener(in) *m(f)* İtalyan
italienisch *adj* ❶ (*Sprache*) İtalyanca ❷ (*Art*) İtalyan
i. V. *f Abk von* **in Vertretung** vekil olarak

J j

ja *adv* evet; **o ~!** tabii!; **ich glaube ~** öyle sanıyorum; **~ doch!** elbette!; **aber ~!** öyle tabii!; **da ist er ~!** işte geldi!
Jacht *f* yat
Jachtklub *m* deniz kulübü
Jacke *f* ❶ ceket ❷ (*Strick-*) hırka
Jackett *nt* ceket
Jagd *f* av
Jagdbeute *f* av ganimeti
Jagdflinte *f*, **Jagdgewehr** *nt* av tüfeği
Jagdhund *m* av köpeği
Jagdrevier *nt* av yatağı, avlak
Jagdschein *m* av tezkeresi
Jagdzeit *f* av mevsimi
jagen I. *vt* ❶ (*Tier*) avlamak (**etw** -i) ❷ (*fig: verfolgen*) kovalamak, takip etmek (**jdn** -i) II. *vi* ❶ (*auf die Jagd gehen*) avlanmak ❷ (*eilen*) acele etmek
Jäger *m* ❶ (*Mensch*) avcı ❷ MIL avcı eri; LUFT avcı uçağı
Jaguar *m* jaguar
Jahr *nt* yıl, sene; **voriges ~** geçen yıl [*o* sene]; **nächstes ~** gelecek yıl [*o* sene]; **jedes ~, alle ~e** her yıl [*o* sene]; **das ganze ~** (**hindurch**) bütün yıl (boyunca); **von ~ zu ~** seneden seneye; **seit ~ und Tag** çoktan beri; **in den besten ~en** en iyi yaşlarda; **sie ist 9 ~e alt** dokuz yaşında
jahrelang *adv* yıllarca, senelerce
Jahreseinkommen *nt* yıllık gelir
Jahrestag *m* yıldönümü
Jahreszeit *f* mevsim
Jahrgang *m* ❶ (*einer Zeitschrift*) yıl ❷ (*Geburtsjahr*) doğum yılı
Jahrhundert *nt* yüzyıl, asır
-jährig *adj* (*Lebensalter*) ... yaşında; (*soundso viele Jahre dauernd*) ... yıllık; **eine vierzigjährige Frau** kırk yaşında bir kadın; **ein vierzigjähriger Frieden** kırk yıllık bir barış
jährlich I. *adj* yıllık, senelik II. *adv* her yıl [*o* sene]
Jahrmarkt *m* kermes, panayır
Jahrtausend *nt* binyıl
Jahrzehnt *nt* onyıl
Jalousie *f* panjur
Jammer *m* ❶ (*Wehklagen*) feryat ❷ (*Elend*) sefalet, perişanlık
jämmerlich *adj* ❶ (*bemitleidenswert*) acınacak ❷ (*erbärmlich*) sefil, perişan
jammern *vi* feryat etmek
Januar *m* ocak (ayı)
Japan *nt* Japonya
Japaner(in) *m(f)* Japon
japanisch *adj* ❶ (*Sprache*) Japonca ❷ (*Art*) Japon ❸ (*Herkunft*) Japon(yalı)
Jasmin *m* yasemin
Jastimme *f* "evet" oyu
jäten *vi* yabani ot ayıklamak
jawohl *adv* baş üstüne, hayhay
Jawort *nt* (*Zustimmung*) onay
Jazz *m* caz
je *adv* ❶ (*jemals*) herhangi bir zamanda ❷ (*in Fragesätzen*) hiç; **~ eher, desto besser** ne kadar erken olursa o kadar iyi olur; **habt ihr ~ so etwas gesehen?** hiç böyle bir şey gördünüz mü?; **~ nachdem** (*als Antwort*) duruma göre; **~ zwei/drei** ikişer/üçer
Jeans *pl* blucin *sing*
jede(r, s) I. *adj* her; **~n Augenblick** her an; **ohne ~n Zweifel** hiç kuşkusuz; **~s zweite Wort** her ikinci kelime; **~s Mal** her defa II. *pron* herkes; **~r von uns** her birimiz
jedenfalls *adv* her ne olursa olsun
jedermann *pron* herkes
jederzeit *adv* her zaman, daima
jedesmal[ALT] *adv s.* **jede(r, s)**

J

jedoch *adv* halbuki, ama, fakat
Jeep *m* cip
jemals *adv* herhangi bir zamanda; (*in Fragesätzen*) hiç
jemand *pron* biri(si), (bir) kimse; ~ **anders** başka biri(si)
Jemen *m* Yemen
jene(r, s) *adj, pron* o, öbür, şu
jenseits *präp +gen* -in ötesinde
Jenseits *nt* öbür dünya, ahiret
Jerusalem *nt* Kudüs
Jesuit *m* Cizvit
Jesus *m* (Hazreti) İsa
Jet *m* jet
Jetset *m* jet sosyete
jetzige(r, s) *adj* ❶ (*von jetzt*) şimdiki ❷ (*heutig*) bugünkü

jetzt *adv* şimdi; **bis** ~ şimdiye kadar, daha; **von** ~ **an** bundan böyle, şimdiden sonra; **eben** [*o* **gerade**] ~ tam şimdi
jeweilig *adj* o anki
jeweils *adv* her defa(sında)
Jg. *m Abk von* **Jahrgang** yıl
Jh. *nt Abk von* **Jahrhundert** yy (*yüzyıl*)
jhrl. *adv Abk von* **jährlich** her sene, senelik
Job *m* (*fam*) iş
Joch *nt* (*a. fig*) boyunduruk
Jochbein *nt* elmacık kemiği
Jod *nt* CHEM iyot
jodhaltig *adj*, **jodiert** *adj* iyotlu
Jodsalz *nt* iyotlu tuz
joggen *vi* jogging yapmak
Jogging *nt* jogging
Jogginganzug *m* jogging takımı
Jogginghose *f* eşofman altı
Joghurt, Jogurt[RR] *m o nt* yoğurt
Jog(h)urtbereiter *m* (*Gerät*) yoğurt yapma aleti
Johannisbeere *f* frenküzümü
Johannisbrot *nt* keçiboynuzu
Johannisbrotbaum *m* keçiboynuzu ağacı
Joint *m* esrarlı sigara
Jordan *m* (*Fluss*) Şeria (nehri)
Jordanien *nt* Ürdün
Journalismus *m* gazetecilik
Journalist(in) *m(f)* gazeteci
Jubel *m* ❶ (*große Freude*) büyük sevinç ❷ (*Rufe*) sevinç çığlıkları *pl*
jubeln *vi* sevinç çığlıkları atmak
Jubiläum *nt* jübile, yıldönümü şenliği
jucken *vi* kaşınmak
Jucken *nt*, **Juckreiz** *m* kaşıntı
Jude, Jüdin *m, f* Yahudi, Musevi
Judentum *nt* Yahudilik, Musevilik
jüdisch *adj* Yahudi, Musevi
Judo *nt* judo
Jugend *f* ❶ (*Zustand*) gençlik ❷ (*junge Leute*) gençler *pl* ❸ (*Jünglingsalter*) delikanlılık; **von** ~ **auf** küçüklükten beri
Jugendarbeitslosigkeit *f* gençlerde işsizlik
jugendfrei *adj* (*Film*) gençlerin seyretmesi serbest
Jugendfreund(in) *m(f)* çocukluk [*o* gençlik] arkadaşı
Jugendgericht *nt* gençlik mahkemesi
Jugendhaus *nt*, **Jugendheim** *nt* gençlik yurdu
Jugendherberge *f gençler için özel otel*
jugendlich *adj* genç
Jugendliche(r) *f(m)* genç
Jugoslawien *nt* Yugoslavya
Juli *m* temmuz (ayı)
jun. *adj Abk von* **junior** oğul
jung <jünger, am jüngsten> *adj* genç; ~**er Mann** genç adam, delikanlı; ~**es Mädchen** genç kız; **die** ~**en Leute** gençler; ~ **machen** gençleştirmek (**jdn** -i); **wieder** ~ **werden** gençleşmek
Junge *m* erkek çocuk; (*Bursche*) oğlan; **kleiner** ~ küçük çocuk
jünger *adj Komparativ von* **jung** daha genç; (*Bruder, Schwester*) küçük; **mein jüngerer Bruder** küçük erkek kardeşim; **sie ist ein Jahr** ~ **als ich** o benden bir yaş küçük
Jungfer *f* **alte** ~ (*pej*) evlenmemiş kadın

Jungfrau *f* ❶ bakire ❷ (*Sternzeichen*) Başak (burcu); **die Heilige** ~ Meryem Ana, Hazreti Meryem
Junggeselle *m* bekar; **eingefleischter** ~ müzmin bekar
Junggesellin *f* bekar kız
Jüngste(r) *f(m)* en genç; (*Schwester, Bruder*) en küçük kardeş
Juni *m* haziran (ayı)
Junior *m* (*fam*) oğul
Junkmail *f* istenmeyen e-postalar
Junta *f* cunta
jur. *adj Abk von* **juristisch** hukuki
Jura *nt* ~ **studieren** hukuk okumak
Jurist(in) *m(f)* hukukçu
juristisch *adj* hukuki; ~**e Person** tüzelkişi
Jury *f* jüri
justierbar *adj* ayar edilebilir
justieren *vt* ayarlamak (**etw** -i)
Justiz *f* adliye, adalet
Justizministerium *nt* adalet bakanlığı
Jute *f* jüt
Juwel *nt* mücevher, kiymetli taş
Juwelier *m* kuyumcu
Juweliergeschäft *nt* kuyumcu (dükkanı)

Kk

K

Kabarett *nt* kabare
Kabel *nt* kablo
Kabelfernsehen *nt* yerel kablolu televizyon
Kabeljau *m* morina (balığı)
Kabine *f* ❶ kabin ❷ (*Schiffs-*) kamara
Kabinett *nt* bakanlar kurulu, kabine
Kabinettsumbildung *f* kabine revizyonu
Kachel *f* çini; (*glasierte*) fayans
Kachelofen *m* çini soba
Kadaver *m* leş, kadavra
Kader *m* POL kadro
Kadmium *nt* kadmiyum
Käfer *m* böcek
Kaff *nt* (*pej*) cansıkıcı köy
Kaffee *m* kahve; **schwarzer** ~ sade kahve; ~ **mit Milch** sütlü kahve
Kaffeebohne *f* çekirdek kahve
Kaffeefilter *m* kahve filtresi [*o* süzgeci]
Kaffeekanne *f* kahve ibriği; (*türkische ~ mit langem Stil*) cezve
Kaffeelöffel *m* kahve kaşığı
Kaffeemaschine *f* kahve (yapma) makinesi
Kaffeemühle *f* kahve değirmeni
Kaffeesatz *m* kahve telvesi
Kaffeeservice *nt* kahve takımı
Kaffeetasse *f* kahve fincanı
Käfig *m* kafes
kahl *adj* ❶ (*Kopf, Mensch*) kel ❷ (*Baum*) yapraksız ❸ (*Ausstattung*) çıplak; ~ **geschoren** sıfır numara
Kahn *m* kayık, sandal
Kai *m* rıhtım
Kairo *nt* Kahire
Kaiser *m* imparator
Kaiserin *f* imparatoriçe
kaiserlich *adj* imparator(a ait)
Kaiserreich *nt* imparatorluk
Kaiserschnitt *m* sezaryen
Kajalstift *m* göz boyası kalemi
Kajüte *f* NAUT kamara
Kakao *m* kakao
Kakerlak *m* hamamböceği
Kaktus *m* kaktüs
Kaktusfeige *f* Mısır inciri
Kalaschnikow *f* (*Gewehr*) kalaşnikof
Kalb *nt* dana, buzağı

Kalbfleisch *nt* dana eti
Kalbsbraten *m* dana kızartması [*o* rostosu]
Kalbsschnitzel *nt* dana şinitseli
Kalender *m* takvim
Kaliber *nt* kalibre, çap
Kalif *m* halife
Kalifat *nt* halifelik
Kalk *m* kireç; (*zum Tünchen*) badana
kalken *vt* (*tünchen*) badanalamak (**etw** -i)
Kalkstein *m* kireçtaşı, kalker
Kalkulation *f* hesaplama, kalkülasyon
kalkulieren *vi, vt* hesap etmek (**etw** -i)
Kalorie *f* kalori
kalorienarm *adj* az kalorili
Kaloriengehalt *m* kalori miktarı
kalt <kälter, am kältesten> *adj* ① soğuk ② (*eis-*) buz gibi; **mir ist ~** üşüyorum; **es ist ~** hava soğuk; **~ werden** soğumak; **es wird ~** hava soğuyor
kaltblütig *adj* (*Mensch*) soğukkanlı, serinkanlı
Kaltblütigkeit *f* soğukkanlılık
Kälte *f* soğuk(luk); **wir haben fünf Grad ~** ısı beş derece
Kältewelle *f* soğuk dalgası
Kaltmiete *f* çıplak kira
Kalzium *nt* CHEM kalsiyum
kam *vi s.* **kommen**
Kambodscha *nt* Kamboçya
Kamel *nt* deve
Kamera *f* ① (*Fotoapparat*) fotoğraf makinesi ② (*Film-*) kamera
Kamerad(in) *m(f)* arkadaş, dost, yoldaş
Kameradschaft *f* arkadaşlık, dostluk
kameradschaftlich *adj* arkadaşça, dostça
Kameramann, Kamerafrau *m, f* kameraman
Kamille *f* papatya
Kamillentee *m* papatya çayı
Kamin *m* ① (*Schornstein*) baca ② (*offener Kamin*) şömine
Kamm *m* ① (*Haar-*) tarak ② (*Hahn*) horozibiği ③ (*Gebirgs-*) dağ sırtı; **alles über einen ~ scheren** fark gözetmeksizin aynı şekilde davranmak
kämmen **I.** *vt* taramak (**etw** -i) **II.** *vr* **sich ~** taranmak, saçını taramak
Kammer *f* (*Raum*) küçük oda
Kammermusik *f* oda müziği
Kampagne *f* kampanya
Kampf *m* ① (*zwischen einzelnen*) dövüş ② (*Krieg*) savaş; (*Schlacht*) çarpışma ③ (*Streiten für/gegen*) mücadele ④ SPORT yarışma
kämpfen *vi* savaşmak; (*sich schlagen*) çarpışmak (**mit jdm** ile)
Kampfflugzeug *nt* savaş uçağı
Kampfhahn *m* dövüş horozu
Kampfrichter(in) *m(f)* hakem
kampieren *vi* geceyi açıkta geçirmek, kamp yapmak
Kanada *nt* Kanada
Kanadier(in) *m(f)* Kanadalı
kanadisch *adj* ① (*Art*) Kanada ② (*Herkunft*) Kanadalı
Kanal *m* ① (*Wasserlauf*) kanal ② (*Bewässerungs-*) suyolu ③ (*Abwasser-*) lağım; **der ~** GEOG Manş Denizi
Kanalisation *f* (*städtische*) kanalizasyon
kanalisieren *vt* ① (*Ortschaft*) kanalizasyonunu yapmak (**etw** -in) ② (*Fluss*) kanallaştırmak; (*fig*) kanalize etmek (**etw** -i)
Kanarienvogel *m* kanarya
Kanarische Inseln *fpl* Kanarya Adaları
Kandidat(in) *m(f)* aday
Kandidatenstatus *m* (*EU*) adaylık statüsü
Kandidatur *f* adaylık
kandidieren *vi* (kendi) adaylığını koymak (**für etw** -e)
kandiert *adj* **~e Früchte** meyve şekerlemesi
Kandiszucker *m* nöbet şekeri
Känguru[RR] *nt*, **Känguruh**[ALT] *nt* kanguru
Kaninchen *nt* adatavşanı
Kanister *m* bidon, teneke

kann *vi, vt s.* **können**
Kanne *f* güğüm; (*mit Schnabel*) ibrik
Kannibale *m* yamyam
Kannibalismus *m* yamyamlık
kannte *vt s.* **kennen**
Kanone *f* top
Kante *f* kenar
Kantine *f* kantin
Kanton *m* (*Schweiz*) kanton
Kanu *nt* kayık, kano
Kanzel *f* ❶ (*in Kirche*) mimber ❷ (*Piloten-*) pilot kabini
Kanzlei *f* kalem odası, yazıhane
Kanzler(in) *m(f)* başkan
Kap *nt* burun
Kapazität *f* (*a. fig*) kapasite
Kapelle *f* ❶ (*Kirche*) küçük kilise ❷ (*Musik-*) orkestra, bando
Kapellmeister(in) *m(f)* orkestra şefi
Kaper *f* kapari, kebere, gebre
kapieren *vi, vt* (*fam*) kavramak, anlamak, çakmak (**etw** -i)
Kapital *nt* sermaye, anamal
Kapitalanlage *f* sermaye yatırımı
Kapitalanleger(in) *m(f)* sermaye yatırımcısı
Kapitalismus *m* kapitalizm
Kapitalist(in) *m(f)* kapitalist
kapitalistisch *adj* kapitalist
Kapitän *m* ❶ (*Schiffs-*) kaptan ❷ (*von Flugzeug*) pilot
Kapitel *nt* bölüm
Kapitell *nt* ARCHÄOL sütun başlığı
Kapitulation *f* teslim (olma)
kapitulieren *vi* teslim olmak
Kappe *f* ❶ (*Mütze*) başlık, kasket; (*islamisch*) takke ❷ (*Verschluss*) kapak
Kapsel *f* kapsül
kaputt *adj* ❶ (*nicht funktionierend*) bozuk ❷ (*zerbrochen*) kırık ❸ (*fig fam: erschöpft*) bitkin, yorgun argın
kaputtgehen *irr vi sein* ❶ (*nicht funktionieren*) bozulmak ❷ (*zerbrechen*) kırılmak ❸ (*zerreißen*) yırtılmak
kaputtlachen *vr* **sich** ~ (*fam*) gülmekten patlamak [*o* kırılmak]
kaputtmachen *vt* bozmak, kırmak (**etw** -i)
Kapuze *f* kapüşon, kukuleta
Karacho *nt* **mit** ~ (*fam*) hızla, süratle
Karaffe *f* sürahi
Karambolage *f* karambol, çarpışma
Karamel[ALT] *m*, **Karamell**[RR] *m* karamela
Karamellpudding[RR] *m* krem karamel
Karat *nt* kırat
Karate *nt* karate
Karawane *f* kervan
Karfreitag *m Paskalya'dan önceki cuma günü*
karg *adj* ❶ (*Boden*) kuru, kısır ❷ (*Mahlzeit*) fakir(ane)
kariert *adj* kareli; **groß/klein** ~ büyük/küçük kareli
Karies *f* diş çürüklüğü
Karikatur *f* ❶ (*Zeichnung*) karikatür ❷ (*fig: Zerrbild*) bozuntu
karikieren *vt* karikatürize etmek, karikatürleştirmek (**jdn/etw** -i)
Karneval *m* karnaval
Karo *nt* kare
Karosserie *f* karoseri
Karotte *f* (küçük) havuç
Karpfen *m* sazan balığı
Karre(n) *f(m)* küçük araba; (*Hand-*) el arabası
Karriere *f* kariyer
Karrierefrau *f* kariyerist
Karriereleiter *f* kariyer merdiveni
Karrieremacher *m* kariyerist
Karte *f* ❶ (*Post-*) kart(postal), posta kartı ❷ (*Visiten-*) kartvizit ❸ (*Speise-*) yemek listesi ❹ (*Eintritts-, Fahr-*) bilet ❺ (*Land-*) harita ❻ (*Spiel-*) oyun kâğıdı, iskambil; **nach der ~ essen** alakart yemek yemek; **~n spielen** iskambil oynamak
Kartei *f* kartotek
Karteikarte *f* fiş
Kartell *nt* ECON kartel
Kartenspiel *nt* ❶ (*Spiel*) iskambil (oyunu) ❷ (*Spielkarten*) oyun [*o* iskambil] kâğıtları

K

Kartentelefon *nt* kartlı telefon
Kartoffel *f* patates
Kartoffelbrei *m* patates ezmesi
Kartoffelchips *pl* patates cipsi *sing*
Kartoffelpüree *nt* patates püresi
Kartoffelsalat *m* patates salatası
Kartoffelschäler *m* patates soyma aleti, soyguç
Karton *m* ❶ (*Material*) karton, mukavva ❷ (*Schachtel*) karton [*o* mukavva] kutu
Karussell *nt* atlıkarınca, dönme dolap
Karwoche *f* *Paskalya'dan önceki yas haftası*
Kasachstan *nt* Kazakistan
Kaschmir *m* Keşmir
Käse *m* peynir
Kaserne *f* kışla

K

Kasino *nt* ❶ (*Offiziers-*) orduevi ❷ (*Spiel-*) kumarhane
Kaskoversicherung *f* kasko sigortası
Kasperletheater *nt* kukla oyunu
Kaspisches Meer *nt* Hazar Denizi
Kasse *f* ❶ (*Geschäft*) kasa ❷ (*Bank*) vezne ❸ (*Theater-*) bilet gişesi
Kassenarzt, **Kassenärztin** *m*, *f* sigorta doktoru
Kassenzettel *m* (alışveriş) fiş(i)
Kassette *f* ❶ (*Behältnis*) küçük mahfaza ❷ (*Musik-*) kaset
Kassettenrekorder *m* teyp
kassieren I. *vt* (*Geld*) tahsil etmek (**etw** -i) II. *vi* (*viel Geld einnehmen*) parayı toplamak
Kassierer(in) *m(f)* kasiyer; (*Bank*) veznedar
Kastanie *f* kestane
Kastanienbaum *m* kestane ağacı
kastanienbraun *adj* kestane rengi
Kaste *f* kast
Kasten *m* ❶ (*Kiste*) sandık ❷ SPORT kasa
Katakombe *f* katakomp
Katalog *m* katalog
Katalysator *m* katalizatör
katastrophal *adj* feci, dehşetli, korkunç
Katastrophe *f* felaket, facia
Katastrophengebiet *nt* felaket bölgesi
Katechese *f* din dersleri
Katechismus *m* ilmihal
Kategorie *f* kategori, sınıf
kategorisch *adj* (*bestimmt*) kesin
Kater *m* ❶ erkek kedi ❷ (*nach Alkoholgenuss*) mahmurluk; **einen ~ haben** (*fig*) sarhoşluktan gelen mahmurluğu olmak
Kathedrale *f* katedral
Katheter *m* sonda
Katholik(in) *m(f)* Katolik
katholisch *adj* Katolik
Katholizismus *m* Katolisizm
Kätzchen *nt* ❶ (*Katze*) kedi yavrusu ❷ (*Weiden-*) tırtılsı
Katze *f* (dişi) kedi; **die ~ im Sack kaufen** (*fig*) bir şeyi görmeden satın almak; **die ~ aus dem Sack lassen** (*fig*) baklayı ağzından çıkarmak
Katz-und-Maus-Spiel *nt* "tavşan kaç, tazı tut" oyunu
Kauderwelsch *nt* çetrefil dil
kauen I. *vt* çiğnemek (**etw** -i) II. *vi* (*fig*) kemirmek (**an etw** -i)
Kauf *m* satın alma, alım
kaufen *vt* (satın) almak (**etw bei jdm** -i -den)
Käufer(in) *m(f)* alıcı, müşteri
Kauffrau *f* tüccar
Kaufhaus *nt* bonmarşe, büyük mağaza
Kaufkraft *f* alım gücü
käuflich *adj* satın alınabilir, satılık
Kaufmann *m* tüccar
kaufmännisch *adj* ticari
Kaufpreis *m* alış fiyatı
Kaufvertrag *m* satış anlaşması
Kaugummi *m* çiklet
kaum *adv* ❶ (*beinahe nicht*) hemen hemen değil ❷ (*nur wenig*) pek az, ancak ❸ (*nur schwer*) güçbela
Kaution *f* depozito
Kautschuk *m* kauçuk
Kavalier *m* kavalye
Kaviar *m* havyar
keck *adj* ❶ (*verwegen*) cesur, atılgan,

gözüpek ② (*frech*) küstah
Kegel *m* ① (*Form*) koni ② SPORT kiy
Kegelbahn *f* kiy oyunu sahası
kegeln *vi* kiy oynamak
Kehle *f* gırtlak, boğaz
Kehlkopf *m* gırtlak, hançere
Kehlkopfkrebs *m* gırtlak kanseri
kehren *vt* ① (*fegen*) süpürmek (**etw** -i) ② (*wenden*) çevirmek (**etw** -i); **jdm den Rücken ~** birine arkasını çevirmek; (*fig*) birine sırt [*o* dirsek] çevirmek
Kehrseite *f* ters taraf, öbür yüz
Keil *m* kama
Keilriemen *m* motor kayışı
Keim *m* ① (*Keimling*) tohum ② (*Krankheits-*) mikrop
keimen *vi* çimlenmek
keimfrei *adj* mikropsuz, steril
keine(r, s) *pron* ① (*substantivisch*) hiç biri ② (*adjektivisch, mit sein*) ... değil; (*mit haben*) ... yok; **er ist kein Türke** o Türk değil; **sie hat kein Geld** onun parası yok; **kein Mensch** hiç kimse; **~r von beiden** ikisinden hiç biri, ne biri ne diğeri
keinerlei *adj* hiç bir
keinesfalls *adv*, **keineswegs** *adv* asla, katiyen, hiç
Keks *m* bisküvi
Kelch *m* çanak
Kelle *f* ① (*Schöpflöffel*) kepçe ② (*des Maurers*) mala
Keller *m* ① (*eines Hauses*) bodrum ② (*Vorrats-*) kiler ③ (*Kohlen-*) kömürlük ④ (*Wein-*) şarap mahzeni
Kellner *m* garson
Kelter *f* cendere, mengene
keltern *vt* sıkıp suyunu çıkarmak (**etw** -i)
keltisch *adj* ① (*Art*) Kelt ② (*Sprache*) Keltçe
Kenia *nt* Kenya
kennen <kannte, gekannt> *vt* tanımak, bilmek (**jdn/etw** -i); **~ lernen** tanımak (**jdn/etw** -i), tanışmak (**jdn** ile)
Kenner *m* bilirkişi
Kenntnis *f* bilgi
Kennwort *nt* ① rumuz; MIL parola ② (*Computer*) anahtar kelime [*o* sözcük]
Kennzeichen *nt* belirti, işaret; **amtliches ~** (*Auto*) plaka numarası; **besondere ~** (*Passvermerk*) önemli özellikler *pl*
kennzeichnen *vt* ① (*mit Zeichen versehen*) işaretlemek (**etw** -i) ② (*charakterisieren*) nitelemek (**etw** -i)
kennzeichnend *adj* karakteristik, niteleyici
kentern *vi sein* alabora olmak
Keramik *f* seramik, çinicilik
Kerker *m* zindan
Kerl *m* adam, herif; (*pej*) hergele
Kern *m* (*a. fig*) çekirdek
Kernenergie *f* nükleer enerji
kerngesund *adj* sapasağlam
Kernkraftwerk *nt* nükleer santral, atom enerji santrali
Kernreaktor *m* nükleer reaktör
Kernspaltung *f* atom çekirdeğinin parçalanması
Kernwaffe *f* nükleer silah
Kerze *f* (*auch Zünd-*) mum
Kerzenhalter *m*, **Kerzenleuchter** *m* şamdan, mumluk
Kerzenlicht *nt* mum ışığı
Kerzenständer *m* şamdan
Kessel *m* ① (*Gefäß*) kazan ② (*Tal-*) *dağlar tarafından kuşatılmış ova*
Ketchup *m o nt* ketçap
Kette *f* ① (*aus Metall*) zincir ② (*Hals-*) kolye
Kettenraucher(in) *m(f)* sigara tiryakisi
Kettenreaktion *f* (*a. fig*) zincirleme reaksiyon
Ketzer(in) *m(f)* zındık
keuchen *vi* solumak
Keuchhusten *m* boğmaca
Keule *f* ① (*Knüppel*) çomak ② (*von Tier*) but

keusch *adj* ❶ (*züchtig*) iffetli ❷ (*jungfräulich*) el değmemiş, bakire
Keuschheit *f* bakirelik
Keyword *nt* INFORM anahtar kelime [*o* sözcük]
Kfz *nt Abk von* **Kraftfahrzeug** motorlu taşıt
Kfz-Schein *m* trafik tescil belgesi
Kfz-Zulassung *f* trafik ruhsatı
kg *nt Abk von* **Kilogramm** kg (*kilogram*)
KG *f Abk von* **Kommanditgesellschaft** Komandit Şirketi
khakifarben *adj* haki (renkli)
kHz *nt Abk von* **Kilohertz** kilohertz
Kichererbse *f* nohut; (*geröstete*) leblebi
kichern *vi* kıkırdamak
Kicker(in) *m(f)* futbolcu
K
Kickertisch *m* langırt masası
kidnappen *vt* kaçırmak (**jdn** -i)
Kidnapper(in) *m(f)* (*Entführer*) kaçıran; (*Kindesentführer*) çocuk hırsızı
Kiefer[1] *m* ANAT çene (kemiği)
Kiefer[2] *f* çam (ağacı)
Kiefernwald *m* çam ormanı
Kiemen *fpl* solungaç *sing*
Kies *m* ❶ iri kum ❷ (*fam: Geld*) mangır
Kieselstein *m* çakıl
Kiesgrube *f* çakıl ocağı
Killer *m* katil; (*gedungener* ~) kiralık katil
Kilo *nt* kilo
Kilobyte *nt* kilobayt
Kilogramm *nt* kilogram
Kilohertz *nt* kilohertz
Kilokalorie *f* kilokalori
Kilometer *m* kilometre
Kilowatt *nt* kilovat
Kilowattstunde *f* kilovatsaat
Kind *nt* çocuk; (*im Verhältnis zu den Eltern*) evlat; **kleines** ~ bebek, yavru; **von** ~ **auf** çocukluktan beri; **ein** ~ **erwarten** bebek beklemek; **mit** ~ **und Kegel** çoluk çocuk
Kinderarzt, **Kinderärztin** *m, f* çocuk doktoru
Kinderbett *nt* çocuk yatağı
Kinderbuch *nt* çocuk kitabı
Kinderermäßigung *f* çocuk indirimi
Kinderfahrkarte *f* çocuk bileti
Kindergarten *m* anaokulu
Kindergärtnerin *f* anaokulu öğretmeni
Kindergeld *nt* çocuk zammı
Kinderheim *nt* çocuk yuvası
Kinderhort *m* kreş
Kinderkleidung *f* çocuk giysisi
Kinderkrankheit *f* çocuk hastalığı
Kinderlähmung *f* çocuk felci
kinderleicht *adj* çok kolay, kopkolay; **das ist** ~ bu iş çocuk oyuncağı (gibi kolay)
kinderlos *adj* çocuksuz
Kindermädchen *nt* çocuk hizmetçisi; (*auch als Erzieherin*) mürebbiye
kinderreich *adj* ~**e Familie** çok çocuklu bir aile
Kinderschuh *m* (*für Babys*) patik; **den** ~**en entsteigen** (*fig*) adam olmak
Kinderspiel *nt* (*fig*) çocuk oyuncağı
Kinderspielplatz *m* çocuk bahçesi
Kinderteller *m* çocuk tabağı
Kinderwagen *m* çocuk arabası
Kinderzimmer *nt* çocuk odası
Kindesmissbrauch *m* çocuklara cinsel taciz
Kindheit *f* çocukluk
kindisch *adj* (*pej*) budala(ca)
kindlich *adj* çocuksu, çocuk gibi; (*fig*) saf
Kinn *nt* çene
Kinnbart *m* çene sakalı
Kino *nt* sinema
Kinokarte *f* sinema bileti
Kiosk *m* küçük satış kulübesi
Kippe *f* (*Zigaretten-*) izmarit
kippen I. *vt* devirmek (**etw** -i) **II.** *vi sein* devrilmek
Kirche *f* kilise
Kirchensteuer *f* kilise vergisi
kirchlich *adj* kiliseye ait
Kirchturm *m* kilise kulesi

Kirgisien *nt* Kırgızistan
Kirmes *f* panayır, kermes
Kirschbaum *m* kiraz ağacı
Kirsche *f* kiraz
Kirschwasser *nt* kiraz rakısı
Kissen *nt* yastık
Kissenbezug *m* yastık kılıfı
Kiste *f* sandık, kasa
Kitsch *m* değersiz eser
kitschig *adj* değersiz, zevksiz
Kitt *m* macun
Kittel *m* iş önlüğü
kitz(e)lig *adj* gıdıklanan
kitzeln I. *vt* gıdıklamak (**jdn/etw** -i) II. *vi* gıdıklanmak
Kiwi *f* kivi
Klage *f* ❶ (*Beschwerde*) şikayet ❷ JUR dava
Klagemauer *f* Ağlama Duvarı
klagen *vi* ❶ (*sich beschweren*) şikayet etmek, yakınmak (**über etw/jdn** -den) ❷ JUR dava açmak (**gegen jdn** -e karşı)
Kläger(in) *m(f)* davacı
kläglich *adj* ❶ (*Ton*) ağlamaklı ❷ (*Zustand*) acınacak
Klammer *f* ❶ (*Wäsche-*) mandal ❷ (*Büro-, Heft-*) raptiye ❸ (*Haar-*) saç tokası ❹ MED yara çengeli ❺ (*Satzzeichen*) parantez, ayraç; **in ~n** parantez içinde
Klammeraffe *m* INET (*fam*) kulak, gül
klammern *vr* **sich an etw ~** bir şeye sarılmak
Klamotten *pl* (*fam: Kleider*) üstbaş *sing*
klang *vi s.* **klingen**
Klang *m* ❶ (*Ton*) ton, nağme ❷ (*Stimme*) ses ❸ (*fig: Leumund*) ad, nam, şöhret
klangvoll *adj* tınlayan
Klappbett *nt* açılır kapanır karyola
Klappe *f* ❶ (*Vorrichtung*) kapak ❷ (*fam: Mund*) ağız, çene
klappen *vi* (*fig*) **es klappt** iş yolunda [*o* tıkırında]; **es hat geklappt** iş oldu
klapp(e)rig *adj* ❶ (*halb kaputt*) hurda ❷ (*hinfällig*) cılız
klappern *vi* takırdamak, tıkırdamak, şangırdamak
Klapperschlange *f* çıngıraklı yılan
Klappfahrrad *nt* açılır kapanır bisiklet
Klappmesser *nt* çakı
Klappstuhl *m* açılır kapanır sandalye
klar I. *adj* ❶ (*hell*) aydınlık, açık ❷ (*Wetter, Himmel*) açık ❸ (*Flüssigkeit*) duru, berrak ❹ (*offenbar*) belli ❺ (*Aussage*) açık, net II. *adv* **~!** tabii!
Kläranlage *f* arıtma tesisi
klären *vt* (*Angelegenheit*) aydınlatmak (**etw** -i)
Klarheit *f* (*Deutlichkeit*) açıklık, bellilik
Klarinette *f* klarnet
Klarsichtfolie *f* streç film
klarstellen *vt* açıklamak, belirtmek (**etw** -i)
Klarstellung *f* açıklama, belirtme
klasse *adj* (*fam*) harika, birinci sınıf
Klasse *f* sınıf; **erste/zweite ~** (*im Zug*) birinci/ikinci mevki; **eine ~ überspringen** sınıf atlamak
Klassenkampf *m* sınıf mücadelesi
Klassenlehrer(in) *m(f)* sınıf öğretmeni
Klassenzimmer *nt* sınıf (odası)
Klassik *f* klasisizm
klassisch *adj* klasik
Klatsch *m* dedikodu
Klatschblatt *nt* pandispanya gazetesi
klatschen *vi* ❶ (*Beifall*) alkışlamak ❷ (*schwatzen*) dedikodu yapmak
klatschnass[RR] *adj* yamyaş, sırsıklam
Klaue *f* ❶ pençe ❷ (*fam: schlechte Handschrift*) kötü el yazısı
klauen *vt* (*fam*) aşırmak (**etw** -i)
Klausel *f* şart, kayıt, özel hüküm
Klaustrophobie *f* kapalı yer korkusu
Klausur *f* (*Prüfungsarbeit*) yazılı sınaf [*o* imtihan]
Klavier *nt* piyano; **~ spielen** piyano çalmak
Klavierspieler(in) *m(f)* piyanist
Klebeband *nt* yapıştırıcı bant, zamklı şerit
kleben I. *vt* yapıştırmak (**etw an/auf**

etw -i -e); **jdm eine ~** (*fam*) birine tokat yapıştırmak **II.** *vi* (*haften*) yapışmak (**an/auf etw** -e)
klebrig *adj* (*a. fig*) yapışkan
Klebstoff *m* yapıştırıcı, zamk
Klebstreifen *m* yapıştırıcı bant
kleckern *vi* leke bırakmak
Klecks *m* leke
Klee *m* yonca
Kleid *nt* (*Damen-*) elbise, giysi
Kleider *pl* elbiseler *pl*, giyim *sing*
Kleiderbügel *m* elbise askısı
Kleiderbürste *f* elbise fırçası
Kleidergröße *f* beden
Kleiderschrank *m* elbise dolabı, gardırop
Kleidung *f* giyim (kuşam), kıyafet, üst baş
K
Kleidungsstück *nt* elbise parçası
klein I. *adj* ❶ (*nicht groß*) küçük, ufak ❷ (*Wuchs*) kısa boylu, ufak tefek ❸ (*Fehler*) ufak, önemsiz **II.** *adv* **ein ~ wenig** bir parça(cık)
Kleinanzeige *f* küçük ilan
Kleinbuchstabe *m* küçük harf
Kleinbus *m* minibüs
Kleingeld *nt* bozuk para
Kleinhandel *m* perakendecilik
Kleinigkeit *f* ufak tefek şey, önemsiz şey, önemsizlik
kleinkariert *adj* küçük kareli; (*fig: engstirnig*) darkafalı
Kleinkind *nt* küçük [*o* ufak] çocuk
Kleinkram *m* kıvır zıvır
Kleinkunstbühne *f* oda tiyatrosu, küçük sahne
kleinlich *adj* ❶ (*geizig*) pinti ❷ (*genau*) titiz
Kleinstaat *m* devletçik
Kleinstadt *f* kasaba
Kleister *m* çiriş, kola
Klemme *f* (*Klammer*) kıskaç; **in der ~ sitzen** (*fig*) başı belada [*o* dertte] olmak
klemmen *vi* (*Tür, Fenster*) sıkışmak
Klempner *m* tenekeci, muslukçu, lehimci
klettern *vi sein* tırmanmak (**auf etw** -e)
Kletterpflanze *f* sarmaşık, sarılgan bitki
Klick *m* (*Maus-*) tıklama
klicken *vi* (*mit Computermaus*) tıklamak
Klima *nt* iklim
Klimaanlage *f* klima (tesisatı)
Klimapolitik *f* POL iklim politikası
Klimaschutz *m* iklim koruma
Klimaschutzkonferenz *f* iklim koruma konferansı
Klimasteuer *f* iklim vergisi
klimatisch *adj* iklimsel
klimatisiert *adj* klimalı
Klimaveränderung *f* iklim değişikliği
Klimawandel *m* iklim değişikliği
klimmen <klomm, geklommen> *vi sein* tırmanmak (**auf etw** -e)
Klinge *f* ❶ (*Messer-*) bıçak ağzı; (*Schwert-*) kılıç namlusu ❷ (*Rasier-*) tıraş bıçağı, jilet
Klingel *f* çıngırak; (*Tür-, Fahrrad-*) zil
Klingelknopf *m* zil düğmesi
klingeln *vi* çalmak; **es klingelt** kapı çalıyor
Klingelton *m* TELEK telefon sesi, zil sesi
klingen <klang, geklungen> *vi* çınlamak, tınlamak, ses çık(ar)mak
Klinik *f* klinik
klinisch *adj* klinik
Klinke *f* kapı kolu
klipp *adv* **~ und klar** besbelli, apaçık
Klippe *f* kayalık
klirren *vi* takırdamak, şakırdamak
Klischee *nt* klişe
Klo *nt* (*fam*) hela, yüznumara, ayakyolu
Klobrille *f* (*fam*) klozet kapağı
klomm *vi s.* **klimmen**
Klon *m* klon
Klon- *adj* klonlanan, klonlanmış
klonen *vt* klonlamak (**etw** -i); **geklont** klonlanmış
klopfen I. *vi* vurmak (**auf etw** -e); (*Herz*) çarpmak; **an die Tür ~** kapıyı çalmak; **es klopft** kapı çalınıyor, ka-

pıya vuruluyor **II.** *vt* ❶ (*schlagen*) dövmek, vurmak (**etw** -i) ❷ (*Teppich*) dövmek (**etw** -i)

Klöppel *m* (*von Glocke*) çan tokmağı

klöppeln *vi* dantela işlemek

Klosett *nt* ayakyolu

Klo(sett)bürste *f* hela (temizleme) fırçası

Klo(sett)papier *nt* tuvalet kâğıdı

Kloß *m* ❶ (*Klumpen*) topak ❷ (*Knödel*) hamur köftesi

Kloster *nt* (*christlich*) manastır; (*Derwisch-*) tekke

Klotz *m* odun kütüğü, ağaç yarması; **ein ~ am Bein** (*fig*) ayakbağı

Klub *m* kulüp

Kluft *f* ❶ toprak [*o* kaya] yarığı ❷ (*tiefe Kluft*) uçurum ❸ (*Gegensatz*) ayrılık, tutmazlık

klug <klüger, am klügsten> *adj* ❶ (*intelligent*) akıllı, zeki ❷ (*schlau*) kurnaz ❸ (*vernünftig*) aklı başında ❹ (*vorsichtig*) dikkatli, uyanık

Klugheit *f* akıl, zeka

Klumpen *m* (*Erde*) topak

Klumpfuß *m* sakat ayak

km *m Abk von* **Kilometer** km

km/h *m Abk von* **Kilometer pro Stunde** km/saat

knabbern *vi, vt* kıtır kıtır [*o* çıtırdatarak] yemek (**etw** -i)

Knäckebrot *nt* ince perhiz ekmeği

knacken I. *vi* çatırdamak **II.** *vt* (*Nüsse*) kırmak (**etw** -i)

Knackpunkt *m* (*fam*) püf noktası

Knall *m* patlama, çatlama; (*Peitsche*) şaklama; (*Waffe*) patlama; (*Tür*) çarpma

knallen *vi* patlamak, çatlamak; (*Peitsche*) şaklamak

Knallkörper *m* kestanefişeği

knallrot *adj* kıpkırmızı

knapp I. *adj* ❶ (*eng*) dar, sıkı ❷ (*kaum vorhanden*) kıt, eksik **II.** *adv* güçbela, ancak

Knappheit *f* (*Mangel*) kıtlık, darlık, azlık

knarren *vi* gıcırdamak

knattern *vi* çatırdamak, takırdamak

Knäuel *nt o m* yumak

knauserig *adj* (*fam*) cimri, pinti

Knebel *m* (*im Mund*) ağız tıkacı

knebeln *vt* ağzını tıkamak (**jdn** -in)

Knecht *m* uşak

kneifen <kniff, gekniffen> **I.** *vt* **jdm die Wange ~** birinin yanağını çimdiklemek **II.** *vi* (*fig fam*) kaçınmak (**vor etw/jdm** -den)

Kneifzange *f* kerpeten, kıskaç

Kneipe *f* meyhane

kneten *vt* (*Teig*) yoğurmak (**etw** -i)

Knick *m* (*Falte*) kıvrım, büküm, buruşuk

knicken *vt* bükmek (**etw** -i)

knick(e)rig *adj* (*fam: geizig*) pinti

Knie *nt* diz

Kniebeuge *f* diz bükme

Kniefall *m* diz çökme

Kniekehle *f* dizin iç tarafı

knien *vi* diz çökmek

Kniescheibe *f* diz kapağı (kemiği)

Kniestrumpf *m* spor çorabı

kniff *vi, vt s.* **kneifen**

Kniff *m* ❶ (*Kneifen*) çimdik; (*im Stoff*) buruşukluk, büküm ❷ (*fig: Trick*) manevra; (*eines Betrügers*) hile

knipsen I. *vt* (*lochen*) delmek, zımbalamak (**etw** -i) **II.** *vi* (*fotografieren*) fotoğraf çekmek

knirschen *vi* gıcırdamak, cızırdamak, çatırdamak; **mit den Zähnen ~** dişlerini gıcırdatmak

knistern *vi* çıtırdamak; (*Seide, Papier*) fışırdamak; (*Feuer*) çıtır çıtır yanmak

knitterfrei *adj* buruşmaz

Knoblauch *m* sarmısak

Knoblauchzehe *f* sarmısak dişi

Knöchel *m* (*Fuß-*) ayak bileği kemiği; (*Finger-*) parmak orta mafsalı

Knochen *m* kemik

Knochenbruch *m* kemik kırılması

Knochenmark *nt* ilik

knochig *adj* kemikli

Knödel *m* hamur köftesi
Knopf *m* düğme
knöpfen *vt* düğmelemek, iliklemek (**etw** -i)
Knopfloch *nt* düğme iliği
Knorpel *m* kıkırdak
Knospe *f* tomurcuk, konca, gonca
knoten *vt* düğümlemek (**etw** -i)
Knoten *m* ❶ düğüm ❷ NAUT deniz mili
Knotenpunkt *m* düğüm noktası
Knüller *m* (*fam: Nachricht*) bomba gibi haber
knüpfen *vt* ❶ (*knöpfen*) düğmelemek (**etw** -i) ❷ (*binden*) bağlamak (**etw an etw** -i -e)
Knüppel *m* sopa, değnek; (*Polizei-*) cop
knurren *vi* (*Hund*) hırlamak; (*Magen*) guruldamak
knusprig *adj* gevrek
k.o. *adv* ~ **sein** (*fam*) bitkin olmak; **jdn** ~ **schlagen** birini nakavt etmek
Koalition *f* koalisyon
Koalitionär *m* koalisyon ortağı
Koalitionspartner(in) *m(f)* koalisyon ortağı
Koch *m* aşçı
Kochbuch *nt* yemek kitabı
kochen **I.** *vi* ❶ (*Flüssigkeit*) kaynamak ❷ (*Eier*) haşlanmak; (*Essen*) pişmek **II.** *vt* (*Wasser*) kaynatmak; (*Kaffee, Essen*) pişirmek (**etw** -i)
Kocher *m* ocak
kochfest *adj* (*Wäsche*) kaynatılmaya dayanıklı
Kochgelegenheit *f* **mit** ~ yemek pişirme imkanı olan
Köchin *f* aşçı kadın
Kochkunst *f* yemek pişirme sanatı, aşçılık
Kochlöffel *m* kepçe
Kochnische *f* minik mutfak
Kochsalz *nt* yemek tuzu
Kochtopf *m* tencere
Kode *m* kod
Köder *m* yem
kodieren *vt* kodlamak (**etw** -i)
Koexistenz *f* yanyana var olma
Koffein *nt* kafein
koffeinfrei *adj* kafeinsiz
Koffer *m* (*Reise-*) bavul; (*Hand-*) valiz; (*kleiner*) seyahat çantası
Kofferradio *nt* el radyosu
Kofferraum *m* bagaj yeri
Kognak *m* konyak, kanyak
Kohl *m* ❶ lahana ❷ (*fam: Unsinn*) saçma, zırva
Kohle *f* kömür
Kohlehydrat *nt* CHEM karbonhidrat
Kohlekraftwerk *nt* kömür santrali
Kohlenbecken *nt* ❶ (*Becken*) mangal ❷ GEOG kömür havzası
Kohlendioxid *nt* karbon diyoksit
kohlendioxidfrei *adj* karbon diyoksitten arınmış
Kohlensäure *f* CHEM karbonik asit
Kohlenstoff *m* karbon
Kohlenwasserstoff *m* hidrokarbür
Kohlepapier *nt* karbon kâğıdı
Kohlrabi *m* alabaş
Koitus *m* cinsi ilişki
Koje *f* NAUT karyola (*gemide*)
Kokain *nt* kokain
Kokosnuss[RR] *f* Hindistan cevizi
Koks *m* ❶ (*Brennstoff*) kok kömürü ❷ (*fam: Kokain*) kokain
Kolben *m* ❶ TECH piston ❷ (*Mais-*) koçan ❸ (*Gewehr-*) dipçik
Kolik *f* kolik
Kollege, Kollegin *m, f* ❶ (*Berufs-*) meslektaş ❷ (*Arbeits-*) iş arkadaşı
kollegial *adj* arkadaşça
Kollekte *f* (*in der Kirche*) iane toplama
kollektiv *adj* kolektif, ortaklaşa, toplu
Köln *nt* Kolonya (şehri)
Kölnischwasser *nt* kolonya
Kolonialismus *m* sömürgecilik
kolonialistisch *adj* sömürgeci
Kolonie *f* sömürge, koloni
kolonisieren *vt* sömürgeleştirmek (**etw** -i)
Kolonisierung *f* sömürgeleştirme
Kolonne *f* kafile, konvoy

kolossal *adj* (*riesig*) kocaman, koskoca; (*fig*) çok, pek

Kolumbien *nt* Kolombiya

Kolumbus *m* Kolomp

Koma *nt* koma; **jdn ins ~ versetzen** birini komaya sokmak

Kombination *f* ❶ (*Verbinden*) birleştirme ❷ (*Produkt*) bi(r)leşim

kombinieren *vi* (*a. fig*) birleştirmek (**etw** -i)

Komet *m* kuyruklu yıldız

Komfort *m* konfor

komfortabel *adj* konforlu

Komiker(in) *m(f)* komik

komisch *adj* ❶ (*zum Lachen*) komik, güldürücü ❷ (*seltsam*) tuhaf, garip

Komitee *nt* kurul, heyet, komite

Komma *nt* virgül

Kommandant(in) *m(f)*, **Kommandeur(in)** *m(f)* komutan, kumandan

kommandieren *vt* kumanda [*o* komuta] etmek (**jdn** -e)

Kommanditgesellschaft *f* komandit şirketi

Kommando *nt* ❶ (*Befehl*) komut, kumanda ❷ (*hohe Befehlsstelle*) komutanlık, kumandanlık ❸ (*Abteilung*) komando

kommen <kam, gekommen> *vi sein* gelmek; (*an-*) varmak, gelmek (**zu jdm/in etw** -e); **auf etw** (**zu sprechen**) ~ bir konuya gelmek; **hinter etw** ~ bir şeyin farkına varmak; ~ **lassen** getirtmek (**jdn** -i); **etw ~ sehen** bir şeyi önceden sezmek; **um etw** ~ bir şeyinden olmak; **es kommt davon, dass** bu şundan ileri geliyor; (**wieder**) **zu sich** ~ ayılmak, kendine gelmek; **ich komme schon** geliyorum; ~ **Sie gut nach Hause!** uğurlar olsun!; **dazu kommt, dass** buna bir de şu ekleniyor ki; **wie kommst du darauf?** bunu da nereden çıkardın?; **es musste so** ~ olacağı buydu

Kommentar *m* yorum

Kommentator(in) *m(f)* yorumcu

kommentieren *vt* yorumlamak (**etw** -i)

kommerziell *adj* ticari

Kommilitone, Kommilitonin *m, f* üniversite arkadaşı

Kommissar(in) *m(f)* (*Polizei*) komiser

Kommissariat *nt* (*Polizei*) komiserlik

kommissarisch *adj* geçici

Kommission *f* (*Ausschuss*) kurul, heyet, komisyon; **etw in ~ nehmen** bir şeyi siparişe almak

Kommode *f* komot

kommunal *adj* belediyeye ait

Kommunalpolitik *f* yerel politika, belediyecilik

Kommunalwahlen *fpl* belediye seçimleri

Kommune *f* (*Gemeinde*) belediye

Kommunikation *f* iletişim, haberleşme

Kommunikationstechnik *f* kömünikasyon teknolojisi

kommunikativ *adj* konuşkan

Kommunion *f* komünyon

Kommuniqué *nt* resmi bildiri

Kommunismus *m* komünizm

Kommunist(in) *m(f)* komünist

kommunistisch *adj* komünist

kommunizieren *vi* **miteinander** ~ birbirine bağlı olmak

Komödie *f* (*a. fig*) komedi

Kompagnon *m* ECON ortak

kompakt *adj* sıkı, yoğun, kompakt

Kompanie *f* ❶ MIL bölük ❷ ECON şirket

Kompass[RR] *m*, **Kompaß**[ALT] *m* pusula

kompatibel *adj* uyumlu (**mit etw** ile)

kompetent *adj* ❶ (*fähig*) yeterli ❷ (*zuständig*) yetkili

Kompetenz *f* ❶ (*Sachkenntnis*) yeterlik ❷ (*Zuständigkeit*) yetki

komplett *adj* tam, komple

komplex *adj* karışık

Komplex *m* ❶ (*Gesamtheit*) bütünlük ❷ (*Baublock*) blok, ada ❸ PSYCH kompleks

Komplikation *f* ❶ (*Verwicklung*) karmaşıklık ❷ (*Erschwerung*) güçleştirme

Kompliment *nt* iltifat, kompliman
Komplize, **Komplizin** *m, f* suç ortağı
komplizieren *vt* ❶ (*verwickeln*) karıştırmak (**etw** -i) ❷ (*erschweren*) güçleştirmek, zorlaştırmak (**etw** -i)
kompliziert *adj* ❶ (*verwickelt*) karışık, dolaşık ❷ (*schwierig*) güç, zor
Komplott *nt* gizli tertip, komplo
komponieren *vi, vt* bestelemek (**etw** -i)
Komponist(in) *m(f)* besteci
Komposition *f* beste
Kompost *m* komposto (gübre)
Kompott *nt* komposto
Kompresse *f* kompres
komprimieren *vt* INFORM (*Daten*) sıkıştırmak (**etw** -i)
Komprimierung *f* INFORM (*von Daten*) sıkıştırma

K

Kompromiss[RR] *m*, **Kompromiß**[ALT] *m* anlaşma [*o* uyuşma] yolu
kompromittieren **I.** *vt* rezil etmek (**jdn** -i) **II.** *vr* **sich** ~ kendini rezil etmek
Kondensator *m* kondansatör
Kondensmilch *f* kondanse süt
Konditor(in) *m(f)* pastacı
Konditorei *f* pastane, pasta salonu
kondolieren *vi* başsağlığı dilemek (**jdm** -e)
Kondom *m* prezervatif, kaput, lastik
Konfektion *f* konfeksiyon, hazır giyim
Konfektionsanzug *m* hazır (takım) elbise
Konferenz *f* toplantı, konferans
Konferenzraum *m* konferans salonu, odası
Konfession *f* mezhep
Konfirmation *f din cemaatine kabul töreni*
konfirmieren *vt resmen din cemaatine kabul etmek*
konfiszieren *vt* el koymak (**etw** -e), toplatmak (**etw** -i)
Konfitüre *f* reçel, konfitür
Konflikt *m* ❶ (*Streit*) çekişme ❷ (*Widerspruch*) çelişme ❸ PSYCH çatışma
konform *adj* uygun
Konformismus *m* uymacılık
konformistisch *adj* konformist, uymacı
Konfrontation *f* yüzleş(tir)me, karşılaş(tır)ma
konfrontieren *vt* yüzleştirmek, karşılaştırmak (**jdn mit jdm/etw** -i ile)
konfus *adj* ❶ (*Sache*) karışık ❷ (*Person*) şaşırmış
Kongress[RR] *m*, **Kongreß**[ALT] *m* kongre, kurultay
König *m* kral; **die Heiligen Drei ~e** *Hazreti İsa'nın doğumuna gelen üç Doğulu kral*
Königin *f* kraliçe
königlich *adj* kral gibi, şahane
Königreich *nt* krallık, kraliyet
Konjugation *f* fiil çekimi
konjugieren *vt* (fiil) çekmek (**etw** -i)
Konjunktion *f* bağlaç
Konjunktiv *m* dilek-şart kipi
Konjunktur *f* konjonktür
konkret *adj* somut
konkretisieren *vt* somutlaştırmak (**etw** -i)
Konkurrent(in) *m(f)* rakip, yarışçı
Konkurrenz *f* rekabet, yarışma
konkurrenzfähig *adj* rekabetçi
konkurrieren *vi* rekabet etmek, yarışmak (**mit jdm** ile)
Konkurs *m* iflas; ~ **machen** iflas etmek
können <kann, konnte, gekonnt> *vi* (*als Hilfsverb*) -ebilmek/-abilmek; (*als Vollverb*) bilmek; **sie kann schwimmen** yüzebiliyor; **Türkisch** ~ Türkçe bilmek; **ich kann nicht mehr** artık dayanamıyorum; **ich kann nichts dafür** benim elimden bir şey gelmez; **so gut ich kann** yapabildiğim kadar; **sie hat nicht kommen** ~ gelemedi; **er kann es nicht gewesen sein** o olamaz
Konsens *m* görüş birliği, konsensüs
konsequent *adj* ❶ (*Sache*) tutarlı ❷ (*Person*) sebatlı, direşken
Konsequenz *f* ❶ (*Folge*) sonuç ❷ (*Folgerichtigkeit*) tutarlık

konservativ *adj* tutucu
Konservatorium *nt* konservatuvar
Konserve *f* konserve
Konservenbüchse *f*, **Konservendose** *f* konserve kutusu
konservieren *vt* ❶ (*einmachen*) konserve yapmak (**etw** -den) ❷ (*bewahren*) tutmak, korumak (**etw** -i)
Konservierungsstoff *m* koruyucu (maddesi)
konsolidieren *vt* sağlamlaştırmak (**etw** -i)
Konsolidierung *f* sağlamlaştırma
Konsonant *m* ünsüz
konstant *adj* ❶ (*unveränderlich*) sabit, durağan ❷ (*fest*) dayanıklı
Konstitution *f* ❶ (*körperliche*) yapı, bünye ❷ (*eines Staates*) anayasa
konstitutionell *adj* yapısal, bünyevi
konstruieren *vt* ❶ (*aufbauen*) kurmak, yapmak (**etw** -i) ❷ (*zusammensetzen*) bileştirmek (**etw** -i)
Konstruktion *f* ❶ (*Aufbau*) yapı(lış), kuruluş ❷ (*Bauweise*) yapı
konstruktiv *adj* kurucu, yapıcı
Konsul *m* konsolos
Konsulat *nt* konsolosluk
konsultieren *vt* danışmak (**jdn** -e)
Konsum *m* tüketim
Konsument(in) *m(f)* tüketici, müstehlik
Konsumgesellschaft *f* tüketim toplumu
Konsumgüter *pl* tüketim malları *pl*
konsumieren *vt* tüketmek (**etw** -i)
Kontakt *m* ❶ (*Berührung*) dokunma, temas ❷ (*Beziehung*) ilişki ❸ (*elektrisch*) kontak; **mit jdm ~ aufnehmen** biriyle temasa geçmek, biriyle kontak kurmak
Kontaktlinse *f* kontakt lens
Kontext *m* bağlam, bağlantı
Kontinent *m* anakara, kıta
kontinental *adj* karasal, kıtasal
Kontinentalklima *nt* step ve çöl iklimi
kontinuierlich *adj* sürekli, devamlı, kesiksiz
Kontinuität *f* süreklilik
Konto *nt* hesap
Kontoauszug *m* dekont (*banka hesabı durumunun tespiti*)
Kontobuch *nt* hesap cüzdanı
Kontoinhaber(in) *m(f)* hesap sahibi
Kontonummer *f* hesap numarası
Kontrabass[RR] *m* kontr(a)bas
Kontrast *m* karşıtlık, tezat, zıddiyet; (*großer Unterschied*) büyük fark
Kontrollabschnitt *m* kontrol kuponu
Kontrolle *f* kontrol, denetleme, denet(im); **außer ~ geraten** kontrolden çıkmak
Kontrolleur(in) *m(f)* kontrolcü, denetçi; (*Schaffner*) biletçi
kontrollieren *vt* kontrol etmek, denetlemek (**jdn/etw** -i)
Konvention *f* ❶ (*Übereinkunft*) anlaşma ❷ (*Herkommen, Brauch*) gelenek
konventionell *adj* ❶ (*herkömmlich*) geleneksel; (*Waffen*) konvansiyonel ❷ (*förmlich*) resmi
Konversation *f* konuşma
konvertieren *vt* INFORM dönüştürmek (**etw in etw** -i -e)
Konvoi *m* kafile, konvoy
Konzentrat *nt* konsantre [*o* koyulaştırılmış] madde
Konzentration *f* ❶ (*geistige*) dikkatini toplama, konsantrasyon ❷ (*Zusammenballung*) toplama, yığma
Konzentrationslager *nt* toplama kampı
konzentrieren I. *vt* toplamak, merkezileştirmek (**etw auf etw** -i -e) II. *vr* **sich ~** toplanmak, merkezileşmek; (*geistig*) dikkatini toplamak, konsantre olmak (**auf etw** -e)
konzentriert I. *adj* ❶ CHEM koyultulmuş ❷ (*geistig*) konsantre II. *adv* (*arbeiten, zuhören*) dikkatle
Konzept *nt* taslak, karalama; **jdn aus dem ~ bringen** birini şaşkına döndürmek
Konzeption *f* ❶ (*Entwurf*) taslak, karalama ❷ (*Leitidee*) ana düşünce
Konzern *m* holding

Konzert *nt* ❶ (*Aufführung*) konser ❷ (*Musikstück*) konçerto
Konzession *f* ruhsat
Konzil *nt* ruhaniler meclisi
konziliant *adj* geçimli, uysal
koordinieren *vt* bağdaştırmak (**etw** -i)
Koordinierung *f* bağdaştırma
Kopf *m* ❶ baş, kafa ❷ (*Münze*) tu(ğ)ra; **pro ~** adam başına; **von ~ bis Fuß** tepeden tırnağa (kadar), baştan aşağı; **~ hoch!** ha cesaret!; **er ist einen ~ größer als ich** benden bir baş daha uzun; **das geht mir nicht aus dem ~** aklımdan çıkmıyor; **das will mir nicht in den ~ gehen** bir türlü kafama sokamıyorum; **Geld auf den ~ hauen** (*fam*) para çarçur etmek
Kopfende *nt* (*eines Bettes*) (yatağın) başucu
Kopfhörer *m* kulaklık
Kopfkissen *nt* baş [*o* yüz] yastığı
kopflos *adj* kafasız
Kopfrechnen *nt* akıldan hesap
Kopfsalat *m* göbekli salata
Kopfschmerzen *pl* baş ağrısı *sing;* **ich habe ~** başım ağrıyor
Kopfschmerztablette *f* baş ağrısı hapı
Kopfsteinpflaster *nt* parke kaldırım
Kopfstütze *f* (*im Auto*) baş desteği
Kopftuch *nt* başörtü(sü); (*streng islamisch*) türban
kopfüber *adv* baş aşağı, tepe taklak
Kopfzerbrechen *nt* kafasını kurcalama
Kopie *f* kopya
kopieren *vt* kopya etmek, kopyalamak (**etw** -i); (*nachahmen*) taklit etmek (**jdn/etw** -i)
Kopiergerät *nt* çoğaltma aleti; (*Fotokopierer*) fotokopi makinesi
kopiergeschützt *adj* kopyalanamaz
Kopilot(in) *m(f)* yardımcı pilot
koppeln *vt* bir araya bağlamak (**etw** -i)
Kopp(e)lung *f* bir araya bağlama
Koralle *f* mercan
Korb *m* ❶ (*Behälter*) sepet ❷ (*Trag-*) küfe ❸ (*Einkaufs-*) zembil; **einem Mann einen ~ geben** (*fig*) bir erkeği sepetlemek, erkeğin teklifini reddetmek
Korbball *m* basketbol
Korbsessel *m* hasır koltuk
Kordsamt *m* yollu kadife
Korea *nt* Kore
Kork *m* (*Material*) mantar
Korkeiche *f* mantar ağacı [*o* meşesi]
Korken *m* mantar tıpa
Korkenzieher *m* tirbuşon
Korn *nt* ❶ (*Sand-*) tane ❷ (*Samen-*) tohum ❸ (*Getreide*) tahıl ❹ (*Schnaps*) *buğdaydan yapılmış sert içki*
Kornblume *f* (mavi) peygamberçiçeği
Kornfeld *nt* tahıl tarlası
Körper *m* ❶ vücut, beden ❷ PHYS cisim, özdek
Körperbau *m* (vücut) yapı(sı), bünye
körperbehindert *adj* bedensel özürlü
Körpergewicht *nt* vücut ağırlığı
Körpergröße *f* boy
körperlich *adj* bedensel
Körperpflege *f* vücut bakımı, tuvalet
Körperteil *m* organ
Körperverletzung *f* yarala(n)ma
korpulent *adj* göbekli
korrekt *adj* ❶ (*Sache*) doğru, kusursuz ❷ (*Person*) dürüst
Korrektur *f* düzeltme
Korrekturband *nt* silgi şeridi
Korrespondent(in) *m(f)* (*Presse-*) haberci
Korrespondenz *f* (*Briefwechsel*) mektuplaşma, yazışma
korrespondieren *vi* ❶ (*übereinstimmen*) uymak (**mit etw** -e) ❷ (*in Briefwechsel stehen*) mektuplaşmak, yazışmak (**mit jdm** ile)
Korridor *m* koridor, geçenek
korrigieren *vt* düzeltmek (**etw** -i)
korrupt *adj* rüşvet alan, yiyici
Korruption *f* rüşvetçilik
Korsett *nt* korse
Korsika *nt* Korsika
Kosename *m sevgi ifade eden takma ad*

Kosmetik *f* kozmetik
Kosmetikartikel *m* kozmetik eşyalar
Kosmetikerin *f* kozmetikçi
Kosmetiksalon *m* güzellik salonu
kosmetisch *adj* kozmetik
kosmisch *adj* evrensel
Kosmonaut(in) *m(f)* kozmonot, uzay adamı
Kosmopolit(in) *m(f)* kozmopolit
kosmopolitisch *adj* kozmopolit
Kosmos *m* evren
Kosovare, **Kosovarin** *m*, *f* Kosovalı
kosovarisch *adj* Kosovalı
Kosovo *nt* Kosova
Kosovo-Albaner(in) *m(f)* Kosovalı Arnavut
Kost *f* gıda, besin; ~ **und Logis** yedirip içirme ve barındırma
kostbar *adj* değerli, kıymetli
kosten *vt* ❶ (*Preis*) fiyatı ... olmak ❷ (*erfordern*) mal olmak (**etw** -e) ❸ (*probieren*) tadına bakmak (**etw** -in); **diese Hose kostet 50 Euro** bu pantolonun fiyatı 50 eurodur; **wie viel kostet das?** bu kaça? bu ne kadar?; **sein Mut kostete ihn das Leben** cesareti hayatına mal oldu; **koste es, was es wolle** her ne pahasına olursa olsun
Kosten *pl* ❶ gider, masraflar *pl* ❷ (*Gerichts-*) mahkeme masrafları; **auf ~** *gen* -in sırtından; **auf seine ~ kommen** (*Ausgaben lohnen sich*) masrafını çıkarmak; (*fig*) memnun kalmak
Kostenaufwand *m* masraf(lar *pl*)
Kostenerstattung *f* masraf tazmini
kostengünstig *adj* uygun fiyatlı
kostenlos *adj, adv* bedava, parasız, ücretsiz
Kostenvoranschlag *m* masraf tahmini
köstlich **I.** *adj* şahane, enfes; (*Speisen auch*) lezzetli, enfes **II.** *adv* **sich ~ amüsieren** çok iyi eğlenmek
Kostprobe *f* (*Essen*) tadımlık, çeşni; (*fig*) örnek, eşantiyon
kostspielig *adj* pahalı, masraflı
Kostüm *nt* kostüm; (*Damen-*) tayyör, döpiyes
Kot *m* dışkı, kazurat
Kotelett *nt* pirzola
Koteletten *pl* (*Backenbart*) favori *sing*
Köter *m* (*pej*) it
Kotflügel *m* çamurluk
Kotzbrocken *m* (*vulg*) pis bıyık, bok soyu
kotzen *vi* (*vulg*) kusmak; **zum Kotzen** (*vulg*) leş gibi
Krabbe *f* karides
krabbeln *vi sein* ❶ (*klettern*) tırmanmak (**auf etw** -e) ❷ (*kriechen*) sürünmek
Krach *m* ❶ (*Lärm*) gürültü; (*Krachen*) çatırtı; (*Knall*) gümbürtü, patırtı ❷ (*fam: Streit*) kavga, hırgür
krachen *vi* çatırdamak, gümbürdemek
kraft *präp +gen* ... sayesinde
Kraft *f* ❶ (*Stärke*) güç, kuvvet, kudret ❷ TECH güç ❸ (*Arbeitskraft*) eleman; **in ~ treten** yürürlüğe girmek; **etw außer ~ setzen** bir şeyi yürürlükten çıkarmak
Kraftaufwand *m* çaba harcama
Kraftausdruck *m* ağır ve kaba söz
Kraftbrühe *f* et suyu
Kräftegleichgewicht *nt* POL güç dengesi
Kraftfahrer(in) *m(f)* kamyon (veya otomobil) sürücüsü, şoför
Kraftfahrzeug *nt* motorlu taşıt
Kraftfahrzeugsteuer *f* motorlu taşıt vergisi
Kraftfahrzeugversicherung *f* araba sigortası
kräftig *adj* güçlü, kuvvetli, kudretli; (*gesund, stabil*) sağlam
kräftigen *vt* güçlendirmek, kuvvetlendirmek (**jdn/etw** -i)
kraftlos *adj* güçsüz, kuvvetsiz
Kraftprobe *f* kuvvet denemesi
Kraftstoff *m* akaryakıt
Kraftstoffverbrauch *m* akaryakıt tüketimi
kraftvoll *adj* kuvvetli, dinç

Kraftwerk *nt* santral, enerji santrali
Kragen *m* yaka
Krähe *f* karga
krähen *vi* (*Hahn*) ötmek
Kralle *f* tırnak; (*von Raubtier, Raubvogel*) pençe
krallen *vr* **sich an etw ~** bir şeye tutunmak
Kram *m* (*fam*) pılı pırtı
Krampf *m* kramp
Krampfader *f* varis
krampfhaft *adj* ❶ kramplı ❷ (*verbissen*) inatçı
Kran *m* vinç
Kranich *m* turna (kuşu)
krank <kränker, am kränksten> *adj* hasta; **~ werden** hastalanmak, hasta düşmek

Kranke(r) *f(m)* hasta
kränkeln *vi* hastalıklı olmak
kränken *vt* incitmek, gücendirmek (**jdn** -i)
Krankengeld *nt* hastalık parası
Krankengeschichte *f bir doktorun bir hastası hakkındaki hastalık nedenleri*
Krankenhaus *nt* hastane
krankenhausreif *adj* hastanelik; **jdn ~ schlagen** birini hastanelik etmek [*o* edinceye kadar dövmek]
Krankenkasse *f* sağlık sigortası
Krankenpfleger *m* hasta bakıcı
Krankenschein *m* sağlık sigortası belgesi
Krankenschwester *f* hemşire
Krankenversicherung *f* sağlık sigortası
Krankenwagen *m* cankurtaran (arabası), ambülans
krankhaft *adj* hasta
Krankheit *f* hastalık
kränklich *adj* hastılıklı
krankmelden[RR] *vt* **sich ~** kendini hasta diye bildirmek
krankschreiben[RR] *vt* **jdn ~** birini hasta diye bildirmek
Kranz *m* çelenk
krass[RR], **kraß**[ALT] *adj* ❶ göze batan; (*grob*) kaba ❷ (*fam: toll*) enfes
Krater *m* yanardağ [*o* volkan] ağzı, krater
kratzen I. *vt* kaşımak; (*Katze*) tırmalamak (**etw** -i) **II.** *vi* (*Wolle*) dalamak **III.** *vr* **sich ~** kaşınmak
Kratzer *m* ❶ (*Kratzwunde*) tırmık ❷ (*Schramme*) sıyrık
kratzig *adj* kaşıntılı, kaşıntı veren, cızırtılı
kraus *adj* (*Haar*) kıvırcık
Kraut *nt* ot
Krawall *m* ❶ (*Lärm*) gürültü, şamata ❷ (*Aufruhr*) ayaklanma, isyan
Krawatte *f* kravat, boyunbağı
Krawattennadel *f* kravat iğnesi
Kreation *f* (*Mode-*) kreasyon
kreativ *adj* yaratıcı
Kreativität *f* yaratıcılık
Krebs *m* ❶ (*Tier*) yengeç, çağanoz ❷ (*Krankheit*) kanser ❸ (*Sternzeichen*) Yengeç
krebserregend *adj* kanser yapıcı
Krebserreger *m* kanserojen
krebskrank *adj* kanserli, kanser hastası
Kredit *m* kredi; **auf ~** veresiye
Kreditbrief *m* kredi mektubu, akreditif
Kreditgeber(in) *m(f)* kredi veren
Kreditkarte *f* kredi kartı
Kreditwürdigkeit *f* kredibilite
Kreide *f* tebeşir
kreidebleich *adj* sapsarı
Kreis *m* ❶ (*Form*) daire ❷ (*fig: Bereich*) alan, saha, bölge ❸ (*Land-*) ilçe; **im ~e (herum)** daire etrafında dönerek
Kreisel *m* topaç, fırıldak
kreisen *vi* dönmek, dolaşmak
kreisförmig *adj* daire şeklinde, dairevi, yuvarlak
Kreislauf *m* (*Blut-*) kan dolaşımı
Kreislaufmittel *nt* kan dolaşımı ilacı
Kreislaufstörungen *fpl* kan dolaşımı aksaması [*o* rahatsızlığı]
Kreißsaal *m* doğum odası
Kreisumfang *m* daire çevresi

Kreisverkehr *m* tek yönlü dairevi yol

Krematorium *nt* krematoryum

Kreml *m* Kremlin

Kreta *nt* Girit adası

Kreuz *nt* ❶ (*Zeichen*) haç, ıstavroz ❷ (*Rücken*) sağrı kemiği ❸ (*fig: Plage*) baş belası; **das ~ schlagen** haç çıkarmak; **kreuz und quer** bucak bucak

kreuzen I. *vt* ❶ (*Arme*) kavuşturmak (**etw** -i) ❷ (*Weg*) kesmek (**etw** -i) ❸ (*Rassen*) melezleştirmek (**etw** -i) II. *vr* **sich ~** (*Wege*) kesişmek; (*Briefe, Züge*) karşılaşmak

Kreuzfahrer *m* Haçlı

Kreuzfahrt *f* deniz yolculuğu

Kreuzgang *m manastır avlusunda sütunlu yol*

Kreuzschmerzen *pl* bel ağrısı *sing*

Kreuzstich *m* kruvaze dikiş

Kreuzung *f* ❶ (*Straße*) dörtyol ağzı ❷ (*Schnittpunkt*) kesişme noktası ❸ (*von Rassen*) melezleştirme ❹ (*Mischling*) kırma

Kreuzworträtsel *nt* çapraz kelime bulmacası

Kreuzzug *m* Haçlı seferi

kriechen <kroch, gekrochen> *vi sein* ❶ (yerde) sürünmek ❷ (*schleimen*) dalkavukluk etmek

Kriechtier *nt* sürüngen (hayvan)

Krieg *m* savaş, harp, cenk

kriegen *vt* (*fam: bekommen*) almak, elde etmek (**etw** -i); **Hunger ~** acıkmak

Kriegsausbruch *m* savaş çıkması

Kriegsbeschädigte(r) *m* harp malulü

Kriegsdienstverweigerer *m askerlik görevini reddeden*

Kriegserklärung *f* savaş [*o* harp] ilanı

Kriegsgefangene(r) *m* savaş esiri

Kriegsgefangenschaft *f* savaş esirliği

Kriegsgegner(in) *m(f)* savaş karşıtı

Kriegsmarine *f* deniz kuvvetleri

Kriegsschiff *nt* savaş gemisi

Kriegsverbrechen *nt* savaş suçu

Kriegsverbrecher(in) *m(f)* savaş suçlusu

Kriegsversehrte(r) *f(m)* savaş malülü

Krimi *m* (*Film*) polisiye film; (*Buch*) polisiye roman

Kriminalbeamte(r) *m* sivil polis memuru

Kriminalfilm *m* polisiye film

Kriminalität *f* kanunlara karşı hareket

Kriminalpolizei *f* sivil polis

Kriminalroman *m* polisiye roman

Kripo *f Abk von* **Kriminalpolizei**

Krippe *f* ❶ (*Futtertrog*) yemlik ❷ (*Weihnachts-*) *Hazreti İsa'nın doğumunu canlandıran tasvir* ❸ (*Kinder-*) çocuk yuvası, kreş

Krise *f* kriz, buhran, bunalım

Krisenhilfe *f* kriz [*o* acil] yardım

Krisenprovinz *f* kriz bölgesi

Kristall[1] *m* (*Stein*) billur

Kristall[2] *nt* (*Glas*) kristal

Kristallglas *nt* kristal cam

Kriterium *nt* kıstas, ölçüt, kriter

Kritik *f* eleştiri, kritik, tenkit

Kritiker(in) *m(f)* eleştirici, eleştirmeci, tenkitçi

kritisch *adj* ❶ eleştirici, eleştirel ❷ (*heikel*) kritik, nazik

kritisieren *vt* eleştirmek, tenkit etmek (**etw/jdn** -i)

kritzeln *vi, vt* karalamak (**etw** -i)

Kroate *m* Hırvat

Kroatien *nt* Hırvatistan

Kroatin *f* Hırvat kadını

kroch *vi s.* **kriechen**

Krokette *f* kroket

Krokodil *nt* timsah

Krokus *m* safran

Krone *f* ❶ (*eines Königs*) taç ❷ (*Baum-*) tepe, uç ❸ (*Zahn-*) kuron ❹ (*dänische Währung*) kron

krönen *vt* taçlandırmak (**jdn** -i), taç giydirmek (**jdn** -e)

Kronleuchter *m* avize

Kronprinz, Kronprinzessin *m, f* veliaht

Krönung *f* (*Feier*) taç giyme töreni

Kronzeuge, Kronzeugin *m, f* baş şahit

Kropf *m* ❶ (*von Geflügel*) kursak ❷ MED guvatr

Kröte *f* kara kurbağa
Krücke *f* koltuk değneği
Krug *m* testi
Krümel *m* kırıntı
krümeln I. *vi* ufalanmak II. *vt* ufalamak (**etw** -i)
krumm *adj* ❶ (*schief, schräg*) eğri, çarpık ❷ (*verbogen*) bükük
krümmen I. *vt* eğmek, bükmek, kıvırmak (**etw** -i) II. *vr* **sich** ~ (*krumm werden*) eğrilmek, bükülmek; (*vor Schmerz*) kıvranmak (**vor etw** -den); **sich vor Lachen** ~ gülmekten kırılmak
krummnehmen *vt* (*fam*) **jdm etw** ~ birine bir şeyden alınmak
Krüppel *m* sakat, kötürüm
Kruste *f* kabuk
K
Krypta *f* yeraltı mezarlık
Kuba *nt* Küba
Kübel *m* tekne, kova
Kubikmeter *m o nt* metre küp
Küche *f* mutfak; **kalte** ~ soğuk yemekler, büfe
Kuchen *m* pasta
Küchenbenutzung *f* **mit** ~ mutfağı kullanma hakkıyla
Küchenchef *m* aşçıbaşı
Kuchenform *f* pasta [*o* kek] kalıbı
Kuchengabel *f* pasta çatalı
Küchenherd *m* mutfak fırını
Kuchenteller *m* pasta tabağı
Kuckuck *m* guguk kuşu
Kuckucksuhr *f* guguklu saat
Kufe *f* ❶ (*am Schlitten*) *kayma kızağının taban ağacı* ❷ LUFT kızaklı inme tertibatı
Kugel *f* ❶ (*runder Körper*) küre, top ❷ (*Geschoss*) mermi, kurşun ❸ (*zum Stoßen*) gülle
Kugellager *nt* bilyeli yatak, rulman
Kugelschreiber *m* tükenmez (kalem)
kugelsicher *adj* kurşun işlemez [*o* geçmez]
Kugelstoßen *nt* gülle atma
Kuh *f* inek
Kuhfladen *m* inek gübresi
Kuhglocke *f ineklerin boynuna takılan çan*
kühl *adj* ❶ serin ❷ (*Mensch*) soğuk (neva); **es ist** ~ hava serin; ~ **werden** serinle(ş)mek
kühlen I. *vt* soğutmak (**etw** -i) II. *vi* soğumak
Kühler *m* radyatör
Kühlerhaube *f* motor kapağı
Kühlhaus *nt* buzhane
Kühlschrank *m* buzdolabı
Kühltasche *f* termos çanta
Kühltruhe *f* derin dondurucu
Kühlung *f* serinleme
Kühlwasser *nt* radyatör suyu
kühn *adj* yürekli, cesur, atak
Kühnheit *f* cesaret, cüret, ataklık
Kuhstall *m* inek ahırı
Küken *nt* civciv
Kuli *m* (*Kugelschreiber*) tükenmez
Kulisse *f* kulis; **hinter den ~n** (*a. fig*) kulis arkasında
Kult *m* tapma
kultivieren *vt* (*Acker*) işlemek (**etw** -i)
kultiviert *adj* (*fig*) kültürlü, uygar
Kultur *f* ❶ kültür, uygarlık ❷ (*Anbau*) tarım, toprağı işleme
kulturell *adj* kültürel
Kulturerbe *nt* kültür mirası
Kulturgeschichte *f* uygarlık tarihi
Kultusminister(in) *m(f)* eğitim bakanı
Kultusministerium *nt* eğitim bakanlığı
Kümmel *m* ❶ kimyon ❷ (*Schwarz-*) çöreotu
Kummer *m* ❶ (*Betrübnis*) dert, keder, gam ❷ (*Sorge*) endişe, kaygı
kümmerlich *adj* ❶ (*ärmlich*) yoksul, sefil ❷ (*erbärmlich*) acınacak, biçare
kümmern I. *vt* ilgilendirmek (**jdn** -i) II. *vr* **sich** ~ bakmak (**um jdn** -e), önemsemek (**um etw** -i); **sich um nichts** ~ hiç bir şeye aldırış etmemek
Kumpel *m* ❶ (*Bergbau*) madenci, maden işçisi ❷ (*fam: Kamerad*) arkadaş
kündbar *adj* (*Vertrag*) feshi kabil olan

Kunde[1] *f* (*Nachricht*) haber, bilgi
Kunde, **Kundin**[2] *m*, *f* (*Käufer*) müşteri, alıcı
Kundendienst *m* müşteri servisi
Kundenhotline *f* müşteri danışma hattı, tüketici danışma hattı
Kundgebung *f* gösteri, miting
kündigen *vi*, *vt* ❶ (*Vertrag*) feshini ihbar etmek (**etw** -in) ❷ (*Arbeitnehmer*) işten çıkarmak (**jdm** -i) ❸ (*Mieter*) evden çıkarmak (**jdm** -i)
Kündigung *f* ❶ (*Vertrag*) fesih; (*Kündigungsschreiben*) feshi ihbar ❷ (*Arbeit*) işten çıkarma
Kündigungsfrist *f* feshi ihbar süresi
Kündigungsschutz *m* işten çıkarmaya karşı koruma
Kundin *f* bayan müşteri
Kundschaft *f* (*Kundenkreis*) müşteriler *pl*
künftig I. *adj* gelecek, ileri(de)ki II. *adv* ilerde, bundan böyle, şimdiden sonra
Kunst *f* ❶ sanat; **die bildenden Künste** plastik sanatlar; **die schönen Künste** güzel sanatlar ❷ (*Können*) beceri, ustalık
Kunstakademie *f* güzel sanatlar akademisi
Kunstausstellung *f* sanat sergisi
Kunstfaser *f* sentetik lif
Kunstfehler *m* MED tıbbi hata
Kunstgeschichte *f* sanat tarihi
Kunstgewerbe *nt* el işleri *pl*
Kunstgriff *m* manevra
Kunsthandwerk *nt* el sanatları *pl*
Künstler(in) *m(f)* sanatçı, sanatkar
künstlerisch *adj* sanatsal
künstlich *adj* ❶ (*nicht natürlich*) yapma ❷ (*nachgemacht*) taklit ❸ (*unecht*) sahte
Kunstlicht *nt* tabii olmayan ışık
Kunststoff *m* suni madde
Kunststück *nt* hüner, marifet
kunstvoll *adj* ustalıklı, sanatlı
Kunstwerk *nt* sanat eseri
kunterbunt *adj* rengarenk; (*durcheinander*) karmakarışık
Kupfer *nt* bakır
Kupferstich *m* gravür
Kuppe *f* ❶ (*Berg-*) *yuvarlak dağ tepesi* ❷ (*Finger-*) *parmağın etli ön kısmı*
Kuppel *f* kubbe
Kuppelei *f* pezevenklik; JUR fuhuşa tahrik
kuppeln I. *vi* AUTO akuple etmek II. *vt* TECH bağlamak (**etw an etw** -i -e)
Kupplung *f* şanjman
Kur *f* tedavi, kür
Kurbel *f* manivela, kol
Kurbelwelle *f* krank mili, ana mil
Kürbis *m* kabak
Kurde, **Kurdin** *m*, *f* Kürt
kurdisch *adj* ❶ (*Sprache*) Kürtçe ❷ (*Art*) Kürt
Kurdistan *nt* Kürdistan
Kurgast *m bir dinlenme yerine iyileşmek için gelen kimse*
Kurhaus *nt hastalar için dinlenme evi*
kurios *adj* garip, tuhaf
Kurort *m* kaplıca, ılıca(lar), içmeler
Kurpfuscher(in) *m(f)* şarlatan
Kurs *m* ❶ (*Lehrgang*) kurs ❷ NAUT, LUFT rota ❸ FIN kur, rayiç
Kursaal *m* dinlenme evinin eğlence salonu
Kursbuch *nt* tren rehberi
Kürschner(in) *m(f)* kürkçü
kursiv *adj* italik
Kurswagen *m hareket istasyonundan varış istasyonuna giden direkt vagon*
Kurusch *m* (*türkische Währungseinheit: 100 Kurusch = 1 Lira*) kuruş
Kurve *f* ❶ viraj, dönemeç ❷ MATH eğri çizgi
kurvenreich *adj* (çok) virajlı
kurz <kürzer, am kürzesten> I. *adj* kısa; **kürzer machen/werden** kısaltmak/kısalmak; **in ~em** yakında; **vor ~em** az zaman önce, geçenlerde II. *adv* **über ~ oder lang** er geç; **~ darauf** hemen arkasından; **~ und gut** uzun sözün kısası, kısacası; **zu ~**

K

kommen payını alamamak
Kurzarbeit *f çalışma saatlerinin kısaltılması*
kurzärmelig *adj* kısa kollu
Kürze *f* kısalık; **in ~** yakında
Kürzel *nt* (*Steno*) *stenoda kullanılan kısaltma işareti*
kürzen *vt* ❶ (*kürzer machen*) kısaltmak (**etw** -i) ❷ (*verringern*) azaltmak (**etw** -i) ❸ MATH sadeleştirmek (**etw** -i)
kurzerhand *adv* duraksamadan
Kurzfilm *m* kısa metrajlı film
kurzfristig *adj, adv* kısa vadeli
Kurzgeschichte *f* kısa hikaye
kurzlebig *adj* kısa ömürlü
kürzlich *adv* geçenlerde
Kurznachricht *f* (*Handy*) (kısa) mesaj; **jdm eine ~ schicken** birine kısa mesaj göndermek [*o* yollamak]
Kurzparkzone *f kısa süre için park yeri*
Kurzschluss[RR] *m*, **Kurzschluß**[ALT] *m* kontak, kısa devre
Kurzschrift *f* stenografi
kurzsichtig *adj* miyop
Kurzsichtigkeit *f* miyopluk
kurzum *adv* sözün kısası
Kürzung *f* kısalt(ıl)ma; (*von Geldern*) kesinti
Kurzurlaub *m* kısa tatil
Kurzwaren *fpl* tuhafiye *sing*
Kurzwelle *f* kısa dalga
Kusine *f* amca (dayı, teyze, hala) kızı, kuzin
Kuss[RR] *m*, **Kuß**[ALT] *m* öpücük
küssen *vt* öpmek (**jdn/etw** -i)
Küste *f* ❶ (*Streifen*) kıyı, sahil, deniz kenarı ❷ (*Gebiet*) kıyı bölgesi
Küster *m* (*christlich*) zangoç; (*islamisch*) kayyum
Kutsche *f* fayton, (binek) araba(sı); (*stattliche*) kupa
Kutteln *pl* işkembe *sing*
Kutter *m* kotra
Kuvert *nt* (mektup) zarf(ı)
Kuwait *nt* Kuveyt

L

l *m Abk von* **Liter** lt. (*litre*)
labil *adj* (*Mensch*) dengesiz
Labor *nt* laboratuvar
Labyrinth *nt* labirent
lächeln *vi* gülümsemek
Lächeln *nt* gülümseme
lächelnd *adj* gülümseyen
lachen *vi* gülmek (**über etw/jdn** -e); **ich muss darüber ~** buna gülmem lazım
Lachen *nt* gülüş, gülme; **das ist nicht zum ~** bu gülünecek bir şey değil
lächerlich *adj* gülünç; (*Preis*) komik; **~ machen** maskaraya çevirmek (**jdn/etw** -i); **sich ~ machen** kendini gülünç duruma düşürmek
lachhaft *adj* gülünç, komik
Lachs *m* som balığı
Lack *m* vernik, cila
lackieren *vi, vt* verniklemek, cilalamak (**etw** -i)
Lackschuh *m* rugan pabuç
Ladegerät *nt* akü doldurma aleti
Ladekabel *nt* ELEK şarj kablosu
Laden *m* ❶ (*Geschäft*) dükkan; (*größerer*) mağaza ❷ (*Fenster-*) pancur ❸ (*Rollladen*) kepenk
laden <lädt, lud, geladen> *vt* ❶ (*auffüllen*) doldurmak (**etw** -i); (*Fracht*) yüklemek (**etw auf/in etw** -i -e) ❷ (*Waf-*

fe) doldurmak (**etw** -i) ❸ (*elektrisch*) şarj etmek (**etw** -i) ❹ (*ein-*) davet etmek, çağırmak (**jdn** -i) ❺ INFORM yüklemek (**etw** -i)

Ladendiebstahl *m* mağaza hırsızlığı

Ladenhüter *m* sürümsüz mal

Ladenschluss[RR] *m* dükkan kapanma saati

Ladentisch *m* (dükkan) tezgah(ı)

Ladeterminal *m* yükleme terminali

lädt *vt s.* **laden**

Ladung *f* (*auch elektrische*) şarj

lag *vi s.* **liegen**

Lage *f* ❶ (*Zustand*) durum, hal ❷ (*Körper-*) durum ❸ (*Standort*) yer, konum ❹ (*Umstände*) şartlar *pl* ❺ (*Schicht*) kat, tabaka; **in der ~ sein zu** -mek durumda olmak; **versetzen Sie sich in meine ~** kendinizi benim yerime koyun

Lager *nt* ❶ (*Depot*) depo, ambar, ardiye ❷ (*Zelt-*) kamp ❸ MIL (*Feld-*) ordugah ❹ POL grup ❺ (*Ruhe-*) yatak, döşek; **auf ~** COMM depoda bulunan

Lagerfeuer *nt* kamp ateşi

lagern **I.** *vi* ❶ (*kampieren*) kamp yapmak ❷ (*Ware*) depoda bulunmak **II.** *vt* (*Ware*) depo etmek (**etw** -i)

Lagerplatz *m* ❶ (*Depot*) ardiye ❷ (*mit Zelten*) kamp yeri

lahm *adj* ❶ (*nicht beweglich*) bir tarafı tutmaz ❷ (*hinkend*) topal, aksak; (*fig*) miskin, uyuşuk

lähmen *vt* felç etmek; (*fig*) aksatmak (**jdn/etw** -i)

lahmlegen *vt* felce uğratmak (**etw** -i)

Lähmung *f* ❶ MED felç, inme; **halbseitige ~** yarım felç ❷ (*Lahmlegung*) aksatma

Laich *m* (*Frosch-*) kurbağa yumurtası; (*Fisch-*) balık yumurtası

Laie *m* ❶ (*Nichtfachmann*) uzman olmayan, amatör ❷ REL ruhbandan olmayan

Laizismus *m* laiklik

laizistisch *adj* laik

Laken *nt* yatak çarşafı

Lakritze *f* meyankökü

Lama *nt* lama

Lamm *nt* (*Schaf*) kuzu; (*Ziegen-*) keçi yavrusu

Lammfleisch *nt* kuzu eti

Lampe *f* ❶ (*Licht*) lamba ❷ (*Öl-*) kandil ❸ (*Laterne*) fener

Lampenfieber *nt* THEAT *sahneye çıkmadan önceki heyecan*

Lampenschirm *m* abajur

Lampion *m* kâğıt fener

LAN *nt* INFORM (*lokales Netzwerk*) yerel alan ağı

Land *nt* ❶ (*Staat*) ülke, devlet ❷ (*Bundesland*) eyalet ❸ (*Gelände*) toprak; (*Acker-*) tarla ❹ (*Grundstück*) arsa ❺ (*Festland*) kara ❻ (*Gegensatz zur Stadt*) kırsal kesim, köy; **auf dem ~e** köyde; **zu ~e** karada; **an ~ gehen** karaya çıkmak

L

Landarbeiter(in) *m(f)* rençper

Landebahn *f* (iniş) pist(i)

landen *vi sein* ❶ (*Schiff*) karaya yanaşmak ❷ (*Flugzeug*) inmek (**in etw** -e); **auf dem Wasser ~** suya iniş yapmak; **auf dem Mond ~** Ay'a inmek; **schließlich landeten wir in einer Kneipe** sonunda bir meyhaneye düştük

Landenge *f* kıstak

Landeplatz *m* iniş yeri

Länderspiel *nt* milletlerarası maç

Landesfarben *pl* milli renkler *pl*

Landessprache *f* milli dil

Landesverrat *m* yurda ihanet

landesweit *adv* yurt çapında

Landflucht *f* köyden kente [*o* şehre] göç

Landgut *nt* çiftlik

Landhaus *nt* sayfiye

Landkarte *f* harita

ländlich *adj* (*Gebiet*) kırsal; (*Sitten, Leute*) köylü

Landschaft *f* ❶ (*Gebiet*) civar, bölge ❷ (*Anblick*) manzara

Landsmann, Landsmännin *m, f* ❶ (*aus*

der gleichen Gegend) hemşeri ❷ (*aus demselben Land*) vatandaş, yurttaş

Landstraße *f* şose

Landstreicher *m* (*pej*) serseri, avare

Landtag *m* eyalet meclisi

Landung *f* iniş

Landwein *m yalnız bir bölgede tanınan basit bir şarap*

Landwirt(in) *m(f)* tarımcı, çiftçi

Landwirtschaft *f* tarım

landwirtschaftlich *adj* zirai, tarımsal

lang <länger, am längsten> **I.** *adj* uzun; **5 Meter ~** 5 metre uzunluğunda; **gleich ~** aynı uzunlukta; **vor ~er Zeit** uzun zaman önce; **seit ~er Zeit** uzun zamandan beri **II.** *adv* **drei Monate ~** üç ay boyunca; **das ganze Leben lang** yaşam boyu

langärmelig *adj* uzun kollu

langatmig *adj* (aşırı) uzun, fazla ayrıntılı

lange *adv* uzun zaman [*o* süre]; **wie ~?** ne kadar?; (*seit wann?*) ne zamandan beri?; **schon ~, seit ~m** uzun zamandan beri, uzun süredir

Länge *f* ❶ (*räumlich*) uzunluk ❷ (*Gegensatz zu Breite*) boy ❸ GEOG boylam ❹ (*Dauer*) süre; **von 3 Meter ~** 3 metre uzunluğunda [*o* boyunda]; **sich in die ~ ziehen** uzamak

langen I. *vt* (*geben*) vermek, uzatmak (**jdm etw** -e -i) **II.** *vi* ❶ (*ausreichen*) yet(iş)mek (**jdm/für etw** -e) ❷ (*ergreifen*) uzanmak (**nach etw** -e)

Längengrad *m* boylam

Längenkreis *m* meridyen dairesi

Längenmaß *nt* uzunluk ölçüsü

länger I. *adj* daha uzun; **~e Zeit** daha uzun süre; **~ machen** uzatmak (**etw** -i); **~ werden** uzamak **II.** *adv* (*zeitlich*) daha uzun zamandır

Langeweile *f* can sıkıntısı

langfristig *adv* uzun dönemli [*o* vadeli]

langhaarig *adj* uzun saçlı; (*bei Körperhaaren*) uzun tüylü [*o* kıllı]

langjährig *adj* yıllarca süren

Langlauf *m* uzun mesafe kayak yürüyüşü

länglich *adj* uzunca

längs *präp +gen* boyunca

langsam I. *adj* yavaş, ağır **II.** *adv* yavaş; (*allmählich*) yavaş yavaş; **~er fahren** daha yavaş gitmek; **ganz ~** yavaş yavaş, ağır ağır

Langsamkeit *f* yavaşlık, ağırlık

Langschläfer(in) *m(f)* uykucu

Langspielplatte *f* uzunçalar, longpley

längst *adv* (**schon**) ~ çoktan(dır)

Langstreckenrakete *f* uzun menzilli füze

Languste *f* makassız ıstakoz

langweilen I. *vt* canını sıkmak (**jdn** -in) **II.** *vr* **sich ~** (canı) sıkılmak

langweilig *adj* (can) sıkıcı

Langwelle *f* uzun dalga

langwierig *adj* ❶ (*lange dauernd*) uzun süren ❷ (*mühsam*) zahmetli

Lappen *m* ❶ (*Wisch-*) bez ❷ (*für Wandtafel*) tahta silgisi ❸ (*Lumpen*) bez parçası, paçavra

Laptop *m* dizüstü (bilgisayar), laptop

Lärche *f* melez

Lärm *m* gürültü (patırtı), şamata; **viel ~ um nichts** kuru gürültü

lärmen *vi* gürültü yapmak [*o* koparmak], şamata yapmak

Larve *f* ❶ (*Maske*) maske ❷ (*Insekten-*) kurtçuk

las *vi, vt s.* **lesen**

Laser *m* lazer

Laserdrucker *m* lazerli yazıcı

Laserstrahl *m* lazer ışını

lassen <lässt, ließ, gelassen> **I.** *vt* bırakmak (**etw/jdn** -i); **jdn in Ruhe ~** birini rahat bırakmak; **sich Zeit ~** acele etmemek; **lass das!** yapma! **II.** *Hilfsverb* **jdn etw tun ~** (*erlauben*) birinin bir şeyi yapmasına izin vermek; (*ermöglichen*) birinin bir şeyi yapmasına engel olmamak; (*veranlassen: Kausativ*) birine bir şeyi yaptırmak; **jdn etw wissen ~** birine bir şeyi bildirmek; **ich habe mir sagen ~, dass** bana anlattılar ki ...; **lasst uns tanzen** dans edelim

lässig *adj* (*ungezwungen*) teklifsiz; (*ohne Sorgfalt*) özensiz

lässt[RR] *vt s.* **lassen**

Last *f* yük

lasten *vi* ağır gelmek (**auf jdm** -e)

Lastenaufzug *m* yük asansörü

Laster[1] *m* (*fam*) kamyon

Laster[2] *nt* ayıp, kötü huy

lästern **I.** *vi* çekiştirmek, kötülemek (**über jdn** -i) **II.** *vt* **Gott ~** Tanrı'ya küfretmek

Lästerung *f* çekiştirme, kötüleme

lästig *adj* (can) sıkıcı, usandırıcı, eziyetli; (*Person auch*) sırnaşık

Last(kraft)wagen *m* kamyon, yük arabası

Last-Minute-Urlaub *m* son dakika tatili

Lastzug *m* tır

Latein *nt* Latince

Lateinamerika *nt* Latin Amerika

Lateinamerikaner(in) *m(f)* Latin Amerikalı

lateinisch *adj* (*Sprache*) Latince

Laterne *f* fener, lamba

Latte *f* lata, çıta; (*Fußball*) lata

Latz *m* (*Brust-*) göğüslük, önlük; (*Hosen-*) pantalonun ön yırtmacı

Lätzchen *nt* bebek önlüğü

Latzhose *f* bahçıvan pantalonu

lau *adj* ılık

Laub *nt* ağaç yaprakları

Laube *f* (*Garten-*) kameriye

Lauch *m* pırasa

Lauer *f* **auf der ~ liegen** pusuda yatmak

lauern *vi* pusuda beklemek (**auf jdn** -i), kollamak, gözetmek (**auf etw** -i)

Lauf *m* ❶ (*das Laufen*) koşuş ❷ (*Wett-*) koşu ❸ (*Ver-*) gidiş, akış ❹ (*von Schusswaffe*) namlu; **im ~e der Zeit** zamanla; **den Dingen freien ~ lassen** olayları kendi akışına bırakmak

Laufbahn *f* ❶ (*eines Planeten*) yörünge ❷ (*im Beruf*) kariyer

laufen <läuft, lief, gelaufen> *vi sein* ❶ (*rennen*) koşmak ❷ (*zu Fuß gehen*) (yaya) gitmek, yürümek ❸ (*Maschine*) işlemek, çalışmak ❹ (*Zeit*) geçmek, geçip gitmek

laufend **I.** *adj* (*Monat, Kosten*) cari; **auf dem Laufenden sein** günü gününe haberdar olmak **II.** *adv* ❶ (*rennend*) koşarak ❷ (*andauernd*) daima

Läufer *m* ❶ (*Person*) koşucu ❷ (*Schach*) fil ❸ (*Teppich*) merdiven halısı

läufig *adj* kızgın, kösnük

Laufkundschaft *f* geçici müşteriler *pl*

Laufmasche *f* kaçık

Laufpass[RR] *m*, **Laufpaß**[ALT] *m* **jdm den ~ geben** birinin pasaportunu eline vermek, birini sepetlemek

Laufschritt *m* koşar adım

läuft *vi s.* **laufen**

Laufwerk *nt* INFORM sürücü

Laufzeit *f* ❶ (*Dauer*) süre ❷ FILM oynama süresi ❸ ECON vade

Lauge *f* ❶ CHEM alkalik sıvı ❷ (*Seifen-*) sabunlu su

Laune *f* ❶ (*gute*) keyif, neşe ❷ (*Stimmung*) ruh hali; **Launen** (*wechselhafte Stimmung*) geçici heves, kapris *sing;* **gute/schlechte ~ haben** neşeli/neşesiz olmak

launenhaft *adj*, **launisch** *adj* kaprisli, kararsız, oynak

Laus *f* bit

Lauschangriff *m* POL telekulak

lauschen *vi* dinlemek, kulak vermek

laut **I.** *adj* ❶ (*Stimme*) yüksek; (*Musik*) yüksek sesli ❷ (*lärmend*) gürültülü, şamatalı **II.** *adv* yüksek sesle; **das Radio ~er stellen** radyoyu açmak **III.** *präp +gen* (*nach, gemäß*) -e göre

Laut *m* ses

Laute *f* ut

lauten *vi* şöyle olmak

läuten **I.** *vt* çalmak (**etw** -i) **II.** *vi* çalınmak, çıngırdamak; **es hat geläutet**

L

kapı çalındı

lauter I. *adj* (*rein*) saf, temiz II. *adv* (*nichts als*) sırf, hepsi; **vor ~ Freude** büyük sevinçle

lautlos *adj* sesiz sedasız, patırtısız

Lautschrift *f* fonetik yazı

Lautsprecher *m* hoparlör

Lautstärke *f* ses yoğunluğu

lauwarm *adj* ılık

Lava *f* lav

Lavendel *m* ❶ lavanta (çiçeği) ❷ (*Lavendelöl*) karabaşyağı

Lawine *f* (*a. fig*) çığ

Lawinengefahr *f* çığ tehlikesi

Lazarett *nt* askeri hastane

LCD-Bildschirm *m* LCD ekranı

leasen *vt* kiralamak (**etw** -i)

Leasing *nt* finansal kiralama

leben *vi* ❶ yaşamak ❷ (*am Leben sein*) hayatta olmak ❸ (*wohnen*) oturmak; **es lebe der König!** yaşasın kral!; **~ Sie wohl!** sağlıcakla kalın!

L

Leben *nt* ❶ (*Existenz*) yaşam, hayat ❷ (*Lebensdauer*) ömür ❸ (*Lebenskraft*) can ❹ (*Lebhaftigkeit, Geschäftigkeit*) canlılık; **ums ~ kommen** canından olmak, ölmek; **jdm das ~ schwer machen** birinin hayatını zehir etmek [*o* zehretmek]; **sich das ~ nehmen** (kendi) canına kıymak, intihar etmek

lebend *adj* canlı, yaşayan

lebendig *adj* ❶ (*lebend*) sağ, diri, hayatta (olan) ❷ (*fig: rege*) canlı, hareketli; (*Straße, Geschäft*) işlek

Lebensabend *m* yaşlılık

Lebensart *f* hayat tarzı

Lebensaufgabe *f* yaşamanın gayesi

Lebensbedingungen *pl* yaşam koşulları *pl*, hayat şartları *pl*

Lebensdauer *f* yaşam süresi

Lebenserfahrung *f* yaşam tecrübesi

Lebenserwartung *f* beklenen yaşam süresi

Lebensfreude *f* yaşama sevinci

Lebensgefahr *f* ölüm tehlikesi

lebensgefährlich *adj* ölüm tehlikesi olan

Lebenshaltungskosten *pl* geçim masrafları *pl*

lebenslänglich *adj, adv* ömür boyu

Lebenslauf *m* hayatın gidişi; (*für Bewerbung*) özgeçmiş, CV (*Aussprache: si-vi*)

Lebensmittel *ntpl* yiyecekler, besin [*o* gıda] maddeleri *pl*; (*als Vorrat auch*) erzak *sing*

Lebensmittelgeschäft *nt* bakkal, yiyecek(ler) satan dükkan

Lebensmittelvergiftung *f* besin [*o* gıda] zehirlenmesi

lebensmüde *adj* hayattan bezgin (olan)

lebensnotwendig *adj* hayati önemi olan

Lebensqualität *f* hayat kalitesi

Lebensraum *m* hayat sahası

Lebensstandard *m* geçim seviyesi, hayat standardı

Lebensunterhalt *m* geçim

Lebensversicherung *f* hayat sigortası

Lebensweise *f* yaşam biçimi, yaşayış, hayat tarzı

lebenswichtig *adj* hayati önemi olan

Lebenswille *m* yaşama isteği

Lebenszeichen *nt* yaşama belirtisi

Leber *f* karaciğer

Leberpastete *f* ciğer ezmesi

Lebertran *m* balıkyağı

Leberwurst *f* karaciğer ezmesi sucuğu

Lebewesen *nt* yaratık, canlı

lebhaft *adj* ❶ (*rege*) canlı, hareketli; (*Straße*) işlek ❷ (*temperamentvoll*) ateşli, coşkun

Lebkuchen *m baharatlı bir çörek*

leblos *adj* cansız, ruhsuz

leck *adj* (*undicht*) **~ sein** su geçirmek

lecken I. *vt* yalamak (**etw** -i) II. *vi* (*Boot*) su almak; (*Eimer*) damlamak

lecker *adj* (*schmackhaft*) lezzetli

Leckerbissen *m* lezzetli yiyecek

Leder *nt* deri; (*mit Lohe gegerbt*) meşin; **zäh wie ~** kayış gibi

Lederhose *f* deri pantolon

Lederjacke *f* deri ceket
Ledermantel *m* deri manto [*o* palto]
Lederwaren *pl* deri eşyalar *pl*
Lederwarengeschäft *nt* deri eşya mağazası
ledig *adj* (*unverheiratet*) bekar
lediglich *adv* yalnız, sade(ce), salt
leer I. *adj* ❶ (*auch Platz*) boş ❷ (*Fläche*) çıplak ❸ (*hohl*) içi boş ❹ (*fig: nichtssagend*) kuru, saçma II. *adv* ~ **ausgehen** ağzını havaya açmak, hava almak, avucunu yalamak
Leere *f* boşluk
leeren *vt* boşaltmak; (*Glas: trinken*) dikmek, devirmek (**etw** -i)
Leerlauf *m* (*Motor*) boş vites
Leerung *f* (*des Briefkastens*) boşalt(ıl)ma
legal *adj* yasal, kanuni, meşru
legalisieren *vt* yasalaştırmak, kanunlaştırmak, meşru kılmak (**etw** -i)
Legalität *f* yasallık
Legasthenie *f* legasteni
Legastheniker(in) *m(f)* legastenik
legen I. *vt* ❶ koymak (**etw auf/in etw** -i -e) ❷ (*hinein-*) içine koymak (**etw in etw** -i -in), sokmak (**etw in etw** -i -e); **Haare** ~ saçını sarmak; **Eier** ~ yumurtlamak II. *vr* **sich** ~ yatmak, uzanmak (**auf/in etw** -e); (*aufhören*) dinmek, durmak, kesilmek; **sich ins Bett** ~ yatağa yatmak
legendär *adj* efsanevi
Legende *f* ❶ efsane ❷ (*Bildunterschrift*) resim alt yazısı
Leggings *pl* tayt *sing*
Legierung *f* halita, alaşım
Legislative *f* yasama erki
Legislaturperiode *f* yasama dönemi
legitim *adj* yasalı, kanuni, meşru
Legitimation *f* ❶ (*Rechtfertigung*) haklı çık(ar)ma ❷ (*Beglaubigung*) belgeleme
legitimieren I. *vt* (*rechtfertigen*) haklı göstermek (**etw** -i) II. *vr* **sich** ~ (*sich ausweisen*) kimliğini ispat etmek
Lehm *m* ❶ (*Bodenart*) balçık ❷ (*zum Hausbau*) kerpiç ❸ (*Ton*) lüleci [*o* tuğlacı] çamuru
Lehmziegel *m* kerpiç tuğla
Lehne *f* (*Rücken-*) arkalık; (*Arm-*) dirseklik
lehnen I. *vt* dayamak, yaslamak (**etw an etw** -i -e) II. *vi, vr* (**sich**) ~ dayanmak, yaslanmak (**an etw** -e)
Lehnsessel *m*, **Lehnstuhl** *m* koltuk
Lehrbuch *nt* ders kitabı
Lehre *f* ❶ (*Ausbildung*) öğrenim ❷ (*Theorie*) öğreti, kuram ❸ (*Glaubens-*) dogma, kaide ❹ (*etw, aus dem man lernen kann*) ibret, ders
lehren *vi, vt* öğretmek (**jdn etw** -e -i)
Lehrer *m* öğretmen, hoca *fam*
Lehrerin *f* bayan öğretmen
Lehrfach *nt* öğretim kolu
Lehrgang *m* kurs
Lehrling *m* çırak
Lehrplan *m* ders programı
lehrreich *adj* öğretici, aydınlatıcı
Lehrstelle *f* çıraklık yeri
Lehrstoff *m* ders konusu
Lehrstuhl *m* kürsü, profesörlük
Leib *m* ❶ (*Körper*) beden, vücut, gövde ❷ (*Bauch*) karın ❸ (*Mutter-*) rahim; **mit ~ und Seele** canla başla
Leibeserziehung *f* beden eğitimi
Leibeskraft *f* **aus Leibeskräften** olanca kuvvetiyle
Leibesvisitation *f* üst aranması
Leibgericht *nt* en çok sevdiği yemek
leibhaftig *adj* ❶ (*wirklich*) gerçek ❷ (*selbst*) kendisi
Leibschmerzen *pl* karın ağrısı *sing;* **ich habe** ~ karnım ağrıyor
Leibwächter *m* koruma, özel koruyucu
Leiche *f* ceset, ölü
Leichenhalle *f*, **Leichenschauhaus** *nt* morg
Leichenwagen *m* cenaze arabası
leicht I. *adj* ❶ (*von geringem Gewicht*) hafif; (*nicht schwierig*) kolay ❷ (*Krankheit, Fehler*) önemsiz II. *adv*

L

kolayca, kolaylıkla; **das ist ~er gesagt als getan** söylemesi kolay; **~ verständlich** kolay anlaşılır

Leichtathlet(in) *m(f)* atlet

Leichtathletik *f* atletizm

leichtfertig *adj* ❶ (*unbedacht*) dikkatsiz, düşüncesiz ❷ (*Mädchen*) hoppa, hafifmeşrep

leichtfüßig *adj* çevik, zarif

leichtgläubig *adj* saf(dil), çabuk kanan; (*negativ*) avanak

Leichtigkeit *f* ❶ (*eines Gegenstandes*) kolaylık ❷ (*Mühelosigkeit*) külfetsizlik, zahmetsizlik

Leichtmetall *nt* hafif metal

Leichtsinn *m* dikkatsizlik, düşüncesizlik

leichtsinnig **I.** *adj* ❶ (*fahrlässig*) dikkatsiz, düşüncesiz ❷ (*Mädchen*) hoppa, hafifmeşrep **II.** *adv* dikkatsizce, düşüncesizce

leid *adj* **ich bin es ~** usandım, bıktım

Leid *nt* (*Kummer*) dert, keder, elem

leiden <leidet, litt, gelitten> **I.** *vi* acı çekmek (**an etw** -den); **sehr ~** ıstırap çekmek **II.** *vt* (*erleiden*) dayanmak, katlanmak (**etw** -e), çekmek (**etw** -i); **jdn (gut) ~ können** birinden hoşlanmak; **jdn nicht ~ können** birini çekememek, birinden hoşlanmamak

Leiden *nt* ❶ (*körperlich*) hastalık ❷ (*seelisch*) dert, ıstırap, acı

Leidenschaft *f* ❶ (*Trieb*) hırs, tutku; (*erotisch*) (cinsel) ateşlilik ❷ (*Begeisterung*) coşku(nluk), heyecan

leidenschaftlich *adj* ❶ (*feurig*) ateşli ❷ (*begeistert*) coşkulu

Leidensweg *m* üzüntülü yaşam

leider *adv* maalesef, (ne) yazık ki

leidig *adj* ❶ (*unangenehm*) nahoş ❷ (*lästig*) can sıkıcı, usandırıcı

leidtun *irr vi* **es tut mir (sehr) leid** (çok) üzgünüm; **er tut mir leid** ona acıyorum

Leier *f* lir

Leierkasten *m* laterna

leihen <lieh, geliehen> *vt* (*ver-*) ödünç vermek (**jdm etw** -e -i); **sich** *dat* **etw von jdm ~** birinden bir şeyi ödünç almak

Leihgabe *f* ödünç verilen şey

Leihgebühr *f* kira bedeli

Leihhaus *nt* emniyet sandığı (*rehin karşılığında para veren kurum*)

Leihmutter *f* taşıyıcı anne

Leihwagen *m* kiralık otomobil

leihweise *adv* ödünç olarak; (*mit Gebühr*) kira ile

Leim *m* tutkal, zamk

leimen *vt* tutkallamak (**etw** -i); **jdn ~** (*fam*) birini kazıklamak [*o* aldatmak]

Leine *f* ip, sicim

Leinen *nt* keten bezi

Leinsamen *m* keten tohumu

Leinwand *f* ❶ (*Malerei*) tu(v)al ❷ FILM beyaz perde ❸ (*Stoff*) keten bezi

leise **I.** *adj* ❶ (*Stimme*) yavaş, alçak ❷ (*still*) sessiz ❸ (*sanft*) ince **II.** *adv* yavaşça; (*sprechen*) alçak sesle; **bitte ~!** sessiz olun lütfen!; **das Radio ~(r) stellen** radyoyu kısmak

Leiste *f* ❶ (*Holz-*) pervaz ❷ ANAT kasık

leisten *vt* (*tun*) yapmak, becermek (**etw** -i); **Dienst/Eid/Hilfe ~** hizmet/yemin/yardım etmek; **sich** *dat* **etw ~** kendine bir şeyi çok görmemek; **das kann ich mir nicht ~** bunu yapmaya kalkışamam

Leisten *m* (*Schuhform*) kundura kalıbı

Leistenbruch *m* fıtık, kasık çatlağı

Leistung *f* ❶ (*Ausführung*) yapma, yürütüm ❷ (*Arbeits-*) verim, randıman ❸ (*Arbeit*) yapılan iş ❹ (*Erfolg*) başarı ❺ (*Werk*) yapıt ❻ SPORT performans ❼ (*Motor*) güç ❽ (*Dienst-*) hizmet

leistungsfähig *adj* ❶ (*Person*) yetenekli, yaratıcı ❷ (*Wirtschaft*) verimli, randımanlı ❸ (*Motor*) güçlü

Leistungsfähigkeit *f* ❶ (*Person*) yetenek, yeterlik ❷ (*Wirtschaft*) verimlilik, randıman ❸ (*Motor*) güçlülük

Leistungsgesellschaft *f* *randımanlı çalışmaya yönelik toplum düzeni*

Leistungsprämie *f başarılı çalışma yüzünden ücret artışı*
Leitartikel *m* başyazı, başmakale
leiten *vt* ❶ yönetmek, idare etmek (**etw** -i) ❷ (*Strom*) iletmek (**etw** -i)
leitend *adj* ❶ (*führend*) yönetici ❷ (*Strom*) iletken ❸ (*Gedanke*) esas, temel
Leiter(in) *m(f)* yönetici, idareci
Leiter *f* merdiven
Leitfaden *m* ana çizgi; (*Lehrbuch*) ders kitabı
Leitgedanke *m* ana [*o* esas] fikir
Leitmotiv *nt* laytmotif
Leitplanke *f* bariyer
Leitung *f* ❶ (*Führung*) yönetim ❷ ADMIN başkanlık ❸ (*Wasser-, Gas-*) boru ❹ (*Telefon-*) hat ❺ PHYS iletme; **die ~ ist besetzt** hat meşgul
Leitungswasser *nt* musluk suyu
Lektion *f* ders; (*fig*) ibret
Lektor(in) *m(f)* ❶ (*Verlags-*) lektör ❷ (*Lehrbeauftragter*) okutman
Lektüre *f* ❶ (*das Lesen*) okuma ❷ (*Lesestoff*) *okunacak kitap, gazete v.b.*
Lende *f* ❶ ANAT bel, boş böğür ❷ (*Hüfte*) kalça
Lendenbraten *m* fileto
lenken *vt* (*leiten*) yönetmek; (*Fahrzeug*) kullanmak, sürmek (**etw** -i)
Lenker *m* ❶ (*Fahrer*) sürücü ❷ (*Lenkstange*) gidon
Lenkrad *nt* direksiyon, dümen *fam*
Lenkstange *f* gidon
Lenkung *f* ❶ yönetim, idare ❷ TECH idare, güdüm
Leopard *m* pars
Lerche *f* tarlakuşu, çayırkuşu
lernen **I.** *vt* öğrenmek; (*studieren*) okumak (**etw** -i) **II.** *vi* (*üben*) çalışmak
Lernfähigkeit *f* öğrenme yetisi
lesbar *adj* okunaklı; INFORM okunabilen
Lesbe *f* lezbiyen, sevici *fam*
lesbisch *adj* lezbiyen, sevici
Lese *f* (*Wein-*) bağ bozumu
Lesebuch *nt* okuma kitabı
lesen <liest, las, gelesen> **I.** *vt* ❶ (*Buch*) okumak (**etw** -i) ❷ (*ernten*) toplamak (**etw** -i) **II.** *vi* (*als Professor*) ders vermek
Leser(in) *m(f)* okuyucu, okur
Leseratte *f* (*fam*) kitap kurdu
leserlich *adj* okunaklı
Lesung *f* okuma
Lethargie *f* ❶ (*Trägheit*) uyuşukluk ❷ MED letarji
Lettland *nt* Letonya
letzte(r, s) *adj* ❶ (*in Reihenfolge*) son(uncu) ❷ (*vorig*) geçen ❸ (*äußerst*) son; **das ~ Mal** son defa; (*voriges Mal*) geçen defa; **in ~r Zeit** son zamanlarda; **~ Woche** geçen hafta; **zu guter Letzt** eninde sonunda
letztere(r, s) *adj* sonuncu
letztlich *adv* (*letzten Endes*) eninde sonunda
Leuchte *f* lamba, fener
leuchten *vi* parlamak, parıldamak, ışıldamak
leuchtend *adj* (*a. fig*) parlak; (*Zifferblatt*) fosforlu
Leuchter *m* (*Kerzen-*) şamdan; (*Kron-*) avize
Leuchtfarbe *f* ışıklı [*o* fosforlu] boya
Leuchtreklame *f* ışıklı reklam
Leuchtturm *m* fener kulesi
leugnen *vt* inkar etmek, yadsımak (**etw** -i)
Leukämie *f* lösemi, kan kanseri
Leumund *m* ad, ün, şan
Leute *pl* insanlar *pl*, halk *sing*; **die alten ~** yaşlılar; **die jungen ~** gençler
Leutnant *m* teğmen
Lexikon *nt* sözlük
lfd. *adj Abk von* **laufend** cari
Liaison *f* (*von Personen*) ilişki
Libanon *m* Lübnan
Libelle *f* kızböceği, yusufçuk
liberal *adj* liberal, erkinci, hür fikirli
liberalisieren *vt* serbestleştirmek, liberalleştirmek (**etw** -i)
Liberalisierung *f* POL serbestleştirme

Liberalismus *m* liberalizm, erkincilik
Libyen *nt* Libya
Licht *nt* ❶ (*Schein von Lichtquelle*) ışık ❷ (*Beleuchtung*) aydınlatma, ışıklandırma; **gegen das ~** ışığa karşı; **jdm im ~ stehen** birine gölge etmek; **jdn hinters ~ führen** birinin gözünü boyamak; **mir geht ein ~ auf** şimdi anlamaya başlıyorum
Lichtbild *nt* fotoğraf
Lichtbildervortrag *m* slayt gösterisi
Lichtblick *m* ümit ışığı
Lichtgeschwindigkeit *f* ışık hızı
Lichthupe *f* motorlu taşıtın far sinyali
Lichtjahr *nt* ışık yılı
Lichtmaschine *f* dinamo
Lichtschalter *m* elektrik anahtarı [*o* düğmesi]
Lichtschein *m* ışık
Lichtschutz *m* ışık siperi
L
Lichtsignal *nt* ışık işareti
Lichtstrahl *m* ışın
Lichtung *f* ağaçsız saha
Lid *nt* gözkapağı
Lidschatten *m* far, göz boyası
lieb *adj* ❶ (*wert, teuer*) sevgili, değerli ❷ (*liebenswürdig*) sevimli, cana yakın, şirin ❸ (*nett*) nazik, ince; **seien Sie so ~ und ...** lütfen ... yapar mısınız; **~ er Kurt!** sevgili Kurt!; **jdn ~ gewinnen** birini sevmeye başlamak; **jdn ~ haben** birini sevmek
liebäugeln *vi* **mit etw ~** bir şeye eğilimi olmak
Liebe *f* ❶ (*Gefühl*) aşk, sevgi ❷ (*Zuneigung*) sevgi ❸ (*Nächsten-*) hayırseverlik; **aus ~ zu ...** aşkından
lieben *vt* ❶ (*Liebe empfinden*) sevmek (**jdn/etw** -i) ❷ (*gern mögen*) hoşlanmak (**jdn/etw** -den), beğenmek (**jdn/etw** -i)
liebenswert *adj* sevimli, şirin, cana yakın
liebenswürdig *adj* nazik, ince
Liebenswürdigkeit *f* naziklik, incelik, nezaket
lieber *adv* tercihan; **~ haben, ~ wollen** tercih etmek (**jdn/etw** -i); **ich trinke ~ Kaffee** kahve içmeyi tercih ederim
Liebesbrief *m* aşk mektubu
Liebeserklärung *f* aşk ilanı
Liebeskummer *m* aşk derdi, gönül acısı
Liebeslied *nt* aşk şarkısı
Liebespaar *nt* sevişen çift
liebevoll *adj* sevecen
liebgewinnen *vt* sevmeye başlamak (**jdn/etw** -i)
liebhaben *vt* sevmek (**jdn** -i)
Liebhaber(in) *m(f)* ❶ (*Geliebter*) aşık, dost ❷ (*Amateur*) amatör, meraklı, düşkün
Liebhaberei *f* hobi, merak
lieblich *adj* şirin, sevimli, tatlı; (*Wein*) hoş, yumuşak; (*Landschaft*) iç açıcı
Liebling *m* ❶ (*Person*) sevgili ❷ (*Kosewort*) hayatım, şekerim, canım
Lieblings- *adj* (*in Zusammensetzungen*) en çok sevilen
lieblos *adj* ❶ (*ohne Liebe*) sevgisiz ❷ (*hartherzig*) katı yürekli ❸ (*unsympathisch*) soğuk neva
liebste(r, s) *adj* en sevdiği; **am ~n** hepsine tercihan, en çok
Liechtenstein *nt* Liechtenstein
Lied *nt* şarkı; (*Volks-*) türkü; **davon kann ich ein ~ singen** benim de başımdan geçti
Liederbuch *nt* şarkı kitabı
liederlich *adj* ❶ (*nachlässig*) ihmalci, kayıtsız, dikkatsiz ❷ (*unordentlich*) pasaklı, derbeder, çapaçul
lief *vi s.* **laufen**
Lieferant *m* mal teslimcisi
lieferbar *adj* teslim olunabilir
Lieferbedingungen *fpl* teslim şartları *pl*
Lieferfrist *f* teslim süresi
liefern *vt* ❶ (*zustellen*) teslim etmek (**jdm etw** -e -i) ❷ (*beschaffen*) sağlamak, temin etmek (**etw** -i)
Lieferschein *m* teslim kâğıdı
Lieferung *f* ❶ (*Zustellung*) teslim ❷ (*Be-*

schaffung) sağlama

Lieferwagen *m* kamyonet

Liege *f* divan

liegen <lag, gelegen> *vi* ① (*Personen*) yatmak; (*Sachen*) (yatay) durmak ② (*sich befinden*) bulunmak; **etw ~ lassen** (*nicht wegnehmen*) bir şeyi yerinde bırakmak; (*vergessen*) bir şeyi unutmak; **die Arbeit ~ lassen** işi sermek; **hier liegt ...** ... burada; **nach dem Hof ~** (*Zimmer*) avluya bakmak; **woran liegt das?** bu neden ileri geliyor?; **es liegt mir viel daran** buna çok önem veriyorum; **so wie die Dinge ~** durumun göründüğü gibi; **das liegt mir** (**nicht**) bundan hoşlanırım/hiç hoşlanmam; **~ bleiben** (*Gegenstand*) olduğu yerde kalmak; (*nicht aufstehen*) kalkmamak; (*unerledigt bleiben*) sürüncemede kalmak; (*Auto*) yolda kalmak

Liegestuhl *m* şezlong

Liegewagen *m* kuşetli vagon

Liegewiese *f* çim

lieh *vt s.* **leihen**

ließ *vt s.* **lassen**

liest *vi, vt s.* **lesen**

Lifestyle *m* yaşam felsefesi

Lift *m* asansör

Likör *m* likör

lila *adj* eflatun

Lilie *f* zambak

Limonade *f* limonata; (*mit Kohlensäure*) gazoz

Limousine *f* limuzin

Linde *f* ıhlamur ağacı

Lindenblütentee *m* ıhlamur (çayı)

lindern *vt* ① (*mildern*) yumuşatmak, hafifletmek, yatıştırmak (**etw** -i) ② (*Schmerz*) dindirmek (**etw** -i)

Lineal *nt* cetvel

Linie *f* ① (*Strich*) çizgi ② (*Reihe*) sıra, dizi ③ (*Verkehr*) hat ④ (*Verwandtschaft*) taraf; **in erster ~** her şeyden önce; **auf seine ~ achten** şişmanlamamaya dikkat etmek

Linienmaschine *f* tarifeli uçak

Linienrichter(in) *m(f)* yan hakemi

Link *m* INET bağlantı (noktası), link

linke(r, s) *adj* sol; **~ Seite** (*von Stoff*) kumaşın ters yüzü

Linke *f* ① (*Hand*) sol el ② POL solcular *pl*

Linke(r) *f(m)* POL solcu

links *adv* ① (*nach links*) sola ② (*auf der linken Seite*) solda ③ (*von links*) soldan; **~ von mir** benim solumda

Linksaußen *m* solaçık

Linkshänder(in) *m(f)* solak

linkshändig *adj* solak

linksradikal *adj* aşırı solcu

Linoleum *nt* (yer) muşamba(sı)

Linse *f* ① (*fürs Auge*) mercek ② (*Hülsenfrucht*) mercimek

Linsensuppe *f* mercimek çorbası

Lippe *f* dudak

Lippenstift *m* ruj

lispeln *vi* peltek konuşmak

Lissabon *nt* Lizbon

List *f* hile, düzen

Liste *f* ① (*von Personen od. Sachen*) liste ② (*Verzeichnis*) fihrist, dizin ③ (*Aufstellung*) cetvel, dizin

listig *adj* hileci, kurnaz

Litauen *nt* Litvanya

Liter *m o nt* litre

literarisch *adj* edebi, yazınsal

Literatur *f* edebiyat, yazın

Litfaßsäule *f* ilan sütunu

Lithographie *f* taş baskısı, litografya

litt *vi, vt s.* **leiden**

Liturgie *f* liturya

Live- *adj* canlı

Livemusik *f* canlı müzik

Livesendung *f*, **Liveübertragung** *f* canlı iletim, canlı yayın

Lizenz *f* ruhsat, lisans

Lkw *m*, **LKW** *m Abk von* **Lastkraftwagen** kamyon

Lob *nt* övgü, övme

loben *vt* övmek (**jdn/etw** -i)

lobenswert *adj* övgüye değer

Loch *nt* ① delik; (*im Stoff*) yırtık

❷ (*Öffnung*) aralık ❸ (*Höhlung*) oyuk ❹ (*Vertiefung*) çukur ❺ (*auf Straßen*) yarık ❻ (*fam: Gefängnis*) kodes

lochen *vt* delmek (**etw** -i)

Locher *m* (*Büro*) zımba

Lochkarte *f* INFORM delikli kart

Locke *f* bukle, (saç) lüle(si)

locken *vt* (*anziehen*) (kendine) çekmek (**jdn** -i)

Lockenkopf *m kıvırcık saçlı* (*insan*)

Lockenwickler *m* bigudi

locker *adj* ❶ (*nicht straff*) gevşek ❷ (*wackelig*) oynak; (*Zahn*) sallanan ❸ (*zwanglos*) teklifsiz ❹ (*Teig, Backware*) yumuşak

lockerlassen *irr vi* **nicht ~** tuttuğunu koparmamak

lockern I. *vt* ❶ (*locker machen*) gevşetmek (**etw** -i) ❷ (*fig: mildern*) hafifletmek (**etw** -i) **II.** *vr* **sich ~** (*sich locker machen*) gevşemek, laçka olmak; (*sich mildern*) hafiflemek

L

lockig *adj* kıvırcık, bukleli

Lockmittel *nt*, **Lockvogel** *m* (tuzak) yem(i)

Loden *m* kaba çuha

Löffel *m* kaşık; **ein ~ voll** bir kaşık dolusu

log[1] *vi s.* **lügen**

log[2] *m s.* **Logarithmus**

Logarithmus *m* logaritma

Loge *f* loca

Logik *f* mantık

logisch *adj* mantıklı, mantıki

logistisch *adj* lojistik

Logo *nt* logo

Lohn *m* ❶ (*Arbeits-*) ücret ❷ (*Belohnung*) ödül

Lohnarbeit *f* gündelik iş

Lohnempfänger(in) *m(f)* ücretli, ücret alan

lohnen *vr* **sich ~** yararlı olmak, (zahmete) değmek

lohnend *adj* (*lukrativ*) kazançlı, karlı, verimli

Lohnerhöhung *f* ücret artışı

Lohnsteuer *f* ücret vergisi

Lohnsteuer(jahres)ausgleich *m yıllık üçret vergisi denkleştirmesi*

Loipe *f* kayak parkuru [*o* yolu]

lokal *adj* yerel

Lokal *nt* ❶ (*Raum*) lokal ❷ (*Gastwirtschaft*) lokanta; (*Kneipe*) meyhane

lokalisieren *vt* yerini belirlemek (**etw** -in)

Lokativ *m* kalma durumu, -de hali

Lokomotive *f* lokomotif

Lokomotivführer(in) *m(f)* makinist

London *nt* Londra

Lorbeer *m* defne

los *adj* (*abgegangen*) ayrılmış, kopmuş; **~!** haydi!; **was ist ~?** ne oldu?, ne var?; **etw ~ sein** bir şeyden kurtulmak

Los *nt* ❶ (*Auslosung*) kura ❷ (*Lotterie-*) piyango bileti ❸ (*Schicksal*) kader, yazgı, talih; **das große ~** büyük ikramiye; **etw durch das ~ entscheiden** bir şeyi kuraya bırakmak

losbinden *irr vt* çözmek (**etw** -i)

Löschblatt *nt* kurutma kâğıdı

löschen *vt* ❶ (*Feuer, Licht*) söndürmek (**etw** -i) ❷ (*Durst*) gidermek (**etw** -i) ❸ (*Geschriebenes, Daten*) silmek (**etw** -i) ❹ (*Tinte*) kurutmak (**etw** -i)

Löschpapier *nt* kurutma kâğıdı

lose *adj* ❶ (*losgelöst*) çözük ❷ (*Gegensatz zu verpackt*) açık ❸ (*locker*) gevşek

Lösegeld *nt* fidye

losen *vi* kura çekmek; (*durch Münzwurf*) yazı tura atmak

lösen *vt* ❶ (*Problem, Rätsel*) çözmek (**etw** -i) ❷ (*Fahrkarte*) almak (**etw** -i) ❸ (*Vertrag*) feshetmek (**etw** -i)

Loser *m* (*fam: Versager*) pısırık

losfahren *irr vi sein* (*abfahren*) hareket etmek, yola çıkmak; **auf jdn ~** birinin üstüne yürümek

losgehen *irr vi sein* ❶ (*Schuss*) patlamak ❷ (*fam: anfangen*) başlamak; **aufeinander ~** (*fig*) birbirine girmek,

kapışmak
loskaufen *vt* fidye ödeyerek kurtarmak (**jdn** -i)
loskommen *irr vi sein* kurtulmak (**von etw/jdm** -den)
loslassen *irr vt* ❶ (*nicht festhalten*) salmak, bırakmak (**etw** -i) ❷ (*freilassen*) serbest bırakmak (**jdn** -i)
löslich *adj* çözülebilir; (*im Wasser*) suda erir
loslösen I. *vt* çözmek, sökmek, ayırmak (**etw** -i) II. *vr* **sich ~** çözülmek, sökülmek, ayrılmak
losmachen I. *vt* çözmek (**etw** -i) II. *vi* (*Schiff*) fora etmek (**etw** -i) III. *vr* **sich ~** kurtulmak, ayrılmak (**von etw/jdm** -den)
Losung *f* parola
Lösung *f* ❶ (*Problem-*) çözüm ❷ CHEM çözelti
Lösungsmittel *nt* solvent, çözücü
loswerden *irr vt sein* ❶ (*sich losmachen von*) baştan savmak (**jdn** -i), kurtulmak (**etw/jdn** -den) ❷ (*verlieren*) kaybetmek (**etw** -i)
Lot *nt* (*Senkblei*) çekül
löten *vi, vt* lehimlemek (**etw** -i)
Lothringen *nt* Loren
Lotion *f* losyon
Lotse *m* ❶ NAUT gemi kılavuzu ❷ LUFT uçak kılavuzu
lotsen *vt* kılavuzluk etmek
Lotterie *f* piyango
Lotteriegewinn *m* ikramiye
Lotterielos *nt* piyango bileti
Lotto *nt* loto
Love-Parade *f* Aşk Yürüyüşü [*o* Geçidi]
Löwe *m* ❶ aslan ❷ (*Sternzeichen*) Aslan (burcu)
Löwenanteil *m* aslan payı
Löwenzahn *m* karahindiba
Löwin *f* dişi aslan
loyal *adj* sadık, vefalı
Loyalität *f* sadakat, vefa
LP *f Abk von* **Langspielplatte** uzunçalar
Luchs *m* vaşak
Lücke *f* ❶ (*leere Stelle*) boşluk ❷ (*Mangel*) eksik(lik), noksan(lık)
lückenhaft *adj* eksik, noksan
lückenlos *adj* eksiksiz
lud *vt s.* **laden**
Luft *f* hava; **frische ~** temiz hava; **~ holen** nefes [*o* soluk] almak; **in die ~ jagen/fliegen** havaya uçurmak/uçmak; **in die ~ gehen** (*vor Wut*) küplere binmek; **das ist aus der ~ gegriffen** aslı astarı yok; **die ~ ist rein** (*fig*) tehlike yok
Luftabwehr *f* hava savunması
Luftangriff *m* hava saldırısı [*o* hücumu]
Luftballon *m* balon
Luftblase *f* hava kabarcığı
luftdicht *adj* hava kaçırmaz [*o* geç(irmez)]
Luftdruck *m* hava basıncı
lüften *vt* havalandırmak (**etw** -i)
Luftfahrt *f* havacılık
Luftfeuchtigkeit *f* hava nemi [*o* rutubeti]
Luftfracht *f* kargo
Luftgewehr *nt* yel tüfeği
luftig *adj* ❶ (*Raum*) havalı, havadar ❷ (*Kleid*) hafif
Luftkissenfahrzeug *nt* hoverkraft
Luftkorridor *m yabancı devletlerin üstünden uçarak geçme yolu*
Luftkurort *m temiz havalı dinlenme yeri*
Luftlinie *f* ❶ *iki yer arasındaki en kısa mesafe* ❷ LUFT havayolları *pl*
Luftmatratze *f* hava yatağı, şişirme yatak
Luftpirat(in) *m(f)* hava korsanı
Luftpost *f* uçak postası; **mit ~** uçakla
Luftpumpe *f* pompa
Luftraum *m* hava sahası
Luftröhre *f* nefes borusu
Luftschlag *m* MIL hava saldırısı
Luftschutzkeller *m* sığınak
Luftstützpunkt *m* hava üssü
Lüftung *f* havalandır(ıl)ma
Luftveränderung *f* hava değişimi
Luftverkehr *m* hava trafiği

Luftverschmutzung *f* hava kirliliği
Luftwaffe *f* hava kuvvetleri
Luftweg *m* hava yolu
Luftwiderstand *m* hava direnci
Luftzug *m* hava cereyanı
Lüge *f* yalan; **faustdicke ~** maval, martaval; **jdn ~n strafen** birinin yalanını çıkarmak
lügen <log, gelogen> *vi* yalan söylemek
Lügendetektor *m* yalan makinesi
Lügner(in) *m(f)* yalancı
Luke *f* ❶ (*Dach-*) çatı penceresi ❷ (*Schiffs-*) lombar
lukrativ *adj* kazançlı, karlı
Lümmel *m* ❶ (*Rohling*) yontulmamış herif ❷ (*Frechling*) terbiyesiz, utanmaz herif
Lump *m* sefil, ahlaksız
Lumpen *m* (*Fetzen*) paçavra
L
Lunge *f* akciğer
Lungenentzündung *f* zatürree, akciğer iltihabı
Lungenkrebs *m* akciğer kanseri
Lunte *f* (ateşleme) fitil(i); **~ riechen** (*fam*) kokusunu almak
Lupe *f* büyüteç; **etw scharf unter die ~ nehmen** bir şeyi inceden inceye tetkik etmek
Lust *f* ❶ (*Verlangen*) istek, arzu, heves ❷ (*Genuss*) zevk ❸ (*Freude*) sevinç; **ich habe Lust auf eine Partie Schach** canım bir parti satranç istiyor; **ich habe heute keine ~, zu arbeiten** bugün canım çalışmayı istemiyor
lustig *adj* ❶ (*vergnügt*) neşeli, keyifli ❷ (*unterhaltsam: Person*) tatlı dilli ❸ (*Sache*) eğlenceli ❹ (*witzig: Person*) şakacı ❺ (*komisch*) komik, güldürücü; **sich über jdn ~ machen** biriyle alay etmek, biriyle eğlenmek
lustlos *adj* isteksiz, hevessiz
Lustspiel *nt* THEAT komedi, güldürü
lutschen *vi, vt* emmek (**etw/an etw** -i)
Lutscher *m* lolipop, çubuklu şekerleme
Luxemburg *nt* Lüksemburg
luxemburgisch *adj* Lüksemburglu
luxuriös *adj* lüks
Luxus *m* lüks
Luxusartikel *m* lüks eşya
Luxuskarosse *f* lüks oto(mobil)
Luxussteuer *f* lüks vergisi
Lymphdrüse *f* lenf bezi
lynchen *vt* linç etmek (**jdn** -i)
Lynchjustiz *f* linç adaleti [*o* usulü]
Lyrik *f* lirik şiir
lyrisch *adj* lirik

Mm

m *Abk von* **Meter** m (*metre*)
machbar *adj* yapılabilir
machen **I.** *vt* ① (*tun*) yapmak, etmek (**etw** -i) ② (*herstellen*) yapmak, imal etmek (**etw** -i) ③ (*verursachen*) neden olmak (**etw** -e) ④ (*ernennen*) atamak, tayin etmek (**jdn zu etw** -i -e) ⑤ (*kosten*) etmek; **wie viel macht das?** bu ne kadar ediyor?; **es macht mich wütend** bu beni çok öfkelendiriyor; **das macht nichts** zararı yok; **da ist nichts zu ~** bunda artık yapılabilecek bir şey yok; **mach's gut!** hoşça kal!; **ich mache mir nichts daraus** buna hiç aldırış etmem; (*es gefällt mir nicht*) bundan hoşlanmıyorum **II.** *vr* **sich ~** (*fortschreiten*) ilerlemek; **sich an etw ~** bir şeye girişmek, bir işe koyulmak
Macht *f* ① (*Fähigkeit der Durchsetzung*) güç, kuvvet, kudret ② POL iktidar ③ (*Staat als Macht*) devlet ④ (*Einfluss*) nüfuz, fors; **das steht nicht in meiner ~** buna benim gücüm yetmez; **an der ~ sein** iktidarda olmak; **an die ~ kommen** iktidara gelmek
Machtergreifung *f* iktidara geçme
mächtig **I.** *adj* ① (*stark*) güçlü, kuvvetli, kudretli ② (*einflussreich*) nüfuzlu **II.** *adv* (*fig fam: sehr groß*) dev gibi, koskoca, kocaman
Machtkampf *m* iktidar kavgası
machtlos *adj* güçsüz, kuvvetsiz, kudretsiz
Machtübernahme *f* iktidarı ele alma
Mädchen *nt* kız; **kleines ~** küçük kız; **junges ~** genç kız
mädchenhaft *adj* kız gibi
Mädchenname *m bir kadının evlenmeden önceki soyadı*
Made *f* kurt(çuk)
Mafia *f* mafya
mag *vt s.* **mögen**
Magazin *nt* ① (*Lager*) ambar, depo ② (*Waffe*) şarjör ③ (*Zeitschrift*) dergi, magazin
Magen *m* mide; **auf nüchternen ~** aç karnına; **ich habe mir den ~ verdorben** midem bozuldu
Magenbitter *m* amer
Magengeschwür *nt* mide ülseri
Magenschmerzen *pl* mide ağrısı *sing*
Magentropfen *pl* mide damlası *sing*
mager *adj* zayıf, cılız, sıska, kuru; (*Fleisch*) yağsız
Magermilch *f* yağsız süt
Magersucht *f* zafiyet
Magie *f* büyü, sihir
Magier *m* sihirbaz, büyücü
magisch *adj* büyülü, sihirli
Magister *m* master
Magistrat *m* belediye meclisi
Magnesium *nt* magnezyum
Magnet *m* mıknatıs
Magnetband *nt* manyetik bant
Magnetfeld *nt* manyetik alan
magnetisch *adj* mıknatıslı, manyetik
magnetisieren *vt* mıknatıslamak (**etw** -i)
Mahagoni *nt* maun
Mähdrescher *m* biçerdöver
mähen *vt* ① (*Gras*) biçmek (**etw** -i) ② (*Getreide*) oraklamak, tırpanlamak (**etw** -i)
Mäher *m* ① (*Person*) orakçı, tırpancı, ekin biçici ② (*Maschine*) biçme makinesi
Mahl *nt* yemek; (*festliches*) ziyafet
mahlen <mahlte, gemahlen> *vt* ① (*Getreide*) öğütmek (**etw** -i) ② (*Kaffee, Pfeffer*) dövmek, çekmek (**etw** -i)
Mahlzeit *f* (bir öğünlük) yemek; **~!** afi-

yet olsun!
Mähmaschine *f* biçme makinesi
Mähne *f* ❶ (*Pferd*) yele ❷ (*fam: Mensch*) uzun saçlar *pl*
mahnen I. *vt* (*ermahnen*) uyarmak, ikaz etmek (**jdn** -i), ihtarda bulunmak (**jdn** -e) II. *vi* (*erinnern*) hatırlatmak (**jdn an etw** -e -i)
Mahnmal *nt* anıt
Mahnung *f* uyarı, ikaz; COMM ihtar
Mai *m* mayıs (ayı)
Maiglöckchen *nt* inciçiçeği
Maikäfer *m* mayısböceği
Mail *f* (*E-Mail*) (e-)mail, e-posta
Mailbox *f* INET mail kutusu
mailen *vt* (*E-Mail versenden*) maillemek (**jdm etw** -e -i)
Mailingliste *f* INET posta(lama) listesi
Mailserver *m* INET posta sunucusu
Mais *m* mısır
Maiskolben *m* mısır koçanı
majestätisch *adj* heybetli, haşmetli
Major *m* binbaşı
Majoran *m* mercanköşk
makellos *adj* kusursuz
mäkeln *vi* kusur bulmak (**an etw** -de), tenkit etmek (**an etw** -i)
Makkaroni *pl* düdük makarnası *sing*
Makler(in) *m(f)* komisyoncu, simsar
Makrele *f* uskumru
Makro *nt* INFORM makro
makrobiotisch *adj* makrobiyotik
Makrovirus *m* INFORM makro virüsü
mal *adv* ❶ (*mit voranstehender Zahl*) kere, defa ❷ (*beim Malnehmen*) kere, çarpı; **2 ~ 2 ist 4** iki kere iki dört eder; **hör ~** hele bir dinle; **sag ~** söyle bakalım
Mal[1] *nt* (*nur in adverbialen Bestimmungen*) kere, defa, kez; **zum ersten/letzten ~** ilk/son defa; **das wievielte ~?** kaçıncı defa?; **ein für alle ~** ilk ve son defa olmak üzere
Mal[2] *nt* ❶ (*Zeichen*) işaret, nişan, belirti ❷ (*Mutter-*) ben
Malaria *f* sıtma
Malbuch *nt* boyama kitabı
malen I. *vi* resim yapmak II. *vt* ❶ resmini yapmak (**etw/jdn** -in) ❷ (*tünchen*) badana etmek, boyamak (**etw** -i); **bunt ~** boyamak
Maler *m* ❶ (*Kunst-*) ressam ❷ (*Anstreicher*) boyacı
Malerei *f* ❶ (*Tätigkeit*) ressamlık ❷ (*Produkt*) resim, tablo
malerisch *adj* pitoresk
Malkasten *m* boya kutusu
Malta *nt* Malta (adası)
Malve *f* ebegümeci
Malz *nt* malt
Malzbier *nt* malt birası
Mama *f* (*fam*) ana, anne; (*Anrede*) anne(ciğim)
Mammographie *f* mamografi (*kanser tehlikesinde yapılan göğüs röntgeni*)
man *pron* **~ spricht Türkisch** Türkçe konuşulur; **~ sagt** derler, deniliyor; **~ hat mir gesagt** bana dediler; **~ fragt sich** insan kendine soruyor; **~ muss ...** -mek lazım [*o* gerek]; **~ nehme ...** ... alın
Management *nt* yönetim
Manager(in) *m(f)* yönetici
manche(r, s) *pron* (*adjektivisch*) bazı, kimi; (*substantivisch*) bazısı, kimisi, bazıları *pl*
mancherlei *adj* türlü türlü, çeşitli
manchmal *adv* bazen, bazı defa, arasıra
Mandant(in) *m(f)* müvekkil
Mandarine *f* mandalina
Mandel *f* ❶ badem ❷ ANAT bademcik; **gebrannte ~** badem şekeri
Mandelbaum *m* badem ağacı
Mandelentzündung *f* bademcik iltihabı
Manege *f* manej
Mangel[1] *f* (*Wäsche-*) ütü cenderesi, mengene; **jdn in die ~ nehmen** (*fig fam*) birini cendereye sokmak
Mangel[2] *m* ❶ (*Fehlen*) eksik(lik), noksan ❷ (*Knappheit*) kıtlık, azlık, darlık ❸ (*Fehler*) kusur, hata
mangelhaft *adj* ❶ (*unvollständig*) ek-

M

sik, noksan ② (*fehlerhaft*) kusurlu, hatalı ③ (*Schulnote*) zayıf, yetersiz

mangeln I. *vt* (*Wäsche*) ütü cenderesinden geçirmek (**etw** -i) II. *vi* **es mangelt an ...** ... eksik geliyor; **es mangelt mir an ...** -e ihtiyacım var

mangels *präp +gen* -in bulunmadığından dolayı

Mangelware *f piyasada az bulunmayan mal*

Mangold *m* pazı

Manieren *pl* (*Benehmen*) davranış *sing;* **gute ~** görgü *sing;* **er hat keine ~** o, görgüsüzün biri

Manifest *nt* beyanname, manifesto

Maniküre *f* ① (*Pflege*) manikür ② (*Person*) manikürcü

maniküren *vt* manikür yapmak

Manipulation *f* manipülasyon

manipulieren *vt* manipüle etmek (**jdn/etw** -i)

Mann *m* ① (*Mensch*) erkek, adam ② (*Ehe-*) koca, eş ③ (*Person*) kişi; **seinen ~ stehen** yararlık göstermek; **zehn ~** on kişi

Männchen *nt* ① (*Person*) adamcık ② (*Tier*) erkek; **~ machen** salta durmak

Mannequin *nt* manken

mannigfach *adj,* **mannigfaltig** *adj* çeşitli

männlich *adj* ① erkek ② LING eril ③ (*mannhaft*) erkekçe, mertçe, yiğitçe

Männlichkeit *f* erkeklik; (*fig*) mertlik, yiğitlik

Mannschaft *f* ① SPORT takım, ekip ② LUFT, NAUT mürettebat

Mannschaftssport *m* takım sporu

Manöver *nt* manevra

manövrieren *vi* manevra yapmak

Mansarde *f* tavanarası [*o* çatı arası] oda

Manschette *f* kolluk, manşet

Manschettenknopf *m* kol düğmesi

Mantel *m* ① (*Herren*) palto; (*Damen-*) manto; (*Regen-*) yağmurluk ② (*Reifen*) dış lastik

Manteltarif(vertrag) *m* tarife üzerinden iskelet anlaşma

manuell *adj* elle yapılan

Manuskript *nt* el yazması

Mappe *f* ① (*Akten-, Schul-*) çanta ② (*Ordner*) klasör

Marathonlauf *m* Maraton koşusu

Marathonsitzung *f* çok uzun süren oturum

Märchen *nt* ① masal ② (*Lügengeschichte*) maval, martaval

märchenhaft *adj* (*a. fig*) masal gibi

Marder *m* sansar

Margarine *f* margarin (yağı)

Margerite *f* (çayır) papatya(sı)

Marienkäfer *m* hanımböceği, uğurböceği

Marihuana *nt* esrar, ot *fam*

Marinade *f* salamura

Marine *f* ① bahriye ② MIL deniz kuvvetleri *pl*

marinieren *vt* salamuraya yatırmak (**etw** -i)

Marionette *f* (*a. fig*) kukla

Marionettentheater *nt* kukla tiyatrosu

Mark[1] *nt* ① (*Knochen-*) ilik ② (*Frucht-*) *meyvenin etli kısmı*

Mark[2] *f* (*hist*) mark

markant *adj* göze çarpan

Marke *f* ① (*Fabrikat*) marka ② (*Spiel*) fiş ③ (*Brief-, Gebühren-*) pul; **ein Wagen der ~ Mercedes** Mercedes marka araba

Markenartikel *nt* marka malı

Marker *m* (*Markierstift*) markör, fosforlu kalem

Marketing *nt* pazarlama

Markise *f* (*Sonnendach*) (güneş) tente(si)

Markt *m* ① (*Marktplatz*) pazar (yeri), çarşı ② (*Handel*) piyasa ③ (*Jahr-*) kermes; **schwarzer ~** karaborsa; **gemeinsamer ~** ortak pazar; **etw auf den ~ bringen** bir şeyi piyasaya çıkarmak; **auf den ~ kommen** piyasaya çıkmak

Marktbude *f* pazar barakası
Markteinführung *f* lansman
Markthalle *f* üstü kapalı pazar yeri, hal
Marktordnung *f* piyasa düzeni
Marktplatz *m* pazar (yeri)
Markttag *m hafta pazarı olan gün*
Marktwert *m* piyasa değeri
Marktwirtschaft *f* piyasa ekonomisi; **freie** ~ serbest piyasa ekonomisi
Marmarameer *nt* Marmara Denizi
Marmelade *f* reçel, marmelat
Marmor *m* mermer
Marokkaner(in) *m(f)* Faslı
marokkanisch *adj* ❶ (*Art*) Fas ❷ (*Herkunft*) Faslı
Marokko *nt* Fas
Marone *f* kestane
Mars *m* Mars, Merih
Marsch *m* ❶ yürüyüş ❷ (*Musik*) marş
marschieren *vi sein* yürümek
März *m* mart (ayı)
Marzipan *nt o m* badem ezmesi
M
Masche *f* ❶ (*Schlinge*) ilmik ❷ (*pej: Kniff*) hile, düzen, dolap
Maschine *f* ❶ (*Wasch-, Näh-*) makine, makina ❷ (*Flugzeug*) uçak; **auf** [*o* **mit**] **der** ~ **schreiben** daktiloyla yazmak
maschinell *adj* mekanik
Maschinenbau *m* makine mühendisliği, makinecilik
Maschinenfabrik *f* makine fabrikası
Maschinenschlosser *m* makine tesviyecisi
Maschinenschreiben *nt* daktilo (yazma)
Maschinensprache *f* INFORM makine dili
Masern *pl* kızamık *sing*
Maske *f* maske
Maskenball *m* maskeli balo
maskieren **I.** *vt* maskelemek (**jdn/etw** -i) **II.** *vr* **sich** ~ (*a. fig*) maskelenmek, maske takmak
Maskottchen *nt* maskot
masochistisch *adj* mazoşist
maß *vt s.* **messen**
Maß *nt* ❶ ölçü ❷ (*Verhältnis*) oran, nispet ❸ (*Maßstab*) ölçek ❹ (*Ausdehnung*) genişlik, kaplam, kapsam; **nach** ~ ısmarlama; ~ **halten** ölçüyü aşmamak; ~ **nehmen** ölçü almak; **in hohem** ~**e** gayet; **in höchstem** ~**e** son derece(de)
Massage *f* masaj
Massaker *nt* kırım
Maßarbeit *f* ısmarlama iş
Masse *f* ❶ (*Menschen-*) kitle ❷ (*bei Sachen*) kütle, yığın ❸ (*Materie*) madde
Massengrab *nt* toplu mezar
massenhaft *adj, adv* ❶ (*Sache*) bol bol ❷ (*Personen*) akın akın
Massenkarambolage *f birçok taşıtın karıştığı kaza*
Massenmedien *pl* kitlesel medya *sing*
Massenmord *m* (kitlesel) katliam
Massenvernichtungswaffe *f* kitle imha silah
Massenware *f* sıra malı
massenweise *adv* ❶ (*Sachen*) bol bol ❷ (*Personen*) akın akın
Masseur *m* masör
Masseurin *f* masöz
maßgeblich *adj* esas olan
maßhalten *irr vi* ölçüyü aşmamak
massieren *vt* masaj yapmak (**jdn/etw** -e), ovmak (**jdn/etw** -i)
mäßig *adj* ❶ (*gemäßigt*) ölçülü, ılımlı ❷ (*Preis*) ehven ❸ (*mittel-*) orta, vasat
mäßigen **I.** *vt* ❶ (*herabmindern*) azaltmak, indirmek, kısmak (**etw** -i) ❷ (*mildern*) yatıştırmak (**etw** -i) **II.** *vr* **sich** ~ (*sich beherrschen*) kendine hakim olmak; (*Maß halten*) ölçüyü aşmamak
massiv *adj* som; (*fig: grob*) kaba
Massiv *nt* masif, dağ kütlesi
maßlos **I.** *adj* ölçüsüz **II.** *adv* son derece(de)
Maßnahme *f* önlem, tedbir; ~**n ergreifen** önlem almak
Maßstab *m* ❶ ölçek; (*Lineal*) cetvel ❷ (*Verhältnis*) oran, nispet ❸ (*fig: Kri-*

terium) kıstas, ölçüt
maßvoll *adj* ölçülü; (*gemäßigt*) ılımlı
Mast[1] *m* (*Strom-, Schiffs-*) direk
Mast[2] *f* (*Schweine-*) semizletme, semirtme, besi
mästen *vt* (*Tiere*) semirtmek, besiye çekmek (**etw** -i)
masturbieren *vi* mastürbasyon yapmak, otuzbir çekmek *fam*
Match *nt* maç
Material *nt* ❶ (*Stoff*) madde ❷ (*Hilfsmittel*) malzeme, gereç
Materialismus *m* maddecilik, materyalizm
Materialist *m* maddeci, materyalist
materialistisch *adj* maddeci, materyalist
Materie *f* madde
materiell *adj* maddi
Mathematik *f* matematik
Mathematiker(in) *m(f)* matematikçi
mathematisch *adj* matematik(sel)
Matjeshering *m* küçük ringa balığı
Matratze *f* şilte, döşek; (*Sprungfeder-*) somya
matriarchalisch *adj* anaerkil
Matrose *m* tayfa
Matsch *m* çamur
matschig *adj* çamurlu
matt *adj* ❶ (*glanzlos*) donuk, sönük; (*Farbe auch*) uçuk ❷ (*erschöpft*) yorgun, bitkin, dermansız ❸ (*Schach*) mat
Matte *f* ❶ (*Stroh-*) hasır ❷ (*Fuß-*) paspas ❸ (*Turn-*) minder
Mattscheibe *f* TV (*fam*) ekran
Mätzchen *pl* (*fam*) saçmalık *sing*, numara *sing*
Mauer *f* duvar; (*Stadt-*) sur
Mauersegler *m* ebabil
Maul *nt* ❶ (*Rachen eines Tieres*) hayvan ağzı ❷ (*pej*) ağız; **halt's ~!** (*vulg*) çeneni tut!
Maulbeerbaum *m* dut ağacı
Maulbeere *f* dut
maulen *vi* (*fam*) somurtmak, homurdanmak
Maulesel *m* katır
Maulkorb *m* tasma, burun maskesi
Maultier *nt* katır
Maul- und Klauenseuche *f* şap hastalığı
Maulwurf *m* köstebek
Maurer(in) *m(f)* duvarcı
Maus *f* (*auch Computer-*) fare
Mausefalle *f* fare kapanı
Mauseloch *nt* fare deliği
Mausklick *m* tıklama
Mausköder *m* fare yemi
Mausoleum *nt* mozole, anıtkabir
max. *adj Abk von* **maximal**
maximal I. *adj* en yüksek II. *adv* en fazla
Maximum *nt* maksimum, en yüksek derece
Mayonnaise *f* mayonez
Mazedonien *nt* Makedonya
MdB *nt*, **M.d.B.** *nt Abk von* **Mitglied des Bundestages** Federal Alman Parlamentosu üyesi
MdL *nt*, **M.d.L.** *nt Abk von* **Mitglied des Landtages** Federal Eyalet Meclisi üyesi
Mechanik *f* mekanik
Mechaniker(in) *m(f)* makineci, makine ustası
mechanisch I. *adj* ❶ mekanik ❷ (*automatisch*) otomatik II. *adv* (*automatisch*) otomatikman
Mechanisierung *f* makineleştirme
Mechanismus *m* mekanizma
Meckerer *m* (*fam*) mızmız, dırdırcı
meckern *vi* ❶ (*Ziege*) melemek ❷ (*fam: Mensch*) mızmızlanmak, dırdır etmek
Medaille *f* madalya
Medien *pl* medya *sing*
Medienmogul *m*, **Medienzar** *m* medya imparatoru [*o* devi]
Medikament *nt* ilaç
Meditation *f* meditasyon
meditieren *vi* meditasyon yapmak
Medium *nt* ❶ (*Verbindungsperson zu Geistern*) medyum ❷ (*Zeitung, TV etc.*) medya

M

Medizin *f* ① (*Arznei*) ilaç ② (*Wissenschaft*) tıp

Mediziner(in) *m(f)* doktor

medizinisch *adj* tıbbi

Meer *nt* deniz

Meerenge *f* boğaz

Meeresboden *m* denizin dibi

Meeresspiegel *m* deniz seviyesi; **unter/über dem ~** deniz seviyesinin altında/üstünde

Meerrettich *m* bayırturpu

Meerschweinchen *nt* kobay

Meeting *nt* miting

Megabyte *nt* INFORM megabayt

Megahertz *nt* megahertz

Megaphon *nt* megafon

Megatonne *f* megaton

Megawatt *nt* megavat

Mehl *nt* un

mehlig *adj* unlu, un gibi

mehr *adv* ① *Komparativ von* **viel** daha çok, fazla; **~ als ...** -den daha çok [*o* fazla]; **~ als zwei Wochen** iki haftadan fazla; **~ als du glaubst** sandığından daha fazla; **immer ~** gitgide ② (*in verneinten Sätzen*) artık; **er arbeitet nicht ~** artık çalışmıyor

mehrdeutig *adj* çok anlamlı

mehrere *adj, pron* (*adjektivisch*) birçok; (*substantivisch*) bazıları

mehrfach I. *adj* ① (*viele*) birçok ② (*wiederholt*) tekrar II. *adv* ① (*mehr als einmal*) birkaç kere ② (*wiederholt*) tekrar tekrar

Mehrfachbeschäftigung *f çok yönlü çalış(tır)ma*

Mehrfahrtenkarte *f birçok gidiş için geçerli bilet*

Mehrheit *f* çoğunluk, ekseriyet

mehrmalig *adj* tekrar edilen

mehrmals *adv* birkaç defa

mehrsprachig *adj* ① (*Person*) çok dil bilen ② (*Buch*) çok dilde basılmış

Mehrwert *m* ECON katma değer

Mehrwertsteuer *f* katma değer vergisi

Mehrzahl *f* ① (*Mehrheit*) çoğunluk ② (*Plural*) çoğul

Mehrzweckhalle *f çeşitli amaçlar için kullanılan bina*

Mehrzwecksportanlage *f çeşitli amaçlar için kullanılan spor tesisi*

meiden <meidet, mied, gemieden> *vt* sakınmak, kaçınmak, çekinmek (**jdn/etw** -den)

mein(e) *pron* benim; **der, die, das Mein(ig)e** benimki; **~ Gott!** aman Allahım!; **~e Damen und Herren!** bayanlar, baylar!

Meineid *m* yalan yere yemin; **einen ~ schwören** yalan yere yemin etmek

meinen *vt* ① (*glauben*) sanmak, zannetmek (**dass** -diğini) ② (*denken*) düşünmek (**dass** -diğini) ③ (*sagen*) söylemek, demek (**dass** -diğini) ④ (*sich beziehen auf*) kastetmek (**etw** -i) ⑤ (*sagen wollen*) demek istemek (**etw** -i); **ganz wie Sie ~** siz bilirsiniz; **so war es nicht gemeint** böyle demek istememiştim

meinerseits *adv* benim tarafımdan, bence

meinetwegen *adv* ① (*wegen mir*) benim için ② (*von mir aus*) bence [*o* bana göre] hava hoş

Meinung *f* düşünce, fikir, görüş; **öffentliche ~** kamuoyu; **vorgefasste ~** önyargı; **meiner ~ nach** bence, bana kalırsa; **seine ~ ändern** fikrini değiştirmek

Meinungsaustausch *m* fikir alışverişi

Meinungsbildung *f* fikir geliştirme

Meinungsforschung *f* halk fikirlerinin yoklanması

Meinungsfreiheit *f* fikir özgürlüğü

Meinungsumfrage *f* anket, kamuoyu yoklaması

Meinungsverschiedenheit *f* fikir ayrılığı, anlaşmazlık

Meise *f* (*Vogel*) iskete (kuşu); **eine ~ haben** (*fam*) kaçık olmak

Meißel *m* kalem, keski

meist I. *adj* çoğu; **die ~en Men-**

schen çoğu insanlar, insanların çoğu; **die ~en (von ihnen)** (onların) çoğu II. *adv* (*meistens*) çoğunlukla, genellikle; **diese CD gefällt mir am ~en** bu CD en çok hoşuma gidiyor

meistens *adv* çoğunlukla, genellikle

Meister(in) *m(f)* ❶ (*im Handwerk*) usta ❷ (*in der Kunst, als Anrede*) üstat ❸ SPORT rekortmen, şampiyon

meistern *vt* ❶ (*beherrschen*) (çok iyi) becermek (**etw** -i) ❷ (*Schwierigkeit*) yenmek (**etw** -i), hakkından gelmek (**etw** -in)

Meisterschaft *f* ❶ (*meisterhaftes Können*) ustalık ❷ SPORT şampiyona

Meisterstück *nt*, **Meisterwerk** *nt* usta işi, şaheser

Melancholie *f* melankoli

melancholisch *adj* melankolik, hüzünlü

Meldefrist *f* kayıt süresi

melden I. *vt* bildirmek (**jdm etw** -e -i) II. *vr* **sich ~** (*zu Wort ~*) söz istemek; (*erscheinen*) geldiğini haber vermek (**bei jdm** -e); (*am Telefon*) cevap vermek; (*zu einem Dienst*) yazılmak (**zu/für etw** -e)

Meldepflicht *f* haber verme zorunluluğu

Meldung *f* ❶ (*Ankündigung*) bildiri ❷ (*Bericht*) rapor ❸ (*Nachricht*) haber

melken <melkte *o* molk, gemolken> *vt* sağmak (**etw** -i)

Melodie *f* melodi, ezgi

melodisch *adj* melodik, ezgisel

Melone *f* ❶ (*Honig-*) kavun; (*Wasser-*) karpuz ❷ (*Hut*) melon

Membran *f* ince zar, diyafram, membran

Memoiren *pl* hatıralar *pl*

Menge *f* ❶ (*bestimmtes Quantum*) miktar ❷ (*Haufen, Masse*) yığın, kütle ❸ (*Menschen-*) kalabalık; **eine große ~ (von)** bir sürü

Mengenlehre *f* kümeler teorisi

mengenmäßig *adv* miktar olarak

Meningitis *f* menenjit

Meniskus *m* menisküs

Menopause *f* menopoz, adetten kesilme

Mensa *f* öğrenci yemekhanesi

Mensch *m* insan; **kein ~** hiç kimse

Menschenaffe *m* insanımsı maymun

Menschenalter *nt yetmiş, seksen yıllık bir süre*

menschenfeindlich *adj* insan karşıtı

Menschenkenntnis *f* insan sarraflığı

Menschenleben *nt* insan ömrü

Menschenmenge *f* kalabalık

Menschenrechte *pl* insan hakları *pl*

Menschenrechtsaktivist(in) *m(f)* insan hakları savunucusu

Menschenrechtsverletzung *f* insan haklarının çiğnenmesi

Menschenschmuggel *m* insan kaçakçılığı

Menschenverstand *m* **gesunder ~** sağduyu

Menschenwürde *f* insanlık onuru

Menschheit *f* insanlık

menschlich *adj* insanca

Menschlichkeit *f* insanlık

Menstruation *f* aybaşı, adet (görme)

Mentalität *f* zihniyet, anlayış

Menthol *nt* mentol

Menü *nt* ❶ (*Speisefolge*) mönü ❷ INFORM menü

merken *vt* ❶ (*wahrnehmen*) farkına varmak (**etw** -in), fark etmek, algılamak (**etw** -i) ❷ (*spüren*) hissetmek, duymak, sez(inle)mek (**etw** -i); **sich** *dat* **etw ~** bir şeyi aklında tutmak, bir şeyi bellemek; **jdn etw ~ lassen** birine bir şeyi hissettirmek [*o* sezdirmek]

Merkmal *nt* ❶ (*Kennzeichen*) belirti, işaret ❷ (*Eigenschaft*) özellik ❸ (*Unterscheidungs-*) fark

merkwürdig *adj* (*seltsam*) garip, tuhaf

messbar[RR] *adj*, **meßbar**[ALT] *adj* ölçülebilir

Messe *f* ❶ (*Gottesdienst*) kudas ayini ❷ (*Ausstellung*) sergi, fuar, panayır

Messegelände *nt* fuar alanı
Messehalle *f* fuar hali
messen <misst, maß, gemessen> *vt* ölçmek (**etw** -i)
Messer *nt* bıçak; (*Taschen-*) çakı
Messerschnitt *m* (*Frisur*) bıçak kesiği
Messestand *m* stant
Messing *nt* (*Metall*) pirinç
Messinstrument[RR] *nt* ölçü aleti
Messung *f* ölç(ül)me
Metall *nt* metal
Metallarbeiter(in) *m(f) metal sanayiinde çalışan işçi*
Metallindustrie *f* metal sanayii
Metallwaren *pl* metal eşyalar *pl*
metaphysisch *adj* metafizik
Metastase *f* metastaz
Meteor *m* akanyıldız
Meteorit *m* göktaşı, meteortaşı
Meteorologe, Meteorologin *m, f* meteorolog
Meteorologie *f* meteoroloji
meteorologisch *adj* meteorolojik
Meter *m* metre
Metermaß *nt* (*Zollstock*) (açılır kapanır) metre; (*Bandmaß*) mezura
Methode *f* yöntem, metot, sistem
methodisch *adj* yöntemli, metotlu
Metro *f* metro
Metronom *nt* metronom
Metropole *f* metropol
Metzger(in) *m(f)* kasap
Metzgerei *f* kasap dükkanı
Meute *f* köpek sürüsü
Meuterei *f* isyan, ayaklanma
Meuterer *m* asi
meutern *vi* isyan etmek, ayaklanmak
Mexikaner(in) *m(f)* Meksikalı
mexikanisch *adj* ❶ (*Art*) Meksika ❷ (*Herkunft*) Meksikalı
Mexiko *nt* ❶ (*Land*) Meksika ❷ (*Stadt*) Meksiko
MEZ *f Abk von* **mitteleuropäische Zeit** Orta Avrupa saati
MHz *nt Abk von* **Megahertz** megahertz
miauen *vi* miyavlamak
mich *pron* beni; (~ *selbst*) kendimi
mied *vt s.* **meiden**
Mieder *nt* ❶ (*Leibchen*) küçük korse, sıkı iç yeleği ❷ (*Korsett*) korse
Miene *f* (*Gesicht*) yüz, çehre; (*Gebärde*) yüz ifadesi; **ohne eine ~ zu verziehen** gözünü bile kırpmadan
mies *adj* (*fam*) berbat
Miesmuschel *f* kara kabuk midyesi
Miete *f* kira
mieten *vt* kiralamak, (kira ile) tutmak (**etw** -i)
Mieter(in) *m(f)* kiracı
Mietshaus *nt* apartman
Mietvertrag *m* kira kontratı
Mietwagen *m* kiralık otomobil
Mietwohnung *f* kiralık daire
Migräne *f* migren, yarım baş ağrısı
Migrant(in) *m(f)* göçmen
Migration *f* göç
Mikrochip *m* mikroyonga, mikroçip
Mikroelektronik *f* mikro elektronik
Mikrofilm *m* mikrofilm
Mikrofon *nt*, **Mikrophon** *nt* mikrofon
Mikroprozessor *m* mikroişlemci
Mikroskop *nt* mikroskop
mikroskopisch *adj* mikroskopik
Mikrowelle *f* mikrodalga
Mikrowellenherd *m* mikrodalga fırını
Milch *f* süt
Milcherzeugnisse *pl* süt ürünleri [*o* mamulleri]
Milchflasche *f* süt şişesi
Milchgeschäft *nt* sütçü (dükkanı)
Milchkaffee *m* sütlü kahve
Milchmädchenrechnung *f* hayali hesap, çömlek hesabı
Milchmann *m* sütçü
Milchmixgetränk *nt* sütle karıştırılmış içecek
Milchpulver *nt* süt tozu
Milchstraße *f* samanyolu
Milchzahn *m* sütdişi
mild *adj* ❶ (*allgemein*) yumuşak ❷ (*nachsichtig*) hoşgörülü ❸ (*barmherzig*) merhametli ❹ (*Klima*) ılıman,

yumuşak ❺ (*Strafe*) hafif
mildernd *adj* **~e Umstände** hafifletici sebepler
Milieu *nt* ortam, çevre
militant *adj* savaşçı, militan
Militär *nt* asker(ler), silahlı kuvvetler *pl*
Militärdienst *m* askerlik (hizmeti); **~ mit Loskaufoption** (*in der Türkei*) bedelli askerlik
Militärdiktatur *f* askeri diktatörlük
militärisch *adj* askeri
Militärpolizei *f* askeri polis
Militärregierung *f* askeri rejim
Mill. *f Abk von* **Million(en)** milyon
Millenium *nt* milenyum
Milliardär(in) *m(f)* milyarder
Milliarde *f* milyar
Milligramm *nt* miligram
Millimeter *m* milimetre
Million *f* milyon
Millionär(in) *m(f)* milyoner
Milz *f* dalak
Milzbrand *m* şarbon
Mimik *f* mimik
min. *adj Abk von* **minimal** en az
Min. *f Abk von* **Minute(n)** d (*dakika*)
Minarett *nt* minare
minderbemittelt *adj* ❶ (*geistig*) ahmak ❷ (*finanziell*) dar gelirli
Minderheit *f* azınlık
minderjährig *adj* reşit olmayan
Minderjährigkeit *f* reşit olmayış
mindern *vt* azaltmak, indirmek (**etw** -i)
Minderung *f* azaltma, indirme
minderwertig *adj* aşağılık, bayağı, adi
Minderwertigkeitskomplex *m* aşağılık kompleksi
mindest *adj* en az; **das Mindeste** en az yapılabilecek şey; **nicht im Mindesten** hiç bir şekilde
mindestens *adv* ❶ (*nicht weniger*) en az; (*nicht niedriger*) en aşağı ❷ (*wenigstens*) hiç olmazsa, bari
Mindestlohn *m* asgari ücret
Mine *f* ❶ (*Bergwerk*) maden ocağı ❷ MIL mayın
Mineral *nt* mineral, maden
Mineralbad *nt mineralli kaynakları olan ılıca*
Mineralogie *f* mineraloji
Mineralquelle *f* madensuyu kaynağı; (*warme*) kaplıca, ılıca, kaynarca
Mineralwasser *nt* madensuyu; (*mit Kohlensäure*) soda
Minibar *f* minibar
Minigolf *nt* minigolf
Minijob *m* ECON *düşük ücretli küçük iş*
minimal *adj* en az [*o* aşağı]
Minimum *nt* minimum
Minister(in) *m(f)* bakan
ministeriell *adj* bakanlıktan gelen
Ministerium *nt* bakanlık
Ministerpräsident(in) *m(f)* başbakan
Ministerrat *m* bakanlar kurulu, kabine
Minorität *f* az(ın)lık
minus *adv* eksi; **sechs ~ zwei ist vier** altı eksi iki dört eder
Minute *f* dakika; **auf die ~ (genau)** dakikası dakikasına
Minutenzeiger *m* yelkovan
mir *pron* bana; **~ nichts, dir nichts** apansızın, kestirmeden
Mirabelle *f* küçük sarı erik
Mischehe *f* yabancıyla evlilik
mischen **I.** *vt* katıştırmak (**etw mit etw** -i -e); (*Karten*) karıştırmak **II.** *vr* **sich ~** karışmak (**mit etw** -e); (*unter Leute*) katılmak (**unter jdn** -e)
Mischling *m* melez
Mischmasch *m* karmakarışıklık
Mischung *f* karışım
miserabel *adj* berbat
Mispel *f* muşmula
missachten[RR] *vt*, **mißachten**[ALT] *vt* ❶ (*nicht achten*) hiçe saymak (**etw/jdn** -i) ❷ (*nicht beachten*) aldırış etmemek (**etw/jdn** -e)
Missachtung[RR] *f*, **Mißachtung**[ALT] *f* ❶ hiçe sayma ❷ (*eines Gesetzes*) riayet etmeme
Missbildung[RR] *f*, **Mißbildung**[ALT] *f* biçimsizlik

M

missbilligen[RR] *vt,* **mißbilligen**[ALT] *vt* ① (*nicht billigen*) tasvip etmemek (**etw** -i) ② (*ablehnen*) reddetmek (**etw** -i) ③ (*tadeln*) ayıplamak, kınamak (**etw** -i)

Missbrauch[RR] *m,* **Mißbrauch**[ALT] *m* kötüye kullanım; **sexueller ~** cinsel tecavüz

missbrauchen[RR] *vt,* **mißbrauchen**[ALT] *vt* kötüye kullanmak (**jdn/etw** -i); (*sexuell*) tecavüz etmek (**jdn** -e), ırzına geçmek (**jdn** -in)

Misserfolg[RR] *m,* **Mißerfolg**[ALT] *m* başarısızlık

Missgeschick[RR] *nt,* **Mißgeschick**[ALT] *nt* aksilik

missglücken[RR] *vi,* **mißglücken**[ALT] *vi sein* başarısızlığa uğramak

Missgriff[RR] *m,* **Mißgriff**[ALT] *m* hata, falso, gaf

Missgunst[RR] *f,* **Mißgunst**[ALT] *f* kıskançlık

misshandeln[RR] *vt,* **mißhandeln**[ALT] *vt* kötü davranmak (**jdn** -e), hırpalamak (**jdn** -i)

Misshandlung[RR] *f,* **Mißhandlung**[ALT] *f* kötü davranma

Mission *f* ① (*Auftrag*) görev, vazife ② (*Gesandtschaft*) elçilik ③ REL dini propaganda

Missionar(in) *m(f)* misyoner

Misskredit[RR] *m,* **Mißkredit**[ALT] *m* itibardan düşme; **jdn in ~ bringen** birini itibardan düşürmek

misslich[RR] *adj,* **mißlich**[ALT] *adj* ① (*heikel*) müşkül, nazik, sakıncalı ② (*unangenehm*) nahoş, aksi, can sıkıcı

misslingen[RR] <misslang, misslungen> *vi,* **mißlingen**[ALT] *vi sein* (*Vorhaben*) boşa gitmek; **es ist mir misslungen** başaramadım

misst[RR] *vt s.* **messen**

misstrauen[RR] *vi,* **mißtrauen**[ALT] *vi* güvenmemek (**jdm** -e)

Misstrauen[RR] *nt,* **Mißtrauen**[ALT] *nt* güvensizlik

Misstrauensvotum[RR] *nt* güvensizlik oyu

misstrauisch[RR], **mißtrauisch**[ALT] *adj* güvensiz

Missverhältnis[RR] *nt,* **Mißverhältnis**[ALT] *nt* denksizlik, oransızlık

missverständlich[RR], **mißverständlich**[ALT] *adj* yanlış anlaşılmaya yol açan, açık [*o* belli] olmayan; (*mehrdeutig*) çok anlamı olan

Missverständnis[RR] *nt,* **Mißverständnis**[ALT] *nt* yanlış anlama

missverstehen[RR], **mißverstehen**[ALT] *irr vt* yanlış anlamak (**jdn/etw** -i)

Misswirtschaft[RR] *f* kötü idare

Mist *m* ① (*Düngemittel*) gübre, fışkı ② (*fam: wertloses Zeug*) değersiz şey(ler); (*Unsinn*) saçma sapan; **~!** tüh!, Allah kahretsin!

Misthaufen *m* gübre yığını

mit *präp +dat* ile; (*als Suffix*) -le/-la; (*zusammen ~*) ile birlikte [*o* beraber]; **~ mir** benimle; **~ dir** seninle; **~ ihm, ~ ihr** onunla; **~ jdm gehen** biriyle gitmek; (*fig: Freundschaft*) biriyle çıkmak; **~ dem Flugzeug** uçakla; **~ dem Kugelschreiber** tükenmez kalemle; **~ der Maschine/Hand schreiben** daktiloyla/el yazısıyla yazmak; **~ der Post** postayla; **~ Gewalt** zorla; **~ einem Wort** tek kelimeyle; **~ 20 Jahren** yirmi yaşında; **~ schwarzen Augen** kara gözlü; **~ dabei sein** (*sich beteiligen*) katılmak; **was ist ~ ihm?** onun nesi var?

Mitarbeit *f* işbirliği

mitarbeiten *vi* birlikte çalışmak, işbirliği yapmak; **an etw ~** bir şeye katılmak

Mitarbeiter(in) *m(f)* eleman

mitbekommen *irr vt* ① (*auf den Weg*) yanına verilmek ② (*fig: verstehen*) anlamak, kavramak (**etw** -i)

Mitbenutzung *f* birlikte kullanma

Mitbestimmung *f* yönetime katılma

mitbringen *irr vt* (yanında) getirmek (**etw** -i)

Mitbringsel *nt* küçük hediye

Mitbürger(in) *m(f)* yurttaş, vatandaş

miteinander *adv* ① (*zusammen*) birlikte, beraber ② (*einer mit dem anderen*) birbir(ler)iyle; **alle ~** hepsi birlikte [*o* beraber]

Mitesser *m* (*Talgabsonderung*) komedon

mitfahren *irr vi sein* birlikte gitmek (**mit jdm** ile)

mitfühlen *vi* **mit jdm ~** birinin duygularını paylaşmak, birine sempati [*o* yakınlık] göstermek

Mitgefühl *nt* duygudaşlık, sempati; (*Beileid*) başsağlığı

mitgenommen *adj* (*fig*) sarsılmış, hırpalanmış

Mitgift *f* çeyiz, drahoma

Mitglied *nt* üye; **~ werden** üye olmak

Mitgliedskarte *f* üyelik kartı

mithören *vt* ① (*heimlich*) gizlice dinlemek (**etw** -i) ② (*aufschnappen*) kulak misafiri olmak (**etw** -e)

mitkommen *irr vi sein* ① (*begleiten*) birlikte gelmek (**mit jdm** ile), eşlik etmek (**mit jdm** -e) ② (*verstehen*) anlamak; (*hören*) duymak

mitkriegen *vt* (*verstehen*) anlamak, kavramak; (*hören*) duymak (**etw** -i)

Mitläufer(in) *m(f) içten angaje olmayan yandaş/üye*

Mitlaut *m* ünsüz

Mitleid *nt* acıma

Mitleidenschaft *f* **etw in ~ ziehen** bir şeyi sarsmak [*o* bozmak]

mitmachen I. *vi* (*sich beteiligen*) katılmak (**bei etw** -e) II. *vt* (*Mode*) izlemek (**etw** -i); **viel ~ müssen** (dert) çekmek

Mitmenschen *mpl* (birlikte yaşanılan) insanlar, yakınlar

mitnehmen *irr vt* ① (*auf einem Weg*) yanına almak, (beraberinde) götürmek (**etw/jdn** -i) ② (*fig: seelisch*) sarsmak; (*körperlich*) yormak (**jdn** -i)

mitreden *vi* söze katılmak

Mitreisende(r) *f(m)* yol arkadaşı

mitreißen *irr vt* ① (*mit sich fortreißen*) sürüklemek (**etw** -i) ② (*begeistern*) coşturmak, heyecanlandırmak (**jdn** -i)

mitschreiben *irr vi, vt* not etmek (**etw** -i)

Mitschuld *f* suç ortaklığı

mitschuldig *adj* suç ortağı

mitspielen *vi* ① oyuna katılmak ② (*mit eine Rolle spielen*) rol oynamak

Mitspieler(in) *m(f)* oyun arkadaşı; SPORT takım arkadaşı

Mittag *m* öğle(n); **zu ~ essen** öğle yemeği yemek; **heute ~** bugün öğleyin

Mittagessen *nt* öğle yemeği

mittags *adv* öğleyin, öğle(n)leri

Mittagsruhe *f*, **Mittagsschlaf** *m* öğle uykusu; **~ halten** öğle uykusuna yatmak

Mitte *f* ① (*Zentrum*) orta ② (*Mittelpunkt*) merkez ③ (*zwischen zwei Punkten*) ara; **~ Mai** mayısın ortasında; **~ vierzig** kırk yaşlarının ortasında; **in unserer ~** ortamızda, aramızda

mitteilen *vt* bildirmek (**jdm etw** -e -i)

mitteilsam *adj* konuşkan

Mitteilung *f* ① (*Nachricht*) haber, bildirme ② (*Bekanntgabe*) bildiri, duyuru

Mittel *nt* ① (*Hilfs-*) araç ② (*Heil-*) ilaç ③ (*Durchschnitt*) orta(lama) ④ (*Geld-*) para; **~ und Wege finden, um zu ...** -menin yolunu bulmak, -meye çare bulmak

Mittelalter *nt* Ortaçağ

mittelalterlich *adj* Ortaçağ, Ortaçağ'a ait

Mittelamerika *nt* Orta Amerika

mittelbar *adj* dolaylı

Mitteleuropa *nt* Orta Avrupa

mitteleuropäisch *adj* ① (*Art*) Orta Avrupa('ya ait) ② (*Herkunft*) Orta Avrupalı; **~e Zeit** Orta Avrupa saati

Mittelfinger *m* ortaparmak

mittelfristig *adj* orta vadeli

Mittelgebirge *nt orta yükseklikte sıradağlar*

mittelgroß *adj* orta büyüklükte; (*Mensch*) orta boylu

Mittelklasse *f* orta sınıf

mittellos *adj* fakir, yoksul

mittelmäßig I. *adj* orta (karar); (*nega-*

tiv) sıradan, alelade **II.** *adv* şöyle böyle

Mittelmeer *nt* Akdeniz

Mittelohrentzündung *f* ortakulak iltihabı

Mittelpunkt *m* merkez, orta

mittels *präp +gen* ... sayesinde

Mittelstand *m* orta tabaka

mittelständisch *adj* **~er Betrieb** orta ölçekli girişim

Mittelstürmer(in) *m(f)* santrfor

mittelsüß *adj* (*türkischer Kaffee*) orta

Mittelwelle *f* orta dalga

Mittelwort *nt* sıfatfiil, ortaç

mitten *adv* **~ in** (*Ort*) -in ortasında; (*Richtung*) -in ortasına; **~ in der Nacht** gece yarısı

Mitternacht *f* gece yarısı

mittlere(r, s) *adj* ❶ (*durchschnittlich*) orta(lama) ❷ (*im Mittelpunkt*) merkezi ❸ (*zwischen zwei Punkten*) aradaki; **der Mittlere Osten** Orta Doğu

Mittwoch *m* çarşamba (günü)

mitunter *adv* arasıra, bazen

mitwirken *vi* katılmak (**an/bei etw** -e)

Mitwisser(in) *m(f)* sırdaş

Mixer *m* (*Gerät*) mikser

Mixgetränk *nt* karışık içki

MKS *f Abk von* **Maul- und Klauenseuche** şap hastalığı

Möbel *ntpl* mobilya *sing*

Möbelgeschäft *nt* mobilya mağazası

Möbelstück *nt* möble

mobil *adj* gezici, yer değiştiren

Mobile *nt tavana asılan havada oynayan oda süsü*

Mobilfunkstation *f* baz istasyonu

Mobiliar *nt* mobilya, ev eşyası

Mobilmachung *f* seferberlik

Mobiltelefon *nt* mobil telefon

möblieren *vt* döşemek (**etw** -i)

möbliert *adj* mobilyalı

möchte *vt s.* **mögen**

Mode *f* moda; **nach der (neuesten) ~** (son) modaya göre; **in ~ sein** moda olmak; **aus der ~ kommen** modası geçmek

Modegeschäft *nt* moda mağazası

Model *nt* (*Modeschau*) manken; (*Fotomodell*) fotomodel

Modell *nt* model, örnek; (*weibliches*) model; **~ stehen** modellik yapmak

modellieren *vt* şekillendirmek, biçimlendirmek (**etw** -i)

modeln *vi* ❶ (*als Fotomodell*) fotomodellik yapmak ❷ (*bei Modenschau*) mankenlik yapmak

Modem *nt* INET modem; **externes ~** dış modem

Mode(n)schau *f* defile

Moderator(in) *m(f)* sunucu

moderieren *vi, vt* sunmak (**etw** -i)

modern *adj* modern

modernisieren *vt* modernleştirmek, modernize etmek (**etw** -i)

Modernisierung *f* modernleştirme

Modeschöpfer(in) *m(f)* modacı

modisch *adj* moda(ya uygun)

Mofa *nt* motorlu bisiklet

mogeln *vi* hile yapmak; (*beim Würfeln*) zar tutmak

mögen <mag, mochte, gemocht/mögen> *vt* ❶ (*haben wollen, wünschen*) istemek (**etw** -i) ❷ (*gernhaben*) sevmek, beğenmek (**etw/jdn** -i), hoşlanmak (**etw/jdn** -den); **ich möchte (gern) einen Tee** bir çay ister(d)im; **lieber mögen** tercih etmek (**etw/jdn** -i); **was möchten Sie?** ne arzu ediyorsunuz?; **ich mag das nicht** bunu sevmiyorum, bunu beğenmiyorum, bundan hoşlanmıyorum; **ich mag die Hitze nicht** sıcağı sevmem; **es mag sein** olabilir; **er mag 30 Jahre alt sein** 30 yaşlarında olmalı; **es mag 7 Uhr sein** her halde saat 7 olmalı; **mag sie auch noch so hübsch sein** ne kadar güzel olursa olsun

möglich I. *adj* mümkün, olabilir, olanaklı; **nicht ~!** imkansız!; **alles Mögliche** (*vielerlei*) olur olmaz her şey; **alles Mögliche versuchen** her çareye

başvurmak **II.** *adv* **so gut/viel wie ~** mümkün olduğu kadar iyi/çok; **so bald wie ~** bir an önce; **so schnell wie ~** mümkün olduğu kadar çabuk
möglicherweise *adv* belki
Möglichkeit *f* imkan, olanak
möglichst *adv* **~ viel/bald** mümkün olduğu kadar çok/çabuk
Mohammed *m* Muhammed
Mohammedaner(in) *m(f)* Müslüman
mohammedanisch *adj* Müslüman, İslami
Mohn *m* (*Schlaf-*) haşhaş; (*Klatsch-*) gelincik
Möhre *f*, **Mohrrübe** *f* havuç
Mokka *m* Türk kahvesi
Mole *f* rıhtım, dalgakıran
Molekül *nt* molekül
molk *vt s.* **melken**
Molkerei *f* süthane
mollig *adj* ① (*weich*) yumuşak, yumuşacık ② (*rundlich*) tombul, (etine) dolgun
Moment *m* an; **im ~** bu [*o* şu] anda; **~ mal!** bir dakika!; **jeden ~** her an
momentan **I.** *adj* şimdiki **II.** *adv* şimdilik
Monaco *nt* Monako
Monarchie *f* monarşi
Monat *m* ay; **am 10. dieses ~s** bu ayın 10'unda
monatelang *adv* aylarca
monatlich **I.** *adj* aylık **II.** *adv* her ayda bir
Monatsgehalt *nt* aylık, maaş
Monatskarte *f* aylık kart
Monatsrate *f* aylık taksit
Mönch *m* keşiş
Mond *m* ay; **abnehmender/zunehmender ~** küçülen/büyüyen ay
Mondfinsternis *f* ay tutulması
Mondlandung *f* aya iniş
Mondschein *m* ay ışığı
monieren *vt* kusurlu bulmak (**etw** -i)
Monitor *m* (*komplettes Gerät*) monitör; (*Bildschirm*) ekran
Monogamie *f* tekevlilik, monogami
Monogramm *nt* monogram (*bir adın baş harflerinden yapılan marka*)
Monolog *m* monolog
Monopol *nt* tekel
Monotheismus *m* tektanrıcılık
monoton *adj* tekdüze, monoton
Monotonie *f* tekdüzelik, monotonluk
Monstrum *nt* canavar
Montag *m* pazartesi (günü)
Montage *f* montaj, kurma, takma
Monteur *m* montajcı
montieren *vt* monte etmek (**etw** -i)
Monument *nt* anıt, abide
monumental *adj* anıtsal
Moor *nt* bataklık
Moos *nt* yosun
Moped *nt* hafif motosiklet
Moral *f* ① (*Sittlichkeit*) ahlak ② (*Lehre*) ders ③ (*seelische Verfassung*) moral
moralisch *adj* (*sittlich*) ahlaki
Morast *m* bataklık
Mord *m* cinayet
Mordanschlag *m* suikast
Mörder(in) *m(f)* katil
mörderisch *adj* öldürücü; (*fig: furchtbar*) korkunç, dehşetli
Mordversuch *m* katle teşebbüs
morgen *adv* yarın; **~ früh** yarın sabah; **~ Mittag/Abend** yarın öğleyin/akşam; **heute Morgen** bu sabah; **von heute auf ~** bugünden yarına; **~ ist auch ein Tag** bu iş yarın da olur
Morgen *m* ① (*Tageszeit*) sabah; **guten ~!** günaydın!; **am anderen** [*o* **nächsten**] **~** ertesi sabah ② (*Feldmaß*) *25 ile 36 arlık arasında olan bir arazi ölçüsü*
Morgendämmerung *f* şafak, gün ağarması
Morgenland *nt* Doğu, Şark
morgenländisch *adj* Doğu('ya ait), Şark('a ait)
Morgenrock *m* sabahlık
Morgenröte *f* sabah kızıllığı
morgens *adv* ① (*am Morgen*) sabahle-

yin ❷ (*jeden Morgen*) sabahları; **um 8 Uhr** ~ sabah saat 8'de
Morgenstern *m* sabah yıldızı
morgig *adj* yarınki
Morphium *nt* morfin
morsch *adj* çürük; (*baufällig*) yıkılmak üzere
Morsealphabet *nt* mors alfabesi
Mörser *m* havan
Mörtel *m* yapı harcı
Mosaik *nt* mozaik
Moschee *f* cami
Mosel *f* Mozel (nehri)
Moses *m* Musa
Moskau *nt* Moskova
Moskito *m* sivrisinek
Moskitonetz *nt* cibinlik
Moslem(in) *m(f)* Müslüman
moslemisch *adj* İslam, Müslüman
Most *m* (*Trauben-*) şıra; (*Apfel-*) elma suyu
Motel *nt* motel

M

Motiv *nt* ❶ (*Beweggrund*) güdü, gerekçe ❷ (*Malerei*) motif ❸ (*Musik*) motif, tem(a)
Motivation *f* motivasyon (*davranışı yöneten etki*)
motivieren *vt* ❶ (*antreiben*) teşvik etmek (**jdn** -i), özendirmek (**jdn zu etw** -i -e) ❷ (*begründen*) sebebini göstermek (**etw** -in)
Motor *m* motor
Motorboot *nt* motorbot, motor
Motorhaube *f* motor kılıfı, kaput
motorisieren *vt* motorlaştırmak, motorize etmek (**etw** -i)
Motorisierung *f* motorlaştırma
Motorjacht *f* motorlu yat
Motorrad *nt* motosiklet
Motorradfahrer(in) *m(f)* motosikletçi
Motorroller *m* skuter
Motorschiff *nt* motorlu gemi
Motorsport *m* motor sporu
Motte *f* güve
Motto *nt* parola, vecize
Mountainbike *nt* dağ bisikleti
Möwe *f* martı
MP *f Abk von* **Maschinenpistole** makineli tabanca
Mrd. *f Abk von* **Milliarde(n)** milyar
mtl. *adj Abk von* **monatlich** her ayda bir
Mücke *f* sivrisinek; (*kleine* ~) tatarcık
Mückenstich *m* sivrisinek sokması
müde *adj* yorgun; ~ **sein** yorgun olmak; ~ **werden** yorgun düşmek
Müdigkeit *f* yorgunluk
Muezzin *m* müezzin
muffig *adj* ❶ (*stinkend*) kokmuş, kokuşuk ❷ (*Luft*) küflü ❸ (*mürrisch*) somurtkan
Mühe *f* ❶ (*Anstrengung*) zahmet, külfet, güçlük ❷ (*Bemühung*) çaba, gayret ❸ (*Arbeit*) emek ❹ (*Plage*) sıkıntı, eziyet; **mit Müh(e) und Not** zar zor, güçbela; ~ **kosten** emek istemek; **sich** *dat* ~ **geben** çaba göstermek, çabalamak, gayret etmek; **das ist nicht der ~ wert** bu zahmete değmez; **machen Sie sich keine ~!** zahmet etmeyin!
mühelos *adv* kolaylıkla
Mühle *f* değirmen
Mühlrad *nt* değirmen çarkı
mühsam *adj*, **mühselig** *adj* zahmetli, yorucu, ağır
Mulde *f* çukur(luk)
Müll *m* çöp, süprüntü; (*Industrie-*) atık
Müllabfuhr *f* çöplerin kaldırılması
Müllbeutel *m* çöp torbası
Mullbinde *f* gaz bezi
Müllcontainer *m* çöp bidonu
Mülldeponie *f* çöplük, çöp deposu
Mülleimer *m* çöp tenekesi
Müller(in) *m(f)* değirmenci
Müllhaufen *m* çöplük, çöp yığını
Mülltonne *f* çöp bidonu
Mülltrennung *f* çöplerin ayrılması
Müllwagen *m* çöp arabası
Multi *m* (*fam*) dünya devi
multiethnisch *adj* çok ırklı
Multiethnizität *f* çok ırklılık

multifunktional *adj* çok fonksiyonlu
multikulti *adj* (*fam*) çok kültürlü
Multikulti *nt* çok kültürlülük
multikulturell *adj* çok kültürlü
multilateral *adj* çok taraflı
Multimedia *nt* çoklu ortam, multimedya
Multimediadatei *f* multimedya dosyası
multinational *adj* çokuluslu, multinasyonal
multiple Sklerose *f* mültipl skleroz
Multiplikation *f* çarpma
multiplizieren *vt* çarpmak (**etw mit etw** -i ile)
Multitasking *nt* çok görevlilik
Multivitamin- *adj* multivitaminli
Mumie *f* mumya
Mumps *m* kabakulak (hastalığı)
München *nt* Münih
Mund *m* ağız; **den ~ halten** ağzını [*o* çenesini] tutmak, susmak; **nicht auf den ~ gefallen sein** hazırcevap olmak; **jdm nach dem ~e reden** birine yaltaklanmak; **jdm Honig** [*o* **Brei**] **um den ~ schmieren** (*fam*) birine yağ çekmek; **von der Hand in den ~ leben** akşama kavurup sabaha savurmak; **einen ~ voll** ağız dolusu
Mundart *f* ağız, lehçe
münden *vi* ❶ (*Fluss*) dökülmek, kavuşmak (**in etw** -e); (*Straße*) kavuşmak (**in etw** -e) ❷ (*in ein Ergebnis*) varmak (**in etw** -e)
Mundgeruch *m* ağız kokusu
Mundharmonika *f* ağız armonikası
mündig *adj* reşit, ergin
mündlich I. *adj* sözlü II. *adv* sözlü olarak
Mundstück *nt* (*Zigarette*) ağızlık
Mündung *f* (*von Fluss, Gewehr*) ağız
Mundwasser *nt* gargara (*için ilaç*)
Mund-zu-Mund-Beatmung *f* ağızdan ağıza nefes verme
Munition *f* cephane
Münster *nt* katedral, başkilise
munter *adj* ❶ (*wach*) uyanık ❷ (*lebhaft*) canlı ❸ (*fröhlich*) neşeli, şen
Münze *f* ❶ (*Geldstück*) madeni para ❷ (*Gedenk-*) madalya ❸ (*Telefon-, Automaten-*) jeton; **etw für bare ~ nehmen** bir şeye ciddi olarak inanmak; **es mit gleicher ~ heimzahlen** kısasa kısasla karşılık vermek
Münzeinwurf *m* para atılan delik
Münzfernsprecher *m* kasalı [*o* jetonlu] telefon
mürbe *adj* ❶ (*zart*) yumuşak ❷ (*brüchig*) yıpranmış, aşınmış
Murmel *f* bilya, zıpzıp
murmeln *vi* mırıldanmak
Murmeltier *nt* dağ sıçanı; **wie ein ~ schlafen** ölü gibi uyumak
murren *vi* homurdanmak, söylenmek
mürrisch *adj* somurtkan, aksi, huysuz
Mus *nt* ezme; (*Frucht-*) marmelat
Muschel *f* ❶ (*Schalentier*) midye ❷ (*Telefonhörer*) kulaklık
Museum *nt* müze
museumsreif *adj* müzelik
Musical *nt* müzikal
Musik *f* müzik
musikalisch *adj* (*Mensch*) müzikten anlar
Musikant(in) *m(f)* çalgıcı
Musikbox *f* müzik dolabı
Musiker(in) *m(f)* müzisyen
Musikgeschäft *nt* müzik aletleri mağazası
Musikhochschule *f* konservatu(v)ar
Musikinstrument *nt* müzik aleti, çalgı, enstrüman
Musiklehrer(in) *m(f)* müzik öğretmeni
Musikstück *nt* (müzik) parça(sı)
musizieren *vi* müzik yapmak
Muskatnuss[RR] *f* küçük hindistancevizi
Muskel *m* adale, kas
Muskelkater *m* kas tutulması
Muskelkrampf *m* kramp
Muskulatur *f* kaslar *pl*
muskulös *adj* adaleli, kaslı
Muslim(in) *m(f)* Müslüman
muslimisch *adj* Müslüman

müssen <muss, musste, gemusst/ müssen> *vi* (*Notwendigkeit*) -meye mecbur olmak, -mek zorunda olmak, -mek gerek(mek); **man muss ...** -mek gerek; **ich muss fort** gitmem gerek(iyor), gitmek zorundayım; **wenn es sein muss** eğer gerekliyse; **ich muss es tun** (*moralische Pflicht*) bunu yapmalıyım; (*Notwendigkeit*) yapmam gerek; **ich muss Ihnen Folgendes sagen ...** size şunu söylemeliyim ki, ...; **er muss fort sein** (*Annahme*) gitmiş olmalı; **er muss es gewesen sein** herhalde oydu
Muster *nt* ❶ (*auf Stoffen*) desen ❷ (*Modell*) model ❸ (*Probe*) eşantiyon, göstermelik ❹ (*Beispiel*) örnek
Musterbeispiel *nt* (iyi) örnek
Musterbild *nt* ideal
Musterbrief *m* mektup şeması
Mustergatte *m* örnek [*o* ideal] koca
mustergültig *adj*, **musterhaft** *adj* kusursuz
Mustermesse *f* örnekler sergisi
mustern *vt* ❶ (*prüfend*) gözden geçirmek (**etw** -i) ❷ (*neugierig*) süzmek (**jdn** -i)
Mut *m* cesaret, yüreklilik; **~ fassen** cesaretlenmek, yüreklenmek; **den ~ verlieren** cesaretini kaybetmek; **nur ~!** ha, cesaret!
Mutant *m* mutant
Mutation *f* mutasyon
mutieren *vi* değişmek, mutasyon geçirmek
mutiert *adj* mutasyon geçirmiş, mutant
mutig *adj* cesur, yürekli, mert
mutlos *adj* cesaretsiz, yüreksiz
mutmaßlich *adj* ❶ tahmini ❷ (*Täter*) sanık, zanlı
Mutmaßung *f* tahmin, sanı
Mutter *f* ❶ (*Frau*) anne, ana ❷ (*Schrauben-*) (vida) somun(u)
Muttergottes *f* Meryem Ana
Mutterland *nt* anavatan, anayurt
mütterlich *adj* anaya özgü, ana gibi
mütterlicherseits *adv* anne tarafından
Mutterliebe *f* ana [*o* anne] sevgisi
Muttermal *nt* büyük ben
Mutterschaft *f* analık, annelik
Mutterschutz *m iş hukuku açısından anneler için sosyal yardım*
Muttersöhnchen *nt* ana kuzusu, hanım evladı
Muttersprache *f* anadili
Muttersprachler(in) *m(f)* anadili konuşan
Muttertag *m* Anneler Günü
mutwillig *adv* kasten
Mütze *f* kasket
MW *f Abk von* **Mittelwelle** orta dalga
MwSt. *f Abk von* **Mehrwertsteuer** KDV (*katma değer vergisi*)
mysteriös *adj* esrarengiz, gizemli, tılsımlı
Mystik *f* REL gizemcilik
Mystiker(in) *m(f)* REL gizemci
mythisch *adj* efsanevi
Mythologie *f* mitoloji
mythologisch *adj* mitolojik
Mythos *m* efsane, mit

Nn

N *m Abk von* **Norden** küzey

na *interj* (*fam: Staunen*) hayrola?; (*begütigend und abwehrend*) haydi bakalım!; **~ ja!** eh!; **~ und?** ne olmuş yani?; **~ so was!** olmaz böyle şey!

Nabel *m* göbek

Nabelschnur *f* göbek kordonu

nach I. *präp +dat* 1 (*Richtung*) -e/-a; **~ Istanbul** İstanbul'a; **~ Ankara abreisen** Ankara'ya hareket etmek; **~ Süden** güneye; **die Straße ~ Antalya** Antalya'ya giden yol 2 (*Zeit und Reihenfolge*) sonra; **~ einer halben Stunde** yarım saat sonra; **~ 14 Tagen** 14 gün [*o* iki hafta] sonra; **Viertel ~ acht** sekizi çeyrek geçe; **~ Ihnen!** sizin arkanızdan! 3 (*zufolge, gemäß*) -e göre; **meiner Meinung ~** bana göre, bence; **ihrem Aussehen ~** görünüşüne göre II. *adv* **~ und ~** yavaş yavaş, azar azar; **~ wie vor** eskisi gibi

nachahmen *vt* taklit etmek (**etw/jdn** -i)

Nachahmung *f* taklit

Nachbar(in) *m(f)* komşu

Nachbarhaus *nt* komşu ev

Nachbarschaft *f* 1 (*Gesamtheit*) komşuluk; (*Leute*) komşular *pl* 2 (*Nähe*) yakınlık

nachbezahlen *vt* sonradan ödemek (**etw** -i)

Nachbildung *f* taklit, benzeti, kopya

nachdem *konj* -dikten sonra

nachdenken *irr vi* düşünüp taşınmak, düşünmek (**über etw/jdn** -i)

nachdenklich *adj* düşünceli, düşüncelere dalmış

Nachdruck *m* 1 (*Betonung*) vurgu 2 (*eines Buches*) tıpkıbasım

nachdrücklich I. *adj* kuvvetli, şiddetli II. *adv* kuvvetle, şiddetle

nacheinander *adv* arka arkaya, art arda, üst üste

nacherzählen *vt* (kendi sözleriyle) anlatmak (**etw** -i)

Nacherzählung *f* (kendi sözleriyle) anlatma

Nachf. *m Abk von* **Nachfolger**

Nachfolge *f* yerine geçme

Nachfolger(in) *m(f)* yerine geçen

nachforschen *vi* araştırmak

Nachforschung *f* araştırma

Nachfrage *f* 1 (*Erkundigung*) sor(uştur)ma 2 (*nach Waren*) talep, rağbet

nachgeben *irr vi* 1 (*sich fügen*) boyun eğmek 2 (*schwächer werden*) gevşemek

nachgehen *irr vi sein* 1 (*jdm folgen*) peşinden gitmek ((**hinter**) **jdm** -in) 2 (*einer Beschäftigung*) uğraşmak (**einer Sache** ile) 3 (*nachforschen*) araştırmak (**einer Sache** -i) 4 (*etw verfolgen*) bir işe el koymak 5 (*Uhr*) geri kalmak [*o* gitmek]

Nachgeschmack *m* ağızda kalan tat

nachgiebig *adj* (*Mensch*) uysal, yumuşak

Nachgiebigkeit *f* uysallık, yumuşaklık

nachhaltig *adj* etkisi süren; (*Wachstum*) sürdürülebilir

Nachhaltigkeit *f* sürdürebilirlik

nachhause[RR] *adj* eve

nachher *adv* sonra(dan), ondan sonra

Nachhilfestunden *pl*, **Nachhilfeunterricht** *m* özel ders *sing*

nachholen *vt* 1 (*Versäumtes*) telafi etmek (**etw** -i) 2 (*nachträglich holen*) sonradan getirtmek (**etw** -i)

Nachkomme *m* evlat

nachkommen *irr vi sein* 1 (*später kommen*) sonradan gelmek 2 (*einer For-*

N

derung) yerine getirmek (**einer Sache** -i)

Nachkriegszeit *f* savaş [*o* harp] sonrası zamanı

Nachlass[RR] *m*, **Nachlaß**[ALT] *m* ❶ (*Preis-*) tenzilat, ıskonto, indirim ❷ (*Erbschaft*) miras

nachlassen *irr* **I.** *vt* ❶ (*lockern*) gevşetmek (**etw** -i) ❷ (*Preis*) tenzilat [*o* indirim] yapmak **II.** *vi* ❶ (*sich vermindern*) azalmak ❷ (*aufhören*) dinmek, durmak ❸ (*Sturm, Lärm, Schmerz*) hafiflemek

nachlässig *adj* ❶ (*unordentlich*) düzensiz ❷ (*schlampig*) derbeder, pasaklı

Nachlässigkeit *f* (*Unordentlichkeit*) düzensizlik

nachmachen *vt* ❶ (*nachahmen, kopieren*) taklit etmek, kopya etmek (**etw/jdn** -i) ❷ (*später machen*) sonradan yapmak (**etw** -i)

Nachmittag *m* öğleden sonra; **heute ~** bugün öğleden sonra; **am frühen/späten ~** öğleden sonranın erken/geç saatlerinde

N

nachmittags *adv* (*am Nachmittag*) öğleden sonra; (*jeden Nachmittag*) öğleden sonraları

Nachnahme *f* **gegen ~** ödemeli

Nachname *m* soyadı

nachprüfen *vt* ❶ (*überprüfen*) gözden geçirmek, yoklamak (**etw** -i) ❷ (*kontrollieren*) kontrol etmek (**etw** -i)

Nachprüfung *f* gözden geçirme, kontrol; (*Schule*) bütünleme sınavı

Nachrede *f* **üble ~** iftira

Nachricht *f* haber; (*offizielle*) bildiri, duyuru; **die ~en** TV, RADIO haberler *pl*

Nachrichtenagentur *f* haber ajansı

Nachrichtendienst *m* (*Geheimdienst*) istihbarat servisi

Nachrichtensatellit *m* haberleşme uydusu

Nachrichtentechnik *f* haberleşme tekniği

nachrüsten **I.** *vt* TECH hazırlamak, tertip etmek (**etw** -i) **II.** *vi* MIL silahlanmak

Nachrüstung *f* ❶ TECH hazırlama, tertip ❷ MIL silahlanma

nachsagen *vt* birinin sözlerini tekrarlamak; **jdm etw ~** birisi hakkında kötü konuşmak

Nachsaison *f* sezon sonrası

nachschicken *vt* (bir şeyi birinin) yeni adresine göndermek

nachschlagen *irr vt* (*Wort*) (sözlükte) bir kelimeye bakmak

nachsehen *irr vt* (*prüfen*) kontrol etmek, denetlemek (**etw** -i)

nachsenden *irr vt* (bir şeyi birinin) yeni adresine göndermek; **bitte ~!** lütfen yeni adresine yollayınız

Nachsicht *f* hoşgörü

nachsichtig *adj* hoşgörücü, hoşgörülü

Nachspeise *f* (*süße*) tatlı; (*kalte*) soğukluk

nachspionieren *vi* **jdm ~** (birinin arkasından) gözetlemek

nachsprechen *irr vt* birinin söylediklerini tekrarlamak

nächstbeste(r, s) *adj* gelişigüzel

nächste(r, s) *adj* ❶ (*räumlich*) en yakın ❷ (*zeitlich*) gelecek, (bundan) sonraki ❸ (*darauffolgend*) ertesi; **~n Sonntag** gelecek pazar; **in der ~n Zeit** bu [*o* şu] günlerde, bugün yarın ❹ (*in der Reihenfolge*) sırası gelen; **der Nächste, bitte!** sırada olan, lütfen!; **wer ist der Nächste?** sıra kimde?

Nächste *m* (*Mitmensch*) (birlikte yaşanılan) insan

nachstehen *irr vi* **jdm ~** birinden aşağı [*o* geri] kalmak

nachstehend *adj* aşağıdaki

Nächstenliebe *f* (*Liebe zu Mitmenschen*) hayırseverlik

nächstliegend *adj* (*räumlich*) en yakın

Nacht *f* gece; **heute ~** bu gece; **gute ~!** iyi geceler!; **bei ~, in der ~** geceleyin, gece; **über ~** gece; **es wird ~** gece oluyor

Nachtarbeit *f* gece işi
Nachtclub *m* gece kulübü
Nachtdienst *m* gece nöbeti
Nachteil *m* sakınca, zarar, dezavantaj
nachteilig *adj* sakıncalı, zararlı, dezavantajlı
Nachtessen *nt* akşam yemeği
Nachthemd *nt* gecelik
Nachtigall *f* bülbül
Nachtisch *m* (*süßer*) tatlı; (*kalter*) soğukluk
Nachtleben *nt* gece hayatı
nächtlich *adj* gece(ki)
Nachtlokal *nt* gece kulübü, pavyon
Nachtportier *m* gece kapıcısı
Nachtrag *m* ❶ (*Ergänzung*) ek, ilave ❷ (*Beifügung, Randbemerkung*) eklenti, çıkma
nachtragen *irr vt* (*hinzufügen*) (sonradan) eklemek (**etw** -i); **jdm etw ~** birine kin beslemek
nachtragend *adj* kinci
nachträglich I. *adj* ❶ (*ergänzend*) tamamlayıcı ❷ (*später*) sonradan yapılan, sonraki II. *adv* sonradan
nachtrauern *vi* ardından üzülmek (**einer Sache** -in), aramak (**einer Sache** -i)
nachts *adv* ❶ (*in der Nacht*) gece(leyin) ❷ (*jede Nacht*) geceleri, her gece; **um 3 Uhr ~** gece saat 3'te
Nachtschicht *f* ❶ (*Arbeit*) gece işi ❷ (*Arbeitergruppe*) gece işçi takımı
Nachtschwester *f* gece hemşiresi, nöbetçi hemşire
Nachttisch *m* komodin
Nachttopf *m* lazımlık
Nachtwächter *m* gece bekçisi
nachweinen *vi* arkasından ağlamak (**einer Sache** -in)
Nachweis *m* ispat, delil, kanıt
nachweisen *irr vt* ispatlamak, kanıtlamak (**etw** -i)
nachweislich *adj* ispat edilebilir, kanıtlanabilir
nachwirken *vi* sonradan etkisini göstermek
Nachwirkung *f* dolaylı etki
Nachwort *nt* sonsöz
Nachwuchs *m* (*Kinder*) çocuklar *pl*; (*im Fachgebiet*) yeni elemanlar *pl*
nachzahlen I. *vt* sonradan ödemek (**etw** -i) II. *vi* üstünü ödemek
nachzählen *vi, vt* tekrar saymak (**etw** -i)
Nachzahlung *f* sonradan ödeme; (*zusätzliche Zahlung*) ek ödeme
nachziehen *irr vt* ❶ (*hinter sich herziehen*) arkasından sürüklemek (**etw** -i) ❷ (*Schraube*) şıkıştırmak (**etw** -i) ❸ (*Augenbrauen*) çizmek (**etw** -i)
Nachzügler(in) *m(f)* geç kalan
Nacken *m* ense, boyun
Nackenstütze *f* enselik
nackt *adj* çıplak
Nadel *f* ❶ (*Näh-*) iğne ❷ (*Kompass-*) ibre ❸ (*Baum-*) iğneyaprak
Nadelbaum *m* iğneyapraklı ağaç, çam (ağacı) *fam*
Nadelöhr *nt* iğne deliği [*o* gözü]
Nadelstich *m* ❶ (*Stich*) iğne batması ❷ (*Loch*) iğne deliği
Nagel *m* ❶ (*Metallstift*) çivi; (*großer*) mıh ❷ (*Finger-, Fuß-*) tırnak; **den ~ auf den Kopf treffen** taşı gediğine koymak
Nagelbürste *f* tırnak fırçası
Nagelfeile *f* tırnak törpüsü
Nagellack *m* tırnak cilası, oje
Nagellackentferner *m* aseton
nageln *vt* çivilemek (**etw** -i)
nagelneu *adj* yepyeni
Nagelschere *f* tırnak makası
nagen *vi* kemirmek (**an etw** -i)
Nagetier *nt* kemirgen
nah <näher, am nächsten> *adj* yakın (**an/bei etw** -e); **der Nahe Osten** Yakın Doğu
nah(e) *adv* yakında; **~ daran sein, zu ...** -mesine ramak kalmak
Nahaufnahme *f* yakın çekim
Nähe *f* ❶ (*örtlich*) yakınlık ❷ (*Nachbarschaft*) komşuluk ❸ (*Umgebung*)

N

çevre, civar; **aus der ~** yakından; **in der ~ von** -in yakınında; **es ist ganz in der ~** çok yakında, şuracıkta

nahekommen *irr vi* **jdm ~** (*menschlich*) birine yaklaşmak

nahelegen *vi* **jdm etw ~** (*empfehlen*) birine bir şeyi tavsiye etmek

naheliegen *irr vi* (*einleuchten*) akla yakın gelmek

nähen I. *vi* dikiş dikmek **II.** *vt* dikmek (**etw** -i)

näher I. *adj* daha yakın; **treten Sie ~!** yaklaşın! **II.** *adv* (*genau*) inceden inceye; **jdn ~ kennen** birini yakından tanımak

Naherholungsgebiet *nt bir şehrin yakınındaki dinlenme bölgesi*

Näherin *f* dikişçi kadın

näherkommen *irr vi* **sich ~** yakınlaşmak

nähern *vr* **sich ~** yak(ın)laşmak (**jdm/einer Sache** -e)

nähertreten *irr vi* **jdm ~** birine yaklaşmak; **einer Sache ~** bir şeye yanaşmak

N

nahestehen *irr vi* **jdm ~** biriyle içlidışlı olmak

nahestehend *adj* yakın; (*Freund*) samimi, içlidışlı

nahezu *adv* ❶ (*beinahe*) hemen hemen ❷ (*geradezu*) adeta

Nähgarn *nt* iplik, dikiş tiresi

Nähkasten *m* dikiş kutusu

nahm *vt s.* **nehmen**

Nähmaschine *f* dikiş makinesi

Nähnadel *f* dikiş iğnesi

nahrhaft *adj* besleyici, gıdalı

Nahrung *f* besin, yiyecek

Nahrungsmittel *ntpl* besin [*o* gıda] maddeleri, yiyecekler *pl,* erzak *sing*

Nährwert *m* besleyicilik

Naht *f* ❶ dikiş (yeri) ❷ (*Schweiß-*) kaynak [*o* lehim] yeri

nahtlos *adj* ❶ (*ohne Naht*) dikişsiz ❷ (*ohne Schweißnaht*) kaynaksız

Nahtstelle *f* (*fig*) ek yeri

Nahverkehr *m* banliyö trafiği

Nahverkehrszug *m* banliyö treni

Nähzeug *nt* dikiş takımı

naiv *adj* saf(dil); (*negativ*) budala

Naivität *f* saflık; (*negativ*) budalalık

Name *m* ❶ (*Wort*) ad, isim ❷ (*Vorname*) ön ad; (*Familienname*) soyadı; (*Ruf-*) hitabedilen isim; **wie ist Ihr ~?** adınız ne?; **mein ~ ist ...** adım ...

Namenstag *m* isim günü

namentlich I. *adj* (*Abstimmung*) adla çağrılarak yapılan **II.** *adv* ❶ (*mit Namen*) ismen ❷ (*insbesondere*) özellikle, bilhassa, her şeyden önce

Nameserver *m* INET isim sunucusu

namhaft *adj* ❶ (*berühmt*) tanınmış, meşhur ❷ (*bedeutend*) önemli

nämlich *adv* yani, demek (ki)

nannte *vt s.* **nennen**

nanu *interj* bak hele!

Narbe *f* yara izi

Narkose *f* narkoz

Narr, Närrin *m, f* ❶ (*Mensch*) deli, çılgın, kaçık ❷ (*im Theater*) soytarı, şaklaban, maskara; **jdn zum ~en halten** biriyle eğlenmek, biriyle alay etmek

närrisch *adj* deli, kaçık, çılgın

Narzisse *f* nergis, zerrin, fulya

naschen *vi, vt* ❶ (*Süßes essen*) tatlı yemek; **an etw ~** bir şeyden alıp tatmak ❷ (*heimlich*) gizlice yemek (**etw** -i)

Nase *f* ❶ ANAT burun ❷ (*Geruchssinn*) koklam ❸ (*fig: Spürsinn*) sezme yeteneği, sezgi; **direkt vor seiner ~** burnunun dibinde; **sich die ~ putzen** burnunu silmek; **die ~ voll haben** (*fam*) canına yetmek; **pro ~** (*fam*) kafa başına

Nasenbluten *nt* burun kanaması

Nasenring *m* halka

Nasentropfen *pl* MED burun damlası

naseweis *adj* arsız, saygısız, küstah

nass[RR] *adj,* **naß**[ALT] *adj* ıslak, yaş; (*durchnässt*) sır(ıl)sıklam; **~ machen** ıslatmak (**etw** -i); **~ werden** ıslanmak

Nässe *f* ıslaklık, yaşlık
nasskalt[RR] *adj* soğuk ve yağışlı
Nassstaubsauger[RR] *m* ıslak-kuru elektrikli süpürge
Nation *f* millet, ulus; **die Vereinten ~en** Birleşmiş Milletler
national *adj* milli, ulusal; **der Nationale Sicherheitsrat** (*in der Türkei*) Milli Güvenlik Konseyi, MGK
Nationalelf *f* (*Fußball*) milli takım
Nationalgericht *nt* (*Speise*) milli yemek
Nationalhymne *f* milli marş; (*türkische*) İstiklal Marşı
nationalisieren *vt* millileştirmek, uluslaştırmak (**etw** -i)
Nationalismus *m* milliyetçilik
nationalistisch *adj* milliyetçi
Nationalität *f* milliyet
Nationalitätskennzeichen *nt* (*am Auto*) milli plaka
Nationalpark *m* milli park
Nationalsozialismus *m* nasyonalsosyalizm
Nationalsozialist(in) *m(f)* nasyonalsosyalist
nationalsozialistisch *adj* nasyonalsosyalist
Nationalstaat *m* ulusal devlet
Nato *f* NATO
Natrium *nt* sodyum
Natter *f* engerek (yılanı), karayılan
Natur *f* ❶ (*allgemein*) tabiat, doğa ❷ (*körperlicher Zustand*) bünye ❸ (*Veranlagung*) mizaç, huy
Naturalien *pl* (*Bodenerzeugnisse*) toprak ürünleri *pl*
naturalisieren *vt* POL vatandaşlığa kabul etmek (**jdn** -i)
Naturalismus *m* (*Literatur und Kunst*) doğacılık, natüralizm
naturbelassen *adj* doğal, işlenmemiş
Naturereignis *nt* tabiat olayı
Naturforscher(in) *m(f)* doğa araştırmacısı
Naturfreund(in) *m(f)* doğasever
naturgemäß *adj* doğa [*o* tabiat] kanunlarına uygun
Naturgeschichte *f* doğa tarihi
Naturgesetz *nt* doğa kanunu
naturgetreu *adj* gerçeğe uygun
naturidentisch *adj* doğala özdeş
Naturkatastrophe *f* doğal afet
Naturkunde *f* tabiat bilgisi
natürlich **I.** *adj* ❶ doğal, tabii ❷ (*schlicht*) sade, basit **II.** *adv* tabii, elbet(te)
Natürlichkeit *f* tabiilik
Naturprodukt *nt* doğa ürünü
naturrein *adj* katıksız
Naturschutz *m* tabiatı koruma
Naturschutzgebiet *nt* tabiatı koruma alanı
Naturwissenschaften *fpl* fen [*o* doğa] bilimleri *pl*
Navi *nt o m* AUTO (*fam*) navigasyon cihazı
Navigationsgerät *nt* AUTO navigasyon cihazı
Navisystem *nt* AUTO, LUFT (*fam*) navigasyon sistemi
Nazi *m* nazi
Nazismus *m* nazilik, nazizm
nazistisch *adj* nazist
NC *m Abk von* **Network Computer** ağ bilgisayarı
n.Chr. *adv Abk von* **nach Christus** M.S. (*Milattan sonra*); **im Jahre 1699 ~** M.S. 1699 yılında
Nebel *m* sis; (*Dunst*) pus, hafif sis
Nebelscheinwerfer *m* sis farı
neben **I.** *präp +dat* ❶ (*Ort*) -in yanında ❷ (*außer*) -in dışında ❸ (*verglichen mit*) -e oranla, -e nispetle **II.** *präp +akk* (*Richtung*) -in yanına
nebenan *adv* bitişikte
nebenbei *adv* (*beiläufig*) söz arasında
Nebenberuf *m* ikinci meslek
nebenberuflich **I.** *adj* ikinci meslekte çalışan **II.** *adv* ikinci meslek olarak
nebeneinander *adv* yan yana
Nebeneingang *m* yan giriş
Nebenfach *nt* yan bilim dalı

N

NebenflussRR *m* nehir kolu
Nebenkosten *pl* yan [*o* ek] masraflar *pl*
Nebenprodukt *nt* yan ürün
Nebenraum *m* yan oda
Nebensache *f* önemsiz şey
nebensächlich *adj* önemsiz
Nebensatz *m* yan cümle, yantümce
nebenstehend *adj* yandaki
Nebenstraße *f* yan sokak
Nebenwirkung *f* yan etki [*o* tesir]
Nebenzimmer *nt* yan oda
neblig *adj* sisli; (*leicht*) puslu; **es ist ~** hava sisli
nebst *präp +dat* ... ile beraber [*o* birlikte]
necken I. *vt* takılmak (**jdn** -e) II. *vr* **sich ~** şakalaşmak
Neffe *m* (erkek) yeğen
negativ *adj* olumsuz, negatif
Negativ *nt* negatif
nehmen <nimmt, nahm, genommen> *vt* ❶ (*allgemein*) almak (**etw** -i) ❷ (*packen*) tutmak, kapmak, yakalamak (**etw** -i); **jdm etw ~** bir şeyi birinin elinden almak; **etw an sich ~** (*aufbewahren*) bir şeyi saklamak [*o* korumak]; **etw auf sich ~** (*als Aufgabe übernehmen*) bir işi üstüne almak; **etw zu sich ~** (*essen*) bir şeyi yemek; **sich** *dat* **das Leben ~** intihar etmek, kendi canına kıymak
Neid *m* kıskançlık; (*gehässiger*) haset
neidisch *adj* kıskanç; **auf jdn ~ sein** birine kıskanmak
neigen I. *vt* (*beugen*) eğmek (**etw** -i) II. *vi* **zu etw ~** bir şeye eğilim göstermek III. *vr* **sich ~** eğilmek
Neigung *f* ❶ (*Gefälle*) eğim, meyil, eğiklik ❷ (*Hang, Vorliebe*) eğilim, heves, merak
nein *adv* hayır, yok; **ich glaube ~** sanmıyorum; **~ sagen** hayır demek, reddetmek
Neinstimme *f* "hayır" oyu
Nelke *f* (*Blume und Gewürz*) karanfil
nennen <nannte, genannt> *vt* ❶ (*be-*) demek (**etw/jdn** -e), adını vermek (**etw/jdn** -e) ❷ (*erwähnen*) bahsetmek (**etw/jdn** -i) ❸ (*bezeichnen als*) nitele(ndir)mek (**etw/jdn** -i); **er nannte seinen Hund Kastor** köpeğine Kastor adını verdi; **man nennt sie X** ona X diyorlar; **sie nennt ihn einen Schwätzer** onu boşboğaz olarak niteliyor
nennenswert *adj* kayda değer, hatırı sayılır
Nenner *m* payda; **gemeinsamer ~** ortak payda
Neofaschismus *m* neofaşizm
Neologismus *m* yeni(cil) deyim
Neonazi *m* neonazi
Neonröhre *f* neon tüpü, flöresan lamba
Nerv *m* sinir; **jdm auf die ~en gehen** birinin sinirine dokunmak
nerven *vt* (*fam*) sinirlendirmek (**jdn** -i)
Nervenarzt, Nervenärztin *m, f* sinir doktoru
Nervenbündel *nt* (*fig*) sinir küpü
Nervenentzündung *f* sinir iltihabı
Nervenheilanstalt *f* sinir hastalıkları kliniği
Nervenkrankheit *f* sinir hastalığı
Nervenkrieg *m* sinir harbi
Nervensystem *nt* sinir sistemi, sinirsel sistem
Nervenzusammenbruch *m* sinir krizi
nervös *adj* sinirli; **~ machen** sinirlendirmek (**jdn** -i); **~ werden** sinirlenmek
Nervosität *f* sinirlilik, asabiyet
Nerz *m* (*Tier und Pelz*) vizon
Nest *nt* yuva; (*pej: Kaff*) cansıkıcı köy [*o* kasaba]
Nesthäkchen *nt* ana(sının) kuzusu
nett *adj* ❶ (*freundlich*) nazik, ince ❷ (*hübsch*) güzel, zarif, şirin ❸ (*sympathisch*) cana yakın
netto *adv* safi, net
Nettodividende *f* FIN net temettü
Nettoeinkommen *nt* net gelir
Nettogehalt *nt* net aylık

N

Nettogewicht *nt* safi ağırlık
Nettopreis *m* kesintisiz fiyat
Network *nt* INFORM network, ağ
Netz *nt* ❶ (*allgemein und Verkehr*) ağ ❷ (*Computer-*) ağ ❸ (*Telefon-, Strom-*) şebeke ❹ (*Haar-, Einkaufs-*) file
Netzadapter *m* ağ adaptörü
NetzanschlussRR *m* şebeke bağlantısı
Netzhaut *f* ağtabaka
Netzkarte *f* INFORM ağ kartı
Netzwerk *nt* ❶ POL şebeke, ağ örgüsü, örgütlenme ❷ INFORM network, ağ
Netzwerkadministrator *m* ağ yöneticisi
Netzzugang *m* INET ağ erişimi
Netzzugangsprotokoll *nt* INET ağ erişim protokolü
neu *adj* ❶ (*nicht alt*) yeni; (*frisch*) taze ❷ (*neuzeitlich*) modern; ~ **anfangen** yeniden başlamak; ~**este Nachricht/Mode** en son haber/moda; **aufs Neue** yeniden; **von** ~**em** yeniden
Neubau *m* ❶ (*Gebäude*) yeni yapı ❷ (*Tätigkeit*) yeniden yapma
neuerdings *adv* ❶ (*neulich*) geçenlerde, son zamanlarda ❷ (*wiederum*) yine, yeniden
Neuerer *m* yenilikçi
Neuerscheinung *f* yeni çıkan eser
Neuerung *f* yenileme
neugeboren *adj* yeni doğan
Neugier(de) *f* merak; **jds** ~ **wecken** birinin merakını uyandırmak
neugierig *adj* meraklı
neuhebräisch *adj* Musevice, Yahudice
Neuheit *f* yenilik
Neuigkeit *f* (yeni) haber
Neujahr *nt* yılbaşı
neulich *adv* geçenlerde
Neuling *m* ❶ (*Neuankömmling*) yeni gelen ❷ (*Anfänger*) acemi
Neumond *m* yeniay, hilal
neun *num* dokuz
neunte(r, s) *adj* dokuzuncu
neunzehn *num* on dokuz
neunzig *num* doksan; **die** ~**er Jahre** doksanlı yıllar
Neuralgie *f* nevralji
neuralgisch *adj* nevraljik
Neureiche(r) *f(m)* yeni zengin, sonradan görme
Neurologe, **Neurologin** *m, f* nörolog, asabiyeci, sinir doktoru
Neurologie *f* nöroloji
Neurose *f* nevroz, sinirce
Neurotiker(in) *m(f)* nevrozlu hasta
neurotisch *adj* nevrotik
Neuseeland *nt* Yeni Zelanda
neutral *adj* ❶ tarafsız, yansız ❷ CHEM nöt(ü)r
neutralisieren *vt* ❶ POL tarafsızlaştırmak (**etw** -i) ❷ CHEM nöt(ü)rlemek (**etw** -i)
Neutralisierung *f* POL tarafsızlaş(tır)ma
Neutralität *f* tarafsızlık, yansızlık
Neutron *nt* nötron
Neutronenbombe *f* nötron bombası
Neutrum *nt* LING yansız cins
neuvermählt *adj* yeni evli
neuwertig *adj* yeni gibi
Neuzeit *f* Yeniçağ
Newsgroup *f* INET haber grubu
Nicaragua *nt* Nikaragua
nicht *adv* değil; ~ (**ein**)**mal** bile (değil), hatta (değil); (**ganz und**) **gar** ~ asla, hiç bir surette; ~ **mehr** (*zeitlich*) artık değil; ~ **mehr als ...** -den fazla değil; ~ **ganz** tamamen öyle değil; ~ **nur** yalnız ... değil; **wenn** ~ öyle değilse; ~ **wahr?** değil mi?
Nichtangriffspakt *m* saldırmazlık paktı
Nichtbeachtung *f* riayet etmeme
Nichte *f* (kız) yeğen
Nichteinmischung *f* karışmazlık
Nichterfüllung *f* yerine getir(il)meme
nichtig *adj* ❶ (*ungültig*) hükümsüz ❷ (*wirkungslos*) etkisiz
Nichtraucher(in) *m(f)* sigara içmeyen
Nichtraucherabteil *nt* sigara içilmeyen kompartıman
nichtrostend *adj* paslanmayan
nichts *adv* hiç bir şey; **gar** [*o* **überhaupt**] ~ hiç; ~ **mehr** artık hiç bir şey;

N

~ **zu danken!** bir şey değil!; **mir ~, dir ~** kestirmeden giderek; **für ~ und wieder ~** yokyere; **~ sagend** değersiz, önemsiz; (*Gesicht*) anlamsız, sönük
Nichtschwimmer(in) *m(f)* yüzme bilmeyen
nichtsdestoweniger *adv* bununla beraber, buna rağmen
nichtssagend *adj* önemsiz, değersiz; (*Gesicht*) anlamsız, sönük
Nichtzutreffendes *nt* **~ streichen** uymayan sözleri çiziniz
Nickel *m* nikel
nicken *vi* başını sallamak
nie *adv* hiç bir zaman, asla; **~ mehr** bir daha asla; **~ und nimmer** hiç bir zaman
nieder *adv* **nieder mit ...!** kahrolsun ...!
niedere(r, s) *adj* alçak, aşağı; (*Rang*) düşük
Niedergang *m* ❶ (*Rückgang*) gerileme ❷ (*Untergang*) çökme, yıkılma
niedergeschlagen *adj* cesareti kırık, ümitsiz
Niedergeschlagenheit *f* cesaret [*o* ümit] kırıklığı
Niederkunft *f* doğurma
Niederlage *f* yenilgi, bozgun; **jdm eine ~ zufügen** birini bozguna uğratmak
Niederlande *pl* Hollanda *sing*
niederländisch *adj* Hollanda
niederlassen *irr vr* **sich ~** (*sich setzen*) oturmak (**auf etw** -e); (*Wohnsitz*) yerleşmek (**in etw** -e)
Niederlassung *f* (*Filiale*) şube
niederlegen *vt* ❶ (*hinlegen*) yere koymak (**etw** -i) ❷ (*Amt*) istifa etmek, çekilmek (**etw** -den)
niederreißen *irr vt* devirmek, yıkmak (**etw** -i)
Niedersachsen *nt* Aşağı Saksonya
Niederschlag *m* yağış
niederschlagen *irr vt* yere sermek (**jdn** -i); (*Aufstand*) bastırmak (**etw** -i)
niederschlagsfrei *adj* yağışsız
niedersetzen *vr* **sich ~** oturmak
niederträchtig *adj* alçak, hain
niedlich *adj* çıtı pıtı, minyon, cici
niedrig *adj* ❶ (*Gegenstand*) alçak, basık ❷ (*Wert*) düşük ❸ (*gemein*) adi, aşağı(lık)
niemals *adv* hiç bir zaman, asla
niemand *pron* (hiç) kimse, hiç biri; **sonst ~ / ~ anders** başka biri(si); **es ist ~ da** hiç kimse yok, kimsecikler yok *fam*
Niere *f* böbrek
Nierenentzündung *f* böbrek iltihabı
Nierenstein *m* böbrek taşı
nieseln *vi* **es nieselt** yağmur çiseliyor [*o* serpiştiriyor]
Nieselregen *m* çise, çisenti
niesen *vi* aksırmak, hapşırmak
Niete *f* ❶ (*Los*) boş numara ❷ (*fam: Versager*) beceriksiz, başarısız
Niger *m* Nijer
Nigeria *nt* Nijerya
Nikotin *nt* nikotin
nikotinarm *adj* az nikotinli
nikotinfrei *adj* nikotinsiz
Nil *m* Nil (nehri)
Nilpferd *nt* su aygırı, hipopotam
nimmt *vt s.* **nehmen**
nirgend(s) *adv*, **nirgendwo** *adv* hiç bir yerde; **sonst ~** başka hiç bir yerde
nirgendwohin *adv* hiç bir yere
Nische *f* ❶ (*in der Wand*) duvarda hücre; (*Gebets-*) mihrap ❷ (*fig*) niş
nisten *vi* yuva yapmak, yuvalamak
Nitrat *nt* nitrat
Niveau *nt* (*a. fig*) düzey, seviye
nivellieren *vt* düzlemek, eşit düzeye getirmek (**etw** -i)
Nixe *f* su perisi
NO *m Abk von* **Nordost(en)** kuzeydoğu
nobel *adj* ❶ (*großzügig*) asil ❷ (*luxuriös*) lüks
Nobelpreis *m* Nobel ödülü
Nobelpreisträger(in) *m(f)* Nobel ödüllü

noch *adv* daha, henüz; **weder ... ~ ...** ne ... ne (de) ...; **~ einmal** bir (kere) daha; **~ heute** (*gleich*) hemen, derhal; (*bis heute*) bugüne kadar; **~ immer** hala; **~ nie** şimdiye kadar hiç; **~ etwas?** başka?; **~ ein Brot** bir ekmek daha
nochmal(s) *adv* bir (kere) daha
Nomade, Nomadin *m, f* göçebe
nomadisch *adj* göçebe gibi
Nominativ *m* yalın durum [*o* hal]
Nominierung *f* (*als Kandidat*) aday göster(il)me; (*Ernennung*) atama, tayin
No-Name(-Produkt) *nt* adsız, isimsiz (üretim)
Nonne *f* rahibe
Nord *m* kuzey
Nordamerika *nt* Kuzey Amerika
Nordamerikaner(in) *m(f)* Kuzey Amerikalı
nordamerikanisch *adj* ❶ (*Art*) Kuzey Amerika ❷ (*Herkunft*) Kuzey Amerikalı
Norddeutschland *nt* Kuzey Almanya
Norden *m* kuzey
Nordeuropa *nt* Kuzey Avrupa
Nordirland *nt* Kuzey İrlanda
nordisch *adj* kuzey
Nordkorea *nt* Kuzey Kore
nördlich *adj* kuzey; **~ von ...** -in kuzeyinde
Nordost(en) *m* kuzeydoğu
Nordpol *m* kuzey kutbu
Nordrhein-Westfalen *nt* Kuzey Ren-Westfalya
Nordsee *f* Kuzey Denizi
Nordseite *f* kuzey tarafı
Nordwest(en) *m* kuzeybatı
Nordwind *m* kuzey rüzgarı
Nordzypern *nt* Kuzey Kıbrıs; (*Staat*) Kuzey Kıbrıs Türk Cumhuriyeti (KKTC)
nörgeln *vi* mızmızlanmak, dırdır etmek
Nörgler(in) *m(f)* mızmız, dırdırcı
Norm *f* norm
normal *adj* normal
Normal *nt* (*Benzin*) normal
normalerweise *adv* normal olarak
normalisieren *vt* normalleştirmek (**etw** -i)
Normalisierung *f* normalleştirme
Normalität *f* normallik, tabiilik; **zur ~ zurückkehren** normale dönmek
Normalverbraucher(in) *m(f)* ortalama tüketici
normen *vt* standartlaştırmak (**etw** -i)
Norwegen *nt* Norveç
Norweger(in) *m(f)* Norveçli
norwegisch *adj* ❶ (*Sprache*) Norveççe ❷ (*Art*) Norveç ❸ (*Herkunft*) Norveçli
Nostalgie *f* (*Sehnsucht nach der Vergangenheit*) geçmişe özlem, nostalji
nostalgisch *adj* nostaljik
Not *f* ❶ (*Armut*) yoksulluk, fakirlik ❷ (*Elend*) sefalet, düşkünlük ❸ (*Mangel*) eksik(lik), noksan, yokluk ❹ (*Bedrängnis*) sıkıntı, darlık; **zur ~** (*notfalls*) gerekirse; **~ leiden, in ~ sein** sıkıntı çekmek; **~ leidend** yokluk [*o* sıkıntı] çeken
Notar(in) *m(f)* noter
notariell *adj* noterlikçe yapılmış; **unter ~er Aufsicht** noter huzurunda
Notarzt, Notärztin *m, f* acil doktor
Notausgang *m* imdat kapısı, tehlike çıkış kapısı
Notausstieg *m* tehlike iniş kapısı
Notbehelf *m* geçici çare
Notbremse *f* imdat freni
Notdurft *f* (*geh*) dışarı çıkma, aptes etme; **seine ~ verrichten** dışarı çıkmak, aptes etmek
notdürftig *adj* (*kaum ausreichend*) güçbela yeten; (*provisorisch*) eğreti
Note *f* ❶ (*Schul-*) not ❷ (*Bank-*) banknot ❸ (*Musik-*) nota
Notenschlüssel *m* nota anahtarı
Notenständer *m* nota sehpası
Notfall *m* acil durum
notfalls *adv* gerekirse, başka çare yoksa
notgedrungen *adv* ister istemez, çaresizce

notieren *vt* not etmek; (*Börse*) kote etmek (**etw** -i)
Notierung *f* (*Börse*) kote
nötig *adj* gerekli, lazım; **es ist ~, zu ...** -mek gerek [*o* lazım]; **etw ~ haben** bir şeye ihtiyacı olmak, bir şeyi gereksinmek
nötigen *vt* ❶ (*zwingen*) zorlamak, mecbur etmek (**jdn zu etw** -i -e) ❷ (*drängen*) sıkıştırmak (**jdn** -i)
Nötigung *f* zorlama
Notiz *f* not; **sich ~en machen** not almak
Notizbuch *nt* not defteri, bloknot; (*mit Kalender*) takvimli not defteri
Notlage *f* ❶ (*Bedrängnis*) sıkıntılı durum ❷ (*Zwangslage*) zorunlu(luk) durum(u)
notlanden *vi sein* mecburi iniş yapmak
Notlandung *f* mecburi iniş
notleidend *adj* yokluk [*o* sıkıntı] çeken
Notlösung *f* geçici çare
Notlüge *f* hayırlı yalan
notorisch *adj* ❶ (*allgemein bekannt*) belli ❷ (*berüchtigt*) adı çıkmış
Notruf *m* (*Polizei*) polis çağırma; (*Feuerwehr*) itfaiye çağırma
Notrufsäule *f* (*an der Autobahn*) *otobanda yardım isteme telefonu*
Notrutsche *f* (*von Flugzeug*) imdat kızağı
Notstand *m devleti tehlikeye koyan durum*
Notverband *m* acil sargı
Notwehr *f* meşru müdafaa
notwendig *adj* gerekli, zorunlu
Notwendigkeit *f* gereklilik, mecburiyet, zorunluluk
Notzucht *f* JUR ırza geçme
Novelle *f* ❶ (*Erzählung*) öykü, hikaye ❷ (*Gesetzes-*) ek kanun
November *m* kasım (ayı)
Nr. *f Abk von* **Nummer** no.
Nu *m* **im ~** bir anda [*o* çırpıda], kaşla göz arasında
nüchtern *adj* ❶ (*ohne Frühstück*) midesi boş ❷ (*ohne Alkohol*) ayık ❸ (*mäßig*) ölçülü ❹ (*besonnen*) temkinli ❺ (*fantasielos*) kuru, can sıkıcı
Nüchternheit *f* ❶ (*ohne Alkohol*) ayıklık ❷ (*Mäßigkeit*) ölçülülük
Nudeln *fpl* erişte, şehriye, makarna; (*Faden-*) tel şehriye *sing*
Nudelsuppe *f* şehriye çorbası
Nudist(in) *m(f)* nüdist
nuklear *adj* nükleer, çekirdeksel
Nuklearaufrüstung *f* nükleer silahlanma
Nuklearprogramm *nt* nükleer program
null *num* sıfır; **~ Fehler** hatasız; **~ und nichtig** (*ungültig*) geçersiz; **zwei zu ~** iki sıfır; **~ zu ~** sıfır sıfır; **unter/über ~** sıfırın altında/üstünde; **in ~ Komma nichts** (*fam*) kaşla göz arasında
Null *f* ❶ (*Zahl*) sıfır ❷ (*pej: unfähiger Mensch*) hiç
Nulltarif *m* ücretsiz tarife
numerieren[ALT] *vt s.* **nummerieren**
Numerierung[ALT] *f s.* **Nummerierung**
Nummer *f* ❶ (*Ziffer*) numara, sayı ❷ (*Auto*) otomobil plakası ❸ (*Größe*) beden, boy; (*Schuhe, Hut*) boy numarası ❹ (*Zeitung*) sayı; **Bus ~ 13** 13 numaralı [*o* nolu] otobüs
nummerieren[RR] *vt* numaralamak (**etw** -i)
Nummerierung[RR] *f* numaralama
Nummernschild *nt* plaka
nun *adv* (*jetzt*) şimdi; **und ~?** şimdi ne yapalım?; **von ~ an** bundan böyle; **~ (gut)!** eh, peki öyleyse!
nunmehr *adv* artık, bundan böyle
Nuntiatur *f* Papa'nın mümessilliği
nur *adv* yalnız, sırf, sade(ce); **~ noch** ancak; **nicht ~ ..., sondern auch ...** yalnız ... değil, aynı zamanda ...; **~ nicht!** sakın ha!
Nuss[RR] *f*, **Nuß**[ALT] *f* (*Wal-*) ceviz; (*Hasel-*) fındık; **das ist eine harte ~** (*fig*) bu, çetin bir ceviz
Nussbaum[RR] *m* ceviz ağacı

N

Nussknacker[RR] *m* fındıkkıran
Nutte *f* (*pej*) orospu, fahişe
nutzbar *adj* faydalı, yararlı
nutzbringend *adj* faydalı, kazançlı, yararlı
Nutzen *m* ① (*Nützlichkeit*) fayda, yarar ② (*Gewinn*) kazanç, kar ③ (*Vorteil*) çıkar, avantaj; ~ **bringen** faydası olmak; **von ~ sein** faydası olmak; **aus etw ~ ziehen** bir şeyden faydalanmak
nutzen, **nützen** **I.** *vt* yararlanmak, faydalanmak (**etw** -den) **II.** *vi* yaramak (**jdm** -e); **das nützt nichts** bunun hiç bir yararı [*o* faydası] olmaz
nützlich *adj* faydalı, yararlı
Nützlichkeit *f* fayda, yarar, çıkar
nutzlos *adj* faydasız, yararsız
Nutzlosigkeit *f* faydasızlık, yararsızlık
Nutznießer *m* kar çıkaran
Nutzung *f* yararlanma, faydalanma; (*Benutzung*) kullanma
Nutzungsrecht *nt* JUR yararlanma hakkı
NW *m Abk von* **Nordwest**(**en**) kuzeybatı
Nylon *nt* naylon

O *m Abk von* **Osten** doğu
Oase *f* vaha
OB *m Abk von* **Oberbürgermeister** büyükşehir belediye başkanı
ob *konj* -ip -mediğini, -ip -meyeceğini; **ich weiß nicht, ~ er kommt** gelip gelmediğini bilmiyorum; **~ er wohl morgen kommt?** acaba yarın gelir mi?; **als ~** sanki, güya; **es ist, als ~** sanki ... gibi; **so tun als ~** -r gibi yapmak
Obacht *f* dikkat
Obdach *nt* barınak
obdachlos *adj* evsiz barksız, yersiz yurtsuz; **~ sein** açıkta olmak
Obdachlose(**r**) *f(m)* yersiz yurtsuz, evsiz barksız
Obduktion *f* otopsi
obduzieren *vt* otopsisini yapmak (**jdn** -in)
oben *adv* yukarıda, üstte; **nach ~** yukarı(ya); **von ~** yukarıdan; **da/dort ~** orada yukarıda; **von ~ herab** (*verächtlich*) tepeden bakarak; **von ~ bis unten** baştan aşağıya, tepeden tırnağa (kadar); **siehe ~** yukarıya bak; **~ genannt** yukarıda adı geçen; **weiter ~** daha yukarıda; **~ ohne** üstsüz
obendrein *adv* üstelik, bir de, üstüne üstlük
obengenannt *adj* yukarıda adı geçen
Ober *m* (*Kellner*) garson; **Herr ~!** Garson!
Oberarm *m* üst kol
Oberbefehlshaber *m* başkomutan, başkumandan
Oberbürgermeister(**in**) *m(f)* büyükşehir belediye başkanı
obere(**r, s**) *adj* üst, yüksek
Oberfläche *f* yüz(ey)
oberflächlich *adj* ① (*an der Oberfläche*) yüzeysel ② (*fig: ohne Sorgfalt*) üstünkörü, özensiz
Oberflächlichkeit *f* yüzeysellik; (*fig: Nachlässigkeit*) özensizlik
oberhalb **I.** *präp +gen* -in yukarısında, -in üstünde **II.** *adv* üstünde
Oberhaupt *nt* başkan
Oberhemd *nt* frenkgömleği; (*allgemein auch*) gömlek

Oberin *f* (*eines Klosters*) başrahibe
Oberkellner *m* şefgarson
Oberkiefer *m* üst çene
Oberklasse *f* üst sınıf
Oberkörper *m* üst gövde
Oberleutnant *m* üsteğmen
Oberlippe *f* üst dudak
Oberprima *f* lisenin son sınıfı
Oberschenkel *m* uyluk
Oberschicht *f* üst tabaka
Oberschule *f* lise
Oberschwester *f* başhemşire
Oberst *m* albay
oberste(r, s) *adj* baş, en yüksek; **der Oberste Gerichtshof** (*in der Türkei*) Yargıtay
Oberstleutnant *m* yarbay
Oberstufe *f* (*Gymnasium*) lisenin son sınıfları
Oberteil *nt o m* üst kısım
obgleich *konj* -diği halde, -mesine rağmen [*o* karşın]
obige(r, s) *adj* yukarıdaki
Objekt *nt* ❶ nesne ❷ (*Satz-*) tümleç
objektiv *adj* ❶ (*sachlich*) nesnel ❷ (*unparteiisch*) tarafsız, objektif
Objektiv *nt* objektif
obligatorisch *adj* yükümlü, mecburi, zorunlu
Oboe *f* (*europäische*) obua; (*türkische*) zurna
Observatorium *nt* rasathane, gözlemevi
Obst *nt* meyve, yemiş
Obstbaum *m* meyve ağacı
Obstgeschäft *nt* manav (dükkanı), meyveci (dükkanı)
Obstkuchen *m* meyveli pasta
Obstmesser *nt* meyve bıçağı
Obstsalat *m* meyve salatası
Obstschale *f* meyvelik
obszön *adj* müstehcen, açık saçık
Obus *m* troleybüs
obwohl *konj* -diği halde, -mesine rağmen [*o* karşın]
Ochse *m* öküz
Ochsenschwanzsuppe *f* öküz kuyruğu çorbası
ockerfarben *adj* aşıboyası (rengi)
OCR *f Abk von* **Optical Character Recognition** INFORM optik karakter tanıma
öde *adj* (*menschenleer*) ıssız, tenha; (*langweilig*) (can) sıkıcı
oder *konj* veya; (*in Fragesätzen*) yoksa; (*sonst*) yoksa
OEZ *f Abk von* **osteuropäische Zeit** Doğu Avrupa saati
Ofen *m* soba; (*Back-*) fırın
offen I. *adj* ❶ (*Gegensatz zu geschlossen*) açık ❷ (*öffentlich*) açık ❸ (*freimütig*) açıksözlü ❹ (*aufrichtig*) içten, candan, samimi ❺ (*Stelle*) boş, açık; **weit ~** (*Tür*) sonuna kadar açık; **~er Wein** açık şarap; **auf ~er See** açık denizde; **auf ~er Straße** sokak ortasında; **jdn mit ~en Armen empfangen** birine kollarını açmak II. *adv* (*fig*) **ganz ~** açıktan açığa; **~ gesagt, ~ gestanden** açıkça söylemek gerekirse, doğrusu
offenbar *adv* galiba, görünüşe bakılırsa
Offenheit *f* ❶ (*Freimut*) açık sözlülük ❷ (*Aufrichtigkeit*) içtenlik, açıklık, samimiyet
offenkundig *adj* açık, belli, aşikar
offensichtlich I. *adj* besbelli II. *adv* görünüşe bakılırsa
offensiv *adj* saldırgan
Offensive *f* saldırı, hücum
öffentlich I. *adj* ❶ (*publik*) açık ❷ (*Gegensatz zu privat*) resmi, kamu(sal), genel II. *adv* alenen, açıkta
Öffentlichkeit *f* ❶ (*Leute*) halk, insanlar *pl* ❷ (*eines Gemeinwesens*) kamuoyu; **in aller ~** herkesin gözü önünde, alenen
Offerte *f* arz, teklif
offiziell *adj* resmi
Offizier *m* subay
offiziös *adj* yarı resmi
offline *adv* bağlantısız
öffnen *vt* açmak (**etw** -i); **hier ~!** bura-

dan açılır!
Öffnung *f* ❶ (*offene Stelle*) açık(lık) ❷ (*Politik und Geschäfte*) açılma
Öffnungszeit *f* açılış saatleri *pl*
oft <öfter, am häufigsten> *adv* sık sık, çoğu zaman, çok defa; **wie ~?** ne kadar sık?
öfter *adv* daha sık
öfters *adv* (bir)çok defa [*o* kere]
OHG *f Abk von* **offene Handelsgesellschaft** Kol.Şti. (*Kolektif Şirketi*)
ohne *präp +akk* -siz (-sız/-suz/-süz); **ohne Salz** tuzsuz; **~ dass** -meden/-meksizin
ohnehin *adv* zaten
Ohnmacht *f* ❶ (*Machtlosigkeit*) kudretsizlik, güçsüzlük ❷ (*Bewusstlosigkeit*) bayılma, baygınlık; **in ~ fallen** bayılmak
ohnmächtig *adj* ❶ (*machtlos*) kudretsiz, güçsüz ❷ (*bewusstlos*) baygın; **~ werden** bayılmak
Ohr *nt* kulak; **ganz ~ sein** kulak kesilmek; **jdm etw ins ~ flüstern/sagen** birinin kulağına bir şey fısıldamak/söylemek; **jdn übers ~ hauen** birine kazık atmak; **es faustdick hinter den ~en haben** anasının gözü olmak
Öhr *nt* (*einer Nadel*) iğne deliği
Ohrenarzt, **Ohrenärztin** *m, f* **Hals-Nasen-Ohren-Arzt** burun, boğaz, kulak doktoru
ohrenbetäubend *adj* kulakları sağır edecek kadar gürültülü
Ohrentropfen *pl* kulak damlası *sing*
Ohrfeige *f* tokat; (*stärker*) sille
ohrfeigen *vt* tokatlamak (**jdn** -i), tokat atmak (**jdn** -e)
Ohrläppchen *nt* kulak memesi
Ohrring *m* küpe
okay *interj* okey
Öko *m* (*fam*) çevreci
Ökologe, **Ökologin** *m, f* ekolog, çevrebilimci
Ökologie *f* ekoloji, çevrebilim
ökologisch *adj* ❶ (*die Ökologie betreffend*) ekolojik, çevrebilimsel ❷ (*umweltschonend*) çevre koruyucu
Ökonomie *f* ekonomi, iktisat
ökonomisch *adj* (*Sache*) ekonomik, iktisadi; (*Mensch*) tutumlu, idareli
Ökosystem *nt* ekosistem
Oktanzahl *f* oktan sayısı
Oktober *m* ekim (ayı)
ökumenisch *adj* evrensel
Öl *nt* ❶ (*Speise-*) (sıvı) yağ ❷ (*Erd-*) petrol ❸ (*Malerei*) yağlıboya
Ölbaum *m* zeytin ağacı
Ölbild *nt* yağlıboya resim
Oleander *m* zakkum (ağacı)
ölen *vt* yağlamak (**etw** -i)
Ölfeld *nt* sondaj alanı
Ölgemälde *nt* yağlıboya tablo
Ölhafen *m* petrol limanı
Ölheizung *f* mazotlu kalorifer
ölig *adj* yağlı
Olive *f* zeytin
Olivenhain *m* zeytinlik
Olivenöl *nt* zeytinyağı
olivgrün *adj* zeytin yeşili, zeytuni
Ölleitung *f* petrol borusu
Ölofen *m* gaz sobası
Ölpest *f* petrol kirliliği
Ölporträt *nt* yağlıboya portre
Ölsardine *f* kutu sardalyesi
Ölstand *m* yağ seviyesi
Öltank *m* yağ deposu
Öltanker *m* petrol tankeri
Ölvorkommen *nt* petrol bulunması
Ölwechsel *m* yağ değiştirme
Olympiade *f* Olimpiyat
olympisch *adj* **die Olympischen Spiele** Olimpiyat oyunları
Oma *f* (*fam*) nine
Omelett *nt*, **Omelette** *f* omlet
Omnibus *m* otobüs
Onanie *f* mastürbasyon
onanieren *vi* mastürbasyon yapmak
Onkel *m* ❶ (*väterlicherseits*) amca ❷ (*mütterlicherseits*) dayı ❸ (*angeheirateter*) enişte
online *adv* online

Onlinebank *f* internet bankası

Onlinebibliothek *f* elektronik kütüphane

Onlineshop *m* internet mağazası

ontologisch *adj* ontolijik, varoluşsal

OP *m Abk von* **Operationssaal** ameliyathane

Opa *m* (*fam*) dede

Oper *f* ① (*Musikstück*) opera ② (*Gebäude*) opera binası

Operation *f* ① MED ameliyat, operasyon ② (*Unternehmung*) operasyon

Operationssaal *m* ameliyathane

operativ *adj* ameliyatla

Operette *f* operet

operierbar *adj* (**nicht**) ~ ameliyat edilebilir (edilemez)

operieren I. *vt* ameliyat etmek (**jdn** -i) II. *vi* ① MED ameliyat etmek ② (*vorgehen*) operasyon yapmak

Operglas *nt* tiyatro dürbünü

Opernsänger(in) *m(f)* opera şarkıcısı

Opfer *nt* ① (*Handlung*) fedakarlık, özveri ② (*Opfertier, Menschenleben*) kurban; **ein ~ bringen** fedakarlık yapmak [*o* göstermek]; **~ fordern** (*Unglück*) kazaya kurban etmek

Opferfest *nt* (*islamisch*) Kurban Bayramı

opfern *vt* kurban etmek; (*fig: Geld, Gesundheit*) feda etmek (**etw** -i), kıymak (**etw** -e)

Opfertier *nt* kurban, kurbanlık hayvan

Opium *nt* afyon

opportun *adj* uygun, elverişli

Opportunist(in) *m(f)* oportünist, fırsatçı

Opposition *f* ① (*Parteien*) muhalefet ② (*Widerstand*) direniş

Oppositionsführer(in) *m(f)* muhalefet lideri

Optik *f* optik

Optiker(in) *m(f)* gözlükçü

optimal *adj* en iyi, optimal

Optimismus *m* iyimserlik

Optimist(in) *m(f)* iyimser, optimist

optimistisch *adj* iyimser, optimist

optisch *adj* optik

orange *adj* turuncu, portakal rengi

Orange *f* portakal

Orangeade *f* portakal suyu

Orangenbaum *m* portakal ağacı

Orangensaft *m* portakal suyu

Orchester *nt* orkestra

Orchidee *f* orkide

Orden *m* ① REL tarikat ② (*Auszeichnung*) nişan, madalya

ordentlich *adj* ① (*ordnungsliebend*) düzenli, tertipli ② (*geordnet*) düzgün, düzenli ③ (*anständig*) namuslu ④ (*beachtlich*) hatırı sayılır; **~er Professor** ordinaryüs (profesör)

ordinär *adj* bayağı, adi

ordnen *vt* ① düzenlemek (**etw** -i) ② (*in eine Reihenfolge*) dizmek, sıralamak (**etw** -i) ③ (*aufräumen*) toplamak, düzeltmek (**etw** -i)

Ordner *m* ① (*für Dokumente*) klasör, dosya ② (*Person*) görevli

Ordnung *f* ① (*Aufstellung*) düzen ② (*Reihenfolge*) sıra(lama), dizi ③ (*An-*) düzenleme, tertip; **in ~** yolunda; (*Pass, Papiere*) tamam; (*Maschinen*) işliyor; **in ~!** tamam!, peki!, oldu!; **er ist in ~** (*fam*) iyi bir insan; **in ~ bringen** (*aufräumen*) derleyip toplamak (**etw** -i), çekidüzen vermek (**etw** -e); (*regeln*) yoluna koymak (**etw** -i); **in ~ kommen** yoluna girmek

ordnungsgemäß I. *adj* kurala uygun II. *adv* yolunca

Ordnungsstrafe *f* disiplin cezası

Ordnungszahl *f* sıra sayısı

Organ *nt* organ

Organisation *f* ① (*Organisieren*) örgütleme, organizasyon ② (*Gruppe*) örgüt, organizasyon

Organisator(in) *m(f)* organizatör

organisch *adj* organik

organisieren I. *vt* ① (*Fest, Aktion*) düzenlemek, organize etmek (**etw** -i) ② (*in Organisation vereinen*) örgütle(ndir)mek, organize etmek (**jdn** -i)

II. *vr* **sich ~** örgütlenmek
organisiert *adj* organize; **~e Tour** organize tur; **~es Verbrechen** organize suç
Organismus *m* organizm(a)
Organist(in) *m(f)* orgcu, organist
Organizer *m* organizer
Organspende *f* organ bağışı
Orgasmus *m* orgazm, boşalma
Orgel *f* org
Orient *m* Şark, Doğu
orientalisch *adj* Şark(a özgü), doğulu; (*Tanz*) oryantal
orientieren *vr* **sich ~** (*a. fig*) yönünü tayin etmek
Orientierung *f* yöneltim, yönelim, yönelme
original *adj* asıl, orijinal
Original *nt* ① (*eines Gemäldes*) asıl, orijinal ② (*Mensch*) garip adam
originell *adj* orijinal
Orkan *m* bora, kasırga
Ort *m* ① (*Stelle*) yer, nokta ② (*Ortschaft*) köy, belde; **an ~ und Stelle** (yerli) yerinde
Örtchen *nt* (*fam: Toilette*) hela, aptesane, ayakyolu
orthodox *adj* (*griechisch, russisch*) Ortodoks; (*strenggläubig*) koyu
Orthografie[RR] *f*, **Orthographie** *f* imla, yazım
orthografisch[RR] *adj*, **orthographisch** *adj* imlaya ait
Orthopäde, Orthopädin *m, f* ortopedist
orthopädisch *adj* ortopedik
örtlich *adj* ① yerel ② MED lokal
Ortschaft *f* köy, belde
Ortsgespräch *nt* şehiriçi telefon konuşması
ortskundig *adj* çevreyi bilen
Ortsschild *nt* yer gösteren levha
Ortszeit *f* yerel saat (ayarı)
Oscar *m* (*Filmpreis*) Oskar
Öse *f* dişi kopça
Osmane *m* Osmanlı
osmanisch *adj* Osmanlı; **das Osmanische Reich** Osmanlı İmparatorluğu
Ossi *m* (*fam*) Doğu Almanyalı
Ost *m* doğu
Ostblock *m* (*hist*) Doğu Bloku
Ostdeutschland *nt* (*hist*) Doğu Almanya
Osten *m* doğu; **der Nahe/Mittlere/Ferne ~** Yakın/Orta/Uzak Doğu
Osterei *nt* Paskalya yumurtası
Osterglocke *f* ① (*Kuhschelle*) rüzgar çiçeği ② (*Narzisse*) nergis
Ostern *nt* Paskalya
Österreich *nt* Avusturya
Österreicher(in) *m(f)* Avusturyalı
österreichisch *adj* ① (*Art*) Avusturya ② (*Herkunft*) Avusturyalı
Osteuropa *nt* Doğu Avrupa
östlich I. *adj* doğu II. *adv* **~ von ...** -in doğusunda
Ostsee *f* Baltık denizi
Ostseite *f* doğu tarafı
Ostwind *m* gündoğusu (rüzgarı)
Outing *nt* açılma
Output *m* çıktı
Outsourcing *nt* ECON dış kaynak kullanımı
oval *adj* oval
Overheadprojektor *m* tepegöz
Oxyd *nt* oksit
oxydieren *vi* oksitlenmek
Ozean *m* okyanus; **Stiller/Atlantischer/Indischer ~** Pasifik/Atlantik/Hint Okyanusu
Ozon *nt* ozon
Ozonloch *nt* ozon deliği
ozonschädigend *adj* **~e Substanzen** ozon tabakasına zarar veren maddeler
Ozonschicht *f* ozon tabakası

Pp

paar *adj* **ein ~** birkaç
Paar *nt* (*Sachen, Personen, Tiere*) çift; **ein ~ Schuhe** bir çift pabuç
paaren *vr* **sich ~** (*Tiere*) çiftleşmek
paarmal *adv* **ein ~** birkaç defa
paarweise *adv* çifter çifter
Pacht *f* ❶ kira ❷ (*Pachtzins*) kira (bedeli)
pachten *vt* kira ile tutmak, kiralamak (**etw** -i)
Pächter *m* kiracı
Pack[1] *nt* (*pej: Gesindel*) ayaktakımı
Pack[2] *m* (*Packen*) deste, paket
Päckchen *nt* ❶ (*kleines Paket*) paketçik ❷ (*Zigaretten*) paket, kutu ❸ (*Post*) koli
Packeis *nt* deniz buzulu
packen *vt* ❶ (*ergreifen*) yakalamak, tutmak, kapmak (**jdn/etw** -i) ❷ (*erschüttern*) duygulandırmak, heyecanlandırmak (**jdn** -i); **den Koffer ~** bavul hazırlamak ❸ (*ein-*) yerleştirmek (**etw in etw** -i -e)

P

Packen *m* deste; (*Bündel*) bohça, çıkın
packend *adj* (*ergreifend*) duygulandırıcı, heyecanlandırıcı
Packpapier *nt* paket kâğıdı
Packung *f* ❶ (*Verpackung*) ambalaj ❷ (*Zigaretten*) paket ❸ (*Kompresse*) pansuman, kompres
Packungsbeilage *f* prospektüs
Pädagoge, **Pädagogin** *m, f* pedagog, eğitimci
Pädagogik *f* pedagoji, eğitbilim
pädagogisch *adj* pedagojik, eğitsel; **pädagogische Hochschule** yüksek öğretmen okulu
Paddel *nt* (kısa) kürek; SPORT padıl
Paddelboot *nt* hafif sandal; SPORT padılbot
paddeln *vi* kürek çekmek
Pädophile(r) *f(m)* oğlancı, sübyancı
Pädophilie *f* oğlancılık, sübyancılık
Paket *nt* paket
Paketkarte *f* paket kartı
Pakistan *nt* Pakistan
Pakt *m* antlaşma, pakt
Palast *m* saray, şato; (*klein*) konak, köşk
Palästina *nt* Filistin
Palästinenser(in) *m(f)* Filistinli
Palette *f* palet
Palisanderholz *nt* pelesenk ağacı
Palm *m* palm bilgisayar
Palme *f* palmiye; **jdn auf die ~ bringen** birini çileden çıkarmak
Palmsonntag *m* *Paskalya'dan önceki pazar günü*
Palmzweig *m* palmiye dalı
Pampelmuse *f* greyfurt, greyfrut
Pamphlet *nt* hiciv, yergi
Pandemie *f* MED pandemi (*dünya çapında salgın*)
pandemisch *adj* MED pandemik
panieren *vt* pane etmek (**etw** -i)
Paniermehl *nt* graten
Panik *f* panik; **in ~ geraten** paniğe kapılmak; **keine ~!** paniğe kapılmayın!
panisch *adj* **~e Angst** büyük korku, dehşet
Panne *f* arıza
Pannendienst *f* arıza [*o* tamir] servisi
Panorama *nt* panorama, genel görünüş [*o* manzara]
panschen *vt* (*Wein usw.*) (şaraba vs.) su katmak
Panter[RR] *m*, **Panther** *m* panter
Pantoffel *m* terlik
Pantoffelheld *m* kılıbık
Pantomime *f* pantomim
Panzer *m* ❶ (*Kampfwagen*) tank ❷ HIST (*Rüstung*) zırh ❸ (*von Schildkröte*)

kabuk
Panzerschrank *m* kasa
Papa *m* (*fam*) baba; (*als Anrede*) baba, babacığım
Papagei *m* papağan
Papier *nt* kâğıt *pl;* (*Ausweise*) kimlik (kâğıdı)
Papierflieger *m* kâğıt uçak
Papiergeld *nt* kâğıt para
Papiergeschäft *nt* kâğıtçı (dükkanı), kırtasiye mağazası
Papierkorb *m* kâğıt sepeti
Papierkrieg *m* kırtasiyecilik
Papiertaschentuch *nt* kâğıt mendil
Papiertüte *f* kesekâğıdı
Pappe *f* karton, mukavva
Pappel *f* kavak (ağacı)
Paprika *m* (*Gemüse*) (yeşil) biber; (*Gewürz*) kırmızıbiber
Paprikaschote *f* dolmalık biber
Papst *m* Papa
Parabel *f* MATH parabol
Parade *f* geçit töreni
Paradies *nt* cennet
paradiesisch *adj* cennet gibi
Paradigma *nt* paradigma
paradox *adj* çelişik, tezatlı, paradoks
Paradoxie *nt* paradoks
Paragraf[RR] *m*, **Paragraph** *m* ❶ JUR madde, fıkra, paragraf ❷ (*Absatz*) paragraf
parallel *adj* paralel, koşut
Parallele *f* ❶ paralel, koşut ❷ (*Gleichartigkeit*) uygunluk
Paralympics *pl* SPORT Özürlüler Olimpiyatı, Paralimpik Oyunları
Parameter *m* parametre
paramilitärisch *adj* paramiliter
Parasit *m* parazit, asalak
parat *adj* ~ **sein** hazır olmak; **etw ~ haben** elinde hazır bulunmak
Parcours *m* (*Golf*) parkur
Parfüm *nt* parfüm, esans
Parfümerie *f* parfümeri
parfümieren *vr* **sich** ~ parfüm sürünmek [*o* güzel koku]
Park *m*, **Parkanlage** *f* park
parken **I.** *vt* park etmek (**etw** -i) **II.** *vi* park yapmak
Parken *nt* park etme; ~ **verboten!** park yapılmaz!
Parkett *nt* (*Fußboden*) parke; (*Theater*) parter
Parkgebühr *f* park ücreti
Parkhaus *nt* katlı otopark
parkinsonsche Krankheit *f* Parkinson (hastalığı)
Parklücke *f park edebilecek* (*dar*) *bir yer*
Parkplatz *m* park yeri, otopark
Parkscheibe *f* park süresi göstergesi
Parkuhr *f* park saati
Parkverbot *nt* park (etme) yasağı
Parlament *nt* parlamento, meclis; (*in der Türkei*) (Büyük) Millet Meclisi
Parlamentarier(in) *m(f)* milletvekili, mebus
parlamentarisch *adj* parlamentoya ait
Parodie *f* parodi, alaylı benzeti
parodieren *vt alay ederek taklidini yapmak*
Parodontose *f* dişeti çekilmesi
Parole *f* ❶ (*Losung*) parola ❷ (*Leitspruch*) slogan
Partei *f* ❶ (*politische*) parti ❷ (*in einem Rechtsstreit*) taraf; **für jdn ~ ergreifen** birinin tarafını tutmak
parteiisch *adj* taraflı, tarafgir, yanlı
Parteilichkeit *f* taraftarlık, yandaşlık
Parteitag *m* genel parti toplantısı
Parterre *nt* (*Erdgeschoss*) zemin katı, alt kat
Partie *f* ❶ (*Schach*) oyun, parti ❷ SPORT oyun
Partikel *f* ❶ (*Teilchen*) zerre, tanecik ❷ (*Wortart*) ilgeç
Partisan(in) *m(f)* çeteci, gerilla(cı)
partitionieren *vt* INFORM bölümlemek (**etw** -i)
partitioniert *adj* INFORM bölümlenmiş
Partitur *f* partitur
Partizip *nt* ortaç, sıfatfiil
Partner(in) *m(f)* ❶ (*Ehe, Spiel, Sport*)

eş ② (*Kompagnon*) ortak
Partnerschaft *f* eşlik; (*Geschäfts-*) ortaklık
Partnerstadt *f* kardeş şehir
Party *f* parti
Pass[RR] *m*, **Paß**[ALT] *m* ① (*Reise-*) pasaport ② (*Gebirgs-*) geçit
Passage *f* ① (*Durchgang*) geçit ② (*Laden-*) pasaj; (*in einem Musikstück/einem Text*) pasaj
Passagier(in) *m(f)* yolcu
Passagierschiff *nt* yolcu gemisi
Passbild[RR] *nt* vesikalık fotoğraf
passen *vi* ① uymak, yakışmak (**zu etw/jdm** -e) ② (*Kleider*) uymak (**jdm** -e) ③ (*Spiel*) oyunu bırakmak; **zueinander ~** birbirine uymak [*o* yakışmak]; **das passt mir** (**nicht**) bu, işime gelir (gelmez); **das könnte dir so ~!** tam sana göre!
passend *adj* ① (*angebracht*) uygun, elverişli, yakışık alır ② (*Zeit*) uygun
passieren I. *vt haben* (*vorbeigehen*) geçmek (**etw** -i/-den) II. *vi sein* (*geschehen*) olmak, cereyan etmek
Passierschein *m* sınır geçme izni
passiv *adj* ① (*untätig*) pasif ② LING edilgen
Passiv *nt* LING edilgen çatı
Passiva *pl* (*Bilanz*) pasif (bilanço) *sing*
Passivität *f* pasiflik
Passivrauchen *nt* pasif içicilik
Passivraucher(in) *m(f)* pasif içici
Passkontrolle[RR] *f* pasaport kontrolü
Passwort[RR] *nt* INFORM şifre, parola
Pastellfarbe *f* pastel boya
Pastete *f* börek, poğaça
pasteurisieren *vt* pastörize etmek (**etw** -i)
pasteurisiert *adj* pastörize
Pastor(in) *m(f)* papaz (*Protestan*)
Pate *m* vaftiz babası
Patenkind *nt* vaftiz evladı
Patenschaft *f* vaftiz babalığı
Patent *nt* patent
Patentamt *nt* patent dairesi [*o* bürosu]
patentieren *vt* **sich etw ~ lassen** bir şeyin patentini almak
Pater *m* ① (*katholischer Pfarrer*) papaz ② (*Mönch*) rahip
pathetisch *adj* coşkulu
Pathologe, **Pathologin** *m, f* patolog
Pathologie *f* patoloji
pathologisch *adj* patolojik; (*krankhaft*) hastalıklı
Patience *f* (*Spiel*) pasyans
Patient(in) *m(f)* hasta
Patin *f* vaftiz anası
Patriarch *m* (*orthodoxer Bischof*) patrik
patriarchalisch *adj* (*vaterrechtlich*) patriarkal, ataerkil
Patriot(in) *m(f)* yurtsever, vatanperver
patriotisch *adj* vatanperver, yurtsever
Patriotismus *m* vatanperverlik, yurtseverlik
Patrone *f* fişek
Patronenhülse *f* kovan
Patrouille *f* devriye
patrouillieren *vi* devriye gezmek
Patsche *f* (*fam*) **in der ~ sitzen** başı belada [*o* dertte] olmak; **jdm aus der ~ helfen** birini zor durumdan kurtarmak
patschen *vi* (*im Wasser*) çıpı çıpı etmek
Pauke *f* davul
pauken *vi, vt* (*fam: lernen*) ineklemek (**etw** -i)
pauschal *adv* ① (*alles zusammen*) hepsi beraber, toptan (olarak) ② (*verallgemeinernd*) genelleştirerek
Pauschalpreis *m* toptan [*o* götürü] fiyat
Pause *f* ara; (*Schule*) teneffüs; (*Theater*) perde arası
Pavillon *m* pavyon
Pazifik *m* Büyük Okyanus, Pasifik (Okyanusu)
Pazifismus *m* pasifizm
Pazifist(in) *m(f)* pasifist
pazifistisch *adj* pasifist
PC *m Abk von* **Personal Computer** PC, kişisel bilgisayar
Pech *nt* ① zift ② (*fam: Unglück*) talih-

P

sizlik, şanssızlık, bahtsızlık; (**da hast du**) ~ **gehabt!** şansına küs!
Pechvogel *m* (*fam*) talihsiz
Pedal *nt* pedal
Pedant(in) *m(f)* titiz, müşkülpesent
pedantisch *adj* titiz, müşkülpesent
Pediküre *f* pedikür
peelen *vi* piling yapmak
Peeling *nt* piling
peinlich *adj* (*Lage*) üzücü; ~ **genau** (aşırı) titiz
Peitsche *f* kamçı, kırbaç
peitschen *vi, vt* kamçılamak, kırbaçlamak (**etw/jdn** -i)
Peitschenhieb *m* kırbaç darbesi
Pelikan *m* pelikan
Pelle *f* zar
pellen *vt* kabuğunu soymak (**etw** -in)
Pellkartoffeln *fpl* kabuğuyla haşlanan patates *sing*
Pelz *m* kürk
Pelzgeschäft *nt* kürkçü (dükkanı)
Pelzmantel *m* kürk manto
Pendel *nt* sarkaç
pendeln *vi* (sarkaç gibi) sallanmak; (*hin- und herlaufen*) *iki yer arasında devamlı gidip gelmek*
Pendelverkehr *m kısa mesafede sık işleyen trafik*
Pendler(in) *m(f) iş yeri ile konutu ayrı yerlerde bulunan kimse*
penetrant *adj* ① (*durchdringend*) keskin ② (*aufdringlich*) usandırıcı, sırnaşık
Penis *m* penis, erkeklik organı
Penizillin *nt* penisilin
pennen *vi* (*fam*) uyumak
Penner(in) *m(f)* (*fam*) serseri, berduş
Pension *f* ① (*Hotel*) pansiyon ② (*Ruhegehalt*) emekli aylığı
Pensionär(in) *m(f)* (*Rentner*) emekli
Pensionat *nt* yatılı okul
pensioniert *adj* emekli
Pensionierung *f* emekliye ayırma
Pensum *nt* (*Aufgabe*) görev, ödev
per *präp+akk* ... vasıtasiyle; ~ **Adresse** eliyle
perfekt *adj* kusursuz, mükemmel, yetkin
Perfekt *nt* LING (*im Deutschen*) ikinci geçmiş zaman; (*im Türkischen*) -miş'li geçmiş zaman
Perfektion *f* mükemmellik
perforieren *vt* zımbalamak, delmek (**etw** -i)
Pergament *nt* parşömen
Pergamon *nt* Bergama
Periode *f* ① (*Zeitraum*) devre, devir, dönem ② (*Menstruation*) aybaşı
periodisch *adj* periyodik
Peripherie *f* ① MATH çevre ② (*Außenseite*) dışkenar
Peripheriegerät *nt* INFORM çevre birimi
Perle *f* inci; (*Glas~*) boncuk
Perlmutt *nt* sedef
Perser(in) *m(f)* İranlı
Persien *nt* İran
persisch *adj* (*Art*) İran; (*Sprache*) Farsça
Person *f* kişi; **pro** ~ kişi başına
Personal *nt* personel
Personalabteilung *f* personel servisi
Personalausweis *m* kimlik (kartı)
Personalbüro *nt* personel bürosu
Personalchef(in) *m(f)* personel şefi
Personalien *pl* kimlik bilgileri *pl;* **jds** ~ **feststellen** birinin kimliğini tespit etmek
personalisieren *vt* INET özelleştirmek (**etw** -i)
Personenkraftwagen *m* binek otomobili
Personenkult *m* kişiyi tanrılaştırma
Personenzug *m* yolcu treni
personifizieren *vt* canlandırmak (**etw** -i)
persönlich I. *adj* kişisel, şahsi; (*privat*) özel II. *adv* şahsen
Persönlichkeit *f* kişilik, şahsiyet; (*maßgebende Person*) şahsiyet, önemli kişi
Persönlichkeitsentwicklung *f* kimlik gelişimi
Perspektive *f* ① perspektif ② (*Aussicht*

auf Erfolg) şans, ümit, imkan
Peru *nt* Peru
Perücke *f* peruka, takma saç
pervers *adj* sapık
Pessimismus *m* karamsarlık, kötümserlik, bedbinlik
Pessimist(in) *m(f)* karamsar, kötümser, bedbin
pessimistisch *adj* karamsar, kötümser, bedbin
Pest *f* ❶ (*Krankheit*) veba ❷ (*Unheil*) bela, felaket
Pestizid *nt* biosit
Petersilie *f* maydanoz
Petroleum *nt* petrol, gazyağı
Petroleumlampe *f* gazyağı lambası
petzen I. *vt* (*kneifen*) sıkıştırmak (**etw** -i) **II.** *vi* (*fam: denunzieren*) gammazlamak
Petzer *m* (*fam*) gammaz, ihbarcı
Pf *m Abk von* **Pfennig** fenik
Pfad *m* ❶ (*kleiner Fußweg*) patika, keçiyolu ❷ INFORM yol
Pfadfinder(in) *m(f)* izci
Pfahl *m* kazık, direk
Pfalz *f* Palatina
Pfand *nt* rehin; (*Flaschen-*) depozito
pfänden *vt* haczetmek (**etw** -i)
Pfandflasche *f* depozitolu şişe
Pfandhaus *nt* emniyet sandığı (*rehin karşılığında para veren kurum*)
Pfändung *f* haciz
Pfanne *f* ❶ (*Küche*) tava ❷ ANAT mafsal oyuğu
Pfannkuchen *m tatlı bir omlet çeşidi*
Pfarrei *f*, **Pfarrgemeinde** *f bir papazın idaresi altında bulunan kilise cemaati*
Pfarrer(in) *m(f)* papaz
Pfarrkirche *f papazlık dairesinin başkilisesi*
Pfau *m* tavus kuşu
Pfeffer *m* biber; (*schwarzer* ~) karabiber; **gemahlener** ~ dövülmüş biber
Pfefferkuchen *m ballı ve baharatlı bir çörek*
Pfefferminze *f* nane
Pfefferminzlikör *m* nane likörü
Pfefferminztee *m* nane çayı, naneli çay
Pfefferstreuer *m* biberlik
Pfeife *f* ❶ (*Triller-*) düdük ❷ (*Tabaks-*) pipo; ~ **rauchen** pipo içmek
pfeifen <pfiff, gepfiffen> *vi* ❶ (*mit Pfeife*) düdük öttürmek ❷ (*ohne Pfeife*) ıslık çalmak; **auf etw** ~ bir şeye aldırış etmemek; **ich pfeife darauf** bana vız gelir
Pfeifenreiniger *m* pipo teli
Pfeifentabak *m* pipo tütünü
Pfeil *m* ok
Pfeiler *m* ❶ direk, destek ❷ (*fig: Stütze*) dayanak
Pfennig *m* fenik
Pferch *m* ağıl; (*für Schafe*) mandıra
Pferd *nt* ❶ at; (*Last-*) beygir ❷ SPORT beygir
Pferdeäpfel *mpl* at gübresi *sing*
Pferderennen *nt* at yarışı
Pferdeschwanz *m* (*auch Frisur*) at kuyruğu
Pferdestall *m* at tavlası
Pferdestärke *f* beygir gücü
Pferdewagen *m* atlı araba, at arabası
pfiff *vi, vt s.* **pfeifen**
Pfiff *m* ıslık; (*einer Pfeife*) düdük sesi
Pfifferling *m* horozmantarı
pfiffig *adj* açıkgöz
Pfingsten *nt* Pantkot Yortusu
Pfingstrose *f* şakayık
Pfirsich *m* şeftali
Pfirsichbaum *m* şeftali ağacı
Pflanze *f* bitki
pflanzen *vt* (toprağa) dikmek (**etw** -i)
Pflanzenöl *nt* bitkisel yağ
pflanzlich *adj* bitkisel
Pflanzung *f* (*von Bäumen*) fidan dikme; (*Pflanzenzucht*) bitki yetiştirme
Pflaster *nt* ❶ (*Straßen-*) kaldırım ❷ (*Heft-*) (yapışıcı) yakı, plaster
Pflasterstein *m* kaldırım taşı; (*Kopfstein*) parke taşı
Pflaume *f* erik; (*Damaszener-*) mürdümeriği

Pflaumenbaum *m* erik ağacı
Pflege *f* ❶ (*Pflegen*) bakım; (*besonders sorgsame*) özen ❷ (*Fürsorge*) koruma
pflegebedürftig *adj* bakıma muhtaç
Pflegeeltern *pl* evlat edinen anababa
Pflegeheim *nt* bakım yurdu
Pflegekind *nt* evlatlık, besleme
pflegeleicht *adj* bakımı kolay
pflegen I. *vt* ❶ bakmak (**jdn/etw** -i) ❷ (*fig*) bakmak (**etw** -e), korumak, iyi durumda tutmak (**etw** -i); **gesund** ~ iyileştirmek (**jdn** -i) II. *vi* **pflegen zu ...** (*Gewohnheit*) -meye alışmış olmak
Pflicht *f* ❶ (*Aufgabe*) görev, ödev ❷ (*obliegende*) borç ❸ (*Verpflichtung*) yüküm(lülük)
pflichtbewusst[RR] *adj* görevine bağlı
pflücken *vt* koparmak, toplamak (**etw** -i)
Pflug *m* saban; (*schwerer*) pulluk; (*aus Holz*) karasaban
pflügen *vi, vt* çift [*o* toprağı] sürmek
Pforte *f* kapı; **die Hohe** ~ Babıali
Pförtner *m* (*Magen-*) mide kapısı
Pförtner(in) *m(f)* kapıcı
Pfosten *m* direk, destek, kazık
Pfote *f* ❶ (*Hund, Katze*) el, ayak; (*Raubtiere*) pençe ❷ (*pej: Hand*) el ❸ (*schlechte Handschrift*) kötü el yazısı
Pfropf(en) *m* tıpa, tıkaç
Pfründe *f* arpalık
pfui *interj* tüh, ayıp
Pfund *nt* ❶ (*Gewicht*) yarım kilo ❷ (*türkische Währung*) lira; (*britische Währung*) sterlin(g)
pfuschen *vi* kötü [*o* üstünkörü] iş görmek
Pfuscher(in) *m(f)* üstünkörü iş gören
Pfütze *f* (küçük) su birikintisi
PH *f Abk von* **pädagogische Hochschule** yüksek öğretmen okulu
Phänomen *nt* görüngü
phänomenal *adj* (*großartig*) eşsiz
Phantasie *f* ❶ (*Einbildungskraft*) hayal gücü ❷ (*Trugbild*) hayal, görüntü
phantasieren *vi* ❶ (*im Fieber*) sayıklamak ❷ (*in Gedanken ausmalen*) hayal kurmak
phantastisch *adj* ❶ (*unwirklich*) hayali, düşsel ❷ (*großartig*) harika
Phantom *nt* hayal
Phantombild *nt* robot resim
pharm. *adj Abk von* **pharmazeutisch**
pharmazeutisch *adj* ecza(sal)
Phase *f* ❶ (*Periode*) devre, dönem, devir ❷ (*Stadium*) evre, safha ❸ (*beim Wechselstrom*) dalgalı akım
Philippinen *pl* **die** ~ Filipinler, Filipin Adaları *pl*
Philologe, Philologin *m, f* filolog
Philologie *f* filoloji
Philosoph(in) *m(f)* filozof
Philosophie *f* felsefe
philosophisch *adj* felsefi
phlegmatisch *adj* ağır hareketli; (*negativ*) mıymıntı
Phonetik *f* fonetik, sesbilim
phonetisch *adj* fonetik, sesbilimsel
Phosphat *nt* fosfat
Phosphor *m* fosfor
Photo *nt s.* **Foto**
Physik *f* fizik
physikalisch *adj* fiziksel, fiziki
Physiker(in) *m(f)* fizikçi
Physiognomie *f* fizyonomi
Physiologie *f* fizyoloji
physisch *adj* fiziksel; (*den Körper betreffend*) bedensel, bedeni
Pianist(in) *m(f)* piyanist
Piano(forte) *nt* (konsol) piyano
Piaster *m* kuruş
Pickel *m* sivilce
picken *vt* gagalamak (**etw** -i)
Picknick *nt* piknik
piepen *vi* (*junge Vögel*) cıvıldamak; (*Maus, Küken*) cik cik etmek
pikant *adj* ❶ (*Speise*) baharatlı ❷ (*Witz*) açık saçık, müstehcen
Pilger(in) *m(f)* hacı
Pilgerfahrt *f* hac

P

pilgern *vi sein* ❶ (*wallfahren*) hacca gitmek ❷ (*zu Fuß gehen*) yaya gitmek
Pilgerort *m*, **Pilgerstätte** *f* ziyaretgah, ziyaret [*o* hac] yeri
Pille *f* ❶ hap ❷ (*Antibabypille*) doğum kontrol hapı
Pilot(in) *m(f)* pilot
Pilotprojekt *nt* pilot projesi
Pilz *m* mantar
Pilzvergiftung *f* mantar zehirlenmesi
Pinie *f* fıstık çamı
Pinienkern *m* çam fıstığı
Pinienwald *m* çamlık
pinkeln *vi* (*fam*) işemek, çiş etmek
Pinsel *m* (*zum Malen*) (resim) fırça(sı); (*zum Streichen*) badana fırçası
Pinzette *f* cımbız
Pionier(in) *m(f)* (*Wegbereiter*) öncü
Pipeline *f* boru hattı
Pirat *m* korsan
pissen *vi* (*vulg*) işemek
Pistazie *f* şamfıstığı, antepfıstığı
Piste *f* pist
Pistole *f* tabanca
Pixel *nt* piksel
Pizza *f* pizza; (*türkische* ~) lahmacun
Pkw *m*, **PKW** *m Abk von* **Personenkraftwagen** binek otomobili
plädieren *vi* savunmak (**für etw/jdn** -i)
Plädoyer *nt* (*für*) savunma söylevi
Plage *f* ❶ (*Qual*) azap, üzüntü, dert ❷ (*Land-*) afet, felaket
plagen I. *vt* ❶ (*quälen*) üzmek (**jdn** -i), üzüntü [*o* azap] vermek (**jdn** -e) ❷ (*belästigen*) taciz [*o* rahatsız] etmek (**jdn** -i) II. *vr* **sich** ~ (*körperlich*) yorulmak, zahmet çekmek; (*seelisch*) üzülmek
Plakat *nt* afiş, duvar ilanı
Plakette *f* plaket
Plan *m* plan; **einen ~ schmieden** plan kurmak
Plane *f* (*allgem.*) *su geçirmez koruma örtüsü;* (*für einen Wagen*) araba örtüsü
planen *vt* planlamak, tasarlamak (**etw** -i)
Planet *m* gezegen
Planetarium *nt* planetaryum
Planierraupe *f* buldozer
Planke *f* tahta, kalas
planlos *adj* plansız
planmäßig I. *adj* plana uygun II. *adv* (*fahr-*) tarifeye göre
Planschbecken *nt* çocuk havuzu
planschen *vi* su içinde oynamak; (*mit Wasser spritzen*) su fışkırtmak
Plantage *f* plantasyon
Planung *f* planlama
Planwirtschaft *f* planlı ekonomi
plappern *vi* gevezelik etmek
plärren *vi* cırıldamak, cır cır etmek; (*laut weinen*) hüngür hüngür ağlamak
Plastik[1] *f* ❶ (*Kunst*) heykeltıraşlık ❷ (*Werk*) heykel
Plastik[2] *nt* (*Werkstoff*) plastik
Plastikbecher *m* plastik bardak
Plastikflasche *f* plastik şişe
Plastikgabel *f* plastik çatal
Plastiktüte *f* plastik torba
plastisch *adj* (*greifbar*) canlı, elle tutulur
Platane *f* çınar (ağacı)
Platin *nt* platin
platonisch *adj* (*a. fig*) platonik
plätschern *vi* ❶ (*planschen*) suda oynamak ❷ (*Bach*) çağıldamak, şarıldamak, şırıl şırıl akmak
platt *adj* ❶ (*flach*) düz, yassı ❷ (*Nase*) basık ❸ (*Reifen*) havası kaçan [*o* boşalan] ❹ (*erstaunt*) şaşkın, alıklaşmış; **der Reifen ist** ~ lastikte hava yok; **sie war** (**einfach**) ~ (*fam*) şaşkınlıktan donakaldı
Plattdeutsch *nt* Kuzey Almanya şivesi
Platte *f* ❶ (*Scheibe*) levha ❷ (*Schall-*) plak ❸ (*Holz-*) tabla ❹ (*Metall-*) tepsi ❺ (*Stein-*) döşeme taşı ❻ (*flache Schüssel*) yayvan kap
plätten *vt* (*allgemein*) yassıltmak; (*Wäsche*) ütülemek (**etw** -i)
Plattenspieler *m* pikap
Plattform *f* platform

Plattfuß *m* ❶ MED düztaban ❷ (*fam: platter Reifen*) *havası kaçmış lastik*
Platz *m* ❶ (*offener*) alan ❷ (*in einer Stadt*) meydan ❸ (*Stelle, Raum, Sitz*) yer; ~ **finden** yer bulmak; **am ~e sein** yerinde olmak; ~ **machen** yer açmak (**jdm** -e); ~ **nehmen** yerini almak, oturmak
Platzangst *f* agorafobi, meydan korkusu
Platzanweiser(in) *m(f)* yer gösterici
Plätzchen *nt* (*Teegebäck*) kurabiye
platzen *vi sein* ❶ (*explodieren*) patlamak ❷ (*Risse bekommen*) yırtılmak, çatlamak; **vor Ärger/Wut** ~ kızgınlıktan patlamak
Platzkarte *f* (*Eisenbahn*) numaralı bilet
plaudern *vi* sohbet etmek
Play-off *nt* SPORT play-off
Play-off-Gruppe *f* play-off grubu
Pleite *f* ❶ (*Bankrott*) iflas ❷ (*Misserfolg*) başarısızlık, fiyasko; ~ **machen** iflas etmek
pleite *adv* ~ **sein** (*fam*) meteliğe kurşun atmak
Plenarsitzung *f* genel kurul toplantısı
Plenum *nt* genel kurul
Plexiglas® *nt* pleksiglas
Plombe *f* ❶ (*Verschluss*) kurşun damga ❷ (*Zahn-*) dolgu
plombieren *vt* kurşunlamak; (*Zahn*) doldurmak (**etw** -i)
plötzlich I. *adj* ani, beklenmeyen II. *adv* birdenbire, ansızın, aniden
Plug and Play *nt* INFORM tak çalıştır
plump *adj* ❶ (*unfein: Person und Sache*) hantal, kaba saba ❷ (*ungeschickt*) beceriksiz, hantal, hoyrat
plündern I. *vt* yağma etmek (**etw** -i) II. *vi* çapulculuk etmek
Plünderung *f* yağma(cılık)
Plural *m* çoğul
Pluralismus *m* plüralizm, çokçuluk
pluralistisch *adj* plüralist, çokçu
plus *adv* artı; **zwei ~ zwei ist vier** iki artı iki dört eder
Plus *nt* artı
Plüsch *m* pelüş
Plutonium *nt* plütonyum
PLZ *f Abk von* **Postleitzahl** posta kod numarası
Po *m* (*fam*) kıç, kaba et
Pöbel *m* (*pej*) ayaktakımı
pöbelhaft *adj* (*pej*) bayağı, kaba (saba)
pochen *vi* ❶ (*klopfen*) vurmak, çalmak ❷ (*Herz*) çarpmak, atmak; (*Schläfen*) atmak; **auf etw** ~ (*fig*) bir şeyde ısrar etmek
Pocken *pl* çiçek (hastalığı) *sing*
Podest *nt*, **Podium** *nt* podyum
Podiumsdiskussion *f* panel
Poesie *f* şiir sanatı
Poet(in) *m(f)* şair
poetisch *adj* şairane, ozansı
Pokal *m* kupa
Pokalspiel *nt* kupa maçı
pol. *adj Abk von* **politisch; polizeilich**
Pol *m* kutup
Polarisierung *f* (*a. fig*) kutuplaş(tır)ma
Polarkreis *m* kutuplar dairesi
Polaroidkamera *f* polaroid makine
Pole, Polin *m, f* Polonyalı
Polemik *f* tartışma, polemik
polemisch *adj* polemik
polemisieren *vi* polemik yapmak
Polen *nt* Polonya
polieren *vt* cilalamak, parlatmak (**etw** -i)
Poliklinik *f* poliklinik
Politesse *f* (*fam*) kadın trafik polisi
Political Correctness *f* POL siyaseten doğruluk
Politik *f* politika, siyaset
Politiker(in) *m(f)* politikacı
politisch *adj* politik, siyasi, siyasal; ~ **korrekt** siyaseten doğru
politisieren *vt:* **jdn/etw** ~ birini/bir şeyi siyasallaştırmak [*o* politize etmek]
Politologie *f* siyasal bilgiler *pl*
Politur *f* ❶ (*Material*) cila, vernik, parlatıcı ❷ (*Glanz*) parlaklık
Polizei *f* polis; (*besonders städtische*) zabıta

Polizeigewahrsam *m* gözaltı; **jdn in ~ nehmen** birini gözaltına almak
polizeilich I. *adj* polis II. *adv* polisçe, zabıtaca
Polizeipräsidium *nt* emniyet müdürlüğü
Polizeistaat *m* polis devleti
Polizeiwache *f* (polis) karakol(u)
Polizeiwagen *m* polis arabası
Polizist(in) *m(f)* polis (memuru)
Pollen *m* çiçek tozu
polnisch *adj* ❶ (*Sprache*) Polonyaca ❷ (*Art*) Polonya ❸ (*Herkunft*) Polonyalı
Polster *nt* (*Kissen*) yastık
Polstergarnitur *f* koltuk takımı
polstern *vt* kıtıkla doldurmak (**etw** -i)
Polterabend *m düğünden önceki bir eğlence*
poltern *vi* ❶ (*rumpeln*) gümbürdemek ❷ (*lärmen*) gürültü [*o* patırtı] etmek ❸ (*schelten*) bağırıp çağırmak
Polyester *nt* poliester
polygam *adj* poligam, çokkarılı
Polygamie *f* poligami, çokkarılılık
Polyp *m* ❶ MED polip, ahtapot ❷ (*Krake*) ahtapot ❸ (*fam: Polizist*) aynasız

P

Pommes frites *pl* patates kızartması *sing*
Pony[1] *nt* (*Kleinpferd*) midilli
Pony[2] *m* (*Stirnfransen*) kakül, perçem
Popcorn *nt* patlamış mısır
Popmusik *f* pop müziği
Popo *m* (*fam*) kıç, popo, kaba et
populär *adj* popüler; **~ werden** popülerleşmek
Popularität *f* popülarite
populistisch *adj* popülist
Pore *f* gözenek
Pornofilm *m* porno film
Pornografie[RR] *f*, **Pornographie** *f* pornografi
pornografisch[RR] *adj*, **pornographisch** *adj* pornografik
Pornoring *m* porno şebekesi
porös *adj* gözenekli
Porree *m* pırasa
Port *nt* INFORM bağlantı noktası
Portal *nt* ❶ (büyük) kapı, anakapı ❷ (*Homepage*) portal, ana sayfa
Portemonnaie *nt* cüzdan
Portier *m* kapıcı
Portion *f* porsiyon
Portmonee[RR] *nt* cüzdan
Porto *nt* posta ücreti; **~ bezahlt Empfänger** posta ücreti alıcıya ait
Portogebühr *fmeist pl* posta ücretleri *pl*
Porträt *nt* portre
porträtieren *vt* portresini yapmak (**jdn** -in)
Portugal *nt* Portekiz
Portugiese, Portugiesin *m, f* Portekizli
portugiesisch *adj* ❶ (*Sprache*) Portekizce ❷ (*Art*) Portekiz ❸ (*Herkunft*) Portekizli
Portwein *m* porto şarabı
Porzellan *nt* porselen
Posaune *f* trombon
Position *f* (*Stellung, Lage*) durum, pozisyon
positiv *adj* ❶ olumlu ❷ MATH pozitif
Possessivpronomen *nt* iyelik zamiri
Post *f* ❶ (*Einrichtung*) posta ❷ (*Amt, Gebäude*) postane ❸ (*Briefe*) posta; **mit der ~** postayla; **mit getrennter ~** ayrı postayla
postalisch *adj* posta(yla ilgili)
Postamt *nt* postane
Postanschrift *f* posta adresi
Postanweisung *f* posta havalesi
Postbote, Postbotin *m, f* postacı
Posten *m* ❶ (*Anstellung*) görev; (*Amt*) memuriyet ❷ (*Waren-*) parti ❸ (*Wach-*) nöbetçi
Poster *nt* poster
Postf. *nt Abk von* **Postfach**
Postfach *nt* posta kutusu
Postkarte *f* kartpostal, posta kartı
postlagernd *adv* postrestant
Postleitzahl *f* posta kod numarası
postmodern *adj* postmodern
Postscheckkonto *nt* posta çeki hesabı

Postskript(um) *nt* eklenti

Poststempel *m* posta damgası

postwendend *adv* ilk posta ile

potentiell *adj* potansiyel

Potenz *f* ① (*Leistungskraft*) güç, kuvvet, kudret ② (*sexuelle*) (cinsel) iktidar

potenziell[RR] *adj* potansiyel

Potpourri *nt* (*Musik-*) potpuri

Poularde *f* semiz yarga

Pracht *f* debdebe, tantana, görkem

prächtig *adj*, **prachtvoll** *adj* debdebeli, tantanalı, görkemli

Prädikat *nt* yüklem

prägen *vt* ① (*Münzen*) basmak, darp etmek (**etw** -i) ② (*fig: gestalten*) şekil vermek (**etw** -e), kalıba sokmak (**etw** -i)

Pragmatiker(in) *m(f)* pragmacı, pragmatist, yararcı

pragmatisch *adj* pragmacı, pragmatik, yararcı

Pragmatismus *m* pragmacılık, pragmatizm, yararcılık

prägnant *adj* (*kurz*) kısa (ve özlü)

prähistorisch *adj* tarih öncesinden kalma

prahlen *vi* övünmek (**mit etw** ile)

Praktikant(in) *m(f)* stajyer

Praktikum *nt* staj

praktisch I. *adj* pratik; (*Gerät auch*) kullanışlı; **~er Arzt** pratisyen doktor II. *adv* fiilen

Praline *f* çikolatalı şekerleme

prall *adj* **in der ~en Sonne** kızgın güneşte

prallen *vi sein* çarpmak (**auf/gegen jdn** -e)

Prämie *f* ① (*Auszeichnung*) ödül, mükafat ② ECON prim

präm(i)ieren *vt* ödüllendirmek (**jdn/etw** -i)

Präparat *nt* CHEM bileşim

Präposition *f* edat, ilgeç

Präsens *nt* LING şimdiki zaman (kipi)

Präservativ *nt* prezervatif

Präsident(in) *m(f)* başkan, reis

Präsidentschaftskandidat(in) *m(f)* başkanlık adayı

Präsidium *nt* başkanlık

prasseln *vi* (*Regen*) şakırdamak

Präventivmaßnahme *f* önleme tedbiri

Praxis *f* ① (*Durchführung*) pratik, uygulama ② (*Arzt-*) muayenehane

Präzedenzfall *m* (haklar yaratan) emsal

präzis *adj* ① (*sorgfältig*) özenli ② (*genau*) belirgin ③ (*Uhrwerk*) dakik

präzisieren *vt* belirlemek (**etw** -i)

Präzision *f* ① (*Sorgfalt*) özen, itina ② (*Uhrwerk*) dakiklik

predigen *vi* ① (*Predigt*) vaaz etmek ② (*ermahnen*) öğütlemek

Prediger(in) *m(f)* vaiz, hatip

Predigt *f* vaaz

Preis *m* ① (*Kauf-*) fiyat, eder ② (*Gegenwert*) bedel, karşılık ③ (*Wert*) değer, kıymet ④ (*Auszeichnung*) ödül, mükafat; **um jeden ~** her ne pahasına olursa olsun

Preisausschreiben *nt* ödüllü yarışma duyurusu

Preiselbeere *f* kırmızı yaban mersini

preisen <pries, gepriesen> *vt* övmek (**jdn/etw** -i)

preisgeben *irr vt* terk etmek, bırakmak; (*Geheimnis*) açığa vurmak, dile vermek (**etw** -i)

Preisschild *nt* fiyat fişi

preiswert *adj* ucuz, ehven

prekär *adj* ① (*misslich*) nahoş ② (*bedenklich*) sakıncalı ③ (*schwierig*) müşkül

prellen *vt* (*finanziell*) dolandırmak (**jdn** -i); **sich** *dat* **den Arm/das Knie ~** kolunu/dizini incitmek

Prellung *f* ezik

Premiere *f* (*Theater, Film*) gala, prömiyer

Premierminister(in) *m(f)* başbakan

Presse *f* ① (*Zeitungswesen*) basın ② (*Druckmaschine*) basım [*o* matbaa] makinesi

P

Pressefreiheit *f* basın özgürlüğü
Pressekonferenz *f* basın toplantısı [*o* konferansı]
pressen *vt* ① (*drücken*) basmak, sık(ış-tır)mak (**etw** -i) ② (*aus-*) sıkmak; (*Früchte*) sıkıp suyunu çıkarmak (**etw** -i) ③ (*in eine Form*) kalıba vurmak (**etw** -i)
Prestige *nt* prestij
prestigeträchtig *adj* prestijli
Preuße, Preußin *m, f* Prusyalı
Preußen *nt* Prusya
preußisch *adj* ① (*Art*) Prusya ② (*Herkunft*) Prusyalı
pries *vt s.* **preisen**
Priester(in) *m(f)* (*allgemein*) rahip; (*christlicher*) papaz
prima I. *adj* birinci kalite, enfes, kusursuz **II.** *adv* (*fam*) çok iyi, kusursuz, mükemmel; **~!** harika!
Primel *f* çuhaçiçeği
primitiv *adj* ① (*urtümlich*) ilkel ② (*ungehobelt*) kaba, ham ③ (*einfach*) basit, sade
Prinz *m* prens; (*im Orient auch*) şehzade
Prinzessin *f* prenses
P
Prinzip *nt* ① (*Grundsatz*) ilke, prensip ② (*Norm, Regel*) düstur, kural; **im/aus ~** esas itibariyle, prensip olarak
prinzipiell *adv* prensip olarak, esas itibariyle
Priorität *f* öncelik; **~en setzen** öncelik tanımak
Prise *f* ① (*Tabak*) çekimlik ② (*kleine Menge*) tutam
Prisma *nt* prizma
privat I. *adj* ① (*eigen*) özel ② (*persönlich*) kişisel, şahsi **II.** *adv* özel (olarak); (*persönlich*) şahsen
Privatdetektiv(in) *m(f)* (özel) detektif
Privateigentum *nt* özel mülkiyet
privatisieren *vt* özelleştirmek (**etw** -i)
Privatisierung *f* özelleştirme
Privatleben *nt* özel hayat
Privatsache *f* özel mesele
Privatschule *f* özel okul
Privatsphäre *f* mahremiyet, kişisel dokunulmazlık
Privatunterricht *m* özel ders
Privileg *nt* imtiyaz, ayrıcalık
privilegiert *adj* imtiyazlı, ayrıcalı
pro *präp* **~ Kopf** adam başına
Probe *f* ① (*Versuch*) deneme, tecrübe ② (*Prüfung*) sınav, imtihan ③ (*Theater-*) prova ④ (*Waren-*) örnek, eşantiyon; **auf die ~ stellen** denemek, tecrübe etmek (**jdn** -i)
Probefahrt *f* deneme seferi
proben *vi, vt* prova yapmak
probeweise *adv* ① (*als Versuch*) deneme olarak ② (*auf Probe*) prova olarak
Probezeit *f* deneme süresi
probieren *vt* denemek, tecrübe etmek (**etw** -i); (*Speisen*) tadına bakmak (**etw** -in)
Problem *nt* ① (*Aufgabe*) problem, sorun, mesele ② (*Schwierigkeit*) güçlük
Problematik *f* güçlük
problematisch *adj* (*schwierig*) güç; (*fragwürdig*) şüpheli
problemlos *adj* problemsiz, sorunsuz
Procedere *nt* muamele, işlem, prosedür
Produkt *nt* ① (*Erzeugnis*) ürün ② MATH çarpım
Produktion *f* üretim
produktiv *adj* ① (*ergiebig*) verimli ② (*besonders Leistung*) randımanlı ③ (*schöpferisch*) yaratıcı
Produktivität *f* ① (*Ergiebigkeit*) verimlilik ② (*besonders Leistung*) randıman ③ (*schöpferische*) yaratıcılık
Produktpalette *f* ürün yelpazesi
Produzent(in) *m(f)* ① üretici, yetiştirici ② (*Film-*) prodüktör, yapımcı
produzieren *vt* üretmek, imal etmek; (*landwirtschaftlich*) yetiştirmek (**etw** -i); **einen Film ~** film yapmak
Prof. *m Abk von* **Professor**
professionell *adj* profesyonel
Professor(in) *m(f)* profesör
Profi *m* (*fam*) profesyonel

Profil *nt* ❶ (*des Gesichts*) yandan görünüş, profil ❷ (*am Reifen*) tırtıl
Profit *m* kazanç, kar, yarar
profitieren *vi* yararlanmak (**von etw** -den)
Pro-forma-Rechnung *f* proforma
Prognose *f* (önceden) tahmin
Programm *nt* program
programmieren *vt* programlamak (**etw** -i)
Programmierer(in) *m(f)* programcı
Programmiersprache *f* bilgisayar program dili
Programmierung *f* programlama
Programmvorschau *f* program takdimi
Progression *f* ❶ (*Fortschreiten*) ilerleme; (*Steigerung*) yükselme, artış ❷ MATH dizi
progressiv *adj* ❶ (*fortschrittlich*) ilerici ❷ (*fortschreitend*) azar azar ilerleyen
Projekt *nt* tasarı, proje; (*Entwurf*) taslak
Projektion *f* projeksiyon, izdüşüm
Projektor *m* projektör
projizieren *vt* (*auch psychisch*) yansıtmak (**etw auf etw/jdn** -i -e)
Pro-Kopf-Einkommen *nt* kişi başına gelir
Prokura *f* ticari temsil
Prokurist(in) *m(f)* vekil, temsilci
Prolet *m* (*pej fam*) ayı, koyun, kaba saba kişi
Proletariat *nt* proletarya
Proletarier(in) *m(f)* proleter
proletarisch *adj* proleter
Promenade *f* gezinti yeri
Promi *m* (*fam*) kalburüstü, seçkin kimse
Promille *nt* binde; (*Alkohol*) promil; **fünf** ~ binde beş, beş promil
Promillegrenze *f* alkol duvarı
prominent *adj* seçkin, ileri gelen
Prominente(r) *f(m)* kalburüstü, seçkin kimse
Prominenz *f* kalburüstü (sınıf)
Promotion *f* (*Erlangung der Doktorwürde*) doktor unvanını alma
promovieren *vi* ❶ (*Promotionsstudium*) doktora yapmak ❷ (*die Doktorwürde erlangen*) doktor unvanını almak
Pronomen *nt* zamir, adıl
Propaganda *f* propaganda
propagieren *vt* propaganda yapmak (**etw** ... için)
Propan(gas) *nt* propan (gazı)
Propeller *m* pervane
Prophet *m* peygamber
prophezeien *vt* kehanette bulunmak
Prophezeiung *f* kehanet
Proportion *f* oran; MATH orantı
proportional *adj* oran(tı)lı
Prosa *f* düzyazı
prosaisch *adj* (*fig: nüchtern, trocken*) kuru, yavan
Prospekt *m* broşür
prost *interj* (*beim Trinken*) şerefe!; ~ **Neujahr!** yeni yılın(ız) kutlu olsun!
Prostata *f* prostat
Prostatakrebs *m* prostat kanseri
prostituieren *vr* **sich** ~ fahişelik yapmak
Prostituierte *f* hayat kadını, fahişe
Prostitution *f* fahişelik, fuhuş
Protein *nt* protein
Protektionismus *m* himayecilik
Protest *m* protesto, itiraz
Protestant(in) *m(f)* ❶ REL Protestan ❷ POL protesto eden
protestantisch *adj* Protestan
Protestantismus *m* Protestanlık
protestieren *vi* protesto etmek (**gegen etw** -i), karşı çıkmak (**gegen etw/jdn** -e)
Protestkundgebung *f* protesto gösterisi
Prothese *f* protez, takma organ
Protokoll *nt* ❶ (*diplomatisches*) protokol ❷ (*Niederschrift, Unfall-*) zabıt, tutanak ❸ INFORM protokol
protokollarisch *adj* zapta geçirilmiş
Proton *nt* proton
Prototyp *m* prototip
protzen *vi* böbürlenmek, çalım satmak
Proviant *m* erzak, yiyecek; (*Reise-*) yol-

luk
Provider *f* INET sunucu
Provinz *f* ❶ (*Verwaltungsbezirk*) vilayet, il ❷ (*pej: ländliche Gegend*) taşra
provinziell *adj* (*pej*) taşralı
Provinzler *m* (*pej*) taşralı
Provision *f* komisyon
provisorisch *adj* geçici, eğreti, iğreti
Provisorium *nt* geçici durum
Provokation *f* kışkırtma, kışkırtı
provozieren *vi, vt* kışkırtmak (**jdn** -i)
provozierend *adj* kışkırtıcı
Prozedere *nt* muamele, işlem, prosedür
Prozedur *f* işlem
Prozent *nt* yüzde; **fünf** ~ yüzde beş
Prozentsatz *m* yüzdelik
prozentual *adj* yüzde nispetinde
Prozess[RR] *m*, **Prozeß**[ALT] *m* ❶ (*Vorgang*) süreç ❷ (*Gerichtsverhandlung*) dava ❸ (*Rechtsgang*) mahkeme usulü; **mit etw kurzen ~ machen** bir şeyi kısa kesmek
prozessieren *vi* dava etmek (**gegen jdn** -i)
Prozession *f* REL dini alay
Prozessor *f* işlemci, prosesor
prüde *adj* aşırı iffetli; (*Mädchen, Frau*) horozdan kaçan
prüfen *vt* ❶ (*erproben*) denemek (**jdn/etw** -i) ❷ (*untersuchen*) incelemek, yoklamak (**etw** -i) ❸ (*kontrollieren*) kontrol etmek (**etw** -i) ❹ (*erwägen*) düşünüp taşınmak (**etw** -i) ❺ (*testen, examinieren*) sınamak, imtihan etmek (**jdn** -i); **prüfender Blick** süzen bakış
Prüfstein *m* (*fig: Kriterium*) ölçüt
Prüfung *f* ❶ (*Untersuchung*) inceleme ❷ (*Test, Examen*) sınav, imtihan ❸ (*Versuch*) deneme; **eine ~ ablegen** sınav [*o* imtihan] vermek
Prüfungskommission *f* imtihan komisyonu [*o* heyeti]
Prügel[1] *m* (*Stock*) değnek, sopa
Prügel[2] *m* (*Schläge*) dayak, kötek *sing*
Prügelei *f* dövüş(me)
prügeln I. *vt* dövmek (**jdn** -i), dayak atmak (**jdn** -e) **II.** *vr* **sich** ~ dövüşmek
PS[1] *f Abk von* **Pferdestärke** BG, beygir gücü
PS[2] *nt s.* **Postskript(um)** eklenti
Psalm *m* mezmur, mizmar
Pseudonym *nt* takma ad, mahlas
pst *interj* hişşt!
Psyche *f* ruh
Psychiater(in) *m(f)* psikiyatr(ist), ruh doktoru
Psychiatrie *f* psikiyatri
psychiatrisch *adj* psikiyatrik
psychisch *adj* ruhsal, ruhi
Psychoanalyse *f* psikanaliz, ruhçözüm
Psychologe, Psychologin *m, f* psikolog, ruhbilimci
Psychologie *f* psikoloji, ruhbilim
psychologisch *adj* psikolojik, ruhsal
Psychopath(in) *m(f)* psikopat
Psychose *f* psikoz
psychosomatisch *adj* psikosomatik
Psychotherapie *f* psikoterapi
Pubertät *f* ergenlik
Public-Domain-Software *f* INET herkesin kullanımına açık yazılım
publik *adj* **etw ~ machen** bir şeyi herkese duyurmak
Publikation *f* yayın
Publikum *nt* ❶ (*Zuhörer*) dinleyiciler *pl* ❷ (*Zuschauer*) seyirciler *pl* ❸ (*Leute*) halk
publizieren *vt* yayınlamak (**etw** -i)
Publizistik *f* yayıncılık
Pudding *m* puding; (*türk. Reismehl-*) muhallebi
Pudel *m* kaniş köpeği
Puder *m* pudra
Puderdose *f* pudralık
pudern *vr* **sich** ~ pudralanmak, pudra sürünmek
Puff[1] *m* (*Stoß*) itiş, dürtüş
Puff[2] *m* ❶ (*Hocker*) puf ❷ (*fam: Bordell*) genelev, kerhane
Pufferzone *f* POL tampon bölge
Pulli *m*, **Pullover** *m* kazak
Pullunder *m bluz üzerine giyilen kolsuz*

P

kazak

Puls *m* nabız; **jdm den ~ fühlen** birinin nabzına bakmak

Pult *nt* kürsü

Pulver *nt* ❶ toz ❷ (*Schieß-*) barut

Pulverkaffee *m* neskafe

Pulverschnee *f* toz halinde kar

Pump *m* **auf ~ kaufen** veresiye almak (**etw** -i); **auf ~ leben** borç yemek

Pumpe *f* ❶ (*Luft-*) pompa ❷ (*Wasser-*) tulumba

pumpen *vi, vt* ❶ pompalamak (**etw** -i) ❷ (*fam: entleihen*) ödünç almak (**etw von jdm** -i -den) ❸ (*ausleihen*) ödünç vermek (**etw jdm** -i -e)

Pumpgun *nt* pompalı tüfek

Pumphose *f* (*türkische*) şalvar

Punkt *m* ❶ (*allgemein*) nokta ❷ (*Tüpfelchen*) benek ❸ (*Vertrags-*) madde ❹ (*Bewertungs-*) puan ❺ (*Ort*) nokta, yer ❻ (*Gesprächsgegenstand*) konu ❼ (*Hinsicht*) bakım; **springender ~** püf noktası; **toter ~** ölü nokta; **wunder ~** bamteli; **~ für ~** (*durchnehmen*) madde madde; (*sich bestätigen*) noktası noktasına; **~ 7 Uhr** tam saat 7'de

pünktlich I. *adj* dakik II. *adv* (tam) vaktinde

Pünktlichkeit *f* dakiklik

Pupille *f* gözbebeği

Puppe *f* ❶ (*Spielzeug*) (oyuncak) bebek ❷ (*Marionette*) kukla ❸ (*von Insekt*) krizalit

Puppenspiel *nt* kukla oyunu

Puppentheater *nt* kukla tiyatrosu

pur *adj* katıksız, halis, arı

Püree *nt* püre

Purzelbaum *m* takla; **einen ~ schlagen** takla atmak

Puste *f* soluk, nefes

pusten *vi* üflemek

Pute *f* (dişi) hindi

Puter *m* baba hindi

Putsch *m* (hükümet) darbe(si)

Putschist(in) *m(f)* darbeci

Putz *m* (*Ver~*) sıva

putzen *vt* ❶ (*reinigen*) temizlemek (**etw** -i) ❷ (*wischen*) silmek (**etw** -i); **sich** *dat* **die Nase ~** burnunu silmek; **sich** *dat* **die Zähne ~** dişini fırçalamak

Putzfrau *f* temizlikçi kadın

Putzlappen *m* (temizlik) bez(i), tahta bezi

Putzmittel *nt* temizlik malzemesi

Puzzle *nt* yap-boz oyunu

Pyjama *m* pijama

Pyramide *f* piramit

Pyrenäen *pl* Pireneler, Pirene Dağları *pl*

qkm *m Abk von* **Quadratkilometer** kilometre kare

qm *m Abk von* **Quadratmeter** metre kare

Quadrat *nt* kare

quadratisch *adj* kare şeklinde

Quadrat(kilo)meter *m* (kilo)metre kare; **ein 20 Quadratmeter großes Zimmer** 20 metrekarelik bir oda

quaken *vi* (*Frosch, Ente*) vakvak etmek

Qual *f* ıstırap, azap

quälen I. *vt* ❶ (*seelisch*) üzmek (**jdn** -i), eziyet etmek, üzüntü [*o* azap] vermek (**jdn** -e) ❷ (*foltern*) işkence etmek [*o* yapmak] (**jdn** -e) **II.** *vr* **sich ~** (*sich abmühen*) kendini çok yormak; (*seelisch*) üzülmek

quälend *adj* üzücü

Quälerei *f* ❶ (*Grausamkeit*) gaddarlık, zulüm ❷ (*Folter*) işkence ❸ (*mühsame Umstände*) eziyet, cefa ❹ (*empfundene*) üzüntü, azap

Qualifikation *f* ❶ (*Befähigung*) yeterlik ❷ (*Kennzeichnung*) nitele(ndir)me

qualifizieren I. *vt* (*kennzeichnen*) nitele(ndir)mek (**jdn/etw als etw** -i ... olarak) **II.** *vr* **sich ~** yeterlik kazanmak, kalifiye olmak

Qualität *f* ❶ (*Beschaffenheit*) nitelik ❷ (*gute ~*) kalite ❸ (*besondere Eigenschaft*) özellik

qualitativ *adj* nitel

Qualitätsverlust *m* kalite düşüklüğü

Qualle *f* deniz anası

Qualm *m* (koyu) duman

qualmen *vi* ❶ (*Schornstein*) tütmek; (*stärker*) koyu duman çıkarmak ❷ (*fam: stark rauchen*) fosur fosur sigara içmek

Quantität *f* nicelik

quantitativ *adj* nicel

Quarantäne *f* karantina

Quark *m* ❶ (*Milchprodukt*) *ekmeğe sürülen bir çeşit beyaz peynir* ❷ (*fam: Unsinn*) saçma, zırva

Quartal *nt* üç aylık süre

Quartett *nt* kuartet

Quartier *nt* ❶ (*zeitweilige Wohnung*) konak (yeri) ❷ MIL karargah, ordugah, konak

Quarz *m* kuvars

quasi *adv* adeta, sanki

Quatsch *m* (*fam*) saçma, zırva; **so ein ~!** ne saçma şey!

quatschen *vi* ❶ (*fam: Blödsinn reden*) saçmalamak, zırvalamak ❷ (*fam: plaudern*) çene çalmak

Quecksilber *nt* cıva

Quellcode *m* INFORM kaynak kod

Quelle *f* kaynak, pınar; (*fig: Beleg*) kaynak; **aus erster/guter/sicherer ~** ilk/iyi/emin kaynaktan

quellen <quillt, quoll, gequollen> *vi sein* fışkırmak, kaynamak

quengeln *vi* mızmızlanmak, sızlanmak

quer *adv* enine; **~ durch, ~ über** -in ortasından, -in içinden, -in arasından; **kreuz und ~** bir sağa bir sola, bucak bucak

Querflöte *f* flüt

Querformat *nt eni yükseklikten büyük olan boy*

Querschiff *nt* (*Teil einer Kirche*) çapraz [*o* karşıt] sahın

Querschnitt *m* enine kesit

querschnittgelähmt *adj* belden aşağısı felçli

Querstraße *f* ara sokak

quetschen *vt* ❶ (*zerdrücken*) ezmek, sıkıştırmak (**etw** -i) ❷ (*aus-*) sıkmak (**etw** -i) ❸ (*Haut*) berelemek, zedelemek (**etw** -i)

Quetschung *f* bere, ezilme
quietschen *vi* ❶ (*laut schreien*) acı acı bağırmak ❷ (*Tür*) gıcırdamak
quillt *vi s.* **quellen**
Quintett *nt* kuintet, kentet
Quirl *m* çalkalama aleti
quitt *adj* **sie sind ~** uzlaştılar
Quitte *f* ayva
Quittengelee *nt* ayva jölesi
quittieren *vt* ❶ (*Empfang*) makbuzunu vermek (**jdm etw** -e -in) ❷ (*Dienst*) istifa etmek (**etw** -den)
Quittung *f* makbuz, alındı
Quiz *nt* soru-cevap oyunu
Quizmaster *m* sunucu (*sorulu-cevaplı yarışmayı sunan*)
quoll *vi s.* **quellen**
Quote *f* oran
Quotient *m* bölüm sonucu

Rr

Rabatt *m* indirim, ıskonto
Rabbiner *m* haham
Rabe *m* karga; **weißer ~** (*fig*) bulunmaz Bursa kumaşı
rabiat *adj* öfkeli, hiddetli
Rache *f* öç, intikam
Rachen *m* ❶ (*Kehle*) gırtlak, boğaz ❷ (*eines Raubtiers*) hayvan ağzı
rächen **I.** *vt* öcünü [*o* intikamını] almak (**jdn/etw** -in) **II.** *vr* **sich an jdm ~** birinden öç [*o* intikam] almak; **sich für etw ~** bir şeyin acısını çıkarmak
Rachsucht *f* hınç, kin
rachsüchtig *adj* kinci
Rad *nt* ❶ (*allgemein*) tekerlek ❷ TECH çark ❸ (*Fahr-*) bisiklet; **~ fahren** bisiklete binmek
Radar *m o nt* radar
Radarkontrolle *f* radar kontrolü
Radarschirm *m* radar ekranı
Radarstation *f* radar istasyonu
radeln *vi sein* bisiklete binmek
radfahrenALT *vi s.* **Rad**
Radfahrer(in) *m(f)* bisikletçi
radieren *vi, vt* (*aus-*) silmek (**etw** -i)
Radiergummi *m* (lastik) silgi
Radierung *f* iğne kazısı
Radieschen *nt* kırmızı turp
radikal *adj* ❶ POL (*extrem*) kökten ❷ (*gründlich*) esaslı
Radikalismus *m* köktencilik, radikalizm
Radio *nt* radyo; **im ~** radyoda
radioaktiv *adj* radyoaktif
Radioaktivität *f* radyoaktivite
Radioapparat *m* radyo
Radiorecorder *m* kasetli radyo
Radiotherapie *f* MED radyoterapi
Radkappe *f* jant kapağı
Radrennbahn *f* velodrom
Radrennen *nt* bisiklet yarışı
Radrennfahrer(in) *m(f)* bisiklet yarışçısı
Radsport *m* bisiklet sporu
Radtour *f* bisiklet turu
Radweg *m* bisiklet yolu
Raffinerie *f* rafineri
raffiniert *adj* ❶ (*schlau*) kurnaz, pişkin ❷ CHEM rafine
Ragout *nt* yahni
Rahm *m* kaymak, krema
rahmen *vt* çerçevelemek (**etw** -i)
Rahmen *m* çerçeve
Rahmenabkommen *nt* çerçeve anlaşması
Rakete *f* ❶ (*Feuerwerk*) (havai) fişek, maytap ❷ (*Flugkörper*) roket, füze
RAM *nt Abk von* **Random Access Me-**

mory INFORM ana bellek, rastgele erişimli bellek
Ramadan *m* ramazan
Ramadanfest *nt* Ramazan Bayramı
rammen *vt* çarpmak (**etw/jdn** -e)
Rampe *f* ❶ (*Verlade-, Auffahrts-*) rampa; (*Startrampe*) rampa ❷ THEAT ön sahne kenarı
Rampenlicht *nt* THEAT ön sahne lambaları *sing;* **im ~** (*fig*) kamuoyunun gözleri önünde
ramponieren *vt* zedelemek (**etw** -i)
ran *adv* (*fam*) *s.* **heran**
Rand *m* ❶ kenar; (*äußerster*) kıyı, uç, sınır ❷ (*Seiten-*) kenar; **bis an den ~** ağzına kadar, tepeleme; **außer ~ und Band sein** zıvanadan çıkmak
randalieren *vt* şamata etmek
Randbemerkung *f* ❶ (*Notiz*) çıkma ❷ (*Notiz*) *öylesine söylenmiş bir şey*
Randgruppe *f* (*der Gesellschaft*) toplum dışı kalan grup
rang *vi s.* **ringen**
Rang *m* ❶ derece ❷ (*Dienstgrad*) rütbe ❸ (*Stand*) (sosyal) sınıf; **ersten ~es** birinci derece
rangieren *vi* (*Waggons*) manevra yapmak (**etw** ile)
Rangordnung *f* hiyerarşi, aşama sırası
rann *vi s.* **rinnen**
rannte *vi s.* **rennen**
R
Ranzen *m* sırt çantası; (*Schul-*) okul çantası
ranzig *adj* acı(laş)mış; **~ werden** acı(laş)mak
Rap *m* rap müziği
rapide *adv* çok hızlı, tez
Rappel *m* (*fam*) öfke nöbeti
rappen *vi* rap söylemek
Rappen *m* (*CH*) santim (*İsviçre parası küçük birimi*)
Rapper(in) *m(f)* rapçi
Raps *m* kolza
rar *adj* ❶ (*selten*) nadir, seyrek ❷ (*knapp*) az bulunur, kıt
Rarität *f* nadir bulunan şey
rasch **I.** *adj* çabuk, tez, hızlı **II.** *adv* çabuk, hızla
rascheln *vi* hışırdamak
rasen *vi* ❶ *sein* (*schnell fahren*) delice bir hızla gitmek ❷ *haben* (*vor Wut*) kudurmak, çıldırmak
Rasen *m* çimen(lik)
rasend *adj* (*wütend*) çılgın, kudurmuş, azgın
Rasenmäher *m* çimen biçme makinesi
Raser(in) *m(f)* (*rücksichtsloser Fahrer*) trafik canavarı
Raserei *f* (*schnelles Fahren*) *delice bir süratle gidiş*
Rasierapparat *m* tıraş makinesi
Rasiercreme *f* tıraş kremi
rasieren **I.** *vt* tıraş etmek (**jdn** -i) **II.** *vr* **sich ~** tıraş olmak
Rasierklinge *f* tıraş bıçağı, jilet
Rasiermesser *nt* ustura
Rasierpinsel *m* tıraş fırçası
Rasierschaum *m* tıraş köpüğü
Rasierseife *f* tıraş sabunu
Rasierwasser *nt* tıraş losyonu
Rasse *f* ırk; (*Abstammung*) soy
Rassel *f* kaynana zırıltısı
rasseln *vi* takırdamak, şakırdamak; (*Atem*) hırıldamak
Rassentrennung *f* ırk ayrımı
Rassenunruhen *fpl* etnik çatışmalar *pl*
rassig *adj* ❶ (*von edler Art*) cins ❷ (*feurig*) ateşli
rassisch *adj* ırksal
Rassismus *m* ırkçılık
Rassist(in) *m(f)* ırkçı
rassistisch *adj* ırkçı
Rast *f* mola, dinlenme
rasten *vi* mola vermek
rastlos *adj* (*unablässig*) ara(lık)sız
Rastplatz *m* mola [*o* dinlenme] yeri
Raststätte *f* dinlenme tesisi
rät *vi, vt s.* **raten**
Rat *m* ❶ (*Ratschlag*) öğüt ❷ (*Empfehlung*) tavsiye ❸ (*Kollegium*) kurul, meclis, konsey; **jdn um ~ fragen** birine akıl danışmak; **kommt Zeit,**

kommt ~ gün doğmadan neler doğar

Rate *f* ❶ (*Quote*) oran ❷ (*Teilzahlung*) taksit; **in ~n** taksitle

raten <rät, riet, geraten> *vt* ❶ (*Rätsel*) çözmek (**etw** -i) ❷ (*einen Rat geben*) öğütlemek (**jdm etw** -e -i) ❸ (*empfehlen*) tavsiye etmek, salık vermek (**jdm zu etw** -e -i) ❹ (*mutmaßen*) tahmin etmek (**etw** -i)

Ratgeber(in) *m(f)* danışman, müşavir

Rathaus *nt* belediye dairesi

Ratifikation *f* resmi tasdik

ratifizieren *vt* (resmen) tasdik etmek (**etw** -i)

Ration *f* ❶ (*bei Mangelwaren*) *vesika ile verilen miktar* ❷ MIL (*Essens-*) tayın

rational *adj* akıllıca, akla yakın, makul

rationalisieren *vi, vt* rasyonalize etmek (**etw** -i)

Rationalisierung *f* rasyonalizasyon

rationell *adj* amaca uygun, rasyonel

rationieren *vt* tayınlamak, tayına bağlamak (**etw** -i)

Rationierung *f* (*von Mangelwaren*) tayınlama (usulü)

ratlos *adj* çaresiz

Ratlosigkeit *f* şaşkınlık, çaresizlik

ratsam *adj* tavsiyeye değer

Ratschlag *m* öğüt

Rätsel *nt* ❶ (*Rateaufgabe*) bilmece, bulmaca ❷ (*Mysterium*) gizem, sır

rätselhaft *adj* ❶ (*unverständlich*) akıl ermez ❷ (*geheimnisvoll*) esrarengiz

Ratte *f* (büyük) sıçan; (**miese kleine**) ~ (*pej vulg*) mikrop

Rattengift *nt* fare zehiri

rattenschlecht *adj* (*vulg*) (siktiri) boktan

rattern *vi* takırdamak

rau[RR] *adj* ❶ (*nicht glatt*) pürüzlü ❷ (*Stimme*) kısık, boğuk ❸ (*Klima*) sert ❹ (*Umgangsformen*) kaba

Raub *m* ❶ (*Tat*) soygun ❷ (*Beute*) ganimet

Raubdruck *m* korsan kitap

rauben *vt* çalmak (**etw** -i)

Räuber(in) *m(f)* haydut, eşkıya, soyguncu; ~ **und Gendarm spielen** hırsız polis oynamak

Raubkopie *f* korsan kopya

Raubmord *m hırsızlık için adam öldürme*

Raubtier *nt* yırtıcı hayvan, etobur

Raubüberfall *m* soygun

Raubvogel *m* yırtıcı kuş

Rauch *m* duman

rauchen I. *vt* (*Zigaretten*) içmek, kullanmak (**etw** -i); **Rauchen verboten!** sigara içmek yasaktır II. *vi* (*Ofen*) tütmek

Raucher(in) *m(f)* sigara içen

Raucherabteil *nt* sigara içilen kompartıman

räuchern *vt* tütsülemek (**etw** -i)

Rauchfleisch *nt* füme et

Rauchverbot *nt* sigara içme yasağı

Rauchwolke *f* duman bulutu

rauf *adv* (*fam*) *s.* **herauf; hinauf**

raufen *vr* **sich** ~ boğuşmak, dövüşmek (**mit jdm** ile)

Rauferei *f* boğuşma, dövüşme

rauh[ALT] *adj s.* **rau**

Rauhreif[ALT] *m s.* **Raureif**

Raum *m* ❶ (*Platz*) yer ❷ (*Zimmer*) oda ❸ (*Gebiet*) bölge ❹ (*Welt-*) uzay

räumen *vt* ❶ (*leer machen*) boşaltmak (**etw** -i) ❷ (*verlassen*) terk etmek (**etw** -i)

Raumfähre *f* uzay mekiği

Raumfahrer(in) *m(f)* astronot

Raumfahrt *f* uzay uçuşu

Raumgestaltung *f* içmimarlık

Rauminhalt *m* hacim

räumlich *adj* yerle ilgili

Raumschiff *nt* uzay gemisi

Raumstation *f* uzay istasyonu

Räumung *f* boşaltma

Räumungsverkauf *m* tasfiye satışı

Raumzeitalter *nt* uzay çağı

Raupe *f* tırtıl

Raureif[RR] *m* kırç

raus I. *adv* (*fam*) *s.* **heraus; hinaus** II. *interj* ~**!** dışarı!

Rausch *m* sarhoşluk; **seinen ~ ausschlafen** uyuyarak sarhoşluğunu gidermek
rauschen *vi* ❶ (*Wasser*) şarıldamak ❷ (*Bäume*) hışırdamak
Rauschgift *nt* uyuşturucu (madde)
Rauschgifthändler(in) *m(f)* uyuşturucu tüccarı
rauschgiftsüchtig *adj* uyuşturucu bağımlısı
Rauschgiftsüchtige(r) *f(m)* uyuşturucu bağımlısı
räuspern *vr* **sich ~** (hafifçe) öksürmek
Raute *f* ❶ (*Viereck*) eşkenar dörtgen ❷ (*Pflanze*) sedefotu
Razzia *f* baskın
reagieren *vi* ❶ tepki göstermek (**auf etw/jdn** -e) ❷ CHEM tepkimek
Reaktion *f* ❶ (*Reagieren*) tepki, reaksiyon ❷ CHEM tepkime ❸ POL (*Rückschrittlichkeit*) gericilik; (*islamische ~ in der Türkei*) irtica
reaktionär *adj* gerici
Reaktionär(in) *m(f)* gerici
Reaktor *m* reaktör
real *adj* gerçek
realisierbar *adj* gerçekleşir
realisieren *vt* gerçekleştirmek (**etw** -i)
Realisierung *f* gerçekleştirme
Realismus *m* gerçekçilik
Realist(in) *m(f)* gerçekçi, realist

R

realistisch *adj* gerçekçi, realist
Realität *f* gerçek, realite
realitätsfern *adj* gerçek dışı
Realitätsverlust *m* gerçeklik kaybı, realite kaybı; **an ~ leiden** gerçeklik kaybı yaşamak
Realo *m* POL (*fam*) gerçekçi politikacı
Realpolitik *f* realpolitik
Realschule *f* (bir çeşit) ortaokul
Rebe *f* asma çubuğu
Rebell(in) *m(f)* asi, isyancı
rebellieren *vi* isyan etmek, ayaklanmak, baş kaldırmak
Rebellion *f* isyan, ayaklanma, baş kaldırma
rebellisch *adj* asi, isyancı
Rebhuhn *nt* keklik
Rechen *m* tırmık
Rechenaufgabe *f* matematik ödevi
Rechenfehler *m* hesap yanlışlığı
Rechenmaschine *f* hesap makinesi
Rechenschaft *f* **~ ablegen/verlangen** hesap vermek/sormak
Rechenzentrum *nt* bilgisayar merkezi
Recherche *f* araştırma, bilgi toplama
recherchieren *vt, vi* araştırmak (**etw** -i), bilgi toplamak
rechnen *vi* hesap etmek; **mit etw ~** bir şeyi beklemek; **auf jdn ~** birine güvenmek
Rechnen *nt* hesap
Rechner *m* hesap makinesi; (*Computer*) bilgisayar
Rechnung *f* ❶ MATH hesap; (*Rechenoperation, -art*) işlem ❷ (*für verkaufte Ware*) fatura; **die ~ stimmt (nicht)** hesap doğru (değil); **in ~ stellen** hesaba katmak, göz önünde bulundurmak (**etw** -i); **es geht auf meine ~** hesaplar benden; **einer Sache ~ tragen** bir şeyi hesaba katmak
Rechnungsbetrag *m* hesap tutarı
recht *adv* ❶ (*sehr*) pek ❷ (*ziemlich*) oldukça, epey(ce), bir hayli ❸ (*zu Recht*) haklı olarak; **das geschieht dir ~** oh olsun!; **nun erst ~!** şimdi haydi haydi olur!; **nun erst ~ nicht!** hele şimdi hiç olmaz; **das ist mir (ganz) ~** benim için (çok) uygun; **wenn es Ihnen ~ ist** eğer size uygunsa
Recht *nt* ❶ hak; (*Rechtswesen, Rechtssystem*) hukuk ❷ (*Gerechtigkeit*) adalet; **zu ~** haklı olarak; **~ haben** haklı olmak; **er hat ein ~ darauf** buna hakkı var; **jdm ~ geben** birine hak vermek
rechte(r, s) *adj* ❶ (*nicht links*) sağ ❷ (*richtig*) doğru ❸ (*Winkel*) dik; **die ~ Seite** sağ taraf; (*beim Stoff*) yüz tarafı; **zur ~n Zeit** zamanında

Rechte *f* ❶ (*rechte Hand*) sağ el ❷ POL sağcılar *pl*
Rechte(r) *f(m)* POL sağcı
Rechteck *nt* dik dörtgen
rechteckig *adj* dik dörtgenli
rechtfertigen I. *vt* haklı çıkarmak (**etw** -i) II. *vr* **sich ~** kendini haklı göstermek
Rechtfertigung *f* haklı çıkar(ıl)ma
rechthaberisch *adj* dik kafalı, daima haklı olduğunu iddia eden
rechtlich *adj* hukuki
rechtmäßig *adj* yasal, meşru, kanuni
Rechtmäßigkeit *f* yasallık
rechts *adv* sağda, sağ tarafta; **nach ~** sağa; **von ~** sağdan; **~ gehen/fahren** sağdan yürümek/gitmek
Rechtsanwalt, **Rechtsanwältin** *m, f* avukat
Rechtsaußen *m* sağaçık
rechtschaffen *adj* doğru, dürüst, namuslu
Rechtschreibfehler *m* imla yanlışı
Rechtschreibung *f* imla, yazım
Rechtsextremismus *m* aşırı sağcılık
rechtsradikal *adj* aşırı sağcı
Rechtsschutz *m* hukuki himaye
Rechtsstaat *m* hukuk devleti
Rechtsweg *m* yargı yolu
rechtswidrig *adj* yasaya aykırı
Rechtswissenschaft *f* hukuk (ilmi)
rechtzeitig I. *adj* (zamanı) uygun II. *adv* (tam) zamanında
Reck *nt* barfiks
recken I. *vt* (*Kopf, Hals*) uzatmak; (*Glieder*) germek (**etw** -i) II. *vr* **sich ~** uzanmak; (*beim Aufwachen*) gerinmek
Recycling *nt* geri [*o* yeniden] kazanım
Redakteur(in) *m(f)* redaktör
Redaktion *f* ❶ (*Zeitung*) yazı işleri (kurulu) ❷ (*Verlag*) redaksiyon
Rede *f* (*Ansprache*) konuşma, nutuk, söylev; **direkte/indirekte ~** dolaysız/dolaylı anlatım; **eine ~ halten** konuşma yapmak, nutuk söylemek; **davon kann keine ~ sein!** bu söz konusu bile olmaz!; **das ist nicht der ~ wert** sözünü etmeye bile değmez; **jdn zur ~ stellen** birinden hesap sormak
Redefreiheit *f* söz özgürlüğü
redegewandt *adj* lafını, sözünü bilen
reden *vi, vt* konuşmak; **Rede halten** konuşma yapmak; **mit sich ~ lassen** söz dinlemek; **von sich ~ machen** kendisinden bahsettirmek
Redensart *f*, **Redewendung** *f* deyim
redigieren *vt* (*Text*) basılacak hale getirmek (**etw** -i)
redlich *adj* namuslu, dürüst, temiz kalpli
Redlichkeit *f* namusluluk, dürüstlük, temiz kalplilik
Redner(in) *m(f)* konuşmacı
redselig *adj* konuşkan; (*negativ*) geveze
reduzieren *vt* azaltmak, eksiltmek (**etw** -i)
Reeder(in) *m(f)* armatör
Reederei *f* vapur şirketi
reell *adj* ❶ (*zuverlässig*) sağlam ❷ (*ehrlich*) namuslu ❸ (*wirklich*) hakiki
Referat *nt* ❶ (*Bericht*) rapor ❷ (*Abteilung*) daire şubesi
Referendar(in) *m(f)* stajyer
Referendum *nt* referandum, halkoylaması
Referenzen *fpl* referans *sing*
referieren *vi* rapor vermek
reflektieren *vt* ❶ (*Licht*) yansıtmak (**etw** -i) ❷ (*geh: nachdenken*) düşünmek (**über etw** hakkında)
Reflex *m* ❶ (*Widerschein*) yansıma ❷ (*unwillkürlich*) refleks
Reflexbewegung *f* refleks hareketi
reflexiv *adj* dönüşlü
Reform *f* reform, ıslahat
Reformanhänger(in) *m(f)* reformcu
Reformation *f* Reformasyon
Reformhaus *nt doğal besinler satan dükkan*
reformieren *vt* ıslah etmek, düzeltmek

(**etw** -i)

Refrain *m* nakarat

Regal *nt* raf, etajer

Regatta *f* yelken yarışı

Reg.-Bez. *m Abk von* **Regierungsbezirk** il, vilayet

Regel *f* ❶ (*Richtlinie*) kural ❷ (*Grundsatz*) ilke, düstur ❸ (*Menstruation*) aybaşı, adet; **in der ~** (*gewöhnlich*) genellikle

regelmäßig *adj* düzgün, kurallı, düzenli

Regelmäßigkeit *f* düzen(lilik), düzgünlük, kurallılık

regeln *vt* düzenlemek, düzeltmek, yoluna koymak (**etw** -i)

regelrecht I. *adj* ❶ (*ordnungsgemäß*) kurala uygun ❷ (*richtiggehend*) tam II. *adv* (*in vollem Maße*) adamakıllı, iyice

Regelung *f* düzenleme

regelwidrig *adj* kurala aykırı

regen *vr* **sich ~** kımılda(n)mak, hareket etmek

Regen *m* yağmur; **feiner ~** çisenti; **im ~** yağmurda

Regenbogen *m* gökkuşağı, ebe(m)kuşağı

Regenmantel *m* yağmurluk

Regenschauer *m* sağanak

Regenschirm *m* şemsiye

Regentropfen *m* yağmur damlası

Regenwald *m* tropik orman

Regenwasser *nt* yağmur suyu

Regenwetter *nt* yağmurlu hava

Regenwurm *m* yer solucanı

Regenzeit *f* yağmur mevsimi

Reggae *m* reggi

Regie *f* reji

regieren I. *vt* (*verwalten*) idare etmek, yönetmek (**etw** -i) II. *vi* (*herrschen*) hüküm sürmek, iktidarda bulunmak

Regierung *f* hükümet

Regierungsbezirk *m* il, vilayet

Regierungschef(in) *m(f)* hükümet başkanı

Regierungssprecher(in) *m(f)* hükümet sözcüsü

Regierungsumbildung *f* hükümet değişikliği

Regime *nt* rejim

Regimegegner(in) *m(f)* rejim muhalifi

Regiment *nt* alay

Region *f* bölge, yöre

regional *adj* bölgesel, yerel

Regisseur(in) *m(f)* rejisör, yönetmen

Register *nt* ❶ (*Verzeichnis*) dizin ❷ (*amtliches*) sicil, kütük ❸ (*Orgel-*) org düdüğü

Registertonne *f* tonilato

registrieren *vt* kaydetmek, tescil etmek (**etw/jdn** -i)

regnen *vi* **es regnet** yağmur yağıyor

regnerisch *adj* yağmurlu, yağışlı

regulär *adj* düzenli

regulieren *vt* (*einstellen*) ayarlamak, ayar etmek (**etw** -i)

regungslos *adj* hareketsiz, durgun

Reh *nt* karaca

Rehabilitation *f* MED rehabilitasyon

rehabilitieren *vt* ❶ POL *saygınlığını* (*veya yasak edilmiş haklarını*) *geri vermek* ❷ MED rehabilite etmek (**jdn** -i)

Rehabilitierung *f* POL *saygınlığın* (*veya yasak edilmiş hakların*) *geri verilmesi*

Rehrücken *m karaca etinden kızartma*

Reibe *f*, **Reibeisen** *nt* (mutfak) rende(si)

reiben <rieb, gerieben> *vt* ❶ ov(uştur)mak (**etw** -i) ❷ (*Käse, Äpfel*) rendelemek (**etw** -i)

Reibereien *fpl* anlaşmazlık, geçimsizlik, sürtüşme *sing*

Reibung *f* PHYS, TECH sürtünme

reibungslos I. *adj* (*problemlos*) sürtüşmesiz II. *adv* zorluk çıkmadan

reich *adj* zengin, varlıklı

Reich *nt* devlet; (*Kaiser-*) imparatorluk

reichen I. *vt* (*geben*) uzatmak (**jdm etw** -e -i); **könnten Sie mir bitte das Salz ~?** lütfen bana tuzu uzatabilir misiniz? II. *vi* ❶ (*sich erstrecken*) erişmek, uzanmak (**bis zu etw** -e (kadar))

❷ (*genügen*) yet(iş)mek, kafi gelmek (**jdm** -e); **es reicht** yeter; **jdm nicht das Wasser ~ können** birinin eline su bile dökememek

reichhaltig *adj* zengin, bol

reichlich **I.** *adj* bol **II.** *adv* bol bol, doyasıya; (*ziemlich*) oldukça

Reichtum *m* zenginlik; (*großer*) varlık, servet

Reichweite *f* menzil, erim, erilebilecek uzaklık; **in ~** el yetişecek kadar yakın; **außer ~** menzil [*o* erim] dışında

reif *adj* olgun; (*Mensch auch*) ergin; **~ werden** olgunlaşmak

Reif *m* ❶ (*Rau-*) kırağı ❷ (*Arm-*) bilezik ❸ (*Ring*) yüzük

Reife *f* olgunluk

Reifen *m* ❶ (*Spielzeug*) çember ❷ (*Rad-*) lastik (tekerlek); **der ~ ist geplatzt** lastik patlamış

reifen *vi sein* (*reif werden*) olgunlaşmak

Reifendruck *m* lastik basıncı

Reifenpanne *f* lastik patlaması

Reifenwechsel *m* lastik değiştirme

Reifeprüfung *f* (*Schule*) lise bitirme sınavı, devlet lise imtihanı

reiflich *adv* **(sich) etw ~ überlegen** bir şeyi düşünüp taşınmak

Reihe *f* ❶ (*Aufstellung*) dizi, sıra ❷ (*Linie, Zeile*) satır ❸ (*Menschenschlange*) sıra, kuyruk ❹ (*Folge*) sıra, seri; **der ~ nach** sırayla; **außer der ~** sıra dışında; **wer ist an der ~?** sıra kimde?; **ich bin an der ~** sıra bende

Reihenfolge *f* sıra(lama); **in alphabetischer/zeitlicher ~** alfabe/tarih sırasıyla

Reihenhaus *nt* sıra ev

Reiher *m* balıkçıl

Reim *m* kafiye, uyak

reimen *vr* **sich ~** (*Gedicht*) kafiyeli [*o* uyaklı] olmak; (*miteinander harmonieren*) uy(uş)mak

rein[1] *adj* ❶ (*unvermischt, unverfälscht*) saf, salt, arı, halis ❷ (*sauber, unbefleckt*) temiz, pak ❸ (*Gewinn*) safi, net; **aus ~em Mitleid** sırf acımadan; **ein ~es Gewissen** masun vicdan; **etw ins Reine bringen** bir şeyi yoluna koymak; **etw ins Reine schreiben** bir şeyi temize çekmek

rein[2] *adv* (*fam*) *s.* **herein; hinein**

Reinemachefrau *f* temizlikçi (kadın)

Reinertrag *m* safi hasılat

Reinfall *m* ❶ (*Misserfolg*) fiyasko ❷ (*Enttäuschung*) hayal kırıklığı

reinfallen *irr vi sein* (*fam: überlistet werden*) faka basmak

Reinheit *f* ❶ (*Sauberkeit*) temizlik ❷ (*Unverfälschtheit*) arılık, saflık ❸ (*Keuschheit*) iffet

reinigen *vt* (*auch chemisch*) temizlemek (**etw** -i)

Reinigung *f* ❶ (*auch chemische*) temizleme ❷ (*Geschäft*) kuru temizleme salonu

Reinigungslösung *f* (*für Kontaktlinsen*) temizleme solüsyonu

Reinigungsmittel *nt* deterjan, temizleyici

reinlegen *vt* (*fam: überlisten*) faka bastırmak (**jdn** -i)

reinlich *adj* temiz (pak)

reinrassig *adj* safkan

Reinschrift *f* temize çekilmiş yazı

reinwaschen *irr vr* **sich ~** (*fig*) kendini temize çıkarmak

Reis *m* ❶ (*Pflanze und deren Körner*) pirinç ❷ (*Gericht*) pilav

Reise *f* seyahat, yolculuk; **auf ~n** seyahatte, yolculukta; **gute ~!** iyi yolculuklar!

Reiseandenken *nt* seyahat hatırası, yolculuk anısı

Reiseapotheke *f bir yolcunun ecza kutusu*

Reisebüro *nt* seyahat acentası

Reisebus *m* seyahat otobüsü

Reisefieber *nt* seyahat heyecanı

Reiseführer(in) *m(f)* (*Buch oder Person*) rehber, kılavuz

Reisegepäck *nt* bagaj, yolcu eşyası

R

Reisegesellschaft *f* turist kafilesi
Reiseleiter(in) *m(f)* rehber, kılavuz
reisen *vi sein* seyahat etmek, yolculuk yapmak [*o* etmek]
Reisende(r) *f(m)* ❶ (*Passagier*) yolcu ❷ (*Handelsvertreter*) gezici ticari temsilci
ReisepassRR *m* pasaport
Reiseroute *f* seyahat yolu
Reisescheck *m* seyahat çeki
Reisetasche *f* yolculuk çantası
Reiseziel *nt* yolculuk hedefi, gidilecek yer
Reisfeld *nt* çeltik tarlası
reißen <riss, gerissen> **I.** *vt* ❶ (*ziehen*) (şiddetle) çekmek (**etw** -i) ❷ (*ab-*) koparmak, sökmek (**etw** -i) ❸ (*zer-*) yırtmak (**etw** -i); **in Stücke ~** parçalamak (**etw** -i); **an sich ~** (*fig*) zorla almak (**etw** -i) **II.** *vi* ❶ (*Risse bekommen*) çatlamak, yarılmak ❷ (*Stoff*) yırtılmak **III.** *vr* **sich um etw ~** (*fig*) bir şey için can atmak
reißfest *adj* kopmaya dayanıklı
Reißnagel *m* raptiye
ReißverschlussRR *m* fermuar
Reißzwecke *f* raptiye
Reitbahn *f* manej
reiten <ritt, geritten> *vt sein* ata binmek, atla gitmek
Reiten *nt* ata binme, binicilik
Reiter(in) *m(f)* atlı; SPORT binici
Reitpferd *nt* binek atı
Reitsport *m* binicilik sporu
Reiz *m* ❶ (*Nerven-*) uyarma ❷ (*An-*) teşvik ❸ (*Zauber*) cazibe, çekicilik, alberi
reizbar *adj* öfkeci, hırçın
reizen *vt* ❶ (*erregen*) uyandırmak; (*sexuell*) tahrik etmek (**jdn** -i) ❷ (*ärgern*) öfkelendirmek (**jdn** -i) ❸ (*locken*) çekmek, cezp etmek (**jdn** -i)
reizend *adj* (*entzückend*) alımlı, cilveli
Reizklima *nt* analeptik iklim
reizlos *adj* tatsız, yavan, zevksiz
Reizmittel *nt* uyaran, uyarıcı

R

reizvoll *adj* çekici, cazibeli
Reklamation *f* şikayet
Reklame *f* reklam
reklamieren *vi* şikayet etmek (**etw** -i)
Rekord *m* rekor; **einen ~ brechen/aufstellen** rekor kırmak/tesis etmek
Rekorder *m* (*Kassetten-*) (kasetli) teyp; (*Video-*) video aleti
Rekordhalter(in) *m(f)* rekortmen
Rekrut *m* acemi er
Rektor *m* (*Uni*) rektör; (*Schule*) başöğretmen
Rel. *f Abk von* **Religion** din
Relation *f* ilişki, bağlantı
relational *adj* **~e Datenbank** INFORM ilişkisel veritabanı
relativ *adj* göreli, nispi
relevant *adj* önemli, mühim
Relief *nt* kabartma
Religion *f* din
Religionsfreiheit *f* din özgürlüğü
Religionswissenschaftler(in) *m(f)* dinbilimci
religiös *adj* (*Sache*) dini; (*Person*) dindar
Religiosität *f* dindarlık
Reling *f* küpeşte
Reliquie *f* kutsal emanet
Remouladensoße *f* mayonez sosu
Ren *nt* ren geyiği
Renaissance *f* Rönesans
Rendezvous *nt* randevu
Rennbahn *f* yarış meydanı [*o* pisti]; (*Pferde-*) hipodrom
rennen <rannte, gerannt> *vi sein* koşmak; **um die Wette ~** yarışmak
Rennen *nt* (*Wett-*) yarış, koşu; **aus dem ~ sein** (*fig*) safdışı kalmak
Rennfahrer(in) *m(f)* otomobil yarışçısı; (*Motorrad*) motosiklet yarışçısı
Rennpferd *nt* yarış atı
Rennrad *nt* yarış bisikleti
Rennsport *m* yarışçılık
Rennstrecke *f* parkur, yarış mesafesi [*o* yolu]
Rennwagen *m* yarış otomobili

renovieren *vt* ❶ yenileştirmek (**etw** -i) ❷ (*Gebäude*) restore etmek (**etw** -i)
Renovierung *f* ❶ yenileştirme ❷ (*eines Gebäudes*) restore etme
rentabel *adj* kazançlı, karlı, verimli
Rentabilität *f* karlılık, verimlilik
Rente *f* ❶ (*Alters-*) emekli aylığı ❷ (*Ruhestand*) emeklilik ❸ (*aus angelegtem Kapital*) gelir, kazanç ❹ (*arbeitsfreies Einkommen*) rant
Rentenalter *nt* emeklilik yaşı
Rentenversicherung *f* emeklilik sigortası
Rentier *nt* ren geyiği
rentieren *vr* **sich** ~ (*Gewinn abwerfen*) kar getirmek [*o* bırakmak]; (*sich lohnen*) (zahmete) değmek
Rentner(in) *m(f)* emekli
Reparatur *f* tamir, onarım
Reparaturwerkstatt *f* tamirhane
reparieren *vt* tamir etmek, onarmak (**etw** -i)
Reportage *f* röportaj
Reporter(in) *m(f)* muhabir, röportajcı
Repräsentant(in) *m(f)* temsilci
Repräsentation *f* temsil
repräsentativ *adj* temsil eden, tipik
repräsentieren *vt* temsil etmek (**jdn/etw** -i)
Repressalien *fpl* zorlama tedbirleri *pl*
Repression *f* (*Unterdrückung*) tazyik, baskı
repressiv *adj* ezici, baskıcı
Reproduktion *f* çoğaltma, röprodüksiyon
reproduzieren *vt* kopya etmek (**etw** -i)
Republik *f* cumhuriyet
Republikaner(in) *m(f)* cumhuriyetçi
republikanisch *adj* cumhuriyetçi
Reserve *f* ❶ (*Vorrat*) yedek ❷ (*Zurückhaltung*) sakınganlık ❸ ECON (*Geld-*) rezerv
Reservekanister *m* yedek bidon
Reserverad *nt* yedek tekerlek
reservieren *vt* ❶ (*Platz*) ayırmak, rezerve et(tir)mek (**etw** -i) ❷ (*Gegenstand*) saklamak, korumak (**etw** -i)
reserviert *adj* ❶ (*Platz*) ayrılmış ❷ (*fig: zurückhaltend*) sakıngan
Reservierung *f* rezervasyon
Residenz *f* hükümet merkezi
Resignation *f* boyun eğme, yılma
resignieren *vi* boyun eğmek (**vor etw** -e), yılmak (**vor etw** -den)
Resistenz *f* direnç, dayanıklılık
Respekt *m* saygı
respektabel *adj* saygıdeğer
respektieren *vt* ❶ saymak (**jdn/etw** -i), saygı göstermek (**jdn/etw** -e) ❷ (*Gesetz*) uymak (**etw** -e)
respektive *konj* veya
respektlos *adj* saygısız
respektvoll *adj* saygılı
Ressentiment *nt* kin(cilik), hınç duygusu
Ressort *nt* görev alanı
Ressourcen *fpl* kaynaklar *pl*
Rest *m* artık (miktar), kalan, kalıntı
Restaurant *nt* restoran
restaurieren *vt* restore etmek (**etw** -i)
Restaurierung *f* restorasyon
restlich *adj* geri kalan
Resultat *nt* sonuç
Retorte *f* CHEM karni
Retortenbaby *nt* tüp bebek
retten **I.** *vt* kurtarmak (**jdn/etw vor jdm/etw** -i -den) **II.** *vr* **sich** ~ kurtulmak (**vor jdm/etw** -den); **rette sich, wer kann!** canını seven kurtarsın!
Retter(in) *m(f)* kurtarıcı
Rettich *m* turp
Rettung *f* ❶ (*Retten*) kurtarma; (*Gerettetwerden*) kurtarılma ❷ (*Heil, Befreiung*) kurtuluş
Rettungsboot *nt* cankurtaran sandalı
Rettungsring *m* cankurtaran simidi
Reue *f* pişmanlık
reuig *adj*, **reumütig** *adj* pişman
revanchieren *vr* **sich** ~ (*freundlich*) karşılık vermek (**für etw** -e); (*feindlich*) acısını çıkarmak (**für etw** -in)
Revers *nt* (*Jacke*) devrik yaka

revidieren *vt* ❶ (*nachprüfen*) gözden geçirmek (**etw** -i) ❷ (*abändern*) değiştirmek (**etw** -i)

Revier *nt* ❶ (*Bezirk*) bölge, saha ❷ (*Polizei-*) (polis) karakolu ❸ (*Jagd-*) av yatağı, avlak

Revision *f* ❶ (*Änderung, Überprüfung*) revizyon ❷ JUR temyiz

Revolte *f* isyan, ayaklanma

Revolution *f* devrim, ihtilal

Revolutionär(in) *m(f)* devrimci

Revolver *m* tabanca, revolver

Revue *f* revü

Rezensent(in) *m(f)* eleştirmen, tenkitçi

rezensieren *vt* eleştirmek, tenkit etmek (**etw** -i)

Rezension *f* eleştiri, tenkit

Rezept *nt* ❶ (*ärztliches*) reçete ❷ (*Koch-*) yemek tarifi

Rezeption *f* resepsiyon

Rezession *f* ECON resesyon, konjonktürün gerilemesi

R-Gespräch *nt* ödemeli konuşma

rh *m Abk von* **Rhesusfaktor negativ** resus faktörü negatif

Rh *m Abk von* **Rhesusfaktor positiv** resus faktörü pozitif

Rhabarber *m* ravent

Rhein *m* Ren (nehri)

Rheinland *nt* Ren bölgesi; (*hist*) Renanya

Rheinland-Pfalz *nt* Rheinland-Pfalz

Rhesusfaktor *m* resus faktörü

Rhetorik *f* söz sanatı

Rheuma *nt*, **Rheumatismus** *m* romatizma

Rhodesien *nt* Rodezya

Rhodos *nt* Rodos

rhythmisch *adj* ritmik

Rhythmus *m* rit(i)m

richten **I.** *vt* ❶ (*Frage, Bitte, Brief*) yöneltmek (**etw an jdn** -i -e) ❷ (*Essen*) hazırlamak (**etw** -i) ❸ (*in Ordnung bringen*) hazırlamak, onarmak, düzeltmek (**etw** -i); **die Aufmerksamkeit auf etw ~** bir şeye dikkat etmek **II.** *vi* JUR yargılamak (**über jdn** -i) **III.** *vr* **sich nach jdm ~** birini örnek almak; **sich nach etw ~** bir şeye uymak

Richter(in) *m(f)* hakim, yargıç

Richterskala[RR] *f*, **Richter-Skala** *f* Richter ölçeği

Richterspruch *m* yargı, hüküm

Richtgeschwindigkeit *f* (*otoyolda*) *önerilen hız*

richtig **I.** *adj* ❶ (*korrekt*) doğru ❷ (*echt*) gerçek, halis; **ein ~er Münchner** halis bir Münihli; **im ~en Augenblick** (tam) zamanında **II.** *adv* **~ gehen** (*Uhr*) doğru gitmek; (**ganz**) **~!** (çok) doğru!; **etw ~ machen** bir şeyi doğru yapmak

Richtigkeit *f* doğruluk, gerçeklik

richtigstellen *vt* (*klarstellen*) bir şeyi düzeltmek [*o* açıklamak]

Richtigstellung *f* bir iddianın düzeltilmesi

Richtlinien *fpl* yönerge *sing*

Richtung *f* ❶ yön, taraf ❷ (*pol. Einstellung*) görüş ❸ (*Kunst etc.*) akım; **in alle ~en** her tarafa

Richtwert *m* kılavuz değer

rieb *vt s.* **reiben**

riechen <roch, gerochen> **I.** *vt* (*a. fig*) kokusunu almak (**etw** -in); **jdn nicht ~ können** birini çekememek **II.** *vi* ❶ (*an etw*) koklamak (**an etw** -i) ❷ (*nach etw*) kokmak; **er riecht nach Knoblauch** sarmısak kokuyor; **es riecht gut/schlecht** iyi/fena kokuyor

rief *vi, vt s.* **rufen**

Riegel *m* sürgü, sürme

Riemen *m* kayış

Riese *m* dev

rieseln *vi sein* ❶ (*Regen*) çiselemek ❷ (*Wasser*) çağıldamak

Riesenerfolg *m* parlak başarı

Riesenrad *nt* (büyük) dönme dolap

riesig *adj* ❶ (*sehr groß*) dev gibi, koskoca, muazzam ❷ (*fam: großartig*) şaha-

ne, enfes, mükemmel
riet *vi, vt s.* **raten**
rigoros *adj* sert, katı, şiddetli
Rille *f* oluk, oyuk, yiv; (*Schallplatte*) yiv
Rind *nt* sığır
Rinde *f* ❶ (*Baum-*) kabuk ❷ (*Brot-*) ekmek kabuğu
Rinderbraten *m* sığır kızartması
Rinderwahn(sinn) *m* deli dana hastalığı, delibaş
Rindfleisch *nt* sığır eti
Rindvieh *nt* ❶ (*Rinder*) büyük baş hayvanlar *pl* ❷ (*fam: Schimpfwort*) enayi (dümbeleği), eşoğlu eşek
Ring *m* ❶ (*allgemein*) halka ❷ (*Finger-*) yüzük ❸ (*Box-*) ring; **~e** (*Turnen*) halka (aleti) *sing*
Ringelnatter *f* su yılanı
ringen <rang, gerungen> *vi* ❶ SPORT güreşmek (**mit jdm** ile) ❷ (*kämpfen*) savaşmak (**mit jdm** ile)
Ringer *m* güreşçi, pehlivan
Ringfinger *m* yüzükparmağı
Ringkampf *m* güreş
rings *adv,* **rings(her)um** *adv* çepeçevre, fırdolayı
Rinne *f* ❶ (*Dach-*) oluk ❷ (*Wasser-*) ark, su yolu
rinnen <rann, geronnen> *vi sein* (*Flüssigkeit*) sızmak, akmak
Rippchen *nt* pirzola
Rippe *f* ANAT kaburga
Rippenfellentzündung *f* zatülcenp
Risiko *nt* risk, riziko; **ein ~ eingehen** bir rizikoyu göze almak
riskant *adj* rizikolu
riskieren *vt* göze almak (**etw** -i)
riss[RR], **riß**[ALT] *vi, vt s.* **reißen**
Riss[RR] *m,* **Riß**[ALT] *m* ❶ (*Stoff*) yırtık ❷ (*in einer Mauer*) çatlak ❸ (*Spalte*) yarık
rissig *adj* çatlak, yarık
ritt *vi s.* **reiten**
Ritter *m* şövalye
rituell *adj* ibadet kurallarına uygun
Ritus *m* ❶ (*Brauch*) (dini) adet ❷ (*Gesamtheit religiöser Bräuche*) dini töreler *pl*
Rivale *m* rakip
Rivalin *f* rakibe
rivalisieren *vi* rekabet etmek, yarışmak (**mit jdm** ile)
Rivalität *f* rekabet, rakiplik, yarışma
Roastbeef *nt* rozbif
Robbe *f* fok, ayıbalığı
Roboter *m* robot
robust *adj* dinç; (*groß und stark*) iriyarı
roch *vi, vt s.* **riechen**
röcheln *vi* hırıldamak, hırıldayarak (zorla) nefes almak
Rock[1] *m* ❶ (*Damen-*) etek(lik); (*Unter-*) jüpon ❷ (*Jacke*) ceket
Rock[2] *m* (*Musik*) rock müziği
Rockmusik *f* rok [*o* rock] müziği
Rockstar *m* rok [*o* rock] yıldızı
Rodel *m* kızak
Rodelbahn *f* kızak kayma yolu [*o* pisti]
rodeln *vi* kızak(la) kaymak
roden *vt* (*Wald*) açmak (**etw** -i)
Rodung *f* açma
Roggen *m* çavdar
Roggenbrot *nt* çavdar ekmeği
Roggenmehl *nt* çavdar unu
roh *adj* ❶ (*ungekocht*) çiğ, pişmemiş ❷ (*unbearbeitet*) ham ❸ (*Mensch*) kaba, yontulmamış
Rohbau *m* kaba yapı (*içi henüz döşenmemiş yapı*)
Rohkost *f çiğ bitkisel besin*
Rohöl *nt* ham yağ
Rohr *nt* ❶ (*Schilf-*) kamış, saz; (*Bambus-*) bambu ❷ TECH boru; (*großes Abfluss-*) künk ❸ (*Pistolen-, Kanonen-*) namlu
Röhre *f* boru; (*kleine*) tüp
Rohrleitung *f* boru hattı
Rohrspatz *m* bataklık kirazkuşu; **wie ein ~ schimpfen** sövüp saymak, ağız dolusu sövmek
Rohrzange *f* boru kerpeteni
Rohrzucker *m* kamış şekeri
Rohstoff *m* hammadde
Rokoko *nt* rokoko

R

RolladenALT *m s.* **Rollladen**
Rollbahn *f* pist
Rolle *f* ❶ (*a. fig: Theater-*) rol ❷ (*Walze*) silindir ❸ (*Spule*) makara ❹ (*Papier-*) tomar, rulo ❺ (*Draht-*) kangal; **eine ~ spielen** rol oynamak
rollen I. *vi* ❶ *sein* yuvarlanmak ❷ *haben* (*Donner*) gümbürdemek, gürlemek **II.** *vt* yuvarlamak (**etw** -i)
Roller *m* ❶ (*Spielzeug*) trotinet ❷ (*Motor-*) skuter
Rollfeld *nt* uçuş pisti
Rollkragen *m* balıkçı yaka
Rollkragenpullover *m* balıkçı yakalı kazak
RollladenRR *m* kepenk
Rollo *m* istor
Rollschuh *m* (tekerlekli) paten; **~ laufen** paten kaymak
Rollsplitt *m çok ince taş kırıntısı*
Rollstuhl *m* tekerlekli sandalye
Rollstuhlfahrer(in) *m(f)* tekerlekli sandalye kullanan kişi
Rolltreppe *f* yürüyen merdiven
Rom *nt* Roma
ROM *nt Abk von* **read-only memory** INFORM sadece okunabilen bellek
Roman *m* roman
romanisch *adj* Roman; **~e Sprachen** Roman [*o* Latin] dilleri
Romanist(in) *m(f) Latin dilleri ve edebiyatı uzmanı*
Romantik *f* ❶ (*Kunst*) romantizm ❷ (*Atmosphäre*) romantiklik
romantisch *adj* romantik
Romanze *f* ❶ (*Liebesabenteuer*) aşk macerası ❷ MUS romans
Römer(in) *m(f)* Romalı
römisch *adj* ❶ (*Art*) Roma ❷ (*Herkunft*) Romalı
röntgen *vt* röntgenini çekmek (**etw/jdn** -in)
Röntgenaufnahme *f* röntgen (filmi), radyografi
Röntgenstrahlen *mpl* röntgen ışınları *pl*
rosa *adj* pembe
Rose *f* gül
Rosé *m* (*Wein*) pembe şarap
Rosenkohl *m* Brüksel lahanası
Rosenkranz *m* tespih
Rosenmontag *m karnavaldaki pazartesi*
Rosenstock *m*, **Rosenstrauch** *m* gül ağacı
rosig *adj* ❶ (*Gesichtsfarbe*) pembe, gül gibi ❷ (*fig: schön*) hoş, sevindirici
Rosine *f* kuru üzüm
Rosmarin *m* biberiye
Rost *m* ❶ (*Eisenoxid*) pas ❷ (*Gitter, Brat-*) ızgara; **vom ~** (*gegrillt*) ızgara
rosten *vi* paslanmak, pas tutmak
rösten *vt* kızartmak; (*Kaffee*) kavurmak (**etw** -i)
rostfrei *adj* paslanmaz
Rostschutzmittel *nt* paslanmaya engel olan madde
rot <röter, am rötesten> *adj* kırmızı; (*in eher übertragenen Bedeutungen*) kızıl, al; **~ werden** kızarmak; **der Rote Halbmond** Kızılay; **das Rote Kreuz** Kızılhaç; **das Rote Meer** Kızıldeniz; **bei Rot halten** kırmızıda durmak
Röteln *pl* kızamıkçık *sing*
rothaarig *adj* kızıl saçlı
rotieren *vi* ❶ dönmek ❷ POL parlamentoda sırayla değişmek
Rotkäppchen *nt* kırmızı başlıklı kız
Rotkehlchen *nt* kızıl gerdan (kuşu)
Rotkohl *m* kırmızı lahana
Rotlicht *nt* (*Verkehr*) kırmızı ışık (*trafik lambasının durma işareti*)
Rotlichtviertel *nt genelevlerin bulunduğu semt*
rotsehen *irr vi* (*vor Wut die Beherrschung verlieren*) gözünü kan bürümek
Rotstift *m* kırmızı kalem
Rotwein *m* kırmızı şarap
Rotz *m* (*fam: Nasenschleim*) sümük
rotzig *adj* (*frech*) küstah
Rotznase *f* (*fam*) ❶ (*mit laufender Nase*) sümüklü (çocuk) ❷ (*freches Kind*)

R

şımarık çocuk
Rouge *nt* ruj, allık
Roulade *f* sarma
Roulette *nt* rulet
Route *f* yol; (*Schiff auch*) rota
Routine *f* rutin, pratik, alışma, el yatkınlığı
Rowdy *m* apaş, külhanbeyi, baldırı çıplak
RT *f Abk von* **Registertonne** tonilato
Rubbellos *nt* kazı kazan kartı
rubbeln *vi* ovmak (**an etw** -i)
Rübe *f* ① şalgam; **Gelbe** ~ havuç; **Rote** ~ pancar ② (*fam: Kopf*) kelle
Rubel *m* ruble
rüber *adv* (*fam*) *s.* **herüber; hinüber**
Rubin *m* yakut
Rubrik *f* ① (*Kategorie*) sınıf, bölüm ② (*Spalte*) sütun
Ruck *m* sarsma
ruckartig *adv* aniden
Rückblick *m* (*fig*) geçmişe bakış
rücken I. *vt* yerinden oynatmak, itmek, çekmek (**etw** -i); **näher** ~ yaklaştırmak (**etw** -i) II. *vi* kımılda(n)mak, hareket etmek; **näher** ~ yaklaşmak
Rücken *m* ① ANAT sırt, arka; (*Tier*) bel ② (*Messer, Buch*) ters; **hinter jds** ~ birinin arkasından; **auf den** ~ **fallen** arkaüstü düşmek; **jdm den** ~ **kehren** birine arkasını dönmek; (*fig*) birine dirsek çevirmek; **einen breiten** ~ **haben** (*a. fig*) sığır yürekli olmak
Rückendeckung *f* arka siper
Rückenlehne *f* arkalık
Rückenmark *nt* omurilik
Rückenschmerzen *pl* sırt ağrısı *sing*
Rückenschwimmen *nt* sırtüstü yüzme
Rückenwind *m* arkadan esen rüzgar
Rückerstattung *f* geri verme
Rückfahrkarte *f* dönüş bileti
Rückfahrt *f* dönüş
Rückfall *m* ① (*bei Verbrechern*) suçun tekrarlanması ② (*Krankheit*) nüksetme
rückfällig *adj* ~ **werden** (*Verbrecher*) suçu tekrarlamak
Rückflug *m* dönüş uçuşu
Rückfrage *f* karşı soru
Rückgabe *f* geri ver(il)me
Rückgang *m* azalma
rückgängig *adj* **etw** ~ **machen** bir şeyi iptal etmek
Rückgrat *nt* ① ANAT belkemiği, omurga ② (*fig: wesentlicher Teil von etw*) belkemiği
Rückhalt *m* destek, arka
rückhaltlos *adj* kayıtsız şartsız
Rückkehr *f* dönüş
rückläufig *adj* geri giden
Rücklicht *nt* arka lambası
Rückporto *nt* iade ücreti
Rückreise *f* dönüş (seyahati)
Rucksack *m* sırt çantası
Rückschau *f* geçmişe bakış
Rückschlag *m* (*fig*) tersine gelişme
Rückschritt *m* gerileme
rückschrittlich *adj* gerici
Rückseite *f* ters (taraf), arka (taraf)
Rücksicht *f* saygı; **mit** ~ **auf** -e dikkat göstererek; **auf jdn** ~ **nehmen** birine saygı göstermek
rücksichtslos I. *adj* saygısız, kaba II. *adv* saygısızca
rücksichtsvoll *adj* saygılı
Rücksitz *m* arka koltuk
Rückspiegel *m* dikiz aynası
Rückspiel *nt* rövanş maçı
Rücksprache *f* danışma, görüşme
Rückstand *m* **im** ~ **sein** gecikmek
rückständig *adj* ① (*fortschrittsfeindlich*) geri kafalı, gerici ② (*unterentwickelt*) geri kalmış
Rückstrahler *m* kedi gözü
Rücktritt *m* (*vom Amt*) istifa, çekilme, ayrılma
rückwärts *adv* geri(ye), geriye (doğru)
Rückwärtsgang *m* geri vites
Rückweg *m* dönüş yolu; **auf dem** ~ dönüşte
rückwirkend *adj* önceyi kapsayan
Rückwirkung *f* **mit** ~ önceye geçerlikli

Rückzahlung *f* geri ödeme
Rückzieher *m* **einen ~ machen** caymak
Rückzug *m* geri çekilme
rüde *adj* kaba, yontulmamış
Rüde *m* erkek köpek
Ruder *nt* ① (*vom Boot*) kürek ② (*Steuer*) dümen
Ruderboot *nt* sandal
rudern *vi* kürek çekmek
Ruf *m* ① ses; (*laut*) bağırış ② (*fig: Ansehen*) nam, ün; **guter/schlechter ~** iyi/kötü nam
rufen <rief, gerufen> I. *vi* ① (*allgemein*) seslenmek ② (*schreien*) bağırmak ③ (*Kuckuck*) ötmek II. *vt* çağırmak (**jdn zu etw/jdm** -i -e)
Rüffel *m* azar(lama), çıkışma, paylama
Rufname *m hitap olarak kullanılan* (*ilk*) *ad*
Rufnummer *f* telefon numarası
Rugby *nt* rugbi
Rüge *f* azar, zılgıt; (*Tadel*) tekdir
rügen *vt* ① (*tadeln*) azarlamak (**jdn** -i) ② (*verurteilen*) kınamak, ayıplamak (**etw** -i)
Ruhe *f* ① (*Behaglichkeit*) rahat ② (*Ausruhen, Erholung*) dinlenme ③ (*Schweigen*) sessizlik ④ (*Stille, Reglosigkeit*) durgunluk, sakinlik ⑤ (*innere* -) huzur, sakinlik; **in aller ~** huzur içinde, rahat rahat; **~!** sus(un)!; **angenehme ~!** Allah rahatlık versin!; **~ bewahren** sakin durmak; **jdn in ~ lassen** birini rahat bırakmak
ruhelos *adj* huzursuz, rahatsız, endişeli
ruhen *vi* ① (*aus-*) dinlenmek ② (*Arbeit*) durmak
Ruhestand *m* emeklilik; **im ~** emekli; **jdn in den ~ versetzen** birini emekliye ayırmak; **in den ~ treten** emekli olmak
Ruhetag *m* dinlenme günü
ruhig I. *adj* ① (*behaglich*) rahat, huzurlu ② (*bewegungslos*) durgun, hareketsiz ③ (*schweigsam, still*) sessiz, sakin ④ (*friedliebend*) sakin, uysal; **sei ~!** rahat dur!, sakin ol! II. *adv* **~ schlafen** sakince uyumak; **du kannst ~ noch bleiben** istersen daha kalabilirsin
Ruhm *m* şan, şöhret, ün
Ruhr[1] *f* (*Fluss*) Ruhr (nehri)
Ruhr[2] *f* MED dizanteri
Rührei *nt* sahanda yumurta (*akı sarısıyla karıştırılmış sahanda yumurta*)
rühren I. *vt* ① (*um-*) karıştırmak; (*Teig*) çalkalamak (**etw** -i) ② (*fig: seelisch*) duygulandırmak (**jdn** -i), dokunmak (**jdn** -e) II. *vr* **sich ~** (*sich bewegen*) kımılda(n)mak; (*sich bemerkbar machen*) kendini hissettirmek
rührend *adj* dokunaklı, acıklı
Ruhrgebiet *nt* Ruhr Havzası
rührig *adj* ① (*fleißig*) çalışkan ② (*Frau im Haushalt*) hamarat, eteği belinde ③ (*flink*) çevik
Ruin *m* çöküş, çökme, yıkılış
Ruine *f* harabe, yıkıntı
ruinieren *vt* yıkmak (**etw/jdn** -i)
rülpsen *vi* (*fam*) geğirmek
rum *adv* (*fam*) *s.* **herum**
Rum *m* rom
Rumäne, Rumänin *m, f* Romanyalı
Rumänien *nt* Romanya
rumänisch *adj* ① (*Art*) Romanya ② (*Sprache*) Rumence ③ (*Herkunft*) Romanyalı
Rummel *m* gürültü patırtı; (*Jahrmarkt*) panayır
Rummelplatz *m* lunapark
Rumpelkammer *f* sandık odası
Rumpf *m* gövde, beden
Rumpsteak *nt* rumstik
rund I. *adj* yuvarlak, toparlak II. *adv* (*ungefähr*) aşağı yukarı, tahminen, takriben
Rundblick *m* panorama
Runde *f* ① (*Rundgang*) tur ② (*Gesellschaft*) meclis ③ (*Rennsport*) tur ④ (*Boxen*) raunt, dönem; **eine ~ machen** tur atmak
Rundfahrt *f* tur, dolaşma

Rundfunk *m* radyo; **Nord-/Süd-/Westdeutscher ~** Kuzey/Güney/Batı Almanya Radyosu
Rundfunkgerät *nt* radyo
Rundfunksender *m* radyo istasyonu
Rundfunkübertragung *f* radyo yayını
Rundgang *m* dolaşma, gezinti, tur
rundherum *adv* çepeçevre; (*fig: ganz und gar*) tamamen
rundlich *adj* yuvarlacık, toparlacık; (*Mensch*) dolgun, tombul, tıknaz
Rundreise *f* tur
Rundschreiben *nt* genelge
runter *adv* (*fam*) *s.* **herunter; hinunter**
runzelig *adj* kırışık, buruşuk
runzeln *vt* buruşturmak (**etw** -i); **die Stirn ~** kaş çatmak
Rüpel *m* kaba [*o* yontulmamış] herif
rüpelhaft *adj* kaba, yontulmamış, edepsiz
rupfen *vt* (*a. fig: Geflügel*) yolmak (**etw** -i)
Rüsche *f* pasta, kırmalı dantela
Ruß *m* is, kurum
Russe, Russin *m, f* Rus
Rüssel *m* (*Elefant*) hortum; (*Insekt, Schwein*) burun
russisch *adj* ① (*Art*) Rus ② (*Sprache*) Rusça ③ (*Herkunft*) Rus(yalı); **~e Eier** Rus yumurtası
Russland[RR] *nt*, **Rußland**[ALT] *nt* Rusya
rüsten *vi* silahlanmak
rüstig *adj* dinç, sağlam, zinde; (*flink*) çevik, atik; **noch ~ für sein Alter sein** yaşına göre hala dinç olmak
rustikal *adj* köy tarzında
Rüstung *f* silahlanma
Rüstungsindustrie *f* harp sanayii
Rutschbahn *f* kaydırak
rutschen *vi sein* kaymak; (*Auto*) patinaj yapmak
Rutschgefahr *f* kayma tehlikesi
rutschig *adj* kaygan
rütteln I. *vt* sarsmak, sallamak (**etw/jdn** -i) II. *vi* sallamak, kurcalamak (**an etw** -i)

Ss

S *m Abk von* **Süden** güney
S. *f Abk von* **Seite** s. (*sayfa*)
s. *vt Abk von* **siehe** bkz. (*bakınız*)
Saal *m* (büyük) salon
Saar *f* (*Fluss*) Sar nehri
Saarland *nt* Sar Havzası
Saat *f* ❶ (*Aus-*) ekim, tohum ekme ❷ (*Saatgut*) tohum
Saatgut *nt* tohumluk tahıl
Sabotage *f* baltalama, sabotaj
sabotieren *vt* baltalamak, sabote etmek (**etw** -i)
Sachbearbeiter(in) *m(f)* daire şubesi şefi
Sachbuch *nt* öğretici kitap
Sache *f* ❶ (*Ding*) şey ❷ (*Gegenstand*) eşya ❸ (*Angelegenheit*) iş, mesele ❹ JUR dava; **mit jdm gemeinsame ~ machen** biriyle beraber iş çevirmek; **bei der ~ bleiben** konunun dışına çıkmamak; **zur ~ kommen** konuya gelmek; **das ist meine ~** bu benim bileceğim iş; **das tut nichts zur ~** bunun önemi yok
sachgemäß *adj* uygun, yerinde
Sachkenntnis *f* uzmanlık, ihtisas
sachkundig *adj* uzman
Sachlage *f* ❶ (*Situation*) (iş) durum(u) ❷ (*Tatsachenbestand*) gerçek
sachlich *adj* nesnel, objektif
Sachlichkeit *f* nesnellik
Sachschaden *m* maddi hasar
Sachse, Sächsin *m, f* Saksonyalı
Sachsen *nt* Saksonya
Sachverhalt *m* gerçek
Sachverstand *m* uzmanlık
Sachverständige(r) *f(m)* uzman, bilirkişi
Sachwert *m* fiili değer
Sack *m* çuval, torba
Sackgasse *f* ❶ (*Straße*) çıkmaz (sokak) ❷ (*fig: Ausweglosigkeit*) çıkmaz
Sackhüpfen *nt* çuval yarışı
Sadismus *m* sadizm
Sadist(in) *m(f)* sadist
sadistisch *adj* sadist
säen **I.** *vi* tohum ekmek **II.** *vt* (*a. fig*) ekmek (**etw** -i)
Safe *m* kasa
Safran *m* safran
Saft *m* ❶ su ❷ (*Pflanzen-*) özsu
saftig *adj* sulu
Sage *f* efsane
Säge *f* testere; (*Wald-*) bıçkı
Sägemehl *nt* testere talaşı [*o* tozu]
sagen *vt* ❶ (*äußern, aussprechen*) demek, söylemek (**jdm etw** -e -i) ❷ (*erzählen, mitteilen*) anlatmak, bildirmek (**jdm etw** -e -i); **ja/nein ~** evet/hayır demek; **was ich ~ wollte** demek istediğim şu; **~ Sie mal!** söyleyin bakalım!; **was ~ Sie dazu?** buna ne dersiniz?; **was du nicht sagst!** deme yahu!; **das hat nichts zu ~** bunun önemi yok
sägen *vi* (testere ile) kesmek (**etw** -i)
sagenhaft *adj* ❶ (*fantastisch*) harika ❷ (*legendär*) efsanevi
sah *vi, vt s.* **sehen**
Sahne *f* ❶ (*Rahm*) kaymak, krema ❷ (*Schlag-*) kremşanti
Sahnetorte *f* kremalı pasta
Saison *f* sezon, mevsim
Saisonarbeiter(in) *m(f)* sezon işçisi
Saite *f* tel; (*Darm-*) kiriş
Saiteninstrument *nt* telli çalgı [*o* saz]
Sakko *m* erkek ceketi
Sakrament *nt* kutsama töreni (*Hıristiyanlarda*)
Salami *f* salam
Salat *m* salata; **~ der Saison** mevsim salatası; **gemischter ~** karışık salata

Salatschüssel *f* (çukur) salata tabağı
Salbe *f* merhem, melhem
Salbei *m* adaçayı, meryemiye
Saldo *m* hesap bakiyesi
Salmiak *m* nışadır, amonyak tuzu
Salon *m* salon
salopp *adj* ❶ (*zwanglos*) laubali, teklifsiz ❷ (*schlampig*) pasaklı
Salpeter *m* güherçile
Salto *m* (havada) takla [*o* perende]; ~ **rückwärts** ters perende; **einen ~ springen** (havada) takla [*o* perende] atmak
Salvador *nt* Salvador
Salz *nt* tuz
salzen *vt* tuzlamak (**etw** -i)
salzig *adj* tuzlu
Salzkartoffeln *fpl kabuğu soyulup tuzlu suda pişirilmiş patates*
Salzsäure *f* hidroklorik asit
Salzstreuer *m* tuzluk
Sambia *nt* Zambia
Samen *m* ❶ (*Saatgut*) tohum ❷ (*Sperma*) sperma, meni
sammeln **I.** *vt* ❶ (*zusammentragen*) toplamak, derlemek (**etw** -i) ❷ (*ein-*) toplamak (**etw** -i) ❸ (*aus Liebhaberei*) biriktirmek (**etw** -i) **II.** *vr* **sich ~** (*sich anhäufen*) toplanmak
Sammelsurium *nt* karışıklık
Sammler(in) *m(f)* (*aus Liebhaberei*) koleksiyoncu
Sammlung *f* ❶ (*Sammeln*) toplama, toplayış ❷ (*eines Liebhabers*) koleksiyon
Samstag *m* cumartesi (günü)
Samt *m* kadife
sämtliche *adj* bütün
Sanatorium *nt* sanatoryum, prevantoryum
Sand *m* kum
Sandale *f* sandal(et)
Sandbank *f* kum bankı, kumluk, kumsal
sandig *adj* kumlu
Sandkasten *m* kum sandığı
Sandpapier *nt* zımpara kâğıdı
Sandsack *m* kum torbası
Sandstrand *m* kumsal
sandte *vt s.* **senden**
Sanduhr *f* kum saati
Sandwich *nt* sandviç
sanft *adj* (*weich*) yumuşak
sang *vi s.* **singen**
Sänger(in) *m(f)* şarkıcı
sanieren *vt* (*reparieren*) onarmak; (*modernisieren*) modernleştirmek (**etw** -i)
Sanierung *f* onarım, modernleştirme
sanierungsbedürftig *adj* (*Gebäude*) onarıma muhtaç
sanitär *adj* sıhhi, sağlıksal
Sanitäter *m* sağlık memuru
sank *vi s.* **sinken**
Sanktion *f* (*Zwangsmaßnahme*) zorlama tedbiri
sanktionieren *vt* (*genehmigen*) tasdik ve kabul etmek (**etw** -i)
sann *vi s.* **sinnen**
Saphir *m* gökyakut
Sardelle *f* sardalye, hamsi
Sardine *f* sardalye, ateş balığı
Sardinien *nt* Sardenya (adası)
Sarg *m* tabut
Sarkasmus *m* acı ince alay, sarkazm
sarkastisch *adj* iğneleyici, istihzalı
Sarkophag *m* lahit, sanduka
saß *vi s.* **sitzen**
Satan *m* şeytan, iblis
Satellit *m* (*a. fig*) uydu, peyk
Satellitenschüssel *f* (*fam*) çanak (anten)
Satellitentelefon *nt* uydu telefonu
Satin *m* saten
Satire *f* yergi, hiciv, hicviye
satirisch *adj* hicivli, yergili, taşlayıcı
satt *adj* ❶ (*nicht hungrig*) tok, doymuş ❷ (*fig: überdrüssig*) bıkkın, usanmış; **ich bin ~** karnım doydu, doydum; **sich ~ essen** doyuncaya kadar yemek
Sattel *m* ❶ (*Sitz*) eyer ❷ (*Pack-*) semer ❸ (*Fahrrad-*) sele
satthaben *irr vt* **etw ~** bir şeyden bık-

mak [*o* usanmak], bir şeyden gına getirmek
sättigen *vt* doyurmak (**jdn/etw** -i)
Sättigungsgefühl *nt* doyum hissi
Satz *m* ❶ (*Wortfolge*) cümle, tümce ❷ MUS *bir müzik eserinin bölümü* ❸ (*zusammengehörige Dinge*) takım ❹ (*Sprung*) sıçrayış ❺ (*Kaffee-*) telve ❻ (*Schrift-*) yazı dizisi
Satzung *f* yönetmelik
Satzzeichen *nt* noktalama işareti
Sau *f* ❶ (*Tier*) dişi domuz ❷ (*pej: Mensch*) pis herif [*o* karı]
sauber *adj* temiz; ~ **machen** temizlemek (**etw** -i)
Sauberkeit *f* temizlik
säuberlich *adj* temiz, özenle yapılan
säubern *vt* temizlemek (**etw** -i)
Saubohne *f* bakla
Sauce *f* sos, salça
Saudi-Arabien *nt* Suudi Arabistan
sauer *adj* ❶ ekşi; (*Milch*) kesilmiş ❷ CHEM asitli; **saure Gurken** hıyar turşusu; **saurer Regen** asit yağmuru; ~ **sein/werden** ekşimek; (*Milch*) kesilmek; (*sich ärgern*) bozuk çalmak
Sauerbraten *m* sirkeli sığır kızartması
Sauerei *f* (*fam*) ❶ (*Unsauberkeit*) pislik ❷ (*Benehmen*) rezalet
Sauerkirsche *f* vişne
Sauerkraut *nt* lahana salamurası
säuerlich *adj* ekşimtırak
S **Sauerstoff** *m* oksijen
Sauerstoffflasche[RR] *f* oksijen tüpü
saufen <säuft, soff, gesoffen> *vi, vt* ❶ (*Tier*) içmek (**etw** -i) ❷ (*pej: Mensch*) fazla içmek (**etw** -i); (*Alkohol*) içki içmek
Säufer(in) *m(f)* (*pej*) ayyaş
säuft *vi, vt s.* **saufen**
saugen <sog *o* saugte, gesogen *o* gesaugt> *vi, vt* ❶ (*allgemein*) içine çekmek (**etw** -i) ❷ (*Säugling, Tierjunges*) emmek (**etw** -i)
säugen *vt* emzirmek (**etw** -i)
Säugetier *nt* memeli hayvan
Säugling *m* bebek
Säule *f* sütun
Saum *m* ❶ (*Kleider-*) etek (baskısı) ❷ (*Rand*) kenar
Sauna *f* sauna, Fin hamamı
Säure *f* CHEM asit
sausen *vi* ❶ *sein* hızla geçip gitmek; (*Geschoss*) vınlamak ❷ *haben* (*Wind*) uğuldamak
Saustall *m* (*fig*) ❶ (*Durcheinander*) (karma)karışıklık ❷ (*schmutziger Ort*) pis yer
Sauwetter *nt* (*fam*) pis hava
Saxofon[RR] *nt,* **Saxophon** *nt* saksofon
S-Bahn *f* banliyö treni
scannen *vt* taramak (**etw** -i)
Scanner *m* tarayıcı
schaben *vt* (*abkratzen*) kazımak (**etw** -i)
schäbig *adj* ❶ (*Kleidungsstück*) yırtık pırtık ❷ (*Aussehen*) hırpani, kılıksız, pejmürde ❸ (*gemein*) alçak, bayağı
Schablone *f* şablon, kalıp, örnek
Schach *nt* satranç; ~**!** şah!
Schachbrett *nt* satranç tahtası
Schachfigur *f* satranç taşı
schachmatt *adj* şahmat
Schachspiel *nt* satranç oyunu
Schachtel *f* ❶ (*zum Verpacken*) kutu ❷ (*Zigaretten-*) paket
Schachzug *m* ❶ (*im Schach*) taş sürme ❷ (*geschickte Maßnahme*) manevra
schade *adj* (**das ist**) ~ yazık; **wie ~!** ne yazık!; ~ **um die Zeit** harcanan zamana yazık
Schädel *m* kafatası; (*Toten-*) kurukafa
schaden *vi* zarar vermek (**jdm** -e); (*nachteilig sein*) zararlı olmak
Schaden *m* zarar; (*besonders materieller*) hasar
Schadenersatz *m* tazminat, zarar ödeneği [*o* bedeli]
Schadenfreude *f başkalarının zararına sevinme*
Schadensanzeige *f* zarar bildirmesi
schädigen *vt* zarar vermek (**jdn/etw** -e)

schädlich *adj* zararlı

Schädlingsbekämpfungsmittel *nt* haşarat ilacı

Schadstoff *m* (*Giftstoff*) zararlı madde; (*umweltverschmutzend*) kirletici madde

Schaf *nt* koyun

Schafbock *m* koç

Schäfchen *nt* **seine ~ ins Trockene bringen** küpünü doldurmak

Schäfer(in) *m(f)* çoban

Schäferhund *m* çoban köpeği

schaffen[1] <schuf, geschaffen> *vt* yaratmak (**etw** -i); **für etw wie geschaffen sein** bir şey için biçilmiş kaftan olmak

schaffen[2] **I.** *vi* (*arbeiten*) çalışmak; **frohes Schaffen!** kolay gelsin! **II.** *vt* ① (*bewältigen*) becermek (**etw** -i), hakkından gelmek (**etw** -in) ② (*bringen*) getirmek, götürmek (**etw zu jdm/etw** -i -e); **etw aus der Welt ~** bir şeyi ortadan kaldırmak; **sich** *dat* **etw vom Halse ~** bir şeyi başından atmak, bir şeyden yakasını [*o* paçasını] kurtarmak

Schaffner(in) *m(f)* biletçi

Schaffung *f* yaratma, var etme

Schafherde *f* koyun sürüsü

Schafskäse *m* beyaz peynir

Schafspelz *m* koyun postu

Schaft *m* ① (*Stiel*) sap ② (*Fahnen-*) direk

Schakal *m* çakal

Schal *m* ① (*Halstuch*) (boyun) atkı(sı), kaşkol ② (*Damen-*) şal

Schale *f* ① (*Gefäß*) kase, çanak ② (*Obst-, Nuss-, Eier-*) kabuk

schälen *vt* kabuğunu soymak (**etw** -in)

Schall *m* (*Ton*) ses; (*Widerhall*) yankı

Schalldämpfer *m* ① (*für Schusswaffe*) susturucu ② (*für Motor*) susturucu tertibatı

schalldicht *adj* ses geçirmez

schallen *vi* tınlamak, çınlamak

Schallgeschwindigkeit *f* ses hızı

Schallmauer *f* ses duvarı

Schallplatte *f* plak

Schallplattengeschäft *nt* plakçı (dükkanı)

schalt *vt s.* **schelten**

Schaltbrett *nt* (elektrik) dağıtım levhası

schalten *vi* ① (*Strom*) çevirmek (**auf etw** -e) ② (*Gänge*) vites değiştirmek

Schalter *m* ① (*Bank-, Post-*) gişe ② (*Strom-*) şalter, devre anahtarı

Schalthebel *m* ① (*Strom*) anahtar kolu ② (*Gangschaltung*) vites kolu

Schaltjahr *nt* artıkyıl

Schaltung *f* ① (*Strom*) bağlama ② (*Gang-*) vites

Scham *f* utanma, utanç

schämen *vr* **sich vor jdm ~** birinden utanmak; **sich ~, etw zu tun** -meye utanmak

Schamgefühl *nt* utanç duygusu

schamhaft *adj* utangaç, mahcup

Schamhaftigkeit *f* utangaçlık, utanç

schamlos *adj* (*unverschämt*) utanmaz, rezil, arsız

Schande *f* ① (*Benehmen*) ayıp ② (*Unehre*) namussuzluk, yüzkarası

schändlich *adj* ayıp, rezil

Schandtat *f* rezalet, kepazelik

Schanze *f* ① MIL toprak tabya ② (*Skisport*) atlama seddi

Schar *f* küme, sürü, öbek

scharf <schärfer, am schärfsten> *adj* ① (*a. fig: schneidend*) keskin ② (*Speise*) baharatlı ③ (*Foto*) net ④ (*Worte, Kritik*) ağır, sert ⑤ (*Protest*) sert, şiddetli; **auf etw ~ sein** (*fam: heftig wünschen*) bir şeye can atmak, bir şey burnunda tütmek; **auf jdn ~ sein** (*sexuell*) birisi için yanıp tutuşmak

Scharfblick *m* sağgörü, seziş

Schärfe *f* ① (*Messer*) keskinlik ② (*Bild, Umrisse*) netlik ③ (*Sinnesorgan*) keskinlik ④ (*Strenge*) sertlik, şiddet

schärfen *vt* ① (*Messer*) bilemek (**etw** -i) ② (*Sinne*) keskinleştirmek (**etw** -i)

Scharfschütze *m* keskin nişancı
scharfsichtig *adj* ❶ (*gute Sehschärfe*) keskin bakışlı ❷ (*scharfsinnig*) sağgörülü
scharfsinnig *adj* sağgörülü, keskin zekalı
Scharlach *m* kızıl (hastalığı)
scharlachrot *adj* erguvan renkli
Scharnier *nt* menteşe, reze
Schatten *m* (*dunkle Fläche*) gölge; **im ~** gölgede; **jdn/etw in den ~ stellen** (*fig*) birini/bir şeyi gölgede bırakmak; **auf etw einen ~ werfen** bir şeyi gölgelemek; (*fig*) bir şeye gölge düşürmek
Schattenseite *f* ❶ gölge tarafı ❷ (*Kehrseite*) madalyanın ters tarafı
Schattentheater *nt* gölge oyunu; (*traditionelles türkisches ~*) karagöz
Schattenwirtschaft *f* gölge [*o* yeraltı] ekonomi, kayıt dışı ekonomi
Schattierung *f* ❶ (*Farb-*) nüans, ince fark ❷ (*Zeichnung*) gölgeleme
schattig *adj* gölgeli
Schatulle *f* küçük sandık; (*besonders für Schmuck*) mücevher kutusu
Schatz *m* ❶ (*Juwel*) hazine; (*vergrabener*) define, gömü ❷ (*Kosewort*) sevgili; **mein ~** sevgilim
schätzen *vt* ❶ (*ab-*) tahmin etmek, kestirmek (**etw** -i) ❷ (*achten*) saymak (**jdn/etw** -i); **wie alt schätzt du ihn?** onu kaç yaşında tahmin edersin?
Schatzmeister(in) *m(f)* (*bei Verein, Partei*) haz(i)nedar
Schätzung *f* tahmin, kestirme, hesap
schätzungsweise *adv* tahminen
Schau *f* (*Ausstellung*) sergi; **etw zur ~ stellen** bir şeyi sergilemek
schauderhaft *adj* ❶ (*schrecklich*) korkunç ❷ (*abscheulich*) iğrenç
schaudern *vi* ürpermek
schauen *vi* bakmak (**auf jdn/etw** -e); **nach jdm ~** birine bakmak
Schauer *m* (*Regen-*) sağanak
schauerlich *adj* korkunç
Schaufel *f* kürek; (*Kehricht-*) faraş
Schaufenster *nt* (mağaza) vitrin(i), camekan
Schaukel *f* salıncak
schaukeln I. *vt* sallamak (**etw/jdn** -i) II. *vi* sallanmak
Schaukelpferd *nt* salıncaklı at
Schaukelstuhl *m* salıncaklı koltuk
Schaum *m* köpük
Schaumgummi *m* lastik sünger
schaumig *adj* köpüklü
Schaumstoff *m* köpük
Schaumwein *m* köpüklü şarap, şampanya
Schauplatz *m* (*a. fig*) sahne
schaurig *adj* tüyler ürpertici
Schauspiel *nt* ❶ (*Stück*) oyun, piyes ❷ (*Augenweide*) manzara
Schauspieler *m* (erkek) oyuncu [*o* artist], aktör
Schauspielerin *f* kadın oyuncu, aktris
Schauspielhaus *nt* tiyatro (binası)
Scheck *m* çek
Scheckbuch *nt*, **Scheckheft** *nt* çek defteri [*o* karnesi]
Scheckkarte *f* çek kartı
Scheck- und Aktienmafia *f* (*in der Türkei*) çek-senet mafyası
Scheibe *f* ❶ yuvarlak levha ❷ (*Fenster-*) cam ❸ (*Brot, Fleisch*) dilim
Scheibenbremse *f* diskli fren
Scheibenwischer *m* silecek
Scheich *m* şeyh
Scheide *f* dölyolu, kadınlık organı
scheiden <schied, geschieden> I. *vt* ❶ (*trennen*) ayırmak (**etw von etw** -i -den) ❷ (*Ehe*) boşa(ndır)mak (**etw** -i); **sich (von jdm) ~ lassen** (birinden) boşanmak II. *vi sein* (*geh: weggehen*) ayrılmak, (bırakıp) gitmek (**von jdm** -den)
Scheideweg *m* dörtyol ağzı
Scheidung *f* (*Ehe-*) boşanma
Scheidungskind *nt* boşanma sonucu arada kalan çocuk
Schein *m* ❶ (*Bescheinigung*) belge, kâ-

S

ğıt ❷ (*Geld-*) banknot ❸ (*Licht*) ışık ❹ (*Glanz*) parıltı ❺ (*An-*) görünüş; (**nur**) **zum** ~ yalancıktan; **der** ~ **trügt** görünüşe aldanmamalı

scheinbar I. *adj* görünen; (*unecht*) sahte, yapmacık II. *adv* görünüşe göre, görünürde

scheinen <schien, geschienen> *vt* ❶ (*leuchten*) ışık vermek ❷ (*glänzen*) parlamak, parıldamak ❸ (*fig: den Anschein haben*) görünmek; **der Mond/die Sonne scheint** ay/güneş parlıyor; **es scheint** (**mir**) **so, dass** (bana) öyle görünüyor ki

scheinheilig *adj* ❶ (*heuchlerisch*) ikiyüzlü ❷ (*scheinbar fromm*) sahte dindar

Scheintod *m ölmüş gibi görünme*

Scheinwerfer *m* ❶ (*allgemein*) projektör, ışıldak ❷ (*von Kraftfahrzeug*) far

Scheiße *f* (*vulg*) bok

scheißen <schiss, geschissen> *vi* (*vulg*) sıçmak

Scheißkerl *m* (*pej*) boktan herif

Scheitel *m* (*Haar-*) saç ayrığı

scheitern *vi sein* ❶ (*Person*) başarısızlığa uğramak ❷ (*Sache*) boşa çıkmak; **etw zum Scheitern bringen** bir şeyi boşa çıkarmak

schellen *vi* çıngırdamak

Schellfisch *m* morina balığı

Schelte *f* azar

schelten <schilt, schalt, gescholten> *vt* azarlamak, paylamak (**jdn** -i), çıkışmak (**jdn** -e)

Schema *nt* şema; (*Muster*) örnek, model

schematisch *adj* şematik

Schemel *m* tabure, arkalıksız iskemle

Schenke *f* meyhane, taverna

Schenkel *m* ❶ (*Ober-*) uyluk; (*Unter-*) baldır ❷ MATH kenar

Schenkelknochen *m* uyluk kemiği

schenken *vt* hediye [*o* armağan] etmek (**jdm etw** -e -i)

Scherbe *f* kırık; (*Glas-*) cam kırığı

Schere *f* makas

scheren[1] <schor, geschoren> *vt* ❶ (*Haare*) (kısa) kesmek, makaslamak (**etw** -i) ❷ (*Schafe*) kırkmak, kırpmak (**etw** -i)

scheren[2] *vt* **was schert mich das!** beni ilgilendirmez!; **scher dich zum Teufel!** cehennem ol!

Scherereien *fpl* külfet, zahmet *sing*

Scherz *m* şaka; (*übler Scherz*) muziplik; **aus** [*o* **im**] ~ şakadan; ~ **beiseite!** şaka bir tarafa!

scherzen *vi* şaka etmek; (*miteinander*) şakalaşmak

scherzhaft *adj* ❶ (*nicht ernst gemeint*) ciddi olmayan ❷ (*lustig*) güldürücü, eğlendirici

scheu *adj* ❶ (*schüchtern*) çekingen, utangaç, sıkılgan ❷ (*furchtsam*) korkak, ürkek ❸ (*menschen-*) insandan kaçan

Scheu *f* ❶ (*Schüchternheit*) çekingenlik, utangaçlık, sıkılganlık ❷ (*Furcht*) ürkeklik, korku

scheuen I. *vt* (*fürchten*) çekinmek, korkmak (**etw** -den) II. *vi* (*Pferd*) ürkmek

scheuern *vt* ❶ (*reiben*) ovmak (**etw** -i) ❷ (*Boden, Geschirr*) silmek (**etw** -i)

Scheune *f* samanlık; (*Getreide-*) tahıl ambarı

Scheusal *nt* ❶ (*Unmensch*) canavar ❷ (*widerwärtige Person*) gudubet

scheußlich *adj* ❶ (*fürchterlich*) korkunç ❷ (*abscheulich*) iğrenç

Schi *m s.* **Ski**

Schicht *f* ❶ (*allgemein*) tabaka, kat ❷ (*Erd-*) tabaka ❸ (*Arbeits-*) iş devresi, vardiya ❹ (*Arbeits-: Team*) çalışma grubu ❺ (*soziale*) tabaka

schichten I. *vt* istif etmek, dizmek (**etw** -i) II. *vi* (*fam: Schichtarbeit machen*) iş devresi [*o* vardiya] yapmak

Schichtwechsel *m* vardiya değişimi

schick *adj* şık, zarif

Schick *m* şıklık, zarafet

schicken I. *vi, vt* göndermek, yollamak

S

(**jdm etw** -e -i) II. *vr* **es schickt sich, zu ...** (*sich geziemen*) -mek yakışık alıyor
Schickeria *f* sosyete
schicklich *adj* yakışık alır [*o* alan]
Schicksal *nt* kader, yazgı, talih, kısmet
schicksalhaft *adj* yazgısal
Schicksalsschlag *m* (feleğin) darbe(si)
Schiebedach *nt* açılır kapanır tavan
Schiebefenster *nt* sürme pencere
schieben <schob, geschoben> *vt* itmek, sürmek (**etw** -i)
Schiebetür *f* sürme kapı
Schiebung *f* hileli iş
schied *vi, vt s.* **scheiden**
Schiedsrichter(in) *m(f)* hakem
schief I. *adj* ① (*krumm*) eğri ② (*geneigt*) meyilli, eğik, inişli ③ (*fig: Ausdruck*) hatalı, yanlış; **auf die ~e Bahn kommen** yoldan çıkmak, yolunu sapıtmak II. *adv* **jdn ~ ansehen** birine yan bakmak
Schiefer *m* şist
schiefgehen *irr vi* ters gitmek
schielen *vi* şaşı bakmak
schien *vi s.* **scheinen**
Schienbein *nt* kaval kemiği
Schiene *f* ① (*Eisenbahn-*) ray ② (*Stahlbalken*) putrel ③ (*bei Knochenbruch*) kırık tahtası ④ (*Gliederstütze*) demir kenet
Schießbude *f* lunapark atış barakası
schießen <schoss, geschossen> I. *vt* (*Tiere*) vurmak (**etw** -i); **ein Tor ~** gol atmak II. *vi* ateş etmek, kurşun sıkmak; **es ist zum Schießen** buna köpekler bile güler
Schießerei *f* silahlı çatışma
Schießpulver *nt* barut
Schießscheibe *f* hedef levhası
Schießsport *m* atış sporu
Schiff *nt* ① gemi; (*Motor-*) vapur ② (*Kirchen-*) *kilise binasının uzunlamasına bölümü*
SchiffahrtALT *f s.* **Schifffahrt**
schiffbar *adj* gemi seferlerine elverişli
Schiffbruch *m* ① (*eines Schiffes*) deniz kazası ② (*fam: Misserfolg*) boşa çıkma, fiyasko
SchifffahrtRR *f* gemicilik; (*auf dem Meer*) denizcilik
Schiffsschraube *f* gemi pervanesi, uskur
Schiffsverkehr *m* gemi [*o* deniz] trafiği; (*auf Flüssen*) nehir trafiği
Schiit(in) *m(f)* Şii
schiitisch *adj* Şii
Schikane *f* eziyet (etme); **mit allen ~n** (*fam*) takım taklavat
schikanieren *vt* eziyet etmek (**jdn** -e)
Schild¹ *m* (*Schutz-*) kalkan
Schild² *nt* ① (*Plakat*) levha ② (*Laden-*) levha, tabela
Schilddrüse *f* kalkanbezi, tiroit (guddesi)
schildern *vt* anlatmak, tasvir etmek (**etw** -i)
Schilderung *f* tasvir
Schildkröte *f* kaplumbağa, tosbağa
Schilf *nt*, **Schilfrohr** *nt* kamış, saz
schillern *vi* (renk renk) parıldamak
schillernd *adj* (*Farbe*) şanjan(lı)
Schilling *m* şilin(g)
schilt *vt s.* **schelten**
Schimmel *m* ① (*Pferd*) beyaz at ② (*Pilz*) küf
schimm(e)lig *adj* küflü
schimmeln *vi* küflenmek, küf tutmak
Schimmer *m* ① (*Licht*) ışık ② (*Glanz*) pırıltı ③ (*fig: Spur*) iz, eser
schimmern *vi* (hafif) pırıldamak
Schimpanse *m* şempanze
schimpfen *vi* ① (*schelten*) azarlamak (**mit jdm** -i), çıkışmak (**mit jdm** -e) ② (*fluchen*) küfretmek ③ (*sich beklagen*) sövüp saymak (**über jdn/etw** -i)
Schimpfwort *nt* küfür
Schinken *m* jambon
Schinkenspeck *m* *yağ miktarı az olan domuz yağı*
Schirm *m* ① (*Regen-, Sonnen-*) şemsiye ② (*Mützen-*) siper ③ (*Lampen-*) abajur

Schirmherr(in) *m(f)* koruyucu
Schirmmütze *f* siperli kasket
Schirmständer *m* şemsiyelik
schiss[RR], **schiß**[ALT] *vi s.* **scheißen**
schizophren *adj* şizofren
Schizophrenie *f* şizofreni
Schlacht *f* ① MIL meydan savaşı ② (*Prügelei*) dövüş
schlachten *vt* (*Vieh*) kesmek (**etw** -i)
Schlachtenbummler *m takımının başka şehirdeki maçlarına giden koyu taraftar*
Schlachter *m* kasap
Schlachterei *f* kasap dükkanı
Schlachtfeld *nt* savaş meydanı [*o* yeri]
Schlachthof *m* mezbaha
Schlachtvieh *nt* kasaplık hayvanlar *pl*
Schlaf *m* uyku
Schlafanzug *m* pijama
Schläfe *f* şakak
schlafen <schläft, schlief, geschlafen> *vi* ① (*im Schlaf liegen*) uyumak ② (*übernachten*) gecelemek, yatmak; ~ **gehen** (uykuya) yatmak; ~ **Sie gut!** hayırlı [*o* iyi] geceler!, Allah rahatlık versin!
schlaff *adj* ① (*locker*) gevşek, gergin olmayan ② (*wabbelig*) sarkık ③ (*kraftlos*) güçsüz
Schlafkrankheit *f* uyku hastalığı
Schlaflied *nt* ninni
schlaflos *adj* uykusuz
Schlaflosigkeit *f* uykusuzluk
Schlafmittel *nt* uyku ilacı
Schlafmütze *f* (*fig: Person*) miskin, uyuntu, mıymıntı
schläfrig *adj* ① (*Person*) uyku basmış, uykusu gelmiş ② (*Augen, Stimme*) uykulu
Schlafsaal *m* yatakhane
Schlafsack *m* uyku tulumu
Schlafstadt *f dükkanları ve işyerleri olmayan semt*
schläft *vi s.* **schlafen**
Schlaftablette *f* uyku hapı
schlaftrunken *adj* uykulu
Schlafwagen *m* yataklı vagon
Schlafwandler *m* uyurgezer
Schlafzimmer *nt* yatak odası
Schlag *m* ① (*allgemein*) vuruş; (*a. fig*) darbe ② (*Ohrfeige*) tokat, sille, şamar ③ (*fig: Art, Wesen*) cins, tür, biçim ④ (*Schlaganfall*) inme, felç ⑤ (*Strom-*) elektrik çarpması; ~ **ins Wasser** *başarısızlıkla sonuçlanan iş*
Schlagader *f* atardamar
Schlaganfall *m* inme, felç
schlagartig **I.** *adj* ani **II.** *adv* aniden, birdenbire, apansızın
Schlagbaum *m* bariyer
schlagen <schlägt, schlug, geschlagen> **I.** *vt* ① (*einen Schlag versetzen*) vurmak (**jdn** -e) ② (*verprügeln*) dövmek (**jdn** -i) ③ (*besiegen*) yenmek (**jdn** -i) ④ (*Eier, Sahne*) çalkalamak (**etw** -i); **zwei Fliegen mit einer Klappe** ~ bir taşla iki kuş vurmak **II.** *vi* ① (*Herz*) çarpmak ② (*Uhr*) çalmak, vurmak ③ (*Nachtigall*) şakımak; **nach jdm** ~ (*ähneln*) birine çekmek **III.** *vr* **sich mit jdm** ~ (*prügeln*) biriyle dövüşmek
Schlager *m* (günün) şarkı(sı)
Schläger *m* ① (*Raufbold*) dövüşken, kavgacı ② (*Tennis-*) raket
Schlägerei *f* dövüş(me)
Schlagerfestival *nt* şarkı festivali
schlagfertig *adj* hazırcevap
Schlagfertigkeit *f* hazırcevaplık
Schlaginstrument *nt* vurma çalgı
Schlagkraft *f* etki
Schlagloch *nt* (*in der Straße*) yolun çukurluk [*o* çökük] yeri
Schlagsahne *f* kremşanti
schlägt *vi, vt s.* **schlagen**
Schlagwort *nt* slogan
Schlagzeile *f* manşet
Schlagzeug *nt* bateri
Schlagzeuger(in) *m(f)* baterist
Schlamm *m* çamur, balçık
schlammig *adj* çamurlu

S

Schlamperei *f* düzensizlik
schlampig *adj* ① (*unordentlich*) pasaklı, derbeder ② (*nachlässig*) düzensiz, kayıtsız
Schlange *f* ① (*Tier*) yılan ② (*Menschen-*) kuyruk; ~ **stehen** kuyrukta beklemek
schlängeln *vr* **sich** ~ kıvrılmak
schlank *adj* ince (ve uzun boylu), narin, zayıf; ~ **machen** (*Kleid*) inceltmek (**etw** -i); ~(**er**) **werden** incelmek, zayıflamak
schlapp *adj* (*müde*) yorgun (argın), bitkin
Schlappe *f* (*fam*) başarısızlık
schlau *adj* ① (*klug*) zeki, akıllı ② (*verschlagen*) kurnaz, sinsi, açıkgöz
Schlauch *m* ① (*Wasser-*) hortum ② (*Behälter*) tulum; (*von Auto*) iç lastik
Schlauchboot *nt* lastik bot
schlecht I. *adj* ① (*allgemein*) fena, kötü ② (*bösartig*) hain ③ (*verdorben: Speise*) bozuk, bozulmuş ④ (*Luft*) kirli ⑤ (*Zeiten*) buhranlı; **mir ist** [*o* **wird**] ~ fenalaşıyorum; ~ **werden** (*verderben, auch Essen*) bozulmak II. *adv* fena, kötü; ~ **gelaunt** keyifsiz, neşesiz; ~ **aussehen** (*Person*) fena [*o* kötü] görünmek
schlechtgelaunt *adj* keyifsiz, neşesiz
Schlehe *f* çakaleriği
schleichen <schlich, geschlichen> *vi sein* gizlice sokulmak
schleichend *adj* (*fig: Krankheit*) yavaş yavaş ilerleyen
Schleichwerbung *f* örtülü reklam
Schleier *m* ① (*a. fig*) örtü; (*orientalisch*) yaşmak, peçe ② (*Braut-*) duvak
schleierhaft *adj* (*unbegreiflich*) anlaşılmaz, esrarlı
Schleife *f* (*Schlinge*) ilmik, düğüm
schleifen[1] <schliff, geschliffen> *vt* ① (*schärfen*) bilemek (**etw** -i) ② (*Diamant, Glas*) yontmak, tıraş etmek (**etw** -i) ③ (*mit Schmirgelpapier*) zımparalamak (**etw** -i)
schleifen[2] I. *vt* (*ziehen*) sürüklemek (**etw** -i) II. *vi* yere sürünmek
Schleifpapier *nt* zımpara kâğıdı
Schleim *m* ① (*Nasen-*) sümük ② (*Auswurf*) balgam
schleimen *vi* dalkavukluk etmek
Schleimer(in) *m(f)* dalkavuk
Schleimhaut *f* sümüksel zar, mükoza
schleimig *adj* ① sümüklü, sümüksel ② (*fig: kriecherisch*) yaltakçı
Schlemmer(in) *m(f)* boğazına düşkün
schlendern *vi sein* (rahat rahat) dolaşmak [*o* dolanmak]
Schlendrian *m* (*fam*) kayıtsızlık, ihmalcilik
schlenkern *vt* sallamak ((**mit**) **etw** -i)
Schleppe *f* (*am Kleid*) elbise kuyruğu
schleppen *vt* (*a. fig*) sürüklemek (**etw** -i)
schleppend *adj* (*a. fig*) çok ağır
Schlepper *m* ① (*Schiff*) römorkör ② (*Traktor*) traktör
Schlepplift *m* (*Skisport*) çeken teleferik
Schlepptau *nt* yedek halatı
Schleswig-Holstein *nt* Schleswig-Holstein Eyaleti
Schleuder *f* ① (*Stein-*) sapan ② (*Wäsche-*) santrifüj
schleudern I. *vt* ① (*werfen*) fırlatmak, savurmak (**etw** -i) ② (*Wäsche*) santrifüjle çevirmek (**etw** -i) II. *vi* (*Auto*) patinaj yapmak
Schleuderpreis *m* sudan ucuz fiyat
Schleudersitz *m* otomatik koltuk
schleunigst *adv* bir an önce
Schleuse *f* savak
schlich *vi s.* **schleichen**
schlicht *adj* (*einfach*) basit, sade
schlichten *vi, vt* (*Streit*) yatıştırmak (**etw** -i)
Schlichter(in) *m(f)* aracı
Schlichtung *f* uzlaştırma
schlief *vi s.* **schlafen**
schließen <schloss, geschlossen> I. *vt* ① (*zumachen*) kapa(t)mak (**etw** -i) ② (*mit Schlüssel*) kilitlemek (**etw** -i) ③ (*fig: beenden*) bitirmek (**etw** -i)

4 (*Vertrag, Frieden, Ehe*) akdetmek (**etw** -i) 5 (*Sitzung*) kapamak (**etw** -i) 6 (*folgern*) sonucunu çıkarmak (**aus etw dass** -den -diği); **jdn in die Arme ~** birini kucaklamak II. *vi* (*Geschäft*) kapanmak

Schließfach *nt* 1 (*Bahnhof*) emanet kutusu 2 (*Tresor*) kasa

schließlich *adv* sonunda, nihayet; **~ etw tun** nihayet bir şeyi yapmak

schliff *vi, vt s.* **schleifen**[1]

Schliff *m* 1 TECH cilalandırma, perdahlatma 2 (*fig: gutes Benehmen*) terbiye, edep

schlimm I. *adj* 1 (*schlecht, übel*) fena, kötü; (*stärker*) berbat 2 (*schwer, ernst*) ağır, ciddi; **es ist nicht** (**so**) **~** (o kadar) fena değil; **es ist** (**nur**) **halb so ~** sanıldığı kadar kötü değil II. *adv* fena, kötü

schlimmer *adj* (*Komparativ*) (daha) beter; **~ werden** daha beter olmak; **umso ~** daha fena ya

schlimmstenfalls *adv* olsa olsa, işin en kötü tarafı düşünülürse

Schlinge *f* 1 (*Knoten*) ilmik, düğüm 2 (*Falle*) tuzak 3 MED kangal, büklüm

Schlingpflanze *f* sarılgan bitki

Schlips *m* kravat, boyunbağı

Schlitten *m* kızak; **~ fahren** kızak kaymak

Schlittschuh *m* paten; **~ laufen** (buz üzerinde) paten kaymak

Schlittschuhläufer(in) *m(f)* patenci, patinajcı

Schlitz *m* 1 (*Spalt*) yarık 2 (*Riss*) yırtık 3 (*Hosen-*) yırtmaç

schloss[RR], **schloß**[ALT] *vi, vt s.* **schließen**

Schloss[RR] *nt*, **Schloß**[ALT] *nt* 1 (*Palast*) saray 2 (*Burg*) şato 3 (*Verschluss*) kilit

Schlosser(in) *m(f)* çilingir; (*Maschinen-*) tesviyeci

Schlosserei *f* çilingir atölyesi

Schlot *m* baca

Schlucht *f* (dağ) boğaz(ı)

schluchzen *vi* hıçkırmak, hıçkıra hıçkıra ağlamak

Schluck *m* yudum

Schluckauf *m* hıçkırık; **er hat einen ~** onu hıçkırık tutuyor

schlucken *vt* (*a. fig*) yutmak (**etw** -i)

Schluckimpfung *f çocuk felcine karşı ağızdan verilen şeker aşısı*

schlug *vi, vt s.* **schlagen**

schlummern *vi* uyumak

Schlund *m* gırtlak, boğaz

schlüpfen *vi sein* 1 (*hinein-*) girmek (**in etw** -e) 2 (*heraus-*) sıyrılıp çıkmak (**aus etw** -den)

Schlüpfer *m* külot

schlüpfrig *adj* 1 (*glitschig*) kaygan 2 (*fig: unanständig*) açık saçık, müstehcen

schlürfen *vt* höpürdete höpürdete içmek (**etw** -i)

Schluss[RR] *m*, **Schluß**[ALT] *m* 1 (*Ende*) son 2 (*Folgerung*) vargı, sonuç çıkarma; **mit etw ~ machen** bir şeyi bitirmek; (*aufgeben*) bir şeyi bırakmak; **~ damit!** yeter!

Schlüssel *m* anahtar

Schlüsselbein *nt* köprücük kemiği

Schlüsselblume *f* çuhaçiçeği

Schlüsselbund *m o nt* anahtar destesi, anahtarlık

schlüsselfertig *adj* (*Neubau*) anahtar teslim

Schlüsselloch *nt* anahtar deliği

Schlüsselrolle *f* kilit rol

Schlüsselstellung *f* kilit noktası

Schlüsselübergabe *f* anahtar teslimi

Schlussfolgerung[RR] *f*, **Schlußfolgerung**[ALT] *f* vargı, sonuç çıkarma, çıkarsama

schlüssig *adj* (*logisch*) mantıki; (*überzeugend*) inandırıcı; **sich über etw ~ werden** bir şey hakkında karara varmak

Schlusslicht[RR] *nt* 1 AUTO arka lamba 2 (*fig: der Letzte in einer Gruppe*) dümen neferi

Schlusspfiff[RR] *m* bitirme düdüğü

Schlusspunkt *m* **einen ~ unter/hinter**

S

etw setzen (*fig*) bir şeyi noktalamak

Schlussverkauf[RR] *m* mevsim sonu satışı

schmächtig *adj* ince, zayıf, cılız

schmackhaft *adj* leziz, lezzetli

schmal *adj* ① (*nicht breit*) dar, ensiz ② (*knapp*) kıt ③ (*schlank*) zayıf

schmälern *vt* değerinden düşürmek (**etw** -i)

Schmalspur *f* dar hat

Schmalz *nt* eritilmiş yağ; (*Schweine-*) domuz yağı; (*Gänse-*) kaz yağı

schmarotzen *vi* otlakçılık etmek

Schmarotzer *m* ① (*Tier, Pflanze*) parazit, asalak ② (*Mensch*) otlakçı

schmecken I. *vt* (*kosten*) tadına bakmak (**etw** -in) II. *vi* **das Essen schmeckt gut/sauer** yemeğin tadı iyi/ekşi; **schmeckt's?** tadı nasıl?

Schmeichelei *f* gönül okşama

schmeichelhaft *adj* gönül okşayıcı

schmeicheln *vi* gönlünü okşamak (**jdm** -in), koltuklamak (**jdm** -i); (*unterwürfig*) dalkavukluk etmek (**jdm** -e)

Schmeichler(in) *m(f)* (*negativ*) dalkavuk, yaltakçı, yağcı

schmeißen <schmiss, geschmissen> *vt* atmak, fırlatmak, savurmak (**etw** -i); **den Laden ~** (*fam*) becermek, idare etmek

schmelzen <schmilzt, schmolz, geschmolzen> *vi sein* erimek

Schmelzpunkt *m* erime noktası

Schmerz *m* ① (*körperlich*) ağrı, acı ② (*in inneren Organen*) sancı ③ (*stechender, ziehender -*) sızı ④ (*seelisch*) acı, ıstırap, dert

schmerzen I. *vt* ① (*betrüben*) üzmek (**jdn** -i) ② (*kränken*) incitmek, gücendirmek (**jdn** -i) II. *vi* ① (*körperlich*) ağrımak, acımak, sancımak ② (*seelisch*) acı vermek

Schmerzensgeld *nt* tazminat (*cismani veya manevi zarar için*)

schmerzhaft *adj* acı, ağrılı, sızılı

schmerzlich *adj* dokunaklı, acı(klı); (*stärker*) yürek yakıcı

schmerzlos *adj* ağrısız, acısız, sancısız

Schmerzmittel *nt* ağrı kesici

schmerzstillend *adj* ağrı dindirici

Schmerztablette *f* ağrı hapı

Schmetterling *m* kelebek; (*Nachtfalter*) pervane

schmettern *vt* **jdn zu Boden ~** birini yere çarpmak

Schmied *m* demirci; (*Huf-*) nalbant

Schmiede *f* demirhane

Schmiedeeisen *nt* dövme demir

schmieden *vt* ① (*Metall*) (çekiçle) dövmek (**etw** -i) ② (*Pläne*) kurmak (**etw** -i)

schmieren I. *vt* ① sürmek (**etw auf etw** -i -e) ② (*mit Fett oder Öl*) yağlamak (**etw** -i) ③ (*fam: bestechen*) rüşvet vermek (**jdn** -e) II. *vi* (*miserabel schreiben/malen*) karalamak, kötü resim yapmak

Schmiergeld *nt* rüşvet

schmierig *adj* ① (*fettig*) yağlı ② (*schmutzig*) kirli, pis, pasaklı

Schmieröl *nt* makine yağı

Schmierseife *f* arapsabunu

Schmierzettel *m* karalama kâğıdı

schmilzt *vi s.* **schmelzen**

Schminke *f* makyaj

schminken I. *vt* makyaj etmek (**etw** -i) II. *vr* **sich ~** makyaj yapmak

Schmirgelpapier *nt* zımpara kâğıdı

schmiss[RR] *vt s.* **schmeißen**

schmollen *vi* darılmak, gücenmek

schmolz *vi s.* **schmelzen**

Schmorbraten *m* (buğuda pişirilen) sığır kızartması

schmoren *vt* buğuda pişirmek (**etw** -i)

Schmuck *m* süs; (*Juwelen*) mücevher

schmücken *vt* süslemek, bezemek (**etw** -i)

Schmuckkästchen *nt* mücevher kutusu

schmucklos *adj* süssüz; (*Stil*) sade

Schmuckstück *nt* ① (*Schmuck*) takı ② (*fig*) en güzel parça

Schmuddelwetter *nt* (*fam*) pis hava

Schmuggel *m* kaçakçılık

schmuggeln I. *vi* kaçakçılık etmek II. *vt* (gümrükten) kaçırmak (**etw** -i)
Schmuggler(in) *m(f)* kaçakçı
schmunzeln *vi* bıyık altından gülmek
schmusen *vi* okşamak (**mit jdm** -i)
Schmutz *m* kir, pislik, pasak
Schmutzfleck *m* (kir) leke(si)
schmutzig *adj* kirli, pis, pasaklı; ~ **machen** kirletmek (**etw** -i); ~ **werden** kirlenmek
Schmutzkampagne *f* karalama kampanyası
Schnabel *m* gaga
Schnake *f* sivrisinek
Schnalle *f* toka
schnallen *vt* ① (*festmachen*) tokalamak (**etw an etw** -i -e) ② (*fam: kapieren*) kavramak (**etw** -i); **den Gürtel enger** ~ (*a. fig*) kemerini sıkmak
schnappen *vt* ① (*fassen*) yakalamak, kapmak (**etw/jdn** -i) ② (*fam: erwischen*) ele geçirmek (**jdn** -i)
Schnappschuss[RR] *m* şıpşak
Schnaps *m* sert içki
schnarchen *vi* horlamak, horuldamak
schnattern *vi* (*Gänse*) vakvak etmek
schnaufen *vi* solumak
Schnauzbart *m* bıyık
Schnauze *f* ① (*eines Tieres*) hayvan ağzı ve burnu ② (*pej: Mensch*) ağız
Schnecke *f* ① (*mit Haus*) sümüklüböcek, salyangoz ② (*Nackt-*) bizaka, kabuksuz sümüklüböcek; **jdn zur** ~ **machen** (*fam*) birini adamakıllı paylamak
Schneckenhaus *nt* sümüklüböcek kabuğu
Schneckentempo *nt* **im** ~ kaplumbağa gibi
Schnee *m* kar
Schneeball *m* kar topu
Schneedecke *f* kar tabakası
Schneefall *m* kar yağışı
Schneeflocke *f* kar tanesi
Schneeglöckchen *nt* kardelen
Schneekette *f* kar zinciri
Schneemann *m* kardan adam
Schneepflug *m* kar temizleme pulluğu
Schneeverwehung *f* kar yığıntısı
schneeweiß *adj* kar gibi, bembeyaz
Schneewittchen *nt* Pamuk Prenses
Schneide *f* kesin taraf
schneiden <schnitt, geschnitten> I. *vt* ① kesmek (**etw** -i) ② (*fig: nicht beachten*) görmemezlikten gelmek (**jdn** -i); **sich** *dat* **die Haare** ~ **lassen** saçını kestirmek; **sich** *dat* **in den Finger** ~ parmağını kesmek II. *vr* **sich** ~ (*Linien*) kesişmek
schneidend *adj* keskin
Schneider(in) *m(f)* terzi
schneidern I. *vi* terzilik etmek II. *vt* (*Kleid*) biçip dikmek (**etw** -i)
Schneidezahn *m* kesicidiş
schneien *vi* **es schneit** kar yağıyor
Schneise *f* (*im Wald*) (ağaçsız) orman yolu
schnell I. *adj* hızlı, tez, süratli; ~**e Eingreiftruppe** acil müdahale gücü II. *adv* çabuk, hızla
Schnelligkeit *f* hız, sürat, çabukluk
Schnellkochtopf *m* düdüklü tencere
schnellstens *adv* bir an önce
Schnellstraße *f* *çok şeritli şehirlerarası yol*
Schnellverband *m* acele sargı
Schnellzug *m* ekspres
schnitt *vi, vt s.* **schneiden**
Schnitt *m* ① (*Schneiden*) kesme ② (*Verletzung*) kesik ③ (*Kleidung*) biçim ④ (*Haar-*) saç kesme ⑤ (*Frisur*) saç tuvaleti ⑥ (*Durch-*) orta(lama)
Schnitte *f* dilim
Schnittlauch *m* soğancık
Schnittmuster *nt* patron, elbise modeli
Schnittstelle *f* ① INFORM arabirim, arayüz ② (*fig*) arayüzey
Schnittwunde *f* kesik (yarası)
Schnitzel *nt* şnitsel
schnitzen *vi, vt* oymak (**etw** -i)
Schnitzer *m* ① (*Person*) oymacı ② (*fam: Fehler*) falso

Schnitzerei *f* ① (*Tätigkeit*) oymacılık ② (*Figur*) heykel
Schnorchel *m* şnorkel
schnorren I. *vt* (*fam*) otlayarak elde etmek (**etw** -i) II. *vi* otlamak
Schnorrer(in) *m(f)* (*fam*) otlakçı, beleşçi
schnüffeln *vi* ① (*schnuppern*) koklamak (**an etw** -i) ② (*fam: spionieren*) casusluk etmek
Schnüffler(in) *m(f)* (*fam: Spion*) casus
Schnuller *m* emzik
Schnulze *f* acıklı (*ve sanat değeri olmayan*) *şarkı veya film*
schnupfen *vt* **Tabak/Kokain ~** enfiye/kokain çekmek
Schnupfen *m* nezle
Schnupftabak *m* enfiye
schnuppe *adj* (*fam*) **das ist mir ~** bana vız gelir
Schnuppe *f* (*Stern-*) akanyıldız
schnuppern *vi* (*Hund*) koklamak (**an etw** -i)
Schnur *f* sicim
Schnurrbart *m* bıyık
schnurren *vi* (*Katze*) mırıldamak
Schnürsenkel *m* pabuç bağı
schob *vt s.* **schieben**
Schock *m* şok
schockieren *vt* şoke etmek (**jdn** -i)
Schokolade *f* çikolata; **heiße ~** (*Getränk*) (sıcak) çikolata
Schokoriegel *m* çikolatalı bar
S
Scholle *f* ① (*Erd-*) kesek ② (*Eis-*) buz kütlesi ③ (*Fisch*) dilbalığı
schon *adv* ① (*- längst*) çoktan, bile ② (*- früher*) önceden; **heute ~** daha bugünden; **~ immer** hep; **~ wieder!** gene mi!; **es ist ~ lange her** aradan çok zaman geçti; **sie ist ~ 4 Wochen hier** dört haftadır burada; **~ gut!** peki! pekala!; **~ der Gedanke** düşüncesi bile; **sie wird ~ kommen** neredeyse gelir; **na, wenn ~!** ne olmuş yani!; **wenn ~, denn ~!** (*fam*) oldu olacak, kırıldı nacak
schön *adj* güzel; **bitte ~!** (*als Einladung*) buyurun!; (*als Antwort*) bir şey değil!
Schonbezug *m* koruyucu kılıf
schonen I. *vt* korumak, sakınmak (**jdn/etw** -i) II. *vr* **sich ~** güçlerini idareli kullanmak
Schönheit *f* güzellik
Schönheitsfehler *m* ufak kusur
Schonkost *f* pehriz
Schonung *f* ① (*Schutz*) koruma ② (*Baumschule*) fidanlık
schonungslos *adj* ① (*erbarmungslos*) acımasız, merhametsiz ② (*unnachsichtig*) hoşgörüsüz
schöpfen I. *vt* **Wasser ~** su çekmek; **Luft ~** hava almak; **Verdacht ~** şüphelenmek II. *vi* **aus dem Vollen ~** bol keseden harcamak
Schöpfer *m* ① (*Gott*) Yaradan ② (*Urheber*) yaratıcı, kurucu
schöpferisch *adj* yaratıcı
Schöpfkelle *f*, **Schöpflöffel** *m* kepçe
Schöpfung *f* ① (*Tätigkeit*) yaratım, yaratma ② (*Ergebnis*) yaratılış
schor *vt s.* **scheren**[1]
Schorf *m* (*einer Wunde*) kabuk
Schornstein *m* baca
Schornsteinfeger(in) *m(f)* baca temizleyicisi
Schoß *m* ① (*Körpermitte*) kucak, koyun ② (*Mutterleib*) ana rahmi; **auf dem ~** kucakta
schoss[RR], **schoß**[ALT] *vi, vt s.* **schießen**
Schoßkind *nt* gözbebeği
Schote *f* ① (*Hülse*) bezelye [*o* fasulye] kabuğu ② (*Erbse*) bezelye
Schotte, **Schottin** *m, f* İskoçyalı
Schotter *m* taş kırıkları *pl*
schottisch *adj* ① (*Art*) İskoçya ② (*Sprache*) İskoçyaca ③ (*Herkunft*) İskoçyalı
Schottland *nt* İskoçya
schräg I. *adj* ① (*schief*) eğri ② (*quer*) çapraz, verev II. *adv* **~ gegenüber** çaprazlama karşı
Schrägstrich *m* taksim işareti

Schramme *f* yırtık, sıyrık
Schrank *m* dolap
Schrankbett *nt* (*hochklappbar*) açılır kapanır yatak
Schranke *f* ❶ (*Stange*) bariyer ❷ (*Hindernis, Grenze*) engel, sınır; **jdn in seine ~n verweisen** birine haddini bildirmek
Schrankenwärter(in) *m(f)* demiryolu geçidi bekçisi
Schrankwand *f* gömme dolap
Schraube *f* ❶ TECH vida ❷ (*Schiff-*) pervane; **bei ihm ist eine ~ locker** tahtası eksik, kafadan kontak
schrauben *vt* vidalamak (**etw** -i)
Schraubenmutter *f* (vida) somun(u)
Schraubenschlüssel *m* vida [*o* somun] anahtarı
Schraubenzieher *m* tornavida
Schrebergarten *m* (şehir kenarında) küçük bostan
Schreck *m* korku, ürküntü
schrecken *vt* korkutmak, ürkütmek (**jdn** -i)
Schrecken *m* ❶ (*Schreck*) korku, ürküntü ❷ (*Entsetzen*) dehşet; **er ist mit dem ~ davongekommen** ucuz kurtuldu
schreckhaft *adj* korkak, ürkek
schrecklich *adj* korkunç, dehşetli, müthiş
Schrei *m* ❶ (*Ruf*) haykırış, bağırma ❷ (*Weh-*) çığlık, feryat
schreiben <schrieb, geschrieben> *vt* ❶ yazmak (**etw in/auf etw** -i -e) ❷ (*abfassen*) kaleme almak (**etw** -i)
Schreiben *nt* (*Brief*) mektup
schreibfaul *adj* yazmaya üşenen
Schreibfehler *m* yazı hatası; (*Recht-*) imla hatası
Schreibmaschine *f* yazı makinesi, daktilo
Schreibpapier *nt* yazı kâğıdı
Schreibtisch *m* yazı masası
Schreibwaren *pl* kırtasiye
Schreibwarenhandlung *f* kırtasiye mağazası
schreien <schrie, geschrien> *vi* ❶ (*Schreie ausstoßen*) bağırmak, haykırmak ❷ (*rufen*) seslenmek ❸ (*Esel*) anırmak
schreiend *adj* (*Farbe*) göze batan
Schreiner(in) *m(f)* marangoz; (*Bau-*) dülger, doğramacı
Schreinerei *f* marangozhane
schreiten <schritt, geschritten> *vi sein* adım atmak
schrie *vi s.* **schreien**
schrieb *vt s.* **schreiben**
Schrift *f* ❶ yazı ❷ (*Hand-*) el yazısı ❸ (*-typ*) yazı tipi; **die (Heilige) ~** Tevrat ve İncil
Schriftart *f* yazı tipi, yazı karakteri seti, font
schriftlich I. *adj* yazılı **II.** *adv* yazı ile
Schriftsetzer(in) *m(f)* dizici
Schriftsprache *f* yazı dili
Schriftsteller(in) *m(f)* yazar
Schriftstück *nt* belge
Schriftzeichen *nt* harf
schrill *adj* keskin, sivri, tiz
schritt *vi s.* **schreiten**
Schritt *m* ❶ (*beim Gehen*) adım ❷ (*fig: Initiative*) girişim, adım; **~ für ~** adım adım
Schrittmacher *m* ❶ SPORT *bisiklet yarışında öncü* ❷ (*Wegbereiter*) çığır [*o* yol] açan, öncü ❸ (*Herz-*) kalp pili
schrittweise *adv* adım adım; (*sehr langsam*) gayet yavaş
schroff *adj* ❶ (*Abhang*) sarp, yalçın, dik ❷ (*fig: barsch*) haşin, aksi, ters
Schrott *m* hurda demir
schrubben *vi, vt* fırçalamak, fırçalayarak [*o* ovarak] temizlemek (**etw** -i)
schrumpfen *vi sein* ❶ (*Gewebe*) büzülmek ❷ (*fig: sich vermindern*) azalmak
Schub *m* ❶ (*Stoß*) itme, itiş ❷ PHYS itiş (gücü)
Schubfach *nt* çekmece
Schubkarre *f* el arabası
Schublade *f* çekmece

schubsen *vi, vt* itmek, itip kakmak (**jdn** -i)
schüchtern *adj* utangaç, mahcup, çekingen
Schüchternheit *f* utangaçlık, sıkılganlık, çekingenlik
schuf *vt s.* **schaffen**
Schuft *m* alçak herif
schuften *vi* (*fam*) eşek gibi çalışmak
Schuh *m* ayakkabı, pabuç, kundura; **jdm etw in die ~e schieben** suçu birinin üstüne atmak
Schuhband *nt* papuç bağı
Schuhbürste *f* ayakkabı fırçası
Schuhgeschäft *nt* ayakkabı mağazası
Schuhgröße *f* ayakkabı numarası
Schuhkrem *f* ayakkabı boyası
Schuhlöffel *m* çekecek
Schuhmacher(in) *m(f)* ayakkabıcı, kunduracı
Schuhputzer(in) *m(f)* (ayakkabı) boyacı(sı)
Schuhwerk *nt* ayakkabılar *pl*
Schulaufgaben *fpl* ders, ev ödevi *sing*
Schulbank *f* (okul) sıras(ı)
Schulbildung *f* okumuşluk
Schulbuch *nt* ders kitabı
schuld *adj* **an etw ~ sein** bir şeyden sorumlu olmak
Schuld *f* ① (*Verschulden*) kusur, hata, suç(luluk) ② JUR suç, cürüm; **sich etw zu ~en kommen lassen** kusur işlemek

S

schulden *vt* **jdm etw ~** birine bir şey borçlu olmak
Schulden *pl* borç *sing;* **~ machen** borçlanmak (**bei jdm** -e), borca girmek
schuldenfrei *adj* borçsuz
Schuldgefühl *nt* suçluluk duygusu
schuldig *adj* ① (*die Schuld tragend*) suçlu ② (*verpflichtet*) borçlu (**jdm etw** -e -i); **was bin ich Ihnen ~?** borcum ne kadar?; **er ist mir noch 100 Euro ~** bana daha 100 euro borçludur
schuldigsprechen *irr vt* **jdn ~** birini mahkum etmek
schuldlos *adj* suçsuz
Schuldner(in) *m(f)* borçlu, verecekli
Schule *f* okul
schulen *vt* ders vermek (**jdn** -e), eğitmek (**jdn** -i)
Schüler(in) *m(f)* öğrenci
Schulferien *pl* okul tatili *sing*
schulfrei *adj* **wir haben heute ~** bugün dersimiz yok
Schulfreund(in) *m(f)* okul arkadaşı, okuldaş
Schulgeld *nt* okul ücreti
Schulhof *m* okul bahçesi
schulisch *adj* okulsal
Schuljahr *nt* öğretim yılı
Schulkind *nt* okul çocuğu
Schulleiter(in) *m(f)* okul müdürü
Schulpflicht *f* mecburi öğrenim
schulpflichtig *adj* mecburi öğrenim çağında olan
Schulranzen *m* (okul) sırt çantası
Schultasche *f* okul çantası
Schulter *f* omuz; **etw auf die leichte ~ nehmen** bir şeye fazla önem vermemek
Schulterblatt *nt* kürek kemiği
Schulung *f* öğretim
Schulwesen *nt* okul işleri *pl*
Schulzeugnis *nt* okul karnesi
schummeln *vi* hile yapmak, aldatmak
Schuppe *f* ① (*Fisch*) pul ② (*Kopf-*) kepek
Schuppen *m* ① (*Wagen-*) arabalık ② (*Holz-*) odunluk ③ (*Kohlen-*) kömürlük ④ (*Flugzeug-*) hangar
schüren *vt* ① (*Feuer*) karıştırmak, alevlendirmek (**etw** -i) ② (*Emotionen*) alevlendirmek (**etw** -i)
Schurke *m* alçak herif, hinoğlu hin
Schurwolle *f* yapağı
Schürze *f* önlük
Schürzenjäger *m* (*pej*) çapkın, zampara
Schuss[RR] *m*, **Schuß**[ALT] *m* ① (*Schießen*) atım, atış ② (*Knall*) silah sesi, patlama ③ (*Fußball*) şut, vuruş
Schüssel *f* ① (*Behälter*) çanak, kase,

kap ❷ (*Wasch-*) leğen
Schusswaffe[RR] *f* ateşli silah
Schuster *m* ayakkabıcı, kunduracı
Schutt *m* ❶ (*Bau-*) moloz ❷ (*-haufen*) enkaz
Schüttelfrost *m* nöbet titremesi
schütteln *vt* ❶ (*heftig bewegen*) sallamak (**etw/jdn** -i) ❷ (*a. fig*) sarsmak (**etw/jdn** -i) ❸ (*Flasche*) çalkalamak (**etw** -i); **jdm die Hand ~** birinin elini sıkmak; **den Kopf ~** (hayır anlamında) başını sallamak
schütten I. *vt* dökmek, akıtmak (**etw in/auf etw** -i -e) II. *vi* **es schüttet** yağmur boşanıyor
Schutz *m* ❶ (*Schützen*) koruma ❷ (*Rückhalt*) kayırış, arka ❸ (*Obdach*) sığınak, barınak ❹ (*Verteidigung*) savunma; **jdn in ~ nehmen** birini korumak [*o* savunmak]
Schütze *m* ❶ (*Person*) nişancı ❷ (*Sternzeichen*) Yay (burcu)
schützen I. *vt* ❶ (*Schutz schaffen*) korumak (**etw/jdn vor etw** -i -den) ❷ (*verteidigen*) savunmak (**jdn** -i) ❸ (*bewahren*) korumak, saklamak (**etw** -i) II. *vr* **sich vor/gegen etw ~** bir şeyden korunmak
Schutzhelm *m* miğfer
Schutzimpfung *f* koruyucu aşı
schutzlos *adj* korunmasız
Schutzmann *m* polis memuru
schwach *adj* ❶ zayıf, güçsüz, dermansız ❷ (*Stimme, Ton*) yavaş ❸ (*Beweis*) çürük; **schwächer werden** zayıflamak, zayıf düşmek
Schwäche *f* ❶ (*Kraftlosigkeit*) zayıflık, güçsüzlük ❷ (*fig: Vorliebe*) düşkünlük
Schwächeanfall *m* zafiyet
schwächen *vt* zayıflatmak; (*körperlich*) güçten düşürmek (**jdn/etw** -i)
Schwachkopf *m* (*pej*) aptal
schwächlich *adj* ❶ (*schwach*) zayıf, cılız, sıska ❷ (*kränklich*) hastalıklı
Schwachsinn *m* ❶ PSYCH akıl zayıflığı ❷ (*Unsinn*) saçmalık
schwachsinnig *adj* ❶ (*pej: Mensch*) aptal; (*Sache*) saçma ❷ PSYCH geri zekalı
Schwachsinnige(r) *f(m)* ❶ (*pej: Dummkopf*) ahmak ❷ PSYCH zayıf akıllı
Schwachstelle *f* zayıf nokta
Schwager *m* ❶ (*Bruder des Ehepartners*) kayınbirader ❷ (*Gatte der Schwester*) enişte ❸ (*Gatte der Schwester der Ehefrau*) bacanak
Schwägerin *f* ❶ (*Schwester der Ehefrau*) baldız ❷ (*Schwester des Ehemannes*) görümce ❸ (*Gattin des Bruders*) yenge ❹ (*Gattin des Bruders des Ehemannes*) elti
Schwalbe *f* kırlangıç
schwamm *vi s.* **schwimmen**
Schwamm *m* ❶ (*Bade-*) sünger ❷ (*Pilz*) mantar
schwammig *adj* ❶ (*wie ein Schwamm*) sünger gibi ❷ (*aufgedunsen*) şişkin, kabarık
Schwammtuch *nt* sünger bez
Schwan *m* kuğu
schwang *vi, vt s.* **schwingen**
schwanger *adj* gebe, hamile; **im dritten Monat ~** üç aylık hamile
Schwangerschaft *f* gebelik, hamilelik
Schwangerschaftsabbruch *m* çocuk aldırma
Schwank *m* kaba komedi, fars
schwanken *vi* ❶ (*schwingen*) sallanmak, sendelemek ❷ (*Boden*) sarsılmak ❸ (*unschlüssig sein*) kararsız olmak ❹ (*Preise*) inip çıkmak
Schwankung *f* ❶ (*Hin und Her*) sallanma ❷ (*fig: Abweichung*) farklılık
Schwanz *m* ❶ (*bei Tieren*) kuyruk ❷ (*vulg: Penis*) sik
schwänzen *vt* **die Schule ~** okulu kırmak [*o* asmak]
Schwarm *m* ❶ (*Menge, auch Vögel*) sürü ❷ (*Fische, Bienen*) oğul ❸ (*Menschen*) kalabalık
schwärmen *vi* (*fig*) **für etw/jdn ~** bir şeye/birine bayılmak [*o* hayran olmak]
Schwärmerei *f* coşkunluk, hayranlık

S

schwarz <schwärzer, am schwärzesten> *adj* ❶ (*Farbe*) siyah; (*in übertragener Bedeutung*) kara ❷ (*fig: dunkel, finster*) karanlık ❸ (*heimlich, verdeckt*) gizli, karanlık; ~ **auf weiß** yazılı olarak; ~**e Kasse** POL örtülü ödenek; **das ~e Schaf der Familie** (*fig*) ailenin yüzkarası; ~**er Markt** karaborsa; ~**es Loch** (*im Weltall*) kara delik; **das Schwarze Meer** Karadeniz; **ins Schwarze treffen** turnayı gözünden vurmak
Schwarzarbeit *f* kaçak iş [*o* çalışma]
schwarzarbeiten *vi* kaçak çalışmak
Schwarzbrot *nt* siyah ekmek
Schwarze(r) *f(m)* (*Farbiger*) siyah
schwarzfahren *irr vi sein* biletsiz yolculuk yapmak
Schwarzgeld *nt* kara para
Schwarzhandel *m* karaborsa
Schwarzhändler *m* karaborsacı
Schwarzmarkt *m* karaborsa
schwarzsehen *irr vi* karamsar olmak
Schwarzwald *m* Karaorman
schwarz-weißRR *adj*, **schwarzweiß** *adj* siyah-beyaz
Schwarzweißfilm *m* siyah-beyaz film
Schwarzwurzel *f* kara iskorçina
schwatzen *vi* ❶ (*plaudern*) sohbet etmek, söyleşmek ❷ (*plappern*) gevezelik etmek
Schwätzer(in) *m(f)* geveze
Schwebebalken *m* denge kalası
schweben *vi* süzülmek; **in Gefahr ~** tehlike içinde bulunmak
Schwede, Schwedin *m, f* İsveçli
Schweden *nt* İsveç
schwedisch *adj* ❶ (*Art*) İsveç ❷ (*Sprache*) İsveççe ❸ (*Herkunft*) İsveçli
Schwefel *m* kükürt
Schwefeldioxid *nt* kükürtdioksit
Schwefelsäure *f* sülfürik asit
schweigen <schwieg, geschwiegen> *vi* ❶ (*nicht reden*) susmak ❷ (*Lärm: aufhören*) kesilmek
Schweigen *nt* susma, sessizlik
Schweigepflicht *f* sır saklama yükümlülüğü
schweigsam *adj* sessiz, suskun
Schwein *nt* ❶ (*Tier*) domuz ❷ (*pej*) pis herif [*o* kadın] ❸ (*Glück*) şans
Schweinebraten *m* domuz kızartması
Schweinefleisch *nt* domuz eti
Schweinehund *m* (*pej fam*) köpoğlu (köpek), itoğlu it
Schweinerei *f* ❶ (*Schmutz*) pislik ❷ (*Handlung*) alçaklık, ahlaksızlık
Schweinestall *m* ❶ (*a. fig*) domuz ahırı ❷ (*fig: schmutziges Zimmer*) pis yer
Schweinsborste *f* domuz kılı
Schweiß *m* ter
Schweißausbruch *m* ter basması
schweißbedeckt *adj* ter içinde
schweißen *vt* kaynak etmek (**etw** -i)
Schweißer(in) *m(f)* kaynakçı
schweißgebadet *adj* kan ter içinde
Schweiz *f* İsviçre
Schweizer(in) *m(f)* İsviçreli
Schweizerdeutsch *nt* İsviçre Almancası
schweizerisch *adj* ❶ (*Art*) İsviçre ❷ (*Sprache*) İsviçrece ❸ (*Herkunft*) İsviçreli
schwelen *vi* için için yanmak
Schwelle *f* ❶ (*Tür-*) eşik ❷ (*Bahn-*) travers
schwellen <schwillt, schwoll, geschwollen> *vi* şişmek, kabarmak
Schwellung *f* MED şiş, şişme, şişkinlik
schwenken I. *vt* ❶ (*wehen lassen*) sallamak (**etw** -i) ❷ (*ausspülen*) çalkalamak (**etw** -i) **II.** *vi* sapmak (**nach rechts** sağa)
schwer I. *adj* ❶ (*Gewicht, Krankheit*) ağır ❷ (*schwierig*) güç, zor, müşkül ❸ (*beschwerlich*) zahmetli, külfetli ❹ (*Essen*) ağır, hazmı güç; ~ **von Begriff** anlayışı kıt, kalın kafalı; **5 Kilo ~ sein** beş kilo ağırlığında olmak **II.** *adv* ❶ (*mühselig*) zorla ❷ (*ernstlich*) cidden ❸ (*fam: sehr*) fena halde; ~ **bewaffnet** tırnaklarının ucuna kadar silahlı; ~ **krank/verletzt** ağır hasta/

S

yaralı; ~ **arbeiten** ağır (işte) çalışmak; **es fällt mir schwer** bana zor geliyor; **es** (**sehr**) ~ **haben** durumu (çok) zor olmak

Schwerarbeit *f* ağır iş

Schwerbehinderte(r) *f(m)* ağır sakat

Schwerelosigkeit *f* ağırlıksızlık

schwerfällig *adj* ① (*unbeholfen*) hantal ② (*träge*) ağır, mızmız ③ (*beschränkt*) kalın kafalı

Schwergewicht *nt* ağır sıklet

schwerhörig *adj* ağır işiten

Schwerkraft *f* yerçekimi

schwermütig *adj* hüzünlü, melankolik

Schwerpunkt *m* PHYS ağırlık noktası [*o* merkezi]

Schwert *nt* kılıç

Schwertfisch *m* kılıçbalığı

Schwertlilie *f* süsen, mavi zambak

Schwerverbrecher *m* cani (*ağır suç işleyen*)

schwerwiegend *adj* ağır, ciddi

Schwester *f* ① kız kardeş; (*ältere*) abla ② (*Kranken-*) hemşire ③ (*Nonne*) rahibe

schwieg *vi s.* **schweigen**

Schwiegereltern *pl* kaynata-kaynana

Schwiegermutter *f* kayınvalide, kaynana *fam*

Schwiegersohn *m* damat

Schwiegertochter *f* gelin

Schwiegervater *m* kayınpeder, kaynata *fam*

schwierig *adj* ① (*nicht einfach*) güç, zor, müşkül ② (*beschwerlich*) zahmetli, külfetli

Schwierigkeit *f* ① (*einer Sache*) güçlük, zorluk ② (*Mühe*) zahmet, külfet

schwillt *vi s.* **schwellen**

Schwimmbad *nt* yüzme havuzu

Schwimmbecken *nt* yüzme havuzu

schwimmen <schwamm, geschwommen> *vi sein* ① yüzmek ② (*treiben*) sürüklenmek ③ (*fig: unsicher werden*) rolünü iyi bilmemek; ~ **gehen** yüzmeye gitmek

Schwimmer(in) *m(f)* yüzücü

Schwimmflosse *f* (*Fisch*) yüzgeç; (*Taucher*) palet

Schwimmring *m* can simidi

Schwimmsport *m* yüzme sporu

Schwimmweste *f* cankurtaran yeleği

Schwindel *m* ① (*Betrug*) hile, düzen ② MED baş dönmesi, göz kararması, dolandırıcılık

Schwindelanfall *m* ani baş dönmesi

schwindelerregend *adj* baş döndürücü

schwindelfrei *adj* başı dönmez

schwind(e)lig *adj* başı dönen; **mir ist ~** başım dönüyor

schwindeln *vi* ① (*lügen*) yalan söylemek ② (*betrügen*) dolandırıcılık yapmak

Schwindler(in) *m(f)* ① (*Lügner*) yalancı ② (*Betrüger*) dolandırıcı

schwingen <schwang, geschwungen> **I.** *vt* (*Fahne etc.*) sallamak; (*Schwert*) savurmak (**etw** -i) **II.** *vi* ① (*Ton*) titreşmek ② (*Pendel*) sallanmak, salınmak

Schwingung *f* ① (*Ton*) titreşim ② (*Pendel*) salınım, sağa sola sallanma

Schwips *m* (*fam*) hafif sarhoşluk; **ich habe einen ~** çakırkeyfim

schwirren *vi sein* vızıldamak, vızlamak

schwitzen *vi* terlemek

schwoll *vi s.* **schwellen**

schwören <schwor, geschworen> *vi, vt* yemin etmek

schwul *adj* (*fam*) eşcinsel, homoseksüel, gay

schwül *adj* bunaltıcı, boğucu, sıkıntılı

Schwüle *f* bunaltıcı hava

Schwuler *m* eşcinsel, gay

Schwung *m* ① (*Bewegung*) hızlı hareket ② (*fig: Elan*) hamle, atılış ③ (*Lebendigkeit*) canlılık, hareketlilik

Schwur *m* yemin

Schwurgericht *nt* ağır ceza mahkemesi

Science-Fiction *f* bilimkurgu

sechs *num* altı

Sechseck *nt* altıgen

sechseckig *adj* altı köşeli
sechshundert *num* altı yüz
sechste(r, s) *adj* altıncı
Sechstel *nt* altıda bir
sechzehn *num* on altı
sechzig *num* altmış; **die ~er Jahre** altmışlı yıllar
SED *f* (*hist*) *Abk von* **Sozialistische Einheitspartei Deutschlands** Almanya Sosyalist Birlik Partisi
See[1] *m* (*Binnengewässer*) göl
See[2] *f* (*Ozean*) deniz; **auf hoher** [*o* **offener**] **~** açık denizde; **ruhige/schwere ~** sakin/dalgalı deniz
Seefahrt *f* ① (*Reise*) deniz seyahatı ② (*Ozeanschifffahrt*) denizcilik
Seegang *m* dalgalı deniz
Seehafen *m* deniz limanı
Seehecht *m* barlam
Seehund *m* fok (balığı), ayıbalığı
Seeigel *m* deniz kestanesi
seekrank *adj* deniz tutmuş; **ich werde ~** beni deniz tutar
Seele *f* ruh, can, gönül
seelisch *adj* ① (*psychisch*) ruhsal ② (*spirituell*) manevi, tinsel
Seelöwe *m* deniz aslanı
Seelsorge *f din adamları tarafından bakım ve korunma*
Seelsorger(in) *m(f)* ① (*katholisch*) papaz ② (*protestantisch*) pastör ③ (*islamisch*) imam
Seemann *m* denizci, gemici
Seemeile *f* deniz mili
Seepferdchen *nt* denizatı
Seereise *f* deniz yolculuğu
Seerose *f* nilüfer
Seestern *m* denizyıldızı
Seeweg *m* **auf dem ~** deniz yoluyla
Seezunge *f* dilbalığı
Segel *nt* yelken
Segelboot *nt* yelkenli
Segelflugzeug *nt* planör
Segeljacht *f* yelkenli yat
segeln *vi sein* ① (*mit dem Schiff*) yelkenle gitmek ② (*Vogel*) süzülmek
Segelschiff *nt* yelkenli (gemi)
Segeltörn *m* yelkenli gezisi
Segeltuch *nt* branda bezi
Segen *m* ① (*Segenswunsch*) hayırdua ② (*fig: Wohl*) bereket
segnen *vt* ① (*heiligen*) takdis etmek (**etw/jdn** -i) ② (*Segen aussprechen*) hayırdua etmek (**jdn** -e)
Segnung *f* takdis
sehbehindert *adj* görsel özürlü
sehen <sieht, sah, gesehen> **I.** *vt* ① görmek (**etw/jdn** -i) ② (*Film*) seyretmek (**etw** -i) **II.** *vi* (*schauen*) bakmak; **nach jdm ~** (*sich kümmern um*) birine bakmak, biriyle ilgilenmek; **gut/schlecht ~** iyi/kötü görmek; **etw ~ lassen** (*zeigen*) bir şeyi göstermek; **das kann sich ~ lassen** (*fig*) bir şeye benziyor; **aus dem Fenster ~** pencereden bakmak; **wie man sieht** görüldüğü gibi; **lass mal ~!** göster bakayım!; **sieh mal an!** bak hele!; **ich kenne ihn vom Sehen** onunla göz tanışıklığım var, onu görüşten tanıyorum
sehenswert *adj*, **sehenswürdig** *adj* görülmeğe değer
Sehenswürdigkeit *f* görülmeye değer şey
sehgeschädigt *adj* görme özürlü
Sehgeschädigte(r) *f(m)* görme özürlü
Sehne *f* kiriş
sehnen *vr* **sich nach jdm/etw ~** birini/bir şeyi özlemek
Sehnenzerrung *f* kiriş gerilmesi
sehnlich **I.** *adj* (*Wunsch*) şiddetli **II.** *adv* özlemle
sehnlichst *adv* büyük bir özlemle
Sehnsucht *f* ① özlem, hasret ② (*starker Wunsch*) şiddetli arzu ③ (*Heimweh*) sıla özlemi [*o* hasreti]
sehnsüchtig *adj* özlemli, hasretli; (*Lied, Stimme*) yanık
sehr *adv* çok, pek; **~ viel** pek çok; **so ~, dass** öyle çok ... ki; **wie ~** ne kadar (çok); **zu ~** fazla; **so ~ sie auch ar-**

beitet ne kadar çalışırsa çalışsın

Seide *f* ipek

Seidenstraße *f* HIST ipekyolu

Seife *f* sabun; **ein Stück ~** bir parça sabun

Seifendose *f* sabunluk

Seifenpulver *nt* sabun tozu

Seil *nt* ① (*Leine*) ip ② (*Tau*) halat

Seilbahn *f* teleferik

sein <ist, war, gewesen> *vi* ① (*allgemein*) olmak ② (*sich befinden*) bulunmak; **bist du es?** sen misin?; **ich bin es** benim; **2 und 2 ist 4** iki iki daha dört eder; **sie ist nicht zu Hause** o, evde yok; **da bin ich** buradayım; **Ali ist da** Ali burada(dır); **es sind viele Menschen dort** orada çok insanlar var; **mir ist kalt** üşüyorum; **sie ist 20 Jahre alt** 20 yaşında; **es ist schönes Wetter** hava güzel; **es sei denn, dass** meğerki

sein(e) *pron* onun; **der, die, das Sein(ig)e** onunki

seinerseits *adv* onun tarafından

seinerzeit *adv* vaktiyle

seinesgleichen *pron* onun gibileri

seinethalben *adv,* **seinetwegen** *adv* onun için [*o* yüzünden]

seinige *pron s.* **sein(e)**

seit I. *präp +dat* ① (*Zeitpunkt*) -den beri ② (*Zeitraum*) -dir; **ich warte ~ einer Stunde** bir saattir bekliyorum; **er wartet seit gestern** dünden beri bekliyor; **~ kurzem/langem** kısa/uzun zamandan beri II. *konj* -diğinden beri

seitdem I. *adv* o zamandan beri II. *konj* -diğinden beri

Seite *f* ① (*allgemein*) yan, taraf ② (*Richtung*) yön ③ (*Buch-, Internet-*) sayfa ④ MATH kenar; **schwache/starke ~** zayıf/güçlü yön [*o* taraf]; **auf jds ~ stehen** (*fig*) birinin tarafında olmak; **von der ~** yandan; **von allen ~n** her taraftan [*o* yandan]; **von ~en** *gen* tarafından; **geh zur ~!** kenara çekil!

Seitenairbag *m* yan hava yastığı

Seitenblick *m* yandan bakış

Seitenhieb *m* (*fig*) alaylı ima

seitens *präp +gen* ... tarafından

Seitensprung *m geçici macera olarak eşini aldatma*

Seitenstechen *nt* böğür sancısı

Seitenstraße *f* yan sokak

Seitenwind *m* yandan esen rüzgar

seither *adv* o zamandan beri

seitlich *adj* yan

Seitpferd *nt* SPORT kulplu beygir

Sek. *f,* **sek.** *f s.* **Sekunde** saniye

Sekretär *m* sekreter; (*Möbel*) yazı masası

Sekretariat *nt* sekreterlik

Sekretärin *f* (bayan) sekreter

Sekt *m* köpüklü şarap, şampanya

Sekte *f* mezhep

Sektglas *nt* şampanya kadehi

Sektor *m* sektör

sekundär *adj* ikinci derecede olan, ikincil

Sekundarschule *f* (*in der Schweiz*) ortaokul

Sekunde *f* saniye

Sekundenschlaf *m* saniyelik uyku

Sekundenzeiger *m* saniye gösterici

selbe(r, s) *adj* aynı; **im ~n Moment** aynı anda

selber *pron* kendi(si)

selbst I. *adj* kendi(si) II. *adv* bile, dahi; **~ wenn** -se bile [*o* dahi]; **~ seine Freunde** arkadaşları bile [*o* dahi]; **von ~** kendiliğinden; **das versteht sich von ~** bu kendiliğinden anlaşılıyor; **~ gebacken** kendi eliyle pişir(il)miş; **~ gemacht** kendi eliyle yap(ıl)mış

selbständig *adj* bağımsız; **sich ~ machen** kendini (iktisadi olarak) bağımsız hale getirmek

Selbständigkeit *f* bağımsızlık

Selbstauslöser *m* otomatik deklanşör

Selbstbedienung *f* kendi işini görme, selfservis

Selbstbedienungsladen *m müşterinin*

kendi kendine hizmet ettiği dükkan

Selbstbefriedigung *f* mastürbasyon

Selbstbeherrschung *f* kendine hakim olma, serinkanlılık

Selbstbestimmung *f* özerklik

Selbstbetrug *m* **das ist ~** bu, kendi kendini aldatmadır

selbstbewusst[RR] *adj* kendini bilen, kendine güvenen, kendinden emin

Selbstkontrolle *f* özdenetim

Selbstkritik *f* özeleştiri

Selbstlaut *m* ünlü

selbstlos *adj* fedakar, özgecil

Selbstmord *m* intihar; **~ begehen** intihar etmek

Selbstmordanschlag *m* intihar saldırısı

Selbstmörder(in) *m(f)* intihar eden

Selbstmordversuch *m* intihar teşebbüsü

Selbstschutz *m* kendi kendini koruma

selbstsicher *adj* kendine güvenen, kendinden emin

selbstständig[RR] *adj* bağımsız; **sich ~ machen** kendini (iktisadi olarak) bağımsız hale getirmek

Selbstständigkeit[RR] *f* bağımsızlık

Selbstsucht *f* bencillik

selbstsüchtig *adj* bencil

selbsttätig *adj* otomatik

Selbsttäuschung *f* kendi kendini aldatma

selbstverständlich I. *adj* kendiliğinden anlaşılan, tabii **II.** *adv* elbette

S

Selbstverständlichkeit *f* kendiliğinden anlaşılma

Selbstvertrauen *nt* (kendine) güven(me)

Selbstverwaltung *f* özerklik, otonomi

Selbstzweck *m* kendine yeten gaye

Seldschuke *m* HIST Selçuk

seldschukisch *adj* HIST Selçuklu

selig *adj* ❶ (*glücklich*) mutlu ❷ (*verstorben*) rahmetli, merhum

Seligkeit *f* sonsuz mutluluk

Sellerie *m* kereviz

selten I. *adj* ❶ (*nicht oft*) nadir, seyrek, ender ❷ (*knapp*) kıt **II.** *adv* nadir olarak, nadiren; **nicht ~** oldukça sık

Seltenheit *f* seyreklik, azlık, nadir oluş; (*Rarität*) nadir bulunan şey

Selter(s)wasser *nt* soda, maden suyu

seltsam *adj* garip, tuhaf, acayip

Semester *nt* sömestr, yarıyıl

Semikolon *nt* noktalı virgül

Seminar *nt* ❶ (*Universitäts-*) seminer ❷ (*Lehrer-*) öğretmen okulu ❸ (*Priester-*) papaz okulu ❹ (*islamisch*) imam hatip okulu

Semit(in) *m(f)* Sami

semitisch *adj* Sami

Semmel *f küçük beyaz ekmek*

sen. *adj Abk von* **senior** baba

Senat *m* ❶ senato; (*in Berlin, Hamburg, Bremen*) eyalet hükümeti ❷ JUR hakimler heyeti

Senator(in) *m(f)* senatör

senden[1] <sandte *o* sendete, gesandt *o* gesendet> *vt* (*schicken*) göndermek, yollamak (**jdm etw** -e -i)

senden[2] *vt* (*Programm*) yayınlamak (**etw** -i)

Sender *m* ❶ TECH verici ❷ RADIO radyo istasyonu; TV televizyon istasyonu

Sendung *f* ❶ (*Gesandtes*) gönder(il)me, yolla(n)ma ❷ RADIO, TV yayın, program

Senegal *m* Senegal

Senf *m* hardal

sengen *vt* ❶ (*verbrennen*) yakmak (**etw** -i) ❷ (*an der Oberfläche*) alazlamak (**etw** -i)

senior *adj* **Herr X ~** Baba X

Senioren *mpl* yaşlılar *pl*

seniorengerecht I. *adj* yaşlılara uygun **II.** *adv* **~ ausgestattet sein** yaşlılara göre düşünülmüş

Seniorenresidenz *f* yaşlılar köşkü

Senke *f* (arazi) çöküntü(sü)

senken I. *vt* ❶ (*Kopf, Blick*) yere eğmek (**etw** -i) ❷ (*Stimme*) yavaşlatmak (**etw** -i) ❸ (*Preise*) indirmek (**etw** -i) **II.** *vr* **sich ~** (*niedriger werden*) inmek, alçalmak; (*einsinken*) çökmek

senkrecht *adj* dikey
Sensation *f* ① (*Ereignis*) heyecanlı olay, sansasyon ② (*Tagesgespräch*) günün konusu
sensationell *adj* heyecan verici, sansasyonel
Sense *f* tırpan
sensibel *adj* duygulu, duyarlı, hassas
Sensibilität *f* duyguluiuk, duyarlık
sensitiv *adj* aşırı duygulu
sentimental *adj* duygusal, hissi
Sentimentalität *f* duygusallık
separat *adj* ① (*getrennt*) ayrı, ayrılmış ② (*gesondert*) özel ③ (*Eingang*) ayrı
Separatismus *m* ayrılıkçılık, bölücülük
Separatist(in) *m(f)* ayrılıkçı, bölücü
September *m* eylül (ayı)
Sequenz *f* ① (*Reihenfolge*) sıra ② (*Kartenspiel*) terse, sekans
Serbe, Serbin *m, f* Sırp
Serbien *nt* Sırbistan
Serbin *f* Sırp kadını
serbisch *adj* ① (*Sprache*) Sırpça ② (*Art*) Sırp ③ (*Herkunft*) Sırplı
Serenade *f* serenat
Serie *f* sıra, dizi, seri; **etw in ~ produzieren** bir şeyi seri halde üretmek
seriell *adj* **~e Schnittstelle** INFORM seri arabirim
Serienkiller *m* seri katili
serienmäßig *adj* seri halinde
Serienproduktion *f* seri üretimi
seriös *adj* ciddi; (*vertrauenswürdig*) güvenilir
Serum *nt* serum
Server *m* INET sunucu, (web) server
Service[1] *nt* sofra takımı
Service[2] *m* servis, hizmet
servieren I. *vt* sofraya koymak (**etw** -i) II. *vi* (sofrada) hizmet etmek
Serviette *f* peçete
Serviettenring *m* peçetelik
Servolenkung *f* hidrolik direksiyon
servus *interj* (*Gruß*) selam; (*beim Abschied*) hoşça kal!
Sessel *m* koltuk
Sessellift *m* telesiyej
Setzei *nt* sahanda yumurta
setzen I. *vt* ① (*allgemein*) koymak, oturtmak (**etw in/auf etw** -i -e) ② (*Text*) dizmek (**etw** -i) II. *vr* **sich ~** (*Mensch*) oturmak; (*Vogel*) konmak, tünemek (**auf etw** -e); (*Bodensatz*) çök(el)mek
Setzer(in) *m(f)* dizici
Seuche *f* salgın
seufzen *vt* inlemek, göğüs geçirmek, içini çekmek
Seufzer *m* inilti
Sex *m* seks, cinsellik
Sexismus *m* cinsel ayrımcılık
sexistisch *adj* cinsiyetçi, cinsel ayrımcı
Sexobjekt *nt* cinsel obje
Sexsymbol *nt* seks sembolü
Sexualität *f* seks, cinsellik
sexuell *adj* cinsi, cinsel; **~e Belästigung** cinsel taciz
sexy *adj* seksi
Shampoo *nt* şampuan
Sherry *m* şeri
Shootingstar *m* (*fam*) *hızla başarıya ulaşıp popülarite kazanan kişi*
Shorts *pl* şort *sing*
Show *f* gösteri, şov
Sibirien *nt* Sibirya
sich *pron* ① (*sich selbst*) kendini; *dat* kendine ② (*einander*) birbirini; *dat* birbirine; **für ~ selbst** kendisi için; **an ~** aslında, esasen
Sichel *f* ① (*Gerät*) orak ② (*Mond-*) hilal
sicher I. *adj* ① (*zuverlässig*) emin, güvenilir ② (*überzeugt*) emin ③ (*bestimmt*) kesin ④ (*fest*) sağlam ⑤ (*geborgen*) emniyetli, korunmuş II. *adv* ① (*gewiss*) muhakkak ② (*zweifellos*) şüphesiz ③ (*wahrscheinlich*) her halde, muhtemelen ④ (*als Antwort*) elbette; **so ~ wie das Amen in der Kirche** hiç şüphe götürmez
sichergehen *irr vi sein* işini sağlam kazığa bağlamak
Sicherheit *f* ① (*allgemein*) emniyet, gü-

S

venlik ❷ (*Festigkeit*) sağlamlık ❸ (*Bestimmtheit*) kesinlik ❹ (*Garantie*) garanti, inanca, teminat ❺ (*Pfand*) rehin, depozito; **in ~ bringen** emniyete almak (**etw/jdn** -i)

Sicherheitsabstand *m* (*im Verkehr*) emniyet aralığı

Sicherheitsgurt *m* emniyet kemeri

sicherheitshalber *adv* emin olmak için

Sicherheitskontrolle *f* emniyet kontrolü

Sicherheitskräfte *pl* güvenlik güçleri [*o* kuvvetleri] *pl*

Sicherheitsnadel *f* çengelliiğne

Sicherheitsrat *m* (*der UNO*) Güvenlik Konseyi

Sicherheitsschloss[RR] *nt* emniyet kilidi

Sicherheitsventil *nt* emniyet supabı

Sicherheitsvorschriften *fpl* güvenlik talimatları *pl*

sicherlich *adv* muhakkak, şüphesiz

sichern *vt* ❶ (*in Sicherheit bringen*) emniyet altına almak (**etw** -i) ❷ (*befestigen*) sağlamlaştırmak (**etw** -i) ❸ (*gewährleisten*) sağlamak, temin etmek (**etw** -i)

sicherstellen *vt* ❶ (*beschlagnahmen*) el koymak (**etw** -e) ❷ (*gewährleisten*) sağlamak (**etw** -i)

Sicherstellung *f* ❶ (*Beschlagnahme*) haciz ❷ (*Gewehrteil*) emniyet

Sicherung *f* sigorta

Sicherungsseil *nt* (*Bergsteigen*) emniyet halatı

S

Sicht *f* ❶ (*Ausblick*) görünüş, manzara ❷ (*Möglichkeit, zu sehen*) görüş; **auf kurze/lange ~** kısa/uzun vadede

sichtbar *adj* görünen

sichten *vt* (*durchsehen*) gözden geçirmek (**etw** -i)

sichtlich *adj* belli, aşikar

Sichtvermerk *m* (*im Pass*) pasaport vizesi

Sichtweite *f gözün seçebildiği uzaklık*

sickern *vi sein* sızmak (**in etw** -e)

sie *pron* ❶ (*weiblich*) o; *akk* onu ❷ (*Plural*) onlar; *akk* onları ❸ (*sie selbst*) kendisi

Sie *pron* (*Höflichkeitsform*) siz; *akk* sizi; **jdn mit ~ anreden** birine siz diye hitap etmek

Sieb *nt* kalbur; (*fein*) süzgeç; (*Sand-*) elek

sieben[1] *num* yedi

sieben[2] *vt* süzmek, elemek (**etw** -i)

siebenfach *adj* yedi kat [*o* misli]

siebenhundert *num* yedi yüz

siebenmal *adv* yedi kere [*o* defa]

Siebenmonatskind *nt vaktinden önce doğan bebek*

siebte(r, s) *adj* yedinci

Siebtel *nt* yedide bir

siebzehn *num* on yedi

siebzig *num* yetmiş; **die ~er Jahre** yetmişli yıllar

sieden <siedete, gesiedet> **I.** *vt* kaynatmak, haşlamak (**etw** -i) **II.** *vi* kaynamak, haşlanmak

Siedepunkt *m* kaynama noktası

Siedler(in) *m(f)* ❶ (*Neu-*) yeni yerleşen ❷ (*Kolonist*) sömürgeci

Siedlung *f* yerleşim bölgesi

Sieg *m* zafer, yengi

Siegel *nt* mühür, damga

Siegellack *m* mühür mumu

siegeln *vt* mühürlemek (**etw** -i)

siegen *vi* zafer kazanmak, yenmek (**über jdn** -i)

Sieger(in) *m(f)* yenen, galip

siegreich *adj* yenen, galip gelen

sieht *vi, vt s.* **sehen**

Siesta *f* (*fam*) öğle uykusu

siezen *vt* siz diye hitap etmek (**jdn** -e)

Signal *nt* sinyal, işaret

Silbe *f* hece

Silber *nt* gümüş

silbern *adj* gümüş(ten)

Silberpapier *nt* yaprak kalay

Silhouette *f* siluet

Silicon Valley *nt* Silikon Vadisi

Silikon *nt* silikon

Silo *m o nt* silo, tahıl ambarı

Silvester *m*, **Silvesterabend** *m* yılbaşı

gecesi
Simbabwe *nt* Zimbabve
simpel *adj* basit, sade
Sims *m o nt* pervaz; (*Wandbrett*) raf
simsen *vti* (*fam*) TELEK (ceple) mesaj çekmek
Simulation *f* (*Computer~*) simülasyon
simulieren *vi* sahte tavır takınmak
simultan *adj* aynı zamanda olan
Simultanübersetzung *nt* simultane tercüme
Sinfonie *f* senfoni
Sinfonieorchester *nt* filarmonik orkestra
singen <sang, gesungen> *vi* şarkı söylemek; (*Vögel*) ötmek; (*Nachtigall*) şakımak
Single[1] *f(m)* (*unverheiratete Person*) yalnız yaşayan
Single[2] *f* (*Schallplatte*) kısaçalar
Singlebörse *f* INET arkadaşlık sitesi
Singular *m* tekil
sinken <sank, gesunken> *vi sein* ① (*sich vermindern*) azalmak, eksilmek ② (*sich senken*) inmek, alçalmak ③ (*Sonne, Schiff*) batmak ④ (*Preis*) düşmek, inmek
Sinn *m* ① (*Sinnesempfindung*) duyu ② (*Bedeutung*) anlam ③ (*Gefühl*) duygu ④ (*Verständnis*) anlayış ⑤ (*Verstand*) akıl ⑥ (*Empfänglichkeit*) duyarlık; **im wahrsten ~e des Wortes** kelimenin tam anlamıyla; **etw im ~ haben** aklında bir şey olmak; **weder ~ noch Verstand haben** abuk sabuk olmak; **nicht recht bei ~en sein** aklı başında olmamak; **sie hat ~ für Humor** şakadan anlıyor; **das geht mir nicht aus dem ~** aklımdan çıkmıyor; **aus den Augen, aus dem ~** gözden ırak, gönülden ırak
Sinnbild *nt* sembol, simge
sinnen <sann, gesonnen> *vi* (*nachdenken*) düşünüp taşınmak (**über etw** -i)
Sinnesorgan *nt* duyu organı
Sinnestäuschung *f* yanılsama
sinngemäß *adj* anlamına uygun
sinnlich *adj* ① (*körperlich*) bedensel ② (*erotisch*) erotik ③ (*die Sinne betreffend*) duyumsal, duyusal
Sinnlichkeit *f* (*Erotik*) erotizm
sinnlos *adj* ① (*ohne Sinn*) anlamsız ② (*vergeblich*) boş
sinnvoll *adj* (*vernünftig*) makul, akla yakın
Sintflut *f* tufan
Sinus *m* sinüs
Sippe *f* (*Verwandtschaft*) akrabalık
Sirene *f* (*Alarm-*) canavar düdüğü; (*Polizei-*) siren
Sirup *m* şurup
Sitte *f* ① (*Brauch*) örf, töre ② (*Anstand*) edep, terbiye ③ (*fam: Sittenpolizei*) ahlak zabıtası
sittlich *adj* ahlaki, törel
Sittlichkeitsverbrechen *nt* ırza tecavüz
sittsam *adj* edepli, terbiyeli
Situation *f* durum
Sitz *m* ① (*Sitzgelegenheit*) oturuş ② (*Sitzplatz*) oturacak yer ③ (*Regierungs-, Bischofs-*) makam
sitzen <saß, gesessen> *vi* ① (*auf Stuhl*) oturmak ② (*sich befinden*) bulunmak ③ (*Vogel*) tünemek, konmak ④ (*Kleid*) (vücuda iyi) oturmak ⑤ (*fam: im Gefängnis*) hapis yatmak; **~ bleiben** (*nicht aufstehen*) yerinden kalkmamak; (*in der Schule*) sınıfta kalmak; **~ lassen** (*im Stich lassen*) yarı yolda [*o* ortada] bırakmak; (*Schüler*) sınıfta bırakmak
Sitzgelegenheit *f* oturacak yer
Sitzplatz *m* oturacak yer
Sitzung *f* oturum, toplantı
Sizilien *nt* Sicilya
Skala *f* cetvel
Skalpell *nt* neşter
Skandal *m* rezalet, skandal, kepazelik
skandalös *adj* rezil, skandallı
Skandinavien *nt* İskandinavya
Skandinavier(in) *m(f)* İskandinavyalı

skandinavisch *adj* ❶ (*Art*) İskandinav ❷ (*Sprache*) İskandinavca ❸ (*Herkunft*) İskandinavyalı
Skat *m Alman iskambil oyunu*
Skateboard *nt* kaykay; ~ **fahren** kaykayla kaymak
Skateboarder(in) *m(f)* kaykaycı
Skelett *nt* iskelet
Skepsis *f* şüphe
skeptisch *adj* şüpheci
Sketch *m* skeç
Ski *m* kayak; ~ **fahren/laufen** kayak kaymak
Skianzug *m* kayak elbisesi
Skiausrüstung *f* kayak takımı
Skibindung *f* kayak bağı
Skibrille *f* kayak gözlüğü
Skifahrer(in) *m(f)* kayakçı
Skigebiet *nt* kayak bölgesi
Skikurs *m* kayak kursu
Skilehrer(in) *m(f)* kayak öğretmeni
Skilift *m* teleski
Skinhead *m* dazlak
Skipiste *f* kayak pisti
Skisport *m* kayak (sporu), kayakçılık
Skistiefel *m* kayak kunduras
Skistock *m* kayak değneği
Skizze *f* taslak, eskiz
skizzieren *vt* ❶ (*darstellen*) taslağını yapmak (**etw** -in); (*grob*) karalamak (**etw** -i) ❷ (*umreißen*) ana hatlarıyla anlatmak (**etw** -i)
S-Klasse *f* (*gesellschaftliche Oberklasse*) zenginler *pl*, üst kesim
Sklave, Sklavin *m, f* köle
Sklerose *f* katılaşma, skleroz
Skonto *m o nt* ıskonto, indirim, tenzilat
Skorpion *m* ❶ (*Tier*) akrep ❷ (*Sternzeichen*) Akrep (burcu)
Skrupel *m* ❶ (*Zweifel*) şüphe ❷ (*Gewissensnot*) vicdan azabı
skrupellos *adj* vicdansız, insafsız
Skulptur *f* heykel
Slalom *m* slalom
Slang *m* argo
Slawe, Slawin *m, f* Slav, İslav
slawisch *adj* Slav, İslav
Slip *m* don, külot, slip
Slipeinlage *f* orkid®
Slogan *m* slogan
Slowake, Slowakin *m, f* Slovak
Slowakei *f* Slovakya
slowakisch *adj* Slovak
Slowenien *nt* Slovenya
Slums *pl* gecekondu semti *sing*
sm *f Abk von* **Seemeile** deniz mili
Smaragd *m* zümrüt
SMS(-Nachricht) *f* (*Handynachricht*) SMS, (kısa) mesaj; **jdm eine ~ schicken** birine kısa mesaj göndermek [*o* yollamak]
s. o. *vt Abk von* **siehe oben** yukarıya bakınız
so I. *adv* ❶ (*derartig*) böyle, öyle, şöyle; (*Ausmaß, Grad*) bu [*o* şu] kadar ❷ (*in dieser Weise*) böylece, öylece, şöylece ❸ (*geh: also, folglich*) bundan dolayı; ~ **ein(e)** böyle bir; ~ **etwas** böyle bir şey; ~ **sehr,** ~ **viel** öyle; (*Ausmaß, Grad*) o kadar çok; ~ **dass ...** öyle ki, ...; ~ **..., dass** o kadar ... ki; **doppelt ~ viel (wie ...)** (-in) iki misli [*o* katı]; ~ **groß wie ...** ... kadar büyük; ~ **weit wie möglich** olabildiği kadar; ~ **ist es!** işte böyle!; **wenn es ~ ist** öyleyse, o halde; ~ **oder ~** mutlaka; ~ **gut wie nichts** hiç denilecek kadar az; **bist du ~ weit?** hazır mısın?; **es ist ~ weit** tamam; ~ **genannt** denilen; (*angeblich*) sözde **II.** *konj* (*geh*) eğer; ~ **Gott will** inşallah **III.** *interj* ~**?** öyle mi?; ~**,** ~**!** demek öyle!; ~ **was!** böyle şey olmaz!; **ach ~!** ah, şimdi anladım!
sobald *konj* -r -mez; ~ **meine Mutter nach Hause kommt** annem eve gelir gelmez
Socke *f* kısa çorap, şoset
Sockel *m* sütun tabanı, temel
Soda *nt o f* soda
sodass[RR] *konj* öyle ki
Sodbrennen *nt* mide yanması [*o* ekşi-

S

mesi]; **ich habe ~** midem yanıyor
soeben *adv* demin, biraz önce
Sofa *nt* kanepe
sofern *konj* eğer, şayet
soff *vi, vt s.* **saufen**
sofort *adv* derhal, hemen
Sofortbildkamera *f* polaroid makine
sofortige(r, s) *adj* derhal yapılan, acil
Sofortmaßnahme *f* acil tedbir
Software *f* yazılım, bilgisayar programı
Softwareentwickler(in) *m(f)* yazılım geliştiricisi
Softwarepiraterie *f* yazılım korsanlığı
sog *vi, vt s.* **saugen**
sogar *adv* hatta, bile
sogenannt *adj* denilen; (*angeblich*) sözde
sogleich *adv* derhal, hemen
Sohle *f* ① (*Fuß-*) taban ② (*Schuh-*) taban, pençe
Sohn *m* oğul, erkek evlat
Sojabohne *f* soya fasulyesi
Sojaöl *nt* soya (fasulyesi) yağı
Sojasoße *f* soya sosu
solange *konj* -diği sürece [*o* müddetçe], -dikçe
Solarenergie *f* güneş enerjisi
Solarium *nt* solaryum tesisatı
Solarstrom *m* güneş elektriği
solch *pron* böyle, bu gibi
Sold *m* ücret
Soldat(in) *m(f)* asker
Söldner *m* kiralık asker
solidarisch *adj* dayanışık
solidarisieren *vr* **sich ~** dayanışma göstermek (**mit jdm** -e), dayanışmak (**mit jdm** ile)
Solidarität *f* dayanışma, beraberlik
solide *adj* ① (*fest*) sağlam ② (*haltbar*) dayanıklı ③ (*Mensch*) ciddi, ağırbaşlı
Solist(in) *m(f)* solist
Soll *nt* borç; **~ und Haben** alacak ve verecek
sollen <sollte, gesollt/sollen> *vi* ① (*Pflicht*) -meli; **du sollst mehr arbeiten** daha fazla çalışmalısın ② (*Befehl, Wunsch*) **er soll kommen** gelsin; **ihr hättet es uns erzählen sollen** bize bunu anlatmalıydınız ③ (*Möglichkeit, Vermutung*) **falls es regnen sollte** yağmur yağacak olsa; **er soll reich sein** zenginmiş ④ (*Zweifel*) **was soll ich tun?** ne yapayım?; **was soll ich ihm sagen?** ona ne söyleyeyim; **was soll das heißen?** bu ne demek oluyor?
solo *adv* (*fam*) solo
Solo *nt* solo
Somalia *nt* Somali
somit *adv* böylece
Sommer *m* yaz
Sommerfahrplan *m* yaz tarifesi
Sommerferien *pl* yaz tatili *sing*
Sommerkleid *nt* yazlık elbise
Sommerkurs *m* yaz kursu
sommerlich *adj* yaz gibi
Sommerschlussverkauf *m* yaz sonu satışı
Sommersmog *m* (yazın yaşanan) egzoz gazı kirliliği
Sommersprossen *fpl* çil *sing*
Sommerzeit *f* ① (*Sommer*) yaz mevsimi ② (*Uhrzeit*) yaz saati
Sonate *f* sonat
Sonde *f* sonda
Sonderangebot *nt* indirimli mal
sonderbar *adj* garip, tuhaf, acayip
Sonderfall *m* müstesna durum
Sondermarke *f* özel pul
sondern I. *konj* bilakis; **nicht nur ..., ~ auch ...** sadece [*o* yalnız] ... değil, aynı zamanda ... **II.** *vt* ayırmak (**etw** -i)
Sonderpreis *m* özel fiyat
Sonderschule *f özürlü çocuklara mahsus okul*
Sonderzug *m* özel tren
sondieren *vt* sondalamak (**etw** -i)
Sonett *nt* sone
Sonnabend *m* cumartesi (günü)
Sonne *f* güneş; **in der ~** güneşte; **die ~ scheint** güneş parlıyor
sonnen *vr* **sich ~** güneşlenmek

S

Sonnenaufgang *m* gün(eş) doğması [*o* doğuşu]
Sonnenbad *nt* güneş banyosu
Sonnenblende *f* parasoley
Sonnenblume *f* ayçiçeği
Sonnenbrand *m* güneş yanığı
Sonnenbrille *f* güneş gözlüğü
Sonnencreme *f* güneş kremi
Sonnendach *nt* güneşlik, tente
Sonnendeck *nt* güneşlenme güvertesi
Sonnenenergie *f* güneş enerjisi
Sonnenfinsternis *f* güneş tutulması
Sonnenhut *m* güneş şapkası
Sonnenkraftwerk *nt* güneş santrali
Sonnenlicht *nt* güneş ışığı
Sonnenöl *nt* güneş yağı
Sonnenplatz *m* güneş tarafı
Sonnenschein *m* güneş ışığı
Sonnenschirm *m* şemsiye
Sonnenschutzmittel *nt* güneş yağı [*o* kremi]
Sonnenstich *m* güneş çarpması [*o* vurması]
Sonnenstrahl *m* güneş ışını
Sonnenuhr *f* güneş saati
Sonnenuntergang *m* gün(eş) batması [*o* batışı], gurup
sonnig *adj* güneşli
Sonntag *m* pazar (günü); **an Sonn- und Feiertagen** pazar ve tatil günlerinde
sonntags *adv* pazar günleri

S

Sonntagsfahrer *m* (*pej*) kötü sürücü
sonst *adv* ❶ (*andernfalls*) yoksa, aksi takdirde ❷ (*außerdem*) (bundan) başka, ayrıca ❸ (*gewöhnlich*) alışıldığı üzere; **wer ~?** başka kim?; **~ niemand** başka hiç kimse; **~ noch etwas?** başka bir şey de var mı?; **~ wo** başka bir yerde
sonstige *adj* başka, diğer
sonstwoALT *adv s.* **sonst**
sooft *konj* -dikçe
Sopran *m* soprano
Sopranistin *f* soprano
Sorge *f* ❶ (*Kummer*) üzüntü, keder, dert ❷ (*Besorgnis*) endişe, kaygı, merak; **jdm ~ bereiten** birine üzüntü vermek; **sich ~n machen** kaygılanmak, meraklanmak, merak etmek; **lass das meine ~ sein!** merak etme, o işe ben bakarım
sorgen I. *vi* bakmak (**für jdn/etw** -e) **II.** *vr* **sich ~** kaygılanmak, endişelenmek (**um jdn/etw** için)
Sorgfalt *f* özen, itina, ihtimam
sorgfältig *adj* ❶ (*Arbeit*) pürüzsüz ❷ (*Person*) özenli, itinalı, dikkatli ❸ (*peinlich genau*) titiz
sorglos *adj* ❶ (*sorgenfrei*) kedersiz ❷ (*ohne Sorgfalt*) dikkatsiz
Sorglosigkeit *f* ❶ (*Freiheit von Sorgen*) kedersizlik ❷ (*fehlende Sorgfalt*) dikkatsizlik
Sorte *f* ❶ (*Art*) cins, tür, çeşit ❷ (*Zigaretten*) marka
sortieren *vt* çeşitlere göre ayırmak; (*ordnen*) düzenlemek (**etw** -i)
Sortiment *nt* mal çeşitleri *pl*
sosehr (auch) *konj* her ne kadar ... (ise de)
Soße *f* sos, salça
soufflieren *vi* suflörlük yapmak
Soundkarte *f* ses kartı
Souvenir *nt* suvenir
soviel *konj*, **soweit** *konj* -diği kadarıyla; **~ ich weiß** bildiğim kadarıyla
sowie *konj* ❶ (*und auch*) hem de ❷ (*sobald*) -r -mez
sowieso *adv* zaten
sowjetisch *adj* (*hist*) Sovyet
Sowjetunion *f* (*hist*) Sovyetler Birliği
sowohl *konj* **~ ... als auch ...** hem ... hem (de) ...
sozial *adj* sosyal, toplumsal
Sozialabgaben *fpl* sosyal vergiler *pl*
Sozialarbeit *f* sosyal hizmet
Sozialdemokrat(in) *m(f)* sosyaldemokrat
sozialdemokratisch *adj* sosyaldemokrat
Sozialfürsorge *f* sosyal yardım
Sozialhilfe *f* sosyal yardım

Sozialismus *m* sosyalizm
Sozialist(in) *m(f)* sosyalist
sozialistisch *adj* sosyalist
Sozialkunde *f* (*in Deutschland*) sosyal bilgiler; (*in der Türkei*) yurttaşlık bilgileri
Sozialleistungen *fpl* sosyal hizmetler *pl*
Sozialpartner *mpl* sosyal ortaklar *pl*
Sozialpolitik *f* sosyal politika
Sozialprodukt *nt* milli gelir
Sozialversicherung *f* sosyal sigorta
Sozialwohnung *f* sosyal konut
Soziologe, **Soziologin** *m, f* sosyolog, toplumbilimci
Soziologie *f* sosyoloji, toplumbilim
soziologisch *adj* sosyolojik, toplumbilimsel
sozioökonomisch *adj* sosyoekonomik
sozusagen *adv* adeta
Spaceshuttle *f* uzay mekiği, mekik
Spachtel *m* ❶ (*des Malers od. Apothekers*) mablak ❷ (*des Anstreichers*) macun malası
SpagettiRR *pl*, **Spaghetti** *pl* ince makarna *sing*, spageti *sing*
Spalier *nt* (*Gitterwand*) ispalya; ~ **stehen** (yolun iki tarafında) safa dizilmek
Spalt *m* ❶ (*Riss*) yarık, çatlak ❷ (*Öffnung*) aralık, açıklık ❸ (*Schlitz*) yarık
Spalte *f* (*Zeitung, Buch*) sütun, kolon
spalten <gespaltet/gespalten> **I.** *vt* ❶ (*teilen*) bölmek, (ikiye) ayırmak (**etw** -i) ❷ (*Atom*) bölmek (**etw** -i) **II.** *vr* **sich** ~ bölünmek, (ikiye) ayırmak
Spaltung *f* ❶ (*auch Atom-*) bölünme ❷ (*Zerwürfnis*) anlaşmazlık, ayrılık ❸ POL birliğin bozulması
Spam-Mail, **Spammail** *nt* INET spam posta
Span *m* yonga, talaş
Spanferkel *nt henüz süt emen domuz yavrusu*
Spange *f* ❶ (*Schnalle*) toka ❷ (*Haar-*) saç tokası
Spanien *nt* İspanya
Spanier(in) *m(f)* İspanyol
spanisch *adj* ❶ (*Art*) İspanyol ❷ (*Sprache*) İspanyolca ❸ (*Herkunft*) İspanyalı, İspanyol; ~**e Wand** paravana; **das kommt mir ~ vor** bu bana biraz şüpheli görünüyor
spann *vi, vt s.* **spinnen**
Spann *m* ağım
Spanne *f* ❶ (*Zeit-*) (kısa) süre ❷ (*Handels-*) kar marjı
spannen *vt* ❶ (*dehnen*) germek (**etw** -i) ❷ (*Feder*) kurmak (**etw** -i); **auf etw gespannt sein** bir şeyi merak etmek, bir şeyi sabırsızlıkla beklemek
spannend *adj* heyecanlı
Spanner *m* (*pej fam: Voyeur*) röntgenci, dikizci
Spannung *f* ❶ (*allgemein*) gerginlik ❷ (*gespannte Neugier*) merak ❸ (*Konflikt*) gerginlik ❹ (*Unruhe*) gerilim ❺ (*Film*) heyecan ❻ (*elektrische*) gerilim, voltaj
spannungsgeladen *adj*, **spannungsreich** *adj* gerilim dolu
Spannweite *f* ❶ (*Flügel-*) *kanat uçları arasındaki mesafe* ❷ (*fig*) ilgi sahası
Sparbuch *nt* tasarruf cüzdanı
Sparbüchse *f* kumbara
sparen **I.** *vt* ❶ (*Geld*) biriktirmek, artırmak (**etw** -i) ❷ (*Zeit*) kazanmak (**etw** -i) **II.** *vi* para biriktirmek
Sparer(in) *m(f)* para biriktiren
Spargel *m* kuşkonmaz
Spargelsuppe *f* kuşkonmaz çorbası
Sparkasse *f* tasarruf sandığı, tutum bankası
Sparkonto *nt* tasarruf hesabı
spärlich *adj* seyrek, tek tük
Sparmaßnahme *f* tasarruf tedbiri
sparsam *adj* tutumlu, idareli, ekonomik
Sparsamkeit *f* tutumluk, tasarruf, idare
Sparte *f* bölüm, dal
Sparvertrag *m* tasarruf akdi
Spaß *m* ❶ (*Vergnügen*) eğlence ❷ (*Scherz*) şaka; (*grober* ~) muziplik;

S

viel ~! iyi eğlenceler!; **~ beiseite** şaka bir yana; **aus** [*o* **zum**] **~** şakadan, yalancıktan; **~ machen** zevk vermek (**jdm** -e); (*scherzen*) şaka etmek; **~ verstehen** şaka kaldırmak; **jdm den ~ verderben** birinin neşesini bozmak

spaßen *vi* şaka etmek

spaßeshalber *adv* şakadan

spaßig *adj* eğlenceli, güldürücü

Spaßmacher *m* şakacı, muzip; (*Clown*) şaklaban, soytarı

Spaßvogel *m* şakacı, muzip

spät I. *adj* geç; **zu ~er Stunde** geç vakit; **im ~en Sommer** yaz sonunda **II.** *adv* geç; **wie ~ ist es?** saat kaç?; **es wird ~** geç oluyor; **fünf Minuten zu ~ kommen** beş dakika gecikmek [*o* geç kalmak]

später *adv* (daha) sonra, sonradan; **bis ~!** sonra görüşmek üzere!

spätere(r, s) *adj* sonraki

spätestens *adv* en geç

Spatz *m* serçe

spazieren *vi* **~ fahren** taşıtla dolaşmak; **~ gehen** dolaşmak, gezinmek, gezmek

Spazierfahrt *f* taşıtla gezme

Spaziergang *m* (yaya) gezinti

Spaziergänger(in) *m(f)* (yaya) dolaşan

Spazierstock *m* baston

SPD *f Abk von* **Sozialdemokratische Partei Deutschlands** Almanya Sosyal Demokrat Partisi

S

Specht *m* ağaçkakan

Speck *m* ❶ *deri ile et arasındaki yağ tabakası* ❷ (*Schweine-*) domuz yağı

Spediteur(in) *m(f)* nakliyeci, taşımacı

Speditionsfirma *f* nakliyat [*o* taşıma] firması

Speer *m* kargı; SPORT cirit

Speerwerfen *nt* cirit atma

Speiche *f* ❶ (*Rad-*) tekerlek parmağı ❷ ANAT önkol kemiği

Speichel *m* tükürük, salya

Speichellecker(in) *m(f)* (*pej*) çanak yalayıcı, dalkavuk

Speicher *m* ❶ (*Dachboden*) tavan arası ❷ (*Lagerraum*) depo, ardiye, ambar ❸ (*eines Computers*) bellek

Speicherkapazität *f* INFORM bellek kapasitesi

speichern *vt* ❶ (*lagern*) biriktirmek, yığmak (**etw** -i) ❷ (*Daten*) saklamak, belleğe geçirmek, kaydetmek, yüklemek (**etw** -i)

speien <spie, gespie(e)n> *vi, vt* ❶ (*geh: spucken*) tükürmek ❷ (*erbrechen*) kusmak

Speise *f* ❶ (*Gericht*) yemek ❷ (*geh: Nahrung*) gıda, besin

Speiseeis *nt* dondurma

Speisekammer *f* kiler

Speisekarte *f* yemek listesi

speisen *vi* (*geh*) yemek yemek

Speiseröhre *f* yemek borusu

Speisesaal *m* yemek salonu

Speisewagen *m* yemekli [*o* lokantalı] vagon

Spektrum *nt* ❶ PHYS tayf ❷ (*Vielfalt*) çeşitlilik

Spekulant(in) *m(f)* spekülasyoncu, spekülatör

Spekulation *f* spekülasyon

spekulieren *vi* spekülasyon yapmak

Spende *f* bağış(lama); (*Almosen*) sadaka

spenden *vi, vt* bağışlamak (**etw für etw** -i -e)

Spender(in) *m(f)* bağışçı

spendieren *vt* ikram [*o* hediye] etmek (**jdm etw** -e -i)

Sperling *m* serçe

Sperma *nt* sperma, meni, bel suyu

Sperre *f* ❶ (*Schranke*) bariyer ❷ (*Straßen-*) barikat ❸ (*Strom-*) elektrik kesintisi ❹ (*Handels-*) ambargo

sperren I. *vt* ❶ (*schließen*) kapamak, kilitlemek (**etw** -i) ❷ (*versperren*) tıkamak (**etw** -i) ❸ (*Gas, Wasser, Strom*) kesmek (**etw** -i) ❹ (*Konto, Kredit*) dondurmak (**etw** -i) **II.** *vr* **sich gegen**

etw ~ bir şeye karşı direnmek
Sperrgebiet *nt* yasak bölge
Sperrgut *nt* havaleli eşya
Sperrholz *nt* kaplama tahta
sperrig *adj* havaleli
Sperrung *f* kapa(n)ma
Spesen *pl* masraf(lar)
spezialisieren *vr* **sich** ~ uzmanlaşmak (**auf etw** -de)
Spezialist(in) *m(f)* uzman
Spezialität *f* özellik
speziell *adj* özel
spezifisch *adj* özgül, bağıl
spicken I. *vt* 1 (*mit Speck*) domuzyağı parçaları sokmak (**etw** -e) 2 (*ausstatten*) donatmak (**etw mit etw** -i ile) II. *vi* (*Schule*) kopya çekmek
Spickzettel *m* (*Schule*) *üstüne kopya yazılan kâğıt*
spie *vi, vt s.* **speien**
Spiegel *m* ayna
Spiegelei *nt* sahanda yumurta
spiegeln I. *vt* yansıtmak (**etw** -i) II. *vr* **sich** ~ yansımak (**in etw** -e)
Spiegelteleskop *nt* yansıtıcı teleskop
Spiel *nt* 1 oyun; (*Sport auch*) maç 2 (*Partie*) oyun, parti 3 (*Spielkarten*) iskambil [*o* oyun] kâğıdı; **etw aufs ~ setzen** bir şeyi tehlikeye sokmak; **auf dem ~ stehen** tehlikede olmak
Spielautomat *m* oyun otomatı
Spielbank *f* kumarhane
spielen I. *vi* 1 (*allgemein*) oynamak 2 (*so tun als ob*) taslamak 3 (*stattfinden*) olmak, vukubulmak; **mit dem Gedanken ~, zu** ... fikrini aklından geçirmek; **mit jdm** ~ biri ile oynamak; **um etw** ~ bir şeyine oynamak II. *vt* 1 THEAT oynamak (**etw** -i) 2 (*Instrument*) çalmak (**etw** -i); **eine Rolle** ~ rol oynamak; **den Kranken** ~ hastayı oynamak
spielend *adv* (*fig: mit Leichtigkeit*) kolaylıkla, **es ist ~ leicht** çocuk oyuncağı gibi kolay
Spieler(in) *m(f)* oyuncu
Spielerei *f* (*nicht ernst genommene Sache*) ciddiye alınmayan iş
Spielfeld *nt* oyun sahası
Spielfilm *m* (uzun metrajlı) film
Spielkamerad(in) *m(f)* oyun arkadaşı
Spielkarte *f* iskambil [*o* oyun] kâğıdı
Spielkonsole *f* oyun konsolu
Spielmarke *f* fiş, jeton, marka
Spielplan *m* repertuvar
Spielplatz *m* çocuk bahçesi
Spielraum *m* 1 TECH *makine parçaları arasındaki boşluk* 2 (*Bewegungsfreiheit*) hareket serbestliği
Spielregel *f* oyun kuralı
Spielsachen *fpl* oyuncaklar *pl*
Spielstand *m* skor
Spielverderber(in) *m(f)* oyunbozan
Spielwarengeschäft *nt* oyuncakçı dükkanı
Spielzeug *nt* oyuncak
Spieß *m* 1 (*Lanze*) mızrak 2 (*Speer*) kargı 3 (*Brat-*) (kebap) şiş(i); **am ~** kebap
Spießbürger(in) *m(f)* (*pej*) darkafalı adam [*o* kadın]
spießig *adj* darkafalı
Spießigkeit *f* dar kafalılık
Spinat *m* ıspanak
Spinne *f* örümcek
spinnen <spann, gesponnen> I. *vt* (*Gewebe*) eğirmek, bükmek (**etw** -i) II. *vi* 1 (*fam: Unsinn reden*) saçmalamak 2 (*verrückt sein*) kaçık olmak
Spinnennetz *nt* örümcek ağı
Spinner(in) *m(f)* (*pej: Verrückter*) kaçık
Spinnerei *f* 1 (*Fabrik*) iplik fabrikası 2 (*fam: Quatsch*) saçmalama, zırvalama
Spinnrad *nt* çıkrık
Spion(in) *m(f)* casus, ajan
Spionage *f* casusluk
spionieren *vi* casusluk etmek
Spirale *f* helezon
Spiritismus *m* ispritizma
Spirituosen *pl* alkollü [*o* sert] içkiler *pl*
Spiritus *m* (*Brenn-*) ispirto

S

Spirituskocher *m* ispirto ocağı, ispirtoluk

spitz *adj* ❶ sivri ❷ (*Winkel*) dar ❸ (*Worte*) iğneli

Spitzbart *m* sivrisakal, keçisakal

spitze *adj* (*fam*) harika, birinci sınıf; **das neue Auto ist ~!** (*fam*) yeni araba harika!

Spitze *f* ❶ (*spitzes Ende*) (sivri) uç ❷ (*Berg-, Baum-*) tepe ❸ (*Zigaretten-*) ağızlık ❹ (*Führungs-*) baş ❺ (*Gewebe*) dantel(a); (*Häkel-*) oya; **an der ~ liegen** başta gelmek; **etw auf die ~ treiben** bir şeyi ifrata vardırmak

Spitzel *m* hafiye, ajan, ispiyon

spitzen *vt* ❶ (*an-*) sivriltmek (**etw** -i) ❷ (*Bleistift*) yontmak (**etw** -i); **die Ohren ~** kulak kabartmak

Spitzengeschwindigkeit *f* en yüksek hız, azami sürat

Spitzenleistung *f* ❶ en yüksek randıman ❷ SPORT rekor

Spitzenreiter *m* ❶ (*allgemein*) başta gelen ❷ SPORT lig lider

Spitzenverkehr *m* en işlek saatlerdeki trafik

spitzfindig *adj* kılı kırk yaran

Spitzname *m* takma ad, lakap

Splitt *m* taş kırıntısı

Splitter *m* ❶ (*Holz-*) kıymık, çöp ❷ (*Granat-*) mermi parçası ❸ (*Bruchstück*) kırıntı

Splitterbombe *f* parça tesirli bomba

S

splittern *vi sein* parçalanmak

splitternackt *adj* (*fam*) anadan doğma, çır(ıl)çıplak

Sponsor(in) *m(f)* sponsor

Sponsoring *nt* sponsorluk

spontan *adj* kendiliğinden olan

sporadisch *adj* tek tük, dağınık

Sport *m* spor

Sportanlage *f* spor tesisi

Sportartikel *mpl* spor eşyası *sing*

Sportflugzeug *nt* spor uçağı

Sportgeschäft *nt* spor mağazası

Sporthalle *f* spor salonu

Sporthemd *nt* spor gömleği

Sportlehrer(in) *m(f)* spor öğretmeni

Sportler(in) *m(f)* sporcu, sportmen

sportlich *adj* ❶ (*Angelegenheit*) sportif ❷ (*Person*) sporsever

Sportplatz *m* spor sahası

Sportverein *m* spor kulübü

Sportwagen *m* spor otomobili [*o* arabası]

Spott *m* alay

spottbillig *adj* (*fam*) sudan ucuz

spotten *vi* alay etmek (**über jdn/etw** ile)

Spottname *m* alaylı takma ad

Spottpreis *m* çok ucuz fiyat

sprach *vi, vt s.* **sprechen**

sprachbegabt *adj* **~ sein** lisan yeteneği olmak

Sprache *f* ❶ dil, lisan ❷ (*Ausdrucksweise*) konuşma (biçimi); **etw zur ~ bringen** bir şeyi dile getirmek; **zur ~ kommen** konu edilmek, görüşülmek

Sprachenschule *f* dil okulu

Sprachfehler *m* dil arızası

Sprachführer *m* dil rehberi

Sprachkenntnisse *pl* lisan bilgisi *sing*

Sprachkurs *m* dil kursu

Sprachlabor *nt* dil laboratuvarı

Sprachlehrer(in) *m(f)* dil [*o* lisan] öğretmeni

sprachlich *adj* dille ilgili, dilsel

sprachlos *adj* dilsiz

Sprachwissenschaft *f* dilbilim

sprang *vi s.* **springen**

Spray *nt* sprey

Sprechanlage *f* otomatik konuşma tesisatı

Sprechblase *f* konuşma balonu

sprechen <spricht, sprach, gesprochen> **I.** *vi* ❶ (*reden*) konuşmak (**von/über jdn/etw** -den) ❷ (*plaudern*) sohbet etmek, söyleşmek (**mit jdm** ile) ❸ (*Unterredung*) görüşmek (**mit jdm** ile); **für/gegen jdn ~** birinin lehinde/aleyhinde konuşmak; **auf etw zu ~ kommen** bir şeye değinmek **II.** *vt* ❶ (*sagen*) söylemek (**etw** -i)

② (*aussprechen*) telaffuz etmek (**etw** -i); **für niemanden zu ~ sein** hiç kimseyle görüşmek istememek; **kann ich Sie kurz ~?** sizinle biraz görüşebilir miyim?

Sprecher(in) *m(f)* ① (*Wortführer*) sözcü ② (*Nachrichten-*) spiker

Sprechstunde *f* ① (*allgemein*) kabul saati ② (*beim Arzt*) muayene saati

Sprechstundenhilfe *f* doktor yardımcısı

Sprechzeit *f* (*beim Arzt*) muayene saati

Sprechzimmer *nt* konuşma odası; (*beim Arzt*) muayenehane

spreizen *vt* (*Beine, Finger*) ayırmak (**etw** -i)

sprengen *vt* ① (*Schloss, Tür*) zorla açmak, kırmak (**etw** -i) ② (*bewässern*) sulamak (**etw** -i); **in die Luft ~** havaya uçurmak (**etw** -i); **Wasser auf etw ~** bir şeye su serpmek

Sprengkopf *m* başlık

Sprengkraft *f* patlama gücü

Sprengstoff *m* patlayıcı madde

Sprengung *f* ① (*durch Sprengstoff*) havaya uçurma ② (*mit Wasser*) sulama

spricht *vi, vt s.* **sprechen**

Sprichwort *nt* atasözü

sprichwörtlich *adj* atasözü halinde

sprießen <spross, gesprossen> *vi sein* (*geh*) filiz sürmek, filizlenmek

Springbrunnen *m* fıskiye

springen <sprang, gesprungen> *vi sein* ① (*Mensch, Tier*) atlamak, sıçramak ② (*auf-*) fırlamak ③ (*hervorschießen*) fışkırmak ④ (*zerbrechen*) çatlamak

springend *adj* **der ~e Punkt** (*fig*) püf noktası

Springer *m* (*Schach*) at

Sprinter(in) *m(f)* kısa mesafe koşucusu

Sprit *m* (*fam*) benzin

Spritze *f* iğne, şırınga; **jdm eine ~ geben** birine iğne yapmak

spritzen I. *vt* ① (*Wasser*) serpmek, sıkmak (**etw auf etw** -i -e) ② MED iğne yapmak (**jdn** -e) ③ (*Rasen*) sulamak (**etw** -i) **II.** *vi* ① (*Wasser*) sıçramak ② (*hervor-*) fışkırmak ③ (*Schreibfeder*) mürekkep sıçratmak

spritzig *adj* (*gewitzt*) esprili, nükteli

spröde *adj* ① (*brüchig*) çabuk kırılır ② (*Haut*) çatlak ③ (*Person*) çekingen, ürkek

spross[RR], **sproß**[ALT] *vi s.* **sprießen**

Spross[RR] *m*, **Sproß**[ALT] *m* ① (*Trieb*) filiz, sürgün ② (*junge Pflanze*) fidan

Sprosse *f* (*einer Leiter*) basamak

Sprossenwand *f* yatay parmaklık

Sprössling[RR] *m*, **Sprößling**[ALT] *m* ① (*Spross*) filiz, sürgün, fidan ② (*fam: Sohn*) oğul, çocuk

Sprotte *f* çaçabalığı; (*getrocknete*) çiroz

Spruch *m* ① (*Aus-*) vecize, özdeyiş ② (*Urteils-*) hüküm, yargı

Sprudel *m* maden suyu

sprudeln *vi* ① (*plätschern*) şarıldamak ② (*aufwallen*) kaynamak ③ (*hervor-*) fışkırmak

sprühen I. *vt* püşkürtmek (**etw** -i) **II.** *vi* (*Funken*) püşkürmek, saçılmak

Sprühregen *m* yağmur serpintisi, çisenti

Sprung *m* ① (*das Springen*) atlayış, atlama ② (*plötzlicher*) fırlayış ③ (*Satz*) sıçrayış, hamle ④ (*im Glas*) çatlak

Sprungbrett *nt* ① SPORT tramplen ② (*fig: zum Erfolg*) basamak

sprunghaft *adj* ① (*unausgeglichen*) dengesiz ② (*plötzlich*) ani

Sprungschanze *f* atlama tepesi

Spucke *f* tükürük

spucken *vi, vt* ① (*aus-*) tükürmek (**etw** -i) ② (*sich erbrechen*) kusmak

spuken *vi* **hier/dort spukt es** burası/orası tekin değil

Spülbecken *nt* delikli taş

Spule *f* makara, bobin

spülen *vt* ① (*Wäsche, Gläser, Mund*) çalkalamak (**etw** -i) ② (*Geschirr*) bulaşık yıkamak

Spüllappen *m* bulaşık bezi

Spülmaschine *f* bulaşık yıkama makinesi

S

Spülmittel *nt* bulaşık deterjanı
Spur *f* ❶ (*Fährte*) iz ❷ (*fig: verbliebenes Zeichen*) iz, eser ❸ (*Merkmal*) belirti, alamet ❹ (*kleine Menge*) nebze, zerre ❺ (*Tonband*) *şerit halinde ses kaydı;* (*markierte Fahrbahn*) şerit
spürbar *adj* hissedilir, sezilir
spüren *vt* hissetmek, duymak, sezmek (**etw** -i)
spurlos *adv* ~ **verschwunden** yer yarılıp içine girmiş
Spürsinn *m* sezgi
Spurt *m bir yarışın sonunda kuvvet katımı*
Spurweite *f* hat genişliği
Squash *nt* skoş
St. *m Abk von* **Sankt** Aziz
St. *nt Abk von* **Stück** tane
Staat *m* devlet
staatenlos *adj* vatansız, uyruksuz
staatlich *adj* ❶ (*vom Staat*) devletle ilgili ❷ (*offiziell*) resmi ❸ (*national*) milli, ulusal
Staatsangehörige(r) *f(m)* vatandaş, yurttaş, uyruk
Staatsangehörigkeit *f* vatandaşlık, yurttaşlık, uyrukluk
Staatsanwalt, Staatsanwältin *m, f* savcı
Staatsexamen *nt* devlet sınavı
Staatsfernsehen *nt* devlet televizyonu
Staatshaushalt *m* devlet bütçesi
Staatsmacht *f* devlet iktidarı
Staatsmann *m* devlet adamı
Staatsoberhaupt *nt* devlet başkanı
Staatssicherheitsgericht *nt* (*in der Türkei*) Devlet Güvenlik Mahkemesi, DGM
Staatsverschuldung *f* devlet borcu
Stab *m* ❶ (*Stange*) değnek, sopa ❷ SPORT sırık ❸ (*General-*) (genel) kurmay ❹ (*Stabsquartier*) karargah ❺ (*Führungsgruppe*) önderler *pl*
Stäbchen *nt* çubuk, çomak; (*Ess-*) çubuk
Stabhochsprung *m* sırıkla yüksek atlama
stabil *adj* ❶ (*fest*) sağlam ❷ (*widerstandsfähig*) dayanıklı ❸ (*dauerhaft*) sürekli
stabilisieren *vt* sağlamlaştırmak, yerleştirmek (**etw** -i)
stach *vi, vt s.* **stechen**
Stachel *m* diken; (*Biene*) iğne
Stachelbeere *f* bektaşiüzümü
Stacheldraht *m* dikenli tel
Stachelschwein *nt* oklukirpi
Stadion *nt* stadyum, stat
Stadium *nt* evre, safha
Stadt *f* şehir, kent
Stadtbus *m* belediye otobüsü
Städtebau *m* şehircilik
Städtepartnerschaft *f* kardeş şehirlik
städtisch *adj* ❶ (*von der Stadt*) kentsel, şehre ait ❷ (*kommunal*) belediyeye ait, beledi
Stadtkern *m* şehrin iç kısmı
Stadtmauer *f* sur
Stadtmitte *f* şehir merkezi
Stadtplan *m* şehir haritası
Stadtrundfahrt *f* şehir turu
Stadtteil *m* semt, mahalle
Staffel *f* ❶ MIL bölük ❷ SPORT bayrak yarışı takımı
Staffelei *f* ressam sehpası
Staffellauf *m* bayrak yarışı
staffeln *vt* derecelere ayırmak (**etw** -i)
Stagnation *f* ❶ durgunluk ❷ ECON kesatlık
stagnieren *vi* ❶ (*stillstehen*) durmak, durgunlaşmak ❷ ECON kesat gitmek
stahl *vi, vt s.* **stehlen**
Stahl *m* çelik
Stahlwerk *nt* çelik fabrikası
Stall *m* ahır; (*Hühner-*) kümes
Stamm *m* ❶ (*Baum-*) (ağaç) gövde(si) ❷ (*Geschlecht, Familie*) soy, aile ❸ (*Volks-*) kabile, aşiret, boy
Stammbaum *m* şecere, soyağacı
Stammbuch *nt* (*Familien~*) aile albümü
stammen *vi* ❶ (*herrühren*) çıkmak, gel-

S

mek (**aus/von** -den); (*Abstammung*) -in soyundan gelmek ② (*örtlich*) -li olmak; **seine Mutter stammt aus Hamburg** annesi Hamburgludur ③ (*zeitlich*) -in zamanından olmak

Stammgast *m* devamlı müşteri

Stammhalter *m* ilk erkek evlat

stämmig *adj* ① (*Baum*) kalın gövdeli ② (*stark*) kuvvetli ③ (*untersetzt*) tıknaz

Stammkunde, **Stammkundin** *m, f* devamlı müşteri

Stammkundschaft *f* devamlı müşteriler *pl*

Stammlokal *nt birinin her zaman gittiği lokanta veya meyhane*

Stammplatz *m birinin her zaman oturduğu yer*

Stammtisch *m devamlı müşterilere ayrılan masa*

Stammzelle *f* BIOL kök hücre

stampfen I. *vt* (*Kartoffel*) ezmek (**etw** -i) II. *vi* (*mit den Füßen*) tepinmek

stand *vi s.* **stehen**

Stand *m* ① (*Stehen*) ayakta durma ② (*Zustand*) durum, vaziyet, hal ③ SPORT (~ *des Spiels*) (maç) durum(u) ④ (*Verkaufs-*) satış yeri, tezgah ⑤ (*Messe-*) stant; **im ~e sein, etw zu tun** bir şeyi yapabilecek durumda olmak; **etw in ~ halten** bir şeyin bakımını yapmak; **etw auf den neuesten ~ bringen** bir şeyi en yeni duruma getirmek; **einen schweren ~ haben** söz geçirmede güçlük çekmek

Standard *m* standart

Standby-Dauer *f* standby süresi

Ständchen *nt* serenat

Ständer *m* sehpa

Standesamt *nt* nüfus dairesi

standesamtlich *adj* **~e Trauung** medeni nikah

standfest *adj* sabit, durağan

Standgericht *nt* harp divanı

standhaft *adj* ① (*widerstandsfähig*) dayanıklı ② (*unerschütterlich*) sarsılmaz

Standhaftigkeit *f* dayanıklılık, sarsılmazlık

standhalten *irr vi* dayanmak, karşı koymak (**einer Sache** -e)

ständig I. *adj* devamlı, sürekli; **~er Vertreter** POL daimi temsilci II. *adv* daima, durmadan

Standlicht *nt* park ışığı

Standort *m* ① (*Ort*) *birinin/bir şeyin bulunduğu yer* ② MIL garnizon

Standpunkt *m* görüş (açısı), bakım

Stange *f* ① (*Holz-*) sırık ② (*Stab*) değnek, çubuk; (*Metall-*) demir çubuk ③ (*Pfahl*) kazık, direk; **eine ~ Zigaretten** bir karton sigara; **Anzug von der ~** hazır elbise; **eine ~ Geld kosten** pahalıya oturmak

Stängel[RR] *m* (*einer Pflanze*) sap

stank *vi s.* **stinken**

stänkern *vi* (*Streit anfangen*) kavga çıkarmak

Stanniol *nt* yaprak kalay

Stapel *m* yığın, istif

Stapellauf *m* (*eines Schiffes*) kızaktan in(diril)me

stapeln *vt* yığmak, istif etmek (**etw** -i)

Star[1] *m* (*Vogel*) sığırcık kuşu

Star[2] *m* (*Augenkrankheit*) katarakt

Star[3] *m* (*Film-*) yıldız

starb *vi s.* **sterben**

stark <stärker, am stärksten> I. *adj* ① (*kräftig*) kuvvetli, güçlü ② (*mächtig*) kudretli ③ (*dick*) kalın ④ (*intensiv*) şiddetli, yoğun ⑤ (*beträchtlich*) büyük, dikkate değer ⑥ (*Tabak, Alkohol*) sert ⑦ (*Motor*) güçlü; **das ist ein ~es Stück** bu kadarı da fazla II. *adv* (*sehr*) çok, pek, fazla

Stärke *f* ① (*Kraft*) kuvvet, güç, kudret ② (*Intensität*) şiddet, yoğunluk ③ (*Dicke*) kalınlık ④ (*Motor*) güç ⑤ (*Stärkemehl, Wäsche-*) kola ⑥ (*fig: starke Seite*) kuvvetli taraf; **ein Erdbeben der ~ 6,5** 6.5 şiddetindeki bir deprem

stärken *vt* ① (*allgemein*) kuvvetlendir-

S

mek, güçlendirmek (**etw/jdn** -i) ❷ (*seelisch*) canlandırmak (**jdn** -i) ❸ (*Wäsche*) kolalamak (**etw** -i)

Starkstrom *m* yüksek gerilimli [*o* voltajlı] akım

Stärkungsmittel *nt* kuvvet ilacı

starr *adj* ❶ (*unbeweglich*) hareketsiz ❷ (*unbeugsam*) eğilmez, bükülmez ❸ (*steif*) katı, sert ❹ (*vor Kälte*) donmuş ❺ (*Blick*) durgun, cam gibi

starren *vi* dik dik bakmak (**auf jdn/etw** -e)

Starrkopf *m* inatçı, dik başlı

starrköpfig *adj* inatçı, dik başlı

Starrköpfigkeit *f* inat, inatçılık

starrsinnig *adj* dik kafalı [*o* başlı]

Start *m* ❶ (*Beginn*) başlangıç ❷ SPORT start ❸ (*Abflug*) havalanma ❹ (*Abfahrt*) kalkış, hareket, yola çıkma

Startbahn *f* uçuş pisti

startbereit *adj* ❶ (*Fahrzeug*) harekete hazır ❷ (*Flugzeug*) havalanmaya hazır

starten *vi sein* ❶ (*beginnen*) başlamak ❷ (*Fahrzeug*) hareket etmek ❸ (*Flugzeug*) havalanmak

Starter *m* marş (düğmesi)

Starthilfekabel *nt* yardım kablosu

Startrampe *f* havalanma rampası

StartschussRR *m yarış başlangıcını bildiren silah sesi*

Star Wars *pl* (*a. fig*) Yıldız Savaşları *pl*

Station *f* ❶ (*Haltestelle*) istasyon, durak ❷ (*Krankenhaus*) koğuş

S

stationär *adj* **~e Behandlung** hastanede tedavi

stationieren *vt* (*Truppen*) yerleştirmek (**jdn in etw** -i -e)

Statist(in) *m(f)* figüran

Statistik *f* istatistik

statistisch *adj* istatistiksel, sayısal

statt *präp +gen* -in yerine

stattdessenRR *adv* bunun [*o* onun] yerine

stattfinden *irr vi* olmak, vukubulmak

statthaft *adj* yasal, meşru

stattlich *adj* ❶ (*gut aussehend*) gösterişli ❷ (*Mann*) yakışıklı

Statue *f* heykel

Statur *f* boy (bos), endam

Status *m* statü

Stau *m* (*Verkehrs-*) tıkanıklık, tıkanma

Staub *m* toz; **~ fangen** toz tutmak

staubig *adj* tozlu

Staublappen *m* toz bezi

staubsaugen *vi* elektrikli süpürgeyle süpürmek

Staubsauger *m* elektrikli süpürge

Staubtuch *nt* toz bezi

Staubwolke *f* toz bulutu

Staudamm *m* baraj

Staude *f* büyücek bitki, otsul bitki

stauen I. *vt* (*Wasser*) biriktirmek (**etw** -i) **II.** *vr* **sich ~** (*Verkehr*) tıkanmak

staunen *vi* şaşmak, hayret etmek (**über jdn/etw** -e)

Staunen *nt* hayret, şaşkınlık

Stausee *m* baraj gölü

Std. *f Abk von* **Stunde** saat

stdl. *adv Abk von* **stündlich** her saat

stechen <sticht, stach, gestochen> **I.** *vt* ❶ (*hinein-*) batırmak (**etw in etw** -i -e) ❷ (*Insekt*) sokmak (**etw/jdn** -i) ❸ (*Messer*) saplamak (**etw in etw** -i -e) **II.** *vi* ❶ (*Sonne*) yakmak ❷ (*Dorn*) dalamak

stechend *adj* (*Schmerz*) keskin

Stechmücke *f* sivrisinek

Stechuhr *f* kontrol saati

Steckdose *f* priz

stecken I. *vt* ❶ (*hinein-*) sokmak, (içine) koymak (**etw in etw** -i -e) ❷ (*pflanzen*) dikmek (**etw** -i) **II.** *vi* (*sich befinden*) bulunmak; **wo steckt sie denn?** nerede kaldı?; **der Schlüssel steckt** anahtar sokulu duruyor; **~ bleiben** saplanmak, saplanıp kalmak; (*unterwegs*) yolda kalmak

Steckenpferd *nt* (*Liebhaberei*) merak, hobi

Stecker *m* fiş

Stecknadel *f* toplu iğne

Steckschlüssel *m bir çeşit somun anah-*

tarı

Steg *m* ① (*Brücke*) yaya köprüsü ② (*Pfad*) patika, keçiyolu

stehen <stand, gestanden> *vi* ① durmak; (*Mensch*) (ayakta) durmak ② (*sein*) olmak ③ (*sich befinden*) bulunmak ④ (*Uhr: nicht gehen*) durmak ⑤ (*Kleidung: passen*) yakışmak (**jdm** -e); **jdm teuer zu ~ kommen** birine pahalıya oturmak; **das Spiel steht 1:1** oyun 1:1 gidiyor; **~ bleiben** (*anhalten*) durmak; **~ lassen** (*nicht wegbewegen*) olduğu yerde bırakmak (**etw** -i); (*nicht berühren*) el sürmemek (**etw** -e); (*vergessen*) unutmak (**etw** -i)

Stehlampe *f* ayaklı lamba

stehlen <stiehlt, stahl, gestohlen> *vi, vt* çalmak (**etw** -i)

Stehplatz *m* ayakta durulan yer

steif *adj* ① (*nicht weich*) katı, sert ② (*stock-*) kaskatı ③ (*förmlich*) resmi ④ (*steifgefroren*) donmuş

steigen <stieg, gestiegen> *vi sein* ① (*hinauf-*) çıkmak (**auf etw** -e) ② (*ab-, hinab-*) inmek (**aus/von etw** -den) ③ (*klettern*) tırmanmak (**auf etw** -e) ④ (*Flugzeug, Drachen*) havalanmak ⑤ (*Fieber, Preise*) yükselmek ⑥ (*zunehmen*) artmak, çoğalmak; **in den Wagen ~** arabaya binmek; **aus dem Wagen ~** arabadan inmek; **jdm zu Kopf ~** birinin başına vurmak; **einen Drachen ~ lassen** uçurtma uçurmak

steigern *vt* ① (*erhöhen*) yükseltmek (**etw** -i) ② (*vermehren*) çoğaltmak, artırmak (**etw** -i) ③ (*Miete, Preise*) yükseltmek, artırmak (**etw** -i)

Steigerung *f* artış

Steigung *f* ① (*nach oben*) yokuş ② (*Gefälle*) meyil, eğim

steil *adj* yalçın, sarp, dik; (*Küste*) yalıyar

Steilhang *m* sarp [*o* dik] yamaç

Stein *m* ① (*auch Spiel-*) taş ② (*Fels*) kaya ③ (*Obstkern*) çekirdek ④ (*Nieren-, Gallen-*) taş; **den ~ ins Rollen bringen** bir işi harekete geçirmek; **jdm einen ~ in den Weg legen** birine güçlük çıkarmak; **mir fällt ein ~ vom Herzen** yüreğime su serpildi

steinalt *adj* (*Person*) çok yaşlı

Steinbock *m* ① (*Tier*) dağkeçisi ② (*Sternzeichen*) Oğlak (burcu)

Steinbruch *m* taş ocağı

Steinbutt *m* kalkan (balığı)

steinern *adj* taş(tan)

Steingut *nt adi cinsten çanak çömlek*

steinhart *adj* taş gibi, kaskatı

steinig *adj* taşlı

steinigen *vt* taşlamak (**jdn** -i)

Steinkohle *f* taşkömürü, madenkömürü

Steinpilz *m* çörek mantarı

steinreich *adj* çok zengin

Steinschlag *m* taş düşmesi

Steinschleuder *f* sapan

Steinzeit *f* taş devri

Steißbein *nt* kuyruk kemiği

Stelldichein *nt* randevu

Stelle *f* ① (*Platz, Ort*) yer, konum, nokta ② (*Arbeitsplatz, Posten*) işyeri, iş ③ (*eines Beamten*) memuriyet ④ (*Behörde*) makam ⑤ (*in einem Buch*) pasaj ⑥ (*in Ziffer*) hane; **an ~** *gen* -in yerine; **auf der ~** (*sofort*) tez elden, çabucak; **auf der ~ treten** (*a. fig*) yerinde saymak; **offene ~** açık işyeri

stellen I. *vt* ① (*hin-, auf-*) koymak (**etw auf/in etw** -i -e) ② (*Maschine, Waage ein-*) ayar etmek (**etw** -i) ③ (*Uhr*) kurmak (**etw** -i) ④ (*Verbrecher*) yakalamak (**jdn** -i); **Bedingungen ~** şartlar koşmak; **Fragen ~** soru sormak; **etw in Frage ~** bir şeyden şüphelenmek [*o* şüphe etmek]; **auf sich selbst gestellt** kendi başına kalmış II. *vr* **sich ~** (*irgendwohin*) bir yere gidip durmak; (*zur Festnahme*) teslim olmak; **sich dumm ~** aptallığa vurmak; **sich taub ~** işitmemezlikten gelmek

Stellenangebot *nt* ① (*Angebot*) iş teklifi ② (*Inserat*) iş ilanı

S

Stellenanzeige *f* iş ilanı

Stellenbeschreibung *f* iş yerinin tanimi

Stellengesuch *nt* (*Inserat*) iş arama ilanı

stellenweise *adv* (*teilweise*) kısmen

Stellung *f* ❶ (*Lage, Position*) durum, vaziyet ❷ (*Körperhaltung*) duruş ❸ (*Beruf*) iş, görev, meslek ❹ (*eines Beamten*) memuriyet ❺ MIL mevzi; **zu etw ~ nehmen** bir konu hakkında fikir yürütmek

Stellungnahme *f* ❶ (*Meinung*) fikir, görüş, düşünce ❷ (*Gutachten*) rapor

stellv. *adj Abk von* **stellvertretend**

stellvertretend *adj* vekalet eden, yardımcı

Stellvertreter(in) *m(f)* vekalet eden, yardımcı

Stelze *f* ayaklık

stemmen I. *vt* (*heben*) kaldırmak (**etw** -i) II. *vt* **sich gegen etw ~** (*sich anlehnen*) bir şeye dayanmak [*o* yaslanmak]; (*sich widersetzen*) bir şeye karşı koymak

Stempel *m* ❶ (*a. fig*) mühür, damga ❷ (*Post-*) posta damgası

stempeln I. *vt* ❶ (*mit Stempel versehen*) damgalamak, mühürlemek (**etw** -i) ❷ (*Post: entwerten*) mühür basmak (**etw** -e) II. *vi* **~ gehen** (*fam*) hükümetten işsizlik parası almak

Stengel[ALT] *m s.* **Stängel**

Stenografie *f*, **Stenographie** *f* stenografi

stenografieren, **stenographieren** I. *vt* steno ile yazmak (**etw** -i) II. *vi* steno yazmak

Stenotypistin *f* stenodaktilo

Steppe *f* bozkır, step

sterben <stirbt, starb, gestorben> *vi sein* ölmek (**aus/an etw** -den)

Sterbeurkunde *f* ölüm ilmühaberi

sterblich *adj* ölümlü

Sterblichkeit *f* (*~ srate*) ölüm oranı

stereo *adv* stereo olarak

Stereoanlage *f* stereo müzik seti

stereofon[RR] *adj*, **stereophon** *adj* sterofonik

steril *adj* ❶ (*keimfrei*) steril ❷ (*unfruchtbar*) kısır

Sterilisation *f* ❶ (*unfruchtbar machen*) kısırlaştırma ❷ (*keimfrei machen*) sterilize etme

sterilisieren *vt* ❶ (*unfruchtbar machen*) kısırlaştırmak (**jdn/etw** -i) ❷ (*keimfrei machen*) sterilize etmek (**etw** -i)

Stern *m* yıldız

Sternschnuppe *f* akanyıldız

Sternwarte *f* rasathane, gözlemevi

Sternzeichen *nt* burç

stetig *adj* devamlı, sürekli, kalımlı

stets *adv* hep, daima, her zaman

Steuer[1] *nt* ❶ (*im Auto*) direksiyon ❷ (*im Schiff*) dümen

Steuer[2] *f* (*Abgabe*) vergi

Steuerausgleich *m* vergi denkleştirmesi

Steuerberater(in) *m(f)* vergi danışmanı [*o* uzmanı]

Steuerbord *nt* sancak

Steuererklärung *f* vergi beyanı

steuerfrei *adj* vergiden muaf, vergisiz

Steuerfreiheit *f* vergi muafiyeti

Steuerhinterziehung *f* vergi kaçakçılığı

Steuerklasse *f* vergi derecesi

Steuerknüppel *m* (*im Flugzeug*) levye, kumanda kolu

steuerlich *adj* vergilerle ilgili

Steuermann *m* dümenci, deniz gedikli subayı, ikinci kaptan

steuern *vt* ❶ kullanmak, idare etmek (**etw** -i) ❷ (*Auto*) sürmek (**etw** -i)

steuerpflichtig *adj* ❶ (*Einkommen*) vergiye tabi ❷ (*Person*) vergi ile mükellef

Steuerrad *nt* ❶ (*eines Kraftfahrzeugs*) direksiyon ❷ (*eines Schiffes*) dümen dolabı

Steuerreform *f* vergi reformu

Steuerrückerstattung *f* vergi iadesi

Steuersenkung *f* vergi indirimi

Steuerung *f* (direksiyon) kullanma

Steuerzahler *m* vergi mükellefi

Steward *m* (*auf einem Schiff*) kamarot

Stewardess[RR] *f,* **Stewardeß**[ALT] *f* hostes
StGB *nt Abk von* **Strafgesetzbuch** Ceza Kanunu
Stich *m* ① (*mit Dorn*) dalama, batma ② (*Insekt*) sokma, ısırma ③ (*Messer-*) bıçak darbesi ④ (*beim Nähen*) iğne deliği ⑤ (*Kupfer-*) gravür; **einen ~ haben** (*Lebensmittel*) bozulmağa başlamak; (*fam: verrückt sein*) tahtası eksik olmak; **jdn im ~ lassen** birini yarı yolda bırakmak
Stichelei *f* (*fig*) iğneleme
stichhaltig *adj* (*Argument*) (temeli) sağlam, çürütülemez
Stichprobe *f rasgele alınmış örneklerin gözden geçirilmesi*
sticht *vi, vt s.* **stechen**
Stichtag *m* başlangıç tarihi (*bir konu hakkında önceden kararlaştırılmış*)
Stichwort *nt* (*im Lexikon*) madde
sticken *vi, vt* (nakış) işlemek
Stickerei *f* nakış, işleme
Stickstoff *m* azot, nitrojen
Stiefbruder *m* üvey (erkek) kardeş
Stiefel *m* çizme
Stiefmutter *f* üvey ana [*o* anne], analık
Stiefmütterchen *nt* (*Blume*) hercaimenekşe
Stiefschwester *f* üvey (kız) kardeş
Stiefsohn *m* üvey oğul
Stieftochter *f* üvey kız
Stiefvater *m* üvey baba, babalık
stieg *vi s.* **steigen**
stiehlt *vi, vt s.* **stehlen**
Stiel *m* (*Griff*) tutamaç, tutamak; (*auch Pflanzen-*) sap
Stier *m* ① (*Tier*) boğa ② (*Sternzeichen*) Boğa (burcu)
stieß *vi, vt s.* **stoßen**
Stift[1] *m* ① (*Schreib-*) kalem ② (*Nagel*) (ince ve başsız) çivi ③ (*fam: Lehrling*) çırak
Stift[2] *nt* (*Kloster*) manastır
stiften *vt* ① (*gründen*) kurmak (**etw** -i) ② (*schenken*) bağışlamak (**jdm etw** -e -i)
Stifter(in) *m(f)* ① (*Gründer*) kurucu ② (*Spender*) vakfeden, hayır sahibi
Stiftung *f* vakıf, hayrat
Stil *m* üslup, stil; (*Art*) tarz
stilistisch *adj* stilistik
still *adj* ① (*ruhig*) sakin, rahat ② (*reglos*) durgun, sakin, hareketsiz ③ (*schweigsam, lautlos*) sessiz; **~!** sus(un)!; **der Stille Ozean** Pasifik Okyanusu; **im Stillen** sessizce; (*heimlich*) gizlice
Stille *f* sessizlik, durgunluk, sakinlik
Stilleben[ALT] *nt s.* **Stillleben**
stillegen[ALT] *vt s.* **stilllegen**
Stillegung[ALT] *f s.* **Stilllegung**
stillen *vt* ① (*Blut*) dindirmek, durdurmak (**etw** -i) ② (*Hunger, Durst*) gidermek, bastırmak (**etw** -i) ③ (*Kind*) emzirmek (**jdn** -i), meme vermek (**jdn** -e)
stillgestanden *interj* MIL hazır ol!
Stillhalteabkommen *nt* moratoryum
stillhalten *irr vi* kımıldamamak
Stillleben[RR] *nt* natürmort, cansız doğa
stilllegen[RR] *vt* ① (*Verkehr, Maschinen*) durdurmak (**etw** -i) ② (*schließen*) kapatmak (**etw** -i)
Stilllegung[RR] *f* durdurma, kapatma
Stillschweigen *nt* ① (*Schweigen*) susma ② (*Diskretion*) sır saklama
stillschweigend **I.** *adj* ① (*schweigend*) sessiz ② (*fig: unausgesprochen*) üstü kapalı **II.** *adv* ses çıkarmadan; (*fig*) üstü kapalı olarak
Stillstand *m* durma, duraklama
stillstehen *irr vi* ① (*sich nicht rühren*) yerinden kımıldamamak ② (*stocken*) dur(akla)mak ③ (*Maschine*) işlememek
Stimmbänder *ntpl* ses telleri *pl*
stimmberechtigt *adj* oy kullanma hakkı olan
Stimmbruch *m* sesin kalınlaşması
Stimme *f* ① ses ② (*bei einer Wahl*) oy, rey
stimmen **I.** *vt* (*Musikinstrument*) akort etmek (**etw** -i) **II.** *vi* ① (*richtig sein*)

S

doğru olmak ❷ (*votieren*) oy vermek (**für/gegen jdn** -in lehine/aleyhine); **da stimmt etwas nicht** bunda bir yanlışlık var

Stimmenthaltung *f* çekimser oy

stimmhaft *adj* (*Laut*) ötümlü

stimmlos *adj* (*Laut*) ötümsüz

Stimmrecht *nt* oy (verme) hakkı

Stimmung *f* ❶ (*Gemütslage*) ruh hali ❷ (*Atmosphäre*) atmosfer ❸ (*Musikinstrument*) akort; **guter/schlechter ~ sein** neşeli/neşesiz olmak

Stimmzettel *m* oy pusulası

stimulieren *vt* canlandırmak, uyarmak (**etw** -i)

stinken <stank, gestunken> *vi* pis kokmak; **vor Geld ~** (*fam*) para babası olmak

stinknormal *adj* (*fam*) basbayağı, adi

stinkreich *adj* (*fam*) altın babası

Stipendiat(in) *m(f)* bursiyer

Stipendium *nt* burs

stirbt *vi s.* **sterben**

Stirn *f* alın

Stirnhöhlenentzündung *f* sinüzit

stöbern *vi* köşe bucak aramak

Stock *m* ❶ (*Stange*) sırık ❷ (*Knüppel*) sopa, değnek ❸ (*Spazier-*) baston ❹ (*Stockwerk*) kat, bina katı

stockdunkel *adj* kapkaranlık

Stöckelschuh *m* yüksek topuklu ayakkabı

stocken *vi* ❶ (*stillstehen*) durmak ❷ (*zeitweilig*) duraklamak ❸ (*Verkehr*) tıkanmak

Stockfisch *m* kurutulmuş morina balığı

Stockung *f* dur(akla)ma; (*besonders Verkehr*) tıkanıklık

Stockwerk *nt* kat, bina katı

Stoff *m* ❶ (*Gewebe*) kumaş ❷ (*Materie*) madde ❸ (*Thema*) konu

Stoffrest *m* parça kumaş

Stofftier *nt kumaştan yapılmış oyuncak hayvan*

Stoffwechsel *m* metabolizma, özümle(n)me, özümseme

stöhnen *vi* inlemek, göğüs geçirmek, içini çekmek

Stollen *m* ❶ (*Bergwerk*) galeri ❷ (*Kuchen*) *Noel bayramında yapılan bir çeşit kek*

stolpern *vi sein* tökezlemek, sendelemek

stolz *adj* ❶ gururlu, onurlu ❷ (*auf andere*) kıvanç duyan (**auf jdn** ile) ❸ (*hochmütig*) kibirli, kurumlu, gururlu; **~ sein** gurur duymak (**auf etw/jdn** ile)

Stolz *m* ❶ (*Selbstachtung*) gurur, onur ❷ (*berechtigter* -) kıvanç ❸ (*Hochmut*) kurum, kibir, gurur

StopALT *m s.* **Stopp**

stopfen *vt* ❶ (*hineinstecken*) sokmak (**etw in etw** -i -e) ❷ (*Pfeife*) doldurmak (**etw** -i) ❸ (*Loch*) tıkamak (**etw** -i) ❹ (*Kleidungsstück*) örmek (**etw** -i)

Stopfgarn *nt* örme ipliği

Stopfnadel *f* örme iğnesi

stopp *interj* dur!

Stopp *m* dur(dur)ma

stoppen **I.** *vt* ❶ (*anhalten*) durdurmak (**etw/jdn** -i) ❷ (*Preise, Löhne*) dondurmak (**etw** -i); **die Zeit ~** saat tutmak **II.** *vi* durmak, stop etmek

Stoppuhr *f* kronometre

Stöpsel *m* tıkaç, tapa

Storch *m* leylek

stören *vt* ❶ rahatsız etmek (**jdn** -i) ❷ (*Radiosender u. Ä.*) karıştırmak (**etw** -i); **lassen Sie sich nicht ~!** rahatsız olmayın!

Störenfried *m* oyunbozan

Störgerät *nt* (*gegen Radios, Handys*) karıştırıcı

stornieren *vt* iptal etmek; (*~ lassen*) iptal ettirmek (**etw** -i)

störrisch *adj* inatçı, dik kafalı

Störsender *m* karıştırıcı

Störung *f* ❶ (*das Stören*) rahatsız etme ❷ (*gesundheitliche ~*) rahatsızlık ❸ (*im Radio*) parazit ❹ (*Panne*) arıza; **psychische ~** ruhsal rahatsızlık

S

Stoß *m* ① (*Stoßen*) itiş ② (*Schlag*) darbe ③ (*Erschütterung*) sarsıntı, sarsma ④ (*Haufen*) yığın

Stoßdämpfer *m* amortisör

stoßen <stößt, stieß, gestoßen> **I.** *vt* ① itmek, kakmak, dürtmek (**jdn/etw** -i) ② (*Messer*) saplamak (**etw in etw** -i -e) ③ (*mit den Hörnern*) toslamak (**jdn/etw** -i), tos vurmak (**jdn/etw** -e); **jdn vor den Kopf ~** birini rencide etmek **II.** *vi sein* çarpmak (**gegen jdn/etw** -e); **auf jdn/etw ~** (*antreffen*) birini/bir şeyi karşılamak, birine/bir şeye rastlamak **III.** *vr* **sich ~** çarpmak (**an etw** -e)

Stoßstange *f* tampon

stößt *vi, vt s.* **stoßen**

stoßweise *adv* aralıklı sarsıntılarla

Stoßzeiten *fpl trafiğin sıkışık olduğu saatler*

Stotterer *m* kekeme, pepe

stottern *vi* kekelemek, pepelemek

StPO *f Abk von* **Strafprozessordnung** Ceza Davası Kanunu

Str. *f Abk von* **Straße** Sok. (*sokak*)

Strafanstalt *f* cezaevi, hapishane

Strafantrag *m* **einen ~ stellen** ceza talebinde bulunmak

strafbar *adj* cezayı gerektiren; **sich ~ machen** suç işlemek

Strafe *f* ceza

strafen *vt* cezalandırmak (**jdn** -i)

straff *adj* ① (*steif*) sert, katı ② (*gespannt*) gergin ③ (*fig: streng*) sert, sıkı

straffen *vt* (*spannen*) germek (**etw** -i)

Strafgefangene(r) *f(m)* mahpus, mahkum, hükümlü

Strafgesetzbuch *nt* Ceza Kanunu

Strafmandat *nt* ceza müzekkeresi

Strafporto *nt* cezalı posta ücreti

Strafprozess[RR] *m* ceza davası

Strafprozessordnung[RR] *f* ceza davası kanunu

Strafraum *m* ceza sahası

Strafrecht *nt* ceza hukuku

Strafstoß *m* penaltı

Straftat *f* suç, cürüm

Strahl *m* ① (*Licht-*) ışın ② (*Wasser-*) fışkıran su

strahlen *vi* ① (*leuchten*) ışın salmak, ışı(lda)mak ② (*glänzen*) parlamak; **er strahlte übers ganze Gesicht** yüzü pırıl pırıldı

Strahlenbehandlung *f* ışın tedavisi, radyoterapi

strahlend *adj* ① (*glänzend*) parlak, ışıl ışıl ② (*fig: Gesicht*) parlayan

Strahlung *f* radyasyon

Strähne *f* (*Haar*) perçem, bir tutam saç

stramm *adj* ① (*straff*) gergin ② (*kerzengerade*) dimdik ③ (*kräftig*) kuvvetli

Strampelhose *f* bebek tulumu

strampeln *vi* tepinmek

Strand *m* deniz kıyısı [*o* kenarı], sahil, yalı; (*Bade-*) plaj

stranden *vi sein* (*Schiff*) karaya oturmak

Strandschuhe *mpl* plaj ayakkabıları

Strang *m* ① (*Strick*) ip ② (*bei Garn, Wolle*) çile

strangulieren *vt* (*erdrosseln*) boğmak (**jdn** -i)

Strapaze *f* büyük zahmet, sıkıntı

strapazieren *vt* ① (*überanstrengen*) aşırı yormak (**jdn** -i) ② (*abnutzen*) aşındırmak (**etw** -i)

Straße *f* ① (*einer Stadt*) sokak, yol, cadde ② (*Land-*) şose ③ (*zwischen den Städten*) karayolu ④ (*Fahrdamm, -bahn*) araba yolu ⑤ (*Meerenge*) boğaz; **auf offener ~** sokak ortasında

Straßenarbeiten *pl* yol yapım çalışmaları *pl*

Straßenbahn *f* tramvay

Straßenbelag *m bir yolun* (*asfalt gibi*) *kaplaması*

Straßenecke *f* yol köşesi

Straßenfeger *m* (sokak) çöpçü(sü)

Straßengraben *m* şarampol

Straßenhändler(in) *m(f)* işportacı, sokak satıcısı

Straßenkarte *f* karayolları haritası
Straßenkind *nt* sokak çocuğu
Straßenlaterne *f* sokak lambası
Straßenrand *m* yol kenarı
Straßenschäden *mpl* yol hasarı *sing*
Straßenverkehrsordnung *f* trafik nizamnamesi
Straßenzustandsbericht *m* yol durumu raporu
Strategie *f* strateji
strategisch *adj* stratejik
Stratosphäre *f* stratosfer, katyuvarı
sträuben *vr* **sich ~** (*Haare*) diken diken olmak; (*sich widersetzen*) (şiddetle) dayanmak [*o* direnmek] (**gegen etw/jdn** -e)
Strauch *m* çalı
Strauß[1] *m* (*Blumen-*) buket, (çiçek) demet(i)
Strauß[2] *m* (*Vogel*) devekuşu
streben *vi* gayret göstermek, çabalamak
Streber(in) *m(f)* (*pej*) hırslı; (*Schule*) hırslı öğrenci
strebsam *adj* ① (*fleißig*) çalışkan, gayretli ② (*ehrgeizig*) hırslı
Strecke *f* ① MATH doğru parçası, sınırlı doğru ② (*Entfernung*) uzaklık, mesafe ③ (*Route*) yol; **auf der ~ bleiben** yarı yolda kalmak
strecken I. *vt* ① (*dehnen*) germek, uzatmak (**etw** -i) ② (*Vorrat*) eklemek (**etw** -i) **II.** *vr* **sich ~** (*beim Aufwachen*) gerinmek
S
streckenweise *adv* yer yer
Streich *m* ① (*Schlag*) darbe, vuruş ② (*dummer ~*) eşeklik; (*übler ~*) muziplik, oyun; **jdm einen ~ spielen** birine (fena bir) oyun oynamak
streicheln *vt* okşamak (**jdn/etw** -i)
streichen <strich, gestrichen> **I.** *vt* ① (*mit Farbe*) boyamak (**etw** -i) ② (*be-, auf-*) sürmek (**etw auf etw** -i -in üzerine) ③ (*aus-, durch-*) çizmek, silmek (**etw** -i); **frisch gestrichen!** dikkat boyalı! **II.** *vi* (*mit der Hand*) (elle) sıvazlamak (**über etw** -i)
Streichholz *nt* kibrit (çöpü)
Streichholzschachtel *f* kibrit kutusu
Streichkäse *m* sürme peyniri
Streife *f* (*Patrouille*) devriye
streifen I. *vt* (*leicht berühren*) sıyırıp geçmek (**etw** -i) **II.** *vi sein* (*umher-*) dolaşmak
Streifen *m* ① (*in einem Stoff*) yol, çizgi ② (*Band*) şerit, bant
Streifenwagen *m* polis arabası
Streik *m* grev
Streikbrecher(in) *m(f)* grev bozan
streiken *vi* grev yapmak
Streikende(r) *f(m)* grevci
Streikposten *m* grev nöbetçisi
Streit *m* ① (*Zank*) kavga ② (*Auseinandersetzung*) tartışma ③ (*Unstimmigkeit*) bozuşma, geçimsizlik ④ (*Wort-*) ağız kavgası, atışma; **mit jdm ~ anfangen** [*o* **suchen**] biriyle kavga çıkarmak
streiten <stritt, gestritten> **I.** *vi* kavga etmek **II.** *vr* **sich ~** kavga etmek, dalaşmak, atışmak (**mit jdm** ile); **darüber lässt sich ~** bu konu üzerinde tartışılabilir
Streitfall *m* ① (*allgemein*) anlaşmazlık, çekişme ② JUR ihtilaf
Streitfrage *f* (tartışma) mesele(si)
Streitigkeit *f meist pl* tartışma
Streitkräfte *fpl* askeri kuvvetler *pl*
streng I. *adj* ① (*hart*) sert ② (*unnachsichtig*) katı ③ (*Gesicht*) ciddi ④ (*Kälte, Geschmack*) keskin **II.** *adv* **~ verboten!** kesinlikle yasak!; **~ genommen** aslına bakılırsa
Strenge *f* ① (*Heftigkeit*) şiddet ② (*Schärfe*) keskinlik ③ (*Härte*) sertlik
strenggenommen *adv* aslına bakılırsa
strenggläubig *adj* sofu
Stress[RR] *m*, **Streß**[ALT] *m* stres
stressig *adj* stresli
streuen *vt* serpmek; (*Salz*) ekmek (**etw auf etw** -i -e)
strich *vt s.* **streichen**

Strich *m* çizgi; **jdm einen ~ durch die Rechnung machen** birinin işlerini karıştırmak [*o* altüst etmek]; **das geht mir gegen den ~** bu hoşuma gitmiyor, bu gücüme gidiyor; **auf den ~ gehen** (*fam*) sokakta fahişelik etmek
Strichcode *m* barkod
Strichcode-Lesegerät *nt* barkod okuyucu
Stricher *m* erkek fahişe
Strichpunkt *m* noktalı virgül
strichweise *adv* bazı yerlerde
Strick *m* (kalın) sicim
stricken *vi, vt* (örgü) örmek (**etw** -i)
Strickjacke *f* hırka
Stricknadel *f* (örgü) şiş(i)
Strickwaren *fpl* örgü (eşyaları), örgü (eşyaları *pl*)
strikt *adj* kesin
Striptease *m o nt* striptiz
stritt *vi s.* **streiten**
strittig *adj* tartışmalı, çekişmeli, şüpheli
Stroh *nt* saman; **~ im Kopf haben** saman kafalı olmak
Strohblume *f* saman çiçeği, altın otu
Strohhalm *m* saman çöpü; (*für Getränke*) kamış; **bei dem Unwetter wurden Bäume wie ~e geknickt** fırtınada ağaçlar çöp gibi kırıldı; **sich an einen ~ klammern** son çareye sarılmak
Strohhut *m* hasır şapka
Strohmann *m* (*fig*) kukla, maşa (*başka birinin yerine öne çıkan veya çıkarılan kimse*)
Strohmatte *f* hasır
Strohwitwer, Strohwitwe *m, f* (*fam*) *karısı* (*kocası*) *seyahatte bulunan*
Strom *m* ❶ (*großer Fluss*) büyük ırmak [*o* nehir] ❷ (*elektrisch*) akım, cereyan; **mit dem/gegen den ~** akıntıyla/akıntıya karşı; **der ~ ist ausgefallen** elektrik kesildi; **es regnet in Strömen** bardaktan boşanırcasına yağmur yağıyor
StromanschlussRR *m* cereyan bağlantısı
Stromausfall *m* cereyan [*o* elektrik] kesilmesi
strömen *vi sein* ❶ (*Wasser*) çağlamak ❷ (*Menschen*) akın etmek; **bei ~dem Regen** şakır şakır yağmurda
Stromerzeugung *f* elektrik üretimi
Stromquelle *f* elektrik kaynağı
Stromspannung *f* voltaj, gerilim
Strömung *f* (*Wasser*) akıntı; (*geistige*) akım, hareket
Stromverbrauch *m* elektrik tüketimi
Stromversorgung *f* elektriklendirme
Strophe *f* kıta, dörtlük
Strudel *m* ❶ (*Wasserwirbel*) girdap, burgaç ❷ (*Süßspeise*) *bir çörek çeşidi*
Struktur *f* içyapı, yapılış, kuruluş
strukturell *adj* yapısal
Strukturreform *f* POL yapısal reform
Strumpf *m* çorap
Strumpfhalter *m* jartiyer
Strumpfhose *f* külotlu çorap
struppig *adj* (*Haare*) taranmamış; (*Hund*) kaba tüylü
Stube *f* ❶ oda ❷ MIL koğuş
Stuck *m* mermer sıva
Stück *nt* ❶ parça, kısım ❷ (*als Zählmaß*) adet, tane, baş ❸ (*Theater-*) piyes, oyun ❹ (*Musik-*) eser, kompozisyon; **aus freien ~en** kendi isteğiyle; **große ~e auf jdn halten** birini adam yerine koymak
stückweise *adj* parça parça
stud. *m Abk von* **Student(in)**
Student(in) *m(f)* öğrenci, yüksekokul [*o* üniversite] öğrencisi
Studentenfutter *nt bir çeşit karışık kuruyemiş*
Studentenverbindung *f* üniversiteliler [*o* öğrenci] birliği
Studentenwohnheim *nt* öğrenci yurdu
Studie *f* inceleme, araştırma
Studienfach *nt* öğrenim dalı
Studienrat, Studienrätin *m, f* lise öğretmeni
studieren *vt* ❶ (*Fach*) okumak (**etw** -i)

❷ (*untersuchen*) incelemek (**etw** -i); **an einer Hochschule** ~ yüksek öğrenim yapmak, yüksek okula devam etmek

Studio *nt* stüdyo

Studium *nt* (*Untersuchung*) inceleme, araştırma; (*Hochschul-*) öğrenim, tahsil

Stufe *f* ❶ (*einer Treppe*) basamak ❷ (*Grad*) derece ❸ (*Rang*) rütbe, aşama ❹ (*Entwicklungs-*) gelişim seviyesi ❺ (*Niveau*) seviye, düzey

Stufenschnitt *m* (*Frisur*) kat kat kesim

stufenweise *adv* basamak basamak, derece derece, yavaş yavaş

Stuhl *m* sandalye, iskemle

Stuhlgang *m* dışarı çıkma, büyük aptes

stumm *adj* ❶ (*Behinderung*) dilsiz ❷ (*nichts sagend*) sessiz

Stummel *m* (*Zigaretten-*) izmarit

Stummfilm *m* sessiz film

stumpf *adj* ❶ (*nicht spitz*) küt ❷ (*nicht scharf*) kör, kesmez; **~er Winkel** geniş açı

Stumpf *m* (*Baum-*) ağaç kütüğü

stumpfsinnig *adj* ❶ (*Person*) ahmak, kalın kafalı ❷ (*Arbeit*) cansıkıcı, monoton

Stunde *f* ❶ saat ❷ (*Unterrichts-*) ders (saati); **eine halbe ~** yarım saat; **eine viertel ~** çeyrek saat; **anderthalb ~n** bir buçuk saat; **jede volle ~** saat başında

stunden *vt* (*Geld*) mühlet vermek (**jdm etw** -e ... için)

Stundengeschwindigkeit *f* bir saatteki hız

Stundenkilometer *m* **mit 100 ~n** saatte 100 kilometre(lik) hızla

stundenlang *adv* saatlerce

Stundenlohn *m* saat ücreti

Stundenplan *m* ders programı

Stundenzeiger *m* akrep

stündlich *adv* her saat

Stundung *f* ödemeyi erteleme, mühlet, tecil

stupide *adj* (*Person*) ahmak, aptal; (*Arbeit*) aptallaştıran, sıkıcı

stupsen *vt* hafifçe itmek (**jdn/etw** -i)

Stupsnase *f küçük ve biraz kalkık burun*

stur *adj* ❶ (*eigensinnig*) inatçı, dik başlı [*o* kafalı] ❷ (*unbelehrbar*) söz anlamaz [*o* dinlemez] ❸ (*unnachgiebig*) eğilmez, bükülmez

Sturm *m* fırtına; (*Orkan*) bora; **~ im Wasserglas** bardaktaki fırtına

stürmen I. *vi* (*rasen*) koşmak II. *vt* (*überfallen*) hücum etmek (**etw** -e); **es stürmt** fırtına var

Stürmer(in) *m(f)* forvet

Sturmflut *f* fırtınalı met

stürmisch *adj* ❶ (*See*) fırtınalı, boralı ❷ (*lärmend*) gürültülü patırtılı ❸ (*erregt*) heyecanlı, ateşli ❹ (*draufgängerisch*) atılgan

Sturz *m* ❶ (*Fall*) düşme ❷ (*Zusammenbruch*) yıkılma ❸ (*der Regierung*) devrilme

stürzen I. *vi sein* düşmek, devrilmek, yıkılmak II. *vt* düşürmek, devirmek, yıkmak (**jdn/etw** -i) III. *vr* **sich auf jdn/etw ~** birinin/bir şeyin üstüne atılmak

Sturzhelm *m* pilot [*o* motosikletçi] miğferi

Stute *f* kısrak

Stütze *f* ❶ (*Pfosten*) destek, dayak ❷ (*fig: Unterstützung*) yardım, muavenet

stutzen I. *vt* (*kürzen*) kısaltmak, kırpmak, kırkmak (**etw** -i) II. *vi* ❶ (*staunen*) şaşmak ❷ (*argwöhnisch werden*) şüphelenmek, kuşkulanmak

stützen I. *vt* desteklemek (**etw** -i) II. *vr* **sich ~** dayanmak, yaslanmak (**gegen/auf etw** -e)

stutzig *adj* ❶ (*verwundert*) şaşkın ❷ (*argwöhnisch*) kuşkulu; **~ machen** (*verwundern*) şaşırtmak; (*argwöhnisch machen*) kuşkulandırmak (**jdn** -i)

Stützpunkt *m* ❶ dayanak (noktası), istinat (noktası) ❷ MIL üs

StVO *f Abk von* **Straßenverkehrsordnung** trafik nizamnamesi
s. u. *adv Abk von* **siehe unten** aşağıya bakınız
Subjekt *nt* özne
subjektiv *adj* öznel, sübjektif
Subkultur *f* alt kültür
substantiell *adj* ❶ (*nahrhaft*) besleyici ❷ PHILOS cevheri, tözel ❸ JUR esaslı
Substantiv *nt* ad, isim
Substanz *f* ❶ (*Materie*) madde ❷ (*Kern einer Sache*) asıl, esas ❸ PHILOS cevher, öz, töz
substanziell[RR] *adj s.* **substantiell**
subtil *adj* ince, narin, dakik
subtrahieren *vt* çıkarmak (**etw** -i)
Subtraktion *f* çıkarma
subtropisch *adj* astropikal
Subvention *f* sübvansiyon, tahsisat
subventionieren *vt* sübvanse etmek (**etw/jdn** -i)
subversiv *adj* yıkıcı
Suche *f* arama, arayış; **auf der ~ nach ...** -i ararken
suchen *vt* ❶ aramak (**etw/jdn** -i) ❷ (*im Internet*) arama yapmak
Suchmaschine *f* INET arama motoru
Sucht *f* düşkünlük, tutku
süchtig *adj* düşkün, bağımlı (**nach etw** -e)
Süchtige(r) *f(m)* bağımlı, düşkün, tutkun
Südafrika *nt* Güney Afrika
Südamerika *nt* Güney Amerika
Sudan *m* Sudan
Süddeutschland *nt* Güney Almanya
Süden *m* güney
Südeuropa *nt* Güney Avrupa
Südfrüchte *fpl sıcak ülkelerde yetişen meyveler*
südlich I. *adj* güney **II.** *adv* **~ von ...** -in güneyinde
Südostasien *nt* Güneydoğu Asya
Südosten *m* güneydoğu
Südwesten *m* güneybatı
Südwestrundfunk *m* Güneybatı Federal Almanya Radyo ve Televizyonu
Südwind *m* güney rüzgarı
Südzypern *nt* Güney Kıbrıs
Sufi *m* mutasavvıf, sofi
Sufismus *m* tasavvuf, sofilik, İslam gizemciliği
suggerieren *vt* telkin etmek (**jdm etw** -e -i), fikrine [*o* kulağına] koymak (**jdm etw** -in -i)
Sühne *f* ❶ (*Buße*) kefaret ❷ (*Strafe*) ceza ❸ (*Abbitte*) tarziye; **Schuld und ~** cürüm ve ceza
sühnen *vt* (*büßen*) kefaretini ödemek (**etw** -in)
Sülze *f* jöleli
Sumerer(in) *m(f)* Sümerli
Summe *f* tutar, toplam, miktar
summen I. *vi* (*Insekt*) vızıldamak **II.** *vt* (*ein Lied*) (bir şarkı) kendi kendine söylemek
Summen *nt* vızıltı
summieren I. *vt* toplamak (**etw** -i) **II.** *vr* **sich ~** birikmek
Sumpf *m* bataklık
sumpfig *adj* batak, sulak
Sünde *f* günah; (*Vergehen*) suç
Sündenbock *m* (*fig*) şamar oğlanı
sündigen *vi* günah işlemek
Sunnit(in) *m(f)* Sünni
sunnitisch *adj* Sünni
super *adj* (*fam*) süper
Super(benzin) *nt* süper (benzin)
Superlativ *m* üstünlük derecesi
Supermacht *f* süper güç
Supermarkt *m* süpermarket
Suppe *f* çorba; (*Brühe*) et suyu
Suppenfleisch *nt* çorbalık et
Suppengrün *ntpl çorbaya katılan sebzeler*
Suppenlöffel *m* ❶ (*Esslöffel*) çorba kaşığı ❷ (*Schöpflöffel*) kepçe
Suppenschüssel *f* çorba kasesi
Suppenteller *m* çukur tabak
Sure *f* (*des Korans*) sure
Surfbrett *nt* sörf tahtası
surfen *vi* ❶ SPORT sörf yapmak ❷ (*im*

S

Internet) sörf yapmak, (internette) gez(in)mek
surren *vi* vızıldamak
suspekt *adj* şüpheli, zanlı
süß *adj* ❶ (*nicht sauer*) tatlı, şekerli ❷ (*fig: reizend, niedlich*) şirin, hoş, sevimli
süßen *vt* tatlılaştırmak (**etw** -i)
Süßholz *nt* meyan kökü; ~ **raspeln** (*fig*) yaltaklanmak, gazel okumak
Süßigkeit *f* ❶ (*Leckerei*) tatlı ❷ (*Süße*) tatlılık
süßlich *adj* ❶ (*leicht süß*) tatlımsı ❷ (*fig: gekünstelt*) yapmacık
süßsauer *adj* mayhoş
Süßspeise *f* tatlı
Süßstoff *m* tatlandırıcı
Süßwarengeschäft *nt* şekerci dükkanı, tatlıcı
Süßwasser *nt* tatlı su
SW *m Abk von* **Südwest(en)** güneybatı
Symbol *nt* sembol, simge
symbolisch *adj* sembolik, simgesel
symmetrisch *adj* simetrik
Sympathie *f* sempati; (*Mitgefühl*) duygudaşlık
Sympathisant(in) *m(f)* sempatizan, yandaş
sympathisch *adj* sempatik, sevimli, cana yakın; **er ist mir** ~ ondan hoşlanıyorum
sympathisieren *vi* sempati duymak, duygudaş olmak (**mit jdm/etw** -e)

S

Symphonie *f* senfoni
Symphonieorchester *nt* senfoni orkestrası
Symposium *nt* sempozyum
Symptom *nt* belirti, semptom
Synagoge *f* havra, sinagog
synchron *adj* senkron, eşzamanlı
synchronisieren *vt* eşlemek (**etw** -i); (*Film*) dublajını yapmak (**etw** -in)
Synchronisierung *f* eşzamanlık, senkronizasyon; (*Film*) dublaj
Syndrom *nt* sendrom
Synode *f* ruhani meclis
synonym *adj* eşanlamlı, sinonim
Synonym *nt* eşanlamlı [*o* sinonim] kelime
Syntax *f* sözdizimi, sentaks
Synthese *f* sentez, bireşim, terkip
synthetisch *adj* sentetik, bireşimli
Syphilis *f* frengi, sifilis
Syrien *nt* Suriye
Syr(i)er(in) *m(f)* Suriyeli
syrisch *adj* ❶ (*Sprache*) Süryanice ❷ (*Herkunft*) Suriyeli, Şamlı
System *nt* ❶ (*Schema*) sistem, dizge ❷ (*Methode*) yöntem, metot ❸ (*Regierungsform*) rejim
systematisch *adj* sistemli, yöntemli, metotlu
Szene *f* ❶ THEAT sahne ❷ (*Anblick*) manzara, görünüm ❸ (*Streit*) sitem ❹ (*Vorgang*) olay, hadise

Tt

t *f Abk von* **Tonne** ton
Tabak *m* tütün; (*für Wasserpfeife*) tömbeki
Tabakladen *m* tütüncü dükkanı
Tabelle *f* cetvel, çizelge
Tablett *nt* tepsi
Tablette *f* hap, tablet
tabu *adj* tabu
Tabu *nt* tabu
Tacho(meter) *m* takometre
Tadel *m* ① (*Rüffel*) azar, çıkışma ② (*geh: Makel*) kusur
tadellos *adj* kusursuz, eksiksiz, özürsüz
tadeln *vt* ① (*rügen*) azarlamak, paylamak (**jdn/etw** -i) ② (*sich missbilligend äußern*) kınamak, ayıplamak (**jdn/etw** -i)
Tadschikistan *nt* Tacikistan
Tafel *f* ① (*Schreib-*) (yazı) tahta(sı) ② (*Schild*) levha ③ (*Schokolade*) tablet ④ (*gedeckter Tisch*) sofra
Tafel- *adj* (*zum Verzehr bestimmt*) sofralık
täfeln *vt* (*Wand*) tahta ile kaplamak (**etw** -i)
Tafelsalz *nt* sofralık tuz
Tafelwein *m yemekte içilen hafif şarap*
Tag *m* gün; (*Gegensatz zu Nacht*) gündüz; **den ganzen ~** (**lang** [*o* **über**]) bütün gün; **~ für ~** günbegün; **jeden zweiten ~** gün aşırı; **dieser ~e** bugünlerde; **~ und Nacht** gecegündüz; **heute in 14 ~en** iki hafta sonra bugün; **eines (schönen) ~es** günün birinde, günlerden bir gün; **bei ~** gündüzün; **von ~ zu ~** günden güne; **guten ~!** günaydın!; (*ab Mittag*) iyi günler!, merhaba!; **es wird ~** gün doğuyor; **etw an den ~ bringen** bir şeyi meydana [*o* açığa] çıkarmak; **sie hat ihre ~e** aybaşı olmuş; **in den ~ hinein leben** günü gününe yaşamak
Tagebuch *nt* hatıra defteri, günlük; **ein ~ führen** günlük tutmak
Tagegeld *nt* harcırah
tagelang *adv* günlerce
Tagelöhner(in) *m(f)* gündelikçi
tagen *vi* (*eine Tagung abhalten*) toplanmak, miting yapmak
Tagesanbruch *m* gün doğması, şafak; **bei ~** gün doğarken, şafakla beraber
Tagesausflug *m* günlük gezi
Tagesgericht *nt* günün yemeği
Tageskarte *f* günlük bilet
Tageskurs *m* günün rayici
Tageslauf *m* bir günün geçişi
Tageslicht *nt* gün ışığı
Tageslichtprojektor *m* tepegöz
Tagesordnung *f* gündem
Tagesschau *f* TV günün haberleri
Tageszeit *f* günün saati
Tageszeitung *f* günlük gazete
tägl. *adv Abk von* **täglich**
täglich I. *adj* günlük, gündelik II. *adv* her gün
tagsüber *adv* gündüzün
Tagung *f* toplantı, oturum
Taille *f* bel
Takt *m* ① MUS ölçü; (*türkisch*) usul ② (*-gefühl*) incelik, denlilik, takt
Taktik *f* taktik, tabiye
taktisch *adj* taktik, tabiyevi
taktlos *adj* densiz, patavatsız, düşüncesiz
Taktlosigkeit *f* densizlik, patavatsızlık; **eine ~ begehen** koz kırmak
taktvoll *adj* ince ruhlu, nazik, denli
Tal *nt* vadi, dere
Talent *nt* yetenek, kabiliyet
talentiert *adj* yetenekli, kabiliyetli
Talg *m* içyağı, donyağı, mumyağı
Talisman *m* tılsım; (*gegen den bösen*

Blick) nazarlık
Talkessel *m* çukur vadi
Talkmaster(in) *m(f)* sunucu
Talkshow *f* söyleşi programı, tolkşov
Talsperre *f* bent, baraj, su seddi
Tamburin *nt* tef
Tampon *m* ❶ (*für Frauen*) tampon ❷ (*zur Wundbehandlung*) fitil
Tandem *nt* tandem, iki kişilik bisiklet
Tank *m* depo, tank; (*Benzin-/Wasser-*) benzin/su deposu
tanken *vt* (*Benzin*) benzin almak
Tanker *m* tanker
Tankstelle *f* benzin istasyonu
Tankwart, Tankwärtin *m, f* benzinci
Tanne *f* çam, köknar
Tannenbaum *m* Noel ağacı
Tannenzapfen *m* çam kozalağı
Tansania *nt* Tanzanya
Tante *f* (*Mutterschwester*) teyze; (*Vaterschwester*) hala; (*angeheiratete*) yenge
Tanz *m* dans, oyun *fam*
tanzen *vi* dans etmek, oynamak *fam*
Tänzer(in) *m(f)* ❶ dans eden, dansçı ❷ (*Berufs-*) dansör; (*weiblich*) dansöz
Tanzfläche *f* (dans) pist(i)
Tanzlokal *nt* dans salonu
Tanzmusik *f* dans müziği
Tanzschule *f* dans okulu
Tanzstunde *f* dans dersi
Tapete *f* duvar kâğıdı
tapezieren *vt* (duvarları) kâğıtla kaplamak
tapfer *adj* cesur, mert, yürekli
Tapferkeit *f* cesaret, mertlik, yüreklilik
Tarif *m* ❶ (*allgemein*) tarife ❷ (*Preisliste*) fiyat listesi ❸ (*Gebührenverzeichnis*) ücret cetveli
Tariflohn *m* tarife ücreti
Tarifvertrag *m* ücret anlaşması
tarnen **I.** *vt* gizlemek, kamufle etmek (**etw/jdn** -i) **II.** *vr* **sich ~** maskelenmek, örtünmek
Tarnung *f* gizleme, kamuflaj
Tasche *f* ❶ (*in einem Kleidungsstück*) cep ❷ (*Hand-, Akten-*) çanta ❸ (*Beutel*) torba
Taschenbuch *nt* cep kitabı
Taschencomputer *m* cep bilgisayarı
Taschendieb(in) *m(f)* yankesici
Taschengeld *nt* harçlık
Taschenkalender *m* cep takvimi
Taschenlampe *f* cep feneri
Taschenmesser *nt* çakı
Taschenrechner *m* cep hesap makinesi
Taschentuch *nt* mendil
Taschenuhr *f* cep saati
Tasse *f* fincan; **eine ~ Kaffee** bir fincan kahve; **nicht alle ~n im Schrank haben** kafadan kontak [*o* keçileri kaçırmış] olmak
Tastatur *f* klavye
Taste *f* tuş
tasten *vi* (parmakla) dokunmak (**nach etw** -e)
Tastsinn *m* dokunma duyusu, dokunum
tat *vt s.* **tun**
Tat *f* ❶ (*Handlung*) eylem, hareket, fiil ❷ (*Straf-*) suç, cürüm ❸ (*Helden-*) kahramanlık; **in der ~** gerçekten, sahiden; **jdn auf frischer ~ ertappen** birini suçüstü yakalamak
Tatbestand *m* gerçeklik, hakikat, hadisenin unsurları
Tatendrang *m* girişim hevesi, sabırsızlık
Täter(in) *m(f)* fail, yapan; (*Übel-*) suçlu, mücrim
tätig *adj* etkin, faal, aktif; **als ... ~ sein** ... olarak çalışmak
Tätigkeit *f* etkinlik, faaliyet, hareket; (*berufliche*) iş, meslek, görev
Tatkraft *f* enerji, azim
tatkräftig *adj* enerjik, azimli
tätlich *adj* saldırgan, fiili, tecavüzi; **~ werden** zora başvurmak; **gegen jdn ~ werden** birine saldırmak
Tatort *m* olay yeri, vaka yeri
tätowieren *vt* dövme yapmak (**auf etw** -e); **sich ~ lassen** dövme yaptırmak
tätowiert *adj* dövmeli
Tätowierung *f* dövme

Tatsache *f* olgu, gerçek, vakıa
tatsächlich I. *adj* gerçek, vaki II. *adv* gerçekten, sahiden; **~?** sahi mi?, öyle mi?
Tau[1] *m* (*Niederschlag*) çiy, jale, şebnem
Tau[2] *nt* (*starkes Seil*) halat, urgan
taub *adj* ❶ (*gehörlos*) sağır ❷ (*gefühllos*) uyuşuk; **sich ~ stellen** duymamazlıktan gelmek
Taube *f* güvercin; (*Turtel-*) kumru
Taubenschlag *m* güvercinlik
taubstumm *adj* sağır-dilsiz
tauchen I. *vt* daldırmak, batırmak; (*tunken*) banmak (**etw in etw** -i -e) II. *vi sein* dalmak, batmak (**in etw** -e)
Taucher(in) *m(f)* dalgıç
Taucheranzug *m* dalgıç elbisesi
Taucherausrüstung *f* dalgıç takımı
Taucherbrille *f* dalgıç gözlüğü
Taucherflosse *f* palet
Tauchsieder *m* elektrikli su ısıtıcısı
tauen *vi* (*Schnee*) erimek; (*Eis*) çözülmek; **es taut** (*Schnee*) kar eriyor
Taufe *f* vaftiz
taufen *vt* vaftiz etmek (**jdn** -i)
Taufname *m* vaftiz adı
Taufpate *m* vaftiz babası
Taufpatin *f* vaftiz anası
taugen *vi* yaramak, elverişli olmak (**für/zu etw** -e); **zu nichts ~** hiç bir işe yaramamak
tauglich *adj* yararlı, elverişli, kullanışlı; (*Person*) yetenekli
Tauglichkeit *f* yararlık, elverişlilik; (*Person*) yetenek
taumeln *vi sein* sallanmak, sendelemek, sersem sersem yürümek
Taurus *m* Toros
Taurusgebirge *nt* Toroslar *pl*
Tausch *m* değişme, mübadele; (*Aus-*) değiş tokuş
tauschen *vt* değiştirmek, değiş (tokuş) etmek (**etw gegen etw** -i ile)
täuschen I. *vt* aldatmak, yanıltmak, dolandırmak (**jdn** -i) II. *vr* **sich ~** aldanmak, yanılmak
Täuschung *f* ❶ (*Betrug*) aldat(ıl)ma ❷ (*Irrtum*) yanılma, yanılgı
tausend *num* bin
Tausend *nt* bin; **zu ~en** binlerce; **~e von Menschen** binlerce insan
Tausendfüßler *m* kırkayak
tausendste(r, s) *adj* bininci
Tausendstel *nt* binde bir
Tauwetter *nt* çözülme
Tauziehen *nt* halat çek(iş)me; (*fig*) çekişme
Taxe *f* ❶ (*Festpreis*) kesin konmuş fiyat ❷ (*Schätzung*) tahmin ❸ (*Taxi*) taksi
Taxi *nt* taksi
taxieren *vt* tahmin etmek, kestirmek (**etw** -i)
Taxierung *f* değer tahmini
Taxifahrer(in) *m(f)* taksi şoförü
Taxistand *m* taksi durağı
Tb(c) *f Abk von* **Tuberkulose** tüberküloz
Team *nt* ekip, takım
Teamarbeit *f* grup çalışması
Technik *f* teknik
Techniker(in) *m(f)* tekniker, teknisiyen, teknikçi
technisch *adj* teknik
Techno *m* tekno
Technokrat(in) *m(f)* teknokrat
Technokratie *f* teknokrasi
Technologie *f* teknoloji
Technologietransfer *m* teknoloji transferi
Teddybär *m* oyuncak ayı
TEE *m Abk von* **Trans-Europa-Express** Transavrupa Ekspresi
Tee *m* çay; **~ mit Zitrone** limonlu çay; **grüner ~** yeşil çay
Teebeutel *m* çay poşeti
Teekanne *f* demlik
Teekessel *m* çaydanlık
Teelöffel *m* çay kaşığı; **einen ~ voll** bir çay kaşığı dolusu
Teer *m* katran
Teeservice *nt* çay takımı
Teesieb *nt* çay süzgeci

Teich *m* küçük göl; (*künstlicher* ~) havuz
Teig *m* hamur
Teigwaren *fpl* hamur işleri *pl*
Teil[1] *m* ❶ bölüm, kısım ❷ (*Stück*) parça ❸ (*Anteil*) pay, hisse; **zu gleichen ~en** eşit parçalar halinde; **zum ~** kısmen; **zum großen ~** büyük çoğunlukla
Teil[2] *nt* ❶ (*Einzel-*) parça ❷ (*Anteil*) pay, hisse
teilbar *adj* bölünebilen
Teilbetrag *m* yekunun bir kısmı
teilen *vt* ❶ ayırmak, bölmek (**etw in etw** -i -e) ❷ MATH bölmek (**etw durch etw** -i -e); **etw mit jdm ~** biriyle bir şeyi bölüşmek
teilhaben *irr vi* **an etw ~** bir şeye katılmak
Teilhaber(in) *m(f)* ortak, hissedar, paydaş
Teilkasko *f* kısmi kasko (sigortası)
Teilnahme *f* ❶ (*Beteiligung*) katılma, katılım ❷ (*Interesse*) ilgi ❸ (*Mitgefühl*) duygudaşlık
Teilnahmebedingungen *fpl* katılım şartları *pl*
Teilnahmegebühr *f* katılım ücreti
teilnahmslos *adj* ❶ (*ohne Interesse*) ilgisiz ❷ (*ohne Gefühl*) duygusuz
teilnehmen *irr vi* katılmak (**an etw** -e)
Teilnehmer(in) *m(f)* katılan, katılımcı; (*an einem Wettbewerb*) yarışmacı
teils *adv* kısmen
Teilung *f* ❶ (*Ein-*) bölünme ❷ (*Trennung*) ayırma, ayrılma ❸ (*in Anteile*) paylaşma
teilweise *adv* kısmen
Teilzahlung *f* ❶ (*Rate*) taksit ❷ (*Abzahlung in Raten*) taksitle ödeme
Tel. *nt Abk von* **Telefon** telefon
Telearbeit *f* teleiş
Telearbeitsplatz *m* tele işyeri
Telefax *nt* faks
Telefon *nt* telefon
Telefonauskunft *f* danışma, enformasyon, bilinmeyen numaralar servisi
Telefonbuch *nt* telefon rehberi
Telefongebühr *f* telefon ücreti
Telefongespräch *nt* telefon konuşması
Telefonhörer *m* ahize
telefonieren *vi* telefon etmek (**mit jdm** -e)
telefonisch I. *adj* telefonlu II. *adv* telefonla
Telefonist(in) *m(f)* telefoncu, telefonist
Telefonkarte *f* telefon kartı
Telefonnummer *f* telefon numarası
Telefonverzeichnis *nt* telefon fihristi
Telefonzelle *f* telefon kabinesi
telegrafieren *vt* tel(graf) çekmek
telegrafisch I. *adj* telgraflı II. *adv* telgrafla
Telegramm *nt* telgraf
Telekommunikation *f* telekomünikasyon
Telenovela *f* TV pembe dizi
Teleobjektiv *nt* teleobjektif
Teleshopping *nt* telefonla alışveriş
Teleskop *nt* teleskop, dürbün
Telex *nt* teleks
Teller *m* tabak; **flacher ~** düz tabak; **tiefer ~** çukur tabak
Tempel *m* tapınak
Temperament *nt* ❶ (*Veranlagung*) huy, mizaç, yaradılış ❷ (*Lebhaftigkeit*) canlılık, hareketlilik
temperamentvoll *adj* ❶ (*lebhaft*) atılgan, canlı, hareketli ❷ (*feurig*) ateşli
Temperatur *f* ❶ (*Wärmegrad*) sıcaklık derecesi ❷ (*Fieber*) ateş
Tempo *nt* ❶ (*Geschwindigkeit*) hız, sürat ❷ (*Rhythmus*) tempo
Tempolimit *nt* hız sınırı
Tendenz *f* (*Neigung*) eğilim
tendenziös *adj* taraflı
Teneriffa *nt* Tenerif
Tenne *f* harman yeri
Tennis *nt* tenis
Tennisball *m* tenis topu
Tennisplatz *m* tenis sahası, kort
Tennisschläger *m* tenis raketi

Tennisspieler(in) *m(f)* tenis oyuncusu, tenisçi

Tenor *m* ❶ (*Stimmlage od. Sänger*) tenor ❷ (*Inhalt*) mana; **der ~ der Rede war der, dass** nutkun havası o idi ki

Teppich *m* halı; (*Gebets-*) seccade; (*Wand-*) kilim

Teppichboden *m* duvardan duvara halı

Teppichweberei *f* halıcılık

Termin *m* kararlaştırılan saat [*o* gün]; (*bei Arzt*) randevu

Terminal *nt* terminal

Terminkalender *m* takvimli defter, ajanda

Terpentin *nt* terebentin, terementi

Terrakotta *f* terakota

Terrasse *f* ❶ teras, taraça ❷ (*Geländestufe*) seki

Territorialgewässer *nt* karasuları *pl*

Territorium *nt* ❶ (*Gebiet*) bölge ❷ (*Staatsgebiet*) devlet toprakları *pl*

Terror *m* terör, tedhiş

terrorisieren *vt* korkutmak, yıldırmak (**jdn** -i)

Terrorismus *m* terorizm

Terrorist(in) *m(f)* terörist

terroristisch *adj* terörist

Terroropfer *nt* terör kurbanı

Tesafilm® *m* seloteyp

Test *m* test

Testament *nt* vasiyet(name); **das Alte ~** Tevrat; **das Neue ~** İncil

testen *vt* denemek (**jdn/etw** -i)

Testosteron *nt* testosteron

Tetanus *m* tetanos

teuer I. *adj* ❶ (*nicht billig*) pahalı, masraflı, fiyatlı ❷ (*kostbar*) değerli, kıymetli ❸ (*lieb*) sevgili, aziz; **wie ~ ist diese Jacke?** bu ceket kaça?; **teurer werden** pahalılaşmak II. *adv* pahalı; (**jdm**) **~ zu stehen kommen** (birine) pahalıya mal olmak

Teufel *m* şeytan, iblis; **pfui ~!** tüh!; **scher dich zum ~!** cehenneme git!; **in ~s Küche kommen** hapı yutmak; **den ~ an die Wand malen** belayı davet etmek

Teufelskreis *m* kısır döngü

Text *m* ❶ (*allgemein*) metin, yazı ❷ (*Lied-*) şarkı sözü, güfte

Textdatei *f* metin dosyası

Textilien *pl* tekstil *sing*

Textilindustrie *f* tekstil (sanayii)

Texttreue *f* orijinal metne sadakat

Textverarbeitungsprogramm *nt* kelime işlemci program

TH *f Abk von* **technische Hochschule** yüksek teknik okul

Thailand *nt* Tayland

Theater *nt* ❶ tiyatro ❷ (*fam: Getue*) yapmacık ❸ (*fam: Aufregung*) telaş

Theaterkarte *f* tiyatro bileti

Theaterstück *nt* piyes, tiyatro oyunu

Theatervorstellung *f* tiyatro temsili

theatralisch *adj* (*fig*) sahte [*o* yapmacık] tavırlı

Theke *f* tezgah

Thema *nt* konu, mevzu, madde

Theologe, Theologin *m, f* ilahiyatçı

Theologie *f* teoloji, tanrıbilim, ilahiyat

theoretisch *adj* kuramsal, teorik

Theorie *f* kuram, teori

Therapeut(in) *m(f)* tedavici

therapeutisch *adj* terapötik, iyileştirici

Therapie *f* terapi, tedavi

Thermalquelle *f* kaplıca, ılıca

Thermometer *nt* termometre, derece *fam*

Thermosflasche *f* termos

Thermostat *m* termostat

Thrakien *nt* Trakya

Thriller *m* ❶ (*Film*) gerilim filmi ❷ (*Roman*) gerilim romanı

Thrombose *f* tromboz

Thron *m* taht

Thunfisch *m* tonbalığı, orkinos

Thüringen *nt* Thüringen (eyaleti)

Thymian *m* kekik(otu)

Tick *m* ❶ tuhaf alışkanlık ❷ MED tik

ticken *vi* (*Uhr*) tiktak etmek

Ticket *nt* bilet

tief I. *adj* ❶ (*nicht flach*) derin ❷ (*nied-*

rig) alçak ❸ (*Teller*) çukur ❹ (*Stimme*) kalın; **es ist 5 Meter ~** 5 metre derinliğinde II. *adv* derin olarak
Tief *nt* (*Wetter*) alçak basınç
Tiefbau *m* yeraltı inşaatı
Tiefe *f* ❶ (*allgemein*) derinlik ❷ (*Abgrund*) uçurum ❸ (*Stimme*) kalınlık
Tiefebene *f* ova
tieffliegen *irr vi* (*im Tiefflug fliegen*) alçaktan uçmak
Tiefflug *m* alçak uçuş; **im ~** alçak uçuşla
Tiefgarage *f* yeraltı garajı
tiefgefroren *adj*, **tiefgekühlt** *adj* derin dondurulmuş
Tiefkühltruhe *f* derin dondurucu
Tiefpunkt *m* en düşük nokta
Tiefschlag *m* (*Boxen*) alçak vuruş; (*fig*) yenilgi
Tiefstand *m* düşük düzey
Tier *nt* hayvan
Tierart *f* hayvan türü
Tierarzt, **Tierärztin** *m*, *f* baytar, veteriner
Tierfreund(in) *m(f)* hayvansever
Tiergarten *m* hayvanat bahçesi
tierisch *adj* hayvansal, hayvani; (*pej*) vahşi, hayvanca
Tierkreiszeichen *nt* burç
Tierquälerei *f* hayvanlara kötü muamele
Tierschützer(in) *m(f)* hayvansever
Tierschutzverein *m* hayvanları koruma derneği
Tierversuch *m* hayvanlarla yapılan deney, hayvan deneyi
Tierwelt *f* hayvanlar alemi
Tierzucht *f* hayvancılık
Tiger(in) *m(f)* kaplan
Tigris *m* Dicle
tilgen *vt* ❶ (*beseitigen*) silmek (**etw** -i) ❷ (*Schuld*) amorti etmek (**etw** -i)
Tilgung *f* amorti(sman)
Tinte *f* mürekkep
Tintenfisch *m* mürekkep balığı
Tintenklecks *m* mürekkep lekesi
Tipp[RR] *m*, **Tip**[ALT] *m* ❶ (*Ratschlag*) öğüt, tavsiye ❷ (*Fingerzeig*) işaret; **jdm einen ~ geben** birine akıl vermek
tippen I. *vi* ❶ (*leicht klopfen*) parmakla hafifçe dokunmak (**auf etw** -e) ❷ (*Maschine schreiben*) daktilo etmek ❸ (*Lotto*) lotto oynamak ❹ (*raten*) tahmin etmek II. *vt* (*mit Maschine schreiben*) daktilo ile yazmak (**etw** -i)
Tippfehler *m* daktilo yanlışı
Tisch *m* masa; **bei ~** sofra başında; **den ~ decken/abdecken** sofrayı kurmak/kaldırmak; **etw unter den ~ fallen lassen** bir şeye aldırış etmemek
Tischbein *nt* masa ayağı
Tischdecke *f* masa örtüsü
Tischlampe *f* masa lambası
Tischler(in) *m(f)* marangoz
Tischtennis *nt* masa tenisi, pingpong
Tischtuch *nt* masa örtüsü
Titel *m* ❶ (*Namenszusatz*) unvan ❷ (*Überschrift*) başlık ❸ (*Name*) ad
Titelblatt *nt* ilk [*o* baş] sayfa
Toast *m* ❶ (*Brot*) tost ❷ (*Trinkspruch*) *kadeh tokuşturma sırasında söylenenler*
Toastbrot *nt* tost ekmeği
toasten *vt* (*Brot*) kızartmak (**etw** -i)
Toaster *m* tost makinesi
toben *vi* ❶ (*wütend werden*) azmak, kudurmak ❷ (*Kinder*) gürültü etmek
Tobsucht *f* kudurma
Tochter *f* kız (evlat)
Tochtergesellschaft *f* bir şirketin şubesi
Tod *m* ölüm
Todesanzeige *f* ölüm ilanı
Todesfall *m* ölüm
Todesfasten *nt* ölüm orucu
Todesgefahr *f* ölüm tehlikesi
Todeskampf *m* can çekişme
Todesstrafe *f* idam cezası
Todestag *m* ölüm günü; (*Jahrestag*) ölüm günü yıldönümü
Todesursache *f* ölüm nedeni
Todesurteil *nt* idam kararı
todkrank *adj* ölüm derecesinde hasta
tödlich I. *adj* öldürücü II. *adv* **~ verun-**

glücken kazada ölmek, kazaya kurban gitmek
todmüde *adj* yorgun argın, (ölgün) bitkin
todsicher *adj* şüphe götürmez
Tohuwabohu *nt* (*fam*) karmakarışıklık, anababa günü
Toilette *f* tuvalet; (*europäische Toilette*) alafranka tuvalet
Toilettenartikel *mpl* tuvalet eşyası *sing*
Toilettenpapier *nt* tuvalet kâğıdı
Toilettentisch *m* tuvalet masası
tolerant *adj* hoşgörücü, toleranslı
Toleranz *f* hoşgörü, tolerans
tolerieren *vt* hoşgörmek (**etw/jdn** -i), tolerans göstermek (**etw/jdn** -e)
toll *adj* ❶ (*verrückt*) kaçık, çılgın ❷ (*großartig*) harika, enfes
Tollwut *f* kuduz
tollwütig *adj* kudurmuş, kuduz
Tomate *f* domates
Tomatenmark *nt* domates salçası
Tomatensaft *m* domates suyu
Tomatensauce *f* domates sosu
Tomatensuppe *f* domates çorbası
Tombola *f* tombala
Ton *m* ❶ (*Erde*) balçık, kil ❷ MUS ton ❸ (*Laut*) ses ❹ (*Betonung*) vurgu ❺ (*Abtönung*) nüans ❻ (*Redeweise*) şive; **den ~ angeben** (*fig*) etrafına hakim olmak
tonangebend *adj* (*fig*) etrafına hakim
Tonband *nt* ses bandı
Tonbandgerät *nt* teyp
tönen I. *vi* (*klingen*) çınlamak, tınlamak **II.** *vt* (*Haare*) renk vermek (**etw** -e), hafifçe boyamak (**etw** -i)
Tonfall *m* şive, aksan
Tonfilm *m* sesli film
Tonkarte *f* INFORM ses kartı
Tonne *f* ❶ (*1000 kg*) ton ❷ (*Fass*) fıçı, varil
Tönung *f* ❶ (*Farbton*) renk tonu ❷ (*Haar*) saçın hafifçe boyanması
Tonwaren *fpl* toprak çanak çömlek *sing*
Topf *m* ❶ (*Ton-*) çömlek, çanak ❷ (*Koch-*) tencere ❸ (*Blumen-*) saksı; **alles in einen ~ werfen** (*fig*) fark gözetmemek
Töpfer(in) *m(f)* çömlekçi, çanakçı
Töpferei *f* ❶ (*Tätigkeit*) çömlekçilik ❷ (*Werkstatt*) çömlek tezgahı
Töpferwaren *fpl* çanak çömlek *sing*
topfit *adj* (*fam*) formunda
Topflappen *m* tutacak
Topmodel *nt* top model
Tor[1] *m* (*törichter Mensch*) ahmak, budala, akılsız
Tor[2] *nt* ❶ (*große Tür*) büyük kapı ❷ SPORT kale; (*geschossenes*) gol; **ein ~ schießen** gol atmak
Torf *m* turba, bataklık kömürü
Torhüter(in) *m(f)* kaleci
töricht *adj* ahmak, budala, akılsız
torlos *adj* SPORT golsüz
Törn *m* yelkenli gezisi
torpedieren *vt* torpillemek (**etw** -i)
Torpedo *m* torpido, torpil
Torschütze *m* gol atan
Torso *m* kırık heykel; (*fig*) tamamlanmamış eser
Torte *f* yaş pasta
Tortenboden *m* pasta altlığı
Tortenform *f* pasta kalıbı
Tortur *f* işkence, azap
Torwart *m* kaleci
tot *adj* ❶ (*leblos*) ölü, ölmüş ❷ (*nicht rege*) cansız, hareketsiz ❸ (*glanzlos*) sönük, donuk ❹ (*öde*) ıssız ❺ (*unergiebig*) verimsiz; **~ geboren** ölü doğmuş; **sich ~ stellen** kendini ölmüş gibi göstermek
total I. *adj* bütün, tam **II.** *adv* tamamen, büsbütün
totalitär *adj* totaliter, bütüncül
Totalitarismus *m* totalitarizm, bütüncüllük
totarbeiten *vr* **sich ~** ölesiye çalışmak
Tote(r) *f(m)* ölü
töten *vt* öldürmek (**jdn/etw** -i)
totenblass[RR] *adj*, **totenbleich** *adj* ölü benizli, sapsarı

Totenkopf *m* kurukafa
Totenschein *m* ölüm ilmühaberi
Totenstille *f* ölüm sessizliği, ölümsü bir sessizlik
totgeboren *adj* ölü doğmuş
totlachen *vr* **sich** ~ gülmekten katılmak [*o* kırılmak]
Toto *nt* (*Fußball*) sportoto
Totoschein *m* sportoto bileti
Totschlag *m* adam öldürme
totschlagen *irr vt* vurarak [*o* döverek] öldürmek (**jdn** -i); **die Zeit** ~ vakit öldürmek
Tötung *f* JUR öldürme; **fahrlässige** ~ kasıtsız ama ihmal nedeniyle öldürme; **vorsätzliche** ~ kasıtlı öldürme
Touchscreen *m* INFORM dokunmatik ekran
tough *adj* sert
Toupet *nt* takma saç
toupieren *vt* (*Haar*) saçları kabartmak
Tour *f* ❶ (*Ausflug*) gezi(nti) ❷ (*Rundreise*) tur
Tourismus *m* turizm
Tourist(in) *m(f)* turist
Touristenklasse *f* turistik mevki
Touristenmenü *nt* turist mönüsü
Touristenvisum *nt* turist vizesi
Tournee *f* turne
toxisch *adj* toksik
Trab *m* tırıs; **im** ~ tırıs giderek
Trabantenstadt *f kentin etrafında gelişen, şehirleşen büyük semt*
Tracht *f* ❶ (*Kleidung*) giyim, kılık, kıyafet ❷ (*Volks-*) milli kıyafet
trächtig *adj* (*Tier*) gebe
Trackball *m* INFORM iz topu
Tradition *f* gelenek, anane
Traditionalist(in) *m(f)* gelenekçi
traditionalistisch *adj* gelenekçi
traditionell *adj* geleneksel
traf *vi, vt s.* **treffen**
Tragbahre *f* sedye
tragbar *adj* ❶ (*zum Tragen*) taşınır, portatif ❷ (*Kleid*) giyilebilir ❸ (*erträglich*) katlanılır, çekilir

T

träge *adj* ❶ (*faul*) üşengeç, uyuntu, miskin ❷ (*schwerfällig*) ağır, mızmız, mıymıntı
tragen <trägt, trug, getragen> *vt* ❶ (*fortbewegen*) taşımak (**etw** -i) ❷ (*stützen*) desteklemek (**etw** -i) ❸ (*Kleidung*) giymek (**etw** -i); **Früchte** ~ meyve vermek; **etw bei sich** ~ bir şeyi yanında taşımak
Träger *m* ❶ (*Gepäck-*) hamal ❷ (*Balken*) direk, destek ❸ (*an einem Kleidungsstück*) askı
Trägersignal *nt* INFORM taşıyıcı sinyal
Tragetüte *f* naylon torba
Tragfläche *f uçak kanatlarının kapladığı alan*
Trägheit *f* ❶ (*Faulheit*) üşengeçlik ❷ (*Schwerfälligkeit*) ağırlık, mıymıntılık
Tragik *f* trajedi, feci durum
tragisch *adj* feci, trajik, acıklı; ~ **nehmen** çok önemseyip dertlenmek (**etw** -i)
Tragkorb *m* sepet; (*für Babys*) portbebe
Tragödie *f* trajedi; (*Unglück*) felaket, facia
trägt *vt s.* **tragen**
Tragweite *f* önem
Trainer(in) *m(f)* antrenör
trainieren **I.** *vt* antrenman yaptırmak, çalıştırmak (**jdn** -i) **II.** *vi* antrenman [*o* idman] yapmak
Training *nt* antrenman, idman
Trainingsanzug *m* eşofman
Traktor *m* traktör
trampeln *vi* ❶ (*stampfen*) tepinmek ❷ (*schwerfällig gehen*) ağır ağır yürümek
trampen *vi sein* otostopla yolculuk etmek
Tramper(in) *m(f)* otostopçu
Träne *f* gözyaşı
Tränengas *nt* gözyaşartıcı gaz
Tränengasbombe *f*, **Tränengasgranate** *f* göz yaşartıcı bomba
trank *vt s.* **trinken**

Tränke *f* yalak
tränken *vt* (*Tiere*) su içirmek (**etw** -e)
Transaktion *f* işlem
transatlantisch *adj* denizaşırı
Transfer *m* transfer, aktar(ıl)ma
Transferbus *m* servis otobüsü
transferieren *vt* transfer etmek (**etw** -i)
Transformator *m* transformatör
Transistor *m* transistor
transitiv *adj* geçişli, oldurgan
Transitverkehr *m* transit trafiği
transparent *adj* saydam
Transparent *nt* pankart
Transplantation *f* transplantasyon, nakil
transplantieren *vt* (*Organ*) nakletmek, aktarmak (**jdm etw** -e -i)
Transport *m* taşıma, nakil
Transportflugzeug *nt* nakliye uçağı
transportieren *vt* taşımak, nakletmek (**etw** -i)
Transportunternehmen *nt* nakliyat şirketi
Transvestit *m* travesti
Trapez *nt* ❶ (*im Zirkus*) trapez ❷ MATH yamuk
Trasse *f* ❶ (*Bahn-*) *demir yolu hattı* ❷ (*Straßenplanung*) *yer ölçme sırıklarıyla işaretlenmiş hat*
trat *vi, vt s.* **treten**
Traube *f* ❶ (*Blütenstand*) salkım ❷ (*Weinbeere*) üzüm
Traubensaft *m* üzüm suyu
Traubenzucker *m* glikoz, nişasta şekeri
trauen I. *vi* güvenmek, inanmak (**jdm/einer Sache** -e) II. *vr* **sich** ~ cesaret etmek (**etw zu tun** -meye) III. *vt* ❶ (*verheiraten*) nikahlamak (**jdn** -i) ❷ **sich ~ lassen** nikah kıydırmak, nikahlanmak
Trauer *f* ❶ (*um einen Toten*) yas, matem ❷ (*Kummer*) üzüntü, keder, gam; ~ **tragen** matem [*o* yas] tutmak
Trauerflor *m* matem bandı
Trauerkleid *nt* matem elbisesi
trauern *vi* ❶ (*über etw*) üzülmek (**über etw** -e) ❷ (*um einen Toten*) yas tutmak, yasını tutmak (**um jdn** -in)
Trauerspiel *nt* trajedi, ağlatı
Trauerweide *f* salkımsöğüt
träufeln *vt* damlatmak (**etw auf etw** -i -e)
Traum *m* ❶ düş, rüya ❷ (*Fantasie, Illusion*) hayal, hulya; **wie im** ~ rüya gibi
Trauma *nt* travma
traumatisch *adj* travmalı
träumen *vi* rüya [*o* düş] görmek
Träumer(in) *m(f)* (*Fantast*) hayalci
traumhaft *adj* rüya gibi
traumwandlerisch *adv* uykuda gezer gibi
traurig *adj* ❶ (*Person*) üzgün, kederli, hüzünlü ❷ (*Sache*) acıklı; ~ **machen** üzmek (**jdn** -i)
Trauring *m* nikah yüzüğü
Trauschein *m* evlenme kâğıdı
Trauung *f* (*Hochzeit*) düğün; **kirchliche** ~ kilise nikahı; **standesamtliche** ~ medeni nikah
Trauzeuge, Trauzeugin *m, f* nikah şahidi
treffen <trifft, traf, getroffen> I. *vt* ❶ (*begegnen*) karşılaşmak (**jdn** ile); (*zufällig*) rastlamak, rast gelmek (**jdn** -e) ❷ (*an-*) bulmak (**jdn** -i) ❸ (*Schütze*) isabet ettirmek (**etw** -e); (*Geschoss*) isabet etmek (**etw** -e); **eine Maßnahme** ~ tedbir almak; **eine Entscheidung** ~ karar vermek; **es gut** ~ (*Glück haben*) şansı olmak; **sich getroffen fühlen** kendi üstüne almak II. *vr* **sich mit jdm** ~ biriyle buluşmak; **es traf sich, dass** öyle oldu ki; **das trifft sich gut** bu, çok isabetli
Treffen *nt* ❶ (*Begegnung*) karşılaşma ❷ (*Verabredung*) buluşma, randevu
treffend *adj* (*angemessen*) uygun
Treffer *m* ❶ (*Fußball*) gol ❷ (*beim Schießen*) (tam) isabet
Treffpunkt *m* buluşma yeri
treffsicher *adj* (*Schütze*) iyi nişan alan
treiben <trieb, getrieben> I. *vt* ❶ (*Tierherde*) sürmek (**etw** -i) ❷ (*jagen*) kov-

mak (**jdn** -i) ③ (*in Bewegung setzen*) harekete geçirmek, yürütmek (**jdn/etw** -i) ④ (*Geschäfte, Sport*) yapmak (**etw** -i) II. *vi* ① *haben* (*keimen*) çimlenmek ② *sein* (*auf dem Wasser*) sürüklenmek

Treiben *nt* (*auf der Straße*) kalabalık

Treibhaus *nt* ser(a), limonluk

Treibhauseffekt *m* sera etkisi

Treibhausgas *nt* sera gazı

Treibhausklima *nt* sera iklimi

Treibmittel *nt* (*Hefe*) maya

Treibstoff *m* akaryakıt, yakıt

Trend *m* trent

Trendwechsel *m* trentteki değişim

trennbar *adj* ayrılabilir

trennen I. *vt* ① ayırmak (**etw/jdn von etw/jdm** -i -den) ② (*entzweien*) (ikiye) ayırmak (**jdn** -i) ③ (*Telefongespräch*) bağlantıyı kesmek II. *vr* **sich** ~ birbirinden ayrılmak; **sich von jdm** ~ birinden ayrılmak

Trennung *f* (*Vorgang*) ayrılma; (*Ergebnis*) ayrılık

Treppe *f* merdiven

Treppenabsatz *m* merdiven başı

Treppengeländer *nt* merdiven tırabzanı [*o* korkuluğu]

Treppenhaus *nt* merdiven holü

Tresor *m* kasa

Tretboot *nt* pedallı [*o* kayık] bot

treten <tritt, trat, getreten> I. *vt* (*mit dem Fuß stoßen*) tekmelemek (**jdn/etw** -i), tekme atmak (**jdn/etw** -e) II. *vi sein* (*be-, hinein-*) girmek (**in etw** -e); **auf etw** ~ bir şeye (ayak) basmak; **etw mit Füßen** ~ (*missachten*) bir şeyi çiğnemek

treu *adj* ① (*loyal*) vefalı, bağlı, sadakatlı ② (*ergeben*) sadık ③ (*Kunde*) sadık

Treue *f* vefa, bağlılık, sadakat; **jdm die ~ halten/brechen** birine sadık kalmak/kalmamak

treulos *adj* vefasız

Tribüne *f* ① (*Redner-*) kürsü ② (*Zuschauer-*) tribün

Trichine *f* trişin, domuz kurdu

Trichter *m* huni

Trick *m* ① (*Kniff*) manevra ② (*eines Betrügers*) hile, düzen, dolap

Trickfilm *m* çizgi film

trieb *vi, vt s.* **treiben**

Trieb *m* ① PSYCH dürtü ② (*An-*) (iç)güdü ③ (*von Pflanze*) filiz, sürgün

Triebkraft *f* itici güç

triefen *vi* damlamak

trifft *vi, vt s.* **treffen**

triftig *adj* inandırıcı

Trikot *nt* triko, atlet, fanila

Trilogie *f* üçleme

Trimester *nt* trimestr (*üç aylık öğrenim devresi*)

trinkbar *adj* içil(ebil)ir

trinken <trank, getrunken> *vt* içmek; (*Säugling*) emmek (**etw** -i); **was möchten Sie ~?** ne içmek istiyorsunuz?

Trinker(in) *m(f)* içki düşkünü, ayyaş

Trinkgeld *nt* bahşiş; (*im Restaurant*) garsoniye

Trinkspruch *m kadeh tokuşturma sırasında söylenenler*

Trinkwasser *nt* içme suyu

Trio *nt* triyo, üçlü

Trip *m* küçük gezinti, dolaşma

trippeln *vi sein* tıpış tıpış yürümek

tritt *vi, vt s.* **treten**

Tritt *m* ① (*Schritt*) adım ② (*Fuß-*) tekme ③ (*Huf-*) çifte

Trittbrett *nt* basamak

Triumph *m* zafer

Triumphbogen *m* zafer takı

trocken *adj* ① kuru; (*Boden*) kurak ② (*langweilig*) kuru, yavan

Trockenhaube *f* saç kurutma başlığı

Trockenheit *f* ① (*Zustand*) kuruluk ② (*Dürre*) kuraklık, susuzluk

trockenlegen *vt* ① (*Kind*) bebeğin altını değiştirmek ② (*Sumpf*) kurutmak (**etw** -i)

Trockenmasse *f* **in der ~** kurutulmuş madde

trocknen **I.** *vt* kurutmak; (*ab-*) kurulamak (**etw** -i) **II.** *vi sein* kurumak

Trockner *m* kurutucu

Trödel *m* pılı pırtı, ıvır zıvır

Trödelmarkt *m* bitpazarı

trödeln *vi* (*Zeit vertun*) oyalanmak

Trödler(in) *m(f)* ❶ (*Altwarenhändler*) eskici, hurdacı ❷ (*langsame Person*) mıymıntı

troff *vi s.* **triefen**

trog *vt s.* **trügen**

Troja *nt* Truva

Trommel *f* ❶ (*allgemein*) trampet ❷ (*große*) davul; (*kleine türkische*) dümbelek; (*arabische Handtrommel*) darbuka; (*Schellentrommel*) tef

Trommelfell *nt* kulakzarı

trommeln *vi* davul [*o* trampet] çalmak

Trommler *m* trampetçi, davulcu

Trompete *f* trompet; MIL boru

trompeten *vi* trompet [*o* boru] çalmak

Tropen *pl* tropikal bölgeler *pl*

tropfen *vi* damlamak

Tropfen *m* damla

tropfenweise *adv* damla damla

tropfnass[RR] *adj* sır(ıl)sıklam

Tropfsteinhöhle *f* damlataş mağarası

tropisch *adj* tropikal

Trost *m* teselli, avuntu; **nicht recht bei ~ sein** keçileri kaçırmış olmak

trösten *vt* teselli etmek, avutmak (**jdn** -i)

tröstlich *adj* teselli edici, avutucu

trostlos *adj* ❶ (*öde*) ıssız, kasvetli ❷ (*verzweifelt*) ümitsiz

Trostpreis *m* teselli ödülü

Trott *m* ❶ (*Pferdegang*) yorga ❷ (*Einerlei*) tekdüze yaşama biçimi

Trottel *m* (*pej*) salak, sümsük, pısırık

trotten *vi sein* ❶ (*Pferd*) yorga gitmek ❷ (*langsam gehen*) ağır ağır gitmek

Trottoir *nt* (yaya) kaldırım(ı)

trotz *präp +gen, dat* -e rağmen, -e karşın

Trotz *m* (*Eigensinn*) inat(çılık), dik kafalılık

trotzdem *adv* buna rağmen [*o* karşın]

trotzen *vi* ❶ (*eigensinnig sein*) inat etmek ❷ (*Widerstand leisten*) direnmek (**jdm/einer Sache** -e)

trotzig *adj* ❶ (*eigensinnig*) inatçı, dik kafalı ❷ (*schmollend*) somurtkan

trüb(e) *adj* ❶ (*Flüssigkeit*) bulanık ❷ (*Himmel*) kapalı, puslu, bulutlu

Trubel *m* hayhuy, curcuna

trüben **I.** *vt* bulandırmak (**etw** -i) **II.** *vr* **sich ~** (*Himmel*) kapanmak, bulutlanmak; (*Wasser*) bulanmak

Trübsinn *m* hüzün

trübsinnig *adj* hüzünlü

Trüffel *f* ❶ (*Pilz*) yermantarı ❷ (*Praline*) bir çeşit fondan

trug *vt s.* **tragen**

trügen <trog, getrogen> *vi, vt* aldatmak, yanıltmak (**jdn** -i); **der Schein trügt** görünüşe aldanmamalı

trügerisch *adj* aldatıcı, yanıltıcı

Trugschluss[RR] *m* yanlış vargı

Truhe *f* sandık; (*kleinere*) kutu, mahfaza

Trümmer *pl* ❶ (*Ruine*) harabe *sing,* yıkıntı *sing* ❷ (*Schutt*) enkaz *sing,* moloz *sing*

Trümmerhaufen *m* enkaz yığını, yıkıntı

Trumpf *m* koz; **seine Trümpfe ausspielen** kozlarını oynamak

Trunkenheit *f* sarhoşluk; **wegen ~ am Steuer** içkili araba kullanmaktan dolayı

Trupp *m* (*Arbeiter*) ekip, takım

Truppe *f* ❶ (*Soldaten*) kıta, birlik ❷ (*Theater-*) trup

Truthahn *m* (baba) hindi

Truthenne *f* dişi hindi

Tschad *m* Çad

Tscheche, Tschechin *m, f* Çek

tschechisch *adj* ❶ (*Art*) Çek ❷ (*Sprache*) Çekçe; **Tschechische Republik** Çek Cumhuriyeti

Tschechoslowakei *f* (*hist*) Çekoslovakya

tschüss[RR] *interj* eyvallah, hoşça kal

Tsd. *nt Abk von* **Tausend** bin

T-Shirt *nt* tişört, T-şört

Tsunami *m* tsunami

Tube *f* tüp

Tuberkulose *f* verem, tüberküloz

Tuch *nt* ❶ (*Stoff*) kumaş ❷ (*Staub-, Spül- etc.*) bez ❸ (*Kopf-*) başörtü(sü); (*Hals-*) (boyun) atkı(sı); **wie ein rotes ~ auf jdn wirken** birini hiddetlendirmek

Tuchfühlung *f* **in ~ bleiben** irtibatta kalmak

tüchtig *adj* ❶ (*fleißig*) çalışkan ❷ (*fähig*) becerikli, yetenekli ❸ (*geschickt*) maharetli ❹ (*nur bei Frauen*) hamarat

Tüchtigkeit *f* beceri, yararlık, çalışkanlık; (*nur bei Frauen*) hamaratlık

tückisch *adj* ❶ (*boshaft*) kötü ❷ (*hinterhältig*) sinsi

tugendhaft *adj* erdemli, namuslu, faziletli

Tüll *m* tül

Tulpe *f* lale

tumb *adj* salak, dingil, bön

tummeln *vr* **sich ~** (*Kinder*) sıçrayıp oynamak, koşup tozmak

Tümmler *m* (*Delfinart*) afalina

Tumor *m* tümör, yumru, ur

Tumult *m* şamata, curcuna

tun <tut, tat, getan> *vt* ❶ (*machen*) yapmak, etmek (**etw** -i) ❷ (*bewirken*) meydana getirmek (**etw** -i) ❸ (*setzen, legen, stellen, stecken*) koymak (**etw in/auf etw** -i -e); **sein Bestes ~** elinden geleni yapmak; **ich habe zu tun** işim var; **ich habe damit nichts zu ~** bu işle hiç bir ilgim yok; **mit etwas zu ~ haben** bir şeyle ilgisi [*o* ilişkisi] olmak; **~ und lassen, was man will** istediğini yapmak; **so ~, als ob ...** -miş gibi yapmak; **Sie ~ gut daran, zu ...** -mekle iyi edersiniz; **er tut nur so** öyleymiş gibi yapıyor; **das tut mir gut** bana iyi geliyor

tünchen *vt* badanalamak (**etw** -i)

Tunesien *nt* Tunus

Tunesier(in) *m(f)* Tunuslu

tunesisch *adj* ❶ (*Art*) Tunus ❷ (*Herkunft*) Tunuslu

Tunfisch[RR] *m* tonbalığı, orkinos

Tunke *f* sos

tunken *vt* banmak (**etw in etw** -i -e)

Tunnel *m* tünel

tupfen I. *vi* (*leicht berühren*) hafifçe dokunmak (**an/auf etw** -e) **II.** *vt* (*tüpfeln*) lekelemek, beneklemek (**etw** -i)

Tür *f* kapı; (*Schrank-, Ofen-*) kapak; **zwischen ~ und Angel** ayak üstü; **jdn vor die ~ setzen** (*fam*) birini kapı dışarı etmek; **vor der ~ stehen** kapı önünde durmak; **von ~ zu ~ gehen** kapı kapı dolaşmak

Turban *m* kavuk, sarık

Turbine *f* türbin

Türcode *m* kapı kodu

Türgriff *m* kapı kolu

Türke, Türkin *m, f* Türk

Türkei *f* Türkiye

Türkis *m* firuze, türkuvaz

türkis *adj* firuze rengi

türkisch *adj* ❶ (*Art*) Türk ❷ (*Sprache*) Türkçe; **~er Honig** helva; **~er Kaffee** Türk kahvesi; **~-deutsche Beziehungen** Türk-Alman ilişkileri

türkischstämmig *adj* Türk kökenli

Türklinke *f* kapı mandalı

Turkmene, Turkmenin *m, f* Türkmen

Turkologe, Turkologin *m, f* Türkolog

Turkologie *f* Türkoloji

Turm *m* kule

turnen *vi* jimnastik [*o* idman] yapmak

Turnen *nt* jimnastik, beden eğitimi, idman

Turner(in) *m(f)* jimnastikçi

Turngerät *nt* jimnastik aleti

Turnhalle *f* jimnastik salonu

Turnier *nt* turnuva; (*Reit-*) at yarışı, binicilik yarışması

Turnlehrer(in) *m(f)* jimnastik öğretmeni

Turnschuh *m* spor ayakkabısı

Turnverein *m* jimnastik kulübü

Türöffner *m* (*elektrisch*) kapı otomatiği

Türrahmen *m* kapı sövesi

Türschwelle *f* kapı eşiği
Tusche *f* çini mürekkebi
tut *vt s.* **tun**
Tüte *f* torba; (*Papier-*) kesekâğıdı; (*Spitz-*) külah
TÜV *m Abk von* **Technischer Überwachungsverein** Teknik Denetleme Derneği
TV *f Abk von* **Television** televizyon
Typ *m* ❶ tip, biçim ❷ (*fam: Mann*) herif
Typhus *m* tifo; (*Fleck-*) tifüs
typisch *adj* tipik
Tyrann(in) *m(f)* zalim, despot
tyrannisch *adj* gaddar, zalim, despot
tyrannisieren *vt* kasıp kavurmak (**jdn** -i), gaddarlık etmek, zulmetmek (**jdn** -e)

u.a. *adv Abk von* **und andere(s)** v.s. (*vesaire*)
u.a. *adv Abk von* **unter anderem** ve de ayrıca
U-Bahn *f* metro, yeraltı treni; (*alte Istanbuler ~ in Beyoğlu*) Tünel
U-Bahnstation *f* metro durağı
übel *adj, adv* kötü, fena; (**das ist**) (**gar**) **nicht** (**so**) ~ (hiç de) fena değil; **mir ist** [*o* **wird**] ~ fenalaşıyorum; (*Magen*) midem bulanıyor; **wohl oder** ~ ister istemez; **es jdm ~ nehmen** birine darılmak [*o* gücenmek]
Übel *nt* kötülük, fenalık; **das kleinere** ~ ehvenişer
Übelkeit *f* fenalaşma, rahatsızlık; (*Brechreiz*) mide bulantısı
übelnehmen *vt s.* **übel**
üben I. *vi* (*wiederholen und lernen*) alıştırma yapmak; SPORT antrenman yapmak II. *vt* çalışmak (**etw** -i)
über I. *präp +dat* (*Ort*) -in üzerinde, -in üstünde II. *präp +akk* ❶ (*Richtung*) -in üzerine, -in üstüne; ~ **die Brücke gehen** köprüden geçmek ❷ (*mehr als ...*) -den fazla; ~ **50 Jahre alt sein** 50 yaşından fazla olmak; **es geht nichts ~ ...** -in üzerine hiç bir şey yoktur ❸ (*über ... hinaus*) -in ötesinde ❹ (*betreffs*) hakkında, üzerine, hususunda; ~ **jdn reden** biri hakkında konuşmak ❺ (*durch*) sayesinde, yardımıyla ❻ (*während*) sırasında, esnasında; ~ **Nacht** gece boyunca; (*plötzlich*) birdenbire
überall *adv* her yerde [*o* tarafta]
überaltert *adj* ❶ (*Gesellschaft*) yaş ortalaması yüksek ❷ (*veraltet*) eskimiş
überanstrengen I. *vt* fazla yormak, yıpratmak (**jdn/etw** -i) II. *vr* **sich** ~ fazla yorulmak
Überanstrengung *f* aşırı yorulma
überarbeiten I. *vt* (*Text, Buch*) yeniden gözden geçirmek (**etw** -i) II. *vr* **sich** ~ sürmenaj olmak, aşırı çalışmak
Überarbeitung *f* ❶ (*Revision*) revizyon ❷ (*Person*) sürmenaj
überaus *adv* son derece(de), gayet
überbacken *irr vt* (*im Rohr*) gratine etmek (**etw** -i)
überbelasten *vt* fazla yüklemek (**etw** -i)
überbelichtet *adj* (*Foto*) aşırı ışık almış
überbewerten *vt* fazla değer vermek (**etw** -e)
überbieten *irr vt* (*übertreffen*) üstün gelmek (**jdn** -e), aşmak (**etw** -i)
Überblick *m* ❶ (*auf Landschaft*) panorama ❷ (*Übersicht*) genel [*o* toplu] ba-

kış; **sich über etw einen ~ verschaffen** bir konu hakkında genel bir fikir edinmek

überblicken *vt* bir bakışta kavramak, kapsamıyla görmek (**etw** -i)

überbringen *irr vt* iletmek, teslim etmek, nakletmek (**jdm etw** -e -i)

Überbringer(in) *m(f)* getiren; (*Amtssprache*) hamil

überdenken *irr vt* iyice düşünmek (**etw** -i)

überdies *adv* bundan başka, fazla olarak

Überdosis *f* aşırı doz, sürdozaj

Überdruck *m* fazla basınç

überdurchschnittlich *adj* ortalamanın üstünde; (*außergewöhnlich*) olağanüstü

übereilt *adj* düşüncesizce [*o* aceleyle] yapılan

übereinander *adv* ❶ (*örtlich*) üst üste ❷ (*fig*) birbiri hakkında

übereinanderschlagen *irr vt* **die Beine ~** ayak ayak üstüne atmak

übereinkommen *irr vi sein* anlaşmak, uzlaşmak, uyuşmak (**mit jdm** ile)

übereinstimmen *vi* ❶ (*Personen*) aynı fikirde olmak (**mit jdm** ile) ❷ (*Sachen*) uymak (**mit etw** -e)

überempfindlich *adj* aşırı hassas; (*leicht gekränkt*) alıngan

überfahren *irr vt* ❶ (*Menschen*) çiğnemek, ezmek (**jdn** -i) ❷ (*Signal*) *dur işaretini görmeden* (*veya önemsemeden*) *basıp geçmek*

Überfahrt *f karşıdan karşıya geçiş*

Überfall *m* baskın; (*Raub-*) soygun

U **überfallen** *irr vt* basmak (**jdn** -i), saldırmak (**jdn** -e); **~ werden** baskına uğramak

überfällig *adj* ❶ fazla geciken ❷ (*Rechnung*) günü geçmiş

überfliegen *irr vt* ❶ (*über etw fliegen*) üzerinden uçmak (**etw** -in) ❷ (*Text*) göz gezdirmek (**etw** -e)

überfließen *irr vi sein* taşmak

überflügeln *vt* (*fig*) geçmek, bastırmak, geride bırakmak (**jdn** -i)

Überfluss^RR *m*, **Überfluß**^ALT *m* bolluk, bereket; **im ~** bol bol

überflüssig *adj* (gereğinden) fazla, gereksiz

überfluten *vt* su basmak (**etw** -i)

überfordern *vt* (*Person*) yapabileceğinden fazlasını istemek (**jdn** -den)

überführen *vt* ❶ (başka bir yere) nakletmek [*o* sevketmek] (**etw** -i) ❷ (*Täter*) suçunu kanıtlamak (**jdn** -in)

Überführung *f* ❶ (*eines Angeklagten*) suçunun kanıtlanması ❷ (*Brücke*) üstgeçit

überfüllt *adj* tıka basa dolu

Übergabe *f* ❶ (*Aushändigung*) eline verme, teslim ❷ (*Kapitulation*) teslim

Übergang *m* ❶ (*Überqueren*) geçme ❷ (*Bahn-*) geçit ❸ (*Wechsel*) geçiş

Übergangsmantel *m* mevsimlik manto

Übergangszeit *f* geçiş devresi

übergeben *irr* **I.** *vt* ❶ (*aushändigen*) vermek, teslim etmek (**jdm etw** -e -i) ❷ (*Aufgabe, Amt*) bırakmak (**jdm etw** -e -i) **II.** *vr* **sich ~** (*erbrechen*) kusmak, istifrağ etmek

übergehen[1] *irr vi sein* (*Thema*) geçmek (**zu etw** -e)

übergehen[2] *irr vt* (*auslassen*) atlamak, ihmal etmek (**etw** -i)

Übergewicht *nt* ❶ (*Person*) fazla kilo ❷ (*Vorherrschaft*) üstünlük; **Ihr Gepäck hat ~** bagaj fazlanız var

überglücklich *adj* son derece mutlu

übergreifen *irr vi* (*Feuer, Krankheit*) geçmek (**auf jdn/etw** -e)

überhaupt *adv* (*letzten Endes*) eninde sonunda; **~ nicht** asla, hiç; **~ nichts** hiç (mi hiç)

überheblich *adj* kibirli, kurumlu

Überheblichkeit *f* kibir, kendini üstün görme

überhitzen *vt* fazla ısıtmak [*o* kızdırmak] (**etw** -i)

überholen *vt* ❶ (*vorbeigehen an*) geçmek, geride bırakmak (**jdn** -i)

② (*Fahrzeug: links ~*) sollamak; (*rechts ~*) sağlamak (**etw** -i) ③ (*Maschine*) revizyonunu yapmak (**etw** -in)

Überholen *nt* (*Verkehr*) sollama; **~ verboten!** sollamak yasaktır!

Überholspur *f* sollama şeridi

überholt *adj* (*veraltet*) eskimiş

Überholung *f* revizyon

überhören *vt* ① *dikkatsizlik yüzünden bir şeyi işitememek* ② (*absichtlich*) işitmemezlikten [*o* duymamazlıktan] gelmek (**etw** -i)

überkochen *vi* (kaynarken) taşmak

überladen *irr vt* fazla doldurmak (**etw** -i)

überlassen *irr vt* ① (*abtreten*) bırakmak, terk etmek (**jdm etw** -e -i) ② JUR devretmek (**jdm etw** -e -i); **~ Sie es mir** o işi bana bırakın

überlasten *vt* fazla yüklemek (**etw** -i); (*Person*) çok yormak (**jdn** -i)

Überlastung *f* fazla yükle(n)me; (*einer Person*) çok yor(ul)ma [*o* zorla(n)ma]

überlaufen *irr vi sein* (*Flüssigkeit*) taşmak; **zum Feind ~** düşman tarafına geçmek

Überläufer(in) *m(f)* ① POL karşı partiye geçen ② MIL asker kaçağı

überleben I. *vt* (*jdn*) (*birinden*) *daha uzun yaşamak;* (*Unfall*) kurtulmak (**etw** -den) II. *vi* sağ kalmak [*o* hayatta]

Überleben *nt* sağ [*o* hayatta] kalma; **ums ~ kämpfen** yaşam mücadelesi vermek

Überlebende(r) *f(m)* artakalan, sağ [*o* hayatta] kalan

Überlebenskampf *m* yaşam mücadelesi

überlegen[1] I. *vi, vt* düşünmek (**etw** -i) II. *vr* **sich etw reiflich ~** bir şeyi iyice düşünmek, bir şeyi ölçüp biçmek

überlegen[2] *adj* üstün (**jdm** -den)

Überlegenheit *f* üstünlük

Überlegung *f* düşünce, fikir; **nach reiflicher ~** iyice düşünüp taşındıktan sonra

überliefert *adj* geleneksel

Überlieferung *f* ① (*Tradition*) gelenek ② (*mündliche ~*) rivayet

überlisten *vt* aldatmak (**jdn** -i)

überm *präp* = **über dem** *s.* **über**

Übermacht *f* üstünlük

Übermaß *nt* **im ~** ifrat derecede

übermäßig *adj* aşırı; (*Preis*) çok yüksek, fahiş

Übermensch *m* üstinsan

übermitteln *vt* ① (*mitteilen*) bildirmek (**jdm etw** -e -i) ② (*weiterleiten*) aktarmak, iletmek (**jdm etw** -e -i)

Übermittlung *f* aktarma, iletme

übermorgen *adv* öbür gün, yarından sonraki gün

übermüdet *adj* bitkin, son derece yorgun

Übermüdung *f* bitkinlik, aşırı yorgunluk

übermütig *adj* ① (*vor Freude*) taşkın, coşkun ② (*anmaßend*) kibirli

übern *präp* = **über den** *s.* **über**

übernächste(r, s) *adj* (*Straße*) birinci değil ikinci; (*Tag, Woche*) öbür; **am ~n Tage** öbür gün

übernachten *vi* gecelemek, konaklamak, geceyi geçirmek

Übernachtung *f* geceleme, konaklama

Übernahme *f* ① (*Entgegennahme*) teslim alış ② (*Zitat*) alıntı ③ (*Annahme*) kabul

übernatürlich *adj* doğaüstü

übernehmen *irr* I. *vt* ① (*in Empfang nehmen*) teslim almak (**etw** -i) ② (*Textstelle*) almak (**etw** -i) ③ (*Aufgabe, Kosten*) üstüne almak (**etw** -i) II. *vr* **sich ~** ifrata kaçmak

überparteilich *adj* partiler üstü

überprüfen *vt* gözden geçirmek, yoklamak, denetlemek (**etw** -i)

Überprüfung *f* gözden geçirme, yoklama, denetleme

überqueren *vt* (*Straße, Fluss*) karşı tarafına geçmek (**etw** -in); (*Brücke*) geçmek (**etw** -den); (*Platz*) ortasından geçmek (**etw** -in); (*Berg*) aşmak (**etw** -i)

überragen *vt* ❶ (*Berg, Haus*) daha yüksek olmak (**etw** -den) ❷ (*Person: größer sein*) boyunu geçmek (**jdn** -in); (*übertreffen*) daha üstün olmak (**jdn** -den)

überragend *adj* üstün

überraschen *vt* sürpriz yapmak (**jdn** -e), şaşırtmak, hayrete düşürmek (**jdn** -i)

überraschend *adj* şaşırtıcı, sürprizli

überrascht *adj* şaşırmış, hayret içinde

Überraschung *f* sürpriz

überreden *vt* ikna etmek (**jdn zu etw** -i -e), kandırmak (**jdn** -i), aklını çelmek (**jdn** -in)

überreichen *vt* uzatmak, sunmak (**jdm etw** -e -i)

überreif *adj* ❶ (*sehr reif*) çok olgun ❷ (*leicht faulend*) çürümek üzere

überrumpeln *vt* gafil avlamak, (aniden) basmak (**jdn** -i)

überrunden *vt* geçmek (**jdn** -i)

übers *präp* = **über das** *s.* **über**

Überschallflugzeug *nt* süpersonik uçak

Überschallgeschwindigkeit *f* süpersonik hız (*ses hızını geçen hız*)

überschätzen *vt* fazla değer vermek (**jdn/etw** -e), (gözünde) büyütmek (**jdn/etw** -i)

überschauen *vt* ❶ (*Gelände*) her yanını görmek (**etw** -in) ❷ (*begreifen*) bir bakışta kavramak (**etw** -i)

Überschlag *m* ❶ (*Schätzung*) tahmin, kestirme ❷ SPORT takla, perende

überschlagen[1] *vt* **die Beine** ~ ayak ayak üstüne atmak

überschlagen[2] **I.** *vt* ❶ (*beim Lesen*) okumayarak geçmek (**etw** -i) ❷ (*ungefähr berechnen*) tahmini hesaplamak (**etw** -in) **II.** *vr* **sich** ~ (*Auto*) takla atmak; (*sich bemühen*) gayret göstermek; (*schrill werden*) tizleşmek

überschneiden *irr vr* **sich** ~ kesişmek

überschreiben *irr vt* ❶ (*mit Titel*) başlık koymak (**etw** -e) ❷ JUR devretmek (**jdm etw** -e -i) ❸ INFORM (*Datei*) üstüne yazmak (**etw** -in)

überschreiten *irr vt* ❶ (*Ort*) geçmek (**etw** -den); (*Frist, Grenze*) aşmak (**etw** -i) ❷ (*fig: Gesetz*) bozmak, çiğnemek (**etw** -i)

Überschrift *f* başlık

Überschuss[RR] *m*, **Überschuß**[ALT] *m* artık, kalan, fazla

überschüssig *adj* arta kalan, fazla

überschütten *vt* ❶ (*mit Flüssigkeit*) üstüne dökmek (**etw mit etw** -in -i) ❷ (*mit Komplimenten, Vorwürfen*) yağdırmak (**jdn mit etw** -e -i), boğmak (**jdn mit etw** -i -e)

überschwänglich[RR] *adj* ❶ (*begeistert*) coşkun, heyecanlı ❷ (*übertrieben*) mübalağalı

überschwemmen *vt* su basmak (**etw** -i); **den Markt mit Waren** ~ piyasaya mal yağdırmak

Überschwemmung *f* su baskını

überschwenglich[ALT] *adj* *s.* **überschwänglich**

Übersee *pl* denizaşırı ülkeler *pl*

überseeisch *adj* denizaşırı

übersehen *irr vt* ❶ (*Gelände*) her yanını görmek (**etw** -in) ❷ (*nicht sehen*) gözden kaçırmak; (*absichtlich*) görmemezlikten gelmek (**etw** -i)

übersenden *irr vt* yollamak, göndermek (**jdm etw** -e -i)

übersetzen[1] *vt* (*über einen Fluss*) öbür tarafa geçirmek (**etw/jdn** -i)

übersetzen[2] *vt* ❶ (*schriftlich*) çevirmek (**etw in etw** -i -e) ❷ (*dolmetschen*) çevirmek, tercüme etmek (**etw aus etw** -i -den, **etw in etw** -i -e)

Übersetzer(in) *m(f)* çevirmen, tercüman

Übersetzung *f* çeviri, tercüme

Übersicht *f* ❶ (*Überblick*) toplu bakış ❷ (*Zusammenfassung*) özet

übersichtlich *adj* açık, belirgin

Übersichtlichkeit *f* açıklık, belirginlik

übersiedeln *vi sein* yerleşmek, göçmek

U

(**nach/in etw** -e)

überspannt *adj* ① (*extrem*) aşırı ② (*verrückt*) kaçık, delişmen

überspielen *vt* (*Tonband*) kaydetmek (**etw** -i) (*bir teypten diğerine*)

überspitzt *adj* (*fig*) abartmalı

überspringen *irr vt* ① (*springen über*) üstünden atlamak (**etw** -in) ② (*auslassen*) atlamak (**etw** -i)

überstehen *irr vt* ① (*Gefahr*) atlatmak, savmak (**etw** -i) ② (*durchmachen*) dayanmak (**etw** -e), çekmek (**etw** -i)

übersteigen *irr vt* aşmak, geçmek (**etw** -i)

überstimmen *vt* oy sayısıyla yenmek (**jdn** -i)

Überstunden *fpl* fazla mesai; ~ **arbeiten** fazla mesai çalışmak

überstürzen *vr* **sich** ~ (*Ereignisse*) hızla birbirini izlemek

überstürzt *adj* düşüncesizce [*o* aceleyle] yapılan

Übertrag *m* aktarılacak toplam

übertragbar *adj* JUR devredilebilir; **nicht** ~ devredilmez

übertragen[1] *irr vt* ① (*Sendung*) yayınlamak (**etw** -i) ② (*übersetzen*) çevirmek, tercüme etmek (**etw in etw** -i -e) ③ JUR devretmek (**jdm etw** -e -i) ④ (*Buchhaltung*) başka bir hesaba geçirmek (**etw** -i)

übertragen[2] *adj* **in ~er Bedeutung** mecazi anlamda

Übertragung *f* ① (*Übersetzung*) çeviri, tercüme ② JUR devretme ③ (*Sendung*) yayın

Übertragungsgeschwindigkeit *f* INET aktarım hızı

Übertragungsrate *f* INET (*von Daten*) veri hızı

Übertragungswagen *m* canlı yayın aracı

übertreffen *irr vt* aşmak, bastırmak, geride [*o* arkada] bırakmak (**jdn/etw** -i)

übertreiben *irr vt* abartmak, büyütmek (**etw** -i)

Übertreibung *f* abartma

übertreten[1] *irr vi sein* ① (*Fluss*) taşmak ② (*Religion, Partei wechseln*) geçmek (**zu etw** -e)

übertreten[2] *irr vt* (*Regel*) uymamak (**etw** -e)

Übertretung *f* ① (*Straffall*) suç ② (*eines Gesetzes*) kanuna aykırı hareket

übertrieben *adj* abartmalı, aşırı

überwachen *vt* kontrol etmek, gözetim altında bulundurmak (**jdn/etw** -i)

Überwachung *f* gözetim, denetleme

überwältigen *vt* ① (*besiegen*) yenmek (**jdn/etw** -i) ② (*sehr beeindrucken*) çok etkilemek (**jdn** -i)

überwältigend *adj* muhteşem, heybetli; (*Mehrheit*) ezici

Überweg *m* (*Fußgänger-*) yaya geçidi

überweisen *irr vt* (*Geld*) havale etmek (**jdm etw** -e -i)

Überweisung *f* ① (*Geld-*) havale ② (*zu Facharzt*) nakil

überwiegen *irr vi* üstün olmak

überwiegend I. *adj* en büyük II. *adv* (*hauptsächlich*) genellikle

überwinden *irr* I. *vt* ① (*besiegen*) yenmek (**jdn/etw** -i) ② (*Hindernis*) aşmak (**etw** -i) ③ (*Zorn*) bastırmak (**etw** -i) II. *vr* **sich** ~ nefsini kırmak; **sich ~, etw zu tun** kendini bir şey yapmaya zorlamak

Überwindung *f* ① yenme, aşma ② (*Selbst-*) kendini zorlama

überwintern *vi* kışı geçirmek

Überzahl *f* sayıca üstünlük

überzeugen I. *vt* inandırmak (**jdn von etw** -i -e), kandırmak (**jdn** -i) II. *vr* **sich von etw** ~ bir şeyden emin olmak; ~ **Sie sich selbst!** kendiniz emin olun!

überzeugend *adj* inandırıcı, ikna edici

überzeugt *adj* emin (**von etw** -den), inanmış

Überzeugung *f* ① (*das Überzeugen*) inandırma ② (*Meinung*) kanı ③ (*Glaube*) inanç

überziehen[1] *irr vt* **sie zog (sich) eine Jacke über** üzerine bir ceket geçirdi
überziehen[2] *irr vt* (*mit Stoff*) kaplamak (**etw mit etw** -i ile); (*das Konto* ~) banka hesabından fazla para çekmek
Überzug *m* ❶ (*Bespannung*) örtü ❷ (*über Möbel*) kılıf
üblich **I.** *adj* ❶ (*gewohnt*) alışagelmiş ❷ (*gebräuchlich*) kullanılan **II.** *adv* **wie** ~ her zamanki gibi
U-Boot *nt* denizaltı
übrig *adj* (*verbleibend*) geri kalan, artan; (*andere*) diğer, başka; **das Übrige** geri kalan; (*einer Entwicklung, Erzählung*) devamı; **die Übrigen** diğerleri; **im Übrigen** ayrıca; ~ **bleiben** (arta)kalmak, artmak; **mir bleibt nichts anderes** ~ yapacak başka hiç bir şeyim kalmadı; **etw** ~ **lassen** bir şeyi (artık) bırakmak, hepsini bitirmemek; **(sehr) zu wünschen** ~ **lassen** (çok) pürüzlü olmak
übrigens *adv* ayrıca, hem (de)
übrighaben *irr vt* **für jdn etwas/nichts** ~ birini sevmek/sevmemek, birinden hoşlanmak/hoşlanmamak
übriglassen *vt s.* **übrig**
Übung *f* ❶ alıştırma, egzersiz ❷ SPORT idman, antrenman ❸ (*Ausüben*) yapma, uygulama; **aus der** ~ **kommen** formdan düşmek, hamla(ş)mak
Übungsbuch *nt* alıştırma [*o* egzersiz] kitabı
UdSSR *f* (*hist*) *Abk von* **Union der Sozialistischen Sowjetrepubliken** SSCB (*Sovyet Sosyalist Cumhuriyetler Birliği*)
UEFA-Pokal *m* UEFA Kupası
Ufer *nt* sahil, kıyı; (*Fluss-*) nehir kenarı [*o* kıyısı]
Ufo *nt* ufo
Uganda *nt* Uganda
U-Haft *f Abk von* **Untersuchungshaft** tutukluluk
Uhr *f* saat; **wie viel** ~ **ist es?** saat kaç?; **um wie viel** ~**?** saat kaçta?; **es ist ein/zwei** ~ saat bir/iki
Uhrmacher(in) *m(f)* saatçi
Uhrwerk *nt* saat mekanizması
Uhrzeiger *m* saat ibresi
Uhrzeit *f* saat (ayarı)
Uhu *m* puhu
Ukraine *f* Ukrayna
UKW *f Abk von* **Ultrakurzwelle** çok kısa dalga
ulkig *adj* (*spaßig*) eğlendirici, güldürücü; (*pej*) tuhaf, garip
Ulme *f* karaağaç
Ultrakurzwelle *f* çok kısa dalga
Ultraschall *m* ültrason
Ultraschalluntersuchung *f* ültrason muayenesi
ultraviolett *adj* ültraviyole, morötesi
um **I.** *präp +akk* ❶ (*Ort*) (-in) etrafında ❷ (*Richtung*) (-in) etrafına ❸ (*Zeit*) ~ **fünf Uhr** saat beşte; **ungefähr um 5 Uhr** saat beş sularında; ~ **... willen** (-in) uğruna; ~ **alles in der Welt nicht** dünya bir araya gelse; ~ **ein Haar** kıl payı **II.** *konj* ~ **zu** -mek için; ~ **so besser/schlimmer!** daha iyi/kötü ya!
umarmen *vt* kucaklamak (**jdn** -i), sarılmak (**jdn** -e)
Umarmung *f* kucaklama, sarılma
Umbau *m* değiştirme, yeniden düzenleme
umbauen[1] *vt* değiştirmek, yeniden düzenlemek (**etw** -i)
umbauen[2] *vt* etrafını binalarla çevirmek (**etw** -in)
umbilden *vt* değiştirmek, yeniden düzenlemek, düzeltmek (**etw** -i)
umbinden *irr vt* (*Krawatte, Schürze*) bağlamak (**etw** -i)
umblättern *vt* sayfayı çevirmek
umblicken *vr* **sich** ~ (*nach allen Seiten*) etrafına bakınmak; (*rückwärts*) arkasına bakmak
umbringen *irr vt* öldürmek (**jdn** -i)
umdrehen **I.** *vt* döndürmek, çevirmek (**etw** -i) **II.** *vr* **sich** ~ dönmek; (*nach*

U

hinten schauen) arkasına bakmak
Umdrehung *f* dönme, devir, devre
umfallen *irr vi sein* (yere) düşmek
Umfang *m* ❶ MATH çevre ❷ (*Ausdehnung*) genişlik, kapsam
umfangreich *adj* geniş, kapsamlı
umfassen *vt* (*enthalten*) kapsamak (**etw** -i)
umfassend *adj* geniş, kapsamlı
umformen *vt* (biçimini) değiştirmek
Umfrage *f* soruşturma, anket
Umgang *m* **mit jdm ~ haben** biriyle görüşür olmak
umgänglich *adj* geçimli, cana yakın
Umgangsformen *fpl* davranış (tarzı) *sing*
Umgangssprache *f* konuşma dili, hergünkü dil
umgeben *irr vt* etrafını çevirmek (**etw** -in), kuşatmak, çevrelemek (**etw** -i)
Umgebung *f* çevre, civar, etraf
umgehen[1] *vi* (*Gerücht*) dolaşmak; **mit jdm gut/schlecht ~** birine iyi/kötü davranmak
umgehen[2] *vt* ❶ (*Ort*) etrafından dolaşmak (**etw** -in) ❷ (*fig: vermeiden*) çekinmek, sakınmak (**etw** -den)
umgehend *adv* bir an önce, derhal
Umgehungsstraße *f* çevre yolu
umgekehrt **I.** *adj* ters **II.** *adv* ters (olarak)
umgestalten *vt* (biçimini) değiştirmek
Umgestaltung *f* değiştir(il)me
umgraben *irr vt* çapalamak, bellemek (**etw** -i)
umgruppieren *vt* yeniden gruplandırmak (**etw** -i)
Umhang *m* pelerin
Umhängetasche *f* askılı çanta
umher *adv* etraf(ın)a, etrafında
umhin *adv* **nicht ~ können, etw zu tun** -mekten kendini alamamak
Umkehr *f* dönüş
umkehren **I.** *vt* döndürmek, çevirmek (**etw** -i) **II.** *vi sein* (geri) dönmek
umkippen **I.** *vt* devirmek (**etw** -i) **II.** *vi sein* devrilmek, yere düşmek
umkleiden *vr* **sich ~** üstünü değiş(tir)mek
Umkleideraum *m* soyunma odası
umkommen *irr vi sein* ölmek
Umkreis *m* çevre; **im ~** çepeçevre, fırdolayı
umkreisen *vt* etrafında dönmek (**etw/jdn** -in)
umkrempeln *vt* ❶ (*Ärmel*) sıvamak, kıvırmak (**etw** -i) ❷ (*verändern*) (esaslı bir şekilde) değiştirmek (**etw/jdn** -i)
Umlage *f* (*von Kosten*) (masraf) bölüştürme
Umlauf *m* (*Rundschreiben*) genelge; **im ~ sein** kullanılmak, geçmek; **in ~ setzen** (*Geld*) piyasaya çıkarmak; (*Gerücht*) yaymak (**etw** -i)
Umlaufbahn *f* yörünge
Umlaut *m* *Almanca'da ä, ö, ü harflerinin genel adı*
umlegen *vt* ❶ (*Kosten*) ilgililer arasında bölüşmek (**etw** -i) ❷ (*fam: töten*) öldürmek (**jdn** -i)
umleiten *vt* (*Verkehr*) başka bir yola yöneltmek (**etw** -i)
Umleitung *f* ❶ (*Strecke*) varyant ❷ (*als Verkehrstafel*) geçit başka yerden!
umpflanzen[1] *vt bir bitkiyi başka yere dikmek*
umpflanzen[2] *vt etrafını bitkilerle çevirmek*
umrechnen *vt* (*Geld*) çevirmek (**etw in etw** -i -e)
UmrissRR *m*, **Umriß**ALT *m* (*Silhouette*) kenar çizgisi, siluet; **etw in Umrissen schildern** bir şeyi topluca anlatmak
umrühren *vt* karıştırmak, çalkalamak (**etw** -i)
ums *präp* = **um das** *s.* **um**
Umsatz *m* satış miktarı [*o* karı]
Umsatzsteuer *f* muamele vergisi
umschalten **I.** *vt* (*Strom, Gang*) değiştirmek (**etw** -i) **II.** *vi* (*fig: sich umstellen*) alışmak (**auf etw** -e)
Umschau *f* **~ halten** etrafına bakın-

mak; (*nach etw*) bir şeyi kollamak [*o* gözlemek]

umschauen *vr* **sich ~** etrafına bak(ın)mak; (*nach hinten*) arkasına bakmak

Umschlag *m* ❶ (*Buch-*) kapak ❷ (*Brief-*) zarf ❸ MED pansuman

umschlagen *irr vt* ❶ (*Ärmel*) sıvamak, kıvırmak (**etw** -i) ❷ (*Seite*) çevirmek (**etw** -i); **sie schlug sich ein Halstuch um** atkı ile boynunu sardı

umschreiben[1] *irr vt* (*Eigentum*) devretmek (**jdm etw** -e -i)

umschreiben[2] *irr vt* (*erläutern*) (başka kelimelerle) anlatmak (**etw** -i)

umschulen *vt* ❶ (*für Beruf*) *yeni bir meslek için eğitmek* ❷ (*Schüler*) *başka okula göndermek*

Umschulung *f* ❶ (*beruflich*) yeniden eğitim ❷ (*Schüler*) okul değiştirme

Umschweife *pl* **ohne ~** dolambaçsız, kapı yapmadan

umsehen *irr vr* **sich ~** (*herum*) etrafına bakmak; (*nach hinten*) arkasına bakmak; **sich nach etw ~** (*suchen*) bir şeyi aramak

umsetzen *vt* ❶ (*versetzen*) başka bir yere koymak (**etw** -i) ❷ (*verkaufen*) satmak (**etw** -i)

Umsicht *f* uyanıklık, sağgörü

umsichtig *adj* uyanık, sağgörülü, dikkatli

umsonst *adv* ❶ (*vergeblich*) boşuna, beyhude (yere), nafile ❷ (*gratis*) bedava, parasız

Umstand *m* (*Situation*) durum

U

Umstände *mpl* ❶ (*Bedingungen*) şartlar *pl* ❷ (*Mühe, Aufwand*) zahmet, külfet ❸ (*Förmlichkeiten*) resmiyet, teklif tekellüf; **unter ~n** gerekirse; **unter diesen ~n** bu şartlar altında; **unter keinen ~n** asla; **machen Sie keine ~!** zahmet etmeyin!; **in anderen ~n** (*schwanger*) gebe, hamile

umständlich *adj* zahmetli, külfetli

Umstandskleid *nt* gebelik elbisesi

Umstandswort *nt* zarf, belirteç

umsteigen *irr vi sein* aktarma yapmak

umstellen[1] *vt* ❶ (*ändern*) değiştirmek (**etw** -i) ❷ (*Möbel*) yer(ler)ini değiştirmek (**etw** -in)

umstellen[2] *vt* kuşatmak (**etw** -i); (*umzingeln*) etrafını almak (**etw** -in)

Umstellung *f* (*Veränderung*) değişiklik

umstimmen *vt* caydırmak (**jdn** -i), fikrini değiştirmek (**jdn** -in)

umstoßen *irr vt* devirmek (**etw** -i)

umstritten *adj* kavgalı, çekişmeli

Umstrukturierung *f* yapısını değiştirme

Umsturz *m* devrim, ihtilal

umstürzen *vt* devirmek, yıkmak (**jdn/etw** -i)

Umtausch *m* değiş(tir)me

umtauschen *vt* değiştirmek (**etw gegen etw** -i ile)

umwandeln *vt* değiştirmek, dönüştürmek (**etw in etw** -i -e)

umwechseln *vt* (*Geld*) boz(dur)mak (**etw** -i)

Umweg *m* dolaşık yol; **auf ~en** (*fig*) dolambaçlı yollardan

Umwelt *f* çevre

umweltbewusst[RR] *adj* çevreci

umweltfreundlich *adj* çevre dostu

Umweltpolitik *f* çevre politikası

umweltschonend *adj* çevre koruyucu

Umweltschutz *m* çevre koruma

Umweltschutzbewegung *f* çevre koruma hareketi

Umweltschützer(in) *m(f)* çevreci

Umweltschutzorganisation *f* çevre koruma organizasyonu

Umweltverschmutzung *f* çevre kirliliği

umwenden *irr* **I.** *vt* döndürmek, çevirmek (**etw** -i) **II.** *vr* **sich ~** dönmek

umwerfen *irr vt* ❶ (*umkippen*) devirmek, düşürmek (**etw** -i) ❷ (*fig: Plan*) vazgeçmek (**etw** -den)

umwerfend *adj* çok etkileyici

umziehen *irr* **I.** *vi sein* taşınmak, göçmek (**nach** -e) **II.** *vr* **sich ~** üstünü değiş(tir)mek

Umzug *m* ① (*Festzug*) alay, kortej ② (*Wohnung*) taşınma, göç
unabänderlich *adj* değiş(tirile)mez
unabdingbar *adj* zorunlu, olması gereken
unabhängig *adj* bağımsız; **sich ~ machen** bağımsızlığına kavuşmak
Unabhängigkeit *f* bağımsızlık, istiklal, egemenlik
unabkömmlich *adj* vazgeçilemez
unabsichtlich I. *adv* istemeyerek II. *adj* kasti olmayan
unachtsam *adj* dikkatsiz, düşüncesiz, kayıtsız
unanfechtbar *adj* ① (*Entscheidung*) kesin ② (*unbezweifelbar*) şüphe götürmez
unangebracht *adj* yersiz, sırasız, uygunsuz
unangenehm *adj* nahoş, tatsız, (can)sıkıcı
unannehmbar *adj* kabul edilemez
Unannehmlichkeit *f* (can) sıkıntı(sı), rahatsızlık, tatsızlık
unanständig *adj* ① (*nicht anständig*) terbiyesiz, uygunsuz ② (*unmoralisch*) ahlaksız ③ (*obszön*) müstehcen
Unanständigkeit *f* terbiyesizlik
unantastbar *adj* dokunulmaz
unappetitlich *adj* iğrenç
Unart *f* terbiyesizlik, yakışıksız davranış; (*Kinder*) yaramazlık
unartig *adj* (*Kind*) yaramaz, haylaz, arsız
unattraktiv *adj* çekici olmayan, gösterişsiz
unauffällig I. *adj* gösterişsiz, silik II. *adv* usulca(cık)
unaufgefordert *adv* kendiliğinden
unaufgeklärt *adj* (*Verbrechen*) faili meçhul
unaufhaltsam *adj* durdurulamaz
unaufhörlich I. *adj* sonsuz II. *adv* durmadan, durmaksızın, boyuna
unaufmerksam *adj* dikkatsiz, dalgın
unaufschiebbar *adj* ertelenemez
unausgeglichen *adj* dengesiz
unausgereift *adj* (*Plan*) yarım yamalak
unausstehlich *adj* çekilmez, dayanılmaz
unausweichlich *adj* kaçınılmaz
unbarmherzig *adj* merhametsiz, acımasız, gaddar
unbeabsichtigt I. *adj* kasti olmayan II. *adv* istemeyerek
unbeachtet *adj* **etw ~ lassen** bir şeyi hesaba katmamak, bir şeye değer vermemek
unbedeutend *adj* önemsiz, ufak
unbedingt I. *adj* kayıtsız şartsız II. *adv* mutlaka, muhakkak; **nicht ~** şart değil
unbefangen *adj* ① (*unparteiisch*) tarafsız ② (*natürlich*) tabii, tutuk olmayan
unbefleckt *adj* lekesiz
unbefriedigend *adj* hoşnut [*o* tatmin] etmeyen
unbefristet *adj* süresiz
unbefugt *adj* **Unbefugten ist der Zutritt verboten** işi olmayanların içeri girmesi yasaktır
unbegabt *adj* yeteneksiz
unbegreiflich *adj* anlaşılmaz, kavranılmaz
unbegrenzt *adj* sınırsız, sonsuz
unbegründet *adj* asılsız, temelsiz
Unbehagen *nt* rahatsızlık, huzursuzluk, sıkıntı
unbehaglich *adj* rahatsız, huzursuz, sıkıntılı
unbehelligt I. *adj* rahatsız edilmeyen II. *adv* rahatsız edilmeden
unbeholfen *adj* beceriksiz, hantal
unbekannt *adj* tanınmayan, bilinmeyen, meçhul
unbekümmert *adj* ① (*sorgenfrei*) kedersiz ② (*bedenkenlos*) düşüncesiz, aldırışsız
unbeliebt *adj* sevilmeyen
unbemannt *adj* (*Flugzeug*) insansız
unbemerkt I. *adj* fark edilmeyen II. *adv* gizlice
unbenommen *adv* **es bleibt Ihnen ~,**

zu ... -mek sizin kararınıza bağlıdır
unbequem *adj* ❶ (*Möbel*) rahatsız ❷ (*Mensch, Frage*) can sıkıcı
unberechenbar *adj* hesap olunamayan; (*Person*) günü gününe uymayan
unberechtigt *adj* ❶ (*unbefugt*) yetkisiz ❷ (*nicht berechtigt*) haksız
unberücksichtigt *adj* **etw ~ lassen** bir şeyi hesaba katmamak, bir şeyi dikkate almamak
unberührt *adj* el değmemiş
unbeschädigt *adj* zarara uğramamış, sağlam kalmış
unbeschrankt *adj* **~er Bahnübergang** bariyersiz tren yolu geçidi
unbeschränkt *adj* ❶ (*grenzenlos*) sınırsız ❷ (*uneingeschränkt*) mutlak, kayıtsız şartsız
unbeschreiblich *adj* tanımı güç, tarif olunamayan
unbeschwert *adj* kaygısız, dertsiz, kedersiz
unbesorgt *adj* **seien Sie ~!** merak etmeyiniz!
unbeständig *adj* ❶ (*veränderlich*) kararsız, oynak ❷ (*wankelmütig*) dönek ❸ (*Wetter*) değişken
Unbeständigkeit *f* kararsızlık, değişkenlik
unbestechlich *adj* rüşvet kabul etmez
unbestimmt *adj* ❶ (*Artikel*) belirsiz ❷ (*ungewiss*) şüpheli
unbestreitbar *adj* belli, inkar edilemez, şüphe götürmez
unbeteiligt *adj* ❶ (*nicht beteiligt*) katılmayan, katılmamış ❷ (*gleichgültig*) ilgisiz
unbetont *adj* vurgusuz
unbewaffnet *adj* silahsız
unbeweglich *adj* hareketsiz, durgun, sabit
Unbeweglichkeit *f* hareketsizlik
unbewohnbar *adj* oturulamayacak durumda
unbewohnt *adj* (*Haus*) boş, içinde oturulmayan; (*Gegend*) ıssız

U

unbewusst[RR] **I.** *adj* bilinçsiz **II.** *adv* bilmeden
unbezahlbar *adj* ❶ (*zu teuer*) fiyatı ödenemez ❷ (*sehr wertvoll*) paha biçilmez
unblutig **I.** *adj* kansız **II.** *adv* kan akıtmadan
unbrauchbar *adj* işe yaramaz, kullanılmaz
und *konj* ve; **~ zwar** ve bu da; **~ so weiter** ve saire, ve başkaları; **na ~?** ee?, ne yapalım yani?; **er kam ~ holte mich ab** geldi ve beni karşıladı
undankbar *adj* nankör, iyilik bilmez
Undankbarkeit *f* nankörlük, iyilik bilmezlik
undenkbar *adj* akla (hayale) sığmayan
undeutlich *adj* ❶ (*unbestimmt*) belirsiz ❷ (*verworren*) karışık
undicht *adj* **~ sein** su kaçırmak; **~e Stelle** su [*o* hava] kaçıran yer; (*fig*) sır ifşa eden
Unding *nt* anlamsızlık, münasebetsizlik, manasızlık
undiszipliniert *adj* disiplinsiz, sıkıya alışmamış
undurchführbar *adj* yapılması mümkün olmayan
undurchlässig *adj* su [*o* hava] geçirmez, su [*o* hava] sızdırmaz
undurchsichtig *adj* ❶ saydam olmayan ❷ (*fig: unklar*) belirsiz; (*dubios*) şüpheli
unecht *adj* ❶ (*falsch*) sahte, yapma(cık) ❷ (*künstlich*) suni, yapay ❸ (*nachgemacht*) taklit
unehelich *adj* (*Kind*) evlilik dışı
unehrlich *adj* ❶ (*unredlich*) namussuz ❷ (*betrügerisch*) hileci
uneigennützig *adj* kendi çıkarını düşünmeyen, özgecil
uneingeschränkt *adj* kayıtsız şartsız
uneinig *adj* (**in einer Sache**) **~ sein** (bir şey üzerinde) anlaşamamak
unempfindlich *adj* duygusuz, hissiz
Unempfindlichkeit *f* duygusuzluk, his-

sizlik
unendlich *adj* sonsuz, sınırsız
unentbehrlich *adj* vazgeçilemez, zorunlu
unentgeltlich I. *adj* parasız, ücretsiz II. *adv* ücretsiz olarak
unentschieden I. *adj* karara bağlanmamış, kesin olmayan II. *adv* ~ **spielen** berabere kalmak
Unentschieden *nt* beraberlik
unentschlossen *adj* kararsız
unentwegt *adv* durmadan, alabildiğine
unerbittlich *adj* amansız, insafsız, acımasız
unerfahren *adj* acemi, tecrübesiz
unerfreulich *adj* hoşa gitmeyen
unergründlich *adj* anlaşılması imkansız
unerhört *adj* ❶ (*unglaublich*) görülmedik, duyulmadık ❷ (*empörend*) ayıp
unerkannt *adv* tanınmadan, gizlice
unerklärlich *adj* açıklanamaz, akla (hayale) sığmayan
unerlässlich[RR] *adj* zorunlu, mutlaka gerekli
unerlaubt I. *adj* izinsiz II. *adj* izin almadan
unermesslich[RR] *adj* sonsuz, sınırsız
unermüdlich *adj* yorulmaz
unerschöpflich *adj* bitmez, tükenmez
unerschütterlich *adj* sarsılmaz
unerschwinglich *adj* (*Preis*) fahiş, çok yüksek, yanına varılmaz
unersetzbar *adj*, **unersetzlich** *adj* yerine başkası konamaz, eşi bulunmaz
unerträglich *adj* çekilmez, dayanılmaz
unerwartet *adj* beklenmeyen, beklenmedik, ummadık
unerwünscht *adj* istenmeyen, arzulanmayan
unfähig *adj* yetersiz, yeteneksiz
Unfähigkeit *f* yetersizlik
unfair *adj* yakışık almaz; SPORT spor kurallarına aykırı
Unfall *m* kaza
Unfallanzeige *f* kaza bildirisi
Unfallflucht *f kazadan sonra şoförün kaçması*
Unfallgegner(in) *m(f) yapılan kazada karşı taraf*
Unfallopfer *nt* kazazede
Unfallprotokoll *nt kazadan sonra tutulan zabıt*
Unfallversicherung *f* kaza sigortası
unfassbar[RR] *adj*, **unfaßbar**[ALT] *adj* anlaşılmaz, akıl ermez
unfehlbar *adj* yanılmaz, şaşmaz; (*Sache*) aksamaz
Unfehlbarkeit *f* yanılmazlık, aksamazlık
unförmig *adj* biçimsiz, şekilsiz, çirkin
unfreiwillig I. *adj* isteksiz, gönülsüz II. *adv* istemeyerek, gönülsüz olarak
unfreundlich *adj* nezaketsiz, sevimsiz; (*Wetter*) soğuk
Unfreundlichkeit *f* nezaketsizlik
unfruchtbar *adj* ❶ (*Mensch*) kısır ❷ (*Boden*) çorak ❸ (*ohne Ertrag*) verimsiz
Unfug *m* ❶ (*Unsinn*) saçma ❷ (*übler Streich*) muziplik
Ungar(in) *m(f)* Macar
ungarisch *adj* ❶ (*Art*) Macar ❷ (*Sprache*) Macarca
Ungarn *nt* Macaristan
ungeachtet *präp +gen* -e rağmen, -e karşın, -e bakmayarak
ungeahnt *adj* beklenmedik
ungebeten *adj* ~**er Gast** davetsiz misafir [*o* konuk]
ungebildet *adj* ❶ (*nicht gebildet*) kültürsüz ❷ (*unwissend*) bilgisiz, cahil
ungebräuchlich *adj* kullanılmayan
ungedeckt *adj* (*Scheck*) karşılıksız
Ungeduld *f* sabırsızlık
ungeduldig *adj* sabırsız; ~ **werden** sabırsızlanmak
ungeeignet *adj* elverişsiz, uygunsuz
ungefähr I. *adj* yaklaşık, takribi II. *adv* yaklaşık olarak, aşağı yukarı
ungefährlich *adj* tehlikesiz
ungehalten *adj* dargın, gücenik
ungeheuer *adj* ❶ (*furchtbar*) müthiş, dehşetli ❷ (*riesengroß*) kocaman

Ungeheuer *nt* canavar
ungeheuerlich *adj* (*empörend*) ayıp, rezil
Ungeheuerlichkeit *f* ayıp, rezalet
ungehindert *adj* engelsiz
ungehörig *adj* uygunsuz, yakışıksız, ayıp; (*grob*) kaba
ungehorsam *adj* söz dinlemeyen, serkeş, itaatsiz
Ungehorsam *m* itaatsizlik
ungelegen I. *adj* vakitsiz, yersiz, uygunsuz II. *adv* ~ **kommen** vakitsiz gelmek
ungelernt *adj* ~**er Arbeiter** *uzman olmayan işçi*
ungelöst *adj* çözülmemiş
ungemütlich *adj* rahatsız, huzursuz
ungenau *adj* kesin olmayan, belirsiz
ungeniert I. *adj* serbest, teklifsiz, senli benli II. *adv* serbestçe, sıkılmadan
ungenießbar *adj* ❶ (*Essen*) tatsız tuzsuz, yavan ❷ (*fig: Person*) huysuz
ungenügend *adj* yetersiz, yetmez; (*Schulnote*) yetersiz
ungepflegt *adj* bakımsız; (*Person*) pasaklı
ungerade *adj* (*Zahl*) tek
ungerecht *adj* haksız, adaletsiz
ungerechtfertigt *adj* haksız, sebepsiz, nedensiz
Ungerechtigkeit *f* haksızlık, adaletsizlik
ungern *adv* isteksizce, istemeyerek
ungesäuert *adj* (*Brot*) mayasız, hamursuz
Ungeschicklichkeit *f* beceriksizlik, sakarlık
ungeschickt *adj* beceriksiz, sakar
ungesetzlich *adj* kanun [*o* yasa] dışı, gayri meşru
ungestraft *adj* cesasız
ungestüm *adj* atılgan, sert, şiddetli
ungesund *adj* sağlıksız
Ungetüm *nt* biçimsiz yaratık, canavar
ungewiss[RR] *adj*, **ungewiß**[ALT] *adj* belirsiz, şüpheli
Ungewissheit[RR] *f* belirsizlik, şüphe
ungewöhnlich *adj* ❶ (*nicht gewöhnlich*) müstesna ❷ (*eigenartig*) garip
ungewohnt *adj* alış(ıl)mamış
Ungeziefer *nt* haşarat, zararlı böcekler *pl*
ungezogen *adj* terbiyesiz, yaramaz
Ungezogenheit *f* terbiyesizlik, yaramazlık
ungezwungen *adj* serbest, teklifsiz
ungläubig *adj* dinsiz, imansız, kafir
unglaublich *adj* inanılmaz
unglaubwürdig *adj* inanılmaz; (*Person*) güvenilmez
ungleich *adj* eşit olmayan, farklı
Unglück *nt* ❶ (*Katastrophe*) felaket, facia ❷ (*Unfall*) kaza ❸ (*Pech*) talihsizlik
unglücklich *adj* ❶ (*traurig*) üzgün, üzüntülü ❷ (*ohne Glück*) talihsiz, şanssız ❸ (*verhängnisvoll*) uğursuz
unglücklicherweise *adv* maalesef, ne yazık ki
ungültig *adj* geçersiz, hükümsüz
Ungunst *f* aksilik, terslik; **zu jds ~en** birinin aleyhin(d)e [*o* zararına]
ungünstig *adj* uygunsuz, elverişsiz
ungut *adj* **nichts für ~!** ayıp olmasın!, kusura bakma(yın)!
unhaltbar *adj* dayanıksız
Unheil *nt* felaket, facia
unheilbar *adj* iyileştirilemez, çaresiz
unheilvoll *adj* uğursuz, felaketli
unheimlich I. *adj* korkutucu; (*Ort*) tekin olmayan II. *adv* (*sehr*) gayet, son derece
unhöflich *adj* nezaketsiz, kaba
Unhöflichkeit *f* nezaketsizlik, kabalık
unhygienisch *adj* sağlığa aykırı
Uni *f* üniversite
Uniform *f* üniforma
uniformiert *adj* üniformalı
Uniklinik *f* üniversite kliniği
Union *f* birlik, birleşme
universal *adj* ❶ (*weltweit*) evrensel ❷ (*umfassend*) genel
Universität *f* üniversite

Universum *nt* evren
Unkenntnis *f* bilmezlik
unklug *adj* akılsız
unkompliziert *adj* basit
Unkosten *pl* masraflar *pl,* giderler *pl*
Unkraut *nt* yabani ot; ~ **vergeht nicht** acı patlıcanı kırağı çalmaz
Unkrautvernichtungsmittel *nt* herbisit (*yabani otları yok etme ilacı*)
Unkultur *f* kültürsüzlük
unkündbar *adj* ❶ (*Vertrag*) feshi ihbar olunamaz ❷ (*Stellung*) daimi
unlängst *adv* geçenlerde
unlauter *adj* (*Geschäft*) kanuna aykırı, dürüst olmayan; **~er Wettbewerb** haksız yarışma
unleidlich *adj* çekil(e)mez; (*Mensch*) huysuz, kötü huylu
unleserlich *adj* okunaksız
unlogisch *adj* mantıksız
Unlust *f* neşesizlik, hevessizlik
Unmenge *f* büyük miktar; **eine ~ von** bir sürü, dünya kadar
Unmensch *m* ❶ (*Rohling*) hayvan gibi adam ❷ (*Scheusal*) canavar
unmenschlich *adj* insanlık dışı
unmissverständlich[RR], **unmißverständlich**[ALT] **I.** *adj* yanlış anlaşılmaz, açık, belirgin **II.** *adv* yanlış anlaşılmayacak biçimde
unmittelbar **I.** *adj* dolaysız, direkt **II.** *adv* doğrudan doğruya
unmodern *adj* (*altmodisch*) modası geçmiş; (*unzeitgemäß*) çağdışı
unmöglich *adj* imkansız, olanaksız
Unmöglichkeit *f* imkansızlık, olanaksızlık
unmoralisch *adj* ahlaksız
unmündig *adj* reşit olmayan
Unmut *m* ❶ (*Unzufriedenheit*) can sıkıntısı, hoşnutsuzluk ❷ (*Verdruss*) bezginlik, usanç
unnachahmlich *adj* taklit edilemez
unnachgiebig *adj* boyun eğmez
unnachsichtig *adj* hoşgörüsüz, sert
unnahbar *adj* yanına yaklaşılamaz
unnatürlich *adj* tabii olmayan
unnormal *adj* normal dışı, anormal
unnötig *adj* gereksiz
unnötigerweise *adv* boş yere, gereksiz olarak
unnütz *adj* yararsız, faydasız
unordentlich *adj* düzensiz; (*Person, Zimmer*) dağınık
Unordentlichkeit *f* dağınıklık
Unordnung *f* düzensizlik, dağınıklık, karışıklık
unparteiisch *adj* tarafsız
unpassend *adj* ❶ (*ungünstig*) uymayan, uygunsuz ❷ (*unschicklich*) yakışıksız ❸ (*unangebracht*) yersiz
unpassierbar *adj* geçil(e)mez
unpässlich[RR] *adj* rahatsız, keyifsiz
unpersönlich *adj* kişisel olmayan; (*fig*) soğuk
unpopulär *adj halk tarafından sevilmeyen*
unpraktisch *adj* ❶ (*Sache*) kullanışsız ❷ (*Person*) beceriksiz
unpünktlich *adj* tam vaktinde gelmeyen, dakik olmayan
Unpünktlichkeit *f* dakik olmama
unqualifiziert *adj* kalifiyesiz
unrealistisch *adj* ❶ (*Plan*) gerçek dışı ❷ (*Person*) gerçekçi olmayan
unrecht *adj* ❶ (*ungerecht*) haksız ❷ (*falsch*) yalnış
Unrecht *nt* haksızlık; **zu ~** haksız yere; **~ haben** haksız olmak, haklı olmamak; **jdm ~ tun** birine haksızlık etmek
unrechtmäßig *adj* gayri meşru
unregelmäßig *adj* ❶ (*ungleichmäßig*) düzensiz ❷ (*ohne Regel*) kuralsız
Unregelmäßigkeit *f* düzensizlik, kuralsızlık
unreif *adj* ham; (*fig*) olgun olmayan
unrentabel *adj* karsız, verimsiz
unrichtig *adj* yanlış, doğru değil
Unruhe *f* ❶ (*Bewegung*) hareket ❷ (*innere ~*) huzursuzluk, rahatsızlık; (*Besorgnis*) kaygı, endişe ❸ (*Durcheinan-

der) kargaşalık ④ (*Aufstand*) ayaklanma
Unruhestifter(in) *m(f)* arabozucu
unruhig *adj* ① (*in Bewegung*) hareketli ② (*beunruhigt*) huzursuz, rahatsız ③ (*besorgt*) kaygılı, endişeli
uns *pron akk von wir* bizi; *dat von wir* bize
unsachlich *adj* ① (*Person*) tarafgir, taraf tutan ② (*Argument*) konu dışı
unsauber *adj* kirli, pis
unschädlich *adj* zararsız
unscharf *adj* net olmayan
unschätzbar *adj* paha biçilmez, çok değerli
unscheinbar *adj* ① (*unauffällig*) göze çarpmayan ② (*unbedeutend*) önemsiz
unschlüssig *adj* kararsız
Unschuld *f* ① (*Schuldlosigkeit*) suçsuzluk ② (*Keuschheit*) bekaret, kızlık
unschuldig *adj* suçsuz; (*keusch*) bakire
unselig *adj* uğursuz
unsere(r, s) *pron* bizim
unsereiner *pron*, **unsereins** *pron* bizim gibiler *pl*
unsererseits *adv* bizim tarafımızdan, bizce
unsertwegen *adv* bizim için
unsicher *adj* ① (*gefahrvoll*) emniyetsiz ② (*ohne Sicherheit*) emin olmayan; (*nicht selbstsicher*) güvensiz ③ (*ungewiss*) şüpheli, belirsiz
Unsicherheit *f* ① (*Gefahr*) emniyetsizlik ② (*keine Selbstsicherheit*) güvensizlik ③ (*Zweifel*) şüphe
unsichtbar *adj* görünmez, görünmeyen
U **Unsinn** *m* saçma; **mach keinen ~!** saçmalama!
unsinnig *adj* ① (*ohne Sinn*) anlamsız ② (*unvernünftig*) saçma (sapan), abuk sabuk
Unsitte *f* kötü alışkanlık
unsittlich *adj* ① (*unmoralisch*) ahlaksız ② (*obszön*) açık saçık, müstehcen
unsportlich *adj* ① (*Verhalten*) sportmenliğe yakışmaz ② (*sportlich inaktiv*) spor yapmayan
unsre *pron* = **unsere** *s.* **unsere(r, s)**
unsterblich *adj* ölümsüz
Unstimmigkeit *f* ① (*Meinungsverschiedenheit*) anlaşmazlık ② (*Widerspruch*) tutmazlık
Unsumme *f çok büyük miktar*
unsympathisch *adj* sevimsiz; **er ist mir ~** ondan hiç hoşlanmıyorum
untadelig *adj* kusursuz, lekesiz
untätig *adj* ① (*nicht aktiv*) faal olmayan ② (*müßig*) tembel, avare
untauglich *adj* işe yaramaz, elverişsiz
unteilbar *adj* bölün(e)mez
unten *adv* aşağıda; **weiter ~** daha aşağıda
unter **I.** *präp +dat* ① (*Ort*) -in altında ② (*zwischen*) -in arasında ③ (*weniger als*) -den aşağı; **~ ... hindurch** -in altından; **~ null** sıfırın altında; **~ anderem** ve de ayrıca; **~ Umständen** gerekirse; **~ uns gesagt** söz [*o* laf] aramızda (kalsın); **was verstehen Sie ~ ...?** -den ne anlıyorsunuz? **II.** *präp +akk* ① (*Richtung*) -in altına ② (*zwischen*) -in arasına
Unterarm *m* önkol
Unterbewusstsein[RR] *nt* bilinçaltı
unterbinden *irr vt* önlemek (**etw** -i)
unterbrechen *irr vt* ① ara vermek (**etw** -e) ② (*beim Reden*) sözünü kesmek (**jdn** -in)
Unterbrechung *f* ara (verme)
unterbreiten *vt* sunmak, vermek (**jdm etw** -e -i)
unterbringen *irr vt* ① (*beherbergen*) yerleştirmek, barındırmak (**jdn in etw** -i -e) ② (*Sachen*) yerleştirmek (**etw in etw** -i -e) ③ (*verstauen*) sığdırmak (**etw in etw** -i -e)
unterbrochen *adj* kesik
unterdessen *adv* bu [*o* o] arada
unterdrücken *vt* ① (*Menschen*) baskı yapmak, ezmek (**jdn** -i); (*stärker*) zulmetmek (**jdn** -e) ② (*Aufstand, Gefühl*) bastırmak (**etw** -i)

Unterdrückung *f* baskı (yapma), zulüm
untere(r, s) *adj* aşağı, alt
untereinander *adv* ❶ (*räumlich*) alt alta ❷ (*unter sich*) aralarında
unterentwickelt *adj* geri kalmış
unterernährt *adj* yetersiz beslenmiş
Unterernährung *f* gıdasızlık, yetersiz beslenme
Unterführung *f* altgeçit
Untergang *m* ❶ (*Gestirn, Schiff*) batma, batış ❷ (*Niedergang*) çökme, yıkılış
Untergebene(r) *f(m)* ast (*birinin emri altında bulunan*)
untergehen *irr vi sein* ❶ (*Gestirn, Schiff*) batmak ❷ (*fig*) çökmek
Untergeschoss[RR] *nt* bodrum katı
Untergewicht *nt* (*Mensch*) kilo eksikliği, zayıflık
untergraben *irr vt* (*fig*) sarsmak, yıkmak (**etw** -i)
Untergrund *m* yeraltı
Untergrundbahn *f* metro
Untergrundbewegung *f* gizli örgüt hareketi
Untergrundorganisation *f* ❶ (*politische*) komita ❷ (*kriminelle*) yeraltı suç örgütü
unterhalb *präp +gen* -in aşağısında, -in altında
Unterhalt *m* geçim
unterhalten *irr* **I.** *vt* ❶ (*ernähren*) beslemek (**jdn** -i), geçimini sağlamak (**jdn** -in) ❷ (*vergnügen*) eğlendirmek (**jdn** -i) **II.** *vr* **sich ~** (*miteinander sprechen*) sohbet etmek, söyleşmek; (*sich vergnügen*) eğlenmek
unterhaltend *adj*, **unterhaltsam** *adj* eğlendirici, eğlenceli; (*Person*) tatlı dilli
Unterhaltszahlungen *fpl* nafaka
Unterhaltung *f* ❶ (*Gespräch*) konuşma, sohbet ❷ (*Vergnügen*) eğlence ❸ (*Instandhaltung*) bakım
Unterhaltungsmusik *f* hafif müzik
Unterhändler(in) *m(f)* aracı
Unterhemd *nt* fanila, atlet
Unterhose *f* (iç) don(u), külot
unterirdisch *adj* yeraltı, toprakaltı
Unterkiefer *m* altçene
Unterklasse *f* alt sınıf
Unterkunft *f* ❶ (*Ort*) barınak ❷ (*Vorgang, z.B. in Hotel*) konaklama; **~ und Verpflegung** barındırma ve yedirip içirme
Unterlage *f* ❶ altlık ❷ TECH temel; **Unterlagen** belgeler *pl*, dokümanlar *pl*
unterlassen *irr vt* ❶ (*nicht tun*) yapmamak ❷ (*vernachlässigen*) ihmal etmek (**etw** -i)
Unterlassung *f* ihmal
unterlegen[1] *vt* (*darunterlegen*) altına koymak (**etw** -i)
unterlegen[2] *adj* ❶ (*besiegt*) yenik ❷ (*zahlenmäßig*) sayıca az
Unterleib *m* karnın alt kısmı, belden aşağısı
unterliegen *irr vi sein* (*besiegt sein*) yenilmek, altta kalmak
Unterlippe *f* altdudak
unterm *präp* = **unter dem** *s.* **unter**
untermauern *vt* (*fig*) sağlam temele dayandırmak (**etw** -i)
Untermieter(in) *m(f)* kiracının kiracısı
untern *präp* = **unter den** *s.* **unter**
unternehmen *irr vt* ❶ (*ausführen*) yapmak (**etw** -i) ❷ (*in Angriff nehmen*) girişmek (**etw** -e)
Unternehmen *nt* ❶ (*Unternehmung*) girişim ❷ (*Firma*) kuruluş
Unternehmer(in) *m(f)* girişimci, işadamı, müteşebbis
Unternehmertum *nt* girişimcilik
unternehmungslustig *adj* atılgan, girişken
Unteroffizier *m* assubay
unterordnen **I.** *vt* bağımlı kılmak (**etw** -i) **II.** *vr* **sich jdm ~** birinin emri altına girmek
Unterredung *f* görüşme, danış
Unterricht *m* ders(ler), öğretim
unterrichten *vt* ❶ (*lehren*) ders vermek

(**jdn** -e), öğretmek, alıştırmak (**jdn** -i) ❷ (*informieren*) bildirmek (**jdn von/über etw** -e -i), haber vermek (**jdn** -e)

Unterrock *m* jüpon

unters *präp* = **unter das** *s.* **unter**

untersagen *vt* yasak etmek, yasaklamak (**etw** -i)

unterschätzen *vt* küçümsemek, azımsamak, aşağı görmek (**etw/jdn** -i)

unterscheiden *irr* **I.** *vt* ayırmak, ayırt [*o* fark] etmek (**etw von etw** -i -den) **II.** *vr* **sich** ~ ayrılmak, farklı olmak (**von etw** -den)

Unterscheidung *f* ayırt etme, farklı olma

Unterschicht *f* (*sozial*) alt tabaka [*o* sınıf]

unterschieben[1] *irr vt* (*darunterschieben*) alt tarafına sürmek (**etw** -i)

unterschieben[2] *irr vt* (*Schuld*) üstüne atmak (**jdm etw** -in -i), yüklemek (**jdm etw** -e -i)

Unterschied *m* fark, ayrım, ayrılık; **im ~ zu ...** -den farklı olarak

unterschiedlich *adj* farklı, ayrımlı, değişik

unterschlagen *irr vt* (*Geld*) zimmetine geçirmek (**etw** -i)

Unterschlagung *f* zimmetine geçirme

Unterschlupf *m* sığınak

unterschreiben *irr vt* imzalamak, imza etmek (**etw** -i), altına imza atmak (**etw** -in)

Unterschrift *f* imza

Unterseeboot *nt* denizaltı

Unterseite *f* alt taraf

Untersetzer *m* altlık

untersetzt *adj* bodur, tıknaz

unterste(r, s) *adj* en alt, en aşağıdaki

unterstellen *vt* ❶ (*unterordnen*) emrine vermek (**jdn jdm** -i -in) ❷ (*annehmen*) varsaymak (**etw** -i) ❸ (*beschuldigen*) üstüne atmak (**jdm etw** -in -i), yüklemek (**jdm etw** -e -i)

Unterstellung *f* (*Beschuldigung*) haksız suçlama, iftira

unterstreichen *irr vt* ❶ altını çizmek (**etw** -in) ❷ (*fig: hervorheben*) vurgulamak (**etw** -i)

Unterstufe *f Almanya'da lisenin ilk sınıfları*

unterstützen *vt* ❶ desteklemek, korumak (**jdn** -i), yardım etmek (**jdn** -e) ❷ INFORM desteklemek (**etw** -i)

Unterstützung *f* destek, yardım, koruma

untersuchen *vt* ❶ (*prüfen*) yoklamak, araştırmak (**etw** -i) ❷ (*erforschen*) incelemek, araştırmak (**etw** -i) ❸ MED muayene etmek (**etw/jdn** -i)

Untersuchung *f* ❶ (*Erforschung*) araştırma, inceleme ❷ (*Nachprüfung*) araştırma, yeniden gözden geçirme ❸ MED muayene ❹ (*Ermittlung*) soruşturma

Untersuchungsgefangene(r) *f(m)* tutuklu

Untersuchungshaft *f* tutukluluk

Untersuchungsrichter(in) *m(f)* sorgu hakimi [*o* yargıcı]

Untertasse *f* fincan tabağı; **fliegende ~** uçan daire

untertauchen *vi sein* ❶ dalmak ❷ (*verschwinden*) ortadan kaybolmak

Unterteil *nt* alt bölüm

Untertitel *m* ❶ (*Buch*) alt başlık ❷ FILM altyazı; **mit deutschen ~n** Almanca altyazılı

untertreiben *irr vt* olduğundan küçük [*o* az] göstermek (**etw** -i)

Unterverzeichnis *nt* INFORM alt dizin

unterwandern *vt küçük bir grup olarak bir toplumun içine girip kuvvet kazanmak*

Unterwäsche *f* iç çamaşırı

unterwegs *adv* yolda

Unterwelt *f* (*fig: Kriminelle*) yeraltı dünyası

unterwerfen *irr* **I.** *vt* ❶ (*besiegen*) yenmek (**jdn** -i) ❷ (*unterjochen*) boyunduruk altına almak, tabi kılmak (**jdn** -i) **II.** *vr* **sich** ~ boyun eğmek

unterwürfig *adj* dalkavuk, köle gibi

U

unterzeichnen *vt* imza etmek, imzalamak (**etw** -i)
Unterzeichnete(r) *f(m)* imza eden [*o* sahibi]
Unterzeichnung *f* imza(lama)
unterziehen *irr vr* **sich einer Sache ~** bir şeyi üstüne almak
untrennbar *adj* ayrılmaz
untreu *adj* vefasız
Untreue *f* vefasızlık; (*in der Ehe*) ihanet
untröstlich *adj* avutulamaz
untrüglich *adj* sağlam, şüphesiz
unüberbrückbar *adj* (*fig*) bağdaş(a)maz
unüberlegt *adj* düşüncesiz, akılsız
unübersichtlich *adj* ❶ (*nicht übersichtlich*) bir bakışta kavranmayan ❷ (*verworren*) karışık, dolambaçlı ❸ (*Kreuzung, Kurve*) sonu görünmeyen
unübertrefflich *adj* üstün, kusursuz, eksiksiz
unüberwindlich *adj* (*Hindernis*) başa çıkılamaz, atlatılamaz
ununterbrochen I. *adj* devamlı, arası kesilmeyen II. *adv* durmadan, durmaksızın
unveränderlich *adj* değişmez
unverantwortlich *adj* sorumsuz, sorumlu olmayan
unverbesserlich *adj* düzelmez
unverbindlich *adj* yükümlü kılmayan
unverblümt *adv* açıkça, dobra dobra
unverdaulich *adj* sindirimi güç
unvereinbar *adj* bağdaş(a)maz
Unvereinbarkeit *f* bağdaşmazlık
unverfroren *adj* arsız, yüzsüz, pişkin
Unverfrorenheit *f* arsızlık, yüzsüzlük
unvergänglich *adj* ölmez, ebedi
unvergesslich[RR] *adj*, **unvergeßlich**[ALT] *adj* unutul(a)maz
unvergleichlich *adj* eşsiz
unverhofft *adj* ummadık, umulmayan
unverkäuflich *adj* satıl(a)maz
unvermeidbar *adj*, **unvermeidlich** *adj* çaresiz
unvermutet *adj* beklenmeyen, ummadık
unvernünftig *adj* akılsız
unveröffentlicht *adj* yayınlanmamış
unverpackt *adj* paketlenmemiş, ambalajsız
unverschämt *adj* utanmaz, arsız, yüzsüz
Unverschämtheit *f* arsızlık, yüzsüzlük, edepsizlik
unversehens *adv* ansızın
unversehrt *adj* sağlam
unversöhnlich *adj* barışmaz, uzlaşmaz
unverständlich *adj* ❶ (*unklar*) anlaşılmaz ❷ (*nicht nachvollziehbar*) akıl ermez
unversucht *adj* **nichts ~ lassen(, um etw zu tun)** (bir şey yapmak için) denemedik yol [*o* yöntem] bırakmamak
unverzeihlich *adj* affolunmaz, affedilmez
unverzollt *adj* gümrüksüz
unverzüglich *adv* derhal, hemen, tez elden
unvollendet *adj* tamamlanmamış
unvollkommen *adj* noksan, eksik
unvollständig *adj* bitmemiş, eksik, noksan
unvorbereitet I. *adv* hazırlanmadan II. *adj* hazırlıksız
unvorhergesehen *adj* beklenmedik, ummadık
unvorsichtig *adj* ❶ (*unachtsam*) dikkatsiz ❷ (*unklug*) akılsız
Unvorsichtigkeit *f* dikkatsizlik, akılsızlık
unvorstellbar *adj* akla (hayale) sığmayan, akıl almaz
unwahr *adj* ❶ (*falsch*) yanlış ❷ (*gelogen*) yalan
Unwahrheit *f* (*Lüge*) yalan
unwahrscheinlich *adj* muhtemel olmayan, ihtimal dışı
unweigerlich *adv* mutlaka
unweit *präp +gen* -in yakında, -in civarında
unwesentlich *adj* esaslı olmayan, önemsiz
Unwetter *nt* fırtına, kasırga

unwichtig *adj* önemsiz
unwiderruflich *adj* geri alınamaz; (*Beschluss*) kesin
unwiderstehlich *adj* dayanılmaz, karşı konulmaz
Unwille *m* öfke, kızgınlık
unwillig I. *adj* öfkeli, kızgın II. *adv* istemeyerek
unwillkürlich I. *adj* ❶ (*absichtslos*) kasti olmayan ❷ (*von innen getrieben*) iradedışı II. *adv* bilinçsizce
unwirsch *adj* ters, haşin, hırçın
unwirtschaftlich *adj* ekonomik olmayan, idaresiz
unwissend *adj* bilgisiz, cahil
Unwissenheit *f* bilmezlik, bilgisizlik, cahillik
unwissentlich *adv* bilmeyerek
unwohl *adj* rahatsız, keyifsiz; **mir ist ~** rahatsızım, fenalaşıyorum
Unwohlsein *nt* rahatsızlık, keyifsizlik, kırıklık
unwürdig *adj* ❶ (*nicht würdig*) layık olmayan (**einer Sache** -e) ❷ (*skandalös*) rezil, rezaletli
unzählig *adj* sayısız
unzeitgemäß *adv* çağdışı
unzerbrechlich *adj* kırıl(a)maz
unzertrennlich *adj* ayrılmaz
Unzucht *f* fuhuş
unzüchtig *adj* ahlaksız
unzufrieden *adj* memnun olmayan, hoşnutsuz (**mit jdm/etw** -den)
Unzufriedenheit *f* hoşnutsuzluk, memnuniyetsizlik
unzulänglich *adj* yetersiz, yetmez
U **unzulässig** *adj* yasak
unzumutbar *adj* yapılması istenemez [*o* beklenemez]
unzurechnungsfähig *adj* JUR (hukuki açıdan) sorumsuz
unzureichend *adj* yetersiz, yetmez
unzuverlässig *adj* güvenilmez
Unzuverlässigkeit *f* güvenilmezlik
üppig *adj* ❶ (*reichhaltig*) bol, gümrah, bereketli ❷ (*Pflanzenwuchs*) dolgun, üreyen, bereketli ❸ (*Mahl*) bol bereketli
UPS *nt Abk von* **uninterruptible power supply** INFORM KGK (*kesintisiz güç kaynağı*)
Urabstimmung *f bir örgütün bütün üyelerinin katıldığı oylama*
uralt *adj* ❶ (*Sache*) son derece eski ❷ (*Person*) çok yaşlı
Uran *nt* uranyum
Uraufführung *f* ilk temsil [*o* oynanış], prömiyer
Ureinwohner *mpl* yerliler *pl,* asıl halk *sing*
Urenkel(in) *m(f)* torunun çocuğu
Urgroßeltern *pl* büyük dede ve büyük nine
Urgroßmutter *f büyükannenin veya büyükbabanın annesi*
Urgroßvater *m büyükannenin veya büyükbabanın babası*
Urheber(in) *m(f)* ❶ (*Täter*) (asıl) fail, yapan ❷ (*Autor*) yazar
Urheberrecht *nt* telif hakkı
Urin *m* idrar, sidik
urinieren *vi* idrarını yapmak, işemek *fam*
Urkunde *f* belge; (*notarielle*) senet
URL *f* INET URL adresi
Urlaub *m* ❶ (*Ferien*) tatil ❷ (*Beruf*) izin; **in ~ gehen** tatile [*o* izne] gitmek; **~ haben** tatili [*o* izni] olmak; **~ machen** tatil yapmak
urlauben *vi* (*fam*) izin yapmak
Urlauber(in) *m(f)* ❶ (*Ferienreisender*) tatil (yolculuğu) yapan ❷ (*Sommerfrischler*) yazlıkçı
Urlaubsgeld *nt* izin parası
Urne *f* ❶ (*Wahl*) oy sandığı ❷ (*Aschenkrug*) kül kavanozu
Urologe, **Urologin** *m, f* ürolog, bevliyeci
Ursache *f* neden, sebep; **keine ~!** bir şey değil!
Ursprung *m* asıl, köken, başlangıç noktası

ursprünglich I. *adj* asıl, ilk(el) II. *adv* köken olarak, esasen
Urteil *nt* hüküm, yargı; **sich ein ~ bilden** fikir [*o* kanı] edinmek
urteilen *vi* yargılamak, hüküm vermek (**über** hakkında); (*meinen*) fikrini söylemek
Urteilskraft *f* yargı yeteneği
Urteilsspruch *m* mahkeme kararı
Uruguay *nt* Urugu(v)ay
Uruguayer(in) *m(f)* Urugu(v)aylı
uruguayisch *adj* ❶ (*Art*) Urugu(v)ay ❷ (*Herkunft*) Urugu(v)aylı
Urwald *m* balta girmemiş orman
urwüchsig *adj* tabii, doğal, sade
USA *pl* ABD (*Amerika Birleşik Devletleri*)
User(in) *m(f)* INFORM kullanıcı
usw. *adv Abk von* **und so weiter** vs. (*ve saire*)
Utility *f* INFORM yardımcı yazılım
utopisch *adj* ütopik
u. U. *adv Abk von* **unter Umständen** gerektiğinde
UV *adj Abk von* **ultraviolett** ültraviyole
UV-Strahlung *f* ültraviyole ışını
Ü-Wagen *m Abk von* **Übertragungswagen** canlı yayın aracı

V v

V *nt Abk von* **Volt** volt
vage *adv* belirsiz(ce)
Vagina *f* vagina
Vakuum *nt* vakum, boşluk, havası alınmış
Vampir *m* vampir
Vanille *f* vanilya
Vanilleeis *nt* vanilyalı dondurma
Varieté *nt* varyete
variieren *vi* değişmek
Vase *f* vazo; (*große*) çiçeklik
Vater *m* ❶ (*Elternteil*) baba ❷ (*Stamm-, Vorfahr*) ata; **~ Staat** devlet baba
Vaterland *nt* anayurt, (ana)vatan
Vaterlandsverräter(in) *m(f)* vatan haini
väterlich *adj* baba gibi, babacan
väterlicherseits *adv* baba tarafından
Vaterschaft *f* babalık
Vatikan *m* Vatikan
VB *f Abk von* **Verhandlungsbasis** görüşme temeli
v. Chr. *adv Abk von* **vor Christus** M.Ö. (*Milattan önce*); **im Jahre 333 v. Chr.** M.Ö. 333 yılında
Veganer(in) *m(f)* vegan
Vegetarier(in) *m(f)* vejetaryen
vegetarisch *adj* vejetaryen
vegetativ *adj* **~es Nervensystem** vejetatif sinir sistemi
vegetieren *vi* ot gibi (bilinçsiz, sefalet içinde) yaşamak
Veilchen *nt* menekşe
Vene *f* toplardamar, verit
Venenentzündung *f* verit iltihabı
Venezuela *nt* Venezüela
Ventil *nt* valf, supap, vana
Ventilator *m* vantilatör
verabreden I. *vt* (*vereinbaren*) kararlaştırmak (**etw** -i) II. *vr* **sich (mit jdm) ~** (biriyle) sözleşmek
Verabredung *f* ❶ (*Treffen*) randevu, buluşma ❷ (*Vereinbarung*) kararlaştırma, sözleşme; **ich habe eine ~** randevum var
verabscheuen *vt* tiksinmek, nefret etmek (**etw/jdn** -den)
verabschieden I. *vt* (*entlassen*) işten çıkarmak (**jdn** -i); **ein Gesetz ~** ka-

V

nun çıkarmak **II.** *vr* **sich ~** veda etmek (**von jdm** -e); **sich voneinander ~** vedalaşmak

verachten *vt* küçümsemek, aşağı [*o* hor] görmek (**jdn/etw** -i)

Verachtung *f* küçümseme, aşağılamak

verallgemeinern *vt* genelle(ştir)mek (**etw** -i)

Verallgemeinerung *f* genelle(ştir)me

veraltet *adj* eskimiş

Veranda *f* veranda

veränderlich *adj* değişken; (*unbeständig*) kararsız

verändern I. *vt* değiştirmek, başkalaştırmak (**etw/jdn** -i) **II.** *vr* **sich ~** değişmek, başkalaşmak

Veränderung *f* ❶ (*Verändern*) değiştirme ❷ (*Anderswerden*) değişme ❸ (*Wechsel*) değişiklik

verängstigt *adj* yılgın, yılmış, gözü korkmuş

verankern *vt* ❶ (*Schiff*) demirlemek (**etw** -i) ❷ TECH kenetlemek (**etw** -i) ❸ (*fig*) sağlama bağlamak (**etw** -i)

Veranlagung *f* ❶ (*Temperament*) huy, mizaç ❷ (*Begabung*) yetenek

veranlassen *vt* neden olmak, sebep vermek (**etw** -e); **jdn zu etw ~** birini bir şeye özendirmek [*o* teşvik etmek]

Veranlassung *f* ❶ (*Grund*) neden, sebep ❷ (*Anlass*) vesile ❸ (*Anregung*) özendirme, teşvik

veranschaulichen *vt* canlandırmak, canlandırarak anlatmak (**etw** -i)

veranstalten *vt* düzenlemek, tertiplemek, tertip etmek (**etw** -i)

Veranstalter(in) *m(f)* düzenleyici, tertipleyen, organizatör

Veranstaltung *f* ❶ (*Handlung*) organizasyon ❷ (*Ereignis*) gösteri

verantworten I. *vt* sorumluluğunu üstlenmek (**etw** -in) **II.** *vr* **sich für etw ~** bir şeyden dolayı hesap vermek

verantwortlich *adj* sorumlu

Verantwortung *f* sorumluluk; **die ~ für etw übernehmen** bir şeyin sorumluluğunu üstlenmek

verantwortungsbewusst[RR] *adj* sorumluluk bilinci olan

verantwortungslos *adj* sorumluluk duygusu olmayan

verarbeiten *vt* işlemek (**etw** -i); **~de Industrie** imalat sanayii

Verarbeitung *f* işleme

verärgern *vt* kızdırmak (**jdn** -i)

verärgert *adj* kızgın

verausgaben *vr* **sich ~** (*Geld*) bütün parasını tüketmek; (*Kraft*) gücünü tüketmek

Verb *nt* fiil, eylem

Verband *m* ❶ MED sargı, pansuman ❷ (*Vereinigung*) birlik

Verband(s)kasten *m* ilk yardım kutusu

Verband(s)zeug *nt* sargı malzemesi

verbat *vt s.* **verbitten**

verbergen *irr vt* gizlemek, saklamak (**etw** -i)

verbessern *vt* ❶ (*Fehler*) düzeltmek (**etw** -i) ❷ (*Ertrag*) yükseltmek (**etw** -i)

Verbesserung *f* ❶ (*Verbessern*) düzeltme ❷ (*Besserwerden*) düzelme, iyileşme

verbesserungsfähig *adj* düzelmeye elverişli

verbeten *vt s.* **verbitten**

verbeugen *vr* **sich ~** eğilmek, reverans yapmak (**vor jdm** -in önünde)

Verbeugung *f* eğilme, reverans

verbiegen *irr vt* (biçimini bozarak) bükmek, eğ(rilt)mek (**etw** -i)

verbieten *irr vt* yasak etmek, yasaklamak (**etw** -i)

verbinden *irr* **I.** *vt* ❶ (*zusammenfügen*) bağlamak (**etw mit etw** -i -e), birleştirmek (**etw mit etw** -i ile) ❷ (*telefonisch*) bağlamak (**jdn mit jdm** -i -e) ❸ (*Wunde*) sarmak (**etw** -i) ❹ (*Augen*) bağlamak (**etw** -i); **~ Sie mich mit ...** bana ... -i verin(iz); **falsch verbunden!** yanlış numara! **II.** *vr* **sich ~** birleşmek; CHEM bileşmek (**mit etw**

ile)

verbindlich *adj* ① (*bindend*) bağlayıcı, zorunlu ② (*höflich*) nazik

Verbindlichkeit *f* ① (*Verpflichtung*) yükümlülük ② (*Gefälligkeit*) nezaket, hatır

Verbindung *f* ① (*Verbinden*) bağlama ② (*Verbundenwerden*) bağlanma ③ (*Zusammenhang*) bağlantı, ilgi ④ (*Verein*) birlik, kurum ⑤ CHEM bileşim ⑥ (*Telefon-*) bağlantı ⑦ (*Zug-*) aktarma; **eine ~ herstellen** (*zum Internet*) bağlamak; **sich in ~ setzen** (**mit**) (ile) temasa geçmek

verbissen *adj* (*hartnäckig*) inatçı

Verbissenheit *f* inat

verbitten <verbat, verbeten> *vt* **sich** *dat* **etw ~** yapılmamasını istemek

verbittert *adj* küskün

Verbleib *m* (*Unterkunft*) kalınan yer

verbleiben *irr vi sein* ① (*übrig bleiben*) kalmak ② (*vereinbaren*) kararlaştırmak

verblüffen *vt* şaşırtmak, hayrette bırakmak (**jdn** -i)

verblüffend *adj* şaşırtıcı, afallatıcı

verblüfft *adj* şaşkın, afallamış

verbluten *vi sein çok kan kaybederek ölmek*

verborgen *adj* gizli, saklı

Verbot *nt* yasak

verboten *adj* yasak; **Eintritt/Rauchen ~** girmek/sigara içmek yasaktır

verbrach *vt s.* **verbrechen**

verbracht(e) *vt s.* **verbringen**

Verbrauch *m* tüketim

verbrauchen *vt* tüketmek (**etw** -i)

Verbraucher(in) *m(f)* (*Konsument*) tüketici

Verbraucherpreis *m* tüketici fiaytı

Verbraucherschutz *m* tüketicinin korunması

Verbraucherverband *m* tüketici korunması birliği

verbraucht *adj* (*aufgebraucht*) tükenmiş; (*Luft*) bozulmuş

verbrechen <verbricht, verbrach, verbrochen> *vt* (*fam: anstellen*) yapmak (**etw** -i)

Verbrechen *nt* suç

Verbrecher(in) *m(f)* suçlu; (*stärker*) cani

verbrecherisch *adj* canice

verbreiten I. *vt* ① (*Nachricht*) yaymak (**etw** -i) ② (*Geruch*) saçmak (**etw** -i) II. *vr* **sich ~** (*sich ausbreiten*) yayılmak

verbreitern *vt* genişletmek (**etw** -i)

verbreitet *adj* yaygın

verbrennen *irr* I. *vt* yakmak (**etw** -i) II. *vi sein* yanmak

Verbrennung *f* ① (*Verbrennen*) yakma ② (*Verbranntwerden*) yakılma, yanma ③ MED yanık

verbringen <verbrachte, verbracht> *vt* (*Zeit*) geçirmek (**etw** -i)

verbrochen *vt s.* **verbrechen**

Verbrüderung *f* kardeşleşme

verbunden *adj* **jdm sehr ~ sein** birine müteşekkir olmak

verbünden *vr* **sich ~** birleşmek (**mit jdm** ile)

Verbundenheit *f* bağlılık

Verbündete(r) *f(m)* müttefik, bağlaşık

verbüßen *vt* **eine Strafe ~** bir cezayı çekmek

verchromt *adj* kromlu, krom kaplı

Verdacht *m* şüphe

verdächtig *adj* şüpheli

verdächtigen *vt* suçlamak (**jdn einer Sache** -i ile)

Verdächtigung *f* suçlama

verdammen *vt* lanetlemek (**jdn/etw** -i)

verdammt *adj* (*verflucht*) lanetli; **~!** Allah belasını versin!

verdampfen *vi sein* buharlaşmak

verdanken *vt* **jdm etw ~** birine bir şeyi borçlu olmak

verdarb *vi, vt s.* **verderben**

verdauen *vi* sindirmek, hazmetmek (**etw** -i)

verdaulich *adj* **schwer/leicht ~** sindirimi güç/kolay

Verdauung *f* sindirim, hazım

Verdauungsstörungen *fpl* sindirim bozukluğu *sing*, hazımsızlık *sing*

Verdeck *nt* ❶ (*Schiff*) üst güverte ❷ (*Auto*) açılır kapanır tavan

verdecken *vt* ❶ (*zudecken*) örtmek (**etw** -i) ❷ (*verbergen*) gizlemek, saklamak (**etw** -i)

verderben <verdirbt, verdarb, verdorben> **I.** *vi sein* ❶ (*Speise*) bozulmak ❷ (*verfaulen*) çürümek **II.** *vt haben* ❶ (*beschädigen*) bozmak, zarara sokmak (**etw** -i) ❷ (*fig: sittlich*) ahlakını bozmak (**jdn** -in); **jdm die Freude ~** birinin sevincini bozmak; **sich** *dat* **den Magen ~** midesini bozmak

verdeutlichen *vt* açıklamak (**jdm etw** -e -i)

verdienen *vt* ❶ (*Geld*) kazanmak (**etw** -i) ❷ (*fig: wert sein*) hak etmek (**etw** -i), layık olmak (**etw** -e)

Verdienst[1] *m* ❶ (*Gewinn*) kazanç, kar ❷ (*Gehalt*) aylık ❸ (*Lohn*) ücret

Verdienst[2] *nt* yararlık, yararlı hizmet

verdienstlich *adj*, **verdienstvoll** *adj* takdire değer

verdient *adj* **sich um etw ~ machen** bir şey için yararlık göstermek

verdirbt *vi, vt s.* **verderben**

verdoppeln **I.** *vt* iki katına çıkarmak (**etw** -i) **II.** *vr* **sich ~** ikiye katlanmak

verdorben[1] *vi, vt s.* **verderben**

verdorben[2] *adj* bozuk, bozulmuş; (*Mensch*) ahlaksız, sefil

verdrängen *vt* ❶ (*weg-*) atmak, defetmek (**jdn** -i) ❷ (*Erlebnis*) unutmaya çalışmak (**etw** -i)

verdrehen *vt* (*Arm*) burkmak (**etw** -i); **die Worte ~** lafı çevirmek

verdreifachen **I.** *vt* üç katına çıkarmak (**etw** -i) **II.** *vr* **sich ~** üçe katlanmak

verduften *vi sein* ❶ (*Duft verlieren*) kokusunu kaybetmek [*o* yitirmek], uçmak ❷ (*fam: abhauen*) sıvışmak, tüymek

verdunkeln *vt* ❶ (*dunkel machen*) karartmak (**etw** -i) ❷ (*verschleiern*) örtmek, gizlemek (**etw** -i)

verdünnen *vt* (*Flüssigkeit*) sulandırmak (**etw** -i)

verdunsten *vi sein* buharlaşmak

verdursten *vi sein* susuzluktan ölmek

verdutzt *adj* (*fam*) şaşkın, sersem, afallamış

verehren *vt* ❶ (*hoch schätzen*) saymak (**jdn** -i) ❷ (*anbeten*) tapmak (**jdn** -e)

Verehrer(in) *m(f)* ❶ (*Bewunderer*) hayran ❷ (*Liebhaber*) aşık

vereidigen *vt* yemin ettirmek (**jdn** -e)

Vereidigung *f* yemin ettirme

Verein *m* dernek, kurum, birlik

vereinbar *adj* birliş(tiril)ebilir

vereinbaren *vt* kararlaştırmak (**etw** -i)

Vereinbarung *f* sözleşme; **nach ~** sözleşmeye göre

vereinen *vt* birleştirmek (**jdn/etw** -i)

vereinfachen *vt* basitleştirmek, sadeleştirmek (**etw** -i)

Vereinfachung *f* basitleştirme, sadeleştirme

vereinigen **I.** *vt* birleştirmek (**jdn** -i) **II.** *vr* **sich ~** birleşmek

vereinigt *adj* birleşik, toplu; **die Vereinigten Arabischen Emirate** Birleşik Arap Emirlikleri; **das Vereinigte Königreich** Birleşik Krallık; **die Vereinigten Staaten von Amerika** Amerika Birleşik Devletleri

Vereinigung *f* ❶ (*Verein*) birlik, dernek ❷ (*das Vereinen*) birleşme

vereinnahmen *vt* **etw für sich ~** bir şeyi sahiplenmek

vereinsamen *vi* yalnızlaşmak

vereinsamt *adj* yalnız kalmış

Vereinsamung *f* yalnızlaşma

vereint *adj* birleşmiş; **die Vereinten Nationen** (**UN**) Birleşmiş Milletler (BM)

vereinzelt *adj* ❶ (*zerstreut*) dağınık ❷ (*~ auftretend*) tek tük

vereist *adj* buzlu, buzla örtülü

vereiteln *vt* ① (*zunichtemachen*) boşa çıkarmak (**etw** -i) ② (*verhindern*) engel olmak (**etw** -e), önlemek (**etw** -i)
verenden *vi sein* ölmek
verenge(r)n I. *vt* daraltmak, darlaştırmak (**etw** -i) II. *vr* **sich ~** daralmak, darlaşmak
Verengung *f* ① (*Verengen*) daraltma, darlaştırma ② (*Engerwerden*) daralma, darlaşma ③ (*verengte Stelle*) darlık, dar yer
vererben I. *vt* miras bırakmak (**jdm etw** -e -i); (*Krankheit*) geçirmek (**jdm etw** -e -i) II. *vr* **sich ~** (*Krankheit*) geçmek (**von jdm auf jdn** -den -e)
Vererbung *f* kalıtım, soyaçekim
verewigen *vt* sonsuzlaştırmak (**etw** -i)
Verf. *m Abk von* **Verfasser** yazar
verfahren I. *vi sein* (*vorgehen*) davranmak, hareket etmek II. *vr* **sich ~** yolunu şaşırmak III. *adj* (*verworren*) karışık, dolambaçlı
Verfahren *nt* ① yöntem ② JUR mahkeme usulü; (*Prozess*) dava
Verfall *m* ① (*körperlicher*) zayıf düşme, çökme ② (*Untergang*) yıkılma, çökme ③ (*eines Rechtes*) düşme ④ (*Fristablauf*) mühlet sonu ⑤ (*Sitten*) yozlaşma
verfallen I. *vi* ① (*Bauwerk*) çökmek üzere olmak ② (*körperlich*) çökmek ③ (*entarten*) yozlaşmak ④ (*ungültig werden*) süresi dolmak II. *adj* ① (*Gebäude*) harap ② (*nicht mehr gültig*) süresi dolmuş
Verfallsdatum *nt* (*Lebensmittel*) son kullanım tarihi
verfälschen *vt* sahtesini yapmak (**etw** -in)
verfänglich *adj* ① (*gefährlich*) tehlikeli ② (*peinlich*) talihsiz, ayıp
verfärben *vr* **sich ~** rengi değişmek; (*Gesicht*) benzi atmak
verfassen *vt* yazmak, kaleme almak (**etw** -i)
Verfasser(in) *m(f)* yazar
Verfassung *f* ① (*Zustand*) durum ② POL anayasa
verfassungsmäßig *adj* anayasaya uygun
verfassungswidrig *adj* anayasaya aykırı
verfaulen *vi sein* çürümek
verfehlen *vt* ① (*nicht erreichen*) kaçırmak (**etw** -i) ② (*nicht treffen*) isabet ettirememek (**etw** -e)
verfilmen *vt* filme almak (**etw** -i)
Verfilmung *f* filme al(ın)ış
verflixt *adj* lanetli; **~ noch mal!** lanet olsun!
verfluchen *vt* lanet etmek, beddua etmek, ilenmek (**jdn** -e)
verflucht *adj* lanetli
verfolgen *vt* ① izlemek, takip etmek (**jdn** -i) ② (*hinterherjagen*) kovalamak (**jdn** -i) ③ (*politisch*) zulmetmek (**jdn** -e); **jdn gerichtlich ~** birini kovuşturmak
Verfolger(in) *m(f)* takibeden, takipçi
Verfolgung *f* ① takip ② (*politische ~*) zulüm
verfroren *adj* çok üşüyen
verfrüht *adj* vakitsiz, zamansız, çok erken
verfügbar *adj* elde bulunan
verfügen I. *vt* (*anordnen*) emretmek (**etw** -i) II. *vi* **über etw ~** bir şey elinde (hazır) bulunmak, bir şeye sahip olmak
Verfügung *f* (*Erlass*) emir, karar; **jdm zur ~ stehen** birinin emrinde olmak; **jdm etw zur ~ stellen** bir şeyi birinin emrine vermek
verführen *vt* baştan çıkar(t)mak, ayartmak; (*Frau*) iğfal etmek (**jdn** -i)
Verführer(in) *m(f)* baştan çıkaran, ayartan; (*einer Frau*) iğfal eden
verführerisch *adj* ayartıcı, baştan çıkarıcı
Verführung *f* ① ayartma, baştan çıkarma ② (*einer Frau*) iğfal
verfünffachen *vt* beş katına çıkarmak (**etw** -i)
vergammelt *adj* ① (*verdorben*) bozul-

V

muş ❷ (*verwahrlost*) bakımsız
vergangen *adj* geçmiş, geçmişe karışmış
Vergangenheit *f* geçmiş (zaman)
vergänglich *adj* geçici
Vergaser *m* karbüratör
vergaß *vi, vt s.* **vergessen**
vergeben *irr vt* (*verzeihen*) bağışlamak (**jdm** -i); **einen Auftrag ~** sipariş vermek
vergebens *adv* boşuna, boş yere, nafile
vergeblich I. *adj* boş **II.** *adv* boşuna, boş yere, nafile
Vergebung *f* (*Verzeihung*) af, özür
vergegenwärtigen *vt* **sich** *dat* **etw ~** bir şeyi hatırına getirmek
vergehen *irr vi sein* (*Zeit*) geçmek, geçip gitmek; **die Lust ist mir vergangen** hevesim kaçtı
Vergehen *nt* suç, cürüm
Vergeltung *f* misilleme; (*Rache*) intikam, öç
Vergeltungsmaßnahmen *fpl* misilleme tedbirleri *pl*
vergessen <vergisst, vergaß, vergessen> *vt* unutmak (**etw/jdn** -i)
Vergessenheit *f* **in ~ geraten** unutulmak
vergesslich[RR] *adj*, **vergeßlich**[ALT] *adj* unutkan
vergeuden *vt* (*Geld*) saçıp savurmak (**etw** -i); **Zeit ~** çok vakit kaybetmek
Vergeudung *f* saçıp savurma, savurganlık
vergewaltigen *vt* ırzına geçmek (**jdn** -in), tecavüz etmek (**jdn** -e)
Vergewaltigung *f* ırza geçme, tecavüz
vergewissern *vr* **sich ~** emin olmak (**einer Sache** -den)
vergiften I. *vt* zehirlemek (**jdn/etw** -i); (*Atmosphäre*) zehretmek (**etw** -i) **II.** *vr* **sich ~** zehirlenmek; (*absichtlich*) kendini zehirlemek
Vergiftung *f* ❶ (*Vergiften*) zehirleme ❷ (*Vergiftetwerden*) zehirlenme
vergilbt *adj* sararmış, rengi atmış, solgun
Vergissmeinnicht[RR] *nt*, **Vergißmeinnicht**[ALT] *nt* (*Blume*) unutmabeni
vergisst[RR] *vt s.* **vergessen**
vergittert *adj* parmaklıklı
Vergleich *m* ❶ (*Vergleichen*) karşılaştırma ❷ (*als Stilmittel*) benzetme ❸ JUR barış(ma); **im ~ zu ...** -e nispetle, -e kıyasla
vergleichbar *adj* benzetilebilen, karşılaştırılabilen
vergleichen *irr vt* ❶ (*gegenüberstellen*) karşılaştırmak (**etw mit etw** -i ile) ❷ (*Ähnlichkeiten finden*) benzetmek (**etw/jdn mit etw/jdm** -i -e)
Vergnügen *nt* ❶ (*Spaß*) eğlence ❷ (*Genuss*) zevk ❸ (*Freude*) sevinç, memnuniyet; **mit ~** seve seve, memnuniyetle; **viel ~!** iyi eğlenceler!
Vergnügungspark *m* lunapark
Vergnügungsviertel *nt eğlence yerlerinin bulunduğu semt*
vergolden *vt* altınlamak, altınla kaplamak (**etw** -i)
vergoldet *adj* yaldızlı
vergöttern *vt* tapmak (**jdn** -e), göklere çıkarmak (**jdn** -i)
vergraben *irr vt* ❶ (*eingraben*) (toprağa) gömmek (**etw** -i) ❷ (*verstecken*) gömüp saklamak (**etw** -i)
vergrätzen *vt* canını sıkmak (**jdn** -in)
vergreifen *irr vr* **sich an jdm ~** birine el kaldırmak
vergriffen *adj* (*Buch*) nüshası kalmamış
vergrößern *vt* ❶ (*größer machen*) büyütmek (**etw** -i) ❷ (*erweitern*) genişletmek (**etw** -i) ❸ (*vermehren*) çoğaltmak (**etw** -i) ❹ (*Foto*) büyültmek (**etw** -i)
Vergrößerung *f* ❶ (*Größermachen*) büyütme ❷ (*Erweitern*) genişletme ❸ (*Vermehren*) çoğaltma ❹ (*Zunahme*) artış ❺ (*eines Fotos*) agrandisman, büyültme
Vergrößerungsglas *nt* büyüteç
Vergünstigung *f* ❶ (*Vorteil*) ucuzlatma

V

❷ (*Privileg*) ayrıcalık, imtiyaz
vergüten *vt* (*bezahlen*) ödemek (**etw** -i)
Vergütung *f* ödeme
verh. *adj Abk von* **verheiratet** evli
verhaften *vt* tutuklamak, tevkif etmek (**jdn** -i)
Verhaftung *f* tutuklama, tevkif
verhalten *irr vr* **sich ~** davranmak, hareket etmek; **sich ruhig ~** sakin davranmak
Verhalten *nt* davranış, tutum, hareket
Verhältnis *nt* ❶ (*Proportion*) oran, nispet ❷ (*Beziehung*) ilgi, ilişki, bağlantı ❸ (*Liebes-*) (aşk) ilişki(si); (*fam*) aşıktaşlık; **im ~ zu ...** -e oranla, -e nispetle
verhältnismäßig I. *adj* oranlı, nispi II. *adv* nispeten
Verhältnismäßigkeit *f* uygunluk
Verhältnisse *ntpl* (*Umstände*) durum *sing*, şartlar *pl*, koşullar *pl*; **über seine ~ leben** ayağını yorganına göre uzatmamak
Verhältniswahl *f* nispi seçim
verhandeln *vi* görüşmek, konuşmak (**über etw** hakkında)
Verhandlung *f* ❶ (*Verhandeln*) görüşme ❷ JUR duruşma
Verhandlungsbasis *f* görüşme temeli
verhängen *vt* **über jdn eine Strafe ~** birini cezaya çarptırmak
verhängnisvoll *adj* uğursuz
verharmlosen *vt* tehlikesiz göstermeğe çalışmak (**etw** -i)
verhärten *vr* **sich ~** katılaşmak, sertleşmek, pekişmek
verhasst[RR] *adj*, **verhaßt**[ALT] *adj* ❶ (*unbeliebt*) hiç sevilmeyen, nefret edilen ❷ (*widerlich*) iğrenç
verhätscheln *vt* şımartmak, pohpohlamak (**jdn** -i)
verheddern *vr* **sich ~** (*fam*) bulaşmak
verheerend *adj* ❶ (*zerstörend*) yıkıcı ❷ (*schrecklich*) korkunç, dehşetli
verhehlen *vt* (*Wahrheit, Meinung*) gizlemek, saklamak (**etw** -i)
verheilt *adj* (*Wunde*) iyileşmiş, kapanmış
verheimlichen *vt* ❶ (*verbergen*) gizlemek, saklamak (**etw** -i) ❷ (*nicht zeigen*) belli etmemek (**etw** -i)
verheiraten I. *vt* evlendirmek (**jdn mit jdm** -i ile) II. *vr* **sich ~** evlenmek (**mit jdm** ile)
verheiratet *adj* evli
verheißungsvoll *adj* umdurucu, ümit verici
verhelfen *irr vi* **jdm zu etw ~** birine bir şeyi elde etmesi için yardımcı olmak
verherrlichen *vt* övmek, göklere çıkarmak (**jdn** -i)
verhexen *vt* büyülemek (**jdn/etw** -i)
verhindern *vt* ❶ (*behindern*) engel olmak (**etw** -e) ❷ (*vorbeugen*) önlemek (**etw** -i)
verhöhnen *vt* alay etmek (**jdn/etw** ile)
Verhör *nt* sorgu
verhören *vt* sorguya çekmek (**jdn** -i)
verhungern *vi sein* açlıktan ölmek
verhüten *vt* önlemek (**etw** -i), engel olmak (**etw** -e)
Verhütung *f* ❶ önleme ❷ (*Empfängnis-*) gebelikten korunma
Verhütungsmaßnahme *f* önleyici tedbir
Verhütungsmittel *nt* (*Empfängnis-*) doğum kontrol ilacı [*o* aracı]
verirren *vr* **sich ~** yolunu şaşırmak [*o* kaybetmek]
verjagen *vt* kov(ala)mak, defetmek (**jdn** -i)
verjähren *vi sein* zamanaşımına uğramak
Verjährung *f* zamanaşımı
verjubeln *vt* (*Geld*) saçıp savurmak (**etw** -i)
verjüngen I. *vt* gençleştirmek (**jdn** -i) II. *vr* **sich ~** (*schmaler werden*) incelmek, sivrilmek
Verjüngung *f* ❶ (*Verjüngen*) gençleştirme ❷ (*Sichverjüngen*) gençleşme ❸ (*Säule*) incelmek, sivrilmek
verkabeln *vt* kablolamak (**etw** -i)

verkalkt *adj* kireçlenmiş; (*fig*) beyni sulanmış
Verkalkung *f* ❶ kireçlenme ❷ (*der Gefäße*) damar sertleşmesi
Verkauf *m* satış
verkaufen *vt* satmak (**jdm etw** -e -i); **zu** ~ satılık
Verkäufer(in) *m(f)* satıcı
Verkaufsanalyse *f* satış analizi
Verkaufserlös *m* satış bedeli
Verkaufspreis *m* satış fiyatı
Verkehr *m* ❶ (*von Fahrzeugen*) trafik, ulaşım, ulaştırma ❷ (*Umgang*) ilişki ❸ (*Geschlechts-*) cinsel ilişki
verkehren *vi* (*Verkehrsmittel*) işlemek; **mit jdm** ~ biri ile ilişkide olmak
Verkehrsader *f* ulaşım yolu
Verkehrsampel *f* trafik ışığı
Verkehrsamt *nt*, **Verkehrsbüro** *nt* turizm bürosu
Verkehrserziehung *f* trafik eğitimi
Verkehrsknotenpunkt *m* ulaşım merkezi
Verkehrsleitsystem *nt* trafik koordine sistemi
Verkehrsministerium *nt* Ulaştırma Bakanlığı
Verkehrsmittel *nt* taşıt, ulaşım aracı
Verkehrspolizist(in) *m(f)* trafik polisi
Verkehrsregeln *fpl* trafik kuralları *pl*
Verkehrsregelung *f* trafik düzenlenmesi
Verkehrsrowdy *m* trafik canavarı
Verkehrsschild *nt* trafik levhası
Verkehrsstau *m* trafik tıkanıklığı
Verkehrsteilnehmer(in) *m(f)* trafiğe katılan
Verkehrsunfall *m* trafik kazası
Verkehrszeichen *nt* trafik işareti
verkehrt *adj* (*falsch*) yanlış; (*verkehrt herum*) ters
verkennen *irr vt* değerini anlamamak (**jdn/etw** -in)
verklagen *vt* dava etmek (**jdn** -i), dava açmak (**jdn** -e karşı)
verkleiden I. *vt* (*Wand*) tahta (veya başka bir şey) ile kaplamak (**etw** -i) II. *vr* **sich** ~ (tanınmamak için) kıyafet değiştirmek
Verkleidung *f* ❶ (*Kleidung*) *tanınmamak için kıyafet değiştirme* ❷ TECH tahta (veya başka bir şey) ile kaplama
verkleinern *vt* ❶ (*kleiner machen*) küçültmek, ufaltmak (**etw** -i) ❷ (*verringern*) azaltmak (**etw** -i)
Verkleinerung *f* ❶ (*Verkleinern*) küçültme, ufaltma ❷ (*Verringerung*) azaltma
verknallt *adj* (*fam*) **in jdn ~ sein** birine abayı yakmak
Verknappung *f* ❶ (*Knappwerden*) kıtlaşma, azalma ❷ (*in der Produktion*) kesatlık
verkneifen *irr vt* (*fam*) **er konnte sich das Lachen nicht** ~ kendini gülmekten alıkoyamadı
verknittert *adj* buruşuk
verknüpfen *vt* bağlamak (**etw mit etw** -i -e), birleştirmek (**etw mit etw** -i ile)
verkommen *adj* (*Dinge*) bakımsız; (*Mensch*) sefil, düşkün; (*moralisch*) ahlaksız
verkörpern *vt* (*darstellen*) canlandırmak (**jdn/etw** -i)
Verkörperung *f* tecessüm, cisimlenme
verkrachen *vr* (*fam*) **sich** ~ bozuşmak
verkraften *vt* hakkından gelmek (**etw** -in), gücü yetmek (**etw** -e)
verkrampfen *vi* **sich** ~ kasınmak
verkrüppelt *adj* kötürüm, sakat
verkühlen *vr* **sich** ~ üşütmek, soğuk almak *fam*
verkümmern *vi sein* ❶ MED körelmek, dumura uğramak ❷ (*geistig*) körelmek, körlenmek, körleşmek ❸ (*Pflanzen*) sararıp solmak
verkünd(ig)en *vt* ❶ (*mitteilen*) bildirmek (**etw** -i) ❷ (*öffentlich*) ilan etmek (**etw** -i)
verkuppeln *vt* çöpçatanlık etmek; (*gegen Bezahlung*) pezevenklik etmek
verkürzen *vt* ❶ (*kürzer machen*) kısaltmak (**etw** -i) ❷ (*vermindern*) azaltmak (**etw** -i)

V

Verl. *m Abk von* **Verlag, Verleger** yayınevi, yayımcı

verladen *irr vt* yüklemek, bindirmek (**etw** -i)

Verlag *m* yayınevi

verlagern *vt* ① (*verlegen*) yerini değiştirmek (**etw** -in), kaydırmak (**etw** -i) ② (*überführen*) nakletmek (**etw** -i)

verlangen I. *vt* (*fordern*) istemek (**etw** -i) II. *vi* (*wünschen*) arzu etmek (**nach etw** -i), istek [*o* arzu] duymak (**nach etw** -e)

verlängern *vt* ① (*Pass, Frist*) uzatmak (**etw** -i) ② (*durch Ansatzstück*) eklemek (**etw** -i)

Verlängerung *f* ① (*Pass, Frist*) uzatma ② (*-stück*) uzantı, ilave, ek (parçası)

Verlängerungskabel *nt* uzatma kablosu

verlangsamen *vt* yavaşlatmak, ağırlaştırmak (**etw** -i)

Verlass[RR] *m* güven, itimat, emniyet; **auf ihn ist kein ~** ona güven olmaz

verlassen I. *vt* bırakmak, terk etmek (**etw/jdn** -i); **das Haus ~** evden çıkmak II. *vr* **sich auf jdn ~** birine güvenmek III. *adj* ① (*Person*) kimsesiz, yalnız ② (*Ort*) ıssız, tenha

verlässlich[RR] *adj*, **verläßlich**[ALT] *adj* güvenil(ebil)ir

Verlauf *m* ① (*einer Sache*) gelişme, süreç, gidiş ② (*einer Strecke*) güzergah

verlaufen *irr* I. *vi sein* ① (*Ereignis*) geçmek, geçip gitmek ② (*Straße*) gitmek, geçmek II. *vr* **sich ~** yolunu şaşırmak

verlaust *adj* bitli, bitlenmiş

verlauten *vi* **etw ~ lassen** bir şeyi duyurmak

verleben *vt* (*Zeit*) geçirmek, görmek (**etw** -i)

verlegen I. *vt* ① (*an eine andere Stelle legen*) yerini değiştirmek (**etw** -in) ② (*nicht mehr finden*) bulamamak (**etw** -i) ③ (*zeitlich verschieben*) ertelemek (**etw** -i) ④ (*Leitung, Fliesen*) döşemek (**etw** -i) ⑤ (*Buch*) yayımlamak (**etw** -i) II. *adj* (*schüchtern*) mahcup, sıkılgan, utangaç

Verlegenheit *f* ① (*Schüchternheit*) mahcupluk, sıkılganlık, utangaçlık ② (*missliche Lage*) kötü durum, sıkıntı; **jdn in ~ bringen** birini mahcup etmek

Verleger(in) *m(f)* yayımcı

verleiden *irr vt* **jdm etw ~** birine bir şeyi zehretmek

Verleih *m* ① (*Verleihen*) kiralama ② (*Firma*) *eşya kiralayan kurum*

verleihen *irr vt* ① (*leihen*) ödünç vermek (**jdm etw** -e -i) ② (*Titel, Orden, Preis*) vermek (**jdm etw** -e -i)

Verleihung *f* (*von Preis, Titel*) ödül [*o* ünvan] ver(il)me

verleiten *vt* yöneltmek (**jdn zu etw** -i -e) (*bir kötülüğe*)

verlernen *vt* unutmak (**etw** -i) (*öğrendiği bir şeyi*)

verletzen I. *vt* yaralamak; (*seelisch*) incitmek, gücendirmek (**jdn** -i) II. *vr* **sich ~** yaralanmak

verletzt *adj* yaralı; (*fig*) gücenmiş

Verletzte(r) *f(m)* yaralı

Verletzung *f* ① (*Wunde*) yara ② (*Verletzen*) yaralama ③ (*von Regel, Gesetz*) çiğneme

verleugnen *vt* inkar etmek, yadsımak, reddetmek (**etw** -i)

verleumden *vt* iftira etmek [*o* atmak], kara çalmak (**jdn** -e)

verleumderisch *adj* (*Nachricht*) yalan

Verleumdung *f* iftira

verlieben *vr* **sich ~** aşık olmak, tutulmak, vurulmak (**in jdn** -e)

verliebt *adj* aşık, tutkun

verlieren <verlor, verloren> *vt* kaybetmek, yitirmek (**etw/jdn** -i)

verloben *vr* **sich ~** nişanlanmak (**mit jdm** ile)

Verlobte(r) *f(m)* nişanlı

Verlobung *f* ① (*Feier*) nişan ② (*Handlung*) nişanlanma ③ (*Verlobtsein*) nişanlılık

verlockend *adj* ❶ (*anziehend*) çekici, cazip ❷ (*verführend*) ayartıcı
verlogen *adj* yalancı
verlor *vt s.* **verlieren**
verloren I. *vt s.* **verlieren** II. *adj* kayıp, yitik; ~**e Eier** az suda haşlanmış yumurta(lar); **der** ~**e Sohn** müsrif çocuk; ~ **gehen** kaybolmak, yitmek
verlosen *vt* kura çekmek (**etw** ... için)
Verlust *m* ❶ (*Einbuße*) kayıp ❷ (*Schaden*) zarar, ziyan, hasar
vermachen *vt* (*als Erbe*) miras bırakmak (**jdm etw** -e -i)
Vermächtnis *nt* ❶ (*letzter Wille*) vasiyet ❷ (*Schriftstück*) vasiyetname
vermag *vt s.* **vermögen**
Vermählung *f* (*Heirat*) evlenme
Vermählungsanzeige *f* evlilik ilanı
vermarkten *vt* pazarlamak (**etw** -i)
Vermarktung *f* pazarlama
vermasseln *vt* berbat etmek (**etw** -i)
vermehren I. *vt* çoğaltmak, artırmak (**etw** -i) II. *vr* **sich** ~ çoğalmak, artmak; (*geschlechtlich*) üremek
Vermehrung *f* ❶ (*Vermehren*) çoğaltma, artırma ❷ (*Vermehrtwerden*) çoğalma, artış, artma ❸ (*geschlechtlich*) üreme
vermeidbar *adj* kaçınılabilir
vermeiden *irr vt* kaçınmak, sakınmak, çekinmek (**etw** -den)
vermeintliche(r) *adj* sanılan, zannedilen
Vermerk *m* kayıt, not
vermieten *vt* kiraya vermek, kiralamak (**jdm etw** -e -i); **zu** ~ (*Schild*) kiralık
Vermieter(in) *m(f)* kiralayan; (*einer Wohnung*) ev sahibi
Vermietung *f* kiralama
vermindern *vt* azaltmak, eksiltmek, kısmak (**etw** -i)
vermischen *vt* karıştırmak (**etw mit etw** -i ile)
vermissen *vt* aramak (**jdn/etw** -i), yokluğunu hissetmek (**jdn/etw** -in); **ich vermisse dich sehr** seni çok arıyorum, yokluğunu hissediyorum
vermisst[RR] *adj*, **vermißt**[ALT] *adj* kayıp
Vermisste(r)[RR] *f(m)*, **Vermißte(r)**[ALT] *f(m)* kayıp
vermitteln I. *vt* (*beschaffen*) sağlamak (**jdm etw** -e -i) II. *vi* (*als Vermittler*) aracılık yapmak; (*zwischen Gegnern*) arabuluculuk yapmak (**zwischen jdm** -in arasında)
Vermittler(in) *m(f)* ❶ (*Mittelsperson*) aracı ❷ (*zwischen Gegnern*) arabulucu
Vermittlung *f* ❶ (*einer Mittelsperson*) aracılık ❷ (*Friedensstiftung*) arabuluculuk ❸ (*Beschaffen*) sağlama ❹ (*Telefon-*) telefon santrali
vermöbeln *vt* (*fam*) tartaklamak (**jdn** -i)
vermögen <vermag, vermochte, vermocht> *vt* (*können*) yapabilmek (**etw** -i), -ebilek
Vermögen *nt* ❶ (*Fähigkeit*) güç, kudret, yetenek ❷ (*großer Besitz*) servet, varlık
vermögend *adj* (*reich*) varlıklı
Vermögensbildung *f* *işalanların devlet teşvikiyle para biriktirmesi*
Vermögenssteuer *f* varlık vergisi
vermuten *vt* sanmak, zannetmek, tahmin etmek (**dass** -diğini)
vermutlich I. *adj* olasılı II. *adv* tahminen, galiba
Vermutung *f* sanı, tahmin
vernachlässigen *vt* ihmal etmek, savsaklamak (**etw** -i)
vernehmbar *adj* duyulabilen, işitilebilen
vernehmen *irr vt* ❶ (*Zeugen*) ifadesini almak (**jdn** -in) ❷ (*Angeklagten*) sorguya çekmek (**jdn** -i) ❸ (*hören, erfahren*) duymak, işitmek (**etw** -i)
Vernehmung *f* ❶ (*Zeugen*) ifade alınması ❷ (*eines Angeklagten*) sorgu
verneinen *vi, vt* ❶ (*nein sagen*) hayır demek ❷ (*ablehnen*) reddetmek (**etw** -i)
verneinend *adj* olumsuz
Verneinung *f* ❶ (*Ablehnung*) ret ❷ LING

olumsuzluk

vernichten *vt* ① yok etmek, imha etmek (**etw/jdn** -i) ② (*Menschen: ruinieren*) yıkmak (**jdn** -i)

Vernichtung *f* yok etme, imha

Vernunft *f* (*Verstand*) akıl, us; ~ **annehmen** aklını başına toplamak, akıllanmak, yola gelmek; **jdn zur ~ bringen** birinin aklını başına getirmek, birini yola getirmek

vernünftig *adj* ① (*klug*) akıllı ② (*einleuchtend*) makul, akla yakın ③ (*besonnen*) aklı başında

veröffentlichen *vt* ① (*Buch*) yayımlamak, çıkarmak (**etw** -i) ② (*bekannt geben*) ilan etmek (**etw** -i)

Veröffentlichung *f* yayın

verordnen *vt* ① (*anordnen*) emretmek, kararlaştırmak (**etw** -i) ② MED ilaç yazmak

Verordnung *f* ① (*Erlass*) kararname ② (*amtliche Bestimmungen*) yönerge, yönetmelik, tüzük

verpachten *vt* kiraya vermek (**jdm etw** -e -i)

verpacken *vt* paketlemek, ambalajlamak (**etw** -i)

Verpackung *f* (*Packhülle*) ambalaj

verpassen *vt* ① (*versäumen*) kaçırmak (**etw** -i) ② (*Hieb*) aşketmek, indirmek (**jdm etw** -e -i)

verpetzen *vt* (*fam*) gammazlamak (**jdn** -i)

verpfänden *vt* rehne koymak (**etw** -i)

verpfeifen *irr vt* (*fam*) ele vermek (**jdn** -i)

verpflanzen *vt* ① (*Pflanze*) *bir yerden alıp başka bir yere dikmek;* (*Jungpflanze*) şaşırtmak (**etw** -i) ② (*Organ*) nakletmek, aktarmak (**etw** -i)

Verpflanzung *f* ① başka yere dikme ② (*Organ-*) organ nakli

verpflegen *vt* yedirip içirmek (**jdn** -i)

Verpflegung *f* ① (*Verpflegen*) yedirip içirme ② (*Proviant*) erzak; (*für die Reise*) yolluk

verpflichten I. *vt* yükümlendirmek (**jdn** -i); (*für eine Tätigkeit*) görevlendirmek (**jdn für etw** -i ile) II. *vr* **sich ~, etw zu tun** bir şeyi yapmayı üstlenmek

verpflichtet *adj* **zu etw ~ sein** bir işle yükümlü olmak

Verpflichtung *f* yüküm(lülük), mecburiyet; (*moralische*) borç, görev

verplempern *vt* saçıp savurmak (**etw** -i)

verpönt *adj* ayıp kabul edilen

verprügeln *vt* dayak atmak (**jdn** -e), pataklamak (**jdn** -i); (*mit Stock*) sopa çekmek (**jdn** -e)

verpulvern *vt* (*Geld*) har vurup harman savurmak, çarçur etmek (**etw** -i)

Verputz *m* sıva

verputzen *vt* ① (*mit Putz*) sıva(la)mak (**etw** -i) ② (*fam: ganz aufessen*) silip süpürmek (**etw** -i)

Verrat *m* ihanet, hainlik, kalleşlik

verraten <verrät, verriet, verraten> *vt* ① ihanet etmek (**jdn/etw** -e), ele vermek (**jdn/etw** -i) ② (*Geheimnis*) açığa vurmak [*o* vermek] (**etw** -i) ③ (*erkennen lassen*) belli etmek (**etw** -i)

Verräter(in) *m(f)* hain, kalleş, kancık

verräterisch *adj* hain, kalleş, kancık

verräuchert *adj* dumanlı

verrechnen I. *vt* takaslamak (**etw** -i) II. *vr* **sich ~** yanlış hesaplamak

Verrechnung *f* takas

Verrechnungsscheck *m* takas ve mahsup çeki

verrecken *vi sein* (*Tier*) gebermek; (*pej: Mensch*) gebermek

verregnet *adj* yağmurlu; **verregneter Urlaub** *izin boyunca yağmur yadığı için bozulan izin*

verreisen *vi sein* yolculuk yapmak, seyahate çıkmak; **verreist sein** yolculukta [*o* seyahatte] olmak

verrenken *vt* **sich** *dat* **den Arm ~** kolunu burkmak

verrichten *vt* (*Arbeit*) yapmak, yürütmek, yerine getirmek (**etw** -i)

verriegeln *vt* sürgülemek (**etw** -i)

verriet *vt s.* **verraten**

verringern **I.** *vt* azaltmak, eksiltmek (**etw** -i) **II.** *vr* **sich ~** azalmak, eksilmek

Verringerung *f* ❶ (*Verringern*) azaltma, eksiltme ❷ (*Sichverringern*) azalma, eksilme

verrosten *vi sein* paslanmak, pas tutmak

verrostet *adj* paslı

verrückt *adj* deli, çılgın

Verrückte(r) *f(m)* deli, çılgın

Verrücktheit *f* delilik, çılgınlık

Verruf *m* kötü ün [*o* ad]; **jdn in ~ bringen** birinin adını kötüye düşürmek

verrufen *adj* ünü kötü, adı kötüye çıkmış

Vers *m* ❶ (*Zeile*) mısra, dize ❷ (*Strophe*) kıta

versagen **I.** *vt* (*nicht gewähren*) yoksun bırakmak (**jdm etw** -i -den) **II.** *vi* ❶ (*Mensch*) başaramamak ❷ (*Maschine*) işlememek ❸ (*Schusswaffe*) patlamamak

Versagen *nt* ❶ (*Misserfolg*) başarısızlık ❷ (*Panne*) arıza; **menschliches ~** insan hatası

Versager(in) *m(f)* başarısız

versalzen[1] <versalzen> *vt* ❶ (*Speisen*) fazla tuzlamak (**etw** -i) ❷ (*Pläne*) berbat etmek; (*Freude*) bozmak (**etw** -i)

versalzen[2] *adj* aşırı tuzlu

versammeln **I.** *vt* toplamak, bir araya getirmek (**jdn** -i) **II.** *vr* **sich ~** toplanmak, bir araya gelmek

Versammlung *f* toplantı

Versammlungsfreiheit *f* toplanma hürriyeti [*o* özgürlüğü]

Versand *m* gönder(il)me, sevk

Versandabteilung *f* gönderme işleri dairesi

Versandhaus *nt posta ile mal gönderen ticarethane*

versäumen *vt* (*Gelegenheit, Zug*) kaçırmak (**etw** -i)

verschaffen **I.** *vt* sağlamak (**jdm etw** -e -i) **II.** *vr* **sich etw ~** bir şeyi elde etmek

verschärfen **I.** *vt* ❶ (*verstärken*) şiddetlendirmek (**etw** -i) ❷ (*Lage*) ciddileştirmek, nazikleştirmek (**etw** -i) **II.** *vr* **sich ~** (*stärker werden*) şiddetlenmek; (*Lage*) ciddileşmek, nazikleşmek

verschenken *vt* hediye etmek (**etw an jdn** -i -e)

verschicken *vt* göndermek, yollamak (**etw an jdn** -i -e)

verschieben *irr vt* (*zeitlich*) ertelemek (**etw auf etw** -i -e)

verschieden *adj* ❶ (*verschiedenartig*) çeşitli, değişik, farklı; (*sich unterscheidend*) ayrı, farklı; (*~ von*) -den başka ❷ (*einige*) bazı, birkaç

verschiedenartig *adj* çeşitli, çeşit çeşit

Verschiedenheit *f* ❶ (*verschiedene Art*) fark(lılık), ayrım, değişiklik ❷ (*Mannigfaltigkeit*) çeşitlilik

verschiedentlich *adv* birçok defa

verschiffen *vt* gemi ile taşımak; (*verladen*) gemiye yüklemek (**etw** -i)

Verschiffung *f* gemiye yükleme

verschimmeln *vi sein* küflenmek, küf tutmak

verschlafen **I.** *vt* (*verpassen*) uyuyarak kaçırmak (**etw** -i) **II.** *vi* (*zu spät aufwachen*) geç uyanmak, uyuyakalmak **III.** *adj* (*schläfrig*) uykulu, mahmur

verschlagen **I.** *vt* **es verschlug ihm die Sprache** dili tutuldu **II.** *adj* (*listig*) kurnaz, açıkgöz, hileci

verschlampen *vt* (*fam*) *dikkatsizlik yüzünden bir şeyi kaybetmek veya unutmak*

verschlechtern **I.** *vt* fenalaştırmak, kötüleştirmek (**etw** -i) **II.** *vr* **sich ~** fenalaşmak, kötüleşmek

Verschlechterung *f* kötüleşme

verschleiern *vt* örtmek; (*fig*) gizlemek (**etw** -i)

Verschleiß *m* aşınma, eskime

verschleißen <verschliss, verschlissen> *vt* aşındırmak, eskitmek (**etw** -i)

verschleppen *vt* ❶ (*schleppen*) sürükleyerek bir yere götürmek (**etw** -i)

❷ (*verzögern*) sürüncemede bırakmak, uzatmak (**etw** -i) ❸ (*Menschen*) kaçırmak (**etw** -i)
verschleudern *vt* düşük fiyatla satmak (**etw** -i)
verschließen *irr vt* kapamak; (*mit Schlüssel*) kilitlemek (**etw** -i)
verschlimmern I. *vt* kötüleştirmek, ağırlaştırmak (**etw** -i) II. *vr* **sich** ~ kötüleşmek, ağırlaşmak; (*Krankheit*) azmak
verschlingen *irr vt* (*schlucken*) yutmak (**etw** -i)
verschlissRR *vt s.* **verschleißen**
verschlissen I. *s.* **verschleißen** II. *adj* (*Kleidung*) eskimiş, aşınmış
verschlossen I. *s.* **verschließen** II. *adj* ❶ (*zu*) kapalı; (*mit Schlüssel*) kilitli ❷ (*Mensch*) içine kapanık
verschlucken I. *vt* yutmak (**etw** -i) II. *vr* **sich** ~ genzine kaçırmak
VerschlussRR *m*, **Verschluß**ALT *m* ❶ (*Schloss*) kilit ❷ (*einer Flasche*) tapa, mantar, tıkaç; **unter** ~ (**halten**) kilit altında (tutmak)
verschlüsselt *adj* şifreli
verschmerzen *vt* (üzüntüsünü) yenebilmek [*o* unutabilmek]
verschmutzen *vt* kirletmek, pisle(t)mek; (*Umwelt*) kirletmek (**etw** -i)
verschmutzt *adj* kirli, pis
Verschmutzung *f* kirletme, pisletme; (*Zustand*) kirlilik
Verschmutzungsgrad *m* kirlilik derecesi
verschnaufen *vr, vi* (**sich**) ~ dinlenmek, nefes [*o* soluk] almak
verschneit *adj* karlı, karla örtülü
verschnupft *adj* nezleli
verschollen *adj* ❶ (*Person*) kayıp, ölü sanılan ❷ (*Sache*) unutulmuş
verschonen *vt* ❶ (*am Leben lassen*) canını bağışlamak (**jdn** -in) ❷ (*nicht belästigen*) rahatsız etmemek (**jdn** -i)
verschönern *vt* ❶ (*schöner machen*) güzelleştirmek (**etw** -i) ❷ (*verzieren*) bezemek, süslemek (**etw** -i)
verschreiben *irr* I. *vt* (*Medikament*) reçetesini yazmak (**etw** -in) II. *vr* **sich** ~ yazarken hata etmek
verschulden I. *vt* neden olmak (**etw** -e) II. *vr* **sich** ~ borçlanmak
Verschulden *nt* suç, hata, kusur
verschuldet *adj* borçlu
Verschuldung *f* borçlanma
verschütten *vt* ❶ (*Flüssigkeit*) dökmek (**etw** -i) ❷ (*Weg*) kapamak (**etw** -i) ❸ (*Person*) yıkıntı altına gömmek (**jdn** -i)
verschwägert *adj evlenmeyle akraba olmuş*
verschweigen *irr vt* söylemeden geçmek, anmamak (**etw** -i); (*verheimlichen*) gizlemek (**jdm etw** -den -i)
verschwenden *vt* ❶ (*Geld*) saçıp savurmak (**etw** -i) ❷ (*Zeit*) vakit harcamak
verschwenderisch *adj* savurgan, tutumsuz
Verschwendung *f* savurganlık
verschwiegen I. *vt s.* **verschweigen** II. *adj* ❶ (*Person*) ağzı sıkı, ketum ❷ (*Ort*) gizli, saklı
Verschwiegenheit *f* ağız sıkılığı, ketumluk
verschwinden *irr vi sein* ❶ ortadan kaybolmak, yok olmak ❷ (*abhauen*) sıvışmak, tüymek
verschwommen *adj* bulanık, belirsiz, hayal meyal
Verschwörer(in) *m(f)* komplocu
Verschwörung *f* komplo
versehen *irr* I. *vt* (*ausrüsten, ausstatten*) donatmak (**etw mit etw** -i ile) II. *vr* **sich** ~ (*einen Fehler machen*) hata etmek, yanılmak; **sich mit etw** ~ kendine bir şey sağlamak
Versehen *nt* (*kleiner Fehler*) dikkatsizlik, (ufak) yanlış, hata; **aus** ~ yanlışlıkla, istemeyerek
versehentlich *adv* yanlışlıkla, dikkatsizlik yüzünden, istemeyerek
Versehrte(r) *m* sakat(lanan) kimse
versenden *irr vt* göndermek, yollamak

(**etw an jdn** -i -e)
versenken *vt* ❶ (*Schiff*) batırmak (**etw** -i) ❷ (*untertauchen*) daldırmak (**etw** -i)
versessen *adj* düşkün, tutkun (**auf etw/jdn** -e)
versetzen *vt* ❶ (*Standort ändern*) başka bir yere koymak (**etw** -i) ❷ (*Schüler*) sınıf geçirmek (**jdn** -i) ❸ (*Beamten*) başka bir göreve kaydırmak (**jdn** -i) ❹ (*als Pfand geben*) rehin vermek (**etw** -i); **jdm einen Schlag ~** birine tokat atmak
Versetzung *f* ❶ (*eines Schülers*) sınıf geçirme ❷ (*eines Beamten*) başka bir yere tayin etme
verseuchen *vt* (*Seuche*) bulaştırmak (**etw/jdn mit etw** -e -i); (*Gift*) zehirlemek (**etw/jdn mit etw** -i ile)
Verseuchung *f* (*Seuche*) bulaşma; (*Gift*) zehirlenme
versichern *vt* ❶ (*Versicherung*) sigorta etmek (**jdn gegen etw** -i -e karşı) ❷ (*beteuern*) temin [*o* tasdik] etmek (**etw** -i)
Versicherte(r) *f(m)* sigortalı
Versicherung *f* ❶ sigorta ❷ (*Beteuerung*) temin [*o* tasdik] etme
Versicherungsgesellschaft *f* sigorta şirketi
Versicherungspolice *f* sigorta poliçesi
Versicherungsprämie *f* sigorta primi
versickern *vi* ❶ (*Wasser*) sızmak ❷ (*fig: Geld*) batmak; **~ lassen** (*Geld*) batırmak (**etw** -i)
versilbert *adj* gümüş kaplama(lı), gümüşlü
versinken *irr vi sein* batmak
V
versöhnen I. *vt* barıştırmak, uzlaştırmak (**jdn** -i) II. *vr* **sich ~** barışmak, uzlaşmak (**mit jdm** ile)
versöhnlich *adj* ❶ (*Person*) barışçı, uysal ❷ (*Worte*) barıştırıcı, yatıştırıcı
Versöhnung *f* barışma
versorgen *vt* ❶ (*unterhalten*) beslemek (**jdn** -i), geçimini sağlamak (**jdn** -in) ❷ (*betreuen*) bakmak (**jdn** -e)
Versorgung *f* ❶ (*Pflege*) bakma, bakım ❷ (*Sicherung der Existenz*) besleme, geçimini sağlama
verspäten *vr* **sich ~** gecikmek, geç kalmak
verspätet *adj* gecikmiş
Verspätung *f* gecikme; (*Zug*) rötar
versperren *vt* ❶ (*unpassierbar machen*) kapa(t)mak, tıkamak (**etw** -i) ❷ (*zuschließen*) kilitlemek (**etw** -i)
verspielt *adj* oyuna düşkün
verspotten *vt* alay etmek (**jdn/etw** ile)
versprechen *irr* I. *vt* söz vermek (**etw zu tun** -meye) II. *vr* **sich ~** konuşurken yanlış yapmak; **sich** *dat* **viel von etw ~** bir şeyden çok şey ummak
Versprechen *nt* ❶ (*Zusage*) söz ❷ (*im Reden*) konuşma yanlışı
verstaatlichen *vt* devletleştirmek (**etw** -i)
Verstaatlichung *f* devletleştirme
Verstand *m* ❶ (*Vernunft*) akıl, us ❷ (*Denkfähigkeit*) zeka, zihin ❸ (*gesunder Menschen-*) sağduyu
verstand(en) *vt s.* **verstehen**
verständig *adj* ❶ (*einsichtig*) anlayışlı ❷ (*vernünftig, klug*) akıllı, zeki
verständigen I. *vt* **jdn von** [*o* **über**] **etw ~** birine bir şey hakkında haber [*o* bilgi] vermek, birini bir şeyden haberdar etmek II. *vr* **sich ~** (*sich verständlich machen*) anlaşmak; (*sich einigen*) anlaşmak, uzlaşmak (**über etw** ... üzerinde)
Verständigung *f* ❶ (*Benachrichtigung*) haber verme ❷ (*Sichverständigen*) meramını anlatma ❸ (*Übereinkunft*) anlaşma, uzlaşma
verständlich *adj* ❶ (*einleuchtend*) anlaşılır ❷ (*hörbar*) duyulabilen ❸ (*deutlich*) açık, belirli; **jdm etw ~ machen** birine bir şeyi açıklamak
Verständnis *nt* ❶ (*Verstehen*) anlayış ❷ (*Einfühlungsvermögen*) duyarlık; **für etw/jdn ~ haben** bir şeye/birine

anlayış göstermek

verständnislos *adj* anlayışsız

verständnisvoll *adj* anlayışlı

verstärken I. *vt* ① (*stärker machen*) kuvvetlendirmek (**etw** -i) ② (*festigen*) sağlamlaştırmak (**etw** -i) ③ (*zahlenmäßig*) çoğaltmak (**etw** -i) II. *vr* **sich ~** (*stärker werden*) kuvvetlenmek; (*zahlenmäßig*) çoğalmak; (*an Intensität*) şiddetlenmek

Verstärker *m* amplifikatör

Verstärkung *f* ① (*Verstärken*) kuvvetlendirme ② MIL takviye ③ (*Steigerung*) çoğaltma

verstauchen *vt* **sich** *dat* **den Fuß ~** ayağını burkmak [*o* incitmek], ayağı burkulmak

verstaucht *adj* burkulmuş, incinmiş

Versteck *nt* saklanma yeri; **~ spielen** saklambaç oynamak

verstecken *vt* saklamak, gizlemek (**etw** -i)

versteckt *adj* saklı, gizli

verstehen <verstand, verstanden> I. *vi, vt* ① (*begreifen*) anlamak, kavramak (**etw/jdn** -i) ② (*deutlich hören*) anlamak, duymak (**jdn/etw** -i); **jdm etw zu ~ geben** birine bir şeyi sezdirmek; **was ~ Sie unter ...?** -den ne anlarsınız?; **etwas/nichts von Chemie ~** kimyadan anlamak/anlamamak II. *vr* **sich mit jdm ~** biriyle anlaşmak [*o* uyuşmak]; **das versteht sich von selbst** bu kendiliğinden anlaşılır

versteifen *vt* katılaştırmak, sertleştirmek, pekiştirmek (**etw** -i)

versteigern *vt* artırmaya çıkarmak (**etw** -i)

Versteigerung *f* artırma

Versteinerung *f* (*Vorgang*) taşlaşma; (*Gegenstand*) fosil

verstellbar *adj* ayar edilebilir

verstellen I. *vt* (*anders stellen*) yerini değiştirmek (**etw** -in) II. *vr* **sich ~** sahte tavır takınmak

versteuern *vt* vergisini ödemek (**etw** -in)

verstimmt *adj* ① (*Instrument*) akordu bozuk ② (*Mensch*) neşesiz, keyifsiz

verstohlen *adj* gizli; (*Blick*) kaçamak

verstopfen *vt* tıkamak, kapatmak (**etw** -i)

verstopft *adj* (*Straße*) tıkalı

Verstopfung *f* ① tıkanıklık ② MED kabızlık; **ich habe eine ~** kabız oldum

verstorben *adj* merhum

verstört *adj* şaşkın, yılgın

Verstoß *m* çiğneme, ihlal (**gegen etw** -i)

verstoßen *irr* I. *vt* ① (*vertreiben*) kovmak, atmak, defetmek (**jdn** -i) ② (*Kind*) (evlatlıktan) reddetmek; (*Frau*) boşamak (**jdn** -i) II. *vi* (*Gesetz, Regel*) çiğnemek, ihlal etmek (**gegen etw** -i)

verstreichen *irr vi sein* ① (*Zeit*) geçmek, geçip gitmek ② (*Frist*) süresi dolmak

verstreuen *vt* dağıtmak, saçmak (**etw** -i)

verstümmeln *vt* ① (organlarını keserek) yaralamak, sakatlamak; (*Leiche*) parçalamak (**jdn** -i) ② (*Text*) bozmak (**etw** -i)

Versuch *m* deneme; (*wissenschaftlicher*) deney

versuchen *vt* ① (*probieren*) denemek (**etw** -i) ② (*kosten*) tadına bakmak (**etw** -in); **~, etw zu tun** bir şeyi yapmaya çalışmak

Versuchskaninchen *nt* (*fig fam*) kobay, deneme tahtası

Versuchsperson *f* denek

Versuchstier *nt* deney hayvanı

versuchsweise *adv* deneme ile

Versuchung *f* şeytana uyma; **in ~ führen** baştan çıkarmak, ayartmak (**jdn** -i)

versüßen *vt* tatlılaştırmak, güzelleştirmek (**etw** -i)

vertagen *vt* sonraya bırakmak (**etw** -i), ertelemek (**etw auf etw** -i -e)

vertauschen *vt* değiştirmek; (*irrtüm-*

lich) karıştırmak (**etw** -i)

verteidigen *vt* savunmak (**jdn** -i)

Verteidiger(in) *m(f)* ❶ (*allgemein*) savunucu ❷ JUR avukat, dava vekili ❸ SPORT bek

Verteidigung *f* savunma

Verteidigungsminister(in) *m(f)* Savunma Bakanı

verteilen *vt* ❶ (*austeilen*) dağıtmak (**etw an jdn** -i -e) ❷ (*aufteilen*) paylaştırmak (**etw** -i)

Verteiler(in) *m(f)* ❶ dağıtan ❷ (*Zünd-*) distribütör

Verteilung *f* (*Austeilen*) dağıtma, dağıtım

Verteilungskampf *m* paylaşım savaşı

verteuern I. *vt* pahalılaştırmak (**etw** -i) II. *vr* **sich** ~ pahalanmak, pahalılaşmak

vertiefen I. *vt* derinleştirmek (**etw** -i) II. *vr* **sich in etw** ~ bir şeye dalmak

Vertiefung *f* derinlik

vertikal *adj* dikey

Vertrag *m* ❶ kontrat, sözleşme ❷ POL antlaşma

vertragen *irr* I. *vt* (*aushalten*) dayanmak, katlanmak (**etw** -e); **nicht viel** ~ (*Wein*) fazla kaldırmamak II. *vr* **sich gut/schlecht mit jdm** ~ biriyle iyi geçinmek/geçinememek

vertraglich *adj* sözleşmeli

verträglich *adj* ❶ (*Mensch*) geçimli, uysal ❷ (*Speise*) sindirimi kolay, zararsız

Vertragsbruch *m* sözleşmenin bozulması

Vertragspartner(in) *m(f)* (sözleşmede) karşı taraf

vertrauen *vi* güvenmek, inanmak (**jdm/einer Sache** -e)

Vertrauen *nt* güven; **im** ~ **gesagt** aramızda kalsın

Vertrauensfrage *f* güvenoyu sorusu

Vertrauensmann, Vertrauensfrau *m, f* (*im Betrieb*) mutemet, inal

Vertrauensperson *f* mutemet, inal

Vertrauenssache *f* güven meselesi

vertrauensvoll *adv* tamamen güvenerek

vertrauenswürdig *adj* güvenilir, emin, emniyetli

vertraulich *adj* ❶ (*Umgang*) senli benli, teklifsiz, samimi ❷ (*Mitteilung*) gizli

Vertraulichkeit *f* ❶ (*Umgang*) samimiyet ❷ (*Mitteilung*) gizlilik ❸ (*Zudringlichkeit*) sırnaşıklık

verträumt *adj* ❶ (*Person*) dalgın ❷ (*Ort*) kuytu, sessiz

vertraut *adj* (*intim*) içlidışlı, sıkı fıkı; **mit etw** ~ **sein** bir şeye alışık olmak; **sich mit etw** ~ **machen** bir şeyi öğrenmek, bir şeye alışmak

vertreiben *irr vt* ❶ (*verjagen*) defetmek, kovmak, atmak (**jdn** -i) ❷ MIL püskürtmek (**jdn** -i) ❸ (*verkaufen*) satmak, sürmek (**etw** -i); **sich** *dat* **die Zeit** ~ vakit geçirmek, eğlenmek

Vertreibung *f* ❶ (*Vertreiben*) defetme, kovma ❷ (*Vertriebenwerden*) kovulma

vertreten *irr vt* ❶ (*repräsentieren*) temsil etmek (**jdn** -i) ❷ (*ersetzen*) yerini tutmak (**jdn** -in) ❸ (*verteidigen*) savunmak (**jdn** -i); **sich** *dat* **den Fuß** ~ ayağını burkmak; **sich** *dat* **die Beine** ~ fazla oturmaktan uyuşan bacaklarını yürüyerek açmak

Vertreter(in) *m(f)* ❶ (*Repräsentant*) temsilci ❷ (*im Amt*) vekil ❸ (*Handels-*) acenta

Vertretung *f* ❶ (*Repräsentieren*) temsil(cilik) ❷ (*im Amt*) vekillik; **in** ~ *gen* -e velaketen

Vertrieb *m* satış, sürüm

Vertriebene(r) *f(m)* ❶ (*Heimat-*) *ülkesinden atılan kimse* ❷ (*Asylant*) sığınan, mülteci

vertrocknen *vi sein* kurumak

vertrösten *vt* (*hinhalten*) oyalamak, atlatmak (**jdn** -i)

vertun *irr* I. *vt* (*vergeuden*) boş yere harcamak, saçıp savurmak (**etw** -i) II. *vr* **sich** ~ yanılmak

vertuschen *vt* örtmek, örtbas etmek

(**etw** -i)

verübeln *vt* **jdm etw ~** birinin davranışını fenaya çekmek

verunglücken *vi sein* kazaya uğramak, kaza geçirmek; **tödlich ~** kazada ölmek

verunreinigen *vt* kirletmek, pisle(t)mek (**etw** -i)

verunsichern *vt* güvenini sarsmak (**jdn** -in)

veruntreuen *vt* zimmetine geçirmek (**etw** -i)

verursachen *vt* neden olmak (**etw** -e)

verurteilen *vt* ① (*Urteil abgeben*) hüküm giydirmek (**jdn** -e), mahkum etmek (**jdn zu etw** -i -e) ② (*ablehnen*) reddetmek (**jdn/etw** -i); **zu einer Geld-/Gefängnisstrafe verurteilt werden** para/hapis cezasına çarptırılmak

Verurteilung *f* yargılama, mahkumiyet

vervielfachen *vt* çoğaltmak, artırmak (**etw** -i)

vervielfältigen *vt* çoğaltmak, teksir etmek (**etw** -i)

Vervielfältigung *f* çoğalt(ıl)ma, teksir

vervollständigen *vt* tamamlamak, bütünlemek, bitirmek (**etw** -i)

verw. *adj Abk von* **verwitwet** dul

verwackelt *adj* (*Foto*) net olmayan

verwählen *vr* **sich ~** (*falsche Nummer*) yanlış numara çevirmek

verwahren I. *vt* (*sicher aufbewahren*) saklamak (**etw** -i) II. *vr* **sich gegen etw ~** bir şeye karşı itiraz etmek

verwahrlost *adj* (*Sache*) bakımsız; (*Haus*) harap; (*Person*) perişan

verwaist *adj* ① yetim, öksüz ② (*fig: Posten*) boş; (*Gegend*) tenha, ıssız

verwalten *vt* idare etmek, yönetmek (**etw** -i)

Verwalter(in) *m(f)* ① idareci, yönetici ② (*Guts-*) kahya

Verwaltung *f* ① (*Handlung*) idare, yönetim ② (*Personen*) yönetim kurulu

verwandeln I. *vt* değiştirmek (**etw/jdn** -i), dönüştürmek (**etw in etw** -i -e) II. *vr* **sich ~** değişmek; **sich in etw ~** bir şeye dönüşmek

verwandt I. *vt s.* **verwenden** II. *adj* ① akraba, hısım ② (*fig: ähnlich*) benzer, yakın

verwandte *vt s.* **verwenden**

Verwandte(r) *f(m)* akraba, hısım; **ein ~r von mir** benim bir akrabam

Verwandtschaft *f* ① (*Verwandtsein*) akrabalık ② (*die Verwandten*) akrabalar *pl*, hısım akraba *fam* ③ (*fig: Ähnlichkeit*) benzerlik, yakınlık

verwarnen *vt* uyarmak, ikaz etmek (**jdn** -i)

Verwarnung *f* uyarı, ihtar

verwaschen *adj* ① (*Farben*) rengi atmış, soluk ② (*fig*) belirsiz

verwechseln *vt* karıştırmak (**etw mit etw** -i ile); **jdn mit jdm ~** birini birine benzetmek

Verwechs(e)lung *f* karıştırma, benzetme

verweigern *vt* reddetmek (**etw** -i)

Verweigerung *f* ret

Verweis *m* ① (*Tadel*) azar, tekdir ② (*Hinweis*) işaret

verweisen *irr vt* (*hinweisen*) işaret etmek (**auf etw** -e); **jdn des Landes ~** birini sınır dışı etmek; **jdn vom Spielfeld ~** SPORT birini sahadan çıkarmak

verwelken *vi sein* solmak, sararmak

verwendbar *adj* kullanılabilir

verwenden <verwendete, verwendet *o* verwandte> I. *vt* ① (*gebrauchen*) kullanmak (**etw** -i) ② (*benützen*) yararlanmak (**etw** -den) ③ (*Zeit, Mühe*) harcamak (**etw** -i) II. *vr* **sich für jdn ~** birinin iyiliği için aracılık etmek

Verwendung *f* kullanış, kullanım

verwerfen *irr vt* ① (*ablehnen*) reddetmek (**etw** -i) ② JUR bozmak, feshetmek (**etw** -i)

verwerflich *adj* ayıp(lı), çirkin, kötü

Verwerfung *f* GEOG fay

Verwerfungslinie *f* GEOG fay hattı

verwerten *vt* değerlendirmek (**etw** -i), yararlanmak (**etw** -den)
verwickeln **I.** *vt* (*Faden*) karıştırmak, dolaştırmak (**etw** -i); **jdn in etw ~** birini bir şeye karıştırmak **II.** *vr* **sich ~** (*Faden*) karışmak, dolaşmak
verwickelt *adj* karışık, dolaşık, çapraşık
verwildert *adj* ❶ (*Tier*) vahşileşmiş ❷ (*Garten*) bakımsız, harap
verwirklichen **I.** *vt* gerçekleştirmek (**etw** -i) **II.** *vr* **sich ~** gerçekleşmek
Verwirklichung *f* ❶ (*Verwirklichen*) gerçekleştirme ❷ (*Wahrwerden*) gerçekleşme
verwirren *vt* ❶ (*Garn*) dolaştırmak, karıştırmak (**etw** -i) ❷ (*Person*) şaşırtmak (**jdn** -i)
verwirrt *adj* ❶ (*Sache*) karışık ❷ (*Person*) şaşkın, şaşırmış
Verwirrung *f* ❶ (*Durcheinander*) karışıklık ❷ (*Verstörtheit*) şaşkınlık
verwitwet *adj* dul
verwöhnen *vt* şımartmak, nazlı alıştırmak (**jdn** -i), yüz vermek (**jdn** -e)
verwöhnt *adj* şımarık, nazlı (alışmış)
verworren *adj* (karma)karışık, dolambaçlı, darmadağın
verwundbar *adj* yaralanabilir; (*Stelle*) zayıf
verwunden *vt* yaralamak (**jdn/etw** -i)
verwunderlich *adj* şaşılacak
verwundern *vr* **sich ~** şaş(ır)mak, hayret etmek
Verwunderung *f* şaşkınlık, hayret
verwundet *adj* yaralı
Verwundete(r) *f(m)* yaralı
verwüsten *vt* yakıp yıkmak, kırıp geçirmek, tahrip etmek (**etw** -i)
Verwüstung *f* (yakıp) yıkma, tahrip
verzählen *vr* **sich ~** yanlış saymak, sayıda yanılmak
verzaubern *vt* büyülemek, sihirlemek (**jdn/etw** -i)
Verzehr *m* yiyip içme; **nicht zum ~ geeignet** yenilip içilmeye elverişli değil
verzehren *vt* yiyip bitirmek (**etw** -i)
verzeichnen *vt* ❶ (*aufzeichnen*) yazmak, not etmek (**etw** -i) ❷ (*falsch zeichnen*) yanlış çizmek (**etw** -i)
Verzeichnis *nt* ❶ liste ❷ INFORM (*Daten~*) dizin
verzeihen <verzieh, verziehen> **I.** *vi* bağışlamak, affetmek (**jdm** -i) **II.** *vt* **jdm etw ~** birinin bir şeyini affetmek [*o* hoş görmek], birinin bir şeyine bakmamak
Verzeihung *f* **(ich bitte um) ~!** affedersiniz!
verzetteln *vr* **sich ~** emeklerini birçok işlere harcamak
Verzicht *m* vazgeçme
verzichten *vi* ❶ (*Anspruch aufgeben*) vazgeçmek (**auf etw** -den) ❷ (*zurücktreten*) caymak (**auf etw** -den)
verzieh(en) *vt s.* **verzeihen**
verziehen *irr* **I.** *vt* (*Kind*) şımartmak, nazlı alıştırmak (**jdn** -i) **II.** *vr* **sich ~** (*Wolken, Gewitter*) geçmek, kaybolmak, uzaklaşmak; (*fam: sich entfernen*) uzaklaşmak
verzieren *vt* süslemek, bezemek (**etw** -i)
Verzierung *f* süs, dekor
verzinsen *vt* faizini ödemek (**etw** -in)
Verzinsung *f* faiz miktarı
verzogen **I.** *s.* **verziehen** **II.** *adj* (*Kind*) şımartılmış, nazlı alışmış; **unbekannt ~** (*Postvermerk*) adresi belli değil
verzögern **I.** *vt* geciktirmek, uzatmak, sürüncemede bırakmak (**etw** -i) **II.** *vr* **sich ~** gecikmek, uzamak, sürüncemede kalmak
Verzögerung *f* gecikme, uzama
verzollen *vt* gümrüklemek (**etw** -i); **haben Sie etwas zu ~?** gümrüğe tabi eşyanız var mı?
Verzug *m* gecikme
verzweifeln *vi sein* ümitsizliğe düşmek; **es ist zum Verzweifeln** insanın çıldırası geliyor
verzweifelt *adj* çaresiz, umarsız

Verzweiflung *f* ümitsizlik, umutsuzluk; **jdn zur ~ bringen** birini ümitsizliğe düşürmek
Veteran *m* eski asker
Veterinär(in) *m(f)* veteriner
Veto *nt* **gegen etw sein ~ einlegen** bir şeyi veto etmek [*o* vetolamak]
Vetorecht *nt* veto hakkı
Vetter *m* amca (dayı, teyze, hala) oğlu, kuzen
Vetternwirtschaft *f* akraba kayırıcılığı
vgl. *vt Abk von* **vergleiche** karşılaştırınız
v. H. *adv Abk von* **vom Hundert** yüzde
VHS *f Abk von* **Volkshochschule** halk eğitim merkezi
Viadukt *m* kemer köprü
Viagra® *nt* viagra®
Vibration *f* titreşim, vibrasyon
vibrieren *vi* titreşmek
Video *nt* video
Videoclip *m* klip, video klipi
Videofilm *m* video filmi
Videokamera *f* video kamerası
Videokarte *f* INFORM video kartı
Videokassette *f* video kaseti
Videokonferenz *f* telekonferans
Videorekorder *m* video aleti
Videospiel *nt* video oyunu
Videothek *f* video dükkanı
Vieh *nt* ① (*Groß-*) büyük baş hayvanlar *pl;* (*Klein-*) davar ② (*pej: Tier*) hayvan
Viehzucht *f* hayvancılık, hayvan yetiştirme
viel *adj, adv* çok, fazla; **recht ~** birçok; **sehr ~** pek çok; **ziemlich ~** oldukça çok, bir hayli; **so ~** o kadar çok; **zu ~** fazla, çok, aşırı; **~e Leute** birçok kişi; **so ~e Bücher** bir sürü kitap; **~ versprechend** çok şey vadeden
vieldeutig *adj* çok anlamlı
vielfach I. *adj* katmerli **II.** *adv* çok defa, sık sık
Vielfalt *f* çeşitlilik
vielfältig *adj* çeşitli
vielfarbig *adj* çok renkli
vielleicht *adv* belki; (*etwa*) acaba; **das ist ~ schön!** aman ne güzel!
vielmals *adv* çok defa, sık sık
vielmehr *adv* (*im Gegenteil*) bilakis, tam tersine
vielseitig *adj* çok yönlü
vielversprechend *adj* ümit verici
Vielzahl *f* **eine ~ von ...** -den çok sayıda
vier *num* dört; **auf allen vieren gehen** emeklemek
Viereck *nt* dörtgen, dörtkenar
viereckig *adj* dört köşeli
vierhundert *num* dört yüz
Vierlinge *mpl* dördüzler *pl*
viermal *adv* dört defa [*o* kere]
vierspurig *adj* dört şeritli
vierstellig *adj* dört basamaklı
vierte(r, s) *adj* dördüncü
viertel *num* dörtte bir; (*Zeit*) çeyrek; **drei ~** dörtte üç; (*Zeit*) üç çeyrek; **um ~ acht** (saat) yediyi çeyrek geçe; **um drei ~ acht** (saat) sekize çeyrek kala
Viertel *nt* ① çeyrek; **es ist ~ nach zwei** ikiyi çeyrek geçiyor; **es ist ~ vor zwei** ikiye çeyrek var ② (*Stadt-*) semt, mahalle
Viertelfinale *nt* çeyrek final (maçı)
Vierteljahr *nt* üç ay, çeyrek yıl
vierteljährlich *adj* üç aylık
Viertelliter *nt* çeyrek litre
Viertelstunde *f* çeyrek saat
viertens *adv* dördüncü olarak
vierzehn *num* on dört; **~ Tage** on dört gün
vierzehntägig *adj* onbeş günlük, iki haftalık
vierzig *num* kırk
Vietnam *nt* Vietnam
Villa *f* ① (*Haus*) villa; (*größere*) köşk ② (*Strand-*) yalı
violett *adj* mor, menekşe rengi(nde)
Violine *f* keman
Violoncello *nt* viyolonsel
Viper *f* Avrupa engereği

VIP-Lounge *f* (*eines Hotels, eines Flughafens*) çok önemli kişiler için bekleme salonu
viral *adj* MED viral
Virenprogramm *nt* virüs programı
Virenscanprogramm *nt* INFORM virüs tarama programı
virenverseucht *adj* INFORM virüs bulaşmış olan
virtuell *adj* sanal; **~e Realität** sanal gerçeklik
Virtuose, Virtuosin *m, f* virtüoz
Virus *m* virüs
Virusinfektion *f* virüs enfeksiyonu
Vision *f* ❶ (*Erscheinung*) hayal ❷ (*Halluzination*) sanrı ❸ (*Zukunftsvorstellung*) vizyon
Visionär(in) *m(f)* vizyon sahibi
Visite *f* vizite
Visitenkarte *f* kartvizit
Viskose *f* viskoz
visuell *adj* görsel
Visum *nt* vize
Vitalität *f* canlılık
Vitamin *nt* vitamin
Vitaminmangel *m* vitamin eksikliği, vitaminsizlik
vitaminreich *adj* çok vitaminli
Vitrine *f* vitrin, camekan
Vizekanzler(in) *m(f)* başbakan yardımcısı
Vizepräsident(in) *m(f)* başkan yardımcısı
Vogel *m* kuş; **er hat einen ~** (*fam*) tahtası eksik, kafadan kontak
Vogelbauer *nt* kuş kafesi
vogelfrei *adj* kanun dışı
Vogelgrippe *f* kuş gribi
Vogelhaus *nt* kuş(h)ane
Vogelkäfig *m* kuş kafesi
Vogelscheuche *f* korkuluk
Vogelschutzgebiet *nt* kuş cenneti
Vogelschwarm *m* kuş sürüsü
Vokabel *f* söz(cük), kelime
Vokal *m* ünlü
Volk *nt* ❶ (*Leute*) halk ❷ (*Nation*) millet, ulus
Völkerbund *m* Milletler Cemiyeti
Völkerkunde *f* etnoloji, budunbilim
Völkermord *m* soykırım
Völkerrecht *nt* devletlerarası hukuk
Völkerwanderung *f* (*hist*) kavimler göçü
Volksabstimmung *f* halk oylaması
volkseigen *adj* (*hist: in der DDR*) **~er Betrieb** devletleştirilmiş işletme
Volksentscheid *m* halk oylaması
Volksfest *nt* şenlik
Volksfront *f* halk cephesi
Volksheld(in) *m(f)* halk kahramanı
Volkshochschule *f* Halk Eğitim Merkezi, Halk Yüksek Okulu
Volkskunde *f* halkbilgisi, folklor
Volkslied *nt* halk şarkısı
Volksmusik *f* halk müziği
Volksrepublik *f* halk cumhuriyeti
Volksschule *f* ilkokul
Volksschullehrer(in) *m(f)* ilkokul öğretmeni
Volkssprache *f* halk dili [*o* ağzı]
Volkstanz *m* halk dansı, milli oyun
volkstümlich *adj* (*populär*) popüler
Volksweisheit *f* halk bilgeliği
Volkswirt(in) *m(f)* iktisatçı
Volkswirtschaft(slehre) *f* iktisat, ekonomi
voll I. *adj* ❶ (*gefüllt*) dolu ❷ (*Wangen*) toplu, dolgun ❸ (*reichlich*) bol ❹ (*vollständig, ganz*) bütün, tam ❺ (*besetzt*) meşgul ❻ (*satt*) tok ❼ (*fam: betrunken*) sarhoş; **der Bus ist ~** otobüs doldu; **jdn (nicht) für ~ nehmen** birini ciddiye al(ma)mak II. *adv* **~ und ganz** tamamen
vollautomatisch *adj* (tam) otomatik
Vollbart *m* top [*o* çember] sakal
Vollbeschäftigung *f* tam çalışma
Vollblut *nt* (*Pferd*) safkan
vollbringen *irr vt* ❶ (*beenden*) tamamlamak (**etw** -i) ❷ (*ausführen*) yerine getirmek (**etw** -i)
vollenden *vt* bitirmek, tamamlamak (**etw** -i)

vollendet *adj* bit(iril)miş; (*vollkommen*) kusursuz, mükemmel, yetkin; **~e Tatsache** emrivaki, oldubitti
Volleyball *m* voleybol
Vollgas *nt* **mit ~** tam hızla
Vollidiot *m* tam kaçık
völlig I. *adj* tam II. *adv* tamamen, tamamıyla, büsbütün
volljährig *adj* reşit, ergin
Volljährigkeit *f* erginlik, reşitlik, rüşt
Vollkaskoversicherung *f* tam kasko sigortası
vollkommen I. *adj* kusursuz, mükemmel, yetkin II. *adv* tamamıyla
Vollkommenheit *f* mükemmellik
Vollkornbrot *nt* kepekli ekmek
Vollmacht *f* tam yetki; (*Dokument*) vekaletname
Vollmilch *f kaymağı alınmamış süt*
Vollmitgliedschaft *f* (*in EU*) tam üyelik
Vollmond *m* dolunay
Vollpension *f* tam pansiyon
vollständig I. *adj* tam, bütün, eksiksiz II. *adv* tamamen, tamamıyla
Vollständigkeit *f* tamamlık, eksiksizlik, noksansızlık
vollstrecken *vt* yerine getirmek, yürütmek (**etw** -i)
volltanken *vi, vt* benzin deposunu tam doldurmak
Volltreffer *m* tam isabet
Vollversammlung *f* genel kurul toplantısı
Vollwaise *f* öksüz, anası ve babası ölmüş
vollzählig *adj* tam sayılı, eksiksiz
vollziehen *irr* I. *vt* yerine getirmek (**etw** -i) II. *vr* **sich ~** olmak, cereyan etmek
Volontär(in) *m(f)* gönüllü stajyer
Volt *nt* volt
Volumen *nt* hacim
vom *präp* = **von dem** *s.* **von**
von *präp +dat* ① (*räumlich und zeitlich*) -dan/-den ② (*Herkunft*) li/ lı/ -lu/-lü ③ (*Nennung des Besitzers*) -in/-ın/-un/-ün ④ (*beim Passiv*) (-in) tarafından ⑤ (*über*) ... hakkında, ... üzerin(d)e; **~ ... an** -den itibaren; **vom Fenster aus** pencereden; **~ da an** o zamandan itibaren; **~ heute an** bugünden itibaren; **~ Format** üstün; **was sind Sie ~ Beruf?** mesleğiniz ne(dir)?; **~ Natur aus** yaradılıştan; **einer ~ euch** sizden biri; **fünf ~ zehn Türken** (her) on Türk'ten beşi; **~ Gottes Gnaden** Allah tarafından; **~ mir aus** benim için farketmez; **ein Freund ~ mir** benim bir arkadaşım; **sie wurde ~ ihm verlassen** onun tarafından terkedildi; **wir haben gerade ~ dir gesprochen** tam şu anda senden konuştuk [*o* bahsettik]
voneinander *adv* birbir(ler)inden
vonseiten *präp +gen* ... tarafından
vor I. *präp +dat* ① (*Ort*) -in önünde ② (*Zeit*) (-den) önce ③ (*Ursache*) -dan/-den, -den dolayı; **~ mir** önümde; **10 Minuten ~ 7** yediye on var; **~ zwei Jahren** iki yıl önce; **~ kurzem** geçenlerde; **~ Christus** İsa'dan önce; **~ (lauter) Angst** korkudan; **aus Angst ~ ...** -in korkusundan II. *präp +akk* (*Richtung*) -in önüne
Vorabend *m* arife
Vorahnung *f* önsezi
voran *adv* (*vor den anderen*) önde, başta
vorangehen *irr vi sein* önce gitmek, önden gitmek; **gut ~** iyi gitmek; **gehen Sie voran!** önden gidiniz!
vorankommen *irr vi sein* ilerlemek; (*fig*) ilerlemek, gelişmek
Voranmeldung *f* ① erken kayıt ② (*Telefon*) *istenen telefon abonesinin önceden aranması*
Voranschlag *m* masraf tahmini
voraus *adv* **im Voraus** önceden, peşin(en)
vorausbezahlen *vt* peşin(en) ödemek
vorausgegangen *adj* önden gitmiş
vorausgehen *irr vi sein* ① (*Person*) önden gitmek ② (*Sache*) önce gelmek

vorausgehend *adj* önceki
vorausgesetzt *konj* **~, dass** şu şartla ki ...
Voraussage *f* (önceden) tahmin
voraussagen *vt* (*Voraussage machen*) (önceden) tahmin etmek (**etw** -i)
Vorausschau *f* öngörü; **in kluger/weiser ~** akıllı/bilgece bir öngörü ile
vorausschauen *vi* öngörülü olmak, ileriyi tahmin etmek
vorausschauend I. *adj* öngörülü, ileriyi görebilen II. *adv* **bei langfristigen Projekten muss ~ geplant werden** uzun süreli projelerde öngörülü planlar yapılmak zorunda
voraussehbar *adj* önceden tahmin edilebilir
voraussehen *irr vt* önceden tahmin etmek [*o* kestirmek] (**etw** -i)
voraussetzen *vt* ❶ (*annehmen*) varsaymak, farzetmek (**etw** -i) ❷ (*bedingen*) şart koşmak (**etw** -i)
Voraussetzung *f* (*Bedingung*) şart, koşul; **unter der ~, dass** -mesi şartıyla
voraussichtlich I. *adj* olası(lı) II. *adv* tahmin edildiğine göre
Vorauszahlung *f* peşin ödeme, avans
Vorbedacht *m* **mit ~** bile bile, kasten
Vorbedingung *f* ön koşul [*o* şart]
Vorbehalt *m* (*Einschränkung*) sakınca; **unter dem ~, dass** -mesi kaydıyla
vorbehalten *irr vt* **sich** *dat* **etw ~** bir şeyi kendisi için saklamak
vorbehaltlos *adj, adv* kayıtsız şartsız
vorbei *adv* ❶ (*räumlich*) **an ... ~** -in önünden ❷ (*zeitlich*) geçmiş; **es ist ~** geçti, bitti
vorbeifahren *irr vi sein* geçmek (**an jdm/etw** -in önünden)
vorbeigehen *irr vi sein* geçmek (**an jdm/etw** -in önünden)
vorbeikommen *irr vi sein* (*besuchen*) uğramak (**bei jdm** -e)
vorbeireden *vi* **sie reden aneinander vorbei** birbirlerine dert anlatamıyorlar
Vorbemerkung *f* ön açıklama
vorbereiten I. *vt* hazırlamak (**etw** -i) II. *vr* **sich ~** hazırlanmak
Vorbereitung *f* hazırlık
vorbestellen *vt* ❶ (*Zimmer*) rezerve etmek, ayırtmak (**etw** -i) ❷ (*Tisch, Platz*) öncenden ayırtmak (**etw** -i)
Vorbestellung *f* rezervasyon, ayırtım
vorbestraft *adj* sabıkalı
vorbeugen *vi* **einer Sache ~** bir şeyin önünü almak, bir şeyi önlemek
vorbeugend *adj* önleyici, koruyucu
Vorbeugungsmaßnahme *f* önleyici tedbir
Vorbild *nt* ❶ (*Beispiel*) örnek ❷ (*Ideal*) ideal; **sich jdn zum ~ nehmen** birini örnek almak
vorbildlich *adj* ❶ (*mustergültig*) örnek ❷ (*vollkommen*) kusursuz, mükemmel
Vorderachse *f* ön dingil
Vorderbein *nt* ön bacak
vordere(r, s) *adj* ön, önde bulunan
Vordergrund *m* ön plan
Vorderrad *nt* ön tekerlek
Vorderradantrieb *m* önden çekiş
Vorderseite *f* ❶ (*Seite*) ön taraf, yüz, cephe ❷ (*einer Münze*) ön yüz
Vordersitz *m* ön yer
vordringen *irr vi sein* ilerlemek; (*fig: sich verbreiten*) yayılmak
vordringlich *adj* acele, acil, ivedi
Vordruck *m* (*Formblatt*) form
vorehelich *adj* evlilikten önceki
voreilig *adj* pek acele; (*Person*) aceleci
voreingenommen *adj* önyargılı
vorenthalten *irr vt* **jdm etw ~** birini bir şeyden mahrum bırakmak, birinden bir şeyi esirgemek
vorerst *adv* ❶ (*zuerst*) (her şeyden) önce ❷ (*vorläufig*) şimdilik
vorfahren *irr* I. *vt* (*Wagen*) arabayı evin önüne getirmek II. *vi sein* daha ileri gitmek
Vorfahren *mpl* atalar *pl*
Vorfahrt *f* (önce) geçiş hakkı; **die ~ beachten** geçiş hakkına dikkat etmek

Vorfahrtszeichen *nt* geçiş hakkı işareti
Vorfall *m* olay
vorfallen *irr vi sein* ❶ (*sich ereignen*) olmak, cereyan etmek ❷ (*nach vorne fallen*) öne düşmek, sarkmak
Vorfreude *f* önceden duyulan sevinç
vorführen *vt* ❶ (*Stück*) temsil etmek, ortaya koymak, oynatmak (**etw** -i) ❷ (*Film*) göstermek (**etw** -i)
Vorgang *m* ❶ (*Hergang*) cereyan, gidiş, süreç ❷ (*Ereignis*) olay
Vorgänger(in) *m(f)* öncel
Vorgarten *m* ön bahçe
vorgeben *irr vt* ❶ (*vorschützen*) özür [*o* bahane] olarak ileri sürmek (**etw** -i) ❷ SPORT avans vermek
Vorgebirge *nt* ❶ (*Vorberge*) *dağ eteklerindeki tepeler* ❷ (*Kap*) burun
vorgefasst[RR] *adj*, **vorgefaßt**[ALT] *adj* (*Meinung*) önyargılı
vorgefertigt *adj* önceden hazırlanmış
vorgehen *irr vi sein* ❶ (*vorwärtsgehen*) ilerlemek ❷ (*vorausgehen*) önden gitmek ❸ (*Uhr*) ileri gitmek ❹ (*handeln*) davranmak, hareket etmek, işlem yapmak ❺ (*fig: wichtig sein*) önemli olmak; **gehen Sie bitte vor!** ilerleyin, lütfen!, önden gidin, lütfen!
Vorgehen *nt* ❶ (*Vorwärtsgehen*) ilerleyiş ❷ (*Verhalten*) tutum, davranış ❸ (*Verfahren*) işlem, yöntem
vorgerückt *adj* ilerlemiş
Vorgeschichte *f* ❶ (*Wissenschaft*) tarih öncesi ❷ (*fig*) (bir şeyin) önce(si)
vorgeschichtlich *adj* tarih öncesi
Vorgeschmack *m* ilk tat
Vorgesetzte(r) *f(m)* şef, amir, patron
vorgestern *adv* evvelki gün
vorgreifen *irr vi* önce davranmak (**einer Sache** -de)
vorhaben *irr vt* (*beabsichtigen*) niyetinde olmak, amacını gütmek (**etw zu tun** -mek/-me); **ich habe morgen nichts vor** yarın için hiç bir programım yok
Vorhalle *f* hol
vorhalten *irr vt* (*fig*) **jdm etw ~** birine bir şeyden dolayı sitem etmek
vorhanden *adj* var olan, mevcut, elde hazır
Vorhang *m* perde; **der Eiserne ~** (*hist*) Demir Perde
Vorhaut *f* sünnet derisi
vorher *adv* ❶ (*zeitlich*) önce ❷ (*im Voraus*) peşin(en); **kurz ~** demin; **am Tage/Abend ~** bir gün/akşam önce
vorhergehende(r, s), **vorherige(r, s)** *adj* önceki
vorherrschen *vi* egemen [*o* hakim] olmak, üstün gelmek
Vorhersage *f* ❶ (*das Vorhersagen*) (önceden) tahmin ❷ (*Prophezeiung*) kehanet
vorhersagen *vt* ❶ (*voraussagen*) (önceden) tahmin etmek [*o* haber vermek] (**etw** -i) ❷ (*prophezeien*) kehanette bulunmak
vorhersehen *irr vt* (önceden) tahmin etmek [*o* kestirmek] (**etw** -i)
vorhin *adv* demin(cek), az evvel; **gerade ~** az önce, daha demin
vorige(r, s) *adj* önceki; (*vergangen*) geçen
Vorjahr *nt* geçen yıl
Vorkehrungen *fpl* **~ treffen** (önleyici) tedbirler almak (**gegen etw** -e karşı)
Vorkenntnisse *fpl* önbilgiler *pl*
vorknöpfen *vt* **sich** *dat* **jdn ~** (*fam*) birinden hesap sormak
vorkommen *irr vi sein* ❶ (*existieren*) var olmak, bulunmak ❷ (*geschehen*) olmak, cereyan etmek; **es kommt mir so vor, als ob** bana öyle geliyor ki, …
Vorkommen *nt* çıkma, bulunma
Vorkommnis *nt* olay
Vorkriegszeit *f* savaş öncesi dönemi
vorladen *irr vt* (*vor Gericht*) celp etmek (**jdn** -i)
Vorladung *f* (*vor Gericht*) celp
Vorlage *f* ❶ (*Gesetzes-*) kanun tasarısı ❷ (*Muster*) örnek

vorlassen *irr vt* öne gelmesine izin vermek (**jdn** -in)
Vorläufer(in) *m(f)* öncü
vorläufig I. *adj* geçici II. *adv* şimdilik
vorlegen *vt* ❶ (*nach vorne legen*) öne koymak (**etw** -i) ❷ (*zur Überprüfung*) göstermek (**jdm etw** -e -i) ❸ (*Schloss*) asma kilit koymak
vorlesen *irr vi, vt* (yüksek sesle) okumak (**jdm etw** -e -i)
Vorlesung *f* (üniversite) ders(i)
vorletzte(r, s) *adj* sondan önceki
Vorliebe *f* eğilim (**für etw** -e)
vorliebnehmen *irr vi* **mit etw ~** bir şeyle yetinmek
vorliegen *irr vi* ❶ (*vorhanden sein*) var olmak ❷ (*jdm*) gözü önünde bulunmak (**jdm** -in); **es liegt nichts vor** yeni bir şey yok
vorm *präp* = **vor dem** *s.* **vor**
vorm. *adv Abk von* **vormittags** öğleden önce
vormachen *vt* **jdm etw ~** birine bir şeyi göstermek; (*anlügen*) birine yalan yutturmak
vormals *adv* eski zamanda, vaktiyle
vormerken *vt* not etmek, önceden dikkate almak (**etw** -i)
Vormittag *m* öğleden önce; **heute ~** bugün öğleden önce
vormittags *adv* öğleden önceleri
Vormund *m* veli; JUR vasi
Vormundschaft *f* JUR vasilik
vorn *präp* = **vor den** *s.* **vor**
vorn(e) *adv* önde, ileride, ön tarafta; **nach ~** öne (doğru), ileriye; **von ~** önden; (*zeitlich*) yineden, baştan; **von ~ bis hinten** başından sonuna kadar; (**wieder**) **von ~ anfangen** (yine) baştan başlamak
Vorname *m* ön ad, ilk ad, küçük isim
vornehm *adj* kibar; (*elegant*) zarif
vornehmen *irr vt* **sich** *dat* **~, etw zu tun** bir şey yapmaya niyet etmek
vornherein *adv* **von ~** ilk baştan
Vorort *m* dış semt, banliyö, yörekent
Vorrang *m* üstünlük, öncelik
vorrangig *adj* öncelikli
Vorrat *m* yedek malzeme, stok
vorrätig *adj* elde bulunan
Vorrecht *nt* imtiyaz, ayrıcalık
Vorrichtung *f* (*Apparatur*) mekanizma
vorrücken I. *vt* öne almak, ileri çekmek (**etw** -i) II. *vi sein* ilerlemek; (*im Rang*) yükselmek
vors *präp* = **vor das** *s.* **vor**
vorsagen *vt* ❶ (*aussprechen*) söylemek (**etw** -i) ❷ (*Schule*) (sözlü) kopya vermek (**jdm etw** -e -i)
Vorsaison *f* sezon öncesi
Vorsatz *m* (*Absicht*) maksat, niyet, kasıt
vorsätzlich I. *adj* JUR kasti, kasıtlı II. *adv* JUR kasten, kasti olarak
Vorschau *f* gelecek program
Vorschein *m* **zum ~ kommen** meydana çıkmak, görünmek
vorschießen *irr vt* (*fam: Geld*) avans vermek (**jdm etw** -e -i)
Vorschlag *m* ❶ teklif, öneri ❷ ADMIN önerge
vorschlagen *irr vt* teklif etmek, önermek (**jdm etw** -e -i)
vorschreiben *irr vt* emretmek (**jdm etw** -e -i)
Vorschrift *f* ❶ (*Anweisung*) yönerge ❷ (*Bestimmung*) hüküm, yönetmelik; **Dienst nach ~** yönetmeliğe göre hizmet
vorschriftsmäßig *adv* yönetmeliğe uygun olarak
Vorschub *m* **einer Sache ~ leisten** bir şeyi desteklemek
Vorschulalter *nt* okul öncesi yaş
Vorschule *f* hazırlık okulu
VorschussRR *m*, **Vorschuß**ALT *m* avans, öndelik
vorschützen *vt* özür [*o* bahane] olarak ileri sürmek (**etw** -i)
vorsehen *irr* I. *vt* öngörmek (**etw** -i) II. *vr* **sich ~** dikkat etmek; (*vor etw*) sakınmak (**vor etw** -den)
Vorsehung *f* alın yazısı

vorsetzen *vt* öne koymak (**etw** -i); (*auftischen*) ikram etmek, sunmak (**jdm etw** -e -i)
Vorsicht *f* ① (*das Aufpassen*) dikkat, tedbirlilik ② (*Zurückhaltung*) sakınganlık; **~!** dikkat!
vorsichtig I. *adj* ① dikkatli, tedbirli ② (*zurückhaltend*) sakıngan II. *adv* usulcacık
vorsichtshalber *adv* ne olur ne olmaz, her ihtimale karşı
Vorsichtsmaßnahme *f* emniyet tedbiri
Vorsilbe *f* önek
vorsintflutlich *adj* Tufan öncesi; (*sehr alt*) Nuhu nebiden kalma
Vorsitz *m* başkanlık, reislik
Vorsitzende(r) *f(m)* başkan, reis
Vorsorge *f* (ön) tedbir
vorsorgen *vi* (önceden) tedbir almak
Vorspann *m* FILM jenerik
Vorspeise *f* çerez
Vorsprung *m* öndelik, öncelik, avantaj; **einen ~ vor jdm haben** birine karşı avantajlı durumda olmak
Vorstadt *f* dış mahalle
Vorstand *m* ① (*Rat*) yönetim kurulu ② (*Einzelperson*) başkan, reis
vorstehen *irr vi* ① (*vorspringen*) çıkıntı oluşturmak ② (*leiten*) yönetmek, idare etmek (**einer Sache** -i)
Vorsteher(in) *m(f)* başkan
vorstellbar *adj* düşünülebilir, düşünülebilen
vorstellen I. *vt* **jdn jdm ~** birini biriyle tanıştırmak; **sich** *dat* **etw ~** bir şeyi tasavvur etmek [*o* göz önüne getirmek] II. *vr* **sich ~** kendini tanıtmak, takdim etmek
vorstellig *adj* **~ werden** başvurmak (**bei jdm** -e)
Vorstellung *f* ① THEAT, FILM gösterim ② (*Idee*) düşünce, fikir, tasarım
Vorstellungskraft *f*, **Vorstellungsvermögen** *nt* hayal gücü, imgeleme
Vortag *m* önceki gün
vortäuschen *vt* yalandan yapmak, taslamak (**etw** -i)
Vorteil *m* avantaj; (*Nutzen*) yarar(lık), çıkar, fayda
vorteilhaft *adj* ① (*nützlich*) yararlı, faydalı, avantajlı ② (*günstig*) uygun, elverişli
Vortrag *m* ① (*öffentlicher*) konferans ② (*Bericht*) rapor; **einen ~ halten** konferans vermek
vortragen *irr vt* ① (*nach vorne tragen*) ileriye taşımak (**etw** -i) ② (*Gedicht*) okumak (**etw** -i)
vortrefflich *adj* nefis, mükemmel; (*Person*) yetkin
vortreten *irr vi sein* öne çıkmak
Vortritt *m* öncelik
vorüber *adv* ① (*örtlich*) **an ... ~** -in önünden ② (*zeitlich*) geçmiş
vorübergehen *irr vi sein* **an jdm/etw ~** birinin/bir şeyin önünden geçmek
vorübergehend I. *adj* geçici, eğreti II. *adv* şimdilik, geçici olarak
Vorurteil *nt* önyargı
vorurteilslos *adj, adv* önyargısız
Vorverkauf *m* önceden satış
vorverlegen *vt* (*Termin*) öne almak (**etw** -i)
Vorwahl(nummer) *f* şehir numarası [*o* kodu]
Vorwand *m* bahane
vorwärts *adv* ileri(ye); **~!** ileri!
vorwärtskommen *irr vi* ilerlemek
vorweg *adv* önceden, vaktinden önce
vorwegnehmen *irr vt* önceden yapmak [*o* söylemek] (**etw** -i)
vorweisen *irr vt* göstermek (**etw** -i)
vorwerfen *irr vt* **jdm etw ~** birini bir şeyle suçlamak
vorwiegend *adv* genellikle, özellikle
Vorwort *nt* önsöz
Vorwurf *m* ① (*leichter*) sitem ② (*Tadel*) azar ③ (*Beschuldigung*) suçlama
vorwurfsvoll *adj, adv* sitemli
Vorzeichen *nt* ① (*Omen*) belirti, alamet ② (*gutes*) uğur ③ (*böses*) uğursuzluk

vorzeigen *vt* göstermek (**etw** -i)
vorzeitig I. *adj* vakitsiz, zamansız II. *adv* vaktinden önce
vorziehen *irr vt* (*fig*) tercih etmek (**jdn/etw** -i), yeğlemek (**jdn/etw jdm/einer Sache** -i -e)
Vorzimmer *nt* bekleme odası
Vorzug *m* ❶ (*Bevorzugung*) tercih ❷ (*Vorteil*) yarar(lık), fayda, avantaj
vorzüglich *adj* enfes, mükemmel
Vorzugspreis *m* özel fiyat
Vorzugsrecht *nt* (*auf Aktien*) rüçhan hakkı
vorzugsweise *adv* tercih olarak
Voyeur(in) *m(f)* röntgenci
VP *f Abk von* **Vollpension** tam pansiyon
vulgär *adj* bayağı, adi
Vulkan *m* yanardağ, volkan
vulkanisch *adj* volkanik

W w

W *m Abk von* **Westen** batı
W *nt Abk von* **Watt** vat
Waage *f* ❶ terazi, tartı; (*Laufgewichts-, Dezimal-*) kantar ❷ (*Sternzeichen*) Terazi (burcu)
waagerecht *adj* yatay
Waagschale *f* kefe
Wabe *f* petek
Wabenhonig *m* gümeç balı
wabern *vi* dalgalanmak
wach *adj* uyanık; (*fig*) uyanık, kafalı, açıkgöz; ~ **werden** uyanmak; (*fig*) gözü açılmak
Wache *f* ❶ (*Person*) nöbetçi ❷ (*Dienst*) nöbet ❸ (*Polizei-*) karakol
wachen *vi* uyanık olmak; (*Wache halten*) nöbet tutmak
Wachhund *m* bekçi köpek
Wacholder *m* ardıç
Wachs *nt* balmumu
wachsam *adj* uyanık, dikkatli; ~ **sein** tetikte olmak
wachsen <wächst, wuchs, gewachsen> *vi sein* ❶ (*größer werden*) büyümek, gelişmek ❷ (*Haare, Gras*) bitmek, çıkmak ❸ (*Pflanzen*) yetişmek ❹ (*zunehmen*) çoğalmak, artmak ❺ (*Wirtschaft*) gelişmek; **einer Sache gewachsen sein** bir şeyin hakkından gelmek, bir şey ile başa çıkmak
wächst *vi, vt s.* **wachsen**
Wachstuch *nt* muşamba
Wachstum *nt* büyüme; (*Wirtschaft*) gelişme
Wachstumsrate *f* gelişme oranı
wachsweich *adj* pamuk gibi
Wachtel *f* bıldırcın
Wächter(in) *m(f)* bekçi
Wachtturm *m* nöbetçi kulesi
wack(e)lig *adj* ❶ (*wackelnd*) sallanan ❷ (*locker geworden*) gevşemiş ❸ (*fig: gefährdet*) sallantıda, tehlikede
Wackelkontakt *m* gevşek kontak
wackeln *vi* sallanmak, oynamak
wacker *adj* (*tapfer*) cesur, mert, yiğit
Wade *f* baldır
Wadenbein *nt* baldır kemiği
Waffe *f* silah
Waffel *f* gofret; (*türk.*) kâğıthelvası
Waffeleisen *nt* gofret yapılan alet
Waffenbesitz *m* **unerlaubter** ~ ruhsatsız silah taşıma
Waffengewalt *f* **mit** ~ silah zoruyla
Waffenhandlung *f* silahçı (dükkanı)
Waffeninspektor(in) *m(f)* silah müfettişi
Waffenschein *m* silah taşıma ruhsatı

Waffenstillstand *m* ateşkes
wagemutig *adj* cesur, girişken, atılgan
wagen *vt* cesaret etmek (**etw** -e)
Wagen *m* ❶ (*Fahrzeug*) araba ❷ (*Karren*) el arabası, çekçek ❸ (*Eisenbahn-*) vagon
Wagenheber *m* kriko
Wagenpapiere *ntpl* araba kâğıtları *pl*
Waggon *m*, **Wagon**RR *m* vagon
Wagnis *nt* tehlikeli girişim [*o* teşebbüs], riziko
Wahl *f* seçim; **nach ~** seçime göre; **jdn vor die ~ stellen** birine seçmeyi bırakmak; **ich habe keine andere ~** başka çarem yok; **es bleibt keine ~** başka çare kalmadı
wahlberechtigt *adj* **~ sein** oy hakkına sahip olmak
Wahlbeteiligung *f* seçime katılma
wählen I. *vt* ❶ (*allgemein*) seçmek (**etw/jdn** -i) ❷ (*aus-*) seçmek, beğenmek, ayırmak (**etw/jdn** -i) ❸ (*Nummer*) numarayı çevirmek II. *vi* (*zur Wahl gehen*) oy vermek
Wähler(in) *m(f)* seçmen
Wahlergebnis *nt* seçim sonucu
Wählerinitiative *f* seçmen girişimi
wählerisch *adj* güç beğenir, titiz
Wahlfach *nt* seçmeli ders
Wahlgang *m* bir seçimin gidişi
Wahlgeheimnis *nt* seçim sırrı
Wahlkampf *m* seçim kampanyası
Wahlkreis *m* seçim bölgesi
Wahllokal *nt* seçim yeri
wahllos *adv* gelişigüzel, rasgele
Wahlniederlage *f* seçim hezimeti [*o* yenilgisi]
Wahlrecht *nt* ❶ (*aktives*) seçme hakkı ❷ (*passives*) seçilme hakkı
wahlweise *adv* seçmeye göre
Wahlzettel *m* oy pusulası
Wahnsinn *m* çılgınlık, delilik, cinnet
wahnsinnig *adj* çılgın, deli
wahr *adj* ❶ (*nicht falsch*) gerçek ❷ (*eigentlich*) asıl, esas ❸ (*echt*) halis ❹ (*Tat, Bericht*) doğru; **~ machen** gerçekleştirmek; (*Wunsch*) yerine getirmek (**etw** -i); **~ werden** gerçekleşmek; (*Wunsch*) yerine gelmek; **ein ~er Freund** gerçek bir dost; **nicht ~?** değil mi?
während I. *präp +gen* ... sırasında, ... esnasında II. *konj* (*zeitlich*) -(i)ken; (*gegensätzlich*) -diği halde
wahrhaftig I. *adj* doğrucu II. *adv* gerçekten, sahiden
Wahrheit *f* ❶ (*wahrer Sachverhalt*) gerçek(lik) ❷ (*einer Aussage*) doğruluk; **um die ~ zu sagen** gerçeği söylemek gerekirse
wahrnehmen *irr vt* ❶ (*mit den Sinnen*) algılamak, duymak (**etw/jdn** -i) ❷ (*bemerken*) farkına varmak (**etw/jdn** -in), dikkat etmek (**etw/jdn** -e); **die Gelegenheit ~** fırsattan yararlanmak
Wahrnehmung *f* algı, idrak
wahrsagen *vi* fala bakmak
Wahrsager(in) *m(f)* falcı
wahrscheinlich I. *adj* olası II. *adv* galiba; **sehr ~** her halde
Wahrscheinlichkeit *f* olasılık, ihtimal
Währung *f* para (birimi [*o* ayarı])
Wahrzeichen *nt* sembol, simge
Waise *f* yetim, öksüz
Waisenhaus *nt* yetimhane, öksüzler yurdu
Wal *m* balina
Wald *m* orman
Waldbrand *m* orman yangını
Waldmeister *m* (*Pflanze*) küçük inciçiçeği
Wales *nt* Gal, Galler ülkesi
Walkman® *m* walkman®
Wall *m* ❶ (*Damm*) bent, sed ❷ (*künstlicher Erdhügel*) toprak tabya
Wallfahrt *f* hac
Wallfahrtskirche *f* hacet kilisesi
Wallfahrtsort *m* ziyaretgah, ziyaret yeri
WalnussRR *f*, **Walnuß**ALT *f* ceviz
WalnussbaumRR *m* ceviz ağacı
WalrossRR *nt*, **Walroß**ALT *nt* mors

Walze *f* ❶ (*Zylinder*) silindir, merdane ❷ (*Straßen-*) silindir

walzen *vt* ❶ (*Metalle*) haddeden geçirmek (**etw** -i) ❷ (*Straße*) üzerinden silindir geçirmek (**etw** -in)

wälzen *vt* ❶ (*Gegenstände*) yuvarlamak, ağır ağır döndürmek (**etw** -i) ❷ (*fig: Probleme*) iyice düşünüp taşınmak (**etw** -i)

Walzer *m* vals

WAN *nt Abk von* **wide area network** INFORM geniş alan ağı

wand *vt s.* **winden**

Wand *f* duvar; **spanische** ~ paravana; **meine vier Wände** kendi dört duvarım

Wandbild *nt* duvar tablosu

Wandel *m* değişme, değişim, değişiklik

wandeln *vr* **sich** ~ değişmek

Wanderer, Wanderin *m, f* gezgin

Wanderfalke *m* doğan

wandern *vi sein* yürümek, yaya gezmek

Wanderung *f* yürüyüş, gezinti

Wandkarte *f* duvar haritası

Wandlung *f* değişiklik, değişme, değişim

Wandschmiererei *f* duvarları kirletme

Wandschrank *m* gömme dolap, yüklük

wandte *vi, vt s.* **wenden**

Wandteppich *m* duvar halısı

Wanduhr *f* duvar saati

Wandzeitung *f* duvar gazetesi

Wange *f* ❶ yanak ❷ TECH çeşitli aletlerin yan kısmı

wanken *vi* ❶ (*schaukeln*) sallanmak, sendelemek ❷ (*bei Entschluss*) bocalamak ❸ (*Boden*) sarsılmak ❹ (*Knie*) kesilmek

wann *adv* ne zaman

Wanne *f* (*Bade-*) küvet

Wanze *f* ❶ tahtakurusu ❷ (*Abhör-*) gizli dinleme aleti

Wappen *nt* arma

wappnen *vr* **sich gegen etw** ~ bir şeye karşı hazırlıklı olmak

war *vi s.* **sein**

warb *vi s.* **werben**

Ware *f* mal, eşya

Warenautomat *m* eşya otomatı

Warenhaus *nt* alış veriş mağazası

Warenzeichen *nt* marka; **eingetragenes** ~ tescilli [*o* müseccel] marka

warf *vi, vt s.* **werfen**

warm <wärmer, am wärmsten> *adj* sıcak; **es ist** ~ hava sıcak; **mir ist** ~ terliyorum; ~ **werden** ısınmak

Wärme *f* sıcak(lık), ısı; **18 Grad** ~ 18 derece ısı

Wärmekraftwerk *nt* termik santral

wärmen I. *vt* ısıtmak (**etw/jdn** -i) **II.** *vr* **sich** ~ ısınmak

Wärmflasche *f* termofor

warmherzig *adj* sıcak kanlı, cana yakın

Warnanlage *f* tehlike işareti

Warndreieck *nt* ikaz üçgeni

warnen *vt* uyarmak, ikaz etmek (**jdn vor etw** -i -e karşı), ihtar etmek (**jdn vor etw** -e -i); **vor Taschendieben wird gewarnt!** yankesicilere dikkat!

Warnlicht *nt* tehlike feneri

Warnschuss[RR] *m*, **Warnschuß**[ALT] *m* ikaz atışı

Warnsignal *nt* tehlike işareti

Warnstreik *m* ihtar grevi

Warschau *nt* Varşova

Wartehalle *f* bekleme salonu

Warteliste *f* yedekler listesi

warten I. *vi* ❶ (*allgemein*) beklemek (**auf jdn/etw** -i) ❷ (*Gelegenheit*) kollamak, gözetmek (**auf etw** -i) ❸ (*verzögern*) geciktirmek (**mit etw** -i) **II.** *vt* (*pflegen*) bakmak (**etw** -e)

Wärter(in) *m(f)* bekçi; (*Gefängnis-*) gardiyan

Warteraum *m* bekleme odası

Wartesaal *m* bekleme salonu

Wartezimmer *nt* bekleme odası

Wartung *f* bakım

warum *adv* neden, niçin

Warze *f* siğil, et beni

was *pron* ~ **für** (**ein**)? nasıl (bir)?; ~ **für einer?** nasıl biri?; ~ **ist das?** bu ne(dir)?; ~ **für ein Glück!** ne mutluluk!; ~ **auch immer** her ne ... ise; ~ **mich sehr stört** ..., beni rahatsız eden bu; **das ist ~ anderes** bu, başka bir şey; **weißt du ~?** biliyor musun, ...?; **ach, ~!** yok canım

Waschanlage *f* yıkama tesisi

waschbar *adj* yıkanabilir

Waschbecken *nt* lavabo

Wäsche *f* ❶ (*Textilien*) çamaşır ❷ (*Bett-*) yatak çarşafları *pl* ❸ (*das Waschen*) yıkama; **frische ~** temiz çamaşır

waschecht *adj* ❶ (*Wäsche*) çamaşırda boyasını atmaz ❷ (*fig*) halis muhlis, sıfır numara

Wäscheklammer *f* çamaşır mandalı

Wäschekorb *m* çamaşır sepeti

Wäscheleine *f* çamaşır ipi

waschen <wäscht, wusch, gewaschen> **I.** *vt* yıkamak (**etw** -i); ~ **und legen** (*Haare*) yıkamak ve sarmak (**etw** -i) **II.** *vr* **sich ~** yıkanmak

Waschen *nt* yıkama, yıkayış

Wäscherei *f* çamaşırhane

Wäschetrockner *m* çamaşır kurutma makinesi

Wäschewechsel *m* çamaşır değiştirme

Waschkorb *m* çamaşır sepeti

Waschküche *f* çamaşırhane

Waschlappen *m* ❶ (banyo) kese(si) ❷ (*pej: Person*) pısırık, kılıbık

Waschmaschine *f* çamaşır makinesi

waschmaschinenfest *adj* çamaşır makinesine dayanıklı

Waschmittel *nt*, **Waschpulver** *nt* (çamaşır) deterjan(ı)

Waschraum *m* yıkanma yeri

Waschschüssel *f* leğen

Waschstraße *f* oto yıkama yeri

wäscht *vt s.* **waschen**

Wasser *nt* su; **fließendes ~** akarsu; **stehendes ~** durgun su; **es gibt kein fließendes ~** sular kesildi [*o* kesik]; **ein Glas ~** bir bardak su; **kölnisch ~** kolonya; **ins ~ fallen** (*fig*) suya düşmek; **sich über ~ halten** (*fig*) kıt kanaat geçinmek; ~ **lassen** su dökmek; **jdm nicht das ~ reichen können** birinin eline su bile dökememek; **mit allen ~n gewaschen sein** feleğin çemberinden geçmiş olmak; **mir läuft das ~ im Munde zusammen** ağzım sulanıyor; **sie ist auch so ein stilles ~** o da yere bakan yürek yakandır

Wasserball *m* su topu

Wasserbehälter *m* su deposu, sarnıç; (*kleinerer*) (su) küp(ü)

wasserdicht *adj* su geç(ir)mez

Wasserfall *m* çağlayan; (*großer*) çavlan, şelale

Wasserfarbe *f* suluboya

Wasserflugzeug *nt* deniz uçağı

Wasserglas *nt* ❶ su bardağı ❷ CHEM *potasyum karbonatı veya soda ile erimiş kum*

Wassergraben *m* su hendeği

Wasserhahn *m* musluk

wässerig *adj* sulu; **jdm den Mund ~ machen** birinin ağzını sulandırmak

Wasserkanister *m* su bidonu

Wasserkopf *m* ❶ MED hidrosefal ❷ (*pej*) bürokrasi

Wasserkraftwerk *nt* hidroelektrik santral(i)

Wasserleitung *f* su borusu

wasserlöslich *adj* suda eriyen

Wassermann *m* (*Sternzeichen*) Kova (burcu)

Wassermelone *f* karpuz

Wasserpfeife *f* nargile

Wasserpflanze *f* su bitkisi

Wasserrose *f* su zambağı; (*Aktinie*) deniz gülü

wasserscheu *adj* sudan korkan

Wasserski *m* su kayağı; ~ **fahren** su kayağı yapmak

Wasserspiegel *m* su seviyesi

Wassersport *m* su sporu

Wasserstand *m* su seviyesi

Wasserstoff *m* hidrojen

Wasserstoffbombe *f* hidrojen bombası

Wasserstoffsuperoxyd *nt* hidrojen peroksit, oksijenli su
Wasserstrahl *m* fışkıran su
Wasserstraße *f sefere elverişli su yolu*
Wasservogel *m* su kuşu
Wasserwaage *f* kabarcıklı düzeç
Wasserwelle *f* (*Frisur*) ondüle, mizanpli
waten *vi sein* **durch einen Fluss** ~ bir ırmağın içinden bata çıka yürümek
Watt[1] *nt* (*an der Nordsee*) *Küzey Denizin'de deniz yükseldiği zaman su altında kalan sahil kısmı*
Watt[2] *nt* (*Einheit*) vat
Watte *f* pamuk
Wattestäbchen *nt* (uçu) pamuklu çöp, pamuk uçlu çubuk
wattiert *adj* pamuklu
WC *nt* (*Toilette*) tuvalet, yüznumara
Web *nt* **das** ~ INET Web
Webadresse *f* INET ağ adresi, web adresi
webbasiert *adj* Web tabanlı
Webdesign *nt* web [*o* ağ] tasarımı
weben <webte, gewebt, gewoben> *vt* dokumak; (*Spinne*) örmek (**etw** -i)
Weber(in) *m(f)* dokumacı
Weberei *f* dokuma fabrikası
Weblog *nt* INET weblog
Webseite *f* INET (*Seite im Internet*) web sayfası
Website *f* INET web [*o* internet] sitesi, site
Webstuhl *m* dokuma tezgahı
Wechsel *m* ❶ (*Veränderung*) değişme, değişiklik ❷ (*Geld-*) kambiyo ❸ (*Wertpapier*) poliçe, bono
Wechselgeld *nt* bozuk para
Wechseljahre *pl* (*einer Frau*) adetten kesilme yılları *pl*
Wechselkurs *m* kambiyo rayici
wechseln *vt* ❶ değiştirmek (**etw** -i) ❷ (*in Kleingeld*) boz(dur)mak (**etw** -i); **den Platz/die Arbeit** ~ yerini/işini değiştirmek; **können Sie ~?** bozabilir misiniz?; **ich möchte 100 Euro in türkische Lira** ~ 100 euro karşılığında Türk lirası istiyorum
wechselnd *adj* değişen
Wechselstrom *m* dalgalı akım
Wechselstube *f* döviz bürosu
wechselweise *adv* ❶ (*der Reihe nach*) sırayla ❷ (*gegenseitig*) karşılıklı olarak
Wechselwirkung *f* etkileşim
wecken *vt* uyandırmak (**jdn** -i)
Wecker *m* çalar saat; **jdm auf den ~ fallen** birinin sinirine dokunmak
wedeln *vi* **mit dem Schwanz** ~ kuyruğunu sallamak
weder *adv* ~ **... noch ...** ne ... ne (de) ...
weg *adv* **sie ist** ~ (*gegangen*) gitmiş; (*verschwunden*) kayıp; (*abwesend*) yok; ~ (**da**)! çekil oradan!; **Hände ~!** elini sürme!
Weg *m* yol; **auf diesem ~e** (*fig*) bu yolda; **auf halbem ~e** yarı yolda; **der ~ nach Berlin** Berlin yolu; **sich auf den ~ machen** yola düzülmek; **jdm aus dem ~ gehen** birinin yolundan çekilmek, birine yol vermek; (*fig*) birinden bucak bucak kaçmak; **einer Sache im ~e stehen** bir şeye engel olmak; **auf dem richtigen ~e sein** doğru yolda olmak; **dem steht nichts im ~e** hiç bir engel yok; **etw zu ~e bringen** bir şeyi meydana getirmek
wegbleiben *irr vi sein* (artık) gelmemek, uzak kalmak
wegbringen *irr vt* (alıp) götürmek, kaldırmak (**etw** -i)
wegen *präp +gen* -den dolayı, -in yüzünden
wegfahren *irr vi sein* (taşıt ile bir yerden) ayrılmak, gitmek
wegfallen *irr vi sein* yapılmamak
wegfegen *vt* silip süpürmek (**etw** -i)
weggehen *irr vi sein* ayrılmak, gitmek
wegkommen *irr vi sein* **gut/schlecht dabei** ~ bir işten karlı çıkmak/çıkmamak
weglassen *irr vt* ❶ (*auslassen*) bırakmak, çıkarmak, kaldırmak (**etw** -i) ❷ (*versehentlich*) atlamak (**etw** -i)

weglaufen *irr vi sein* koşup gitmek; (*fliehen*) kaçmak (**vor jdm/etw** -den)
weglegen *vt* bir yana koymak (**etw** -i)
wegmachen *vt* çıkarmak, kaldırmak (**etw** -i)
wegmüssen *irr vi* gitmek zorunda olmak
wegnehmen *irr vt* ❶ (*wegtun*) alıp götürmek, kaldırmak (**etw** -i) ❷ (*entwenden*) (zorla) almak (**jdm etw** -den -i)
wegräumen *vt* toparlayıp kaldırmak, ortadan kaldırmak (**etw** -i)
wegrennen *irr vi sein* koşup gitmek; (*fliehen*) kaçmak (**vor jdm/etw** -den)
wegschaffen *vt* (ortadan) kaldırmak, alıp götürmek (**etw** -i)
wegschicken *vt* ❶ (*fortschicken*) göndermek, yollamak (**jdn** -i) ❷ (*abwimmeln*) baştan savmak (**jdn** -i)
wegschmeißen *irr vt* atmak (**etw** -i)
wegsehen *irr vi gözlerini başka tarafa çevirmek*
wegstecken *vt* (*Niederlage*) sineye çekmek (**etw** -i)
wegstellen *vt* bir yana koymak (**etw** -i)
Wegweiser *m* (*Tafel*) yol işareti, yol gösteren levha
wegwerfen *irr vt* ❶ (*wegschmeißen*) atmak (**etw** -i) ❷ (*zum Müll* ~) çöpe atmak (**etw** -i) ❸ (*verschleudern*) saçıp savurmak (**etw** -i)
weh *adv s.* **wehtun**
wehe *interj* ~ **dir!** vay haline!
wehen *vi* ❶ (*Wind*) esmek ❷ (*Fahne*) dalgalanmak
Wehen *fpl* (*Geburts-*) doğum sancıları *pl*
wehleidig *adj* aşırı hassas, nazlı alışmış
wehmütig *adj* hüzünlü
Wehr *f* **sich zur ~ setzen** kendini savunmak
Wehrdienst *m* askerlik (hizmeti)
Wehrdienstverweigerer *m* askerlik hizmetini reddeden
Wehrdienstverweigerung *f* askerlik hizmetini reddetme
wehren *vr* **sich ~** kendini savunmak; **sich gegen etw ~** bir şeye karşı koymak
wehrlos *adj* savunmasız, çaresiz
Wehrmacht *f* (*hist*) Silahlı Kuvvetler *pl*
Wehrpflicht *f* **allgemeine ~** genel zorunlu askerlik hizmeti
wehtun[RR] *vi* (*schmerzen*) ağrımak, acımak, sızlamak; **jdm ~** birine acı vermek, birinin canını acıtmak; (*seelisch*) birini incitmek [*o* üzmek], birine acı vermek; **sich ~** yaralanmak, canını acıtmak; **wo tut es Ihnen weh?** nereniz acıyor? [*o* ağrıyor?]; **der Hals tut mir weh** boğazım ağrıyor
Weib *nt* (*pej*) ❶ (*Frau*) karı ❷ (*altes*) kocakarı; (*altes u. hässliches*) cadaloz
Weibchen *nt* dişi
Weiberheld *m* kadın avcısı, donjuan
weibisch *adj* (*pej*) kadınsı, efemine
weiblich *adj* ❶ (*allgemein*) kadın, kız ❷ (*Pflanze, Tier*) dişi ❸ LING dişil
weich *adj* ❶ (*nicht hart*) yumuşak ❷ (*fig: zart*) ince, nazik; **~ machen** yumuşatmak (**etw** -i); **~ werden** yumuşamak; **~ gekochtes Ei** rafadan [*o* alakok] yumurta
Weiche *f* ❶ (boş) böğür ❷ (*bei Gleisen*) (demiryolu) makas(ı)
weichen <wich, gewichen> *vi sein* ❶ geri çekilmek ❷ (*nachgeben*) boyun eğmek (**vor jdm/etw** -e)
weichgekocht *adj s.* **weich**
weichlich *adj* ❶ (*nachgiebig*) yumuşak ❷ (*verzärtelt*) nazlı alışmış, çıtkırıldım
Weichspüler *m* (*für Wäsche*) yumuşatıcı
Weide *f* ❶ (*Baum*) söğüt ağacı ❷ (*Wiese*) otlak, mera
weigern *vr* **sich ~** reddetmek (**etw zu tun** -meyi)
Weigerung *f* ret
Weihnachten *nt* Noel (Yortusu); **frohe ~!** Noeliniz kutlu olsun!
weihnachtlich *adj* Noel (gibi)

Weihnachtsabend *m* Noel Gecesi
Weihnachtsbaum *m* Noel ağacı
Weihnachtsferien *fpl* Noel tatili *sing*
Weihnachtsfest *nt* Noel bayramı [*o* yortusu]
Weihnachtsgeld *nt* Noel ikramiyesi
Weihnachtslied *nt* Noel şarkısı
Weihnachtsmann *m* Noel Baba
Weihnachtsstern *m* (*Pflanze*) sütleğen otu
weil *konj* çünkü, -diği için
Weilchen *nt* **ein** ~ birazcık
Weile *f* süre, müddet
Wein *m* ① (*Getränk*) şarap ② (*Pflanze*) asma; **offener** ~ bardakla verilen şarap; **wilder** ~ (*Pflanze*) bikir asması; **jdm reinen ~ einschenken** birine gerçeği bütün çıplaklığıyla anlatmak
Weinbau *m* bağcılık, üzüm yetiştirme
Weinberg *m* bağ
Weinbrand *m* kanyak, konyak
weinen *vi* ağlamak (**um jdn/über etw** -e)
weinerlich *adj* ağlamaklı
Weinernte *f* bağ bozumu
WeinfassRR *nt* şarap fıçısı
Weinglas *nt* şarap kadehi
Weinhandlung *f* şarapçı dükkanı
Weinkarte *f* şarap listesi
Weinkeller *m* şarap mahzeni
Weinlese *f* bağ bozumu
Weinprobe *f* şarap tadına bakma
Weinrebe *f* asma
weinrot *adj* şarabi, erguvani, bordo
Weinstock *m* asma kütüğü
Weintraube *f* üzüm; (*einzelne Beere*) üzüm (tanesi)
weise *adj* bilge
Weise *f* ① (*Art*) biçim, tarz, usul ② MUS nağme, melodi, ezgi; **auf diese** ~ böylece, şöylece, öylece
Weise(r) *f(m)* bilge
weisen <wies, gewiesen> *vt* (*zeigen*) göstermek (**jdm etw** -e -i)
Weisheit *f* bilgelik
Weisheitszahn *m* yirmi yaş dişi, akıl dişi
weismachen *vt* **jdm etwas** ~ (*fam*) birine bir şeyi yutturmak
weiß[1] *vi, vt s.* **wissen**
weiß[2] *adj* beyaz, ak; ~ **werden** beyazlaşmak; (*Haar*) ağarmak; **das Weiße Haus** POL Beyaz Saray
Weißbrot *nt* beyaz ekmek
weißen *vt* (*tünchen*) badanalamak (**etw** -i)
Weißgold *nt* beyaz altın
Weißkohl *m*, **Weißkraut** *nt* lahana
weißlich *adj* beyazımsı
Weißmehl *nt* beyaz un
Weißrussland *nt* Beyaz Rusya, Belarus
Weißwein *m* beyaz şarap
Weisung *f* (*Befehl*) emir, buyruk, direktif
weit I. *adj* ① (*fern*) uzak ② (*ausgedehnt*) geniş, yaygın, engin ③ (*geräumig*) geniş, ferah ④ (*Weg, Reise*) uzun ⑤ (*Kleidungsstück*) bol II. *adv* çok; ~ **entfernt** çok uzak(ta); ~ **gereist** çok gezmiş; ~ **verbreitet** yaygın, çok yayılmış; ~ **mehr** çok daha fazla; ~ **und breit** her yerde, (her) köşe bucakta; **10 Kilometer** ~ **entfernt** 10 kilometre uzak(ta); **es** ~ **bringen** (*fig*) ilerlemek, yükselmek; **zu** ~ **gehen** fazla ileri gitmek; **ich bin so** ~ (*fertig*) hazırım; **bei ~em nicht** hiç bir şekilde; **von ~em** uzaktan
weitaus *adv* çok daha
Weitblick *m* sağgörü, uzgörü
Weite *f* ① (*Entfernung*) uzaklık, mesafe ② (*Ferne*) uzaklık, uzaklar ③ (*Breite*) genişlik
weiten I. *vt* genişletmek (**etw** -i) II. *vr* **sich** ~ genişlemek
weiter I. *adj Komparativ von* **weit** daha uzak; (*sonstige*) diğer, başka, öteki; **alles Weitere** bundan sonrası II. *adv* (*außerdem*) ayrıca, bundan başka; ~! devam!; **bis auf ~es** bir değişiklik oluncaya kadar; **nichts ~, ~ nichts** hepsi bu kadar; **ohne ~es** kolaylıkla; **und so** ~ ve saire, ve başkaları;

~ **oben/unten** daha yukarıda/aşağıda; **etw ~ tun** bir şey yapmaya devam etmek

Weiterbildung *f* eğitimin devamı

weiterfahren *irr vi sein* yoluna devam etmek

weiterfliegen *irr vi sein* uçakla yoluna devam etmek

weitergeben *irr vt* başkalarına vermek; SPORT pas vermek (**etw** -i)

weitergehen *irr vi sein* ❶ ilerlemek ❷ (*weiterdauern*) sürmek, devam etmek

weiterkommen *irr vi sein* ilerlemek

weiterleiten *vt* (*Nachricht*) aktarmak, iletmek (**etw** -i)

weitermachen *vi, vt* devam etmek ((**mit**) **etw** -e), sürdürmek ((**mit**) **etw** -i)

weiterreichen *vt* başkalarına vermek, elden ele vermek (**etw** -i)

weitersagen *vt* başkalarına bildirmek; (*heimlich*) kulağa söylemek (**etw** -i)

Weiterverkauf *m satın alınan malı başkasına satma*

weitgehend *adv* geniş ölçüde

weitgereist *adj* çok gezmiş

weither *adv* **von ~** uzaktan

weitsichtig *adj* ❶ (*Augen*) hipermetrop ❷ (*fig*) sağgörülü

Weitsprung *m* uzun atlama

weitverbreitet *adj* yaygın, çok yayılmış

Weitwinkelobjektiv *nt* geniş açılı objektif

Weizen *m* buğday

Weizenmehl *nt* buğday unu

Weizenvollkornmehl *nt* tam buğday unu

welch *pron* (*was für ein!*) nasıl

welche(r, s) *pron* hangi

welk *adj* solgun, solmuş, soluk

welken *vi sein* solmak, sararmak, pörsümek

Wellblech *nt* oluklu teneke

Welle *f* dalga

Wellenbrecher *m* dalgakıran

Wellenlänge *f* dalga boyu

Wellensittich *m* muhabbetkuşu

wellig *adj* dalgalı

Welpe *m* köpek yavrusu [*o* kurt]

Welt *f* dünya; (*Erde*) yeryüzü; **die ganze ~** bütün dünya; **zur ~ bringen** dünyaya getirmek, doğurmak (**jdn** -i)

Weltall *nt* evren

Weltanschauung *f* dünya görüşü

Weltausstellung *f* dünya fuarı

weltbekannt *adj*, **weltberühmt** *adj* dünyaca tanınmış

weltfremd *adj* dünyadan haberi olmayan

Weltgeschichte *f* dünya tarihi

weltgewandt *adj* görmüş geçirmiş

Welthandelsorganisation *f* Dünya Ticaret Örgütü

Weltkarte *f* dünya haritası

Weltkrieg *m* dünya savaşı; **der Zweite ~** İkinci Dünya Savaşı

weltlich *adj* ❶ (*der Welt zugewandt*) dünya(sal), dünyevi ❷ (*nicht geistlich*) ruhani olmayan

Weltmacht *f* süper güç

Weltmeister(in) *m(f)* dünya şampiyonu

Weltmeisterschaft *f* dünya şampiyonluğu

Weltraum *m* uzay, feza

Weltraumstation *f* uzay istasyonu

Weltreise *f* dünya turu [*o* seyahati]

Weltrekord *m* dünya rekoru

Weltsprache *f* dünya dili

weltweit I. *adj* dünya çapında, evrensel II. *adv* bütün dünyada

Weltwunder *nt* dünya harikası

wem *pron* kime

wen *pron* kimi

Wende *f* ❶ (*als Bewegung*) döndürme ❷ (*~ punkt*) dönüm noktası, dönemeç ❸ (*Veränderung*) değişiklik

Wendekreis *m* dönence

Wendeltreppe *f* sarmal merdiven

wenden I. *vt* ❶ (*umdrehen*) döndürmek, çevirmek (**etw** -i) ❷ (*Kleid*) ters yüz etmek (**etw** -i); **bitte ~!** lütfen sayfayı çevirin! **II.** *vi* (*Fahrzeug: umkehren*) dönmek; **Wenden verboten!** dönmek yasaktır! **III.** *vr* **sich an jdn ~** birine başvurmak

Wendepunkt *m* (*fig*) dönüm noktası, dönemeç

wendig *adj* ① (*Auto*) kullanışlı ② (*fig: flink*) atik, çevik ③ (*geschickt*) becerikli

Wendung *f* ① (*Drehung*) döndürme hareketi ② (*fig: Veränderung*) değişme ③ (*Sprache*) deyim

wenig *adv* az; **ein ~** biraz; **ein (ganz) klein ~** çok az; **ein ~ Geduld** biraz sabır

wenige *adj* (*ein paar*) birkaç

weniger *adv* daha az; **~ als ...** -den daha az; **immer ~** hep daha az; **~ werden** azalmak

Wenigkeit *f* ① (*Wenigsein*) azlık ② (*Kleinigkeit*) önemsizlik

wenigste **I.** *adj* **die ~n** çok azları **II.** *adv* **am ~n** en az

wenigstens *adv* hiç olmazsa, bari, en azından

wenn *konj* ① (*bedingend*) eğer, şayet; (*real*) -irse; (*irreal*) -se(ydi) ② (*zeitlich*) -(i)ken, -diği zaman; **auch** [*o* **selbst**] **~** -se bile [*o* dahi]; **außer ~** meğerki; **immer** [*o* **jedes Mal**] **~** her ...-diği zaman; **~ nicht** değilse, olmazsa, olmadığı takdirde; **~ er auch noch so klug ist** daha da akıllı olsa bile

wer *pron* ① (*in Fragen*) kim; **~ von beiden?** ikisinden hangisi? ② (*als Relativpronomen*) kim ... ise; **~ auch immer** her kim (olursa olsun)

Werbeabteilung *f* reklam servisi

Werbeantwort *f* (*Post*) reklam kartlarının pullanmamış olarak geri gönderilmesindeki posta ücreti

Werbeberater(in) *m(f)* reklam(cılık) danışmanı

Werbefernsehen *nt* televizyonda reklam yayını

Werbefunk *m* radyoda reklam yayını

werben <wirbt, warb, geworben> *vi* ① reklam yapmak (**für etw** için) ② kazanmaya çalışmak (**um jdn** -i) ③ (*Mädchen*) talip olmak (**um jdn** -e)

Werbespot *m* reklam spotu

Werbung *f* reklam

Werdegang *m* gelişim

werden <wird, wurde, geworden> *vi sein* ① olmak; **Lehrer ~** öğretmen olmak; **er wurde Generaldirektor** genel müdür oldu; **Christ ~** Hıristiyan olmak; **~de Mutter** hamile kadın; **es wird Nacht** gece oluyor; **alt ~** yaşlanmak, ihtiyarlamak; **besser/schlimmer ~** daha iyi/kötü olmak; **böse ~** kötüleşmek; **dick ~** şişmanlamak; **gesund ~** iyileşmek; **krank ~** hasta olmak; **rot ~** kızarmak; **verrückt ~** delirmek; **es wird kalt** hava soğuyor; **es wird spät** geç oluyor; **mir wird schlecht** fenalaşıyorum ② (*sich wandeln*) dönüşmek (**zu etw** -e); **zu Stein ~** taşa dönüşmek; **was ist daraus geworden?** bu işin sonu ne oldu? ③ (*Futur*) -ecek; **wir ~ es kaufen** bunu satın alacağız; **es wird gleich regnen** şimdi yağmur yağacak ④ (*Konditional*) **würdest du es tun?** bunu yapar mıydın ⑤ (*Passiv*) -ilmek/-(i)nmek; **sie wird geliebt** seviliyor; **das Kind wird gewaschen** çocuk yıkanıyor

werfen <wirft, warf, geworfen> **I.** *vt* ① atmak; (*schleudern*) fırlatmak, savurmak (**etw** -i) ② (*Licht, Bild*) vermek (**etw** -i); (**Junge**) **werfen** yavrulamak; **einen Blick auf etw ~** bir şeye göz atmak **II.** *vi* atmak **III.** *vr* **sich ~** (*Holz*) çarpılmak, eğrilmek; **sich auf jdn/etw ~** bir şeyin/birinin üstüne atılmak

Werft *f* tersane

Werk *nt* ① (*Schöpfung*) eser, yapıt ② (*Arbeit*) iş, çalışma ③ (*Erzeugnis*) ürün, mahsul ④ (*Unternehmen*) tesis, kuruluş ⑤ (*Fabrik*) fabrika; (*kleinere*)

imalathane; **ans ~ gehen** işe koyulmak
Werkstatt *f* ❶ atölye ❷ (*Auto-*) tamirhane
Werkstätte *f* atölye
Werktag *m* işgünü, çalışma günü
werktags *adv* çalışma günleri(nde)
Werkzeug *nt* alet
Wermut *m* (*Wein*) vermut
wert *adj* ❶ (*geehrt*) sayın, değerli ❷ (*einen Wert habend*) **das ist viel ~** çok değerli; **das ist nichts ~** değersiz; **das ist Gold ~** altın değerinde; **das ist der Mühe ~** bu, zahmete değer; **das ist nicht der Mühe ~** bu, zahmete değmez; **das ist nicht der Rede ~** bunun lafı bile olmaz
Wert *m* ❶ (*a. fig*) değer, kıymet ❷ (*Preis*) fiyat, eder; **im ~ von 100 Euro** 100 euro değerinde; **auf etw ~ legen** bir şeye önem [*o* değer] vermek
Wertangabe *f* kıymet beyanı
werten *vi, vt* (*Wert zuerkennen*) değerini takdir [*o* tahmin] etmek (**etw** -in), paha biçmek (**etw** -e)
Wertgegenstand *m* değerli eşya
wertlos *adj* değersiz
Wertminderung *f* değer azalması
Wertpapier *nt* hisse senedi
Wertsachen *fpl* değerli eşya *pl*
Wertsteigerung *f* değer artışı
Wertung *f* ❶ (*das Werten*) değerlendirme ❷ SPORT puantaj, klasman
Werturteil *nt* değer yargısı
wertvoll *adj* değerli, kıymetli
Wertzeichen *nt* pul
Wesen *nt* ❶ (*Lebe-*) yaratık ❷ (*Existenz*) varlık, oluş ❸ (*Art, Charakter*) huy, karakter, tabiat
wesentlich I. *adj* ❶ (*hauptsächlich*) esaslı ❷ (*wichtig*) önemli; **das Wesentliche einer Sache** bir işin özü; **im Wesentlichen** esas itibariyle II. *adv* (*viel*) çok; **~ besser** çok daha iyi
weshalb *adv* niçin, neden (dolayı); (*und deshalb*) bundan dolayı
Wespe *f* yabanarısı
Wespennest *nt* yabanarısı yuvası
wessen *pron* kimin; **~ Buch ist das?** bu kimin kitabı?
Wessi *m* (*fam*) Batı Almanyalı
West *m* batı
Westdeutschland *nt* Batı Almanya
Weste *f* yelek
Westen *m* batı; **der ~** POL Batı
Western *m* kovboy filmi
Westeuropa *nt* Batı Avrupa
Westfalen *nt* Vestfalya; **Nordrhein-~** Kuzey Ren-Vestfalya
westlich I. *adj* batı II. *adv* **~ von** -in batısında
Westmächte *fpl* (*hist*) Batı'nın güçlü devletleri
Westwind *m* batı rüzgarı
weswegen *adv* niçin, neden (dolayı); (*und deswegen*) bundan dolayı
Wettbewerb *m* ❶ yarışma ❷ (*Konkurrenz*) rekabet
Wette *f* bahis; **eine ~ abschließen** bahse girmek; **mit jdm um die ~ laufen** biriyle koşma yarışı yapmak
Wetteifer *m* yarış gayreti
wetteifern *vi* yarışmak (**mit jdm** ile)
wetten *vi* bahse girmek (**mit jdm um etw** ile -e); **~ (dass)?** bahse girelim mi?, iddiaya var mısın?
Wetter *nt* hava; **wie ist das ~?** hava nasıl?; **es ist schönes/schlechtes ~** hava güzel/kötü; **bei diesem ~** bu havada
Wetteraussichten *fpl* *hava(nın şöyle veya böyle olma) ihtimali*
Wetterbericht *m* hava raporu
Wetterfahne *f* fırıldak
wetterfest *adj* hava etkilerine dayanıklı
Wetterkarte *f* meteorolojik harita
Wetterlage *f* hava durumu
Wetterleuchten *nt* *ufukta şimşek çakması*
Wettersatellit *m* meteorolojik uydu
Wettervorhersage *f* hava tahmini

Wetterwarte *f* gözlemevi
Wettkampf *m* ❶ (*Wettbewerb*) yarış, rekabet ❷ SPORT maç, karşılaşma ❸ (*um eine Meisterschaft*) turnuva
Wettlauf *m* koşu yarışı; ~ **gegen die Uhr** zamanla yarışma
wettmachen *vt* (*ausgleichen*) karşılamak (**etw** -i)
Wettrennen *nt* koşu yarışı
Wettrüsten *nt* silahlanma yarışı
WEZ *f Abk von* **westeuropäische Zeit** Batı Avrupa saati
Whirlpool® *m* jakuzi
Whisky *m* viski
wich *vi s.* **weichen**
wichtig *adj* önemli
Wichtigkeit *f* önem
wichtigmachen *vr* **sich** ~ gösteriş yapmak, büyüklük taslamak *fam*
Wichtigtuer(in) *m(f)* (*pej*) gösterişçi, büyüklük taslayan
wichtigtun *irr vi* gösteriş yapmak, büyüklük taslamak *fam*
Wicke *f* burçak
Wickel *m* (*Haar*) bigudi
wickeln *vt* ❶ (*auf-, ein-*) sarmak, dolamak (**etw** -i) ❷ (*Haar*) kıvırmak (**etw** -i) ❸ (*ein-*) kâğıda sarmak, paketlemek (**etw** -i) ❹ (*Säugling*) kundaklamak (**etw** -i)
Wickelrock *m bedene sarılarak giyilen etek*
Widder *m* ❶ (*Tier*) koç ❷ (*Sternzeichen*) Koç (burcu)
wider *präp +akk* (*gegen*) -e karşı, -in aleyhine, -e aykırı
Widerhaken *m* kancalı uç
Widerhall *m* yankı
widerhallen *vi* ❶ (*Echo*) yankılanmak, çınlamak ❷ (*von Geräuschen erfüllt sein*) inlemek (**von etw** -den)
widerlegen *vt* yanlışlığını kanıtlamak (**etw** -in), çürütmek (**etw** -i)
widerlich *adj* ❶ (*abscheulich*) iğrenç, tiksindirici ❷ (*abstoßend*) gudubet *fam*
widerrechtlich *adj* JUR kanuna [*o* yasaya] aykırı
Widerrede *f* **ohne** ~ itirazsız
Widerruf *m* ❶ (*einer Äußerung*) geri alma ❷ (*Ungültigkeitserklärung*) iptal
widerrufen *irr vt* ❶ (*eine Zusage*) sözünden dönmek ❷ (*Bestimmung*) geri almak, iptal etmek (**etw** -i)
widerruflich *adj* geri alınabilir
widersetzen *vr* **sich jdm/einer Sache** ~ birine/bir şeye karşı koymak
Widersinn *m* anlamsızlık, saçmalık
widersinnig *adj* anlamsız, saçma
widerspenstig *adj* dik kafalı, hırçın, aksi
widerspiegeln I. *vt* yansıtmak (**etw** -i) II. *vr* **sich** ~ yansımak
widersprechen *irr vi* ❶ (*einer Person*) itiraz etmek (**jdm** -e (karşı)), karşı gelmek (**jdm** -e) ❷ (*einer Sache*) aykırı olmak, uymamak (**einer Sache** -e), tutmamak (**einer Sache** -i)
widersprechend *adj* çelişik, tutarsız
Widerspruch *m* ❶ (*Gegensatz*) çelişme, tutmazlık ❷ (*Protest*) itiraz; **gegen etw** ~ **einlegen** bir şeye (karşı) itiraz etmek; **im** ~ **zu** -in tersine, -in aksine; (*als Verstoß*) -e aykırı olarak
widersprüchlich *adj* tutarsız
widerspruchslos *adv* itirazsız
Widerstand *m* direnç, karşı koyma; **gegen jdn/etw** ~ **leisten** birine/bir şeye dayanmak [*o* karşı koymak]; **auf** ~ **stoßen** dirençle karşılaşmak
widerstandsfähig *adj* dayanıklı
widerstandslos *adv* karşı koymadan
widerstehen *irr vi* dayanmak, karşı koymak, göğüs germek (**jdm/einer Sache** -e)
widerwärtig *adj* ❶ (*ekelhaft*) iğrenç, tiksindirici ❷ (*abstoßend*) gudubet
Widerwille *m* ❶ (*Unwilligkeit*) isteksizlik, bıkkınlık ❷ (*Ekel*) nefret, tiksinti
widerwillig *adv* istemeyerek
widmen I. *vt* ❶ (*Buch*) ithaf etmek (**jdm etw** -e -i) ❷ (*Zeit*) vakfetmek, ayırmak (**jdm etw** -e -i) II. *vr* **sich ei-**

ner Sache ~ kendini bir şeye vakfetmek

Widmung *f* ithaf, sunu

wie I. *adv* nasıl; **~ bitte?** efendim?; **~ geht es Ihnen?** nasılsınız; **~ lange** (**noch**)? (daha) ne kadar?; **~ lange** (**schon**)? ne zamandan beri?; **~ weit ist es bis ...?** -e ne kadar uzak?; **~ alt sind Sie?** kaç yaşındasınız?; **~ breit, hoch, lang ist ...?** ...-in eni, yüksekliği, boyu ne kadar?; **~ viel** kaç (tane); (*bei unzählbaren Dingen*) ne kadar; **~ viel Uhr ist es?** saat kaç?; **~ viele Personen?** kaç kişi?; **~ sehr** ne kadar çok; **~ gut das ist!** ne kadar iyi!; **und ~!, aber ~!** hem de nasıl! II. *konj* ① (*vergleichend*) gibi, kadar ② (*einen Nebensatz einleitend*) -diği gibi; **so groß ~ ich** benim kadar uzun; **~ man sagt** söylenildiği gibi; **~ gesagt** dediğim gibi; **~ dem auch sei** ne de olsa, nasılsa, ne olursa olsun

wieder *adv* yine, tekrar, gene; **immer ~** tekrar tekrar; (*ohne Pause*) ara vermeden; **nie ~** bir daha asla; **~ anfangen** yeniden başlamak; **ich bin gleich ~ da** hemen geliyorum; **~ aufbauen** yeniden inşa etmek (**etw** -i); **da bin ich ~!** işte geldim!; **~ beleben** (yeniden) canlandırmak [*o* diriltmek] (**jdn/etw** -i); **~ eingliedern** yeniden topluma katmak (**jdn** -i); **sich ~ sehen** tekrar görüşmek; **~ vereinigen** yeniden birleştirmek; (*Liebende*) kavuşturmak (**jdn** -i)

Wiederaufarbeitung *f* geri [*o* yeniden] kazanım

Wiederaufbau *m* yeniden yapma

Wiederaufbereitung *f* (*von Uran*) yeniden işleme

wiederbekommen *irr vt* geri almak, tekrar kazanmak (**etw** -i)

wiederbeleben *vt* canlandırmak, diriltmek (**jdn/etw** -i)

Wiederbelebung *f* diriltme

wiederbringen *irr vt* geri getirmek (**etw** -i)

Wiedereingliederung *f* yeniden topluma katma

wiedererkennen *irr vt* tanımak (**jdn/etw** -i)

wiedererobern *vt* geri almak (**etw** -i)

Wiedereroberung *f* yeniden fetih

Wiedergabe *f* ① (*Schilderung*) anlatma ② (*Reproduktion*) çoğaltım ③ MUS resital

wiedergeben *irr vt* ① (*zurückgeben*) geri vermek (**jdm etw** -e -i) ② MUS çalmak (**etw** -i) ③ (*übersetzen*) tercüme etmek, çevirmek (**etw** -i)

wiedergutmachen *vt* (*Fehler*) düzeltmek; (*Verluste*) telafi etmek, karşılamak (**etw** -i); **nicht wiedergutzumachend** yerine konmaz

Wiedergutmachung *f* ① (*von Fehlern*) düzeltme ② (*von Verlusten*) telafi

wiederherstellen *vt* INFORM (*Dateien*) kurtarmak (**etw** -i)

Wiederherstellung *f* INFORM (*von Dateien*) dosya kurtarma

wiederholen I. *vt* tekrar etmek, tekrarlamak, yinelemek (**etw** -i) II. *vr* **sich ~** tekrarlanmak, yinelenmek

wiederholt *adj* tekrar edilmiş

Wiederholung *f* ① (*Wiederholen*) tekrarlama, yineleme ② (*Wiederholtwerden*) tekrarlanma, yinelenme

Wiederhören *nt* **auf ~!** (*beim Telefonieren*) iyi günler!, hoşça kalın!

Wiederkäuer *m* gevişgetiren

Wiederkehr *f* ① (*Rückkehr*) dönüş ② (*eines bestimmten Tages*) yıldönümü ③ (*wiederholtes Auftreten*) tekrar

wiederkehren *vi sein* dönmek; (*sich wiederholen*) tekrar etmek

wiederkommen *irr vi sein* dönmek; **ich komme gleich wieder** hemen geliyorum

wiedersehen *irr vt* (tekrar) görüşmek [*o* karşılaşmak]; (*nach langer Trennung*) kavuşmak

Wiedersehen *nt* (*ersehntes*) kavuşma;

auf ~! Allaha ısmarladık; (*als Antwort*) güle güle!

wiederum *adv* ① (*nochmals*) yeniden, bir daha, tekrar ② (*dagegen*) buna karşın ③ (*andererseits*) diğer [*o* öte] taraftan

wiedervereinigen *vt* (yeniden) birleştirmek

Wiedervereinigung *f* (yeniden) birleş(tir)me

Wiederverwendung *f* yeniden kullanma

Wiederwahl *f* aynı kişinin yeniden seçilmesi

Wiege *f* beşik

wiegen[1] *vt* (*sanft schaukeln*) (hafifçe) sallamak (**jdn/etw** -i)

wiegen[2] <wog, gewogen> **I.** *vt* (*auf der Waage*) tartmak (**jdn/etw** -i) **II.** *vi* **70 Kilo ~** 70 kilo ağırlığında olmak; (*Mensch*) 70 kilo gelmek

Wiegenlied *nt* ninni

wiehern *vi* (*Pferd*) kişnemek

Wien *nt* Viyana

wies *vt s.* **weisen**

Wiese *f* çayır

Wiesel *nt* gelincik

wieso *adv* neden (böyle), niçin, nasıl oluyor da

wieviel[ALT] *adv s.* **wie**

wievielte *adj* kaçıncı; **den Wievielten haben wir (heute)?** (bugün) ayın kaçı?

wild *adj* ① (*wild lebend, wachsend*) vahşi, yabani; (*Gegend*) vahşi ② (*toll*) kudurmuş ③ (*heftig*) şiddetli ④ (*ungestüm*) atılgan, hızlı; **~er Streik** sendikanın onaylamadığı grev

Wild *nt* ① (*Jagdtiere*) av hayvanı ② (*Fleisch*) av eti

Wildbahn *f* **Tiere in freier ~** yabani hayvanlar

wildern *vi* ruhsatsız av avlamak

Wildleder *nt* güderi, süet

Wildschwein *nt* yaban domuzu

Wildwestfilm *m* kovboy filmi

will *vt s.* **wollen**

Wille *m* ① (*Wunsch*) arzu, istek; (*stärker*) irade ② (*Absicht*) niyet; **freier ~** gönül isteği; **den festen ~n haben, etw zu tun** bir şeyi yapmaya kararlı olmak; **dein ~ geschehe!** arzuna göre olsun!

willen *präp* +*gen* **um ... ~** *gen* ... uğruna; **um Gottes ~!** Allah aşkına!

willenlos *adj* ① (*ohne eigenen Willen*) isteksiz ② (*ohne Willenskraft*) iradesiz

willens *adj* **~ sein, etw zu tun** bir şeyi yapmak istemek

willensschwach *adj* iradesiz, enerjisiz

willensstark *adj* iradeli, enerjik

willig *adj* hizmete hazır; (*folgsam*) uysal

willkommen *adj* ① (*Person*) sevilen ② (*gelegen kommend*) işe gelen ③ (*begrüßenswert*) sevinç verici; **herzlich ~!** hoş geldiniz!; **jdn ~ heißen** birini karşılamak, birine hoş geldin(iz) demek

Willkür *f* keyfi davranış, başına buyrukluk

willkürlich *adj* keyfi

wimmeln *vi* kayna(ş)mak; **auf der Straße wimmelt es von Menschen** sokak insan kaynıyor

Wimper *f* kirpik; **ohne mit der ~ zu zucken** gözünü bile kırpmadan

Wimperntusche *f* rimel

Wind *m* ① (*allgemein*) rüzgar, yel ② (*fam: Blähung*) yel, osuruk; **sanfter ~** meltem; **jdm den ~ aus den Segeln nehmen** aslanın dişini sökmek; **in den ~ reden** (boşuna) çene yormak

Windbeutel *m* ① (*Gebäck*) *bir çeşit kremalı pasta* ② (*pej: Person*) palavracı

Winde *f* ① TECH bocurgat, maçuna, çıkrık ② (*Pflanze*) boruçiçeği; (*Acker~*) kahkahaçiçeği

Windel *f* kundak

winden <wand, gewunden> **I.** *vt* burmak, bükmek (**etw** -i) **II.** *vr* **sich ~** (*Straße*) kıvrılarak uzanmak; (*Person*)

kıvranmak (**vor etw** -den)
Windhund *m* tazı
windig *adj* rüzgarlı; **es ist ~** hava rüzgarlı
Windkraftwerk *nt* rüzgar santrali
Windmühle *f* yel değirmeni
Windpocken *fpl* suçiçeği *sing*
Windschutzscheibe *f* ön cam
Windstärke *f* rüzgar hızı
Windstille *f* rüzgarsızlık
Windstoß *m* *birdenbire şiddetle esen rüzgar*
Windsurfen *nt* sörf
Windung *f* ❶ (*Krümmung*) dolambaç, dirsek, büklüm ❷ (*eines Flusses*) kıvrım, dolambaç
Windverhältnisse *pl* rüzgar şartları *pl*
Wink *m* ❶ (*mit Augen, Hand*) (göz [*o* el]) işaret(i) ❷ (*Anspielung*) ima ❸ (*Rat*) öğüt ❹ (*Warnung*) uyarı; **~ mit dem Zaunpfahl** çok açık ima
Winkel *m* ❶ MATH açı ❷ (*von Zimmer*) köşe; **rechter/spitzer/stumpfer ~** dik/dar/geniş açı; **im toten ~** *duvar vs. arkasında görünmeyen köşede*
wink(e)lig *adj* dolambaçlı
Winkelmesser *m* iletki, minkale
winken *vi* ❶ (*Zeichen geben*) işaret etmek [*o* vermek] ❷ (*mit der Hand*) el sallamak; **mit dem Taschentuch ~** mendil sallamak
Winter *m* kış; **mitten im ~** kış ortasında
Winterfahrplan *m* kış tarifesi
winterlich *adj* kış gibi
Winterreifen *m* kış lastiği
Winterschlaf *m* kış uykusu
Winterschlussverkauf[RR] *m* kış sonu satışı
Winterspiele *ntpl* **die Olympischen ~** Kış Olimpiyatları *pl*
Wintersport *m* kış sporu
Winzer(in) *m(f)* bağcı
winzig *adj* pek ufak [*o* küçük], ufacık (tefecik) *fam*, küçücük
Wipfel *m* (ağaç) tepe(si)
Wippe *f* tahterevalli
wippen *vi* (*auf der Wippe*) tahterevalli oynamak
wir *pron* biz; **~ Deutschen** biz Almanlar
Wirbel *m* ❶ (*Strömungs-*) anafor ❷ (*Durcheinander*) karışıklık ❸ (*Rücken-*) omur ❹ (*Haar-*) saç tepesi
wirbeln *vi sein* ❶ (*sich drehend bewegen*) hızla dönmek ❷ (*Wasser*) anafor yapmak
Wirbelsäule *f* belkemiği, omurga
Wirbelsturm *m* kasırga, tayfun, siklon
Wirbeltier *nt* omurgalı
wirbt *vi s.* **werben**
wird *vi s.* **werden**
wirft *vi, vt s.* **werfen**
Wirgefühl *nt* birlik ve beraberlik duygusu
wirken *vi* ❶ (*tätig sein*) çalışmak ❷ (*eine Wirkung erzielen*) etki göstermek [*o* yapmak] (**auf etw** -e) ❸ (*Eindruck machen*) etki [*o* tesir] bırakmak (**auf jdn** -e), etkilemek (**auf jdn/etw** -i)
Wirken *nt* çalışma, iş, hareket
wirklich **I.** *adj* gerçek; (*echt*) halis **II.** *adv* gerçekten, sahiden; **~?** sahi mi?
Wirklichkeit *f* gerçek(lik); **~ werden** gerçekleşmek
wirksam *adj* etkili
Wirksamkeit *f* (*eines Mittels*) etki [*o* tesir] gücü
Wirkung *f* ❶ (*Einwirkung*) etki, tesir ❷ (*Eindruck*) izlenim ❸ (*Erfolg*) başarı ❹ (*Ergebnis*) sonuç
Wirkungsbereich *m* etki sahası
wirkungslos *adj* etkisiz
wirkungsvoll *adj* (tam) etkili, etkin
wirr *adj* ❶ (*durcheinander*) (karma)karışık ❷ (*unklar*) belirsiz ❸ (*im Kopf*) şaşkın ❹ (*Haare*) dağınık
Wirrwarr *m* kargaşalık, (karma)karışıklık, keşmekeş *fam*
Wirt(in) *m(f)* (*Speisegaststätte*) lokantacı; (*Kneipe*) meyhaneci
Wirtschaft *f* ❶ (*Speisegaststätte*) lokanta ❷ (*Kneipe*) meyhane ❸ (*Volks-*) ik-

tisat, ekonomi ④ (*Haus-*) ev idaresi, ev işleri

wirtschaften *vi* ① (*Haushalt führen*) ev idare etmek ② (*fig: mit dem Geld umgehen*) (parayı) idare etmek

wirtschaftlich *adj* ekonomik, iktisadi; (*haushälterisch*) ekonomik, idareli

Wirtschaftsabkommen *nt* ticari anlaşma

Wirtschaftsberater(in) *m(f)* iktisat danışmanı

Wirtschaftsgeld *nt* ev idaresi parası

Wirtschaftskrise *f* ekonomik kriz

Wirtschaftslage *f* iktisadi durum

Wirtschaftsministerium *nt* İktisat Bakanlığı

Wirtschaftspolitik *f* iktisat politikası

wirtschaftsschwach *adj* ekonomik açıdan zayıf

Wirtschaftswissenschaft *f* ekonomi, iktisat

Wirtschaftswunder *nt* (*hist*) şaşılacak iktisadi yükselme

Wirtshaus *nt* ① (*Gaststätte*) lokanta ② (*Kneipe*) meyhane ③ (*Bierkneipe*) birahane

wischen *vi, vt* (*putzen*) silmek (**etw** -i); **Staub** ~ toz almak

Wischlappen *m* bez

wispern *vt* fısıldamak

wissbegierig[RR] *adj,* **wißbegierig**[ALT] *adj* öğrenmeye hırslı

wissen <weiß, wusste, gewusst> *vt* bilmek (**etw** -i); **sehr wohl** ~ pek ala bilmek; **jdn etw ~ lassen** birine bir şeyi bildirmek; **nicht, dass ich wüsste** bildiğime göre öyle değil; **soviel ich weiß** (benim) bildiğim kadarıyla; **man kann nie** ~ belli olmaz; **das musst du selber** ~ bunu kendin bilmelisin; **was ich nicht weiß, macht mich nicht heiß** beni sokmayan yılan bin yıl yaşasın

Wissen *nt* bilgi; **meines ~s** bildiğime göre; **nach bestem ~ und Gewissen** yürekten, vicdanen; **ohne mein** ~ haberim olmadan

Wissenschaft *f* bilim, ilim

Wissenschaftler(in) *m(f)* bilim [*o* ilim] adamı, bilgin

wissenschaftlich *adj* bilimsel

Wissenschaftlichkeit *f* bilimsellik

wissenswert *adj* bilmeye değer

wissentlich *adv* bilerek, bile bile

wittern *vt* (*Tier*) kokusunu almak (**etw** -in); (*ahnen*) sezmek (**etw** -i)

Witterung *f* ① (*Wetter*) hava ② (*Geruch*) koku ③ (*fig*) seziş

Witwe *f* dul (kadın)

Witwer *m* dul (erkek)

Witz *m* şaka, espri

Witzbold *m* şakacı, espri yapan

witzig *adj* esprili; (*Person*) şakacı

witzlos *adj* ① (*ohne Witz*) esprisiz ② (*zwecklos*) faydasız, boş

WLAN *nt* INET kablosuz LAN

WM *f Abk von* **Weltmeisterschaft** Dünya Şampiyonluğu

wo *adv* ① (*Frage*) nerede ② (*im Relativsatz*) -diği yerde; **ach ~!** ne gezer!

woanders *adv* başka yerde

wob *vt s.* **weben**

wobei *adv* hangi konuda

Woche *f* hafta; **heute in einer** ~ haftaya bugün

Wochenende *nt* hafta sonu

Wochenendhaus *nt hafta sonlarında gidilen tatil evi*

Wochenkarte *f* haftalık kart

wochenlang *adv* haftalarca

Wochentag *m* hafta günü; (*Arbeitstag*) işgünü, çalışma günü

wochentags *adv* işgünleri

wöchentlich I. *adj* haftalık II. *adv* her hafta

Wochenzeitung *f* haftalık gazete

Wöchnerin *f* loğusa

Wodka *m* votka

wodurch *adv* ne ile, ne suretle

wofür *adv* ne için; (*tauschend*) neye karşılık

wog *vt s.* **wiegen**

Woge *f* (büyük) dalga
wogegen *adv* neye karşı; (*während doch*) halbuki
woher *adv* nereden
wohin *adv* nereye
wohl *adv* ① (*angenehm, gut*) hoş, iyi ② (*in Fragen*) acaba ③ (*sicherlich*) muhakkak ④ (*wahrscheinlich*) her halde; ~ **oder übel** ister istemez; ~ **dem, der ...** -ene ne mutlu; ~ **bekomm's!** afiyet olsun!; **sich ~ fühlen** kendini iyi hissetmek; **leben Sie ~!** hoşça [*o* sağlıcakla] kalın!
Wohl *nt* ① (*Wohlbefinden*) iyilik, esenlik ② (*Gesundheit*) sağlık; **auf Ihr ~!** sağlığınıza!
wohlauf *adv* (*gesund*) sağlığı yerinde
Wohlbefinden *nt* iyilik, sağlık
wohlbehalten *adj* sağ salim, esen
Wohlfahrt *f* ① (*Sozialfürsorge*) sosyal yardım ② (*Einrichtung*) sosyal yardım kurumu
wohlgemeint *adj* iyi niyetle söylenmiş [*o* düşünülmüş]
wohlgemerkt *adv* tabii
wohlhabend *adj* varlıklı, hali vakti yerinde
Wohlstand *m* varlık, refah, zenginlik
Wohlstandsgesellschaft *f* refah toplumu
Wohltat *f* iyilik, hayırlı iş
Wohltäter(in) *m(f)* hayır sahibi, hayırsever
wohltätig *adj* ① (*Person*) hayırsever ② (*Sache*) yararlı
Wohltätigkeit *f* hayırseverlik
wohltuend *adj* ferahlatıcı, gönül açan
wohltun *irr vi* (*Wohltaten erweisen*) iyilik etmek; (*heilend wirken*) iyi gelmek (**jdm** -e)
wohlverdient *adj* hakkıyla kazanılmış
Wohlwollen *nt* lütuf, kayra; **sein ~ für etw bekunden** bir şeye sıcak bakmak
wohlwollend *adj* iyi (niyetli [*o* yürekli]), kayıran; **gegenüber jdm ~ eingestellt sein** birine sıcak bakmak
Wohnblock *m* blok evler *pl*
wohnen *vi* oturmak; (*vorübergehend*) kalmak
Wohnfläche *f* oturulan alan
wohnhaft *adj* yerleşmiş, oturan
Wohnheim *nt* yurt
Wohnküche *f oda gibi kullanılan mutfak*
wohnlich *adj* rahat, konforlu
Wohnmobil *nt* karavan
Wohnort *m* oturma yeri, konut
Wohnraum *m* oda
Wohnsitz *m* oturma yeri, konut; **ohne festen ~** yeri yurdu belli değil; **ständiger ~** devamlı oturma yeri; **vorheriger ~** eski oturma yeri; **zweiter ~** ikinci oturma yeri
Wohnung *f* konut; (*Etagen-*) daire; **möblierte ~** mobilyalı daire
Wohnverhältnisse *pl* oturma durumu *sing*
Wohnviertel *nt* yerleşim yeri, semt
Wohnwagen *m* karavan
Wohnzimmer *nt* oturma odası
wölben *vr* **sich ~** kabarmak, kubbelenmek
Wölbung *f* kubbe
Wolf *m* kurt
Wolke *f* bulut; **aus allen ~n fallen** şaşakalmak
Wolkenbruch *m* sağanak
Wolkenkratzer *m* gökdelen
wolkenlos *adj* bulutsuz
Wolldecke *f* battaniye
Wolle *f* yün
wollen[1] <will, wollte, gewollt/wollen> *vi, vt* ① (*als Hilfsverb*) istemek; (*als Vollverb*) -mek istemek (**etw** -i) ② (*wünschen*) arzu etmek, dilemek (**etw** -i) ③ (*fordern*) istemek (**etw/jdn** -i) ④ (*beabsichtigen*) -mek niyetinde olmak; **lieber ~** tercih etmek, yeğlemek (**etw/jdn** -i); **gerade etw tun ~** tam o sırada bir şey yapmak istemek; **wir ~ gehen!** gitmek istiyoruz!, haydi gidelim!; **wir ~ sehen** bakalım; (**ganz**) **wie Sie ~** nasıl isterseniz, siz

bilirsiniz; **zu wem ~ Sie?** kimi arıyorsunuz?; **so Gott will!** Allah kısmet ederse; **mach, was du willst** ne istersen yap; (*fam*) keyfin bilir

wollen² *adj* (*aus Wolle*) yün(den), yünlü

Wolljacke *f* hırka

womit *adv* ne ile; **~ kann ich dienen?** size nasıl yardımım dokunabilir?

womöglich *adv* ① (*wenn möglich*) mümkünse ② (*vielleicht*) her halde, belki

wonach *adv* **~ soll ich mich richten?** neye göre hareket edeyim?

woran *adv* **~ denkst du?** ne(yi) düşünüyorsun?; **~ liegt das?** bu neden ileri geliyor?; **nun weiß ich, ~ ich bin** şimdi anladım ne durumda olduğumu

worauf *adv* **~ warten Sie (noch)?** (hala) ne(yi) bekliyorsunuz?

woraus *adv* ① (*aus welchem Stoff*) neden, hangi şeyden ② (*örtlich*) nereden

worden *vi s.* **werden**

worin *adv* neyin içinde

Workaholic *m* işkolik

Workshop *m* çalıştay, seminer

Workstation *f* INFORM iş istasyonu

World Trade Center *nt* Dünya Ticaret Merkezi

Wort *nt* ① (*Vokabel*) kelime, sözcük; **~ für ~** kelime kelime ② (*Ausspruch*) söz; **mit anderen ~en** yani; **in ~en** (*ausgeschrieben*) yazılmış; **geflügeltes ~** vecize, özdeyiş; **leere ~e** boş sözler; **sein ~ brechen** sözünde durmamak, sözünü tutmamak; **sein ~ halten** sözünü tutmak, sözünde durmak; **jdn nicht zu ~ kommen lassen** birinin ağzını bile açtırmamak; **ohne ein ~ zu sagen** ağzını bile açmadan

wortbrüchig *adj* **~ werden** sözünden dönmek

Wörterbuch *nt* sözlük

Wortführer(in) *m(f)* sözcü

Wortgefecht *nt* söz dalaşı

wortgetreu *adj* ① (*mündlich*) kelimesi kelimesine ② (*schriftlich*) metne sadık kalan

wortkarg *adj* suskun, sessiz, sesi çıkmaz

Wortlaut *m* ① (*Text*) metin ② (*mündlich*) söz

wörtlich *adj, adv* kelimesi kelimesine

wortlos *adj* suskun, sessiz

Wortschatz *m* kelime haz(i)nesi

Wortspiel *nt* kelime oyunu

Wortwechsel *m* ağız kavgası

wortwörtlich *adv* kelimesi kelimesine

worüber *adv* ① (*Bewegung*) neyin üzerine ② (*Thema*) ne hakkında

worum *adv* ① (*Position*) neyin etrafında ② (*mit Bewegung*) neyin etrafına ③ (*Thema*) ne hakkında

worunter *adv* ① (*Position*) neyin altında ② (*mit Bewegung*) neyin altına ③ (*Menge*) neyin arasında

wovon *adv* neden

wovor *adv* ① (*allgemein*) neden ② (*Position*) neyin önünde ③ (*Bewegung*) neyin önüne

wozu *adv* hangi maksatla; (*warum*) niye [*o* neye], ne diye

Wrack *nt* ① (*Schiff*) gemi enkazı ② (*fig: Person*) hırtlambası çıkmış kimse *fam*

wringen <wrang, gewrungen> *vt* (*Wäsche*) sıkmak (**etw** -i)

Wucher *m* tefecilik, vurgunculuk, istifçilik

Wucherer *m* tefeci, vurguncu, istifçi

wuchern *vi sein* (*Pflanzen*) üremek, azmak, yayılmak

Wucherpreis *m* fahiş fiyat

wuchs *vi s.* **wachsen**

Wuchs *m* ① (*Wachstum*) büyüme ② (*Gestalt*) boy bos, endam

Wucht *f* ① (*Schwung*) hamle, hız ② (*Druck*) basınç; **mit voller ~** tam hızla

wuchtig *adj* ① (*heftig*) kuvvetli, şiddetli ② (*imposant*) heybetli

wühlen *vi* ❶ (*auf-, um-*) deşelemek (**in etw** -i) ❷ (*Schwein*) eş(in)mek ❸ (*Papier*) karıştırmak (**in etw** -i)
wund *adj* (*Stelle*) yaralı; **~er Punkt** (*fig*) bamteli *fam;* (*stärker*) can alacak nokta
Wunde *f* yara
Wunder *nt* ❶ (*Ereignis*) mucize, tansık ❷ (*Sache*) harika ❸ REL keramet ❹ (*übernatürliche Erscheinung*) doğaüstü olay; **das ist kein ~** bunda şaşılacak bir şey yok
wunderbar *adj* ❶ (*erstaunlich*) şaşılacak ❷ (*übernatürlich*) doğaüstü ❸ (*herrlich*) harika, enfes
wunderlich *adj* ❶ (*sonderbar*) garip, tuhaf ❷ (*grillenhaft*) huysuz, evhamlı
wundern I. *vr* **sich ~** şaşmak, hayret etmek (**über jdn/etw** -e) II. *vt* **das wundert mich** (**nicht**) bu beni şaşırtır (şaşırtmaz)
wunderschön *adj* çok güzel, harika, enfes
wundervoll *adj* son derece güzel, enfes
Wundstarrkrampf *m* tetanos
Wunsch *m* ❶ (*Wille*) arzu, istek, dilek ❷ (*Glück-*) tebrik ❸ (*Streben*) çaba, gayret; **auf ~** istek üzerine; **nach ~** isteğe göre; **haben Sie noch einen ~?** başka bir isteğiniz var mı?; **mit den besten Wünschen** en iyi dileklerle
wünschen I. *vt* ❶ (*allgemein*) dilemek (**etw** -i) ❷ (*begehren*) canı çekmek, arzulamak (**etw** -i) ❸ (*wollen*) istemek, arzu etmek (**etw** -i); **jdm Glück ~** birini kutlamak [*o* tebrik etmek] II. *vi* **wie Sie ~** nasıl isterseniz; **das lässt** (**viel**) **zu ~ übrig** bu (çok) kusurlu
wünschenswert *adj* istenen, arzu edilen
wunschgemäß *adv* isteğe göre
wunschlos *adv* **~ glücklich** son derece mutlu, halinden memnun
Wunschtraum *m* en büyük hayal; (*Ideal*) ideal
Wunschzettel *m arzu edilen şeylerin listesi*
wurde *vi s.* **werden**
Würde *f* ❶ (*Gemessenheit*) ağırbaşlılık ❷ (*Erhabenheit*) heybet
Würdenträger(in) *m(f)* rütbe sahibi
würdig *adj* ❶ (*wert*) değer, layık ❷ (*gemessen*) ağırbaşlı
würdigen *vt* (*schätzen*) değer vermek (**etw/jdn** -e), takdir etmek (**etw/jdn** -i); **jdn einer Sache ~** birini bir şeye layık görmek; **jdn keines Blickes ~** birinden bakışını bile esirgemek
Wurf *m* ❶ (*Werfen*) atma, atış ❷ (*die Jungen*) yavrular *pl;* **ein großer ~** (*fig*) başarı
Würfel *m* ❶ (*Spiel-*) zar ❷ (*Zucker-*) kesmeşeker ❸ MATH küp; **die ~ sind gefallen** olan oldu, artık sonuç değiştirilemez
würfeln *vi* zar atmak
Würfelspiel *nt* zar oyunu
Würfelzucker *m* kesmeşeker
würgen I. *vt* boğazını sıkmak (**jdn** -in) II. *vi* (*Kragen*) sıkmak, dar gelmek
Wurm *m* solucan; (*Made*) kurt
wurscht *adj,* **wurst** *adj* (*fam*) **das ist mir ~** bana vız gelir
Wurst *f* ❶ (*Aufschnitt*) salam ❷ (*Würstchen*) sosis ❸ (*türkische*) sucuk
Würstchen *nt* sosis; **warme ~** sıcak sosis
Würze *f* ❶ (*Gewürz*) bahar(at) ❷ (*fig*) tat, lezzet
Wurzel *f* ❶ (*einer Pflanze*) kök ❷ MATH karekök ❸ (*Herkunft*) köken; **~n schlagen** kök salmak; **die ~ aus ... ziehen** MATH -in karekökünü almak
Wurzelverzeichnis *nt* INFORM temel dizin
würzen *vt* bahar(at)lamak (**etw** -i)
würzig *adj* baharatlı, aromalı
wusch *vt s.* **waschen**
wusste[RR] *vi, vt s.* **wissen**
Wust *m* ❶ (*Durcheinander*) karışıklık ❷ (*Unmenge*) büyük miktar

wüst *adj* ❶ (*öde*) tenha, ıssız, boş ❷ (*wirr*) (karma)karışık ❸ (*unordentlich*) dağınık

Wüste *f* çöl

Wut *f* (*heftiger Zorn*) öfke, hiddet, hırs; **in ~ geraten** öfkelenmek, hiddetlenmek

Wutausbruch *m* öfkeden köpürme

wütend *adj* ❶ (*zornig*) öfkeli, hiddetli ❷ (*stärker*) kudurmuş, çılgın, azgın; **jdn ~ machen** birini öfkelendirmek; **~ werden** öfkelenmek; (*stärker*) azmak

WYSIWYG *adj* INFORM (*what you see is what you get*) ne görürsen onu alırsın

X-Beine *ntpl* çarpık bacaklar *pl*

x-beinig *adj* X biçiminde çarpık bacaklar

x-mal *adv* kaç defa, defalarca

X-Strahlen *mpl* X [*o* röntgen] ışınları

Xylophon *nt* ksilofon

Yacht *f* yat

Yoga *m o nt* yoga

Zz

Zacke *f* ❶ (*Spitze*) (sivri) uç ❷ (*Zahn*) diş

zaghaft *adj* ❶ (*scheu*) ürkek ❷ (*schüchtern*) çekingen

zäh *adj* ❶ (*widerstandsfähig*) dayanıklı ❷ (*beharrlich*) sebatlı ❸ (*Fleisch*) katı, sert; ~ **wie Leder** kayış gibi

zähflüssig *adj* ❶ (*dickflüssig*) ağdalı, yapışkan ❷ (*Verkehr*) yavaş ilerleyen

Zähigkeit *f* ❶ (*Widerstandskraft*) dayanıklılık ❷ (*Beharrlichkeit*) sebat

Zahl *f* sayı, adet; (*Ziffer*) rakam; **gerade/ungerade** ~ çift/tek sayı

zahlbar *adj* ödenir

zahlen *vi, vt* ödemek (**etw** -i); **getrennt** ~ (*jeder für sich*) ayrı ayrı ödemek; **Herr Ober, bitte ~!** garson, hesap lütfen!

zählen I. *vt* saymak (**etw** -i) II. *vi* **auf jdn** ~ birine güvenmek; **zu jdm** ~ -in arasında say(ıl)mak

Zahlenlotto *nt* sayısal lotto

zahlenmäßig I. *adj* sayısal, sayıca, adetçe II. *adv* ~ **überlegen sein** sayıca üstün olmak (**jdm** -den)

Zahler *m* **pünktlicher** ~ vaktinde ödeyen; **säumiger** ~ ödemekte geciken

Zähler *m* ❶ MATH pay ❷ TECH sayaç

Zahlkarte *f para gönderme işlemlerinde doldurulan form*

zahllos *adj* sayısız

zahlreich I. *adj* pek çok II. *adv* bol sayıda

Zahlung *f* ❶ (*Bezahlen*) ödeme ❷ (*Bezahltwerden*) ödenme; **in ~ geben/nehmen** ödeme olarak vermek/almak (**etw** -i)

Zahlungsanweisung *f* (*Post*) havale

Zahlungsaufforderung *f* ödeme emri

Zahlungsbedingungen *fpl* ödeme koşulları [*o* şartları] *pl*

Zahlungsbefehl *m* ödeme emri

Zahlungsbilanz *f* ödeme bilançosu

Zahlungserleichterungen *fpl* ödeme kolaylığı *pl*

Zahlungsfähigkeit *f* ödeme kabiliyeti

zahlungsunfähig *adj* borcunu ödemekten aciz

Zahlungsweise *f* ödeme tarzı

Zahlwort *nt* sayı (sıfatı)

zahm *adj* yumuşak, uysal; (*Haustier*) evcil

zähmen *vt* (*Tier*) ehlileştirmek (**etw** -i); (*Mensch*) uysallaştırmak (**jdn** -i)

Zahn *m* diş; **falscher** ~ takma diş; **Zähne bekommen** (*Kind*) diş çıkarmak; **einen ~ ziehen** (bir) diş çekmek; **die Zähne zusammenbeißen** dişini sıkmak

Zahnarzt, Zahnärztin *m, f* diş doktoru, dişçi

Zahnbürste *f* diş fırçası

Zahnfleisch *nt* dişeti

Zahnfleischentzündung *f* dişeti iltihabı

Zahnlücke *f* diş boşluğu

Zahnpasta *f* diş macunu

Zahnprothese *f* eğreti diş

Zahnrad *nt* dişli (çark)

Zahnradbahn *f* dişli tren

Zahnschmelz *m* diş minesi

Zahnschmerzen *mpl* diş ağrısı *sing*; **ich habe** ~ diş(ler)im ağrıyor

Zahnstocher *m* kürdan

Zahntechniker(in) *m(f)* teknisyen dişçi

Zander *m* sudak (balığı)

Zange *f* ❶ TECH kıskaç, kerpeten ❷ (*Flach-*) pens(e) ❸ (*Geburts-*) forseps ❹ (*Feuer-*) maşa

Zank *m* çekişme, dalaşma

zanken *vr* **sich** ~ atışmak, çekişmek, dalaşmak (**mit jdm** ile)

Zäpfchen *nt* ❶ MED fitil ❷ (*im Hals*) küçükdil
zapfen *vt* (*Bier, Wein*) fıçıdan (bira, şarap) çekmek
Zapfen *m* ❶ (*Spund*) fıçı tapası, tıkaç ❷ (*Stift*) çivi ❸ (*Tannen-*) kozalak
Zapfsäule *f* (*für Benzin*) benzin pompası
zapp(e)lig *adj* oynak, yerinde duramaz
zappeln *vi* yerinde duramamak, çırpınmak
zappen *vi* (*beim Fernsehen*) zapping yapmak, geçgeçlemek
Zar *m* çar
Zarin *f* çariçe
zart *adj* ❶ (*weich*) yumuşak, ince, narin ❷ (*Haut*) yumuşak
zärtlich *adj* sevecen, şefkatli
Zärtlichkeit *f* ❶ (*zarte Art*) sevecenlik, şefkat ❷ (*Liebkosung*) okşama, sevme
Zauber *m* sihir, büyü, tılsım
Zauberei *f* sihirbazlık, gözbağcılık
Zauberer *m* sihirbaz, hokkabaz
zauberhaft *adj* (*bezaubernd*) büyüleyici
Zauberkünstler(in) *m(f)* hokkabaz
zaubern *vi* büyü [*o* sihir] yapmak
zaudern *vi* karar verememek, duraksamak
Zaum *m* at başlığı, gem, dizgin
Zaun *m* çit
Zaziki *m* cacık
z. B. *adv Abk von* **zum Beispiel** örneğin
ZDF *nt Abk von* **Zweites Deutsches Fernsehen** İkinci Alman Televizyon Programı
Zebra *nt* zebra, zebir
Zebrastreifen *m* çizgili yaya geçidi
Zeche *f* ❶ (*Kohlenbergwerk*) kömür madeni [*o* ocağı] ❷ (*Rechnung*) hesap, masraf ❸ (*Verzehr*) yiyip bitirme
Zecke *f* kene, sakırga
Zeder *f* sedir (ağacı), katran ağacı
Zehe *f* ayak parmağı; **eine ~ Knoblauch** bir diş sarmısak
Z **Zehenspitze** *f* **auf ~n gehen** ayak ucuna basarak yürümek
zehn *num* on
Zehnersystem *nt* ondalık [*o* 10 tabanlı] sayı sistemi
zehnfach *adj* on kat
Zehnkampf *m* dekatlon
zehnmal *adv* on defa [*o* kere]
Zehnprozenthürde *f* yüzde on barajı
zehntausend *num* on bin; **~e** on binlerce; **die oberen Zehntausend** (*fam*) sosyete
zehnte(r, s) *adj* onuncu
Zehntel *nt* onda bir
zehren *vi* (*schwächen*) aşındırmak; (*Kummer*) yiyip bitirmek, eritmek (**an jdm/etw** -i); **von etw ~** bir şeyle geçinmek, kendini bir şeyle beslemek
Zeichen *nt* ❶ (*allgemein*) işaret ❷ (*Signal*) sinyal ❸ (*Wink*) işaret, ima ❹ (*Kenn-*) belirti, ayırıcı nitelik ❺ (*An-*) belirti, emare ❻ (*Wahr-*) simge, sembol ❼ (*Vor-*) ilk belirti; **gutes ~** uğur; **schlechtes ~** uğursuzluk; **Ihr ~** ADMIN rumuzunuz
Zeichenblock *m* resim kâğıdı bloku
Zeichenpapier *nt* resim kâğıdı
Zeichensprache *f* sağırlar dili
Zeichentrickfilm *m* çizgi film
zeichnen I. *vt* ❶ (*Zeichnung*) çizmek (**etw** -i), resmini yapmak (**etw** -in) ❷ (*unter-*) imzalamak (**etw** -i), imza atmak (**etw** -e) II. *vi* resim yapmak [*o* çizmek]
Zeichnen *nt* (*Unterrichtsfach*) resim
Zeichner(in) *m(f)* ressam; **technischer ~** teknik ressam
Zeichnung *f* resim, çizim
Zeigefinger *m* işaretparmağı
zeigen I. *vt* ❶ göstermek (**jdm etw** -e -i) ❷ (*beweisen*) kanıtlamak, ispat etmek (**etw** -i); **zeig mal!** göster bakalım! II. *vi* **auf etw ~** bir şeye [*o* bir şeyi] işaret etmek III. *vr* **sich ~** görünmek, gözükmek; (*sich herausstellen*) anlaşılmak, meydana çıkmak
Zeiger *m* ibre, iğne; (*großer Uhr~*) yel-

kovan; (*kleiner Uhr~*) akrep
Zeile *f* satır
zeit *präp +gen* ... süresince; ~ **meines Lebens** oldum olası
Zeit *f* ① (*allgemein*) zaman, vakit ② (*Zeitpunkt*) zaman ③ (*Augenblick*) an ④ (*Zeitdauer*) süre ⑤ (*Uhr-, bestimmte*) saat; **westeuropäische/mitteleuropäische** ~ Batı Avrupa/Orta Avrupa saati; (**nach**) **türkischer** ~ Türkiye saati ile (TSİ); **in kurzer** ~ kısa zamanda; **in letzter** ~ son zamanlarda; **mit der** ~ zamanla, yavaş yavaş, gitgide; **von** ~ **zu** ~ arasıra, zaman zaman; **vor kurzer/langer** ~ kısa/uzun zaman önce; **zur rechten** ~ tam zamanında, vaktinde; **im Laufe der** ~ zamanla; **die ganze** ~ (**über**) bütün bu süre içinde; **die gute alte** ~ eski güzel günler; **das hat noch** ~ acelesi yok; **es ist** (**höchste**) ~ vakit daraldı; **sich** ~ **lassen** kendine zaman ayırmak; (*langsam handeln*) çok yavaş hareket etmek; **kommt** ~**, kommt Rat** gün doğmadan neler doğar
Zeitabschnitt *m* devir, dönem
Zeitabstand *m* aralık, fasıla
Zeitalter *nt* devir, çağ
Zeitangabe *f* (*Datum*) tarih
Zeitansage *f* vaktin bildirilmesi; (*Radio*) saat ayarı
Zeitaufwand *m* zaman harcama
Zeitbombe *f* saatli bomba
Zeitdruck *m* **unter** ~ **stehen** vakti az olmak, vakit darlığı çekmek
Zeitersparnis *f* zaman tasarrufu
Zeitfahren *nt kurada çekilen sıraya göre tek başına başlanılan yarış*
Zeitgeist *m* çağın zihniyeti, devir ruhu
zeitgemäß *adj* zamana uygun
Zeitgenosse(in) *m(f)* çağdaş
zeitgenössisch *adj* çağdaş
zeitig *adj* (*früh*) erken
Zeitlang *f* **eine** ~ bir süre, bir müddet
zeitlich *adj* zamana ait; REL fani, geçici
zeitlos *adj* zamana tabi olmayan, her zamana uygun
Zeitlupe *f* FILM yavaş çekim
Zeitmangel *m* **aus** ~ zaman azlığından
Zeitpunkt *m* ① (*Zeit*) zaman ② (*Augenblick*) an ③ (*Uhrzeit*) saat ④ (*Datum*) tarih
zeitraubend *adj* ~ **sein** çok zaman almak
Zeitraum *m* süre, müddet
Zeitrechnung *f* kronoloji
Zeitschrift *f* dergi
Zeitung *f* gazete
Zeitungskiosk *m* gazete bayii
Zeitungsnachricht *f* gazete haberi
Zeitungsstand *m* gazete bayii
Zeitungsverkäufer *m* gazeteci, gazete satıcısı
Zeitverlust *m* zaman kaybı
Zeitvertreib *m* zaman geçirme
zeitweise *adv* geçici olarak
Zeitwort *nt* fiil, eylem
Zeitzünder *m* saniyeli tapa
Zelle *f* hücre
Zellulitis *f* selülit
Zelt *nt* çadır
Zeltausrüstung *f* kamp teçhizatı
Zeltdach *nt* çadır tavanı (biçimi)
zelten *vi* kamp kurmak
Zelten *nt* kamping
Zeltlager *nt* çadır kampı
Zeltplatz *m* kamping
Zeltstange *f* çadır direği
Zement *m* çimento
zementieren *vt* çimentolamak (**etw** -i)
zensieren *vt* ① (*vom Zensor*) sansür etmek (**etw** -i) ② (*benoten*) not vermek (**etw** -e)
Zensor(in) *m(f)* sansür eden, sansürcü
Zensur *f* ① sansür ② (*Schule: Note*) not
Zentimeter *m o nt* santimetre, santim
Zentimetermaß *nt* santimetre, santim
Zentner *m elli kiloluk tartı ölçüsü*
zentral *adj* orta, merkezi
Zentrale *f* merkez
Zentralheizung *f* kalorifer

zentralisieren *vt* merkezileştirmek (**etw** -i)
Zentralismus *m* merkeziyetçilik
zentralistisch *adj* merkeziyetçi
Zentrum *nt* merkez
zerbrechen *irr* I. *vt* kırmak (**etw** -i); **sich** *dat* **den Kopf** ~ aklını yormak, kafa patlatmak II. *vi sein* kırılmak
zerbrechlich *adj* ① kırılacak, kırılır ② (*fig: zart*) ince, narin
zerbröckeln *vi* ufalanmak, parçalanmak
zerdrücken *vt* ezmek (**etw** -i)
Zeremonie *f* tören; (*religiöse*) ayin, dini tören
Zerfall *m* ① (*eines Bauwerks*) yıkılma, çökme ② (*fig: Auflösung*) çözülme ③ CHEM ayrışma
zerfallen *irr vi sein* ① (*Bau*) yıkılmak ② CHEM ayrışmak
zerfetzen *vt* parçalamak, yırtmak, didik didik [*o* lime lime] etmek (**etw** -i)
zergehen *irr vi sein* **auf der Zunge** ~ dil üstünde erimek
zerhacken *vt* parçalamak (**etw** -i)
zerkleinern *vt* küçük küçük parçalara ayırmak, parçalamak (**etw** -i)
zerknittern *vt* buruşturmak (**etw** -i)
zerkratzen *vt* tırmalamak, tırmıklamak (**etw** -i)
zerlegen *vt* ① (*auseinandernehmen*) parçalarına ayırmak, parçalamak (**etw** -i) ② (*in zwei Teile*) ikiye ayırmak [*o* bölmek] (**etw** -i) ③ TECH sökmek, demonte etmek (**etw** -i)
zerlumpt *adj* ① (*Kleidung*) yırtık pırtık, lime lime ② (*Person*) üstü başı perişan, hırpani
zerquetschen *vt* ezmek; (*verletzen*) sıkıştırarak yaralamak (**etw** -i)
Zerrbild *nt* bozuntu, karikatür
zerreiben *irr vt* ① (*mit den Händen*) ovalamak (**etw** -i) ② (*zu Pulver*) toz haline getirmek (**etw** -i)
zerreißen *irr* I. *vt* ① (*Stoff*) yırtmak; (*stärker*) paralamak (**etw** -i) ② (*Faden*) koparmak (**etw** -i) II. *vi sein* yırtılmak; (*Faden*) kopmak
zerren I. *vt* zorla [*o* hırpalayarak] çekmek (**etw/jdn** -i) II. *vi* **an etw** ~ bir şeyi şiddetle çekmek
Zerrung *f* (*Sehnen-*) kiriş gerilmesi; (*Muskel-*) kas gerilmesi
zerrüttet *adj* **eine ~e Ehe** şiddetli geçimsiz bir evlilik
Zerrüttung *f* sarsım; ~ **der Ehe** JUR şiddetli geçimsizlik
zerschlagen *irr vt* (*Geschirr*) (vurup) kırmak, parçalamak (**etw** -i)
zerschlissen *adj* (*Stoff*) yırtık
zerschmettern *vt* paramparça etmek (**etw** -i)
zerschneiden *irr vt* kesip parçalamak, (boydan boya) kesmek; (*in Stücke*) doğramak (**etw** -i)
zersetzen *vr* **sich** ~ ayrışmak, çözülmek
Zersiedlung *f* yerleşim merkezlerinin çözülmesi
zersplittern *vi sein* yarılmak, kırılmak
Zerstäuber *m* püskürgeç, atomizör, pulverizatör
zerstören *vt* yıkmak, bozmak, tahrip etmek (**etw/jdn** -i)
Zerstörer(in) *m(f)* ① tahrip eden ② (*Schiff*) muhrip
zerstörerisch *adj* yıkıcı, tahripçi
Zerstörung *f* ① (*Tätigkeit*) tahrip, yıkma ② (*Ergebnis*) harap olma, yıkılma, yıkılış
zerstreiten *irr vr* **sich** ~ bozuşmak
zerstreuen I. *vt* ① (*ausbreiten*) dağıtmak, yaymak (**etw** -i) ② (*ausstreuen*) saçmak, serpmek (**etw** -i) ③ (*fig: Zweifel, Bedenken*) gidermek (**etw** -i) ④ (*unterhalten*) oyalamak, eğlendirmek (**jdn** -i) II. *vr* **sich** ~ (*Menschenmenge*) dağılmak
zerstreut *adj* (*Mensch*) dalgın
Zerstreutheit *f* dalgınlık
Zerstreuung *f* (*Unterhaltung*) eğlenme, oyalanma
zerstückeln *vt* parçalamak (**etw** -i)

Zertifikat *nt* sertifika
zertreten *irr vt* ayakla ezmek (**etw** -i)
zertrümmern *vt* yıkıntı haline getirmek; (*in kleine Stücke*) paramparça etmek (**etw** -i)
Zervelatwurst *f çabuk bozulmayan sert bir salam cinsi*
Zerwürfnis *nt* bozuşma, anlaşmazlık
Zettel *m* ① (*Blatt*) kâğıt (parçası) ② (*mit Notiz*) not, pusula ③ (*Preis-*) fiyat etiketi
Zeug *nt* ① (*Sachen*) eşya, şey ② (*pej: Kram*) pılı pırtı, ıvır zıvır; **dummes ~ reden** saçmalamak, zırvalamak
Zeuge *m* JUR tanık, şahit
zeugen *vt* (*Kinder*) (çocuk) yapmak
Zeugenaussage *f* tanık ifadesi
Zeugenvernehmung *f* tanıkların dinlenmesi
Zeugin *f* kadın [*o* kız] tanık
Zeugnis *nt* ① (*Bezeugung*) tanıklık, şahitlik ② (*Bescheinigung*) tasdik belgesi ③ (*nach Prüfung*) karne
zeugungsunfähig *adj* innin, iktidarsız
z. H. *adv Abk von* **zu Händen** -e verilmek üzere
Zichorie *f* ① (*wilde*) acı marul ② (*Endivie*) hindiba
Zicke *f* ① (*junge Ziege*) oğlak ② (*launische Frau*) cadaloz
zickig *adj* (*pej*) **~ sein** kendini naza çekmek
Zickzack *m* zikzak; **im ~ gehen** zikzak gitmek
Ziege *f* keçi
Ziegel *m* ① (*Ziegelstein*) tuğla ② (*Dach-*) kiremit
Ziegelei *f* kiremit [*o* tuğla] ocağı
Ziegenbock *m* teke, erkeç
Ziegenkäse *m* keçi peyniri
Ziegenleder *nt* keçi derisi
Ziegenmelker *m* çobanaldatan
ziehen <zog, gezogen> I. *vt* ① (*allgemein*) çekmek (**etw/jdn** -i) ② (*Linie*) çizmek (**etw** -i) ③ (*schleppen*) sürüklemek (**etw** -i) ④ (*Pflanzen*) yetiştirmek (**etw** -i); **Folgerungen ~** sonuç çıkarmak; **die Blicke auf sich ~** bakışları kendi üstüne çekmek; **etw ins Lächerliche ~** bir şeyi komikliğe vurmak; **die Wurzel aus ... ~** MATH -in karekökünü almak II. *vi* ① (*gehen, reisen*) gitmek; (*Vögel*) göç etmek, göçmek (**nach** -e); **zu jdm ~** birine taşınmak ② (*Ofen, Pfeife*) çekmek; (*Tee*) demlenmek; **an etw ~** bir şeyi çekmek; **es zieht** hava cereyanı var, cereyan yapıyor *fam* III. *vr* **sich ~** (*sich strecken*) gerilmek; (*sich erstrecken*) uza(n)mak
Ziehharmonika *f* akordeon
Ziehung *f* (*Lotterie*) çekiliş
Ziel *nt* ① hedef, amaç, gaye ② (*Absicht*) maksat, niyet; **sein ~ erreichen** amacına ulaşmak; **sich etw zum ~ setzen** bir şeyi hedeflemek
Zieladresse *f* INET hedef adres
zielbewusst[RR] *adj* amacını bilen, yolunu şaşırmayan, azimli
zielen *vi* (*beim Schießen*) nişan almak
Zielgerade *f* SPORT *yarış yolunun son doğru parçası*
Zielgruppe *f* hedef kitle
ziellos I. *adj* hedefsiz, amaçsız II. *adv* gelişigüzel, rasgele
Zielscheibe *f* hedef levhası
Zielsetzung *f* hedef edinme
zielstrebig *adj* amacını bilen
ziemlich *adv* oldukça, epey(ce), bir hayli
Zier(de) *f* süs
zieren I. *vt* süslemek (**etw/jdn** -i) II. *vr* **sich ~** nazlanmak, naz etmek
Zierleiste *f* mulür; (*an Möbeln*) kordon
zierlich *adj* ① (*zart*) ince, narin ② (*Schrift*) inci gibi ③ (*hübsch*) güzel, şirin
Zierpflanze *f* süs bitkisi
Ziffer *f* rakam
Zifferblatt *nt* (saat) kadran(ı)
zig *num* onlarca
Zigarette *f* sigara, cıgara *fam*; **eine ~ rauchen/drehen** bir sigara içmek/sarmak

Zigarettenautomat *m* sigara otomatı
Zigarettenetui *nt* sigara tabakası
Zigarettenpapier *nt* sigara kâğıdı
Zigarettenschachtel *f* sigara kutusu
Zigarettenspitze *f* ağızlık, sigaralık
Zigarettenstummel *m* (sigara) izmarit(i)
Zigarillo *m o nt* küçük puro
Zigarre *f* puro, yaprak sigarası
Zigarrenabschneider *m* puro keseceği
Zigarrenkiste *f* puro kutusu
Zigeuner(in) *m(f)* (*pej*) Çingene
zigmal *adv* defalarca
zigtausend *num* on binlerce
Zimbabwe *nt* Zimbabve
Zimmer *nt* oda
Zimmerantenne *f* dahili anten
Zimmerbestellung *f* oda rezervasyonu
Zimmerlautstärke *f* **das Radio auf ~ stellen** radyonun sesini odada duyulacak kadar açmak
Zimmermädchen *nt* hizmetçi (kız)
Zimmermann *m* doğramacı, dülger
Zimmerpflanze *f ev içinde yetiştirilen bitki*
zimperlich *adj* aşırı hassas, nazenin
Zimt *m* tarçın
Zink *nt* çinko
Zinke *f* (*der Gabel*) çatal dişi
Zinn *nt* kalay
Zinne *f* (*Mauer-*) mazgal dişi
Zinnober *m* ❶ (*Mineral*) cıva sülfidi, zincifre ❷ (*Farbe*) zincifre kırmızısı
Zinnsoldat *m* (*Spielzeug*) *kalaydan yapılmış oyuncak asker*
Zins *m* faiz
Zinseszins *m* faizin faizi, bileşik faiz
zinslos *adj, adv* faizsiz
Zinssatz *m* faiz fiyatı
Zionismus *m* siyonizm
Zipfel *m* ❶ (*spitzes Endstück*) (sivri) uç ❷ (*Ecke*) köşe
Zipfelmütze *f* püsküllü takke
zippen *vt* INFORM sıkıştırmak (**etw** -i)
zirka *adv* aşağı yukarı, takriben
Zirkel *m* (*Gerät*) pergel
zirkulieren *vi* dolaşmak, dönmek; (*Geld*) piyasada bulunmak
Zirkumflex *m* uzatma işareti
Zirkus *m* sirk
zirpen *vi* (*Grillen*) cırlamak, cırıldamak
zischen *vi* ❶ (*als Ton allgemein*) cızırdamak ❷ (*Fett*) cayırdamak ❸ (*Gans*) tıslamak ❹ (*Schlange*) ıslık çalmak
ziselieren *vi, vt* kalemle kazımak (**etw** -i)
Zisterne *f* sarnıç
Zitadelle *f* iç kale
Zitat *nt* alıntı
Zither *f kanuna benzeyen bir çalgı*
zitieren *vt* ❶ (*Belegstelle anführen*) alıntılamak (**etw** -i) ❷ (*wörtlich wiedergeben*) aynen tekrarlamak (**etw** -i)
Zitrone *f* limon
Zitronenbaum *m* limon ağacı
Zitronenpresse *f* limonluk
Zitronensaft *m* limon suyu
Zitronenschale *f* limon kabuğu
Zitrusfrüchte *fpl* turunçgiller *pl*
Zittergras *nt* küçük çayırgüzeli
zitt(e)rig *adj* titrek
zittern *vi* ❶ (*vor Angst, Kälte*) titremek ❷ (*schaudern*) ürpermek ❸ (*vibrieren*) titreşmek; **vor Kälte ~** soğuktan titremek
Zitze *f memeli hayvanların meme ucu*
zivil *adj* sivil; **in Zivil** sivil olarak
Zivilbevölkerung *f* sivil halk, siviller *pl*
Zivildienst *m askerlik yerine geçen sivil hizmet*
Zivilisation *f* uygarlık, medeniyet
zivilisieren *vt* uygarlaştırmak (**etw/jdn** -i)
Zivilist(in) *m(f)* sivil
Zivilluftfahrt *f* sivil havacılık
Zivilprozess[RR] *m* hukuk mahkemeleri usulü
Zivilprozessordnung[RR] *f* hukuk mahkemeleri düzeni
Zivilrecht *nt* medeni hukuk, yurttaşlar töresi
zog *vi, vt s.* **ziehen**

zögern *vi* ❶ (*zaudern*) duraksamak, tereddüt etmek ❷ (*nicht den Mut haben*) çekinmek ❸ (*zeitlich*) gecikmek
Zögern *nt* (*Zaudern*) duraksama
Zoll *m* ❶ (*Behörde*) gümrük ❷ (*Abgabe*) gümrük vergisi [*o* resmi] ❸ (*Maß*) inç
Zollabfertigung *f* gümrük işlemi [*o* muamelesi]
Zollamt *nt* gümrük dairesi
Zollbeamte(r) *f(m)* gümrük memuru
Zollerklärung *f* gümrük beyannamesi
zollfrei *adj* gümrüksüz, gümrükten muaf; **~er Laden** gümrüksüz satış yapan mağaza
Zollgebühren *fpl* gümrük resmi
Zollkontrolle *f* gümrük muayenesi [*o* kontrolü]
zollpflichtig *adj* gümrüğe tabi
Zollunion *f* Gümrük Birliği
Zone *f* ❶ (*Gebiet*) bölge, mıntıka ❷ GEOG kuşak
Zoo *m* hayvanat bahçesi
Zoologie *f* zooloji
zoologisch *adj* zoolojik
zoomen *vt* zumlamak (**etw** -i)
Zopf *m* (saç) örgü(sü); **alter ~** (*fig*) dinozorluk
Zorn *m* öfke, hiddet, hırs
zornig *adj* öfkeli, hiddetli, hırslı
ZPO *f Abk von* **Zivilprozessordnung** Hukuk Mahkemeleri Düzeni
z. T. *adv Abk von* **zum Teil** kısmen
Ztr. *m Abk von* **Zentner** 50 kilo
zu I. *präp +dat* ❶ (*auf die Frage: wohin*) -a/-e ❷ (*auf die Frage: wo*) -da/-de; **~ Hause** evde; **~m Bahnhof** istasyona; **der Weg ~m Bahnhof** istasyon yolu, istasyona giden yol; **komm morgen ~ mir** yarın bana gel; **~ Mittag** öğleyin; **~ Weihnachten** Noel'de; **~m Beispiel** örneğin, mesela, **~m ersten Mal** ilk defa(da); **~ Fuß** yaya, yürüyerek; **~ Pferde** atla; **~m Glück** Allahtan; **~m Teil** kısmen; **fünf ~ eins gewinnen** beş bir kazanmak; **das Pfund zu 5 Lira** yarım kilosu 5 lira(ya); **~ dritt** (*alle drei*) üçü de; (*je drei*) üçer; **~ deinem Geburtstag** doğum gününe **II.** *adv* ❶ (*geschlossen*) kapalı ❷ (*allzu*) (haddinden) fazla; **die Tür/der Laden ist ~** kapı/dükkan kapalı; **Tür ~!** kapıyı kapa(yın); **~ sehr** (pek) fazla, pek çok; **~ viel** (çok) fazla, pek çok, aşırı; **einer ~ viel** birisi fazla; **~ wenig** çok az, yetmeyecek kadar; **100 Euro ~ wenig** 100 euro eksik
zuallererst *adv* en önce
zuallerletzt *adv* en sonra
Zubehör *nt* aksesuar; (*Ergänzungsteile*) ek parçalar *pl*
zubeißen *irr vi* (bütün gücüyle) ısırmak, dişlemek
zubereiten *vt* hazırlamak (**etw** -i)
Zubereitung *f* hazırlama
zubinden *irr vt* bağlayarak kapamak; (*Augen*) bağlamak (**etw** -i)
Zubringerstraße *f* ana yola çıkan sokak
Zucht *f* ❶ (*Tätigkeit*) (hayvan [*o* bitki]) yetiştirme ❷ (*Ergebnis*) yetiştirilen hayvan [*o* bitki] ❸ (*strenge Ordnung*) disiplin
züchten *vt* ❶ (*Pflanzen, Perlen*) yetiştirmek, üretmek (**etw** -i) ❷ (*Tiere*) beslemek, yetiştirmek (**etw** -i)
Zuchtperle *f özel üretilen bir çeşit inci*
zucken *vi* (ani bir hareketle) titremek, sarsılmak; (*Gesichtsteil*) seğirmek; **mit den Achseln ~** omuz silkmek
Zucker *m* şeker
Zuckerdose *f* şekerlik, şeker kutusu
zuckerkrank *adj* şeker hastası
Zuckerkrankheit *f* şeker hastalığı
zuckern *vt* şekerlemek (**etw** -i), şeker koymak (**etw** -e)
Zuckerrohr *nt* şeker kamışı
Zuckerrübe *f* şeker pancarı
Zuckerwatte *f* pamuk şeker
Zuckerzange *f* şeker maşası
Zuckung *f* kasıl sarsılma
zudecken I. *vt* örtmek, kapa(t)mak

(**etw** -i) II. *vr* **sich** ~ örtünmek; **sich mit etw** ~ üstüne bir şey örtmek
zudrehen *vt* (*Hahn*) kapa(t)mak (**etw** -i)
zudringlich *adj* sırnaşık, usandırıcı, sulu
zudrücken *vt* **ein Auge** ~ göz yummak, hoş görmek
zueinander *adv* birbir(ler)ine
zuerst *adv* ❶ (*zunächst*) (ilk) önce, evvela ❷ (*als Erstes*) ilk olarak
Zufahrt *f*, **Zufahrt(s)straße** *f* (taşıtla) giriş yolu
Zufall *m* tesadüf, rastlantı; **dem ~ überlassen bleiben** şansa kalmak
zufällig I. *adj* tesadüfi II. *adv* tesadüfen
Zuflucht *f* (*Ort*) barınak, sığınak
zuflüstern *vt* **jdm etw** ~ birinin kulağına bir şey fısıldamak
zufolge *präp* +*dat* (*nachgestellt*) -e göre, -e nazaran, ... gereğince
zufrieden *adj* ❶ (*froh*) memnun, hoşnut (**mit jdm/etw** -den) ❷ (*genügsam*) yetingen
zufriedengeben *irr vi* **sich mit etw** ~ bir şeyle yetinmek
Zufriedenheit *f* ❶ (*Fröhlichkeit*) memnuniyet, hoşnutluk ❷ (*Genügsamkeit*) yetingenlik
zufriedenlassen *irr vt* **jdn** ~ birini rahat bırakmak
zufriedenstellen *vt* **jdn** ~ birini memnun [*o* tatmin] etmek
zufriedenstellend *adj* memnun [*o* tatmin] edici
zufrieren *irr vi sein* (tamamen) donmak, buz bağlamak
zufügen *vt* **jdm einen Schaden** ~ birine zarar vermek; **jdm eine Niederlage** ~ birini bozguna uğratmak
Zufuhr *f* besleme
Zug *m* ❶ (*Ziehen*) çekme ❷ (*Eisenbahn*) tren ❸ (*Fest-*) alay ❹ (*Luft-*) (hava) cereyan(ı) ❺ (*eines Kamins od. Ofens*) çekme ❻ (*beim Rauchen*) nefes ❼ (*Schluck*) yudum ❽ (*bei einem Brettspiel*) oynama, (taş) sürme ❾ (*Gesichts-*) çizgi ❿ (*Charakter-*) özellik; **mit dem** ~ trenle; **im ~e** *gen* ... çerçevesi içinde; **in einem ~e** (*auf einmal*) birden, bir defada; (*beim Trinken*) bir yudumda; (**nicht**) **zum ~e kommen** faaliyete geç(me)mek
Zugabe *f* ❶ ek, katkı, ilave ❷ MUS program dışı parça
Zugang *m* ❶ (*Eingang*) giriş ❷ (*Weg*) geçit yolu ❸ (*zu einer Person*) yanına varma ❹ INFORM erişim, giriş
zugänglich *adj* ❶ (*Ort*) ulaşılır, yaklaşılır ❷ (*Person*) yanına varılır
Zugangserlaubnis *f* INFORM giriş izni
zugeben *irr vt* ❶ (*eingestehen*) itiraf etmek (**etw** -i) ❷ (*einräumen*) kabul etmek, tanımak (**etw** -i)
zugehen *irr vi sein* ❶ (*geschehen*) olmak, cereyan etmek ❷ (*sich schließen lassen*) kapanmak; **auf jdn** ~ birine doğru yürümek
Zügel *m* dizgin
zügellos *adj* azgın, ölçüsüz
Zügellosigkeit *f* azgınlık, ölçüsüzlük
zügeln *vt* gem vurmak (**jdn/etw** -e), frenlemek (**jdn/etw** -i)
Zugeständnis *nt* taviz, konsesyon
zugestehen *irr vt* kabul etmek (**etw** -i); (*stattgeben*) razı olmak (**etw** -e)
zugetan *adj* **jdm ~ sein** birine bağlılık duymak
zugießen *irr vt* ilaveten dökmek (**etw** -i)
zugig *adj* cereyanlı
zügig *adj* ❶ (*schnell und stetig*) çabuk ve sürekli ❷ (*vorangehend*) gelişen
zugleich *adv* aynı zamanda, birden
Zugluft *f* hava cereyanı, kurander
zugreifen *irr vi* ❶ (*bei Tisch*) yemek almak ❷ (*die Gelegenheit ergreifen*) fırsatı kaçırmamak
Zugriff *m* INFORM (*auf Daten*) erişim
zugrunde *adv*, **zu Grunde**[RR] *adv* ~ **gehen** yok olmak, mahvolmak, telef olmak; ~ **legen** temel olarak almak, dayandırmak (**etw einer Sache** -i -e); ~ **liegen** temel oluşturmak, dayan-

mak; ~ **richten** yok etmek, mahvetmek (**jdn/etw** -i)
zugunsten *präp +gen* (-in) lehine, (-in) yararına
zugutehalten *irr vt* **jdm etw** ~ birini bir şeyden dolayı affetmek
zugutekommen *irr vi* **jdm** ~ birine yaramak
Zugverbindung *f* tren bağlantısı
Zugvogel *m* göçmen kuş
Zuhälter *m* pezevenk
zuhause[RR] *adv* evde
zuhören *vi* dinlemek (**jdm/einer Sache** -i)
Zuhörer(in) *m(f)* dinleyici
zujubeln *vi* yaşa sesleriyle karşılamak (**jdm** -i)
zuklappen I. *vt sein* kapamak (**etw** -i) II. *vi* kapanmak
zukleben *vt* (yapıştırarak) kapamak, yapıştırmak (**etw** -i)
zuknallen I. *vt* (*Tür*) gürültüyle kapamak (**etw** -i) II. *vi sein* gürültüyle kapanmak
zuknöpfen *vt* düğmelemek (**etw** -i)
zukommen *irr vi sein* **auf jdn** ~ birine yaklaşmak; **jdm etw** ~ **lassen** birine bir şey ulaştırmak
Zukunft *f* 1 (*Zeit*) gelecek 2 (*Futur*) gelecek zaman; **in** ~ gelecekte
zukünftig *adj* gelecek
Zulage *f* zam
zulassen *irr vt* 1 (*Tür*) kapalı bırakmak (**etw** -i) 2 (*erlauben*) kabul etmek (**etw** -i) 3 (*Fahrzeug*) ruhsat vermek (**etw** -e)
zulässig *adj* 1 (*erlaubt*) izin verilmiş [*o* verilen] 2 REL (*islamisch*) mubah
Zulassung *f* 1 izin, kabul 2 (*amtliche*) ruhsat
Zulauf *m* 1 (*Nachfrage*) rağbet 2 (*Andrang*) üşüşme; **großen** ~ **haben** rağbet görmek
zulegen *vt* (*hinzufügen*) eklemek, katmak, ilave etmek (**etw** -i); **sich** *dat* **etw** ~ (*anschaffen*) bir şeyi edinmek
zuleide *adv,* **zu Leide**[RR] *adv* **jdm etw** ~ **tun** birine kötülük yapmak
zuletzt *adv* 1 (*als letzter*) son(uncu) olarak 2 (*das letzte Mal*) son defa 3 (*schließlich*) sonunda, nihayet
zuliebe *präp* **jdm** ~ birinin hatırı için
zum *präp* = **zu dem** *s.* **zu**
zumachen *vt* 1 (*allgemein*) kapa(t)mak (**etw** -i) 2 (*Loch*) tıkamak (**etw** -i) 3 (*zuknöpfen*) düğmelemek (**etw** -i)
zumal *adv* (*besonders*) bilhassa, özellikle; ~ **da** hele çünkü
zumeist *adv* çoğunlukla
zumindest *adv* hiç olmazsa, bari
zumutbar *adj* (yapılması) istenebilir
zumute *adv,* **zu Mute**[RR] *adv* **mir ist nicht danach** ~ bunu içim çekmiyor
zumuten *vt* **jdm etw** ~ *birinden uygunsuz bir şey yapmasını istemek*
Zumutung *f* 1 (*Ansinnen*) uygunsuz istek 2 (*Unverschämtheit*) küstah istek
zunächst *adv* 1 (*zuerst*) önce 2 (*vor allem*) her şeyden önce 3 (*als Erstes*) ilk olarak
Zunahme *f* artış, çoğalma
Zuname *m* soyadı
zünden I. *vt* ateşlemek; (*anzünden*) tutuşturmak (**etw** -i) II. *vi* tutuşmak; (*Motor*) çalışmak; (*Worte*) coşturmak
Zündholz *nt* kibrit
Zündkerze *f* buji
Zündschloss[RR] *nt* (*Auto*) kontak kilidi
Zündschlüssel *m* kontak anahtarı
Zündschnur *f* ateşleme fitili
Zündung *f* ateşleme
zunehmen *irr vi* 1 (*wachsen, sich erhöhen*) artmak, çoğalmak 2 (*Gewicht*) ağırlaşmak 3 (*Person*) kilo almak, şişmanlamak; **ich habe** (**drei Kilo**) **zugenommen** (üç) kilo aldım
zunehmend *adj* artan, çoğalan
Zuneigung *f* eğilim, meyil, sempati
zünftig *adj* (*fam: ordentlich*) esaslı, adamakıllı
Zunge *f* dil; **es liegt mir auf der** ~ dilimin ucunda

Zungenbrecher *m* yanıltmaç, şaşırtmaca

zunichtemachen *vt* boşa çıkarmak, mahvetmek (**etw** -i)

zunutze *adv,* **zu Nutze**[RR] *adv* **sich etw ~ machen** bir şeyden yararlanmak

zupfen *vt, vi* hafifçe çekmek (**etw/an etw** -i); **jdn am Ärmel ~** birinin kolundan çekmek

zur *präp* = **zu der** *s.* **zu**

zurechnungsfähig *adj* temyiz kudretine sahip, ayırtım güçlüsü

Zurechnungsfähigkeit *f* temyiz kudreti, cezai ehliyet

zurechtfinden *irr vr* **sich ~** yolunu bulmak, yönünü belirlemek

zurechtkommen *irr vi sein* (*rechtzeitig kommen*) vaktinde gelmek; **mit etw ~** bir şeyin hakkından gelmek; **mit jdm ~** biriyle iyi anlaşmak

zurechtmachen I. *vt* hazırlamak (**etw** -i) **II.** *vr* **sich ~** kendine çekidüzen vermek; (*sich schminken*) makyaj yapmak

zurechtweisen *irr vt* (*tadeln*) haddini bildirmek, terbiyesini vermek, çıkışmak (**jdn** -e)

zurichten *vt* hazırlamak, tertiplemek (**etw** -i); **jdn übel ~** birini (iyice) hırpalamak

zurück *adv* geri; (*zurückgekehrt*) geri dönmüş; **hin und ~** gidiş dönüş; **~!** geri çekil(in)!; **~ an Absender!** gönderene iade!; **ich bin gleich wieder ~** hemen döneceğim; **Sie kriegen 7 Euro ~** 7 euro geri alacaksınız

zurückbehalten *irr vt* alıkoymak, geri vermemek (**etw** -i)

zurückbekommen *irr vt* geri almak (**etw von jdm** -i -den)

zurückbezahlen *vt* geri ödemek (**jdm etw** -e -i)

zurückbleiben *irr vi sein* ❶ (*übrig bleiben*) artakalmak ❷ (*weiter hinten bleiben*) arkada kalmak

zurückbringen *irr vt* geri getirmek, geri götürmek (**etw** -i)

zurückdrängen *vt* ❶ geri itmek (**jdn** -i) ❷ (*Gefühl*) bastırmak (**etw** -i)

zurückerobern *vt* geri almak (**etw** -i)

zurückerstatten *vt* geri vermek (**jdm etw** -e -i)

zurückfahren *irr vi sein* (taşıtla) geri gitmek, (geri) dönmek

zurückfinden *irr vi* dönüş yolunu bulmak

zurückfordern *vt* geri verilmesini istemek (**etw** -in)

zurückführen *vt* ❶ geri getirmek, geri götürmek (**jdn** -i) ❷ (*fig: erklären*) dayandırmak (**etw auf etw** -i -e)

zurückgeben *irr vt* geri vermek (**jdm etw** -e -i)

zurückgeblieben *adj* geri kalmış

Zurückgebliebenheit *f* geri kalmışlık

zurückgehen *irr vi sein* ❶ (*zurückkehren*) (geri) dönmek, geri gitmek ❷ (*Entwicklung*) gerilemek ❸ (*abnehmen*) azalmak, inmek ❹ (*Preise, Fieber*) düşmek; **auf etw ~** nedeni [*o* sebebi] ... olmak, ...-den ileri gelmek

zurückgezogen *adj* **~n leben** dünyadan el çekmek

zurückgreifen *irr vi* ❶ (*Thema, Vorfall*) yeniden ele almak (**auf etw** -i) ❷ (*auf ein Mittel*) baş vurmak (**auf etw** -e)

zurückhalten *irr* **I.** *vt* ❶ (*festhalten*) alıkoymak, tutmak (**jdn/etw** -i) ❷ (*stoppen*) durdurmak (**jdn** -i) ❸ (*Gefühle*) gem vurmak (**etw** -e) **II.** *vr* **sich ~** ihtiyatlı davranmak

zurückhaltend *adj* çekingen, sakıngan; (*wortkarg*) suskun

Zurückhaltung *f* (*fig*) çekingenlik, sakınganlık

zurückholen *vt* geri almak, geri getirmek (**etw** -i)

zurückkehren *vi sein* (geri) dönmek

zurückkommen *irr vi sein* geri gelmek, (geri) dönmek; **auf etw ~** bir konuya dönmek; **um auf ... zurückzukom-**

men ... konusuna dönersek

zurückklassen *irr vt* (geriye) bırakmak (**jdn/etw** -i)

zurücklegen *vt* ❶ (*für später*) bir kenara koymak, ayırmak (**etw** -i) ❷ (*Geld*) biriktirmek (**etw** -i) ❸ (*eine Strecke*) katetmek, almak (**etw** -i)

zurücklehnen *vr* **sich ~** arkasına yaslanmak

zurückliegen *irr vi* **das liegt 20 Jahre zurück** bunun 20 yıllık geçmişi var

zurücknehmen *irr vt* (*Bestellung, Antrag*) geri almak (**etw** -i)

zurückprallen *vi sein* ❶ (*Ball, Stein*) (çarparak) sekmek ❷ (*vor Schrecken*) ürkmek, irkilmek

zurückrufen *irr vt* geri(ye) çağırmak (**jdn** -i); **sich etw ins Gedächtnis ~** bir şeyi hatırına getirmek

zurückschauen *vi* geriye bakmak; **auf Vergangenes ~** geçmişe dönüp bakmak

zurückscheuen *vi sein* **vor etw ~** bir şeyden çekinmek [*o* sakınmak]

zurückschicken *vt* geri göndermek (**jdn/etw** -i)

zurückschlagen *irr vt* ❶ geri vurmak (**jdn/etw** -i) ❷ MIL püskürtmek (**jdn/etw** -i)

zurückschrecken *irr vi sein* ürkerek gerilemek, ürkmek (**vor etw** -den)

zurücksehnen *vr* **sich nach etw/jdm ~** bir şey/birisi için özlem çekmek

zurückstehen *irr vi* **hinter jdm ~** (değer olarak) birinden aşağı [*o* geri] kalmak

zurückstellen *vt* ❶ (*an seinen Platz*) yerine koymak (**etw** -i) ❷ (*Uhr*) geri(ye) almak (**etw** -i) ❸ (*fig: aufschieben*) sonraya [*o* geriye] bırakmak, ertelemek (**etw** -i)

zurückstoßen **I.** *vt* geri itmek (**jdn** -i) **II.** *vi* (*Auto*) geri sarsmak

zurücktreten *irr vi sein* ❶ (*zurückweichen*) (geri) çekilmek, gerilemek ❷ (*von Amt*) istifa etmek (**von etw** -den) ❸ (*von einem Recht*) vazgeçmek (**von etw** -den); **~, bitte!** geri çekilin, lütfen!

zurückweichen *irr vi sein* ❶ (*zurücktreten*) (geri) çekilmek, gerilemek ❷ (*nachgeben*) boyun eğmek (**vor etw** -e)

zurückweisen *irr* **I.** *vt* reddetmek, geri çevirmek (**etw/jdn** -i) **II.** *vi* **auf etw ~** bir şeye işaret etmek

zurückzahlen *vt* geri ödemek (**etw** -i); **ich werde es ihm ~** (*heimzahlen*) ondan öç alacağım

zurückziehen *irr* **I.** *vt* geri çekmek; (*Antrag*) geri almak (**etw** -i) **II.** *vr* **sich ~** (geri) çekilmek, gerilemek; **sich von etw ~** bir işten el çekmek

Zuruf *m* ❶ (*Ruf*) sesleniş, bağırma, haykırış ❷ (*Beifall*) alkış

zurufen *irr vt* **jdm etw ~** birine ... diye seslenmek

zurzeit[RR] *adv* şu ara, şu sıra

Zusage *f* ❶ (*Versprechen*) (verilmiş) söz ❷ (*Einwilligung*) tasvip, onay, kabul ❸ (*auf eine Einladung*) bir daveti kabul etme

zusagen **I.** *vt* (*versprechen*) söz vermek (**etw zu tun** -eceğine) **II.** *vi* (*Einladung*) kabul etmek; **jdm ~** (*recht sein*) birine uygun gelmek

zusammen *adv* ❶ (*gemeinsam*) birlikte, beraber ❷ (*im Ganzen*) hepsi birden

Zusammenarbeit *f* işbirliği, birlikte çalışma

zusammenarbeiten *vi* işbirliği yapmak, birlikte çalışmak

zusammenbeißen *irr vt* **die Zähne ~** dişini sıkmak

zusammenbrechen *irr vi sein* yıkılmak, çökmek; (*Person*) yığılmak; (*Verkehr*) felç olmak

Zusammenbruch *m* ❶ (*das Zusammenbrechen*) çöküş, batış, yıkılış ❷ (*Nerven-*) sinir krizi

zusammenfahren *irr vi sein* (*fig: erschrecken*) (korkudan) sıçramak, ürkmek
zusammenfallen *irr vi sein* (*zeitlich*) aynı zamana rastlamak (**mit etw** ile)
zusammenfassen *vt* (*fig: Text*) özetlemek (**etw** -i)
zusammenfassend I. *adj* özetleyen II. *adv* özetleyerek
Zusammenfassung *f* özet
zusammenfügen *vt* birleştirmek, birbirine geçirmek (**etw** -i)
zusammenführen *vt* bir araya getirmek, kavuşturmak (**jdn** -i)
zusammengehören *vi* ❶ (*Personen*) birbirine bağlı [*o* ait] olmak ❷ (*Sachen*) bir bütünün parçaları olmak ❸ (*ein Paar bilden*) bir çift oluşturmak
zusammengesetzt *adj* bileşik, birleşik
Zusammenhalt *m* birliktelik
zusammenhalten I. *vt* bağlamak (**etw** -i) II. *vi* (*Menschen*) birbirine bağlı olmak, dayanışmak
Zusammenhang *m* ❶ (*Verbindung*) bağlantı, ilgi, ilişki ❷ (*Text*) bağlam; **mit etw in ~ stehen** birşeyle bağlantılı olmak; **in diesem ~** bu bağlantıda
zusammenhängen *irr vi* (*in Beziehung stehen*) birbirine bağlı olmak, aralarında bağlantı olmak
zusammenklappbar *adj* açılıp kapanır, katlanır
zusammenklappen *vt* katlamak, devşirmek (**etw** -i)
zusammenknüppeln *vt* (*mit Gummiknüppeln*) coplamak (**jdn** -i)
zusammenkommen *irr vi sein* ❶ (*sich sammeln*) bir araya gelmek, toplanmak ❷ (*sich treffen*) buluşmak
zusammenkrachen *vi sein* (*fam*) ❶ (*zusammenstoßen*) çarpışmak (**mit jdm/etw** ile) ❷ (*zusammenbrechen*) çökmek, yıkılmak
Zusammenkunft *f* ❶ (*Begegnung*) karşılaşma ❷ (*Treffen*) buluşma
zusammenleben *vi* bir arada [*o* birlikte] yaşamak (**mit jdm** ile)
Zusammenleben *nt* bir arada yaşama, birliktelik; (*harmonisches*) geçim
zusammenlegen *vt* ❶ (*falten*) katlamak, devşirmek (**etw** -i) ❷ (*vereinigen*) birleştirmek (**etw** -i) ❸ (*Geld*) bir araya getirmek, toplamak, biriktirmek (**etw** -i)
zusammennehmen *irr vr* **sich ~** (*Acht geben*) dikkat etmek; (*sich beherrschen*) kendine hakim olmak
zusammenpassen *vi* birbirine uymak, yakışmak
Zusammenprall *m* çarpışma
zusammenprallen *vi sein* çarpışmak
zusammenrechnen *vt* toplamak (**etw** -i)
zusammenrücken I. *vt* birbirine yaklaştırmak, sıkıştırmak (**etw** -i) II. *vi* bir araya sıkışmak
zusammenrufen *irr vt* (bir araya) toplamak (**jdn** -i)
zusammenschlagen *irr vt* ❶ (*Sache*) kırmak, paramparça etmek (**etw** -i) ❷ (*Person*) feci şekilde dövmek (**jdn** -i)
zusammenschließen *irr vr* **sich ~** birleşmek; (*Firmen*) işbirliği yapmak
zusammensetzen I. *vt* ❶ (*Personen*) bir araya getirmek (**jdn** -i) ❷ (*aus Einzelteilen*) birleştirmek (**etw** -i) II. *vr* **sich ~** (*Personen*) bir araya gelmek; **sich aus etw ~** bir şeyden oluşmak
Zusammensetzung *f* ❶ (*das Zusammensetzen*) bileşim ❷ (*Wort-*) bileşik kelime
zusammensitzen *irr vi* yan yana oturmak
zusammenstellen *vt* bir araya getirmek [*o* koymak]; (*aus Einzelteilen*) birleştirmek, derlemek (**etw** -i)
Zusammenstellung *f* derleme
Zusammenstoß *m* ❶ (*Stoß*) çarpışma ❷ (*Wortwechsel*) ağız kavgası
zusammenstoßen *irr vi sein* ❶ (*aufeinanderprallen*) çarpışmak ❷ (*anei-*

nandergrenzen) bitişmek
zusammentreffen *irr vi sein* ❶ (*Personen*) buluşmak, karşılaşmak ❷ (*Wege*) birleşmek ❸ (*zeitlich*) aynı zamana rastlamak
Zusammentreffen *nt* buluşma, karşılaşma; (*zufälliges*) rastlantı
zusammentreten *irr vi sein* toplanmak, toplantı yapmak
zusammentrommeln *vt* (*fig*) (bir araya) toplamak (**jdn** -i)
zusammenzählen *vt* toplamak (**etw** -i)
zusammenziehen *irr* I. *vt* (*sammeln, zusammenzählen*) toplamak (**etw** -i) II. *vi* (*in eine Wohnung*) *aynı evde oturmak için taşınmak* III. *vr* **sich ~** (*Gewitter*) fırtına bulutları toplanmak
zusammenzucken *vi sein* korkudan sıçramak, ürpermek
Zusatz *m* (*Nachtrag*) ek(lenti), ilave, katkı
zusätzlich I. *adj* ek(lenen) II. *adv* ek olarak
Zusatzstoff *m* katkı (maddesi); **Zusatzstoffe** (*in Lebensmittel*) katkı maddeleri, katkılar
zuschauen *vi* seyretmek (**jdm/einer Sache** -i); (*untätig*) seyirci kalmak
Zuschauer(in) *m(f)* seyirci
zuschicken *vt* göndermek, yollamak (**jdm etw** -e -i)
Zuschlag *m* ❶ (*Vergabe*) ihale ❷ (*zu einer Gebühr*) zam, ek ücret, ücret farkı ❸ (*Zusatzkarte*) ücret farkı bileti
zuschlagen *irr* I. *vt* ❶ (*Tür*) şiddetle vurarak kapamak (**etw** -i) ❷ (*Auftrag*) ihale etmek (**etw** -i) II. *vi* ❶ *sein* (*Tür*) şiddetle kapanmak ❷ *haben* şiddetle vurmak; (*fam*) yemeğe saldırmak
zuschließen *irr vt* kilitlemek (**etw** -i)
zuschrauben *vt* vida ile kapamak (**etw** -i)
zuschreiben *irr vt* **jdm etw ~** (*Ursache, Verdienst*) birinin bir hareketini neden veya yararlık olarak göstermek; (*beimessen*) birine bir şeyi isnat etmek
Zuschrift *f* yazı, mektup
zuschulden *adv,* **zu Schulden**RR *adv* **sich etw ~ kommen lassen** kusur işlemek
ZuschussRR *m,* **Zuschuß**ALT *m* maddi yardım
zuschütten *vt* ❶ (*Graben*) toprakla örtmek (**etw** -i) ❷ (*Flüssigkeit*) ilaveten dökmek (**etw** -i)
zusehen *irr vi* seyretmek (**jdm** -i)
zusenden *irr vt* göndermek, yollamak (**jdm etw** -e -i)
zusetzen I. *vt* (*Geld bei einem Geschäft*) keseden eklemek (**etw** -i) II. *vi* **jdm mit etw ~** birini bir şeyle sıkıştırmak [*o* zorlamak]
zusichern *vt* söz vermek (**etw zu tun** -eceğini)
zuspitzen *vr* **sich ~** (*ernst werden*) nazikleşmek, ciddileşmek
zusprechen *irr vt* (*Recht*) tanımak (**jdm etw** -e -i)
Zuspruch *m* **viel ~ haben** rağbet görmek, beğenilmek
Zustand *m* durum, hal; **in gutem/schlechtem ~** iyi/kötü durumda
zustande *adv,* **zu Stande**RR *adv* **etw ~ bringen** yapmak, meydana getirmek, gerçekleştirmek (**etw** -i); **~ kommen** meydana gelmek, gerçekleşmek
zuständig *adj* ❶ (*kompetent*) ilgili ❷ JUR yetkili
Zuständigkeit *f* ❶ (*Kompetenz*) yeterlik ❷ JUR (görev ve) yetki
zustattenkommen *vi* **jdm ~** birinin işine yaramak
zustehen *irr vi* (*gebühren*) layık olmak, hakkıyla ait olmak (**jdm** -e)
zustellen *vt* (*Post*) teslim etmek, vermek (**jdm etw** -e -i)
zustimmen *vi* ❶ (*gleicher Meinung sein*) aynı fikirde olmak ❷ (*einverstanden sein*) razı olmak (**einer Sache** -e) ❸ (*gutheißen*) onayla(mak) (**einer Sache** -i)
zustimmend *adj* onaylayıcı

Zustimmung *f* ❶ (*Billigung*) onay ❷ (*Erlaubnis*) izin
zustopfen *vt* (*Loch*) tıkamak, kapamak (**etw** -i)
zustoßen *irr vi sein* (*jdm*) başına gelmek (**jdm** -in)
Zustrom *m* (*von Menschen*) akın, üşüşme
zutage *adv,* **zu Tage**RR *adv* **~ fördern** (*Erze*) çıkarmak (**etw** -i); **~ kommen, ~ treten** meydana çıkmak
Zutaten *fpl* (*Küche*) malzemeler *pl*
zuteilen *vt* (*zuweisen*) tahsis etmek, ayırmak (**jdm etw** -e -i)
zutragen *irr* **I.** *vt* ❶ (*bringen*) getirmek, götürmek (**jdm etw** -e -i) ❷ (*erzählen*) gizlice anlatmak (**jdm etw** -e -i) **II.** *vr* **sich ~** (*geschehen*) olmak, cereyan etmek
zuträglich *adj* (*gesund*) sağlıklı, şifalı
zutrauen *vt* **jdm etw ~** birinden bir davranışı beklemek
zutraulich *adj* sokulgan
zutreffen *irr vi* doğru olmak
zutreffend *adj* doğru, yerinde, isabetli
Zutritt *m* giriş; **~ verboten!** girilmez!, girmek yasaktır!
Zutun *nt* **ohne mein ~** benim işte parmağım olmadan
zuverlässig *adj* (*vertrauenswürdig*) güvenilir; (*sicher*) sağlam, emniyetli; **aus ~er Quelle** emin kaynaktan
Zuverlässigkeit *f* güvenilirlik, sağlamlık
Zuversicht *f* ❶ (*Vertrauen*) güven, sağlam ümit ❷ (*Optimismus*) iyimserlik
zuversichtlich **I.** *adj* ❶ (*hoffnungsvoll*) güvenli, ümitli, umutlu ❷ (*optimistisch*) iyimser **II.** *adv* güvenle, ümitle, umutla
zuvielALT *adv s.* **zu**
zuvor *adv* önce(den); **kurz ~** biraz önce; **nie ~** daha önce hiç
zuvorkommen *irr vi sein* **jdm ~** birinden önce davranmak
zuvorkommend *adj* (*gefällig*) nazik
Zuwachs *m* ❶ (*Zunahme*) çoğalma, artma, artış ❷ (*Wachstum*) gelişme, büyüme
Zuwachsrate *f* artış oranı
zuwege *adv,* **zu Wege**RR *adv* **etw ~ bringen** bir şeyi meydana getirmek
zuweilen *adv* arasıra, bazen
zuweisen *irr vt* tahsis etmek, ayırmak (**jdm etw** -e -i)
zuwenden *irr vr* **sich einer Sache ~** kendini bir şeye adamak
zuwenigALT *adv s.* **zu**
zuwider *adv* **jdm ~ sein** birinin nefretini uyandırmak
zuwiderhandeln *vi* **jdm ~** birine karşı hareket etmek; **dem Gesetz ~** kanunu çiğnemek
Zuwiderhandlung *f* aykırı davranış
zuwinken *vi* **jdm ~** birine el [*o* mendil] sallamak
zuzahlen *vt* ek olarak ödemek (**etw** -i)
zuziehen *irr vt* ❶ (*Schlinge*) sık(ış-tır)mak (**etw** -i) ❷ (*Vorhang*) çekmek, örtmek, kapamak (**etw** -i); **sich eine Krankheit ~** bir hastalığa tutulmak
zuzüglich *präp* ... dahil
zwang *vt s.* **zwingen**
Zwang *m* ❶ (*Zwangsläufigkeit*) zorunluluk ❷ (*Druck*) baskı ❸ (*Gewalt*) zor; **~ anwenden** zor kullanmak; **sich keinen ~ antun** kendini zorlamamak
zwängen *vt* tık(ış)tırmak (**etw in etw** -i -e)
zwanglos **I.** *adj* teklifsiz, laubali **II.** *adv* teklifsizce, laubali olarak
Zwangsarbeit *f* zorla çalıştırma; (*als Gefängnisstrafe*) ağır hapis
Zwangsarbeiter(in) *m(f)* angaryaya zorlanan işçi, zorla çalıştırılan işçi
Zwangslage *f* zorluk, zorunlu(luk) durum(u)
zwangsläufig **I.** *adj* zorunlu **II.** *adv* ister istemez
Zwangsmaßnahme *f* zorlama tedbiri
Zwangsvorstellung *f* saplantı
zwangsweise *adv* zorla
zwanzig *num* yirmi

zwar *adv* gerçi; **und ~** (*das heißt*) yani, demek (ki); **die Krawatte ist ~ schön, aber zu teuer** kravat gerçi güzel ama çok pahalı
Zweck *m* ❶ (*Ziel*) amaç, maksat, hedef ❷ (*Absicht*) niyet ❸ (*Sinn*) anlam; **zu welchem ~?** ne amaçla?, hangi maksatla?; **keinen ~ haben** faydasız olmak; **seinen ~ erfüllen** işe yaramak; **der ~ heiligt die Mittel** gayeler araçları yasal kılar
zweckdienlich *adj* ❶ (*dem Zweck dienend*) amaca uygun ❷ (*nützlich*) faydalı, yararlı
zwecklos *adj* faydasız, boş(una), beyhude
zweckmäßig *adj* (*angemessen*) uygun, elverişli
zwecks *präp* ... amacıyla, ... maksadıyla
zwei *num* iki; **zu ~en** ikişer ikişer; **zu ~t** (*gemeinsam*) iki kişi beraber
zweideutig *adj* ❶ (*doppeldeutig*) çift anlamlı ❷ (*unklar*) belirsiz, müphem
Zweideutigkeit *f* ❶ (*Doppeldeutigkeit*) çift anlamlılık ❷ (*Unklarheit*) belirsizlik, müphemlik
zweieinhalb *adj* iki buçuk
Zweierbeziehung *f* ikili ilişki
zweierlei *adj* iki türlü; **das ist ~** bunlar iki ayrı şey
zweifach *adj* iki kat, iki misli
Zweifel *m* ❶ (*Ungewissheit*) şüphe ❷ (*Bedenken*) endişe, kaygı; **außer ~** şüphe dışı; **ohne ~** şüphesiz, elbet(te); **etw in ~ ziehen** bir şeyi şüpheli görmek
zweifelhaft *adj* şüpheli, kuşkulu
zweifellos *adv* şüphesiz, (hiç) kuşkusuz, elbet(te)
zweifeln *vi* şüphe etmek, şüphelenmek (**an etw** -den)
Zweifelsfall *m* **im ~** şüpheli durumda
Zweig *m* ❶ (*eines Baums*) dal, budak ❷ (*fig*) kol, şube ❸ (*Branche*) branş
Zweigstelle *f* şube
zweihundert *num* iki yüz
Zweikampf *m* düello, ikili dövüş
zweimal *adv* iki defa [*o* kere]
zweischneidig *adj* ❶ (*Messer*) her iki tarafı keskin ❷ (*Situation*) yarar da zarar da getirebilecek
zweiseitig *adj* iki taraflı; (*Stoff*) tersi yüzü bir
zweispaltig *adj* iki kolonlu
zweisprachig *adj* ❶ (*Person*) iki dilli ❷ (*Text*) iki dilde yazılan
Zweisprachigkeit *f* iki dillilik
zweispurig *adj* (*Straße*) çift şeritli; (*Bahnstrecke*) çift hatlı
zweitausend *num* iki bin
zweitbeste(r, s) *adj* ikinci (derecede iyi); (*bei einem Wettkampf*) ikinciliği kazanan
zweite(r, s) *adj* ikinci; **aus ~r Hand** elden düşme; **jeden ~n Tag** günaşırı
zweiteilig *adj* iki bölümlü
zweitens *adv* ikinci olarak
zweitklassig *adj* ikinci sınıf
zweitrangig *adj* ikinci derecede gelen
Zweitschrift *f* kopya, ikinci nüsha
Zweitwohnung *f* ikinci oturma yeri
Zwerchfell *nt* diyafram
Zwetschge *f* erik
Zwetschgenbaum *m* erik ağacı
Zwetschgenwasser *nt* (*Schnaps*) erik rakısı
zwicken *vt* çimdiklemek (**jdn/etw** -i)
Zwickmühle *f* (*fig*) açmaz; **in einer ~ sein** açmaza düşmek
Zwieback *m* peksimet
Zwiebel *f* soğan
Zwiebelturm *m soğan başlı kule*
Zwiegespräch *nt* diyalog, ikili sohbet
Zwielicht *nt* alaca karanlık, loşluk; **im ~** (*unklar*) karanlık, belirsiz
Zwiespalt *m* ❶ (*Konflikt*) çelişme ❷ (*Uneinigkeit*) anlaşmazlık
Zwietracht *f* bozuşma, kavga
Zwilling *m* ❶ ikiz ❷ (*Sternzeichen*) İkizler (burcu); **siamesische ~e** yapışık ikizler
zwingen <zwang, gezwungen> I. *vt*

zorlamak, mecbur etmek (**jdn** -i); **jdn ~, etw zu tun** birini bir şey yapmaya zorlamak II. *vr* **sich zu etw ~** kendini bir şeye zorlamak; **ich bin** [*o* **sehe mich**] **gezwungen, zu ...** -mek zorundayım

zwingend *adj* (*fig*) ❶ (*überzeugend*) inandırıcı ❷ (*stichhaltig*) temeli sağlam

zwinkern *vi* **mit den Augen ~** göz kırp(ıştır)mak

Zwirn *m* tire, iplik, bükme

zwischen I. *präp* (*Ort und Zeit*) -in arasında II. *präp* (*Richtung*) -in arasına

Zwischenablage *f* INFORM pano

Zwischenbemerkung *f* arasöz

Zwischenbescheid *m* arabilgi

Zwischendeck *nt* ara güverte

zwischendurch *adv* (*zeitlich*) arada bir

Zwischenfall *m* olay

Zwischenhändler(in) *m(f)* aracı tüccar

zwischenlanden *vi* ara iniş yapmak

Zwischenlandung *f* ara iniş

Zwischenlösung *f* ara çözüm

zwischenmenschlich *adj* insanlar arası

Zwischenraum *m* ara(lık), açıklık, mesafe

Zwischenstecker *m* ara fiş

Zwischenzeit *f* **in der ~** o [*o* bu] arada

zwitschern *vi, vt* (*Vögel*) cıvıldamak; **einen ~** (*fig*) demlenmek

Zwitter *m* erselik, erdişi

zwölf *num* on iki; **um ~ Uhr mittags/nachts** öğleyin/gece (saat) on ikide

Zwölffingerdarm *m* onikiparmak ba(ğı)rsağı

zwölfte(r) *adj* on ikinci

Zwölftel *nt* on ikide bir

Zyankali *nt* potasyum siyanürü

zyklisch *adj* dönemsel, devirli

Zyklus *m* dönem, devre

Zylinder *m* ❶ (*Form, Auto*) silindir ❷ (*Hut*) silindir şapka

Zylinderkopf *m* silindir başı

Zyniker(in) *m(f)* kinik, alaycı

zynisch *adj* ❶ (*spöttisch*) alaycı ❷ (*mitleidlos*) acımasız

Zynismus *m* ❶ (*Spott*) alaycılık ❷ (*Mitleidlosigkeit*) acımasızlık

Zypern *nt* Kıbrıs (Adası)

Zypresse *f* selvi (ağacı)

Zyste *f* kist

zz. *adv Abk von* **zurzeit** şu sıra [*o* ara]

z.Z. *adv Abk von* **zur Zeit** -in zamanında

Anhang
İlave

Türkische Kurzgrammatik

Kısaca Türkçe Dil Bilgisi

Das türkische Alphabet basiert seit 1928 auf lateinischen Buchstaben. Es besteht aus 8 Vokalen und 21 Konsonanten: A B C Ç D E F G Ğ H I İ J K L M N O Ö P R S Ş T U Ü V Y Z

Vokalharmonie und Konsonantenwandel

Vokale und Konsonanten unterliegen bestimmten Regeln, die ein Schlüssel zum Verständnis der türkischen Grammatik sind. Es handelt sich dabei um die Vokalharmonie und den Konsonantenwandel. Diese sind insbesondere bei der Bildung von grammatischen Endungen sehr wichtig, die wiederum eine der wesentlichen Besonderheiten der türkischen Sprache darstellen.

Die Vokalharmonie

Zunächst unterscheidet man zwischen hellen und dumpfen Vokalen:

helle Vokale	e, i, ö, ü
dumpfe Vokale	a, ı, o, u

Alle türkischen Wörter und Endungen unterliegen der Vokalharmonie. Diese besagt, dass in einem Wort entweder **helle** oder **dumpfe** Vokale vorhanden sind und die Vokale der Endungen mit dem letzten Vokal des Wortstammes harmonieren müssen. Man unterscheidet zwischen kleiner und großer Vokalharmonie.

Kleine Vokalharmonie		Große Vokalharmonie	
Vokal in der Endsilbe des Wortstammes	**Vokal der Endung**	**Vokal in der Endsilbe des Wortstammes**	**Vokal der Endung**
a	a	a	ı
ı		ı	
o		e	i
u		i	
e	e	o	u
i		u	
ö		ö	ü
ü		ü	

Ausnahmen sind Fremd- bzw. Lehnwörter (z.B. *kalem*, *otel*), Wortzusammensetzungen (z.B. *yayınevi*) sowie türkische Wörter, deren Aussprache sich mit der Zeit gewandelt hat (z.B. *alma – elma*). Ferner gibt es im Türkischen starre Endungen, die durch die Vokalharmonie nicht geändert werden (z.B. *-yor* = Präsensendung).

Der Konsonantenwandel

Die Konsonanten teilen sich in **harte** (stimmlose) (ç, f, h, k, p, s, ş, t) und in **weiche** (stimmhafte) Konsonanten (b, c, d, g, ğ, j, l, m, n, r, v, y, z). Einem Harmoniegesetz zufolge werden harte Konsonanten in entsprechende weiche umgewandelt, wenn sie durch eine Endung zwischen zwei Vokale geraten:

harte Konsonanten			weiche Konsonanten		
ç	ağa**ç**	(der Baum)	c	ağa**cı**n	(des Baumes)
k	çocu**k**	(das Kind)	ğ	çocu**ğa**	(dem Kind)
p	çora**p**	(der Strumpf)	b	çora**bı**	(den Strumpf)
t	kana**t**	(der Flügel)	d	kana**dı**	(den Flügel)

Ausnahmen von dieser Regel bilden viele einsilbige Wörter: z.B. at (das Pferd) - atım (mein Pferd). Es gibt aber auch Ausnahmen bei mehrsilbigen Wörtern, gerade bei solchen, die auf *t* auslauten. Das auslautende *t* wird seltener erweicht als die anderen harten Konsonanten:

hürriyet (die Freiheit) - hürriyete (der Freiheit)

Wenn ein Wort mit einem harten Konsonant auslautet, muss der eigentlich weiche Konsonant der angefügten Endung, (z.B. Lokativendung -de/-da) zu einem harten Konsonanten umgewandelt werden (-te/-ta):

ağaç (der Baum) - ağaç-ta (auf dem Baum)

Wegfall des zweiten Vokals

Bei manchen zweisilbigen Substantiven fällt der Vokal der zweiten Silbe beim Antritt von vokalisch anlautenden Endungen (Endungen, die mit einem Vokal beginnen, nämlich die Possessivendungen und die Dativ-, Akkusativ- und Genitivendungen) weg.

şehir (die Stadt)	şehre (**in die** Stadt)
burun (die Nase)	burnum (**meine** Nase)

Das Substantiv (Hauptwort)

Mit Ausnahme von Eigennamen werden alle Substantive kleingeschrieben. Das Türkische kennt **keinen bestimmten Artikel** (Geschlechtswörter), sondern nur den **unbestimmten Artikel** *bir* (z.B. ein Kind – bir çocuk). *Bir* dient auch als Zahlwort (eins). Es wird nicht dekliniert und hat keine Verneinungsform. Zur **Pluralbildung** dient die Endung *-ler/-lar*. Sie richtet sich nach der kleinen Vokalharmonie und wird an das Substantiv angefügt:

Singular		Plural (-lar/-ler)	
baba	(der Vater)	babalar	(die Väter)
anne	(die Mutter)	anneler	(die Mütter)
çocuk	(das Kind)	çocuklar	(die Kinder)

Nach Zahlwörtern wird immer der Singular des Substantivs gebraucht:

üç kişi	drei Personen
iki ekmek	zwei Brote
on bir oyuncu	elf Spieler

Ebenso steht nach dem Adjektiv *çok* (viel) der Singular:

çok çocuk	viele Kinder
çok insan	viele Menschen
çok araba	viele Autos

Die Fallendungen im Plural sind vollkommen identisch mit denen im Singular. Sie treten an die Pluralform. Auch hier gilt wieder die Vokalharmonie:

Nominativ (Wer? Was?)	Ekmekler taze. (Die Brote sind frisch.)
Akkusativ (Wen, Was?)	Bugün sarayları gezeceğiz. (Heute werden wir die Paläste besichtigen.)
Dativ (Wem, Wohin?)	Bu akşam arkadaşlar**a** gideceğiz. (Heute Abend werden wir zu Freunden gehen.)
Genitiv (Wessen?)	Bu arkadaşlar**ın** oteli nerede? (Wo ist das Hotel dieser Freunde?)

Die Deklination des Substantivs

Es gibt im Türkischen fünf Deklinationsformen und einen Attributsfall, der dem Genitiv im Deutschen entspricht. Die Deklinationsendungen werden an das Substantiv angehängt und richten sich nach der Vokalharmonie (im Akk. und Gen. die große, ansonsten die kleine). Bei vokalisch auslautenden Substantiven kommt zwischen Wortstamm und Deklinationsendung ein Fugenkonsonant (bei Akk. und Dat. *-y-*, bei Gen. *-n-*). Bei hartem konsonantischem Auslaut muss der nötige Konsonantenwandel (s.o.) berücksichtigt werden.

Fall	Deklinationsendungen	Substantiv endet mit Vokal	Substantiv endet mit weichem Konsonant	Substantiv endet mit hartem Konsonant	Pluralbildung
Nominativ Wer? Was?	-	araba (der Wagen)	ev (das Haus)	çocuk (das Kind)	arabalar (die Wagen) evler (die Häuser) çocuklar (die Kinder)
Akkusativ Wen? Was?	-ı, -i, -u, -ü	araba-y-ı (den Wagen)	ev-i (das Haus)	çocuğ-u (das Kind)	arabalar-ı (die Wagen) evler-i (die Häuser) çocuklar-ı (die Kinder)
Dativ Wem? Wohin?	-e, -a	araba-y-a (dem Wagen)	ev-e (dem Haus/ ins Haus)	çocuğ-a (dem Kind)	arabalar-a (den Wagen) evler-e (den Häusern) çocuklar-a (den Kindern)
Lokativ Wo? Wann?	-de, -da	araba-da (im Wagen)	ev-de (im Haus)	çocuk-ta (beim Kind)	arabalar-da (in den Wagen) evler-de (in den Häusern) çocuklar-da (bei den Kindern)
Ablativ Woher? Von wem?	-den, -dan	araba-dan (aus dem/ vom Wagen)	ev-den (aus dem/ vom Haus)	çocuk-tan (vom Kind)	arabalar-dan (von/ aus den Wagen) evler-den (von/aus den Häusern) çocuklar-dan (von den Kindern)

Fall	Deklinationsendungen	Substantiv endet mit Vokal	Substantiv endet mit weichem Konsonant	Substantiv endet mit hartem Konsonant	Pluralbildung
Genitiv Wessen?	-ın, -in, -un, -ün	araba-n-ın (des Wagens)	ev-in (des Hauses)	çocuğ-un (des Kindes)	arabalar-ın (der Wagen) evler-in (der Häuser) çocuklar-ın (der Kinder)

Bei Eigennamen wird die Endung mit einem Apostroph abgetrennt (z.B. İstanbul'da).

Die Genitivkonstruktion

Bei der Genitivkonstruktion werden zwei Substantive miteinander verbunden.

a) Die bestimmte Genitivkonstruktion:

Das erste Substantiv ist das Bestimmungswort und bekommt die Genitivendung (-ın/-in/-un/-ün). Das zweite Wort ist das Grundwort und bekommt die Possessivendung der 3. Pers. Sing. oder Pl. (s. auch Kap. zu Possessiv):

ev-in anahtar-ı	der Schlüssel des Hauses
evler-in anahtar-ları	die Schlüssel der Häuser

b) Die unbestimmte Genitivkonstruktion

bezeichnet einen Gattungsbegriff oder dient der Wortzusammensetzung. Hier bekommt das Bestimmungswort keine Genitivendung, aber das Grundwort behält die Possessivendung bei:

ev anahtar-ı	der Hausschlüssel
ev anahtar-ları	die Hausschlüssel

Das Adjektiv (Eigenschaftswort)

Im Türkischen wird das Adjektiv nicht dekliniert:

- **Das adverbiale Adjektiv:** Das Adjektiv steht vor einem Verb und charakterisiert dieses näher:

  Kadın **güzel** konuşuyor. (Die Frau spricht schön.)

- **Das attributive Adjektiv:** Das Adjektiv steht, wie im Deutschen, immer vor dem Substantiv:

  güzel kadın (die schöne Frau),
  güzel kadınlar (schöne Frauen)

  Der unbestimmte Artikel kann vor dem Adjektiv oder zwischen Adjektiv und Substantiv stehen:

  bir **güzel** kadın/**güzel** bir kadın (eine schöne Frau)

- **Das prädikative Adjektiv:** Bei prädikativem Gebrauch steht das Adjektiv am Satzende und erhält eine Personalendung, die der deutschen Kopula „sein“ entspricht:

  Bu kadın **güzel**. (Diese Frau ist schön.) (vgl. Absatz über die Kopula „sein“).

Das substantivierte Adjektiv wird dekliniert:

Nom.: **güzel** (die Schöne)
Gen.: **güzel**in gözleri (die Augen der Schönen)

Steigerung und Vergleich

Das Adjektiv wird mit den Wörtern *daha* und *en* gesteigert.

güzel (schön)
daha güzel (schöner)
en güzel (am schönsten)

Bei einem Vergleich erhält das Substantiv, mit dem verglichen wird, die Ablativendung *-den/-dan* und steht vor dem Adjektiv. *Daha* ist dann nicht mehr notwendig und hat, wenn es doch gebraucht wird, die Bedeutung „noch".

Positiv	İzmir **büyük** bir şehirdir. (Izmir ist eine große Stadt.)
Komparativ	İstanbul İzmir'**den (daha) büyük**tür. (Istanbul ist (noch) größer als İzmir.)
Superlativ	İstanbul Türkiye'nin **en büyük** şehridir. (Istanbul ist die größte Stadt der Türkei.)

Für Vergleichssätze werden kadar (so ... wie), gibi (wie bzw. so ... wie) oder kere/defa (-mal so ... wie) benutzt:

İngilizce **kadar** iyi Almanca bilmiyorum.	Ich kann nicht so gut Deutsch wie Englisch.
İngilizce Almanca **gibi** zor değil.	Englisch ist nicht so schwer wie Deutsch.
Türkiye, Almanya'**dan** üç **kere** daha büyük.	Die Türkei ist dreimal so groß wie Deutschland.

Die Pronomen (Fürwörter)

Im Türkischen gibt es Personal-, Possessiv-, Demonstrativ-, Reflexiv- und Fragepronomen. Mit dem Deutschen vergleichbare Relativpronomen gibt es nicht.

Personalpronomen (persönliche Fürwörter)

Nominativ (Wer?)	Akkusativ (Wen?)	Dativ (Wem? Wohin?)	Lokativ (Wo? Bei wem?)	Ablativ (Woher? Von wem?)
ben (ich)	ben**i** (mich)	ban**a** (mir, zu mir)	ben**de** (bei mir)	ben**den** (von mir)
sen (du)	sen**i** (dich)	san**a** (dir, zu dir)	sen**de** (bei dir)	sen**den** (von dir)
o (er, sie, es)	on**u** (ihn, sie, es)	on**a** (ihm, ihr, ihm; zu ihm/ihr)	on**da** (bei ihm, ihr, ihm)	on**dan** (von ihm, ihr, ihm)
biz (wir)	biz**i** (uns)	biz**e** (uns, zu uns)	biz**de** (bei uns)	biz**den** (von uns)
siz (ihr/Sie)	siz**i** (euch/Sie)	siz**e** (euch/Ihnen, zu euch/Ihnen)	siz**de** (bei euch/Ihnen)	siz**den** (von euch/Ihnen)
onlar (sie)	onlar**ı** (sie)	onlar**a** (sie, zu ihnen)	onlar**da** (bei ihnen)	onlar**dan** (von ihnen)

Da das Prädikat Personalendungen enthält, wird das Personalpronomen im Nominativ als Subjekt häufig weggelassen. Es wird in der Regel nur zur besonderen Hervorhebung gebraucht.

Geliyorum.	Ich komme.
Ben geliyorum.	

Das Possessivpronomen ist mit dem Genitiv des Personalpronomens identisch (s.u.).

Possessivpronomen (besitzanzeigende Fürwörter) und Possessivendungen

Possessivpronomen stehen vor ihrem Bezugswort, einem Substantiv, das eine entsprechende Possessivendung erhält. Da die Possessivendung am Substantiv dasselbe leistet wie das Possessivpronomen, wird dieses häufig weggelassen (**benim** ev**im** – **mein** Haus; oder auch nur: ev**im** – **mein** Haus). In der folgenden Tabelle sind die Possessivpronomen aufgelistet:

benim:	mein
senin:	dein
onun:	sein/ihr/sein
bizim:	unser
sizin:	euer/Ihr (Sing.u.Pl.)
onların:	ihr

Die Vokale der **Possessivendungen** verändern sich nach der großen Vokalharmonie:

Poss.pr.	**Substantiv + Possessivendung**		
	Endung nach vokalischem Auslaut	Endung nach weichem konsonantischem Auslaut	Endung nach hartem konsonantischem Auslaut
benim (mein)	baba**m** (mein Vater)	arkadaş**ım** (mein/e Freund/in)	çocuğ**um** (mein Kind)
senin (dein)	baba**n** (dein Vater)	arkadaş**ın** (dein/e Freund/in)	çocuğ**un** (dein Kind)
onun (sein, ihr, sein)	baba**sı** (sein, ihr, sein Vater)	arkadaş**ı** (sein/e, ihr/e, sein/e Freund/in)	çocuğ**u** (sein, ihr, sein Kind)
bizim (unser)	baba**mız** (unser Vater)	arkadaş**ımız** (unser/e Freund/in)	çocuğ**umuz** (unser Kind)
sizin (euer/Ihr)	baba**nız** (euer/Ihr Vater)	arkadaş**ınız** (euer/e/Ihr/e Freund/in)	çocuğ**unuz** (euer/Ihr Kind)
onların (ihr)	baba**ları** (ihre Väter) baba**sı** (ihr Vater)	arkadaş**ları** (ihre Freunde/Freundinnen) arkadaş**ı** (ihr/e Freund/in)	çocuk**ları** (ihre Kinder) çocuğ**u** (ihr Kind)

Die **Deklinationsendungen** werden an die Possessivendungen angefügt.

Bildung: Substantiv + Possessivendung + Deklinationsendung

z.B. Lokativ:

Bizim arkadaş-ımız-**da** (bei unserem Freund)

Nach den Possessivendungen in der 3. Pers. Sing. und Pl. steht immer ein *-n-* vor der folgenden Deklinationsendung:

araba-sı-**n**-ı (Akk.)
araba-sı-**n**-a (Dat.)
araba-sı-**n**-da (Lok.)
araba-sı-**n**-dan (Abl.)
araba-ları-**n**-ın (Pl. Gen.)

Demonstrativpronomen (hinweisende Fürwörter)

Singular	Plural
bu (der/die/das hier)/şu (der/die/das da)/o (jene/r/s)	bunlar (diese hier)/şunlar (diese da)/onlar (jene)
Bu güzel bir otel. (Das hier ist ein schönes Hotel.)	**Bunlar** bizim çocuklarımız değil. (Das hier sind nicht unsere Kinder.)
Şu eski bir ev. (Das da ist ein altes Haus.)	**Şunlar** elma ağacı. (Das da sind Apfelbäume.)
O iyi bir kitap. (Jenes ist ein gutes Buch.)	**Onlar** da iyi. (Jene sind auch gut.)

Reflexivpronomen (rückbezügliches Fürwort)

Das türkische Reflexivpronomen ist mit dem deutschen nicht zu vergleichen. Es kann adjektivisch oder substantivisch benutzt werden. Es gibt nur das Reflexivpronomen *kendi*. In substantivischem Gebrauch nimmt es Possessivendungen an und bedeutet „ich selbst“, „du selbst“ usw.; in adjektivischem Gebrauch steht es unverändert vor dem Bezugswort, das eine Possessivendung annimmt, und bedeutet „mein eigener“, „dein eigener“ usw.

Substantivisch		Adjektivisch
kendim	(ich selbst)	kendi arabam (mein eigener Wagen) kendi evim (mein eigenes Haus)
kendin	(du selbst)	kendi araban (dein eigener Wagen) kendi evin (dein eigenes Haus)
kendisi	(er, sie, es selbst)	kendi arabası (sein, ihr eigener Wagen) kendi evi (sein, ihr eigenes Haus)
kendimiz	(wir selbst)	kendi arabamız (unser eigener Wagen) kendi evimiz (unser eigenes Haus)
kendiniz	(ihr selbst/Sie selbst)	kendi arabanız (euer/Ihr eigener Wagen) kendi eviniz (euer/Ihr eigenes Haus)
kendileri	(sie selbst)	kendi arabaları (ihre eigenen Wagen) kendi evleri (ihre eigenen Häuser) kendi arabası (ihr eigener Wagen) kendi evi (ihr eigenes Haus)

Deklination

Nom.	kendim (ich selbst)	kendi arabam (mein eigener Wagen)
Akk.	kendimi (mich selbst)	kendi arabamı (meinen eigenen Wagen)
Dat.	kendime (mir selbst)	kendi arabama (meinem eigenen Wagen)
Lok.	kendimde (bei mir selbst)	kendi arabamda (in meinem eigenen Wagen)
Abl.	kendimden (von mir selbst)	kendi arabamdan (von meinem eigenen Wagen)
Gen.	kendimin (meiner selbst)	kendi arabamın (meines eigenen Wagens)

Fragepronomen und Fragewörter

Kim? (Wer?)	**Kim** çay istiyor?	Wer möchte Tee?
	Kimi arıyorsunuz?	Wen suchen Sie?
	Kime sordunuz?	Wem stellten Sie die Frage?
	Kimin arkadaşısınız?	Wessen Freund sind Sie?
	Kimde kalıyorsunuz?	Bei wem wohnen Sie?
	Bunu **kimden** aldınız?	Von wem haben Sie das bekommen?
Ne? (Was?)	**Ne** istiyorsunuz?	Was möchten Sie?
	Ne arıyorsunuz?	Was suchen Sie?
Ne zaman? (Wann?)	Uçak **ne zaman** kalkıyor?	Wann startet das Flugzeug?
	Bize **ne zaman** gelecek-sin?	Wann kommst du zu uns?
Kaç ....? (Wie viel?)	**Kaç** kişisiniz?	Wie viele Personen sind Sie?
	Şeftali **kaç** lira?	Wie viel Lira kosten die Pfirsiche?
	Kilosu **kaça**?	Was kostet das Kilo?
	Kaç gün kalacaksınız?	Wie viel Tage werden Sie bleiben?
	Bir gecesi **kaç para**?	Was kostet eine Nacht?
	Kaç tane?	Wie viel Stück?
Saat kaç? (Wie spät ist es?)	Affedersiniz, **saat kaç**?	Entschuldigen Sie, wie spät ist es?
Saat kaçta? (Um wie viel Uhr?/Wann?)	Tren **saat kaçta** kalkıyor?	Wann fährt der Zug ab?
	Saat kaçta buluşalım?	Um wie viel Uhr sollen wir uns treffen?
Hangi? (welche/r/s?)	**Hangi** oteli tavsiye edersiniz?	Welches Hotel würden Sie empfehlen?

Das Verb (Zeitwort)

Infinitiv

Die Infinitivendung, die an den Wortstamm angehängt wird, lautet im Türkischen *-mek* oder *-mak*. Sie richtet sich nach der kleinen Vokalharmonie:

gel-mek (kommen)
sor-mak (fragen)

Die Kopula „sein“, die Personalendung

Die Kopula „sein“ in Sätzen wie „ich bin Arzt“ oder „er ist krank“ gibt es in türkischen Hauptsätzen (außer im Futur) nicht als eigenes Wort, sondern in Form von **Personalendungen**, die am Ende des Satzes an ein Substantiv, Adjektiv oder Pronomen tritt (etwa in der 1. Person Singular: Ben doktor-**um**. – Ich **bin** Arzt). Diese Personalendungen werden auch bei der Konjugation der Verben gebraucht.

Personalpronomen	Nach konsonant. Auslaut: Wortstamm + Personalendung	nach vokalischem Auslaut: Wortstamm (+ -y) + Personalendung
ben	-ım/-im/-um/-üm	-y-ım/-y-im/-y-um/-y-üm
sen	-sın/-sin/-sun/-sün	-sın/-sin/-sun/-sün
o	*keine Endung*	*keine Endung*
biz	-ız/-iz/-uz/-üz	-y-ız/-y-iz/-y-uz/-y-üz
siz	-sınız/-siniz/-sunuz/-sünüz	-sınız/-siniz/-sunuz/-sünüz
onlar	(-lar)/(-ler)	(-lar)/(-ler)

- Die Personalendung für die 3. Person Singular (das deutsche „ist“) ist eine Nullendung, d. h. es wird keine Endung angefügt.

Babam hasta.	Mein Vater ist krank.

  Es kann allerdings auch die Endung *-dır/-dir/-dur/-dür* (nach harten Konsonanten *-tır/-tir/-tur/-tür*) hinzutreten, wenn der Sprecher seiner Aussage eine gewisse Nachdrücklichkeit verleiht; *-dir* wird dabei meist nicht extra übersetzt.

Babam hastadır.	Mein Vater ist krank.

- Die oben aufgelisteten Personalendungen werden nur in der Gegenwart und unbestimmten Vergangenheit verwendet. Für die bestimmte Vergangenheit (Perfekt) gelten andere Endungen (siehe Tabellen unten).

- Im Futur erscheint die Kopula „sein“ nicht als bloße Personalendung, sondern als Hilfsverb *olmak* („sein“) mit Futurendung (s. Tempusbildung bei Verben):

Doktor ol-acağ-ım.	Ich werde Arzt.

- Bei verneinten Sätzen tritt die Personalendung an das Adverb *değil* („nicht“):

Doktor değil-im.	Ich bin kein Arzt.

- Bei Fragesätzen tritt die Personalendung an die Fragepartikel *-mı/-mi/-mu/-mü:*

Doktor mu-y-um?	Bin ich ein Arzt?

- Bei vokalischem Auslaut kommt zwischen Wortstamm und Personalendung ein Fugen-*y*, wenn die Personalendung mit einem Vokal beginnt:

Ben hasta-y-ım.	Ich bin krank.

Gegenwart

Personalpronomen	Positive Aussage	Negative Aussage	Positive Frage	Negative Frage
ben	doktor**um** (ich bin Arzt)	doktor deği**lim** (ich bin kein Arzt)	doktor mu**yum**? (bin ich ein Arzt?)	doktor değil mi**yim?** (bin ich kein Arzt?)
	hasta**yım** (ich bin krank)	hasta değil**im** (ich bin nicht krank)	hasta mıy**ım**? (bin ich krank?)	hasta değil mi**yim**? (bin ich nicht krank?)

Personal-pronomen	Positive Aussage	Negative Aussage	Positive Frage	Negative Frage
sen	doktor**sun**	doktor değil**sin**	doktor mu**sun**?	doktor değil mi**sin**?
	hasta**sın**	hasta değil**sin**	hasta mı**sın**?	hasta değil mi**sin**?
o	doktor**(dur)**	doktor değil**(dir)**	doktor mu(**dur**)?	doktor değil mi**(dir)?**
	hasta**(dır)**	hasta değil**(dir)**	hasta mı(**dır**)?	hasta değil mi**(dir)?**
biz	doktor**uz**	doktor değil**iz**	doktor muy**uz**?	doktor değil miy**iz**?
	hastay**ız**	hasta değil**iz**	hasta mıy**ız**?	hasta değil miy**iz**?
siz	doktor**sunuz**	doktor değil**siniz**	doktor mu**sunuz**?	doktor değil mi**siniz?**
	hasta**sınız**	hasta değil**siniz**	hasta mı**sınız**?	hasta değil mi**siniz**?
onlar	doktor**(dur)lar**	doktor değil**(dir)ler**	doktor mu(**dur**)**lar**?	doktor değil(**dir**)**ler** mi?
	hasta**(dır)lar**	hasta değil**(dir)ler**	hasta mı(**dır**)**lar**?	hasta değil(**dir**)**ler** mi?

Bestimmte Vergangenheit (erlebte Vergangenheit): -(y)dı/-(y)di/-(y)du/-(y)dü

Personal-pronomen	Positive Aussage	Negative Aussage	Positive Frage	Negative Frage
ben	doktor**dum** (ich war Arzt)	doktor değil**dim** (ich war kein Arzt)	doktor muy**dum**? (war ich ein Arzt?)	doktor değil miy**dim**? (war ich kein Arzt?)
	hastay**dım** (ich war krank)	hasta değil**dim** (ich war nicht krank)	hasta mıy**dım?** (war ich krank?)	hasta değil miy**dim**? (war ich nicht krank?)
sen	doktor**dun**	doktor değil**din**	doktor muy**dun**?	doktor değil miy**din**?
	hastay**dın**	hasta değil**din**	hasta mıy**dın**?	hasta değil miy**din**?

Personal-pronomen	Positive Aussage	Negative Aussage	Positive Frage	Negative Frage
o	doktor**du**	doktor değil**di**	doktor muy**du**?	doktor değil miy**di**?
	hastay**dı**	hasta değil**di**	hasta mıy**dı**?	hasta değil miy**di**?
biz	doktor**duk**	doktor değil**dik**	doktor muy**duk**?	doktor değil miy**dik**?
	hastay**dık**	hasta değil**dik**	hasta mıy**dık**?	hasta değil miy**dik**?
siz	doktor**dunuz**	doktor değil**diniz**	doktor muy**dunuz**?	doktor değil miy**diniz**?
	hastay**dınız**	hasta değil**diniz**	hasta mıy**dınız**?	hasta değil miy**diniz**?
onlar	doktor**dular**	doktor değil**diler**	doktor muy**dular**?	doktor değil miy**diler**?
	hastay**dılar**	hasta değil**diler**	hasta mıy**dılar**?	hasta değil miy**diler**?

Unbestimmte Vergangenheit (erfahrene Vergangenheit): -(y)mış/-(y)miş/-(y)muş/-(y)müş

Personal-pronomen	Positive Aussage	Negative Aussage	Positive Frage	Negative Frage
ben	doktor**muşum** (ich soll Arzt sein)	doktor değil**mişim** (ich soll kein Arzt sein)	doktor muy**muşum**? (soll ich Arzt sein?)	doktor değil miy**mişim**? (soll ich kein Arzt sein?)
	hastay**mışım** (ich soll krank sein)	hasta değil**mişim** (ich soll nicht krank sein)	hasta mıy**mışım**? (soll ich krank sein?)	hasta değil miy**mişim**? (soll ich nicht krank sein?)
sen	doktor**muşsun**	doktor değil**mişsin**	doktor muy**muşsun**?	doktor değil miy**mişsin**?
	hastay**mışsın**	hasta değil**mişsin**	hasta mıy**mışsın**?	hasta değil miy**mişsin**?
o	doktor**muş**	doktor değil**miş**	doktor muy**muş**?	doktor değil miy**miş**?
	hastay**mış**	hasta değil**miş**	hasta mıy**mış**?	hasta değil miy**miş**?

Personalpronomen	Positive Aussage	Negative Aussage	Positive Frage	Negative Frage
biz	doktor**muşuz**	doktor değil**mişiz**	doktor muy**muşuz**?	doktor değil miy**mişiz**?
	hastay**mışız**	hasta değil**mişiz**	hasta mıy**mışız**?	hasta değil miy**mişiz**?
siz	doktor**muşsunuz**	doktor değil**mişsiniz**	doktor muy**muşsunuz**?	doktor değil miy**mişsiniz**?
	hastay**mışsınız**	hasta değil**mişsiniz**	hasta mıy**mışsınız**?	hasta değil miy**mişsiniz**?
onlar	doktor**muşlar**	doktor değil**mişler**	doktor muy**muşlar**?	doktor değil miy**mişler**?
	hastay**mışlar**	hasta değil**mişler**	hasta mıy**mışlar**?	hasta değil miy**mişler**?

Sätze mit var und yok

Die Wörter *var* und *yok* sind formal gesehen Adjektive. Stehen sie am Ende eines Satzes, dann bilden sie ein Prädikat und drücken das Vorhandensein (var – „ist vorhanden") bzw. das Nichtvorhandensein (yok – „ist nicht vorhanden") des Subjektes aus. Sätze mit *var/yok* werden im Deutschen verschieden wiedergegeben. Wenn das Subjekt eine Possessivendung hat, wird *var/yok* im Deutschen mit „haben/nicht haben" übersetzt. Wenn das Subjekt keine Possessivendung hat, wird *var/yok* mit „es gibt/es gibt nicht" übersetzt.

(Benim) param var.	Ich habe Geld. (Wörtlich: Mein Geld gibt es.)
(Benim) param yok.	Ich habe kein Geld. (Wörtlich: Mein Geld gibt es nicht.)
Bakkalda ekmek var.	Im Laden gibt es Brot.
İstanbul'a ne zaman tren var?	Wann gibt es einen Zug nach Istanbul?
Bugün İstanbul'a tren yok.	Heute gibt es keinen Zug nach Istanbul.

Außerdem gibt es feststehende Wendungen mit var/yok:

Ne var ne yok?	Wie geht es? (Wörtlich: Was gibt es, was gibt es nicht?)
Acelesi yok.	Es eilt nicht.
Bunda iş yok!	Das taugt nichts!
Var mısın?	Machst du mit? Bist du dabei?

Verneinte Verben

Im Türkischen werden Verben nicht wie im Deutschen mit einem Wort wie „nicht" verneint, sondern dadurch, dass an den Stamm des Verbes eine **Negationsendung** (*-me/-ma*) tritt. Das Verb „kommen" lautet im Türkischen *gelmek*. *-mek* (oder *-mak*) ist die Infinitivendung und *gel-* ist der Verbstamm. Durch Anhängen der Negativendung *-me* an den Verbstamm entsteht der verneinte Verbstamm *gelme-*. Fügt man daran wieder die Infinitivendung *-mek* an, erhält man *gelmemek* („nicht kommen"). Bei verneinten Verbalsätzen werden immer die um die Negativendung *-me/-ma* erweiterten negativen Verbstämme verwendet.

Tempusbildung bei Verben

Es gibt zwei Tempusformen: die einfache und die zusammengesetzte Zeit.

a) Die Bildung der einfachen Zeiten

Bestimmte Gegenwart (Präsens)

Gebrauch: Das Präsens drückt Handlungen und Ereignisse aus, die sich gerade bzw. im Augenblick vollziehen und abspielen.

Endung: -yor (-ıyor/-iyor/-uyor/-üyor)

Bildung: Verbstamm + Präsensendung + Personalendung

Bei vokalisch auslautenden Stämmen (außer *-e* oder *-a*) wird die Präsensendung *-yor* an den Verbstamm angefügt; *-e* oder *-a* im Auslaut des Stamms werden dagegen nach der großen Vokalharmonie zu *-ı, -i, -u* oder *-ü*, je nachdem, welcher Vokal im Verbstamm davorsteht (z.B.: söy**le**mek – söyl**ü**yor). Nach konsonantischem Auslaut steht *-ıyor/-iyor/-uyor/-üyor*.

Personalpronomen	Positive Aussage	Negative Aussage	Positive Frage	Negative Frage
ben	gel**iyor**um (ich komme)	gelm**iyor**um (ich komme nicht)	gel**iyor** muyum? (komme ich?)	gelm**iyor** muyum? (komme ich nicht?)
sen	gel**iyor**sun	gelm**iyor**sun	gel**iyor** musun?	gelm**iyor** musun?
o	gel**iyor**	gelm**iyor**	gel**iyor** mu?	gelm**iyor** mu?

Personalpronomen	Positive Aussage	Negative Aussage	Positive Frage	Negative Frage
biz	gel**iyor**uz	gelmi**yor**uz	gel**iyor** muyuz?	gelmi**yor** muyuz?
siz	gel**iyor**sunuz	gelmi**yor**sunuz	gel**iyor** musunuz?	gelmi**yor** musunuz?
onlar	gel**iyor**lar	gelmi**yor**lar	gel**iyor**lar mı?	gelmi**yor**lar mı?

Bestimmte Vergangenheit (Perfekt)

Gebrauch: Die bestimmte Vergangenheit wird für Ereignisse verwendet, die der Sprechende in der Vergangenheit selbst gesehen oder erlebt hat oder von denen er weiß, dass sie sich tatsächlich ereignet haben.

Endung: -dı/-di/-du/-dü (-tı/-ti/-tu/-tü)

Bildung: Verbstamm + Vergangenheitsendung + Personalendung (Yaz-dı-m. – Ich habe geschrieben.)

Nach hartem konsonantischem Auslaut wird *-dı* zu *-tı* (Koş-**tu**-m – Ich bin gelaufen).

Personalpronomen	Positive Aussage	Negative Aussage	Positive Frage	Negative Frage
ben	gel**di**m (ich bin gekommen)	gelme**di**m (ich bin nicht gekommen)	gel**di**m mi? (bin ich gekommen?)	gelme**di**m mi? (bin ich nicht gekommen?)
sen	gel**di**n	gelme**di**n	gel**di**n mi?	gelme**di**n mi?
o	gel**di**	gelme**di**	gel**di** mi?	gelme**di** mi?
biz	gel**di**k	gelme**di**k	gel**di**k mi?	gelme**di**k mi?
siz	gel**di**niz	gelme**di**niz	gel**di**niz mi?	gelme**di**niz mi?
onlar	gel**di**ler	gelme**di**ler	gel**di**ler mi?	gelme**di**ler mi?

Unbestimmte Vergangenheit

Gebrauch: Mit der unbestimmten Vergangenheit gibt der Sprechende etwas wieder, wovon er nur vom Hörensagen weiß bzw. wovon er nicht mit Sicherheit weiß, ob es sich tatsächlich so ereignet hat.

Endung: -mış/-miş/-muş/-müş

Bildung: Verbstamm + unbest. Vergangenheitsendung + Personalendung

Personalpronomen	Positive Aussage	Negative Aussage	Positive Frage	Negative Frage
ben	gel**miş**im (ich soll gekommen sein)	gelme**miş**im (ich soll nicht gekommen sein)	gel**miş** miyim? (soll ich gekommen sein?)	gelme**miş** miyim? (soll ich nicht gekommen sein?)
sen	gel**miş**sin	gelme**miş**sin	gel**miş** misin?	gelme**miş** misin?
o	gel**miş**	gelme**miş**	gel**miş** mi?	gelme**miş** mi?
biz	gel**miş**iz	gelme**miş**iz	gel**miş** miyiz?	gelme**miş** miyiz?
siz	gel**miş**siniz	gelme**miş**siniz	gel**miş** misiniz?	gelme**miş** misiniz?
onlar	gel**miş**ler	gelme**miş**ler	gel**miş**ler mi?	gelme**miş**ler mi?

Aorist

Gebrauch: Der Aorist drückt eine Handlung aus, die jederzeit bzw. zeitlich unabhängig geschieht. Er wird auch gebraucht, wenn eine gewohnheitsmäßige Handlung oder die Fähigkeit zu bestimmten Handlungen ausgedrückt wird.

Endung und Bildung:

1) -r:	nach vokalischem Auslaut
2) -er/-ar:	nach einsilbigem Stamm mit konsonantischem Auslaut
3) -ır/-ir/-ur/-ür:	nach zwei- oder mehrsilbigem Stamm mit konsonantischem Auslaut sowie nach einigen einsilbigen Verbalstämmen, die meist auf -l oder -r enden.

Personalpronomen	Positive Aussage	Negative Aussage	Positive Frage	Negative Frage
ben	gelirim (ich pflege zu kommen)	gelmem (ich pflege nicht zu kommen)	gelir miyim? (pflege ich zu kommen?)	gelmez miyim? (pflege ich nicht zu kommen?)
sen	gelirsin	gelmezsin	gelir misin?	gelmez misin?
o	gelir	gelmez	gelir mi?	gelmez mi?
biz	geliriz	gelmeyiz	gelir miyiz?	gelmez miyiz?
siz	gelirsiniz	gelmezsiniz	gelir misiniz?	gelmez misiniz?
onlar	gelirler	gelmezler	gelirler mi?	gelmezler mi?

Futur

Gebrauch: Drückt etwas Zukünftiges, ein geplantes Ereignis oder eine feste Absicht aus.

Endung: Nach konsonantischem Auslaut -ecek/-acak, nach vokalischem Auslaut -yecek/-yacak

Bildung: Verbstamm + Futurendung + Personalendung

Personalpronomen	Positive Aussage	Negative Aussage	Positive Frage	Negative Frage
ben	geleceğim (ich werde kommen)	gelmeyeceğim (ich werde nicht kommen)	gelecek miyim? (werde ich kommen?)	gelmeyecek miyim? (werde ich nicht kommen?)
sen	geleceksin	gelmeyeceksin	gelecek misin?	gelmeyecek misin?
o	gelecek	gelmeyecek	gelecek mi?	gelmeyecek mi?
biz	geleceğiz	gelmeyeceğiz	gelecek miyiz?	gelmeyecek miyiz?
siz	geleceksiniz	gelmeyeceksiniz	gelecek misiniz?	gelmeyecek misiniz?
onlar	gelecekler	gelmeyecekler	gelecekler mi?	gelmeyecekler mi?

b) Die Bildung der zusammengesetzten Zeiten

Zusammengesetzte Zeiten werden entweder mit der bestimmten oder mit der unbestimmten Vergangenheit gebildet.

1. Mit der bestimmten Vergangenheit

Bestimmte Vergangenheit des Präsens (Imperfekt)

geliyordu (er kam)	gelmiyordu (er kam nicht)	geliyor muydu? (kam er?)	gelmiyor muydu? (kam er nicht?)

Bestimmte Vergangenheit des Aorist

gelirdi (er kam immer)	gelmezdi (er kam nie)	gelir miydi? (kam er immer?)	gelmez miydi? (kam er nie?)

Bestimmte Vergangenheit des Futurs

gelecekti (er wollte kommen)	gelmeyecekti (er wollte nicht kommen)	gelecek miydi? (wollte er kommen?)	gelmeyecek miydi? (wollte er nicht kommen?)

Plusquamperfekt

gelmişti (er war gekommen)	gelmemişti (er war nicht gekommen)	gelmiş miydi? (war er gekommen?)	gelmemiş miydi? (war er nicht gekommen?)

2. Mit der unbestimmten Vergangenheit

Unbestimmte Vergangenheit des Präsens

geliyormuş (er kommt wohl gerade)	gelmiyormuş (er kommt wohl nicht)	geliyor muymuş? (kommt er wohl?)	gelmiyor muymuş? (kommt er wohl nicht?)

Unbestimmte Vergangenheit des Aorists

gel**irmiş** (er pflegt/e zu kommen)	gel**mezmiş** (er pflegt/e nicht zu kommen)	gel**ir** miy**miş**? (pflegt/e er zu kommen?)	gel**mez** miy**miş**? (pflegt/e er nicht zu kommen?)

Unbestimmte Vergangenheit des Futurs

gel**ecekmiş** (er würde/soll wohl kommen)	gelmey**ecekmiş** (er würde/soll nicht kommen)	gel**ecek** miy**miş**? (würde/soll er kommen?)	gelmey**ecek** miy**miş**? (würde/soll er nicht kommen?)

Der Imperativ (Befehlsform)

Im Unterschied zum Deutschen gibt es im Türkischen nicht nur die 2., sondern auch die 3. Pers. Sing. und Pl. des Imperativs. Der Imperativ in der 2. Pers. Sing. ist der bloße Verbstamm ohne Endung. Ansonsten gelten folgende Endungen:

Personalpronomen	Der positive Imperativ	der negative Imperativ
sen/siz	Bak!/Bak**ınız**! (Schau!/Schauen Sie!)	Bak**ma**!/Bak**mayınız**! (Schau nicht!/Schauen Sie nicht!)
o	Bak**sın**! (Er soll schauen.)	Bak**masın**! (Er soll nicht schauen.)
siz	Bak**ın** !/Bak**ınız**! (Schaut!/Schauen Sie!)	Bak**mayın**!/Bak**mayınız**! (Schaut nicht!/Schauen Sie nicht!)
onlar	Bak**sınlar**! (Sie sollen schauen.)	Bak**masınlar**! (Sie sollen nicht schauen.)

Die Postpositionen (Verhältniswörter)

Im Unterschied zum Deutschen gibt es im Türkischen keine Präpositionen, sondern Postpositionen. Sie werden den Bezugswörtern **nachgestellt** und verlangen verschiedene Deklinationsendungen.

Postpositionen mit dem Nominativ bzw. Genitiv

Bei diesen Postpositionen steht das Bezugswort, wenn es ein Subjekt ist, im Nominativ (hat also keine Endung); wenn es dagegen ein Pronomen ist, steht es im Genitiv (außer bei den Pluralformen *onlar* „sie" und *kimler* „wer alles").

ile: mit

Araba ile geldi.	(Er kam mit dem Auto.)
Onun ile çalıştım.	(Ich arbeitete mit ihr.)

Die Postposition *ile* kommt meistens als reine Endung vor: *-le/-la* nach konsonantischem und *-yle/-yla* nach vokalischem Auslaut.

Arabayla geldi.
Onunla çalıştım.

için: für

Çocuk için/ Senin için bir kitap aldı.	(Er hat für das Kind/für dich ein Buch gekauft.)

gibi: wie

Babası gibi çalışıyor.	(Er arbeitet wie sein Vater.)

kadar: so ... wie, so viel wie, so groß wie.

Babası kadar çalışıyor.	(Er arbeitet so viel wie sein Vater.)

Postpositionen mit dem Dativ

karşı: gegenüber (örtlich)/gegen (etwas sein)/gegen (zeitlich)

Denize karşı oturuyorum.	(Ich wohne gegenüber dem Meer.)

doğru: auf ... zu (in Richtung auf), gegen (zeitlich)

Eve doğru gidiyorum.	(Ich gehe auf das Haus zu.)

değin/dek/kadar: bis (zeitlich, örtlich)

Sabaha kadar dans ettiler.	(Sie tanzten bis zum Morgen.)

Postpositionen mit dem Ablativ

önce/evvel: vor

Saat ikiden önce gelmez.	(Vor zwei Uhr wird er nicht kommen.)

sonra: nach

Yemekten sonra sinemaya gide-cek.	(Nach dem Essen wird er ins Kino gehen.)

beri: seit

Bir saatten beri seni arıyorum.	(Seit einer Stunde suche ich dich.)

itibaren: ab/von ... ab (zeitlich, örtlich)

Bugünden itibaren sigara içmeyecek.	(Ab heute wird er nicht rau-chen.)

başka: außer

Bunu benden başka kimse yapamaz.	(Das kann nie-mand außer mir.)

dolayı/ötürü: wegen/infolge

Yağmurdan dolayı evdeyiz.	(Wegen des Regens sind wir zu Hause.)

Substantive mit lokaler Bedeutung

Eine Reihe von Substantiven mit lokaler Bedeutung wie *iç* „das Innere", *alt* „Unterseite", *üst* „Oberseite", *arka* „Hinterseite", *ön* „Vorderseite", *dış* „das Äußere", *yan* „Seite", *ara* „Zwischenraum" und *karşı* „gegenüberliegende Seite" werden wie Postpositionen gebraucht. Sie stehen dann nach dem Bezugswort, mit dem sie eine Genitivkonstruktion bilden (ev**in** iç**i** - das Innere des Hauses) und eine Fallendung annehmen, vor allem Lokativ oder Dativ (Lokativ: evin içi-**nde** - im Haus, Dativ: evin içi-**ne** - ins Haus). Mit dem Lokativ wird die Frage Wo?, mit dem Dativ die Frage Wohin? beantwortet. Die wichtigsten dieser substantivischen Postpositionen sind:

	Ort (Wo?)	Richtung (Wohin?)
in	içinde	içine
unter	altında	altına
auf	üstünde	üstüne
hinter	arkasında	arkasına
vor	önünde	önüne
neben	yanında	yanına
zwischen	arasında	arasına
gegenüber	karşısında	karşısına
außerhalb	dışında	
aus ... hinaus		dışına

Postpositionale Ausdrücke mit dem Nominativ

Weitere Substantive, die als postpositionale Ausdrücke benutzt werden, verlangen meist den Nominativ (adam yüzünden - wegen des Mannes), Pronomen aber stehen im Genitiv (**onun yüzünden** - seinetwegen). Einige davon sind: **sırasında/esnasında** (während), **sayesinde** (dank), **boyunca** (entlang, während) **süresince** (während), **gereğince** (gemäß, aufgrund), **dolayısıyla** (aufgrund von), **münasebetiyle** (anlässlich), **yönden/bakımdan** (hinsichtlich), **hakkında/üzerinde** (betreffs, über), **tarafından** (von).

Die Partizipien (Mittelwörter)

Die Partizipien im Türkischen gleichen denen im Deutschen. Sie können mit dem Partizip I, Partizip II und häufig mit einem Relativsatz (Relativpron. im Nom.) übersetzt werden. Die Partizipien werden mit Endungen gebildet, die an den Verbstamm angehängt werden. Sie können sowohl substantivisch als auch adjektivisch gebraucht werden. Bei substantivischem Gebrauch werden sie dekliniert, bei adjektivischem Gebrauch steht das Partizip wie ein Adjektiv unverändert vor dem Substantiv. Man kann es verneinen, ins Passiv setzen und die Zeitform variieren:

gör-en adam (adjektivisch)	der sehende Mann/der Mann, der sieht
gör-me-yen adam (adjektivisch verneint)	der nichtsehende Mann/der Mann, der nicht sieht
gör-en (substantivisch, Nom.)	der Sehende/derjenige, der sieht
gör-en-**e** (substantivisch, Dat.)	dem Sehenden/demjenigen, der sieht
gör-**ül**-en adam (adjektivisch, Passiv)	der Mann, der gesehen wird/wurde

Im Türkischen gibt es die **bestimmte** und die **unbestimmte Partizipform**:

a) Das bestimmte Partizip

Das bestimmte Partizip der Gegenwart

Das bestimmte Partizip der Gegenwart wird mit der Endung *-(y)en/-(y)an* gebildet. Die Verneinung lautet *-meyen/-mayan*: şarkı söyle**yen** adam – der singende Mann/der Mann, der singt. Das Partizip der Gegenwart kann eine Handlung in der bestimmten Gegenwart oder in der bestimmten Vergangenheit ausdrücken. Das hängt von der Handlung im Hauptsatz ab:

Düş**en** çocuk ağlıyor.	Das Kind, das fiel, weint.
Koş**an** çocuk benim oğlumdur.	Das Kind, das läuft, ist mein Sohn.
Koş**an** çocuk düştü.	Das Kind, das lief, ist gefallen.

Das bestimmte Partizip der Vergangenheit

Das bestimmte Partizip der Vergangenheit wird mit der Endung *-mış/-miş/-muş/-müş olan* (Verneinung: *-memiş/-mamış olan*) gebildet: bize gel**miş olan** misafir – der Gast, der zu uns gekommen ist.

Das bestimmte Partizip der Zukunft

Das bestimmte Partizip der Zukunft wird mit der Endung *-(y)ecek/-(y)acak olan* (Verneinung: *-meyecek/-mayacak olan*) gebildet: bugün İstanbul'a uç**acak olan** uçak – das Flugzeug, das heute nach Istanbul fliegen wird.

b) Das unbestimmte Partizip

Das unbestimmte Partizip der Gegenwart

Das unbestimmte Partizip der Gegenwart wird mit der Aorist-Endung *-r (-er/-ar/-ır/-ir/-ur/-ür)* gebildet und drückt eine Fähigkeit oder Eigenschaft aus. Die verneinte Partizipform lautet *-mez/-maz* und drückt eine Unmöglichkeit aus. Diese Partizipform wird meist in festen Verbindungen oder als (versteinertes) Wort mit einer bestimmten Bedeutung gebraucht:

ak**ar**	fließend;	ak**ar** su	Fluss (fließendes Wasser)
çık**maz**	nicht hinauskommend	çık**maz** sokak	Sackgasse (Straße, die nicht wieder hinauskommt)

Das unbestimmte Partizip der Vergangenheit

Das unbestimmte Partizip der Vergangenheit wird mit der Endung *-mış/-miş/-muş/-müş* gebildet. Die Verneinung lautet *-memiş/-mamış*:

Söylen**memiş** söz	das nicht gesprochene Wort

Das unbestimmte Partizip der Zukunft

Das unbestimmte Partizip der Zukunft drückt eine Absicht, ein Erfordernis oder eine Erwartung aus und wird mit der Endung *-(y)ecek/-(y)acak* gebildet. Die Verneinung lautet *-meyecek/-mayacak*:

yardım ed**ecek** bir insan	ein Mensch, der helfen wird

Das Possessivpartizip

Die Endungen der Possessivpartizipien lauten *-dık/-dik/-duk/-dük* bzw. *-(y)ecek/-(y)acak* (mit Konsonantenerweichung *k* zu *ğ*, wenn vokalisch anlautende Endung antritt). Sie werden im Deutschen mit Relativsätzen oder dass-Sätzen wiedergegeben.

Das Possessivpartizip bildet zusammen mit seinem Bezugswort (dem Subjekt der Handlung, die das Possessivpartizip ausdrückt) eine Genitivkonstruktion: Das Bezugswort erhält eine Genitivendung und das Possessivpartizip eine Possessivendung. Ist das Bezugswort ein Pronomen (immer in Form des Possessivpronomens), so kann dieses auch wegfallen.

kadının gördüğü *(substantivisch)*	derjenige, den die Frau sieht/gesehen hat
kadının gördüğü adam *(adjektivisch)*	der Mann, den die Frau sieht/gesehen hat
(Senin) geleceğini yazıyor.	Er schreibt, dass du kommen wirst.

Die **Zeitstufe**, die *-dık* ausdrückt, ist unbestimmt. Ob sie Vergangenheit oder Präsens ist, entscheidet das Hauptverb des Satzes bzw. der Sinnzusammenhang. Das Partizip *-mış olduk* entspricht dem Plusquamperfekt und *-ecek* dem Futur. Für letzteres wird wahlweise auch *-ecek olduk* verwendet.

Zeit	Bildung	Beispiel
Gegenwart	Verbstamm + -dık + Possessivendung	(benim) gördüğüm adam (der Mann, den ich sehe)
Vergangenheit	Verbstamm + -dık + Possessivendung	dün gördüğüm adam (der Mann, den ich gestern sah)
Plusquamperfekt	Verbstamm + -mış-Partizip olduk + Possessivendung	dün görmüş olduğum adam (der Mann, den ich gestern gesehen hatte)
Futur	Verbstamm + -(y)ecek + Possessivendung	göreceğim adam (der Mann, den ich sehen werde)
	Verbstamm + -(y)ecek-Partizip olduk- + Possessivendung	görecek olduğum adam (der Mann, den ich sehen werde)

Substantivischer Gebrauch des Possessivpartizips

Poss.pr.	Possessivpartizip -dık		Possessivpartizip -ecek	
	positiver Ausdruck	negativer Ausdruck	positiver Ausdruck	negativer Ausdruck
benim	söylediğim (das, was ich sage/sagte)	söylemediğim (das, was ich nicht sage/ sagte)	söyleyeceğim (das, was ich sagen werde)	söylemeyece-ğim (das, was ich nicht sagen werde)
senin	söylediğin	söylemediğin	söyleyeceğin	söylemeyece-ğin
onun	söylediği	söylemediği	söyleyeceği	söylemeye-ceği
bizim	söylediğimiz	söylemediği-miz	söyleyeceği-miz	söylemeyece-ğimiz
sizin	söylediğiniz	söylemediği-niz	söyleyeceği-niz	söylemeyece-ğiniz
onların	söyledikleri	söylemedik-leri	söyleyecekleri	söylemeye-cekleri

An **substantivische Possessivpartizipien** können **Fallendungen** angehängt werden:

Akk.:	Söylediğimi al!	Kaufe das, was ich sage/ gesagt habe!
Dat.:	Söylediğime aldırmıyor.	Er schenkt dem, was ich sage/gesagt habe, keine Beachtung.
Lok.:	Söylediğimde neredeydin?	Wo warst du, als ich es sagte?
Abl.:	Söylediğimden hiçbir şey anlamıyor.	Von dem, was ich sage, versteht er überhaupt nichts.
Gen.:	Söylediğimin adı neydi?	Wie heißt das, was ich dir gesagt habe?

Adjektivischer Gebrauch der Possessivpartizipien (Entsprechung des deutschen Relativsatzes)

Das Possessivpartizip steht adjektivisch vor einem Substantiv und kann auch Verbaladjektiv genannt werden. Das Substantiv, vor dem es adjektivisch steht, kann Fallendungen annehmen:

Kiraladığım ev pahalı. *(Nom.)*	**Das Haus**, **das** ich gemietet habe, ist teuer.
Kiraladığım eve gelin! *(Dat.)*	Kommt **in das Haus**, **das** ich gemietet habe!

Der Optativ

Die als Optativ bezeichnete Wunschform drückt eine Absicht, ein Bereitsein oder eine Aufforderung aus. Der Optativ wird durch Anfügung von *-(y)e* und *-(y)a* an den Verbalstamm gebildet; daran treten die üblichen Personalendungen, mit Ausnahme der 1. Pers. Pl., die *-lım/-lim/-lum/-lüm* lautet. Ins Deutsche können sie je nach Zusammenhang unterschiedlich übersetzt werden.

Aussagesatz:		Fragesatz:	
Eve gidelim!	Gehen wir nach Hause! Wir wollen nach Hause gehen! Lasst uns nach Hause gehen!	Eve gidelim mi?	Wollen wir nach Hause gehen? Sollen wir nach Hause gehen?

Der Optativ in der Gegenwart

Personalpronomen	positive Aussage	negative Aussage	positive Frage	negative Frage
ben	gid**e**yim	gitme**ye**yim	gid**e**yim mi?	gitme**ye**yim mi?
sen	gid**e**sin	gitme**ye**sin	gid**e**sin mi?	gitme**ye**sin mi?
o	gid**e**	gitme**ye**	gid**e** mi?	gitme**ye** mi?
biz	gid**e**lim	gitme**ye**lim	gid**e**lim mi?	gitme**ye**lim mi?
siz	gid**e**siniz	gitme**ye**siniz	gid**e**siniz mi	gitme**ye**siniz mi?
onlar	gid**e**ler	gitme**ye**ler	gid**e**ler mi?	gitme**ye**ler mi?

Heute werden die 2. bzw. 3. Pers. Sing. und Pl. seltener gebraucht. Sie werden zumeist durch den Imperativ ersetzt: *gitsin* statt *gide:* Er/sie soll gehen; *git* statt *gidesin:* Geh!

Der Optativ in der Vergangenheit

Diese Form des Optativs drückt einen irrealen Wunsch aus, der sich auf die Vergangenheit bezieht (wie der Konjunktiv II im Deutschen). Deshalb kann man sie (z.B. für die 3. Pers. Sing.) mit „hätte .... sollen", „wäre/hätte ... doch ..." oder „ich wünschte ... wäre/hätte" übersetzen (keşke gid**eydi** – wäre er doch gegangen). Die positive und negative Frageform des Optativs in der Vergangenheit wird nur sehr selten gebraucht.

Personalpronomen	positive Aussage	negative Aussage	positive Frage	negative Frage
ben	gid**e**ydim	gitme**ye**ydim	gid**e**ydim mi?	gitme**ye**ydim mi?
sen	gid**e**ydin	gitme**ye**ydin	gid**e**ydin mi?	gitme**ye**ydin mi?
o	gid**e**ydi	gitme**ye**ydi	gid**e**ydi mi?	gitme**ye**ydi mi?
biz	gid**e**ydik	gitme**ye**ydik	gid**e**ydik mi?	gitme**ye**ydik mi?
siz	gid**e**ydiniz	gitme**ye**ydiniz	gid**e**ydiniz mi?	gitme**ye**ydiniz mi?
onlar	gid**e**ydiler	gitme**ye**ydiler	gid**e**ydiler mi?	gitme**ye**ydiler mi?

Möglichkeits- und Unmöglichkeitsform (können/nicht können)

Möglichkeitsform

Die Möglichkeitsform eines Verbs entsteht, wenn der Verbstamm durch die Wunschendung *-(y)e/ -(y)a* erweitert und mit dem Verb *bilmek* verbunden wird. Das angehängte *bilmek* kann dann in allen bejahenden Zeitformen konjugiert werden.

Bildung: Verbstamm + -(y)e/-(y)a + Hilfsverbstamm „bil" + Tempusendung + Personalendung.

Gebrauch: Die Formen auf „bilmek" haben wie das deutsche Modalverb „können" oft die Bedeutung von „dürfen": Gör**ebil**ir miyiz? – Dürfen wir sehen?/Otur**a-bil**ir miyiz? – Dürfen wir uns setzen?

Unmöglichkeitsform

Die Unmöglichkeitsform, d.h. die Ausdrucksweise des Nichtkönnens, wird nicht mit „bilmek" gebildet, sondern durch Anhängen von *-(y)eme, -(y)ama* an den Verbstamm ausgedrückt.

Bildung: Verbstamm + -(y)e/-(y)a + Verneinungspartikel (richtet sich nach dem Tempus) + Tempusendung + Personalendung.

Personalpronomen	positive Aussage	negative Aussage	positive Frage	negative Frage
ben	gör**ebil**iyorum (ich kann sehen)	gör**emi**yorum (ich kann nicht sehen)	gör**ebil**iyor muyum? (kann ich sehen?)	gör**emi**yor muyum? (kann ich nicht sehen?)
sen	gör**ebil**iyorsun	gör**emi**yorsun	gör**ebil**iyor musun?	gör**emi**yor musun?
o	gör**ebil**iyor	gör**emi**yor	gör**ebil**iyor mu?	gör**emi**yor mu?
biz	gör**ebil**iyoruz	gör**emi**yoruz	gör**ebil**iyor muyuz?	gör**emi**yor muyuz?
siz	gör**ebil**iyorsunuz	gör**emi**yorsunuz	gör**ebil**iyor musunuz?	gör**emi**yor musunuz?
onlar	gör**ebil**iyorlar	gör**emi**yorlar	gör**ebil**iyorlar mı?	gör**emi**yorlar mı?

Die Bildung der verschiedenen Zeiten der Möglichkeits- und Unmöglichkeitsform

Ben gör**ebil**iyorum (gör**emi**yorum).	Ich kann jetzt (nicht) sehen.
Ben gör**ebil**irim (gör**eme**m).	Ich kann/darf (nicht) sehen.
Ben gör**ebil**dim (gör**eme**dim).	Ich habe (nicht) sehen können.
Ben gör**ebil**mişim (gör**eme**mişim).	Man sagt, dass ich (nicht) habe sehen können.
Ben gör**ebil**eceğim (gör**eme**yeceğim).	Ich werde (nicht) sehen können.

Ben gör**ebil**iyordum (gör**emi**yordum).	Ich konnte (nicht) sehen.
Ben gör**ebil**irdim (gör**emez**dim).	Ich hätte (nicht) sehen können.
Ben gör**ebil**miştim (gör**eme**miştim).	Ich hatte (nicht) sehen können.
Ben gör**ebil**ecektim (gör**eme**yecektim).	Es gab (nicht) die Möglichkeit, dass ich sehe; Ich durfte (nicht) sehen.
Ben gör**ebil**diydim (gör**eme**diydim).	Ich hatte (nicht) sehen können.

Ben gör**ebil**iyormuşum (gör**emi**yormuşum).	Man sagt, ich kann (nicht) sehen.
Ben gör**ebil**irmişim (gör**eme**zmişim).	Man sagt, ich dürfe (nicht) sehen.
Ben gör**ebil**ecekmişim (gör**eme**yecekmişim).	Ich werde (nicht) sehen dürfen.

Bedingungsform

Die reale Bedingungsform

Alle Konditionalsätze bestehen aus einem Bedingungs- und einem Folgesatz. Im wirklichen Bedingungssatz sieht der Sprechende eine reale/potentielle Möglichkeit, dass die Bedingung erfüllt wird und somit die Folge eintritt. Die Bedingungsform der Verben wird durch Verbstamm + Tempusendung + -(y)se/-(y)sa + Personalendung gebildet. Einleitend kann zur Betonung die Konjunktion *eğer* oder *şayet* (wenn) stehen:

Nebensatz (Bedingung)		Hauptsatz (Folge)
(Eğer) yemek yapar**sa**m,	(Wenn ich koche,)	gelir. (kommt sie.)
Yemek yapar**sa**n,	(Wenn du kochst,)	
Yemek yapar**sa,**	(Wenn er kocht,)	
Yemek yapar**sa**k,	(Wenn wir kochen,)	
Yemek yapar**sa**nız,	(Wenn ihr kocht,)	
Yemek yaparlar**sa,**	(Wenn sie kochen,)	

Bedingungssätze in verschiedenen Zeitformen

Gegenwart	ben gel**iyorsa**m	wenn ich (jetzt) komme, dann ...
	ben gel**irse**m	wenn ich komme, dann ...
Vergangenheit	ben gel**diyse**m	wenn ich gekommen bin, dann ...
	ben gel**mişse**m	wenn ich gekommen bin, dann ...
	ben gel**miş olursa**m	wenn ich gekommen sein sollte, dann ...
Zukunft	ben gel**ecekse**m	wenn ich kommen soll, dann ...
	ben gel**ecek olursa**m	wenn ich kommen sollte, dann ...

Reale Bedingungssätze ohne Verb

Die Endung *-(y)se/-(y)sa* kann auch an ein Substantiv oder Adjektiv treten und bedeutet dann „wenn ich ... bin", „wenn du ... bist" usw.

Pers.-pr.	nach konsonantischem Auslaut		nach vokalischem Auslaut	
	positiv	negativ	positiv	negativ
ben	doktor**sa**m (wenn ich Arzt bin)	doktor değil**se**m (wenn ich kein Arzt bin)	hasta**ysa**m (wenn ich krank bin)	hasta değil**se**m (wenn ich nicht krank bin)
sen	doktor**sa**n	doktor değil**se**n	hasta**ysa**n	hasta değil**se**n
o	doktor**sa**	doktor değil**se**	hasta**ysa**	hasta değil**se**
biz	doktor**sa**k	doktor değil**se**k	hasta**ysa**k	hasta değil**se**k
siz	doktor**sa**nız	doktor değil**se**niz	hasta**ysa**nız	hasta değil**se**niz
onlar	doktor**sa**lar	doktor değil**se**ler	hasta**ysa**lar	hasta değil**se**ler

Die Vergangenheitsformen lauten:

-diysem, -diysen, .../değildiysem, değildiysen, ...; -mişsem, -mişsen, .../değilmişsem, değilmişsen, ... usw.

Die irreale Bedingungsform

Im Unterschied zur realen Bedingungsform steht die Bedingungsendung *-se/-sa* direkt hinter dem Verbstamm.

Gel**se**ydiniz, sinemaya giderdik.	Wenn sie gekommen wären, wären wir ins Kino gegangen.

Zeit	Bildung	Beispiel
Gegenwart:	Verbstamm + -se/-sa + Personalendung	gel**se**m (wenn ich käme)
bestimmte Vergangenheit	Verbstamm + -se/-sa + -y- + best. Vergangenheitsendung + Personalendung	gel**se**ydin (wenn du gekommen wärst)
unbestimmte Vergangenheit	a) Verbstamm + -se/-sa + -y- + unbest. Vergangenheitsendung + Personalendung	gel**se**ymiş (wenn sie gekommen wäre)
	b) Verbstamm + Partizipendung der unbest. Vergangenheit, Verbstamm von olmak + -sa + Personalendung	gel**miş olsa**k (wenn wir gekommen wären)

Mit der irrealen Bedingungsform können auch Wunschsätze gebildet werden, deren Erfüllung im Bereich des Möglichen (Gegenwart: gel-se – wenn er doch käme) bzw. Unmöglichen (Vergangenheit: gel-se-y-di – wenn er doch gekommen wäre) liegt.

Die Notwendigkeitsform

Die Notwendigkeitsform („sollen" oder „müssen") wird mit der Endung *-meli/-malı* gebildet:

Gegenwart: Verbstamm + -meli/-malı (+ -y) + Personalendung

Personalpronomen	positive Aussage	negative Aussage	positive Frage	negative Frage
ben	çalış**malı**yım (ich muss arbeiten)	çalışma**malı**yım (ich muss nicht arbeiten)	çalış**malı** mıyım? (muss ich arbeiten?)	çalışma**malı** mıyım? (muss ich nicht arbeiten?)
sen	çalış**malı**sın	çalışma**malı**sın	çalış**malı** mısın?	çalışma**malı** mısın?
o	çalış**malı**	çalışma**malı**	çalış**malı** mı?	çalışma**malı** mı?
biz	çalış**malı**yız	çalışma**malı**yız	çalış**malı** mıyız?	çalışma**malı** mıyız?

Personal-pronomen	positive Aussage	negative Aussage	positive Frage	negative Frage
siz	çalışmalısınız	çalışmamalısınız	çalışmalı mısınız	çalışmamalı mısınız?
onlar	çalışmalılar	çalışmamalılar	çalışmalılar mı?	çalışmamalılar mı?

Bestimmte Vergangenheit:
Verbstamm + -meli/-malı + -y + -di + Personalendung

Personal-pronomen	positive Aussage	negative Aussage	positive Frage	negative Frage
ben	çalışmalıydım (ich musste arbeiten)	çalışmamalıydım (ich musste nicht arbeiten)	çalışmalı mıydım? (musste ich arbeiten?)	çalışmamalı mıydım? (musste ich nicht arbeiten?)
sen	çalışmalıydın	çalışmamalıydın	çalışmalı mıydın?	çalışmamalı mıydın?
o	çalışmalıydı	çalışmamalıydı	çalışmalı mıydı?	çalışmamalı mıydı?
biz	çalışmalıydık	çalışmamalıydık	çalışmalı mıydık?	çalışmamalı mıydık?
siz	çalışmalıydınız	çalışmamalıydınız?	çalışmalı mıydınız?	çalışmamalı mıydınız?
onlar	çalışmalıydılar	çalışmamalıydılar	çalışmalı mıydılar?	çalışmamalı mıydılar?

Unbestimmte Vergangenheit:
Verbstamm + -meli/-malı + -y + -miş + Personalendung

Personal-pronomen	positive Aussage	negative Aussage	positive Frage	negative Frage
ben	çalışmalıymışım (ich soll wohl arbeiten)	çalışmamalıymışım (ich soll wohl nicht arbeiten)	çalışmalı mıymışım? (soll ich wohl arbeiten?)	çalışmamalı mıymışım? (soll ich wohl nicht arbeiten?)
sen	çalışmalıymışsın	çalışmamalıymışsın	çalışmalı mıymışsın?	çalışmamalı mıymışsın?

Personal-pronomen	positive Aussage	negative Aussage	positive Frage	negative Frage
o	çalış**malı**y-mış	çalışma**ma-lı**ymış	çalış**malı** mıy-mış?	çalışma**malı** mıymış?
biz	çalış**malı**y-mışız	çalışma**ma-lı**ymışız	çalış**malı** mıy-mışız?	çalışma**malı** mıymışız?
siz	çalış**malı**y-mışsınız	çalışma**ma-lı**ymışsınız	çalış**malı** mıy-mışsınız?	çalışma**malı** mıymışsınız?
onlar	çalış**malı**y-mışlar	çalışma**ma-lı**ymışlar	çalış**malı** mıy-mışlar?	çalışma**malı** mıymışlar?

Neben den Verbformen auf *-meli/ -malı* gibt es noch andere Konstruktionen, um die Notwendigkeit auszudrücken:

Die Prüfung **muss** zwei Stunden dauern.	Sınavın iki saat sürmesi **gerek**ir. Sınav iki saat sürmek **zorunda**. Sınavın iki saat sürmesi **zorunlu**.
Ich **muss** warten.	Beklemek **zorunda**yım.
Ich habe warten **müssen**.	Beklemek **zorunda**ydım.
Ich werde warten **müssen**.	Beklemek **zorunda** olacağım.

Erweiterte Verbalstämme

Durch verschiedene Endungen können die Verbalstämme zur Bildung von **reflexiven**, **reziproken**, **passiven** und **kausativen** Verben erweitert werden:

1. Reflexive Verben:

a) Nach vokalischem Auslaut: *-n-*

yıkamak (waschen)
yıka**n**mak (sich waschen)

b) Nach konsonantischem Auslaut: -ın-/-in-/-un-/-ün-

bakmak (schauen)
bak**ın**mak (sich umschauen)

2. Reziproke Verben:

a) Nach vokalischem Auslaut: -ş-

anlamak (verstehen)
anla**ş**mak (sich verstehen)

b) Nach konsonantischem Auslaut: -ış-/-iş-/-uş-/-üş-

bakmak (schauen)
bak**ış**mak (einander anschauen)

3. Passive Verben:

a) Nach konsonantischem Auslaut (außer -l): *-ıl-/-il-/-ul-/-ül-*

görmek (sehen)
gör**ül**mek (gesehen werden)

b) Nach vokalischem Auslaut: *-n-*

söylemek (sagen)
söle**n**mek (gesagt werden)

c) Nach Verbstammendung auf -l: *-ın-/-in-/-un-/-ün-*

almak (nehmen)
al**ın**mak (genommen werden)

4.Kausative Verben:

a) Nach mehrsilbigen Verbstämmen (außer wenn sie mit -l oder -r enden) und einsilbigen Stämmen, die auf einen Konsonanten enden: *-dır-/-dir-/-dur-/-dür-*

yazmak (schreiben)
yaz**dır**mak (schreiben lassen)

b) Nach zweisilbigen Stämmen, die auf einen Vokal, auf -l oder -r enden: -t-

yürümek (gehen)
yürü**t**mek (gehen lassen)

c) Bei einigen einsilbigen Stämmen: -ar-/-ır-/-ir-/-ur-/-ür-

kaçmak (fliehen)
kaç**ır**mak (entführen)

Die Wortstellung

Der Fixpunkt im türkischen Satz ist das Prädikat (das konjugierte Verb oder ein Subjekt oder Adjektiv mit Personalendung). Es steht in der Regel am Ende eines Satzes. Sofern der Satz ein Subjekt enthält, steht dieses wie im deutschen Satz in der Regel am Anfang. Die Stellung der anderen Wortarten im einfachen Hauptsatz entspricht mehr oder weniger der Wortstellung im deutschen Satz. Die Wortstellung ist ebenfalls wie im Deutschen flexibel, wobei allerdings im Türkischen derjenige Satzteil am meisten betont ist, der direkt vor dem Prädikat steht.

Unregelmäßige deutsche Verben

Düzensiz Almanca fiiller

Die folgende Tabelle zeigt die unregelmäßigen deutschen Verben mit ihren Vergangenheitsformen. Außerdem führt sie diejenigen Formen der 2. und 3. Person Präsens auf, bei denen sich – gegenüber dem Infinitiv – der Stammvokal ändert. In dieser Übersicht werden nur die einfachen Verben berücksichtigt, zum Beispiel **bieten**. Für alle Zusammensetzungen und Präfigierungen, die auf diese „Grundverben" zurückgehen – im Fall von **bieten** etwa **überbieten** oder **verbieten** –, gelten dieselben Formen: **bot, überbot, verbot; geboten, überboten, verboten**. Daher brauchen sie hier nicht auch gezeigt zu werden.

Infinitiv	2. u. 3. Person Singular Präsens	1. od. 3. Person Singular Imperfekt	Partizip Perfekt
backen	bäckst *o* backst, bäckt *o* backt	backte	gebacken
befehlen	befiehlst, befiehlt	befahl	befohlen
beginnen		begann	begonnen
beißen		biss	gebissen
bergen	birgst, birgt	barg	geborgen
bewegen *(veranlassen)*		bewog	bewogen
biegen		bog	gebogen
bieten		bot	geboten
binden		band	gebunden
bitten		bat	gebeten
blasen	bläst, bläst	blies	geblasen
bleiben		blieb	geblieben
braten	brätst, brät	briet	gebraten
brechen	brichst, bricht	brach	gebrochen
brennen		brannte	gebrannt
bringen		brachte	gebracht
denken		dachte	gedacht

Infinitiv	2. u. 3. Person Singular Präsens	1. od. 3. Person Singular Imperfekt	Partizip Perfekt
dreschen	drischst, drischt	drosch	gedroschen
dringen		drang	gedrungen
empfangen	empfängst, empfängt	empfing	empfangen
empfehlen	empfiehlst, empfiehlt	empfahl	empfohlen
empfinden		empfand	empfunden
erschrecken *(vi)*	erschrickst, erschrickt	erschrak	erschrocken
essen	isst, isst	aß	gegessen
fahren	fährst, fährt	fuhr	gefahren
fallen	fällst, fällt	fiel	gefallen
fangen	fängst, fängt	fing	gefangen
fechten	fichtst *o* fichst, ficht	focht	gefochten
finden		fand	gefunden
flechten	flichtst *o* flichst, flicht	flocht	geflochten
fliegen		flog	geflogen
fliehen		floh	geflohen
fließen		floss	geflossen
fressen	frisst, frisst	fraß	gefressen
frieren		fror	gefroren
gären		gor *o* gärte	gegoren *o* gegärt
gebären	gebierst, gebiert	gebar	geboren
geben	gibst, gibt	gab	gegeben
gedeihen		gedieh	gediehen
gehen		ging	gegangen
gelingen		gelang	gelungen
gelten	giltst, gilt	galt	gegolten
genesen		genas	genesen
genießen		genoss	genossen

Infinitiv	2. u. 3. Person Singular Präsens	1. od. 3. Person Singular Imperfekt	Partizip Perfekt
geschehen	geschieht	geschah	geschehen
gewinnen		gewann	gewonnen
gießen		goss	gegossen
gleichen		glich	geglichen
gleiten		glitt	geglitten
glimmen		glomm *o* glimmte	geglommen *o* geglimmt
graben	gräbst, gräbt	grub	gegraben
greifen		griff	gegriffen
halten	hältst, hält	hielt	gehalten
hängen (*vi*)		hing	gehangen
hauen		haute *o* hieb	gehauen *o dial* gehaut
heben		hob	gehoben
heißen		hieß	geheißen
helfen	hilfst, hilft	half	geholfen
kennen		kannte	gekannt
klimmen		klomm	geklommen
klingen		klang	geklungen
kneifen		kniff	gekniffen
kommen		kam	gekommen
kriechen		kroch	gekrochen
laden	lädst, lädt	lud	geladen
lassen	lässt, lässt	ließ	gelassen
laufen	läufst, läuft	lief	gelaufen
leiden		litt	gelitten
leihen		lieh	geliehen
lesen	liest, liest	las	gelesen
liegen		lag	gelegen
lügen		log	gelogen
mahlen		mahlte	gemahlen
meiden		mied	gemieden

Infinitiv	2. u. 3. Person Singular Präsens	1. od. 3. Person Singular Imperfekt	Partizip Perfekt
melken		melkte	gemolken
messen	misst, misst	maß	gemessen
misslingen		misslang	misslungen
nehmen	nimmst, nimmt	nahm	genommen
nennen		nannte	genannt
pfeifen		pfiff	gepfiffen
preisen		pries	gepriesen
quellen *(vi)*	quillst, quillt	quoll	gequollen
raten	rätst, rät	riet	geraten
reiben		rieb	gerieben
reißen		riss	gerissen
reiten		ritt	geritten
rennen		rannte	gerannt
riechen		roch	gerochen
ringen		rang	gerungen
rinnen		rann	geronnen
rufen		rief	gerufen
saufen	säufst, säuft	soff	gesoffen
saugen		sog *o* saugte	gesogen *o* gesaugt
schaffen		schuf	geschaffen
scheiden		schied	geschieden
scheinen		schien	geschienen
scheißen		schiss	geschissen
schelten	schiltst, schilt	schalt	gescholten
scheren		schor	geschoren
schieben		schob	geschoben
schießen		schoss	geschossen
schinden		schindete	geschunden
schlafen	schläfst, schläft	schlief	geschlafen
schlagen	schlägst, schlägt	schlug	geschlagen

Infinitiv	2. u. 3. Person Singular Präsens	1. od. 3. Person Singular Imperfekt	Partizip Perfekt
schleichen		schlich	geschlichen
schleifen		schliff	geschliffen
schließen		schloss	geschlossen
schlingen		schlang	geschlungen
schmeißen		schmiss	geschmissen
schmelzen	schmilzt, schmilzt	schmolz	geschmolzen
schneiden		schnitt	geschnitten
schreiben		schrieb	geschrieben
schreien		schrie	geschrien *o* geschrieen
schreiten		schritt	geschritten
schweigen		schwieg	geschwiegen
schwellen	schwillst, schwillt	schwoll	geschwollen
schwimmen		schwamm	geschwommen
schwinden		schwand	geschwunden
schwingen		schwang	geschwungen
schwören		schwur	geschworen
sehen	siehst, sieht	sah	gesehen
senden		sandte *o* sendete	gesandt *o* gesendet
sieden		siedete	gesiedet
singen		sang	gesungen
sinken		sank	gesunken
sinnen		sann	gesonnen
sitzen		saß	gesessen
speien		spie	gespien *o* gespieen
spinnen		spann	gesponnen
sprechen	sprichst, spricht	sprach	gesprochen
sprießen		spross *o* sprießte	gesprossen *o* gesprießt

Infinitiv	2. u. 3. Person Singular Präsens	1. od. 3. Person Singular Imperfekt	Partizip Perfekt
springen		sprang	gesprungen
stechen	stichst, sticht	stach	gestochen
stehen		stand	gestanden
stehlen	stiehlst, stiehlt	stahl	gestohlen
steigen		stieg	gestiegen
sterben	stirbst, stirbt	starb	gestorben
stieben		stob	gestoben
stinken		stank	gestunken
stoßen	stößt, stößt	stieß	gestoßen
streichen		strich	gestrichen
streiten		stritt	gestritten
tragen	trägst, trägt	trug	getragen
treffen	triffst, trifft	traf	getroffen
treiben		trieb	getrieben
treten	trittst, tritt	trat	getreten
trinken		trank	getrunken
trügen		trog	getrogen
tun	ich tue; du tust; er/sie tut; wir, ihr, sie tun	tat	getan
verderben	verdirbst, verdirbt	verdarb	verdorben
verdrießen		verdross	verdrossen
vergessen	vergisst, vergisst	vergaß	vergessen
verlieren		verlor	verloren
verzeihen		verzieh	verziehen
wachsen	wächst, wächst	wuchs	gewachsen
waschen	wäscht, wäscht	wusch	gewaschen
weichen		wich	gewichen
weisen		wies	gewiesen

Infinitiv	2. u. 3. Person Singular Präsens	1. od. 3. Person Singular Imperfekt	Partizip Perfekt
wenden		wendete *o* wandte	gewendet *o* gewandt
werben	wirbst, wirbt	warb	geworben
werfen	wirfst, wirft	warf	geworfen
wiegen		wog	gewogen
winden		wand	gewunden
winken		winkte	gewinkt *o* gewunken
wissen	ich weiß; weißt, weiß	wusste	gewusst
wringen		wrang	gewrungen
ziehen		zog	gezogen
zwingen		zwang	gezwungen

Notizen